ENCYCLOPÉDIE MÉTHODIQUE,

OU

PAR ORDRE DE MATIÈRES;

PAR UNE SOCIÉTÉ DE GENS DE LETTRES
DE SAVANS ET D'ARTISTES;

Précédée d'un Vocabulaire universel, *servant de Table pour tou l'Ouvrage, ornée des Portraits de MM.* DIDEROT *&* D'ALEMBERT *premiers Éditeurs de l'*Encyclopédie.

ENCYCLOPÉDIE MÉTHODIQUE.

HISTOIRE.

TOME TROISIEME.

A PARIS,

Chez PANCKOUCKE, Libraire, hôtel de Thou, rue des Poitevins.

A LIÈGE,

Chez PLOMTEUX, Imprimeur des Etats.

M. DCC. LXXXVIII.

AVEC APPROBATION, ET PRIVILÈGE DU ROI.

GRA

GRAIN, (Jean le) (*Hist. Litt. Mod.*) conseiller & maître des requêtes de Marie de Medicis, auteur des deux *Décades*, l'une contenant l'histoire de Henri IV, l'autre celle de Louis XIII, jusqu'à la mort du maréchal d'Ancre. Il étoit fort contraire aux jésuites, qui tâchèrent de le persécuter, & l'accusèrent de toutes choses dont on feroit gloire aujourd'hui; d'avoir parlé avec estime du docteur Richer & de ses ouvrages, d'avoir* défendu les libertés de l'église gallicane, d'avoir parlé contre la multiplication des ordres monastiques, sur-tout d'avoir insinué qu'il n'étoit pas nécessaire de brûler les hérétiques pour les convertir; il fut dénoncé à la sorbonne, comme coupable de tous ces crimes; & la sorbonne eut le bon esprit de ne vouloir pas, dit un écrivain moderne, se déshonorer en censurant de telles propositions. *Le Grain*, de son côté, défendit par son testament, à tous ses descendants, de confier aux jésuites l'éducation de leurs enfants; substitution de haine & de vengeance qui n'étoit pas trop raisonnable; car, si les jésuites, du temps de *Le Grain*, élevoient mal les enfants, & s'ils avoient de mauvais principes, ne pouvoient-ils pas dans la suite abandonner ces principes, & perfectionner le systême de l'éducation?

On a encore, de *Le Grain*, *un Recueil des plus signalées batailles, journées & rencontres depuis Merouée jusqu'à Louis XIII*, ouvrage beaucoup moins connu que ses *Décades*. Né en 1565, mort en 1642, dans sa maison de Montgeron.

GRAINVILLE, (Charles-Joseph de Lespine de) (*Hist. Litt. Mod.*), conseiller au parlement de Paris, auteur de *Mémoires sur la vie de Pibrac* & d'un *Recueil d'Arrêts* de la 4e chambre des enquêtes.

GRAM, (*Hist. de Dannemarck.*) roi de Dannemarck: plein de reconnoissance pour le sage Danois, qui l'avoit instruit dans l'art de règner, il épousa sa fille; mais bientôt il la répudia, demanda celle du roi de Suéde, essuya un refus, leva une armée pour venger cet affront; conquit la Suéde, fit périr le roi, & présenta à la jeune Groa une main souillée du sang de son père: mais bientôt il fut infidèle. Il pénétra dans la Finlande les armes à la main, vit Signé, fille de Sumblus, en devint amoureux, & le père acheta la paix en promettant sa fille. Tandis que *Gram* étoit allé porter le ravage dans les états de Suibdager, roi de Norwege, qui avoit enlevé sa fille & violé sa sœur, le beau-père oubliant sa foi, qu'il avoit jurée, promit sa fille à Henri, prince des Saxons. Les préparatifs de la noce se firent avec tant de pompe, que *Gram* en fut instruit; il part, se fait suivre de quelques danois, déguisés comme lui, arrive en Finlande, apprend que le mariage va se célèbrer, précipite sa marche, arrive au milieu du festin, égorge son rival, fait massacrer le reste de l'assemblée & enlève sa maîtresse. Delà il repassa en Suéde pour continuer la guerre; mais les Saxons impatients de venger la mort de leur chef, unirent leurs armes à celles des Norwégiens. *Gram* attaqué en tête, en flanc & en queue, accablé par la multitude, périt la lance à la main, l'an 882. Les passions de ce prince & celles de ses voisins firent les malheurs du nord, & des milliers d'hommes furent massacrés pour satisfaire des caprices amoureux. (*M. DE SACY.*)

GRAMAYE, (Jean-Baptiste) d'Anvers, voyageur, en passant par mer d'Italie en Espagne, tomba entre les mains de corsaires, qui l'emmenèrent captif à Alger. Il mourut à Lubeck en 1635. On a de lui: *Africæ illustratæ libri 10. Diarium Algeriense.* Ces ouvrages sont le fruit heureux de sa captivité. *Peregrinatio Belgica. Antiquitates Flandriæ. Historia Namurcensis.* Tous ouvrages estimés.

GRAMOND ou GRAMMOND, (Gabriel, seigneur de) (*Hist. Litt. Mod.*) président au parlement de Toulouse, prétendu continuateur de notre grand historien de Thou, & qui n'a de commun avec lui que d'avoir écrit l'*Histoire de France* en latin. Historien flatteur & fanatique. Il fit l'*Histoire de Louis XIII.* depuis la mort de Henri IV jusqu'en 1629. Il fit aussi une histoire particulière des guerres de Louis XIII contre ses sujets protestants, guerres civiles & de religion, c'est-à-dire, les plus horribles de toutes les guerres, & qui ne manquent pas de lui paroître les évènements les plus heureux & les plus glorieux du règne de Louis XIII. Il intitule cet ouvrage: *Historia prostatæ à Ludovico XIII. Sectariorum in Galliâ Religionis.* C'est de ces beaux mots & de ces beaux titres que le fanatisme se nourrit.

Le président de *Gramond* mourut en 1654. Son nom de famille étoit Barthélemi.

GRAMONT ou GRAMMONT, (*Hist. Mod.*) ancienne & illustre maison dans la Navarre. Les factions des *Gramont* & des *Beaumont*, deux des plus puissantes maisons de ce pays, jouent un grand rôle dans l'histoire en divers temps, mais sur-tout dans les contestations qui s'élevèrent au quinzième siècle pour la succession à la couronne de Navarre. Dans le seizième, Claire *de Gramont*, fille de François *de Gramont* & de Catherine *d'Andouins*, héritière de la maison *de Gramont*, par la mort de *Jean* son frère, épousa (le 23 novembre 1525), Menaud d'Aure, vicomte *d'Aster*, d'une noble & ancienne maison de la Navarre. C'est de Menaud *d'Aure* & de Claire *de Gramont*, que descendent les *Gramonts* d'aujourd'hui; Antoine *d'Aure*, leur fils, fut substitué au nom & aux armes *de Gramont*.

Philibert *de Gramont*, son fils, fut le mari de *Diane*, si célèbre sous le nom de *la belle Corisande d'Andouins*, vicomtesse *de Louvigny*, qui fut aimée de Henri IV.

« Tu t'imagines donc, dit le comte *de Gramont* à son ami Matta, que je ne connois pas les Menodores (Menaud » d'Aure) ni les Corisandes ; moi ! je ne sçais peut-être » pas qu'il n'a tenu qu'à mon père d'être fils d'Henri » IV. Le Roi vouloit, à toute force, le reconnoître, » & jamais ce traître d'homme (ce n'est que de son père qu'il parle), n'y voulut consentir. Vois un peu » ce que ce seroit que les *Gramont*, sans ce beau » travers ! ils auroient le pas devant les Césars de » Vendôme ».

C'est à ce même comte *de Gramont*, petit-fils de Corisande d'Andouins, ainsi que le premier maréchal de *Gramont*, que le comte Antoine Hamilton adresse les fameux mémoires dont il est le héros, par une épître qui commence ainsi :

Honneur des rives éloignées,
Où Corisande vit le jour,
De Menodore (Menaud d'Aure) heureux séjour,
D'où vos errantes destinées
Semblent vous bannir sans retour, &c.

Le comte Hamilton étoit beau-frère du comte *de Gramont* ; celui-ci avoit épousé Elizabeth Hamilton, sa sœur, dame du palais de la reine Marie-Thérèse. Le père du maréchal & du comte *de Gramont* avoit été fait duc à brevet le 13 décembre 1643.

Le maréchal *de Gramont*, son fils aîné, fut le premier pair de sa maison. Il fut fait maréchal de France le 22 septembre 1641. Il essuya un échec au combat d'Honnecourt, le 26 mai 1642. Il servit avec gloire en 1644 & 1645, sous Turenne & Condé ; & en 1646, sous le duc d'Orléans Gaston ; il avoit été fait prisonnier à la bataille de Nortlingue en 1645. Il contribua, en 1648, à la victoire de Lens. Il fut fait duc & pair en 1663 ; accompagna le Roi à la conquête de Flandre en 1667, & mourut à Bayonne le 12 juillet 1678, ayant perdu, le 29 novembre 1673, le comte de Guiche son fils aîné, célèbre par plusieurs faits de guerre mémorables, & par ses intrigues galantes, réelles ou supposées, à la cour du Palais-Royal.

Le second maréchal *de Gramont* étoit petit-fils du premier, & neveu du comte de Guiche ; il se signala au combat d'Ekeren, le 30 juin 1703 ; à la bataille de Ramillies, le 23 mai 1706, il fut blessé dangereusement la veille de la bataille de Malplaquet ; il contribua, en 1713, à la prise de Fribourg ; il fut fait maréchal de France, en 1724, le 2 Février, & mourut le 16 septembre 1725. Il fut le premier colonel des Gardes-Françoises de sa maison. Le dernier a été le duc *de Gramont*, tué à la bataille de Fontenoy en 1745.

Le cardinal *de Gramont*, Gabriel, évêque de Tarbes, puis archevêque de Bordeaux, puis de Toulouse, qui servit utilement François Ier dans les négociations relatives à sa délivrance, & qui mourut en 1534, étoit de la première maison de *Gramont*, frère de Claire, qui porta le nom & les biens de la maison de *Gramont* à Menaud d'Aure.

GRANCEY, (Rouxel de Medavi de) *Hist. de Fr.* ancienne maison de Bretagne, dont étoient :

1°. George Rouxel, seigneur de Medavi, tué à la bataille de Guinegaste, en 1479.

2°. Fleuri Rouxel, tué à la bataille de St. Quentin, en 1557.

3°. George son frère, seigneur de Pierrefite, tué à Gravelines, en 1558.

4°. Denis, leur frère, seigneur de Crocq, qui ayant été mis hors d'état de servir, au siège de Domfront, se fit ecclésiastique.

5°. Pierre Rouxel, baron de Medavi, comte *de Grancey*, homme d'une force extraordinaire & d'une grande valeur. On raconte qu'ayant tué dans un combat un sieur de Trepigny, il le porta tout armé & enferré de son épée, plus de quatre pas en l'air. Il avoit épousé, en 1585, Charlotte de Hautemer, comtesse *de Grancey*. Il mourut le dernier décembre 1617.

6°. Il fut père du premier maréchal *de Grancey* ; Jacques Rouxel, comte *de Medavi*, mort le 20 novembre 1680.

7°. Le second maréchal *de Grancey*, (Jacques Léonor Rouxel, comte de Medavi) étoit le petit-fils du premier ; il fut fait maréchal de France en 1724, & mourut le 6 novembre 1725.

8°. François, marquis *de Grancey*, son frère, maréchal-de-camp, fut blessé dangereusement à la bataille de Luzzara, en 1702.

9°. Dans la branche des comtes de Marei, Guillaume Rouxel de Medavi, troisième fils de Pierre Rouxel (article 5) & de Charlotte de Hautemer, comtesse *de Grancey*, mourut en 1652 des blessures qu'il avoit reçues au combat de Bleneau. Il étoit maréchal-de-camp.

10°. Joseph Rouxel, comte de Marei, son fils, fut tué en 1668, au secours de Candie.

GRANCOLAS, (Jean) (*Hist. Litt. Mod.*) docteur de Sorbonne, fort redouté des étudiants en Théologie, qui vouloient prendre des grades en Sorbonne ; peut-être son nom contribuoit-il à inspirer cette terreur ; c'étoit d'ailleurs un homme très-sçavant dans les antiquités ecclésiastiques, & un des plus grands liturgistes de France. On a de lui un *Traité des Liturgies*, où il décrit la manière dont on a dit la messe dans chaque siècle, tant en Orient qu'en Occident. *L'ancien Sacramentaire de l'Eglise*, où on trouve toutes les anciennes pratiques observées dans l'administration des sacremens, tant chez les Grecs que chez les Latins. Un *Commentaire historique sur le Breviaire Romain*. Un *Traité de l'antiquité des cérémonies des Sacrements*. Une *Histoire abrégée de l'Eglise de Paris*. Des *traductions de quelques Pères*, &c. Mort en 1732.

GRAND, (le). Nom célèbre dans plus d'un genre :

1°. Pierre-le-Grand, fameux armateur de Dieppe, homme d'une intrépidité extrême, prit avec un petit vaisseau de quatre pièces de canon, & monté de vingt-huit hommes seulement, un gros navire espagnol, de cinquante-quatre pièces de canon, abondamment pourvu de vivres & chargé de richesses. Il se trouva que c'étoit le vice-amiral des galions d'Espagne, qui avoit été séparé de sa flotte par un coup de vent. *Le Grand*, sans daigner employer aucun stratagême, aborde fièrement ce navire qu'il auroit dû éviter, saute dedans avec ses vingt-huit hommes, armés de deux pistolets & d'un coutelas; il court à la chambre du capitaine, lui met le pistolet sur la gorge, le force de se rendre; il conduisit sa prise en Europe, & fut riche pour toujours. Cet évènement arriva vers l'an 1640.

2°. Joachim *Le Grand*, connu sous le nom de l'Abbé *Le Grand*, d'abord oratorien, disciple du P. Le Cointe, puis secrétaire de diverses ambassades, auteur de plusieurs écrits historiques & politiques sur la succession à la couronne de France & à la couronne d'Espagne & autres sujets semblables. Il a fait aussi l'*Histoire du divorce de Henri VIII, & des traductions des voyageurs Portugais*. C'est cet abbé le Grand qui a rassemblé les matériaux d'une Histoire de Louis XI. Mort en 1733.

3°. Marc-Antoine *Le Grand*, acteur & poëte françois. Comme acteur, il étoit sifflé, parce qu'il étoit laid; il parvint à se faire tolérer, en haranguant le parterre, & en lui disant un mot qui parut sans réplique: *Messieurs, il vous est plus aisé de vous accoutumer à ma figure, qu'à moi d'en changer.* Son talent fit le reste; & il parvint, dit-on, à jouer fort bien les rôles de rois dans la tragédie, & de paysans dans la comédie. Comme auteur comique, il eut encore plus de succès. On joue plusieurs de ses pièces: *Le Roi de Cocagne; l'Amour Diable; la Famille extravagante; la Métamorphose amoureuse; l'Usurier gentilhomme; l'Aveugle clairvoyant; la Nouveauté*, &c. Il avoit fait une comédie de *Cartouche*, qui fut jouée le jour même où ce malheureux fut rompu, ce qui rappelle ces mots de Rousseau:

Est-il permis de braver sur l'échelle,
Un patient jugé par la Tournelle;
Laissons-le pendre au moins sans l'insulter.

Le Grand avoit fait encore une comédie du *Luxurieux*, dont on disoit dans le temps, qu'un des commandements de Dieu étoit:

Luxurieux point ne FERAS.

On a remarqué que *Le Grand* étoit né le jour de la mort de Molière, comme pour le remplacer; mais il ne le remplaça point. Il mourut en 1728.

GRANDIER, (Urbain) (*Hist. de Fr.*) L'exemple de cet infortuné est un des plus décisifs qu'on puisse opposer à ceux qui voulant excuser le cardinal de Richelieu, disent que s'il fut cruel, il ne fut pas formellement injuste; comme s'il n'étoit pas injuste d'être cruel! Mais enfin, ne considérons que l'injustice proprement dite; le cardinal de Richelieu a fait condamner par Laubardemont, *Urbain Grandier* comme sorcier. Richelieu & Laubardemont l'ont-ils cru, ont-ils pu le croire sorcier?

Urbain Grandier étoit curé de Saint-Pierre & chanoine de Sainte-Croix de Loudun; il avoit contesté au cardinal de Richelieu, quelques droits honorifiques que celui-ci réclamoit dans cette dernière église, en vertu de son prieuré de Coursai, peu distant de Loudun; de plus, comme *Grandier* étoit fort caustique, on lui attribuoit une satyre contre le cardinal, intitulée: *la Cordonnière de Loudun.* Vers le même temps, les Ursulines de Loudun prétendirent être possédées du démon. Le cardinal attentif à tout, envoya, dit-on, à Loudun, le P. Joseph, pour juger si c'étoit quelque chose dont ses ennemis pussent abuser contre lui, ou dont il pût abuser contr'eux. Le P. Joseph n'y vit que des sottises monachales, dont il n'y avoit aucun parti à tirer; mais le fameux Laubardemont passant à Loudun pour d'autres affaires, vit tout d'un coup le mal qu'on pouvoit faire avec ces sottises, & proposa au cardinal de se donner le plaisir d'une vengeance bien facile & bien atroce. La causticité de *Grandier* lui avoit fait une foule d'ennemis dans Loudun, & il étoit actuellement en procès avec presque toute la ville. Les possédées, instruites par leurs parents & leurs amis, s'en prirent à *Grandier*, de leur possession; Diable lui-même, il leur avoit envoyé des diables; sorcier, il leur avoit jetté des sorts; & pour preuves, on indiquoit des marques sur la peau, des paquets d'os & de cheveux cachés dans des trous; on établit, pour juger de cette affaire, une commission composée de juges pris dans le voisinage de Loudun, & présidée par Laubardemont. C'étoit annoncer déjà qu'on vouloit rendre les choses bien criminelles: *Grandier* rioit d'abord & des possessions & des exorcismes, & des allégations des possédées, ne pouvant pas imaginer que des gens raisonnables donnassent la moindre attention à de pareilles folies; mais un de ces exorcistes, son ennemi, ne manqua pas d'observer que cette affaire ressembloit beaucoup à celle du curé de Marseille, Gofridy, brûlé comme sorcier en 1611. Laubardemont & ses casuistes établirent pour principe, *que le diable duement exorcisé, étoit contraint de dire la vérité*: aussi tout ce que dirent les possédées, fut vrai. On sent toutes les conséquences d'un pareil principe & toute son efficacité pour perdre un innocent. Des Médecins & quelques honnêtes gens s'expliquèrent avec franchise sur cette indigne farce, & l'attribuèrent chez les uns à fourberie, chez d'autres à maladie; Laubardemont leur fit dire secrètement, qu'ils eussent à cesser leurs plaisanteries & leurs remarques; on commença même bientôt à dire publiquement, que de semblables discours ne pouvoient être tenus que par des complices du criminel, ou par des hérétiques, sans foi aux exorcismes & ennemis de l'église; on afficha une défense, sous des peines graves, de parler mal des juges, de la procédure, des exorcistes & des possédées. La précaution manifestoit le dol. On auroit peine en effet à imaginer les prévarications monstrueuses de tous les ministres employés dans cette procédure, juges, exorcistes, chirurgiens. On cherchoit ce qu'on appelloit des *signes* des pactes faits par *Grandier* avec le démon, & on étoit convenu que l'insensibilité de certaines parties du corps, étoit un des plus infaillibles de ces signes. Des chirurgiens nommés par les juges, lui enfonçoient des aiguilles dans la chair en cherchant ces parties insensibles; le malheureux poussoit des cris aigus; cependant on vouloit trouver des preuves d'insensibilité, on s'en procura. Un de ces chirurgiens employoit une sonde à ressort ; en pressant un bouton, il faisoit entrer la pointe dans le manche ; il paroissoit piquer, & ne piquoit point, & *Grandier* ne crioit point ; d'autres fois, ce chirurgien laissoit agir la pointe, & *Grandier* crioit. L'inégalité parut alors manifeste. Il y avoit des parties sensibles & d'autres insensibles ; cette différence ne paroissoit provenir que des pactes qui avoient ôté la sensibilité à de certaines parties, en la laissant aux autres. On proposa même de lui arracher les ongles, pour voir si les signes qu'on cherchoit, ne seroient pas cachés dessous ; & il est étonnant qu'un tel avis n'ait pas été suivi. Un autre signe de sorcellerie étoit l'horreur du Crucifix, comme la marque de la rage est l'horreur de l'eau. Un des exorcistes, le P. Lactance, dont le nom doit être aussi détesté que celui de Lactance, père de l'église, est révéré, faisoit chauffer un Crucifix de fer, & l'appliquoit brûlant sur les lèvres du patient, la douleur faisoit reculer celui-ci : vous le voyez, Messieurs, s'écrioit l'exorciste, un prêtre, un curé, un chanoine a horreur du Crucifix, l'œuvre du diable est-elle assez marquée ? Ainsi, l'instruction du procès & la prétendue recherche des preuves ne fut qu'une torture continuelle. Des témoins qui s'étoient prêtés à ces manœuvres, jugeant qu'on poussoit les choses trop loin, voulurent expliquer, après coup, leurs dépositions, on les menaça de les punir comme témoins qui avoient varié. On combla enfin tous ces crimes, en condamnant *Grandier* au feu. Cependant, par un reste d'humanité on ordonna qu'il seroit étranglé, après qu'on auroit commencé à lui faire sentir l'action des flammes ; les exorcistes empêchèrent l'effet de cette indulgence. Par une méchancheté vraiment inconcevable, quand le bourreau alla pour serrer la corde, il la trouva arrêtée par un nœud. Cependant le feu gagnoit, le bourreau fut obligé de se sauver & de laisser brûler vif le malheureux *Grandier*. C'est ainsi que des hommes traitent des hommes qu'ils sçavent être innocens : l'enfer seul peut expier cette infernale atrocité. *Urbain Grandier* subit cet horrible supplice, le 18 août 1634.

GRANDS-JOURS, (*Hist. de France*) espèces d'assises solemnelles ; c'étoient des séances que les seigneurs ou nos rois tenoient ou faisoient tenir de temps en temps en certaines villes de leur dépendance, pour juger des affaires civiles & criminelles. Les *grands-jours* ont été appellés au lieu de *grands-plaids*, dit Loiseau.

Les comtes de Champagne tenoient les *grands-jours* à Troyes deux fois l'année, comme les ducs de Bourgogne leur échiquier, & les rois leur parlement. Les *grands-jours* de Troyes étoient la justice de Champagne, tant que cette province fut gouvernée par ses propres comtes, & les sept pairs de Champagne assistoient leurs comtes à la tenue des *grands-jours*. Dans les lettres-patentes de Charles VI. du 4 mars 1405, il est porté que le comte de Joigny, comme doyen des sept pairs de Champagne, seroit toujours assis auprès du comte, quand il tiendroit son état & *grands-jours*. C'est vraisemblablement de Troyes que tous les autres *grands-jours* ont pris leur nom ; car Philippe-le-Bel ordonna en 1302, que les *grands-jours* de Troyes se tiendroient deux fois l'an, & qu'ils s'y trouveroit des commissaires ecclésiastiques & gentilshommes. Le duc de Berri avoit aussi le droit de faire tenir les *grands-jours* pour le pays de son obéissance.

Dans la suite, le nom de *grands-jours* a été spécialement appliqué à des tribunaux extraordinaires, mais souverains, que nos rois ont quelquefois établis dans les provinces éloignées des parlements dont elles ressortissent, pour réformer les abus qui s'y introduisoient dans l'administration de la justice, pour juger les affaires qui y naissoient, & pour affranchir les peuples des droits que les seigneurs usurpoient sur eux par autorité. (*A. R.*)

GRAND-MAITRE DES ARBALÉTRIERS DE FRANCE, (*Hist. mod.*) c'étoit anciennement un des grands officiers de la couronne, qui avoit la surintendance sur tous les officiers des machines de guerre, avant l'invention de l'artillerie ; on en trouve dans notre histoire une suite depuis St. Louis jusques sous François premier (*G.*).

GRAND-MAITRE DE FRANCE, (*Hist. mod.*) officier de la couronne, appellé autrefois *souverain maître d'hôtel du roi* ; il a le commandement sur tous les officiers de la maison & de la bouche du roi, qui lui prêtent tous serment de fidélité, & des charges desquelles il dispose : depuis Arnould de Wesemale, qualifié de *souverain maître d'hôtel du roi* Philippe-le-Bel, vers l'an 1290, on compte quarante-deux *grands-maîtres de France*, jusqu'à M. le prince de Condé, aujourd'hui revêtu de cette charge, qui pendant sa minorité, a été exercée par M. le comte de Charolois, son oncle.

GRAND-MAITRE DES CÉRÉMONIES DE FRANCE, (*Hist. mod.*) officier du roi dont la charge étoit autrefois annexée à celle du grand-maître de la maison du roi ; elle en fut séparée par Henri III, en 1585. Le *grand-maître des cérémonies* a soin du rang & de la séance que chacun doit avoir dans les actions solemnelles, comme aux sacres des rois, aux réceptions des ambassadeurs, aux obsèques & pompes funèbres des rois, des reines, des princes & des princesses ; il a sous lui un maître des cérémonies & un aide des cérémonies. La marque de sa charge est un bâton couvert de velours noir, dont le bout & le pommeau sont d'ivoire. Quand le *grand-maître*, le maître, ou l'aide des cérémonies, vont porter l'ordre & avertir les cours souveraines, ils prennent place au rang des conseillers ; avec cette différence, que si c'est le *grand-maître*, il a toujours un conseiller après lui ; si c'est le maître ou l'aide des cérémonies, il se met après le dernier conseiller, puis il parle assis & couvert, l'épée au côté & le bâton de cérémonie en main.

GRANDVAL, (Nicolas Racot) (*Hist. Litt. Mod.*) auteur du poëme de *Cartouche*, dont le mérite consiste dans une application quelquefois ingénieuse des plus beaux vers de *la Henriade* & de nos meilleures tragédies. L'entrevue de Cartouche & de sa maîtresse, avant le supplice, est la parodie d'une scène de Rodrigue & de Chimène, dans *Le Cid*. Cartouche apprenant que l'homme qui l'avoit vendu, & qui étoit le plus grand scélérat de sa troupe, avoit obtenu sa grace, s'écrie, comme Hippolyte, au sujet de Phèdre:

Dieux, qui le connoissez
Est-ce donc sa vertu que vous récompensez!

Grandval a fait aussi quelques comédies. Mort en 1753.

GRANET, (François) (*Hist. Lit. Mod.*) associé de l'Abbé Desfontaines, lequel nous assure que c'étoit un homme de probité & d'honneur, qui aimoit la vérité en toutes choses; & il faut avouer que la voix publique ne s'est pas élevée contre lui comme contre l'abbé Desfontaines. L'abbé *Granet* a d'ailleurs donné des *Remarques* sur les tragédies de Corneille & de Racine, la traduction de la *Chronologie* de Newvton & l'édition des *Œuvres* du docteur Launoi. Mort en 1741.

GRANGE, (de la) Plusieurs hommes de ce nom ont été diversement célèbres:

1°. Jean *de la Grange*, cardinal-ministre sous Charles V. Il étoit surintendant des finances; il fut accusé de déprédations. A la mort de Charles V, Charles VI, qui n'aimoit pas le cardinal *de la Grange*, se permit de dire: *Dieu merci! nous voilà délivrés de la tyrannie de ce capellan*, mot qui n'étoit ni assez respectueux pour la mémoire de Charles V, ni d'un fils qui regrettât assez un tel père. Le cardinal *de la Grange* connoissant les dispositions du jeune roi à son égard, prit le parti de se retirer à Avignon, où il mourut en 1402. Il étoit évêque d'Amiens, & Charles V lui avoit procuré le cardinalat en 1375.

2°. Joseph de Chancel *de la Grange* ou *de la Grange* Chancel, comme on disoit communément, est reconnu pour l'auteur des fameuses *Philippiques*:

Chacun les lit ces archives d'horreur,
Ces vers impurs, appellés *Philippiques*,
De l'imposture effroyables chroniques.

Leur atrocité a beaucoup contribué à leur succès, & leur réputation a été fort au-dessus de leur valeur réelle. Sur la conduite du régent à l'égard de leur auteur, *Voyez* l'article FRANCHI (NICOLAS) ou NICOLO FRANCO; *la Grange* s'étoit sauvé à Avignon; on employa, dit-on, un assez vil stratagême pour le tirer de son asyle. Il y avoit dans la même ville d'Avignon un officier françois qui s'y étoit refugié pour un meurtre. On lui promit sa grace, s'il pouvoit livrer *la Grange*. Il le livra, en l'attirant hors des limites du Comtat, sous prétexte d'une partie de plaisir; des gens apostés le saisirent, il fut conduit aux isles de Sainte Marguerite, & il y fut étroitement renfermé. Son sort eut beaucoup de vicissitudes, qui toutes furent le produit de son caractère. Il paroît que ce *la Grange* étoit un enragé, que le démon de la satyre avoit possédé de bonne heure; dès l'enfance il s'étoit rendu redoutable à ses parents & à ses amis, par ses chansons & ses épigrammes; dans la suite, il s'étoit joué aux princes & aux puissances; mais comme cette ardeur satyrique lui laissoit apparemment des talents aimables & des moyens de plaire, le gouverneur de sa prison le prit en amitié, & malgré les ordres rigoureux de la cour, il lui donna toute la liberté qui dépendoit de lui. *La Grange*, pour l'en récompenser, fit une épigramme contre lui; le gouverneur le remit au cachot. *La Grange* trouva le moyen de faire parvenir au régent, une ode, où il demandoit grace. Ce prince naturellement indulgent, lui accorda quelque adoucissement. *La Grange* eut la liberté de se promener quelquefois, mais bien accompagné. Il gagna les gardes qui l'accompagnoient dans ses promenades; ils lui procurèrent une barque, & il se sauva. Il alla d'abord à Madrid; mais l'ambassadeur de France lui enleva la protection du roi d'Espagne: il passa en Hollande, & fut reçu bourgeois d'Amsterdam. Le roi de Pologne, Frédéric-Auguste, électeur de Saxe, lui envoya une montre de prix, en l'invitant de passer auprès de lui. Pourquoi des souverains étrangers faisoient-ils ainsi des avances à un méchant homme, justement puni dans son pays pour ses libelles calomnieux? c'est que ce méchant homme étoit un homme célèbre par des talents faits pour être accueillis; c'est que depuis que Corneille & Racine avoient disparu, & avant que M. de Voltaire parût, *la Grange* étoit un de ceux qui remplissoient avec le plus d'éclat la scène tragique; c'est qu'*Amasis* passoit pour une des meilleures pièces qui fussent au théâtre, avant que *Mérope* eût prouvé qu'on pouvoit traiter beaucoup mieux le même sujet; c'est que dans la pièce intitulée *Oreste & Pylade*, une partie de l'intérêt du sujet perçoit à travers la langueur du style & tous les défauts de l'exécution; c'est qu'*Ino & Mélicerte* faisoit un grand effet au théâtre, & avoit une grande réputation; c'est que la méchanceté de l'auteur paroissoit problématique, & que sa gloire ne l'étoit pas: en effet, au milieu des erreurs du temps & des préjugés populaires, on doutoit si les *Philippiques* étoient l'accent de la calomnie ou le cri de la vertu indignée, si c'étoit un attentat criminel ou un dévouement héroïque. Ceux même qui rendoient plus de justice à M. le Régent, & qui sçavoient combien il étoit incapable des crimes que cette violente satyre lui imputoit, pouvoient croire l'auteur persuadé, & juger que cette erreur l'excusoit. Quoi qu'il en soit, la mort de M. le Régent lui rouvrit les portes de la France. Il y revint, mais pour y vivre dans le silence & dans la retraite; ce qui parut ne lui coûter aucun effort, & ce qui peut encore faire penser favorablement de lui. Il mourut le 27 décembre 1758, au château d'Antoniat, près de Périgueux, où il étoit né. Il est auteur aussi de plusieurs opéras & de quelques cantates, qui sont aux opéras de Quinault, aux cantates de Rousseau, ce que ses tragédies sont à celles de Racine & de Voltaire.

Un autre *la Grange*, plus moderne, né en 1738, mort en 1775, est avantageusement connu par ses traductions de *Lucrèce* & de *Sénéque*.

GRANVELLE. *Voyez* PERRENOT.

GRAS, (Louise de Marillac, veuve de M. le) (*Hist. Mod.*) bienfaitrice généreuse de l'humanité, eut la gloire d'être associée à S. Vincent-de-Paul dans divers établissements de charité, sur-tout dans celui de la communauté des *Sœurs Grises*. « Peut-être « n'est-il rien de plus grand sur la terre, dit M. de Voltaire, d'un ton pénétré, que le sacrifice que fait

» un sexe délicat, de la beauté & de la jeunesse, & » souvent de la haute naissance, pour soulager dans » les hôpitaux, ce ramas de toutes les misères humaines, » dont la vue est si humiliante pour notre orgueil & » si révoltante pour notre délicatesse ». Réflexion admirable & en elle-même & par le mérite de l'expression, qui est par-tout celle du sentiment! Madame la Marquise de Sillery a fait aussi un juste & bel éloge de ce saint institut. « Si on trouvoit, dit-elle, dans l'histoire » grecque ou romaine, quelques exemples de ces saintes » associations formées parmi nous, en faveur de l'humanité souffrante, quels éloges ne prodigueroit-on » pas à cette bienfaisance surnaturelle! combien on seroit » surpris qu'un sexe foible & délicat pût avoir la » force de surmonter des dégoûts qui semblent invincibles, de supporter la vue d'objets qui révoltent les » sens, de triompher de la compassion même qui les » conduit & les anime, ou pour mieux dire, de » n'éprouver ce sentiment qu'avec une mâle énergie, » sans aucun mélange de crainte ou de foiblesse, & de » ne connoître enfin de la piété, que ce qu'elle peut » inspirer d'utile & de sublime...... Nous voyons les » *Sœurs de la Charité*, exercer continuellement parmi » nous ces fonctions sacrées; nous les voyons chercher, » recueillir, secourir, veiller l'infortuné, panser les » playes du pauvre; le consoler, le soigner avec une » adresse ingénieuse, un courage héroïque, une douceur, une patience que rien ne rebute; errantes, » actives, infatigables, elles n'ont point d'habitation » fixe, elles vont où l'humanité les appelle, elles sont » où la maladie & la douleur implorent leurs secours, » tantôt dans les prisons & les hôpitaux, tantôt sous » les toits couverts de chaume; souvent elles sont appellées dans les palais; vouées volontairement à la » pauvreté, elles méprisent les richesses, mais elles » donnent au riche souffrant des soins purs & désintéressés, elles se refusent à tous les témoignages de » la reconnoissance qu'elles inspirent; leur offrir le plus » léger salaire, seroit à leurs yeux un outrage ». Madame *le Gras* étendit ses soins charitables sur les enfants trouvés & sur toutes les diverses classes d'infortunés. Elle étoit nièce du garde des sceaux de Marillac & de ce malheureux maréchal de Marillac, une des victimes innocentes immolées par Richelieu. Antoine *le Gras*, mari de Louise de Marillac, étoit secrétaire des Commandements de la reine Marie de Medicis. Née à Paris le 12 août 1591, mariée en 1613, veuve en 1625, morte en 1661. Sa vie a été écrite par un auteur nommé Gobillon.

GRATIAN. *Voyez* GRACIAN.

GRATIEN, (*Histoire des empereurs.*) fils de l'empereur Valentinien, lui succéda à l'empire: il n'avoit eu huit ans lorsque son père lui conféra le titre de César. Dès qu'il eut pris les rênes de l'état, il fit asseoir la philosophie sur le trône avec lui. Tous les arts & ceux qui les cultivent, furent protégés. *Gratien*, riche des dons du génie, eut tous les talents qui font les grands princes, & toutes les vertus qu'on exige d'un homme privé. Sa piété envers ses parents fit l'éloge de son cœur. Sans jalousie contre son frère, né d'un autre lit, il le nomma Auguste, quoiqu'il fût encore enfant; à l'exemple de Nerva qu'il choisit pour son modèle, il adopta Théodose, qui, comme Trajan, étoit espagnol. Il se défia modestement de ses forces, & crut devoir choisir un collègue pour partager avec lui le poids des affaires. Il réprima les courses des Germains dans les Gaules, il leur livra plusieurs combats, & en fit passer plus de trente mille par le fil de l'épée: il envoya son collègue dans l'Orient pour s'opposer aux invasions des Goths & des Huns qui regardoient la Thrace & la Dacie comme leur domaine. Ses succès & son mérite ne purent lui concilier les cœurs, il témoigna quelque prédilection pour un corps d'Alains qu'il avoit pris à sa solde. Cette préférence fit murmurer l'ancienne milice, & il ressentit bientôt les effets de ce mécontentement. Son zèle pour le christianisme acheva d'aigrir les esprits; tandis qu'il détruisoit les temples des idoles, une cruelle famine désola Rome & l'Italie. Les peuples superstitieux imputèrent leur malheur à son infidélité envers les dieux du capitole qu'il avoit abandonnés. Sourd aux plaintes & aux invectives de la superstition, il fit détruire un autel de la Victoire, que Constance avoit démoli, & que Julien avoit fait rétablir. La destruction des autels excita les clameurs des prêtres, dont il retrancha les pensions pour les appliquer aux besoins de l'état. Ces ministres mercénaires menacèrent l'empire des vengeances célestes. Il ne fut plus permis de léguer par testament des terres aux vestales. C'étoit frapper le paganisme dans ses fondements. *Gratien* fut traité de profanateur & de sacrilège; le feu de la sédition se répandit dans toutes les parties de l'empire. Maxime s'étoit déjà fait reconnoître empereur dans la Bretagne, par son armée; il profita de la disposition des esprits pour exécuter ses projets ambitieux, protestant qu'il n'aspiroit à l'empire que pour venger les dieux & leurs ministres. *Gratien* entra dans les Gaules, & le joignit à Paris. Il se préparoit à le combattre, lorsqu'il se vit abandonné de son armée. Il n'eut d'autre ressource que la fuite; il fut découvert & arrêté à Lyon, lorsqu'il se disposoit à partir pour l'Italie. Maxime le fit massacrer pour se débarrasser d'un concurrent à qui il étoit facile de se relever de sa chûte. Ce prince dont saint Ambroise a fort exalté le mérite, & dont les payens n'ont point contesté les vertus, paroît avoir eu plus de zèle que de prudence. Il périt à l'âge de vingt-quatre ans. Il en avoit régné huit. Sa mort arriva l'an 383 de l'ère chrétienne (*T--N*).

GRATIFICATION, (*Hist. du gouv. d'Anglet.*) la *gratification* est une récompense que le parlement accorde sur l'exportation de quelques articles de commerce, pour mettre les négociants en état de soutenir la concurrence avec les autres nations dans les marchés étrangers. Le remède est très-sage, & ne sçauroit s'étendre à trop de branches de négoce, à mesure que l'industrie des autres peuples & le succès de leurs manufactures y peuvent donner lieu.

La *gratification* instituée en particulier en 1689, pour l'exportation des grains sur les vaisseaux anglois, afin d'encourager la culture des terres, a presque changé la face de la Grande-Bretagne; les communes ou incultes ou mal cultivées, des pâturages arides ou déserts, sont devenus, au moyen des haies dont on les a fermées & séparées, des champs fertiles, ou des prairies très-riches.

Les cinq schelings de *gratification* par quartier de grain, c'est-à-dire, environ vingt-quatre boisseaux de Paris, sont employés par le laboureur au défrichement & à l'amélioration de ses champs, qui étant ainsi portés en valeur, ont doublé de revenu. L'effet de cette *gratification* est de mettre le royaume en état de vendre son bled dans les marchés étrangers, au même prix que la Pologne, le Dannemarck, Hambourg, l'Afrique, la Sicile, &c. c'est en d'autres termes, donner au laboureur une *gratification* de 200 mille liv. sterling par an, pour que l'Angleterre gagne 1500 mille liv. sterling, qu'elle n'auroit pas sans ce secours. Généralement parlant, la voie de la *gratification* est la seule qui puisse être employée en Angleterre, pour lui conserver la concurrence de tous les commerces avec l'étranger. C'est une belle chose dans un état, que de l'enrichir en faisant prospérer les mains qui y travaillent davantage. (*D--J*).

GRATIUS FALISCUS, (*Hist. Lit. anc.*) poëte latin, contemporain d'Ovide, auteur d'un poëme connu des sçavants, & plusieurs fois imprimé, sur la manière de chasser avec les chiens.

S'GRAVESANDE, (Guillaume-Jacques de) (*Hist. Litt. mod.*)

Le profond s'Gravesande & le subtil Mairan.

Nous suivons l'usage des dictionnaires ordinaires, qui rapportent ce nom à la lettre G. & non à la lettre S; comme si cette *s'* qu'on met en petit caractère, étoit en quelque sorte, étrangère au nom. *s' Gravesande* fut un des plus illustres disciples de Newton. On a de lui *Physices elementa Mathematica, experimentis confirmata, sive Introductio ad Philosophiam Newtonianam. Philosophiæ Newtonianæ Institutiones.* On a de plus, *un Essai sur la Perspective*, avec un traité sur l'usage de la *Chambre obscure* pour le dessin. *Matheseos universalis Elementa. Introductio ad Philosophiam, Metaphysicam & Logicam continens. s' Gravesande* étoit professeur de Philosophie à Leyde. Ses ouvrages étendirent à tout l'univers, ses utiles leçons. Né à Bois-le-Duc en 1688. Il mourut en 1742, d'un excès de travail, maladie mortelle pour les gens de lettres & les sçavans. Plusieurs de ses ouvrages sont traduits en François.

GRAVINA, (Jean-Vincent) (*Hist. Lit. mod.*) créateur & Législateur de la société des Arcades de Rome. Ses loix furent promulguées le premier juin 1716. Le pape Innocent XII. lui donna une chaire de droit; il abolit au moins dans cette chaire, l'usage de l'argumentation scholastique. Ses ouvrages sont: *Originum juris libri tres. De Romano Imperio liber singularis. Della Regione Poeticâ*, ouvrage traduit en françois, sous ce titre: *Raison ou idée de la Poësie. Institutiones Canonicæ.* Un discours sur les fables anciennes, un sur la tragédie. Plusieurs tragédies. M. Serrey, prêtre hyéronymite, a donné la vie de *Gravina*, sous ce titre: *De vitâ & scriptis Vincentii Gravinæ Commentarius. Gravina*, né en 1664, dans la Calabre ultérieure, est mort en 1718.

Un autre *Gravina* (Pierre), ainsi nommé, parce qu'il étoit de Gravina, ville du royaume de Naples, a eu de la réputation comme poëte: mort en 1528.

GRAY, (Jeanne) *Hist. d'Anglet.*) L'histoire de l'infortunée *Jeanne Gray* tient à l'ordre légitime de la succession en Angleterre, après la mort de Henri VIII & d'Edouard VI, son fils.

Après Edouard, venoit Marie, puis Elisabeth, l'une & l'autre déclarées, par acte du parlement, inhabiles à succéder.

La postérité de Henri VIII ainsi épuisée, il falloit remonter à celle de Henri VII.

D'abord venoit Marie Stuart, petite-fille de Marguerite, sœur aînée de Henri VIII; puis, *Jeanne Gray*, petite-fille de Marie, sœur cadette, & de Charles Brandon. C'étoit dans cet ordre que Henri VIII avoit appellé toute sa famille par son testament.

Il appelloit d'abord Marie sa fille, puis Elisabeth, disposition contraire aux actes qu'il avoit lui-même fait faire par le parlement; mais le parlement avoit donné à Henri VIII un pouvoir illimité de disposer à son gré, de la succession.

Henri n'appelloit point Marie Stuart à son rang, parce qu'il avoit réglé qu'elle épouseroit Edouard VI son fils. Il est vrai que dans le cas où ce mariage ne se seroit pas fait, & dans le cas où, en le supposant fait, il n'en seroit point né ou resté d'enfans, Marie Stuart n'étoit point appellée après Elisabeth, sans doute, parce que Henri la jugeoit écartée par sa qualité d'étrangère.

Marie d'Angleterre étoit en pleine disgrace sous le règne d'Edouard VI, son frère, par son attachement à la religion catholique & par son refus constant de reconnoître la suprématie d'Edouard; Dudley, duc de Northumberland, qui gouvernoit sous Edouard VI, fondoit sur cette disgrace de grands projets & de grandes espérances. Il avoit marié son quatrième fils, le lord Guilford Dudley avec *Jeanne Gray*. Il vouloit faire exclure de nouveau la princesse Marie; & dans cette idée, les Dudley avoient grand soin d'entretenir la colère & la haîne d'Edouard VI contr'elle.

Le duc de Northumberland avoit aussi formé le projet de marier Elisabeth en pays étranger, pour qu'elle fût écartée du trône par la même raison que Marie Stuart.

Si le mariage d'Elisabeth hors de l'Angleterre ne pouvoit avoir lieu, en fondant l'exclusion de Marie sur les actes du parlement qui l'avoient prononcé, la même raison en excluoit aussi Elisabeth.

Marie Stuart étoit écartée par sa qualité d'étrangère; & le trône restoit à *Jeanne Gray*.

Cette jeune princesse étoit aimable; Edouard avoit pour elle la plus tendre amitié: entraîné par ce sentiment, par son aversion pour Marie & par les insinuations de Northumberland, il consentit à transporter la couronne à *Jeanne Gray*; mais le parlement ne lui avoit pas donné, comme à Henri VIII, le pouvoir de règler ou d'intervertir l'ordre successif; *Jeanne Gray* fut pourtant proclamée à Londres, après la mort d'Edouard. Quand son beau-père & son mari lui annoncèrent qu'il falloit qu'elle fût reine, l'infortunée versa un torrent de larmes; elle sentit que le trône n'étoit pour elle qu'un dégré vers l'échafaud, & qu'elle alloit mourir victime de l'ambition d'autrui : en effet, Marie régna; elle fit trancher la tête au duc de Northumberland, & ne pardonna pas à *Jeanne Gray*, qu'on avoit rendue coupable malgré elle. Il est vrai qu'une conspiration nouvelle, dans laquelle trempa le père de *Jeanne Gray*, & dont l'objet étoit de déposer Marie, & de couronner *Jeanne*, peut excuser cette sévérité, d'autant plus que cette conspiration, mieux concertée que la première, & plus constamment suivie, causa plus d'embarras, coûta plus de sang, & mit la reine en danger; mais *Jeanne Gray* en étoit encore moins coupable que de la première, puisqu'elle étoit alors en prison.

Lorsque le doyen de St. Paul vint lui annoncer de se préparer à la mort, ainsi que son mari, elle parut recevoir cette nouvelle, non seulement sans peine, mais avec la satisfaction d'un voyageur arrivé au terme de sa course; le doyen lui proposa d'embrasser la religion catholique : « *il me reste*, lui dit-elle, *trop peu de moments pour les donner à la controverse.* » Le doyen prenant mal sa pensée, ou voulant avoir le temps de la convertir, crut ou feignit de croire qu'elle désiroit un délai, & il en obtint un de trois jours, qu'elle trouva fort long & fort désagréable, son sacrifice étant fait. On obtint aussi pour son mari, la permission de lui dire un dernier adieu. » Cette entrevue, dit-elle, ne serviroit qu'à nous ôter le peu de courage qui nous reste, & dont nous avons besoin. » Elle la refusa, mais elle ne put se refuser d'aller à la fenêtre jetter un triste regard sur ce malheureux, lorsqu'on le tira de la prison pour le conduire deux heures avant elle, au lieu de l'exécution; elle vit même ensuite son corps décapité, qu'on portoit sur un chariot pour l'enterrer. Elle marcha au supplice en saluant les spectateurs d'un air affable & tranquille; & tenant le doyen de St. Paul par la main, elle le remercia de l'humanité qu'il lui avoit témoignée; le lieutenant de la Tour lui ayant montré le desir de conserver quelque chose d'elle, elle lui donna des tablettes, où elle avoit écrit des sentences grecques & latines, relatives à son malheur & à son innocence. Elle parla au peuple; elle dit que cette innocence n'étoit pas une excuse suffisante dans des évènements qui, comme ceux dont il s'agissoit, intéressoient l'ordre public; que l'intérêt de la nation demandoit sa mort, & qu'elle l'acceptoit sans regret : ensuite ayant les yeux bandés & la tête posée sur le billot, elle crut s'appercevoir que l'exécuteur balançoit, elle prit elle-même la peine de l'encourager. Le peuple fondoit en larmes, & tous les cœurs s'éloignèrent de Marie. La mort de *Jeanne Gray* est de 1554.

Jeanne Gray avoit deux sœurs; 1°. Catherine Gray, qu'Elisabeth, qui remplit le trône après Marie, se contenta d'abord de condamner au célibat, mais qu'elle fit enfermer dans la suite, pour avoir contracté un mariage secret avec le comte d'Herford, & en avoir eu des enfants; Catherine Gray mourut dans sa prison, en 1562.

2°. Marie Gray, de qui l'histoire ne dit rien, sinon qu'elle étoit bossue, & qu'elle épousa Martin Kejes.

GRE

GREATERICK *ou* GREATERACK, (Valentin) (*Hist. d'Anglet.*) irlandois, imposteur célèbre, du genre des *Abaris* & des *Jacques Aymar* (Voyez ces articles.) Celui-ci guérissoit toutes les maladies, par le seul attouchement, sur-tout chez les femmes; il séduisit presque toute l'Angleterre du temps du Roi Charles II. Il y fit schisme du moins. Saint Evremont a consacré cet évènement par sa pièce intitulée : *le Prophête Irlandois*; & des Maizeaux, dans sa vie de St. Evremont a détaillé le fait. Ses grands succès étoient en 1664 & 1665.

GREAVES, GRAVIUS, (Jean) (*Hist. Litt. mod.*) sçavant anglois, dont nous avons une *Description des Pyramides d'Egypte*, traduite en françois par Thevenot; un *Traité de la manière de faire éclorre les poulets dans les fours, selon la méthode des Egyptiens. Elementa linguæ Persicæ*, & divers ouvrages sçavans sur l'Astronomie & la Chronologie des Arabes & des Persans. Mort en 1652, à 50 ans.

GREBAN, (Arnoul & Simon) (*Hist. Litt. mod.*) poëtes françois du quinzième siècle, ont composé, vers l'an 1450, *les Mystères des Actes des Apôtres à personnages*. Ils étoient de Compiegne.

GRECOURT, (Jean-Baptiste-Joseph Villart de) (*Hist. Litt. mod.*) chanoine de l'église de St. Martin de Tours, auteur du *Philotanus*, si connu, de divers contes licencieux & de poësies légères qu'on ne lit plus guères. Né l'an 1683. Mort en 1743.

GREGOIRE, (*Hist. Eccl.*) Il y a eu quinze papes du nom de *Grégoire*; les plus célèbres sont *St. Grégoire*, dit le grand, le premier des quinze, qui siégea depuis l'an 590 jusqu'en l'an 604. Ce fut lui qui, par ses missionnaires, convertit à la foi les anglo-saxons. Nous avons de lui des lettres curieuses pour l'histoire du temps.

2°. GRÉGOIRE VII. (Hildebrand) fils d'un charpentier ou d'un menuisier, celui de tous les papes, qui avant Boniface VIII, avoit porté le plus haut les prétentions pontificales : élu en 1073, il mourut le 25 mai 1085. Il excommunia & déposa l'empereur Henri IV, au concile de Rome en 1080. Dans le *Dictatus Papæ*, qu'on lui attribue, il établit que le pape a le droit de déposer l'empereur, & de délier les sujets du serment de fidélité. Quelques auteurs croyent, à la vérité, que cet ouvrage n'est pas de lui; mais c'est une question très-indifférente; car la même doctrine est enseignée dans ses lettres, & elle fut constamment la règle de sa conduite. Ses liaisons avec la comtesse de Toscane Mathilde, & les libéralités de cette princesse envers le Saint-Siège, ont donné lieu à des bruits injurieux pour lui & pour elle; mais il paroît que l'orgueilleux & inflexible Hildebrand avoit cette pureté & cette austérité de mœurs qui semble distinguer les caractères disputeurs & les esprits turbulents. Environ

soixante

soixante & dix ans après la mort du pape Anastase IV, se fit peindre avec l'auréole & le titre de saint ; le pape *Grégoire XIII*, en 1584, fit insérer le nom de *Grégoire VII* dans le martyrologe romain : c'étoit une insulte faite à tous les souverains ; une légende de *Grégoire VII*, où il étoit loué aux dépens de l'empereur Henri IV, & où la déposition de ce prince étoit approuvée, excita beaucoup de trouble en France, parmi les évêques & dans les divers parlements pendant les années 1729, 1730, 1731.

3°. Ce même *Grégoire XIII*, (Buoncompagno) élu le 13 mai 1572, mort le 10 avril 1585, est l'auteur de la *Réforme du Calendrier*, qui depuis cette époque (1582), s'appelle *le Calendrier Grégorien*. Le peuple romain lui fit élever une statue de marbre.

Parmi les autres personnages illustres du nom de *Grégoire*, nous distinguerons :

1°. Les deux *Grégoire* de Nazianze, père & fils, lumières & ornements de l'église grecque au quatrième siècle, sur-tout le fils, qui est au rang des pères grecs les plus éloquents. Le père étoit évêque de Nazianze, & mourut centenaire, vers l'an 374. Le fils fut son coadjuteur à Nazianze. Dans la suite il fut évêque ou patriarche de Constantinople ; il se démit de cet évêché pour vivre dans la retraite & dans l'étude ; il mourut le 9 mai 389. Saint Cézaire étoit son frère, sainte Gorgonne sa sœur, saint Basile son ami. (*Voyez* ce dernier article).

2°. Saint *Grégoire* de Nysse, autre père de l'église, du même siècle, & qu'on nommoit même, à cause de son grand âge, *le Père des Pères*. Il étoit évêque de Nysse en Cappadoce, vers l'an 330, & mourut en 396. Il étoit frère de saint Basile, de saint Pierre, évêque de Sébaste en Arménie, & de sainte Marine, vierge & abbesse. Il combattit les Ariens.

3°. Saint *Grégoire* de Tours, nommé plus communément *Grégoire* de Tours, père de notre histoire ; né en Auvergne le 30 novembre 544, mort à Tours le 17 novembre 595. La meilleure édition de ses œuvres est celle qu'en a donnée dom Thierry Ruinart, bénédictin de la congrégation de saint Maur, en 1699. Son histoire finit vers l'an 591. La rivalité de Frédégonde & de Brunehaut, & l'activité impétueuse de ces deux femmes divisoient toute la France en deux partis ; elles ne laissoient à personne la liberté de rester neutre. La Touraine avoit été du partage de Sigebert ; ce prince & Brunehaut sa femme, avoient contribué à mettre *Grégoire* sur le siège de Tours ; il leur étoit attaché par la reconnoissance ; il étoit visiblement dans les intérêts de Brunehaut ; il paroît même avoir été consulté pour le mariage de cette reine avec le jeune Mérouée, son neveu, fils de Chilpéric ; vraisemblablement il n'approuva pas le projet de ce mariage ; mais dans la persécution que Prétextat souffrit pour cette affaire, *Grégoire* fut le seul évêque qui osa prendre sa défense ; il donna des éloges au jeune Mérouée, qu'il trouva caché dans St. Martin de Tours, & fuyant la colère de son père ; ce qui, dans les circonstances, annonçoit de la part de *Grégoire*, une indulgence marquée pour ce mariage incestueux, qui avoit attiré sur Mérouée la colère de Chilpéric. Il fut persécuté lui-même par Chilpéric & par Frédégonde ; il fut obligé de se justifier dans l'assemblée de Braine sur quelques discours injurieux à Frédégonde qu'on l'accusoit d'avoir tenus, & il se justifia en disant qu'il ne les avoit pas tenus, mais qu'il les avoit entendu tenir ; enfin, son histoire prouve assez qu'il étoit ennemi personnel de Chilpéric & de Frédégonde, & il ne tint peut-être pas la balance assez droite entr'eux & Brunehaut, dont il ne dissimule pourtant pas les torts, mais qui n'avoit pas encore commis tous ses crimes dans le temps où *Grégoire* de Tours écrivoit.

GRENADE, (Louis de) (*Hist. Litt. mod.*) dominicain espagnol, écrivain ascétique, très-connu, auteur de *la Guide des Pécheurs*, du *Mémorial de la Vie Chrétienne*, d'un *Cathéchisme*, d'un *Traité de l'Oraison*, &c. Né en 1504, mort en 1588.

GRENAN, (Bénigne) (*Hist. Litt. mod.*) professeur de rhétorique au collège d'Harcourt, poëte latin. Son ode à la louange du vin de Bourgogne, à laquelle M. Coffin répondit par une fort belle ode à la louange du vin de Champagne, est connue & estimée. *Voyez* à l'article COFFIN, les strophes de l'ode de M. *Grenan*, qui firent naître ce combat de poësie. En général, Horace a été le modèle des deux poëtes pour les tours & quelquefois pour les expressions. M. *Grenan* est mort à Paris en 1723.

GRESHAM, (Thomas) (*Hist. d'Anglet.*) citoyen bienfaisant & magnifique, fit bâtir, à ses dépens, la bourse de Londres en 1565. Brûlée au bout d'un siècle, elle a été rebâtie aux dépens du public. *Gresham* fonda aussi un collége, qui porte son nom, & cinq hôpitaux.

GRESSET, (Jean-Baptiste-Louis) (*Hist. Litt. mod.*) *Voyez* sur ce qui le concerne, les articles CHAPELAIN & DANCHET. Il étoit né en 1709, à Amiens ; il aima toujours sa patrie, sentiment naturel à l'homme de bien. Il la regrette dans une ode, à laquelle il manque du mouvement & de la poësie, mais où quiconque s'est vu séparé pour long-temps d'une patrie qu'il aimoit, reconnoîtra ses vrais sentiments dans la douce mélancolie du poëte :

L'amour de ma chère patrie
Rappelle mon ame attendrie
Sur des bords plus beaux à mes yeux ;

Loin du séjour que je regrette,
J'ai déjà vu quatre printemps,
Une inquiétude secrette
En a marqué tous les instants. . . . . .
Souvent la fortune, un caprice,
Ou l'amour de la nouveauté
Entraîne au loin notre avarice
Ou notre curiosité ;
Mais sous quelque beau ciel qu'on erre,
Il est toujours une autre terre
D'où le ciel nous paroît plus beau.

S'il succombe au dernier sommeil,
Sans revoir la douce contrée
Où brilla son premier soleil,
Là, son dernier soupir s'adresse ;

Là, son expirante tendresse,
Veut que ses os soient ramenés. . . . . .
Heureux qui des mers Atlantiques
Au toît paternel revenu,
Consacre à ses dieux domestiques
Un repos enfin obtenu!
Plus heureux le mortel sensible
Qui reste citoyen paisible,
Où la nature l'a placé. . . . . .
Il ne faudroit qu'un an d'absence
Pour leur apprendre la puissance
Que la patrie a sur les cœurs. . . . . .
Bords de la Somme, aimables plaines,
Dont m'éloigne un destin jaloux:
Que ne puis-je briser les chaînes
Qui me retiennent loin de vous! &c.

On sent règner dans toute cette ode, quoique foible, le même esprit qui a fait dire à Virgile:

Et dulces moriens reminiscitur Argos.

M. *Gresset*, après avoir connu, goûté, peint dans ses écrits, ce que Paris a de séduisant & de brillant, a eu la sagesse de mettre à ces agréments leur valeur véritable, & le bonheur de retourner dans sa patrie, & d'y rester, jouissant parmi ses concitoyens, des douceurs de la considération personnelle, après avoir joui de tout l'éclat de sa réputation. Il ne revenoit plus à Paris que quand il y étoit appellé par quelques affaires ou par quelques devoirs; tout lui devint étranger dans cette capitale, & sur-tout le jargon du jour, qu'il avoit si bien peint dans le *Méchant*; il voulut le peindre encore, mais il ne le connoissoit plus, qu'assez peut-être pour le mépriser justement, & non pas assez pour le peindre. (*Voyez* l'article CHAPELAIN.)

Un autre sentiment vrai qui se montre partout dans les ouvrages de M. *Gresset*, c'est l'amour de la campagne, & la préférence toujours donnée à la retraite sur le tumulte & l'éclat de Paris; non seulement il aime la campagne, mais il la fait aimer. *Voyez* dans LA CHARTREUSE, le parallèle de Paris & de la campagne:

Dans ces solitudes riantes,
Quand me verrai-je de retour! &c.

Dans l'épître au P. Bougeant, la tirade:

Sortez du sein des violettes, &c.

Et la tirade:

Feuillage antique & vénérable, &c.

Et dans l'*épître à ma Sœur*, la tirade:

Tout nous rappelle aux champs; le printemps va renaître, &c.

Voyez l'ode à Virgile, intitulée: *Euterpe* ou *la Poësie champêtre*; & l'idylle intitulée: *le Siècle pastoral*.

Gresset étoit le poëte le plus original de ce siècle; c'est le seul peut-être qui ne soit absolument d'aucune école, & qui, postérieur à M. de Voltaire, n'en ait pas imité, en tout ou en partie, ou la manière générale ou au moins quelques détails. Voilà pour les petits poëmes & les pièces fugitives. *Gresset* n'a fait qu'une comédie, & il est au rang des premiers auteurs comiques. Nous disons qu'il n'a fait qu'une comédie; car nous ne regardons pas comme une comédie, le drame éloquent, touchant & moral de Sidney, contre le suicide, où il n'y a de comique que le rôle de Dumont, qui même est médiocrement comique, mais où les personnages intéressans ne le sont pas médiocrement. *Gresset* n'a fait aussi qu'une tragédie, & nous osons dire qu'elle ne nous paroît pas être à sa véritable place dans l'estime publique; c'est là tragédie d'Edouard III; elle n'est pas fort connue, & elle mérite fort de l'être. Nous ne la donnons cependant pas pour une excellente tragédie: l'intérêt n'y est pas au degré qu'on pourroit désirer; la pièce a quelque froideur; la marche quelque lenteur; on pourroit faire contre le plan plus d'une objection fondée; mais, pour ne parler que des auteurs morts actuellement, cette pièce est, après les excellentes pièces de Racine & de Voltaire, la tragédie la mieux écrite qui existe: elle est remplie de beautés & des plus grandes beautés dans tous les genres. Eugénie a la tendresse & la délicatesse des Monimes & des Bérénices; elle joint une douce teinte de mélancolie angloise, à la tendresse profonde de ces héroïnes de Racine.

Un caractère irréprochable ennoblissoit les rares talents de M. *Gresset*. Quand il fut reçu à l'Académie Françoise, en 1748, il loua M. Danchet son prédécesseur, de n'avoir jamais souillé sa plume par la satyre, & de n'avoir eu jamais à rougir d'aucun de ses écrits; tout le monde lui fit à lui-même l'application de cet éloge.

On sçait comment M. de Voltaire a traité M. *Gresset* dans *le Pauvre Diable*. (*Voyez* l'article CHAPELAIN.)

On cherche en vain dans les œuvres de M. *Gresset*, ce qui a pu irriter contre lui ce lion terrible; on y trouve un juste éloge d'*Alzire*, & M. de Voltaire défendu contre ses censeurs; on y trouve:

Que la muse guerrière
Qui chante aux dieux les fastes des combats,
La foudre en main enseigna ses mystères
Aux Camoëns, aux Miltons, aux Voltaires.

Et ailleurs:

Voltaire du tendre Elisée
Peindra les mânes généreux.

M. *Gresset* s'étoit fait jésuite à seize ans; c'étoit trop tôt se faire jésuite:

Porté du berceau sur l'autel,
Je m'entendois à peine encore,
Quand j'y vins bégayer l'engagement cruel. . . . .

Il sortit de cet ordre à vingt-six ans (en 1735); parce que, d'après le charmant poëme de *Ververt*, les jésuites l'avoient trouvé *au collége un bel esprit mondain*, & l'avoient en conséquence exilé à la Flèche, & parce que lui-même il sentit qu'un tel talent n'étoit pas fait pour rester enfermé dans l'ombre d'un cloître; ses adieux aux Jésuites sont d'un disciple reconnoissant, qui les aime, les respecte, les regrette & les venge de la calomnie:

Oui, j'ai vu des mortels, j'en dois ici l'aveu,
Trop combattus, connus trop peu;

J'ai vu des esprits vrais, des cœurs incorruptibles,
Voués à leur patrie, à leurs rois, à leur Dieu,
A leurs propres maux insensibles,
Prodigues de leurs jours, tendres, parfaits amis,
Et souvent bienfaiteurs paisibles
De leurs plus fougueux ennemis.

Si ce portrait est flatté, on ne peut du moins l'attribuer à aucun motif d'intérêt:

Qu'il m'est doux de pouvoir leur rendre un témoignage,
Dont l'intérêt, la crainte & l'espoir sont exclus!

Croiroit-on que M. *Gresset* fut regardé à la cour presque comme un impie, pour avoir dit dans l'éloge de M. de Surian, évêque de Vence, en recevant à l'Académie Françoise M. d'Alembert, son successeur, les paroles suivantes:

« M. l'évêque de Vence ne sortit jamais de son » diocèse, que quand il fut appellé par son devoir; » à l'assemblée du Clergé. Bien différent de ces pontifes » agréables & profanes, crayonnés autrefois par Des- » préaux, & qui regardant leur devoir comme un » ennui, l'oisiveté comme un droit, leur résidence » naturelle comme un exil, venoient promener leur » inutilité parmi les écueils, le luxe & la mollesse de » la capitale, ou venoient ramper à la cour, & y » traîner de l'ambition sans talens, de l'intrigue sans » affaires, & de l'importance sans crédit ».

C'étoit *aux prélats de cour prêcher la résidence*; & cela parut une hardiesse en 1754.

On a lieu de croire que M. *Gresset* a supprimé un nouveau chant du *Ververt*, connu sous le nom de *L'Ouvroir*, & dans lequel il peignoit les occupations des religieuses. Plusieurs personnes en ont entendu la lecture, & en ont retenu quelques vers.

M. *Gresset* nommé en 1750, président perpétuel de l'académie d'Amiens, à l'établissement de laquelle il avoit beaucoup contribué, fit, à l'installation de cette compagnie, un discours, où il réclamoit la liberté nécessaire aux gens de lettres, & qu'il termina par une abdication solemnelle de cette distinction de *président perpétuel*. Cette action rappelle le mot de M. de Fontenelle à M. le Régent, qui vouloit lui accorder une semblable distinction: *Monseigneur, ne me privez pas du plaisir de vivre avec mes égaux.*

M. *Gresset* épousa en 1751, Mlle. Galand, fille d'un maire d'Amiens, de la famille de M. Galand, traducteur des *Mille & une Nuits*. Le roi donna en 1775, de lettres de noblesse à M. *Gresset*, & quelque temps après, le nomma en survivance, historiographe de l'ordre de St. Lazare. M. *Gresset* mourut à Amiens le 16 Juin 1777.

GRETSER, (Jacques) (*Hist. Litt. mod.*) jésuite allemand, dont les œuvres ou polémiques contre les hérétiques, ou apologétiques pour les jésuites, ou simplement d'érudition, ont été recueillies en 7 vol. *in-folio.* Mort à Ingolstadt en 1625.

GREVIL, (Foulques) (*Hist. Litt. mod.*) anglois, auteur d'une histoire du règne de Jacques Ier, & de deux tragédies estimées, *Alaham* & *Mustapha*. Né en 1554, assassiné en 1628, par un domestique, qui se tua lui-même sur le champ.

GREVIN, (Jacques) (*Hist. Litt. mod.*) poëte françois & latin, qu'il faut plutôt mettre au rang des enfants célèbres qu'au rang des poëtes. Robert Etienne a imprimé, sous le titre de *Théâtre de Jacques Grevin*, une tragédie, deux comédies & une pastorale, que *Grevin* avoit composées dans un âge fort tendre, mais on ne les lit point. Né à Clermont en Beauvoisis en 1538, mort à Turin en 1570.

GRI

GRIFFET, (Henri) (*Hist. Litt. mod.*) jésuite, a donné une bonne édition de l'histoire de France du P. Daniel, avec des dissertations sçavantes; l'histoire du règne de Louis XIII qui la termine, est du P. *Griffet*; une bonne édition aussi des Mémoires du P. d'Avrigny pour l'Histoire profane; un *Traité des différentes sortes de preuves qui servent à établir la vérité de l'Histoire*; des ouvrages de piété; des poësies latines. C'étoit par la prédication qu'il s'étoit d'abord fait connoître. Né à Moulins en Bourbonnois en 1698, mort en 1775, à Bruxelles, où il s'étoit retiré après la destruction des jésuites en France.

GRIGNAN, (Françoise-Marguerite de Sevigné, comtesse de) (*Hist. mod.*) Qui ne connoît madame de *Grignan* & Pauline sa fille, depuis marquise de Simiane, par les lettres de madame de Sevigné? Madame de *Grignan* mourut en 1705. Pauline, en 1737.

GRIMANI, (Antoine & Dominique) (*Hist. de Venise*). La piété filiale du cardinal Dominique *Grimani* mérite d'être citée pour modèle. Antoine son père, général des troupes de Venise, ayant été battu par les Turcs, tomba dans la disgrace de la République, qui le mit en prison, & lui fit son procès. Le cardinal demanda d'être mis en prison à sa place; & n'ayant pu l'obtenir, il courut du moins le soulager & le servir. Antoine *Grimani* fut banni; son fils le reçut à Rome, & lui procura toute sorte de consolations. Il eut lui-même celle de le voir rentrer en grace avec la République, qui le nomma doge à quatre-vingt-dix ans, comme pour réparer ses torts envers lui. Il jouit encore pendant vingt mois de cette dignité. Le père & le fils moururent dans la même année (1523), le cardinal ayant déjà soixante-trois ans.

GRIMAREST, (Léonor le Gallois, sieur de) (*Hist. Litt. mod.*) auteur d'une *Histoire de Charles XII*, fort ignorée; d'une *Vie de Moliere*, plus connue; d'*éclaircissements sur la langue Françoise*. Il étoit, dit-on, d'une vanité insupportable. Quand il vantoit un livre, il ajoutoit: *Ce n'est pourtant pas Grimarest qui l'a fait*. Il disoit qu'*il avoit donné de l'esprit à tout le nord*, parce qu'il étoit maître de langues, & que les Suédois, les Danois, les Allemands s'adressoient à lui pour apprendre à écrire des lettres en françois. Mort en 1720.

GRIMOALD, (*Hist. de Fr.*) fils indigne de Pepin de Landen, ou le vieux, homme vertueux. Il fut comme lui, maire d'Austrasie; il eut quelque temps un concurrent redoutable & plus agréable que lui aux grands, dans la personne d'Othon, seigneur austrasien; il le fit assassiner.

Sigebert, roi d'Austrasie, laissa un fils presque au berceau, nommé Dagobert II. Il en donna la tutelle à son maire *Grimoald*; celui-ci voulut mettre la royauté dans sa maison; il n'osa pas prendre pour lui la couronne d'Austrasie, mais il crut pouvoir la mettre sur la tête de Childebert son fils, en publiant qu'il avoit été adopté par Sigebert. Comment concevoir cependant que Sigebert, au préjudice de son fils, eût appellé au trône, un étranger à la race de Clovis? L'invraisemblance de cette chimérique adoption n'arrêta point *Grimoald*; & quand il crut avoir tout préparé, il fit tondre Dagobert II, par un autre traître, nommé Didon, évêque de Poitiers, & le fit transporter en Irlande, où cet enfant fut long-temps oublié. En même temps, il répandit le bruit que Dagobert II étoit mort, & il fit proclamer son propre fils Childebert, comme ayant été adopté par Sigebert. Quelques auteurs prétendent même que *Grimoald*, pour assurer l'exécution de son projet, avoit empoisonné Sigebert, & sa conduite ne démentit point ce soupçon.

Quoi qu'il en soit, *Grimoald* ne recueillit point le fruit de son crime: les Austrasiens soulevés, le firent prisonnier avec son fils, & les envoyèrent l'un & l'autre à Clovis, roi de Neustrie, frère de Sigebert: depuis ce temps (653), ils ne reparurent plus.

Un autre *Grimoald* étoit fils de Pepin de Héristal & de Plectrude; il fut assassiné dans une église en 714, par un homme nommé Rangaire, sans qu'on ait jamais sçu à quelle occasion.

Il y a aussi un *Grimoald*, roi des Lombards, usurpateur célèbre, qui a exercé, quoique sans succès, le génie de Corneille dans *Pertharite*; & ce *Grimoald*, mort en 671, fit alliance peu de temps auparavant, avec ce même Dagobert II, que *Grimoald*, fils de Pepin le vieux, avoit fait transporter en Irlande, & revint dans la suite en France, où il régna sur une partie de l'Austrasie.

GRIS, (Jacques le) (*Hist. de Fr.*) L'histoire trop certaine du fameux duel de *le Gris* & de Carrouge en 1386, offre dans ses circonstances des difficultés que quelques auteurs paroissent avoir voulu éluder, & que la plûpart semblent n'avoir pas apperçues. La femme de Carrouge accuse *le Gris* de lui avoir fait violence; Carrouge & *le Gris* combattent; *le Gris* succombe, il est pendu. Un malfaiteur arrêté quelque temps après pour d'autres crimes, avoue celui-là. On ne peut cependant presque pas douter de la bonne foi de la femme: 1°. il règne dans son accusation & dans toutes les circonstances dont elle l'accompagne, un ton de naïveté persuasif. 2°. L'accusatrice s'exposoit au plus grand péril; elle devoit être brûlée, si Carrouge succomboit. 3°. La ferveur même de ses prières pendant le combat, semble annoncer une ame innocente. Une calomniatrice auroit-elle osé demander à Dieu que sa calomnie triomphât? 4°. Son désespoir, lorsqu'elle reconnoît qu'elle s'est trompée, le courage avec lequel elle se dévoue à une pénitence rigoureuse, & se renferme pour le reste de ses jours dans une cellule murée; tout semble déposer en faveur de sa sincérité.

Mais d'un autre côté, comment pouvoit-elle avoir été sincère? Il paroît que le faux *le Gris* avoit été long-temps avec elle avant de demander à être conduit au donjon, où il avoit exercé sa violence; il avoit ensuite fait des déclarations & des instances, il avoit prié, il avoit menacé, il avoit épuisé tous les moyens de séduction avant de recourir à la force: y avoit-il donc entre le vrai & le faux *le Gris*, une ressemblance assez parfaite & assez universelle, pour que la dame de Carrouge pût les confondre, malgré tant d'occasions de les distinguer? Et si cette ressemblance existoit, les historiens n'en auroient-ils pas fait mention?

M. Duclos, dans un mémoire sur les épreuves ou jugements de Dieu, inséré dans le recueil de l'académie des inscriptions & belles-lettres, semble lever ces difficultés d'un seul mot; il dit que la dame de Carrouge fut violée par un homme masqué; mais peut-être prend-il sur lui de le dire, & d'ailleurs ce n'est que changer de difficultés; car il paroît impossible de concilier ce fait avec certaines circonstances de cette aventure: par exemple, avec le bon accueil que la dame de Carrouge fait d'abord à cet homme, avec la complaisance qu'elle a de le conduire seule au donjon, avec l'accusation même qu'elle intente contre *le Gris* nommément & sans jamais montrer le moindre doute sur la personne, accusation qu'elle renouvelle & qu'elle soutient au moment du combat, à la vue du péril, & lorsque son mari, tandis qu'il en est temps encore, lui offre une occasion de se rétracter, ou du moins de modifier son accusation. Quoi! la dame de Carrouge n'a pas vu le coupable au visage, & elle assûre que c'est *le Gris*; & sur cette assûrance, elle expose son mari à être pendu, elle s'expose elle-même à être brûlée! Telles sont les difficultés que présente cette aventure; on ne peut pas peut-être les résoudre, mais il ne faut pas les dissimuler.

GRIVE, (Jean de la) *Hist. Litt. mod*) l'abbé de *la Grive*, géographe de la ville de Paris, mort en 1757. On a de lui un *Plan de Paris*; les *Environs de Paris*; le *Plan de Versailles*; les *Jardins de Marly*; le *Terrier du Domaine du Roi aux environs de Paris*; un *Manuel de Trigonométrie sphérique*.

G R O

GRONOVIUS, (Jean-Frédéric & Jacques) (*Hist. Litt. mod.*) père & fils, ont donné de sçavantes éditions de plusieurs auteurs latins, & le fils, de quelques auteurs grecs. Le fils est le plus célèbre, sur-tout par son *Thesaurus antiquitatum Græcarum*. Il avoit toute la rudesse d'un sçavant. On lui appliquoit ce passage de Sénéque, pour exprimer son incompatibilité, & le caprice & l'injustice de la plûpart de ses jugements: *hic sibi indulget, ex libidine judicat, & audire non vult & eripi judicium suum, etiamsi pravum est, non finit.* Le père mourut en 1672, le fils en 1716. Tous deux étoient professeurs de belles-lettres à Leyde.

GROS TOURNOIS, (*Hist. des monn.*) ancienne

monnoie de France en argent, qui fut d'abord faite à bordure de fleurs-de-lis.

Les *gros tournois* succédèrent aux sous d'argent; ils sont quelquefois nommés *gros deniers d'argent*, *gros deniers blancs*, & même *sous d'argent*; il n'est rien de si célèbre que cette monnoie depuis Saint Louis jusqu'à Philippe-de-Valois, dans les titres & dans les auteurs anciens, où tantôt elle est appellée *argenteus Turonensis*, tantôt *denarius grossus*, & souvent *grossus Turonensis*. Le nom de *gros* fut donné à cette espèce, parce qu'elle étoit alors la plus grosse monnoie d'argent qu'il y eût en France, & on l'appella *tournois*, parce qu'elle étoit fabriquée à Tours, comme le marque la légende de *Turonus civis* pour *Turonus civitas*.

Quoique Philippe d'Alsace, comte de Flandres, qui succéda à son père en 1185, eût fait fabriquer avant Saint Louis des *gros* d'argent avec la bordure de fleurs-de-lis, Saint Louis passe pour l'auteur des *gros tournois* de France avec pareille bordure; c'est pourquoi dans toutes les ordonnances de Philippe-le-Bel & de ses successeurs, où il est parlé de *gros tournois*, on commence toujours par ceux de Saint Louis: cette monnoie de son temps étoit à onze deniers douze grains de loi, & pesoit un *gros* sept grains $\frac{26}{58}$: il y en avoit par conséquent cinquante-huit dans un marc. Chaque *gros tournois* valoit douze deniers tournois; de sorte qu'en ce temps-là le *gros tournois* étoit le sou tournois. Il ne faut pourtant pas confondre ces deux espèces; la dernière a été invariable & vaut encore douze deniers, au lieu que le *gros tournois* a souvent changé de prix.

Remarquez d'abord, si vous le jugez à propos, la différence de l'argent de nos jours à celui du temps de Saint Louis; alors le marc d'argent valoit 54 sous 7 deniers, il vaut aujourd'hui 52 livres, ainsi le *gros tournois* de Saint Louis, qui valoit 12 deniers tournois, vaudroit environ 18 sols de notre monnoie actuelle.

Remarquez encore que les *gros tournois*, qui du temps de Saint Louis étoient à 11 deniers 12 grains de loi, ne diminuèrent jamais de ce côté-là; qu'au contraire ils furent quelquefois d'argent fin, comme sous Philippe de Valois, & souvent sous ses successeurs, à 11 deniers, 15, 16, 17 grains: mais il n'en fut pas de même pour le poids & pour la valeur; car depuis 1343 sous Philippe de Valois, leur poids diminua toujours, & au contraire leur valeur augmenta; ce qui montre que depuis Saint Louis jusqu'à Louis XI, la bonté de la monnoie a toujours diminué, puisqu'un *gros tournois* d'argent de même loi, qui pesoit sous Louis XI 3 deniers 7 grains, ne valoit sous Saint Louis que 12 deniers tournois, & que ce même *gros* sous Louis XI ne pesant que 2 deniers 18 grains & demi, valoit 34 deniers.

En un mot, observez que le nom de *gros* s'est appliqué à diverses autres monnoies qu'il faut bien distinguer des *gros tournois*: ainsi l'on nomma les testons *grossi capitones*; les *gros* de Nesle ou négelleuses, étoient des pièces de six blancs. Les *gros* de Lorraine étoient des carolus, *&c.* mais ce qu'on nomma *petits tournois d'argent* étoit une petite monnoie qui valoit la moitié du *petit tournois*: on les appelloit autrement *mailles* ou *oboles d'argent*, & quelquefois *mailles* ou *oboles blanches*.

M. le Blanc, dans son *Traité des Monnoies*, vous donnera les représentations des *gros tournois* pendant tout le temps qu'ils ont eu cours. Au reste, cette monnoie eut différents surnoms selon les différentes figures dont elle étoit marquée; on les appella *gros à la bordure de lis*, *gros à la fleur-de-lis*, *gros royaux*, *gros à l'O*, *gros à la queue*, parce que la croix qui s'y voyoit avoit une queue; *gros à la couronne*, parce qu'ils avoient une couronne, *&c.* (*D. J.*).

Gros ou Groat, (*Hist. Mon.*) en Angleterre signifie une monnoie de compte valant quatre sous.

Les autres nations, sçavoir les Hollandois, Polonois, Saxons, Bohémiens, François, *&c.* ont aussi leurs *gros*. *Voyez* Monnoie, Coin, *&c.*

Du temps des Saxons, il n'y avoit point de plus forte monnoie en Angleterre que le sou, ni même depuis la conquête qu'en firent les Normands jusqu'au règne d'Edouard III, qui en 1350 fit fabriquer des *gros*, c'est-à-dire, de grosses pièces, ayant cours pour quatre deniers pièce: la monnoie resta sur ce pied-là jusqu'au règne d'Henri VIII, qui en 1504 fit fabriquer les premiers schelings.

Gros, est aussi une monnoie étrangère qui répond au gros d'Angleterre. En Hollande & en Flandre on compte par livres de *gros*, valant six florins. *Voyez* Livres. *Chambers.* (*G.*).

GROTIUS, (Hugues) (*Hist. Litt. mod.*) Ce sçavant & sage hollandois, ami du fameux Barneveldt & favorable comme lui au parti des Arminiens, parce que c'étoit le plus modéré, fut enveloppé dans la disgrace de Barneveldt; celui-ci eut la tête tranchée, & par le même arrêt *Grotius* fut condamné à une prison perpétuelle, & en conséquence enfermé dans le château de Louvestein, d'où il se sauva en 1621, par l'adresse de Marie Regesberg sa femme, qui, sous prétexte de lui envoyer des livres, lui fit parvenir un grand coffre, dans lequel on l'emporta hors de sa prison. Il vint en France, où il composa son fameux *Traité de la Guerre & de la Paix*; mais comme il ne flattoit pas le cardinal de Richelieu, il en fut négligé: il éprouva même des dégoûts qui l'obligerent de quitter la France; il y revint avec le caractère d'ambassadeur que lui donna la reine de Suéde, Christine. C'est un probléme parmi les sçavants, si *Grotius* est mort protestant ou Catholique. Le P. Petau, après la mort de *Grotius*, disoit la messe pour lui. Outre le traité *de Jure belli & pacis*, traduit par Barbeyrac, on a de *Grotius* un traité presque aussi connu, *de la vérité de la Religion Chrétienne*, traduit par M. l'abbé Goujet, & que Saint-Evremont appelloit le *Vade mecum* des chrétiens; des *Œuvres théologiques*; des *Poësies*; *de imperio summarum potestatum circa sacra*, ouvrage traduit en françois, sous ce titre: *Traité du pouvoir du Magistrat politique sur les choses sacrées*; *Annales & historia de rebus Belgicis, ab obitu regis Philippi, usque ad inducias anni 1609*; *de antiquitate reipublicæ Batavicæ*; *Historia Gothorum*; & une multitude d'autres ouvrages. Tous ces fruits de l'érudition & d'un grand sens, il n'a pas tenu à l'intolérance qu'ils n'ayent été séchés dans leur fleur; c'est à quoi l'intolérance sera toujours bonne.

Grotius mourut à Rostock en 1645. Le P. Oudin a écrit sa vie, mais elle est bien plus complette dans l'ouvrage de M. de Burigny.

GRUET, (Jacques) (*Hist. du Calvinisme*) genevois, eut la tête tranchée à Genève en 1549, bien moins pour quelques traits d'impiété, qu'on prétendit après coup avoir trouvés dans ses papiers, que pour avoir osé démasquer aux yeux des Genevois, leur patriarche & leur prophète Calvin.

GRUTER, (Jean) *Hist. Litt. mod.*) sçavant illustre) professeur d'histoire à Vittemberg, puis à Heidelberg, où il avoit la direction de cette magnifique bibliothèque, transportée à Rome quelque temps après. On a de lui une *Recueil d'Inscriptions;* les *Deliciæ Poetarum Gallorum, Italorum, Belgarum, Germanorum, Hungaricorum, Scotorum, Danorum; Historiæ Augustæ scriptores; Chronicon Chronicorum*, &c. *Gruter* fut marié quatre fois; c'est beaucoup pour un sçavant. Il étoit né à Anvers en 1560. Il mourut en 1627.

G R Y

GRYNÉE, (Simon) (*Hist. Litt. mod.*) ami de Luther & de Melanchton, a publié le premier l'Almageste de Ptolemée en grec. Né en Souabe en 1493, mort à Bâle en 1541.

GRYPHIUS, (André) (*Hist. Litt. mod.*) né à Glogau en 1616, mort en 1664, passe pour le Corneille de l'Allemagne.

Chrétien, son fils, a donné des poësies allemandes; un *Traité sur l'origine & les progrès de la Langue Allemande;* une histoire des ordres de chevalerie, & d'autres ouvrages. Mort en 1706.

G U A

GUARINI (Jean-Baptiste) (*Hist. Litt. mod.*) célèbre auteur du *Pastor Fido.* Ses œuvres sont recueillies en 4 vol. *in*-4°.; mais sa gloire tient à cette pastorale illustre. Né à Ferrare en 1537, mort à Venise en 1612.

GUAST, (du) *Voyez* AVALOS & PESCAIRE, (*Hist. d'Esp.*) dom Alphonse d'Avalos, marquis du *Guast*, digne parent, disciple illustre du marquis de Pescaire, fut comme lui, un des plus habiles généraux de Charles-Quint: ce fut le marquis du *Guast* qui, à la bataille de Pavie, força le Parc de Mirabel. Il fut l'héritier des biens comme des talents du marquis de Pescaire, mort en 1525. Il fut fait prisonnier en 1528, dans un combat naval devant Naples par Philippin Doria, neveu du célèbre André Doria. Du *Guast* fut aussi utile à son maître dans sa prison, qu'à la tête des armées; ce fut lui qui négocia le plus fortement & le plus heureusement auprès d'André Doria, pour l'attirer au parti de l'Empereur. Il étoit au siège de Florence en 1530; mais quelque mésintelligence survenue entre lui & le prince d'Orange, l'obligea de quitter l'armée en 1535; il suivit l'Empereur à l'expédition de Tunis. Ce fut lui qui, en 1536, commanda les bandes espagnoles dans la fameuse expédition du même Charles-Quint, en Provence; il fit sur Arles une tentative, qui ne réussit pas mieux que celle que Charles-Quint faisoit dans le même temps sur Marseille. En 1537, il secourut Casal, & tailla en pièces les François, qui, sous la conduite de Burie, alloient surprendre cette place. Il fit cette même année, beaucoup de conquêtes dans le Piémont; entr'autres, celle du château de Carmagnole, devant lequel fut tué le marquis de Saluces, qui l'année précédente avoit trahi la France, & embrassé le parti de l'Empereur. Il n'y avoit dans le château de Carmagnole, que deux cents fantassins italiens au service de la France; ils se défendirent avec plus de constance que leur petit nombre ne sembloit en promettre; ils se rendirent enfin. Le marquis du *Guast* loua leur courage & leur talent pour défendre une place; il admiroit sur-tout la vivacité & la continuité du feu qu'il avoit vu partir d'une certaine fenêtre du château, qu'il indiquoit; il parut désirer de connoître ceux qui tiroient à cette fenêtre. Un soldat dit qu'il y avoit toujours été, & que pour sa part, il avoit tiré bien des coups de mousquet. *Malheureux*, lui dit du *Guast*, changeant tout-à-coup de ton & de langage, *c'est donc toi qui nous a privés de ce brave marquis de Saluces!* en même temps il fit pendre ce soldat à cette même fenêtre d'où étoit parti le coup qui avoit tué le marquis de Saluces; monument de barbarie envers un soldat fidèle, bien plus que de reconnoissance envers la mémoire de l'infidèle Saluces. Des auteurs ont dit que le marquis du *Guast* avoit fait pendre le commandant du château de Carmagnole, nommé Stephe de la Balia, & qu'il avoit envoyé toute la garnison aux galères; ce qui a bien l'air d'une exagération, à laquelle aura donné lieu l'indigne traitement fait au soldat trompé par les questions perfides du marquis du *Guast*. Les François accourant en forces dans le Piémont sur la fin de cette même campagne, réduisirent du *Guast* à une guerre défensive, dans laquelle il eut peu d'avantage.

Pendant l'intervalle de paix qui suivit, du *Guast* ne servit pas moins bien l'Empereur par ses négociations dans les différentes cours. En 1541, il fit assassiner sur le Pô, les ambassadeurs Rincon & Fregose, que François Ier envoyoit, l'un à Venise & l'autre à la Porte: Du Bellay Langei parvint à convaincre du *Guast* de ce crime. *Voyez* l'article BELLAY (du) & l'article FREGOSE. Ce fut la cause de la dernière guerre entre Charles-Quint & François Ier. En 1542, du *Guast* & Langei, rivaux dignes l'un de l'autre, commandèrent l'un contre l'autre, en Piémont. En 1543, du *Guast* commanda encore dans le Piémont, & ce fut contre Boutières, sur lequel il eut beaucoup d'avantage. Mais en 1544, il perdit la bataille de Cerisole le 13 avril, contre le comte d'Enguien. Avant la bataille, il avoit dit aux bourgeois d'Ast: « Si je ne reviens pas vainqueur, » fermez-moi les portes de votre ville ». Il avoit dit avant la campagne, aux femmes de Milan: « Voyez-» vous ces chaînes? elles vous rameneront lié ce petit » fou de comte d'Enguien & tous ces jeunes & jolis » volontaires françois». Les femmes avoient demandé grace pour le comte d'Enguien, dont on leur avoit vanté la bonne mine. On assure que le marquis avoit réellement fait une provision de chaînes pour lier les prisonniers françois qu'il espéroit faire, & qu'il se proposoit, dit-on, d'envoyer aux galères. On assûre que les françois trouvèrent parmi les bagages des impériaux, plusieurs chariots chargés de chaînes; mais il faut se souvenir qu'on trouve ces sortes de traits dans l'histoire ancienne, & que les historiens modernes ont souvent pris plaisir à les adapter aux évènements de leur temps.

Quoi qu'il en soit, les habitants d'Ast obéirent ponctuellement au marquis vaincu, & lui fermèrent leurs portes; il fut obligé de fuir jusqu'à Milan, où il étoit réduit à se cacher, n'osant paroître devant les femmes, qui le cherchoient pour lui demander l'emploi de ses chaînes & les jolis prisonniers qu'il leur avoit promis. Le comte d'Enguien envoya au Roi une montre de grand prix, trouvée parmi les bagages du marquis du *Guast*. La duchesse de Nevers, sœur du comte d'Enguien, dit au Roi, en la lui présentant: « Pour cette fois, Sire, nous ne vous présenterons » point le marquis du *Guast*, il s'est sauvé très-leste- » ment sur un beau cheval d'Espagne; mais voici sa » montre, qui n'étoit pas apparemment *si bien montée* » *que lui.* »

Le marquis du *Guast* mourut le 31 mars 1546. Il étoit né le 25 mai 1502, & déjà vieux capitaine, il n'avoit cependant que quarante-trois ans accomplis.

GUE' *ou* GUAY-TROUIN, (René du) *Hist. de Fr.*) Marin illustre, si connu par ses mémoires, plus encore par l'éloge qu'en a fait M. Thomas, & qui a été couronné en 1761, à l'Académie Françoise, naquit à Saint Malo le 10 juin 1673, d'une famille de négociants. Il fit sa première campagne en 1689, il y fut continuellement incommodé du mal de mer; il essuya une tempête: dans un abordage, un de ses compagnons, placé à côté de lui, voulant sauter dans le vaisseau ennemi, tomba entre les deux vaisseaux qui, venant à se joindre, écrasèrent ce malheureux; une partie de sa cervelle rejaillit sur du *Gué-Trouin*. Dans le même temps le feu prit au vaisseau ennemi. Tel fut l'apprentissage de du *Gué-Trouin*. Dans cette même campagne, il contribua beaucoup à la prise de trois vaisseaux; il tomba dans la mer, il fut blessé, il fut vainqueur.

En 1691, à dix-huit ans, chargé du commandement d'une frégate, il est jetté sur les côtes d'Irlande, après la perte des batailles de la Boine & de Kilconnel; il y prend un château, & y brûle deux navires.

En 1692, dans le temps même de la perte de la bataille de la Hogue, réparateur hardi & heureux de nos désastres, avec une frégate il en prend deux qui escortoient trente vaisseaux marchands; avec une autre frégate, il prend six vaisseaux.

En 1694, avec une seule frégate, il combat une escadre entière: après des prodiges de valeur & beaucoup de désastres, un boulet de canon le renverse, il perd connoissance; il est pris. Une jeune angloise, à laquelle il sçut plaire, lui procura la liberté.

En 1695, il prend sur les côtes d'Irlande, trois vaisseaux anglois, chargés de richesses.

En 1696, monté sur un vaisseau anglois qu'il avoit pris, il prend deux vaisseaux hollandois, & passe avec sa prise au travers de la flotte ennemie, qu'il trompe par une manœuvre habile; il descend sur les côtes d'Espagne, force près de Vigo, des retranchements, à l'attaque desquels son jeune frère, qui déjà égaloit sa valeur, est blessé à mort, au moment où, d'un autre côté, il forçoit aussi ces mêmes retranchements; il meurt dans les bras de du *Gué-Trouin*, qui accablé de douleur, voulut tout quitter & renoncer à la gloire même, mais qui jugea bientôt que c'étoit s'interdire la seule consolation qu'il pût recevoir; il combattit donc de nouveau les ennemis, & en homme qui avoit un frère à venger.

En 1697, après un combat terrible contre un homme son égal en valeur & en talents, (le fameux baron de Wassenaër, qui fut depuis vice-amiral de Hollande), après quatre abordages sanglants il se rend maître du vaisseau & de la personne de Wassenaër, qui étoit tombé dans son sang, chargé de quatre blessures dangereuses. Après la victoire, il lui prodigua les secours, les soins, les égards, & le présenta lui-même à Louis XIV, en célébrant sa valeur. Il avoit été présenté lui-même en 1695, à Louis XIV, par M. de Pontchartrain, alors ministre de la marine. Jamais Louis XIV ne vit du *Gué-Trouin* sans lui donner les marques d'estime les plus flatteuses; jamais du *Gué-Trouin* ne sortit de la présence de Louis XIV, sans se sentir enflammé du desir de servir l'état. Un jour du *Gué-Trouin* faisant à Louis XIV, le récit d'un combat où il avoit sous ses ordres un vaisseau nommé *la Gloire*: j'ordonnai, dit-il, à *la Gloire* de me suivre. *Elle vous fut fidelle*, reprit Louis XIV.

Jusqu'en 1697, du *Gué-Trouin* n'avoit encore servi que dans la marine marchande; il passa cette année à la marine royale, & y servit dans la guerre de la succession d'Espagne.

En 1702, avec un vaisseau désemparé, il se jette dans un vaisseau de guerre hollandois: un jeune frère qui lui restoit encore, s'y lança le premier, le capitaine hollandois est tué, le vaisseau pris.

En 1703, le 7 juillet, jetté par une brume épaisse, avec trois vaisseaux & deux frégates, dans une escadre hollandoise, qu'on pourroit appeller une flotte, il échappa sans aucune perte par des manœuvres si habiles, que c'étoit de toutes ses aventures, celle dont il étoit le plus flatté. C'étoit le cas de dire:

Quos opimus
Fallere & effugere est triumphus.

La même année il porta un notable préjudice à la pêche que les hollandois font de la baleine sur les côtes du Spitzberg; mais il pensa y périr, des courants l'ayant porté, à quatre-vingt-un degrés de latitude nord, contre un banc de glaces qui s'étendoit à perte de vue. « Peu » s'en fallut, dit M. Thomas, que le tombeau de du » *Gué-Trouin* ne fût caché dans les déserts qui bornent » le monde ».

En 1704, il désole les côtes de l'Angleterre, & fait des prises nombreuses & considérables. Dans une action vive & périlleuse, il est trahi, & ne peut échapper qu'à force de talent & de bonheur; la trahison resta impunie ; le traître fut protégé ; du *Gué-Trouin* voulut encore quitter le service ; mais il aimoit trop la patrie & la gloire.

En 1705, toujours des prises & des succès ; mais il perd encore un second frère. « Famille de héros ! » s'écrie M. Thomas : de trois frères, deux ont donné » l'exemple de mourir pour la patrie ; *du Gué-Trouin*, » celui de ne vivre que pour elle ».

En 1706, avec trois vaisseaux, il soutient pendant deux jours le plus rude combat contre six vaisseaux de guerre portugais ; trois boulets lui passent l'un après l'autre, entre les jambes ; son habit & son chapeau sont percés de coups de fusil ; il est blessé, mais légèrement, & il remporte la victoire. Il va défendre Cadix ; & le gouverneur de cette place, le marquis de Valdécagnas fait insulter ses chaloupes ; il demande justice, il est mis aux fers. *Louis XIV* le vengea pour cette fois ; il fit ôter le gouvernement de Cadix au marquis de Valdécagnas, & celui de l'Andalousie, au marquis de Villadarias son beau-frère ; il augmenta les honneurs de du *Gué-Trouin.*

En 1707, le 21 octobre, joint avec le comte ou le chevalier de Forbin, il livra un grand combat contre une flotte angloise. Forbin & du *Gué-Trouin* crurent dans cette occasion avoir à se plaindre l'un de l'autre, mais ils vainquirent ; la nation les absout & se loue de tous deux. (*Voyez l'article* FORBIN.) C'est dans ce combat que le vaisseau anglois *le Devonshire* fut brûlé avec plus de mille hommes qui le montoient, désastre dont M. Thomas a fait une peinture terrible, qu'il termine par ce voeu : « puisse le génie de l'humanité, mettre » souvent de pareils tableaux devant les yeux des Rois » qui ordonnent les guerres !

Mais de toutes les expéditions de du *Gué-Trouin*, la plus brillante à la fois & la plus importante, est celle de Rio-Janéiro dans le Brésil en 1711. Elle valut, dit-on, plus de sept millions à nos armateurs ; mais elle causa un dommage de plus de vingt-cinq millions aux portugais. Du *Gué-Trouin* pensa périr à son retour par une tempête ; il n'en fut que plus précieux à la nation ; il devint pour la France entière, un grand objet de curiosité ; on s'attroupoit autour de lui, une femme de qualité perça la foule pour pénétrer jusqu'à lui, *voulant*, disoit-elle, *voir un héros en vie.* Les mères le montroient à leurs enfants ; le Roi l'ennoblit. Ses lettres de noblesse rapportent ses services ; elles sont datées de 1709. Ses armoiries avoient pour devise : *dedit hæc insigna virtus.* Il fut nommé chef d'escadre en 1715, commandeur de l'ordre de St. Louis, le premier mars 1728, lieutenant-général le 27 du même mois. En 1731, M. le comte de Maurepas lui procura le commandement d'une escadre destinée à soutenir l'éclat de la nation françoise dans la Méditerranée.

En 1733, au renouvellement de la guerre, il fut destiné à commander des armées navales auxquelles une prompte paix ne donna pas le temps de se mettre en mer. Du *Gué-Trouin* mourut le 27 septembre 1736, & ses ennemis, dit M. Thomas, convinrent alors qu'il étoit un grand homme.

GUEBRES, s. m. pl. (*Hist. anc. & mod.*) peuple errant & répandu dans plusieurs contrées de la Perse & des Indes. C'est le triste reste de l'ancienne monarchie persane que les caliphes arabes, armés par la religion, ont détruite dans le 7e siècle, pour faire règner le dieu de Mahomet à la place du dieu de Zoroastre. Cette sanglante mission força le plus grand nombre des Perses à renoncer à la religion de leurs pères : les autres prirent la fuite, & se dispersèrent en différents lieux de l'Asie, où sans patrie & sans roi, méprisés & haïs des autres nations, & invinciblement attachés à leurs usages, ils ont jusqu'à présent conservé la loi de Zoroastre, la doctrine des Mages, & le culte du feu, comme pour servir de monument à l'une des plus anciennes religions du monde.

Quoiqu'il y ait beaucoup de superstition & encore plus d'ignorance parmi les *Guebres*, les voyageurs sont assez d'accord pour nous en donner une idée qui nous intéresse à leur sort. Pauvres & simples dans leurs habits, doux & humbles dans leurs manières, tolérants, charitables & laborieux, ils n'ont point de mendiants parmi eux, mais ils sont tous artisants, ouvriers & grands agriculteurs. Il semble même qu'un des dogmes de leur ancienne religion ait été que l'homme est sur la terre pour la cultiver, & pour l'embellir, ainsi que pour la peupler. Car ils estiment que l'agriculture est non seulement une profession belle & innocente, mais noble dans la société & méritoire devant Dieu. C'est le prier, disent-ils, que de labourer ; & leur créance met au nombre des actions vertueuses de planter un arbre, de défricher un champ, & d'engendrer des enfants. Par une suite de ces principes, si antiques qu'ils sont presque oubliés par-tout ailleurs, ils ne mangent point le bœuf, parce qu'il sert au labourage, ni la vache qui leur donne du lait ; ils épargnent de même le coq, animal domestique, qui les avertit du lever du soleil ; & ils estiment particulièrement le chien qui veille aux troupeaux, & qui garde la maison. Ils se font un religieux devoir de tuer les insectes & tous les animaux malfaisants ; & c'est par l'exercice de ce dernier précepte, qu'ils croyent expier leurs péchés ; pénitence singulière, mais utile. Avec une morale pratique de cette rare espèce, les *Guebres* ne sont nulle part des hôtes incommodes ; on connoît par-tout leurs habitations au coup-d'œil, tandis que leur ancienne patrie, dont l'histoire nous a vanté la fertilité, n'est plus qu'un désert & qu'une terre inculte sous la loi de Mahomet, qui joint la contemplation au despotisme.

Ils sont prévenants envers les étrangers, de quelque nation qu'ils soient ; ils ne parlent point devant eux de leur religion, mais ils ne condamnent personne, leur maxime étant de bien vivre avec tout le monde, & de n'offenser qui que ce soit. Ils haïssent en général tous les conquérants ; ils méprisent & détestent singulièrement Alexandre, comme un des plus grands ennemis qu'ait eu le genre humain. Quoiqu'ils aient lieu de haïr particulièrement les Mahométants, ils se sont toujours reposés sur la providence du soin de punir ces cruels usurpateurs ; & ils se consolent par une

très-ancienne

très-ancienne tradition dont ils entretiennent leurs enfants, que leur religion reprendra un jour le dessus, & qu'elle sera professée de tous les peuples du monde: à cet article de leur croyance, ils joignent aussi cette attente vague & indéterminée, qu'on retrouve chez tant d'autres peuples, de personnages illustres & fameux qui doivent venir à la fin des temps pour rendre les hommes heureux & les préparer au grand renouvellement.

Une discipline sévère & des moeurs sages règnent dans l'intérieur de leurs maisons; ils n'épousent que des femmes de leur religion & de leur nation; ils ne souffrent point la bigamie ni le divorce; mais en cas de stérilité, il leur est permis de prendre une seconde femme au bout de neuf années, en gardant cependant la première. Par-tout où ils sont tolérés, ils reçoivent le joug du prince, & vivent entr'eux sous la conduite de leurs anciens qui leur servent de magistrats.

Ils ont aussi des prêtres, qui se disent issus des anciens mages, & qui dépendent d'un souverain pontife, & que les *Guebres* appellent *destour*, *destouran*, la *règle des règles* ou *la loi des loix*. Ce prêtres n'ont aucun habit particulier, & leur ignorance les distingue à peine du peuple. Ce sont eux qui ont le soin du feu sacré, qui imposent les pénitences, qui donnent des absolutions, & qui, pour de l'argent, distribuent chaque mois dans les maisons le feu sacré, & l'urine de vache qui sert aux purifications.

Ils prétendent posséder encore les livres que Zoroastre a reçus du ciel; mais ils ne peuvent plus les lire, ils n'en ont que des commentaires qui sont eux-mêmes très-anciens. Ces livres contiennent des révélations sur ce qui doit arriver jusqu'à la fin des temps, des traités d'astrologie & de divination. Du reste, leurs traditions sur leurs prophètes & sur tout ce qui concerne l'origine de leur culte, ne forment qu'un tissu mal assorti de fables merveilleuses & de graves puérilités. Il en est à cet égard de la religion des *Guebres* comme de toutes les autres religions d'Asie; la morale en est toujours bonne, mais l'historique, ou pour mieux dire le roman, n'en vaut jamais rien. Ces histoires, il est vrai, devroient être fort indifférentes pour le culte en général; mais le mal est que les hommes n'ont fait que trop consister l'essentiel de la religion dans un nom. Si les nations asiatiques vouloient cependant s'entendre entr'elles, & oublier ces noms divers de Confucius, de Brahma, de Zoroastre & de Mahomet, il arriveroit qu'elles n'auroient presque toutes qu'une même créance, & qu'elles seroient par là d'autant plus proches de la véritable.

Plusieurs sçavants ont cru reconnoître dans les fables que les *Guebres* débitent de Zoroastre, quelques traits de ressemblance avec Cham, Abraham & Moyse; on pourroit ajouter aussi avec Osiris, Minos & Romulus: mais il y a bien plus d'apparence que leurs fables sont tirées d'une formule générale que les anciens s'étoient faite pour écrire l'histoire de leurs grands hommes, en abusant des sombres vestiges de l'histoire ancienne de la nature.

Plus l'on remonte dans l'antiquité, & plus l'on remarque que l'historique & l'appareil des premières religions ont été puisés dans de pareilles sources. Toutes les fêtes des mages étoient appellées des *mémoriaux* (Selden, *de diis Syris*); & à en juger aujourd'hui par les usages de leurs descendants, on ne peut douter que leur culte n'ait effectivement été un reste des anciennes commémorations de la ruine & du renouvellement du monde, qui a dû être un des principaux objets de la morale & de la religion sous la loi de nature. Nous sçavons que sous la loi écrite & sous la loi de grace, les fêtes ont successivement eu pour motif la célébration des évènements qui ont donné & produit ces loix: nous pouvons donc penser que sous la loi de nature qui les a précédées, les fêtes ont dû avoir & ont eu pour objet les grands évènements de l'histoire de la nature, entre lesquels il n'y en a pas eu sans doute de plus grands & de plus mémorables que les révolutions qui ont détruit le genre humain, & changé la face de la terre.

C'est après avoir profondément étudié les différents âges du monde sous ces trois points de vue, que nous osons hasarder de dire que telle a été l'origine de la religion des *Guebres* & des anciens mages. Si nous les considérons dans leurs dogmes sur l'Agriculture, sur la population, & dans leur discipline domestique, tout nous y retracera les premiers besoins & les vrais devoirs de l'homme, qui n'ont jamais été si bien connus qu'après la ruine du genre humain devenu sage par ses malheurs. Si nous les envisageons dans les terreurs qu'ils ont des éclipses, des comètes, & de tous les écarts de la nature, & dans leurs traditions apocalyptiques, nous y reconnoîtrons les tristes restes de l'espèce humaine long-temps épouvantée & effrayée par le seul souvenir des phénomènes de leurs anciens désastres. Si nous analysons leur dogme des deux principes, & leurs fables sur les anciens combats de la lumière contre les ténèbres, & que nous en rapprochions tant d'autres traditions analogues répandues chez divers peuples; nous y reverrons aussi ce même fait que quelques-uns ont appellé *chaos*, *débrouillement*, & d'autres *création* & *renouvellement*. En étudiant leur culte du feu, & leurs pressentiments sur les incendies futurs, nous n'y retrouverons que le ressentiment des incendies passés, & que des usages qui en devoient perpétuer le souvenir: enfin, si nous les suivons dans ces fêtes qu'ils célèbrent pour le soleil & pour tous les éléments, tout nous y retracera de même des institutions relatives à cet ancien objet qui a été perdu, oublié, corrompu par les *Guebres*, par les Perses eux-mêmes, & par tous les autres peuples du monde qui n'ont présentement que des traces plus ou moins sombres de ces religieuses commémorations, qui dans un certain âge ont été générales par toute la terre.

C'est une grande question de sçavoir si les *Guebres* d'aujourd'hui sont idolâtres, & si le feu sacré est l'objet réel de leur adoration présente. Les Turcs, les Persans, & les Indiens les regardent comme tels; mais selon les voyageurs européens, les *Guebres* prétendent n'honorer le feu qu'en mémoire de leur législateur qui se sauva miraculeusement du milieu des flammes;

& pour se distinguer des idolâtres de l'Inde, ils se ceignent tous d'un cordon de laine ou de poil de chameau. Ils assûrent reconnoître un Dieu suprême, créateur & conservateur de la lumière; ils lui donnent sept ministres, & ces ministres eux-mêmes en font d'autres qu'ils invoquent aussi comme génies intercesseurs: l'être suprême est supérieur aux principes & aux causes; mais il est vrai que leur théologie ou leur superstition attribue tant de pouvoir à ces principes subalternes, qu'ils n'en laissent guère au souverain, ou qu'il en fait peu d'usage; ils admettent aussi des intelligences qui résident dans les astres & gouvernent les hommes, & des anges ou créatures inférieures qui gouvernent les corps inanimés; & chaque arbre, comme chaque homme, a son patron & son gardien.

Ils ont persisté dans le dogme du bon & du mauvais principe: cette antique hérésie, & peut-être la premiere de toutes, n'a été vraisemblablement qu'une suite de l'impression que fit sur les hommes le spectacle affreux des anciens malheurs du monde, & la conséquence des premiers raisonnemens qu'on a cru religieusement devoir faire pour ne point en accuser un dieu créateur & conservateur. Les anciens théologiens s'embrouilloient autrefois fort aisément dans les choses qu'ils ne pouvoient comprendre; & l'on peut juger combien cette question doit être épineuse pour de pauvres gens, tels que les *Guebres*, puisque tant & de si grands génies ont essayé en vain de la résoudre avec toutes les lumieres de la raison.

Au reste les *Guebres* n'ont aucune idole & aucune image, & ils sont vraisemblablement les seuls peuples de la terre qui n'en ont jamais eu; tout l'appareil de leur religion consiste à entretenir le feu sacré, à respecter en général cet élément, n'y mettre jamais rien de sale ni qui puisse faire de la fumée, & à ne point l'infecter même avec leur haleine en voulant le souffler; c'est devant le feu qu'ils prient dans leurs maisons, qu'ils font les actes & les sermens; & nul d'entr'eux n'oseroit se parjurer quand il a pris à témoin cet élément terrible & vengeur: par une suite de ce respect, ils entretiennent en tout tems le feu de leur foyer, ils n'éteignent pas même leurs lampes, & ne se servent jamais d'eau dans les incendiès, qu'ils s'efforcent d'étouffer avec la terre. Ils ont aussi diverses cérémonies légales pour les hommes & pour les femmes, une espèce de baptême à leur naissance, & une sorte de confession à la mort; ils prient cinq fois le jour en se tournant vers le soleil, lorsqu'ils sont hors de chez eux; ils ont des jeûnes reglés, quatre fêtes par mois; & sur-tout beaucoup de vénération pour le vendredi, & pour le premier & le 20 de chaque lune: dans leurs jours de dévotion, ils ont entr'eux des repas communs où l'on partage également ce que chacun y apporte suivant ses facultés.

Ils ont horreur de l'attouchement des cadavres, n'enterrent point leurs morts ni ne les brûlent; ils se contentent de les déposer à l'air dans des enceintes murées, en mettant auprès d'eux divers ustensiles de ménage. L'air & la sécheresse du pays permettent sans doute cet usage qui seroit dangereux & désagréable pour les vivans dans tout autre climat; mais il en est sorti chez les *Guebres* cette superstition singuliere, d'aller observer de quelle façon les oiseaux du ciel viennent attaquer ces corps; si le corbeau prend l'œil droit, c'est un signe de salut, & l'on se réjouit; s'il prend l'œil gauche, c'est une marque de réprobation, & l'on pleure sur le sort du défunt: cette espece de cruauté envers les morts, se trouve réparée par un autre dogme qui étend l'humanité des *Guebres* jusque dans l'autre vie; ils prétendent que le mauvais principe & l'enfer seront détruits avec le monde; que les démons seront anéantis avec leur empire, et que les réprouvés, après leurs souffrances, retrouveront à la fin un dieu clément & miséricordieux dont la contemplation fera leurs délices. Malgré l'ignorance des *Guebres*, il semble qu'ils ayent voulu prendre un milieu entre le paradis extravagant de Mahomet & le redoutable enfer du Christianisme.

Des peuples qui ont un culte si simple & des dogmes si pacifiques, n'auroient point dû sans doute être l'objet de la haine & du mépris des Mahométans; mais non-seulement ceux-ci les détestent, ils les ont encore accusés dans tous les temps d'idolâtrie, d'impiété, d'athéisme, & des crimes les plus infames. Toutes les religions persécutées & obligées de tenir leurs assemblées secrettes, ont essuyé de la part des autres sectes des calomnies & des injures de ce genre. Les payens ont accusé les premiers chrétiens de manger des enfants, & de se mêler sans distinction d'âge & de sexe: quelques-uns de nos hérétiques à leur tour ont essuyé un pareil traitement; & c'est de même le venin calomnieux que répandent les disputes de religion, qui a donné aux restes des anciens Perses le nom de *guebre*, qui dans la bouche des Persans, désigne en général un *payen*, un *infidèle*, un *homme adonné au crime contre nature*.

Quelques-uns les ont aussi nommés *Parsis*, *Pharsis*, & *Farsis*, comme descendants des Perses, & d'autres *Magious*, parce qu'ils descendent des anciens mages; mais leur nom le plus connu & le plus usité est l'infame nom de *Guebre*.

Ce qu'il y a de singulier dans ce nom, c'est qu'il est d'usage chez plusieurs nations d'Europe & d'Asie, & que sous différentes formes & en différents dialectes, il est par-tout l'expression d'une injure grossière.

Le changement du *b* en *u* donne *gaur*, autre nom des *Guebres*; une inflexion légère dans les voyelles donne *giaour* chez les Turcs, qui ont fréquemment ce mot à la bouche, & qui le prodiguent particulièrement en faveur des Juifs, des Chrétiens, des infidèles, & de tous ceux qu'ils veulent outrager & insulter: le changement du *g* en *k*, donne *kebre*, qui est aussi d'usage; & celui du *b* en *ph*, produit *kaphre* & *kafre*, nom que plusieurs peuples d'Afrique ont reçu des Arabes leurs voisins, parce qu'ils ne suivent point la loi de Mahomet.

L'inverse & la méthathèse des radicaux de ce nom de *gebr*, qui dans l'hébreu sont *gabar*, *gibor*, *giber*, & *geber*, ont porté dans l'Europe par le canal des Phéniciens ou des Arabes espagnols, les expressions populaires de *bogri*, *borgi*, *bougari*, & *bougeri*, qui conservent encore l'idée du crime abominable dont les *Guebres* sont accusés par les Persans modernes ; nos ayeux n'ont pas manqué de même d'en décorer les hérétiques du douzième siécle, & nos étymologistes ont sçavamment dérivé ces mots des Bulgares, *à Bulgaris.*

Les racines primitives de ces noms divers ne portent cependant point avec elles le mauvais sens que le préjugé leur attribue ; *gabar* dans l'hébreu, signifie *être fort, être puissant, être valeureux, dominer : gibor* & *giber* y sont des épithètes qui indiquent la *force*, le *courage*, la *puissance*, & l'*empire*. *Geber* désigne le *maître*, le *dominateur* ; & *gebereth*, la *maîtresse* : d'où nos ancêtres ont formé *berger* & *bergereth*. Les Chaldéens dérivent aussi de cette source *guberin*, en latin *gubernatores*, & en françois *gouverneurs*. Les Orientaux anciens & modernes, en ont tiré *Gabriel*, *Kébrail*, *Kabir*, *Giaber*, & *Giafar*, noms illustres d'archanges & de grands hommes.

Les dérivés de *gibor*, de *bogri*, & de *borgi*, désignent encore chez les Flamans, *un bel homme*, *un homme puissant* & de taille avantageuse ; & nous exprimons le contraire par le diminutif *rabougri* : ce qui prouve que nos anciens ont connu le sens naturel & véritable de ces dénominations.

Si cependant elles sont devenues injurieuses pour la plûpart, c'est par une allusion dont il faut ici chercher la source dans les légendes des premiers âges du monde ; elles nous disent qu'il y eut autrefois des hommes qui ont rendu leur nom célèbre par leur puissance & leur grandeur ; que ces hommes couvrirent la terre de leurs crimes & de leurs forfaits, & qu'ils furent à la fin exterminés par le feu du ciel : cette race superbe est la même que celle des géants, que les Arabes nomment encore *giabat*, & au pluriel *giabaroum*, *potentes* ; & que les anciens ont appellé *gibor* & *gibborim*, ainsi qu'on le voit en plusieurs endroits de la bible. Nous devons donc présumer que c'est sous cet aspect particulier que le nom de *gibor* avec ses dialectes *gobri*, *bogri*, *borgi*, & leurs dérivés sont devenus chez tant de peuples differents des termes insultants ; & que c'est delà qu'est sortie l'application presque générale qu'on en a faite à tous ceux que la justice ou le fanatisme calomnieux ont accusés de ce même crime qui a fait tomber le feu du ciel sur la tête des puissants, mais abominables *gibborim*. *Article de M.* BOULANGER.

GUEBRIANT, (Jean-Baptiste Budes, maréchal de) (*Hist. de Fr.*) Weimar & Banier lui léguèrent leurs armes ; il fit avec eux & sans eux de grandes choses en Allemagne depuis 1638 jusqu'en 1643. En 1641, commandant seul, il fut vainqueur à Wolfembutel & à Clopenstal. En 1642, il battit à Kempen, le 17 janvier, les généraux Lamboi & Merci, & les fit prisonniers. Cette victoire lui valut le bâton de maréchal de France. L'année suivante, au commencement du règne de Louis XIV, il fut blessé mortellement au siège de Rotweil en Suabe ; & voyant qu'on s'empressoit pour trouver un chirurgien, il dit avec le sang froid d'un Général qui ne songe qu'à sa seule affaire, c'est-à-dire, à vaincre : *allez plus doucement, il ne faut jamais effrayer le soldat.* Il entra mourant dans la place ; il y expira vainqueur le 19, ou selon d'autres, le 7 novembre. La reine mère, Anne d'Autriche, le fit enterrer solemnellement dans l'église de Notre-Dame de Paris, & voulut que les cours souveraines assistassent à cette cérémonie. La vie du maréchal de *Guébriant* a été écrite par Le Laboureur.

La maréchale de *Guébriant*, Rénée du Bec Crespin, fille du Marquis de Vardes René, & tante de François René, si fameux sous Louis XIV, par son esprit, ses galanteries, ses intrigues & sa disgrace, fut chargée de conduire, avec le titre d'*ambassadrice* en Pologne, la princesse Marie de Gonzague, qui avoit épousé par procureur, le 6 novembre 1645, Ladislas IV, roi de Pologne. Ladislas fit rendre à la maréchale de *Guébriant*, les mêmes honneurs qu'avoit eus l'archiduchesse d'Inspruck, Claude de Médicis, lorsqu'en 1637, elle avoit amené à Varsovie la reine Cécile, fille de l'empereur Ferdinand II, première femme de Ladislas. La maréchale de *Guébriant* mourut en 1659. C'étoit une femme d'un grand caractère & d'un grand courage. Le Laboureur, dans la relation qu'il a faite du voyage de la maréchale de *Guébriant* en Pologne, donne de grands éloges à cette ambassadrice. Gui-Patin & d'autres auteurs en disent assez de mal. Bayle prend le milieu entre ces différents avis : elle étoit désignée pour être dame d'honneur de la reine.

GUELPHES *ou* GUELFES. *Voyez* GIBELINS. (*Hist. mod.*) nom de la faction opposée à celles des Gibelins.

Les étymologies différentes, aussi puériles qu'incertaines du nom de ces deux factions, recueillies dans les Bollandistes, le dictionnaire de Trévoux & autres lexicographes, ne se retrouveront pas ici.

Nous nous contenterons de rappeller à la mémoire, que les *Guelfes* tenoient pour le pape & les Gibelins pour l'empereur ; qu'après des dissensions qui sembloient passagères, la querelle de la couronne impériale & de la tiare s'échauffa violemment, divisa l'Italie au commencement du 13e siècle, la remplit de carnage, de meurtres, d'assassinats, & produisit d'autres malheurs qui ont troublé le monde ; mais il faut tâcher de les oublier & porter ses yeux sur la naissance des beaux-arts qui succédèrent à ces cruelles désolations. (*D. J.*)

GUENOIS, (Pierre) (*Hist. Litt. mod.*) lieutenant particulier à Issoudun, au 16e siècle, auteur d'une conférence des ordonnances & d'une conférence des coutumes.

GUERIKE *ou* GUERICKE, (Othon de) (*Hist. des Sciences*) bourguemestre de Magdebourg, inventeur de la machine pneumatique, & auteur de plusieurs autres découvertes en Physique qui ont été perfectionnées depuis. Né en 1602, mort en 1686, à Hambourg.

GUERIN, (Guillaume) (*Hist. de Fr.*) avocat général au parlement d'Aix, pendu en 1554. *Voyez* l'article GARDE (la).

GUERIN, (François) (*Hist. Litt. mod.*) professeur

au collège de Beauvais, auteur d'une mauvaise traduction de Tacite, & d'une médiocre traduction de Tite-Live. Mort le 29 mai 1751.

GUERINIERE, (François Robichon de la (*Hist. Litt. mod.*) écuyer du roi, auteur de deux ouvrages estimés sur son art : *Eléments de Cavalerie ; Ecole de Cavalerie.* Mort en 1751.

GUERRY, (*Hist. de Fr.*) capitaine françois, du parti catholique, réduisit, après la bataille de St. Denis en 1567, toute l'armée protestante à échouer devant un simple moulin qu'il défendoit, & qui de son nom s'est appellé le *Moulin Guerry*.

GUESCLIN, (Bertrand du) (*Hist. de Fr.*) Enfant, il n'eut aucune des graces de l'enfance. Désagréable à ses parents même, par sa difformité, par une humeur dure & sauvage, son éducation fut abandonnée aux soins ou plutôt aux mépris & aux insultes des domestiques. Indigné d'un tel avilissement, il en devint plus indocile & plus farouche. Il ne sçavoit ni lire ni écrire ; on ne pouvoit lui rien apprendre ; il vouloit battre ses maîtres ; il ne respiroit dès-lors que les combats ; il s'enflammoit au récit que lui faisoit son père des exploits des héros ; il rassembloit les enfants du voisinage ; il en formoit des espèces de compagnies militaires qu'il dressoit à toutes sortes d'exercices ; souvent il les menoit à des combats réels & à des périls certains ; son père, brave gentilhomme breton, fut obligé de lui défendre ces amusements dangereux ; & les défenses étant inutiles, il prit le parti de l'enfermer dans sa chambre. Du *Guesclin* trouve le moyen de se sauver, & va chercher un asyle à Rennes, chez un de ses oncles. Il y apprend qu'il doit y avoir dans la grande place de Rennes, un combat à la lutte ; il y court malgré tout le monde, revient vainqueur, mais estropié pour un temps. Sa mère disoit de lui : *il n'y a pas de plus mauvais garçon au monde, il est toujours blessé, le visage rompu, toujours battant ou battu ; son père & moi nous le voudrions voir sous terre.* Ils changèrent bien de sentiment après ce fameux tournoi, où un chevalier inconnu, ayant désarçonné ou désarmé jusqu'à quinze des plus braves champions, & ayant eu enfin la visière de son casque enlevée, fut reconnu pour Bertrand du *Guesclin*. Son père ne lui avoit point permis d'entrer dans la lice, à cause de sa jeunesse & de son inexpérience. Bertrand du *Guesclin* resté parmi les spectateurs, ayant vu un chevalier qui se retiroit après avoir fourni ses courses, l'avoit suivi, s'étoit jetté à ses pieds pour obtenir ses armes & son cheval ; & en avoit fait ce digne usage.

Devenu illustre par cette aventure, il s'empressa de chercher au service militaire, des occasions de gloire plus utiles. Il fit ses premières armes sous le comte de Blois, au siège de Rennes en 1342. Avec vingt soldats, il repoussa devant Vannes, un corps considérable d'anglois. On trouve ensuite un vuide de huit années dans son histoire ; il ne reparoît qu'en 1351, mais déjà redoutable aux anglois, pour qui son cri de guerre *Notre-Dame Guesclin* sembloit être un coup de foudre, ce qui prouve qu'il n'étoit pas resté dans l'inaction pendant ces huit années, où la bretagne sa patrie, avoit toujours été le théâtre de la guerre.

En 1351, du *Guesclin* fut du nombre des ambassadeurs bretons chargés de mener à Londres les deux fils du comte de Blois, qui venoient servir d'ôtages à leur père, pris au combat de la Roche-de-Rien, le 20 juin 1347. *Du Guesclin* se distingua dans cette ambassade par la fermeté avec laquelle il osa parler à Edouard III, qui demandoit d'un ton menaçant aux ambassadeurs, si les françois n'observeroient pas la trêve : *Sire*, dit du Guesclin, *nous l'observerons comme vous l'observerez : si vous la rompez, nous la romprons.*

De retour en Bretagne, il battit & fit prisonnier un capitaine du parti anglois, nommé La Toigne, qui, peu de temps après, le fit prisonnier à son tour. La même chose lui arriva encore avec un anglois, nommé Adas ; & peut-être le silence des historiens sur les huit années précédentes, vient-il de la même cause.

Pendant que le duc de Lancastre assiégeoit Rennes, en 1356 & 1357, du *Guesclin*, qui n'avoit pu s'enfermer dans la place, fatiguoit l'armée angloise par des courses & des escarmouches continuelles ; il fit prisonnier le baron de la Poole, & lui offrit sa liberté sans rançon, à condition d'obtenir pour lui du duc de Lancastre, la permission d'entrer dans Rennes. Lancastre la refusa, en disant : *j'aimerois mieux qu'il y entrât cinq cens gendarmes que le seul du Guesclin.* Celui-ci justifia le mot du duc de Lancastre, en trouvant le moyen de pénétrer dans la place & d'en faire lever le siège, après avoir battu plusieurs fois les anglois.

On est étonné de ne pas trouver le nom de du *Guesclin* parmi les champions du fameux combat des trente en 1350. Ce guerrier, non moins redoutable dans les combats singuliers que dans les sièges & les batailles, remporta constamment la victoire contre Troussel, contre Kantorbie, contre Brembro, parent de celui qui, au combat des trente, étoit le chef du parti anglois.

Du *Guesclin* ne combattit d'abord les anglois qu'en servant contre la maison de Monfort, le comte de Blois, qu'il regardoit comme le vrai duc de Bretagne ; il s'engagea dans la suite au service du roi Jean, qui lui donna une compagnie de cent homme d'armes : il redoubla de valeur & de zèle contre les anglois. A la prise du château d'Essé en Poitou, une poutre manque sous lui, il tombe de dix-huit à vingt pieds de haut, dans la cour du château, & se casse une jambe ; il combat en s'appuyant sur l'autre, contre cinq anglois qui viennent pour l'achever ; il en tue un, il en met deux autres hors de combat ; il se défend assez long-temps contre les deux derniers, & tombe enfin sans connoissance entre les bras d'un chevalier breton qui vient à son secours.

Au siège de Melun que faisoit en 1359, Charles V, alors dauphin, tandis qu'on sappoit la muraille pour faire une brèche, on voit un chevalier y appliquer une échelle & monter avec une audace qui étonna tout le monde. *Ah !* s'écria le dauphin, *ce ne peut être que du Guesclin ;* c'étoit lui-même. On roule sur lui une grosse pierre qui fracasse l'échelle, & le fait tomber presque écrasé, dans le fossé ; il perd connoissance ; on le met dans du fumier chaud; il revient de son évanouissement au bout d'une heure, & demande aussitôt si la place étoit prise. On lui dit que non; il s'habille malgré tout le monde, & court à l'assaut; mais comme on vit que l'escalade ne pourroit réussir ce jour là, du *Guesclin* avec vingt bretons, va pour forcer une des portes; il renverse quelques-uns des gardes, & il alloit entrer dans la place, si l'on n'eût levé le pont avec la plus grande précipitation.

De soldat le voilà général : il ouvre le règne pacifique de Charles V, par la victoire de Cocherel, le 23 mai 1364. (*Voyez* l'article GRAILLY). Il soumet la Normandie. L'impétueuse indocilité du comte de Blois lui fait perdre, le 29 septembre de la même année, la bataille d'Auray, qui décida du sort de la Bretagne & de la querelle des maisons de Monfort & de Penthièvre. Le comte de Blois y est tué, du *Guesclin* y est fait prisonnier par Chandos, & n'en est pas moins regardé d'après cette bataille même, comme le maître de ses vainqueurs dans l'art de la guerre & comme le plus grand général de l'Europe.

Grace aux exploits de du *Guesclin* & à la sagesse de Charles V, la France est en paix avec ses voisins; mais les *Grandes Compagnies*, fléau né de la guerre, la ravagent au sein de la paix. Du *Guesclin*, sorti des fers de Chandos, entreprend d'en purger la France; il va les trouver, il leur propose une entreprise digne des héros de la fable. Un monstre règne en Castille, il faut le détroner. Ce monstre, c'est Pierre-le-Cruel. (*Voyez* son article.) Henri de Transtamare, son frère, vient en France implorer contre lui, l'appui de Charles V & celui du pape, qui siégeoit alors dans Avignon; il offre de prendre à son service les *Grandes Compagnies*. Du *Guesclin* leur représente cette expédition comme une digne expiation de tous leurs crimes, sur-tout de celui d'avoir plus d'une fois rançonné Avignon: *mes amis*, leur dit-il, *nous avons assez fait, vous & moi, pour damner nos ames, & vous pouvez même vous vanter d'avoir fait pis que moi; faisons honneur à Dieu, & le diable laissons.* On leur donne quelque argent, on leur en promet davantage; ils partent. Plusieurs chevaliers de toutes nations se joignent à eux. Du *Guesclin* ne put empêcher ses indociles soldats d'aller encore une fois rançonner Avignon; il paroît que du *Guesclin* se prêta trop à leur avidité; il envoya demander l'absolution & deux cents mille francs. Un cardinal vint négocier. *Soyez le bien venu*, lui dit brusquement un soldat des Grandes Compagnies : *apportez-vous de l'argent ?* Le cardinal apportoit l'absolution. *Vous ne connoissez pas ces gens-ci*, lui dit du Guesclin, *ce sont tous des garnements, nous les faisons prud'hommes malgré eux : ce n'est que par respect qu'ils vous demandent l'absolution, c'est par besoin qu'ils vous demandent de l'argent.* Le pape tardant un peu à les satisfaire, vit bientôt les environs d'Avignon tout en feu; il se hâta de lever cent mille francs sur ses sujets, & de les offrir à du *Guesclin* : « ce n'est pas là ce que nous » voulons, dit du *Guesclin*, rendez au peuple & aux » pauvres ce que vous venez de leur extorquer; je » viendrois de l'autre côté des Pyrénées pour vous » forcer à cette restitution; c'est du coffre de l'église, » c'est de la bourse du pape & des cardinaux que nous » voulons être payés. » Distinction frivole & impossible! Comment ne sentoit-il pas que ces extorsions finiroient par retomber tôt ou tard sur le peuple ?

Du *Guesclin* entre en Espagne : la nature est vengée, le tyran est détruit; son frère règne. Mais le prince Noir, le plus vertueux des anglois, le plus humain des princes, s'arme pour Pierre-le-Cruel, soit par jalousie de la gloire de du *Guesclin*, soit qu'il croie défendre la cause des rois. La bataille s'engage contre l'avis de du *Guesclin*, entre Najare & Navarette, le samedi 3 avril 1367. Le comte de Tello, frère de Henri de Transtamare, qui avoit montré le plus d'ardeur pour combatre, qui avoit même insulté du *Guesclin*, parce que ce général n'étoit pas d'avis de livrer bataille, s'enfuit dès le commencement de l'affaire, avec le corps qu'il commandoit, soit par lâcheté, soit par trahison. Du *Guesclin* fut fait prisonnier. Pierre-le-Cruel remonte sur le trône, & paye de la plus noire ingratitude les services du prince Noir; celui-ci l'abandonne, & met du *Guesclin* en liberté, sçachant qu'on l'accusoit de le craindre: « on dit que je n'ose vous délivrer, dit-il lui-» même à du *Guesclin*. On me l'a dit, répond du *Guesclin*, » & cette idée me console de rester prisonnier. — Eh! » bien, du *Guesclin*, vous êtes libre, réglez vous-même » votre rançon. » — Je la taxe à cent mille florins. — Eh! où prendrez-vous cet argent? depuis quand du *Guesclin* thésaurise-t-il? depuis quand les malheureux lui laissent-ils quelque chose? — Ce seront ces malheureux même qui m'aideront à leur tour; il n'y a point dans mon pays de bonne femme qui ne se cotisât pour ma rançon. D'ailleurs, de grands rois ne m'abandonneront pas, ou tel qui ne s'y attend point, payera pour moi. — Oh! moi, dit la princesse de Galles, femme du prince Noir, je veux être de ces bonnes femmes qui se cotisent pour la rançon de du *Guesclin*, & je me taxe à vingt mille francs. — Je me croyois, s'écria gaiement du *Guesclin*, le plus laid de tous les chevaliers, mais après une telle faveur d'une telle princesse, je ne me donnerois pas pour le plus beau & le plus vaillant. Chandos & d'autres capitaines anglois offrirent leur bourse à du *Guesclin*, qui accepta leurs offres pour en faire son usage ordinaire. Il part pour aller chercher sa rançon; & sur sa route, il distribue tout ce qu'il avoit d'argent aux malheureux que la guerre avoit ruinés; il comptoit sur cent mille francs qu'il avoit laissés à sa femme en partant pour l'Espagne; mais cette femme, digne de lui, n'eut à lui remettre que la liste des prisonniers qu'elle avoit délivrés & des gens de guerre démontés ou ruinés qu'elle avoit remis en état de servir. Du *Guesclin* approuve cet emploi, dût-il rester prisonnier. Le pape lui donne vingt mille francs, le duc d'Anjou autant. Du *Guesclin* croit porter cette somme à Bordeaux; avant d'y arriver, il avoit tout donné; les besoins d'autrui lui paroissoient toujours plus pressants que les siens. « Eh! bien, lui » dit le prince de Galles, apportez-vous votre rançon? Du *Guesclin* avoua qu'il ne lui restoit rien. Ah! vous voilà, dit le prince de Galles, vous faites le magnifique, vous rachetez tout le monde, & vous ne pouvez pas vous racheter vous-même. Dans l'instant un gentilhomme, envoyé par Charles V, apporte la rançon de du *Guesclin*.

Du *Guesclin*, en prenant congé du prince, lui dit : « à présent que vous nous laisserez faire, soyez sûr » que Henri de Transtamare est roi de Castille. » Il tint parole ; il gagna la bataille de Montiel, le 14 mars 1369 ; & le 23 du même mois, les deux frères s'étant rencontrés dans la tente de du *Guesclin*, se jettèrent l'un sur l'autre, sans qu'on pût les séparer, & dans un combat dont frémit la nature, dont peut-être l'honneur rougit, ce fut du moins le tyran qui succomba. Henri régna. Du *Guesclin* fut fait connétable de Castille ; & la guerre ayant recommencé entre la France & l'Angleterre, il fut fait connétable de France le 2 octobre 1370. Robert Knolles, digne compagnon de Chandos, descend à Calais avec une puissante armée, traverse plusieurs provinces de France en les ravageant, & se présente en bataille entre Villejuif & Paris ; on ne répondit rien à ses bravades, rien ne sortit de Paris ; mais quand il fut temps, quand les escarmouches fréquentes & heureuses eurent affoibli l'armée angloise, du *Guesclin* part, n'ayant d'abord que cinq cents hommes d'armes ; il vend ses meubles, sa vaisselle, les bagues de sa femme, pour lever jusqu'à quatre mille hommes d'armes ; la noblesse se joint à lui : avec une troupe peu nombreuse, mais choisie, il va chercher les ennemis dans le Maine & dans l'Anjou ; il les surprend, il enlève leurs quartiers, & la formidable armée de Knolles est dissipée ; il détruit encore une armée angloise au combat de Chizai en Poitou : aucun anglois n'échappa, tous furent tués ou pris. Du *Guesclin*, dans le cours de cette guerre, reprit presque toute la Guyenne ; le Poitou, la Saintonge, le Rouergue, le Perigord, une partie du Limousin, nommément Limoges, le Ponthieu, &c. Ce ne fut qu'une suite de conquêtes & de victoires.

Le roi de Navarre, Charles-le-Mauvais, soulève la Normandie. Le Connétable du *Guesclin* soumet la Normandie. Le duc de Bretagne appelle les anglois ; du *Guesclin*, breton, soumet la Bretagne. Mais lorsque Charles V fait prononcer solemnellement en sa présence, la confiscation de ce duché ; & par cette faute, la seule peut-être de cette force qu'il ait jamais faite, réunit contre lui tous les bretons & même les deux partis rivaux de Montfort & de Penthièvre, du *Guesclin* redevient breton ; son silence & son inaction condamnent la rigueur du Roi ; le roi, à qui on persuada même que du *Guesclin* favorisoit sous main le duc de Bretagne, écrivit au connétable à ce sujet une lettre, dictée par la prévention & la colère. Du *Guesclin* fier & sensible, comme tous les héros irréprochables, lui renvoya l'épée de connétable ; le cri public s'éleva, & rendit témoignage à du *Guesclin*. Charles l'entendit ; il étoit homme, il étoit roi, il falloit bien qu'il fût trompé : mais il étoit Charles-le-Sage, il ne pouvoit rester long-temps dans l'erreur ; le tort lui avoit été suggéré, son cœur lui inspira la réparation. Les ducs d'Anjou & de Bourbon allèrent de sa part, reporter l'épée de connétable à du *Guesclin*, qui la reprit. *Le monarque a fléchi son sujet*, dit à cette occasion M. de la Harpe, dans son éloge de Charles V : nous ne devons cependant pas dissimuler qu'il y a du partage entre les historiens, sur ce fait ; mais enfin il faut que du *Guesclin* eût gardé l'épée de connétable ou qu'il l'ait reprise, puisque dans son testament & dans son codicille, datés des 6 & 10 juillet 1380, trois jours avant sa mort, il prend expressément le titre de *connétable de France* ; & alors même il servoit la France avec plus de zèle & de succès que jamais ; il poursuivoit ses conquêtes sur les confins de l'Auvergne & du Gevaudan. Il mourut le 13 juillet 1380, devant Châteauneuf-de-Randan, qu'il assiégeoit, & dont les défenseurs, par respect pour la mémoire de ce grand homme, autant que pour leur parole, déposèrent les clefs sur son tombeau. Il eut pour son successeur, Clisson, qu'il sembloit avoir désigné en le faisant son frère d'armes. On sçait que Charles V fit élever à du *Guesclin*, dans l'église de St. Denis, un mausolée placé au pied de la sépulture que ce prince avoit choisie pour lui-même. La pompe funèbre de ce grand homme, en traversant une grande partie du royaume, reçut par-tout en tribut, les larmes de la France. On voulut épargner à la capitale, ce spectacle de douleur. On fit passer le convoi par St. Cloud, pour aller à St. Denis. Le zèle & la reconnoissance rendirent cette précaution inutile. Les citoyens coururent en foule au devant des tristes restes de leur défenseur, & les accompagnèrent avec des sanglots jusqu'au lieu de la sépulture. Le chemin de St. Cloud à St. Denis étoit rempli de spectateurs éplorés, & Paris ce jour-là ne fut qu'un désert.

On fit à du *Guesclin* une oraison funèbre, & c'est la première qui ait été faite. Sa plus belle oraison funèbre est dans ces mots qu'il dit en mourant, à ses soldats : » mes amis, en quelque lieu que vous fassiez la guerre, » souvenez-vous que les femmes, les enfants, les vieil- » lards, les ecclésiastiques, le pauvre peuple, foible » & désarmé, ne sont point vos ennemis ».

Les succès presque continuels de du *Guesclin* furent toujours dus à sa bonne conduite, & ses malheurs furent produits par des fautes auxquelles il n'eut aucune part, qu'il prévit & qu'il voulut empêcher. L'art de la guerre lui doit toute sorte de progrès ; il avoit fait construire à la Rochelle & à Poitiers, *de grands engins*, & fondre des canons beaucoup plus forts que ceux qu'on avoit connus jusques là. Le siège de Thouars, par lequel il acheva en 1372, la conquête du Poitou, fut remarquable par l'usage & par le grand effet de l'artillerie. Les autres guerriers de ce temps n'étoient que des chevaliers ; lui seul peut-être fut un général, inventeur de son art : le prince noir lui-même, ce héros brillant & heureux, qui n'a jamais livré de bataille qu'il n'ait gagnée, ni formé d'entreprise qui n'ait réussi, n'apporta aucun changement considérable dans l'art de la guerre, & fit seulement avec plus d'éclat l'espèce de guerre que l'on connoissoit de son temps. Du *Guesclin* au contraire paroît avoir employé une méthode nouvelle, moins brillante, mais plus sçavante & plus sure. On a comparé le prince Noir au grand Condé, & le connétable du *Guesclin*, au vicomte de Turenne.

Du *Guesclin* avoit une sœur religieuse, digne de lui par son courage & sa valeur. Dans le temps qu'il faisoit encore, pour ainsi dire, ses premières armes, on lui avoit confié la garde du château de Pontorson en basse Normandie: delà il avoit battu plusieurs fois les anglois; il avoit fait prisonnier le chevalier Felleton leur chef. La dame du *Guesclin* habitoit aussi ce château de Pontorson, & la religieuse sa belle-sœur, y étoit alors. Felleton, pendant sa prison, avoit mis dans ses intérêts deux femmes attachées à la dame du *Guesclin*. Il continua d'entretenir avec elles une correspondance secrette depuis qu'il eut été mis en liberté. Averti par elles d'une nuit où du *Guesclin* étoit absent, il vint pendant cette nuit escalader le château; mais Julienne du *Guesclin* y étoit: cette intrépide religieuse s'éveillant aux cris que faisoit sa belle-sœur, se jette hors du lit, saisit une espèce de casaque militaire, qu'on nommoit un jâque, s'arme, monte au haut de la tour, voit quinze échelles toutes dressées & chargées d'anglois, qui parvenoient déjà aux derniers échelons. Elle les renverse, donne l'alarme, appelle la Garnison. Felleton s'enfuit; mais il rencontre du *Guesclin* qui revenoit au château, & qui le fait son prisonnier une seconde fois. On apprit par Felleton même, la trahison des deux femmes qui avoient voulu l'introduire dans la place, & elles furent noyées dans la rivière qui passe au pied du château.

GUESLE, (Jacques de la) (*Hist. de Fr.*) Procureur général du parlement de Paris, trompé par les lettres de recommandation dont le jacobin Jacques Clément s'étoit pourvu, introduisit cet assassin dans la chambre du roi Henri III, à St. Cloud; & emporté par son zèle & son indignation, quand il vit l'attentat du moine, il se jetta sur lui & aida à le tuer, faute encore plus grande que la première, & qui auroit pu faire soupçonner ce magistrat de complicité, s'il n'avoit été trop au-dessus d'un pareil soupçon. Quoique zélé catholique, il servit bien Henri IV. On a de lui une *Relation curieuse du procès fait au maréchal de Biron*. Il mourut en 1612.

Jean de la *Guesle* son père, aussi procureur général & ensuite président à mortier, étoit aussi un magistrat d'un mérite distingué. Mort en 1588, dans la retraite & loin des troubles.

GUEVARA, (Louis Velez de Duegnas & de) (*Hist. Litt. mod.*) romancier espagnol, connu principalement par l'ouvrage intitulé: *el Diablo cojuelo*, *novella de la otra vida*; modèle du *Diable boiteux* de le Sage. Mort en 1646.

Un autre *Guevara*, (Antoine de) prédicateur ordinaire & historiographe de l'empereur Charles-Quint, historien emphatique, a donné des vies des empereurs romains, une entr'autres de Marc-Aurèle & de Faustine sa femme, &c.

GUEUDEVILLE, (Nicolas) (*Hist. Lit. mod.*) bénédictin apostat, alla se marier en Hollande. On a de lui des traductions françoises de l'*Utopie de Thomas Morus*; de l'*Eloge de la Folie* d'Erasme, *de la vanité des Sciences* d'Agrippa, des *Comédies* de Plaute, une *critique de Télémaque*, *esprit des cours de l'Europe*, *nouvelles des cours de l'Europe*. Esprit déréglé, mauvais écrivain.

GUEULLETTE, (Thomas Simon) (*Hist. Lit. mod.*) substitut du procureur du roi au Châtelet, auteur de plusieurs bagatelles, comme les *Mille & un Quart d'Heure*, *les Sultanes du Gazarate*, & autres contes prétendus orientaux; des *Mémoires de Mademoiselle de Bon-temps*, de quelques pièces données au théâtre italien, a fait beaucoup mieux que des livres; il a fait une action généreuse. Son contrat de mariage lui donnoit la propriété des biens de sa femme, il remit ces biens à ceux qui en auroient hérité sans la donation portée au contrat de mariage. Né en 1683, mort en 1766.

GUEUX, (LES) (*Hist. mod.*) sobriquet qui fut donné aux confédérés des Pays-Bas en 1566; la duchesse de Parme ayant reçu l'ordre de Philippe II, roi d'Espagne, d'introduire dans les Pays-Bas de nouvelles taxes, le concile de Trente & l'inquisition, les états de Brabant s'y opposèrent vivement, & plusieurs seigneurs du pays se liguèrent ensemble pour la conservation de leurs droits & de leurs franchises; alors le comte de Barlemont, qui haïssoit ceux qui étoient entrés dans cette confédération, dit à la duchesse de Parme, gouvernante, qu'il ne falloit pas s'en mettre en peine, & que ce n'étoient que des *gueux*. Le prince d'Orange, Guillaume de Nassau, surnommé *le taciturne*, & Brédérode, chef de ces prétendus *gueux*, furent effectivement chassés d'Anvers l'année suivante; mais ils équipèrent des vaisseaux, firent des courses sur la côte, se rendirent maîtres d'Enckhuysen, puis de la Brille, & s'y établirent en 1572, malgré tous les efforts du duc d'Albe. Tel fut le commencement de la république de Hollande, qui d'un pays stérile & méprisé, devint une puissance respectable. (*D. J.*)

GUGLIELMINI, (Dominique) *Hist. des Sciences*) de l'académie des sciences de Paris, né à Bologne en Italie, le 7 septembre 1655; disciple en mathématiques, de Geminiano Montari, modénois; & en Médecine, du célèbre Malpighi, fut & un grand mathématicien & un grand Médecin: il s'occupa de différentes sciences, sur-tout de l'astronomie; & on a de lui une dissertation *de Cometarum naturâ & ortu*. Mais c'est par ses connoissances en hydrostatique, qu'il est sur-tout célèbre, & ses deux plus importants ouvrages, dont M. de Fontenelle, dans son éloge, a donné une analyse si lumineuse, sont *Aquarum fluentium mensura*, & *della Natura de fiumi*. Bologne fonda pour lui en 1694 une chaire de professeur en *hydrométrie*. Le nom, dit M. de Fontenelle, étoit nouveau aussi bien que la place, & l'un & l'autre rappelleront toujours la mémoire de celui qui en a rendu l'établissement nécessaire. *Guglielmini* devint l'arbitre de toutes les contestations qui avoient les eaux pour objet, & le réparateur de tous les désordres que les eaux pouvoient causer. Voilà le mathématicien.

Ses principaux ouvrages sur la médecine & sur les

ſciences qui s'y rapportent, ſont une diſſertation *de Sanguinis naturâ & conſtitutione; de Salibus, Diſſertatio Epiſtolaris Phyſico-Medico-Mechanica.* A propos de ce dernier ouvrage, M. de Fontenelle obſerve que les raiſonnements de la chimie avoient été long-temps des eſpèces de fictions poëtiques, agréables à l'imagination, inſupportables à la raiſon; c'étoient des *déſunions volontaires*, des combats fondés ſur des inimitiés, &c. M. *Guglielmini* rapporte tout aux règles d'une phyſique exacte & claire; & pour épurer la chimie encore plus parfaitement, *& en entraîner*, dit M. de Fontenelle, *toutes les ſaletés*, il y fait paſſer la géométrie. On a encore de M. *Guglielmini*, un traité *de Principio Sulphureo*, & un autre intitulé: *Exercitatio de Idearum vitiis, correctione & uſu, ad ſtatuendam & inquirendam morborum naturam.* Il fut reçu à l'académie des ſciences en 1696. En 1698, il fut fait profeſſeur de mathémathiques à Padoue; mais Bologne ſa patrie, lui conſerva le titre de la chaire qu'il quittoit, & lui en continua les appointements. En 1702, il quitta la chaire de mathématiques de Padoue, pour la chaire de médecine. Il mourut en 1710.

G U I

GUI ou GUY, (*Hiſt. mod.*) duc de Spolete, & Berenger, duc de Frioul, étoient tous deux iſſus de Charlemagne, par des femmes; après la mort de Charles-le-Gros, *ou* le Gras, arrivée en 888, voyant la maiſon Carlovingienne réduite, en apparence, à deux ſeuls princes, Arnoul, notoirement bâtard, & Charles-le-Simple, que pluſieurs affectoient de regarder auſſi comme bâtard, ils leur diſputèrent, & ſe diſputèrent l'Italie & l'empire & même la France. *Guy*, duc de Spolete, étant venu à Rome, à main armée, s'y fit couronner à la fois empereur & roi de France.

GUI DE CRÊME, (*Hiſt. de l'égliſe*) antipape, élu en 1164, par la protection de l'empereur Frédéric Ier, Mort en 1168.

GUI-PAPE, (*Hiſt. Litt. mod.*) conſeiller au parlement de Grenoble, juriſconſulte célèbre. On a de lui: *Deciſiones Grationopolitanæ.* Chorier en a donné un abrégé en françois, ſous le titre de *Juriſprudence de Guy-Pape.* Mort en 1475.

GUIBERT, (*Hiſt. de l'égliſe.*) antipape, chancelier de l'empereur Henri IV, élu en 1080, mort en 1100. Ses os furent déterrés après le ſchiſme, & jettés dans la rivière.

Un autre *Guibert*, mort en 1224, abbé de Nogent-ſous-Coucy, eſt auteur d'une hiſtoire des premières Croiſades, connue ſous le titre de *Geſta Dei per Francos*, & de quelques autres ouvrages.

GUICHARDIN, GUICCIARDINI en italien (François (*Hiſt. Litt. mod.*) c'eſt le célèbre auteur de l'hiſtoire des guerres d'Italie, qui ſera toujours dans la poſtérité, ſon plus beau titre de gloire, quoiqu'il ait d'ailleurs été employé dans les plus importantes affaires & comme homme d'état & comme homme de guerre. Il étoit gouverneur pour le Pape Léon X, de Regge & de Modène en 1521, lorſque la guerre s'allumoit entre François Ier & Charles-Quint, & que Léon X, qui inclinoit déjà pour ce dernier, paroiſſoit encore neutre. Les françois étoient alors maîtres du Milanès; le maréchal de Lautrec en étoit gouverneur; & en ſon abſence, le maréchal de Foix, ſon frère, y commandoit. Regge étoit ſans défenſe; le maréchal de Foix crut qu'en ſe préſentant à main armée devant cette place, il intimideroit le gouverneur, qu'il ne croyoit rien moins que guerrier, & l'obligeroit à lui remettre les bannis du Milanès, auxquels *Guichardin* donnoit un aſyle, & que la politique ſévère du maréchal de Foix pourſuivoit par-tout avec acharnement. Le maréchal ne conſidéra peut-être pas aſſez combien cette démarche reſſembloit à une hoſtilité formelle. *Guichardin* qui l'avoir prévu, d'après les diſpoſitions reſpectives, avoit fait venir des troupes. Le maréchal de Foix s'avance vers Regge du côté de Parme; il envoie demander une entrevue au gouverneur; & craignant que les bannis ne ſe ſauvaſſent par la porte dite de Modène, qui étoit du côté oppoſé, il fit paſſer un corps de troupe vers cette porte: le gouverneur indiqua pour le lieu du rendez-vous, la poterne du Ravelin de la porte dite de Parme. Le maréchal, ſur la foi de l'alliance qui ſubſiſtoit encore entre le pape & le roi, oſa s'y engager, ſuivi de quelques gentilshommes. Tandis qu'il ſe plaint de ce qu'on accorde un aſyle aux ennemis de ſon maître, & que le gouverneur ſe plaint de ce qu'il fait entrer des troupes ſur les terres du pape, la porte de Modène s'ouvre pour recevoir une voiture de farine; les troupes que le maréchal avoit placées du côté de cette porte, ne purent voir une ſi belle occaſion de s'emparer de la place & la laiſſer échapper; elles eſſaient d'entrer; on les repouſſe avec vigueur; la porte ſe referme, l'alarme ſe répand en un inſtant dans toute la place; on tire ſur la ſuite du maréchal de Foix: on eût tiré ſur le maréchal lui-même, ſans la crainte de bleſſer ou de tuer le gouverneur. Alexandre Trivulce, neveu du maréchal de ce nom, & qui avoit fortement combattu le projet que le maréchal de Foix avoit formé, de pourſuivre les bannis juſques dans Regge, fut bleſſé dans cette occaſion, d'un coup d'arquebuſe, dont il mourut deux jours après; les autres s'enfuyent; le maréchal, inquiet, ne ſçait s'il doit reſter ou fuir. Cependant *Guichardin*, ſage & tranquille au milieu du tumulte, fait ceſſer les décharges, prend le maréchal par la main, & le fait entrer dans le Ravelin, ſuivi d'un ſeul gentilhomme françois, afin qu'il réponde de la conduite de ſes troupes. Le bruit court auſſi-tôt parmi les françois, que le maréchal eſt retenu priſonnier. A cette nouvelle, l'effroi s'empare des uns, la rage des autres; ceux-là fuyent en déſordre vers Parme, ceux-ci veulent donner l'aſſaut aux murs de Regge. Enfin le maréchal leur eſt rendu, mais les bannis ſont conſervés.

L'année ſuivante tout étoit changé: Léon X devenu l'ennemi déclaré des François, étoit mort; le ſaint ſiège étoit vacant; les françois avoient perdu le Milanès & Parme, & aſſiégeoient cette dernière ville, regardant la vacance du ſaint ſiège comme une occaſion favorable de reprendre cette place. Pendant ces interrègnes, les peuples

peuples se piquent peu d'un zèle dont l'objet est encore incertain, les gouverneurs songent plus à leurs intérêts qu'à la sûreté des places. *Guichardin*, alors gouverneur de Parme, pensa plus noblement ; il mit sa gloire à mériter la confiance dont on l'avoit honoré. Chargé par les Médicis, ses amis, de la garde de cette place au nom du St. Siège, il crut devoir la conserver au St. Siège, dût-il être occupé par un ennemi des Médicis. Rien n'est plus beau que le récit de cette défense dans l'histoire des guerres d'Italie ; on voit dans la conduite de *Guichardin*, tout ce que peut l'intrépidité dirigée par la prudence ; on voit ce gouverneur, seul exactement instruit des forces des assiégeants que la crainte exagéroit aux assiégés, animer des soldats qu'il ne pouvoit payer, rassûrer le peuple épouvanté, résister jusqu'à trois fois aux remontrances, aux instances, aux menaces du conseil de ville, impatient de se rendre. Le conseil enfin lui déclare que puisqu'il s'obstine à vouloir périr, les habitants ont résolu de capituler sans lui. Pendant qu'on lui signifie cette délibération, il s'élève de grands cris des remparts & de tous les corps-de-garde des portes ; on entend sonner les cloches de la haute tour ; c'étoit le signal de l'assaut ; on apperçoit les François qui s'avançoient avec leurs échelles vers le corps de la place. *Guichardin*, pour toute réponse aux députés du conseil de ville, vole à la défense des remparts : tout le monde le suit. Tout s'anime par son exemple ; la garnison est inébranlable, les habitants fidèles, tout combat jusqu'aux moines, les femmes portent à leurs défenseurs des rafraîchissements sur les murailles ; les François sont repoussés, & lèvent le siège. *Guichardin* seul eut la gloire de ce succès, du moins si on l'en croit ; car un auteur d'une *Histoire de Parme*, nommé Angeli, lui reproche au contraire, toute la lâcheté dont il accuse les habitants ; il dit que *Guichardin* tenoit toujours des chevaux tout prêts pour s'enfuir, & que les habitants se défendirent malgré lui. C'est ainsi qu'on peut presque toujours disputer à un général, une partie ou même la totalité de sa gloire ; mais on ne dispute point à *Guichardin* l'histoire des guerres d'Italie. Voilà sa véritable gloire. Des grands de la cour de Charles-Quint se plaignoient de ne pouvoir obtenir de longues audiences, qu'il prodiguoit à *Guichardin*. *Je puis*, leur dit Charles-Quint, *faire d'un mot, des grands comme vous, je ne puis pas faire un Guichardin.* Cet auteur est traduit en françois.

Un neveu de *Guichardin* (Louis), a donné une description des Pays-Bas, traduite en françois, par Belleforêt, & des mémoires sur ce qui s'est passé en Europe depuis 1530 jusqu'en 1560. Le duc d'Albe, blâmé dans quelques endroits de son histoire, le fit mettre en prison. Né à Florence, vers l'an 1523. Mort à Anvers en 1589.

GUICHE. *Voyez* GRAMMONT.

GUICHENON, (Samuel) (*Hist Litt. mod.*) auteur de l'Histoire généalogique de la maison de Savoye ; de l'Histoire de Bresse & du Bugey ; d'un Recueil d'actes & de titres concernant ces deux pays, sous le nom de *Bibliotheca Sebusiana*. *Guichenon* étoit avocat à Bourg-en-Bresse ; il fut historiographe du duc de Savoye. Mort en 1664.

GUIDOTTI, (Paul) (*Hist. mod.*) peintre, sculpteur, architecte, musicien, poëte, mathématicien, astrologue, jurisconsulte, anatomiste ; on peut dire de lui :

Augur, schœnobates, medicus, magus, omnia novit
Græculus esuriens ; in cælum, jusseris, ibit.

Il voulut en effet monter au ciel ; il se fit des aîles de baleine, recouvertes de plumes, & attachées par-dessous les bras ; il prit son vol d'un lieu élevé dans la ville de Luques sa patrie, se soutint quelque temps en l'air, tomba sur une maison dont il enfonça le toît, tomba delà dans une chambre, & se cassa la cuisse. Né en 1669. Mort en 1629.

GUIGNARD, (Jean) (*Hist. de Fr.*) jésuite, pendu, puis brûlé le 7 janvier 1595, par une suite de l'attentat de Jean Châtel, & pour la doctrine régicide dont on trouva de fortes traces dans ses papiers.

GUILLAUME, (*Hist. d'Allemagne*) comte de Hollande, fut élu empereur par la faction ecclésiastique pour succéder à Henri de Thuringe, dit *le roi des prêtres* ; il naquit l'an 1227, de Florent IV, & de Mathilde de Brabant ; il fut élu en 1247, & régna jusqu'en 1256, sans autorité, & par conséquent sans gloire : peu de temps après son sacre il se retira en Hollande, où il eut de fréquents démêlés avec les Frisons, qui l'ayant surpris seul dans un marais glacé, le tuèrent à coups de lance ; les rebelles l'enterrèrent dans une maison de particulier, pour cacher les traces de leur crime : son corps ayant été découvert en 1282, fut transporté à Middelbourg dans un monastère de Prémontrés. (*M---Y.*)

GUILLAUME I, dit *le conquérant*, (*Hist. d'Angleterre.*) fils naturel de Robert, duc de Normandie, & de la fille d'un pelletier de Falaise, naquit dans cette ville en 1027 ; étant duc de Normandie, il vint en Angleterre à la cour d'Edouard III, dont il reçut les marques les plus distinguées de considération & d'amitié. On assure qu'il y venoit pour reconnoître un pays qu'il vouloit usurper ; d'autres prétendent qu'Edouard le nomma son successeur par son testament ; quoi qu'il en soit, Harald ayant réuni les suffrages des grands & les vœux de la nation, étoit monté sur le trône d'Angleterre, lorsque *Guillaume* passa dans cette île en 1066 avec une flotte nombreuse, & une armée aguerrie ; les Anglois furent défaits ; Harald expira sur le champ de bataille, avec ses deux frères, & le vainqueur fut couronné solemnellement à Londres. Quelques historiens regardent ce conquérant ou cet usurpateur, comme le fondateur du royaume de la Grande-Bretagne, sans doute parce qu'il donna beaucoup de lustre à la monarchie Angloise, qui commença dès-lors à jouer un plus grand rôle en Europe par sa puissance, son commerce, la gloire de ses armes, & la réputation que les Anglois s'acquirent par la culture des sciences ; mais ce monarque, qui, dans le commencement de son règne, parut s'appliquer à rendre la nation heureuse, à affermir sa puissance par l'équité, la douceur, la clémence, ne soutint pas long-tems ce caractère qui n'étoit qu'emprunté. Si le masque de la modération couvrit son naturel cruel & avide jusqu'à ce qu'il eût étouffé toute étincelle de division & de révolte, l'énergie de son ame féroce se déploya dans la suite avec d'autant plus de violence qu'elle avoit été contrainte. *Guillaume* devint le fléau des peuples qu'il avoit juré de protéger ; il traita les Anglois, non en sujets, mais en esclaves; il les accabla d'impôts, les dépouilla des charges, des titres, des fiefs dépendans de la couronne, pour les distribuer aux Normands; il leur ôta leurs loix, & leur en substitua d'autres ; il ne vouloit pas même leur laisser l'usage de leur langue naturelle : il ordonna qu'on plaidât en Normand; & depuis, tous les actes furent expédiés en cette langue, jusqu'à Édouard III ; il régna par la crainte, mourut peu regretté de sa famille, & détesté de ses sujets. (*A. R.*)

GUILLAUME II, dit *le Roux*, fils du précédent, lui succéda en 1087, & se montra encore plus dur, plus cruel que son père. En recevant le sceptre il fit de belles promesses à la nation, & les oublia dès qu'il les eut faites. Rien ne pouvoit assouvir sa férocité; rien ne pouvoit satisfaire son avarice insatiable. Il foula aux pieds les loix divines & humaines ; insolent dans la prospérité, lâche dans l'adversité, il fut attaqué d'une maladie dangereuse, il sembla reconnoître la justice divine qui le punissoit de sa tyrannie; il promit de régner avec plus de modération, s'il recouvroit la santé ; il la recouvra pour le malheur de ses peuples, qu'il traita aussi inhumainement qu'auparavant. Ses succès à la guerre enflèrent son orgueil, & il s'en servit pour appesantir le joug sous lequel il les tenoit asservis. Un flèche lancée au hazard par un de ses courtisans dans une partie de chasse, frappa *Guillaume* au cœur ; il mourut de cette blessure en 1100, avec la réputation d'un tyran; car tel est le titre que tous les historiens lui donnent. (*A. R.*)

GUILLAUME III, prince d'Orange, né à la Haye en 1650, élu stadhouder de Hollande en 1672, avoit épousé une fille de Jacques II, roi d'Angleterre. L'attachement de ce monarque pour la religion catholique, avoit indisposé contre lui le parlement & la nation entière; peut-être eût-il éprouvé le sort du malheureux Charles I, s'il eût existé alors un second Cromwel. Les Anglois moins implacables dans leur ressentiment, se contentèrent d'inviter *Guillaume*, gendre de Jacques II, à venir prendre le sceptre qui s'échappoit des mains de son beau-père. On sait avec quelle promptitude, avec quelle habileté le prince d'Orange, profitant des circonstances, passa en Angleterre en 1688, & obligea le roi à renoncer à la couronne, & à sortir de la Grande-Bretagne. Il conserva encore le stadhouderat ; mais les Anglois qui l'avoient appellé, cessèrent de l'aimer dès qu'il devint leur maître; ils ne pouvoient se faire à ses manières fières, austères & flegmatiques qui cachoient une ame ambitieuse, avide de gloire & de puissance; ils lui firent essuyer des désagrémens, & il alloit se consoler à la Haye des mortifications qu'on lui donnoit à Londres : on disoit qu'il n'étoit que stadhouder en Angleterre, & qu'il étoit roi en Hollande. Il paroît même que sa haine contre la France faisoit tout son mérite auprès des Anglois, comme elle fit toute sa célébrité. Il mourut le 16 de mars de l'année 1702. (*A. R.*)

(On réduit ici à trop peu de chose le mérite de *Guillaume* III, grand prince, grand général, plus grand politique, qui, dans sa rivalité avec Louis XIV, parut le défenseur de la liberté de l'Europe, et qui dans sa rivalité avec Jacques II, parut le sauveur de l'Angleterre. Tempérament foible, ame forte, esprit étendu, pénétrant & sage, caractère froid, mélancolique & sévère ; ambition démesurée sous les apparences de la modération, activité sourde & couverte qui s'annonçoit par de grands effets, machiavellisme secret, qu'il ne s'avouoit peut-être pas à lui-même, mais qu'il pratiquoit sans scrupule dans l'occasion; plus de talens que de succès, plus de succès que d'éclat, plus de gloire que de vertu: voilà *Guillaume.*)

GUILLEMEAU, (Jacques) (*Hist. Litt. mod.*) disciple d'Ambroise Paré, a donné au public *la Chirurgie* de son maître, des *Tables Anatomiques* & un *Traité des Opérations.* Il étoit chirurgien ordinaire des rois Charles IX & Henri IV. Il possédoit les langues sçavantes, & connoissoit l'antiquité. Mort en 1612.

GUIMPE, s. f. (*Hist. mod.*) partie du vêtement des religieuses ; c'est une espèce de bande ou de mouchoir dont elles se couvrent le cou & la poitrine. (*A—R.*)

GUISCARD *ou* GUISCHARD, (Robert) (*Hist. de Fr. & d'Italie.*) un des conquérants Normands, fondateurs du royaume de Naples & de Sicile ; il fut duc de la Pouille & de la Calabre. L'Italie étoit alors partagée entre les empereurs d'Orient & d'Occident. La partie méridionale étoit remplie de petits princes Grecs, Lombards & Italiens ; les Sarrasins s'étoient emparés de la Sicile, d'où ils inquiétoient sans cesse toutes les autres puissances de l'Italie. Robert *Guiscard* contint les Sarrasins, resserra les empereurs d'Orient & d'Occident, & porta le trouble & les orages jusqu'à la cour de Constantinople. Il enleva Salerne à ses princes particuliers. Le pape Grégoire VII, sous la protection duquel se mirent les vaincus, & qui aimoit à protéger & à humilier les souverains & les conquérants, excommunia Robert *Guiscard ;* celui-ci, après la mort du dernier duc de Bénévent, de la race Lombarde, conquit le Bénéventin, & fit présent de Bénévent au St. Siège. Grégoire VII alors donna l'absolution à Robert *Guiscard.* Ce conquérant, qui sçavoit si bien irriter & appaiser les papes, mourut en 1085, âgé de 80 ans.

GUISCARD. (*Voyez* BOURLIE.)

GUISCHARD, (Charles) (*Hist. mod.*) colonel au service du roi de Prusse, auteur de *Mémoires Militaires sur les Grecs & sur les Romains*, où le célèbre chevalier Follard est un peu déprimé. Il faut entendre tout le monde.

GUISE. *Voyez* LORRAINE.

GUITON, (Jean) (*Hist. de Fr.*) Les Rochelois, dans le temps où ils étoient assiégés par le cardinal de Richelieu, (en 1628) forcèrent Jean *Guiton* d'accepter la place de maire de leur ville; vaincu par l'importunité, cet homme prend un poignard, & dit à ses concitoyens : « je serai maire, puisque vous le » voulez, mais je ne le serai qu'à condition que vous m'au» toriserez tous à plonger ce poignard dans le sein du » premier qui parlera de se rendre; je demande qu'on » en use de même à mon égard, si jamais je propose » de capituler, & j'exige que ce poignard reste pour » cet usage sur la table du lieu où nous nous assem» blons ». Tout le monde entra pour-lors dans ses sentiments; mais lorsque la famine eut presque entièrement dépeuplé la ville, il fallut bien céder au sort & parler de se rendre : *Guiton* seul étoit inflexible, & rappelloit les engagements qu'il avoit fait prendre : la Rochelle, lui disoit-on, n'a plus de défenseurs: *Eh! ne suffit-il pas*, répondit Guiton, *qu'il y reste un seul habitant pour en fermer la porte à nos tyrans?* C'étoit de cet enthousiasme de religion & de liberté, ainsi que des élémens qu'il avoit fallu triompher pour prendre la Rochelle.

GUNDEMAR, roi des Visigoths, (*Hist. d'Espagne.*) aimé de ses sujets, qu'il ne cherchoit qu'à rendre heureux, respecté des nations voisines, & redoutable aux ennemis, *Gundemar* mérita d'être élevé sur le trône, où les suffrages réunis de ses concitoyens le placèrent après la mort de l'usurpateur Witeric, lâche assassin qui avoit poignardé son maître, le fils de son bienfaiteur, & qui, devenu par ses crimes, l'objet de l'exécration publique, périt lui-même sous le fer des conspirateurs. A peine *Gundemar* fut proclamé, en 610, qu'il s'appliqua à rétablir la bonne intelligence entre sa nation & les François. Quelques historiens assûrent cependant qu'il acheta la paix au prix d'un tribut annuel qu'il s'obligea de payer à la France; si ce fait est exact, il ternit la gloire de *Gundemar*, & il la ternit d'autant plus, qu'alors les Visigoths recevoient des tributs, & n'étoient point accoutumés à en payer; mais leur roi étoit pressé de terminer cette guerre pour aller réduire les Gascons, qui avoient recommencé les hostilités: il se jetta dans leur pays, suivi d'une armée nombreuse, le ravagea, y mit tout à feu & à sang, les contraignit d'abandonner leurs villes, leurs villages, & d'aller se cacher derrière les montagnes. Après cette expédition, *Gundemar*, de retour à Tolède, assembla les évêques, & ils firent quelques canons, les uns concernant la discipline ecclésiastique, & le plus grand nombre relativement à l'administration civile; le roi approuva ces canons & les signa. *Gundemar* s'occupoit de ces règlements utiles, quand il apprit que les troupes de l'empereur venoient de faire une incursion sur les terres de son royaume; il se mit aussi-tôt à la tête des Goths, & marcha contre les Impériaux : ceux-ci ne se croyant point assez forts pour combattre une telle armée, se retirèrent dans leur camp, qu'ils fortifièrent; mais *Gundemar* rendit cette précaution inutile : il attaqua les Impériaux dans leurs retranchements, les força, les battit, les contraignit de se retirer en désordre, & dans leur fuite en massacra la plus grande partie. Cette victoire assûra pour plusieurs années la paix aux Visigoths, que la valeur de *Gundemar* rendoit trop redoutables, pour qu'aucune puissance étrangère entreprît de leur déclarer la guerre. Le souverain victorieux rentra dans ses états, & convoqua un concile, où furent faits encore de nouveaux règlements sur différentes parties du gouvernement civil. Peu de jours après la dernière séance de ce concile, *Gundemar* tomba malade & mourut, quelques secours qu'on eût pu lui donner, en 612, après un règne glorieux & très-court, puisqu'il n'occupa le trône qu'environ deux années; les grandes espérances qu'il avoit données, les talents qu'il montra, sa piété sans fanatisme, sa valeur & sa justice, le firent regretter amèrement : les Visigoths perdoient en lui leur bienfaiteur, l'appui, le père de l'état. (*L. C.*)

GUNTHER, (*Hist. Litt. mod.*) *Gunther*, poëte allemand célèbre, & notre Rousseau étoient contemporains; l'un & l'autre adressa une ode au prince Eugène, l'un & l'autre fut malheureux. *Gunther* vécut méprisé de sa nation qu'il illustroit, persécuté de sa famille, qui révère aujourd'hui sa mémoire, abandonné de son père, qui n'apprit à le connoître qu'après sa mort. Il sçut conserver de la grandeur d'ame dans l'opprobre & dans la misère, *Gunther* mourut à vingt-huit ans; peut-être ne put-il soutenir la confusion que lui causa une aventure assez bizarre. Il devoit être présenté au roi de Pologne, Auguste II. Un poëte de la cour, jaloux de sa réputation naissante, mêla ce jour-là même dans sa boisson quelques drogues qui l'enivrèrent; il parut devant Auguste dans cet état ridicule & indécent; il tomba en sa présence, & se couvrit de honte aux yeux de toute la cour.

GUSTAVE ERICSON VASA; (*Hist. de Sued.*) roi de Suede, né au milieu des troubles qu'avoit fait naître l'union de Calmar, comptoit des rois de Suede parmi ses aïeux, entr'autres ce Charles Canutson détrôné tant de fois, & tant de fois rappellé. Marguerite avoit seule joui paisiblement de la triple couronne, le traité de Calmar qui réunissoit les trois royaumes sous un même chef, étoit son ouvrage. La Suède ne tarda pas à réclamer contre ce traité, & les fréquentes infractions que les successeurs de Marguerite y avoient faites, furent le prétexte de la révolte: cet état occupé sans cesse à lutter contre toutes les forces de la monarchie Danoise, n'osoit encore se donner un roi; mais il choisissoit un chef assez semblable aux dictateurs de Rome, & qui, sous le titre modeste d'administrateur, étoit plus puissant que les rois mêmes. *Gustave* avoit eu sous les yeux pendant sa jeunesse le spectacle des malheurs de sa patrie. L'administrateur Steensture, son parent, l'admettoit à son conseil; il en étoit l'oracle. La haine du nom Danois, le mépris des plaisirs, l'amour de la patrie, l'ambition de l'affranchir pour régner sur elle, un génie précoce, la prudence de l'âge mûr jointe au feu du bel âge, des graces sans apprêts, une éloquence naturelle, caractérisoient le jeune *Gustave*; il étoit difficile de le voir, de l'entendre, sans soupçonner qu'il seroit un jour le restaurateur de la monarchie Suédoise; c'étoit par son conseil que Steensture avoit donné des armes à feu aux paysans qui, pour la plûpart, se servoient encore d'arcs & de flèches. L'usage de la poudre étoit connu depuis long-temps dans le reste de l'Europe; mais les pays du nord ont toujours été les derniers à adopter les arts, & plût au ciel que celui de détruire les hommes ne s'y fût jamais introduit! Mais dans l'état d'oppression où se trouvoit la Suede, cet art fatal devenoit un fléau nécessaire. Déjà *Gustave* avoit taillé en pièces quelques partis Danois. Christiern II l'honora de sa haine. Ce prince vouloit rétablir l'union de Calmar, régner sur les trois royaumes, & pour y parvenir il n'étoit point de traité qu'il ne violât, de crime qu'il ne commît, de sang qu'il ne fit couler. Résolu de s'assûrer de la personne de *Gustave*, dont il pressentoit la haute destinée, il proposa, l'an 1518, une entrevue à l'administrateur dans la capitale même de la Suéde; & feignant une défiance que lui seul méritoit, il exigea qu'on livrât *Gustave* en ôtage à ses sujets, tandis qu'il négocieroit avec Steensture; *Gustave* accepta cette proposition avec la confiance d'un jeune héros, qui ne peut concevoir une trahison; l'amiral Danois l'invite à venir saluer le roi avant que sa majesté mette pied à terre; *Gustave* saute dans la chaloupe, on le présente à Christiern qui le fait désarmer, ainsi que six autres seigneurs que Christiern avoit demandés pour ôtages, ou plutôt pour victimes. Il tenta d'abord de le corrompre; mais n'ayant pu y réussir, il résolut de lui ôter la vie; l'ordre fut donné, & ce qui fait honneur à la noblesse danoise, Christiern ne fut point obéi. On l'enferma dans le château de Coppenhague; il fut bientôt transféré dans celui de Calo, dont Eric Banner, son parent, étoit gouverneur. Il se faisoit garant de son prisonnier, & devoit payer au roi six mille écus d'or, s'il le laissoit échapper. Cependant l'administrateur étoit mort, les malheurs de la Suéde augmentoient chaque jour; *Gustave* se déguise en paysan, se met au service d'un marchand de bœufs, & joue si bien son rôle qu'il arrive à Lubec, confondu parmi les autres rustres, sans être reconnu. Il se découvrit alors, & Banner vint le réclamer. Mais *Gustave* lui promit de lui rendre la somme que Christiern devoit exiger; & satisfait de cette promesse, le danois s'en alla. *Gustave* demanda des secours à la régence de Lubec; cette république étoit naturellement ennemie de la domination Danoise; mais intimidée par la présence d'une flotte nombreuse, elle n'osoit embrasser la défense d'un malheureux. On lui promit cependant d'armer en sa faveur, s'il pouvoit rassembler assez d'amis pour donner au moins quelque vraisemblance à la révolution qu'il méditoit. Cette promesse, quoique foiblement énoncée, ranima ses espérances; il part, débarque à Calmar, se présente aux officiers, aux soldats qui, presque tous, avoient servi sous ses drapeaux. Le spectacle de sa misère glaça leur courage; ils furent assez lâches pour n'oser le servir; mais ils ne furent point assez perfides pour le livrer à Christiern; *Gustave*, forcé de se retirer, se déguise encore sous la livrée de l'indigence, se glisse dans un chariot chargé de pailles, & dans cet équipage traverse les quartiers de l'armée Danoise, où sa tête étoit mise à prix. Ce prince n'avoit plus d'autre ressource que lui-même; parents, amis, domestiques, tout l'abandonnoit; on craignoit de s'associer à ses malheurs, & de périr avec lui: peu s'en fallut qu'il ne tombât entre les mains des Danois; des Chartreux, que ses ancêtres avoient fondés, lui refusèrent un asyle dans son patrimoine; il alla en chercher un autre en Sudermanie; & tandis que des hommes qui lui étoient attachés par les liens du sang, de l'amitié, de la reconnoissance, le rejettoient avec dureté, un paysan le reçut avec tendresse. Ce fut dans sa cabane que *Gustave* médita sa révolution; ce prince logeoit sous le chaume, son hôte portoit ses lettres; & cet ambassadeur, couvert de haillons, alloit exciter les seigneurs Suédois à détrôner Christiern. Forcé bientôt de quitter cette retraite, *Gustave* passe en Dalécarlie sous la conduite d'un guide infidèle, qui le vole & l'abandonne au milieu des montagnes & des forêts. Pressé par la faim, il se loue pour travailler aux mines de cuivre. Un seigneur le reconnoît, lui offre de soulever la province en sa faveur, & n'ose exécuter cette offre indiscrette. Un autre gentilhomme le reçoit, l'accable de caresses, & le trahit; il étoit perdu si sa bonne mine n'eût inspiré de la compassion à l'épouse du traître, qui le fit conduire chez un curé voisin. Celui-ci fut fidèle, aida *Gustave* de sa bourse & de ses conseils; les paysans s'assemblent à Mora. *Gustave* paroît au milieu d'eux. Son air noble, ses graces, ses malheurs, l'horreur qu'inspiroit le nom de Christiern, & le massacre récent des sénateurs de Stockholm, tout prête à l'éloquence du prince une force nouvelle. On s'écrie, on court aux armes; le château du gouverneur est escaladé; au bruit de cet exploit, les paysans se rassemblent en foule sous les drapeaux du vainqueur; il se voit bientôt suivi par une armée de quinze mille combattants; il se met en marche, passe la rivière de Brunebec, défait un corps de Danois, prend Vesteras, marche à de nouvelles conquêtes, emporte d'assaut la ville d'Upsal; *Gustave* défendit contre ses propres soldats les biens de Trolle, archevêque de cette ville, qui l'avoit persécuté avec tant de fureur: devenu puissant, heureux & vainqueur, il trouva plus d'amis dans sa prospérité, qu'il n'avoit trouvé d'ennemis dans sa disgrace; toutes les provinces l'appelloient, & il étoit plus embarrassé sur le choix de ses conquêtes, que sur les moyens de les conserver. La noblesse qui avoit si long-temps attendu pour se déclarer, accouroit dans son camp: son armée grossissoit chaque jour; & si *Gustave* avoit eu autant d'ambition que de génie, il lui eût été possible de conquérir le Danemarck & la Norwege après avoir soumis sa patrie; ainsi il auroit rétabli pour lui-même cette union de Calmar qu'il vouloit détruire.

Cependant, au milieu de tant de triomphes, le fougueux prélat paroît à la tête d'une armée; une terreur panique se répand dans les rangs des Suédois; l'intrépide *Gustave* est renversé dans l'eau, remonte à cheval, soutient à la tête de ses gardes, tout le choc des Danois, protège la retraite de son armée, & peu de jours après se venge d'un instant de surprise que Trolle lui avoit causée. La régence de Lubec lui envoya quelques secours, la plûpart des villes se soumirent avant même qu'il parût. Mais la nouvelle de la mort de sa mère & de sa sœur, que Christiern avoit fait précipiter dans la mer, égara sa raison: dans le délire de sa fureur, il ordonna à ses soldats de massacrer sans pitié tous les Danois qui tomberoient entre leurs mains, comme si ce peuple honnête & sensible avoit été coupable des crimes de son maître. Déjà *Gustave* disposoit des Gouvernements; & distribuoit les garnisons dans les provinces qu'il avoit conquises; il investit le château où étoit renfermé l'évêque de Linkopink, & ce prélat va au-devant de lui, & lui rend hommage; *Gustave* convoqua à Vadestene une assemblée des états généraux, il s'y montra, on voulut le couronner; il refusa le titre de roi; mais on lui déféra ceux de gouverneur-général & d'administrateur de la Suéde, l'an 1521.

Ce fut alors que *Gustave* voyant qu'on ne pouvoit plus donner à un autre la couronne qu'il avoit refusée, engagea toutes les terres de sa famille pour faire de nouvelles levées. La régence de Lubec lui envoya dix-huit vaisseaux, & quatre mille hommes: mais elle lui vendit cher ce foible secours, & profita de ces circonstances pour s'affranchir de quelques droits onéreux pour son commerce, que les rois de Suede lui avoient anciennement imposés. *Gustave* enfin forma le siege, ou du moins le blocus de Stockholm, tandis que son escadre croisoit devant le port, & en défendoit l'approche aux vaisseaux Danois. Ceux-ci se trouverent resserrés entre des glaces dont ils ne pouvoient se dégager. *Gustave* partit à la tête des troupes Lubecoises, s'avança sur la glace au milieu de la nuit, mit le feu à la flotte, & n'en eût pas laissé échapper un seul vaisseau, si Jean Flammel, général des troupes auxiliaires n'eût donné malgré lui le signal de la retraite; Stockholm étoit toujours bloqué, la garnison demandoit à capituler, *Gustave* étoit disposé à lui accorder des conditions honorables; mais il ne vouloit entrer dans Stockholm que la couronne sur la tête, afin de donner à la révolution qu'il avoit faite, une forme plus imposante & plus stable. Il convoqua les états généraux à Stregner l'an 1523; il y fut proclamé roi: le cri fut unanime. Lui seul affecta de se refuser son suffrage, & joua le rôle d'un sage ennemi des grandeurs. On le pressa, il se laissa vaincre, & reçut le serment de fidélité de ses nouveaux sujets; mais il différa la cérémonie de son couronnement, parce qu'il auroit été forcé de jurer qu'il maintiendroit la religion catholique qu'il avoit sécrétement résolu de détruire; Stockholm se rendit, les magistrats vinrent déposer les clefs aux pieds de *Gustave*; il fit dans sa capitale une entrée pompeuse, & toute la ville retentit d'acclamations. *Gustave* avoit fait des ingrats, mais il ne le fut point; il fit chercher ce curé qui lui avoit donné un asyle, résolu de lui témoigner une reconnoissance vraiment royale: ce bon prêtre n'étoit plus; mais *Gustave* voulut que ses bienfaits le suivissent sur sa tombe, & il fit placer une couronne de cuivre doré au haut de l'église, que ce pasteur avoit desservie, & dans l'enceinte de laquelle il étoit inhumé. Quelques places tenoient encore pour les Danois dans la Finlande; elles furent conquises, les prisonniers furent traités avec douceur; le tems de la vengeance étoit passé; *Gustave* abolit la plûpart des impôts, dont Christiern avoit chargé le peuple. Ce prince malheureux, mais plus coupable encore, venoit d'être détroné; Frédéric avoit été couronné à sa place; mais tant que son concurrent vivoit dans sa prison, il pouvoit craindre une révolution nouvelle. *Gustave*, en habile politique, se servit de ce fantôme pour effrayer Frédéric, & obtenir de lui les conditions qu'il voulut. Le Gothland fut conquis par les Suédois: c'étoit encore un sujet de discorde: les deux rois eurent une entrevue, & se témoignerent une amitié qui n'étoit pas dans leurs cœurs; ils conclurent une ligue offensive & défensive contre Christiern, ou plutôt contre ses partisans; car dans l'état où ce prince étoit réduit, il n'étoit plus redoutable par lui-même. Enfin l'instant étoit venu, où après avoir changé la face de la Suede, *Gustave* devoit malheureusement en changer aussi la religion; déjà il avoit disposé de l'archevêché d'Upsal, & l'avoit donné à Jean Magnus, homme sans ambition, mais non pas sans talens. Le clergé comptoit presque autant de vassaux que le roi; les évêques habitoient des forteresses, où ils donnoient un asyle aux rebelles dans les tems de troubles; souvent même ils faisoient des excursions à leur tête. Le clergé formoit, au sein de la monarchie, une espèce de république indépendante, redoutable, & ennemie du roi, de la noblesse & du peuple; *Gustave* résolut de renverser ce colosse qui, même dans un siecle assez éclairé, menaçoit encore l'autorité suprême. Le chancelier Anderson fut le confident & le ministre de ce projet. *Gustave* commença par favoriser sécrètement les docteurs luthériens; il abolit la coutume singuliere qui rendoit les évêques héritiers des ecclésiastiques qui mouroient dans leur diocèse. Les quartiers d'hiver des troupes furent distribués sur les terres du clergé. Les deux tiers des dixmes furent destinés à l'entretien de l'armée, qui devoit veiller, même en tems de paix, à la sûreté des frontieres; on cria au blasphême, à l'hérésie; les prêtres & les moines armèrent les paysans; un homme du peuple, nommé *Hans*, se mit à la tête des mécontens; mais *Gustave* sut bientôt dissiper toutes ces factions, s'empara des forteresses des évêques, & convoqua à Vesteras une assemblée des états généraux. Ce fut-là que fut faite cette ordonnance célebre, qui sape tous les fondemens de la puissance & de la richesse du clergé; le luthéranisme fut prêché dans les églises catholiques, en présence même des évêques & des prêtres.

Gustave ne tarda pas à déclarer d'une maniere authentique son attachement à la doctrine de Luther. La révolte des Dalécarliens l'avoit occupé quelque tems, & avoit suspendu les soins qu'il apportoit aux progrès du luthéranisme en Suede; mais le supplice du chef ayant fait rentrer les autres rebelles dans le devoir, il reprit cette entreprise, donna l'archevêché d'Upsal à Laurent Petri, à qui il donna en mariage une de ses parentes ; pour lui, il épousa la fille aînée du duc de Saxe Lawembourg, l'an 1530. Il ne lui manquoit plus, pour mettre le comble à tant de prospérités, que d'assurer à sa postérité le fruit de ses travaux. Ce fut dans ce dessein qu'il convoqua une assemblée des états-généraux à Vesteras. *Gustave* fit sentir que, si la couronne demeuroit élective, un roi de Danemarck pouvoit briguer les suffrages, se faire proclamer, ou du moins faire naître des guerres civiles, & renouveller tous les maux dont il les avoit délivrés. Le souvenir des cruautés de Christiern II, & des malheurs de la Suede, prêtoit à ce discours une force irrésistible. La nation déclara qu'elle renonçoit pour jamais au droit d'élire ses souverains, & que la couronne seroit héréditaire dans la famille de *Gustave*. On appella cet acte *l'union héréditaire*. *Gustave*, toujours occupé, & de la grandeur de l'état, & de celle de sa maison, avoit résolu d'unir la main d'Eric, son fils, à celle d'Elisabeth, reine d'Angleterre ; mais cette princesse habile sut éluder ces propositions, sans une rupture décisive avec la cour de Suede. Cependant le roi descendoit lentement dans le tombeau ; ses forces s'éteignoient par dégrés ; ses yeux n'avoient plus le même feu, mais son ame avoit toujours la même vigueur ; il fit son testament avec autant de sang froid qu'il eût fait un traité de paix. Un instant avant sa mort il dicta à un secrétaire d'état des ordres touchant des affaires très-épineuses, & donna à ses enfans les leçons les plus sages. Il mourut le 27 septembre 1546. Toute la Suede le pleura, & le regne de son fils ne fit pas cesser ces regrets. On ne peut mieux louer ce prince qu'en disant qu'il fut le Henri IV de la Suede. Malheureux comme lui dans sa jeunesse, comme lui grand dans son malheur, il fut forcé de conquérir ses états, pardonna à ses ennemis, & fit le bonheur de ses sujets après les avoir vaincus. (*M. DE SACY*)

GUSTAVE ADOLPHE, surnommé *le Grand*, roi de Suede. Les hautes qualités de ce prince ne furent point les fruits tardifs de l'éducation & de l'expérience. La nature avoit tout fait pour lui. Au milieu des malheurs dont la Suede fut accablée pendant les dernieres années du regne de Charles IX, son pere, tandis que son esprit égaré succomboit sous le fardeau du gouvernement, *Gustave*, âgé de seize ans, paroissoit dans les conseils, & à la tête des armées, obéissoit en soldat, négocioit en ministre, & commandoit en roi. Sa modestie prêtoit un nouveau charme à ses talens. Il se défioit de ses forces. Un jour ses courtisans le virent plongé dans une profonde rêverie, les yeux mouillés de larmes, ils le questionnerent sur le sujet de sa douleur. « Hélas, disoit-il, » mon pere est prêt à descendre dans le tombeau, » & moi à monter sur le trône : quelle ressource pour » la patrie, qu'un prince jeune, imprudent & novice » dans l'art de régner ! comment pourrai-je la dé» fendre contre tant de puissances armées contre elle ! » Ah ! si du moins le sacrifice de ma vie pouvoit » sauver l'état ». Sigismond, roi de Pologne, chassé par les Suédois, avoit associé la Russie & le Danemarck à sa vengeance. Les Suédois essuyerent d'abord quelques échecs ; mais dès que le jeune *Gustave* se mit à leur tête, ils triompherent. Charles étant mort le 30 octobre 1611, *Gustave* fut proclamé avec enthousiasme par toute la nation. Il avoit tous les talens nécessaires pour gouverner, mais il n'avoit point l'âge fixé par les loix du royaume. Le roi Charles avoit nommé un conseil de régence, composé de sénateurs : la reine Christine & le duc Jean y présidoient. Mais on sentit bientôt que *Gustave* étoit au-dessus d'une loi faite pour les princes vulgaires ; on remit les rênes du gouvernement entre ses mains ; dans l'état déplorable où se trouvoit la Suede, prête à être envahie par trois puissances rivales, un roi guerrier étoit un fléau nécessaire. *Gustave* part, porte le ravage dans la Scanie, entre dans la Gothie occidentale, force les Danois à la retraite, taille en pieces un parti près d'Ynnewaldbroo, en écrase un autre près d'Eckesio, délivre Joënekoping assiégé par le roi de Danemarck. Christiern qui avoit méprisé la jeunesse de *Gustave*, ne voulut pas lui demander honteusement la paix ; mais il se fit offrir la médiation de la cour d'Angleterre, & s'engagea à restituer, moyennant un million d'écus, Calmar, l'isle d'Oëland, le fort Risby & Elfsbourg. Ainsi la guerre fut terminée au mois de janvier de l'année 1613. Les Moscovites voyant que les Danois n'agissoient plus de concert avec eux, exposés seuls à la vengeance de *Gustave*, prirent un parti qui étonna toute l'Europe. Le Czar étoit mort. Ils élurent pour son successeur le prince Charles-Philippe, frère de *Gustave*. Cette élection étoit l'ouvrage de Jacques de la Gardie. *Gustave* fut piqué de ce qu'on ne l'avoit pas proclamé lui-même ; il dévora cet affront, consentit en apparence au départ de son frère ; mais il y mit tant d'obstacles, que les Moscovites prirent ces délais pour un refus. Ils élurent Michel Féodorovitz ; *Gustave* voulut alors ou parut vouloir placer le prince Charles-Philippe sur ce trône ; il n'étoit plus tems : le roi ne parut pas fort chagrin du peu de succès de cette démarche. Il donna sa sœur Catherine en mariage au comte Palatin prince de deux Ponts. C'étoit au premier fruit de cette union que *Gustave* destinoit sa couronne, s'il mouroit sans enfans. La cérémonie du couronnement de *Gustave* ne se fit qu'en 1617 ; trois ans après il épousa Marie-Eléonore, fille de Jean-Sigismond, électeur de Brandebourg, & s'arracha aussi-tôt des bras de la reine pour voler aux combats ; Riga fut emporté, Mittaw se soumit ; une treve de deux ans avec la Pologne, fut la suite de ces conquêtes. A peine cette suspension d'armes étoit-elle expirée, que *Gustave* entra en Livonie, pénétra dans la Lithuanie, courut de conquêtes en conquêtes, & offrit en vain la paix à Sigismond, qui savoit bien que le premier de tous les articles seroit de sa part une renonciation formelle au trône de Suede qu'il regrettoit.

Ce prince se ligua avec l'empereur, dont l'ambition espéroit compter un vassal de plus dans Sigismond, s'il pouvoit le replacer sur le trône de Suede.

Mais *Gustave* qui étoit rentré en Pologne par la Prusse, l'an 1626, avant qu'on fût informé de sa descente, avoit déja conquis Frawenberg, Brawnsberg, Elbing, Marienbourg, Mewe, Dirschaw, Stum, Christbourg, Werden; son armée triomphante échoua devant Dantzick : dans tous ces combats, *Gustave*, placé aux premiers rangs, commandoit, combattoit, échauffoit la mêlée, dirigeoit les grands mouvemens, & conservoit toujours cette présence d'esprit qui décide du gain des batailles. Dans deux de ces rencontres il fut blessé; le soldat Suédois en voyant couler le sang de son roi, n'en devint que plus furieux. Le célèbre Wrangel remporta en 1629 une victoire sur les Polonois, près de Gorzno; *Gustave* jaloux de la gloire de ce général, livra bataille aux ennemis, près de Stum. La victoire fut complette, quoique les Suédois fussent inférieurs en nombre; Sigismond désespéra enfin de remonter sur le trône de Suède. Il accepta une trève de six ans. On devoit profiter de ce calme pour travailler à une paix solide; cependant *Gustave* conserva ses conquêtes en Livonie, & quelques autres places.

Gustave n'avoit point oublié que l'empereur avoit donné de puissans secours à Sigismond; il avoit saisi la politique de cette cour ambitieuse qui vouloit ranger tout le Nord sous ses loix : il pressentoit le but des démarches qu'elle ne cessoit de faire pour brouiller le Danemarck avec la Suède, & subjuguer ces deux royaumes à la faveur des divisions qu'elle faisoit naître; il cherchoit l'occasion de rompre de nouveau avec elle; un affront fait à ses ambassadeurs par les impériaux, la lui offrit, & la guerre fut déclarée. *Gustave*, fortifié de l'alliance du roi de France, du duc de Poméranie, de l'archevêque de Brême, & du landgrave de Hesse-Cassel, s'avança contre les Impériaux, remporta deux victoires près de Greiffenhagen & de Gartz, chassa les ennemis de la basse Poméranie & du Neumarck, parut vainqueur sur les bords de l'Oder, & compta, peu s'en faut, ses jours par ses conquêtes; après diverses opérations militaires, *Gustave* se montra sur les bords de l'Elbe, s'empara près de Werben d'un poste avantageux, & de-là observa les mouvemens du comte de Tilly. Cet illustre Bavarois commandoit les Impériaux; tous deux s'estimoient, s'épioient, se devinoient l'un l'autre; on se sépara sans combattre, mais on se rejoignit près de Leipsick. La bataille s'engagea, dès le premier choc les Impériaux crièrent victoire; le comte de Tilly fit partir des couriers pour l'annoncer à la cour impériale; l'électeur de Saxe abandonna *Gustave*, & s'enfuit; le roi de Suède rétablit le combat, culbuta la cavalerie impériale, dissipa l'infanterie, & eut seul avec ses soldats toute la gloire de cette journée. Les suites de cette victoire furent plus importantes que cette victoire même; une partie de la Franconie se soumit à l'armée victorieuse. Ceux des princes protestans que la crainte avoit jusqu'alors retenus dans le parti de l'empereur, se déclarerent pour la Suède; enfin la terreur étoit si générale, qu'on ne laissoit plus à *Gustave* le plaisir de former des sièges, & de livrer des assauts. Si-tôt qu'il se montroit, les villes les mieux fortifiées ouvroient leurs portes; tandis que *Gustave* se rendoit maître de toutes les côtes de la mer Baltique, les Saxons pénétroient dans la Bohême, & le nom du héros qu'on croyoit voir à leur tête, soumettoit une partie de ce royaume. Au milieu des rigueurs de l'hiver, *Gustave* couroit de conquêtes en conquêtes, son armée ne campoit plus, elle étoit logée dans les villes; la mort du brave & malheureux Tilly, acheva la déroute des Impériaux; leur armée se dispersa & causa plus de ravages dans son retour, que les Suédois, aussi disciplinés qu'intrépides, n'en avoient fait dans tout le cours de la guerre.

Vallenstein rassembla ces débris, y ajouta de nouvelles forces recueillies dans les cercles fidèles à l'empereur, marcha contre *Gustave*, & crut réparer tous les malheurs du comte de Tilly. Enfin, après diverses expéditions que les bornes de ce Dictionnaire ne nous permettent pas de rappeller, les deux armées se trouvèrent en présence près de Lutzen, le 16 novembre 1632; la bataille se donna, les Suédois montrèrent une ardeur nouvelle; l'infanterie impériale fut taillée en pièces; le canon fut enlevé; *Gustave*, impatient d'achever la défaite des ennemis, se précipita au milieu d'un régiment de cuirassiers qui tenoit tête aux Suédois. Il y périt; les circonstances de sa mort paroissent incertaines; sa mort n'empêcha pas la victoire de son armée.

C'étoit un prince aussi accompli qu'un homme peut l'être. Il avoit peu de défauts, & n'avoit point de vices. Il fut contraint à faire la guerre, & ce n'est pas à nous à examiner si dans un tems de paix, il auroit cherché l'occasion de la faire. On sait que la lecture du traité de la guerre & de la paix de Grotius, lui étoit familière. Il n'avoit pas moins de talens pour le gouvernement que pour la guerre. Rien de ce qui peut contribuer au bonheur ou à la gloire d'un empire, ne lui étoit étranger. Dicter des loix, donner des batailles, présider aux travaux du laboureur, comme à ceux du soldat, descendre dans tous les détails politiques & militaires, se montrer équitable sur un tribunal, grand sur un champ de bataille, il savoit tout, excepté retenir son courage dans la mêlée. Un excès de bravoure lui coûta la vie. (*M.* DE SACY.)

GUTTEMBERG; (Jean). *Voyez* FAUST (Jean).

GUYARD, (Bernard) (*Hist. Lit. mod.*) dominicain. Entr'autres ouvrages qui méritent moins de nous occuper, il est l'auteur de celui qui a pour titre : *la Fatalité de Saint-Cloud*, où il tâche de prouver que ce n'est pas un dominicain qui a tué Henri III. Il a été réfuté par un autre ouvrage intitulé : *la véritable Fatalité de Saint-Cloud*, qui se trouve dans le journal de Henri III, avec l'ouvrage du P. Guyard. Né en 1601. Mort à Paris, le 19 juillet 1674.

GUYARD DE BERVILLE, (*Hist. Litt. mod.*) auteur de deux mauvaises Histoires, dont les sujets étoient bien choisis ; c'étoient le connétable du Guesclin & le chevalier Bayard. Né à Paris en 1697. Il mourut, dit-on, en 1770, à Bicêtre, où la misère le força de se retirer ; ce qu'il y a de certain, c'est que cette même misère avoit été jusqu'à la mendicité.

GUYMOND ou GUIMOND. (*Voyez* TOUCHE). Claude Guimond de la).

GUYON, (Symphorien) *Hist. Litt. mod.*) curé de St. Victor d'Orléans sa patrie, a donné l'*Histoire de l'église & diocèse, ville & université d'Orléans.* Mort en 1637.

Jacques *Guyon* son frère, est auteur d'un petit ouvrage intitulé : *Entrée solemnelle des Evêques d'Orléans.*

L'Abbé *Guyon*, (Claude-Marie) qui ne paroît point avoir été de la famille des précédents, fut un écrivain fécond ; il continua l'Histoire Romaine de Laurent Echard, depuis Constantin jusqu'à la prise de Constantinople par Mahomet II. Il composa une *Histoire des Empires & des Républiques ;* une *Histoire des Amazones ;* une *Histoire des Indes ;* une *Bibliothèque Ecclésiastique ;* un *Essai critique sur l'établissement de l'empire d'Occident ;* quelques écrits polémiques contre M. de Voltaire & ses amis. Il avoit été associé de l'abbé Desfontaines. Il mourut en 1771. Il étoit de Lons-le-Saunier en Franche-Comté.

Ce nom de *Guyon* a été rendu beaucoup plus célèbre par une femme : Jeanne-Marie Bouviéres de la Mothe, née à Montargis en 1648, & qui avoit épousé le fils de l'entrepreneur du canal de Briare, nommé *Guyon.* Devenue veuve, dit M. de Voltaire, dans une assez grande jeunesse, avec du bien, de la beauté & un esprit fait pour le monde, elle s'entêta de ce qu'on appelle la spiritualité. Un barnabite, du pays d'Annecy, près de Genève, nommé la Combe, fut son directeur. Cet homme, connu par un mélange assez ordinaire de passions & de religion, & qui est mort fou, fit de sa pénitente une visionnaire ; il la conduisit en Savoye dans son petit pays d'Annecy, où l'évêque titulaire de Genève fait sa résidence ; elle y acquit d'abord quelque autorité par sa profusion en aumônes. Elle y tint des conférences. Les imaginations tendres & flexibles de quelques jeunes religieux qui aimoient plus qu'ils ne croyoient la parole de Dieu dans la bouche d'une belle femme, furent aisément touchés de cette éloquence ; mais l'évêque d'Annecy obtint qu'on la fît sortir du pays elle & son directeur. Ils allèrent à Grenoble. Elle y répandit deux livres mystiques, *le Moyen court & les Torrents ;* elle fut encore obligée de sortir de Grenoble. Elle vint à Paris, prophétisa, dogmatisa ; l'archevêque de Paris, Harlay de Chanvalon, obtint en 1687, un ordre pour faire enfermer la Combe, comme séducteur, & pour mettre madame *Guyon* dans un couvent. Le crédit de madame de Maintenon imposa silence à l'archevêque de Paris, & rendit la liberté à madame *Guyon* : celle-ci vint à Versailles, s'introduisit dans Saint-Cyr, assista plusieurs fois à des conférences dévotes que faisoit l'abbé de Fénelon. Cet abbé, dans la piété duquel il entroit quelque chose de romanesque, ne vit dans madame *Guyon*, qu'une ame pure, éprise du même goût que lui, & se lia sans scrupule avec elle. « Il étoit » étrange, ajoute M. de Voltaire, qu'il fût séduit par » une femme à révélations, à prophéties & à galimathias, qui suffoquoit de la grace intérieure, qu'on » étoit obligé de délacer, & qui se vuidoit (à ce » qu'elle disoit) de la surabondance de grace, pour en » faire enfler le corps de l'élu qui étoit assis auprès d'elle». M. de Voltaire explique cet excès d'indulgence par le caractère charmant de M. de Fénelon, qui étoit dans l'amitié, ce que les autres sont dans l'amour.

Madame *Guyon*, fière d'un tel disciple, qu'elle appelloit son fils, & de la protection de madame de Maintenon, répandit ses idées dans Saint-Cyr ; l'évêque de Chartres, Godet des Marais, dans le diocèse duquel est Saint-Cyr, s'en alarma ; l'archevêque de Paris menaça de nouveau ; madame de Maintenon rompit tout commerce avec madame *Guyon*, & lui défendit le séjour de Saint-Cyr. L'abbé de Fénelon lui-même lui conseilla de se mettre sous la direction de l'évêque de Meaux, Bossuet, & de lui soumettre ses écrits. L'évêque de Meaux s'associa, pour cet examen, l'évêque de Châlons, qui fut depuis le cardinal de Noailles, & l'abbé Tronson, supérieur de S. Sulpice. Les conférences se tenoient à Issy. L'archequêque de Paris, jaloux que d'autres se portassent pour juges dans son diocèse, fit afficher une censure publique des livres qu'on examinoit. Madame *Guyon* se retira dans la ville de Meaux, souscrivit à tout ce que Bossuet voulut, & promit de ne plus dogmatiser.

On l'accusa en 1695 d'avoir manqué à sa promesse ; elle fut enlevée par ordre du roi, & fut enfermée à Vincennes ; elle y composa un gros volume de vers mystiques ; elle parodioit les vers des 'opéra ; elle chantoit souvent :

L'Amour pur & parfait va plus loin qu'on ne pense :
On ne sçait pas, lorsqu'il commence,
Tout ce qu'il doit coûter un jour.
Mon cœur n'auroit connu Vincennes, ni souffrance,
S'il n'eût connu le pur amour.

« Madame *Guyon* avoit épousé Jésus-Christ dans » une de ses extases ; & depuis ce temps-là elle ne » prioit plus les saints, disant que la maîtresse de la » maison ne devoit pas s'adresser aux domestiques.

Bossuet exigea que Fénelon, devenu archevêque de Cambrai, cette même année 1695, condamnât madame *Guyon* avec lui, & souscrivît à ses instructions pastorales ; Fénelon ne voulut lui sacrifier ni ses sentiments ni son amie. Peu de temps après, parut le livre des *Maximes des Saints.* L'affaire du quiétisme devint alors l'affaire personnelle de l'archevêque de Cambrai. Madame *Guyon* sortit de prison en 1702, ayant été transférée de Vincennes à Vaugirard, & de Vaugirard à la Bastille ; & pourquoi ? Elle mourut à Blois en 1717. Il y a des lettres assez rares de l'abbé la Bletterie en faveur de madame *Gruyon* ; mais il ne la justifie que sur les mœurs, & non sur les sentiments. M. de Voltaire dit que madame *Guyon* faisoit des vers comme Cotin, & de la prose comme Polichinelle.

GUYOT,

GUYOT, (Germain-Antoine) (*Hist. Litt. mod.*) avocat, nommé *Guyot des Fiefs*, à cause de son *Traité sur les Matières Féodales*, auquel on a joint des *Observations sur le droit des Patrons & des Seigneurs de Paroisse, aux honneurs dans l'Eglise*, &c. Né en 1694, mort en 1750.

GUYOT DE MERVILLE. *Voyez* MERVILLE.

GUYOT DES FONTAINES. *Voyez* DESFONTAINES.

GUZMAN, (Alphonse Perez de) (*Hist. d'Esp.*) On peut voir à l'article CAPEL, l'histoire de ce gouverneur de Colchester & de son fils dans les guerres du parlement d'Angleterre contre Charles Ier. La même aventure étoit arrivée près de quatre siècles auparavant avec une issue beaucoup plus tragique à Alphonse Perez de *Gusman*, de qui descend la maison des ducs de Medina Sidonia en Espagne. Il avoit commandé les armées des Princes de Maroc. Il étoit gouverneur de Tarif, lorsque cette ville fut assiégée par dom Juan, infant de Castille. L'infant avoit en sa puissance un fils de *Guzman*, il menaça *Guzman* d'immoler ce fils à ses yeux, s'il ne lui rendoit la place. « Plutôt que de » commettre une telle trahison, je te donnerois moi-» même un poignard pour l'égorger »; en disant ces mots, & comme s'il eût voulu exécuter ce qu'il disoit, il lui jetta un poignard du haut des remparts, & rentra sans vouloir être témoin de ce qui pouvoit arriver; il alla se mettre tranquillement à table avec Marie Coronel sa femme, qui ne sçavoit rien de ce qui se passoit. L'infant étoit un barbare, il fit périr le jeune *Guzman* aux yeux des assiégés, placés sur les remparts, qui, à ce spectacle, poussèrent des cris affreux de compassion & de douleur. Le gouverneur les entendit; & se doutant de ce qui les excitoit, ou craignant quelque assaut, il courut aux remparts, instruit du malheur de son fils, il se contenta de dire aux soldats: *mes enfants, n'en veillez que mieux à la garde de la place*, & retourna se mettre à table, pour ne pas inquiéter sa femme. Lopez de Vega a célébré en vers cette fermeté de *Guzman*. Les descendants de ce capitaine ont consacré cet évènement; ils ont pris pour cimier de leurs armes, une tour, au haut de laquelle paroît un cavalier armé, qui jette un poignard, avec ces mots pour devise: *mas pesa el rei que la sangre. Je préfère l'intérêt du roi à celui du sang.*

GUZMAN. *Voyez* (OLIVARÈS).

GYÉ ou GIÉ, (le maréchal de.) *Voyez* ROHAN.

GYGÈS, l'anneau de *Gygès* est bien constamment au rang des fables, même ce grand dépit qu'on veut que la femme de Candaule ait eu d'avoir été exposée toute nue comme un modèle de perfection aux regards de *Gygès*, par Candaule son mari, ce dépit qui la porta, dit-on, à conspirer contre Candaule avec *Gygès*, & à offrir à celui-ci son lit & son trône, pourvu qu'il la défît de son indiscret mari: tout cela pourroit bien n'être digne que d'un conte de La Fontaine; aussi cette histoire en a-t-elle fourni le sujet.

GYLIPPE. (*Hist. Grecque*). Pendant la dix-neuvième année de la guerre du Péloponèse, ce général lacédémonien s'étoit immortalisé par la délivrance de Syracuse. (*Voyez* l'article NICIAS). Il flétrit à jamais sa gloire par un trait d'avarice poussé jusqu'à la honte du vol. Lysandre ayant réduit Athènes la vingt-septième & dernière année de la guerre du Péloponèse, l'avoit envoyé porter à Sparte, les riches dépouilles, fruits de ses glorieuses campagnes. Outre les couronnes d'or sans nombre que les villes lui avoient données, l'argent montoit à quinze cents talents, c'est-à-dire, à quinze cents mille écus. *Gylippe* ne put résister à la tentation de prendre une partie de cet argent; mais les sacs étoient cachetés, il les décousit par le fond, prit trois cents talents (trois cents mille écus), recousit les sacs, & se crut en sûreté. Il espéroit donc que jamais Lysandre ne s'expliqueroit avec la république sur la somme qu'il avoit envoyée, & que l'argent une fois remis au trésor public, il n'en seroit plus parlé; c'étoit être bien aveuglé par la cupidité. Lysandre en effet ne fut point dans le cas de parler, mais les bordereaux qu'il avoit mis dans chaque sac, parlèrent pour lui, & décélèrent *Gylippe*. Il se bannit lui-même de Sparte, pour éviter le supplice; mais un déshonneur éternel le suivit dans son exil. Cette dernière année de la guerre du Péloponèse tombe à l'an 405 avant J. C.

HABACUC, (*Hist. Sacr.*) le huitième des *douze petits prophètes*. Ses prophéties ne contiennent que trois chapitres. On ne sçait si c'est le même prophête *Habacuc* qu'un ange emporta par les cheveux, à Babylone, pour donner à manger à Daniel dans la fosse aux lions. Daniel, chap. 14.

HABAZE, s. m. (*Hist. mod.*) c'est le douzième mois de l'année éthiopienne ; il a trente jours comme les autres mois : & l'année de cette contrée commençant au 19e d'août, le premier jour d'*Habase*, est le 18e de notre mois de juillet. (*A. R.*)

HABDALA, s. f. (*Hist. mod.*) cérémonie en usage chez les juifs pour finir le jour du sabbat, & qui consiste en ce que chacun étant de retour de la prière, ce qui arrive à l'entrée de la nuit, lorsqu'on a pu découvrir quelques étoiles, on allume un flambeau ou une lampe ; le chef de famille prend du vin, des épiceries odoriférantes, les bénit, les flaire, pour commencer sa semaine par une sensation agréable, & souhaite que tout réussisse heureusement dans la nouvelle semaine où l'on vient d'entrer ; ensuite il bénit la clarté du feu dont on ne s'est pas encore servi, & songe à commencer à travailler. Le mot *habdala* signifie *distinction*, & on l'applique à cette cérémonie, pour marquer que le jour du sabbat est fini, & que celui du travail commence. Les juifs, en se saluant ce soir-là, ne se disent pas *bon soir*, mais *Dieu vous donne bonne semaine*. *Dictionnaire des Arts*. (*G.*)

HABE, s. f. (*Hist. mod.*) vêtement des Arabes. C'est ou une casaque toute d'une venue, d'un gros camelot rayé de blanc ; ou une grande veste blanche d'une étoffe tissue de poil de chèvre & de lin, qui leur descend jusqu'aux talons, & dont les manches tombent sur leurs bras, comme celles de nos moines bernardins & bénédictins. La *habe* avec le capuchon est sur-tout à l'usage des arabes de Barbarie qui demeurent dans les campagnes, où ils vivent sous des tentes, loin des villes dont ils méprisent le séjour & les habitants. (*A. R.*)

HABERT, (*Hist. Litt. mod.*) trois hommes de ce nom ont été de l'Académie Françoise.

1°. Germain *Habert*, dit de Cérisi, parce qu'il étoit abbé de St. Vigor-de-Cérisi, au diocèse de Bayeux, est l'auteur d'un poëme intitulé : *La Métamorphose des yeux de Philis en astres*, poëme qui eut de la réputation dans son temps, & que le P. Bouhours a daigné critiquer. Il a fait aussi une *vie du cardinal de Bérulle*. Mort en 1653.

2°. Philippe *Habert*, frére du précédent, est auteur d'un autre poëme non moins célèbre dans le temps, intitulé : *le Temple de la Mort*. Il se rendit de bonne heure dans ce temple, ayant été enseveli en 1637, à trente-deux ans, au siège du château d'Emery, entre Mons & Valenciennes, sous les ruines d'une muraille qu'un tonneau de poudre fit sauter par la négligence d'un soldat, qui y laissa tomber sa mêche.

3°. Henry-Louis *Habert*, seigneur de Montmort, conseiller au parlement, & depuis doyen des maîtres des requêtes. Ami & bienfaiteur de Gassendi, il a publié les œuvres de ce philosophe, & lui a fait ériger un mausolée dans l'église de St. Nicolas-des-Champs. Mort en 1667.

HABINGTON, (Guillaume) (*Hist. Litt. mod.*) anglois, auteur d'une histoire d'Edouard Ier & d'Edouard IV, en anglois. Mort en 1554.

HACHÉE, s. f. (*Hist. mod.*) punition qu'on imposoit autrefois aux gens de guerre & même aux seigneurs ; elle consistoit à porter une selle ou un chien pendant un espace de chemin désigné ; elle deshonoroit. On indiquoit une procession solemnelle, toutes les fois qu'un coupable la subissoit. Les mots du latin de ces temps, *harmiscari*, *harmiscare*, signifient la *hachée*, être puni de la *hachée*. (*A. R.*)

HACHETTE, (Jeanne) *Hist. de Fr.*) Monsieur, frère de Louis XI, étant mort en 1472, & étant mort empoisonné, (du moins on le crut & on le croit ainsi), le duc de Bourgogne, Charles-le-Téméraire, chargea hautement Louis XI de ce crime, dans un manifeste insolent, suivi d'hostilités cruelles. L'incendie fut joint au carnage ; la Picardie ravagée, ses habitants massacrés parurent encore au duc de Bourgogne une trop foible vengeance de cet attentat, dont ils étoient innocents. Cependant Beauvais arrêta & confondit sa fureur. Un assaut général avoit répandu la terreur parmi les assiégés, ils fuyoient de toutes parts ; les Bourguignons avoient déjà planté leur étendard sur la brèche ; une femme intrépide, nommée Jeanne *Hachette*, osa l'arracher, & le jetter dans le fossé avec l'officier qui l'avoit planté. Les autres femmes imitèrent son courage, & repoussèrent l'ennemi en l'accablant de pierres, de poix-résine & de plomb fondu. Le siège fut levé ; & ce succès, dû principalement aux femmes de Beauvais, est encore aujourd'hui célébré par une cérémonie annuelle, où les femmes précèdent les hommes, en mémoire de ce glorieux évènement. Quelque temps après la levée du siège de Beauvais, Charles-le-Téméraire montroit son arsenal à un ambassadeur de France : « vous allez voir, lui dit-il, les clefs des principales villes du royaume ». Son fou qui l'accompagnoit, & qui, suivant l'usage du temps, avoit seul le droit de tout dire, demanda où étoient celles de Beauvais ?

HADDING, (*Hist. de Danemarck*) roi de Danemarck, étoit fils de Gram. Ce prince ayant péri dans une bataille contre Suibdager, roi de Danemarck, le vainqueur s'empara de sa couronne vers l'an 856 avant J. C. Le jeune *Hadding* élevé à l'école du malheur, devint généreux, brave, audacieux & capable d'une grande entreprise. Il rassembla quelques amis; son parti grossit par degrés; plus le joug de Suibdagar devenoit odieux, plus l'armée de *Habding* devenoit nombreuse. Il eut enfin une flotte capable de balancer les forces de son ennemi; il lui présenta le combat près de l'isle de Gothland: Suibdager l'accepta pour son malheur; il fut vaincu, & ne survécut point à sa défaite. *Hadding* fut reconnu par tout le Danemarck; mais Asmund, fils du vaincu, prétendit conserver la Suéde & la Norwege. La guerre se ralluma, on en vint aux mains; Asmund périt avec son fils; mais *Habding* fut blessé. Uffond, second fils d'Asmund, parut alors sur la scène; il descendit dans le Danemarck, força par cette manœuvre *Hadding* à y rentrer: pendant ces troubles, le trésor royal avoit été enlevé. *Hadding* promit aux coupables les premières dignités du royaume, s'ils le lui rapportoient; ils le firent. *Hadding* leur tint parole. Il les éleva aux plus grands honneurs, & les combla de bienfaits; mais peu de jours après, il les fit pendre. *Hadding* n'avoit point perdu la Suéde de vue, il y fit la guerre pendant cinq ans sans succès: forcé par la disette à se retirer, il voulut terminer la guerre par une bataille décisive; mais ses troupes furent taillées en pièces. Il ne perdit point courage; il rassembla de nouvelles forces, conquit la Suéde, fit périr Uffond; mais satisfait de régner en Danemarck, il laissa ses conquêtes à Hunding, frère d'Uffond, à condition qu'il lui payeroit tribut. Celui-ci pénétré de reconnoissance pour son bienfaiteur, fit un serment que la raison désavoue, mais qu'on ne peut s'empêcher d'admirer: il jura de ne pas survivre à son ami. *Hadding* ne songeoit qu'à gouverner ses états en paix, lorsque son repos fut troublé par un certain Toston; c'étoit un brigand devenu général d'une bande de voleurs; il avoit fait une armée; il avoit forcé les Saxons de s'unir à lui; il débuta contre *Hadding* par une victoire, il fut vaincu ensuite, envoya un défi au Roi, & mourut de sa main. *Hadding* revint triomphant; mais au fond de son palais, on tramoit un complot affreux contre ses jours; Ulvide, sa fille, en étoit l'auteur: tout fut découvert. *Hadding* pardonna à sa fille; mais ses complices furent égorgés. Le bruit courut en Suéde que le roi de Danemarck venoit d'être assassiné; Hunding assembla aussi-tôt toute sa cour dans une salle lugubrement ornée; il célébra les funérailles de son ami, anima pendant le repas la gaîeté des convives; il avoit fait mettre au milieu de la salle une grande cuve de biere, où il se noya. *Hadding* ne voulut pas lui céder en générosité; dès qu'il eut reçu la nouvelle de la mort de son ami, il se pendit lui-même, ou, selon d'autres, il se fit tuer par ses gardes. (*M.* DE SACY.)

HADRAS, (*Hist. mod.*) nom donné par les Arabes errants & vagabonds à ceux de leur nation qui habitent les villes, qui contractent des mariages avec les autres, qu'ils haïssent mortellement. (*A. R.*)

HAFIZI, *ou* HAFIZAN, *ou* HAFIZLER, s. m. (*Hist. mod.*) ce sont en Turquie ceux qui apprennent tout l'alcoran par cœur, le peuple les regarde comme des personnes sacrées à qui Dieu a confié sa loi, & qu'il en fait dépositaires. Il ne faut qu'une mémoire heureuse pour parvenir à ce titre sublime. Ce nom est dérivé de l'arabe, *Hafizi*, qui signifie en général *celui qui garde quelque chose*. Ricaut, *de l'empire Ottoman.* (*G*)

HAGADA, s. f. (*Hist. mod.*) sorte d'oraison que les Juifs récitent le soir de la veille de leur pâque; au retour de la prière, ils se mettent à une table, sur laquelle il doit y avoir quelque morceau d'agneau tout préparé, avec des azymes, des herbes ameres, comme de la chicorée, des laitues, *&c.* & tenant des tasses de vin, ils prononcent cette *Hagada*, qui n'est qu'un narré de miseres que leurs peres endurerent en Egypte, & des merveilles que Dieu opéra pour les en délivrer. *Dict. des Arts.* (*G*)

HAGEDORN, (*Hist. Litt. mod.*) poëte allemand de ce siècle, auteur de Contes & de Fables, dont plusieurs sont imités de La Fontaine.

HAGENSTELZEN, *célibataires* (*Hist. mod.*) nom que l'on donne en Allemagne, dans le bas Palatinat, aux garçons qui ont laissé passer l'âge de vingt-cinq ans sans se marier; après leur mort, leurs biens sont confisqués au profit du prince, s'ils ne laissent ni pères ni mères, ni frères ni sœurs. Il y a aussi en quelques endroits un droit que les vieux garçons sont obligés de payer au souverain, lorsqu'ils se marient. Ce droit se nomme en allemand *Hagenstolzenrecht. Voyez* Hubner, *Dict. Géog.* (*A. R.*)

HAGI *ou* HAJI, (*Hist. mod.*) les Mahométans nomment *Haj* le pélerinage qu'ils font à la Mecque, Medine & Jérusalem; celui qui s'est acquitté de ce pélerinage se nomme *Haji* ou *Hagi.* Chaque Musulman est obligé de remplir ce devoir une fois en sa vie; il doit, suivant la loi, choisir le temps où ses moyens lui permettent d'employer la moitié de son bien à la dépense du pélérinage; l'autre moitié doit rester en arriere, afin qu'il la puisse retrouver à son retour. Ceux qui ont fait plusieurs fois ce pélerinage sont très-estimés par leurs concitoyens. Le voyage se fait par caravanes très-nombreuses; & comme on passe par des déserts arides, le sultan envoye des ordres au bacha de Damas de faire accompagner les caravanes de porteurs d'eau, & d'une escorte qui doit être forte au moins de 14000 hommes, pour garantir les pélerins des brigandages des Arabes du desert. *Voyez hist. Ottomane du* prince Cantimir. (*A. R.*)

HAICTITES, s. m. (*Hist. mod.*) secte de la religion des Turcs. Ceux qui y sont attachés croient, comme les Chrétiens, que Jesus-Christ a pris un corps réel, & qu'il s'est incarné dans le temps quoiqu'il fût éternel. Ils ont même inseré dans leur profession de foi, que *le Christ viendra juger le monde au dernier jour*, parce qu'il est écrit dans l'alcoran: *ô Mahomet, tu verras ton Seigneur qui viendra dans les nues.* Or ce mot de *Seigneur*, ils l'appliquent au Messie, & ils avouent que ce Messie est Jesus-Christ, qui, disent-ils, reviendra au monde avec le même corps dont il étoit revêtu sur la terre, pour y régner quarante ans,

& détruire l'empire de l'ante-christ, après quoi la fin du monde arrivera. Cette dernière opinion, selon Pocok, n'est pas particulière à la secte des *Haikites*, mais généralement répandue parmi tous les Turcs. Ricaut, *de l'empire Ottoman.* (*G*)

HAILLAN, (Bernard de Girard, seigneur du) (*Hist. Litt. mod.*) Son Histoire de France, depuis Pharamond jusqu'à la mort de Charles VIII, le seul de ses ouvrages un peu connu, fut le premier corps d'Histoire de France composé en françois. Du *Haillan* se montre peu favorable à la loi salique; il s'exprime au sujet de cette loi, d'une manière peu convenable pour un françois. Peut-être vivant sous les règnes de Charles IX & de Henri III, étoit-il dans des intérêts contraires à ceux de la maison de Bourbon, qu'on avoit l'air de favoriser, quand on réclamoit la loi salique. Quoi qu'il en soit, du *Haillan* se contredit lui-même, lorsqu'il prétend, d'un côté, que l'article 6 du titre 62 du code salique, ne peut être appliqué à la couronne, & de l'autre, que Philippe-le-Long a fabriqué cet article pour exclure sa nièce de la couronne.

Il se trompe d'ailleurs, sur les deux points: 1°. cet article, à la vérité, exclut seulement les filles de la succession aux terres saliques, mais il s'applique par une conséquence très-naturelle, à la succession au trône; 2°. quant à l'interpolation imputée à Philippe-le-Long, ce prince fit prononcer solemnellement dans une assemblée de prélats, de seigneurs & de bourgeois notables de la capitale, qu'*au royaume de France les femmes ne succèdent point.* Cet acte rédigé en forme authentique, & publié comme un règlement inviolable, donna enfin à la loi salique, concernant la succession au trône, le caractère de loi écrite qui lui manquoit encore, & c'est peut-être là le fondement de l'erreur de du *Haillan* sur la prétendue interpolation faite à la loi salique; mais il n'existe aucun manuscrit de cette loi sans cet article 6 du titre 62, qui exclut les filles de la succession à la terre salique. On a de ces manuscrits qui sont du huitième siècle, & cet article s'y trouve. Marculphe, qui vivoit dans le septième, plus de six siècles avant Philippe-le-Long, cite expressément cette loi. Non seulement cette interpolation n'a point été faite; mais si l'on eût voulu la faire, on l'auroit mieux faite pour l'objet qu'on se proposoit; on l'auroit fait porter expressément sur la succession au trône, afin de ne laisser ni équivoque ni incertitude à cet égard. Charles IX fit du *Haillan* son historiographe, & Henri III le nomma généalogiste de l'ordre du St. Esprit. Né à Bordeaux en 1535. Mort à Paris en 1610.

HAIRE, s. f. petit vêtement tissu de crin, à l'usage des personnes pénitentes, qui le portent sur leur chair, & qui en sont affectées d'une manière perpétuellement incommode, sinon douloureuse. Heureux ceux qui peuvent conserver la tranquillité de l'ame, la sérénité, l'affabilité, la douceur, la patience, & toutes les vertus qui nous rendent agréables dans la société, & cela sous une sensation toujours importune! Il y a quelquefois plus à perdre pour la bonté à un moment d'humeur déplacée, qu'à gagner par dix ans de *Haire*, de discipline & de cilice. (*A. R.*)

HAIRETITES, s. m. (*Hist. mod.*) secte de Mahométans dont le nom vient de *Hairet*, en turc *étonnement*, *incertitude*, parce que, à l'exemple des Pyrrhoniens, ils doutent de tout, & n'affirment jamais rien dans la dispute. Ils disent que le mensonge peut être si bien paré par l'esprit humain, qu'il est impossible de le distinguer de la vérité; comme aussi qu'on peut obscurcir la vérité par tant de sophismes, qu'elle en devient méconnoissable. Sur ce principe, ils concluent que toutes les questions sont probables & nullement susceptibles de démonstration; & sur tout ce qu'on leur propose, ils se contentent de répondre, *cela nous est inconnu, mais Dieu le sait.* Cette manière de penser, qui sembleroit devoir les exclure des dignités de la religion, qui demande ordinairement des hommes décidés, ne les empêche pourtant pas de parvenir à celle de muphti; & alors, comme ils sont obligés de répondre aux consultations, ils mettent au bas leur fefta ou sentence, qui contient à la vérité une décision bien articulée; mais ils ont soin d'y ajouter cette formule: *Dieu sait bien ce qui est meilleur.*

Quoiqu'exacts observateurs des pratiques de la religion & des loix civiles, les *Hairetites* n'affichent point une morale sévère; ils boivent du vin en compagnie, pour ne point paroître de mauvaise humeur; mais entr'eux ils usent de liqueurs dans lesquelles il entre de l'opium; & l'on prétend que cette drogue contribue beaucoup à les entretenir dans un état d'engourdissement, qui s'accorde très-bien avec leur pyrrhonisme absolu, qu'on peut regarder comme une yvresse d'esprit. Ricaut, *de l'empire Ottom.* (*G*)

HAITERBACHI, s. m. (*Hist. mod.*) c'est le nom qu'on donne en Perse au premier médecin du roi, de qui dépendent tous les autres médecins du royaume, il est chargé de les examiner, & de juger s'ils ont la capacité requise pour exercer la médecine dans toute l'étendue de la monarchie. (*A. R.*)

HALDAN I, (*Hist. de Suède*) roi de Suède & de Gothland; attaqué par les Norwégiens qui s'étoient révoltés, les Russes accoururent à son secours, & lui aidèrent à reconquérir les états qu'il avoit perdus. Fridlef avoit, par ses conseils & par son courage, assuré le succès de cette guerre. Quoique prince & barbare, *Haldan* ne fut point ingrat: il lui aida à conquérir le Danemarck, sur lequel il avoit d'autres droits que celui du plus fort; il le seconda aussi dans ses projets amoureux; une victoire assura à Fridlef la possession de Flogerte, princesse Norwégienne. *Haldan*, enfin, alloit régner par lui-même, lorsque des rebelles conspirèrent contre lui & l'assassinèrent. (*M. de Sacy*).

HALDAN II, roi de Suède; sa vie n'est qu'une suite de meurtres; c'est un objet dévoué à l'indignation de la postérité, & dont la vue ne peut être utile que dans un siècle où un système aussi dangereux que sublime, a consacré tout ce que les arts ont de plus exquis, à rappeller la barbarie. L'Histoire des premiers rois du Nord peut servir du moins à prouver que dans les siècles d'ignorance chaque jour a été marqué par des assassinats. Dans les siècles éclairés, on se tue aussi, mais avec plus d'art : la méthode est plus lente, les meurtres moins fréquents ; & le temps que les rois emploient à chercher des prétextes pour se déclarer la guerre, est autant de gagné pour l'humanité. *Haldan* étoit fils de Harald, qui fut assassiné par Frothon, son frère ; un crime fut puni par un crime ; & Frothon (*Voyez* ce mot) fut brûlé dans son palais par son neveu ; Ulvide, sa femme, fut lapidée, & Sivard, son beau-père, expira, comme elle, sous les coups de *Haldan* & de son frère Harald : le premier ajouta encore Eric à tant de victimes de sa vengeance : il avoit été vaincu dans plusieurs combats, mais enfin le plaisir de tremper ses mains dans le sang de son ennemi, le dédommagea de la honte de tant de défaites. Devenu roi de Suède par la mort de l'usurpateur, *Haldan* fit la guerre aux pirates, parce qu'il ne sçavoit plus à qui la faire. Un rebelle l'appelle en duel, c'étoit Sivald ; *Haldan*, qui devoit le châtier, alla hazarder contre lui sa couronne, sa vie, & compromettre l'autorité des loix : Sivald amena avec lui ses sept enfants, & les huit champions demeurèrent sur la place : Hartbéen veut mesurer sa force avec le vainqueur ; il vient accompagné de six spadassins, & *Haldan*, soit adresse, soit bravoure, sçait encore se délivrer de ces sept ennemis. Il n'étoit point marié, mais il étoit amoureux, & cette passion qui adoucit les mœurs des autres hommes, ne fit que donner à son caractère plus de férocité. Thorilde, fille de Grimo, étoit l'objet de son amour : il massacra le père pour obtenir la fille ; ou peut-être n'aspiroit-il à la main de Thorilde que pour avoir la gloire d'étendre Grimo à ses pieds. Le meurtre d'un corsaire nommé *Ebbo*, fut le dernier de ses exploits. (*M.* DE SACY.)

HALDE, (Jean-Baptiste du) (*Hist. Litt. mod.*) jésuite, est principalement connu par sa Description historique, géographique & physique de l'empire de la Chine & de la Tartarie Chinoise, & par la part qu'il eut au *Recueil des Lettres édifiantes & curieuses*. Né en 1674, mort en 1743.

HALE, (Mathieu) (*Hist. Litt. mod.*) chef de justice du banc du roi sous Charles II en Angleterre. On a de lui une *Histoire des Ordonnances royales*, des œuvres morales & théologiques ; des œuvres de physique, telles que des *Observations sur les expériences de Torricelli* ; un *Essai sur la gravitation des corps fluides* ; des *Observations sur les principes des mouvements naturels*. Burnet, évêque de Salisbury, a écrit sa vie. Né en 1609, mort en 1676.

HALES. (*Voyez* ALEXANDRE) (DE HALES).

HALL, (Joseph) (*Hist. Litt. mod.*) évêque d'Excester, puis de Norwick, a été surnommé *le Sénèque* de l'Angleterre. Il souffrit pour la cause de Charles Ier, sous la tyrannie de Cromwel. Ses œuvres religieuses & morales pour la plûpart, ont été recueillies *in-fol.* Quelques-unes ont été traduites en françois par un écrivain nommé Jacquemot. Né en 1574, mort en 1656.

HALLER, (Albert) (*Hist. Litt. mod.*) Médecin de Berne, appartenant à la littérature entière par la vaste étendue de ses talents & de ses connoissances. Il a passé long-temps pour le premier poëte de l'Allemagne & de la Suisse ; & si depuis, plusieurs poëtes heureux se sont associés à sa gloire, ils ne l'ont ni effacée ni affoiblie. Ses poësies ont été traduites en françois. On y distingue sur-tout l'ode intitulée : *les Alpes*, ouvrage vraiment digne de la majesté du sujet, & une pièce très-touchante sur la mort d'une de ses femmes ; car il en eut trois, il les rendit toutes les trois fort heureuses, & fut très-heureux avec elles ; car l'un est une suite de l'autre. Le desir de se rendre plus utile, tourna ses vues & ses études du côté de la médecine & de l'histoire naturelle. Son Traité *de l'irritabilité des Nerfs* a paru rempli des découvertes les plus heureuses, il a été traduit en françois ; ainsi que la *formation du Poulet*, autre ouvrage de M. de *Haller* ; sa *Physique* offre aussi beaucoup d'idées neuves sur la génération de l'homme & sur la formation des os. Ses autres ouvrages de médecine embrassent toutes les parties de l'art, & tendent à les perfectionner. Il a été utile jusques dans ses délassements ; on a de lui quelques romans moraux, pleins de vérité, dont une politique saine pourroit faire un grand usage. *Usong*, un de ces romans, a été traduit en françois. Il fut de l'Académie des Sciences de Paris & président de l'Académie de Gottingue ; mais content de la gloire littéraire, il refusa le titre de baron de l'Empire, qu'on lui offrit. On a remarqué que dans un incendie, il avoit eu le courage de se jetter au milieu des flammes pour sauver quelques-unes de ses poësies, & que l'année suivante il eut le courage plus grand de jetter au feu ces mêmes productions qu'il en avoit tirées.

Le travail étoit devenu si nécessaire à M. de *Haller* & l'idée d'en être privé lui étoit si insupportable, qu'ayant eu le bras droit cassé, il apprit en une nuit à écrire assez bien de la main gauche. Il fut observateur, & il le fut sur lui-même jusqu'au dernier moment de sa vie ; il se tâtoit le pouls de temps en temps, & jugeoit des progrès de la maladie, comme s'il eut été question d'un malade étranger & indifférent. *Mon ami, l'artere ne bat plus*, dit-il tranquillement à son médecin, & il expira en prononçant ces mots. Il a laissé un fils digne de lui, & homme de lettres distingué. Mort en 1777.

HALLES, (Etienne) (*Hist. Litt. mod.*) Ecclésiastique anglois, grand & utile naturaliste, membre de la société royale de Londres, auteur de plusieurs découvertes heureuses en physique. Son *Ventilateur*, sa *Statique des animaux*, traduite en françois par Sauvage, sa *Statique des végétaux*, honorée du traducteur le plus illustre, M. de Buffon, sont de grands titres de gloire dans un genre utile. Il fit des expériences sur la manière de dissoudre la pierre dans la vessie, & remporta un prix en 1739 sur ce sujet ; il enseigna l'art de rendre potable l'eau de la mer ; cet ouvrage a encore été traduit en françois. On a de lui plusieurs dissertations sur l'eau de goudron ; sur les injections utiles aux hydropisies ; sur les tremblements de terre ; sur l'électricité ; sur la manière de faire passer de l'air à travers une liqueur qu'on distille ; sur le moyen de conserver les approvisionnements dans les vaisseaux, &c. *Halles* né en 1677, est mort en 1761 ; ses concitoyens lui ont érigé un tombeau à Westminster.

HALLEY, (Edmond) (*Hist. Litt. mod.*) de l'académie des sciences de Paris, secrétaire de la société royale de Londres, un des plus grands noms qu'on puisse citer en astronomie ; successeur de Wallis dans la place de professeur de géométrie à Oxford, & de Flamstéed dans celle d'astronome du roi, ami & sectateur de Newton, juste envers Descartes, connu, aimé, considéré de Pierre-le-Grand, ardent en amitié, indifférent sur la fortune, connoissant le prix de la médiocrité, & n'ayant jamais voulu en sortir : tel fut le célèbre *Halley*. Plusieurs de ses ouvrages ont été traduits en françois ; tels que son Catalogue des Etoiles de l'hémisphère austral, dressé d'après les observations faites par l'auteur en 1677, à l'Isle Sainte-Hélène, pays le plus méridional qui fût alors sous la domination des Anglois. Ses Tables astronomiques ont été traduites par l'abbé Chappe d'Auteroche, & depuis encore, par M. de La Lande. On a encore de *Halley*, une édition & traduction d'œuvres géométriques d'Apollonius de Perge ; (*Voyez* cet article à APOLLONIUS ;) une édition des sphériques de Menelaus ; un abrégé de l'astronomie des Comètes ; un mémoire sur un Télescope de son invention, qui fit beaucoup de bruit dans le temps, & plusieurs autres excellents Traités de géométrie, d'astronomie, de physique. Né à Londres en 1656. Mort à l'Observatoire de Greenwich en 1642.

HALLUIN. (*Voyez* SCHOMBERG.)

HALWARD, (*Hist. de Suède*) roi de Suède : après avoir soumis la Russie, l'Esthonie, la Finlande, la Courlande, il rassembla toutes ses forces pour conquérir le Danemarck ; Roë, souverain de cette contrée, fut vaincu dans trois combats, & ne survécut pas à sa dernière défaite. Mais Helgon, son fils, vengea sa mort, & ôta, d'un même coup, à *Halward*, la couronne & la vie, vers la fin du 11e siècle. (M. DE SANCY.)

HALYATES. *Voyez* ALYATES.

HAMAC, f. m. lit suspendu, dont les Caraïbes, ainsi que plusieurs autres nations sauvages de l'Amérique équinoxiale, font usage. Quoique la forme des *Hamacs* soit à-peu-près la même, il s'en voit cependant de plusieurs sortes, qui diffèrent soit par la matière dont ils sont faits, soit par la variété du travail, ou par les ornemens dont ils sont susceptibles.

Les *Hamacs* caraïbes sont estimés les meilleurs & les plus commodes ; ils sont composés d'un grand morceau d'étoffe de coton, épaisse comme du drap, d'un tissu très-égal & fort serré, ayant la figure d'un quarré long, portant environ huit à neuf pieds de longueur sur cinq à six de largeur : il faut observer que cette largeur se trouve toujours disposée suivant la longueur du *hamac*. Tous les fils de l'étoffe sur les bords des deux longs côtés excèdent la lisière d'environ sept à huit pouces, & sont disposés par écheveaux formant des espèces de boucles, dans lesquelles sont passées de petites cordes de quatorze à dix-huit pouces de long, qu'on nomme *filet*, servant à faciliter l'extension & le développement du *hamac*. Toutes ces petites cordes sont réunies ensemble par l'une de leurs extrêmités, & forment une grosse boucle à chaque bout du *hamac* : c'est dans ces boucles qu'on passe les rubans ou grosses cordes qui servent à suspendre la machine au haut de la case ou aux branches d'un arbre. Les plus grands *hamacs* sont nommés par les Caraïbes, *hamacs de mariage* ; deux personnages de différent sexe pouvant y coucher aisément. Les plus petits étant moins embarrassants, se portent à la guerre & dans les voyages. Quelques sauvages des bords de la rivière d'Orinoco font des *hamacs* d'écorce d'arbre, travaillés en réseau comme des filets de pêcheur.

Les créoles blancs & les Européens habitants d'Amérique, préférent les *hamacs* aux meilleurs lits : ils y sont au frais, ne craignant point la vermine, & n'ont besoin ni de matelas ni d'oreillers, non plus que de couvertures, les bords du *hamac* se recroisant l'un sur l'autre.

Dans les Isles Françoises il est fort ordinaire de voir au milieu des salles de compagnie un bel *hamac* de coton blanc ou chamarré de diverses couleurs, orné de réseaux, de franges & de glands. Là nonchalamment couchée & proprement vêtue, une très-jolie femme passe les journées entières, & reçoit ses visites sans autre émotion que celle que peut causer un léger balancement qu'une jeune négresse entretient d'une main, étant occupée de l'autre à chasser les mouches qui pourroient incommoder sa maîtresse.

Les femmes de distinction, allant par la ville, se font ordinairement porter dans des *hamacs* suspendus par les bouts à un long bambou ou roseau creux & léger que deux nègres portent sur les épaules ; mais dans les voyages, au lieu d'un seul bambou, on fait usage d'un brancard porté par quatre forts esclaves.

Les Portugais du Brésil ajoutent au-dessus du *hamac* une petite impériale, avec les rideaux qui les garantissent de la pluie.

Sur les vaisseaux les matelots couchent dans des *hamacs* de grosse toile, communément nommés *branles*, qui diffèrent des précédents en ce qu'ils sont moins grands & garnis à leurs extrémités de morceaux de bois un peu courbes, percés de plusieurs trous, au travers desquels passent les filets, de façon qu'ils sont un peu écartés les uns des autres, & par conséquent le *hamac* reste toujours suffisamment ouvert pour y recevoir une espèce de Matelas. (*A. R.*)

HAMBELIENS, f. m. pl. (*Hist. mod.*) une des quatre sectes anciennes du mahométisme. *Hambel* ou *Hambeli*, dont elle a pris son nom, en a été le chef. Mais les opinions des hommes ont leur période, court ordinairement, à moins que la persécution ne se charge de le prolonger. Il ne reste à la secte *Hambelienne* que quelques arabes entêtés, dont le nombre ne tarderoit pas à s'accroître, si par quelque travers d'esprit, un muphti déterminoit le grand-seigneur à proscrire l'*hambélianisme* sous peine de la vie. (*A. R.*)

HAMEL, (du) nom illustré principalement par deux membres distingués de l'Académie des Sciences.

1°. Jean-Baptiste du *Hamel*, né en 1624, à Vire en Normandie, fils d'un avocat, conciliateur au point, dit M. de Fontenelle, d'en être quelquefois mal avec les juges, porta dans les sciences le même esprit de conciliation & de paix. Après avoir été oratorien, puis curé de Neuilly-sur-Marne, & avoir quitté cette cure pour se livrer tout entier aux sciences, il entra dans l'Académie des Sciences au moment où elle fut instituée, & il en fut le premier secrétaire. « Il falloit à cette compa- » gnie, dit M. de Fontenelle, un secrétaire qui entendît » & parlât bien toutes les différentes langues de ces » sçavants; celle d'un chymiste, par exemple, & celle » d'un astronome; qui fût auprès du public leur inter- » prète commun; qui pût donner à tant de matières » épineuses & abstraites, des éclaircissements, un cer- » tain tour & même un agrément que les auteurs né- » gligent quelquefois de leur donner, & que cependant » la plûpart des lecteurs demandent; enfin qui, par son » caractère, fût exempt de partialité, & propre à ren- » dre un compte désintéressé des contestations académi- » ques..... le choix ne pouvoit mieux tomber que » sur M. du *Hamel* » On sent quel succès dut avoir ce portrait d'un secrétaire de l'Académie des Sciences, fait par M. de Fontenelle, & dont il étoit le modèle secret, tandis que M. du *Hamel* en étoit le modèle apparent.

M. du *Hamel* passoit pour écrire très-bien en latin, & ce talent le fit employer dans diverses affaires publiques; car il y a des circonstances qui font sentir le besoin qu'on a des sçavants & des gens d'esprit. En 1667, il fut choisi pour mettre en latin le traité des droits prétendus au nom de la reine Marie-Thérèse sur divers états de la monarchie d'Espagne, principalement dans les Bays-Bas; Louis XIV vouloit que ce traité pût être lu de toute l'Europe, où le françois n'étoit pas encore aussi familier qu'il l'est devenu depuis.

En 1668, M. Colbert de Croissy, plénipotentiaire pour la paix d'Aix-la-Chapelle, y mena M. du *Hamel*, & c'étoit lui qu'on employoit pour tout ce qu'on avoit à traiter en latin avec les ministres étrangers.

Vers le même temps, il parut un ouvrage latin de M. du *Hamel*, pour soutenir les droits de l'archevêque de Paris, (Péréfixe) contre les exemptions que prétendoit l'abbaye St. Germain-des-Prés. « L'archevêque, dit M. de Fontenelle, crut que le nom d'un auteur si » éloigné d'attaquer sans justice & même d'attaquer, » seroit un fort préjugé pour le siège archiépiscopal. » En effet, c'est la seule fois que M. du *Hamel* ait forcé » son caractère jusqu'à prendre le personnage d'aggres- » seur; & il est bon qu'il l'ait pris une fois pour laisser » un modèle de la modération & de l'honnêteté avec » laquelle ces sortes de contestations devroient être » conduites. »

Un ordre supérieur & glorieux pour lui, l'engagea, dit M. de Fontenelle, à composer un cours de philosophie, selon la forme usitée dans les colléges; cet ouvrage, qui parut en 1678, a pour titre: *Philosophia vetus & nova ad usum scholæ accommodata*. « L'école » y est ménagée, mais l'académie y domine...., & » peut-être le vrai y a-t-il eu moins d'oppositions à » essuyer, parce qu'il a eu le secours de quelques » erreurs. »

Ce fut en 1698, que parut en latin une Histoire de l'Académie des Sciences; & il y en eut en 1701, une édition beaucoup plus ample.

M. du *Hamel* n'etoit pas moins un ecclésiastique pieux qu'un sçavant consommé; si son goût l'entraînoit vers les sciences profanes, son devoir le ramenoit à l'écriture sainte & à la théologie: il a beaucoup écrit sur ces matières, & toujours dans son esprit de modération & de paix. Il fit pour la théologie ce qu'il avoit fait pour la philosophie, il l'accommoda jusqu'à un certain point, à l'usage des colléges, en corrigeant cependant la scholastique par la théologie positive, trop négligée alors dans l'école.

On a encore de M. du *Hamel*, dans divers autres genres, des ouvrages utiles, & qui attestent l'étendue de ses connoissances, tels sont l'*Astronomia Physica*, le traité *de Meteoris & Fossilibus; de Corporum affectionibus; de Mente humanâ; de Corpore animali*. Il avoit été aumonier du roi. « Il fut pendant toute sa » vie dans une extrême considération auprès de nos » grands prélats. Cependant il n'a jamais possédé que trois » petits bénéfices, ce qui sert encore à peindre son » caractère; & pour dernier trait, il n'en a point possédé » dont il ne se soit dépouillé en faveur de quelqu'un. » Il mourut le 6 août 1706, d'une mort douce & paisible comme son caractère; &, dit M. de Fontenelle, par la nécessité de mourir.

2°. Henri-Louis du *Hamel* du Monceau, de l'Académie des Sciences de Paris, de la Société royale de Londres, &c. inspecteur de la Marine. Pour bien faire connoître cet homme utile, si distingué parmi les sçavants précieux:

Inventas aut qui vitam excoluere per artes,
Quique sui memores alios facere merendo.

Il faut, comme M. de Fontenelle l'a dit de Leibnitz, le décomposer, il faut dire séparément tout ce qu'il a fait: 1°. en général pour l'agriculture, & en particulier pour les jardins, pour les champs, pour la conservation des grains, pour les arbres & les forêts; *Eléments d'Agriculture; Traité de la culture des terres*, suivant les principes de M. Tull; *Traité des arbres & arbustes qui se cultivent en France, en pleine terre; la Physique des arbres; des semis & plantations des arbres à fruits; de l'exploitation des bois; du transport, de la conservation & de la force des bois; Traité complet des arbres à fruits; Traité de la conservation des grains, & en particulier du froment; Traité de la garance & de sa culture; Histoire d'un insecte qui dévore les grains de l'Angoumois*, avec les moyens de le détruire. 2°. Pour la physique, & en subdivisant encore cet objet, pour la physique générale, la chimie, l'anatomie, la médecine, l'histoire des arts, &c. des observations & des expériences sur tous ces objets, plusieurs des ouvrages déjà énoncés qui roulent aussi en grande partie sur les objets de cette seconde classe, ainsi que d'autres ouvrages que nous énoncerons dans la troisiéme classe; nous énoncerons dans celle-ci, parmi les descriptions des arts données par l'Académie des Sciences, les arts du charbonnier, du cirier, du cartier, de la forge, des enclumes, du drapier, du couvreur, du tailleur, du briquetier, du serrurier, de raffiner le sucre, de fabriquer les tapis façon de Turquie, de friser ou de ratiner les étoffes de laine, de la forge des ancres, &c. 3°. Pour la marine, & en particulier pour l'art de la corderie, l'art de la construction des vaisseaux, l'art de conserver la santé des gens de mer, l'art de la pêche, &c. *Traité de la fabrique des manœuvres pour les vaisseaux*, ou *l'art de la corderie perfectionné; Elémens de l'architecture navale*, ou *Traité pratique de la construction des vaisseaux; moyens de conserver la santé aux équipages des vaisseaux*, avec la *manière de purifier l'air des salles des hôpitaux; Traité général des pêches maritimes, des rivières & des étangs.*

M. du *Hamel* avoit un frère (M. de Denainvilliers), qui mérite de vivre aussi dans la mémoire des hommes, quoiqu'il se soit dérobé à leurs regards pendant sa vie:

Benè qui latuit, benè vixit.

Un bon écrivain a fait de ces deux frères un parallèle plein d'intérêt & de vérité. « Ces deux hommes, » quoique d'un caractère très-différent, étoient nécessaires à l'existence l'un de l'autre; le premier partageoit son temps & son activité entre ses travaux & les voyages. M. de Denainvilliers concentroit dans sa terre, son nom & ses plaisirs; s'il travailloit, ce n'étoit que pour son frère, qu'il préféroit à tout, même à la gloire, puisqu'il a fait pour lui ce qu'il n'a jamais voulu entreprendre pour elle. M. du *Hamel* apprenoit avec joie, que ses vassaux étoient heureux; il s'appliquoit, sans se distraire de ses travaux, à tout ce qui pouvoit accroître leur félicité; mais M. de Denainvilliers en étoit l'instrument; ils'étoit réservé le plaisir & les détails de la bienfaisance, dont les résultats suffisoient à M. du *Hamel*. C'étoit M. de Denainvilliers, qui distribuoit les vêtements aux pauvres au commencement de l'hiver & qui les nourrissant dans la saison la plus rigoureuse, leur donnoit quelques emplois pour leur faire croire qu'ils tenoient de sa justice ce qu'ils ne tenoient que de sa générosité. M. du *Hamel* étoit affligé lorsqu'il voyoit ses cultivateurs divisés par la discorde, consommer le produit de leurs moissons dans des procédures dispendieuses; mais c'étoit M. de Denainvilliers qui jugeoit leurs querelles, & chacun d'eux avoit en lui un ami commun qui rendoit leur accommodement facile. M. du *Hamel* joignoit sans doute les qualités du cœur à celles de l'esprit; mais le dernier étoit en lui le plus exercé; dans M. de Denainvilliers, le cœur l'étoit davantage. L'un sera célébré dans les fastes des sciences; l'autre a été chanté par un poëte sensible, & son nom vivra dans les fastes de l'humanité. C'est de lui que M. Colardeau a dit dans une épître qui lui étoit adressée:

Nouveau Titus, assis sur un trône de fleurs,
Citoyen couronné, tu règnes sur les cœurs.
Déjà n'entends-tu pas au sein de tes domaines,
Ce peuple qui cultive & féconde tes plaines,
Tranquille sous les toîts que tu viens d'achever,
Bénir le bienfaiteur qui les fit élever?

M. du *Hamel* n'étoit point un homme qui se piquât de bons mots ni de reparties heureuses; mais les étourdis donnent quelquefois si beau jeu aux sages, que ceux-ci ont de la peine à se refuser à l'occasion. M. du *Hamel* ayant été nommé inspecteur de la Marine, rencontra un jeune officier qui tâchoit d'expliquer un phénomène dont M. du *Hamel* avoua ingénuement qu'il ignoroit la cause. Le jeune homme lui demanda ironiquement, à quoi servoit donc d'être de l'Académie? *On y apprend*, repartit M. du Hamel, *à ne parler que de ce que l'on sçait.* M. du *Hamel* mourut le 23 août 1782, dans sa quatre-vingt-deuxième année.

HAMILTON, (*Hist. d'Ecosse*) nom d'une grande maison d'Ecosse, dont l'aîné porte le titre de duc. Marie, fille de Jacques II, roi d'Ecosse, avoit épousé Jacques *Hamilton.* Leur petit-fils le comte d'Arran (*Hamilton*) eut la régence d'Ecosse pendant la minorité & l'absence de Marie Stuart, fille de Jacques V, femme de notre roi François II, comme étant le plus proche héritier après Marie Stuart; mais les Guises voulant faire passer la régence à Marie de Lorraine leur sœur, veuve de Jacques V, mère de Marie Stuart, engagèrent le comte d'Arran à déposer son titre entre les mains de cette princesse, moyennant des pensions, & le château de Châtelleraud qu'on lui donna en France, & dont il prit le nom. Il fut le bisayeul paternel du comte Antoine *Hamilton*, l'auteur de ces *mémoires de Grammont* si célèbres, de divers contes qui ont beaucoup de partisans, & de pièces fugitives qu'on goûtoit avant que les Voltaire, les Gresset, les Saint-Lambert & quelques autres eussent perfectionné ce genre. Quant aux mémoires de Grammont, rien ne les a effacés; ce qu'on appelle proprement l'esprit françois, n'a jamais rien produit de plus léger ni de plus brillant; il est vrai qu'Antoine *Hamilton* avoit été amené en France dès le berceau, par ses parents, lorsqu'ils y avoient passé à la suite du roi d'Angleterre, Charles II, & du duc d'Yorck son frère, pendant les révolutions qui firent règner Cromwel; ainsi Antoine *Hamilton* fut élevé en France; & même après la restauration, Antoine *Hamilton* étant catholique, ne put obtenir d'emploi en Angleterre: mais le roi Jacques, catholique lui-même, étant monté sur le trône, lui donna un régiment d'infanterie en Irlande, & le gouvernement de Limmerick. Quand ce prince fut obligé de quitter ses états, le comte *Hamilton* y repassa aussi à sa suite. Elisabeth *Hamilton* sa sœur, avoit épousé le fameux comte de Grammont, sujet des mémoires, & avoit été dame du Palais de la reine Marie-Thérèse, femme de Louis XIV. On raconte une anecdote sur la publication des mémoires de Grammont. Le comte de Grammont dans ces mémoires est brillant, séduisant,

séduisant, aimable, mais sa morale est légère comme son caractère, & il avoue des actions qu'un homme jaloux de sa renommée n'avoueroit pas aujourd'hui. Ces mémoires étoient comme un secret de famille entre les *Hamilton* & les Grammont; la comtesse de Grammont en avoit seule une copie au sçu de son mari, son frère n'avoit que sa minute, & avoit donné sa parole de ne la pas communiquer. Cependant les mémoires parurent imprimés; la comtesse de Grammont fit des reproches sur cette infidélité, à son frère, qui protesta de son innocence : en effet, elle ne trouva plus sa copie, & après l'éclaircissement, il fut, dit-on, avéré que c'étoit le comte de Grammont lui-même, qui, plus flatté du rôle brillant qu'il joue dans ces mémoires, que blessé des traits qui attaquent sa délicatesse, avoit forcé le secrétaire de madame la comtesse de Grammont, ou lui en avoit emprunté la clef, en avoit tiré le manuscrit, & dans un besoin d'argent, l'avoit vendu à un libraire. Le comte Antoine *Hamilton* mourut à St. Germain-en-Laye le 21 avril 1720.

HAMON, (Jean) (*Hist. Litt. mod.*) docteur en médecine de la faculté de Paris, passa les trente dernières années de sa vie dans la retraite de Port-Royal-des-Champs, & y mourut en 1687. Il est au nombre des écrivains de Port-Royal; on a de lui divers ouvrages ascétiques. C'est de lui que Boileau a dit :

Tout brillant de sçavoir, d'esprit & d'éloquence,
Il courut au désert chercher l'obscurité;
Aux pauvres consacra son bien & sa science;
Et, trente ans dans le jeûne & dans l'obscurité,
Fit son unique volupté
Des travaux de la pénitence.

HANBALITE, s. m. (*Hist. mod.*) nom d'une des quatre sectes reconnues pour orthodoxes dans le musulmanisme; Ahmed Ebn Anbal qui naquit à Badget l'an 164 de l'égire & 785 de la naissance de J. C., & qui y mourut l'an 241 de l'égire ou 862 de la naissance de J. C. en a été le chef: il prétendoit que le grand prophête monteroit un jour sur le trône de Dieu. Je ne crois pas que la vénération ait jamais été portée plus loin dans aucun systême de religion : voilà Dieu déplacé. Le reste des musulmans se récria contre cette idée, & la regarda comme une impiété. On ne sera pas surpris que cette hérésie ait fait grand bruit. Il ne paroît pas que cette secte soit la même que celle des Hambeliens, malgré la ressemblance des noms. *Voyez* HAMBELIENS. (*A. R.*)

HANGIAR, (*Milice des Turcs.*) Les Turcs appellent ainsi une espèce de poignard à la façon des nôtres, que les janissaires & les bilignons portent à Constantinople, & qu'ils passent à travers leur écharpe. (*A. N.*)

HANIFITT, s. m. & f. (*Hist. mod.*) nom d'une secte mahométane; les Turcs s'en servent pour désigner l'orthodoxie. (*A. R.*)

HANLU, s. m. (*Hist. mod.*) nom du dix-septième mois des Chinois; il répond à notre mois de novembre. Le mot *hanlu* signifie *froide rosée* : c'en est la saison. (*A. R.*)

HANNON, (*Hist. Sacr.*) fils de Naas, roi des Ammonites, prenant les ambassadeurs de David pour des espions, leur fit couper la barbe & les habits. David vengea ses ambassadeurs sur les Ammonites, liv. 2 des Rois, chap. 10.

HANNON, (*Hist. de Carthage.*) On trouve dans l'Histoire des Carthaginois plus d'un personnage célèbre de ce nom.

1°. Justin, liv. 21, chap. 4, parle d'un *Hannon* qu'il appelle *Princeps Carthaginiensium*, & dont les richesses surpassoient les forces de la république, *opes suas quibus vires reipublicæ superabat* ; aussi voulut-il être tyran dans son pays, & pour y parvenir, il ne se proposoit pas moins que d'empoisonner tout le Sénat qu'il avoit invité aux noces de sa fille. Le sénat averti, n'osa le punir, tant étoit grande la puissance de cet homme. Il se contenta de prévenir le coup en défendant le luxe des tables d'une manière générale & sans désigner personne, *ne persona designata, sed vitia correcta viderentur. Hannon* alors lève le masque, se retire dans une place forte avec vingt mille esclaves armés, & cherche à soulever les Africains & le roi des Maures contre les Carthaginois; il est pris & puni d'un supplice cruel, selon l'usage de cette nation; il est d'abord battu de verges, on lui créve les yeux, on lui brise les bras & les jambes, *velut à singulis membris pœnæ exigerentur* ; enfin, on l'attache en croix. Jusques-là on n'étoit que cruel, on n'étoit point injuste. *Hannon* avoit mérité son sort; mais toute sa famille, reconnue innocente, fut traînée au supplice, afin qu'il ne restât personne pour imiter son crime ou pour venger sa mort. Par cette détestable raison, il ne devoit point y avoir de bornes aux supplices; car il pouvoit même se trouver hors de cette famille, quelque ami d'*Hannon*, qui voulût le venger ou quelque ambitieux qui voulût l'imiter. Cet évènement arriva environ trois siècles & demi avant J. C., vers le temps où Denys le jeune, tyran de Syracuse, fut détrôné par Dion.

2°. Un autre *Hannon* fut tué dans un combat livré sous les murs de Carthage, contre le fameux Agathocle, roi ou tyran de Sicile, plus de trois siècles avant J. C.

3°. Mais le plus célèbre de tous les chefs du nom d'*Hannon*, c'est celui qui donna son nom à la faction ennemie de la faction Barcine, c'est-à-dire, ennemie d'Amilcar, d'Annibal & d'Asdrubal. Dans la première guerre punique, il avoit été battu par les Romains, dans un combat naval près des isles Egates sur les côtes de Sicile; dans la guerre de Lybie ou contre les Mercenaires, c'est-à-dire, dans la guerre que les Carthaginois eurent à soutenir contre les soldats mercénaires qui avoient servi sous eux en Sicile, il eut d'abord quelques avantages, suivis de revers qui lui firent ôter le commandement; il s'opposa de tout son pouvoir à la seconde guerre punique, où Annibal & Asdrubal acquirent tant de gloire, & même après la bataille de Cannes, il déclamoit encore dans le Sénat contre cette guerre qui finit en effet par être plus funeste à Annibal & aux Carthaginois, qu'elle ne l'avoit été aux Romains.

4° Nous avons de M. de Bougainville deux célèbres mémoires sur les découvertes & les établissements faits le long des côtes d'Afrique par *Hannon*, amiral de Carthage. On ne sçait certainement ni qui étoit ce *Hannon*, ni dans quel temps il a vécu. On n'a pour monument de ce voyage qu'un extrait abrégé, ou peut-être même la traduction grecque d'une inscription punique, placée dans un temple de Carthage; on n'a pour caractère chronologique de cette même expédition, que ces termes vagues & généraux de Pline: *Carthaginis potentiâ florente; florentissimis pœnorum rebus.* Strabon, Athénée, & d'après eux, Dodwel, Cellarius, La Martiniere rejettent la relation de ce voyage d'*Hannon* comme fabuleux. Pomponius Mela, Pline & Arrien croient à la réalité de cette entreprise, leur sentiment a prévalu; mais les sçavants ne s'accordent ni sur l'époque ni sur le terme de cette expédition. Florian d'Occampo fait faire à *Hannon*, le tour entier de l'Afrique. Isaac Vossius fait remonter cette navigation jusqu'au temps d'Hercule & de Persée, c'est-à-dire, jusqu'aux temps fabuleux: exagération de part & d'autre, sur la géographie, sur la chronologie. M. de Bréquigny fixe le tour de la route d'*Hannon*, aux montagnes de Sierra-Liona sur la côte de Guinée, & l'époque vers le commencement du cinquième siécle avant J. C. Dom Pedro Rodriguez Campomanez qui examinoit dans le même temps que M. de Bréquigny, la même question à Madrid, datoit cette même expédition de cent années plus tard; mais il faisoit aller *Hannon* plus loin, & jusqu'à l'isle de St. Thomas, sous la ligne. M. de Bougainville, qui, dans le même temps aussi, lisoit à l'Académie ses deux sçavants mémoires, insérés, l'un dans le 26e volume, pages 10 & suivantes; l'autre, dans le 28e, pages 260 & suivantes, fixe le terme du voyage d'*Hannon* au Cap des Trois Pointes & aux isles placées dans le fond du golphe qui s'ouvre précisément à ce Cap; & quant à l'époque, il la place au sixiéme siécle avant J. C.

M. de Bougainville croit que *Hannon* le voyageur est le même *Hannon*, qui, suivant Pline, liv. 8, chap. 21, sçut le premier apprivoiser un lion, & qui par cette raison, fut exilé par les Carthaginois, comme redoutable à la liberté publique, & comme ayant des moyens surnaturels de se faire obéir: *quoniam nihil non persuasurus vir tàm artificis ingenii videbatur; & malè credi libertas ei, cui in tantùm cessisset etiam feritas.*

M. de Bougainville reconnoît aussi dans le même *Hannon*, celui qui, au rapport d'Elien, avoit instruit secrètement des oiseaux à dire en langue punique, qu'il étoit un Dieu; & il faut avouer que ce trait rapproché du précédent, justifie la défiance & la précaution des Carthaginois.

Il y avoit un *Hannon*, père de cet Amilcar, vaincu par Gelon dans les plaines d'Himére, l'an 480 avant J. C.

Cicéron nous a conservé une lettre écrite par Anacharsis à un autre *Hannon*, contemporain comme lui de Solon, près de six siècles avant J. C. Le nom d'*Hannon* signifioit en langue punique, *gracieux, bienfaisant.*

* HANSCRIT, s. m. (*Hist. mod.*) langue sçavante chez les Indiens, où elle n'est entendue que des pendets & autres lettrés. On l'apprend dans l'Indostan, comme nous apprenons le latin & l'hébreu en Europe. Le P. Kircher en a donné l'alphabet. On est dans l'opinion que ce fut en *hanscrit* que Brama reçut de Dieu ses préceptes; & c'est là ce qui la fait regarder comme la langue par excellence, la langue sainte. *Dict. de Trév.* (*A. R.*)

HANSGRAVE, s. m. (*Hist. mod.*) nom que l'on donne à Ratisbonne à un magistrat qui juge les différends qui peuvent s'élever entre les marchands, & les affaires relatives aux foires. (*A. R.*)

HAPHTAN, s. m. (*Hist. mod.*) leçon que font les Juifs au jour du sabbat, d'un endroit des prophêtes, après celle d'un morceau de la loi ou du pentateuque. Ils appellent celle-ci *barasese* & l'autre *haphtan*; elles finissent l'office. Cet usage est ancien, & subsiste encore aujourd'hui. Ce fut la défense ridicule qu'Antiochus fit aux Juifs de lire publiquement la loi, qui y donna lieu, & il continua après que les Juifs eurent recouvré le libre exercice de leur religion. (*A. R.*)

HAQUEME, s. m. (*Hist. mod.*) nom d'un juge chez les Maures de Barbarie, où il connoit du civil & du criminel, mais du criminel sans appel; il siège les jeudis. Il est assisté à son tribunal, d'un lieutenant, appellé l'*almocade*. *Haquême* vient de *ghacham*, sçavant, lettré. C'est ainsi qu'autrefois nos magistrats & nos juges étoient appellés *clercs*. (*A. R.*)

HAQUIN, (*Hist. de Norwege*) roi de Norwege, fut couronné vers l'an 1250. Il se ligua avec la Suéde, contre Christophe I, roi de Danemarck: il mit en mer une flotte de trois cents voiles, força le passage de Munster-Sund, & ravagea les côtes de la Hallandie; mais l'an 1257, ces rois, las de verser sans fruit le sang des peuples, entrèrent en négociation. *Haquin* se rendit à Coppenhague; les deux ennemis s'embrassèrent, renoncèrent à leurs prétentions respectives, & jurèrent une alliance éternelle. *Haquin* demeura tranquille dans ses états jusqu'à l'année 1287: mais ayant donné un asyle aux rebelles qui avoient massacré Eric VII, roi de Danemarck, on vit se rallumer entre les Danois & les Norwegiens, une guerre cruelle. Elle dura neuf ans; des milliers d'hommes périrent, des villes entières furent livrées aux flammes, de riches provinces furent changées en déserts; les deux partis furent également cruels, également malheureux, & Eric ne fut point vengé. *Haquin* mourut dans un âge très-avancé. On connoît plus ce qu'il fit pour nuire à ses ennemis que ce qu'il fit pour rendre ses sujets heureux. Il y a eu en Norwege plusieurs rois de ce nom, mais l'histoire des premiers paroît un peu fabuleuse, & celle des derniers peu intéressante. (*M. DE SACY.*)

HAR, s. m. (*Hist. mod.*) c'est, chez les Indiens, le nom de la seconde personne divine à sa dixième & dernière incarnation : elle s'est incarnée plusieurs fois, & chaque incarnation a son nom ; elle n'en est pas encore à la dernière. Quand une idée superstitieuse a commencé chez les hommes, on ne sçait plus où elle s'arrêtera. Au dernier avènement, tous les sectateurs de la loi de Mahomet seront détruits. *Har* est le nom de cette incarnation finale, à laquelle la seconde personne de la trinité indienne paroîtra sous la forme d'un paon, ensuite sous celle d'un cheval aîlé. *Voyez le Diction. de Trév. & les Cérémon. religieuses.* (*M. DE SACY.*)

HARACH, (*Hist. mod.*) nom de la capitation imposée sur les Juifs & les Chrétiens en Egypte ; le produit en appartenoit autrefois aux janissaires : mais depuis plus de cent ans, cet impôt se perçoit par un officier exprès qu'on envoie de Constantinople sur les lieux, & qu'on appelle pour cette raison *harrach aga*. Les Chrétiens ci-devant ne payoient que deux dollars & trois quarts, par une espèce de traité fait avec Sélim ; présentement ils doivent payer de capitation, depuis l'âge de seize ans, les uns cinq dollars & demi, & les autres onze, suivant leur bien. Le dollar vaut trois livres de notre monnoie, ou deux shellings d'Angleterre. (*D. J.*)

HARAI, s. m. (*Hist. mod.*) c'est ainsi que les Turcs nomment un tribut réglé que doivent payer au grand seigneur tous ceux qui ne sont point mahométants ; cet impôt est fondé sur l'alcoran, qui veut que chaque personne parvenue à l'âge de maturité, paye chaque année treize drachmes d'argent pur, si en demeurant sous la domination mahométane elle veut conserver sa religion. Mais les sultans & les visirs, sans avoir égard au texte de l'alcoran, ont souvent haussé cette capitation ; elle est affermée, & celui qui est préposé à la recette de ce tribut se nomme *haraj-bachi*.

Pour s'assûrer si un homme est parvenu à l'âge où l'on doit payer le *haraj*, on lui mesure le tour du cou avec un fil, qu'on lui porte ensuite sur le visage ; si le fil ne couvre pas l'espace qui est entre le bout du menton & le sommet de la tête, c'est un signe que la personne n'a point l'âge requis, & elle est exempte du tribut pour cette année ; sans quoi elle est obligée de payer. *Voyez* Cantemir, *Hist. ottomane.* (*A. R.*)

HARALD, (*Hist. du Nord.*) prince de Norwege, voyagea d'abord dans l'Orient, & se fixa à la cour de l'empereur de Constantinople ; mais ayant appris que Magnus son neveu & son persécuteur, déjà roi de Norwege, disputoit encore à Suénon la couronne de Danemarch, l'espoir de la vengeance le ramena dans le Nord, vers l'an 1046 : il se ligua d'abord avec Suénon ; mais ayant étudié le caractère de ce prince, & comptant peu sur sa reconnoissance, il quitta son parti pour embrasser celui de Magnus, qui lui céda une partie de la Norwege. Magnus régna donc en Danemarck ; mais après sa mort Suénon remonta sur le trône ; *Harald* prétendit l'en chasser. Les deux princes se firent une guerre cruelle ; Suénon manqua plusieurs fois au rendez-vous qu'il avoit marqué pour un combat décisif ; enfin on en vint aux mains, la flotte de *Harald* remporta une victoire signalee ; *Harald*, quoique triomphant, entra en négociation, & termina tant de débats par un traité qui lui assuroit de grands avantages, mais qui ne lui donnoit pas la couronne. (*M. DE SACY.*)

HARALD, (*Hist. de Danemarck*). Plusieurs rois de Danemarck ont porté ce nom ; mais la plûpart, ou n'ont rien fait de grand, ou ont manqué d'historiens pour faire passer leurs actions à la postérité. Nous ne parlerons que de *Harald VI* & *Harald VII*, plus connus que les autres. (*M. DE SACY.*)

HARALD VI fut proclamé roi de Danemarck vers l'an 814, par une faction puissante, tandis qu'un autre parti couronnoit Regner, fils de Sivard : on vouloit d'abord que les deux souverains partageassent entr'eux l'autorité suprême & leurs états ; & le moyen dont on se servit pour prévenir la guerre civile, fut précisément ce qui l'alluma. *Harald* fut vainqueur ; & tandis que son rival, de roi devenu brigand, alloit porter le ravage vers le midi, il fit alliance avec l'empereur Louis-le-Débonnaire. Regner reparut bientôt ; *Harald* fut vaincu, s'enfuit à la cour de Louis, & y trouva des secours puissants, avec lesquels il rentra dans le Juthland ; chassé bientôt de cette contrée, il fit de nouveaux efforts, remonta sur le trône, & en tomba presqu'aussi-tôt ; il se retira en Frise, où il vécut dans l'obscurité. Telles étoient les révolutions qui agitoient un état où l'ordre de la succession à la couronne, n'étoit réglé que par les caprices du peuple, & les intérêts des grands. (*M. DE SACY.*)

HARALD VII, roi de Danemarck ; on prétend qu'il fut assassin avant d'être roi, & que le meurtre de son frère lui ouvrit le chemin du trône, vers l'an 920 ; à peine y fut-il monté qu'il fit poignarder un seigneur danois, nommé *Ach*, dont la puissance lui donnoit de l'ombrage. Ce prince fit élever deux mausolées, l'un à son père, l'autre à sa mère, monuments de son faste, & non de son respect pour la mémoire de ses parents. Il eut avec une couturière, nommée *Esa*, un commerce illégitime ; Suénon qui lui succéda, fut le fruit de ses amours. Richard, duc de Normandie, avoit été dépouillé de ses états par le roi de France, *Harald* partit aussi-tôt pour le venger, remporta une victoire sur les François, prit le roi, & le força à rétablir Richard dans son duché ; enfin *Harald* se convertit à la foi chrétienne, & n'en fut ni plus doux, ni plus juste ; il fit la guerre à tous ses voisins : son ambition ne cherchoit point de prétexte, il ne connoissoit d'autre droit que celui de la guerre. Il reconnut Suénon pour son fils ; & pour prix de ce bienfait, le jeune prince leva contre son père l'étendart de la révolte. *Harald* mourut vers l'an 980, après un règne très-long. (M. *DE SACY*).

HARAM, s. m. (*Hist. mod.*) à la cour du roi de Perse, c'est la maison où sont renfermées ses femmes & concubines ; comme en Turquie l'on nomme *serrail* le palais ou les appartemens qu'occupent les sultanes. (*A. R.*)

HARANNES, (*Hist. mod.*) espèce de milice hongroise dont une partie sert à pied & l'autre à cheval. (*A. R.*)

HARCOURT. *Voyez* LORRAINE.

HARCOURT BEUVRON. Nous avons une histoire particulière de la maison d'*Harcourt*, composée par La Roque. Cette maison connue & distinguée dès le 10e siècle, tire son nom du bourg d'Harcourt dans la Normandie.

De cette maison étoient Robert I, qui fit bâtir le château d'Harcourt, & qui vivoit encore l'an 1100.

Guillaume son fils, qui embrassa contre la France, le parti de Henri I, roi d'Angleterre, dont il étoit né sujet.

Robert I, fils de Guillaume, étoit surnommé le *Vaillant* ou le *Fort*.

Jean, un de ses fils, étoit à la bataille de Bovines, dans le parti du Roi d'Angleterre, ne croyant pas que la réunion alors récente de la Normandie à la France, l'empêchât d'être sujet du roi d'Angleterre.

Amaury, neveu de ce dernier, fut tué en 1285, au siège de Perpignan, où il servoit la France.

Jean I, sire d'*Harcourt*, frère aîné d'Amaury, suivit St. Louis, en 1248, à sa première croisade. On le surnommoit *le Prud'homme*.

Jean II, son fils, mort le 21 décembre 1302, étoit maréchal de France & amiral.

Raoul d'*Harcourt*, chanoine de Paris, son frère, fonda en 1280, le collège d'*Harcourt* à Paris.

Godefroy d'*Harcourt*, seigneur de St. Sauveur-le-Vicomte, petit-fils de Jean II, prit le parti d'Edouard III contre Philippe-de-Valois, qu'il servoit d'abord. Voici à quelle occasion. *Harcourt* avoit pour voisin dans ses terres, le maréchal de Briquebec, & pour rival en amour, le fils de ce maréchal; *Harcourt* & le jeune Briquebec étoient amoureux de la fille du seigneur du Moley. Aigri par cette rivalité, *Harcourt* eut avec le maréchal une querelle, dans laquelle ils s'oublièrent tous les deux, au point de mettre l'épée à la main en présence du roi. *Harcourt* cité au parlement, craignit de succomber sous le crédit de son ennemi, & refusa de comparoître: il fut banni du royaume; ses biens furent confisqués; ses amis attirés à Paris par des tournois & des fêtes, y furent arrêtés & envoyés à l'échafaud. *Harcourt* réduit au personnage du comte d'Artois, porta chez Edouard un ressentiment plus juste & des talents bien supérieurs. Edouard se laissa conduire par ses conseils, & résolut d'entamer la France du côté de la Normandie, dont *Harcourt* lui ouvrit l'entrée par ses domaines du Côtentin. On a des lettres d'Edouard III du 13 juin 1345, par lesquelles il s'engage à ne faire aucun traité de trève ou de paix avec Philippe-de-Valois, qu'il appelle *notre adversaire de France*, qu'en stipulant les intérêts de Godefroy de *Harcourt*, & qu'en lui faisant recouvrer tout ce qu'il a perdu ou qu'il perdra par sa rébellion. L'avis de *Harcourt* étoit qu'Edouard formât un établissement en Normandie, & non pas qu'il s'avançât au hazard jusques sur les bords de la Somme, où il alloit périr par son imprudence, si par une imprudence plus grande les François ne lui eussent livré la bataille de Crécy: *Harcourt* y dirigea la valeur naissante du prince Noir, qui sçavoit tout prévoir & tout prévenir.

Jean IV, comte d'*Harcourt* (quelques-uns disent Louis) son frère, fut tué à la bataille de Crécy en défendant son roi; il y eut alors entre les deux frères, le même rapport qui se trouva dans la suite entre le chevalier Bayard & le connétable de Bourbon, à la retraite de Romagnano; le sujet fidèle avoit été tué, le rebelle avoit triomphé. Harcourt avoit été érigé en comté par Jean IV, en 1338.

Jean V, comte d'*Harcourt*, fils de Jean IV, avoit été blessé dangereusement à cette même bataille de Crécy, en servant la France, ainsi que son père. Les possessions des seigneurs d'*Harcourt* en Normandie, étoient voisines de celles du roi de Navarre Charles-le-Mauvais; dans les démêlés de ce prince avec le roi Jean, ils s'attachèrent aux intérêts de Charles: celui-ci traitoit avec les Anglois; ses partisans tinrent au Vaudreuil, une assemblée, où les principaux d'entr'eux, & nommément les seigneurs d'*Harcourt*, éclatèrent en propos séditieux contre Jean; le comte d'*Harcourt* étoit un des plus furieux; il avoit conçu contre le roi une haine mortelle: « *par le sang-Dieu, le sang-Dieu*, crioit-il, *ce roi est un mauvais homme, & n'est pas bon roi, & vraiment je me garderai de lui*. Il ne s'en garda pas assez. Le dauphin, qui fut depuis Charles V, étant à Rouen, invita le roi de Navarre à dîner; il y vint avec ses plus zélés partisans. Au milieu du festin, on voit entrer le roi Jean, qu'on croyoit à Paris « *Que chacun reste à sa place*, dit-il d'un ton & d'un air terribles, *il y va de la vie*. » Il marche droit au roi de Navarre, qu'il saisit de sa propre main; le comte d'*Harcourt* veut prendre la fuite, il est arrêté, ainsi que les autres amis du roi de Navarre: on les charge de chaînes; on les mene hors de la ville; là, le roi leur fait trancher la tête en sa présence sans les avoir convaincus de rien: le roi de Navarre, peut-être seul coupable, est seul épargné. Ce célèbre Godefroy d'*Harcourt* dont nous avons parlé sous les deux articles précédents, vivoit encore alors, & vivoit paisiblement en France. En reconnoissant son frère parmi les françois tués à la bataille de Crécy, Godefroy avoit été saisi d'horreur, & le repentir l'avoit ramené au devoir. Ses lettres d'abolition sont du 27 décembre 1346, dans l'intervalle de la bataille de Crécy à la prise de Calais; depuis ce temps il étoit resté fidèle à ses maîtres. Quand il eut vu immoler ainsi sans forme de procès, son neveu, le chef de sa maison, blessé au service du roi, fils d'un père mort pour le roi, il se crut libre de tout serment par l'affront fait à son nom, il appella de nouveau les Anglois; la guerre se ralluma avec plus de fureur; de-là la bataille de Poitiers, la prison du roi Jean & les malheurs de la France. Godefroy fut tué en 1356, dans un combat près de Coutances, quelques mois après la bataille de Poitiers; il fit son héritier le roi d'Angleterre. On sçait quel parti M. de Belloy a tiré de Godefroy d'*Harcourt* dans sa tragédie du *Siège de Calais*.

Jean VI, comte d'*Harcourt*, fils de Jean V, fut donné au roi d'Angleterre pour ôtage du traité de Brétigny en 1360, & mourut le dernier février 1388.

Jean VII, comte d'*Harcourt*, fils de Jean VI, fut fait prisonnier à la bataille d'Azincourt. Marie d'*Harcourt*, sa fille, épousa en 1417, Antoine de Lorraine, comte de Vaudemont; delà les *Harcourt-Lorraine* Cette Marie d'*Harcourt* fut une héroïne, qui eut autant de part que son mari aux expéditions militaires de son temps. On l'appelloit aussi *la mère des pauvres*, titre pour le moins aussi respectable que l'autre. Morte le 19 avril 1476.

Jean VIII, comte d'*Harcourt*, fils de Jean VII, fut tué à la bataille de Verneuil le 17 août 1424.

Dans la branche d'*Harcourt-Montgommeri*, Jacques d'*Harcourt*, second du nom, fut fait deux fois prisonnier des Anglois; l'une à la bataille d'Azincourt, en 1415; l'autre en voulant secourir Rouen, en 1419. En 1423, il défendit Le Crotoi contre les Anglois. En 1428, il fut tué devant le château de Parthenay.

Guillaume d'*Harcourt*, comte de Tancarville, son fils, servit très-utilement Charles VII contre ces mêmes Anglois.

La branche de Beaumesnil offre Robert d'*Harcourt*, cinquième du nom, tué en 1396, à la bataille de Nicopolis.

Et Robert, son fils, tué en 1415, à la bataille d'Azincourt.

La branche de Beuvron, la seule qui subsiste aujourd'hui, a fourni entr'autres sujets utiles, Pierre d'*Harcourt*, seigneur de Bailleul, tué au siège d'Amiens en 1597.

Un autre Pierre d'*Harcourt*, qui se signala aux batailles de St. Denys, de Jarnac, de Montcontour, d'Ivry, au siège de la Rochelle en 1573, à la défaite des Reistres à Auneau en 1587. Il eut part à tous les exploits de Henri IV, qui érigea pour lui Beuvron en marquisat. Mort en 1617, âgé de soixante-sept ans seulement, il avoit vu six rois, & servi sous quatre.

Jacques d'*Harcourt*, son fils, fut tué au siège de Montpellier en 1622.

Gui d'*Harcourt*, dit le marquis d'*Harcourt*, puis le marquis de Beuvron, se distingua en 1627, dans le fameux duel qui fit trancher la tête au comte de Bouteville & au comte des Chapelles; il fut tué à Cazal, dans une sortie, le 3 novembre 1628, en cherchant à mériter sa grace par des services contre les ennemis de l'état.

Louis-François d'*Harcourt*, comte de Sezanne, eut le bras percé à la bataille de Luzara, le 15 août 1702, & mourut lieutenant-général le 20 octobre 1714, après s'être distingué dans plusieurs expéditions importantes.

De cette même branche de Beuvron étoient les deux maréchaux d'*Harcourt*, père & fils; Henri & François, tous deux capitaines des Gardes-du-Corps; Henri, né le 2 avril 1654, cornette en 1673, colonel en 1675, brigadier des armées en 1683, maréchal-de-camp en 1688, lieutenant-général en 1693, ne fut fait chevalier de St. Louis qu'en 1694, cet ordre n'ayant été institué que l'année précédente. Il s'étoit trouvé presque à toutes les expéditions de son temps, avoit été blessé au siège de Cambrai en 1677, avoit contribué au gain de la bataille de Nerwinde en 1693. Il commanda sur la Moselle en 1695 & 1696. Il fut envoyé ambassadeur extraordinaire en Espagne en 1697. On a cru long-temps, sur la foi des ennemis de la France, que le testament de Charles II avoit été fait à Versailles, & que le marquis d'*Harcourt* l'avoit fait signer à Madrid, après avoir gagné le conseil d'Espagne, à prix d'argent. C'est une erreur que les mémoires de Torcy ont absolument détruite. Le marquis d'*Harcourt* n'eut d'autre part à cette affaire, que d'avoir disposé favorablement les esprits pour la France, en se faisant autant aimer des Espagnols, que les ministres de Vienne, par leurs imprudentes hauteurs, se faisoient haïr des partisans même de la maison d'Autriche. Le marquis d'*Harcourt* eut la gloire d'opérer la plus heureuse révolution, de changer entièrement les cœurs des Espagnols à l'égard de la France, & d'éteindre cette haine que des guerres continuelles entretenoient depuis si long-temps entre les deux nations; par-là il rendit à son prince, un des plus grands services qu'un sujet puisse rendre. On veut, avec raison, des ambassadeurs qui fassent respecter leur nation: ayons-en sur-tout qui la fassent aimer; c'est lui donner l'empire du monde sans guerre & sans conquête.

Le marquisat de Beuvron fut érigé en Duché sous le titre d'*Harcourt* par des lettres du mois de novembre 1700, en faveur du marquis d'*Harcourt* à son retour d'Espagne. Il fut fait maréchal de France le 14 janvier 1703, capitaine des Gardes le 10 février suivant, chevalier des ordres du roi le 2 février 1705, pair de France en 1710. Il mourut le 19 octobre 1718.

François son fils, né le 4 novembre 1690, fut fait lieutenant-général le 1er août 1734, & maréchal de France en 1746. C'étoit lui qui investissoit Tournay, lorsque la bataille de Fontenoy fut livrée; c'est lui qui est désigné par ce vers du poëme de Fontenoy:

Déjà de la tranchée *Harcourt* est accouru.

Il mourut le 10 juillet 1750.

HARDION, (*Hist. Litt. mod.*) de l'Académie des Belles-Lettres & de l'Académie Françoise: chargé d'enseigner à mesdames de France, filles de Louis XV, la fable, la géographie, l'histoire, les belles-lettres, il a fait relativement à cet objet, son *Histoire poëtique*, son *Traité de la poësie françoise & de la rhétorique*, son *Histoire universelle*. Né à Tours en 1686, mort à Paris en 1776. M. Thomas fut son successeur à l'Académie Françoise.

HARDOUIN, (Jean) (*Hist. Litt. mod.*) jésuite, homme très-étrange, prodige d'érudition, en détruisant tous les objets de l'érudition & tous les monuments de l'antiquité; ce qui a fait dire au sçavant M. Huet: *le P. Hardouin a travaillé pendant quarante ans à ruiner sa réputation, sans en pouvoir venir à bout.* Plein de foi & de piété sur les matières de religion, & d'une incrédulité extravagante sur les objets de la raison & sur les faits ordinaires. Aussi disoit-il *que Dieu lui avoit ôté la foi humaine pour donner plus de force à la foi divine.* Selon lui, les odes d'Horace, l'Enéide de Vir-

qu'ils étoient des ouvrages de bénédictins du treizième siècle. Si Horace a dit :

Dulce ridentem Lalagen amabo ;
Dulce loquentem.

Lalage n'est autre chose que la religion chrétienne, & le poëte galant n'est qu'un bénédictin dévot, qui célèbre la religion. Il est difficile de décider si le P. *Hardouin* étoit de bonne foi dans tous ces paradoxes ; on pourroit même en douter, d'après quelques mots qui lui échappoient de temps en temps. Un de ses confrères lui faisant un jour des remontrances sur le tort qu'il se faisoit par la bizarrerie de ses paradoxes, *croyez-vous donc*, lui dit le P. Hardouin, *que je me serai levé toute ma vie à quatre heures du matin, pour ne dire que ce que d'autres avoient dit avant moi ?* S'il ne croyoit point aux ouvrages des anciens, il n'avoit pas grande foi non plus aux conciles tenus avant celui de Trente. *Pourquoi donc*, lui dit un jour le P. le Brun de l'Oratoire, *avez-vous donné une édition des Conciles ?* Le P. *Hardouin* sentit la force de l'objection, il répondit : *il n'y a que Dieu & moi qui le sçachions.* Au reste, cette édition des conciles du P. *Hardouin*, fut arrêtée par le parlement sur le rapport de plusieurs docteurs en théologie, comme contraire aux libertés de l'église gallicane ; l'auteur fut obligé de faire beaucoup de changements, ce qui ne lui coûtoit jamais rien. Ses supérieurs exigèrent de lui une rétractation de tous ses paradoxes ; il la donna, & conserva & reproduisit ses paradoxes. On peut d'après ces divers traits, juger s'il étoit la dupe de ses opinions apparentes. Croyoit-il aussi que Jansénius, Arnauld, Pascal, Quesnel, Thomassin, Malebranche, Descartes, Regis & tous les cartésiens fussent athées, comme il prétendoit l'avoir découvert & comme il le publioit ? Quoi qu'il en soit, l'auteur de son épitaphe l'a supposé de bonne foi, & cette épitaphe le peint avec beaucoup de vérité d'après cette supposition :

In expectatione judicii ;
Hic jacet
Hominum paradoxotatos
Natione gallus, religione romanus ;
Orbis litterati portentum :
Venerandæ antiquitatis cultor &
Doctè febricitans,
Somnia & inaudita commenta vigilans edidit ;
Scepticum piè egit,
Credulitate puer, audaciâ juvenis, deliriis senex.
Uno verbo dicam :
Hic jacet Harduinus.

L'abbé Desfontaines l'a traduite ainsi :

« Dans l'attente du jugement, ci-gît un homme très-» amoureux du paradoxe : françois de nation, romain » de religion, prodige du monde littéraire ; il cultiva » la vénérable antiquité & voulut la détruire : il fut » pendant toute sa vie travaillé d'une docte fièvre, » qui lui fit faire en pleine veille, les rêves les plus » inouis. Pieux sceptique, enfant par sa crédulité, jeune » homme par son audace, vieillard par ses délires, &c. »

Le P. *Hardouin* a donné une fort belle édition de Pline le naturaliste, auquel il permettoit d'être ancien, aussi bien qu'à Cicéron.

Un antiquaire trouva un moyen assez plaisant de réfuter le systême du P. *Hardouin*, sur les médailles, en paroissant l'adopter & même le prouver. Selon le P. *Hardouin*, presqu'aucune médaille ancienne n'est authentique, elles ont toutes été fabriquées par les bénédictins. De plus sa manière d'expliquer les légendes des médailles, est de prendre chaque lettre pour un mot entier. L'antiquaire dont nous parlons, en expliquant ainsi les lettres *con. ob.* qui se trouvent sur plusieurs médailles, & que les antiquaires expliquent par ces mots *Constantinopoli obsignatum*, y trouvoit la phrase suivante, qui étoit la proposition du P. *Hardouin* : *Cusi Omnes Nummi Officinâ Benedictinâ.*

Le P. *Hardouin* a écrit contre la validité des ordinations anglicanes du P. Le Courayer, & sur plusieurs autres sujets étrangers ou indifférens à ses paradoxes favoris, mais qui sous sa plume devenoient de nouvelles sources de paradoxes. Il faisoit schisme dans sa société, il y comptoit des disciples, parmi lesquels on nomme le P. Berruyer. C'est l'ambition naturelle d'un état qui semble avoir renoncé à toute ambition ; mais cette ambition n'étoit pas pleinement satisfaite chez le P. *Hardouin*, trop de gens dans son collège de Louis-le-Grand, se refusoient à ses leçons ; & c'est sans doute le sens de cette plainte qui paroissoit si injuste dans un temps où la société offroit tant de personnages distingués dans les lettres : *dans cette maison je trouve à qui parler, mais je ne trouve pas avec qui parler.* Le P. *Hardouin*, né à Quimper, mourut à Paris en 1729, à quatre-vingt-trois ans.

HARDY, (Alexandre) (*Hist. Litt. mod.*) mort vers 1630, auteur de 600 pièces de théâtre en France, avant que la France eût un théâtre. M. de Fontenelle dans l'histoire du théâtre françois, explique fort bien cette fécondité, par le degré de mérite des pièces. Au reste, l'espagnol Lopez de Vega étoit bien plus fécond encore. On lui attribue deux mille pièces ; mais ce qui pourroit étonner bien davantage, c'est la fécondité qu'on attribue aux bons poëtes dramatiques grecs.

HARIOT *ou* HARRIOT, (Thomas) (*Hist. Litt. mod.*) célèbre mathématicien anglois. Sa *Pratique de l'art analytique pour réduire les équations algébriques*, a fait naître sur *Hariot* & sur Descartes au sujet de l'algèbre, une dispute semblable à celle qu'on a vu naître depuis sur Newton & sur Leibnitz, au sujet du calcul différentiel & intégral ; les Anglois prétendent que Descartes a copié dans l'ouvrage de *Hariot* ce qu'il a écrit sur l'algèbre. Cet ouvrage de *Hariot*, plein de découvertes intéressantes, fut publié en latin, à Londres, en 1631.

HARLAY *ou* HARLAI, (*Hist. de Fr.*) ancienne maison venue d'Angleterre, selon les uns ; & qui, selon d'autres, tire son nom de la ville de Harlai en Franche-Comté, a produit plusieurs hommes célèbres dans l'église, dans l'épée & dans la robe.

Dans l'église, quelques évêques & archevêques, dont le plus connu est François de *Harlay*, archevêque de Paris, duc & pair de France, commandeur de l'ordre du St. Esprit, l'un des quarante de l'Académie Françoise; il étoit désigné pour être cardinal, mais il mourut avant la promotion (en 1695). C'est pour lui que St. Cloud a été érigé en duché-pairie en 1690. C'étoit un prélat homme d'esprit, de mœurs peu austères, dit-on, & d'une très-belle figure. Quand il fut nommé à l'archevêché de Paris, on disoit de lui:

Formosi pecoris custos formosior ipse.

Il étoit de la branche de Chanvalon ou Champvalon.

Dans l'épée, on trouve dans la branche de Sanci, le fameux Sanci, Nicolas de *Harlay*, sur-intendant des finances & des bâtiments, premier colonel général des Suisses. M. de Sully en dit beaucoup de mal, parce qu'il étoit son ennemi; mais Sanci rendit à Henri IV, le service le plus essentiel, lorsqu'à son avènement, il retint à son service les Suisses, qu'il avoit engagés au service de Henri III. Il avoit été employé dans des ambassades importantes en Allemagne & en Angleterre. Mort le 17 octobre 1629.

Il avoit eu un fils nommé comme lui, Nicolas de *Harlay* de Sanci, tué en 1601, au siège d'Ostende.

Dans la branche de Cesi, François-Antoine, tué en Italie le 23 septembre 1647. Il étoit fils de Philippe de *Harlay*, comte de Cesi, mort en 1632, qui avoit été vingt-quatre ans ambassadeur à Constantinople; c'est celui dont parle Racine dans la préface de *Bajazet*.

Dans la branche de Champvalon, François-Bonaventure de *Harlay*, lieutenant-général, frère de l'archevêque de Paris, blessé au siège d'Alexandrie. Mort le 16 mars 1682.

Louis de *Harlay* tué au combat de Senéf en 1674.

François de *Harlay*, son fils, tué à la bataille de Nerwinde le 29 juillet 1693.

Dans la robe; c'est sur-tout dans cet état que la maison de *Harlay* a produit les hommes les plus distingués.

1°. Christophe de *Harlay*, seigneur de Beaumont, président à mortier au parlement de Paris. Mort le 2 juillet 1572.

2°. Son fils, Achille de *Harlay*, premier président du même parlement de Paris, dans des temps difficiles, homme vertueux & d'un grand courage. Quand le duc de Guise, peu de jours après les barricades, alla le voir pour le sonder sur ce qu'il devoit attendre du parlement, ce digne magistrat, du plus loin qu'il l'apperçut, s'écria: *c'est grande pitié, quand le valet chasse le maître; au reste, mon ame est entre les mains de Dieu, mon corps est en la puissance des méchants; qu'ils en fassent ce qu'ils voudront. Voyez* à l'article CLERC (Bussy le), quelle fut la conduite de ce magistrat, quand les Seize voulurent forcer le parlement à condamner Henri III, après la mort des Guises. *Voyez* les beaux vers par lesquels M. de Voltaire a immortalisé M. de *Harlay*, dans la Henriade. C'est en faveur d'Achille de *Harlay*, que la terre de Beaumont a été érigée en comté par Henri IV. Cette terre étoit entrée dans la maison de *Harlay*, par le mariage de Germaine Cœur, petite-fille du fameux Jacques Cœur, avec Louis de *Harlay*, ayeul d'Achille.

3°. Christophe II de *Harlay*, fils d'Achille, ambassadeur en Angleterre, sous Elisabeth & Jacques I. (*Voyez* l'article ESSEX.)

4°. Achille II de *Harlay*, procureur général du parlement de Paris.

5°. Achille III, procureur général, puis premier président du parlement de Paris en 1689, sur la démission de M. de Novion, magistrat connu par sa sévérité & par plusieurs mots piquants, se retira en 1707, & mourut le 23 juillet 1712.

6°. Achilles IV, fils d'Achilles III, avocat général, puis conseiller d'état, mort le 23 juillet 1717, eut une fille unique, qui, par son mariage avec Christian-Louis de Montmorency-Luxembourg, prince de Tingry, du 7 décembre 1711, porta la terre de Beaumont dans cette branche de Montmorency-Luxembourg.

7°. Nicolas-Auguste de *Harlay* de Celi, conseiller d'état, plénipotentiaire à Francfort en 1681, & à Riswick en 1697. Il fut justement chansonné dans cette dernière occasion, non pour avoir négocié une paix nécessaire, que la nation, accoutumée à l'éclat des conquêtes & à l'insolence des injustices, trouvoit honteuse, parce qu'on rendoit quelques places qu'on avoit eu tort de prendre, mais pour s'être arrêté en chemin, lorsqu'il apportoit au roi la nouvelle de la paix, & s'être trouvé prévenu lorsqu'il arriva. Depuis ce temps, *la diligence de M. de Celi* étoit passée en proverbe. « Vraisemblablement vous avez pris des mémoires de » M. de Celi, pour avoir fait une course aussi extraor- » dinaire que celle que vous avez faite, écrivoit Racine à son fils aîné, qui étant chargé l'année suivante, de porter des dépêches à M. de Bonrepeaux, ambassadeur de France en Hollande, s'étoit arrêté à Bruxelles; mais la tendresse paternelle s'étoit alarmée trop tôt. M. de Torci approuva ce séjour, qu'apparemment il avoit ordonné. Racine fait réparation à son fils dans les lettres suivantes.

M. de Celi mourut le 1er avril 1704.

8°. Il eut pour fils Louis-Achilles-Auguste de *Harlay*, comte de Celi, intendant de Pau, puis de Metz, puis de Paris, & conseiller d'état, mort le 27 décembre 1730. C'est dans ce magistrat plaisant, caustique, d'un esprit très-françois & de mœurs très-légères, qu'a fini cette maison de graves sénateurs qui retraçoient l'esprit antique & les mœurs de la république romaine, au milieu de la monarchie.

HARO, (dom Louis de) (*Hist. d'Esp.*) héritier & successeur dans le ministère, du comte-duc d'Olivarès son oncle maternel. Les vicissitudes de la guerre, la perte de la Catalogne & du Portugal, firent chasser ce fameux Olivarès, le Richelieu de l'Espagne: au contraire, dom Louis de *Haro* rendit son crédit inébranlable, en le fondant sur la paix, & en méritant que son maître le distinguât des autres ministres, par ce surnom de *La Paix*, dont il lui fit un titre d'honneur en mémoire de la paix des Pyrénées, conclue en 1659. Dom Louis de *Haro* avoit traité cette grande affaire avec le cardinal Mazarin : il disoit de lui : *ce grand ministre a un grand défaut en politique, il veut toujours tromper ;* excellent mot, auquel les politiques machiavellistes devroient bien faire attention. Dom Louis de *Haro* mourut en 1661. Ce fut un de ses ancêtres, dom Lopez de *Haro*, prince de Biscaye, qui bâtit en 1300, la ville de Bilbao.

HARPAGE. (*Voyez* ASTYAGE) (*Hist. anc.*) ou Harpagus, étoit, selon Hérodote & Justin, un des principaux officiers d'Astyage, qui ayant été chargé par lui de faire mourir Cyrus son petit-fils, dont un songe l'avoit averti de se défier, le fit exposer dans une forêt par un des bergers du roi; l'enfant ayant été sauvé & nourri en secret par la femme du berger, Astyage, pour se venger de l'infidélité d'*Harpage*, fit servir à ce malheureux père les membres de son fils, & lui en présenta ensuite la tête. Tout cela ressemble bien aux fables d'Œdipe, d'Atrée & Thyeste, de Procné & de Térée. *Harpage*, pour se venger à son tour d'Astyage, aida Cyrus à le détrôner.

HARPOCRATION, (Valerius) (*Hist. Litt. anc.*) rhéteur d'Alexandrie, dont on a un Lexicon curieux, commenté par plusieurs sçavants.

HARRINGTON, (Jean) (*Hist. Litt. mod.*) poëte anglois du temps d'Elisabeth & de Jacques I, connu sur-tout par sa traduction angloise d'Arioste.

Jacques *Harrington*, écrivain politique, auteur de l'ouvrage intitulé, *Oceana*, plan de république, assez semblable à l'Utopie de Thomas Morus, mais qui ne plut nullement à Cromwel, du temps duquel il parut. Cromwel qui avoit tant parlé de liberté, lorsqu'il n'étoit qu'un simple particulier, ne se soucioit plus qu'on en parlât, depuis qu'il étoit parvenu à la tyrannie. *Harrington* examine quel est le plus haut point de liberté où la constitution d'un état puisse être portée ; mais on peut dire de lui, dit M. de Montesquieu, » qu'il n'a cherché cette liberté qu'après l'avoir mé- » connue, & qu'il a bâti Chalcédoine, ayant le rivage » de Bisance devant les yeux. » Ce jugement de M. de Montesquieu auroit pu être un peu plus clair, au hasard même d'être moins ingénieux.

Harrington avoit voyagé dans presque toute l'Europe; en Italie il ne voulut jamais baiser les pieds du pape. Le roi d'Angleterre, Charles I, auquel il racontoit cette particularité de ses voyages, lui demanda quel motif avoit eu son refus; il lui répondit : *qu'un homme qui avoit eu l'honneur de baiser la main de sa majesté, ne devoit baiser les pieds de personne.* Il se distingua par son attachement à la cause & à la personne de Charles I. Après le supplice de ce prince, il prit en horreur les hommes qui avoient été capables d'un tel forfait, & s'enferma loin d'eux avec ses livres, au fond de son cabinet :

Postquam superis concessit ab oris
Afflictus vitam in tenebris luctuque trahebam,
Et casum insontis mecum indignabar amici.

La solitude où il vivoit, devoit rassurer sur son compte; elle le rendit suspect, on l'enferma dans diverses prisons. L'usage du gayac mêlé avec le café, lui fit, dit-on, perdre l'esprit. Il mourut en 1667.

HARRISON, (*Hist. d'Anglet.*) un des juges de Charles I, fut pendu en 1760.

HARTSOEKER, (Nicolas) (*Hist. Litt. mod.*) sçavant hollandois, associé étranger de l'Académie des Sciences, fils d'un ministre remontrant, fut destiné par ses parents, au ministère; mais il n'aima que les mathématiques : la plûpart de ceux qui s'y sont appliqués, dit M. de Fontenelle, ont été des rebelles à l'autorité de leurs parents; *Hartsoëker* consacroit la nuit à cette étude; & pour n'être pas trahi par la lumière qu'on auroit pu appercevoir dans sa chambre, il étendoit devant sa fenêtre les couvertures de son lit, qui ne lui servoient plus, dit encore M. de Fontenelle, qu'à cacher qu'il ne dormoit pas. Il s'occupa beaucoup de microscopes, & il est sur-tout fameux par son systême des animalcules qu'il crut appercevoir dans la liqueur spermatique. Il s'attacha en 1704, à l'électeur palatin, Jean-Guillaume, qui mourut en 1716. Après la mort de ce prince, il retourna en Hollande. On a de lui un *Essai de dioptrique*; des *Principes de physique ;* des *Conjectures physiques ;* des *Eclaircissements sur ces conjectures*, où en répondant à diverses objections, il critique lui-même avec beaucoup de sévérité & un peu d'humeur, plusieurs de ses plus illustres confrères de l'Académie des Sciences; un *Recueil de pièces de physique*, où il attaque des dissertations de M. de Mairan, qui, en trois années consécutives, avoient remporté le prix à l'académie de Bordeaux : on peut voir la réponse pleine de politesse & de raison que lui fit M. de Mairan; elle est insérée dans le journal des sçavants, année 1722, pages 568 & suivantes; les Bernoulli, les Huguens, les Leibnitz, les Newton sont aussi attaqués par M. *Hartsoëker*; on sent dans ses critiques, dit M. de Fontenelle, plus de plaisir que de besoin de critiquer. Il mourut le 10 décembre 1725. Il étoit né le 26 mars 1656.

HARVE'E *ou* HARVEI *ou* HERVE', (Guillaume) (*Hist. Litt. mod.*) médecin des rois Jacques I & Charles I, auteur de la découverte de la circulation du sang. Le premier cri de ses envieux fut de la traiter de chimère; le second, de dire que c'étoit une vérité anciennement connue. *Hervée* est auteur de quelques autres ouvrages de médecine. Né en 1578, mort en 1657.

Un autre *Hervée*, (Gedéon) aussi médecin, est auteur de deux traités curieux; l'un *Ars curandi morbos expectatione*; l'autre, *de vanitatibus, dolis & mendaciis Medicorum.*

HASEKI, f. m. (*Hist. mod.*) c'est ainsi que les Turcs nomment celles des concubines du sultan qui ont reçu ce prince dans leurs bras; elles sont distinguées des autres qui n'ont pas eu le même honneur; on leur donne un appartement séparé dans le serrail, avec un train d'eunuques & de domestiques. Quand elles ont eu le bonheur de plaire au sultan, pour preuve de son amour, il leur met une couronne sur la tête, & leur donne le titre d'*aseki*; & alors elles peuvent aller le trouver

trouver aussi souvent qu'il leur plaît, privilége dont ne jouissent point les autres concubines. On leur accorde ordinairement cinq cens bourses de pensions. *Voyez hist. ottomane du prince Cantimir.* (*A. R.*)

HASTINGS, (Guillaume) (*Hist. d'Anglet.*) chambellan du roi Edouard IV, qu'il avoit aidé à monter sur le trône, l'étoit aussi de son jeune fils Edouard V, dans le temps où Richard, duc de Glocestre, oncle d'Edouard V, & protecteur du royaume pendant la minorité du prince, cherchoit les moyens d'envahir la couronne; *Hastings* s'obstinoit, malgré plusieurs avis, à ne rien croire des desseins du protecteur, tant ils lui paroissoient hors de vraisemblance. Les confidents du protecteur travaillèrent à engager *Hastings* dans le parti de leur maître, d'abord par des insinuations éloignées, ensuite par des propositions plus directes; il fut sourd & inflexible, & sa perte fut résolue. Richard assemble le conseil : ce jour-là il montre à tous les membres de ce conseil, & nommément au lord *Hastings*, une affabilité qui n'étoit pas dans son caractère; il entame de longues délibérations concernant la cérémonie du couronnement d'Edouard V, qu'il affectoit de préparer; & sortant tout-à-coup de l'assemblée sur quelque prétexte, il demande que ces délibérations soient continuées pendant son absence; il revient une heure après, la pâleur sur le front, la fureur dans les yeux : « milords, s'écrie-t-il d'une voix tremblante de colère, quelle peine méritent ceux qui » conspirent contre la vie d'un protecteur du royaume »? Son air, son ton, ses crimes passés qui reviennent à la mémoire, ses projets qui commencent à se manifester, glacent le conseil; on se regarde, on se tait : *Hastings* seul, toujours éloigné de toute défiance, répond au nom de l'assemblée, que ces conspirateurs, quels qu'ils soient, & s'ils existent, méritent d'être traités comme des traîtres. « Eh bien, replique Richard, toujours du même ton, c'est ma belle-sœur, & elle a des » complices. ---- Qui dites-vous, milord? La reine » douairière? ---- Oui, & Jeanne Shore son agente. » Cette Jeanne Shore, bien loin d'être l'agente de la reine douairière, veuve d'Edouard IV & mère d'Edouard V, étoit son ennemie, parce qu'elle avoit été la maîtresse d'Edouard IV, mais elle étoit alors la maîtresse du lord *Hastings*; le silence continuoit : « voyez, dit Richard, en découvrant son bras gauche qui prenoit moins de nourriture que l'autre, mais qu'on sçavoit avoir toujours été dans cet état, « voyez l'effet des enchantements de ces deux femmes. » La grossièreté de cet artifice révoltoit & faisoit trembler. « Si elles sont cou« pables, dit enfin le lord *Hastings*, il faut les punir. « « Si? repliqua Richard avec une feinte indignation, » tu oses douter de ce que j'atteste, tu es leur complice ». Tandis que *Hastings* s'étonne, se justifie, commence à s'alarmer, Richard frappe sur une table, & la salle est remplie de soldats, *Hastings* & tous les seigneurs opposés aux desseins de Richard, sont arrêtés. Celui-ci feignant toujours la même colère, jure de ne point manger qu'il n'ait vu tomber à ses pieds la tête du lord *Hastings*; il ne lui donne que le temps de se confesser, & le fait décapiter à sa vue. (1483.) Jeanne Shore n'ayant pu être convaincue sur l'article de la magie, malgré la superstition du temps & du pays, peu philosophe alors, le fut aisément sur les désordres de sa vie, dont il ne s'agissoit pas dans son affaire, & subit la pénitence publique.

HATENURAS, s. m. (*Hist. mod.*) c'est ainsi que l'on nomme dans la nouvelle Espagne, un droit que l'on acquiert sur les Indiens, par lequel ils sont chassés de leurs possessions qui sont confisquées, ils sont obligés de servir à gages & de travailler tour à tour aux mines du roi. (*A. R.*)

HATEUR, s. m. (*Hist. mod.*) officier chez le roi, qui veilloit dans les cuisines à l'apprêt & au service des viandes rôties. (*A. R.*)

HATRATSCH, (*Hist. mod.*) espèce d'amende pécuniaire que les Turcs font payer en Croatie & en Bosnie, à ceux qui ont manqué de se trouver en armes au rendez-vous qui leur a été indiqué par ordre du grand-seigneur. (*A. R.*

HATTON, *ou* HETTON, (*Hist. mod.*) Lorsque l'impératrice d'orient, Irène, fut renversée du trône en 802, par Nicéphore, elle traitoit de son mariage avec Charlemagne, & de l'union de l'empire d'orient avec l'empire d'occident; les ambassadeurs françois, à la tête desquels étoit l'évêque de Bâle *Hatton*, furent témoins de la révolution qui confondoit tous ces projets; à tout ce que cet évènement avoit de désagréable pour eux, la nation grecque ajouta des marques choquantes d'éloignement pour la France. Les ambassadeurs prirent d'abord le ton de la menace; ils protestèrent que Charlemagne ne laisseroit pas impuni le traitement fait à son alliée, & ils partirent mécontents. Cependant l'affaire tourna en négociation. Nicéphore sentit l'intérêt qu'il avoit de ne pas s'attirer un ennemi tel que Charlemagne, il se hâta de lui envoyer des ambassadeurs pour demander la paix.

Charlemagne, ordinairement le plus simple de tous les hommes dans son extérieur, prit plaisir à étonner les ambassadeurs grecs par une magnificence inattendue, & étala un faste plus qu'asiatique aux yeux de cette nation vaine & frivole, qui n'estimoit que l'éclat. Le moine de St. Gal a pris plus de plaisir encore à décrire ce faste, dans ses moindres détails; nous ne prendrons de son récit que ce qui concerne l'évêque *Hatton* : lorsque les ambassadeurs parvinrent, de merveilles en merveilles & d'étonnement en étonnement jusqu'à l'empereur, ce prince avoit la main appuyée sur l'épaule de l'évêque *Hatton*, auquel il affectoit de prodiguer des marques de considération, comme pour le venger des dégoûts qu'il avoit essuyés à la cour de Constantinople; les ambassadeurs se prosternèrent devant Charlemagne avec une espèce de vénération religieuse, non sans quelque confusion de retrouver dans la plus haute faveur auprès d'un tel souverain & dans une telle cour, ce même évêque *Hatton*, pour lequel ils sçavoient qu'on avoit eu à Constantinoble fort peu d'égards. L'empereur les releva, les rassûra & leur dit avec un mélange imposant de sévérité & de fierté : « *Hatton* vous par» donne, & je vous pardonne à sa prière; mais

» césar mais respectons la personne des évêques & des » ambassadeurs ».

HAUDICQUER DE BLANCOURT, (François) (*Hist. Litt. mod.*) généalogiste, auteur de *Recherches sur l'ordre du St. Esprit* & du *Nobiliaire de Picardie*. Il fut condamné aux galères pour avoir supposé de faux titres contre l'honneur de quelques maisons.

HAVERCAMP, (Sigebert) (*Hist. Litt. mod.*) éditeur de divers auteurs grecs & latins. On a de lui les *Médailles de grand & de moyen bronze du cabinet de la reine Christine de Suède*; les *Médailles du duc de Croy*, l'ouvrage intitulé : *Sylloge scriptorum qui de græcæ linguæ rectâ prononciatione scripserunt*. Il étoit professeur d'éloquence & d'éloquence grecque à Leyde. Mort en 1742.

HAUTEFORT, (Marie de) (*Hist de Fr.*) dame d'atour de la reine Anne d'Autriche, fut aimée de Louis XIII. Anne d'Autriche n'en fut pas jalouse; mais le cardinal de Richelieu en fut jaloux & la fit renvoyer, parce qu'elle étoit dans les intérêts d'Anne d'Autriche, & qu'elle auroit pu au moins empêcher le cardinal de persécuter cette reine. Lorsque la reine devint régente, elle rappella madame de *Hautefort*; mais sa faveur ne dura pas, elle fut même exilée. Le maréchal de Schomberg l'épousa en 1646. Elle mourut en 1691. Elle étoit née en 1616.

HAUTEMER. *Voyez* GRANCEY.

HAUTEROCHE (Noël Lebreton sieur de) (*Hist. Litt. mod.*) acteur & poëte comique françois. On joue plusieurs de ses pièces, telle que *le Deuil*; *Crispin médecin*; *le Cocher supposé*; *l'Esprit follet*. *Hauteroche* jouoit encore la comédie à quatre-vingt-dix ans. Mort en 1707.

HAY, (le) Voyez CHÉRON.

HAY DU CHATELET. *Voyez* CHATELET (du).

HAY, (Alexandre) (*Hist. de Fr.*) jésuite, ligueur, fanatique & séditieux, disoit publiquement après la réduction de Paris sous l'obéissance de Henri IV, qu'il espéroit que ce prince passeroit devant le collége des jésuites, & qu'il désiroit alors tomber de la fenêtre sur lui la tête la première, pour lui rompre le cou. Il fut banni par arrêt du 10 janvier 1595, avec défense expresse de rentrer dans le royaume, sous peine d'être pendu.

HAYS, (Jean de) (*Hist. Litt. mod.*) poëte françois du seizième siècle, auteur d'une pièce en sept actes, intitulée : *Cammate*.

HAZAEL, (*Hist. sacr.*) usurpateur du royaume de Syrie, & ennemi du peuple Juif. On trouve son histoire dans le quatrième livre des Rois, chap. 8.

HEBER, (*Hist. sacr.*) fils de Salé, père de Phaleg, Génèse, ch. 11.

HEDELIN. *Voyez* AUBIGNAC (l'abbé de) né à Paris le 4 août 1604. Mort à Nemours le 25 juillet 1676.

HE'EMSKERK, (Martin de) (*Hist. mod.*) peintre hollandois, surnommé le *Raphaël de la Hollande*. Nous n'en parlerons ici que pour observer qu'il légua une somme considérable pour marier chaque année un certain nombre de filles, leur imposant pour toute condition, de venir danser à un jour marqué autour de la croix qui seroit mise sur son tombeau. Cette croix est restée dans le lieu de sa sépulture, pour servir de titre à sa fondation; & on remarque que c'est la seule croix qui ait été conservée par les protestants. Né en 1498, au village de *Héemskerk*, dont il prit le nom. Mort à Harlem en 1574.

HE'GESIPPE, (*Hist. ecclésiast.*) juif converti au christianisme. Mort en 181. Premier auteur qui ait laissé un corps d'*Histoire ecclésiastique*. Eusebe nous en a conservé quelques fragments.

HEIN, (Pierre) (*Hist. mod.*) célèbre amiral de Hollande, parvenu, à force de mérite, au commandement des armées navales. Il défit en 1626, la flotte d'Espagne, sur les côtes du Brésil. En 1628, il attaqua une autre flotte espagnole qui venoit du Pérou au Mexique, & lui enleva pour plus de seize millions d'argent ou de marchandises. Il fut tué sur mer dans un autre combat contre quelques vaisseaux espagnols, vers l'an 1629.

HEINECKEN, (Chrétien-Henri) (*Hist. Litt. mod.*) C'est le plus étonnant de tous les enfants précoces & célèbres. Né à Lubeck en 1721, il est mort en 1725. D'après ces deux époques, il sembleroit qu'on ne pût avoir rien à dire de lui. Voici ce qu'on en sçait; à dix moix il parloit; à un an il sçavoit les principaux évènements du pentateuque; à treize mois, l'histoire de l'ancien testament; à quatorze, celle du nouveau; à deux ans & demi, il répondoit aux principales questions de la géographie & de l'histoire ancienne & moderne; à trois ans, il parloit latin & françois; il connoissoit les généalogies des principales maisons de l'europe; il fut un objet de curiosité & d'admiration pour la cour d'Allemagne : au retour de ce voyage, il tomba malade & mourut. Il avoit toujours été infirme, il n'atteignit point l'âge de quatre ans.

HEINSIUS, (Daniel & Nicolas) (*Hist. Litt. mod.*) père & fils, sçavants célèbres; le premier, par sa traduction de la poëtique d'Aristote, à laquelle il a joint un traité de la tragédie, & par des éditions & traductions de divers auteurs grecs, tels que Théocrite, Moschus, Bion; il a quelquefois égayé son sçavoir par des bagatelles telles que *Laus asini*, & par des vers grecs & latins; le second a donné une bonne édition de Virgile, de sçavantes notes sur Ovide & sur d'autres auteurs latins; il a aussi laissé des poësies latines.

Daniel étoit né à Gand en 1580. Il étoit disciple de Scaliger; il mourut en 1665. Nicolas, né à Leyde en 1620, mourut à la Haye en 1681.

Un autre *Heinsius* joua un rôle dans la politique au temps des fameuses conférences de Moërdick, de Voërden, de Boëdgrave, de Gertruydemberg en 1709 & 1710. Les véritables rivaux de Louis XIV, dans la guerre malheureuse qui se faisoit alors, n'étoient ni la reine Anne, ni les empereurs Léopold, Joseph &

Charles; c'étoit Eugène, gouvernant l'empire qu'il rendoit victorieux; c'étoit Marlboroug, gouvernant l'Angleterre par sa renommée, & la reine Anne, par la duchesse de Marlboroug sa femme, favorite de cette princesse; c'étoit *Heinsius*, pensionnaire de Hollande; ces trois hommes, dit le marquis de Torcy, étoient comme les Triumvirs de la ligue contre la France. Marlbouroug gouvernoit *Heinsius*. Celui-ci, qui avoit été créature de Guillaume III, & qui lui devoit sa place de pensionnaire de Hollande, avoit autrefois été envoyé en France par ce prince, après la paix de Nimègue, pour traiter d'affaires concernant la principauté d'Orange. Son zèle pour les intérêts de Guillaume, avoit déplu à Louvois, qui regardant tous les Européens comme des sujets de son maître, s'étoit emporté jusqu'à menacer *Heinsius* de la Bastille. Guillaume & Louvois n'étoient plus dans le temps de la guerre de la succession d'Espagne & des conférences pour la paix; mais *Heinsius* n'avoit oublié ni les bienfaits de l'un ni les menaces de l'autre; & quoiqu'il fût naturellement doux & modéré, Torcy, dans les conférences, eut quelquefois à expier les violences de Louvois.

HEISS, (*Hist. Litt. mod.*) connu par une *Histoire de l'Empire d'Allemagne.*

HEKIM EFFENDI, f. m. (*Hist. mod.*) nom que les Turcs donnent au premier médecin du grand-seigneur & de son serrail. Lorsqu'une sultane tombe malade, ce médecin ne peut lui parler qu'au travers d'un voile dont le lit est entouré; s'il est besoin de lui tâter le pouls, c'est au travers d'un linge fin qu'on jette sur le bras de la sultane. *Voyez* Cantemir, *Hist. ottomane.* (*A. R.*)

HELE, (Thomas d') *Hist. Lit. mod.* gentilhomme anglois, auteur de trois pièces très-connues, jouées à Paris, à la Comédie Italienne : *le Jugement de Midas; l'Amant jaloux; les Evènements imprévus.* Né vers l'an 1740, mort le 27 décembre 1780.

HÉLÈNE, (Sainte) (*Hist. Rom.*) née dans l'obscurité, au bourg de Drépane en Bithynie, fut aimée de Constance Chlore, qui l'épousa, & fut la mère de Constantin. Vers l'an 326, elle visita les lieux saints, & découvrit la vraie croix & les instruments de la passion. Elle mourut en 328 à quatre-vingt ans.

HÉLÈNE, (*Flavia-Julia Helena*) sa petite fille, & fille de Constantin, fut femme de l'empereur Julien. Morte l'an 320.

HELGON, (*Hist. de Danemark*) roi de Danemark, conquit la Suède sur Halvard. Il y régna avec un sceptre de fer; le mépris qu'il avoit pour ses sujets n'éclata que trop dans la loi qu'il publia, par laquelle un assassin payoit une amende moins forte pour le meurtre d'un suédois que pour celui d'un danois. Enfin, il céda à Attilus cette couronne indigne de lui; mais le royaume de Suède demeura tributaire du Danemark. Ce fut vers la fin du deuxième siècle que ce prince mourut. (*M. DE SACY.*)

HELINAN. *Voyez* ELINAN.

HELIODORE, (*Hist. sacr.*) battu de verges par des anges, & chassé par eux du temple de Jérusalem, qu'il alloit piller. Son histoire est rapportée au second livre chap. 3 des Machabées.

HELIODORE, d'Emèse en Phénicie, auteur du fameux roman grec des *Amours de Théagène & de Chariclée*, vivoit sous l'empereur Théodose-le-Grand.

HELIOGABALE ou HELAGABALE, (MARCUS-AURELIUS-ANTONIUS BASSIANUS) (*Hist. de l'Emp. Romain*) étoit fils de l'empereur Marcus-Antonius Bassianus, plus connu sous le nom de *Caracalla.* Macrin, qui avoit envahi l'empire, fut massacré par son armée, qui proclama le jeune *Héliogabale.* Il avoit été ainsi surnommé, parce que pendant sa jeunesse, les Phéniciens l'avoient consacré prêtre du soleil. Quoiqu'il n'eût que seize ans, le sénat, par une basse adulation, lui déféra le titre d'Auguste; son caractère impétueux le précipita dans tous les excès. Il ne reconnut d'autres loix que ses caprices. Sa mère & son ayeule avoient reçu le titre d'Auguste avec lui : cet honneur ne lui parut pas suffisant; il voulut qu'elles assistassent aux délibérations du sénat, & qu'elles donnassent leur voix après les consuls. Il établit sur le mont-Quirinal une espèce de sénat composé de femmes, dont sa mère eut la présidence. Cette femme, sans décence dans ses mœurs, y donnoit des leçons & des exemples de prostitution : elle prononçoit des arrêts sur les ajustements & les modes. Les femmes les plus honnêtes, dans la crainte de lui déplaire, renonçoient à la simplicité innocente de leur parure, pour se vêtir en courtisannes. L'empereur abruti dans la plus sale débauche, sommeilloit dans son palais, où il n'admettoit que ce que Rome avoit de plus abject & de plus corrompu. Quiconque avoit un reste de pudeur, ou de la naissance, en étoit exclu. Les cochers, les comédiens, les pantomimes & les histrions composoient sa cour, & tous pour lui plaire, cherchoient à se distinguer par leurs raffinements dans les voluptés & par leurs excès de débauche. Ce fut ce qui lui mérita le surnom de *Sardanapale* des Romains. Gannis qui avoit élevé son enfance, crut avoir droit de lui faire des remontrances sur ses désordres. *Heliogabale*, pour se délivrer de l'importunité de sa censure, lui plongea son épée dans le sein. Quoiqu'il n'eût aucun sentiment de religion, il prenoit un singulier plaisir à la pompe des cérémonies sacrées. Son extravagance s'étendoit jusque sur le culte religieux; plein d'indifférence pour les anciennes divinités du Capitole, il fit venir de Phénicie le simulacre du dieu Elagabal, & il exigea qu'on lui rendît un culte exclusif. C'étoit une pierre brute qui avoit la forme d'un cône, avec des figures tracées par le caprice, & qui paroissoient mystérieuses à force d'être ridicules. Les anciens temples furent dépouillés de leurs plus riches ornements, pour embellir celui qui fut consacré à ce nouveau dieu. Son délire religieux fut encore poussé plus loin : il y avoit à Carthage, une statue de la Lune qui attiroit des adorateurs de toutes les contrées de l'Asie & de l'Afrique; il la fit transporter pour la placer dans le temple qu'il venoit de construire : il ne garda aucune retenue dans son ext avagance ; & pour mieux honorer son dieu, il le maria avec la Lune. Ces noces furent célébrées avec magnificence dans Rome & les provinces: ceux qui refusèrent de prendre part à cette fête, expirèrent dans les tortures. Tandis qu'il signaloit son zèle pour une divinité bizarre, il violoit sans pudeur ce que l'ancienne religion avoit de plus respectable. Il épousa publiquement une vestale: cette union sacrilège excita un scandale général. Il crut imposer silence, en disant qu'il n'y avoit point d'union plus sainte que celle d'un prêtre du Soleil avec une prêtresse de Vesta. Sa vie fut un perpétuel délire. Comme il étoit régulièrement beau, il eut la manie de passer pour femme. Il annonça publiquement son nouveau sexe; & en cette qualité, il épousa un de ses officiers, qu'il répudia pour passer dans le lit d'un de ses esclaves. De sorte qu'on lui appliqua le reproche fait à Jules-César, qu'il étoit la femme de tous les maris & le mari de toutes les femmes. Son inconstance le promenoit d'objets en objets. Chaque année il répudioit une femme pour en prendre une nouvelle. Ses organes émoussés par une continuelle jouissance, lui inspirèrent le dégoût & la satiété. Sans frein dans ses passions, tout ce qui étoit outré lui paroissoit digne d'un empereur: il ne se déroboit à l'ennui qu'en sortant de l'ordre. Quelquefois il invitoit à sa table huit boiteux, huit chauves, huit borgnes & huit vieillards cassés: cet assemblage lui faisoit plaisir, parce qu'il étoit bizarre. Quelquefois il préparoit un somptueux festin, où il invitoit les hommes les plus vils; & après les avoir bien enivrés, il les exposoit pour être la pâture des bêtes féroces. Ses prodigalités épuisèrent le trésor public: il fallut multiplier les impôts pour remplir le vuide causé par ses profusions. Rome & les provinces obéissoient en tremblant, à un monstre qui les gouvernoit avec un sceptre de fer. Les esprits étoient sans énergie & sans courage; le sénat n'étoit rempli que d'esclaves soumis aux caprices d'un despote impitoyable. L'armée qui l'avoit autrefois proclamé empereur, se repentit de son choix; elle appella à l'empire Alexandre Sévère, & tout le peuple applaudit à cette nomination. *Heliogabale* aussi bas dans l'adversité qu'il avoit été insolent dans la fortune, descendit aux plus humbles prières pour fléchir les soldats. N'ayant pu les vaincre par ses promesses, il vit ce qu'il avoit à craindre de leurs menaces. Cet empereur voluptueux, qui n'avoit dormi que sur des fleurs, alla se cacher dans les latrines, où il fut découvert par des soldats, avec sa mère qui tâchoit de le consoler en mêlant ses larmes aux siennes. Ils s'embrassoient l'un l'autre, lorsqu'on leur trancha la tête. La mère étoit la plus coupable, puisqu'elle lui avoit donné l'exemple de la dissolution. Les débauches du fils étoient moins criminelles, & pouvoient être rejettées sur sa jeunesse & son inexpérience: il n'avoit que dix-huit ans, lorsqu'il perdit la vie & l'empire; il avoit régné trois ans, neuf mois & quatre jours. Leurs cadavres, après avoir été traînés ignominieusement dans le cirque, furent jettés dans le Tibre. (*T. N.*)

HELLOT, (Jean) (*Hist. Litt. mod.*) de l'Académie des Sciences de Paris, & de la Société Royale de Londres. Habile chimiste. On a de lui, outre des dissertations dans le recueil des mémoires de l'Académie des Sciences, un ouvrage intitulé: *l'Art de la teinture des laines & étoffes de laine.* Il a retouché & enrichi de remarques la traduction faite, par ordre du ministère, du *Traité de la fonte des mines & des fonderies*, écrit en allemand par Schlutter. Mort en 1766, âgé de quatre-vingt ans.

HELMON. *Voyez* VANHELMONT.

HELOISE. *Voyez* ABAILARD.

HELVETIQUE, adj. (*Hist. mod.*) ce qui a rapport aux Suisses, ou habitants des treize cantons Suisses, qu'on appelloit autrefois *Helvétiens*.

Le corps *Helvétique* comprend la république de la Suisse, consistant en treize cantons qui font autant de républiques particulières.

Suivant les loix & coutumes du corps *Helvétique*, tous les différends qui surviennent entre les différents états, doivent être décidés dans le pays sans l'intervention d'aucune puissance étrangère. Il semble pourtant que les cantons catholiques ayent dérogé à cette coutume par leur renouvellement d'alliance avec la France en 1715, puisqu'il y est stipulé entr'autres choses, « que si le corps *Helvétique* ou quelque canton » est troublé intérieurement...... sa majesté ou les » rois ses successeurs employeront d'abord les bons » offices pour pacifier ces troubles, & que si cette » voie n'avoit pas tout l'effet désiré, sa majesté em» ployera à ses propres dépens, les forces que Dieu » lui a mises en main pour obliger l'aggresseur de ren» trer dans les règles prescrites par les alliances que les » cantons & les alliés ont entr'eux ». Précaution qui, à la vérité, ne porte aucune atteinte à la liberté du corps *Helvétique*; mais qui prouve que les Suisses même ont cru l'intervention des puissances étrangères nécessaire en cas de division parmi eux, contre ce qu'avance M. Chambers.

Le gouvernement du corps *Helvétique* est principalement démocratique; mais il ne l'est pas purement, il est mêlé d'aristocratie. Quand il s'agit d'une affaire qui concerne le bien commun de tous les cantons, on convoque des assemblées générales, où se rendent leurs députés qui ont voix délibérative. Depuis que la religion a partagé cette république comme en deux portions, les catholiques tiennent leurs assemblées à Lucerne, & quelquefois ailleurs, & les protestants s'assemblent à Arau.

HELVETIUS. Trois personnages célèbres, père, fils & petit-fils, ont illustré ce nom.

Le père, (Adrien) médecin hollandois, fit fortune à Paris par l'usage de l'*ipécacuana* dans des dyssenteries épidémiques; il devint inspecteur général des hôpitaux de Flandre, & médecin de M. le régent. Il mourut en 1721, à soixante-cinq ans. On a de lui un *Traité des maladies les plus fréquentes, & des remèdes spécifiques pour les guérir.*

Le fils, (Jean-Claude) premier médecin de la reine, étoit de l'Académie des Sciences, & des Académies les plus illustres de l'europe. Il guérit Louis XV d'une maladie dangereuse que ce prince eut à l'âge de sept ans ; il fut un excellent médecin & un beaucoup plus excellent homme. On a de lui une *Idée générale de l'économie animale*, & un ouvrage intitulé : *Principia physico-medica, in tyronum medicinæ gratiam conscripta.* Né en 1685, mort en 1755.

Le petit-fils, (Claude-Adrien) est célèbre par le livre de l'*Esprit*, & par les traverses que ce livre lui attira, plus célèbre encore par ses vertus, par ses bienfaits envers les malheureux & les gens de mérite : « peu » d'hommes, dit l'auteur de son éloge, ont été traités par » la nature aussi bien que M. *Helvétius*. Il en avoit reçu » la beauté, la santé & le génie ». Ajoutons à ces dons la bonté raisonnée qui étoit à la fois chez lui l'ouvrage de la nature & de la philosophie. On lui reprochoit d'étendre quelquefois ses libéralités sur d'assez mauvais sujets. *Si j'étois roi*, répondit-il, *je les corrigerois. Mais je ne suis que riche, & ils sont pauvres ; je dois les secourir.* Il nous semble qu'on ne peut pas mieux rapporter ses devoirs à leurs véritables principes. On a encore de M. *Helvétius*, l'ouvrage intitulé : *de l'Homme*, & le poëme du *Bonheur*. Il étoit maître-d'hôtel de la reine, & avoit quitté une place de fermier-général, pour se livrer sans distraction à la bienfaisance & à la philosophie.

HELYOT, (Pierre) (*Hist. Lit. mod.*) religieux picpus, connu par son *Histoire des ordres monastiques*, &c. Il y a aussi de lui quelques livres de dévotion, entr'autres, *le Chrétien mourant*. Né à Paris en 1620, mort à Picpus en 1716.

HEMMING, (*Hist. de Danemark*), roi de Danemarck, vivoit vers l'an 811 : ce prince n'est guère connu que par le traité qu'il conclut avec Charlemagne ; on régla que Leide serviroit de séparation à l'empire François & au royaume de Danemark. Ce traité ne mit pas un frein à l'ambition des Danois. Leurs flottes parurent sur les côtes de France ; mais l'aspect de l'empereur qui s'avançoit à la tête de ses troupes empêcha la descente. Ces vaisseaux, dit Charlemagne, contiennent plus d'ennemis que de marchandises ; on surprit quelques larmes qui couloient de ses yeux ; les courtisans empressés & curieux lui demandèrent le sujet de sa douleur : hélas, dit-il, si les habitants du nord osent attaquer la France de mon vivant, que feront-ils après ma mort ? (M. DE SACY.)

HENAULT, *ou* HESNAULT, (Jean) (*Hist. Litt. mod.*) poëte connu par deux sonnets assez fameux ; l'un contre Colbert, en faveur de Fouquet ; l'autre, qui a fait beaucoup de bruit, & qui est encore très-connu, sous le nom du sonnet de l'*Avorton* :

Toi qui meurs avant que de naître, &c.

Il a traduit ou imité en vers, des morceaux de *la Troade* de Sénéque & le commencement du poëme de Lucrèce. Il fut, dit-on, le premier maître en poësie, de Madame des Houlières. Mort en 1682.

Le président *Hénaut*, (Charles-Jean-François) de l'Académie Françoise, honoraire de l'Académie des Inscriptions & Belles-Lettres, président honoraire des enquêtes, surintendant de la maison de la reine, est avantageusement connu par son Abrégé chonologique de l'histoire de France, qui en contient toute la substance, & où une méthode heureuse & des portraits vrais, des anecdotes piquantes, des rapprochements pleins d'intelligence, des vues fines, des réflexions profondes font souvent disparoître la sécheresse chronologique. Cet ouvrage est devenu un modèle dans son genre.

Dans son *François II*, la forme dramatique ne fait qu'ajouter à l'élégance & à l'intérêt, sans rien ôter à la vérité.

On a encore de M. le président *Hénaut*, *le Réveil d'Epiménide*, comédie agréable. On lui en attribue quelques autres. Il est aussi auteur de chansons dignes d'Anacréon. Il avoit remporté en 1707, un prix de poësie à l'Académie Françoise. On connoît les deux épîtres de M. de Voltaire à M. le président *Hénaut* ; l'une qui commence ainsi :

Vous qui de la chronologie
Avez réformé les erreurs,
Vous dont la main cueillit les fleurs
De la plus belle poësie, &c.

Et l'autre, qui est une espèce d'hymne à la santé, en faveur de M. le président *Hénaut*.

O déesse de la santé ! &c.

Indépendamment de tous ses talents, M. le président *Hénaut* a joui dans le monde, d'une réputation bien méritée, d'homme aimable. Né en 1685, mort en 1770.

HENNUYER, (Jean) (*Hist. de Fr.*) « Prononçons avec des larmes de vénération, le nom de ce » saint évêque de Lisieux, Jean *Hennuyer*, qui, en » sauvant du carnage de la St. Barthelemy, les pro- » testants, en les recueillant dans son palais, en leur » prodiguant les secours de la charité, en ramena plus » à l'église qu'on n'en égorgeoit ailleurs. Mort en 1577.

HENOTIQUE, s. m. (*Hist. mod.*) *henoticon*, on donna ce nom dans le Ve siècle, à un édit de l'empereur Zénon, par lequel il prétendoit réunir les Eutychiens avec les Catholiques.

C'est Acace, patriarche de Constantinople, qui, avec le secours des amis de Pierre Magus, persuada à l'empereur de publier cet édit.

Le venin de l'*hénotique* de Zénon consiste à ne pas recevoir le concile de Chalcedoine comme les trois autres, il semble au contraire lui attribuer des erreurs. Cet *hénotique* est une lettre adressée aux évêques, aux clercs, aux moines, & aux peuples de la Lybie ; mais il ne parle qu'à ceux qui étoient séparés de l'église. Il fut condamné par le pape Felix III, & détesté des Catholiques. *Voyez le Dict. de Trévoux.* (*G*).

HENRI I, surnommé l'*Oiseleur*, (*Histoire d'Allemagne.*) IIe roi de Germanie, succéda à Conrad I, l'an 919. Ce prince étoit fils d'Othon de Saxe, ce duc qui par un sentiment de générosité dont les temps héroïques même nous offrent peu d'exemples, avoit refusé de monter sur le trône, dans la crainte de n'en pouvoir remplir les devoirs. *Henri I*, aussi ambitieux que son père étoit modéré, n'avoit pu voir sans une jalousie secrète, l'élévation de Conrad I, & l'on ne tarda pas à ressentir les funestes effets de la passion qui le consumoit. Naturellement factieux, les prétextes de révolte ne lui manquèrent pas. Peu satisfait du duché de Saxe que son père lui avoit transmis, il voulut y joindre la Thuringe & la Westphalie. Indigné d'un refus qui cependant étoit justifié par la plus sage politique, il associa à son ressentiment les ducs de Bavière & de Saxe, & donna naissance à une guerre civile dont Conrad ne put voir la fin. Ce prince pour convaincre *Henri* que ce n'étoit pas par un motif de haine qu'il lui avoit refusé l'investiture des provinces qu'il sollicitoit, le nomma son successeur, & lui envoya les ornements impériaux; sacrifiant ainsi son ressentiment au bien du royaume, & rendant au fils, dit un moderne, une générosité pareille à celle que le père avoit fait paroître en sa faveur. *Henri* reçut les marques de sa nouvelle dignité, des mains du propre frère de Conrad; mais comme ces gages ne suffisoient pas, il se fit reconnoître dans une assemblée qui se tint à Fridzlard. Les états étoient alors en possession de se choisir des rois. La volonté du prince défunt étoit regardée comme un conseil, & non pas comme une loi. Les seigneurs Germains, (le nom d'*Allemands* n'étoit encore en usage que pour signifier les Suabes) ratifièrent le testament de Conrad, & tous les suffrages se réunirent pour *Henri*. On ne sait pourquoi ce prince refusa de se faire sacrer. Comment put-il renoncer à une cérémonie qui à la vérité ne décidoit pas la royauté, mais qui rendoit la personne des rois plus vénérable? Ce fut en vain qu'Heriger ou Hérircé, archevêque de Mayence, l'en sollicita, rien ne fut capable de vaincre son obstination sur ce point.

Le premier soin de *Henri* fut d'affermir le trône que lui-même avoit ébranlé. Arnoul, duc de Bavière, & Burchard, duc de Suabe, qu'il avoit engagés dans sa révolte, étoient devenus ses ennemis, dès qu'il avoit cessé d'être leur égal. Il les fit sommer de venir lui rendre hommage; & sur leur refus il marcha contre eux, & les soumit après les avoir battus. Mais comme le duc de Bavière lui offroit encore une puissance redoutable, il se crut obligé à quelques sacrifices. Jaloux de se l'attacher, il lui donna la nomination des bénéfices qui viendroient à vaquer dans sa province. Ce droit précieux étoit au nombre des droits regaliens; & les princes François, empereurs ou rois, en avoient toujours joui.

Le calme qui succéda à la guerre civile, fut employé à réparer les désordres de l'anarchie qui avoit suivi le règne glorieux de Louis le Germanique. *Henri* porta un œil observateur dans toutes les provinces de son royaume; & lorsque d'une main habile il en déracinoit les vices intérieurs, il se servoit de l'autre pour étendre les frontières. Les grandes routes étoient infestées de brigands; il en composa une milice; & les retenant sous une sévère discipline, il les employa contre les ennemis du dehors. On peut regarder cette milice comme le premier corps de troupes reglées qui ait été en Allemagne. C'étoit encore un moyen d'affermir son autorité contre cette multitude de vassaux, devenus rivaux des rois. *Henri* cherchant ses modèles dans les plus grands princes, se montra fidèle aux anciennes institutions de Charlemagne. Des marquis furent établis sur toutes les frontières; il en mit dans le Brandebourg, la Lusace & la Misnie: il en plaça même dans la haute Autriche, lorsqu'il eut reconquis cette province sur les Hongrois. Ses différentes victoires sur ces peuples affranchirent la Germanie du tribut honteux qui la déshonoroit depuis Louis l'Enfant. Les Hongrois avoient des armées fort nombreuses; on prétend même que dans une seule bataille qui se donna dans les plaines de Mersbourg, *Henri* leur tua plus de quatre-vingt mille hommes. Ses troupes, pour récompenser des succès aussi prodigieux, lui offrirent le titre d'empereur, mais il le refusa, sans doute parce qu'à l'exemple de Charlemagne, il vouloit se le faire déférer dans Rome. On prétend qu'il se disposoit à en prendre la route, lorsqu'il fut attaqué de la maladie dont il mourut. Il ne songea plus qu'à assurer la couronne à Othon son fils. La gloire de son règne captivant les suffrages de ses grands vassaux, il eut la consolation de voir ce fils s'asseoir sur le trône à l'instant qu'il en descendoit. Il mourut l'an 936, dans la soixantième année de son âge, la dix-septième de son règne. Ses cendres reposent dans l'abbaye de Quedlembourg, dont sa fille Mathilde étoit alors abbesse. L'histoire ne lui reproche que sa révolte contre Conrad: au reste il fut bon fils, bon père & bon mari. Il jouit d'un bonheur que goûtent rarement les rois, *Henri* eut des amis, il aima la vérité, & détesta la flatterie. Une douleur universelle présida à ses funérailles: toutes les voix se réunirent à dire que le plus habile homme du monde & le plus grand roi de l'Europe étoit mort. On auroit pu ajouter le plus grand capitaine; toutes les guerres qu'il entreprit eurent un succès heureux. Les Bohêmes furent forcés de payer les anciens tributs dont ils s'étoient affranchis sous les règnes précédents. Les différentes nations Slaves furent réprimées; & les Danois vaincus se virent contraints de lui abandonner tout le pays que renferment la Slie & l'Eder. On prétend qu'il força Charles-le-simple à lui céder la Lorraine par un traité, mais cette circonstance de son règne se trouve démentie par plusieurs chartres dont on ne peut méconnoître l'authenticité. Il est certain qu'il régna dans cette province, mais seulement après la catastrophe de l'infortuné Charles-le-simple. Avant lui, les villes n'étoient encore que des bourgades défendues par quelques fossés. Il les fit environner de murs garnis de tours & de bastions; & comme les grands en abhorroient le séjour, il attacha aux charges municipales des privilèges capables d'exciter leur ambition. On y établit des magasins où les habitants de la campagne devoient porter le tiers de leurs récoltes. Une partie de ces biens étoit destinée à faire subsister les armées en temps de guerre. Outre un nombre considérable de villes qu'il fit fortifier, il en fonda une infinité d'autres parmi lesquelles on compte Misne ou Meissen sur l'Elbe, Quedlembourg, Gotta, Herfort, Goslard, Brandebourg & Sleswick. Toutes ces villes eurent des garnisons, & pour les entretenir, il força chaque canton, chaque province à lui fournir la neuvième partie des hommes en état de servir. On admire sur-tout dans ce prince la manière dont il s'y prit pour réformer la haute noblesse assez puissante alors pour braver le glaive des loix. Il institua des jeux militaires d'où furent exclus tous ceux qui étoient soupçonnés de quelque crime soit envers la religion, soit envers le prince ou les particuliers. Les nobles devenus leurs propres juges, bannissoient eux-mêmes les prévaricateurs; & le prince pouvoit frapper impunément ceux qu'ils avoient une fois condamnés à cette espèce d'opprobre. Ce fut sur ces jeux que se formèrent les tournois environ un siècle après. Le surnom d'*Oiseleur* fut donné à *Henri*, non qu'il n'en mérite de plus honorables, mais parce qu'il chassoit à l'oiseau, lorsqu'Evrard lui présentoit le diadême de la part de Conrad. On lui attribue l'érection des gouvernements en fiefs; mais ce sentiment nous paroît peu vraisemblable. *Henri* fit tout pour conserver l'autorité, & rien pour la diminuer. Cette révolution convient mieux au règne de Conrad, le premier qui soit venu au trône par droit d'élection. Les Germains ne manquèrent pas probablement de lui faire des conditions, en mettant entre ses mains un sceptre auquel il n'avoit d'autre droit que leur suffrage. (*M. Y.*)

HENRI II, *dit le Boiteux*, (*Histoire d'Allemagne.*) duc de Bavière, VIe roi ou empereur de Germanie depuis Conrad I, XIe empereur d'Occident depuis Charlemagne, naquit l'an de J. C. 978, de Henri le jeune, arrière-fils de Henri le Quereleur, & arrière-petit-fils de Henri, premier empereur de la maison de Saxe.

L'élection de *Henri II* fut menacée de plusieurs orages; une infinité de seigneurs dont les principaux étoient Ezon ou Erinfroi, comte palatin du Rhin, & mari de Mathilde, sœur d'Othon III; Ekkart, marquis de Thuringe, Hercimane ou Herman, comte d'Allemagne, c'est-à-dire de Suabe, second fils d'Henri I, duc de Bavière, & oncle du duc Henri III. Ces deux derniers, en admettant le droit héréditaire, avoient un titre égal à celui de *Henri-le-Boiteux*, comme descendant en ligne masculine de Henri l'Oiseleur. *Henri*, pour terminer une contestation dont l'événement pouvoit lui être contraire, s'empara de force des ornemens impériaux, & l'on prétend même qu'il fit assassiner Ekkart, le plus opiniâtre des prétendans. Il est certain qu'après la mort de ce marquis, *Henri II* ne rencontra que de légers obstacles. Il se rendit à Mayence à la tête d'une armée, & reçut l'hommage de la plupart des seigneurs de Germanie. Herman fut aussitôt mis au ban de l'empire, & déclaré déchu de son duché. La première année de son règne se passa à pacifier les troubles excités par ses rivaux. Il songea ensuite à maintenir sa puissance en Italie. Un nommé Ardouin, comte d'Ivrée, arrière-fils de Berenger le jeune, paré des titres pompeux d'Auguste & de César, s'en faisoit appeller le monarque, bien sûr d'être soutenu par les Romains dont la politique constante étoit de se donner plusieurs maîtres pour n'obéir à aucun. Arnolfe, archevêque de Milan, excité par un motif d'ambition, se déclara contre ce nouveau souverain, prétendant que lui seul avoit droit de donner des rois à la Lombardie, ou au moins de les sacrer. Ardouin avoit négligé de mettre ce prélat dans ses intérêts, & c'étoit une faute irréparable. *Henri* déterminé par les prières d'Arnolfe, se rendit en Lombardie, après avoir forcé le roi de Pologne qui venoit d'envahir la Bohême, à lui rendre hommage, & avoir fait un duc de Bavière. Une remarque importante, c'est que le duc fut nommé d'abord par les Bavarois, le roi ne s'étant réservé que le droit de le confirmer. *Henri* avoit déja envoyé des troupes en Italie; mais Ardouin les avoit taillées en pièces aux environs du Tirol. Sa présence fit changer la fortune; vainqueur d'Ardouin au passage de la Brente, il marche aussitôt vers la Lombardie dont la plupart des villes consentirent à le reconnoître. Son entrée dans Pavie fut une espèce de triomphe. Il marchoit accompagné d'une multitude d'évêques & de seigneurs qui le saluèrent pour leur roi avec tous les transports de la plus vive allégresse [15 mai 1004]; l'archevêque de Mayence fit la cérémonie du sacre qui fut suivie de réjouissances publiques. Les Allemands se livroient à toute l'ivresse de la joie, lorsque les Lombards excités par les pratiques d'Ardouin, coururent aux armes, & changèrent les salles du festin en autant de théâtres de carnage. *Henri*, sur le point de périr, se jetta du haut d'un mur, & se cassa une jambe dans sa chûte. Ce fut pour se venger de cette noire trahison, qu'il ordonna le sac de Pavie: cette ville fut réduite en cendres. Les troubles de Germanie dont les Slaves, les Polonois, les Bohêmes & un seigneur de Lorraine étoient les auteurs, ne lui permirent pas d'aller à Rome recevoir la couronne impériale. Il ne put s'y rendre qu'en 1014, c'est-à-dire lorsqu'il eut rétabli le calme dans ses états par la défaite des Polonois, & par l'entière soumission des Slaves & des Bohêmes. Ces derniers furent privés de Boleslas leur duc, que l'empereur déposa pour lui substituer Jaromir, fils de ce factieux; Baudouin, auteur des troubles de la Lorraine, lui fit hommage de Valenciennes qu'il avoit usurpée sur le comte Arnoul. Baudouin n'en eût pas été quitte à ce prix, s'il n'eut eu l'adresse de mettre Robert, roi de France, dans ses intérêts. Cependant Ardouin avoit reparu en Lombardie; il s'apprêtoit même à soutenir la guerre; mais au premier bruit de l'approche du roi de Germanie, il prit la fuite, & s'enferma quelque tems après, dans un monastère où il mourut, non sans avoir fait des efforts pour remonter sur le trône. *Henri*, maître des passages, & ne voyant autour de lui ni ennemis, ni rivaux, se fit une seconde fois proclamer roi de Lombardie dans Milan, l'an 1013. Ardouin lui fit proposer de renoncer au royaume d'Italie, à condition qu'on lui donneroit un comté ; mais le roi continua de le regarder comme un rebelle, & rejetta toute négociation. Quelques écrivains l'ont accusé d'avoir affecté cette hauteur ; mais elle est justifiée par une sage politique. On ne pouvoit user d'une sévérité trop grande envers les Italiens toujours prêts à la révolte ; & c'est toujours une faute de la part d'un souverain de traiter avec un sujet : c'eût été en quelque sorte reconnoître les droits d'Ardouin qui se disoit fils de Berenger II, l'un des tyrans d'Italie pendant l'anarchie qui suivit la déposition de Charles-le-Gros ; cependant l'empereur, après un court séjour dans Milan, se rendit à Rome, où Benoît III le sacra, & lui donna la couronne impériale (14 février 1014). La reine Cunegonde reçut les mêmes honneurs de la part du pontife romain. Si l'on en croit quelques historiens, *Henri II* se reconnut le vassal des papes, en jurant fidélité à Benoît, & à ses successeurs. Mais cette particularité de la vie de cet empereur est rejettée comme fausse par les meilleurs critiques, & ne peut se concilier avec plusieurs autres faits généralement reconnus. Est-il croyable que Benoît qui depuis son avénement au siège pontifical avoit été en butte à toutes les persécutions des Romains, eût voulu avilir un prince dont le secours lui étoit nécessaire pour contenir ses ennemis ? Le pontificat de Benoît avoit été jusqu'alors agité au point que ce pape avoit été obligé de s'enfuir de Rome, où il n'étoit rentré qu'à la faveur des préparatifs que *Henri II* faisoit pour s'y rendre lui-même. Il ne pouvoit être solidement rétabli qu'autant que la terreur de ses armes contiendroit les Romains. « Etoit-il, en situation, dit de Saint-Marc, de s'entêter des vaines prétentions de quelques-uns de ses prédécesseurs, & d'imposer des loix à un prince qui par la réception de la couronne impériale deveroit son souverain ? C'est tout ce qu'auroit pu faire, continue ce critique, un pape jouissant tranquillement de son siège, & bien sûr de voir tous les Romains seconder ses vues d'un concert unanime ». Ce qui manque le plus ordinairement aux faussaires, c'est le sens commun. Il seroit cependant possible qu'une piété peu éclairée lui eût fait compromettre ainsi son autorité. Il est certain qu'au retour de ce voyage, il se fit associer à l'abbaye de Clugny à laquelle il donna sa couronne, son sceptre, & un superbe crucifix, le tout d'or, & du poids de cent livres. *Henri* porta la dévotion plus loin : ce prince, par une contradiction assez ordinaire dans la vie de l'homme, avoit soutenu une guerre civile pour monter sur le trône, & voulut en descendre, & consacrer ses jours à la retraite. Il auroit exécuté ce projet, sans Richard, abbé de Saint Vannes, qui préférant les intérêts de l'état à la vanité de voir un empereur soumis à sa règle, l'invita à conserver sa couronne. Les religieux doivent obéissance en tout à leur supérieur, lui dit ce sage abbé, je vous ordonne donc de rester empereur.

Henri II eut de nouveaux démêlés avec les Polonois & les Bohêmes, & ils tournèrent toujours à sa gloire. Après qu'il eut pacifié ces nations, Rodolfe ou Raoul III, roi des deux Bourgognes, l'institua son héritier, à condition qu'il rangeroit à leur devoir les états rebelles de ce royaume. L'empereur les ayant soumis, fit approuver le traité, qui resta sans exécution par la mort de *Henri* arrivée avant celle de Raoul.

Les Grecs tantôt ennemis, tantôt amis secrets des papes, faisoient des vœux continuels pour recouvrer quelques débris de l'empire d'Occident qui leur étoit échappé. L'empereur Bazile crut les conjonctures favorables pour mettre à découvert les prétentions de son trône, & commença par exiger un tribut des Bénéventins. Benoît VIII opposa d'abord avec succès aux Grecs, un nommé *Raoul*, gentilhomme Normand, qui s'étoit exilé pour se soustraire au ressentiment du duc Richard II. Raoul épuisé par ses propres victoires, se rendit en Germanie, où le pape l'avoit devancé, & sollicita des secours de l'empereur. *Henri II* se hâta d'arriver en Italie où il reprit Benevent sur les Grecs, reçut Troye en pouille à composition, & pour récompenser le gentilhomme Normand, qui l'avoit secondé dans cette guerre, il lui donna des terres considérables en Italie. Raoul profita de l'autorité que lui donna l'empereur pour jetter les fondemens de la monarchie des deux Siciles sur les ruines de l'empire grec.

L'entrevue de *Henri II* & de Robert, roi de France, fut le dernier événement mémorable de ce règne. Cette entrevue devoit se faire sur la Meuse qui séparoit les états de ce prince. On étoit convenu d'un cérémonial ; chaque roi devoit avoir ses gardes. *Henri II*, trop généreux pour soupçonner Robert d'une perfidie, rejetta toutes les précautions, & se rendit à sa tente sans gardes. Une paix de plusieurs siècles entre la France & l'empire, fut le résultat de cette conférence. Les deux rois mangèrent ensemble, & se firent des présens réciproques. Ils avoient formé la résolution d'aller à Pavie, pour engager Grégoire à les accorder sur certains droits litigieux ; mais ce voyage fut rompu par la mort du pape arrivée peu de tems après. L'amitié n'en fut pas moins sincère entre ces princes. *Henri* s'occupa de tous les moyens qui pouvoient faire naître la félicité dans ses états. Il en parcourut toutes les provinces pour y répandre ses bienfaits. Il n'y en eut aucune qui ne ressentit les effets de sa justice & de sa générosité. Toutes les voix se réunissoient pour bénir son règne qui finit avec sa vie le 14 juillet 1024. Il ne laissa aucun héritier de sa puissance, ni de son nom. On prétend qu'avant d'expirer il dit, en montrant l'impératrice Cunegonde à ses parens : Vous me l'avez donnée vierge, & je vous la rends vierge : étrange dévotion dans un prince souverain, qui doit desirer d'avoir des descendans ! Cette particularité de la vie de *Henri* est démentie par une diète tenue à Francfort, où l'empereur se plaignit de la stérilité de Cunegonde. Elle ne s'accorde guères d'ailleurs avec les préventions qu'il eut contre la vertu de cette princesse. Ce n'est pas qu'on veuille jetter des doutes sur sa piété ; elle fut sincère, & le clergé en tira de grands avantages. Jamais prince ne fit de plus grandes largesses aux monastères & aux églises : tout est plein de ses éloges dans les annales composées par les moines. Tous les détails de sa vie montrent un prince religieux, bienfaisant, ami de l'ordre, & plein de valeur. Mais c'est en vain que l'on y cherche l'homme d'état. Il détruisit la plupart des avoueries établies par Othon I, pour tenir le clergé dans la dépendance des empereurs. Il confia même ses avoueries aux évêques, réunissant ainsi des titres incompatibles. L'évêché de Bamberg où reposent ses cendres, lui est redevable de sa fondation; & l'on prétend que ce ne fut qu'en se jettant aux pieds de l'évêque Vursbourg, qu'il l'engagea à consentir à son érection. *Henri* soumit le nouvel évêché immédiatement au Saint-Siege, & céda au pape la suzeraineté de la ville de Bamberg pour le récompenser de ce qu'il le prenoit sous sa protection. On assure même qu'il consentit à lui envoyer tous les ans un cheval blanc enharnaché, & cent marcs d'argent. (*M-Y.*)

Henri III, dit *le Noir*, (*Hist. d'Allemagne.*) né le 28 octobre 1017, élu roi de Germanie en 1026, sacré le jour de Pâques 1028, proclamé en 1039, mort en octobre 1056.

Les premières années du règne de ce prince furent signalées par des victoires sur les Polonois, les Bohêmes & les Hongrois; de grands ravages & de légers tributs levés sur les vaincus, en furent tout le fruit. *Henri III* étoit d'autant plus jaloux de terminer la guerre avec ces peuples, que tout étoit en confusion en Italie sous trois papes ennemis, & sous une infinité de ducs rivaux les uns des autres, & partagés entre les pontifes & les empereurs. Il y avoit plusieurs factions qui en composoient deux principales, celles des Ptolemées & des comtes de Toscanelle, ou de Tusculé. Chacune avoit fait son pape qui lui prêtoit les secours de ses anathêmes. La populace de Rome en avoit fait un troisième. Chacun d'eux étoit retiré dans un fort, & dissipoit les trésors du Saint-Siège dans les voluptés. L'empereur sentit combien sa présence étoit nécessaire pour arrêter ces désordres, & fit ses préparatifs pour entrer en Italie. Arrivé à Milan, il se conforma aux usages de ses prédécesseurs, & s'y fit couronner roi des Lombards, (1046.) Les cérémonies de ce nouveau sacre furent à peine finies, que l'empereur se rendit à Sutri. Ce fut là qu'il assembla un concile où les trois papes furent déposés. Sintger, évêque de Bamberg, monta sur le Saint Siège, qu'il honora par ses vertus. L'empereur, après avoir reçu la couronne impériale des mains du nouveau pontise, & avoir fait rendre les mêmes honneurs à l'impératrice, exigea des Romains le serment de fidélité. Ce serment n'étoit plus qu'une vaine cérémonie, ou plutôt qu'un parjure. Les Romains dégradés n'offroient plus qu'une populace mercenaire, & sans foi. Prodigues de leur serment, ils le prêtoient sans scrupule à celui qui étoit assez riche pour les corrompre, ou assez puissant pour les faire trembler. Ils promirent, comme il étoit d'usage, de n'élire & de ne consacrer aucun pape, sans son agrément, & sans celui de ses successeurs. On verra sous le grand & l'infortuné Henri IV quelle confiance on devoit avoir en leur parole. Avant de repasser en Allemagne, où sa présence n'étoit pas moins nécessaire qu'en Italie, *Henri III* donna l'investiture de la Pouille & de la Calabre au brave Normand, conquérant de ces provinces sur l'empire Grec. Il en excepta Bénevent, dont les comtes de Toscanelle étoient les maîtres ou plutôt les tyrans. On ne tarda pas à s'appercevoir combien la loi concernant les fiefs, étoit contraire à la tranquillité de l'état. Conrad II qui la porta, eût dû en prévoir les funestes conséquences. C'est peut-être à cette loi qu'on doit rapporter tous les malheurs qui affligèrent sa race. L'hérédité avoit été en usage sous les règnes précédens, mais les empereurs avoient souvent partagé les grands fiefs entre plusieurs prétendans. Ainsi l'on avoit souvent vu la Saxe, la Suabe, la Bavière possédées chacune par plusieurs ducs, au lieu que la loi sembloit avoir ôté aux empereurs cette liberté qui, en divisant les grands vassaux, devoit affermir le trône. *Henri*, trop gêné par cette loi, crut pouvoir s'exempter de la suivre, & lorsque le duché des deux Lorraines vint à vaquer par la mort de Gotelon I, que Conrad II en avoit investi, il ne donna que la basse à Godefroy, fils de ce duc, & la haute successivement à Gotelon II, à Albert issu d'une illustre maison d'Alsace, & à Gérard de la même famille, tige des princes de la maison de Lorraine d'aujourd'hui. L'ambitieux Godefroi ne pouvant souffrir de second au duché de Lorraine, chercha tous les moyens de secouer le joug. L'empereur lui avoit pardonné plusieurs fois après l'avoir fait tomber à ses pieds. Le duc, toujours enivré de ses projets de vengeance, passe en Italie à dessein d'engager les Normands à seconder son ressentiment, & à partager ce royaume lorsqu'ils l'auroient affranchi de la domination Allemande. L'empereur ayant tout à craindre des intrigues du rebelle, passe les Alpes, & se saisit de la duchesse Béatrix, veuve de Boniface, marquis de Toscane, que le rebelle avoit épousée depuis sa fuite en Italie, & l'amèna avec lui en Allemagne, après avoir forcé son perfide époux d'y rentrer. Ce rebelle conserva la basse Lorraine malgré ses intrigues & ses révoltes. Conrad I, duc de Bavière, implora vainement la même clémence. Cité à la diète de Mersbourg, il fut déposé, & ne put être rétabli. Une guerre malheureuse termina le règne de *Henri III*. Le chagrin qu'il en conçut, causa sa mort. Victor II, qui pour-lors étoit auprès de lui, reçut ses derniers soupirs, & sacra son fils Henri IV, âgé pour lors d'environ six ans. L'empereur avant sa mort, avoit eu une entrevue avec *Henry I*, dans laquelle ils renouvellèrent l'alliance entre l'Allemagne & la France. On prétend que ces princes se séparèrent ennemis. La fierté de *Henri III* rend ce sentiment probable. A l'entendre, il n'y avoit point de prince en Europe qui ne dût lui rendre hommage; on le vit sur le point de déclarer la guerre à l'Espagne qu'il prétendoit être fief de l'empire. Tout-puissant dans Rome, il disposa de la papauté comme d'un simple bénéfice. Il nomma successivement Clément II, Damase II, Léon IX, Victor II; mais si ce prince disposa à son gré du Saint-Siège, les pontifes à leur tour prétendirent disposer de l'empire. Telles sont les prétentions que nous allons voir éclater sous le règne suivant. *Henri III* eut de son premier mariage avec l'impératrice Cunehinde, fille de Canut, roi de Danemarck, Béatrix qui mourut abbesse de Gandersheim; & de son second avec l'impératrice Agnès, fille de Guillaume, comte de Poitou, Mathilde, qui fut femme de Rodolphe de Reinfelden, duc de Suabe, & depuis élu empereur contre Henri IV; Judith mariée à Boleslas, duc de Pologne; Sophie, femme de Salomon, roi d'Hongrie; Henri IV son successeur; Conrad, duc de Bavière; Giselle morte religieuse, & Adélaïde, abbesse de Quedlimbourg. Son corps fut transporté de Benfelt en Saxe, à Spire en Alsace, où l'on célébra ses funérailles. (*M-Y.*)

HENRI IV, (*Hist. d'Allemagne.*) fils du précédent, & d'Agnès de Poitou, IX roi ou empereur de Germanie depuis Conrad I, XIVe empereur d'Occident depuis Charlemagne.

La vie de ce prince n'offre qu'un tissu de malheurs: il avoit à peine six ans lorsqu'il fut appellé au trône par la mort de Henri III. L'impératrice Agnès, sa mère, s'empara de la régence où elle se maintint avec autant de sagesse que de fermeté, jusqu'à ce que la calomnie des grands qui l'accusoient de se prostituer à l'évêque d'Ausbourg, son principal ministre, la força de se retirer dans un monastère à Rome (1063.). L'empereur, après son départ, eût bien voulu gouverner par lui-même, mais les archevêques de Mayence, de Cologne & de Bremen, se rendirent maîtres des affaires, & prolongèrent sa tutèle. On accuse ces prélats d'avoir abusé de sa jeunesse, en le plongeant dans les voluptés: mais on doit être bien circonspect en lisant l'histoire de ce prince. Ceux qui armèrent ses sujets & ses propres fils pour le précipiter du trône, ne se seront point fait un scrupule de noircir sa mémoire. Ce fut pendant le ministère de l'évêque de Mayence & de ses collègues, que se formèrent les orages qu'il ne put dissiper. Les Saxons voyoient avec peine sur le trône, des ducs de Franconie, & désiroient avec la plus vive ardeur d'y rétablir leur souverain. Ils se rappelloient sans cesse le souvenir du règne glorieux des Othons, & prenoient toutes les mesures qui pouvoient opérer une révolution favorable à leur desir. Ils avoient même formé une conspiration pendant la régence d'Agnès, contre le jeune monarque. Les états qui vouloient que la couronne fût élective, souffroient difficilement qu'elle se perpétuât dans la race de Conrad. Les papes n'ignoroient pas le mécontentement & les complots des Allemands contre leur prince; & ils s'apprêtoient à en profiter, non-seulement pour se soustraire à la domination de ces étrangers, mais encore pour soumettre l'empire au sacerdoce. Leur premier attentat contre l'autorité des empereurs, fut de priver *Henri* du droit de confirmer l'élection des pontifes. Nicolas II en fit une loi, & décida dans une assemblée d'évêques Italiens, que désormais les cardinaux seuls éliroient les papes, qui seroient ensuite présentés au peuple pour être confirmés. Ce fut d'après ce coupable décret qu'Alexandre II s'assit sur le S. Siège, sans consulter la cour impériale. Alexandre se prévalut encore de la minorité de *Henri*, pour augmenter sa puissance temporelle. Il se lia d'intérêt & d'amitié avec les princes Normands, & les engagea à secouer le joug de l'empire dont ils étoient feudataires. C'est ainsi que ces princes, dont les succès auroient été moins brillans sans le secours des papes, ternirent la gloire de leurs armes. On les excuseroit peut-être, si sacrifiant à la gloire de leur nation, ils eussent brisé leurs liens pour se rendre vassaux des pontifes. Ils firent hommage de leurs conquêtes à Nicolas II qui leur donna une nouvelle investiture, moyennant une légère redevance à son siège. C'étoit un puissant appui pour les papes, déjà maîtres absolus dans le spirituel. Tel étoit l'état des choses, lorsqu'*Henri IV*, devenu majeur, sort de la captivité où le retenoient ses prétendus tuteurs. Ses premiers soins furent de rétablir la sûreté publique, & d'arrêter les brigandages des officiers subalternes, que les grands favorisoient pour causer une révolution. Lorsqu'il eut visité l'Allemagne, il alla à Goslard en Saxe, & y fixa sa résidence. Les anciennes forteresses négligées dans cette province, sous le précédent règne, furent rétablies, & l'on en construisit de nouvelles. *Henri* les garnit d'un nombre suffisant de troupes. Tout en lui montroit un prince qui vouloit faire le bien de ses peuples, & régner avec autorité. Les Saxons s'apperçurent bientôt que ces forteresses s'élevoient au milieu d'eux, autant pour les contenir dans le devoir, que pour les défendre contre l'étranger. Leurs députés vers l'empereur lui traçoient les loix les plus dures, & censuroient ses mœurs avec une extrême licence. *Henri*, naturellement enclin aux plaisirs, avoit pour les femmes un penchant excessif. Il s'en confessa à Gregoire VII, qui, au lieu de l'absoudre, se servit de ce pieux aveu pour le persécuter. Les députés de Saxe lui déclaroient la guerre, s'il refusoit d'abattre les forteresses, de retirer ses garnisons, & de congédier ses ministres. L'empereur reçut cette députation avec froideur: il n'étoit pas d'un caractère à recevoir la loi de ses sujets. Son esprit étoit calme, & sa fermeté n'étoit point ébranlée par le danger. Il répondit aux députés qu'il consulteroit les états. Les Saxons, mécontents de cette réponse, l'assaillirent tout-à-coup dans Goslard. Ces rebelles étoient secondés par Alexandre II, qui, conduit par le fameux Hildebrand, mieux connu sous le nom de Grégoire VII, leur montroit de loin les foudres dont il devoit bientôt frapper l'empereur. Sans être soutenus par le pontife, les ducs de Saxe & de Bavière, l'archevêque de Magdebourg, & huit évêques paroissent à la tête des rebelles. L'empereur voyant quel sang précieux alloit inonder l'Allemagne, les exhorte en vain à rentrer dans le devoir; ses délais ne font que grossir l'orage. Les ducs de Suabe, de Carinthie & de Bavière l'abandonnent, & pour donner un prétexte à leur révolte, ils gagnent un de ses domestiques qui l'accuse d'avoir voulu le corrompre pour les assassiner. L'empereur offrit de se laver de cette odieuse imputation; mais on avoit trop d'intérêt à le treuver conpable pour lui permettre de se justifier. On se prévaut de la calomnie, on lui refuse les taxes, on fait languir ses troupes, on rase, on démolit ses forts & ses châteaux. Contraint d'employer la force, il marche en Saxe contre les rebelles que sa présence dissipe, & il leur donne la paix, content de les avoir fait trembler : mais bientôt infidèles à leurs serments, ils le forcent de voler à de nouvelles victoires. *Henri*, vainqueur par la force de ses armes, persiste à vouloir les désarmer par sa clémence. Il reçoit en grace l'archevêque de Magdebourg, les ducs & les évêques ses complices, & leur conserve leur dignité. Il n'exige que leur parole pour gage de leur soumission. Cette guerre ainsi assoupie, il se retire en Alsace pour être plus à portée de veiller sur ce qui se passoit en Italie. Alexandre II étoit mort pendant la guerre civile; les entreprises de ce pape qui avoit osé le citer à son tribunal, lui faisoient craindre quelque révolution. Hildebrand, né de parents obscurs, successivement moine de l'abbaye de Cluny, & membre du sacré collège, s'étoit fait élire par les Romains sans consulter les cardinaux. Chancelant sur le Saint Siège, il feint de reconnoître les droits des empereurs, & députe vers *Henri IV* pour s'excuser de ce qu'il avoit été élu sans l'agrément de ce prince. Il proteste qu'il est prêt d'abdiquer, s'il le juge à propos. L'empereur, trompé par cette soumission apparente, envoie son chancelier qui le confirme, & le maintient dans sa dignité. Mais Hildebrand n'est pas plutôt affermi, qu'il fait éclater les desseins qu'il avoit conçus depuis long-tems, & qu'il avoit inspirés à Alexandre son prédécesseur. C'étoit un génie vaste & opiniâtre dans ses projets, ardent, impétueux, mais trop artificieux pour que la chaleur de son génie nuisît à ses desseins. Nourri dans les disputes, il possédoit toutes les subtilités de l'école ; ami & confident de plusieurs papes, il étoit versé dans toutes les intrigues des cours ; à ces dangereuses qualités Hildebrand joignoit une grande austérité de mœurs qui tenoit moins à ses vertus qu'à sa politique; la dureté de son caractère étoit conforme à ses principes, & son ambition ne connoissoit aucune borne. Tel étoit l'hydre que *Henri* avoit à combattre, hydre qu'il sut vaincre, mais dont le souffle en produisit d'autres, sous lesquels il devoit succomber, ainsi que ses successeurs. Hildebrand qui vient de reconnoître le droit de *Henri* pour la confirmation de son siège, lui conteste celui de disposer des prélatures. Il attaque ce droit incontestable comme un abus, & prétend qu'il n'appartient qu'à lui seul. On sent aisément quel étoit son but : une fois devenu maître de la nomination aux bénéfices, dont plusieurs donnoient rang de prince, il n'y auroit placé que des personnes dévouées à ses intérêts, & se seroit acquis un pouvoir absolu dans l'empire. *Henri* s'oppose à ces prétentions & menace le pape : mais celui-ci se fait un appui des Saxons, & accusant l'empereur de plusieurs crimes, il veut l'obliger de se rendre à Rome, & de se justifier. *Henri* bat les Saxons, relève les forteresses qu'ils avoient détruites, & usant des droits de ses prédécesseurs, il dépose le pape dans un concile composé de vingt-quatre évêques, & de tous les princes de l'empire. Grégoire VII étoit perdu, si l'empereur eût pu conduire son armée à Rome; mais il étoit toujours retenu par les mouvements des Saxons. Le pape qui connoît la raison qui le retient, toujours assuré d'ailleurs de la protection des princes Normands, excommunie l'empereur, & le dépose à son tour : Je lui défends, dit cet audacieux pontife, de gouverner le royaume Teutonique & l'Italie, & je délie ses sujets du serment de fidélité. Telle est la première entreprise des papes sur le temporel des rois. Des légats se répandent aussi-tôt dans toutes les cours d'Allemagne, appuient par des promesses les excommunications du pontife, & soufflent dans tous les cœurs l'esprit de révolte qui les anime. *Henri* se voit tout-à-coup abandonné : ceux qu'il croit les plus fidèles s'arment contre lui de ses propres bienfaits; & ces mêmes évêques qui venoient de déposer le pape, l'établissent juge de leur souverain. Ils l'invitent à venir à Ausbourg jouir des droits qu'il s'arroge. L'empereur voyant qu'il avoit tout à craindre de cette assemblée, songe à en prévenir les suites. Il passe en Italie non pas en appareil de triomphe comme ses prédécesseurs, mais avec un petit nombre d'amis qui l'engagent à cette démarche, la seule que l'histoire lui reproche. Arrivé à Canosse, forteresse de la dépendance de la comtesse Mathilde, sa cousine, qui le persécutoit, persuadée que la cause du pontife étoit celle de Dieu, il demande à parler à Grégoire qui le fait attendre pieds nuds trois jours entiers dans une cour, pendant un froid rigoureux, n'ayant qu'un seul habit de laine, & ne prenant que le soir quelques aliments grossiers. L'orgueilleux pontife paroît enfin, & l'empereur lui demande à genoux pardon de son courage qu'il ternit par cette démarche. Il le prie de l'absoudre de l'excommunication, & promet de se trouver à Ausbourg où il se soumettroit à son jugement; cependant une lueur de fortune lui fait aussi-tôt révoquer ces serments, que la nécessité lui arrache. Les familiarités du pape & de la comtesse Mathilde scandalisoient les esprits : leur intimité étoit si grande, que bien des gens croyoient que l'amour y avoit quelque part. Les seigneurs d'Italie étoient bien moins alarmés de la prostitution de la comtesse, que de l'excessive puissance du pape auquel elle venoit de faire une donation de tous ses biens qui étoient immenses. Tous se rendent auprès de *Henri*, qui les conduisit aussi-tôt au siège de Canosse. On vit alors, dit un moderne, ce qu'on n'avoit point encore vu, un empereur Allemand secouru par l'Italie, & abandonné par l'Allemagne. Mais tandis que les Italiens & le pape sont assiégés dans Canosse, les légats répandus en Allemagne continuent leurs brigues contre l'empereur. Ils renouvellent les anathêmes lancés contre lui, & tiennent toutes les consciences dans de continuelles alarmes. *Henri* est déposé par les états dont il défend les droits, & le perfide Rodolphe qu'il avoit fait duc de Suabe, monte sur le trône. C'est alors que Grégoire déploie toute sa politique. Alarmé des progrès de *Henri* qui le tient bloqué, il ratifie sa déposition; mais il déclare qu'il peut lui pardonner, & refuse d'approuver l'élection de Rodolphe. Il promet sa protection à celui qui montrera le plus d'égards pour son siège. *Henri* qui voit les consciences un peu plus libres, se décharge du siège de Canosse sur les Lombards, & vole en Allemagne où il espère trouver des sujets. Tout est en feu depuis le Tibre jusqu'à l'Oder; tous les ordres de l'état sont en armes, les évêques sont eux-mêmes à la tête des troupes, & donnent le signal du meurtre & du pillage. Des conciles réitérés leur avoient en vain défendu de faire la guerre (c'étoit avec aussi peu de succès qu'on leur avoit interdit le mariage.) Le pape, échappé aux Lombards, soulève la Bourgogne qui lui rend hommage. Il renouvelle son alliance avec les Normands, excommunie de nouveau *Henri*, & envoie à Rodolphe une couronne, qu'il lui annonce par une pensée pitoyable exprimée dans un vers latin plus pitoyable encore; & pour relever son courage abattu par trois défaites consécutives, il lui prédisoit la mort de *Henri* qui devoit arriver dans l'année. Sa prédiction fut fausse & prouva qu'il étoit aussi mauvais prophête que poëte médiocre. *Henri IV* fut vainqueur pour la quatrième fois à Mersbourg, où Rodolphe périt de la main de Godefroi de Bouillon, le même qui, sous ce règne, fit la conquête de Jérusalem. Gregoire VII déposé, tremble à son tour. L'empereur conduisit en Italie un pape solemnellement élu, & confirmé sous le nom de Clément III. Après deux ans de siège, Rome fut prise d'assaut; & l'empereur, qui pardonna à cette ville si souvent rebelle, installa le pape, & fut couronné. Grégoire VII, assiégé dans le château Saint-Ange, profite d'une diversion de l'empereur en Lombardie, pour se faire enlever par Robert Guiscard, qui l'emmène à Salerne, où son ambition trompée termine sa vie laborieuse & coupable. La mort de ce turbulent pontife sembloit devoir permettre à l'empereur de respirer. La Saxe humiliée de ses précédentes défaites, ne pouvoit se résoudre à obéir: les états de cette séditieuse province nomment Herman pour succéder à Rodolphe. L'empereur qui craint les suites de cette nouvelle révolte, passe en Allemagne, remporte plusieurs victoires sur Herman qui demande grace, & l'obtient. Jamais prince ne pardonna plus souvent, & ne fut plus souvent outragé. Ecbert, qui succède à Herman, est également vaincu. L'un & l'autre périrent d'une mort misérable.

Henri, au milieu de ces troubles, songe à assurer à sa famille une couronne qu'elle va bientôt lui disputer elle-même, & fait proclamer roi des Romains, Conrad son fils, qu'il mène en Italie pour s'opposer à Victor III, successeur de Grégoire VII; & héritier de ses dangereuses maximes. Ce Victor meurt, & est remplacé par Urbain II. La duchesse Mathilde, toujours fidelle à sa haine contre l'empereur, appuie de tout son crédit ce nouveau pape qui corrompt par argent les gardes de Clément III, & l'oblige de sortir de Rome: le roi des Romains lui-même cède aux artifices du pontife qui lui donne le titre de roi d'Italie, & lui fait épouser la fille de Robert Guiscard de Calabre, le plus cruel ennemi de son père. L'impératrice Adélaïde que *Henri* venoit d'épouser, reçoit les funestes présents de Mathilde, & on la voit dans la liste des rebelles. C'est avec bien de la vérité qu'on a dit que jamais empereur, ni père, ni mari ne fut plus malheureux: il étoit cependant réservé à de plus grandes infortunes. *Henri*, contraint de se défendre contre sa propre famille, assemble une diète dans Cologne, & met au ban impérial ce fils ingrat qu'il venoit de couronner roi des Romains, & qui se liguoit avec ses ennemis. Henri, son second fils, monstre plus cruel que ceux que nous venons de peindre, est couronné dans Aix-la-Chapelle, & reconnu pour succéder à son père. La ville de Ratisbonne lui est assignée pour tenir sa cour. Il sembloit que le calme alloit renaître en Allemagne; & l'empereur ne s'occupoit que de la guerre d'Italie; mais avant que de s'y rendre, il crut devoir détruire quelques abus introduits pendant la guerre civile, & punir les auteurs de certains désordres qu'il ne pouvoit se dissimuler. Il n'eut pas plutôt fait ses premières recherches, qu'il s'en repentit. L'archevêque de Mayence étoit au nombre des coupables. Ce prélat s'enfuit aussi-tôt dans la Thuringe, ranime l'incendie qui étoit prêt à s'éteindre. Pascal II, élu par la faction de Mathilde, pour successeur d'Urbain II, profite de ces mouvemens, & renouvelle les anathêmes lancés par Hildebrand. L'empereur recevoit peu de secours de Clément III. Ce pape avoit des vertus, mais il eût mieux valu qu'il eût eu des talents. Ce pape étant mort pendant ces nouveaux troubles, il nomma successivement trois papes, qui tous étoient plus dignes du saint Siège, que capables de s'y maintenir. Deux furent enfermés dans le cloître, & le troisiéme mourut subitement, genre de mort assez ordinaire alors en Italie. Conrad meurt, & son frère *Henri* songe aussi-tôt à l'imiter dans sa révolte. Il s'apprête à s'emparer, par le plus noir des crimes, d'un sceptre qu'il eût bientôt tenu de la nature. En vain l'empereur qui n'a plus que ce fils, lui fait les plus justes remontrances dans le style le plus tendre, le tigre lui répond qu'il ne peut reconnoître un excommunié, ni pour son roi, ni pour son père. Il se rend à Spire, & commence par se saisir du trésor. Enflé de ses succès il convoque à Mayence tous les seigneurs & les prélats de son parti. L'empereur met aussi-tôt une armée sur pied, mais ce fils aussi lâche qu'impie, oppose la ruse à la valeur. Il va trouver ce père, dont tant de fois il avoit éprouvé la tendresse; il condamne sa révolte, lui jure fidélité, & lui demande pour grace de le choisir pour médiateur, & de lui permettre de le réconcilier avec ses ennemis. L'empereur trompé par des larmes feintes, consent à le suivre à Mayence, seulement avec cent cinquante chevaux : mais comme il entroit dans Bingen, il est arrêté prisonnier par ce fils qui va faire part à la diète de sa perfidie. Les légats du pape renouvellent aussi-tôt les anathêmes lancés contre ce prince; & les états corrompus par des vues d'intérêt, déclarent Henri V légitime possesseur du trône. L'archevêque de Mayence court aussi-tôt à Bingen, où il lit à l'empereur la sentence de déposition prononcée contre lui, & le somme de lui rendre sur le champ les ornemens impériaux. *Henri* passe sans rien répondre dans un appartement voisin, & revenant couvert de toutes les marques de sa dignité, « les voilà, dit-il, ces » fatals ornements, si vous ne craignez plus Dieu » vengeur du parjure, vous pouvez les reprendre ». Comme on lui reprochoit la simonie, il demanda à l'archevêque de Mayence, ainsi qu'à celui de Cologne & de Worms qu'il avoit investis, s'il avoit violé les canons dans leur élection, & sur leur réponse: « mon crime, leur répliqua-t-il, n'est donc pas d'avoir » vendu des prélatures, c'est de n'avoir appellé que des » ingrats & des traîtres au gouvernement de l'état & de » l'église ». L'archevêque de Mayence qui, dans cette commission, satisfaisoit son propre ressentiment, ne montra aucune sensibilité : il s'approche du prince, & lui ôte la couronne; ensuite le tirant de sa chaise, il aide à le dépouiller de ses vêtements royaux. Jamais patience ne fut mise à une plus dure épreuve : l'empereur voit un instant après arriver son fils qui le presse de signer l'acte de sa déposition; ce fut alors que *Henri* se regardant comme mourant, se jetta aux pieds d'un légat, le conjurant de l'absoudre. Ce secours qui s'accorde même aux plus criminels, lui est refusé. Ce prince infortuné, abandonné à lui-même, manquant de tout, ne pouvant fournir à ses premiers besoins, forcé de supporter le poids de sa vie que lui impose sa religion, demande un bénéfice laïc à l'évêque de Spire qui le lui refuse. L'empereur succombant à cet excès d'ingratitude, se tourne vers ses amis, & fait un cri de douleur. Les ancêtres de *Henri* avoient fondé l'église cathédrale de Spire, & lui-même l'avoit enrichie. L'inflexible & hypocrite dureté du fils rend quelques partisans au père malheureux. *Henri IV* en profite, & trompant la vigilance de ses gardes, il descend le Rhin jusqu'à Cologne, dont les habitants lui jurent fidélité. Il se rend ensuite à Liège, d'où il envoie des lettres circulaires à tous les princes de la chrétienté. Il écrit aussi au pape, lui offre de se réconcilier avec lui, pourvu cependant qu'il n'exige aucune condition contraire aux intérêts de son trône. Ses amis assembloient une armée dans les Pays-Bas, mais il n'eut pas la consolation de la voir. Il ne put résister à tant d'épreuves, & sur-tout à l'idée d'avoir pour ennemi un fils qu'il avoit couronné lui-même. Il mourut à Liège le 7 août 1106, dans la cinquante-sixième année de son âge, & la cinquantième de son règne.

Dans *Henri IV* les dons du héros étoient relevés par toutes les graces extérieures; son port étoit noble, sa marche grave & assurée; il avoit le visage beau, la taille haute, les années & les malheurs ne lui firent rien perdre de sa majesté. Il avoit l'esprit vif, la conversation agréable, beaucoup d'élévation dans l'ame; peut-être un peu trop de roideur; sa libéralité cherchoit tous les malheureux; sa clémence ne se lassa jamais de pardonner. Plusieurs fois il se contenta de désarmer des scélérats surpris dans l'instant même qu'ils s'approchoient pour l'assassiner : sa valeur fut éprouvée dans soixante-deux batailles, d'où il sortit toujours vainqueur. Presque toutes furent livrées le mardi; les païens auroient dit que c'étoit une espèce d'hommage qu'il rendoit au dieu de la guerre. On peut lui reprocher de n'avoir pas toujours sçu placer sa confiance dans le choix de ses créatures. *Henri IV* céda plus souvent au penchant d'un cœur généreux, qu'aux conseils d'une politique sagement intéressée; au reste, on ne réfutera point des fables grossières, inventées par des moines esclaves ou mercenaires : dans tous les fastes dictés par l'amour de la vérité, ce prince sera toujours placé au rang des plus grands rois.

Il eut de son mariage avec Berthe, deux fils, Conrad & Henri dont nous avons déjà parlé : & trois filles, Agnès, Berthe & Sophie. Ses cendres reposent à Spire, où son corps resta sept ans. Le pape qui le persécuta pendant sa vie, défendit de lui rendre les honneurs de la sépulture après sa mort. (*M. Y.*)

HENRI V, dit *le-jeune*, (*Hist. d'Allemagne*), IX roi ou empereur de Germanie depuis Conrad I, roi des Romains, XVe empereur d'Occident depuis Charlemagne, fils du précédent, & de l'impératrice Berthe, né l'an 1181 : on ne tarda pas à connoître les véritables motifs qui l'avoient porté à détrôner son père; cette crainte de déplaire aux pontifes & d'encourir leurs censures, n'étoit qu'une pure hypocrisie. Elevé sur le trône par les intrigues de Rome, ce prince artificieux cessa de la ménager, quand il l'eut pour rivale de son pouvoir; fâché d'avoir nourri l'orgueil de cette cour par de feintes soumissions, il songea à tous les moyens de l'abaisser; ainsi, l'investiture des bénéfices qui, quand il étoit sujet, lui sembloit devoir appartenir au Saint-Siège, devint un droit incontestable de l'empire, lorsqu'il y fut parvenu. *Henri V* joignoit à la dureté d'un tyran, tous les vices qui rendent leur règne fameux; sombre, dissimulé, il alloit à son but par toutes les routes qui sembloient l'en éloigner. La manière dont il s'y prit pour engager Pascal II à renoncer aux investitures, sert à faire connoître sa dextérité & la fausseté de son caractère. Tant qu'il eut sur les bras la Pologne & la Hongrie, dont il exigeoit les anciens tributs, il eut pour ce pape les plus grands égards; lorsqu'il eut terminé cette guerre, dont le succès lui fut contraire, il se rendit à Rome, où il conclut avec Pascal un traité qui devoit armer tous les évêques de l'empire contre ce pontife; il consentoit à le faire jouir du droit d'investiture, mais à condition qu'il déclareroit tous les ecclésiastiques inhabiles à posséder des fiefs, lesquels seroient aussi-tôt rendus à la couronne. Pascal II qui ne considéroit que ses intérêts, & ne voyoit point le piège qu'on lui tendoit, signa cet accord avec des transports de joie, & consentit à couronner l'empereur à cette condition. *Henri*, plus modéré, déclara expressément que ce traité seroit nul, si les évêques refusoient de l'approuver ; en vain Pascal entreprit de les persuader, en vain il les exhorta par cette maxime, qu'il faut rendre à César ce qui appartient à César, ils lui répondirent par le même argument, & l'invitèrent à donner l'exemple, & à remettre tous les biens qu'il tenoit de la libéralité des empereurs. Cette contestation éclata dans l'église de St. Pierre ; comme on procédoit aux cérémonies du sacre, l'empereur prenant le parti des évêques, casse le traité, déclare qu'il retient les investitures ; & sur le refus que fait le pape de le sacrer, il ordonne aussi-tôt de le conduire en prison. L'empereur avoit une armée de quatre-vingt mille hommes ; ceux qui voulurent s'opposer à ses ordres furent massacrés ou chargés de chaînes, suivant la barbare coutume d'alors de traiter ainsi les prisonniers de guerre. Pascal fut traité d'abord avec assez de déférence ; mais *Henri* voyant qu'il s'obstinoit à vouloir retenir le droit d'investiture, fit conduire devant lui les prisonniers, du nombre desquels étoient plusieurs cardinaux, avec ordre de leur trancher la tête en sa présence ; Pascal, pour empêcher cette exécution sanglante, consentit à tout ce qu'on voulut exiger de son ministère. L'empereur le reconduisit à la tête de ses troupes, & reçut de lui la couronne impériale avec la bulle qui lui confirmoit le droit des investitures par la crosse & par l'anneau. Les papes, pour justifier leurs prétentions, tâchoient de faire regarder cette crosse comme un objet sacré ; mais ce n'est qu'une marque de distinction purement humaine, qui n'est rien aux yeux de la religion. Le pape, en confirmant cette bulle, jura sur l'évangile avec seize cardinaux, de ne jamais excommunier l'empereur, qui, de son côté, confirma toutes les donations & les présents que ses prédécesseurs avoient faits au St. Siège ; il en ajouta même de nouveaux, moins par politique que par générosité. *Henri V* fut admis à la communion ; que celui, (dit le pape, en rompant une partie de l'hostie avant de la consacrer) qui rompra la paix, soit séparé du royaume de Jesus-Christ, ainsi que cette partie de l'hostie est séparée de l'autre. Si des serments eussent pu lier ce pontife, cette fameuse querelle concernant les investitures étoit terminée; mais *Henri* ne fut pas plutôt rentré dans ses états, que les légats de Pascal déclamèrent dans tous les royaumes, contre cet accord ; le pape même tient un concile, où il s'accuse d'avoir trahi, par condescendance & par foiblesse, les intérêts du St. Siège, & consent à se démettre de sa dignité ; c'est ainsi que ce traité, fait, il est vrai, dans un état de crainte, mais ratifié dans une entière liberté, fut rompu. Une circonstance embarrassoit le pape : il avoit juré sur l'hostie de ne jamais excommunier l'empereur ; il eut recours à un expédient qui montre combien il étoit peu délicat en fait de serment ; il dit qu'il n'avoit pas renoncé au droit de le faire excommunier. L'empereur choqué des procédés du pape, l'attaqua d'une manière ouverte ; il passe d'abord en Italie, où il s'empare de la succession de la comtesse Mathilde, sa cousine, fondé sur ce qu'elle n'avoit pu en disposer sans son agrément, étant sa vassalle ; il envoie ensuite des ambassadeurs à Rome, prier Pascal II de l'absoudre des excommunications lancées par les légats ; le pape, pour réponse, les ratifie, & s'enfuit dans la Calabre avec les cardinaux de son parti ; ils jugeoient par la conduite de *Henri*, dans son premier voyage, de ce qu'ils avoient à craindre de ses vengeances. *Henri* s'avance aussi-tôt vers Rome ; des présents fait à propos applanissent tous les obstacles ; il gagna les comtesses de Toscanelle, dont les brigues engagèrent les Romains à lui décerner une espèce de triomphe. L'empereur fut reçu avec la plus grande pompe ; Bourdin, archevêque de Brague, en Portugal, le sacra & le couronna une seconde fois ; *Henri* exigea cette cérémonie, protestant de nullité contre tout ce qui avoit été fait *par un rebelle & un parjure*. Les chaleurs excessives l'ayant déterminé à faire un voyage dans la Toscane, le pape profita de son éloignement & revint à Rome, où il mourut deux jours après son arrivée. L'empereur fit procéder à l'élection d'un nouveau pontife ; & l'archevêque de Brague, après avoir été présenté au peuple, & confirmé par l'empereur, fut installé sous le nom de *Grégoire VIII* ; mais la faction contraire l'avoit déjà prévenu, & avoit nommé Gelase II ; ces deux papes opposés l'un à l'autre, se chargèrent réciproquement du poids de leurs anathêmes. Gelase II eut d'abord à craindre pour sa vie ; Censio Frangipani, emporté par un excès de zèle pour l'empereur, étoit entré l'épée nue à la main dans le conclave, & l'avoit frappé de plusieurs coups ; mais cette brutale férocité nuisit au parti de l'empereur : l'outrage fait à Gelase souleva tous les Romains. La France intéressée à entretenir des troubles en Germanie, prit le parti de ce pape contre Grégoire : ces désordres scandaleux ne finirent qu'en 1122 ; & Caliste II, successeur de Gelase II, eut la gloire de terminer à l'avantage du St. Siège, ce différend qui, depuis si long-temps agitoit le trône & l'autel. *Henri V* renonça au droit d'investiture par la crosse & par l'anneau; le sceptre fut substitué à ces symboles. La nomination des bénéfices fut remise aux églises. Le pape lui accorda seulement le droit de mettre la paix entre deux compétiteurs, & de les forcer de s'en remettre à la décision des métropolitains & des provinciaux. On sent quel coup un semblable traité portoit à l'autorité impériale ; & l'on peut bien dire que le sceptre alors passa des empereurs aux pontifes. Caliste II, dans ce traité, parle vraiment en maître : « Je vous donnerai des » leçons, dit-il, suivant les devoirs de mon ministère, » lorsque vous m'aurez porté vos plaintes; je vous » donne la véritable paix ». On croit entendre un César plutôt qu'un successeur de Pierre ; cet accommodement qui privoit le trône de ses droits les plus précieux, étoit sans doute une tache au règne de *Henri V* ; mais les troubles de Germanie le rendoient excusable, même nécessaire. L'empereur connoissoit les intrigues de la cour de Rome, qui l'avoit porté sur le trône & en avoit précipité son père. Les ducs Conrad & Frédéric, ses neveux, s'étoient déclarés contre lui ; & s'étant unis avec les légats & les Saxons, ils avoient placé sur le siège de Wuizsbourg, Rugger, son ennemi ; il voyoit dans ces princes factieux des instruments prêts à mettre tout en œuvre par Caliste, pour le réduire aux mêmes infortunes que *Henri IV* avoit éprouvées. L'empereur cédoit à la nécessité : d'ailleurs, le défaut d'héritiers rendoit son ambition moins active : son intérêt étoit d'achever paisiblement un règne trop agité, & de laisser à une nouvelle famille le soin de profiter des conjonctures qui pouvoient s'offrir pour remettre les papes sous le joug qu'ils venoient de secouer. Caliste lui écrivit une lettre remplie de complimens qui ne devoient nullement flatter son ambition : à en juger par ce qui venoit de se passer, on la prendroit plutôt pour une sanglante ironie que pour une lettre de félicitation. « Nous louons, disoit ce pontife, le Seigneur tout-» puissant, de ce qu'il a éclairé votre cœur du souffle » de son esprit, nous vous chérirons d'autant plus à » l'avenir, que vous nous obéissez avec plus de dévoue-» ment que vos prédécesseurs ». Grégoire VIII paya bien cher l'honneur de s'être assis sur le trône pontifical; après avoir été pris dans Sutri, il parut dans Rome, précédant l'entrée solemnelle qu'y fit Caliste, qui montoit un cheval blanc, suivant l'usage des souverains; il étoit sur un chameau, dont la queue lui servoit de bride, on l'avoit couvert de peaux de bêtes, après l'avoir dépouillé de la pourpre : cette pompe indécente & barbare accuse l'orgueil de Caliste, elle étoit, dit un moderne, plus digne d'un triomphateur de l'ancienne Rome, que d'un évêque de la nouvelle. Grégoire fut ensuite traîné de prison en prison; il y mourut plusieurs années après, dans une grande vieillesse, toujours attaché à ses maximes qui lui faisoient reconnoître l'autorité des empereurs. Tel fut le sort d'une prélat, qui eût été universellement reconnu pour pape, si le parti de *Henri V*, qui sans contredit étoit le plus légitime, eût prévalu.

Ces outrages accumulés retomboient sur l'empereur; réduit à dissimuler avec la cour de Rome, il méditoit un éclat avec celle de France. Philippe I lui avoit donné de justes motifs de plaintes pendant la querelle des investitures; ce prince avoit même fourni des secours aux papes : *Henri* fut retenu par la révolte de la Hollande & de quelques villes d'Alsace, & par sa mort, arrivée en 1125. Il avoit épousé en 1114, Mathilde, fille de *Henri I*, roi d'Angleterre : cette princesse lui donna deux filles; l'une appellée *Christine*, fut mariée à Ladislas, roi de Pologne; l'autre, nommée *Berthe*, fut mariée à Ptolomée, fils d'un consul de Rome de ce nom; on doute de la légitimité de cette dernière.

Outre cette ambition effrénée qui porta *Henri V* à détrôner son père, on lui reproche une avarice sordide; son repos fut sacrifié à cette avilissante passion : on a dit de ce prince qu'il avoit vécu pauvre pour mourir riche. Il avoit plus de finesse dans l'esprit que d'élévation dans l'ame; plus de talent pour gouverner, que de génie & de vertus pour se faire admirer & estimer; au reste, les plus éminentes qualités n'auroient jamais effacé les taches qu'impriment sur son nom les malheurs de son père, qui furent son ouvrage. Son corps fut transféré d'Utrecht à Spire, & enterré dans le tombeau de ses ancêtres. (*M. Y.*)

HENRI VI, *dit le sévère*, (*Hist. d'Allemagne.*) XVe roi ou empereur de Germanie depuis Conrad I, XVIIIe empereur d'Occident depuis Charlemagne, né en 1165, de Frédéric I, & de Béatrice, élu roi des Romains, succède à son père en 1190, meurt en 1197 ou 1198, en septembre.

La constitution Germanique manqua de changer entièrement sous ce prince; & s'il avoit eu un successeur qui lui eût ressemblé, la nation la plus libre seroit tombée sous le joug le plus despotique. Nommé vicaire général de l'empire, depuis le départ de Frédéric I pour la Palestine, il n'avoit rien négligé pour s'affermir sur le trône : aussi la mort de cet empereur ne causa aucun mouvement : *Henri* ne daigna pas même assembler les états pour faire ratifier son élection, suivant l'usage constant de ceux de ses prédécesseurs qui avoient été reconnus rois pendant la vie de leurs pères. La violation de cette coutume, la plus chère pour une nation qui vouloit que la couronne fût élective, n'excita aucun murmure; sans doute que l'on craignoit déjà ce caractère féroce & sanguinaire qu'il déploya vers le milieu de son règne; né avec toutes les dispositions qui pouvoient faire un grand roi, *Henri VI* ne s'occupa qu'à se rendre terrible : ce n'est qu'en frémissant d'horreur, que l'on se représente les cruautés qui deshonorent son règne : on n'a cependant rien à lui reprocher sur sa conduite envers Henri-le-lion, qui, toujours proscrit & toujours armé, réclamoit l'héritage de ses pères, dont les empereurs précédents l'avoient privé, autant pour abaisser sa maison que pour le punir de son indocilité. Après l'avoir vaincu & privé de toute ressource, il lui laissa Brunswick, qu'il fit démanteler, & lui permit de partager la seigneurie de Lubec avec l'évêque de ce diocèse. Si Henri-le-lion eût sçu lire dans l'avenir, il eût regardé ce traitement comme le bienfait le plus signalé de la part d'un prince que l'on n'offensa jamais sans s'exposer aux plus cruelles vengeances; cependant *Henri VI* faisoit ses préparatifs pour entrer en Italie; il y alloit revendiquer les droits de Constance sa femme, fille de Roger II, & son héritière aux royaumes de Naples & de Sicile. Tancrède-le-bâtard, fils naturel du prince Roger, prenoit des mesures pour le lui disputer : l'empereur se rendit à Rome, où Célestin III fit les cérémonies de son sacre & de son couronnement. Si l'on en croit un anglois, le seul qui rapporte ce trait, le pape fit tomber d'un coup de pied la couronne, à l'instant qu'il venoit de la lui poser sur la tête; mais ce fait, qui décéleroit un orgueil aussi brutal que ridicule, est sans vraisemblance : *Henri* n'eût pas manqué de s'en venger; ce prince étoit capable de le faire périr sur l'heure; mais au lieu de punir le pontife d'un outrage qu'il n'eût pu dissimuler, il lui donna l'ancien Tusculum, aujourd'hui Frescati, ville qui s'étoit distinguée par son attachement à la domination Allemande, & dont les Romains se vengèrent d'une manière vraiment barbare, s'il est vrai qu'après avoir pris & rasé la ville, ils coupèrent les pieds & les mains à tous ceux des habitants qui survécurent à la ruine de leur patrie : une peste qui détruisit l'armée impériale, l'empêcha d'exécuter dans ce voyage, ses projets sur la Sicile & sur Naples : il entreprit une seconde campagne, où tout réussit au gré de ses désirs ; aidé des Pisans & des Génois, & de l'or qu'il avoit exigé du roi d'Angleterre Richard, qu'il avoit, contre tous les droits divins & humains, fait languir dans une longue captivité, il alla mettre le siège devant Naples ; cette ville fut forcée de le recevoir. Tancrède étoit mort avant ce siège, qu'il eût rendu plus difficile ; la veuve de ce prince, alarmée des progrès des Allemands, demande à capituler, & se contente de la principauté de Tarente, pour elle, & pour son fils Guillaume, que les Siciliens avoient nommé pour succéder à Tancrède. L'empereur devoit se contenter d'un traité qui mettoit dans sa famille deux royaumes puissants ; mais ce prince barbare & sans foi, n'eut pas plutôt en son pouvoir le jeune roi, qu'il le fit mutiler, & l'envoya à Coire, où on lui brûla la vue. La reine mère de Guillaume & les princesses ses sœurs, furent reléguées dans des monastères en Alsace. La rage du tyran cherchant de nouveaux aliments, il fit exhumer Tancrède, & ordonna qu'on tranchât la tête à ce cadavre infecté. Les Siciliens voulurent en vain venger ces cruautés accumulées ; leur fidélité pour leurs anciens rois ne servit qu'à leur attirer de nouveaux malheurs ; *Henri* passa dans leur île, & se surpassa dans la recherche des supplices. Un nommé *Jourdain*, qu'ils avoient choisi pour roi, périt sur un trône de fer ardent, ayant sur la tête une couronne également ardente : la plûpart des principaux du pays périrent dans des tourments non moins affreux ; & tous les ôtages que lui avoit donnés la veuve de Tancrède, eurent les yeux crevés. Ce fut au milieu de ces exécutions que *Henri* fit vœu de se croiser pour la Terre-Sainte ; ce monstre de cruauté vouloit passer pour un prodige de dévotion : il n'accomplit cependant pas ce vœu, il se contenta d'envoyer dans la Palestine une armée, dont il ne put voir le retour ; son inhumanité souleva tous les esprits : Constance ne pouvant soutenir la présence d'un mari semblable, conspira contre lui, & le fit empoisonner : crime, dit un moderne, excusable peut-être dans une femme, qui vengeoit sa famille & sa patrie, si l'empoisonnement, & sur-tout l'empoisonnement d'un mari, pouvoit être justifié. Des auteurs prétendent qu'il mourut d'une dyssenterie ou d'une fièvre qu'il eut, pour s'être endormi la nuit, fatigué d'une longue chasse, dans un lieu marécageux ; son corps fut porté à Panorme, où l'impératrice le fit mettre dans un tombeau de porphyre. L'histoire, en accusant sa cruauté, rend justice à ses talents relevés par les graces extérieures : *Henri VI* étoit d'une taille médiocre, mais parfaitement proportionnée ; il avoit le visage beau, quoiqu'un peu maigre, la peau fort blanche, & la tête un peu petite : son agilité, l'extrême souplesse de ses membres le rendoient propre à tous les exercices de pied & de cheval ; il étoit économe, sans cependant rien épargner dans les cérémonies d'éclat : son esprit étoit orné des plus belles connoissances, il avoit une éloquence naturelle & beaucoup d'élévation dans l'ame : & l'on peut dire qu'il eût pu être compté parmi les grands princes, si au talent qui maintient les empires, il eût sçu joindre les vertus qui font règner sur les cœurs : il n'eut de son mariage avec Constance, qu'un fils, qui régna dans la suite, sous le nom de *Frédéric II.* (*M. Y.*)

HENRI *de Luxembourg*, VIIe du nom, (*Histoire d'Allemagne.*) XXIIe roi ou empereur depuis Conrad I, né vers l'an 1313, de Henri, comte de Luxembourg, & de Béatrix de Hainaut, élu empereur en 1308, en novembre, mort en 1313, le 24 août.

Dès que la mort d'Albert fut divulguée, Frédéric-le-Bel se présenta aux états pour lui succéder ; sa qualité de fils de cet empereur étoit un titre auprès du peuple, mais non pas auprès des électeurs : Charles-de-Valois, frère de Philippe-le-Bel, prince si connu par son extrême passion de régner, se mit sur les rangs ; on prétend que Philippe-le-Bel s'y mit lui-même ; mais les Allemands avoient de puissants motifs pour rejetter ce monarque, ainsi que sa race : il est probable que si la couronne d'Allemagne eût été une fois sur la tête d'un roi de France, & sur-tout d'un Philippe-le-Bel, il n'eût pas manqué de reprendre les privilèges qui y étoient attachés sous Charlemagne. Philippe sçavoit qu'il ne parviendroit jamais à faire illusion aux électeurs : aussi fit-il jouer tous les ressorts possibles auprès de Clément V ; mais si d'un côté ce pape devoit être flatté de pouvoir forcer l'Allemagne à recevoir de sa main un empereur, il devoit être retenu de l'autre par la crainte de se donner un maître ; il en avoit trop coûté de soins & de sang à ses prédécesseurs pour diviser la monarchie, pour que Clément pût consentir à la réunir. Dans une entrevue que ce pontife eut avec le roi, il lui promit d'employer tout son crédit à faire réussir ses desseins, soit qu'il voulût la couronne pour lui ou pour Charles son fils : il lui donna une bulle aussi favorable qu'il pût la désirer ; mais dans le même temps qu'il la lui remettoit entre les mains, il en expédioit une autre, où il faisoit voir aux électeurs les dangers auxquels l'Allemagne s'exposoit ; & comme il connoissoit leur peu d'inclination pour Frédéric-le-Bel, il leur recommandoit *Henri de Luxembourg*, prince qui avoit des vertus & des talents, & connu par son zèle pour la constitution Germanique. Six mois s'étoient passés dans diverses intrigues, & l'on commençoit à murmurer de cette espèce d'anarchie ; cette considération pressa la nomination de *Henri* : il fut couronné à Aix-la-Chapelle ; Marguerite de Brabant, sa femme, fut admise au même honneur. Son premier soin, lorsqu'il fut sur le trône, fut de poursuivre les assassins d'Albert ; tous les complices du duc Jean & lui-même furent mis au ban impérial ; Rodolphe de Vaart, seigneur qui jouissoit d'une haute réputation, fut puni par la roue ; ce supplice jusqu'alors inusité en Allemagne, assûra, dit-on, la vie des empereurs, & rendit les assassins moins fréquents. Cependant *Henri* méditoit un projet bien grand, & dont l'exécution eût pu illustrer son régne sans le rendre plus heureux ; c'étoit de relever l'empire d'Occident, au moins de le mettre dans l'état où il étoit sous Frédéric II, en qui l'on peut dire qu'il finit. Plusieurs villes, comme Florence, Gênes, Luques & Bologne, avoient acheté leur

leur liberté de l'empereur Rodolphe ; les autres avoient cru pouvoir s'en dispenser, espérant que le temps effaceroit les traces de la domination des empereurs ; elles étoient dans la plus grande sécurité, & ne soupçonnoient pas qu'un empereur pût jamais s'exposer à renouveller les sanglantes tragédies des Henri IV, des Frédéric II, & des Conrad IV, sa fermeté lui fit mépriser ces exemples : il assura la paix en Allemagne, en donnant le vicariat de l'empire à Jean son fils, qu'il avoit placé sur le trône de Bohême, & partit pour l'Italie ; c tte contrée étoit toujours divisée par les Guelphes & les Gibelins : ces derniers étoient toujours favorables aux empereurs, & combattoient pour la domination Allemande ; mais outre que les Guelphes attaquoient ouvertement *Henri VI*, ce prince avoit pour ennemi caché Clément V ; ce pontife qui avoit favorisé son élection, & l'avoit appuyée de tout son pouvoir, le traversoit par tous les moyens possibles, depuis qu'il le voyoit marcher sur les traces des Charlemagne & des Othon I. Clément députe vers Robert, roi de Naples, & lui donne le gouvernement de Rome ; il fait en même temps une ligue, mais toujours secrètement, avec les villes de Florence, de Bologne, de Sienne, de Luques, de Brixene, & de plusieurs autres moins considérables. L'empereur eut à chaque pas de nouveaux combats à soutenir ; il assiégea la plûpart des villes que nous venons de nommer, & en reçut quelques-unes à composition ; la terreur de ses armes réduisit les Milanois à dissimuler leurs anciens projets de domination sur la Lombardie, ils lui appportèrent les anciens tributs, & le couronnèrent roi des Lombards. Padoue reçut un gouverneur Allemand, & paya mille écus par forme de tribut ou d'amende ; la modicité de cette somme atteste l'indigence des habitants de cette ville : les Vénitiens plus riches & plus magnifiques, se distinguèrent par des présents considérables : *Henri* reçut de leurs ambassadeurs une somme prodigieuse, avec une couronne toute d'or, ornée de diamants, & d'une chaîne de vermeil d'un travail exquis : ces républicains suivirent leur politique ordinaire, d'écarter par des présents, les empereurs assez puissants pour les asservir ; telle fut la sagesse de Venise pendant les révolutions qui suivirent l'extinction des Césars, que l'on a douté long-temps, si depuis cette époque elle n'avoit pas toujours été libre : Gênes montra le plus vif empressement à le recevoir ; elle déploya tout le luxe d'une nation industrieuse & commerçante ; & comme Venise, elle lui témoigna tant d'affection, que *Henri* put regarder comme superflu d'examiner ses droits sur cette ville : Verone, Parme & Mantoue reçurent des gouverneurs impériaux. Le monarque étoit à Pise, lorsque des couriers de la faction des Colonnes l'exhortèrent à user de célérité pour se rendre à Rome : il s'y fit couronner dans le palais de Latran par trois cardinaux, & revint à Pise, où il tint une assemblée d'états ; il ordonna la levée des anciens tributs, & cita le roi de Naples, pour qu'il eût à se justifier sur les motifs qui avoient porté ce prince à lui désobéir ; & sur son refus de comparoître, il confisqua son royaume, & en donna l'investiture à Frédéric, roi de Sicile. Robert étoit perdu, & toute l'Italie alloit passer une seconde fois sous le joug des empereurs, sans un dominicain de Montepulciano, qui, dit-on, n'eut point horreur de mêler du poison à l'hostie dont il communia *Henri ;* des écrivains prétendent justifier ce moine de cette atrocité sacrilége, sur des lettres de Jean de Bohême, qui déclarent les dominicains innocents de cet attentat : ces lettres ne furent expédiées que trente ans après ; & comme le remarque un moderne, il eût mieux valu qu'elles eussent été accordées dès qu'ils en furent accusés. On reproche aux successeurs de *Henri VII*, d'avoir négligé sa pompe funèbre, & d'avoir laissé son corps à Pise, au lieu de l'avoir fait transférer à Spire dans le tombeau des empereurs. Outre Jean, roi de Bohême, dont nous avons parlé dans cet article, ce prince eut quatre filles : la première fut mariée à Charles, roi d'Hongrie ; Marie, la seconde, à Charles-le-Bel, roi de France ; Agnès, la troisième, à Rodolphe, électeur palatin ; Catherine, la quatrième épousa Léopold d'Autriche. (*M.-Y.*)

HENRI, dit *le roi des prêtres*, (*Hist. d'Allemagne.*) landgrave de Thuringe & de Hesse, fils d'Herman, comte de Raspenberg, & de Sophie de Bavière, fut élu empereur en 1245, pendant les troubles excités par l'excommunication de Frédéric II, par Innocent IV ; *Henri* gagna la bataille de Francfort sur Conrad IV, qui pour lors étoit roi des Romains, il périt au siège d'Ulm, l'an 1246, & fut inhumé dans l'église de Sainte-Catherine d'Isenac : on prétend qu'il étoit du sang de Charlemagne ; on ne le met point au nombre des empereurs, n'ayant été reconnu que par les ecclésiastiques, qui furent cause qu'on l'appella par dérision, *le roi des prêtres.* (*M.-Y.*)

HENRI I, (*Hist. d'Angleterre.*) duc de Normandie, couronné roi d'Angleterre en 1100, au préjudice de Robert Courte-cuisse, son frère aîné, & tous deux frères de Guillaume le Roux & fils de Guillaume le Conquérant. L'avénement de *Henri I* au trône, est une époque mémorable. Il n'obtint la préférence sur son frère qu'en accordant aux Anglois des priviléges qui pussent les mettre à jamais à l'abri des vexations de la puissance arbitraire : priviléges qu'aucun roi n'a violés depuis impunément, & qui font encore aujourd'hui la base de la liberté britannique. Il jura pour lui & pour ses successeurs, qui n'ont pu annuller son serment, de ne jamais lever de taxes ou de subsides sans le consentement exprès de la nation : il jura qu'aucun citoyen ne pourroit, en aucun cas, être condamné par le roi ou par ses officiers, soit en matière civile, soit en matière criminelle, que l'accusation n'eût été vérifiée devant douze de ses pairs ou concitoyens qu'on seroit obligé d'assembler pour cet effet. *Henri* monté sur le trône, soutint cette démarche pendant un règne de vingt-cinq ans, & mérita les titres de guerrier courageux, de politique habile & de roi juste. Il mourut en 1135. (*A. R.*)

HENRI II, fils de Geoffroi, comte d'Anjou, & de Mathilde, fils de Henri I, dont on vient de parler, fut applanir les obstacles qui sembloient devoir l'éloigner du trône d'Angleterre du vivant de sa mère. Les premières années de son règne furent fort agitées. Il ajouta à ses états la Guienne & le comté de Poitou, par son mariage avec Eléonore, héritière de ces provinces. Il en conquit d'autres sur Conan IV, & se rendit maître de l'Irlande. Mais ces exploits, qui annoncent un héros, sont moins dignes d'éloge que sa prudence, sa générosité, & son habileté pour le gouvernement. C'est dommage que ces bonnes qualités aient été ternies par un orgueil excessif, une ambition démesurée & un luxe sans bornes. Il mourut en 1186, du chagrin que lui causerent les révoltes multipliées de ses enfans. (*A. R.*)

HENRI III, fils & successeur de Jean Sans-terre, monta sur le trône d'Angleterre en 1216. Ce prince, peu capable de gouverner, esclave de ses ministres & de ses favoris qu'il enrichit aux dépens de la nation, régna cinquante-cinq ans dans des orages continuels, excités par sa mauvaise administration, son peu de fermeté, sa hauteur hors de saison, en un mot par son imbécillité. Les barons révoltés le firent prisonnier à la bataille de Lewes, en 1264, & lui firent signer un nouveau plan de gouvernement, que quelques historiens regardent comme l'origine des communes, & de la puissance du parlement de la Grande-Bretagne. (*A. R.*)

HENRI IV, fils du duc de Lancastre, troisième fils d'Edouard III, succéda à Richard II, qu'il fit déposer juridiquement. Mais, comme la couronne sembloit appartenir à plus juste titre à Edmond de Mortimer, qui descendoit du duc de Clarence, second fils du même Edouard III, l'Angleterre se vit en proie à une guerre civile causée par la haine, l'ambition & la jalousie réciproque des deux maisons de Lancastre & d'Yorck, celle-ci étant aux droits des Mortimer. L'usurpateur s'efforça en vain de gagner l'amitié des Anglois: en vain il jura de défendre leurs droits, de protéger leurs privilèges, d'y ajouter de nouvelles prérogatives. Jamais il ne put effacer à leurs yeux le crime de son usurpation, & ceux qui en furent la suite. Il finit par se haïr lui-même, ne pouvant étouffer les remords qui le tourmentoient. Il mourut de la lèpre en 1413, âgé de quarante-six ans: il en avoit régné quatorze. (*A. R.*)

HENRI V, fils du précédent, porta sur le trône des talents exercés pendant les dernières années du règne de son père, & l'utile connoissance des droits de la nation qu'il gouvernoit. Il respecta les priviléges des Anglois, & les Anglois oublièrent qu'il étoit fils de Henri IV. Il eut encore la politique de leur présenter le projet séduisant de conquérir la France, projet qu'il exécuta à la faveur des factions auxquelles cet état étoit en proie. Le traité de Troyes, conclu en 1420, remettoit aux mains de *Henri* les rênes du gouvernement, & ne laissoit à Charles VI que le titre & les honneurs de roi. *Henri* reconnu pour héritier de la couronne, devoit à jamais réunir la France à l'Angleterre sous un même monarque. Il est vrai que ce traité n'eut point son exécution; mais il l'auroit eue sans la valeur du dauphin qui rétablit ses affaires, & sans la mort de *Henri V*, arrivée en 1422, dans la trente sixième année de son âge. Il laissa son sceptre à Henri, son fils, qui suit. (*A. R.*)

HENRI VI. Le duc de Betford, protecteur ou gardien du royaume pendant la minorité du jeune prince, vouloit le faire règner sur la France & l'Angleterre, suivant les clauses du traité de Troyes. Mais, tandis que pour y parvenir, il portoit ses armes victorieuses dans les provinces françoises qu'il désoloit, la mésintelligence qui divisoit les ministres de *Henri VI*, l'obligea de repasser la mer, & son séjour en Angleterre ruina ses affaires en France. Charles VII repoussa les Anglois, réunit les suffrages de ses sujets, & se fit couronner à Reims. Depuis cette époque, Bedfort n'éprouva que des revers & des défaites en France; & en Angleterre, des dégoûts & des contradictions. Richard, duc d'Yorck, parent d'Edouard III par sa mère, déclara la guerre à *Henri VI*, que sa grande jeunesse & son esprit foible mettoient hors d'état de se soutenir sur le trône. Cependant le parlement décide que le possesseur actuel gardera la couronne, & que Richard sera reconnu pour héritier naturel & légitime de la monarchie. Cette décision pouvoit tout pacifier, si *Henri* n'eût point eu d'enfants. Il avoit un fils dont Marguerite d'Anjou, sa mère, fit valoir les droits à la tête d'une armée. Cette femme, bien supérieure à son époux, livre au duc d'Yorck, la bataille de Vakenfield, en 1461, où ce duc perd la vie. Edouard, son fils, venge son père, se fait un parti considérable, assemble le parlement, & est couronné roi. *Henri*, enfermé dans la tour de Londres, y languissoit paisiblement, trop méprisé de son rival pour en être craint. Cependant Warvick, mécontent d'Edouard, cause une nouvelle révolution dans l'état. Edouard fuit devant lui; & *Henri VI* passe de l'obscurité de la prison à l'éclat du trône. Du fond de son exil, Edouard conçoit le projet de reparoître en Angleterre, & de reprendre une couronne que la fortune vient de lui ravir. Il est secondé par l'archevêque d'Yorck, frère du comte de Warvick. Il se montre fièrement devant les murs de Londres. Warvick n'y étoit pas. Les portes lui sont ouvertes. L'armée de la reine est défaite. Elle-même est prisonnière. *Henri* retourne à la tour, où il est bientôt poignardé avec son fils. Telle fut la fin malheureuse de ce prince. (*A. R.*)

HENRI VII, comte de Richemond, parvint à la couronne d'Angleterre par la défaite & la mort de Richard III. Il fut reconnu en 1485. Il étoit de la maison de Lancastre, & il réunit en sa personne les droits de la maison d'Yorck, par son mariage avec Elisabeth, fille d'Edouard IV. Cela n'empêcha pas ses ennemis de faire bien des tentatives pour le détrôner. *Henri VII* sçut triompher de toutes les conspirations, de toutes les factions. Il ménagea le parlement, il respecta les droits de la nation, fit de sages loix, réforma la justice, protégea les sciences, rétablit le commerce qui avoit beaucoup souffert pendant les guerres civiles, & il eût mérité le titre glorieux de *Salomon de l'Angleterre*, si une lésine honteuse & des rapines fiscales n'eussent pas terni l'éclat de ses excellentes qualités. Il mourut en 1509. (*A. R.*)

Henri VIII. Les amours grossiers & sanguinaires de ce monarque, ses divorces successifs qui firent passer plusieurs de ses femmes de son lit sur l'échafaud, l'orgueil despotique avec lequel il fit adopter ses caprices & des loix aussi bizarres que tyranniques, le changement qu'il introduisit dans l'église de son royaume, & qui n'eut pas de plus noble motif que ses passions effrénées, ses démêlés avec la France, son inconstance dans ses alliances politiques comme dans ses amours; tels sont, en peu de mots, les traits qui caractérisent le règne & la personne de *Henri VIII.* Que penser d'un prince qui ose avouer de sang froid en mourant, *qu'il n'a jamais refusé la vie d'un homme à sa haine, ni l'honneur d'une femme à ses desirs?* Il mourut en 1547, âgé de cinquante-sept ans, après en avoir régné trente-huit. (*A R.*)

Henri I, roi de Castille, (*Hist. d'Espagne*). On ne peut rien dire de ce prince, & l'on ignore s'il eût été bon ou méchant. Elevé par le plus vicieux des hommes, il est très-vraisemblable qu'il en eût à la fin adopté les principes; & en ce cas, ce fut un bonheur pour la Castille & pour Léon, que la mort terminât de bonne heure ses jours, & avant qu'il eût pu abuser du pouvoir de la royauté. Sa minorité fut courte, mais violemment orageuse : s'il eût gouverné, peut-être son règne eût été plus orageux encore. Il n'avoit pas onze ans, lorsque le roi Alphonse X, son père, mourut en 1214, après l'avoir déclaré son successeur sous la régence de la reine Eléonore sa mère : mais celle-ci n'ayant survécu que deux mois à son époux, *Henri I* demeura sous la régence de dona Berengere, sa sœur, épouse répudiée du roi de Léon. La sagesse & les talents de dona Berengere donnèrent aux Castillans les plus grandes espérances; & de tous les citoyens, il n'y eut que les comtes de Lara, don Ferdinand, don Alvar, & don Gonçale qui virent avec chagrin la régence du royaume entre les mains de cette princesse. Ambitieux, entreprenants, & très-peu délicats sur le choix des moyens, ces trois frères formèrent le complot de se rendre maîtres de la personne du roi, afin de pouvoir ensuite gouverner plus facilement le royaume. Dans cette vue, ils cabalèrent avec quelques seigneurs, qu'ils s'attachèrent par l'espoir des bienfaits, ou à force d'argent : ils parvinrent aussi à corrompre celui des domestiques de la reine, en qui elle avoit le plus de confiance, & qui, d'après leurs suggestions, fit croire à la reine que les grands étoient très-mécontents qu'une femme fût chargée de l'éducation du roi, & qu'il importoit à sa sûreté d'assembler les états, & de se démettre de la régence. La crédule Berengere, docile à ce conseil, assembla les grands du royaume, & nomma pour tuteur du prince & régent du royaume, don Alvar de Lara, mais après avoir exigé de lui des conditions qu'il accepta, & qu'il jura d'observer religieusement. A peine cependant il se vit élevé au rang qu'il avoit tant ambitionné, qu'infidèle à ses promesses, il gouverna de la manière la plus tyrannique, ne s'occupa que des moyens d'assouvir son avidité, foula le peuple, offensa la noblesse, attenta tyranniquement à la liberté des citoyens, ravit impunément leurs biens, & viola sans égards les droits & les immunités du clergé. Afin de s'assûrer des volontés du jeune souverain, sur lequel il avoit déjà pris l'ascendant le plus irrésistible, il forma le projet de le marier avec dona Mafalde, infante de Portugal, & ne voulant confier à personne l'exécution de ce dessein, il alla lui-même en Portugal, & négocia avec tant de succès, que, ses propositions acceptées, il emmena la jeune infante en Castille, où ce mariage eût été célébré, si le pape ne s'y fût opposé de toute sa puissance, à cause de la parenté qu'il y avoit entre les deux fiancés; ensorte que dona Mafalde s'en retourna en Portugal, & se fit religieuse, dédaignant de se marier avec don Alvar, qui vouloit l'épouser, ne pouvant l'unir avec son maître. Le régent, soit pour se venger des obstacles que le pape lui avoit opposés, soit pour assouvir sa dévorante avidité, continua de vexer les ecclésiastiques; mais ceux-ci, peu accoutumés à souffrir l'oppression, arrêtèrent le cours de cette tyrannie, & le doyen de Tolède, indigné contre don Alvar, qui n'avoit pas craint de s'emparer d'une partie des revenus de son église, l'excommunia solemnellement; & par ce coup inattendu, accabla le régent, qui, effrayé des suites qu'avoit alors l'excommunication, se hâta d'appaiser le doyen, restitua tout ce qu'il avoit usurpé sur les biens du clergé, & lui donna la plus éclatante satisfaction : mais afin de se dédommager de cet acte forcé d'humiliation, il convoqua les états à Valladolid, & y parla avec tant de hauteur, donna des ordres si tyranniques, agit avec tant d'insolence, que la reine Berengere, vivement offensée, s'éloigna brusquement de Valladolid, & suivie d'une partie de la noblesse également blessée du ton impérieux de don Alvar, alla se renfermer dans le fort d'Autillo. Cette démarche n'eût point inquiété le régent, s'il n'eût vu en même temps que le jeune *Henri* vouloit se retirer aussi au château d'Autillo, près de sa sœur. Le seul moyen de détourner le danger auquel cette réunion eût exposé le régent, étoit d'enlever le jeune prince, & il l'entraîna loin de Valladolid, sous prétexte de lui faire voir l'état de ses provinces; il le mena rapidement à Ségovie, à Avila, d'où il le fit passer dans le royaume de Tolède. Là, don Alvar, loin de ses ennemis, fit un séjour de plusieurs mois, & commit tant de vexations, foula les citoyens d'une manière si cruelle, que le peuple étoit prêt à se soulever, lorsque le régent, peu ému des plaintes qu'on formoit contre son despotisme, imagina de faire oublier ses attentats & ses dernières injustices, par des entreprises nouvelles, & beaucoup plus hardies. La reine Berengere avoit envoyé secrètement un émissaire pour s'informer de la manière dont on traitoit son jeune frère. Don Alvar ne fut pas plutôt instruit de ce message, qu'il fit saisir l'agent de dona Berengere, le fit pendre, accusa la reine d'avoir envoyé un homme chargé d'empoisonner le roi, & montra même, pour appuyer cette odieuse accusation, une lettre supposée. Cette fourberie atroce ne lui réussit point; elle ne servit au contraire qu'à le faire encore plus détester,

& l'archevêque de Tolède le traita si hautement d'imposteur & de scélérat, qu'obligé de sortir des terres de cet archevêché, il alla, suivi du jeune roi, s'enfermer dans Huete. Il n'y resta que peu de jours; & déterminé à périr ou à perdre ses ennemis, & bouleverser l'état, il se rendit à Valladolid, assembla une armée, & fit sommer la reine Berengere, avec ses adhérans, de remettre à l'instant même de la sommation, toutes les places qu'elle tenoit. Don Alvar, à la tête des troupes, étoit le plus fort; d'ailleurs, accompagné perpétuellement du jeune roi, il eût été dangereux de le combattre, parce que c'eût été exposer la vie de *Henri*. Dans cette situation critique, dona Berengere demanda du secours au roi de Léon; mais le régent, qui avoit prévu cette démarche, afin de lui ôter cet appui, s'étoit adressé lui-même au roi de Léon, & lui avoit fait demander, pour le roi de Castille, l'infante dona Sanche, en mariage; cette proposition avoit été acceptée, en sorte que dona Berengere ne put point obtenir de secours du roi de Léon; cependant la plus grande partie des citoyens, opprimés eux-mêmes, s'intéressoient à sa cause; on murmuroit par-tout contre le régent, on se plaignoit hautement de ses violences & de sa tyrannie; il étoit détesté, & la guerre civile alloit éclater, quand le plus imprévu des accidens vint dissiper ce menaçant orage, & arracher des mains de l'oppresseur les rênes du gouvernement. Don Alvar étoit à Palence avec le roi, logé dans le palais épiscopal; & cherchant tous les moyens de se rendre agréable à ce prince, il lui procuroit tous les amusements qu'il croyoit pouvoir lui plaire. Un jour que *Henri* jouoit avec plusieurs jeunes seigneurs de son âge, l'un d'eux jetta en l'air une tuile qui tomba sur la tête du roi, & le blessa si cruellement qu'il mourut très-peu de temps après, le 6 juin 1217, dans la troisiéme année de son règne, & dans la quatorzième de son âge. Qu'eût été, s'il fût parvenu à un âge plus avancé, ce roi formé par les leçons & sous les yeux de don Alvar? (*L. C.*)

HENRI II, roi de Léon & de Castille. Opprimé par la haine du plus cruel des frères, persécuté, proscrit par le plus féroce des tyrans, *Henri II* vit sa jeunesse s'écouler au milieu des orages & des dangers. Formé à la vertu par l'horreur que lui inspirèrent les crimes & les vices de don Pedre, le plus pervers & le plus sanguinaire des hommes, *Henri* ne dut peut-être les talents supérieurs qu'il montra sur le trône, les actions qui l'illustrèrent, & sa célébrité, qu'aux efforts continuels que la nécessité de dérober sa tête à la plus atroce des persécutions, l'avoit obligé de faire pendant plusieurs années; tant il est vrai que la meilleure des écoles est celle de l'adversité, & que les plus grands rois ont été dans tous les temps ceux qui ont eu, avant que de gouverner les peuples, le plus d'obstacles à surmonter! *Henri II*, connu avant de parvenir à la couronne sous le nom de *comte de Transtamare*, étoit fils naturel d'Alphonse XI, roi de Castille, qui, en mourant, laissa ses états à son fils Pierre, si justement surnommé *le Cruel*. Pierre fut à peine monté sur le trône, qu'il exerça les fureurs d'un bourreau, plutôt que les fonctions d'un souverain: il prit plaisir à se baigner dans le sang de ses sujets. On sçait avec quel farouche plaisir ce barbare se jouoit de la vie des hommes; on sçait avec quelle infernale satisfaction il aimoit à égorger les victimes qu'il avoit désignées (*Voyez* PIERRE-LE-CRUEL.). Sa cruauté menaçant la vie de tous ceux qui l'entouroient, & ses parents les plus proches étant ceux contre lesquels il tournoit le plus volontiers sa brutalité meurtrière, le comte de Transtamare se souleva avec la plus grande partie des seigneurs, & se ligua avec eux contre le tyran; mais cette confédération n'eut point le succès qu'on en attendoit; la fourberie & la cruauté de don Pedre prévalurent; la plûpart des seigneurs ligués expirèrent par les ordres & sous les coups du souverain lui-même; & le comte de Transtamare, réservé par son frère à un genre de mort plus atroce & plus douloureux, eut toutes les peines du monde à éviter le sort qui lui étoit destiné; il s'évada & passa en France. Il n'y resta que peu de temps, & les besoins pressants de sa patrie, le rappellèrent en Espagne: il alla à la cour du roi d'Aragon, qui étoit en guerre alors avec celui de Castille: mais *Henri* n'osoit se mettre encore à la tête des troupes aragonoises, dans la crainte très-fondée, que don Pedre, pour se venger, ne fit assassiner dona Jeanne-Emmanuel, sa belle-sœur, épouse de *Henri*, qui, à Toro, étoit tombée au pouvoir du tyran. Le comte de Transtamare fut délivré de ses alarmes par les soins de Pierre Carillo, qui trouva moyen de tromper la vigilance du roi de Castille, & d'enlever dona Jeanne-Emmanuel, qu'il conduisit à son époux. Don Pedre, furieux de voir s'échapper l'une de ses victimes, tourna sa rage contre don Frédéric, son propre frère, & contre don Juan d'Aragon, son cousin, qu'il fit poignarder l'un & l'autre sous ses yeux: souillé du sang de ses frères, de celui de sa tante & de sa belle-sœur qu'il avoit fait également périr, avec tous ceux qu'il soupçonnoit d'être attachés à son frère, il marcha contre celui-ci, il fut complettement battu; il se dédommagea de ce revers par les nombreux assassinats qu'il ordonna, & par ceux qu'il commit lui-même: la reine Blanche, son épouse, la plus belle & la plus vertueuse des femmes, mourut aussi empoisonnée par son farouche époux. Le comte de Transtamare, résolu de mettre fin à cette horrible suite de crimes & de proscriptions, alla en France, où l'on se disposoit déjà à venger la mort de cette reine, sœur du duc de Bourbon. *Henri* revint bientôt en Espagne, & tous les Castillans exilés ou menacés d'être proscrits, se joignirent à lui, ainsi que les rois d'Aragon & de Navarre. Ces illustres confédérés s'assemblèrent, & il fut convenu qu'on détrôneroit don Pedre, & qu'on mettroit don *Henri* à sa place. Cependant les deux rois, celui d'Aragon du moins, ne traitoit point de bonne foi avec le comte de Transtamare, à la vie duquel il attenta plus d'une fois; mais la fortune veilloit sur les jours de ce prince, qui avoit évité déjà plusieurs trahisons de ce genre, lorsque le célèbre du Guesclin, suivi d'une armée françoise, & chargé de venger la mort de Blanche, vint en Espagne, & se joignit au comte de Transtamare ; ils allèrent à Burgos dans le dessein d'y assiéger le roi de Castille, qui y étoit, & de se rendre maîtres de sa personne. Mais don Pedre s'enfuit à Séville, & les confédérés s'emparèrent de Burgos, où une foule de seigneurs Castillans s'étoit rendue. Le comte de Transtamare fut reconnu & proclamé roi de Castille en 1366, sous le nom de *Henri II*. Le nouveau roi signala sa reconnoissance par les bienfaits dont il combla les principaux confédérés, & alla, sans perdre de temps, se présenter devant Tolède, qui lui ouvrit ses portes. Don Pedre tenta de se retirer en Portugal, mais il n'y fut point reçu ; il voulut se retirer à Albuquerque, qui lui ferma ses portes ; on l'eût également rejetté en Galice, si l'archevêque de St. Jacques n'eût, à force d'instances, déterminé les Galiciens à le recevoir. Don Pedre récompensa le zèle de l'archevêque en le faisant assassiner, & en s'emparant de tous ses biens. Après ce meurtre, il s'embarqua pour Bayonne, & alla implorer le secours du prince de Galles. Cependant *Henri II* soumettoit les provinces Castillanes, où, au lieu de trouver de la résistance, il ne voyoit que de l'empressement à quitter le joug de don Pedre. Celui-ci, soutenu par le prince de Galles, & par le roi de Navarre, qui trahit lâchement *Henri*, son allié, vint fiérement présenter bataille à son concurrent. *Henri*, malgré la défection du roi de Navarre, & contre l'avis de du Guesclin, accepta le combat, fut malheureusement défait, & obligé de se sauver précipitamment en Aragon, d'où il passa en France. Don Pedre ne goûta d'autre plaisir dans cette victoire, que celui de se baigner dans le sang des partisans de son frère ; il fit périr dans les tourments tous ceux qui eurent le malheur de tomber en sa puissance ; les femmes & même les enfants n'échappèrent point à sa barbarie. Mais pendant qu'il s'abandonnoit à toute sa férocité, *Henri II* obtenoit de puissants secours de la France, & intéressoit à sa cause le pape Urbain V, qui lui accorda le droit de succéder, quoique fils illégitime d'Alphonse, aux états de Castille, & qui même lui fit remettre une somme très-considérable d'argent : avec ce secours, *Henri II*, à la tête d'une forte armée, revint en Espagne, & entra en Castille, dont il se rendit bientôt le maître, ainsi que du royaume de Tolède ; la ville de Léon, la plus grande partie de ce royaume, & les Asturies se soumirent à lui. Tolède seule refusoit son obéissance, & soutenoit le siège : don Pedre, ligué avec le roi de Grenade, entreprit pour son malheur, de délivrer cette ville ; il se mit en marche ; & *Henri*, averti de son entreprise, alla à sa rencontre suivi de toutes ses troupes. Bientôt les deux armées se rencontrèrent ; & à peine le signal eut-il été donné, que les troupes de Pierre-le-Cruel prirent la fuite, & abandonnèrent leur chef. Celui-ci se retira avec quelques-uns de ses gens, au château de Montvel, tandis que don Lopez de Cordoue se retiroit à Carmone, où étoient les enfants du roi vaincu, & s'y enfermoit avec huit cens chevaux & mille arbalêtriers. Don Pedre, se voyant prêt à tomber entre les mains du vainqueur, envoya proposer à Bertrand du Guesclin, l'homme de son siécle le plus incorruptible, une grosse somme d'argent, s'il vouloit lui procurer le moyen de s'évader. Du Guesclin alla rendre compte de cette proposition à *Henri*, qui lui dit de donner à ce prince un rendez-vous dans sa tente. Don Pedre y vint ; *Henri II*, bien accompagné, s'y rendit au même instant, & se jettant sur don Pedre, lui donna un coup de poignard au visage, & le laissa achever par les gens de sa suite, qui le percèrent de mille coups. Ainsi périt le plus cruel des hommes, & le plus affreux des tyrans. Sa mort ne laissa cependant point *Henri II* paisible possesseur du trône de Castille ; il lui fut, mais inutilement, disputé par l'inconséquent Ferdinand I, roi de Portugal, qui prit le titre de roi de Castille & de Léon. La couronne lui fut également contestée par le duc de Lancastre, qui y ayant aussi des prétentions, se ligua avec les rois de Grenade & d'Aragon, qui vouloient l'un & l'autre se rendre plus aisées des conquêtes qu'ils s'étoient proposé de faire en Castille. *Henri II* défendit avec succès ses droits & ses états, opposa la plus ferme résistance à ses ennemis, força le roi de Grenade & les Maures à lui demander une trève, battit les Portugais, s'empara des places les plus importantes, & contraignit le roi de Portugal à demander la paix, qu'il n'obtint qu'aux conditions les plus désavantageuses. Ces orages dissipés, & ses états tranquilles, le roi *Henri* ne songeoit plus qu'à s'occuper des soins du gouvernement, lorsque le roi de Portugal lui suscita de nouveaux troubles. Le capricieux Ferdinand, qui avoit déjà fait la guerre pour soutenir les droits qu'il prétendoit avoir au sceptre de Castille, se ligua tout-à-coup avec le duc de Lancastre, récemment uni à dona Constance, fille de Pierre-le-Cruel, & du chef de laquelle il avoit pris le titre de roi de Castille. Cette ligue eut à peine été conclue, que Ferdinand se jetta sur la Galice, surprit Tuy & quelques autres places qu'il fut obligé de rendre presqu'aussi-tôt qu'il s'en fut rendu maître. *Henri II*, résolu d'ôter pour jamais au roi Ferdinand l'envie de remuer, fit une irruption en Portugal, poussa ses conquêtes jusques sous les murs de Lisbonne, & contraignit ce souverain à accepter la paix humiliante qu'il voulut bien lui offrir, aux plus dures conditions. Le roi de Castille ne desirant que de jouir de quelques années de tranquillité, afin de rétablir dans ses états le bon ordre que le règne précédent & les derniers troubles en avoient banni, entra en négociation avec le roi d'Aragon ; & après quelques débats, on conclut une paix perpétuelle entre les deux souverains & leurs successeurs ; & pour mieux cimenter ce traité, il fut convenu que l'infant don Juan de Castille épouseroit dona Léonore, infante d'Aragon. Quelque temps après, le roi *Henri*, pénétré de reconnoissance pour les services que la France lui avoit rendus, alla lui-même conduire au secours de cette puissance, une armée en Guienne, & envoya sa flotte en France au secours des François contre l'Angleterre. De retour dans ses états, *Henri*, pour assurer la puissance de sa maison, fit demander pour don Frédéric, son fils, dona Béatrix, infante de Portugal, & héritière présomptive de ce royaume : Frédéric, à la vérité, n'étoit que le fils naturel de *Henri II*, fils naturel lui-même du roi Alphonse XI. Ce mariage fut approuvé par Ferdinand & par les états de Portugal; mais par des circonstances qu'on ne prévoyoit point alors, il ne s'accomplit pas. Le roi de Navarre, en apparence ami de celui de Castille, mais en effet le plus turbulent & le plus irréconciliable de ses ennemis, prévoyant que l'échange qu'il vouloit faire avec l'Angleterre, des états qu'il avoit en Normandie, pour quelques autres équivalents en Gascogne, causeroit tôt ou tard la guerre entre la Castille & la Navarre, crut que la possession de Logrogno, ville forte & importante sur le bord de l'Ebre, lui donneroit dans cette guerre les plus grands avantages, &, d'après cette idée, il projetta de se rendre maître de cette ville Castillane. Dans cette vue, il tenta d'en corrompre le gouverneur, don Pedre Manrique, auquel il fit offrir vingt mille florins. Don Pedre, qui étoit le plus intègre & le plus incorruptible des hommes, avertit le roi son maître, de cette proposition; & d'après les ordres de *Henri*, feignit de se laisser gagner, reçut les vingt mille florins, & au jour convenu, laissa entrer dans Logrogno deux cens cavaliers Navarrois : mais ceux-ci ne furent pas plutôt dans la place, qu'ils furent désarmés & faits prisonniers : dans le même temps, don Juan, infant de Castille, se jetta, suivi d'une armée, dans la Navarre, y eut de grands succès, s'empara de beaucoup de places, & s'avança jusqu'à Pampelune. L'Italie étoit encore plus agitée que la Navarre, par les troubles qu'y causa la double élection d'Urbain VI & de Clément VII, au pontificat. L'Europe chrétienne presqu'entière, prit part aux dissensions suscitées par ce schisme; la France soutenoit les intérêts de Clément: l'Angleterre défendoit la cause d'Urbain. Les rois de Castille & d'Aragon, plus sages, & vraisemblablement plus éclairés que le reste des souverains Européens, refusèrent de reconnoître l'un & l'autre pontife, s'inquiétant fort peu que le conclave divisé eût élu deux papes au lieu d'un. Tout ce que fit *Henri* au sujet de ce schisme, fut de convoquer à Illescas, une assemblée d'évêques & de prélats; & dans cette assemblée, il fut statué qu'on mettroit en réserve tous les revenus qui appartenoient au pape, afin de les remettre à celui des deux contendants qui resteroit seul possesseur de la papauté. La même délibération fut prise à Burgos, par les évêques & les prélats qui s'y assemblèrent encore. Pendant que, secondé par le clergé, *Henri II* écartoit ainsi de ses états le trouble & la division, l'infant don Juan prenoit des villes, & continuoit de faire des conquêtes. Le roi de Navarre épuisé, & craignant de voir à la fin son royaume passer sous la domination du roi de Castille, demanda la paix à *Henri*, qui, quelques avantages qu'il eût, & quelques brillantes que fussent les espérances que lui donnoient les succès de don Juan, se prêta volontiers aux propositions du roi de Navarre, & conclut avec lui un traité de paix, dont les conditions furent que le Navarrois congédieroit les troupes Angloises & Gascones, que le roi de Castille prêteroit les fonds nécessaires pour le paiement de ces troupes, & que toutes les places que don Juan avoit prises, seroient rendues. Quelques jours après la conclusion de cette paix, *Henri II* tomba dans un état de foiblesse & de langueur qui épuisa ses forces, au point que, malgré tous les secours & tous les remèdes qu'on lui donna, il mourut le 29 mai 1379, après un règne de dix ans depuis la mort de Pierre-le-Cruel, & de treize ans, à compter du jour où il fut proclamé roi de Castille à Calahorra. Quelques historiens, mais non les mieux instruits, ni les plus sensés, ont dit sans preuve ni vraisemblance, qu'il mourut par les effets d'un poison très-subtil que Mahomet, roi de Grenade, lui avoit fait donner par un seigneur mahométan. Mais les meilleurs historiens & les plus judicieux regardent ce récit comme très-fabuleux, & fondé tout-au-plus sur quelque mauvais bruit populaire, produit par la haine des Chrétiens contre les Maures, & par cet absurde penchant que le vulgaire a eu dans tous les temps de rapporter la mort des souverains à des causes extraordinaires. Les éditeurs du dictionnaire de Moreri n'ont pas manqué d'assurer fort gravement aussi, que le roi *Henri II* mourut de poison; car ces éditeurs aiment beaucoup les traditions vulgaires, & ne croient pas non plus que les rois puissent mourir comme le reste des hommes. C'est avoir un goût bien décidé pour le merveilleux! (*L. C.*)

HENRI III, roi de Léon & de Castille, n'avoit pas onze ans accomplis, lorsque la mort du roi don Juan son père, le fit monter sur le trône en 1390 : sa minorité fut très-orageuse; l'état fut en proie aux concussions & aux rapines des régents, & des autres grands du royaume. *Henri*, dont la prudence étoit fort au-dessus de son âge & de la foiblesse de sa complexion, sensible aux maux de toute espèce que causoit la mauvaise administration des régents pendant sa minorité, résolut d'en arrêter le cours, en déclarant qu'il vouloit gouverner lui-même, quoiqu'il n'eût pas encore quatorze ans accomplis; il convoqua l'assemblée des grands, & leur déclara ses intentions; ils applaudirent à sa résolution. *Henri* trouva les finances dans un état plus déplorable qu'il ne l'avoit cru : on assure que le roi, dans ce moment, étoit si pauvre, qu'au retour d'une chasse on ne lui servit point à dîner; il en demanda la raison; on lui répondit qu'il étoit sans argent & sans crédit : vendez mon manteau, dit *Henri*, & achetez-moi de quoi dîner. Pendant qu'il mangeoit un morceau de belier qu'on lui servit avec quelques cailles qu'il avoit tuées à la chasse, il apprit qu'il y avoit un souper splendide chez l'archevêque de Tolède, que les grands y étoient conviés, & que tous les jours ils se donnoient les uns aux autres, de magnifiques festins. Dès que la nuit fut venue, le jeune monarque déguisé, alla vérifier, par ses propres yeux, ce qu'on venoit de lui dire; le lendemain il fit venir dans son palais, tous les convives & l'archevêque à leur tête; il demanda au prélat combien il avoit vu de rois en Castille? j'en ai vu trois, répondit l'archevêque, votre ayeul, votre père & vous : & moi qui suis plus jeune que vous, replique *Henri*, j'en ai vu vingt sans vous compter; car c'est vous qui êtes rois, & je suis le plus pauvre de vos sujets : je n'avois pas hier de quoi souper ; il est temps que je règne seul, vous mourrez tous : je dois à ma conservation & à mon peuple le sacrifice de tant de tyrans qui l'ont opprimé. Le palais étoit entouré de soldats prêts à exécuter les ordres du roi ; les grands, effrayés de cette terrible sentence, implorèrent sa clémence : je ne suis pas aussi inhumain que vous, leur dit *Henri*, vous méritez la mort, & je consens à vous laisser la vie & vos biens ; mais vous me restituerez tout ce qui m'appartient, & je sçaurai mettre mon peuple à l'abri de vos vexations. En effet, ils n'obtinrent la liberté que lorsque chacun d'eux eut rendu au trésor royal toutes les sommes dont il fut jugé redevable : cette action, pleine de vigueur & de justice, annonçoit un règne heureux ; *Henri* eut néanmoins des factieux à contenir, des cabales à dissiper, des guerres à soutenir contre des puissances étrangères ; sa prudence suffit à tout, malgré sa grande jeunesse. Il eut une attention particulière à se rendre agréable au peuple, évitant avec un soin extrême tout ce qui pouvoit altérer l'amour que ses sujets avoient pour lui. Je redoute plus, disoit-il, la haine de mes sujets, & les malédictions du peuple, que les intrigues & les armes de mes ennemis. Ce prince fit punir quelques juifs usuriers, défendit rigoureusement le prêt à usure, & enjoignit à tous les Juifs de ses états de porter sur l'épaule un morceau d'étoffe large de trois doigts : cette distinction flétrissante le fit haïr de cette nation ; & l'on a prétendu qu'un médecin juif lui avoit donné un poison lent qui le conduisit au tombeau, à l'âge de vingt-sept ans, en 1406 ; mais il étoit si valétudinaire, que sa mort, quoique précoce, a pu être naturelle. (*L. C*)

HENRI IV, surnommé l'*impuissant*, roi de Léon & de Castille, fils de Jean II & de Marie, infante d'Aragon, naquit en 1424, & succéda à son père en 1454. Un monarque reconnu impuissant, entouré de maîtresses, & introduisant dans le lit de son épouse un jeune seigneur, qui étoit à la fois, & le mignon du roi, & l'amant de la reine; des ministres regardant l'équité, la décence & la religion comme de vains noms ; des grands révoltés, portant le mépris des loix & de l'autorité royale au dernier excès ; une nation entière avilie & corrompue par l'exemple de ses chefs, se livrant sans honte à toutes sortes de débauches, de perfidies, de trahisons, d'assassinats : tel est l'affreux spectacle que nous offre le règne de *Henri IV*. Il dura vingt ans, ce règne qui plongea la Castille dans un abyme de maux : nous ne nous arrêterons point à détailler des scènes scandaleuses qui révolteroient les esprits. (*L. C.*)

HENRI, comte de Portugal, (*Hist. de Portugal.*) Le plus sacré des droits qui élèvent les hommes à la souveraineté, est sans doute celui de la naissance ; mais ce droit, quelque sacré qu'il soit, n'est pourtant ni le plus flatteur, ni le plus beau, ni le plus respectable. Que peut avoir en effet de flatteur & de précieux un droit donné par le hazard ? le plus grand, le plus illustre des souverains est celui qui, s'élevant par son propre mérite, parvient au rang suprême par ses vertus & par l'éclat de ses actions. Tel fut, suivant quelques auteurs, *Henri*, que ses vertus firent seules créer comte de Portugal, quoiqu'il ne fût d'ailleurs qu'un étranger, disent-ils, dont on ignoroit la naissance. Si ce fait étoit vrai, *Henri* n'en seroit, à mes yeux, que plus estimable encore ; mais ils se trompent, & il est très-prouvé que, par sa naissance illustre, ainsi que par ses talents, il étoit fait pour commander aux hommes. Alphonse VI, roi de Castille & de Léon, quelque terreur qu'il eût répandue parmi les Maures, craignant lui-même que la conquête de Tolède ne réunît contre lui tous ces ennemis, & ceux même d'Afrique, demanda du secours au roi de France, Philippe I, & au comte de Bourgogne : ces deux souverains invitèrent la noblesse de leurs états à aller en Espagne se signaler sous les drapeaux du roi de Castille ; & bientôt il passa dans ce royaume une nombreuse armée, conduite par Raymond, comte de Bourgogne, *Henri*, frère puîné de Hugues, comte de Bourgogne, & Raymond, comte de Toulouse ; ces trois chefs se distinguèrent par les plus brillantes actions, & Alphonse VI, pénétré d'estime pour la valeur de *Henri*, & de reconnoissance pour les services qu'il lui avoit rendus, lui donna le gouvernement des frontières & des contrées méridionales de la Galice, avec le pouvoir de réparer les anciennes villes, d'en construire de nouvelles, de reculer, aux dépens des possessions des Maures, les frontières de ce pays autant qu'il le pourroit, de les défendre & d'attaquer les Maures toutes les fois qu'il le jugeroit convenable : *Henri* répondit en grand homme à la confiance d'Alphonse, & en très-peu d'années, ce pays fut très-florissant : sous sa protection, une foule de chrétiens, jadis chassés de leurs possessions & retirés dans les montagnes, vinrent s'établir dans les campagnes soumises à la domination de *Henri*, qui, par degré, peupla, enrichit & fertilisa les provinces situées entre le Minho & le Douro, ainsi que la province de Tra-los-Montes & celle de Beira, jusqu'alors soumise au roi Maure de Lamego, auquel il l'enleva, & qu'il obligea de lui payer tribut. Alphonse VI, rempli de la plus haute estime pour *Henri*, & voulant lui donner des marques de la considération qu'il avoit pour ses talens & ses rares qualités, lui accorda en mariage, dona Thérèse, sa fille naturelle; & en 1094, lui céda en pleine propriété, les provinces dont il n'avoit été jusqu'alors que gouverneur, lui donnant le titre de comte, & la permission de conquérir tout ce qu'il pourroit sur les Maures jusqu'à la rivière de Guadiana. *Henri* & son épouse allèrent alors fixer leur résidence à Guimaraens, ville agréablement située dans une plaine très-fertile, sur le bord de la rivière d'Ave. La permission donnée au comte de faire des conquêtes sur les Maures, étoit très-analogue au caractère guerrier & conquérant de *Henri*, qui inspirant ses goûts aux Portugais, fondit sur les Maures établis au-delà du Douro, & eut les plus brillants succès : on ignore les détails de cette guerre, on sçait seulement qu'elle fut très-funeste aux Maures, & que Hecha, roi de Lamego, & vassal du comte, s'étant révolté contre lui, & ayant même ravagé les frontières du nouvel état,

Henri marcha contre ce souverain, le joignit, lui livra bataille, remporta la victoire, & fit Hecha & son épouse prisonniers. Les deux captifs embrassèrent le christianisme, & *Henri* leur rendit Lamego; mais les Maures irrités de la conversion de leur roi, se révoltèrent, & furent punis par *Henri*, qui s'empara de Lamego & rétablit Hecha; mais celui-ci craignant une nouvelle révolte, garda auprès de lui quelques Portugais. Quelques années après, (car on n'a pas une suite fort exacte des faits qui se sont passés dans ces siècles en Portugal) Alphonse VI mourut, & Aben-Joseph, roi de Maroc, ayant fait quelques tentatives inutiles sur Tolède & sur Madrid, fit une incursion en Portugal, battit les troupes Portugaises qui gardoient les frontières, s'empara de Santaren & de quelques autres places. *Henri* ne put alors aller défendre ses états : il étoit en Galice, occupé à mettre fin aux divisions qui étoient survenues au sujet de la tutelle du prince Alphonse-Raymond, proclamé roi par les Galiciens; & d'ailleurs, il combattoit comme allié dans la guerre qui s'étoit élevée entre dona Urraque, reine de Léon & de Castille, & don Alphonse, roi d'Aragon & de Navarre: il servit si puissamment & avec tant de zèle la reine dona Urraque, que son époux vouloit dépouiller de tous ses états, que ce monarque fut contraint d'abandonner le siège d'Astorga, prête à tomber entre ses mains, lorsqu'elle fut secourue & délivrée par le comte *Henri* : il entra dans cette place au bruit des acclamations du peuple; mais il ne jouit pas long temps de son triomphe, il y tomba malade & y mourut, aussi regretté de ses alliés, qu'il avoit si vaillamment secourus, qu'il le fut de ses sujets, qui voyoient moins en lui leur maître que leur bienfaiteur: il mourut en 1112, âgé d'environ cinquante ans, après avoir gardé la souveraineté pendant 18 ans. (*L. C.*)

HENRI, roi de Portugal, (*Hist. de Portug.*) La piété, le zèle, la régularité des mœurs, la pureté des intentions, la charité, les connoissances théologiques suffisent à un archevêque; mais les vertus, les talents, les qualités nécessaires à un prélat ne sont rien moins que les talents, les qualités & les vertus qui forment les bons rois. Le meilleur & le plus respectable des archevêques pourroit n'être, & ne seroit très-vraisemblablement qu'un souverain fort médiocre, ou même un assez méchant prince. Il y a fort loin de la pourpre Romaine à la pourpre royale; & le gouvernement spirituel d'un diocèse ne ressemble point du tout au gouvernement civil & suprême des peuples; c'est ce que les Portugais éprouvèrent sous le foible & malheureux règne de *Henri*, cinquième fils d'Emmanuel & de Marie de Castille. Ce prince, né le 31 janvier 1512, fut dès sa plus tendre enfance, destiné à l'Eglise : il reçut une éducation analogue à l'état qu'il devoit embrasser, devint l'un des meilleurs théologiens de son temps, fit quelques progrès même dans les mathématiques, & fut successivement archevêque de Brague, de Lisbonne, d'Evora, & créé cardinal, en 1546, par le pape Paul III. Le roi don Sébastien, son petit-neveu, ayant eu la folle & téméraire ambition de passer en Afrique, pour y combattre les Maures, & l'imprudence encore plus téméraire de livrer bataille, contre l'avis de tous les officiers, à une armée infiniment supérieure à la sienne, fut battu complettement; ses troupes furent massacrées, il périt, ou plutôt, car on ignore le genre de sa mort, il se perdit dans le feu du combat ou après la victoire, & laissa le trône vacant. Sébastien n'ayant point de postérité, sa couronne appartenoit de droit à son plus proche parent; & par malheur, ce parent le plus proche étoit le cardinal *Henri*, son grand-oncle, qui ne s'étant jamais préparé à règner, ne s'étoit jusqu'alors occupé que des devoirs de son état, à édifier le peuple par une conduite exemplaire, à nourrir & faire élever les enfants des pauvres, à procurer des soulagements aux infirmes, aux malades & aux vieillards; à fonder & faire construire des hôpitaux, à doter les jeunes filles qui se marioient, & à s'intéresser pour les gens de lettres qu'il protégeoit & qu'il encourageoit de toute sa puissance. Il étoit dans son abbaye d'Alcobaça, lorsqu'il reçut la triste nouvelle de la défaite des Portugais en Afrique, & de la mort du roi, son petit-neveu: cet évènement imprévu opéra un changement subit dans la manière de penser du cardinal, qui, détaché, avant cette révolution, des grandeurs & des pompes humaines, ne songea plus qu'aux droits de sa naissance, & se rendit fort rapidement à Lisbonne, où il prit le titre de protecteur du royaume; mais il falloit un roi, & non un protecteur. Huit jours après, la nouvelle de la mort de Sébastien s'étant confirmée, le cardinal alla célèbrer la Messe dans l'église de l'hôpital de tous les Saints, & monta sur le trône, sans penser qu'il n'avoit jamais régné, qu'il étoit dans sa soixante-septième année, & qu'à cet âge il est bien difficile de s'instruire dans l'art de gouverner les hommes : aussi gouverna-t-il fort mal : on s'apperçut pourtant du changement que la fortune opéroit dans sa conduite; modeste, modéré jusqu'alors, pacifique, & toujours prêt à pardonner les torts qu'on avoit avec lui, le sceptre le rendit fort différent de lui-même. On raconte qu'un roi de France, ayant cherché, n'étant encore que duc d'Orléans, à se venger de quelque injure, ne fut pas plutôt monté sur le trône, qu'oubliant ses démêlés particuliers, il dit que ce n'étoit point au roi de France à se souvenir des torts qu'avoit reçus le duc d'Orléans. *Henri* pensa tout autrement : à peine il eut reçu le sceptre, qu'il fit sentir le poids de son ressentiment à tous ceux dont il croyoit avoir eu à se plaindre pendant qu'il n'étoit qu'archevêque ou cardinal : il dépouilla les uns de leurs charges, les priva de leurs dignités, & exila les autres, non qu'ils eussent, ou mal servi l'état, ou prévariqué dans leurs fonctions, mais par cela seul qu'ils n'en avoient pas bien usé avec lui sous le règne de Sébastien; du reste, à cette vengeance près, le nouveau souverain ne se montra ni dur, ni injuste; il est vrai que tous les Portugais lui avoient témoigné la plus haute considération pendant sa vie ecclésiastique. Philippe, roi d'Espagne, qui avoit de grandes prétentions au trône Portugais, envoya des ambassadeurs à *Henri*, chargés de le complimenter, & connoître ses intentions au sujet de la succession à la couronne; le roi parut porté pour la duchesse de

Bragance;

Bragance; Philippe n'insista point, & se contenta de conseiller à *Henri* de passer aussi agréablement qu'il le pourroit, le reste de ses jours; mais ce conseil, très-facile à donner, étoit fort difficile à suivre; & le bon cardinal ne trouva sur le trône que des chagrins & de l'amertume. Don Antoine, prieur de Crato, fils, à la vérité naturel, de l'infant don Louis, duc de Bejar, fils du roi Emmanuel, arriva en Afrique, où il avoit suivi Sébastien, & vint cabaler à Lisbonne contre le roi, dont il ambitionnoit la couronne, à laquelle il cherchoit à persuader qu'il avoit les plus légitimes droits. Les intrigues de don Antoine n'étoient pas le seul embarras du souverain, qui ne sçavoit comment répondre aux vœux, ou pour mieux dire, aux cris des Portugais, qui vouloient absolument qu'il se mariât, & qu'il se donnât un héritier: il l'eût bien voulu aussi; mais vieux prêtre, vieux cardinal, il y avoit de grands obstacles à surmonter: pour tâcher d'applanir celui qu'il ne regardoit pas peut-être comme le plus insurmontable, il chargea secrètement ses agents à Rome, de solliciter du pape une dispense qui lui permît de se marier. Philippe de son côté, instruit de cette tentative, envoya ordre à son ambassadeur d'empêcher, par tous les moyens possibles, le pape d'accorder cette dispense; cependant Grégoire XIII, vivement pressé par les agents Portugais, établit une congrégation de cardinaux pour examiner cette grande affaire; & la décision des cardinaux fut tout-à-fait contraire aux desirs de leur confrère, qui ne se rebuta point, & fit demander avec tant de vivacité cette dispense, que bien des personnes pensèrent qu'il avoit quelque bâtard, dont sa conscience le pressoit d'épouser la mère: ce n'étoit cependant point-là le motif de *Henri*, il ne cherchoit qu'à se mettre à l'abri de l'importune & odieuse question qu'on ne cessoit de lui répéter depuis le premier moment de son règne, sçavoir, quel seroit son successeur? il étoit tout aussi fatigué de cette demande perpétuellement réitérée, qu'il l'étoit des sollicitations & des intrigues des prétendants à la succession. Le nombre de ces prétendants étoit fort considérable, mais il y en avoit cinq qui, plus que tous les autres, tracassoient le foible *Henri*; Ranuce, prince de Parme, fils de la princesse dona Marie, morte il y avoit deux ans, & fille aînée de l'infant Edouard; la duchesse de Bragance, seconde fille du même infant; Philippe II, roi d'Espagne, fils de l'Infante dona Isabelle, & sœur de l'infant Edouard; le duc de Savoie, fils de l'infante Béatrix, sœur cadette d'Isabelle; enfin don Antoine, fils de l'infant don Louis, duc de Bejar, fils du roi Emmanuel, & qui eût eu sans contredit au trône, le droit le plus incontestable, si sa naissance eût été légitime, & s'il eût pu prouver, comme il le tenta vainement, que l'infant don Louis avoit épousé secrétement sa mère. Parmi les autres prétendants, se distinguèrent sur-tout Catherine de Médicis, qui se prétendoit issue de Robert, fils d'Alphonse III, & de Mathilde, sa première femme; & le pape, qui prétendoit avoir des droits sacrés à la même couronne: en premier lieu, parce que le St. Siège avoit confirmé le titre de roi à don Alphonse Henriquez; en second lieu, parce que *Henri* venant à mourir, son trône devoit être regardé comme la dépouille d'un cardinal, qui de droit appartient au souverain pontife: ces raisons étoient absurdes, elles étoient très-ridicules, mais c'étoit par cela même que le pape s'obstinoit à les faire valoir: avec la même obstination, ses prédécesseurs avoient bien fait valoir des prétentions encore plus mal fondées. Au milieu des tracasseries de tous ces prétendants, le bon *Henri* ne sçavoit auquel d'entr'eux donner la préférence, & d'ailleurs tout ce qu'il faisoit se sentoit de sa foiblesse: il s'étoit choisi les ministres les plus pusillanimes; il vouloit le bien, mais il n'avoit pas la force de le faire, & son ministère étoit tout aussi irrésolu que lui: il eût bien désiré de nommer la duchesse de Bragance, mais il n'en eut point la fermeté; d'ailleurs, il craignoit trop le prieur de Crato, qui avoit pour lui le peuple dont il étoit aimé, & le bon roi ne prévoyoit que malheurs & guerres civiles. Accablé de sa propre irrésolution, le roi assembla les états, leur demanda avis, & suivant le ridicule plan qu'il avoit formé, il fut décidé que tous les prétendants seroient cités, qu'il entendroit leurs raisons, qu'il décideroit, mais que sa décision ne seroit rendue publique qu'après sa mort; mais comme ce procès paroissoit devoir être fort long, & que le roi étoit fort vieux, il fut statué que s'il venoit à mourir avant que d'avoir décidé, cette affaire seroit jugée par onze personnes choisies par le roi, sur vingt-quatre que les états lui proposeroient; & que pendant l'interrègne, le royaume seroit gouverné par cinq régents, nommés par le roi, sur quinze qui lui seroient proposés aussi par les états. D'après cette délibération, *Henri* se mit à citer les prétendants, à écouter leurs raisons, & il ne put rien décider; la dispute s'échauffa entre ces prétendants, & il osa moins encore donner la préférence à l'un d'entr'eux; il n'eut que la fermeté d'ordonner au duc de Bragance, qui soutenoit avec trop de chaleur les droits de son épouse, de se retirer dans son duché, à don Antoine de s'en aller dans son prieuré; le duc de Bragance laissa en s'en allant, des gens tout aussi animés que lui; & don Antoine, au lieu de prendre le chemin de son prieuré, parcourut le royaume, où il ne cessa d'intriguer pour lui-même & contre le roi. *Henri*, livré à la plus vive crainte & aux conseils de Léon Henriquez, jésuite espagnol, son confesseur, traita secrètement avec Philippe II, & assembla les états, qui, rejettant tout accommodement avec les Castillans, prièrent le roi de nommer pour son successeur un portugais, quel qu'il fût, lui déclarant sans détour que, s'il ne faisoit pas ce choix lui-même, ils se croyoient seuls en droit d'élire un roi aussitôt que le trône seroit vacant; il ne tarda point à l'être, car au milieu des disputes qui s'élevèrent à ce sujet, *Henri* mourut, le 31 janvier 1580, dans le dix-huitième mois de son règne; âgé de soixante-huit ans, peu estimé, moins regretté encore, & à la vérité ne méritant point de l'être. Il avoit été bon archevêque, cardinal très-pieux; il fut le plus foible des rois. (*L. C.*)

HENRI I, (*Hist. de France.*) avoit 27 ans lorsqu'il monta sur le trône de France, en 1031, après la mort d Robert, son père ; sa mère prétendoit couronner R ert, son frère puîné : c'étoit un fantôme qu'elle au it voulu présenter à la nation, pour envahir ellemê..e toute l'autorité. Eudes, comte de Champagne, & Baudouin, comte de Flandres, se liguèrent avec cette princesse ; mais *Henri*, secondé par Robert-le-Diable, duc de Normandie, remporta trois victoires sur les rebelles ; dès qu'ils eurent mis bas les armes, tout fut oublié : *Henri* céda le duché de Bourgogne à ce même Robert qui avoit voulu lui ravir la couronne ; & telle est la tige des ducs de Bourgogne, de la première race. En 1040, *Henri* fut contraint de rassembler ses forces pour dissiper une nouvelle révolte ; il en triompha : il fut tour à tour l'allié & l'ennemi de ce Guillaume-le-Conquérant, qui fut, comme tous ses semblables, l'admiration & le fléau du genre humain. *Henri* mourut en 1060 ; par respect pour les cérémonies religieuses, il avoit défendu de se battre en duel pendant quelques jours de la semaine ; par respect pour l'humanité, il auroit dû proscrire aussi cet usage atroce pendant les autres jours. (*M. DE SACY.*)

HENRI II, (*Hist. de France*) étoit âgé de vingt-neuf ans lorsqu'il succéda, en 1547, à François Ier son père. La bravoure, la franchise le rendoient recommandable ; mais il ne sçavoit ni gouverner, ni choisir des hommes pour gouverner à sa place. Dans les camps, il n'étoit que soldat ; à la cour, il n'étoit qu'esclave : tandis que le connétable de Montmorency, les Guises, & le maréchal de Saint-André s'emparoient de son esprit, la duchesse de Valentinois s'emparoit de son cœur ; elle avoit quarante-sept ans ; ce qui prouve assez que l'empire des graces est plus durable que celui de la beauté. Si les calvinistes avoient sçu captiver les premiers *Henri II*, il eût persécuté les catholiques ; mais ceux-ci les avoient prévenus, & les hérétiques furent persécutés. On dressa des gibets de toutes parts, & on chargea des bourreaux de la conversion de ces malheureux, en attendant qu'on confiât le même emploi à des assassins. La gabelle excita de nouveaux troubles en Guyenne ; & on traita les rebelles comme les hérétiques. Ainsi, les premières années de ce règne furent marquées par des meurtres, préludes des massacres horribles dont la France devoit être le théâtre sous Charles IX. Les cantons de Zurich & de Berne, indignés de ces violences, refusèrent de signer l'alliance renouvellée entre la France & les Suisses. *Henri II* s'empara du marquisat de Saluces, comme fief relevant du Dauphiné. Cette révolution n'excita point de troubles alors, l'Europe étoit occupée de plus grands objets. La guerre étoit déclarée entre la France & l'Angleterre. Les François perdirent Boulogne ; mais la paix signée en 1550, le leur rendit. *Henri* attaché à des soins plus pacifiques, renouvella les sages ordonnances de Charles VIII & de Louis XII, par lesquelles ces princes établissoient dans la robe une discipline sévère. Les gens du roi, à certains jours, reprochoient aux magistrats les fautes qu'ils avoient pu commettre contre la sainteté de leurs fonctions, & telle est l'origine des mercuriales. La paix ne fut pas de longue durée : la guerre se ralluma bientôt en Italie, entre la France & l'Empire ; il s'agissoit des duchés de Parme & de Plaisance. *Henri II*, ou plus sage, ou mieux conseillé que ses prédécesseurs, tandis que l'empereur épuisoit ses forces en Italie, s'emparoit du pays des Trois Evêchés : il étoit entré dans la ligue formée pour la défense du corps germanique : mais bientôt ses alliés l'abandonnèrent ; Charles-Quint pénétra jusqu'à Metz, la fortune de ses armes échoua devant cette place ; il s'en vengea sur Thérouanne, fit raser cette ville & la punit des fautes qu'il avoit faites au siège de Metz. On ne sçait comment allier tant de petitesse avec tant de grandeur d'ame. Le maréchal de Brissac soutenoit au-delà des monts, l'honneur du nom François ; abandonné de la cour, enveloppé par les Impériaux, il faisoit des prodiges avec de foibles moyens. Dans le même temps, de Termes soumettoit une partie de ces Corses, si jaloux de leur liberté, qu'ils ont défendue successivement contre les Romains, les Carthaginois, les Sarrasins, les Génois & les François. *Henri* s'avançoit en personne vers les Pays-Bas, par-tout il laissa des traces de sa fureur ; & ces provinces désolées par les deux partis, maudirent également & ceux qui les attaquoient & ceux qui les défendoient.

On fit le siège de Renty pour attirer les ennemis au combat ; on y réussit : le duc de Guise disposa tout avec sagesse, & le roi combattit avec intrépidité ; ce prince brûloit de se mesurer avec l'empereur, & de triompher par ses armes de ce monarque, qui avoit triomphé de lui par sa politique ; il le cherchoit des yeux, il l'appelloit des gestes & de la voix ; Charles-Quint, ou méprisa la gloire d'un combat singulier, ou en craignit l'issue : peu de temps après cet empereur abdiqua pour goûter un nouveau genre de gloire. Quelques mois avant cette démarche, dont il se repentit le lendemain, il avoit conclu, à Vaucelles, une treve de cinq ans avec *Henri II* ; mais bientôt la guerre se rallume avec l'Angleterre ; d'un autre côté, Emmanuel-Philibert, duc de Savoie, investit Saint-Quentin, les François marchent au secours de cette place, la bataille se donne, ils sont vaincus, & leurs généraux sont faits prisonniers. *Henri II* frappé de terreur, incapable par lui-même de réparer un si grand désastre, nomme le duc de Guise lieutenant-général du royaume : celui-ci enlève aux Anglois la ville de Calais, dont ils étoient maîtres depuis qu'Edouard III y étoit entré après ce siège si fameux. Le duc chassa les Anglois de toute la France, & depuis cette époque ils abandonnèrent leurs vaines prétentions sur quelques-unes de nos provinces. Le mariage de François & de Marie Stuart, donna au dauphin des droits sur l'Ecosse ; & comme si on eût voulu rendre aux Anglois usurpation pour usurpation, ce prince, aux titres de roi d'Ecosse, ajouta celui de roi d'Angleterre & d'Irlande, comme autrefois les souverains d'Angleterre prétendoient l'être de la France. Enfin la paix se fit à Cateau-Cambresis en 1559 ; paix honteuse & funeste, où quelques particuliers sacrifièrent l'intérêt de l'état à l'intérêt personnel. Le roi ne devoit avoir Calais en sa puissance que pendant huit ans ; la Bresse & toutes les conquêtes d'Italie furent rendues au duc de Savoie ; *Henri* ne conserva que Toul, Metz & Verdun: le maréchal de Vieilleville osa faire au roi des remontrances assez vigoureuses contre un traité si ignominieux. « Je sens toute » la sagesse de vos conseils, dit le roi, mais je suis » trop avancé pour reculer; au reste, si le duc de » Savoie se fait de mes bienfaits des armes contre » moi-même, je sçais comme on punit des ingrats ». On conclut le mariage d'Isabelle, fille du roi, avec Philippe II, roi d'Espagne, & de sa sœur Marguerite avec le duc de Savoie; cette double alliance donna lieu à cette fête fatale où *Henri II* voulant rompre une lance avec le comte de Montgommery, fut blessé mortellement: il expira le 10 juillet 1559. *Henri* étoit né doux, humain, équitable; ses favoris, ou plutôt ses maîtres, le rendirent cruel en soufflant le fanatisme dans son ame; il donna, ou plutôt les Guises lui dictèrent le sanguinaire édit qui condamnoit tous les hérétiques à mort, & portoit des peines sévères contre tous les juges qui, par humanité, oseroient s'écarter de la rigueur de l'ordonnance. Cinq conseillers au parlement perdirent leur liberté pour avoir voulu la rendre à un luthérien. (*M. DE SACY.*)

HENRI III, roi de France & de Pologne; tant qu'il fut duc d'Anjou, il ne fit rien d'indigne de son rang. La France étoit alors déchirée des troubles les plus funestes: les catholiques & les protestants se faisoient la guerre la plus cruelle. Le peuple défendoit la religion, les grands leurs intérêts. Au milieu de ces divisions, *Henri* fut nommé lieutenant-général du royaume en 1567; il eut la gloire de vaincre deux fois le célèbre Coligny. Il commandoit au siège de la Rochelle en 1573, lorsqu'il apprit qu'il venoit d'être élu roi de Pologne, presque sans intrigue: un nain, éloquent & adroit, avoit réuni les suffrages en sa faveur. Avant de partir, il demanda au parlement des lettres de naturalité; précaution sage qui lui conservoit ses droits sur la couronne de France; il ne fit rien de mémorable en Pologne; & lorsqu'en 1574, il apprit la mort de Charles IX son frère, il craignit que le Sénat ne s'opposât à son départ; il s'échappa comme un prisonnier se seroit évadé de son cachot: on le déclara déchu du trône, & il parut s'en inquiéter peu. Le trône où il montoit le dédommageoit assez de celui dont il étoit descendu. Etienne Battori lui succéda.

Henri III ne trouva pas en France la paix qu'il avoit laissée en Pologne; les deux partis se heurtoient avec plus de violence que jamais; son retour fut marqué par le supplice du comte de Montgommery qui eut la tête tranchée, parce qu'il avoit été pris les armes à la main, contre les royalistes. Catherine de Médicis d'ailleurs, n'étoit pas fâchée de paroître venger la mort de son époux, tué dans un tournoi par ce seigneur. Montbrun, chef des huguenots en Dauphiné, eut le même sort peu de temps après. Le prince de Condé, fils de celui qui avoit été tué à Jarnac, & le maréchal d'Anville étoient à la tête des huguenots; *Henri*, roi de Navarre, échappé de sa prison, vint bientôt se joindre à eux. Cette faction parut trop puissante; on fit la paix, & on lui accorda des conditions aussi favorables que si elle les eût dictées elle-même: l'article essentiel étoit le libre exercice de la religion prétendue réformée. *Henri*, peu occupé de ces grands objets, donnoit à la France indignée, le spectacle ridicule de ses superstitions, & croyoit effacer la honte de ses débauches par des processions. Nouvelle guerre, & nouvelle paix en 1577. On ne signoit des traités que pour se donner le temps de respirer & de rassembler ses forces. *Henri* institua l'ordre du Saint-Esprit en mémoire de ce que le jour de la Pentecôte avoit été l'époque de ses deux avénements à la couronne de Pologne & à celle de France: si la cause de cette institution a été légère, les effets en ont été importants, & cet ordre est devenu le premier du royaume.

La ligue projettée par le cardinal de Lorraine, suspendue par la mort de François duc de Guise, exécutée par *Henri* son fils, avoit pris naissance en 1576. La guerre continuoit malgré les trèves; souvent dans le même jour, un officier signoit un traité & commandoit une attaque; le duc d'Anjou, qui vouloit s'ériger en souverain dans les Pays-Bas, & qui prétendoit à la main d'Elisabeth, reine d'Angleterre, s'efforçoit de calmer les esprits afin de suivre sans inquiétude, les projets de son ambition & ceux de son amour; mais tout échoua, il ne rapporta en France que la honte d'une entreprise infructueuse.

Sa mort, arrivée en 1584, laissoit le roi Henri de Navarre, héritier présomptif de la couronne. Ce fut alors que le duc de Guise fit entendre que la religion étoit perdue en France, si un prince hérétique montoit sur le trône, qu'il falloit que la ligue lui portât les coups les plus terribles, & que tout étoit légitime lorsqu'on vengeoit Dieu; il travailloit pour lui-même; Catherine de Médicis, pour le duc de Lorraine son petit-fils; & le cardinal de Bourbon se laissoit persuader que c'étoit lui qu'on vouloit couronner. *Henri III* vivoit encore, son successeur légitime étoit connu, & cependant le trône faisoit autant d'envieux que s'il eût été vacant. *Henri III* favorisoit la ligue, & ne sentoit pas qu'elle lui seroit aussi funeste qu'à ses ennemis. Sixte-Quint déclaroit le roi de Navarre & le prince de Condé incapables de succéder à la couronne. Le conseil des seize se formoit au sein de Paris.

La bataille de Coutras, où périt le duc de Joyeuse, le 20 octobre 1587, ne changea rien à la situation de la France. Le duc de Guise entre dans Paris malgré le roi, qui est forcé d'en sortir, après avoir montré, à la journée des barricades, toute la foiblesse de son parti. L'édit de réunion signé à Rouen en 1588, ne fit qu'aigrir les esprits; on se contint quelque temps, mais on se tint toujours prêt pour l'attaque & pour la défense: au lieu de batailles, on vit des assassinats, & c'étoit *Henri III* qui les avoit ordonnés. Le duc de Guise, & le cardinal de Lorraine, son frère, furent égorgés; le cardinal de Bourbon fut arrêté; Catherine mourut de sa mort naturelle, sans autre supplice que ses remords. Cette révolution ne rétablit point l'autorité du Roi; elle donna un prétexte aux ligueurs pour s'élever contre lui; la Sorbonne déclara le trône vacant,

K 2

dégagea les sujets du serment de fidélité, & la Sorbonne ne fut point abolie; un spadassin traîna le parlement à la Bastille. Tous ces attentats demeurèrent impunis, il n'y avoit de supplice alors que pour l'innocence. *Henri III* sentit enfin la nécessité de s'unir au roi de Navarre; tous deux s'avancèrent vers la capitale, dont le duc de Mayenne s'étoit fait le gouverneur; le blocus étoit formé, lorsque *Henri III* fut assassiné à Saint-Cloud le premier d'août 1589, par Jacques Clément, jacobin fanatique, qu'on est forcé de plaindre, en le détestant, & qui croyoit servir Dieu en égorgeant un roi: on accusa la maison de Lorraine d'avoir armé ce misérable dans ces temps affreux, où les loix étoient sans vigueur; cette famille pensa sans doute se rendre justice en vengeant des meurtres par un assassinat. Si *Henri III* étoit mort au siège de la Rochelle, on l'auroit placé parmi les hommes illustres; il falloit du génie pour vaincre deux fois Coligny: mais les dernières années de sa vie ont fait oublier les premières. On ne se souvient que de ses débauches, de ses foiblesses & de ses cruautés. (*M. de Sacy.*)

Henri IV, (*Hist. de France.*) roi de Navarre, naquit à Pau le 13 décembre 1553; quoiqu'il ne fût parent de Henri III que du dix à l'onzième dégré, ses droits à la couronne ne lui furent point contestés, puisqu'il descendoit de Robert, comte de Clermont, fils de saint Louis, qui épousa l'héritière de Bourbon; son enfance fut exposée à tous les périls, son éducation toute guerrière le familiarisa avec les fatigues & le mépris de la mort qu'il eut à essuyer pour soutenir ses droits, & pour faire le bonheur de la France. Elevé dans le camp de Condé & de Coligny, ce fut sous de tels maîtres qu'il se forma dans l'art de la guerre; il sut profiter des leçons & des exemples de ces deux grands hommes, dont il fit revivre le courage & les vertus. L'histoire de sa vie depuis sa naissance jusqu'à son avénement au trône seroit sans doute plus intéressante que tout ce qu'il fit lorsqu'il fut paisible possesseur d'un royaume conquis par ses armes: on aime à suivre les hommes extraordinaires dans leur marche, à développer leurs moyens, à les étudier dans leur vie privée; mais le plan de cet ouvrage nous prescrit de le représenter ici comme roi.

Henri, avec le titre de roi de Navarre, où il n'avoit presque aucunes possessions, se vit à la tête d'un parti qui partageoit la France sous prétexte de venger la religion; il fut attiré à Paris par les promesses de Charles IX. Son mariage avec la princesse Marguerite, sœur du monarque, attira dans la capitale tous les seigneurs de son parti; la cérémonie s'en fit sur un échafaud dressé devant la porte de l'église de Notre-Dame. Plusieurs jours se passerent en festins, en tournois & en ballets. Mais au milieu de ces fêtes on méditoit le massacre de tous les huguenots. Avant de donner le signal du carnage, le roi fit appeller le roi de Navarre & le prince de Condé dans son cabinet & leur dit, *mort, messe ou bastille*; cette menace eut son effet, ils firent abjuration, & ce fut à ce prix qu'ils achetèrent leur vie à la journée de la saint-Barthelemi, les deux princes se couvrirent d'un masque hypocrite jusqu'au tems de leur évasion. Le roi de Navarre, las de vivre dans une espèce de captivité à Senlis, forma une partie de chasse qui facilita son évasion; il se retira à Alençon où il fit abjuration de la religion catholique. Deux cents gentilshommes se rangèrent autour de lui & l'accompagnèrent en Guyenne dont il étoit gouverneur. La noblesse vint en foule se ranger sous ses enseignes, & la plupart des villes lui ouvrirent leurs portes. Son parti dominoit alors dans la France: Condé & le duc d'Alençon à la tête de trente mille hommes pouvoient y donner la loi, lorsque la paix fut conclue à Moulins en 1576.

Cette paix simulée n'avoit d'autre but que de désarmer les huguenots pour mieux les accabler; leur défiance fit leur sûreté. *Henri* ne se laissa point séduire par l'éclat des promesses de l'artificieuse Médicis; mais la puissance de son parti replongea la France dans de nouvelles calamités. La politique se couvrant du voile de la religion donne naissance à la confédération des grands & des villes; ce fut l'origine de la sainte union, ou de la ligue, dont le but étoit d'exterminer les protestants, & d'exclure le roi de Navarre du trône: cette tige foible en sa naissance poussa tant de rameaux, que son ombre obscurcit l'autorité royale. Ce fut pour prévenir de plus grands ravages que les huguenots demandèrent l'assemblée des états de Blois; mais au lieu d'y trouver un remède à leurs maux, ils reconnurent trop tard qu'ils s'étoient rendus les complices de leur ruine: le duc de Guise qui dirigeoit tous les ressorts de la ligue, régla aussi toutes les délibérations des états: les huguenots opposerent une contre-ligue, dont le roi de Navarre fut déclaré le chef, le prince de Condé fut son lieutenant: ce fut alors qu'il publia un manifeste fier & menaçant dont le style militaire déceloit la franchise de son caractère & l'intrépidité de son courage; il leva une armée pour donner plus de poids à ses menaces. La mésintelligence qui divisoit les seigneurs de son parti, opposant un obstacle à ses desseins, la paix parut nécessaire. Le cinquième édit de pacification conclu à Bergerac & dressé à Poitiers, fut vérifié au parlement en 1577; mais les deux partis n'attendoient que des circonstances favorables pour en violer impunément les conditions. La reine-mère, sous prétexte de mener au roi de Navarre sa femme, qui lui étoit fort indifférente & dont il n'étoit point aimé, se rendit en Guyenne pour conférer avec lui; mais il ne se laissa point surprendre par ses artifices; elle ne fut point rebutée par ce mauvais succès: elle indiqua une autre conférence à Nérac, où elle se rendit accompagnée de toutes les beautés de la cour, bien persuadée que c'étoit un écueil où le roi de Navarre feroit naufrage: quoique sensible aux charmes de l'amour, il ne voulut rien conclure sans avoir consulté tout son parti, dont les députés s'assemblèrent à Montauban. Sa passion fut toujours subordonnée aux intérêts de sa gloire.

Les protestants étoient divisés en deux factions; le peuple ardent pour la défense de son culte, n'avoit de confiance que dans le prince de Condé, véritablement homme de bien, & le seul des grands qui fût persuadé de sa religion; ses mœurs rigides, son caractère grave & sérieux étoient propres à en imposer à une secte naissante qui confond les austérités avec les vertus. L'autre faction, qu'on nommoit les politiques, étoit composée de tous les seigneurs qui se servoient du prétexte de la religion pour élever leur fortune. Le roi de Navarre qui regardoit d'un œil indifférent toutes les questions agitées, aimoit les protestants qui pouvoient le servir, sans haïr les catholiques dont il prévoyoit qu'il auroit un jour besoin. Au milieu de l'agitation des intrigues, il se livroit aux plaisirs de l'amour, & captivé par les charmes de la belle Fosseuse, il entreprit une nouvelle guerre que l'on nomma *la guerre des amoureux*, parce qu'elle fut excitée par les intrigues des beautés qui composoient sa cour; ce qui donna naissance à de nouveaux troubles. *Henri* fut mal secondé, parce que plusieurs provinces, qui croyoient cette guerre injuste, restèrent dans la neutralité; il n'eut d'autre ressource que de faire entrer en France une armée de Reitres dont le nom inspiroit de la crainte & de l'horreur à tous les François; le souvenir de leurs brigandages inspira des desirs pacifiques. L'édit accordé aux huguenots fut religieusement observé pendant cinq ans.

Le roi de Navarre offrit au roi cinq cens mille écus pour faire la guerre à l'Espagne & une armée de Reitres & de Suisses. Cette proposition qui faisoit connoître sa puissance, fut rejettée. Le scandale excité par la reine Marguerite, les traitements ignominieux qu'elle reçut à la cour du roi son frère, donnerènt naissance à de nouvelles tracasseries : le roi son époux fut obligé de la reprendre chargée d'opprobres, pour prévenir une nouvelle rupture. La mort du duc d'Anjou le fit asseoir sur les dégrés du trône; alors le parti de la ligue se réveilla pour l'en précipiter. Un fanatisme épidémique saisit tous les esprits, chaque province eut des chefs qui convoquerènt des assemblées & levèrent des soldats : l'Espagne ouvrit ses trésors, & le pape prodigua ses bénédictions à ces dévots insensés; leurs émissaires, de ces deux cours, réglerent le destin de la France; le duc de Nevers, le cardinal de Pellevé, le jésuite Mathieu furent les principaux agents dont l'ambitieuse politique des Guises se servit pour l'exécution de leurs desseins. Henri III, flottant, eut recours à la négociation quand il étoit encore assez puissant pour punir; ce fut en temporisant qu'il favorisa les accroissements de la ligue. Le roi de Navarre, après avoir publié des manifestes pour établir la justice de sa cause, offrit au duc de Guise de terminer cette querelle par un combat particulier; ce défi ne fut point accepté; le duc protesta qu'il n'avoit rien à démêler avec le roi de Navarre dont il respectoit la naissance & le mérite. Les ligueurs trop puissants pour ne pas tout se promettre d'un gouvernement foible & voluptueux, obtinrent des villes de sûreté, & l'on vit s'élever dans la France une nouvelle puissance rivale de l'autorité royale. Les huguenots mécontents associèrent à leur ressentiment les seigneurs qui ne vouloient point ployer sous la tyrannie des Guises. Il se forma un tiers-parti, dont les Montmorencis furent les chefs; ils se joignirent au roi de Navarre dont la puissance s'affermit dans plusieurs provinces, tandis qu'elle s'affoiblissoit dans d'autres : ses ennemis s'autorisoient du nom du roi qui le protégeoit en secret, mais qui étoit trop foible pour oser manifester son penchant.

Sixte-Quint occupoit alors le siège de Rome : ce pontife altier & superbe, affectoit de fouler sous ses pieds les diadêmes; & se croyant le dispensateur des sceptres & des couronnes, il lança les foudres de l'église sur le roi de Navarre & le prince de Condé, qu'il déclara hérétiques, relaps, fauteurs & protecteurs de l'hérésie, & comme tels, privés de toutes seigneuries, terres & dignités, incapables de succéder à aucune principauté, nommément à la couronne de France, délioit leurs sujets du serment de fidélité & leur défendoit de leur rendre aucune obéissance, sous peine d'être enveloppés dans la même excommunication; cette bulle les qualifioit de génération bâtarde & abominable de la maison de Bourbon. Ce style, qui n'avoit rien d'apostolique, révolta tous les gens sensés, qui n'en trouvèrent le modèle ni dans les canons ni dans les conciles. Les deux princes firent afficher un placard dans les places publiques de Rome, où ils soutenoient que le pape en avoit menti; ils le qualifièrent d'ante-christ, le citèrent au parlement pour le temporel, & au futur concile pour le crime d'hérésie. Sixte qui, malgré son orgueil, aimoit tout ce qui avoit l'empreinte du grand, en conçut plus d'estime pour les princes. Elisabeth, reine d'Angleterre, leur prêta quarante mille écus & dix vaisseaux, dont ils se servirent pour délivrer la Rochelle & surprendre Royan, qui paya deux cents mille écus de contribution par an. *Henri* rendoit de fréquentes visites à la comtesse de Guiche, dont il étoit éperduement amoureux; il fut sur le point d'être arrêté par le duc de Mayenne qui lui tendoit des embûches au passage de la Loire. Henri III prêtoit son nom aux ennemis des princes, qui, par la voix des prédicateurs fanatiques, le décrioient dans l'esprit du peuple comme fauteur d'hérésie. La guerre se faisoit avec une fureur barbare; deux régiments, qui s'étoient rendus à discrétion, furent massacrés par l'ordre de Joyeuse.

Henri III, forcé de faire la guerre à ses sujets, leva trois armées, dont l'une sous les ordres du duc de Joyeuse, qui avoit plus de présomption que de capacité, marcha contre le roi de Navarre, qu'il rencontra dans la plaine de Coutras; l'action ne fut pas vivement disputée, toute la cavalerie de Joyeuse plia dès le premier choc, & l'infanterie suivit son lâche exemple : la victoire fut complette, tout fut passé au fil de l'épée; Joyeuse se retira auprès de son canon pour y attendre la mort; il y fut tué par deux capitaines qui vengèrent les deux régiments massacrés par ses ordres. Cette victoire ne coûta que trente hommes. Henri III ne parut point affligé d'une perte qui le délivroit des plus ardents ligueurs. La mort du prince de Condé affoiblit le parti protestant dont il étoit le conseil, comme *Henri* en étoit le héros. La défaite des Reitres à Auneau, & celle des Lansquenets au pont de Gien, rendirent les ligueurs plus insolents. *Henri III* revenu de son assoupissement, reconnut qu'il n'étoit qu'un fantôme de roi, & que Guise avoit toute la réalité du pouvoir souverain; il résolut enfin de dissiper la ligue par la punition exemplaire des chefs. Guise prévint ses vengeances en entrant dans Paris, où il donna la loi; les Parisiens enhardis par sa présence, obligèrent le roi de sortir de sa capitale: il ne vit d'autre remède à tant de maux, que d'indiquer les états généraux & de donner un édit, par lequel il jura d'extirper les schismes & les héréfies, de ne faire aucune paix avec les huguenots, & de ne reconnoître pour successeur aucun prince hérétique. Le roi de Navarre étoit à la Rochelle lorsqu'il apprit que cet édit avoit été enregistré par le parlement, & reçu avec acclamation dans les principales villes du royaume; il en fut consolé par l'assurance que le roi, qui l'avoit juré, étoit dans la disposition de l'enfreindre.

L'ouverture des états se fit à Blois en 1588. *Henri*, trop offensé par les plaintes des ligueurs qui décrioient son gouvernement, résolut de s'en venger sur les Guises qui nourrissoient l'orgueil de leurs députés insolents: les ames fières & généreuses lui conseilloient de les soumettre à la sévérité de la loi; l'avis le plus honteux parut le plus sûr: il fut résolu de les assassiner. Le duc, en se rendant au conseil, fut frappé de quinze coups de poignard, & tomba en s'écriant: Ah le traître! le cardinal, son frère, aussi ambitieux que lui, eut la même destinée. Cet attentat souleva tous les esprits. Le roi de Navarre délivré de ses deux plus implacables ennemis, étoit trop généreux pour ne pas désapprouver de tels moyens, & trop sage pour en témoigner de la joie: il plaignit Henri III d'avoir été dans la cruelle nécessité de se déshonorer pour conserver son pouvoir; & voyant qu'il étoit devenu plus odieux par l'espoir de devenir plus puissant, il lui tendit une main secourable, & l'écouta dès qu'il s'en vit recherché; il bannit même toute défiance qu'on ne l'immolât aux ligueurs pour satisfaire au ressentiment qu'ils témoignoient de la perte de leur chef; il fit un traité secret, par lequel il s'engagea de l'aider de toutes ses forces pour faire rentrer les ligueurs dans l'obéissance. Les deux rois, dans une conférence qu'ils eurent dans le parc du Plessis-les-Tours, résolurent d'assiéger Paris, dont l'exemple entraînoit les autres villes dans la rébellion. La noblesse se rangea en foule sous leurs enseignes; leur armée fortifiée de dix mille Suisses, de deux mille Lansquenets & de quelque cavalerie légère, se présenta devant Paris; le roi de Navarre avec son armée, s'étendoit depuis Vanvre jusqu'au port de Charenton; Henri III, campé à Saint-Cloud, s'étendoit jusqu'à Neuilli. La capitale étoit vivement pressée, quand la main du fanatisme détourna le coup prêt à la frapper. Frère Jacques Clément, moine jacobin, se fit un devoir religieux de porter sa main parricide sur son roi: il se fit introduire dans son appartement, sous prétexte d'affaires importantes qu'il avoit à lui révéler; c'étoit pour l'assassiner: ce moine furieux lui donne deux coups de couteau, le lendemain ce prince mourut de sa blessure; la branche de Valois s'éteignit avec lui, & la couronne passa dans la branche des Bourbons.

Les avenues du trône sembloient être fermées à *Henri IV*, par l'édit d'union juré par son prédécesseur & par les états généraux. Dès que Henri III eut les yeux fermés, les seigneurs catholiques & protestants qui se trouvoient dans les deux armées, lui prêtèrent serment d'obéissance: Vitri & d'Epernon furent les seuls qui se retirèrent avec les troupes qu'ils commandoient. Cette défection, en l'affoiblissant, n'abattit point son courage: Bordeaux fut contenu dans le devoir par la sagesse de Matignon; mais *Henri IV* ne se sentant point assez fort pour forcer Paris, défendu par une multitude de fanatiques, leva le siège, & se retira en Normandie pour y recevoir le secours qu'il attendoit d'Angleterre; il y fut suivi par le duc de Mayenne, qui s'étoit fait déclarer lieutenant-général du royaume, & qui avoit fait proclamer roi le vieux cardinal de Bourbon, que *Henri IV* retenoit prisonnier. Comme il étoit supérieur en forces, & que le roi s'étoit retiré sous les murs de Dieppe, il se flatta de voir bientôt la guerre terminée; il écrivit même en Espagne que le Béarnois ne pouvoit lui échapper, à moins de sauter dans la mer. *Henri*, long-temps incertain s'il passeroit en Angleterre, se détermina à tenter le sort d'une bataille; il choisit sa position à Arques, bourg distant de Dieppe d'une lieue & demie: il y fut attaqué par une armée trois fois plus forte que la sienne, & remporta une victoire, qui, sans être décisive, donna beaucoup de réputation à ses armes; le secours d'Angleterre arriva trop tard pour participer à l'honneur de cette journée, mais il fournit les moyens d'en retirer de grands avantages. Les Parisiens, qui s'étoient flattés de voir bientôt le Béarnois prisonnier, furent surpris de le voir quelques jours après insulter en vainqueur leurs remparts: il attaqua avec tant de vivacité les retranchements des fauxbourgs saint Jacques & saint Germain, qu'il fût entré dans la ville, s'il eût eu du canon pour en rompre les portes. Bourgouin, prieur des jacobins, fut pris dans les retranchements, combattant comme un forcené: le parlement-séant à Tours, le condamna à être écartelé pour avoir incité Jacques Clément à un parricide. Le danger où se trouvoit la capitale, y rappella les ducs de Mayenne & de Nemours avec leurs troupes. Le roi, trop foible pour attaquer avec une poignée de monde, une ville immense, défendue par une armée nombreuse, s'en éloigna pour faire des conquêtes: Etampes, Joinville, Vendôme rentrèrent dans l'obéissance; le Mans, après avoir fait de grands préparatifs pour une vigoureuse défense, se rendit à la première sommation; l'Anjou, le Maine & la Touraine n'opposèrent qu'une foible résistance. La réduction de la Normandie étoit plus importante; le roi n'étoit maître que de Dieppe, du Pont de l'Arche & de Caën; il alla mettre le siège devant Dreux; & sur la nouvelle que Mayenne s'avançoit pour la secourir, il fut l'attendre sur les bords de la rivière d'Eure dans la plaine d'Yvry; l'ennemi, qui s'étoit flatté de vaincre sans combattre, parut surpris de la fierté de sa contenance. A peine l'action fut engagée, que l'armée de la ligue fut dispersée; les Espagnols ayant vu tomber d'Egmont leur chef, percé de coups, prirent l'épouvante & la fuite; les Suisses parurent vouloir faire quelque résistance, mais voyant pointer le canon pour rompre leurs bataillons, ils baissèrent leurs piques & rendirent leurs enseignes: le roi, qui vouloit ménager les cantons, leur accorda une capitulation honorable. Le duc de Mayenne, après avoir fait le devoir d'un grand capitaine, se retira en fugitif à Mantes, & les débris de son armée se refugièrent dans les murs de Chartres. Le roi, après sa victoire, n'avoit qu'à se présenter devant Paris pour en être le maître; la journée d'Yvry avoit fait passer les Parisiens de l'insolence dans l'abattement: c'étoit le sentiment du brave la Noue; mais il en fut dissuadé par le maréchal de Biron, qui craignoit la fin de la paix, & par d'O, intendant des finances, qui aimoit mieux qu'on prît la capitale d'assaut que par capitulation, dans l'espoir que le pillage de cette ville immense rempliroit le vuide du trésor public. Le roi, trop docile à ces perfides conseils, s'occupa de la conquête de quelques villes, qui lui firent perdre le fruit de sa victoire; il reconnut sa faute & résolut de la réparer. Paris fut bloqué par quinze mille hommes de pied & quatre mille chevaux, le 15 avril 1590. Les habitants, sans chef & sans discipline, défiant les périls, parce qu'ils ne les connoissoient pas, sans prévoyance de l'avenir, parce qu'ils n'avoient aucuns besoins présents, se fioient dans leur nombre & ne pressentoient pas que leur multitude seroit la source de leurs maux: leur fanatisme leur inspira un courage féroce, & ils sçurent mieux mourir que se défendre; le sacrifice de leur fortune n'eut rien de pénible, ils livrèrent à l'envi leur batterie de cuisine pour fondre du canon; ils s'offroient à l'envi pour travailler aux fortifications, ils payoient largement les mercenaires qui vouloient contribuer à l'ouvrage; ils s'exerçoient trois fois la semaine dans toutes les évolutions militaires: tous les étrangers & ceux qui avoient un asyle au-dehors, s'étoient retirés de la ville; mais malgré cette émigration, l'on comptoit encore cent vingt mille habitants qui n'avoient de provisions que pour un mois. Le duc de Nemours, prince courageux jusqu'à la témérité, avoit le commandement des troupes, qui consistoient en douze cents Lansquenets, autant de Suisses & de François: on lui avoit associé le chevalier d'Aumale, dont la valeur farouche & brutale étoit plus propre à briller dans un combat particulier, qu'à diriger les mouvements d'une milice bourgeoise.

Dès que le roi se fut rendu maître des ponts de Charenton & de Saint-Cloud, & que tous les passages furent bouchés, la ville commença à ressentir les horreurs de la famine. Mayenne s'étoit éloigné pour solliciter le secours des Espagnols, dont il lui fallut essuyer les hauteurs. Le cardinal de Bourbon, fantôme de roi, sous le nom de Charles X, mourut de la gravelle dans sa prison de Fontenay en Poitou; les ligueurs opposés dans le choix de son successeur, vouloient déférer la couronne, les uns à l'infante d'Espagne, & les autres au fils du duc de Lorraine. Le duc de Mayenne déchu de l'espérance de règner, ne songea qu'à perpétuer les troubles pour perpétuer son autorité. Il fit parler la Sorbonne, qui décida que *Henri* de Bourbon étant relaps, étoit déchu de tout droit à la couronne, quand bien même il seroit absous, & que ceux qui mourroient en combattant pour la sainte union, étoient assurés de la palme du martyre & d'être couronnés dans le ciel comme défenseurs de la foi.

L'armée assiégeante recevoit tous les jours de nouveaux renforts; les uns s'y rendoient dans l'espoir d'avoir part au pillage; les autres, pour donner un témoignage de leur fidélité. Le roi, qui desiroit s'en rendre maître par capitulation, ne pressoit pas le siège de peur de prendre d'assaut une ville dont il vouloit ménager les habitants. Tous étoient mécontents; les catholiques se plaignoient de ce qu'il différoit sa conversion; les huguenots le pressoient de révoquer l'édit lancé contr'eux par Henri II. La famine commença ses ravages; ce peuple si fier, fit succéder les gémissements aux vaudevilles: on fit du pain de son, & le vin manqua tout-à-coup. La nécessité devenue plus urgente, on fit la visite dans les couvents, qui tous se trouvèrent bien pourvus; les capucins avoient des provisions pour plus d'une année: le septier de bled fut vendu six cents écus, un mouton cent francs, ceux qui avoient de l'argent avoient peine à en avoir, & ceux qui en manquoient étoient réduits à manger les chiens, les chats & les souris; on faisoit bouillir les herbes & les feuilles qu'on assaisonnoit avec du vieux-oing & du suif: les prêtres & moines plus fortunés montroient le ciel ouvert à ces cadavres ambulants, qui se faisoient porter dans les églises pour y rendre le dernier soupir. Les politiques & les royalistes qui étoient enfermés dans la ville, excitoient sourdement des séditions; mais ils étoient veillés de si près, qu'ils ne tentoient rien avec succès. Dans une de ces émeutes, où l'on entendit crier, *la paix ou du pain*, on saisit le père & le fils, qui furent étranglés à la même potence.

Les murmures du peuple disposèrent les chefs des ligueurs à la paix. Tandis qu'ils délibéroient, le roi dans une seule attaque, se rendit maître des fauxbourgs: il eût peut-être pris la ville d'assaut, si la crainte que les soldats n'eussent vengé le massacre de la St. Barthelemy, n'eût enchaîné son courage. Le duc de Parme sortit de Valenciennes avec une armée qui se joignit, à Meaux, aux troupes de Mayenne. *Henri* ne crut pas devoir l'attendre dans ses retranchements; il leva le siège pour aller défier les Espagnols au combat. Le duc de Parme, content d'avoir délivré Paris, reprit la route de Flandre. La guerre se faisoit avec la même vivacité dans les provinces; les deux partis étoient également agités de factions. Mayenne, jaloux de son frère utérin, le duc de Nemours, lui avoit ôté toute sa confiance. Les royalistes formoient aussi des cabales. Les catholiques & les huguenots avoient des intérêts différents de religion qui les divisoient: le jeune cardinal de Bourbon forma un tiers-parti pour se faire déclarer roi; mais il se repentit de son orgueil imprudent & rentra dans le devoir. On entama des négociations qui n'eurent aucun succès. Le roi d'Espagne offrit de répandre sur la France tous les trésors du Méxique & de fournir de nombreuses armées, à condition qu'on déféreroit la couronne au prince qui épouseroit sa fille Isabelle; ses promesses étoient appuyées par les Seize, les moines mendians, & sur-tout les jésuites: le pape, qui faisoit mouvoir cette troupe séditieuse, publia deux monitoires par lesquels il déclaroit *Henri* de Bourbon excommunié, relaps, & comme tel, déchu de tous les droits de sa naissance: ses foudres s'évanouirent dans les airs; il employa un moyen plus efficace, son neveu entra en France avec huit mille hommes de pied & mille chevaux. Le parlement séant à Châlons déclara le pape Grégoire ennemi de la paix, fauteur des rebelles & coupable du parricide de Henri III; pour mieux le punir il fut défendu de porter ni or ni argent à Rome: le clergé assemblé à Mantes déclara que les bulles étoient nulles & suggérées par les ennemis de la patrie. Renauld de Beaune, archevêque de Bourges, primat d'Aquitaine, fut d'avis de créer un patriarche; d'autres proposerent de convoquer un concile national pour limiter la puissance papale. On peut juger par-là combien la raison avoit fait de progrès. Le jeune duc de Guise, fils du balafré, se sauva de sa prison de Tours; le roi s'en consola par l'espoir qu'étant ambitieux il prétendroit à la couronne, & que par-là il mettroit la division parmi les ligueurs. Le roi croyoit n'avoir rien fait tant qu'il ne seroit pas maître de sa capitale & de la Normandie: il assiégea Rouen; il éprouva par la résistance des habitans, que si les Parisiens sçavoient mieux jeûner que combattre, les Normands craignoient moins les périls de la guerre que les horreurs de la famine. La ville bien fortifiée & bien approvisionnée fit une vigoureuse résistance: le roi fut obligé de lever le siége pour aller au devant du duc de Parme qui marchoit à lui; ce duc qui ne vouloit que délivrer Rouen comme il avoit délivré Paris, s'en retourna en Flandre sans combattre, après avoir jetté quinze cens hommes dans Paris. Le roi acheta, avec de l'or, Rouen qu'il n'avoit pu subjuguer par ses armes.

Le duc de Mayenne fatigué d'une vicissitude de prospérités & de revers, prit le parti de convoquer les états en 1593; c'est ce qui prépara la ruine de son parti. Les Espagnols eurent l'audace de proposer l'abolition de la loi salique & de ne point reconnoître pour légitime souverain *Henri IV*, quand bien même il se feroit catholique, & de déclarer l'infante d'Espagne reine de France. Le Maître, premier président de la portion du parlement résidante à Paris, parla avec une fermeté héroïque pour faire connoître l'indécence de cette proposition; le parlement rendit un arrêt qui ordonnoit de maintenir les anciennes loix, qui déclaroit nuls & illicites tous traités qui appelloient un étranger à la couronne & qui dérogeoient à la loi salique. Le roi, enfin, se détermina à faire son abjuration dans l'église de saint Denis, le 15 juillet 1593; il en fit part à tous les parlemens; l'allégresse publique se manifesta par des danses & des festins; les Parisiens qui lui donnoient le nom de *Béarnois*, s'accoutumerent à l'appeller leur roi; il y eut une trève de trois mois qu'on employa à traiter avec le pape; dès qu'elle eut été publiée, beaucoup d'évêques & de magistrats firent assurer le roi de leur obéïssance. Ce fut dans cet intervalle que Barriere fut condamné à être tenaillé & rompu vif pour avoir formé le dessein d'attenter sur la personne du roi; sa vie fut souvent exposée à de pareils dangers par les insinuations des moines & de quelques prêtres fanatiques: c'est ce qui le disposoit à faire des propositions de paix à Mayenne qui, prétextant l'intérêt de la religion, ne vouloit rien conclure sans l'aveu du pape. La ligue fut sur son déclin, tous les chefs se firent acheter & ce fut Vitri qui donna l'exemple de cette vénalité: d'Alincourt remit Pontoise; la Châtre, Orléans & Bourges; Ornano, la ville de Lyon: la présence du duc de Mayenne retenoit Paris dont il fut obligé de s'éloigner avec sa femme & ses enfans; il s'y voyoit entouré de fanatiques dont il ne pouvoit tempérer les saillies, ou d'ambitieux prêts à tout sacrifier à la fortune. Brissac à qui il en avoit confié le gouvernement, négocioit secrétement avec le roi; mais il avoit de dangereux surveillans dans les seize & dans la garnison Espagnole secondée par quatre mille hommes de la lie du peuple que l'ambassadeur d'Espagne soudoyoit: cette milice de brigands à qui il étoit devenu suspect, résolut de l'assassiner & d'envelopper dans sa ruine le président le Maître; Luillier, prévôt des marchands, du Vair, conseiller au parlement, & Langlois, échevin. Ce furent en effet ces généreux citoyens qui ouvrirent les portes de Paris au meilleur des rois; Brissac qui lui en remit les clefs, reçut le bâton de maréchal de France. Toutes les villes rentrerent successivement dans l'obéïssance en 1594. Le retour du calme fut troublé par l'attentat de Jean Chatel sur la personne du roi, qui ne fut blessé qu'à la lèvre; ce jeune homme qu'un faux zèle avoit séduit, fut condamné à la mort; les jésuites furent bannis de France & enveloppés dans sa condamnation. Tandis que Biron dissipoit les débris de la ligue, le roi qui venoit de déclarer la guerre à l'Espagne, engagea une action extrêmement vive à Fontaine-Françoise; sa témérité fut justifiée par le succès: quoiqu'il n'eût avec lui qu'un petit corps de cavalerie, il mit en déroute dix-huit mille hommes, commandés par le duc de Mayenne & don Velasco. Cette victoire & l'absolution du pape déterminerent Mayenne à le reconnoître: quoique ce duc eût toutes les qualités qui forment les grands hommes, on a dit qu'il ne sçut faire ni la guerre ni la paix, parce qu'il ne saisit point le moment où il pouvoit obtenir des conditions avantageuses.

Le roi attentif à réparer les pertes de la guerre, convoqua l'assemblée des notables à Rouen; il s'y rendit, & y parla moins en roi qu'en père & en citoyen: je ne vous ai point appellés, leur dit-il, pour vous assujettir aveuglément à mes volontés, mais pour recevoir vos conseils, mais pour les croire & les suivre; enfin

enfin pour me mettre sous votre tutèle. On fit de sages réglemens qui resterent sans exécution. Le roi se délassoit de ses fatigues de la guerre dans les bras de l'amour, lorsqu'il apprit que la ville d'Amiens avoit été surprise par les Espagnols. Partons, s'écria-t-il, c'est assez faire le roi de France, il est temps de faire le roi de Navarre. Il partit en effet, & la ville fut reprise. La paix fut conclue par la médiation du pape. Les huguenots avoient trop bien servi Henri IV pour qu'il pût les abandonner. Il leur accorda l'édit de Nantes, contenant 92 articles, qui n'étoient que le renouvellement des édits précédents : il y eut 56 autres articles secrets, dont le principal leur accordoit plusieurs nouvelles places de sûreté. Le premier fruit de la paix fut la réforme de plusieurs abus. La discipline ecclésiastique étoit tombée dans le relâchement ; il permit au clergé de s'assembler pour la remettre en vigueur. Il dit aux députés : Messieurs, vous vous plaignez justement de plusieurs abus ; je n'en suis pas l'auteur, je les ai trouvés établis, je vous seconderai dans la réforme. Jusqu'ici l'on vous a donné de belles paroles ; pour moi, je réaliserai mes promesses ; vous éprouverez qu'avec ma casaque grise & poudreuse, je suis tout d'or au-dedans.

Silleri fut chargé de poursuivre à Rome la dissolution de son mariage avec Marguerite de Valois ; la négociation eût été facile, si la reine n'eût refusé d'y consentir, par le dépit d'être remplacée par la duchesse de Beaufort sa rivale. Cet obstacle fut levé par la mort inopinée de la duchesse. Dès que la reine fut informée de cette mort, elle concourut avec le roi à la dissolution de son mariage. Alors le monarque libre de son choix, épousa à Lyon, Marie de Medicis. La découverte d'une conspiration tramée par les ducs de Biron, de Bouillon & le comte d'Auvergne, lui causa de nouveaux chagrins. Le maréchal duc de Biron eut la tête tranchée, le comte d'Auvergne, fils naturel de Charles IX, obtint sa grace, ainsi que le duc de Bouillon, qui sortit du royaume. La paie du soldat avoit épuisé le trésor public ; ce fut pour le remplir qu'on licencia les troupes. Cette réforme occasionna de grands désordres sur les routes, mais ils furent bientôt reprimés par la vigilance du gouvernement ; l'économie de Sulli répara les profusions ruineuses du règne précédent, & à un règne de calamités succéda un règne d'abondance. Le roi, qui s'étoit souvent attendri sur la misère de ses sujets, disoit qu'avant de mourir, il vouloit que tous les paysans fussent assez aisés pour mettre une poule dans leur pot ; expression bourgeoise, qui exprime la bonté compatissante de son ame. Quoique roi, son cœur fut capable d'amitié ; Sulli en fut un glorieux témoignage ; il le combla de biens & en reçut de plus grands services. Quand cet intégre ministre fut nommé sur-intendant de finances, l'état étoit chargé de trois cents trente millions de dettes, somme immense dans un temps où les mines du Mexique & du Pérou à peine connues, n'avoient pas encore fait circuler l'or en Europe. Une sage économie, une juste répartition des impôts, firent renaître l'abondance & réprimèrent la cupidité des exacteurs. Des manufactures de soie, de fayance, de verre, furent établies & perfectionnées. L'étranger vint acheter en France, ce qu'il avoit accoutumé d'y vendre. De nouveaux édifices furent construits, le pont-neuf fut achevé ; les maisons royales furent embellies de jardins délicieux. Et, après toutes ces dépenses, ne devant rien, il avoit encore soixante millions gardés dans la Bastille. La charge de grand-maître de l'artillerie fut donnée à Sulli, qui la remplit avec autant d'intégrité que d'intelligence : elle étoit alors peu importante, parce que ses fonctions étoient partagées. L'extinction de plusieurs charges, & sur-tout de celle de grand-maître des arbalêtriers, qui lui furent réunies, la rendit considérable ; elle devint même une charge de la couronne.

Une ordonnance de police rendue en 1609 sur la police des spectacles, montre combien nos mœurs ont éprouvé de révolutions. Il fut ordonné que depuis la S. Martin jusqu'au quinze de février les comédiens ouvriroient leur porte à une heure après midi, & donneroient leurs représentations à deux heures précises, afin que le spectacle finît avant la nuit. Ce réglement, qui paroîtroit aujourd'hui fort incommode, étoit fort sage dans un temps où Paris n'étoit point éclairé, où il n'y avoit point de guet pour veiller à la sûreté publique ; les rues sales & remplies de boue rendoient la marche lente & pénible. C'étoient autant de cavernes de voleurs, qui attentoient à la vie & à la bourse du citoyen qui avoit encore à essuyer les outrages de l'ivrognerie insolente & brutale.

Quoique le roi fût réconcilié avec le chef de l'église, les théologiens turbulens continuerent à enseigner des maximes contraires à son indépendance. Ce fut pour réfuter leurs paradoxes audacieux, que le sçavant Pithou publia son ouvrage sur les libertés de l'église Gallicane. Ses assertions, sans avoir force de loi, sont d'une grande autorité dans les matieres contentieuses. L'indiscrétion de quelques jésuites fut la cause de bien des troubles. Leurs démêlés avec l'université & les curés de Paris, partagerent tous les esprits. Après avoir été chassés de France en 1594, ils y furent rétablis en 1603 ; on leur imposa la condition de tenir deux jésuites à la cour pour être les garans de la modération qu'on exigeoit d'eux. Cette condition humiliante dans son principe devint le fondement de leur crédit : ils eurent la politique de ne donner pour ôtages que des hommes d'une dextérité éprouvée dans les affaires & d'une grande souplesse dans le caractère.

Les privilèges de la noblesse trop multipliés en rendirent la réforme nécessaire. *Henri IV*, en donnant un édit sur les tailles, déclara que la profession des armes n'annobliroit plus tous ceux qui l'exerçoient. Dans ces temps de troubles, tous les citoyens étoient soldats, & à la faveur des anciens usages tous se paroient du titre de nobles. Les hommes d'armes avoient été réputés gentilshommes, & quiconque endossoit la cuirasse, étoit homme d'armes. Cet abus s'étendoit encore plus loin ; celui qui étoit né dans la plus vile roture, prenoit le titre de gentilhomme, dès qu'il étoit assez riche pour acheter un fief qui l'obligeoit de suivre son seigneur à la guerre. Henri III fut le premier qui entreprit de restreindre cet abus. Il déclara que la noblesse n'étoit point attachée à la possession d'un fief. *Henri IV* étendit plus loin cette réforme, en supprimant la noblesse qu'on s'attribuoit en suivant la profession des armes ; on n'eut plus la faculté de s'annoblir soi-même. Depuis ce temps, le titre de gentilhomme n'est que l'attribut d'un citoyen issu de race noble, ou de celui qui a reçu du prince des lettres d'annoblissement, ou enfin de celui qui est revêtu d'une dignité à laquelle la noblesse est attachée. S'il corrigea cet abus, il en introduisit un autre qui donna un faux éclat à bien des familles puissantes par leurs richesses. Ce prince environné d'ennemis étrangers & de sujets rebelles, trouva le secret de caresser la vanité des riches pour les attirer sous ses enseignes : il leur écrivoit des lettres, où il les qualifioit de comte, ou de baron, ou de marquis, & comme tous ces titres ne lui coûtoient rien, il en fut extrêmement prodigue. Les descendans de ces hommes nouveaux ont fait de ces lettres des monumens de leur noblesse.

Depuis l'introduction de la vénalité des charges, le possesseur pouvoit les résigner, mais il falloit qu'il vécût quarante jours après sa démission, pour que sa résignation fût légale, de sorte que des charges achetées bien cher retournoient au roi, qui étoit obligé de les accorder gratuitement à l'importunité des courtisans. Il parut plus juste & plus avantageux de les assurer aux héritiers des possesseurs décédés, moyennant qu'ils payassent tous les ans le soixantieme denier de la finance à laquelle ces offices avoient été taxés. On nomma ce droit annuel la *paulette*, du nom d'un certain Paulet, qui en avoit donné l'idée & qui en fut le fermier. Cet établissement qui avoit ses abus, trouva des censeurs & des panégyristes. Le roi avoit érigé une chambre royale en 1601, pour faire rendre gorge aux financiers. Ce tribunal jetta plus de troubles dans les familles, qu'il ne versa d'argent dans le trésor public ; trois ans après on renouvella cette recherche, qui fut aussi infructueuse ; enfin en 1606, la noblesse indignée d'être obscurcie par le luxe insultant de ces hommes nouveaux, fit rétablir une chambre de justice pour faire le procès aux exacteurs. Cette chambre, pour semer la terreur, remplit les places publiques de potences & de carcans. Cet appareil de supplices détermina les coupables à s'expatrier avec leurs richesses ; & du lieu de leur retraite, ils sacrifierent une portion de leur fortune pour acheter des protecteurs à la cour ; de sorte que de tant de millions envahis, il ne rentra que deux cens mille écus dans les coffres du roi. L'expérience dépose que ces sortes de recherches ont toujours aggravé les maux qu'on se proposoit de guérir. L'édit lancé contre les banqueroutiers parut plus nécessaire, les troubles de l'état les avoit fort multipliés, en les laissant impunis. On décerna peine de mort contr'eux, comme voleurs publics. Tout transport, vente, cession faite par eux furent annullés, & il fut défendu à leurs créanciers de leur faire aucune remise & de leur accorder aucun délai. Cette sévérité ne produisit pas le bien qu'on s'en étoit promis. Les banqueroutiers, avant de déclarer leur faillite, se réfugièrent avec leurs richesses chez l'étranger où ils jouissoient impunément de leurs larcins.

La fureur des duels privoit la France de ses plus braves défenseurs. On lança un édit sévere contre ceux qui se battoient & contre ceux qui leur servoient de seconds. On fit plusieurs beaux réglemens pour la réparation des offenses, il y fut prescrit aux offensés de s'adresser au roi ou aux maréchaux de France, pour obtenir la permission de se battre. Les François étoient encore trop barbares pour observer cet édit.

Les conspirations fréquentes formées contre le roi & l'état, dont la plupart étoient fomentées par l'Espagne, réveillerent les anciennes inimitiés. La succession de Cleves & de Juliers fournit un prétexte aux deux puissances de faire de grands armemens pour protéger leurs alliés. Une armée de trente mille François & de six mille chevaux se rendit sur les frontieres de la Champagne. Le maréchal de Lesdiguieres en avoit une autre de douze mille hommes de pied & de deux mille chevaux. Les Vénitiens & le duc de Savoie devoient le joindre avec trente mille hommes. Les princes d'Allemagne & les Hollandois ses alliés devoient attaquer la maison d'Autriche avec des forces aussi nombreuses. Les frais de cette guerre avoient été calculés avant l'entreprise, & quoiqu'il en dût coûter à la France trente millions par an, le roi avoit des fonds suffisans pour la soutenir quatre ou cinq ans sans charger son peuple de nouvelles impositions. Ce fut au milieu de cet appareil de guerre que Ravaillac forma le dessein de l'assassiner. Ce monstre, né à Angoulême, étoit âgé de trente-trois ans. Il avoit pris l'habit de Feuillant dont il fut dépouillé, parce que prétendant avoir des révélations, on s'apperçut qu'il avoit la tête mal organisée : les libelles des ligueurs, les invectives lancées contre le roi dans la tribune sacrée, allumerent son fanatisme. Il se trouva de faux docteurs qui, par des visions supposées & d'autres pieux artifices, égarerent son imagination. Il épia le moment où le roi alloit à l'arsénal sans gardes, pour exécuter son parricide. Un embarras de charrettes, dans la rue de la Ferronnerie, en facilita l'exécution : il frappa le roi de deux coups de couteau dans la poitrine. Le sang coula avec tant d'impétuosité, qu'il ne put proférer une seule parole. Il mourut dans la cinquante-septieme année de son âge, & dans la vingt-deuxieme de son regne.

Ce prince, après avoir été pendant sa vie l'arbitre de l'Europe, reçut de la postérité le nom de *Grand* qu'il mérita par ses qualités bienfaisantes, plus encore que par sa valeur héroïque. Il eut toujours des rebelles à punir, il mit sa gloire à leur pardonner ; la clémence, qui lui étoit naturelle, fut quelquefois contraire aux intérêts de la politique qui exigeoit de la sévérité. Il témoigna de grands égards pour la noblesse qui en effet avoit prodigué son sang pour cimenter sa puissance : quoiqu'il fût roi, il se glorifioit du titre de gentilhomme : il réunit aux vertus de l'homme privé tous les talens qui font les grands rois. Elevé sous la tente, il eut la franchise d'un soldat ; ennemi du luxe & de la parure, il en poussa le dédain jusqu'à tomber dans une malpropreté rebutante. Son nom ne peut encore être prononcé qu'avec attendrissement par tous les François. Ce prince si grand dans les combats, si bienfaisant dans la paix, si affable dans la société, ne fut point exempt des foiblesses attachées à l'humanité. Son cœur fait pour aimer, éprouva la plus douce & la plus impérieuse des passions; mais l'amour ne présida jamais dans son conseil: aussi brave, aussi clément que César, il fut tendre & galant comme ce Romain. La belle Fosseuse & la comtesse de Guiche lui inspirerent tour-à-tour une vive passion. Gabrielle d'Estrée fut celle qui régna le plus long-temps sur son cœur: on prétend même qu'il l'eût épousée, s'il eût pu obtenir alors la dissolution de son mariage avec Marguerite de Valois. La mort de son amante laissa dans son cœur un vuide qui fut rempli par la célebre marquise de Verneuil, femme spirituelle, qui réunissoit tous les artifices d'une courtisanne & tous les talens qui font les charmes de la société. Le roi qui sans cesse avoit à s'en plaindre, & qui ne pouvoit vivre sans elle, eut la foiblesse de lui faire une promesse de mariage, dont elle eut l'audace de soutenir la validité. L'austere Sulli rougit de la foiblesse de son maître, & préférant sa gloire à la fortune, il déchira cette indigne promesse sans craindre de perdre sa faveur. *Henri* se consola des caprices & des dédains de son impérieuse maîtresse dans les bras de la comtesse de Moret & de la belle des Essarts. Il eut de toutes ces maîtresses onze enfans naturels, six de Gabrielle d'Estrée, deux de Henriette de Balzac d'Entragues, marquise de Verneuil, une de Jacqueline du Beuil, comtesse de Moret, & deux de Charlotte des Essarts: il en eut beaucoup d'autres qu'il ne voulut point reconnoître.

Quoiqu'il fût roi, & magnifique envers ses maîtresses, il trouva des femmes incorruptibles & rebelles. Il aima sans succès madame de Guercheville. Son amour dédaigné ne lui inspira point un injuste désir de vengeance. Au lieu de la punir de ses refus, il se fit un devoir de récompenser sa vertu, en la plaçant auprès de Marie Médicis qu'il venoit d'épouser. Il lui dit obligeamment, que puisqu'elle étoit véritablement dame d'honneur, il vouloit qu'elle le fût de la reine sa femme. La duchesse de Mantoue qui étoit intéressée à le ménager, hazarda sa fortune pour conserver sa vertu en résistant à ses poursuites. La princesse de Condé, qui étoit aussi belle que vertueuse, lui inspira une passion qui auroit pu devenir funeste à l'état, si elle n'avoit été avec son mari chercher un asyle chez l'étranger pour assurer sa pudicité. Catherine de Rohan, sœur du vicomte, que le roi venoit de faire duc & pair, eut la fierté de rejetter ses vœux & ses promesses: elle lui dit qu'elle étoit trop pauvre pour être sa femme, & de trop bonne maison pour être sa maîtresse.

La passion de l'amour causoit beaucoup de ravages dans ces siecles orageux, où les sciences & les arts dédaignés laissoient dans tous les cœurs un vuide qui n'étoit rempli que par l'amour. Ce fut sous son regne qu'un bourgeois de Middelbourg inventa les lunettes d'approche. Il en présenta une au prince Maurice qui sembloit exposer à deux cens pas les objets éloignés de deux lieues. On ne fait honneur de cette invention à Galilée que parce qu'il la perfectionna: le tumulte des guerres civiles n'étouffa point tout-à-fait le génie, dont les productions nous sont conservées dans la satyre *Ménippée* & dans d'autres ouvrages où l'esprit naturel supplée à l'étude & à l'art. (*T. N.*)

HENRIETTE, (*Hist. de Fr.*) Le nom d'*Henriette* a été illustré par deux femmes, fille & petite-fille de notre Henri IV, toutes deux célébrées par le grand Bossuet.

Henriette - Marie de France, fille de Henri IV & de Marie de Medicis, née le 25 novembre 1609, mariée le 11 mai 1625, à Charles I, roi d'Angleterre. Rien de plus connu que ses vertus & ses malheurs; elle se donna elle-même le titre de *Reine malheureuse*. Nulle ne mérita mieux ce titre & n'avoit mieux mérité d'être heureuse. L'intérêt de la religion rendit la nation Angloise injuste à son égard. Au commencement des troubles, on conseilloit à cette princesse de faire un exemple sur les plus séditieux. *Eh! ne faut-il pas*, dit-elle, *que je serve moi-même d'exemple? eh! quel meilleur exemple puis-je donner que celui de la clémence & du pardon?* On vouloit lui nommer ceux qui s'emportoient le plus violemment contr'elle: *n'en faites rien*, dit-elle, *ne m'exposez point au danger de les haïr:*

Je leur pardonnerois, que sert de les connoître?

« Dans la plus grande fureur des guerres civiles, dit Bossuet, » jamais on n'a douté de sa parole, ni désespéré de sa clémence.... fidèle dépositaire des plaintes » & des secrets, elle disoit que les princes devoient » garder le même silence que les confesseurs, & avoir la » même discrétion..... Ni les maux qu'elle a prévus, » ni ceux qui l'ont surprise, n'ont abattu son courage.... » Une main si habile eût sauvé l'état, si l'état eut pu » être sauvé!... Que de pauvres, que de malheureux, » que de familles ruinées pour la cause de la foi, ont » subsisté pendant tout le cours de sa vie, par l'immense » profusion de ses aumônes!.... Le roi son mari, lui » a donné jusqu'à la mort ce bel éloge, qu'il n'y avoit » que le seul point de la religion où leurs cœurs fussent » désunis ».

En effet, leur mariage avoit été une union céleste; jamais troublée par aucun orage, jamais altérée par l'inconstance: Charles, en mourant, chargea la princesse Elisabeth d'assurer sa mère qu'il n'avoit jamais eu même la pensée d'une infidélité. Ce parfait accord entre deux époux de religion différente, & zélés chacun pour la sienne, annonce des vertus bien douces & bien aimables, un esprit de tolérance & de paix bien exemplaire, la connoissance & l'observation des devoirs les plus délicats de la société conjugale! Charles ne craignoit que pour *Henriete* les soulèvements de son peuple; aussi-tôt qu'il l'eût déterminée à quitter l'Angleterre, sous prétexte de mener en Hollande la princesse Marie sa fille, à Guillaume II, prince d'Orange, son époux, il se crut en sûreté; mais *Henriette-Marie* ne pouvoit abandonner Charles dans de pareils dangers, elle lui amena de Hollande quelques foibles secours : ce fut en passant avec ces secours en Angleterre, qu'elle essuya cette violente tempête, où les matelots, selon l'expression de Bossuet, alarmés jusqu'à perdre l'esprit, se précipitoient dans les ondes, & où elle seule rassuroit tout le monde, en disant avec un air serein, que les reines ne se noyoient pas. Le parlement anglois eut la criminelle insolence de déclarer coupable de haute trahison, une femme, une reine qui secouroit son mari; les rebelles la poursuivirent & sur la mer & sur la terre; à peine put-elle trouver dans toute l'Angleterre, un lieu sûr pour accoucher de la princesse Henriette-Anne: on se rappelle tout ce que Bossuet a dit de sublime & d'attendrissant sur cette fuite de la reine & sur cette naissance de sa fille. Assiégée dans Exeter, elle part peu de jours après son accouchement, à la vue d'une escadre angloise, pour se réfugier en France: le vice-amiral Batti poursuit son vaisseau jusqu'auprès des côtes de la Bretagne; & n'ayant pu l'atteindre, il fait tirer sur elle pour la submerger tout le canon de son escadre. La reine échappée presque miraculeusement à ce danger, trouva du moins un asyle en France pour elle & pour ses enfants; c'est presque tout ce que fit cette couronne pour la fille & les petits-fils de Henri-le-Grand. « *Henriette* d'un si grand cœur, dit Bossuet, » est contrainte de demander du secours. Anne d'un si » grand cœur, ne put en donner assez ». On sçait ce que rapporte le cardinal de Retz, qu'étant allé au mois de janvier, faire une visite à la reine d'Angleterre, il la trouva au chevet du lit de la princesse Henriette-Anne sa fille, qui étoit malade, & qui ne pouvoit se lever, parce qu'elle n'avoit point de feu. Ce fut lui qui se chargea de leur fournir du bois. Cette reine fut réduite à l'humiliation d'implorer la pitié du meurtrier de son mari. Elle pria Mazarin de demander à Cromwel qu'on lui payât son douaire, & elle essuya un refus. Mazarin lui annonça qu'il n'avoit rien obtenu, & qu'il ne pouvoit rien faire pour elle.

Henriette-Marie, après tant de douleurs, eut la consolation de voir Charles II son fils aîné, solidement affermi sur ce trône d'où elle avoit été précipitée; elle resserra ses nœuds avec la France, en mariant avec Monsieur, duc d'Orléans, second fils de Louis XIII, la dernière de ses filles, cette célèbre Henriette-Anne, le plus bel ornement de la cour de Louis XIV, la plus parfaite image de sa bisayeule Marie Stuart, par les graces de la figure & de l'esprit, par ses vertus tendres & touchantes, par son desir & son art de plaire, & même par sa fin désastreuse. Son souvenir est encore présent à tous les cœurs, dans la relation attendrissante que madame de La Fayette nous a donnée de la mort de cette princesse, & dans ce grand monument d'éloquence que Bossuet a consacré à sa gloire. Elle fut, tant qu'elle vécut, le lien de la France & de l'Angleterre. (*Voyez* son article particulier dans l'article général de la maison Stuart.)

Henriette-Marie mourut subitement le 10 septembre 1669. « La mort n'a pu la surprendre, dit Bossuet, » encore qu'elle soit venue sous l'apparence du sommeil. Le cœur de la reine d'Angleterre est à Sainte Marie de Chaillot, & c'est là que Bossuet a prononcé sa magnifique oraison funèbre.

HENRION, (Nicolas) (*Hist. Litt. mod.*) de l'Académie des Inscriptions & Belles-Lettres, d'abord à titre d'élève, ensuite d'associé-vétéran, étoit né à Troyes en Champagne le 6 décembre 1663. On n'a de lui que très-peu de mémoires, & encore par extrait, dans l'Histoire de l'Académie. Il apporta en 1718, à l'Académie, une espèce de table ou d'échelle chronologique de la différence des tailles humaines, depuis la création du monde jusqu'à la naissance de J. C. Sur cela, nous ne pouvons que transcrire les propres paroles de l'historien de l'Académie.

« Dans cette table, M. *Henrion* assigne à Adam » 123 pieds 9 pouces de haut, & à Eve 118 pieds 9 » pouces trois quarts, d'où il établit une règle de proportion entre les tailles masculines & les tailles féminines, en raison de 25 à 24. Mais il ravit bientôt à » la nature cette majestueuse grandeur: selon lui, Noé » avoit déjà 20 pieds de moins qu'Adam. Abraham » n'en avoit plus que 27 à 28. Moyse fut réduit à 13, » Hercule à 10, Alexandre-le-Grand n'en avoit guère » que 6, Jules-César n'en avoit pas 5....... Si la » providence n'avoit daigné suspendre les suites d'un si » prodigieux abaissement, à peine oserions-nous aujourd'hui nous compter, au moins à cet égard, entre » les plus considérables insectes de la terre.

» La géographie tient essentiellement à la taille des » hommes; leurs pas ont toujours été comme ils sont, » & seront toujours la première mesure des espaces » de longueur qui se trouvent sous leurs pieds: ainsi » M. *Henrion* joignit une nouvelle table des dimensions géographiques des premiers arpenteurs de l'univers, à celle des tailles humaines dont nous venons » de parler; & ces deux tables qui ont un merveilleux » rapport entr'elles, font probablement tout ce qu'on » verra jamais des 3 ou 4 vol. *in-folio* dont il nous » flattoit ».

M. *Henrion* fut nommé en 1705, professeur en langue syriaque, au Collége Royal; on en fut surpris, & on mit dans les Nouvelles Littéraires, qu'il avoit été choisi pour *apprendre* le syriaque au Collége Royal, « abusant malignement du terme d'*apprendre*, qui, dans » notre langue, est quelquefois synonyme avec celui » d'*enseigner*; mais la manière dont il s'en acquitta, » leva bientôt *tout l'équivoque* de cette expression ».

Nous remarquons ici deux choses; l'une, que l'historien laisse subsister l'équivoque en disant qu'elle fut levée, & en ne disant pas comment elle fut levée; & l'autre, que le mot *équivoque*, sur le genre duquel le doute de Boileau nous étonne aujourd'hui: *équivoque maudite ou maudit*, étoit ou pouvoit être encore masculin en 1720, temps où écrivoit l'auteur de l'éloge de M. *Henrion*.

M. *Henrion* disputa & obtint en 1710, une place d'aggrégé en droit. Cet homme, qui a si peu produit, mourut, dit-on, d'un épuisement causé par un excès de travail, le 24 juin 1720.

HENRYS, (Claude) (*Hist. Litt. mod.*) avocat du Roi au bailliage de Forez, arrêtiste connu, & grand Jurisconsulte. Mort en 1662.

HENSCHENIUS, (Godefroy) jésuite Flamand, un des Bollandistes.

HEPTARCHIE, f. f. (*Hist. mod.*) gouvernement des sept royaumes des Anglo-Saxons, considérés comme ne faisant qu'un seul corps & un seul état.

Les Anglo-Saxons établirent en Angleterre un gouvernement à-peu-près semblable à celui sous lequel ils avoient vécu en Allemagne, c'est-à-dire, que se considérant comme frères & compatriotes, & ayant un égal intérêt à se maintenir dans leurs conquêtes, ils conçurent qu'il leur étoit nécessaire de se secourir mutuellement, & d'agir en commun pour le bien de tous. Ce fut dans cette vue qu'ils jugèrent à propos de se nommer en général un chef, ou, si l'on veut, un monarque, auquel ils accordèrent certaines prérogatives dont nous ne sommes pas bien informés. Après la mort de ce général ou monarque, on en élisoit un autre du consentement unanime des sept royaumes; mais il y avoit quelquefois d'assez longs interrègnes causés par les guerres & par les divisions entre les souverains, qui ne pouvoient s'assembler ou s'accorder sur un choix.

Outre ce monarque, qui lioit ensemble les Anglo-Saxons, ils avoient encore une assemblée générale composée des principaux membres des sept royaumes ou de leurs députés. Cette assemblée étoit comme le centre du gouvernement heptarchique; on l'appelloit le *Wittenat-gémot*, ou le *parlement général*, & on n'y délibéroit que sur les choses auxquelles toute la nation prenoit intérêt.

Chaque royaume avoit d'ailleurs un parlement particulier, formé à-peu-près de la même manière qu'on le voit pratiqué dans les sept Provinces-Unies des Pays-Bas. Chaque royaume étoit souverain & néanmoins ils délibéroient en commun sur les affaires qui regardoient l'intérêt commun de l'*heptarchie*. Ce qui étoit ordonné dans l'assemblée générale devoit être exactement observé, puisque chaque roi & chaque royaume y avoit donné son consentement. C'étoit-là la forme du gouvernement heptarchique en général.

L'*heptarchie* dura 378 ans. Si l'on vouloit rechercher les causes de sa dissolution, il ne seroit pas difficile de les trouver dans l'inégalité qu'il y avoit entre les sept royaumes, dans le manque de princes du sang royal, dans l'ambition des souverains, & dans le concours de certaines circonstances qui ne se rencontrèrent qu'au temps d'Ecbert en 828. (*D. J.*)

HEQUET *ou* HECQUET, (Philippe) (*Hist. Litt. mod.*) médecin célèbre. Il faisoit toujours maigre, & ne buvoit que de l'eau: aussi a-t-il célébré dans un livre exprès *les Vertus de l'eau commune*. C'est le docteur Sangrado de Gilblas. Il étoit contraire aux médecines, & on a de lui un Traité de l'abus des purgatifs. On a de lui encore le *Tombeau de la Médecine*; un ouvrage intitulé: *de l'indécence aux Hommes d'accoucher les Femmes, & de l'obligation aux Femmes de nourrir leurs enfans*; la seconde partie de ce titre est reconnue aujourd'hui, la première est plus éloignée que jamais de l'être, du moins dans la pratique. M. *Hequet* cherchoit à unir en tout la dévotion avec la médecine; en conséquence, il a fait la *Medecine Théologique*. On a encore de lui *le brigandage de la Médecine; la Médecine, la Chirurgie & la Pharmacie des Pauvres*. Il disoit qu'*un médecin qui voyoit beaucoup de malades, voyoit peu de maladies*. On dit que quand il étoit appellé chez des malades riches, il faisoit la facétie de rendre visite aux cuisiniers & chefs d'office, comme aux bienfaiteurs de la médecine & aux pères nourriciers de la faculté. Il avoit été médecin de Port-Royal, & conservoit des relations avec cette maison. Cet homme n'étoit pas sans bizarrerie, & on pouvoit lui reprocher d'être un peu systématique, mais c'étoit un sçavant médecin & un homme vertueux. Né à Abbeville en 1661. Mort en 1737.

HÉRACLION *ou* HÉRACLIONAS étoit fils du premier empereur Héraclius & de Martine, sa seconde épouse. Cette femme ambitieuse ne put consentir à vivre sous l'obéissance du jeune Heraclius qui, par le droit de sa naissance, excluoit *Héraclion* du trône. Elle applanit cet obstacle, en empoisonnant ce prince infortuné. L'empire qu'elle envahit, sous le nom de son fils, fut gouverné par elle pendant deux ans. Le sénat humilié de recevoir les ordres d'une femme, souleva les esprits. Les Romains semblèrent reprendre leur première fierté. Elle fut dégradée & condamnée avec son fils à vivre dans l'exil. Comme elle étoit naturellement éloquente, le sénat lui fit couper la langue pour prévenir les séditions qu'elle auroit pu exciter par son éloquence. *Héraclion* eut le nez coupé. On crut devoir le défigurer, afin que les graces touchantes de sa figure ne pussent plus intéresser à son malheur. Le sénat, après leur dégradation, proclama Constant empereur sans le concours de l'armée, qui applaudit à cette nomination. On avoit peu vu d'empereurs élus par ces magistrats avant & depuis Tacite. (T-N.)

HÉRACLITE, (*Hist. ancienne.*) célèbre philosophe grec, natif d'Ephèse, vivoit environ cinq siècles avant J. C. Il étoit en tout l'opposé de Démocrite; celui-ci rioit de la nature humaine; l'autre pleuroit sur elle: l'un étoit frappé de ses ridicules; l'autre, affligé de ses malheurs.

Qui des deux eut raison? je n'oserois le dire;
Mais je sçais que de l'homme on doit pleurer & rire.

Il reste quelques fragments d'*Héraclite*, qu'Henri Etienne imprima avec ceux de Démocrite, de Timon & de plusieurs autres, sous le titre de *Poesis philosophica*.

HERACLIUS, (*Histoire Romaine.*) fils du gouverneur d'Afrique, fut élevé dans son camp où il se forma dans le métier de la guerre. L'empereur Phocas s'étant rendu odieux par son avarice & ses débauches, les armées proclamerent Héraclius l'an 610. Ce choix fut confirmé par les applaudissemens du peuple & du sénat. Phocas détrôné fut condamné à la mort. *Hera-*

clius, avant de lui faire trancher la tête, lui dit : Croyois-tu n'être armé du pouvoir que pour faire le malheur des hommes ? Phocas lui répondit froidement : Apprends, par mon exemple, à les mieux gouverner. Sergius, patriarche de Constantinople, lui ceignit le front du diadême, & il partit pour la Perse où le fameux Cosroès II. se préparoit à porter la guerre dans les provinces de l'empire. *Heraclius* trop foible pour détourner ce fléau, entama des négociations infructueuses. Cosroès se répandit comme un torrent dans la Palestine. Jérusalem fut prise & saccagée, les ministres de l'autel furent massacrés dans les temples. Les chrétiens furent vendus aux juifs, leurs implacables ennemis. Les vases sacrés furent profanés, on les fit servir aux plus sales usages. Cosroès annonça qu'il n'accorderoit la paix aux Romains qu'après qu'ils auroient abjuré le christianisme pour adorer le soleil. *Heraclius* contraint de tenter la fortune des combats, remporta plusieurs victoires sur ce monarque redoutable. Mais l'ennemi prompt à réparer ses pertes, reparoissoit plus puissant après ses défaites, que les Romains après leur victoire. La fortune sauva l'empire. Siroès, fils aîné de Cosroès, qui l'avoit voulu deshériter, profita de l'éloignement de son père, pour se placer sur le trône. Cosroès, au premier bruit de cette révolte, s'en retourna dans ses états, où son fils le condamna à languir dans une prison éternelle. Le nouveau roi pour s'affermir dans son usurpation, conclut la paix avec *Héraclius* qui retourna couvert de gloire à Constantinople. On lui rendit le bois de la vraie croix qui avoit été enlevé du temple de Jérusalem, lorsque cette ville avoit été prise par Cosroès. Cette restitution fut célébrée dans tout l'empire, par une fête qu'on nomme encore aujourd'hui l'*exaltation de la croix*. *Héraclius* qui n'avoit jusqu'alors été qu'homme de guerre, voulut se mêler de questions théologiques. Il se laissa séduire par les Monothélites, & donna en leur faveur un édit qui fut frappé des anathêmes de Rome. Pendant qu'*Héraclius* s'érigeoit en théologien, les Sarrazins lui enlevoient l'Egypte, la Syrie & les plus riches provinces de l'empire. *Héraclius* affoibli par ses fatigues & ses maladies, ne put opposer une digue à cette inondation ; devenu circonspect jusqu'à la timidité, il perdoit à négocier le temps qu'il auroit dû employer à combattre ; les dernières années obscurcirent l'éclat de ses anciennes victoires. Il mourut d'une maladie dont les médecins ne purent le guérir, parce qu'ils en ignoroient la cause : il gouverna l'empire pendant trente ans. Ce fut sous son règne que Mahomet publia ses mensonges. Cet imposteur envoya une armée dans la Syrie, où ses lieutenants, missionnaires guerriers, firent des prosélites & des conquêtes. Il mourut en 641 âgé de soixante-six ans. Sa postérité occupa le trône d'Orient pendant plus de quatre-vingt ans. C'est la seule famille qui puisse se glorifier d'avoir donné tant d'empereurs, dans ces temps féconds en révolutions. (*T.-N.*)

HÉRACLIUS, fils de l'empereur de ce nom, & d'Eudoxie, fut surnommé *Constantin le jeune* ou le *nouveau Constantin*. Il étoit encore enfant lorsque son père lui ceignit le diadême. Il ne gouverna l'empire que pendant un an, sa marâtre l'empoisonna pour élever son propre fils sur le trône. Il fut plus recommandable par sa piété que par ses talens pour gouverner. Il périt en 642. (*T.-N.*)

HERBELOT, (Barthélemi d') (*Hist. Lit. mod.*) auteur de la Bibliothèque Orientale. Mort à Paris en 1695.

HERBERT. *Voyez* VERMANDOIS.

HE'RI, (Thierri de) chirurgien célèbre du temps de François Ier & de ses successeurs, pour le traitement des maladies vénériennes. Il y employoit la méthode des frictions qu'il a ou inventée ou du moins perfectionnée. On a de lui un Traité sur son art, intitulé : *Méthode curatoire de la maladie vénérienne, vulgairement appellée grosse vairole.* Mort en 1599, dans un âge très-avancé.

HÉRICOURT, (Louis de) (*Hist. Litt. mod.*) avocat au parlement de Paris, grand canoniste, auteur des *Loix Ecclésiastiques de France, mises dans leur ordre naturel* ; d'un Traité de la vente des immeubles par décret, & de quelques autres ouvrages moins célèbres que le premier. Il travailla long-temps au Journal des Sçavans. Il étoit né à Soissons en 1687. Julien de *Héricourt*, son ayeul, mort en 1704, avoit donné lieu à l'établissement de l'Académie de Soissons par les conférences qui se tenoient chez lui. Il a publié l'histoire de cette société. Louis de *Héricourt* mourut en 1753.

HE'RISSANT, (François-David) (*Hist. Litt. mod.*) médecin, & de l'Académie des Sciences. On trouve plusieurs mémoires de lui dans le recueil de cette Académie. Mort en 1773.

HE'RITIER, (Nicolas l') (*Hist. Litt. mod.*) auteur de quelques mauvaises tragédies, eut un brevet d'*historiographe de France*. Mort en 1680.

Marie-Jeanne l'*Héritier* de Villandon, sa fille, a eu plus de réputation que lui ; elle fut associée en 1676 à l'Académie des jeux floraux à Toulouse, & en 1697, à l'Académie des Ricovrati de Padoue. Ses ouvrages, pour la plûpart mêlés de prose & de vers, sont peu lus aujourd'hui. C'est le *tombeau de M. le duc de Bourgogne* ; le *triomphe de Madame Deshoulières, reçue dixième Muse au Parnasse* ; la *Pompe Dauphine* ; quelques contes & nouvelles. Une traduction des épîtres amoureuses d'Ovide, dont seize en vers, &c. Née en 1664. Morte en 1734.

HERMAN, dit *Hermannus Contractus*, (*Hist. Litt. mod.*) parce que ses membres s'étoient rétrécis & resserrés dès l'enfance, étoit un moine de Richenou en Souabe, mort en 1054. On a de lui une chronique, & on lui attribue le *Salve Regina*, l'*Alma Redemptoris Mater*, &c.

HERMANN (Jacques) (*Hist. Litt. mod.*) de Bâle, de l'Académie des sciences de Paris, ami de Leibnitz, fut appellé à Pétersbourg en 1724, par le Czar Pierre I, pour y former une Académie des sciences : il a beaucoup écrit sur la dynamique & sur diverses parties des mathématiques. Mort en 1733 à 55 ans.

HERMANT, (Godefroi) (*Hist. Litt. mod.*) docteur, exclu de Sorbonne pour Jansénisme, auteur de vies de plusieurs pères de l'église, tels que St. Athanase, St. Basile, St. Grégoire de Nazianze, St. Chrysostôme, St. Ambroise. Il a traduit aussi quelques-uns de leurs ouvrages. Il est encore l'auteur de divers écrits polémiques contre les jésuites. Il avoit été recteur de l'Université de Paris en 1646. Né à Beauvais en 1617. Mort en 1690.

HERMENFROY, BALDERIC & BERTHIER (Frères) (*Hist. mod.*) (*Voyez* l'article CHILDEBERT). rois de Thuringe, vers le commencement du sixième siècle; étoient divisés comme l'étoient alors tous ces rois & tous ces frères barbares; *Hermenfroy*, après avoir fait périr *Berthier*, fit avec Thierry, roi de Metz ou d'Austrasie, fils aîné de Clovis, un traité de partage ou de brigandage, pour dépouiller *Baldéric*, son autre frère. Baldéric fut tué dans une bataille, & *Hermenfroy* manqua de parole à Thierry: celui-ci emporte par force, plus qu'on ne lui avoit promis par le traité; il soumet toute la Thuringe. *Hermenfroy* réduit à demander grace, vient le trouver à Tolbiac, sur sa parole. Un jour *Hermenfroy* se promenant avec Thierry, sur les remparts de la ville, un homme de la suite de Thierry pousse *Hermenfroy*, le fait tomber dans un fossé, où on le laisse mourir faute de secours; la Thuringe reste à Thierry (531.) *Voy.* l'article RADEGONDE.

HERMENEGILDE ou HERMENIGILDE (*Voy.* LEUVIGILDE.)

HERMILLY, (N.... d') (*Hist. Litt. mod.*) censeur royal, traducteur de l'Histoire d'Espagne de Ferreras. M. d'*Hermilly* est aussi l'auteur d'une histoire de *Majorque & de Minorque* & de la *Bibliographie Parisienne*.

HERMOGENES: 1°. c'est d'abord le nom d'un célèbre musicien d'Auguste, dont Horace parle en plus d'un endroit:

Ut quamvis tacet Hermogenes, cantor tamen atque.
Optimus est modulator.

Lib. 1, Satyr. 3.

Invideat quod & Hermogenes ego canto.

Ibid. Sat. 9.

Quos neque pulcher
Hermogenes unquam legit.

Sat. 10.

2°. C'est aussi le nom d'un célèbre rhéteur grec, qui écrivoit dans le second siècle de l'église, & dont on a des livres en grec sur la rhétorique. On a dit de lui qu'il avoit été un vieillard dans sa jeunesse & un enfant dans sa vieillesse; en effet, il enseignoit dès l'âge de quinze ans; & à vingt-quatre, à la suite apparemment d'une maladie, il oublia tout ce qu'il sçavoit. On dit qu'ayant été ouvert après sa mort, on lui trouva le cœur tout velu & d'une grandeur extraordinaire. Ce phénomène avoit-il quelque rapport avec l'accident de la perte de sa mémoire?

3°. *Hermogene* est aussi le nom d'un hérétique du second siècle, qui disoit que la matière étoit coéternelle à Dieu; & que le Créateur en avoit tiré toutes les créatures. Il fut réfuté par Tertullien & Origène.

HERMOGENIEN, (*Hist. Rom.*) jurisconsulte du 4e siècle, auteur d'un recueil des loix de l'Empire, sous Honorius & Théodose.

HERMOLAUS BARBARUS. *Voyez* BARBARO.

HERODE, (*Hist. des Juifs.*) Sur ce qui concerne *Herode-le-Grand*, *Voyez* l'article MARIANNE; & ajoutez-y ce qui est dit d'*Hérode* dans St. Mathieu, chap. 2.

Et sur *Hérode Antipas*, Tetrarque de Galilée, & sur Hérodias ou Hérodiade sa femme à la fois & sa belle-sœur, qui demanda & obtint la tête de St. Jean-Baptiste. *Voyez* St. Matthieu, chap. 14; St. Marc, chap. 6; St. Luc, chap. 9, 13 & 23.

HERODIEN (*Hist. d'Orient*) fils aîné d'Odénat, souverain de Palmyre, mourut victime de la haine de Zénobie sa marâtre. Son père l'avoit associé au Gouvernement & lui avoit donné le titre de Roi.

HERODIEN est aussi le nom d'un historien grec qui n'est peut-être pas assez connu; il a été traduit par ce même abbé Mongault (*Voyez* son article) de qui nous avons une excellente traduction des épitres de Cicéron. Hérodien est parmi les Historiens un des plus recommandables par la première qualité d'un historien, la fidélité; il l'est beaucoup aussi par l'intérêt continu qu'il fait repandre sur son récit, par le talent de ne dire que ce qui est nécessaire, de supprimer les détails froids ou minutieux, de mettre sous les yeux les personnages avec leurs passions, leurs vertus & leurs vices prouvés par les faits & non pas simplement allegués, comme on le voit souvent chez beaucoup d'historiens mal-adroits, qui ne savent point mettre d'accord & de convenance entre ce qu'ils disent & ce qu'ils montrent, entre leurs jugemens & leurs récits, entre les portraits & l'histoire de leurs personnages: en rapportant des faits même vrais, ils leur ôtent, pour ainsi dire, leur vraisemblance faute d'observer les gradations & les nuances progressives des caractères; ils font agir ces caractères comme par ressorts & par secousses; ils les font marcher par bonds & par sauts, ils oublient que dans l'ordre moral comme dans l'ordre physique, tout a une marche régulière & graduelle, tout a un commencement, un progrès & une fin. *Hérodien* marque avec soin & rend sensibles toutes les gradations du passage de la vertu au vice, & du retour du vice à la vertu. Le premier est malheureusement le plus commun. On voit ici comment l'empereur Commode, comment le fils & l'élève du philosophe Marc-Aurèle, formé sous ses yeux & par ses mains, guidé par ses leçons & par ses exemples, a pu dégénérer à tel point de la vertu d'un tel père. Commode étoit assez bien né, il portoit sur le trône d'heureuses dispositions, il regrettoit sincérement son père, il en chérissoit & en révéroit la mémoire. Il voulut prendre sa conduite pour modèle; il estimoit, il aimoit, il consultoit les amis de Marc-Aurèle, il les prioit de guider ses pas sur les traces de ce héros. On voit ici le flatteur Perennis s'insinuer insensiblement dans la confiance de Commode, le corrompre par le charme des volupté l'éloigner peu-à-peu de ses devoirs & des affaires, l'aguerrir contre les remontrances, lui rendre les gens de bien & les amis de son père d'abord incommodes, puis importuns, puis odieux, & enfin suspects; ce qui devient pour eux un arrêt de mort; des conjurations nées pour la plûpart, de ses fautes & de ses crimes, achèvent d'aigrir son caractère & de l'accoutumer à la cruauté.

Le portrait de Sévère est encore parfaitement dessiné, on y voit le conquérant rapide, le soldat robuste, endurci à la fatigue, aux rigueurs des saisons, aux injures de l'air, aux exercices militaires; le politique fourbe, cruel, sanguinaire, qui jamais ne sçut pardonner à un ennemi, & dans qui le langage & l'apparence de la vertu ne furent qu'un moyen de tromper les hommes & de perdre ses rivaux.

La haine implacable des deux frères Caracalla & Géta, fils de Sévère, haine qui rend vraisemblable tout ce que la fable nous raconte des fureurs d'Etéocle & de Polynice; Géta, le plus aimable des deux frères, égorgé par Caracalla, presque dans les bras de leur mère, l'impératrice Julie, que l'on nommoit *Jocaste*, à cause de sa tendresse pour ces deux frères ennemis, qu'elle ne put jamais réconcilier; les fureurs de cet odieux Caracalla, qui ne prit le surnom sacré d'Antonin, que pour le profaner; la mollesse, les folies & les sacrilèges d'*Héliogabale* ou *Hélagabale*; les cruautés du terrible Maximin; la relation du siège d'Aquilée, où ce Maximin fut tué par ses propres soldats, forment ici des tableaux imposans & assez variés, quoique le fond soit essentiellement uniforme; mais le talent de l'auteur ne se borne point à peindre avec des couleurs effrayantes, les monstres qui ont désolé l'humanité; il sçait aussi peindre avec des couleurs douces & riantes, l'ame céleste de Marc-Aurèle, la vertu constante & courageuse de Pertinax & sa mort désastreuse, soutenue avec fermeté; la douceur inaltérable, mais un peu pusillanime & trop mêlée de foiblesse, d'Aléxandre, fils de Mammée. Le moment où cet enfant malheureux détrôné par les vices & l'avarice de sa mère, qu'il n'avoit jamais osé réprimer, se jette entre ses bras, en lui reprochant sa mort qu'il attend, & à laquelle il se résigne, est un mouvement pathétique.

L'avènement du vieux Gordien à l'empire, bientôt suivi de sa mort, semble être, par toutes ces circonstances, la répétition de l'histoire de Pertinax; ce seroit un défaut choquant dans une fiction, c'est une chose inévitable dans l'histoire; c'est la fortune qui s'est répétée, & qui a ramené deux fois les mêmes évènements.

Il y a plusieurs harangues dans *Hérodien*, comme dans la plûpart des historiens anciens & même chez quelques modernes. « Ceux qui les aiment, dit le » traducteur, auront de quoi se contenter. Ceux qui, » élevés dans notre goût, voudroient les bannir de » l'histoire, sçauront du moins bon gré à l'auteur de » ne les avoir pas faites trop longues ». Il est vrai qu'elles n'ont point la longueur qui, chez plusieurs autres historiens, nuit à la vraisemblance, détruit l'illusion, & annonce le travail; elles sont d'une étendue proportionnée à celle du récit; elles sont d'ailleurs adaptées à la personne, à la situation, aux circonstances; plusieurs ont l'éloquence & le pathétique que l'occasion fournissoit.

Cette histoire finit à la mort de Maxime & de Balbin, successeurs de Maximin; elle montre dans l'espace de soixante ans, douze ou quatorze empereurs & même davantage, si on veut compter tous ceux à qui ce titre dangereux, gage d'une mort violente, a été donné par quelque armée révoltée, & qui tous avoient le même droit, auquel le succès seul donnoit de la valeur.

De tous ces empereurs, un seul meurt dans son lit, c'est Sévère; encore Caracalla, son fils, engagea-t-il ses Médecins à terminer ses jours, & les fit-il périr, parce qu'il n'avoit pu les corrompre. Aussi *Hérodien* dit-il que Sévère mourut plutôt de mélancolie que du mal dont il étoit attaqué.

Hérodien a été accusé d'avoir été trop favorable au barbare Maximin, & cela par aversion pour Aléxandre Mammée, son prédécesseur; nous ne concevons pas qu'un pareil reproche ait pu être fait par quelqu'un qui ait pris la peine de lire *Hérodien*. Il est impossible de dire plus de bien d'Alexandre, & plus de mal de Maximin. Il ne peint pas à la vérité Aléxandre comme un guerrier, parce qu'Aléxandre ne l'étoit pas, & que son règne fut un règne de paix; il ne peint point Maximin comme un lâche, parce que Maximin étoit très-brave & très-redoutable dans les combats; mais la douceur & du caractère & du règne d'Aléxandre est par-tout mise en opposition avec la férocité de Maximin & les horreurs de sa tyrannie.

« Je ne comprends pas Jule-Capitolin, dit avec raison M. l'abbé Mongault; après avoir avancé qu'*Hérodien* a été trop favorable à Maximin, il copie tout ce » qu'il a dit de plus fort sur le courage & l'intrépidité » de cet empereur, sans rien ajouter à l'affreuse des» cription qu'il nous fait de sa tyrannie. C'est néan» moins sur ce témoignage qu'est fondé principalement » le reproche qu'on a voulu faire à *Hérodien* ».

Et voilà comment les opinions s'établissent quelquefois; mais pour détruire celle-ci, il suffit de lire *Hérodien*.

Cet auteur étoit contemporain de tous les empereurs dont il a écrit l'histoire; il nous apprend qu'il a exercé différentes charges, & qu'il a été employé dans différentes affaires. « Il me semble, dit le traducteur, qu'il » devoit se montrer quelquefois sur la scène, cela au» roit donné plus de dignité à sa personne & plus » d'autorité à son histoire ».

On sçait d'ailleurs qu'il étoit d'Aléxandrie, fils d'un rhéteur, nommé *Apollonius le Dyscole* ou *le difficile*; & qu'il suivit, au moins quelque temps, la profession de son père.

HÉRODOTE, (*Hist. Litt. anc.*) le pére de l'histoire, né à Halicarnasse dans la Carie, près de cinq siècles avant J. C. On a donné le nom des neuf Muses aux neuf livres qui composent son ouvrage, & qu'il lut aux jeux olympiques. Il avoit beaucoup voyagé à Samos, en Egypte, en Italie, dans toute la Grèce,

Grèce ; ce qui ne peut qu'être utile à un historien. Du Ryer l'a traduit ; M. Larcher, de l'Académie des Inscriptions & Belles-Lettres, en a donné une traduction d'un tout autre prix.

HE'ROPHILE, (*Hist. anc.*) célèbre médecin & grand anatomiste, qui vivoit vers l'an 570 avant J. C. obtint, dit-on, la permission de disséquer les corps encore vivans des criminels condamnés à mort. Cicéron, Pline & Plutarque parlent de ce médecin avec éloge, Tertullien l'appelle plutôt bourreau que médecin. *Herophilus ille medicus aut lanius, qui sexcentos exsecuit, ut naturam scrutaretur, qui homines odiit ut nosset.*

HERRERA-TORDESILLAS (Antoine) (*Hist. Litt. mod.*) historiographe des Indes, sous Philippe II. est auteur d'une histoire générale des Indes depuis 1492 jusqu'en 1554, & d'une histoire générale de son temps depuis 1554, jusqu'en 1598. Ces deux ouvrages sont en espagnol. Mort en 1625.

Un autre *Herrera* (Ferdinand de) étoit un poëte de Séville assez célèbre dont on a aussi des ouvrages en prose, comme la vie de Thomas Morus, & une relation de la bataille de Lepante.

HERSAN, (Marc-Antoine) (*Hist. Litt. mod.*) Il fut le maître de M. Rollin, & M. Rollin par reconnoissance a rendu sa mémoire respectable ; il a inséré dans le *traité des études*, son explication du cantique de Moyse: *Cantemus Domino.* « A la qualité de maître, dit M. Rollin, il avoit joint à mon égard celle de » père, m'ayant toujours aimé comme son enfant. Il » avoit pris dans les classes un soin particulier de me » former, me destinant dès lors pour son successeur : & » je l'ai été en effet en seconde, en rhétorique (au col» lège du Plessis) & au collège Royal (dans la chaire » d'éloquence.) Jamais personne n'a eu plus de talent » que lui, pour faire sentir les beaux endroits des auteurs, » & pour donner de l'éducation aux jeunes gens. L'orai» son funèbre de M. le chancelier le Tellier, qu'il pro» nonça en Sorbonne, & qui est la seule pièce de prose » qu'il ait permis qu'on imprimât (elle a été traduite en françois, par M. l'abbé Bosquillon de l'académie de Soissons) suffit pour montrer jusqu'où il avoit porté » la délicatesse du goût : & les vers qu'on a de lui peuvent » passer pour un modèle en ce genre. Mais il étoit en» core plus estimable par les qualités du cœur que par » celles de l'esprit. Bonté, simplicité, modestie, désin» téressement, mépris des richesses, générosité portée » presque jusqu'à l'excès, c'étoit là son caractère. Il ne pro» fita de la confiance entière que M. de Louvois avoit » en lui, que pour faire plaisir aux autres. Quand il » me vit principal au collège de beauvais, il sacrifia par » bonté pour moi, & par amour du bien public, deux » mille écus pour y faire des réparations & des em» bellissements nécessaires. Mais les dernières années de » sa vie quoique passées dans la retraite & l'obscurité, » ont effacé tout le reste. Il s'étoit retiré à Compiègne » lieu de sa naissance. Là...... il se consacra entièrement » au service des pauvres enfans de la ville. Il leur fit » bâtir une école, peut-être la plus belle qui soit dans » le royaume, & fonda un maître pour leur instruction. » Il leur en tenoit lieu lui-même ; il assistoit très-souvent » à leurs leçons, en avoit presque toujours quelques-uns » à sa table : il en habilloit plusieurs : il leur distribuoit à » tous, dans des temps marqués, diverses récompenses » pour les animer. Il a eu le bonheur de mourir pauvre en » quelque sorte au milieu des pauvres, ce qui lui restoit » de bien ayant à peine suffi pour une dernière fon» dation qu'il avoit faite des sœurs de la charité, pour » instruire les filles, & pour prendre soin des malades. » Il mourut à Compiègne en 1724.

HERSENT, *ou* HERSAN (Charles) (*Hist. Litt. mod.*) docteur de sorbonne, traducteur du *Mars Gallicus* de Jansénius, & auteur de l'ouvrage intitulé : *Optatus Gallus de cavendo schismate*, deux écrits qui déplurent beaucoup au cardinal de Richelieu & qui n'étoient pas faits pour lui plaire. Mort en 1660.

Il avoit été oratorien, & avoit depuis écrit contre l'oratoire. Persécuté en France pour avoir pris avec trop de hauteur, le parti du saint siège, il alla chercher un asyle à Rome, il n'y réussit pas mieux ; un panégyrique de Saint Louis, qui fut peut-être trouvé trop françois, le fit décréter d'ajournement personnel par l'inquisition ; n'ayant pas jugé à propos de comparoître, il ne fut du moins qu'excommunié.

HERVART, (Barthelemi) (*Hist. de Fr.*) créature du cardinal Mazarin, dont il étoit le banquier. Il fut contrôleur-général, quoique protestant. Mort en 1676.

HERVEY, (James) (*Hist. Litt. mod.*) poëte anglois, si connu par son *tombeau*, & ses *méditations*, mort en 1759. On trouve à la tête de la traduction françoise de ces deux poëmes, une vie assez détaillée de l'auteur, fils d'un curé & curé lui-même dans la province de Northampton.

HESBURN, (Jacques,) *Voyez* BOTHWEL; *Elisabeth* & *Marie* STUART.

HESIODE, (*Hist. Litt. anc.*) poëte grec, qu'on croit, mais sans certitude, avoir été contemporain d'Homère : son poëme *des ouvrages & des jours* est un traité d'agriculture, qui a donné à Virgile l'idée de ses georgiques :

Ascræumque cano Romana per oppida carmen.
Georg.

Hos tibi dant calamos, en accipe, musæ,
Ascræo quos ante seni.

On appelloit Hésiode *senex ascræus* parce qu'il avoit été élevé à Ascra en Béotie. Il étoit né à Cumes en Eolide. On a encore de lui la *théogonie* ou généalogie des Dieux & le *bouclier d'Hercule*.

HESSUS, (Eobanus.) (ELIUS *ou* HELIUS dit) (*Hist. Litt. mod.*) Eobanus avoit pris ce nom de *Hessus* parce qu'il étoit de la Hesse. C'étoit un poëte latin assez célèbre, contemporain d'Erasme & de Mélanchton, ami du second. Joachim *Camerarius* a écrit sa vie où il n'y a rien de remarquable, sinon que dans ce temps où les allemands sur-tout se piquoient *de bien boire*, il se piquoit de boire mieux que tous les allemands &

de les vaincre tous à table. On lui fit un jour le défi suivant; on remplit de bière de Dantzick, un seau immense au fond duquel on mit un diamant d'un grand prix qui devoit être pour lui s'il vuidoit le seau; il le vuida, rendit le diamant, & demanda seulement que celui qui l'avoit provoqué, vuidât à son tour le seau; celui-ci n'en put boire qu'une partie, & tomba sous la table, cédant la victoire.

Parmi une multitude d'ouvrages en vers latins, *Hessus* a fait des héroïdes chrétiennes; il a traduit aussi en vers latins, les Idylles de Théocrite, il en a fait de son chef; il a fait une multitude d'élégies, de complaintes, déplorations, &c. sur les troubles, tant civils qu'ecclésiastiques de son temps & de son pays. Il étoit né le 6 Janvier 1488. Il mourut le 5 Octobre 1540.

HESYCHIUS (*Hist. Litt. anc.*) grammairien grec dont on a un dictionnaire grec fort connu. On ne sçait pas d'ailleurs certainement qui il étoit, ni dans quel temps il vivoit.

HETMANN, s. m. (*Hist. mod.*) dignité qui en Pologne répond à celle de grand général de la couronne; & dans l'Ukraine, c'est le chef des cosaques, il est vassal de l'empire russien. (*A. R.*)

HEVELKE, (Jean) HEVELIUS (*Hist. Litt. mod.*) échevin & sénateur de Dantzick, astronome célèbre du 17e siècle, observa certaines particularités du mouvement de la lune; il découvrit plusieurs étoiles fixes qu'il nomma *le firmament de Sobieski*, en l'honneur de ce grand roi de Pologne. La plupart de ses ouvrages sont astronomiques, & ont pour objets, la lune, Saturne, les comètes, &c. Il est un des sçavans étrangers que les bienfaits de Louis XIV allèrent chercher. Né à Dantzick en 1611, mort en 1688.

HEVIN (Pierre) (*Hist. Litt. mod.*) avocat au parlement de Rennes, connu par ses travaux sur la coutume de Bretagne, & qui a réfuté l'histoire romanesque & tragique de la mort de la comtesse de Château-briant, rapportée par Varillas, histoire flétrissante & pour le nom de Foix, si Lautrec son frère l'avoit ainsi laissée périr sans vengeance, & pour le nom de Laval, si le comte de Laval Château-briant avoit été capable de ce lâche & cruel assassinat, & sur-tout pour le nom de Montmorenci, si le connétable Anne avoit été capable de vendre le pardon d'un tel crime, en exigeant des sacrifices utiles à sa fortune. Heureusement cette histoire est absolument fausse, *Hévin* le prouve très-bien; mais il va trop loin, lorsqu'il se fait le défenseur de la vertu de la comtesse de Château-briant, & qu'il ne veut pas qu'elle ait été la maîtresse de François I. C'est nier un fait trop notoire & trop prouvé. Né à Rennes en 1621, mort en 1692.

HEURNIUS, (Jean) (*Hist. Litt. mod.*) médecin & professeur célèbre de médecine à Leyde, est le premier qui ait fait dans cette ville, des démonstrations d'anatomie sur les cadavres. On a de lui un *traité des maladies de la tête*, qui selon le jugement de Jules Scaliger, est autant au dessus de ses autres livres que la tête est au dessus des autres parties du corps. Né à Utrecht en 1543, mort en 1601.

Son fils (Othon,) aussi professeur en médecine à Leyde, & beaucoup moins célèbre, avoit pris pour devise, comme avoient fait avant lui quelques autres medecins : *citò, tutò, jucundè, morbi curandi. Guérir promptement, sûrement, agréablement.* Le *tutò* est encore beaucoup, a-t-on dit, & on a bien de la peine à l'obtenir; quant au *jucundè, agréablement*, c'est une promesse de charlatan. Le sçavant Astruc, si connu par son Traité *de morbis venereis*, entendant parler des méthodes nouvelles, si faciles & presque agréables de traiter ces maladies, disoit en riant de tous ces prestiges : *nous sommes en train de trouver une manière de guérir ces maladies aussi agréable que la manière de les gagner.*

HEXAMILLON, s. m. (*Hist. mod.*) nom d'une muraille célèbre que l'empereur Emanuel fit bâtir sur l'isthme de Corinthe en 1413, pour mettre le Péloponese à couvert des incursions des Barbares. Elle a pris son nom de ἑξ, *six*, & μιλιον qui en grec vulgaire signifie *mille*, à cause qu'elle avoit six milles de longueur.

Amurat II. ayant levé le siége de Constantinople en 1424, démolit l'*hexamillon*, quoiqu'il eût auparavant conclu la paix avec l'empereur grec.

Les Vénitiens le rétablirent en 1463, au moyen de 30,000 ouvriers qu'ils y employèrent pendant quinze jours, & le couvrirent d'une armée commandée par Bertold d'Est, général de l'armée de terre, & Louis Lorédan, général de celle de mer.

Les infidèles furent repoussés après avoir fait plusieurs tentatives, & obligés de se retirer de son voisinage. Mais Bertold ayant été tué peu de temps après au siège de Corinthe, Bertino Calcinato qui prit le commandement de l'armée, abandonna à l'approche du Beglerbey la défense de la muraille, qui avoit couté des sommes immenses aux Vénitiens, ce qui donna la facilité aux Turcs de s'en rendre maîtres, & de la démolir entièrement. (*G.*)

HHATIB, s. m. (*Hist. mod.*) nom que les Mahométans donnent à un des officiers de leurs mosquées, qui tient parmi eux le rang qu'occupe parmi nous un curé. Ce *hhatib* se place en un lieu élevé, & lit tel chapitre de l'alcoran qu'il lui plaît, en observant néanmoins de garder le plus long pour le vendredi, qui est parmi les musulmans le jour où ils donnent plus de temps à la prière publique. Dandini, *voyage du mont-Liban.* (*G.*)

HICETAS, (*Hist. anc.*) philosophe de Syracuse, croyoit le soleil immobile, & attribuoit à la terre le mouvement que nos sens attribuent au soleil. C'est Cicéron qui nous l'apprend, & son récit peut avoir donné à Copernic l'idée de son systême.

HIDALGO, s. m. (*Hist. d'Espagne*) c'est le titre qu'on donne en Espagne à tous ceux qui sont de familles nobles; à tous les gentilshommes qui ne sont pas grands d'Espagne.

Quelques-uns croyent que *hidalgo* veut dire *hijo de Godo*, fils de Goth, parce que les meilleures familles d'Espagne prétendent descendre des Goths; mais le plus grand nombre dérivent *hidalgo*, de *hijo d'algo*, *fils de quelque chose*, & même il s'écrit souvent *hijo d'algo*; c'est ainsi que pour désigner une personne qui manque de qualité, les François disent un *homme de néant*.

Quoi qu'il en soit, les *hidalgos* ne sont soumis qu'aux collectes provinciales, & ne payent aucuns impôts généraux, c'est pourquoi le nom de *hidalgos de vengar quinientos sueldos*, c'est-à-dire *nobles vengés des cinq cent sols*, leur est donné, parce qu'après la défaite des Maures à la bataille de Clavijo, les gentilshommes vassaux du roi don Bermudo, se déchargèrent du tribut de cinq cent sols qu'ils leur payoient précédemment pour les cinquante demoiselles.

Au reste, les *fildalgos* portugais répondent aux *hidalgos* espagnols, & même ces derniers prétendent le pas sur tous les ambassadeurs des cours étrangères auprès du roi de Portugal, quand ils lui font des visites. (*D. J.*)

HIDE, *ou* HYDE, s. f. (*Hist. mod.*) la quantité de terres qu'une charrue peut labourer par an. Ce mot a passé du saxon dans l'anglois. Les Anglois mesurent leurs terres par *hides*. Nous disons une ferme à deux, à trois, à quatre charrues, & ils disent une ferme à deux, à trois, à quatre *hides*. Toutes les terres d'Angleterre furent mesurées par *hides*, sous Guillaume le conquérant. (*A. R.*)

HIEMPSAL. *Voyez* ADHERBAL.

HIEROCLÈS, (*Hist. anc.*) philosophe platonicien célèbre au 5e siècle. Il est connu sur-tout par son Commentaire sur Pythagore. Photius nous a conservé des extraits de l'ouvrage d'*Hieroclès sur la Providence & le Destin.*

HIÉRON I, (*Histoire ancienne.*) frère de Gélon, fut successivement tyran de Gênes & de Syracuse. Les premiers jours de son règne en firent concevoir les plus hautes espérances. Ce prince, né avec le goût des arts & des sciences, appella dans sa cour les sçavants & les artistes de la Grèce & de l'Italie. Ami de la vérité, il disoit que sa maison & ses oreilles étoient toujours ouvertes pour l'entrée. Des infirmités naturelles lui donnèrent le temps de faire des réflexions sur les amertumes attachées au pouvoir suprême, & sur-tout sur le malheur qui prive les rois des plaisirs de l'amitié. Il se consoloit de l'ennui de sa grandeur dans la conversation d'Epicharme, de Bachilide, de Pindare & de Simonide : ce fut ce dernier qui eut le plus d'ascendant sur son esprit. Un jour le prince l'interrogea sur la nature & les attributs de la divinité. Simonide lui demanda un jour pour y réfléchir ; le lendemain il en demanda deux, & allant toujours en augmentant, il eut enfin la modestie d'avouer que plus il approfondissoit ce mystère, plus il trouvoit de difficulté à l'expliquer.

Hiéron, mécontent des villes d'Ecatanne & de Naxe, en chassa les anciens habitans, qui furent remplacés par une colonie de cinq mille Syracusains & d'un pareil nombre de Péloponésiens. Ces nouveaux habitans, le regardant comme leur fondateur, lui rendirent, après sa mort, les mêmes honneurs qu'on décernoit aux demi-dieux. Anaxilaus, tyran de Zancle, avoit entretenu une amitié constante avec Gélon. Après sa mort, *Hiéron* se déclara le protecteur de ses enfans. Il se chargea de régir lui-même leur bien; & il le fit avec tant d'économie, qu'à leur majorité ils se trouvèrent plus riches qu'ils ne l'étoient à la mort de leur père. Les dernières années de sa vie obscurcirent la splendeur des premiers jours de son règne. Dominé par l'avarice, il accabla son peuple d'exactions ; il commit les injustices les plus criantes, & il usa souvent de violence pour assouvir sa cupidité. Les Syracusains, naturellement indociles, ne virent plus qu'un tyran dans celui qu'ils avoient chéri & respecté comme leur roi : & s'ils ne passèrent point du tumulte à la révolte, c'est qu'ils furent contenus dans l'obéissance par le respect religieux qu'ils conservoient encore pour la mémoire de son frère Gélon : ce prince bienfaisant, de l'ombre du tombeau, sembloit encore exercer sa domination au milieu de Syracuse, reconnoissante de ses bienfaits. *Hieron* mourut après un règne de douze ans. (*T. N.*)

HIÉRON II, (*Histoire ancienne.*) descendoit de Gélon, qui avoit régné autrefois avec gloire à Syracuse. Son père, qui l'avoit eu d'une femme esclave, craignit que le vice de sa naissance n'imprimât une tache à l'honneur de sa race : il le fit exposer dans une forêt pour être la pâture des bêtes. Mais l'oracle instruit de ce trait dénaturé, annonça la vengeance des dieux, & prophétisa la grandeur future de l'enfant délaissé. Le père attendri, ou peut-être intimidé par les menaces du prêtre, le fit rapporter à sa maison, où il fut instruit par les plus grands maîtres. Le disciple profita de leurs leçons, & se fit bientôt distinguer par son adresse & son courage. Pyrrhus, juge & témoin de sa valeur naissante, découvrit en lui le germe d'un grand homme. Son suffrage le mit dans une si grande vénération, qu'il eut dans Syracuse tout le pouvoir d'un roi, sans en avoir le titre. Les dissensions qui s'allumèrent entre les magistrats & l'armée, préparèrent sa grandeur : les troupes mutinées, l'élevèrent au commandement ; & il ne se servit de son pouvoir, que pour pacifier les troubles domestiques. Les Syracusains charmés de sa modération, confirmèrent son élection illégale.

Les Mamertins portoient depuis long-temps la désolation dans le territoire de Syracuse. Il marcha contr'eux, les vainquit, & le trône fut la récompense de sa victoire. Son alliance avec les Carthaginois lui devint funeste. Il éprouva quelques revers qui lui firent rechercher & obtenir l'amitié des Romains ; ceux-ci ne furent pas long-temps à ressentir les avantages de cette nouvelle alliance Ils avoient éprouvé plusieurs fois les horreurs de la famine ; mais dès que *Hiéron* fut leur ami, ils virent régner l'abondance au milieu de leur camp. Tandis que tout étoit agité autour de lui, le calme régnoit chez lui. Ce fut dans ces temps pacifiques qu'il développa son ame bienfaisante. Il n'imita point la sombre politique de ses prédécesseurs qui, regardant leurs sujets comme leurs ennemis, confioient la garde de leur personne à des étrangers mercenaires : il ne voulut avoir autour de lui que des citoyens ; il paroissoit si assuré de leur fidélité, qu'au lieu de les désarmer ;

il voulut que tous fussent formés dans les exercices de la guerre. Les peuples se crurent libres par le soin qu'il prit de respecter leurs privilèges & le droit de propriété. Dépositaire & ministre de la loi, il se reposa sur elle du soin de commander & de punir. Les citoyens & l'armée avoient jusqu'alors divisé l'état: il étouffa la semence de cette rivalité dangereuse, & dès que chacun fut resserré dans ses limites, un calme durable fit renaître les prospérités publiques. Ce fut en bannissant l'oisiveté, qu'il extirpa la racine de tous les vices. L'agriculture fut honorée: la terre mieux cultivée fournit avec usure le prix du travail. *Hiéron* étudia lui-même l'art de la rendre plus fertile. L'on regrette encore aujourd'hui la perte de ses expériences & de ses découvertes sur une matière aussi intéressante. Ses réglemens sur le commerce du bled, parurent avoir été dictés par un cœur sensible & compatissant. Ils furent observés comme une loi sacrée sous son règne, & long-temps après sa mort.

Ce fut dans la seconde guerre Punique qu'il se montra véritablement l'ami des Romains. Il fournit gratuitement du bled & des habits aux légions, qui manquoient de tout. Lorsque Rome, après trois défaites, sembloit pencher vers sa ruine, il en releva les espérances par un présent de trois cens mille boisseaux de froment, & de deux cens mille d'orge, avec mille frondeurs, pour les opposer à ceux des Baléares & aux frondeurs de l'armée d'Annibal. Il ne fut pas moins magnifique envers les Rhodiens, dont l'île avoit été bouleversée par un tremblement de terre: il leur envoya cent talens, sans en être sollicité. C'étoit en prévenant les demandes des infortunés, qu'il donnoit un nouveau prix à ses bienfaits. Il eut le bonheur de posséder le premier géomètre de l'univers, & d'en connoître tout le mérite. C'étoit Archimède, qui fit servir son art à la construction de plusieurs machines pour l'attaque & la défense des places. Ce fut à ce sçavant géomètre qu'on fut redevable de l'invention de cette fameuse galère, qu'on regarda comme une des merveilles de l'antiquité. Comme il n'y avoit point de port dans toute la Sicile assez vaste pour la contenir, *Hiéron*, à qui elle devenoit inutile, en fit présent à Ptolomée Philadelphe. L'Egypte venoit d'être frappée du fléau de la stérilité, il y envoya soixante mille muids de bled, dix mille grands vases de terre, pleins de poisson salé, vingt mille quintaux pesant de chair salée. C'est ainsi qu'en répandant ses bienfaits sur les étrangers, il trouvoit par-tout des admirateurs & des amis. Après le carnage de Canne, les Carthaginois victorieux descendirent dans la Sicile, où ils portèrent le fer & la flamme. *Hiéron*, inébranlable dans sa fidélité pour les Romains, fut le plus exposé à leurs ravages. Les alliés de Syracuse murmurèrent de son attachement pour un peuple que les dieux sembloient avoir abandonné. Son fils Gélon, séduit par les promesses des Carthaginois, se mit à la tête des mécontents. La Sicile étoit sur le point de voir allumer le feu des dissensions civiles, lorsque la mort imprévue de ce fils dénaturé, la délivra de ce fléau. Son père fut soupçonné d'avoir abrégé ses jours: il le suivit de près au tombeau, où il emporta les regrets de toute la Sicile. Il mourut âgé de quatre-vingt-dix ans: il en avoit régné cinquante-quatre, sans avoir jamais éprouvé l'inconstance d'un peuple indocile, qui ne vouloit point de maître. (*T. N.*)

HIEROPHILE. *Voyez* l'article AGNODICE.

HIGMORE, (*Hist. Litt. mod.*) anatomiste anglois du 17e siècle, connu par des découvertes dans son art, qui ont fait donner son nom à quelques parties du corps humain: on appelle *antre d'Higmore*, le sinus maxillaire. On a de lui un ouvrage estimé, qui a pour titre: *Disquisitio anatomica.*

HILAIRE, (*Hist. Ecclés.*) nom célèbre dans l'église, par trois Saints, dont un fut pape, & les deux autres évêques. Le pape St. *Hilaire* fut élu le 10 novembre 461, & mourut le 21 février 468. Il condamna les hérésies de son temps, le nestorianisme & l'eutichianisme.

St. *Hilaire*, évêque de Poitiers, est au nombre des docteurs de l'église. Il combattit les Ariens, & souffrit l'exil pour la foi. Dom Constant & le Marquis Maffei ont donné des éditions de ses œuvres. Mort en 367.

St. *Hilaire* d'Arles, avoit été élevé dans le monastère de Lérins, par le fameux abbé St. Honorat, dont il a écrit la vie, & il fut son successeur sur le siège d'Arles. St. *Hilaire* avoit ce qu'on a long-temps appellé le caractère apostolique, & qui n'est plus d'usage aujourd'hui; mais qu'on ne s'y méprenne pas, ce c'est pas du tout une critique de ce siècle que nous prétendons faire. On raconte qu'un des premiers officiers de justice ayant à se reprocher quelques injustices, St. *Hilaire*, qui l'avoit inutilement repris plusieurs fois en secret, le voyant entrer dans l'église pendant qu'il prêchoit, cessa aussi-tôt de parler, & tous ses auditeurs cherchant la raison de son silence: *est-il juste*, dit-il, *que celui qui a si souvent méprisé mes avertissements, participe à la nourriture spirituelle que je vous distribue?* Mais étoit-il juste que les fidèles fussent privés de cette nourriture, parce qu'un seul n'en profitoit pas? Etoit-il juste & charitable de faire à cet homme public, un un affront public & scandaleux? (car il fut obligé de sortir de l'église) Eh! pourquoi désespérer de son amandement! pourquoi lui refuser à lui-même une nouvelle instruction qui ne fût pas une injure? Disposer ainsi par la prédication, de la réputation & de l'état d'un homme en place, est une jurisdiction qu'il ne peut être prudent de laisser exercer même aux plus grands saints; il suffit qu'ils soient susceptibles de préventions & d'erreurs. La théorie actuelle de la prédication est qu'il ne peut être permis en chaire de prendre personne à partie, de nommer ni de désigner personne, pour quelque faute que ce soit; & toute cette théorie est renfermée dans ce mot de Louis XIV, à un prédicateur qui avoit osé le désigner en chaire: *je consens de prendre ma part d'un sermon, mais je ne veux pas qu'on me la fasse.*

St. *Hilaire* d'Arles mourut en l'an 449.

HILARION, (Saint) (*Hist. Ecclés.*) fut dans la Palestine, ce que St. Antoine, dont il se fit le disciple, étoit en Egypte, c'est-à-dire, l'instituteur de la vie monastique. Né vers l'an 291, près de Gaza; mort en

371; dans l'isle de Chypre, où il s'étoit retiré.

HILDEBRAND. C'est le nom du pape Grégoire VII. (*Voyez* GRÉGIRE VII.

HILDEGARDE, (Sainte.) (*Hist. Ecclés.*) sainte à révélations, & dont les révélations ont été imprimées en 1566. Le pape Eugène III, dans un concile tenu à Trèves en 1146, lui avoit permis de les publier. Sainte *Hildegarde* étoit abbesse du Mont-Saint-Rupert, près de Binghen sur le Rhin. Elle mourut en 1180.

HIMPOU, (*Hist. mod.*) juge criminel à la Chine, son tribunal est un des tribunaux souverains. L'*himpou* réside à Pekin, capitale de l'empire. (*A. R.*)

HINCMAR, (*Hist. de Fr.*) archevêque de Reims, & *Hincmar*, évêque de Laon, son neveu, opposés l'un à l'autre, partagèrent, mais très-inégalement, le clergé de France dans une contestation qui s'éleva entre le pape Adrien II & Charles-le-Chauve. Ce dernier ayant enlevé la Lorraine à l'empereur Louis son neveu, Adrien II lui ordonna, sous peine d'excommunication, de la restituer. Les rois de ce temps redoutoient beaucoup l'excommunication; mais ils avoient plus d'éloignement encore pour la restitution; d'ailleurs, le despotisme d'Adrien, qui, content d'avoir raison dans le fond, dédaigna volontairement de l'avoir dans la forme, révolta une partie du clergé de France. Le célèbre *Hincmar*, archevêque de Reims, à qui son éloquence, sa doctrine, son caractère ferme & austère avoient donné dans ce clergé la plus haute considération, écrivit avec beaucoup de véhémence au pape Adrien II, en faveur des libertés de l'église Gallicane. Aussi est-il cité avantageusement parmi les premiers défenseurs de ces libertés attaquées par les papes; mais l'Evêque de Laon, son neveu, aussi soumis à toutes les décisions de Rome, que l'archevêque de Reims vouloit qu'on le fût aux siennes, incapable d'ailleurs de se soumettre à toute autre autorité, & révolté surtout contre celle de son oncle, devint le chef du parti papiste. Ces deux prélats se firent une guerre violente. Tous deux inflexibles, l'oncle impérieux, le neveu insolent: *homo insolentiæ singularis*, disent les annales de S. Bertin, le choc fut rude entr'eux. L'archevêque, par son autorité de métropolitain, cassa une sentence d'excommunication rendue par l'évêque, contre des particuliers, ses ennemis; l'évêque appella sur le champ à Rome, & le pape se prétendant saisi par cet appel, révendiqua l'affaire par *puissance apostolique*. Cette réclamation du pape fut pour l'archevêque de Reims une nouvelle occasion de défendre les libertés de l'église Gallicane, en défendant sa propre autorité: il cita son neveu à un concile qui devoit se tenir à Attigny, & prononcer sur la validité de son appel. L'evêque de Laon y vint, soit qu'il ne crût pas pouvoir s'en dispenser, soit qu'il espérât y triompher. L'archevêque commença par le faire attaquer sur les chemins, & par faire piller ses équipages, correction peu ecclésiastique, & dont on ne voit pas trop quel pouvoit être le but; il le fit ensuite condamner & déposer par le concile; & la querelle s'échauffant toujours de plus en plus, parce que le pape prenoit la défense de l'évêque de Laon, comme Charles-le-Chauve celle de l'archevêque de Reims, celui-ci joignant à l'autorité d'un oncle & d'un métropolitain, la cruauté d'un ennemi, poussa la violence jusqu'à faire crever les yeux à l'évêque de Laon. Il ne se montra guère moins sévère à l'égard du moine *Gotheschalc*. *Voyez* l'article GOTHESCALC.

Sous le règne de Louis III & Carloman, les Normands désoloient plus que jamais la France; le vieil *Hincmar*, chassé de son siège de Reims par l'effroi qu'inspiroient ces barbares, mourut dans sa fuite, à Epernay, en 882, chargé d'années, accablé de douleur; il fut le flambeau de l'église Gallicane; mais la sévérité & la violence ont terni sa gloire, & privé sa mémoire de l'intérêt attaché au malheur. Le P. Sirmond a donné une édition de ses œuvres. *Hincmar* avoit été moine de St. Denis. Son neveu étoit mort avant lui, en 878. Celui-ci avoit été déposé en 871, & avoit été réhabilité peu de temps avant sa mort.

HING-PU, s. m. (*Hist. mod.*) c'est le nom qu'on donne à la Chine à un tribunal supérieur qui réside auprès de l'empereur. Il est chargé de la révision de tous les procès criminels de l'empire, dont il juge en dernier ressort. Il a sous lui quatorze tribunaux subalternes, qui résident dans chaque province. Nul Chinois ne peut être mis à mort sans que sa sentence ait été signée par l'empereur même, ce qui prouve le cas que l'on fait à la Chine de la vie d'un homme. (*A. R.*)

HIPACIE. *Voyez* HYPACIE.

HIPPARCHIE, femme de Cratès. *Voyez* CRATÈS.

HIPPARQUE *ou* HYPPARQUE, (*Hist. anc. Hist. de la Grèce.*) fils de Pisistrate, fut son successeur dans la tyrannie d'Athènes. Il associa au gouvernement son frère Hyppias, & le partage du pouvoir n'affoiblit point leur tendresse fraternelle. *Hipparque* né avec la passion des arts & des sciences, appella dans sa cour Simonide & Anacréon. Ces deux poëtes aimables firent naître l'émulation & le goût de la poësie chez les Athéniens, dont les mœurs encore agrestes commencèrent à s'adoucir. Au goût de la débauche succéda une volupté délicate qui fit revivre, dit Platon, les beaux jours de Saturne & de Rhée. Tandis qu'*Hipparque* étoit le bienfaiteur de son peuple dont il faisoit les délices, son frère Hippias se rendoit odieux par ses cruautés & par son caractère insolent. Les Alcméontides formèrent une conjuration pour affranchir Athènes de la tyrannie. Deux frères appellés *Harmodius* & *Aristogiton* se mirent à la tête des conjurés: ils choisirent pour l'exécution de leur dessein la fête des Panathénées, où tous les citoyens avoient droit d'assister avec leurs armes. *Hipparque* fut massacré, mais les deux chefs des conjurés périrent à leur tour. Hyppias qui avoit échappé aux coups des assassins, fit expirer dans les tourmens tous les conjurés. Les Alcméontides, chassés d'Athènes avec leurs partisans, se réfugièrent à Sparte qui leur offrit un asyle. Les Lacédémoniens consultèrent la prêtresse de Delphes qui leur répondit: *affranchissez Athènes du joug des Pisistratides*. Ils équipèrent une flotte & firent une descente dans l'Attique; ils furent battus par Hyppias, mais ils eurent bientôt leur revanche : le tyran assiégé dans Athènes y auroit défié ses vainqueurs, mais ayant appris que ses enfans avoient été enlevés par les Spartiates, il crut devoir sacrifier sa puissance pour racheter leur liberté & leur vie. Il sortit de l'Attique & se retira à Sigée en Phrygie d'où il fut bientôt rappellé par les Spartiates qui, jaloux des prospérités naissantes des Athéniens, voulurent rétablir la tyrannie qu'ils avoient détruite; ils convoquèrent une assemblée où Hyppias & leurs alliés furent appellés. Socicle, ambassadeur de Corinthe, leur représenta que c'étoit une ignominie à des peuples ennemis des tyrans, de vouloir en donner à leurs voisins. Son discours fit une vive impression sur les esprits. Les Spartiates retournèrent à leur générosité naturelle. Hyppias obligé de sortir de la Laconie, se réfugia à Sardes, auprès de Tisapherne, qu'il excita à faire une invasion dans la Grèce; il fut écouté favorablement. Darius somma les Athéniens de le rétablir sur le trône, & leur refus occasionna cette guerre célèbre des Grecs & des Perses, que les historiens ont décrite peut-être avec plus de faste que de vérité. Ainsi l'on peut regarder Hyppias comme le flambeau qui embrâsa sa patrie qu'il sembloit vouloir détruire par le désespoir de n'avoir pu l'asservir. (*T. N.*)

HIPPARQUE, (*Hist. anc.*) mathématicien & astronome célèbre, natif de Nicée, selon Strabon, de Rhodes selon Ptolémée, vivoit à Alexandrie sous les règnes de Ptolémée ou Ptolomée Philometor & Evergètes, depuis l'an 168 avant J. C. jusqu'à l'an 129. Il a laissé diverses observations sur les astres, & un commentaire sur Aratus, qui a été traduit en latin par le P. Petau. Pline dit qu'*Hipparque* fut, après Thalés & Sulpicius Gallus, le premier qui trouva le moyen de prédire juste les éclipses; il lui attribue l'invention de l'astrolabe; le même Pline regarde comme une entreprise sur les droits de la divinité, qu'il ait voulu faire connoître à la postérité le nombre des étoiles, & leur assigner à chacune un nom. *Idemque ausus rem etiam Deo improbam annumerare posteris stellas, ac sidera ad nomen expungere.* Strabon parle d'*Hipparque* avec moins d'admiration. Il y a une période lunaire qui porte le nom d'*Hipparque.* Il fit monter le nombre des étoiles fixes connues de son temps, à mille vingt-deux; enfin il fut le premier qui jetta les fondements d'une astronomie méthodique.

HIPPOCRATE, (*Hist. anc.*) (*Voyez* les articles ARTAXERCÈS *ou* ARTAXERCE LONGUEMAIN, ABDÈRE & DÉMOCRITE.) Nous ne dirons ici sur *Hippocrate*, que ce qui ne se trouve point dans ces trois articles.

Hippocrate, le plus célèbre médecin de l'antiquité, naquit dans l'isle de Cos, l'an 460 avant J. C. Il descendoit, dit-on, d'Esculape par son père Héraclide, & d'Hercule par sa mère Praxitée; l'isle de Cos, où il naquit, étoit consacrée au Dieu Esculape, qui avoit été apparemment un grand médecin dans les temps fabuleux. Il eut pour maîtres son père & un médecin, nommé Hérodique. Il a laissé un grand nombre d'écrits, respectés & consultés encore aujourd'hui. Il y fait noblement l'aveu de ses fautes, de peur que d'autres après lui, & à son exemple, ne tombent dans les mêmes erreurs. Il avoue qu'en pansant une blessure à la tête, il s'étoit fort trompé. *De suturis se deceptum esse Hippocrates memoriæ prodidit, more magnorum virorum & fiduciam magnarum rerum habentium. Nam levia ingenia quia nihil habent, nihil sibi detrahunt* : Celse, liv. 8, chap. 4. De quarante-deux malades qu'il avoit traités dans une épidémie qu'il décrit, il avoue qu'il n'en a guéri que dix-sept, & que tous les autres sont morts entre ses mains; au contraire, en parlant d'une esquinancie accompagnée de grands accidents, il dit que tous en rechappèrent: *S'ils étoient morts*, ajoute-t-il, *je le dirois de même.* Son serment placé à la tête de ses ouvrages, contient toute la morale-pratique de la médecine, & étoit bien propre à lui attirer la confiance des malades, tant par le désintéressement dont il fait profession, que par le zèle qu'il montre pour les progrès de l'art & la guérison des maladies. On réunissoit alors l'exercice de toutes les parties de la médecine; un même homme étoit médecin, chirurgien & pharmacien. *Hippocrate* dit qu'il n'entreprendra jamais de tailler ceux qui seront malades de la pierre, & qu'il laissera ce soin aux personnes qui se sont rendus habiles dans cette opération, par une longue expérience. Il proteste que si son art ou la confiance des malades lui découvrent quelque infirmité, quelque chose en général qui doive rester caché, il ne le révélera jamais & sera religieusement fidèle à la loi sacrée du secret.

On ne sçait aucune particularité sur sa mort. On croit seulement qu'il mourut dans un âge fort avancé. Il laissa deux fils, Thessalus & Dracon, qui furent aussi des médecins distingués, ainsi que Polybe, son gendre & son successeur.

HIPPOCRATE est aussi le nom d'un carthaginois, originaire de Syracuse, & qui, avec Epycide son frère, parvint à s'emparer de l'autorité dans cette ville, par des moyens ou violens ou perfides; ils combattirent Marcellus pendant le fameux siège de Syracuse, & furent toujours battus par ce général ou per ses lieutenants. La peste s'étant mis dans le camp des Carthaginois, ils périrent tous deux vers l'an 212 avant J. C.

HIPPONAX. (*Voyez* BUPALE, BUPALUS.)

HIRAM, (*Hist. sacr.*) L'écriture parle de deux personnages de ce nom; l'un, roi de Tyr, allié de David & de Salomon, 3e livre des rois, chap. 5; l'autre, ouvrier habile, employé par Salomon aux ornements du temple de Jérusalem, 3e livre des rois, chap. 7.

HIRCAN *ou* HYRCAN, (*Hist. sacr.*) nom de deux souverains pontifes des Juifs, dont l'un, fils de Siméon Machabée, défendit vaillamment son pays contre le roi de Syrie, Antiochus Sidetès. Il se nommoit Jean. Il en est parlé au premier livre des Machabées, chap. 13, vers. 54.

L'autre fut l'ayeul de Marianne, femme d'Hérode-le-Grand, qui le fit mourir, ainsi que sa petite-fille:

Hircan, manes sacrés! fureurs que je déteste!....
Eh bien! j'ai fait perir & ton père & mon roi,

HIRE, (Etienne de la) (*Hist. de Fr.*) (*Voyez* VIGNOLES.)

HIRE, (Philippe de la) (*Hist. Litt. mod.*) de l'Académie des Sciences, fils de Laurent de la *Hire*, peintre célèbre, naquit à Paris le 18 mars 1640. Il entra dans l'Académie des Sciences en 1678. « Un » roi d'Arménie, dit M. de Fontenelle, demanda à » Néron, un acteur excellent & propre à toute sorte » de personnages, pour avoir, disoit-il, en lui seul, » une troupe entière. On eût pu de même avoir en » M. de la *Hire* seul, une Académie entière des » Sciences, on eût eu de plus un habile professeur d'ar- » chitecture, un grand dessinateur, un bon peintre » de paysage ». Comme géomètre spéculateur, M. de la *Hire* donna, en 1685, son grand ouvrage intitulé: *Sectiones conicæ in novem libros distributæ*, qui contient toute la théorie des sections coniques; comme géomètre praticien, on a de lui l'*Ecole des Arpenteurs*, ouvrage utile, & un *Traité de Gnomonique*; comme astronome, il publia en 1702, ses tables astronomiques; *Tabulæ astronomicæ Ludovici magni jussu & munificentiâ exaratæ*; comme méchanicien, il avoit donné en 1695, un Traité de méchanique; comme opticien, un Traité *sur les différents accidents de la vue*; comme physicien, une *explication des principaux effets de la glace & du froid*; comme éditeur des ouvrages d'autrui, on a le *Traité du nivellement de M. Picard, mis en lumière par M. de la Hire, avec des additions* (1684); & le Traité *du mouvement des eaux & des autres corps fluides*, ouvrage posthume de M. Mariotte (1686).

M. de la *Hire* avoit été envoyé avec M. Picard, en 1679, en Bretagne, & en 1680, en Guienne, pour faire sur les côtes, des observations dont il devoit résulter, dans les vues de M. Colbert, une carte générale du royaume plus exacte que les précédentes. Ils firent une correction très-importante à la côte de Gascogne, en la rendant droite, de courbe qu'elle étoit auparavant, & en la faisant rentrer dans les terres; le roi dit à ce sujet, en plaisantant, que leur voyage ne lui avoit causé que de la perte; c'étoit, dit M. de Fontenelle, une perte qui enrichissoit la géographie, & assûroit la navigation.

En 1681, M. de la *Hire* seul, & toujours par ordre du roi, alla déterminer la position de Calais & de Dunkerque. Il mesura aussi la largeur du pas de Calais, & la trouva de 21,360 toises.

Pour finir la carte générale, il alla en 1682, à la côte de Provence.

En 1673, il avoit continué du côté du nord de Paris, la fameuse méridienne commencée par M. Picard en 1669, tandis que M. Cassini la continuoit aussi du côté du sud.

M. de Louvois appliqua les géomètres de l'Académie, à de grands nivellements nécessaires pour les aqueducs & les conduites d'eaux que le roi vouloit faire; & on a, dit M. de Fontenelle, aux eaux de Versailles, l'obligation d'avoir porté à un haut point la science du nivellement & l'hydraulique. M. de la *Hire*, en 1684, fit le nivellement de la rivière d'Eure, & trouva qu'en la prenant à dix lieues environ au-delà de Chartres, elle étoit de quatre-vingt-un pieds plus haute que le réservoir de la grotte de Versailles, « Cette » nouvelle fut très-agréablement reçue & du ministre » & du roi. On voyoit déjà les eaux de l'Eure arriver » à Versailles, de vingt-cinq lieues; mais M. de la » *Hire* représenta qu'avant que l'on entreprît des tra- » vaux aussi considérables, il étoit bon qu'il recommen- » çat le nivellement, parce qu'il pouvoit s'être trompé » dans quelque opération ou dans quelque calcul; sin- » cérité hardie, puisqu'elle étoit capable de jetter dans » l'esprit du ministre des défiances de son sçavoir. » M. de Louvois, impatient de servir le roi selon ses » goûts, soutenoit à M. de la *Hire* qu'il ne s'étoit point » trompé; mais celui-ci s'obstinant dans sa dange- » reuse modestie, obtint enfin la grace de n'être pas » cru infaillible. Il se trouva qu'il ne la méritoit pas; il » recommença en 1685, le nivellement, qui ne différa » du premier que d'un pied ou deux ».

Il fit plusieurs autres nivellements par les ordres du même ministre.

M. de la *Hire* mourut le 21 avril 1718. Il avoit été marié deux fois. » Chacun de ses deux mariages, dit » M. de Fontenelle, nous a fourni un académicien ».

HIZREVITES *ou* **HEREVITES**, sub. masc. pl. (*Hist. mod.*) sorte de religieux mahométans, ainsi nommés de leur fondateur *Hiszr* ou *Herevi*, qu'on dit avoir été un fameux chimiste qui possédoit le grand œuvre. Il pratiquoit aussi des abstinences & autres austérités que ses sectateurs ne se piquent pas d'imiter. Ils ont un monastère à Constantinople. Ricaut, *de l'empire ottoman* (*G.*)

HOBBES, (Thomas.) (*Hist. Litt. mod.*) philosophe anglois très-connu, & dont les principes passent pour dangereux, auteur du *Leviathan*, du Traité *de Cive*, & de divers autres écrits de philosophie, de politique & même de physique; il a aussi traduit avant Pope, Homère en vers anglois; & il y a de lui, des vers tant anglois que latins. C'étoit un grand penseur; il n'estimoit que la pensée, & ne faisoit aucun cas de l'érudition; il disoit que s'il avoit donné à la lecture autant de temps que les sçavants, il auroit été aussi ignorant qu'ils le sont tous. Né à Malmesbury en 1588, mort à Hardwick en 1679, chez le comte de Devonshire, son élève, qui fut souvent obligé de lui donner un asyle, lorsqu'il étoit réduit à se cacher pour ses opinions & ses ouvrages: il étoit dans le parti des rois contre les parlementaires.

HOBLERS *ou* **HOBILERS**, s. m. pl. (*Hist. mod.*) étoient autrefois des gens demeurant sur les côtes, qui étoient obligés de tenir un cheval prêt, en cas de quelque invasion, afin d'en donner avis.

C'étoit aussi le nom qu'on donnoit à certains chevaliers irlandois, qui servoient dans la cavalerie légère. (*G.*)

HOCHSTRAT. *Voyez* HOSTRATEN.

HOCQUINCOURT. *Voyez* MONCHY.

HODMAN, s. m. (*Hist. mod.*) c'est ainsi qu'on appelle, dans le collège de Christ à Oxford, les écoliers qu'on y reçoit de l'école royale de Westminster. (*G.*)

HOEKEN, f. m. (*Hist. mod.*) nom de la faction opposée en Hollande à celle des *kabeljaws*; cette dernière tira son nom du poisson qu'on appelle en flamand kabeljaw, *merlus*, & qui mange les autres; ils vouloient désigner par ce nom de guerre, qu'ils *dévoreroient* de même leurs ennemis. Les *hoekens*, ou *hoëkiens* à leur tour s'appellèrent ainsi du mot hollandois *hoëk*, qui veut dire un *hameçon*, pour marquer qu'ils prendroient leurs ennemis, comme on prend avec l'hameçon le poisson dont ils avoient emprunté le nom. *Quidam se cabilliavios, (sic belgicè vocant asellum piscem) appellabant, quòd ut ille pisces alios vorat, sic ipsi adversarios domarent; alii se* hoeckios *dicebant* (hoek *hollandis hamum significat*) *quasi sese jactarent* cabilliaviis *futuros, quod est hamus pisci.* Bolland. Januar. *tom. I. p. 352.*

Ces deux partis opposés (dont les noms, pour le dire en passant, sont estropiés dans tous nos auteurs) s'élevèrent en Hollande vers l'an 1350, lorsque Marguerite, comtesse de Hollande, vint à se brouiller avec son fils Guillaume V. à l'occasion de la régence. Les *kabeljaws* étoient pour le fils, & portoient des bonnets gris: les *hoëks* tenoient pour la mère, & portoient des bonnets rouges. Les villes & les grands seigneurs entrant dans l'un ou dans l'autre des deux partis, se firent la guerre avec une animosité furieuse, qui subsista plus de 140 ans; car elle commença en 1350, & ne finit qu'en 1492.

L'histoire dit que les *kabeljaws* étoient les plus forts en nombre & les plus cruels, & que les *hoëks* étoient les plus braves & les moins barbares. La bravoure est communément accompagnée de générosité; la cruauté & la lâcheté se donnent toujours la main. (*D. J.*)

HOFFMAN, (*Hist. Litt. mod.*) C'est le nom de plusieurs sçavants médecins allemands, dont nous avons des ouvrages sur leur art. Tels que Gaspard, mort en 1648; Maurice, en 1698; Jean-Maurice, son fils, en 1727; & sur-tout Frédéric, en 1742.

Jean-Jacques *Hoffman*, auteur du dictionnaire historique latin, connu sous le nom de dictionnaire d'*Hoffman*, étoit professeur en langue grecque, à Bâle, dans le siècle dernier.

HOKEL-DAY, HOCK-DAY, *ou* HOCK-LUES-DAY, f. m. (*Hist. mod.*) le second mardi après la semaine de Pâques, jour où l'on célébroit autrefois en Angleterre une fête en mémoire de l'expulsion des Danois hors de ce royaume. (*A. R.*)

HOLBERG, (Louis de) (*Hist. Litt. mod.*) auteur d'une *Histoire de Dancmarck*, estimée; de *Pensées morales*, qui ont été traduites en François; de quelques comédies & autres ouvrages; auteur sur-tout d'établissements utiles dans sa patrie, pour l'éducation de la jeune noblesse & la dotation des pauvres filles. Il avoit été pauvre lui-même:

Comme eux vous fûtes pauvre & comme eux orphelin.

Il étoit né en 1684, à Bergue en Norvège; il mourut en 1754. Ses établissements lui méritèrent le titre de baron.

HOLOFERNE *ou* HOLOPHERNE. *Voy.* ACHIOR & JUDITH.

HOLSTENIUS, (Lucas ou Luc) (*Hist. Litt. mod.*) sçavant né à Hambourg, & devenu garde de la bibliothèque du vatican à Rome. On a de lui des notes & des corrections considérables sur la géographie d'Etienne de Bysance; il a aussi donné en grec, avec une traduction latine, la vie de Pythagore, écrite par Porphyre, avec une dissertation curieuse sur la vie & les écrits de ce dernier.

HOMBERG, (Guillaume) (*Hist. Litt. mod.*) de l'Académie des Sciences:

> Homberg peut seul évoquer le chimiste,
> Et du Verney citer l'anatomiste.

a dit Rousseau. Guillaume *Homberg* naquit le 3 janvier 1652, à Batavia, dans l'isle de Java. Il étoit fils d'un gentilhomme Saxon, originaire de Quedlimbourg, ruiné par les guerres, & qui s'étant mis au service de la compagnie hollandoise des Indes Orientales, eut le commandement de l'arsenal de Batavia. Les chaleurs excessives de ce climat ne permettent guère l'application ni aux enfants ni aux hommes faits; le corps, dit M. de Fontenelle, profite à son ordinaire de ce que perd l'esprit, & il en cite un exemple remarquable; M. *Homberg* eut une sœur qui fut mariée à huit ans, & mère à neuf. Son père repassa en Europe, & M. *Homberg* parut être dans son véritable air natal, dès qu'il fut dans un pays où l'on pouvoit étudier. En effet toute sa vie fut une étude continuelle; car ses voyages presque continuels aussi, n'avoient que l'étude pour objet & pour terme; il alloit par-tout où il y avoit quelques connoissances à acquérir. Il vit à Magdebourg, Otto Guericke, fameux par ses expériences du vuide, qu'on appelloit *les miracles de Magdebourg*, & par l'invention de la machine pneumatique. Il travailla en Angleterre avec le célèbre Boyle, & perfectionna leurs inventions; en Hollande, il fit de grands progrès dans l'anatomie, sous l'illustre Graff. Il travailla aussi dans le laboratoire de chimie de Stockolm, avec M. Hierna, premier médecin du roi de Suéde. Il aimoit sur-tout à rassembler en physique, les faits singuliers, peu connus, qui semblent sortir de l'ordre & se refuser aux systêmes, & qui sont, comme dit M. de Fontenelle, les anecdotes de la nature. M. Colbert le fixa en France; il y abjura en 1682, la religion protestante, & fut déshérité par son pére; les bienfaits de M. le duc d'Orléans, depuis régent, auquel il s'attacha en 1702, l'en dédommagèrent. On sçait quels horribles soupçons la mort des princes, enfants de Louis XIV, fit naître contre le duc d'Orléans, & l'évènement a fait voir combien ils étoient injustes. « Son chimiste *Homberg*, dit M. de Voltaire, » court se rendre à la Bastille pour se constituer » prisonnier; mais on n'avoit point d'ordre de le recevoir; on le refuse. Le prince, (qui le croiroit) demande lui-même dans l'excès de sa douleur, à être » mis en prison; il veut que des formes juridiques » éclaircissent son innocence; sa mère demande avec » lui cette justification cruelle ». Les cris publics qui

furent

furent affreux alors, n'avoient pas d'autre fondement que le goût de M. le duc d'Orléans pour la chimie, science alors peu répandue, & que ses bontés pour M. *Homberg*. La vie entière & du prince & du chimiste, prouve assez qu'ils n'étoient pas des empoisonneurs.

M. *Homberg* vit ce prince régent du royaume, mais il ne le vit pas long-temps, étant mort le 24 septembre 1715. Il avoit épousé en 1708, Marguerite-Angélique Dodart, fille du fameux M. Dodart. (*Voyez* son article.) M. *Homberg* avoit beaucoup travaillé pour l'Académie des Sciences; mais il n'a point publié de corps d'ouvrages.

HOMERE, (*Hist. Litt. mod.*) On ne sçait rien de lui, sinon qu'il est le père de la poësie grecque, l'auteur de l'Iliade & de l'Odyssée, & qu'il est depuis près de trois mille ans l'objet de l'admiration des amateurs de la poësie. De faux admirateurs lui ont nui; j'entends par de faux admirateurs, des gens qui n'ont pas en eux-mêmes de quoi sentir ce qu'ils prétendent admirer: on les reconnoît à leur froid enthousiasme, à leurs hyperboles glacées, sur-tout au refus constant de convenir d'un seul défaut en particulier; car pour montrer de l'impartialité, ils conviendront bien en général qu'*Homere* n'est pas sans défaut, mais n'en désignez pas un nommément, ils soutiendront toujours que vous attaquez le plus bel endroit.

Ah! Monsieur, pas un mot ne s'en peut retrancher.

Madame Dacier elle-même a fait plus de tort à *Homere* dans l'opinion publique par sa superstition, qu'elle ne lui a procuré d'avantage par sa traduction. Elle a fort mal défendu ce qu'on attaquoit fort bien. Nul homme ayant de l'esprit & de la raison, ne peut dédaigner les réflexions de M. de la Motte sur *Homere*; il faut au contraire, s'en défier, à cause du charme qu'elles ont pour l'esprit; c'est à la sensibilité plus qu'à la raison, à juger des beautés poëtiques, & les beautés de langue sont entièrement perdues pour qui ne peut lire l'original. M. de la Motte étoit dans le cas, il avoue qu'il ne sçavoit pas le grec: mais il ne paroît pas sentir toute la force de cet aveu, & combien cette ignorance du grec rend incompétent pour juger *Homere*; il croit ses objections indépendantes de la connoissance de cette langue, & il a raison jusqu'à un certain point; mais s'il avoit employé sa philosophie enchanteresse à développer en général toute la magie du style, à nous montrer comment ce style embellit, colore, dénature les objets, comme il efface les défauts, comme il les transforme en beautés, comme il émeut, comme il pénètre, comme il attendrit, comme il transporte; comment en parlant au cœur & aux sens, il les entraîne, tandis que la raison ne parlant qu'à l'esprit, n'en obtient qu'un froid assentiment; il eût compris & fait comprendre comment *Homere* avec tous les défauts, qu'une juste critique relevoit en lui, pouvoit encore être un poëte divin; Fénélon voyoit tous ces défauts, mais il lisoit *Homere*, il le sentoit, & la Motte ne faisoit que le raisonner.

HONDREOUS, s. m. (*Hist. mod.*) c'est le nom que l'on donne dans l'isle de Ceylan aux nobles, qui ainsi que par-tout ailleurs, se distinguent du peuple par beaucoup de hauteur & d'arrogance. Ils ont le droit de porter une robe qui descend jusqu'à la moitié de leurs jambes, de laisser tomber leurs cheveux sur leurs épaules, de porter l'épée au côté, & une canne à la main; enfin d'avoir la tête couverte d'un bonnet en forme de mitre. Les plus qualifiés d'entre les *hondreous* sont ceux dont le roi a ceint le front d'un ruban d'or & d'argent; on le nomme *mundiana*. Il n'est point permis aux nobles de contracter des alliances avec des personnes d'une tribu inférieure à la leur; & le supplice le plus affreux que le roi inflige aux filles des nobles qui lui déplaisent, est de les faire prostituer à des gens de la lie du peuple, qui sont regardés comme abominables, & que l'on exclut du droit d'habiter dans les villes. (*A. R.*)

HONORAT, (Saint) (*Hist. Ecclésiast.*) fondateur du monastère de Lérins, puis archevêque d'Arles, étoit d'une famille illustre dans les Gaules; mort en 429.

Un autre *Honorat*, évêque de Marseille à la fin du sixième siècle, a écrit la vie de St. Hilaire d'Arles. (*Voyez* HILAIRE).

HONORÉ, (*Hist. Litt. mod.*) de Cannes, ainsi nommé, parce qu'il étoit de la petite ville de Cannes en Provence, étoit un capucin & un prédicateur célèbre du dernier siècle. Le P. Bourdaloue lui rendit un témoignage fort honorable à tous deux. *On rend*, disoit-il, *après ses sermons, les bourses qu'on a volées aux miens.*

HONORIUS. (*Voyez* ARCADIUS.)

Il y a eu quatre papes du nom d'*Honorius*, & un antipape. Le premier de ces papes fut accusé de monothélisme. Il fut fait pape en 626, & mourut en 638.

Le second, nommé Lambert, élu en 1124, mourut le 14 février 1130.

Les deux autres étoient l'un & l'autre du nom de Savelli. L'un fut successeur d'Innocent III, & mourut en 1227. L'autre, élu en 1285, mourut en 1287.

HONTAN, (le baron de la) (*Hist. Litt. mod.*) gentilhomme gascon du 17e siècle, connu par ses *Voyages de l'Amérique méridionale.*

HOOFT, (Pierre Corneille Van) historien & poëte hollandois, estimé de ses compatriotes, auteur d'une histoire des Pays-Bas, depuis l'abdication de Charles-Quint jusqu'en 1578, d'une histoire de Henri IV, & de poësies de divers genres. Né à Amsterdam en 1581, mort à la haye en 1647. Louis XIII lui avoit donné le cordon de St. Michel.

HOOK ou HOOKE, (Robert) (*Hist. Litt. mod.*) mathématicien anglois, célèbre par plusieurs découvertes dans la physique, l'histoire naturelle & les mathématiques, fut un des membres les plus distingués de la Société Royale de Londres. Il perfectionna les microscopes, inventa les montres de poche. Il disputa au fameux Huyghens, l'invention du ressort spiral. Il s'attacha à prouver qu'il avoit fait sa découverte dès l'an 1660, & Huyghens n'avoit publié la sienne qu'en 1674. C'est en grande partie sur le plan présenté par Robert *Kooke* que Londres fut rebâtie, après le grand incendie du 13 septembre 1666. On a de lui des *Essais de Méchanique*, & *la Microscopie*, ou *la Description des Corpuscules observés avec le microscope.* Outre ces ouvrages imprimés de son vivant, on a imprimé après sa mort, un volume *in-folio* d'autres œuvres du même auteur, avec sa vie à la tête. Il étoit né en 1635, dans l'isle de Wight. Il mourut en 1703.

On a d'un autre M. *Kooke*, père du bibliothécaire actuel des Quatre Nations (en 1788), une Histoire Romaine en anglois, fort estimée.

HOPITAL *ou* HOSPITAL, (*Hist. de Fr.*). La maison de l'*Hôpital*-Choisy & Vitry, sort, à ce qu'on croit, de la maison de Galluci, déjà considérable dans le royaume de Naples, au douzième siècle; Jean de l'*Hôpital* fut le premier de cette maison qui s'établit en France au quatorzième siècle. Son arrière-petit-fils, Adrien de l'*Hopital*, chambellan du roi Charles VIII, commanda l'avant-garde de l'armée royale à la bataille de saint Aubin-du-Cormier en 1488. Cette maison a produit deux maréchaux de France, frères. Le premier, Nicolas de l'*Hôpital-Vitry*, capitaine des Gardes-du-Corps, quoique par sa naissance & par ses services, il fût en droit d'aspirer à tout, fut fait maréchal de France pour avoir tué, ou, si l'on veut, après avoir tué le maréchal d'Ancre; il fut fait aussi, deux ans après, chevalier des Ordres. Il tomba dans la disgrace; voici à quelle occasion. Les Espagnols en 1635, s'étoient emparés des isles de Sainte Marguerite & de Saint Honorat; l'archevêque de Bordeaux, Sourdis, qui se croyoit & que le cardinal de Richelieu croyoit un grand homme de mer, & le comte d'Harcourt-Lorraine, qui alloit être un des grands capitaines de l'Europe, chargés en 1636, de reprendre ces Isles, ne réussirent pas; ils accusèrent de ce mauvais succès, le maréchal de Vitry, gouverneur de Provence depuis 1632, qui, chargé de leur fournir tous les secours nécessaires, les avoit mal secondés. L'archevêque osa le lui reprocher en face. Vitry, non moins emporté que l'archevêque, lui donna vingt coups de canne, & voulut se battre contre le comte d'Harcourt. A ces procédés, se joignirent quelques exactions & quelques violences dans son gouvernement. Il fut arrêté le 27 octobre 1637, & mis à la Bastille, d'où il ne sortit qu'après la mort du cardinal de Richelieu, le 19 janvier 1643. Il rentra en grace, & l'année suivante, le roi érigea pour lui en duché-pairie, sous le nom de Vitry, la terre de Château-Vilain en Champagne. Il mourut le 28 septembre 1644.

Du Hallier son frère, second maréchal de France de cette maison, destiné d'abord à l'état ecclésiastique, avoit été abbé de Ste. Geneviève, & nommé à l'évêché de Meaux. Son inclination pour les armes l'emporta sur les dispositions de sa famille. Il se signala dans la guerre contre les huguenots, sous le règne de Louis XIII, sur-tout au siège de la Rochelle en 1627 & 1628; dans la guerre de Savoye, en 1631; dans la guerre de Lorraine en 1630. Il fut blessé au siège de St. Omer, en 1638. La même année il reprit le Catelet. Il contribua, en 1640, à la prise d'Arras. En 1641, il fit encore plusieurs conquêtes en Lorraine; en 1643, après s'être opposé à la bataille de Rocroy, par des raisons de prudence, il contribua beaucoup par sa bonne conduite, au gain de cette bataille. Il reprit le canon dont les ennemis s'étoient emparés; il y fut dangereusement blessé. Il eut successivement les gouvernements de Lorraine, de Champagne, de Paris; il fut capitaine des Gardes & chevalier des Ordres du roi, ainsi que son frère; il fut fait maréchal de France en 1643, & prit alors le nom de maréchal de l'*Hôpital.* Il mourut à Paris le 20 avril 1660.

Le fameux marquis de l'*Hôpital* (Guillaume-François) étoit de la branche de Sainte-Mesme. Il est assez connu par son *Analyse des infiniment petits* qu'il publia en 1696; fils d'un lieutenant-général des armées du roi, il servit comme tous ceux de son nom. Il fut capitaine de cavalerie; mais la foiblesse de sa vue qui étoit si courte qu'il ne voyoit pas à dix pas, l'obligea de quitter le service; alors il se livra tout entier à la géométrie, & devint un des plus grands géomètres de l'Europe. Son goût & son talent pour cette science, qu'il communiqua même à Marie-Charlotte de Romilley de la Chesnelaye, sa femme, s'annoncèrent en lui dès l'enfance; à quinze ans les problêmes les plus difficiles, n'étoient déjà qu'un jeu pour lui. Il mourut le 2 février 1704, à quarante-trois ans.

HÔPITAL, (Michel de l') (*Hist. de Fr.*) Qui croiroit que ce règne affreux de Charles IX & de Catherine de Medicis sa mère, règne souillé par le crime de la St. Barthelemy, ait été l'âge d'or de la législation? La gloire en est due à ce Chancelier de l'*Hôpital*, le plus grand magistrat dont la France s'enorgueillisse? Il opposoit la puissance des loix à la décadence des mœurs, & luttoit seul contre son siècle. « Le chancelier de l'*Hôpital* veilloit pour la patrie, dit le président Hénault; il pensoit que la sainte majesté des loix avoit des droits imprescriptibles sur le cœur des hommes. » L'ordonnance d'Orléans (1560) fut en grande partie, l'ouvrage du chancelier de l'*Hôpital*, ainsi que l'édit des secondes nôces (1560), l'édit pour l'établissement des consignations (1563), l'ordonnance de Roussillon (1564), l'édit pour l'etablissement de la jurisdiction des consuls (1564), l'ordonnance de Moulins (1566), l'édit des mères (1567), & plusieurs autres loix, monuments éternels de sa sagesse & de son amour pour l'état. Pendant tout le cours du règne de Charles IX, on voit le chancelier de l'*Hôpital* occupé à prévenir, à éteindre l'incendie que des furieux allumoient dans le royaume; il fut l'auteur de tous les édits de pacification, & ce fut toujours l'inobservation de ces mêmes édits, qui fit renaître les troubles; toujours contredit, toujours traversé, il ne se rebuta jamais; les différents intérêts, les querelles de religion, les divisions des grands, les fureurs de parti, le partage & l'affoiblissement de l'autorité royale étoient des obstacles presque insurmontables au bien que le chancelier vouloit faire; lui seul fut constamment occupé de l'intérêt public, tandis qu'autour de lui, tout étoit emporté par le tourbillon des intérêts particuliers.

La cour de Rome persécuta ouvertement l'*Hôpital*, elle vouloit détruire les protestants, l'*Hôpital* vouloit sauver des citoyens. Le pape Pie IV, irrité de la condamnation de la thèse de Tanquerel, (thèse qui lui accordoit le droit de déposer les rois & les empereurs hérétiques), irrité encore de l'opposition qu'apportoit le chancelier à la publication du concile de Trente, & de son indulgence envers les protestants, offrit au roi une bulle qui permettoit l'aliénation des biens ecclésiastiques jusqu'à la concurrence de cent mille écus, à condition que le roi feroit enfermer le chancelier de l'*Hôpital* & son ami Montluc, évêque de Valence.

La calomnie venoit à l'appui de cette persécution. Raynaldi & d'autres auteurs ultramontains, soit de naissance, soit seulement de doctrine, comme Beaucaire, ont accusé d'irreligion & d'athéïsme le pieux & vertueux l'*Hôpital*. Ce ne sont là que des déclamations qui ne méritent pas d'être réfutées. Mais on a plus généralement accusé l'*Hôpital* d'un calvinisme secret, & le soupçon sur cet article a été assez répandu pour avoir fait passer en proverbe à la cour cette phrase : *Dieu nous garde de la messe de M. le chancelier*. Le même Raynaldi accuse encore l'*Hôpital* d'avoir conspiré avec le président du Ferrier, ambassadeur de France au concile de Trente, pour rompre les liens de l'unité. Il faut sçavoir gré au chancelier de s'être attiré toutes ces calomnies par son zèle à défendre nos libertés & à combattre le fanatisme. Le chancelier de l'*Hôpital* se voyant suspect à la reine Mère, & traité avec froideur par le roi, prit le parti en 1568, de quitter une cour qui n'avoit jamais été digne de lui. Quatre ans après, la St. Barthelemi éclata. La rage du fanatisme alla chercher le chancelier jusques dans la solitude où il vivoit dans sa terre de Vigny en Beauce, entre Etampes & Malesherbes. On vint lui dire qu'une troupe de gens armés s'avançoit vers sa maison. *Si la petite porte ne suffit par pour qu'ils entrent*, dit l'Hôpital, *qu'on leur ouvre la grande*. C'étoient des furieux qui, sans ordre de la cour, venoient pour le tuer ; mais ils furent atteints dans l'avenue & presqu'à la porte, par des personnes chargées des ordres du roi. Ces ordres exceptoient l'*Hôpital* de la proscription ; les auteurs de la St. Barthelemi vouloient bien lui pardonner de s'être autrefois si souvent opposé à leurs desseins. Cette modération le fit sourire. *J'avois donc mérité la mort*, dit-il, *& l'on m'accorde ma grace!* Cette grace fut vaine, l'*Hôpital* ne put survivre long-temps à de pareilles horreurs ; il mourut le 15 mars 1573, laissant une mémoire plus respectée que sa vertu ne l'avoit été pendant sa vie. Il étoit né à Aigueperse, d'un médecin qui avoit suivi le connétable de Bourbon dans sa révolte, & qui avoit été enveloppé dans sa disgrace.

Considéré simplement comme un homme de lettres, le chancelier de l'*Hôpital* eût encore été un des personnages les plus illustres de son siècle. On a de lui des harangues & des mémoires sur divers points de droit public ; il parle dans son testament, d'un travail qu'il avoit fait sur le droit civil ; mais ses véritables titres littéraires sont ses poësies latines ; on voit qu'il a pris pour modèle, Horace dans ses satyres & dans ses épîtres, & qu'il imite tout en lui, jusqu'à ses négligences. Scévole de Sainte Marthe le met au-dessus d'Horace, Joseph Scaliger le met trop au-dessous. Il nous paroît que la ressemblance entre ces deux poëtes est marquée, & que c'est celle qui se trouve entre un disciple estimable & un excellent maître. Si le chancelier de l'*Hôpital* a moins de nerf & de précision qu'Horace, c'est que tout auteur qui écrit dans une langue étrangère, s'occupe principalement de la clarté, & emploie presque toujours un peu plus de mots qu'il ne faut.

M. de Pouilly, lieutenant général de Reims, associé-libre-régnicole de l'Académie des Inscriptions & Belles-Lettres, fils & neveu de deux membres distingués de cette Académie, a donné la vie du chancelier de l'*Hôpital*, en un volume *in*-12.

HORACE, (Quintus-Horatius-Flaccus) (*Hist. Rom.*)

> Horace, l'ami du bon sens,
> Philosophe sans verbiage,
> Et poëte sans fade encens.

C'est de tous les poëtes du siècle d'Auguste, celui qui est le plus à l'usage de tout le monde & où l'ame trouve le plus de remède à ses maux & de consolation dans ses peines. Les occasions d'en parler & de citer ou d'appliquer quelques traits de lui, sont si fréquentes dans ce Dictionnaire, qu'il reste peu de choses à en dire à son article. Toute son histoire est dans ses œuvres, non seulement parce qu'en général la vie d'un homme de lettres n'a guère d'autres évènements que ses productions, mais parce qu'en effet, c'est d'*Horace* lui-même qu'on apprend toute son histoire ; sa patrie (Venuse), sa fuite à la bataille de Philippes, ce qui a fait dire qu'après le courage, il n'y avoit rien de plus courageux que l'aveu de la lâcheté ; sa tendresse, sa reconnoissance respectueuse & respectable pour un père affranchi & sergent ou crieur public, qui avoit tout sacrifié pour lui procurer une bonne éducation ; tout ce qu'*Horace* dit à ce sujet, lui fait infiniment d'honneur, & fait chérir également le père & le fils. C'est aussi par *Horace* qu'on apprend la naissance & quelques détails de l'amitié qui régna entre Mécène & lui ; on voit dans ses œuvres combien il étoit fier & flatté des succès que ses talents lui avoient procurés dans le monde & auprès des grands ; on y voit combien il aimoit la campagne, combien il aimoit Varius & Virgile, combien il en étoit aimé : sur cela nous sommes tentés de croire que les poëtes & les beaux-esprits de l'antiquité, n'avoient point les foiblesses jalouses des auteurs modernes ; mais si Virgile & *Horace* s'aimoient, peut-être parce qu'ils ne travailloient pas dans le même genre, comme parmi nous Racine & Boileau, ils en haïssoient & en maltraitoient d'autres. (*Voyez* l'article MÆVIUS.) Il y a beaucoup à rabattre de la critique que fait d'*Horace* le sénateur *Poco-curante* dans *Candide* ; mais tout n'en est pas injuste. On se passeroit fort bien en effet, des injures grossières & dégoûtantes qu'*Ho*-

race vomit contre des vieilles encore amoureuses qu'il n'étoit plus en état de servir; la querelle de Persius & de Rupilius dans la septiéme satyre du premier livre, & sur-tout celle des deux bouffons Sarmentus & Cicerrus, dans la satyre du voyage, cette querelle qui amusa tant Mécène, *Horace*, Virgile & Varius:

Prorsùs jucundè cœnam (ou *scenam*) *produximus illam*,

& dont par cette raison, Dacier a cru être amusé, ne fait pas plus de plaisir à un lecteur françois, que n'en feroit une batterie de deux forts de la Halle ou de deux charbonniers sur le Port, qui se reprocheroient grossièrement les suites honteuses de leurs débauches: de plus, *Horace* emploie sérieusement au milieu d'un discours sensé & d'un raisonnement philosophique, des expressions si obscènes, qu'on croiroit que les Romains n'avoient pas sur l'obscénité du langage, les mêmes principes que nous, si cette idée n'étoit pas détruite par un passage formel de Cicéron, qui dit (*offic. lib. 1, cap. 35*), qu'il y a des objets & des actions légitimes & conformes à la nature, dont le nom est une obscénité, qu'on ne peut pas se permettre, tandis qu'on nomme tous les jours, sans aucune ombre d'obscénité, les actions les plus deshonnêtes & les plus criminelles, le vol, l'assassinat, l'adultère, &c. *Horace* mourut âgé de cinquante-sept ans, peu d'années avant l'ère chrétienne.

Rien de plus connu dans l'Histoire Romaine & parmi nous, par la tragédie de Corneille, que le combat des *Horaces* & des Curiaces, qui décida du sort de Rome & d'Albe; mais ce qui peut étonner, c'est que Tite-Live observe qu'on ne sçait pas bien qui des *Horaces* ou des Curiaces, étoient les Romains ou les Albains, mais qu'il suit l'opinion commune, suivant laquelle les *Horaces* étoient les Romains: *tamen in re tàm clarâ nominum error manet, utrius populi Horatii, utrius Curiatii fuerint. Auctores utròque trahunt: plures tamen invenio, qui Romanos Horatios vocent. Hos ut sequar inclinat animus.* Une telle incertitude paroît bien propre à confirmer le systême de M. de Pouilly, sur l'incertitude générale de l'Histoire des premiers siècles de Rome.

HORATIUS COCLES, de la même famille que les vainqueurs des Curiaces, perdit dans un combat un œil, ce qui lui fit donner le surnom de *Coclès.* Il signala son intrépidité dans la guerre contre Porsenna, qui après avoir chassé les Romains du janicule, les poursuivit jusqu'à un pont qu'*Horatius* eut l'audace de défendre avec deux Romains aussi intrépides que lui. Ils rompirent le pont derrière eux pour n'être point accablés par le nombre: & tandis qu'il en défendoit seul la tête, il conseilla à ses compagnons de se servir des planches pour descendre dans le fleuve & se sauver. Dès qu'il les vit en sûreté, il s'y jetta lui-même tout armé. Le poids de ses armes & un coup de pique qu'il reçut, ne l'empêchèrent point de gagner le rivage. Publicola lui érigea une statue dans le temple de Vulcain. Cette histoire est sans doute exagérée ou fabuleuse, mais à force d'être répétée, on ne peut lui refuser une place parmi les mensonges historiques. (*T. N.*)

HORMISDAS est le nom:

1°. D'un pape, élu en 514. Mort en 523.

2°. De trois rois de Perse, dont le dernier, mort en 590, n'a de remarquable que d'avoir été tué à coups de bâton, par ordre de son fils. (*Voyez* CHOSROES SECOND.

HORN *ou* HORNES, (le comte de) (*Voyez* EGMONT.) Le comte de *Hornes*, qui eut la tête tranchée avec le comte d'Egmont pour avoir plaidé la cause des Flamands opprimés, & Floris son frère, qui eut le même sort deux ans après, étoient de la maison de Montmorenci. Cette maison & la maison de *Hornes* de Flandre, avoient eu ensemble plusieurs alliances. La maison de *Hornes* tire son nom d'une petite ville du Brabant; elle étoit autrefois souveraine, & rendoit des édits dès le douzième siècle; il ne reste plus d'autre marque de son ancienne souveraineté, que quelques pièces de monnoie frappée à son coin, monnoie qui a cours dans le pays de Liège. On croit que les de *Hornes* descendoient des premiers ducs de Lothier & de Brabant. De cette maison étoient:

1°. Jean I, tué dans le 12e siècle, en combattant pour les intérêts des ducs de Brabant.

2°. Gérard, tué au 14e siècle, dans une bataille en Flandre, entre le comte de Hollande & les Frisons.

3°. Guillaume VIII, tué à la bataille d'Azincourt, en 1415.

4°. Jean II, qui au 16e siècle, donna le comté de *Hornes* à Philippe & à Floris de Montmorenci (ces deux fréres, qui eurent la tête tranchée dans les troubles de Flandre étoient de la branche de Nivelle).

Branche des Comtes de Houtequerque.

5°. Jean, tué au service du duc de Bourgogne Philippe-le-Bon, dans une bataille près d'Ostende, en 1436.

6°. Philippe, son fils, général des armées du même duc de Bourgogne, vainqueur des Liégeois au combat de Montenaquen en 1452.

Branche des Comtes de Beaussignies.

7°. Philippe-Emmanuel, gouverneur de Gueldres, lieutenant-général dans les armées espagnoles, grand d'Espagne héréditaire de la première classe, se distingua au combat de Gran, contre les Turcs en 1685, & à la prise de Neuhausel; dans la guerre de la succession, il servit la France & l'Espagne au siège de Brisac en 1703; au siège de Landau & à la bataille de Spire dans la même année; à la bataille de Ramillies en 1706, où il reçut sept blessures & fut fait prisonnier.

On sçait trop comment a péri, en 1720, à Paris, un jeune comte de *Hornes*, trop indigne d'un si beau nom, & dont on peut dire:

Ta honte est à toi seul. . . . .
Te voilà retranché d'une race immortelle
Que tu pouvois couvrir d'une splendeur nouvelle.

HORREBOW, (Pierre) (*Hist. Litt. mod.*) célèbre

astronome danois, est, dit-on, le premier qui ait observé l'aberration de la lumière dans les étoiles fixes; M. Bradley l'a depuis expliquée par la propagation successive de la lumière. Mort en 1764.

HORSTIUS, (*Hist. Lit. mod.*) est le nom de trois célèbres Médecins allemands : 1°. Jacques, mort en 1600; 2°. Grégoire son neveu, qu'on appelloit l'*Esculape de l'Allemagne*, mort en 1636; 3°. Daniel, fils de Grégoire, mort en 1685. Tous trois ont écrit sur leur art, sur-tout les deux premiers. Cette famille a encore produit d'autres sçavants médecins.

HORTAGILIER, s. f. (*Hist. mod.*) terme de relation, tapissier du grand Seigneur.

Il n'y a point de ville mieux reglée que le camp du grand seigneur; & pour connoître la grandeur de ce prince, il faut le voir campé; car il y est bien mieux logé qu'à Constantinople, & qu'en aucune autre ville de son empire.

Il a toujours deux garnitures de tentes, afin que pendant qu'il est dans l'une, l'on aille tendre l'autre au lieu où il doit aller.

Il a pour cet effet plus de quatre cens tapissiers, appellés *hortagiliers*, qui vont toujours une journée devant, afin de choisir un lieu propre pour la dresser. Ils tendent premièrement celle du sultan, & puis celles des officiers & des soldats de la Porte, selon leur rang. *Dict. de Trévoux*. (*G*).

HORTENSIUS, (Quintus.) (*Hist. Rom.*) rival de Cicéron, qui parle de son éloquence avec éloge, & de sa vaste mémoire avec admiration. Mais les œuvres de Cicéron nous sont restées, & nous n'avons pas les plaidoyers d'*Hortensius*, ce qui peut faire croire que, comme le dit Quintilien, ils ne soutenoient pas leur réputation. Il fut consul l'an 70 avant J. C.

HOSPODAR, s. m. (*Hist. mod.*) c'est ainsi qu'on nomme les souverains de la Valachie & de la Moldavie; c'est le grand seigneur qui les établit, & ils sont obligés de lui payer tribut. Le seul moyen de parvenir à cette dignité, c'est de donner beaucoup d'argent aux grands de la Porte; c'est ordinairement sur le plus offrant que le choix tombe, sans qu'on ait égard ni à la naissance, ni à la capacité. Cependant cette dignité a été possédée dans ce siècle par le prince Démétrius Cantemir, qui avoit succédé au célèbre Maurocordato. (*A. R.*)

HOSTE, (Nicolas l') (*Hist. de Fr.*) commis ou secrétaire du ministre Villeroy, Nicolas de Neuville : cet homme trahissoit la France, & révéloit aux Espagnols les secrets de l'état; il fut découvert, & prit la fuite; mais il fut atteint au passage de la Marne, & s'y noya. Cette aventure est de 1604. M. de Sully fait à ce sujet, des reproches de négligence à M. de Villeroy. M. de Thou dit que ce ministre ne fut pas exempt de soupçon; mais il ajoute que Henri IV, loin d'en concevoir aucun, prit soin de consoler M. de Villeroy de ce malheur.

HOSTRATEN, (Jacques) (*Hist. du Luthéranisme*) dominicain fougueux, qui, écrivant contre Luther, commença par conjurer le pape d'employer le fer & le feu contre cet hérésiarque, dont les opinions n'étoient pas même encore condamnées. On fit à ce moine, encore vivant, l'épitaphe suivante, qui prouve qu'il avoit quelque réputation d'homme méchant & violent.

Hîc jacet Hostratus, viventem ferre patique
Quem potuere mali, non potuere boni.
Crescite ab hoc taxi, crescant aconita sepulchro;
Ausus erat, sub eo qui jacet, omne nefas.

Ou bien au lieu des deux derniers vers, les deux suivants :

Ipse quoque excedens vitâ, indignatus ab illâ,
Mœstus ob hoc quod non plus nocuisset, erat.

HOTEL-DIEU, (*Hist. mod.*) c'est le plus étendu, le plus nombreux, le plus riche, & le plus effrayant de tous nos hôpitaux.

Voici le tableau que les administrateurs eux-mêmes en ont tracé à la tête des comptes qu'ils rendoient au public dans le siècle passé.

Qu'on se représente une longue enfilade de salles contiguës, où l'on rassemble des malades de toute espèce, & où l'on en entasse souvent trois, quatre, cinq & six dans un même lit; les vivants à côté des moribonds & des morts; l'air infecté des exhalaisons de cette multitude de corps mal-sains, portant des uns aux autres les germes pestilentiels de leurs infirmités; & le spectacle de la douleur & de l'agonie de tous côtés offert & reçu. Voilà *l'hôtel-Dieu*.

Aussi de ces misérables, les uns sortent avec des maux qu'ils n'avoient point apportés dans cet hôpital, & que souvent ils vont communiquer au-dehors à ceux avec lesquels ils vivent. D'autres guéris imparfaitement, passent le reste de leurs jours dans une convalescence aussi cruelle que la maladie; & le reste périt, à l'exception d'un petit nombre qu'un tempérament robuste soutient.

L'*hôtel-Dieu* est fort ancien. Il est situé dans la maison même d'Ercembalus, préfet ou gouverneur de Paris sous Clotaire III, en 665. Il s'est successivement accru & enrichi. On a proposé en différents temps des projets de réforme qui n'ont jamais pu s'exécuter, & il est resté comme un gouffre toujours ouvert, où les vies des hommes avec les aumônes des particuliers vont se perdre. (*A. R.*)

(C'est dans le rapport des commissaires chargés par l'Académie des Sciences, de l'examen du projet d'un nouvel hôtel-Dieu, rapport imprimé par ordre du roi & daté du 22 novembre 1786, qu'il faut chercher la description la plus exacte de l'état de l'hôtel-Dieu, & les raisons de le transférer dans des endroits plus sains, & de le partager en quatre hôpitaux différents).

HOTELLERIE *de Turquie*, (*Hist. mod.*) édifice public où l'on reçoit les voyageurs & les passants, pour les loger gratuitement. Il y en a quantité de fondations sur les grands chemins & dans les villes d'Asie.

Les *hôtelleries* qu'on trouve sur les grands chemins, dit M. de Tournefort, sont de vastes édifices longs ou quarrés, qui ont l'apparence d'une grange. On ne voit en dedans qu'une banquette attachée aux murailles, & relevée d'environ trois pieds, sur six de large; le reste de la place est destiné pour les mulets & pour les chameaux; la banquette sert de lit, de table & de cuisine aux hommes. On y trouve de petites cheminées à sept ou huit pieds les unes des autres, où chacun fait bouillir sa marmite. Quand la soupe est prête, on met la nape, & l'on se place autour de la banquette les pieds croisés comme les tailleurs. Le lit est bientôt dressé après le souper, il n'y a qu'à étendre son tapis à côté de la cheminée, & ranger ses hardes tout autour; la selle du cheval tient lieu d'oreiller, & le capot supplée aux draps & à la couverture.

On trouve à acheter à la porte de ces *hôtelleries*, du pain, de la volaille, des œufs, des fruits, & quelquefois du vin, le tout à fort bon compte. On va se pourvoir au village prochain, si l'on manque de quelque chose. On ne paie rien pour le gîte; ces retraites publiques ont conservé en quelque manière le droit d'hospitalité, si recommandable chez les anciens.

Les *hôtelleries* des villes sont plus propres & mieux bâties; elles ressemblent à des monastères, car il y en a beaucoup avec de petites mosquées; la fontaine est ordinairement au milieu de la cour, les cabinets pour les nécessités sont aux environs; les chambres sont disposées le long d'une grande galerie, ou dans des dortoirs bien éclairés.

Dans les *hôtelleries* de fondation, on ne donne pour tout paiement qu'une petite étrenne au concierge, & l'on vit à très-vil prix dans les autres. Si l'on veut y être à son aise, il suffit d'y avoir une chambre servant de cuisine; l'on vend à la porte de l'*hôtellerie* viande, poisson, pain, fruits, beurre, huile, pipes, tabac, café, chandelle, jusqu'à du bois. Il faut s'adresser à des Juifs ou à des Chrétiens pour du vin, & pour peu de chose ils vous en fournissent en cachette.

Il y a de ces *hôtelleries* si bien rentées, que l'on vous donne aux dépens du fondateur, la paille, l'orge, le pain & le riz. Voilà les fruits de la charité qui fait un point essentiel de la religion mahométane; & cet esprit de charité est si généralement répandu parmi les Turcs, qu'on voit de bons Musulmans qui se logent dans des espèces de huttes sur les grands chemins, où ils ne s'occupent pendant les chaleurs qu'à faire reposer & rafraîchir les passants qui sont fatigués. Nous louons ces sortes de sentiments d'humanité, mais nous ne les avons pas beaucoup dans le cœur; nous sommes très-polis & très-durs. (*D. J.*)

HOTHER, (*Hist. de Suède*) roi de Suède, régnoit vers le troisième siècle. Né aimable & sensible, il plut à Nanna, princesse de Norwège, & l'aima: Hacho, roi de Danemarck, lui disputa sa main; les feux de l'amour allumèrent ceux de la guerre; Hacho fut chassé de ses états, y rentra, fut vaincu encore, & périt de la main de son heureux rival; Fridlef eut le même sort; l'usurpateur demeura long-temps tranquille sur le trône. Mais bientôt ses sujets indignés d'un joug étranger, quoiqu'assez doux, levèrent contre lui l'étendard de la révolte; il marcha contr'eux, leur livra bataille, & périt les armes à la main. (*M. de Sacy*).

HOTMAN, (*Hist. de Fr.*) (François & Antoine) deux frères célèbres dans les temps malheureux de la St. Barthelemi & de la Ligue. François fut un jurisconsulte très-fameux, professeur de droit à Bourges, où ses écoliers le sauvèrent du massacre de la Saint-Barthelemi. Ses œuvres ont été recueillies en trois volumes *in-fol.* On trouve à la tête de ce recueil, la vie de l'auteur, composée par Nevelet. Le plus connu des ouvrages de François *Hotman*, est son *Franco-Gallia*, où il prétend que la monarchie françoise est élective & non héréditaire. Il a aussi un ouvrage intitulé: *de furoribus Gallicis & cæde admiralis.* On lui attribue le *Vindiciæ contra tyrannos* de Junius Brutus. Il mourut en 1590.

Antoine *Hotman* son frère, avocat général au parlement de Paris du temps de la ligue, mort en 1596, est auteur de quelques livres de droit.

Son fils, Jean *Hotman*, sieur de Villiers, est auteur entr'autres ouvrages, d'une *vie de Gaspard de Coligny de Châtillon, amiral de France*, composée en latin, & qui a été traduite en françois.

Un autre *Hotman* fut du nombre des commissaires qui rédigèrent la fameuse ordonnance civile de 1667.

HOUAME ou HOUAINE, s. m. (*Hist. mod.*) secte Mahométane. Les *Houames* courent l'Arabie; ils n'ont de logements que leurs tentes. Ils se sont fait une loi particulière, ils n'entrent point dans les mosquées; ils font leurs prières & leurs cérémonies sous leurs pavillons, & finissent leurs exercices pieux par s'occuper de la propagation de l'espèce qu'ils regardent comme le premier devoir de l'homme; en conséquence l'objet leur est indifférent. Ils se précipitent sur le premier qui se présente. Il ne s'agit pas de se procurer un plaisir recherché, ou de satisfaire une passion qui tourmente, mais de remplir un acte religieux: belle ou laide, jeune ou vieille, fille ou femme, un *houame* ferme les yeux & accomplit sa loi. Il y a quelques *houames* à Alexandrie, où ce culte n'est pas toléré; on y brûle tous ceux qu'on y découvre. (*A. R.*)

HOUDAR. (*Voyez* Motte) (de la)

HOUDRY, (Vincent) (*Hist. Litt. mod.*) jésuite, auteur de la *Bibliothèque des Prédicateurs.* Mort à Paris en 1729, à 99 ans & trois mois.

HOUSSAIE, (Amelot de la) (Abraham-Nicolas) (*Hist. Litt. mod.*) auteur qui a beaucoup écrit sur la politique & traduit beaucoup d'écrivains du même genre. On a de lui: *la morale de Tacite, avec un discours critique des traducteurs ou commentateurs modernes de Tacite*; une *Histoire du gouvernement de Venise, avec un supplément, contenant l'histoire & quelques pièces du différend de la république avec Paul V*; une *relation du conclave de Clément X, en 1670.* Il a traduit l'histoire du concile de Trente, de Fra-Paolo; *l'Homme de Cour* de Balthasar Gracian, jésuite espagnol; le *Squittinio della liberta Veneta*; *examen de la liberté originaire de Venise*, attribuée au jurisconsulte Marc Velserus; plusieurs livres des annales de Tacite, avec des notes & des remarques. On a sous son nom, 2 volumes *in*-12. de *mémoires historiques*, *politiques*, *critiques & littéraires*, par ordre alphabétique, mais l'alphabet n'est pas complet. Né à Orléans en 1634, mort à Paris le 8 décembre 1706.

HOUPPON, s. m. (*Hist. mod. & Comm.*) on nomme ainsi à la Chine un mandarin établi commissaire pour la perception des droits d'entrée & de sortie: c'est une espèce de directeur général des douanes.

Les *houppons* y sont aussi des fermiers ou receveurs des droits d'entrée & de sortie qu'on paie pour les marchandises dans les douanes de cet empire. *Diction. de Commerce.* (*A. R.*)

HOURIS, s. f. pl. (*Hist. mod.*) les Mahométans appellent ainsi les femmes destinées aux plaisirs des fidèles croyans, dans le paradis que le grand prophète leur a promis. Ces femmes ne sont point celles avec lesquelles ils auront vécu dans ce monde; mais d'autres d'une création toute nouvelle, d'une beauté singulière, dont les charmes seront inaltérables, qui iront au-devant de leurs embrassements, & que la jouissance ne flétrira jamais. Pour celles qu'ils rassemblent dans leurs serrails, le paradis leur est fermé; aussi n'entrent-elles point dans les mosquées, à peine leur apprend-on à prier Dieu, & le bonheur qu'on trouve dans leurs caresses les plus voluptueuses n'est qu'une ombre légère de celles qu'on éprouvera avec les *houris*. (*A. R.*)

HOUSBUL-HOOKUM, (*Hist. mod.*) c'est le nom que l'on donne dans l'Indostan, ou dans l'empire du grand-mogol, à une patente ou expédition signée par le visir ou premier ministre. (*A. R.*)

HOUSTALAR, s. m. (*Hist. mod.*) chef d'un jardin du grand-seigneur. Tous les vendredis les *houstalars* viennent rendre compte aux bostangis bachis de leurs charges, & de la vente qu'ils ont faite de ce qui croît dans les jardins du grand-seigneur. L'argent qui provient de cette vente est employé à la dépense de bouche. (*A. R.*)

HOUTTEVILLE, (Claude-François) (*Hist. Litt. mod.*) L'Abbé *Houteville*, de l'Académie Françoise, dont il fut même nommé secrétaire perpétuel en 1742, est connu par son livre intitulé: *de la vérité de la Religion Chrétienne, prouvée par les faits.* Mort en cette même année 1742.

HOWARD, (*Hist. d'Anglet.*) Grande maison d'Angleterre, qui a produit plusieurs personnages illustres & intéressants.

HOZIER, (*Hist. de Fr.*) Pierre d'*Hozier*, Charles-René son fils, Louis-Pierre, neveu du dernier, & M. d'*Hozier* de Sérigny, fils de Louis-Pierre, tous juges d'armes de la noblesse de France depuis 1641, se sont toujours acquittés avec beaucoup d'honneur des fonctions de cet emploi; mais la satyre suppose toujours bien légérement que ceux qui sont bien traités dans les armoriaux & les livres généalogiques, ont payé pour cela. Boileau a dit:

D'Hozier lui trouvera cent ayeux dans l'histoire.

Et l'abbé de Boisrobert, parlant du crédit qu'il avoit auprès du cardinal de Richelieu, dit:

On m'honoroit, & les plus apparents
Payoient d'Hozier pour être mes parents.

On a de Pierre d'*Hozier*, mort le 30 septembre 1660, plusieurs généalogies. Boileau, dit-on, fit ces vers pour être mis au bas de son portrait:

Des illustres maisons il publia la gloire;
Ses talents surprendront tous les âges suivants:
Il rendit tous les morts vivants dans la mémoire;
Il ne mourra jamais dans celle des vivants.

De Charles-René, mort le 13 février 1732, on a le *Nobiliaire de Champagne*.

De Louis-Pierre, mort en 1767, & de M. de Sérigny, l'*Armorial général.*

HU, s. m. (*Hist. mod.*) nom du troisième mois des Tartares du Catai. Il signifie aussi dans la langue *tigre* ou *léopard*. (*A. R.*)

HUBERT, (Saint) (*Hist. de Fr.*) *Voyez* l'article ARIBERT. Cet *Aribert*, outre Chilperic, eut deux fils, Boggis & Bertrand. Bertrand fut le père de St. *Hubert*, évêque de Maëstrich & de Liège, qui fut l'apôtre des Ardennes, & qui mourut en 727.

HUBERT, (Matthieu) (*Hist. Litt. mod.*) oratorien célèbre; on a son *Sermonaire*. Il disoit que le P. Massillon, devoit prêcher devant les maîtres, & lui devant les domestiques. Un homme considérable lui rappellant, dans le temps de sa plus grande réputation, qu'ils avoient fait leurs études ensemble. *Pourrois-je l'avoir oublié*, dit-il, *vous me fournissiez des livres & quelquefois des habits*. Mort en 1717.

HUBNER, (Jean) (*Hist. Litt. mod.*) géographe allemand, dont la *Géographie universelle* est assez connue. Mort en 1732.

HUDSON, (Henri) (*Hist. d'Anglet.*) pilote anglois, dont le nom a été donné par les Anglois, à un détroit & à une baie, situés au nord du Canada. Son expédition est de 1610.

Un autre *Hudson* (Jean) est un sçavant, auquel on doit plusieurs bonnes éditions d'anciens auteurs. Mort en 1719.

HUEIPACHTLI, s. m. (*Hist. mod.*) douzième mois des Mexicains; il répond à un jour de notre mois d'Octobre, leur année commençant au 26 Février, & ayant dix-huit mois de chacun vingt jours. On l'appelle quelquefois seulement *pachtli*. (*A. R.*)

HUET, (Pierre-Daniel) (*Hist. Litt. mod.*) L'article qu'on va lire a été composé dans une occasion où on demandoit l'éloge de M. *Huet*; il tient donc un peu plus du panégyrique que de l'histoire, sur-tout dans la forme ; mais tous les faits s'y trouvent, & ils sont tirés des écrits mêmes de M. *Huet* : c'est ce qui nous a déterminés à laisser le morceau tel qu'il est.

M. *Huet* n'aura point ici d'autre historien que lui-même. En voulant, comme St. Augustin, se rappeller les prétendues erreurs de sa vie, il s'est peint avec cette vérité qui sied au sage, & sa reconnoissance envers l'Etre-suprême, n'a pas permis à sa modestie de dissimuler les bienfaits qu'il en avoit reçus. Le premier de ces bienfaits à ses yeux, fut de naître d'une mère catholique, & d'un père qui étant rentré dans le sein de l'église, y avoit ramené sa propre mère mourante, dont les premières leçons l'en avoient écarté. Quant à l'avantage d'être né de parents nobles, M. *Huet* sçut l'estimer assez, sinon pour en tirer vanité, du moins pour le défendre avec zèle, lorsque la recherche de la noblesse, confiée à l'avidité des traitants, ne dépouilloit quelques faux nobles que pour enrichir des délateurs ; les titres les plus légitimes étoient attaqués, ceux des *Huet* le furent, & ils triomphèrent, (*Comm. de reb. ad eum pert. l. 3.*) M. *Huet* le père s'étoit fait un nom dans les lettres, lorsque la réputation du fils parvint aux étrangers ; trompés par une érudition qui excluoit toute idée de jeunesse, ils crurent entendre parler du père, & ce père n'étoit plus, il n'est plus même connu aujourd'hui, grace à un fils trop célèbre ; ainsi Marot, ainsi Pascal ont fait oublier leurs pères ; M. *Huet* le père n'a pas même pour titre de recommandation auprès de la postérité, l'honneur d'avoir formé son fils. Prévenu par une mort prompte, il ne put lui donner que la naissance. Il restoit du moins au jeune *Huet*, les soins & la tendresse d'une mère ; ils ne lui restèrent pas long-temps. Mais la providence sembla veiller sur cet enfant d'une manière sensible dans le plus grand danger qui pût menacer sa foiblesse. Sa mère le menoit souvent chez une tante qui vivoit à la campagne : une pauvre femme du voisinage, entraînée par cet intérêt que l'enfance inspire à quiconque n'a pas un cœur féroce, se faisoit un plaisir d'attirer dans sa chaumière, le jeune *Huet*, par ses caresses & de légers présents. La tendresse & la reconnoissance sont dans la nature. Ces deux êtres si différents d'âge & de fortune, s'étoient liés d'une amitié assez intime. Un jour l'enfant, à peine arrivé chez sa tante, court chez sa bienfaitrice, & se jettant dans ses bras, il la reconnoît à peine ; pâle, défigurée, renversée auprès de son feu, dans les convulsions de l'agonie ; elle se ranime à sa vue pour lui crier d'une voix éteinte : *fuis, malheureux enfant, je ne peux te donner que la mort.* L'enfant obéit par instinct à cet ordre, ou plutôt il cède à son effroi. La peste consumoit cette infortunée, elle expira quelques heures après. O providence ! veillez plus que jamais sur cet enfant que vos soins ont sauvé ! c'en est fait ; il a perdu les bienfaits & les douceurs de la nature ; son père ne l'instruira point, sa mère ne lui sourira plus, ses biens sont abandonnés à l'administration peu fidelle de tuteurs indifférents, son ame est livrée aux froides leçons de l'éducation commune. Si j'avois à prouver que cette éducation a un vice intérieur qui la corrompt ; que ce vice est dans la contrainte, toujours ennemie de notre nature, qui révolte les enfants sans dispositions, qui rebute jusqu'aux enfants les plus heureusement disposés ; que le vrai secret de l'éducation, soit publique, soit particulière, seroit d'écarter toute idée de devoir, & de tourner toujours l'instruction en plaisir, je ne citerois que l'exemple du jeune *Huet.* Ses yeux en s'ouvrant, cherchèrent des connoissances. Il vit un livre, & il s'écria : *heureux ceux pour qui ce livre est sans mystère !* Dès qu'il sçut lire, il envia ceux qui recevoient des lettres & qui en écrivoient. Cette ardeur de connoître ne le quitta plus ; apprendre, lui parut le seul soin digne de l'homme ; sçavoir, lui parut la félicité suprême ; tous ses maîtres lui furent chers ; il n'en accuse aucun d'avoir, par des injustices ou des duretés, affoibli en lui cet amour de l'étude qui annonçoit ce qu'il devoit être un jour ; & cependant il nous avoue que, même dans l'âge mûr, il frémissoit encore au seul son de la cloche qui l'appelloit autrefois au travail, par le souvenir de l'horreur qu'elle lui avoit inspirée dans l'enfance. Mais il est un moyen d'échapper aux contraintes de l'éducation, c'est d'aller au-delà de ce qu'elles exigent. Ce n'étoit point de ses maîtres que le jeune *Huet* avoit à craindre des contradictions & des reproches, c'étoit de ses compagnons d'étude, qui, surpris & jaloux qu'il ne se contentât point du travail ordinaire & de la supériorité qu'il avoit sur eux, ne pouvant s'élever jusqu'à lui, vouloient le rabaisser jusqu'à eux. Ils brûloient ses papiers, déchiroient ses livres, le chassoient de sa chambre, le poursuivoient jusqu'au fond des bois & des antres solitaires où il se cachoit pour jouir de l'étude & de lui-même. C'est à cet âge, incapable du moins de déguisement, qu'on peut connoître sans efforts, les vices naturels de l'homme. « Nous ne souffrirons pas, lui » disoient-ils, que tu vailles mieux que nous, que » ta conduite soit la censure perpétuelle de la nôtre ». Que diroient autre chose tant de courtisans à l'aspect d'un homme vertueux, tant de beaux-esprits à l'aspect d'un homme de génie, si la réflexion ne leur avoit appris à se masquer ? malgré tant d'obstacles, le jeune *Huet* avançoit dans la carrière des humanités ; son talent pour la poësie se déclaroit, quoique le mauvais goût de son maître lui arrachât des mains Virgile, Ovide & Horace, pour l'entourer des poëtes affectés d'Italie ou des poëtes barbares des Pays-Bas ; mais aucun genre ne devoit avoir le droit de fixer M. *Huet.* La Littérature entière, tout le domaine des connoissances suffisoit à peine à son ame avide. Il s'élance dans les profondeurs de la Physique & des mathématiques, la géographie l'entraîne, la géométrie l'attache, il jouit & veut jouir encore, tantôt en secret, tantôt avec éclat ; son maître le suit à peine dans ses progrès ; il donne à la ville de Caën le spectacle jusqu'alors inconnu, d'un exercice public sur les mathématiques. Il saisit les principes généraux de la jurisprudence ; il en effleure les détails ; & c'est peut-être tout ce qu'un bon esprit doit à cette science, dans l'état de confusion, d'incertitude & de barbarie où elle est restée parmi nous. Le génie & le goût ont leurs caprices, leurs prédilections,

prédilections, leurs antipathies. M. *Huet* eut d'abord, comme St. Augustin, de l'aversion pour le grec, & il négligea encore plus l'hébreu; il fut corrigé par l'érudition de Bochart & par les forfanteries de Scaliger. La *Géographie sacrée* de Samuël Bochart parut; M. *Huet* voulant la dévorer, se vit arrêté à chaque pas par l'ignorance de l'hébreu & du grec; il rougit alors de lui-même, & ayant lu dans Joseph Scaliger, qu'à dix-neuf ans il avoit appris l'hébreu sans maître, & que quatre mois lui avoient suffi pour épuiser la littérature grecque, il ferma tous ses autres livres, & jura de ne les rouvrir qu'après s'être mis en état d'entendre avec Bochart, tous les auteurs hébreux & grecs. Il se tint parole; il n'eut point pour l'hébreu d'autre maître que lui-même; il se fit pour son usage, un grammaire hébraïque, qu'il eut dans la suite plus d'une occasion de consulter; & quant au Grec, il consulta seulement le P. Pétau pour l'intelligence parfaite des auteurs les plus difficiles. Ce fut alors qu'admis dans le sanctuaire des Muses, initié dans tous les mystères de l'érudition, présent à tous les temps & à tous les lieux, planant sur tout l'empire des lettres, embrassant la chaîne des connoissances humaines, il vit de quels trésors un dégoût peu réfléchi avoit pensé le priver. Nouvelle preuve qu'il ne faut pas commander aux hommes d'apprendre, mais leur en faire naître le desir & sentir la nécessité. Instruit par cet exemple, M. *Huet* ne rejetta plus rien, ne négligea plus rien. Ce que j'aime sur-tout à considérer en lui, ce qui distingue le vrai sçavant, c'est cette estime éclairée qu'il eut pour tout ce qui peut étendre & nourrir l'ame: il regarda comme l'opprobre des lettres & comme la source de toute pédanterie, ce mépris barbare qu'affecte pour tous les genres qu'il ignore, pour tous les talents qu'il n'a pas, un homme qui croit exceller dans un genre particulier. Les hommes gâtent tout, ils portent par-tout le despotisme & l'intolérance; le bel-esprit dédaigne l'érudition; l'érudition feint de mépriser le bel-esprit, & de confondre avec lui le génie même: eh! malheureux, secourez-vous, éclairez-vous mutuellement; vous êtes tous estimables, vous êtes tous utiles, & il n'y a rien à mépriser en vous que ce mépris imprudent & injuste que vous affectez les uns pour les autres. Écoutez cette belle maxime de M. *Huet*: *il n'y a point de science qui ne soit un digne objet de l'esprit humain.* Sa conduite répondit à cette maxime; il cultiva tous les genres selon le degré d'estime dû à chacun; s'il traduisit *Origène*, & s'il fit la démonstration évangélique, il se permit quelques vers tendres, il composa des romans, il en rechercha l'origine, & remplit par des ouvrages ou utiles ou agréables, tout l'intervalle qui sépare des genres si différents. Ce n'est pas qu'il conseillât aux gens de lettres de s'égarer dans la multitude infinie des genres; ce seroit le moyen d'effleurer tout & de ne rien approfondir; les sciences seroient très-répandues, mais elles seroient aussi très-bornées. Tout le monde sçauroit tout ce qu'on sçait, mais ce qu'on sçait n'est rien, s'il ne s'augmente tous les jours. M. *Huet* vouloit donc qu'on estimât toutes les sciences, mais qu'on en choisît une particulière, à laquelle on rapportât toutes les autres. Il remettoit aux gens de lettres la chaîne des connoissances, & il leur disoit: faites-la commencer où vous voudrez, choisissez à votre gré l'anneau principal; mais songez que tous les autres en dépendent, & qu'il dépend de tous les autres. Pour M. *Huet*, son choix avoit sans doute été le meilleur; l'étude de l'écriture-sainte, la science de la religion. Voilà l'emploi de son esprit, voilà les délices de son cœur; tout le reste n'est pour lui qu'un amusement; car il ne connut ni ceux de l'enfance ni ceux de la jeunesse; les sciences seules eurent le droit & de l'occuper & de l'amuser; les passions ne purent approcher de cette ame, dont l'étude exerçoit toutes les facultés.

Tout ce que ses tuteurs ont bien voulu lui laisser de son patrimoine, les livres vont l'emporter, les amis vont succéder aux maîtres; mais les maîtres seront toujours les premiers de ces amis. Ils aimeront aussi toujours leur illustre fils. L'un, le sçachant malade & le croyant en danger, sera saisi d'effroi, & la douleur le mettra en danger lui-même; l'autre, mourant loin de ses yeux, ne prononcera que son nom dans les bras de la mort, & ne voudra d'autre consolation que le souvenir de leur amitié. Quel éloge que d'être aimé ainsi! M. *Huet* eut le bonheur de devenir le bienfaiteur de ses maîtres, & le ton seul dont il en parle, suffit pour faire juger s'il y fut sensible. Quelles douceurs peuvent être comparées à la bienfaisance & à la reconnoissance! M. *Huet* n'a plus d'autre guide que son cœur & son amour pour les lettres, les voyages vont étendre son ame & féconder ses lectures; il va saluer tous les sçavants étrangers & nationaux; il va mériter & obtenir leur amitié; il vient à Paris; il va en Hollande, en Allemagne, au fond du Nord, par-tout où son siècle lui promet la plus abondante moisson d'amis & de connoissances. Ardent & communicatif, agréable à tous, utile à tous & à lui-même, il sçait également interroger & répondre, gagner tous les cœurs en épanchant le sien, éclairer son esprit en portant par-tout la lumière. J'aime à le voir distinguer les années heureuses ou malheureuses, par l'acquisition ou par la perte de ses amis. L'histoire de ses liaisons est l'histoire littéraire la plus complette de son temps, & comme tous les genres lui étoient familiers & précieux, comme tous les arts lui étoient chers, le siècle de Louis XIV n'a pas eu un savant, pas un homme connu par l'esprit ou par les talents, pas une femme distinguée par le mérite, soit acquis, soit naturel, qui n'ait profité de ses lumières, & qui ne se soit honoré de son amitié. J'en excepte le seul Boileau, dont il craignoit encore plus le talent qu'il ne l'estimoit, & dont, à l'exemple du vertueux Montausier, il étoit presque l'ennemi, sans pourtant cesser de lui rendre justice. Ce n'étoit que la satyre personnelle qu'il condamnoit; car pour cette satyre générale, la comédie, qui, sans faire rougir les hommes d'un reproche direct & d'une injure publique, peut les corriger par la crainte du ridicule, il l'estimoit, & il a célébré Molière; mais il trouvoit inconséquent que le même principe qui avoit enlevé à la comédie le droit de nommer &

l'usage des masques ressemblants, ne s'étendit pas jusqu'à la satyre.

M. *Huet* dans ses liaisons, rapportoit tout aux lettres & à la culture de l'esprit. Les grands même n'étoient grands à ses yeux, que par cet avantage. Le rang de Montausier n'étoit rien pour lui; il aimoit en lui ses vertus, ses lumières & le souvenir de l'hôtel de Rambouillet; il laissoit la politique des princes admirer dans Richelieu, les projets vastes, & la lâcheté des courtisans applaudir ses coups d'autorité si terribles; il ne voyoit en lui que le restaurateur des lettres & le fondateur de l'Académie Françoise; dans Gaston d'Orléans, dans l'illustre Montpensier sa fille, le sang de France attiroit tous ses respects; mais c'étoit l'esprit, c'étoient les connoissances qui obtenoient son estime & ses éloges.

Notre siècle qui voit les rangs aujourd'hui réglés entre les auteurs du siècle précédent, ou plutôt, qui voit que la foule a disparu & que cinq ou six hommes choisis ont surnagé à la faveur de quelques chefs-d'œuvres; ce siècle qui n'entend plus de réclamation contre une plaisanterie de Boileau, ou contre un portrait de Molière, attache aisément sur leur parole, une idée de ridicule à des noms autrefois chers & respectés, tels que Chapelain, Ménage & tant d'autres: il trouvera M. *Huet* bien indulgent à leur égard, & peut-être en prendra-t-il droit d'accuser le goût de ce juge équitable. Mais il faut qu'il sçache qu'au-dessous de ces hommes rares qui se recommandent seuls à la postérité par des ouvrages immortels, il est des hommes très-estimables & souvent très-utiles aux premiers; des hommes d'une littérature exquise, d'un goût sûr, mauvais juges peut-être de leurs propres productions, arbitres éclairés de celles d'autrui. Tel fut Chapelain; il fit la Pucelle, il est vrai, mais il fit, au nom de l'Académie Françoise, la critique du Cid; & cette Pucelle même, M. *Huet*, qui pouvoit en juger le plan, ayant lu l'ouvrage entier, demandoit grace au moins pour ce plan, il demandoit en tout plus de justice & d'indulgence pour un homme que l'estime générale avoit placé à la tête de la littérature, avant que le mauvais style de la Pucelle & de trop bonnes plaisanteries de Boileau, l'eussent précipité de ce rang qui ne lui étoit pas dû, mais au-dessous duquel il devoit lui rester une place honorable.

C'est dans ce juste milieu que consiste l'équité des jugements. Mais souvent la postérité semble rabaisser trop des auteurs que leur siècle semble avoir trop élevés, sans qu'il y ait d'injustice de part ni d'autre. La postérité ne juge que les ouvrages, les contemporains jugent l'homme. Tel ouvrage vaut mieux que son auteur; tel auteur aussi vaut mieux que ses ouvrages. C'est ce qui arrive à ceux dont le principal talent est d'instruire ou de plaire par la conversation, ce mérite meurt avec eux, & la postérité ne peut en tenir compte. Peut-être par leurs conseils, ont-ils plus contribué qu'on ne croit, aux chefs-d'œuvres que la postérité admire; mais la postérité n'en sçait rien.

Qui oseroit aujourd'hui comparer le génie de Boileau à celui de Racine? Ce dernier gagne tous les jours dans l'estime publique; le premier a déjà reçu quelque atteinte: cependant c'est Racine, qui, de son aveu, fut toujours le disciple de Boileau. C'est donc aux contemporains à juger les hommes, c'est à la postérité seule à juger les ouvrages. M. *Huet* ayant survécu long-temps à tous les gens de lettres qu'il juge dans ses mémoires, réunit à leur égard les droits des contemporains & ceux de la postérité. Contemporain, il fut leur ami, il en a l'indulgence. Postérité, il est impartial, & je ne sçais si après tout, l'indulgence n'est pas toujours plus près de l'équité que la rigueur; je suis bien plus édifié au moins de voir Quinault vanté par l'évêque d'Avranches, que de le voir décrié par le législateur de notre poësie.

Un homme tel que M. *Huet*, devoit un hommage à Christine. Cette reine n'avoit point encore sacrifié aux lettres le trône qu'elle fut remplir après Gustave-Adolphe son père; ses bienfaits appelloient les sçavants de toutes les contrées de l'Europe, & son exemple peut-être apprit à Louis XIV à les récompenser. M. *Huet*, trop jeune & trop peu connu dans le Nord, suivit auprès d'elle, Bochart son maître & son ami; il vit Christine, il l'admira, il obtint son estime & celle des sçavants de sa cour; son voyage fut donc heureux: on jugea cependant qu'il étoit arrivé dans des conjonctures peu favorables. Christine étoit sçavante, courageuse & sublime; mais elle étoit femme & ses goûts la gouvernoient; livrée tour-à-tour aux littérateurs & aux philosophes, sa santé altérée par les travaux, la livroit alors aux médecins. Bourdelot avoit conçu l'espérance de la détacher de tout pour règner seul sur elle; Bochart fut négligé; *Huet* revint en France, emportant les regrets de Christine & de la Suède. Christine établie à Rome après son abdication, se souvint de lui, & l'appella auprès d'elle. Mais M. *Huet* se souvint de son inconstance; la Suède lui marqua son estime d'une manière encore plus flatteuse, en lui proposant l'institution du jeune prince, fils de Charles-Gustave, successeur de Christine; mais M. *Huet* sembla prévoir que sa patrie lui défèreroit le même honneur, ou plutôt il sentit qu'il ne devoit le sacrifice de sa liberté qu'à sa patrie.

Le temps amène insensiblement les honneurs qui lui sont dus, & l'amitié de Montausier ne sçauroit être stérile; il avoit désiré que les soins de l'institution du dauphin fussent partagés entre le président de Périgny, homme d'esprit, mais d'un mérite ordinaire, & M. *Huet*, sçavant d'un mérite rare; mais Périgny, foible & jaloux, comme tous les hommes médiocres, avoit pris ou feint de prendre pour un affront, l'honneur de cette association; il mourut, & les François ont oublié qu'il fut le premier instituteur du fils de Louis XIV & le prédécesseur de Bossuet.

Il importe peut-être à l'instruction des rois & au bonheur des hommes, qu'on sçache comment fut fait ce dernier choix. Montausier, chargé de le préparer, présenta au roi une liste de près de cent personnes, qui toutes se jugeoient dignes de cet honneur, & une autre liste moins nombreuse de ceux qu'il en jugeoit dignes, sans qu'ils l'eussent demandé. Parmi ces derniers, il en distinguoit trois, Ménage, Bossuet & *Huet*;

le roi connoissoit à peine Ménage de nom ; ce fut son titre d'exclusion ; Bossuet étoit l'oracle de la théologie & de l'éloquence, mais *Huet* l'étoit de l'érudition & de la littérature ; Montausier espéra que son ami pourroit être préféré. Il se trompa : le grand nom de Bossuet emporta la balance, & Louis XIV voulut seulement que M. *Huet* lui fût associé, mais dans un degré inférieur. M. *Huet* sentit tout le prix d'une telle association. L'honneur de contribuer à l'éducation de l'héritier du trône, combla tous ses vœux & attira tous ses soins ; la cour même ne fut pas pour lui un objet de distraction : les lettres l'ont porté aux pieds du trône ; objet de tout son amour, elles le deviennent de sa reconnoissance : le voilà chargé de leurs intérêts ; il voudra les faire aimer au prince son élève, autant qu'il les aime lui-même ; & s'il ne peut y réussir, ce sera sa douleur la plus amère.

Pour rendre la science aimable aux princes, il faut la leur rendre facile ; delà ces excellents commentaires à l'usage de M. le dauphin, où une interprétation exacte, claire, mise à la portée de la plus foible intelligence, fait disparoître toute obscurité grammaticale, & où des notes courtes & suffisantes, dissipent toute obscurité historique ; entreprise dont la littérature entière a recueilli les fruits. *Huet* donne à Montausier la gloire de l'invention, & Montausier publie que *Huet* étoit seul capable de l'exécuter. Ce fut lui qui choisit & rassembla tous les coopérateurs, qui leur distribua les textes, qui dirigea leurs travaux, il les partagea même ; il quitta la bible & Origène pour éclaircir Manilius & relever les erreurs de Scaliger. On le voyoit courir sans cesse pour ce travail & pour d'autres affaires toujours littéraires, de la cour à Paris, & de Paris à la cour ; & qui eût observé ses démarches sans en sçavoir l'objet, eût cru voir en lui l'agitation ordinaire d'un courtisan ; il veilloit pour l'étude, comme on veilloit autour de lui pour l'intrigue ; il prenoit sur son sommeil pour satisfaire ses goûts sans négliger ses devoirs ; souvent il venoit à Paris passer les nuits dans les bibliothèques, sans rien perdre pendant le jour, de son assiduité auprès de son auguste élève. C'est du sein de ces occupations, c'est parmi tant de soins, c'est à la cour enfin que parut la *Démonstration évangélique*.

Les lettres sont rarement ingrates : il est peut-être injuste de leur demander la fortune, qu'elles procurèrent cependant à M. *Huet* ; mais elles ont des honneurs qui leur sont propres, & qu'elles lui procurèrent aussi : pendant son voyage de Suéde, l'Académie de Caën s'étoit formée, & à son retour, il vit son nom & celui de Bochart inscrits parmi les noms illustres qui ornèrent toujours cette liste. Il sentit avec volupté ce que valoit ce suffrage de la patrie. Aux travaux littéraires dont l'Académie s'occupoit, il fit joindre les expériences de la physique, les spéculations des mathématiques, & bientôt les faveurs de Louis XIV se répandirent par les mains de Colbert, sur ce corps qui les méritoit. Colbert avoit aussi fait distinguer *Huet* par ces graces que Louis XIV voulut répandre sur les sçavants qui décoroient son règne ; tant d'honneurs flattoient d'autant plus M. *Huet*, qu'il ne les avoit pas brigués. On lui ouvrit presque malgré lui, les portes de l'Académie Françoise ; il désiroit & il redoutoit ce degré suprême des honneurs littéraires ; il le regardoit comme un engagement à des devoirs dont il ne voudroit jamais se dispenser, & qui ne pourroit pas toujours remplir.

Mais le voilà qui contracte des engagements plus redoutables, & qui s'oblige à des devoirs plus saints ; son respect pour la religion, le genre de ses études, son goût pour la vie solitaire & contemplative, un penchant qu'il avoit plutôt négligé que combattu jusqu'alors, tout sembloit l'appeller à l'état ecclésiastique ; le silence & la paix du cloître l'avoient même plus d'une fois tenté ; il eut au jésuite Mambrun l'obligation de n'être point jésuite. Ce maître éclairé lisant mieux que lui dans son ame, lui fit appercevoir que son amour pour la retraite tenoit à un esprit d'indépendance, incompatible avec les loix de cet institut. M. *Huet* le crut, & en se consacrant au ministère des autels, il resta dans le monde, il resta même à la cour. Ce fut à quarante-six ans qu'on le vit embrasser ce nouvel état dont il avoit bien pesé toutes les obligations ; il n'y cherchoit que l'épurement des mœurs, la sanctification de l'ame & un plus grand éloignement du siècle : ses amis en firent l'instrument de sa fortune & la source de son bonheur. Le roi lui conféra l'abbaye d'Aunay, retraite délicieuse, où il a philosophé comme Cicéron, chanté comme Horace, & dont il a célébré les charmes de ce ton enchanteur qui caractérise les ames sensibles.

Louis XIV ne borna pas à ce bienfait les marques de son estime & les monuments de sa reconnoissance, je dis reconnoissance, tout pére en doit tant à l'instituteur de son fils ! Cette carrière illustre étoit remplie ; M. *Huet* recueilli dans le port, se partageoit entre ses compatriotes à Caën & quelques amis à Aunay, cultivant toujours les Muses sans partage, ne demandant rien, ne désirant rien, lorsqu'il fut mommé à l'évêché de Soissons, que des raisons de convenance lui firent permuter pour l'évêché d'Avranches. Alors cette ardeur infatigable avec laquelle il avoit enseigné à M. le dauphin les éléments des sciences, il sçut la retrouver toute entière pour enseigner à ses diocésains la seule science nécessaire ; ses études, dont le cours ne s'étoit jamais ralenti, semblèrent se ranimer pour ce saint objet. Le tableau qu'il trace dans ses mémoires, des devoirs de l'épiscopat, prouve qu'il les a connus ; & la discipline ecclésiastique rétablie, les assemblées synodales renouvelllées, les anciens statuts remis en vigueur, & de nouveaux publiés, attestent qu'il a sçu les remplir.

Il a fait plus : il a sçu quitter & déposer ce fardeau sacré, quand il l'a jugé trop pesant pour son âge. Le roi approuvant le motif pieux de cette abdication, lui donna par forme de dédommagement, l'abbaye de Fontenay, qui, par sa situation aux portes de Caën, devenoit un lien de plus pour l'attacher à sa patrie.

Après tant de travaux, il fut donné à M. *Huet* de s'endormir dans une longue & paisible vieillesse, toujours occupée. Quand les infirmités & l'affoibliſſement des sens ne lui permirent plus les grands ouvrages & les profondes recherches, il voulut au moins revivre par le souvenir dans ses travaux passés : il composa ses mémoires dont l'élégante simplicité, la grace attachante & l'intérêt naturel suffiroient à la réputation d'un autre écrivain.

Demandez-vous s'il fut heureux ? Il vous répondra lui-même qu'il n'a jamais connu l'ennui que de nom : reconnoissez dans ce seul mot quatre-vingt-dix ans de sagesse & de bonheur. De plus ; il n'a point fait de mal, & il a fait du bien. Quelle source de bonheur encore ! Je vois le sien à peine interrompu par quelques procès, qui embarrassèrent un moment sa fortune, & qui paroissent avoir agité son ame, mais le calme y rentroit aisément. Les lettres, l'amitié, la gloire, la vertu, la fortune même concouroient à l'y fixer.

Cette fortune, ces bienfaits d'un roi reconnoissant, ces titres académiques, ces décorations littéraires passent à des successeurs dignes ou indignes, & ne font qu'un bien particulier ; mais une bibliothèque peut être un bienfait éternel & public. L'illustre de Thou avoit voulu assurer la sienne à sa famille ; ses vœux avoient été trompés. M. *Huet* avoit vu avec douleur dissiper ce grand monument de goût & de magnificence ; quoiqu'il en eût recueilli les débris. La bibliothèque de M. *Huet* avoit été formée avec un goût non moins magnifique, non moins éclairé ; c'étoit son unique objet de dépense ; chaque année, chaque jour l'avoit vu s'accroître. O prévoyance humaine ! M. *Huet* crut que le seul moyen d'en empêcher la dissipation, étoit de charger de ce dépôt une *société stable* ; ce sont ses termes, & cette société, c'étoient les Jésuites. Elevé chez eux, ils les avoit toujours aimés, quoiqu'il jugeât d'eux sans partialité, comme il jugeoit tout & qu'il se plaignît de plusieurs d'entr'eux. Ce fut à la maison professe de Paris qu'il confia ce trésor, & Ménage son ami, suivit son exemple. A peine cette disposition étoit faite, qu'un accident funeste en accélera l'exécution ; la bibliothèque de M. *Huet* étoit restée dans la maison qu'il louoit à Paris ; cette maison tomba inopinément, & entraîna dans sa ruine une partie de la bibliothèque ; de prompts secours en sauvèrent les restes, qui furent à l'instant transportés chez les Jésuites. M. *Huet* y suivit un bien dont il ne pouvoit se séparer. C'est dans ce dernier asyle qu'il rassembla long-temps cette foule d'amis sçavants & illustres qui formoient autour de lui une académie perpétuelle, nombreuse & choisie ; c'est là qu'il est mort, âgé de 91 ans, en 1721, content d'eux & de lui-même, plein d'espérance dans la bonté d'un Dieu qui l'avoit toujours, disoit-il, visiblement protégé, laissant à la postérité ses vertus pour exemple & ses écrits pour instruction.

Ouvrages de M. Huet.

L'art de rendre l'érudition utile paroît consister en deux points : dire tout ce qu'il faut & ne dire que ce qu'il faut. De ces deux points, c'est toujours le dernier qui est le plus difficile à un sçavant ; il lui en coûte autant pour contenir sa science, qu'à un homme ordinaire pour réprimer ses passions ; c'est que sa passion est l'ambition d'enseigner & de régner sur les esprits. M. *Huet*, toujours maître de lui, sçut règler sa plume comme son ame ; il sentit qu'il devoit y avoir une proportion entre le besoin qu'un auteur a d'instruire & le besoin que le lecteur a d'être instruit ; que tout ce qui excède cette mesure, fatigue, rebute, fait taire le besoin & cesser le desir d'apprendre : aussi ne le voit-on jamais s'abandonner à ce luxe d'érudition qui a tant décrié la science ; jamais ses livres n'épouvantent l'ignorance par cet amas de citations dont s'énorgueillit un sçavant vulgaire, & dans lequel on peut toujours soupçonner quelque exagération. Se peut-il, disoit Henri IV, à Duplessis Mornay, que vous ayez lu tous les livres que vous citez ? & M. *Huet* prétendoit s'être assuré que Mornay n'en avoit lu aucun. Pour lui, quand il cite des auteurs, il prouve qu'il les a lus, en les faisant connoître, en les faisant aimer, en les jugeant finement & justement, en tirant un miel doux de leurs moindres fleurs, & souvent l'or pur de leur fumier ; il remplit tout son objet ; s'il ne donne rien à l'étalage, il ne refuse rien à l'instruction, & certainement Colbert, après avoir lu le traité du commerce & de la navigation des anciens, sçavoit tout ce qu'un grand ministre doit sçavoir sur cet objet important. Quelle mine de connoissances utiles que cet ouvrage ! quels regards jettés sur l'univers ! que de peuples connus & jugés ! comme on voit les Empires se former, s'élever, décliner & tomber ! comme toutes ces révolutions sont le plus souvent la suite du commerce ou cultivé ou négligé ! Mais quel exemple & du parti qu'un homme d'état sçait tirer des lumières des sçavants, & des services que les gens de lettres peuvent rendre à l'état qui sçait les employer ! Demandera-t-on à quoi servent la science & les monuments des travaux antiques, s'il est vrai, comme le prétend M. *Huet*, que le Cap de Bonne-Espérance ait été doublé par les plus anciens peuples, & que les Portugais aient été guidés dans la découverte qu'ils en firent, par les vestiges qu'ils en avoient trouvés dans l'histoire ? Rien n'échappe à la pénétration de M. *Huet*, il a saisi tous les traits de ressemblance entre les Egyptiens & les Chinois ; il est le premier auteur de cette grande idée, si développée depuis, & qui pourroit être la clef générale des mœurs de l'Asie, que les Chinois & d'autres peuples orientaux ne sont que des colonies de l'Egypte. Sa pénétration alla jusqu'à prédire en quelque sorte & annoncer au monde le czar Pierre I, avant qu'il fût sur le trône.

Les termes de M. *Huet* sont remarquables. « Les » Moscovites tireroient des profits immenses d'une » situation (qui leur donne le commerce de la Mer Baltique, de la Mer Blanche, de la Mer du Nord, de la Mer Noire, de la Mer Caspienne), » s'ils ne se man» quoient à eux-mêmes par leur négligence & par leur » grossièreté, qui les empêche de cultiver les arts, » & par l'esprit défiant & soupçonneux de leurs » princes, qui ne leur permettent pas de sortir de leur » pays, & qui leur font éviter le commerce des » étrangers. Que s'il s'élevoit parmi eux quelque jour, » un prince avisé qui reconnoissant les défauts de cette

» basse & barbare politique de son état, prît soin d'y » remédier, en façonnant l'esprit féroce & les mœurs » âpres & insociables des Moscovites, & qu'il se » servît aussi utilement qu'il pourroit le faire, de la » multitude infinie de sujets qui sont dans la vaste » étendue de cette domination, qui approche des fron- » tières de la Chine, & dont il pourroit former des » armées nombreuses, & des richesses qu'il pourroit » amasser par le commerce, cette nation deviendroit » formidable à tous ses voisins ».

Le traité des navigations de Salomon doit être considéré comme la suite & l'extension de celui-ci. Peut-être n'est-il pas certain qu'Ophir soit le Zanguebar & Sofala, que la terre de Tharsis soit la côte occidentale de l'Afrique & de l'Espagne. Peut-être importe-t-il peu aujourd'hui de sçavoir bien précisément quelles étoient ces régions & la situation du Paradis terrestre, si soigneusement récherchée par M. *Huet*, ainsi que par Bochart ; mais si nous voulons ôter aux sçavants ces recherches de curiosité qui les amusent, craignons de les refroidir bientôt sur les recherches d'utilité.

Quand M. *Huet* entreprenoit un ouvrage, il en saisissoit tous les entours, il remontoit aux principes de chacun des genres qu'il vouloit traiter. Le seul projet de traduire Origène lui fit discuter les principes de l'art de traduire, & le mérite de tous les traducteurs connus ou même inconnus, de quelque langue & dans quelque langue qu'ils eussent traduit. Cet ouvrage d'un jeune homme, étonna les sçavants consommés. Segrais ne pouvoit se lasser d'y admirer la profondeur du raisonnement, l'immensité des connoissances & l'agrément du style. M. *Huet* examine cette question si rebattue depuis, si l'usage des traductions est utile ou pernicieux, il décide en faveur de cet usage : en effet, un mot semble décider la question. Peut-on comparer le petit nombre de ceux qui, sans les traductions, eussent étudié les originaux, & que les traductions seules en ont empêché, avec le très-grand nombre de ceux qui, sans ces traductions, n'eussent jamais connu ces mêmes originaux ?

L'écueil où se sont brisés la plûpart de ceux qui ont écrit sur Origène, c'est la partialité. On a, pour ainsi dire, moins écrit sur Origène que pour ou contre lui. Condamnation ou apologie, on n'est guère sorti de cette alternative. M. *Huet* apporte à l'examen de cet auteur des dispositions plus pures ; il ne veut être ni sévère ni indulgent, il ne veut être que juste ; il l'examine en lui-même, indépendamment de tout examen précédent, le soin qu'il prend d'en écrire la vie, d'en traduire & d'en juger les ouvrages, annonce au moins de sa part une estime qu'il seroit difficile de refuser à Origène ; mais s'il l'absout quelquefois où d'autres l'ont condamné, il le condamne aussi quelquefois où les censeurs les plus austères l'ont absous, du moins par leur silence.

Quand à côté de cet ouvrage, nous placerons le traité de l'origine des romans, composé à-peu-près dans le même temps, nous ne ferons que suivre en quelque sorte l'esprit de M. *Huet*, & donner une preuve de cette estime philosophique qu'il eut pour tous les genres de littérature. Ce traité sage & sçavant, mis à la tête de la Zaïde de Mme. de la Fayette, contient tout ce qu'on peut dire de raisonnable pour ou contre les romans.

Le plus grand titre de gloire de M. *Huet*, c'est sa *Démonstration évangélique*. L'étude profonde qu'il avoit faite de la religion, lui avoit persuadé que la vérité de cette religion sainte, & l'authenticité des livres sacrés, étoient susceptibles de démonstrations géométriques. Il procède en effet, à la manière des géomètres, par définitions, par demandes, par axiomes, par théorêmes. M. *Huet* ne voit dans les Dieux adorés par les divers peuples, que Moïse déguisé sous différents noms, il ne voit dans la Mythologie de toutes les nations que le Pentateuque défiguré. Cette idée qui eût pu passer comme conjecture, fut attaquée comme démonstration ; M. *Huet* eut des censeurs, & il leur répondit ; mais ceux qui se montrèrent les moins favorables à l'auteur, à l'ouvrage & au sujet, dirent qu'il n'y avoit de démontré que le grand sçavoir de l'auteur.

Au reste cette méthode mathématique, outre qu'elle devenoit piquante & nouvelle par l'application, avoit encore un autre avantage bien conforme à la modération naturelle de M. *Huet*. Ce sang-froid de la géométrie, ce calme de la vérité excluoit l'âcreté théologique & ce torrent d'injures dont tant d'indignes défenseurs de la religion ont déshonoré sa cause & souillé leurs écrits. Eh ! pourquoi injurier l'incrédule ? il s'agit de le convaincre. Nos emportements rendront-ils son esprit plus éclairé ou son cœur plus docile ? Le médecin commence-t-il par outrager le malade qu'il veut guérir ? Périsse ce zèle amer & aveugle qui croit servir la foi en violant la charité. Nous voudrions n'avoir sur cet article aucun reproche à faire à M. *Huet*. Il faut avouer qu'irrité par les contradictions de Toland, M. *Huet* se permet des transports où nous ne reconnoissons plus sa douceur respectable ; après avoir chargé d'opprobres son adversaire : *je laisse*, dit-il, *à Dieu le soin de sa vengeance*, *& je remets ma cause entre ses mains* ; c'est à ce mot qu'il eût fallu s'arrêter, mais il vient trop tard.

J'aime bien mieux M. *Huet*, lorsque donnant à sa démonstration évangélique un complément peut-être nécessaire, il ménage en philosophe chrétien, l'accord de la raison & de la foi. C'est dans sa retraite d'Aunay qu'il composoit ces Tusculanes sacrées, dont le début seul suffit pour faire voir combien il avoit l'esprit philosophique, l'imagination douce & riante, combien il aimoit la campagne & les lettres, combien il étoit nourri de la bonne latinité. C'est par cette latinité cicéronienne, par ce style plein d'harmonie & de sens, plein d'idées & d'images, qui flatte l'oreille & qui parle à l'ame ; c'est par l'atticisme & par l'urbanité que M. *Huet* se distingue des savants, comme il se distingue des beaux-esprits par une variété de connoissances inouie parmi les savants même. Jettez les yeux sur ses dissertations recueillies par l'abbé de Tilladet, & sur cette foule de matières de tout genre, approfondies, pour ainsi dire, d'un seul trait dans le *Huetiana* ;

& vous serez tenté de lui demander comme Henri IV à Mornay : se peut-il que vous ayez étudié tous les sujets que vous traitez ? Mais vous ne ferez plus cette question après avoir lu ; vous reconnoîtrez alors ce que c'est qu'une carrière presque centénaire, où il n'y pas eu un seul moment perdu.

Si de ses ouvrages savants, nous passons à ses ouvrages de littérature légère, à ses poësies, c'est alors que l'atticisme & l'urbanité trouvant un sol plus favorable, & respirant, pour ainsi dire, leur air natal, brilleront de tout leur éclat. Nous nous arrêterons peu sur ces productions agréables qui enchantoient Ménage, qui plaisoient à tous les savants, & que M. *Huet* seul traitoit de bagatelles; mais nous dirons, d'après de bons juges, qu'Horace se seroit trouvé bien imité dans les odes de M. *Huet*, que Lucrèce eût pu s'imaginer avoir fait le poëme intitulé, *Epiphora*, & qu'Ovide eût regretté de n'avoir pas fait l'ingénieuse & touchante métamorphose de *Vitis & Ulmus*.

M. *Huet* ne pouvoit rester indifférent dans la fameuse dispute sur les anciens & les modernes ; les deux partis recherchèrent son suffrage ; on peut croire qu'il fut pour les anciens : mais on peut voir aussi que ce fut par des raisons dont le goût s'honore, que la philosophie avoue, & où il n'entre pas même une ombre de superstition. Il combattit hautement M. Perrault, & ils restèrent amis. Il n'en étoit pas ainsi de Boileau ; il devenoit l'ennemi de ceux qu'il combattoit ; il s'indigna de ce que M. *Huet* refusoit de trouver sublime le fameux passage de la Genèse sur la création de la lumière, la fureur des controverses ; il sembla même à ce sujet (telle est la fureur des controverses) vouloir rendre suspecte la foi de ce prélat. Boileau pouvoit savoir aussi-bien que M. *Huet*, ce qui étoit sublime en général ; mais M. *Huet* connoissoit mieux que Boileau ce qui étoit sublime en hébreu. Tout le monde sait combien le sublime & toutes les qualités du style tiennent au génie des langues ; & ce qui pourroit sur-tout faire juger que M. *Huet* avoit raison, c'est le ton modéré, quoique ferme, de sa réponse.

Si nous passons enfin à un troisiéme ordre d'ouvrages de M. *Huet*, à ses écrits purement philosophiques, nous entendrons d'abord les Cartésiens lui reprocher à leur égard, des variations, & les injustices de l'humeur, Gardons-nous de prononcer témérairement entre des noms tels que ceux de M. *Huet* & de Descartes. M. *Huet*, né avec le cartésianisme, en avoit d'abord été séduit ; dans la suite, il mit cette admiration au nombre des erreurs de sa jeunesse, & il n'entreprit pas moins que de renverser tous les principes du cartésianisme. Nos goûts décident souvent de nos opinions ; il étoit impossible qu'un homme qui avoit autant étudié, qui vouloit encore autant étudier que M. *Huet*, restât fidèle à une philosophie qui comptoit l'étude pour rien, aux yeux de laquelle les plus grands noms n'étoient que des noms, & la science qu'un amas d'erreurs. Quoi ! s'écrioit-il, parce que nous avons beaucoup étudié, nous serons un objet de mépris pour ces nouveaux philosophes ! Ceux-ci répondirent avec aigreur, du moins M. *Huet* s'en plaint : pour moi, dit-il, (mot admirable) je crus qu'il y avoit un autre fruit à tirer de la philosophie, que l'esprit de contention & de satyre. Sans doute, & le démonstrateur de l'évangile, le conciliateur de la raison & de la foi, le savant qui a le plus pensé, le philosophe qui a le plus réuni de connoissances, est encore le chrétien qui a le plus douté, mais qui a sçu le mieux douter, qui a le mieux marqué l'étendue & les bornes de cet art nécessaire & dangereux : il a mis dans tout son jour la foiblesse de l'esprit humain ; il a ôté à la raison tous les avantages de la certitude & de l'évidence, pour les assûrer à la foi seulement. L'homme qui aime à raisonner & à discourir, voudroit assujettir à la raison, même les choses divines. M. *Huet* veut que même les choses humaines doivent toute leur certitude à la révélation qui les consacre ; il épuise toutes ses connoissances à prouver le néant des connoissances. Il falloit toute la philosophie de M. *Huet* & pour composer un tel livre & pour ne le pas publier ; non que ce livre, objet de toute sa prédilection, & qu'il a pris la peine de composer deux fois dans deux langues différentes, fût indigne des regards du public ; mais, osons le dire, les regards de tout le public pouvoient n'en être pas tout-à-fait dignes encore. Tant de juges qui n'ont pas voulu croire que cet ouvrage fût de M. *Huet* ; tant d'autres qui, forcés de reconnoître l'auteur, ont regardé l'ouvrage comme un tort de son esprit ; d'autres qui, plus injustes encore, ont voulu le trouver dangereux & contraire à la foi, n'ont fait que fournir une nouvelle preuve de la foiblesse de l'esprit humain. Des juges plus équitables, ont regardé ce livre comme un des meilleurs ouvrages de M. *Huet*, & n'y ont vu que le triomphe de l'érudition, de la philosophie & de la religion.

HUGHES, (Jean) (*Hist. Litt. mod.*) poëte anglois dont on fait cas en Angleterre. Ses œuvres ont été imprimées en 1739, en deux volumes *in-12*. On y remarque sur-tout une *ode au Créateur de l'univers* ; une tragédie intitulée : *le siège de Damas*. *Hughes* étoit ami d'Addisson, & eut part au *Spectateur*. Mort en 1719.

HUGUENOT, subst. & adj. (*Hist. mod.*) nom que les Catholiques ont donné par sobriquet aux Protestants Calvinistes ; mais ils n'ont pas appliqué à ce mot le vrai sens qu'il avoit dans son origine, & ni Pasquier, ni Ménage, ni le P. Daniel, n'ont su le deviner. Le voici :

L'évêque de Genève qui, suivant la remarque de M. de Voltaire, disputoit le droit de souveraineté sur cette ville au duc de Savoie & au peuple, à l'exemple de tant de prélats d'Allemagne, fut obligé de fuir au commencement du seizième siècle, & d'abandonner le gouvernement aux citoyens, qui recouvrèrent alors leur liberté. Il y avoit déjà depuis assez long-temps deux partis dans Genève, celui des Protestants, & celui des Catholiques Romains. Les Protestants s'appelloient entr'eux *Egnots*, du mot *eid-gnossen*, alliés par serment ; les *Egnots* qui triomphèrent, attirèrent à eux une partie de la faction opposée, & chassèrent le reste. Delà vint que les Protestants de France eurent le nom d'*Egnots*, & par corruption de *Huguenots*, dont la plupart des écrivains françois inventèrent depuis de vaines ou d'odieuses origines. Telle est l'étymologie de ceux qui tirent ce mot du roi *Hugon*, dont on faisoit peur aux enfants en Touraine : telle est encore l'opinion de Castelnau Mauvissière, qui derive ce terme d'une petite monnoie, qu'on a supposé valoir une maille du temps de Hugues-Capet, par où l'on a voulu signifier que les Protestants ne valoient pas une maille, & qu'ils étoient une monnoie de mauvais aloi. Ces insinuations ont fait couler des torrents de sang. (*D. J.*)

HUGUES CAPET, (*Histoire de France.*) Louis V, roi de France, mourut sans enfans; le droit de la naissance appelloit au trône Charles, duc de la Basse-Lorraine, oncle de ce prince. Mais *Hugues Capet*, arrière-petit-fils de Robert le Fort, sçut l'exclure, & fit couronner Robert son fils, pour régner sous son nom. L'année 987 fut l'époque de cette révolution. Charles prit les armes, & s'empara de Laon, mais il fut fait prisonnier dans sa conquête. *Hugues* fit déposer Arnould, archevêque de Reims, qui l'avoit trahi. Il étoit plus aisé alors d'ôter la couronne à un roi, que la mître à un évêque. Paisible possesseur du royaume, *Hugues* fit d'Abbeville un boulevard contre les Normands, soumit la Guienne, fit rentrer dans le devoir les comtes de Flandre & de Vermandois, & mourut l'an 996. Il est le chef de la troisième race des rois de France. (*M. de Sacy*).

Huissiers de la Chambre du Roi, (*Histoire de France*) ce corps composé de seize officiers est un des plus anciens de la maison du roi, dont il formoit autrefois la garde intérieure. Ils étoient alors armés de massues, & couchoient dans les appartements qui servoient d'avenues à la chambre du roi.

A présent ils servent l'épée au côté sous les ordres de MM. les premiers gentilshommes de la chambre, auxquels ils répondent de ceux qui approchent la personne du roi lorsqu'il est dans son intérieur. C'est entre leurs mains qu'ils prêtent le serment de fidélité; c'est d'eux qu'ils reçoivent leurs certificats de service.

Aussi-tôt que la *chambre* est appellée pour le lever du roi, ils prennent la garde des portes, & ne laissent entrer en ce moment que ceux qui par le droit de charge ou grace de sa majesté ont l'entrée de la *chambre*. Ils distinguent ensuite les plus qualifiés des seigneurs qui se sont nommés à la porte, les annoncent au premier gentilhomme, & les introduisent au petit lever. Au moment où le roi a pris sa chemise, que l'on appelle *le grand lever*, ainsi que dans le cours de la journée, ils laissent entrer dans la *chambre* toutes les personnes dont ils peuvent répondre.

Le soir, quand le roi doit tenir conseil ou travailler dans sa *chambre*, l'*huissier* en avertit les ministres de la part de sa majesté, & tient les portes fermées jusqu'à ce que le conseil ou travail soit levé.

Au moment où le roi prend ses pantoufles, que l'on appelle *le petit coucher*, l'*huissier* fait passer les courtisans qui n'ont ni la familière, ni la grande, ni la première entrée.

Aux fêtes annuelles, dévotions, *te Deum*, lits de justice, baptêmes & mariages, ainsi qu'à toutes les cérémonies de l'ordre du Saint-Esprit, deux *huissiers* portent chacun une masse immédiatement devant sa majesté; de même qu'au sacre des rois, où ils marchent aux deux côtés du connétable, habillés de satin blanc avec pourpoint, haut-de-chausse, manches tailladées, manteau & toque de velours. Ils ont part aux sermens prêtés entre les mains du roi; & aux premières entrées que sa majesté fait dans les villes de son royaume ou dans celles de nouvelle conquête, il leur est dû un marc d'or ou sa valeur en argent payable par les officiers de ville.

Lorsqu'il y a des fêtes à la cour, ou que le roi honore l'hôtel-de-ville de sa présence, les *huissiers* tiennent les portes de la pièce qu'occupe sa majesté, & y placent les personnes connues conjointement avec les intendans des menus-plaisirs sous les ordres du premier gentilhomme de la *chambre*.

Ils ont l'honneur de servir les enfans de France dès le berceau. Dans l'intérieur, ils répondent à madame la gouvernante, & lui annoncent les personnes qu'ils introduisent; & soit aux promenades, soit dans les appartemens extérieurs, en qualité d'écuyers ils donnent la main aux princes jusqu'à sept ans, & aux princesses de France jusqu'à douze. Ils ont bouche en cour à la table des maîtres pendant leur quartier auprès du roi.

Les prérogatives attachées aux *huissiers de la chambre*, le titre d'écuyer, qui leur est accordé depuis près de 200 ans, ainsi que l'honneur d'être commis dans l'intérieur à la garde de sa majesté, ont fait que cette charge a été exercée sous Louis XIV, par des colonels & capitaines de vaisseaux de roi.

Les anciens états de la France certifient ce dernier article, & font foi des droits dont jouissent les *huissiers de la chambre* : on y trouvera la date des ordonnances de nos rois, qui leur ont accordé des privilèges. (*A. R.*)

HUMBERT II, (Dauphin de Viennois.) (*Voyez* Beaumont. On allègue deux principaux motifs de la cession que *Humbert II* fit du Dauphiné à la France; l'un, qu'il vouloit susciter à la maison de Savoie, un ennemi capable de le venger de tous les affronts qu'il en avoit reçus; l'autre, que jouant avec son fils unique, il eut le malheur de le laisser tomber d'une fenêtre dans le rhône, où il se noya. La douleur qu'il ressentit d'un si funeste accident, l'engagea, dit-on, à renoncer au monde : en effet, après la cession faite à la France, il entra dans l'ordre des Dominicains. En 1351, il reçut le sousdiaconat, le diaconat & la prêtrise aux trois messes de Noël, des mains du pape Clément VI. Il mourut à Clermont en Auvergne en 1353.

HUME, (David.) (*Hist. Litt. mod.*) écrivain écossois, à jamais célèbre par son histoire d'Angleterre, un des plus beaux morceaux d'histoire & de philosophie qu'il y ait dans aucune langue, & l'ouvrage le plus impartial & le plus raisonnable peut-être qui soit sorti de la main d'un homme. On a de lui aussi plusieurs

Traités de morale & de politique. Il a lui-même écrit sa vie en un petit volume *in*-12. C'est l'histoire très-naïve de ses succès littéraires, heureux & malheureux.

HUMIERES, (D') (*Hist. de Fr.*) Il y a eu deux maisons *d'Humieres* ou *de Humieres ;* l'une de Picardie, l'autre de Touraine : celle-ci distinguée par le nom de Crevant.

De la première étoient les trois frères, Philippe, Matthieu & Jean *de Humieres ;* le premier fut fait prisonnier, les deux autres tués à la bataille d'Azincourt.

Mathieu II, tué en 1442, au service du duc de Bourgogne.

Charles, Chevalier des ordres du roi, lieutenant général en Picardie, tué en 1595, à la prise de Ham. C'étoit, dit M. de Sully, le plus brave & le plus habile officier, employé dans la Picardie, alors le théâtre de la guerre : il fut pleuré de M. de Thou, du roi & du royaume.

Jacqueline *d'Humieres* sa sœur, héritière de sa maison, épousa Louis de Crevant, gouverneur de Ham, & porta dans cette maison de Crevant, les biens & le nom de la maison *d'Humieres* : leur fils aîné, Charles-Hercule de Crevant d'*Humieres*, premier gentilhomme de la chambre du Roi, fut tué au siège de Royan le 12 mai 1622. Louis de Crevant d'*Humieres*, leur petit-fils, est le maréchal *d'Humieres*. Il fut fait maréchal de France en 1668. Ses envieux disoient qu'il en avoit principalement l'obligation à Louise de la Châtre, sa femme, & par elle au vicomte de Turenne, sur qui ses charmes & son esprit lui donnoient, dit-on, beaucoup d'empire ; Louis XIV ayant demandé en cette occasion, au comte de Grammont, s'il sçavoit quels étoient les maréchaux de France de la nouvelle promotion : *oui, Sire*, répondit-il, *M. de Créquy, M. de Bellefonds & Madame d'Humieres*. Les trois nouveaux maréchaux refusèrent en 1672, de servir sous M. de Turenne, & y consentirent en 1675. En 1676, le maréchal *d'Humieres* prit la ville d'Aire ; en 1677, il commandoit sous monsieur avec le maréchal de Luxembourg, à la bataille de Cassel, & prit St. Guillain. En 1678, il prit Gand ; en 1683, Courtrai. Il fut battu à Valcourt le 27 août, par le prince de Valdec. Il avoit été fait grand-maître de l'artillerie en 1685, chevalier des ordres du roi en 1688 ; & malgré l'échec de 1689, sa terre de Mouchy fut érigée en duché-pairie en 1690. Il mourut le 30 août 1694.

Le marquis *d'Humieres*, Louis de Crevant, son fils aîné, avoit été tué au siège de Luxembourg en 1684. Le duché *d'Humieres* passa, par alliance, dans la maison d'Aumont, puis dans celle de Grammont.

La maison de Crevant, avant d'être substituée au nom & armes d'*Humieres*, avoit produit une foule de guerriers distingués, entr'autres Claude de Crevant, blessé à la bataille de Pavie, & François de Crevant, tué à la bataille de St. Quentin.

HUNIADE, (Jean Corvin) (*Hist. de Hongrie*) vaivode de Transylvanie, & général des armées de Ladislas, roi de Hongrie, fut un des plus grands capitaines du quinzième siècle ; il fit la guerre avec éclat contre les Turcs, qui avoient alors pour chefs deux conquérants, Amurat II & Mahomet 2^{d} ; il leur fit deux fois lever le siège de Belgrade, remporta d'autres avantages sur les généraux d'Amurat, & acquit beaucoup de gloire dans cette malheureuse bataille de Varnes, où Ladislas fut tué en 1444. *Huniade* étoit la terreur des Turcs. Mahomet II disoit que c'étoit *le plus grand homme qui eût porté les armes ; Huniade* mourut le 10 septembre 1456. Le pape Calixte III & toute la chrétienté le pleurèrent comme leur seul appui & leur seul espoir.

HUNNERIC, (*Hist. mod.*) roi des Vandales en Afrique, fils & successeur de Genseric, est diffamé dans l'histoire ecclésiastique par la persécution qu'il fit souffrir aux catholiques à l'instigation des Ariens. On a fait en conséquence beaucoup de contes sur sa maladie & sur sa mort arrivées en 484, suivant l'usage superstitieux de voir toujours dans la mort d'un ennemi, des marques de la vengeance divine.

HU-PU *ou* HOU-PNU, s. m. (*Hist. mod.*) c'est le nom qu'on donne à la Chine à un conseil ou tribunal chargé de l'administration des finances de l'empire, de la perception des revenus, du paiement des gages & appointements des mandarins & vice-rois ; il tient aussi les registres publics, contenant le dénombrement des familles, ou le cadastre qui se fait tous les ans des sujets de l'empereur, des terres de l'empire & des impôts que chacun est obligé de payer. (*A. R.*)

HUR, (*Hist. sacr.*) fils de Caleb ; pendant la bataille où Josué défit les Amalécites, il soutint avec Aaron les bras de Moyse élevés vers le ciel pour demander la victoire.

HURAULT, (*Hist. de Fr.*) famille distinguée ; dont étoit le chancelier de Chiverni ou Cheverni, de qui nous avons des mémoires ; attaché à Henri III, il l'avoit suivi en Pologne ; il eut les sceaux en 1578 ; il fut fait chancelier en 1583, à la mort du chancelier de Birague ; il mourut en 1599. Il étoit gendre du premier président Christophe de Thou.

» Il se piquoit fort de noblesse, dit Mezerai, (ajoutons : & ce n'étoit pas sans raison,) « & affectoit autant » la qualité de comte & celle de gouverneur de l'Orléanois & du Blésois, que celle de chancelier. »

Un autre *Hurault* (Robert) chancelier de Marguerite de France, duchesse de Savoye, fut le gendre du fameux chancelier de l'Hôpital, & ses enfans ont joint le nom de l'Hôpital à celui de *Hurault*.

Charles *Hurault* de l'Hôpital son fils aîné, fut tué au siège de Chartres en 1568.

Michel *Hurault* de l'Hopital, frère de Charles ; élevé par le chancelier de l'Hôpital son ayeul & principal objet de sa tendresse, s'attacha au roi Henri IV, alors roi de Navarre, qui l'employa en différentes négociations ; depuis l'avènement d'Henri IV à la couronne de France, il eut ordre de faire travailler aux fortifications de Quillebeuf avec huit cents anglois qu'il attendoit. Le roi en avoit donné le commandement à Bellegarde. *Hurault* refusa de le lui remettre ; il périt au au milieu de cette entreprise, & se fit enterrer sous un des bastions de la place, comme pour en retenir la possession. C'étoit un homme de beaucoup d'esprit; on lui attribue l'*excellent & libre discours sur l'état présent de la France*, qui parut en 1588, & qui est imprimé dans le tome 3 de la *satyre Ménippée*. On a encore de lui quelques autres ouvrages pour la défense de la cause royale contre la ligue & contre Rome.

Paul *Hurault* de l'Hôpital, son frère, archevêque d'Aix, eut de la réputation comme orateur, mais il est plus connu encore par ses démêlés avec le parlement d'Aix, au sujet d'un prêtre scandaleux, condamné au supplice, & qu'il refusoit de dégrader; alléguant les priviléges & franchises du clergé. L'occasion n'étoit pas favorable pour les réclamer.

André *Hurault*, seigneur de Maisse, eut grande part à la confiance de Henri IV; on le voit employé sous ce règne, dans toutes les affaires délicates & importantes; il est souvent parlé de lui dans les mémoires de Sully, & toujours avec estime, avantage que peu de personnes partagent avec lui.

HUS, (Jean.) *Voyez* WICLEF.

HUSCANAOUIMENT, s. m. (*Hist. mod. superstitions*) espèce d'initiation ou de cérémonie superstitieuse que les sauvages de la Virginie pratiquent sur les jeunes gens de leur pays, lorsqu'ils sont parvenus à l'âge de 15 ans; & sans laquelle ils ne sont point admis au nombre des braves dans la nation. Cette cérémonie consiste à choisir les jeunes gens qui se sont le plus distingués à la chasse par leur adresse & leur agilité; on les confine pendant un certain temps dans les forêts, où ils n'ont communication avec personne, & ne prennent pour toute nourriture qu'une décoction de racines, qui ont la propriété de troubler le cerveau; ce breuvage se nomme *ouisauccan*, il les jette dans une folie qui dure dix-huit ou vingt jours, au bout desquels on les promène dans les différentes bourgades, où ils sont obligés de paroître avoir totalement oublié le passé & d'affecter d'être sourds, muets & insensibles, sous peine d'être *huscanoués* de nouveau. Plusieurs de ces jeunes gens meurent dans cette pénible épreuve ou cérémonie, qui a pour objet de débarrasser la jeunesse des impressions de l'enfance, & de la rendre propre aux choses qui conviennent à l'âge viril. (*A. R.*)

HUTCHESON, (François) (*Hist. Litt. mod.*) professeur de philosophie à Glascow, auteur d'un *système de Philosophie morale*, traduit en françois par M. Eidous, & de quelques traités de métaphysique. Mort en 1747, né en Irlande en 1694.

HUTTEN (Ulric de) (*Hist. Litt. mod.*) poëte latin, d'Allemagne, qui reçut de l'empereur Maximilien I, la couronne poëtique. Jean *Hutten* son cousin, grand maréchal de la cour du duc de Virtemberg, fut tué en 1517, & le duc étoit amoureux de la femme de *Hutten*. Ulric fit à ce sujet, contre le duc de Wirtemberg, divers écrits assez curieux pour venger son parent. Il fut persécuté pour le luthéranisme, & mourut près de Zurich, le 29 août 1523, d'une maladie qu'on remarquoit alors, comme étant encore assez récente. Il étoit né en 1488, avant l'existence de cette maladie en Europe. Il parle lui-même dans son traité *de Guaiaci Medicinâ*, de tout ce que cette maladie lui avoit fait souffrir. On a de lui des poësies & d'autres ouvrages. Il publia le premier, en 1518, deux nouveaux livres de Tite-Live, Burchard a écrit sa vie.

HUVACAS, s. m. (*Hist. mod.*) c'est ainsi que les Espagnols nomment les trésors cachés par les anciens habitants de l'Amérique, lors de la conquête de ce pays. On en trouve quelquefois près des anciennes habitations des Indiens & sous les débris de leurs temples; ces pauvres gens les cachoient comme des ressources contre les besoins qu'ils craignoient d'éprouver après leur mort. Quelques-uns de ces trésors ont été enfouis pour tromper l'avarice des Espagnols, que les Indiens voyoient attirés par leurs trésors. La moitié de ces *huvacas* appartient au roi. (*A. R.*)

HUYGHENS, (Chrétien) (*Hist. Litt. mod.*) de l'Académie des Sciences & de la Société Royale de Londres, sçavant mathématicien hollandois, découvrit le premier l'anneau & le quatrième satellite de Saturne. On lui est redevable des horloges à pendule; il perfectionna du moins le ressort spiral, s'il ne l'inventa pas; car l'invention de ce ressort ne lui appartient peut-être pas; elle fut réclamée par Robert Hooke en Angleterre. (*Voyez* son article), & par l'abbé Hautefeuille, en France. *Huyghens* perfectionna aussi les télescopes. Ses ouvrages ont été rassemblés dans deux recueils intitulés: l'un, *Opera varia*; l'autre, *Opera reliqua*. Né à La Haye en 1629, d'une famille noble; mort aussi à La Haye en 1695. Constantin *Huyghens* son père, a laissé un recueil de poësies latines, sous ce titre: *Momenta desultoria*.

HYDE, (Edouard) (*Hist. d'Anglet.*) comte de Clarendon, chancelier d'Angleterre sous Charles II, & beau-père du duc d'Yorck, qui fut depuis Jacques II, magistrat savant & vertueux, mais de mœurs austères & sans complaisance pour les maîtresses du roi, pour les vices, les profusions & les dissolutions de cette cour, déplut au roi, dont il gênoit les plaisirs, & déplut aussi au peuple même, dont il défendoit les intérêts, mais ce fut par son zèle excessif pour la religion anglicane, qui réunit contre lui tous les non conformistes; il le poussa jusqu'à persécuter les presbytériens; le roi qui avoit souvent à détourner sur d'autres, les effets du mécontentement public qu'il excitoit, sacrifia sans peine un ministre dont la présence étoit pour lui un reproche perpétuel. Il lui ôta les sceaux; un membre des communes se porta pour accusateur du comte de Clarendon; mais la chambre haute jugeant l'accusation frivole, refusa de le faire arrêter. Clarendon passa en France, & s'établit à Rouen, où il mourut en 1674. Il étoit fort attaché à la constitution nationale, & personne ne connoissoit aussi bien les loix de son pays; il inclinoit pour la liberté, objet toujours cher aux personnages vertueux, & il n'oublia jamais qu'il avoit vu son père tomber & mourir d'apoplexie, en lui recommandant (avec une chaleur qu'il avoit toujours en traitant ce sujet), les intérêts de la liberté contre ceux de l'autorité.

On a du comte de Clarendon une histoire des guerres civiles d'Angleterre, depuis 1641, jusqu'en 1660, morceau d'histoire célèbre, & quelques autres ouvrages. Il eut beaucoup de part à la Polyglotte d'Angleterre.

Anne sa fille, duchesse d'Yorck, n'avoit pas son austérité de mœurs, si l'anecdote sur son mariage qu'on lit dans les mémoires de Grammont, est aussi vraie qu'elle est plaisante.

HYDE, (Thomas) (*Hist. Litt. mod.*) savant anglois, professeur d'arabe à Oxford, & garde de la bibliothèque Bodléïenne, dont il a donné le catalogue, est auteur de divers ouvrages concernant l'Orient, entr'autres *de Ludis Orientalibus*; mais c'est sur-tout par sa *Religion des anciens Perses* qu'il est le plus connu.

HYGIN, (Caïus-Julius HYGINUS) (*Hist. Litt. Anc.*) grammairien célèbre, affranchi d'Auguste, ami d'Ovide, souvent cité par les anciens auteurs, mais dont nous n'avons plus les ouvrages; car les Fables & l'*Astronomicon Poëticum* que nous avons sous son nom, paroissent être d'un auteur du Bas-Empire.

Le pape St. *Hygin* occupa le St. Siège entre les papes St. Télesphore & St. Pie. Son pontificat commence à l'an 140, & finit en 143, selon Eusébe; mais il y a quelque incertitude sur ces dates.

HYPACE, (Hypatius) (*Hist. Rom.*) neveu de l'empereur Anastase. Après la mort de l'empereur Justin, des factieux le proclamèrent empereur malgré lui & malgré sa femme, qui leur crioit toute en pleurs, qu'au lieu de faire honneur à son mari, on le conduisoit au supplice; en effet, la sédition ayant été appaisée, Justinien fit arrêter *Hypace*, & le fit mourir. *Hypace* montra beaucoup de fermeté, & consola lui-même ses parents & ses amis, en leur rappellant que le supplice ne pouvoit flétrir l'innocence.

HYPACIE *ou* HYPATIE, platonicienne illustre, donna des leçons publiques de philosophie dans Alexandrie. Elle étoit belle; elle inspiroit de l'amour à ses écoliers, & fut toujours sage. Elle vivoit au quatrième & cinquième siècles de l'Eglise; elle étoit payenne: le peuple soulevé contre elle par des chrétiens trop zélés, la mit en pièces en 415. L'abbé Fleury déteste avec sa justice ordinaire, cette exécrable violence.

HYPERIDE, (*Hist. Litt. mod.*) célèbre orateur grec, disciple de Platon & d'Isocrate; il ne nous reste qu'une de ses harangues. Il eut part au gouvernement d'Athènes, & fut le martyr de la liberté de sa patrie; ayant été pris par Antipater, après la mort d'Alexandre, il mourut dans les supplices: on dit qu'ayant été mis à la torture, il se coupa la langue avec les dents, pour être dans l'impossibilité de rien révéler.

HYSTASPES, (*Hist. anc.*) n'est guère connu que par le surnom de Darius, *fils d'Hystaspes*, qui, après avoir tué le mage Smerdis, fut, dit-on, roi de Perse, par l'artifice de son écuyer & par le hennissement de son cheval. (*Voyez* DARIUS.)

IBY ICH

IBAS, (*Hist. eccl.*) Evêque d'Edesse, fameux dans l'*affaire des trois Chapitres*, par sa condamnation au concile de Constantinople, cinquième concile œcuménique, tenu en 553.

IBRAHIM, (*Hist. des Turcs*), nom commun dans l'Orient, sur-tout chez les Turcs. Nous ne distinguerons ici que deux personnages de ce nom: 1°. *Ibrahim*, Gouverneur de la province de Romélie & favori d'Amurat III. Il abusoit de son crédit, altéroit les monnoies & gouvernoit avec tant d'injustice, qu'enfin les Jannissaires soulevés environnant le sérail, obligèrent Amurat III de le leur livrer. Ils lui firent trancher la tête en public, le 22 Avril 1590, & le calme fut rétabli. 2°. Le Sultan *Ibrahim*, successeur d'Amurat IV. C'est l'Amurat de la Tragédie de *Bajazet*; & c'est de cet *Ibrahim* que Racine a dit:

L'imbécile *Ibrahim*, sans craindre sa naissance,
Traîne, exempt de péril, une éternelle enfance.
Indigne également de vivre & de mourir,
On l'abandonne aux mains qui daignent le nourrir.

Ce fut cependant sous son empire que les Turcs prirent la Canée en 1644. Sous ce même Empire, des galères de Malthe ayant pris un vaisseau turc, après un combat dans lequel le chef des Eunuques noirs fut tué, on trouva sur ce vaisseau un enfant, que des Officiers du Grand Seigneur servoient avec beaucoup de respect, & qu'ils assurèrent être un fils d'*Ibrahim*, que sa mère envoyoit en Egypte. On le retint à Malte dans l'espérance d'une rançon: le sultan, soit par orgueil à l'égard des Maltois, soit par indifférence pour cet enfant, n'ayant fait aucunes offres, l'enfant abandonné se fit Chrétien & Dominicain; on l'a connu long-temps sous le nom du Père Ottoman, & c'est une tradition chez les Dominicains qu'ils ont eu dans leur ordre le fils d'un sultan. Les Janissaires indignés de la mollesse & des vices d'*Ibrahim*, le déposèrent, & même, selon quelques-uns, l'étranglèrent en 1649.

IBYCUS, (*Hist. anc.*), Poëte lyrique grec, vivoit environ cinq siècles & demi avant J. C.; nous n'avons de lui, que des fragments recueillis par Henri Etienne. L'histoire qu'on raconte au sujet de sa mort, est sans doute fabuleuse, mais elle est morale. Il fut assassiné par des voleurs ou par des ennemis, & mourant ainsi sans défenseurs & sans témoins, il s'avisa de prendre à témoin une troupe de grues qui passoient au-dessus de sa tête. Quelque temps après un de ses assassins voyant passer des grues, dit à ses complices: *voilà les témoins de la mort d'Ibycus.* Ce propos entr'eux parut suspect, peut-être leur personne étoit-elle suspecte aussi; on les arrêta, on les mit à la question, ils avouèrent leur crime & subirent leur supplice. Delà, dit-on, les *grues d'Ibycus*; *Ibyci grues* ont passé en proverbe, pour signifier des témoins muets qui convainquent.

Horace appelle une vieille courtisane nommée Chloris:

Uxor pauperis Ibyci.

Dans une ode satyrique qu'il lui adresse. C'est la quinzième du troisième livre. On ne sait quel est ce pauvre *Ibycus*, mari de Chloris.

ICH-DIEN, (*Hist. mod.*) C'est le mot des armes du Prince de Galles, qui signifient en haut-Allemand, *je sers.*

M. Henri Spelman croit que ce mot est saxon *ic ꝺ ien*, *ic-thien*, le saxon ð *d* avec une barre au-travers ꝺ étant le même que *th*, & signifiant *je sers* ou *je suis serviteur*; car les Ministres des rois saxons s'appelloient *thiens*. (*A. R.*)

ICHOGLAN, s. m. (*Hist. turq.*) espèce de page du grand-seigneur.

Les *Ichoglans* sont de jeunes gens qu'on élève dans le sérail, non-seulement pour servir auprès du prince, mais aussi pour remplir dans la suite les principales places de l'empire.

L'éducation qu'on leur donne à ce dessein, est inestimable aux yeux des Turcs. Il n'est pas inutile de la passer en revue, afin que le lecteur puisse comparer l'esprit & les usages des différens peuples.

On commence par exiger de ces jeunes gens, qui doivent un jour occuper les premieres dignités, une profession de foi musulmane, & en conséquence on les fait circoncire: on les tient dans la soumission la plus servile; ils sont châtiés sévèrement pour les moindres fautes par les eunuques qui veillent sur leur conduite; ils gémissent pendant quatorze ans sous ces sortes de précepteurs, & ne sortent jamais du sérail, que leur terme ne soit fini.

On partage les *Ichoglans* en quatre chambres bâties au-delà de la salle du divan: la première qu'on appelle *la chambre inférieure*, est ordinairement de 400 *Ichoglans*, entretenus de tout aux dépens du grand-seigneur, & qui reçoivent chacun quatre ou cinq aspres de paye par jour, c'est-à dire, la valeur d'environ sept à huit sols de notre monnoie. On leur enseigne sur-tout à garder le silence, à tenir les yeux baissés, & les mains croisées sur l'estomac. Outre les maîtres à lire & à écrire, ils en ont qui prennent soin de les instruire de leur religion, & principalement de leur faire faire les prières aux heures ordonnées.

Après six ans de cette pratique, ils passent à la

seconde chambre avec la même paye, & les mêmes habits qui sont assez communs. Ils y continuent les mêmes exercices, mais ils s'attachent plus particulièrement aux langues : ces langues sont la turque, l'arabe, & la persienne. A mesure qu'ils deviennent plus forts, on les fait exercer à bander un arc, à le tirer, à lancer la zagaie, à se servir de la pique, à monter à cheval, & à tout ce qui regarde le manège, comme à darder à cheval, à tirer des fleches en avant, en arrière & sur la croupe, à droite & à gauche. Le grand-seigneur s'amuse quelquefois à les voir combattre à cheval, & récompense ceux qui paroissent les plus adroits. Les *Ichoglans* restent quatre ans dans cette classe, avant d'entrer dans la troisième.

On leur apprend dans celle-ci pendant quatre ans, de toutes autres choses, que nous n'imaginerions pas, c'est-à-dire, à coudre, à broder, à jouer des instruments, à raser, à faire les ongles, à plier des vestes & des turbans, à servir dans le bain, à laver le linge du grand-seigneur, à dresser des chiens & des oiseaux: le tout afin d'etre plus propres à servir auprès de sa hautesse.

Pendant ces 14 ans de noviciat, ils ne parlent entr'eux qu'à certaines heures; & s'ils se visitent quelquefois, c'est toujours sous les yeux des eunuques, qui les suivent par-tout. Pendant la nuit, non-seulement leurs chambres sont éclairées; mais les yeux de ces argus, qui ne cessent de faire la ronde, découvrent tout ce qui se passe. De six lits en six lits, il y a un eunuque qui prête l'oreille au moindre bruit.

On tire de la troisième chambre les pages du trésor, & ceux qui doivent servir dans le laboratoire, où l'on prépare l'opium, le sorbet, le café, les cordiaux, & les breuvages délicieux pour le serrail. Ceux qui ne paroissent pas assez propres à être avancés plus près de la personne du sultan, sont renvoyés avec une petite récompense. On les fait entrer ordinairement dans la cavalerie, qui est aussi la retraite de ceux qui n'ont pas le don de persévérance; car la grande contrainte & les coups de bâton leur font bien souvent passer la vocation. Ainsi la troisième chambre est réduite à environ deux cent *Ichoglans*, au lieu que la première étoit de quatre cent.

La quatrième chambre n'est que de 40 personnes, bien éprouvées dans les trois premières classes; leur paye est double, & va jusqu'à neuf ou dix aspres par jour. On les habille de satin, de brocard ou de toile d'or, & ce sont proprement les gentilshommes de la chambre. Ils peuvent fréquenter tous les officiers du palais; mais le sultan est leur idole; car ils sont dans l'âge propre à soupirer après les honneurs. Il y en a quelques-uns qui ne quittent le prince, que lorsqu'il entre dans l'appartement des dames, comme ceux qui portent son sabre, son manteau, le pot à eau pour boire, & pour faire les ablutions, celui qui porte le sorbet, & celui qui tient l'étrier quand sa hautesse monte à cheval, ou qu'elle en descend.

C'est entre ces quarante *Ichoglans* de la quatrième chambre, que sont distribués les premières dignités de l'empire, qui viennent à vaquer. Les turcs s'imaginent que Dieu donne tous les talens & toutes les qualités nécessaires à ceux que le sultan honore des grands emplois. Nous croirions nous autres, que des gens qui ont été nourris dans l'esclavage, qui ont été traités à coups de bâton par des eunuques pendant si longtemps, qui ont mis leur étude à faire les ongles, à razer, à parfumer, à servir dans le bain, à laver du linge, à plier des vestes, des turbans, ou à préparer du sorbet, du café & autres boissons, seroient propres à de tous autres emplois qu'à ceux du gouvernement des provinces. On pense différemment à la cour du grand-seigneur; c'est ces gens-là que l'on en gratifie par choix & par préférence; mais comme ils n'ont en réalité ni capacité, ni lumières, ni expérience pour remplir leurs charges, ils s'en reposent sur leurs Lieutenants, qui sont d'ordinaire des fripons & des espions que le grand-visir leur donne, pour lui rendre compte de leur conduite, & les tenir sous sa férule. (*D. J.*)

ICOSAPROTE, s. m. (*Hist. mod.*), dignité chez les Grecs modernes. On disoit un *Icosaprote* ou un *vingt-princier*, comme nous disons un *cent-suisse*. (*A. R.*)

ICTIAR, s. m. (*Hist. d'Asie*) officier qui a passé par tous les grades de son corps, & qui par cette raison a acquis le droit d'être membre du divan. *Pococc. ægypt.* p. 166. (*D. J.*)

IDACIUS *ou* IDATIUS, (Idace), Evêque espagnol du cinquième siècle, auteur d'une chronique, publiée par le P. Sirmond.

IDATHYRSE *ou* INDATHYRSE, roi des Scythes, ayant refusé sa fille en mariage au roi des Perses, Darius, fils d'Hystaspes, ce fier monarque lui déclara la guerre & inonda son pays avec une armée innombrable, qu'*Indathyrse* dissipa par sa bonne conduite. Un tel succès ayant rendu ce nom d'*Indathyrse* ou *Indathyre*, très-célèbre parmi les Scythes, c'est le nom que M. de Voltaire a donné au rival d'Athamare, dans sa Tragédie *des Scythes*.

IGNACE (*Hist. ecclésiast.*) est le nom de trois Saints.

1°. *Saint-Ignace*, Martyr, disciple de Saint-Pierre & de Saint-Jean, & successeur de Saint-Pierre dans le siège d'Antioche, après Saint-Evode. Il fut livré aux lions à Rome, l'an 107 de J. C., sous l'empire de Trajan. On a de lui sept épîtres, monumens précieux de la foi & de la discipline de la primitive église.

2°. *Saint-Ignace*, Patriarche de Constantinople, rival de ce Photius, auteur du Schisme d'Orient. *Saint-Ignace* mourut en 877, après avoir été plus d'une fois éprouvé par la persécution.

3°. *Saint-Ignace* de Loyola. Dom Inigo ou *Ignace* nâquit en 1491, au Château de ses pères, nommé Loyola, dans la province de Guipuscoa en Espagne. En 1521, il signala sa valeur contre les françois, à la défense de Pampelune, où il eut une jambe brisée d'un boulet de canon, & l'autre blessée d'un coup de pierre. Sa jambe, de la manière dont elle fut remise, avoit quelque difformité; on dit qu'*Ignace*, trop soigneux alors de plaire même aux yeux, & jaloux de conserver ses moindres avantages extérieurs, mais courageux, jusques dans ces vaines recherches de coquetterie, se fit casser une seconde fois la jambe, pour qu'elle fût mieux remise. On dit qu'il se la faisoit tirer violemment avec une machine de fer, dans la crainte qu'elle ne restât plus courte que l'autre, & qu'il se fit scier un os qui avançoit désagréablement au-dessous du genou. Devenu dévot, on dit que, pour expier les inclinations mondaines de sa jeunesse & son ancien goût pour la parure, il avoit passé à une recherche de mal-propreté si dégoûtante, de difformité si effrayante, que les enfans le poursuivoient à coups de pierre, comme un objet hideux. On dit qu'il habitoit dans des cavernes, qu'il mendioit & se faisoit chasser par-tout, comme un pauvre importun. On dit qu'il fut de dessein formé sept jours sans boire ni manger. Il se déclara solemnellement le *Chevalier de la Vierge*.

Il essuya des persécutions & fut mis à l'inquisition; mais comme il étoit fort ignorant, il s'en tira bien. Il voulut s'instruire, il vint à Paris & recommença ses études dans un âge assez avancé. Au collége de Sainte-Barbe, ses maîtres voulurent le châtier à quarante ans; comme on a grand tort de châtier même les enfans, il résolut de se soumettre à cette humiliation, elle lui fut cependant épargnée.

Ce fut en 1534, qu'il forma d'abord à Paris, le plan de la société des Jésuites. Ses compagnons étoient au nombre de six: Pierre le Fèvre de Savoie, Simon Rodriguès de Portugal, Jacques Laynès, Alphonse Salmeron, Nicolas Bobadilla & François Xavier espagnols. Il y en eut bientôt trois autres; Claude Lejai du diocèse de Genève, Pasquier, Broët de Bétancourt, près d'Amiens, & Jean Codure d'Embrun.

Le jour de l'assomption 1534, ils se lièrent par des vœux solemnels dans l'église de Montmartre.

Ce fut en 1542, que parurent les constitutions des Jésuites, dressées par *Saint-Ignace*.

Il mourut le 31 juillet 1556, Paul V le béatifia en 1609. Grégoire XV le canonisa en 1622. Les Jésuites célébrèrent cette canonisation, par des fêtes & des jeux solemnels; ils firent représenter un drame pieux, qui avoit pour sujet les travaux de leur fondateur. Jules-Mazarin, depuis cardinal & premier ministre en France, alors âgé de vingt-ans, fit le rôle de *Saint-Ignace*, avec un succès qui fut le premier degré de sa réputation & de sa fortune.

IKEGUO s. m. (*Hist. mod.*) C'est ainsi que les Ethiopiens & les Abyssins nomment les généraux de leurs ordres monastiques, dont il n'y en a que deux dans l'empire. L'*Ikeguo* est élu par les abbés & supérieurs des différents monastères, qui, comme chez nos moines, sont eux-mêmes élus à la pluralité des voix. (*A. R.*)

IKENDI, s. m. (*Hist. mod.*) c'est le second mois des Tartares orientaux, & de ceux qui font partie de l'empire des Chinois. Il répond à notre Janvier. On l'appelle aussi *aicundi*. Voyez *le dictionn. de Trevoux*. (*A R.*)

IKENDIN, s. m. (*Hist. mod.*) le midi des Turcs. (*A.R.*)

ILLIERS D'ENTRAGUES, ILLIERS-VENDOME, (*Hist. de Fr.*) L'ancienne maison d'*Illiers* dans le pays chartrain étoit connue & puissante dès le milieu du dixième siècle. Vers la fin du treizième, l'héritière d'*Illiers*, nommée Iolande, épousa Philippe de Vendôme, de la maison des anciens comtes de Vendôme. Dans le temps de ce mariage il fut convenu entre les deux familles, que les enfans releveroient la bannière, le nom & les armes d'*Illiers*, qui sont d'or à six annelets de gueules; en effet Jean d'*Illiers*, fils de Philippe & d'Yolande, prit le nom & les armes d'*Illiers*; delà les *Illiers* de Vendôme; Florent sire d'*Illiers*, son arrière petit-fils, bailli & gouverneur de Chartres, vint à la tête d'une petite armée levée à ses dépens & presque toute composée de gentils-hommes, secourir contre les Anglois, la ville d'Orléans, sous Charles VII. Milon d'*Illiers*, son frère, fut évêque de Chartres, depuis l'an 1459, jusqu'à l'an 1480. Il aimoit les procès, on le lui reprochoit, & il se prêtoit de bonne grace à la plaisanterie sur cet article. Le roi Louis XI paroissant vouloir faire un réglement, pour diminuer le nombre des procès, il le pria de lui en laisser au moins vingt ou trente pour ses menus plaisirs. Il étoit connu dans son temps par le talent des reparties promptes & heureuses. Un jour Louis XI le rencontra monté sur une très-belle mule, superbement enharnachée. *Les premiers pasteurs*, lui dit-il, *n'alloient pas ainsi montés*; non, répondit l'évêque de Chartres, *du temps des rois pasteurs*. Odard d'*Illiers*, arrière-petit-fils de Florent, étoit gendre de Jean Bertrand ou Bertrandi, premier garde des sceaux de France, en titre d'office, depuis cardinal & archevêque de Sens. Jacques d'*Illiers*, fils d'Odard, épousa en 1588, Charlotte Catherine de Balzac, fille de François de Balzac, chevalier des ordres du roi, gouverneur d'Orléans; celui-ci est ce fameux d'Entragues, père d'Henriette de Balzac d'Entragues, (*voyez* l'article BALZAC), Maîtresse de Henri IV. Henriette étoit d'un second lit, Charlotte Catherine étoit du premier. La postérité masculine de François de Balzac s'éteignit. Léon d'*Illiers*, fils de Jacques d'*Illiers* & de Charlotte Catherine de Balzac, fut héritier de cette maison de Balzac d'Entragues, Seigneur de Malesherbes, de Marcoussi, &c., à condition de porter le nom & les armes de cette maison. Delà les d'*Illiers* d'Entragues.

ILLYRIC ou ILLYRICUS, (*Hist. du Luthéran.*) Mathias Flac, Francowitz ou Trancowitz, se faisoit nommer *Flaccus Illyricus*, parce qu'il étoit d'Albona dans l'Istrie, qui faisoit partie de l'ancienne Illyrie. Cet *Illyricus* étoit un Luthérien très-passionné. Disciple de Melanchton, il voulut être son maître, & il fut son persécuteur, il fit condamner dans deux synodes, quelques propositions de Mélanchton, qui ne s'éloignoient pas assez de la foi de l'église romaine; le seul ménagement qu'on eut pour cet homme célèbre & si estimable, fut de ne le pas condamner sous son nom, mais de l'envelopper sous la désignation injurieuse de quelques papistes ou scholastiques. *Illyricus* fut un des centuriateurs de Magdebourg, c'est-à-dire, un des ministres de cette ville, qui furent les premiers auteurs d'une histoire ecclésiastique protestante, sous le titre de *centuries*. On a dit de lui que la seule bonne action qu'il eût faite, avoit été de mourir; ce qu'il fit en 1575, le 11 Mars. Il étoit né le 3 Mars 1520. Sa maxime politique étoit qu'il falloit tenir les Princes en respect par la crainte des séditions, *metu seditionum terrendos esse principes*. Mélancht. ép. 107.

IMAGE, (*Hist. anc. & mod.*) se dit des représentations artificielles que font les hommes, soit en peinture ou sculpture; le mot d'*Image* dans un sens est consacré aux choses saintes ou regardées comme telles. L'usage & l'adoration des *Images* ont essuyé beaucoup de contradictions dans le monde. L'hérésie des Iconoclastes ou Iconomaques, c'est-à-dire, *brise-images*, qui commença sous Léon l'Isaurien en 724, remplit l'empire grec de massacres & de cruautés, tant sous ce prince, que sous son fils Constantin Copronyme; cependant l'église grecque n'abandonna point le culte des *Images*, & l'église d'Occident ne le condamna pas non plus. Le concile tenu à Nicée sous Constantin & Irene, rétablit toutes choses dans leur premier état; & celui de Francfort n'en condamna les décisions que par une erreur de fait & sur une fausse version. Cependant depuis l'an 815 jusqu'à l'année 855, la fureur des Iconoclastes se ralluma en Orient, & alors leur hérésie fut totalement éteinte: mais diverses sectes, à commencer par les Petrobrusiens & les Henriciens l'ont renouvellée en Occident depuis le douzième siècle. A examiner tout ce qui s'est passé à cet égard, & à juger sainement des choses, on voit que ces sectaires & leurs successeurs ont fait une infinité de fausses imputations à l'église romaine, dont la doctrine a toujours été de ne déférer aux *Images* qu'un culte relatif & subordonné, très-distinct du culte de latrie, comme on le peut voir dans l'exposition de la foi de M. Bossuet. Ainsi tant de livres, de déclamations, de satyres violentes des ministres de la religion prétendue réformée, pour prouver que les catholiques romains idolâtroient, & violoient le premier commandement du décalogue, ne sont autre chose que le sophisme que les Dialecticiens appellent *ignoratio elenchi*. Ces artifices sont bons pour séduire des ignorants; mais il est étonnant que l'esprit de parti ait aveuglé des gens habiles d'ailleurs, jusqu'à leur faire hasarder de pareils écrits, & à les empêcher de discerner les abus qui pourroient se rencontrer dans le culte des *Images*, d'avec ce que l'église en avoit toujouts cru, & d'avec le fond de sa doctrine sur cet article.

Les Luthériens blâment les Calvinistes d'avoir brisé les *Images* dans les églises des Catholiques, & regardent cette action comme une espèce de sacrilège, quoiqu'ils traitent les catholiques romains d'idolâtres, pour en avoir conservé le culte. Les Grecs ont poussé ce culte si loin, que quelques-uns d'entr'eux ont reproché aux latins de ne point porter de respect aux *Images*; cependant l'église d'Orient & celle d'Occident n'ont jamais disputé que sur des termes; elles étoient d'accord pour le fond.

Les juifs condamnent absolument les *Images*, & ne souffrent aucunes statues, ni figures dans leurs maisons; & encore moins dans leurs synagogues & dans les autres lieux consacrés à leurs dévotions. Les Mahométans ne les peuvent souffrir non plus; & c'est en partie pour cela qu'ils ont détruit la plûpart des beaux monumens d'antiquité sacrée & profane, qui étoient à Constantinople.

Les Romains conservoient avec beaucoup de soin les *Images* de leurs ancêtres, & les faisoient porter dans leurs pompes funèbres & dans leurs triomphes. Elles étoient pour l'ordinaire de cire & de bois, quoiqu'il y en eût quelquefois de marbre ou d'airain. Ils les plaçoient dans les vestibules de leurs maisons, & elles y demeuroient toujours, quoique la maison changeât de maître, parce qu'on regardoit comme une impiété de les déplacer.

Appius Claudius fut le premier qui les introduisit dans les temples, l'an de Rome 259, & qui y ajouta des inscriptions, pour marquer l'origine de ceux qu'elles représentoient, aussi bien que les actions par lesquelles ils s'étoient distingués.

Il n'étoit pas permis à tout le monde de faire porter les *Images* de ses ancêtres dans les pompes funèbres. On n'accordoit cet honneur qu'à ceux qui s'étoient acquittés glorieusement de leurs emplois. Quant à ceux qui s'étoient rendus coupables de quelques crimes, on brisoit leurs *Images*. (*A R*)

Il n'est rien dit dans cet article, du pouvoir des *Images*. Nous y suppléerons par quelques exemples de ce pouvoir étonnant. Un tableau qui représente Palamede condamné à mort par ses amis, jette le trouble dans l'ame d'Alexandre; il rappelle à ce prince le traitement cruel qu'il a fait à Aristonicus. Une courtisane au milieu d'une joie dissolue vient par hazard à fixer les yeux sur le portrait d'un philosophe, elle a honte tout-à-coup de ses désordres, embrasse la vertu la plus rigide. Un roi Bulgare se fait chrétien pour avoir vu un tableau du jugement dernier. César voit à Cadix le portrait d'Alexandre, & se proche de n'avoir encore rien fait de glorieux à l'âge où est mort Alexandre.

Amurat IV. voulant réprimer l'insolence des janissaires & des Spahis, ne leur fait aucun reproche, il sort à cheval du serrail, va à l'hyppodrome, y tire de l'arc & lance sa zagaye; la dextérité & la force que montre ce prince, étonnent ses troupes, elles rentrent dans le devoir. On tente de consoler une femme qui a perdu son mari: elle fait signe en mettant la main sur son cœur, que c'est là qu'est renfermé son chagrin, & qu'il ne peut se guérir. Un tel geste est plus expressif que tous les discours qui seroient échappés à sa douleur.

La mort de Germanicus, par le célèbre le Poussin, inspire de l'attendrissement pour ce prince, & de l'indignation contre Tibère.

Le Poussin veut représenter toute la douleur que peuvent ressentir des mères qui voient égorger leurs enfans sous leurs yeux, & dans leur sein même, il ne peint qu'une femme sur le devant de son tableau du massacre des Innocens; *plus intelligitur quàm pingitur*.

Il est remarquable que deux femmes aient rétabli les *Images* : l'une est l'Impératrice Irene, veuve de Léon IV, la première femme qui monta sur le trône des Césars, & la première qui fit périr son fils pour y régner. L'autre est l'Impératrice Théodora, veuve de Théophile. Sous Irene se tint, en 786, le deuxième concile de Nicée, septiéme général, où il y eut trois cents cinquante pères. C'est le concile que Charlemagne refusa de recevoir à Francfort. (*C*).

IMAM ou IMAN, (*Hist. mod.*) ministre de la religion mahométane, qui répond à un curé parmi nous.

Ce mot signifie proprement ce que nous appellons prélat, *antistes*; mais les musulmans le disent en particulier de celui qui a le soin, l'intendance d'une mosquée, qui s'y trouve toujours le premier, & qui fait la prière au peuple, qui la répète après lui.

Iman, se dit aussi absolument par excellence des chefs, des instituteurs ou des fondateurs des quatre principales sectes de la religion mahométane, qui sont permises. Ali est l'*Iman* des Perses, ou de la secte des Schiaites; Abu-bäker, l'*Iman* des Sunniens, qui est la secte que suivent les Turcs; Saphii ou Safi-y, l'*Iman* d'une autre secte.

Les Mahométans ne sont point d'accord entr'eux sur l'*imanat*, ou dignité d'*iman*. Quelques-uns la croient de droit divin, & attachée à une seule famille, comme le pontificat d'Aaron; les autres soutiennent d'un côté qu'elle est de droit divin, mais de l'autre, ils ne la croient pas tellement attachée à une famille, qu'elle ne puisse passer dans une autre. Ils avancent de plus que l'*iman* devant être, selon eux, exempt non seulement des péchés griefs, comme l'infidélité, mais encore des autres moins énormes, il peut être déposé, s'il y tombe, & sa dignité transférée à un autre.

Quoi qu'il en soit de cette question, il est constant qu'un *iman* ayant été reconnu pour tel par les Musulmans, celui qui nie que son autorité vient immédiatement de Dieu, est un impie; celui qui ne lui obéit pas, un rebelle, & celui qui s'ingère de le contredire; un ignorant : c'est par-tout de même.

Les *imans* n'ont aucune marque extérieure qui les distingue du commun des Turcs; leur habillement est presque le même, excepté leur turban qui est un peu plus large, & plissé différemment. Un *iman* privé de sa dignité, redevient simple laïc tel qu'il étoit auparavant, & le visir en nomme un autre; l'examen & l'ordonnance du ministre font toute la cérémonie de la réception. Leur principale fonction, outre la prière, est la prédication, qui roule ordinairement sur la vie de Mahomet, sa prétendue mission, ses miracles, & les fables dont fourmille la tradition musulmane. Ils tâchent au reste, de s'attirer la vénération de leurs auditeurs, par la longueur de leurs manches & de leurs barbes, la largeur de leurs turbans, & leur démarche grave & composée. Un turc qui les auroit frappés, auroit la main coupée; & si le coupable étoit chrétien, il seroit condamné au feu. Aucun *iman*, tant qu'il est en titre, ne peut être puni de mort; la plus grande peine qu'on lui puisse infliger, ne s'étend pas au-delà du bannissement. Mais les sultans & leurs ministres ont trouvé le secret d'éluder ces privilèges, soit en honorant les *imans*, qu'ils veulent punir, d'une queue de cheval, distinction qui les fait passer au rang des gens de guerre, soit en les faisant déclarer *infidèles* par une assemblée de gens de loi, & dès-lors ils sont soumis à la rigueur des loix. *Guer. mœurs des Turcs*, *liv. II*, *tom. I.* (*A. R.*)

IMARET, f. m. (*Hist. mod.*) nom que les Turcs donnent à une maison bâtie près d'un *jami*, ou d'une grande mosquée; elle est semblable à un hôpital ou hôtellerie, & est destinée à recevoir les pauvres & les voyageurs. (*A. R.*)

IMBLOCATION, subst. m. (*Hist. des Coutum.*) terme consacré chez les écrivains du moyen âge, pour désigner la manière d'enterrer les corps morts des personnes excommuniées; cette manière se pratiquoit en élevant un monceau de terre ou de pierres sur leurs cadavres, dans les champs, ou près des grands chemins, parce qu'il étoit défendu de les ensevelir, & à plus forte raison de les mettre en terre sainte. *Imblocation* est formé de *bloc*, amas de pierres. *Voyez* Ducange, *Glossaire latin*, au mot *Imblocatus*. (*D. J.*)

IMBRIKDAR-AGA, subst. m. (*Hist. mod.*) nom d'un officier de la cour du sultan, dont la fonction est de lui donner l'eau pour les purifications ordonnées par la loi mahométane. (*A. R.*)

IMHOFF, (Jean-Guillaume) (*Hist. Litt. mod.*) fameux généalogiste allemand, qui a écrit sur les généalogies de toute l'Europe. Mort en 1728.

IMOLA, (Jean d') jurisconsulte célèbre, disciple de Balde, mourut en 1436. On a de lui des commentaires estimés sur les Décrétales & sur les Clémentines, &c.

IMPÉRATRICE, *imperatrix*, *augusta*, &c. (*Hist. mod. & droit public*) c'est le nom qu'on donne en Allemagne à l'épouse de l'empereur. Lorsque l'empereur se fait couronner, l'*impératrice* reçoit après lui la couronne & les autres marques de sa dignité; cette cérémonie doit se faire comme pour l'empereur, à Aix-la-Chapelle : elle a un chancelier pour elle en particulier : c'est toujours l'abbé prince de Fulde qui est en possession de cette dignité : son grand-aumônier ou chapelain, est l'abbé de St. Maximin de Treves. Quoique les loix d'allemagne n'admettent les femmes au gouvernement qu'au défaut des mâles, les jurisconsultes s'accordent pourtant à dire que l'*impératrice* peut avoir la tutelle de ses enfants, & par conséquent gouverner pendant leur minorité.

La princesse qui règne aujourd'hui en Russie, porte le titre d'*impératrice*, qui est à présent reconnu par toutes les puissances de l'Europe; ce titre a été substitué à celui de *Czarine*, & à celui d'*Autocratrice* de toutes les Russies, qu'on lui donnoit en Pologne & ailleurs. (*A. R.*)

IMPÉRIAL, (*Hist. mod.*) ce qui appartient à l'empereur ou à l'empire.

On a dit sa majesté *impériale*, couronne *impériale*, armée *impériale*. Chambre *impériale*, est une cour souveraine établie pour les affaires des états immédiats de l'empire.

Il y a en Allemagne des villes *impériales*.

Diète *impériale*, est l'assemblée de tous les états de l'empire.

Elle se tient ordinairement à Ratisbonne; l'empereur ou son commissaire, les électeurs, les princes ecclésiastiques & séculiers; les princesses, les comtes de l'empire, & les députés des villes *impériales* y assistent.

La diète est divisée en trois colléges, qui sont ceux des électeurs, des princes, & des villes. Les électeurs seuls composent le premier, les princes, les prélats, les princesses & les comtes le second; & les députés des villes *impériales*, le troisiéme.

Chaque collége a son directeur qui propose, & préside aux délibérations. L'électeur de Mayence l'est du collége des électeurs; l'archevêque de Saltzbourg & l'archiduc d'Autriche président à celui des princes; & le député de la ville de Cologne, ou de toute autre ville *impériale* où se tient la diète, est directeur du collége des villes.

Dans les diètes *impériales*, chaque principauté a sa voix; mais les prélats, (c'est ainsi qu'on appelle les abbés & prévôts de l'empire) n'ont que deux voix, & tous les comtes n'en ont que quatre.

Quand les trois colléges sont d'accord, il faut encore le consentement de l'empereur, & sans cela les résolutions sont nulles: s'il consentent, on dresse le *recès* ou résultat des résolutions, & tout ce qu'il porte est une loi, qui oblige tous les états médiats & immédiats de l'empire.

IMPRIMERIE *de Constantinople*, (*Hist. turq.*) elle a été dressée par les soins du grand-visir Ibrahim bacha, qui aimoit la paix & les sciences. Il employa tout son crédit auprès d'Achmet III, pour former cet établissement; & en ayant eu la permission au commencement de ce siècle, il se servit d'un hongrois éclairé, & d'un juif nommé Jones pour diriger l'entreprise. Il fit fondre toutes sortes de caractères, au nombre de plus de deux cents mille, & l'on commença en 1727, par l'impression d'un dictionnaire turc, dont on a vendu les exemplaires jusqu'à 30 piastres. Cette *imprimerie* contient six presses, quatre pour les livres, & deux pour les cartes.

La révolution arrivée en 1730, par la déposition du grand-seigneur, & la mort de son visir qui fut sacrifié, n'a point détruit cet établissement, quoiqu'il soit contraire aux maximes du gouvernement, aux préceptes de l'alcoran, & aux intérêts de tant de copistes qui gagnoient leur vie à copier.

On sçait aussi que les Juifs ont la liberté d'imprimer en Turquie, les livres de leur religion. Ils obtinrent en 1576, d'avoir à Constantinople une imprimerie pour cet objet, & dès-lors ils répandirent en Orient les exemplaires de la loi qui y étoient fort peu connus. (*D. J.*)

INA, (*Hist. d'Anglet.*) un des rois de l'Heptarchie; il alla en pélerinage à Rome; il y bâtit en 726, un collége anglois, & il assigna pour l'entretien de ce collége, un sol par an sur chaque maison de son royaume. D'autres rois de l'Heptarchie étendirent dans la suite ce droit, qui fut nommé le denier de *St. Pierre*, parce que le payement s'en faisoit à Rome chaque année, le jour de St. Pierre. Les papes en firent dans la suite un tribut que, selon eux, les Anglois s'étoient obligés de payer à St. Pierre & à ses successeurs.

INAUGURATION, s. f. (*Hist. mod.*) cérémonie qu'on fait au sacre d'un empereur, d'un roi, d'un prélat, qu'on appelle ainsi à l'imitation des cérémonies que faisoient les Romains, quand ils entroient dans le collége des augures.

Ce mot vient du latin *inaugurare*, qui signifie *dédier* quelque temple, élever quelqu'un au sacerdoce, ayant pris auparavant les augures. *Dict. de Trévoux.*

Ce mot est plus usité en latin qu'en françois, où l'on se sert de ceux de *sacre* ou *de couronnement*. (*A. R.*)

INCA *ou* YNCA, s. m. (*Hist. mod.*) nom que les naturels du Pérou donnoient à leurs rois & aux princes de leur sang.

La chronique du Pérou rapporte ainsi l'origine des *incas*. Le Pérou fut long-temps un théâtre de toutes sortes de crimes, de guerres, de dissensions & de désordres les plus abominables, jusqu'à ce qu'enfin parurent deux frères, dont l'un se nommoit Mango-capac, dont les Indiens racontent de grandes merveilles. Il bâtit la ville de Cusco, il fit des loix & des règlements, & lui & ses descendants prirent le nom d'*inca*, qui signifie roi ou *grand seigneur*. Ils devinrent si puissants qu'ils se rendirent maîtres de tout le pays qui s'étend depuis Parto jusqu'au Chili, & qui comprend 1300 lieues, & ils le possédèrent jusqu'aux divisions qui survinrent entre Guascar & Atabalipa; car les Espagnols en ayant profité, ils se rendirent maîtres de leurs états, & détruisirent l'empire des *incas*.

On ne compte que douze *incas*, & l'on assure que les personnes les plus considérables du pays portent encore aujourd'hui ce nom. Mais ce n'est plus qu'un titre honorable sans aucune ombre d'autorité, aussi bien que celui de *cacique*.

Quant aux anciens *incas* qui régnèrent avant la conquête des Espagnols, leur nom, en langue péruvienne, signifioit proprement & littéralement *seigneur* ou *empereur* & *sang royal*. Le roi étoit appellé *capac inca*, c'est-à-dire, *seigneur par excellence*; la reine s'appelloit *Pallas*, & les princes simplement *incas*. Leurs sujets avoient pour eux une extrême vénération, & les regardoient comme les fils du soleil, & les croyoient infaillibles. Si quelqu'un avoit offensé le roi dans la moindre chose, la ville d'où il étoit originaire ou citoyen, étoit démolie ou ruinée. Lorsque les *incas* voyageoient, chaque chambre où ils avoient couché en en route, étoit aussi-tôt murée, afin que personne n'y entrât après eux. On en usoit de même à l'égard des lieux où ils mouroient; on y enfermoit tout l'or, l'argent, & les autres choses précieuses qui s'y trouvoient au moment de la mort du prince, & l'on bâtissoit de nouvelles chambres pour son successeur.

Les femmes & les domestiques du roi défunt étoient aussi sacrifiés dans les funérailles; on les brûloit en même temps que son corps, & sur le même bûcher. *Voyez l'histoire des Incas*, par Garcilasso de la Vega. (*A. R.*)

INCENDIES, (*caisse des*) (*Hist. mod.*) Dans plusieurs provinces d'Allemagne on a imaginé depuis quelques années un moyen d'empêcher ou de réparer une grande partie du dommage que les *incendies* pouvoient causer aux particuliers, qui ne sont que trop souvent ruinés de fond en comble par ces fâcheux accidents. Pour cet effet, dans chaque ville la plûpart des citoyens forment une espèce d'association autorisée & protégée par le souverain, en vertu de laquelle les associés se garantissent mutuellement leurs maisons, & s'engagent de les rebâtir à frais communs lorsqu'elles ont été consumées par le feu. La maison de chaque propriétaire est estimée à sa juste valeur par des experts préposés pour cela; la valeur est portée sur un registre qui demeure déposé à l'hôtel-de-ville, où l'on expédie au propriétaire qui est entré dans l'association, un certificat dans lequel on marque le prix auquel sa maison a été évaluée; alors le propriétaire est engagé à payer, en cas d'accident, une somme proportionnée à l'estimation de sa maison, ce qui forme un fonds destiné à dédommager celui dont la maison vient à être brûlée.

Dans quelques pays chaque maison, après avoir été estimée & portée sur le registre, paye annuellement une somme marquée, dont on forme le capital qui doit servir au dédommagement des particuliers; mais on regarde cette méthode comme plus sujette à inconvénients que la précédente: en effet, elle peut rendre les citoyens moins vigilants par la certitude d'être dédommagés, & la modicité de ce qu'ils payent annuellement peut tenter ceux qui sont de mauvaise foi, à mettre eux-mêmes le feu à leurs maisons, au lieu que de la première manière chacun concourt proportionnellement à dédommager celui qui perd sa maison.

L'usage d'assûrer ses maisons contre les *incendies* subsiste aussi en Angleterre; on peut aussi y faire assûrer ses meubles & effets; on a pris dans ces chambres d'assûrances, des précautions très-sûres pour prévenir les abus, la mauvaise foi des propriétaires, & les *incendies*. (*A. R.*)

INCOGNITO, adv. (*Gram. & Hist. mod.*) terme purement italien, qui signifie qu'un homme est dans un lieu, sans vouloir y être connu. Il se dit particulièrement des grands qui entrent dans une ville, & qui marchent dans les rues sans pompe, sans cérémonie, sans leur train ordinaire, & sans les marques de leur grandeur.

Les grands en Italie, ont coutume de se promener dans les villes *incognitò*, & ils ne sont pas bien-aises qu'on les salue dans ces occasions. Ce n'est pas absolument qu'ils veuillent qu'on les méconnoisse, mais c'est qu'ils ne veulent point être traités avec les cérémonies, ni recevoir les honneurs dus à leur rang.

Quand les chevaux des carrosses des princes, des cardinaux & des ambassadeurs, n'ont point de houppes, qu'ils appellent *fiocchi*, & que les rideaux des carrosses, qu'ils nomment *bandinelle*, sont tirés, ils sont censés être *incognitò*, & l'on n'est point obligé de s'arrêter, quand ils passent, ni de les saluer.

Les cardinaux vont aussi sans calotte rouge, quand ils veulent être *incognitò*.

Quand des princes voyagent, & veulent éviter les formalités & les discussions du cérémonial, ils gardent l'*incognitò*; & prennent un autre nom que leur titre de souveraineté; ainsi, quand le duc de Lorraine vint en France, il y parut sous le nom du comte de Blamont. (*A. R.*)

INCOLAT DROIT D', (*Hist. mod.*) c'est ainsi qu'on nomme en Bohême un droit que le souverain accorde aux étrangers qui ne sont point nés dans le royaume, en vertu duquel ils jouissent des mêmes prérogatives que les autres citoyens. Ce droit s'appelle en Pologne, *indigenat*. Les hommes devant être regardés comme la plus grande richesse d'un état, les princes sont intéressés à les attirer chez eux, & la qualité d'étranger ne devroit jamais exclure des avantages d'aucune société. (*A. R.*)

INCONFIDENS, (*Hist. mod.*) c'est ainsi qu'on nommoit dans les royaumes d'Espagne, de Naples & de Sicile, au commencement de ce siècle, les personnes peu affectionnées au gouvernement actuel, & soupçonnées d'entretenir une correspondance illicite avec la maison d'Autriche, qui prétendoit à ces couronnes, & ses partisans. Philippe V, roi d'Espagne, établit des tribunaux pour rechercher ceux qui étoient dans ces dispositions; ils avoient ordre de s'assûrer de leurs personnes, ou de les éloigner du pays. (*A. R.*)

INCURABLES, s. m. pl. (*Gouvernem.*) maison fondée pour les pauvres malades dont la guérison est désespérée.

Ceux qui n'adoptent pas les établissements perpétuels fondés pour les secours passagers, conviennent néanmoins de la nécessité des maisons publiques hospitalières, consacrées au traitement des malades; & comme dans la multiplicité des maladies, il y en a que l'art humain ne peut guérir, & qui sont de nature à devenir contagieuses, ou à subsister très-longtemps sans détruire la machine, le gouvernement a cru nécessaire, dans la plûpart des pays policés, d'établir des maisons expresses pour y recevoir ces sortes de malades, & leur donner tous les secours que dictent les sentiments de la compassion & de la charité. Un particulier d'Angleterre a fondé lui seul dans ce siècle, & de son bien, légitimement acquis par le commerce ; un hôpital de cet ordre. Le nom de ce digne citoyen, immortel dans sa patrie, mérite de passer les mers & d'être porté à nos derniers neveux. C'est de M. Thomas Guy, libraire à Londres, que je parle ; l'édifice de son hôpital pour les *incurables*, lui a coûté trente mille livres sterling (690 mille livres tournois) ; ensuite, pour comble de bienfaits, il l'a doté de dix mille livres de rente, 23000 liv. tournois. (*D. J.*)

INÈS DE CASTRO, (*Hist. de Portugal.*) La célèbre *Inès*, dont les malheurs font le sujet de la touchante tragédie de M. de la Motte, étoit de la maison de Castro en Portugal, qu'on croit descendue de Ferdinand-le-Grand, roi de Castille, au onzième siècle. Elle étoit fille naturelle de Pierre Fernandès de *Castro* ; elle eut le malheur d'inspirer une passion violente à l'infant de Portugal, dom Pédre, fils du roi Alfonse IV. Constance Manuel, femme de l'infant, & dont *Inès de Castro* étoit dame d'honneur, en mourut de douleur. Dom Pédre épousa en secret *Inès*. Alfonse desirant une autre alliance pour son fils, résolut de sacrifier *Inès*, & vint dans cette intention la trouver à Conimbre ; mais la vue de cette belle femme & des enfants qu'elle avoit eus de son fils, le désarma : ainsi, le fait qui forme la première partie du dénouement de la tragédie d'*Inès*, est très-vrai. Trois de ses courtisans, Gonzalès, Coëllo & Pacheco, parvinrent à l'irriter de nouveau contre *Inès*, & lui arrachèrent un consentement à la mort de cette infortunée ; ils se chargèrent de l'exécution, & allèrent la poignarder eux-mêmes entre les bras de ses femmes. On ne peut concevoir quelle passion furieuse put porter ces monstres à une si basse atrocité. Ferdinand & Alvarès ou Alvar, frères de *Castro*, s'armèrent pour venger leur sœur. Dom Pédre se mit à leur tête pour venger sa femme. Ils ravagèrent les provinces où les assassins avoient leurs biens. Alfonse fut obligé de les bannir ; mais cette peine ne put suffire à la vengeance de l'amour désespéré. Dom Pédre étant monté sur le trône treize ans après, en 1357, & le roi de Castille, Pierre-le-Grand, qui avoit besoin de lui, lui ayant livré Gonzalès & Coëllo, il les fit appliquer à la question en sa présence, pour se repaître de leurs tourments ; puis il les fit ouvrir tout vivants pour leur arracher le cœur, à l'un par la poitrine, à l'autre par l'épaule. Pachéco s'étoit sauvé en France, où il trouva un asyle, d'après la détestable politique, qui regarde comme un avantage l'acquisition d'un scélérat, & qui se fait un je ne sais quel point d'honneur de le dérober à la justice. Il y mourut tranquillement. *Inès* avoit été assassinée en 1344. Dom Pédre la fit exhumer en cet état ; & voulant qu'elle eût régné en Portugal, il la fit revêtir des habits royaux, lui mit une couronne sur la tête, & tous les grands de Portugal vinrent la reconnoître en cet état pour leur souveraine, & lui rendre hommage.

INFANT, adj. qui se prend aussi subst. (*Hist. mod.*) titre d'honneur qu'on donne aux enfants de quelques princes, comme en Espagne & en Portugal.

On dit ordinairement que ce titre s'est introduit en Espagne à l'occasion du mariage d'Eléonor d'Angleterre, avec Ferdinand III, roi de Castille, & que ce prince le donna pour la première fois au prince Sanche son fils ; mais Pélage, évêque d'Oviédo, qui vivoit l'an 1100, nous apprend dans une de ses lettres, que dès le règne d'Evremond II, le titre d'*infant* & d'*infante* étoit déjà usité en Espagne. (*A. R.*)

INGELBURGE, INGERBURGE ou ISEMBURGE, (*Hist. de Fr.*) seconde femme de Philippe-Auguste, fille de Valdemar I, & sœur de Canut VI, rois de Danemarck. Philippe-Auguste, ennemi & rival de Richard I, roi d'Anglererre, voulut acquérir des droits sur ce dernier royaume. Les Danois avoient autrefois conquis l'Angleterre ; il se fit céder ces vieux droits du Danemarck en épousant *Isemburge*, & il exigea que le Danemarck l'aidât à les faire valoir. Canut, en faveur d'une alliance si honorable, consentit à tout. Le mariage se fit à Amiens, au mois d'août 1193. *Isemburge* étoit belle & vertueuse, mais Philippe s'en dégoûta dès la première nuit, & fit casser son mariage. Le roi de Danemarck demanda justice au Saint-Siège, qui nomma des légats pour examiner l'affaire. Philippe, pour ôter à *Isemburge* toute espérance, avoit épousé Agnès de Méranie, fille de Bertold, duc de Dalmatie : les légats n'osèrent rien prononcer, & furent même soupçonnés d'avoir favorisé la cause d'Agnès. Le Saint-Siège croyoit avoir plus de besoin du roi de France que du roi de Danemarck. Cependant celui-ci menaça, & le Saint-Siège fit attention à ses demandes. D'autres légats s'assemblèrent à Dijon. Philippe, ayant sondé leurs dispositions, prit le parti, pour gagner du temps, d'appeller au pape de tout ce qu'ils pourroient décider. Les légats ne voyant dans cet appel, qu'un dessein d'échapper à la justice, mirent le royaume en interdit, & s'enfuirent après ce coup téméraire. La sentence qu'ils avoient rendue, ne fut publiée qu'après leur départ, mais elle fut exécutée par les principaux évêques françois. De tous les secours spirituels, l'église n'accordoit plus que le baptême aux enfans & l'absolution aux mourants. Mézerai dit que cette affaire pouvoit aller jusqu'à ôter la couronne au roi, & il a raison, vu les erreurs du temps. Ce désordre dura sept mois. Les violences que le roi exerçoit par représailles, sur le Clergé, aigrissoient les esprits. Le pape (c'étoit Innocent III) consentit à lever l'interdit par provision, mais sous la condition expresse que le roi commenceroit par reprendre *Isemburge*, & que dans six mois, six semaines, six jours & six heures, il feroit juger de nouveau cette grande cause par les mêmes légats, joints aux prélats du royaume, tous les parents d'*Isemburge* étant invités à la défendre. L'assemblée se tint à Soissons, sous les yeux d'*Isemburge* & par son choix. Le roi Canut y envoya les plus habiles canonistes de son royaume, pour plaider la cause de sa sœur. Philippe voyant que les dispositions des juges ne paroissoient pas lui être favorables, alla un jour prendre *Isemburge* chez elle, l'emmena en croupe sur son cheval, & fit dire aux légats qu'ils ne se donnassent point la peine de juger l'affaire du divorce, qu'*Isemburge* étoit sa femme, &

qu'il la reconnoissoit pour telle. *Isemburge* n'en fut guère mieux traitée, & Agnès de Méranie mourut de douleur d'avoir été quittée. Innocent III, pour consoler Philippe, voulut bien légitimer un fils & une fille que ce prince avoit eus d'Agnès. *Isemburge* survécut Philippe, & mourut à Corbeil en 1237. Elle n'eut point d'enfants.

Il reste une lettre d'Etienne, évêque de Tournay, écrite dans le temps du procès, où il dit qu'*Isemburge* égaloit *Sara* en prudence, *Rebecca* en sagesse, *Rachel* en graces, *Anne* en *dévotion*, *Hélène* en beauté, & que son port étoit aussi noble que celui de *Polixène*. Hélène & Polixène se trouvent là en compagnie tout-à-fait assortie. Il revient ensuite à l'Ecriture-sainte. « Si notre *Assuérus*, dit-il, connoissoit bien le mérite » de son *Esther*, il lui rendroit son amour & son trône ».

Assuérus crut Etienne de Tournay.

INGO *le bon*, (*Hist. de Suede.*) roi de Suede. Ce surnom seul renferme l'histoire de sa vie. Entretenir la paix entre ses voisins comme entre ses sujets; prêter aux loix l'appui de l'autorité suprême; punir les brigands; soutenir l'innocence opprimée; remplir enfin dans ses états les fonctions de premier magistrat, telles furent ses occupations. Il avoit osé être vertueux chez un peuple corrompu, & fut empoisonné vers l'an 1100. Sans prendre les armes, il avoit eu l'art de forcer Magnus, roi de Norwège, à lui céder la province de Wermland. (*M. DE SACY.*)

INGO *le pieux*, roi de Suede, fut la victime de son zèle pour l'évangile; son peuple, attaché au culte des faux dieux, le détrôna. Il s'enfuit en Scanie: la haine du nom chrétien l'y suivit; il fut assassiné par ses sujets, qui, peu contents d'avoir défendu leurs idoles, vouloient encore les venger. Il mourut vers l'an 1060. Son tombeau fut exposé à la vénération publique dans le couvent de Warnheim. (*M. DE SACY.*)

INGOULT, (Nicolas-Louis), (*Hist. Litt. mod.*) jésuite, prédicateur qui eut quelque réputation. C'est lui qui a publié le tome 8e des nouveaux mémoires des missions de la Compagnie de Jésus dans le Levant. Mort en 1753. Il étoit de Gisors.

INGULFE, (*Hist. Litt. mod.*) anglois, d'abord moine à l'abbaye de Saint-Vandrille en Normandie, puis abbé de Croiland en Angleterre, mort vers l'an 1109, avoit été secrétaire de Guillaume-le-Conquérant. Il a laissé une histoire des monastères d'Angleterre, depuis l'an 626 jusqu'en 1091; car les monastères jouoient alors un grand rôle dans l'histoire.

INNOCENT, (*Hist. Ecclésiast.*) C'est le nom de treize papes. Les plus remarquables sont:

1°. *Innocent II*. Il eut à combattre les anti-papes Anaclet & Victor. St. Bernard le fit reconnoître pour pape légitime. Il fut obligé de chercher un asyle en France, sous le règne de Louis-le-Gros; il y sacra & couronna dans la ville de Reims, Louis-le-Jeune, du vivant de Louis-le-Gros son père. Il eut de grands démêlés avec le roi de Sicile, Roger, qui le fit prisonnier; il ne put recouvrer sa liberté qu'en donnant l'investiture du royaume de Sicile, à Roger; qui lui en rendit hommage. Il avoit succédé, en 1130, à Honorius II. Il mourut en 1143. Dom de Lannes a écrit son histoire.

2°. *Innocent III*, successeur de Célestin III, en 1198, est un des papes qui ont le plus étendu l'autorité pontificale, & c'est peut-être le premier qui ait été vraiment roi dans Rome. Sous lui, le sénat romain devint le sénat papal; la dignité de consul, dont le titre subsistoit encore, fut abolie; le préfet de Rome reçut de lui l'investiture de sa charge, qu'il recevoit auparavant de l'empereur. Il excommunia Jean-sans Terre, & fit trembler Philippe-Auguste. Il publia la fameuse & cruelle croisade contre les Albigeois. Il est regardé comme l'auteur de l'inquisition. Sous lui s'établirent les Dominicains, les Franciscains, les Trinitaires. Baluze a publié ses lettres en 1680. On a encore de lui d'autres œuvres. On dit qu'il est l'auteur de la prose de la pentecôte: *Veni sancte Spiritus*, attribuée au roi Robert. Il mourut en 1216.

3°. *Innocent IV*, de la maison de Fiesque, pape en 1243, après Célestin IV, déposa l'empereur Frédéric II au concile de Lyon en 1245, & publia une croisade contre lui. Dans ce concile de Lyon, le chapeau rouge fut donné aux cardinaux. *Innocent IV* passoit pour habile en jurisprudence. On l'appelloit le *père du droit*. Il a laissé sur les Décrétales, un ouvrage souvent imprimé. Mort en 1254.

4°. *Innocent VIII*, (Cibo) se fit remettre par le grand-maître de Malte, Pierre d'Aubusson, le prince turc Zizim, frère de Bajazet II, qui étoit tombé entre les mains des chevaliers de Malte; & le pape Alexandre VI, successeur d'*Innocent VIII*, remit ce même prince Zizim à Charles VIII, dans le temps de l'expédition que fit Charles VIII en Italie; Zizim céda ses droits sur l'empire de Constantinople à ce même Charles VIII, qui eut un moment brillant pour un ambitieux, celui où il fit des actes de souveraineté dans Rome, en mémoire de Charlemagne & des autres empereurs de France, & où il acquit des droits à l'empire grec ou turc. *Innocent VIII*, élu en 1484, mourut en 1492.

5°. *Innocent X*, (Pamphile) élu en 1644, est principalement connu par sa bulle contre les cinq propositions de Jansénius, publiée le 31 mai 1653. Mort le 6 janvier 1655.

6°. *Innocent XI*, (Odescalchi) connu par sa fierté & par son inflexibilité, ou du moins par sa résistance opiniâtre à quelques volontés de Louis XIV, prince moins accoutumé qu'aucun autre à la résistance. Il lui résista dans l'affaire de la Régale, question qu'il faut laisser résoudre aux canonistes, & dans l'affaire des franchises, où tout le monde est en état de juger qu'*Innocent XI* n'avoit pas tort; mais on ne jugera pas qu'il eût raison de refuser des bulles aux évêques françois, à cause des quatre fameux articles de 1682. On jugera même que sa conduite en cela, n'étoit pas bonne politiquement, & que c'étoit trop avertir les François de se passer de bulles & de ne plus payer l'annate.

Dans la guerre de 1688, *Innocent XI* s'unit avec

les puissances protestantes contre Louis XIV & Jacques II ; ce qui fit dire que pour mettre fin aux troubles religieux & politiques, il faudroit que le roi d'Angleterre se fit protestant, & le pape catholique. Ce dernier mourut en 1689. Ce fut lui qui condamna Molinos & les Quiétistes.

7°. *Innocent XII*, (Pignatelli) condamna le livre des maximes des Saints de Fénélon, & par là fournit à Fénélon un moyen de s'immortaliser par l'exemple de la plus noble soumission. *Innocent XII* fut le successeur d'Alexandre VIII en 1691, & eut pour successeur Clément XI en 1600.

INQUISITEUR D'ÉTAT, sub. masc. (*Hist. mod. de Venise*) membre d'un tribunal qu'on appelle le tribunal des *inquisiteurs d'état*, le plus révoltant & le plus formidable qu'on ait jamais établi dans aucune république. Il est seulement composé de trois membres, qui sont deux sénateurs du conseil des dix, & un des conseillers du dôge. Ces trois hommes exercent leur pouvoir absolu sur la vie de tous les sujets de l'état, & même sur celle des nobles, après avoir oui leur justification, sans être tenus de rendre compte à personne de leur conduite, ni d'en communiquer avec aucun conseil, s'ils se trouvent tous trois du même avis.

Les deux seuls *avocadors* ou procureurs généraux ont droit de suspendre pendant trois jours, les jugements de ce tribunal, lorsqu'il ne s'agit pas d'un crime que le tribunal répute positif.

Ses exécutions sont très-secrettes ; & quelquefois sur la simple confrontation de deux témoins ou d'espions dont la ville est remplie, ils envoyent noyer un misérable pour quelques propos qui lui auront échappé contre le gouvernement. Venise se sert de ce terrible moyen pour maintenir son aristocratie.

Cette magistrature est permanente, parce que les desseins ambitieux peuvent être commencés, suivis, suspendus, repris ; elle est cachée, parce que les crimes qu'elle est censée punir, se forment dans le secret. Elle a une inquisition générale, parce qu'elle doit connoître de tout. C'est ainsi que la tyrannie s'exerce, sous le prétexte d'empêcher l'état de perdre sa liberté ; mais elle est anéantie cette liberté, par tout pays où trois hommes peuvent faire périr dans le silence, à leur volonté, les citoyens qui leur déplaisent. (*D. J.*)

INSTITUT *de Boulogne*, (*Hist. mod.*) académie établie à Boulogne en Italie en 1712, pour les sciences & les arts, par les soins & la libéralité du comte Louis Ferdinand de Marsigli, noble boulonois, & sous la protection du pape Clément XI. Le premier ayant ramassé un très-grand nombre de raretés, tant naturelles qu'artificielles, offrit ce trésor au sénat de Boulogne, qui l'accepta & le plaça dans le palais Celeri, qui fut acheté pour le renfermer ; & afin que, suivant les intentions du comte de Marsigli, ce riche fonds pût être utile à tous ceux qui aiment les sciences & les arts, & servir à se perfectionner dans l'étude des uns & des autres, il fut conclu que l'on formeroit une société littéraire qui s'assembleroit à certains jours, pour se communiquer ses lumières ; que chaque faculté auroit dans le palais Celeri, sa chambre & ses professeurs particuliers ; que l'on distribueroit dans chaque chambre, les capitaux ou assortiments convenables aux sciences & aux arts qui y seroient placés, & qu'on y construiroit un observatoire commode avec tous les instruments nécessaires pour les observations astronomiques. Il fut aussi arrêté que cet *Institut* auroit ses loix propres, émanées de l'autorité du sénat, & qu'à la porte du lieu de ses assemblées, outre les armes du pape Clément XI, on mettroit cette inscription latine : *Bononiense Scientiarum & Artium institutum, ad publicum totius orbis usum.* Ce projet fut exécuté, & le sénat unit à ce nouvel *institut* l'Académie précédemment établie à Boulogne, sous le nom de l'*Académie des Philosophes inquiets*, c'est-à-dire, destinés à travailler sans relâche à la perfection des arts & des sciences. Mais dans cette réunion, l'Académie quitta son ancien nom pour prendre celui d'*Académie du nouvel institut des Sciences.* Les membres qui la composent sont partagés en quatre classes : la première est des *ordinaires*, c'est-à-dire, de ceux qui, selon les loix de l'Académie, s'exercent, travaillent, raisonnent dans les conférences, soit publiques, soit particulières ; la seconde classe comprend les *honoraires*, ou ceux qui, sans aucune charge & sans aucun travail, jouissent néanmoins de tous les avantages & de tous les honneurs de la société : la troisième est des *numéraires*, destinés à remplacer les ordinaires dans les emplois qui viennent à vaquer : la quatrième est celle des *élèves* ou des jeunes gens que les ordinaires ont sous eux pour les former. Les matières philosophiques qui se traitent dans l'Académie sont partagées en six classes : sçavoir, la physique, les mathématiques, la médecine, l'anatomie, la chimie, & l'histoire naturelle. Il y a pour chacune un professeur & un substitut, outre un président, un bibliothécaire, & un secrétaire pour tout le corps académique. L'*institut* & l'Académie ont néanmoins chacun leurs loix & leurs règlements particuliers, & tout-à-fait distincts les uns des autres, mais tendant tous au même but. L'ouverture de l'*institut de Boulogne* se fit le 13 de mars 1714 ; la cérémonie en fut magnifique & accompagnée de plusieurs discours très-éloquents sur l'utilité de cet établissement, & sur celle de différentes sciences qu'il se proposoit pour objet. Quelques années après, on jugea à propos d'unir au nouvel *institut* l'Académie clémentine des beaux arts, érigée à Boulogne en 1712, sous le nom & la protection du pape Clément XI, & qui a pour objet la peinture, la sculpture, & l'architecture. (*A. R.*)

IN-TAKER, s. m. (*Hist. mod.*) nom que l'on donna autrefois à certains bandits qui habitoient une partie du nord d'Angleterre, & faisoient souvent des courses jusque dans le milieu de l'Ecosse, pour en piller les habitants.

Ceux qui faisoient ces expéditions s'appelloient *Out-parters*, & ceux qu'on laissoit pour recevoir le butin, *In-takers*. *Dict. de Trév.* (*A. R.*)

INTAPHERNES, (*Hist. anc.*) un des sept seigneurs

perses qui disputèrent la couronne, après la mort du faux Smerdis. Le mécontentement d'avoir manqué cette couronne l'ayant jetté dans la révolte avec tous ses parents, Darius, fils d'Hystaspe, les fit condamner à mort; mais touché des larmes de la femme d'*Intaphernes*, qu'il voyoit tous les jours se présenter à la porte du palais pour implorer sa pitié, il lui dit: « je » ne puis faire grace qu'à un des coupables; nommez » celui qui vous est le plus cher, & que vous desirez » le plus de sauver »; elle nomma son frère par préférence à son mari & à ses enfants, & motiva ainsi cette préférence: « je puis trouver un autre mari & avoir » d'autres enfants; mais ayant perdu mon père & ma » mère, je ne pourrois avoir de frères. » Sophisme bizarre! comme si la tendresse que la nature nous inspire pour nos proches, tenoit à la difficulté de les remplacer & non à l'espèce de lien & à la proximité du degré! Ainsi, quelqu'un qui n'auroit plus ni oncle ni tante, devroit préférer un cousin à un fils, par l'impossibilité de remplacer le premier! Nous faisons cette réflexion, parce que la plûpart des historiens ont paru éblouis du raisonnement de cette femme. Darius lui accorda la grace de son frère, puisqu'elle l'avoit demandée, & il y joignit celle de son fils aîné.

INTENDANT, s. m. (*Hist. mod.*) homme préposé à l'inspection, à la conduite, & à la direction de quelques affaires qui forment son district.

Il y en a de plusieurs sortes.

INTENDANTS & COMMISSAIRES *départis pour S. M. dans les provinces & généralités du royaume*; ce sont des magistrats que le roi envoie dans les différentes parties de son royaume, pour y veiller à tout ce qui peut intéresser l'administration de la justice, de la police, & de la finance; leur objet est en général, le maintien du bon ordre dans les provinces qui forment leur département, ou ce qu'on appelle *généralités*, & l'exécution des commissions dont ils sont chargés par S. M. ou par son conseil. C'est delà qu'ils ont le titre d'*intendants de justice, police & finance, & commissaires départis dans les généralités du royaume*, pour l'exécution des ordres de S. M.

Ce qu'on appelle *généralités*, est la division qui a été faite de toutes les provinces du royaume, en 31 départements, qui forment autant d'*intendances*, & n'ont aucun rapport avec la division du royaume en gouvernements ou en parlements. Outre ces 31 *intendants*, il y en a encore six dans les colonies françoises.

L'*intendant* fait le plus ordinairement son séjour dans la ville principale de son département; mais il fait au moins une fois l'année, une tournée dans les villes & autres lieux de ce département, qui est aussi divisé en élections, ou autres siéges qui connoissent des impositions. M. Colbert avoit réglé qu'ils feroient deux tournées par an; l'une dans toute la généralité, l'autre dans une des élections, dont ils rendroient compte en détail au contrôleur général; en sorte qu'au bout d'un certain nombre d'années, ils prenoient une connoissance détaillée, & rendoient compte de chaque élection, & par conséquent de toutes les villes & villages, & autres lieux qui composoient leur généralité.

Les *intendants* sont presque toujours choisis parmi les maîtres des requêtes; cependant il y a eu quelquefois des officiers des cours qui ont rempli cette fonction; elles ont aussi été réunies d'autres fois à des places de premier président.

Sous la première & la seconde race, le roi envoyoit dans les provinces des commissaires appellés *missi dominici*, ou *missi regales*, avec un pouvoir fort étendu, pour réformer tous les abus qui pouvoient se glisser, soit dans l'administration de la justice & de la police, soit dans celle des finances.

On en envoyoit souvent deux ensemble dans chaque province; par exemple, Fardulphus & Stephanus faisoient la fonction d'*intendants* de Paris en 802, sous les règne de Charlemagne. Cet usage fut conservé par les rois successeurs de Charlemagne pendant plusieurs siècles; ils continuèrent d'envoyer dans chaque province deux *intendants*; & dans les cas extraordinaires, on en voyoit un plus grand nombre de commissaires.

Une ordonnance de Charlemagne, de 812, porte que les commissaires qui sont envoyés par le roi dans les provinces, pour en corriger les abus, tiendront les audiences avec les comtes, en hiver, au mois de janvier; au printemps, en avril; en été, au mois de juillet; & en automne, au mois d'octobre.

Louis-le-Débonnaire ordonna en 819, que les commissaires par lui envoyés dans les provinces, ne feroient pas de long séjour, ni aucune assemblée dans les lieux où ils trouveroient que la justice seroit bien administrée par les comtes.

Ce même prince, en 829, enjoignit aux commissaires d'avertir les comtes & le peuple, que S. M. donneroit audience un jour toutes les semaines, pour entendre & juger les causes de ses sujets, dont les commissaires ou les comtes n'auroient voulu faire justice, exhortant aussi ces mêmes commissaires ou les comtes, s'ils vouloient mériter l'honneur de ses bonnes graces, d'apporter un fort grand soin, que par leur négligence, les pauvres ne souffrissent quelque préjudice, & que S. M. n'en reçût aucune plainte.

Vers la fin de la seconde race, & au commencement de la troisiéme, temps où les fiefs & les justices seigneuriales furent établies, les rois envoyèrent aussi dans les provinces des commissaires choisis dans leur conseil, pour y maintenir leur autorité, connoître des cas royaux, & protéger le peuple, recevoir les plaintes que l'on avoit à faire contre les seigneurs ou leurs officiers. Ces plaintes se devoient juger sommairement, si faire se pouvoit, sinon être renvoyées aux grandes assises du roi. Les seigneurs se plaignirent de cette inspection, qui les rappelloit à leur devoir, & contenoit leurs officiers; on cessa quelque temps d'en envoyer, & nos rois se contentèrent d'en fixer quatre ordinaires sous le titre de *baillifs*, qui etoient les quatre grands baillifs royaux. Saint-Louis & ses successeurs envoyèrent néanmoins des enquêteurs, pour éclairer la conduite de ces quatre grands baillifs eux-mêmes,

& des autres officiers. En Normandie, on devoit en envoyer tous les trois ans : on les appelloit aussi *commissaires du roi ;* ils devoient aller prendre leurs lettres à la chambre des comptes, qui leur donnoit les instructions nécessaires, & taxoit leurs gages. Mais ces commissaires n'avoient pas chacun à eux seuls le département d'une province entière, comme ont aujourd'hui les *intendants*.

Il y avoit dans une même province autant de commissaires qu'il y avoit d'objets différents que l'on mettoit en commission; pour la justice, pour les finances, pour les monnoies, pour les vivres, pour les aides, &c. mais il ne devoit point y avoir de commissaires pour la levée des revenus ordinaires du roi. Chacune de ces différentes commissions étoit donnée, soit à une seule personne ou à plusieurs ensemble, pour l'exercer conjointement.

Ceux qui étoient chargés de l'administration de quelque portion de finance, rendoient compte à la chambre des comptes, aussi-tôt que leur commission étoit finie; & elle ne devoit pas durer plus d'un an; si elle duroit davantage, ils rendoient compte à la fin de chaque année : il leur étoit défendu de recevoir ni argent, ni autre rétribution pour leurs sceaux.

Les commissaires avoient quelquefois le titre de *réformateurs généraux ;* & dans ce cas, la commission étoit ordinairement remplie par des prélats & des barons; c'est pourquoi l'ordonnance de Charles IV, du mois de Novembre 1323, taxe les gages que devoient prendre ceux qui étoient chargés de commissions pour le service du roi.

Les maîtres des requêtes auxquels les commissions d'*intendants* de province ont depuis été en quelque sorte affectées, étoient déjà institués; mais ils étoient d'abord en très-petit nombre, & ne servoient qu'auprès du roi.

Dans la suite, la moitié alloit faire des visites dans les provinces, & l'autre restoit auprès du roi. Ceux qui avoient été dans les provinces, revenoient rendre compte au roi & à son chancelier, des observations qu'ils y avoient faites pour le service de sa majesté, & le bien de ses peuples; ils proposoient aussi au parlement ce qui devoit y être réglé, & y avoient entrée & séance.

Les ordonnances d'Orléans & de Moulins leur enjoignirent de faire tous les ans des chevauchées. L'ordonnance de 1629 renouvelle cette disposition; mais ces tournées n'étoient que passagères, & ils ne résidoient point dans les provinces.

Ce fut Henri II qui, en 1551, établit les *intendants* de province, sous le titre de *commissaires départis* pour l'exécution des ordres du roi.

En 1635, Louis XIII leur donna celui d'*intendant du militaire, justice, police & finance*.

L'établissement des *intendants* éprouva d'abord plusieurs difficultés. Sous la minorité de Louis XIV, la levée de quelques nouveaux impôts dont ils furent chargés, ayant excité des plaintes de la part des cours assemblées à Paris, elles arrêtèrent en 1648, que le roi seroit supplié de révoquer les commissions d'*intendants ;* & par une déclaration du 15 juillet suivant, elles le furent pour quelques provinces seulement, dans d'autres elles furent limitées à certains objets, mais elles furent ensuite rétablies; elles ne l'ont été cependant en Béarn qu'en 1682, & en Bretagne qu'en 1689.

La fonction d'un *intendant* ne concerne en général que ce qui a rapport à l'administration. Il a une inspection générale sur tout ce qui peut intéresser le service du roi, & le bien de ses peuples. Il doit veiller à ce que la justice leur soit rendue, à ce que les impositions soient bien réparties, à la culture des terres, à l'augmentation du commerce, à l'entretien des chemins, des ponts & des édifices publics; en un mot, à faire concourir toutes les parties de son département au bien de l'état, & informer le ministre de tout ce qu'il peut y avoir à améliorer ou à réformer dans sa généralité.

Les *intendants* sont souvent consultés par les ministres sur des affaires qui s'élèvent dans leur département, & ils leur envoient les éclaircissements & les observations dont ils ont besoin pour les terminer.

Quelquefois ils sont commis par des arrêts du conseil pour entendre les parties, dresser procès-verbal de leurs prétentions, & donner leur avis sur des affaires qu'il seroit trop long & trop dispendieux d'instruire à la suite du conseil. Quelquefois même, quoique plus rarement, ils sont commis par arrêt pour faire des procédures & rendre des jugements, avec un nombre d'officiers ou de gradués, même en dernier ressort; mais leur objet est plutôt de faire rendre la justice par ceux qui y sont destinés, que de juger les affaires des particuliers.

Une de leurs principales fonctions, est le département des tailles dans les pays où elle est personnelle. Ils font aussi les taxes d'office, & ils peuvent nommer d'office des commissaires pour l'assiette de la taille.

Les communautés ne peuvent intenter aucune action, sans y être autorisées par leur ordonnance.

Ils font les cotisations ou répartitions sur les possesseurs des fonds, pour les réparations des églises & des presbytères; mais s'il survient à cette occasion, des questions qui donnent lieu à une affaire contentieuse, ils sont obligés de la renvoyer aux juges ordinaires.

On leur expédie des commissions du grand sceau, qui contiennent tous leurs pouvoirs. Autrefois elles étoient enregistrées dans les parlements, & alors c'étoient les parlements qui connoissoient de l'appel de leurs ordonnances; mais l'usage ayant changé, l'appel des ordonnances & jugements des *intendants* se porte au conseil, & y est instruit & jugé, soit au conseil des parties, soit en la direction des finances, soit au conseil royal des finances, selon la nature de l'affaire.

Mais comme ces ordonnances ne concernent ordinairement que des objets de police, elles sont de droit exécutoires par provision, & nonobstant l'appel, à moins que le conseil n'ait jugé à propos d'accorder des défenses; ce qu'il ne fait que rarement & en connoissance de cause.

Les *intendants* nomment des subdélégués dans les différentes parties de leur généralité; ils les chargent le plus souvent de la discussion & instruction des affaires sur lesquelles il font des procès-verbaux, & donnent des ordonnances pour faire venir devant eux les personnes intéressées, ou pour autres objets semblables.

Mais leurs ordonnances ne sont réputées que des avis à l'*intendant*; & si les parties ont à s'en plaindre, elles ne se peuvent adresser qu'à lui. Il n'est permis de se pourvoir par appel, que contre celles que l'*intendant* rend sur ces procès-verbaux de ses subdélégués; il n'y a que les ordonnances d'un subdélégué général, dont l'appel puisse être reçu au conseil, parce qu'il a une commission du grand sceau, qui l'autorise à remplir toutes les fonctions de l'*intendant*; mais ces commissions ne se donnent que quand l'*intendant* est hors d'état de vaquer à ses fonctions par lui-même, comme en temps de guerre, lorsqu'il est obligé de suivre les armées en qualité d'*intendant* d'armée. (*A.*)

L'autorité des *intendants* est, comme on le voit, très-étendue dans les pays d'élection, puisqu'ils y décident seuls de la répartition des impôts, de la quantité & du moment des corvées, des nouveaux établissements de commerce, de la distribution des troupes dans les différents endroits de la province, du prix & de la répartition des fourrages accordés aux gens de guerre; qu'enfin c'est par leur ordre & par leur loi que se font les achats des denrées, pour remplir les magasins du roi; que ce sont eux qui président à la levée des milices, & décident les difficultés qui surviennent à cette occasion; que c'est par eux que le ministère est instruit de l'état des provinces, de leurs productions, de leurs débouchés, de leurs charges, de leurs pertes, de leurs ressources, &c.; qu'enfin sous le nom d'*intendants* de justice, police & finances, ils embrassent presque toutes les parties d'administration.

Les états provinciaux sont le meilleur remède aux inconvénients d'une grande monarchie; ils sont même de l'essence de la monarchie, qui veut non des *pouvoirs*, mais des *corps intermédiaires* entre le prince & le peuple. Les états provinciaux font pour le prince une partie de ce que feroient les préposés du prince; & s'ils sont à la place du préposé, ils ne veulent ni ne peuvent se mettre à celle du prince; c'est tout au plus ce que l'on pourroit craindre des états généraux.

Le prince peut avoir la connoissance de l'ordre général, des loix fondamentales, de sa situation par rapport à l'étranger, des droits de sa nation, &c.

Mais sans le secours des états provinciaux, il ne peut jamais savoir quelles sont les richesses, les forces, les ressources; ce qu'il peut, ce qu'il doit lever de troupes, d'impôts, &c.

En France, l'autorité du roi n'est nulle part plus respectée que dans les pays d'états; c'est dans leurs augustes assemblées qu'elle paroît dans toute sa splendeur. C'est le roi qui convoque & révoque ces assemblées; il en nomme le président, il peut en exclure qui bon lui semble : il est présent par ses commissaires. On n'y fait jamais entrer en question les bornes de l'autorité; on ne balance que sur le choix des moyens d'obéir, & ce sont les plus prompts que d'ordinaire on choisit. Si la province se trouve hors d'état de payer les charges qu'on lui impose, elle se borne à des représentations, qui ne sont jamais que l'exposition de leur subvention présente, de leurs efforts passés, de leurs besoins actuels, de leurs moyens, de leur zèle & de leur respect. Soit que le roi persévère dans sa volonté, soit qu'il la change, tout obéit. L'approbation que les notables qui composent ces états, donnent aux demandes du prince, sert à persuader aux peuples qu'elles étoient justes & nécessaires; ils sont intéressés à faire obéir le peuple promptement : on donne plus que dans les pays d'élection, mais on donne librement, volontairement, avec zèle, & l'on est content.

Dans les pays éclairés par la continuelle discussion des affaires, la taille sur les biens s'est établie sans difficulté; on n'y connoît plus les barbaries & les injustices de la taille personnelle. On n'y voit point un collecteur suivi d'huissiers ou de soldats, épier s'il pourra découvrir & faire vendre quelques lambeaux qui restent au misérable pour couvrir ses enfants, & qui sont à peine échappés aux exécutions de l'année précédente. On n'y voit point cette multitude d'hommes de finance qui absorbe une partie des impôts & tyrannise le peuple. Il n'y a qu'un trésorier général pour toute la province; ce sont les officiers préposés par les états, ou les officiers municipaux qui, sans frais, se chargent de la régie.

Les trésoriers particuliers des bourgs & des villages ont des gages modiques; ce sont eux qui perçoivent la taille dont ils répondent; comme elle est sur les fonds, s'il y a des délais, ils ne risquent point de perdre leurs avances, ils les recouvrent sans frais; les délais sont rares, & les recouvrements presque toujours prompts.

On ne voit point dans les pays d'états trois cents collecteurs, baillis ou maitres d'une seule province, gémir une année entière, & plusieurs mourir dans les prisons, pour n'avoir point apporté la taille de leurs villages qu'on a rendus insolvables. On n'y voit point charger de 7000 liv. d'impôts un village, dont le territoire ne produit que 4000 livres. Le laboureur ne craint point de jouir de son travail, & de paroître augmenter son aisance; il sait que ce qu'il payera de plus sera exactement proportionné à ce qu'il aura acquis. Il n'a point à corrompre ou à fléchir un collecteur; il n'a point à plaider à une élection de l'élection, devant l'*intendant* de l'*intendant* du conseil.

Le roi ne supporte point les pertes dans les pays d'états, la province fournit toujours exactement la somme qu'on a exigée d'elle; & les répartitions faites avec équité, toujours sur la proportion des fonds, n'accable point un laboureur aisé, pour soulager le malheureux que pourtant on indemnise.

Quant aux travaux publics, les ingénieurs, les entrepreneurs, les pionniers, les fonds enlevés aux particuliers, tout se paye exactement & se leve sans frais. On ne construit point de chemins ou de ponts, qui ne soient utiles qu'à quelques particuliers, on n'est point l'esclave d'une éternelle & aveugle avarice.

S'il survient quelques changements dans la valeur des biens ou dans le commerce, toute la province en est instruite, & on fait dans l'administration les changements nécessaires.

Les ordres des états s'éclairent mutuellement; aucun n'ayant d'autorité, ne peut opprimer l'autre; tous discutent, & le roi ordonne. Il se forme dans ces assemblées des hommes capables d'affaires; c'est en faisant élire les consuls d'Aix, & exposant à l'assemblée les intérêts de la Provence, que le cardinal de Janson étoit devenu un célèbre négociateur.

On ne traverse point le royaume sans s'appercevoir de l'excellente administration des états, & de la funeste administration des pays d'élection. Il n'est pas nécessaire de faire des questions; il ne faut que voir les habitants des campagnes, pour savoir si on est en pays d'état, ou en pays d'élection; de quelle ressource infinie ces pays d'états ne sont-ils pas pour le royaume!

Comparez ce que le roi tire de la Normandie, & ce qu'il tire du Languedoc; ces provinces sont de même étendue, les sables & l'aridité de la dernière envoient plus d'argent au trésor royal que les pacages opulents & les fertiles campagnes de la première. Que seroit-ce que ces pays d'état, si les domaines du roi y étoient affermés & mis en valeur par les états mêmes? C'étoit le projet du feu duc de Bourgogne; & à ce projet il en ajoutoit un plus grand, celui de mettre tout le royaume en provinces d'état.

Si le royaume a des besoins imprévus, subits, & auxquels il faille un prompt remède, c'est des pays d'état que le prince doit l'attendre. La Bretagne, malgré ses landes & son peu d'étendue, donna dans la dernière guerre, un tiers de subsides de plus que la vaste & riche Normandie. La Provence, pays stérile, donna le double du Dauphiné, pays abondant en toutes sortes de genre de production.

La Provence, dévastée par les armées ennemies, surchargée du fardeau de la guerre, propose de lever & d'entretenir une armée de trente mille hommes à ses dépens. Le Languedoc envoie deux mille mulets au prince de Conti pour le mettre en état de profiter de ses victoires & du passage des Alpes.

Ce que je dis est connu de tout le monde, & chez l'étranger nos provinces d'état ont la réputation d'opulence; elles ont plus de crédit que le gouvernement; elles en ont plus que le roi lui-même.

Souvenons-nous que Gènes, dans la dernière guerre, ne voulut prêter au roi que sous le cautionnement du Languedoc.

Il y a des *intendants* dans ces provinces, il est à désirer qu'ils n'y soient jamais que des hommes qui y veillent pour le prince; il est à desirer qu'ils n'y étendent jamais leur autorité, & qu'on la modère beaucoup dans les pays d'élection.

Intendants du Commerce; ce sont des magistrats établis en titre d'office pour s'appliquer aux affaires du commerce, & qui ont entrée & séance au conseil royal du commerce, où ils font le rapport des mémoires, demandes, propositions & affaires qui leur sont renvoyés chacun dans leur département, & pour rendre compte des délibérations qui y ont été prises, au contrôleur général des finances, ou au secrétaire d'état ayant le département de la marine, suivant la nature des affaires, lorsque leurs emplois ne leur ont pas permis d'y assister.

Toutes les nations policées ont reconnu la nécessité d'établir des officiers qui eussent une inspection sur le commerce, tant pour en perfectionner les différentes parties & le rendre plus florissant, que pour prévenir les inconvénients qui peuvent se présenter, réprimer les abus & y faire régner la bonne foi, qui en doit être l'ame. On ne voit pas néanmoins qu'il y eût anciennement des officiers établis particulièrement pour avoir inspection sur tout le commerce intérieur & extérieur d'une nation; cette inspection générale étoit réservée uniquement à ceux qui avoient part au gouvernement général de l'état; il y avoit seulement dans chaque ville quelques personnes chargées de la police, & en même temps de veiller sur le commerce, comme étant un des principaux objets de la police.

Chez les Hébreux, dans chaque quartier de Jérusalem, il y avoit deux préfets ou *intendants* qui, sous l'autorité des premiers magistrats, tenoient la main à l'exécution des loix, au bon ordre & à la discipline publique. Ils avoient l'inspection sur les vivres & sur toutes les autres provisions dont le peuple avoit besoin, tant pour sa subsistance que pour son commerce. « Les » Hébreux, dit Arrianus, *lib. I*, ont des préfets » ou *intendants* des quartiers de leurs villes, qui ont » inspection sur tout ce qui s'y passe; la police du » pain, celle des autres vivres & du commerce est » aussi de leurs soins; ils règlent eux-mêmes les petits » différends qui s'y présentent, & des autres ils en réfèrent au magistrat.

La ville d'Athènes avoit aussi des officiers appellés Ἀγορανόμοι, c'est-à-dire, conservateurs des vivres, des marchés & du commerce. Leur emploi étoit de procurer l'abondance de toutes les choses nécessaires à la vie, d'entretenir la perfection des arts & la bonne foi dans le commerce, tant de la part des vendeurs que de celle des acheteurs, auxquels la fraude & le mensonge étoient entr'autres défendus sous de très-grosses peines. Ils tenoient aussi la main à l'exécution des loix dans les temps de la stérilité; faisoient ouvrir en ces occasions les magasins, & ne permettoient pas à chaque citoyen de garder en sa maison une plus grande quantité de vivres qu'il n'étoit nécessaire pour l'entretien de sa famille pendant un an. Platon & Théophraste, en leurs Traités *de Leg.* Aristote, Denis d'Halicarnasse, Démosthènes, Hypérides, Plaute, Ulpien, Postel, Polybe & Harpocrate font mention de ces officiers en divers endroits de leurs ouvrages.

Chez les Romains, les préteurs avoient d'abord seuls toute inspection sur le commerce. On institua dans la suite deux préteurs particuliers pour la police des vivres. Jules-César établit aussi deux édiles, qui furent surnommés *cereales*, parce que sous l'autorité du préteur, ils veilloient à la police des vivres, dont le pain est le plus nécessaire. Ils prenoient soin de l'achat des bleds que l'on faisoit venir d'Afrique pour distribuer au peuple, de la voiture de ces bleds, de leur dépôt dans les greniers, & de la distribution qui s'en faisoit au peuple.

Auguste, après avoir réformé le nombre excessif des préteurs & des édiles, établit au-dessus des préteurs un magistrat, qui fut appellé *præfectus urbis*, le préfet de la ville. Il étoit seul chargé de toute la police & du soin de tout ce qui concernoit le bien public & l'utilité commune des citoyens. Il mettoit le prix à la viande, faisoit les règlements des marchés & de la vente des bestiaux; il prenoit aussi le soin que la ville fût suffisamment pourvue de bled & de toutes les autres provisions nécessaires à la subsistance des citoyens. Il avoit l'inspection sur tout le commerce, pour le faciliter, le permettre ou l'interdire; le droit d'établir des marchés ou de les supprimer pour un temps ou pour toujours, ainsi qu'il le jugeoit à propos pour le bien public. Il faisoit les règlements pour les poids & les mesures, & punir ceux qui étoient convaincus d'y avoir commis quelque fraude. Les arts libéraux, & en général tous les corps de métiers étoient soumis à sa jurisdiction pour tout ce qui concernoit leurs professions.

Quelque temps après, Auguste voulant soulager le préfet de la ville, qui étoit surchargé de différentes affaires, établit sous lui un préfet particulier, appellé *præfectus annonæ*, c'est-à-dire, préfet des vivres. Celui-ci fut choisi dans l'ordre des chevaliers; il fut chargé du soin de faire venir du bled & de l'huile d'Afrique, & de tirer de ces provinces éloignées ou d'ailleurs toutes les autres provisions nécessaires à la subsistance des citoyens, dans les temps & les saisons convenables. Il donnoit ses ordres pour faire décharger les grains & les autres vivres sur les ports, pour les faire voiturer à Rome, & serrer les bleds dans les greniers publics. C'étoit lui qui faisoit distribuer ces grains aux uns à juste prix, aux autres gratuitement, selon les temps & les ordres qui lui étoient donnés par le premier magistrat de police. Il eut aussi l'inspection de la vente du pain, du vin, de la viande, du poisson & des autres vivres; il fut même dans la suite mis au nombre des magistrats: sa jurisdiction s'étendoit sur tous ceux qui se méloient du commerce des vivres.

En France, pendant très-long-temps, les seules personnes qui eussent inspection sur le commerce, étoient les ministres du roi, les commissaires du roi départis dans les provinces; & pour la manutention, les officiers de police, les prévôts des marchands & échevins, chacun en ce qui étoit de leur district.

Il fut néanmoins créé par édit du mois d'octobre 1626, un office de grand-maître, chef & surintendant général de la navigation & commerce de France: le cardinal de Richelieu en fut pourvu. Après sa mort, arrivée en 1642, cette charge fut donnée à Armand de Maillé, marquis de Brezé, & en 1650 à César, duc de Vendôme; elle fut supprimée par l'édit du 14 novembre 1661, & depuis ce temps il n'y a point eu de surintendant du commerce.

Il n'y avoit point eu de conseil particulier pour le commerce jusqu'en 1700, que Louis XIV pensant que rien n'étoit plus propre à faire fleurir & étendre le commerce, que de former un conseil qui fût uniquement attentif à connoître & à procurer tout ce qui pourroit être de plus avantageux au commerce & aux manufactures du royaume, par un édit du 29 juin 1700, il ordonna qu'il seroit tenu à l'avenir, un conseil de commerce une fois par semaine. Il composa ce conseil de deux conseillers au conseil royal des finances, dont l'un étoit le sieur Chamillart, contrôleur général, un secrétaire d'état & un conseiller d'état, un maître des requêtes, & douze des principaux négociants du royaume, ou qui auroient fait long-temps le commerce.

Au mois de mai 1708, le roi donna un édit par lequel, après avoir rappellé les motifs qui l'avoient engagé à établir un conseil de commerce, & l'avantage que l'état avoit reçu & recevoit tous les jours de cet établissement, il dit que pour le rendre solide & durable, il avoit cru ne pouvoir rien faire de plus convenable que de créer en titre six commissaires, dont les premiers choisis entre les maîtres des requêtes de l'hôtel du roi, & engagés par le titre & les fonctions qui y seroient attachées, à s'appliquer aux affaires de commerce, pussent aider sa majesté à procurer à ses sujets tout le bien qui devoit leur en revenir.

Le roi créa donc par cet édit, & érigea en titre six commissions d'*intendants du commerce* pour demeurer unies à six offices de maîtres des requêtes, à l'instar & de la même manière que l'étoient ci-devant les huit commissions de présidents au grand conseil, & pour être exercées par six des maîtres des requêtes qui seroient choisis par sa majesté, sous le titre de conseillers en ses conseils, maîtres des requêtes ordinaires de son hôtel, *intendants du commerce*.

Le roi déclare par le même édit, qu'il entend que ceux qui seront pourvus de ces commissions ayent entrée & séance dans le conseil de commerce établi par le règlement du conseil du 29 juin 1700, pour y faire le rapport des mémoires, demandes, propositions & affaires qui leur seront renvoyées chacun dans le département qui leur sera distribué; rendre compte des délibérations qui y auront été prises, au contrôleur général des finances, ou au secrétaire d'état ayant le département de la marine, suivant la nature des affaires, lorsque leurs emplois ne leur auront pas permis d'y assister, pour y être pourvu par sa majesté ainsi qu'il appartiendra.

L'édit porte qu'ils seront reçus & installés dans ces fonctions après une simple prestation de serment entre les mains du chancelier, sans qu'ils soient obligés de se faire recevoir aux requêtes de l'hôtel ni ailleurs.

Enfin, le roi permet à ceux qui seront agréés, après avoir exercé les charges de maîtres des requêtes pendant vingt années, & lesdites commissions pendant dix années, de les désunir, & de garder la commission d'*intendant du commerce*, pour en continuer les fonctions & jouir des gages, appointements & droits y attribués.

Ces commissions d'*intendants du commerce* furent supprimées par le roi Louis XV, lors de son avènement à la couronne, par rapport aux changements qui furent faits alors dans les différentes parties du gouvernement.

Mais par un édit du mois de juin 1724, les *intendants du commerce* ont été rétablis au nombre de quatre.

Le roi déclare que les raisons pour lesquelles ils avoient été supprimés, ne subsistant plus, & le bureau du commerce ayant été rétabli à l'instar de celui qui avoit été formé précédemment, il ne restoit plus, pour mettre la dernière main à cet ouvrage, que de rétablir les *intendants du commerce*, & les ériger en titre d'office, au nombre de quatre seulement, ce nombre ayant paru nécessaire & suffisant pour remplir les fonctions qui leur sont attribuées.

Le roi a donc rétabli par cet édit ces quatre offices, sous le titre de conseillers en ses conseils, *intendants du commerce*, pour par les pourvus de ces offices, les exercer aux mêmes fonctions qui étoient attribuées aux *intendants du commerce* créés par l'édit du mois de mai 1708, dans lesquelles fonctions il est dit qu'ils seront reçus & installés après la prestation de serment par eux faite en la forme prescrite par l'édit de 1708. Le roi veut que ces quatre officiers soient du corps de son conseil, qu'ils jouissent des mêmes honneurs, prérogatives, priviléges, exemptions, droit de committimus au grand sceau, & franc-salé, dont jouissent les maîtres des requêtes de son hôtel. Il ordonne que les pourvus de ces offices posséderont leurs charges à titre de survivance, ainsi que les autres officiers de son conseil & de ses cours, qui ont été exceptés du rétablissement de l'annuel par la déclaration du 9 août 1722; lequel droit de survivance, ensemble celui du marc d'or dans les cas où ils sont dus, sera réglé pour lesdits offices sur le même pied qu'il est réglé présentement pour les maîtres des requêtes ordinaires de l'hôtel. Les premiers pourvus de ces offices furent néanmoins dispensés du droit de survivance pour cette première fois seulement. Enfin, pour être plus en état de choisir les sujets que sa majesté trouvera les plus propres à remplir ces places, il est dit qu'elles pourront être possédées & exercées sans incompatibilité avec tous autres offices de magistrature. Cet édit fut registré au parlement le 16 des mêmes mois & an.

Les *intendants du commerce* ont chacun dans leur département, un certain nombre de provinces & généralités; ils ont en outre chacun l'inspection sur quelques objets particuliers du commerce dans toute l'étendue du royaume.

L'*intendance* générale du commerce intérieur du royaume, & extérieur par terre, appartient toujours au contrôleur général des finances.

Le secrétaire d'état qui a le département de la marine, a l'*intendance* générale du commerce extérieur & maritime, & en conséquence il prend connoissance tout ce qui concerne les isles françoises de l'Amérique, de la pêche de la morue, du commerce de la méditerranée, ce qui comprend les échelles du levant & tous les états du grand-seigneur, la Barbarie, les côtes d'Italie & les côtes d'Espagne dans la méditerranée. Il a pareillement inspection sur le commerce avec la Hollande, l'Angleterre, l'Ecosse & l'Irlande, la Suéde, le Danemarck, Dantzic, la Russie, & autres pays du nord dans la mer baltique. Il a aussi l'*intendance* de la pêche du hareng, de celle de la morue & de celle de la baleine. (*A*.)

Intendants des Batiments, (*Histoire mod.*) est l'ordonnateur général des bâtiments du roi, des arts & manufactures (*A. R.*)

Intendants et contrôleurs de l'argenterie et des revenus, (*Hist. mod.*) ces officiers sont constitués pour toutes les dépenses de la chambre, de la garde-robe, & autres employées sur les états l'argenterie & des revenus.

Il y a aussi un *intendant* & contrôleur des meubles de la couronne, un *intendant* des devises des édifices royaux. (*A. R.*)

Intendant *dans une armée*, c'est ordinairement en France, un maître des requêtes qui remplit l'*intendance* de la province voisine du lieu où se fait la guerre, que le roi nomme pour veiller à l'observation de la police de l'armée, c'est-à-dire, au payement des troupes, à la fourniture des vivres & des fourrages, au règlement des contributions, au service des hôpitaux, à l'exécution des ordonnances du roi, &c.

L'*intendant* doit avoir le secret de la cour comme le général. Il a sous lui un nombre de commissaires des guerres qu'il emploie aux détails particuliers. Il arrête toutes les dépenses ordinaires & extraordinaires de l'armée. Il a son logement de droit au quartier général. L'infanterie lui fournit une garde de dix hommes, commandés par un sergent. Lorsqu'un *intendant* a toute la capacité que demande son emploi, il est d'un grand secours au général, qu'il débarrasse d'une infinité de soins qui ne peuvent que le distraire des projets qu'il peut former contre l'ennemi. (*A. R.*)

Intendant de Marine, (*Hist. mod.*) c'est un officier instruit de tout ce qui concerne la marine, qui réside dans un port, & qui a soin de faire exécuter les règlements concernant la marine, pourvoir à la fourniture des magasins, veiller aux armements & désarmements des vaisseaux, faire la revue des équipages, &c. l'ordonnance de la Marine de 1689, *liv. XII*, *tit. j.* règle les fonctions de l'*intendant*. (*A. R.*)

Intendant des Armées navales, (*Hist. mod.*) officier commis pour la justice, police & finance d'une armée navale. Ses fonctions sont réglées par l'ordonnance de 1689, *lib. I. tit. jv.* (*A. R.*)

Intendant de Maison, (*Hist. mod.*) c'est un officier qui a soin, dans la maison d'un homme riche & puissant, de son revenu, qui suit les procès, qui fait les baux, en un mot qui veille à toutes les affaires. (*A. R.*)

INTERIM, s. m. (*Hist. mod.*) nom fameux dans l'Histoire ecclésiastique d'Allemagne, par lequel on a désigné une espèce de règlement pour l'Empire, sur les articles de foi qu'il y falloit croire en attendant qu'un concile général les eût plus amplement décidés. Ce mot *interim* est latin, & signifie *cependant* ou *en attendant*, comme pour signifier que son autorité ne dureroit que jusqu'à la détermination du concile général.

Pour entendre ce qui regarde l'*interim*, il est bon de savoir que le concile de Trente ayant été interrompu en 1548 & transféré à Boulogne, l'empereur Charles V, qui n'espéroit pas voir cette assemblée sitôt réunie, & qui vouloit concilier les Luthériens avec les Catholiques, imagina le tempérament de faire dresser un formulaire par des théologiens qui seroient envoyés pour cet effet à la diète qui se tenoit alors à Augsbourg : ceux-ci n'ayant pu convenir de rien entr'eux, laissèrent à l'empereur le soin de le faire dresser. Il en chargea trois théologiens célèbres, qui rédigèrent vingt-six articles sur tous les points controversés entre les Catholiques & les Luthériens. Ces articles concernoient l'*état du premier homme avant & après sa chûte dans le péché ; la rédemption des hommes par J. C. ; la justification du pécheur ; la charité & les bonnes œuvres ; la confiance qu'on doit avoir en Dieu que les péchés sont pardonnés ; l'église & ses vraies marques, sa puissance, son autorité, ses ministres, le pape & les évêques ; les sacrements en général & en particulier ; le sacrifice de la messe, & la commémoration qu'on y fait des saints, leur intercession & leur invocation ; la prière pour les défunts & l'usage des sacrements*, auxquels il faut ajouter la tolérance sur le mariage des prêtres & sur l'usage de la coupe. Quoique les théologiens qui avoient dressé cette profession de foi, assurassent l'empereur qu'elle étoit très-orthodoxe, à l'exception des deux derniers articles, le pape ne voulut jamais l'approuver ; & depuis que Charles V l'eut proposée comme un règlement par une constitution impériale donnée en 1548, dans la diète d'Augsbourg qui l'accepta, il y eut des catholiques qui refusèrent de se soumettre à l'*interim*, sous prétexte qu'il favorisoit le luthéranisme ; & pour rendre cette ordonnance odieuse, ils la comparèrent à l'Hénotique de Zenon, à l'Ecthese d'Héraclius, & au Type de Constant. D'autres catholiques l'adoptèrent, & écrivirent pour sa défense.

L'*interim* ne fut guère mieux reçu des protestants, la plûpart le rejettèrent, comme Bucer, Musculus, Osiander, sous prétexte qu'il *rétablissoit la papauté* qu'ils pensoient avoir détruite ; d'autres écrivirent vivement contre ; mais enfin, comme l'empereur agit fortement pour soutenir sa constitution, jusqu'à mettre au ban de l'empire les villes de Magdebourg & de Constance, qui refusoient de s'y soumettre, les Luthériens se divisèrent en *rigides* ou opposés à l'*interim*, & en mitigés qui prétendoient qu'il falloit s'accommoder aux volontés du souverain ; on les nomma *Intérimistes* ; mais ils se réservoient le droit d'adopter ou de rejetter ce que bon leur sembloit dans la constitution de l'empereur. En sorte qu'on peut regarder cet *interim* comme une de ces pièces dans lesquelles, en voulant ménager deux partis opposés, on les mécontente tous deux ; & c'est ce que produisit effectivement l'*interim* qui ne rémédia à rien, fit murmurer les Catholiques & souleva les Luthériens. (*A. R.*)

INTERNONCE, s. m. (*Hist. mod.*) envoyé extraordinaire du souverain pontife, agent qui fait les affaires de la cour de Rome dans une cour étrangère, en attendant qu'il y ait un nonce exprès & en titre. Il y a des cours où les affaires se font toujours par un *internonce* & jamais par un nonce. Il y a toujours un *internonce* à Bruxelles. Les *internonces* ne font aucune fonction ecclésiastique ni en France ni ailleurs. D'*internonce*, nom du titulaire, on fait *internonciature*, nom du titre. (*A. R.*)

INTER-ROI, s. m. (*Hist. mod. politique*) c'est le titre que l'on donne en Pologne au primat du royaume, c'est-à-dire, à l'archevêque de Gnesne, lorsque la mort du roi a laissé le trône vacant. Cet *inter-roi* a en quelque sorte, un pouvoir plus étendu que les monarques de cette république jalouse de sa liberté. Sa fonction est de notifier aux cours étrangères la vacance du trône ; de convoquer la diète pour l'élection d'un nouveau roi ; d'expédier des ordres aux généraux, aux palatins & aux starostes, pour veiller à la garde des forteresses, des châteaux, & des frontières de la république ; de donner des passe-ports aux ministres étrangers qui sont chargés de venir négocier, &c. Lorsque la diète de Pologne pour l'élection d'un roi est assemblée, le primat *inter-roi* expose à la noblesse les noms des candidats, & fait connoître leur mérite ; il exhorte l'assemblée à choisir le plus digne ; & après avoir invoqué le ciel, il donne sa bénédiction : après quoi, les nonces procédent à l'élection. Le primat recueille les suffrages, il monte à cheval, & demande par trois fois si tout le monde est content, & alors il proclame le roi. (*A. R.*)

INTRODUCTEUR DES AMBASSADEURS, (*Hist. cérémoniale*) *legatorum admissioni præfectus* ; c'est celui qui, entr'autres fonctions de sa charge, reçoit & conduit les ministres étrangers dans la chambre de leurs majestés & des enfants de France ; ils s'adressent encore à lui pour les particularités qu'il leur convient de savoir au sujet du cérémonial.

Cette charge n'est établie dans ce royaume, que de la fin du dernier siècle, & dans la plûpart des autres cours, elle est confondue avec celle de maître des cérémonies.

On peut appeller *admissionales*, les *introducteurs des ambassadeurs*. Ces officiers étoient connus des Romains dans le troisième siècle : Lampride dit d'Alexandre qui monta sur le trône en 208 : *quod salutaretur quasi unus de senatoribus, patente velo, admissionalibus remotis*. Il en est fait mention dans le code Théodosien, ainsi que dans Ammien Marcellin, *lib. XV, cap. v*, où l'on voit que cet emploi étoit très-honorable. Corippus, *lib. III, de laudib. Justini*, qui fut élu empereur en 518, donne à cet officier le titre de *magister* :

Ut lætus princeps solium conscendit in altum,
Membraque purpureâ præcelsus veste locavit,
Legatos. . . . . . jussos intrare magister.

(*D. J.*)

IPHICRATE, (*Hist. anc.*) général athénien, étoit fils d'un cordonnier, & ne s'en cachoit pas. Dans un procès qu'on lui suscita, son accusateur, qui étoit un des descendants d'Harmodius, eut la bassesse de lui reprocher celle de sa naissance : *la noblesse de ma famille commence en moi*, lui dit-il, *& celle de la vôtre* *finit en vous.* M. de Voltaire a employé ce mot dans *Rome sauvée.* Cicéron dit à Catilina :

Mon nom commence en moi : de votre honneur jaloux,
Tremblez que votre nom ne finisse dans vous.

Je ne suis rien, disoit encore Iphicrate, *mais je commande à tous.* Ce fut sur-tout par la science de la guerre & par la discipline militaire, qu'il acquit beaucoup de gloire. Il fit des changements utiles dans l'armure des soldats, il rendit les boucliers plus courts, les piques & les épées plus longues, il fit faire des cuirasses de lin tellement préparé, qu'elles devenoient impénétrables au fer & au feu ; il exerçoit les troupes avec tant d'ardeur & d'intelligence, qu'au premier signal il étoit sûr de les voir se mettre en mouvement avec autant d'ordre que de promptitude, & que presque tous les hazards de la guerre les trouvoient prêtes à prendre leur parti sur le champ. Il prévoyoit tout & pourvoyoit à tout ; *c'étoit*, disoit-il, *une mauvaise excuse pour un général, de dire : JE N'Y PENSOIS PAS.* Dans l'expédition d'Artaxerce Mnémon en Egypte, l'an 377 de J. C., les Athéniens étoient alliés des Perses. *Iphicrate* y conduisit vingt mille Athéniens ; Pharnabaze y commandoit deux cents mille Perses. Les Perses & les Grecs réunis emportèrent, l'épée à la main, le fort qui défendoit la bouche du Nil, appellée Mendesienne. *Iphicrate* vouloit que pour profiter de cet avantage & de l'effroi des Egyptiens, on s'empressât de remonter le Nil, & d'aller attaquer Memphis. Pharnabaze s'y opposa, sous prétexte que toutes ses forces n'étoient pas rassemblées, & qu'il falloit les attendre. *Iphicrate* demanda la permission d'y aller avec ses vingt mille Athéniens, & il répondoit du succès ; mais Pharnabaze ne vouloit pas qu'on réussît sans lui ; les Egyptiens eurent le temps de se reconnoître, de respirer, de préparer leur défense ; les inondations du Nil achevèrent de les mettre en sûreté ; l'expédition manqua. Pharnabaze eut l'indigne injustice d'imputer ce mauvais succès à *Iphicrate.* Celui-ci se rappellant le sort de Conon, (*Voyez* cet article) s'enfuit à Athènes sur un petit vaisseau qu'il loua. Pharnabaze l'y fit accuser d'avoir fait manquer l'expédition d'Egypte ; les Athéniens qui savoient à quoi s'en tenir, répondirent que si on pouvoit l'en convaincre, il seroit puni comme le cas le méritoit. Il leur parut mériter le commandement de leur flotte dans la guerre des Athéniens contre les alliés : il fut accusé d'avoir trahi la patrie & vendu la flotte qu'il commandoit ; il se justifia sur ce point avec beaucoup de hauteur ; mais ayant vu Timothée, un autre grand général d'Athènes, succomber sous une accusation non moins injuste, il prit pour sa sûreté des précautions peu républicaines ; il songea moins à convaincre ses juges qu'à les intimider. Des jeunes gens qui lui étoient entièrement dévoués, entouroient le lieu de l'assemblée ; ils étoient armés de poignards dont ils laissoient de temps en temps à dessein, entrevoir la pointe ; *Iphicrate* fut absous. Quelqu'un lui reprochant dans la suite, ce stratagême : *j'avois bien servi les Athéniens*, dit-il, *je crus me devoir aussi quelque chose à moi-même. Iphicrate* avoit épousé la fille de Cotys, roi de Thrace. Il avoit rétabli sur le trône de Macédoine Perdiccas & Philippe son frère, qui fut père d'Alexandre-le-Grand, & qui étoient près de succomber sous l'usurpateur Pausanias, si Eurydice leur mère, les mettant entre les bras d'*Iphicrate*, n'eût recommandé à ce généreux protecteur, leur enfance & leur foiblesse. On ignore l'époque précise de la mort d'*Iphicrate.*

IRÈNE, (*Hist. de l'Empire Grec.*) jeune athénienne, d'une famille noble, mais obscure, étoit distinguée par ces talents, par ces graces de l'esprit & de la figure, qui, dans les beaux jours de la Grèce, avoient illustré les deux Aspasies. L'empereur grec Constantin Copronyme n'ayant pu obtenir pour Léon Porphyrogenète son fils, la princesse Gisèle, fille de Pepin-le-Bref, dégoûté par ce refus, de mendier une alliance étrangère, jetta les yeux sur une de ses sujettes, & nomma *Irène* pour être la femme de son fils. Constantin étoit iconoclaste persécuteur comme l'avoit été Léon l'Isaurien son père. *Irène* suivoit la foi de l'église ; mais quoiqu'attachée au culte des images, il fallut, pour épouser Léon Porphyrogénète, qu'elle abjurât ce culte ; & son premier degré pour parvenir au pouvoir suprême, fut un parjure.

Sous l'empire de Copronyme on ne vit dans *Irène*, qu'une sujette respectueuse, qu'une épouse tendre, qu'une femme occupée à plaire.

Constantin Copronyme, chargé de l'exécration publique, mourut en 775, d'une maladie à laquelle les médecins déclarèrent qu'ils ne connoissoient rien ; il commençoit à soupçonner *Irène* d'être orthodoxe, le plus grand des crimes à ses yeux. *Irène*, à qui cette mort étoit doublement utile, monta sur le trône avec Léon Porphyrogénète son mari ; elle possédoit le cœur de ce prince ; mais Léon, fidéle à l'hérésie de ses pères, étoit tourmenté de l'idée d'avoir une femme peut-être orthodoxe dans l'ame ; on découvrit une petite image de Jesus-Christ, & une de la Vierge, cachées & cousues dans le chevet de son lit : dès-lors Léon n'eut plus que de l'horreur pour elle ; ce fut en vain qu'*Irène*, accoutumée au parjure sur cet article, protesta qu'elle avoit ignoré ce secret & insinua que c'étoit un artifice de leurs ennemis, pour semer entr'eux la mésintelligence. Il lui fut impossible de ramener Léon ; il lui jura une haine & une persécution éternelles. La persécution fut courte. Léon mourut subitement, & d'une maladie encore inconnue aux médecins. (780.)

Irène régna sous le nom de Constantin Porphyrogénète son fils, âgé de dix ans, & destiné à une longue enfance. Léon laissoit quatre frères qui pouvoient disputer à une femme l'administration de l'empire ; *Irène* les fit tous quatre ordonner prêtres, & crut s'être délivrée de leurs prétentions ; mais dans la suite, quelques mouvements du peuple en leur faveur, lui ayant montré l'insuffisance de cette précaution, elle en prit de plus barbares ; elle fit crever les yeux à l'aîné, comme au plus redoutable, & couper la langue aux trois autres ; elle eut la funeste adresse de rejetter sur son fils la haine de cette exécution; mais dans la suite, une nouvelle tentative faite en faveur de ces princes, tout mutilés qu'ils étoient, ayant appris à *Iréne* combien les droits de la masculinité s'anéantissoient difficilement dans l'empire grec, il fallut bien qu'elle consentît alors à être cruelle à découvert & en son propre nom, car alors son fils ne vivoit plus; elle fit égorger à la fois ces quatre malheureux princes, & par ce coup, elle éteignit entièrement la race de Léon l'Isaurien, qui fut peu regrettée, moins parce qu'elle étoit vicieuse, que parce qu'elle étoit iconoclaste.

Dans l'intervalle de la mutilation de ces princes à leur mort, Constantin Porphyrogénète, parvenu à l'âge de règner, avoit voulu reprendre des mains de sa mère, l'autorité dont elle n'étoit que dépositaire. Cette entreprise avoit été traitée de conjuration, & *Iréne* avoit fait battre de verges le jeune empereur dans son palais, l'avoit fait dépouiller de ses droits à l'empire, & s'étoit fait nommer elle-même impératrice. Cependant une révolution la fit descendre du trône, & remit son fils à sa place, mais elle conserva toujours sur lui son ascendant, & elle s'en servit pour le rendre odieux & vil; cet absurde enfant se livra sans réserve à une femme qui l'avoit détrôné, qui l'avoit fait battre de verges pour le punir d'avoir voulu règner; elle parvint à lui rendre suspect son général Alexis, auquel il étoit redevable de la révolution qui l'avoit replacé sur le trône: Constantin, pour prix d'un tel service, lui donna la mort. Dès-lors personne n'osa plus s'attacher à lui. Enfin, quand il en fut temps, *Iréne* fit arrêter son fils au milieu même de son armée; elle lui fit crever les yeux, ayant auparavant donné ses ordres pour que le prince ne pût survivre à l'opération. Ses intentions furent remplies; & lorsqu'elle eut joint à Constantin les quatre princes ses oncles, qu'elle eut éteint la race de Léon l'Isaurien, elle crut s'être délivrée pour jamais de toute inquiétude. Elle venoit au contraire d'en ouvrir une source inépuisable. Personne n'ayant plus désormais de droit à l'empire, tout le monde y prétendit; ceux sur-tout qu'*Iréne* avoit élévés jusqu'à elle, en s'abaissant jusqu'à eux, les confidents & les complices de ses crimes s'armèrent contr'elle de cette complicité même. Tels furent Staurace, (*Voyez* son article) l'eunuque Aëtius, enfin Nicephore, (*Voyez* son article) qui fut plus heureux que les autres.

L'impératrice *Iréne* étoit contemporaine de Charlemagne; alarmée des conquêtes de ce prince, elle sentit la nécessité ou de s'unir à lui par une étroite alliance, ou de lui opposer toutes les forces de l'empire; elle prit le parti de la paix, & voulut même se faire de Charlemagne un appui contre ses autres ennemis étrangers ou domestiques. Son fils vivoit alors, & n'étoit point marié; elle proposa de le marier à la princesse Rotrude, fille de Charlemagne; la proposition fut accueillie.

Le jeune Constantin Porphyrogénète accoutumé à suivre en aveugle toutes les volontés de sa mère, se passionna sur sa foi, pour cette illustre alliance; il étoit enchanté du portrait de la princesse, & du récit que les ambassadeurs faisoient de ses bonnes qualités; il étoit sur-tout flatté de devenir le gendre de ce grand roi dont la rénommée publioit par-tout la gloire. Plus il s'enflammoit pour ce mariage, plus *Iréne* commençoit à se refroidir; cette femme défiante craignit qu'une fille de Charlemagne n'eût une partie de l'élevation & de la grandeur de son père, qu'elle ne conçût & qu'elle n'inspirât à son mari le desir de règner, & elle fut effrayée du danger de procurer dans ce cas à son fils, l'appui de Charlemagne.

Charlemagne de son côté, connut toute l'incapacité de Constantin, & ce qui étoit plus à craindre, toute l'ambition de sa mère; il fut instruit de ses crimes, & il frémit des dangers où il avoit été près d'exposer sa fille. Ces dispositions réciproques firent manquer le mariage.

Lorsque dans la suite, l'empire d'Occident eut été rétabli pour Charlemagne, cette nouvelle porta le trouble & l'effroi à Constantinople; *Iréne* regarda l'Italie comme perdue pour elle: alors n'ayant plus de fils, & la race impériale de Constantinople étant éteinte, elle imagina d'unir l'empire d'Orient à celui d'Occident, en se proposant elle-même pour femme à Charlemagne; elle lui portoit en dot tout ce qu'il auroit pu vouloir conquérir. C'étoit peut-être à Charlemagne à balancer sur cette alliance avec l'empoisonneuse d'un mari & la meurtrière d'un fils: peut-être devoit-il craindre de prendre pour femme, celle qu'il avoit craint de donner pour belle-mère à sa fille. Il ne paroît pas que cette considération l'ait arrêté; il étoit dans son caractère ambitieux & intrépide, qu'un grand empire lui parût plus à desirer que la femme la plus criminelle ne lui paroissoit à craindre: c'étoit donc de bonne foi & avec beaucoup d'ardeur qu'on traitoit de part & d'autre cette grande affaire, lorsqu'*Iréne* fut renversée du trône par un homme qu'elle n'avoit pas daigné craindre, par Nicephore, (*Voyez* son article.) Lorsqu'il eut été proclamé, il parut devant elle plutôt comme un sujet que comme un maître; il protesta qu'il la respecteroit toujours comme son impératrice & comme la bienfaitrice de l'empire; mais il finit par lui demander les trésors des empereurs Constantin Copronyme & Léon Porphyrogénète, dont elle s'étoit, disoit-on, emparée. « Qu'en veux-tu faire, lui » dit *Irene*, ils m'ont trahi comme mes sujets. Je les » prodiguois ces trésors pour conserver l'empire, & » l'empire m'a échappé. » Nicephore toujours respectueux, mais inflexible sur un article si important, lui fit entendre que sa liberté dépendoit de sa condescendance; il jura sur la vraie croix, serment ordinaire à Constantinople, qu'à ce prix elle seroit traitée & servie en impératrice dans son palais: elle obéit, ne pouvant résister, & remit à Nicephore ce qu'elle appelloit le le reste des trésors de l'empire. Nicephore ne crut pas ou ne voulut pas croire cette restitution bien complette; en conséquence, ne se jugeant point lié par son serment, il rélégua *Iréne* au fond d'un monastère, qu'elle avoit bâti elle-même dans l'Isle du Prince; mais ensuite la trouvant trop près de Constantinople, & jugeant qu'elle n'étoit pas assez oubliée, il l'envoya dans l'Isle de Lesbos, à Mitylène, où l la fit garder étroitement. Elle y mourut dans la même année (802), de la maladie des ambitieux, ayant eu le loisir de reconnoître combien est fausse & trompeuse cette politique machiavéliste, qui foule aux pieds la nature & la justice, qui, ne voyant rien au-delà du moment présent, se permet toute sorte de crimes pour renverser le moindre obstacle, sans songer que de ces crimes naîtront des obstacles plus forts. Combien elle dut regretter ce fils qu'elle avoit sacrifié au desir de conserver le pouvoir & d'usurper la couronne, & qui, s'il eût vécu, lui eût toujours laissé du moins quelque part dans l'autorité! Elle perdit tout, parce qu'elle l'avoit perdu, & sur-tout parce qu'elle l'avoit fait périr; car sa chûte fut évidemment l'effet de l'indignation qu'excitoient tant de crimes & de tels crimes.

IRÉNÉE, (Saint) (*Hist. Eccl.*) second apôtre, second évêque de Lyon, successeur de St. Pothin ou Photin. Saint *Irénée* étoit disciple de Saint Polycarpe & de Papias, qui avoient eux-mêmes été disciples de Saint Jean l'évangéliste. Saint Photin avoit souffert le martyre l'an 177 de Jesus-Christ. Saint *Irénée* le souffrit à son tour, l'an 202. Ce Saint est aussi au nombre des pères de l'église. Nous avons plusieurs éditions de ses œuvres, entr'autres celle de dom Massuet, bénédictin de la congrégation de Saint Maur. On distingue sur-tout parmi les œuvres de Saint *Irénée*, son Traité contre les hérétiques. Dom Gervaise a écrit la vie de ce Saint.

Il y a encore quelques autres martyrs du nom d'*Irénée*.

IRETON, (*Hist. d'Anglet.*) gendre de Cromwel. Il fut pris & soudain relâché à la bataille de Naërby, perdue par Charles Ier, le 24 juin 1645. Cet homme, quoiqu'engagé dans une mauvaise cause, étoit un bon citoyen. Le parlement d'Angleterre lui ayant assigné une pension de deux mille livres sterling, il la refusa, en disant qu'il n'en avoit pas besoin, & que le parlement feroit mieux de payer ses dettes & de soulager le peuple que de faire des présents. Il mourut en Irlande en 1651, d'une maladie pestilentielle, qu'il avoit gagnée dans la ville de Limmerick, qu'il venoit de réduire à l'obéissance de Cromwel, ainsi que plusieurs autres places d'Irlande. Son corps fut transporté en Angleterre & enterré à Westminster, où la république lui érigea un mausolée parmi les tombeaux des rois; mais après le rétablissement de Charles II, les corps de Cromwel, d'*Ireton*, de Bradshaw & autres juges-assassins de Charles Ier, furent exhumés & traînés sur une claye au gibet de Tiburne, où ils furent pendus, & ensuite enterrés sous le gibet. Cet usage barbare & inutile d'outrager les restes des morts même coupables, n'est bon qu'à abolir.

IRMINSUL, (*Hist. German.*) dieu des anciens Saxons. On ignore si ce dieu étoit celui de la guerre, l'Arès des Grecs, le Mars des Latins, ou si c'étoit le fameux *Irmin*, que les Romains appellèrent Arminius, vainqueur de Varus, & le vengeur de la liberté germanique.

Il est étonnant que Schedius qui a fait un traité assez ample sur les dieux des Germains, n'ait point parlé d'*Irminsul*; & c'est peut-être ce qui a déterminé Meibom à publier sur cette divinité, une dissertation, intitulée: *Irminsula Saxonica.* Je ne puis faire usage de son érudition mal digérée; je dois au lecteur des faits simples, & beaucoup de laconisme.

Dans cette partie de l'ancienne Germanie, qui étoit habitée par les Saxons Westphaliens, près de la rivière de Dimèle, s'élevoit une haute montagne, sur laquelle étoit le temple d'*Irminsul*, dans une bourgade nommée *Hèresberg* ou *Hèresburg.* Ce temple n'étoit pas sans doute recommandable par l'architecture, ni par la statue du dieu, placée sur une colonne; mais il l'étoit beaucoup par la vénération des peuples, qui l'avoient enrichi de leurs offrandes.

On ne trouve dans les anciens auteurs aucune particularité touchant la figure de ce dieu; car tout ce qu'en débite Kranzius, écrivain moderne, n'est appuyé d'aucune autorité: l'abbé d'Erperg, qui vivoit dans le 13e siècle, 300 ans avant Kranzius, nous assure que les anciens Saxons n'adoroient que des arbres & des fontaines, & que leur dieu *Irminsul* n'étoit lui-même qu'un tronc d'arbre dépouillé de ses branches. Adam de Breme, & Beatus Rhenanus nous donnent la même idée de cette divinité, puisqu'ils l'appellent *columnam ligneam sub divo positam.*

Si l'on connoissoit la figure de cette idole, & des ornements qui l'accompagnoient, il seroit plus aisé de découvrir quel dieu la statue représentoit; mais faute de lumières à cet égard, on s'est jetté dans de simples conjectures. Suivant ceux qui pensent que *Irmin* ou *Hermès* sont la même chose, *Irminsul* désigne la statue d'Hermès ou de Mercure. D'autres prétendent que Héresburg étant aussi nommé *Marsburg*, qui veut dire le *fort de Mars*, il est vraisemblable que les anciens Saxons, peuple très-belliqueux, adoroient sous le nom d'*Irminsul* le dieu de la guerre. Enfin le plus grand nombre regardant *Irminsul* comme un dieu indigète, se sont persuadés que c'est le même que le fameux Arminius, général des Chérusques, qui brisa les fers de la Germanie, défit trois légions romaines, & obligea Varus à se passer son épée au travers du corps. Velleius Paterculus qui raconte ce fait, ajoute que toute la nation composa des vers à la louange d'Arminius, leur libérateur. Elle put donc bien, après sa mort, en faire un Dieu, dans un temps sur-tout où on élevoit volontiers à ce rang ceux qui s'étoient illustrés par des actions éclatantes.

Quoi qu'il en soit, *Irminsul* avoit ses prêtres & ses prêtresses, dont les fonctions étoient partagées. Aventin rapporte, que, dans les fêtes qu'on célébroit à l'honneur de ce dieu, la noblesse du pays s'y trouvoit à cheval, armée de toutes pièces, & qu'après quelques cavalcades autour de l'idole, chacun se jettoit à genoux, & offroit ses présents aux prêtres du temple. Meibom ajoute que ces prêtres étoient en même temps les magistrats de la nation, les exécuteurs de la justice, & que c'étoit devant eux qu'on examinoit la conduite de ceux qui avoient servi dans la dernière guerre.

Charlemagne ayant pris Héresburg en 772, pilla & rasa le temple du pays, fit égorger les habitants, & massacrer les prêtres sur les débris de l'idole renversée. Après ces barbaries, il ordonna qu'on bâtit sur les ruines du temple, une chapelle qui a été consacrée dans la suite par le pape Paul III. Il fit encore enterrer près du Véser, la colonne sur laquelle la statue d'*Irminsul* étoit posée; mais cette colonne fut déterrée par Louis-le-Débonnaire, successeur de Charlemagne, & transportée dans l'église d'*Hildesheim*, où elle servit à soutenir un chandelier à plusieurs branches.

Un chanoine de cette ville nous a conservé les trois vers suivants, qui sont des plus mauvais, mais qui étoient écrits en lettres d'or autour du fust de la colonne:

Si fructus vestri, vestro sint gaudia patri,
Ne damnent tenebræ quæ fecerit actio vitæ,
Juncta fides operi, sit lux super addita luci.

Apparemment que cette inscription avoit été gravée sur cette colonne, lorsqu'on la destina à porter un chandelier dans le chœur de l'église d'Hildesheim.

On dit qu'on célèbre encore tous les ans dans cette ville, la veille du dimanche que l'on appelle *lætare*, la mémoire de la destruction de l'idole d'*Irminsul*: les enfants font enfoncer en terre un pieu de six pieds de long, sur lequel on pose un morceau de bois en forme de cylindre, & celui qui, d'une certaine distance, peut l'abattre, est déclaré vainqueur. (*D. J.*)

IRNERIUS, (*Hist. Litt. mod.*) jurisconsulte célèbre du douzième siècle. On l'appelloit *Lucerna juris*. On le regarde comme le restaurateur du droit romain. Il fut le premier qui l'enseigna publiquement en Italie. Il mourut à Bologne avant l'an 1130.

ISAAC, (*Hist. Sacr.*) fils d'Abraham & de Sara, & père d'Esaü & de Jacob. Son histoire se trouve dans la Génèse, chapitres 21--2, 3, 4, 5, 6, 7, 8.

ISAAC (l'Ange.) (*Voyez* ALEXIS III & IV de la maison de L'ANGE.)

ISABELLE DE BAVIÈRE. (*Voyez* CHARLES VI.) (*Hist. de Fr.*)

ISABELLE DE CASTILLE. (*Voyez* FERDINAND V, dit *le Catholique* (*Hist. d'Espagne.*)

ISABELLE, *reine de Hongrie*, (*Hist. moderne.*) fille de Sigismond, roi de Pologne, avoit épousé Jean, Roi de Hongrie, prince foible, jouet tour-à-tour & de Soliman, empereur des Turcs, & de Ferdinand, archiduc d'Autriche; battu & par l'un & par l'autre; il céda ses états au sultan, les réclama pour les céder à l'archiduc, & mourut ignoré. Le rang d'*Isabelle* l'appelloit à la régence pendant la minorité d'Etienne son fils. Le testament du feu roi lui avoit associé George le moine. C'étoit un homme qui, né dans la misère, avoit conçu le projet de jouer un rôle en Europe. Il fut successivement frère laïc, moine, prélat; sut dans la crasse du froc, affecter l'orgueil de la pourpre, se rendit nécessaire aux grands, fut d'abord leur esclave, puis leur égal, enfin leur maître. *Isabelle*, attaquée à la fois par Ferdinand & par Soliman, sentoit bien la nécessité de rechercher l'appui de l'un pour l'opposer à l'autre. La voix de l'équité la détermina sur le choix de son protecteur. Ferdinand réclamoit la Hongrie, & rappelloit le traité conclu entre Jean & lui. La princesse n'avoit point encore adopté ces maximes trop familières aux souverains, qu'un traité désavantageux est nul, que la foi donnée dans le péril, cesse d'être sacrée quand le péril est passé. George traita cette justice de foiblesse, soutint que Jean n'avoit pu, sans le suffrage de la nation, lui donner un autre maître, jura de défendre le patrimoine de son pupille qu'il regardoit comme le sien, fit alliance avec Soliman, & se renferma dans Bude. La reine l'y suivit, y fut assiégée, & voulut se rendre aux offres que lui fit l'archiduc d'une principauté dans ses états, en échange de ceux qu'elle perdoit. L'équité de la reine n'excitoit qu'une estime froide & peu sentie; en vain elle répétoit que son fils avoit hérité des malheurs de son père & non pas de son trône, qu'une plus longue résistance exposeroit la vie de cet enfant, à qui l'on vouloit conserver un sceptre. George, en s'opposant à cette cession, échauffoit l'enthousiasme du peuple, qui ne voyoit pas qu'on ne disputoit que sur le choix des tyrans. Soliman, qui vouloit placer la couronne sur la tête du jeune Etienne, pour s'en emparer plus aisément, envoya à la reine un secours qu'elle ne demandoit pas; le siège fut levé, & Roccandolphe, général des Autrichiens, alla mourir de honte & de dépit, dans l'île de Comar.

Soliman demanda à voir le jeune prince. *Isabelle* qui sentoit que l'empereur, en paroissant combattre pour Etienne, n'avoit combattu que pour lui-même, craignit qu'il ne l'embrassât pour l'étouffer: elle le refusa; mais malgré ses alarmes, Etienne fut conduit au camp des Turcs, & delà envoyé avec sa mère, en Transilvanie, où elle devoit gouverner sous les yeux de George, & de Pierre Vichy. La reine partit, comblée d'honneurs & dépouillée de ses biens: grande dans l'adversité, sans faste comme sans foiblesse, n'affectant ni l'orgueil ni l'abattement ordinaire aux infortunés. George gagna les esprits & s'empara des finances. *Isabelle* se plaignit à Soliman, de ce qu'en lui donnant un coadjuteur, il lui avoit donné un maître, & que le rang qu'il lui laissoit n'étoit qu'une servitude déguisée sous un beau nom. L'empereur fit quelques reproches, le moine s'aigrit, traita secrètement avec Ferdinand, résolu de se rendre également redoutable au sultan & à l'archiduc, passant tour-à-tour d'un parti à l'autre: seul roi dans ce flux & reflux de cabales & de révolutions, préparant chaque jour à la reine de nouvelles disgraces, il espéroit la forcer enfin à suivre son goût pour la retraite, & règner seul sous le nom de son pupille. Nouvelles plaintes de la reine; nouvelles menaces de Soliman. Vichy marche contre George; la bataille se donne, & Vichy est vaincu. Nicolas Serpiette, l'un de ses généraux, échappé de la mêlée, va chercher un asyle dans son château. « Lâche, lui dit son épouse, je te revois & tu es » vaincu. Si l'on t'eût apporté devant moi, mort & » percé de coups honorables, je t'aurois bientôt rejoint

» dans la nuit du tombeau. J'aurois recueilli ton sang ; » j'aurois bu celui de nos ennemis, & je serois morte » de joie en baisant tes blessures. Tu pleures, malheu» reux, ah ! ce n'étoit pas des larmes, c'étoit ton sang » qu'il falloit répandre. Vas, fuis loin de moi, & sur» tout, garde-toi de dire que tu es mon époux ».

Par cette femme, on peut juger quels hommes George avoit à combattre, mais son génie applanit tous les obstacles. Toute cette guerre ne parut être qu'un jeu politique, dont *Isabelle* fut la victime. Soliman qui l'avoit secourue, se ligua avec George, dans le temps où ce même George s'unissoit avec Ferdinand. Seule, & de tant de biens ne conservant que sa vertu, sa gloire & son fils, *Isabelle* convoque une diète à Egnet : un reste de compassion pour elle y conduit la noblesse. Les conférences commencent, *Isabelle* parle avec force ; on la plaint, on va la secourir ; George paroît, & l'assemblée se dissipe. Dans une seconde diète à Colosward, la reine vaincue par l'amour de la paix, plus que par sa mauvaise fortune, ôte la couronne à son fils ; le moine eut l'audace de la lui demander. « La couronne de Hongrie à toi, misé» rable, s'écria la reine ; je l'ôterois de la tête de mon » fils pour la remettre à un moine ! je la rends à » Ferdinand, à qui mon époux l'a cédée ». Puis, s'adressant à son fils, qui étendoit ses bras pour retenir cette couronne : « Penses-tu, lui dit-elle, que ta mère » voulût t'arracher un bien qu'elle auroit pu te conser» ver par des moyens légitimes & glorieux. Délaissés » par nos amis, trahis par nos sujets, désarmés au » milieu d'un peuple rebelle, errants d'asyle en asyle, » trompés par Soliman, & pour comble d'ignominie, » insulté par un moine, l'appui, peut-être dangereux » de Ferdinand, est le seul qui nous reste. Il nous le » vend bien cher : il te prend un royaume, mon fils, » & ne te donne qu'une principauté. L'échange n'est » pas égal, il est vrai ; mais la vertu ne manque jamais » de couronnes, &, qui sait faire des heureux, trouve » toujours assez de sujets ». Ferdinand, possesseur d'une couronne si long-temps disputée, ne respecta plus la princesse ; il la laissa partir presque sans suite, dans un appareil conforme à son malheur. Elle s'acheminoit vers Cassovie, toujours prête à tomber entre les mains des Turcs, exposée aux injures de l'air, gravissant le long des rochers, elle parvint à travers mille périls, à la montagne qui sépare la Hongrie de la Transilvanie. Là, épuisée de fatigue, elle s'assit au pied d'un arbre, & grava ces mots sur son écorce :

Sic fata volunt . . . Isabella regina.

Soliman qui vit que sa proie lui étoit échappée, ne tarda pas à rallumer la guerre. Les Hongrois couroient aux armes ; & dans la Transilvanie, suivant un usage antique, un officier dans chaque ville, parcourut toutes les rues à cheval, tenant une lance & une épée ensanglantée, & criant à haute voix : *Peuple, l'ennemi commun vient contre nous, apprêtez par chaque maison un homme pour le salut général, & envoyez-le où le roi vous l'ordonne.* La guerre se fit avec différents succès. Vainqueurs dans une province, vaincus dans l'autre, prenant tour-à-tour & perdant des villes, les Autrichiens & les Turcs se massacrèrent long-temps sans fruit. On flottoit dans ces alternatives de triomphes & de défaites, lorsque George le moine fut assassiné par Castalde, général des troupes de Ferdinand. Tel fut le sort de ce tyran inconcevable pour son siècle, qui sut fasciner les yeux du peuple, jusqu'à paroître citoyen en subjuguant sa patrie, & bon sujet en dépouillant ses maîtres. Sa mort rendit à Isabelle une partie des trésors de son époux, que cet avare prélat avoit engloutis. Ferdinand assembla une diète à Torde, pour y délibérer sur les moyens de repousser les Turcs. Mais Soliman n'étoit pas le seul ennemi dont ce prince fût menacé. Le roi de Pologne, père d'*Isabelle*, s'apprêtoit à la rétablir dans ses états, si l'archiduc différoit à remplir les engagements qu'il avoit contractés avec elle. Il les éludoit avec beaucoup d'art. La reine lasse enfin de ses refus, prétendit être rentrée, par ces refus même, dans tous les droits de son fils, & que le traité qui les avoit annullés, devenoit nul à son tour, puisque Ferdinand avoit violé celui qu'il avoit conclu avec elle. Elle implora le secours de Soliman. Il l'avoit persécutée par politique, il la secourut dans les mêmes vues. Les Transilvaniens touchés des malheurs d'*Isabelle*, & sur-tout de son courage, prirent les armes en sa faveur. Mais les habitants de la haute Hongrie parurent constants dans leur soumission pour l'archiduc. Ce fut alors qu'*Isabelle* fit éclater tous les talents qu'elle avoit reçus de la nature. Elle négocia avec sagesse, parut à la tête de ses armées pour intimider ses sujets, & non pour les détruire, ne livra que des combats nécessaires, & pardonna toujours aux vaincus. Ferdinand, par la dureté du joug sous lequel il faisoit gémir ces peuples, servoit encore mieux son ennemie. C'est souvent l'effet de la tyrannie, de rendre à une nation la liberté qu'elle n'eût point regrettée sous un despotisme modéré. La révolte devint générale. Un cri unanime rappelloit *Isabelle* dans toutes les parties de ses états. Elle courut de conquêtes en conquêtes, de victoires en victoires, chassa les Autrichiens, humilia Ferdinand, combla de bienfaits ceux qui l'avoient secourue, les versa même sur ses persécuteurs, instruisit son fils dans l'art de la guerre, lui apprit à faire des heureux, à l'être lui-même, à compter peu sur les faveurs de la fortune, & moins encore sur l'amitié des hommes. (*M. DE SACY.*)

ISAGA, s. m. (*Hist. mod.*) officier du grand-seigneur ; c'est le chambellan. C'est lui qui porte les paroles secrettes du grand-seigneur à la sultane ; il commande aux pages de sa chambre & de sa garde-robe, & veille à tout ce qui concerne la personne du sultan (*A. R.*)

ISAIE, (*Hist. Sacrée*) le premier des quatre grands prophètes. Ses prophéties contiennent son histoire.

ISAMBART *ou* ISEMBART, (*Hist. de Fr.*) moine augustin du quinzième siècle. Nous nommerons cet homme, parce qu'étant un des juges de la Pucelle d'Orléans, d'Orléans, il fut touché de compassion & saisi d'horreur en voyant l'iniquité des autres juges ses confrères, & qu'il tâcha de sauver la Pucelle. *Voyez* l'article ARC, (Jeanne d').

ISAURE, (Clémence) (*Hist. Litt. mod.*) L'existence de Clémence *Isaure*, l'institutrice de l'Académie des Jeux-Floraux à Toulouse, a été long-temps un sujet de critique & de discussion parmi les savants.

On distingue trois temps dans l'histoire ancienne de cette Académie. Le premier est celui qui précéda l'année 1323. Cette Académie se nommoit alors le collége de la Gaie-Science, ou du Gai-Savoir, ou le collége de Poësie. Sept troubadours composoient ce collége; ils s'assembloient dans un verger, situé hors de l'enceinte de la ville de Toulouse; ils cultivoient la poësie, & donnoient des prix aux meilleurs poëtes.

La seconde époque s'étend depuis l'année 1323, jusques vers l'an 1500.

Il reste de ces deux temps plusieurs registres du collége de la Gaie-Science, un grand nombre de délibérations, d'ordonnances, de mandements, de comptes, &c. qui regardent cette compagnie. Personne, avant 1500, n'avoit parlé de Clémence *Isaure*; & comme on avoit toujours rapporté son existence à une époque plus ancienne, ce silence universel des écrivains antérieurs à 1500, est ce qui a fait révoquer en doute à quelques auteurs, l'existence de Clémence *Isaure*.

Le premier auteur connu qui ait parlé de cette femme célèbre, est Guillaume Benoît, jurisconsulte du quinzième siècle, né en 1455, conseiller au parlement de Toulouse en 1500, & qui mourut en 1520. Il parle expressément des jeux & des prix fondés par Clémence *Isaure*; il spécifie l'églantine, la violette & le souci doré.

En 1527, Etienne Dolet, fameux par ses talents & plus encore par sa fin déplorable (*Voyez* son article), fit, en vers latins, un Eloge de Clémence, sous ce titre : *De muliere quâdam quæ ludos litterarios Tolosæ constituit.*

En 1530, Jean Boissoné, professeur en droit à Toulouse, célébra en vers françois & latins, la fondation de Clémence.

En 1535, Jean Voulté; en 1538 & 1539, Pierre Trassebot; en 1549, Pierre de Saint-Anian; en 1550, Antoine Syphrien; en 1555, Pierre Borel; en 1559, Jean Bodin; en 1571, *Draudius*, dans sa bibliothéque classique; le président Berthier, dans le recueil de ses poësies latines, imprimé en 1580; M. de Thou, dans le journal de sa vie; Pierre du Faur, dans son *Agonisticon*, imprimé en 1592; Alexandre Bodius, poëte écossois, dans un recueil de poësies latines, imprimé la même année; Papire Masson, en 1594; Goudouli, dans ses poësies gasconnes, imprimées en 1609, ont tous célébré Clémence *Isaure* & sa fondation.

Catel est le premier qui, dans ses mémoires du Languedoc, imprimés en 1633, ait révoqué en doute l'existence d'*Isaure*; & ce doute étoit principalement fondé sur ce que quelques-uns des auteurs qui en avoient parlé, nommément M. de Thou, la plaçoient dans le 14e siècle, & qu'il étoit étonnant, d'après cette supposition, qu'aucun auteur n'eût parlé d'elle avant le seizième.

Les doutes proposés par Catel, n'ont arrêté ni du Boulay, dans son histoire latine de l'Université de Paris, imprimée en 1665, ni l'abbé Massieu, dans son histoire de la Poësie françoise, ni la foule des auteurs modernes qui ont parlé de Toulouse & des Jeux-Floraux.

Dom Vaissette, dans son histoire du Languedoc; & après lui M. Villaret, tome 8 de la nouvelle histoire de France, attestent aussi l'existence de Clémence *Isaure* & sa fondation; ils la placent vers la fin du 14e siècle ou au commencement du suivant, ce qui laisseroit subsister la difficulté : pourquoi, demandera-t-on toujours, ce silence de tous les auteurs sur son compte jusqu'au 16e siècle?

Il a paru en 1775, un mémoire, où, en convenant de la difficulté de fixer avec certitude le temps où a vécu Clémence *Isaure*, on conjecture, d'après différentes circonstances, qu'elle naquit vers le milieu du 15e siècle, & qu'elle mourut à la fin de ce même siècle ou au commencement du suivant, idée qui explique tout, & qui suffit pour dissiper les doutes proposés par Catel.

On achève dans ce mémoire, de prouver l'existence de Clémence *Isaure*, par les monuments publics consacrés à sa mémoire, & par les autres témoignages que fournissent les registres de l'hôtel-de-ville & ceux de l'Académie des Jeux-Floraux.

ISBOSETH, (*Hist. Sacr.*) fils de Saül. Abner son général, le quitta pour David son rival; peu de temps après *Isboseth* fut assassiné; les assassins croyoient avoir fait leur cour à David; ce prince les fit tuer, & rendit des honneurs à la mémoire d'*Isboseth*. L'histoire de celui-ci est rapportée au second livre des Rois, chapitres 3 & 4.

ISCARIOT ou ISCARIOTE. (*Voyez* JUDAS.)

ISDEGERDE. (*Voyez* l'article ABDAS.)

ISÉE (*Hist. anc.*) C'est le nom de deux orateurs grecs. Le premier est le plus célèbre. Il vivoit environ trois siècles & demi avant J. C. Il fut disciple de Lisias & maître de Démosthènes. (*Voyez* l'article DÉMOSTHÈNES.) L'impétuosité caractérisoit son éloquence. Juvénal a dit :

> *Sermo*
> *Promptus & Isæo torrentior.*

Il étoit de Chalcis dans l'isle d'Eubée, aujourd'hui l'île de Négrepont. Nous avons de lui dix harangues.

L'autre *Isée* vint à Rome vers l'an 97 de J. C. Pline le jeune en parle avec éloge dans ses lettres.

ISELIN, (Jacques-Christophe) (*Hist. Litt. mod.*) académicien honoraire étranger de l'Académie des Inscriptions & Belles-lettres de Paris, né à Basle le 12 juin 1681, professeur d'éloquence & d'histoire à Marbourg, puis à Bâle sa patrie, est auteur de beaucoup de dissertations savantes sur des sujets tant sacrés que profanes ; & de quelques poëmes latins. C'étoit un savant de distinction. Il aida beaucoup M. Lenfant (*Voyez* son article), dans son histoire du concile de Bâle, en lui fournissant des extraits des pièces originales concernant ce concile, qui se trouvent à Bâle ; il en a aussi procuré à la France des copies entières & très-authentiques, qui sont à la bibliothèque du Roi, & qui composent un corps de trente-trois vol. *in-fol.* C'est à la prière de M. le chancelier d'Aguesseau, qu'il rendit à la France ce grand service littéraire. L'historien de l'Académie des Inscriptions & Belles-Lettres, rapporte dans l'éloge de M. *Iselin*, deux faits assez remarquables.

Le Landgrave de Hesse l'avoit nommé à la chaire de Marbourg, quoiqu'étranger, quoique absent, & âgé seulement de vingt-trois ans. Avant qu'il arrivât, les professeurs de Marbourg, mécontents de cette préférence donnée à un étranger sur les savants du pays, essayèrent de faire changer le choix du prince ; ils trouvoient dans la lettre même que M. *Iselin* leur avoit écrite pour se féliciter d'être leur confrère, des expressions de la plus mauvaise latinité : le Landgrave se contenta de répondre froidement qu'on en jugeroit mieux, quand il seroit en plein exercice. Il arriva, fut présenté au prince, accompagné de ceux qui avoient tâché de le desservir. *Iselin* ne se doutoit de rien ; le Landgrave parla beaucoup de l'union qui devoit règner entr'eux. La conversation tourna ensuite sur la langue latine ; le Landgrave montra quelques scrupules sur des expressions qui lui échappoient, disoit-il, quelquefois & qu'il ne croyoit pas trop latines. *Iselin*, sans songer peut-être qu'il les eût employées, assura qu'elles étoient très-latines, & le prouva sur le champ par des passages de Ciceron, de Tite-Live, de Tacite, tandis que ses accusateurs s'entre-regardoient, dit l'historien, comme des conjurés qui se croyoient découverts ; le Landgrave s'amusa de leur inquiétude, sans en rien témoigner, & ce ne fut que long-temps après, qu'il révéla le secret de cette conversation à M. *Iselin*, lorsque cette confidence fut devenue sans inconvénient. Il avoit donné une grande & belle leçon non seulement aux détracteurs jaloux, qui profitent de l'absence pour répandre leur venin, mais encore aux princes & aux grands qui les écoutent, & qui se gardent bien de mettre l'accusé à portée de se défendre.

Quant à l'autre fait, l'historien le tenoit de M. le Marquis de Beretti-Landi, ambassadeur d'Espagne en Suisse. Ce ministre avoit demandé au magistrat de Bâle la destitution d'un maître de poste qu'il accusoit d'avoir retenu quelques paquets à son adresse ; & trouvant qu'on étoit un peu lent à le satisfaire, il fit enlever la malle du courier qui venoit de Francfort. C'étoit le temps de la foire ; tous les commerçants de Bâle furent dans la consternation. Les soupçons étant tombés sur le vrai coupable, on lui fit une députation à Lucerne, lieu de sa résidence, pour lui représenter les conséquences d'un pareil jeu. On avoit mis M. *Iselin* de la députation, parce que l'ambassadeur l'aimoit. L'ambassadeur répondit par des dénégations équivoques & mêlées de plaisanteries, qui ne faisoient que confirmer les soupçons sans rien éclaircir. M. *Iselin* lui parla en particulier, & n'en tira que cette plaisanterie : *vous me feriez sur le champ les cent plus beaux vers du monde, que ce seroit du latin perdu.* M. *Iselin*, qui aimoit les vers, & qui savoit que l'ambassadeur les aimoit, crut que peut-être il lui ouvroit une porte pour sortir de cette affaire : il fait sur le champ les cent vers & plus, & les envoie à l'ambassadeur. Le lendemain les députés, prêts à partir, viennent prendre congé de l'ambassadeur, qui leur parle toujours comme la veille ; il dit seulement à M. *Iselin*, qui le regardoit, dit l'historien, avec des yeux de poëte :

Carmina vel cœlo possunt deducere lunam.

Ce mot fut pour M. *Iselin*, qui en avoit seul l'intelligence, ce que la vue des peintures du temple de Junon à Carthage fut pour Enée :

Hoc primùm in luco nova res oblata timorem
Leniit : hîc primùm Æneas sperare salutem
Ausus & afflictis meliùs confidere rebus.

Mais ses confrères, qui n'étoient pas dans le secret, revenoient sans espérance, lorsqu'en passant dans un village, ils apprennent par des gens qu'ils rencontrent, qu'un cavalier qui alloit à toute bride, avoit laissé tomber le matin, à la pointe du jour, une petite malle, dont il seroit sans doute fort en peine : ils se la firent apporter ; c'étoit celle dont il s'agissoit. La chose alla jusqu'au roi d'Espagne, Philippe V, qui entra fort bien dans la plaisanterie, & qui approuva & les vers de M. *Iselin*, dont la dépêche du marquis de Beretti Landi contenoit copie, & la conduite de l'ambassadeur.

Observons à ce sujet qu'il est peu d'histoires qu'on ne gâte en voulant les embellir, sur-tout par le merveilleux. Le récit porte que le marquis de Beretti Landi demanda que les cent vers fussent faits en un quart d'heure, & qu'ils furent faits en un quart d'heure. Contentons-nous qu'ils aient été faits dans la journée ; un quart d'heure ne suffiroit pas pour en écrire la moitié. M. *Iselin* mourut le 13 avril 1737.

ISEMBURGE. (*Voyez* ci-dessus INGELBURGE ou INGERBURGE.)

ISIDORE. C'est le nom de plusieurs savants, honorés du titre de Saint.

1°. *Isidore* d'Aléxandrie, solitaire de la Thébaïde, surnommé l'*Hospitalier*, parce qu'il exerçoit l'hospitalité envers ceux que la curiosité ou le respect pour ces saints solitaires, attiroit dans les déserts de la Thébaïde. Il défendit contre les Ariens, la mémoire & les écrits de saint Athanase. Il mourut l'an 403, à Constantinople.

2°. St. *Isidore* de Peluse ou de Damiette, disciple de St. Chrysostome. Nous avons ses œuvres en grec & en latin, publiées en 1538, par André Schot. Mort en 1440.

3°. S. *Isidore* de Cordoue, évêque de cette ville, au cinquième siècle, connu sous le nom d'*Isidore* l'ancien, auteur de *commentaires sur les livres des Rois*.

4°. St. *Isidore* de Séville, dit le jeune, évêque de cette ville, au commencement du septiéme siècle, est le plus célèbre de tous; il mourut en 636. On a de lui une chronique depuis Adam jusqu'en 626, qui est de quelque usage pour l'histoire des Goths, des Vandales & des Suèves, vingt livres des *origines* ou *étymologies*, des traités des écrivains & des offices ecclésiastiques. Dom du Breuil, bénédictin, a donné une bonne édition des œuvres d'*Isidore* de Séville.

C'est ce saint *Isidore* de Séville qu'on a cru longtemps l'auteur de ces fausses décrétales qui ont abusé l'église d'Occident, & qui par l'autorité suprême qu'elles attribuoient au pape, ont peut-être plus contribué au grand schisme d'Orient que les vices de Photius, ou la question de la procession du St. Esprit. Leur véritable auteur est *Isidore Mercator*, *Peccator* ou *Piscator*; & ce fut sous le règne de Charlemagne & sous le pontificat d'Adrien I, vers la fin du huitiéme siècle, qu'on le vit paroître. Dans le sixiéme siècle, Denis le Petit avoit recueilli quelques décrétales des papes, mais seulement depuis saint Sirice, qui siégeoit vers la fin du quatriéme siècle. Denis n'avoit pu apparemment en trouver d'antérieures: les fausses décrétales, imaginées par Isidore Mercator dans le huitiéme siècle, remontent à saint Clément, l'un des premiers successeurs de saint Pierre, & continuent sous ses successeurs jusqu'à saint Sylvestre, vers le commencement du quatriéme siècle. Le faussaire avoit un dessein manifeste, qui a très-bien réussi, c'est celui d'étendre la puissance des papes par l'exemple & l'autorité des premiers & des plus saints pontifes. Ces décrétales représentent comme ordinaires les appellations à Rome, elles défendent de tenir aucun concile sans la permission du pape; en un mot, elles font du pape le monarque & le despote de toutes les églises. Riculphe, archevêque de Mayence, répandit en France cette collection si funeste à la discipline de l'église; la supposition fut à peine soupçonnée d'abord; l'autorité de ce recueil alla toujours en augmentant sur la foi du nom d'*Isidore* de Séville; on voit par les écrits du célèbre Hincmar, qu'il étoit dans cette erreur avec tout le neuviéme siècle. Le décret de Gratien cite les fausses décrétales comme un ouvrage authentique; elles ont passé pour vraies pendant huit cents ans, & n'ont été abandonnées que dans le dernier siècle, après que le savant Blondel eut mis dans tout leur jour, les caractères de fausseté qu'elles offrent par-tout, & alors le mal qu'elles avoient pu faire étoit consacré par le temps.

ISITES, subst. masc. pl. (*Hist. mod.*) nom d'une secte de la religion des Turcs, ainsi appellée de leur premier docteur qui se nommoit *Isamerdad*, qui a soutenu que l'alcoran de Mahomet a été créé, & n'est pas éternel, ce qui parmi les Musulmans passe pour une horrible impiété. Lorsqu'on leur objecte cet anathême de leur prophête, *que celui-là soit estimé infidèle, qui dit que l'alcoran a été créé*, ils se sauvent par cette distinction subtile, que Mahomet parle en cet endroit de l'original & non pas de la copie; qu'il est vrai que cet original est dans le ciel, écrit de la main de Dieu même, mais que l'alcoran de Mahomet n'est qu'une copie de cet original, d'après lequel elle a été transcrite dans le temps. On sent que par cette réponse ils mettent leurs adversaires dans la nécessité de prouver que l'alcoran est incréé, & cela doit être fort embarrassant pour eux. Ricaut, *de l'empire Ottoman*. (*A. R.*)

ISLE-ADAM. *Voyez* VILLIERS.

ISLAMISME, subst. masc. (*Histoire turque.*) *Islam* ou *islamisme*, est la même chose que le Musulmanisme ou le Mahométisme; car moslemin veut dire *les Musulmans*; c'est M. d'Herbelot qui a introduit ces mots dans notre langue, & ils méritoient d'être adoptés. *Islam* vient du verbe *Salama*, se résigner à la volonté de Dieu, & à ce que Mahomet a révélé de sa part, dont le contenu se trouve dans le livre nommé *Coran*, c'est-à-dire, le livre par excellence. Ce livre qui fourmille de contradictions, d'absurdités, & d'anachronismes, renferme presque tous les préceptes de l'*islamisme*, ou de la religion musulmane. Nous l'appellons *alcoran*. (*D. J.*)

ISMAEL I, *ou* SCHAH-ISMAEL, (*Hist. de Perse.*) étoit fils d'Eider qui le premier prit le titre de *schah*, qui signifie *roi*, quoiqu'il n'eût jamais été revêtu du pouvoir souverain, puisque les Turcs occupoient alors les plus belles provinces de la Perse. Il est vrai qu'il fut toujours à la tête d'une armée pour affranchir sa patrie de leur domination. Cet Eider laissa un fils nommé *Ismaël*, qu'il confia, en mourant, à un seigneur de la province de Xilan, en lui prédisant qu'il rétabliroit un jour la splendeur de l'empire Persan. *Ismaël* développa une raison prématurée & un courage héroïque qui furent le présage de sa grandeur future. Sensible à l'oppression de sa patrie, il envoya dans toutes les provinces des émissaires pour sonder les dispositions des peuples, leur annonçant qu'il étoit prêt à sacrifier sa vie pour les affranchir d'un joug étranger. Les Perses sortirent de leur abattement, vingt mille se rangèrent sous les drapeaux de leur libérateur, & dès qu'il parut en campagne, l'empressement fut si grand, qu'il se vit à la tête de trois cents mille combattans. La religion lui fournit des armes pour subjuguer les esprits. Les Turcs, regardés comme les corrupteurs de l'alcoran, devinrent l'objet de l'exécration des peuples, qui crurent servir Dieu contre les profanateurs de sa loi. Cette guerre sacrée donna des scènes d'héroïsme & de cruauté. *Ismaël* fut proclamé roi par le suffrage de sa nation. Tous les Turcs qui tombèrent entre ses mains ne rachetèrent leur vie que sous la promesse d'embrasser la religion des Perses. Trois provinces enlevées aux Turcs, qui les avoient usurpées, formèrent le nouvel empire, qui prit chaque année de nouveaux accroissements. *Ismaël*, après avoir assuré ses frontières contre les invasions des Turcs, porta la guerre du côté de l'Orient; il enleva au roi des Indes la forteresse de Candahar, qui devint le boulevard de ses états. Cette conquête fut suivie de la soumission d'une province voisine qui, sans attendre le sort des armes, le prévint par son obéissance. Il retourna chargé de gloire à Ispahan, pour s'y faire couronner. Cette cérémonie n'est pas aussi pompeuse en Orient que dans l'Europe. On met devant le prince un tapis d'or, les grands lui présentent la couronne qu'il baise trois fois au nom de Dieu, de Mahomet & d'Ali, il la remet au grand-maître du royaume, qui la lui pose sur la tête; ensuite tous les spectateurs crient *vive le roi*: chacun lui baise les pieds, lui fait des présents, & tout le jour se passe en jeux & en festins. Ce fut *Ismaël* qui fut l'instituteur de cette cérémonie. Dès que cette solemnité fut achevée, il tourna ses armes contre le roi de Géorgie, & après l'avoir vaincu, il lui donna la paix, à condition de payer un tribut annuel de trois cents balles de soie. Les Perses pendant cette guerre, essuyèrent de grandes fatigues; ils les supportèrent avec cette résignation qu'inspire le zèle d'une religion naissante. Son armée n'étoit qu'un assemblage de fanatiques qui défioient les périls & la mort pour être couronnés de la palme du martyre. *Ismaël* leur donnoit l'exemple de cet enthousiasme religieux; & on le regarde comme l'instituteur de la secte qui domine aujourd'hui dans la Perse. Quoiqu'il affectât beaucoup de respect pour tous les dogmes contenus dans l'alcoran, il ne se faisoit point de scrupule de boire du vin & de manger de la chair de porc; & même par dérision de l'aversion des Turcs pour cet animal, il en faisoit nourrir un dans sa cour, qu'il faisoit appeller *Bajazet*. Ce prince dévot & guerrier, mourut à Casvin à l'âge de quarante-cinq ans. (*T. N.*)

ISMAEL II, fils de Schah-Tamas, fut le quatrième roi de Perse, de la race des Sophis. Son frère aîné lui céda ses droits au trône pour vivre dans la retraite & l'austérité. Son père, qui avoit beaucoup de tendresse pour Eider, le plus jeune de ses fils, auroit bien voulu lui mettre la couronne sur la tête; mais les grands, à sa mort, la déférèrent à *Ismaël*, qui depuis plusieurs années, étoit détenu prisonnier dans une citadelle. Son exemple prouva que les princes nourris dans l'exil & la persécution, sont ordinairement cruels & sanguinaires. Il fit mourir son frère Eider, qui, pendant sa détention, s'étoit fait proclamer roi aussi-tôt après la mort de son père. Tous les parents de ce jeune prince furent enveloppés dans sa ruine. Ceux qui avoient conseillé à son père de le faire arrêter, périrent par le fer, ou le poison. Son inclination pour la secte des Turcs, le rendit encore plus odieux que ses cruautés. Il ne put se dissimuler combien il étoit abhorré. Il usa d'artifice pour connoître ses plus grands ennemis, en faisant courir le bruit de sa mort. Tous ceux qui eurent l'imprudence de décrier son gouvernement, expirèrent dans les tourments. Sa sœur craignant de tomber sous le glaive qui frappoit tant de citoyens, délivra la Perse de ce fléau: on ignore quel fut le genre de sa mort; on soupçonna qu'il avoit été empoisonné. Il mourut le 24 Novembre 1577. (*T. N.*)

ISMAEL III, fils de Mahomet Chodabende, fut le sixième roi de la race des Sophis. Il monta sur le trône par un fratricide. Le droit d'aînesse avoit placé sur le trône son frère Hemse, il l'en fit descendre par la faction de plusieurs grands qui conjurèrent la mort de leur maître. Des assassins habillés en femmes & voilés comme elles, s'introduisirent dans le serail, & massacrèrent le monarque. Ce crime ne resta point impuni. Abbas, qui dans la suite mérita le nom de *Grand*, frère d'*Ismaël* & du prince assassiné, craignit d'être la victime d'un ambitieux qui avoit outragé la nature; mais comme il ne pouvoit opposer une armée à celle de son frère, il corrompit un des valets de chambre d'*Ismaël*, qui lui coupa la gorge dans le temps qu'il lui faisoit la barbe. Il n'avoit régné que huit mois. (*T. N.*)

ISOCRATE, (*Hist. Litt. anc.*) Cet orateur naquit à Athènes dans la première année de la quatre-vingt-sixième olympiade, cinq cents ans avant la guerre du Péloponnèse, quatre cents trente-six ans avant l'ère chrétienne. La foiblesse de sa voix & une timidité insurmontable ne lui permirent jamais de monter dans la tribune & de parler en public; mais il ouvrit une école d'éloquence, où il forma des disciples par ses leçons & par des discours qu'il composoit sur différentes matières.

Il poussa fort loin sa carrière sans éprouver aucune de ces incommodités qui sont presque inséparables du grand âge. Cicéron cite la vieillesse d'*Isocrate* comme un exemple de ces vieillesses douces & agréables que procure ordinairement une vie tranquille, sage & bien réglée, & dont il eût pu être lui-même un exemple sans le glaive d'Antoine. *Isocrate* mourut dans la quatre-vingt-dix-neuvième année de son âge, n'ayant pu survivre au désastre de Chéronée. Il s'obstina depuis la nouvelle de cette bataille, à ne prendre aucune nourriture; &, citoyen sensible, il mourut pour la patrie, n'ayant pu combattre pour elle.

M. l'abbé Auger, de l'Académie des Belles-Lettres, a donné une bonne édition & une traduction des œuvres complettes d'*Isocrate*; il a aussi donné un recueil de pensées morales d'*Isocrate*, extraites de ses œuvres.

ISSACHAR, (*Hist. sacr.*) Un des fils de Jacob & de Lia. C'est de lui qu'il est dit dans la prophétie de Jacob mourant (Génése, chapitre 49, vers. 14 & 15) « *Issachar*, comme un âne fort & dur au travail, se » tient dans les bornes de son partage; & voyant que » le repos est bon & que sa terre est excellente, il a » baissé l'épaule sous les fardeaux, & il s'est assujetti » à payer les tributs.

ISTAMBOL, (*Hist. mod.*) nom que les Turcs donnent à la ville de Constantinople. C'est une corruption du grec εἰς τὴν πόλιν. Cependant le sultan date ses ordonnances de Constantanie. *Voyez* CANTEMIR, *Hist. Ottomane.* (*A. R.*)

ISUREN, s. m. (*Idolat. mod.*) nom d'une des trois principales divinités auxquelles les Indiens idolâtres attribuent le gouvernement de l'univers; les deux autres sont Bramha, qu'ils prennent pour le créateur du monde, & Wisnou.

Les Indiens adorent *Isuren* sous une figure obscène & monstrueuse qu'ils exposent dans les temples, &

qu'ils portent en procession. Lorsque cette divinité ne paroît pas dans les temples sous la forme infâme du Lingam, mais sous celle d'un homme, elle est représentée comme ayant un troisiéme œil au milieu du front. On lui donne deux femmes, l'une qui est peinte en verd, & l'autre en rouge; avec une queue de poisson. Les adorateurs de ces idoles se frottent le visage & quelques autres parties du corps, d'une cendre faite de fiente de vache, à laquelle ils attachent une grande idée de sainteté.

La secte d'*Isuren* passe pour la plus étendue qu'il y ait dans les Indes, elle est même subdivisée en plusieurs sectes, dont les unes n'adorent que le seul *Isuren*, d'autres ses femmes, d'autres ses enfants, d'autres enfin joignent à leurs adorations toute la famille & les domestiques. *Voyez l'histoire du christianisme des Indes*, par M. de la Croze, où vous trouverez des particularités que je passe sous silence. (*D. J.*)

IT, s. m. (*Hist. mod.*) c'est le nom que les Iguréens donnent à l'onziéme géagh de leur cycle duodenaire; il signifie *chien*, & désigne encore l'onziéme heure du jour, & l'onziéme de leurs signes célestes. *Bibliothèque orient.* & *Dict. de Trév.* (*A. R.*)

ITIGUE *ou* ITEGUE, s. f. (*Hist. mod.*) C'est le titre que l'on donne en Ethiopie ou en Abissinie, à celle que le Negus ou empereur a choisie pour épouse. Ce titre répond à celui de reine ou d'impératrice. Elles sont choisies parmi les filles des grands du royaume. Aussi-tôt que le souverain a jetté les yeux sur celle qu'il veut honorer de sa couche, on l'ôte à ses parents, & on la met dans la maison de quelques-uns des princes du sang royal. Là, l'empereur lui rend visite, pour s'assurer par lui-même de ses qualités. S'il est content de cet examen, il la conduit à l'église, où elle assiste avec lui à l'office divin, & reçoit la communion; après quoi il la mène à sa tente, où l'abuna ou patriarche des Abissins, donne aux époux la bénédiction nuptiale. L'épouse n'est point encore pour cela déclarée reine: elle demeure dans une tente séparée, jusqu'à ce qu'il plaise à son époux de procéder à la cérémonie de son installation. Alors on assemble les grands de la cour, l'épouse est admise dans la tente du souverain, & un de ses aumoniers déclare au peuple que l'*empereur a créé son esclave reine*. Alors elle prend le titre d'*itegue* ou d'*éthie*, que quelques auteurs rendent par celui d'*altesse*. (*A. R.*)

IVES *ou* YVES DE CHARTRES, (*Hist. ecclés.*) fait évêque de cette ville en 1092. Mort le 21 décembre 1115. Prélat célèbre dans l'église de France, sous les règnes de Philippe Ier & de Louis-le-Gros. Il est mis dans l'opinion publique, au nombre des défenseurs des libertés de l'église gallicane. On a le recueil de ses œuvres; elles sont utiles pour faire connoître l'esprit & les mœurs du temps; ses épîtres sur-tout sont célèbres & souvent citées.

IVETEAUX, (DES) *Voyez* VAUQUELIN.

IWAN. (C'est, en Russie, le même nom que *Jean*) & plusieurs Czars ou princes désignés pour l'être, ont porté ce nom. *Voyez* la destinée du dernier (IWAN DE BRUNSWICK-BEWERN) à l'article ANNE IWANOWNA & ANNE DE MECKLEMBOURG.

JAA-BACHI, f. m. (*Hist. mod.*) capitaine de gens de pied chez les Turcs. C'est aussi un officier des janissaires, chargé de lever les enfants de tribut. Il est accompagné dans ses fonctions, d'un écrivain ou secrétaire qui tient le rôle des provinces, des lieux, & du nombre d'enfants qui doivent être fournis. (*A. R.*)

JABARIS *ou* GIABARIS, (*Hist. mod.*) sectaires mahométans qui, selon Ricaut, soutiennent que l'homme n'a aucun pouvoir, ni sur sa volonté, ni sur ses actions, mais qu'il est absolument conduit par un agent supérieur, & que Dieu, exerçant une puissance absolue sur ses créatures, les destine à être heureuses ou malheureuses, selon qu'il le trouve à propos. Quand il s'agit d'expliquer cette opinion, ils disent que l'homme est tellement forcé & nécessité à faire tout ce qu'il fait, que la liberté de faire bien ou de faire mal ne dépend pas de lui; mais que Dieu produit en lui ses actions, comme il fait dans les créatures inanimées & dans les plantes, le principe de leur vie & de leur être. Cette doctrine de la prédestination est universellement reçue en Turquie, & dans la plûpart des pays mahométans. (†)

JABAYAHITE, f. m. (*Hist. mod.*) nom de secte parmi les Musulmans, qui, suivant Ricaut, enseignent que la science de Dieu ne s'étend point à toutes choses; que le temps & l'expérience lui ont appris plusieurs choses qu'il ignoroit auparavant. Dieu, disent-ils, n'ayant point eu de toute éternité, une connoissance exacte de tous les évènements particuliers qui doivent arriver dans le monde, il est obligé de le gouverner selon les occurrences. *Diction. de Trév.* (*A. R.*)

JABIN, (*Hist. Sacr.*) L'écriture parle de deux rois de ce nom, tous deux rois d'Asor. Le premier fut défait & tué par Josué, (Josué, chap. 11.) Le second fut vaincu par Barac, (Juges, chap. 4.)

> L'orgueilleux Jabin succombe
> Sous le fils d'Abinoë.

Sa ville d'Asor fut détruite alors pour la seconde & dernière fois.

JABLONOWSKI, (STANISLAS) (*Hist. de Polog.*) palatin de Russie, brave soldat, habile général, profond négociateur; on disoit de lui: « Est-il plus grand » dans le sénat que dans l'armée! » Il s'étoit attaché à la fortune & à la gloire de Jean Sobieski, & s'il n'avoit pas eu ce héros pour concurrent, il eût été en Pologne, l'homme le plus célèbre de son siècle: il contribua beaucoup au succès de la bataille de Choczin, l'an 1667; c'étoit lui qui conduisoit le centre de l'armée Polonoise; la gloire de Sobieski enflammoit son émulation sans piquer sa jalousie: ce fut lui qui dans la diète d'élection, l'an 1674, réunit les suffrages en faveur de ce grand homme, & pour mettre la dernière main à son ouvrage, appaisa les troubles que cette élection avoit fait naître: il fut le compagnon des travaux militaires de ce prince, & ce fut sur lui que Sobieski se reposa du commandement de l'armée, lorsque ses infirmités ne lui permirent plus de marcher en personne contre les ennemis de l'état; il battit les Turcs & les Tartares en plusieurs rencontres, sauva Léopold, courut les plus grands dangers, & parut aussi grand dans ses retraites que dans ses victoires. Sobieski avoit plus de talents; *Jablonowski* avoit moins de défauts; & peut-être que si la fortune l'avoit mis à la place de Sobieski, il l'auroit égalé. La nature & l'éducation donnent le mérite, mais ce sont les circonstances qui le font connoître. (*M. DE SACY.*)

JABLONSKI, (Daniel-Ernest & Paul-Ernest) (*Hist. Litt. mod.*) deux savants polonois, sans doute parents, qui ont vécu dans ce siècle; le premier, né à Dantzick le 20 novembre 1660, mort le 26 mai 1741, combattit fortement l'athéisme & le déisme, & travailla constamment à la réunion des différentes églises réformées avec les Luthériens.

L'autre, pasteur de Francfort sur l'Oder, mort en 1757, est très-connu par son *Pantheon Ægyptiacum*, & par tout ce qu'il a écrit d'ailleurs sur la table isiaque, sur les dieux, & en général sur la religion des Egyptiens, sur l'ancien pays de Gessen, &c.

JACATET, f. m. (*Hist. mod.*) sixième mois de l'année des Ethiopiens & des Coptes. Il répond à notre février. On l'appelle aussi *Jachathtih* & *Jacatrih*, & non *Lécatrih*, comme on lit dans Kircker. (*A.R.*)

JACOB, (*Hist. Sacr.*) patriarche célèbre, fils d'Isaac & de Rebecca, & dont les enfants ont été les chefs des Tribus d'Israël. Son histoire est rapportée dans la Génèse depuis le chapitre 25 jusqu'à la fin.

JACOBITE, f. m. (*Hist. d'Angl.*) c'est ainsi qu'on nomma dans la grande Bretagne, les partisans de Jacques II, qui soutenoient le dogme de l'obéissance passive, ou pour mieux m'exprimer en d'autres termes, de l'obéissance sans bornes. Mais la plûpart des membres du parlement & de l'église anglicane, pensèrent que tous les Anglois étoient tenus de s'opposer au roi, dès qu'il voudroit changer la constitution du gouvernement; ceux donc qui persistèrent dans le sentiment opposé, formèrent avec les Catholiques, le parti des *Jacobites*.

Depuis, on a encore appellé *Jacobites*, ceux qui croient que la succession du trône d'Angleterre ne devoit pas être dévolue à la maison d'Hanovre; ce qui est une erreur née de l'ignorance de la constitution du royaume.

On peut faire actuellement aux *Jacobites*, soit qu'ils prêtent serment, ou n'en prêtent point, une objection particulière, qu'on ne pouvoit pas faire à ceux qui étoient ennemis du roi régnant, dans le temps des factions d'Yorck & de Lancastre. Par exemple, un homme pouvoit être contre le prince, sans être contre la constitution de son pays. Elle transportoit alors la couronne par droit héréditaire dans la même famille ; & celui qui suivoit le parti d'Yorck, ou celui qui tenoit le parti de Lancastre, pouvoit prétendre, & je ne doute pas qu'il ne prétendît, que le droit fût de son côté. Aujourd'hui les descendants du duc d'Yorck sont exclus de leurs prétentions à la couronne par les loix, de l'aveu même de ceux qui reconnoissent la légitimité de leur naissance. Partant, chaque *Jacobite* actuellement est rebelle à la constitution sous laquelle il est né, aussi bien qu'au prince qui est sur le trône. La loi de son pays a établi le droit de succession d'une nouvelle famille ; il s'oppose à cette loi, & soutient sur sa propre autorité, un droit contradictoire, un droit que la constitution du royaume a cru devoir nécessairement éteindre. (*D. J.*)

JACQUELOT, (Isaac) (*Hist. Litt. mod.*) françois réfugié, ministre célèbre, connu par ses écrits contre Bayle & contre Jurieu, par des dissertations sur l'existence de Dieu, &c. homme doux, vertueux & sçavant. Né en 1647, mort en 1708.

JACQUERIE, (LA) s. f. (*Hist. de Fr.*) sobriquet qu'on s'avisa de donner à une révolte de paysans, qui maltraités, rançonnés, desolés par la noblesse, se soulevèrent à la fin en 1356. dans le tems que le roi Jean étoit en Angleterre. Le soulèvement commença dans le Beauvoisis, & eut pour chef un nommé Caillet. On appella cette révolte la *jacquerie*, parce que les gentilshommes non contens de vexer ces malheureux laboureurs, se moquoient encore d'eux, disant qu'il falloit que *Jacque-bonhomme* fît les frais de leurs dépenses. Les paysans réduits à l'extrémité, s'armèrent; la noblesse de Picardie, d'Artois, & de Brie, éprouva les effets de leur vengeance, de leur fureur, & de leur désespoir. Cependant au bout de quelques semaines, ils furent détruits en partie par le dauphin, & en partie par Charles-le-Mauvais, roi de Navarre, qui prit Caillet, auquel on trancha la tête; & tout le reste se dissipa. Mais s'ils eussent été victorieux ? (*D. J.*)

JACQUES I, roi d'Angleterre & d'Irlande (*Hist. d'Anglet.*) fils de Marie Stuart, né en 1566, régnoit sur l'Écosse, lorsqu'il fut nommé par la reine Elisabeth pour être son successeur. Il persécuta les Catholiques, & quelques Catholiques tramèrent contre lui & le parlement, la fameuse conspiration des poudres, qu'on découvrit assez à temps pour en empêcher l'effet. Il méconnut les bornes de son autorité; & en voulant lui donner trop d'éclat & une étendue illimitée, il excita le parlement à la restreindre autant qu'il put, & à veiller d'une manière particulière à la conservation des privilèges & de la liberté de la Nation : ce peuple jaloux sentit son amour pour le monarque se refroidir à mesure que le monarque vouloit s'en faire craindre. Théologien jusqu'au pédantisme, il préféra le plaisir de la controverse & des vaines discussions aux plus importantes affaires : enflé de son érudition, il étoit soupçonneux & jaloux du mérite qu'il n'avoit pas, il le haïssoit dans les autres : livré à ses favoris & à tous ceux qui flattoient ses fantaisies & ses passions, il acheva de s'aliéner le cœur de ses sujets par ses profusions inconsidérées, son indolence coupable qui mit l'état à la merci d'hommes indignes d'approcher du trône, par ses inconséquences, sa foiblesse & son orgueil. En même temps qu'il affectoit le despotisme le plus arbitraire, il n'avoit pas la force de rien tenter de relatif à ses desseins, & l'on eût dit qu'il ne formoit des vœux bizarres que pour se préparer la honte de céder au moindre obstacle. Plus indolent que pacifique, plus foible que bon, fier & lâche, politique malhabile, *Jacques I* sembla n'être monté sur le trône d'Angleterre que pour laisser à son malheureux fils, une succession funeste, la haine de ses peuples, l'indignation du parlement, & un royaume en proie aux flammes d'une guerre civile. Il mourut en 1625, après un règne de vingt-deux ans. (*A. R.*)

JACQUES II, fils de Charles Ier, naquit à Londres en 1633, & fut proclamé duc d'Yorck à l'âge de dix ans. Obligé de s'expatrier pour sauver ses jours, lorsque son père infortuné expiroit sur un échafaud, il rentra en Angleterre au rétablissement de Charles II son frère, & à sa mort il monta sur le trône, en 1685, sinon avec acclamation, au moins sans obstacle & sans concurrents. Son règne fut court. Son zèle pour le catholicisme, qui avoit déjà indisposé les esprits contre lui, du vivant de son frère, le porta, lorsqu'il fut roi, à plusieurs actions imprudentes, telles que la révocation du serment du test ; une distinction trop marquée pour les sujets de sa religion, à qui il prodigua toutes les charges à l'exclusion des autres; une ambassade solemnelle au pape; la demande d'un nonce, qui fit son entrée publique à Londres. Les Anglois alarmés, craignirent qu'il ne détruisît le protestantisme, auquel ils étoient plus attachés qu'à leur roi; ils invitèrent le prince d'Orange, Guillaume de Nassau, stathouder de Hollande, & gendre de *Jacques*, à venir les délivrer de la domination d'un roi catholique. Guillaume passa en Angleterre, & *Jacques* alla chercher un asyle en France, mais sans renoncer à l'espérance de remonter sur le trône. L'Irlande lui étoit restée fidelle. Le comte Tyrconnel y avoit une armée de trente mille hommes à ses ordres. Louis XIV lui donna une flotte & des troupes. *Jacques* passa en Irlande; mais ayant été défait par l'armée de Guillaume à la bataille de la Boine, en 1690, il perdit tout espoir de recouvrer son royaume, revint en France, & passa le reste de ses jours à Saint-Germain, vivant des bienfaits de Louis XIV, & d'une pension de trois mille livres sterlings que lui faisoit Marie, reine d'Angleterre, sa fille. Il mourut en 1701, à soixante-huit ans (le 16 septembre) (*A. R.*)

JACQUES *ou* JAYME I, roi d'Aragon, (*Histoire*

d'Espagne.) Conquérir des royaumes, réunir de nouvelles provinces aux états de ses ayeux, porter le fer & la flamme, le ravage & la mort dans des régions éloignées; dévaster des riches contrées, y répandre la terreur & la consternation, c'est acquérir des droits à la célébrité. *Jacques I*, roi d'Aragon, se rendit très-illustre par les armes; ce ne furent pourtant pas ses brillantes conquêtes qui lui assurèrent les titres les plus incontestables à l'admiration de ses contemporains, & à l'estime de la postérité: ce fut sa grandeur d'ame, & ce désintéressement, plus rare encore, qui le porta à renoncer à un trône sur lequel il avoit les droits les plus sacrés, les plus incontestables; sacrifices d'autant plus généreux, que rien alors ne résistoit à la force de ses armes: aussi cette action noble, grande, sublime, le fit-elle regarder comme un héros dans le sens le plus rigoureux. Ce héros, cependant, se signaloit aussi par des actes d'injustice, d'usurpation, de violence qui eussent fait rougir l'homme le moins jaloux de sa réputation, & dans le temps qu'il renonçoit à un royaume qui lui appartenoit, il en usurpoit un autre par la violence, & contre la foi des traités. Qu'étoit-ce donc que ce *Jacques I*? un souverain ambitieux, enflammé du desir de remplir l'Europe & la terre du bruit de ses actions guerrières & héroïques; il réussit: on s'occupa beaucoup de lui. Mais depuis le treizième siècle, combien peu de personnes y a-t-il qui connoissent l'existence du roi *Jacques I*? Au reste, ce n'est pas que ce prince ne réunît à la plus éclatante valeur, des talents supérieurs & quelques vertus: il fut d'ailleurs excellent politique, habile négociateur; & toutefois, malgré tant de brillantes qualités, son nom à peine s'est sauvé de l'oubli. Si les rois conquérants savoient combien peu, lorsqu'ils ne seront plus, on s'occupera d'eux, leur amour-propre seroit cruellement humilié! *Jayme* pourtant, mérite qu'on lui donne quelques lignes. Il étoit fils de don Pedre II, roi d'Aragon, & de dona Marie, fille unique du comte de Montpellier, & il naquit le premier février 1207. Il n'avoit pas encore sept ans, lorsque la mort de son père, tué à la bataille de Muret en 1213, fit passer sur sa tête la couronne d'Aragon: mais ce ne fut qu'après bien des troubles suscités par ses oncles, qui vouloient lui ravir le sceptre, que les grands du royaume attachés au sang de leurs souverains, parvinrent à le faire reconnoître pour roi, & formèrent un conseil de régence, à la tête duquel ils mirent don Sanche, comte de Roussillon, son grand-oncle, & celui-là même qui avoit fait les plus grands efforts pour s'asseoir sur le trône. On s'apperçut bientôt de l'imprudence qu'on avoit eue de confier le royaume & le prince à un tel homme, & on prit des mesures pour réprimer son ambition; mais elles furent inutiles: Sanche leva des troupes, fit plusieurs tentatives pour s'emparer de la couronne, ne réussit pas; mais causa tant de mal, & menaça l'état d'un tel bouleversement, que les états assemblés crurent ne pouvoir mieux faire que d'acheter, de lui, la paix à prix d'argent: il se fit accorder des revenus considérables, & à cette condition, il consentit à rendre hommage au petit-neveu. Cet orage calmé ne rendit pas encore la tranquillité au royaume, dévasté dans toutes ses parties par la licence des seigneurs, armés les uns contre les autres, quand ils ne l'étoient pas pour opprimer leurs vassaux & usurper leurs possessions. Ces violences n'étoient pas les seules qui déchirassent l'Aragon, encore plus ravagé par les armes des rebelles, qui, sous prétexte du bien public, excitoient des soulevements, opprimoient les citoyens & bravoient audacieusement l'autorité royale. *Jayme*, quoiqu'il n'eût que douze ans, fut si sensible à ces excès d'insolence, qu'il se mit, quelques efforts que l'on fît pour l'en détourner, à la tête de ses troupes, marcha contre les révoltés, les réduisit; obligea les seigneurs à terminer leurs querelles, leur défendit les voies de fait, s'empara des places fortes des plus obstinés, & fit l'essai heureux de son autorité. Encouragé par les avantages qu'il venoit de remporter, il crut que le moyen le plus sûr d'affermir sa puissance étoit de s'assurer de l'appui du plus formidable des souverains d'Espagne; & dans cette vue, il fit demander en mariage l'infante dona Eléonore, sœur de dona Berangère, reine de Castille; sa demande fut accueillie: le mariage fut célébré, & le roi n'ayant alors que treize années, resta un an sans avoir commerce avec sa jeune épouse, parce qu'il n'étoit point encore en âge: si cependant il n'étoit point assez âgé pour se conduire en époux, il l'étoit assez pour gouverner; mais auparavant il lui restoit quelques obstacles à applanir, & il n'en imposoit pas assez pour se faire obéir de tous les grands. Le plus turbulent d'entr'eux étoit l'infant don Ferdinand, abbé de Monte-Aragon, qui voulant à toute force gouverner le royaume, se ligua avec quelques seigneurs, s'assura de la personne du roi & de la reine, sous prétexte que les flatteurs & les favoris les perdroient, s'empara du gouvernement, & abusa autant qu'il étoit en lui, de l'autorité usurpée. *Jayme* souffroit impatiemment sa captivité, n'osoit pourtant se plaindre hautement de don Ferdinand son oncle, qui lui marquoit les plus grands égards, & il dissimula pendant un an. Alors paroissant tout accoutumé à sa situation, & feignant de ne prendre aucun intérêt au gouvernement, il proposa aux seigneurs qui le gardoient, d'aller à Tortose, ils y consentirent; mais pendant le voyage il leur échappa, & se rendit à Tervel, d'où il envoya ordre à toute la noblesse de venir le joindre pour l'accompagner dans une expédition contre les Maures. Cette expédition réussit; il tourna ses armes contre l'infant don Ferdinand, & il réussit encore. Sa valeur & sa conduite lui ramenèrent la plûpart des seigneurs rebelles; ils se soumirent, & les villes fatiguées enfin de se soulever pour des factieux qui les fouloient, se soumirent aussi: mais le feu des dissensions n'étant pas totalement éteint, & quelques grands étant assez puissants pour susciter de nouveaux troubles, *Jayme I*, dans la vue d'étouffer toute semence de division, proposa de terminer tous les différends par la voie de l'arbitrage, & de s'en rapporter à la décision de l'archevêque de Tarragone, de l'évêque de Lerida & du grand-maître des Templiers. Sa proposition fut acceptée; les arbitres mirent fin aux dissensions, & prévinrent par leur décision, tout sujet de brouillerie. Le roi fut si content du succès de ce moyen, qu'il ne manqua point dans la suite à l'employer dans toutes les affaires épineuses, & il eut toujours lieu de s'en applaudir. Il avoit vingt ans alors, & depuis quelque temps il méditoit la conquête du royaume de Majorque, occupé par les Maures : il fit part de son projet aux états, qui l'approuvèrent & l'engagèrent à l'exécuter : mais il avoit un autre dessein qui l'occupoit, encore plus que le desir de conquérir Majorque; il vouloit, ou du moins quelques historiens assurent qu'il vouloit se défaire de la reine son épouse, dont il étoit fort dégoûté. Aussi le cardinal évêque de Sabine, légat du pape, étant informé que le roi & la reine étoient parents au quatriéme degré, se plaignit, & prétendit que leur mariage étoit nul : *Jayme* eut de grands scrupules, & parut fort agité. La reine dona Berengère consentit que cette affaire fût examinée par un concile; il s'en assembla un à Tarragone, & les pères du concile déclarèrent le mariage nul; mais comme il faut être conséquent dans ses décisions, ils déclarèrent en même temps que don Alphonse, né de ce mariage nul & proscrit, étoit & devoit être légitime & l'héritier de la couronne. Il faut avouer que les pères du concile de Tarragone raisonnoient avec une étonnante sagacité, & qu'ils jugeoient bien sainement. Quoi qu'il en soit, *Jayme* fut très-soumis à leur décision, renvoya son épouse, & ne songea plus qu'à l'expédition de Majorque, dont il s'empara malgré la résistance des Maures & la valeur du roi de cette île, qui fut fait prisonnier. Le roi de Valence ayant fait depuis peu une trève avec l'Aragon, refusa de secourir celui de Majorque; & ses sujets le soupçonnant d'être secrètement chrétien, l'obligèrent de sortir, ainsi que son fils, de Valence; & quoiqu'il pût compter encore sur la fidélité de quelques villes, il se retira en Aragon avec son fils : *Jayme* leur fit un accueil distingué, leur assigna des revenus considérables, & conçut le dessein de s'emparer aussi de Valence, comme il s'étoit rendu maître de Majorque. Peu de monarques ont été aussi heureux que *Jayme*; il eût pu se dispenser de conquérir; la fortune prenoit soin d'accroître sa puissance, & de lui donner des états. Don Sanche, roi de Navarre, vieux, sans enfants, & irrité contre son neveu Thibaut, comte de Champagne, adopta le roi d'Aragon, & le fit reconnoître par les grands pour son successeur; mais les acquisitions de ce genre ne flattoient pas *Jayme I*, & il aimoit mieux conquérir une ville, que de recevoir, à titre de donation, une monarchie entière. Il ne s'étoit point proposé d'envahir la Navarre, & il fut peu sensible au don que Sanche lui en fit; il avoit formé le projet de se rendre maître du royaume de Valence, & le pape Grégoire IX lui accorda une croisade pour cette expédition; il ne négligea rien pour en assurer le succès, & déjà il avoit commencé les hostilités, lorsque le roi don Sanche mourut; les grands de Navarre, qui n'avoient que forcément adhéré aux volontés de leur souverain, crurent & délibérèrent qu'il étoit de l'intérêt de l'état de mettre sur le trône le comte de Champagne, & de protester contre le serment qu'ils avoient fait de reconnoître le roi d'Aragon, qu'ils prièrent même de vouloir bien les dispenser de tenir un engagement qu'ils n'avoient pris que malgré eux & par obéissance aux volontés de don Sanche. Les grands de Navarre connoissoient sans doute la grandeur d'ame & les sentiments héroïques de *Jayme* quand ils lui firent cette demande singulière, & qui eût irrité tout autre souverain. Leurs espérances ne furent point trompées; &, par le plus rare désintéressement, le roi d'Aragon renonçant à ses droits sur ce trône, consentit qu'on y fît monter le comte de Champage; & sans attendre les remerciments de Thibaut & des Navarrois pour ce généreux sacrifice, il ne s'occupa qu'à étendre ses conquêtes & sa domination dans le royaume de Valence. Ce fut pendant le cours de cette expédition, que Grégoire IX, rempli d'estime & d'admiration pour *Jayme*, auquel d'ailleurs il venoit d'être redevable de l'établissement de l'inquisition dans les états d'Aragon, lui proposa d'épouser dona Yolande, fille d'André, roi de Hongrie : *Jayme* y consentit; & quelques mois après, couvert de lauriers qu'il avoit moissonnés dans l'île d'Ivica, dont il avoit fait la conquête, il se rendit à Barcelonne, où son mariage avec dona Yolande fut célébré. Sa nouvelle épouse ne put le retenir auprès d'elle que peu de jours; une passion plus impérieuse, le desir de la gloire, le ramena sous les murs de Valence, qui, malgré la résistance de Zaën, qui en étoit souverain, fut contrainte de capituler & de se rendre aux conditions que Zaën & ses sujets sortiroient librement de cette capitale, avec tout ce qu'ils pourroient emporter sur eux, & qu'ils lui livreroient tous les châteaux & toutes les forteresses qui étoient au-delà de la rivière de Xucar. Cette condition fut exactement remplie; les Maures, précédés de leur roi, sortirent de Valence, au nombre de cinquante mille; *Jayme* leur accorda une trève de sept ans, & entra en triomphe dans Valence, qui fut bientôt repeuplée de chrétiens. De cette ville conquise, *Jayme* partit pour Montpellier, où sa présence étoit d'autant plus nécessaire, que les habitants soulevés contre le gouverneur, menaçoient de ne plus reconnoître le roi d'Aragon pour leur comte. Pendant son absence, ses généraux, violant sans pudeur la trève qu'il avoit accordée à Zaën, se jettèrent avec fureur sur les mahométans de Valence, & s'emparèrent de plusieurs forteresses. *Jayme* eût dû punir exemplairement une infidélité aussi manifeste, & qui blessoit la foi publique avec tant d'indignité. Les Maures qui comptoient sur son intégrité, attendirent son retour, & aussi-tôt qu'il fut rentré dans ses états, ils lui demandèrent justice; mais à leur grand étonnement, *Jayme* au lieu de punir ses généraux, approuva la violence de leur conduite, l'excita lui-même; & sans respecter l'équité ni l'honneur, abusant de sa supériorité, il s'empara de presque tout le royaume de Valence. L'ancien & criminel usage où sont les souverains d'agir comme *Jayme*, lorsqu'ils sont les plus forts, excuse d'autant moins l'iniquité de cette infraction, qu'il avoit paru jusqu'alors aussi jaloux de l'estime des peuples que de la gloire de ses armes ; mais les faveurs trop éclatantes de la fortune l'éblouirent, & dès-lors il se crut tout permis, & il ne se conduisit que d'après les conseils de son ambition. Despote dans sa famille, comme il l'étoit à l'égard des Maures, il régla sa succession, & partageant ses états, il assura à don Alphonse, qu'il avoit eu de son premier mariage avec Eléonore de Castille, le royaume d'Aragon, & à l'insant don Pedre, né de dona Yolande, la principauté de Catalogne. Don Alphonse, encore plus ambitieux que son père, se crut lézé par cette disposition, & furieux de voir démembrer des états qu'il croyoit devoir lui appartenir en entier, il prit les armes, il voulut soutenir ses droits par la force, & s'empara de quelques places: *Jayme* prit les armes aussi, obligea son fils de se soumettre, le traita avec sévérité, & acheva de conquérir le royaume de Valence. On rapporte que pendant cette conquête, il donna un exemple de sévérité qui, à la vérité, donne une grande idée de son autorité, mais qui n'eût pas dû, à mon avis, soulever contre lui plusieurs historiens aussi rigoureusement qu'il l'a fait. Berenger, évêque de Girone & confesseur de *Jayme*, révéla au pape quelques secrets importants, que ce prince lui avoit déclarés en confession; le prince informé de la criminelle indiscrétion de Berenger, le fit saisir, lui fit couper la langue & le bannit de ses états. Le pape furieux de cet acte de vengeance, excommunia le roi, & ce ne fut que long-temps après que deux légats vinrent l'absoudre publiquement, après lui avoir imposé une rude pénitence. L'évêque Berenger eut à souffrir sans doute un châtiment fort douloureux ; mais enfin sa coupable révélation ne méri-toit-elle pas une punition exemplaire ? Et si les secrets que Berenger révéla importoient à l'état, quand même cet évêque eût été puni de mort, ne l'eût-il pas mérité ? Dans le temps que le pape se plaignoit si amérement de l'injustice de *Jayme*, ce souverain faisoit recueillir toutes les loix du royaume en un code qui ne formoit qu'un volume, & faisoit ordonner par les états, qu'on s'y conformeroit par-tout dans le jugement des procès. Pendant qu'excommunié, il s'occupoit ainsi de l'administration de la justice, son fils, don Alphonse, quoique soumis en apparence, ne cessoit point de murmurer & d'envier la Catalogne à don Pedre. *Jayme*, fatigué de ses plaintes, & voyant sa famille accrue de deux fils, crut devoir faire un nouveau partage de ses domaines entre ses quatre fils : nul d'eux ne fut content, quelque soin qu'il eût pris de les satisfaire tous ; ils se plaignirent, menacèrent ; mais afin de leur ôter l'espoir de trouver de l'appui chez l'étranger, il commença par marier sa fille dona Yolande, à don Alphonse, infant de Castille ; ensuite, suivant sa coutume, il remit leurs plaintes à la décision des arbitres que les états nommeroient : cette modération fut très-applaudie : les arbitres prononcèrent conformément aux volontés du souverain, & ses fils furent contraints de les respecter. La sentence des arbitres n'étoit point encore rendue, lorsque la reine Yolande mourut ; le roi, qui ne la regrettoit que médiocrement, épousa en secret, dona Thérèse Bidaure, son ancienne maîtresse, de laquelle il avoit eu déjà quelques enfants. Après avoir terminé tous les différends qu'il avoit, ou qu'il prévoyoit pouvoir s'élever entre lui & ses voisins ; après avoir aussi terminé les anciens différends entre les couronnes de France & d'Aragon, & en se désistant de ses prétentions sur les comtés de Carcassonne, de Béziers, d'Albi, de Rhodez, de Foix, de Narbonne, de Nismes, obtenu que de son côté St. Louis renonceroit à ses droits sur les comtés de Barcelone, de Gironne, d'Urgel, d'Ampurios, de Cerdagne & de Roussillon, *Jayme* crut avoir tout pacifié ; mais il se trompoit : don Alphonse son fils, toujours mécontent, lui suscita de nouveaux embarras, & se disposoit à exciter des troubles dans l'état ; mais la mort vint, heureusement pour l'Aragon, mettre fin à la vie de ce prince inquiet & entreprenant. *Jayme* fit aussi-tôt reconnoître don Pedre pour l'héritier de sa couronne ; & malgré les oppositions & les menaces du pape Alexandre IV, il le maria à dona Constance, fille de Mainfroi, prince de Tarente. La gloire du roi d'Aragon & sa célébrité s'étoient étendues si loin, qu'il reçut une magnifique ambassade du sultan d'Egypte, qui recherchoit son amitié; & il est vrai qu'alors il n'y avoit point en Europe de prince qui, par l'éclat de ses entreprises & le succès de ses expéditions, se fût fait un aussi grand nom. Ligué avec le roi de Castille, il tenta la conquête du royaume de Murcie, & dès la seconde campagne il se rendit maître de la capitale de cette souveraineté ; rien ne résistoit à ses armes ; heureux à la guerre, & plus heureux encore dans les négociations, tout succédoit au gré de ses desirs. Mais le soin de conquérir ne l'occupoit point assez, pour qu'il ne trouvât pas encore bien des moments à donner à son goût pour les plaisirs, qui l'entraînoient impétueusement, & quelquefois au-delà des bornes de la bienséance. La reine dona Yolande, comme nous l'avons dit, étoit à peine expirée, qu'il avoit épousé dona Thérèse Bidaure ; & il quitta celle-ci pour dona Bérengere sa parente, fille de don Alphonse de Molina, oncle du roi de Castille; il en avoit eu un enfant, don Pedre Fernandez de Hijar: & sa passion ne faisoit que s'accroître. Il fit prier le pape de rompre son mariage avec dona Thérèse, sous prétexte qu'elle avoit une lèpre contagieuse. Le pape informé des véritables motifs de *Jayme*, & de son amour incestueux, l'avertit d'abord de renoncer à sa passion & de se séparer de sa maîtresse; il le menaça ensuite de l'excommunier : cette menace fit vraisemblablement impression sur le roi d'Aragon ; on ignore s'il quitta dona Bérengere, mais on sait que pour appaiser le pape, il se croisa, s'embarqua pour la Terre-Sainte, & fut contraint, par une violente tempête, de revenir dans ses états. On sait aussi qu'il se trouva au concile de Lyon, & qu'ayant prié Grégoire IX de le couronner solemnellement, le pontife exigea qu'avant cette cérémonie, le roi d'Aragon se soumît à payer au saint Siège le tribut auquel son père, don Pedre, s'étoit engagé; condition humiliante, que *Jayme* rejetta avec indignation. Il sortit de Lyon, & alla en Catalogne éteindre, par la force des armes, une rebellion suscitée par quelques mécontents, qu'il réduisit & qu'il punit. Il ne fut pas aussi heureux avec les Mahométans de Valence, qui, secondés par le roi de Grenade, prirent les armes & se révoltèrent ouvertement. *Jayme* envoya contr'eux un détachement sous les ordres de don Pedre Fernandez de Hijar, & un autre corps commandé par deux de ses généraux; don Pedre eut du succès, mais les deux généraux furent complétement battus. Le roi d'Aragon accoutumé à vaincre, fut plus sensible à la défaite de ses deux généraux, que flatté de la victoire de don Pedre Fernandez, & ce revers lui causa tant de chagrin, qu'il en tomba malade; il avoit encore d'autres sujets d'inquiétude: il y avoit quelque temps qu'ayant enlevé de force une femme mariée, il s'étoit attiré des censures amères de la part du pape. *Jayme*, irrité de l'opposition perpétuelle que le souverain pontife mettoit à ses plaisirs, avoit pris le parti de n'avoir aucun égard à ces menaces, de s'abandonner sans retenue à ses penchants, & il s'y étoit livré avec si peu de ménagement, que sa conduite étoit devenue fort odieuse à ses sujets. La connoissance qu'il avoit de ce mécontentement général, & peut-être les remords aggravèrent sa maladie: il changea d'air, se fit transporter à Aleira; mais au lieu de trouver quelque soulagement, il sentit qu'il touchoit à ses derniers moments. Alors il témoigna un vif regret du scandaleux exemple qu'il avoit donné à ses enfants & à ses peuples, il se fit vêtir du froc de l'ordre de Cîteaux, & mourut avec toutes les marques extérieures d'un homme repentant, le 25 juillet 1276, âgé de 69 ans, & dans la soixante-troisième année de son règne. Il fut grand conquérant, illustre souverain, mais injuste dans ses conquêtes, & fort corrompu dans ses mœurs. (*L. C.*)

JAYME *ou* JACQUES II, roi d'Aragon, (*Hist. d'Espagne.*) Ce n'est pas toujours l'obéissance des peuples, l'apparente tranquillité des nations, la soumission des citoyens, la prompte exécution des ordres supérieurs, qui font l'éloge des vertus & de la sagesse des rois; c'est souvent par contrainte que les peuples obéissent; & le calme qui semble régner dans un état, est souvent aussi le signe de la consternation publique, & non la preuve & l'expression de la fidélité; enchaîné par la terreur, un peuple qui n'ose ni se plaindre, ni remuer, n'obéit, ni par zèle, ni par amour pour le despote qui l'opprime; il se tait seulement, fait des vœux en secret, & attend avec impatience le moment de la révolution qui, tôt ou tard, viendra briser ses fers. Le maître de ce peuple se croit aimé peut-être; quelques lâches adulateurs le lui répètent même, mais il se trompe & on le trompe; on le plaint tout au plus d'ignorer combien l'avide ambition de quelques mauvais citoyens abuse de son nom & de sa confiance; mais, très-certainement il n'est point chéri: peut-il l'être? à quels signes connoît-on donc qu'un roi est véritablement aimé? à ces expressions non équivoques de douleur, à ce saisissement subit & général qui s'empare de la nation entière, au plus léger accident qui arrive à son souverain, à ces vœux empressés que lui dicte la crainte de le perdre, aussi-tôt qu'elle apprend qu'une indisposition passagère altère sa santé, & sur-tout à ces pleurs, à ces sanglots, à ces torrens de larmes qui l'accompagnent au tombeau: ce fut aussi par ces expressions que les Aragonnois témoignèrent l'étendue & la force de leur tendresse, de leur attachement, & de leur reconnoissance pour leur roi *Jayme* ou *Jacques II*. Ce n'étoit point l'usage alors de prendre des vêtemens lugubres à la mort des souverains; mais les nations étoient dans l'usage plus raisonnable, de gémir, de se livrer à leur profonde tristesse, lorsqu'elles perdoient en eux, les protecteurs, les pères, les bienfaiteurs de leurs sujets. Les historiens contemporains de *Jacques II* assurent que par leurs larmes & leur douleur les Aragonnois confirmèrent, après sa mort, le beau surnom de *Juste* qu'ils lui avoient donné pendant sa vie, & qu'il avoit mérité même avant que de régner sur eux, & il est vrai que toutes les actions de ce prince marquent en lui l'équité la plus pure & la plus inaltérable. Avant que de mourir, don Pedre III, son père, roi d'Aragon, lui laissa la couronne de Sicile, qui lui appartenoit du chef de son épouse dona Constance, fille de Mainfroi, prince de Tarente, & qui lui appartenoit bien plus incontestablement encore par la conquête qu'il en avoit faite, de l'aveu même des Siciliens, & malgré tous les efforts du pape, qui vouloit qu'il y renonçât. A peine les Siciliens eurent reçu la nouvelle de la mort de don Pedre, qu'ils se hâtèrent de proclamer *Jayme*, son fils, qui gouverna avec autant de bonheur que de sagesse ces insulaires si difficiles à gouverner, jusqu'à la mort d'Alphonse IV, son frère. Alphonse, après cinq années de regne, mourut sans postérité, & transmit au roi de Sicile le sceptre d'Aragon. *Jayme II* se hâta de venir en Espagne, & fut couronné à Sarragosse, le 6 septembre 1291; il se ligua avec Sanche, roi de Castille, dont Alphonse, son frère, avoit abandonné les intérêts pour soutenir les prétentions de l'infant de la Cerda, & consentit à l'accepter pour médiateur dans les différends qu'il avoit avec les rois de France & de Naples. Afin même de prouver à Sanche combien il désiroit que cette nouvelle alliance fût solide & durable, il demanda en mariage dona Isabelle, fille de ce monarque, & s'engagea par son conseil à renoncer au trône de Sicile, sur lequel Charles de Valois ne cessoit de faire valoir ses prétentions; cession, au reste, d'autant plus inutile, que la reine dona Constance, mère du roi d'Aragon, ni Frédéric, son frère, auquel il avoit remis le gouvernement de la Sicile, n'étoient rien moins que disposés à abdiquer cette couronne. Chez la plupart des hommes les liens de l'amitié sont faciles à rompre; ces liens pour les rois sont encore plus fragiles; & malgré les protestations mutuelles des souverains de Castille & d'Aragon, leur union fut de très-courte durée. *Jayme* ne prévoyant que des désavantages dans l'alliance qu'il avoit contractée avec ce roi foible & timide, y renonça, se déclara le défenseur des droits de l'infant don Alphonse de la Cerda, le reconnut pour roi de Castille, emporta d'assaut Alicante, & se rendit maître d'une partie du royaume de Murcie. *Jacques II* eût bien voulu se délivrer des importunités du pape Boniface, aussi facilement qu'il s'étoit dégagé de l'alliance de don Sanche, mais il étoit alors trop dangereux de marquer seulement de l'indifférence au souverain de Rome. Boniface ne cessoit de le presser d'engager ou de contraindre Frédéric à renoncer à la couronne de Sicile, que le pape vouloit absolument placer sur la tête de Charles de Valois. Le roi d'Aragon, dans l'espoir de ménager les intérêts de son frère, prit le parti d'aller à Rome : Boniface lui fit l'accueil le plus distingué, le nomma, sans en être sollicité, gonfalonier de l'Eglise, lui donna les îles de Sardaigne & de Corse qui ne lui appartenoient pas; le combla d'honneurs, de distinctions, & le pressa fort vivement de faire la guerre à son frère : conseil rempli d'humanité, fort charitable & digne du pontife qui le donnoit. Le roi d'Aragon résista, refusa de consentir à cette guerre parricide, sortit de Rome avec sa mère, y laissa sa sœur, qui y épousa Robert, duc de Calabre, & revint dans ses états. Boniface ne l'y laissa pas plus tranquille qu'à Rome; ensorte qu'excédé par les instances des émissaires du pontife, & beaucoup plus encore par les larmes de son épouse, il se détermina enfin, mais malgré lui, à porter la guerre en Sicile, & à y passer lui-même pour détrôner son frère : il mit en effet à la voile, & tenta cette expédition; mais le roi de Sicile se défendit si courageusement, que *Jayme* fut obligé de se retirer, après avoir essuyé des pertes très-considérables. Plus irrité des revers qu'il avoit éprouvés, que zélé pour les volontés du pape, *Jayme II* fit en Aragon les plus grands préparatifs, mit en mer une flotte nombreuse, s'embarqua lui-même, & alla pour la seconde fois entreprendre de détrôner son frère; il n'eût tenu qu'à lui, s'il eût voulu profiter des avantages que lui donnoit la victoire complette qu'il remporta sur la flotte Sicilienne, & qui pensa coûter la vie à Frédéric; mais le danger que ce prince avoit couru, fit une si forte impression sur le cœur tendre & sensible du roi d'Aragon, qu'au lieu de passer en Sicile, comme il le pouvoit, il se retira à Naples, revint dans ses états; & ne pensant qu'avec horreur aux remords qu'il eût eus si son frère étoit mort dans le combat naval qu'il lui avoit livré, il déclara avec la plus inébranlable fermeté au légat du pape, que jamais Rome ni toutes les puissances réunies ne l'engageroient à tourner ses armes contre le sein de Frédéric; & afin d'occuper ses troupes ailleurs, & de manière à ôter aux alliés de Charles de Valois tout espoir de l'entraîner encore dans leur ligue, il se disposa à soutenir aussi vivement qu'il seroit possible, les prétentions de l'infant don Alphonse de la Cerda; mais lorsqu'il avoit embrassé cette cause, il s'étoit flatté que le roi de France, parent de la Cerda, le seconderoit aussi, ou du moins partageroit les frais de la guerre : il fut trompé, & se vit seul obligé de lutter contre les forces de Castille; il ne se découragea point, & malgré le mécontentement d'une foule de grands qui se liguerent avec la reine régente de Castille, il soutint avec autant de dignité que de valeur les intérêts de son allié. Cependant, après quelques hostilités, *Jayme* n'ayant point eu le succès qu'il eût obtenu, s'il eût été mieux secondé, & voyant que cette guerre n'aboutiroit qu'à épuiser infructueusement ses états, il fit proposer la paix à la régente de Castille, & conseilla sagement à don Alphonse, de tirer, par la voie de la négociation, le meilleur parti qu'il pourroit de ses droits, & de se ménager un accommodement utile. *Jayme II* avoit alors d'autant moins d'intérêt à combattre contre la Castille, que le pape, las enfin de la guerre de Sicile, venoit de reconnoître le roi don Frédéric, & qu'il songeoit lui-même à faire valoir, par les armes, la concession qui lui avoit été faite des îles de Corse & de Sardaigne. Dans cette vue, à peine il eut terminé les contestations qui avoient divisé l'Aragon & la Castille, au sujet des droits d'Alphonse, qu'il obtint du pape Clément V, la bulle de donation de ces deux îles, & qu'il prit les plus sages mesures pour s'en assurer la conquête; mais alors une importante affaire le retenoit dans ses états, c'étoit le cruel & inique procès intenté aux templiers, qui, poursuivis par-tout ailleurs avec une inhumanité sans exemple, étoient traités avec la plus atroce rigueur, en Castille & en France. Le peuple également prévenu contr'eux, en Aragon, demandoit à grands cris qu'on les envoyât tous périr dans les supplices; à la sollicitation du pape, & sur les accusations les plus graves, portées contr'eux, le roi d'Aragon les fit tous arrêter, mais il refusa de les juger avant que d'avoir eu des preuves évidentes des crimes qu'on leur imputoit. Pendant la suite & l'instruction de cette affaire, *Jayme* eut encore une entrevue avec Ferdinand, roi de Castille, & successeur de Sanche; les différends des deux monarques furent terminés dans cette conférence, & il fut convenu entr'eux qu'ils feroient conjointement la guerre aux Maures, & que l'infant don *Jayme* d'Aragon épouseroit dona Eléonore, infante de Castille : fidèle à ses engagements, le roi d'Aragon fit équiper une flotte formidable, s'embarqua lui-même à Valence, & alla assiéger Almerie, tandis que le roi de Castille assiégeoit Algezire. Les armes des deux souverains eurent des succès éclatants, ils battirent séparément les Maures; & dans une entrevue qu'ils eurent, ils convinrent, pour resserrer les nœuds de leur alliance, que don Pedre, frère du roi de Castille, épouseroit dona Marie, fille du roi d'Aragon. *Jacques II* vint dans ses états couvert de gloire, mais le cœur rempli de tristesse, & profondément affligé de la perte qu'il venoit de faire de la reine dona Blanche, son épouse. Le procès des templiers se poursuivoit toujours avec activité; *Jayme II* fut vivement sollicité par le pape & quelques souverains, d'exterminer cet ordre, en faisant mettre à mort tous les membres; mais les violences qu'on exerçoit ailleurs contr'eux, ne furent pas, au jugement de ce prince équitable, des règles qu'il dût suivre : il fit examiner, dans un concile assemblé à Tarragone pour cette grande affaire, la conduite des chevaliers de cet ordre; ceux qui furent trouvés coupables des crimes dont on les accusoit, furent punis; les autres déclarés innocents, & maintenus dans la possession des biens de leur ordre. Cet arrêt honora autant les pères du concile de Tarragoné, qu'il fit l'éloge de l'exacte & impartiale justice du roi; peu de temps après, il envoya une flotte contre les corsaires de Tunis, qui ruinoient par leurs pirateries le commerce d'Aragon & du royaume de Valence. Les mers libres, le commerce national protégé & florissant, *Jayme II* épousa dona Marie, fille du roi de Chypre; & il donna en mariage don Alphonse, le second de ses fils, à dona-Thérèse, héritière du comté d'Urgel, qu'Alphonse, dans la suite, annexa à la couronne, lorsqu'il succéda à son père. Le sceptre Aragonnois devoit néanmoins passer des mains de *Jacques II*, dans celles de l'infant don *Jayme*, son fils aîné; mais la singularité du caractère de ce prince, assura le trône à don Alphonse. En effet, le roi d'Aragon ayant, après bien des instances inutiles, été obligé de contraindre don *Jayme* à épouser, comme il s'y étoit engagé, Eléonore de Castille, l'infant se prêta forcément à cette cérémonie, abandonna le moment d'après son épouse, & déclara qu'il renonçoit à la couronne. Le roi son père fit tous ses efforts pour le faire changer de résolution, mais l'infant persista, & dit qu'il préféroit les douceurs de la vie privée, à tout l'éclat de la souveraineté: il renouvella sa déclaration devant les états assemblés, qui, sur sa rénonciation, reconnurent don Alphonse pour héritier présomptif de la couronne. L'infant don *Jayme* ne parut pas se repentir de la démarche, ou très-raisonnable, ou très-insensée qu'il avoit faite; il prit l'habit des chevaliers de Calatrava, & passa ensuite dans l'ordre des chevaliers de Monteso: on dit qu'il eut des vices: cela peut-être; mais on convient aussi qu'il vécut & mourut content, & je crois que cet avantage vaut bien celui de porter une couronne pour laquelle on ne se sent pas fait. *Jayme* vit avec plaisir Alphonse, dont il connoissoit les excellentes qualités, succéder aux droits d'un prince dont il ne connoissoit que trop aussi les mœurs irrégulières & les inconséquences; si cet évènement lui donna quelque satisfaction, elle fut cruellement troublée par la mort imprévue de la reine dona Marie; mais comme les rois se doivent à leurs sujets, & que la mort seule pouvoit encore lui enlever dans leur jeunesse ses enfans, il se détermina à souscrire aux vœux de la nation, en épousant, en troisiémes noces, dona Elisinde de Moncade. Les fêtes célébrées à l'occasion de ce mariage, l'occupèrent moins que les préparatifs qu'il avoit ordonnés pour l'expédition de Sardaigne. Les états avoient approuvé le plan de la conquête de cette île, que don Sanche, roi de Majorque, avoit offert de faire à ses dépens avec vingt galères; l'infant don Alphonse avoit été nommé général de cette entreprise, il partit suivi d'une flotte redoutable, & réussit au gré des vœux du roi don *Jayme* qui, pendant cette expédition, donna à tous les souverains l'exemple le plus rare d'équité, de désintéressement & de générosité. Le roi de Majorque, don Sanche, étant mort sans postérité, son royaume paroissoit appartenir à *Jayme II*, qui en envoya prendre possession en son nom; mais don Philippe, oncle paternel de l'infant de Majorque, fils de don Ferdinand, ayant représenté au roi d'Aragon les droits de son neveu, *Jacques II*, qui, s'il l'eût voulu, pouvoit rester paisible possesseur de ce trône, fut assez juste pour ne pas abuser des droits que lui donnoit la force; renonçant à ses prétentions au trône de Majorque, il nomma don Philippe tuteur du jeune souverain. Cependant il s'éleva dans l'île de Sardaigne, des troubles qui eussent pu avoir des suites très-fâcheuses, si par son activité, le roi d'Aragon ne les eût appaisés; il acheva avec autant de bonheur que de gloire, la conquête de cette île; & il ne songeoit plus qu'à assurer la paix & la prospérité qu'il avoit procurées à ses sujets, lorsque partageant avec trop de sensibilité le chagrin de l'infant don Alphonse, son fils, qui venoit de perdre dona Thérèse, son épouse, il tomba lui-même malade, souffrit quelques jours, & mourut au grand regret de la nation, le 31 octobre 1327, après un règne de vingt-sept années. L'équité qui présida à toutes ses actions, lui fit donner le surnom de *Juste*. Aux intérêts de l'état près, qui l'obligérent quelquefois d'abandonner la cause des princes, dont il s'étoit engagé de soutenir les prétentions ou les droits, il ne manqua, dans aucune circonstance de sa vie, aux loix les plus rigides de l'équité. (*L. C.*)

JACQUES DE VORAGINE, (*Hist. Ecclés.*) dominicain, puis archevêque de Gênes au treizième siècle, auteur de la *Légende dorée*. Né en 1230, archevêque en 1292, mort en 1298. On a de lui encore une chronique de Gênes, & des sermons.

JACUT-AGA, f. m. (*Hist. mod.*) nom d'un officier à la cour du grand-seigneur. C'est le premier des deux eunuques qui ont soin du trésor; ils sont l'un & l'autre au-dessus de l'esneder-bassi. Le *jacut-aga* a le tiers du deuxiéme denier que l'esneder-bassi prend sur tout ce qui se tire du trésor. *Dict. de Trév.* & *Vegece.* (*A. R.*)

JADDESES, f. m. pl. (*Hist. mod.*) c'est ainsi que l'on nomme dans l'île de Ceylan, des prêtres d'un ordre inférieur & obscur, qui sont chargés de desservir les chapelles ou les oratoires des génies qui forment un troisiéme ordre de dieux parmi ces idolâtres. Chaque habitant a droit de faire les fonctions des *jaddeses*, surtout lorsqu'il a fait bâtir à ses dépens, une chapelle, dont il devient le prêtre: cependant le peuple a recours à eux dans les maladies & les autres calamités, & l'on croit qu'ils ont beaucoup de crédit sur l'esprit des démons, qui passent chez eux pour avoir un pouvoir absolu sur les hommes, & à qui les *jaddeses* offrent un coq en sacrifice, dans la vue de les appaiser. Les *jaddeses* sont inférieurs aux *gonnis* & aux *koppus*. (*A. R.*)

JADDUS, (*Hist. Sacr.*) souverain pontife des Juifs, du temps des conquêtes d'Alexandre-le-Grand. Le desir de ne donner ici entrée aux fables que le moins qu'il sera possible, nous empêche de répéter la merveilleuse histoire de son entrevue avec Alexandre-le-Grand, rapportée par l'historien Josephe, mais dont il n'est pas dit un seul mot dans l'écriture-sainte.

JAGELLON, (*Hist. de Pologne*). La Lithuanie avoit autrefois ses princes particuliers. *Jagellon*, grand-duc de Lithuanie, épousa en 1386, Hedwige, fille de Louis-le-Grand, roi de Hongrie & de Pologne, frère d'André, premier mari de Jeanne Ire de Naples; ce *Jagellon* reçut alors le baptême, & fut élu roi de Pologne. Il prit le nom de Ladislas : Hedwige, son épouse, fut accusée d'un commerce secret & criminel avec le duc d'Autriche : c'étoit une calomnie. L'accusateur, suivant un usage antique conservé en Pologne, parut au milieu du sénat, se traîna sous le siège de la reine, avoua qu'il avoit menti comme *un chien*, & abboya trois fois : c'est la peine des calomniateurs. Hedwige mourut peu de temps après. Son époux inconsolable, abdiqua la couronne : trait de désespoir, dont il se seroit bientôt repenti, si on ne l'avoit forcé de la reprendre. On osa même lui proposer la main d'Anne, sœur de Casimir-le-Grand : il consentit à tout. Cependant, soit politique, soit équité, il refusa la couronne de Bohême, & ne voulut point s'enrichir de la dépouille du malheureux Venceslas. Bientôt il marcha contre l'armée Teutonique, & remporta sur elle une sanglante victoire, l'an 1410. Avant le combat, le grand-maître de cet ordre lui avoit envoyé des épées, comme pour insulter à sa foiblesse. « Il n'est » pas temps encore, dit *Jagellon*, de rendre les armes, » mais je les accepte comme un présage de mes succès ». On prétend que cinquante mille ennemis demeurèrent sur le champ de bataille. Il suspendit le cours de ses triomphes pour aller lui-même prêcher l'évangile dans la Samogitie. Il étoit singulier de voir un roi, la couronne sur la tête, entouré de tout le faste du rang suprême, & les mains toutes fumantes encore du sang Teutonique, annoncer un Dieu de paix, mort volontairement au milieu de l'opprobre & des supplices. Il avoit promis à son sacre, de confirmer les anciens privilèges de la nation : il le refusa. La noblesse indignée, déchira sous ses yeux l'acte de son élection; mais la fermeté de *Jagellon* réprima cette révolte naissante. Il mourut l'an 1434. C'étoit un prince affable, généreux, grand, intrépide, mais singulier en amour ; il eut quatre femmes, qu'il pleura amèrement : également prompt à soupçonner & à perdre ses soupçons, il rompoit & renouoit avec elles à chaque instant. Sophie, sa dernière épouse, accusée d'adultère, en fut quitte pour se purger par serment. (M. DE SACY.)

(La maison de *Jagellon* a occupé ce trône de Pologne pendant près de deux cens ans. Sigismond II fut le dernier roi de Pologne de cette race. A sa mort, arrivée en 1572, les Polonois élurent le duc d'Anjou (Henri III.)

La Pologne en ce temps avoit d'un commun choix,
Au rang des Jagellons placé l'heureux Valois.

On remarque de ce *Jagellon*, grand-duc de Lithuanie, premier roi de Pologne, qu'à l'âge de près de quatre-vingt-dix ans, il eut deux fils qui lui succédèrent. Ladislas & Casimir.)

JAGIR ou JACQUIR, f. m. (*Hist. mod.*) c'est ainsi que l'on nomme dans l'empire du Mogol, un domaine ou district assigné par le gouvernement, soit pour l'entretien d'un corps de troupes, soit pour les réparations ou l'entretien d'une forteresse, soit pour servir de pension à quelque officier favorisé. (*A. R.*)

JAHEL *ou* JAEL, (*Hist. Sacr.*) L'histoire de *Jahel* & de Sisara est rapportée au quatrième chapitre du livre des Juges. Une des jeunes Israëlites dit, dans Athalie :

Hélas ! si pour venger l'opprobre d'Israël,
Nos mains ne peuvent pas, comme autrefois Jahel,
Des ennemis de Dieu percer la tête impie,
Nous lui pouvons du moins immoler notre vie.

Le regret qu'expriment les trois premiers vers, est plus juif que chrétien : aussi est-ce une juive qui parle ; on sait dans la loi de grace, qu'il ne faut pas percer les têtes impies, mais en avoir pitié & prier pour elles.

JAILLOT, (Alexis-Hubert) *Hist. Litt. mod.*) géographe ordinaire du roi, successeur des Sansons. Mort en 1752.

JAIR *ou* JAIRE, (*Hist. Sacr.*) On en trouve deux dans l'écriture-sainte ; l'un dans l'ancien testament, l'autre dans le nouveau. Le premier fut juge dans Israël pendant vingt-deux ans, (Juges, chap. 10) ; l'autre étoit chef de synagogue : Jesus-Christ ressuscita sa fille. (Luc, chap. 8.)

JAIZI, f. m. (*Hist. mod.*) sécrétaire ou contrôleur. En Turquie toutes les dignités ont leur chécaya & leur *jaizi*. Le *jaizi* de l'imbro-orbassi est grand écuyer sur le registre ou contrôle des écuries. (*A R*).

JAKSHABAT, f. m. (*Hist. mod.*) douzième & dernier mois de l'année des Tartares orientaux, des Egyptiens & des Cahaïens. Il répond à notre mois de Novembre. On l'appelle aussi *jachchaban* ou *mois de rosées*. (*A. R.*)

JAM *ou* JEM, (*Hist. mod.*) la troisième partie du cycle duodénaire des Cathaïens & des Turcs orientaux. Ce cycle comprend les vingt-quatre heures du jour & de la nuit. Ils ont un autre cycle de douze ans dont le *jam* ou *le jem* est aussi la troisième partie. *Jam* ou *jem* signifie *léopard*. Les autres parties du cycle portent chacune le nom d'un animal. D'Herbelot, *Biblioth. orientale*. (*A. R.*)

JAMBLIQUE, (*Hist. Lit. anc.*) nom d'un philosophe platonicien célèbre ; on dit qu'il faut en distinguer deux, l'un de Chalcide, l'autre d'Apamée en Syrie ; l'un mort sous Constantin, l'autre sous Valens. Quoi qu'il en soit, celui qu'il est indispensable de connoître, est l'auteur d'une histoire de la vie & de la secte de Pythagore, soit que ce fût ou non, le disciple de Porphyre, comme il est reconnu que l'un des deux l'a été.

JAMI, f. m. (*Hist. mod.*) c'est ainsi que les Turcs nomment un temple privilégié pour les dévotions du vendredi, qu'ils appellent *jumanamazi*, & qu'il n'est pas permis de faire dans les petites mosquées appellées *meschids*. Un *jami* bâti par quelque sultan est appellé *jami-selatyn* ou *royal*. Voyez Cantemir, *Hist. Ottom.* (*A. R.*)

JAMMABOS, f. m. (*Hist. mod.*) ce sont des moines japonois, qui font profession de renoncer à tous les biens de ce monde, & vivent d'une très-grande austérité; ils passent leur temps à voyager dans les montagnes, & l'hiver ils se baignent dans l'eau froide. Il y en a de deux especes; les uns se nomment *Tosansa*, & les autres *Fonsansa*. Les premiers sont obligés de monter une fois en leur vie au haut d'une haute montagne bordée de précipices, & dont le sommet est d'un froid excessif, nommé *Ficoosan*; ils disent que s'ils étoient souillés lorsqu'ils y montent, le renard, c'est-à-dire, le diable les saisiroit. Quand ils sont revenus de cette entreprise périlleuse, ils vont payer un tribut des aumônes qu'ils ont amassées, au général de leur ordre, qui en échange leur donne un titre plus relevé, & le droit de porter quelques ornemens à leurs habits.

Ces moines prétendent avoir beaucoup de secrets pour découvrir la vérité, & ils font le métier de sorciers. Il font un grand mystère de leurs prétendus secrets, & n'admettent personne dans leur ordre sans avoir passé par de très-rudes épreuves, comme de les faire abstenir de tout ce qui a eu vie, de les faire laver sept fois le jour dans l'eau froide, de les faire asseoir les fesses sur les talons, de frapper dans cette posture les mains au-dessus de la tête, & de se lever sept cent quatre-vingt fois par jour. *Voyez* Kempfer, *Voyage du Japon*. (*A. R*)

JAMYN, (Amadis) (*Hist. Litt. mod.*) poëte françois, contemporain & ami de Ronsard, fut secrétaire & lecteur de Charles IX. Il mourut vers l'an 1585; on a ses poësies en 2 vol. *in*-12. Il a aussi traduit quelque chose d'Homère; & ce qui étoit rare alors, il avoit vu le pays chanté par ce poëte, la Grèce & ses isles, & les ruines de Troye.

JANACI, f. m. (*Hist. mod.*) jeunes hommes courageux, ainsi appellés chez les Turcs de leur vertu guerriere. (*A R*)

JANACONAS, (*Hist. mod.*) c'est ainsi que l'on nomme dans la nouvelle Espagne un droit que les Indiens soumis aux Espagnols sont obligés de payer pour leur sortie, lorsqu'ils quittent leurs bourgs ou leurs villages. (*A R*)

JANCAM, f. m. (*Hist. mod.*) petit fourneau de terre à l'usage des Chinois qui s'en servent pour faire le thé & pour cuire le *jancam*. (*A R*)

JANISSAIRE, f. m. (*Hist. Turq.*) soldat d'infanterie turque, qui forme un corps formidable en lui-même, & sur-tout à celui qui le paye.

Les gen-y-céris, c'est-à-dire, *nouveaux soldats*, que nous nommons *janissaires*, se montrèrent chez les Turcs (quand ils eurent vaincu les Grecs) dans toute leur vigueur, au nombre d'environ 45 mille, conformément à leur établissement, dont nous ignorons l'époque. Quelques historiens prétendent que c'est le sultan Amurath II, fils d'Orcan, qui a donné en 1372, à cette milice déja instituée, la forme qu'on voit subsister encore.

L'officier qui commande cette milice, s'appelle *jen-y-céris aghasi*; nous disons en françois l'*aga des janissaires*; & c'est un des premiers officiers de l'empire.

Comme on distingue dans les armées de sa hautesse les troupes d'Europe, & les troupes d'Asie, les *janissaires* se divisent aussi en *janissaires* de Constantinople, & *janissaires* de Damas. Leur paye est depuis deux aspres jusqu'à douze; l'aspre vaut environ six liards de notre monnoie actuelle.

Leur habit est de drap de Salonique, que le grand-seigneur leur fait donner toutes les années, le jour de Ramazan. Sous cet habit ils mettent une surveste de drap bleu; ils portent d'ordinaire un bonnet de feutre, qu'ils appellent un *zarcola*, & un long chaperon de même étoffe qui pend sur les épaules.

Leurs armes sont en temps de guerre un sabre, un mousquet, & un fourniment qui leur pend du côté gauche. Quant à leur nourriture, ce sont les soldats du monde qui ont toujours été le mieux alimentés; chaque oda de *janissaires* avoit jadis, & a encore un pourvoyeur qui lui fournit du mouton, du riz, du beurre, des légumes, & du pain en abondance.

Mais entrons dans quelques détails, qu'on sera peut-être bien aise de trouver ici, & dont nous avons M. de Tournefort pour garant; les choses à cet égard, n'ont point changé depuis son voyage en Turquie.

Les *janissaires* vivent honnêtement dans Constantinople; cependant ils sont bien déchus de cette haute estime où étoient leurs prédécesseurs, qui ont tant contribué à l'établissement de l'empire turc. Quelques précautions qu'ayent prises autrefois les empereurs, pour rendre ces troupes incorruptibles, elles ont dégénéré. Il semblent même qu'on soit bien-aise depuis plus d'un siècle, de les voir moins respectées, de crainte qu'elles ne se rendent plus redoutables.

Quoique la plus grande partie de l'infanterie turque s'arroge le nom de *janissaires*, il est pourtant sûr que dans tout ce vaste empire, il n'y en a pas plus de 25 mille qui soient vrais *janissaires*, ou *janissaires* de la Porte : autrefois cette milice n'étoit composée que des enfans de tribut, que l'on instruisoit dans le Mahométisme. Présentement cela ne se pratique plus, depuis que les officiers prennent de l'argent des Turcs, pour les recevoir dans ce corps. Il n'étoit pas permis autrefois aux *janissaires* de se marier, les Musulmans étant persuadés que les soins du ménage rendent les soldats moins propres à la profession des armes : aujourd'hui se marie qui veut avec le consentement des chefs, qui ne le donnent pourtant pas sans argent; mais la principale raison qui détourne les *janissaires* du mariage, c'est qu'il n'y a que les garçons qui parviennent aux charges, dont les plus recherchées sont d'être chefs de leur oda.

Toute cette milice loge dans de grandes casernes, distribuées en plusieurs chambres : chaque chambre a son chef qui y commande. Il reçoit ses ordres des capitaines, au-dessus desquels il y a le lieutenant-général, qui obéit à l'aga seul.

Le bonnet de cérémonie des *janissaires* est fait comme la manche d'une casaque; l'un des bouts sert à couvrir leur tête, & l'autre tombe sur leurs épaules; on attache à ce bonnet sur le front, une espèce de tuyau d'argent doré, long de demi-pied, garni de fausses pierreries. Quand les *janissaires* marchent à l'armée, le sultan leur fournit des chevaux pour porter leur bagage, & des chameaux pour porter leurs tentes; savoir un cheval pour 10 soldats, & un chameau pour 20. A l'avénement de chaque sultan sur le trône, on augmente leur paye pendant quelque temps d'un aspre par jour.

Les chambres héritent de la dépouille de ceux qui meurent sans enfans; & les autres, quoiqu'ils ayent des enfans, ne laissent pas de léguer quelque chose à leur chambre. Parmi les *janissaires*, il n'y a que les solacs & les peyes qui soient de la garde de l'empereur; les autres ne vont au sérail, que pour accompagner leurs commandans les jours de divan, & pour empêcher les désordres. Ordinairement on les met en sentinelle aux portes & aux carrefours de la ville : tout le monde les craint & les respecte, quoiqu'ils n'ayent qu'une canne à la main, car on ne leur donne leurs armes, que lorsqu'ils vont en campagne.

Plusieurs d'entr'eux ne manquent pas d'éducation, étant en partie tirés du corps des amazoglans, parmi lesquels leur impatience, ou quelqu'autre défaut, ne leur a pas permis de rester : ceux qui doivent être reçus, passent en revue devant le commissaire, & chacun tient le bas de la veste de son compagnon. On écrit leurs noms sur le registre du grand-seigneur; après quoi ils courent tous vers leur maître de chambre, qui, pour leur apprendre qu'ils sont sous sa jurisdiction, leur donne à chacun en passant, un coup de main derrière l'oreille.

On leur fait faire deux serments dans leur enrôlement; le premier, de servir fidèlement le grand-seigneur; le second, de suivre la volonté de leurs camarades. En effet, il n'y a pas de corps plus uni que celui des *janissaires*, & cette grande union soutient singulièrement leur autorité; car quoiqu'ils ne soient que 12 à 13 mille dans Constantinople, ils sont sûrs que leurs camarades ne manqueront pas d'approuver leur conduite.

Delà vient leur force, qui est telle, que le grand-seigneur n'a rien au monde de plus à craindre que leurs caprices. Celui qui se dit l'invincible sultan, doit trembler au premier signal de la mutinerie d'un *janissaire*.

Combien de fois n'ont-ils pas fait changer à leur fantaisie, la face de l'empire? les plus fiers empereurs & les plus habiles ministres ont souvent éprouvé qu'il étoit pour eux du dernier danger d'entretenir en tems de paix, une milice si redoutable. Elle déposa Bajazet II en 1512; elle avança la mort d'Amurat III en 1595; elle menaça Mahomet III de le détrôner. Osman II, qui avoit juré leur perte, ayant imprudemment fait éclater son dessein, en fut indignement traité, puisqu'ils le firent marcher à coups de pieds depuis le serail jusques au château des Sept Tours, où il fut étranglé l'an 1622. Mustapha, que cette insolente milice mit à la place d'Osman, fut détrôné au bout de deux mois, par ceux-là même qui l'avoient élevé au faîte des grandeurs. Ils firent aussi mourir le sultan Ibrahim en 1649, après l'avoir traîné ignominieusement aux Sept Tours; ils renversèrent du trône son fils Mahomet IV, à cause du malheureux succès du siège de Vienne, lequel pourtant n'échoua que par la faute de Cara-Mustapha, premier visir. Ils préférèrent à cet habile sultan, son frère Soliman III, prince sans mérite, & le déposèrent à son tour quelque temps après. Enfin, en 1730, non contents d'avoir obtenu qu'on leur sacrifiât le grand-visir, le rei-Essendi, & le capitan pacha, ils déposèrent Achmet III, l'enfermèrent dans la prison, d'où ils tirèrent le sultan Mahomet, fils de Mustapha II, & le proclamèrent à sa place. Voilà comme les successions à l'empire sont réglées en Turquie. (*D. J.*)

JANISSAR-AGASI, (*Hist. mod.*) Les Turcs donnent le nom de *janissar-agasi*, à celui qui a le commandement général de tout le corps des *janissaires*. Cette charge répond à-peu-près à celle de colonel général de l'infanterie en France, quand elle étoit en pied sous les ordres du duc d'Epernon, & depuis sous celle de M. le duc d'Orléans, en 1720. Cet aga dont on n'a dit que peu de choses sous ce titre, est le premier de tous les agas ou officiers d'infanterie de l'empire Ottoman. Son nom vient du mot turc *aga*, qui signifie un bâton, & même dans les jours de cérémonie il en porte un en main, pour marque de son autorité, & les *janissaires* en portent aussi un dans les grandes villes, marques de leur rang de service.

Ce général étoit autrefois tiré d'entre les *janissaires*. Mais depuis que le grand-seigneur a remarqué qu'il s'y faisoit des brigues, & que son élection étoit suivie de jalousie & de haine, qui le rendoit quelquefois méprisable à ses officiers, il le choisit présentement entre les ichoglans dans son serrail.

Cet aga a de paie par jour cent aspres, ou vingt écus, & sept à dix mille écus, pris sur des timars qui sont à sa charge. Il a aussi presque tous les jours des présens du Sultan, principalement quand les *janissaires* ont bien fait leur devoir dans quelque occasion considérable; & quand il est assez heureux pour plaire à son prince, c'est à qui lui fera des présents, pour parvenir par son moyen aux emplois : car en Turquie, on ne donne point les charges au mérite, mais à celui qui en donne plus de bourses (qui est leur manière de compter les grandes sommes), chaque bourse étant d'environ cinq cents écus.

Ce commandant ne marche guère dans Constantinople, qu'il ne soit suivi d'un grand nombre de *janissaires*, principalement quand il est arrivé quelque fâcheuse révolution à l'empire. C'est dans ces moments que les *janissaires* prennent leur temps pour demander leur paye, ou pour en avoir augmentation, menaçant de piller la ville, ce qu'ils font en plusieurs rencontres. Cet aga, pour résister à ce soulevement, & pour faire mieux exécuter ses ordres, se fait dans ces occurrences, accompagner de trente ou quarante moungis, ou prévôts des *janissaires*, avec cinq ou six cents de cette milice, pour se saisir des malfaiteurs, & les conduire dans les prisons; car il a tout pouvoir sur la vie des *janissaires*, qu'il ne fait néanmoins mourir que la nuit, de peur de quelque soulevement. La falaque, ou bastonnade sur la plante des pieds, est pour les moindres crimes; mais quand leurs crimes méritent la mort, il les fait étrangler ou coudre dans un sac, & jetter dans quelque lac ou rivière.

Quand le *janissar-agasi* meurt, soit de mort naturelle ou violente, tous ses biens vont au profit du trésor commun des *janissaires*, sans que le grand-seigneur en touche un aspre. (†).

JANNANINS, s. m. pl. (*Hist. mod. superstit.*) c'est le nom que les Negres de quelques parties intérieures de l'Afrique donnent à des esprits qu'ils croyent être les ombres ou les ames de leurs ancêtres, & qu'ils vont consulter ou adorer dans les tombeaux. Quoique ces peuples reconnoissent un dieu suprême nommé *Kanno*, leur principal culte est réservé pour ces prétendus esprits. Chaque négre a son *jannanin* tutélaire, à qui il s'adresse dans ses besoins, il va le consulter dans son tombeau, & regle sa conduite sur les réponses qu'il croit en avoir reçues. Ils vont sur-tout les interroger sur l'arrivée des vaisseaux européens, dont les marchandises leur plaisent autant qu'aux habitans des côtes. Chaque village a un *jannanin* protecteur, à qui l'on rend un culte public, auquel les femmes, les enfans & les esclaves ne sont point admis: on croiroit s'attirer la colère du génie, si on permettoit la violation de cette règle. (*A. R.*)

JANSÉNIUS, (Cornelius) (*Hist. Ecclés.*) évêque d'Ypres, nom plus célèbre que naturellement il n'auroit dû l'être, & qui ne l'est cependant pas assez par l'endroit où il méritoit de l'être. On sait que *Jansénius* est l'auteur du livre devenu trop fameux aussi après sa mort, intitulé *Augustinus*, où les uns trouvent & les autres ne trouvent pas les cinq fameuses propositions condamnées, & on ignore assez communément qu'il mourut frappé de la peste, au milieu de son troupeau, auquel il fournissoit en digne évêque, tous les secours spirituels & temporels. Il étoit aussi ennemi des Jésuites, que M. de Belsunce, évêque de Marseille, qui dans la suite imita si bien & avec plus de bonheur, son zèle courageux, en étoit ami. Député deux fois par l'Université de Louvain, auprès du roi d'Espagne, pour faire révoquer la permission accordée aux Jésuites d'enseigner les humanités & la philosophie, *Jansénius* mit beaucoup de zèle dans cette négociation, & eut le bonheur d'y réussir. Il eut dès-lors pour ennemis ceux qui, dit-on, ne pardonnoient jamais, & qu'il a fallu détruire pour les désarmer, ceux qui d'ailleurs étoient en possession de répandre sur leurs ennemis le vernis hérétique. Mais bientôt les affaires politiques lui suscitèrent un ennemi plus implacable & plus à craindre. La France & l'Espagne étoient en guerre, & le cardinal de Richelieu, qui avoit repris le systême politique de François Ier, même avec toutes ses contradictions apparentes, tandis qu'il écrasoit les protestants de France, faisoit alliance au dehors avec toutes les puissances protestantes; *Jansénius*, sujet de l'Espagne, écrivit en faveur de sa patrie, & fit, pour décrier le systême politique de Richelieu, l'ouvrage intitulé: *Mars Gallicus*, qui fut promptement traduit en françois; cet ouvrage lui valut l'évêché d'Ypres & la haine de Richelieu. Il n'eut pas long-temps à jouir de l'un & à craindre l'autre, étant mort en 1638, assez peu de temps après la publication du *Mars Gallicus*. Il ne vit point celle de l'*Augustinus*, sur lequel ceux qui gouvernoient alors en France, se vangèrent du *Mars Gallicus*. Richelieu avoit commencé par ce motif à être contraire à *Jansénius* & à ses amis, le cardinal Mazarin eut aussi pour s'élever contre ce parti un motif particulier, c'étoit la liaison du cardinal de Retz, son plus mortel ennemi, avec le même parti. Delà aussi les préventions de Louis XIV contre les Jansénistes & contre messieurs de Port-Royal.

Jansénius, peu de jours avant sa mort, avoit écrit au pape Urbain VIII, une lettre très-respectueuse, par laquelle il soumettoit à sa décision & à celle de l'Eglise, le livre de l'*Augustinus*. On ne sait pourquoi ses exécuteurs testamentaires jugèrent à propos de supprimer cette lettre, mais on n'en avoit encore aucune connoissance, lorsque le grand Condé ayant pris la ville d'Ypres le 28 mai 1648, cette célèbre lettre tomba entre ses mains; il crut devoir la publier: c'étoit le temps où on poursuivoit plus que jamais la condamnation du livre de *Jansénius*, & où on agitoit avec la plus grande vivacité ces grandes & interminables questions sur l'accord de la grace & du libre arbitre, de la liberté de l'homme & de la toute-puissance de Dieu; il falloit du moins faire voir que, quelque chose qui arrivât du livre, la mémoire de l'auteur étoit à l'abri de tout reproche & exempte de toute tache d'hérésie. En effet cette lettre respiroit par-tout la soumission, le respect, la docilité à toutes les décisions du pape & de l'église. *Jansénius* étoit mort dans ces dispositions d'un parfait catholique; ainsi nul fait postérieur n'ayant pu démentir les protestations de soumission & de docilité dont cette lettre est remplie, nous devons supposer, selon toutes les règles de la charité chrétienne & de l'indulgence humaine, que ces dispositions ne se seroient pas démenties, quand même *Jansénius* auroit eu le désagrément de voir condamner son livre; nous devons croire qu'il auroit eu la généreuse soumission qui a tant illustré sur la fin du même siècle, le généreux archevêque de Cambrai. Ce n'est pas que la conduite opposée ait rien de rare ni d'extraordinaire, & ne soit même plus conforme à la marche générale de l'esprit humain, rampant devant ses juges tant qu'il reste quelque espérance de les séduire, plus furieux contr'eux que contre ses adversaires, quand il a succombé. Luther n'étoit d'abord qu'un augustin qui combattoit des jacobins; il étoit plein de respect pour le pape; il lui écrivoit peu de temps avant le jugement: *donnez la vie ou la mort, appellez ou rappellez, approuvez ou reprouvez, j'écouterai votre voix comme celle de J. C. même. Jansénius* n'avoit rien écrit de plus fort dans sa lettre de soumission à Urbain VIII. Luther est condamné par le pape; alors il écrit *contre la bulle exécrable de l'Anté-Christ*.

Urbain VIII défendit, en 1642, la lecture du livre

de *Jansénius* qui avoit paru en 1640. Innocent X condamna, en 1653, les cinq fameuses propositions extraites de ce livre. Alexandre VII, en 1657, confirma la bulle d'Innocent X, & en 1665, envoya le formulaire qui fut reçu en France en vertu d'une déclaration enregistrée :

Grand bruit par-tout ainsi qu'à l'ordinaire.

L'amitié de *Jansénius* & de M. l'abbé de Saint Cyran est respectée dans l'opinion publique comme celle de deux hommes de mérite persécutés.

Il y avoit dans le siècle précédent, un autre Cornelius *Jansénius* ou Corneille de *Jansen*; car tel étoit leur nom, & la terminaison en *us* tenoit à un pédantisme du temps & du pays. Ce premier *Jansénius*, qui pouvoit bien être de la famille du second, étoit mort évêque de Gand en 1576. On a aussi de lui des ouvrages théologiques, entr'autres, une *concorde des Evangélistes*.

JANSON. (*Voyez* FORBIN.)

JAPHET, (*Hist. Sacr.*) un des trois fils de Noé. Genèse, chap. 7, 9, 10.

JARDINS, (Marie-Catherine des) *Voyez* VILLEDIEU.

JARNAC. (*Voyez* CHABOT.)

JARRY, (Laurent Juillard du) (*Hist. Litt. mod.*) né vers l'an 1658, au village de Jarry, près de Saintes, fut prédicateur & poëte. On a de lui des panégyriques & des oraisons funèbres; mais c'est par les prix qu'il a remportés à l'Académie Françoise & par le bonheur singulier qu'il a eu d'être préféré dans un concours, à M. de Voltaire, qu'il est particulièrement connu. Il fut couronné en 1679; en 1683, il partagea le prix avec M. de La Monnoye, qui étoit en possession de remporter tous les prix de poësie; en 1714, il remporta ce prix, où à cinquante-six ans il eut pour concurrent Voltaire à vingt ans. Il s'agissoit de célébrer le vœu de Louis XIII, que Louis XIV accomplit en 1712, en faisant reconstruire le chœur de l'église de Notre-Dame de Paris. Dans une élégie badine, en vers latins, sur la suppression de la statue colossale de saint Christophe, on parle du nouvel autel de cette cathédrale; on rappelle qu'il a été célébré par l'abbé *du Jarry*.

Jarrius hæc cecinit, nec defuit optima merces
Cùm doctam implevit publica palma manum.

L'épithète *doctam* paroît être ici une plaisanterie du ton du reste de l'ouvrage; car l'Abbé *du Jarry*, qui a fait quelquefois de bons vers, a sur-tout été connu pour n'être pas docte. Cet hémistiche qui se trouve dans sa pièce :

Pôles glacé, *brûlant*, &c.

& qu'il n'a pas même justifié par ce vers de Lucain, que vraisemblablement il ne connoissoit pas :

Nec polus adversi calidus quà mergitur Austri.

annonce une ignorance honteuse des notions même populaires de l'astronomie & de la géographie. Mais il y avoit de fort beaux vers dans sa pièce couronnée en 1679. Le sujet étoit que *la victoire a toujours rendu le roi plus facile à la paix.* Après avoir dit que ceux des princes ligués contre le roi, que leur impuissance avoit engagés à se soumettre, avoient été épargnés, au lieu que ceux qui avoient cru pouvoir lui résister, étoient tombés sous ses coups, le poëte ajoutoit la comparaison suivante :

Pareils à ces roseaux qu'on voit, baissant la tête,
Résister par foiblesse aux coups de la tempête,
Pendant que jusqu'aux cieux les cèdres élevés
Satisfont par leur chûte aux vents qu'ils ont bravés.

Rien de plus juste & de plus ingénieux que cette allégorie, & indépendamment de ce mérite, la tournure de ces vers a tellement plu à M. de Voltaire, qu'il l'a employée en l'appliquant à d'autres objets. On retrouve en partie la forme des deux premiers dans ces deux-ci :

Leur tronc inébranlable & leur pompeuse tête
Résiste en se touchant aux coups de la tempête.

Encore y a-t-il plus d'exactitude dans l'original. On retrouve la forme des derniers dans ces vers de *Zaïre* :

Lorsque du fier Anglois la valeur menaçante
Cédant à nos efforts trop long-temps captivés,
Satisfit en tombant aux lys qu'ils ont bravés.

L'abbé *du Jarry* est mort en 1730, dans son prieuré de Notre-Dame du Jarry.

JARS. (*Voyez* ROCHECHOUART.)

JARS, (Gabriel) (*Hist. Lit. mod.*) savant métallurgiste, qui avoit visité presque toutes les mines de l'Europe. Nous avons le résultat de ses observations, sous le titre de *Voyages Métallurgiques*, en 3 vol. *in-4°.* Il fut reçu en 1768, à l'Académie des Sciences, & mourut l'année suivante.

JASIDE, f. m. (*Hist. mod.*) les *jasides* sont des voleurs de nuit du Curdistan, bien montés, qui tiennent la campagne autour d'Erzeron, jusqu'à ce que les grandes neiges les obligent de se retirer; & en attendant ils sont à l'affut, pour piller les foibles caravanes qui se rendent à Teflis, Tauris, Trébizonde, Alep & Tocat. On les nomme *jasides* parce que par tradition, ils disent qu'ils croyent en *Jaside*, ou Jesus; mais ils craignent & respectent encore plus le diable.

Ces sortes de voleurs errans s'étendent depuis Mosul ou la nouvelle Ninive, jusqu'aux sources de l'Euphrate. Ils ne reconnoissent aucun maître, & les Turcs ne les punissent que de la bourse lorsqu'ils les arrêtent; ils se contentent de leur faire racheter la vie pour de l'argent,

& tout s'accommode aux dépens de ceux qui ont été volés.

Il arrive d'ordinaire que les caravanes traitent de même avec eux, lorsqu'ils sont les plus forts; on en est quitte alors pour une somme d'argent, & c'est le meilleur parti qu'on puisse prendre; il n'en coute quelquefois que deux ou trois écus par tête.

Quand ils ont consumé les pâturages d'un quartier, ils vont camper dans un autre, suivant toujours les caravanes à la piste: pendant que leurs femmes s'occupent à faire du beurre, du fromage, à élever leurs enfans, & à avoir soin de leurs troupeaux.

On dit qu'ils descendent des anciens Chaldéens; mais en tous cas, ils ne cultivent pas la science des astres; ils s'attachent à celle des contributions des voyageurs, & à l'art de détourner les mulets chargés de marchandises, qu'ils dépaysent adroitement à la faveur des ténèbres. (*D J*)

JAUCOURT, (Louis de) (*Hist. Litt. mod.*) c'est M. le chevalier *de Jaucourt*. Sa naissance est assez connue. Son goût pour les lettres & les savants décida de son sort; il fut un savant & un homme de lettres. Disciple du fameux Boërhave, & ami de M. Tronchin, aussi disciple de ce grand homme, il se fit recevoir, à la sollicitation de son maître, docteur en Médecine à Leyde, afin d'avoir un titre pour fournir des secours charitables aux pauvres malades. Personne n'a travaillé avec plus d'ardeur & de fécondité que lui à l'*Encyclopédie*, ni dans des genres plus nombreux & plus différents. Ses articles annoncent une grande étendue & une grande variété de connoissances. Il avoit travaillé à la *Bibliothèque raisonnée*; il avoit publié avec les professeurs Gaubius, Musschembroëk & le docteur Massuet, le *Musœum Sebœanum*, 4 vol. *in-folio*. Il alloit faire imprimer en Hollande le *Lexicon Medicum universale*, en 6 vol. *in-fol.* Ce manuscrit périt dans un naufrage avec le vaisseau qui le portoit. Il consacra sa vie entière à l'étude, & fut philosophe dans sa conduite & dans ses mœurs comme dans ses écrits. *Il s'étoit bien promis*, disoit-il lui-même, *d'assurer son repos par l'obscurité de sa vie studieuse*. Il se tint exactement parole. Il mourut à Compiègne en 1780. Il étoit de la Société Royale de Londres & des Académies de Berlin & Stockolm.

JAUFFNDEIGRA, f. m. (*Hist.*) nom du troisième mois des Islandois; il répond à notre Mars, c'est le mois de l'équinoxe du printemps. *Jauffndeigra manudar* signifie *mois équinoxial*. (*A. R.*)

JAURÉGUY, (*Voyez* l'article ANJOU-ALENÇON).

JAULT, (Augustin-François) (*Hist. Litt. mod.*) docteur en médecine, professeur en langue syriaque au Collège Royal, a traduit les *Opérations en Chirurgie*, & *la Critique sur la Chirurgie de Scharp*; l'*Histoire des Sarrasins* d'Ockley; le Traité *des Maladies vénériennes* de M. Astruc; le Traité *des Maladies venteuses* de M. Combalusier; le Traité *de l'Asthme* de M. Floyer. Il a travaillé aussi à la nouvelle édition du *Dictionnaire étymologique* de Ménage. Mort en 1757.

JAY, (Guy-Michel le) (*Hist. Litt. mod.*) savant connu par la Polyglotte qu'il fit imprimer si richement à ses dépens, depuis 1628 jusqu'en 1645. Elle contient deux langues (le syriaque & l'arabe) de plus qu'une autre Polyglotte que le cardinal Ximenès avoit fait long-temps auparavant exécuter en Espagne. Or le cardinal Ximenès, premier & qui plus est grand ministre, ayant trouvé du temps pour présider à une si belle & si grande entreprise littéraire, le cardinal de Richelieu, avide, comme il l'étoit, de toute sorte de gloire, & aspirant dans ce genre à la monarchie universelle, toujours prêt d'acheter les genres de gloire qu'il n'avoit pu obtenir, comme un conquérant, à envahir les états d'autrui; Richelieu voulut que la Polyglotte faite en France portât son nom comme la Polyglotte faite en Espagne, portoit le nom de Ximenès; en un mot, il voulut que *le Jay* lui cédât sa Polyglotte, comme il avoit voulu que Corneille lui cédât *le Cid*. *Le Jay* eut la même fierté, ou plutôt la même honnêteté que Corneille, il refusa de vendre sa gloire, & il resta ruiné par les frais immenses de son entreprise. Pour corriger sa fortune, étant devenu veuf, il entra dans l'état ecclésiastique, & fut doyen de Vezelai; il obtint un brevet de conseiller d'état. Il mourut en 1675. Quelques auteurs l'ont mal-à-propos confondu avec un homme de ce nom, mais qui vraisemblablement n'étoit pas de la même famille.

Cet homme étoit Nicolas *le Jay*, premier président du parlement de Paris, mort en 1640. Celui-ci eut trois neveux de son nom, officiers au régiment des Gardes, qui furent tués au service.

Un des premiers compagnons de saint Ignace de Loyola, se nommoit Claude *le Jay*, il étoit savoyard, & il y a eu dans les derniers tems, un autre jésuite assez célèbre, du nom de *le Jay*, qui a laissé une traduction françoise des *Antiquités Romaines* de Denis d'Halicarnasse, & une latine de l'Histoire de France, de son confrère le P. Daniel; il a aussi laissé une *Bibliotheca Rhetorum, præcepta & exempla complectens quæ tàm ad orationum facultatem, quàm ad poëticam pertinens, discipulis pariter ac magistris perutilis*. Une singularité de cet ouvrage est que le P. *le Jay* se cite pour ses propres poësies. Il étoit neveu du premier président, & frère des trois frères officiers aux Gardes, tués à la guerre. Il mourut à Paris au Collège de Louis-le-Grand le 21 février 1734.

Une autre famille de *le Jay* a produit un président en la chambre des enquêtes du parlement de Paris en 1344; un prévôt des marchands en 1380; un maître des comptes qui, en 1539 & 1540, fut choisi pour aller avec le connétable de Montmorency (Anne) recevoir l'empereur Charles-Quint sur la frontière, & l'accompagner jusques dans ses états de Flandre.

JEAN SANS-TERRE, (*Histoire d'Angleterre.*) quatrieme fils du roi Henri II, usurpa la couronne d'Angleterre, en 1199, sur Arthus de Bretagne, son neveu, à qui elle appartenoit, & par un nouveau crime, ôta la vie à ce prince; au moins il fut soupçonné de ce meurtre, & ce ne fut pas sans raison, puisqu'il avoit fait enfermer Arthus dans la tour de

Rouen, & qu'on ne sait ce qu'Arthus devint. *Jean* soutint mal le poids d'une couronne qu'il avoit acquise par un double forfait. Philippe le dépouilla de toutes les terres qu'il possédoit en France. *Jean* se brouilla avec le pape Innocent III, & ce pontife le força de soumettre sa personne & sa couronne au saint Siège, & de consentir à tenir ses états comme feudataire de l'église de Rome. Un légat du pape reçut l'hommage de *Jean*, il étoit conçu en ces termes: « Moi *Jean*, par la grace de Dieu, roi d'Angleterre » & seigneur d'Hibernie, pour l'expiation de mes » péchés, de ma pure volonté & de l'avis de mes » barons, je donne à l'église de Rome, au pape » Innocent & à ses successeurs, les royaumes d'Angle- » terre & d'Irlande, avec tous leurs droits; je les » tiendrai comme vassal du pape; je serai fidèle à » Dieu, à l'église Romaine, au pape mon seigneur, » & à ses successeurs légitimement élus. Je m'oblige de » lui payer une redevance de mille marcs d'argent » par an, savoir, sept cens pour le royaume d'Angle- » terre, & trois cens pour l'Hibernie ». Ce trait suffit pour caractériser ce prince. Les Anglois outrés de la lâcheté de leur roi, résolurent de le faire tomber du trône. *Jean*, informé de la disposition des esprits, assembla les barons, & trembla devant eux comme devant le légat du pape. Il jura d'observer tous les articles de la grande charte, ajouta de nouveaux priviléges aux anciennes prérogatives, & mit la liberté publique au-dessus de l'autorité royale. Le monarque toujours inconséquent dans sa conduite, se repentant d'avoir accordé des droits si exorbitans à ses sujets, s'en vengea en pillant les biens des barons & en ravageant leurs terres. Ceux-ci se révoltèrent, appellèrent Philippe, roi de France, à leur secours, & offrirent la couronne d'Angleterre à Louis, son fils. *Louis* passe en Angleterre, y est reçu avec acclamation, & couronné en 1216. *Jean* meurt la même année, après avoir erré de ville en ville, portant par-tout ses inquiétudes, avec la honte & le mépris dont il étoit couvert. (A. R.)

JEAN II, surnommé *le Bon*, (*Hist. de France.*) Ce prince naquit en 1320, & parvint au trône de France après la mort de Philippe-de-Valois, en 1350. La France étoit épuisée d'hommes & d'argent; les soldats étoient découragés par tous les échecs que les armes françoises avoient reçus. Edouard III, fier de ses succès, prenoit le titre de roi de France: telle étoit la triste situation de l'état, lorsque *Jean* fut appellé au gouvernement. Il crut devoir effrayer les traîtres par un exemple terrible. Raoul, comte d'Eu, accusé avec fureur, condamné avec légèreté, porta sa tête sur l'échafaud: toute la France en murmura. *Jean*, pour s'attacher les seigneurs, & perpétuer entr'eux une concorde parfaite, institua l'ordre de l'Etoile. Cette marque de distinction cessa d'en être une dès qu'elle devint vulgaire, & la noblesse l'abandonna au guet.

Charles-le-mauvais étoit alors roi de Navarre: le caractère atroce de ce prince n'est point encore assez peint par le surnom odieux qu'on lui donna; cruel par goût, comme les autres par nécessité, il avoit pour ainsi dire du génie pour créer des crimes nouveaux: il avoit fait assassiner le connétable Charles de la Cerda. Le roi attira Charles à Rouen, & le fit arrêter; ce coup d'état ne se fit pas sans effusion de sang. Les partisans de Charles (car les tyrans en ont quelquefois) appellèrent à leur secours le roi d'Angleterre. Déjà l'Auvergne, le Limousin, le Poitou, sont couverts de cendres & de ruines: *Jean* rassemble son armée, marche contre les Anglois & les joint à Maupertuis près de Poitiers. Le prince de Galles, fils d'Edouard, craint d'être enveloppé; il demande la paix, il offre la restitution de tout ce qu'il a conquis. *Jean* est inflexible, il veut venger tous les affronts que la France a reçus depuis tant d'années: la bataille se donne le 19 septembre 1356. « Amis, dit-il aux » seigneurs de sa suite, lorsque vous êtes tranquilles à » Paris, vous appellez les Anglois; les voilà ces en- » nemis que vous avez défiés; faites voir que vos » menaces ne sont point de vaines bravades ». Sa valeur impatiente causa la perte de la bataille; l'envie de se précipiter dans les plus grands périls, l'empêcha de voir ce qui se passoit loin de lui; il n'y eut nul ordre dans les attaques, nul ensemble dans les mouvements: le roi, long-temps défendu par sa propre bravoure, par celle de ses gardes & par Philippe son jeune fils, fut contraint de rendre les armes. Le prince de Galles le traita avec tous les égards qu'il devoit à son rang, sur-tout à son courage: on le conduisit à Bordeaux, & delà on le fit passer à Londres. Pendant sa captivité, la régence fut confiée au jeune Charles, dauphin, qui dès-lors commençoit à mériter le surnom de *sage*, qu'on lui donna depuis. Ce prince, secondé par Duguesclin, empêcha du moins la chûte entière de l'état, s'il ne le rétablit pas dans toute sa splendeur. Charles-le-mauvais échappé de sa prison, employoit pour perdre la France, la ruse & la perfidie, les seules armes qu'il connût. Un simple bourgeois sauva Paris de sa fureur; Edouard s'avança jusqu'aux portes de cette capitale, pillant, brûlant, saccageant: c'est ainsi qu'il cherchoit à mériter l'affection d'un peuple sur lequel il vouloit régner. Enfin, le fatal traité de Bretigny rendit la liberté à *Jean II*, en 1360. Il renonçoit à toute espèce de souveraineté sur la Guienne & sur les plus belles provinces de France: à peine revenu à Paris, on voulut l'empêcher de remplir ces conditions onéreuses. « Si » la justice & la bonne-foi, répondit-il, étoient ban- » nies du reste du monde, elles devroient se retrouver » encore dans le cœur & dans la bouche des rois ».

Toutes les provinces qui devoient passer sous la domination angloise, s'opposèrent à l'exécution du traité; quelques-unes même menacèrent de se révolter, si on vouloit les livrer à Edouard, & de désobéir au roi pour lui être fidelles. Cependant Edouard fut mis en possession de ses conquêtes; mais ses ambassadeurs manquèrent au rendez-vous où l'on devoit leur remettre les renonciations authentiques de *Jean*. Ce prince permit, en 1360, aux Juifs de fixer leur séjour dans le royaume pendant vingt ans. La mort de Philippe de Rouvre, duc de Bourgogne, lui laissa ce duché dont il étoit héritier; il le donna à Philippe son quatrième fils, comme apanage réversible à la couronne au défaut d'enfants mâles. Le duché de Normandie, les comtés de Champagne & de Toulouse furent aussi réunis à la couronne. Cependant le duc d'Anjou qui étoit resté à Londres en ôtage, s'échappe & reparoît à la cour. *Jean* est indigné de sa démarche; sur le champ il prend la résolution d'aller à la place de son fils reprendre ses fers à Londres: en vain toute la cour s'oppose à ce dessein. Nouveau Régulus, il ferme l'oreille aux prières de ses parents, de ses amis, de ses sujets: il part, arrive à Londres, & y meurt le 10 avril 1364. *Jean* n'eut pas assez de talents pour tirer la France de la situation horrible où elle se trouvoit: il en auroit eu assez pour la rendre heureuse au sein de la paix. On ne peut lui faire un crime des guerres continuelles qui troublèrent son règne: le droit naturel de la défense les rendoit légitimes. Meilleur soldat que général, meilleur citoyen que roi, plus juste qu'éclairé, si quelque qualité l'élève au-dessus du vulgaire des rois, c'est sa bonne foi. (*M. DE SACY.*)

JEAN I, roi d'Aragon, (*Hist. d'Espagne.*) A la toute-puissance près qui n'est point le partage de la foible humanité, les rois feroient exactement tout ce qu'ils voudroient faire, s'ils savoient employer avec art le droit qu'ils ont de commander aux hommes. Cet art pourtant ne paroît pas bien épineux, puisqu'il consiste à se faire aimer seulement de ceux de qui l'on veut être obéi. J'avoue qu'il faut aux hommes ordinaires bien des talens, de grandes qualités pour être aimés; encore même avec ces grandes qualités, ces talents supérieurs, ne parviennent-ils souvent qu'à se faire des ennemis dans la société. Quant aux rois, avec de la douceur, de l'affabilité, il n'est rien qu'ils ne puissent, il n'y a rien qui leur résiste; on ne s'apperçoit même pas des défauts qu'ils peuvent avoir, & qui, quelque considérables, quelque énormes qu'ils soient, sont rachetés par ces deux qualités. Un prince affable, doux, est toujours sûr du zèle, du respect, de la confiance & de l'amour de ses sujets, qui mettant sur le compte de cette douceur de caractère ses foiblesses, ses défauts & ses fautes même, ne voient en lui que le roi bienfaisant, le protecteur généreux & l'ami de ses peuples. Tel fut *Jean I*, roi d'Aragon; il fut bon, & ne fut que bon: cependant les Aragonois qui, à la vérité, venoient d'être soumis à un maître fort dur, impérieux, méchant, l'aimèrent & le regardèrent comme le meilleur des souverains. *Jean* pourtant n'étoit rien moins qu'ambitieux de passer pour habile, mais il étoit affable, & la douceur lui tint lieu des talents qu'il n'avoit pas & qu'on lui supposa, des grandes qualités qu'il n'avoit pas non plus & qu'on voulut lui croire, des éminentes vertus auxquelles il ne prétendoit pas, & que le peuple dont il étoit chéri lui donna libéralement. Il se livra tout entier aux plaisirs, ne chercha qu'à se procurer & à goûter tous les agréments de la vie, & se reposa du gouvernement du royaume sur la reine Violante sa femme, princesse de beaucoup d'esprit, ambitieuse & intrigante; mais il étoit affable, il étoit doux; & ce fut uniquement à lui qu'on rapporta tout ce qui se faisoit de bien, comme on attribuoit à sa femme ou au malheur des circonstances toutes les fautes qui se commettoient dans l'administration. On ne supposoit pas qu'un roi qui recevoit avec tant de douceur toutes les remontrances qu'on jugeoit à propos de lui faire, fût seulement coupable de quelque négligence volontaire dans la conduite des plus importantes affaires, & l'on excusoit ou l'on feignoit de ne pas voir toutes les fausses démarches dans lesquelles l'engageoient son inapplication, ou les conseils de son épouse & de ses favoris. Ce fut ainsi que régna paisiblement *Jean I*, fils de don Pedre IV, le plus impérieux des rois, le plus violent des hommes, souvent le plus injuste, & de dona Léonore, infante de Portugal. Il naquit le 27 décembre 1351, & à sa naissance, son père lui donna le titre de *duc de Gironne*, qui dans la suite a toujours été celui des fils aînés des rois d'Aragon. Son éducation fut confiée à Bernard de Cabrera, général, ministre, favori de don Pedre, & qui par les services les plus importants & les plus signalés, avoit mérité la confiance de son maître & l'estime publique: cependant, par des fautes vraies ou supposées, Cabrera se fit des ennemis; & les accusations, ou peut-être les calomnies de ceux-ci ayant prévalu, il devint odieux à tout le monde, & sur-tout à don Pedre qui soupçonnoit facilement & condamnoit avec sévérité, sur les soupçons les plus légers. *Jean* n'avoit pas encore quinze ans, lorsque son gouverneur persécuté par ses ennemis & haï par son maître, fut arrêté, mis en prison, appliqué à la plus violente torture, &, par ordre de don Pedre, jugé par son pupille *Jean*, qui le condamna à mort. Mariana raconte que cette cruelle sentence fut prononcée par don Pedre, & publiquement exécutée par le duc de Gironne. Ce fait n'est pas prouvé, & c'est assez qu'il ne soit pas vraisemblable, pour qu'on ne doive pas y ajouter foi. *Jean* n'étoit pas assez cruel pour faire dans cette occasion, l'office de bourreau; il étoit fort doux au contraire, il aimoit Cabrera, & il fut forcément obligé de prononcer, sous la dictée de son père, une sentence qu'il eût été très-dangereux pour lui de refuser de prononcer: don Pedre ne l'auroit pas plus épargné que Cabrera. Quelque temps après il se maria avec dona Marthe, sœur du comte d'Armagnac; & le roi son père, veuf depuis quelques années, épousa dona Sybille de Fortia. Le caractère altier, ambitieux & tracassier de la reine Sybille, causa beaucoup de chagrins au duc de Gironne qu'elle haïssoit, qu'elle cherchoit à rendre odieux à don Pedre, & avec lequel elle ne garda plus de ménagements, lorsqu'étant devenu veuf, il refusa d'épouser la reine de Sicile, cousine de Sybille, qui avoit proposé ce mariage. La reine Sybille éclata, se déchaîna violemment contre le duc de Gironne, qui eut enfin la douleur de voir le roi don Pedre partager la haine de sa femme, & s'unir avec elle contre lui; ces démêlés durèrent pendant trois années, & *Jean* eut à supporter la persécution la plus dure & la plus amère, jusqu'à la fin du règne de don Pedre son père, qui, mourut le 5 janvier 1387. Dès la veille, la reine Sybille, coupable de tant d'excès envers le nouveau souverain, avoit pris la fuite, & s'étoit réfugiée dans le château de Fortia, chez son frère: elle y fut assiégée, forcée de se rendre & conduite au roi *Jean I*, qui la traita avec une rigueur qui ne lui étoit pas naturelle, mais que Sybille n'avoit que trop méritée. A la sollicitation du pape, la vie lui fut conservée; mais elle fut dépouillée de tous les domaines & de tous les revenus qu'elle tenoit de don Pedre, & que le roi *Jean I* donna sur le champ à dona Violante son épouse, à laquelle il avoit été marié quelque temps avant la mort de don Pedre. L'Aragon étoit tranquille, & le nouveau souverain prit les mesures les plus sages pour maintenir ce calme & prévenir tout ce qui eût pu le troubler, soit au-dehors, soit au-dedans. Le duc de Lancastre lui envoya l'archevêque de Bordeaux, pour réclamer quelques payements auxquels l'Aragon étoit obligé, en vertu d'un traité fait avec l'Angleterre, sous le règne précédent: mais l'archevêque de Bordeaux se plaignit avec tant de hauteur & parla avec tant d'insolence, que, malgré toute sa douceur, *Jean I* ne pouvant retenir son indignation, fit arrêter l'audacieux prélat. Le duc de Lancastre fut très-irrité de cet emprisonnement, qu'il regardoit d'abord comme un attentat; mais informé de la licence de l'archevêque, il se radoucit, & cette affaire n'eut aucune suite. Par les conseils de son épouse, *Jean I* se rangea sous l'obédience de Clément VII, qui résidoit à Avignon, & lui fit faire hommage pour la Sardaigne, où don Simon Perez d'Azenos gouvernoit avec beaucoup de sagesse en qualité de vice-roi. *Jean* n'avoit qu'un seul objet d'ambition, & cet objet étoit de plaire à la reine Violante son épouse qui, aimant beaucoup les plaisirs, & sur-tout la musique & la poësie, engagea son époux à faire venir des maîtres en ce genre, & à en établir une école. Cette institution déplut beaucoup à la noblesse, & les seigneurs qui ne connoissoient d'autre plaisir que celui de combattre & de maltraiter leurs vassaux, se plaignirent hautement. Les prélats hypocrites, ignorants & désapprobateurs, pensèrent & agirent comme la noblesse; ensorte que pour satisfaire les mécontents, *Jean* & la reine son épouse renoncèrent à ces amusements, & renvoyèrent les musiciens & les poëtes qu'ils avoient attirés dans l'état. On applaudit beaucoup à ce sacrifice, & la tranquillité du règne de ce prince ne fut troublée que par le comte d'Armagnac, qui, prétendant avoir des droits sur le royaume de Majorque, y fit une irruption, & ne fut point heureux. Le frère du roi, le duc de Montblanc, dont le fils don Martin d'Elserica avoit épousé dona Marie, reine de Sicile, fit une expédition aussi glorieuse qu'heureuse en Sicile, & tous ceux qui avoient pris les armes contre l'Aragon furent punis sévèrement. De nouveaux troubles s'élevèrent en Sardaigne, & *Jean* résolut d'y passer; mais les Maures menaçant de faire une irruption dans le royaume de Valence, il ne put exécuter ce projet; il se contenta d'y envoyer des troupes. Quelque temps après le départ de ce secours, *Jean* maria ses deux filles, les infantes dona Yolande & dona Jeanne; la première au duc d'Anjou, la seconde à Matthieu, comte de Foix. Il eut soin aussi de fixer les limites qui séparoient l'Aragon de la Navarre, & les suites prouvèrent la sagesse & la grande utilité de cette précaution. Libre des soins qui l'avoient occupé jusqu'alors, *Jean* se disposa à passer en Sardaigne, où les troubles s'étoient accrus, & où son frère, son neveu & sa nièce étoient assiégés dans Catane par les mécontents: mais les fonds lui manquant, il eût été obligé de différer encore son expédition, si don Bernard de Cabrera, engageant généreusement ses biens, n'eût fourni à toutes les dépenses & hâté les secours avec lesquels le roi & la reine de Sicile furent délivrés du danger qui les menaçoit. Toujours fondé sur ses prétentions, le comte d'Armagnac ne cessoit point ses hostilités, & faisoit les plus vives incursions en Catalogne. La Sardaigne agitée demandoit du secours; la Sicile étoit toujours exposée aux fureurs de la guerre; la reine Violante gouvernoit sous le nom de son époux, & celui-ci plus empressé de jouir des plaisirs qu'il pouvoit prendre, qu'ambitieux de régner, écoutoit les remontrances des états, & leur répondoit de la manière la plus honnête & la plus satisfaisante; estimoit, protégeoit, avançoit ceux qui lui parloient avec le plus de force & de vérité des devoirs & des fonctions de la royauté; ne vouloit mécontenter personne, mais aussi ne vouloit se priver d'aucun de ses plaisirs: celui qui avoit pour lui le plus d'attraits, étoit la chasse, & il lui fut fatal; un jour qu'il s'y livroit avec ardeur, il tomba de cheval, & sa chûte fut si cruelle, qu'il en mourut le 19 mai 1393, dans la neuvième année de son règne & la quarante-cinquième de son âge. Les éditeurs du *Dictionnaire de Moreri* disent, sur la foi d'un historien, Imhoff, que personne ne consulte, & d'un autre historien, Zurita, que personne ne croit, que la foiblesse de *Jean I* le rendit méprisable à ses sujets, & que les premières années de son régne furent remplies de séditions & de troubles. Ces deux assertions sont deux erreurs: il n'est pas vrai que les premières années du règne de ce prince aient été troublées par aucune sédition, par aucun soulèvement; & *Jean*, si l'on en excepte les adhérents & les complices de la reine Sybille, n'eut ni rebelles à poursuivre, ni traîtres à punir. Il est plus faux encore que *Jean I* se soit rendu méprisable à ses sujets: ils l'aimèrent, le chérirent & fermèrent les yeux sur son extrême confiance pour Violante son épouse. Quand on veut juger les rois d'Espagne, je pense que ce n'est ni d'après Imhoff, ni d'après Zurita qu'il faut se décider; je ne voudrois pas même toujours prononcer d'après Mariana. (*L. C.*)

Jean II, roi d'Aragon, (*Histoire d'Espagne.*) Supposez à un roi les vertus les plus éminentes, les plus brillantes qualités, tous les talens de l'esprit, l'ame la plus belle, le cœur le plus magnanime; supposez-le équitable, courageux, libéral, magnifique, plein de valeur dans les combats, doux, bienfaisant, aimable dans la société. Avec toutes ces grandes & rares qualités, ne lui supposez qu'un défaut, une foiblesse, un penchant irrésistible pour les femmes, &

trop d'attachement à celles pour lesquelles ils s'est une fois déclaré ; dès-lors ce roi, modele de toutes les perfections humaines, court grand risque de ne plus être qu'un prince malheureux, si même il est possible qu'il ne devienne pas un médiocre ou méchant roi, injuste, efféminé, avare, dur, sombre & inaccessible. Ainsi le plus petit nuage peut obscurcir le soleil le plus radieux. En effet, il est bien difficile qu'un roi, quelqu'éclairé qu'il soit, ait la force de résister ou de rejetter perpétuellemnnt les conseils imprudens ou intéressés d'une maîtresse qui l'enchaîne, qui regne sur ses sens & son ame avec plus d'empire qu'il ne regne lui-même sur ses peuples. Il me paroît bien mal-aisé de se défendre perpétuellement, & toujours avec succès, des inspirations d'une maîtresse idolâtrée. Ils sont donnés avec tant d'art ces dangereux conseils; ils sont donnés & répétés dans des momens si doux, si enchanteurs; l'amante qui les donne paroît si désintéressée, animée de tant de bonne foi, inspirée elle-même par de si bons motifs, qu'on croiroit se manquer à soi-même, de ne pas les suivre; & s'ils sont écoutés & suivis, que devient ce roi sage, courageux, bienfaisant, libéral, juste, doux? Que deviendra l'état lui-même? A quelle cause le souverain trop crédule & trop confiant attribuera-t-il les revers qu'il éprouvera? Et à quelle autre cause qu'à son aveugle complaisance pour la reine Jeanne, & pour ses maîtresses qui le trompoient, *Jean II* put-il rapporter les malheurs de son regne, les troubles qui agiterent ses états, les disgraces qu'il éprouva lui-même, les injustices qu'il fit, quoiqu'il fût par caractere & par principe le plus juste des hommes? Il étoit courageux, & en plus d'une occasion il fut surpris lui-même de manquer de fermeté: il aimoit à verser des bienfaits, &, sans le vouloir, il refusa plus d'une fois de récompenser des services: il étoit gai, & il tomba souvent dans la mélancolie. Il suivit trop les conseils de ses maîtresses; il écouta ses favoris; & fut trop facile à prendre les impressions qu'ils lui donnerent. Sans ces foiblesses, qui eurent des suites fâcheuses, il eût été un bon roi, & digne à tous égards de l'estime, du respect & de l'amour de ses sujets. Fils de Ferdinand, infant de Castille, roi d'Aragon, & de dona Léonore d'Albuquerque, il étoit fort jeune encore, lorsque son père l'ayant promis en mariage à Jeanne, reine de Naples, & ayant même signé le contrat, le fit passer en Sicile: mais Jeanne impatiente d'attendre avoit épousé Jacques de Bourbon, comte de la Marche, lorsque l'infant don *Juan* arriva en Sicile. Mécontens de cette alliance, les Napolitains offrirent à Ferdinand de prendre les armes en faveur de son fils; mais ce roi sage leur fit répondre qu'il avoit assez de couronnes, & que son fils étoit trop heureux d'avoir manqué d'épouser une reine aussi inconstante. L'infant, aussi peu sensible que son père, à la légéreté de Jeanne, resta en Sicile jusques après la mort de Ferdinand: mais Alphonse V, son frère, roi d'Aragon, le rappella, dans la crainte que les Siciliens, nation turbulente & avide de révolutions, ne voulussent le mettre sur le trône. *Jean* revint à la cour de son frere, & peu de temps après, en 1419, il épousa dona Blanche, reine douairiere de Sicile & héritière du royaume de Navarre. Elle ne tarda que peu d'années à jouir de ses droits, & don Carlos *le noble* étant mort, *Jean* monta sur le trône de Navarre, où il se fit aimer de ses sujets, autant que les puissances étrangeres l'estimerent pour sa justice & le craignirent pour sa valeur. Le premier acte de royauté qu'il exerça, fut de se rendre médiateur entre le roi d'Aragon, son frere, & celui de Castille, prêts à se faire une cruelle guerre. Dans la suite, & lorsque par ses soins il fut parvenu à rendre ses états florissans, il accompagna le roi Alphonse V, son frère, dans l'entreprise de la conquête du royaume de Naples, où il se signala par sa valeur autant que par la prudence & l'utilité des conseils qu'il donna, & qui furent suivis. Ce fut encore lui qui, toujours rempli de zèle pour les intérêts du conquérant, vint de Naples en Espagne, annoncer aux états d'Aragon assemblés, les succès éclatans des armes de leur souverain. D'Aragon il passa en Castille, où d'importantes affaires le retinrent. Ce fut pendant les troubles qui agitèrent ce royaume, & auxquels le roi de Navarre prit peut-être trop de part, contre les avis d'Alphonse, que mourut la reine Blanche, son épouse, dont il avoit eu trois enfans; don Carlos, prince de Viane; Blanche, qui fut mariée à Henri IV, roi de Castille, & qui en fut séparée à cause de l'impuissance de son époux; & Eléonore, qui dans la suite fut appellée au trône de Navarre. La mort de la reine Blanche fut une source de malheurs pour ses enfants, & de chagrin pour *Jean*, qui ayant épousé en secondes nôces, Jeanne Henriquez, fille de l'amirante de Castille, & ne se conduisant plus que d'après les suggestions de cette femme ambitieuse, méchante & cruelle marâtre, écouta ses odieuses dénonciations; & d'après ses calomnies, traita don Carlos, son fils, avec tant de rigueur, que les Navarrois soulevés prirent les armes, & voulurent le forcer à remettre le sceptre à don Carlos, qui avoit, à la vérité, les droits les plus incontestables à la couronne du chef de sa mère, & en qualité de petit-fils de Charles III, surnommé *le noble*. *Jean*, toujours animé par sa perfide épouse, en usa plus sévèrement encore; & le prince de Viane, violemment persécuté, prit les armes, moins dans la vue de détrôner son père, qu'il ne cessa jamais de respecter, que pour se soustraire aux fureurs de son implacable marâtre. La Navarre étoit divisée entre le père & le fils; chacun d'eux étoit à la tête d'une armée nombreuse, impatiente de combattre: la guerre civile éclata, déchira le royaume, dura long-temps, fut malheureuse pour don Carlos, qui tomba au pouvoir de son père, & fut, à l'instigation de l'inflexible Jeanne, enfermé dans une obscure prison, d'où, après avoir langui pendant quelques années, il se retira à Naples, dans l'espérance de trouver auprès d'Alphonse V, son oncle, un repos qu'il eût en vain cherché à la cour de son père. Alphonse V, touché des malheurs de son neveu, agit si puissamment & avec tant de zèle, qu'il parvint à calmer le ressentiment de *Jean*, qui rappella le prince de Viane; mais la reine Jeanne, qui avoit depuis long-temps juré la perte de don Carlos, dans la vue de faire monter son fils don Ferdinand sur le trône, recommença ses intrigues, ses calomnies, ses délations, & parvint à brouiller plus que jamais ce jeune prince avec son père. Indignés d'une persécution aussi soutenue, les Navarrois proclamèrent tumultueusement don Carlos roi. *Jean* prit les armes, déshérita son fils, & la guerre civile se ralluma avec la plus atroce violence. Le roi d'Aragon se rendit encore médiateur entre son frère & son neveu, & l'envoyé de ce monarque arriva au moment où les Navarrois divisés étoient sur le point de remettre à une bataille la décision de la querelle. La médiation d'Alphonse épargna encore à la Navarre le dernier des malheurs : mais il mourut lui-même à Naples, après avoir institué son frère *Jean*, roi de Navarre, héritier des royaumes d'Aragon, de Valence, de Majorque, de Sardaigne & de Sicile, ainsi que de la principauté de Catalogne. La nouvelle de cette mort ne fut pas plutôt parvenue en Aragon, que *Jean II* fut proclamé à Saragosse, le 25 juillet 1458. Le sceptre des Navarrois appartenoit évidemment à don Carlos; mais trop docile aux suggestions de Jeanne, le roi d'Aragon se hâta de nommer la comtesse de Foix, sa fille, vice-reine de ce royaume; il donna un vice-roi à la Sicile, où il craignoit que don Carlos qui y étoit, ne suscitât quelque soulèvement. Mais bien loin de songer à remuer, le prince de Viane offrit à son père de se retirer où il voudroit, & le roi lui désigna Majorque. Don Carlos s'y rendit : sa prompte obéissance désarma son père, qui lui permit d'aller résider par-tout où il voudroit, excepté en Navarre ou dans la Sicile, lui promettant de lui rendre la principauté de Viane, & de restituer à l'infante dona Blanche, séparée de Henri VI, roi de Castille, tout son apanage. Ce traité paroissoit fixer la bonne intelligence, & elle se seroit soutenue, si la turbulente Jeanne eût pu consentir à laisser vivre tranquillement le prince de Viane. Elle commença par engager son trop facile époux à refuser aux états d'Aragon & aux états de Catalogne, de déclarer don Carlos son successeur; & ce refus en effet très-injurieux, aigrit l'esprit de don Carlos, qui, peu de tems après, fut promis en mariage par son père, à dona Catherine, infante de Portugal; mais tandis qu'on négocioit ce mariage à la cour d'Aragon, les ambassadeurs de Henri IV, roi de Castille, offrirent secrètement au prince don Carlos, l'infante dona Isabelle, sœur du roi de Castille, & héritière du trône de Castille. Le prince de Viane connoissoit les engagements que son père avoit pris avec le roi de Portugal, & il y avoit lui-même consenti; mais l'alliance qu'on lui proposoit étoit pour lui d'une plus grande importance, & d'ailleurs les Castillans s'engageoient à le mettre, quoiqu'il en arrivât, sur le trône de Navarre. Quelqu'éblouissantes pourtant que fussent ces promesses, le prince de Viane ne s'engagea point, & ne répondit qu'en termes généraux. Jeanne, informée de cette négociation, la fit servir de prétexte à la plus atroce des délations; elle dit à son époux que don Carlos avoit conjuré sa perte, & que d'accord avec les Castillans, il vouloit le détrôner. *Jean II* refusa d'ajouter foi à cette accusation. La reine eut recours aux larmes, & *Jean II* se laissant persuader, promit de faire arrêter son fils, qu'en effet il fit saisir, & qu'il transféra de prison en prison, comme s'il eût été coupable des crimes les plus noirs, tandis que sa perfide épouse faisoit courir le bruit que le prince avoit conspiré contre la vie de son père. Ces délations ne s'accréditèrent point, elles soulevèrent au contraire tous les citoyens, qui connoissant & détestant le caractère de la reine, se soulevèrent en faveur de l'innocent opprimé. Les états d'Aragon & ceux de Catalogne, indignés de tant d'injustice, demandèrent hautement à *Jean II* que le prince fût mis en liberté, & qu'il eût à le déclarer son successeur : *Jean* refusa; les états assemblèrent des troupes & équipèrent une flotte pour obtenir ce qu'ils demandoient. Irrité par la résistance, le roi arma de son côté, & la guerre civile alloit bouleverser l'état, lorsque la reine, après avoir pris les plus criminelles précautions, changeant de ton, parut s'intéresser au prince de Viane, conjura son époux de le mettre en liberté, & même de le déclarer son successeur. *Jean II* n'eût point haï son fils, s'il n'eût point eu la foiblesse d'épouser les passions de la reine. Il rendit la liberté à son fils, qui mourut, comme Jeanne l'avoit prévu, peu de jours après son élargissement à Barcelone, après avoir institué par son testament, dona Blanche, sa sœur, héritière du royaume de Navarre, testament qui fut aussi fatal à Blanche, que les prétentions de don Carlos lui avoient été funestes à lui-même, & qui exposa dona Blanche à la haine & aux noirceurs de la reine d'Aragon. En effet, le prince de Viane eut à peine fermé les yeux, que son impatiente marâtre engagea les états de Catalogne à reconnoître son fils don Ferdinand, pour légitime successeur de *Jean II*, & à lui prêter serment. Les peuples n'eurent point la facilité des états; ils se soulevèrent, & la révolte devint générale par les tracasseries de Jeanne, qui irrita contr'elle la noblesse, en protégeant les vassaux contre les seigneurs. La révolte devint si violente, & la haine que l'on avoit pour Jeanne devint si forte, que cette reine craignant pour sa vie, prit la fuite, & elle s'enferma avec don Ferdinand son fils, à Gironne, où bientôt les mécontents allèrent l'assiéger. *Jean II*, secouru par la France, fit lever ce siège, & délivra son épouse, qui, peu satisfaite de la mort de don Carlos, avoit agi avec tant d'art & de succès contre la sœur & héritière de ce prince, dona Blanche, que le roi d'Aragon, effrayé des complots dont sa fille étoit accusée, l'avoit fait arrêter, & la faisant conduire au-delà des Pyrénées, l'avoit livrée au comte & à la comtesse de Foix, ses deux plus cruels ennemis. Accablée des maux que ses persécuteurs lui faisoient souffrir, Blanche écrivit au roi de Castille, implora sa protection, & lui offrit, s'il vouloit la délivrer de son affreuse prison, de lui céder ses droits sur le royaume de Navarre. Jeanne, informée de cette offre, s'excita à de nouvelles atrocités. Elle fit transférer dona Blanche au château de Béarn, où, après deux années de tourments, cette infortunée princesse mourut de poison. *Jean II*, qui ne se doutoit point de ces horreurs, & qui regardoit sa criminelle épouse comme la plus douce & la plus vertueuse des femmes, ne concevoit pas les motifs de la haine des Catalans, de leur soulèvement, du refus qu'ils faisoient de se soumettre, de la guerre qu'ils soutenoient pour se rendre indépendants : ce n'étoit cependant point à l'indépendance qu'ils aspiroient; mais déterminés à ne jamais rentrer sous le joug de la cruelle Jeanne, ils offrirent leur principauté au roi de Castille, qu'ils proclamèrent à Barcelone; & qui, de concert avec le roi d'Aragon, s'en étant rapporté à la décision du roi de France, se désista de ses droits à cette principauté, d'après l'arrêt du roi de France, qui prononça que celui de Castille renonceroit à cette souveraineté. Alors les Catalans appellèrent don Pedre, infant de Portugal, & la guerre se ranima plus vivement que jamais. Don Pedre mourut, institua don Juan héritier de la principauté de Catalogne, & les troubles continuèrent avec la plus grande violence. *Jean II* fit les plus grands efforts pour soumettre les habitants de cette souveraineté, & il y fut merveilleusement secondé par son épouse, qui, s'étant embarquée avec ses troupes, alla assiéger Rocès, & commanda l'armée avec toute l'intelligence & toute l'autorité d'un général accoutumé au tumulte des armes, & exercé dès l'enfance dans l'art des combats. Epuisée cependant de fatigue, elle alla se reposer à Tarragon, où, après une longue maladie, elle mourut, à la grande satisfaction des peuples. On assure que, dévorée de remords pendant sa maladie, elle répétoit sans cesse : *Ah! mon fils Ferdinand, que tu coûtes cher à ta mère!* En effet, l'ambition de placer son fils sur le trône, lui avoit coûté bien des crimes. Quelques historiens assurent, que dans les premiers jours de sa maladie, ayant avoué qu'elle avoit eu part à la mort du prince de Viane, *Jean II*, saisi d'horreur, & connoissant alors toutes les injustices qu'il avoit faites par ses conseils & ses délations, l'abhorra & ne voulut plus la voir. Il reconnut bientôt que c'étoit elle que les peuples détestoient; car sa mort mit fin à tous les troubles, à tous les mécontentements qui jusqu'alors avoient agité son règne. Mais elle ne mit pas fin à toutes les fautes du roi qui se livra dans la suite aussi aveuglément à l'amour de ses maîtresses, qu'il s'étoit laissé dominer par la reine. Les Catalans persistèrent dans leur révolte; & ce ne fut qu'après avoir perdu Gironne & presque toutes leurs troupes, qui furent massacrées dans une bataille, où l'armée aragonoise remporta une éclatante victoire, que la Catalogne entière se soumit, à l'exception de Barcelone, qui, assiégée par mer & par terre, & réduite aux dernières extrêmités, refusoit encore de se rendre. *Jean II*, pénétré lui-même de la situation des habitants de cette ville, leur écrivit une lettre remplie de douceur, de tendresse, & par laquelle il leur offroit non seulement d'oublier le passé, mais de confirmer tous leurs droits, leurs privilèges, & de conserver à chacun des citoyens ses biens & ses dignités. Désarmés par tant de preuves de bonté, les Barcelonois se rendirent par capitulation; & le roi d'Aragon, pour étouffer jusqu'aux moindres restes de mécontentement, voulut bien consentir à reconnoître qu'ils avoient eu de justes raisons de prendre les armes, & à pardonner à tous les habitants. Il fit son entrée dans la ville, & dès le lendemain il confirma leurs privilèges, ainsi qu'il l'avoit promis. Pendant que les Barcelonois cherchoient à se soustraire à la couronne d'Aragon, les habitants de Perpignan & d'Elne tentoient de s'affranchir de la domination françoise, pour se remettre sous l'obéissance du roi d'Aragon; & dans cette vue, ils massacrèrent la garnison françoise. Louis XI assembla une puissante armée pour châtier sévèrement les auteurs de ce massacre. *Jean II* se rendit à Perpignan, fit rétablir les anciennes fortifications, & en fit faire de nouvelles. Les préparatifs de la France & la crainte de la vengeance de Louis XI, consternèrent les habitants de Perpignan, que la présence de leur nouveau souverain ne pouvoit rassurer. *Jean II* les assembla dans l'église cathédrale, & leur dit que connoissant comme eux, le prince qu'ils avoient offensé, ils n'avoient d'autre moyen d'éviter sa colère, que celui d'opposer à ses forces la plus vigoureuse défense; que quant à lui, il leur promettoit & juroit de ne point les abandonner pendant la durée du siège : ce siège ne tarda point à être formé. Perpignan fut investi par l'armée françoise, sous les ordres de Philippe, comte de Bresse, Les Catalans, soumis depuis si peu de temps au roi d'Aragon, parurent les plus empressés à secourir leur souverain; ils prirent les armes, prièrent don Ferdinand de venir se mettre à leur tête, & se mirent en campagne au nombre de vingt-cinq mille. L'armée des assiégeants étoit de quarante mille hommes; mais *Jean II* défendit Perpignan avec tant de valeur, & il fut si bien secondé, qu'obligés de lever le siège, les François étoient très-affoiblis, lorsque don Ferdinand, suivi de l'armée catalane, passa les Pyrénées, & marcha au secours de son pére. Le siège étoit levé alors, & les François se retiroient : don Ferdinand les harcela dans leur retraite, & affoiblit encore plus leur armée. Louis XI, irrité contre ses généraux, renforça cette armée de dix mille hommes, & l'envoya une seconde fois assiéger Perpignan. *Jean II* étoit encore dans cette place, & les attaques furent si vives, que le roi d'Aragon, craignant de succomber, eut recours à un stratagême sur lequel il ne comptoit que foiblement, & qui pourtant lui réussit. Il fit répandre parmi les assiégeants, la nouvelle du soulèvement & de la réunion de toutes les places qu'ils avoient laissées sur leur route & dans le voisinage. Ce faux bruit s'accrédita & alarma si fort les François, que, dans la crainte d'être investis eux-mêmes sous les murs de Perpignan, ils levèrent le siège, se retirèrent en désordre, & eurent leur arrière-garde fort maltraitée. L'inutilité de cette seconde entreprise rebuta Louis XI : il proposa la paix au roi d'Aragon; celui-ci l'accepta, & le traité fut conclu à des conditions en apparence très-satisfaisantes. Mais *Jean II* qui traitoit de bonne foi, ne s'apperçut que trop tard, que le traité que Louis XI avoit fait rédiger étoit rempli de clauses insidieuses : il envoya aussi-tôt deux des principaux seigneurs de sa cour à Paris, avec pouvoir de règler tout & de lever les difficultés, ou plutôt les motifs de guerre qui résultoient de ce même traité : mais le rusé Louis XI avoit tout prévu, & ces plénipotentiaires furent par diverses causes si long-temps retardés sur la route, que, lorsqu'ils arrivèrent à Paris, le roi n'y étoit déjà plus : ils se disposoient à le suivre ; mais ils furent retenus, sous divers prétextes, par les ministres de France ; & pendant qu'ils se plaignoient à Paris de la mauvaise foi de ces procédés, l'armée françoise dévastoit la campagne aux environs de Perpignan, & ruinoit la moisson, dans la vue d'affamer plus aisément la ville, lorsqu'ils reviendroient l'assiéger. *Jean II* ne pouvoit s'opposer à ces violences, trop occupé dans Sarragosse, où tout étoit en confusion, à réprimer les factions qui désoloient cette ville & le royaume. Il reçut cependant quelques secours de Naples, & ravitailla Perpignan autant qu'il lui fut possible. Le roi de Sicile, don Ferdinand, son fils, vint à la tête de quelques troupes à Sarragosse, appaisa par l'activité de ses soins & la sévérité de sa justice. (*Voyez* FERDINAND V, de Castille, dit *le Catholique*.), le désordre qui régnoit dans Sarragosse, & s'en retourna en Castille, où de plus importantes affaires l'appelloient. Tandis que la mort de Henri IV, surnommé l'*impuissant*, remplissoit la Castille & l'Espagne entière de troubles, par l'ambition des prétendants à la couronne, les François, maîtres du Roussillon qu'ils ravageoient avec des forces supérieures, assiégeoient Perpignan pour la troisième fois. *Jean II* fit ce qu'il put pour secourir cette place, qui, malgré ses efforts, fut obligée de se rendre à Louis XI par capitulation, & après être convenu que les habitants seroient libres de se retirer où ils voudroient ; ils se rendirent presque tous en Catalogne. Louis XI ayant réussi dans une infraction aussi manifeste au dernier traité, offrit une trève de six mois, que le malheur des circonstances obligea d'accepter. Elle étoit à peine expirée, que les François recommencèrent les hostilités, eurent les plus grands avantages, ravagèrent le pays, s'emparèrent des places, s'avancèrent presque sur les frontières de la Catalogne, insultèrent la Castille, & tentèrent, mais inutilement, d'envahir la Biscaye ; ils furent repoussés par don Ferdinand, qui, passant dans cette province, eut quelques conférences avec *Jean II*, son père, dont la situation étoit vraiment déplorable. La licence, le désordre, l'impunité, les crimes désoloient l'Aragon, dévasté par une foule de brigands, qui voloient & assassinoient publiquement dans les villes & sur les grands chemins : il n'y avoit plus de sûreté, & les états alarmés invitèrent les citoyens à prendre les armes & à former entr'eux des associations pour défendre le royaume contre ces troupes meurtrières. Le royaume de Valence étoit dépeuplé par la peste, qui faisoit les plus cruels ravages ; les François, par la fureur & le succès de leurs armes, mettoient le comble à ces calamités : on ne pouvoit leur opposer aucune résistance ; & les Catalans étoient dans l'impuissance de mettre sur pied, comme ils l'avoient fait tant de fois, de troupes aguerries. Dans un état en proie aux horreurs de l'anarchie, le plus cruel des maux est la perte totale des mœurs, l'oubli de l'honneur & l'extinction du patriotisme : l'amour de la patrie, les mœurs, l'honneur n'existoient plus en Aragon ; & les seigneurs les plus distingués, étoient ceux qui donnoient l'exemple & le signal de la perversité. Dans le nombre de ces mauvais citoyens d'illustre naissance, se distinguoit sur-tout par ses fureurs & ses atrocités, don Jayme d'Aragon, qui, suivi d'une foule de brigands, s'étoit emparé par force, du duché de Villa-Hermosa. *Jean II*, plus irrité des excès de don Jayme, que de la licence & des vices du reste de ses sujets, donna ordre au vice-roi de Valence de rassembler autant de troupes qu'il le pourroit, & de poursuivre à toute outrance ce hardi factieux. Don Jayme fut assiégé dans un fort où il s'étoit retiré : ses brigands le défendirent ; mais les troupes du vice-roi, supérieures aux siennes, prirent la forteresse & le firent prisonnier. Il fut conduit à Barcelone, où le roi d'Aragon lui fit trancher la tête ; supplice trop doux pour l'énormité de ses attentats. Cet exemple de rigueur eut les plus grands effets ; les seigneurs renoncèrent à fomenter des troubles ; ils rentrèrent peu-à-peu dans le devoir, & le brigandage cessa. *Jean II* espéroit de voir l'ordre & le calme se rétablir ; il se flattoit de ramener la paix & la tranquillité dans ses états, & il devoit délibérer avec don Ferdinand, sur le choix des moyens qu'il y avoit à prendre ; le lieu de la conférence étoit fixé à Daroca, & le jour étoit désigné, lorsqu'accablé du poids des années, *Jean II* s'éteignit à Barcelone, le 19 janvier 1479, âgé de 82 ans, après avoir régné 21 ans sur l'Aragon. Il fit de grandes fautes ; il essuya de grands malheurs. Ses revers provinrent de ses fautes, ses injustices en provinrent aussi ; mais il fut plus foible qu'injuste, crédule & non méchant. Il aima trop aveuglément ses femmes, & sur-tout dona Jeanne Henriquez, sa seconde épouse, marâtre cruelle & violente, qui le porta à persécuter le prince don Carlos, son fils, contre lequel il n'eût jamais agi, si la perfide Jeanne ne lui eût persuadé que don Carlos étoit coupable des plus noires trahisons. Outre ses deux femmes, *Jean* eut aussi plusieurs maîtresses & beaucoup de bâtards : ce n'eût encore rien été ; mais par malheur, il eut pour ces maîtresses autant de confiance qu'il en avoit eu pour dona Jeanne Henriquez. Il mourut fort âgé, & à sa mort encore il aimoit passionnément une maîtresse catalane. Aimer éperdument les femmes, n'est dans un roi qu'une foiblesse : mais n'agir que d'après leurs conseils, croire à leurs délations, les laisser gouverner, les laisser disposer des charges & des dignités, c'est, dans un souverain, le plus pernicieux des vices. (*L.C.*).

JEAN I, roi de Léon & de Castille, (*Histoire d'Espagne.*) La victoire ne suivit pas toujours les étendards de *Jean I*, & cependant il se couvrit de gloire, lors même qu'il fut obligé de céder l'honneur du triomphe à la force ou à la supériorité de ses ennemis ; il ne fut point heureux dans toutes ses entreprises, & cependant il eut l'approbation publique, dans celles même qui ne lui réussirent point, parce qu'il n'en tenta aucune qui ne fût avouée par la plus exacte justice ; parce qu'il ne fit rien qu'après avoir consulté l'équité, & que la plus sage prudence guidant toutes ses démarches, il n'étoit responsable, ni des caprices de la fortune, ni du hazard des événements. Engagé, malgré lui, pour la défense de ses peuples dans des guerres cruelles, il ne fatigua point ses sujets par des contributions accablantes, & ne se servit point du prétexte, si souvent employé, des besoins de l'état, pour surcharger la nation d'impôts ; aussi le chérit-elle autant qu'il l'aima lui-même ; & peu de souverains ont eu pour leurs sujets l'affection généreuse & solide que *Jean I* eut pour les siens. Dévoué presque dès son enfance aux fureurs de Pierre-le-Cruel son oncle, il suivit dans leur fuite, dans leurs malheurs, comme dans leur fortune, le roi Henri II son père, & l'infante Eléonore d'Aragon sa mère, fille de Pierre IV, roi d'Aragon, surnommé *le Cérémonieux*. Quand la férocité de Pierre, ses crimes & ses assassinats, la fortune & les vœux de la nation, eurent enfin placé Henri II sur le trône, ce bon roi, secondé par *Jean* son fils, répara, fit même oublier les malheurs du régne sanguinaire, orageux & farouche de Pierre-le Cruel. *Jean* alors étoit parvenu à la seizième année de son âge ; & les Castillans remplis d'estime & d'admiration pour ses vertus, ses talens, sa valeur & sa rare modération, applaudirent aux nœuds qui le lièrent à dona Léonore, infante d'Aragon. Quatre ans après cette alliance, une mort imprévue enleva le roi Henri II à la nation qui eût été inconsolable de cette perte, si elle eût été moins persuadée de retrouver dans celui qui alloit prendre les rênes du gouvernement, les talens supérieurs & les éminentes vertus du grand roi dont la mort venoit de terminer les jours. Aussi fut-ce aux acclamations du peuple, que *Jean I*, âgé de vingt ans, monta sur le trône, & fut solemnellement couronné à Burgos, le 25 juillet 1379. Quelques preuves que *Jean* eût données de sa valeur & de son habileté dans la science des combats, il préféroit la paix à la célébrité que donne l'éclat des conquêtes ; & rempli du généreux désir de rendre ses sujets heureux & son royaume florissant, il employa les premiers temps de son règne à étouffer, par des traités heureux, les semences de guerre qu'il y avoit encore entre la Castille & les nations voisines. Dans cette vue, il accepta les propositions pacifiques que le roi de Grenade, Mohamet-Guad'x-Abulhagen lui fit faire par ses ambassadeurs. La treve fut renouvellée entre les deux états, & elle dura pendant tout le cours des règnes des deux monarques. Celui de Castille envoya, dans le même temps, des ambassadeurs au roi de Portugal, Ferdinand, le plus inconstant des hommes, le plus inconséquent des rois. *Jean* lui fit offrir la paix, & elle fut acceptée à des conditions ridicules & que l'amour de la concorde fit approuver par les états des deux royaumes (*Voyez* FERDINAND, roi de Portugal.) Mais quelques précautions que le roi de Castille eût prises, l'inconstance de Ferdinand rompit toutes ses mesures, & *Jean* apprit avec chagrin, mais sans étonnement, que peu de jours après la conclusion de la paix, le roi de Portugal avoit négocié un traité avec Richard II, roi d'Angleterre, & avec le duc de Lancastre, qui formoit depuis long-temps des prétentions sur la couronne de Castille, & qui venoit d'être invité à se rendre à Lisbonne avec une flotte assez formidable pour faire valoir ses prétentions. *Jean I* ne perdit point le temps à demander raison à Ferdinand de sa mauvaise foi : il mit ses troupes en état de marcher, fit les plus grands préparatifs, & fit fortifier toutes les places frontières menacées de l'invasion des Portugais. Pendant qu'il se disposoit ainsi à repousser des agresseurs injustes, il fut informé que l'infant don Alphonse son frère, entretenoit une correspondance secrete & criminelle avec le roi de Portugal ; il voulut s'assurer de sa personne ; mais prévenu à temps, Alphonse s'évada, s'enfuit dans les Asturies, & s'enferma dans Gijon. Le roi l'y suivit, & alloit l'assiéger, quand Alphonse prit le sage parti de venir implorer sa clémence, & désavouer les faits qu'on lui imputoit. *Jean* voulut bien se contenter de ce désaveu, lui rendit son amitié, & tournant toutes ses forces contre Ferdinand, résolut de l'attaquer par mer & par terre. Le roi de Portugal, énivré de l'espérance de conquérir la Castille, envoya une puissante flotte insulter le port de Séville. L'attaque ne fut point heureuse : cette flotte fut battue, dispersée, & son amiral, don Juan Alphonse, frère de la reine de Portugal, fut fait prisonnier. Encouragé par ce succès, *Jean I* alla former le siège d'Almeida, dont il se rendit maître. Mais pendant que par ces triomphes il se disposoit à de plus éclatantes victoires, la flotte Angloise arrivoit devant Lisbonne, en sorte que ces deux puissans alliés réunis paroissoient devoir inévitablement l'emporter sur les Castillans ; mais bientôt la mésintelligence divisa les Anglois & les Portugais. *Jean* instruit de ce défaut de concorde, forma le projet d'une expédition hardie, & dont le succès termineroit cette guerre à son avantage. Il résolut d'aller bloquer le port de Lisbonne, & d'intercepter tous les nouveaux renforts que les Anglois pouvoient envoyer aux Portugais. Il se préparoit à cette expédition, lorsqu'il apprit que l'infant don Alphonse abusant de ses bontés, venoit de passer à Bragance avec quelques seigneurs, sujets aussi infidèles que lui. Cette trahison ne dérangea rien à ses opérations, il bloqua Lisbonne, & cette ville fut si fort menacée, que Ferdinand alarmé en sortit avec toute sa cour. Après avoir réussi au gré de son attente dans cette expédition, *Jean* s'en retournant en Castille, fit ordonner à don Alphonse & à ses partisans, de rentrer incessamment dans le devoir, sous peine d'être déclarés traîtres à l'état & de perdre leur honneur & leurs biens. Ils obéirent tous, & *Jean* eut encore l'indulgence de pardonner à son frère. Cependant les deux rois se préparoient avec ardeur à poursuivre la guerre, & bientôt ils marchèrent l'un contre l'autre, suivis d'une armée formidable. Celle de Castille étoit néanmoins infiniment supérieure, soit par le nombre, soit par la valeur des troupes aguerries & accoutumées à vaincre. Bientôt elles se rencontrèrent, & une bataille sanglante alloit décider la querelle, lorsque les généraux de Ferdinand lui faisant sentir les dangers d'une défaite, & les fâcheuses suites qu'elle auroit, il envoya des plénipotentiaires au camp du roi de Castille, & pour obtenir la paix, sacrifia ses alliés & les intérêts du duc de Lancastre, pour lequel il avoit pris les armes avec tant d'imprudence. Le traité qui fut conclu à cette occasion, fit autant d'honneur à la sagesse & aux lumières du roi de Castille, que ses succès lui avoient acquis de célébrité. Il se félicitoit d'avoir aussi avantageusement terminé cette guerre, lorsqu'un événement malheureux & inattendu changea sa joie en une amère douleur. La mort lui enleva la reine, dona Léonore son épouse, qui mourut d'une fausse-couche, & fut généralement regrettée comme elle avoit été universellement aimée. *Jean I* cependant oublia cette perte plutôt qu'on ne l'eût pensé, & avant le temps même prescrit par la bienséance, il épousa dona Béatrix, infante de Portugal, promise depuis quelques années à Ferdinand, infant de Castille. Tandis que *Jean* s'unissoit étroitement avec le Portugal, par ce second mariage, don Alphonse son frère, toujours inquiet & toujours tracassier, se révolta sans sujet, sans prétexte, & suivi de ses partisans, se retira à Gijon. Fatigué de tant d'infidélités, le roi poursuivit vivement ce prince factieux, l'assiégea dans son château, le contraignit de se rendre, lui reprocha sévèrement ses trahisons réitérées, ses révoltes, ses complots, & fut cependant encore assez bon pour ne pas lui ôter la liberté. Ce soulèvement appaisé, le roi de Castille assembla les états, & par ses ordres, il fut statué, que désormais on ne compteroit plus les années suivant l'ancien usage & par l'ere de César, mais par l'époque de la naissance de Jesus-Christ. A-peu-près dans ce temps les Portugais perdirent leur roi Ferdinand, dont le règne orageux avoit plongé l'état dans la plus grande confusion. *Jean I* avoit épousé l'infante dona Béatrix, fille unique de Ferdinand; &, du chef de sa femme, le sceptre Portugais paroissoit lui appartenir incontestablement. Mais don Juan, frère de Ferdinand, avoit pour lui les vœux de la nation, l'estime & le suffrage des grands; il étoit en Castille lors de la mort de son frère. Et *Jean*, qui n'ignoroit pas combien les Portugais desiroient ce prince pour roi, le fit arrêter, espérant de faire plus aisément valoir les droits qu'il avoit du chef de son épouse. Il fut trompé dans son attente: le grand-maître d'Avis, don Juan, frère naturel de Ferdinand, s'empara, malgré les grands, & appuyé par une partie du peuple, de la suprême autorité, dont il exerça les fonctions sous le titre de *protecteur* & de *régent du royaume*, n'osant encore prendre le titre de roi. *Jean I*, connoissant les dispositions des Portugais, leur fit déclarer qu'il consentoit que la reine Léonore, veuve de Ferdinand, gouvernât le royaume en qualité de *régente*, & qu'il ne demandoit la couronne, à laquelle sa femme avoit des droits si légitimes, que pour ses enfans: mais la reine Léonore étoit odieuse à la nation Portugaise, qui l'obligea de se réfugier à Santaren, d'où elle implora le secours du roi de Castille son gendre. Il entra en Portugal, bloqua encore le port de Lisbonne, se signala par mille actions héroïques, & eût peut-être eu le succès qu'il desiroit, si l'armée Castillane, affoiblie & ravagée par la peste, n'eût pas été forcée d'abandonner cette importante expédition. *Jean I*, informé que Henri, comte de Transtamare, & amant favorisé de la reine douairière de Portugal, étoit dans le camp du protecteur, eut l'avilissante & criminelle foiblesse de lui écrire, & de lui promettre les plus grandes récompenses, s'il vouloit tuer le grand-maître d'Avis. Le comte de Transtamare, assez lâche, assez bas pour accepter ses offres, se ligua avec deux seigneurs, qui lui promirent d'assassiner le protecteur. Mais celui-ci découvrit le complot, fit arrêter les conjurés, & publia cette odieuse trame. *Jean* ne pouvoit désavouer cet inique projet, il reçut les plus humiliantes mortifications, & fut encore plus puni, quand il apprit que les états de Portugal venoient d'élire le protecteur & de le proclamer roi. Il n'y avoit plus de moyen de pacification entre les deux nations, & le roi de Castille étoit trop fier pour renoncer à ses prétentions sur le trône de Portugal; il étoit trop coupable envers le nouveau souverain, pour lui offrir ou lui demander la paix. Aussi se détermina-t-il à faire une irruption en Portugal, & à attaquer en même temps ce royaume par mer & par terre: il fit les plus grands efforts pour réussir, mais sa flotte n'eut aucun avantage, & son armée de terre, quoiqu'infiniment supérieure à l'armée Portugaise, fut complétement battue, dispersée; & tandis qu'il tâchoit d'en rassembler les débris, les Portugais firent à leur tour une violente irruption en Castille, où ils eurent les plus grands succès. *Jean I*, vaincu, mais non déconcerté, envoya des ambassadeurs au pape & à Charles VI, roi de France, pour les intéresser à sa cause & leur demander du secours. Le pape Clement VII n'envoya ni argent ni secours; mais écrivit une fort longue lettre au roi de Castille, dans laquelle il lui donnoit sa bénédiction paternelle, & lui offroit les motifs de consolation les plus édifians. Charles VI répondit plus efficacement, & promit un secours de deux mille lances. Don Juan, roi de Portugal, se ligua avec l'Angleterre; & pendant qu'il pénétroit lui-même dans la Castille, & qu'il s'emparoit des places frontières les plus importantes, le duc de Lancastre débarqua en Galice, & entra sans obstacle dans la ville de Saint-Jacques, où il fut reçu & proclamé roi de Castille, du chef de son épouse, dona Constance. Il envoya ensuite un héraut d'armes à *Jean I*, pour le sommer de lui céder le trône de Castille. Dans toute autre circonstance, *Jean* eût répondu à cette sommation par les plus violentes hostilités, mais il étoit fatigué d'une guerre meurtrière, ruineuse, & dont le succès même ne pouvoit qu'épuiser inutilement ses états. Il envoya au duc de Lancastre le prince Jean Serrano, accompagné de deux savans jurisconsultes, qui défendirent avec la plus grande chaleur les droits du roi de Castille, mais qui eussent fort inutilement plaidé la cause de leur maître, si dans une audience particulière, Serrano n'eût proposé au duc un moyen de conciliation, qui parut très-propre à terminer cette contestation. Ce moyen fut de marier dona Catherine, fille du duc, avec l'infant don Henri, fils & héritier du roi de Castille. Le duc de Lancastre se fût hâté d'accepter cette proposition; mais son alliance avec le Portugal, ne lui permettant point encore de se rendre à ces offres, il fit une réponse honnête, & par laquelle il témoignoit combien il desiroit de suivre cet avis de pacification. Cependant les hostilités continuèrent encore quelque temps : les Anglois même, liés avec les Portugais, firent une irruption en Castille, où évitant de leur donner bataille, *Jean I* les harcela si vivement, & les fatigua si fort, qu'ils se retirèrent en Portugal, d'où le duc de Lancastre retourna en Gascogne, après avoir fait prier *Jean I* de lui envoyer ses plénipotentiaires à Bayonne. Ils s'y rendirent; & le traité, tel que Jean Serrano en avoit formé le plan, fut conclu : en sorte qu'il fut convenu que l'infant don Henri seroit marié à dona Catherine; que s'il mouroit avant la célébration du mariage, don Ferdinand son frère, la prendroit pour épouse; que la Castille céderoit cinq villes avec leurs territoires & leurs revenus à dona Constance, duchesse de Lancastre, du chef de laquelle le duc & dona Catherine avoient des prétentions à la couronne Castillane; & qu'au moyen de ces conditions, la duchesse & son époux se départiroient de tous les droits qu'ils avoient sur ce royaume. Ce fut dans ce même traité qu'il fut statué qu'à l'avenir l'héritier présomptif de la couronne de Castille porteroit le titre de *prince des Asturies*. Vraisemblablement ce traité déplut au roi de Portugal, qui eût bien desiré de continuer la guerre; & qui pourtant, ne pouvant seul en soutenir le poids, ne consentit qu'avec beaucoup de peine, & après bien des difficultés, à renouveller la trève qu'il y avoit eu entre les deux nations, & que cette contestation avoit interrompue. Cependant quelque satisfaction que donnât à *Jean I* la paix qu'il venoit de procurer à ses sujets, il ne put songer sans douleur à l'énormité des dépenses occasionnées par cette dernière guerre; l'épuisement de ses coffres & les abus multipliés & toujours inévitables dans les temps orageux, qui s'étoient introduits dans l'administration des finances, lui causerent le chagrin le plus amer; il compara la situation actuelle du royaume, avec son état florissant pendant les dernières années du règne de son père, & le résultat de ce parallèle l'affligea profondément. Il devint triste & mélancolique : il aimoit ses sujets en père; n'ayant pu les rendre aussi heureux qu'il l'eût desiré & qu'il s'en étoit flatté, il convoqua les états; & quoique l'infant don Henri n'eût encore que dix ans, il fit part aux états du dessein où il étoit d'abdiquer la couronne, & de remettre le gouvernement à un conseil de régence, dont la sagesse & les lumières pussent rétablir les affaires. *Jean I* ne consultoit, en se déterminant à ce généreux sacrifice, que sa tendresse pour ses peuples; & il ne connoissoit point la force & l'étendue de l'attachement que ses sujets avoient pour lui. Les états refuserent de donner leur consentement à cette abdication : ils remercièrent le roi des motifs qui lui en avoient inspiré le projet, & ils lui représentèrent qu'une pareille résolution étoit communément suivie des plus grands inconvéniens; que la situation du royaume n'étoit rien moins que désespérée; qu'ils se chargeroient volontiers pour soulager leur maître, de l'administration des finances; qu'il espérât mieux de lui-même & du zèle, ainsi que de l'inviolable fidélité de ses sujets; qu'ils étoient persuadés enfin, qu'en très-peu de temps, le bon ordre se rétabliroit dans toutes les parties du gouvernement, qui ne pouvoit tarder à fleurir sous les loix d'un monarque aussi bienfaisant. Ces preuves de confiance & d'attachement ranimèrent les espérances du roi de Castille : il ne songea plus à quitter les rênes de l'état, & ne s'occupa que des moyens de remédier aux maux que le royaume avoit soufferts pendant les dernières guerres. Deux événemens heureux arrivés en même temps, comblèrent les vœux de ce bon monarque : le roi de Grenade lui envoya des ambassadeurs, chargés de lui offrir de magnifiques présens, & de lui demander le renouvellement de la trève, qui fut volontiers accordée pour plusieurs années. Ces ambassadeurs étoient encore à la cour de Castille, lorsque le roi de Portugal lui envoya aussi demander la prolongation de la trève : c'étoit là tout ce que desiroit *Jean I*; & il l'eût demandée lui-même, s'il n'eût craint que cette démarche n'eût été prise pour un aveu de sa foiblesse. Enchanté de ce double événement, & voulant donner aux grands un nouveau motif d'émulation, il institua un nouvel ordre de chevalerie, sous le nom d'*ordre du Saint-Esprit*, dont les attributs étoient une colombe entourée de rayons, suspendue à un collier d'or. La fortune paroissoit seconder dans leur exécution tous les projets de ce bon souverain : les finances étoient sagement administrées; l'agriculture & le commerce avoient déjà repris leur ancienne activité, trop long-temps engourdie; les arts étoient cultivés, les loix respectées, la justice exactement rendue; mais la Castille paya cher ce bonheur renaissant. *Jean I*, informé qu'il y avoit à Maroc plusieurs chrétiens Espagnols, qui, soit par mécontentement, soit pour d'autres raisons, avoient quitté leur patrie, où ils desiroient ardemment de revenir, mais qui n'osoient demander leur retour, s'intéressa pour eux auprès du roi de Maroc, & le fit prier de permettre à ces fugitifs de repasser en Espagne. Le roi de Maroc consentit au retour de ces cavaliers Espagnols, ils se hâterent de s'embarquer, arriverent sur les côtes d'Andalousie, où le roi voyageoit alors, & desirèrent de le voir & de lui témoigner leur reconnoissance. *Jean* sachant que ces cavaliers excelloient dans l'art de l'équitation, fut curieux de leur voir faire l'exercice, & comme il étoit lui-même excellent cavalier, il sortit à cheval, d'Alcala, suivi de l'archevêque de Tolede & de toute sa cour. Il étoit monté sur un cheval très-vif; & à l'exemple des cavaliers Africains, l'ayant animé, & l'ayant poussé imprudemment dans des terres récemment labourées, l'inégalité du terrein & la profondeur des sillons, firent broncher le cheval, qui tomba si rudement, qu'il écrasa le roi par sa chûte; elle fut si cruelle, qu'il mourut à l'instant même, & ce fut par prudence que l'archevêque de Tolede fit dresser au plutôt une tente sur le champ, où il fit transporter le corps du monarque, en faisant publier que le roi n'étoit pas mort, afin de donner à son fils le temps de monter sur le trône. Ainsi périt *Jean I*, à l'âge de trente-trois ans, dans la treizième année de son règne. Il aima ses sujets, il en fut adoré; il eût rendu ses peuples heureux, s'il eût vécu plus long-temps, car il ne desiroit que la félicité publique. Et les peuples peuvent-ils être malheureux, lorsqu'un tel sentiment anime les souverains qui les gouvernent? (*L. C.*)

JEAN II, roi de Léon & de Castille, (*Hist. d'Espagne.*) Le goût du despotisme est la passion dominante des rois foibles & ignorans: la cause de ce goût ne me paroît pas difficile à découvrir. Les rois foibles & ignorans sont communément entourés d'adulateurs, de lâches, de dénonciateurs, de cœurs faux, d'ames vénales, de mauvais citoyens. La suprême puissance, qui a tant de bien à faire, tant de mal à réprimer, flatte les souverains éclairés, parce qu'en effet, il n'est rien de plus flatteur, de plus délicieux que de savoir & d'éprouver qu'on est soi-même & la cause & la source de la félicité publique. Les rois foibles & ignorans ne voient au contraire, dans l'autorité suprême, que l'excès de la puissance, l'abus de la puissance; & une seule chose les flatte, c'est que rien ne leur résiste, c'est que, mal élevés, mal instruits, mal formés, ils sont réellement persuadés que rien ne leur résiste, que rien ne peut leur résister: environnés, dès le berceau, d'adulateurs qui ne leur parlent que de leur toute-puissance, ils sont de très-bonne heure, immuablement convaincus que tous sont faits pour eux, & qu'eux seuls, exceptés de la loi générale, ne sont nés que pour régner impérieusement sur le reste des mortels. De cette absurde & très-fausse opinion résultent inévitablement les plus grands maux, & pour ces souverains eux-mêmes, & pour les nations soumises à leurs loix. Le plus grand de ces inconvéniens, & duquel découlent tous les autres, est qu'accoutumés à ne voir, à n'entendre que des hommes rampans, de vils flatteurs, de lâches courtisans, ils regardent la bassesse & l'adulation comme les véritables & seules expressions du respect & du zèle; en sorte que tout ce qui diffère des manières & du langage de cette foule corrompue, est à leurs yeux licence, audace ou rébellion punissable; & comme il est de l'intérêt de cette cohue d'écarter sans cesse d'auprès d'eux tout citoyen assez honnête, tout sujet assez fidèle & assez ferme pour leur montrer la vérité, ils restent perpétuellement environnés de cette même espèce qui a gâté leur enfance, qui a égaré leur jeunesse, & qui jusqu'aux derniers moments de leur règne, ne cessera de les pervertir, de les éblouir & de les aveugler. Cependant les rois étant les souverains dispensateurs des graces, des bienfaits, des récompenses, des dignités, des charges, des emplois; & tout chez les rois foibles & ignorants se vendant, s'achetant, se livrant à la vénalité, à l'intrigue, à la corruption, tout se prostituant au vice, au luxe, au faste, à la perversité, le désordre & les abus s'introduisent, se multiplient; le peuple mal conduit, mal gouverné, peut-être surchargé d'impôts, dévoré lui-même par le luxe, se plaint, murmure; c'est alors qu'au nom du souverain, dont ils se sont audacieusement rendus les interprêtes, ces mêmes adulateurs, si bas, si rampants aux pieds du trône, déploient insolemment les chaînes du despotisme, & ne cessent de répéter au crédule & foible monarque cette fausse & monstrueuse maxime, qu'une nation ne peut être heureuse, paisible, & que les rois ne règnent véritablement, qu'autant que le peuple est esclave. Mais tandis que d'après ce vicieux principe, la puissance arbitraire cherche à étendre les fers de la servitude, l'amour de la liberté qui s'accroît en raison des efforts que l'on fait pour la gêner ou la détruire, fermente, fait naître & fortifie la haine qu'inspire inévitablement l'oppression: la nation, sans cesser d'être fidelle, cesse d'être aussi zélée pour le souverain; & pendant que les citoyens gémissent ou murmurent, les auteurs du désordre mal unis entr'eux, parce qu'il ne peut y avoir que des ligues passagères entre les méchants, se divisent; leurs intérêts sont opposés; ils cherchent à s'entre-détruire; chacun d'eux ayant ses partisans, ses créatures, il se forme des factions; la cour n'est plus occupée que d'intrigues, de cabales; l'état souffre; le souverain trop peu éclairé, trop foible pour connoitre & punir également tous ceux qui le trahissent & foulent le royaume, prend lui-même parti pour l'un d'entr'eux; & le reste des factieux irrités de cette préférence, se liguent & portent leur audace jusqu'à faire craindre le monarque lui-même, qui, malgré ses grandes idées de puissance, de despotisme, tombe dans la plus violente & quelquefois dans la plus déplorable situation. Telles furent les causes qui agitèrent presque perpétuellement le règne malheureux de *Jean II*, qui n'eut ni assez de lumières pour discerner les traîtres qui l'entourèrent & abusèrent de sa confiance, ni assez de fermeté pour les réprimer, lorsqu'ils se furent soulevés, & qu'il dépendit de lui de les punir ou de les éloigner. La nation souffrit infiniment de la foiblesse de *Jean II*, & il souffrit lui-même presqu'autant de la licence & des crimes de ses favoris qu'il avoit enhardis, & en quelque sorte autorisés lui-même par ses imprudences & sa pusillanimité. Fils d'un illustre souverain, de Henri III, roi respectable par sa sagesse, redoutable par sa valeur, & de dona Catherine de Lancastre, *Jean II* n'avoit que quatorze mois lorsque la mort lui enleva le roi son père: don Ferdinand son oncle, fut son tuteur, & régent du royaume; mais don Ferdinand lui-même ayant été appellé au trône d'Aragon, dona Catherine sa mère resta seule chargée de sa tutelle & de la régence de ses états. Dona Catherine avoit d'excellentes intentions ; l'on dit même qu'elle avoit de grandes qualités ; mais les soins du gouvernement l'occupoient trop, pour veiller aussi assiduement qu'il eût été nécessaire, à l'éducation de son fils qui fut un peu négligée : d'ailleurs, la reine Catherine ne vécut point assez longtemps pour le bonheur du royaume & pour l'utilité de son pupille, qui, n'ayant que treize ans, lorsque cette princesse mourut, fut proclamé roi par les soins trop empressés de l'archevêque de Tolède, & de quelques autres seigneurs, le 20 octobre 1418. Les premiers jours du règne de ce prince, trop jeune pour se douter seulement de l'étendue & des bornes de son autorité, furent employés aux fêtes de ses fiançailles avec dona Marie, infante d'Aragon ; époux & roi dans un âge où à peine les hommes commencent à se connoître, *Jean II* convoqua les états, & déclara qu'il alloit gouverner par lui-même ; il eût dit plus vrai, s'il eût dit que les autres alloient gouverner sous son nom. On lui fit renouveller la trève avec le roi de Grenade : & la seule action qu'il fit alors d'après lui-même, fut de faire son favori de don Alvar de Luna, seigneur ambitieux, éclairé, mais fort turbulent : ce choix déplut à don Juan & à don Henri, fils de don Ferdinand, & infans d'Aragon ; ils vouloient seuls & à l'exclusion l'un de l'autre, règner dans l'esprit du roi, & sous son nom régir, ou à leur gré, bouleverser l'état. Don Juan médita de se rendre maître de la personne du jeune souverain ; mais son frère, plus heureux, exécuta lui-même ce projet pendant l'absence de don Juan, qui étoit allé en Navarre épouser l'infante dona Blanche. Don Henri profita de ce voyage, & de concert avec le connétable, l'évêque de Ségovie & quelques autres seigneurs, il alla à Tordesillas, où le roi étoit ; & par le plus insolent des attentats, se rendit maître de sa personne : sans doute dans la vue de lui faire oublier son crime, il lui fit épouser l'infante dona Marie sa sœur ; & le roi parut avoir si peu de ressentiment de cet acte de violence, que devant les états assemblés par son ordre à Avila, il justifia tout ce qu'avoit fait don Henri, & désavoua toutes les démarches que l'infant don Juan faisoit pour le tirer des mains de son ravisseur. Toutefois, cette complaisance ne se soutint pas, & *Jean II* plus ennuyé qu'irrité de sa captivité, confia à don Alvar de Luna son favori, qu'il vit en secret, combien il desiroit d'être délivré de l'oppression de don Henri. Don Alvar se ligua avec don Frédéric, comte de Transtamare, & don Rodrigue Pimantel : ils prirent si bien leurs mesures, qu'ils délivrèrent le roi, qui, passant le Tage sur une barque, gagna le château de Montalban. A peine y fut-il arrivé, qu'il y fut assiégé par le connétable & don Henri ; mais ces deux hardis factieux, informés que don Juan suivi de nombreuses troupes, venoit au secours du roi, levèrent le siège & se retirèrent précipitamment l'un & l'autre. *Jean II* sentoit toute l'obligation qu'il avoit à don Juan ; mais n'ayant pas plus d'envie de tomber en sa puissance, que de rentrer sous l'oppression dont il venoit de s'affranchir, il accueillit avec distinction don Juan, mais ne voulut point lui permettre de rester à sa cour, & le renvoya, après lui avoir ordonné de licencier ses troupes. L'infant, hors d'état de résister, obéit ; mais Henri furieux leva le masque & excita des troubles ; afin de maintenir son crédit, il avoit épousé, pendant la détention du roi, l'infante dona Catherine, sœur de ce monarque, & il s'étoit fait accorder pour dot de son épouse, la ville de Villena avec ses dépendances, sous le titre de duché. Cette ville n'ayant point encore été cédée, Henri voulut de force s'en mettre en possession, suite de ce nouvel attentat ; *Jean II* révoqua la donation qu'il avoit faite de Villena, & défendit aux habitans de reconnoître d'autre seigneur que lui. Henri continua d'user de force ; mais ses entreprises ne lui réussirent point ; la plupart des seigneurs l'abandonnerent & s'attacherent au roi qui, vivement indigné de ses violences, l'obligea de se retirer, & ne voulut pas même le voir, lorsque forcément soumis, Henri vint pour lui témoigner son repentir & l'assurer de son obéissance. Cette sévérité qui ne fut à la vérité que momentanée, ne rendit le calme ni à la cour ni à l'état. L'infant Henri toujours inquiet, factieux, persista dans ses intrigues, ses cabales & ses complots ; le roi lui ordonna de venir se justifier ; & l'infant après avoir demandé, avant que d'obéir, des sûretés & des ôtages, apprenant qu'on se disposoit à marcher contre lui les armes à la main, fut à Madrid se présenter au roi qui ne voulut lui donner audience qu'au milieu de son conseil. Henri ne pouvant faire autrement, y parut ; & sur les accusations qui furent portées contre lui, prouvées par ses propres lettres, il fut arrêté & étroitement renfermé. Sa captivité ne fit que donner plus de violence aux troubles : Henri avoit en Castille un grand nombre de partisans, & son frère, don Alphonse, roi d'Aragon, paroissoit disposé à embrasser sa cause. Car *Jean II* lui ayant fait demander tous les seigneurs Castillans qui s'étoient retirés à sa cour, ainsi que la princesse sa sœur, Alphonse demanda à son tour la liberté de son frère ; elle ne lui fut point accordée, & les deux rois également mécontens l'un de l'autre, se préparerent à la guerre. Ce fut au sein de ces agitations que naquit l'infant don Henri, que le roi son père fit reconnoître huit jours après pour prince héréditaire, & qui en effet régna pour le malheur de ses sujets. Cependant le roi d'Aragon se disposant à employer la force pour délivrer son frère, les états de Castille approuverent l'emprisonnement de ce prince, & s'obligerent à fournir aux dépenses de la guerre que *Jean* avoit à soutenir, si don Alphonse exécutoit ses menaces. Cet orage alloit éclater lorsque don Juan, frère de don Henri, fut appellé au trône de Navarre après la mort du roi don Carlos, & du chef de la reine Blanche, l'épouse de don Juan, & héritière de don Carlos. La couronne de Navarre flattoit beaucoup moins don Juan que le crédit presque sans bornes qu'il avoit en Castille ; il n'en mésusa point dans cette occasion, & avant que d'aller prendre possession du sceptre, il ménagea un accommodement entre les rois de Castille &

d'Aragon ; les conditions de ce traité furent que don Henri seroit remis en liberté, & que tous ses domaines lui seroient rendus ; qu'il prêteroit un nouveau serment de fidélité à *Jean II*, & qu'Alphonse n'auroit aucun ressentiment contre tous ceux qui, soit pour servir leur maître, soit pour d'autres motifs, avoient eu part à l'emprisonnement de don Henri. Quand les grands d'un état, sur-tout sous un roi foible, se sont livrés une fois à l'esprit de discorde, d'intrigue, de faction, il est bien difficile de les engager à rentrer dans le devoir & sous les loix de la dépendance & de la subordination. Ce ne fut que pour quelques jours que les troubles parurent suspendus en Castille, & ils recommencerent avec plus de violence, suscités par la haine de la plupart des seigneurs contre le connétable don Alvar de Luna, qui, à la vérité, abusoit quelquefois avec trop de licence de la grande puissance que lui donnoit sa dignité, & de la foiblesse du roi dont il étoit le favori. Celui qui haïssoit le plus fortement don Alvar, étoit l'infant don Juan, roi de Navarre, que les grands & la noblesse regardoient comme leur protecteur & leur appui. Les plaintes & les accusations portées contre don Alvar furent si graves, si multipliées, & ces accusations répétées à grands cris par le peuple, paroissoient présager un soulevement si prochain, que *Jean II* effrayé, crut devoir, quelque pénible que fût le sacrifice, consentir à l'éloignement de son favori ; & dès ce moment, il parut s'attacher à don Henri par cela même que dans cette occasion, il n'avoit pris, du moins en apparence, aucune part à cette intrigue. Cependant l'absence du connétable ne ramena point le calme ; au contraire, les seigneurs qui s'étoient si étroitement ligués contre lui, se brouillerent bientôt entr'eux ; & comme jusqu'alors ils n'avoient craint que la vigilance & les conseils févères de don Alvar, & que son éloignement sembloit leur assurer l'impunité, ils se livrerent sans ménagement aux excès les plus répréhensibles, & se porterent à de si grandes violences, que le peuple irrité de leurs vexations & des suites cruelles de leurs haines particulières, qui retomboient sur lui, éclata, se plaignit hautement, & menaça de repousser l'oppression par la force. La confusion & le désordre furent portés si loin, que les ennemis même les plus irréconciliables de don Alvar, prièrent le roi de Castille de le rappeller à sa cour ; & quand il y revint, ce furent don Juan, roi de Navarre, & don Henri qui le présentèrent au roi. Par cette démarche, les deux frères espérèrent de s'attacher le connétable, & ils se trompèrent ; don Alvar, qui ne voyoit en eux que les protecteurs & l'appui des seigneurs les plus turbulens, les éloigna tous deux de la cour sous des prétextes honorables, & jouissant bientôt lui-même d'une plus grande autorité qu'il n'en avoit eu jusqu'alors, il excita l'envie & la jalousie des grands qui ne tardèrent point à se déchaîner contre lui. Quoiqu'absens de la cour, les infans don Juan & don Henri étoient l'ame & les auteurs des intrigues & des cabales formées contre le connétable ; & le roi d'Aragon qui, pour ses propres intérêts, agissoit de concert avec ses frères, assembla des troupes, tandis que don Alvar en assembloit de son côté au nom du roi ; en sorte que la guerre sembloit inévitable, & quelques efforts que pût faire la reine douairière d'Aragon, secondée par le cardinal de Foix, légat du pape, elle ne put empêcher les suites de cette querelle, qui des deux côtés fit répandre beaucoup de sang. Il est vrai que par les soins, la valeur & le zèle du connétable, *Jean II* eut enfin de l'avantage sur les mécontens, & qu'il déposséda successivement les infans des places qui leur appartenoient. Après beaucoup de sièges & de combats, *Jean* conclut une trève avec les rois d'Aragon & de Navarre, & les conditions de cette trève furent que les exilés & les mécontens resteroient dans les lieux où ils étoient, & que don Henri évacueroit le château d'Albuquerque, seule place qui lui restoit encore. C'étoit-là suspendre seulement les troubles & ne rien terminer ; mais le roi de Castille qui depuis long-temps méditoit de tourner ses armes contre les Maures, crut gagner beaucoup en se procurant le temps & la liberté de remplir son projet. Il réussit au gré de son attente, & après avoir remporté une victoire signalée sur les Maures de Grenade, il détrôna Mahomet le Gaucher, & fit passer le sceptre à Joseph-Ben-Muley, petit-fils de ce roi de Grenade, que Pierre le Cruel avoit poignardé à Séville : le nouveau souverain Maure, plein de reconnoissance, se reconnut vassal de Castille, & par cette soumission vraiment glorieuse pour *Jean II*, les hostilités cesserent. Mais tandis que le roi de Castille disposoit à son gré d'un royaume étranger, le sien étoit violemment agité par les troubles, l'ambition & la licence des factieux. Le roi y vint, & l'armée qui l'accompagnoit en imposa aux rebelles ; l'infant don Henri se soumit, évacua toutes les places qu'il tenoit, & parut déterminé à ne plus remuer. Pendant que *Jean II* s'occupoit à soumettre les rebelles, il arrivoit à Grenade une révolution qui rendoit inutile la glorieuse guerre que les Castillans avoient faite dans ce royaume ; Joseph-Ben-Muley mourut, & Mahomet-le-Gaucher, qui depuis si peu de temps avoit perdu la couronne, se présenta, fut reconnu, remonta sur le trône ; le roi de Castille fut obligé de dissimuler, les circonstances ne lui permettant point d'aller donner aux Maures de Grenade un nouveau souverain ; car alors il avoit à dissiper & à punir une conjuration nouvelle. Bienfaiteur de don Frédéric, comte de Luna, & fils naturel de don Martin, roi de Sicile, & qui avoit été l'un des prétendants à la couronne d'Aragon, il ne s'attendoit point à trouver en don Frédéric un ingrat & un traître. Mais Frédéric, homme sans mœurs & sans principes, épuisé, appauvri par ses prodigalités, forma, de concert avec quelques scélérats, le complot de s'emparer de Séville, d'y porter le fer & la flamme, de piller pendant le tumulte les richesses des citoyens & des marchands, ensuite d'équiper une flotte & d'aller infester les mers. Cette trame fut découverte peu de temps avant le moment fixé pour son exécution. Les complices de Frédéric périrent sur l'échafaud, &

Frédéric

Frédéric lui-même eût expiré dans les supplices, si la haine que *Jean* lui connoissoit pour le roi d'Aragon ne lui eût sauvé la vie : on se contenta de l'enfermer à perpétuité. Cette conjuration dissipée, le roi de Castille recommença la guerre contre les Maures de Grenade ; & afin de lui donner plus d'autorité, & de pouvoir y employer toutes ses forces, il conclut, après bien des difficultés & une longue négociation, un traité de paix avec les rois d'Aragon & de Navarre. L'une des conditions de cette paix étoit que le prince des Asturies, don Henri, épouseroit l'infante dona Blanche, fille du roi de Navarre ; cette clause fut la première remplie, & l'infante dona Blanche, la plus belle personne d'Espagne, fut unie au prince des Asturies, qui ne pouvant également accomplir ce mariage, fut obligé dans la suite de consentir à sa dissolution. (*Voyez* HENRI IV, *Hist. d'Espagne.*) Libre de toute inquiétude, & croyant le calme rétabli dans ses états, *Jean II* ne songea plus qu'à continuer la guerre contre les Maures de Grenade ; mais au moment d'entrer en campagne, sa surprise & l'étonnement du connétable don Alvar, son ministre, furent extrêmes, lorsqu'ils apprirent que la plûpart des seigneurs étoient allés avec leurs troupes, joindre les mécontents qui s'étoient rassemblés, & qui avoient à leur solde une armée formidable, & à leur tête l'infant don Henri. Le roi de Castille irrité de ce nouvel obstacle, fit les plus grands efforts pour balancer les efforts des rebelles ; mais le nombre de ceux-ci s'accroissoit chaque jour. Au milieu de cet embarras, *Jean II* reçut une lettre signée du roi de Navarre, de l'infant don Henri & des principaux d'entre les rebelles, qui lui marquoient que ce n'étoit point contre lui qu'ils avoient pris les armes, mais contre don Alvar de Luna, qu'ils chargeoient des plus grands crimes, des plus odieuses déprédations. Le roi de Castille indigné, & comptant mortifier les mécontents, nomma aux charges de la maison du prince des Asturies, & mit le connétable à la tête : mais il étoit bien loin de se douter que le prince des Asturies lui-même, alloit, par les conseils de don Juan Pacheco, son favori, prendre des liaisons secrettes avec les mécontents, ainsi que la reine sa mère. Il découvrit bientôt cette trame, & il ne changea rien à la résolution qu'il avoit prise de surprendre les rebelles & de punir leur audace ; mais il fut surpris lui-même par les confédérés à Medina-del-Campo ; & se voyant en leur pouvoir, il fut contraint d'accepter les conditions humiliantes qu'ils lui imposèrent, & de jurer que le connétable resteroit éloigné de la cour pendant six ans, après avoir donné son fils en ôtage. Les rebelles, dont la ligue s'étoit encore fortifiée par le succès, contraignirent le roi à convoquer les états, où il ne fut rien statué que par eux ; il eut même la douleur de voir son fils, le prince des Asturies, venir dans le conseil, & exiger impérieusement qu'on chassât de la maison du roi plusieurs des principaux officiers, & tous ceux que le connétable y avoit placés. Ces actes d'humiliation ne satisfirent point encore les rebelles, & le roi de Castille fut gardé à vue par deux d'entr'eux, qui eurent ordre de ne le point quitter ; ce dernier trait le jetta dans la plus profonde mélancolie. Mais peu de temps après, l'évêque d'Avila travailla avec tant de zèle à lui faire rendre la liberté, qu'il y parvint, & le prince des Asturies gagné par les conseils de Pacheco, son favori, que l'évêque, à force d'argent, avoit mis dans ses intérêts, se détachant de la ligue avec autant de légèreté qu'il y étoit entré, prit de si sages mesures avec don Alvar, qu'au moment où les deux partis étoient prêts à combattre, le roi trouva moyen de se sauver, & alla se mettre à la tête de ceux qui s'étoient déclarés pour lui ; dès ce moment, la fortune abandonna la cause des confédérés, qui néanmoins voulant terminer la querelle par une action décisive, présentèrent la bataille à l'armée royale. Ils furent vaincus, mis en déroute : il en périt une grande partie, & l'infant don Henri, le plus turbulent & le plus dangereux de tous, fut blessé, & mourut peu de temps après. *Jean II*, vainqueur des rebelles, envoya sur l'échafaud les principaux d'entre les prisonniers de guerre, & confisqua les biens de tous ceux qui avoient été pris les armes à la main. Cette victoire & la sévérité du roi auroient pu rétablir le bon ordre, si le prince des Asturies, sous prétexte que son père ne lui avoit pas cédé quelques places, qu'il prétendoit lui avoir été promises, ne se fût retiré mécontent à Ségovie, & n'eût fomenté de nouvelles dissensions. Quelque temps avant la victoire de *Jean II*, la reine dona Marie son épouse, étoit morte, & les mécontents avoient accusé don Alvar de l'avoir empoisonnée. Don Alvar ne jugea pas même à propos de repousser cette imputation ; & son silence, ainsi que la mésintelligence qu'il y avoit entre lui & la reine, semblent donner du poids à cette grave accusation. Quoi qu'il en soit, le connétable, sans consulter son maître, proposa à la cour de Portugal de le marier avec dona Isabelle, fille de Juan, infant de Portugal : cette proposition fut acceptée, & ce ne fut qu'alors que don Alvar en fit part à son maître ; *Jean* en fut très-offensé : il n'osa pourtant le contredire, ni le desavouer, mais il commença dès cet instant, à concevoir pour lui une très-forte haine, & qui ne tarda guère à devenir fatale à l'ambitieux favori. Cependant le prince des Asturies, aussi mauvais fils qu'il fut ensuite mauvais roi, ne cessoit de cabaler contre son père, blâmoit hautement sa conduite, & se déchaînoit contre lui avec tant de licence, qu'on disoit publiquement qu'il ne se proposoit pas moins que de le détroner, sous prétexte que le roi de Castille secondoit & protégeoit les déprédations du connétable don Alvar. L'état souffroit de cette mésintelligence ; & pour comble de malheur, les puissances étrangères profitant de ces divisions, faisoient sur les frontières de cruelles irruptions. Les Gascons, suscités par le roi de Navarre, entrèrent & portèrent la dévastation sur les terres de Castille, tandis que le roi de Grenade s'emparoit des meilleures places & faisoit un grand nombre d'esclaves, appuyé en secret par le prince des Asturies, qui, pour rendre son père odieux par les progrès des Mahométans, défendoit aux villes qui dépendoient de lui, de secourir aucune place de la frontière. Pendant cet orage, *Jean II*, qui néanmoins sentoit vivement sa situation, mais qui craignoit encore une nouvelle guerre, épousa dona Isabelle, fille de l'infant don Juan de Portugal; & cette nouvelle épouse qui eut bientôt toute sa confiance, travailla de toute sa puissance à hâter la ruine du connétable, quoique ce fût à lui seul qu'elle fût redevable de son mariage, tant il est vrai que l'ambition & la reconnoissance sont deux sentiments incompatibles; car dona Isabelle voulant seule règner sur l'esprit du monarque, & ne pouvant y parvenir qu'en perdant son bienfaiteur, elle se décida facilement à sacrifier le connétable à la passion qu'elle avoit de dominer. Tandis qu'elle cherchoit à aigrir son époux contre le favori, celui-ci négocioit la réconciliation du prince des Asturies avec son père, & il parvint à ménager entr'eux une entrevue. Dans cette conférence, le roi de Castille se raccommoda avec son fils, & ils se sacrifièrent l'un à l'autre plusieurs seigneurs, qui furent aussi-tôt arrêtés; mais l'un d'entr'eux, le comte de Benavente, s'évada, & excita des troubles qui eussent eu les plus fâcheuses suites, si le pape n'eût enfin interposé son autorité, plus respectée alors que la puissance royale, & s'il n'eût envoyé aux prélats de Castille & de Léon, une bulle par laquelle il leur enjoignoit d'excommunier tous les rebelles. Cette bulle produisit les plus grands effets; les mécontents & le prince des Asturies même se soumirent sincérement: l'infant Henri redoutoit plus la force des foudres du pape, qu'il n'avoit du respect pour l'autorité paternelle. Pendant que les rebelles se soumettoient, le roi de plus en plus irrité par son épouse, contre don Alvar, ne cherchoit que les moyens de s'assurer de sa personne, & don Alvar lui-même lui en fournit plus d'une occasion dont on n'osa cependant pas profiter, tant on craignoit de soulever le peuple! Cependant, après bien des tentatives qui firent enfin connoître à don Alvar le danger qui le menaçoit, on investit sa maison; il s'y défendit avec la plus grande intrépidité, & eût continué à s'y défendre jusqu'à la mort, si *Jean II* ne lui eût envoyé dire qu'il se rendît prisonnier, & qu'il ne craignît rien. Don Alvar ne se contentant point de cette promesse, demanda un billet signé du roi, par lequel le monarque l'assurât qu'on n'attenteroit ni à sa vie ni à son honneur. *Jean II* eut la perfidie d'écrire & de signer cette promesse, sur laquelle don Alvar ne se fut pas plutot rendu, qu'il fut mis en prison, & livré à douze jurisconsultes, assistés des seigneurs du conseil, qui, après avoir instruit son procès, le condamnèrent unanimement à la mort. Il fut amené à Valladolid, où il fut exécuté sur un échafaud. *Jean II*, le matin de l'exécution, vouloit lui faire grace, & lui eût pardonné, si l'ingrate reine ne l'en eût empêché. Ainsi périt un homme qui, pendant quarante-cinq années, avoit servi son maître avec le zèle le plus rare, & qui, pendant trente années, avoit gouverné le royaume avec un pouvoir absolu à la vérité, mais aussi avec l'intégrité la plus inébranlable & la plus désintéressée. On convient qu'il étoit ambitieux, jaloux de dominer; mais lui seul étoit capable de tenir, au nom de son maître, les rênes de l'état: il étoit très-habile ministre, & pendant la longue durée de ce règne orageux, jamais on ne vit don Alvar entrer dans aucune faction; il étoit au contraire l'épouvantail des factieux. *Jean II* le regretta, mais il n'étoit plus temps; il se forma des factions nouvelles, & le seul homme en état de les réprimer avoit été lâchement sacrifié à la haine jalouse de la reine. Quelques jours après cette exécution, le mariage du prince des Asturies avec l'infante dona Blanche, fut déclaré nul pour cause d'impuissance. Le roi de Castille qui s'étoit privé du seul homme sur la fidélité duquel il pût compter, & qui se voyoit perpétuellement environné de seigneurs factieux, prit auprès de sa personne huit mille lances, & cette formidable escorte produisit le plus grand effet; les cabales cessèrent, & il n'eut plus à craindre les complots. Informé des grandes découvertes & conquêtes faites par le roi de Portugal dans les Indes, il en fut profondément affligé, & croyant arrêter le cours de ces conquêtes, il prétendit que ses prédécesseurs ayant obtenu du pape les îles Canaries avec tout ce qui en dépendoit, les découvertes des Portugais étoient contraires à la cession du pape, & qu'il déclareroit la guerre à la nation Portugaise, si elle ne se désistoit point de ces découvertes. Le roi de Portugal, sans insister sur l'absurdité de ces prétentions, se contenta de répondre que les Indes orientales étoient infiniment étendues, & point du tout une dépendance des îles Canaries; qu'au reste, il n'empiéteroit point sur les droits du roi d'Espagne, ni sur les possessions qu'il tenoit de la libéralité du pape. A-peu-près dans le même temps, la reine d'Aragon, dona Marie, sœur de *Jean II*, étant venue en Castille pour voir son frère, ce prince se mit en route dans le dessein d'aller à Medina-del-Campo joindre sa sœur; mais dès la seconde journée de son voyage, il tomba dans une si grande foiblesse, qu'on crut qu'il alloit expirer; il revint cependant à lui, & se fit transporter à Valladolid, où sa maladie devint si violente & fit tant de progrès, qu'il expira, fort dégoûté, dit-on, du trône & de la vie, le 21 juillet 1454. Il ne fut regretté ni de ses sujets, ni de sa famille, & il faut avouer qu'il ne mérita les regrets de personne. (*L. C.*)

JEAN I, roi de Portugal, (*Hist. d'Espagne.*) Ce ne fut point à la fortune seule que *Jean I* fut redevable du trône; ce ne fut pas non plus à la naissance, qui donne souvent aux nations des souverains si peu capables de gouverner: ce fut à ses talents, à ses vertus, ou, ce qui est la même chose relativement aux effets, à l'art qu'il eut d'affecter les vertus les plus nécessaires au succès de ses vues & à son élévation. *Jean* fut, sans contredit, le plus ambitieux des hommes; mais il eut soin de couvrir ses desseins du voile toujours imposant de l'amour du bien public. Il fut l'un des plus grands politiques de son siècle, mais lui seul le savoit, tant il étoit attentif à cacher ses projets sous l'apparence de la franchise la plus ingénue, de la plus rare candeur. Il connoissoit les hommes, les aimoit peu, les estimoit moins encore;

mais il savoit les employer, & sur-tout gagner leur affection. Par son aménité, sa douceur, sa bienfaisance, il s'attacha le peuple autant qu'il lui paroissoit attaché lui-même : par sa valeur il captiva la confiance des militaires : son respect pour l'église, & sur-tout pour les privilèges & les immunités des ecclésiastiques, lui valut leur suffrage & leur condescendance. Ce fut par ces moyens, par ces qualités extérieures qu'il parvint enfin à s'asseoir sur un trône d'où l'illégitimité de sa naissance sembloit devoir l'exclure. En effet, fils naturel de don Pedre le Justicier & de dona Thérese-Lorenzo, Galicienne, d'une maison peu illustre, il naquit à Lisbonne le 2 avril 1357, & il fit bien valoir dans la suite, cette circonstance; car le peuple imbécille, sur lequel les plus frivoles minuties font impression, montra l'attachement le plus zélé, le plus inaltérable au parti de *Jean I*, par cela seul qu'il étoit né à Lisbonne. Son enfance fut confiée aux soins de Laurent de Leiria, citoyen de Lisbonne, qui pria don Nugno-Freiras d'Andrade, grand-maître de l'ordre du Christ, de se charger de sa première éducation. D'Andrade remplit cette tâche avec zèle; & lorsque son élève eut atteint l'âge de sept ans, il alla le présenter lui-même à don Pedre le Justicier, qui, dit-on, ne l'avoit point encore vu, & qui peut-être avoit déjà oublié qu'il avoit eu, sept ans auparavant, un enfant d'une demoiselle de Galice. La nature, ou les graces de cet enfant firent une forte impression sur don Pede : il parut s'intéresser vivement au sort de son fils, & l'adroit d'Andrade profitant de cette occasion, demanda librement au roi, pour *Jean* son pupille, la grande-maîtrise de l'ordre d'Avis, vacante depuis quelques jours. Cette dignité étoit très-éminente; cependant le roi don Pedre ne résista point au plaisir de faire du bien à son fils; il lui accorda la grande-maîtrise, l'arma chevalier, quoique enfant, & le fit partir pour Tomar, où étoit la principale maison de cet ordre. Ce fut dans cette ville que *Jean* fut élevé; il y reçut une excellente éducation, répondit, au-delà même de l'attente de ses instructeurs, aux soins qu'ils se donnoient pour le former, & fit des progrès si rapides, qu'il étoit déjà très-instruit à l'âge où la plûpart des jeunes gens commencent à peine à s'instruire. Aussi parut-il de bonne heure avec éclat, soit à la tête des armées, soit au timon des affaires, sous le règne de Ferdinand son frère; & reconnut-on en lui l'un des meilleurs capitaines, & l'un des hommes les plus habiles & les plus éclairés du Portugal. On sait combien fut malheureux le règne de don Ferdinand; on sait dans quelles fautes tomba ce souverain, léger, capricieux, inconséquent : elles eussent été irréparables, & quelques-unes eussent causé peut-être la ruine de l'état, si le grand-maître d'Avis, tantôt par sa prudence & ses négociations, tantôt par sa valeur & son activité, n'eût arrêté les maux & les désordres qui devoient naturellement résulter de l'inconstante & téméraire conduite du roi son frère. (*Voyez* FERDINAND, *roi de Portugal*). Quelque mépris qu'il eût pour le caractère perfide & les mœurs corrompues de la reine Léonore, il lui resta soumis tant que le roi vécut; & il la servit même quelqu'injustes que fussent les ordres qu'elle le chargea d'exécuter. Cependant les scandaleuses intrigues de la reine, qui ne gardoit aucune bienséance, ayant éclaté, *Jean*, par intérêt pour le roi, blâma hautement l'indécence de sa conduite, & sans craindre les suites de sa liberté, l'avertit elle-même avec fermeté de garder du moins plus de retenue dans ses adultères amours. Léonore irritée obtint, ou supposa avoir obtenu de son facile époux, un ordre d'arrêter le grand-maître, qui fut mis en prison. Sa captivité ne suffisoit point à Léonore, & quelques jours après elle envoya un nouvel ordre de le faire mourir. Celui à qui cet ordre fut remis, ne crut pas devoir obéir avant que d'avoir parlé à Ferdinand, qui parut très-étonné, & n'apprit qu'avec indignation l'abus étrange que l'on avoit fait de son nom. Mais bientôt sa tendresse pour Léonore l'emporta, il laissa même quelques jours le grand-maître en prison, lui rendit la liberté au nom de la reine; &, comme si ce n'eût été qu'à sa sollicitation, *Jean* se prêta à la foiblesse de Ferdinand; & feignant d'avoir la plus vive reconnoissance pour sa persécutrice, dont il connoissoit la noirceur & qu'il abhorroit, il alla lui baiser la main aussi-tôt qu'il lui fut permis de reparoître à la cour. Cependant la passion de Léonore pour Andeiro, comte d'Ourem, devint si scandaleuse, si publique & si déshonorante, que Ferdinand ne pouvant plus l'ignorer, chargea le grand-maître de le défaire de l'audacieux Andeiro à la première occasion qui s'offriroit. Mais le souverain offensé n'eut pas le temps de voir sa vengeance remplie; & pour le bonheur de l'état qu'il laissoit dans la plus grande confusion, & qu'il eût entièrement écrasé, s'il eût régné plus long-temps, il mourut. Le Portugal étoit dans la plus déplorable situation; & pour combler ses maux, le trône étoit l'objet de l'ambition, ou même des prétentions fondées de plusieurs princes, qui, pour s'en exclure les uns les autres, menaçoient le royaume de la plus cruelle guerre. Le premier de ces prétendants étoit *Jean I*, roi de Castille, qui ayant épousé dona Béatrix, fille de Ferdinand, sembloit avoir au sceptre les droits les plus incontestables du chef de sa femme; mais ses droits n'avoient point l'approbation de la nation Portugaise, que l'idée seule d'obéir au roi de Castille transportoit de colère. D'ailleurs, quelqu'évidents que parussent les titres de *Jean I*, ils s'évanouissoient devant ceux de l'infant don Juan de Portugal, fils de don Pedre & d'Inès de Castro. Personne ne doutoit en Portugal, de la validité du mariage de don Pedre. Il est vrai que l'infant don Juan étoit alors prisonnier en Castille, où le roi *Jean I* l'avoit fait enfermer aussi-tôt qu'il avoit appris la mort de son beau-père, afin de se délivrer par ce moyen, d'un concurrent trop redoutable; mais don Juan étoit adoré par la nation Portugaise qui le nommoit hautement, & ne vouloit que lui pour roi. Les droits de ces deux prétendants paroissoient ne laisser aucune lueur d'espérance au grand-maître, qui d'ailleurs n'avoit aucun titre qui lui permît d'aspirer à la couronne; il y aspiroit cependant, & ses vœux ne furent pas vains : sa prudence & la fortune applanirent tous les obstacles ; son adresse fut même telle, qu'il parut être forcément porté sur le trône, & non se frayer lui-même la route qui devoit l'y conduire. Pénétré, en apparence, de respect pour les dernières volontés du roi Ferdinand, le grand-maître, aussi-tôt que ce souverain fut mort, invita le roi de Castille à venir prendre le sceptre, & lui demanda la régence du royaume jusqu'à ce que dona Béatrix eût accouché d'un prince. Le roi *Jean* refusa imprudemment, &, dit-on, avec mépris, la demande du grand-maître, qui, dès ce moment, se croyant dégagé envers cet impérieux souverain, parut craindre pour sa propre sûreté, dans la vue de connoître l'attachement de ses partisans, & feignit d'être alarmé, lorsque sur la demande des ambassadeurs du roi de Castille, son épouse, dona Béatrix fut tumultuairement proclamée à Lisbonne, reine de Portugal. Cependant il s'en falloit bien que cette proclamation eût eu l'aveu de tous les citoyens, des grands les plus distingués sur-tout, ennemis déclarés de la réunion des deux couronnes ; & persuadés que si elle avoit lieu, bientôt le Portugal ne seroit plus qu'une province Castillane. Le chancelier étoit à la tête de cette puissante faction ; ils se réunirent tous au grand-maître, en qui seuls ils fondoient leurs espérances ; mais leur plus grande crainte étoit de voir tous leurs projets déconcertés par la docilité de la reine Léonore aux conseils d'Andeiro son amant, qui, étant Castillan, travailleroit de toute sa puissance en faveur de l'époux de dona Béatrix. Le grand-maître leur promit de prévenir tous les efforts d'Andeiro : & en effet, il alla au palais, fit signe à Andeiro qu'il avoit à lui parler, l'attira dans une salle voisine de l'appartement de la reine ; & là, sans lui dire un mot, il tira un poignard, le lui plongea dans le sein, & laissant aux grands qui le suivoient, le soin d'achever de mettre à mort sa victime, il fit fermer les portes du palais, après avoir fait sortir un de ses pages & le chancelier, qui allèrent répandre & crier par la ville, que le grand-maître étoit dans le plus grand danger, & que peut-être en ce moment on le poignardoit au palais. A ces cris, les habitants de Lisbonne prirent les armes, coururent furieux au palais, enfoncèrent les portes, montèrent à la tour où s'étoit refugié don Martin, évêque de Lisbonne, dont tout le crime étoit d'être Castillan ; & le précipitèrent du haut en bas. Le grand-maître jugeant par ces excès de ce qu'il avoit à attendre du zèle des Portugais, se montra & permit au peuple de le défendre contre un péril qu'il n'avoit point couru. Il alla ensuite justifier auprès de Léonore, sa rigueur envers Andeiro, & s'efforça d'en démontrer la nécessité. La reine l'écouta avec une froide & silencieuse indignation, & lui demanda seulement de lui permettre de sortir de Lisbonne. Il y consentit, & elle se retira à Alanguer. Alors le grand-maître rassembla les principaux d'entre ses partisans, parut inquiet & très-chagrin d'avoir renoncé, pour la tranquillité publique, à sa propre tranquillité, affecta la plus grande incertitude sur le parti qui lui restoit à prendre, laissant même entrevoir qu'il préféreroit de bon cœur celui de la retraite. Le vieux chancelier don Alvare Paez combattit de toutes ses forces cette résolution, & soutint que dans la situation actuelle le grand-maître ayant pour lui le peuple, devoit tout entreprendre & tout oser pour la sûreté de la nation & pour la sienne. Le grand-maître affectant de se faire à lui-même la plus grande violence, promit de se sacrifier au bien général ; & tandis qu'il jouoit cette scène, le peuple & la noblesse assemblés par les soins de ses adhérants, le proclamèrent protecteur de la nation & régent du royaume, firent serment de ne l'abandonner jamais, & quelques moments après vinrent en foule le conjurer de ne rien négliger pour la défense des Portugais. Cependant le roi de Castille, à la tête d'une armée considérable, entra dans le royaume, dont il s'étoit flatté de faire aisément la conquête, & pénétra jusqu'à Santaren, où il fit son entrée publique avec la reine dona Béatrix, son épouse, & se fit proclamer roi de Portugal. Mais bientôt ses hauteurs mécontentèrent le petit nombre de seigneurs qui s'étoient attachés à lui. Peu occupé de leur manière de penser à son égard, & toujours persuadé que le royaume alloit tomber sous sa puissance, il ne songeoit qu'à hâter ses préparatifs, & joindre à son armée assez de troupes pour former le siège de Lisbonne. Mais il connoissoit peu le rival redoutable qu'il avoit à combattre, les ressources, la valeur & l'habileté du régent, qui, par son affabilité, ses bienfaits répandus à propos, grossissoit son parti, ne cherchant, en apparence, qu'à défendre les intérêts & soutenir les droits de l'infant don Juan, prisonnier en Castille. L'armée du régent étoit déjà presqu'assez forte pour lutter contre celle du roi don Juan, qui forma vainement le siége de Lisbonne, que le protecteur l'obligea de lever. Les Portugais étoient pourtant eux-mêmes dans une violente situation ; & les moissons ravagées par les Castillans, les exposoient aux horreurs de la famine qui commençoit déjà se faire sentir : mais ce fléau fut détourné par les soins actifs du régent, qui lui-même, suivi d'une foule de jeunes gens, alloit de village en village apporter du secours aux habitans, & faisoit amasser à Lisbonne d'abondantes provisions. Le roi de Castille reconnut alors combien il lui seroit difficile d'abattre la puissance du protecteur ; & désespérant de le vaincre ou de se l'attacher, il eut la bassesse de recourir, pour s'en défaire, à la plus odieuse des voies ; il corrompit le comte de Transtamare, qu'il engagea à faire assassiner le régent ; mais ce complot avilissant pour son auteur fut découvert, & le régent n'en devenant que plus cher à la nation, les états s'assemblerent à Conimbre pour y délibérer en quelles mains on remettroit le sceptre : plusieurs croyant même faire leur cour au régent, paroissoient désirer que ce fût dans celles de l'infant don Juan ; le chancelier prouva que le trône étant vacant, & les Portugais étant les maîtres de se choisir un roi, personne ne méritoit plus, sur-tout dans les circonstances présentes, d'être chargé du poids de la couronne que le grand maître d'Avis qui, pendant sa régence, avoit fait de si grandes choses pour la nation & contre les efforts des Castillans. Le connétable balança les droits des prétendans au trône, & sans se décider pour aucun d'entr'eux, il conclut que, sans perdre de temps, il étoit de la dernière importance que les états nommassent un souverain. L'assemblée alloit procéder à cette élection, lorsque le régent prenant la parole d'un ton tranquille & modeste, fit le tableau de la situation où le royaume se trouvoit, exposa avec beaucoup de force les fatigues, les soins & les dangers auxquels sa régence l'avoit exposé; ajouta que n'ayant aucun droit, aucune prétention à la couronne que d'ailleurs il étoit très-éloigné d'ambitionner, il étoit, par cela même, d'autant plus impartial dans le jugement qu'il portoit sur les deux prétendans, que le roi de Castille & son épouse avoient perdu leurs droits en entrant à main armée en Portugal, & que cette démarche devoit donner aux citoyens les plus vives & les plus justes appréhensions d'avoir à obéir à de tels maîtres; qu'à l'égard de don Juan, il étoit prisonnier, & qu'il n'y avoit pas d'apparence, si on le nommoit, que le roi de Castille lui permît de venir régner; que du reste si ce prince réunissoit les suffrages, il seroit le premier à le reconnoître & à lui prêter serment; que pour lui il ne se sentoit point toutes les qualités qu'exigeoit l'exercice des fonctions de la royauté, mais qu'il seroit toujours prêt, en zélé citoyen, à risquer ses biens & sa vie pour chasser les ennemis, les combattre, défendre la liberté de la nation, & demeurer fidèle à celui qui seroit déclaré son légitime maître. Soit que l'assemblée comprît à quoi tendoit ce discours adroit, soit qu'elle fût séduite par la fausse modestie du régent, la délibération fut courte, & il fut unanimement élu & déclaré roi de Portugal. L'interregne finit, & le grand-maître fut couronné sous le nom de *Jean I.* Son ambition étoit satisfaite, & cependant il ne parut recevoir le sceptre qu'avec peine. Sa conduite sur le trône fut la même que celle qui l'avoit distingué pendant la régence, toujours affable, accessible, prêt à obliger, & sur-tout à servir l'état, les portugais lui eurent obligation encore des vues ambitieuses qui l'avoient fait parvenir à la royauté. Informé de cette élection, le roi de Castille furieux, entra en Portugal, dévasta, autant qu'il fut en lui, tous les lieux par où il passa, tant il étoit animé du désir de ruiner & de détruire ce royaume. Moins entraîné par la colère, le nouveau souverain affecta au contraire beaucoup d'incertitude sur le succès, se fit prier par son armée, dont il ne cherchoit qu'à irriter la valeur, de la conduire à l'ennemi. Lorsque *Jean I* la vit animée du désir véhément de combattre, il prit un ton plus assuré, la conduisit à l'ennemi, dont les forces étoient si supérieures, que, suivant la plupart des historiens, les Portugais n'étoient qu'au nombre de six mille six cens contre trente mille combattans. Bientôt les deux armées se rencontrèrent, & sans faire attention à l'inégalité, les Portugais attaquèrent avec tant de valeur les Castillans, que ceux-ci ne pouvant soutenir l'impétuosité du choc, s'abandonnèrent à la fuite & furent mis en déroute, laissant plus de dix mille morts sur le champ de bataille. Le roi de Castille lui-même se sauva précipitamment sur une mule, & ne s'arrêta que la nuit suivante à Santaren, à plus de trente milles de la plaine d'Aljubarote, où ce combat s'étoit donné. *Jean I* profita de sa victoire en général habile: il s'empara successivement de toutes les places dont les ennemis s'étoient rendus maîtres dans le royaume; & ce ne fut qu'après qu'il eut eu seul la gloire de délivrer ses états, que le duc de Lancastre, son allié, étant arrivé à la Corogne avec dona Constance, son épouse, & ses filles, *Jean I* alla l'y trouver, & peu de jours après arrêta son mariage avec l'aînée de ces princesses, qu'il épousa bientôt après à Lisbonne. Ligué avec le duc de Lancastre qui prenoit le titre de *roi de Castille* du chef de son épouse, il alla faire une irruption en Castille, où il eut peu d'avantage. Plus heureux l'année suivante, il fit seul avec l'armée Portugaise une seconde irruption dans le même royaume, s'empara de plusieurs forts, & se rendit maître de la ville de Tuy en Galice. Don Juan, roi de Castille, fatigué d'une guerre qui ne lui avoit causé que des pertes & de l'inquiétude, & craignant de plus grands revers, fit proposer une trève à *Jean I*, qui y consentit d'autant plus volontiers, qu'il attendoit avec impatience que des temps plus tranquilles lui permissent de rendre ses états florissans. Le roi de Castille mourut, & la longue minorité de son successeur perpétuant les troubles dans ce royaume, la trève avec le Portugal fut prolongée pour quinze ans. Afin de parvenir au rang qu'il occupoit, le roi, pour s'attacher les grands, avoit versé sur eux des bienfaits qui l'avoient épuisé. Ces libéralités déplurent au chancelier, qui remontra à son maître qu'il s'étoit réduit à un tel état, que s'il lui survenoit encore quelques enfans, il seroit dans l'impossibilité de leur former des apanages; que le seul moyen de remédier à cette prodigalité, étoit de révoquer les donations qu'il avoit faites en dédommageant ceux qui tenoient de lui de si vastes possessions. *Jean* se rendit à ces représentations, & se conduisit d'après ce conseil: le connétable Alvarès de Péreyra, auquel le roi étoit en partie redevable de la couronne, & qui étoit l'un de ces plus riches donataires, se croyant lésé par cette révocation, se plaignit amèrement, se retira dans ses terres, & parut déterminé à sortir du royaume. *Jean I*, qui avoit la plus vive reconnoissance & la plus tendre amitié pour ce seigneur, fut très-affligé du parti qu'il sembloit vouloir prendre, lui envoya plusieurs personnes pour l'en dissuader, & ne pouvant rien gagner, lui ordonna de venir à la cour; l'ayant fait entrer dans son cabinet, il lui expliqua avec tant de franchise les raisons de sa conduite, lui parla avec tant d'intérêt du projet qu'il avoit formé de marier Alphonse, son fils naturel, avec la fille du connétable, que celui-ci entrant avec chaleur dans les vues de son maître, & voyant que la révocation des donations ne venoit d'aucun motif de refroidissement, redoubla de zèle pour les intérêts de *Jean*, & dit qu'il étoit prêt, non-seulement à rendre tous les biens qu'il avoit reçus en don, mais encore à sacrifier tous ceux qu'il tenoit de ses pères. Cependant la jalousie divisoit toujours, malgré la trève, les Castillans & les Portugais; le mécontentement & la haine allerent si loin, que les premiers ayant manqué à l'exécution de quelqu'une des conditions de la trève, *Jean I* fit une irruption sur leurs terres, & s'empara de quelques places: mais tandis qu'il y faisoit des progrès qui lui promettoient des succès plus considérables, ses états étoient menacés d'une révolution à laquelle il ne s'attendoit pas. Don Denis de Portugal, à la tête d'un corps nombreux de Castillans, & soutenu par quelques seigneurs Portugais factieux, s'avança des frontières de ce royaume, y pénétra, & passant jusqu'à Bragance, s'y fit proclamer roi. Toutefois cet orage, qui paroissoit si formidable, fut bientôt dissipé par l'active valeur du connétable qui mit les factieux & les Castillans en fuite, obligea Denis de se retirer précipitamment, & rendit le calme à l'état. Un nouvel événement acheva d'affermir la tranquillité publique; le roi de Castille mourut, & la reine dona Catherine, son épouse, régente & tutrice de don Juan II, son fils, fit convertir la trève en paix, à la satisfaction des deux royaumes, de *Jean I* sur-tout, qui ne desiroit que d'avoir le temps & la liberté de travailler au bonheur de ses sujets: il s'y consacra tout entier: il rétablit l'autorité des loix énervée pendant les derniers troubles, il ramena le bon ordre, encouragea les citoyens utiles, intimida les citoyens pernicieux, & malgré la sévérité nécessaire qu'il se crut obligé d'employer; il ne cessa point d'être aimé, parce que dans aucune circonstance il ne cessa point d'être affable & accessible. Les seigneurs avec lesquels il avoit jadis vécu d'égal à égal, furent toujours reçus dans son palais de la même manière: il supprima la vénalité des charges qui ne furent plus accordées qu'au mérite; il diminua les impôts, attira l'industrie par les récompenses & les distinctions qu'il accorda aux artistes. Lorsqu'il fut parvenu à rendre les Portugais aussi heureux, & son royaume aussi florissant qu'il l'avoit desiré, sous prétexte de se venger du comte de Flandre qui troubloit le commerce de ses sujets, il fit d'immenses préparatifs de guerre par mer & par terre. Le comte de Flandre, informé par *Jean I* lui-même du véritable but de ce grand armement, feignit de son côté de se préparer à une vigoureuse résistance. Les Maures d'Afrique étoient l'unique objet de ces préparatifs; le roi de Portugal avoit projetté d'aller à la tête de ses troupes les combattre. Vainement la reine, son épouse, fit tous ses efforts pour le dissuader de cette expédition, il s'embarqua; & la reine conçut de son absence un chagrin si profond & si vif, qu'elle tomba malade & mourut, aussi amèrement regrettée de la cour & de la nation qu'elle le fut du roi. La flotte Portugaise composée de cinquante-neuf galères, de trente-trois vaisseaux de ligne & de cent vingt vaisseaux de transport, montés par cinquante mille hommes, alla débarquer près de Ceuta, qui fut tout de suite assiégée; la résistance des Maures fut longue, opiniâtre; mais la valeur des assiégeans l'emporta à la fin, & cette place fut obligée de se rendre à *Jean I*, qui, après avoir battu les Maures sur terre & sur mer, fortifia Ceuta, y laissa une forte garnison, & revint triomphant dans ses états. La fortune si condoit ce souverain illustre dans toutes ses entreprises; rien ne manquoit à son bonheur: aimé des Portugais, estimé & craint des puissances étrangères, il étoit encore plus heureux dans sa famille. Il avoit plusieurs fils: ils se distinguoient tous par de rares talens, d'excellentes qualités, sur-tout par leurs sentimens de zèle, de respect & d'amour pour leur père. Edouard, l'aîné de ses enfans, d'une prudence consommée, étoit, quoique jeune encore, capable de tenir les rênes du gouvernement. Henri, duc de Viseu, plus jeune encore, avoit la direction des affaires d'Afrique, & elles ne pouvoient être confiées à un directeur plus sage ni plus éclairé. Ce fut lui qui le premier donna aux Portugais ce goût des découvertes qui, dans la suite, s'est communiqué au reste des nations Européennes: ce fut encore lui qui ayant remarqué dans le petit royaume d'Algarve, un terrein sûr & commode, à-peu-près à deux lieues du cap Saint-Vincent, y fit construire Sagrès, l'une des villes les plus fortes du Portugal, & la mieux située. *Jean I*, qui lui-même étoit l'un des princes les plus éclairés de son siècle, savoit apprécier le mérite & les talens de ses enfans; ils le rendoient heureux, & il ne chercha de son côté qu'à faire leur bonheur, & leur donner des preuves de sa tendresse. Il demanda l'infante dona Léonore, fille de don Ferdinand, roi d'Aragon, en mariage pour le prince Edouard, héritier présomptif de la couronne; il obtint cette princesse, qui apporta en dot à son époux deux cens mille florins d'or, ce qui dans ce siècle étoit la dot la plus riche qu'une princesse pût avoir. Dona Isabelle d'Aragon, fille du comte d'Urgel, fut mariée à l'infant don Pedre: *Jean* maria aussi sa fille dona Isabelle à Philippe le Bon, duc de Bourgogne; & ce fut encore lui qui fit le mariage de l'infant don Juan avec dona Isabelle de Portugal, fille de don Alphonse, frère naturel du roi & de la fille du connétable. Ce connétable, don Nugno-Alvarez-Pereyra, respectable vieillard, ancien ami du roi, & qui avoit rendu à l'état les plus importans services, vivoit dans la retraite depuis quelques années; il mourut, & cette perte fit sur *Jean*, dont la santé s'affoiblissoit depuis quelque temps, la plus forte impression: il cacha son état d'affoiblissement, pour ne point alarmer ses enfans qu'il aimoit comme lui-même, & ses sujets qu'il chérissoit autant que ses enfans: mais il sentit bientôt que sa fin approchoit, & après avoir donné les plus sages & les plus utiles conseils à Edouard, il mourut le 14 août 1433, âgé de soixante-seize ans & dans la quarante-huitième année de son règne. Sa mort répandit la consternation dans le royaume qui lui avoit les plus grandes obligations. La veille de sa mort, il voulut être transporté à Lisbonne, afin de mourir dans le même lieu où il étoit né, tant il fut attentif jusqu'au dernier moment de sa vie, à captiver la bienveillance des Portugais. Cet art paroît facile; cependant peu de rois le possèdent, & sur-tout à un dégré aussi éminent que le posséda *Jean I*. (*L. C.*)

Jean II surnommé **le Parfait**, roi de Portugal, (*Hist. de Portugal.*) La sévérité portée jusqu'à la plus inflexible rigueur, peut devenir aussi l'une des perfections humaines; car les Portugais eux-mêmes donnent à *Jean II*, le surnom de *parfait*; & cependant il fut l'un des rois les plus sévères qui eussent encore occupé le trône. Sa justice n'épargnoit aucun coupable, & on le vit porter ce zèle pour la justice, jusqu'à exécuter lui-même l'arrêt de mort qu'il avoit prononcé. Toutefois, il me semble que quand même *Jean II* n'eût point rempli la fonction de bourreau, il n'en eût pas été moins parfait. Il est vrai que ce furent parmi les grands, les factieux, & dans les derniers rangs, les brigands & les scélérats qui eurent le plus à souffrir de son inflexibilité. Du reste, il ne s'occupa que du soin d'assurer le bonheur de la nation, & il mit en usage des moyens qui lui réussirent: il fut prudent, très-éclairé; il fit des loix très-sages, veilla à leur observation; & ce fut vraisemblablement à raison de cette conduite, qu'on lui donna le surnom de *parfait*: mais encore une fois, moins de rigueur en lui n'eût pas été, à mon avis, une imperfection: car, je me trompe fort, ou l'extrême sévérité touche de bien près à la cruauté; & ce roi ne fut rien moins que doux & indulgent. Redouté, avant que de monter sur le trône, par la dureté de caractère dont il avoit donné des preuves pendant l'absence du roi Alphonse V son père, il ne démentit point l'idée qu'on avoit de lui, quand, possesseur de la couronne, il jouit seul de la souveraine puissance. Fils d'Alphonse V, & de dona Isabelle, fille de don Pedre duc de Conimbre, il suivit & seconda son père dans la guerre d'Afrique, & se signala par sa valeur, autant qu'il faisoit craindre les devoirs de la discipline militaire; soumis lui-même aux ordres de son père, il punissoit la plus légère infraction aux loix de la subordination. Après la mort d'Alphonse V, peu content d'exécuter le testament de ce souverain, il récompensa tous ceux d'entre les officiers & les domestiques de son prédécesseur, dont il n'avoit pas fait mention dans ce testament, soit par oubli, soit qu'on leur eût rendu de mauvais offices. Il déclara ensuite que c'étoit moins lui que les loix qui alloient régner, & qu'il ne cesseroit de veiller à leur observation. Dans sa jeunesse, il avoit témoigné la plus vive amitié à un homme, & lui avoit même promis par écrit de le créer comte, aussi-tôt qu'il seroit élevé sur le trône. Cet homme comptant sur cette promesse, s'empressa d'aller la présenter au nouveau souverain, qui la lut, & la déchirant, dit que tout ce qu'il pouvoit faire étoit d'oublier cette obligation; que les promesses faites par de jeunes princes sans expérience, à leurs corrupteurs, ne doivent point être remplies, & que même c'étoit dans ce cas, une grande faveur que de ne pas punir les porteurs de pareils écrits. Les états assemblés, *Jean II* fit publier de nouvelles loix, & des réglemens de réforme, qui extirpoient tous les abus qui s'étoient introduits dans l'administration de la justice: il ordonna entr'autres choses, que désormais les criminels n'auroient point de refuge, & seroient arrêtés dans tous les lieux du royaume indifféremment. Avant cette ordonnance il y avoit en Portugal une foule d'asyles où les criminels les plus punissables étoient en sûreté. Les palais des grands sur-tout étoient autant de refuges regardés comme inviolables. L'ordonnance du roi fit murmurer ces grands, qui se plaignirent hautement, & dirent que c'étoit attenter au plus sacré de leurs priviléges: ils craignirent des réformes encore plus gênantes; & le duc de Bragance qui se croyoit encore plus lézé que les autres, pour arrêter le cours de ces innovations, se ligua secretement par un traité, avec don Ferdinand, roi de Castille & d'Aragon. *Jean II* fut informé de ce traité, & ne voulant point encore éclater contre le coupable, époux de la sœur de la reine, il ne lui cacha point qu'il étoit instruit de tout, l'avertit de renoncer à ces intrigues criminelles, & à cette condition promit de lui pardonner. Cet avis ne corrigea point le duc de Bragance, il continua de cabaler: *Jean* le fit arrêter à Evora, où, son procès fait en très-peu de jours, il eut la tête tranchée. Cet exemple inspira de la terreur aux seigneurs qui, ne pouvant plus se flatter de l'impunité, cessèrent de murmurer & sur-tout de former des complots. L'un d'entr'eux cependant, le duc de Viseu, frère de la reine, fut assez téméraire pour fermer les yeux sur la sévérité de cet exemple, & assez audacieux pour entrer dans une conspiration contre la vie de son beau-frère. Le secret de la conspiration n'échappa point à la vigilance du roi: il invita le duc à venir à Setubal, sous prétexte de quelques affaires importantes qu'il avoit à lui communiquer. Le duc s'y rendit. Le roi le tirant à l'écart: *Que feriez-vous*, lui dit-il, *à celui qui en voudroit à votre vie? Je le tuerois de ma propre main*, répondit le duc: *meurs donc*, répliqua le roi en lui perçant le cœur d'un coup de poignard. Le crime du duc de Viseu étoit atroce; mais l'action de *Jean* n'est-elle pas encore plus atroce? Et châtier ainsi, n'est-ce pas assassiner & non punir? Quoi qu'il en soit, le roi donnoit dans le même temps les preuves les plus signalées de son équité & de son désintéressement. Il visitoit les provinces, examinoit par lui-même si ses sujets n'avoient pas à se plaindre de la partialité ou de la prévarication des juges; remettoit au frère du duc de Viseu, tous les biens confisqués sur ce dernier, dont les complices périrent tous dans les supplices. Il fit aussi d'excellentes loix somptuaires: il ne permit qu'aux femmes de porter de la soie, de l'argent & des pierreries: il réduisit à la moitié les droits du port de Lisbonne, & y attira par ce moyen, une foule de vaisseaux marchands, qui doublèrent le revenu du produit de ces mêmes droits. Il alla à Setubal faire équiper lui-même contre les Maures d'Afrique une flotte dont il donna le commandement à don Diegue d'Alméida, qui eut de grands succès à Anase, où les Maures furent battus. A peu-près dans le même temps, *Jean II* donna ordre à don Pedre de Covillant, & à don Alphonse Payva d'aller par terre en Orient, de s'informer exactement des productions de ces pays, des choses que l'on y trouvoit & d'où on les tiroit. Ces deux voyageurs réussirent, & c'est à eux que l'on fut redevable de la découverte d'un nouveau chemin par mer pour aller aux Indes Orientales. On reproche avec raison au roi *Jean II* d'avoir rejetté les propositions que vint lui faire le célèbre Génois Christophe Colomb, qui n'ayant point trouvé à la cour de Portugal les secours qu'il devoit en attendre, s'adressa à Ferdinand & Isabelle, auxquels il procura la conquête du Nouveau Monde, & l'un des plus vastes empires de la terre. La puissance de Ferdinand & d'Isabelle les avoit refroidis sur le mariage projetté il y avoit plusieurs années, entre don Alphonse, prince de Portugal, & dona Isabelle, infante de Castille. *Jean II* desiroit beaucoup l'accomplissement de ce mariage; & pour y parvenir, il commença par faire fortifier toutes les places de son royaume, situées sur les frontières de Castille : il y fit bâtir aussi quelques nouvelles forteresses. Ces précautions alarmèrent Isabelle & Ferdinand, qui avoient trop d'embarras alors pour soutenir une nouvelle guerre; *Jean* les laissa quelque temps dans l'incertitude; & il leur envoya ensuite des ambassadeurs, chargés de leur dire qu'il avoit embelli son royaume autant qu'il l'avoit pu; qu'il l'avoit mis à l'abri de toute incursion; qu'enfin, il avoit rendu ses états florissants, & qu'il croyoit devoir les informer du succès de ses soins, parce que leur fille étant destinée à partager le trône de Portugal, il aimoit à leur apprendre qu'elle recueilleroit le fruit de ses travaux. Ferdinand & Isabelle ne voyant pas qu'ils eussent d'autre parti à prendre, consentirent à ce mariage, qui, peu de temps après, fut célébré à Evora avec la plus grande magnificence. Mais les fêtes données à cette occasion furent terminées par un accident bien funeste, & qui les changèrent en un deuil bien amer. Le jeune époux Alphonse ayant voulu faire une course, son cheval s'abattit, & le jetta par terre si rudement, qu'il l'y laissa blessé à mort & sans sentiment; il mourut le lendemain. Cette Catastrophe cruelle pénétra le roi de douleur; & il y eût succombé, si on ne lui eût amené don George son fils naturel, qu'il avoit eu de dona Anne de Mendoze. La vue de cet enfant calma peu-à-peu sa tristesse; & sa tendresse paternelle se portant toute entière sur ce jeune prince, il s'occupa, mais vainement, des moyens de lui faire assurer la succession au trône, au préjudice de don Emmanuel, duc de Béja, frère de la reine, & qui, par la mort d'Alphonse, étoit devenu l'héritier présomptif de la couronne. Dans la vue d'accoutumer la nation à regarder ce jeune prince comme destiné à régner, il lui donna, quoique dans l'enfance encore, les grandes-maîtrises d'Avis & de Saint-Jacques. Bientôt il alla plus loin, & sollicita du pape Alexandre une bulle, par laquelle George fut reconnu pour légitime : mais le consistoire assemblé à Rome, rejetta unanimement cette demande, qui lui parut trop contraire aux droits de la reine dona Isabelle de Castille, du duc de Béja, & du reste de la famille royale. *Jean II* cessa de faire alors des tentatives, qu'il connut devoir être inutiles; mais il dédommagea, autant qu'il fut en lui, son fils George, du rang où il ne pouvoit point l'élever, accumula sur sa tête les honneurs, les biens, les dignités, & lui donna le riche prieuré de Crato, premier prieuré Portugais de l'ordre de Malte. La tendresse du roi pour George attira à celui-ci l'assiduité de plusieurs courtisans, jusqu'alors empressés auprès du duc de Béja, qui de chagrin & de dépit, s'éloigna de la cour, & se retira dans ses terres. *Jean* parut peu sensible à son éloignement, & continua de prodiguer des bienfaits à son fils, & de s'occuper du gouvernement, car rien ne pouvoit le distraire des fonctions de la royauté, qu'il exerçoit avec l'attention la plus assidue. Toujours prêt à défendre l'honneur de sa couronne, les intérêts de ses sujets & la gloire de la nation, il apprit qu'une caravelle Portugaise richement chargée, & revenant de Guinée, avoit été prise par quelques corsaires François. Irrité de cette entreprise, le roi fit arrêter tous les vaisseaux françois qui étoient dans ses ports; & Charles, roi de France, informé du sujet de cette saisie, jugea cette représaille juste, & fit rendre la caravelle avec toute sa charge. Cependant la reine, qui n'osoit représenter à son époux la préférence qu'il devoit au duc de Béja sur George, & qui n'avoit vu qu'avec la plus vive douleur son frère s'éloigner, tomba malade, soit de chagrin, soit par l'inquiétude que l'avenir lui causoit, & resta quelques jours à Setubal dans le plus grand danger. *Jean II* & le duc de Béja se rendirent auprès d'elle, & ne la quittèrent point qu'elle ne fût rétablie; mais le roi s'étoit si fort excédé de fatigue, qu'il tomba lui-même très-dangereusement malade; son corps s'étant couvert de taches noires & livides, bien des gens imaginèrent qu'il avoit été empoisonné; & les médecins plus éclairés regardèrent sa maladie comme incurable. Elle ne l'empêcha cependant point de s'appliquer aux affaires, comme s'il eût encore joui de la plus robuste santé : mais il s'en falloit bien qu'il fût rétabli; il lui survint au contraire une complication de maux qui dégénérèrent en hydropisie. Dans cette situation fâcheuse, il montra la plus grande activité, & ramena l'abondance à Evora, où la cour étoit alors, & où l'avarice de quelques personnes riches, qui ayant acheté tout le bled, le tenoient à un prix exorbitant, avoit mis la famine. *Jean II* instruit de la cause de ce désordre, crut y remédier en fixant le prix du bled; mais les perfides monopoleurs refusèrent, pour éluder la loi, de vendre leur grain: *Jean* irrité contre ces mauvais citoyens, défendit, sous peine de mort, à qui que ce fût, d'acheter du bled des marchands Portugais, & affranchit les marchands étrangers de tout droit d'entrée, quelque quantité de bled qu'ils voulussent amener. En peu de jours Evora fut dans l'abondance, & les monopoleurs restèrent ruinés. *Jean II* étoit encore à Evora, lorsqu'il apprit que Christophe Colomb, dont il avoit si mal accueilli la proposition, il y avoit quelques années, étoit à Lisbonne, où il avoit été contraint de relâcher. Le roi le fit venir à sa cour, l'accueillit avec la plus flatteuse distinction, en usa envers lui avec une générosité vraiment royale, & le servit de toute sa puissance contre quelques ennemis qui attentèrent à sa vie. Cependant ce grand prince se sentoit affoiblir de jour en jour, & son esprit étoit dans la plus grande inquiétude au sujet de la succession, qu'il voyoit bien devoir passer sur la tête du duc de Béja, & qu'il eût desiré d'assurer à son fils. Comprenant qu'il ne lui restoit que peu de temps à vivre, il fit son testament, expliqua ses dernières volontés, parla de sa succession, ordonna de laisser le nom de son successeur en blanc, hésita quelques moments, & à la fin, voulut que l'on y mît celui de George. Faria, qui écrivoit ce testament sous la dictée du roi, & qui ayant jadis découvert la conspiration du duc de Viseu, avoit tout à craindre, si le duc de Béja parvenoit au trône, fut néanmoins assez grand, assez généreux pour représenter à son maître que cette disposition blessoit évidemment les droits de la reine & du duc de Béja; qu'elle souleveroit les grands & le peuple; enfin, qu'elle perdroit George lui-même, au lieu de le placer sur le trône. La grandeur d'ame de Faria fit impression sur *Jean*, qui consentit enfin qu'on écrivît le nom du duc de Béja, se contentant de donner à George, par un codicille, le duché de Conimbre, & tous les biens de don Pedre, jadis possesseur de ce duché. La violence qu'il s'étoit faite pour dicter ce testament, qui coûtoit tant à sa tendresse paternelle, acheva d'épuiser ses forces, il mourut le 25 octobre 1495, dans la quarantième année de son âge, & dans la quatorzième de son règne. C'est à lui que le Portugal fut redevable de sa grandeur, & de la découverte des Indes Orientales, pour laquelle Vasco de Gama étoit prêt à mettre à la voile lors de la mort de cet illustre souverain. Il fut très-éclairé, mais il fut très-sévère: il le fut trop, & son excessive rigueur fait tort, à mon avis, au surnom de *parfait* que sa nation lui donna. (*L. C.*)

JEAN III, roi de Portugal, (*Hist. de Portugal.*) Il y a aussi quelquefois du hazard & souvent du caprice dans le choix des surnoms que les peuples donnent aux rois; je viens de m'arrêter au règne de Jean II, que l'on trouva parfait, parce qu'il eut une rigueur outrée; & *Jean III*, qui sans être sévère, fit aimer la justice & respecter les loix; *Jean III*, qui, philosophe sur le trône, fut l'ami, le bienfaiteur, le père de ses sujets, & qui consacra tous les moments de son règne & de sa vie aux soins du gouvernement, ne fut décoré par les Portugais d'aucun surnom honorable, lui qui réunissoit à un dégré si éminent tant d'excellentes qualités, tant de rares & utiles vertus. C'est à lui que je donnerois volontiers le surnom de *parfait*, parce que, suivant moi, le plus parfait des rois est celui qui contribue le plus à la félicité publique. Il naquit à Lisbonne, le 6 juin 1502, du mariage du roi Emmanuel-le-fortuné avec dona Marie, infante de Castille: le jour de sa naissance fut marqué par la terreur des habitans de Lisbonne, qui éprouvèrent une horrible tempête, & qui, suivant la manière de penser de leur temps, ne manquèrent pas de croire que, si jamais ce prince venoit à monter sur le trône, son règne seroit très-orageux: ce terrible présage reçut une nouvelle force quelques jours après; car pendant qu'on baptisoit le nouveau né, le feu prit au palais, fit des progrès, & alarma prodigieusement l'imagination déjà frappée des Portugais. Dans la suite le règne de ce prince déconcerta totalement les tireurs d'horoscope, & démontra la puérilité de ces sortes de présages; cependant si les mêmes accidents arrivoient dans ce siècle, si fort illuminé par le flambeau de la philosophie, je ne serois point du tout étonné que, chez la nation la plus éclairée de l'Europe, le peuple pensât de même. Quoi qu'il en soit, un an après la naissance de *Jean*, Emmanuel, son père, le fit reconnoître pour son successeur. Sa première enfance fut confiée aux soins de Gonçale Figueyra; & la reine dona Marie, sa mère, princesse au-dessus de son sexe par ses lumières, son mérite & la fermeté de son ame, veilla sur son éducation, secondée par Emmanuel lui-même, qui desirant que son fils se distinguât, autant par ses talents que par sa naissance & son rang, ne souffrit auprès de lui que des personnes illustres par leur mérite; dans cette vue, il voulut que don Diegue Ortiz, évêque de Tanger, lui enseignât les belles-lettres, que Louis Texeira lui expliquât le droit public, tandis que Thomas de Torrès, médecin & astrologue le formeroit dans les autres sciences. Ce plan parut trop étendu pour la capacité du jeune élève, qui ne répondit point du tout aux soins de ses maîtres, & rendit leurs leçons inutiles. Il étoit parvenu, fort ignorant, à sa dixième année, lorsqu'il fit une chûte si rude, que l'on désespéra de sa vie; cependant, à force de remèdes il se rétablit, & il ne lui resta de cet accident, qu'une légère cicatrice au front. Emmanuel voyant que son fils manquoit totalement de goût pour l'étude, & qu'il n'étoit capable d'aucune application sérieuse, chercha par quels moyens il seroit possible de fixer sa légèreté naturelle: il crut enfin que l'expédient le plus sage seroit de n'admettre auprès de lui que des seigneurs, à-peu-près de son âge, mais distingués par leur esprit & leurs talents: ce moyen réussit, & *Jean* trouva tant d'agréments dans leur société, les écouta avec tant d'attention, fit de si heureux efforts pour les imiter, que peu de temps après Emmanuel ne balança point à l'admettre lui-même dans ses conseils, où il prit de bonne heure la connoissance & le goût des affaires. *Jean* se forma de jour en jour, & il ne tarda point à surpasser, en prudence & en sagacité, les jeunes gens qu'on lui avoit donnés pour instructeurs & pour modèles; mais malheureusement séduit par la déférence de ces jeunes seigneurs, ou gâté par les conseils de quelques-uns d'entr'eux, à mesure qu'il s'éclairoit, il devenoit aussi fort vain, fort présomptueux & très-opiniâtre. Les pères, & sur-tout les rois, sont communément les derniers à s'appercevoir des défauts de leurs enfants: Emmanuel, qui ne voyoit que les excellentes qualités de son fils, se dégoûta de la souveraine puissance; & accablé par quelques revers inattendus, il forma, trois ans avant sa mort, le projet d'abdiquer la couronne en faveur de *Jean*, de ne se réserver que l'Algarve, & de passer en Afrique, à la tête d'une puissante armée; mais quelques précautions qu'il eût prises pour tenir ce projet caché, jusqu'au jour de l'abdication, son secret transpira; & les grands, suivant l'usage, se rendirent fort assidus auprès du jeune prince; plusieurs même d'entr'eux furent assez lâches pour lui faire leur cour aux dépens d'Emmanuel, dont ils traitoient la bienfaisance de prodigalité; l'aménité, de timide & basse condescendance pour le peuple; l'indulgence & l'affabilité, d'ignorance dans l'art de gouverner les hommes. *Jean* n'avoit que dix-sept ans; on lui peignoit sous des traits si brillants les avantages du pouvoir arbitraire, qu'il pensa, comme ses séducteurs, que son père ne savoit pas règner; & il marqua la plus vive impatience de monter sur le trône, afin d'y déployer toute la puissance de l'autorité royale. Emmanuel s'apperçut des desirs de son fils; il découvrit par quels conseils son ambition s'enflammoit, & d'après quelles maximes il s'étoit proposé de gouverner. Cette découverte le fit changer de résolution, il abandonna son projet d'abdication; &, dans la vue de s'affermir lui-même sur le trône, & de détruire les espérances de ces lâches courtisans, il déclara hautement qu'il prétendoit garder le sceptre, & se maria avec dona Léonore, sœur de Charles-Quint. *Jean* parut fort inquiet; les grands, qui lui avoient donné des conseils, le furent plus que lui; & craignant, avec raison, l'indignation du roi, la plûpart, sous divers prétextes, se bannirent eux-mêmes de la cour, & allerent cacher leur honte dans leurs terres. Le plus dangereux de ces adulateurs étoit don Louis de Silveira, favori de *Jean*, & celui qui, ligué avec les autres flatteurs, lui avoit inspiré de l'éloignement pour son père, & les plus fausses maximes sur l'autorité royale. Ce fut aussi celui contre lequel Emmanuel sévit avec le plus de rigueur; Silveira fut exilé, & *Jean* n'étant plus infecté de ses mauvais conseils, sentit sa faute, & comprit combien il étoit de son intérêt de se conformer aux volontés de son père. Cette aventure fut pour lui une excellente leçon sur le choix des personnes qu'il devoit désormais honorer de sa confiance; & bien loin de desirer la puissance suprême, il ne chercha plus qu'à se former, sous les yeux de son père, dans l'art de gouverner; il y fit des progrès si heureux, qu'âgé de vingt ans seulement, lorsqu'à la mort du roi Emmanuel, il monta sur le trône, en 1521, on le regardoit déjà en Portugal comme l'un des souverains les plus habiles & les plus éclairés de son siècle. Il ne démentit point cette idée avantageuse; il est vrai que dès les premiers jours de son règne, sachant que Silveira s'étoit lui-même corrigé, il le rappella, & partagea son entière confiance entre lui & don Antoine d'Ataïde. Silveira méritoit cette faveur, il avoit de l'esprit, étoit fort éclairé, plein de valeur, & recherché de tous par les agréments de sa société, son désintéressement & ses aimables qualités. Ataïde moins brillant, avoit toutes les connoissances & toute la capacité d'un excellent ministre, d'un grand homme d'état. Le choix du nouveau roi ne pouvoit être, ni plus prudent, ni plus heureux. La reine Léonore, belle-mère de *Jean*, avoit apporté à son époux une dot immense, & le roi Emmanuel lui avoit assigné un douaire encore plus riche. Le paiement de ce douaire n'étoit pas aisé à faire, il absorboit une partie des trésors du souverain. Le duc de Bragance conseilla à *Jean III* d'épouser sa belle-mère, afin d'être par-là dispensé de lui payer son douaire; cet expédient, aussi singulier qu'indécent, trouva beaucoup d'approbateurs, qui pressèrent vivement le roi d'épouser sa belle-mère, & il parut disposé à prendre ce parti; mais le comte Vimioso lui fit à ce sujet de si fortes représentations, & la ville de Lisbonne de si vives remontrances, qu'il renonça tout-à-fait à cette union vraiment incestueuse, paya le douaire de la reine Léonore, & consentit à son retour en Castille, auprès de l'empereur Charles-Quint, son frère, où elle fut accompagnée par Louis de Silveira, qui y resta huit mois en qualité d'ambassadeur, & qui, à son retour pensa tomber dans la disgrace de son maître, par l'oubli d'une cérémonie que *Jean* regarda comme un manque de respect. Il existoit un ancien démêlé entre les cours de Castille & de Portugal, au sujet des îles Moluques, sur lesquelles les deux nations prétendoient avoir également des droits. Charles-Quint, peu délicat sur les moyens de posséder & d'acquérir, fit équiper une puissante flotte pour les Indes, sans égard aux protestations ni aux prétentions des Portugais: ceux-ci ne pouvoient point alors lutter contre les forces de Charles-Quint; *Jean* sentit l'embarras de cette situation, & s'en tira en politique consommé; il falloit l'être pour arrêter l'exécution des projets formés par Charles-Quint. Il feignit d'ignorer le plan de cette expédition, & envoya des ambassadeurs à la cour de Castille pour y traiter de son mariage avec l'infante dona Catherine, sœur de l'empereur. Ce souverain avoit alors une guerre très-vive à soutenir en Italie, & il avoit des dépenses énormes à faire: les mêmes ambassadeurs lui offrirent de la part du roi de Portugal, une somme considérable, à condition que jusqu'au remboursement de cette somme, l'affaire des îles Moluques resteroit suspendue. Charles-Quint y consentit d'autant plus volontiers, qu'il étoit très-embarrassé pour fournir aux frais de la guerre; il consentit au mariage de l'infante, & ce mariage fut célébré à Crato, avec la plus grande magnificence. Le commerce des Portugais aux Indes étoit fort étendu; mais pour le rendre aussi florissant qu'il pouvoit l'être, il y avoit quelques obstacles à applanir, & quelques affaires à terminer avec les princes Indiens: *Jean III* y envoya le célebre Vasco de Gama, qui, malgré les infirmités de son âge avancé, fit ce voyage, régla tout à la satisfaction des Portugais, & mourut peu de temps après avoir rendu à sa nation cet important service. Charles-Quint desirant de resserrer de plus en plus l'union qu'il y avoit entre lui & *Jean III*, demanda en mariage & obtint l'infante dona Isabelle; & ce fut pendant les fêtes de cette union, que l'empereur David, qui occupoit le trône d'Abyssinie, & qui s'étant rendu si célebre sous le nom de *Prêtre-Jean*, étant connu alors sous celui de *Grand-Negus*, envoya à la cour de Lisbonne un ambassadeur qui, après quelque temps de séjour, alla à Rome rendre, dit-on, de la part de son maître, l'obédience au pape. *Jean III* n'étoit rien moins que superstitieux ou fanatique; cependant sa piété mal entendue occasionna contre son intention, bien des maux à ses peuples: sous prétexte de quelques excès scandaleux, commis par les Juifs, ou que peut-être on leur attribua; le clergé affectant les plus vives alarmes pour la religion, qui, pour se soutenir & se venger, a si peu besoin du secours impuissant des hommes, sollicita vivement le roi d'introduire l'inquisition dans ses états, lui promettant que ce tribunal seroit un monument de piété qui attireroit perpétuellement la bénédiction du ciel sur la nation. *Jean III* eut la facilité de céder aux importunités des ecclésiastiques; l'inexorable & sanguinaire inquisition fut introduite, & l'on sait quel genre de bénédiction les Portugais ont retiré de cet horrible tribunal. Des projets plus importans occupoient Charles Quint en Espagne, il y faisoit d'immenses préparatifs, & ne négligeoit rien pour s'assurer du succès de l'expédition qu'il méditoit contre les Maures d'Afrique. Don Louis, infant de Portugal, voulut servir dans cette guerre, s'embarqua, passa la mer avec la flotte Espagnole, & se distingua dans cette expédition, aussi brillante qu'inutile. Don Louis eût mieux fait d'aller servir plus utilement sa patrie dans l'Inde, où les Portugais étoient menacés d'une ruine entière par Soliman II, empereur des Turcs: ce violent orage se dissipa pourtant, & la valeur des troupes Portugaises l'emporta sur le nombre & la fureur indisciplinée des Mahométans. La nouvelle de ces succès remplit de joie la cour de Lisbonne; mais cette grande satisfaction fut bien tempérée par les malheurs qui fondirent sur la famille royale: le prince don Philippe, âgé de six ans, fils aîné de *Jean*, & l'héritier présomptif de la couronne, mourut; & le roi n'étoit pas encore consolé de cette perte, lorsqu'il en fit une nouvelle, celle de l'impératrice Isabelle, sa sœur: il regrettoit cette princesse, quand il eut à pleurer don Antoine, don Alphonse, don Edouard, ses trois fils, qui moururent dans l'enfance; & tous trois presqu'en même temps: comme si ces pertes n'eussent point encore été assez accablantes, il eut à soutenir la plus noire & la plus imprévue des trahisons, de la part de l'homme dont il se défioit le moins, de Michel Sylva, évêque de Viseu, frère du comte de Montalegre, & secrétaire du cabinet. Sylva ambitionnoit la pourpre Romaine, & il négocioit secrètement à Rome pour l'obtenir; elle lui fut promise, à condition qu'il révéleroit les secrets de son maître. L'ambitieux & perfide Sylva ne balança point, il prit quelques papiers très-importants, alla à Rome, & les livra pour le chapeau de cardinal: indigné de tant de noirceur, *Jean III* déclara Sylva traître à l'état; il lui ôta tous ses bénéfices, le dégrada de noblesse, défendit à tous ses sujets d'avoir aucune sorte de correspondance avec lui, sous peine d'encourir son indignation, & fit sévèrement renfermer le comte de Pontalegre, pour avoir écrit à son frère. *Jean* étoit le plus doux des hommes; mais dans cette circonstance, l'indulgence eût pu devenir funeste; & cet acte de rigueur fit le plus grand effet parmi les seigneurs de la cour. Le calme succéda à ces temps orageux; le roi de Portugal donna en mariage l'infante dona Marie, sa fille, à don Philippe, fils de l'empereur. Le commerce Portugais fleurissoit dans les Indes, & ses produits enrichissoient le Portugal: le peuple étoit heureux, le roi l'étoit lui-même; il fit les plus utiles règlements pour maintenir, accroître même cette prospérité; mais ne pouvant suffire à expédier toutes les affaires, comme il l'avoit fait jusqu'alors, il en remit l'expédition à divers conseils: & cette méthode, qu'il crut très-sage, pensa causer la décadence du royaume. La mésintelligence & la corruption se glissèrent dans ses conseils; les affaires ne s'y terminoient point, ou s'y expédioient trop précipitamment & contre toutes les règles de l'équité: malheureusement pour la nation, le roi ne s'apperçut que trop tard de ces abus; la découverte qu'il en fit, le pénétra d'un tel chagrin, qu'il en mourut. Mais pendant que ces abus régnoient à son insçu dans les conseils, persuadé que la plus exacte intégrité y présidoit, il ne s'occupoit que des plus importantes affaires; il maria le prince Jean, son fils, avec dona Jeanne, fille de l'empereur; dans le même temps il envoya, pour les former dans l'art de la guerre, dans celui des négociations, & même aux affaires du commerce, plusieurs jeunes gens dans les Indes, entr'autres, le célèbre Camoëns, qui chanta si dignement les exploits de ses compatriotes. Tandis que ces jeunes militaires alloient porter dans les Indes la terreur des armes Portugaises, *Jean III* éprouvoit encore dans sa famille un revers bien sensible à son cœur; le mariage de son fils étoit heureux, la jeune princesse étoit grosse; mais son jeune époux se livra avec tant d'excès aux plaisirs de l'amour, qu'il fut attaqué d'une fièvre lente, devenue en très-peu de jours si violente, qu'il en mourut. Cette perte consterna la cour, *Jean III* en fut inconsolable, mais l'amertume de ses regrets ne l'empêcha point de s'occuper des soins qu'il croyoit devoir aux affaires du gouvernement; il pourvut à la défense du Bresil par la construction des forts qu'il ordonna d'y bâtir, & beaucoup plus encore par le soin qu'il eut d'envoyer dans ces pays des missionnaires intelligens, chargés de travailler à la conversion des naturels. Ces missionnaires eurent d'autant plus de succès, qu'ils étoient aussi attentifs à civiliser les peuples, qu'à les accoutumer à l'éclat de la lumière de l'évangile. Don Louis, duc de Beja, infant de Portugal, faisoit les délices de son père, & l'espérance de la nation; il mourut aussi, & renouvella les douleurs encore mal étouffées du sensible *Jean III*; il est vrai que l'infant don Louis étoit à tous égards bien digne de l'amour de son père, & des larmes que les Portugais attendris donnerent à sa mort: on assure qu'il surpassoit tous les princes de son temps en lumières, en pénétration, en piété, en courage & en générosité. *Jean III* cherchant à se distraire de la douleur profonde où cet événement l'avoit plongé, résolut de porter le dernier coup à la réforme très-nécessaire des ordres religieux qu'il avoit déjà commencée, & qu'il importoit beaucoup de terminer. Ce fut en travaillant à cette grande affaire qu'il découvrit les abus multipliés & révoltans qui s'étoient glissés dans les conseils: il vit combien ses sujets avoient souffert de ces abus, & il y fut si sensible, que sa santé en fut tout-à-coup altérée: on crut

& il pensoit lui-même que le temps le rétabliroit ; mais se reprochant trop vivement la corruption de ses conseils, & ne pouvant détourner sa pensée des maux qui en étoient résultés, il fut attaqué d'une espèce d'apoplexie qui ne lui laissa que le temps de voir que son terme approchoit : il s'y prépara sans crainte, sans regret ; & quelques raisons qu'il eût de regretter la vie, il mourut avec autant de tranquillité que de résignation, le 6 juin 1557, dans la cinquante-cinquième année de son âge, & après un règne aussi sage que glorieux de trente-cinq années. Il fut aussi regretté de ses sujets qu'il en avoit été chéri, & nul de ses prédécesseurs n'avoit autant que lui mérité leur tendresse ; ses voisins le respectèrent, ils s'empressèrent tous de rechercher son amitié, soit par la haute estime qu'ils avoient pour ses vertus, soit qu'il fût, quoiqu'ami de la paix, toujours en état de défendre ses peuples & de faire la guerre. (*L. C.*)

Jean IV, roi de Portugal, (*Hist. de Portugal.*) Lorsque Jean I, fils naturel de don Pedre-le-justicier, fut élevé sur le trône, auquel il n'avoit aucun droit, la nation elle-même regarda son avénement à la couronne comme l'ouvrage de la fortune, plus encore que comme la récompense des talens & des services signalés rendus à la patrie par cet illustre souverain. La révolution qui fit monter *Jean IV* sur le même trône, fut plus étonnante encore ; & elle le fut d'autant plus, que ce royaume possédé depuis fort long-temps par l'Espagne, jalouse de le conserver, & régi par les ordres & sous les yeux d'un ministère actif & vigilant, ne paroissoit rien moins que prêt à se soustraire à la domination Espagnole ; mais que ne peut l'amour de la patrie, sur-tout lorsqu'il est irrité par la crainte fondée d'une servitude accablante ? Ce fut à ce patriotisme, bien plus qu'à ses talens, que *Jean IV* fut redevable de son élévation ; ce n'est pas que, si la royauté eût été sans interruption dans sa famille, il n'eût eu assez de mérite pour recevoir le sceptre que ses pères lui eussent transmis, car il avoit beaucoup de connoissances ; & peu de souverains ont été aussi profondément, aussi habilement politiques que lui ; mais, pour passer du premier ordre des citoyens au rang suprême, il n'avoit par lui-même, ni assez d'ambition, ni assez de constance, ni assez d'activité : & ce furent les circonstances, le vœu de ses concitoyens, la fidélité de ses partisans, la grandeur d'ame, les conseils, & la noble audace de son épouse, qui firent plus pour lui qu'il n'eût été capable de faire par lui-même. *Jean*, fils de Théodose de Portugal, duc de Bragance, & d'Anne, fille de Jean Fernandez, duc de Frias, comptoit parmi ses ancêtres une longue suite de rois ; car il étoit petit-fils de Catherine, fille d'Edouard, prince de Portugal, & fils du roi Henri. Mais quelque illustre que fût son origine, elle ne lui donnoit cependant aucune sorte de droit, ni seulement de prétention à la couronne. Les Espagnols s'étant rendus maîtres du Portugal, après la mort du cardinal Henri, en 1580, & l'ayant gardé sous les règnes de Philippe II, Philippe III & Philippe IV, il ne falloit pas moins qu'une révolution aussi subite & aussi surprenante que celle qui se passa sous ce dernier monarque Espagnol, pour donner de la consistance aux prétentions aussi foibles qu'éloignées de *Jean* : il naquit à Villaviciosa, le 13 mars 1604 : l'histoire ne dit rien des vingt-six premières années de sa vie ; on croit qu'il reçut une excellente éducation, mais on n'a point appris qu'il se fût distingué par aucun service éclatant, par aucune action bien importante : on sait seulement qu'à cet âge il succéda à son père comme duc de Bragance ; & que, quoique trois ans après, il eût épousé dona Louise de Guzman, fille aînée de Jean-Emmanuel Perez de Guzman, duc de Medina-Sidonia, il souffroit tout aussi impatiemment que le reste des Portugais, le joug des Espagnols. Son épouse, née en Espagne, étoit alliée aux maisons les plus illustres de cette monarchie ; mais par la noblesse de ses sentimens, par son mérite, ses talens & sa fermeté, portée jusqu'à l'héroïsme, elle étoit infiniment au-dessus de sa haute naissance, & ne s'occupa qu'à inspirer à son mari des idées d'élévation, & à fortifier la haine qu'il partageoit avec ses compatriotes, contre l'altière dureté de la domination Espagnole. Le peu d'ambition du duc de Bragance, & son indolence naturelle, eussent peut-être & vraisemblablement rendu ses conseils inutiles, si les Portugais irrités des vexations auxquelles ils étoient sans cesse exposés, n'eussent enfin conçu le desir le plus véhément de recouvrer leur liberté, & de s'affranchir pour jamais du despotisme qui les opprimoit. La nation étoit mécontente, & les occasions de se soulever ne lui manquoient pas ; mais elle avoit besoin d'un chef, & elle jetta les yeux sur le duc de Bragance, qui étoit à la fleur de son âge ; d'ailleurs petit-fils de Jean, duc de Bragance, qui avoit été l'un des concurrens de Philippe II, lors de la mort du cardinal Henri ; mais Jean paroissoit de tous les hommes, le moins propre pour conduire une aussi grande entreprise, & amener une révolution ; tranquille & modéré jusqu'à l'indolence, il vivoit à la campagne avec beaucoup de magnificence, mais dans le plus grand éloignement de toute sorte d'affaires : époux empressé, père tendre, maître généreux, voisin sociable, il se contentoit de faire les délices de sa famille & des gentilshommes des environs, qui n'envioient point ses richesses, parce qu'il ne les employoit qu'à faire du bien : sa tranquillité empêchoit les Espagnols de prendre quelqu'ombrage de l'affection que le peuple lui témoignoit, & ils étoient fort éloignés de le croire capable d'exciter jamais des troubles ; ce n'est pas cependant qu'il ignorât les droits qu'il avoit à la couronne, si le royaume venoit à se séparer de l'Espagne ; ce n'est pas qu'il ne vît avec douleur la triste situation de ses concitoyens, & qu'il ne fût très-sensible à la conduite arbitraire & aux vues des ministres espagnols ; mais il ne témoignoit ni tristesse, ni ressentiment ; & à son humeur égale, on ne lui eût point supposé le desir de devenir plus grand qu'il n'étoit. Quelques historiens prétendent que sa patience & sa tranquillité apparentes, étoient alors le voile dont il couvroit sa prudence consommée & la plus fine politique ; il me semble que c'est juger fort précipitamment des sentiments qu'avoit alors le duc de

Bragance, par sa conduite & sa manière de penser, lorsqu'il fut sur le trône; & c'est se tromper, ce me semble. Le duc de Bragance devenu roi, eut sans doute moins de peine qu'un autre, à couvrir ses projets politiques des apparences de la plus grande dignité, parce que cette espèce d'indolence lui étoit naturelle; mais avant que de parvenir à la royauté, il me paroît qu'il n'avoit ni l'ambition de régner, ni le desir de susciter les mouvements & les troubles qui le firent régner; & ce qui le prouve, à mon avis, ce furent les efforts qu'il fit sur lui-même, & la peine qu'on eut à le déterminer à se laisser porter sur le trône. La duchesse de Bragance étoit vive au contraire, prompte, franche, sans détour, sans dissimulation; la vue la plus éloignée du sceptre l'enflamma d'ambition, & ce fut elle, en très-grande partie, qui fit prendre à son époux la résolution de se laisser proclamer. Cependant la rigueur outrée des Espagnols révolta les Portugais, ils se soulevèrent dans quelques provinces; il y eut à Evora une sédition, le peuple nomma le duc de Bragance, & lui envoya même des députés, qui lui offrirent, s'il vouloit se mettre à la tête des mécontents, la vie & les biens de tous les habitants d'Evora; soit que le duc jugeât qu'il n'étoit point temps encore de se montrer à découvert, soit qu'il fût effrayé de la grandeur & du danger de l'entreprise, il rejetta ces offres, alla lui-même appaiser le tumulte, s'en fit un mérite à la cour de Madrid, & se servit du crédit qu'il y avoit pour obtenir la grace des habitants d'Evora, que l'on vouloit punir avec sévérité. Des vexations nouvelles vinrent bientôt ajouter au mécontentement général: par le plus tyrannique abus de sa puissance, le ministère Espagnol, sous le prétexte de la guerre que l'Espagne faisoit aux Catalans révoltés, ordonna aux seigneurs Portugais d'assembler leurs vassaux, de se mettre à leur tête, & de se tenir prêts à marcher: les seigneurs obéirent & furent arrêtés. Cet acte de despotisme fut suivi de la création d'une foule d'impôts, plus accablans les uns que les autres. Le peuple murmuroit, une découverte à laquelle il ne s'attendoit pas, le rendit furieux: quelques lettres de Vasconcellos, secrétaire d'état Espagnol, dévoilèrent aux Portugais les projets de la cour de Madrid, qui s'attendant à cette découverte & aux soulévements qu'elle occasionneroit, se proposoit de les faire servir de prétexte à l'exécution du dessein qu'elle avoit formé d'accabler les Portugais & de les priver de l'ombre de liberté qu'on leur avoit laissée. Les Lettres de Vasconcellos irritèrent violemment le peuple; & son ressentiment fut encore excité par Juan Pinto Ribeyro, qui, intendant de la maison du duc, étoit un homme actif, entreprenant, adroit, ingénieux, plein de zèle pour son maître, dont il avoit l'entière confiance: par ses observations sur les excès du despotisme Castillan, sur la résolution que cette cour paroissoit avoir prise de ruiner entièrement l'état, d'y précipiter le commerce dans la plus irréparable décadence, & d'y éteindre le génie des sciences & des arts, il enflamma ceux qui s'intéressoient au bien de la patrie; de ce nombre furent don Rodrigue d'Acunha, archevêque de Lisbonne, piqué contre la vice-reine qui avoit élevé à la primatie de Brague, Mattos de Norogna; don Michel d'Almeida, don Antoine, & don Louis d'Almada, père & fils; Mello, grand-veneur; don George, frère de Mello; don Louis d'Acunha, neveu de l'archevêque; don Pedre Mendoza, & plusieurs autres seigneurs & officiers de la maison royale. Pinto se donna tant de soins, que tous ces mécontents se rassemblèrent, & sous le secret le plus inviolable, formèrent une conjuration, dont le premier objet fut de détruire en Portugal la puissance Espagnole; & le second, de placer le duc de Bragance sur le trône. Pinto, soit pour ne pas compromettre son maître, soit qu'il ne voulût qu'exciter de plus en plus les conjurés, leur dit qu'il ignoroit les sentiments du duc de Bragance, relativement à la couronne qu'on paroissoit disposé à lui offrir; qu'il le connoissoit sans ambition, & content de ses vastes & riches possessions; mais qu'il le connoissoit aussi prêt à sacrifier & ses biens & sa vie pour servir ses concitoyens. Alors les conjurés délibérèrent que s'ils ne pouvoient faire autrement, ils forceroient le duc, quand la conjuration seroit prête à éclater, d'accepter la couronne. Cependant quelque secrètes que fussent les conférences des conjurés, & quoiqu'il ne parût point y avoir aucune sorte de liaison entr'eux & le duc de Bragance, le comte d'Olivarès en eut quelque soupçon; & croyant tout renverser, il nomma le duc de Bragance général des troupes, avec ordre d'aller visiter toutes les places; mais en même temps il ordonna aux gouverneurs Espagnols de quelques-unes de ces places, de se saisir de ce général; celui-ci rendit inutile cet ordre, il visita les places & se fit respecter, il s'attacha les habitants de tous les lieux où il séjourna, & marcha si bien accompagné, qu'il eût été très-dangereux de songer à l'arrêter. Le comte-duc d'Olivarès avoit prévu toutes les difficultés, & par ses ordres, Osorio, amiral de la flotte Espagnole, qui croisoit sur la côte du Portugal, invita le duc de Bragance à venir dîner sur son bord: s'il y eût été, jamais le Portugal ne se seroit soustrait à la domination Espagnole; mais par bonheur pour le duc, qui peut-être se fût rendu sur le bord d'Osorio, une violente tempête survint, fit périr la plupart des vaisseaux de cette flotte, & dispersa le reste; ainsi, jusqu'aux éléments, tout secondoit les conjurés, qui, pour fixer le jour & le moment de l'exécution de leur grand projet, n'attendoient plus que le consentement du duc de Bragance: ils le lui demandèrent, il parut irrésolu, les pria de lui donner du temps pour se déterminer, & se décida enfin par les avis d'Antoine Paez-Viegeas, son secrétaire, & sur-tout d'après les mâles & généreuses réflexions de la duchesse, son épouse. L'exécution de l'entreprise fut remise au samedi premier décembre 1640: ce jour arrivé, les conjurés, au nombre de cinq cents, se divisèrent en quatre troupes, & se rendirent au palais par différents chemins. A huit heures du matin Pinto tira un coup de pistolet; à ce signal, tous les conjurés avancèrent brusquement, chacun du côté qui lui étoit prescrit; Mello & son frère, suivis d'une foule de citoyens armés, se jettèrent sur la compagnie Espagnole qui étoit de garde devant le palais, pénétrèrent dans le corps-de-garde, & obligèrent l'officier & les soldats qui y étoient, à se rendre, & à crier comme eux, *vive le duc de Bragance.* D'Almeida & sa troupe fondirent sur la garde Allemande, qui fut désarmée & mise en fuite; Pinto & les siens entrèrent dans le palais, & montèrent à l'appartement du secrétaire Vasconcellos; Antoine Correa, l'un des commis du secrétaire, fut la première victime qui tomba sous les coups de Menesez: Vasconcellos effrayé, se cacha dans une grande armoire, sous un tas de papiers; mais il n'échappa point aux recherches des conjurés, qui, l'ayant découvert, le massacrèrent & le jettèrent par la fenêtre, en criant: *le tyran est mort, vive la liberté & don Juan, roi de Portugal.* La vice-reine voulut faire quelque résistance, mais elle fut enfermée dans son appartement; tous les Espagnols, soit dans le palais, soit dans la ville, furent arrêtés. Il n'y avoit encore qu'une partie de la conjuration d'exécutée; les Espagnols étoient maîtres de la citadelle, & delà ils pouvoient donner entrée aux troupes Espagnoles: les conjurés allèrent trouver la vice-reine, & lui demandèrent de signer un ordre au gouverneur de livrer la citadelle: la vice-reine refusa; mais elle fut si vivement menacée, qu'elle l'expédia, dans la vue que le gouverneur voyant bien que c'étoit un ordre surpris, ne le rempliroit pas: elle se trompa cependant, & le gouverneur Espagnol voyant le peuple en armes devant la citadelle, & entendant les menaces qu'on lui faisoit de le mettre en pièces lui & la garnison, s'il ne se rendoit pas, n'hésita point; enchanté d'avoir un prétexte plausible, il remit la citadelle aux conjurés, qui, n'ayant plus rien à faire pour le succès de la révolution, dépêchèrent Mendoze & Mello au duc de Bragance, pour lui apprendre la grande nouvelle de son élévation au trône; dans le même temps on envoya des couriers dans toutes les provinces, pour rendre graces à Dieu de ce que le Portugal avoit enfin recouvré sa liberté, avec ordre aux magistrats de faire proclamer roi le duc de Bragance, & de s'assurer de tous les Espagnols qu'on y trouveroit. Cependant le duc de Bragance arriva à Lisbonne, dont la plûpart des habitants étoient sortis en foule pour aller au-devant de leur nouveau souverain, qui entra dans la capitale, y fut proclamé au bruit des acclamations, & solemnellement couronné. Sa puissance souveraine fut également reconnue sans contradiction au Bresil, dans les Indes, aussi-tôt que l'on y fut instruit de la révolution, ainsi que toutes les puissances de l'Europe qui n'étoient point dans la dépendance de la maison d'Autriche. Quelque paisible toutefois que parût l'avènement de *Jean IV* à la couronne, ce calme extérieur cachoit les plus pernicieux desseins. Les princes du sang n'avoient vu qu'avec des yeux jaloux l'élévation du nouveau souverain; plusieurs seigneurs dont les terres étoient du domaine de la couronne, craignoient d'être dépossédés, & cette crainte les rendoit très-mal intentionnés. L'archevêque de Brague, fort attaché à la vice-reine & aux Espagnols, démêla ces mécontentements, les aigrit autant qu'il fut en lui, se ligua avec plusieurs seigneurs, forma le plan d'une conspiration pour le rétablissement de la domination Espagnole, y fit entrer les Juifs, auxquels il promit la tolérance, & prit les plus sages mesures pour renverser le gouvernement actuel. Les Juifs, à un jour convenu, devoient mettre le feu en différents quartiers de Lisbonne; en même temps les conjurés du palais devoient en ouvrir la porte aux autres: on devoit poignarder le roi, s'assurer de la reine & de ses enfants, tandis que l'archevêque de Brague, accompagné du clergé, marcheroit, précédé de la croix, dans les rues de Lisbonne, pour appaiser le peuple, qui seroit aussi réprimé par les troupes Espagnoles prêtes à entrer dans la ville. Le jour de l'exécution de cette conjuration approchoit, lorsque *Jean* en fut informé: il feignit de l'ignorer, & prit avec la plus rare prudence, toutes les précautions qui pouvoient l'empêcher. La veille du jour fixé par les conjurés, il fit entrer, sous prétexte d'une revue générale, toutes les troupes qui étoient en quartier dans les environs; il appella au conseil les principaux d'entre les conjurés, ils furent arrêtés sans éclat; & dans le même temps, on s'assuroit dans la ville du reste des conspirateurs. Leur procès fut bientôt instruit, ils avouèrent leur crime: le marquis de Villaréal & son fils, le comte d'Armamur & Augustin-Emmanuel furent décapités; le secrétaire de l'archevêque de Brague & quatre autres furent pendus: quant à l'archevêque & au grand inquisiteur, ils furent condamnés à une prison perpétuelle. Cette conspiration dissipée, *Jean IV* convoqua les états, & s'y fit admirer par sa modération & son désintéressement. Le comte-duc d'Olivarès, encore plus furieux que son maître, de la perte du Portugal, ne respiroit que vengeance: les Portugais s'attendant à une guerre aussi longue que meurtrière, & animés eux-mêmes de la plus violente haine contre les Espagnols, se préparèrent à une vigoureuse résistance; & aggresseurs eux-mêmes, ils entrèrent dans l'Estramadure Espagnole, où don Mathias d'Albuquerque, à la tête d'un corps de six mille hommes d'infanterie & de douze cents chevaux, battit complettement une petite armée Espagnole de sept mille hommes d'infanterie & de deux mille chevaux. Cette victoire rallentit beaucoup, sinon la haine des Espagnols, du moins leurs hostilités; & il est vrai que la valeur des Portugais, leur zèle pour leur roi, & leur ardeur à soutenir la révolution qui leur avoit rendu la liberté, ne donnoient pas au roi d'Espagne de grandes espérances de recouvrer ce royaume. Ne pouvant s'en emparer à force ouverte, le ministère Espagnol fit proposer que, si le roi *Jean IV* vouloit renoncer à cette couronne, Philippe lui céderoit la Sicile; mais cette proposition fut reçue & rejettée comme elle devoit l'être. Les Espagnols ne pouvant rien gagner, en vinrent à leurs anciennes voies d'intrigue & de complot; ils corrompirent un malheureux qui promit de tuer le roi d'un coup de fusil, mais qui ayant eu l'indiscrétion de laisser transpirer son projet, fut arrêté & puni de mort. *Jean IV* délivré des inquiétudes que lui avoient causées ces complots, ne s'occupa que des rênes du gouvernement ; il forma la maison du prince Théodose, son fils, dont les rares qualités & les talents supérieurs le consoloient de la perte sensible de l'infant Edouard, son frère, qui mourut de poison ou de chagrin, après un temps considérable de captivité à Milan, détenu par les Espagnols. Cependant, quelque tendresse que le roi eût marquée jusqu'alors pour Théodose, il y eut bientôt de la mésintelligence entr'eux, & elle eut de fâcheuses suites. Mal conseillé par quelques seigneurs turbulents, le jeune Théodose quitta tout-à-coup la cour, & alla se rendre à Elvar. *Jean* offensé de cette démarche, lui envoya ordre de revenir sur le champ ; le prince n'obéit qu'après avoir résisté, & il fut froidement accueilli par son père. Quelques mal-intentionnés prirent occasion de cet accueil pour animer le peuple contre *Jean IV*. On plaignit Théodose, on murmura ; & le roi, pour étouffer ce mécontentement, nomma son fils généralissime de l'armée ; mais il l'écarta des affaires, & ne lui permit plus d'entrer au conseil. Cette apparente dureté fit murmurer plus hautement ; mais *Jean*, qui ne croyoit devoir communiquer à personne les raisons de sa conduite, suivit le plan qu'il s'étoit fait, & s'inquiéta peu des fausses conjectures qu'on répandoit sur sa sévérité. Son projet étoit de reculer, autant qu'il le pourroit, la guerre contre les Espagnols ; d'ailleurs, il avoit fait secretement un traité avec plusieurs grands d'Espagne pour réunir le Portugal à la Castille, en mettant Théodose sur le trône, & en transférant le siège de la monarchie à Lisbonne : mais ces secrets n'étant point de nature à être encore confiés à la jeunesse du prince, il ne l'avoit exclu du conseil que par intérêt pour lui-même : cependant Théodose ne concevant point le motif de cette rigoureuse froideur, en fut si pénétré, qu'il tomba malade, ne put être rendu aux larmes, ni aux voeux de la nation, mourut, & accabla *Jean IV* de douleur ; son chagrin fut encore aigri par la mort de l'infante dona Jeanne sa fille aînée : mais quelle qu'eût été la cause de la maladie de Théodose, & quelqu'empressement que les mal-intentionnés témoignassent à la rapporter au chagrin qu'on lui avoit donné, *Jean* peu sensible à ces injurieuses imputations, garda le silence, & ce ne fut qu'après sa mort, que l'on découvrit le véritable motif de la conduite qu'il avoit tenue avec son fils. Après avoir pris toutes les précautions qui pouvoient assurer le succès de ses desseins, *Jean IV* voyant ses troupes bien disciplinées, & sa cavalerie accrue, commença les hostilités contre l'Espagne, fit des incursions heureuses, eut de grands succès, qui furent balancés par la perte de l'île de Ceylan, d'où par leur propre faute, leur licence & l'avidité de leurs chefs, les Portugais furent chassés. *Jean* supporta cette perte avec ce sang froid apparent qu'il montroit dans les circonstances les plus critiques ; il songea aux moyens de se dédommager de ce désastre, & continua de s'occuper sans interruption, du bien public : il s'y appliqua si assidument, qu'il ne paroissoit point s'appercevoir de l'affoiblissement de sa santé ; mais bien-tôt il admit la reine dans tous les conseils, & ce ne fut qu'après cette démarche, que l'on se douta plus qu'il ne connût lui-même le danger où il étoit ; il le cachoit tout autant qu'il pouvoit à ses peuples, parce qu'il connoissoit leur affection ; & afin de leur persuader que sa maladie n'étoit qu'une indisposition passagère, il alloit tous les jours à la chasse dans le peu de moments où il se permettoit de se distraire des affaires : mais son estomac étoit entièrement ruiné, ses forces l'abandonnèrent, il tomba dans un épuisement total ; & jugeant qu'il touchoit à son dernier instant, il fit venir ses enfants, les embrassa, leur donna les plus sages conseils, en donna de très-utiles à la reine, sur la manière dont elle devoit exercer la régence, réconcilia entr'eux plusieurs seigneurs qu'il avoit fait arrêter pour empêcher les suites de leurs querelles particulières, pria & exhorta les ministres à rester fidèles à ses enfants & à l'état ; vit approcher avec tranquillité le moment fatal, & mourut en héros, en grand homme ; & ce qui vaut encore mieux, en homme juste & paisible sur sa vie passée, le 6 nombre 1656, âgé de 53 ans, & au commencement du dernier mois de la seizième année de son règne. Il fut aimé, il mérita de l'être ; & je ne citerai qu'un trait pour prouver à quel point il aimoit ses sujets & accueilloit les remontrances qu'on lui faisoit. Un jour qu'il sortoit à cheval de Lisbonne pour aller à la chasse, le lieutenant civil se présenta devant lui, & après lui avoir fait une profonde révérence, prit le cheval par la bride & le ramena au palais. *Jean* sourit, remercia le lieutenant civil, s'occupa d'affaires importantes, &, pour ce jour, renonça au plaisir de la chasse. Il respectoit l'église ; mais il savoit contenir les ecclésiastiques, lorsqu'ils s'oublioient. Il recevoit les confiscations que l'inquisition prononçoit en sa faveur ; mais il ne manquoit pas de les rendre aussi-tôt aux familles de ceux sur qui ces biens avoient été confisqués. Cette bienfaisance qui n'étoit point du tout analogue au caractère dur & avide des inquisiteurs, les ulcéra, & ils en firent des plaintes que le roi méprisa ; ils se turent par crainte ; mais à peine il fut mort, que le sacré tribunal fit dire à la régente que, par cette conduite, le roi avoit encouru la peine d'excommunication, & qu'on n'eût point à l'enterrer, qu'il n'eût été absous : la reine voulut bien se prêter à cette ridicule scène, & les inquisiteurs se rendirent gravement au palais, où ils donnèrent solemnellement l'absolution au corps du roi. Sans doute ils crurent par cet abus de cérémonie triompher du souverain après sa mort, & se venger de la soumission forcée à laquelle il les avoit contraints durant sa vie. (*L. C.*)

Jean V, roi de Portugal, (*Hist. de Portugal.*) Avec des talents médiocres, mais d'excellentes intentions, un roi peut rendre ses sujets aussi heureux & ses états plus florissants qu'ils ne pourroient le devenir sous le souverain le plus recommandable par la supériorité de ses talents, mais qui seroit moins empressé de faire le bonheur de ses peuples, qu'ambitieux de se rendre célèbre par de vastes entreprises ou des conquêtes éclatantes. *Jean V* ne fut pas animé du desir d'acquérir de la célébrité ; l'amour du bien public fut le motif de sa conduite, de ses actions, l'ame & le but de ses projets : ils réussirent presque tous, parce que n'en formant aucun qui ne dût concourir à maintenir ou à perpétuer la félicité publique, il en suivoit assidument l'exécution, quelques obstacles qui survinssent, quelques difficultés qu'il eût à surmonter. Sa fermeté parut en plus d'une occasion, de l'opiniâtreté, on se trompoit, elle n'étoit que réfléchie & fondée sur l'espérance du succès. Quelquefois il parut inconstant & léger, on se trompoit encore ; ses démarches étoient guidées par la plus sage prudence ; les engagements qu'il avoit contractés étoient pour lui des loix sacrées : mais il regardoit aussi comme une obligation plus indispensable encore, de se détacher de ses engagements, lorsqu'ils devenoient nuisibles à ses peuples ; & en cela, il eut pour maxime qu'un prince peut être fidèle à ses alliés, sans cependant préférer leurs intérêts aux siens propres. Fils du roi don Pedre & de la princesse Marie-Sophie de Neubourg, *Jean V* n'avoit que dix-sept ans, lorsqu'à la mort de son père il monta sur le trône de Portugal, en 1706. L'Europe presqu'entière étoit alors embrasée des feux de la guerre, au sujet de la succession d'Espagne. Le premier soin de *Jean* fut de faire avertir les puissances maritimes, qu'il tiendroit fidèlement les engagements de son père, & qu'il ne négligeroit rien pour pousser la guerre avec la plus grande vigueur : & en effet, ses troupes jointes à celles du roi Charles & des Anglois, entrèrent en Castille, eurent quelques succès, formèrent même le siège de Valena, qu'on abandonna fort inconsidérément, marchèrent à la rencontre des François & de leurs alliés, & furent complétement battus. Les Portugais souffrirent cependant beaucoup moins de cette défaite que les troupes auxiliaires, parce qu'ils étoient commandés par le marquis Das Minas, qui fit sa retraite en très-habile capitaine. Peu alarmé de ce revers, *Jean V* fit déclarer par son ambassadeur à Londres, qu'il ne regardoit point cet échec comme irrémédiable, & qu'inviolablement attaché à la cause du roi Charles, il étoit toujours disposé à faire les plus grands efforts pour la soutenir, parce qu'il étoit intimement persuadé que le commerce Britannique & Portugais avoit tout à craindre, tant que le duc d'Anjou resteroit en Espagne. Le roi de Portugal craignoit alors si peu les suites de la victoire remportée par ses ennemis, que s'occupant sérieusement à souscrire aux vœux de la nation, qui le pressoit de se donner un héritier, il envoya le comte de Villa-Major à la cour de Vienne, pour demander en mariage l'archiduchesse Marie-Anne, seconde fille de l'empereur Léopold ; elle lui fut accordée, & pendant la célébration de ce mariage, les Portugais reçurent du Brésil la plus riche & la plus nombreuse flotte qui en fût venue jusqu'alors. L'union de *Jean V* avec l'archiduchesse resserroit les liens qui attachoient ce souverain à la cause de Charles. La cour de France fit cependant beaucoup de tentatives pour détacher le roi de ses alliés ; mais bien loin de se laisser gagner il fit les plus grands préparatifs, remplit les magasins, fit de nouvelles levées, mit sur pied une armée nombreuse, qui, jointe à celle des alliés, étoit formidable, mais par malheur, fort peu disciplinée ; ensorte que la campagne ne fut pas heureuse ; au contraire, cette grande armée fut battue par les Espagnols, qui pourtant ne profitèrent point de leur victoire, autant qu'ils l'eussent pu, & qu'on s'y attendoit. *Jean* ne se découragea point, & il songeoit aux moyens de se dédommager de cette disgrace, lorsqu'à Lisbonne il s'éleva une dispute qui eut des suites d'autant plus fâcheuses, qu'elle jetta beaucoup de mésintelligence entre les Portugais & leurs alliés. Avant le règne de don Pedre, les ministres étrangers jouissoient en Portugal, d'immunités très-étendues ; ces prérogatives blessant la prééminence de don Pedre, il les abolit, & les réduisit aux franchises dont ses ministres jouissoient chez les nations étrangères. Cette innovation fit murmurer ceux qui s'en crurent lézés ; mais par sa prudence, don Pedre étouffa cette affaire, & il n'y avoit eu depuis aucune sorte de dispute, ni de prétention à ce sujet. Malheureusement l'orgueil de l'évêque & prince de Lamberg renouvella cette affaire ; étant à Lisbonne en qualité d'ambassadeur de sa majesté Impériale, quoiqu'incognito, il trouva fort offensant que les officiers de justice passassent devant son hôtel, tenant dans leurs mains la baguette blanche levée, ce qui, en Portugal, est l'attribut de ces officiers. Le prince de Lamberg donna ordre à son suisse de les chasser ; le suisse ne fut pas le plus fort : les officiers de justice refusèrent de retourner sur leurs pas, & il y en eut un qui fut frappé très-rudement. *Jean V*, informé de cette aventure, en fut très-irrité, & fit dire à l'ambassadeur qu'il eût à renvoyer son suisse, ou à ne plus se montrer à la cour. Par la médiation de quelques grands, cette affaire n'eut point alors de suites. Mais peu de temps après, l'évêque de Lamberg, toujours ulcéré de l'affront qu'il croyoit avoir reçu, engagea l'ambassadeur de Charles III à user de voie de fait, & cet ambassadeur envoya tous ses domestiques empêcher non seulement cette classe d'officiers de passer devant sa porte, mais contraindre les magistrats qui passoient en carosse, de prendre un autre chemin. Le roi fit écrire & notifier très-vivement ses volontés à cet ambassadeur, qui se ligua avec le reste des ministres étrangers, & ceux-ci faisant cause commune, refusèrent opiniâtrement de se conformer aux intentions du roi. Leur résistance devint si soutenue, & elle fut poussée avec tant d'opiniâtreté, que *Jean V* leur envoya ordre de sortir dans vingt-quatre heures de Lisbonne, où il fit en même temps entrer quatre régiments de Cavalerie. Les ministres furent contraints de plier, & le roi, très-indigné de leur procédé, se refroidit beaucoup pour des alliés dont les ambassadeurs prétendoient lui donner des loix dans ses propres états. C'est à cette malheureuse querelle qu'on attribua le refus constant que *Jean* fit, sous divers prétextes, d'envoyer des secours & des troupes au roi Charles, qui avoit eu de très-grands avantages en Espagne, & qui en eût eu de beaucoup plus importants, s'il eût été mieux secondé. Les alliés se plaignirent amérement ; le roi de Portugal répondit à leurs plaintes avec beaucoup de fermeté, & prouva même qu'il avoit été au-delà de ses engagements, tandis qu'ils n'avoient rempli qu'une qu'une partie, encore très-foible, des conditions auxquelles ils s'étoient soumis. Et il est vrai que, même dans le feu de cette dispute, *Jean V* combattoit vivement pour le roi Charles contre les Espagnols. Le comte de Villaverde agissant offensivement par ordre de son maître, prit Mirande, plusieurs autres places considérables, mit le pays à contribution, & eût vraisemblablement porté ses conquêtes plus loin, si le marquis Bai n'eût dans le même temps fait une irruption en Portugal, où il alla mettre le siège devant Elvas, ce qui obligea l'armée Portugaise de revenir, & sa présence contraignit les Espagnols de se retirer. Malgré ces différentes opérations, les alliés suspectoient vivement la bonne-foi des Portugais, & leur défiance n'étoit pas tout-à-fait destituée d'apparences de raison; car, pour les alarmer, les François avoient répandu qu'ils venoient de faire un traité secret avec le Portugal; & afin de donner plus de consistance à ce bruit, ils firent en effet quelques propositions à la cour de Lisbonne, tandis qu'ils attaquoient les Portugais en Amérique. Mais leurs propositions ne furent point accueillies, & leur entreprise sur Riojaneiro fut repoussée avec beaucoup de perte; ils se vengèrent cruellement ensuite, & leur succès eut une funeste influence sur les affaires du Portugal. En effet, la campagne suivante fut plus malheureuse encore pour les alliés & pour les intérêts de Charles, que ne l'avoient été les précédentes campagnes. Le duc d'Anjou l'emporta sur son concurrent. Les alliés affoiblis & hors d'état de tenir contre la France & l'Espagne réunies, entrèrent en négociation, & le Portugal suivit l'exemple de l'Angleterre; les circonstances l'y obligeoient d'autant plus, que seul & sans appui, il n'étoit pas en état de résister à l'Espagne, gouvernée par un prince de la maison de Bourbon, maître de toutes les provinces de ce royaume, & qui venoit d'y établir une sorte de gouvernement militaire. Mais si la paix se rétablissoit en Europe, *Jean V* restoit toujours dans de vives inquiétudes, soit par les fâcheuses nouvelles qu'il reçut de quelques intrigues séditieuses formées au Brésil, causées par le mécontentement du peuple, & par les projets factieux de quelques grands, soit à cause des soupçons que lui donnoit la conduite de la cour de France, qui paroissoit peu disposée à interposer ses bons offices auprès du nouveau roi d'Espagne pour assurer la paix entre les nations Espagnole & Portugaise. Cependant, à force de soins, de fermeté, d'inflexibilité même, *Jean* parvint à conclure la paix, aux conditions, à peu de chose près, qu'il avoit désirées; ce traité même fut plus avantageux aux Portugais qu'ils ne l'avoient espéré. Parvenu enfin à jouir d'un calme auquel il aspiroit depuis si long-temps, le roi de Portugal se livra tout entier au bonheur de son peuple: voyant son royaume riche par le commerce, il voulut aussi l'embellir par les arts, & il leur donna des encouragements si flatteurs, que bientôt on les y vit cultivés avec le plus brillant succès. *Jean* étoit fort pieux, mais il étoit tout au moins aussi jaloux de ce qu'on devoit à son rang, que zélé pour la religion. Il demanda au pape Clément XI, le chapeau de cardinal pour l'abbé de Bichi; malheureusement cet abbé s'étoit fait de puissans ennemis, & ils le desservirent tant, que le pape refusa de lui accorder les honneurs de la pourpre. *Jean* se sentit très-offensé; & si son ressentiment n'éclata point alors, il n'en eut pas dans la suite des effets moins fâcheux; mais lorsque Clément XI rejettoit cette demande, le roi de Portugal avoit dans sa famille des sujets de chagrin qui l'occupoient tout entier; soit par des vues de politique, soit par des raisons d'économie, il pressoit vivement son frère don Emmanuel de prendre les ordres sacrés; cet état ne convenoit point du tout à don Emmanuel, qui après s'être long-temps refusé aux sollicitations de son frère, fatigué enfin d'une importunité qui ne finissoit pas, quitta secrétement la cour, s'embarqua pour la Hollande, échappa au vaisseau que le roi avoit envoyé à sa poursuite, & entra au service de l'empereur contre les Turcs: la fuite précipitée de don Emmanuel n'étoit pas la seule affaire qui occupât *Jean V*. Il venoit d'établir à Lisbonne des académies d'arts, de sciences, de belles-lettres; l'inquisition n'avoit vu qu'avec des yeux jaloux ces établissemens si funestes à l'empire de la superstition. L'inquisiteur s'étoit plein amérement; & ses plaintes n'ayant produit aucun effet, il s'étoit formellement & très-audacieusement opposé à l'érection de ces académies: le roi *Jean V* traita avec mépris cette opposition, menaça l'inquisiteur de le punir de son insolence, & protégea les nouvelles académies, qui n'ont pu cependant encore prévaloir en Portugal contre l'inquisition. Toutefois, ces tracasseries n'empêchèrent pas le roi de donner la plus grande & la plus vigilante attention à tout ce qu'il croyoit pouvoir contribuer au progrès du commerce national; il fit à ce sujet d'excellens réglemens, des loix sages, & les institutions les plus utiles; ce fut au milieu de ces occupations importantes, qu'il maria don Joseph, prince du Brésil, avec dona Marie-Anne Victoire, l'aînée des infantes d'Espagne, & dona Marie infante de Portugal, avec don Ferdinand, prince des Asturies. *Jean V* n'avoit point oublié le refus de Clément XI, & il le sollicita de nouveau en faveur de l'abbé de Bichi; mais il essuya encore un refus plus marqué que celui qu'il avoit reçu précédemment. Ce procédé ulcéra profondément *Jean V*, qui défendit tout de suite à ses sujets d'avoir désormais aucune communication avec le saint siège, & aux ecclésiastiques de s'adresser au pape pour en obtenir des bulles, donnant au patriarche de Lisbonne le droit d'accorder des dispenses, de juger les affaires ecclésiastiques en dernier ressort, enfin d'exercer à peu près toutes les fonctions de la papauté. *Jean* ne poussa pas son ressentiment aussi loin qu'on croyoit qu'il le porteroit. Benoît XIII, qui avoit succédé à Clément, mourut; le roi de Portugal se réconcilia avec le successeur de ce pape, & parut desirer si fort ce raccommodement, qu'il ne songea pas même à insister sur l'élévation de Bichi au cardinalat. Le reste du règne de *Jean* fut très pacifique, à quelques démêlés près, soit au sujet du cérémonial dont il étoit fort rigide observateur, soit au sujet des prérogatives de son rang, dont il se montra toujours extrêmement jaloux. Il s'étoit proposé de ne jamais entrer dans les différends qui pourroient survenir entre les puissances Européennes, & il ne s'écarta point de son plan; ensorte que depuis l'époque du traité de paix qui avoit mis fin à la guerre élevée au sujet de la succession d'Espagne, le Portugal jouit du calme le plus parfait pendant toute la durée du règne de ce souverain, qui, épuisé par le travail assidu auquel il s'étoit livré pour le bien de ses sujets, mourut le 31 juillet 1750, âgé de 60 ans, après avoir tenu le sceptre pendant 43 années. Il avoit pour maxime de ne jamais embrasser un parti qu'après avoir mûrement réfléchi sur ses avantages & ses inconvéniens; mais il fut dans l'usage constant de ne jamais abandonner le parti qu'il avoit pris, & il étoit à cet égard de la plus inébranlable opiniâtreté. Du reste, *Jean* fut minutieusement dévot, il n'eût tenu qu'à lui d'anéantir le tribunal de l'inquisition; mais il ne l'osa point, & en cela ce prince fut d'une malheureuse pusillanimité. (*L. C.*)

JEAN, (*Hist. du Nord.*) roi de Danemarck, de Suede & de Norwege. Il étoit fils aîné de Christiern I. Après la mort de ce prince, arrivée l'an 1481, *Jean* réclama la promesse que les états de Suede, de Danemarck & de Norwege avoient solemnellement jurée, de placer les trois couronnes sur sa tête, & de rétablir la célèbre *union de Calmar*. Il convoqua à Helmstadt une assemblée des députés des trois royaumes; ceux de Danemarck & de Norwege le proclamèrent; mais ceux de Suede manquèrent au rendez-vous. L'administrateur Steensture leur avoit ordonné de s'y trouver; mais ses ordres ne furent point exécutés, ou plutôt cette désobéissance étoit combinée avec lui, parce qu'il craignoit que l'élection de *Jean* ne lui enlevât l'autorité dont il jouissoit en Suede. Malgré les efforts de Steensture, *Jean* fut proclamé à Calmar. Il ne restoit à l'administrateur d'autre ressource que d'imposer au nouveau roi des conditions difficiles à remplir, dont l'infraction dégageroit les Suédois du serment de fidélité. Ce moyen lui réussit. Après bien des débats, Steensture voyant le roi *Jean* déjà maître du Gothland, céda à la fortune & rendit hommage au nouveau roi, l'an 1487. A peine fut-il retourné en Danemarck, que l'administrateur reprit le cours de ses complots, & souleva la Suede. *Jean* étoit un de ces esprits flegmatiques qui ne s'échauffent que lentement & par dégrés, mais dont la colère ne peut plus s'éteindre, lorsqu'elle a une fois éclaté. Avant de prendre les armes, il voulut tenter la voie de la négociation: elle ne lui réussit pas; & les délais de Steensture rendirent inutile une assemblée indiquée à Calmar. Cependant *Jean* avoit engagé les Russes à porter le fer & le feu au sein de la Finlande; la disgrace de Steensture, en 1497, ranima ses espérances. Il parut, fit des conquêtes, gagna une bataille, fut une seconde fois reconnu par l'administrateur, & reçut la couronne des mains de l'archevêque d'Upsal. L'année suivante, 1498, le jeune Christiern, son fils, fut proclamé l'héritier du trône. L'autorité du roi s'affermissoit de plus en plus, lorsqu'une démarche ambitieuse lui fit perdre le fruit de tant d'efforts; il voulut asservir les Dythmarses, fut vaincu, s'enfuit dans le Holstein avec les débris de son armée, & fut contraint de demander la paix.

Steensture saisit des circonstances si favorables à ses desseins. Les Suédois révoltés le mirent à leur tête, une partie des Norwégiens se joignirent à eux; le château de Stockholm fut emporté, & la reine, que *Jean*, son époux, y avoit imprudemment laissée, fut faite prisonnière. Au milieu de ces troubles, l'un des chefs des rebelles fut assassiné en Norwege, & Paul Laxmann, maréchal de la cour, eut le même sort. Ce dernier attentat s'étoit commis à Copenhague, & le roi renvoya les assassins devant le tribunal des électeurs de l'empire; ce qui fit soupçonner qu'il n'étoit pas intéressé au châtiment de tous les coupables. Cette conduite étoit d'autant plus dangereuse, que le roi sembloit par-là rendre une espèce d'hommage aux empereurs, qui avoient souvent prétendu compter les rois de Danemarck au nombre de leurs vassaux. La fortune parut changer; Christiern, fils de *Jean*, tailla en pièces les rebelles de Norwege, l'an 1503: il fit même quelques conquêtes en Suede; mais Steensture eut bientôt réparé ces pertes. *Jean*, en armant le duc de Mecklenbourg contre la république de Lubeck, la força à se détacher de l'alliance de la Suede. Il lança en même temps un arrêt par lequel il condamnoit les rebelles, c'est-à-dire, tous les Suédois, à perdre leurs biens, *&c*.... L'empereur Maximilien ratifia cet arrêt, comme si la Suede eût été une de ses provinces. La guerre étoit à chaque instant suspendue par les délais de Steensture, qui proposoit toujours d'entrer en négociation, & qui n'y entroit jamais. Malgré sa longue expérience, *Jean* fut toujours la dupe de ces ruses politiques. Ce fut alors que ce prince, poussé à bout, vengea d'une manière affreuse tous les outrages qu'il avoit reçus. Il ravagea la Scanie, & fit un désert de cette province sur laquelle il vouloit régner. Steensture n'étoit plus. Les Suédois, las de défendre leur liberté expirante, s'engagerent de payer une somme de treize mille marcs d'argent, jusqu'à ce que le roi ou son fils Christiern fût reconnu d'un concert unanime par la nation. *Jean* mourut l'an 1513. On lui pardonnera peut-être le ravage de la Scanie, lorsqu'on songera combien de fois il avoit pardonné aux rebelles, combien de négociations il avoit entamées pour les faire rentrer dans le devoir. Il étoit d'un caractère doux, son jugement étoit sain, ses intentions droites; sa générosité dirigée par un goût épuré. C'étoit parmi les membres de l'académie de Copenhague qu'il choisissoit ses ambassadeurs. Il fit de grandes fautes en politique; il essuya de grands échecs dans la guerre; & parmi ses malheurs, on peut compter celui d'avoir été père de Christiern II. (*M. de Sacy.*)

JEAN, (*Hist. de Suede.*) roi de Suede, étoit fils de Gustave Vasa & frère d'Eric XIV. A peine Eric étoit-il monté sur le trône, l'an 1560, qu'il traita ses frères en sujets, & peut s'en faut en esclaves; il leur refusa une partie de leur apanage, & ne leur céda quelques principautés, qu'en les condamnant à les perdre, si jamais ils osoient lui désobéir. Leurs vassaux devoient relever immédiatement de la couronne. C'est ainsi qu'Eric vouloit substituer le despotisme au gouvernement féodal. Le prince *Jean* étoit sur-tout indigné d'une servitude qui blessoit la fierté de son caractère. Mais comme il ne trouva pas dans ses frères le même courage dont il se sentoit animé, il épousa Catherine, princesse de Pologne, & se fortifia de l'alliance de cette république. Ce mariage, célébré l'an 1562 malgré le roi Eric, lui donna de justes alarmes sur la fidélité de son frère. Il le fit assiéger dans le château d'Aboo, l'an 1563. *Jean* se défendit avec intrépidité; mais la place fut emportée par stratagême. Le duc fut fait prisonnier avec sa famille: il fut condamné à perdre la tête comme rebelle. Quelque rigoureux que fût cet arrêt, *Jean* auroit dû se souvenir dans la suite, lorsque son frère tomba entre ses mains, que celui-ci lui avoit fait grace de la vie, & avoit changé la peine de mort en une prison perpétuelle. On prétend qu'Eric, partagé entre le remords & la haine, alloit quelquefois au château de Gripsholm où languissoit son frère; qu'il y entroit, résolu de l'assassiner; que sa colère expiroit, dès qu'il voyoit ce malheureux prince, & qu'il sortoit toujours le cœur serré & les yeux mouillés de larmes. Enfin l'an 1567, il rendit la liberté au duc, qui jura d'être à l'avenir le plus fidèle & le plus soumis de ses sujets. Il renonça pour jamais à la couronne, & s'imposa d'autres conditions dictées par la nécessité, & bientôt violées par l'ambition. Eric avoit accumulé crime sur crime; le peuple l'avoit en horreur: la révolte n'attendoit qu'un chef pour éclater. Les frères du roi se liguerent, leverent des troupes, appellerent l'étranger à leur secours, assiégerent Eric dans Stockholm, se saisirent de sa personne, & le jetterent dans une étroite prison. Il y souffrit des maux qu'il n'avoit pas fait essuyer au duc *Jean*, lorsqu'il l'avoit tenu dans les fers. Celui-ci se faisoit un jeu d'insulter aux malheurs de son frère, & de redoubler ses tourmens. Ce fut au milieu de ces soins cruels, & plus dignes d'un bourreau que d'un prince, que *Jean* fut proclamé, l'an 1568. Il commença par écarter du gouvernement Charles, son frère, avec qui il avoit promis de le partager; fit sa paix avec le czar, & désavoua la conduite de ses ambassadeurs qui avoient conclu avec le Danemarck un traité ignominieux. En donnant à son frère quelques provinces qu'il ne pouvoit lui refuser, il força les habitans de ces contrées à promettre de ne jamais placer sur le trône d'autre prince que ses descendans. La guerre se ralluma bientôt avec la Moscovie; la Livonie étoit le tison de discorde entre les deux puissances. *Jean*, attaqué à la fois par les Danois & les Moscovites, acheta la paix avec le Danemarck aux conditions qu'on voulut lui imposer. Il renonça à toutes ses prétentions sur la Norwege, sur les provinces de Halland & de Bleckingie, sur Jemptland & Herndaln; enfin il paya les frais d'une guerre que son frère avoit fait naître, & dont la Suede avoit essuyé tous les échecs. Quelques tentatives pour rétablir en Suede la religion catholique; quelques démarches infructueuses pour obtenir la couronne de Pologne après la mort de Sigismond; le procès de Charles Mornay qui eut la tête tranchée, pour avoir plaint le sort du malheureux Eric; une victoire presqu'incroyable, remportée sur les Moscovites avec des forces inférieures; un formulaire dressé sous le titre de *liturgie de l'église suédoise conforme à l'église catholique & orthodoxe*; quelques brouilleries à ce sujet avec la cour de Rome; la persécution élevée pour le formulaire; enfin l'empoisonnement d'Eric ordonné par le roi, approuvé par les principaux sénateurs, & le cadavre de ce prince donné en spectacle au peuple, tels sont les événemens qui remplirent le règne de *Jean* depuis 1571 jusqu'en 1579.

Après la mort de l'archevêque d'Upsal, le roi voulut lui donner un successeur ennemi de l'hérésie & partisan de l'église romaine. Il envoya Laurent Magnus en Italie pour y prendre le goût du catholicisme, & se concerter avec la cour de Rome sur les moyens de le rétablir dans le Nord. Le clergé ne se seroit peut-être pas apperçu de ces menées, si le duc Charles, intéressé à détruire son frère dans l'esprit du peuple, n'eût ouvert sur sa conduite les yeux de tous les ordres du royaume. On fit des remontrances au roi; il fut inflexible. Ce ne fut qu'en 1582 qu'il parvint à faire approuver par le clergé le changement qu'il vouloit établir. Cette révolution lui avoit coûté bien des peines, & il étoit occupé à convaincre des docteurs, tandis que ses généraux luttoient loin de lui contre toutes les forces de la Moscovie. Cette guerre ne paroissoit point intéresser le roi *Jean*; tout entier à la religion, la gloire n'étoit plus rien pour lui, & celle dont les soldats suédois se couvrirent dans cette guerre, n'appartenoit qu'à eux. Une trève de deux ans, conclue en 1583, suspendit les hostilités. Cependant le duc Charles négocioit avec la plupart des princes protestans, & les engageoit à défendre leur religion. Ce n'étoit pas qu'il fût plus attaché à l'une qu'à l'autre; mais il espéroit rendre son frère odieux au peuple, s'approcher du trône par dégrés, & y monter peut-être à la faveur des troubles qui étoient prêts à naître de ces débats théologiques. Le roi pressentit le dessein de l'ambitieux Charles; & pour appaiser les nombreux partisans de la confession d'Ausbourg, il défendit aux catholiques de tenir des assemblées. Mais ce qui acheva de renverser tous les projets du duc, ce fut l'élection de Sigismond, fils de *Jean*, au trône de Pologne. On imposa à ce prince des conditions qui tendoient à maintenir la religion protestante en Suede, & à la fomenter en Pologne. *Jean*, toujours attaché à l'église romaine, fit de nouveaux efforts pour en rétablir le culte dans ses états. On vit l'instant où toute la Suede alloit prendre les armes pour la défense de la confession d'Ausbourg; Charles s'étoit déclaré chef de la révolte. *Jean*, qui savoit qu'il avoit plus d'ambition que de zèle, crut l'attirer, en partageant avec lui le gouvernement du royaume: il ne se trompa point. Dès que Charles eut obtenu les honneurs dont il étoit jaloux, il ne se mêla plus des querelles de religion, & vécut en assez bonne intelligence avec le roi *Jean*, qui mourut le 17 novembre 1592, victime de l'ignorance des médecins.

C'étoit un homme presque sans caractère, d'un tempérament froid, faisant le mal par foiblesse, & le bien sans plaisir ; ne voulant rien avec force ; irrésolu ; tremblant ; plus rusé que politique ; catholique sans enthousiasme ; trompant ses ministres comme ses ennemis ; toujours renfermé dans lui-même ; aimant les hommes sans les estimer. Il ne fit rien de grand, qui pût effacer la tache imprimée à son nom par le meurtre de son frère. (*A. R.*)

JEAN. On compte 21, 22 ou 23 papes du nom de *Jean*, selon qu'on admet au nombre de papes, ou qu'on en exclut : 1°. en 996, un *Jean XVI*, qui n'auroit siégé qu'un mois; 2°. un anti-pape, nommé auparavant *Philagathe*, à qui l'empereur Othon III fit couper les mains & les oreilles, & arracher les yeux en 998. Nous suivrons le calcul ordinaire, & nous appellerons *Jean XXII*, Jacques d'Euse, évêque de Porto, natif de Cahors, qui érigea tant d'évêchés en France, & qui est le pénultième pape du nom de *Jean*. Les plus célèbres de ces papes sont :

1°. *Jean I*, regardé comme martyr, étant mort en prison à Ravenne en 526, pour la cause catholique que Théodoric, arien, grand prince d'ailleurs, persécutoit en lui.

2°. *Jean VIII*. Il eut une grande influence sur les affaires de son temps. Ce fut de lui que Charles-le-Chauve acheta l'empire, à prix d'argent. *Jean* le donna en souverain, & Charles le reçut en vassal : « *Nous l'avons jugé digne de l'empire*, dit le pape, » *& nous lui en avons conféré le titre & la puissance.* » Peu de temps après, le même *Jean VIII*, pressé par les Sarrasins, supplioit l'empereur, *les genoux en terre & la tête inclinée, comme s'il étoit en la présence du souverain son protecteur*, d'accourir à son secours : ce sont les propres termes de son épître trente-deux éme ; ils donnent une idée bien forte du danger du pape ou de sa terreur. Il est vrai que dans la même lettre, *Jean VIII* confirme la nomination de Charles à l'empire, ce qui avoit pour Rome deux objets ; l'un de se rendre Charles favorable, l'autre de ne point perdre de vue la prétention de donner des couronnes.

Sous le règne de Louis-le-Bégue, le même pape, pressé par les armes de ces mêmes Sarrasins, de plus, chassé de Rome, & à peine échappé des fers de Lambert, duc de Spolète, & d'Adalbert, marquis de Toscane, vint chercher un asyle en France ; il couronna Louis-le-Bégue, à Troyes. Comme Louis-le-Bégue avoit déjà été couronné roi de France par Hincmar, plusieurs auteurs ont cru que c'étoit la couronne impériale que le pape lui avoit donnée en cette occasion; mais il paroît constant que *Jean VIII* couronna Louis-le-Bégue roi de France, après Hincmar, comme Etienne III avoit couronné Pepin-le-Bref, quoique déjà couronné par St. Boniface ; & il y a beaucoup d'apparence qu'il vouloit par ce nouvel exemple, acquérir au St. Siège le droit de couronner les rois de France aussi bien que les empereurs.

Quant à l'Empire, il le laissa vacant, & déclara que ce seroit le partage du prince dont il recevroit les secours les plus efficaces contre les Sarrasins. Non content de refuser, sous ce prétexte, l'Empire à Louis-le-Bégue, & de le lui refuser dans ses états, & à sa cour, il lui refusa encore une grace que Louis-le-Bégue eut la foiblesse de solliciter.

Ce prince s'étoit marié sans le consentement de son père. Il avoit eu d'Ansgarde, sa première femme, Louis & Carloman. Forcé par Charles-le-Chauve, son pére, de répudier Ansgarde, il avoit épousé une angloise, nommée Alix ou Adélaïde, dont il eut un fils posthume, connu dans la suite, sous le nom de Charles-le-Simple : ceux qui ont cru que Louis-le-Bégue avoit pu se passer pour son mariage, du consentement de son père, ont regardé Charles-le Simple comme bâtard ; ceux qui ont cru ce consentement nécessaire, ont rejetté la bâtardise sur Louis & Carloman. L'inconstance de Louis-le-Bégue avoit consacré le choix de son père ; car, après la mort de Charles le-Chauve, il avoit continué de vivre avec Adélaïde, & la grace qu'il demanda au pape fut de la couronner avec lui ; le pape sentit de quelle conséquence pouvoit être cette espèce de confirmation du second mariage au préjudice du premier. Il n'y avoit point encore d'enfants de ce second mariage, & Louis & Carloman, nés du premier, & dont la mère vivoit encore, étoient élevés dans l'espérance de succéder à leur père. Les motifs du refus du pape pouvoient être très-justes ; mais il étoit singulier que le roi ne pût rien obtenir d'un pape auquel il donnoit un asyle, & qui imploroit son appui. Telle étoit la puissance pontificale, même dans la dépendance : telle étoit l'abjection des rois sur le trône.

Le pape eut cependant aussi un dégoût que lui attira son ambitieuse avidité. Il produisit dans un concile qu'il tenoit à Troyes, une donation, vraie ou fausse, que Charles-le-Chauve avoit, disoit-il, faite au saint-Siège, des abbayes de St. Denis & de St. Germain-des-Prés. Cette demande fut si mal accueillie, que le pape n'osa pas insister. Tous les évêques lui déclarèrent unanimement que les rois n'étant qu'usufruitiers des biens de leur royaume, ne pouvoient faire de pareilles aliénations; à quoi on pourroit ajouter, qu'à l'égard des biens ecclésiastiques, dans l'usage actuel, les rois ne sont usufruitiers que du droit d'en concéder l'usufruit, & que, dans le temps dont il s'agit, ils n'étoient usufruitiers de rien ; car il paroît qu'alors les élections avoient lieu. *Jean VIII* mourut en 882.

3°. *Jean X* fait pape par le crédit de Théodora sa maîtresse, & de Marosie, fille de Théodora; puis ensuite étouffé dans un cachot en 928, par l'ordre de cette même Marosie, à laquelle il avoit déplu. (*Voyez* les articles ALBÉRIC, THÉODORA & MAROSIE).

4°. *Jean XI*, fils de cette même Marosie & d'Albéric, duc de Spolète, fut fait pape à vingt-cinq ans, en 931, par le crédit de sa mère. Albéric, autre fils de Marosie, la fit enfermer avec *Jean XI*, au château Saint-Ange, où ce pape mourut en 936.

5°. *Jean XII* fut élu pape à dix-huit ans, en 956, vécut dans la débauche & le crime, & fut tué en 964, par un mari qui le surprit avec sa femme.

6°. *Jean XIV* mourut de misère ou de poison le 20 août 984, au château Saint-Ange, où il étoit détenu par l'anti-pape Boniface VII, son concurrent.

7°. *Jean XXII*, (Jacques d'Euse.) Une chose assez remarquable c'est que ce pape, qui ne cessoit d'exhorter Édouard III. & Philippe-de-Valois à la croisade, en avoit formellement détourné Philippe-le-Long ; ce n'étoit pas, à la vérité, par ces raisons éternelles de justice & d'humanité qui proscrivent toute croisade & toute guerre, mais par la considération de l'état politique de l'Europe au moment ou il parloit ; c'étoit toujours beaucoup alors qu'un pape fît céder l'intérêt d'une croisade aux considérations politiques. Ce trait de sagesse de *Jean XXII*, peut faire penser qu'en exhortant Edouard & Philippe-de Valois à la croisade, il avoit moins changé de principes que de langage, & que son objet étoit d'éloigner de l'Europe cette guerre funeste qu'il voyoit prête à s'y allumer par l'ambition d'Edouard.

Ce pape, qui siégeoit à Avignon, ne négligeoit aucune des fonctions du sacerdoce : ayant pris plaisir à rassembler dans un sermon de la Toussaint, sur la félicité des justes, quelques passages des Péres, d'où il paroissoit résulter que la vision béatifique & en général la plénitude des récompenses & des peines n'auroit lieu qu'après le jugement dernier ; les Cordeliers, qui haïssoient *Jean XXII*, parce qu'il les avoit condamnés sur la question du propre, & parce qu'il avoit eu le cordelier Pierre de Corbiere pour concurrent au pontificat, s'élevèrent contre lui ; Philippe consulta la Sorbonne & les évêques ; & d'après leurs avis, il écrivit au pape qu'il lui conseilloit d'en croire les théologiens de Paris plutôt que les canonistes d'Avignon ; il ajouta des menaces déplacées & grossières de *faire ardre* le pape, s'il ne se rétractoit. On n'a point assez vanté la modération de *Jean XXII* dans cette affaire ; il répondit qu'il n'avoit prétendu que proposer comme docteur, une question théologique, & nullement la décider comme pape ; qu'il seroit au désespoir de troubler la paix de l'église pour toutes ces questions, & qu'il y renonçoit de bon cœur, puisqu'elles avoient pu exciter du scandale. Combien de papes n'eussent point cédé à un roi & à un roi qui menaçoit, lorsqu'il ne s'agissoit que de dogmes & d'objets théologiques ! Au reste, *Jean XXII* n'eut pas toujours cette modération, ni en matière d'autorité, ni en matière d'intérêt. Nul pape, même d'Avignon, n'a autant étendu l'abus des réserves & des expectatives ; on le regarde comme l'inventeur de la taxe apostolique, à tant par péché : aussi nul pape n'amassa tant d'argent. Il mourut à Avignon en 1334. On a de lui plusieurs ouvrages de médecine. Il a écrit sur la goutte, sur les maladies des yeux. Il a donné une médecine des pauvres, *Thesaurus pauperum*.

8°. *Jean XXIII* avoit été corsaire ; on l'accusa de l'être encore sur le saint Siège, où il étoit monté, dit-on, à prix d'argent, en 1410, après la mort d'Alexandre V. C'étoit le temps du schisme d'Occident. Obligé de comparoître au concile de Constance, il dit en arrivant dans cette ville : *je vois bien que c'est ici la fosse où l'on attrape les renards*. Il lut lui-même un engagement solemnel d'abdiquer le pontificat, pourvu que ses compétiteurs, Grégoire XII, pape de Rome, & Benoît XIII, pape d'Avignon, y renonçassent également ; mais bientôt par une légèreté ambitieuse, il protesta contre cette démarche, quitta le concile en fugitif, déguisé en palefrenier, & alla dans Schaffouse implorer la protection du duc d'Autriche, un de ses partisans ; enfin, après avoir erré de ville en ville, il fut pris, ramené au concile, & déposé le 29 mai 1415. Il mourut doyen des cardinaux en 1419. Il aimoit les lettres, & se consoloit dans sa prison, en faisant des vers. C'est le dernier pape du nom de *Jean*.

C'est vers le milieu du neuviéme siècle, entre Léon IV & Benoît III, qu'on place la prétendue papesse *Jeanne*, qu'on dit être accouchée dans le colisée à Rome, au milieu d'une procession. Ce sont sur-tout les hérétiques qui ont accrédité quelque temps cette histoire ; mais elle a été racontée par des auteurs catholiques, & on en compte parmi ceux-ci, jusqu'à soixante & dix, parmi lesquels se trouvent des saints canonisés, qui ont adopté cette histoire. D'un autre côté, le savant David Blondel, protestant célèbre, (*voyez* son article.) l'a réfutée, Leibnitz l'a rejettée aussi, & l'opinion générale, mais qui laisse encore des doutes à quelques savants, est que c'est une fable.

JEANNES, (la plûpart des femmes célèbres de ce nom se trouvent aux noms des différentes maisons auxquelles elles appartiennent ; par exemple, les deux *Jeannes* de Naples se trouvent à l'article *Anjou* ; les deux *Jeannes* rivales de Bretagne ; *Jeanne* de Flandre, comtesse de Montfort, & *Jeanne* la boiteuse, comtesse de Penthièvre, sont aux articles MONTFORT & PENTHIÈVRES ; *Jeanne* d'Arc, à ARC ; ainsi des autres. Nous allons en placer ici quelques-unes qui n'ont pas trouvé place ailleurs :

1°. *Jeanne de Navarre*, fille unique & héritière de Henri I, roi de Navarre, & femme de Philippe-le-Bel, roi de France, à qui elle porta en dot la Navarre & la Champagne, reine célèbre, *qui tenoit*, dit Mézerai, *tout le monde enchaîné par les yeux, par les oreilles & par les cœurs, étant également belle, éloquente & libérale*, qui fonda (en 1303), ce collége de Navarre, long-temps l'école de la noblesse françoise, l'honneur de l'Université de Paris, qui gouverna en sage & défendit en héros la Navarre & la Champagne, dont le roi son mari lui abandonna toujours l'administration. Elle avoit été mariée le 16 août 1284. Elle mourut à trente-trois ans, le 2 avril 1304, à Vincennes. Elle fut mère de trois rois de France, Louis Hutin, Philippe-le-Long & Charles-le-Bel, & belle-mère de Ferdinand, roi de Castille, & d'Édouard II, roi d'Angleterre.

2°. *Jeanne de Bourgogne*, fille de la célèbre Mahaud, comtesse d'Artois, & femme de Philippe-le-Long, roi de France. (*Voyez* BOURGOGNE), fut soupçonnée d'adultère, comme ses deux belles-sœurs, & enfermée au château de Dourdan ; mais son mari la reprit, disant qu'il avoit reconnu son innocence. Ce fut elle qui fonda le collége de Bourgogne à Paris, près des Cordeliers. Morte à Roye en Picardie, le 22 janvier

1325, enterrée dans l'église des Cordeliers de Paris.

3°. *Jeanne de Bourbon*, fille de Pierre Ier, duc de Bourbon, femme du roi de France Charles-le-Sage. C'est peut-être l'union la mieux assortie & la plus constamment heureuse qu'on ait vue, non seulement parmi les rois, mais en général parmi les hommes. Tous deux également sages, modestes, pieux, vertueux, sensibles, bienfaisants, occupés de leurs devoirs, du bonheur de l'humanité, du bonheur l'un de l'autre, ils s'honoroient réciproquement d'une tendresse, d'un respect, d'une confiance sans bornes. La reine étoit, sans le savoir, la plus belle femme & la plus spirituelle de son temps. Morte en 1377.

4°. *Jeanne de France*, Louis XI avoit forcé Louis XII, alors duc d'Orléans, d'épouser *Jeanne de France*, sa fille, princesse vertueuse, mais difforme, mal faite, incapable d'avoir des enfants; il fallut subir ce joug, une vengeance terrible eût suivi de près le refus. La même crainte engagea le duc d'Orléans à la traiter en femme, il continua même d'en user ainsi sous le règne de Charles VIII, malgré ses projets de mariage avec la princesse de Bretagne, qu'il aimoit, & à laquelle il étoit cher. On sait que ce généreux prince, sacrifiant sa passion au bien de l'état, ne se servit du pouvoir qu'il avoit sur l'esprit d'Anne de Bretagne, que pour le déterminer à rompre son engagement avec Maximilien, & à prendre Charles VIII pour époux. Après la mort de ce prince, Louis XII lui ayant succédé, sentit renaître plus vivement que jamais ses dégoûts pour *Jeanne*, sa première passion pour la veuve de Charles VIII, & le desir d'avoir des enfans; il pressa l'affaire du divorce; il mit le pape Alexandre VI dans ses intérêts, par les bienfaits dont il combla César Borgia, son bâtard; les commissaires déclarèrent le mariage nul, comme ayant été l'effet de la contrainte, & se contentèrent du serment que fit le roi; *quod non cubuerat nudus cum nudâ, cum semper haberet ipse suam camisiam cubando cum eâdem dominâ.*

Louis XII libre & maître, se hâta d'offrir sa couronne & sa main à la reine douairière, qu'une destinée bizarre plaça deux fois successivement sur le même trône, & toujours par la rupture de quelque engagement.

La modeste *Jeanne*, sans témoigner ni joie ni douleur de cet évènement, se montra digne, par sa constance, du rang dont elle étoit déchue, & de l'estime que le roi lui conserva toujours: retirée à Bourges, elle y institua l'ordre de l'Annonciade, & s'y consacra elle-même à Dieu, elle vécut dans la pratique des vertus, & mourut en odeur de sainteté, le 4 février 1505. Les protestants violèrent son tombeau, & profanèrent sa cendre en 1562. Elle étoit enterrée dans son monastère à Bourges; elle a été béatifiée en 1743. On raconte que Louis XII, encore duc d'Orléans, s'étant permis un jour, en présence de Louis XI, des plaisanteries un peu amères sur *Jeanne de France*, & ayant fait un éloge ironique de son mérite & même de sa beauté, Louis XI voulut bien ne s'en venger qu'en employant à-peu-près les mêmes armes. *Vous en dites trop*, répondit-il, *& vous n'en dites pas assez; ajoutez qu'elle est vertueuse & fille d'une mère dont la vertu n'a jamais été soupçonnée.* C'est qu'on n'en disoit pas autant de Marie de Cléves, mère du duc d'Orléans, qui avoit épousé le sire de Rabodanges, un de ses officiers, qu'elle avoit aimé du vivant de son mari.

5°. *Jeanne d'Espagne*, dite *Jeanne la folle*, étoit fille de Ferdinand & d'Isabelle; elle avoit épousé l'archiduc Philippe, fils de l'empereur Maximilien & de Marie de Bourgogne; elle fut mère des empereurs Charles-Quint & Ferdinand I. Philippe mourut en 1506. Sa femme, qui l'avoit aimé vivant, jusqu'à devenir folle de tendresse & de jalousie, devint plus folle encore par le chagrin de l'avoir perdu; elle erra, imbécille & désolée, dans toute l'Espagne, traînant à sa suite le cadavre de son mari, nourrissant sa démence & sa douleur de ce spectacle affligeant: elle s'enferma enfin, ou on l'enferma dans le château de Tordesillas: le reste de sa vie ne fut plus qu'un triste & humiliant témoignage de la misère humaine & du néant des grandeurs; elle grimpoit comme un chat, le long des tapisseries & des murailles de son château. Cependant à la mort de Ferdinand-le-Catholique, les Espagnols refusèrent de reconnoître Charles sous un autre titre que celui d'associé de sa mère à la couronne; & dans des mouvements excités en Espagne par les intrigues de la France, des rebelles s'étant emparés du château de Tordesillas, mirent le nom de *Jeanne* à la tête de toutes leurs délibérations. Les droits de cette malheureuse princesse, à qui la couronne appartenoit, si elle eût été en état de la porter, servirent pendant un temps, de prétexte à toutes les violences de ce parti, dont enfin la fortune de Charles-Quint triompha. Elle ne mourut qu'en 1555, ayant survécu près de cinquante ans son mari, qu'elle avoit épousé en 1496; elle avoit alors un frère; elle avoit réuni dans la suite, toute la succession d'Espagne, pour n'en jouir jamais, & seulement pour la transmettre à l'heureux Charles-Quint.

6°. *Jeanne d'Albret*, fille du roi de Navarre, Henri d'Albret, femme d'Antoine de Bourbon, à qui elle apporta en dot, ce titre d'un royaume usurpé par les Espagnols, fut la mère de notre roi Henri IV. Lorsque Marguerite-de-Valois, sœur de François Ier, & femme de Henri d'Albret, accoucha de *Jeanne d'Albret*, les Espagnols, qui redoutoient toujours les droits de la maison d'Albret à la Navarre, disoient en triomphant & en faisant allusion aux armes du Béarn, qui est une vache: *miracle, la vache a fait une brebis*; Henri d'Albret, à la naissance de Henri IV, se souvenant de ce mot, disoit en triomphant à son tour: *la brebis a enfanté un lion.*

Antoine de Bourbon, père de Henri IV, en combattant & mourant pour ses persécuteurs, laissa *Jeanne*, pour ainsi dire, à la tête du parti qu'il avoit combattu. (*Voyez* l'article ANTOINE DE BOURBON.) Elle déploya en faveur de ce parti, de rares talens, d'utiles vertus & toutes les ressources d'une ame grande & forte (*Voyez* l'article NOUE (la). Cette princesse, trompée par la perfide dissimulation de Charles IX, qui témoignoit la plus vive impatience de voir & d'embrasser *cette chère tante*, & *de marier ensemble les deux religions*, par le mariage de Marguerite sa sœur, avec le roi de Navarre, fils de *Jeanne*, oublia le conseil que son mari lui avoit donné en mourant, de ne jamais venir à la cour de France. Elle mourut à Paris, quelques jours avant la Saint Barthelemy, au milieu des préparatifs du mariage de son fils, non sans soupçon de poison :

Je ne suis point injuste, & je ne prétends pas
A Médicis encore imputer son trépas ;
J'écarte des soupçons peut-être légitimes,
Et je n'ai pas besoin de lui chercher des crimes.

Elle étoit née en 1531, & s'étoit mariée en 1548.

JEANNIN, (Pierre) (*Hist. de Fr.*) connu sous le nom du président *Jeannin*, naquit à Autun en 1540, de Pierre *Jeannin*, échevin de cette Ville. Dans le temps de son élévation, un prince qui cherchoit à l'embarrasser, lui ayant demandé de qui il étoit fils, il lui répondit, *de mes vertus.* Dans sa jeunesse, un homme riche, qui, charmé de son éloquence, voulut en faire son gendre, lui demanda l'état de son bien, *Jeannin* lui montra sa tête & ses livres ; *voilà*, dit-il, *toute ma fortune.* Il étudia le droit sous Cujas ; mais ce ne fut qu'après avoir quitté deux fois son école, par dissipation & par légèreté, qu'il se livra sérieusement à l'étude du droit ; il fut reçu avocat au parlement de Bourgogne le 21 novembre 1569. Il y plaida sa première cause le 30 janvier 1570, pour la ville d'Autun sa patrie, qui disputoit à celle de Châlons, la préséance dans l'assemblée des Etats, & qui l'emporta : il fut choisi, en 1571, pour être le conseil de la province. N'étant encore qu'avocat, il se trouva au conseil qui se tint chez le comte de Charny, lieutenant-général de Bourgogne, au sujet des ordres pour le massacre de la Saint-Barthelemy ; *Jeannin*, qui opinoit le premier, comme le plus jeune & le moins qualifié, cita la loi de Théodose, qui, touché d'un juste repentir d'avoir ordonné le meurtre de Thessalonique, défendit aux gouverneurs d'exécuter de pareils ordres avant trente jours, pendant lesquels ils enverroient demander de nouveaux ordres à l'empereur ; *Jeannin* conclut à envoyer demander au roi, des lettres-patentes ; cet avis entraîna les suffrages, & sauva la Bourgogne. Deux jours après il arriva des ordres contraires aux premiers.

Jeannin fut député aux états de Blois pour le tiers-état de la part de la ville de Dijon ; il fut un des deux orateurs qui portèrent la parole pour le tiers-état du royaume ; il pénétra de bonne heure les vues ambitieuses & violentes de la maison de Guise, & les traversa de tout son pouvoir ; il fut ligueur cependant ; son zèle pour la religion catholique l'entraîna dans ce parti ; mais il n'en fut que plus utile aux rois par son ardeur à défendre leur cause parmi les rebelles, par ses remontrances courageuses au duc de Mayenne, pour l'empêcher de livrer la France aux étrangers, pour l'engager à sauver l'état, lors même qu'il en combattoit le chef. Envoyé à Madrid par un conseil de séditieux, il vit avec horreur les projets ambitieux de cette cour. De retour en France, il laissa éclater cette horreur, il n'oublia rien pour réveiller dans tous les cœurs, le peu de patriotisme que le fanatisme & la rebellion avoient pu y laisser. Seul de tous les ligueurs, il rejetta constamment l'argent du roi d'Espagne ; il confondit les intrigues du duc de Savoye, & lui arracha la ville de Marseille, dont le duc s'étoit rendu maître par surprise. Quels services aussi grands eût-il pu rendre aux rois, s'il se fût séparé du parti de la ligue ? Henri III lui donna différentes places, & enfin une charge de président au parlement de Bourgogne ; Henri IV le fit premier président du même parlement, & le fit ensuite entrer au conseil. Dès-lors *Jeannin* partagea toujours avec Sully, la confiance de ce grand roi, au point d'avoir quelquefois inspiré à cet illustre Sully, une jalousie dont on apperçoit des traces dans ses mémoires. « *Jeannin*, dit M. de Péréfixe, étoit plus considéré » que le duc de Sully, pour les négociations & les » affaires étrangères. » Ses négociations servirent d'institutions politiques au cardinal de Richelieu, qui les lisoit tous les jours dans sa retraite d'Avignon.

Jeannin étoit à peine entré au conseil, lorsqu'un secret de l'état se trouva révélé par un indiscret ou par un traître ; des regards calomnieux se tournoient vers *Jeannin*, qui se taisoit par prudence ou par indignation. Le roi parle & le venge : *je réponds de Jeannin*, dit-il aux ministres, *voyez entre vous qui a révélé ce secret.* P. Saumaise, qui a fait un éloge historique du président *Jeannin*, rapporte ce fait avec une simplicité pleine d'énergie. Voici ses termes. « Je réponds pour » le bon homme ; ainsi l'appelloit-il par tendresse & » par amour pour lui, qui a fait que ce sage monarque » a toujours mis en dépôt ses plus secrètes pensées dans » le sein de ce sage vieillard, fermé de tous côtés par » le silence & la fidélité ».

Jeannin fut chargé de négociations importantes en Hollande pendant les années 1607, 1608 & 1609. Les Etats-Généraux remercièrent solemnellement Henri IV de leur avoir envoyé un ministre si sage & si éclairé. A son retour, le roi l'embrassant, & prenant la main de la reine qui l'accompagnoit : « *vous voyez*, lui dit-il, » *l'un des plus hommes de bien de mon* » *royaume, le plus affectionné à mon service, le plus* » *capable de servir l'état ; & s'il arrive que Dieu* » *dispose de moi, je vous prie de vous reposer sur sa* » *fidélité & sur la passion que je sais qu'il a pour le bien* » *de mes peuples.* » Henri se reprochoit de n'avoir pas fait assez de bien à *Jeannin*, & d'avoir trop secondé son désintéressement par négligence ; il disoit *qu'il dotoit plusieurs de ses sujets pour cacher leur malice, mais que pour le président Jeannin, il en avoit toujours dit du bien sans lui en faire.*

La reine parut se ressouvenir de ce que Henri lui avoit dit, lorsqu'à la retraite de Sully, elle chargea *Jeannin* de l'administration des finances ; mais dans quels temps, & combien cette administration avoit augmenté de difficulté ! *Jeannin* ne cessa de servir la patrie jusqu'à sa mort, arrivée le 31 octobre 1622. Son corps fut porté dans une chapelle qu'il avoit fondée dans l'église cathédrale de St. Lazare d'Autun, où on lit son épitaphe. Il avoit eu un fils qui fut malheureusement assassiné dans un combat de nuit. « C'étoit, selon Saumaise, » un des plus braves & accomplis de la cour. Le jour » qu'on lui en dit la nouvelle, il ne laissa pas de » présider au conseil, & la douleur qui ne paroissoit » pas sur son visage, se répandit dans le cœur de tous » ses amis, jusqu'à toucher celui de la reine, sa bonne » maîtresse, qui en pleura, & lui fit l'honneur de l'aller » consoler dans sa maison.

Ce trait prouve la fermeté de *Jeannin*; un trait d'un autre genre, rapporté par l'abbé de Choisy, & que tout le monde connoît, l'histoire de la poutre, prouve sa franchise & le courage avec lequel il disoit toujours la vérité au roi. C'est à ce courage & à cette franchise que le roi rend avec esprit dans cette histoire, un bien glorieux témoignage.

M. de Morveau a publié en 1766, un bien bon éloge du président *Jeannin*.

JEBUSES, s. f. pl. (*Hist. mod. superstition*) espèce de prêtresse de l'isle de Formosa ou de Tay-Van, qui est située vis-à-vis de la province de To-Kyen. Ces prêtresses, qui font le métier de sorcières & de devineresses, en imposent au peuple par des tours de force au-dessus de leur portée; elles commencent leurs cérémonies par le sacrifice de quelques porcs ou d'autres animaux; ensuite, à force de contorsions, de postures indécentes, de chants, de cris & de conjurations, elles parviennent à s'aliéner, & entrent dans une espèce de frénésie, à la suite de laquelle elles prétendent avoir eu des visions, & être en état de prédire l'avenir, d'annoncer le temps qu'il fera, de chasser les esprits malins, *&c.* Une autre fonction des *jébuses* ou prêtresses de Formosa, est de fouler aux pieds les femmes qui sont devenues grosses avant l'âge de trente-sept ans, afin de les faire avorter, parce qu'il n'est, dit-on, point permis par les loix du pays de devenir mère avant cet âge. (*A. R.*)

JECHONIAS *ou* JOACHIM, (*Hist. Sacr.*) roi de Juda, emmené en captivité à Babylone par Nabuchodonosor, lorsque celui-ci eut pris Jérusalem. Il est parlé de *Jéchonias* ou *Joachim*, dans la Bible, au quatrième livre des Rois, chap. 23 & 24.

JEFFREYS *ou* JEFFERIES, (*Hist. d'Anglet.*) L'histoire doit honorer la mémoire des bons & flétrir celle des méchants; ces deux fonctions tendent au même but, l'amélioration des hommes, si elle est possible. Ce *Jeffreys*, d'abord chef de la justice, puis chancelier sous Charles II & Jacques II, rois d'Angleterre, est le plus grand barbare qui ait jamais deshonoré l'administration de la justice; il fit voir, dit M. Hume, que les rigueurs exercées au nom de la loi, peuvent égaler ou surpasser les emportements de la tyrannie militaire; ce furent ses crautés juridiques bien plus que les intérêts de religion, qui rendirent si odieux aux Anglois, le gouvernement de Jacques II. Le trait suivant suffiroit pour peindre ce juge, qui se distinguoit sur-tout par les sarcasmes cruels dont il assaisonnoit la cruauté de ses jugements. Une femme le conjurant à genoux, de sauver la vie à un accusé qu'il croyoit son amant, il n'eut pas de honte de lui répondre: *quand il sera écartelé, vous aurez la partie de son corps que je sais que vous aimez le plus.*

Ce fut lui qui, dans le procès du vertueux Algernon Sidney, accusé d'attentat contre le roi & la royauté, parce qu'il étoit zélateur de la liberté publique, érigea en preuve de cet attentat, au défaut de preuves juridiques, des écrits saisis parmi les papiers de Sidney, & uniquement relatifs à son fameux Traité du Gouvernement. Sidney fut livré au supplice, comme le premier Brutus, dont il avoit pris la vertu pour modèle, l'auroit été à Rome, si Tarquin eût triomphé.

Un juge de paix ayant, par le devoir de sa charge, dénoncé à *Jeffreys* un homme soupçonné d'un crime, & faisant en même temps observer au même *Jeffreys*, que la preuve n'étoit pas complette: *c'est vous qui nous l'avez amené*, dit Jeffreys, *s'il est innocent, son sang retombera sur vous.* Les sœurs de l'accusé s'efforçant de fléchir *Jeffreys* en faveur de leur frère, & s'attachant aux roues du carrosse de ce juge pour l'arrêter un moment, il donna ordre à son cocher de leur couper les bras & les mains à coups de fouet.

On lui parloit en faveur d'un autre accusé dont tout annonçoit l'innocence: *n'importe*, dit Jeffreys, *sa famille nous doit une vie.*

Armstrong & Holloway étoient tous deux accusés d'être entrés dans la conjuration connue dans l'histoire, sous le nom de *Complot de Rye*, & dont l'objet étoit d'exclure de la couronne, pour cause de religion, Jacques II, alors duc d'Yorck; ces deux accusés ayant pris la fuite, chacun d'eux fut déclaré *exlex*, c'est-à-dire, privé de la protection des loix; mais dans ce cas même, les loix donnent un an pour reparoître. Tous deux reparurent à temps, forcément à la vérité; car ayant été pris hors du royaume, ils furent renvoyés en Angleterre. Tous deux étoient à cet égard, dans le même cas; mais il y avoit des preuves contre Holloway, il n'y en avoit point contre Armstrong. Par cette raison, Holloway fut admis dans les tribunaux, Armstrong en fut exclu: Holloway convaincu, fut envoyé au supplice, en vertu d'un jugement. Armstrong, qu'on refusoit toujours de juger, se plaignant qu'on le privoit seul du bénéfice commun de la loi, *Jeffreys* lui répondit: *vous en jouirez bientôt pleinement, car vous serez exécuté mardi prochain*; en effet, il le fit tuer militairement, comme un homme déclaré *exlex*.

La révolte du duc de Monmouth, au commencement du règne de Jacques II; sa prise après la bataille de Sedgemoor, du 5 juillet 1605; son supplice & celui de ses nombreux amis, furent pour *Jeffreys*, une grande jouissance & une heureuse occasion de cruautés inutiles. Outre les malheureux qui furent pendus ou hachés en pièces en vertu des loix de la guerre, on compta jusqu'à deux cent cinquante-une victimes immolées en cette occasion, par les mains de la justice;

On

On ne voyoit que têtes exposées sur les portes des villes; & pour multiplier ces spectacles d'horreur, les membres de ces malheureux étoient dispersés dans les bourgs & dans les villages.

Ces cruautés s'étendirent jusqu'aux femmes. Par une politique contraire à toute moralité, on avoit offert non seulement l'impunité, mais encore des récompenses aux rebelles qui en découvriroient d'autres; un de ces rebelles imagina d'obtenir sa grace par un infâme moyen. Une femme anabaptiste, nommée Mistriss Gaunt, dont la vie étoit un exercice continuel de bienfaisance envers tout le monde, sans distinction de parti ni de secte, avoit donné asyle à ce fugitif, par le même principe qui tenoit sa maison ouverte à tous les infortunés; il alla déposer contr'elle. Il fut récompensé pour sa perfidie; Mistriss Gaunt fut brûlée vive pour sa charité.

Lady Lille, femme âgée, & qui vivoit dans la retraite, avoit aussi donné asyle le lendemain de la bataille de Sedgemoor, à deux fugitifs, qu'elle ne connoissoit pas. Ayant su après coup que c'étoient des rebelles, elle avoit envoyé une femme qui la servoit, faire sa déclaration, les jurés la jugèrent jusqu'à deux fois innocente; *Jeffreys* les força de la condamner, & la fit exécuter.

Jeffreys fut puni comme Neron, c'est-à-dire, d'une manière peu proportionnée à tant de crimes & à de tels crimes: dans le temps du détrônement de Jacques II, en 1688, étant tombé entre les mains des protestans, il essuya les outrages de la multitude, on le mit ensuite en prison, & il y mourut promptement.

JÉHU, (*Hist. Sacr.*) fils de Josaphat & Roi d'Israël, ministre terrible des vengeances du Dieu:

Qui dans Jezrael
Jura d'exterminer Achab & Jezabel.

Il fit périr

L'infidèle Joram, l'impie Ockosias.

Athalie, fille d'Achab & de Jezabel, dit de lui:

Enfin de ma maison le perfide oppresseur,
Qui devoit jusqu'à moi pousser sa barbarie,
Jéhu, le fier Jéhu tremble dans Samarie.

Joad dit de lui, en parlant de Dieu:

Jéhu qu'avoit choisi sa sagesse profonde,
Jéhu sur qui je vois que votre espoir se fonde,
D'un oubli trop ingrat a payé ses bienfaits,
Jéhu laisse d'Achab l'affreuse fille en paix,
Suit des rois d'Israël les profanes exemples,
Du vil Dieu de l'Egypte a conservé les temples,
Jéhu sur les hauts lieux enfin osant offrir
Un téméraire encens que Dieu ne peut souffrir,
N'a pour servir sa cause & venger ses injures,
Ni le cœur assez droit ni les mains assez pures.

Vous trouverez dans le quatriéme livre des Rois, chapitres 9 & 10, & dans le second livre des Paralipomènes, chapitre 22, le développement de ce texte & l'explication des faits qui y sont énoncés. Nous ne pouvons pas offrir de plus beaux vers techniques à la mémoire de ceux qui voudront retenir & posséder imperturbablement ces faits importants.

JEMMA-O, (*Hist. mod.*) Xaca, dont la secte est très-répandue dans le Japon, enseigne que, dans le lieu du supplice que les méchans vont habiter après leur mort, il y a un juge sévère, nommé *Jemma-o*, qui règle la rigueur & la durée des châtimens, selon les crimes de chacun. Il a devant les yeux un grand miroir qui lui représente fidèlement les actions les plus secrettes des hommes. Il n'y a que l'intercession d'Amida qui puisse fléchir ce juge inexorable; & les prêtres ont grand soin d'inculquer au peuple que si, par leurs offrandes, ils peuvent gagner la protection d'Amida, les prières de ce dieu puissant peuvent soulager les maux de leurs parens qui souffrent dans les enfers, & même les faire sortir de cet horrible lieu. La pagode de *Jemma-o* est située dans un bois à quelque distance de la ville de Méaco. Ce dieu redoutable y est représenté ayant à ses côtés deux grands diables plus hideux encore que lui, dont l'un est occupé à écrire les mauvaises actions des hommes, tandis que l'autre semble les lui dicter. On voit sur les murailles du temple d'effrayans tableaux des tourmens destinés, dans les enfers, aux ames des méchans. Les peuples accourent en foule dans cette pagode. C'est la crainte, plutôt que la dévotion, qui les y conduit. Il n'y a personne qui, par ses dons & ses hommages, ne tâche de se rendre favorable le terrible *Jemma-o*. (†)

JENSON, (Nicolas) (*Hist. Litt. mod.*) célèbre imprimeur & graveur de caractères à Venise au 15e siècle, réunit avec succès & avec éclat toutes les parties de la typographie; savoir, la taille des poinçons, la fonte des caractères & l'impression. Il étoit originairement graveur de la Monnoie de Paris. Sur le bruit de la découverte récente de l'art de l'imprimerie en Allemagne, il fut envoyé à Mayence par Charles VII ou par Louis XI, pour prendre connoissance des procédés de cet art; on ignore par quel mécontentement ou par quel hazard ce fut à Venise, & non pas dans sa patrie, qu'il alla faire usage des talents & des connoissances que ce voyage de Mayence lui avoit procurés. Ses premières éditions sont de 1471; elles se suivent jusqu'en 1481, qu'on croit être l'année de sa mort.

JEN-Y-CERIS-EFFENDI, s. m. (*Hist. Turq.*) officier des janissaires, dont la charge répond à celle de prevôt d'armée dans nos régimens. Il juge des différends & de légers délits qui peuvent survenir parmi les janissaires; s'il s'agit de délits considérables, & de choses très-graves, il en fait son rapport à l'aga, qui décide en dernier ressort. *Voyez* JANISSAIRE. (*D. J.*)

JEPHTÉ, (*Hist. Sacr.*) juge des Hébreux; on connoît son vœu, dont sa fille fut la victime. Cette histoire est rapportée dans l'Ecriture, au livre des Juges, chapitre 11.

Ceux qui ne voient dans les fables antiques, qu'une

altération de l'Ecriture, ont remarqué la conformité (en effet frappante) de la fable d'Idoménée avec l'histoire de *Jephté*.

JÉRÉMIE, (*Hist. Sacrée*) un des quatre grands prophêtes. Ses prophéties & ses lamentations ne sont pas un des moindres ornements de la Bible ni un des moins beaux monuments de la poësie des Hébreux. Les lamentations sur-tout, sont des élégies profondes & sublimes sur de grands désastres & des révolutions tragiques. Quels tableaux que ceux-ci, par exemple :

Quomodò obscuratum est aurum, mutatus est color optimus ?, ... si occiditur in sanctuario Domini sacerdos & propheta ? . . . . . . plorans ploravit in nocte & lacrimæ ejus in maxillis ejus . . . . . peccatum peccavit Jerusalem; propterea instabilis facta est. . . . . Dominus locutus est super eam propter multitudinem iniquitatum ejus. . . . . . . deposita est vehementer non habens consolatorem. . . . . . . parvuli ejus ducti sunt in captivitatem antè faciem tribulantis. . . . . facta est quasi vidua domina gentium. . . . . oblivioni tradidit Dominus in Sion festivitatem & sabbatum, & in opprobrium & in indignationem furoris sui regem & sacerdotem. . . . . viæ Sion lugent eò quòd non sint qui veniant ad solemnitatem : omnes portæ ejus destructæ : sacerdotes ejus gementes, virgines ejus squallidæ, & ipsa oppressa amaritudine. . . . . defecerunt præ lacrymis oculi mei. . . . quis dabit capiti meo aquam & oculis meis fontem lacrymarum ? & plorabo die ac nocte interfectos filiæ populi mei.

Comment en un plomb vil l'or pur s'est-il changé ?
Quel est dans le lieu saint ce pontife égorgé ?
Pleure, Jérusalem, pleure, cité perfide,
Des prophêtes divins malheureuse homicide;
De son amour pour toi ton Dieu s'est dépouillé,
Ton encens à ses yeux est un encens souillé. . . . .
Où menez-vous ces enfants & ces femmes ?
Le Seigneur a détruit la reine des cités.
Ses prêtres sont captifs, ses rois sont rejettés.
Dieu ne veut plus qu'on vienne à ses solemnités. . . .
Jérusalem, objet de ma douleur,
Quelle main en un jour, t'a ravi tous tes charmes ?
Qui changera mes yeux en deux sources de larmes,
Pour pleurer ton malheur ?

Matribus suis dixerunt : ubi est triticum & vinum ? cùm deficerent quasi vulnerati in plateis civitatis : cùm exhalarent animas suas in sinu matrum suarum.

» Ils disoient à leurs mères : où est le bled ? où est » le vin ? lorsqu'ils tomboient dans les places de la » ville, comme s'ils eussent été blessés à mort, & » qu'ils rendoient leurs ames entre les bras de leurs » mères. »

JÉROBOAM, (*Hist. Sacr.*) On trouve dans l'Ecriture-Sainte, deux rois d'Israël de ce nom.

Le premier fut celui qui détacha les dix tribus, de l'obéissance de Roboam, fils insensé du sage Salomon. Toute son histoire occupe les chapitres 12, 13 & 14 du troisiéme livre des Rois, & les chapitres 10, 11, 12 & 13 du second livre des Paralip.

L'histoire du second se trouve au quatriéme livre des Rois, chapitre 14.

JEROME, (Saint) (*Hist. Ecclés.*) père de l'église, plein d'éloquence & de sensibilité : il peint avec une vérité philosophique, animée & touchante, les assauts terribles que la volupté venoit lui livrer au fond des déserts de la Syrie, & au sein de l'austérité; le charme & le danger de ces souvenirs, qui lui représentoient les dames Romaines, les danses, les fêtes, les spectacles, où elles venoient inspirer & sentir les passions, souvenirs plus séduisants souvent que la réalité. On apprend dans le monde, à le craindre & à le fuir ; la solitude au contraire inspire des regrets dangereux qui ramènent vers lui; les objets absents s'y embellissent par l'imagination, les illusions renaissent, les vices & les défauts s'effacent. Une ame aussi ardente n'étoit pas faite pour la retraite ; il rentra dans le siècle, mais pour l'instruire & pour l'édifier, il tourna toute sa sensibilité du côté des sciences & de la piété. Des dames Romaines, illustres par leur esprit & par leur vertu, se mirent sous sa direction; une amitié pure & sainte succéda aux passions qu'il avoit pu sentir dans sa jeunesse ; mais la religion devint le principe & le but de tous ses attachements. Les Marcelles, les Læta, les Paules, les Eustoquies firent sous sa conduite, de grands progrès dans la voie du salut. Quelques-unes employèrent leur fortune à des établissements considerables de religion & de charité. Sainte Paulé bâtit des monastères à Bethléem & dans les lieux saints. Il paroît que les succès de St. *Jérôme* en tout genre excitèrent l'envie & la calomnie; mais il paroît aussi que par sa vivacité dans la dispute, il fournit quelquefois des armes à ses ennemis : on lui reproche de l'aigreur & de l'emportement, sur-tout à l'égard de Rufin, qui avoit été son ami. C'est l'effet assez naturel & assez ordinaire de l'habitude de disputer sur la religion & de combattre les hérétiques. Saint *Jérôme* étoit très-savant, sur-tout dans l'hébreu. La Vulgate, version latine faite sur l'hébreu, & que l'église a jugée authentique, est son ouvrage. Dom Martianay, bénédictin de la congrégation de Saint Maur, a donné une bonne édition des œuvres de ce père. Saint *Jérôme* étoit né vers l'an 340, sur les confins de la Dalmatie & de la Pannonie, où Eusébe son père tenoit un rang distingué. Il mourut en 460. Il fut le premier qui écrivit contre Pélage.

JÉRÔME DE PRAGUE. (Pour cet article & pour celui de JEAN-HUS, *voyez* l'article WICLEF.

JESILBASCH, s. m. (*Hist.*) terme de relation; il signifie *tête-verte*, & c'est le nom que les Persans donnent aux Turcs, parce que leurs émirs portent le turban verd. *Diction. de Trévoux.* (*A.R.*)

JÉSUS-CHRIST. Cet article respectable ne peut regarder que celui qui est chargé dans cet Ouvrage, de la RELIGION & de la THÉOLOGIE.

JEZABEL, (*Hist. Sacr.*) fille d'Ithobal, roi de Sidon, femme d'Achab, roi d'Israël, mère d'Athalie: persécuta Elie, fit périr Naboth, pour envahir sa vigne

Jéhu la fit jeter par la fenêtre, & son corps fut dévoré par les chiens :

Jezabel immolée,
Sous les pieds des chevaux cette reine foulée,
Dans son sang inhumain les chiens désaltérés,
Et de son corps hideux les membres déchirés.

(*Voyez* l'article JÉHU.) L'histoire entière de cette femme cruelle & malheureuse, se trouve aux troisième & quatrième livres des Rois, chapitre 16 & suivants du livre troisième, chapitre 9 du livre 4.

JIN *ou* GIN, (*Hist. mod.*) nom par lequel les Mahométans désignent une espèce de malins esprits. Il y en a, selon eux, de mâles & de femelles ; ce sont les incubes & les succubes. On les regarde comme étant d'une substance plus grossiere que *Schaitan* ou *Satan*, le chef des diables. (*A. R.*)

JIRID, s. m. (*Hist. mod.*) espèce de dard que les Turcs lancent avec la main. Ils se piquent en cela de force & de dextérité. (*A. R.*)

JOAB, (*Hist. Sacr.*) fameux général de David, étoit son neveu, fils de Sarvia sa sœur. Son histoire occupe dans le second livre des Rois, les chapitres 2, 3, 8, 10, 11, 12, 14, 17, 18, 19, 20, 24; dans le troisième, les chapitres 1 & 2.

JOACHAZ, (*Hist. Sacr.*) On en trouve deux dans le quatrième livre des Rois; l'un roi d'Israël, fils & successeur de Jéhu, chapitres 10 & 13; l'autre, roi de Juda, fils de Josias, chapitre 23.

JOACHIM *ou* ÉLIACIM, (*Hist. Sacr.*) frère de Joachaz, roi de Juda, liv. quatrième des Rois, chapitres 23 & 24.

JOACHIM, (Saint) est réputé le mari de Sainte Anne & le père de la Sainte Vierge. L'Ecriture n'en parle pas, & on ne sait rien de sa vie; mais l'église grecque célébroit sa fête, dans le septième siècle. Elle n'a été introduite, à ce qu'on croit, dans l'église latine, que par le pape Jules II, au seizième siècle. Pie V la fit ôter du calendrier & du breviaire romain. Grégoire XIII, en 1584, permit seulement de l'y remettre. Enfin Grégoire XV, par une bulle du 2 décembre 1622, ordonna la célébration de cette fête.

L'abbé *Joachim*, fondateur de l'ordre de Flore au royaume de Naples, mort le 3 mars 1202, âgé de plus de quatre-vingt-dix ans, a laissé dans l'église une réputation assez grande, mais assez équivoque. On connoît ses prophéties ; il vaudroit mieux qu'il n'eût point fait de prophéties. On lui attribue des miracles, mais on a reconnu des erreurs dans ses ouvrages, & quelques-uns de ces ouvrages ont été condamnés après sa mort; cependant, comme il avoit protesté de sa soumission à l'église, le pape Innocent III en condamnant, en 1215, au quatrième concile général de Latran, un des ouvrages de l'abbé *Joachim*, déclare qu'en faveur de cette protestation de soumission & de cet acte de docilité, il ne prononcera rien contre sa personne. Cette distinction de la personne & des ouvrages auroit dû avoir lieu dans toute condamnation de livres. En effet, qu'y a-t-il à prononcer en pareil cas, contre la personne, sinon qu'elle s'est trompée? Et n'est-ce pas le dire que de condamner l'ouvrage? Dom Gervaise a écrit la vie de l'abbé *Joachim*. Quelques zélateurs de l'abbé *Joachim* ont été nommés *Joachimites* ; & il n'a pas tenu à eux que son nom n'ait été celui d'un chef de secte.

JOAD *ou* JOYADA, (*Hist. sacr.*) grand-prêtre des Juifs, qui fit périr Athalie & fit monter Joas sur le trône de Juda, Rois, liv. 4. chap. 11 & 12, & Paralipomènes, liv. 2, chap. 22, 23 & 24.

JOAS, (*Hist. sacr.*) c'est le nom de deux rois; l'un de Juda, fils d'Ochosias ; c'est celui qui inspire tant d'intérêt dans *Athalie*, mais qui n'en inspire que là ; encore les crimes qu'il doit commettre un jour, sont ils annoncés, quoique de loin & d'une manière énigmatique, dans *Athalie* même :

Comment en un plomb vil l'or pur s'est-il changé?
Quel est dans le lieu saint ce Pontife égorgé?......
Enfans, ainsi toujours puissiez-vous être unis!

Toute son histoire est rapportée au 4e. livre des Rois, chapitres 11 & 12, & au 2e. livre des Paralipomènes, chap. 22, 23 & 24.

L'autre *Joas*, fils & successeur de Joachaz, roi d'Israel, 4e. livre des rois, chapitre 13.

JOATHAN, (*Hist. sacr.*) fils d'Ozias. Son histoire se trouve, liv 4 des Rois, chap. 15; & liv. 2 des Paralipomènes, chap. 27.

JOB, (*Hist. sacr.*) modèle de douleur & de patience, proposé par l'Ecriture-Sainte dans le livre qui porte son nom, & qui est un magnifique monument de la poësie des Hébreux.

JOBERT, (Louis) (*Hist. Litt. mod.*) Jésuite plus connu par sa *science des Médailles* que par ses sermons. Mort en 1719.

JOCABED, (*Hist. sacr.*) femme d'Amram, mère d'Aaron, de Moyse & de Marie.

JODELLE (Etienne) (*Hist. Litt. mod.*) né à Paris en 1532, se fit connoître sous Henri II par ses ouvrages dramatiques.

Alors *Jodelle* heureusement sonna,
D'une voix humble & d'une voix hardie
La comédie avec la tragédie,
Et d'un ton double, ore bas, ore haut,
Remplit premier le françois eschaffaut;

dit Ronsard. En effet tout ce qui précéde *Jodelle* au théâtre, est compté pour rien, & lui-même est compté pour bien peu de chose; mais il est le premier, & ses tragédies de *Cléopatre* & *de Didon*, & sa comédie d'*Eugene*, passèrent pour des chefs-d'œuvres dans leur temps. *Cléopatre* fut jouée à Paris devant Henri II à l'hôtel de Rheims & au collège de Boncourt: Remi Belleau & Jean de la Peruse, auteurs distingués de ce temps-là, y jouèrent les principaux rôles. *Jodelle* étoit avec Ronsard à la tête de la littérature françoise; Pasquier disoit à la vérité en parlant à *Jodelle*, *que si un Ronsard avoit le dessus d'un Jodelle*, *le matin*, *l'après dîné*, Jodelle *l'emporteroit sur Ronsard*. Mais après la mort de *Jodelle* (arrivée en 1573) le même Pasquier disoit: *je me doute qu'il ne demeurera que la mémoire de son nom en l'air*, *comme de ses poësies*. Il pouvoit étendre sa prophétie jusqu'à Ronsard. Après que *Cléopâtre* eut paru, les jeunes poëtes du tems, Baïf à leur tête, firent la cérémonie toute grecque de couronner *Jodelle* de lierre, & de lui offrir en grande pompe, un bouc, aussi couronné de lierre; quelques-uns même disent qu'en vrais grecs, en vrais payens, ils immolèrent le bouc. *Jodelle* étoit un des sept poëtes qui, sous Henri II, formèrent ce qu'on appella *la pleyade poëtique*, à l'imitation de celle que les Grecs d'Alexandrie avoient formée sous le règne de Ptolomée Philadelphe. La pleyade françoise, formée par Ronsard, étoit composée de Ronsard, de Daurat, de du Bellai, de Remi Belleau, de Baïf, de Pontus de Thiard & de *Jodelle*.

JODORE, (*Hist. d'Allemagne*) 26e empereur d'Allemagne depuis Conrad I. Ce prince succéda à Robert: il ne fit que paroître sur le trône. Son règne, qui ne fut que de trois mois, n'offre rien à l'histoire. On peut croire qu'il avoit des vertus, puisque Venceslas, qui lui disputoit le trône impérial, n'en fut écarté que par rapport à ses vices. Il avoit gouverné avec assez de sagesse la Moravie, dont il avoit le Margraviat, & Venceslas l'avoit souvent employé en Italie; il lui avoit même donné le titre de vicaire-perpétuel de l'empire dans cette contrée. (*M-Y.*)

JOEL, (*Hist. Sacr.*) le second des douze petits prophêtes.

JOFFREDY, JOUFFROY ou GEOFFROY, (Jean) (*Hist. de Fr.*) prélat intrigant, qui, sous un pape & sous un roi intrigant, fit fortune par son zèle contre la Pragmatique-Sanction. Ce pape étoit Pie II; ce roi étoit Louis XI. *Joffrédi* étoit évêque d'Arras, & vouloit être cardinal pour le moins; il faisoit solliciter pour lui le chapeau par toutes les puissances. « Vous pourriez, lui dit le pape, ne le devoir » qu'à vous; apportez-nous la révocation de la Prag- » matique.

Il suffisoit que la Pragmatique fût l'ouvrage du ministère de Charles VII, pour être peu agréable à Louis XI.

L'évêque d'Arras avoit dès long-temps profité de la retraite de ce prince dans les Pays-Bas pendant la vie du roi son père, pour nourrir dans son esprit des dispositions contraires à ce décret. Pie II envoya l'évêque d'Arras en qualité de légat, auprès de Louis XI. Cet adroit prélat sut persuader au roi que la Pragmatique étoit contraire à ses intérêts: il connoissoit la jalouse inquiétude de ce prince à l'égard des grands du royaume; il lui représenta combien leurs intrigues influoient sur les élections. « Laissez, lui dit-il, les nominations au » Pape, elles se feront toujours de concert avec vous. Louis XI parut ébloui de ces raisons; il consentit à l'abolition de la Pragmatique; mais il voulut qu'on nommât un légat résident en France, pour expédier les bulles des bénéfices dans le royaume, afin que l'argent n'en sortît pas. L'évêque ne balança pas à répondre du consentement du pape; mais le roi, toujours défiant, exigeoit des sûretés; *Joffrédy* lui fit entendre que le pape ne pouvoit pas honnêtement paroître faire avec lui cette espèce de marché, mais qu'après la révocation de la Pragmatique, il accorderoit tout d'autant plus volontiers, qu'il paroîssoit alors signaler librement sa reconnoissance, & non exécuter une convention. Le roi se rendit, & remit le 27 novembre 1461, l'original de la Pragmatique à l'évêque d'Arras, qui le porta aussi-tôt à Rome.

A cette nouvelle, le pape fit éclater sa joie, & Rome la partagea; la Pragmatique y fut traînée avec opprobre dans les rues, à la lueur des feux de joie, comme un monument de la révolte des François, étouffée par le Saint-Siège. Mais ce triomphe étoit prématuré, la Pragmatique étoit écrite au fond des cœurs françois; les parlemens préparoient une résistance opiniâtre; celui de Paris refusa constamment d'enregistrer l'édit de la révocation de la Pragmatique. L'Université envoya le recteur signifier au légat *Joffrédy*, un appel de la bulle qui annulloit ce décret; le roi même ne s'offensa point de cette démarche; il n'avoit pas tardé à être mécontent du pape, qui n'avoit rempli aucune des promesses de *Joffrédy*: le roi avoit dû s'y attendre. L'institution d'un légat perpétuel en France, qui eût expédié les bulles de tous les bénéfices & empêché le transport de l'argent, auroit privé les papes du principal fruit qu'ils attendoient de la révocation de la Pragmatique.

Le pape tint parole à *Joffrédy*, il le fit cardinal; mais *Joffrédy* ne trouvoit jamais ses services assez payés; l'archevêché de Besançon & l'évêché d'Alby étant venus à vaquer, *Joffrédy* voulut avoir l'un & l'autre à la fois; le pape lui proposa d'opter; *Joffrédy* s'offensa de cette proposition comme d'un refus, accusa le pape d'ingratitude en recevant de lui l'évêché d'Alby, & traversa toujours depuis les vues de la cour de Rome. Il mourut en 1473, au prieuré de Rully.

JOHNSON, (Benjamin) (*Hist. Litt. mod.*) poëte anglois, à qui la comédie angloise a dû quelques progrès, ses tragédies sont moins estimées. Shakespeare fut son ami, & plus accrédité que lui au théâtre, il l'y protégea, en obligeant les comédiens de jouer une pièce de *Johnson* qu'ils avoient refusée. On peut juger de l'estime où il fut dans son pays par l'exclamation inscrite sur son tombeau: *O rare Behn Johnson!* Il mourut pauvre (en 1637) comme il avoit vécu. Charles Ier lui ayant accordé une gratification qu'il jugea très-modique; & celui qui la lui apporta de la part du roi, ayant trouvé l'appartement de *Johnson* bien étroit, *comme l'ame de votre maître*, répondit-il. Mais ce seroit peut-être au peuple qui paye les gratifications, à juger si elles sont trop fortes ou trop foibles.

Un autre *Johnson*, (Samuël) né en 1649, & qui vivoit encore en 1692, a beaucoup écrit sur la politique & la jurisprudence. Il est sur-tout connu par un

Traité sur la *grande Charte*, & par un ouvrage contre Jacques II, alors duc d'Yorck. Le titre de cet ouvrage, (*Julien l'Apostat*), faisoit allusion au changement de religion du prince, & annonce de quel œil ce changement étoit vu par les zélateurs protestants. Cet ouvrage ou libelle, attira sur l'auteur, ou une persécution ou un juste châtiment; il fut condamné à une amende & emprisonné. Guillaume III, sous qui tout étoit changé, le mit en liberté, & le dédommagea par des pensions. En 1692, *Johnson* fut assassiné, & n'échappa qu'avec peine aux assassins. Quels étoient-ils? étoient-ce des Jacobites zélés ou des ennemis particuliers de *Johnson*, ou des voleurs? on l'ignore.

Un autre *Johnson* encore, (Thomas) mort vers 1730, s'est fait connoître aussi dans la littérature; on a de lui des notes estimées sur Sophocle.

JOINVILLE, (Jean Sire de) (*Hist. de France.*) Sénéchal de Champagne, dont nous avons en vieux françois, une vie de Saint-Louis, excellente pour le temps, & qui sera toujours nécessaire. Il composa cette histoire dans sa vieillesse, à la prière de la reine Jeanne de Navarre, femme de Philippe-le-Bel, princesse qui aimoit les lettres; & il la dédia au roi Louis-le-Hutin, fils de Jeanne: c'est en vain que le grand Pyrrhonien, le P. Hardouin, a prétendu tirer du texte même de cette histoire, la preuve qu'elle ne pouvoit pas être l'ouvrage d'un contemporain de Saint-Louis. M. le baron de la Bastie, dans une dissertation sur cet ouvrage, insérée dans le quinzième volume des Mémoires de Littérature, pages 692 & suivantes, fait voir que tout ce qui dans le texte semble favoriser les doutes du P. Hardouin, provient d'interpolations mal-adroites, faites par des ignorants, dans des temps postérieurs, & qui se trouvoient en grand nombre dans les anciennes éditions & dans les manuscrits de *Joinville*; mais il ne reste plus de matière à aucun doute, depuis que M. Capperonier, avec le secours de quelques personnes attachées à la bibliothèque du roi, a mis la dernière main à l'édition du *Joinville*, de l'imprimerie royale, édition pour laquelle Messieurs Mélot & Sallier avoient réuni leurs efforts, & qu'ils avoient faite d'après un manuscrit plus complet que tous ceux qu'on avoit connus jusqu'alors. « Ce » manuscrit a rendu à l'auteur, dit M. Le Beau, » cette franchise première & cette naïveté originale » (M. Dupuy ajoute: *je dirois presque cette fleur* » *d'antiquité*) qu'avoit affoiblie une délicatesse gau» loise, en prétendant la rajeûnir. »

M. L'évêque de la Ravaliere a donné, dans le vingtième-volume des Mémoires de Littérature, pages 310 & suivantes, la vie du Sire de *Joinville*. Le plus ancien seigneur de cette maison que l'on connoisse, est Etienne, qui vivoit du temps du roi Robert, & qui commença de bâtir le château de Joinville. Le Sire de *Joinville* étoit fils de Siméon, mort en 1233, & de Béatrix, fille du comte de Bourgogne. M. du Cange a cru qu'il étoit né en 1220; M. de la Bastie, en 1228 ou 1229; M. de la Ravaliere, en 1223 ou 1224. Il suivit Saint-Louis à la cinquième croisade; il peint avec beaucoup de naïveté, la douleur qu'il sentit en quittant sa famille & ce beau château de Joinville, qu'il aimoit tant. Il courut les plus grands dangers dans cette expédition, y fut fait prisonnier, ainsi que le roi. Après leur délivrance, le roi délibéra s'il resteroit dans la Terre-Sainte pour achever de tirer les Chrétiens d'esclavage, ou s'il se hâteroit de revenir en France. Ce dernier avis étoit celui de tous ses conseillers; *Joinville*, encore très-jeune, osa le combattre; les vieux conseillers lui répondirent avec aigreur. Le roi, contre son ordinaire, ne lui parla point à son dîner; il crut avoir déplu, & après le dîner, il restoit triste & rêveur à une fenêtre, « lorsqu'il sentit deux » bras qui, en passant par dessus ses épaules, lui cou» vrirent les yeux; il reconnut le roi à sa bague, & » le roi lui dit: comment, jeune homme, avez-vous » osé être d'un avis différent de celui des anciens? » Sire, répondit *Joinville*, si l'avis est bon, il faut » le suivre, s'il est mauvais, faites grace à mon zèle. » ---Mais si je reste, resterez-vous? —Oui, certaine» ment, Sire. --- Eh bien! l'avis est bon, & il sera » suivi. Mais n'en triomphez pas, & n'en parlez à » personne ». En effet, le roi resta dans la Terre-Sainte, & n'en revint qu'après la mort de la Reine-Mère.

Joinville n'approuva pas la dernière croisade; il fit ce qu'il put pour en détourner le roi. Vous faites régner par-tout, lui dit-il, la paix & la justice, votre peuple est heureux, pourquoi allez-vous le replonger dans tous les maux qu'a déjà causés votre absence, n'ayant plus même les ressources que vous aviez alors dans l'administration d'une mère, telle que la reine Blanche? Il refusa de se croiser, malgré les instances de Louis, & celles du roi de Navarre, son seigneur. Les deux rois moururent à cette croisade.

Joinville fut fait gouverneur de la Champagne, sous le règne suivant. Il étoit, en 1303, sous le règne de Philippe-le-Bel, à la bataille de Coutrai. Quelque temps après il se retira mécontent, dans ses terres; il entra même dans la ligue qui se forma contre Philippe-le-Bel, vers la fin de son règne. Il rentra en faveur sous Louis-le-Hutin. On remarque comme monument du règne féodal, qu'en écrivant au roi Louis-le-Hutin, il s'excuse de ne l'appeller que *son bon Seigneur*, & non pas *Monseigneur*, titre qu'il ne donnoit qu'au compte de Champagne, dont il étoit homme-lige. Cependant Louis-le-Hutin étoit roi de Navarre & comte de Champagne, du chef de sa mère; mais *Joinville* répondoit à une convocation militaire, & la convocation étoit faite au nom du roi de France, & non pas au nom du comte de Champagne. *Joinville* mourut dans une extrême vieillesse, sous le règne de Philippe-le-Long, le 11 juillet 1317. Selon M. de la Ravaliere, une épitaphe de *Joinville*, trouvée dans son tombeau en 1629, porte 1319. Mais M. de la Ravaliere prouve que cette épitaphe, bien loin d'être du temps, est du commencement du 17e siècle.

Joinville avoit été marié deux fois, & avoit eu beaucoup d'enfants; Anceau, son fils, fut, comme lui, seigneur de *Joinville* & sénéchal de Champagne.

JOLY, (*Hist. Litt.*) Plusieurs écrivains ont illustré ce nom, ou du moins l'ont fait connoître.

1°. Claude *Joly*, qui fut pendant soixante-neuf ans, chanoine de l'église de Paris, depuis 1631 jusqu'en 1700, & qui mourut d'un accident à quatre-vingt-treize ans, étant tombé dans un trou fait pour la construction du grand autel de l'église de Notre Dame. On a de lui divers ouvrages sur des points de théologie & de liturgie. On a aussi de lui *un Recueil de maximes véritables & importantes pour l'institution du Roi, contre la fausse & pernicieuse politique du cardinal Mazarin.* Ce livre qui fut brûlé par la main du bourreau, n'est pas le moins curieux de ceux de *Joly*.

2°. Un autre Claude *Joly*, encore plus connu, est celui à qui le talent de la chaire valut d'abord l'évêché de Saint-Paul-de-Léon, ensuite celui d'Agen. On a ses *Prônes* (car il avoit été curé de Saint-Nicolas-des-Champs à Paris) & ses *Sermons*.

3°. Guy *Joly*, conseiller au Châtelet, attaché au cardinal de Retz. On a de lui des Mémoires; si ces Mémoires sont vrais, ceux du cardinal de Retz ne peuvent l'être, du moins dans ce qui concerne le portrait de ce fameux & intrigant prélat. Tout ce qu'il a pu faire de brillant, de courageux, de digne d'estime ou d'éloge, est l'ouvrage de *Joly*, si on en croit celui-ci, & il ne reste au cardinal pour son partage, que de la foiblesse, de l'irrésolution, de la timidité, de l'inconséquence, de la forfanterie. Heureusement le cardinal, dans ses Mémoires, nous a prévenus contre *Joly*, en nous avertissant qu'il avoit eu à s'en plaindre, & qu'il avoit été obligé de lui ôter sa confiance. De plus, nous voyons par les lettres de Madame de Sévigné & par les mémoires du temps, combien le cardinal de Retz inspiroit de respect aux personnes les plus respectables, dans cette sage vieillesse qui succéda chez lui à une jeunesse orageuse & turbulente, & qui en répara la plûpart des fautes.

JONAS, (*Hist. Sacr.*) c'est le cinquième des petits prophêtes. On sçait comment il passa trois jours dans le ventre d'un grand poisson, baleine ou requin, & comment il fit faire pénitence aux Ninivites. Il faut voir dans la Bible, les quatre chapitres du livre particulier qui porte son nom. Un mauvais poëte a fait de *Jonas*, le sujet d'un mauvais poëme épique;

Le *Jonas* inconnu sèche dans la poussière.

Jonas est encore le nom de quelques autres personnes connues.

1°. D'un abbé de Bobbio, au septième siècle.

2°. D'un évêque d'Orléans, mort en 841, dont on a quelques ouvrages peu importants dans le Spicilége de Dom Luc d'Achery, & dans la Bibliothèque des Pères.

3°. D'un astronome islandois, disciple de *Tycho-Brahé*, & coadjuteur d'un évêque de Hole en Islande; ce *Jonas* est distingué par le nom d'*Arngrimus* ou *Arnagrimus*. Tout ce qu'on sait de lui, c'est qu'il est mort en 1649, à quatre-vingt-quinze ans, & qu'il s'étoit marié à quatre-vingt-onze ans, à une jeune fille. Il a écrit sur l'Islande. Il prétend que cette île n'a été habitée que vers l'an 874 de l'ère Chrétienne, & que par conséquent elle n'est point l'*Ultima Thule* de Virgile.

JONATHAN, (*Hist. Sacr.*) On trouve dans l'Ecriture-Sainte, plusieurs personnages de ce nom; mais aucun n'est assez célèbre & ne joue un assez grand rôle pour que nous nous y arrêtions ici.

JONATHAS, (*Hist. Sacr.*) fils de Saül, Rois, liv. 1er, chap, 13, 14, 18, 19, 20, 31.

On connoît l'amitié de *Jonathas* pour David, persécuté par Saül, père de *Jonathas*, & les regrets éloquents de David, sur la mort de ces deux princes;

O Jonathas! ô mon frère!
Je t'aimois comme une mère
Aime son unique enfant;
Avec toi notre courage
Disparoît comme un nuage
Qu'emporte un souffle de vent.

Un autre *Jonathas*, frère & successeur de Judas Macchabée, joue un rôle considérable dans l'Ecriture. On trouve son histoire dans le premier livre des Macchabées, chapitres 9, 10, 11, 12, 13.

On trouve encore dans l'Ecriture quelques autres *Jonathas* moins célèbres.

JONCOUX, (Françoise-Marguerite de) (*Hist. Litt. mod.*) On doit à cette Dame, née en 1668, morte en 1715, la traduction des notes de Guillaume Wendrock, c'est-à-dire, de M. Nicole sur les Provinciales.

JONES, (Inigo) (*Hist. Litt. mod.*) célèbre architecte anglois, est regardé comme le Palladio de l'Angleterre & on a de lui des notes sur Palladio, insérées dans une traduction angloise de cet auteur, publiée en 1742. Inigo, né en 1572, fut architecte des rois Jacques I & Charles I. Il mourut en 1652.

JONSTON, (Jean) (*Hist. Litt. mod.*) naturaliste célèbre, qui avoit parcouru toute l'Europe relativement aux objets de ses études. On a ses œuvres en dix volumes *in-fol.* Né dans la Grande-Pologne en 1603. Mort en Silésie en 1675.

JONTE *ou* JUNTE, s. f. (*Hist. mod.*) l'on nomme ainsi en Espagne & en Portugal un certain nombre de personnes que le roi choisit pour les consulter sur des affaires d'importance; il convoque & dissout leur assemblée à sa volonté: elle n'a que la voix de conseil, & le roi d'Espagne est le maître d'adopter ou de rejetter ses décisions. Après la mort du roi, on établit communément une *jonte* ou conseil de cette espèce pour veiller aux affaires du gouvernement; elle ne subsiste que jusqu'à ce que le nouveau roi ait pris les rênes du gouvernement.

A la mort de Charles II, roi d'Espagne, le royaume fut gouverné par une *Junte*, pendant l'absence de Philippe V.

Il y a en Portugal trois *juntes* considérables. La *junte* du commerce, la *junte* des trois états, & la *junte* du tabac. La première doit son établissement au roi Jean IV, qui assembla les états généraux pour créer le tribunal de la *junte* des trois états. Le roi Pierre II créa en 1675 la *junte* du tabac. Elle est composée d'un président & de six conseillers. (*A. R*)

JOQUES, s. m. pl. (*Hist. mod.*) Bramines du royaume de Narsingue. Ils sont austères, ils errent dans les Indes ; ils se traitent avec la dernière dureté, jusqu'à ce que devenus abduls ou exempts de toutes loix & incapables de tout péché, ils s'abandonnent sans remords à toutes sortes de saletés, & ne se refusent aucune satisfaction ; ils croyent avoir acquis ce droit par leur pénitence antérieure. Ils ont un chef qui leur distribue son revenu qui est considérable, & qui les envoye prêcher sa doctrine. (*A. R.*)

JORAM, (*Hist. Sacr.*) *Voyez* l'ÉCRITURE-SAINTE, ROIS, liv. 4, chap. 8, & PARALIP. liv. 2, chap. 21.

Ce *Joram*, fils de Josaphat :

(Vous, nourri dans les camps du saint roi Josaphat,
Qui, sous son fils Joram, commandiez nos armées.)

étoit roi de Juda, & fut le mari d'Athalie ; c'est celui dont il est parlé plusieurs fois dans la pièce de ce nom :

Ainsi dans leur excès vous n'imiteriez pas
L'infidèle Joram, l'impie Okosias ? &c.

Il y a eu un autre *Joram*, non moins célèbre, roi d'Israël & fils d'Achab, que Jéhu tua de plusieurs coups de flèches dans le champ de Naboth, & dont le corps fut jetté aux chiens, comme celui de Jézabel, sa mere ; Rois, liv. 4, chapitres 3, 5, 6, 9.

Ainsi, le mari & le frère d'Athalie se nommoient également *Joram* ; il faut prendre garde de confondre ces deux personnages.

JORNANDÈS, (*Hist. Litt. mod.*) Goth, qui a écrit sur les Goths. Il vivoit en 552, sous l'empire de Justinien Ier. Ses deux ouvrages ont pour titre, l'un : *de rebus Gothicis* ; l'autre : *de origine mundi*, *de rerum & temporum successione*.

JOSABETH, (*Hist. Sacr.*) femme de Joad, sauva Joas enfant, du massacre qu'Athalie faisoit faire de tous les princes de la maison de David. Elle fait elle-même ce récit touchant dans *Athalie*. *Voyez* d'ailleurs sur *Josabeth*, le quatriéme livre des Rois, chapitre 11 ; & le second des Paralip., chap. 22.

JOSAPHAT, (*Hist. Sacr.*) fils & successeur d'Asa, roi de Juda. On trouve son histoire au troisiéme livre des Rois, chapitres 15, 22 ; & livre quatre, chapitres 3, 8 ; & second liv. des Paralipomènes, chap. 17, 18, 19, 20, 21.

JOSEPH, (*Hist. Sacr.*) nom célèbre & dans l'ancien Testament & dans le nouveau. L'Histoire du Patriarche, fils d'Isaac & de Rebecca, frère d'Esaü, & père & ayeul des chefs des douze tribus des Hébreux, occupe dans la Génèse, les chapitres 37, 39, 40, 41, 42, 43, 44, 45, 46, 47, 48, 49, 50.

L'autre *Joseph* est le mari de la Sainte-Vierge. On trouve tout ce qu'on peut savoir de son histoire dans les Evangélistes.

Un troisiéme *Joseph*, distingué par le surnom d'Arimathie, & que l'Écriture représente comme un homme juste & vertueux, se montre avec courage à la mort de J. C., dont il avoit été jusques-là un des disciples secrets, & obtient-la grace d'ensevelir son corps & de le mettre dans un sépulchre qu'il avoit fait construire.

JOSEPH *ou* JOSÉPHE, (Flavius) (*Hist. Litt. anc.*) c'est le fameux historien des Juifs. On l'a comparé à Tite-Live ; & comme il a écrit en grec, quoique juif, Saint-Jérôme l'appelloit le *Tite-Live grec*. Il avoit d'abord été homme de guerre, & avoit défendu ses concitoyens contre Vespasien & contre Titus ; il avoit soutenu contr'eux le siége de Jotapat. La ville ayant été prise, *Joséphe* se trouva enfermé dans une caverne avec quarante furieux, qui choisirent de mourir plutôt que de se rendre aux Romains, comme *Joséphe* le leur insinuoit ; ils s'entretuèrent tous, & *Joséphe* resté avec un seul de ses compagnons, parvint enfin à lui persuader de se rendre à ces mêmes Romains dont le joug leur avoit paru plus cruel que la mort. Il plut à Vespasien & à ses fils ; il les servit, devint un favori, & chercha en toute occasion à fléchir la fureur & l'opiniâtreté des Juifs, croyant en cela servir également les Juifs & les Romains.

Nous avons deux traductions françoises de *Joséphe* ; l'une, de M. Arnauld d'Andilly ; l'autre, du P. Gillet, génovefain, qui n'a pas fait oublier la première.

JOSEPH I, successeur de Léopold, (*Hist. d'Allemagne, d'Hongrie & de Bohême.*) XLIe empereur d'Allemagne depuis Conrad I ; XXXVIIe roi de Bohême ; XLIe roi de Hongrie, premier roi héréditaire de cette dernière couronne, naquit le 26 juillet 1676, de l'empereur Léopold & de l'impératrice Eléonore-Magdeleine de Neubourg. Elevé à la cour d'un père qui se montra digne émule de Louis XIV, il fit éclater, dès sa jeunesse, des talens qui auroient été funestes à l'Europe, si une mort inopinée ne l'avoit arrêté au milieu des projets les plus vastes & les mieux concertés. Léopold qui l'avoit jugé capable d'exécuter les plus grandes choses, lui avoit donné de bonne heure des marques de sa confiance : il l'avoit mis dès l'âge de treize ans sur le trône d'Hongrie, qu'il venoit d'assurer & de rendre héréditaire dans sa famille. Roi dans un âge où l'on sait à peine ce que c'est que régner, *Joseph* tint d'une main ferme les rênes de l'état confié à ses soins, & les grands qui avoient éprouvé la sévérité du père ne redouterent pas moins celle du fils. Ils remuerent cependant sur la fin du règne de Léopold, & soutenus de Ragotski, qui joignoit à une valeur éprouvée toute la dextérité qu'on peut attendre d'un partisan, ils prétendirent forcer *Joseph* à signer une capitulation qui tendoit à conserver les prérogatives des Hongrois, & à en faire revivre d'autres qu'ils avoient perdus. La mort de l'empereur auquel il succédoit en sa qualité de roi des Romains, ne lui permit point de châtier les rebelles. Il feignit d'oublier leurs hostilités, jusqu'en 1711, qu'il força Ragotski & le comte de Bercheni de s'enfuir en Turquie. Louis XIV, qui avoit un intérêt si vif d'abaisser la maison d'Autriche, leur fit toujours passer de puissans secours. La guerre de France pour la succession de Charles II, dernier roi d'Espagne, du sang autrichien, se continuoit toujours, & méritoit toute l'attention de l'empereur. Cette guerre mettoit en feu l'Italie, l'Allemagne, l'Espagne & la Flandre. Le premier soin de *Joseph* fut d'envoyer des troupes en Espagne contre le duc d'Anjou, sous la conduite de l'archiduc Charles. Il réprima par lui-même le soulevement des Bavarois contre le gouvernement Autrichien. Cette révolte fut fatale à ses auteurs; elle l'auroit été à l'empereur, si une armée Françoise avoit secondé les rebelles. L'électeur se réfugia à Venise, & les princes électoraux furent conduits à Inspruk. Les Bavarois furent taillés en pièces: le trésor & toutes les provinces de cet électorat tombèrent au pouvoir de l'empereur, qui les confisqua par une sentence impériale. L'électeur de Baviere & celui de Cologne furent mis au ban par les électeurs. La puissance impériale étoit mieux affermie que jamais. Ferdinand II, comme le remarque un moderne, s'étoit attiré la haine de toute l'Allemagne pour avoir puni un électeur qui prétendoit lui enlever la Bohême, & *Joseph* en proscrivit deux dont tout le crime étoit de ne point prendre les intérêts de sa maison, sans que l'Allemagne parût s'alarmer de cette conduite. L'empereur voyant son autorité affermie en Allemagne, chercha à punir la cour de Rome de son attachement pour la France. Une querelle qui s'éleva entre les sbirres & un gentilhomme de l'envoyé de sa majesté impériale, lui en fournit un prétexte. *Joseph* en trouva un second dans la prétention de Clement XI, qui contestoit à l'empereur le pouvoir d'exercer le droit de premières prières, sans la participation du souverain pontife. Cette prétention étoit autorisée par une particularité du règne de Frédéric III, qui, dans la situation critique où il se trouva plus d'une fois, ne crut pas devoir se passer du consentement des papes avant que de présenter les *precistes* : on appelle ainsi les bénéficiers nommés en vertu des premières prières. Les successeurs de Frédéric III suivirent son exemple jusqu'à Ferdinand III, qui s'éleva au-dessus de ces ménagemens, quand la paix de Westphalie lui eut confirmé les premières prières. *Joseph* réclama ce droit, & en jouit, ainsi que ses successeurs, malgré les oppositions des pontifes : il ne s'en tint pas là, il envoya des ambassadeurs à Rome qui semblèrent moins faire des représentations à Clément, que lui dicter les ordres d'un maître. La mésintelligence du pape & de l'empereur prit chaque jour de nouveaux accroissemens, depuis 1705 qu'elle commença, jusqu'en 1709 qu'elle se changea en une guerre ouverte. Les quatre années qui partagerent ces deux époques, produisirent les plus grands événemens. Les destinées de l'empire étoient toujours confiées à Marlboroug & à Eugene, qui faisoient le désespoir de Louis XIV, que la fortune abandonnoit. *Joseph*, pour entretenir le zèle de ses généraux, éleva Marlboroug à la dignité de prince de l'empire. Les talens de ce général lui avoient mérité cette récompense. Ses efforts avoient toujours été suivis des plus grands succès; sa victoire, à Ramilly, sur le maréchal de Villeroi, mit le comble à sa gloire, & le rendit maître d'Ostende, de Dendermonde, de Gand, de Menin & de tout le Brabant. Villars, la Feuillade & Vendôme s'efforcerent inutilement de soutenir la gloire de la France qui commençoit à s'éclipser, ils n'eurent qu'un succès passager, & Louis XIV, qui quelque temps auparavant prétendoit donner des loix à l'Europe liguée contre lui, se vit contraint de recourir à la médiation du roi de Suede. Le duc d'Anjou, son petit-fils, étoit sur le point de renoncer au trône d'Espagne, & lui-même trembloit sur le sien. L'archiduc s'étoit fait proclamer roi d'Espagne dans une partie de la Castille : l'empereur craignit un revers de fortune, s'il avoit Charles XII pour ennemi. Il ne négligea rien pour l'engager dans son alliance, & parvint au moins à le faire rester dans la neutralité, en accordant aux protestans de Silésie le libre exercice de leur religion. On s'étonne que Charles XII parût insensible aux propositions de Louis XIV, qui l'appelloit pour être l'arbitre de l'Europe; mais les opérations pacifiques étoient incompatibles avec le caractère d'un héros qui n'étoit touché que de la gloire de vaincre, & qui ne vouloit point interrompre le cours de ses vastes projets, commencés sous les plus glorieux auspices; il étoit animé de cet esprit qui conduisit Alexandre aux extrêmités de l'Inde; mais il vivoit dans un siècle où, avec les mêmes talens, il n'étoit plus possible d'exécuter les mêmes desseins, ni les concevoir sans une espèce de délire. Louis XIV n'ayant pu rien obtenir de la Suede, continua d'employer les négociations au milieu de la guerre. La fortune, autrefois si favorable à ce monarque, sembloit alors acharnée à le persécuter : ses finances étoient épuisées; la France, qu'une suite de triomphes avoit rendu si fiere, commençoit à murmurer : enfin les circonstances étoient si fâcheuses, que Louis XIV, idolâtre de la gloire, & jaloux à l'excès de la grandeur de sa maison, consentoit d'abandonner la cause de son petit-fils, & de reconnoître l'archiduc Charles pour roi d'Espagne. L'empereur ne se contentoit pas de ces conditions; il exigeoit que le roi se chargeât lui-même de détrôner le duc d'Anjou, & peut-être y eût-il été réduit sans la petite vérole qui enleva *Joseph*, pour le bonheur de la France & la tranquillité de l'Europe. Il mourut le 17 avril 1711, âgé d'environ trente-trois ans. Ses cendres reposent dans l'église des capucins de Vienne, tombeau des princes de sa maison. Il avoit été fait roi de Hongrie en 1685, roi des Romains en 1690, & empereur en 1704. Les embarras de la guerre ne lui laisserent point le temps de se faire couronner roi de Bohême. L'impératrice Guillemine-Amélie de Brunswick, sa femme, lui donna un fils, Léopold-Joseph, qui mourut au berceau, & deux filles. Auguste III, roi de Pologne, épousa la premiere, nommée *Marie-Josephe* : la seconde, appellée *Marie-Amélie*, fut mariée à Charles-Albert de Baviere qui fut empereur en 1742. *Joseph* étoit d'un esprit vif & d'un caractère

caractère entreprenant, & ce que l'on doit regarder comme une qualité dangereuse dans un prince, ennemi de toute dissimulation, il ignoroit l'art de faire illusion sur ses desseins; il est vrai que le secret étoit en quelque sorte impossible, ou plutôt superflu, par sa promptitude à exécuter ce qu'il avoit conçu, au milieu de sa bouillante activité. On voyoit éclater en lui les plus sublimes talens: il avoit une grande expérience, d'autant plus admirable qu'elle n'étoit point le fruit de l'âge. Son ame étoit élevée, & les plus grands obstacles ne le rebutoient pas. Jamais prince ne connut mieux les différens intérêts des puissances de l'Europe, & ne sut mieux en profiter. Il savoit commander à ses ministres, & quelquefois les écouter; prompt à récompenser & à punir, il fut servi avec zèle, & n'éprouva jamais de perfidie. Les vertus guerrières & pacifiques trouvèrent en lui un rémunérateur aussi magnifique qu'éclairé. Sa fidélité dans les traités autant que sa dextérité à manier les affaires les plus délicates, lui mérita l'affection de ses alliés, qui ne l'abandonnèrent jamais. La hauteur de Louis XIV, pendant le règne de Léopold, lui avoit fait concevoir une haine invincible contre la France; aussi lorsque les états lui présentèrent la capitulation qui l'obligeoit à signer le traité de Westphalie: *Je signerai tout*, dit-il, *excepté ce qui est à l'avantage de la France.* Il fut fidèle à sa haine jusqu'au dernier soupir. Une particularité prouve combien son caractère étoit entier dans les propositions de paix, jamais il ne diminua rien de ses demandes quelque rigoureuses qu'elles pussent être. Les cours de Rome & de Versailles l'éprouverent tour à tour. On ne peut passer sous silence les événemens de son règne en Italie; on doit suivre à cet égard la narration de M. de Voltaire, écrivain supérieur à tout autre, par tout où il a le mérite de la fidélité: il y auroit même de la témérité à lutter contre lui. « *Joseph*, dit-il, agit véritablement en empereur romain dans l'Italie; il confisqua tout le Mantouan à son profit, prit d'abord pour lui le Milanez, qu'il céda ensuite à son frère l'archiduc, mais dont il garda les places & le revenu, en démembrant de ce pays Alexandrie, Valenza, la Lomeline en faveur du duc de Savoie, auquel il donna encore l'investiture du Montferrat pour le retenir dans ses intérêts. Il dépouilla le duc de la Mirandole, & fit présent de son état au duc de Modène. Charles V n'avoit pas été plus puissant en Italie. Le pape Clément XI fut aussi alarmé que l'avoit été Clément VII. *Joseph* alloit lui ôter le duché de Ferrare pour le rendre à la maison de Modène à qui les papes l'avoient enlevé. Les armées maîtresses de Naples, au nom de l'archiduc son frère, & maîtresses en son propre nom du Boulonois, du Ferrarois, d'une partie de la Romagne, menaçoient déjà Rome. C'étoit l'intérêt du pape qu'il y eût une balance en Italie; mais la victoire avoit brisé cette balance. On faisoit sommer tous les princes, tous les possesseurs de fiefs de produire leurs titres. On ne donna que quinze jours au duc de Parme qui relevoit du saint siège, pour faire hommage à l'empereur. On distribuoit dans Rome un manifeste qui attaquoit la puissance temporelle du pape, & qui annulloit toutes les donations des empereurs sans l'intervention de l'empire. Il est vrai que si par ce manifeste on soumettoit le pape à l'empereur, on y faisoit aussi dépendre les décrets impériaux du corps germanique; mais on se sert dans un temps des raisons & des armes qu'on rejette dans un autre; & il s'agissoit de dominer à quelque prix que ce fût; tous les princes furent consternés: on ne se seroit pas attendu que trente-quatre cardinaux eussent eu alors la hardiesse & la générosité de faire ce que Venise, ni Florence, ni Genève n'osoient entreprendre: ils levèrent une petite armée à leurs dépens; mais tout le fruit de cette entreprise fut de se soumettre, les armes à la main, aux conditions que *Joseph* prescrivit. Le pape fut obligé de congédier son armée, de ne conserver que cinq mille hommes dans tout l'état ecclésiastique, de nourrir les troupes impériales, de leur abandonner Comachio, & de reconnoître l'archiduc Charles pour roi d'Espagne: amis & ennemis, tout ressentit le pouvoir de *Joseph* en Italie ». Ces succès justifient le tableau qu'on vient d'en tracer, & dans lequel on croit devoir insérer une particularité à l'égard de Clément XI. Ce pape, dans un bref que l'empereur l'obligeoit d'envoyer à l'archiduc, chicanoit sur les expressions; il commençoit ainsi: A notre très-cher fils, *Charles, roi catholique en Espagne.* *Joseph* le lui renvoya avec ordre d'y substituer celle-ci: A notre très-cher fils Charles, *Sa Majesté catholique roi des Espagnes*, & le pontife obéit. (*M--Y.*)

JOSEPH, *roi de Portugal*, (*Histoire de Portugal.*) Par quelle inconcevable fatalité les rois justes, équitables, habile, modérés, sont-ils quelquefois exposés aux revers, aux désastres, aux fléaux les plus destructeurs, à ces atroces attentats qu'on croiroit ne devoir agiter que les règnes des despotes & des tyrans! Si la prudence, les lumières de leur respectable monarque n'ont pu mettre les Portugais à l'abri de ces violentes tempêtes de ces épouvantables calamités qui ont pensé détruire, bouleverser l'état; pourquoi, dans le temps même que le roi, par sa vigilance, ses soins actifs, sa bienfaisance, réparoit les malheurs de ses peuples, & adoucissoit le souvenir cruel des ravages qu'ils venoient d'éprouver; pourquoi ses rares qualités, ses vertus éminentes n'ont-elles pu le garantir lui-même du plus noir des complots, du plus affreux des attentats? Le mémorable règne de don *Joseph* offre deux exemples frappans; l'un de l'autorité trop formidable de la superstition, & des effets funestes de son influence sur les esprits; l'autre des égarements & des crimes dans lesquels peut entraîner une ambition outrée. A quels punissables & terribles excès peuvent se porter ces deux causes, lorsqu'elles sont réunies! Elles ont tenté de concert, étayées l'une par l'autre, enflammées l'une par l'autre, de renverser don *Joseph* de son trône. Par bonheur pour les Portugais, la providence a détourné les coups que des mains parricides avoient portés contre ce prince, qui, ferme & inébranlable au milieu de l'orage, a été rendu à ses sujets, dont il n'a point cessé depuis d'accroître la prospérité, par l'étendue & la sagesse de ses vues, comme par la justesse des moyens qu'il employoit. Don Joseph-Pedre-Jean-Louis, fils aîné du roi Jean V, & de l'archiduchesse Marie Anne, seconde fille de l'empereur Léopold, naquit le 6 Juin 1713 : son éducation fut confiée à d'habiles instructeurs, qui virent leur élève, remplir au gré de leur attente, les grandes espérances que leur avoient données ses heureuses dispositions. Formé de bonne heure aux affaires les plus importantes de l'état, aux négociations, à l'art épineux de gouverner, don *Joseph* fit les délices du roi Jean, l'ornement de sa cour, qui s'embellit encore lors du mariage de ce prince avec dona Anne-Marie-Victoire, l'aînée des infantes d'Espagne, qu'il épousa au commencement de l'année 1729. A son avènement à la couronne, il fit les réglements les plus utiles au commerce national ; & les sages loix qu'il publia, firent murmurer les Anglois, qui, depuis bien des années en possession de faire eux seuls, & presque à l'exclusion des Portugais eux-mêmes, le commerce de Portugal, ne purent voir avec indifférence ce souverain restreindre leur excessive liberté sur cet objet. Une entreprise encore plus importante pour la tranquillité publique, fut l'affoiblissement de la puissance illimitée de l'inquisition, & l'abolition de l'infernale cérémonie des autodafés : abolition si précieuse à l'humanité, & qui pourtant eut des suites si cruelles par les attentats de la haine des personnes intéressées à la conservation des pratiques homicides & monstrueuses de ce tribunal. Le ciel parut récompenser les généreux soins du roi par l'arrivée sur le Tage, de la flotte de la baie de tous-les-Saints, qui apporta des richesses immenses en marchandises, & en espèces d'or & d'argent. Pieux, mais éclairé, & point du tout superstitieux, don *Joseph* voulut examiner si les longues querelles que le roi son pére avoit eues avec la cour de Rome, avoient épargné à l'état une bien forte exportation ; & il vit avec étonnement que, malgré ces démêlés qui avoient soustrait tant d'argent au Saint-Siege, toutefois, durant le règne de Jean V, il étoit passé du Portugal à Rome quatre-vingt-quatorze millions de piastres tout au moins. L'attention du roi à exciter, autant qu'il étoit possible, les progrès du commerce national, eut le plus grand succès ; il accorda un octroi à une nouvelle compagnie des Indes orientales, qui s'engagea d'envoyer tous les ans onze vaisseaux ; & afin de donner plus de consistance à cette compagnie & de facilité à ses opérations, don *Joseph* envoya un ambassadeur à l'empereur de la Chine, & cet ambassadeur fut reçu à Macao, & sur toute sa route par des mandarins, avec la plus haute distinction. Les auteurs de *l'Histoire universelle depuis le commencement du monde jusqu'à nos jours*, &c. se plaignent amèrement de la conduite de don *Joseph* à l'égard des commerçans Anglois ; mais ces auteurs ne disent point qu'il étoit temps aussi de délivrer les marchands Portugais des entraves fort gênantes, humiliantes même, que les Anglois mettoient à toutes leurs opérations : cette conduite, disent-ils, *tom. XXIX, page 602*, fut telle que si quelqu'autre nation avoit pu fournir le royaume de ce dont il avoit besoin, on lui auroit donné la préférence sur les Anglois. Pourquoi ne pas dire que cette conduite prouvoit seulement que don *Joseph* étoit, avec raison, persuadé que les marchands portugais pouvant seuls fournir le royaume de ce dont il avoit besoin, il étoit aussi inutile que pernicieux à l'état de recourir aux Anglois, & de souffrir que ceux-ci, sous prétexte des marchandises qu'ils fournissoient, fissent la loi aux Portugais. Le roi eût vraisemblablement réussi dans ses vues, aussi sages que patriotiques, si, pendant l'exécution des projets qu'il avoit conçus, un évènement terrible, autant qu'il étoit imprévu, ne fût venu jetter la consternation, porter la terreur, le ravage & la mort dans Lisbonne, & dans presque toutes les provinces de ce royaume. On sait quels coups le Portugal ressentit de ce terrible tremblement de terre qui, en 1755, pensa causer la ruine totale de cette monarchie, de Lisbonne sur-tout, dévastée en même temps par le choc violent des secousses du tremblement de terre, par le débordement des eaux du Tage, & par la violence de l'incendie qui faisoit périr dans les flammes ceux qui s'étoient sauvés de l'écroulement des maisons. Alarmés, éperdus, les habitants de cette capitale pensèrent d'abord que cet incendie étoit un effet naturel de l'explosion des feux souterreins ; mais bientôt on découvrit qu'il avoit été allumé, excité, & étendu de rue en rue, par une troupe de scélérats, qui, profitant avec la plus monstrueuse inhumanité du désastre général, pilloient, à la faveur de la confusion que causoit l'incendie, les effets les plus précieux. On fit d'abord monter le nombre des morts à Lisbonne, dans ce jour de terreur, à quarante mille ; mais, par des calculs plus exacts, on trouva qu'il ne périt qu'environ quinze mille habitans de cette capitale, d'où le roi, la reine & la famille royale eurent le bonheur de se sauver quelques momens avant la chûte de leur palais. La cour d'Espagne ne fut pas plutôt instruite de cet événement & de la déplorable situation des Portugais, que, quoique plusieurs villes Espagnoles eussent souffert des dommages considérables par ce même accident, elle se hâta d'envoyer en Portugal des secours abondans. Les Anglois, ainsi que je l'ai observé, se plaignoient amèrement des Portugais, & ils murmuroient hautement contre les réglemens faits par le roi don *Joseph* ; cependant, par un trait bien digne de cette grandeur d'ame, de cette générosité qui caractérise la nation Britannique, à peine le roi George instruit du désastre de Lisbonne, eût recommandé à la considération de ses communes, cette grande calamité, que la chambre des communes mit le roi George II en état d'envoyer aux Portugais les plus grands & les plus prompts secours. Cet envoi fut si agréable à don *Joseph*, que depuis il n'est plus survenu ni mésintelligence, ni sujet de plainte entre les deux nations. Par la bienfaisance & les soins attentifs de leur souverain, les Portugais avoient réparé en partie les sinistres effets de ce désastre, lorsqu'un nouvel événement vint

encore les plonger dans les alarmes & la consternation. Le duc d'Aveiro avoit conçu une haine implacable contre le roi, parce que ce prince s'étoit opposé au mariage du fils de ce duc avec la sœur du duc de Cadaval, auquel, dans la vue d'envahir tous ses biens, le duc d'Aveiro avoit suscité les affaires les plus cruelles. Le duc d'Aveiro violemment entraîné par sa haine, s'étoit ligué avec tous les mécontens du royaume, & principalement avec les Jésuites, qui, pour de très-fortes raisons, venoient d'être chassés de la cour, & pour lesquels il avoit eu jusqu'alors la plus implacable aversion. La marquise de Tavora vivement ulcérée de n'avoir pas été élevée au rang de duchesse, se ligua par la médiation des Jésuites, avec le duc d'Aveiro, & pour entrer dans la conspiration, étouffa l'inimitié qui régnoit depuis très-long-tems entre sa maison & celle du duc. Joseph Romeiro, domestique du marquis de Tavora, & Antonio-Alvarez Ferreira, ancien valet-de-chambre du duc d'Aveiro, furent les deux principaux scélérats que leurs maîtres chargèrent de porter les premiers coups au roi. Plusieurs autres personnes étoient intéressées dans cette conspiration, outre toutes celles qui tenoient par les liens de la parenté aux maisons de Tavora & d'Aveiro. Afin de préparer les Portugais à voir avec moins de terreur le crime qu'on vouloit commettre, les Jésuites & entr'autres Malagrida, (Voyez son article & suspendez votre jugement sur cette affaire),
se déchaînoient contre ce qu'ils appelloient *l'impiété du souverain*, qui en effet avoit porté l'impiété jusqu'à bannir les jésuites de sa cour; Malagrida faisoit & répandoit des prétendues prophéties qui annonçoient audacieusement la mort du roi. Lorsque les conjurés eurent pris toutes les mesures qu'ils jugoient nécessaires au succès du complot, ils fixèrent le jour de l'assassinat: les conjurés se trouvèrent à cheval au rendez-vous donné, & se partageant en différentes bandes, ils se mirent en embuscade dans un petit espace de terrein, où ils étoient assurés que le roi passeroit, & où il passoit en effet quand il sortoit sans cortège. Peu de moments après, le roi venant à passer en chaise, don Joseph Mascarenhas, duc d'Aveiro, sortit, se leva de dessous l'arbre où il étoit caché, & tira un coup de carabine contre le postillon qui conduisoit la chaise: mais par le plus heureux des miracles, le feu prit sans effet; le coup ne partit pas, & le postillon averti par la lumière de l'amorce, du danger qui menaçoit le roi, pressa, sans rien dire, ses mules avec la plus grande vivacité; & son intelligence sauva don *Joseph*; car il est constant que si ce postillon eût été tué, c'en étoit fait de la vie du prince, qui restoit au pouvoir des conspirateurs: mais, malgré la rapidité de la course, les autres conjurés, à mesure que la chaise passoit d'une embuscade à une autre, tirèrent leurs coups de carabine; mais les balles ne portant que sur le derrière de la chaise, le roi en fut quitte pour deux dangereuses blessures, depuis l'épaule droite jusqu'au coude en dehors & en dedans du bras, & même sur le corps. Toutefois le danger croissoit à chaque instant, il restoit encore plusieurs conjurés prêts à tirer aussitôt que la chaise passeroit devant eux. Don *Joseph*, sans dire un mot, sans laisser échapper un cri, quelque vives que fussent les douleurs qu'il ressentoit de ses blessures, ordonna tranquillement de retourner sur ses pas, & de le conduire à la maison du chirurgien-major, où il ne fut pas plutôt arrivé, qu'après avoir rendu graces à Dieu d'avoir échappé au péril imminent qui avoit menacé sa tête, il fit visiter ses blessures, & par l'habileté des pansemens & l'efficacité des remèdes, il fut en peu de jours entièrement rétabli. Tous les conjurés furent pris, & subirent le sort que méritoit leur crime: ils expirèrent sur la roue ou dans les flammes, ou furent assommés à coups de massue; leurs hôtels, leurs armoiries, jusqu'à leur nom, tout fut irrévocablement anéanti. Le peuple furieux les eût encore traités avec plus de sévérité, & en effet il n'étoit guère de tourment assez douloureux qui pût expier cet horrible attentat. Le nonce du pape sollicitoit ouvertement pour les jésuites, avoit eu des liaisons avec quelques-uns des conspirateurs, parloit très-librement, & donnoit contre lui de violens soupçons; la cour lui fut interdite, & d'après de nouvelles découvertes, il fut conduit par une forte escorte sur les frontières du royaume. Le pape fort mal-à-propos offensé, ordonna à l'ambassadeur Portugais de sortir des terres de l'Eglise. Les jésuites furent tous arrêtés en même temps, embarqués & conduits à Civita-Vecchia: les troupes que cette société avoit dans le Paraguai, furent complétement battues & défaites par les Portugais & les Espagnols. Lorsque cette conjuration fut dissipée, & qu'il ne resta plus de traces de cette affaire, les Portugais alarmés sur les maux qu'eût causés à l'état l'exécution de ce complot, s'il avoit réussi, ne pensoient qu'avec chagrin aux désordres qu'entraîneroit tôt ou tard l'incertitude de la succession à la couronne, quand le roi viendroit à mourir. Don *Joseph*, dans la vue de ne laisser aucun sujet de crainte à cet égard, donna la princesse du Brésil, sa fille, en mariage à don Pedre son frère. Rassurés par cette union, qui fut célébrée dans le mois de juin 1760, les Portugais oublioient leurs désastres passés, & commençoient à espérer de voir le royaume revenir à cet état paisible & florissant, dont il avoit joui dans les premières années de ce règne, lorsqu'un nouvel orage pensa renouveller tous ces malheurs. L'Espagne & la France liguées contre l'Angleterre, sollicitèrent don *Joseph* d'abandonner les intérêts de la Grande-Bretagne, & de faire avec elles une alliance offensive & défensive; & dans le même temps que cette étrange proposition étoit faite à la cour de Lisbonne, l'armée Espagnole s'avançoit vers les frontières du Portugal, & tout commerce avec les habitans de ce royaume étoit interdit. Dans cette situation critique, don *Joseph* demeura ferme & inébranlablement attaché à l'Angleterre son alliée. La guerre lui fut déclarée, & les Espagnols firent avec tant de succès des irruptions en Portugal, qu'ils se rendirent maîtres de provinces entières: mais ce bonheur ne se soutint pas: secourus par les Anglois, les Portugais luttèrent avec avantage contre l'Espagne & la France: &, après bien de meurtrières & trop longues hostilités, le calme se rétablit par un traité de paix avan-

tageux aux Portugais. Depuis la conclusion de cette paix, don *Joseph* ne s'est occupé qu'à faire fleurir ses états par le commerce & les manufactures, les sciences & les arts. (Ce prince est mort le 24 février 1777.) (*L. C.*)

JOSEPH, (le Père) (*Hist. de Fr.*) capucin, premier ministre des intrigues du premier ministre Richelieu, étoit fils de Jean Le Clerc, seigneur du Tremblai, président aux requêtes du palais. Il étoit né en 1577, avoit voyagé, avoit porté les armes, avoit fait une campagne sous le nom du baron de Mastée. Il se fit capucin en 1559. Il sembla ne s'être humilié ainsi que pour être exalté; « c'étoit, dit M. de Voltaire, un » homme en son genre, aussi singulier que Richelieu » même, enthousiaste & artificieux, tantôt fanatique, » tantôt fourbe, voulant à la fois établir une croisade » contre le Turc, fonder les religieuses du Calvaire, » faire des vers, négocier dans toutes les cours, & » s'élever à la pourpre & au ministère. » On lui imputoit les plus grandes violences du cardinal; mais celui-ci a pris soin de le justifier par des violences égales, exercées depuis la mort du capucin. Si celui-ci n'étoit pas l'instigateur des cruautés de Richelieu, il en fut l'apologiste; il contribua beaucoup à tranquilliser la conscience du roi, qui s'alarmoit quelquefois des rigueurs dont on l'obligeoit d'user envers sa mère & son frère. Ce moine avoit le caractère despotique & militaire. Un officier qu'il chargeoit d'une commission délicate, réfléchissant après coup sur les ordres qu'il avoit reçus, jugea que tous les cas n'avoient pas été prévus, il revint sur ses pas, & trouva le père *Joseph* disant la messe. Il s'approcha, & lui dit tout bas: *mais, mon père, si ces gens-là se défendent?* — *Qu'on tue tout*, répondit le capucin, & il continua sa messe. Les courtisans, qui savent si bien observer & encore mieux imaginer, croyoient dans les derniers temps, avoir apperçu quelques traces de refroidissement entre le cardinal & le capucin; ils supposèrent le cardinal devenu inquiet des vues ambitieuses de celui-ci, & ils attribuèrent à cette inquiétude la maladie & la mort du P. *Joseph*, arrivée en 1638. Il paroît que ce n'est qu'un de ces raffinements de courtisans, qui veulent voir du crime par-tout; ce qui paroît plus constant, c'est que le cardinal avoit offert au P. *Joseph* l'évêché du Mans, qui auroit pu l'éloigner de la cour, & que le P. *Joseph* le refusa; il aspiroit au chapeau, & le chapeau lui étoit promis; on l'appelloit l'*éminence grise*. Le cardinal parut très-occupé de lui dans ses derniers moments. Il voulut l'avoir sous ses yeux, & il le fit transporter à Ruel. Il vit son agonie: il vit que le malade, insensible à tout, ne paroissoit faire aucune attention aux prières qu'on récitoit à côté de son lit, il voulut le réveiller en lui parlant de ce qu'il aimoit, c'est-à-dire, des affaires d'état: *courage, père Joseph*, s'écria-t-il, *Brisac est à nous!* Le père n'en mourut pas moins, & le cardinal dit ces propres paroles: *j'ai perdu mon bras droit.* On fit au P. *Joseph* cette épitaphe:

Ci gît au chœur de cette église;
Sa petite éminence grise;
Et quand au seigneur il plaira;
L'éminence rouge y gîra.

« On ne lui remarqua de tendresse, dit M. Anquetil, le Genovéfain, » que pour sa congrégation des religieuses » du Calvaire, qu'il institua; mais on ne lui reprocha » aucun attachement particulier. L'abbé Richard a écrit sa vie.

JOSIAS, (*Hist. Sacr.*) roi de Juda, dont l'histoire est rapportée au 4e livre des Rois, chapitres 22 & 23.

JOSUÉ, (*Hist. Sacr.*) Son histoire se trouve au Dentéronome, chapitre 31, & dans tout le livre qui porte son nom.

JOVE, (Paul)) *Hist. Lit. mod.*) historien célèbre, né à Côme en Lombardie, devenu depuis évêque de Nocéra. Ce fut à lui que Charles-Quint, dans le temps de son irruption en Provence, en 1536, dit de faire provision d'encre & de plumes, *parce qu'il alloit lui tailler de la besogne.* Cette *besogne* fut une fuite honteuse, à laquelle il fut forcé par la bonne conduite du connétable Anne de Montmorency. Il eût mieux valu attendre l'évènement, dit le président Hénault.

Le plus grand détracteur du connétable de Montmorency, selon Brantôme & M. de Thou, c'est paul *Jove*; & voici la raison qu'ils en donnent. Paul *Jove* recevoit de François Ier, une pension de deux mille livres, somme alors bien considérable. Un Paul *Jove*, poëte, petit-neveu de l'historien, en fit voir le brevet en Hollande, au président Jeannin, qui le mande ainsi à M. de Villeroi, dans une de ses lettres. Montmorency ayant été rappellé par Henri II, & revoyant, en qualité de grand-maître, l'état de la maison du roi, raya Paul *Jove*, qui, pour se venger, s'attacha, dit-on, à le décrier dans son histoire: cependant on ne voit point dans l'histoire de Paul *Jove*, de traces bien marquées d'animosité & de justice à l'égard de Montmorency. Scaliger (*epist. primâ ad Janum Douzam*), dit qu'il avoit vu dans son enfance, à la cour de Henri II, Paul *Jove* offrant, pour de l'argent, ses éloges, & menaçant de ses satyres ceux qui le refusoient. On voit en effet, par les lettres de Paul *Jove*, qu'il demande à tout le monde sans aucun ménagement.

On a ses œuvres en six volumes *in-folio*; elles contiennent, outre sa grande histoire en 45 livres, des vies particulières & des éloges, apparemment bien payés. Paul *Jove* mourut à Florence en 1552, conseiller du grand-duc Côme de Médicis.

JOUENNE, (François) libraire, inventeur des étrennes mignonnes, qui ont paru pour la première fois en 1714. Mort en 1741.

JOVIEN, (*Hist. Rom.*) empereur romain, successeur de l'empereur Julien. Son règne, qui ne fut que de sept mois & vingt jours, de l'an 363 à l'an 364, n'est mémorable qu'en ce qu'il fut employé à détruire ce que Julien avoit fait contre le Christianisme. *Jovien*, du temps de Julien, avoit été capitaine de la garde prétorienne, & il avoit résisté courageusement à ce prince, qui exigeoit qu'il renonçât à la foi; quand l'armée l'avoit élu empereur à la mort de Julien, il avoit d'abord refusé la couronne; non, disoit-il, je ne commanderai point à des soldats idolâtres. — Nous sommes tous Chrétiens, s'écrièrent les soldats; alors il se rendit. *Jovien* ne détruisit pas moins l'ouvrage de Julien dans la politique que dans la religion. Julien s'étoit engagé dans une guerre contre les Perses, & avoit été tué dans cette expédition : *Jovien* commença par faire la paix avec les Perses; les amis de la guerre l'en ont blâmé. *Jovien* étoit né dans la Pannonie. Il mourut à trente-trois ans. On le trouva étouffé dans son lit, par la vapeur du charbon qu'on avoit allumé dans sa chambre pour la sècher. C'étoit dans un lieu nommé Dadastane, sur les confins de la Galatie & de la Bithynie. M. l'abbé de la Bletterie a écrit sa vie, comme suite de celle de l'empereur Julien.

JOVINIEN, (*Hist. Eclésiast.*) moine de Milan, hérétique, combattu par St. Augustin & St. Jérôme, condamné par le pape Syrice & par St. Ambroise, exilé par les empereurs Théodose & Honorius. Mort en exil vers l'an 412.

JOURNÉE *de la saint Barthelemy*, (*Hist. mod.*) c'est cette *journée* à jamais exécrable, dont le crime inoui dans le reste des annales du monde, tramé, médité, préparé pendant deux années entières, se consomma dans la capitale de ce royaume, dans la plupart de nos grandes villes, dans le palais même de nos rois, le 24 août 1572, par le massacre de plusieurs milliers d'hommes.... Je n'ai pas la force d'en dire davantage. Lorsqu'Agamemnon vit entrer sa fille dans la forêt où elle devoit être immolée, il se couvrit le visage du pan de sa robe.... Un homme a osé de nos jours entreprendre l'apologie de cette *journée*. Lecteur, devine quel fut l'état de cet homme de sang; & si son ouvrage te tombe jamais sous la main, dis à Dieu avec moi : ô Dieu, garantis-moi d'habiter avec ses pareils sous un même toît. (*A. R.*)

JOUSSE, (Daniel) (*Hist. Litt. mod.*) excellent jurisconsulte moderne, conseiller au présidial d'Orléans, auteur de plusieurs ouvrages de Jurisprudence, souvent cités de son vivant, dans les tribunaux. Ses commentaires sur l'ordonnance civile, sur l'ordonnance criminelle, sur l'ordonnance du commerce, sur l'ordonnance des eaux & forêts, sur l'édit de 1695, concernant la jurisdiction ecclésiastique; son Traité sur la justice criminelle de France; son Traité de l'administration de la justice en général, & divers autres Traités particuliers, l'ont placé au premier rang parmi les auteurs qui ont écrit sur les loix. Il étoit né à Orléans en 1704; il est mort en 1781.

JOUTE, s. f. (*Hist. de la Cheval.*) la *joûte* étoit proprement le combat à la lance de seul à seul; on a ensuite étendu la signification de ce mot à d'autres combats, par l'abus qu'en ont fait nos anciens écrivains qui, en confondant les termes, ont souvent mis de la confusion dans nos idées.

Nous devons par conséquent distinguer les *joûtes* des tournois; le tournoi se faisoit entre plusieurs chevaliers qui combattoient en troupe, & la *joûte* étoit un combat singulier, d'homme à homme. Quoique les *joûtes* se fissent ordinairement dans les tournois après les combats de tous les champions, il y en avoit cependant qui se faisoient seules, indépendamment d'aucun tournoi; on les nommoit *joûtes* à tous venans, grandes & plénières. Celui qui paroissoit pour la première fois aux *joûtes*, remettoit son heaume ou casque au héraut, à moins qu'il ne l'eût déja donné dans les tournois.

Comme les dames étoient l'ame des *joûtes*, il étoit juste qu'elles fussent célébrées dans ces combats singuliers d'une manière particulière; aussi les chevaliers ne terminoient aucune *joûte* de la lance, sans faire en leur honneur une dernière *joûte*, qu'ils nommoient *la lance des dames*, & cet hommage se répétoit en combattant pour elles à l'épée, à la hache d'armes & à la dague.

Les *joûtes* passèrent en France par les Espagnols, qui prirent des Maures cet exercice, & l'appellèrent *juego de canas*, le jeu de cannes, parce que dans le commencement de sa première institution dans leur pays, ils lançoient en tournoyant, des cannes les unes contre les autres, & se couvroient de leurs boucliers pour en parer le coup. C'est encore cet amusement que les Turcs appellent *lancer le gerid*; mais il n'a aucun rapport avec les jeux troyens de la jeunesse romaine.

Le mot de *joûte* vient peut-être de *juxta*, à cause que les joûteurs se joignoient de près pour se battre. D'autres le dérivent de *justa*, qui est le nom qu'on a donné, dit-on, dans la basse latinité à cet exercice : on peut voir le Glossaire de Ducange au mot *justa*, car ces sortes d'étymologies ne nous intéressent guère, il nous faut des faits. (*D. J.*)

JOUVENCY, (Joseph) (*Hist. Litt. mod.*) jésuite; il a écrit en jésuite, l'histoire de sa société; il y fait l'apologie du P. Guignard (*Voyez* son article) il l'appelle martyr de la vérité, héros chrétien; il le loue d'avoir refusé de faire amende honorable & de demander pardon au roi & à la justice; il compare le premier président de Harlay & le parlement qui avoient condamné Guignard, à Pilate & aux Juifs. Le parlement rendit en 1713, deux arrêts contre cet ouvrage, le 22 février & le 24 mars. Au reste les Jansénistes même conviennent que cette histoire est fort bien écrite; & les ouvrages purement littéraires du père *Jouvency*, ses notes sur divers auteurs classiques latins, &c. sont d'un fort bon littérateur. Né à Paris en 1643, mort en 1719, à Rome, dont le séjour lui convenoit mieux en effet que celui de Paris.

JOYEUSE, (*Hist. de Fr.*) grande maison françoise, qui tire son nom du bourg de Joyeuse, dans le Vivarais; elle a produit entr'autres personnages célèbres :

1°. Louis II, baron de *Joyeuse*, beau-frère du maréchal de la Fayette; il fut fait prisonnier par les Anglois, à la bataille de Crevant en 1423. La baronnie de *Joyeuse* fut érigée pour lui, en vicomté en 1432. Il avoit épousé le 29 octobre 1419, la fille du président Louvet.

2°. Un autre Louis, tué à la bataille de Pavie, en 1525.

3°. Guillaume II, maréchal de France. Il étoit le second fils de Jean de *Joyeuse*. Du vivant de son frère aîné, il avoit été destiné à l'état ecclésiastique, & même nommé à l'évêché d'Aleth, quoiqu'il ne fût pas encore engagé dans les ordres; car tel étoit alors l'irrégularité de l'administration ecclésiastique : devenu l'aîné, il prit le parti des armes, servit Charles IX dans les guerres de religion, fut fait maréchal de France par Henri III, & mourut fort âgé en 1592.

Presque tous ses fils furent célèbres.

4°. Anne, l'aîné de tous, étoit favori de Henri III, qui, en le mariant en 1581, avec Marguerite de Lorraine, sœur de la reine Louise, sa femme, dépensa douze cent mille écus à ses nôces, & lui fit don de quatre cents autres mille écus. Il avoit érigé la même année pour lui, Joyeuse en duché-pairie, avec des distinctions très-extraordinaires, comme de précéder les ducs plus anciens, &c. en 1582, il le fit amiral de France; en 1583, chevalier de l'ordre, gentilhomme de la chambre, gouverneur de Normandie. Il fut tué de sang-froid en 1587, après la bataille de Coutras, par deux capitaines d'infanterie, nommés Bordeaux & Descentiers; d'autres disent par un autre capitaine, nommé La Mothe-Saint-Heray. C'est de lui qu'Henri IV dit, dans la Henriade :

De tous les favoris qu'idolâtroit Valois,
Qui flattoient sa mollesse & lui donnoient des loix,
Joyeuse, né d'un sang chez les François insigne,
D'une faveur si haute étoit le moins indigne:
Il avoit des vertus; & si de ses beaux jours,
La parque en ce combat n'eût abrégé le cours,
Sans doute aux grands exploits son ame accoutumée,
Auroit de Guise un jour atteint la renommée.

Et c'est de lui que M. de Voltaire rapporte qu'ayant un jour fait attendre trop long-temps les deux secrétaires d'état dans l'antichambre du roi, il leur en fit ses excuses, en leur abandonnant un don de cent mille écus, que le roi venoit de lui faire. Il ne falloit ni faire attendre les secrétaires d'état, ni leur abandonner cent mille écus qui n'étoient ni à lui ni au roi, mais aux pauvres sujets qu'on accabloit d'impôts, pour fournir à ces prodigalités;

Et le peuple accablé, poussant de vains soupirs,
Gémissoit de leur luxe & payoit leurs plaisirs.

5°. François, second fils de Guillaume, archevêque de Narbonne, de Toulouse, de Rouen, cardinal, fut quelque temps à Rome ce qu'on appelle protecteur de la couronne de France; protecteur ou défenseur, il en soutint noblement les droits; il travailla en 1593, à la réconciliation d'Henri IV avec le St. Siège, &, dans la suite, par ordre d'Henri IV, à celle de Paul V avec les Vénitiens. Il couronna Marie de Médicis à Saint-Denis en 1610. Il sacra Louis XIII à Rheims le 17 octobre de la même année, parce que le cardinal de Guise, Louis de Lorraine, nommé archevêque de Rheims, n'étoit pas encore sacré. En 1614, il présida le clergé aux derniers états-généraux. Il mourut le 23 août 1615, doyen du sacré Collège.

6°. Henri, comte du Bouchage, puis duc de *Joyeuse*, pair & maréchal de France, &c. puis capucin, puis rentré dans le siècle, puis redevenu capucin, & mort en 1608, sous le nom de *Frère-Ange*, étoit le troisiéme fils de Guillaume :

Ce fut lui que Paris vit passer tour-à-tour
Du siècle au fond d'un cloître, & du cloître à la cour;
Vicieux, pénitent, courtisan, solitaire,
Il prit, quitta, reprit la cuirasse & la haire.

Après tant de fortunes diverses, il mourut à quarante & un ans.

7°. Antoine-Scipion, quatrième fils de Guillaume, fut d'abord chevalier de Malthe & grand-prieur de Toulouse; Henri, comte du Bouchage, son aîné, s'étant fait capucin le 4 septembre 1587, Anne, l'aîné de tous, ayant été tué à Coutras le 20 octobre suivant; & François étant dans l'état ecclésiastique, ce fut Antoine-Scipion qui devint duc de *Joyeuse*; il fut ligueur comme ses frères : ayant été défait par les royalistes au combat de Villemur, le 20 octobre 1592, il se noya dans sa retraite au passage du Tarn. Ce fut alors que le comte du Bouchage rentra dans le siècle & fut duc de *Joyeuse*. Une plaisanterie d'Henri IV, qui lui reprochoit son apostasie, en s'accusant lui-même d'être renégat, le fit rentrer pour jamais dans son couvent.

8°. Claude de *Joyeuse*, seigneur de Saint-Sauveur, septiéme fils de Guillaume, fut tué à Coutras avec le duc de *Joyeuse*, Anne, l'aîné de tous ses frères, & toute cette postérité masculine fut éteinte.

Le duché de Joyeuse passa dans la maison de Lorraine, par le second mariage d'Henriette-Catherine duchesse de *Joyeuse*, comtesse du Bouchage, fille unique du comte du Bouchage, maréchal de France, mort capucin, avec Charles de Lorraine, duc de Guise, fils du Balafré. Cette pairie s'éteignit par la mort du duc de Guise François-Joseph, arrière-petit-fils de Charles, arrivée le 16 mars 1675.

Louis de Melun, second du nom, prince d'Epinoi, né en 1694, obtint au mois d'octobre 1714, de nouvelles lettres pour l'érection de *Joyeuse* (qui lui appartenoit alors), en duché-pairie. Cette nouvelle pairie dura bien moins encore que l'autre. Celui qui l'avoit obtenue est ce même M. de Melun, tué à Chantilly, à la chasse, par un cerf, le 31 juillet 1724. Il mourut sans enfants.

La maison de *Joyeuse* dans ses branches non ducales, a produit des sujets moins distingués par la faveur, mais non moins utiles à l'état; tels sont :

9°. De la branche de Bothéon, Louis de *Joyeuse*, qui eut l'honneur de s'allier à la maison de France; il épousa le 3 février 1474, Jeanne de Bourbon, fille de Jean, comte de Vendôme, & d'Isabelle de Beauvau.

10°. Jean, arrière-petit-fils du précédent, tué à la bataille de Montcontour en 1569.

11°. Pierre, comte de Grand-Pré, neveu de Jean, tué au siège de Montauban en 1621.

12°. De la branche des comtes de Grand-Pré,

Jean-Armand, marquis de *Joyeuse*, troisième maréchal de France, mort le 1er juillet 1710.

13°. De la branche de Montgobert & de Verpeil, Réné, baron de Verpeil, tué devant Neufchâtel en Lorraine en 1589.

14°. Robert, tué à la bataille de la Marfée en 1641, le 16 juillet.

15°. Un autre Robert, son neveu, tué à Valenciennes en 1677.

JUAN, (*Histoire d'Espagne*) ce nom est le même que Jean. Il y a dans l'Histoire d'Espagne, deux princes célèbres sous le nom de don *Juan* d'Autriche; l'un fils naturel de Charles-Quint & de Barbe Blomberg (*Voyez* l'article BLOMBERG); l'autre, fils naturel de Philippe IV & d'une comédienne, nommée Marie Calderona.

Le premier est célèbre par la bataille de Lépante, qu'il gagna contre les Turcs en 1571. Ayant été nommé par Philippe II son frère, gouverneur des Pays-Bas, il se distingua par de grands succès contre les Flamands révoltés, sur-tout par le combat de Gemblours en 1578. Mais Philippe II n'étoit pas un maître qu'on pût servir. Le fer, le poison étoient souvent le prix de l'avoir trop bien servi. On a cru qu'il avoit fait empoisonner don *Juan*, soit par jalousie de sa gloire, soit par quelque soupçon d'intelligences ou réelles ou seulement possibles de ce prince avec les Flamands rebelles; soit dans la crainte qu'il n'épousât Elisabeth, reine d'Angleterre, qui se promettoit à tous les princes de son temps, & qui pouvoit leur préférer un héros, soit enfin par quelque ressentiment personnel provenant d'intrigues de cour & rélatif aux liaisons de don *Juan* avec don Carlos & la reine Elisabeth de France. Ce qu'il y a de certain, c'est que tous les gouverneurs envoyés par Philippe II dans les Pays-Bas pendant la révolte des Flamands, lui furent suspects à proportion de la gloire qu'ils y acquirent & des services qu'ils y rendirent; qu'à ce titre, don *Juan* dut lui être plus suspect qu'aucun autre. Ce qu'il y a de certain encore, c'est que peu de temps avant la mort de don *Juan*, Philippe II avoit fait assassiner, en Espagne, Escovedo, le secrétaire & le confident intime de don *Juan*. Ce prince mourut à trente-deux ans, le 7 octobre 1578. Il n'avoit que 24 ans, lorsqu'il remporta cette mémorable victoire de Lépante, qui l'annonça au monde comme le héros, non seulement de l'Espagne, mais de toute la Chrétienté. Il livra & gagna cette bataille, malgré le grand commandeur don Louis de Requesens, qui lui avoit été donné pour modérateur de sa jeunesse, comme dans la suite le grand Condé, à vingt-deux ans, livra la bataille de Rocroi, malgré le maréchal de l'Hôpital, que la cour avoit chargé de veiller sur lui & de modérer son ardeur. Don *Juan* d'Autriche laissa deux filles naturelles, qui moururent toutes deux au mois de février 1630.

Le second don *Juan* d'Autriche commanda les armées de Philippe IV, son père, comme le premier avoit commandé celles de Philippe II son frère, mais avec moins d'éclat & de succès. En 1647, il réduisit la ville de Naples; mais la révolte recommença peu de temps après son entrée dans la ville. Ce fut lui qui, le 13 octobre 1652, reprit Barcelonne sur les François. En 1656, il étoit avec le grand Condé à l'affaire de Valenciennes, lorsque Condé battit le maréchal de la Ferté, le fit prisonnier, & obligea le vicomte de Turenne de lever le siège de Valenciennes. Il perdit avec le même prince de Condé, le 14 juin 1658, la bataille des Dunes; mais Condé étoit bien éloigné d'avoir dans l'armée Espagnole, l'autorité nécessaire pour assurer les succès; il ne commandoit pas, il servoit sous don *Juan* & sous le marquis de Caracène; il vit leurs dispositions pour la bataille des Dunes, & il leur prouva qu'ils alloient être battus; les Espagnols ne daignèrent pas en croire le vainqueur de Rocroi, ou peut-être ils n'osèrent le croire; car dans la situation où se trouvoit Condé, il est rare que la confiance soit entière de part & d'autre. Les princes Anglois, fils de Charles Ier, servoient comme volontaires dans l'armée Espagnole; & on sait que Condé dit au duc de Glocestre: *n'avez-vous jamais vu perdre une bataille? eh bien! vous l'allez voir.* En effet, la déroute des Espagnols fut prompte & complette: Condé seul fit respecter sa retraite. Après une retraite plus belle encore du grand Condé devant Arras, du 25 août 1654, le roi d'Espagne lui avoit écrit: *j'ai su que tout étoit perdu, & que vous avez tout sauvé.* Il auroit dû s'en souvenir à l'affaire des Dunes, & se confier au génie du grand Condé, plutôt qu'à l'inexpérience de son fils. Condé eut à réparer aux Dunes, les fautes de don *Juan*, comme il avoit eu à réparer à Arras, celles de l'archiduc Léopold & du comte de Fuensaldagne.

Don *Juan* fut encore battu en 1663. Ce fut à Estremeros, dans une guerre des Espagnols contre les Portugais.

Il eut quelque part au gouvernement pendant le règne de Charles II, son frère; mais la reine douairière d'Espagne, Marie-Anne d'Autriche, mère de Charles II, vécut toujours avec don *Juan*, dans une grande mésintelligence, & répandit sur lui l'intérêt qu'inspire toujours un homme de mérite persécuté. Don *Juan* mourut le 17 septembre 1679, très-regretté en Espagne.

JUBA, (*Hist. anc.*) Le nom de *Juba* fut commun à plusieurs rois africains, dont le plus ancien se glorifioit d'être descendu d'Hercule. C'étoit une tradition reçue que ce héros, après avoir purgé la Mauritanie de monstres & de brigands, y laissa quelqu'un de sa famille, à qui la reconnoissance publique déféra le sceptre. C'est de ce premier *Juba* que les rois de Mauritanie se glorifioient de tirer leur origine.

Le second *Juba*, fils d'Hiempsal, se distingua par son attachement à Pompée, dont il fut le plus zélé partisan. Ce fut lui qui défit Curion, lieutenant de César, & qui releva, par cette victoire, le courage des amis de Pompée. Ce service lui mérita le titre de roi de toute la Numidie. César, voyant en lui un rival dangereux, se chargea lui-même du soin de lui faire la guerre. Il passa en Afrique, & remporta sur lui une victoire éclatante dans les plaines de Tapse. *Juba* se battit en combat singulier contre Petreius; & l'ayant tué, il se fit ôter la vie par un de ses esclaves.

Juba, troisième du nom, & fils de celui dont on vient de parler, fut élevé à Rome, où une excellente éducation perfectionna les talens qu'il avoit reçus de la nature. La douceur de son caractère & son amour pour les sciences, lui mériterent la faveur d'Auguste, qui lui donna les deux Mauritanies en échange de la Numidie, dont il avoit hérité de son père, & qui, depuis ce temps-là, fut réduite en province romaine. Ce prince, appellé au commandement d'un peuple barbare, en adoucit la férocité par ses exemples & ses loix. On vit briller le flambeau des armes dans des contrées ténébreuses où les plus savans de la Grèce vinrent perfectionner leurs connoissances. *Juba*, occupé des devoirs du trône, trouva des délassemens dans l'étude de l'histoire. Il consulta les plus anciens monumens, & fouilla dans les archives les plus secrettes pour y débrouiller le chaos des événemens. Ce travail le mit en état de donner une histoire complette des Grecs, des Carthaginois, des Africains & des Arabes. Son ouvrage sur l'antiquité des Assyriens & des Romains, offroit la plus riche érudition. Toutes les contrées du génie étoient de son domaine; il écrivit l'histoire des théâtres, de la peinture & des peintres. Il s'exerça avec le même succès sur la grammaire & l'origine des langues : il étudia la propriété des plantes & des animaux. Toutes ces productions, dont nous n'avons plus que quelques fragmens, avoient l'empreinte du génie. Pline, qui s'est paré d'une partie de ses dépouilles, dit que ses connoissances lui donnerent plus d'éclat que sa couronne. La douceur de son gouvernement le rendit l'idole de ses sujets : ils lui érigerent une statue; & pour immortaliser leur reconnoissance, ils instituerent des fêtes, & lui rendirent des honneurs divins. Il avoit épousé Cléopâtre, fille de Marc-Antoine & de la fameuse reine d'Egypte, dont il eut un fils appellé *Ptolomée Celene*, qui fut son successeur, & que Caligula fit égorger. (*T. N.*)

JUDA, (Louange du Seigneur) (*Hist. Sacrée.*) quatrieme fils de Jacob & de Lia, naquit en Mésopotamie, l'an du monde 2249 : ce fut lui qui conseilla à ses frères de vendre leur frère Joseph, qu'ils vouloient faire mourir, & qui, depuis, ayant promis à Jacob de ramener Benjamin d'Egypte, s'offrit à Joseph de tenir sa place en prison, & lui fit, à ce sujet, un discours qui est un modèle de l'éloquence la plus persuasive & la plus touchante. Il épousa la fille d'un Chananéen, nommé *Hiran*, & il en eut trois fils, Her, Onan & Séla. Il eut aussi de Thamar, femme de son fils, dont il jouit sans la connoître, Pharès & Zara. Lorsque Jacob bénit son enfant, il dit à *Juda* : *le sceptre ne sortira point de* Juda, *ni le législateur de sa postérité, jusqu'à la venue de celui qui doit être envoyé, & à qui les peuples obéiront. Gen. xlix.* 10. La tribu de *Juda*, dès le commencement, tenoit le premier rang parmi les autres : elle a été la plus puissante & la plus nombreuse; car, au sortir de l'Egypte, elle étoit composée de soixante-quatorze mille six cents hommes, capables de porter les armes. Le lot de cette tribu occupoit toute la partie méridionale de la Palestine. La royauté passa de Benjamin, d'où étoient Saül & Isboseth, dans la tribu de *Juda*, qui étoit celle de David & des rois ses successeurs. Les dix tribus s'étant séparées, celle de *Juda* & celle de Benjamin demeurèrent attachées à la maison de David, & formèrent un royaume qui se soutint avec éclat contre la puissance du roi d'Israël. Après la dispersion & la destruction de ce dernier royaume, celui de *Juda* subsista, & se maintint même dans la captivité de Babylone, conservant toujours l'autorité sur les siens. Au retour cette tribu vécut selon ses loix, ayant ses magistrats & ses chefs, & les restes des autres tribus se rangèrent sous ses étendards, & ne firent plus qu'un peuple, que l'on nomma *Juifs*. Les temps où devoit s'accomplir la promesse du Messie, étant arrivés, la puissance Romaine, à qui rien ne résistoit, assujettit ce peuple, lui ôta le droit de se choisir un chef, & leur donna pour roi Hérode, étranger & Iduméen; & ainsi, cette tribu, après avoir conservé le dépôt de la vraie religion & l'exercice public du sacerdoce & des cérémonies de la loi dans le temple de Jérusalem, & avoir donné naissance au Messie, fut réduite au même état que les autres tribus, dispersée & démembrée comme elles, étant par là une preuve suffisante de l'accomplissement de la loi de Jacob. (†)

JUDAS, *dit Macchabée*, (*Hist. Sacr.*) fils de Mathatias, de la famille des Asmonéens, succéda à son père dans la dignité de général des Juifs, qui avoit éprouvé son courage & son zèle pour la loi de Dieu, le préféra à ses autres enfants, & le chargea de combattre pour la défense d'Israël. *Juda* ne trompa point ses espérances; mais, secondé par ses frères, il marcha contre Apollonius, général des troupes du roi de Syrie, le défit, le tua, & alla contre Sélon, autre capitaine, qui avoit une nombreuse armée, qu'il battit également, quoiqu'avec un fort petit nombre; mais en mettant sa confiance dans la force de Dieu. Antiochus ayant appris ces deux victoires, envoya contre *Judas* trois généraux de réputation; Ptolomée, Nicanor, & Gorgias. L'armée prodigieuse qu'ils firent marcher en Judée, épouvanta d'abord ceux qui accompagnoient *Judas*; mais son courage ayant ranimé celui de ses gens, & s'étant préparé au combat par le jeûne & la prière, il tomba sur cette grande armée & la dissipa. Lysias, régent du royaume pendant l'absence d'Antiochus, désespéré de ce que les ordres de son prince étoient si mal exécutés, crut qu'il feroit mieux par lui-même. Il vint donc en Judée avec une armée nombreuse; mais il ne fit qu'augmenter le triomphe de *Judas*, qui le défit, & l'obligea de retourner en Syrie pour armer de nouveau. Macchabée profita de cet intervalle pour rétablir Jérusalem; il donna ses premiers soins à la réparation du temple, détruisit l'autel que les idolâtres avoient profané, en bâtit un autre, fit faire de nouveaux vases, & le 25e du mois de casleu, l'an du monde

monde 3840, trois ans après que ce temple eut été profané par Anthiochus, il en fit la dédicace, & célébra cette fête pendant huit jours. C'est de la mémoire de cette dédicace qu'il est parlé dans l'Evangile, où il est dit que Jesus-Christ vint au temple de Jérusalem, à la dédicace, pendant l'hiver. Peu de temps après cette cérémonie, *Judas* défit encore Timothée & Bacchides, deux capitaines Syriens, battit les Iduméens, les Ammonites, défit les nations qui assiégeoient ceux de Galaad, & revint chargé de riches dépouilles : il avoit Dieu même pour conducteur. Dans un nouveau combat contre Timothée, les ennemis sont épouvantés en voyant cinq cavaliers envoyés du ciel, dont deux couvroient *Judas* de leurs armes, & lançoient sur eux des foudres qui les terrassoient. Plus de vingt mille hommes restèrent sur la place. Timothée s'étant enfui, fut pris & tué. Lysias revient avec plus de cent mille hommes ; un autre prodige encourage l'armée des Juifs, & l'assûre de la victoire. Un homme à cheval, vêtu d'un habit blanc, avec des armes d'or & une lance, marche devant eux. L'armée de Lysias est mise en déroute, & ce général est forcé de reconnoître que les Juifs sont invincibles, lorsqu'ils s'appuyent sur les secours du Dieu tout-puissant. Lysias ayant perdu une partie considérable de son armée, conclut la paix avec *Judas*. Elle ne fut pas de longue durée ; la guerre recommença, & *Judas* remporta plusieurs avantages. Antiochus-Eupator, qui avoit succédé à Epiphanes, irrité des mauvais succès de ses généraux, vint lui-même en Judée, & assiégea Bethsûre. *Judas* marcha au secours de ses frères ; du premier choc, il tua six cents hommes des ennemis, & ce fut alors que son frère Eléazar fut accablé sous le poids d'un éléphant qu'il tua, croyant faire périr le roi : mais la petite armée de *Judas* ne pouvant tenir tête aux troupes innombrables du roi, ce général se retira à Jérusalem. Eupator l'y vint assiéger ; mais averti de quelques mouvements qui se tramoient dans ses états, il fit la paix avec *Judas*, qu'il déclara chef & prince du pays, & retourna en Syrie, où il fut tué par Démétrius, qui régna en sa place. Le nouveau roi, excité & trompé par la fourberie d'Alcime, qui espéroit le souverain pontificat, envoya contre *Judas* Nicanor, que l'expérience du passé avoit rendu sage, & qui, après avoir pris connoissance de l'état des affaires, jugea qu'il étoit plus avantageux de conclure une paix, que de risquer une bataille. L'impie Alcime, qui vouloit dominer, inspira au roi des soupçons contre la fidélité de Nicanor, & lui fit donner des ordres de lui envoyer *Judas*, pieds & mains liés. La guerre recommença donc : l'armée de Nicanor fut défaite, & lui tué dans un combat. Démétrius ayant appris la défaite & la mort de Nicanor, envoya de nouveau Bacchides & Alcime avec la meilleure partie de ses troupes, & ces deux généraux marchèrent contre *Judas*, qui étoit à Béthel avec trois mille hommes. Cette petite armée fut saisie de frayeur à la vue des troupes ennemies ; elle se débanda, & il ne resta que huit cents hommes au camp. *Judas*, sans perdre cœur, exhorta ce petit nombre à mourir courageusement, fondit sur l'aîle droite, la rompit ; mais, enveloppé par l'aîle gauche, il fut tué après un combat opiniâtre, l'an du monde 3843. Simon & Jonathas, ses frères, emportèrent son corps & le mirent dans la sépulture de leur famille, à Modin. Tout le peuple le pleura amèrement ; &, après avoir pleuré pendant plusieurs jours, ils s'écrièrent : *comment est mort cet homme puissant, qui sauvoit le peuple d'Israël. 1. Macch. ix. 20. 21.* La vie de *Judas*, qui n'a été qu'une suite de succès étonnants, de victoires éclatantes, remportées par une poignée d'hommes mal armés, sur de nombreuses troupes, est une image de l'œuvre de J. C. dans l'établissement de son église par la prédication. L'Ecriture dépeint *Judas* comme un géant, revêtu de ses armes, dont l'épée étoit la protection de toute l'armée, & comme un lion qui se lance sur sa proie en rugissant. Jesus-Christ, dans les pseaumes, est appellé *un géant qui s'élance plein d'ardeur pour fournir sa carrière. Ps. xviij. 6* ; & dans l'Apocalypse, *le lion de la tribu de Judas, qui a remporté la victoire. Apoc. v. 5.* Jesus-Christ, comme *Judas*, s'étant revêtu de ses armes, ayant ceint son épée, qui est sa parole, secondé d'un petit nombre de soldats fidèles qu'il avoit assemblés, & auxquels il inspiroit un courage intrépide, a exterminé de dessus la terre l'erreur & l'impiété qui y dominoient ; il a arraché à l'enfer sa proie, & a triomphé avec gloire du monde & du prince des ténèbres. Les frères de *Judas* & ses soldats étoient, dans leurs combats & dans leurs expéditions militaires, les précurseurs & les vives images de ces zélés prédicateurs du nom de Jesus-Christ, qui, étant destitués de tout secours humain, mais soutenus de la main de Dieu, & sanctifiés par son esprit, se sont exposés à tout souffrir & la mort même, pour purger l'univers, qui est le temple de Dieu, des souillures de l'idolâtrie & de la superstition. (†)

JUDAS ISCARIOTH ou *le Traître*, (*Histoire Sacrée.*) avoit été choisi par Jesus-Christ pour être mis au nombre de ses apôtres, & pour être le dépositaire des aumônes ; mais l'avarice corrompant son cœur, il promit au prince des prêtres, de leur livrer son maître pour trente deniers. Il se trouva à la dernière cêne que Jesus-Christ fit avec ses apôtres, où il institua le sacrement de l'Eucharistie. Il eut la hardiesse d'y participer, & avant la fin du repas, il sortit pour aller consommer son crime. Peu après, ayant horreur de sa trahison, il fut touché de repentir, alla trouver les prêtres, leur rendit l'argent qu'il avoit reçu, & rendit un témoignage public de l'innocence de Jesus-Christ ; mais il n'eut pas recours à sa miséricorde : ainsi, sa pénitence lui fut inutile ; & son désespoir, plus funeste pour lui que son crime, le porta à se pendre lui-même. Il creva par le milieu de son corps, & ses entrailles furent répandues par terre. *Jean xij. 3. act. xxv.* (†)

JUDE, (Saint) (*Hist. Sacr.*) un des douze apôtres, frère de Jacques-le-Mineur, & parent de J. C., auteur de l'épître qui porte son nom dans l'Ecriture.

JUDITH, (*Hist. Sacrée.*) Elle est assez connue par

le livre qui porte son nom dans l'Ecriture, & où on raconte comment elle délivra le peuple de Dieu, en donnant la mort à Holopherne, général des armées de Nabuchodonosor, roi d'Assyrie, qui assiégeoit Béthulie. (*Voyez* ACHIOR.).

Le nom de *Judith* est célèbre aussi dans l'histoire profane & moderne. C'est celui de la mère & d'une fille de Charles-le-Chauve.

La première, belle, galante, spirituelle, ambitieuse, fut la seconde femme de Louis-le-Débonnaire; elle le gouverna & causa tous les malheurs de son règne & les soulevements continuels de ses fils du premier lit, par toutes les violences, toutes les injustices, tous les artifices qu'elle ne cessa d'employer pour procurer l'aggrandissement de Charles-le-Chauve son fils. Elle eut, dans ce projet qui l'occupa sans cesse, une vicissitude continuelle de revers & de succès. Morte en 843.

La seconde, assez semblable à son ayeule, avoit épousé, en premières noces, Ethelwolph, roi d'Angleterre. Revenue en France après la mort de son premier mari, elle se fit enlever par Baudouin, grand forestier de Flandre. Charles-le-Chauve, père de *Judith*, dans le premier mouvement de sa colère, parvint à faire excommunier le ravisseur, ainsi que *Judith*; mais on négocia, & après quelques traverses, Baudouin fut récompensé de son crime & de son insolence par Charles, qui non-seulement consentit à le regarder comme son gendre, mais qui le fit comte héréditaire de Flandre. C'est de lui & de *Judith* que descendoient ces comtes de Flandres, pairs du royaume, si long-temps redoutables aux rois leurs souverains.

JUGURTHA, (*Hist. Rom.*) roi de Numidie, dont Salluste a écrit la vie. C'étoit un scélérat habile, s'il n'étoit pas essentiellement mal habile d'être scélérat. Nous avons rapporté une partie de ses crimes à l'article d'ADHERBAL, une de ses victimes. Il avoit des ressources dans l'esprit; à force d'adresse, d'intrigues & de talents, il parvint à séduire ou à diviser le sénat Romain, alors l'arbitre des rois, & à se faire pardonner pour quelque temps, les attentats par lesquels il s'étoit élevé sur le trône: mais enfin la vengeance éclata; Rome lui déclara la guerre: il osa venir à Rome, rendre compte de sa conduite; il osa y faire assassiner Massiva, prince Numide, descendu, comme lui, de Massinissa, & auquel il craignoit que le sénat ne voulût transférer la couronne de Numidie. Bomilcar, son parent & son confident, lui prêta son bras pour ce crime; dans la suite, le même Bomilcar le trahit, & conspira contre lui; la conspiration fut découverte, *Jugurtha* le fit périr. Pendant le temps de la guerre, *Jugurtha* vint à bout de corrompre ou d'amuser les consuls Lucius-Calpurnius-Bestia & Spurius-Posthumius-Albinus; il se défendit avec désavantage, mais avec constance, contre Métellus; il céda enfin à la fortune de Marius & à l'adresse de Sylla, qui fit déterminer Bocchus, beau-père de *Jugurtha*, à le livrer aux Romains. (*Voyez* l'article BOCCHUS.) Marius traîna son captif en triomphe dans Rome. Salluste, peut-être pour l'honneur de cette même Rome, s'arrête au moment où *Jugurtha* est livré à Sylla & remis par Sylla à Marius: il ne nous dit pas quel fut le sort de *Jugurtha*; nous l'apprenons de Plutarque: dans la cérémonie du triomphe, il parut comme un homme qui a l'esprit égaré. Il fut jetté ensuite dans un cachot, où il fut traité avec indignité, & où on le laissa mourir de faim. Il y vécut six jours, paroissant beaucoup tenir à la vie. Les géoliers, dans l'empressement de le dépouiller, n'attendirent pas qu'il fût mort; ils déchirèrent sa robe, ils lui arrachèrent les oreilles pour avoir les pendants qu'il portoit. Il semble que Rome auroit dû ou respecter dans un roi coupable, la royauté toujours respectable, & le talent qui ne l'est peut-être pas moins, ou se respecter elle-même dans le traitement qu'elle faisoit à un roi vaincu, à un ennemi détruit, qui avoit autrefois mérité son estime & ses éloges, en combattant pour elle.

C'est ce même *Jugurtha* qui, revoyant après un certain temps, cette Rome où il avoit vu encore quelques vertus, lorsqu'il avoit servi sous Scipion, au siège de Numance, fut si frappé des progrès rapides que la cupidité y avoit faits avec le luxe, qu'il dit que Rome étoit devenue toute vénale, & n'attendoit pour se vendre, qu'un acheteur.

Il fut pris & mourut l'an de Rome 647, 105 ans avant J. C.

JUIFS. Nous plaçons ici sous ce titre général, l'article FONTANNIER, qui a été oublié à sa place.

Autrefois en France, le gouvernement toléroit les *Juifs*, les *Juifs* pressuroient le peuple, & le gouvernement pressuroit les *Juifs* à son tour. Il paroissoit alors venger le peuple, tandis que c'étoit lui qui en recueilloit les dépouilles. Il chassoit les *Juifs* & confisquoit leurs biens, au lieu de les rendre au peuple, d'où ils venoient; puis il rappelloit les *Juifs* moyennant finance, & toujours sous la condition tacite d'exercer de nouveau leur brigandage accoutumé, qui finiroit toujours par être la proie du gouvernement. Telle fut long-temps, à l'égard des Juifs, la conduite d'un gouvernement sans principes comme sans lumières. Par une ordonnance du 17 septembre 1394, donnée ou pendant la démence de Charles VI, ou pendant un des courts intervalles que lui laissoient les accès de cette démence, les *Juifs* furent bannis à perpétuité du royaume, au lieu d'être réduits par de sages loix, à vivre en citoyens honnêtes & utiles. Ce fut en France la dernière proscription de la nation Juive; & malgré tous ses efforts, elle n'avoit pas encore pu (en 1787) en obtenir la révocation; elle n'avoit de domicile autorisé que dans quelques villes qui ont passé dans des temps bien postérieurs sous la domination Françoise. Cet ouvrage de la démence de Charles VI, fut confirmé pendant l'enfance de Louis XIII, en 1615, à l'occasion de quelques *Juifs* Hollandois & Portugais, attirés en France par le maréchal d'Ancre, & qui furent surpris à Paris, célébrant la Pâque. Quelque temps après, un aventurier, nommé *Fontannier*, qui avoit souvent changé de religion & d'état, & qui avoit fini pût se faire *Juif*, osa prêcher dans Paris, le Judaïsme; il fut arrêté au milieu de ses auditeurs, au moment où il dictoit ces paroles : *le cœur me tremble*, *la plume me tombe de la main.* Qu'on arrête un prédicateur, qu'on le prive pour quelque temps de sa liberté, cette rigueur peut quelquefois trouver des motifs dans la politique; mais on brûla *Fontannier*, & cette barbarie n'a point d'excuse. Que de barbaries cependant! & toujours parce qu'on n'en savoit pas assez pour être humain & raisonnable.

JUIF, s. m. (*Hist anc. & mod.*) sectateur de la religon judaïque.

Cette religion, dit l'auteur des Lettres Persannes, est un vieux tronc qui a produit deux branches, le Christianisme & le Mahométisme, qui ont couvert toute la terre : ou plutôt, ajoute-t-il, c'est une mère de deux filles qui l'ont accablée de mille plaies. Mais quelque mauvais traitements qu'elle en ait reçus, elle ne laisse pas de se glorifier de leur avoir donné la naissance. Elle se sert de l'une & de l'autre pour embrasser le monde, tandis que sa vieillesse vénérable embrasse tous les temps.

Josephe, Basnage & Prideaux ont épuisé l'histoire du peuple qui se tient si constamment dévoué à cette vieille religion, & qui marque si clairement le berceau, l'âge & les progrès de la nôtre.

Pour ne point ennuyer le lecteur de détails qu'il trouve dans tant de livres, concernant le peuple dont il s'agit ici, nous nous bornerons à quelques remarques moins communes sur son nombre, sa dispersion par tout l'univers, & son attachement inviolable à la loi mosaïque au milieu de l'opprobre & des vexations.

Quand on pense aux horreurs que les *Juifs* ont éprouvées depuis J. C., au carnage qui s'en fit sous quelques empereurs Romains, & à ceux qui ont été répétés tant de fois dans tous les états chrétiens, on conçoit avec peine que ce peuple subsiste encore; cependant non seulement il subsiste, mais, selon les apparences, il n'est pas moins nombreux aujourd'hui qu'il l'étoit autrefois dans le pays de Canaan. On n'en doutera point, si après avoir calculé le nombre des *Juifs* qui sont répandus dans l'occident, on y joint les prodigieux essaims de ceux qui pullulent en Orient, à la Chine, entre la plûpart des nations de l'Europe & de l'Afrique, dans les Indes orientales & occidentales, & même dans les parties intérieures de l'Amérique.

Leur ferme attachement à la loi de Moïse n'est pas moins remarquable, sur-tout si l'on considère leurs fréquentes apostasies, lorsqu'ils vivoient sous le gouvernement de leurs rois, de leurs juges, & à l'aspect de leurs temples. Le Judaïsme est maintenant, de toutes les religions du monde, celle qui est le plus rarement abjurée; & c'est en partie le fruit des persécutions qu'elle a souffertes. Ses sectateurs, martyrs perpétuels de leur croyance, se sont regardés de plus en plus comme la source de toute sainteté, & ne nous ont envisagés que comme des *Juifs* rebelles qui ont changé la loi de Dieu, en suppliciant ceux qui la tenoient de sa propre main.

Leur nombre doit être naturellement attribué à leur exemption de porter les armes, à leur ardeur pour le mariage, à leur coutume de le contracter de bonne heure dans leurs familles, à leur loi de divorce, à leur genre de vie sobre & réglée, à leurs abstinences, à leur travail, & à leur exercice.

Leur dispersion ne se comprend pas moins aisément. Si, pendant que Jérusalem subsistoit avec son temple, les *Juifs* ont été quelquefois chassés de leur patrie par les vicissitudes des Empires, ils l'ont encore été plus souvent par un zèle aveugle de tous les pays où ils se sont habitués depuis les progrès du Christianisme & du Mahométisme. Réduits à courir de terres en terres, de mers en mers, pour gagner leur vie, par-tout déclarés incapables de posséder aucun bien-fonds, & d'avoir aucun emploi, ils se sont vus obligés de se disperser de lieux en lieux, & de ne pouvoir s'établir fixement dans aucune contrée, faute d'appui, de puissance pour s'y maintenir, & de lumières dans l'art militaire.

Cette dispersion n'auroit pas manqué de ruiner le culte religieux de toute autre nation; mais celui des *Juifs* s'est soutenu par la nature & la force de ses loix. Elles leur prescrivent de vivre ensemble autant qu'il est possible, dans une même enceinte, de ne point s'allier aux étrangers, de se marier entr'eux, de ne manger de la chair que des bêtes dont ils ont répandu le sang, ou préparées à leur manière. Ces ordonnances, & autres semblables, les lient plus étroitement, les fortifient dans leur croyance, les séparent des autres hommes, & ne leur laissent, pour subsister, de ressources que le commerce, profession long-tems méprisée par la plûpart des peuples de l'Europe.

De-là vient qu'on la leur abandonna dans les siècles barbares; & comme ils s'y enrichirent nécessairement, on les traita d'infames usuriers. Les rois ne pouvant fouiller dans la bourse de leurs sujets, mirent à la torture les *Juifs*, qu'ils ne regardoient pas comme des citoyens. Ce qui se passa en Angleterre à leur égard, peut donner une idée de ce qu'on exécuta contr'eux dans les autres pays. Le roi Jean ayant besoin d'argent, fit emprisonner les riches *Juifs* de son royaume pour en extorquer de leurs mains; il y en eut peu qui échappassent aux poursuites de sa chambre de justice. Un d'eux, à qui on arracha sept dents l'une après l'autre pour avoir son bien, donna mille marcs d'argent à la huitième. Henri III. tira d'Aaron, *juif* d'Yorck, quatorze mille marcs d'argent, & dix mille pour la reine. Il vendit les autres *juifs* de son pays à Richard son frère pour un certain nombre d'années, *ut quos rex excoriaverat, comes evisceraret*, dit Matthieu Paris.

On n'oublia pas d'employer en France les mêmes traitemens contre les *Juifs*; on les mettoit en prison, on les pilloit, on les vendoit, on les accusoit de magie, de sacrifier des enfans, d'empoisonner les fontaines; on les chassoit du royaume, on les y laissoit rentrer pour de l'argent; & dans le temps même qu'on les toléroit, on les distinguoit des autres habitans par des marques infamantes.

Il y a plus, la coutume s'introduisit dans ce royaume

de confisquer tous les biens des *Juifs* qui embrassoient le Christianisme. Cette coutume si bizarre, nous la sçavons par la loi qui l'abroge; c'est l'édit du roi donné à Basville le 4 Avril 1392. La vraie raison de cette confiscation, que l'auteur de l'*esprit des loix* a si bien développée, étoit une espèce de droit d'amortissement pour le prince, ou pour les seigneurs, des taxes qu'ils levoient sur les *Juifs*, comme serfs main-mortables, auxquels ils succédoient. Or ils étoient privés de ce bénéfice, lorsque ceux-ci embrassoient le Christianisme.

En un mot, on ne peut dire combien, en tout lieu, on s'est joué de cette nation d'un siècle à l'autre. On a confisqué leurs biens, lorsqu'ils recevoient le Christianisme; & bientôt après on les a fait brûler, lorsqu'ils ne voulurent pas le recevoir.

Enfin, proscrits sans cesse de chaque pays, ils trouvèrent ingénieusement le moyen de sauver leurs fortunes, & de rendre pour jamais leurs retraites assurées. Bannis de France sous Philippe le Long en 1318, ils se réfugièrent en Lombardie, y donnèrent aux négocians des lettres sur ceux à qui ils avoient confié leurs effets en partant, & ces lettres furent acquittées. L'invention admirable des lettres de change sortit du sein du désespoir; & pour lors seulement le commerce put éluder la violence, & se maintenir par tout le monde.

Depuis ce temps-là, les princes ont ouvert les yeux sur leurs propres intérêts, & ont traité les *Juifs* avec plus de modération. On a senti, dans quelques endroits du nord & du midi, qu'on ne pouvoit se passer de leur secours. Mais, sans parler du Grand-Duc de Toscane, la Hollande & l'Angleterre animées de plus nobles principes, leur ont accordé toutes les douceurs possibles, sous la protection invariable de leur gouvernement. Ainsi répandus de nos jours avec plus de sûreté qu'ils n'en avoient encore eue dans tous les pays de l'Europe où regne le commerce, ils sont devenus des instrumens par le moyen desquels les nations les plus éloignées peuvent converser & correspondre ensemble. Il en est d'eux, comme des chevilles & des cloux qu'on employe dans un grand édifice, & qui sont nécessaires pour en joindre toutes les parties. On s'est fort mal trouvé en Espagne de les avoir chassés, ainsi qu'en France d'avoir persécuté des sujets dont la croyance différoit en quelques points de celle du prince. L'amour de la religion chrétienne consiste dans sa pratique; & cette pratique ne respire que douceur, qu'humanité, que charité. (*D. J.*)

Juifs, *Philosophie des*, (*Hist. Philosoph.*) Nous ne connoissons point de nation plus ancienne que la *juive*. Outre son antiquité, elle a sur les autres une seconde prérogative qui n'est pas moins importante; c'est de n'avoir point passé par le polithéisme, & la suite des superstitions naturelles & générales pour arriver à l'unité de Dieu. La révélation & la prophétie ont été les deux premières sources de la connoissance de ses sages. Dieu se plût à s'entretenir avec Noé, Abraham, Isaac, Jacob, Joseph, Moyse & ses successeurs. La longue vie qui fut accordée à la plupart d'entr'eux, ajoûta beaucoup à leur expérience. Le loisir de l'état de pâtres qu'ils avoient embrassé, étoit très-favorable à la méditation & à l'observation de la nature. Chefs de familles nombreuses, ils étoient très-versés dans tout ce qui tient à l'économie rustique & domestique, & au gouvernement paternel. A l'extinction du patriarchat, on voit paroître parmi eux un Moïse, un David, un Salomon, un Daniel, hommes d'une intelligence peu commune, & à qui l'on ne refusera pas le titre de grands législateurs. Qu'ont sçu les philosophes de la Grèce, les Hiérophantes de l'Egypte, & les Gymnosophistes de l'Inde qui les éleve au dessus des prophètes?

Noé construit l'arche, sépare les animaux purs des animaux impurs, se pourvoit des substances propres à la nourriture d'une infinité d'espèces différentes, plante la vigne, en exprime le vin, & prédit à ses enfans leur destinée.

Sans ajouter foi aux rêveries que les payens & les *Juifs* ont débitées sur le compte de Sem & de Cham, ce que l'histoire nous en apprend suffit pour nous les rendre respectables; mais quels hommes nous offre-t-elle qui soient comparables en autorité, en dignité, en jugement, en piété, en innocence, à Abraham, à Isaac & à Jacob? Joseph se fit admirer par sa sagesse chez le peuple le plus instruit de la terre, & le gouverna pendant quarante ans.

Mais nous voilà parvenus au temps de Moïse; quel historien! quel législateur! quel philosophe! quel poëte! quel homme!

La sagesse de Salomon a passé en proverbe. Il écrivit une multitude incroyable de paraboles; il connut depuis le cedre qui croît sur le Liban, jusqu'à l'hyssope; il connut & les oiseaux & les poissons, & les quadrupedes, & les reptiles; & l'on accouroit de toutes les contrées de la terre pour le voir, l'entendre & l'admirer.

Abraham, Moïse, Salomon, Job, Daniel, & tous les sages qui se sont montrés chez la nation *juive* avant la captivité de Babylone, nous fourniroient une ample matière, si leur histoire n'appartenoit plutôt à la révélation qu'à la philosophie.

Passons maintenant à l'histoire des *Juifs*, au sortir de la captivité de Babylone, à ces temps où ils ont quitté le nom d'Israélites & d'Hébreux, pour prendre celui de *Juifs*.

De la philosophie des Juifs depuis le retour de la captivité de Babylone, jusqu'à la ruine de Jérusalem. Personne n'ignore que les *Juifs* n'ont jamais passé pour un peuple sçavant. Il est certain qu'ils n'avoient aucune teinture des sciences exactes, & qu'ils se trompoient grossièrement sur tous les articles qui en dépendent. Pour ce qui regarde la Physique, & le détail immense qui lui appartient, il n'est pas moins constant qu'ils n'en avoient aucune connoissance, non plus que des diverses parties de l'Histoire naturelle. Il faut donc donner ici au mot *philosophie* une signification plus étendue que celle qu'il a ordinairement. En effet il manqueroit quelque chose à l'histoire de cette science si elle étoit privée du détail des opinions & de la doctrine de ce peuple, détail qui jette un grand jour sur la *philosophie* des peuples avec lesquels ils ont été liés.

Pour traiter cette matière avec toute la clarté possible, il faut distinguer exactement les lieux où les *Juifs* ont fixé leur demeure, & les temps où se sont faites ces transmigrations : ces deux choses ont entraîné un grand changement dans leurs opinions. Il y a sur-tout deux époques remarquables; la première est le schisme des Samaritains qui commença long-temps avant Esdras, & qui éclata avec fureur après sa mort; la seconde remonte jusqu'au temps où Alexandre transporta en Egypte une nombreuse colonie de *Juifs* qui y jouirent d'une grande considération. Nous ne parlerons ici de ces deux époques qu'autant qu'il sera nécessaire pour expliquer les nouveaux dogmes qu'elles introduisirent chez les Hébreux.

Histoire des Samaritains. L'Ecriture-sainte nous apprend (*ij. Reg.* 15.) qu'environ deux cents ans avant qu'Esdras vît le jour, Salmanazar roi des Assyriens, ayant emmené en captivité les dix tribus d'Israel, avoit fait passer dans le pays de Samarie de nouveaux habitans, tirés partie des campagnes voisines de Babylone, partie d'Avach, d'Emath, de Sepharvaïm & de Cutha; ce qui leur fit donner le nom de *Cuthéens* si odieux aux *Juifs.* Ces différens peuples emportèrent avec eux leurs anciennes divinités, & établirent chacun leur superstition particulière dans les villes de Samarie qui leur échurent en partage. Ici l'on adoroit Sochotbenoth; c'étoit le dieu des habitans de la campagne de Babylone; là on rendoit les honneurs divins à Nergel; c'étoit celui des Cuthéens. La colonie d'Emach honoroit Asima; les Hevéens, Nebahaz & Tharthac. Pour les dieux des habitans de Sepharvaïm, nommés *Advamelech* & *Anamelech*, ils ressembloient assez au dieu Moloch, adoré par les anciens Chananéens; ils en avoient du moins la cruauté, & ils exigeoient aussi les enfans pour victimes. On voyoit aussi les pères insensés les jetter au milieu des flammes en l'honneur de leur idole. Le vrai Dieu étoit le seul qu'on ne connût point dans un pays consacré par tant de marques éclatantes de son pouvoir. Il déchaîna les lions du pays contre les idolâtres qui le profanoient. Ce fléau si violent & si subit portoit tant de marques d'un châtiment du ciel, que l'infidélité même fut obligée d'en convenir. On en fit avertir le roi d'Assyrie: on lui représenta que les nations qu'il avoit transférées en Israel, n'avoient aucune connoissance du dieu de Samarie, & de la manière dont il vouloit être honoré. Que ce Dieu irrité les persécutoit sans ménagement; qu'il rassembloit les lions de toutes les forêts, qu'il les envoyoit dans les campagnes & jusques dans les villes; & que s'ils n'apprenoient à appaiser ce Dieu vengeur qui les poursuivoit, ils seroient obligés de déserter, ou qu'ils périroient tous. Salmanazar touché de ces remontrances, fit chercher parmi les captifs un des anciens prêtres de Samarie, & il le renvoya en Israel parmi les nouveaux habitans, pour leur apprendre à honorer le dieu du pays. Les leçons furent écoutées par les idolâtres, mais ils ne renoncèrent pas pour cela à leurs dieux; au contraire chaque colonie se mit à forger sa divinité. Toutes les villes eurent leurs idoles; les temples & les hauts lieux bâtis par les Israélites recouvrerent leur ancienne & sacrilège célébrité. On y plaça des prêtres tirés de la plus vile populace, qui furent chargés des cérémonies & du soin des sacrifices. Au milieu de ce bizarre appareil de superstition & d'idolatrie, on donna aussi sa place au véritable Dieu. On connut par les instructions du lévite d'Israel, que ce Dieu souverain méritoit un culte supérieur à celui qu'on rendoit aux autres divinités; mais soit la faute du maître, soit celle des disciples, on n'alla pas jusqu'à comprendre que le Dieu du ciel & de la terre ne pouvoit souffrir ce monstrueux assemblage; & que pour l'adorer véritablement, il falloit l'adorer seul. Ces impiétés rendirent les Samaritains extrêmement odieux aux *Juifs*; mais la haîne des derniers augmenta, lorsqu'au retour de la captivité, ils s'apperçurent qu'ils n'avoient point de plus cruels ennemis que ces faux frères. Jaloux de voir rebâtir le temple qui leur reprochoit leur ancienne séparation, ils mirent tout en œuvre pour l'empêcher. Ils se cachèrent à l'ombre de la religion, & assurant les *Juifs* qu'ils invoquoient le même Dieu qu'eux, ils leur offrirent leurs services pour l'accomplissement d'un ouvrage qu'ils vouloient ruiner. Les *Juifs* ajoutent à l'Histoire sainte, qu'Esdras & Jérémie assemblèrent trois cents prêtres, qui les excommunièrent de la grande excommunication : ils maudirent *celui qui mangeroit du pain avec eux*, comme s'il avoit mangé de la chair de pourceau. Cependant les Samaritains ne cessoient de cabaler à la cour de Darius pour empêcher les *Juifs* de rebâtir le temple; & les gouverneurs de Syrie & de Phénicie ne cessoient de les seconder dans ce dessein. Le sénat & le peuple de Jérusalem les voyant si animés contr'eux, députèrent vers Darius, Zorobabel & quatre autres des plus distingués, pour se plaindre des Samaritains. Le roi ayant entendu ces députés, leur fit donner des lettres par lesquelles il ordonnoit aux principaux officiers de Samarie, de seconder les *Juifs* dans leur pieux dessein, & de prendre pour cet effet sur son trésor provenant des tributs de Samarie, tout ce dont les sacrificateurs de Jérusalem auroient besoin pour leurs sacrifices. (Josephe, *Antiq. jud. lib. XI. cap. iv.*)

La division se forma encore d'une manière plus éclatante sous l'empire d'Aléxandre le Grand. L'auteur de la chronique des Samaritains (*voyez* Basnage, *Hist. des Juifs, liv. III. chap. iij.*) rapporte que ce prince passa par Samarie, où il fut reçu par le grand prêtre Ezéchias qui lui promit la victoire sur les Perses : Aléxandre lui fit des présens, & les Samaritains profitèrent de ce commencement de faveur pour obtenir de grands privilèges. Ce fait est contredit par Josephe qui l'attribue aux *Juifs*, de sorte qu'il est fort difficile de décider lequel des deux partis a raison; & il n'est pas surprenant que les sçavans soient partagés sur ce sujet. Ce qu'il y a de certain c'est que les Samaritains jouirent de la faveur du roi, & qu'ils réformèrent leur doctrine pour se délivrer du reproche d'hérésie que leur faisoient les *Juifs*. Cependant la haine de ces derniers, loin de diminuer, se tourna en rage : Hircan assiégea Samarie, & la rasa de fond en comble aussi bien que son temple. Elle sortit de ses ruines par les soins d'Aulus Gabinius gouverneur de la province, Hérode l'embellit par des ouvrages publics ; & elle fut nommée *Sébaste*, en l'honneur d'Auguste.

Doctrine des Samaritains. Il y a beaucoup d'apparence que les auteurs qui ont écrit sur la religion des Samaritains, ont épousé un peu trop la haine violente que les *Juifs* avoient pour ce peuple : ce que les anciens rapportent du culte qu'ils rendoient à la divinité, prouve évidemment que leur doctrine a été peinte sous des couleurs trop noires ; sur-tout on ne peut guère justifier saint Epiphane qui s'est trompé souvent sur leur chapitre. Il reproche (*lib. XI, cap. 8.*) aux Samaritains d'adorer les téraphins que Rachel avoit emportés à Laban, & que Jacob enterra. Il soutient aussi qu'ils regardoient vers le Garizim en priant, comme Daniel à Babylone regardoit vers le temple de Jérusalem. Mais soit que saint Epiphane ait emprunté cette histoire des Thalmudistes ou de quelques autres auteurs *Juifs*, elle est d'autant plus fausse dans son ouvrage, qu'il s'imaginoit que le Garizim étoit éloigné de Samarie, & qu'on étoit obligé de tourner ses regards vers cette montagne, parce que la distance étoit trop grande pour y aller faire ses dévotions. On soutient encore que les Samaritains avoient l'image d'un pigeon, qu'ils adoroient comme un symbole des dieux, & qu'ils avoient emprunté ce culte des Assyriens, qui mettoient dans leurs étendards une colombe en mémoire de Sémiramis, qui avoit été nourrie par cet oiseau & changée en colombe, & à qui ils rendoient des honneurs divins. Les Cuthéens qui étoient de ce pays, purent retenir le culte de leur pays, & en conserver la mémoire pendant quelque temps ; car on ne déracine pas si facilement l'amour des objets sensibles dans la religion, & le peuple se les laisse rarement arracher.

Mais les *Juifs* sont outrés sur cette matière, comme sur tout ce qui regarde les Samaritains. Ils soutiennent qu'ils avoient élevé une statue avec la figure d'une colombe qu'ils adoroient ; mais ils n'en donnent point d'autres preuves que leur persuasion, J'en suis très-persuadé, dit un rabbin, cette persuasion ne suffit pas sans raisons. D'ailleurs il faut remarquer, 1°. qu'aucun des anciens écrivains, ni profanes, ni sacrés, ni payens, ni ecclésiastiques, n'ont parlé de ce culte que les Samaritains rendoient à un oiseau ; ce silence général est une preuve de la calomnie des *Juifs*. 2°. Il faut remarquer encore que les *Juifs* n'ont osé l'insérer dans le Thalmud ; cette fable n'est point dans le texte, mais dans la glose. Il faut donc reconnoître que c'est un auteur beaucoup plus moderne qui a imaginé ce conte ; car le Thalmud ne fut composé que plusieurs siècles après la ruine de Jérusalem & de Samarie. 3°. On cite le rabbin Meir, & on lui attribue cette découverte de l'idolâtrie des Samaritains ; mais le culte public rendu sur le Garizim par un peuple entier, n'est pas une de ces choses qu'on puisse cacher long-temps, ni découvrir par subtilité ou par hazard. D'ailleurs le rabbin Meir est un nom qu'on produit : il n'est resté de lui ni témoignage, ni écrit sur lequel on puisse appuyer cette conjecture.

S. Epiphane les accuse encore de nier la résurrection des corps ; & c'est pour leur prouver cette vérité importante, qu'il leur allègue l'exemple de Sara, laquelle conçut dans un âge avancé, & celui de la verge d'Aaron qui reverdit ; mais il y a une si grande distance d'une verge qui fleurit, & d'une femme âgée qui a des enfants, à la réunion de nos cendres dispersées, & au rétablissement du corps humain pourri depuis plusieurs siècles, qu'on ne conçoit pas comment il pouvoit lier ces idées, & en tirer une conséquence. Quoi qu'il en soit, l'accusation est fausse, car les Samaritains croyoient la résurrection. En effet on trouve dans leur chronique deux choses qui le prouvent évidemment ; car ils parlent d'un jour de *récompense & de peine*, ce qui, dans le style des Arabes, marque le jour de la résurrection générale, & du déluge de feu. D'ailleurs ils ont inséré dans leur chronique l'éloge de Moïse, que Josué composa après la mort de ce législateur ; & entre les louanges qu'il lui donne, il s'écrie qu'il est le *seul qui ait ressuscité les morts*. On ne sait comment l'auteur pouvoit attribuer à Moïse la résurrection miraculeuse de quelques morts, puisque l'Ecriture ne le dit pas, & que les *Juifs* même sont en peine de prouver qu'il étoit le plus grand des prophêtes, parce qu'il n'a pas arrêté le soleil comme Josué, ni ressuscité les morts comme Elisée. Mais ce qui achève de constater que les Samaritains croyoient la résurrection, c'est que Ménandre qui avoit été Samaritain, fondoit toute sa philosophie sur ce dogme. On sait d'ailleurs, & saint Epiphane ne l'a point nié, que les Dosithéens qui formoient une secte de Samaritains, en faisoient hautement profession. Il est vraisemblable que ce qui a donné occasion à cette erreur, c'est que les Saducéens qui nioient véritablement la résurrection, furent appellés par les Pharisiens *Cuthim*, c'est-à-dire, hérétiques, ce qui les fit confondre avec les Samaritains.

Enfin Léontius (*de sectis, cap.* 8.) leur reproche de ne point reconnoître l'existence des anges. Il sembleroit qu'il a confondu les Samaritains avec les Saducéens ; & on pourroit l'en convaincre par l'autorité de saint Epiphane, qui distinguoit les Samaritains & les Saducéens par ce caractère, que les derniers ne croyoient ni les anges, ni les esprits ; mais on sait que ce saint a souvent confondu les sentiments des anciennes sectes. Le savant Reland (*Diss. misc. part. II, p.* 25.) pensoit que les Samaritains entendoient par un ange, une vertu, un instrument dont la divinité se sert pour agir, ou quelqu'organe sensible qu'il employe pour l'exécution de ses ordres, ou bien, ils croyoient que les anges sont des vertus naturellement unies à la divinité, & qu'il fait sortir quand il lui plaît : cela paroît par le pentateuque samaritain, dans lequel on substitue souvent Dieu aux anges, & les anges à Dieu.

On ne doit point oublier Simon le magicien dans l'histoire des Samaritains, puisqu'il étoit Samaritain lui-même, & qu'il dogmatisa chez eux pendant quelque tems : voici ce que nous avons trouvé de plus vraisemblable à son sujet.

Simon étoit natif de Gitthon dans la province de Samarie : il y a apparence qu'il suivit la coutume des asiatiques qui voyageoient souvent en Egypte pour y apprendre la philosophie. Ce fut là sans doute qu'il s'instruisit dans la magie qu'on enseignoit dans les écoles. Depuis étant revenu dans sa patrie, il se donna pour un grand personnage, abusa long-temps le peuple par ses prestiges, & tâcha de leur faire croire qu'il étoit le libérateur du genre humain. S. Luc, *act. viij. jx.* rapporte que les Samaritains se laissèrent effectivement enchanter par ses artifices, & qu'ils le nommèrent la *grande vertu de Dieu* ; mais on suppose sans fondement, qu'ils regardoient Simon le magicien comme le Messie. Saint Epiphane assure (*Epiph. hæres. pag.* 54.) que cet imposteur prêchoit aux Samaritans qu'il étoit le père, & aux Juifs qu'il étoit le fils. Il en fait par-là un extravagant qui n'auroit trompé personne par la contradiction qui ne pouvoit être ignorée dans une si petite distance de lieu. En effet Simon, adoré des Samaritanis, ne pouvoit être le docteur des *Juifs* : enfin prêcher aux *Juifs* qu'il étoit le fils, c'étoit les soulever contre lui, comme ils s'étoient soulevés contre J. C. lorsqu'il avoit pris le titre de fils de Dieu. Il n'est pas même varisemblable qu'il se regardât comme le Messie : 1°. parce que l'historien sacré ne l'accuse que de magie, & c'étoit par-là qu'il avoit séduit les Samaritains ; 2°. parce que les Samaritains l'appelloient seulement *la vertu de Dieu, la grande*. Simon abusa dans la suite de ce titre qui lui avoit été donné, & il y attacha des idées qu'on n'avoit pas eues au commencement ; mais il ne prenoit pas lui-même ce nom, c'étoient les Samaritains étonnés de ses prodiges, qui l'appelloient *la vertu de Dieu*. Cela convenoit aux miracles apparents qu'il avoit faits, mais on ne pouvoit pas en conclure qu'il se regardât comme le messie. D'ailleurs il ne se mettoit pas à la tête des armées, & ne soulevoit pas les peuples ; il ne pouvoit donc pas convaincre les *Juifs* mieux que J. C. qui avoit fait des miracles plus réels & plus grands sous leurs yeux. Enfin ce seroit le dernier de tous les prodiges, que Simon se fût converti, s'il s'étoit fait le messie ; son imposture auroit paru trop grossière pour en soutenir la honte ; Saint Luc ne lui impute rien de semblable : il fit ce qui étoit assez naturel : convaincu de la fausseté de son art, dont les plus habiles magiciens se défient toujours, & reconnoissant la vérité des miracles de Saint Philippe, il donna les mains à cette vérité, & se fit chrétien dans l'espérance de se rendre plus redoutable, & d'être admiré par des prodiges réels & plus éclatans que ceux qu'il avoit faits. Ce fut là tellement le but de sa conversion, qu'il offrit aussitôt de l'argent pour acheter le don des miracles.

Simon le magicien alla aussi à Rome, & y séduisoit comme ailleurs par divers prestiges. L'empereur Néron étoit si passionné pour la magie, qu'il ne l'étoit pas plus pour la musique. Il prétendoit par cet art, commander aux dieux mêmes ; il n'épargna pour l'apprendre ni la dépense ni l'application, & toutefois il ne trouva jamais de vérité dans les promesses des magiciens ; ensorte que son exemple est une preuve illustre de la fausseté de cet art. D'ailleurs personne n'osoit lui rien contester ; ni dire que ce qu'il ordonnoit fût impossible ; jusques-là qu'il commanda de voler à un homme qui le promit, & fut long-temps nourri dans le palais sous cette espérance. Il fit même représenter dans le théâtre un Icare volant ; mais au premier effort Icare tomba près de sa loge, & l'ensanglanta lui-même. Simon, dit-on, promit aussi de voler, & de monter au ciel. Il s'éleva en effet, mais Saint Pierre & Saint Paul se mirent à genoux, & prièrent ensemble. Simon tomba & demeura étendu, les jambes brisées ; on l'emporta en un autre lieu, où ne pouvant souffrir les douleurs & la honte, il se précipita d'un comble très-élevé.

Plusieurs sçavans regardent cette histoire comme une fable, parce que, selon eux, les auteurs qu'on cite pour la prouver, ne méritent point assez de créance, & qu'on ne trouve aucun vestige de cette fin tragique dans les auteurs antérieurs au troisième siècle, qui n'auroient pas manqué d'en parler si une aventure si étonnante étoit réellement arrivée.

Dosithée étoit *Juif* de naissance ; mais il se jetta dans le parti des Samaritains, parce qu'il ne put être le premier dans les deutéroses, (*apud Nicetam, lib. I. cap. xxxv.*). Ce terme de Nicetas est obscur ; il faut même le corriger ; & remettre dans le texte celui de *Deuterotes*, Eusebe (*præp. lib. XI. cap. iij. lib. XII. cap. j.*) a parlé de ces deuterotes des *Juifs* qui se servoient d'énigmes pour expliquer la loi. C'étoit alors l'étude des beaux esprits, & le moyen de parvenir aux charges & aux honneurs. Peu de gens s'y appliquoient, parce qu'on la trouvoit difficile. Dosithée s'étoit voulu distinguer en expliquant allégoriquement la loi, & il prétendoit le premier rang entre ces interprètes.

On prétend (Epiph. *pag.* 30.) que Dosithée fonda une secte chez les Samaritains, & que cette secte observa, 1°. la circoncision & le sabbat, comme les *Juifs* ; 2°. ils croyoient la résurrection des morts ; mais cet article est contesté, car ceux qui font Dosithée le père des Saducéens, l'accusent d'avoir combattu une vérité si consolante. 3°. Il étoit grand jeûneur ; & afin de rendre son jeûne plus mortifiant, il condamnoit l'usage de tout ce qui est animé. Enfin s'étant enfermé dans une caverne, il y mourut par une privation entière d'alimens, & ses disciples trouvèrent quelque temps après son cadavre rongé des vers & plein de mouches. 4°. Les Dosithéens faisoient grand cas de la virginité que la plûpart gardoient, & les autres, dit Saint Epiphane, s'abstenoient de leurs femmes après la mort. On ne sait ce que cela veut dire, si ce n'est qu'ils ne défendissent les secondes nôces qui ont paru illicites & honteuses à beaucoup de Chrétiens ; mais un critique a trouvé par le changement d'une lettre, un sens plus net & plus facile à la loi des Dosithéens, qui s'abstenoient de leurs femmes lorsqu'elles étoient grosses, ou lorsqu'elles avoient enfanté. Nicetas fortifie cette conjecture, car il dit que les Dosithéens se séparoient de leurs femmes lorsqu'elles avoient eu un enfant ; cependant

dant la première opinion paroît plus raisonnable, parce que les Dosithéens rejettoient les femmes comme inutiles, lorsqu'ils avoient satisfait à la vue du mariage, qui est la génération des enfans. 5°. Cette secte entêtée de ses austérités rigoureuses, regardoit le reste du genre humain avec mépris; elle ne vouloit ni approcher ni toucher personne. On compte entre les observations dont ils se chargoient, celle de demeurer vingt-quatre heures dans la même posture où ils étoient lorsque le sabbat commençoit.

A-peu-près dans le même temps vivoit Menandre, le principal disciple de Simon le magicien : il étoit Samaritain comme lui, d'un bourg nommé *Cappareatia*; il étoit aussi magicien; ensorte qu'il séduisit plusieurs personnes à Antioche par les prestiges. Il disoit, comme Simon; que la vertu inconnue l'avoit envoyé pour le salut des hommes, & que personne ne pouvoit être sauvé, s'il n'étoit baptisé en son nom; mais que son baptême étoit la vraie résurrection, ensorte que ses disciples seroient immortels, même en ce monde: toutefois il y avoit peu de gens qui reçussent son baptême.

Colonie des Juifs en Egypte. La haine ancienne que les *Juifs* avoient eue contre les Egyptiens, s'étoit amortie par la nécessité, & on a vu souvent ces deux peuples unis se prêter leurs forces pour résister au roi d'Assyrie qui vouloit les opprimer. Aristée conte même qu'avant que cette nécessité les eût réunis, un grand nombre de *Juifs* avoit déja passé en Egypte, pour aider à Psammétichus à dompter les Ethiopiens qui lui faisoient la guerre; mais cette première transmigration est fort suspecte; parce qu'on ne voit pas quelle relation les *Juifs* pouvoient avoir alors avec les Egyptiens, pour y envoyer des troupes auxiliaires. Ce furent quelques soldats d'Ionie & de Carie, qui, conformément à l'oracle, parurent sur les bords de l'Egypte, comme des hommes d'airain, parce qu'ils avoient des cuirasses, & qui prêterent leur secours à Psammetichus pour vaincre les autres rois d'Egypte, & ce furent là, dit Herodote (*lib. II. pag.* 152.) les premiers qui commencèrent à introduire une langue étrangere en Egypte; car les pères leur envoyoient leurs enfans pour apprendre à parler grec. Diodore (*lib. I. pag.* 48) joint quelques soldats arabes aux Grecs; mais Aristée est le seul qui parle des *Juifs*.

Après la première ruine de Jérusalem & le meurtre de Gedalia qu'on avoit laissé en Judée pour la gouverner, Jochanan alla chercher en Egypte un asyle contre la cruauté d'Ismael; il enleva jusqu'au prophête Jérémie qui réclamoit contre cette violence, & qui avoit prédit les malheurs qui suivroient les réfugiés en Egypte. Nabuchodonosor profitant de la division qui s'étoit formée entre Apriès & Amasis, lequel s'étoit mis à la tête des rebelles, au lieu de les combattre, entra en Egypte, & la conquit par la défaite d'Apriès. Il suivit la coutume de ce temps-là, d'enlever les habitans des pays conquis, afin d'empêcher qu'ils ne remuassent. Les *Juifs* refugiés en Egypte, eurent le même sort que les habitans naturels. Nabuchodonosor leur fit changer une seconde fois de domicile; cependant il en demeura quelques-uns dans ce pays-là, dont les familles se multiplièrent considérablement.

Aléxandre le Grand voulant remplir Aléxandrie, y fit une seconde peuplade de *Juifs* auxquels il accorda les mêmes priviléges qu'aux Macédoniens. Ptolomée Lagus, l'un de ces généraux, s'étant emparé de l'Egypte après sa mort, augmenta cette colonie par le droit de la guerre, car voulant joindre la Syrie & la Judée à son nouveau royaume, il entra dans la Judée, s'empara de Jérusalem pendant le repos du sabbat, & enleva de tout le pays cent mille *Juifs* qu'il transporta en Egypte. Depuis ce temps-là, ce prince remarquant dans les *Juifs* beaucoup de fidélité & de bravoure, leur témoigna sa confiance, en leur donnant la garde de ses places; il en avoit d'autres établis à Aléxandrie qui y faisoient fortune, & qui se louant de la douceur du gouvernement, purent y attirer leurs frères déjà ébranlés par les promesses que Ptolomée leur avoit faites dans son second voyage.

Philadelphe fit plus que son père; car il rendit la liberté à ceux que son père avoit fait esclaves. Plusieurs reprirent la route de la Judée, qu'ils aimoient comme leur patrie; mais il y en eut beaucoup qui demeurèrent dans un lieu où ils avoient eu le temps de prendre racine; & Scaliger a raison de dire que ce furent ces gens-là qui composèrent en partie les synagogues nombreuses des *Juifs* Hellenistes: enfin ce qui prouve que les *Juifs* jouissoient alors d'une grande liberté, c'est qu'ils composèrent cette fameuse version des Septante, & peut-être la première version grecque qui se soit faite des livres de Moïse.

On dispute fort sur la manière dont cette version fut faite, & les *Juifs* ni les Chrétiens ne peuvent s'accorder sur cet évènement. Nous n'entreprendrons point ici de les concilier; nous nous contenterons de dire que l'autorité des pères qui ont soutenu le récit d'Aristée, ne doit plus ébranler personne, après les preuves démonstratives qu'on a produites contre lui.

Voilà l'origine des *Juifs* en Egypte; il ne faut point douter que ce peuple n'ait commencé dans ce temps-là à connoître la doctrine des Egyptiens, & qu'il n'ait pris d'eux la méthode d'expliquer l'écriture par des allégories. Eusebe (*cap. X.*) soutient que du temps d'Aristobule, qui vivoit en Egypte sous le règne de Ptolomée Philométor, il y eut dans ce pays-là deux factions entre les *Juifs*, dont l'une se tenoit attachée scrupuleusement au sens littéral de la loi, & l'autre perçant au travers de l'écorce, pénétroit dans une philosophie plus sublime.

Philon, qui vivoit en Egypte au temps de J. C., donna, tête baissée, dans les allégories & dans le sens mystique; il trouvoit tout ce qu'il vouloit dans l'écriture par cette méthode.

Ce fut encore en Egypte que les Esséniens parurent avec plus de réputation & d'éclat; & ces sectaires enseignoient que les mots étoient autant d'images des choses cachées; ils changeoient les volumes sacrés & les préceptes de la sagesse en allégories. Enfin la conformité étonnante qui se trouve entre la cabale des Egyptiens

tiens & celle des *Juifs*, ne nous permet pas de douter que les *Juifs* n'ayent puisé cette science en Egypte, à moins qu'on ne veuille soutenir que les Egyptiens l'ont apprise des *Juifs*. Ce dernier sentiment a été très-bien réfuté par de savants auteurs. Nous nous contenterons de dire ici que les Egyptiens jaloux de leur antiquité, de leur savoir, & de la beauté de leur esprit, regardoient avec mépris les autres nations, & les *Juifs* comme des esclaves qui avoient plié long-temps sous leur joug avant que de le secouer. On prend souvent les dieux de ses maîtres; mais on ne les mendie presque jamais chez ses esclaves. On remarque comme une chose singulière à cette nation, que Sérapis fut porté d'un pays étranger en Egypte; c'est la seule divinité qu'ils ayent adoptée des étrangers; & même le fait est contesté, parce que le culte de Sérapis paroît beaucoup plus ancien en Egypte que le temps de Ptolomée-Lagus, sous lequel cette translation se fit de Sinope à Aléxandrie. Le culte d'Isis avoit passé jusqu'à Rome, mais les dieux des Romains ne passoient point en Egypte, quoiqu'ils en fussent les conquérants & les maîtres. D'ailleurs, les Chrétiens ont demeuré plus long-temps en Egypte que les *Juifs*; ils avoient là des évêques & des maîtres très-savants. Non-seulement la religion y florissoit, mais elle fut souvent appuyée de l'autorité souveraine. Cependant les Egyptiens, témoins de nos rits & de nos cérémonies, demeurèrent religieusement attachés à celles qu'ils avoient reçues de leurs ancêtres. Ils ne grossissoient point leur religion de nos observances, & ne les faisoient point entrer dans leur culte. Comment peut-on s'imaginer qu'Abraham, Joseph & Moïse ayent eu l'art d'obliger les Egyptiens à abolir d'anciennes superstitions, pour recevoir la religion de leur main, pendant que l'église chrétienne, qui avoit tant de lignes de communication avec les Egyptiens idolâtres, & qui étoit dans un si grand voisinage, n'a pu rien lui prêter par le ministère d'un prodigieux nombre d'évêques & de savants, & pendant la durée d'un grand nombre de siècles? Socrate rapporte l'attachement que les Egyptiens de son temps avoient pour leurs temples, leurs cérémonies, & leurs mystères; on ne voit dans leur religion aucune trace de christianisme. Comment donc y pourroit-on remarquer des caractères évidents de judaïsme?

Origine de différentes sectes chez les Juifs. Lorsque le don de prophétie eut cessé chez les *Juifs*, l'inquiétude générale de la nation n'étant plus réprimée par l'autorité de quelques hommes inspirés, ils ne purent se contenter du style simple & clair de l'écriture; ils y ajoutèrent des allégories qui, dans la suite, produisirent de nouveaux dogmes, & par conséquent des sectes différentes. Comme c'est du sein de ces sectes que sont sortis les différents ordres d'écrivains, & les opinions dont nous devons donner l'idée, il est important d'en pénétrer le fond, & de voir, s'il est possible, quel a été leur sort depuis leur origine. Nous avertissons seulement que nous ne parlerons ici que des sectes principales.

La secte des Saducéens. Lightfoot (*Hor. heb. ad Mat. III. 7. opp. tom. II.*) a donné aux Saducéens une fausse origine, en soutenant que leur opinion commençoit à se répandre du temps d'Esdras. Il assure qu'il y eut alors des impies qui commencèrent à nier la résurrection des morts & l'immortalité des ames. Il ajoute que Malachie les introduisit, disant: *c'est en vain que nous servons Dieu*; & Esdras, qui voulut donner un préservatif à l'église contre cette erreur, ordonna qu'on finiroit toutes les prières par ces mots, *de siècle en siècle*, afin qu'on sût qu'il y avoit un siècle ou une autre vie après celle-ci. C'est ainsi que Lightfoot avoit rapporté l'origine de cette secte; mais il tomba depuis dans une autre extrémité; il résolut de ne faire naître les Saducéens qu'après que la version des Septante eut été faite par l'ordre de Ptolomée-Philadelphe; & pour cet effet, au lieu de remonter jusqu'à Esdras, il a laissé couler deux ou trois générations depuis Zadoc; il a abandonné les rabbins & son propre sentiment, parce que les Saducéens rejettant les prophêtes, & ne recevant que le Pentateuque, ils n'ont pu paroître qu'après les septante interprètes qui ne traduisirent en grec que les cinq livres de Moïse, & qui défendirent de rien ajouter à leur version: mais sans examiner si les septante interprètes ne traduisirent pas toute la bible, cette version n'étoit point à l'usage des *Juifs*, où se forma la secte des Saducéens. On y lisoit la bible en hébreu, & les Saducéens recevoient les prophêtes, aussi bien que les autres livres, ce qui renverse pleinement cette conjecture.

On trouve dans les docteurs hébreux une origine plus vraisemblable des Saducéens dans la personne d'Antigone, surnommé *Sochæus*, parce qu'il étoit né à *Socho*. Cet homme vivoit environ deux cents quarante ans avant J. C., & crioit à ses disciples: *ne soyez point comme des esclaves qui obeissent à leur maître par la vue de la récompense; obéissez sans espérer aucun fruit de vos travaux; que la crainte du Seigneur soit sur vous.* Cette maxime d'un théologien, qui vivoit sous l'ancienne économie, surprend; car la loi promettoit non-seulement des récompenses, mais elle parloit souvent d'une félicité temporelle qui devoit toujours suivre la vertu. Il étoit difficile de devenir contemplatif dans une religion si charnelle, cependant Antigonus le devint. On eut de la peine à voler après lui, & à le suivre dans une si grande élévation. Zadoc, l'un de ses disciples, qui ne put ni abandonner tout-à-fait son maître, ni goûter sa théologie mystique, donna un autre sens à sa maxime, & conclut delà qu'il n'y avoit ni peines ni récompenses après la mort. Il devint le père des Saducéens, qui tirèrent de lui le nom de leur secte & le dogme.

Les Saducéens commencèrent à paroître pendant qu'Onia étoit le souverain sacrificateur à Jérusalem; que Ptolomée Evergete régnoit en Egypte, & Séleucus Callinicus en Syrie. Ceux qui placent cet évènement sous Aléxandre le Grand, & qui assurent avec S. Epiphane, que ce fut dans le temple du Garizim, où Zadoc & Bathythos s'étoient retirés, que cette secte prit naissance, ont fait une double faute; car Antigonus n'étoit point sacrificateur sous Aléxandre,

& on n'a imaginé la retraite de Zadoc à Samarie, que pour rendre ses disciples plus odieux. Non-seulement Josephe, qui haïssoit les Saducéens, ne reproche jamais ce crime au chef de leur parti; mais on les voit dans l'Evangile adorant & servant dans le temple de Jérusalem; on choisissoit même parmi eux le grand-prêtre, ce qui prouve que non-seulement ils étoient tolérés chez les *Juifs*, mais qu'ils y avoient même assez d'autorité. Hircan, le souverain sacrificateur, se déclara pour eux contre les Pharisiens. Ces derniers soupçonnèrent la mère de ce prince d'avoir commis quelque impureté avec les payens. D'ailleurs, ils vouloient l'obliger à opter entre le sceptre & la tiare; mais le prince voulant être le maître de l'église & de l'état, n'eut aucune déférence pour leurs reproches. Il s'irrita contr'eux, il en fit mourir quelques-uns; les autres se retirèrent dans les déserts. Hircan se jetta en même temps du côté des Saducéens: il ordonna qu'on reçût les coutumes de Zadoc, sous peine de la vie. Les *Juifs* assûrent qu'il fit publier dans ses états un édit par lequel tous ceux qui ne recevroient pas les rits de Zadoc & de Bathythos, ou qui suivroient la coutume des sages, perdroient la tête. Ces sages étoient les Pharisiens, à qui on a donné ce titre dans la suite, parce que leur parti prévalut. Cela arriva sur-tout après la ruine de Jérusalem & de son temple. Les Pharisiens, qui n'avoient pas sujet d'aimer les Saducéens, s'étant emparés de toute l'autorité, les firent passer pour des hérétiques, & même pour des Epicuriens. Ce qui a donné sans doute occasion à saint Epiphane & à Tertullien de les confondre avec les Dosithéens. La haine que les *Juifs* avoient conçue contr'eux, passa dans le cœur même des Chrétiens: l'empereur Justinien les bannit de tous les lieux de sa domination, & ordonna qu'on envoyât au dernier supplice des gens qui défendoient certains dogmes d'impiété & d'athéisme, car ils nioient la résurrection & le dernier jugement. Ainsi, cette secte subsistoit encore alors, mais elle continuoit d'être malheureuse.

L'édit de Justinien donna une nouvelle atteinte à cette secte, déjà fort affoiblie; car tous les Chrétiens s'accoutumant à regarder les Saducéens comme des impies, dignes du dernier supplice, ils étoient obligés de fuir & de quitter l'Empire romain, qui étoit d'une vaste étendue. Ils trouvoient de nouveaux ennemis dans les autres lieux où les Pharisiens étoient établis: ainsi, cette secte étoit errante & fugitive, lorsque Ananus lui rendit quelqu'éclat au milieu du huitième siècle. Mais cet évènement est contesté par les Caraïtes, qui se plaignent qu'on leur ravit par jalousie, un de leurs principaux défenseurs, afin d'avoir ensuite le plaisir de les confondre avec les Saducéens.

Doctrine des Saducéens. Les Saducéens, uniquement attachés à l'Ecriture sainte, rejettoient la loi orale, & toutes les traditions, dont on commença sous les Machabées à faire une partie essentielle de la religion. Parmi le grand nombre des témoignages que nous pourrions apporter ici, nous nous contenterons d'un seul, tiré de Josephe, qui prouvera bien clairement que c'étoit le sentiment des Saducéens; *les Pharisiens*, dit-il, *qui ont reçu ces constitutions par tradition de leurs ancêtres, les ont enseignées au peuple; mais les Saducéens les rejettent, parce qu'elles ne sont pas comprises entre les loix données par Moïse, qu'ils soutiennent être les seules que l'on est obligé de suivre*, &c. *Antiq. jud. lib. XIII. cap. xviij.*

S. Jérôme & la plûpart des pères ont cru qu'ils retranchoient du canon les prophêtes & tous les écrits divins, excepté le Pentateuque de Moïse. Les critiques modernes (*Simon, hist. critique du vieux Testament, liv. I, chap. xvj.*) ont suivi les pères; & ils ont remarqué que J. C. voulant prouver la résurrection aux Saducéens, leur cita uniquement Moïse, parce qu'un texte tiré des prophêtes, dont ils rejettoient l'autorité, n'auroit pas fait une preuve contr'eux. J. Drusius a été le premier qui a osé douter d'un sentiment appuyé sur des autorités si respectables; & Scaliger (*Elench. trihæres. cap. vxj.*) l'a absolument rejetté, fondé sur des raisons qui paroissent fort solides. 1°. Il est certain que les Saducéens n'avoient commencé de paroître qu'après que le canon de l'Ecriture fut fermé, & que le don de prophétie étant éteint, il n'y avoit plus de nouveaux livres à recevoir. Il est difficile de croire qu'ils se soient soulevés contre le canon ordinaire, puisqu'il étoit reçu à Jérusalem. 2°. Les Saducéens enseignoient & prioient dans le temple. Cependant on y lisoit les prophêtes, comme cela paroît par l'exemple de J. C. qui expliqua quelques passages d'Isaïe. 3°. Josephe qui devoit connoître parfaitement cette secte, rapporte qu'ils recevoient *ce qui est écrit*. Il oppose *ce qui est écrit* à la doctrine orale des Pharisiens; & il insinue ensuite que la controverse ne rouloit que sur les traditions: ce qui fait conclure que les Saducéens recevoient toute l'Ecriture, & les autres prophêtes, aussi bien que Moïse. 4°. Cela paroît encore plus évidemment par les disputes que les Pharisiens ou les docteurs ordinaires des *Juifs* ont soutenues contre ces sectaires. R. Gamaliel leur prouve la résurrection des morts par des passages tirés de Moïse, des Prophêtes & des Agiographes; & les Saducéens, au lieu de rejetter l'autorité des livres qu'on citoit contr'eux, tâchèrent d'éluder ces passages par de vaines subtilités. 5°. Enfin, les Saducéens reprochoient aux Pharisiens qu'ils croyoient que les livres saints souilloient. Quels étoient ces livres saints qui souilloient, au jugement des Pharisiens? c'étoit l'Ecclésiaste, le Cantique des Cantiques, & les Proverbes. Les Saducéens regardoient donc tous les livres comme des écrits divins, & avoient même plus de respect pour eux que les Pharisiens.

2°. La seconde & la principale erreur des Saducéens rouloit sur l'existence des anges, & sur la spiritualité de l'ame. En effet, les Evangélistes leur reprochent qu'ils soutenoient qu'il n'y avoit ni résurrection, ni esprit, ni ange. Le P. Simond donne une raison de ce sentiment. Il assûre que, de l'aveu des Thalmudistes, le nom d'*anges* n'avoit été en usage chez les *Juifs*, que depuis le retour de la captivité; & les Saducéens concluent delà, que l'invention des anges étoit nouvelle; que tout ce que l'Ecriture disoit d'eux, avoit été ajouté par ceux de la grande synagogue, & qu'on devoit regarder ce qu'ils en rapportoient comme autant d'allégories. Mais c'est disculper les Saducéens que l'Evangile condamne sur cet article; car si l'existence des anges n'étoit fondée que sur une tradition assez nouvelle, ce n'étoit pas un grand crime que de les combattre, ou de tourner en allégories ce que les Thalmudistes en disoient. D'ailleurs, tout le monde sait que le dogme des anges étoit très-ancien chez les *Juifs*.

Théophilacte leur reproche d'avoir combattu la divinité du S. Esprit: il doute même s'ils ont connu Dieu, parce qu'ils étoient épais, grossiers, attachés à la matière; & Arnobe s'imaginant qu'on ne pouvoit nier l'existence des esprits, sans faire Dieu corporel, leur a attribué ce sentiment; & le savant Pétau a donné dans le même piège. Si les Saducéens eussent admis de telles erreurs, il est vraisemblable que les Evangélistes en auroient parlé. Les Saducéens, qui nioient l'existence des esprits, parce qu'ils n'avoient d'idée claire & distincte que des objets sensibles & matériels; mettoient Dieu au-dessus de leur conception, & regardoient cet être infini comme une essence incompréhensible, parce qu'elle étoit parfaitement dégagée de la matière. Enfin, les Saducéens combattoient l'existence des esprits, sans attaquer la personne du saint Esprit, qui leur étoit aussi inconnue qu'aux disciples de Jean-Baptiste. Mais comment les Saducéens pouvoient-ils nier l'existence des anges, eux qui admettoient le Pentateuque, où il en est assez souvent parlé? Sans examiner ici les sentiments peu vraisemblables du P. Hardouin & de Grotius, nous nous contenterons d'imiter la modestie de Scaliger, qui s'étant fait la même question, avoue ingénument qu'il en ignoroit la raison.

3°. Une troisiéme erreur des Saducéens étoit que l'ame ne survit point au corps, mais qu'elle meurt avec lui. Josephe la leur attribue expressément.

4°. La quatriéme erreur des Saducéens rouloit sur la résurrection du corps, qu'ils combattoient comme impossible. Ils vouloient que l'homme entier pérît par la mort; & delà naissoit cette conséquence nécessaire & dangereuse, qu'il n'y avoit ni récompense ni peine dans l'autre vie; ils bornoient la justice vengeresse de Dieu à la vie présente.

5°. Il semble aussi que les Saducéens nioient la Providence, & c'est pourquoi on les met au rang des Epicuriens. Josephe dit qu'ils rejettoient le destin; qu'ils ôtoient à Dieu toute inspection sur le mal, & toute influence sur le bien, parce qu'il avoit placé le bien & le mal devant l'homme, en lui laissant une entière liberté de faire l'un & de fuir l'autre. Grotius, qui n'a pu concevoir que les Saducéens eussent ce sentiment, a cru qu'on devoit corriger Josephe, & lire que Dieu n'a aucune part dans les actions des hommes, soit qu'ils fassent le mal ou qu'ils ne le fassent pas. En un mot, il a dit que les Saducéens, entêtés d'une fausse idée de la liberté, se donnoient un pouvoir entier de fuir le mal & de faire le bien. Il a raison dans le fond, mais il n'est pas nécessaire de changer le texte de Josephe pour attribuer ce sentiment aux Saducéens; car le terme dont il s'est servi, rejette seulement une providence qui influe sur les actions des hommes. Les Saducéens ôtoient à Dieu une direction agissante sur la volonté, & ne lui laissoient que le droit de récompenser ou de punir ceux qui faisoient volontairement le bien ou le mal. On voit par là que les Saducéens étoient à-peu-près Pélagiens.

Enfin, les Saducéens prétendoient que la pluralité des femmes est condamnée dans ces paroles du Lévitique: *vous ne prendrez point une femme avec sa sœur, pour l'affliger en son vivant. chap. xviij.* Les Thalmudistes, défenseurs zélés de la polygamie, se croyoient autorisés à soutenir leur sentiment par les exemples de David & de Salomon, & concluoient que les Saducéens étoient hérétiques sur le mariage.

Mœurs des Saducéens. Quelques Chrétiens se sont imaginés que, comme les Saducéens nioient les peines & les récompenses de l'autre vie, & l'immortalité des ames, leur doctrine les conduisoit à un affreux libertinage. Mais il ne faut pas tirer des conséquences de cette nature, car elles sont souvent fausses. Il y a deux barrières à la corruption humaine, les châtiments de la vie présente & les peines de l'enfer. Les Saducéens avoient abattu la dernière barrière, mais ils laissoient subsister l'autre. Ils ne croyoient ni peine ni récompense pour l'avenir; mais ils admettoient une Providence qui punissoit le vice, & qui récompensoit la vertu pendant cette vie. Le desir d'être heureux sur la terre, suffisoit pour les retenir dans le devoir. Il y a bien de gens qui se mettroient peu en peine de l'éternité, s'ils pouvoient être heureux pendant cette vie. C'est là le but de leurs travaux & de leurs soins. Josephe assûre que les Saducéens étoient fort sévères pour la punition des crimes, & cela devoit être ainsi: en effet, les hommes ne pouvant être retenus par la crainte des châtiments éternels que ces sectaires rejettoient, il falloit les épouvanter par la sévérité des peines temporelles. Le même Josephe les représente comme des gens farouches, dont les mœurs étoient barbares, & avec lesquels les étrangers ne pouvoient avoir de commerce. Ils étoient souvent divisés les uns contre les autres. N'est-ce point trop adoucir ce trait hideux, que de l'expliquer de la liberté qu'ils se donnoient de disputer sur des matières de religion? car Josephe, qui rapporte ces deux choses, blâme l'une & loue l'autre, ou du moins il ne dit jamais que ce fut la différence des sentiments & la chaleur de la dispute qui causa ces divisions ordinaires dans la secte. Quoi qu'il en soit, Josephe qui étoit Pharisien, peut être soupçonné d'avoir trop écouté les sentiments de haine que sa secte avoit pour les Saducéens.

Des Caraïtes. Origine des Caraïtes. Le nom de *Caraïte* signifie un homme *qui lit*, un *scripturaire*, c'est-à-dire, un homme qui s'attache scrupuleusement au texte de la loi, & qui rejette toutes les traditions orales.

Si on en croit les Caraïtes qu'on trouve aujourd'hui en Pologne & dans la Lithuanie, ils descendent des dix tribus que Salmanazar avoit transportées, & qui ont passé delà dans la Tartarie: mais on rejettera bientôt cette opinion, pour peu qu'on fasse attention au sort des dix tribus ; on sait qu'elles n'ont jamais passé dans ce pays-là.

Il est encore mal-à-propos de faire descendre les Caraïtes d'Esdras, & il suffit de connoître les fondements de cette secte, pour en être convaincu. En effet, ces sectaires ne se sont élevés contre les autres docteurs, qu'à cause des traditions qu'on égaloit à l'Ecriture, & de cette loi orale qu'on disoit que Moïse avoit donnée. Mais on n'a commencé à vanter les traditions chez les *Juifs*, que long-temps après Esdras, qui se contenta de leur donner la loi pour règle de leur conduite. On ne se soulève contre une erreur, qu'après sa naissance, & on ne combat un dogme que lorsqu'il est enseigné publiquement. Les Caraïtes n'ont donc pu faire de secte particulière que quand ils ont vu le cours & le nombre des traditions se grossir assez, pour faire craindre que la religion n'en souffrît.

Les rabbins donnent une autre origine aux Caraïtes : ils les font paroître dès le temps d'Alexandre-le-Grand : car, quand ce prince entra à Jérusalem, Jaddus, le souverain sacrificateur, étoit déjà le chef des Rabbinistes ou Traditionnaires, & Ananus & Cascanatus soutenoient avec éclat le parti des Caraïtes. Dieu se déclara en faveur des premiers ; car Jaddus fit un miracle en présence d'Alexandre ; mais Ananus & Cascanatus montrèrent leur impuissance. L'erreur est sensible ; car Ananus, chef des Caraïtes, qu'on fait contemporain d'Alexandre-le-Grand, n'a vécu que dans le 7e. siecle de l'Eglise chrétienne.

Enfin, on les regarde comme une branche des Saducéens, & on leur impute d'avoir suivi toute la doctrine de Zadoc & de ses disciples. On ajoute qu'ils ont varié dans la suite, parce que s'appercevant que ce systême les rendoit odieux, ils en rejettèrent une partie, & se contentèrent de combattre les traditions & la loi orale qu'on a ajoûtée à l'Ecriture. Cependant les Caraïtes n'ont jamais nié l'immortalité des ames ; au contraire le Caraïte, que le pere Simon a cité, croyoit que l'ame vient du ciel, qu'elle subsiste comme les anges, & que le siècle à venir a été fait pour elle. Non-seulement les Caraïtes ont repoussé cette accusation, mais en récriminant, ils soutiennent que leurs ennemis doivent être plutôt soupçonnés de saducéïsme qu'eux, puisqu'ils croyent que les ames seront anéanties, après quelques années de souffrances & de tourmens dans les enfers. Enfin, ils ne comptent ni Zadoc ni Bathithes au rang de leurs ancêtres & des fondateurs de leur secte. Les défenseurs de Caïn, de Judas, de Simon le Magicien, n'ont point rougi de prendre les noms de leurs chefs ; les Saducéens ont adopté celui de Zadoc : mais les Caraïtes le rejettent & le maudissent, parce qu'ils en condamnent les opinions pernicieuses.

Eusèbe (*Prép. evang. lib. VIII. cap. x.*) nous fournit une conjecture qui nous aidera à découvrir la véritable origine de cette secte ; car en faisant un extrait d'Aristobule, qui parut avec éclat à la cour de Ptolomée-Philometor, il remarque qu'il y avoit en ce temps-là deux partis différens chez les *Juifs*, dont l'un prenoit toutes les loix de Moïse à la lettre, & l'autre leur donnoit un sens allégorique. Nous trouvons-là la véritable origine des Caraïtes, qui commencèrent à paroître sous ce prince ; parce que ce fut alors que les interprétations allégoriques & les traditions furent reçues avec plus d'avidité & de respect. La religion judaïque commença de s'altérer par le commerce qu'on eut avec des étrangers. Ce commerce fut beaucoup plus fréquent depuis les conquêtes d'Alexandre, qu'il n'étoit auparavant ; & ce fut particulièrement avec les Egyptiens qu'on se lia, sur-tout pendant que les rois d'Egypte furent maîtres de la Judée, qu'ils y firent des voyages & des expéditions, & qu'ils en transportèrent les habitants. On n'emprunta pas des Egyptiens leurs idoles, mais leur méthode de traiter la Théologie & la Religion. Les docteurs *juifs* transportés ou nés dans ce pays-là, se jettèrent dans les interprétations allégoriques ; & c'est ce qui donna occasion aux deux partis dont parle Eusebe, de se former & de diviser la nation.

Doctrine des Caraïtes. 1°. Le fondement de la doctrine des Caraïtes consiste à dire qu'il faut s'attacher scrupuleusement à l'Ecriture sainte, & n'avoir d'autre règle que la loi & les conséquences qu'on en peut tirer. Ils rejettent donc toute tradition orale & ils confirment leur sentiment par les citations des autres docteurs qui les ont précédés, lesquels ont enseigné que tout est écrit dans la loi ; qu'il n'y a point de loi orale donnée à Moïse sur le mont Sinaï. Ils demandent la raison qui auroit obligé Dieu à écrire une partie de ses loix, & à cacher l'autre, ou à la confier à la mémoire des hommes. Il faut pourtant remarquer qu'ils recevoient les interprétations que les Docteurs avoient données de la loi ; & par-là ils admettoient une espèce de tradition, mais qui étoit bien différente de celle des rabbins. Ceux-ci ajoutoient à l'Ecriture les constitutions & les nouveaux dogmes de leurs prédécesseurs ; les Caraïtes au contraire n'ajoutoient rien à la loi, mais ils se croyoient permis d'en interprêter les endroits obscurs, & de recevoir les éclaircissements que les anciens docteurs en avoient donnés.

2°. C'est se jouer du terme de tradition, que de croire avec M. Simon qu'ils s'en servent, parce qu'ils ont adopté les points des Massorethes. Il est bien vrai que les Caraïtes reçoivent ces points ; mais il ne s'ensuit pas delà qu'ils admettent la tradition, car cela n'a aucune influence sur les dogmes de la Religion. Les Caraïtes font deux choses : 1°. ils rejettent les dogmes importants qu'on a ajoutés à la loi qui est suffisante pour le salut ; 2°. ils ne veulent pas qu'on égale les traditions indifférentes à la loi.

3°. Parmi les interprétations de l'Ecriture, ils ne reçoivent que celles qui sont littérales, & par conséquent ils rejettent les interprétations cabalistiques, mystiques, & allégoriques comme n'ayant aucun fondement dans la loi.

4°. Les Caraïtes ont une idée fort simple & fort pure de la Divinité ; car ils lui donnent des attributs essentiels & inséparables ; & ces attributs ne sont autre chose que Dieu même. Ils le considèrent ensuite comme une cause opérante qui produit des effets différens : ils expliquent la création suivant le texte de Moïse ; selon eux Adam ne seroit point mort, s'il n'avoit mangé de l'arbre de la science. La providence de Dieu s'étend aussi loin que sa connoissance, qui est infinie, & qui découvre généralement toutes choses. Bien que Dieu influe dans les actions des hommes, & qu'il leur prête son secours, cependant il dépend d'eux de se déterminer au bien & au mal, de craindre Dieu ou de violer ses commandements. Il y a, selon les docteurs qui suivent en cela les Rabbinistes, une grace commune, qui se répand sur tous les hommes, & que chacun reçoit selon sa disposition ; & cette disposition vient de la nature du tempérament ou des étoiles. Ils distinguent quatre dispositions différentes dans l'ame : l'une de mort & de vie ; l'autre de santé, & de maladie. Elle est morte, lorsqu'elle croupit dans le péché ; elle est vivante, lorsqu'elle s'attache au bien ; elle est malade, quand elle ne comprend pas les vérités célestes, mais elle est saine, lorsqu'elle connoît l'enchaînure des évènements & la nature des objets qui tombent sous sa connoissance. Enfin, ils croyent que les ames, en sortant du monde, seront récompensées ou punies ; les bonnes ames iront dans le siècle à venir & dans l'Eden. C'est ainsi qu'ils appellent le paradis, où l'ame est nourrie par la vue & la connoissance des objets spirituels. Un de leurs docteurs avoue que quelques-uns s'imaginoient que l'ame des méchants passoit, par la voie de la métempsycose, dans le corps des bêtes ; mais il réfute cette opinion, étant persuadé que ceux qui sont chassés du domicile de Dieu, vont dans un lieu qu'il appelle la *gehenne*, où ils souffrent à cause de leurs pechés, & vivent dans la douleur & la honte, où il y a un ver qui ne meurt point, & un feu qui brûlera toujours.

5°. Il faut observer rigoureusement les jeûnes.

6°. Il n'est point permis d'épouser la sœur de sa femme, même après la mort de celle-ci.

7°. Il faut observer exactement dans les mariages les dégrés de parenté & d'affinité.

8°. C'est une idolâtrie que d'adorer les anges, le ciel, & les astres ; & il n'en faut point tolérer les représentations.

Enfin, leur morale est fort pure ; ils font sur-tout profession d'une grande tempérance ; ils craignent de manger trop, ou de se rendre trop délicats sur les mets qu'on leur présente ; ils ont un respect excessif pour leurs maîtres ; les Docteurs de leur côté sont charitables, & enseignent gratuitement ; ils prétendent se distinguer par-là de ceux qui se font dieux d'argent, en tirant de grandes sommes de leurs leçons.

De la secte des Pharisiens. Origine des Pharisiens. On ne connoît point l'origine des Pharisiens, ni le temps auquel ils ont commencé de paroître. Joséphe qui devoit bien connoître une secte dont il étoit membre & partisan zélé, semble en fixer l'origine sous Jonatham, l'un des Machabées, environ cent trente ans avant Jésus-Christ.

On a cru jusqu'à présent qu'ils avoient pris le nom de *séparés*, ou de *Pharisiens*, parce qu'ils se séparoient du reste des hommes, au dessus desquels ils s'élevoient par leurs austérités. Cependant il y a une nouvelle conjecture sur ce nom : les Pharisiens étoient opposés aux Saducéens qui nioient les récompenses de l'autre vie ; car ils soutenoient qu'il y avoit un paras, ou une rémunération après la mort. Cette récompense faisant le point de la controverse avec les Saducéens, & s'appellant *Paras*, les Pharisiens purent tirer delà leur nom, plutôt que de la séparation qui leur étoit commune avec les Saducéens.

Doctrine des Pharisiens. 1°. Le zèle pour les traditions fait le premier crime des Pharisiens. Ils soutenoient qu'outre la loi donnée sur le Sinaï, & gravée dans les écrits de Moïse, Dieu avoit confié verbalement à ce législateur un grand nombre de rits & de dogmes, qu'il avoit fait passer à la postérité sans les écrire. Ils nomment les personnes par la bouche desquelles ces traditions s'étoient conservées ; ils leur donnoient la même autorité qu'à la Loi, & ils avoient raison, puisqu'ils supposoient que leur origine étoit également divine. J. C. censura ces traditions qui affoiblissoient le texte, au lieu de l'éclaircir, & qui ne tendoient qu'à flatter les passions au lieu de les corriger. Mais sa censure, bien loin de ramener les Pharisiens, les effaroucha, & ils en furent choqués comme d'un attentat commis par une personne qui n'avoit aucune mission.

2°. Non-seulement on peut accomplir la Loi écrite, & la Loi orale, mais encore les hommes ont assez de forces pour accomplir les œuvres de surérogation, comme les jeûnes, les abstinences, & autres dévotions très-mortifiantes, auxquelles ils donnoient un grand prix.

3°. Josephe dit que les Pharisiens admettoient non-seulement un Dieu créateur du ciel & de la terre, mais encore une providence ou un destin. La difficulté consiste à sçavoir ce qu'il entend par *destin* : il ne faut pas entendre par là les étoiles, puisque les *Juifs* n'avoient aucune dévotion pour elles. Le destin chez les payens, étoit l'enchaînement des causes secondes, liées par la vérité éternelle. C'est ainsi qu'en parle Cicéron : mais chez les Pharisiens, le destin signifioit la providence & les décrets qu'elle a formés sur les évènemens humains. Josephe explique si nettement leur opinion, qu'il est difficile de concevoir comment on a pu l'obscurcir. « Ils croyent, dit-il, (*antiq. jud. lib.* » *XVIII. cap ij.*) que tout se fait par le destin ; » cependant ils n'ôtent pas à la volonté la liberté de se » déterminer, parce que, selon eux, Dieu use de ce » tempérament ; que quoique toutes choses arrivent » par son décret, ou par son conseil, l'homme conserve » pourtant le pouvoir de choisir entre le vice & la » vertu. » Il n'y a rien de plus clair que le témoignage de cet historien, qui étoit engagé dans la secte des Pharisiens, & qui devoit en connoître les sentimens. Comment s'imaginer après cela, que les Pharisiens se crussent soumis aveuglément aux influences des astres, & à l'enchaînement des causes secondes ?

4°. En suivant cette signification naturelle, il est aisé

de développer le véritable sentiment des Pharisiens, lesquels soutenoient trois choses différentes. 1°. Ils croyoient que les évènemens ordinaires & naturels arrivoient nécessairement, parce que la providence les avoit prévus & déterminés; c'est-là ce qu'ils appelloient le *destin*. 2°. Ils laissoient à l'homme sa liberté pour le bien & pour le mal. Josephe l'assure positivement, en disant qu'il dépendoit de l'homme de faire le bien & le mal. La Providence regloit donc tous les évènement humains; mais elle n'imposoit aucune nécessité pour les vices ni pour les vertus. Afin de mieux soutenir l'empire qu'ils se donnoient sur les mouvemens du cœur, & sur les actions qu'il produisoit, ils alléguoient ces paroles du Deutéronome, où Dieu déclare, qu'il *a mis la mort & la vie devant son peuple, & les exhorte à choisir la vie*. Cela s'accorde parfaitement avec l'orgueil des Pharisiens, qui se vantoient d'accomplir la Loi, & demandoient la récompense due à leurs bonnes œuvres, comme s'ils l'avoient méritée. 3°. Enfin, quoiqu'ils laissassent la liberté de choisir entre le bien & le mal, ils admettoient quelques secours de la part de Dieu; car ils étoient aidés par le destin. Ce dernier principe lève toute la difficulté: car si le destin avoit été chez eux une cause aveugle, un enchaînement des causes secondes, ou l'influence des astres, il seroit ridicule de dire que le destin les aidoit.

5°. Les bonnes & les mauvaises actions sont récompensées ou punies non-seulement dans cette vie, mais encore dans l'autre; d'où il s'ensuit que les Pharisiens croyoient la résurrection.

6°. On accuse les Pharisiens d'enseigner la transmigration des ames, qu'ils avoient empruntée des Orientaux, chez lesquels ce sentiment étoit commun: mais cette accusation est contestée, parce que J. C. ne leur reproche jamais cette erreur, & qu'elle paroît détruire la résurrection des morts; puisque si une ame a animé plusieurs corps sur la terre, on aura de la peine à choisir celui qu'elle doit préférer aux autres.

Je ne sçais si cela suffit pour justifier cette secte: J. C. n'a pas eu dessein de combattre toutes les erreurs du Pharisaïsme; & si S. Paul n'en avoit parlé, nous ne connoitrions pas aujourd'hui leurs sentimens sur la justification. Il ne faut donc pas conclure du silence de l'Evangile, qu'ils n'ont point cru la transmigration des ames.

Il ne faut pas non plus justifier les Pharisiens, parce qu'ils auroient renversé la résurrection par la métempsycose; car les *Juifs* modernes admettent également la révolution des ames, & la résurrection des corps, & les Pharisiens ont pu faire la même chose.

L'autorité de Josephe, qui parle nettement sur cette matière, doit prévaloir. Il assure (*Antiq. jud. lib. XVIII. cap. ij.*) que les Pharisiens croyoient que les ames des méchans étoient renfermées dans des prisons, & souffroient-là des supplices éternels, pendant que celles des bons trouvoient un retour facile à la vie, & rentroient dans un autre corps. On ne peut expliquer ce retour des ames à la vie par la résurrection: car, selon les Pharisiens, l'ame étant immortelle, elle ne mourra point, & ne ressuscitera jamais. On ne peut pas dire aussi qu'elle rentrera dans un autre corps au dernier jour: car outre que l'ame reprendra par la résurrection le même corps qu'elle a animé pendant la vie, & qu'il y aura seulement quelque changement dans ses qualités, les Pharisiens représentoient par là la différente condition des bons & des méchans, immédiatement après la mort; & c'est attribuer une pensée trop subtile à Josephe, que d'étendre sa vue jusqu'à la résurrection. Un historien qui rapporte les opinions d'une secte, parle plus naturellement, & s'explique avec plus de netteté.

Mœurs des Pharisiens. Il est tems de parler des austérités des Pharisiens; car ce fut par là qu'ils séduisirent le peuple, & qu'ils s'attirèrent une autorité qui les rendoit redoutables aux rois. Ils faisoient de longues veilles, & se refusoient jusqu'au sommeil nécessaire. Les uns se couchoient sur une planche très-étroite, afin qu'ils ne pussent se garantir de faire une chûte dangereuse, lorsqu'ils s'endormiroient profondément; & les autres encore plus austères, semoient sur cette planche des cailloux & des épines, qui troublassent leur repos en les déchirant. Ils faisoient à Dieu de longues oraisons, qu'ils répétoient sans remuer les yeux, les bras, ni les mains. Ils achevoient de mortifier leur chair par des jeûnes qu'ils observoient deux fois la semaine; ils y ajoutoient les flagellations, & c'étoit peut-être une des raisons qui les faisoit appeller les *Tires sang*, parce qu'ils se déchiroient impitoyablement la peau & se fouettoient jusqu'à ce que le sang coulât abondamment. Mais il y en avoit d'autres à qui ce titre avoit été donné, parce que marchant dans les rues les yeux baissés ou fermés, ils se frappoient la tête contre les murailles. Ils chargeoient leurs habits de phylactères, qui contenoient certaines sentences de la loi. Les épines étoient attachées aux pans de leur robe, afin de faire couler le sang de leurs pieds lorsqu'ils marchoient; ils se séparoient des hommes, parce qu'ils étoient beaucoup plus saints qu'eux, & qu'ils craignoient d'être souillés par leur attouchement. Ils se lavoient plus souvent que les autres, afin de montrer par là qu'ils avoient un soin extrême de se purifier. Cependant à la faveur de ce zèle apparent, ils se rendoient vénérables au peuple. On leur donnoit le titre de *sages* par excellence, & leurs disciples s'entre-crioient: *le sage explique aujourd'hui*. On enfle les titres à proportion qu'on les mérite moins; on tâche d'imposer aux peuples par de grands noms, lorsque les grandes vertus manquent. La jeunesse avoit pour eux une si profonde vénération, qu'elle n'osoit ni parler ni répondre, lors même qu'on lui faisoit des censures; en effet ils tenoient leurs disciples dans une espèce d'esclavage, & ils régloient avec un pouvoir absolu tout ce qui regardoit la religion.

On distingue dans le Thalmud sept ordres de Pharisiens. L'un mesuroit l'obéissance à l'aune du profit & de la gloire; l'autre ne levoit point les pieds en marchant, & on l'appelloit à cause de cela *le pharisien tronqué*; le troisiéme frappoit sa tête contre les murailles, afin d'en tirer le sang; un quatrième cachoit sa tête dans un capuchon, & regardoit de cet enfoncement comme du fond d'un mortier; le cinquiéme demandoit fièrement, *que faut-il que je fasse? je le ferai. Qu'y a-t-il à faire que je n'aye fait?* le sixiéme obéissoit par amour pour la vertu & pour la récompense; & le dernier n'exécutoit les ordres de Dieu que par la crainte de la peine.

Origine des Esséniens. Les Esséniens qui devroient être si célebres par leurs austérités & par la sainteté exemplaire dont ils faisoient profession, ne le sont presque point. Serrarius soutenoit qu'ils étoient connus chez les *Juifs* depuis la sortie de l'Egypte, parce qu'il a supposé que c'étoient les Cinéens descendus de Jethro, lesquels suivirent Moïse, & de ces gens-là sortirent les Réchabites. Mais il est évident qu'il se trompoit; car les Esséniens & les Réchabites étoient deux ordres différents de dévots, & les premiers ne paroissent point dans toute l'histoire de l'ancien Testament comme les Réchabites. Gale, savant anglois, leur donne la même antiquité; mais de plus, il en fait les pères & les prédécesseurs de Pythagore & de ses disciples. On n'en trouve aucune trace dans l'histoire des Machabées, sous lesquels ils doivent être nés; l'Evangile n'en parle jamais, parce qu'ils ne sortirent point de leur retraite pour aller disputer avec J. C. D'ailleurs, ils ne vouloient point se confondre avec les Pharisiens, ni avec le reste des *Juifs*, parce qu'ils se croyoient plus saints qu'eux; enfin, ils étoient peu nombreux dans la Judée, & c'étoit principalement en Egypte qu'ils avoient leur retraite, & où Philon les avoit vus.

Drusius fait descendre les Esséniens de ceux qu'Hircan persécuta, qui se retirèrent dans les déserts, & qui s'accoutumèrent par nécessité, au genre de vie très-dur, dans lequel ils persévérerent volontairement; mais il faut avouer qu'on ne connoît pas l'origine de ces sectaires. Ils paroissent dans l'histoire de Josephe, sous Antigonus; car ce fut alors qu'on vit ce prophête essénien, nommé *Judas*, lequel avoit prédit qu'Antigonus seroit tué un tel jour dans une tour.

Histoire des Esséniens. Voici comme Josephe (*bello Jud. lib. II, cap. xij.*) nous dépeint ces sectaires. « Ils » sont *Juifs* de nation, dit-il, ils vivent dans une » union très-étroite, & regardent les voluptés comme » des vices que l'on doit fuir, & la continence & la » victoire de ses passions, comme des vertus que l'on » ne sauroit trop estimer. Ils rejettent le mariage, non » qu'ils croient qu'il faille détruire la race des hommes, » mais pour éviter l'intempérance des femmes, qu'ils » sont persuadés ne garder pas la foi à leurs maris. » Mais ils ne laissent pas néanmoins de recevoir les » jeunes enfants qu'on leur donne pour les instruire, » & de les élever dans la vertu avec autant de soin » & de charité que s'ils en étoient les pères, & ils les » habillent & les nourrissent tous d'une même sorte.

» Ils méprisent les richesses; toutes choses sont » communes entr'eux avec une égalité si admirable, » que lorsque quelqu'un embrasse leur secte, il se dé- » pouille de la propriété de ce qu'il possède, pour » éviter par ce moyen, la vanité des richesses, épar- » gner aux autres la honte de la pauvreté, & par un » si heureux mélange, vivre tous ensemble comme » frères.

« Ils ne peuvent souffrir de s'oindre le corps avec » de l'huile; mais si cela arrive à quelqu'un contre » son gré, ils essuyent cette huile comme si c'étoient » des taches & des souillures; & se croyent assez pro- » pres & assez parés, pourvu que leurs habits soient » toujours bien blancs.

» Ils choisissent pour économes des gens de bien » qui reçoivent tout leur revenu, & le distribuent » selon le besoin que chacun en a. Ils n'ont point de » ville certaine dans laquelle ils demeurent, mais » ils sont répandus en diverses villes, où ils reçoi- » vent ceux qui desirent entrer dans leur société; & » quoiqu'ils ne les ayent jamais vus auparavant, ils » partagent avec eux ce qu'ils ont, comme s'ils les » connoissoient depuis long-temps. Lorsqu'ils font » quelque voyage, ils ne portent autre chose que des » armes pour se défendre des voleurs. Ils ont dans » chaque ville quelqu'un d'eux pour recevoir & loger » ceux de leur secte qui y viennent, & leur donner » des habits, & les autres choses dont ils peuvent » avoir besoin. Ils ne changent point d'habits que » quand les leurs sont déchirés ou usés. Ils ne ven- » dent & n'achetent rien entr'eux, mais ils se com- » muniquent les uns aux autres sans aucun échange, » tout ce qu'ils ont. Ils sont très-religieux envers » Dieu, ne parlent que des choses saintes avant que » le soleil soit levé, & font alors des prières qu'ils » ont reçues par tradition, pour demander à Dieu » qu'il lui plaise de le faire luire sur la terre. Ils vont » après travailler chacun à son ouvrage, selon qu'il » leur est ordonné. A onze heures ils se rassemblent, » & couverts d'un linge, se lavent le corps dans l'eau » froide; ils se retirent ensuite dans leurs cellules, dont » l'entrée n'est permise à nuls de ceux qui ne sont pas » de leur secte, & étant purifiés de la sorte, ils vont » au réfectoire comme en un saint temple, où lorsqu'ils » sont assis en grand silence, on met devant chacun » d'eux du pain & une portion dans un petit plat. Un » sacrificateur bénit les viandes, & on n'oseroit y » toucher jusqu'à ce qu'il ait achevé sa prière: il en » fait encore une autre après le repas. Ils quittent alors » leurs habits qu'ils regardent comme sacrés, & » retournent à leurs ouvrages.

» On n'entend jamais de bruit dans leurs maisons; » chacun n'y parle qu'à son tour, & leur silence donne » du respect aux étrangers. Il ne leur est permis de » rien faire que par l'avis de leurs supérieurs, si » ce n'est d'assister les pauvres..... Car quant à leurs » parents, ils n'oseroient leur rien donner, si on ne le » leur permet. Ils prennent un extrême soin de ré- » primer leur colere; ils aiment la paix, & gardent » si inviolablement ce qu'ils promettent, que l'on » peut ajouter plus de foi à leurs simples paroles, » qu'aux serments des autres. Ils considérent même » les serments comme des parjures, parce qu'ils ne » peuvent se persuader qu'un homme ne soit pas un » menteur, lorsqu'il a besoin pour être cru de pren- » dre Dieu à témoin..... Ils ne reçoivent pas sur le

» champ dans leur société ceux qui veulent embrasser leur manière de vivre, mais ils les font demeurer durant un an au-dehors, où ils ont chacun avec une portion, une pioche & un habit blanc. Ils leur donnent ensuite une nourriture plus conforme à la leur, & leur permettent de se laver comme eux dans de l'eau froide, afin de se purifier; mais ils ne les font pas manger au réfectoire, jusqu'à ce qu'ils ayent encore durant deux ans, éprouvé leurs mœurs, comme ils avoient auparavant éprouvé leur continence. Alors on les reçoit, parce qu'on les en juge dignes; mais avant que de s'asseoir à table avec les autres, ils protestent solemnellement d'honorer & de servir Dieu de tout leur cœur, d'observer la justice envers les hommes; de ne faire jamais volontairement de mal à personne; d'assister de tout leur pouvoir les gens de bien; de garder la foi à tout le monde, & particulièrement aux souverains.

» Ceux de cette secte sont très-justes & très-exacts dans leurs jugemens: leur nombre n'est pas moindre que de cent lorsqu'ils les prononcent, & ce qu'ils ont une fois arrêté demeure immuable.

» Ils observent plus religieusement le sabat que nuls autres de tous les *Juifs*. Aux autres jours, ils font dans un lieu à l'écart, un trou dans la terre d'un pied de profondeur, où après s'être déchargés, en se couvrant de leurs habits, comme s'ils avoient peur de souiller les rayons du soleil, ils remplissent cette fosse de la terre qu'ils en ont tirée.

» Ils vivent si long-tems, que plusieurs vont jusqu'à cent ans; ce que j'attribue à la simplicité de leur vie.

» Ils méprisent les maux de la terre, triomphent des tourments par leur constance, & préferent la mort à la vie, lorsque le sujet en est honorable. La guerre que nous avons eue contre les Romains a fait voir en mille manières que leur courage est invincible; ils ont souffert le fer & le feu plutôt que de vouloir dire la moindre parole contre leur législateur, ni manger des viandes qui leur sont défendues, sans qu'au milieu de tant de tourments ils ayent jetté une seule larme, ni dit la moindre parole, pour tâcher d'adoucir la cruauté de leurs bourreaux. Au contraire, ils se moquoient d'eux, & rendoient l'esprit avec joye, parce qu'ils espéroient de passer de cette vie à une meilleure; & qu'ils croyoient fermement que, comme nos corps sont mortels & corruptibles, nos ames sont immortelles & incorruptibles; qu'elles sont d'une substance aërienne très-subtile, & qu'étant enfermées dans nos corps comme dans une prison, où une certaine inclination les attire & les arrête, elles ne sont pas plutôt affranchies de ces liens charnels qui les retiennent comme dans une longue servitude, qu'elles s'élevent dans l'air & s'envolent avec joye. En quoi ils conviennent avec les Grecs, qui croyent que ces ames heureuses ont leur séjour au-delà de l'Océan, dans une région où il n'y a ni pluie, ni neige, ni une chaleur excessive, mais qu'un doux zéphir rend toujours très-agréable: & qu'au contraire les ames des méchants n'ont pour demeure que des lieux glacés & agités par de continuelles tempêtes, où elles gémissent éternellement dans des peines infinies. Car, c'est ainsi qu'il me paroît que les Grecs veulent que leurs héros, à qui ils donnent le nom de demi-dieux, habitent des îles qu'ils appellent *fortunées*, & que les ames des impies soient à jamais tourmentées dans les enfers, ainsi qu'ils disent que le sont celles de Sisyphe, de Tantale, d'Ixion & de Titye.

» Ces même Esséniens croyent que les ames sont créées immortelles pour se porter à la vertu & se détourner du vice; que les bons sont rendus meilleurs en cette vie par l'espérance d'être heureux après leur mort, & que les méchants qui s'imaginent pouvoir cacher en ce monde leurs mauvaises actions, en sont punis en l'autre par des tourments éternels. Tels sont leurs sentiments sur l'excellence de l'ame. Il y en a parmi eux qui se vantent de connoître les choses à venir tant par l'étude qu'ils font des livres saints & des anciennes prophéties, que par le soin qu'ils prennent de se sanctifier; & il arrive rarement qu'ils se trompent dans leurs prédictions.

» Il y a une autre sorte d'Esséniens qui conviennent avec les premiers dans l'usage des mêmes viandes, des mêmes mœurs & des mêmes loix, & n'en sont différents qu'en ce qui regarde le mariage. Car ceux-ci croyent que c'est vouloir abolir la race des hommes que d'y renoncer, puisque si chacun embrassoit ce sentiment, on la verroit bientôt éteinte. Ils s'y conduisent néanmoins avec tant de modération, qu'avant que de se marier ils observent durant trois ans si la personne qu'ils veulent épouser paroît assez saine pour bien porter des enfants, & lorsqu'après être mariés elle devient grosse, ils ne couchent plus avec elle durant sa grossesse, pour témoigner que ce n'est pas la volupté, mais le desir de donner des hommes à la république, qui les engage dans le mariage ».

Joseph dit dans un autre endroit *qu'ils abandonnoient tout à Dieu*. Ces paroles font assez entendre le sentiment des Esséniens sur le concours de Dieu. Cet historien dit encore ailleurs que tout dépendoit du destin, & qu'il ne nous arrivoit rien que ce qu'il ordonnoit. On voit par-là que les Esséniens s'opposoient aux Saducéens, & qu'ils faisoient dépendre toutes choses des décrets de la providence; mais en même temps il est évident qu'ils donnoient à la providence des décrets qui rendoient les événements nécessaires, & ne laissoient à l'homme aucun reste de liberté. Josephe les opposant aux Pharisiens qui donnoient une partie des actions au destin, & l'autre à la volonté de l'homme, fait connoître qu'ils étendoient à toutes les actions l'influence du destin & la nécessité qu'il impose. Cependant, au rapport de Philon, les Esséniens ne faisoient point Dieu auteur du péché, ce qui est assez difficile à concevoir; car il est évident que si l'homme n'est pas libre, la religion périt, les actions cessent d'être bonnes & mauvaises, il n'y a plus de peine ni de récompense; & on a raison

raison de soutenir qu'il n'y a plus d'équité dans le jugement de Dieu.

Philon parle des Esséniens à-peu-près comme Josephe. Ils conviennent tous les deux sur leurs austérités, leurs mortifications, & sur le soin qu'ils prenoient de cacher aux étrangers leur doctrine. Mais Philon assure qu'ils préféroient la campagne à la ville, parce qu'elle est plus propre à la méditation; & qu'ils évitoient autant qu'il étoit possible, le commerce des hommes corrompus, parce qu'ils croyoient que l'impureté des mœurs se communique aussi aisément qu'une mauvaise influence de l'air. Ce sentiment nous paroît plus vraisemblable que celui de Josephe, qui les fait demeurer dans les villes; en effet, on ne lit nulle part qu'il y ait eu dans aucune ville de la Palestine des communautés d'Esséniens; au contraire, tous les auteurs qui ont parlé de ces sectaires, nous les représentent comme fuyant les grandes villes, & s'appliquant à l'agriculture. D'ailleurs, s'ils eussent habité les villes, il est probable qu'on les connoîtroit un peu mieux qu'on ne le fait, & l'Evangile ne garderoit pas sur eux un si profond silence; mais leur éloignement des villes où J. C. prêchoit, les a sans doute soustraits aux censures qu'il auroit faites de leur erreur.

Des Thérapeutes. Philon (*Philo de vitæ contemp.*) a distingué deux ordres d'Esséniens; les uns s'attachoient à la pratique; & les autres, qu'on nomme *Thérapeutes*, à la contemplation. Ces derniers étoient aussi de la secte des Esséniens; Philon leur en donne le nom: il ne les distingue de la première branche de cette secte, que par quelque degré de perfection.

Philon nous les représente comme des gens qui faisoient de la contemplation de Dieu leur unique occupation, & leur principale félicité. C'étoit pour cela qu'ils se tenoient enfermés seul à seul dans leurs cellules, sans parler, sans oser sortir, ni même regarder par les fenêtres. Ils demandoient à Dieu que leur ame fût toujours remplie d'une lumière céleste, & qu'élevés au-dessus de tout ce qu'il y a de sensible, ils pussent chercher & connoître la vérité plus parfaitement dans leur solitude, s'élevant au-dessus du soleil, de la nature, & de toutes les créatures. Ils perçoient directement jusqu'à Dieu, le soleil de justice. Les idées de la divinité, des beautés & des trésors du ciel, dont ils s'étoient nourris pendant le jour, les suivoient jusques dans la nuit, jusques dans leurs songes, & pendant leur sommeil même. Ils débitoient des préceptes excellents; ils laissoient à leurs parents tous leurs biens, pour lesquels ils avoient un profond mépris, depuis qu'ils s'étoient enrichis de la philosophie céleste: ils sentoient une émotion violente, & une fureur divine, qui les entraînoit dans l'étude de cette divine philosophie, & ils y trouvoient un souverain plaisir; c'est pourquoi ils ne quittoient jamais leur étude, jusqu'à ce qu'ils fussent parvenus à ce degré de perfection qui les rendoit heureux. On voit là, si je ne me trompe, la contemplation des mystiques, leurs transports, leur union avec la divinité qui les rend souverainement heureux & parfaits sur la terre.

Cette secte que Philon a peinte dans un traité qu'il a fait exprès, afin d'en faire honneur à sa religion, contre les Grecs qui vantoient la morale & la pureté de leurs philosophes, a paru si sainte, que les Chrétiens leur ont envié la gloire de leurs austérités. Les plus modérés ne pouvant ôter absolument à la synagogue l'honneur de les avoir formés & nourris dans son sein, ont au moins soutenu qu'ils avoient embrassé le Christianisme, dès le moment que Saint-Marc le prêcha en Egypte, & que changeant la religion sans changer de vie, ils devinrent les pères & les premiers instituteurs de la vie monastique.

Ce dernier sentiment a été soutenu avec chaleur par Eusebe, par Saint-Jérôme, & sur-tout par le père Montfaucon, homme distingué par son savoir, non-seulement dans un ordre savant, mais dans la république des lettres. Ce savant religieux a été réfuté par M. Bouhier, premier président du parlement de Dijon, dont on peut consulter l'ouvrage; nous nous bornerons ici à quelques remarques.

1°. On ne connoît les *Thérapeutes* que par Philon. Il faut donc s'en tenir à son témoignage; mais peut-on croire qu'un ennemi de la religion Chrétienne, & qui a persévéré jusqu'à la mort dans la profession du Judaïsme, quoique l'Evangile fût connu, ait pris la peine de peindre d'une manière si édifiante, les ennemis de sa religion & de ses cérémonies? Le Judaïsme & le Christianisme sont deux religions ennemies; l'une travaille à s'établir sur les ruines de l'autre: il est impossible qu'on fasse un éloge magnifique d'une religion qui travaille à l'anéantissement de celle qu'on croit & qu'on professe.

2°. Philon, de qui on tire les preuves en faveur du Christianisme des *Thérapeutes*, étoit né l'an 723 de Rome. Il dit qu'il étoit fort jeune lorsqu'il composa ses ouvrages, & que dans la suite ses études furent interrompues par les grands emplois qu'on lui confia. En suivant ce calcul, il faut nécessairement que Philon ait écrit avant J. C., & à plus forte raison, avant que le Christianisme eût pénétré jusqu'à Alexandrie. Si on donne à Philon trente-cinq ou quarante ans lorsqu'il composoit ses livres, il n'étoit plus jeune. Cependant J. C. n'avoit alors que huit ou dix ans; il n'avoit point encore enseigné; l'Evangile n'étoit point encore connu: les Thérapeutes ne pouvoient par conséquent être Chrétiens: d'où il est aisé de conclure que c'est une secte de *Juifs* réformés, dont Philon nous a laissé le portrait.

3°. Philon remarque que les Thérapeutes étoient une branche des Esséniens; comment donc a-t-on pu en faire des Chrétiens, & laisser les autres dans le Judaïsme?

Philon remarque encore que c'étoient des disciples de Moïse; & c'est là un caractère de Judaïsme qui ne peut être contesté, sur-tout par des Chrétiens. L'occupation de ces gens-là consistoit à feuilleter les sacrés volumes, à étudier la philosophie qu'ils avoient reçue de leurs ancêtres, à y chercher des allégories, s'imaginant que les secrets de la nature étoient cachés sous les termes les plus clairs; & pour s'aider dans cette recherche, ils avoient les commentaires des anciens;

car les premiers auteurs de cette secte avoient laissé divers volumes d'allégories, & leurs disciples suivoient cette méthode. Peut-on reconnoître là des Chrétiens? Qui étoient ces ancêtres qui avoient laissé tant d'écrits, lorsqu'il y avoit à peine un seul évangile publié? Peut-on dire que les écrivains sacrés nous ayent laissé des volumes pleins d'allégories? Quelle religion seroit la nôtre, si on ne trouvoit que cela dans les livres divins? Peut-on dire que l'occupation des premiers saints du Christianisme fût de chercher les secrets de la nature cachés sous les termes les plus clairs de la parole de Dieu? Cela convenoit à des mystiques & à des dévots contemplatifs, qui se mêloient de médecine: cela convenoit à des *Juifs*, dont les docteurs aimoient les allégories jusqu'à la fureur: mais ni les ancêtres, ni la philosophie, ni les volumes pleins d'allégories, ne peuvent convenir aux auteurs de la religion chrétienne, ni aux chrétiens.

4°. Les Thérapeutes s'enfermoient toute la semaine sans sortir de leurs cellules, & même sans oser regarder par les fenêtres, & ne sortoient delà que le jour du sabbat, portant leurs mains sous le manteau: l'une entre la poitrine & la barbe, & l'autre sur le côté. Reconnoit-on les Chrétiens à cette posture; & le jour de leur assemblée qui étoit le samedi, ne marque-t-il pas que c'étoient là des *Juifs*, rigoureux observateurs du jour du repos que Moïse avoit indiqué? Accoutumés comme la cigale à vivre de rosée, ils jeûnoient toute la semaine, mais ils mangeoient & se reposoient le jour du sabbat. Dans leurs fêtes ils avoient une table sur laquelle on mettoit du pain, pour imiter la table des pains de proposition que Moïse avoit placée dans le temple. On chantoit des hymnes nouveaux & qui étoient l'ouvrage du plus ancien de l'assemblée, mais lorsqu'il n'en composoit pas, on prenoit ceux de quelque ancien poëte. On ne peut pas dire qu'il y eût alors d'anciens poëtes chez les Chrétiens; & ce terme ne convient guère au prophète David. On dansoit aussi dans cette fête; les hommes & les femmes dansoient en mémoire de la mer Rouge, parce qu'ils s'imaginoient que Moïse avoit donné cet exemple aux hommes, & que sa sœur s'étoit mise à la tête des femmes pour les faire danser & chanter. Cette fête duroit jusqu'au lever du soleil; & dès le moment que l'aurore paroissoit, chacun se tournoit du côté de l'orient, on se souhaitoit le bon jour, & on se retiroit dans sa cellule pour méditer & contempler Dieu: on voit là la même superstition pour le soleil qu'on a déja remarquée dans les Esséniens du premier ordre.

5°. Enfin, on n'adopte les Thérapeutes qu'à cause de leurs austérités, & du rapport qu'ils ont avec la vie monastique.

Mais ne voit-on pas de semblables exemples de tempérance & de chasteté chez les payens, & particulièrement dans la secte de Pythagore, à laquelle Josephe la comparoit de son temps? La communauté des biens avoit ébloui Eusebe, l'avoit obligé de comparer les Esséniens aux fidèles dont il est parlé dans l'histoire des actes, qui mettoient tout en commun. Cependant les disciples de Pythagore faisoient la même chose; car c'étoit une de leurs maximes, qu'il n'étoit pas permis d'avoir rien en propre. Chacun apportoit à la communauté ce qu'il possédoit: on en assistoit les pauvres, lors même qu'ils étoient absens ou éloignés; & ils poussoient si loin la charité, que l'un d'eux condamné au supplice par Denys le tyran, trouva un pleige qui prit sa place dans la prison, c'est le souverain dégré de l'amour que de mourir les uns pour les autres. L'abstinence des viandes étoit sévèrement observée par les disciples de Pythagore, aussi bien que par les Thérapeutes. On ne mangeoit que des herbes crues ou bouillies. Il y avoit une certaine portion de pain réglée, qui ne pouvoit ni charger ni remplir l'estomac: on le frottoit quelquefois d'un peu de miel. Le vin étoit défendu, & on n'avoit point d'autre breuvage que l'eau pure. Pythagore vouloit qu'on négligeât les plaisirs & les voluptés de cette vie, & ne les trouvoit pas dignes d'arrêter l'homme sur la terre. Il rejettoit les onctions d'huile comme les Thérapeutes: ses disciples portoient des habits blancs; ceux de lin paroissoient trop superbes, ils n'en avoient que de laine. Ils n'osoient ni railler ni rire, & ils ne devoient point jurer par le nom de Dieu, parce que chacun devoit faire connoître sa bonne foi & n'avoit pas besoin de ratifier sa parole par un serment. Ils avoient un profond respect pour les vieillards, devant lesquels ils gardoient long-temps le silence. Ils n'osoient faire de l'eau en présence du soleil, superstition que les Thérapeutes avoient encore empruntée d'eux. Enfin ils étoient fort entêtés de la spéculation & du repos qui l'accompagne; c'est pourquoi ils en faisoient un de leurs préceptes les plus importans,

O juvenes! tacitâ colite hæc pia sacra quiete;

disoit Pythagore à ses disciples, à la tête d'un de ses ouvrages. En comparant les sectes des Thérapeutes & des Pythagoriciens, on les trouve si semblables dans les Chefs qui ont ébloui les Chrétiens, qu'il semble que l'une soit sortie de l'autre. Cependant si on trouve de semblables austérités chez les payens, on ne doit plus être étonné de les voir chez les *Juifs* éclairés par la loi de Moïse; & on ne doit pas leur ravir cette gloire pour la transporter au Christianisme.

Histoire de la philosophie juive depuis la ruine de Jérusalem. La ruine de Jérusalem causa chez les *Juifs* des révolutions qui furent fatales aux Sciences. Ceux qui avoient échappé à l'épée des Romains, aux flammes qui réduisirent en cendres Jérusalem & son temple, ou qui après la désolation de cette grande ville, ne furent pas vendus au marché comme des esclaves & des bêtes de charge, tâchèrent de chercher une retraite & un asyle. Ils en trouvèrent un en Orient & à Babylone, où il y avoit encore un grand nombre de ceux qu'on y avoit transportés dans les anciennes guerres: il étoit naturel d'aller implorer là la charité de leurs frères, qui s'y étoient fait des établissemens considérables. Les autres se réfugièrent en Egypte, où il y avoit aussi depuis long-temps beaucoup de *Juifs* puissans & assez riches pour recevoir ces malheureux; mais ils portèrent là leur esprit de sédition & de révolte, ce qui y causa un nouveau massacre. Les rabbins assurent que les familles considérables furent transportées dès ce temps-là en Espagne, qu'ils appelloient *sépharad* & que c'est dans ce lieu que sont encore les restes des tribus de Benjamin & de Juda, les descendans de la maison de David : c'est pourquoi les *Juifs* de ce pays-là ont toujours regardé avec mépris ceux des autres nations comme si le sang royal & la distinction des tribus s'étoient mieux conservés chez eux, que partout ailleurs. Mais il y eut un quatrième ordre de *Juifs* qui pourroient à plus juste titre se faire honneur de leur origine. Ce furent ceux qui demeurèrent dans leur patrie, ou dans les masures de Jérusalem, ou dans les lieux voisins, dans lesquels ils se distinguèrent en rassemblant un petit corps de la nation, & par les charges qu'ils y exercèrent. Les rabbins assurent même que Tite fit transporter le sanhédrin à Japhné ou Jamna, & qu'on érigea deux académies, l'une à Tibérias, & l'autre à Lydde. Enfin ils soutiennent qu'il y eut aussi dès ce temps-là un patriache qui, après avoir travaillé à rétablir la religion & son église dispersée, étendit son autorité sur toutes les synagogues de l'Occident.

On prétend que les académies furent érigées l'an 220 ou l'an 230; la plus ancienne étoit celle de Nahardea, ville située sur les bords de l'Euphrate. Un rabbin nommé *Samuel* prit la conduite de cette école : ce Samuel est un homme fameux dans sa nation. Elle le distingue par les titres de *vigilant*, d'*arioch*, de *sapor boi*, & de *lunatique*, parce qu'on prétend qu'il gouvernoit le peuple aussi absolument que les rois font leurs sujets, & que le chemin du ciel lui étoit aussi connu que celui de son académie. Il mourut l'an 270 de J. C. & la ville de Nahardea ayant été prise l'an 278, l'académie fut ruinée.

On dit encore qu'on érigea d'abord l'académie à Sora, qui avoit emprunté son nom de la Syrie; car les *Juifs* le donnent à toutes les terres qui s'étendent depuis Damas & l'Euphrate, jusqu'à Babylone, & Sora étoit située sur l'Euphrate.

Pumdebita étoit une ville située dans la Mésopotamie, agréable par la beauté de ses édifices. Elle étoit fort décriée pour les mœurs de ses habitans, qui étoient presque tous autant de voleurs : personne ne vouloit avoir commerce avec eux; & les *Juifs* ont encore ce proverbe : *qu'il faut changer de domicile lorsqu'on a un pumdébitain pour voisin*. Rabbin Chasda ne laissa pas de la choisir l'an 290 pour y enseigner. Comme il avoit été collègue de Huna qui régentoit à Sora, il y a lieu de soupçonner que quelque jalousie ou quelque chagrin personnel l'engagea à faire cette érection. Il ne put pourtant donner à sa nouvelle académie le lustre & la réputation qu'avoit déjà celle de Sora, laquelle tint toujours le dessus sur celle de Pumdebita.

On érigea deux autres académies l'an 373, l'une à Naresch proche de Sora, & l'autre à Machusia; enfin il s'en éleva une cinquième à la fin du dixième siècle, dans un lieu nommé *Peruts Sciabbur*, où l'on dit qu'il y avoit neuf mille *Juifs*.

Les chefs des académies ont donné beaucoup de lustre à la nation *juive* par leurs écrits, & ils avoient un grand pouvoir sur le peuple; car, comme le gouvernement des *Juifs* dépend d'une infinité de cas de conscience, & que Moïse a donné des loix politiques qui sont aussi sacrées que les cérémonielles; ces docteurs qu'on consultoit souvent étoient aussi les maîtres des peuples. Quelques-uns croient même que depuis la ruine du temple, les conseils étant ruinés, ou confondus avec les académies, le pouvoir appartenoit entièrement aux chefs de ces académies.

Parmi ces docteurs *juifs*, il n'y en a eu aucun qui se soit rendu plus illustre, soit par l'intégrité de ses mœurs, soit par l'étendue de ses connoissances, que *Juda le Saint*. Après la ruine de Jérusalem, les chefs des écoles ou des académies qui s'étoient élevées dans la Judée, ayant pris quelque autorité sur le peuple par les leçons & les conseils qu'ils lui donnoient, furent appellés *princes de la captivité*. Le premier de ces princes fut Gamaliel, qui eut pour successeur Siméon III. son fils, après lequel parut Juda le Saint dont nous parlons ici. Celui-ci vint au monde le même jour qu'Attibas mourut; & on s'imagine que cet événement avoit été prédit par Salomon, qui a dit qu'*un soleil se lève & qu'un soleil se couche*. Attibas mourut sous Adrien, qui lui fit porter la peine de son imposture. Ghédalia place la mort violente de ce fourbe l'an 37 après la ruine du temple, qui seroit la cent quarante-troisième année de l'ére chrétienne; mais alors il seroit évidemment faux que cet évènement fût arrivé sous l'empire d'Adrien qui étoit déjà mort; & si Juda le Saint naissoit alors, il faut nécessairement fixer sa naissance à l'an 135 de J. C. On peut remarquer en passant, qu'il ne faut pas s'arrêter aux calculs des *Juifs*, peu jaloux d'une exacte chronologie.

Le lieu de sa naissance étoit *Tsippuri*. Ce terme signifie un *petit oiseau*, & la ville étoit située sur une des montagnes de la Galilée. Les *Juifs*, jaloux de la gloire de Juda, lui donnent le titre de *saint*, ou même de *saint des saints*, à cause de la pureté de sa vie. Cependant je n'ose dire en quoi consistoit cette pureté; elle paroîtroit badine & ridicule. Il devint le chef de la nation, & eut une si grande autorité, que quelques-uns de ses disciples ayant osé le quitter pour aller faire une intercalation à Lydde, ils eurent tous un mauvais regard; c'est-à-dire, qu'ils moururent tous d'un châtiment exemplaire : mais ce miracle est fabuleux.

Juda devint plus recommandable par la répétition de la loi qu'il publia. Ce livre est un code du droit civil & canonique des *Juifs*, qu'on appelle *Misnah*. Il crut qu'il étoit souverainement nécessaire d'y travailler, parce que la nation dispersée en tant de lieux, avoit oublié les rits, & se seroit éloignée de la religion & de la jurisprudence de ses ancêtres, si on les avoit confiées uniquement à leur mémoire. Au lieu qu'on expliquoit auparavant la tradition selon la volonté des professeurs, ou relativement à la capacité des étudians, ou bien enfin selon les circonstances qui le demandoient, Juda fit une espèce de systême & de cours qu'on suivit depuis exactement dans les académies. Il divisa ce rituel en six parties. La première roule sur la distinction des semences dans un champ, les arbres, les fruits, les décimes, *&c*. La seconde règle l'observance des fêtes. Dans la troisième qui traite des femmes, l'on décide toutes les causes matrimoniales. La quatrième qui regarde les pertes, roule sur les procès qui naissent dans le commerce, & les procédures qu'on y doit tenir : on y ajoute un traité d'idolatrie, parce que c'est un des articles importans sur lesquels roulent les jugemens. La cinquième partie regarde les oblations, & on examine dans la dernière tout ce qui est nécessaire à la purification.

Il est difficile de fixer le temps auquel Juda le Saint commença & finit cet ouvrage, qui lui a donné une si grande réputation. Il faut seulement remarquer, 1°. qu'on ne doit pas le confondre avec le thalmud, dont nous parlerons bien-tôt, & qui ne fut achevé que long-temps après. 2°. On a mal placé cet ouvrage dans les tables chronologiques des synagogues, lorsqu'on compte aujourd'hui 1614 ans depuis sa publication ; car cette année tomberoit sur l'année 140 de J. C. où Juda le Saint ne pouvoit avoir que quatre ans. 3°. Au contraire, on le retarde trop, lorsqu'on assure qu'il fut publié cent cinquante ans après la ruine de Jérusalem ; car cette année tomberoit sur l'an 220 ou 218 de J. C. & Juda étoit mort auparavant. 4°. En suivant le calcul qui est le plus ordinaire, Juda doit être né l'an 135 de J. C. Il peut avoir travaillé à ce recueil depuis qu'il fut prince de la captivité, & après avoir jugé souvent les différends qui naissoient dans sa nation. Ainsi on peut dire qu'il le fit environ l'an 180, lorsqu'il avoit quarante-quatre ans, à la fleur de son âge, & qu'une assez longue expérience lui avoit appris à décider les questions de la loi.

Juda s'acquit une si grande autorité par cet ouvrage, qu'il se mit au dessus des loix ; car au lieu que pendant que Jérusalem subsistoit, les chefs du Sanhédrin étoient soumis à ce conseil, & sujets à la peine, Juda, si l'on en croit les historiens de sa nation, s'éleva au dessus des anciennes loix, & Siméon fils de Lachis, ayant osé soutenir *que le prince devoit être fouetté lorsqu'il péchoit*, Juda envoya ses officiers pour l'arrêter, & l'auroit puni sévèrement, s'il ne lui étoit échappé par une prompte fuite. Juda conserva son orgueil jusqu'à la mort ; car il voulut qu'on portât son corps avec pompe, & qu'on pleurât dans toutes les grandes villes où l'enterrement passeroit, défendant d'en faire autant dans les petites. Toutes les villes coururent à cet enterrement ; le jour fut prolongé, & la nuit retardée jusqu'à ce que chacun fût de retour dans sa maison, & eût le temps d'allumer une chandelle pour le sabbat. La fille de la voix se fit entendre, & prononça que tous ceux qui avoient suivi la pompe funèbre seroient sauvés, à l'exception d'un seul qui tomba dans le désespoir, & se précipita.

Origine du Thalmud & de la Gémare. Quoique le recueil des traditions, composé par Juda le Saint, sous le titre de *Misnah*, parût un ouvrage parfait, on ne laissoit pas d'y remarquer encore deux défauts considérables : l'un, que ce recueil étoit confus, parce que l'auteur y avoit rapporté le sentiment de différens docteurs, sans les nommer, & sans décider lequel de ces sentimens méritoit d'être préféré, l'autre défaut rendoit ce corps de Droit canon presque inutile, parce qu'il étoit trop court, & ne résolvoit qu'une petite partie des cas douteux, & des questions qui commençoient à s'agiter chez les *Juifs*.

Afin de remédier à ces défauts, Jochanan aidé de Rab & de Samuël, deux disciples de Juda le Saint, firent un commentaire sur l'ouvrage de leur maître, & c'est ce qu'on appelle le *thalmud* (*thalmud* signifie *doctrine*) *de Jérusalem*. Soit qu'il eût été composé en Judée pour les *Juifs* qui étoient restés en ce pays-là ; soit qu'il fût écrit dans la langue qu'on y parloit, les *Juifs* ne s'accordent pas sur le temps auquel cette partie de la gémare, qui signifie *perfection*, fut composée. Les uns croient que ce fut deux cents ans après la ruine de Jérusalem. Enfin, il y a quelques docteurs qui ne comptent que cent cinquante ans, & qui soutiennent que Rab & Samuël, quittant la Judée, allèrent à Babylone l'an 219 de l'ére chrétienne. Cependant ce sont-là les chefs du second ordre des théologiens qui sont appellés *Gémaristes*, parce qu'ils ont composé la gémare. Leur ouvrage ne peut être placé qu'après le règne de Dioclétien, puisqu'il y est parlé de ce prince. Le P. Morin soutient même qu'il y a des termes barbares, comme celui de *borgheni*, pour marquer un bourg, dont nous sommes redevables aux Vandales ou aux Goths ; d'où il conclut que cet ouvrage ne peut avoir paru que dans le cinquième siècle.

Il y avoit encore un défaut dans la gémare ou le thalmud de Jérusalem ; car on n'y rapportoit que les sentimens d'un petit nombre de docteurs. D'ailleurs, il étoit écrit dans une langue très-barbare, qui étoit celle qu'on parloit en Judée, & qui s'étoit corrompue par le mélange des nations étrangères. C'est pourquoi les Amoréens, c'est-à-dire, les commentateurs, commencèrent une nouvelle explication des traditions. R. Ase se chargea de ce travail. Il tenoit son école à Sora, proche de Babylone ; & ce fut-là qu'il produisit son commentaire sur la Misnah de Juda. Il ne l'acheva pas ; mais ses enfants & ses disciples y mirent la dernière main. C'est-là ce qu'on appelle la *gémare* ou le *thalmud de Babylone*, qu'on préfère à celui de Jérusalem. C'est un grand & vaste corps qui renferme les traditions, le droit canon des *Juifs*, & toutes les questions qui regardent la loi. La Misnah est le texte ; la gémare en est le commentaire, & ces deux parties sont le thalmud de Babylone.

La foule des docteurs *juifs* & chrétiens convient que le thalmud fut achevé l'an 500 ou 505 de l'ére chrétienne : mais le P. Morin, s'écartant de la route ordinaire, soutient qu'on auroit tort de croire tout ce que les *Juifs* disent sur l'antiquité de leurs livres, dont ils ne connoissent pas eux-même l'origine. Il assure que la Misnah ne put être composée que l'an 500, & le thalmud de Babylone l'an 700 ou environ. Nous ne prenons aucun intérêt à l'antiquité de ces livres remplis de traditions. Il faut même avouer qu'on ne peut fixer qu'avec beaucoup de peine & d'incertitude le tems auquel le thalmud peut avoir été formé, parce que c'est une compilation composée de décisions d'un grand nombre de docteurs qui ont étudié les cas de conscience,

& à laquelle on a pu ajouter de temps en tems de nouvelles décisions. On ne peut se confier sur cette matière, ni au témoignage des auteurs *juifs*, ni au silence des Chrétiens : les premiers ont intérêt à vanter l'antiquité de leurs livres, & ils ne sont pas exacts en matière de chronologie : les seconds ont examiné rarement ce qui se passoit chez les *Juifs*, parce qu'ils ne faisoient qu'une petite figure dans l'Empire. D'ailleurs, leur conversion étoit rare & difficile ; & pour y travailler, il falloit apprendre une langue qui leur paroissoit barbare. On ne peut voir sans étonnement, que dans ce grand nombre de prêtres & d'évêques qui ont composé le clergé pendant la durée de tant de siècles, il y en ait eu si peu qui ayent sçu l'hébreu, & qui ayent pu lire ou l'ancien Testament, ou les commentaires des *Juifs* dans l'original. On passoit le temps à chicaner sur des faits ou des questions futiles, pendant qu'on négligeoit une étude utile ou nécessaire. Les témoins manquent de toutes parts ; & comment s'assûrer de la tradition, lorsqu'on est privé de ce secours ?

Jugements sur le Thalmud. On a porté quatre jugements différents sur le thalmud ; c'est-à-dire, sur ce corps de droit canon & de tradition. Les *Juifs* l'égalent à la loi de Dieu. Quelques Chrétiens l'estiment avec excès. Les troisiémes le condamnent au feu, & les derniers gardent un juste milieu entre tous ces sentiments. Il faut en donner une idée générale.

Les *Juifs* sont convaincus que les Thalmudistes n'ont jamais été inspirés, & ils n'attribuent l'inspiration qu'aux Prophètes. Cependant ils ne laissent pas de préférer le thalmud à l'Écriture sainte, car ils comparent l'Écriture à l'eau, & la tradition à du vin excellent : la loi est le sel ; la misnah du poivre, & les thalmuds sont des aromates précieux. Ils soutiennent hardiment que celui qui *péche contre Moïse peut être absous ; mais qu'on mérite la mort, lorsqu'on contredit les docteurs ;* & qu'on commet un péché plus criant, en violant les préceptes des sages, que ceux de la loi. C'est pourquoi ils infligent une peine sale & puante à ceux qui ne les observent pas : *damnantur in stercore bullienti*. Ils decident les questions & les cas de conscience par le thalmud comme par une loi souveraine.

Comme il pourroit paroître étrange qu'on puisse préférer les traditions à une loi que Dieu a dictée, & qui a été écrite par ses ordres, il ne sera pas inutile de prouver ce que nous venons d'avancer par l'autorité des rabbins.

R. Isaac nous assure qu'il ne faut pas s'imaginer que la loi écrite soit le fondement de la religion ; au contraire, c'est la loi orale. C'est à cause de cette dernière loi, que Dieu a fait alliance avec le peuple d'Israël. En effet, il savoit que son peuple seroit transporté chez les nations étrangères, & que les Payens transcriroient ses livres sacrés. C'est pourquoi il n'a pas voulu que la loi orale fût écrite, de peur qu'elle ne fût connue des idolâtres ; & c'est ici un des préceptes généraux des rabbins : *Apprends, mon fils, à avoir plus d'attention aux paroles des Scribes qu'aux paroles de la loi.*

Les rabbins nous fournissent une autre preuve de l'attachement qu'ils ont pour les traditions, & de leur vénération pour les sages, en soutenant dans leur corps de droit, que ceux qui s'attachent à la lecture de la Bible ont quelque degré de vertu ; mais il est médiocre, & il ne peut être mis en ligne de compte. Etudier la seconde loi ou la tradition, c'est une vertu qui mérite sa récompense, parce qu'il n'y a rien de plus parfait que l'étude de la gémare. C'est pourquoi Eléazar, étant au lit de la mort, répondit à ses écoliers, qui lui demandoient le chemin de la vie & du siècle à venir : *Détournez vos enfants de l'étude de la Bible, & les mettez aux pieds des sages.* Cette maxime est confirmée dans un livre qu'on appelle *l'autel d'or ;* car on y assure qu'il n'y a point d'étude au-dessus de celle du très-saint thalmud ; & le R. Jacob donne ce précepte dans le thalmud de Jérusalem : *Apprends, mon fils, que les paroles des Scribes sont plus aimables que celles des Prophètes.*

Enfin, tout cela est prouvé par une historiette du roi Pirgandicus. Ce prince n'est pas connu, mais cela n'est point nécessaire pour découvrir le sentiment des rabbins. C'étoit un infidèle, qui pria onze docteurs fameux à souper. Il les reçut magnifiquement, & leur proposa de manger de la chair de pourceau, d'avoir commerce avec des femmes payennes, ou de boire du vin consacré aux idoles. Il falloit opter entre ces trois partis. On délibéra & on résolut de prendre le dernier, parce que les deux premiers articles avoient été défendus par la loi, & que c'étoient uniquement les rabbins qui défendoient de boire le vin consacré aux faux dieux. Le roi se conforma au choix des docteurs. On leur donna du vin *impur*, dont ils burent largement. On fit ensuite tourner la table, qui étoit sur un pivot. Les docteurs échauffés par le vin, ne prirent point garde à ce qu'ils mangeoient ; c'étoit de la chair de pourceaux. En sortant de table, on les mit au lit, où ils trouvèrent des femmes. La concupiscence échauffée par le vin, joua son jeu. Le remords ne se fit sentir que le lendemain matin, qu'on apprit aux docteurs qu'ils avoient violé la loi par degrés. Ils en furent punis : car ils moururent tous la même année de mort subite ; & ce malheur leur arriva, parce qu'ils avoient méprisé les préceptes des sages, & qu'ils avoient cru pouvoir s'en éloigner plus impunément que de ceux de la loi écrite : & en effet on lit dans la misnah, que ceux qui péchent contre les paroles des sages sont plus coupables que ceux qui violent les paroles de la loi.

Les *Juifs* demeurent d'accord que cette loi ne suffit pas ; c'est pourquoi on y ajoute souvent de nouveaux commentaires dans lesquels on entre dans un détail plus précis, & on fait souvent de nouvelles décisions. Il est même impossible qu'on fasse autrement, parce que les définitions thalmudiques, qui sont courtes, ne pourvoient pas à tout, & sont très-souvent obscures ; mais lorsque le thalmud est clair, on le suit exactement.

Cependant on y trouve une infinité de choses qui pourroient diminuer la profonde vénération qu'on a depuis tant de siècles pour cet ouvrage, si on le lisoit avec attention & sans préjugé. Le malheur des *Juifs* est d'aborder ce livre avec une obéissance aveugle pour tout ce qu'il contient. On forme son goût sur cet ouvrage, & on s'accoutume à ne trouver rien de beau que ce qui est conforme au thalmud; mais si on l'examinoit comme une compilation de différens auteurs qui ont pu se tromper, qui ont eu quelquefois un très-mauvais goût dans le choix des matières qu'ils ont traitées, & qui ont pu être ignorans, on y remarqueroit cent choses qui avilissent la religion, au lieu d'en relever l'éclat.

On y conte que Dieu, afin de tuer le temps avant la création de l'univers, où il étoit seul, s'occupoit à bâtir divers mondes qu'il détruisoit aussi-tôt, jusqu'à ce que, par différents essais, il eut appris à en faire un aussi parfait que le nôtre. Ils rapportent la finesse d'un rabbin, qui trompa Dieu & le diable; car il pria le démon de le porter jusqu'à la porte des cieux, afin qu'après avoir vu delà le bonheur des saints, il mourût plus tranquillement. Le diable fit ce que demandoit le rabbin, lequel voyant la porte du ciel ouverte, se jetta dedans avec violence, en jurant son grand Dieu qu'il n'en sortiroit jamais; & Dieu, qui ne vouloit pas laisser commettre un parjure, fut obligé de le laisser-là, pendant que le démon trompé s'en alloit fort honteux. Non seulement on y fait Adam hermaphrodite; mais on soutient qu'ayant voulu assouvir sa passion avec tous les animaux de la terre, il ne trouva qu'Eve qui pût le contenter. Ils introduisent deux femmes qui vont disputer dans les synagogues sur l'usage qu'un mari peut faire d'elles; & les rabbins décident nettement qu'un mari peut faire sans crime tout ce qu'il veut, parce qu'un homme qui achete un poisson, peut manger le devant ou le derrière, selon son bon plaisir. On y trouve des contradictions sensibles, & au lieu de se donner la peine de les lever, ils font intervenir une voix miraculeuse du ciel, qui crie que *l'une & l'autre*, quoique directement opposées, *vient du ciel.* La manière dont ils veulent qu'on traite les Chrétiens est dure: car ils permettent qu'on vole leur bien, qu'on les regarde comme des bêtes brutes, qu'on les pousse dans le précipice si on les voit sur le bord, qu'on les tue impunément, & qu'on fasse tous les matins de terribles imprécations contre eux. Quoique la haine & le desir de la vengeance aient dicté ces leçons, il ne laisse pas d'être étonnant qu'on sème dans un sommaire de la religion, des loix & des préceptes si évidemment opposés à la charité.

Les docteurs qui ont travaillé à ces recueils de traditions, profitant de l'ignorance de leur nation, ont écrit tout ce qui leur venoit dans l'esprit, sans se mettre en peine d'accorder leurs conjectures avec l'histoire étrangère qu'ils ignoroient parfaitement.

L'historiette de César se plaignant à Gamaliel de ce que Dieu est un voleur, est badine. Mais devoit-elle avoir sa place dans ce recueil? César demande à Gamaliel pourquoi Dieu a dérobé une côte à Adam. La fille répond, au lieu de son père, que les voleurs étoient venus la nuit passée chez elle, & qu'ils avoient laissé un vase d'or dans sa maison, au lieu de celui de terre qu'ils avoient emporté, & qu'elle ne s'en plaignoit pas. L'application du conte étoit aisée. Dieu avoit donné une servante à Adam, au lieu d'une côte: le changement est bon: César l'approuva; mais il ne laissa pas de censurer Dieu de l'avoir fait en secret & pendant qu'Adam dormoit. La fille toujours habile, se fit apporter un morceau de viande cuite sous la cendre, & ensuite elle le présente à l'Empereur, lequel refuse d'en manger: *cela me fait mal au cœur*, dit César; *hé bien*, repliqua la jeune fille, *Eve auroit fait mal au cœur au premier homme, si Dieu la lui avoit donnée grossièrement & sans art, après l'avoir formée sous ses yeux.* Que de bagatelles!

Cependant il y a des Chrétiens qui, à l'imitation des Juifs, regardent le Thalmud comme une mine abondante, d'où l'on peut tirer des trésors infinis. Ils s'imaginent qu'il n'y a que le travail qui dégoute les hommes de chercher ces trésors, & de s'en enrichir: ils se plaignent (*Sixtus Senensis. Galatin. Morin.*) amèrement du mépris qu'on a pour les rabbins. Ils se tournent de tous les côtés, non-seulement pour les justifier, mais pour faire valoir ce qu'ils ont dit. On admire leurs sentences: on trouve dans leurs rits mille choses qui ont du rapport avec la religion chrétienne, & qui en développent les mystères. Il semble que J. C. & ses Apôtres n'ayent pu avoir de l'esprit qu'en copiant les Rabbins qui sont venus après eux. Du moins c'est à l'imitation des *Juifs* que ce divin rédempteur a fait un si grand usage du style métaphorique: c'est d'eux aussi qu'il a emprunté les paraboles du Lazare, des vierges folles, & celle des ouvriers envoyés à la vigne, car on les trouve encore aujourd'hui dans le Thalmud.

On peut raisonner ainsi par deux motifs différens. L'amour-propre fait souvent parler les docteurs. On aime à se faire valoir par quelqu'endroit; & lorsqu'on s'est jetté dans une étude, sans bien examiner l'usage qu'on en peut faire, on en relève l'utilité par intérêt; on estime beaucoup un peu d'or chargé de beaucoup de crasse, parce qu'on a employé beaucoup de temps à le déterrer. On crie à la négligence; & on accuse de paresse ceux qui ne veulent pas se donner la même peine, & suivre la route qu'on a prise. D'ailleurs on peut s'entêter des livres qu'on lit: combien de gens ont été fous de la théologie scholastique, qui n'apprenoit que des mots barbares, au lieu des vérités solides qu'on doit chercher. On s'imagine que ce qu'on étudie avec tant de travail & de peine, ne peut être mauvais; ainsi, soit par intérêt ou par préjugé, on loue avec excès ce qui n'est pas fort digne de louange.

N'est-il pas ridicule de vouloir que J. C. ait emprunté ses paraboles & ses leçons des Thalmudistes, qui n'ont vécu que trois ou quatre cents ans après lui? Pourquoi veut-on que les Thalmudistes n'ayent pas été ses copistes? La plûpart des paraboles qu'on trouve dans le Thalmud, sont différentes de celles de l'évangile, & on y a presque toujours un autre but. Celle des ouvriers qui vont tard à la vigne, n'est-elle pas revêtue de circonstances ridicules, & appliquée au R. Bon qui avoit plus travaillé sur la loi en vingt-huit ans, qu'un autre n'avoit fait en cent? On a recueilli quantité d'expressions & de pensées des Grecs, qui ont du rapport avec celles de l'évangile. Dira-t-on pour cela que J. C. ait copié les écrits des Grecs? On dit que ces paroles étoient déjà inventées, & avoient cours chez les *Juifs* avant que J. C. enseignât : mais d'où le sait-on? Il faut deviner, afin d'avoir le plaisir de faire des Phariſiens autant de docteurs originaux, & de J. C. un copiste qui empruntoit ce que les autres avoient de plus fin & de plus délicat. J. C. suivoit ses idées, & débitoit ses propres pensées ; mais il faut avouer qu'il y en a de communes à toutes les nations, & que plusieurs hommes disent la même chose, sans s'être jamais connus, ni avoir lu les ouvrages les uns des autres. Tout ce qu'on peut dire de plus avantageux pour les Thalmudistes, c'est qu'ils ont fait des comparaisons semblables à celles de J. C. mais l'application que le fils de Dieu en faisoit, & les leçons qu'il en a tirées, sont toujours belles & sanctifiantes, au lieu que l'application des autres est presque toujours puérile & badine.

L'étude de la Philosophie cabalistique fut en usage chez les *Juifs*, peu de temps après la ruine de Jérusalem. Parmi les docteurs qui s'appliquèrent à cette prétendue science, R. Atriba, & R. Simeon Ben Jochaï furent ceux qui se distinguèrent le plus. Le premier est auteur du livre Jeziyah, ou de la création : le second, du Sohar ou du livre de la splendeur. Nous allons donner l'abrégé de la vie de ces deux hommes si célèbres dans leur nation.

Atriba fleurit peu après que Tite eut ruiné la ville de Jérusalem. Il n'étoit *juif* que du côté de sa mère, & l'on prétend que son père descendoit de Lisera, général d'armée de Jabin, roi de Tyr. Atriba vécut à la campagne jusqu'à l'âge de quarante ans, & n'y eut pas un emploi fort honorable, puisqu'il y gardoit les troupeaux de Calba Schuva, riche bourgeois de Jérusalem. Enfin il entreprit d'étudier, à l'instigation de la fille de son maître, laquelle lui promit de l'épouser, s'il faisoit de grands progrès dans les sciences. Il s'appliqua si fortement à l'étude pendant les vingt-quatre ans qu'il passa aux académies, qu'après cela il se vit environné d'une foule de disciples, comme un des plus grands maîtres qui eussent été en Israël. Il avoit, dit-on, jusqu'à vingt-quatre mille écoliers. Il se déclara pour l'imposteur Barcho-chebas, & soutint que c'étoit de lui qu'il falloit entendre ces paroles de Balaam, *une étoile sortira de Jacob*, & qu'on avoit en sa personne le véritable messie. Les troupes que l'empereur Hadrien envoya contre les *Juifs*, qui, sous la conduite de ce faux messie, avoient commis des massacres épouvantables, exterminèrent cette faction. Atriba fut pris & puni du dernier supplice avec beaucoup de cruauté. On lui déchira la chair avec des peignes de fer, mais de telle sorte qu'on faisoit durer la peine, & qu'on ne le fit mourir qu'à petit feu. Il vécut six vingt ans, & fut enterré avec sa femme dans une caverne, sur une montagne qui n'est pas loin de Tibériade. Ses 24 mille disciples furent enterrés audessous de lui sur la même montagne. Je rapporte ces choses, sans prétendre qu'on les croye toutes. On l'accuse d'avoir altéré le texte de la bible, afin de pouvoir répondre à une objection des Chrétiens. En effet jamais ces derniers ne disputèrent contre les *Juifs* plus fortement que dans ce temps-là, & jamais aussi ils ne les combattirent plus efficacement. Car ils ne faisoient que leur montrer d'un côté les évangiles, & de l'autre les ruines de Jérusalem, qui étoient devant leurs yeux, pour les convaincre que J. C. qui avoit si clairement prédit sa désolation, étoit le Prophête que Moïse avoit promis. Ils les pressoient vivement par leurs propres traditions, qui portoient que le Christ se manifesteroit après le cours d'environ six mille ans, en leur montrant que ce nombre d'années étoit accompli.

Les *Juifs* donnent de grands éloges à Atriba ; ils l'appelloient *Sethumtaah*, c'est-à-dire, l'*authentique*. Il faudroit un volume tout entier, dit l'un d'eux (Zautus) si l'on vouloit parler dignement de lui. Son nom, dit un autre (Kionig) a parcouru tout l'univers, & nous avons reçu de sa bouche toute la loi orale.

Nous avons déjà dit que Simeon Jochaïdes est l'auteur du fameux livre de Zohar, auquel on a fait depuis un grand nombre d'additions. Il est important de savoir ce qu'on dit de cet auteur & de son livre, puisque c'est-là que sont renfermés les mystères de la cabale, & qu'on lui donne la gloire de les avoir transmis à la postérité.

On croit que Siméon vivoit quelques années avant la ruine de Jérusalem. Tite le condamna à la mort, mais son fils & lui se dérobèrent à la persécution, en se cachant dans une caverne, où ils eurent le loisir de composer le livre dont nous parlons. Cependant, comme il ignoroit encore diverses choses, le prophête Elie descendoit de temps en temps du ciel dans la caverne pour l'instruire, & Dieu l'aidoit miraculeusement, en ordonnant aux mots de se ranger les uns auprès des autres, dans l'ordre qu'ils devoient avoir pour former de grands mystères.

Ces apparitions d'Elie & le secours miraculeux de Dieu embarrassent quelques auteurs chrétiens ; ils estiment trop la cabale, pour avouer que celui qui en a révélé les mystères, soit un imposteur qui se vante mal-à-propos d'une inspiration divine. Soutenir que le démon qui animoit au commencement de l'église chrétienne Apollonius de Thyane, afin d'ébranler la foi des miracles apostoliques, répandit aussi chez les *Juifs* le bruit de ces apparitions fréquentes d'Elie, afin d'empêcher qu'on ne crût celle qui s'étoit faite pour J. C. lorsqu'il fut transfiguré sur le Thabor : c'est se faire illusion, car Dieu n'exauce point la prière des démons lorsqu'ils travaillent à perdre l'Eglise,

& ne fait point dépendre d'eux l'apparition des prophêtes. On pourroit tourner ces apparitions en allégories; mais on aime mieux dire que Siméon Jochaïdes dictoit ces mystères avec le secours du ciel: c'est le témoignage que lui rend un chrétien (Knorrius) qui a publié son ouvrage.

La premiere partie de cet ouvrage a pour titre Zeniutha, ou mystère, parce qu'en effet on y révèle une infinité de choses. On prétend les tirer de l'Ecriture-sainte, & en effet on ne propose presque rien sans citer quelqu'endroit des écrivains sacrés, que l'auteur explique à sa manière. Il seroit difficile d'en donner un extrait suivi; mais on y découvre particulièrement le microprosopon, c'est-à-dire le petit visage; le macroprosopon, c'est-à-dire le long visage; sa femme, les neuf & les treize conformations de sa barbe.

On entre dans un plus grand détail dans le livre suivant, qu'on appelle le *grand synode*. Siméon avoit beaucoup de peine à révéler ces mystères à ses disciples; mais comme ils lui représentèrent que le secret de l'éternel est pour ceux qui le craignent, & qu'ils l'assurèrent tous qu'ils craignoient Dieu, il entra plus hardiment dans l'explication des grandes vérités. Il explique la rosée du cerveau du vieillard ou du grand visage. Il examine ensuite son crâne, ses cheveux, car il porte sur sa tête mille millions de milliers, & sept mille cinq cent boucles de cheveux blancs comme la laine. A chaque boucle il y a quatre cent dix cheveux, selon le nombre du mot *Kadosch*. Des cheveux on passe au front, aux yeux, au nez, & toutes ces parties du grand visage renferment des choses admirables, mais sur-tout sa barbe est une barbe qui mérite des éloges infinis: » cette barbe est au-dessus de toute louange; jamais ni » prophête ni saint n'approcha d'elle; elle est blanche » comme la neige; elle descend jusqu'au nombril; c'est » l'ornement des ornemens & la vérité des vérités; » malheur à celui qui la touche: il y a treize parties » dans cette barbe, qui renferment toutes de grands » mystères; mais il n'y a que les initiés qui les com- » prennent. »

Enfin le petit synode est le dernier adieu que Siméon fit à ses disciples. Il fut chagrin de voir sa maison remplie de monde, parce que le miracle d'un feu surnaturel qui en écartoit la foule des disciples pendant la tenue du grand synode, avoit cessé; mais quelques-uns s'étant retirés, il ordonna à R. Abba d'écrire ses dernières paroles: il expliqua encore une fois le vieillard: » sa tête est cachée dans un lieu su- » périeur, où on ne la voit pas; mais elle répand » son front qui est beau, agréable; c'est le bon plaisir » des plaisirs ». On parle avec la même obscurité de toutes les parties du petit visage, sans oublier celle qui adoucit la femme.

Si on demande à quoi tendent tous les mystères, il faut avouer qu'il est très-difficile de le découvrir, parce que toutes les expressions allégoriques étant susceptibles de plusieurs sens, & faisant naître des idées très-différentes, on ne peut se fixer qu'après beaucoup de peine & de travail; & qui veut prendre cette peine, s'il n'espère en tirer de grands usages?

Remarquons plutôt que cette méthode de peindre les opérations de la divinité sous des figures humaines, étoit fort en usage chez les Egyptiens; car ils peignoient un homme avec un visage de feu, & des cornes, une crosse à la main droite, sept cercles à la gauche, & des aîles attachées à ses épaules. Ils représentoient par là Jupiter ou le Soleil, & les effets qu'il produit dans le monde. Le feu du visage signifioit la chaleur qui vivifie toutes choses; les cornes, les rayons de lumière. Sa barbe étoit mystérieuse, aussi bien que celle du long visage des cabalistes; car elle indiquoit les élémens. Sa crosse étoit le symbole du pouvoir qu'il avoit sur tous les corps sublunaires. Ses cuisses étoient la terre chargée d'arbres & de moissons; les eaux sortoient de son nombril; ses genoux indiquoient les montagnes, & les parties raboteuses de la terre; les aîles, les vents & la promptitude avec laquelle ils marchent: enfin les cercles étoient le symbole des planètes.

Siméon finit sa vie en débitant toutes ces visions. Lorsqu'il parloit à ses disciples, une lumière éclatante se répandoit dans toute la maison, tellement qu'on n'osoit jetter les yeux sur lui. Un feu étoit au dehors, qui empêchoit les voisins d'entrer; mais le feu & la lumière ayant disparu, on s'apperçut que la lampe d'Israël étoit éteinte. Les disciples de Zippori vinrent en foule pour honorer ses funérailles, & lui rendre les derniers devoirs; mais on les renvoya, parce qu'Eleazar son fils & R. Abba qui avoit été le secrétaire du petit synode, vouloient agir seuls. En l'enterrant, on entendit une voix qui crioit: *Venez aux nôces de Siméon; il entrera en paix & reposera dans sa chambre.* Une flamme marchoit devant le cercueil, & sembloit l'embraser; & lorsqu'on le mit dans le tombeau, on entendit crier: *C'est ici celui qui a fait trembler la terre, & qui a ébranlé les royaumes.* C'est ainsi que les *Juifs* font de l'auteur du Zohar un homme miraculeux jusqu'après sa mort, parce qu'ils le regardent comme le premier de tous les cabalistes.

Des grands hommes qui ont fleuri chez les Juifs *dans le douzième siècle*. Le douzième siècle fut très-fécond en docteurs habiles. On ne se souciera peut-être pas d'en voir le catalogue, parce que ceux qui passent pour des oracles dans les synagogues, paroissent souvent de très-petits génies à ceux qui lisent leurs ouvrages sans préjugé. Les Chrétiens demandent trop aux rabbins, & les rabbins donnent trop peu aux Chrétiens. Ceux-ci ne lisent presque jamais les livres composés par un *juif*, sans un préjugé avantageux pour lui. Ils s'imaginent qu'ils doivent y trouver une connoissance exacte des anciennes cérémonies, des évènements obscurs; en un mot qu'on doit y lire la solution de toutes les difficultés de l'Ecriture. Pourquoi cela? Parce qu'un homme est *juif*, s'ensuit-il qu'il connoisse mieux l'histoire de sa nation que les Chrétiens, puisqu'il n'a point d'autres secours que la bible & l'histoire de Josephe, que le *juif* ne lit presque jamais? S'imagine-t-on qu'il y a dans cette nation certains livres que nous ne connoissons

connoissons pas, & que ces Messieurs ont lus? C'est vouloir se tromper, car ils ne citent aucun monument qui soit plus ancien que le christianisme. Vouloir que la tradition se soit conservée plus fidèlement chez eux, c'est se repaître d'une chimere; car comment cette tradition auroit-elle pu passer de lieu en lieu, & de bouche en bouche pendant un si grand nombre de siècles & de dispersions fréquentes? Il suffit de lire un rabbin pour connoître l'attachement violent qu'il a pour sa nation, & comment il déguise les faits, afin de les accommoder à ses préjugés. D'un autre côté les rabbins nous donnent beaucoup moins qu'ils ne peuvent. Ils ont deux grands avantages sur nous; car possédant la langue sainte dès leur naissance, ils pourroient fournir des lumières pour l'explication des termes obscurs de l'Ecriture; & comme ils sont obligés de pratiquer certaines cérémonies de la loi, ils pourroient par là nous donner l'intelligence des anciennes. Ils le font quelquefois; mais souvent, au lieu de chercher le sens littéral des Ecritures, ils courent après des sens mystiques qui font perdre de vûe le but de l'écrivain, & l'intention du saint-Esprit. D'ailleurs ils descendent dans un détail excessif des cérémonies sous lesquelles ils ont enseveli l'esprit de la loi.

Si on veut faire un choix de ces docteurs, ceux du douzième siècle doivent être préférés à tous les autres: car non-seulement ils étoient habiles, mais ils ont fourni de grands secours pour l'intelligence de l'ancien Testament. Nous ne parlerons ici que d'Aben-Ezra, & de Maïmonides, comme les plus fameux.

Aben-Ezra est appellé le *sage* par excellence; il naquit l'an 1099, & il mourut en 1174, âgé de 75 ans. Il l'insinue lui-même, lorsque, prévoyant sa mort, il disoit que comme Abraham sortit de Charan, âgé de 75 ans, il sortiroit aussi dans le même temps de Charon ou du feu de la colère du siècle. Il voyagea, parce qu'il crut que cela étoit nécessaire pour faire de grands progrès dans les sciences. Il mourut à Rhodes, & fit porter delà ses os dans la Terre-Sainte.

Ce fut un des plus grands hommes de sa nation & de son siècle. Comme il étoit bon astronome, il fit de si heureuses découvertes dans l'astronomie, que les plus habiles mathématiciens ne se sont pas fait un scrupule de les adopter. Il excella dans la médecine, mais ce fut principalement par ses explications de l'écriture qu'il se fit connoître. Au lieu de suivre la méthode ordinaire de ceux qui l'avoient précédé, il s'attacha à la grammaire & au sens littéral des écrits sacrés, qu'il développe avec tant de pénétration & de jugement, que les Chrétiens même le préfèrent à la plûpart de leurs interprètes. Il a montré le chemin aux critiques qui soutiennent aujourd'hui que le peuple d'Israël ne passa point au travers de la mer Rouge; mais qu'il y fit un cercle pendant que l'eau étoit basse, afin que Pharaon les suivît, & fût submergé; mais ce n'est pas là une de ses meilleures conjectures. Il n'osa rejetter absolument la cabale, quoiqu'il en connût le foible, parce qu'il eut peur de se faire des affaires avec les auteurs de son temps qui y étoient fort attachés, & même avec le peuple qui regardoit le livre de Zohar, rempli de ces sortes d'explications, comme un ouvrage excellent; il déclara seulement que cette méthode d'interpréter l'Ecriture n'étoit pas sûre, & que si on respectoit la cabale des anciens, on ne devoit pas ajouter de nouvelles explications à celles qu'ils avoient produites, ni abandonner l'Ecriture au caprice de l'esprit humain.

Maimonides (il s'appelloit Moïse, & étoit fils de Maïmon, mais il est plus connu par le nom de son père: on l'appelle *Maïmonides*; quelques-uns le font naître l'an 1133.) Il parut dans le même siècle, Scaliger soutenoit que c'étoit-là le premier des docteurs qui eût cessé de badiner chez les *Juifs*, comme Diodore chez les Grecs. En effet, il avoit trouvé beaucoup de vuide dans l'étude de la gémare; il regrettoit le temps qu'il y avoit perdu, & s'appliquant à des études plus solides, il avoit beaucoup médité sur l'Ecriture. Il savoit le grec; il avoit lu les philosophes, & particulièrement Aristote, qu'il cite souvent. Il causa de si violentes émotions dans les synagogues, que celles de France & d'Espagne s'excommunièrent à cause de lui. Il étoit né à Cordoue l'an 1131. Il se vantoit d'être descendu de la maison de David, comme font la plûpart des *Juifs* d'Espagne. Maïmon son père & juge de sa nation en Espagne, comptoit entre ses ancêtres, une longue suite de personnes qui avoient possédé successivement cette charge. On dit qu'il fût averti en songe, de rompre la résolution qu'il avoit prise de garder le célibat, & de se marier à une fille de boucher qui étoit sa voisine. Maïmon feignit peut-être un songe pour cacher une amourette qui lui faisoit honte, & fit intervenir le miracle pour colorer sa foiblesse. La mère mourut en mettant Moïse au monde, & Maïmon se remaria. Je ne sais si la seconde femme, qui eut plusieurs enfants, haïssoit le petit Moïse, ou s'il avoit dans sa jeunesse un esprit morne & pesant, comme on le dit. Mais son père lui reprochoit sa naissance, le battit plusieurs fois, & enfin le chassa de sa maison. On dit que ne trouvant point d'autre gîte que le couvert d'une synagogue, il y passa la nuit; & à son réveil, il se trouva un homme d'esprit, tout différent de ce qu'il étoit auparavant. Il se mit sous la discipline de Joseph le Lévite, fils de Mégas, sous lequel il fit en peu de temps, de grands progrès. L'envie de revoir le lieu de sa naissance le prit; mais en retournant à Cordoue, au lieu d'entrer dans la maison de son père, il enseigna publiquement dans la synagogue, au grand étonnement des assistants: son père qui le reconnut, alla l'embrasser, & le reçut chez lui. Quelques historiens s'inscrivent en faux contre cet évènement, parce que Joseph, fils de Mégas, n'étoit âgé que de dix ans plus que Moïse. Cette raison est puérile; car un maître de trente ans peut instruire un disciple qui n'en a que vingt. Mais il est plus vraisemblable que Maïmon instruisit lui-même son fils, & ensuite l'envoya étudier sous Averroës, qui étoit alors dans une haute réputation, chez les Arabes. Ce disciple eut un attachement & une fidélité exemplaires pour son maître. Averroës étoit déchu de sa faveur par une nouvelle révolution arrivée chez les Maures en Espagne. Abdi

Amoumem, capitaine d'une troupe de bandits, qui se disoit descendu en ligne droite, d'Houssain, fils d'Aly, avoit détrôné les Marabouts en Afrique, & ensuite il étoit entré, l'an 1144, en Espagne, il se rendit en peu de temps, maître de ce royaume : il fit chercher Averroës, qui avoit beaucoup de crédit à la cour des Marabouts, & qui lui étoit suspect. Ce docteur se refugia chez les *Juifs*, & confia le secret de sa retraite à Maïmonides, qui aima mieux souffrir tout, que de découvrir le lieu où son maître étoit caché. Abulpharage dit même que Maïmonides changea de religion, & qu'il se fit Musulman, jusqu'à ce qu'ayant donné ordre à ses affaires, il passa en Egypte pour vivre en liberté. Ses amis ont nié la chose; mais Averroës, qui vouloit que son ame fût avec celle des Philosophes, parce que le Mahométisme étoit la religion des pourceaux, le Judaïsme celle des enfants, & le Christianisme impossible à observer, n'avoit pas inspiré un grand attachement à son disciple pour la loi. D'ailleurs, un Espagnol qui alla persécuter ce docteur en Egypte jusqu'à la fin de sa vie, lui reprocha cette foiblesse avec tant de hauteur, que l'affaire fut portée devant le sultan, lequel jugea que tout ce qu'on fait involontairement & par violence, en matière de religion, doit être compté pour rien; d'où il concluoit que Maïmonides n'avoit jamais été musulman. Cependant c'étoit le condamner & décider contre lui, en même temps qu'il sembloit l'absoudre; car il déclaroit que l'abjuration étoit véritable, mais exempte de crime, puisque la volonté n'y avoit point eu de part. Enfin on a lieu de soupçonner Maïmonides d'avoir abandonné sa religion, par sa morale relâchée sur cet article; car non-seulement il permet aux Noachides de retomber dans l'idolâtrie si la nécessité le demande, parce qu'ils n'ont reçu aucun ordre de sanctifier le nom de Dieu, mais il soutient qu'on ne péche point en sacrifiant avec les idolâtres, & en renonçant à la religion, pourvu que ce ne soit point en présence de dix personnes; car alors il faut mourir plutôt que de renoncer à la foi; mais Maïmonides croyoit que ce péché cesse, lorsqu'on le commet en secret. (Maïmon. *fundam. leg. cap. v.*) La maxime est singulière, car ce n'est plus la religion qu'il faut aimer & défendre au péril de sa vie : c'est la présence de dix Israëlites qu'il faut craindre, & qui seule fait le crime. On a lieu de soupçonner que l'intérêt avoit dicté à Maïmonides une maxime si bizarre, & qu'ayant abjuré le Judaïsme en secret, il croyoit calmer sa conscience, & se défendre à la faveur de cette distinction. Quoi qu'il en soit, Maïmonides demeura en Egypte le reste de ses jours, ce qui l'a fait appeller *Moïse l'Egyptien*. Il fut long-temps sans emploi, tellement qu'il fut réduit à l'état de joaillier. Cependant il ne laissoit pas d'étudier, & il acheva alors son commentaire sur la Misnah, qu'il avoit commencé en Espagne dès l'âge de vingt-trois ans. Alphadel, fils de Saladin, étant revenu en Egypte, après en avoir été chassé par son frère, connut le mérite de Maïmonides, & le choisit pour son médecin : il lui donna une pension. Maïmonides assure que cet emploi l'occupoit absolument; car il étoit obligé d'aller tous les jours à la cour, & d'y demeurer long-temps s'il y avoit quelque malade. En revenant chez lui il trouvoit quantité de personnes qui venoient le consulter. Cependant il ne laissa pas de travailler pour son bienfaiteur; car il traduisit Avicene, & on voit encore à Bologne, cet ouvrage qui fut fait par ordre d'Alphadel, l'an 1194.

Les Egyptiens furent jaloux de voir Maïmonides si puissant à la cour : pour l'en arracher, les médecins lui demandèrent un essai de son art. Pour cet effet, ils lui présentèrent un verre de poison, qu'il avala sans en craindre l'effet, parce qu'il avoit le contre-poison; mais ayant obligé dix médecins à avaler son poison, ils moururent tous, parce qu'ils n'avoient pas d'antidote spécifique. On dit aussi que d'autres médecins mirent un verre de poison auprès du lit du sultan, pour lui persuader que Maïmonides en vouloit à sa vie, & qu'on l'obligea de se couper les veines. Mais il avoit appris qu'il y avoit dans le corps humain une veine que les médecins ne connoissoient pas, & que cette veine n'étant pas encore coupée, l'effusion entière du sang ne pouvoit se faire; il se sauva par cette veine inconnue. Cette circonstance ne s'accorde point avec l'histoire de sa vie.

En effet, non-seulement il protégea sa nation à la cour des nouveaux sultans qui s'établissoient sur la ruine des Aliades, mais il fonda une académie à Alexandrie, où un grand nombre des disciples vinrent du fond de l'Egypte, de la Syrie, & de la Judée, pour étudier sous lui. Il en auroit eu beaucoup davantage, si une nouvelle persécution arrivée en Orient, n'avoit empêché les étrangers de s'y rendre. Elle fut si violente, qu'une partie des *Juifs* fut obligée de se faire Mahométans pour se garantir de la misère : & Maïmonides, qui ne pouvoit leur inspirer de la fermeté, se trouva réduit comme un grand nombre d'autres, à faire le faux prophête, & à promettre à ses religionnaires une délivrance qui n'arriva pas. Il mourut au commencement du 13e siècle, & ordonna qu'on l'enterrât à Tibérias, où ses ancêtres avoient leur sépulture.

Ce docteur composa un grand nombre d'ouvrages; il commenta la Misnah. On prétend qu'il écrivit en médecine, aussi-bien qu'en théologie, & en grec comme en arabe; mais que ces livres sont très-rares ou perdus. On l'accuse d'avoir méprisé la cabale jusqu'à sa vieillesse; mais on dit que trouvant alors à Jérusalem un homme très-habile dans cette science, il s'étoit appliqué fortement à cette étude. Rabbi Chaiim assure avoir vu une lettre de Maïmonides, qui témoignoit son chagrin de n'avoir pas percé plutôt dans les mystères de la loi : mais on croit que les Cabalistes ont supposé cette lettre, afin de n'avoir pas été méprisés par un homme qu'on appelle *la lumière* de l'Orient & de l'Occident.

Ses ouvrages furent reçus avec beaucoup d'applaudissement; cependant il faut avouer qu'il avoit souvent des idées fort abstraites, & qu'ayant étudié la métaphysique, il en faisoit un trop grand usage. Il soutenoit que toutes les facultés étoient des anges; il s'imaginoit qu'il expliquoit par-là beaucoup plus nettement les opérations de la Divinité, & les expressions de l'Ecriture. N'est-il pas étrange, disoit-il, qu'on admette ce que disent quelques docteurs, qu'un ange entre dans le sein de la femme pour y former un embryon; quoique ces mêmes docteurs assûrent qu'un ange est un feu consumant, au lieu de reconnoître plutot que la faculté régénérante est un ange? C'est pour cette raison que Dieu parle souvent dans l'Ecriture, & qu'il dit: *faisons l'homme à notre image*, parce que quelques rabbins avoient conclu de ce passage, que Dieu avoit un corps, quoiqu'infiniment plus parfait que les nôtres; il soutint que l'image signifie la forme essentielle qui constitue une chose dans son être. Tout cela est fort subtil, ne lève point la difficulté, & ne découvre point le véritable sens des paroles de Dieu. Il croyoit que les astres sont animés, & que les sphères célestes vivent. Il disoit que Dieu ne s'étoit repenti que d'une chose, d'avoir confondu les bons avec les méchants dans la ruine du premier temple. Il étoit persuadé que les promesses de la loi, qui subsistera toujours, ne regardent qu'une félicité temporelle, & qu'elles seront accomplies sous le règne du Messie. Il soutient que le royaume de Juda fut rendu à la postérité de Jéchonias, dans la personne de Salatiel, quoique St. Luc assure positivement que Salatiel n'étoit pas fils de Jéchonias, mais de Néri.

De la philosophie exotérique des Juifs. Les *Juifs* avoient deux espèces de philosophie: l'une exotérique, dont les dogmes étoient enseignés publiquement, soit dans les livres, soit dans les écoles; l'autre ésotérique, dont les principes n'étoient révélés qu'à un petit nombre de personnes choisies, & étoient soigneusement cachés à la multitude. Cette dernière science s'appelle *cabale*.

Avant de parler des principaux dogmes de la philosophie exotérique, il ne sera pas inutile d'avertir le lecteur, qu'on ne doit pas s'attendre à trouver chez les *Juifs* de la justesse dans les idées, de l'exactitude dans le raisonnement, de la précision dans le style; en un mot, tout ce qui doit caractériser une saine philosophie. On n'y trouve au contraire, qu'un mélange confus des principes de la raison & de la révélation, une obscurité affectée, & souvent impénétrable, des principes qui conduisent au fanatisme, un respect aveugle pour l'autorité des docteurs, & pour l'antiquité; en un mot, tous les défauts qui annoncent une nation ignorante & superstitieuse: voici les principaux dogmes de cette espèce de philosophie.

Idées que les Juifs ont de la Divinité. I. L'unité d'un Dieu fait un des dogmes fondamentaux de la synagogue moderne, aussi bien que des anciens *Juifs*: ils s'éloignent également du païen, qui croit la pluralité des dieux, & des Chrétiens qui admettent trois personnes divines dans une seule essence.

Les rabbins avouent que Dieu seroit fini, s'il avoit un corps: ainsi, quoiqu'ils parlent souvent de Dieu, comme d'un homme, ils ne laissent pas de le regarder comme un être purement spirituel. Ils donnent à cette essence infinie toutes les perfections qu'on peut imaginer, & en écartent tous les défauts qui sont attachés à la nature humaine, ou à la créature; sur-tout ils lui donnent une puissance absolue & sans bornes, par laquelle il gouverne l'univers.

II. Le *juif* qui convertit le roi de Cozar, expliquoit à ce prince les attributs de la Divinité d'une manière orthodoxe. Il dit que, quoiqu'on appelle Dieu *miséricordieux*, cependant il ne sent jamais le frémissement de la nature, ni l'émotion du cœur, puisque c'est une foiblesse dans l'homme: mais on entend par-là que l'Etre souverain fait du bien à quelqu'un. On le compare à un juge qui condamne & qui absout ceux qu'on lui présente, sans que son esprit ni son cœur soient altérés par les différentes sentences qu'il prononce, quoique delà dépendent la vie ou la mort des coupables. Il assure qu'on doit appeller Dieu *lumière*: (*Corri. part. II.*) mais il ne faut pas s'imaginer que ce soit une lumière réelle, ou semblable à celle qui nous éclaire; car on feroit Dieu corporel, s'il étoit véritablement lumière: mais on lui donne ce nom, parce qu'on craint qu'on ne le conçoive comme *ténébreux*. Comme cette idée seroit trop basse, il faut l'écarter, & concevoir Dieu sous celle d'une lumière éclatante & inaccessible. Quoiqu'il n'y ait que les créatures qui soient susceptibles de vie & de mort, on ne laisse pas de dire que Dieu *vit*, & qu'il est la *vie*; mais on entend par-là qu'il existe éternellement, & on ne veut pas le réduire à la condition des êtres mortels. Toutes ces explications sont pures, & conformes aux idées que l'Ecriture nous donne de Dieu.

III. Il est vrai qu'on trouve souvent dans les écrits des docteurs, certaines expressions fortes, & quelques actions attribuées à la Divinité, qui scandalisent ceux qui n'en pénètrent pas le sens; & delà vient que ces gens-là chargent les rabbins de blasphêmes & d'impiétés, dont ils ne sont pas coupables. En effet, on peut ramener ces expressions à un bon sens, quoiqu'elles paroissent profanes aux uns, & risibles aux autres. Ils veulent dire que Dieu n'a châtié qu'avec douleur son peuple, lorsqu'ils l'introduisent pleurant pendant les trois veilles de la nuit, & criant: *malheur à moi qui ai détruit ma maison, & dispersé mon peuple parmi les nations de la terre.* Quelque forte que soit l'expression, on ne laisse pas d'en trouver de semblables dans les prophêtes. Il faut pourtant avouer qu'ils outrent les choses, en ajoutant qu'ils ont entendu souvent cette voix lamentable de la Divinité, lorsqu'ils passent sur les ruines du temple; car la fausseté du fait est évidente. Ils badinent dans une chose sérieuse, quand ils ajoutent que deux des larmes de la Divinité, qui pleure la ruine de sa maison, tombent dans la mer, & y causent de violents mouvements; ou lorsqu'entêtés de leurs téphilims, ils en mettent autour de la tête de Dieu, pendant qu'ils prient que sa justice cède enfin à sa miséricorde. S'ils veulent vanter par là la nécessité des téphilims, il ne faut pas le faire aux dépens de la Divinité qu'on habille ridiculement aux yeux du peuple.

IV. Ils ont seulement dessein d'étaler les effets de la

puissance infinie de Dieu, en disant que c'est un lion, dont le rugissement fait un bruit horrible; & en contant que César ayant eu dessein de voir Dieu, R. Josué le pria de faire sentir les effets de sa présence. A cette prière, Dieu se retira à quatre cents lieues de Rome; il rugit, & le bruit de ce rugissement fut si terrible, que la muraille de la ville tomba, & toutes les femmes enceintes avortèrent. Dieu s'approchant plus près de cent lieues, & rugissant de la même manière, César effrayé du bruit, tomba de son trône, & tous les Romains qui vivoient alors, perdirent leurs dents molaires.

V. Ils veulent marquer sa présence dans le paradis terrestre, lorsqu'ils le font promener dans ce lieu délicieux comme un homme. Ils insinuent que les ames apportent leur ignorance de la terre, & ont peine à s'instruire des merveilles du paradis, lorsqu'ils représentent ce même Dieu comme un maître d'école qui enseigne les nouveaux venus dans le ciel. Ils veulent relever l'excellence de la synagogue, en disant qu'*elle est la mère, la femme, & la fille de Dieu*. Enfin, ils disent *Maïmon. more Nevochim, cap. xxvij,*) deux choses importantes à leur justification; l'une qu'ils sont obligés de parler de Dieu comme ayant un corps, afin de faire comprendre au vulgaire que c'est un être réel; car, le peuple ne conçoit d'existence réelle que dans les objets matériels & sensibles: l'autre, qu'ils ne donnent à Dieu que des actions nobles, & qui marquent quelque perfection, comme de se mouvoir & d'agir: c'est pourquoi on ne dit jamais que Dieu mange & qu'il boit.

VI. Cependant, il faut avouer que ces théologiens ne parlent pas avec assez d'exactitude ni de sincérité. Pourquoi obliger les hommes à se donner la torture pour pénétrer leurs pensées? Explique-t-on mieux la nature ineffable d'un Dieu, en ajoutant de nouvelles ombres à celles que sa grandeur répand déjà sur nos esprits? il faut tâcher d'éclaircir ce qui est impénétrable, au lieu de former un nouveau voile qui le cache plus profondément. C'est le penchant de tous les peuples, & presque de tous les hommes, que de se former l'idée d'un Dieu corporel. Si les rabbins n'ont pas pensé comme le peuple, ils ont pris plaisir à parler comme lui, & par là ils affoiblissent le respect qu'on doit à la Divinité. Il faut toujours avoir des idées grandes & nobles de Dieu: il faut inspirer les mêmes idées au peuple, qui n'a que trop d'inclination à les avilir. Pourquoi donc répéter si souvent des choses qui tendent à faire regarder un Dieu comme un être matériel? On ne peut même justifier parfaitement ces docteurs. Que veulent-ils dire, lorsqu'ils assurent que Dieu ne put révéler à Jacob la vente de son fils Joseph, parce que ses frères avoient obligé Dieu de jurer avec eux qu'on garderoit le secret sous peine d'excommunication? Qu'entend-on, lorsqu'on assure que Dieu, affligé d'avoir créé l'homme, s'en consola, parce qu'il n'étoit pas d'une matière céleste, puisqu'alors il auroit entraîné dans sa révolte tous les habitants du paradis? Que veut-on dire, quand on rapporte que Dieu joue avec le léviathan, & qu'il a tué la femelle de ce monstre, parce qu'il n'étoit pas de la bienséance que Dieu jouât avec une femelle? Les mystères qu'on tirera delà, à force de machines, seront grossiers; ils aviliront toujours la Divinité; & si ceux qui les étudient, se trouvent embarrassés à chercher le sens mystique, sans pouvoir le développer, que pensera le peuple à qui on débite ces imaginations?

Sentiment des Juifs sur la Providence & sur la liberté. I. Les *Juifs* soutiennent que la providence gouverne toutes les créatures depuis la licorne jusqu'aux œufs de poux. Les Chrétiens ont accusé Maïmonides d'avoir renversé ce dogme capital de la religion; mais ce docteur attribue ce sentiment à Epicure, & à quelques hérétiques en Israël, & traite d'athées ceux qui nient que tout dépend de Dieu. Il croit que cette Providence spéciale, qui veille sur chaque action de l'homme, n'agit pas pour remuer une feuille, ni pour produire un vermisseau; car tout ce qui regarde les animaux & les créatures, se fait par accident, comme l'a dit Aristote.

II. Cependant on explique différemment la chose: comme les docteurs se sont souvent attachés à la lecture d'Aristote & des autres philosophes, ils ont examiné avec soin si Dieu savoit tous les évènements, & cette question les a fort embarrassés. Quelques-uns ont dit que Dieu ne pouvoit connoître que lui-même, parce que la science se multipliant à proportion des objets qu'on connoît, il faudroit admettre en Dieu plusieurs dégrés, ou même plusieurs sciences. D'ailleurs, Dieu ne peut savoir que ce qui est immuable; cependant la plûpart des évènements dépendent de la volonté de l'homme, qui est libre. Maïmonides, (Maïmon. *more Nevochim. cap. xx.*) avoue que comme nous ne pouvons connoître l'essence de Dieu, il est aussi impossible d'approfondir la nature de sa connoissance. « Il faut donc se contenter de dire, » que Dieu sait tout, & n'ignore rien; que sa » connoissance ne s'acquiert point par dégrés, & » qu'elle n'est chargée d'aucune imperfection. Enfin, » si nous trouvons quelquefois des contradictions & » des difficultés, elles naissent de notre ignorance, & » de la disproportion qui est entre Dieu & nous ». Ce raisonnement est judicieux & sage: d'ailleurs, il il croyoit qu'on devoit tolérer les opinions différentes que les sages & les philosophes avoient formées sur la science de Dieu & sur la providence, puisqu'ils ne péchoient pas par ignorance, mais parce que la chose est incompréhensible.

III. Le sentiment commun des rabbins est que la volonté de l'homme est parfaitement libre. Cette liberté est tellement un des apanages de l'homme, qu'il cesseroit, disent-ils, d'être homme, s'il perdoit ce pouvoir. Il cesseroit en même temps d'être raisonnable, s'il aimoit le bien, & fuyoit le mal sans connoissance, ou par un instinct de la nature, à-peu-près comme la pierre qui tombe d'en haut, & la brebis qui fuit le loup. Que deviendroient les peines & les récompenses, les menaces & les promesses; en un mot, tous les préceptes de la Loi, s'il ne dépendoit pas de l'homme de les accomplir ou de les violer ? Enfin les *Juifs* sont si jaloux de cette liberté d'indifférence, qu'ils s'imaginent qu'il est impossible de penser sur cette matiere autrement qu'eux. Ils sont persuadés qu'on dissimule son sentiment toutes les fois qu'on ôte au franc arbitre quelque partie de sa liberté, & qu'on est obligé d'y revenir tôt ou tard, parce que s'il y avoit une prédestination, en vertu de laquelle tous les évènements deviendroient nécessaires, l'homme cesseroit de prévenir les maux, & de chercher ce qui peut contribuer à la défense, ou à la conservation de sa vie ; & si on dit avec quelques chrétiens, que Dieu qui a déterminé la fin, a déterminé en même temps les moyens par lesquels on l'obtient ; on rétablit par là le franc arbitre après l'avoir ruiné, puisque le choix de ces moyens dépend de la volonté de celui qui les néglige ou qui les employe.

IV. Mais au moins ne reconnoissoient-ils point la grace ? Philon, qui vivoit du temps de J. C., disoit que comme les ténèbres s'écartent lorsque le soleil remonte sur l'horizon, de même lorsque le soleil divin éclaire une ame, son ignorance se dissipe, & la connoissance y entre. Mais ce sont là des termes généraux, qui décident d'autant moins la question, qu'il ne paroît pas par l'Evangile, que la grace régénérante fût connue en ces temps là des docteurs *Juifs* ; puisque Nicodème n'en avoit aucune idée, & que les autres ne savoient pas même qu'il y eût un Saint-Esprit, dont les opérations sont si nécessaires pour la conversion.

V. Les *Juifs* ont dit que la grace prévient les mérites du juste. Voilà une grace prévenante reconnue par les rabbins ; mais il ne faut pas s'imaginer que ce soit-là un sentiment généralement reçu. Menasse, (*de fragilit. humanâ.*) a réfuté ces docteurs qui s'éloignoient de la tradition ; parce que, si la grace prévenoit la volonté, elle cesseroit d'être libre, & il n'établit que deux sortes de secours de la part de Dieu ; l'un, par lequel il ménage les occasions favorables pour exécuter un bon dessein qu'on a formé, & l'autre par lequel il aide l'homme, lorsqu'il a commencé à bien vivre.

VI. Il semble qu'en rejettant la grace prévenante, on reconnoît un secours de la Divinité qui suit la volonté de l'homme, & qui influe dans ses actions. Menasse dit qu'on a besoin du concours de la Providence pour toutes les actions honnêtes : il se sert de la comparaison d'un homme, qui voulant charger sur ses épaules un fardeau, appelle quelqu'un à son secours. La Divinité est ce bras étranger qui vient aider le juste, lorsqu'il a fait ses premiers efforts pour accomplir la Loi. On cite des docteurs encore plus anciens que Menasse, lesquels ont prouvé qu'il étoit impossible que la chose se fît autrement, sans détruire tout le mérite des œuvres. « Ils demandent si Dieu, » qui préviendroit l'homme, donneroit une grace com- » mune à tous, ou particulière à quelques-uns. Si » cette grace efficace étoit commune, comment tous » les hommes ne sont-ils pas justes & sauvés ? Et si » elle est particulière, comment Dieu peut-il sans » injustice, sauver les uns, & laisser périr les autres ? » Il est beaucoup plus vrai que Dieu imite les hommes » qui prêtent leurs secours à ceux qu'ils voyent avoir » formé de bons desseins, & faire quelques efforts » pour se rendre vertueux. Si l'homme étoit assez » méchant pour ne pouvoir faire le bien sans la grace, » Dieu seroit l'auteur du péché, *&c.* »

VII. On ne s'explique pas nettement sur la nature de ce secours qui soulage la volonté dans ses besoins ; mais je suis persuadé qu'on se borne aux influences de la Providence, & qu'on ne distingue point entre cette Providence qui dirige les évènements humains & la grace salutaire qui convertit les pécheurs. R. Eliezer confirme cette pensée ; car il introduit Dieu qui ouvre à l'homme le chemin de la vie & de la mort, & qui lui en donne le choix. Il place sept anges dans le chemin de la mort, dont quatre pleins de miséricorde, se tiennent dehors à chaque porte, pour empêcher les pécheurs d'entrer. *Que fais-tu*, crie le premier ange au pécheur qui veut entrer ? *il n'y a point ici de vie : vas-tu te jetter dans le feu ? repens-toi.* S'il passe la première porte, le second ange l'arrête, & lui crie, *que Dieu le haïra & s'éloignera de lui.* Le troisième lui apprend qu'il sera effacé du livre de vie : le quatrième le conjure d'attendre-là que Dieu vienne chercher les pénitents ; & s'il persévère dans le crime, il n'y a plus de retour. Les anges cruels se saisissent de lui : on ne donne donc point d'autres secours à l'homme, que l'avertissement des anges, qui sont les ministres de la Providence.

Sentiment des Juifs sur la création du monde. 1°. Le plus grand nombre des docteurs *juifs* croient que le monde a été créé par Dieu, comme le dit Moïse, & on met au rang des hérétiques chassés du sein d'Israël, ou excommuniés, ceux qui disent que la matière étoit co-éternelle à l'Etre souverain.

Cependant il s'éleva du temps de Maïmonides, au douzième siècle, une controverse sur l'antiquité du monde. Les uns entêtés de la philosophie d'Aristote, suivoient son sentiment sur l'éternité du monde ; c'est pourquoi Maïmonides fut obligé de le réfuter fortement ; les autres prétendoient que la matière étoit éternelle. Dieu étoit bien le principe & la cause de son existence : il en a même tiré les formes différentes, comme le potier les tire de l'argile, & le forgeron du fer qu'il manie : mais Dieu n'a jamais existé sans cette matière, comme la matière n'a jamais existé sans Dieu. Tout ce qu'il a fait dans la création, étoit de règler son mouvement, & de mettre toutes ses parties dans le bel ordre où nous les voyons. Enfin, il y a eu des gens, qui ne pouvant concevoir que Dieu, semblable aux ouvriers ordinaires, eût existé avant son ouvrage, ou qu'il fût demeuré dans le ciel sans agir, soutenoient qu'il avoit créé le monde de tout temps, ou plutôt de toute éternité.

2°. Ceux qui, dans les synagogues, veulent soutenir l'éternité du monde, tâchent de se mettre à couvert de la censure par l'autorité de Maïmonides, parce qu'ils prétendent que ce grand docteur n'a point mis la création entre les articles fondamentaux de la foi,

Mais il est aisé de justifier ce docteur; car on lit ces paroles dans la confession de foi qu'il a dressée : *si le monde est créé, il y a un créateur ; car personne ne peut se créer soi-même : il y a donc un Dieu.* Il ajoute, que Dieu *seul est éternel*, *& que toutes choses ont eu un commencement.* Enfin, il déclare ailleurs, que la création est un des fondements de la foi, sur lesquels on ne doit se laisser ébranler que par une démonstration qu'on ne trouvera jamais.

3°. Il est vrai que ce docteur raisonne quelquefois foiblement sur cette matière. S'il combat l'opinion d'Aristote, qui soutenoit aussi l'éternité du monde, la génération & la corruption dans le ciel, il trouve la méthode de Platon assez commode, parce qu'elle ne renverse pas les miracles, & qu'on peut l'accommoder avec l'Ecriture; enfin, elle lui paroissoit appuyée sur de bonnes raisons, quoiqu'elles ne fussent pas démonstratives. Il ajoutoit qu'il seroit aussi facile à ceux qui soutenoient l'éternité du monde, d'expliquer tous les endroits de l'Ecriture où il est parlé de la création, que de donner un bon sens à ceux où cette même Ecriture donne des bras & des mains à Dieu. Il semble aussi qu'il ne se soit déterminé que par intérêt du côté de la création préférablement à l'éternité du monde, parce que si le monde étoit éternel, & que les hommes se fussent créés indépendamment de Dieu, la glorieuse préférence que la nation *Juive* a eue sur toutes les autres nations, deviendroit chimérique. Mais de quelque manière que Maïmonides ait raisonné, un lecteur équitable ne peut l'accuser d'avoir cru l'éternité du monde, puisqu'il l'a rejettée formellement, & qu'il a fait l'apologie de Salomon, que les hérétiques citoient comme un de leurs témoins.

4°. Mais si les docteurs sont ordinairement orthodoxes sur l'article de la création, il faut avouer qu'ils s'écartent presque aussi-tôt de Moïse. On toléroit dans la synagogue les théologiens qui soutenoient qu'il y avoit un monde avant celui que nous habitons, parce que Moïse a commencé l'histoire de la Genèse, par un *B*, qui marque deux. Il étoit indifférent à ce législateur de commencer son livre par une autre lettre; mais il a renversé sa construction; & commencé son ouvrage par un *B*, afin d'apprendre aux initiés que c'étoit ici le second monde, & que le premier avoit fini dans le systême millénaire, selon l'ordre que Dieu a établi dans les révolutions qui se feront.

5°. C'est encore un sentiment assez commun chez les *Juifs* que le ciel & les astres sont animés. Cette croyance est même très-ancienne chez eux ; car Philon l'avoit empruntée de Platon, dont il faisoit sa principale étude. Il disoit nettement que les astres étoient des créatures intelligentes qui n'avoient jamais fait de mal, & qui étoient incapables d'en faire. Il ajoutoit qu'ils ont un mouvement circulaire, parce que c'est le plus parfait, & celui qui convient le mieux aux ames & aux substances intelligentes.

Sentimens des Juifs sur les anges & sur les démons, sur l'ame & sur le premier homme. 1. Les hommes se plaisent à raisonner beaucoup sur ce qu'ils connoissent le moins. On connoît peu la nature de l'ame; on connoît encore moins celle des anges: on ne peut savoir que par la révélation leur existence. Les écrivains sacrés que Dieu conduisoit, ont été timides & sobres sur cette matière. Que de raisons pour imposer silence à l'homme, & donner des bornes à sa témérité ! Cependant il y a peu de sujets sur lesquels on ait autant raisonné que sur les anges ; le peuple curieux consulte ses docteurs : ces derniers ne veulent pas laisser soupçonner qu'ils ignorent ce qui se passe dans le ciel, ni se borner aux lumières que Moïse a laissées. Ce seroit se dégrader du doctorat que d'ignorer quelque chose, & se remettre au rang du simple peuple qui peut lire Moïse, & qui n'interroge les théologiens que sur ce que l'Ecriture ne dit pas. Avouer son ignorance dans une matière obscure, ce seroit un acte de modestie, qui n'est pas permis à ceux qui se mêlent d'enseigner. On ne pense pas qu'on s'égare volontairement, puisqu'on veut donner aux anges des attributs & des perfections sans les connoître, & sans consulter Dieu qui les a formés.

Comme Moïse ne s'explique point sur le temps auquel les anges furent créés, on supplée à son silence par des conjectures. Quelques-uns croient que Dieu forma les anges le second jour de la création. Il y a des docteurs qui assurent qu'ayant été appellés au conseil de Dieu sur la production de l'homme, ils se partagèrent en opinions différentes. L'une approuvoit sa création, & l'autre la rejettoit, parce qu'il prévoyoit qu'Adam pécheroit par complaisance pour sa femme ; mais Dieu fit taire ces anges ennemis de l'homme, & le créa avant qu'ils s'en fussent apperçus : ce qui rendit leurs murmures inutiles ; & il les avertit qu'ils pécheroient aussi en devenant amoureux des filles des hommes. Les autres soutiennent que les anges ne furent créés que le cinquième jour. Un troisiéme parti veut que Dieu les produise tous les jours, & qu'ils sortent d'un fleuve qu'on appelle *Dinor* ; enfin quelques-uns donnent aux anges le pouvoir de s'entre-créer les uns les autres, & c'est ainsi que l'ange Gabriel a été créé par Michel qui est au-dessus de lui.

2. Il ne faut pas faire une hérésie aux *Juifs* de ce qu'ils enseignent sur la nature des anges. Les docteurs éclairés reconnoissent que ce sont des substances purement spirituelles, entièrement dégagées de la matière ; & ils admettent une figure dans tous les passages de l'Ecriture qui les représentent sous des idées corporelles, parce que les anges revêtent souvent la figure du feu, d'un homme ou d'une femme.

Il y a pourtant quelques rabbins plus grossiers, lesquels ne pouvant digérer ce que dit des anges l'Ecriture, qui les représente sous la figure d'un boeuf, d'un chariot de feu ou avec des aîles, enseignent qu'il y a un second ordre d'anges, qu'on appelle les anges *du ministère*, lesquels ont des corps subtils comme le feu. Ils font plus, ils croient qu'il y a différence de sexe entre les anges, dont les uns donnent & les autres reçoivent.

Philon *juif*, avoit commencé à donner trop aux anges, en les regardant comme les colonnes sur lesquelles cet univers est appuyé. On l'a suivi, & on a cru non-seulement que chaque nation avoit son ange particulier, qui s'intéressoit fortement pour elle, mais qu'il y en avoit qui présidoient à chaque chose. Azariel préside sur l'eau ; Gazardia, sur l'Orient, afin d'avoir soin que le soleil se lève ; & Nékid, sur le pain & les aliments. Ils ont des anges qui président sur chaque planète, sur chaque mois de l'année & sur les heures du jour. Les *Juifs* croient aussi que chaque homme a deux anges ; l'un, bon, qui le garde ; l'autre, mauvais, qui examine ses actions. Si, le jour du sabbat, au retour de la synagogue, les deux anges trouvent le lit fait, la table dressée, les chandelles allumées, le bon ange s'en réjouit, & dit : Dieu veuille qu'au prochain sabbat, les choses soient en aussi bon ordre ! & le mauvais ange est obligé de répondre *amen*. S'il y a du désordre dans la maison, le mauvais ange à son tour, souhaite que la même chose arrive au prochain sabbat, & le bon ange répond *amen*.

La théologie des *Juifs* ne s'arrête pas là. Maïmonides, qui avoit fort étudié Aristote, soutenoit que ce philosophe n'avoit rien dit qui fût contraire à la loi, excepté qu'il croyoit que les intelligences étoient éternelles, & que Dieu ne les avoit point produites. En suivant les principes des anciens philosophes, il disoit qu'il y a une sphère supérieure à toutes les autres qui leur communique le mouvement. Il remarque que plusieurs docteurs de sa nation croyoient avec Pythagore, que les cieux & les étoiles formoient en se mouvant, un son harmonieux, qu'on ne pouvoit entendre à cause de l'éloignement ; mais qu'on ne pouvoit pas en douter, puisque nos corps ne peuvent se mouvoir sans faire du bruit, quoiqu'ils soient beaucoup plus petits que les orbes célestes. Il paroît rejetter cette opinion ; je ne sais même s'il n'a pas tort de l'attribuer aux docteurs : en effet, les rabbins disent qu'il y a trois choses dont le son passe d'un bout du monde à l'autre ; la voix du peuple romain, celle de la sphère du soleil, & de l'ame qui quitte le monde.

Quoi qu'il en soit, Maïmonides dit non-seulement que toutes ces sphères sont mues & gouvernées par des anges ; mais il prétend que ce sont véritablement des anges. Il leur donne la connoissance & la volonté par laquelle ils exercent leurs opérations : il remarque que le titre d'*ange* & de *messager* signifie la même chose. On peut donc dire que les intelligences, les sphères, & les éléments qui exécutent la volonté de Dieu, sont des anges, & doivent porter ce nom.

4. On donne trois origines différentes aux démons. On soutient quelquefois que Dieu les a créés le même jour qu'il créa les enfers pour leur servir de domicile. Il les forma spirituels, parce qu'il n'eut pas le loisir de leur donner des corps. La fête du sabbat commençoit au moment de leur création, & Dieu fut obligé d'interrompre son ouvrage, afin de ne pas violer le repos de la fête. Les autres disent qu'Adam ayant été long-temps sans connoître sa femme, l'ange Samaël touché de sa beauté, s'unit avec elle, & conçut & enfanta les démons. Ils soutiennent aussi qu'Adam, dont ils font une espèce de scélérat, fut le père des esprits malins.

On compte ailleurs, car il y a là-dessus une grande diversité d'opinions, quatre mères des diables : dont l'une est Nahama, sœur de Tubalin, belle comme les anges, auxquels elle s'abandonna ; elle vit encore, & elle entre subtilement dans le lit des hommes endormis, & les oblige de se souiller avec elle ; l'autre est Lilith, dont l'histoire est fameuse chez les *Juifs*. Enfin il y a des docteurs qui croyent que les anges créés dans un état d'innocence, en sont déchus par jalousie pour l'homme, & par leur révolte contre Dieu : ce qui s'accorde mieux avec le récit de Moïse.

5. Les *Juifs* croient que les démons ont été créés mâles & femelles, & que de leur conjonction il en a pu naître d'autres. Ils disent encore que les ames des damnés se changent pour quelque temps en démons, pour aller tourmenter les hommes, visiter leur tombeau, voir les vers qui rongent leurs cadavres, ce qui les afflige, & ensuite s'en retournent aux enfers.

Ces démons ont trois avantages qui leur sont communs avec les anges. Ils ont des aîles comme eux ; ils volent comme eux d'un bout du monde à l'autre ; enfin ils sçavent l'avenir. Ils ont trois imperfections qui leur sont communes avec les hommes ; car ils sont obligés de manger & de boire ; ils engendrent & multiplient, & enfin ils meurent comme nous.

6. Dieu s'entretenant avec les anges vit naître une dispute entr'eux à cause de l'homme. La jalousie les avoit saisis ; ils soutinrent à Dieu que l'homme n'étoit que vanité, & qu'il avoit tort de lui donner un si grand empire. Dieu soutint l'excellence de son ouvrage par deux raisons ; l'une que l'homme le loueroit sur la terre, comme les anges le louoient dans le ciel. Secondement il demanda à ces anges si fiers, s'ils sçavoient les noms de toutes les créatures ; ils avouèrent leur ignorance, qui fut d'autant plus honteuse, qu'Adam ayant paru aussi-tôt, il les récita sans y manquer. Schamaël qui étoit le chef de cette assemblée céleste, perdit patience. Il descendit sur la terre, & ayant remarqué que le serpent étoit le plus subtil de tous les animaux, il s'en servit pour séduire Eve.

C'est ainsi que les *Juifs* rapportent la chute des anges ; & de leur récit il résulte qu'il y avoit un chef des anges avant leur apostasie, & que ce chef s'appelloit *Schamael*. En cela ils ne s'éloignent pas beaucoup des chrétiens ; car une partie des saints pères ont regardé le diable avant sa chute comme le prince de tous les anges.

7. Moïse dit que les fils de Dieu voyant que les filles des hommes étoient belles, se souillèrent avec elles. Philon le *juif* a substitué les anges aux *fils de Dieu* ; & il remarque que Moïse a donné le titre d'anges à ceux que les philosophes appellent *génies*. Enoch a rapporté non-seulement la chute des anges avec les femmes, mais il en développe toutes les circonstances, il nomme les vingt anges qui firent complot de se marier ; ils prirent des femmes l'an 1170 du monde, & de ce mariage nâquirent les géants. Ces démons enseignèrent ensuite aux hommes les Arts & les Sciences. Azael apprit aux garçons à faire des armes, & aux filles à se farder ; Semireas leur apprit la colère & la violence ; Pharmarus fut le docteur de la magie : ces leçons reçues avec avidité des hommes & des femmes,

causèrent un désordre affreux. Quatre anges persévérans se présentèrent devant le trône de Dieu, & lui remontrèrent le désordre que les géans causoient : *Les esprits des ames des hommes morts crient, & leurs soupirs montent jusqu'à la porte du ciel, sans pouvoir parvenir jusqu'à toi, à cause des injustices qui se font sur la terre. Tu vois cela, & tu ne nous apprens point ce qu'il faut faire.*

La remontrance eut pourtant son effet. Dieu ordonna à Uriel *u* d'aller avertir le fils de Lamech qui » étoit Noé, qu'il seroit garanti de *la mort éternellement.* » Il commanda à Raphaël de saisir Ezaël l'un des anges » rebelles, de le jetter *lié pieds & mains dans les* » *ténèbres* ; d'ouvrir le désert qui est dans un autre » désert, & de le jetter là ; de mettre sur lui des pierres » aiguës ; & d'empêcher qu'il ne vît la lumière, jus» qu'à ce qu'on le jettât dans l'embrâsement de feu au » jour du jugement. L'ange Gabriel fut chargé de » mettre aux mains les géans afin qu'ils s'entretuassent ; » & Michaël devoit prendre Séminéas & tous les » anges mariés, afin que quand ils auroient vu périr les » géans & tous leurs enfans, on les liât pendant soixante » & dix générations dans les cachots de la terre, jus» qu'au jour de l'accomplissement de toutes choses, & » du jugement où ils devoient être jettés dans un abîme » de feu & de tourmens éternels. »

8. Un rabbin moderne (*Menasse*), qui avoit fort étudié les anciens, assure que la préexistence des ames est un sentiment généralement reçu chez les docteurs *juifs.* Ils soutiennent qu'elles furent toutes formées dès le premier jour de la création, & qu'elles se trouvèrent toutes dans le jardin d'Eden. Dieu leur parloit quand il dit : *faisons l'homme* ; il les unit aux corps à proportion qu'il s'en forme quelqu'un. Ils appuient cette pensée sur ce que Dieu dit dans Isaïe : *j'ai fait les ames.* Il ne se serviroit pas d'un temps passé s'il en créoit encore tous les jours un grand nombre ; l'ouvrage doit être achevé depuis long-temps, puisque Dieu dit, *j'ai fait.*

9. Ces ames jouissent d'un grand bonheur dans le ciel, en attendant qu'elles puissent être unies aux corps. Cependant elles peuvent mériter quelque chose par leur conduite ; & c'est-là une des raisons qui fait la grande différence des mariages, dont les uns sont heureux, & les autres mauvais, parce que Dieu envoye les ames selon leurs mérites. Elles ont été créées doubles, afin qu'il y eût une ame pour le mari, & une autre pour la femme. Lorsque ces ames qui ont été faites l'une pour l'autre, se trouvent unies sur la terre, leur condition est infailliblement heureuse, & le mariage tranquille. Mais Dieu, pour punir les ames qui n'ont pas répondu à l'excellence de leur origine, sépare celles qui avoient été faites l'une pour l'autre, & alors il est impossible qu'il n'arrive de la division & du désordre. Origène n'avoit pas adopté ce dernier article de la théologie judaïque, mais il suivoit les deux premiers, car il croyoit que les ames avoient préexisté, & que Dieu les unissoit aux corps célestes ou terrestres, grossiers ou subtils, à proportion de ce qu'elles avoient fait dans le ciel, & personne n'ignore qu'Origène a eu beaucoup de disciples & d'approbateurs chez les Chrétiens.

10. Ces ames sortirent pures de la main de Dieu. On récite encore aujourd'hui une prière qu'on attribue aux docteurs de la grande synagogue, dans laquelle on lit : *O Dieu ! l'ame que tu m'a donnée est pure ; tu l'as créée, tu l'as formée, tu l'as inspirée ; tu la conserves au dedans de moi, tu la reprendras lorsqu'elle s'envolera, & tu me la rendras au temps que tu as marqué.*

On trouve dans cette prière tout ce qui regarde l'ame ; car voici comment rabbin Menasse l'a commentée : *l'ame que tu m'as donnée est pure*, pour apprendre que c'est une substance spirituelle, subtile, qui a été formée d'une matière pure & nette. *Tu l'as créée*, c'est-à-dire au commencement du monde avec les autres ames. *Tu l'as formée*, parce que notre ame est un corps spirituel, composé d'une matière céleste & insensible ; & les cabalistes ajoûtent qu'elle s'unit au corps pour recevoir la peine ou la récompense de ce qu'elle a fait. *Tu l'as inspirée*, c'est-à-dire tu l'as unie à mon corps sans l'intervention des corps célestes, qui influent ordinairement dans les ames végétatives & sensitives. *Tu la conserves*, parce que Dieu est la garde des hommes. *Tu la reprendras*, ce qui prouve qu'elle est immortelle. *Tu me la rendras*, ce qui nous assure de la vérité de la résurrection.

11. Les Thalmudistes débitent une infinité de fables sur le chapitre d'Adam & de sa création. Ils comptent les douze heures du jour auquel il fut créé, & ils n'en laissent aucune qui soit vuide. A la première heure, Dieu assembla la poudre dont il devoit le composer, & il devint un embrion. A la seconde, il se tint sur ses pieds. A la quatrième, il donna les noms aux animaux. La septième fut employée au mariage d'Eve, que Dieu lui amena comme une paranymphe, après l'avoir frisée. A dix heures Adam pécha ; on le jugea aussi-tôt, & à douze heures il sentoit déjà la peine & les sueurs du travail.

12. Dieu l'avoit fait si grand qu'il remplissoit le monde, ou du moins il touchoit le ciel. Les anges étonnés en murmurèrent, & dirent à Dieu qu'il y avoit deux êtres souverains, l'un au ciel & l'autre sur la terre. Dieu averti de la faute qu'il avoit faite, appuya la main sur la tête d'Adam, & le réduisit à une nature de mille coudées ; mais en donnant au premier homme cette grandeur immense, ils ont voulu seulement dire qu'il connoissoit tous les secrets de la nature, & que cette science diminua considérablement par le péché ; ce qui est orthodoxe. Ils ajoutent que Dieu l'avoit fait d'abord double, comme les payens nous représentent Janus à deux fronts, c'est pourquoi on n'eut besoin que de donner un coup de hache pour partager ces deux corps ; & cela est clairement expliqué par le prophête, qui assure que Dieu l'a formé par devant & par derrière : & comme Moïse dit aussi que Dieu le forma mâle & femelle, on conclut que le premier homme étoit hermaphrodite.

13. Sans nous arrêter à toutes ces visions qu'on multiplieroit à l'infini, les docteurs soutiennent, 1°. qu'Adam fut créé dans un état de perfection ; car s'il étoit

étoit venu au monde comme un enfant, il auroit eu besoin de nourrice & de précepteur. 2°. C'étoit une créature subtile : la matière de son corps étoit si délicate & si fine, qu'il approchoit de la nature des anges, & son entendement étoit aussi parfait que celui d'un homme le peut être. Il avoit une connoissance de Dieu & de tous les objets spirituels, sans avoir jamais rien appris, à cet égard il lui suffisoit d'y penser ; c'est pourquoi on l'appelloit *fils de Dieu*. Il n'ignoroit pas même le nom de Dieu ; car Adam ayant donné le nom à tous les animaux, Dieu lui demanda *quel est mon nom?* & Adam répondit, Jéhovah. *C'est toi qui es* ; & c'est à cela que Dieu fait allusion dans le prophète Isaïe, lorsqu'il dit : *je suis celui qui suis, c'est là mon nom* ; c'est à dire, *le nom qu'Adam m'a donné & que j'ai pris.*

14. Ils ne conviennent pas que la femme fût aussi parfaite que l'homme, parce que Dieu ne l'avoit formée que pour lui être *une aide*. Ils ne sont pas même persuadés que Dieu l'eût faite à son image. Un théologien chrétien (Lambert Danæus, *in Antiquitatibus, pag.* 42) a adopté ce sentiment en l'adoucissant; car il enseigne que l'image de Dieu étoit beaucoup plus vive dans l'homme que dans la femme; c'est pourquoi elle eut besoin que son mari lui servît de précepteur, & lui apprît l'ordre de Dieu, au lieu qu'Adam l'avoit reçu immédiatement de sa bouche.

15. Les docteurs croyent aussi que l'homme fait à l'image de Dieu étoit circoncis; mais ils ne prennent pas garde que, pour relever l'excellence d'une cérémonie, ils font un Dieu corporel. Adam se plongea d'abord dans une débauche affreuse, en s'accouplant avec les bêtes, sans pouvoir assouvir sa convoitise, jusqu'à ce qu'il s'unit à Eve. D'autres disent au contraire qu'Eve étoit le fruit défendu auquel il ne pouvoit toucher sans crime; mais emporté par la tentation que causoit la beauté extraordinaire de cette femme, il pécha. Ils ne veulent point que Caïn soit sorti d'Adam, parce qu'il étoit né du serpent qui avoit tenté Eve. Il fut si affligé de la mort d'Abel, qu'il demeura cent trente ans sans connoître sa femme, & ce fut alors qu'il commença à faire des enfans à son image & ressemblance. On lui reproche son apostasie, qui alla jusqu'à faire revenir la peau du prépuce, afin d'effacer l'image de Dieu. Adam, après avoir rompu cette alliance, se repentit; il maltraita son corps l'espace de sept semaines dans le fleuve Géhon; & le pauvre corps fut tellement sacrifié, qu'il devint percé comme un crible. On dit qu'il y a des mystères renfermés dans toutes ces histoires; en effet il faut nécessairement qu'il y en ait quelques-uns; mais il faudroit avoir beaucoup de temps & d'esprit pour les développer tous. Remarquons seulement que ceux qui donnent des règles sur l'usage des métaphores, & qui prétendent qu'on ne s'en sert jamais que lorsqu'on y a préparé ses lecteurs ; & qu'on est assuré qu'ils lisent dans l'esprit ce qu'on pense, connoissent peu le génie des Orientaux, & que leurs règles se trouveroient ici beaucoup trop courtes.

16. On accuse les *Juifs* d'appuyer les systêmes des Préadamites qu'on a développés dans ces derniers siècles avec beaucoup de subtilité ; mais il est certain qu'ils croient qu'Adam est le premier de tous les hommes. Sangarius donne Jambuscar pour précepteur à Adam ; mais il ne rapporte ni son sentiment, ni celui de sa nation. Il a suivi plûtôt les imaginations des Indiens & de quelques barbares, qui contoient que trois hommes nommés Jambuscha, Zacuth & Boan ont vécu avant Adam, & que le premier avoit été son précepteur. C'est en vain qu'on se sert de l'autorité de Maïmonides, un des plus sages docteurs des *Juifs* ; car il rapporte qu'Adam est le premier de tous les hommes qui soit né par une génération ordinaire ; il attribue cette pensée aux Zabiens, & bien loin de l'approuver, il la regarde comme une fausse idée qu'on doit rejetter; & croit qu'on n'a imaginé cela que pour défendre l'éternité du monde que ces peuples qui habitoient la Perse soutenoient.

17. Les *Juifs* disent ordinairement qu'Adam étoit né jeune dans une stature d'homme fait, parce que toutes choses doivent avoir été créées dans un état de perfection ; & comme il sortoit immédiatement des mains de Dieu, il étoit souverainement sage & prophête créé à l'image de Dieu. On ne finiroit pas, si on rapportoit tout ce que cette image de la divinité dans l'homme leur a fait dire. Il suffit de remarquer qu'au milieu des docteurs qui s'égarent, il y en a plusieurs, comme Maïmonides & Kimki, qui, sans avoir aucun égard au corps du premier homme, la placent dans son ame & dans ses facultés intellectuelles. Le premier avoue qu'il y avoit des docteurs qui croyoient que c'étoit nier l'existence de Dieu, que de soutenir qu'il n'avoit point de corps, puisque l'homme est matériel, & que Dieu l'avoit fait à son image. Mais il remarque que l'image est la vertu spécifique qui nous fait exister, & que par conséquent l'ame est cette image. Il outre même la chose ; car il veut que les Idolâtres, qui se prosternent devant les images, ne leur ayent pas donné ce nom, à cause de quelque trait de ressemblance avec les originaux ; mais parce qu'ils attribuent à ces figures sensibles quelque vertu.

Cependant il y en a d'autres qui prétendent que cette image consistoit dans la liberté dont l'homme jouissoit. Les anges aiment le bien par nécessité ; l'homme seul pouvoit aimer la vertu ou le vice. Comme Dieu, il peut agir & n'agir pas. Ils ne prennent pas garde que Dieu aime le bien encore plus nécessairement que les anges, qui pouvoient pécher, comme il paroît par l'exemple des démons ; & que si cette liberté d'indifférence pour le bien est un degré d'excellence, on élève le premier homme au-dessus de Dieu.

18. Les Antitrinitaires ont tort de s'appuyer sur le témoignage des *Juifs*, pour prouver qu'Adam étoit né mortel, & que le péché n'a fait à cet égard aucun changement à sa condition ; car ils disent nettement que si nos premiers pères eussent persévéré dans l'innocence, toutes leurs générations futures n'auroient pas senti les émotions de la concupiscence, & qu'ils

eussent toujours vécu. R. Béchaï, disputant contre les philosophes qui défendoient la mortalité du premier homme, soutient qu'il ne leur est point permis d'abandonner la théologie que leurs ancêtres ont puisée dans les écrits des prophêtes, lesquels ont enseigné *que l'homme eût vécu éternellement, s'il n'eût point péché.* Manassé, qui vivoit au milieu du siècle passé, dans un lieu où il ne pouvoit ignorer la prétention des Sociniens, prouve trois choses qui leur sont directement opposées : 1. que l'immortalité du premier homme, persévérant dans l'innocence, est fondée sur l'Ecriture ; 2. que Hana, fils de Hanina, R. Jéhuda, & un grand nombre de rabbins, dont il cite les témoignages, ont été de ce sentiment ; 3. enfin, il montre que cette immortalité de l'homme s'accorde avec la raison, puisqu'Adam n'avoit aucune cause intérieure qui pût le faire mourir, & qu'il ne craignoit rien du dehors, puisqu'il vivoit dans un lieu très-agréable, & que le fruit de l'arbre de vie, dont il devoit se nourrir, augmentoit sa vigueur.

19. Nous dirons peu de chose sur la création de la femme : peut-être prendra-t-on ce que nous en dirons pour autant de plaisanteries ; mais il ne faut pas oublier une si noble partie du genre humain. On dit donc que Dieu ne voulut point la créer d'abord, parce qu'il prévit que l'homme se plaindroit bientôt de sa malice. Il attendit qu'Adam la lui demandât ; & il ne manqua pas de le faire, dès qu'il eut remarqué que tous les animaux paroissoient devant lui deux à deux. Dieu prit toutes les précautions nécessaires pour la rendre bonne ; mais ce fut inutilement. Il ne voulut point la tirer de la tête, de peur qu'elle n'eût l'esprit & l'ame coquette ; cependant on a eu beau faire, ce malheur n'a pas laissé d'arriver ; & le prophête Isaïe se plaignoit, il y a déja long-temps, *que les filles d'Israël alloient la tête levée & la gorge nue.* Dieu ne voulut pas la tirer des yeux, de peur qu'elle ne jouât de la prunelle ; cependant Isaïe se plaint encore que les filles avoient l'œil tourné à la galanterie. Il ne voulut point la tirer de la bouche, de peur qu'elle ne parlât trop ; mais on ne sauroit arrêter sa langue, ni le flux de sa bouche. Il ne la prit point de l'oreille, de peur que ce ne fût une écouteuse ; cependant il est dit de Sara, qu'elle écoutoit à la porte du tabernacle, afin de savoir le secret des anges. Dieu ne la forma point du cœur, de peur qu'elle ne fût jalouse ; cependant combien de jalousies & d'envies déchirent le cœur des filles & des femmes ! Il n'y a point de passion, après celle de l'amour, à laquelle elles succombent plus aisément. Une sœur, qui a plus de bonheur, & sur-tout plus de galants, est l'objet de la haine de sa sœur : & le mérite ou la beauté sont des crimes qui ne se pardonnent jamais. Dieu ne voulut point former la femme ni des pieds ni de la main, de peur qu'elle ne fût coureuse, & que l'envie de dérober ne la prît : cependant Dina courut & se perdit : & avant elle, Rachel avoit dérobé les dieux de son père. On a eu donc beau choisir une partie honnête & dure de l'homme, d'où il semble qu'il ne pouvoit sortir aucun défaut, la femme n'a pas laissé de les avoir tous. C'est la description que les auteurs *juifs* nous en donnent. Il y a peut-être des gens qui la trouveront si juste, qu'ils ne voudront pas la mettre au rang de leurs visions, & qui s'imagineront qu'ils ont voulu renfermer une vérité connue sous des termes figurés.

Dogmes des Péripatéticiens, adoptés par les Juifs.

1. Dieu est le premier & le suprême moteur des cieux.

2. Toutes les choses créées se divisent en trois classes. Les unes sont composées de matière & de forme, & elles sont perpétuellement sujettes à la génération & à la corruption ; les autres sont aussi composées de matière & de forme, comme les premières ; mais leur forme est perpétuellement attachée à la matière ; & leur matière & leur forme ne sont point semblables à celles des autres êtres créés : tels sont les cieux & les étoiles. Il y en a enfin qui ont une forme sans matière, comme les anges.

3. Il y a neuf cieux, celui de la Lune, celui de Mercure, celui de Venus, celui du Soleil, celui de Mars, celui de Jupiter, celui de Saturne & des autres étoiles, sans compter le plus élevé de tous, qui les enveloppe, & qui fait tous les jours une révolution d'orient en occident.

4. Les cieux sont purs comme du cristal ; c'est pour cela que les étoiles du huitième ciel paroissent au-dessous du premier.

5. Chacun de ces huit cieux se divise en d'autres cieux particuliers, dont les uns tournent d'orient en occident, les autres d'occident en orient ; & il n'y a point de vuide parmi eux.

6. Les cieux n'ont ni légèreté, ni pesanteur, ni couleur ; car la couleur bleue que nous leur attribuons, ne vient que d'une erreur de nos yeux, occasionnée par la hauteur de l'atmosphère.

7. La terre est au milieu de toutes les sphères qui environnent le monde. Il y a des étoiles attachées aux petits cieux : or ces petits cieux ne tournent point autour de la terre, mais ils sont attachés aux grands cieux, au centre desquels la terre se trouve.

8. La terre est presque quarante fois plus grande que la lune ; & le soleil est cent soixante & dix fois plus grand que la terre. Il n'y a point d'étoile plus grande que le soleil, ni plus petite que Mercure.

9. Tous les cieux & toutes les étoiles ont une ame, & sont doués de connoissance & de sagesse. Ils vivent & ils connoissent celui qui d'une seule parole fit sortir l'univers du néant.

10. Au-dessous du ciel de la lune, Dieu créa une certaine matière différente de la matière des cieux ; & il mit dans cette matière des formes qui ne sont point semblables aux formes des cieux. Ces éléments constituent le feu, l'air, l'eau & la terre.

11. Le feu est le plus proche de la lune : au-dessous de lui suivent l'air, l'eau & la terre ; & chacun de ces éléments enveloppe de toutes parts, celui qui est au-dessous.

12. Ces quatre éléments n'ont ni ame ni connoissance ; ce sont comme des corps morts qui cependant conservent leur rang.

13. Le mouvement du feu & de l'air est de monter du centre de la terre vers le ciel; celui de l'eau & de la terre est d'aller vers le centre.

14. La nature du feu qui est le plus léger de tous les élémens, est chaude & sèche; l'air est chaud & humide; l'eau froide & humide; la terre, qui est le plus pesant de tous les éléments, est froide & sèche.

15. Comme tous les corps sont composés de ces quatre éléments, il n'y en a point qui ne renferme en même temps le froid & le chaud, le sec & l'humide; mais il y en a dans lesquels une des ces qualités domine sur les autres.

Principes de morale des Juifs. 1. Ne soyez point comme des mercenaires qui ne servent leur maître qu'à condition d'en être payés; mais servez votre maître sans aucune espérance d'en être récompensés, & que la crainte de Dieu soit toujours devant vos yeux.

2. Faites toujours attention à ces trois choses, & vous ne pécherez jamais. Il y a au-dessus de vous, un œil qui voit tout, une oreille qui entend tout, & toutes vos actions sont écrites dans le livre de vie.

3. Faites toujours attention à ces trois choses, & vous ne pécherez jamais. D'où venez-vous? où allez-vous? à qui rendrez-vous compte de votre vie? Vous venez de la terre, vous retournerez à la terre, & vous rendrez compte de vos actions au roi des rois.

4. La sagesse ne va jamais sans la crainte de Dieu, ni la prudence sans la science.

5. Celui-là est coupable, qui, lorsqu'il s'éveille la nuit, ou qu'il se promene seul, s'occupe de pensées frivoles.

6. Celui-là est sage qui apprend quelque chose de tous les hommes.

7. Il y a cinq choses qui caractérisent le sage. 1. Il ne parle point devant celui qui le surpasse en sagesse & en autorité. 2. Il ne répond point avec précipitation. 3. Il interroge à propos, & il répond à propos. 4. Il ne contrarie point son ami. 5. Il dit toujours la vérité.

8. Un homme timide n'apprend jamais bien, & un homme colère enseigne toujours mal.

9. Faites-vous une loi de parler peu & d'agir beaucoup, & soyez affable envers tout le monde.

10. Ne parlez pas long-temps avec une femme, pas même avec la vôtre, beaucoup moins avec celle d'un autre; cela irrite les passions, & nous détourne de l'étude de la loi.

11. Défiez-vous des grands, & en général de ceux qui sont élevés en dignité; ils ne se lient avec leurs inférieurs que pour leurs propres intérêts. Ils vous témoigneront de l'amitié, tant que vous leur serez utile; mais n'attendez d'eux ni secours ni compassion dans vos malheurs.

12. Avant de juger quelqu'un, mettez-vous à sa place, & commencez toujours par le supposer innocent.

13. Que la gloire de votre ami vous soit aussi chère que la vôtre.

14. Celui qui augmente ses richesses, multiplie ses inquiétudes. Celui qui multiplie ses femmes, remplit sa maison de poisons. Celui qui augmente le nombre de ses servantes, augmente le nombre des femmes débauchées. Enfin, celui qui augmente le nombre de ses domestiques, augmente le nombre des voleurs. (A. R.)

JUIGNÉ, (Le Clerc de) (*Hist. de Fr.*) maison ancienne, établie en Anjou & dans le Maine. Ses armes sont remarquables par un cimier qui est un coq à ailes ouvertes, avec la devise *ad alta*, & le cri de guerre : *battons & abattons.* Elle étoit connue & considérable dès le dixiéme siècle. Elle a eu des alliances avec nos plus grandes maisons. La terre de *Juigné* fut érigée en baronnie par Henri IV, pour René le Clerc *de Juigné*, qui lui avoit rendu de grands services. Son petit-fils, maréchal de camp, fut tué dans le Dauphiné, où il commandoit un corps de six mille hommes; plusieurs autres guerriers de cette maison ont été tués dans des batailles, nommément M. le marquis *de Juigné*, à la bataille de Guastalla, le 19 Septembre 1734. Il étoit colonel du régiment d'Orléans, infanterie.

JU-KIAU, (*Hist. mod. & Philosoph.*) c'est le nom que l'on donne à la Chine à des sectaires qui, si l'on en croit les missionnaires, sont de véritables athées. Les fondateurs de leur secte sont deux hommes célèbres, appellés *Chu-tse & Ching-tse*; ils parurent dans le quinziéme siecle, & s'associerent avec quarante-deux savants, qui leur aiderent à faire un commentaire sur les anciens livres de religion de la Chine, auxquels ils joignirent un corps particulier de doctrine, distribué en vingt volumes, sous le titre de *Sing-li-ta-tsuen*, c'est-à-dire, *philosophie naturelle.* Ils admettent une premiere cause, qu'ils nomment *Tai-Ki.* Il n'est pas aisé d'expliquer ce qu'ils entendent par ce mot; ils avouent eux-mêmes que le *Tai-Ki* est une chose dont les propriétés ne peuvent être exprimées: quoi qu'il en soit, voici l'idée qu'ils tâchent de s'en former. Comme ces mots *Tai-Ki* dans leur sens propre, signifient *faîte de maison*, ces docteurs enseignent que le *Tai-Ki* est à l'égard des autres êtres, ce que le faîte d'une maison est à l'égard de toutes les parties qui la composent; que comme le faîte unit & conserve toutes les pièces d'un bâtiment, de même le *Tay-Ki* sert à lier entr'elles & à conserver toutes les parties de l'univers. C'est le *Tai-Ki*, disent-ils, qui imprime à chaque chose un caractère spécial, qui la distingue des autres choses : on fait d'une pièce de bois un banc ou une table; mais le *Tai-Ki* donne au bois la forme d'une table ou d'un banc; lorsque ces instrumens sont brisés, leur *Tai-Ki* ne subsiste plus.

Les *Ju-Kiau* donnent à cette première cause des qualités infinies, mais contradictoires. Ils lui attribuent des perfections sans bornes; c'est le plus pur & le plus puissant de tous les principes; il n'a point de commencement, il ne peut avoir de fin. C'est l'idée, le modèle & l'essence de tous les êtres; c'est l'ame souveraine de l'univers; c'est l'intelligence suprême qui gouverne tout. Ils soutiennent même que c'est une substance immatérielle & un pur esprit; mais bien-tôt s'écartant de ces belles idées, ils confondent leur *Tai-Ki* avec tous les autres êtres. C'est la même chose, disent-ils, que le ciel, la terre & les cinq élémens, en sorte que dans un sens, chaque être particulier peut être appellé *Taï-Ki*. Ils ajoûtent que ce premier être est la cause seconde de toutes les productions de la nature, mais une cause aveugle & inanimée, qui ignore la nature de ses propres opérations. Enfin, dit le P. du Halde, après avoir flotté entre mille incertitudes, ils tombent dans les ténèbres de l'athéisme, rejettant toute cause surnaturelle, n'admettant d'autre principe qu'une vertu insensible, unie & identifiée à la matière. (*A. R.*)

JULES-CESAR, (*Hist. Rom.*) *Voyez* CÉSAR *ou* TRIUMVIRAT.

JULES, (*Hist. Ecclés.*) Il y a eu trois papes de ce nom. Le premier, élu le 6 février 337, mort le 12 avril 352.

Le second est le plus célèbre. (*Voyez* l'article CHAUMONT.) Il se nommoit Julien de la Rovère; Sixte IV, son oncle, l'avoit fait cardinal en 1471. En 1503, il acheta & il emporta par violence la papauté, plutôt qu'il ne l'obtint. Pontife belliqueux, c'étoit surtout à Jules-César qu'il desiroit de ressembler; c'étoit de l'épée de Saint-Paul, plus que des clefs de Saint-Pierre, qu'il aimoit à faire usage. Le doux, le modéré Louis XII s'étoit vu contraint d'éclater contre *Jules*, & de convoquer un concile à Pise, pour le faire déposer; il avoit fait frapper une médaille où on lisoit cette inscription, que Luther eût adoptée: *perdam Babylonis nomen*. Quelques cardinaux, ennemis du pape, présidoient à ce concile; le roi se contenta d'y envoyer seize évêques, tant de France que du Milanès, avec quelques abbés, docteurs & procureurs des Universités; on obtint avec peine, des Florentins, alors alliés de la France, la permission de s'assembler à Pise: au bout de trois sessions, les pères ne trouvant point le séjour de Pise assez sûr ni assez tranquille, se retirèrent à Milan, où après avoir sommé *Jules* de comparoître, ils le déclarèrent suspens: ces démarches du concile, revêtues de toutes les formalités qui pouvoient leur donner les apparences de la modération & de la justice, inspirèrent au pape de vives alarmes; il crut ne pouvoir détourner l'orage qu'en opposant concile à concile. Il en convoqua un à Rome, dans le palais de Latran, où il fit déclarer nulle la convocation de celui de Pise. Il cita les cardinaux de Carvajal, Borgia & Briçonnet, présidents du concile, à comparoître devant lui dans soixante-cinq jours, sous peine de dégradation & de perte de tous leurs bénéfices; il ajourna aussi le roi, les prélats, chapitres & parlements François, pour rendre compte de leur opposition à l'abolition de la pragmatique; il composa au nom du concile, un décret, par lequel il transféroit la couronne de France & le titre de très-chrétien, au roi d'Angleterre; son ressentiment éclatoit tous les jours par de nouvelles violences. La mort seule put en arrêter le cours. *Jules* mourut le 21 février 1513. Les cardinaux, que les emportements de ce vieux pape avoient scandalisés & révoltés, voulurent essayer s'ils trouveroient dans la jeunesse, la modération & la douceur que depuis long-temps ils avoient cherchées vainement dans l'âge mûr; le cardinal de Médicis (Léon X), ne trompa point leur espérance: élu à trente-six ans, il ramena insensiblement les esprits que *Jules II* avoit éloignés; les cardinaux du concile de Pise allèrent à Rome se jetter à ses pieds, implorer sa miséricorde en habit de simples prêtres, & désavouer tout ce qui avoit été fait à Pise & à Milan; le roi même céda aux sollicitations & aux plaintes éternelles d'Anne de Bretagne, sa femme, que cet air de schisme répandu sur la France & sur son roi, affligeoit & effrayoit: elle eut la consolation de voir Louis XII faire sa paix avec le Saint-Siège, abandonner le concile de Pise & adhérer à celui de Latran.

Jules III, élu en 1550, avoit présidé le concile de Trente, sous le pape Paul III, son prédécesseur; ce concile plusieurs fois suspendu, transféré, repris, étoit suspendu quand *Jules III* fut nommé, son premier soin fut de le rétablir, & bientôt il le suspendit de nouveau. Le pontificat de *Jules III* n'a presque rien de mémorable, qu'un trait qui n'est pas à son avantage; c'est la promotion qu'il fit au cardinalat d'un jeune aventurier, de mœurs fort déréglées, qui étoit son domestique, & dont l'unique talent étoit de bien amuser son singe; on l'appella le cardinal *Simia*. Les autres cardinaux ayant reproché au pape un choix si honteux; *& vous*, leur dit-il, *croyez-vous avoir si bien choisi dans ma personne? je ne vaux peut-être pas mieux pour un pape, que lui pour cardinal.* Ce propos, qui avoit du moins le mérite d'être modeste, a encore celui de présenter une moralité: c'est qu'un mauvais choix peut être la source de mille mauvais choix.

JULES-PAUL, (Julius-Paulus) (*Hist. Litt. anc.*) jurisconsulte célèbre, qui vivoit vers la fin du second siècle, & fut contemporain d'Ulpien & de Papinien, dont il partagea les honneurs & la gloire. On a de lui *Receptæ Sententiæ*, & quelques autres ouvrages de droit.

JULES *ou* JULIUS-POLLUX, (*Hist. Lit. anc.*) grammairien ancien, né en Egypte, professeur de rhétorique à Athènes, vers la fin du second siècle. On connoît son *Onomasticon*, ou dictionnaire grec.

JULETUNGLET, s. m. (*Hist. mod.*) douzième mois des Suédois. Il s'appelle aussi *Jylamont* & *Julamanat*. (*A. R.*)

JULIE, (*Hist. Rom.*) plusieurs Romaines ont rendu ce nom célèbre, en bonne & en mauvaise part. Les deux premières & les deux principales sont la fille de César & la fille d'Auguste, toutes deux belles, mais la première respectable par sa vertu, autant que la seconde est connue par le déréglement de sa conduite. La première fut femme de Pompée; elle fut l'objet de toute sa tendresse & le lien de l'amitié entre Pompée & César, amitié qui ne dura qu'autant que la courte vie de *Julie*, qui mourut en couches, dans tout l'éclat de la jeunesse & de la beauté:

Pignora juncti
Sanguinis, & diro ferales omine tædas
Abstulit ad manes, Parcarum, Julia, sævâ
Interceptâ manu; quòd si tibi fata dedissent
Majores in luce moras, tu sola furentes
Indè virum poteras, atque hinc retinere parentem;
Armatasque manus excusso jungere ferro
Ut generos mediæ soceris junxere Sabinæ.
Morte tuâ discussa fides, bellumque movere
Permissum ducibus.

La seconde eut trois maris: 1°. ce Marcellus, son cousin-germain, mort à vingt ans, que Virgile a célébré d'une manière si touchante à la fin du sixiéme livre de l'Enéide; 2°. cet Agrippa, le général, l'ami, le confident d'Auguste, à qui Horace adresse la sixiéme ode du livre premier, & que Virgile a aussi célébré dans le huitiéme livre de l'Enéide:

Parte aliâ ventis & dis Agrippa secundis
Arduus, agmen agens, cui belli insigne superbum,
Tempora navali fulgent rostrata coronâ.

3°. Tibère.

Auguste irrité du scandale de ses mœurs, délibéra s'il ne feroit point mourir cette fille indécente, qu'on l'accusoit cependant d'avoir trop aimée; il la rélegua dans la petite isle de Pandataire, aujourd'hui l'isle de Sainte-Marie, sur les côtes de la Campanie, où la punissant comme elle l'avoit mérité, il défendit qu'aucun homme, soit libre, soit même esclave, approchât du lieu de sa retraite:

Jusques à quand, ô ciel! & par quelle raison
Prendrez-vous contre moi des traits dans ma maison?
Pour ses débordements j'en ai chassé Julie.

Tibère la laissa mourir de faim dans sa prison, l'an de Rome 765, lui ayant retranché sa pension alimentaire.

Elle eut d'Agrippa une fille du même nom qu'elle, & trop digne d'elle, mariée à Lucius-Paulus; celle-ci força aussi Auguste de la traiter avec la même rigueur. Il la rélégua dans l'isle de Trimête ou Tremiti, dans le golphe de Venise, près des côtes de la Pouille; elle y vécut vingt ans des libéralités de Livie, qui, dit Tacite, affectoit en public de la pitié pour la famille de son mari, qu'elle avoit détruite par des moyens cachés: *quæ florentes privignos cùm per occultum subvertisset, misericordiam ergà afflictos palàm ostentabat.*

Une autre *Julie*, nièce de la précédente, fille de Germanicus & d'Agrippa, ne fut point corrigée par l'exemple des deux autres; Caligula son frère la corrompit, puis la prostitua indignement à ses compagnons de débauche, puis la rélégua dans l'isle Ponce, près de l'isle Pandataire, en la menaçant de la mort, & en l'avertissant de se souvenir qu'il avoit en sa puissance non-seulement des isles, mais des épées. Messaline, jalouse de *Julie*, la fit exiler de nouveau, sous l'empire de Claude, oncle de *Julie*; & peu après, elle la fit périr, l'an de Rome 792. On accusa Sénéque d'adultère avec cette *Julie*, & il fut rélégué dans l'isle de Corse. Elle avoit épousé ce Marcus-Vinicius, à qui Velleïus-Paterculus adresse son Abrégé d'Histoire.

Une autre *Julie*, fille de Drusus, épousa Néron, fils de Germanicus; elle fut l'espion de son mari auprès de Liville sa mère, qui s'étant vendue à Séjan, lui vendoit Néron son gendre; & par cette intrigue, *Julie* fut la cause de la mort de son mari; elle épousa en secondes nôces, Rubellius Blandus. Messaline, l'amie de tous les hommes & l'ennemie de toutes les femmes, la fit périr, l'an de Rome 794.

L'empereur Titus eut une fille, nommée aussi *Julie*. Domitien son oncle la séduisit du vivant même de Titus, & lui causa la mort en la forçant à l'avortement.

L'Histoire Romaine nous offre enfin l'impératrice *Julie*, femme de l'empereur Sévère, mère de Caracalla & de Géta. Ces deux princes ne pouvant vivre & règner ensemble, avoient partagé l'Empire; l'un devoit avoir l'Europe; l'autre, l'Asie; & la Propontide devoit être, de part & d'autre, la limite de leurs états. *Julie* leur mère, qu'on nommoit *Jocaste*, à cause de sa tendresse pour ces deux frères ennemis, n'ayant pu parvenir à les réconcilier, leur tient ce discours dans Hérodien.

« Vous trouvez, mes enfants, les moyens de partager entre vous la terre, en faisant servir la Propontide de borne à vos états. Mais ce n'est pas encore tout; il vous faut aussi partager votre mère. Comment ferai-je, malheureuse que je suis, pour me partager entre vous deux? Commencez par me tuer, cruels; coupez mon corps par morceaux; donnez, chacun dans votre empire, la sépulture à cette moitié qui vous en restera. C'est le seul moyen de me faire entrer dans ce partage funeste que vous méditez ».

L'impératrice, ajoute l'historien, entrecoupa ces paroles de soupirs & de sanglots; & serrant ses deux enfants entre ses bras, elle les exhortoit à étouffer leurs ressentiments.

Le partage n'eut pas lieu, & *Julie* n'en fut que plus malheureuse; Caracalla égorgea son frère presqu'entre les bras de sa mère. *Julie* vit aussi périr Caracalla après l'avoir vu devenir l'horreur des Romains, & elle se tua de désespoir. Elle aimoit les lettres, & ce fut elle qui engagea Philostrate à écrire la vie d'Apollonius de Tyanes.

JULIEN. On trouve plusieurs personnages de ce nom dans l'histoire, tant sacrée que profane. Saint *Julien* fut le premier évêque du Mans & l'apôtre du Maine, vers la fin du troisiéme siècle; mais on ne sait d'ailleurs rien de lui, & on sait trop peu de choses de quelques autres Saints du même nom, pour s'y arrêter ici.

L'Histoire Romaine nous offre deux empereurs de ce nom.

L'un est Didier *Julien* (Didius *Julianus*.) (*Voyez* DIDIUS.)

L'autre est le célèbre empereur *Julien*, dont nous avons les ouvrages, & dont M. l'Abbé de la Bletterie a écrit la vie. Le vulgaire l'appelle *Julien l'Apostat.* M. de Voltaire l'appelle *Julien le Philosophe*; il ne fut pas assez philosophe, puisqu'il persécuta les Chrétiens; il ne fut pas assez philosophe, puisqu'il rétablit le Paganisme & le Polythéisme.

Flavius-Claudius-Julianus, ou l'empereur *Julien*, naquit à Constantinople le 6 novembre 331, de Jule-Constance, frère de Constantin, & de Basiline, fille du préfet *Julien* (*Anicius-Julianus*) qui fut consul l'an 322. L'empereur Constance, fils de Constantin, & auquel *Julien* succéda, étoit donc son cousin-germain, & de plus, il étoit son beau frère, Constance ayant épousé une sœur de *Julien.* Constance fit périr ses oncles, nommément son beau frère & ses cousins; *Julien* n'échappa qu'avec peine à ce massacre. Il paroît qu'on le cacha dans une église. Saint Basile, évêque d'Ancire, qui souffrit le martyre sous la persécution de *Julien*, dit que ce prince ingrat avoit oublié l'autel qui lui avoit servi d'asyle. *Non est recordatus quomodò eruerit eum Deus per sanctos suos sacerdotes, abscondens eum sub sancto & admirabili altari ecclesiæ suæ.* C'est ainsi que Joas avoit été

Sous l'aîle du seigneur dans son temple élevé.....
Nourri dans ta maison, en l'amour de ta loi,
Il ne connoît encor d'autre père que toi! .....
Il faut que sur le trône un roi soit élevé,
Qui se souvienne un jour qu'au rang de ses ancêtres
Dieu l'a fait remonter par la main de ses prêtres,
L'a tiré par leur main de l'oubli du tombeau,
Et de David éteint rallumé le flambeau.

Julien ne s'en souvint pas mieux que Joas, & retourna comme lui, à l'idolâtrie. Il paroît qu'on lui donna une éducation non-seulement chrétienne, mais moitié dévote, moitié pédantesque, qui ne fut pas dans la suite un de ses moindres griefs contre le Christianisme. Il fut long-temps persécuté sous l'empire de Constance, dévot arien, qui, par son zèle théologique & cruel contre les Orthodoxes, contribua encore à le dégoûter d'une religion où il voyoit ces sectes & ces disputes, comme si le paganisme n'avoit pas eu les siennes. Cependant en 355, Constance le nomma César, & l'envoya à la guerre dans les Gaules contre les Allemands; il y resta plusieurs années. Il vint en 358, à Paris; on croit qu'il y bâtit le palais des Thermes, dont on montre encore les restes, sous le nom de Bains de *Julien*, dans la rue de la Harpe, à la Croix de Fer. Il se fit bientôt un nom par sa valeur, sa frugalité, son application & aux affaires & à l'étude, son équité mêlée d'indulgence. *Un prince*, disoit-il, *est une loi vivante, qui doit tempérer par sa clémence, ce que les loix mortes ont de trop rigoureux.* Ayant vaincu les Chamaves, & leur accordant la paix, il demanda pour ôtage le fils de leur roi. Il est tombé sous vos coups, lui dit-on en pleurant, il a péri dans cette guerre; le roi lui-même confirma ce malheur par la manière dont il parut le sentir. *Julien* fut touché, & parut très-sensible au plaisir de dissiper la douleur de ce père affligé, en lui montrant son fils, qu'il faisoit traiter avec honneur, & qui parut satisfait d'être pris par lui pour ôtage. *Julien* fut élevé à l'empire par ses soldats, en 360. Constance apprenant cette nouvelle, éclata en reproches contre lui. *Julien* fit lire sa lettre à haute voix, en présence de l'armée: vous étiez orphelin, lui disoit Constance; je vous ai servi de père. « Si j'étois » orphelin, s'écrioit *Julien*, comment l'étois-je de- » venu? est-ce au bourreau de mon père & de toute » ma maison, à m'en faire le reproche? » Bientôt il apprit la mort de Constance, arrivée le 3 novembre 361, tandis qu'il marchoit contre *Julien.* Le règne très-court de celui-ci, est rempli par les efforts qu'il fit pour rétablir le Paganisme. Ses injustices à l'égard des Chrétiens alloient rarement jusqu'à la cruauté, mais elles étoient mêlées d'ironie & de sarcasmes: de quoi vous plaignez-vous, disoit-il, à ceux qui lui faisoient des représentations, le plaisir d'un chrétien » n'est-il pas de souffrir? je vous sers à souhait; j'atten- » tendois des remerciments au lieu de plaintes. Le trait suivant pourroit faire croire que sa tolérance ne l'abandonnoit pas, même à l'égard des Chrétiens, & que ses prétendues persécutions ont été fort exagérées. Étant à Bérée, il sut que le chef du sénat de cette ville, chrétien zélé, ainsi que presque tout son corps, venoit de chasser de sa maison & de déshériter son fils, pour avoir embrassé la religion du souverain; *Julien* voulut le remettre en grace auprès de son père. Il donna un grand repas, où il plaça le père & le fils à ses deux côtés sur le même lit. *Il me paroît injuste*, dit-il au père, *de vouloir gêner les consciences. Pourquoi contraindre votre fils à suivre votre religion? je ne vous contrains point à suivre la mienne.— Quoi! seigneur*; répondit le père, *vous me parlez en faveur de ce scélérat, de cet ennemi de Dieu, qui a préféré le mensonge à la vérité!* L'empereur voyant qu'il s'échauffoit & qu'il manquoit de respect, se contenta de lui dire avec douceur; *mon cher ami, laissons les invectives*; & se penchant du côté de son fils: *vous voyez*, lui dit-il, *que je n'y peux rien; vous n'avez plus de père, mais je vous en tiendrai lieu. Julien* mourut peu de temps après, dans son expédition contre les Perses, d'un coup de dard, qui lui ayant effleuré le bras, & ayant passé entre les côtes, lui perça le foie. Il mourut avec un courage tranquille, la nuit du 26 au 27 juin 363. L'abbé de la Bletterie ne croit point qu'il ait jetté son sang contre le ciel, en s'écriant: *tu as vaincu, Galiléen!* comme Athalie, dans Racine, s'écrie:

Dieu des Juifs, tu l'emportes!

Parmi tous les mots qu'on a retenus de lui, & qui confirment sa réputation de philosophe, celui-ci nous paroît sur-tout digne de remarque. Il disoit à des orateurs qui le flattoient; *que j'aimerois vos éloges, si je vous croyois assez hardis pour me blâmer quand je le mérite!*

Il nous reste de l'empereur *Julien*, la satyre des

Césars & le *Misopogon*, des discours ou harangues, des lettres, &c. Le P. Petau en a donné une édition en 1630, & le savant Spanheim, en 1696. M. l'abbé de la Bletterie en a traduit une partie dans sa vie de Jovien.

« Que penser de *Julien*, demande M. Thomas? » qu'il fut beaucoup plus philosophe dans son gouvernement & sa conduite, que dans ses idées; que son imagination fut extrême, & que cette imagination égara souvent ses lumières; qu'ayant renoncé à croire une révélation générale & unique, il cherchoit à chaque instant une foule de petites révélations de détail; que fixé sur la morale par ses principes, il avoit sur tout le reste l'inquiétude d'un homme qui manque d'un point d'appui; qu'il porta, sans y penser, dans le paganisme même, une teinte de l'austérité chrétienne où il avoit été élevé; qu'il fut chrétien par les mœurs, platonicien par les idées, superstitieux par l'imagination, payen par le culte, grand sur le trône & à la tête des armées, foible & petit dans ses temples & ses mystères; qu'il eut en un mot le courage d'agir, de penser, de gouverner & de combattre, mais qu'il lui manqua le courage d'ignorer; que, malgré ses défauts, (car il en eut plusieurs) les Payens durent l'admirer, les Chrétiens durent le plaindre ».

Il nous semble que Prudence, qui étoit contemporain de *Julien*, lui rend une exacte justice dans ces vers.

Ductor fortissimus armis
Conditor & legum celeberrimus, ore manuque
Consultor patriæ: sed non consultor habendæ
Religionis; amans tercentum millia divum
Perfidus ille Deo, sed non & perfidus orbi.

L'empereur *Julien* avoit un oncle maternel, nommé *Julien* comme lui, & apostat comme lui. Il avoit été préfet d'Egypte, & son neveu l'avoit fait comte d'Orient. L'apostasie étoit devenue en lui une fureur; il détestoit les Chrétiens; il étoit altéré de leur sang. « On eût dit qu'il se hâtoit d'étouffer ses remords sous les ruines de la religion qu'il avoit abandonnée. » C'est le sentiment que Racine donne à Mathan:

Toutefois, je l'avoue, en ce comble de gloire
Du Dieu que j'ai quitté, l'importune mémoire
Jette encore en mon ame un reste de terreur;
Et c'est ce qui redouble & nourrit ma fureur.
Heureux, si sur son temple, achevant ma vengeance,
Je puis convaincre enfin sa haine d'impuissance;
Et parmi les débris, le ravage & les morts,
A force d'attentats perdre tous mes remords!

Le comte *Julien* avoit reçu l'ordre de fermer la grande église arienne d'Antioche, il ferma toutes les autres; il fit trancher la tête au prêtre Théodoret, économe d'une église catholique. Il enleva d'une de ces églises, les vases précieux que Constantin & Constance avoient donnés: *voyez*, s'écria Felix, surintendant des finances, autre apostat, qui l'accompagnoit, *voyez avec quelle magnificence est servi le fils de Marie!* Le comte profana & souilla les vases & l'autel, & donna un soufflet à Euzoïus, évêque arien, qui vouloit l'en empêcher. *Qu'on croye maintenant*, dit-il, *que le ciel se mêle des affaires des Chrétiens!* Lorsque l'empereur *Julien* apprit que le prêtre Théodoret avoit été exécuté comme chrétien: « *est-ce ainsi*, dit-il au comte avec chaleur, *que vous entrez dans mes vues? tandis que je travaille à ramener les Galiléens par la douceur & par la raison, vous faites des martyrs sous mon règne & sous mes yeux! ils vont me flétrir dans leurs écrits, comme ils ont flétri leurs plus odieux persécuteurs. Je vous défends d'ôter la vie à personne pour cause de religion, & vous charge de faire savoir aux autres ma volonté* ».

Voilà qui prouve encore combien l'empereur *Julien* étoit éloigné de l'intolérance. Le comte, foudroyé par cet ordre, fut d'ailleurs frappé d'une maladie incurable & horrible dans les entrailles. Alors troublé par la crainte & les remords, pour appaiser sa conscience tour-à-tour payenne & chrétienne, tantôt il immoloit des chrétiens, malgré la défense de l'empereur, tantôt il envoyoit prier l'empereur de r'ouvrir les églises, lui représentant que c'étoit sa complaisance pour ce prince qui l'avoit mis dans cet état déplorable. L'empereur lui répondit: « *je n'ai point fermé les églises, je ne les r'ouvrirai pas non plus. Ce n'est point votre complaisance pour moi, c'est votre infidélité envers les Dieux, qui vous attire ce malheur.* » C'est ainsi qu'en matière de superstition, chacun a son point de vue. Le comte *Julien* mourut en 363, quelque temps avant l'empereur. Félix, son complice, mourut aussi vers le même temps; & le peuple voyant dans les inscriptions publiques, ces mots; *Julianus Felix, Augustus*, *Julien Heureux, Auguste*, disoit: Julien & Felix ont précédé, Auguste suivra bientôt.

Julien est aussi le nom d'un gouverneur de la Vénétie, qui prit le titre d'empereur en 284, après la mort de Numérien, & qui, vaincu par Carin, dans les plaines de Vérone, périt dans la bataille ou se tua lui-même, n'ayant porté la pourpre impériale que cinq ou six mois.

Julien est encore le nom d'un évêque pélagien, du cinquième siècle, qui avoit été fort ami de Saint-Augustin, & contre lequel ce père écrivit pour la défense de la foi.

Ce fut un comte *Julien*, qui, au commencement du huitième siècle, appella & introduisit les Sarrasins en Espagne, pour se venger de Roderic, dernier roi des Visigoths, qui avoit déshonoré sa fille.

JUNCKER, (Christian) (*Hist. Litt. mod.*) savant allemand, célèbre sur-tout par la connoissance des médailles, & de qui nous avons entr'autres ouvrages: *Vita Lutheri ex nummis*. On lui doit des traductions allemandes, & diverses éditions des anciens auteurs classiques. Il fut historiographe de la maison de Saxe-Ernest, & membre de la Société royale de Berlin. Il étoit né à Dresde en 1668. Il mourut en 1714, à Altenbourg.

JUNIE, (*Hist. Rom.*) nom de deux Dames Romaines, célèbres par leur beauté & par les évènements de leur vie; savoir, *Junia Silana*, & *Junia Calvina*.

JUNIUS, (*Hist. Litt.*) c'est le nom que prenoient plusieurs savants modernes, dont le nom véritable étoit Du Jon ou Du Jongh.

1°. Adrien, savant hollandois. On a de lui des commentaires sur divers auteurs latins, des traductions d'ouvrages grecs; six livres d'*Animadversorum*, que Gruter a insérés dans son *Trésor critique*; le *Nomenclator omnium rerum*. Colominès rapporte au sujet de ce livre, que Jean Sambuc étant allé en Hollande exprès pour voir *Junius*, on lui dit qu'il étoit à boire avec des charretiers, ce qui ayant persuadé à Sambuc qu'un homme si crapuleux n'étoit pas digne de sa curiosité, il repartit sur le champ sans vouloir le voir. *Junius* l'ayant sçu, crut devoir se justifier; il soutint que le *Nomenclateur* de toutes choses, devoit voir toute sorte de gens, n'y en ayant point qui ne puissent lui apprendre les noms & les termes de leur art, de leur métier, de leur profession. *Junius* avoit beaucoup voyagé, ce qui apprend encore à ne dédaigner aucun état.

Né à Horn en Hollande, en 1511, sa réputation répandue sur-tout dans le nord, l'avoit fait choisir pour précepteur du prince royal de Danemarck; mais n'ayant pu s'accommoder ou du climat, ou de la nation, ou de la cour, il revint en Hollande en 1564, & mourut en 1575, à Armuiden, près Middelbourg, de chagrin d'un malheur bien sensible en effet pour un homme de lettres, celui d'avoir vu sa bibliothèque pillée par les Espagnols dans les guerres qu'entraîna le soulevement des Pays-Bas.

2°. François, né à Bourges en 1545, mort en 1602, à Leyde, où il avoit été fait professeur de théologie en 1597. On a de lui des commentaires & d'autres ouvrages sur l'Ecriture-Sainte. Nous ignorons s'il étoit de la même famille que le précédent.

3°. François, fils de ce premier François, étoit très-versé dans la connoissance des langues septentrionales & des langues orientales. Né à Heidelberg, il passa trente ans en Angleterre, chez le comte d'Arondel; il mourut à Windsor, chez le fameux Isaac Vossius son neveu, en 1678, étant alors âgé de quatre-vingt-neuf ans. Il a beaucoup écrit aussi sur la Bible & sur la concorde des quatre Evangiles. On a encore de lui un Traité *de Picturâ Veterum*, & un glossaire en cinq langues, où il recherche l'origine des langues du Nord. Ce dernier ouvrage n'a été publié que long-temps après sa mort, en 1745, par un savant anglois, M. Edouard Lye.

JUNTES, (Les) (*Hist. Litt. mod.*) célèbres imprimeurs d'Italie. Philippe commença en 1494, à imprimer à Gênes; il mourut vers l'an 1519. Bernard, son frère ou son cousin, n'eut pas moins de célébrité. Les éditions grecques de Philippe *Junte* sont fort estimées.

JUREUR, s. m. *jurator*, (*Hist. mod.*) on nommoit ainsi celui qui parmi les Francs, se purgeoit par serment d'une accusation ou d'une demande faite contre lui.

Il faut savoir que la loi des Francs ripuaires, différente de la loi salique, se contentoit pour la décision des affaires, des seules preuves négatives. Ainsi, celui contre qui on formoit une demande ou une accusation, pouvoit dans la plupart des cas, se justifier en jurant avec un certain nombre de témoins qu'il n'avoit point fait ce qu'on lui imputoit; & par ce moyen il étoit absous de l'accusation.

Le nombre des témoins qui devoient *jurer*, augmentoit selon l'importance de la chose; il alloit quelquefois à soixante-douze, & on les appelloit *jureurs*, *juratores*.

La loi des Allemands porte que jusqu'à la demande de six sols, on s'en purgera par son serment, & celui de deux *jureurs* réunis. La loi des Frisons exigeoit sept *jureurs* pour établir son innocence dans le cas d'accusation d'homicide. On voit par notre ancienne histoire que l'on requéroit dans quelques occasions, outre le serment de la personne, celui de dix ou de douze *jureurs*, pour pouvoir obtenir sa décharge; ce qu'on exprimoit par ces mots, *cum sextâ*, *septimâ*, *octavâ*, *decimâ*, &c. *manu jurare*.

Mais personne n'a su tirer un parti plus heureux de la loi des *jureurs* que Frédégonde. Après la mort de Chilpéric, les grands du royaume & le reste de la nation, ne vouloient point reconnoître Clotaire, âgé de 4 mois, pour légitime héritier de la couronne; la conduite peu régulière de la mère faisoit douter que son fils fût du sang de Clovis. Je crains bien, disoit Gontran son propre oncle, que mon neveu ne soit le fils de quelque seigneur de la cour; c'étoit même bien honnête à lui de ne pas craindre quelque chose de pis: cependant trois cents personnes considérables de la nation ayant été promptement gagnées par la reine, vinrent jurer avec elle, que Clotaire étoit véritablement fils de Chilpéric. A l'ouie de ce serment, & à la vue d'un si grand nombre de *jureurs*, les craintes & les scrupules s'évanouirent; Clotaire fut reconnu de tout le monde, & de plus fut surnommé dans la suite Clotaire le Grand, titre qu'il ne méritoit à aucun égard. (*D. J.*)

JURIEU, (Pierre) (*Hist. du Calvinisme.*) On peut dire de ce fougueux ministre, *la main de Jurieu contre tous & la main de tous contre lui.* Il écrivit contre les Catholiques & contre les Hérétiques, contre les amis & contre les ennemis, contre le P. Maimbourg & contre Bayle, contre Basnage de Beauval, contre Saurin, contre Jacquelot, contre Arnauld, contre Nicole, contre Bossuet, & tous ces auteurs écrivirent contre lui; mais presque tous lui firent trop d'honneur, sur-tout Bossuet, qui daigna réfuter presque sérieusement toutes les inductions prophétiques que *Jurieu* tiroit de l'Apocalypse & de Daniel, pour prouver dans le temps de la révocation de l'édit de Nantes, que la persécution contre le calvinisme finiroit en l'an 1710 ou 1715, plus ou moins; car, disoit le prophête, *Dieu dans ses prophéties, n'y regarde*

regarde pas de si près; & après tout, *Jurieu* ne voulut pas marquer le jour précis de la mort de Louis XIV ou de M. de Louvois.

La fureur de *Jurieu* contre Bayle, avec qui l'intérêt d'une même cause sembloit devoir l'unir, vient, à ce qu'on croit, de ce qu'au jugement de tous leurs frères, Bayle avoit mieux défendu cette cause contre le P. Maimbourg, que ne l'avoit fait *Jurieu*; d'autres attribuent cette haine à une autre jalousie; ils disent que Madame *Jurieu* & Bayle, qui pour un savant étoit assez aimable, avoient du goût l'un pour l'autre, & qu'à force de répéter que *Jurieu*, qui voyoit tant de choses dans l'Apocalypse, ne voyoit pas ce qui se passoit chez lui, on parvint à lui ouvrir les yeux sur ce commerce.

Jurieu étoit françois, il étoit né dans le diocèse de Blois; il étoit fils d'un ministre, auquel il succéda dans le ministère. Il étoit neveu de Rivet & de du Moulin. Il avoit d'abord enseigné la théologie & l'hébreu à Sedan. Ce fut là, dit-on, que Madame *Jurieu* connut Bayle & l'aima. Dans la suite, *Jurieu* s'étant retiré à Rotterdam, ce fut, dit-on, le motif qui engagea Bayle à choisir le même asyle. Quoi qu'il en soit, *Jurieu*, après être tombé en enfance, long-temps avant l'âge où ce malheur arrive le plus communément, mourut en 1713, à Rotterdam. Il étoit né en 1637.

JURIN, Jacques (*Hist. Litt. mod.*) secrétaire de la Société Royale de Londres, & président des médecins de cette ville. Ses écrits ont beaucoup contribué à répandre la méthode de l'inoculation. Il a rendu les observations météorologiques plus communes & plus exactes; il a utilement concouru aux progrès & de la médecine & des mathématiques. Il étoit zélé Newtonien. Mort en 1750.

JURTES *ou* JURTI, (*Hist. mod.*) c'est ainsi que les Russes nomment les habitations des nations tartares qui sont en Sibérie. Chaque famille occupe une cabane formée par des échalas fichés en terre, & recouverts d'écorce de bouleau ou de peaux d'animaux, pour se garantir des injures de l'air. On laisse au milieu du toît, qui a la forme d'un cône, une ouverture pour la sortie de la fumée. Quand un tartare ne trouve plus que l'endroit où il avoit placé sa *jurte* lui convienne, il l'abandonne, & va avec sa famille construire une autre *jurte* dans un lieu plus commode. *Voyez* Gmelin, *voyage de Sibérie.* (*A. R.*)

JUSSIEU, (*Hist. Litt. mod.*) nom à jamais illustre dans la botanique. Antoine & Bernard frères, tous deux de l'Académie des Sciences, tous deux grands botanistes, tous deux nés à Lyon, Antoine en 1686; Bernard en 1699; tous deux attachés au Jardin du Roi, ont porté au plus haut degré la science qu'ils professoient, & ont beaucoup voyagé dans cette vue. On a d'Antoine un Discours imprimé sur les progrès de la botanique, & une multitude de Mémoires très-curieux, tant sur la botanique que sur d'autres objets, dans le Recueil de l'Académie des Sciences. Il mourut le 22 Avril 1758.

Bernard le surpassa encore par les connoissances botaniques. C'est à lui qu'on doit l'édition de l'Histoire des Plantes qui naissent aux environs de Paris, par M. de Tournefort. On lui doit aussi le Cèdre du Liban, qui manquoit au Jardin du Roi. Il eut le plaisir de voir les deux pieds de cet arbre, qu'il avoit apportés d'Angleterre dans son chapeau, croître par ses soins, & porter leurs cîmes au-dessus des plus grands arbres. Le célèbre Linné, quand il ignoroit quelque chose en botanique, disoit: il n'y a que Dieu ou M. *de Jussieu*, qui le sache, *aut Deus, aut dominus de Jussieu.* M. *de Jussieu* fut appellé par Louis XV, à Trianon, pour présider à l'arrangement d'un Jardin des Plantes. Il eut de fréquents entretiens avec le monarque, qui goûtoit également son savoir, sa simplicité, sa candeur; mais il ne retira de ce commerce, dit M. le marquis de Condorcet, « que le plaisir toujours piquant, même » pour un philosophe, d'avoir vu de près un homme » de qui dépend le sort de vingt millions d'hommes. » Il ne demanda rien, & on ne lui donna rien, pas » même le remboursement des dépenses que ses fré- » quents voyages lui avoient causés. Ce trait rappelle un petit fait du même genre, dont les acteurs ne peuvent pas encore être nommés. Un homme du caractère de M. *de Jussieu*, remplissoit en province, un emploi, auquel il étoit très-supérieur; un magistrat qui voyageoit pour s'instruire, parce qu'il étoit déjà très-instruit, devoit passer & séjourner dans le lieu qu'habitoit cet homme; un homme d'état, & par sa place grand dispensateur d'emplois, dit au voyageur: vous verrez un tel homme; je vous prie de le distinguer & de l'honorer; c'est un homme d'un talent rare & d'un désintéressement égal à son talent. Il mérite ce que les autres demandent, & il ne m'a jamais rien demandé. Le voyageur, qui aimoit à plaire, se fit un plaisir de rendre ce propos obligeant à celui qui en étoit l'objet. — Il vous a dit, Monsieur, que je n'avois jamais rien demandé? — Oui, Monsieur, en propres termes. — *Et vous a-t-il dit ce que j'avois obtenu?* Le voyageur rendit aussi cette réponse à l'homme d'état, lequel rougit en homme juste, qui se sent convaincu d'un tort auquel il n'avoit pas même pensé. M. *de Jussieu* mourut en 1777. C'est à lui qu'on doit la découverte de l'efficacité de l'eau de Luce ou Lusse, contre la morsure des vipères. Voici l'histoire de cette découverte, telle qu'on la trouve dans le Mercure de septembre 1747, pages 8 & 9.

« Un homme qui suivoit à une herborisation du 26 » juillet 1747, M. *de Jussieu*, ayant voulu prendre » une vipère, en fut mordu à la main droite d'abord, » ensuite à la gauche, & de nouveau encore à la » main droite, parce qu'il repassoit alternativement » l'animal d'une de ses mains dans l'autre; il n'avoit » d'abord pris cette vipère que pour une couleuvre; » mais il fut bientôt désabusé par M. *de Jussieu*, qui » ayant heureusement sur lui de l'alkali volatil liquide, » (c'étoit de l'eau de Lusse) imagina d'en faire prendre » au malade dix gouttes; ses bras, malgré cela, en- » flèrent jusqu'auprès de l'épaule; on lui avoit mis des » ligatures, qu'il fallut lui ôter, parce qu'il en étoit

» trop incommodé; le malade eut des maux de cœur; » on le conduisit à un quart de lieue, & de temps à » autre, des étudiants qui l'accompagnoient, lui fai- » soient prendre de l'eau de Lusse; en arrivant au » cabaret, on le fit coucher, & il prit un bouillon, » dans lequel un des étudiants fit dissoudre du sel alkali » volatil; de temps à autre, on continua à lui en » donner; il eut un léger transport, il vomit son » dîner & se trouva mieux après d'abondantes sueurs; » la poitrine & le bas-ventre ne furent point attaqués; » il continua, après la curation principale, qui fut » complette en six heures, l'usage de l'alkali volatil, » & M. *de Jussieu*, pour soulager & calmer les dou- » leurs & les engourdissements qu'il avoit au bras, fit » encore dissoudre du sel ammoniac dans de l'huile » d'olive, & en frotta les playes & les enflures, ce qui » fut continué pendant quelques jours, ainsi que l'usage » intérieur du sel alkali volatil, que l'on peut donner » sans danger dans les liquides ou du bouillon. »

JUSTE-LIPSE. (*Voyez* LIPSE.)

JUSTEL, (Christophe) (*Hist. Litt. mod.*) savant très-versé dans l'histoire de l'église & des conciles. C'est sur les Recueils de *Justel*, qu'Henri *Justel* son fils, non moins savant que lui, & Guillaume-Noël, ont publiés à Paris, en deux volumes *in-fol.* l'ouvrage célèbre, intitulé: *Bibliotheca juris canonici veteris.* On a encore de Christophe *Justel*, *le Code des Canons de l'Eglise universelle*, & l'*Histoire généalogique de la maison d'Auvergne*. *Justel*, né à Paris en 1580, y mourut en 1649. Henri, son fils, mourut à Londres en 1693.

JUSTICIER D'ARRAGON, (*Hist. d'Espagne.*) c'étoit le chef, le président des états d'Arragon, depuis que ce royaume fut séparé de la Navarre en 1035, jusqu'en 1478 que Ferdinand V, roi de Castille, réunit toute l'Espagne en sa personne. Pendant cet intervalle de temps, les Arragonois avoient resserré l'autorité de leurs rois dans des limites étroites. Ces peuples se souviennent encore, dit M. de Voltaire, de l'inauguration de leurs souverains. *Nos que valemos tanto como vos, os hazemos nuestro rey, y señor, con tal que guardeis nuestros fueros, se no, no.* « Nous » qui sommes autant que vous, nous vous faisons » notre roi, à condition que vous garderez nos loix; » si non, non ». Le *justicier d'Arragon* prétendoit que » ce n'étoit pas une vaine cérémonie, & qu'il avoit » le droit d'accuser le roi devant les états, & de pré- » sider au jugement. Il est vrai néanmoins que l'His- » toire ne rapporte aucun exemple qu'on ait usé de » ce privilége. (*D. J.*)

JUSTIN, (Saint) (*Hist. Ecclés.*) docteur de l'Eglise, qui vivoit sous les règnes d'Antonin & de Marc-Aurèle, & qui est auteur de deux Apologies pour les Chrétiens & d'autres ouvrages pour la défense du Christianisme. On en a plusieurs éditions estimées, entre lesquelles il faut sur-tout distinguer l'édition in-folio qu'a donnée Dom Prudent Maran, en 1742. Saint-Justin souffrit le Martyre l'an 167.

JUSTIN, (*Hist. des Empereurs.*) né dans un village de la Thrace, fut, comme son père, gardien de pourceaux & ensuite de bœufs, il quitta ces fonctions abjectes pour se faire charpentier: ennuyé de ce nouvel état, il s'enrôla dans la milice, où s'étant distingué par son courage & sa capacité, il passa par tous les dégrés avant de parvenir à l'empire. Ce fut plutôt par son adresse que par son mérite qu'il s'en fraya le chemin. Un eunuque l'ayant fait dépositaire d'une somme considérable pour gagner les suffrages de l'armée en faveur de Théocritien, il s'en servit pour se faire élire; dès qu'il fut monté sur le trône, il fit oublier sa naissance, & quoique son éducation eût été celle d'un barbare, il sembloit qu'il étoit né dans la pourpre. Les impôts furent adoucis; les loix furent réformées, & les abus furent corrigés; il parut persuadé que pour être heureux, il falloit savoir faire des heureux soi-même. Les déserts étoient peuplés d'exilés qui avoient souffert pour la foi. Les Ariens, jusqu'alors persécuteurs, furent persécutés à leur tour; la protection qu'il accorda aux orthodoxes leur devint funeste. Théodoric crut devoir user de représailles, & l'Occident dont il régloit le destin, fut exposé aux persécutions de l'ennemi des partisans de la Divinité de Jésus-Christ. *Justin* aimé de ses sujets, & sur-tout, des orthodoxes, mourut en 514, après avoir nommé Justinien, fils de sa sœur, pour lui succéder. Son règne fut heureux, mais il ne gouverna l'empire que pendant neuf ans. (*T.-N.*)

JUSTIN II, surnommé *le jeune*; fils de la fille de Justinien, lui succéda à l'empire d'Orient. Les premiers jours de son règne furent souillés par le meurtre de son plus proche parent, qu'il fit étrangler dans son palais, parce qu'il avoit des droits à l'empire; il se fit apporter sa tête qu'il eut l'indignité de fouler aux pieds. *Justin* trop borné pour gouverner un grand état, en abandonna les rênes à sa femme Sophie. Il fit une paix glorieuse avec les Perses, & le tribut que ses prédécesseurs avoient eu la bassesse de payer aux Perses, fut aboli: Narsès qui avoit le commandement des armées, remporta sur les Goths une victoire qui lui mérita le gouvernement d'Italie. L'impératrice, qui haïssoit ce grand capitaine parce qu'il étoit eunuque, écouta les envieux de sa gloire, qui l'accuserent d'avoir abusé de son pouvoir dans son gouvernement. Sophie rappella Narsès à Constantinople, & joignant l'insulte à la disgrace, elle lui manda qu'il n'étoit propre qu'à manier des fuseaux. Ce guerrier offensé d'une raillerie qui lui rappelloit sa mutilation, lui manda qu'il alloit lui ourdir une trame qu'elle auroit bien de la peine à démêler. Les Lombards venoient d'envahir la Pannonie; ce fut par ses conseils qu'ils firent une invasion dans l'Italie, dont il leur facilita l'entrée. Ils y fonderent un empire qui subsista 294 ans, depuis Alboin jusqu'à Didier qui en fut le dernier roi. Les Perses ravagerent en même-temps les provinces de l'Orient: *Justin*, après avoir perdu Narsès, n'avoit plus de général à leur opposer; il étoit sujet à des accès de frénésie qui ne lui laissoient que quelques intervalles de raison. Il mourut d'un mal de pied l'onzième année de son regne, l'an 571 de Jésus-Christ. (*T-N.*)

JUSTIN, (*Hist. Litt.*) historien latin, qu'on

croit avoir vécu dans le second siècle. C'est l'abbréviateur de Trogue-Pompée, & on attribue à cet abbrégé la perte de Trogue-Pompée. On a une bonne traduction de Justin de M. l'Abbé Paul, le même qui a traduit Velléius Paterculus.

JUSTINIANI ou GIUSTINIANI, (Bernard) (*Hist. Litt. mod.*) élevé aux premieres charges de Venise sa patrie; mort en 1489, à quatre-vingt-un ans, est auteur d'une *histoire de Venise*, depuis son origine jusqu'en 809. D'autres Justiniani, les uns de la même famille que Bernard, les autres d'une famille différente, ont acquis aussi quelque nom dans les lettres, entr'autres l'abbéB ernard *Justiniani*, qui a donné en Italien, sur la fin du dix-septième siècle, *l'origine des Ordres Militaires*.

JUSTINIEN, (*Histoire des Empereurs*) fils de la sœur de Justin l'ancien, monta sur le trône d'Orient après la mort de son oncle. Il étoit né dans un village de la Dardanie de parens obscurs, qui vivoient du travail de leurs mains. Quoiqu'il paroisse que Justin l'avoit désigné son successeur, quelques-uns lui reprochent de n'être monté sur le trône que par l'assassinat de Vitellien qui, sous le dernier regne, avoit joui de toute l'autorité, dont il pouvoit abuser pour envahir l'empire. Il eut d'habiles généraux, & sur-tout Bélisaire & Narsès, qui le firent triompher en Orient & dans l'Italie. Le premier signala sa valeur contre les Perses, dont il fit un grand carnage dans plusieurs combats. Il les força de repasser l'Euphrate, & de se renfermer dans leurs possessions. Bélisaire, pacificateur de l'Orient, entra dans Constantinople avec les honneurs du triomphe. Ce grand capitaine fut ensuite employé contre les Goths, qu'il chassa de Rome dont ils s'étoient emparés. Aprés avoir détruit leur domination dans l'Italie, il passa en Afrique contre les Vandales, qui furent presque tous exterminés. Gélimer, qu'il fit prisonnier, servit d'ornement à son triomphe. Tandis que Bélisaire rétablissoit le calme dans la Mauritanie, Narsès, autre général de *Justinien*, exterminoit les restes des Goths épars dans l'Italie. *Justinien*, par-tout triomphant par la valeur de ses généraux, voulut encore être le législateur de l'empire. Les loix étoient alors sans force & sans vigueur, parce qu'elles étoient ignorées. Dix jurisconsultes furent chargés de les tirer de la confusion où elles étoient tombées, & ce fut le savant Trébonien qui présida à leur travail. Tandis que l'empire triomphoit par les armes d'habiles généraux, & que l'ordre étoit rétabli par la sagesse des loix, *Justinien*, sans génie & sans mœurs, se faisoit détester par ses vices. Il prit pour femme Théodora, qui avoit monté sur le théâtre, & qui s'étoit rendue moins célèbre par ses talens que par ses prostitutions. Sa nouvelle grandeur ne la rendit pas plus réservée. Son mari dominé par elle, lui abandonna le soin de l'empire. Les peuples asservis aux caprices de cette courtisane, murmurèrent sans oser être rebelles. Les provinces gémirent sous le poids des impôts. *Justinien* devenu avare en vieillissant, accrédita les accusateurs qui supposerent beaucoup de coupables pour multiplier les confiscations. Il se mêla des contestations qui déchiroient le sein de l'Eglise, & s'étant laissé infecter des erreurs d'Eutiches, il persécuta les orthodoxes, qui n'ont pas ménagé sa mémoire. Il savoit qu'il étoit détesté, & cette idée, au lieu de le corriger, le rendit plus cruel. Les papes Anastase, Silvestre & Vigile, ne purent apprivoiser ce monstre farouche, dont ils essuyèrent la persécution. *Justinien* environné d'ennemis & de mécontens, mourut chargé de la haine publique à l'âge de quatre-vingt-deux ans; il en avoit régné trente-deux. Ce fut dans son siècle que l'usage de la soie passa de la Perse dans la Grece.

JUSTINIEN II, surnommé *le jeune*, étoit fils de Constantin Pogonat, dont il fut le successeur à l'empire d'Orient en 685. Il n'avoit que seize ans lorsqu'il parvint à l'empire. Son début fut marqué par des victoires, dont il souilla l'éclat par les cruautés qu'il exerça contre ses frères auxquels il fit couper le nez, afin qu'ainsi défigurés ils fussent jugés indignes de gouverner. Les Sarrasins vaincus furent obligés de lui restituer plusieurs provinces: il ne leur accorda la paix qu'à des conditions humiliantes pour eux. Tandis qu'il triomphoit au-dehors, l'intérieur de l'empire étoit en proie à ses cruautés. Importuné des plaintes de ses sujets opprimés, il ordonna à l'eunuque Etienne, son favori, de mettre le feu à Constantinople, & d'ensevelir sous les flammes en une seule nuit tous les habitans de cette ville immense. Cet ordre barbare fut découvert & prévenu, le peuple se révolta contre ce nouveau Néron, & Léonce fut proclamé empereur; il fit couper le nez à *Justinien*, qui fut relégué dans la Chersonnèse, où il languit pendant sept ans. Trébellius, roi des Bulgares, pour entretenir les divisions de l'empire, le tira de sa retraite & le rétablit sur le trône: ses fautes & ses malheurs ne le rendirent ni plus humain, ni plus sage; il ne goûta le plaisir de son rétablissement que par celui de la vengeance. Léonce & Tibere Absimare, qui avoient occupé le trône pendant le temps de sa dégradation, expirerent dans les tortures, & leurs partisans eurent les yeux crevés. Toutes les fois qu'il se mouchoit, il prononçoit un arrêt contre un de ceux qui avoient adhéré au parti de ses deux rivaux. Quoiqu'il eût juré la paix avec les Arabes & les Bulgares, il leur déclara la guerre; mais ses mauvais succès le firent repentir d'avoir violé la foi des traités. Il fut plus heureux contre les Sarrasins qu'il força d'abandonner l'Afrique. Il se préparoit à ravager la Chersonnese, lorsqu'il fut assassiné avec son fils Tibere par Philippique Bardane, qu'il avoit condamné à l'exil. Ce mauvais prince s'érigea en théologien; il convoqua des conciles où ses décisions devinrent des décrets. Les papes s'opposerent à cet abus; mais il avoit la force en main. Ce fut en 711 que l'empire fut délivré de ce prince devenu le fléau du genre humain. Ses ministres, aussi avares & aussi cruels que lui, attenterent à la vie & au droit de propriété des citoyens les plus riches & les plus vertueux. Il furent tous enveloppés dans la ruine de leur indigne maître, qui les avoit fait servir à l'exécution de ses crimes. *Justinien II* fut le dernier de la famille d'Héraclius. (*T-N.*)

JUVÉNAL, (*Decius Junius Juvenalis*) (*Hist. Litt. Rom.*) Poëte latin, fameux par ses satyres, vivoit & écrivoit sous Néron & sous Domitien. Voilà qui suffit pour l'absoudre de l'hyperbole que Boileau lui a reprochée. Nous ne voyons pas qu'il ait plus exagéré que Tacite la peinture des mœurs de ce temps-là. « L'histoire de ces temps déplorables, dit M. du Saulx, traducteur de *Juvénal*, n'est qu'une liste » de perfidies, d'empoisonnemens & d'assassinats. » Dans ces conjonctures, *Juvénal* méprise l'arme » légère du ridicule...... Il saisit le glaive de la » satyre.... C'est un censeur incorruptible, c'est un » Poëte bouillant qui s'élève quelquefois avec son » sujet jusqu'au ton de la tragédie.... Chez lui tout » est grave, tout est imposant; ou s'il rit, son rire est » encore plus formidable que sa colère: il ne s'agit » par-tout que du vice & de la vertu, de la servitude » & de la liberté, de la folie & de la sagesse. »

Sa devise est dans ses écrits: *vitam impendere vero.*

Il a peu loué: le malheur des temps l'en dispensoit. Nous ne voyons pas qu'il refuse les éloges mérités. Maltraite-t-il le préfet Pégasus, lorsqu'il l'appelle

Optimus atque
Interpres legum sanctissimus?

La restriction qu'il met à cet éloge est-elle bien desobligeante?

Omnia quamquam
Temporibus diris tractanda putabat inermi
Justitiâ;

Ne peint-il pas de couleurs aimables la vieillesse aimable de Vibius Crispus?

Venit & crispi jucunda senectus,
Cujus erant mores qualis facundia, mite
Ingenium. Maria ac terras populosque regenti,
Quis comes utilior, si clade & peste sub illâ
Sævitiam damnare & honestum afferre liceret
Consilium.

Est-ce là un foible éloge, & si ce Crispus ne faisoit pas tout le bien que la vertu peut faire, est-ce à lui que le poëte s'en prend? Ne loue-t-il pas jusqu'à sa dextérité qui désarma ou contint la tyrannie? Et dira-t-on qu'il soit injuste envers Domitien lorsqu'il ajoute,

Sed quid violentius aure tyranni?
Cum quo de pluviis, aut æstibus, aut nimboso
Vere locuturi fatum pendebat amici?
Ille igitur nunquam direxit brachia contrà
Torrentem; nec civis erat qui libera posset
Verba animi proferre & vitam impendere vero.
Sic multas hyemes atque octogesima vidit
Solstitia, his armis, illâ quoque tutus in aulâ.

Il est des temps sans doute où d'oser dire ce que les tyrans osent faire, s'appelle manque de respect, misanthropie, fanatisme républicain, il fallut que les Burrhus même & les Sénèque félicitassent Néron sur le bonheur qu'il avoit eu d'assassiner sa mère: mais Juvénal seroit le premier des satyriques si la vertu étoit le premier besoin des hommes: il l'est donc pour tout esprit droit, & pour toute ame honnête. Horace écrivit en courtisan adroit, Juvénal en citoyen zèlé: « l'un ne laisse rien à desirer à un esprit délicat & » voluptueux, l'autre satisfait pleinement une ame » forte & rigide. »

On sait le jugement que Boileau a porté de *Juvénal*:

Juvénal élevé dans les cris de l'école,
Poussa jusqu'à l'excès sa mordante hyperbole;
Ses ouvrages tout pleins d'affreuses vérités,
Etincèlent pourtant de sublimes beautés:
Soit que sur un écrit arrivé de Caprée
Il brise de Séjan la statue adorée:
Soit qu'il fasse au Conseil courir les Sénateurs,
D'un Tyran soupçonneux pâles adulateurs:
Ou, que, poussant à bout la luxure latine,
Aux portefaix de Rome il vende Messaline:
Ses écrits pleins de feu par-tout brillent aux yeux.

« De ces beaux vers, dit M. du Saulx, les deux » premiers sont passés en proverbe, on cite rarement les autres. » Si le fait est vrai, c'est une grande injustice, car dans ces vers il n'y a de répréhensibles que les deux premiers. Que veut dire:

Juvénal élevé dans les cris de l'école?

Il semble qu'on parle d'un sophiste ou d'un pédant. Qui reconnoîtroit à ce tableau l'éloquente & vertueuse colère de Juvénal? Les autres vers sont admirables, & caractérisent parfaitement trois des plus belles satyres, celle *des vœux*, où une si brillante Poësie enrichit une Philosophie si profonde; *celle du Turbot*, où la tyrannie de Domitien & la bassesse des Sénateurs font rire d'indignation; celle *des femmes*, où le tableau des prostitutions de Messaline, suffiroit pour dégoûter à jamais du vice.

Bien loin de reprocher à *Juvénal* sa sainte indignation, qui peut quelquefois faire pâlir sous le dais les tyrans & les pervers, je reprocherois plutôt à Horace celle qu'il n'a pas en parlant de certains crimes, & l'enjouement avec lequel il raisonne sur les plus grandes horreurs.

Scevæ vivacem crede nepoti
Matrem; nil faciet sceleris pia dextera; mirum!
Ut neque calce lupus quemquam neque dente petit bos:
Sed mala tollet anum vitiato melle cicuta....
Cum gladio uxorem interimis, matremque veneno,
Incolumi capite es?-Quid enim?-Neque tu hoc facis Argis,
Nec ferro ut demens genitricem occidit Orestès.
An tu reris eum occisâ insanisse parente,
Ac non antè malis dementem actum furiis, quàm
In matris jugulo ferrum tepefecit acutum?

Il faut oser le dire, je n'aime ni cette froideur

demi-plaisante, en parlant de crimes atroces, ni cette excuse fournie aux plus grands crimes dans une supposition gratuite de démence.

Domitien exila *Juvénal*, âgé de quatre-vingt ans, sur les frontières de l'Égypte & de la Lybie, mais après la mort du tyran, le poëte revint de son exil, & passa une plus heureuse vieillesse sous les règnes de Nerva & de Trajan. On croit qu'il mourut l'an 128 de J. C.

JUVENAL DES URSINS. (*Voyez* URSINS) (DES.)

JUVENEL DE CARLENCAS, (Felix de) (*Hist. Litt. mod.*) de l'Académie des Belles-Lettres de Marseille, auteur des *Principes de l'histoire & des essais sur l'histoire des Sciences, des Belles-Lettres & des Arts.* Né à Pézénas en 1679, mort aussi à Pézenas le 12 avril 1760.

KABANI, s. m. (*Hist. mod.*) nom qu'on donne dans le Levant à un homme public, dont les fonctions répondent à celles d'un notaire parmi nous: pour que les actes ayent force en justice, il faut qu'il les ait dressés. Il a aussi l'inspection du poids des marchandises. Pocok, *Description d'Egypte.* (*A. R.*)

KABBADE, ou CABBADE, s. m (*Hist. mod.*) habit militaire des grecs modernes; il se portoit sous un autre. Il étoit court, serré, sans plis, ne descendoit que jusqu'au joint de la jambe, ne se boutonnoit qu'au bas de la poitrine avec de gros boutons; se ceignoit d'une ceinture, & étoit bordé d'une frange, que la marche faisoit paroître en ouvrant le *kabbade.* On croit que c'est le sagum des Romains, qui avoit dégénéré chez les Grecs; l'empereur & le despote portent le *kabbade* pourpre ou violet. (*A. R.*)

KABIN, s. m (*Hist. mod.*) mariage contracté chez les Mahométans pour un certain temps seulement.

Le *Kabin* se fait devant le cadi, en présence duquel l'homme épouse une femme pour un certain tems, à condition de lui donner une certaine somme à la fin du terme, lorsqu'il la quittera.

Quelques auteurs disent que le *Kabin* n'est permis que chez les Perses, & dans la secte d'Ali; mais d'autres assurent qu'il l'est aussi parmi les Turcs. Ricaut, *de l'Empire Ottoman.* (*A. R.*)

KADARD, ou KADARI, s. m. (*Hist. mod.*) non d'une secte mahométane, qui nie la prédestination dont les Turcs sont grands partisans, & qui soutient la doctrine du libre-arbitre dans toute son étendue. (*A. R.*)

KADESADELITES, s. m. pl. (*Hist. mod.*) secte de mahométans, dont le chef nommé Birgali Effendi, inventa plusieurs cérémonies qui se pratiquent aux funérailles. Lorsqu'on prie pour les ames des défunts, l'iman ou prêtre, crie à haute voix aux oreilles du mort, qu'il se souvienne qu'il n'y a qu'un dieu & qu'un prophète. Les Russiens & d'autres chrétiens renégats qui ont quelqu'idée confuse du purgatoire & de la prière pour les morts, sont attachés à cette secte. Ricaut, *de l'Emp. Ottom.* (*A. R.*)

KADOLE, s. m. (*Hist. mod.*) ministre des choses secrettes de la religion, aux mysteres des grands dieux. Les *kadoles* étoient chez les Hétruriens, & chez les Pélasges, ce qu'étoient les Camilles chez les Romains. Ils servoient les prêtres dans les sacrifices, & dans les fêtes des morts & des grands dieux. (*A. R.*)

KADRI, s. m. (*Hist. mod.*) espèce de moines turcs qui pratiquent de très-grandes austérités; ils vont tous nuds, à l'exception des cuisses, en se tenant les mains jointes, & dansent pendant six heures de suite, & même quelquefois pendant un jour entier sans discontinuer, répétant sans cesse *hu*, *hu*, *hu*, qui est un des noms de Dieu, jusqu'à ce qu'ils tombent à terre la bouche remplie d'écume, & le corps tout couvert de sueur. Le grand visir Kuproli fit supprimer cette secte comme indécente, & comme déshonorante pour la religion mahométane; mais après sa mort elle reprit vigueur & subsiste encore aujourd'hui. *Voyez* CANTEMIR, *Hist. Ottoman.* (*A. R.*)

KAIN, (Henri-Louis LE) (*Hist. Litt. mod.*) acteur dont la mémoire ne périra jamais chez les amateurs de la tragédie, étoit né à Paris en 1729. Avant de débuter à la Comédie Françoise, il s'étoit exercé chez M. de Voltaire, à Paris, sur un théâtre particulier. M. de Voltaire l'appelloit *son grand acteur*, *son Garrick*, *son enfant chéri*, & cependant il ne le vit jamais sur le Théâtre François; tout le temps que *Le Kain* a occupé la scène, mesure exactement le temps où M. de Voltaire a été absent de Paris. *Le Kain* débuta en 1750, peu de temps après le départ de M. de Voltaire pour la Prusse; & quand M. de Voltaire, âgé de quatre-vingt-quatre ans, revint triompher & mourir dans sa patrie, après vingt-sept ans d'absence, il apprit que *Le Kain*, sur lequel il comptoit pour embellir son triomphe, venoit de mourir le 8 février 1778. Personne n'a mieux peint que M. de la Harpe, le talent de cet acteur.

« Ce sentiment profond de la tragédie, cette expression si frappante de toutes les passions, dont » la vérité n'étoit jamais au-dessous des convenances » de l'art ni de la dignité de la scène, a été le talent » particulier de l'acteur que nous pleurons, le principe » de ses succès, & ceux qui ont vu le plus anciennement notre théâtre, avouent que dans cette partie, » personne n'a pu lui être comparé.

» Il ne falloit rien moins que cette sensibilité si » heureuse & si rare pour vaincre les difficultés qui » s'offrirent à lui au commencement de sa carrière & » suppléer à ce qui lui manquoit du côté des avantages extérieurs & des dons naturels. On lui reprochoit, lorsqu'il parut, les défauts de la figure & de » la voix. C'est ici que l'art & le travail vinrent » à son secours. Il s'accoutuma à donner à sa physionomie & à ses traits, une expression vive & marquée, qui en faisoit disparoître les désagréments. Il » sut dompter son organe, naturellement un peu lourd, » & le plier à la facilité du débit, nécessaire dans » les moments tranquilles; car, dès que son rôle le » permettoit, sa voix, en se passionnant, devenoit » intéressante, & portoit au fond de l'ame, les accens » de l'amour malheureux, de la vengeance, de la » jalousie, de la fureur, du désespoir..... c'étoient de

» ces cris déchirants que la douleur arrête au passage, » & qui n'en vont que plus avant dans le cœur; » c'étoient de ces sanglots, tels qu'on les a encore » entendus dans *Vendôme* avec tant de transport, lors- » qu'il disoit:

Vous avez mis la mort dans ce cœur outragé.

» Ces grands effets n'ont été connus que de lui, & » c'est ainsi qu'il étoit parvenu non-seulement à faire » oublier les défauts de son visage, mais même à » produire une telle illusion, que rien n'étoit plus » commun que d'entendre des femmes s'écrier, en » voyant Orosmane ou Tancréde: *comme il est beau!* » mouvement qui leur faisoit honneur, & qui prouve » qu'aux yeux des femmes qui connoissent le prix de » l'amour, la véritable beauté de l'homme est la sen- » sibilité de son ame, & que le plus beau de tous est » celui qui sait le mieux les aimer.....

» La fatigue de ses rôles étoit en proportion de la » sensibilité qu'il y mettoit. Son expression.... étoit » le tourment d'une ame bouleversée, qui retenoit en- » core en-dedans plus qu'elle ne produisoit au-dehors; » ses cris & ses larmes étoient des souffrances; le feu » sombre & terrible de ses regards, le grand caractère » imprimé sur son front, la contraction de tous ses » muscles, le tremblement de ses lèvres, le renver- » sement de tous ses traits, tout manifestoit un cœur » trop plein, qui avoit besoin de se répandre, & qui » se répandoit sans se soulager; on entendoit le bruit » de l'orage intérieur; & quand il quittoit le théâtre, » on le voyoit encore comme l'ancienne Pythie, acca- » blé du Dieu qu'il portoit dans son sein ».

Voilà ce qui n'a pu être ainsi observé, ainsi exprimé que par un auteur de tragédies, qui a lui-même le talent d'un excellent acteur.

Le début de *Le Kain* dura dix-sept mois, au travers des applaudissements du public & des contradictions particulières. Le parterre le défendit contre les loges, ce qui n'est pas à la louange des Loges. Louis XV prononça entre ces deux puissances, en disant: *il m'a fait pleurer, moi qui ne pleure guère. Le Kain* fut reçu sur ce mot.

On a retenu de lui une réponse noble & sensée à un militaire, qui comparant son traitement avec celui d'un acteur, en prenoit occasion de parler des comédiens, avec ce mépris que l'ignorance & la sottise voudroient pouvoir conserver pour leur état en jouissant de leurs talents: *eh! comptez-vous pour rien, Monsieur*, lui dit Le Kain, *le droit que vous croyez avoir de me dire en face, tout ce que je viens d'entendre!*

KALENTAR ou KALANTAR, s. m. (*Hist. mod.*) c'est ainsi qu'on nomme en Perse, le premier magistrat municipal d'une ville, dont la dignité répond à celle de maire en France. Il est chargé de recueillir les impôts, & quelquefois il fait les fonctions de sous-gouverneur. (*A. R.*)

KALLAHOM, s. m. (*Hist. mod.*) c'est un des premiers officiers ou ministres du royaume de Siam, dont la place lui donne le droit de commander les armées & d'avoir le département de la guerre, des fortifications, des armes, des arsenaux & magasins. C'est lui qui fait toutes les ordonnances militaires; cependant les éléphans sont sous les ordres d'un autre officier; on prétend que ceux des armées du roi de Siam sont au nombre de dix mille; ce qui cependant paroît contre toute vraisemblance. (*A. R.*)

KAMEN, (*Hist. mod.*) Ce mot signifie *roche* en langue russienne. Les nations Tartares & Payennes qui habitent la Sibérie ont beaucoup de respect pour les roches, sur-tout celles qui sont d'une forme singulière; ils croyent qu'elles sont en état de leur faire du mal, & se détournent lorsqu'ils en rencontrent dans leur chemin; quelquefois pour se les rendre favorables, ils attachent à une certaine distance de ces *kamens* ou roches, toutes sortes de guenilles de nulle valeur. *Voyez* Gmelin, *voyage de Sibérie*. (*A. R.*)

KAM-HI, (*Hist. de la Chine*) célèbre empereur de la Chine, contemporain de Louis XIV, & qui avoit aussi de la grandeur. Il étoit petit-fils du prince Tartare qui avoit conquis la Chine en 1644. Il monta sur le trône en 1661, & mourut en 1722. Il aimoit les sciences & les arts de l'Europe, il cherchoit à s'en instruire; & par cette raison, souffroit dans ses états les missionnaires Européens. Ces missionnaires disputèrent sur les cérémonies religieuses de la Chine; les Jacobins, en haine des Jésuites, jugèrent les Chinois athées, & accusèrent les Jésuites d'une indulgence trop politique pour cet athéisme. Cette question est encore aujourd'hui un problême.

Quand on dit que *Kam-Hi* aimoit les sciences, il faut comprendre que c'étoit avec les restrictions que le despotisme apporte toujours à toutes les inclinations vertueuses: par exemple, il vouloit savoir la géographie, mais il trouvoit fort mauvais qu'un empire aussi noble que le sien, & qui avoit été conquis par son aïeul, ne fût pas placé au centre du monde, & il l'y fit placer dans la Carte Chinoise du monde, qu'il fit faire à Pekin, par le jésuite Matthieu Ricci. En effet, un despote est fait pour corriger la nature, quand elle ne fait pas son devoir & qu'elle arrange mal les choses; & Xerxès châtia bien l'Hellespont, qui avoit manqué de respect à ses vaisseaux.

On dit que *Kam-Hi* poussoit fort loin la curiosité, qu'il vouloit tout connoître par lui-même, & faisoit des expériences sur tout. Un jour il s'enivra pour connoître les effets du vin. Peut-être ne croyoit-il pas que cette liqueur osât troubler la raison d'un despote comme celle d'un homme ordinaire.

KAN, s. m (*Hist. des Tartar.*) titre de grande dignité chez les Tartares. Nos voyageurs écrivent ce nom de six ou sept manières différentes, comme *Kan*, *Kaan*, *Khan*, *Khagan*, *Kam*, *Chaam*, *Cham*, & ces variétés d'orthographe forment autant d'articles d'une même chose, dans le Dictionnaire de Trevoux. Tous les princes ou souverains des peuples tartares qui habitent une grande partie du continent de l'Asie, prennent le titre de *kan*, mais ils n'ont pas tous la même puissance.

Les Tartares de la Crimée, pays connu dans l'antiquité sous le nom de Chersonèse taurique, où les Grecs portèrent leurs armes & leur commerce, professent le Mahométisme, & obéissent à un *kan* dont le pays est sous la protection des Turcs. Si les Tartares de la Crimée se plaignent de leur *kan*, la Porte le dépose sous ce prétexte. S'il est aimé, du peuple, c'est encore un plus grand crime, dont il est plutôt puni; ainsi la plûpart des *kans* de cette contrée passent de la souveraineté à l'exil, & finissent leurs jours à Rhodes, qui est d'ordinaire leur prison & leur tombeau. Cependant le sang ottoman dont les *kans* de Crimée sont descendus, & le droit qu'ils ont à l'empire des Turcs, au défaut de la race du grand-seigneur, rendent leur famille respectable au sultan même; qui n'ose la détruire, & qui de plus est obligé de nommer à la place du *kan* qu'il dépossède, un autre prince qui soit du même sang.

Le *kan* des Tartares koubans ne reconnoît point les ordres du grand-seigneur, & s'est maintenu libre jusqu'à ce jour.

Quoique le *kan* des Tartares mongules de l'ouest soit sous la protection de la Chine, cette soumission n'est au fond qu'une soumission précaire, puisque loin de payer le moindre tribut à l'empereur chinois, il reçoit lui-même des présents magnifiques de la cour de Péking, & en est fort redouté; car s'il lui prenoit jamais fantaisie de se liguer avec les Calmouks, le monarque qui siège aujourd'hui dans l'empire de la Chine, n'auroit qu'à se tenir bien ferme sur le trône.

Les Tartares du Daghestan ne sont pas seulement indépendants de leurs voisins, à cause de leurs montagnes inaccessibles; mais ils n'obéissent à leur propre *kan*, qui est élu par le chef de leur religion, qu'autant qu'il leur plait.

Les Tartares noghais n'ont point de *kan* général pour leur maître, mais seulement plusieurs chefs qu'ils nomment *Murses*.

Si les Tartares de la Casatchia orda ont un seul *kan* pour souverain, les Murses brident encore son pouvoir à leur volonté.

Enfin les Tartares circasses obéissent à divers *kans* particuliers de leur nation, qui sont tous sous la protection de la Russie.

Il résulte de ce détail que la dignité de *kan* est très-différente chez les peuples tartares, pour l'indépendance, la puissance, & l'autorité.

Le titre de *kan* en Perse répond à celui de *gouverneur* en Europe; & nous apprenons du dictionnaire persan d'Halimi, qu'il signifie *haut*, *éminent*, *& puissant seigneur*. Aussi les souverains de Perse & de Turquie le mettent à la tête de tous leurs titres; Zingis, conquérant de la Tartarie, joignit le titre de *kan* à son nom; c'est pour cela qu'on l'appelle *Zingis-Kan*. (*D. J.*)

KANGUE, s. f. (*Hist. mod.*) supplice qui est fort en usage à la Chine, & qui consiste à mettre au col du coupable deux pièces de bois qui se joignent l'une à l'autre, au milieu desquelles est un espace vuide pour recevoir le col. Ces pièces de bois sont si larges, que le criminel ne peut voir à ses pieds, ni porter les mains à sa bouche, en sorte qu'il ne peut manger, à moins que quelque personne charitable ne lui présente ses alimens. Ces pièces de bois varient pour la pesanteur; il y en a depuis 50 jusqu'à 200 livres: c'est la volonté du juge, ou l'énormité du crime qui décide de la pesanteur de la *kangue*, & du temps que le criminel est obligé de la porter; il succombe quelquefois sous le poids, & meurt faute de nourriture & de sommeil. On écrit la nature du crime, & le temps que le coupable doit porter la *kangue*, sur deux morceaux de papier qui sont attachés à cet instrument. Lorsque le temps est expiré, on va trouver le mandarain ou le juge qui fait une réprimande & fait donner la bastonade au coupable, après quoi il est remis en liberté. (*A. R.*)

KAN-JA, s. m. (*Hist. mod.*) c'est une fête solemnelle qui se célèbre tous les ans au Tonquin, à l'imitation de la Chine. Le bova ou roi du pays, accompagné des grands du royaume, se rend à un endroit marqué pour la cérémonie: là il forme avec une charrue plusieurs sillons, & il finit par donner un grand repas à ses courtisans. Par cet usage le souverain veut inspirer à ses sujets le soin de l'agriculture, qui est autant en honneur à la Chine & au Tonquin, qu'elle est négligée & méprisée dans des royaumes d'Europe où l'on se croit bien plus éclairé. (*A. R.*)

KANO, s. m. (*Hist. mod. Superst.*) c'est le nom sous lequel les Negres, habitans des pays intérieurs de l'Afrique vers Sierra Léona, désignent l'Etre Suprême. Quoiqu'ils lui attribuent la toute-puissance, l'omniscience, l'ubiquité, l'immensité, ils lui refusent l'éternité, & prétendent qu'il doit avoir un successeur qui punira les crimes & récompensera la vertu. Les idées qu'il ont de la divinité ne les empêchent point de rendre tout leur culte à des esprits ou revenans qu'ils nomment *Jannanins*, & qui, selon eux, habitent les tombeaux. C'est à eux que ces negres ont recours dans leurs maux; ils leur font des offrandes & des sacrifices; ils les consultent sur l'avenir, & chaque village a un lieu où l'on honore le *Jannanin* tutelaire: les femmes, les enfans, & les esclaves sont exclus de son temple. (*A. R.*)

KANUN, sub. masc. (*Hist. mod.*) on nomme ainsi parmi les russes le repas que ces peuples font tous les ans sur les tombeaux de leurs parens. *Kanun* signifie aussi la veille d'une grande fête. Ce jour-là l'ancien de l'église en Russie & en Sibérie, brasse de la biere pour sa communauté, & la donne gratuitement à ceux qui lui ont donné généreusement à la quête qu'il est dans l'usage de faire auparavant. Les Sibériens chrétiens croient ne pouvoir se dispenser de s'enivrer dans ces sortes d'occasions; & ceux qui sont payens ne laissent pas de se joindre à eux dans cet acte de dévotion. *Voyez* Gmelin, *voyage de Sibérie*. (*A. R.*)

KANUNI, s. m. (*Hist. mod.*) nom de deux mois différens chez les Turcs. Le *kanuni* achir est le mois de Janvier & le *kanuni* evel est le mois de Décembre.

Achir

Achir signifie *postérieur*, & evel *premier*. (*A. R.*)

KAPI, s. f. (*Hist. mod.*) terme qui dans les pays orientaux signifie *porte*.

On appelle en Perse la principale porte par où on entre chez le roi, *alla kapi*, c'est-à-dire *porte de Dieu*. Delà vient que l'on donne au premier officier qui commande aux portes du palais du grand-seigneur le nom de *kapighi pachi*. (*A. R.*)

KAPIGILAR KEAJASSI, s. m. (*Hist. mod.*) colonel ou général des gardes du grand-seigneur. Il fait à la porte l'office de maître des cérémonies & d'introducteur de tous ceux qui vont à l'audience du sultan. Cet emploi est fort lucratif par les commissions dont le charge le prince, & par les présens qu'il reçoit d'ailleurs. Il porte dans sa fonction une veste de brocard à fleurs d'or, fourrée de zibelines, le gros turban comme les visirs, & une canne à pomme d'argent. C'est lui qui remet au grand-visir les ordres de sa hautesse. Il commande aux capigis & aux capigis bachis, c'est-à-dire, aux portiers & aux chefs des portiers. Guer. *mœurs des Turcs. tom. II*. (*A. R.*)

KAPNION. *Voyez* REUKLIN.

KAPTUR. (*Hist. mod.*) nom qu'on donne en Pologne dans le tems d'un interrègne pendant la diete convoquée pour l'élection d'un roi, à une commission établie contre ceux qui s'aviseroient de troubler la tranquillité publique. Elle est composé de 19 des personnes les plus constituées en dignité du royaume, & juge en dernier ressort des affaires criminelles. Hubner, *dictionn. géogr.* (*A. R.*)

KARA-MEHEMET & KARA-MUSTAPHA, (*Hist. Turq.*) Le premier, bacha célèbre par sa valeur, se distingua aux sièges de Candie en 1669, de Kaminiek en 1672, de Vienne en 1683, & au combat de Choczin, même année; il fut tué d'un éclat de canon au siège de Bude en 1684.

Le second, élevé à la dignité de grand-visir par des intrigues de sultanes, se comporta mal ou fut malheureux à la guerre, ce fut lui qui fit & qui leva le siège de Vienne en 1643. D'autres intrigues de sultanes le firent sacrifier, & il fut étranglé par ordre de Mahomet IV, à Belgrade, le 23 décembre 1683.

KARESMA, s. m. (*Hist. des voyages*) sorte d'hôtellerie commune en Pologne. Le *karesma* est un vaste bâtiment de terre grasse & de bois, construit sur les grands chemins de Pologne pour héberger les passans.

Ces bâtimens sont composés d'une vaste & large écurie à deux rangs, avec un espace suffisant au milieu pour les chariots: au bout de l'écurie est une chambre qui mene dans un second réduit, nommé *comori*, où le maître du *karesma* tient ses provisions, & en particulier son avoine & sa biere. Cette chambre est tout ensemble grenier, cave, magasin & bouge, dit M. le chevalier de Beaujeu, qu'il faut laisser parler ici.

La grande chambre d'assemblée a un poële & une cheminée relevée à la mode du pays comme un four. Tout le monde se loge là pêle-mêle, hommes & femmes, qui se servent indifféremment du feu de l'hôte ainsi que de la chambre. Tout voyageur entre sans distinction dans ces sortes de maisons, s'y chauffe & s'y nourrit en payant à son hôte les fourrages.

Il y a dans l'intérieur des villes capitales des espèces d'auberges où l'on peut loger & manger, & les *karesma* y sont seulement dans les fauxbourgs: mais tous les villages un peu considérables en ont, par l'utilité qu'ils en tirent pour la vente & la consommation des denrées du pays.

Chaque seigneur fait débiter par un paysan ou par un juif qu'il crée hôte de son *karesma*, le foin, l'avoine, la paille, la biere & l'eau-de-vie de ses domaines, & de ses brasseries, qui est à peu près tout ce qu'on trouve à acheter dans ces sortes d'hôtelleries.

Une de leurs plus grandes incommodités, c'est la puanteur des chambres, la malpropreté du lieu, le voisinage des chevaux, de la vache, du veau, des cochons, des poules, des petits enfans, qui sont pêle-mêle avec le voyageur, & dont chacun fait son ramage différent.

Outre cela, les jours de fêtes sont redoutables, parce que le village est assemblé dans le *karesma*, & occupé à boire, à danser, à fumer, & à faire un vacarme épouvantable.

Je conviens avec M. le chevalier de Beaujeu de tous ces désagrémens des *karesma* de Pologne; mais n'est-on pas heureux dans un pays qui est à peine sorti de la barbarie, de trouver presque de mille en mille, à l'entrée, au milieu & à l'issue des forêts, dans les campagnes désertes, & dans les provinces les moins peuplées, des bâtimens quelconques d'hospitalité, où à peu de frais vous pouvez, vous, vos gens, votre compagnie, vos voitures, & vos chevaux, vous mettre à couvert des injures de l'air, vous sécher, vous chauffer, vous délasser, vous reposer, & manger sans craindre de vol, de pillage & d'assassinat, les provisions que vous avez faites, ou qu'on vous procure bientôt dans le lieu même à un prix très-médiocre? (*D. J.*)

KARKRONE, s. m. (*Hist. mod.*) maison des manufactures royales en Perse. On y fait des tapis, des étoffes d'or, de soie, de laine, des brocards, des velours, des taffetas, des jaques de maille, des sabres, des arcs, des flèches & d'autres armes. Il y a aussi des Peintres en miniature, des Orfévres, des Lapidaires, &c. *Dictionn. de Trévoux*. (*A. R.*)

KARLE, s. m. (*Hist. mod.*) mot saxon dont nos loix se servent pour désigner simplement un homme, & quelquefois un domestique ou un paysan.

Delà vient que les Saxons appellent un marin *bascarle*, & un domestique *hascarle*. (*A. R.*)

KASI, s. m. (*Hist mod.*) c'est le quatrième pontife de Perse qui est en même temps le second lieutenant civil qui juge des affaires temporelles. Il a deux substituts qui terminent les affaires de moindre conséquence, comme les querelles qui arrivent dans les cafés,

& qui suffisent pour les occuper. *Dictionn. de Trévoux.* (*A. R.*)

KASIEMATZ, s. m. (*Hist. mod.*) c'est le nom qu'on donne au Japon à un quartier des villes qui n'est consacré qu'aux courtisanes ou filles de joie. Les pauvres gens y placent leurs filles dès l'âge de dix ans, pour qu'elles y apprennent leur métier lubrique. Elles sont sous la conduite d'un directeur qui leur fait apprendre à danser, à chanter & à jouer de différens instrumens. Le profit qu'elles tirent de leurs appas est pour leurs directeurs ou maîtres de pension. Ces filles, après avoir servi leur temps peuvent se marier, & les Japonois sont si peu délicats qu'elles trouvent sans peine des partis; tout le blâme retombe sur leurs parens qui les ont prostituées. Quant aux directeurs des *kasiematz*, ils sont abhorrés & mis au même rang que les bourreaux. (*A. R.*)

KASNADAR, Bach. s. m. (*Hist. mod.*) Le grand trésorier en Perse; c'est un officier considérable. Il garde les coffres du souverain rei, Chasnadar Bach. (*A. R.*)

KAT-CHERIF, s. m. (*Hist. mod.*) nom que les Turcs donnent aux ordonnances émanées directement du grand-seigneur. Autrefois les sultans se donnoient la peine d'écrire leurs mandemens de leur propre main & de les signer en caractères ordinaires : maintenant ils sont écrits par des secrétaires, & marqués de l'empreinte du nom du monarque; & quand ils n'ont que ces marques on les nomme simplement *tura;* mais lorsque le grand-seigneur veut donner plus de poids à ses ordres, il écrit lui-même de sa propre main au haut du *tura*, ou selon d'autres au bas, ces mots, *que mon commandement soit exécuté selon sa forme & teneur*, & c'est ce qu'on appelle *kat-cherif*, c'est-à-dire *ligne noble* ou *sublime lettre*; ce sont nos lettres de cachet. Un turc n'oseroit les ouvrir sans les porter d'abord à son front & sans les baiser respectueusement après les avoir passées sur ses joues pour en essuyer la poussière. Guer. *mœurs des Turcs, tom. II.* Darvieux, *mem. tom. V.* (*A. R.*)

KAVRE YSAOUL, s. m. (*Hist mod.*) corps de soldats qui forme le dernier & le cinquième de ceux qui composent la garde du roi de Perse.

Ce sont des huissiers à cheval au nombre de 2000, qui ont pour chef le connétable, & en son absence le lieutenant du guet.

Ils font le guet la nuit autour du palais, écartent la foule quand le roi monte à cheval, font faire silence aux audiences des ambassadeurs, servent à arrêter les kans & les autres officiers disgraciés, & à leur couper la tête quand le roi l'ordonne. *Dict. de Trévoux.* (*A. R.*)

KEAJA ou KIAAIA. s. m. (*Hist. mod.*) lieutenant des grands officiers de la Porte, ou surintendant de leur cour particulière.

Ce mot signifie proprement *un député* qui fait les affaires d'autrui. Les janissaires & les spahis ont le leur, qui reçoit leur paye, & la leur distribue; c'est comme leur syndic. Les bachas ont aussi leur *keaja* particulier, chargé du soin de leurs maisons, & de leurs provisions & équipages pour faire campagne; le muphti a aussi son *keaja*.

Mais le plus considérable est celui du grand-visir; outre les affaires particulières de son maître, il a très-grande part aux affaires publiques, traités, négociations, audiences à ménager, graces à obtenir, tout passe par son canal : les drogmans ou interprètes des ambassadeurs n'oseroient rien proposer au grand-visir, sans en avoir auparavant communiqué avec son *keaja;* & les ministres étrangers eux-mêmes lui rendent visite comme aux principaux officiers de l'empire. C'est le grand-seigneur qui nomme à ce poste très-propre à enrichir celui qui l'occupe, & dont on achete la faveur par des présens considérables. Le *keaja* a une maison en ville, & un train aussi nombreux qu'un bacha. Quand il est remercié de ses services, il est honoré de trois queues; si on ne lui en accordoit que deux, ce seroit une marque de disgrace & de bannissement. Guer. *mœurs des Turcs, tom. II.* (*A. R.*)

KEATING, (Geoffroy) (*Hist. Litt.*) prêtre irlandois, natif de Tipperary, auteur d'une histoire des Poëtes de sa nation, composée en irlandois, traduite en anglois, & imprimée magnifiquement à Londres en 1738, *in-fol.*, avec les généalogies des principales familles d'Irlande. Mort en 1650.

KEBER, s. m. (*Hist. mod.*) nom d'une secte chez les Persans, qui pour la plûpart sont de riches marchands.

Ce mot signifie *infidèles*, de *kiaphir*, qui en langue turque veut dire *renegat;* ou plutôt l'un & l'autre viennent de *caphar*, qui en chaldéen, en syriaque & en arabe, signifie *nier*, *renier.*

Quoiqu'ils soient au milieu de la Perse, & qu'il y en ait beaucoup dans un fauxbourg d'Hispahan, on ne sait s'ils sont persans originaires, parce qu'ils n'ont rien de commun avec les Persans que la langue. On les distingue par la barbe qu'ils portent fort longue, & par l'habit qui est tout-à-fait différent de celui des autres.

Les *kebers* sont payens, mais en même temps fort estimés à cause de la régularité de leur vie. Quelques auteurs disent que les *kebers* adorent le feu comme les anciens Perses : mais d'autres prétendent le contraire. Ils croient l'immortalité de l'ame & quelque chose d'approchant de ce que les anciens ont dit de l'enfer & des champs Elisées.

Quand quelqu'un d'eux est mort, ils lâchent de sa maison un coq, & le chassent dans la campagne; si un renard l'emporte, ils ne doutent point que l'ame du défunt ne soit sauvée. Si cette première preuve ne suffit point, ils se servent d'une autre qui passe chez eux pour indubitable. Ils portent le corps du mort au cimetière, & l'appuyent contre la muraille soutenu d'une fourche. Si les oiseaux lui arrachent l'œil droit, on le considère comme un prédestiné; on l'enterre avec cérémonie, & on le descend doucement & avec une corde dans la fosse; mais si les oiseaux commencent par l'œil gauche, c'est une marque infaillible de réprobation. On en a horreur comme d'un damné, & on le jette la tête la première dans la fosse. Olearius, *voyage de Perse.* (*A. R.*)

KEBLAH, ou KIBLAH, s. m. (*Hist. orient.*) ce

terme désigne chez les peuples orientaux le point du ciel vers lequel ils dirigent leur culte; les Juifs tournent leur visage vers le temple de Jerusalem: les Sabéens, vers le méridien; & les Gaures, successeurs des Mages, vers le soleil levant.

Cette remarque n'est pas simplement historique; elle nous donne l'intelligence d'un passage curieux d'Ezéchiel, *chap. viij. v. 16*. Ce prophête ayant été transporté en vision à Jérusalem, « y vit vingt-cinq » hommes entre le porche & l'autel, qui ayant le » dos tourné contre le temple de Dieu, & le visage » tourné vers l'Orient, se prosternoient devant le » soleil ». Ce passage signifie que ces vingt-cinq hommes avoient renoncé au culte du vrai Dieu; & qu'ils avoient embrassé celui des Mages. En effet, comme le Saint des Saints reposoit dans le Shekinate, où le symbole de la présence divine, étoit au bout occidental du temple de Jérusalem, tous ceux qui y entroient pour adorer Dieu, avoient le visage tourné vers cet endroit, c'étoit là leur *keblah*, le point vers lequel ils portoient leur culte, tandis que les Mages dirigeoient leurs adorations en tournant le visage vers l'Orient; donc ces vingt-cinq hommes ayant changé de *keblah*, prouvèrent à Ezéchiel, non-seulement qu'ils avoient changé de religion, mais de plus qu'ils avoient embrassé celle des Mages.

Les Mahométans ont leur *kiblah*, *kiblé*, *keblé*, *kebleh*, comme on voudra l'écrire, vers la maison sacrée, c'est-à-dire, qu'ils se tournent dans leurs prières vers le temple de la Meque, qui est au midi à l'égard de la Turquie; c'est pourquoi dans toutes les mosquées, il y a une niche qu'ils regardent dans leur dévotion. *Voyez* MEQUE, (*temple de la*) *Hist. orient.* (*D. J.*)

KEITH, (Jacques) (*Hist. mod.*) feld-maréchal des armées du roi de Prusse, étoit écossois de naissance, & fils du comte-maréchal d'Ecosse, George *Keith*. Il avoit eu aussi le bâton de maréchal en Russie, où il avoit servi long-temps, & avec une grande distinction; mais ce fut sur-tout au service de la Prusse & dans la guerre de 1756, qu'il acquit beaucoup de gloire. Il fut tué en 1758, lorsque le comte de Daun surprit le camp des Prussiens à Hockirchem. Il fut honoré de la confiance particulière du roi de Prusse, comme Parménion de celle d'Alexandre.

KELEKS, s. m. (*Hist. mod.*) espèce de bateau dont on se sert en Asie pour les caravanes qui voyagent par eau. Ils contiennent 28 ou 30 personnes, & 10 à 12 quintaux de marchandises. (*A. R.*)

KELONTER, s. m. (*Hist. mod.*) c'est le nom qu'on donne en Perse au grand juge des marchands Arméniens qui sont établis à Zulpha, l'un des fauxbourgs d'Ispaham. C'est le roi de Perse qui le choisit dans leur nation: il a le droit de décider tous les procès qui s'élèvent entre les Arméniens sur le fait du commerce. (*A. R.*)

KEMPIS, (Thomas à) (*Hist. Litt. mod.* C'est à Thomas *à Kempis*, chanoine régulier de l'ordre de St. Augustin, qu'on a tant attribué le livre de l'*Imitation de J. C.*, qui paroît être resté à Jean Gersen, abbé de Verceil, écrivain du treizième siècle; ce livre, a dit M. de Fontenelle, *le plus beau qui soit parti de la main d'un homme, puisque l'Evangile n'en vient pas*, est, dit-on, traduit dans toutes les langues: on assûre qu'un roi de Maroc montrant sa bibliohèque à un religieux Européen, lui fit voir ce livre traduit en turc, & lui dit qu'il en préféroit la lecture à toute autre.

Thomas *à Kempis*, qui n'est plus pour nous d'aucun intérêt, s'il n'est pas l'auteur de l'Imitation, naquit en 1380, au village de Kempis, dans le diocèse de Cologne, dont il prit le nom, entra en 1399, chez les chanoines réguliers du Mont-Sainte-Agnès, près de Zwol, & mourut dans une extrême vieillesse en 1471.

KEN, s. m. (*Hist. modern.*) nom de plusieurs mois lunaires qui composent le cycle de cinq ans des Chinois. Ken-su est le septième, ken-schin le dix-septième, ken-gin le vingt-septième, ken-çu le trente-septième, ken-shim le cinquante-septième. (*A. R.*)

KENA, s. f. (*Hist. mod.*) nom d'une plante dont les femmes tartares de la petite Bucharie se servent pour se teindre les ongles en rouge. Elles la font sécher, la pulvérisent, la mêlent avec de l'alun en poudre, & laissent le mélange exposé à l'air pendant 24 heures avant que de s'en servir. Cette couleur dure, dit-on, fort long-temps. (*A. R.*)

KEPLER, (Jean) astronome célèbre, élève & ami de Ticho-Brahé, premier maître de Descartes en optique, précurseur de Newton en physique; il devina ce que Galilée a vu distinctement depuis, à l'aide des telescopes, que le soleil a un mouvement de rotation sur lui-même; il trouva de même, par la force de son génie, la loi selon laquelle les planètes se meuvent, loi si connue sous le nom de *Règle de Kepler;* on lui doit encore la découverte de plusieurs autres loix générales de la nature; c'étoit un homme de génie en physique & en astronomie. Il a eu, comme tout autre homme de génie, ses erreurs & ses foiblesses. On a de lui une multitude d'ouvrages astronomiques, tous en latin. Il sentoit tout son mérite, & préféroit, disoit-il, *la gloire de ses inventions à l'électorat de Saxe*. Il vaut mieux en effet, être un homme de génie utile & illustre, qu'un souverain obscur ou funeste; & l'empire des talents a plus de quoi flatter l'amour-propre qu'une couronne héréditaire. *Kepler* faisoit aussi des vers; il fit une élégie sur la mort de Ticho-Brahé; il fit sa propre épitaphe, qu'il ordonna de graver sur son tombeau, & qui n'est pas merveilleuse:

Mensus eram cœlos, nunc terræ metior umbras;
Mens cœlestis erat, corporis umbra jacet.

Horace avoit mieux dit:

Te maris & terræ, numeroque carentis arenæ
Mensorem cohibent, Archita,

Pulveris exigui propè littus parva Matinum
Munera, nec quidquam tibi prodest
Aërias tentasse domos, animoque rotundum
Percurrisse polum morituro.

Kepler, né à Weil, en 1571, d'une famille illustre, mourut à Ratisbonne en 1630. Il eut un fils médecin à Konisberg, dont on a quelques écrits, mais qui pouvoit dire :

Et moi, fils inconnu d'un si glorieux père.

Né à Prague en 1607. Mort à Konisberg en 1663.

KÉRAMIEN, s. m. (*Hist. mod.*) nom d'une secte de musulmans qui a pris son nom de Mahomet Bent Keram, son auteur.

Les *Kéramiens* soutiennent qu'il faut entendre à la lettre tout ce que l'alcoran dit des bras, des yeux, & des oreilles de Dieu. Ainsi ils admettent le tagiassum, c'est-à-dire, une espèce de corporéité en Dieu, qu'ils expliquent cependant fort différemment entr'eux. *Dictionnaire de Trevoux.* (*A. R.*)

KÉRANA, s. f. (*Hist. mod.*) longue trompette approchant de la trompette parlante, dont les Persans se servent pour crier à pleine tête.

Ils mêlent ce bruit à celui des hautbois, des timbales, des tambours, & des autres instruments qu'ils font entendre au soleil couchant & à deux heures après minuit. *Dictionnaire de Trévoux.* (*A. R.*)

KERNE, s. f. (*Hist. mod.*) nom d'une milice d'Irlande, fantassins. Cambden dit que les armées irlandoises étoient composées de cavalerie, qu'on appelloit *galloglasses*, & de fantassins armés à la légère, qu'on nommoit *kernes*.

Les *kernes* étoient armés d'épées & de dards garnis d'une courroie pour les retirer quand on les avoit lancés.

Kernes dans nos loix signifie un *brigand*, un *vagabond*. (*A. R.*)

KEU, s. m. (*Hist. mod.*) nom de l'onzième mois de l'année & d'un des signes du zodiaque, chez le tartare du Cataï : *keu* signifie dans leur langue *chien*.

KHAN, s. m. (*Hist. mod.*) édifice public en Turquie pour recevoir & loger les étrangers.

Ce sont des espèces d'hôtelleries bâties dans les villes & quelquefois à la campagne ; ils sont presque tous bâtis sur le même dessin, composés des mêmes appartements, & ne diffèrent que pour la grandeur.

Il y en a plusieurs à Constantinople, dont le plus beau est le Validé khana, ainsi nommé de la sultane Validé ou mère de Mahomet IV, qui le fit construire : le chevalier d'Arvieux en fait la description suivante dans ses mémoires tom. IV ; & elle suffira pour donner au lecteur une idée des autres *khans*.

C'est, dit cet auteur, un grand bâtiment quarré, dont le milieu est une vaste cour quarrée, environnée de portiques comme un cloître ; au milieu est un grand bassin avec une fontaine : le rez-de-chaussée derrière les portiques, est partagé en plusieurs magasins, où les négocians mettent leurs marchandises. Il y a un second cloître au premier étage, & des chambres dont les portes donnent sur le cloître ; elles sont assez grandes, toutes égales ; chacune a une cheminée. On les loue tant par jour ; & quoique le loyer soit assez modique, le *khan* ne laisse pas de produire considérablement à ses propriétaires. Deux janissaires en gardent la porte, & on y est dans une entière sûreté. On respecte ces lieux comme étant sous la protection de la foi publique. Tout le monde y est reçu pour son argent ; on y demeure tant qu'on veut, & l'on paye son loyer en rendant les clefs. Du reste on n'y a que le logement ; il faut s'y pourvoir de meubles & d'ustensiles de cuisine : les Levantins la font eux-mêmes & sans beaucoup d'apprêts. Les murailles de ces *khans* sont de pierre de taille ou de brique fort épaisses ; & toutes les chambres, magasins & corridors voûtés : le toît en terrasse bien carrelé, en sorte qu'on n'y craint point les incendies.

KHAN. On donne aussi en Turquie ce nom à de petits forts ou châteaux fortifiés, bâtis sur les grandes routes & à distance des villes, pour servir de refuge aux voyageurs. Le chevalier d'Arvieux, dans ses mémoires, dit qu'il y en avoit deux aux environs d'Alep, dont un est ruiné. (*A. R.*)

KHAZINE, s. f. (*Hist. mod.*) trésor du grand-seigneur.

Là on met les registres des recettes, des comptes des provinces, dans des caisse cotées par années, avec les noms des provinces & des lieux. C'est-là aussi que l'on serre une partie des habits du grand-seigneur.

Tous les jours de divan on ouvre ce trésor, ou pour y mettre, ou pour en retirer quelque chose : il faut que les principaux officiers qui en ont la charge assistent à cette ouverture. Le tchaouch-bachi lève en leur présence la cire dont le trou de la serrure est scellé ; & l'ayant porté au grand-visir, ce ministre le baise d'abord, & puis le regarde. Il tire ensuite de son sein le sceau du grand-seigneur, qu'il y porte toujours, & il le donne au tchaouch-bachi, qui ayant enfermé & scellé le trésor, rapporte au visir, avec la même cérémonie, le sceau qu'il en avoit reçu.

Il y a d'autres appartements où l'on enferme l'argent, & dans lesquels les officiers n'entrent jamais avec des habits qui ayent des poches. *Dictionnaire de commerce.* (*A. R.*)

KI, s. m. (*Hist. mod.*) en persan & en turc signifie *roi* ou *empereur*. Les anciens sophis de Perse, avant leur nom propre mettoient souvent le nom de *ki*. On voit dans leur histoire & dans la suite de leurs monarques, *ki* Kobad, *ki* Bahman, *&c.* c'est-à-dire, le roi Kobad, le roi Bahman, *&c.* Figueroa assure que le roi de Perse voulant donner un titre magnifique au roi d'Espagne, le nomme *ki* Ispania, pour signifier l'empereur d'Espagne. Ricaut, *de l'emp. Ott.* (*A. R.*)

Ki, (*Hist. moder.*) chez les Tartres Mongules, signifie un *étendard* qui sert à distinguer chaque horde ou famille dont leur nation est composée.

Ils nomment encore cet étendard *kitaska*, c'est-à-dire, chose faite exprès pour marquer, ou plûtôt parce que cet étendard désigne les Kitaski ou habitans du Kitay.

Ceux d'entre ces Tartares qui sont mahométans, ont sur cet étendard une sentence ou passage de l'alcoran; & ceux qui sont idolâtres, y mettent diverses figures d'animaux, dont les unes servent à marquer qu'ils sont de telle dynastie ou tribu, & les autres à désigner la famille particuliere à laquelle appartient le nombre de guerriers qui la composent. (*A. R.*)

Ki, s. m. (*Hist. mod.*) nom de la sixieme partie du second cycle des Khataïens & des Iguriens; ce cycle joint au premier cycle, qui est duodénaire, sert à compter leurs jours qui sont au nombre de soixante, & qui, comme les nôtres, qui ne sont qu'au nombre de sept, forment leur semaine.

Le mot *ki* signifie *poule*; il marque aussi le dixieme mois de l'année dans les mêmes contrées.

Chez les Chinois, le *ki* est le nom de plusieurs mois lunaires des soixante de leur cycle de cinq ans. Le ki-su est le sixieme; le ki-muo, le seizieme; le ki-cheu, le vingt-sixieme; le ki-ha, le trente-sixieme; le ki-yeu, le quarante-sixieme; le ki-vi, le cinquante-sixieme.

Au reste, *ki* est toujours le sixieme de chaque dixaine. *Voyez le dictionnaire de Trévoux*. (*A. R.*)

KIA, s. m. (*Hist. mod.*) nom de plusieurs mois du cycle de cinq ans des Chinois. Le *kia-çu* est le premier; le *kia-sio*, l'onzieme; le *kia-shen*, le vingt-unieme: le *kia-u*, le trente-unieme; le *kia-shin*, le quarante-unieme; le *kia-yin*, le cinquante-unieme.

D'où l'on voit que le *kia* est le premier de tous, & le premier de chaque dixaine. (*A. R.*).

KIAKKIAK, s. m. (*Hist. mod.*) *Mythol.*) c'est le nom d'une divinité adorée aux Indes orientales, dans le royaume de Pégu. Ce mot signifie le *dieu des dieux*. Le dieu *Kiakkiak* est représenté sous une figure humaine, qui a vingt aulnes de longueur, couchée dans l'attitude d'un homme qui dort. Suivant la tradition du pays, ce dieu dort depuis 6 mille ans, & son réveil sera suivi de la fin du monde. Cette idole est placée dans un temple somptueux, dont les portes & les fenêtres sont toujours ouvertes, & dont l'entrée est permise à tout le monde. (*A. R.*)

KIBLATH, s. m. (*Hist. mod.*) les Mahométans nomment ainsi l'endroit vers lequel ils tournent la face à la Meque pour faire leurs prieres. Dans toutes les mosquées des Mahométans, il y a une ouverture du côté de la Meque, afin que l'on sache de quel côté on doit se tourner pour que sa priere soit agréable à Dieu & à Mahomet son envoyé. (*A. R.*)

KIHAIA *ou* KIEHAIA, *ou* KETCHUDABERG, s. m. (*Hist. mod.*) nom que donnent les Turcs à un officier qui est le lieutenant général du grand-visir. C'est l'emploi le plus considérable de l'empire Ottoman; en effet, il faut que toutes les affaires passent par ses mains; & que toutes les ordonnances de l'empereur aient son attache, sans quoi les bachas ne se croient pas obligés d'en tenir compte. On dit de lui communément: *le kihaia est pour moi le visir; le visir est mon sultan, & le sultan n'est pas plus que le reste des Musulmans*. Tant il est vrai que les despotes sont les premiers esclaves de leur pouvoir sans bornes, quand ils ne peuvent l'exercer par eux-mêmes. Le grand-visir ne peut point faire un *kiahia* sans l'agrémen du sultan. *Voyez* Cantemir, *Histoire ottomanne*. (*A. R.*)

KILARGI BACHI, s. m. (*Hist. mod.*) chef de l'échansonnerie, ou grand échanson de l'empereur des Turcs. Cet officier est un des principaux de la maison du sultan, & est fait bacha lorsqu'il sort de sa charge. Le Kilarquet odari, son substitut, a en garde toute la vaisselle d'or & d'argent du ferrail. Ces officiers, comme presque tous les autres du grand seigneur, sont tirés du corps des Ichoglans. (*A. R.*)

KING, (*Hist. mod. Philosoph.*) ce mot signifie *doctrine sublime*. Les Chinois donnent ce nom à des livres qu'ils regardent comme sacrés, & pour qui ils ont la plus profonde vénération. C'est un mélange confus de mysteres incompréhensibles, de préceptes religieux, d'ordonnances légales, de poësies allégoriques, & de traits curieux tirés de l'histoire chinoise. Ces livres qui sont au nombre de cinq, sont l'objet des études des lettrés. Le premier s'appelle *y-kin*; les Chinois l'attribuent à Fohi leur fondateur; ce n'est qu'un amas de figures hiéroglyphiques, qui depuis longtemps ont exercé la sagacité de ce peuple. Cet ouvrage a été commenté par le célebre Confucius, qui, pour s'accommoder à la crédulité des Chinois, fit un commentaire très-philosophique sur un ouvrage rempli de chimeres, mais adopté par sa nation; il tâcha de persuader aux Chinois, & il parut lui-même convaincu, que les figures symboliques contenues dans cet ouvrage renfermoient de grands mysteres pour la conduite des états. Il réalisa en quelque sorte ces vaines chimeres, & il en tira méthodiquement d'excellentes inductions. *Dès que le ciel & la terre furent produits*, dit Confucius, *tous les autres êtres matériels existerent; il y eut des animaux des deux sexes. Quand le mâle & la femelle existerent, il y eut mari & femme, il y eut pere & fils; quand il y eut pere & fils, il y eut prince & sujet*. Delà, Confucius conclut l'origine des loix & des devoirs de la vie civile. Il seroit difficile d'imaginer de plus beaux principes de morale & de politique; c'est dommage qu'une philosophie si sublime ait elle-même pour base un ouvrage aussi extravagant que le *y-king*.

Le second de ces livres a été appellé *chu-king*. Il contient l'histoire des trois premieres dynasties. Outre les faits historiques qu'il renferme, & de l'authenticité desquels tous nos savants européens ne conviennent pas, on y trouve de beaux préceptes & d'excellentes maximes de conduite.

Le troisième, qu'on nomme *chi-king*, est un recueil de poësies anciennes, partie dévotes & partie impies, parties morales & partie libertines, la plupart très-froides. Le peuple accoutumé à respecter ce qui porte un caractère sacré, ne s'apperçoit point de l'irréligion, ni du libertinage de ces poësies; les docteurs qui voyent plus clair que le peuple, disent pour la défense de ce livre, qu'il a été altéré par des mains profanes.

Le quatrième & le cinquième *king* ont été compilés par Confucius. Le premier est purement historique, & sert de continuation au *chi-king*; l'autre traite des rites, des usages, des cérémonies légales, des devoirs de la société civile.

Ce sont là les ouvrages que les Chinois regardent comme sacrés, & pour lesquels ils ont le respect le plus profond; ils font l'objet de l'étude de leurs lettrés, qui passent toute leur vie à débrouiller les mysteres qu'ils renferment. (*A. R.*)

KIRCHER, (Athanase) (*Hist. Litt. mod.*) Le père *Kircher*, jésuite savant, & mathématicien célèbre, grand antiquaire, souvent trompé dans ce genre par des ignorants, qui se plaisent à tirer des savans cette vengeance. On a de lui plusieurs ouvrages, dont le plus célèbre est le *Mundus subterraneus*; les autres sont ou des descriptions de monuments antiques, ou des traités de physique ou de mathématiques plus ou moins connus, plus ou moins estimés, & qui lui ont acquis à la fois la réputation d'un savant & celle d'un visionnaire. Le P. *Kircher* étoit de Fulde, il professoit à Vitzbourg en Franconie; il passa de là en France, puis à Avignon, puis à Rome, où il mourut en 1680, âgé de 79 ans.

KIRKE, (*Hist. d'Anglet.*) On se rappelle encore avec horreur à Londres, les violences de quelques généraux de Jacques II, les barbaries du colonel *Kirke* & de son régiment de bourreaux, qu'il appelloit *ses agneaux*, cette multitude d'exécutions militaires qu'il faisoit faire au son des instruments, *parce que*, disoit-il, *cette danse avoit besoin de musique*, le raffinement avec lequel il faisoit suspendre & recommencer à plusieurs reprises, une même exécution; ce qu'il appelloit *ses expériences*, parce que, dans les intervalles, il interrogeoit de nouveau ses victimes, pour savoir ce qu'elles avoient souffert, & quelle étoit la disposition de leur ame.

On raconte qu'une jeune fille, pour sauver la vie à son frère, ayant consenti avec beaucoup de répugnance & de remords, à passer une nuit avec le colonel Kirke, il ouvrit le lendemain matin une fenêtre qui donnoit sur la place, & fit voir à cette fille le corps de son frère pendu au gibet; spectacle qui pénétra cette malheureuse d'une telle horreur qu'elle en perdit la raison. L'histoire avoit déjà rapporté un fait semblable arrivé dans les états du duc de Bourgogne, Charles le Téméraire. C'étoit une femme, qui pour sauver la vie à son mari, & de concert avec lui, ayant cédé aux tyranniques instances du gouverneur d'une place, en fut ainsi trahie. Le duc de Bourgogne fit une justice exemplaire de cette atroce perfidie; il commença par obliger le gouverneur d'épouser cette femme pour lui rendre l'honneur, & il le fit pendre ensuite; il ne paroît pas que Jacques II. ait puni le colonel Kirke, & dans ses principes, on concevroit cette indulgence si le colonel avoit été catholique, mais il étoit protestant, il avoit même refusé au roi Jacques de se faire catholique, en disant pour unique motif de son refus qu'il avoit promis à l'empereur de Maroc de se faire musulman, s'il changeoit jamais de religion. En effet il avoit vécu long-temps chez les Maures.

KIRRIS, f. m. (*Hist. mod.*) espece de bâton ou de verge de fer ou de bois que les Hottentots portent sans cesse. Il a la longueur de trois pieds & un pouce d'épaisseur; il est sans pointe: c'est une arme défensive, dont ils se servent avec beaucoup d'adresse pour parer les coups qu'on veut leur porter (*A. R.*)

KIRSTENIUS (Pierre,) (*Hist. Litt. mod.*) médecin, né à Breslau en Silésie & devenu professeur en médecine à Upsal en Suède. Nous ne nommons ici ce savant assez peu connu, que pour observer une petite singularité, c'est que son épitaphe porte qu'il savoit ving-six langues; quelques ouvrages de lui, sur la bible, annoncent au moins, par le titre même, que les langues orientales lui étoient connues. Né en 1577. Mort en 1640.

KISLARAGA, f. m. (*Hist. mod.*) chef des eunuques noirs, un des plus considérables officiers du serrail.

C'est le surintendant de l'appartement des sultanes, auxquelles il annonce les volontés du grand-seigneur. Il a sous ses ordres un grand nombre d'eunuques noirs destinés à la garde & au service des Odaliques. Cet eunuque a un secrétaire qui tient registre de tous les revenus des jamis bâtis par les sultans, qui paye les appointemens des baltagis, des femmes employées au service du serrail, & de tous les officiers qui dépendent de lui. Le *Kislar aga* va de pair en autorité & en crédit avec le capigi-bachi ou grand-maître du serail. Les bachas qui ont besoin de sa faveur, ne font aucun présent au sultan, sans l'accompagner d'un autre pour le chef des eunuques noirs; l'accès facile qu'il a auprès du grand-seigneur l'en rend quelquefois le favori, & le rend presque toujours l'ennemi du grand-visir; d'ailleurs, les sultanes qui ont besoin de lui le servent par leurs intrigues. Guer, *mœurs des Turcs*, *tome II*. (*A. R.*)

KITCHÉ, f. m. (*Hist. mod.*) c'est ainsi que les Turcs nomment le bonnet des janissaires, qui est élevé en pain de sucre, & terminé par le haut en forme d'une manche pendante. (*A. R.*(

KIU-GIN, f. m. (*Hist. mod.*) c'est le nom que l'on donne à la Chine au second grade des lettrés; ils y parviennent après un examen très-rigoureux, qui se fait tous les trois ans en présence des principaux mandarins & de deux commissaires de la cour, qui se rendent pour cet effet dans la capitale de chaque province. Les *kiu-gin* portent une robe brune avec une bordure bleue, & un oiseau d'argent doré sur leur bonnet. Ils peuvent être élevés au rang des mandarins ; c'est parmi eux que l'on choisit les lettrés du troisième ordre, appellés *tsin-sé* ou Docteurs. (*A. R.*)

KIZILBACHE, s. m. (*Hist. mod.*) mot turc, qui signifie *tête rouge*. Les Turcs appellent les Persans de ce nom depuis qu'Ismaël Sofi, fondateur de la dynastie des princes qui regnent aujourd'hui en Perse, commanda à ses soldats de porter un bonnet rouge, autour duquel il y eût une écharpe ou turban à douze plis, en mémoire & à l'honneur des douze Imans, successeurs d'Ali, desquels il prétendoit descendre.

Vigenere écrit *kezeilbais*, & il dit que suivant l'interprétation vulgaire des Persans, les douze plis signifient les douze sacremens de leur loi ; & parce que cela ne le satisfait pas, il en cherche une autre cause, & prétend que c'est un mystere émané de l'antiquité payenne, où les Perses adoroient le feu, dont l'ardeur est dénotée par la couleur rouge, & comme symbolisant au soleil, qu'ils avoient aussi en grande vénération. Il ajoute que ces douze plis désignent les douze mois de l'année & les douze signes où cet astre fait son cours. C'est chercher à plaisir du mystere dans une chose fort simple. Les Persans ont adopté le rouge, parce que c'étoit la couleur d'Ali, & les Turcs le verd, comme celle de Mahomet. (*A. R.*)

KLEIST, (*Hist. Litt. mod.*) poëte allemand, ami de M. Gesner, auteur comme lui d'Idilles qui sont des leçons touchantes de bienfaisance & de vertu. Kleist étoit militaire, il commandoit un régiment au service du roi de Prusse & mourut en 1759 des blessures qu'il avoit reçues à la tête de ce régiment, à la bataille de Kunnersdorf.

KNEES, s. m. (*Hist. mod.*) nom d'une dignité héréditaire parmi les Russes, qui répond à celle de prince parmi les autres nations de l'Europe. On compte en Russie trois especes de *knees* ou de princes ; 1°. ceux qui descendent de Wolodimir I. grand duc de Russie ou qui ont été élevés par lui à cette dignité ; 2°. ceux qui descendent de princes souverains étrangers établis en Russie ; 3°. ceux qui ont été créés princes par quelqu'un des grands ducs. (*A. R.*)

KNOUTE ou KNUT, s. m. (*Hist. mod.*) supplice en usage parmi les Russes ; il consiste à recevoir sur le dos un certain nombre de coups d'un fouet fait avec un morceau de cuir fort épais, qui a 2 ou 3 pieds de longueur, & taillé de façon qu'il est quarré & que ses côtés sont tranchants : il est attaché à un manche de bois. Les bourreaux appliquent les coups sur le dos avec tant d'adresse qu'il n'y en a point deux qui tombent sur le même endroit ; ils sont placés les uns à côté des autres de maniere qu'il est aisé de les distinguer, parce que chaque coup emporte la peau. Le supplice du *knoute* n'est point tenu pour un deshonneur, & on le regarde plutôt comme une punition de faveur, à moins qu'il ne soit suivi de l'exil en Sibérie. Le *knoute*, dans de certains cas, est aussi une espèce de question ou de torture qu'on met en usage pour faire avouer quelque chose à ceux qui sont accusés de quelque crime ; alors à l'aide d'une corde & d'une poulie, on les suspend par les bras à une potence ; on leur attache des poids aux pieds, & dans cette posture on leur applique des coups de *knoute* sur le dos nud, jusqu'à ce qu'ils ayent avoué le crime dont ils sont accusés.

KNOUT, (*Hist. mod. Jurispr. crim.*) Les Russes ont été étonnés de lire dans l'article précédent que le » supplice du *knout* n'est point tenu pour un deshonneur » en Russie, & qu'on le regarde plutôt comme une » punition de faveur, à moins qu'il ne soit suivi de l'exil » en Sibérie. » On lit à cette occasion une lettre d'un Russe instruit, député à la commission des loix, insérée dans le *Journal encyclopédique*, *Septembre 1773*, dans laquelle il releve cette méprise avec une amertume qui annonce en même temps sa sensibilité, son amour pour la gloire de sa patrie, & que cette nation a de plus justes idées de l'honneur, que cet article ne semble l'annoncer.

Nous nous faisons un devoir de convenir avec lui que le *knout* est une peine qui emporte toujours infamie ; & nous le prions de croire que l'auteur anonyme de cet article, mal instruit plutôt que mal intentionné, n'a pas eu dessein d'outrager ni la nation ni le gouvernement Russe. (*A. R.*)

KNOX ou CNOX, (Jean) (*Hist. d'Ecosse*) disciple de Calvin, un des premiers apôtres du calvinisme & du presbytéranisme en Ecosse ; le roi d'Angleterre Edouard VI lui offrit un évêché ; il étoit trop bon presbytérien pour l'accepter, il déclara que *l'épiscopat étoit contraire à l'Evangile* & il alla régner *par l'Evangile* en Ecosse. Il a chanté lui-même ses exploits & ses succès dans une *histoire de la réformation de l'église d'Ecosse*. Il est horrible, mais il est curieux, dit M. Hume, de considérer avec quelle dévote joie *Knox* raconte l'assassinat du cardinal Béaton, archevêque de Saint-André, primat d'Ecosse, ministre de ce royaume, égorgé de sang froid par les protestans dont il étoit un ardent persécuteur. Dans la première édition de l'histoire de la réformation, ces mots étoient imprimés à la marge : *les paroles & les actions divines de Jacques Melvil.* Ces paroles divines étoient d'avoir annoncé la mort au cardinal, ces actions divines de la lui avoir donnée ; on s'apperçut du scandale, & ces mots disparurent dans les éditions suivantes.

Cet impétueux *Knox*, pendant le règne de la fille ainée de Henri VIII en Angleterre, avoit fait contre le droit héréditaire des femmes, un livre avec ce titre tiré de l'apocalipse selon l'usage des fanatiques : *premier son de la trompette contre le gouvernement monstrueux des femmes* ; il ne traita pas mieux la douce & patiente Marie d'Ecosse que la cruelle Marie d'Angleterre ; il n'appelloit jamais la reine d'Ecosse sa souveraine que Jésabel ; elle crut que des marques d'estime & des égards flatteurs prodigués par une jeune reine, pourroient apprivoiser cette bête farouche ; elle lui offrit un libre accès auprès d'elle. « Si vous trouvez, lui dit-elle, quelque » chose à reprendre dans ma conduite, avertissez-moi

» sans ménagement, mais que ce soit en particulier, » ne m'avilissez pas aux yeux de mon peuple dans vos » sermons. Madame, répondit *Knox*, je suis chargé » d'un ministère public; venez à l'église, vous y en» tendrez l'évangile de vérité, je ne suis pas obligé de » l'annoncer à chaque personne en particulier, & » mes occupations ne me le permettroient pas. »

Ses occupations ne lui permettoient pas d'instruire sa souveraine qui daignoit l'en prier ! Il lui cita Phinée tuant Zambri & Cozbi, au moment où ils se livroient au crime; Samuel coupant Agag en morceaux, Elie faisant mourir les prêtres de Baal & les faux prophêtes de Jésabel en présence même d'Achab; il parut très-disposé à suivre ces exemples, cependant par accommodement il voulut bien être soumis à la reine *comme Paul l'avoit été à Néron*. Il avoue lui-même dans son histoire qu'un jour il traita la reine avec tant de sévérité, qu'oubliant la fierté de son rang, elle fondit en larmes devant lui; loin d'être touché d'un tel abaissement de sa souveraine, il redoubla ses reproches insolens, & l'on voit dans son récit qu'il s'applaudit de cette étrange scène. Le seul fondement de tant de reproches & d'emportemens, c'est que Marie entendoit la messe que les Ecossois, à l'instigation de *Knox* & de ses semblables, avoient abolie. Des gens du peuple excités par ces prédicans fanatiques, ayant commis quelques insolences dans la chapelle de la reine, on crut devoir arrêter ce désordre; deux de ces coupables furent dénoncés & cités; aussi-tôt *Knox* envoie des lettres circulaires à tous les chefs de parti pour les sommer de venir défendre leurs frères opprimés; « vous ne persécutez ces saints, » dit-il à la reine, qu'à l'instigation de vos papistes, » & que par l'inspiration du prince des ténèbres. » *Knox* triompha, il fallut lui remettre les coupables. Tel étoit ce fameux *Knox*, c'est ainsi qu'il se peint lui-même; il faut avouer cependant que les plus sages d'entre les protestans, Bayle, Burnet, Théodore de Bèze, lui ont été assez favorables; ce qui n'est peut-être qu'une preuve de plus, parmi tant d'autres, de ce que peut l'esprit de parti sur les têtes les mieux faites. *Knox* mourut en 1572 à cinquante sept ans.

KOEMPFER (Engelbert) (*Hist. Litt. mod.*) voyageur célèbre, auquel nous devons la connoissance de l'empire du Japon, dont il nous a donné, ainsi que de la Perse, l'histoire naturelle, ecclésiastique & civile. Il étoit d'ailleurs médecin & botaniste, & s'est attaché à nous faire connoître les diverses plantes propres à l'Asie. Il étoit né en Westphalie en 1651. Il mourut en 1716.

KŒNIG (Samuel,) (*Hist Litt. mod.*) Académicien de Berlin, connu par son mérite, mais sur-tout par sa querelle avec M. de Maupertuis, au sujet du principe universel de la moindre action. M. de Maupertuis prétendoit avoir découvert ce principe, M. *Kœnig* cita un fragment d'une lettre de Leibnitz, où ce principe se trouvoit établi. M. de Maupertuis somma son adversaire de produire l'original de cette lettre, & le fit condamner & exclure par l'académie de Berlin, où il avoit, comme président perpétuel, un crédit prépondérant. *Kœnig* fit un appel au public, & comme il étoit opprimé, le public lui fut favorable. De l'effet que cet événement fit dans le monde, on peut conclure deux choses : l'une qu'il ne faut point de président perpétuel dans les corps littéraires, parce que l'esprit nécessaire de ces corps est l'égalité & la liberté; l'autre, que les académies ne doivent jamais prononcer sur les contestations qui s'élèvent entre leurs membres, car il n'en est pas des disputes littéraires comme des procès, il importe que les procès soient jugés pour que les droits soient assurés, *ut sit aliquis finis litium & sollicitudinis*, il importe au contraire, que les questions littéraires ne soient point décidées, pour que la discussion puisse toujours les éclaircir. D'ailleurs un peu plus, un peu moins de crédit, d'éloquence, d'audace, d'adresse, d'intrigue, entre les membres d'un même corps, peut avoir une influence inappréciable sur les jugemens du corps. Maupertuis eut pour lui l'académie, *Kœnig* le public, schisme d'opinion qu'il est toujours bon d'éviter.

M. *Kœnig* étoit suisse de nation, il avoit été le maître de mathématiques de Madame la marquise du Châtelet & avoit beaucoup vécu à Cirey avec elle & M. de Voltaire. Il mourut en 1757.

KOGIA, s. m. (*Hist. mod. & comm.*) qualité honorable que les Turcs ont coutume de donner aux marchands qui font le commerce en gros. *Dict. de commerce.* (*A. R.*)

KOLO, s. m. (*Hist. mod.*) nom qu'on donne en Pologne aux assemblées des états provinciaux, qui précèdent la grande diète ou l'assemblée générale des états de Pologne. La Noblesse de chaque palatinat ou waywodie, se rassemble dans une enceinte couverte de planches en pleine campagne, & délibere sur les matières qui doivent être traitées à la grande diète, & sur les instructions qu'on doit donner aux députés qui doivent y être envoyés. Hubner, *Dictionn. géogr.* (*A. R.*)

KO-LAOS, s. m. (*Hist. mod.*) c'est ainsi que l'on nomme à la Chine les grands mandarins ou ministres, qui, après avoir passé par les places les plus éminentes de l'empire, sont appellés par l'empereur auprès de sa personne, afin de l'aider de leurs conseils dans les tribunaux supérieurs, établis à Pékin, ou pour présider en son nom à ces tribunaux, & pour veiller à la conduite des autres mandarins qui les composent, de la conduite desquels ils rendent compte à l'empereur directement. L'autorité des *ko-laos* est respectée même par les princes de la maison impériale. (*A. R.*)

KOMOS, s. m. (*Hist. mod.*) c'est ainsi qu'on nomme en Ethiopie des prêtres qui remplissent dans le clergé les fonctions de nos archiprêtres & curés, & qui sont à la tête des autres prêtres & diacres, sur qui ils ont une espèce de jurisdiction qu'ils étendent même aux séculiers de leurs paroisses. Les *komos* sont eux-mêmes soumis au patriarche des Abissins que l'on appelle abuna, qui est le seul évêque de l'Ethiopie & de l'Abissinie; ce patriarche est indépendant du roi; il est nommé par le patriarche d'Alexandrie en Egypte, qui

qui, comme on sait, est de la secte des Jacobites. C'est souvent un étranger, ignorant la langue du pays, qui est élevé à la dignité d'*abuna*. Les *komos* ne peuvent jamais y parvenir; cependant c'est ce patriarche qui confere les ordres sacrés aux Abissins, mais il ne lui est point permis de consacrer d'autres évêques ou métropolitains dans l'étendue de la jurisdiction. Les *komos* ont la liberté de se marier. (*A. R.*)

KONG-FU, s. m. (*Hist. mod.*) c'est chez les Chinois le nom qu'on donne à un tribunal ou conseil, qui est chargé des travaux publics de l'empire, tels que les palais de l'empereur, les grands chemins, les fortifications, les temples, les ponts, les digues, les écluses, *&c.* Ce tribunal en a quatre autres au dessous de lui, qui sont comme autant de bureaux où l'on prépare la besogne. Cette cour ou jurisdiction est présidée par un des premiers mandarins du royaume, qui rend compte à l'empereur en personne. (*A. R.*)

KONQUER, s. m. (*Hist. mod.*) c'est ainsi que l'on nomme le chef de chaque nation des Hottentots. Cette dignité est héréditaire; celui qui en jouit, porte une couronne de cuivre; il commande dans les guerres, négocie la paix, & préside aux assemblées de la nation, au milieu des capitaines qui sont sous lui. Il n'y a aucun revenu attaché à sa place, ni aucune distinction personnelle. En prenant possession de son emploi il s'engage de ne rien entreprendre contre les priviléges des capitaines & du peuple. (*A. R.*)

KOPIE, s. f. (*Hist. mod.*) nom qu'on donne en Pologne à une espèce de lances que portent les hussards & la cavalerie de ce royaume; elles ont environ six pieds de long; on les attache autour de la main par un cordon; & on les lance à l'ennemi: si le coup n'a point porté, on retire le trait au moyen du cordon; mais s'il a frappé l'ennemi, on le laisse dans la blessure, on coupe le cordon, & l'on met le sabre à la main pour achever de tuer. Hubner. *Dictionn. géogr.* (*A.R.*)

KOPPUS, s. m. (*Hist. mod.*) c'est le nom que les habitans de Ceylan donnent à des prêtres consacrés au service des dieux du second ordre. Ces prêtres ne sont point si respectés que les *Gonnis* qui forment une classe supérieure de pontifes, pour qui le peuple a autant de vénération que pour le dieu *Buddou* ou *Poutza*, dont ils sont les ministres, & qui est la grande divinité des chingulais; les *Gonnis* sont toujours choisis parmi les nobles, ils ont sû se soumettre le roi lui-même, qui n'oseroit les réprimer ou les punir lors même qu'ils ont attenté à sa propre personne; ces prêtres si puissans & si redoutables suivent la même règle, & ont les mêmes prérogatives que ceux que l'on nomme *talapoins* chez les Siamois. Quant aux *Koppus* dont il s'agit ici, ils sont soumis aux taxes & aux charges publiques dont les *Gonnis* sont exempts, & souvent ils sont obligés de labourer & de travailler comme les autres sujets pour gagner de quoi subsister, tandis que les *Gonnis* mènent une vie fainéante & s'engraissent de la substance du peuple. Les habitans de Ceylan ont encore un troisième ordre de prêtres qu'ils nomment *jaddeses*. (*A. R.*)

KOSKOLTCHIKS, s. m. (*Hist. mod.*) nom que l'on donne en Russie à des schismatiques séparés de l'église grecque établie dans cet empire. Ces schismatiques ne veulent rien avoir de commun avec les Russes; ils ne fréquentent point les mêmes églises; ils ne veulent point se servir des mêmes vases ni des mêmes plats; ils s'abstiennent de boire de l'eau-de-vie; ils ne se servent que de deux doigts pour faire le signe de la croix. Du reste on a beaucoup de peine à tirer d'eux quelle est leur croyance, dont il paroît qu'ils sont eux-mêmes très-peu instruits. En quelques endroits ces schismatiques sont nommés *starovierfi*. (*A. R.*)

KOSMOS *ou* KIMIS, s. m. (*Hist. mod.*) liqueur forte, en usage chez les Tartares, & qui, suivant Rubruquis, se fait de la manière suivante: on remplit une très-grande outre avec du lait de jument; on frappe cette outre avec un bâton, au bout duquel est une masse ou boule de bois, creuse par dedans & de la grosseur de la tête. A force de frapper, le lait commence à fermenter & à aigrir; on continue à frapper l'outre jusqu'à ce que le beurre se soit séparé; alors on goûte le petit lait pour voir s'il est assez acide, dans ce cas on juge qu'il est bon à boire. Ce petit lait pique la langue, & a, dit-on, le goût de l'orgeat ou du lait d'amandes. Cette liqueur qui est fort estimée des Tartares, enivre & est fort diurétique.

On nomme *kara-kosmos* ou *kosmos noir*, une liqueur semblable à la premiere, mais qui se fait différemment. On bat le lait qui est dans l'outre jusqu'à ce que les parties les plus grossières se soient déposées au fond; la partie la plus pure du petit lait occupe la partie supérieure; c'est celle que boivent les gens de qualité. Elle est fort agréable, suivant le moine Rubruquis; quant au dépôt, on le donne aux valets, qu'il fait dormir profondément. (*A. R.*)

KOSS, s. m. (*Hist. mod.*) mesure suivant laquelle les Jakutes, peuple de la Sibérie, comptent les distances. Le *koss* fait 12 werstes ou mille russiens, ce qui revient à quatre lieues de France. (*A. R.*)

KOTBAH, s. m. (*Hist. mod.*) c'est ainsi que l'on nomme chez les Mahométans une prière que l'iman ou prêtre fait tous les vendredis après midi dans la mosquée, pour la santé & la prospérité du souverain dans les états de qui il se trouve. Cette prière est regardée par les princes mahométans comme une prérogative de la souveraineté, dont ils sont très-jaloux. (*A. R.*)

KOTVAL, s. m. (*Hist. mod.*) c'est le nom que l'on donne à la cour du grand-mogol à un magistrat distingué, dont la fonction est de juger les sujets de ce monarque en matière civile & criminelle. Il est chargé de veiller à la police, & de punir l'ivrognerie & les débauches. Il doit rendre compte au souverain de tout ce qui se passe à Dehli; pour cet effet, il entretient un grand nombre d'espions, qui sous prétexte de nettoyer les meubles & les appartemens, entrent dans les maisons des particuliers, & observent tout ce qui s'y passe, & tirent des domestiques les lumieres dont le *kotval* a besoin. Ce magistrat rend compte au grand-mogol des découvertes qu'il a faites, & ce prince décide sur son rapport du sort de ceux qui ont été déférés; car le *kotval* ne peut prononcer une sentence de mort contre personne sans l'aveu du souverain, qui doit avoir confirmé la sentence en trois jours différens avant qu'elle ait son exécution. La même regle s'observe dans les provinces de l'Indostan, où les gouverneurs & vice-rois ont seuls le droit de condamner à mort. (*A. R.*)

KOUAN-IN, s. f. (*Hist. de la Chine*) c'est dans la langue chinoise le nom de la divinité tutélaire des femmes. Les Chinois font quantité de figures de cette divinité sur leur porcelaine blanche, qu'ils débitent à merveille. La figure représente une femme tenant un enfant dans ses bras. Les femmes stériles vénérent extrêmement cette image, persuadées que la divinité qu'elle représente a le pouvoir de les rendre fécondes. Quelques Européens ont imaginé que c'étoit la vierge Marie, tenant notre Sauveur dans ses bras; mais cette idée est d'autant plus chimérique, que les Chinois adoroient cette figure long-temps avant la naissance de J. C. La statue, qui en est l'original, représente une belle femme dans un goût chinois; on a fait, d'après cet original, plusieurs copies de la divinité *Kouan-in* en terre de porcelaine. Elles different de toutes les statues antiques de Diane ou de Venus, en ces deux grands points, qu'elles sont très-modestes & d'une exécution très-médiocre. (*D. J.*)

KOULI-KAN, (Thamas) (*Hist. mod. de la Perse*). le nom de cet usurpateur heureux étoit Schah-Nadir. Né sujet & particulier, un Beglerbeg lui fit donner dans sa jeunesse, pour quelque insolence, la bastonade sous la plante des pieds jusqu'à lui faire tomber les ongles des orteils. Nadir se fit voleur & comme il étoit né pour le commandement, il se fit chef de ses compagnons; il fut bientôt à la tête d'une troupe nombreuse & fit assez de mal pour être presque regardé comme un général d'armée, & pour qu'il parût utile de l'attirer au service du roi de Perse. Bientôt il fut le général & le favori de ce prince, qui, pour lui déférer le plus grand honneur qu'un roi de Perse puisse faire, voulut qu'il portât le nom du souverain, *Thamas*. Thamas *Kouli-kan* signifie l'esclave & le général de Thamas; l'esclave fut bientôt le maître; le vrai Thamas fut détrôné & enfermé, & *Kouli-kan* couronné à Casbin en 1736. Bientôt l'empire de la Perse ne put suffire à son ambition. Mahomet Schah, empereur du Mogol, étoit un prince foible; il fallut encore le détrôner & envahir ses états. Delhy, capitale de ce nouvel empire, fut pris où se rendit le 7 mars 1739. Quelques soulevements des peuples, excités par des taxes que le vainqueur mit sur le bled, donnerent lieu à un de ces grands massacres qui souillent presque toutes nos histoires; on égorgea depuis huit heures du matin jusqu'à trois heures après midi, plus de cent vingt mille habitants de Delhy qui périrent en cette occasion. Un dervis, touché des malheurs de sa patrie, eut seul le courage d'élever la voix en faveur de l'humanité; il présenta au conquérant une requête, conçue en ces termes: *Si tu es Dieu, agis en Dieu; si tu es Prophête, conduis-nous dans la voie du salut; si tu es Roi, rends les peuples heureux, & ne les détruis pas.* Le barbare répondit: *Je ne suis ni Dieu, ni Prophête, ni Roi*, (il pouvoit ajouter *ni homme*) *je suis celui que Dieu envoie contre les nations sur lesquelles il veut faire tomber sa vengeance.* Ces titres de *fleaux de Dieu* & de ministres de ses vengeances ont été affectés de temps en temps, par les conquérants barbares. On fait monter à des sommes immenses les trésors que *Kouli-kan* emporta de Delhy; pour joindre le droit des traités au droit de conquête, *Kouli-kan* fit épouser à son fils une princesse du sang de Mahommed; il laissa même à Mahommed le titre d'empereur; mais il nomma un viceroi pour gouverner le Mogol. On a beaucoup comparé Thamas *Kouli-kan* à Alexandre, conquérant comme lui, & conquérant des mêmes états: Alexandre eut plus de grandeur, *Kouli-kan* plus de férocité; Alexandre fit excuser en partie ses conquêtes par de nobles & utiles établissements. Alexandrie élevée demande grace pour Thèbes & Persépolis détruites; *Kouli-kan* a détruit, & n'a rien édifié; il a égorgé, & n'a point consolé; ce n'est qu'un barbare heureux. Il ne fut pas heureux jusqu'au bout. Il mourut assassiné en 1757, par les ordres d'Ali-Kouli-kan, neveu de Thamas qu'il avoit détrôné. Ali-Kouli-kan fut proclamé roi de Perse. Thamas *Kouli-kan*, avoit six pieds de haut, une voix forte, une constitution robuste; il étoit sobre, mais incontinent; l'amour des femmes ne lui faisoit point négliger les affaires. M. de Bougainville, (*Voyez* son Article), a fait un parallèle détaillé d'Alexandre-le-Grand & de Thamas *Kouli-kan*.

KOUROU ou KURU, s. m. (*Hist. mod.*) Les bramines, ou prêtres des peuples idolâtres de l'Indostan, sont partagés en deux classes; les uns se nomment *kourou* ou *gourou*, prêtres, & les autres sont appellés *shastiriar*; qui enseignent les systêmes de la théologie indienne. Dans la partie orientale du Malabar, il y a trois especes de *kourous*, que l'on nomme aussi *buts* & qui sont d'un ordre inférieur aux nambouris & aux bramines, leur fonction est de préparer les offrandes que les prêtres ou bramines font aux dieux. Quant aux shastiriars, ils sont chargés d'enseigner les dogmes & les mysteres de la religion à la jeunesse dans les écoles. Leur nom vient de *shaster*, qui est le livre qui contient les principes de la religion des Indiens. (*A. R.*)

KOUROUK, s. m. (*Hist. mod.*) Lorsque le roi de Perse, accompagné de son haram ou de ses femmes, doit sortir d'Ispahan pour faire quelque voyage ou quelque promenade, on notifie trois jours d'avance aux habitans des endroits par où le roi & ses femmes doivent passer, qu'ils ayent à se retirer & à quitter leurs démeures: il est défendu sous peine de mort, à qui que ce soit, de se trouver sur les chemins, ou de rester dans sa maison; cette proclamation s'appelle *kourouk*. Quand le roi se met en marche, il est précédé par des Eunuques qui, le sabre à la main, font la visite des maisons qui se trouvent sur la route, ils font main-basse impitoyablement sur tous ceux qui ont eu le malheur d'être découverts ou rencontrés par ces indignes ministres de la tyrannie & de la jalousie. (*A. R.*)

KRAALS, s. m. (*Hist. mod.*) espece de villages mobiles, qui servent d'habitations aux Hottentots. Elles sont ordinairement composées de vingt cabanes, bâties fort près les unes des autres & rangées en cercle. L'entrée de ces habitations est fort étroite. On les place sur les bords de quelques rivieres. Les cabanes sont de bois; elles ont la forme d'un four, & sont couvertes de nattes de jonc si serrées que la pluie ne peut point les pénétrer. Ces cabanes ont environ 14 ou 15 pieds de diametre; les portes en sont si basses que l'on ne peut y entrer qu'en rampant, & l'on est obligé de s'y tenir accroupi faute d'élévation: au centre de la cabane est un trou fait en terre qui sert de cheminée ou de foyer, il est entouré de trous plus petits qui servent de siéges & de lits. Les Hottentots vont se transporter ailleurs, lorsque les pâturages leur manquent, ou lorsque quelqu'un d'entr'eux est venu à mourir d'une mort violente ou naturelle. Chaque *kraal* est sous l'autorité d'un capitaine, dont le pouvoir est limité. Cette dignité est héréditaire; lorsque le capitaine en prend possession, il promet de ne rien changer aux loix & coutumes du *kraal*. Il reçoit les plaintes du peuple, & juge avec les anciens les procès & les disputes qui surviennent. Les capitaines, qui sont les nobles du pays, sont subordonnés au *konquer*. Ils sont aussi soumis au tribunal du *kraal*, qui les juge & les punit lorsqu'ils ont commis quelque faute. D'où l'on voit que les Hottentots vivent sous un gouvernement très-prudent & très-sage, tandis que des peuples, qui se croient beaucoup plus éclairés qu'eux, gémissent sous l'oppression & la tyrannie. (*A. R.*)

KRANTS ou CRANTZ, (*Hist. Litt. Mod.*) savant Allemand, doyen de l'église de Hambourg, mort en 1517, auteur de doctes ouvrages, dont les plus connus sont: *Chronica regnorum Aquiloniorum Daniæ, Sueciæ, Norwegiæ; Saxonia, sive de Saxonicæ Gentis vetustâ origine; Wandalia, sive historia de Vandalorum origine; Metropolis sive historia Ecclesiastica de Saxoniâ*, &c.

KRIT, s. m. (*Hist. mod.*) espece de poignard que portent les Malais ou habitans de Malaca dans les Indes orientales, & dont ils savent se servir avec une dextérité souvent funeste à leurs ennemis. Cette arme dangereuse a depuis douze jusqu'à dix-huit pouces de longueur: la lame en est par ondulations, & se termine en une pointe très-aiguë; elle est presque toujours empoisonnée, & tranche par les deux côtés. Ces lames coûtent quelquefois un prix très-considérable, & sont, dit-on, très-difficiles à faire. (*A. R.*)

KRUGER (Jean-Chrétien,) (*Hist. Litt. mod.*) auteur & poëte allemand, auteur d'une traduction allemande du théâtre de Marivaux. Né à Berlin, mort à Hambourg en 1750 à vingt-huit ans.

KUBBÉ, s. m. (*Hist. mod.*) les Turcs nomment ainsi une tour ou un monument d'un travail léger & délicat, qu'ils élevent sur les tombeaux des visirs ou des grands-seigneurs. Les gens du commun n'ont que deux pierres placées debout, l'une est à la tête & l'autre au pied. On grave le nom du défunt sur l'une de ces pierres, avec une petite priere. Pour un homme on met un turban au-dessus de la pierre, & pour une femme, on met quelqu'autre ornement. *Voyez* Cantemir, *Histoire Ottomane* (*A. R.*)

KUBO-SAMA, *Hist. du Japon*) on écrit aussi CUBO-FAMA, nom de l'empereur, ou, comme s'exprime Kempfer, du monarque séculier de l'empire du Japon; *voyez* le mot DAIRI, qui désigne l'empereur ecclésiastique héréditaire du royaume, (*D. J.*)

KUGE, s. m. (*Hist. mod.*) ce mot signifie *seigneur.* Les prêtres japonois, tant ceux qui sont à la cour du Dairi que ceux qui sont répandus dans le reste du royaume, prennent ce titre fastueux. Ils ont un habillement particulier qui les distingue des laïques; & cet habillement change suivant le poste qu'un prêtre occupe à la cour. Les dames de la cour du Dairi ont aussi un habit qui les distingue des femmes laïques. (*A. R.*)

KUL ou KOOL, s. m. (*Hist. mod.*) en turc, c'est proprement un domestique ou un esclave.

Nous lisons dans Meninski que ce nom est commun à tous les soldats de l'empire ottoman; mais qu'il est particulier à la garde du grand-seigneur & à l'infanterie. Les capitaines d'infanterie & les capitaines des gardes, s'appellent *Kûl-zabitlers*, & les gardes *Kapu Kûlleri*, ou esclaves de cour. D'autres auteurs nous assurent que tous ceux qui ont quelques places qui les approchent du grand-seigneur, qui tiennent à la cour par quelqu'emploi, qui sont gagés par le sultan, en un mot, qui le servent de quelque façon que ce soit, prennent le titre de *Kûl* ou *Kool*, ou d'esclaves & qu'il les éleve fort au-dessus de la qualité de sujets. Un *Kû* ou un esclave du grand-seigneur, a droit de maltraiter ceux qui ne sont que ses domestiques; mais un sujet qui maltraiteroit un *Kûl*, seroit sévérement puni. Les grands-visirs & les bachas ne dédaignent point de porter le nom de *Kûl*. Les *Kûls* sont entiérement dévoués au caprice du sultan; ils se tiennent pour fort heureux, s'il leur arrive d'être étranglés ou de mourir par ses ordres: c'est pour eux une espece de martyre qui les mene droit au ciel. (*A. R.*)

KULKIEHAIA, s. m. (*Hist. mod.*) c'est ainsi que les Turcs nomment un officier général qui est le lieutenant de leur milice, & qui occupe le premier rang après l'aga des janissaires parmi les troupes, mais qui prend le rang au-dessus de lui dans le conseil ou dans le divan. C'est lui qui tient le rôle des janissaires, aussi-bien que du reste de l'infanterie; les affaires qui regardent ces troupes, se terminent entre lui & l'aga. *Voyez* Cantemir, *Hist. ottomane.* (*A. R.*)

KULMAN (Quirinus,) (*Hist. mod.*) né à Breslau

en Siléſie, devint fou à dix-huit ans, des ſuites d'une maladie. Sa folie, qui n'avoit pas de grands inconvéniens, étoit d'être prophête; mais une folie horrible dont il faut tâcher de guérir tous les peuples, eſt celle des Moſcovites qui le brulèrent en 1689, pour quelques prophêties qui leur déplaiſoient. On voit combien cette nation avoit beſoin des lumières de Pierre I. & de Catherine IIe.

KUNCKEL (Jean,) (*Hiſt. Litt. mod.*) chymiſte célèbre, auteur de diverſes découvertes en chymie. Son *art de la verrerie* a été traduit par M. le Baron d'Olbach, & imprimé à Paris en 1752, *in-4°*. *Kunckel*, né dans le duché de Sleſwick en 1630, fut chymiſte de l'électeur de Saxe, de l'électeur de Brandebourg, de Charles XI roi de Suéde, qui lui donna des lettres de nobleſſe & le titre de conſeiller métallique. *Kunckel* mourut en 1702.

KURULTAI, ſ. m. (*Hiſt. mod.*) c'eſt ainſi que ſous Gengis-Kan, & ſous Tamerlan, on nommoit la diète ou l'aſſemblée générale des princes & ſeigneurs tartares, vaſſaux ou tributaires du grand kan. On convoquoit ces diètes lorſqu'il s'agiſſoit de quelque expédition ou de quelque conquête, & l'on y régloit la quantité de troupes que chacun des vaſſaux devoit fournir. C'eſt auſſi là que les grands kans publioient leurs loix & leurs ordonnances. (*A. R.*)

KUS-KUS, ſ. m. (*Hiſt. mod.*) nom que l'on donne dans le royaume de Maroc à une eſpece de gâteau de farine en forme de boule, que l'on fait cuire à la vapeur de l'eau bouillante, dans un pot troué par ſon fond, que l'on place au-deſſus d'un pot qui eſt rempli d'eau, & dont le premier reçoit la vapeur. On dit que ces gâteaux ſont d'un goût fort agréable. (*A. R.*)

KUSNOKI, ſ. m. (*Hiſt. mod.*) nom que les Japonois donnent à l'arbre dont il tirent le camphre. Il croît dans les forêts ſans culture, eſt fort élevé, & ſi gros que deux hommes peuvent à peine l'embraſſer. Ses feuilles ſont d'un beau verd, & ſentent le camphre. Pour en tirer le camphre, ils prennent les racines & les feuilles les plus jeunes de cet arbre, les coupent en petits morceaux, & les font bouillir pendant quarante-huit heures dans l'eau pure, le camphre s'attache au couvercle du chapiteau du vaiſſeau de cuivre où s'eſt faite la décoction; ce vaiſſeau a un long col auquel on adapte un très-grand chapiteau. Voyez *Ephémérides natur. curioſ. Decuriâ II. ann. X. obſ. 37. pag. 79.* (*A. R.*)

KUTKROS, ſ. m. (*Hiſt. mod.*) eſpece de tablier de peau de mouton, dont les hommes & les femmes ſe ſervent parmi les Hottentots pour couvrir les parties que la pudeur défend de montrer. (*A. R.*)

KUSTER (Ludolphe,) (*Hiſt. Litt. mod.*) ſavant allemand, né en 1670 dans le comté de la Lippe en Weſtphalie, parcourut l'Allemagne, la France, l'Angleterre, la Hollande, viſitant par-tout les ſavans, les livres & les manuſcrits; il travailla au tréſor des antiquités grecques & Romaines de Grævius, & de Gronovius, prenant le nom de *Ludolphus Neocorus*, que Grævius lui avoit donné dans la converſation, parce que *Neocore*, ſignifie en grec la même choſe que *Kuſter* en allemand, c'eſt-à-dire, une eſpèce de ſacriſtain, de concierge d'égliſe. On trouve dans le premier volume de l'Hiſtoire de l'Académie des Inſcriptions & Belles-Lettres, pag. 60 & ſuiv., l'extrait d'une diſſertation de M. de Valois ſur les *Neocores*. M. *Kuſter*, très-jeune encore, avoit publié une hiſtoire critique de la vie & des ouvrages d'Homère, *Hiſtoria critica Homeri*, dont Fabricius a parlé avec éloge. Ses ouvrages les plus importants, ſont ſes éditions de Suidas, de la vie de Pythagore, par Iamblique; d'Ariſtophane; d'un nouveau Teſtament, qu'il laiſſa ſous le nom du docteur Mill, profeſſeur d'Oxford, qui en avoit fourni le fonds. Il avoit entrepris & commencé une édition d'Heſychius. Sa mort, arrivée le 12 octobre 1717, ne lui permit pas de l'achever.

M. *Kuſter* étoit né Luthérien; il fit en France une abjuration ſolemnelle, & ſe fixa dans ce pays. Il eut une place d'aſſocié ſurnuméraire à l'Académie des Belles-Lettres; il en prit poſſeſſion en 1713, à l'aſſemblée publique de pâques. Il y a de lui divers mémoires dans le Recueil de cette Académie.

KYRLE, (Jean), (*Hiſt. mod.*) Si le célèbre Pope qui a fait connoître ce vertueux anglois par l'éloge qu'il en a fait (dans ſon Epître morale ſur l'emploi des richeſſes) n'a point exagéré, & n'a rien donné ni à l'amitié ni à la beauté du tableau; ce nom de *Kyrle*, mérite de paſſer à la poſtérité comme un objet de reſpect & d'émulation. Avec un revenu de cinq cents guinées au plus, ce particulier obſcur a fait plus de bien que tant de grands princes n'ont fait même de mal. Il défricha des terres, conſtruiſit des chemins, nourrit les pauvres, dota des filles, mit des orphelins en apprentiſſage; entretint une maiſon de charité, ſoulagea & guérit des malades, prévint ou termina tout procès entre ſes voiſins. Qu'il ſoit à jamais illuſtre. Cette ſatisfaction pure qu'inſpire la bienfaiſance, cette volupté, la première de toutes, à laquelle il ne manque que d'être plus connue, entretint ſa ſanté. Il vécut juſqu'à quatre-vingt-dix ans. Il mourut en 1724.

L A B

LABADIE, (Jean) *Hist. Mod.*) Homme moitié fanatique, moitié libertin, usant & abusant de la religion, tour-à-tour catholique, calviniste, quietiste, faisant des sermons satyriques, séduisant des filles & des religieuses, se faisant par-tout haïr, redouter & chasser, à Bordeaux, à Toulouse, à Bazas, à Amiens, à Montauban, à Genève, à Middelbourg, où on dit qu'il épousa la célébre *Schurman*, (Voyez cet article.) Toujours errant, toujours prêchant, toujours dogmatisant, rejetté de tous les partis & de toutes les sectes, il forma pourtant une secte particulière, nommée de son nom *les Labadistes*. Il étoit fils d'un soldat de la citadelle de Bourg en Guyenne ; il étoit né en 1610. Il mourut à Altena dans le Holstein en 1674.

On a de ce fou plusieurs ouvrages dont on peut juger par les titres : *Le hérault du grand roi Jésus : Le chant royal du roi J. C. : L'empire du Saint-Esprit : Les saintes décades*, & autres semblables.

LABAN, (*Hist. Sacr.*) fils de Bathuel Syrien, petit-fils de Nachor, & père de Lia & de Rachel. Il en est parlé dans la genèse, chap. 28, 29, 30 & 31.

LABAT, (Jean-Baptiste) (*Hist. Litt. Mod.*) Dominicain, voyageur célèbre. Envoyé en Amérique par ses supérieurs en 1693 ; il gouverna la cure de Macouba. On a de lui un *nouveau voyage aux isles de l'Amérique*, où il parloit d'après lui-même, & disoit ce qu'il avoit vu ; il n'en est pas de même de sa *nouvelle relation de l'Afrique occidentale* ; l'Auteur n'avoit point été en Afrique, & il écrivoit d'après les Mémoires qu'on lui avoit fournis. Sa *relation historique de l'Ethiopie occidentale*, est une traduction de la relation italienne de Cavazzi, capucin. C'est le P. Labat qui a rédigé les Mémoires du chevalier d'Arvieux, envoyé du roi de France à la Porte, sur la Syrie, la Palestine, l'Egypte, la Barbarie ; c'est lui aussi qui nous a donné le voyage du chevalier des Marchais en Guinée & à Cayenne. On a encore du P. Labat des voyages en Espagne & en Italie : mort en 1738.

LABBE, (Philippe) (*Hist. Litt. Mod.*) jésuite très-jésuite, très-ennemi des Jansénistes, & qui voyoit le poison des cinq propositions jusques dans les racines grecques de port-royal. Son ouvrage le plus estimé est sa grande collection des conciles en dix-sept volumes in-folio, dont les quinze premiers sont de lui, les deux autres du P. Cossart : ses autres ouvrages qui sont en grand nombre, sont des compilations plus ou moins informes qui annoncent un écrivain laborieux, infatigable ; il a beaucoup écrit en particulier sur la chronologie ; on l'a plus d'une fois convaincu de plagiats, quoique, pour les déguiser, il employât le stratagême connu de critiquer beaucoup les auteurs qu'il pilloit. C'est par sa collection des Conciles que le P. Commire son confrere l'a loué dans l'épitaphe qu'il lui a faite :

> *Labbeus hic situs est : vitam, moresque requiris ?*
> *Vita libros illi scribere, morsque fuit.*
> *O nimium felix ! qui patrum antiqua retractans*
> *Concilia, accessit conciliis Superûm !*

Ce mot :

> *Vita libros illi scribere,*

est en effet l'histoire toute entière de presque tous les gens de lettres, & doit dispenser presque toujours leurs historiens de parler d'autre chose que de leurs écrits. Le P. Labbe mourut à Paris en 1660 ; il étoit né à Bourges en 1607.

LABBÉ, (Louise Charly, dite) (*Hist. Litt. Mod.*) est fort connue sous ce nom de Louise Labbé, & sous le surnom de *la Belle Cordière*, parce qu'elle avoit épousé un riche négociant en cables & en cordages. Elle faisoit des vers en trois langues, en françois, en espagnol & en italien. Ses œuvres ont été imprimées de son vivant à Lyon, sa patrie, en 1555, & ont été assez distinguées des poësies de ce temps, pour avoir été réimprimées de nos jours en 1762, dans la même ville. On peut croire qu'elle fut fort célébrée par les beaux-esprits de son temps : les femmes beaux-esprits n'étoient pas nombreuses au seizieme siècle.

LABEO, (*Hist. Rom.*) c'est le nom :

1°. D'un Consul (Quintus Fabius), qui le fut l'an de Rome 571, & qui aida, dit-on, Térence, dans ses comédies. On en dit autant du second Scipion l'Africain & de Lælius.

2°. D'un Tribun du peuple (Caius Antistius) ; Metellus étant censeur, l'avoit rayé de la liste des sénateurs ; Labéo, pour s'en venger alloit, par le despotisme que donnoit le Tribunat, le faire précipiter de la Roche Tarpeïenne, sans l'opposition d'un autre tribun ; il confisqua du moins les biens de Métellus, & les fit vendre à l'encan.

3°. D'un savant jurisconsulte (Antistius) qui refusa le consulat, qu'Auguste lui offrit.

4°. D'un fou, dont Horace dans la troisiéme satyre du premier livre, cite le nom comme passé en proverbe pour désigner la folie :

> *Si quis eum servum, patinam qui tollere jussus*
> *Semesos pisces, tepidumque ligurierit jus*
> *In cruce suffigat, labeone insanior, inter*
> *Sanos dicatur.*

LABERIUS, (Decimus) (*Hist. Rom.*) chevalier

romain, qui excelloit dans ce genre de poëme qu'on appelloit des *Mimes*, & dont le principal mérite étoit de la gaieté :

Nec tamen hoc tribuens dederim quoque cætera, nam sic
Et Laberi Mimos, ut pulchra poemata mirer,

dit Horace, sat. 10, lib. 1.

Cornelius Nepos, en remarquant la différence de mœurs & d'usages chez les différentes nations, dit qu'en Grèce, bien loin qu'il soit honteux à qui que ce soit, de monter sur le théâtre, il n'y a point dans cette sévère Lacédémone, de veuve, si respectable qu'elle soit, qui n'aille jouer son rôle sur le théâtre pour de l'argent, mais qu'à Rome ce seroit une infamie. Ce *Laberius* en est un grand exemple. César exigea qu'il représentât lui-même à soixante ans, ses Mimes sur la scène ; il fit ce qu'il put pour s'en défendre, il fallut obéir à César : il obéit ; mais dans un prologue dont on a beaucoup admiré la noble & touchante éloquence, sans manquer au respect dû à César, il se plaignit en romain, qu'on forçoit à se déshonorer. Ce prologue est en effet un des plus beaux monuments de l'antiquité :

Necessitas, cujus cursûs transversi impetum
Voluerunt multi effugere, pauci potuerunt
Quò me detrusit penè extremis sensibus ?
Quem nulla ambitio, nulla unquam largitio,
Nullus timor, vis nulla, nulla auctoritas
Movere potuit in juventâ de statu ;
Ecce in senectâ ut facilè labefecit loco
Viri excellentis mente clemente edita,
Submissa placidè blandiloquens oratio !
Etenim ipsi di negare cui nihil potuerunt
Hominem me denegare quis posset pati ?
Ergò bis tricenis annis actis sine notâ
Eques romanus è lare egressus meo,
Domum revertar Mimus. Nimirum hoc die
Uno plus vixi mihi quàm vivendum fuit :
Fortuna immoderata in bono æquè atque in malo,
Si tibi erat libitum litterarum laudibus
Floris cacumen nostræ famæ frangere ;
Cur, cùm vigebam membris præviridantibus,
Satisfacere populo & tali cùm poteram viro,
Non flexibilem me concurvasti ut carperes ?
Nunc me quò dejicis ? Quid ad scenam affero ?
Decorem formæ, an dignitatem corporis,
Animi virtutem, an vocis jocundæ sonum ?
Ut hedera serpens vires arboreas necat,
Ità me vetustas amplexu annorum enecat.
Sepulcri similis, nihil nisi nomen retineo.

« Où m'a réduit, presque sur la fin de mes jours, » la dure nécessité qui traverse nos desseins, dont » tant de mortels ont voulu, & si peu ont pu » éviter les coups violents & imprévus ! moi, qui, » dans la fleur de l'âge, avois tenu contre toute » sollicitation, toute largesse, toute crainte, toute » force, tout crédit ; me voilà, dans ma vieillesse, » renversé, en un moment, par les plus douces insi» nuations de ce grand homme, si plein de bonté » pour moi, & qui a bien voulu s'abaisser à mon » égard, jusqu'à d'instantes prières. Après tout, si les » Dieux mêmes ne lui ont pu rien refuser, souffri» roit-on, moi qui ne suis qu'un homme, que j'eusse » osé lui refuser quelque chose ? Il faudra donc qu'après » avoir vécu sans reproche, jusqu'à soixante ans, » sorti chevalier romain de ma maison, j'y rentre comé» dien. Ah ! j'ai vécu trop d'un jour. O fortune ex» cessive dans les biens comme dans les maux, si tu » avois résolu de flétrir ma réputation & de m'enlever » cruellement la gloire que je m'étois acquise par les » lettres, pourquoi ne m'as-tu pas produit sur le théâtre, » lorsque je pouvois céder avec moins de confusion, » & que la vigueur de l'âge me mettoit en état de » plaire au peuple & à César ? Mais maintenant, » qu'apporterai-je sur la scène ? la bonne grace du corps, » l'avantage de la taille, la vivacité de l'action, l'agré» ment de la voix ? Rien de tout cela. De même que » le lierre embrassant un arbre, l'épuise insensiblement » & le tue : ainsi, la vieillesse, par les années dont elle » me charge, me laisse sans force & presque sans vie. » Semblable à un sepulchre, je ne conserve de moi » que le nom «.

Traduction de M. Rollin.

Après la pièce, César donna un anneau à *Laberius*, comme pour le réhabiliter, ce qui étoit reconnoître qu'il l'avoit fait déroger. *Laberius* alors ayant voulu, comme autrefois, prendre sa place au spectacle, parmi les chevaliers Romains, ceux-ci l'empêchèrent de s'asseoir parmi eux, & firent ensorte qu'il ne pût trouver de place. Cicéron voyant son embarras, lui dit, soit pour le railler, comme *Laberius* le crut, soit seulement pour s'excuser : *Recepissem te nisi angustè sederem. Laberius* piqué, lui répondit avec aigreur : *Mirum si angustè sedes, qui soles duabus sellis sedere*, c'est-à-dire, *je vous recevrois, si je n'étois assis trop à l'étroit. — Je suis surpris que vous soyez assis à l'étroit, vous qui vous servez également de deux sièges opposés.* Littéralement : *vous qui avez coutume de vous asseoir dans deux sièges* ; espèce de métaphore proverbiale, par laquelle il lui reprochoit d'avoir cherché tour-à-tour l'appui de Pompée & de César, d'avoir flatté Pompée avant sa défaite, & César depuis sa victoire. *Laberius* avoit une maxime qu'on a retenue : *Beneficium dando accepit, qui digno dedit. C'est recevoir un bienfait que d'obliger quelqu'un qui le mérite. Laberius* mourut plusieurs mois après Jules-César.

LABOUREUR, (Jean LE) (*Hist. de Fr.*) né à Montmorenci en 1623, fut choisi en 1644, pour accompagner la maréchale de Guébriant, lorsqu'elle conduisit en Pologne la princesse Marie de Gonzague, qui épousoit Ladislas. *Le Laboureur* étoit alors gentilhomme servant. Il embrassa dans la suite l'état ecclésiastique, fut prieur de Juvigné, aumônier du roi, commandeur de l'ordre de St. Michel. Ses ouvrages sont connus, sur-tout ses Commentaires sur les Mémoires de Castelnau ; son Histoire du maréchal de Guébriant, sa Relation du voyage de la reine de Pologne, son

Histoire de Charles VI, &c. Le poëme de Charlemagne n'est pas de lui, mais de Louis son frère, mort en 1679. L'historien étoit mort en 1675.

LAC, (*Hist. anc.*) Le respect pour les lacs faisoit partie de la religion des anciens Gaulois, qui les regardoient comme autant de divinités, ou au moins de lieux qu'elles choisissoient pour leur demeure; ils donnoient même à ces *lacs* le nom de quelques dieux particuliers. Le plus célèbre étoit celui de Toulouse, dans lequel ils jettoient, soit en espèces, soit en barres ou en lingots, l'or & l'argent qu'ils avoient pris sur les ennemis. Il y avoit aussi dans le Gevaudan, au pied d'une montagne, un grand *lac* consacré à la Lune, où l'on s'assembloit tous les ans des pays circonvoisins, pour y jetter les offrandes qu'on faisoit à la déesse. Strabon parle d'un autre *lac* très-célèbre dans les Gaules, qu'on nommoit le *lac des deux corbeaux*, parce que deux de ces oiseaux y faisoient leur séjour; & la principale cérémonie religieuse qui s'y pratiquoit, avoit pour but de faire décider par ces divins corbeaux, les différends, soit publics, soit particuliers. Au jour marqué, les deux partis se rendoient sur les bords du *lac*; & jettoient aux corbeaux chacun un gâteau; heureux celui dont ces oiseaux mangeoient le gâteau de bon appétit, il avoit gain de cause. Celui au contraire dont les corbeaux ne faisoient que becqueter & éparpiller l'offrande, étoit censé condamné par la bouche même des dieux; superstition assez semblable à celle des Romains pour leurs poulets sacrés. (*A. R.*)

LACÉDÉMONE, *république de*, (*Hist. de la Grèce*) république merveilleuse, qui fut l'effroi des Perses, la vénération des Grecs, & pour dire quelque chose de plus, devint l'admiration de la postérité, qui portera sa gloire dans le monde, aussi loin & aussi long-temps que pourra s'étendre l'amour des grandes & belles choses.

Il semble que la nature n'ait jamais produit des hommes qu'à *Lacédémone*. Par tout le reste de l'univers, le secours des sciences ou des lumières de la religion, a contribué à discerner l'homme de la bête. A *Lacédémone* on apportoit en naissant, si l'on peut parler ainsi, des semences de l'exacte droiture & de la véritable intrépidité. On venoit au monde avec un caractère de philosophe & de citoyen, & le seul air natal y faisoit des sages & des braves. C'est-là que, par une morale purement naturelle, on voyoit des hommes assujettis à la raison, qui, par leur propre choix, se rangeoient sous une austère discipline, & qui soumettant les autres peuples à la force des armes, se soumettoient eux-mêmes à la vertu: le seul Lycurgue leur en traça le chemin, & les Spartiates y marchèrent sans s'égarer, pendant sept ou huit cents ans: aussi je déclare avec Procope, que je suis tout *lacédémonien*. Lycurgue me tient lieu de toutes choses; plus de Solon ni d'Athènes.

Lycurgue étoit de la race des Héraclides; l'on sait assez précisément le temps où il fleurissoit, s'il est sûr, comme le prétend Aristote, qu'une inscription gravée sur une planche de cuivre à Olympie, marquoit qu'il avoit été contemporain d'Iphitus, & qu'il avoit contribué à la surséance d'armes qui s'observoit durant la fête des jeux olympiques. Les Lacédémoniens vivoient encore alors comme des peuples barbares; Lycurgue entreprit de les policer, de les éclairer & de leur donner un éclat durable.

Après la mort de son frère Polydecte, roi de *Lacédémone*, il refusa la couronne que lui offroit la veuve, qui s'engageoit de se faire avorter de l'enfant dont elle étoit grosse, pourvû qu'il voulût l'épouser. Pour lui, pensant bien différemment il la conjura de conserver son enfant, qui fut Leobotés ou Labotés; &, selon Plutarque Charilaüs, il le prit sous sa tutelle; & lui remit la couronne quand il eut atteint l'âge de majorité.

Mais dès le commencement de sa régence, il exécuta le projet qu'il avoit formé, de changer toute la face du gouvernement de *Lacédémone*, dans la police, la guerre, les finances, la religion & l'éducation; dans la possession des biens, dans les magistrats, dans les particuliers, en un mot, dans les personnes des deux sexes de tout âge & de toute condition. J'ébaucherai le plus soigneusement que je pourrai ces choses admirables en elles-mêmes & dans leurs suites, & j'emprunterai quelquefois des traits d'ouvrages trop connus pour avoir besoin d'en nommer les auteurs.

Le premier soin de Lycurgue, & le plus important, fut d'établir un sénat de 28 membres, qui, joints aux deux rois, composoient un conseil de 30 personnes, entre les mains desquels fut déposée la puissance de la mort & de la vie, de l'ignominie & de la gloire des citoyens. On nomma *Gérontes* les 28 sénateurs de *Lacédémone*; & Platon dit qu'ils étoient les modérateurs du peuple & de l'autorité royale, tenant l'équilibre entre les uns & les autres, ainsi qu'entre les deux rois, dont l'autorité étoit égale.

Lycurgue, après avoir formé le sénat des personnes les plus capables d'occuper ce poste, & les plus initiées dans la connoissance de ses secrets, ordonna que les places qui viendroient à vaquer, seroient remplies d'abord après la mort, & que pour cet effet, le peuple éliroit, à la pluralité des suffrages, les plus gens de bien de ceux de Sparte qui auroient atteint 60 ans.

Plutarque vous détaillera la manière dont se faisoit l'élection. Je dirai seulement qu'on couronnoit sur le champ le nouveau sénateur d'un chapeau de fleurs, & qu'il se rendoit dans les temples, suivi d'une foule de peuple, pour remercier les dieux. A son retour, ses parents lui présentoient une collation, en lui disant: *la ville t'honore de ce festin*. Ensuite il alloit souper dans la salle des repas publics, dont nous parlerons, & on lui donnoit ce jour-là deux portions. Après le repas, il en remettoit une à la parente qu'il estimoit davantage, & lui disoit: *je vous offre le prix de l'honneur que je viens de recevoir*. Alors toutes les parentes & amies la reconduisoient chez elle au milieu des acclamations, des voeux & des bénédictions.

Le peuple tenoit ses assemblées générales & particulières, dans un lieu nud, où il n'y avoit ni statues, ni tableaux, ni lambris, pour que rien ne détournât son attention des sujets qu'il devoit traiter. Tous les habitants de la Laconie assistoient aux assemblées générales, & les seuls citoyens de Sparte composoient les assemblées particulières. Le droit de publier les assemblées & d'y proposer les matières, n'appartenoit qu'aux rois & aux gérontes; les éphores l'usurpèrent ensuite.

On y délibéroit de la paix, de la guerre, des alliances, des grandes affaires de l'état, & de l'élection des magistrats. Après les propositions faites, ceux de l'assemblée qui tenoient une opinion, se rangeoient d'un côté, & ceux de l'opinion contraire se rangeoient de l'autre; ainsi, le grand nombre étant connu, décidoit la contestation.

Le peuple se divisoit en tribus ou lignées; les principales étoient celles des Héraclides & des Pitanates, dont sortit Ménélas, & celle des Egides, différente de la tribu de ce nom à Athènes.

Les rois des Lacédémoniens s'appelloient *archagètes*, d'un nom différent de celui que prenoient les autres rois de la Grèce, comme pour montrer qu'ils n'étoient que les premiers magistrats à vie de la république. Semblables aux deux consuls de Rome, ils étoient les généraux des armées pendant la guerre; présidoient aux assemblées, aux sacrifices publics pendant la paix; pouvoient proposer tout ce qu'ils croyoient avantageux à l'état, & avoient la liberté de dissoudre les assemblées qu'ils avoient convoquées, mais non pas de rien conclure sans le consentement de la nation; enfin il ne leur étoit pas permis d'épouser une femme étrangère. Xénophon vous instruira de leurs autres prérogatives; Hérodote & Pausanias vous donneront la liste de leur succession: c'est assez pour moi d'observer, que dans la forme du gouvernement, Lycurgue se proposa de fondre les trois pouvoirs en un seul, pour qu'ils se servissent l'un à l'autre de balance & de contrepoids, & l'évènement justifia la sublimité de cette idée.

Ce grand homme ne procéda point aux autres changements qu'il méditoit, par une marche insensible & lente. Echauffé de la passion de la vertu, & voulant faire de sa patrie une république de héros, il profita du premier instant de ferveur de ses concitoyens à s'y prêter, pour leur inspirer, par des oracles & par son génie, les mêmes vues dont il étoit enflammé. Il sentit « que les passions sont semblables aux volcans, » dont l'éruption change tout-à-coup le lit d'un » fleuve, que l'art ne pourroit détourner qu'en lui » creusant un nouveau lit. Il mit donc en usage des » passions fortes pour produire une révolution subite, » & porter dans le cœur du peuple l'enthousiasme, &, » si l'on peut le dire, la fièvre de la vertu ». C'est ainsi qu'il réussit dans son plan de législation, le plus hardi, le plus beau & le mieux lié qui ait jamais été conçu par aucun mortel.

Après avoir fondu ensemble les trois pouvoirs du gouvernement, afin que l'un ne pût pas empiéter sur l'autre, il brisa tous les liens de la parenté, en déclarant tous les citoyens de *Lacédémone* enfants nés de l'état. C'est, dit un beau génie de ce siècle, l'unique moyen d'étouffer les vices, qu'autorise une apparence de vertu, & d'empêcher la subdivision d'un peuple en une infinité de familles ou de petites sociétés, dont les intérêts, presque toujours opposés à l'intérêt public, éteindroient à la fin dans les ames toute espèce d'amour de la patrie.

Pour détourner encore ce malheur, & créer une vraie république, Lycurgue mit en commun toutes les terres du pays, & les divisa en 39 mille portions égales, qu'il distribua comme à des frères républicains qui feroient leur partage.

Il voulut que les deux sexes eussent leurs sacrifices réunis, & joignissent ensemble leurs vœux & leurs offrandes à chaque solemnité religieuse. Il se persuada que par cet institut les premiers nœuds de l'amitié & de l'union des esprits seroient les heureux augures de la fidélité des mariages.

Il bannit des funérailles toutes superstitions; ordonnant qu'on ne mît rien dans la bière avec le cadavre, & qu'on n'ornât les cercueils que de simples feuilles d'olivier. Mais comme les prétentions de la vanité sont sans bornes, il défendit d'écrire le nom du défunt sur son tombeau, à moins qu'il n'eût été tué les armes à la main, ou que ce ne fût une prêtresse de la religion.

Il permit d'enterrer les morts autour des temples, & dans les temples mêmes, pour accoutumer les jeunes gens à voir souvent ce spectacle, & leur apprendre qu'on n'étoit point impur ni souillé en passant par-dessus des ossements & des sépulchres.

Il abrégea la durée des deuils, & la régla à onze jours, ne voulant laisser dans les actions de la vie rien d'inutile & d'oiseux.

Se proposant encore d'abolir les superfluités religieuses, il fixa dans tous les rits de la religion les loix d'épargne & d'économie. Nous présentons aux dieux des choses communes, disoit un lacédémonien, afin que nous ayons tous les jours les moyens de les honorer.

Il renferma dans un même code politique les loix, les mœurs & les manières, parce que les loix & les manières représentent les mœurs; mais en formant les manières il n'eut en vue que la subordination à la magistrature, & l'esprit belliqueux qu'il vouloit donner à son peuple. Des gens toujours corrigeants & toujours corrigés, qui instruisoient toujours & étoient instruits, également simples & rigides, exerçoient plutôt des vertus qu'ils n'avoient de manières: ainsi les mœurs donnerent le ton dans cette république. L'ignominie y devint le plus grand des maux, & la foiblesse le plus grand des crimes.

Comme l'usage de l'or & de l'argent n'est qu'un usage funeste, Lycurgue le proscrivit sous peine de la vie. Il ordonna que toute la monnoie ne seroit que de fer & de cuivre: encore Sénéque est-il le seul qui parle de celle de cuivre; tous les autres auteurs ne nomment que celle de fer, & même de fer aigre, selon Plutarque. Les deniers publics de *Lacédémone* furent mis en séquestre chez des voisins, & on les faisoit garder en Arcadie. Bientôt on ne vit plus à Sparte ni sophiste, ni charlatan, ni devin, ni diseur de bonne aventure; tous ces gens qui vendent leurs sciences & leurs secrets pour de l'argent, délogèrent du pays, & furent suivis de ceux qui ne travaillent que pour le luxe.

Les procès s'éteignirent avec l'argent: comment auroient-ils pu subsister dans une république où il n'y avoit ni pauvreté ni richesse, l'égalité chassant la disette, & l'abondance étant toujours également entretenue par la frugalité? Plutus fut enfermé dans Sparte comme une statue sans ame & sans vie; & c'est la seule ville du monde où ce que l'on dit communément de ce dieu, qu'il est aveugle, se trouva vérifié: ainsi le législateur de *Lacédémone* s'assura, qu'après avoir éteint l'amour des richesses, il tourneroit infailliblement toutes les pensées des Spartiates vers la gloire & la probité. Il ne crut pas même devoir assujettir à aucunes formules les petits contrats entre particuliers. Il laissa la liberté d'y ajouter ou retrancher tout ce qui paroîtroit convenable à un peuple si vertueux & si sage.

Mais pour préserver ce peuple de la corruption du dehors, il fit deux choses importantes.

Premiérement, il ne permit pas à tous les citoyens d'aller voyager de côté & d'autre selon leur fantaisie, de peur qu'ils n'introduisissent à leur retour dans la patrie, des idées, des goûts, des usages qui ruinassent l'harmonie du gouvernement établi, comme les dissonnances & les faux tons détruisent l'harmonie dans la musique.

Secondement, pour empêcher encore avec plus d'efficace que le mélange des coûtumes opposées à celles de ses loix, n'altérât la discipline & les mœurs des Lacédémoniens, il ordonna que les étrangers ne fussent reçus à Sparte que pendant la solemnité des fêtes, des jeux publics & autres spectacles. On les accueilloit alors honorablement, & on les plaçoit sur des siéges à couvert, tandis que les habitants se mettoient où ils pouvoient. Les proxènes n'étoient établis à *Lacédémone* que pour l'observation de cet usage. On ne fit que rarement des exceptions à la loi, & seulement en faveur de certaines personnes dont le séjour ne pouvoit qu'honorer l'état. C'est à ce sujet que Xénophon & Plutarque vantent l'hospitalité du spartiate Lychas.

Il ne s'agissoit plus que de prévenir dans l'intérieur des maisons, les dissolutions & les débauches particulières, nuisibles à la santé, & qui demandent ensuite pour cure palliative, le long sommeil, du repos, de la diète, des bains & des remèdes de la médecine, qui ne sont eux-mêmes que de nouveaux maux. Lycurgue coupa toutes les sources de l'intempérance domestique, en établissant des phidities, c'est-à-dire, une communauté de repas publics, dans des salles expresses, où tous les citoyens seroient obligés de manger ensemble des mêmes mets réglés par la loi.

Les tables étoient de quinze personnes, plus ou moins. Chacun apportoit par mois un boisseau de farine, huit mesures de vin, cinq livres de fromage, deux livres & demie de figues, & quelque peu de monnoie de fer pour acheter de la viande. Celui qui faisoit chez lui un sacrifice, ou qui avoit tué du gibier à la chasse, envoyoit d'ordinaire une pièce de sa victime ou de sa venaison à la table dont il étoit membre.

Il n'y avoit que deux occasions, sans maladie, où il fût permis de manger chez soi; savoir, quand on étoit revenu fort tard de la chasse, ou qu'on avoit achevé fort tard son sacrifice, autrement il falloit se trouver aux repas publics; & cet usage s'observa très-long-temps avec la dernière exactitude; jusques-là, que le roi Agis, qui revenoit de l'armée, après avoir vaincu les Athéniens, & qui se faisoit une fête de souper chez lui avec sa femme, envoya demander ses deux portions dans la salle, mais les polémarques les lui refusèrent.

Les rois seuls, pour le remarquer en passant, avoient deux portions; non pas, dit Xénophon, afin qu'ils mangeassent le double des autres, mais afin qu'ils pussent donner une de ces portions à celui qu'ils jugeroient digne de cet honneur. Les enfants d'un certain âge assistoient à ces repas, & on les y menoit comme à une école de tempérance & d'instruction.

Lycurgue fit orner toutes les salles à manger des images & des statues du Ris, pour montrer que la joie devoit être un des assaisonnements des tables, & qu'elle se marioit avec l'ordre & le frugalité.

Le plus exquis de tous les mets que l'on servoit dans les repas de *Lacédémone*, étoit le brouet noir, du moins les vieillards le préféroient à toute autre chose. Il y eut un roi de Pont qui entendant faire l'éloge de ce brouet, acheta exprès un cuisinier de *Lacédémone* pour lui en préparer à sa table. Cependant il n'en eut pas plutôt goûté, qu'il le trouva détestable; mais le cuisinier lui dit: « Seigneur, je n'en suis pas surpris, le » meilleur manque à mon brouet, & je ne peux vous le » procurer; c'est qu'avant que d'en manger, il faut se » baigner dans l'Eurotas ».

Les Lacédémoniens, après le repas du soir, s'en retournoient chacun chez eux sans flambeaux & sans lumière. Lycurge le prescrivit ainsi, afin d'accoutumer les citoyens à marcher hardiment de nuit & au fort des ténèbres.

Mais voici d'autres faits merveilleux de la législation de Lycurgue, c'est qu'elle se porta sur le beau sexe avec des vûes toutes nouvelles & toutes utiles. Ce grand homme se convainquit « que les femmes, » qui par-tout ailleurs sembloient, comme les fleurs » d'un beau jardin, n'être faites que pour l'ornement de la terre & le plaisir des yeux, pouvoient » être employées à un plus noble usage, & que ce » sexe, avili & dégradé chez presque tous les peu» ples du monde, pouvoit entrer en communauté » de gloire avec les hommes, partager avec eux » les lauriers qu'il leur faisoit cueillir, & devenir » enfin un des puissants ressorts de la législation. ».

Nous n'avons aucun intérêt à exagérer les attraits des Lacédémoniennes des siècles passés; mais la voix d'un oracle rapporté par Eusebe, prononce qu'elles étoient les plus belles de l'univers ; & presque tous les auteurs grecs en parlent sur ce ton : il suffiroit même de se ressouvenir qu'Hélene étoit de *Lacédémone*. Pour l'amour d'elle, Thésée y vint d'Athènes, & Pâris de Troye, assurés d'y trouver quelque chose de plus beau que dans tout autre pays. Pénélope étoit aussi de Sparte ; & presque dans le même tems que les charmes d'Hélene y faisoient naître des desirs criminels dans l'ame de deux amans, les chastes regards de Pénélope y allumoient un grand nombre d'innocentes flammes dans le cœur des rivaux qui vinrent en foule la disputer à Ulysse.

Le législateur de *Lacédémone* se proposant donc d'élever les filles de Sparte au-dessus des coutumes de leur séxe, leur fit faire les mêmes exercices que faisoient les hommes, afin qu'elles ne leur fussent point inférieures, ni pour la force & la santé du corps, ni pour la grandeur du courage. Ainsi destinées à s'exercer à la course, à la lutte, à jetter le palet & à lancer le javelot, elles portoient des habits qui leur donnoient toute l'aisance nécessaire pour s'acquitter de ces exercices. Sophocle a peint l'habit des filles de Sparte, en décrivant celui d'Hermione, dans un fragment que Plutarque rapporte : » il étoit très-court, cet habit, & c'est tout ce que » j'en dois dire.

Lycurgue ne voulut pas seulement que les jeunes garçons dansassent nuds, mais il établit que les jeunes filles, dans certaines fêtes solemnelles, danseroient en public, parées seulement de leur propre beauté, & sans autre voile que leur vertu. La pudeur s'en alarma d'abord, mais elle céda bien-tôt à l'utilité publique. La nation vit avec respect ces aimables beautés célébrer dans des fêtes, par leurs hymnes, les jeunes guerriers qui s'étoient signalés par des exploits éclatans. « Quel triomphe pour le » héros qui recevoit la palme de la gloire des mains » de la beauté ; qui lisoit l'estime sur le front des » vieillards, l'amour dans les yeux de ces jeunes » filles, & l'assurance de ces faveurs dont l'espoir » seul est un plaisir ! Peut-on douter qu'alors ce » jeune guerrier ne fut ivre de valeur » ? Tout concouroit dans cette législation à métamorphoser les hommes en héros.

Je ne parle point de la gymnopédie des jeunes lacédémoniennes, pour la justifier d'après Plutarque. Tout est dit selon la remarque d'un illustre moderne, en avançant » que cet usage ne convenoit qu'aux éleves de Lycurgue, que leur vie » frugale & laborieuse, leurs mœurs pures & séveres, » la force d'ame qui leur étoit propre, pouvoient » seules rendre innocent sous leurs yeux un spectacle si » choquant pour tout peuple qui n'est qu'honnête.

» Mais pense-t-on qu'au fond l'adroite parure de » nos femmes ait moins son danger qu'une nudité » absolue, dont l'habitude tourneroit bien-tôt les » premiers effets en indifférences ? Ne sait-on pas que » les statues & les tableaux n'offensent les yeux que » quand un mélange de vêtement rend les nudités » obscènes ? Le pouvoir immédiat des sens, est foible » & borné ; c'est par l'entremise de l'imagination » qu'ils font leurs plus grands ravages ; c'est elle qui » prend soin d'irriter les desirs, en prêtant à leurs » objets encore plus d'attraits que ne leur en donna » la nature. Enfin, quand on s'habille avec tant d'art, » & si peu d'exactitude que les femmes font aujourd'hui : quand on ne montre moins que pour faire » desirer davantage ; quand l'obstacle qu'on oppose » aux yeux ne sert qu'à mieux irriter la passion : » quand on ne cache une partie de l'objet que pour » parer celle qu'on expose :

Heu malè tùm mites defendit pampinus uvas !

Les femmes de *Lacédémone* portoient un voile sur le visage, mais non pas les filles ; & lorsqu'un étranger en demanda autrefois la raison à Charilaüs, il répondit que les filles cherchoient un mari, & que les femmes se conservoient pour le leur.

Dès que ce mari étoit trouvé, & agréé par le magistrat, il falloit qu'il enlevât la fille qu'il devoit épouser : peut-être afin que la pudeur prête à succomber, eût un prétexte dans la violence du ravisseur. Plutarque ajoute, qu'au temps de la consommation du mariage, la femme étoit vêtue de l'habit d'homme. Comme on n'en apporte point de raison, on n'en peut imaginer de plus modeste, ni de plus apparente, sinon que c'étoit le symbole d'un pouvoir égal entre la femme & le mari ; car il est certain qu'il n'y a jamais eu de nation où les femmes aient été plus absolues qu'à *Lacédémone*. On sait à ce sujet ce que répondit Gorgo femme de Léonidas, roi de Sparte, à une dame étrangere qui lui disoit : « il n'y a que vous autres qui commandiez » à vos maris, cela est vrai, répliqua la reine, mais » aussi il n'y a que nous qui mettions des hommes au » monde ».

Personne n'ignore ce qui se pratiquoit aux couches de ces femmes. Prévenues d'un sentiment de gloire, & animées du génie de la république, elles ne songeoient dans ces momens qu'à inspirer une ardeur martiale à leurs enfans. Dès qu'elles étoient en travail, on apportoit un javelot & un bouclier, & on les mettoit elles-mêmes sur ce bouclier, afin que ces peuples belliqueux en tirassent au moins un présage de la naissance d'un nouveau soldat. Si elles accouchoient d'un garçon, les parens élevoient l'enfant sur le bouclier, poussant au ciel ces acclamations héroïques, Ι ταν, ι επι ταν, mots que les Latins ont rendu par *aut hunc, aut in hoc* ; c'est-à-dire, ou conservez ce bouclier, ou ne l'abandonnez qu'avec la vie ; & de peur que les enfans n'oubliassent ces premieres leçons, les meres venoient les leur rappeller quand ils alloient à la guerre, en leur mettant le bouclier à la main. Ausone le dit après tous les auteurs Grecs :

Mater Lacæna clypeo obarmans filium,
Cum hoc inquit, aut in hoc redi.

Aristote nous apprend, que ce fut l'illustre femme de Léonidas dont je viens de parler, qui tint la première ce propos à son fils, lorsqu'il partoit pour l'armée; ce que les autres Lacédémoniennes imiterent depuis.

De quelque amour qu'on soit animé pour la patrie dans les républiques guerrieres, on n'y verra jamais de mère après la perte d'un fils tué dans le combat, reprocher au fils qui lui reste, d'avoir survécu à sa défaite. On ne prendra plus exemple sur les anciennes Lacédémoniennes. Après la bataille de Leuctres, honteuses d'avoir porté dans leur sein des hommes capables de fuir, celles dont les enfants étoient échappés au carnage, se retiroient au fond de leurs maisons, dans le deuil & dans le silence, lorsqu'au contraire les mères, dont les fils étoient morts en combattant, se montroient en public, & la tête couronnée de fleurs, alloient aux temples en rendre graces aux dieux. Il est certain qu'il n'y a jamais eu de pays où la grandeur d'ame ait été plus commune parmi le beau sexe. Lisez, si vous ne m'en croyez pas, ce que Plutarque rapporte de Démétria, & de tant d'autres Lacédémoniennes.

Quand elles avoient appris que leurs enfants venoient de périr, & qu'elles étoient à portée de visiter leur corps, elles y couroient pour examiner si leurs blessures avoient été reçues le visage ou le dos tourné contre l'ennemi; si c'étoit en faisant face, elles essuyoient leurs larmes, & d'un visage plus tranquille, elles alloient inhumer leurs fils dans le tombeau de leurs ancêtres; mais s'ils avoient été blessés autrement, elles se retiroient saisies de douleur, & abandonnoient les cadavres à leur sépulture ordinaire.

Comme ces mêmes Lacédémoniennes n'étoient pas moins attachées à leurs maris qu'à la gloire des enfants qu'elles avoient mis au monde, leurs mariages étoient très-heureux. Il est vrai que les loix de Lycurgue punissoient les célibataires, ceux qui se marioient dans un âge avancé, & même ceux qui faisoient des alliances mal assorties; mais après ce que nous avons dit des charmes & de la vertu des Lacédémoniennes, il n'y avoit guères moyen de garder le célibat auprès d'elles, & leurs attraits suffisoient pour faire desirer le mariage.

Ajoutez qu'il étoit interdit à ceux que la lâcheté avoit fait sauver d'une bataille. Et quel est le spartiate qui eût osé s'exposer à cette double ignominie!

Enfin, à moins que de se marier, tous les autres remèdes contre l'amour pour des femmes honnêtes, étoient à Sparte, ou dangereux ou rares. Quiconque y violoit une fille, étoit puni de mort. A l'égard de l'adultère, il ne faut que se souvenir du bon mot de Géradas. Un étranger demandoit à un Lacédémonien, comment on punissoit cette action à Sparte: Elle y est inconnue, dit Géradas. Mais supposons l'évènement, répondit l'étranger; en ce cas, répliqua le spartiate, il faudroit que le coupable payât un taureau d'une si grande taille, qu'il pût boire de la pointe du Mont Taygete dans la rivière d'Eurotas. Mais, reprit l'étranger, vous ne songez donc pas qu'il est impossible de former un si grand taureau. Géradas souriant; mais vous ne songez donc pas, vous, qu'il est impossible d'avoir une galanterie criminelle avec une femme de *Lacédémone*.

N'imaginons pas que les anciens auteurs se contredisent, quand ils nous assurent qu'on ne voyoit point d'adultère à Sparte, & que cependant un mari cédoit quelquefois son lit nuptial à un homme de bonne mine pour avoir des enfants robustes & bien faits; les Spartiates n'appelloient point cette cession un *adultère*. Ils croyoient que dans le partage d'un bien si précieux, le consentement ou la répugnance d'un mari, fait ou détruit le crime, & qu'il en étoit de cette action comme d'un trésor qu'un homme donne quand il lui plaît, mais qu'il ne veut point qu'on lui ravisse. Dans cette rencontre, la femme ne trahissoit pas son époux; & comme les personnes intéressées ne sentoient point d'offense à ce contrat, elles n'y trouvoient point de honte. En un mot, un lacédémonien ne demandoit point à sa femme des voluptés, il lui demandoit des enfants.

Que ces enfants devoient être beaux! Et comment n'auroient-ils point été tels, si on considère outre leur origine, tous les soins qu'on y apportoit? Lisez seulement ce que le poëte Oppien en a publié. Les Spartiates, dit-il, se persuadant que dans le temps de la conception, l'imagination d'une mère contribue aux beautés de l'enfant, quand elle se représente des objets agréables, étaloient aux yeux de leurs épouses, les portraits des héros les mieux faits, ceux de Castor & de Pollux, du charmant Hyacinthe, d'Apollon, de Bacchus, de Narcisse, & de l'incomparable Nerée, roi de Naxe, qui au rapport d'Homere, fut le plus beau des Grecs qui combattirent devant Troye.

Envisagez ensuite combien des enfants nés de pères & mères robustes, chastes & tempérants, devoient devenir à leur tour, forts & vigoureux! Telles étoient les institutions de Lycurgue, qu'elles tendoient toutes à produire cet effet. Philopœmen voulut contraindre les Lacédémoniennes d'abandonner la nourriture de leurs enfants, persuadé que sans ce moyen, ils auroient toujours une am. grande & le cœur haut. Les gardes même des dames de Sparte nouvellement accouchées, étoient renommées dans toute la Grèce pour exceller dans les premiers soins de la vie, & pour avoir une manière d'emmaillotter les enfants, propre à leur rendre la taille plus libre & plus dégagéee que par-tout ailleurs. Amicla vint de *Lacédémone* à Athènes pour alaiter Alcibiade.

Malgré toutes les apparences de la vigueur des enfants, les Spartiates les éprouvoient encore à leur naissance, en les lavant dans du vin. Cette liqueur, selon leur opinion, avoit la vertu d'augmenter la force de la bonne constitution, ou d'accabler la langueur de la mauvaise. Je me rappelle qu'Henri IV fut traité comme un spartiate. Son père, Antoine de Bourbon, après l'avoir reçu des bras de la sage-femme, lui fit sucer une gousse d'ail, & lui mit du vin dans la bouche.

Les enfants qui sortoient heureusement de cette épreuve, (& l'on en voyoit peu, sans doute, qui y succombassent), avoient une portion des terres de la république, assignée pour leur subsistance, & jouissoient du droit de bourgeoisie. Les infirmes étoient exposés à l'abandon, parce que, selon l'esprit des loix de Lycurgue, un lacédémonien ne naissoit ni pour soi-même, ni pour ses parents, mais pour la république, dont il falloit que l'intérêt fût toujours préféré aux devoirs du sang. Athénée nous assure que de dix en dix jours, les enfants passoient en revue tous nuds devant les éphores, pour examiner si leur santé pouvoit rendre à la république le service qu'elle en attendoit.

Lacédémone ayant, avec une poignée de sujets, à soutenir le poids des armées de l'Asie, ne devoit sa conservation qu'aux grands hommes qui naissoient dans son sein pour la défendre : aussi toujours occupée du soin d'en former, c'étoit sur les enfants que se portoit la principale attention du gouvernement. Il n'est donc pas étrange que lorsqu'Antipater vint à demander cinquante enfants pour ôtages, ils lui aient répondu bien différemment de ce que nous ferions aujourd'hui, qu'ils aimeroient mieux lui donner le double d'hommes faits, tant ils estimoient la perte de l'éducation publique!

Chaque enfant de Sparte avoit pour ami particulier un autre lacédémonien, qui s'attachoit intimement à lui. C'étoit un commerce d'esprit & de mœurs, d'où l'ombre même du crime étoit bannie; ou, comme dit le divin Platon, c'étoit une émulation de vertu entre l'amant & la personne aimée. L'amant devoit avoir un soin continuel d'inspirer des sentiments de gloire à l'objet de son affection. Xénophon comparoit l'ardeur & la modestie de cet amour mutuel aux enchaînements du cœur qui sont entre le père & ses enfants.

Malheur à l'amant qui n'eût pas donné un bon exemple à son élève, & qui ne l'eût pas corrigé de ses fautes! Si l'enfant vient à faillir, dit Elien, on le pardonne à la foiblesse de l'âge, mais la peine tombe sur son tuteur, qui est obligé d'être le garant des fautes du pupille qu'il chérit. Plutarque rapporte que dans les combats à outrance que se livroient les enfants, il y en eut un qui laissa échapper une plainte indigne d'un lacédémonien, son amant fut aussi-tôt condamné en l'amende. Un autre auteur ajoute, que si quelqu'amant venoit à concevoir, comme dans d'autres villes de Grèce, des desirs criminels pour l'objet de ses affections, il ne pouvoit se sauver d'une mort infame que par une fuite honteuse. N'écoutons donc point ce qu'Hésychius & Suidas ont osé dire contre la nature de cet amour; le verbe λακωνιζειν doit être expliqué des habits & des mœurs de *Lacédémone*, & c'est ainsi qu'Athénée & Démosthene l'ont entendu.

En un mot, on regardoit l'éducation de Sparte comme si pure & si parfaite, que c'étoit une grace de permettre aux enfants de quelques grands hommes étrangers, d'être mis sous la discipline lacédémonienne. Deux célèbres athéniens, Xénophon & Phocion, profiterent de cette faveur.

De plus, chaque vieillard, chaque père de famille avoit droit de châtier les enfants d'autrui comme les siens propres; & s'il le négligeoit, on lui imputoit la faute commise par l'enfant. Cette loi de Lycurgue tenoit les pères dans une vigilance continuelle, & rappelloit sans cesse aux enfants qu'ils appartenoient à la république. Aussi se soumettoient-ils de leur propre mouvement à la censure de tous les vieillards; jamais ils ne rencontroient un homme âgé, qu'ils ne s'arrêtassent par respect jusqu'à ce qu'il fût passé; & quand ils étoient assis, ils se levoient sur le champ à son abord. C'est ce qui faisoit dire aux autres peuples de la Grèce, que si la dernière saison de la vie avoit quelque chose de flatteur, ce n'étoit qu'à *Lacédémone*.

Dans cette république l'oisiveté des jeunes gens étoit mise au rang des fautes capitales, tandis qu'on la regardoit comme une marque d'honneur dans les hommes faits; car elle servoit à discerner les maîtres des esclaves : mais avant que de goûter les douceurs du repos, il falloit s'être continuellement exercé dans la jeunesse à la lutte, à la course, au saut, aux combats, aux évolutions militaires, à la chasse, à la danse, & même aux petits brigandages. On imposoit quelquefois à un enfant un châtiment bien singulier : on mordoit le doigt à celui qui avoit failli : Hésychius vous dira les noms différens qu'on donnoit aux jeunes gens, selon l'ordre de l'âge & des exercices, je n'ose entrer dans ce genre de détails.

Les pères, en certains jours de fêtes, faisoient enivrer leurs esclaves, & les produisoient dans cet état méprisable devant la jeunesse de *Lacédémone*, afin de la préserver de la débauche du vin, & lui enseigner la vertu par les défauts qui lui sont opposés; comme qui voudroit faire admirer les beautés de la nature, en montrant les horreurs de la nuit.

Le larcin étoit permis aux enfans de *Lacédémone*, pour leur donner de l'adresse, de la ruse & de l'activité, & le même usage étoit établi chez les Crétois. « Lycurgue, dit Montagne, considéra au larcin, la » vivacité, diligence, hardiesse, ensemble l'utilité qui » revient au public, que chacun regarde plus curieuse» ment à la conservation de ce qui est sien; & le légis» lateur estima que de cette double institution à as» saillir & à défendre, il s'en tireroit du fruit pour » la science militaire de plus grande considération que » n'étoit le désordre & l'injustice de semblables vols, » qui ne pouvoient consister qu'en quelques volailles » ou légumes; cependant ceux qui étoient pris sur le » fait, étoient châtiés pour leur mal-adresse. »

Ils craignoient tellement la honte d'être découverts, qu'un d'eux ayant volé un petit renard, le cacha sous sa robe, & souffrit, sans jetter un seul cri, qu'il lui déchirât le ventre avec les dents jusqu'à ce qu'il tomba mort sur la place. Ce fait ne doit pas paroître incroyable, dit Plutarque, à ceux qui savent ce que les enfans de la même ville font encore. Nous en avons vu, continue cet historien, expirer sous les verges, sur l'autel de Diane Orthia, sans dire une seule parole.

Cicéron avoit aussi été témoin du spectacle de ces

enfans, qui pour prouver leur patience dans la douleur, souffroient, à l'âge de sept ans, d'être fouettés jusqu'au sang, sans que leur visage en fût altéré. La coutume ne l'auroit pas chez nous emporté sur la nature ; car notre jugement empoisonné par les délices, la mollesse, l'oisiveté, la lâcheté, la paresse, nous l'avons perverti par de honteuses habitudes. Ce n'est pas moi qui parle ainsi de ma nation, on pourroit s'y tromper à cette peinture, c'est Cicéron lui-même qui porte ce témoignage des Romains de son siècle ; & pour que personne n'en doute, voici ses propres termes : *nos umbris, deliciis, otio, languore, desidiâ, animum infecimus, maloque more delinitum mollivimus*. Tusc. quæst. *liv. V. cap. xxvij.*

Telle étoit encore l'éducation des enfans de Sparte, qu'elle les rendoit propres aux travaux les plus rudes. On accoutumoit leur corps aux rigueurs de toutes les saisons ; on les plongeoit dans l'eau froide pour les endurcir aux fatigues de la guerre, & on les faisoit coucher sur des roseaux qu'ils étoient obligés d'aller arracher dans l'Eurotas, sans autre instrument que leurs seules mains.

On reprocha publiquement à un jeune spartiate de s'être arrêté pendant l'orage sous le couvert d'une maison, comme auroit fait un esclave. Il étoit honteux à la jeunesse d'être vue sous le couvert d'un autre toît que celui du ciel, quelque temps qu'il fit. Après cela, nous étonnerons-nous que de tels enfans devinssent des hommes si forts, si vigoureux & si courageux ?

Lacédémone pendant environ sept siècles n'eut point d'autres murailles que les boucliers de ses soldats, c'étoit encore une institution de Lycurgue : « Nous honorons la valeur, mais bien moins qu'on ne faisoit à » Sparte ; aussi n'éprouvons-nous pas à l'aspect d'une » ville fortifiée, le sentiment de mépris dont étoient » affectés les Lacédémoniens. Quelques-uns d'eux pas- » sant sous les murs de Corinthe ; quelles femmes, » demanderent-ils, habitent cette ville ? Ce sont, leur » répondit-on, des Corinthiens : Ne savent-ils pas, re- » prirent-ils, ces hommes vils & lâches, que les seuls » remparts impénétrables à l'ennemi, sont des citoyens » déterminés à la mort » ? Philippe ayant écrit aux Spartiates, qu'il empêcheroit leurs entreprises : Quoi ! nous empêcherois-tu de mourir, lui répondirent-ils ? L'histoire de *Lacédémone* est pleine de pareils traits ; elle est tout miracle en ce genre.

Je sais, comme d'autres, le prétendu bon mot du sybarite, que Plutarque nous a conservé dans Pélopidas. On lui vantoit l'intrépidité des Lacédémoniens à affronter la mort dans les périls de la guerre. De quoi s'étonne-t-on, répondit cet homme voluptueux, de les voir chercher dans les combats une mort qui les délivre d'une vie misérable. Le sybarite se trompoit ; un spartiate ne menoit point une triste vie, une vie misérable ; il croyoit seulement que le bonheur ne consiste ni à vivre ni à mourir, mais à faire l'un & l'autre avec gloire & avec gaieté. « Il n'étoit pas moins doux à un lacédé- » monien de vivre à l'ombre des bonnes loix, qu'aux Sy- » barites à l'ombre de leurs bocages. Que dis-je ! Dans » Suze même, au milieu de la mollesse, le spartiate » ennuyé soupiroit après ses grossiers festins, seuls » convenables à son temperament. » Il soupiroit après l'instruction publique des salles qui nourrissoit son esprit, après les fatiguans exercices qui conservoient sa santé ; après sa femme, dont les faveurs étoient toujours des plaisirs nouveaux ; enfin après des jeux dont ils se délassoient à la guerre.

Au moment que les Spartiates entroient en campagne, leur vie étoit moins pénible, leur nourriture plus délicate, & ce qui les touchoit davantage, c'étoit le moment de faire briller leur gloire & leur valeur. On leur permettoit à l'armée, d'embellir leurs habits & leurs armes, de parfumer & de tresser leurs longs cheveux. Le jour d'une bataille, ils couronnoient leurs chapeaux de fleurs. Dès qu'ils étoient en présence de l'ennemi, leur roi se mettoit à leur tête, commandoit aux joueurs de flute de jouer l'air de Castor, & entonnoit lui-même l'hymne pour signal de la charge. C'étoit un spectacle admirable & terrible de les voir s'avancer à l'ennemi au son des flûtes, & affronter avec intrépidité, sans jamais rompre leurs rangs, toutes les horreurs du trépas. Liés par l'amour de la patrie, ils périssoient tous ensemble, ou revenoient victorieux.

Quelques Chalcidiens arrivant à *Lacédémone*, allerent voir Argiléonide, mère de Brasidas, qui venoit d'être tué en les défendant contre les Athéniens. Argiléonide leur demanda d'abord les larmes aux yeux, si son fils étoit mort en homme de cœur, & s'il étoit digne de son pays. Ces étrangers pleins d'admiration pour Brasidas, exaltèrent sa bravoure & ses exploits, jusqu'à dire que dans Sparte, il n'y avoit pas son égal. Non, non, repartit Argiléonide en les interrompant, & en essuyant ses larmes, mon fils étoit, j'espère, digne de son pays, mais sachez que Sparte est pleine de sujets qui ne lui cèdent point ni en vertu ni en courage.

En effet, les actions de bravoure des Spartiates passeroient peut-être pour folles, si elles n'étoient consacrées par l'admiration de tous les siecles. Cette audacieuse opiniâtreté, qui les rendoit invincibles fut toujours entretenue par leurs héros, qui savoient bien que trop de prudence émousse la force du courage & qu'un peuple n'a point les vertus dont il n'a pas les scrupules. Aussi les Spartiates toujours impatiens de combattre, se précipitoient avec fureur dans les bataillons ennemis, & de toutes parts environnés de la mort, ils n'envisageoient autre chose que la gloire.

Ils inventèrent des armes qui n'étoient faites que pour eux ; mais leur discipline & leur vaillance produisoient leurs véritables forces. Les autres peuples, dit Séneque, couroient à la victoire quand ils la voyoient certaine ; mais les Spartiates couroient à la mort, quand elle étoit assurée : & il ajoute elégamment, *turpe est cuilibet fugisse*, Laconi *verò deliberasse* ; c'est une honte à qui que ce soit d'avoir pris la fuite, mais c'en est une à un lacédémonien d'y avoir seulement songé.

Les étrangers alliés de *Lacédémone*, ne lui demandoient pour soutenir leurs guerres, ni argent, ni vaisseaux, ni troupes, ils ne lui demandoient qu'un

Spartiate à la tête de leurs armées : & quand ils l'avoient obtenu, ils lui rendoient avec une entière soumission toutes sortes d'honneurs & de respects. C'est ainsi que les Siciliens obéirent à Gylippe, les Chalcidiens à Brasidas, & tous les Grecs d'Asie, à Lisandre, à Callicratidas & à Agésilas.

Ce peuple belliqueux représentoit toutes ses déités armées, Vénus elle-même l'étoit;

Armatam venerem vidit Lacedemona *Pallas*.

Bacchus qui par-tout ailleurs tenoit le thyrse à la main, portoit un dard à *Lacédémone*. Jugez si les Spartiates pouvoient manquer d'être vaillans. Ils n'alloient jamais dans leurs temples qu'ils n'y trouvassent une espèce d'armée, & ne pouvoient jamais prier les dieux, qu'en même temps la dévotion ne réveillât leur courage.

Il falloit bien que ces gens-là se fussent fait toute leur vie une étude de la mort. Quand Léonidas, roi de *Lacédémone*, partit pour se trouver à la défense du pas des Thermopyles avec trois cens Spartiates, opposés à trois cents mille persans, ils se déterminèrent si bien à périr, qu'avant que de sortir de la ville, on leur fit des pompes funèbres où ils assistèrent eux-mêmes. Léonidas est ce roi magnanime dont Pausanias préfère les grandes actions à ce qu'Achille fit devant Troie, à ce qu'exécuta l'Athénien Miltiade à Marathon, & à tous les grands exemples de valeur de l'histoire grecque & romaine. Lorsque vous aurez lu Plutarque sur les exploits héroïques de ce capitaine, vous serez embarrassé de nommer un homme qui lui soit comparable.

Du temps de ce héros, Athènes étoit si convaincue de la prééminence des Lacédémoniens, qu'elle n'hésita point à leur céder le commandement de l'armée des Grecs. Thémistocle servit sous Eurybiade, qui gagna sur les Perses la bataille navale de Salamine. Pausanias en triompha de nouveau à la journée de Platée, porta ses armes dans l'Hellespont, & s'empara de Bisance. Le seul Epaminondas Thébain, eut la gloire, long-temps après, de vaincre les Lacédémoniens à Leuctre & à Mantinée, & de leur ôter l'empire de la Grece qu'ils avoient conservé l'espace de 730 ans.

Les Romains s'étant rendus maîtres de toute l'Achaïe, n'imposerent aux Lacédémoniens d'autre sujetion que de fournir des troupes auxiliaires quand Rome les en solliciteroit. Philostrate raconte qu'Apollonius de Thyane qui vivoit sous Domitien, se rendit par curiosité à *Lacédémone*, & qu'il y trouva encore les loix de Lycurgue en vigueur. Enfin la réputation de la bravoure des Spartiates continua jusques dans le bas-empire.

Les Lacédémoniens se conservèrent l'estime des empereurs de Rome, & élevèrent des temples à l'honneur de Jules-César & d'Auguste, de qui ils avoient reçu de nouveaux bienfaits. Ils frapperent aussi quelques médailles au coin d'Antonin, de Marc-Aurele & de Commode. M. Vaillant en cite une de Néron, parce que ce prince vint se signaler aux yeux de la Grece; mais il n'osa jamais mettre le pied dans Sparte, à cause de la sévérité des loix de Lycurgue, dont il n'eut pas moins de peur, dit-on, que des furies d'Athènes.

Cependant quelle différence entre ces deux peuples! vainement les Athéniens travaillèrent à ternir la gloire de leurs rivaux & à les tourner en ridicule de ce qu'ils ne cultivoient pas comme eux les lettres & la Philosophie. Il est aisé de venger les Lacédémoniens de pareils reproches, & j'oserai bien moi-même l'entreprendre, si on veut me le permettre.

J'avoue qu'on alloit chercher à Athènes & dans les autres villes de Grèce des rhétoriciens, des peintres & des sculpteurs, mais on trouvoit à *Lacédémone* des législateurs, des magistrats & des généraux d'armée. A Athènes on apprenoit à bien dire, & à Sparte à bien faire; là à se démêler d'un argument sophistique, & à rabattre la subtilité des mots captieusement entrelacés; ici à se démêler des appas de la volupté, & à rabattre d'un grand courage les menaces de la fortune & de la mort. Ceux-là, dit joliment Montagne, s'embesognoient après les paroles, ceux-ci après les choses. Envoyez-nous vos enfans, écrivoit Agésilaüs à Xénophon, non pas pour étudier auprès de nous la dialectique, mais pour apprendre une plus belle science, c'est d'obéir & de commander.

Si la Morale & la Philosophie s'expliquoient à Athènes, elles se pratiquoient à *Lacédémone*. Le Spartiate Panthoïdès le fut bien dire à des Athéniens, qui se promenant avec lui dans le Lycée, l'engagèrent d'écouter les beaux traits de morale de leurs philosophes : on lui demanda ce qu'il en pensoit; ils sont admirables, repliqua-t-il, mais au reste inutiles pour votre nation, parce qu'elle n'en fait aucun usage.

Voulez-vous un fait historique qui peigne le caractère de ces deux peuples, le voici. « Un vieillard, au rapport de Plutarque, cherchoit place à un des » spectacles d'Athènes, & n'en trouvoit point; de » jeunes Athéniens le voyant en peine, lui firent signe; » il s'approche; & pour lors ils se serrèrent & se » moquèrent de lui : le bon homme faisoit ainsi le tour » du théâtre, toujours hué de la belle jeunesse. Les » ambassadeurs de Sparte s'en apperçurent, & aussitôt placèrent honorablement le vieillard au milieu » d'eux. Cette action fut remarquée de tout le monde, » & même applaudie d'un battement de mains général. Hélas, s'écria le bon vieillard, d'un ton de douleur, les Athéniens savent ce qui est honnête, mais » les Lacédémoniens le pratiquent »!

Ces Athéniens dont nous parlons, abuserent souvent de la parole, au lieu que les Lacédémoniens la regardèrent toujours comme l'image de l'action.

Chez eux, il n'étoit permis de dire un bon mot qu'à celui qui menoit une bonne vie. Lorsque dans les affaires importantes, un homme de mauvaise réputation donnoit un avis salutaire, les éphores respectoient la proposition ; mais ils empruntoient la voix d'un homme de bien pour faire passer cet avis; autrement le peuple ne l'auroit pas autorisé. C'est ainsi que les magistrats accoutumerent les Spartiates à se laisser plutôt persuader par les bonnes mœurs, que par toute autre voie.

Ce n'étoit pas chez eux que manquoit le talent de manier la parole; il règne dans leurs discours & dans leurs reparties une certaine force, une certaine grandeur, que le sel attique n'a jamais su mettre dans toute l'éloquence de leurs rivaux. Ils ne se sont pas amusés comme les citoyens d'Athènes, à faire retentir les théâtres de satyres & de railleries; un seul bon mot d'Eudamidas obscurcit la scène outrageantee de l'Andromaque. Ce lacédémonien se trouvant un jour dans l'Académie, & découvrant le philosophe Xénocrate déjà fort âgé, qui étudioit la Philosophie, demanda qui étoit ce vieillard. C'est un sage, lui répondit-on, qui cherche la vertu. Eh quand donc en usera-t-il, s'il la cherche encore, repartit Eudamidas? Mais aussi les hommes illustres d'Athènes étoient les premiers à préférer la conduite des Lacédémoniens à toutes les leçons des écoles.

Il est très-plaisant de voir Socrate se moquant à sa manière, d'Hippias, qui lui disoit qu'à Sparte, il n'avoit pas pu gagner un sol à régenter; que c'étoient des gens sans goût qui n'estimoient ni la grammaire, ni le rythme, s'amusant a étudier l'histoire & le caractère de leurs rois, l'établissement & la décadence des états, & autres choses de cette espèce. Alors Socrate, sans le contredire, lui fait avouer en détail l'excellence du gouvernement de Sparte, le mérite de ses citoyens, & le bonheur de leur vie, lui laissant à tirer la conclusion de l'inutilité des arts qu'il professoit.

En un mot, l'ignorance des Spartiates dans ces sortes d'arts, n'étoit pas une ignorance de stupidité, mais de précepte, & Platon même en demeuroit d'accord. Cependant, malgré l'austérité de leur politique, il y a eu de très-beaux esprits sortis de *Lacédémone*, des philosophes, des poëtes & des auteurs illustres, dont l'injure des temps nous a dérobé les ouvrages. Les soins que se donna Lycurgue pour recueillir les œuvres d'Homere, qui seroient perdues sans lui; les belles statues dont Sparte étoit embellie, & l'amour des Lacédémoniens pour les tableaux des grands maîtres, montrent qu'ils n'étoient pas insensibles aux beautés de tous les arts.

Passionnés pour les poësies de Terpandre, de Spendon, & d'Alcman, ils défendirent à tout esclave de les chanter, parce que, selon eux, il n'appartenoit qu'à des hommes libres de chanter des choses divines.

Ils punirent à la vérité Timothée de ce qu'aux sept cordes de la musique il en avoit ajouté quatre autres; mais c'étoit parce qu'ils craignirent que la mollesse de cette nouvelle harmonie n'altérât la sévérité de leurs mœurs. En même temps ils admirèrent le génie de l'artiste; ils ne brûlèrent pas sa lyre, au contraire, ils la suspendirent à la voûte d'un de leurs plus beaux bâtiments, où l'on venoit prendre le frais, & qui étoit un ouvrage de Théodore de Samos. Ils chassèrent aussi de Sparte, le poëte Archiloque; mais c'étoit pour avoir dit en vers, qu'il convenoit mieux de fuir & de sauver sa vie, que de périr les armes à la main. L'exil auquel ils le condamnèrent ne procédoit pas de leur indifférence pour la poësie, mais de leur amour pour la valeur.

C'étoit encore par des principes de sagesse que l'architecture de leurs maisons n'employoit que la coignée & la scie. Un Lacédémonien, c'étoit le roi Léotichidas, soupant un jour à Corinthe, & voyant dans la salle où on le reçut, des pièces de bois dorées & richement travaillées, demanda froidement à son hôte, si les arbres chez eux, croissoient de la sorte; cependant ces mêmes Spartiates avoient des temples superbes. Ils avoient aussi un magnifique théâtre qui servoit au spectacle des exercices, des danses, des jeux, & autres représentations publiques. La description que Pausanias a faite des décorations de leurs temples & de la somptuosité de ce théâtre, prouve assez que ce peuple savoit étaler la magnificence dans les lieux où elle étoit vraiment convenable, & proscrire le luxe des maisons particulières où son éclat frivole ne satisfait que les faux besoins de la vanité.

Mais comme leurs ouvriers étoient d'une industrie, d'une patience, & d'une adresse admirable, ils portèrent leurs talents à perfectionner les meubles utiles, & journellement nécessaires. Les lits, les tables, les chaises des Lacédémoniens étoient mieux travaillés que par-tout ailleurs. Leur poterie étoit plus belle & plus agréable; on vantoit en particulier la forme du gobelet laconique, nommé *cothon*, sur-tout à cause du service qu'on en tiroit à l'armée. La couleur de ce gobelet, dit Critias, cachoit à la vue la couleur dégoûtante des eaux bourbeuses, qu'on est quelquefois obligé de boire à la guerre; les impuretés se déposoient au fond de ce gobelet, & ses bords, quand on buvoit, arrêtoient en-dedans le limon, ne laissant venir à la bouche que l'eau pure & limpide.

Pour ce qui regarde la culture de l'esprit & du langage, les Lacédémoniens loin de la négliger, vouloient que leurs enfants apprissent de bonne heure à joindre la force à l'élégance des expressions, à la pureté des pensées. Ils vouloient, dit Plutarque, que leurs réponses, toujours courtes & justes, fussent pleines de sel & d'agrément. Ceux qui, par précipitation ou par lenteur d'esprit, répondoient mal, ou ne répondoient rien, étoient châtiés: un mauvais raisonnement se punissoit à Sparte, comme une mauvaise conduite; aussi rien n'en imposoit à la raison de ce peuple. « Un lacédémonien exempt dès le ber» ceau, des caprices & des humeurs de l'enfance, » étoit dans la jeunesse affranchi de toute crainte; » moins superstitieux que les autres grecs, les Spartiates » citoient leur religion & leurs rits au tribunal du » bon sens ». Aussi Diogène arrivant de *Lacédémone* à Athènes, répondit avec transport à ceux qui lui demandoient d'où il venoit: « je viens de quitter des » hommes ».

Tous les peuples de la Grèce avoient consacré des temples sans nombre à la Fortune; les seuls Lacédémoniens ne lui avoient dressé qu'une statue, dont ils n'approchoient jamais: ils ne recherchoient point les faveurs de cette déesse, & tâchoient par leur vertu, de se mettre à l'abri de ses outrages.

S'ils n'étoient pas toujours heureux,
Ils savoient du moins être sages.

On sait ce grand mot de l'antiquité, *Spartam nactus es, hanc orna* : « vous avez rencontré une ville de » Sparte, songez à lui servir d'ornement ». C'étoit un proverbe noble, pour exhorter quelqu'un dans les occasions importantes à se régler, pour remplir l'attente publique, sur les sentiments & sur la conduite des Spartiates. Quand Cimon vouloit détourner ses compatriotes de prendre un mauvais parti : « pensez » bien, leur disoit-il, à celui que suivroient les Lacé» démoniens à votre place ».

Voilà quel étoit le lustre de cette république célèbre, bien supérieure à celle d'Athènes ; & ce fut le fruit de la seule législation de Lycurgue. Mais, comme l'observe M. de Montesquieu, quelle étendue de génie ne fallut-il pas à ce grand homme, pour élever ainsi sa patrie ; pour voir qu'en choquant les usages reçus, en confondant toutes les vertus, il montroit à l'univers sa sagesse ! Lycurgue mêlant le larcin avec l'esprit de justice, le plus dur esclavage avec la liberté, des sentiments atroces avec la plus grande modération, donna de la stabilité aux fondements de sa ville, tandis qu'il sembloit lui enlever toutes les ressources, les arts, le commerce, l'argent, & les murailles.

On eut à *Lacédémone*, de l'ambition sans espérance d'être mieux ; on y eut les sentiments naturels : on n'y étoit ni enfant, ni père, ni mari ; on y étoit tout à l'état. Le beau sexe s'y fit voir avec tous les attraits & toutes les vertus ; & cependant la pudeur même fut ôtée à la chasteté. C'est par ces chemins étranges, que Lycurgue conduisit sa Sparte au plus haut degré de grandeur ; mais avec une telle infaillibilité de ses institutions, qu'on n'obtint jamais rien contre elle en gagnant des batailles. Après tous les succès qu'eut cette république dans ses jours heureux, elle ne voulut jamais étendre ses frontières : son seul but fut la liberté, & le seul avantage de sa liberté fut la gloire.

Quelle société offrit jamais à la raison un spectacle plus éclatant & plus sublime ! Pendant sept ou huit siècles, les loix de Lycurgue y furent observées avec la fidélité la plus religieuse. Quels hommes aussi estimables que les Spartiates, donnèrent jamais des exemples aussi grands, aussi continuels, de modération, de patience, de courage, de tempérance, de justice & d'amour de la patrie ? En lisant leur histoire, notre ame s'élève, & semble franchir les limites étroites dans lesquelles la corruption de notre siècle retient nos foibles vertus.

Lycurgue a rempli ce plan sublime d'une excellente république que se sont fait après lui Platon, Diogène, Zénon, & autres, qui ont traité cette matière ; avec cette différence, qu'ils n'ont laissé que des discours, au lieu que le législateur de la Laconie n'a laissé ni paroles, ni propos ; mais il a fait voir au monde un gouvernement inimitable, & a confondu ceux qui prétendoient que le vrai sage n'a jamais existé. C'est d'après de semblables considérations, qu'Aristote n'a pu s'empêcher d'écrire, que cet homme sublime n'avoit pas reçu tous les honneurs qui lui étoient dus, quoiqu'on lui ait rendu tous les plus grands qu'on puisse jamais rendre à aucun mortel, & qu'on lui ait érigé un temple, où du temps de Pausanias, on lui offroit encore tous les ans, des sacrifices comme à un dieu.

Quand Lycurgue vit sa forme de gouvernement solidement établie, il dit à ses compatriotes qu'il alloit consulter l'oracle, pour savoir s'il y avoit quelques changements à faire aux loix qu'il leur avoit données ; & qu'en ce cas, il reviendroit promptement remplir les décrets d'Apollon. Mais il résolut dans son cœur de ne point retourner à *Lacédémone*, & de finir ses jours à Delphes, étant parvenu à l'âge où l'on peut quitter la vie sans regrets. Il termina la sienne secrettement, en s'abstenant de manger ; car il étoit persuadé que la mort des hommes d'état doit servir à leur patrie, être une suite de leur ministère, & concourir à leur procurer autant ou plus de gloire, qu'aucune autre action. Il comprit qu'après avoir exécuté de très-belles choses, sa mort mettroit le comble à son bonheur, & assureroit à ses citoyens les biens qu'il leur avoit faits pendant sa vie, puisqu'elle les obligeroit à garder toujours ses ordonnances, qu'ils avoient juré d'observer inviolablement jusqu'à son retour.

Dicearque, pour qui Cicéron témoigne la plus grande estime, composa la description de la république de Sparte. Ce traité fut trouvé à *Lacedémone* même, si beau, si exact, & si utile, qu'il fut décidé par les magistrats, qu'on le liroit tous les ans en public, à la jeunesse. La perte de cet ouvrage est sans doute très-digne de nos regrets ; il faut pourtant nous en consoler par la lecture des anciens historiens qui nous restent ; sur-tout par celle de Pausanias & de Plutarque, par les recueils de Meursius, de Cragius, & de Sigonius, & par la *Lacédémone* ancienne & moderne de M. Guillet, livre savant & très-agréablement écrit. (*D. J.*)

LACTANCE, (Lucius-Cælius-Firmianus-Lactantius) (*Hist. Ecclés.*) un des pères de l'église, un des défenseurs de la foi. Il enseigna la rhétorique à Nicomédie, sous Dioclétien ; Constantin lui confia l'éducation de Crispe son fils. On l'appelloit le *Cicéron Chrétien*. L'abbé Lenglet a donné une édition de ses œuvres en deux volumes *in*-4°. en 1748. Son Traité le plus cité est celui *de la Mort des Persécuteurs*, dont la première édition a été donnée par Baluze, d'après un manuscrit de la bibliothèque de Colbert. Le but de l'auteur est de prouver que les empereurs Romains qui ont persécuté les Chrétiens, ont péri misérablement, ce qui n'est pas vrai de tous. L'inconvénient de ces systêmes contraires aux faits, est de détruire la confiance & de décréditer une bonne cause. On doit à la Vérité l'hommage de ne la défendre qu'avec les armes de la vérité. *Lactance* mourut l'an 325.

LACYDE, (*Hist. anc.*) philosophe grec, natif de Cyrène, disciple d'Arcésilas, & son successeur dans

dans la secte appellée la seconde Académie; Attale, Roi de Pergame, lui donna un jardin pour philosopher; car les anciens philosophes grecs prenoient pour philosopher, le temps de la promenade, & pour école, des lieux propres à cet exercice. Platon donnoit ses leçons dans l'Académie, c'est-à-dire, dans un champ couvert d'arbres sur les bords du fleuve Ilissus; ce champ ou cette forêt, avoit appartenu autrefois à un particulier, nommé Académus, & retint ce nom d'Académie :

Atque inter sylvas Academi quærere verum.

Aristote enseignoit dans le Lycée, lieu pareillement spacieux & couvert d'arbres, & ses disciples furent nommés Péripatéticiens, parce qu'ils philosophoient en se promenant.

Un vaste portique où l'on pouvoit se promener à couvert, étoit l'école de Zénon.

Epicure philosophoit dans des jardins.

En Angleterre, autour d'Oxford, ville d'Université, où il y a un grand nombre de jardins charmants; l'espace du ciel, l'ombre, l'eau, d'agréables allées, un air pur, un exercice doux & modéré, la liberté toujours plus grande en plein air & dans le mouvement de la promenade que dans un endroit enfermé, mettent l'esprit dans la situation la plus propre à concevoir & à recevoir des idées, & le disposent à connoître, à sentir, à goûter les plaisirs purs de l'intelligence & de la vérité.

Lacyde ne voulut jamais s'établir à la cour du roi son bienfaiteur. *Le portrait même des rois*, disoit-il, *ne doit être regardé que de loin.* Ses principes, comme ceux de son maître, étoient ceux du pyrrhonisme. Ses élèves, ses domestiques, quand il les trouvoit en faute, lui opposoient ses propres principes, comme Sganarelle à Marphurius, dans *le Mariage forcé*; & il étoit obligé de répondre comme fait en substance Marphurius : *Mes amis, nous parlons d'une façon dans l'école, & nous vivons d'une autre dans la maison.* *Lacyde* mourut d'un excès d'intempérance, encore comme Arcésilas son maître. Il vivoit environ deux siècles & demi avant J. C.

LADA, s. m. (*Hist. mod.*) du saxon *ladian*, signifie une *purgation canonique* ou manière de se laver d'une accusation, en faisant entendre trois témoins pour sa décharge. Dans les loix du roi Ethelred, il est souvent fait mention de *lada simplex*, *triplex & plena*. La première étoit apparemment celle où l'accusé se justifioit par son seul serment; la seconde celle où il produisoit trois témoins, ou comme on les nommoit alors *conjuratores*, & peut-être étoit-il du nombre. Quant à la troisième espèce, on ignore quel nombre de témoins étoit précisément requis pour remplir la formalité *lada plena* (*A. R.*)

LADISLAS, (*Hist. mod.*) nom porté par plusieurs rois de Hongrie, de Pologne, &c. & par quelques autres souverains.

LADISDAS I, roi de Hongrie, depuis 1077 jusqu'en 1095, fut un conquérant & un saint. Il fut canonisé par le pape Célestin III, en 1198.

LADISLAS II, parmi les rois de Hongrie, & sixième parmi les rois de Pologne, périt malheureusement à la bataille de Varnes en 1444. Sur ce point & sur les circonstances de cette affaire, *voyez* l'article CESARINI (Julien).

LADISLAS III, roi de Pologne en 1297, gouverna mal, & fut chassé; il fut rappellé, & gouverna bien. Il mourut en 1333, laissant un nom respecté. Il avoit institué en 1325, l'ordre de l'Aigle-Blanc.

LADISLAS V, *dit* JAGELLON, grand-duc de Lithuanie, étoit payen : il se fit baptiser pour épouser (en 1386) Hedwige, reine de Pologne, fille de Louis, ce fameux roi de Hongrie. (*Voyez* ANJOU) Par ce mariage, *Ladislas* unit la Lithuanie à la Pologne. Il refusa le trône de Bohême, que les Hussites révoltés lui offrirent pour venger la mort de Jean Hus. Il mourut en 1434, après un long & sage règne.

LADISLAS-SIGISMOND VII, roi de Pologne & de Suéde, remporta de grands avantages sur les Turcs & sur les Russes, & laissa un nom glorieux. Son règne est de 1632 à 1648.

Sur LADISLAS, roi de Naples, fils de Charles de Duras, & frère & prédécesseur de Jeanne seconde, *voyez* l'article ANJOU.

LÆLIUS, (*Hist. Rom.*) Il y a eu deux *Lælius* célèbres dans l'Histoire Romaine, tous deux consuls; l'un, l'an 564 de Rome; l'autre, l'an 614; tous deux nommés Caïus, mais le premier surnommé *Nepos*, le second *Sapiens*; tous deux attachés à Scipion l'Africain, mais le premier ayant servi seulement sous le premier Scipion l'Africain, en Espagne & en Afrique, & ayant eu part aux victoires remportées sur Asdrubal & sur Syphax; c'est celui qui paroît dans la *Sophonisbe* de Corneille; le second est beaucoup plus célèbre par son amitié pour le second Scipion l'Africain; c'est lui qui donne son nom au Traité de l'Amitié de Cicéron; c'est lui qui, dans ce traité, dit ces belles paroles : *Sed tamen recordatione nostræ amicitiæ sic fruor, ut beatè vixisse videar, quia cum Scipione vixerim : quocum mihi conjuncta cura de re publicâ & de privatâ fuit : quocum & domus fuit & militia communis & id in quo est omnis vis amicitiæ, voluntatum, studiorum, sententiarum summa consensio.* C'est lui qu'Horace ne sépare jamais de Scipion-Emilien, son ami :

Num Lælius, aut qui
Duxit ab oppressâ meritum Carthagine nomen....
Virtus Scipiadæ & mitis sapientia Læli.

On a dit aussi que ce second *Lælius* avoit eu part, ainsi que Scipion son ami, aux comédies de Térence.

LAERCE. *Voyez* DIOGÈNE.

LAET, (Jean de (*Hist. Lit. mod.*) homme savant pour son temps, en histoire & en géographie, auteur de plusieurs ouvrages, auxquels les presses d'Elzévir ont donné leur principal prix. Tels sont : *Turcici imperii status ; Regni Persici status ; Respublica Belgarum ; de Regis Hispaniæ regnis & opibus ; Novus Orbis*, traduit en françois par l'auteur même ; l'édition de Vitruve avec les notes de Philandre, de Barbaro, de Saumaise, & des Traités de divers auteurs sur la même matière. Jean *de Laët* mourut en 1649, à Anvers sa patrie.

LÆTUS, (*Hist. Rom.*) Marcia, concubine de l'empereur Commode, Electus, son chambellan, & Lætus chef des cohortes prétoriennes, ayant surpris une liste écrite de la main de cet empereur & où leurs noms étoient proscrits, l'avoient prévenu en l'empoisonnant. » Lœtus & Electus, avec quelques-uns de » leurs amis, allèrent vers minuit à la maison de Per» tinax & éveillèrent son portier qui leur ayant ou» vert, & ayant apperçu des soldats avec Lœtus leur » commandant, courut tout effrayé en avertir son » maître. Celui-ci dit qu'on les fit entrer; qu'il voyoit » bien que son heure étoit venue; que ce coup n'avoit » rien qui le surprît. Quoiqu'il ne doutât point que » ces officiers ne vinssent pour le tuer, il les vit pa» roître sans changer de visage; & se tenant sur son » lit avec un air assuré : Je m'attendois, dit-il, toutes » les nuits à un pareil sort. Je restois seul des amis de » Marc-Aurele & je ne comprenois pas pourquoi son » fils différoit si long-temps de me rejoindre à eux. Exé» cutez vos ordres, & délivrez-moi pour toujours » d'une incertitude plus cruelle que la mort même. » --- N'ayez point de nous, dit Lœtus, des pensées » si injustes, & concevez des espérances qui répondent » au mérite de vos grandes actions. Nous sommes » bien éloignés d'avoir aucun dessein contre votre per» sonne, nous venons au contraire implorer votre » secours, & nous remettre à vos soins de la liberté du » peuple & du salut de l'empire. Le tyran est mort, » ses crimes ne sont pas demeurés impunis; nous l'avons » prévenu, & nous avons sauvé notre vie en lui » ôtant la sienne. Il faut que vous preniez sa place; » votre autorité, votre prudence, votre modération, » votre âge même, tout vous en rend digne. Le peuple » a pour vous beaucoup d'affection, d'estime & de » respect, nous sommes persuadés qu'il nous avouera » dans notre choix, & qu'il trouvera son avantage où » nous cherchons notre sûreté. ---Pourquoi, reprit » Pertinax, insulter un vieillard, & vouloir éprouver » sa constance ? n'est-ce pas assez de me faire mourir, » sans joindre la moquerie à la cruauté ? ---Puisqu'il » n'y a pas moyen de vous désabuser, dit Electus, » lisez cet écrit, & il lui donne à lire la liste de » proscription qui les avoit déterminés à se défaire de » Commode. » (Herodien, trad. de l'abbé Mongault.

Lœtus fut mis à mort par Didius Julianus à cause de ses intelligences avec Severe, à l'élévation duquel il avoit contribué.

Un autre Lœtus commandoit la cavalerie sous Severe à la bataille de Lyon où Albin fut défait. Il fut soupçonné d'avoir eu dans cette bataille une conduite équivoque, qui tendoit à perdre les deux rivaux, l'un par l'autre, pour prendre leur place. Il avoit cependant achevé la défaite d'Albin; mais ce ne fut, dit-on, qu'après avoir vu la victoire se déclarer pour Severe, & pour éviter le danger où sa trahison pouvoit alors l'exposer; quoi qu'il en soit de ses intentions, il servit bien Severe, & celui-ci, soit jalousie, soit défiance, le fit périr.

Enfin un troisième Lœtus qui avoit enhardi Caracalla par ses conseils, à faire périr son frère Géta en fut puni par Caracalla lui même, qui le fit empoisonner.

LAFITAU (Joseph François,) (*Hist. Litt. mod.*) jésuite missionnaire chez les Iroquois. Nous avons de lui un parallèle des mœurs des sauvages de l'Amérique & des mœurs des premiers temps, & une histoire des découvertes des Portugais dans le nouveau monde. Mort vers 1740. Il étoit de Bordeaux.

Un autre Lafitau (Pierre-François) aussi jésuite, étoit aussi de Bordeaux. A force d'intrigues & de zèle réel ou affecté pour la bulle *Unigenitus*, il fut évêque de Sisteron; on lui reproche des mœurs & même des maladies très-peu épiscopales; peut-être faut-il se défier de ces allégations, quand elles portent sur un homme qui ayant fait ouvertement la guerre à un grand parti, a été nécessairement en butte à tous les traits de ce parti. Lafitau avoit été promoteur du concile d'Embrun. Il paroît qu'il eut au moins tous les vices de l'ambition, & l'on sait qu'elle en entraîne un assez grand nombre à sa suite; on assure, par exemple, que chargé de solliciter à Rome le chapeau de cardinal pour l'abbé Dubois, il négocioit pour lui-même. Quoi qu'il en soit, ne le considérons ici, que comme homme de lettres, puisqu'au travers de tant d'intrigues il trouvoit le temps de l'être. On a de lui une histoire de la constitution *Unigenitus*. Il pouvoit dire :

Et quorum pars magna fui.

Cette histoire est une satire contre les jansénistes. Il a écrit aussi *l'histoire de Clément XI*. Il attribue des miracles à ce pape. C'est un miracle assez singulier, diront les jansénistes, d'avoir fait prévaloir dans l'église les fureurs du père Le Tellier sur les vertus du cardinal de Noailles. Enfin Lafitau avoit fait des sermons, qui avoient servi de prétexte pour le faire évêque. Ces sermons dépouillés de l'éclat que leur donnoit le débit, ont paru médiocres; on a de lui beaucoup de petits livres ascétiques & mystiques, au dessous du médiocre. Il étoit né en 1685. Il mourut au château de Lurs en 1764 ayant tâché d'être un évêque dans les dernières années de sa vie, & n'ayant réussi, tout au plus, qu'à être un moine. Il fonda un ordre de religieuses qu'il nomma la Parentele. Il a laissé une mémoire odieuse aux jansénistes, indifférente aux autres.

LAFONT, LAFOSSE, (voir ces articles à la lettre *F*.)

LAGARDIE, (*Voyez* GARDIE (de la.)

LAGIDES, s. m. (*Hist. anc.*) nom qu'on donna aux rois grecs qui possédèrent l'Egypte après la mort d'Alexandre. Les deux plus puissantes monarchies qui s'élevèrent alors, furent celle d'Egypte, fondée par Ptolomée, fils de Lagus, d'où viennent les *Lagides*,

& celle d'Asie ou de Syrie, fondée par Séleucus, d'où viennent les Seleucides. (*A. R.*)

LAGNY, (Thomas Fantet de) (*Hist. Litt. mod.*) grand calculateur, grand algébriste, grand géometre, étoit né à Lyon, il étoit fils d'un secrétaire du roi à la chancellerie de Grenoble, il entra dans l'académie des sciences en 1695, fut fait professeur d'hydrographie à Rochefort en 1697, & tandis que tout le monde le jugoit supérieur à cet emploi, lui seul croyant qu'il n'y étoit pas propre, parce que parmi toutes ses connoissances mathématiques il lui manquoit la connoissance particulière de la marine, il demanda & obtint la permission de faire une campagne sur mer pour connoître par lui-même le pilotage. M. le régent voulut apprendre de lui ce qui concerne le commerce, les changes, les monnoies, les banques, les finances du royaume; il le fit sous-directeur de la banque générale de la même manière à-peu-près & par les mêmes motifs, dit M. de Fontenelle, que l'on donna en Angleterre la direction de la monnoye de Londres à M. Newton; mais la place de M. Newton fut solide & sa fortune durable; la banque cessa, avec honneur cependant, pour M. de *Lagny*, tous ses billets furent acquittés, & il laissa dans l'ordre le plus exact, tout ce qui avoit appartenu à son administation. Il rentra seulement dans la médiocrité de fortune d'où il avoit été tiré, mais dont il n'avoit jamais perdu les mœurs. Il se rencontra plus d'une fois avec le fameux Leibnitz dans des idées de réforme de l'arithmétique, de l'algèbre, de la géométrie. C'est dans les mémoires de l'académie des sciences qu'on trouve les preuves de ses connoissances & de son génie inventeur en mathématiques. Il ne vivoit que pour la géométrie & le calcul. Dans sa dernière maladie, ne connoissant plus personne, ne parlant plus, il parut se ranimer sur une simple question arithmétique. « Quelqu'un, pour faire une » expérience philosophique, dit M. de Fontenelle, » s'avisa de lui demander quel étoit le quarré de douze: » il répondit dans l'instant, & apparemment sans sa- » voir qu'il répondoit: *cent quarante-quatre*. Il mou- » rut le 12 avril 1734. »

LAHIRE, (*Voyez* HIRE (La)

LAINEZ (Jacques) (*Hist. ecclésiast.*) espagnol, un des premiers Jésuites, compagnons de St. Ignace & son successeur dans le généralat; il assista au concile de Trente, comme Théologien du saint-siège, & se montra très-digne de ce titre par le zèle avec lequel il soutint les opinions ultramontaines. Il parut aussi au colloque de Poissy en 1561, où les jésuites & les protestans se traitèrent réciproquement de *loups*, de *singes* & de *serpens*. *Lainez* avoit particulièrement en tête le fameux Théodore de Bèze; & toujours zélé pour les prétentions ultramontaines & pour les droits de Rome, il débuta par avertir Catherine de Médicis qu'elle usurpoit les droits du pape, en ordonnant des conférences sur la religion. Quelques auteurs lui attribuent les constitutions des jésuites, d'autres les croyent de St. Ignace. On dit qu'il refusa le chapeau de cardinal. Il mourut en 1565, âgé de cinquante-trois ans.

Un autre *Lainez* (Alexandre,) poëte & homme de plaisir, a laissé fort peu d'ouvrages. On cite principalement de lui comme des vers délicats, ceux qu'il fit pour Madame de Martel:

Le tendre Appelle un jour, dans ces jeux si vantés,
Que la Grèce autrefois consacroit à Neptune,
Vit, au sortir de l'onde éclater cent beautés,
Et prenant un trait de chacune,
Il fit de sa Venus un portrait immortel;
Sans cette recherche importune,
Hélas! s'il avoit vu la divine Martel,
Il n'en auroit employé qu'une.

Lainez avoit beaucoup voyagé en Grèce, dans l'Asie mineure, en Egypte, en Sicile, en Italie, dans la Suisse. Il savoit le grec, le latin, l'italien & l'espagnol, & avoit beaucoup de littérature. Né à Chimay dans le Hainault en 1650. Mort à Paris en 1710.

Il y a eu un père Lainez ou Laisné ou Lainas (Vincent,) oratorien, qui avoit acquis quelque réputation dans la chaire. On a de lui les oraisons funèbres du chancelier Seguier & du maréchal de Choiseul. Né à Luques en 1633. Mort à Aix en 1677.

LALA, f. m. (*Hist. mod.*) titre d'honneur que donnent les sultans aux visirs & à un grand de l'empire. Suivant son étymologie, il signifie *tuteur*, parce qu'ils sont les gardiens & les tuteurs des frères du sultan. *Voyez* Cantemir, *hist. ottomane*. (*A. R.*)

LA LANDE, (*Hist. mod.*) est le nom: 1°. d'un jurisconsulte; 2°. d'un musicien, tous deux fameux. Le premier, par un bon *Commentaire sur la coutume d'Orléans*; par un *Traité du Ban & de l'arrière-Ban*, & d'autres ouvrages de droit. Le second, par ses Motets, recueillis en deux volumes *in-folio*. Ce dernier étoit surintendant de la musique du roi. Il étoit né à Paris en 1657, & mourut à Versailles en 1726. Il se nommoit Michel Richard de *la Lande*. Le jurisconsulte se nommoit Jacques de *la Lande*, étoit né à Orléans en 1622, mourut en 1703.

LA LANE, (Pierre) (*Hist. Litt. mod.*) On l'a comparé à Orphée, parce que dans le peu de poësies qu'on a de lui, il déplore la mort de sa femme, Marie Gatelle des Roches, qui étoit très-belle, & qu'il avoit tendrement aimée:

Ipse cavâ solans ægram testudine amorem,
Te dulcis conjux, te solo in littore secum,
Te veniente die, te decedente canebat.

Il l'avoit perdue après cinq ans de mariage. Il se flattoit d'avoir rendu sa douleur & l'objet de cette douleur, celèbres; il dit dans des stances à ce sujet:

Chacun sait que mes tristes yeux
Pleuroient ma compagne fidelle,
Amarante, qui fut si belle,
Que l'on n'a rien vu sous les cieux
Qui ne fut moins aimable qu'elle.

Lalane mourut vers 1661. Ménage lui fit cette épitaphe :

Conjugis ereptæ tristi qui tristior Orpheo
Flebilibus cecinit funera acerba modis ;
Proh dolor ! ille tener tenerorum scriptor amorum ,
Conditur hoc tumulo marmore Lalanius.

Un autre *Lalane*, (Noël de la) docteur de Sorbonne, fut le chef des députés qui allèrent à Rome défendre la doctrine de Jansénius ; il l'a d'ailleurs défendue dans une multitude d'écrits, aujourd'hui oubliés. Mort en 1673.

LALLEMANT, (*Hist. mod.*) Il y a eu deux jésuites de ce nom, dont l'un, (Louis) n'est nullement connu, quoiqu'un père Champion ait écrit sa vie, publiée en 1694, cinquante-neuf ans après sa mort, arrivée en 1635.

L'autre, (Jacques-Philippe) est peut-être un peu trop connu, pour avoir été du conseil du P. Le Tellier, & de ce qu'on appelloit *la Cabale des Normands*. (*Voyez* l'article du P. DANIEL.) Il a fait beaucoup d'opuscules polémiques contre le jansénisme, & un *nouveau Testament*, qu'il voulut opposer à celui du P. Quesnel, comme Pradon, disent les auteurs du nouveau Dictionnaire historique, opposoit ses tragédies à celles de Racine. Mort en 1748.

Un autre *Lallemant*, (Pierre) Génovefain, a fait des livres de piété estimés des dévots, tels que le *Testament spirituel*, *la Mort des Justes*, &c. de plus, un abrégé de la vie de Saine-Geneviève ; & un éloge funèbre du premier président Pompone de Bellièvre. Le P. *Lallemant* mourut en 1673.

LALLI, (Thomas-Arthur, comte DE) (*Hist. mod.*) lieutenant-général des armées du roi, grand-croix de l'ordre militaire de St. Louis, d'une de ces familles nobles d'Irlande, qui avoient suivi le roi Jacques II dans sa retraite en France. Il se distingua par sa valeur, sur-tout à la bataille de Fontenoy. Dans la guerre de 1756, on l'envoya commander dans l'Inde ; il y eut d'abord quelques succès, mais dans la suite il perdit Pondichéry ; le parlement de Paris lui fit son procès, & par arrêt du 6 mai 1766, il fut condamné à être décapité ; ce qui fut exécuté. Cet arrêt a été cassé par un arrêt du conseil du 25 mai 1778 ; mais le fond n'est pas encore jugé ; & il n'est pas encore temps pour l'histoire, de parler de cette affaire, dans laquelle il y a déjà eu plusieurs autres jugements divers. Parmi ceux qu'aucun intérêt ne paroissoit engager à écrire ni pour ni contre, M. de Voltaire en France, l'a justifié ; & voici ce qu'en a dit en Angleterre, l'auteur d'une relation des affaires de l'Inde, depuis 1756 jusqu'en 1783.

« On a encore présentes à l'esprit les campagnes » *de Lalli*..... il est possible que *Lalli* ne connût pas » bien le local : peut-être avoit-il trop mauvaise » opinion des princes du pays, pour tirer parti » de leur assistance ; ce qui est certain, c'est qu'il fut » obligé d'agir sur la côte sans escadre ; & quand il » voulut pénétrer dans l'intérieur du pays ; ses » alliés refusèrent de le seconder, & ses troupes se » mutinèrent, faute de paye. Malgré ces contre-temps, » de dix batailles qu'il avoit livrées, il n'en avoit » perdu qu'une, & on pouvoit bien lui permettre, » après avoir gagné neuf batailles, de se retirer devant » des forces supérieures.

» Mais *Lalli*, comme plusieurs autres grands hommes, » ne dut sa ruine qu'à la droiture de ses sentiments, » à sa hauteur, & à la rigueur de sa discipline. Dès » le moment qu'il débarqua à Pondichéry, il té» moigna la plus grande horreur de la vénalité qui » régnoit autour de lui. Supérieur aux vils artifices » de l'intérêt, il regardoit avec un mépris marqué, » ceux qui n'avoient point d'autre objet. Il avoit ordre » de rechercher les causes qui avoient appauvri sa » patrie, & de punir les délinquants. Les maux aux» quels il devoit remédier, étoient le péculat, la » désobéissance, la fourberie, le pillage & la muti» nerie.

« Cette commission n'étoit certainement pas popu» laire, & *Lalli* se trompa en s'attendant à un accueil » gracieux de la part de ceux qui détestoient cette » conquête, & qui pensoient qu'elle leur feroit courir » des risques. Il apprit en peu de temps, à quoi doit » s'attendre un homme qui veut arracher au méchant » les dépouilles de l'iniquité : il se forma aussi-tôt une » ligue pour empêcher qu'il ne remplît sa commission, » & ceux qui auroient dû coopérer avec lui au bien » du service, furent les premiers à le fatiguer de » difficultés, parce qu'ils ne pouvoient éviter leur » ruine que par la sienne ».

LALLOUETTE, (Ambroise) (*Hist. Litt. mod.*) chanoine de Sainte-Opportune à Paris, auteur d'une vie du cardinal Le Camus, évêque de Grenoble, & de divers ouvrages de controverse, relatifs aux Protestants, qu'il avoit fort à cœur de réunir à l'église. Mort en 1724.

LALLUS, f. m. (*Hist. anc. Mytholog.*) nom d'une divinité des anciens qui étoit invoquée par les nourrices pour empêcher les enfans de crier, & les faire dormir. C'est ce que prouve un passage d'Ausone :

Hic iste qui natus tibi
Flos flosculorum Romuli ;
Nutricis inter lemmata
Lall*ique somniferos modos*
Suescat peritis fabulis
Simul jocari & discere.

Peut-être aussi n'étoient-ce que des contes ou des chansons qu'on faisoit aux petits enfans pour les faire dormir. *Voyez Ephemérides natur. curios. Centuria V, & VI.* (*A. R.*)

LAMA, f. m. (*terme de Relation*) Les *lamas* sont les prêtres des Tartares asiatiques, dans la Tartarie chinoise.

Ils font vœu de célibat, font vêtus d'un habit particulier, ne tressent point leurs cheveux, & ne portent point de pendans d'oreilles. Ils sont des prodiges par la force des enchantemens & de la magie, récitent de certaines prières en manière de chœurs, sont chargés de l'instruction des peuples, & ne savent pas lire pour la plûpart, vivent ordinairement en communauté, ont des supérieurs locaux, & au dessus de tous, un supérieur général qu'on nomme le *dalai-lama*.

C'est-là leur grand pontife, qui leur confère les différens ordres, décide seul & despotiquement tous les points de foi sur lesquels ils peuvent être divisés; c'est, en un mot, le chef absolu de toute leur hiérarchie.

Il tient le premier rang dans le royaume de Tongut par la vénération qu'on lui porte, qui est telle que les princes tartares ne lui parlent qu'à genoux, & que l'empereur de la Chine reçoit ses ambassadeurs, & lui en envoie avec des présens considérables. Enfin, il s'est fait lui-même, depuis un siècle, souverain temporel & spirituel du Tibet, royaume de l'Asie, dont il est difficile d'établir les limites.

Il est regardé comme un dieu dans ces vastes pays: l'on vient de toute la Tartarie, & même de l'Indostan, lui offrir des hommages & des adorations. Il reçoit toutes ces humiliations de dessus un autel, posé au plus haut étage du pagode de la montagne de Pontola, ne se découvre & ne se leve jamais pour personne; il se contente seulement de mettre la main sur la tête de ses adorateurs pour leur accorder la rémission de leurs péchés.

Il confère différens pouvoirs & dignités aux *lamas* les plus distingués qui l'entourent; mais dans ce grand nombre, il n'en admet que deux cents au rang de ses disciples, ou de ses favoris privilégiés; & ces deux cents vivent dans les honneurs & l'opulence, par la foule d'adorateurs & de présens qu'ils reçoivent de toutes parts.

Lorsque le grand *lama* vient à mourir, on est persuadé qu'il renaît dans un autre corps, & qu'il ne s'agit que de trouver en quel corps il a bien voulu prendre une nouvelle naissance; mais la découverte n'est pas difficile, ce doit être, & c'est toujours dans le corps d'un jeune *lama* privilégié qu'on entretient auprès de lui; & qu'il a par sa puissance désigné son successeur secret au moment de sa mort.

Ces faits abrégés, que nous avons puisés dans les meilleures sources, doivent servir à porter nos réflexions sur l'étendue des superstitions humaines, & c'est le fruit le plus utile qu'on puisse retirer de l'étude de l'Histoire.) *D. J.*)

LA MARE. *Voyez* MARE.

LAMBECIUS, (Pierre) (*Hist. Litt. mod.*) savant précoce. A dix-neuf ans il avoit publié de savantes remarques sur Aulugelle; après avoir étendu ses connoissances en joignant les voyages à l'étude, il fut professeur d'histoire à Hambourg sa patrie, puis recteur du collége de cette ville, il la quitta pour quitter une femme avec laquelle il ne pouvoit vivre. Il alla à Rome, où il eut à se louer de l'accueil & des bienfaits du pape Alexandre VII, & de la reine Christine; il fut ensuite bibliothécaire de l'empereur à Vienne, où il mourut en 1680. Il étoit né en 1628. Ses principaux ouvrages sont l'histoire des antiquités de sa patrie, sous ce titre: *Origines Hamburgenses ab anno 808, ad annum 1292. Animadversiones ad Codini origines Constantinopolitanas. Commentariorum de bibliotheca Cæsarea-Vindobonensi, lib. 8.* Le savant Fabricius a publié, en 1710, un ouvrage posthume de *Lambecius*, intitulé: *Prodromus Historiæ Litterariæ & iter Cellense.*

LAMBERT, (duc de Spolete) (*Hist. mod.*) un de ces tyrans, qui, dans la décadence de la maison Carlovingienne, vers la fin du neuvième siècle, se disputoient l'Italie & l'Empire, parce qu'ils étoient Italiens, & même la France, parce qu'ils descendoient ou prétendoient descendre de Charlemagne par des femmes. Gui, duc de Spolette, père de *Lambert*, avoit de même disputé la France à Bérenger, duc de Frioul; & étant venu à Rome à main armée, s'y étoit fait couronner empereur & roi de France. Gui étoit mort en 894. *Lambert* son fils, mourut en 898, d'une chûte qu'il fit à la chasse.

LAMBERT, (Saint) (*Hist. de France*) St. *Lambert*, évêque de Maëstricht, tué à Liège, qui n'étoit qu'un village, & qui est devenu par cet évènement, une ville considérable. (*Voyez* l'article ALPAIDE, où Saint *Lambert* est mal-à-propos qualifié d'évêque de Liège. On fixe l'époque de la mort de Saint *Lambert* à l'an 708.

LAMBERT DE SCHAWEMBOURG *ou* D'ASCHAFFEMBOURG, bénédictin de l'abbaye d'Hirchfelden en 1058, est auteur d'une chronique consultée, du moins pour la partie qui concerne le temps où il vivoit, c'est-à-dire, depuis 1050 jusqu'en 1077. D'ailleurs, la chronique, suivant l'usage de ces vieux écrivains, remonte à Adam. On la trouve dans le premier volume des Ecrivains d'Allemagne, de Pistorius.

Un autre *Lambert* fut le premier évêque d'Arras, lorsqu'en 1092, cette église se sépara de celle de Cambray, à laquelle elle étoit depuis long-temps unie. Il mourut en 1115.

On compte parmi les premiers & les plus célèbres disciples de Luther, un cordelier distingué dans son ordre, nommé François *Lambert*, natif d'Avignon, qui ayant quitté son cloître & pris une femme, s'étoit retiré à Vittemberg, sous la protection de Luther & de l'électeur de Saxe; là il publioit en paix *la relation du martyre de Jean Chatelain*, brûlé pour luthéranisme en 1525, dans la petite ville de Vic au Pays-Messin. Il dédioit à François Ier un éloge du Mariage, en lui rendant compte des raisons qui l'avoient déterminé à se marier. Ce fut principalement ce *Lambert* qui introduisit la réforme dans les états du Landgrave de Hesse. Il mourut de la peste en 1530, à Marpurg, où il étoit professeur de théologie. On a de lui plusieurs autres écrits de sa secte.

LAMBERT, surnommé *le Bègue*, parce qu'il l'étoit, est l'instituteur des Béguines des Pays-Bas. Mort en 1177.

Ce nom de *Lambert*, dans des temps beaucoup plus modernes, a été illustré chez différentes nations, en Hollande, en Angleterre, en Allemagne & en France.

En Hollande : les Hollandois, en 1624, ayant armé six vaisseaux contre les Algériens qui troubloient leur commerce par des pirateries, *Lambert*, capitaine de vaisseau, commanda cet armement ; il prit d'abord deux vaisseaux algériens, & mit cent vingt-cinq pirates à la chaîne ; il les mene devant Alger, demande qu'on lui remette à l'instant, tous les esclaves Hollandois ; & voyant qu'on différoit à le satisfaire, arbore l'étendard rouge en signe de guerre, fait lier dos à dos une partie des Turcs & de Maures qu'il avoit sur ses vaisseaux, fait jetter les uns à la mer, fait pendre les autres aux antennes à la vue des Algériens, qui frémissoient d'horreur. Il se remet en mer, & va chercher une nouvelle proie ; il prend deux nouveaux vaisseaux algériens, revient devant Alger, menace de traiter ces autres pirates comme les premiers ; on est forcé enfin de lui remettre tous les esclaves Hollandois en échange des pirates Algériens qu'il avoit sur ses vaisseaux. Vengeur & libérateur de ses compatriotes, il rentre triomphant dans les ports de sa patrie. C'est ainsi qu'il est beau de faire la guerre. Mais qui pourra jamais assez s'étonner qu'avec cette rage épidémique de guerre qui, depuis si long-temps possède & travaille l'univers, on laisse de petites nations foibles, & qu'on pourroit foudroyer d'un regard, se rendre redoutables à toutes les puissances, infester les mers, réduire en esclavage les citoyens des plus grands royaumes, les sujets des plus fiers potentats ; il semble qu'il appartienne à la maladie de la guerre, de ne vouloir la faire que quand elle ne peut qu'être inutile & funeste, & de s'y refuser toutes les fois qu'elle pourroit être raisonnable, juste & utile. C'est sur ce brigandage des corsaires Barbaresques, brigandage impuni & presque autorisé par la tolérance générale des nations, qu'on pourroit s'écrier :

O honte ! ô de l'Europe infamie éternelle !
Un peuple de brigands, sous un chef infidèle,
Du commerce & des mers détruit la sûreté !

Au reste, on peut dire que le marin hollandois *Lambert* a été le précurseur du chevalier François d'Amfreville, qui, en 1684, fit encore mieux, puisqu'il délivra tous les esclaves chrétiens de toute nation indistinctement. On sait que quelques anglois qui étoient du nombre de ces esclaves mis en liberté, se trouvant humiliés d'avoir cette obligation à un françois, soutinrent à d'Amfreville que c'étoit à la considération du roi d'Angleterre qu'ils étoient libres ; le capitaine françois, pour les désabuser, fit appeller les Algériens, & leur remettant les Anglois : *ces Messieurs*, dit-il, *ne veulent être délivrés qu'au nom de leur roi, le mien ne prend point la liberté de leur offrir sa protection, faites-en ce qu'il vous plaira.* Tous les Anglois furent remis à la chaîne.

Nous nous appercevons dans ce moment, que l'article du chevalier d'Amfreville a été omis à sa place. Le présent article peut suppléer à cette omission.

En Angleterre : le général *Lambert* ou *Lamberth*, commandoit sous Cromwel, les troupes républicaines d'Angleterre, & il conservoit dans son cœur des sentimens républicains qui contrarioient l'ambition de Cromwel. Lorsque celui-ci fut déclaré protecteur de la république d'Angleterre, c'étoit le titre de roi qu'il ambitionnoit, *Lambert* fit manquer cette entreprise, & depuis ce temps Cromwel le regardant comme un ennemi & un rival, lui ôta le commandement des troupes. Par le même principe d'amour pour la liberté, *Lambert*, après la mort d'Olivier Cromwel, fut opposé à Richard Cromwel son fils. Il le fut encore plus au rétablissement de la royauté ; il fut pris par le général Monck, qui étoit à la tête du parti du roi ; & comme autrefois ami d'Olivier Cromwel, & actuellement ennemi de Charles II, il fut condamné à mort en 1662. Charles II commua la peine, & se contenta de reléguer *Lambert* dans l'isle de Jersey, d'où il ne sortit plus, C'étoit homme d'un grand courage, d'une valeur distinguée, & qui n'étoit pas sans vertus, mais dont les vertus même auroient été déplacées à la cour aimable & vicieuse de Charles II.

En Allemagne : un des plus habiles mathématiciens de l'Europe dans le dix-huitème siècle, nommé *Lambert*, né à Mulhausen en Alsace, vers l'an 1628, mort à Berlin le 25 septembre 1777, a rempli d'excellents Mémoires les recueils de diverses Académies d'Allemagne ; il étoit pensionnaire de celle de Berlin. On a de lui d'ailleurs plusieurs ouvrages estimés, un Traité sur les propriété les plus remarquables de la route de la lumière ; un Traité *sur les orbites des Comètes* ; une *Perspective*, & divers autres Traités de mathématiques.

En France : nous trouvons d'abord dans les derniers temps, le fameux musicien Michel *Lambert*, célèbré par Boileau dans la satyre du Festin :

Et Lambert, qui plus est, m'a donné sa parole.
Quoi, Lambert ! oui Lambert . . . . . .
Nous n'avons, m'a-t-il dit, ni Lambert ni Moliere.

Il fut en quelque sorte, le créateur de la musique en France. On a retenu de lui quelques airs. Tout le monde vouloit apprendre de lui l'art de chanter, & sur-tout le goût du chant. Il étoit maître de musique de la chambre du roi. Né en 1610, à Vivonne en Poitou. Mort à Paris en 1690.

Il y a eu dans ce siècle, deux ecclésiastiques du nom de *Lambert*, connus par des écrits d'un genre entièrement divers.

L'un, nommé Joseph, fils d'un maître des comptes de Paris, né en 1654, mort en 1722, fut principalement célèbre par sa charité envers les pauvres, à l'instruction & à l'utilité desquels il consacra la plûpart de ses écrits, indépendamment des autres secours qu'il leur fournissoit avec la profusion la plus généreuse. On a de lui l'*Année Evangélique*, des *Instructions* sur les mystères & sur les principaux objets de la foi, presque toujours à l'usage des pauvres & des gens de la campagne. Il étoit fort opposé à la pluralité des bénéfices, & il engagea la Faculté de théologie, dont il étoit membre, à faire un décret pour empêcher ceux qui prennent des degrés en théologie, sinon de posséder plusieurs bénéfices, du moins d'en prendre le titre dans leurs thèses, afin que la Sorbonne ne parût pas avoir retracté le règlement qu'elle avoit fait autrefois pour interdire la pluralité des bénéfices.

L'autre, nommé Claude-François, d'abord curé dans le diocèse de Rouen, vint ensuite à Paris, faire de mauvais romans & des compilations. Il fit une *Histoire générale de tous les Peuples du monde*; & des *Observations aussi sur tous les Peuples du monde*. Il fit de plus, des Histoires particulières. Il mit en françois moderne, les mémoires de Martin & de Guillaume du Bellay-Langei, soin très-superflu! ces Mémoires si utiles pour l'Histoire de François Ier, sont beaucoup plus agréables en vieux françois. L'abbé *Lambert* eut du moins le bon esprit de laisser dans leur vieux langage, le Journal de la duchesse d'Angoulême, & les Mémoires du maréchal de Fleuranges, qu'il joignit à l'édition des Mémoires des Du Bellay-Langei. On a encore de l'abbé *Lambert*, une Histoire de Henri II., qui commence par une faute: il dit que Henri II parvint à la couronne le 31 juillet 1547. On sait que ce fut le 31 mars de la même année, jour qui répondoit à celui de sa naissance. Mezeray remarque expressément qu'il parvint à la couronne le même jour qu'il étoit venu au monde.

L'abbé *Lambert* ne se trompe pas moins, lorsqu'après avoir dit qu'Henri II réduisit à cent le nombre des officiers du parlement, fort augmenté par François Ier, il ajoute: « mais comme il auroit fallu rembourser » les conseillers de l'argent que leurs charges avoient » coûté, & que c'étoit là une dépense que l'on n'au- » roit pu faire que difficilement, il fut réglé qu'on » attendroit que ces nouvelles charges fussent éteintes par la mort de ceux qui les possédoient.

Ces charges n'étoient ni éteintes ni moins remboursables par la mort des titulaires: seulement il étoit moins onéreux pour l'état & plus agréable pour les titulaires mêmes, que ces charges fussent remboursées successivement à la mort de chacun d'eux.

L'abbé *Lambert*, en rapportant le fameux duel de Jarnac & de la Châtaigneraie, dit qu'à cette occasion Henri II renouvella les édits si souvent portés contre les duels.

Mais la multitude des édits contre les duels est postérieure à Henri II. Jusques-là le duel avoit été autorisé, revêtu de formes judiciaires, & souvent honoré de la présence du prince.

L'abbé *Lambert* en rapportant les crimes & la mort funeste de Pierre-Louis Farnese, duc de Parme & de Plaisance, & fils du pape Paul III, dit que le comte d'Anguisciola, seigneur Plaisantin, résolut de délivrer Plaisance de ce monstre qui l'opprimoit, & « ce qu'il y a d'étonnant, ajoute-t-il, c'est que par » sa prudence & son courage, il vint *seul* à bout de » toutes les difficultés que les entreprises de cette nature » entraînent avec elles.

Cependant quelques lignes après, il lui associe d'autres conjurés, non moins ardents que lui, & qui n'eurent pas moins de part à la révolution de Plaisance; Camille & Jérôme Palavicini, Augustin Lando, comte de Campiano, Jean-Louis Confalonieri, & Alexandre Piccolomini; on voit même que Ferdinand de Gonzague, gouverneur du Milanès, pour l'empereur Charles-Quint, fomenta & seconda cette conjuration: aussi le pape ne balança-t-il pas à l'en déclarer l'auteur, *compertum habemus Ferdinandum esse autorem*. L'abbé *Lambert* lui-même s'attache à détruire les efforts des apologistes de Charles-Quint, pour dissiper les soupçons que la conduite de Gonzague, dans cette affaire, fit naître contre l'empereur: il ne devoit donc pas donner au seul comte d'Anguisciola, toute la gloire ou toute la honte d'un ouvrage qu'il partagea avec des coopérateurs si puissants.

Sur l'alliance du sultan Soliman avec la France & sur l'utilité dont cette alliance fut à la France par la diversion que firent les flottes Ottomanes, l'abbé *Lambert* tombe encore dans la contradiction. A la fin du premier livre, il s'exprime ainsi: « D'Aramon, » ambassadeur du roi à la Porte, agissoit vivement » auprès de Soliman, pour l'engager à rompre la trève » récemment conclue avec l'empereur & Ferdinand » son frère, roi des Romains ».

Dans le livre suivant, il s'indigne de la noire calomnie des Impériaux, qui publièrent que Soliman n'avoit repris les armes contr'eux, qu'à la sollicitation de d'Aramon; il tâche de prouver que Soliman eut d'autres motifs pour rentrer en guerre avec l'empereur: en effet, quand on cède aux sollicitations en pareil cas, on y cède toujours d'après des motifs d'intérêt personnel, & c'est sur ces motifs que les sollicitations sont fondées; une puissance ne dira jamais à une autre: *faites la guerre, parce qu'elle me sera utile*; on lui dit: *faites la guerre, parce qu'elle vous sera utile*, & on tâche de le lui prouver. Ainsi, d'après l'aveu de l'auteur, tel qu'on le trouve dans le premier livre, on pouvoit sans calomnie, imputer aux sollicitations de d'Aramon, les hostilités des Turcs: on sait au reste, combien Soliman s'honoroit de l'alliance des François; dans le traité de trève qu'il avoit fait avec les Impériaux, tandis qu'il n'appelloit l'empereur Charles-Quint que le *roi des Espagnes*, il donnoit au roi de France le titre de *sérénissime empereur des François, son très-cher ami & allié*, se déclarant *l'ami de ses amis, & l'ennemi de ses ennemis*.

Cette histoire de Henri II. est d'ailleurs sans intérêt & sans style.

Ce n'est pas tout; on a de l'abbé *Lambert* une *Histoire littéraire de Louis XIV*, bonne pour l'auteur, à qui elle valut une pension; une *Bibliothèque de Physique*, aussi oubliée que tous ses romans, dont il seroit très-superflu de rapporter même les titres. Mort en 1765.

La personne qui a répandu le plus d'éclat sur le nom de *Lambert*, nom différent des précédents, est la célèbre marquise *de Lambert* (Anne-Thérèse de Marguenat de Courcelles, l'amie de M. Sacy, qui lui dédia son *Traité de l'Amitié*; de M. de Fontenelle, qui a fait son éloge ou son portrait; de M. de la Mothe, dont elle a osé louer même l'Iliade, du moins dans certains détails, tels que la description de la ceinture de Vénus, où il y a en effet de si jolis vers:

Ces refus attirants, l'écueil des sages mêmes.....
Elle enflame les yeux de cette ardeur qui touche,
D'un sourire enchanteur, elle anime la bouche,
Passionne la voix, en adoucit les sons,
Prête ces tons heureux plus forts que les raisons, &c.

Avec de pareils vers, dit Madame la marquise *de Lambert*, on ne peut avoir tort.

Madame la marquise *de Lambert* étoit fille unique d'Etienne de Marguenat, sieur de Courcelles, maître des comptes, mort le 22 mai 1650. Monique Passart, sa veuve, avoit épousé en secondes nôces le célèbre Bachaumont, & c'est dans la maison de celui-ci que Madame *de Lambert* fut élevée; elle épousa le 22 février 1666, Henri *de Lambert*, mestre-de-camp d'un régiment de cavalerie, fait brigadier en 1674, maréchal-de-camp, le 25 février 1677, lieutenant-général en 1682, gouverneur de la ville & duché de Luxembourg en 1684. Mort en 1686. Le père du marquis *de Lambert* étoit aussi un militaire d'un mérite distingué. Il donna au siège de Gravelines en 1644, une grande marque de présence d'esprit & de fermeté: écoutons Madame *de Lambert* rapporter elle-même ce fait dans ses *Avis à son Fils*.

« Je regrette tous les jours de n'avoir pas vu votre » grand-père....... au siège de Gravelines, les ma» réchaux de Gassion & de la Meilleraie qui comman» doient, s'étant brouillés, leur démêlé divisa l'armée: » les deux partis alloient se charger, lorsque votre » grand'père, qui n'étoit alors que maréchal-de-camp, » plein de cette confiance & de cette autorité que » donne le zèle du bien public, ordonna aux troupes; » de la part du roi, de s'arrêter. Il leur défendit de » reconnoître ces généraux pour leurs chefs. Les troupes » lui obéirent; les maréchaux de la Meilleraie & de » Gassion furent obligés de se retirer. Le roi a su » cette action, & en a parlé plus d'une fois avec estime.

M. le président Hénault rapporte aussi ce fait, & nous apprend de plus, le sujet de la querelle. » Ce » fut à ce siège où se signala tout ce qu'il y avoit de » grand dans le royaume, que s'éleva la contestation » entre le maréchal de la Meilleraie & le maréchal » de Gassion, à qui prendroit possession de la ville: » on alloit en venir aux mains, quand *Lambert*, ma» réchal-de-camp, défendit aux troupes, au nom de » M. le duc d'Orléans (sous lequel commandoient les » deux maréchaux), de les reconnoître ni l'un ni » l'autre, & donna le temps au prince de décider, » suivant la règle, que c'est le droit du régiment des » Gardes, à la tête duquel étoit le maréchal de la » Meilleraie, d'entrer le premier dans les places » conquises.

Madame *de Lambert* rapporte encore que dans les troubles de la Fronde, le même duc d'Orléans Gaston, offrit au même marquis *de Lambert*, pour l'attirer dans son parti, le bâton de maréchal de France, & qu'il le refusa; que le roi, pour le récompenser de ce refus, le fit chevalier de l'ordre; elle se plaint, & dit qu'on se plaignoit qu'il n'eût pas été fait maréchal de France. Il avoit eu l'honneur de commander M. de Turenne, qui aimoit à dire que M. *de Lambert* lui avoit appris son métier.

Ce fils à qui Madame *de Lambert* adresse ses *Avis* si connus, se nommoit Henri-François *de Lambert*, marquis de St. Bris; il étoit né le 13 décembre 1677. Il fut, comme son père & son ayeul, lieutenant-général des armées du roi; il le fut le 30 mars 1720. Il épousa le 12 janvier 1725, Angélique de Larlan de Rochefort, veuve de François du Parc, marquis de Lœmaria.

La fille à laquelle Madame *de Lambert* adresse aussi des *avis*, étoit Marie-Thérèse *de Lambert*, mariée en 1703, à Louis de Beaupoil, comte de Saint-Aulaire, colonel-lieutenant du régiment d'Enguien, infanterie, tué au combat de Ramersheim dans la haute-Alsace, le 26 août 1709. Elle mourut le 13 juillet 1731.

Madame la marquise *de Lambert* a fait pour les femmes un Traité *de la Vieillesse*, comme Cicéron en avoit fait un pour les hommes; & l'on sait que ce n'est pas aux femmes qu'il est le moins dur de vieillir. C'est servir l'humanité que de lui indiquer des moyens de supporter la vieillesse & la mort, & de les envisager sans effroi. Elle a fait un Traité de l'*Amitié* qui est pour tout le monde, & dont tout le monde peut profiter. Elle mourut le 12 juillet 1733, dans sa quatre-vingt-sixième année.

LAMBIN, (Denys) (*Hist. Litt. mod.*) Denys *Lambin*, professeur en langue grecque au Collége Royal, étoit un peu de ces littérateurs qui disent dans le *Temple du Goût*;

Le goût n'est rien. Nous avons l'habitude
De rédiger au long, de point en point
Ce qu'on pensa, mais nous ne pensons point.

& dont M. de Voltaire dit: *on loue leur travail, en voyant leur peu de génie.* Il fit de savants commentaires sur Plaute, sur Lucrèce, sur Cicéron, sur Horace; mais comme sa manière est longue, lente & traînante, on l'exprima par le mot *lambiner*, passé depuis en proverbe, pour signifier la longueur & la lenteur, soit dans les écrits, soit dans les actions. Il mourut en 1572, de saisissement & de douleur, en apprenant la mort de son ami Ramus, enveloppé dans le massacre de la Saint-Barthelemi. Il avoit cinquante-six ans. Il étoit de Montreuil-sur-Mer en Picardie. Il eut un fils savant comme lui, qui fut précepteur du célèbre Arnauld d'Andilly.

LAMBRUN, (Marguerite) (*Hist. d'Angleterre.*) Ce fut la seule personne qui osa entreprendre de venger la mort de Marie Stuart. C'étoit une écossoise, attachée à cette malheureuse princesse; son mari, dont

dont l'histoire n'a pas conservé le nom, étoit mort de douleur, d'avoir vu la reine périr sur l'échafaud. Marguerite se crut chargée de les venger tous deux; elle s'habilla en homme, prit deux pistolets; l'un, pour tuer Elisabeth, reine d'Angleterre; l'autre, pour se tuer elle-même, afin d'échapper au supplice, & se cacha dans la foule, cherchant les moyens de pénétrer jusqu'à Elisabeth. Un de ses pistolets tomba, les gardes le ramassèrent, & virent qu'il étoit chargé; Marguerite fut arrêtée, & l'autre pistolet, qu'on trouva sur elle, acheva de la convaincre. Elle parut devant Elisabeth, qui voulut l'interroger. Elle lui revéla son sexe, ses projets, ses motifs. Vous avez donc cru faire votre devoir, lui dit Elisabeth: eh bien! quel pensez-vous que soit à présent le mien? Est-ce la reine qui me fait cette question? est-ce mon juge qui m'interroge?— C'est l'une & l'autre: mais répondez d'abord à la reine. — La reine doit me faire grace sans balancer. — Eh! qui l'assurera qu'elle n'aura plus à craindre de votre part un pareil attentat? — Sa clémence même. Mais une grace pour laquelle on prend tant de précaution, n'est plus une grace. Reprenez le personnage de juge, il vous convient mieux. Elisabeth admira le courage de cette femme, & lui fit grace.

LAMECH, (*Hist. Sacr.*) Il y a deux personnages de ce nom dans l'Ecriture-Sainte. L'un étoit de la race de Caïn; l'autre, de celle de Seth. Le premier eut deux femmes, & paroît être l'auteur de la polygamie. Le second fut père de Noé. Le peu qu'en dit l'Ecriture-Sainte, se trouve dans la Génèse, chapitres 4 & 5.

LAMI, (Bernard) (*Hist. Lit. mod.*) oratorien, écrivain fécond, dont on a beaucoup d'ouvrages dans divers genres. Ses traités sur les sciences exactes, tels que les *Eléments de Géométrie & de Mathématique;* le Traité *de Perspective;* le Traité *de l'Equilibre;* le Traité *de la Grandeur en général*, ont été fort estimés dans le temps; on a mieux fait depuis. On a de lui une *Rhétorique avec des réflexions sur l'Art Poëtique;* on avoit mieux fait même auparavant; *des Entretiens sur les Sciences & sur la manière d'étudier.* Il a fait d'ailleurs plusieurs ouvrages sur l'Ecriture-Sainte, entr'autres, la *Concorde de l'harmonie évangélique*, qui altéra la concorde & l'harmonie entre lui & les autres théologiens, & produisit des disputes vives, longues & ennuyeuses. Une autre grande source de dispute fut le zèle du P. *Lami* pour la philosophie de Descartes. Les péripatéticiens ne manquèrent pas de solliciter des ordres contre lui pour l'honneur d'Aristote; & le gouvernement, qui croyoit alors l'autorité intéressée au maintien du péripatétisme, ne manqua pas de les accorder. On a souvent à remarquer de semblables sottises, & on les remarque toujours sans fruit. Rousseau (Jean-Jacques) fut menacé d'une lettre de cachet pour avoir écrit contre la musique françoise de son temps, aujourd'hui si méprisée par une autre folie peut-être. La folie étoit alors de la respecter. Heureusement, tandis que les fous s'échauffoient & montroient la nécessité d'exiler un homme de génie qui lui avoit manqué de respect, il survint, comme par miracle, un homme sage, qui n'eut pas de peine à leur prouver que leur zèle les égaroit. Le P. *Lami* n'ayant point eu ce bonheur, fut relégué à Grenoble, & sur-tout privé d'une chaire de philosophie qu'il remplissoit; car c'est encore un de nos principes, de réduire à l'aumône & de prendre par famine ceux qui se trompent ou contre qui nous nous trompons. Heureusement le cardinal Le Camus, évêque de Grenoble, sentit le mérite du P. *Lami*, le fit son grand-vicaire, lui donna une chaire de théologie, & répara autant qu'il étoit en lui, les torts du gouvernement. Le P. *Lami*, né au Mans en 1645, mourut à Rouen en 1715.

Un autre P. *Lami*, (dom François) bénédictin, disputa beaucoup aussi en matière de théologie, contre Spinosa, sur l'athéïsme; contre Nicole sur la grace; en matière de rhétorique, contre M. Gibert. Il maltraita & fut maltraité. Ce n'étoit point d'ailleurs, un écrivain sans mérite. Son Traité *de la Connoissance de soi-même* est, & a été sur-tout fort estimé. Il avoit d'abord pris le parti des armes; il entra dans la Congrégation de St. Maur, à vingt-trois ans, & mourut à Saint-Denis en 1711, âgé de soixante & quinze ans.

LAMIA, (*Hist. Rom.*) nom d'une famille illustre de Rome, qu'on ne peut mieux connoître que par ces vers d'Horace, qui en montrent l'origine, la puissance & la splendeur:

Œli vetusto nobilis ab Lamo,
Quando & priores hinc Lamias ferunt
Denominatos & nepotum
Per memores genus omne fastos,
Auctore ab illo ducis originem,
Qui Formiarum mœnia dicitur
Princeps & innantem Maricæ
Littoribus tenuisse Lirim
Latè tyrannus.

On dit qu'un homme de cette maison, étant mis sur le bucher pour être brulé comme mort, fut ranimé par l'action du feu, ce qui prouve combien l'usage de brûler les morts, a d'avantage sur celui de les enterrer; mais comme chez tous les peuples du monde, les honneurs du bucher n'ont pu être réservés qu'aux riches, ne devroit-on pas au moins chez tous les peuples du monde prendre un peu plus de précautions pour s'assurer que ceux qu'on enterre sont réellement morts. Qu'on se représente la situation horrible de ceux qui ont le malheur de se réveiller ainsi dans le sein de la terre, ne pouvant ni soulever le poids qui les accable, ni ébranler la barrière qui les sépare pour jamais des vivans, poussant des cris étouffés qui ne seront entendus de personne, respirant assez pour ne pas mourir, mais non pas assez pour vivre; se sentant peut-être rongés dès leur vivant par les vers, ou glacés par la pluie & les vapeurs humides, sans pouvoir s'en garantir par le moindre mouvement, ni goûter au moins la triste & inutile consolation qu'ont les malades de se retourner dans leur lit, ni celle que trouvent tous les malheureux à voir qu'on les plaint & qu'on cherche à les secourir. On a trouvé dans des caveaux des malheureux qui, par désespoir ou pour assouvir une faim enragée, s'étoient dévoré les bras. Ce n'étoient pas les plus à plaindre, ils avoient du moins un espace libre qui permettoit à leur désespoir cette explosion affreuse, mais qui semble soulager pour le moment. Qu'on se représente des malheureux privés même de cette ressource, dont une puissance supérieure à tous leurs efforts, enchaine les mouvemens dans l'espace étroit d'une biére, qui n'attentent pas sur eux-mêmes parce qu'ils ne le peuvent pas, qui ne peuvent qu'étouffer, qui ne peuvent qu'attendre dans les convulsions de cet état violent, dans des tourmens qui effrayent l'imagination & qu'on ne conçoit peut-être pas tous, une mort inévitable, mais qui peut les fuir long-temps. Voilà pourtant à quelle destinée on expose tous les jours sans y penser, un grand nombre d'hommes par des inhumations précipitées.

On a fait en 1783 des exhumations considérables dans l'enceinte de l'église de St. Eloi à Dunkerque, M. Hecquet, chirurgien major des hôpitaux, dans une relation imprimée de ces exhumations, rapporte le fait suivant : « Je ne puis passer sous silence une circonstance » qui a jetté une tristesse particulière dans mon travail. » Comme je faisois ouvrir les cercueils les uns après » les autres, il s'est rencontré un cadavre entier couché » sur le côté droit, la tête & les genoux fléchis, » poussant la planche latérale droite, & ayant le bras » gauche, les fesses & les talons contre la planche » latérale gauche. L'on m'a dit qu'il étoit enterré de» puis environ huit ans. Sa position, la seule que j'aie » rencontrée de cette espèce, laisse croire que ce corps a » pu être mis dans la bière dans un état léthargique ; » qu'en revenant de cet accès il se sera débattu, & » que mort au milieu de ses efforts, il aura conservé l'at» titude dans laquelle il a été trouvé.

M. Macquer qui cite ce récit de M. Hecquet, ajoute les réflexions suivantes :

» Il est aisé de se figurer l'horrible situation où a » dû se trouver ce malheureux en reprenant connois» sance, l'affreux désespoir dont il a été accablé » quand l'inutilité de ses efforts l'a convaincu qu'il fal» loit se résoudre à mourir dans ce lieu horrible, de la » plus cruelle de toutes les morts & les funestes accidents » que doivent occasionner les enterremens faits avec » précipitation sur de simples apparences de mort. Nous » avons quelques loix faites pour prévenir de pareils » malheurs ; mais sont-elles bien exécutées ? sont-elles » même suffisantes ? c'est un objet qui mérite toute » l'attention du gouvernement.

LAMIAQUE (Guerre) (*Hist. ancienne*) guerre entreprise par les Grecs ligués ensemble, à l'exception des Béotiens, contre Antipater ; & c'est de la bataille donnée près de *Lamia*, que cette guerre tira son nom. *Voyez* Lamia. (*D. J.*)

LAMIE, (*Hist. anc.*) courtisane & joueuse de flûte de profession, fille spirituelle, aimable, féconde en bons mots & en reparties vives, au rapport d'Athenée, fut la maitresse de Ptolomée Soter, roi d'Egypte, l'un des successeurs d'Alexandre. Elle fut prise dans la bataille que Demetrius Poliorcetes gagna contre ce prince près de l'île de Chypre, & amenée au vainqueur, qui bientôt s'avoua vaincu par elle, & qui l'aima éperdument, quoiqu'elle fût déjà d'un certain âge, & qu'il se fût dégoûté de Phila sa femme, parce qu'elle étoit dans le même cas. On disoit des autres maîtresses de Demetrius, qui en avoit beaucoup, qu'elles l'aimoient, & de Lamie que c'étoit lui qui l'aimoit. Jaloux de recueillir pour elle tous les suffrages, il demandoit un jour à une autre courtisane ce qu'elle pensoit de Lamie ? *que c'est une vieille femme*, répondit la courtisane ; un moment après, lui montrant des bagatelles dont Lamie lui avoit fait présent : *voyez*, lui dit-il, *tout ce que Lamie m'envoye. Ma mère*, répondit la courtisane, *vous en enverra bien davantage si vous voulez la prendre pour maîtresse.* Cette mère avoit été maîtresse d'Antigone, père de Demetrius, & Demetrius même avoit eu quelque goût pour elle. Cette Lamie, comme toutes les filles de son espèce, étoit d'une énorme dépense & d'un faste royal ; elle fit construire dans Sicyone un magnifique portique ; elle donnoit à Demetrius des festins splendides. Un poëte comique l'appella l'*helepolé* de la Grèce, faisant allusion à une tour ou machine à détruire les villes, dont Demetrius avoit fait usage au fameux siège de Rhodes. Lamie étoit fille d'un Athénien, nommée Cléanor. Demetrius tiroit de fortes contributions de toutes les villes de la Grèce, & en avoit sur-tout tiré de très-fortes d'Athènes pour enrichir Lamie & ses autres maîtresses, ce qui n'empêcha pas les Athéniens de pousser la bassesse jusqu'à élever à Lamie un temple sous le nom de *Venus Lamie* ; Demetrius en fut flaté pour elle & pour lui, il en fut honteux pour eux. Demetrius & Lamie vivoient trois siècles avant J. C.

LAMOIGNON, (*Hist. de Fr.*) la maison de Lamoignon, si célèbre dans la robe, où elle a fourni, un chancelier, un garde des sceaux, gendre d'un garde des sceaux, un premier président du parlement de Paris, plusieurs chefs d'autres compagnies souveraines, six présidents à mortier, plusieurs intendans de grandes provinces, des maîtres des requêtes, des conseillers d'état, un secretaire d'état, appellé au ministère par la voix publique, & qui l'a quitté malgré le public, & que la voix publique y a fait rentrer, d'ailleurs appellé à tout par ses talens & digne de tout par ses vertus ; la maison de Lamoignon a une origine militaire, très-reconnue ; elle est une des plus anciennes du Nivernois, elle étoit distinguée dans la profession des armes, même avant le regne de Saint-Louis, & continua de s'y distinguer depuis. Charles de Lamoignon servoit en 1340 dans l'armée de Philippe de Valois, contre les anglois ; c'est de sa femme Jeanne d'Anlezy, qu'on regardoit comme descendue de cadets de la maison de Bretagne, que vient le franc-quartier d'hermines, que portent les Lamoignon dans leurs armes, d'ailleurs losangés d'argent & de sable. Pierre de Lamoignon servoit en 1412 dans l'armée de Charles VI en Berry. François de Lamoignon fut tué au siège de la Rochelle en 1628.

On voit dans les différens temps les *Lamoignon* successivement attachés aux comtes de Nevers, de la maison de Flandre, de la maison de Bourgogne, de la maison de Clèves. Charles *de Lamoignon* fut chef du conseil de François de Clèves, premier du nom, duc de Nivernois, qui lui donna par contrat du premier février 1553, la terre de Launay-Courson, pour laquelle il rendit foi & hommage au roi Henri II, entre les mains de Jean Bertrandi, garde des sceaux de France, le 13 du même mois. Cette terre, qui étoit sortie de la famille, y est rentrée sous M. le premier président *de Lamoignon*, par les justes libéralités de Louis XIV, contenues dans ses lettres-patentes du 30 juillet 1667, enregistrées au parlement & à la chambre des comptes; & non point par la voie qu'indique une anecdote fausse & calomnieuse, insérée dans le premier volume du recueil qui a pour titre: *Pièces intéressantes & peu connues pour servir à l'Histoire. Bruxelles*, 1781. On peut en trouver une réfutation complette à la suite de la vie de M. le premier président *de Lamoignon*, imprimée à la fin du quatriéme & dernier volume de l'histoire de Charlemagne, qui a paru en 1782.

Charles *de Lamoignon*, dont nous venons de parler, né le premier juin 1514, sous le règne de Louis XII, est le premier de sa maison qui entra dans la magistrature.

Un de ses fils, (il en avoit eu treize & sept filles) Pierre *de Lamoignon*, prodige de science dès l'âge le plus tendre, ami des savants, objet de leur admiration & de leurs éloges, mis par Baillet au nombre des enfants illustres, célébré par Théodore de Bèze, son ami, consumé par l'étude & le travail, mourut de vieillesse à vingt-neuf ans, sans avoir eu ni jeunesse ni enfance. Il avoit composé à douze ou treize ans, en vers latins, deux poëmes qu'il avoit en même temps traduits en vers grecs; ces deux poësies étoient intitulées: *Deploratio calamitatum Galliæ*. Le temps où ils furent faits ne justifioit que trop ce titre. Ils parurent imprimés en 1570, au milieu des horreurs des guerres civiles & religieuses.

Chrétien *de Lamoignon*, son frère puîné, fut fait président à mortier en 1633. C'est le père du premier président. Celui-ci (Guillaume), n'eut point la charge de président à mortier de son père; des arrangements de famille la firent passer au président de Nesmond, son beau-frère; & Guillaume de *Lamoignon* étoit simple maître des requêtes, lorsque le cardinal Mazarin, auquel il demandoit une charge de président à mortier, lui donna, en 1657, la première présidence, sans le connoître particulièrement, & seulement sur sa réputation de talent & de vertu. Il accompagna même cette grace des propos les plus obligeants & d'engagements plus obligeants encore pour M. *de Lamoignon*, de ne lui jamais demander de complaisances qui coûtassent rien à son amour pour la justice. Le souvenir encore récent des troubles de la Fronde faisoit sentir au cardinal l'intérêt qu'il avoit de mettre dans cette place un homme éclairé, vertueux & modéré. Son attente fut remplie; jamais le parlement ne fut plus paisible, ni l'autorité plus respectée, ni l'administration de la justice plus régulière & plus pure que sous M. *de Lamoignon*. Lorsqu'après la mort du cardinal, on fit le procès au surintendant Fouquet, le premier président fut mis d'abord à la tête de la commission chargée de le juger: la raison qui avoit fait choisir ce magistrat, malgré son intégrité, étoit qu'il avoit eu à se plaindre de Fouquet. Mais quand on vit que foulant aux pieds tout ressentiment, il avoit pour Fouquet les égards dus au malheur; quand on vit qu'il répondoit toujours en magistrat, & jamais en courtisan, aux ministres, qui vouloient sonder ses dispositions, son impartialité déplut, on voulut lui donner des dégoûts; on fit venir le chancelier à la commission, pour en ôter la présidence à M. *de Lamoignon*; ensuite on prit pour la commission les heures où le premier président étoit occupé au palais. Alors il se retira de la commission, sans bruit, sans plainte, sans éclat: *ce n'est point moi*, disoit-il, *qui quitte la chambre, c'est elle qui me quitte.*

On lui offrit, pour l'y faire rentrer, de partager la présidence entre le chancelier & lui, de donner le matin au chancelier, & le soir au premier président. On alla ensuite jusqu'à offrir d'exclure entièrement de la chambre, le chancelier, & de rendre au premier président la présidence entière, pourvu qu'il voulût conférer en particulier des affaires de la chambre avec les juges qui avoient la confiance de M. Colbert.

On en vint enfin jusqu'à lui proposer de reprendre seul la présidence entière comme auparavant, & sans condition.

C'étoit un grand hommage rendu à sa vertu & un aveu bien glorieux de la faveur que son nom donnoit à la chambre dans le public.

N'importe, il persévera dans son refus; il disoit à ses amis: *lavavi manus meas, quomodò inquinabo eas?*

De plus, deux choses lui avoient toujours fait de la peine dans sa fonction de juge de M. Fouquet; l'une, étoit l'amitié qui les avoit unis autrefois; l'autre, l'espèce d'inimitié qui avoit succédé à ce premier sentiment. La première le rendoit suspect à la cour; la seconde pouvoit le rendre suspect au peuple.

Lorsque M. Colbert, qui vouloit être chancelier, aidé de M. Pussort, qui ne renonçoit pas non plus à l'être, fit rédiger la célèbre ordonnance civile de 1667, leur premier projet étoit que ce travail fût secret, & que l'ordonnance, sans avoir été communiquée à aucune personne du parlement, fût publiée par la seule autorité souveraine, c'est-à-dire, enregistrée dans un lit de justice. M. *de Lamoignon*, averti de ce projet, le fit manquer, & se fit autoriser par Louis XIV, à conférer avec Messieurs Colbert & Pussort: ce fut ainsi que s'entamèrent les conférences, dont le procès-verbal imprimé prouve assez combien elles étoient nécessaires, puisque quantité d'articles de l'ordonnance ont été réformés ou modifiés en conséquence, M. Colbert & M. Pussort ayant voulu profiter, pour la correction de leur ouvrage, de l'obligation où ils se virent de le communiquer; ils désirèrent que l'ordonnance criminelle fût enregistrée sans qu'il en coûtât au roi de tenir un lit de justice ; ils mirent la confiance à la place du despotisme, la simplicité à la place de l'intrigue, & l'ordonnance fut enregistrée.

Les fameux arrêtés, ouvrage de M. *de Lamoignon*, sans être expressément revêtus du caractère de loix, en ont acquis toute la force par l'éclat imposant & soutenu de leur réputation & de leur sagesse ; ce sont des axiomes de justice au moins aussi respectés que les loix les plus formelles ; on ne connoît que deux livres qui ayent dû ainsi à l'évidence de la raison, l'avantage d'avoir d'abord & pour toujours, force de loi ; ces deux livres sont le célèbre ouvrage de Pithou sur les libertés de l'église gallicane, & les arrêtés de M. le premier président *de Lamoignon*.

On sait comment Boileau, averti par ce magistrat, du projet qu'avoit l'université de présenter requête pour la philosophie scholastique contre les nouvelles découvertes, & de l'obligation où le parlement pourroit se croire de rendre un arrêt conforme à la requête, publia son *Arrêt burlesque*, qui empêcha peut-être le parlement d'en rendre un qu'on jugeroit tel aujourd'hui. On sait aussi par le poëme du Lutrin, comment le premier président sauva l'éclat d'un procès ridicule, à deux hommes d'un état respectable.

En général il concilia encore plus de procès qu'il n'en jugea. Quant aux plaideurs, il les plaignoit & les supportoit. *Laissons-leur*, disoit-il, *la liberté de dire les choses nécessaires, & la consolation d'en dire de superflues. N'ajoutons pas au malheur qu'ils ont d'avoir des procès, celui d'être mal reçus de leurs juges ; nous sommes établis pour examiner leur droit, & non pas pour éprouver leur patience*, & il leur laissoit éprouver la sienne. Infatigable dans le travail : *ma vie & ma santé*, disoit-il, *sont au public, & non à moi*.

« Quelqu'un lui parlant d'une affaire, put-il, par quel» que marque de chagrin ou d'impatience, s'apper» cevoir qu'il en eût d'autres ? affligea-t-il les mal» heureux & leur fit-il acheter par quelque dureté, » la justice qu'il leur a rendue ? Je parle avec d'autant » plus de confiance, que j'ai pour témoins de ce que » je dis, la plûpart de ceux qui m'entendent. »

C'est ainsi que parloit de lui, devant des auditeurs qui le connoissoient, un homme qui l'avoit bien connu & qui l'a bien peint, Fléchier.

Une réforme qui fait époque dans notre jurisprudence, l'abolition du congrès, fut l'ouvrage du premier président & de son fils aîné, alors avocat-général ; le fils provoqua, par un plaidoyer éloquent, l'arrêt que le père eut la satisfaction de prononcer, & que Boileau eut encore l'honneur de préparer par ces quatre vers :

Jamais la biche en rut, n'a pour fait d'impuissance,
Traîné du fond des bois un cerf à l'audience,
Et jamais juge entr'eux, ordonnant le congrès,
De ce burlesque mot n'a sali ses arrêts.

C'est ainsi que l'union des lettres & des loix pourroit les perfectionner les unes par les autres. Cette union se trouvoit au plus haut degré dans le premier président *de Lamoignon*. Le docte Baillet dit avec plus de simplicité que de noblesse & d'élégance, mais d'après le P. Rapin, & d'après tous ceux qui avoient connu le premier président :

« Que jamais homme n'avoit été plus universelle» ment ni plus profondément savant ; qu'il savoit par » cœur, tous les poëtes anciens & modernes ; qu'il » n'ignoroit de rien ; qu'il savoit dans un détail & dans » une exactitude inconcevables, les moindres minuties » concernant les personnes, les lieux, les temps les » plus éloignés de lui & les plus inconnus des autres ; » & qu'il parloit sur le champ de toutes sortes de » sujets de littérature avec tant d'érudition, tant de » suite, & tant d'abondance, que l'on croyoit sou» vent, quoique toujours faussement, qu'il avoit étudié » tout récemment la matière dont il discouroit, quoi» qu'il n'en eût point oui parler depuis plusieurs » années ».

Sur ce portrait, tout le monde va nommer un des descendants du premier président, un des héritiers de ses talents & de ses connoissances.

On trouve dans les papiers de Messieurs *de Lamoignon*, divers traités manuscrits du premier président, concernant les commissions, les duels, &c. tout ce qu'il dit sur ces différentes matières est clair, lumineux, conforme à la nature & à la raison. Il mourut le vendredi 10 décembre 1677. Il étoit né le 20 octobre 1617.

Son fils aîné avoit été d'abord avocat-général, & il l'étoit, comme nous l'avons dit, dans le temps de l'abolition du congrès. M. Talon (Denis) premier avocat-général (il n'y en avoit que deux alors), avoit une pension de 6000 liv. On proposa d'en donner une semblable à M. *de Lamoignon*, alors second avocat-général. On fut ensuite six mois sans en parler au roi. Le roi s'en souvint de lui-même, & dit un jour à M. *de Lamoignon* : *vous ne me parlez pas de votre pension ! Sire*, répondit M. de Lamoignon, *j'attends que je l'aie méritée*. A ce compte, reprit le roi, *je vous dois des arrérages*. La pension fut accordée sur le champ, avec les intérêts à compter du jour où elle avoit d'abord été proposée.

M. de Harlay, beau-frère de M. *de Lamoignon*, étoit alors procureur-général, & M. de Novion, premier président : ce dernier étant fort malade, M. *de Lamoignon*, à qui le roi parla des changements qui pouvoient arriver par là dans le parlement, saisit cette occasion de demander la place de premier président pour M. de Harlay, & celle de procureur-général pour lui-même. La réponse du roi fut : *pourquoi ne songez-vous pas pour vous à la place de premier président ?* Cependant il fut président à mortier, mais jamais premier président ; & on prétend que les Jésuites, dont le crédit influoit alors jusques sur les places de magistrature, l'écartèrent de la première présidence par des intrigues secrètes, ne pouvant pardonner à un homme qui avoit été élevé chez eux, d'avoir des liaisons avec des gens de mérite qui n'étoient pas de leurs amis, & d'avoir pris pour bibliothécaire le vertueux Baillet, qu'ils tâchèrent de persécuter.

En général, il fut l'ami de tous les savants & de tous les gens de bien ; il eut d'étroites liaisons avec Racine, avec Regnard, sur-tout avec Boileau, qui a composé pour lui une de ses plus belles Epîtres :

Oui, Lamoignon, je fuis les chagrins de la ville, &c.

& qui a consacré les noms de Bâville & de Polycrêne ; le P. Rapin a aussi chanté dans son poëme des Jardins, les agréments de Bâville. Le refus que fit le président *de Lamoignon* d'une place à l'Académie Françoise, auroit droit de surprendre de la part de l'ami de Boileau & de Racine, si on n'avoit des raisons de croire que deux princes du sang, protecteurs de l'abbé de Chaulieu, avoient tiré parole de M. *de Lamoignon* de ne se pas mettre sur les rangs & de ne se pas prêter à l'intrigue de quelques académiciens, dont un des objets, en l'appelant, étoit d'exclure l'abbé de Chaulieu ; M. le président *de Lamoignon* élu malgré lui, n'avoit plus que la ressource du refus pour tenir parole à ces deux princes. Encore ce refus demandoit-il du courage. Le roi ne vouloit point qu'on élût l'abbé de Chaulieu ; & M. *de Lamoignon* pouvoit craindre, & craignoit en effet, que le roi, qui l'avoit agréé, ne fût mécontent d'un refus qui pouvoit faire renaître les espérances de cet abbé. Le président *de Lamoignon* mourut en 1709. De lui descendent les deux seules branches de la maison *de Lamoignon* aujourd'hui existantes. Il étoit l'ayeul de M. de Malesherbes & le bisayeul de M. *de Lamoignon*, actuellement président à mortier & garde des sceaux. M. le chancelier *de Lamoignon* étoit son fils, & a écrit sa vie ; car dans cette maison, les enfants se sont plu à consacrer, par des monuments domestiques, les vertus de leurs pères : le premier président avoit écrit la vie de Chrétien *de Lamoignon* son père ; celle du premier président a été écrite par le président Chrétien-François *de Lamoignon* son fils, (celui dont nous venons de parler) & par une de ses filles, Anne *de Lamoignon*, religieuse à la Visitation du fauxbourg Saint-Jacques ; celle de Chrétien-François a été écrite, comme on vient de le dire, par M. le Chancelier *de Lamoignon*, le second de ses fils ; & celui-ci doit aussi à la piété filiale, l'épitaphe latine qu'on lit sur sa tombe dans l'église de Saint-Leu, où il est loué sans être flatté. Le chancelier *de Lamoignon* avoit été long-temps avocat général, & s'étoit fait un nom dans cette place. Président à mortier ensuite, exerçant tantôt pour le président *de Lamoignon* son neveu, tantôt pour le président de Novion, il eut la réputation d'un excellent juge ; il la soutint à la tête de la cour des Aydes, dont il fut premier président. Nommé chancelier, il porta à la cour un caractère ferme, une vertu irréprochable, des principes favorables à l'autorité, mais plus encore à la justice, une dignité personnelle très-convenable à la dignité de sa place. Il eut dans cette place à lutter pendant treize ans, armé de sa seule vertu, contre le crédit d'une femme puissante, dont il ne crut jamais qu'il convînt au chancelier de France d'être le courtisan, & qui s'en vengea en empêchant jusqu'à trois fois le chancelier d'être garde des sceaux ; elle le fit même déplacer en 1763, & mourut six mois après. M. *de Lamoignon*, qui avoit refusé alors sa démission, parce qu'on vouloit la lui extorquer par une intrigue, la donna volontairement en 1768, lorsqu'on ne la lui demandoit plus, mais lorsqu'une maladie grave se joignant à son âge de quatre-vingt-cinq ans, lui persuada qu'il devoit suivre l'exemple de M. le chancelier d'Aguesseau, qui avoit cru devoir céder à l'âge, & se retirer ; il survécut plus long-temps à sa retraite que n'avoit fait le chancelier d'Aguesseau ; il reprit sa santé & sa gaieté, & fut encore pendant quatre ans, cher & agréable à ses amis. Il mourut en 1772. Il étoit né en 1683. Indépendamment du mérite propre à ses places, il avoit celui de n'être ni sans littérature, ni sans connoissances dans l'histoire. Personne ne savoit dans un aussi grand détail celle du règne de Louis XIV, & le répertoire des anecdotes dont il avoit la mémoire remplie, étoit précieux à conserver.

M. de Bâville son oncle, second fils du premier président, & auteur d'une branche cadette, éteinte depuis quelques années par la mort de M. de Montrevault, son petit-fils, fut parmi les intendants de province, ce que son père avoit été parmi les premiers présidents, ce que l'Hôpital & d'Aguesseau avoient été parmi les chanceliers : il passa trente-trois années consécutives dans son intendance de Languedoc, sans revenir à Paris, sans rentrer dans le sein de sa famille, signalant également son zèle & sa capacité dans des conjonctures difficiles, & désigné par la voix publique comme un digne successeur des Colbert & des Louvois. M. de Voltaire & M. d'Alembert l'ont peint moins avantageusement, l'un dans le siècle de Louis XIV, l'autre dans l'éloge de M. Fléchier ; mais on lui rendra plus de justice, lorsque des Mémoires fidèles & au-dessus de toute critique auront dissipé les nuages qu'une juste pitié pour les malheureux protestants a fait répandre sur quelques détails rigoureux de son administration. M. de Bâville mourut le 17 mai 1724. Il avoit une tante, Mademoiselle *de Lamoignon*, sœur du premier président & de Madame de Nesmond, qui vécut dans le célibat, sans être religieuse, & dont la vie entière fut consacrée à la bienfaisance & à la charité. M. d'Alembert dans ses notes sur l'éloge de Boileau, cite divers traits, qui peignent en elle une belle ame, un caractère aimable & intéressant. Elle ne pouvoit pas souffrir qu'on dît ni qu'on fît du mal ; elle ne pardonnoit pas à Boileau, l'ami de toute sa maison, ses épigrammes & ses satyres ; elle l'en reprenoit souvent avec douceur ; & ses principes sur la médisance, étoient souvent entr'eux la matière d'une plaisanterie. *Quoi !* lui disoit Boileau, *vous ne permettriez pas même une satyre contre le grand-turc ? Non*, répondoit-elle, *c'est un souverain, il faut le respecter --- Mais au moins contre le diable*, ajoutoit Boileau. La religion la fit hésiter un moment, mais son caractère reprenant bientôt le dessus ; *enfin*, dit-elle, *il ne faut jamais dire du mal de personne.*

Le fameux docteur janséniste Feuillet, doyen de Saint-Cloud, avoit un embompoint & un air de santé qui contrastoit avec la sévérité de sa doctrine. Mademoiselle *de Lamoignon* l'aimoit beaucoup, & avoit beaucoup de confiance en lui; Boileau lui reprochoit toujours malignement cet embonpoint de M. Feuillet, comme contraire au succès de ses austères prédications. *Oh!* répondit un jour Mademoiselle *de Lamoignon*, *on dit qu'il commence à maigrir.*

C'est pour Mademoiselle de *Lamoignon* que Boileau fit ces vers:

Aux sublimes vertus nourrie en sa famille,
Cette admirable & sainte fille
En tous lieux signala son humble piété;
Jusqu'aux climats où naît & finit la clarté,
Fit ressentir l'effet de ses soins secourables;
Et, jour & nuit, pour Dieu, pleine d'activité,
Consuma son repos, ses biens & sa santé,
A soulager les maux de tous les misérables.

LAMPADATION, s. f. (*Hist. mod.*) espèce de question qu'on faisoit souffrir aux premiers martyrs chrétiens. Quand ils étoient étendus sur le chevalet on leur appliquoit aux jarrets des lampes ou bougies ardentes. (*A. R.*)

LAMPRIDE, (Ælius-Lampridius) (*Hist. Rom.*) un des écrivains de l'Histoire d'Auguste, vivoit dans le quatriéme siècle; on a de lui les vies de Commode, de Diaduméne, fils de Macrin, d'Héliogabale ou Hélagabale, & d'Alexandre Sévère.

Un autre *Lampride* (Benoît) beaucoup plus moderne, contemporain & protégé du pape Léon X, s'est distingué dans la poësie latine. Il étoit de Crémone. Il mourut en 1540.

LAMPAGNANI. *Voyez* SFORCE (Galeas) dont il fut un des assassins.

LANCELOT, (*Hist. Litt. mod.*) Plusieurs savants ont illustré ce nom:

1°. Jean-Paul, célèbre jurisconsulte d'Italie au seiziéme siéle, mort en 1591, à Pérouse sa patrie; il a fait pour le droit canonique, ce que Justinien avoit fait pour le droit civil, des institutes estimées & utiles; il y travailla par l'ordre du pape Paul IV. Nous en avons une bonne édition de Doujat, & une bonne traduction de M. Durand de Maillane; celle-ci a paru en 1770.

2°. Dom Claude, un des écrivains & des meilleurs écrivains de Port-Royal, auteur d'excellentes méthodes pour apprendre le latin & le grec; on dit que Louis XIV se servit de la méthode latine; elle ne lui servit guère, mais elle a servi à beaucoup d'autres. Le Jardin des racines grecques est aussi de dom *Lancelot*; le père Labbe, jésuite, a écrit contre. (*Voyez* l'article LABBE. M. *Lancelot* a fait encore une Grammaire italienne & une Grammaire espagnole; il a composé sur le plan & sur les idées du fameux docteur Arnauld, & de concert avec lui, la *Grammaire générale & raisonnée*, connue sous le nom de *Grammaire de Port-Royal*.

M. Duclos, secrétaire perpétuel de l'Académie Françoise, en a donné en 1756, une très-bonne édition, dont son travail particulier relève encore le prix. M. *Lancelot* est réputé appartenir à Port-Royal, parce qu'il fut employé par ces illustres solitaires à enseigner les humanités & les mathématiques dans une école qu'ils avoient établie à Paris. On l'appelle *dom*, parce qu'il étoit bénédictin dans l'abbaye de Saint-Cyran; c'étoit encore tenir indirectement & même assez intimement à Port-Royal. Ami & disciple du fameux abbé de Saint-Cyran, il a écrit sa vie ou des *Mémoires pour servir à son histoire*. Tous les Mémoires de Port-Royal parlent avantageusement de M. *Lancelot*. M. de Brienne dit au contraire, dans l'Histoire secrète du Jansénisme, que c'étoit le plus entêté janséniste & le plus pédant qu'il eût jamais vu. *Janséniste*, cela ne signifie rien, sinon que M. de Brienne ne l'étoit pas. *Pédant*, c'est toujours un tort sans doute; mais on est aisément pédant aux yeux d'un homme de cour; & dans ce temps-là sur-tout, pédant pouvoit encore ne signifier qu'un homme instruit. M. de Brienne poursuit: *son père étoit mouleur de bois à Paris*. Eh bien! que nous importe?

« Il fut précepteur de messeigneurs les princes de » Conti, d'auprès desquels le roi le chassa lui-même, » après la mort de la princesse leur mère »

M. de Brienne, ministre de Louis XIV, croit avoir tout dit, en observant que Louis XIV lui ôta l'éducation des princes de Conti; mais nous craignons bien pour Louis XIV, que son motif n'ait été le jansénisme de M. *Lancelot*; c'étoit à ses yeux un grand titre d'exclusion en tout genre.

« Ce qui, ajoute M. de Brienne, l'obligea de se re- » tirer en l'abbaye de Saint-Cyran......... où il » faisoit la cuisine, & très-mal; ce qu'il continua » jusqu'à la mort du dernier abbé de Saint-Cyran ».

Nous ignorons s'il faisoit la cuisine à Saint-Cyran, & s'il avoit le tort de la faire mal, mais il avoit fait de fort bons livres dans la société de Port-Royal.

On sait d'ailleurs, dans quel état étoit la tête de l'infortuné Loménie de Brienne, lorsqu'il écrivoit son Histoire du Jansénisme. (*Voyez* LOMÉNIE, n°. 3.)

Le jansénisme ayant excité des troubles & introduit la persécution dans l'abbaye de Saint-Cyran, dom *Lancelot* fut exilé, selon l'usage. Si des disputeurs troubloient véritablement la société, il faudroit peut-être les enfermer honorablement dans un couvent, où ils disputeroient contre ceux qui prendroient goût à ce genre d'escrime. Mais quand ils sont moines, que faut-il faire? les laisser dans leur couvent. Non, nous les exilons. M. *Lancelot* fut exilé à Quimperlai en Basse-Bretagne; il y mourut en 1695. Il est fâcheux que des hommes estimables, & dont il reste des monuments estimés, soient morts dans l'exil, & quelquefois même dans des supplices, pour des opinions qui n'intéressent plus personne. Dom *Lancelot* étoit né à Paris, en 1606.

3°. Antoine *Lancelot*, de l'Académie des Belles-Lettres, destiné par ses parents à l'état ecclésiastique, avoit prêché à douze ou treize ans, le sermon grec qui se prêche tous les ans aux Cordeliers le dimanche de *Quasimodo*, devant la confrèrie du St. Sépulchre ou de Jérusalem, qui n'y entend rien. Dans la suite, ne se sentant point appellé à l'église, & n'osant en faire l'aveu à ses parents, il s'enfuit un jour de chez eux, & alla de Paris à Beauvais, sans savoir où il alloit; puis le besoin lui ayant donné des remords, il revint de Beauvais à Paris, & rentra en grace auprès de ses parents, à condition d'être ecclésiastique. L'année suivante, (c'étoit en 1692), nouvelle évasion; il va au camp devant Namur, que le roi assiégeoit en personne, & reste à la suite de l'armée jusqu'à la bataille de Steinkerque, qu'il vit du haut d'une maison qui fut ruinée en partie par le canon des ennemis, tant elle étoit proche du champ de bataille: dès-lors il ne fut plus gêné dans le choix d'un état, & son goût le détermina pour les lettres. Il s'attacha d'abord à un fou d'étymologiste, chimérique dans ses idées, bizarre dans sa conduite, qui se laissa mourir de faim, n'ayant, disoit-il, besoin d'autre aliment que de ses racines grecques & hébraïques. C'étoit un M. Herbinot, conseiller au Châtelet. Ils travaillèrent ensemble à un Dictionnaire étymologique. M. *Lancelot* occupa ensuite pendant quatre ans, une place à la bibliothèque Mazarine. Ce fut là qu'il se rendit véritablement savant & utile aux savans, il envoyoit à Bayle des articles curieux pour son Dictionnaire; il étudioit les anciens monuments avec dom Mabillon; il alla ensuite en Dauphiné prêter ses yeux & le secours de ses connoissances à M. de Valbonnays, premier président de la chambre de Grenoble, qui, devenu aveugle, n'en travailloit pas avec moins d'ardeur à une Histoire du Dauphiné. Delà il passa en Italie. A son retour, les pairs le choisirent pour éclaircir & défendre leurs droits; il fit imprimer en leur nom & de leur aveu, un volume *in-fol.* de *Mémoires pour les Pairs de France, avec les preuves*. Les pairs lui achetèrent en 1719, une charge de sécrétaire du roi, dont il se défit en 1725. Il étoit entré en 1719, dans l'Académie des Belles-Lettres; il fut fait inspecteur du Collège Royal en 1732; il fut en même temps commissaire au trésor des Chartres, & il en a fort avancé la table historique. En 1737, il fut chargé d'aller à Nancy, faire l'inventaire des archives des duchés de Lorraine & de Bar, nouvellement réunis à la couronne. Il n'en revint qu'en 1740, & mourut peu de temps après son retour, le 8 novembre de la même année. Il étoit né à Paris le 14 octobre 1675. « On ne pouvoit, dit l'historien de l'Académie des Belles-Lettres, (qui avoit fait avec lui le voyage de » Hollande en 1720) avoir plus de douceur, de fran» chise, de cordialité; ne voulant que ce qu'on vou» loit, racontant avec la même ingénuité les différents » états où il s'étoit trouvé, ce qui lui étoit arrivé de » plus flatteur ou de plus humiliant, & n'ayant rien » à lui dès que ce qu'il avoit pouvoit faire plaisir » à ses amis. Sa reconnoissance pour ceux à qui il avoit » quelque obligation, étoit extrême. Il ne parloit » jamais qu'avec un respect mêlé de tendresse du père » Mabillon.

En effet, dom. Ruinart, auquel il avoit fourni des secours pour une nouvelle édition de la Diplomatique, l'appelle *Mabillonii memoriæ cultor ardentissimus*.

M. *Lancelot* a fait la préface de l'Histoire des grands Officiers de la Couronne; il a enrichi de savantes notes, une édition des *Amours de Daphnis & Chloë* de Longus; il a fourni des additions & des corrections pour le *Pithœana*, le *Naudæana*, le *Patiniana*, les *Antiquités Gauloises* de Pierre Borel.

Il y a de lui dans le recueil de l'Académie des Belles-Lettres, une multitude de fort bons Mémoires, un entr'autres fort curieux, sur les merveilles du Dauphiné, qu'il réduit à peu de chose.

Ladislas, roi de Naples de la première branche d'Anjou, fils de Charles de Duras, est souvent appellé *Lancelot* dans les histoires.

LANÇU, (*Hist. mod.*) nom que les Chinois donnent à une secte de leur religion. L'auteur de cette secte étoit un philosophe contemporain de Confucius, & qui fut appellé *Lânçu* ou *Lanzu*, c'est-à-dire *philosophe ancien*, parce qu'on feint qu'il demeura quatre-vingt ans dans le ventre de sa mère avant que de naître. Ses sectateurs croient qu'après la mort leurs ames & leurs corps sont transportés au ciel pour y goûter toutes sortes de délices. Ils se vantent aussi d'avoir des charmes contre toute sorte de malheurs, de chasser les démons, *&c.* Kircher, *de la Chine*. (*A. R.*)

LANDAIS, (Pierre) (*Hist. de Bretagne*) *Voyez* l'article ANNE DE BRETAGNE).

LANDGRAVE, s. m. (*Hist. mod.*) ce mot est composé de deux mots allemands: *land*, terre, & de *graff* ou *grave*, juge ou comte. On donnoit anciennement ce titre à des juges qui rendoient la justice au nom des empereurs dans l'intérieur du pays. Quelquefois on les trouve désignés sous le nom de *comites patriæ* & de *comites provinciales*. Le mot *landgrave* ne paroit point avoir été usité avant l'onziéme siècle. Ces juges, dans l'origine, n'étoient établis que pour rendre la justice à un certain district ou à une province intérieure de l'Allemagne, en quoi ils différoient des *marggraves*, qui étoient juges des provinces sur les limites: peu-à-peu ces titres sont devenus héréditaires, & ceux qui les possédoient se sont rendus souverains des pays dont ils n'étoient originairement que les juges. Aujourd'hui l'on donne le titre de *landgrave* par excellence à des princes souverains de l'Empire qui possédent héréditairement des états qu'on nomme *landgraviats*, & dont ils reçoivent l'investiture de l'empereur. On compte quatre princes dans l'Empire qui ont le titre de *landgraves*; ce sont ceux de Thuringe, de Hesse, d'Alsace & de Luchtenberg. Il y a encore en Allemagne d'autres *landgraves*: ces derniers ne sont point au rang des princes; ils sont seulement parmi les comtes de l'Empire; tels sont les *landgraves* de Baar, de Brisgau, de Burgend, de Kletgow, de Nellenbourg, de Saussemberg, de Sisgow, de Stevening en, de Stulingen, de Suntgau, de Turgow, de Walgow. (—)

LANDI, s. m. (*Hist. mod.*) foire qui se tient à

St. Denis-en-France. C'est un jour de vacance pour les jurisdictions de Paris & pour l'université. C'est le recteur qui ouvre le *landi*. Il se célébroit autrefois à Aix-la-Chapelle, Charles-le-Chauve l'a transféré à Saint-Denis avec les reliques, les cloux & la couronne de N. S.

Landi se disoit encore d'un salaire que les écoliers payoient à leurs maîtres vers le temps de la foire de ce nom. C'étoient six ou sept écus d'or, qu'on fichoit dans un citron, & qu'on mettoit dans un verre de crystal. Cet argent servoit à défrayer le recteur & ses suppôts lorsqu'ils alloient ouvrir la foire à Saint-Denis. (*A. R.*)

LANDINOS, (*Hist. mod.*) c'est le nom sous lequel les Espagnols désignent les Indiens du Pérou qui ont été élevés dans les villes & dans les bourgs; ils savent la langue espagnole, & exercent quelque métier: ils ont l'esprit plus ouvert & les mœurs plus réglées que ceux des campagnes; cependant ils conservent presque toujours quelque chose des idées & des usages de leurs ancêtres. Il est sur-tout un préjugé dont les Chrétiens n'ont point pu faire revenir les Indiens du Pérou; ils sont persuadés que la personne qu'ils épousent a peu de mérite s'ils la trouvent vierge. Aussi-tôt qu'un jeune homme a demandé une fille en mariage, il vit avec elle comme si le mariage étoit fait, & il est le maître de la renvoyer, s'il se repent de son choix après en avoir fait l'essai: ce repentir s'appelle *amanarse*. Les amants éprouvés se nomment *ammanados*. Les évêques & les curés n'ont jamais pu déraciner cet usage bizarre. Une autre disposition remarquable de ces Indiens, est leur indifférence pour la mort; ils ont sur cet objet, si effrayant pour les autres hommes, une insensibilité que les apprêts du supplice même ne peuvent point altérer. Les curés du Pérou exercent sur ces pauvres Indiens une autorité très-absolue; souvent ils leur font donner la bastonade pour avoir manqué à quelques-uns de leurs devoirs religieux. M. d'Ulloa raconte qu'un curé ayant réprimandé un de ces indiens, pour avoir manqué d'aller à la messe un jour de fête, lui fit donner ensuite un certain nombre de coups. A peine la réprimande & la bastonade furent-elles finies, que l'indien s'approchant du curé, d'un air humble & naïf, le pria de lui faire donner le même nombre de coups pour le lendemain, parce qu'ayant envie de boire encore, il prévoyoit qu'il ne pourroit assister à la messe. *Voyez l'hist. générale des voyages, tom. XIII.* (*A. R.*)

LANDRI, (*Hist. de Fr.*) (*Voyez* FRÉDÉGONDE.)

Un personnage de ce nom, plus respectable, est St. *Landri*, évêque de Paris, qui nourrit les pauvres de son diocèse dans une famine, l'an 651, & qui vers le même temps, fonda l'Hôtel-Dieu de Paris.

LANDSASSE, f. m. (*Hist. Mod.*) on appelle ainsi en Allemagne celui dont la personne & les biens sont soumis à la jurisdiction d'un souverain qui relève lui-même de l'empereur & de l'Empire, & qui a fixé son domicile dans les états de ce souverain; ou bien un *landsasse* est toujours sujet médiat de l'Empire.

Il y a en Allemagne des pays où tous les sujets, tant ceux qui possédent des terres & des fiefs que les autres, sont *landsasses*, c'est-à-dire, relevent du prince à qui ces états appartiennent. Telle est la Saxe, la Hesse, la Marche de Brandebourg, la Baviere, l'Autriche: on nomme ces états *territoria clausa*. Il y a aussi d'autres pays où ceux qui possedent des fiefs sont vassaux ou sujets immédiats de l'Empire, & ne sont soumis à aucune jurisdiction intermédiaire, tels sont la Franconie, la Souabe, le Rhin, la Wetteravie & l'Alsace. Ces pays s'appellent *territoria non clausa*.

Il y a des pays fermés (*territoria clausa*) où il se trouve des vassaux qui ne sont point *landsasses*: ceux-là ne sont obligés de reconnoître la jurisdiction de leur suzerain qu'en matière féodale; mais ceux qui sont vassaux & *landsasses* sont entierement soumis en tout à la jurisdiction du suzerain.

Un prince ou tout autre vassal immédiat de l'Empire peut être *landsasse* d'un autre, en raison des terres qu'il posséde sur son territoire. *Voyez* Vitriarii *Instit. juris publici.* (*A. R.*)

LANFRANC, (*Hist. Ecclés.*) prieur du Bec, puis abbé de St. Etienne de Caën, enfin, archevêque de Cantorbéry, est sur-tout fameux par le zèle & le succès avec lesquels il combattit dans divers conciles, nommément dans celui de Rome en 1059, les erreurs de Bérenger sur l'Eucharistie. (*Voyez* BÉRENGER.) *Lanfranc* mourut en 1089. Guillaume-le-Conquérant, qui avoit été l'auteur de sa fortune, & qui l'avoit fait enfin archevêque de Cantorbéry, desiroit avoir pour successeur en Angleterre, Guillaume-le-Roux, son second fils; il lui donna des lettres de recommandation pour le primat *Lanfranc*, qui le servit bien, & lui procura en effet cette couronne. Guillaume la fit d'abord adoucir sa férocité aux sages conseils de *Lanfranc*; mais quand il se vit affermi sur le trône, il revint à son caractère avec d'autant plus de violence, qu'il avoit fait plus d'effort pour le dompter ou pour le dissimuler. Sa conduite ne fut qu'une suite d'injustices & de violences. Le pieux *Lanfranc* crut que son âge, son caractère, ses services, l'intérêt de l'état, l'intérêt même du prince pouvoient l'autoriser à élever la voix; une disgrace fut le prix de sa franchise, il mourut peu de temps après, de douleur d'avoir donné ce tyran à sa patrie. Ses ouvrages ont été recueillis par dom Luc d'Achery, en 1648. Il étoit fils d'un conseiller du sénat de Pavie.

Un autre *Lanfranc*, médecin de Milan au treizième siècle, étant venu s'établir en France, où il étoit en 1295, y est regardé comme le fondateur du collége des chirurgiens de Saint-Côme. Originairement les chirurgiens n'étoient pas distingués des médecins; un même homme exerçoit & la médecine proprement dite, & la chirurgie, selon la nature de la maladie & les besoins du malade. Dans la suite, les médecins avoient abandonné la chirurgie aux barbiers. *Lanfranc* fit naître une classe mitoyenne entre les médecins & les barbiers; ce sont les chirurgiens d'aujourd'hui. On

& de lui un livre intitulé : *chirurgica magna & parva.*

LANGALERIE, (Philippe de Gentils, marquis de) (*Hist. de Fr.*) d'une famille distinguée de la province de Saintonge, dont il étoit premier baron, acquit beaucoup de réputation au service de France dans trente-deux campagnes, & fut fait lieutenant-général en 1704. Mécontent à tort ou avec raison, de M. de Chamillart, dont il n'étoit pas aimé, il fit ce que des hommes sensibles se sont plus d'une fois permis, ce qu'un bon citoyen ne se permettra jamais; il quitta le service de France pour un service non seulement étranger, mais encore ennemi; il s'attacha au service de l'empereur en 1706, ou plutôt il ne s'attacha plus à rien: sa conduite hors de la France sembla faite pour justifier Chamillart; ce ne fut plus qu'inconstance & légèreté. Il quitta bientôt l'empereur pour le roi de Pologne, qui ne l'éprouva pas plus constant. Comme il étoit annoncé par une grande réputation & des talents éprouvés, on lui offroit par-tout de grandes places; dans l'Empire & en Pologne, il fut fait général de la cavalerie; ayant quitté ces deux emplois & ces deux pays, il erra en divers séjours, à Francfort, à Berlin, à Hambourg, à Brême, à Cassel, &c., paroissant toujours vouloir se fixer & ne se fixant jamais; il passa en Hollande; il vit un turc, envoyé du grand-seigneur, à La Haye; il se lia étroitement avec lui, & par son moyen il fit un traité pour s'attacher au service de la Turquie; il paroît même que ce traité avoit pour objet une expédition particulière que la Turquie méditoit, & dont *Langalerie* devoit avoir la conduite; il passoit à Hambourg, où il vouloit, dit-on, faire équiper des vaisseaux, soit pour cette expédition, soit pour passer à Constantinople, lorsque l'empereur, alarmé de ses projets, & mécontent de son infidélité, le fit arrêter à Stade en 1716. On le conduisit à Vienne, où il mourut en 1757. Il a paru en 1757, de faux Mémoires du marquis *de Langalerie*, qu'on suppose avoir été écrits dans sa prison à Vienne.

LANGE, (François), (*Hist. Litt. mod.*) avocat au parlement de Paris, connu par son *Praticien François.* Mort en 1684.

LANGEAC, (Jean de) prélat, homme d'état & ami des lettres, sous le règne du *Père des Lettres*, François Ier. On s'est plu à donner la liste des différents emplois qu'il a remplis, sur-tout des innombrables bénéfices qu'il a possédés, mais nous devons observer qu'il les a tous ou presque tous possédés successivement, tandis que plusieurs prélats de son temps ne se faisoient pas scrupule de les accumuler jusqu'au scandale, même les évêchés; il remplit presque autant d'ambassades qu'il eut de bénéfices: aussi Etienne Dolet lui dédia-t-il son Traité *de Legatis*; ce malheureux Dolet, (*Voyez* son Article) eut un protecteur dans ce prélat pieux & charitable; il en eut un aussi dans du Chatel, (Castellanus) évêque de Tulle, puis de Mâcon, & enfin d'Orléans (*Voyez* son article); il paroît que tous les prélats éclairés & humains prenoient sa défense; ce qui doit redoubler l'horreur qu'inspire son supplice, en faisant voir que son malheur fut le triomphe de l'ignorance intolérante & fanatique. En quittant l'évêché d'Avranches pour passer à celui de Limoges, Jean *de Langeac* fit donner le premier à un homme de lettres, au savant Robert Cenal. (*Voyez* son article.) *Langeac* n'a besoin que d'un mot pour son éloge; sa mémoire s'est conservée à Limoges, où on ne l'appelle que *le bon Evêque*, comme on y appellera toujours feu M. Turgot, *le bon*, *le sensible & l'utile Intendant.* Jean *de Langeac* mourut en 1541.

LANGEVIN (Raoul) (*Hist. mod.*) nom célèbre à Bayeux par le cartulaire de cette église, que ce *Langevin*, qui en étoit chanoine, composa en 1269 & qui fait loi encore en matière d'usages & de cérémonies.

LANGLADE (le Marquis de) (*Hist. de Fr.*) condamné aux galères pour un vol qu'il n'avoit pas fait. L'arrêt est du 14 février 1688; le voleur véritable arrêté pour d'autres crimes en 1690 avoua celui-là. Le hazard sembloit avoir pris plaisir à rassembler contre ce malheureux *Langlade* des apparences si fortes & des circonstances si décisives, qu'on plaint ses juges sans trop pouvoir les condamner.

LANGLE (Pierre de) (*Hist. de Fr.*) évêque de Boulogne, célèbre sur-tout par son opposition à la bulle *Unigenitus*, d'ailleurs ferme & vertueux. Il avoit été précepteur du comte de Toulouse, pére de M. le duc de Penthièvre, & on dit que c'étoit M. Bossuet qui l'avoit proposé pour cet emploi. L'évêché de Boulogne avoit été la récompense de ses soins pendant le cours de cette éducation. En 1717 son mandement contre la bulle fit du bruit. En 1720 il s'opposa aux arrangemens qu'on voulut faire pour la bulle & dont l'unique objet étoit de procurer le chapeau à l'abbé Dubois. Le cardinal de Noailles se laissa vaincre ou séduire, M. de *Langle*, avec l'évêque de Montpellier, Colbert, resta inflexible. Il fut exilé dans son diocèse & il y mourut en 1724. Il étoit né à Evreux en 1644. Un gouvernement dissolu, tel que celui de la régence, & auquel il ne restoit pour se faire estimer que l'indulgence & les lumières, n'avoit ni le droit ni l'intérêt d'user de rigueur envers un prélat aussi vertueux que l'évêque de Boulogne. C'est un triste & révoltant spectacle que celui du vice osant punir la vertu, l'abbé Dubois auroit dû le sentir; mais la mauvaise habitude prise sous Louis XIV, d'exiler pour jansénisme, prévalut en cette occasion sur l'esprit général de la régence, qui étoit de démentir en tout l'administration précédente, de donner peu d'importance aux querelles théologiques, & de favoriser même un peu, sinon le jansénisme, du moins les jansénistes.

LANGOUTI, f. m. (*terme de relation*); c'est, selon M. de la Boulaye, une petite piece d'étoffe ou de linge, dont les Indiens se servent pour cacher les parties qui distinguent le sexe. (*A. R.*)

LANGUET, (*Hist. mod.*) diverses personnes, toutes de la même famille, ont illustré ce nom.

Hubert *Languet*, né en 1518 à Vitteaux en Bourgogne, fut attiré à la réforme par Mélanchton; il s'expatria & se retira auprès de l'électeur de Saxe, protecteur du Luthéranisme; en 1570, il vint en

France comme envoyé de ce prince. Il y étoit encore dans le temps de la St. Barthelemi en 1572, & il exposa sa vie, pour sauver celle de Duplessis Mornay & d'André Wechel, ses amis. Il mourut à Anvers en 1581 au service du prince d'Orange, Guillaume, le fondateur de la liberté des pays-bas dont on lui attribue l'*apologie contre le roi d'Espagne*. Il passe aussi pour l'auteur de l'ouvrage très-républicain, qui a paru sous le nom de Stephanus Junius Brutus, & qui a pour titre : *Vindiciæ contrà tyrannos*. Un conseiller au parlement de Dijon, (la Mare) a écrit sa vie.

Les deux *Languet de Gergy*, l'un curé de St Sulpice, (Jean-Baptiste-Joseph,) l'autre évêque de Soissons, puis archevêque de Sens, (Jean-Joseph) étoient les arrière-petits neveux de *Hubert Languet*. L'archevêque de Sens est connu par ses écrits en faveur de la constitution & par l'histoire de Marie Alacoque, (voyez *Alacoque*,) ses *avertissemens* au sujet de la constitution, qu'il fit étant évêque de Soissons, eurent du succès parmi les constitutionnaires. Il étoit conseiller d'état d'église. Il étoit aussi de l'académie françoise, & il y fit en différentes occasions d'assez bons discours. On remarqua celui qu'il fit en qualité de directeur, en recevant M. de Marivaux à l'académie françoise, mais on le remarqua comme un trait de pédantisme & comme une contravention aux loix que lui imposoit en cette occasion le titre de directeur. Il ne parla des ouvrages de M. de Marivaux, que sur parole, il prétendit ne les avoir point lus & n'avoir pas dû les lire ; c'est ce qu'il auroit pu dire tout au plus de quelques romans de Crébillon le fils ; encore le directeur de l'académie eût-il été obligé de respecter en public le choix de sa compagnie, si à cause de ces ouvrages ou malgré ces ouvrages elle eut reçu l'auteur. C'étoit le titre de romans qui faisoit illusion à la vertu austère de M. l'archevêque de Sens ; mais ces romans, c'étoient les caractères de la Bruyère mis en action ; c'étoit une peinture fine & vraie du cœur humain ; c'étoit la morale sous la forme la plus piquante, & Marivaux auroit pu lui répondre : il y a plus de vraie morale dans mes œuvres que dans beaucoup de ces exercitations polémiques qui ont fait votre fortune & votre gloire.

L'archevêque de Sens mourut en 1753 au moment où on exiloit le parlement : on lui appliqua ce vers de Mithridate :

Et mes derniers regards ont vu fuir les romains.

Le curé de St. Sulpice, son frère, ne faisoit point de livres, mais il a bâti St. Sulpice & fondé l'enfant Jésus; mais il rendoit utiles aux pauvres, ses paroissiens riches. On prétend que, dans la distribution de ses aumônes qu'on fait monter à un million par an, il avoit égard surtout à la naissance & à l'état, & qu'il y avoit dans sa paroisse des familles nobles & distinguées, mais pauvres, auxquelles il fournissoit jusqu'à trente-mille livres par an ; on a loué, on a blâmé cette profusion : c'est être libéral plutôt que charitable ; les aumônes doivent tirer de la misère, & non pas mettre dans l'aisance, à moins que toutes les misères ne soient soulagées ; elles doivent subvenir aux besoins & non pas aider la vanité. On a aussi accusé le curé de St. Sulpice d'avoir quelquefois provoqué l'abondance des aumônes par des artifices & des suggestions, qu'on auroit jugées illégitimes dans une cause personnelle ; c'est sans doute une imputation de ses ennemis, qui ne pouvant nier le bien qu'il faisoit, vouloient au moins qu'il le fit mal. La charité, la première des vertus, ne veut pas être servie par des moyens indignes d'elle ; mais l'avocat du pauvre a de grands droits, sur-tout, quand il donne l'exemple, & c'est à lui plus qu'à tout autre, qu'il a été dit : *argue, increpa, opportunè, importunè*. Nous avons eu occasion de connoître que, quand les legs pieux faits à ses pauvres, pouvoient être ou paroître onéreux aux héritiers, il entroit volontiers en accommodement avec eux & n'exerçoit point ses droits à la rigueur. Son établissement de l'enfant Jésus a deux objets. L'un est le même que celui de St. Cyr, avec moins d'étendue, quant au nombre des sujets ; mais ce premier objet est même un peu perfectionné par l'attention plus particulière qu'on donne aux soins du ménage dans le plan de l'éducation. Une pensionnaire doit, dit-on, sortir de St. Cyr avec plus de talens de femme aimable ; une pensionnaire sort de l'enfant Jésus, avec plus de connoissances d'une mère de famille, connoissances qui ne sont cependant pas négligées à St. Cyr. Le second objet propre à l'établissement de l'enfant Jésus est de fournir la subsistance, mais avec le travail & par le travail, à une multitude de pauvres femmes de la ville, de la campagne & des provinces indirectement, qu'on emploie sur-tout à la filature du lin & du coton. Dans les temps malheureux, dans les disettes publiques, ces secours augmentoient. En 1720, dans le temps de la peste de Marseille, le curé de St. Sulpice envoya des sommes considérables en Provence pour le soulagement des malheureux. En 1725, il vendit ses meubles, ses tableaux, son argenterie, tout, pour nourrir les pauvres. En 1741, plus de quatorze cents femmes pauvres, étoient admises à l'hospice de l'enfant Jésus, & y trouvoient de l'ouvrage & du pain. Quelle vie admirable & remplie de bonnes œuvres ! & quand la noble profession de curé, la première de toutes peut-être par le bien qu'elle offre à faire, & par l'avantage de voir de plus près le mal qu'il faut soulager, quand cette noble profession a-t-elle été plus noblement exercée ? Il en connoissoit bien la dignité ; il avoit refusé l'évêché de Couserans, celui de Poitiers & plusieurs autres. Il joignoit à sa cure (& c'étoit un nouvel avantage pour les pauvres) l'abbaye de Bernay, où il est mort en 1750. Il étoit né à Dijon en 1675. Il avoit eu la cure de St. Sulpice en 1714. Il la remit quelques années avant sa mort à M. Dulau d'Allemans, mais il ne cessa d'en remplir les fonctions, sur-tout celles qui intéressoient les pauvres.

Le curé de St. Sulpice étoit trop éclairé, pour n'être pas tolérant. Une janséniste qu'il administroit, s'empressa par zèle de lui déclarer sans qu'il le lui demandât, qu'elle ne recevoit pas la bulle *Unigenitus* : *Madame*, répondit-il froidement, *elle s'en passera*.

On cite de lui plusieurs mots & plusieurs traits assez fins, mais ils ne sont pas assez avérés, & quelques-uns même ne lui feroient peut-être pas assez d'honneur.

Il en est un entr'autres qu'on a beaucoup cité; nous sommes bien éloignés de le garantir. Il convoitoit, dit-on, pour ses pauvres la succession d'un de ses paroissiens, riche, qui n'avoit point d'héritiers directs; les carmes la convoitoient aussi & pour eux, & il y avoit déjà un testament fait en leur faveur, le curé de St. Sulpice le fit changer; les carmes qui l'ignoroient, suivoient toujours fort assiduement leur malade pour l'entretenir dans ses bonnes dispositions à leur égard; un jour ils rencontrèrent à sa porte le curé de St. Sulpice, & faisant déjà en quelque sorte les honneurs de la maison, ils voulurent le faire passer devant eux : *entrez*, leur dit-il, *mes pères; vous êtes de l'ancien testament, je ne suis que du nouveau.* Ils ne prirent ce mot que pour une plaisanterie sur leur prétention d'avoir été fondés par Elie sur le Mont-Carmel (*Voyez* l'article *Papebroch*.)

Messieurs *Languet* étoient fils du procureur général du parlement de Dijon. M. Bossuet, leur compatriote, avoit pris intérêt à eux dans leur jeunesse.

LANNOY (Charles, comte de) (*Hist. mod.*) viceroi de Naples sous l'empereur Charles-Quint & général de ses armées, dans le commandement desquelles il remplaça Prosper Colonne, le plus habile général de son temps. La première bataille où *Lannoy* commanda, fut aussi la première où il se trouva, & ce fut la bataille de Pavie en 1525. Il y commandoit les Italiens; Pescaire, les espagnols; Bourbon les Allemands: il combattit & commanda fort mal, il perdit la tête, & laissa faire le connétable de Bourbon & Pescaire, qui véritablement en savoient plus que lui, mais qui n'avoient pas & ne méritoient pas au même degré que lui la confiance de l'empereur; son bonheur lui procura cependant l'occasion de recevoir François I. prisonnier. Ce prince désespéré d'une défaite, dont sa précipitation étoit la principale cause, alloit se faire tuer; Pompérant, François fugitif, attaché au connétable de Bourbon, voit le roi couvert de blessures, perdant tout son sang, renversé de cheval & résistant encore à une armée entière. Plein de respect pour ce roi guerrier, se souvenant qu'il étoit né son sujet, qu'il auroit dû combattre pour lui & non contre lui, il se jette à ses pieds, le conjure de ne point s'obstiner davantage à sa perte, & de céder au sort qui trahissoit sa valeur, il lui proposa de se rendre au connétable de Bourbon; à ce nom, François I. frémissant de colère, proteste qu'il mourra plutôt que de se rendre à un traitre, mais il demanda le viceroi, Pompérant l'envoya chercher, il vint & le roi lui remit son épée, *Lannoy* la reçut à genoux, baisa la main du prince & lui donna une autre épée.

Lannoy particuliérement chargé de la garde du roi prisonnier, se défioit de tout le monde, & n'avoit pas tort. Bourbon & Pescaire & toutes les puissances d'Italie pouvoient fonder des projets sur la délivrance d'un tel prisonnier; il résolut de le tirer de l'Italie & de le mettre véritablement en la puissance de l'empereur: les négociations trainoient en longueur & la distance des lieux entrainoit nécessairement des délais; *Lannoy* persuada d'abord à François I. que s'il se transportoit en Espagne pour traiter directement avec l'empereur, une heure d'entrevue entre ces deux princes termineroit plus sûrement leurs affaires que tous les plénipotentiaires & tous les ministres ne pourroient le faire en plusieurs années: ayant obtenu le consentement du roi, il lui fit sentir la nécessité du secret, il se chargea de tromper l'armée, il proposa aux chefs de transporter le roi dans le royaume de Naples pour le dérober aux entreprises des autres puissances de l'Italie; là, il seroit en sûreté sur les terres de l'Empereur: les chefs consentirent volontiers à un projet qui leur laissoit moins de concurrens dans les entreprises qu'ils pourroient faire eux-mêmes; on mène le roi à Gènes pour l'y embarquer. *Lannoy* s'embarque avec lui, les autres chefs restent à Gènes avec l'armée, qui devoit retourner par terre dans le royaume de Naples; *Lannoy* prend d'abord la route du royaume de Naples, puis il tourne vers l'Espagne; il avoit voulu ménager à l'empereur la surprise de voir arriver son prisonnier, il ne lui avoit point communiqué sa résolution, & il lui fit savoir qu'il l'avoit exécutée. La satisfaction de l'empereur égaloit à peine la fureur dont Bourbon & Pescaire furent transportés lorsqu'ils furent qu'ils avoient été les dupes de *Lannoy*. Ils s'étoient accoutumés à regarder le roi moins comme le prisonnier de Charles-Quint, que comme le leur; il s'étoit rendu à *Lannoy*, mais comme Bourbon & Pescaire ne faisoient point à *Lannoy* l'honneur de penser qu'il eût contribué à la victoire, ils disoient que c'étoient eux qui avoient eu la gloire de faire le roi prisonnier, & que *Lannoy* n'avoit eu que le bonheur de le recevoir. Bourbon alla en Espagne, accuser *Lannoy* de lâcheté à la bataille de Pavie, & de mauvaise conduite pendant tout le cours de la guerre. Pescaire écrivit contre le même *Lannoy* une lettre pleine d'emportement & de menaces. Il y accumuloit les reproches de lâcheté, d'incapacité, de fourberie. « Si on eût cru » ce lâche, disoit-il, on eût perdu tout le Milanès » par une retraite honteuse dans le royaume de Na» ples, au lieu de livrer la bataille de Pavie. » Dans cette bataille il n'avoit eu ni tête ni cœur; il s'écrioit sans cesse, avec un effroi qui le rendoit méprisable & ridicule au moindre soldat : *Ah! nous sommes perdus*, S'il osoit démentir ces faits, Pescaire offroit de les lui prouver l'épée à la main. *Lannoy*, sûr de la faveur & de la reconnoissance de son maître, les laissa dire & écrire tous ce qu'ils voulurent; s'il avoit noblement servi Charles-Quint par ses armes, il l'avoit très bien servi par ses intrigues: le transport du roi en Espagne étoit plus utile à l'empereur, que la victoire de Pavie, sans ce transport, & l'empereur savoit très-bien qu'il pouvoit plus compter sur la fidélité de *Lannoy*, que sur celle de tous ces chefs si vaillans & si habiles, à qui leurs talens inspiroient un orgueil dangereux & une ambition suspecte.

Lannoy avoit reçu François Ier entrant en captivité, ce fut lui qui le remit entre les mains des François & sur les terres Françoises, au moment de sa délivrance, en conséquence du traité de Madrid en 1726. Ses conseils avoient même contribué à cette délivrance, & François Ier ne l'ignoroit pas ; le Roi ayant refusé de ratifier le traité de Madrid, qui en effet étoit fort onéreux, *Lannoy* fut mis à la tête d'une Ambassade, chargée de lui rappeller ses engagemens ; le Roi, par les distinctions dont il honora *Lannoy*, prouva qu'il n'avoit pas oublié ses bons offices ; mais il persista dans son refus de ratifier un traité qui démembroit son royaume, & la guerre recommença.

En 1527, lorsque Bourbon, pour punir le pape Clément VII de ses liaisons avec la France, ou peut-être plutôt pour se faire une fortune indépendante & de Charles Quint & de François Ier, marchoit vers Rome à la tête de l'armée Impériale, mais qui étoit beaucoup plus à lui qu'à l'empereur, le viceroy de Naples *Lannoy* ayant conclu avec le pape une trève, au nom de l'empereur, se hâta d'en faire part au duc de Bourbon, & de lui proposer moitié par forme de conseil, moitié par forme d'ordre, d'accepter cette trève ; les soldats de Bourbon, pour toute réponse, voulurent massacrer le député du viceroy. *Lannoy* ayant appris l'accueil qu'on avoit fait à son député, se faisant d'ailleurs un honneur de dissiper les terreurs du pape & de procurer l'exécution d'un traité qui étoit son ouvrage, partit pour aller lui-même trouver le duc de Bourbon & lui faire accepter la trève ; il promit au pape que si Bourbon résistoit, il sauroit l'obliger à se soumettre en se servant de son autorité pour lui enlever les Espagnols & les Italiens de son armée, & le réduire à ses seuls Allemands ; c'étoit où le duc de Bourbon attendoit *Lannoy* pour lui prodiguer tous les mépris & tous les témoignages de haine, qu'il croyoit lui devoir depuis que *Lannoy* avoit enlevé François I en Espagne, injure que Bourbon n'avoit pas oubliée ; il savoit que l'attachement des Espagnols à sa personne, l'emporteroit toujours sur l'autorité impuissante de *Lannoy*, qu'ils ne pouvoient ni aimer ni estimer ; il prit plaisir à rendre la démarche de *Lannoy* ridicule, il courut de pays en pays, toujours suivi de loin par *Lannoy*, qui ne pouvoit l'atteindre, parce que Bourbon lui indiquoit des rendez-vous & ne s'y trouvoit jamais.

La marche de *Lannoy* l'exposoit aux plus grands dangers ; comme en courant après Bourbon, il passoit presque sans suite dans des pays qui venoient d'être dévastés par les impériaux, les paysans irrités par les brigandages de l'armée, pensèrent plusieurs fois s'en venger sur lui & l'immoler à leur fureur, ce qui pouvoit entrer encore dans le plan de vengeance du connétable ; enfin le viceroi fut obligé de renoncer à joindre Bourbon, & de se retirer à Sienne.

Bourbon ayant été tué devant Rome, *Lannoy* tenta de disputer le commandement au prince d'Orange que l'armée avoit élu pour général. Il vint à Rome, mais les dispositions peu favorables où il trouva les troupes tant Allemandes qu'Espagnoles, effrayèrent sa timide ambition, il ne se crut pas même en sûreté à Rome, & il reprenoit déja la route du royaume de Naples, lorsqu'il rencontra divers capitaines Espagnols, qui, voyant que la guerre continuoit, malgré la trève du viceroi qu'ils avoient cru devoir respecter, revenoient tous à l'armée ; ils ramenèrent avec eux le viceroi, qui fut seulement souffert par les troupes, mais qui ne put recouvrer la considération, encore moins l'autorité ; elle resta toute entière entre les mains du prince d'Orange. Il mourut peu de temps après à Gaete, en 1527, ayant désigné, sous le bon plaisir de l'empereur, pour son successeur dans la vice-royauté de Naples, Dom Hugues de Moncade, son ami, le seul des grands d'Espagne qui aimât *Lannoy*.

LANOUE, (*Voyez* NOUE.)

LANTERNES, *fête des*, (*Hist. de la Chine*) fête qui se célebre à la Chine le quinzieme jour du premier mois, en suspendant ce jour-là dans les maisons & dans les rues un très-grand nombre de *lanternes* allumées.

Nos missionnaires donnent pour la plûpart des descriptions si merveilleuses de cette fête chinoise, qu'elles sont hors de toute vraisemblance ; & ceux qui se sont contentés d'en parler plus simplement, nous représentent encore cette fête comme une chose étonnante, par la multiplicité des lampes & des lumieres, par la quantité, la magnificence, la grandeur, les ornemens de dorure, de sculpture, de peinture & de vernis des *lanternes*.

Le P. le Comte prétend que les belles *lanternes* qu'on voit dans cette fête, sont ordinairement composées de six faces ou panneaux, dont chacun fait un cadre de quatre pieds de hauteur, sur un pied & demi de large, d'un bois verni, & orné de dorures. Ils y tendent, dit-il, une fine toile de soie transparente, sur laquelle on a peint des fleurs, des rochers, & quelquefois des figures humaines. Ces six panneaux joints ensemble, composent un hexagone, surmonté dans les extrémités de six figures de sculpture qui en font le couronnement. On y suspend tout-autour de larges bandes de satin de toutes couleurs, en forme de rubans, avec d'autres ornements de soie qui tombent par les angles, sans rien cacher de la peinture ou de la lumière. Il y a tel seigneur, continue le voyageur missionnaire, qui retranche toute l'année quelque chose de sa table, de ses habits & de ses équipages, pour être ce jour-là magnifique en *lanternes*. Ils en suspendent à leurs fenêtres, dans leurs cours, dans leurs salles & dans les places publiques. Il ne manquoit plus au R. P. le Comte, pour embellir son récit, que d'illuminer encore toutes les barques & les vaisseaux de la Chine, des jolies *lanternes* de sa fabrique.

Ce qu'on peut dire de vrai, c'est que toutes les illuminations qui de temps immémorial se font de manière ou d'autre par tout pays, sont des coutumes que le monde conserve des usages du feu, & du bien qu'il procure aux hommes. (*D. J.*)

LANTHU, s. m. (*Hist mod.*) nom d'une secte de la religion des Tunquinois, peuple voisin des Chinois. C'est la même que ceux-ci nomment *lançu* ou *lanzu*. *Voyez* LANÇU.

Les peuples du Tunquin ont encore plus de vénération pour le philosophe auteur de cette secte, que n'en témoignent les Chinois. Elle est principalement fondée sur ce qu'il leur a enseigné une partie de la doctrine de Chabacout. *Voyez* CHABACOUT.

Tavernier dans son voyage des Indes, ajoute que ce prétendu prophête se concilia l'affection des peuples, en excitant les grands & les riches à fonder des hôpitaux dans les villes où avant lui on ne connoissoit pas ces sortes d'établissemens. Il arrive souvent que des seigneurs du royaume & des bonzes s'y retirent pour se consacrer au service des malades. (*A. R.*)

LAODICE, (*Voyez* MITHRIDATE.)

LAO-KIUN, (*Hist. mod. & Philosoph.*) c'est le nom que l'on donne à la Chine à une secte qui porte le nom de son fondateur. *Lao-Kiun* naquit environ 600 ans avant l'ere chrétienne. Ses sectateurs racontent sa naissance d'une manière tout-à-fait extraordinaire; son père s'appelloit *Quang*; c'étoit un pauvre laboureur qui parvint à soixante & dix ans, sans avoir pu se faire aimer d'aucune femme. Enfin, à cet âge, il toucha le cœur d'une villageoise de quarante ans, qui, sans avoir eu commerce avec son mari, se trouva enceinte par la vertu vivifiante du ciel & de la terre. Sa grossesse dura quatre-vingts ans, au bout desquels elle mit au monde un fils qui avoit les cheveux & les sourcils blancs comme la neige; quand il fut en âge, il s'appliqua à l'étude des Sciences, de l'Histoire, & des usages de son pays. Il composa un livre intitulé *Tau-Tsé*, qui contient cinquante mille sentences de Morale. Ce philosophe enseignoit la mortalité de l'ame; il soutenoit que Dieu étoit matériel; il admettoit encore d'autres dieux subalternes. Il faisoit consister le bonheur dans un sentiment de volupté douce & paisible qui suspend toutes les fonctions de l'ame. Il recommandoit à ses disciples la solitude comme le moyen le plus sûr d'élever l'ame au-dessus des choses terrestres. Ses ouvrages subsistent encore aujourd'hui; mais on les soupçonne d'avoir été altérés par ses disciples; leur maître prétendoit avoir trouvé le secret de prolonger la vie humaine au-delà de ses bornes ordinaires; mais ils allèrent plus loin, & tâcherent de persuader qu'ils avoient un breuvage qui rendoit les hommes immortels, & parvinrent à accréditer une opinion si ridicule; ce qui fit qu'on appella leur secte la *secte des Immortels*. La religion de *Lao-Kiun* fut adoptée par plusieurs empereurs de la Chine: peu-à-peu elle dégénera en un culte idolâtre, & finit par adorer des démons, des esprits, & des génies: on y rendit même un culte aux princes & aux héros. Les prêtres de cette religion donnent dans les superstitions de la magie, des enchantements, des conjurations; cérémonies qu'ils accompagnent de hurlemens, de contorsions, & d'un bruit de tambours & de bassins de cuivre. Ils se mêlent aussi de prédire l'avenir. Comme la superstition & le merveilleux ne manquent jamais de partisans, toute la sagesse du gouvernement chinois n'a pu jusqu'ici décréditer cette secte corrompue. (*A. R.*)

LARCHANT (Nicolas de Grimouville de) (*Hist. Litt. mod.*) poëte latin moderne, a traduit en vers latins le poëme de *Philotanus* de l'abbé de Grécourt. Il étoit de Bayeux & principal du collége de cette ville. Mort en 1736.

LARGESSES, s. f. pl. (*Hist. anc.*) dons, présens, libéralités. Les *largesses* s'introduisirent à Rome avec la corruption de mœurs, & pour lors les suffrages ne se donnerent qu'au plus libéral. Les *largesses* que ceux des Romains qui aspiroient aux charges, prodiguoient au peuple sur la fin de la république, consistoient en argent, en bled, en pois, en féves; & la dépense à cet égard étoit si prodigieuse que plusieurs s'y ruinèrent absolument. Je ne citerai d'autre exemple que celui de Jules-César, qui, partant pour l'Espagne après sa préture, dit qu'attendu ses dépenses en *largesses*, il auroit besoin de trois cents trente millions pour se trouver encore vis-à-vis de rien, parce qu'il devoit cette somme au-delà de son patrimoine. Il falloit nécessairement dans cette position, qu'il pérît ou renversât l'état, & l'un & l'autre arrivèrent. Mais les choses étoient montées au point que les empereurs, pour se maintenir sur le trône, furent obligés de continuer à répandre des *largesses* au peuple: ces *largesses* prirent le nom de *congiaires*; & celles qu'ils faisoient aux troupes, celui de *donatifs*.

Enfin dans notre histoire on appella *largesses* quelques légères libéralités que nos rois distribuoient au peuple dans certains jours solemnels. Ils faisoient apporter des hanaps ou des coupes pleines d'espèces d'or & d'argent; & après que les hérauts avoient crié *largesses*, on les distribuoit au public. Il est dit dans le Cérémonial de France, *tom. II. p.* 742, qu'à l'entrevue de François Ier. & d'Henri VIII, près de Guignes, l'an 1520, « pendant le festin il y eut *largesses* criées par les rois & hérauts d'armes, tenant » un grand pot d'or bien riche ».

C'est la dernière fois de ma connoissance qu'il est parlé de *largesses* dans notre histoire, & au fond, la discontinuation de cet usage frivole n'est d'aucune importance à la nation. Les vraies *largesses* des rois consistent dans la diminution des impôts qui accablent le malheureux peuple (*D. J.*)

LAROQUE (*Voyez* ROQUE.)

LARREY (Isaac de) (*Hist. Litt. mod.*) protestant réfugié, historien fécond, inexact, peut-être infidèle, auteur d'une histoire d'Angleterre qu'on ne lit plus, d'une histoire de Louis XIV, qu'on ne croit point; d'une histoire d'Auguste, d'une histoire d'Eléonore d'Aquitaine ou de Guyenne, d'une histoire des sept sages qu'on connoît peu, & de quelques ouvrages de controverse encore plus ignorés. Né dans le pays de Caux en 1638. Il mourut à Berlin en 1719.

LARRONS, s. m. (*Hist. anc.*) en latin *latro*. C'étoient originairement des braves, qu'on engageoit par argent; ceux qui les avoient engagés les tenoient à leurs côtés; de-là ils furent appellés *laterones* & par ellipse *latrones*. Mais la corruption se mit bientôt dans ces troupes; ils pillèrent, ils volèrent, & *latro* se dit pour voleur de grand chemin. Il y en avoit beaucoup au temps de Jésus-Christ; ils avoient leur retraite dans les rochers de la Trachonite, d'où Hérode eut beaucoup de peine à les déloger. Les environs de Rome en étoient aussi infestés. On appella *latrones* ceux qui attaquoient les passans avec des armes; *grassatores* ceux qui ne se servoient que de leurs poings.

LASCARIS, (*Hist. mod.*) c'est le nom de quelques empereurs grecs du treizième siècle d'une ancienne famille grecque.

C'est aussi le nom de quelques savans, restaurateurs des lettres en Italie, qui étoient de la même famille, tels qu'André Jean, dit *Rhyndacène* & Constantin, qui tous deux, après la prise de Constantinople en 1453, passèrent en Italie, où ils portèrent les connoissances de leur pays. Rhyndacène est le premier à qui on a l'obligation d'avoir apporté en Europe, la plûpart des beaux manuscrits grecs que nous y voyons. Laurent de Médicis l'envoya plusieurs fois à Constantinople pour cet emploi. Louis XII l'envoya en Ambassade à Venise, Léon X lui donna la direction d'un collége des Grecs à Rome. Les faveurs de François I. le ramenèrent à la cour de France, où il fut un des plus utiles instrumens de la restauration des lettres. François I. le mit avec Budée à la tête de la bibliothèque qu'il forma principalement par leurs soins à Fontainebleau. Il mourut en 1535 à 90 ans. On a de lui quelques épigrammes en grec & en latin.

Constantin enseigna les belles-lettres dans différentes villes de l'Italie, à Milan, à Naples, à Messine; le cardinal Bembe fut son disciple. On a de lui une grammaire, en grec seulement, c'est-à-dire, qui ne peut servir qu'à ceux qui n'en ont pas besoin, mais cette grammaire a cela de remarquable, qu'elle est la première production grecque de l'imprimerie depuis l'invention de cet art. Le senat de Messine avoit donné à Constantin le droit de bourgeoisie en 1465. *Lascaris* par reconnoissance laissa sa bibliothèque au sénat, qui par reconnoissance aussi lui fit ériger un tombeau de marbre.

LATERANUS (Plautius,) (*Hist. rom.*) homme courageux & vertueux, d'une force de corps égale à celle de son ame. Ce fut de tous ceux qui entrèrent dans la conjuration de Pison contre Néron, celui qui s'y détermina par les motifs les plus purs, c'est-à-dire, par la haine de la tyrannie & du crime, sans aucun motif personnel de haine, de crainte ou de vengeance. On ne lui laissa point comme à plusieurs des autres conjurés, le choix de sa mort. On le traina au supplice sans lui donner le temps d'embrasser ses enfans. Le lieu où il fut exécuté fut celui où on exécutoit les esclaves; il mourut avec la plus grande fermeté, sans rien révéler, sans même dire un mot au tribun Statius qui l'immoloit, & qu'il savoit être un des conjurés, qui apparemment n'avoit pas encore été dénoncé. Plautius *Lateranus* étoit consul désigné. C'est de lui que le palais de Latran a tiré son nom.

LATINS, EMPIRE DES, (*Hist. mod.*) on nomme ainsi l'espèce d'empire que les Croisés fondèrent en 1204, sous le règne d'Alexis Comnène; en s'emparant de Constantinople, où depuis long-temps régnoit un malheureux schisme qui avoit mis une haine implacable entre les nations des deux rites. L'ambition, l'avarice, un faux zele déterminèrent les François & les Italiens à se croiser contre les Grecs au commencement du xiij. siecle.

L'objet des Croisés, dit M. Hénault, étoit la délivrance de la Terre-Sainte; mais comme en effet ils ne cherchoient que des aventures, ils foncèrent, chemin faisant, l'*empire des Latins*; & les François étant maîtres de Constantinople, élurent pour empereur des Grecs, Baudouin, comte de Flandres, dont les états éloignés ne pouvoient donner aucune jalousie aux Italiens. Alors laissant l'expédition de la Terre-sainte, ils tentèrent de maintenir dans l'obéissance l'empire qu'ils venoient de conquérir, & qu'on appella l'*empire des Latins*; empire qui ne dura que 58 ans.

Au bout de ce tems là, les Grecs se révoltèrent, chassèrent les François, & élurent pour empereur, Michel Paléologue. Ainsi fut rétabli l'empire grec, qui subsista près de 200 ans jusqu'au règne de Mahomet II. Ce foudre de guerre prit Constantinople le 29 Mai 1453, conquit Trebizonde, se rendit maître de douze royaumes, emporta plus de deux cents villes, & mourut à 51 ans, au moment qu'il se proposoit de s'emparer de l'Egypte, de Rhodes & de l'Italie (*D. J.*)

LATINUS-LATINIUS ou LATINO-LATINI, (*Hist. Litt. mod.*) fut employé à la correction du décret de Gratien. On a de lui aussi une compilation sous le titre de *bibliotheca sacra & profana*. Dominique Macri, éditeur de cet ouvrage, a mis à la tête la vie de l'auteur. Juste Lipse appelle celui-ci: *probissimus senex & omni Litterarum genere instructissimus*. Il ne mériteroit guère le premier de ces éloges, s'il étoit vrai qu'il eût supprimé les pièces contraires à ses sentiments comme il en a été accusé. Il avoit été attaché à plusieurs cardinaux & l'étoit fort aux intérêts & aux principes de la cour de Rome. Né à Viterbe en 1513. Mort à Rome en 1593.

LATOMUS (Barthelemi) (*Hist. Litt. mod.*) ce nom de *Latomus*, signifie le Masson. Barthelemi *Latomus* ou le Masson étoit né en 1485 à Arlon dans le duché de Luxembourg; il occupa le premier au collége royal la chaire de professeur en éloquence latine; cette chaire fut créée pour lui en 1534. Cette même année les protestans affichèrent à Paris des placards injurieux contre l'eucharistie & la foi de l'église; on attribua d'abord cette insolence aux Allemands, & sous le nom d'Allemands on comprenoit tous les sujets de Charles-Quint; la vie de ces étrangers fut quelque temps menacée par le peuple, qui quelquefois, & sur-tout en matière de religion, condamne & exécute sans examiner, & prend tous ses soupçons pour des preuves. *Latomus* né sujet de Charles-Quint, fut obligé de se cacher avec d'autant plus de soin, que sa place étoit fort enviée; mais cet orage se dissipa promptement. En 1539 François I. envoya *Latomus* en Italie, toujours pour le service des lettres, il en revint en 1540. En 1542 il quitta la France, & se retira auprès de l'archevêque de Trèves, qui le fit son conseiller. Il y cherchoit le repos, il y trouva des querelles théologiques; il fut obligé d'entrer à soixante ans dans cette carrière nouvelle; il quitta Cicéron & Virgile pour disputer contre Martin Bucer. Lorsqu'il étoit homme de lettres, il avoit fait beaucoup de vers latins à la louange des empereurs Maximilien, Charles-Quint & Ferdinand ses maîtres; de François I. son bienfaiteur; de Sickinghen son compatriote; il avoit fait des notes sur Cicéron & sur Térence, il avoit donné un abrégé de la dialectique de Rodolphe Agricola, & composé quelques autres ouvrages. Il mourut à Coblents vers l'an 1566.

Un autre *Latomus* ou le Masson (Jacques) docteur de Louvain, grand controversiste, écrivoit contre Luther quelque temps auparavant; on a ses œuvres imprimées *in-fol.* Il mourut en 1544. Nous ignorons s'il étoit de la famille du précédent, & qu'importe?

LAVAL, (*Hist. de Fr.*) noble & ancienne maison de France. Gui I. & Gui II. de *Laval* vivoient sous la seconde race de nos rois. Gui II. ne laissa qu'une fille, elle épousa Hamond, qui prit le nom de *Laval*, & qui le conservant, quoiqu'il n'eût point d'enfans de ce premier lit, le transmit aux enfans qu'il eut de sa seconde femme, Helsardre de Bretagne. Gui III, Gui IV. & Gui V. descendoient de ce Hamond. Gui V eut une fille unique, Emme de *Laval*, qui épousa Matthieu II. de Montmorenci, connétable de France, surnommé le grand, mort en 1230. Il avoit des enfans d'un premier lit. Gui de Montmorenci, né du second mariage, prit le nom de *Laval*, qui est resté à sa postérité, mais il retint les armes de la maison de Montmorenci, qu'il chargea de cinq coquilles d'argent sur la croix, pour marque de puîné.

Depuis ce temps tous les *Laval* sont *Montmorenci.* (*Voyez* ce dernier article.)

LAVANDIER, s. m. (*Hist. mod.*) officier du roi, qui veille au blanchissage du linge. Il y a deux *lavandiers* du corps, servant six mois chacun; un *lavandier* de panetterie-bouche; un *lavandier* de panetterie commun ordinaire; deux *lavandiers* de cuisine-bouche & commun. (*A. R.*)

LAVARDIN. *Voyez* (BEAUMANOIR.)

LAVATER, (Louis) (*Hist. Litt. mod.*) controversiste protestant, chanoine & pasteur de Zurich, a fait une Histoire sacramentaire, des Commentaires, des Homélies; mais c'est par son Traité *de Spectris*, qu'il est connu. Mort en 1586.

LAVAUR, (Guillaume de) avocat. On a de lui une Conférence de la Fable avec l'Histoire, où il s'est beaucoup aidé de la démonstration Evangélique de M. Huet, & un ouvrage d'un autre genre, l'Histoire secrète de Néron, ou le Festin de Trimalcion, traduit avec des remarques historiques. Mort en 1730.

LAUBANIE, (Yrier de Magonthier de) (*Hist. de Fr.*) lieutenant-général des armées du roi, & grand'croix de l'ordre de St. Louis, célèbre sur-tout par la belle défense de Landau en 1704, contre les armées réunies du prince Louis de Bade & du prince Eugène, soutenues par l'armée d'observati n du lord Marlborough. Il soutint le siège pendant soixante-neuf jours. Il perdit la vue le 11 octobre par l'éclat d'une bombe qui créva presqu'à ses pieds; & malgré l'état où cet accident le réduisoit, il ne se rendit que le 25 novembre, en obtenant une capitulation honorable. Il mourut à Paris en 1706; il étoit né en 1641, dans le Limousin.

L'AUBESPINE. (*Voyez* AUBESPINE.)

LAUD, (Guillaume) (*Hist. d'Anglet.*) archevêque de Cantorbéry, décapité en 1644, pour son juste & fidèle attachement à Charles Ier. Il avoit alors 72 ans. On a de lui une apologie de l'église anglicane contre Fischer. Un auteur nommé Warthon, a écrit sa vie.

LAUGIER, (Marc-Antoine) (*Hist. Litt. mod.*) né à Manosque en Provence, en 1713, fut d'abord jésuite, & eut quelque réputation comme prédicateur; il quitta ensuite la Société, & se livra aux arts & aux lettres; il a traduit de l'anglois, un voyage à la Mer du Sud; il a fait l'apologie de la Musique Françoise; une histoire de la paix de Belgrade, &c. mais les deux ouvrages par lesquels il est le plus connu, sont l'*Essai sur l'Architecture* & l'*Histoire de la république de Venise.*

Le premier a mérité à l'auteur, des éloges & des contradictions. C'est un ouvrage très-systématique. Selon M. l'abbé *Laugier*, c'est dans les parties essentielles de l'art, que consistent toutes les beautés; dans les parties introduites par le besoin, consistent toutes les licences; dans les parties ajoutées par caprice, consistent tous les défauts. Ce systême a évidemment le mérite de nous rapprocher de la nature.

L'auteur recommande l'usage des colonnes; mais il avertit de les tenir isolées autant qu'il est possible; il s'irrite contre l'affectation de les engager dans le mur, lorsque cela n'est pas absolument nécessaire: croit-on, dit-il, que le portail de St. Gervais ne seroit pas plus parfait, si les colonnes de l'ordre dorique étoient isolées, comme celles des ordres supérieurs? Il appelle l'église des Jésuites de la rue Saint-Antoine, *un ouvrage monstrueux, où on a eu soin de n'oublier aucune des fautes grossières qu'on peut faire en architecture.* M. de Cordemoy n'avoit guère mieux traité cet édifice.

L'abbé *Laugier* condamne absolument l'usage des pilastres, substitués aux colonnes: « convertissez, dit-il, en pilastres les colonnes accouplées du portique » du Louvre, & vous lui ôterez toute sa beauté. » Comparez les deux côtés de ce superbe portique avec » les pavillons en avant-corps qui le terminent; quelle » différence! Il n'a pas plus d'indulgence pour les colonnes à bossages: Philibert de Lorme, qui en a rempli le palais des Tuileries n'avoit point, selon lui, un goût assez épuré, pour que sa seule autorité doive le faire admettre. Les ouvrages de cet homme célèbre se sentent encore du goût dépravé des siècles antérieurs. Le beau palais du Luxembourg n'est pas médiocrement défiguré par ces colonnes à bossages; les colonnes torses sont bien pis encore. « J'admire, dit l'auteur, les

» baldaquins de St. Pierre de Rome, du Val-de-» Grace, & des Invalides; mais je ne pardonnerai » jamais aux grands hommes qui en ont donné le dessin, » d'avoir fait usage des colomnes torses ». Un défaut qui le révolte encore est de guinder les colomnes sur des piédestaux; le portique de l'hôtel de Soubise lui paroît insupportable, à cause de ses piédestaux : si les colomnes prenoient depuis le bas, ce seroit un ouvrage charmant.

L'entablement doit toujours porter sur ses colomnes en platte-bande; il ne doit former aucun angle ni ressaut.

La forme du fronton doit toujours être triangulaire; les frontons ceintrés, les frontons brisés, les frontons à volutes sont autant d'inventions contraires à la nature. Un très-grand défaut est celui de mettre plusieurs frontons les uns au-dessus des autres. Un fronton suppose un toît; or, on ne met point deux toîts l'un sur l'autre. Le portail de St. Germain est encore dégradé par ce défaut.

Les différents ordres d'architecture sont réduits à trois par l'auteur; le dorique, fait pour la force & la solidité, sans bannir la délicatesse; le corinthien, pour l'élégance & la légèreté, sans exclure la force; enfin l'ionique, qui, participant de l'un & de l'autre, n'a ni toute la solidité du dorique, ni toute la délicatesse du corinthien.

L'auteur examine quel pourroit être l'usage de l'admirable dôme des Invalides, qui, derrière une église convenable & complette, forme une église nouvelle, aussi superbe qu'inutile. « Je ne connois, dit-il, qu'un » moyen de sauver ici la *bienséance*, c'est de consacrer » cette église à la sépulture de nos rois. Une pareille » destination feroit de ce temple un vrai mausolée, & il » en a la forme : ainsi, les cendres de nos rois se trou-» veroient réunies à celles des braves guerriers qui » les ont rendus invincibles; & ce mausolée, qui leur » seroit commun à tous, offriroit un monument de leur » grandeur, infiniment plus auguste que les petits tom-» beaux épars çà & là dans l'église de St. Denis. ».

L'auteur fait consister la principale beauté des places dans la multitude des grandes rues qui y aboutissent; par cette raison, il donne la préférence à la place des Victoires, toute petite qu'elle est, sur la place de Louis-le-Grand, qui ne lui paroît qu'une cour isolée, où rien n'aboutit, & sur la place Royale, dont il voudroit abattre & la grille & les portiques, & les grands pavillons qui masquent les deux principales entrées.

Plusieurs de ces principes étant contraires, au moins à la pratique du temps, ont donné lieu à des réclamations & à des critiques que l'abbé *Laugier* a repoussées avec chaleur, mais qui l'ont pourtant obligé à modifier & à restreindre quelques principes trop généraux.

La nouvelle théorie des Jardins n'étoit pas encore bien connue. Les principes que l'auteur établit sur cette matière, qui tient de près à l'architecture, auroient pu se concilier avec la méthode irrégulière; car il parle de l'*heureuse bizarrerie que la nature met dans ses assortiments, & de ce beau négligé qui bannit de sa parure tout air de recherche & d'affectation*; & son jugement sur Versailles est qu'en vain le plus grand roi du monde a déployé toute sa magnificence pour orner ce séjour ingrat; que la nature rebelle a triomphé des plus hardis efforts de l'art; que Versailles sera toujours superbe, toujours étonnant, sans jamais être beau.

L'histoire de Venise étoit un ouvrage qui manquoit à notre langue. Nous n'avions, pour ainsi dire, qu'un respect aveugle pour cette sage république, beaucoup plus illustre que connue parmi nous. Ce sujet n'a été traité que fort tard, même par les historiens nationaux; les premiers historiens sont en petit nombre, & la plûpart n'ont écrit, dit l'auteur, que depuis le temps où il n'étoit plus permis de dire toute vérité. La Chronique d'André d'Andolo est le plus ancien monument de l'histoire de Venise; elle n'a paru que dans le quatorzième siècle. Elle ne donne que des notions abrégées, sans détails, sans développements. L'histoire de Bernard Justiniani, qui est du quinziéme siècle, a beaucoup plus d'étendue, mais aussi plus d'inexactitude & de partialité. L'histoire de Sabellicus est à-peu-près du même temps; cet auteur, quoique étranger à la république de Venise, a moins écrit en historien qu'en panégyriste. Ces trois auteurs ont été copiés assez servilement par Marin Sanuto, qui a laissé un livre des vies des Doges; Pierre Delfino, qui a composé une Chronique de Venise; Jean-Jacques Caroldo, qui a fait une histoire de Venise depuis son origine jusqu'au temps où il vivoit; le cardinal Gaspard Contarini, qui a écrit cinq livres des magistrats & de la république de Venise; le fameux cardinal Pierre Bembe, & Pierre Justiniani, qui en ont donné une histoire générale; François Sansovin, qui a ébauché un tableau de la république de Venise, en treize livres; tous ces auteurs sont du seiziéme siècle. Ces sources n'ayant point paru assez pures à M. l'abbé *Laugier*, il a eu recours aux écrivains étrangers qui ont traité des affaires de Venise, & il a corrigé les uns par les autres, les auteurs vénitiens & ces historiens étrangers.

On peut croire qu'il n'oublie pas de discuter la fameuse question de l'indépendance des Vénitiens, agitée tant de fois avec tant d'éclat, mais sur-tout dans le temps de la conjuration du marquis de Bedmar. Il n'accorde pas aux Vénitiens tout ce qu'ils prétendent à cet égard; il ne leur refuse pas non plus, tout ce que leurs ennemis leur refusent; il distingue l'indépendance, de la liberté; il leur accorde dans tous les temps, la liberté; il leur refuse l'indépendance, du moins jusqu'au dixiéme siècle. Jusques-là ils relevèrent toujours ou de l'empire d'Occident, ou de l'empire d'Orient. L'affoiblissement continuel de ce dernier les conduisit par dégrés, à l'indépendance absolue, qu'ils acquirent au commencement du dixiéme siècle, & qu'ils ont toujours conservée depuis.

Le style de cette histoire abonde en défauts de négligence & de précipitation. Il y en a aussi plusieurs de recherche & d'affectation.

M. l'abbé *Laugier* est mort en 1769.

LAVIROTTE,

LAVIROTTE. (*Voyez* VIROTTE.)

LAUNAY, (François de) (*Hist. Litt. mod.*) avocat au parlement de Paris, remplit le premier en 1680, la chaire de droit françois, & à l'ouverture de ses leçons, fit un discours pour prouver que le droit romain n'est pas le droit commun de la France. On a de lui un *Commentaire* sur les *Institutes Coutumières* d'Antoine Loysel; un Traité *du Droit de Chasse*; des *Remarques sur l'institution du Droit Romain & du Droit François.* Né à Angers en 1612. Mort à Paris en 1693.

Un autre *Launay*, (Pierre de) né à Blois en 1573, mort en 1662, est au nombre des écrivains estimés dans la religion réformée. Il a écrit pour sa secte & sur la Bible.

LAUNOY, (*Hist. Litt. mod.*) Deux hommes de ce nom ont été célèbres; l'un, par son inconstance & ses fureurs; & l'autre, par son érudition, sur-tout par sa critique.

Le premier, (Matthieu) d'abord prêtre catholique, puis protestant, puis de nouveau catholique, mais fanatique, ligueur & l'un *des Seize*, contribua beaucoup à la mort du président Brisson; lorsque le duc de Mayenne lui-même se crut obligé de faire justice de cette violence, *Launoy* s'enfuit en Flandre, où l'on croit qu'il mourut. Il étoit de la Ferté-Alais ou Aleps. Il est auteur de quelques mauvais ouvrages de controverse, à jamais ignorés, quoiqu'il y calomniât tour-à-tour les Catholiques & les Protestants.

Le second, (Jean) est le fameux docteur de *Launoy*, qu'on appelloit *le Dénicheur de Saints*, parce que sa critique éclairée & alors hardie, avoit détruit beaucoup de fausses traditions & dévoilé beaucoup de fraudes pieuses; c'est de lui que le curé de St. Roch disoit qu'il lui faisoit toujours de profondes révérences, de peur qu'il ne lui ôtât son saint. M. le premier président de Lamoignon le pria un jour en plaisantant, de ne point faire de mal à St. Yon, patron d'un des villages dont il étoit seigneur: *comment lui serois-je du mal*, dit-il, *je n'ai pas l'honneur de le connoître?* Il disoit qu'il vouloit nettoyer le paradis, & n'y laisser que ceux que Dieu y avoit mis lui-même. Il ne voulut jamais de bénéfices; on n'eut pas ce moyen de lui imposer silence. « Je sens, disoit-il, tout ce que je perds, je me trouverois fort bien » de l'église, mais l'église se trouveroit fort mal de » moi ». Il attaquoit les Jésuites, & n'étoit pas janséniste; il n'étoit pas janséniste, & il se fit exclure de la Sorbonne, plutôt que de souscrire à la condamnation de M. Arnauld; toute cette conduite est d'un homme éclairé & juste. Ménage vouloit lui faire craindre les repliques des Jésuites, corps fécond en bons écrivains: *je crains plus*, dit-il, *leur canif, que leur plume.* Ce trait n'est pas d'un bon homme. Ses œuvres ont été recueillies par l'abbé Granet, en dix volumes *in-fol.* C'est principalement depuis les écrits du docteur *Launoy*, qu'on ne confond plus St. Denys, l'Apôtre de Paris, avec St. Denys l'aréopagite, qu'on ne croit plus au voyage de Lazare & de la Madeleine en Provence, ni à la résurrection & à la damnation du chanoine de St. Bruno, ni à la vision de Siméon Stock, au sujet du scapulaire, ni à la fondation des Carmes sur le Mont-Carmel par le prophête Elie, dont ils portent encore le manteau. On a aussi de lui une histoire curieuse, savante & pleine de critique de l'une & de l'autre fortune d'Aristote dans l'école, histoire qui a pu empêcher aussi de renouveller l'arrêt de 1624, lequel défend, *sous peine de mort*, de rien enseigner de contraire à la doctrine d'Aristote, par conséquent de rien savoir qu'Aristote n'ait pas su. Une *Histoire du Collège de Navarre*; une *Dissertation sur l'auteur du livre de l'Imitation de J. C.*; une sur *les Ecoles les plus célèbres fondées par Charlemagne.* Il a écrit aussi sur *la Grace* & sur diverses autres matières ecclésiastiques. Nous n'indiquons ici que ses ouvrages les plus connus. On peut consulter d'ailleurs le vaste recueil de ses œuvres. C'est un écrivain qui avoit les défauts des savans, la prolixité, l'accumulation des citations; mais il mérite une estime particulière; il a établi des opinions & dissipé des erreurs, mais il n'a presque été utile qu'aux savants; tous ses ouvrages sont en latin. Le cardinal d'Etrées le logeoit chez lui, ce qui seul prouveroit qu'il aimoit à s'instruire. *Launoy* mourut chez ce prélat en 1678. Il étoit né près de Valognes en 1603.

LAURENT, (Saint) *Hist. Ecclés.*) diacre de l'église romaine, martyr brûlé sur un gril le 10 août 258.

LAURETS, f. m. (*Hist. mod.*) étoient les pièces d'or frappées en 1619, sur lesquelles étoit représentée la tête du roi couronnée de lauriers. Il y en avoit à 20 schellings, marquées *X*, *X*, à 10 schellings, marquées *X*, & à 5 schellings, marquées *V*. Harris, *Supplém.* (*A. R.*)

LAURIA, (*Hist. de Sicile*). En 1284, Charles-le-Boiteux, prince de Salerne, fils de Charles, comte d'Anjou, roi de Sicile, frère de St. Louis, fut pris dans un combat naval par le célèbre Roger *Lauria*, amiral arragonois, aussi grand homme de mer pour son temps, que le fut depuis sous François Ier & Charles-Quint, le génois André *Doria*, dont il ne faut point confondre le nom, avec celui de l'amiral arragonois.

LAURIA est aussi le nom qu'avoit pris un savant cardinal du dix-septiéme siècle, auteur d'un Traité estimé *de la Prédestination & de la Réprobation.* Il tiroit ce nom de la ville de *Lauria* dans le royaume de Naples, lieu de sa naissance. Son nom véritable étoit François-Laurent Brancati. Il eut beaucoup de voix pour la papauté au conclave, où Alexandre VIII fut élu en 1689; mais l'Espagne lui donna l'exclusion. Il mourut en 1693, âgé de quatre-vingt-deux ans.

LAURIÈRE, (Eusèbe-Jacob de) (*Hist. Litt. mod.*) avocat au parlement de Paris, auteur de plusieurs ouvrages de jurisprudence connus, entr'autres, des deux premiers volumes du recueil des ordonnances de nos rois; il a donné aussi une édition des ordonnances recueillies par Néron & Girard; une des *Institutes Coutumières* de Loysel, avec de savantes notes; une *Bibliothèque des Coutumes*; il a écrit aussi sur la coutume de Paris en particulier, sur le droit d'amortissement & le droit de franc-fief. Né à Paris en 1659. Mort en 1728.

LAUSIÈRES (*Voyez* THÉMINES.)

LAUTREC. (*Voyez* FOIX.)

LAW, (Jean) (*Hist. de Fr.*) Ce nom se prononce *Lass*: c'est le nom trop connu:

De ce fou d'Ecossois qui se dupa lui-même.

auteur de ce fameux & déplorable système, qui a perdu en France les fortunes & les moeurs. Il étoit né à Edimbourg en 1688. Il étoit fils d'un coutelier. Ayant séduit à Londres, la fille d'un lord & tué le frère de sa maîtresse, il fut condamné à être pendu; il s'enfuit, & mena long-temps une vie errante en Hollande, en Italie, proposant par-tout son fatal système, qu'on dit pouvoir convenir à des républiques, mais qui n'a rien valu à notre monarchie. Il le proposa, dit-on, au duc de Savoye (Victor-Amédée) qui fut depuis le premier roi de Sardaigne de sa maison; il répondit qu'il n'étoit pas assez puissant pour se ruiner. *Law* vint en France, & fit la même proposition au contrôleur général Des Marêts, qui la rejetta; le régent l'agréa, peut-être parce qu'elle avoit été rejettée sous Louis XIV, & parce que les idées vastes & brillantes éblouissoient aisément son ame noble, & plaisoient à son esprit amoureux des nouveautés. Tout parut réussir d'abord, & on abusa de tout, selon l'usage; la folie du système devint épidémique. *Law* fut fait contrôleur-général en 1720. Ce ne fut que pour tomber de plus haut. La chûte du système & la ruine de l'état suivirent de près; tout ce que le régent put faire pour *Law*, fut de favoriser sa fuite. Cet aventurier reprit sa vie errante, il promena son inquiétude & ses projets en Allemagne, en Italie, en Hollande, en Angleterre, en Danemarck. Il se fixa enfin à Venise, aussi ruiné que tous les actionnaires de France, ses victimes, toujours jouant pour rétablir sa fortune, & la ruinant par là de plus en plus, & toujours occupé de projets & de chimères. Il mourut à Venise en 1729.

LAUZUN-CAUMONT, (*Hist. de Fr.*) (*Voyez* l'article CAUMONT).

François de Caumont fut créé comte *de Lauzun* en 1570. De lui descendoit ce fameux duc *de Lauzun*, si célèbre & par sa faveur & par sa disgrace, & par le consentement donné, puis refusé à son mariage avec mademoiselle de Montpensier; évènement qui agita toute la cour de Louis XIV, & sur lequel on trouve dans les lettres de Mme de Sévigné, des détails si intéressants. On sait que pour flatter ou pour excuser le choix de Mademoiselle, elle lui cita ces deux vers de Polyeucte:

Je ne la puis du moins blâmer d'un mauvais choix;
Polyeucte a du nom & sort du sang des rois.

qui transportèrent Mademoiselle de plaisir & de reconnoissance. Le duc *de Lauzun* se nommoit Antoine Nompar de Caumont, marquis de Puiguilhem. En 1668, il fut fait colonel général des Dragons; en 1669, capitaine des Gardes; en 1670, au voyage des Pays-Bas, qui servit de prétexte à celui de Madame en Angleterre, il commanda l'escorte du roi, composée de sa maison & de sa gendarmerie; en cette même année 1770, éclata l'affaire de son mariage. Le roi lui offrit pour dédommagement, le bâton de maréchal de France; il le refusa. En 1671, il fut mis à Pignerol; il n'en sortit qu'en 1681. En 1688, il conduisit d'Angleterre en France, la reine d'Angleterre, femme du roi Jacques II, avec le jeune prince de Galles leur fils. Il accompaga aussi dans sa fuite, Jacques lui-même. Il eut alors la permission de revenir à la cour de France. En 1689, il passa en Irlande avec le même roi Jacques. En 1692, il fut fait duc. Il paroît que Mademoiselle eut à lui reprocher de l'ingratitude & du manque de respect. Elle mourut en 1693. Il épousa, le 21 mai 1695, Geneviève-Marie de Durfort, fille du maréchal de Lorges. L'histoire de son premier mariage avec Mademoiselle, paroissoit un chose si incroyable, que lorsqu'à son arrivée à Pignerol, il l'eut contée au malheureux Fouquet, qui étoit alors retenu dans ce château, Fouquet rendit graces au ciel de ce que dans ses malheurs, il lui avoit conservé sa raison, & n'avoit pas permis qu'il perdît la tête comme le pauvre *Lauzun*, qui avoit des visions, & qui s'imaginoit que Mademoiselle avoit voulu l'épouser.

M. *de Lauzun* mourut le 19 novembre 1723, âgé de quatre vingt-dix ans & six mois.

LAYS, (*Hist. anc.*) courtisane de Corinthe, célèbre par sa beauté, sur-tout par le prix qu'elle mettoit à ses attraits. Tout le monde se ruinoit pour elle; Demosthène eut comme tout le monde, la curiosité de la voir & la foiblesse de la marchander, l'énormité du prix l'effraya & le rendit à la sagesse. « *Je n'achète pas si cher un repentir*, dit-il, » mot passé en proverbe, & auquel le temps a donné une nouvelle force, en ouvrant de nouvelles sources de repentir, inconnues du temps de Demosthène.

LAZARE, (*Hist. Sacr.*) frère de Marthe, ressuscité par Jesus-Christ. Son histoire se trouve dans l'Evangile de St. Jean, chap. 11 & 12.

Que depuis sa résurrection il ait abordé en Provence, & qu'il ait été évêque de Marseille, c'est une fable bien reconnue. *Voyez* l'article LAUNOY.

On trouve aussi dans l'Evangile, selon St. Luc, chapitre 16, l'histoire réelle ou symbolique du pauvre, nommé *Lazare*, mis en contraste avec le mauvais riche.

LAZARELLI, (Jean-François) (*Hist. Litt. mod.*) poëte satyrique, italien, auteur d'un poëme assez connu de ce genre, intitulé: *la Cicceide legitima*. Mort en 1694.

LAZARET, s. m. (*Hist mod. & Mar.*) bâtiment-

public en forme d'hôpital, où l'on reçoit les pauvres malades.

Lazaret, dans d'autres pays, est un édifice destiné à faire faire la quarantaine à des personnes qui viennent de lieux soupçonnés de la peste.

C'est un vaste bâtiment assez éloigné de la ville à laquelle il appartient, dont les appartemens sont détachés les uns des autres, où on décharge les vaisseaux, & où l'on fait rester l'équipage pendant quarante jours, plus ou moins, selon le lieu d'où vient le vaisseau & le tems auquel il est parti. C'est ce qu'on appelle *faire quarantaine*.

Il y a des endroits où les hommes & les marchandises payent un droit pour leur séjour au *lazaret*!

Rien, ce me semble, n'est plus contraire au but d'une pareille institution. Ce but, c'est la sûreté publique contre les maladies contagieuses que les commerçans & navigateurs peuvent avoir contractées au loin. Or n'est-ce pas les inviter à tromper la vigilance, & à se soustraire à une espèce d'exil ou de prison très-désagréable à supporter, sur-tout après un long éloignement de son pays, de sa famille, de ses amis, que de la rendre encore dispendieuse?

Le séjour au *lazaret* devroit donc être gratuit. Que d'inconvénients résultent de nos longs voyages sur mer, & de notre connoissance avec le nouveau monde! Des milliers d'hommes sont condamnés à une vie mal-saine & célibataire, *&c.* (*A. R.*)

LAZIUS, (Wolfgang) (*Hist. Litt. mod.*) professeur de belles-lettres & de médecine à Vienne, est plus connu comme historien, & fut en effet historiographe de l'empereur Ferdinand Ier, frère de Charles-Quint. L'ouvrage pour lequel il est le plus souvent cité, est son Traité *de Gentium migrationibus*. Comme il étoit de Vienne, il a écrit aussi: *de rebus Viennensibus*, & a traité de la généalogie de la maison d'Autriche. Ses œuvres ont été recueillies en deux volumes *in-folio*. Né en 1524. Mort en 1565.

LE BEUF. (*Voyez* BEUF.)

LE BLANC. (*Voyez* BLANC).

LE BOSSU. (*Voyez* BOSSU.)

LE BRUN. (*Voyez* BRUN.)

LECHONA-GEEZ, (*Hist. mod.*) ce mot signifie *langue savante*. Les Ethiopiens & les Abissins s'en servent pour désigner la langue dans laquelle sont écrits leurs livres sacrés; elle n'est point entendue par le peuple, étant réservée aux seuls prêtres, qui souvent ne l'entendent pas mieux que les autres. On croit que cette langue est l'ancien éthiopien; le roi s'en sert dans ses édits: elle a, dit-on, beaucoup d'affinité avec l'hébreu & le syriaque. (*A. R.*)

LECK, (*Hist. de Pologne.*) est regardé comme le fondateur de la république de Pologne. Mais tout ce qu'on en raconte, porte un caractère fabuleux. (*M. DE SACY.*)

LE CLERC. (*Voyez* CLERC.)

LE COQ (*Hist. Ecclés.*) vers l'an 1535, dans le temps où François Ier s'efforçoit en vain de détruire en France les nouvelles opinions de Luther & de Calvin, il pensa y être attiré lui-même par les sermons de *Le Coq*, curé de St. Eustache, qui, soit inadvertence, soit persuasion, prêcha devant lui, sur l'Eucharistie un zuinglianisme foiblement déguisé. Ne nous arrêtons pas, disoit-il, à ce qui est sur l'autel, élevons-nous au ciel par la foi; *sursum corda*, sire, *sursum corda*. Ce *sursum corda* ainsi employé pour écarter l'idée de la présence réelle, ébloüit un peu le roi, mais scandalisa fort les théologiens. L'évêque de Paris, du Bellai, les cardinaux de Lorraine & de Tournon avertirent le roi du danger où ils le jugeoient exposé; on conféra, on disputa, & enfin le curé de St. Eustache se laissa engager à une rétractation publique.

LECTISTERNE, s. m. (*Hist anc. Idol.*) On entend par le mot de *lectisterne*, ces coussins ou oreillers que les payens mettoient dévotement sous les simulacres de leurs dieux, afin qu'ils reposassent plus mollement. Quelques auteurs en rapportent l'institution aux Romains, & ils assurent que cet usage ne s'étendit point au-delà de l'Italie; mais cette superstition étoit trop extravagante pour n'avoir pas pris de plus grands accroissemens. En effet l'histoire nous apprend que les Arcadiens mettoient des oreillers sous les statues de la déesse de la paix, & les Phocéens sous celles d'Esculape; lorsque Séleucus rendit aux Athéniens les statues d'Harmodius & d'Aristogiton enlevées de leurs temples par Xerxès, le vaisseau qui les apportoit aborda dans l'île de Rhodes. Les habitans charmés d'être les dépositaires de ces simulacres, les supplièrent d'accepter dans leur ville l'hospitalité; & pour mieux les séduire, ils les placèrent sur des coussins, dont le sybarite eût envié la mollesse. Plusieurs voyageurs attestent qu'on voit encore dans Athènes le *lectisterne* d'Isis & de Séraphis. Ces monumens antiques de la religion payenne se trouvent dans plusieurs autres contrées & sur-tout dans la Grèce & dans les îles de l'Archipel: c'étoit sur des lits de pierre, de marbre ou de bois, qu'on plaçoit ces coussins où reposoit la statue du dieu, en l'honneur duquel on donnoit le bouquet sacré.

Les jours destinés à la fête des coussins ou oreillers, se célébroient avec autant de pompe que d'alégresse; la salle du festin étoit décorée de lits élégans où reposoient les dieux. Les convives se couronnoient de rameaux, de guirlandes de fleurs & d'herbes odoriférantes. C'étoit le magistrat ou le souverain pontife qui indiquoit le jour & la durée de cette solemnité dont l'objet étoit d'appaiser la colère des dieux. Comme il convenoit d'imiter les dieux dont on sollicitoit la clémence, la loi défendoit d'envoyer au supplice les criminels; il étoit même des circonstances où l'on ouvroit les prisons, après que le magistrat suprême avoit prononcé l'abolition de tous les crimes. Les chrétiens dont la plupart étoient nés & nourris dans le sein du paganisme, introduisirent l'usage des *lectisternes*, dans leurs agapes. Ce spectacle scandaleux de mollesse, étoit contraire à la sévérité des mœurs évangéliques; & ce fut pour faire revivre la pureté primitive, que le concile de Nicée lança des anathêmes contre ces chrétiens efféminés qui sembloient avoir oublié leur origine. (*T—N.*)

LEDESMA, (Alphonse) (*Hist. Litt. mod.*) poëte espagnol, & que les Espagnols appellent *le poëte divin*, moins pour le mérite de ses poësies, que pour le choix de ses sujets, tous tirés de l'Ecriture-Sainte. Mort en 1623.

Il y a aussi des théologiens espagnols, jacobins & jésuites, de ce nom.

LÉE, (Nathanaël) (*Hist. Litt. mod.*) poëte dramatique anglois, dont il reste onze pièces qui se jouent en Angleterre avec succès. Addisson l'a loué. *Lée* est mort fou.

LE FEVRE. (*Voyez* FEVRE.)

LEGER, (Saint) (*Voyez* EBROIN.)

LÉGER, (Jean) (*Hist. Litt. mod.*) docteur protestant, pasteur de l'église Wallonne à Leyde, est auteur d'une *Histoire des Eglises évangéliques des vallées de Piémont*. Il étoit né en 1615. Il vivoit en 1665.

LEGIFRAT, s. m. (*Hist. mod.*) territoire ou district soumis à un légifere; ce terme est employé dans quelques auteurs suédois. Un roi de Suéde ne pouvoit entrer autrefois dans un *légifrat* sans garde; on l'accompagnoit aussi en sortant jusque sur la frontiere d'un autre *légifrat*. Les peuples lui présentoient comme un hommage les sages précautions qu'ils prenoient pour la conservation de leur liberté. (*A R.*)

LE GRAND. (*Voyez* la lettre G.)

LE GROS, (Nicolas) (*Hist. Litt. mod.*) chanoine de Rheims, janséniste, fort en faveur auprès de l'archevêque janséniste Le Tellier; persécuté, excommunié, obligé de fuir sous l'archevêque moliniste Mailly, courut en Italie, en Hollande, en Angleterre, & se fixa enfin à Utrecht, où il fut un des principaux soutiens des églises jansénistes de Hollande. Il mourut à Rhinswik, près d'Utrecht en 1751. Il a beaucoup écrit: 1°. sur l'Ecriture-Sainte; 2°. sur l'Usure; 3°. contre la Constitution.

LEIBNITZ, (Godefroy-Guillaume) (*Hist. Litt. mod.*) On connoît l'universalité de ce savant. On sait que M. de Fontenelle l'a décomposé pour le louer. De plusieurs Hercules, dit-il, l'antiquité n'en a fait qu'un, & du seul M. *Leibnitz* nous ferons plusieurs savants; il le compare à ces anciens qui avoient l'adresse de mener jusqu'à huit chevaux attelés de front, de même *Leibnitz* mena de front toutes les sciences.

Poëte françois, poëte allemand, médiocre si l'on veut, mais poëte latin distingué, il ne croyoit pas, dit M. de Fontenelle, qu'à cause qu'on fait des vers latins, on soit en droit de ne point penser & de ne dire que ce que les anciens ont dit. Sa poësie est pleine de choses, & M. de Fontenelle lui trouve la force de Lucain, quand celui-ci ne fait point trop d'efforts. Le chef-d'œuvre de *Leibnitz* dans ce genre, est son poëme sur la mort du duc Jean-Frédéric de Brunswick, son protecteur; c'est, selon M. de Fontenelle, un des plus beaux monuments de la poësie latine moderne.

Son Traité, sous le nom supposé de George Ulicovius, traité dont l'objet étoit d'engager la république de Pologne à élire pour roi, Philippe Guillaume de Neubourg, comte palatin, lorsque Jean Casimir eut abdiqué la couronne en 1668; son livre intitulé: *Cesarini Furstenerii de jure suprematûs ac legationis principum Germaniæ*, sur le cérémonial qu'on devoit observer aux conférences de Nimégue, à l'égard des princes libres de l'Empire, qui n'étoient pas électeurs; son *Codex juris gentium diplomaticus*, & le supplément intitulé: *Mantissa codicis juris gentium diplomatici*; ses travaux sur l'histoire & les historiens de la maison de Brunswick; sa dissertation sur l'origine des François, tous ces grands monuments historiques le placeroient au premier rang même parmi les savants qui n'ont été savants qu'en histoire.

Il n'obtiendroit pas un rang moins honorable parmi les jurisconsultes. Ses titres dans ce genre sont sa thèse: *de Casibus perplexis in jure; Specimen Encyclopédiæ in jure; Catalogus desideratorum in jure; Corporis juris reconcinnandi ratio*.

Physicien, il dédia en 1671, à vingt-cinq ans, à l'Académie des Sciences de Paris, le *Theoria motûs abstracti*, & à la Société Royale de Londres le *Theoria motûs concreti*, deux Traités qui forment une physique générale complette. Il est l'inventeur d'une multitude de machines utiles en divers genres.

« Il seroit inutile de dire que *Leibnitz* étoit un » mathématicien du premier ordre; c'est par là qu'il » est le plus généralement connu ».

Sur l'histoire du calcul différentiel ou des infiniment petits & sur l'espèce de procès qu'elle fit naître entre les partisans de Newton & ceux de *Leibnitz*, entre l'Angleterre & l'Allemagne, (*Voyez* les articles NEWTON & BERNOUILLI.)

Leibnitz étoit métaphysicien; & c'étoit, dit M. de Fontenelle, une chose presque impossible qu'il ne le fût pas; il avoit l'esprit trop universel, non seulement parce qu'il alloit à tout, mais encore parce qu'il saisissoit dans tout, les principes les plus élevés & les plus généraux, ce qui est le caractère de la métaphysique. Son système de l'*Optimisme* & *son harmonie préétablie* sont célèbres.

Enfin il étoit théologien, témoins sa *Théodicée*, son Traité de la tolérance des Religions, contre Pélisson, d'abord protestant persécuté, ensuite catholique persécuteur; témoin encore son ouvrage intitulé: *Sacrosancta Trinitas per nova inventa logica defensa*.

Leibnitz avoit conçu le projet d'une langue philosophique & universelle; il méditoit un alphabeth des pensées humaines. Toujours quelque chose de grand, de vaste, de philosophique dans toutes ses idées.

Il étoit né à Leipsick le 23 juin 1649; son père étoit professeur & greffier de l'université de cette ville. *Leibnitz* étoit luthérien, ce qui ne l'a pas empêché de réfuter l'histoire de la papesse Jeanne, & de dire que le pape étoit le chef spirituel, & l'empereur le chef temporel de l'église. Un jour passant par mer dans une petite barque seul & sans suite, de Venise dans le

Ferrarois, il s'éleva une violente tempête. Malheur en pareil cas aux hérétiques en pays superstitieux; l'allemand fut suspect, on jugea qu'il étoit luthérien, par conséquent il étoit la cause de la tempête :

Vetabo, qui Cereris sacrum,
Vulgarit arcanæ, sub iisdem
Sit trabibus, fragilemque mecum
Solvat phaselum.

Le pilote, qui croyoit n'être pas entendu d'un allemand, proposa de le jetter à la mer, en conservant néanmoins ses hardes & son argent. M. *Leibnitz*, sans paroître l'entendre, tire un chapelet de sa poche, & commence à le réciter avec dévotion.

Quo gemitu conversi animi, compressus & omnis Impetus.

Il ne fut plus question de le jetter à la mer. *Voyez* à l'article DESCARTES, une aventure à-peu-près semblable, où celui-ci montra moins d'adresse & plus de courage.

A Nuremberg, *Leibnitz* trompa des alchymistes, en s'amusant à composer avec les expressions les plus obscures de l'alchymie, une lettre absolument inintelligible, qui n'en ressemblant que mieux au style de ces messieurs, le fit prendre pour un *adepte*; ils le reçurent avec honneur dans leur laboratoire; & puisqu'il savoit si bien employer, quand il le vouloit, l'art de l'inintelligibilité, ils le chargèrent parmi eux, des fonctions de secrétaire.

En 1668, l'électeur de Mayence le fit conseiller de la chambre de revision de sa chancellerie.

En 1696, l'électeur d'Hanovre le fit son conseiller de justice privé. Le Czar Pierre-le-Grand lui donna dans la suite, le même titre.

En 1699, il fut mis à la tête des associés étrangers de l'Académie des Sciences de Paris. En 1700, l'Académie des Sciences de Berlin fut établie sur le plan qu'il avoit tracé; & en 1710, parut un volume de cette Académie, sous le titre de *Miscellanea Berolinensia*, où M. *Leibnitz* paroît, dit M. de Fontenelle, sous toutes ses différentes formes d'historien, d'antiquaire, d'étymologiste, de physicien, de mathématicien, &c. Le roi d'Angleterre, électeur d'Hanovre, l'appelloit son *Dictionnaire vivant.*

En 1711, le czar, dans le cours de ses voyages, le vit, le consulta, l'honora; « le sage étoit précisément tel que le monarque méritoit de le trouver ». Il eut la plus grande part à la civilisation de la Russie & à l'introduction des sciences dans ce pays. Il mourut le 14 novembre 1719, de la goutte, à laquelle il étoit fort sujet. Il ne vivoit que d'un peu de lait, mais il faisoit un grand souper, sur lequel il se couchoit à une heure ou deux après minuit. Nous observons ce régime, parce qu'il n'est pas ordinaire aux gens de lettres. Nous ignorons quelle influence il a pu avoir sur la durée de sa vie, qui a été de soixante & dix ans, ou qui n'a été que de soixante & dix ans.

LEICH, (Jean-Henri) (*Hist. Litt. mod.*), professeur d'humanités & d'éloquence à Leipsick, est auteur d'un ouvrage intitulé : *de origine & incrementis Typographiæ Lipsiensis*; d'une histoire, latine aussi, de Constantin Porphyrogénète; d'un Traité qui a pour titre : *de Diptycis veterum & de Diptyco emin. card. Quirini*; d'un autre, intitulé : *Diatribe in Photii bibliothecam.* Il travailloit au Journal de Leipsick. Il mourut en 1750.

LEIDRADE, (*Hist. Litt. mod.*) archevêque de Lyon, bibliothécaire de Charlemagne. Baluze a donné une édition de ses œuvres avec celles d'Agobard. Charlemagne qui attiroit de toutes parts les savants à sa cour, l'avoit fait venir du Norique, c'est-à-dire, de l'Autriche.

LEIGH, (Edouard & Charles) (*Hist. Litt. mod.*) savants anglois; Edouard avoit une grande connoissance des langues; il a beaucoup écrit sur la Bible. On a de lui entr'autres ouvrages, sous le titre de *Critica Sacra*, un Dictionnaire hébreu; un Dictionnaire grec; & un Traité *de la liaison qui se trouve naturellement entre la Religion & la Littérature.* Cela vaut mieux que de s'attacher, comme tant d'ignorants qui ont leurs raisons pour en user ainsi, à mettre toujours en opposition la religion & les lettres. Edouard *Leigh* mourut en 1671.

Charles *Leigh* est auteur d'une Histoire naturelle, écrite en anglois, & qui est estimée.

LELA, en langue turque signifie *dame*, (*Hist. mod.*) ce nom se donne aux grandes dames dans l'Afrique; & c'est assez le titre d'honneur qu'on y donne à la bienheureuse Vierge mere de Jésus-Christ, pour laquelle les Mahométans ont beaucoup de vénération, aussi-bien que pour son fils : c'est la remarque de Diégo de Torrez. Ils appellent, dit-il, parlant des Maures, notre seigneur Jésus-Christ, *cidena Ira*, ou *sidna Ica*, c'est-à-dire *notre seigneur Jésus* : & la sainte Vierge, *lela Mariam*, c'est-à-dire *la dame Marie.* Ricaud, *de l'empire Ottoman.* (*A. R.*)

LELAND, (Jean) (*Hist. Litt. mod.*) anglois, auteur d'un Traité *des Ecrivains de la Grande Bretagne*; d'un recueil intitulé : *de rebus Britannicis collectanea*; d'un Itinéraire d'Angleterre. Ses ouvrages manuscrits sont d'ailleurs conservés dans la bibliothèque Bodleienne. Il mourut fou en 1552, de chagrin de ce qu'une forte pension que lui avoit donnée Henri VIII, & dont il vivoit, ne lui étoit pas payée.

LÉMERY, (Nicolas & Louis) (*Hist. Litt. mod.*) 1°. Nicolas *Lémery*, né à Rouen le 17 novembre 1645, de Julien *Lémery*, procureur au parlement de Normandie, a été parmi nous le créateur de la chimie. Il étoit de son temps le seul qui possédât ce qu'on appelloit alors le magistère de Bismut; c'est le *blanc d'Espagne*; les Rohaut, les Bernier, les Auzout, les Regis, les Tournefort; &c. étoient au nombre de ses auditeurs. Presque toute l'Europe a appris de lui la chimie; la plûpart des grands chimistes, François ou étrangers, lui ont rendu hommage de leur savoir,

C'étoit dit M. de Fontenelle, un homme d'un travail continu; il ne connoissoit que la chambre de ses malades, son cabinet, son laboratoire, l'Académie. Il étoit d'abord protestant; il fut persécuté, ruiné, expatrié pour sa religion; après avoir tant souffert pour elle, il la quitta en 1686, & ramena la fortune qui s'étoit éloignée. Il étoit à la fois médecin, chirurgien, apothicaire comme les médecins de l'antiquité; mais ce qu'il étoit presqu'exclusivement, c'étoit chimiste. Son nom fut long-temps le plus grand nom & à-peu-près le seul grand nom qu'il y eût en chimie. Un espagnol, fondateur & président de la Société Royale de Médecine établie à Séville, disoit qu'*en matière de chimie, l'autorité du grand Lémery étoit plutôt unique que recommandable*. Les choses sont bien changées à cet égard; cette science a fait, sur-tout de nos jours, les plus grands progrès. Nicolas *Lémery* entra en 1697, dans l'Académie des Sciences, il vit entrer deux de ses fils dans cette compagnie, & sa pension, dont il se démit, fut donnée à l'aîné. Il mourut d'apopléxie le 19 juin 1715. Il avoit donné en 1675, un *Cours de Chimie*; en 1697, une *Pharmacopée universelle*, & *un Traité universel des Drogues*. En 1609, *un Traité de l'Antimoine*.

Louis *Lémery*, fils du précédent, digne de lui par ses connoissances en chimie & en médecine, fut médecin du roi, il fut aussi membre de l'Académie des Sciences, comme son père & son frère. Il écrivit contre M. Andry, sur la génération des vers dans le corps humain. On a de lui un Traité des Aliments, estimé, & un grand nombre de Mémoires dans le recueil de l'Académie. Il a eu de Catherine Chapotot, qu'il avoit épousée en 1706, une fille aimable & célèbre par les agréments de sa société, morte de nos jours.

LEMOS (Thomas,) (*Hist. Ecclésiast.*) dominicain espagnol, redoutable aux Jésuites & aux Molinistes qu'il écrasa, dit-on, dans les fameuses congrégations *de auxiliis*. Le P. Valentin jésuite, qui disputoit contre lui, cita par ignorance ou par fraude pieuse, un passage de St. Augustin, qui n'étoit pas de St. Augustin; *Lemos* qui savoit par cœur tous les écrits de ce père de l'église, s'apperçut de l'erreur ou de l'artifice & confondit le jésuite, qui ayant été réprimandé par le pape pour cette fausse citation, en mourut de honte & de douleur. Les autres jésuites qui entrèrent en lice contre *Lemos* n'eurent pas plus d'avantage; ils disent que *Lemos* l'emportoit par la force de sa poitrine de fer. Les dominicains soutiennent que c'étoit par l'éloquence, la science & la raison. Un d'entr'eux, le père Chouquet, y ajoute un autre avantage qui n'étoit pas médiocre, c'est que le père *Lemos* étoit environné *d'une gloire en manière de couronne, qui éblouissoit ses adversaires & les cardinaux mêmes*. Le titre du livre où il rapporte ce fait curieux n'est pas moins curieux que le fait. Voici ce titre: *Les entrailles maternelles de la Ste. Vierge pour l'ordre des frères prêcheurs*. Il semble que les frères prêcheurs faisant profession de contester l'immaculée conception de la Vierge, ne méritoient guère de sa part ces entrailles maternelles, & les frères mineurs étoient sûrement de cet avis, aussi bien que les jésuites. Les gens sans partialité sur les grandes questions qui s'agitoient entre les dominicains & les jésuites dans les congrégations *de auxiliis*, disent que *Lemos* combattit mieux le molinisme qu'il ne défendit le thomisme, & qu'en général tous ces systêmes sont plus aisés à renverser qu'à établir solidement. Quoi qu'il en soit, *Lemos* chanta lui-même sa victoire dans un journal de la congrégation *de auxiliis*. On a encore de lui un ouvrage sur les mêmes questions, intitulé: *panoplia gratiæ* & d'autres écrits sur la grace. A cette occasion les auteurs du nouveau dictionnaire historique, remarquent sensément, en parlant de la grace, qu'on en dispute trop & qu'on ne la demande pas assez. La satiété du public a enfin rendu ces disputes plus rares.

On dit que *Lemos* refusa un évêché, & se contenta d'une pension. Il mourut en 1629 à quatre-vingt-quatre ans.

LENCLOS (Anne, dite *Ninon*,) (*Hist. mod.*) Au nom de la célèbre Ninon *de Lenclos* on se rappelle d'abord les Laïs, les Phrinés, les Léontium, les Aspasies, &c. toutes ces courtisanes si fameuses par la beauté, par l'esprit, par les talens, par ce grand ascendant qu'elles eurent sur les hommes. Ce seroit cependant faire tort à Mademoiselle *de Lenclos* que de la mettre au nombre des courtisanes; elle profana, il est vrai, l'amour en deux manières; 1°. en prodiguant ses faveurs; 2°. en le réduisant au plaisir des sens: elle prodigua ses faveurs, mais elle ne les prostitua point, du moins elle ne les vendit pas; il fallut lui plaire pour être bien traité d'elle. Au défaut de l'amour, elle respecta du moins assez le plaisir pour ne pas croire qu'il put être un objet de trafic; en effet parmi tous les moyens d'anéantir le plaisir, il n'en est pas de plus sûr que de l'acheter & de le vendre. Ninon fit à bon escient le sacrifice de la considération qui naît de la vertu des femmes, elle se contenta de celle que procurent l'esprit, la probité, les qualités sociales, un caractère sûr & aimable. Mais avec la vertu du sexe, de combien d'autres vertus accessoires on se dépouille! Cette constance qu'elle avoit dans l'amitié n'étoit plus pour elle en amour que la matière d'une plaisanterie indécente. Cette fidélité à remplir tous ses engagemens, qui la faisoit aller au delà de peur de rester en deçà, cette vérité, cette simplicité que ses amis trouvoient toujours dans son cœur, dans son esprit, dans son ton, dans ses manières, dans tous les détails de son commerce, disparoissoient pour ses amans; on connoît son mot dans un moment d'infidélité. *Ah! le bon billet qu'a la Châtre!* mais pourquoi des billets? elle avoit donc voulu tromper. Elle qui systématisoit sa conduite & qui mettoit en principe la licence de ses mœurs, devoit avoir pour premier principe que le plaisir n'admet ni engagement ni renonciation, qu'on le prend par tout où il se présente, qu'on le quitte par tout où il s'évanouit. Ce billet portant engagement de n'en point aimer d'autre étoit donc une petite fausseté, une fausseté peu philosophique, peu digne de Ninon. La licence des mœurs entraine aussi la perte de la modestie, première parure des femmes honnêtes, fard nécessaire à celles qui ne le sont pas; on dit que les galanteries de Ninon ayant engagé la reine Anne d'Autriche à lui ordonner l'asyle d'un couvent dont elle lui laissa le choix, Ninon répondit qu'elle choisissoit le couvent des grands cordeliers de Paris ; ce n'est qu'une plaisanterie, mais elle est trop forte pour une femme & elle choque même comme plaisanterie. St. Evrémont a peint avec beaucoup de précision dans les vers suivans, ces mélanges, ces contrastes qui se trouvent dans le caractère de Ninon :

> L'indulgente & sage nature
> A formé l'ame de Ninon
> De la volupté d'Epicure,
> Et de la vertu de Caton.

Tous ses amans furent des hommes aimables, tous ses amis furent des gens de mérite, elle eut sur-tout une vieillesse aimée & respectée. Sa maison devint le rendez-vous de la meilleure compagnie tant de la cour que de Paris, même en femmes ; la dévote Madame de Sévigné, qui l'avoit long-temps traitée avec le mépris qu'on a pour une courtisane, & la haine qu'elle croyoit devoir à celle qu'elle regardoit comme la séductrice de son fils, fut enfin forcée de changer de ton sur son compte & d'avoir pour elle des égards. La prude Maintenon qui avoit été son amie dans sa jeunesse, voulut dans sa vieillesse l'attirer à la cour pour qu'elle l'aidât à en supporter l'ennui : Ninon, pour toute réponse, lui proposa, dit-on, à elle-même de quitter cet ennui superbe pour venir goûter avec elle les douceurs de l'amitié dans la condition privée.

C'est le sujet d'un dialogue entre Madame de Maintenon & Mademoiselle de Lenclos dans M. de Voltaire. Il paroît cependant que Ninon ne s'estimoit pas plus heureuse à Paris au milieu de ses amis, que Madame de Maintenon à Versailles au milieu de ses ennemis, puisqu'elle écrivoit à St. Evremont : « Tout » le monde me dit que j'ai moins à me plaindre du » temps qu'un autre. De quelque façon que cela soit, » si l'on m'avoit proposé une telle vie, je me serois » pendue. »

Elle ne fut point dévote, mais les dévots briguèrent sa conquête avec autant d'ardeur que ses amans l'avoient long-temps briguée. Vous savez, dit-elle un jour à M. de Fontenelle, quel parti j'aurois pu tirer de l'amour pour ma fortune, il ne tiendroit qu'à moi d'en tirer un plus grand encore de la religion ; les jansénistes & les molinistes se disputent mon ame, la marchandent, & me font tous les jours à l'envi les propositions les plus honnêtes. Un de ses amis, dans une maladie grave, refusant de voir son curé, elle l'introduisit elle-même en disant : *Monsieur, faites votre devoir, il fera un peu le raisonneur, mais je vous assûre qu'il n'en sait pas plus que vous & moi.* On dit qu'au milieu des plus grands désordres de sa vie, elle ne manquoit point à ses prières du matin & du soir ; que tous les soirs elle remercioit Dieu de l'esprit qu'il lui avoit donné, que tous les matins, elle le prioit de la *préserver des sottises de son cœur.* Elle eut un fils qui devint amoureux d'elle, & se tua de désespoir en apprenant qu'elle étoit sa mère. Le Sage a fait usage de cette aventure dans son roman de Gil Blas. Elle étoit née en 1615, elle est morte en 1706 agée de quatre-vingt dix à quatre-vingt onze ans, ayant conservé jusqu'à cet âge, tout son esprit & tout ce que la vieillesse peut laisser d'amabilité ; elle avoit connu M. de Voltaire enfant, avoit pressenti ce qu'il devoit être un jour, & lui avoit fait un petit legs pour acheter des livres. Elle étoit née de parens nobles, étoit restée orpheline à l'âge de quinze ans, & s'étoit formée elle-même par la lecture. Jeune encore & déjà fort aimée, elle eut une maladie dans laquelle on désespéra de sa vie. Ses amis la plaignoient de mourir si jeune & d'être enlevée à tant de cœurs qui l'aimoient, *Hélas ! dit-elle, je ne laisse que des mourans.* M. Bret & M. Damours avocat au conseil, ont écrit sa vie ; ce dernier a donné des lettres qu'il a supposées écrites par Ninon au marquis de Sévigné. Ces lettres ne sont pas sans mérite, mais elles n'ont pas celui d'être de Ninon.

LENET (Pierre,) (*Hist. mod.*) conseiller d'état, dont nous avons des mémoires assez curieux sur les troubles de la fronde, principalement dans la Guyenne. Il étoit fils & petit fils de présidents du parlement de Dijon, il avoit été lui-même conseiller, puis procureur-général de ce parlement. Mort en 1671.

LENFANT (Jacques,) (*Hist. Litt. mod.*) françois réfugié d'abord à Heidelberg, ensuite à Berlin, auteur des histoires des conciles de Constance, de Pise, de Bâle, de l'histoire de la papesse Jeanne, d'un *poggiana*, ou vie & bons mots du Pogge, de sermons & d'autres ouvrages. Il étoit prédicateur de la reine de Prusse, & chapelain du roi son fils, père du roi dernier mort. Il étoit aussi de l'académie de Berlin : né à Bazoche en Beauce en 1661, il mourut en 1728.

Un autre *Lenfant* (David) dominicain de Paris, mort en 1688, a fait quelques compilations théologiques & une mauvaise *histoire générale.*

LENGLET, (*Hist. Litt. mod.*), c'est le nom 1°. d'un professeur royal d'éloquence & recteur de l'université, poëte latin moderne, grace aux anciens.

2°. Du fameux abbé *Lenglet* du Fresnoy (Nicolas) M. Michault a publié en 1761 des mémoires sur sa vie, & il avoit préparé un *Lengletiana. Lenglet* du Fresnoy naquit à Beauvais le 5 octobre 1674. En 1696 il publia une lettre théologique sur la vie de la Ste. Vierge par Marie d'Agréda : cette lettre fut censurée en sorbonne, & par l'éclat même de cette censure, fit une sorte de réputation à l'auteur : indépendamment de la censure il essuya des critiques, par conséquent il s'enflamma pour son opinion, & au lieu d'une simple lettre sur les apparitions, les visions & les révélations particulières, il fit sur cette matière qu'il approfondit & qu'il réduisit à des principes généraux, un grand traité historique & dogmatique ; mais il renchérit bien sur le conseil d'Horace

Nonumque prematur in annum,

car il ne publia ce traité qu'en 1751 au bout de cinquante-cinq ans.

Il publia en 1698 l'imitation de J. C. en forme de prières; quelque temps après il accompagna de notes historiques & critiques, une édition du nouveau testament: comme l'abbé *Lenglet* n'avoit pas mis son nom à cette édition, un chanoine régulier de Sainte Geneviève, professeur de théologie au séminaire de Rheims, imagina de se l'attribuer; il en fit des présens à tous les supérieurs de sa congrégation, & en reçut les compliments; les journalistes de Trévoux ayant appris par l'imprimeur qu'il étoit le véritable auteur de cet ouvrage, le lui restituèrent publiquement. L'abbé & le prieur de Ste. Geneviève, imaginant que c'étoit quelque tracasserie des jésuites contre leur ordre, allèrent aux informations. Le professeur de Rheims voyant que son plagiat alloit être découvert, s'enfuit de son couvent, laissant un billet dans lequel il faisoit ses adieux à la congrégation; il alla enseigner la théologie chez les Grisons.

Madame la princesse de Condé, Anne de Bavière, femme du prince Henri-Jules, disoit son bréviaire tous les jours, elle engagea l'abbé *Lenglet* à faire une traduction fançoise du diurnal romain, qui fut publiée en 1705.

La même année, M. de Torcy, ministre des affaires étrangères, envoya M. l'abbé *Lenglet* à Lille où étoit l'électeur de Cologne, Joseph-Clément de Bavière, auprès duquel il fut admis en qualité de premier secrétaire pour les langues latine & françoise; il avoit des ordres secrets de la cour pour éclairer la conduite des ministres de cet électeur, & les empêcher de rien faire contre le service du roi. Lorsqu'en 1708 Lille fut assiégée par les alliés, & que l'électeur de Cologne se fut retiré à Valenciennes, l'abbé *Lenglet* resta parmi les assiégés pour prendre soin des effets de l'électeur qui étoient restés à Lille. Quand cette place fut prise, l'abbé *Lenglet* se fit présenter au prince Eugène & obtint de lui une sauvegarde pour les effets de l'électeur: des correspondances qu'il entretenoit dans divers pays étrangers, lui firent découvrir les complots de quelques traîtres que les ennemis avoient su gagner en France; il sut qu'un capitaine des portes de Mons devoit leur livrer moyennant cent mille piastres & la ville, & les électeurs de Cologne & de Bavière qui s'y étoient retirés; il en avertit M. le Blanc, alors intendant d'Ypres; le traître fut arrêté, une lettre originale de Milord Marlborough, qu'on trouva dans sa poche, servit à sa conviction, il fut rompu vif. En un mot, l'abbé *Lenglet* étoit espion, & selon l'usage, il étoit double espion. Suivant une tradition que nous ne garantissons pas, le prince Eugène, qui croyoit l'avoir gagné, s'apperçut qu'il continuoit d'entretenir correspondance avec la France; il le fit venir, lui montra les preuves de sa double trahison, & alloit le faire pendre. *Eh! Monseigneur*, lui dit l'abbé, *laissez-moi vivre honnêtement des profits ordinaires de mon métier. De quoi vous plaignez-vous? est-ce que je ne vous donne pas de bons avis? vous profitez de tous; j'en donne aussi aux françois, ils ne profitent d'aucun.* Le prince Eugène admira cette impudence raisonnée & lui fit grace. Quoi qu'il en soit de cette anecdote, il est certain qu'il fut détenu six semaines à la Haye, & qu'il ne dut la liberté qu'aux sollicitations du prince Eugène. De retour en France, il se livra pendant quelque temps aux seuls travaux de la littérature; mais en 1718 & 1719 il fut encore employé comme espion par le ministère; ce fut à l'occasion de la conspiration du prince de Cellamare & du cardinal Albéroni; l'abbé *Lenglet* fut chargé de pénétrer dans les détails de cette intrigue. Son historien dit qu'il n'accepta cette commission que sur la promesse qui lui fut faite, qu'aucun de ceux qu'il découvriroit, ne seroit condamné à mort; les services qu'il rendit dans cette affaire furent payés d'une pension dont il a joui toute sa vie. L'abbé *Lenglet* fit aussi quelque séjour à Vienne, il fut aussi détenu à Strasbourg, il eut des démêlés avec le fameux poëte Rousseau; il porta dans le commerce des livres & des manuscrits, le même esprit d'infidélité qu'il avoit porté dans l'espionage.

L'abbé *Lenglet* n'eut peut-être de vraiment estimable que l'amour de la liberté qui lui fit rejetter toutes les faveurs que la fortune sembla lui offrir. Le cardinal Passionei vouloit l'attirer à Rome, le prince Eugène vouloit le fixer à Vienne, M. le Blanc vouloit se l'attacher; l'abbé *Lenglet* voulut être indépendant; mais l'usage effréné qu'il faisoit de sa liberté la lui fit perdre souvent; ses séjours à la bastille étoient devenus comme périodiques. « Un exempt appellé Tapin étoit, » dit M. Michault, celui qui se transportoit ordinaire» ment chez lui pour lui signifier les ordres du roi. » Quand l'abbé *Lenglet* le voyoit entrer, à peine lui » donnoit-il le temps d'expliquer sa commission: *ah!* » *bon jour, Monsieur Tapin*, lui disoit-il, puis s'adres» sant à sa gouvernante, *allons vîte*, disoit-il, *mon* » *petit paquet, du linge, mon tabac, &c.* & il alloit » gaiement à la bastille avec M. Tapin. »

Les dernières années de sa vie, l'abbé *Lenglet* s'occupoit de la chimie, & cherchoit même, dit-on, la pierre philosophale. Il se purgea un jour avec un sirop de sa composition, & devint prodigieusement enflé, il eut recours à une autre drogue de sa façon, & devint presque étique; il périt d'une mort funeste le 16 janvier 1755 à quatre-vingt deux ans: il lisoit près du feu, il s'endormit & tomba, le feu le gagna, ses voisins accoururent trop tard pour le secourir, il avoit déjà la tête presque entièrement brulée.

Son historien lui attribue un caractère doux, un commerce aisé, après l'avoir représenté comme un espion & un escroc, bizarre, fougueux, cynique, incapable d'amitié, de décence, de soumission aux loix, perpétuellement agité de basses & petites querelles avec des auteurs & des libraires. Témoin ce ridicule fragment d'une ridicule lettre, où l'abbé *Lenglet* apostrophe si burlesquement le libraire Chaubert: *Parlez, M. Chaubert, expliquez-vous, je vous en conjure: ai-je tort de me plaindre de votre injustice? mais je vous le pardonne de bon cœur; cela ne m'empêchera point de vous saluer à l'ordinaire en passant devant votre boutique.*

On peut juger par ce trait, de l'élévation des idées de

de l'abbé *Lenglet* & de l'importance de ses démêlés.

L'historien de l'abbé *Lenglet* donne un catalogue raisonné des ouvrages de cet auteur; il les divise en trois classes, celle des ouvrages qu'il a faits seul, celle des éditions qu'il a données & celle des ouvrages auxquels il a seulement eu part. Parmi les ouvrages qu'il a faits seul, les deux méthodes pour étudier l'histoire & la géographie; son histoire de Jeanne d'Arc, ses tablettes chronologiques, sont ceux qui lui ont fait le plus d'honneur & que leur utilité rend les plus recommandables.

LENONCOURT, (*Hist. de Fr.*) noble & ancienne maison en Lorraine, qu'on voit en divers temps s'allier aux Baudricourt, aux Laval, aux Rohan, &c. Elle descend d'un frère du duc Gérard d'Alsace, nommé Odelric, qui vivoit dans le onzième siècle. Odelric étoit seigneur de la ville de Nancy, & cette maison de Lenoncourt porta long-temps le nom de Nancy.

De cette maison étoient les deux célèbres cardinaux de Lénoncourt, Robert & Philippe. Robert fut évêque de Metz, & contribua beaucoup à faire passer cette ville sous la domination de la France. En 1552 son oncle, archevêque de Rheims, aussi nommé Robert, avoit fait commencer à Rheims le tombeau de saint Remy; le neveu, abbé de saint Remy de Rheims, le fit achever. On appelloit communément l'oncle *le père des pauvres*. C'étoit lui qui avoit sacré le roi François I. le 25 janvier 1515. Il mourut le 25 septembre 1531. Le neveu mourut à la Charité sur Loire, en 1561; on ne l'appelloit que *le bon Robert*. Il racheta le coin de la monnoie que les évêques ses prédécesseurs avoient engagé; on trouve encore de la monnoie marquée à son coin avec cette légende: *in labore requies. Je trouve mon repos dans le travail.*

Les Huguenots profanèrent son tombeau:

Des fureurs des humains c'est ce qu'on doit attendre.

Philippe de Lénoncourt cardinal, archevêque de Rheims, neveu du cardinal Robert, évêque de Metz, se distingua également par l'esprit & par la piété. Il plut à Henri III., à Henri IV, à Sixte-Quint. Henri III. l'avoit fait commandeur de son ordre du saint Esprit, à la première création du 13 décembre 1578. Mort à Rome le 13 décembre 1591.

LENTULUS (*Hist. Rom.*) Ce nom de Lentulus a été porté par une foule de Romains célèbres.

1°. L. Cornelius Lentulus, consul l'an de Rome 428. Ce fut principalement d'après son avis que les Romains, enfermés par les Samnites, l'an 433, se soumirent à la honte de passer sous le joug aux fourches caudines.

2°. Publius Lentulus, personnage consulaire, prince du Sénat, vénérable vieillard, avoit signalé son zèle pour la cause des honnêtes gens, & pour le bien de la république, dans le mouvement où périt C. Gracchus.

3°. Publius-Cornelius-Lentulus Sura, consul, puis préteur, est ce fameux complice de Catilina, étranglé en prison, l'an de Rome 689. Le cachet de ce Lentulus représentoit la tête de son ayeul, Publius Lentulus, dont nous venons de parler. Cicéron, en faisant reconnoître à Lentulus son cachet, lui dit avec son éloquence ordinaire: » reconnoissez ce portrait, c'est celui d'un » bon citoyen, d'un homme qui aimoit la patrie. » Comment cette muette image n'a-t-elle pas suffi » pour vous détourner d'un si grand crime »? *est verò, inquam, signum quidem notum, imago avi tui, clarissimi viri, qui amavit unicè patriam & cives suos, quæ quidem te à tanto scelere etiam muta revocare debuit.*

4°. Cneius Cornélius Lentulus Clodianus, consul l'an de Rome 680, fut défait par Spartacus. Censeur l'an 682 avec Gellius, qui avoit été son collégue dans le consulat, & qui avoit été battu comme lui par Spartacus, ils rayèrent du tableau du sénat soixante-& quatre sénateurs.

5°. Publius Cornélius Lentulus Spinther, se fit remarquer par son faste; il fut le premier qui porta dans la robe prétexte, de la pourpre de Tyr teinte deux fois.

Tyrio bis murice tinctam.

Edile Curule, l'année du consulat de Cicéron, 689 de Rome, il donna au peuple des jeux dont la magnificence surpassa tout ce qu'on avoit vu jusqu'alors dans ce genre. Il se surpassa lui-même dans les jeux apollinaires qu'il donna étant préteur l'an 692. Consul, l'an 694, il se montra en toute occasion l'ami & le défenseur de Cicéron. L'an 702, il eut les honneurs du triomphe pour quelques succès peu importans obtenus en Cilicie. L'an 703, enfermé dans Corfinium, avec Domitius, il dut la vie à la clémence de César. Il alla joindre Pompée; il étoit avec lui à la bataille de Pharsale; & s'enfuit avec lui après la bataille.

6°. Cneius Cornelius Lentulus Marcellinus, consul, l'an de Rome 696.

7°. Lucius Cornelius Lentulus, consul, l'an de Rome 703, anima le sénat contre César & s'attacha inviolablement à Pompée, parce qu'il lui paroissoit impossible que la victoire abandonnât jamais ce dernier général. Fugitif après la bataille de Pharsale, il trouva comme Pompée la mort en Egypte.

8°. Cneius Cornelius Lentulus Augur, consul, l'an de Rome 738, par la faveur d'Auguste, qui crut devoir honorer un si beau nom. Il étoit avare, il amassa de grandes richesses, qui lui coûterent la vie sous Tibère. Sénèque parle de lui avec mépris.

9°. Cossus Cornelius Lentulus, au contraire mérita & obtint l'estime publique. Ses victoires sur les Getules:

Getulæ urbes genus exsuperabile bello,

lui valurent avec les honneurs du triomphe, le surnom de Getulicus.

10°. Et Lentulus Getulicus son fils, consul, l'an de Rome 777. Accusé de complicité avec Séjan, il confondit l'accusateur & en imposa même à Tibère. Un conjuration réelle ou supposée contre Caligula, dans laquelle on accusa Getulicus d'avoir trempé, couta la vie à ce dernier, l'an de Rome 790.

LÉON *l'ancien*, (*Hist. Rom.*) fut ainsi surnommé, parce qu'il avoit quatre-vingts ans lorsqu'il parvint à l'empire. Ce fut le premier des Grecs qui fut élevé à la dignité impériale. Aspar, qui jouissoit alors de tout le crédit, le plaça sur le trône, à condition qu'il adopteroit son fils. *Léon* accomplit sa promesse. Cette adoption déplut au peuple Romain, qui massacra le père & le fils. *Léon* accablé sous le poids des années, désigna pour son successeur Anthémius, dont il eut bientôt à se plaindre. Le nouveau césar dédaignant la vieillesse de son bienfaiteur, se crut arbitre absolu de l'empire. Son ingratitude fut punie par sa dégradation. Les Vandales portoient leurs ravages jusqu'aux portes de Constantinople, dont ils furent deux fois sur le point de se rendre maîtres. *Léon* marcha contre eux, & n'essuya que des revers. Il fut plus heureux contre Genseric, qui tenta sans succès une seconde invasion dans l'Italie. Il fit la paix avec les Ostrogoths qui lui demandèrent des terres à cultiver; il reçut leurs ôtages, & leur abandonna la Pannonie. Son règne fut rempli de troubles. Constantinople fut presque réduite en cendres & privée d'habitans. Son zèle pour le christianisme lui mérita les plus grands éloges de nos historiens sacrés, mais ils ne purent le justifier sur son avarice. Les provinces gémirent sous le poids des impôts. Les délateurs furent récompensés, & plusieurs innocens furent punis & dépouillés de leurs biens qui devinrent la proie d'un maître avide. L'Eglise, au commencement de son règne, étoit déchirée par des sectaires. La protection qu'il accorda au concile de Chalcédoine contre les Eutichiens, imposa silence aux novateurs, & le calme fut rétabli. *Léon* associa le fils de sa fille à l'empire, & mourut quelque tems après en laissant une réputation fort équivoque. (*T.-N.*)

LÉON *le jeune*, fils de Zénon & d'Ariadne, fille de Léon l'ancien, n'avoit que six ans lorsqu'il succéda à son aïeul. Zénon son pere, & selon d'autres son beau-père, fut chargé de la régence de l'empire. La mort du jeune *Léon*, qui arriva l'année même de son élévation, le mit en possession du trône que personne n'osa lui disputer. (*T.-N.*)

LÉON IIIe du nom, fut surnommé l'*Isaurien*, parce qu'il étoit d'Isaurie, où ses parens vivoient du travail de leurs mains. Il passa par tous les dégrés de la milice, & fit paroître un génie véritablement fait pour la guerre. Just nien II fut témoin de son courage dans ses gardes, où il se distingua par plusieurs actions audacieuses; Anastase ne crut pouvoir mieux affermir son empire qu'en lui confiant le commandement des armées d'Orient, où il acquit une nouvelle gloire. Après l'abdication de Théodose, qui se retira dans un monastère, les légions le déclarèrent César. Les Sarrasins assiégeoient depuis trois ans Constantinople avec une flotte de huit cents voiles. *Léon* l'Isaurien s'enferma dans cette ville, où il employa le feu grégeois pour brûler les vaisseaux ennemis; la peste & la famine secondèrent son courage; & quoique ces deux fléaux exerçassent les mêmes ravages dans la ville, les Sarrasins furent obligés de lever le siège. *Léon* enflé de ses succès, s'abandona à sa férocité naturelle. Le commerce des Grecs & des Romains n'avoit pu adoucir son caractère dur & sanguinaire. Il traita les hommes avec plus de cruauté que les bêtes. Deux Juifs s'étoient insinués dans sa faveur: ce fut à leur sollicitation qu'il ordonna de briser toutes les images. Ennemi des lettres & de ceux qui les cultivoient, il en fit enfermer plusieurs dans sa bibliothèque, entourée de bois sec & de matières combustibles, & y fit mettre le feu. Le pape lança contre lui les foudres de l'excommunication; mais *Léon* qui avoit des légions à lui opposer, ne lui répondit que par des menaces qu'il auroit réalisées, si la mort ne l'eût enlevé après un regne de vingt-quatre ans. Sa mémoire fut en exécration. Il ne fut en effet qu'un barbare qui porta sur le trône toute la férocité qu'on reprochoit aux Isauriens. Il étoit propre à commander une armée, mais incapable de régir un empire, sur-tout dans des temps paisibles. (*T.-N.*)

LÉON IV, fils de Constantin Copronyme, fut l'héritier de sa puissance & de ses vices. Sa mère, princesse vertueuse, lui donna une éducation qui ne put rectifier la perversité de ses penchans. Maurice avoit consacré à Dieu une couronne enrichie de perles & de diamans. *Léon* frappé de leur éclat, la mit sur sa tête & s'en fit un ornement toutes les fois qu'il paroissoit en public. Son impiété & ses persécutions contre les orthodoxes le rendirent odieux à une partie de la nation, qui peut-être a chargé les couleurs dont elle a peint les principaux traits de son règne. Il fut tué en Syrie, d'où il vouloit chasser les Sarrasins qui s'en étoient emparés. (*T.-N.*)

LÉON *l'Arménien*, ainsi nommé, parce qu'il étoit né en Arménie, s'éleva par son courage au commandement des armées. Nicéphore qui l'avoit comblé de biens & d'honneurs, le soupçonna d'intelligence avec ses ennemis. Il fit instruire son procès, & sur les dépositions des témoins, il fut condamné à être battu de verges, & à la peine de l'exil, où il prit l'habit monastique. Michel Curopalate disputant l'empire à Nicéphore, tira *Léon* de son cloître pour le mettre à la tête de ses armées qui proclamèrent empereur leur nouveau général. Michel effrayé de cette élection, abdiqua l'empire, & se retira dans un monastère, après avoir été revêtu de la pourpre pendant un an. *Léon*, possesseur paisible du trône, fit mutiler le fils de Michel pour n'avoir point de concurrent, ensuite il tourna ses armes contre les Bulgares, dont il fit un horrible carnage, & ses victoires réunirent la Thrace à l'empire. Les Barbares déjà maîtres d'Andrinople, menaçoient Constantinople lorsque leur défaite les fit souscrire aux conditions d'une paix humiliante pour eux; quoiqu'ils fussent idolâtres, ils jurerent l'observation du traité sur l'évangile; & *Léon*, qui portoit le titre de chrétien, prit les dieux du paganisme pour témoins de son serment. *Léon*, dont le zèle étoit cruel, persécuta les défenseurs du culte des images, dont il devint lui-même la victime. Le peuple furieux de ce qu'il le privoit de l'objet de son culte, conspira sa perte. Les conjurés choisirent le temple pour consommer leur crime; & dans le temps qu'il entonnoit une antienne, ils lui coupèrent la tête, & mirent son corps en pièces au pied de l'autel: sa femme fut confinée dans un monastère, & son fils languit dans l'exil. (*T.-N.*)

LÉON VI, fils & successeur de l'empereur Basile, fut surnommé le *Philosophe*, quoique ses mœurs dissolues le rendissent indigne de porter un si beau nom. Les savans, dont il fut le protecteur, lui déférèrent ce titre par reconnoissance. Les lettres qui devroient élever l'ame vers le sublime, la courbent quelquefois vers la terre, & leurs éloges ne sont pas toujours des vérités. *Léon* s'appliqua particuliérement à l'Astrologie: cette science frivole lui donna la réputation de percer dans l'avenir. Il étoit véritablement né pour les détails du gouvernement. La police sévère régna dans toutes les villes: la sûreté fut entière sur les routes, les émotions populaires furent prévenues ou punies. Il se déguisoit la nuit, & parcouroit les rues pour examiner si les sentinelles étoient à leur poste. Un jour il donna son argent aux gardes de nuit, sous prétexte qu'il craignoit d'être volé. La même somme lui fut exactement rendue le lendemain; ayant ensuite rencontré d'autres gardes, il fut traîné en prison après en avoir été extrêmement maltraité: les uns furent magnifiquement récompensés, & les autres sévérement punis. *Léon* plus propre à présider à la police d'un état qu'à en protéger les possessions, marcha contre les Hongrois, les Bulgares & les Sarrasins qui désoloient les frontières, & par-tout il n'essuya que des revers. Il fut réduit à acheter l'alliance des Turcs, qui dès ce moment découvrirent la route qui pouvoit les conduire à l'empire. L'église de Constantinople étoit déchirée par un schisme. *Léon* dégrada Photius, auteur de toutes les nouveautés; mais il n'en fut pas mieux traité par un de ses successeurs qui l'excommunia pour s'être marié quatre fois, ce qui étoit défendu par la discipline de l'église Grecque. Le patriarche téméraire fut chassé de son siège, & l'excommunication fut éteinte. Ce prince sans mœurs étoit embrâsé de zèle, & ne manquoit pas de lumières: tandis qu'il s'occupoit de querelles théologiques, les Barbares inondoient ses plus belles provinces. Il composoit des homélies, où l'on trouve plus de déclamation que de véritable éloquence: il s'exerça aussi sur la Jurisprudence, & réforma plusieurs loix de Justinien qui avoient besoin d'explication. Son ouvrage le plus estimé est un traité de tactique, d'autant plus curieux qu'il instruit de l'ordre des batailles de son temps & de la manière de combattre des Sarrasins & des Hongrois. *Léon* mourut de la dyssenterie l'an 911 de notre ere. (*T.-N.*)

Il y a eu onze papes du nom de Léon. Le premier est saint Léon, surnommé le grand, élu en 440 après la mort de Sixte III. Il combattit les Manichéens, les Pélagiens, les Priscillianistes, les Eutychiens, protesta contre le brigandage d'Ephèse, où l'erreur de ceux-ci avoit prévalu en 449, & présida par ses légats au concile œcuménique de Chalcedoine en 451, où elle fut proscrite, & où la lettre écrite par saint Léon à Flavien, Patriarche de Constantinople, fut adoptée comme contenant la doctrine de l'église. Vers le même temps ce saint Pape, par l'onction touchante attachée à ses discours, arrêta & désarma *ce fléau de Dieu*, ce terrible Attila, & sauva Rome de sa fureur, mais en 455 Genséric fit ce qu'Attila n'avoit pas fait, il prit & saccagea Rome; à peine Léon put-il préserver les principales Basiliques, & obtenir qu'il n'y auroit ni meurtres ni incendies. Léon mourut en 461. L'édition la plus estimée de ses ouvrages, quoiqu'il y en ait de plus modernes, est celle que le fameux P. Quesnel, en a donnée à Paris en 1675.

Léon II. n'occupa le saint siége qu'un an depuis 682, jusqu'en 683. Il institua le *baiser de paix* à la messe & *l'aspersion de l'eau bénite*.

Léon III, élu en 795 à la place d'Adrien I. fut dévoué à Charlemagne comme l'avoit été son prédécesseur. Il commença par faire part à ce prince de son exaltation avec toutes les marques possibles de soumission; il lui envoya les clefs du tombeau de saint Pierre, l'étendard de la ville de Rome, & le pria d'envoyer un commissaire pour recevoir le serment de fidélité que les Romains devoient lui renouveller à cause de cette mutation, comme au vainqueur des Lombards qui succédoit à toute leur puissance, d'ailleurs comme au bienfaiteur des papes & au patrice de Rome, car Charlemagne n'étoit pas encore empereur.

Pascal & Campule, parens du dernier pape, après avoir fait inutilement chacun de son côté tout ce qu'ils avoient pu pour lui succéder, formerent le complot d'assassiner celui qui l'avoit emporté sur eux. Au milieu d'une procession solemnelle, le 24 avril 799, Pascal & Campule, étant aux côtés du pape, qui les mettoit au rang de ses meilleurs amis, & auquel ils n'avoient jamais fait leur cour avec plus d'empressement, on vit paroître une foule d'assassins armés, qui dissipèrent la procession, se jettèrent sur le pape, le renversèrent de cheval & le foulèrent aux pieds. Pascal & Campule, restés seuls du clergé avec le Pape, changèrent tout-à-coup de personnage, & se mirent à la tête des assassins. Leur intention étoit, dit-on, de crever les yeux au pape & de lui arracher la langue; Anastase le bibliothécaire n'a pas balancé à dire que Léon eut réellement la langue arrachée & les yeux crevés, mais que la langue & les yeux lui furent à l'instant rendus miraculeusement; ce miracle a même été inséré en 1673. dans le Martyrologe romain. Laissons les miracles: les assassins, au lieu de s'arrêter à mutiler le pape, avoient voulu sans doute le tuer, & le laissèrent pour mort. Albin, camerlingue du saint siége, vint à main armée enlever le pape, pendant la nuit, & le duc de Spolète, accouru avec de plus grandes forces sur le bruit de ce qui s'étoit passé, emmena le pape à Spolète.

Les blessures dont il étoit couvert, ne se trouvèrent point mortelles. Son premier soin, lorsqu'il se vit en sûreté, fut d'instruire Charlemagne de son aventure, & de lui demander la permission de l'aller trouver. Il vint en effet, aussi-tôt qu'il le put, trouver Charlemagne à Paderborn. Les assassins du pape, ne pouvant se cacher, se déclarèrent hautement ses accusateurs, prirent Charlemagne pour juge entre le pape & eux, & lui envoyèrent un mémoire, contenant contre Léon, des accusations que les historiens qualifient d'atroces & de calomnieuses sans les spécifier.

Charlemagne fit par provision rétablir solemnellement le pape dans son siége par deux archevêques, quatre évêques & trois comtes, qu'il nomma ses commissaires, non-seulement pour cette fonction, mais encore pour faire toutes les informations nécessaires, tant sur la violence commise à l'égard du pontife, que sur tous les faits allégués dans le mémoire de ses ennemis. Les informations étant faites, & le résultat étant en faveur du pape, Charlemagne convoqua dans l'église de saint Pierre à Rome, une assemblée solemnelle pour procéder au jugement définitif; il prit les voix, elles furent toutes favorables au pape, ses accusateurs convaincus de calomnie & d'assassinat étoient absens; l'innocence de Léon fut reconnue comme par acclamation, il se purgea d'ailleurs par serment. Cette assemblée se tint le 15 décembre de l'an 800.

Dix jours après, le même temple fut témoin d'une autre cérémonie encore plus pompeuse; le jour de Noël, Charlemagne étant dans tout l'appareil de la souveraineté à la messe solemnelle de ce jour, dans l'église de saint Pierre, le pape choisit un moment où ce prince étoit à genoux au pied du grand autel; il prit une couronne & la lui posa sur la tête; le peuple qui assistoit en foule à cette cérémonie, s'écria d'une voix unanime : *vive Charles, toujours Auguste, grand & pacifique empereur des Romains, c'est Dieu qui le couronne par les mains de son vicaire, qu'il soit à jamais victorieux !* aussi-tôt Léon répandit l'huile sainte sur sa tête, & se prosternant devant lui, fut le premier *à l'adorer*; c'est le terme dont se servent tous les annalistes contemporains, & les auteurs même ecclésiastiques. Dans la suite, les papes se sont fait adorer à leur tour; mais c'est ainsi que s'opéra dans la personne de Charlemagne, sous le pontificat de Léon III, en l'an 800, le jour de Noël, le renouvellement de l'empire d'Occident, grande époque.

Le premier acte d'autorité que Charlemagne exerça en qualité d'empereur, fut de condamner à la mort Pascal, Campule & leurs complices. Le pape, par une générosité paternelle, digne de son caractère sacré, demanda grace pour eux & voulut que l'exil fût leur seul châtiment; ils moururent en France dans l'opprobre & dans les remords.

Il y eut vers l'an 815, après la mort de Charlemagne, une nouvelle conspiration contre Léon III. Cette fois-ci le pape, sans recourir au nouvel empereur, Louis le débonnaire, se fit justice à lui-même & une justice rigoureuse; il fit mourir plusieurs des coupables : cette rigueur blessa doublement Louis, & comme contraire à sa souveraineté impériale, & comme contraire à la clémence pontificale, & à l'horreur que l'église a pour le sang : il en fit faire de vifs reproches à Léon III, qui se crut obligé de lui faire des excuses. Les Romains, plus irrités encore que l'empereur, de la cruauté de Léon, commençoient à se révolter contre lui; Léon III. mourut le 23 mai 816. Ce fut lui qui, à l'occasion d'un violent tremblement de terre arrivé en Italie, l'an 801. établit à Rome la cérémonie des rogations, que St. Mamert (*voyez son article*) avoit établie en France, dès le cinquième siècle, à l'occasion aussi de quelques désastres arrivés à Vienne & dans le Dauphiné.

On a remarqué que Léon III. pape fort dévot, avoit sur-tout une dévotion assez singulière. On prétend qu'il disoit quelquefois sept & même neuf messes par jour.

La grande affaire de Léon IV. fut de repousser les Sarrasins, qui étoient aux portes de Rome, sans que les empereurs ni d'Orient, ni d'Occident parussent s'en occuper; mais Léon IV. veilloit pour la patrie. Il eut dans cette occasion la sollicitude d'un pere qui défend ses enfans, & prit l'autorité d'un souverain qui protège ses sujets. Il fit réparer les murailles, élever des tours, tendre des chaînes sur le Tibre; il arma les milices à ses dépens; il employa les trésors de l'église à la défense de la capitale du monde chrétien; à sa sollicitation les habitans de Naples & de Gaëte, vinrent défendre les côtes & le port d'Ostia; il visita lui-même tous les postes & se présenta fiérement aux Sarrasins à leur descente. Il étoit né Romain; le courage des premiers âges de la république, dit M. de Voltaire, revivoit en lui dans un temps de lâcheté & de corruption, tel qu'un des plus beaux monumens de l'ancienne Rome, qu'on trouve quelquefois dans les ruines de la nouvelle. Les Sarrasins furent repoussés, & la tempête secondant les efforts des Romains, dissipa une partie des vaisseaux ennemis; une foule de Sarrasins échappée au naufrage, fut mise à la chaîne. Le pape rendit sa victoire encore plus utile, en faisant travailler aux fortifications de Rome & à ses embellissements ces mêmes mains qui s'étoient armées pour la détruire.

C'est entre Léon IV, élu en 847 & mort en 855 & Benoit III son successeur, qu'on a placé la prétendue papesse Jeanne.

Les pontificats de Léon V. VI. VII. VIII. n'ont rien de remarquable.

Léon IX, passe pour saint. Il étoit évêque de Toul, lorsqu'en 1048 il fut fait pape, par le crédit de l'empereur Henri III son parent; il partit pour Rome en habit de pélerin; il convoqua plusieurs conciles en Italie, en France, en Allemagne, il fit ce qu'il put pour rétablir les mœurs. Dans un concile tenu à Rome en 1051, il porta un décret qui réduisoit en esclavage les femmes qui se seroient abandonnées à des prêtres dans l'enceinte des murs de Rome. On peut juger des mœurs du clergé de ce temps là, par la nécessité d'un pareil décret. Le pontificat de Léon IX sert d'époque au grand Schisme d'Orient, dont Photius avoit jetté les premiers fondements, plus d'un siècle & demi auparavant, mais qui n'éclata dans toute sa force que sous le patriarche Michel Cerularius, en 1053.

Léon IX. eut aussi à combattre des ennemis non moins redoutables que les Sarrasins, les Normands: en 1053 il alla en Allemagne solliciter du secours contre eux, mais moins heureux que Léon IV ne l'avoit été contre les Sarrasins, il fut battu & pris par les Normands près de Beneven; il resta un an dans leurs fers, & ce furent eux-mêmes qui le reconduisirent à Rome. Il mourut le 19 avril 1054. On fit sur sa mort ces deux vers Léonins :

Victrix Roma, dole, nono viduata Leone,
Ex multis talem vix habitura parem.

Le P. Sirmond a publié la vie de ce pontife, écrite en latin par l'archidiacre Wibert. Les sermons de Léon IX, sont imprimés avec ceux de saint Léon le grand; ses épitres décrétales se trouvent dans les conciles du P. Labbe; on trouve aussi dans le trésor des anecdotes de don Martène, une vie de saint Hidulphe, évêque de Trèves, fondateur du monastère de Moyen-Moutier dans le pays de Vosges, mort vers l'an 707; cette vie a été composée par le pape Léon IX.

Léon X. de la maison de Médicis, est ce pape à jamais célèbre par la protection magnifique qu'il accorda aux arts, par les talens de toute espèce qu'il fit éclore en Italie. Une heureuse émulation les porta bientôt dans les états voisins, & Léon X. fut à cet égard le bienfaiteur de l'Europe.

Etant encore cardinal, il avoit été le restaurateur de sa maison à Florence; les Médicis n'avoient donné long-temps à Florence, leur patrie, que des fers dorés qu'elle n'appercevoit pas; Pierre, neveu du cardinal (Jean) fit trop sentir le joug aux Florentins qui le secouèrent avec indignation, ils chassèrent Pierre de Médicis, qui ne put se rétablir. Le cardinal, à force d'adresse & de courage, ramena sa maison triomphante dans Florence, & le jeune Laurent de Médicis, son neveu, fut, sous sa direction, véritable souverain de la Toscane, sans en avoir le titre.

Jean de Medicis avoit été créé cardinal à quatorze ans, par le pape Innocent VIII. En 1512 il étoit à la bataille de Ravenne, en qualité de légat du pape Jules II, qui faisoit alors la guerre à la France; il fut fait prisonnier par les François, il leur parla, dit-on, avec tant d'éloquence & tant d'autorité, que les soldats lui demandèrent pardon d'avoir osé l'arrêter; mais le cardinal de saint Séverin qui étoit dans le parti de la France, lui ôta sa croix & les autres marques de la légation, & l'envoya prisonnier à Milan.

L'année suivante le 5 mars, le cardinal de Médicis fut élu pape, il n'avoit alors que trente-six ans. Son pontificat sert d'époque à l'établissement du Luthéranisme. (*Voyez* l'article: LUTHER).

Il sert aussi d'époque à l'abolition de la pragmatique & à l'établissement du concordat; cette grande affaire fut projettée & convenue dans la célèbre entrevue de Léon X. & de François I. à Bologne à la fin de l'année 1515; elle fut ensuite réglée entre le chancelier Duprat, pour François I. & les cardinaux d'Ancône & de Santiquatro, pour Léon X. Le tout fut terminé le 15 août 1516, à la grande satisfaction du pape & du roi, mais au grand mécontentement de l'église, de l'université, des parlemens.

La guerre que Léon X fit au duc d'Urbin la Rovère, neveu de Jules II, pour le dépouiller de son duché d'Urbin, & en investir son neveu Laurent de Médicis, cette guerre, après plusieurs révolutions en sens contraire, produisit des conspirations respectives contre la vie ou la liberté du pape & du duc d'Urbin. Celui-ci fit tuer au milieu de son camp à coups de pique, quatre officiers accusés d'avoir voulu le livrer aux Médicis. Léon se crut obligé d'effrayer le sacré collége par des emprisonnements & des supplices, pour rompre une trame horrible formée contre sa vie. Le cardinal Alphonse Petrucci avoit gagné Verceil, chirurgien du pape, & un officier, nommé Bagnacavello, qui devoient être les instruments du crime; les cardinaux Bandinello de Soli, Raphaël Riario, carmelingue du saint siége, Adrien Corneto & François Soderin, appuyoient ou connoissoient ce projet. Verceil & Bagnacavello furent écartelés, le cardinal Pétrucci fut étranglé en prison; les autres racheterent leur vie & leur dignité par des sommes plus ou moins fortes, selon la part plus ou moins grande qu'ils parurent avoir eue au complot.

Le pape créa ensuite dans un seul consistoire jusqu'à trente & un cardinaux, dévoués à ses intérêts ou qu'il croyoit l'être.

Pendant l'expédition de François I. dans le Milanès, Léon X. avoit tenu à son égard une conduite équivoque; il avoit d'abord été son ennemi, & Prosper Colonne commandoit les troupes pontificales, chargées d'empêcher l'entrée des François en Italie; voyant ensuite les succès de François I. il avoit traité avec lui pour retarder ses progrès, & un des objets de l'entrevue de Bologne, avoit été de sa part d'engager François I, à différer l'entreprise qu'il projettoit sur Naples.

Dans la concurrence de François I. & de Charles-Quint à l'Empire, la politique du pape étoit de vouloir un empereur qui ne possedât rien en Italie; la possession du royaume de Naples devoit, selon lui, exclure Charles de l'empire, & celle du Milanès François I.

Lorsque Charles Quint fut élu, & que la grande guerre de 1521 s'alluma entre ces deux illustres rivaux, le pape, qui auroit voulu les chasser tous deux de l'Italie, parut d'abord vouloir tenir la balance égale entre eux; il traitoit avec tous les deux, mais il finit par se déclarer pour Charles-Quint ou plutôt contre la France, & même il s'enflamma d'un zèle si violent contre elle, que, le tonnerre étant tombé le 29 juin, fête de St. Pierre & St. Paul, sur le magasin à poudre de Milan, & ayant produit une explosion épouvantable & des renversements très funestes, Léon X. eut la barbarie d'insulter à ce malheur des François, il le représenta comme un trait éclatant de la vengeance divine, qui avoit choisi le jour de la fête de St. Pierre, pour frapper les ennemis du successeur de cet apôtre.

Cette campagne de 1521 fut favorable en Italie au pape & à l'Empereur, Lautrec perdit non-seulement le Milanès, mais encore Parme & Plaisance. Léon X. avoit dit plusieurs fois qu'il mourroit content, pourvu qu'il vît Parme & Plaisance enlevés aux François ; ce mot sembla le condamner ; en recevant à la fois toutes ces heureuses nouvelles, il en ressentit une joie qui, par son excès même, lui devint, dit-on, funeste. Il mourut le 2 décembre au bout de trois jours de maladie. Les uns attribuèrent sa mort au saisissement de joie dont il avoit été pénétré, les autres accusèrent Barnabé Malespine son camérier, qui faisoit l'office d'échanson, de l'avoir empoisonné. Il paroît qu'il fut étouffé par un catharre violent, accompagné de fièvre.

Léon XI, le dernier des papes de ce nom, étoit aussi de la maison de Médicis ; il s'appelloit Alexandre Octavien de Médicis, ou le cardinal de Florence ; il ne siégea que vingt-six jours, ayant été nommé le 1er. avril 1605, à la mort de Clément VIII, & étant mort le 27 du même mois.

LÉON ALLATIUS *ou* ALLAZZI. (*Voyez* ALLATIUS.)

LÉONARD, (Saint) (*Hist. Ecclésiast.*) vivoit dans le sixième siècle. C'étoit un solitaire ; un anonyme a écrit sa vie, mais sa véritable histoire n'en est pas plus connue.

LÉONARD de Pise, (*Hist. Litt. Mod.*) c'est par lui que l'Italie d'abord, & ensuite le reste de l'Europe a connu l'usage des chiffres arabes & de l'algèbre. Etant à Bugie ville d'Afrique, où son père étoit facteur de quelques marchands Pisans, il connut les chiffres arabes, & les fit connoître à sa patrie vers le commencement du treizième siècle.

LÉONCE, (*Hist. Rom.*) patrice d'Orient, après avoir rendu les plus grands services à Justinien II. lui devint suspect. Dans le temps qu'il attendoit la récompense de sa valeur, il se vit accusé par les envieux de sa gloire, & condamné aux ennuis d'une éternelle captivité. Il obtint son élargissement, mais plus sensible à l'offense qu'aux bienfaits dont on vouloit le combler, il s'arma contre son maître qu'il força d'abdiquer l'empire. *Léonce* porta la guerre en Afrique, où il n'éprouva que des revers. Tibère Absimare profitant du mécontentement des soldats, alluma le feu de la sédition. *Léonce* précipité du trône, y vit remonter Justinien qui le condamna à avoir le nez coupé & la tête tranchée. Il n'avoit régné que trois ans, & dans ce siècle de barbarie, il ne commit aucun acte de cruauté : il avoit épargné la vie de Justinien, qui le condamna à la mort. (*T.-N.*)

LÉONICENUS, (Nicolas) (*Hist. Litt. mod.*) médecin à Ferrare, auteur de la première traduction latine des œuvres de Galien, il a traduit aussi en latin les aphorismes d'Hippocrate. Il y a encore de lui un traité *de Plinii, & plurium aliorum médic. in medicinâ erroribus*. Il s'attacha peu à la pratique de son art, mais il écrivoit beaucoup. *Je guéris peu* ; disoit-il ; *mais j'enseigne à guérir* ; on a de lui aussi des ouvrages de littérature. Il a traduit en Italien Dion, Procope, Lucien. Il a écrit des histoires diverses en latin, & fait une grammaire latine. Né dans le Vicentin, en 1428, mort en 1523. presque centénaire.

LÉONIDAS, (*Hist. Anc.*) c'est le nom de deux rois de Sparte. L'un *pour obéir aux saintes loix de Sparte*, mourut en défendant avec trois cents hommes, le passage des Thermopyles, contre l'armée de Xercès, dix mille fois plus nombreuse ; ce fait arriva l'an 480 avant J. C. Ces termes : *pour obéir*, &c. sont tirés de la fameuse inscription qui en consacra la mémoire. Léonidas & les trois cents Spartiates savoient qu'ils alloient à une mort certaine. Léonidas, en partant, recommanda seulement à sa femme de se marier après sa mort, à un homme qui fit des enfants dignes de son premier mari.

Xercès avoit voulu corrompre un tel homme, en lui promettant l'empire de la Grèce. *Quand je puis mourir pour ma patrie*, dit-il, *voudrois-je y regner injustement ?*

Xercès lui demandant ses armes. *Viens les prendre*, répondit-il.

L'armée des ennemis, lui disoit-on un jour, est si nombreuse, que leurs traits suffiront pour nous dérober la clarté du soleil. *Tant mieux*, dit Léonidas, *nous combattrons à l'ombre.*

Pourquoi, lui demandoit-on un jour, la bravoure va-t-elle jusqu'à préférer la mort à la vie ? *Ne voyez-vous pas*, dit-il, *que la vie est un don du hazard & qu'une mort glorieuse est le fruit de la vertu.* Tel étoit ce premier Léonidas.

Sur le second, qui régnoit à Sparte environ deux siècles & demi avant J.C. *Voyez* l'article : CLEOMBROTE.

LEONIUS, poëte latin du douzième siècle, auteur des vers Léonins. Il étoit, selon les uns, chanoine de saint Benoît ; selon l'abbé le Beuf, chanoine de Notre-Dame. Il mit en vers Leonins, presque tout l'ancien Testament.

On sait que les vers Léonins, sont ceux qui riment par les deux hémistiches ; on perfectionna dans la suite cette ridicule invention, & il y eut, outre les vers Léonins simples, des doubles Léonins, des triples Léonins.

Les vers Léonins simples, sont ceux qui riment par les deux hémistiches, mais qui d'ailleurs ne riment point entr'eux.

Les doubles Léonins, ceux qui riment deux à deux & par les hémistiches.

Les triples Léonins, ceux qui, outre la rime de la fin, mettent encore une rime après le premier pied & une après le troisième, & qui font rimer ainsi deux à deux les vers en trois endroits ; voici un exemple de ces derniers dans l'épitaphe de Henri, comte de Champagne, à saint Etienne de Troyes.

Largus eram, | multis dederam, | multumque laborem
Hic tutelam ; | nunc, quæso, feram | fructum meliorem.
Quæ statuo | tibi, templa tuo | promartyr honori
Perpetuò. | Rege, daque suo | prodesse datori.

Quant aux vers Léonins simples, on en trouve plusieurs de ce genre dans les meilleurs poëtes de l'antiquité, dans les auteurs classiques. Cette consonnance des deux parties du vers est si commune chez eux, qu'elle ne peut pas être l'effet du hazard ou de la négligence. Il paroît même qu'elle est souvent recherchée, & qu'ils aimoient à faire jouer ainsi les substantifs avec les adjectifs, ou avec les participes, ou les pronoms possessifs qui tiennent lieu d'adjectifs.

Quamvis multa meis exiret victima septis.
Incipe, Dameta, tu deinde sequere Menalca.
Pollio amat nostram, quamvis est rustica, musam.
Talia sæcla suis dixerunt currite, fusis.
Aspice venturo lætentur ut omnia sæclo.
O mihi tam longæ maneat pars ultima vitæ.
Sive sub incertas zephyris motantibus umbras.
Imò hæc in viridi nuper quæ cortice fagi.
Cùm complexa sui corpus miserabile nati.
Et gravis attritâ pendebat cantharus ansâ.
Solvite me pueri : satis est posuisse videri.
Pasiphaen nivei solatur amore juvenci.
Perducent aliquæ stabula ad gortynia vaccæ.
Jussit, & invento processit vesper olympo.
Cùm primùm pasti repetent præsepia tauri.
Imò ego sardois videar tibi amarior herbis.
Et quæ vos rarâ viridis tegit arbutus umbrâ.
Per nemora atque altos quærendo bucula lucos.
Cùm te ad delicias ferres Amaryllida nostras.
Ah! tibi ne teneras glacies secet aspera plantas!
Doris amara suam non intermisceat undam.
Tu mihi seu magni superas jam saxa timavi.
Non aliàs cœlo ceciderunt plura sereno.
Æmathiam & latos hæmi pinguescere campos.
Agricola incurvo terram molitus aratro,
Grandiaque effossis mirabitur ossa sepulchris.
Absint & picti squallentia terga lacerti.
Ac veluti lentis cyclopes fulmina massis.
Et premere, & laxas sciret dare jussus habenas.
Esto : ægram nulli quondam flexere mariti.
Huc cursum iliacas vento tenuisse carinas.
Et tandem Euboicis cumarum allabimur oris.
Trajicit, i, verbis virtutem illude superbis.

Virgile.

Non benè junctarum discordia semina rerum.
Inserere, & patrias intùs deprendere curas.
Viderat adducto flectentem cornua nervo.
Stravimus innumeris tumidum pythona sagittis.

Ovide.

Fratrem mœrentis, rapto de fratre dolentis.
Quam neque finitimi valuerunt perdere Marsi!
Nox erat, & cœlo fulgebat luna sereno.
Cùm tu magnorum numen læsura deorum.

Horace.

Bella per æmathios plus quàm civilia campos.
Edidit, & medio visi consurgere campo.
Agricolæ fracto Marium fugere sepulchro.
Quique colunt junctos extremis mœnibus agros.
Quà mare lagæi mutatur gurgite nili.

Lucain.

Quelquefois les consonnances sont accumulées avec la recherche la plus marquée.

Sylvestris raris sparsit labrusca racemis.
Puniceis humilis quantùm saliunca rosetis. (Virg.)

Quelquefois elles le sont de manière qu'il n'y a point de mot dans le vers qui n'ait sa rime.

Ægeona suis immania terga lacertis. (Ov.)
Sola sophocleo tua carmina digna cothurno. (Virg.)

Quelquefois ce ne sont pas seulement des vers détachés, mais deux & trois vers de suite, où il se trouve soit une rime, soit plusieurs.

At non Hectoreis dubitavit cedere flammis
Quas ego sustinui, quas hâc à classe fugavi. (Ov.)
Tùm casiâ atque aliis intexens suavibus herbis,
Mollia luteolâ pingit vaccinia calthâ (Virg.)
Tincta super lectos canderet vestis eburnos,
Multaque de magnâ superessent fercula cœnâ,
Quæ procul exstructis inerant hesterna canistris.
(Hor.)

Observons que ces trois derniers vers d'Horace, qu'on trouve de suite, sont plus travaillés que les vers ordinaires d'Horace, que l'harmonie en est très recherchée, qu'il n'est pas possible que les consonnances continuelles qu'ils présentent, soient l'effet du hazard. Nous n'avons pas cherché ces exemples, nous nous sommes contentés de ceux qui se sont présentés d'abord à notre mémoire : si notre opinion sur ce point trouvoit des contradicteurs, il nous seroit aisé de les accabler sous le poids des exemples ; & ceux qui pourroient conserver quelque doute à cet égard, ne seroient pas des littérateurs nourris des bons modèles de l'antiquité. Nous croyons donc que les anciens trouvoient dans ces consonnances un mérite de symmétrie & d'harmonie qu'ils recherchoient, mais qu'ils ne prodiguoient pas, parce qu'il en est de ce mérite, comme de certaines figures qui font un grand effet, lorsqu'elles sont rares & justes, & qui fatiguent lorsqu'elles sont multipliées.

Quant aux vers Léonins de la basse latinité, ils n'en sont pas moins ridicules par l'affectation, le mauvais goût & la platitude, & l'exemple des anciens ne les justifie pas.

LÉONTIUM, (*Hist. Anc.*) courtisane philosophe dont on a donné le nom à la fameuse Ninon de Lenclos, belle comme elle, courtisane comme elle, philosophe comme elle ; Léontium écrivit pour défendre la doctrine d'Épicure son maître & son amant, contre ce fameux Théophraste, dont la Bruyère a traduit les caractères. Ce tribut de reconnoissance & d'amitié a déplu à Ciceron qui, en convenant de l'élégance de ce petit écrit & de l'érudition de son auteur, ne laisse pas de lui dire avec son style éloquent, de très grosses injures. (de Nat. deor. L. I.) *Meretricula etiam Leontium contrà Theophrastum scribere ausa est, scito illa quidem sermone & attico.*

Pline va plus loin. Il s'indigne de l'audace de cette

femmelette qui ose attaquer le divin Théophraste, il se plaint avec toute l'amertume du docteur Pancrace dans *le mariage forcé*, que tout est renversé, que le monde est tombé dans une licence épouvantable, & qu'enfin il ne reste plus aux auteurs célèbres qu'à s'aller pendre, puisqu'ils sont exposés à de pareils affronts. *Ceu verò nesciam, adversùs Theophrastum hominem in eloquentiâ tantum, ut nomen divinum indè invenerit, scripsisse etiam feminam, & proverbium indè natum* SUSPENDIO ARBOREM ELIGENDI. Hist. natur. lib. I. (Sur *Léontium*, *voyez* l'article EPICURE.)

LEOPOLD d'Autriche, successeur de Ferdinand III, (*Histoire d'Allemagne, de Hongrie & de Bohême.*) XXXe roi de Hongrie, XXXVIIe roi de Bohême, naquit l'an 1640, le 9 juin, de Ferdinand III, & de Marie-Anne d'Espagne, impératrice.

La jeunesse de *Léopold*, qui n'avoit point encore dix-sept ans à la mort de Ferdinand III, fit croire à l'Europe que le sceptre impérial alloit sortir de la maison d'Autriche. La France le désiroit, & ce fut en partie par les intrigues de cette cour, que les électeurs consumèrent plus de quinze mois avant que de se décider en faveur de *Léopold*. Louis XIV s'étoit même mis au nombre des prétendans; mais ceux qui balancèrent le plus long-temps les suffrages, furent le duc Palatin de Neubourg, l'électeur de Bavière, & l'archiduc Léopold-Guillaume, évêque de Passau, & oncle paternel de *Léopold*. Louis XIV exclu du trône de l'Empire, s'en consola, en faisant insérer dans la capitulation, plusieurs conditions assez dures. Le nouvel empereur fut obligé de signer que jamais il ne donneroit de secours à l'Espagne, contre la France, ni comme empereur, ni comme archiduc. Ce fut encore, pour contenir *Léopold*, que le roi très-chrétien entra dans l'alliance du Rhin, conclue entre la Suède & les électeurs ecclésiastiques, & plusieurs princes de l'empire, de la faction contraire à l'empereur, contre la Pologne & le Dannemarck. Cette alliance donna une très-grande influence à Louis XIV. dans les affaires de l'Empire, & son autorité l'emporta souvent sur celle de *Léopold*. Les deux premières années de ce règne furent consacrées à la politique, & à examiner les mouvemens & les prétentions des princes, ennemis ou jaloux de la maison d'Autriche; mais la troisième fut troublée par la guerre des Turcs qui portoient la désolation dans toute la Hongrie. L'empereur rempli d'inquiétude, demanda du secours aux électeurs qui lui accordèrent vingt mille hommes, que le fameux Montécuculli devoit commander. *Léopold*, par cette démarche, croyoit se rendre agréable aux Hongrois; il vit avec étonnement que cette armée fut traitée en ennemie par ceux même qu'elle alloit secourir. Les Hongrois avoient obtenu des prédécesseurs de *Léopold*, de ne point entretenir d'Allemands dans leur pays; ils crurent cette loi violée, & levèrent l'étendard de la révolte. Ces désordres facilitèrent les progrès des armées ottomanes qui prirent la forteresse de Neuhausen, & remportèrent une victoire près de Barcan. Les Hongrois étoient les restes d'une nation nombreuse, échappés au fer des Turcs. Ils labouroient l'épée à la main, des campagnes arrosées du sang de leurs pères. Le roi devoit user des plus grands ménagemens pour les secourir: ils étoient les victimes de l'inquiétude des grands vassaux, qui croyoient voir dans les mains du souverain, des chaînes toujours prêtes à s'appésantir sur eux. Les Turcs, après la prise de Neuhausen, continuèrent leurs dévastations, & leurs succès furent assez considérables, pour que tous les princes chrétiens se crussent intéressés à fournir des secours à *Léopold*. Louis XIV même, qui n'avoit cessé de traverser son règne, lui envoya six mille hommes d'élite, commandés par le comte de Coligny & le marquis de la Feuillade. Montécuculli déjà célèbre par plusieurs victoires, fut chargé du commandement général. Il battit les Turcs à S. Godart, près du Raab. Cette journée est très-fameuse dans les annales de l'Empire; mais il est à croire que les historiens en ont beaucoup grossi les avantages. Le ministère de Vienne fit la paix à des conditions qui décèlent la conviction où il étoit de son infériorité. Il consentit à une trève honteuse qui donnoit au sultan la Transilvanie avec le territoire de Neuhausen. L'empereur consentit encore à raser toutes les forteresses voisines. Le Turc disposa de la Transilvanie, qui depuis long-temps étoit une pomme de discorde entre le roi de Hongrie & les Ottomans. Amalfi qui en étoit prince, fut obligé de continuer le tribut dont il avoit cru que la protection de *Léopold* l'auroit affranchi. L'Allemagne & la Hongrie désapprouvèrent ce traité déshonorant; mais l'empereur étoit déterminé par des vues particulières. Son autorité étoit presque entièrement méconnue en Hongrie, & il étoit de la dernière importance de réprimer l'audace effrénée des seigneurs. Ils avoient formé le projet de secouer le joug de la maison d'Autriche, & de se donner un roi de leur nation: ils devoient ensuite se mettre sous la protection de la Porte. Ils dressèrent le plan d'une double conspiration, l'un pour secouer le joug, l'autre pour assassiner *Léopold*. Cet affreux complot ayant été découvert, coûta la vie à ses principaux auteurs. Nadasti, Serin, Tattembak & Frangipani, reçurent sur l'échafaud le juste châtiment de leur crime. Plusieurs écrivains ont cependant prétendu que cette conspiration étoit imaginaire, & que *Léopold* s'en étoit servi comme d'un prétexte, pour opprimer les protestans, & introduire le gouvernement arbitraire, pour confisquer en faveur des ministres impériaux, les biens des principaux seigneurs. S'il est ainsi, il faut placer *Léopold* dans la classe des Néron & des autres monstres couronnés. Les biens des conjurés furent confisqués, & l'on s'assura de tous ceux qui avoient eu quelque liaison avec eux. Le palatin de Hongrie, trop puissant, fut supprimé, & l'on établit un viceroi. Cette barbarie ou cette sévérité fit passer le désespoir dans le cœur des seigneurs Hongrois: ils se donnent à Emerick Tekeli, qui s'offre d'être leur chef. Tekeli, pour assurer ses vengeances & sa révolte, se met sous la protection des Ottomans, & tout est bientôt en combustion dans la haute Hongrie. La cour de Vienne crut alors devoir user de quelque ménagement; elle rétablit la charge de palatin, confirma tous les privileges de la nation, & promit

promit la restitution des biens confisqués. Cette condescendance qui venoit après des actes de sévérité qui sembloient présager l'esclavage, ne séduisit aucun des rebelles. Tekeli s'étoit déjà montré trop redoutable pour se flatter de pouvoir vivre en sûreté, tant qu'il seroit sujet de *Léopold*. La Porte qui le prend sous sa protection, le déclare prince souverain d'Hongrie, moyennant un tribut de quarante mille séquins. Alors Mahomet IV prépare le plus formidable armement que jamais l'empire Turc ait destiné contre les chrétiens; son bâcha de Bude commence les hostilités par la prise de Tokai & d'Eperies. L'empereur étoit dans des circonstances embarrassantes; il venoit de soutenir une guerre ruineuse contre la France; & les feux de cette guerre n'étoient pas encore entièrement éteints. Le grand visir Kara-Mustapha, traverse la Hongrie, avec une armée de deux cents cinquante mille hommes d'infanterie & de trente mille spahis. Son artillerie & & son bagage répondoient à cette multitude. Il chasse devant lui le duc de Lorraine qui veut lui disputer le terrein, & vient mettre le siège devant Vienne. Dans les longs démêlés des empereurs Ottomans & des empereurs d'Allemagne, jamais les Turcs n'avoient eu des succès si rapides. Ils avoient bien marqué le dessein de venir à Vienne; mais jamais cette ville ne les avoit vus au pied de ses murailles. L'empereur abandonne cette capitale, & se retire d'abord à Lintz, ensuite à Passau avec toute sa cour. La moitié des habitans le suit dans le plus grand désordre (16 juillet 1683.) On commença à brûler les fauxbourgs, dans l'impossibilité de les conserver. La ville sembloit ne pouvoir soutenir un assaut sans un miracle. Le comte de Staremberg, qui en étoit gouverneur, n'avoit que huit mille hommes de bonnes troupes. Le duc de Lorraine avoit inutilement tenté de conserver une communication de son armée qui étoit d'environ vingt mille hommes, avec la ville; mais c'étoit beaucoup d'avoir assuré la retraite de l'empereur. Forcé d'abandonner la partie contre Kara-Mustapha, il alla défendre la Moravie contre Tekeli qui menaçoit cette province. *Léopold* pressoit de tout son pouvoir les secours de Bavière, de Saxe & des autres cercles: mais sa principale espérance étoit dans Jean Sobieski, roi de Pologne, prince qui devoit la couronne à ses victoires, & qui s'étoit distingué contre les Turcs par plus d'un exploit mémorable. Ces secours arrivèrent au moment que la ville étoit à la dernière extrêmité. Les troupes de Saxe & de Bavière, toutes les auxiliaires & les nationales, parurent au haut de la montagne de Calember, d'où elles donnent des signaux aux assiégés. Tout leur manquoit, excepté le courage. Elles descendirent & se rangèrent en bataille au bas de la montagne, en formant une espèce d'amphithéâtre; le tout montoit à soixante-quatre mille hommes. Le roi de Pologne, à la tête d'un corps d'environ seize mille, occupoit la droite. Le prince Alexandre, son fils, étoit auprès de lui. Quelle magnanimité dans ce Jean Sobieski qui, pour une cause étrangère, s'exposoit à un péril que *Léopold*, lorsqu'il s'agissoit de sa couronne, n'avoit osé contempler! Jamais on ne vit tant & de plus grands princes que dans cette journée. Jean-George, électeur de Saxe, commandoit lui-même les troupes de son cercle. Le prince de Saxe-Lawembourg, de l'ancienne & malheureuse maison d'Ascanie, conduisoit la cavalerie impériale; le prince Herman de Bade, l'infanterie. Le prince Waldeck étoit à la tête des troupes de Franconie. On comptoit jusqu'à dix-huit princes parmi les volontaires. Marie Emmanuel, électeur de Bavière, qui fut depuis mis au ban de l'empire, étoit de ce nombre. Il pouvoit commander en chef, mais il aima mieux exécuter les ordres du duc de Lorraine. Ce fut le 12 septembre que se donna cette fameuse bataille, si cependant, comme le remarque M. de Voltaire, c'en fut une. Kara-Mustapha laissa vingt mille hommes dans les tranchées, & fit livrer un assaut, dans le même temps qu'il marchoit contre l'armée chrétienne. La supériorité du nombre lui permettoit de faire cette manœuvre. La prise de la ville étoit certaine, si l'attaque eut été conduite par d'habiles généraux. Les assiégés manquoient de poudre, leurs canons étoient démontés, & le corps de la place avoit une brêche large de plus de six toises. Sobieski, après avoir harangué ses troupes, commence l'attaque, secondé du duc de Lorraine. Le premier choc fut si impétueux, que les Ottomans prirent la fuite, sans même essayer de résister. Jamais on ne versa moins de sang entre des troupes aussi nombreuses, & jamais victoire ne fut plus décisive. Les Turcs perdirent à peine mille hommes, & les chrétiens deux cens. Sobieski prit l'étendard de Mahomet, & entra le premier dans le camp ennemi. Il y fit un butin si immense, qu'en le contemplant, il dit que le grand-visir l'avoit fait son héritier. Dans une lettre à la reine son épouse, il s'exprime ainsi: « Vous ne direz pas » de moi ce que les femmes tartares disent à leurs maris, » quand ils reviennent chez eux les mains vuides, » vous n'êtes pas un homme, puisque vous revenez » sans butin ». La Hongrie autrichienne reconquise, Gran ou Strigonie, Bude, furent le fruit de cette victoire. Cependant, ce n'étoit pas assez d'avoir conquis la Hongrie, il falloit encore la soumettre. *Léopold* y entra, non en vainqueur, mais en juge inéxorable, environné de satellites & de bourreaux. Un échafaud est dressé dans la place publique d'Eperies, où, pendant neuf mois, on versa le sang des seigneurs Hongrois qui avoient trempé dans la révolte. Ni l'histoire ancienne, ni l'histoire moderne, n'offrent aucun massacre aussi long, aussi effrayant. Il y a eu des sévérités égales, dit un moderne, mais aucune n'a duré si long-temps. L'humanité ne frémit pas du nombre d'hommes qui périssent dans tant de batailles, ils tombent les armes à la main, ils meurent vengés: mais voir pendant neuf mois ses compatriotes traînés juridiquement à une boucherie toujours ouverte; ce spectacle révoltoit la nature; & cette atrocité inspirera la plus grande horreur à tous les siècles.

Tandis que *Léopold* se livroit à ces cruelles exécutions, ses généraux remportoient de nouvelles victoires, & lui soumettoient l'Esclavonie. Il tint une assemblée des états en Hongrie, & proposa d'unir à ce royaume toutes ses conquêtes sur les Turcs, de leur confirmer leurs anciens droits, avec le libre exercice de la religion protestante, s'ils vouloient consentir 1°. à la révocation de la loi portée par André II, qui autorise la déposition des rois qui enfreignent les priviléges; 2°. à rendre la couronne héréditaire; 3°. à recevoir dans toutes les places fortes garnison impériale. Ces propositions, faites dans un tems où la hache du bourreau étoit levée, ne pouvoient éprouver de grandes contradictions. Elles furent agréées, & le prince Joseph fut couronné roi de Hongrie. Cependant Louis XIV cherchoit continuellement des prétextes pour rompre avec *Léopold*. Il en trouva un dans la coadjutorerie de l'électorat de Cologne, que l'électeur Maximilien-Henri vouloit procurer au cardinal de Furstenberg, évêque de Strasbourg. Le roi très-chrétien favorisoit ce cardinal. Ce fut une raison pour que le pape, qui n'aimoit pas la cour de France, refusât son bref. L'empereur s'étant décidé en faveur du pape, Louis XIV lui déclara la guerre. Les prétentions de la duchesse d'Orléans sur le Palatinat, & l'ambition du roi, en furent les vrais motifs. Les armes françoises eurent d'abord les plus brillans succès: Philisbourg, Manheim, Spire, Wormes & Trèves furent les moindres conquêtes. Le soldat avide de pillage ne sut rien respecter. Les tombeaux des empereurs furent ouverts & pillés. *Léopold* agissoit avec une extrême lenteur, parce que les Turcs le tenoient toujours en échec. Il se fortifia par des alliances, & attira dans son parti les états-généraux, le duc de Savoie, le roi d'Espagne, les plus puissants princes d'Allemagne. Le duc de Savoye, menacé de la perte entière de ses états, se sépara de cette ligue: le roi d'Espagne suivit bien-tôt cet exemple. L'empereur, obligé de soutenir presque seul tout le poids de cette guerre, se hâta de négocier le rétablissement de la paix, qui lui fut accordée à des conditions désavantageuses, mais moins dures qu'on ne les devoit attendre d'un prince ambitieux & triomphant. Les différends des Turcs & de *Léopold* n'étoient point encore terminés; & c'est à cette occasion que la politique blâme cet empereur. Il rejetta les propositions pacifiques du sultan, dans un tems où il devoit rassembler toutes ses forces contre la France, qui jamais n'avoit paru si formidable. Il est cependant vrai que les Ottomans le dédommagerent de ses pertes contre les François. Ils lui céderent toute la Hongrie (1699) en-deçà du Sau, avec la Transilvanie & l'Esclavonie. Philippe de France, duc d'Anjou, appellé au trône d'Espagne par le testament de Charles II, fut un nouveau sujet de rupture entre Louis & *Léopold*. Celui-ci réclamoit la couronne pour Charles-François-Joseph, son second fils. Il étoit déjà parvenu à écarter un prince du sang de France, du trône de Pologne, qui avoit vaqué plusieurs années avant par la mort de l'illustre Jean Sobieski. Il se ligua avec l'Angleterre & la Hollande, & conclut avec ces deux puissances un traité connu dans l'histoire, sous le nom de la *la triple alliance*. L'électeur de Brandebourg, séduit par le titre de roi, & le duc de Savoie par le Montferrat & le Milanez que l'empereur lui donna, entrerent dans cette alliance. Cette guerre fut poussée avec une extrême chaleur des deux côtés, & fut balancée par des succès réciproques: mais *Léopold* n'en put voir la fin. Il mourut (1705), peu de temps après la fameuse journée de Blenheim, si funeste à la France & à la Bavière. Il étoit dans la soixante-quatrième année de son âge, la quarante-septième de son règne comme empereur, la quarante-cinquième comme roi de Bohême, & la quarante-quatrième comme roi de Hongrie. Il étoit destiné dans son enfance à l'état ecclésiastique; mais son goût changea dans la suite. Peu de rois ont eu une famille plus nombreuse. Il eut quinze enfans, tant princes que princesses. Joseph, qui fut empereur; Marie-Elisabeth, gouvernante des Pays-Bas; Marie-Anne, reine de Portugal, & Charles VI, furent les seuls qui lui survécurent. Il avoit été marié trois fois; la première à Marguerite-Thérese d'Espagne, fille de Philippe IV; la seconde, à Claude-Félicité d'Autriche, & la troisième à Eléonore-Madeleine-Thérese, princesse Palatine de Neubourg. L'autorité impériale, méconnue depuis long-temps en Italie, y reprit quelque vigueur sous ce règne. *Léopold* y mit plus d'une fois à contribution presque toutes les villes, excepté celles qui étoient sous la domination de l'Espagne. Les états de Toscane, de Venise en terre-ferme, de Gênes, du pape même, payèrent plus de quatre millions; & quand il disputa le trône d'Espagne au duc d'Anjou, il exerça l'autorité impériale, & proscrivit le duc de Mantoue pour s'être déclaré son ennemi.

Léopold eut une politique absolument contraire à celle de Louis XIV, son contemporain & son rival. Celui-ci, plus fier, ou plutôt plus vain qu'ambitieux, n'aspiroit à l'honneur de vaincre que pour se produire ensuite sous l'appareil d'un triomphateur; l'autre plus modéré, plus sage, eût voulu cacher ses succès pour en fixer la durée. Le roi déployoit toute sa puissance pour se faire craindre & se faire admirer. L'empereur déroboit le spectacle de la sienne pour l'augmenter, & regagner la confiance que le despotisme de Ferdinand avoit fait perdre à ses descendans: tout retentit encore du nom de Louis XIV, & celui de *Léopold* est à peine cité. Le premier n'a cependant rien à reprocher à l'autre; tous deux firent de grandes choses & remportèrent de grandes victoires; mais ils n'eurent que le mérite de bien choisir leurs ministres & leurs généraux. La France triompha par les talens des Condé & des Turenne; l'Allemagne par ceux des Sobieski & des Eugène: toutes deux éprouvèrent de grands revers quand elles furent privées de ces heureux génies: l'un fut craint, mais haï; l'autre fut à craindre, & fut aimé. Enfin le faste de Louis XIV & la modération de *Léopold*, rendirent à la maison d'Autriche la supériorité que lui avoit ôtée Richelieu, & firent jetter des regards d'inquiétude sur la maison de Bourbon, qui eût pu donner des chaînes à l'Europe, si le roi avoit eu la prudence de les cacher. (*M-y.*)

LÉOTYCHIDE, (*Hist. anc.*) roi de Sparte, vainqueur des Perses au combat naval près de Mycalé, l'an 479 avant J. C. Sa fin fut malheureuse & assez semblable à celle de *Pausanias*. (voyez cet article) Accusé d'un crime capital par les Ephores, il se réfugia dans un temple de Minerve à Tégée, & il y mourut.

LÉOVIGILDE, roi des Visigoths, (*Hist. d'Esp.*) grand prince, habile général, législateur, mais en même temps homme dur, père sévère, infléxible, cruel, ennemi formidable par la vengeance sanguinaire qu'il exerçoit sur les vaincus : ami sûr, allié fidèle, *Léovigilde* réunit les qualités les plus opposées entr'elles. Il se rendit celèbre par ses vices comme par ses vertus; il se rendit illustre aussi par ses victoires. On oublia ses cruautés, son ambition, son avarice, & l'on ne se souvint que des services essentiels qu'il avoit rendus à l'état. Par sa naissance comme par ses talens, *Léovigilde* étoit digne du trône. Sa puissance étoit déjà très-considérable, lorsqu'il épousa Théodoric, fille de Severien, gouverneur de Carthagène, & que l'on croit avoir été le fils de Theudis, roi des Goths. Cette alliance accrut de beaucoup l'autorité de *Léovigilde* qui avoit eu deux fils de ce mariage, Hermenigilde & Recarede, lorsque son frère Linva l'associa, du consentement des grands, au trône des Visigoths. Lors de cet événement, Théodoric n'étoit plus, & *Leovigilde*, dans la vue d'affermir sa puissance & de pouvoir plus facilement mettre fin aux factions qui déchiroient l'état, épousa Gosuinde, veuve d'Athanagilde, prédecesseur de Linva. Ce mariage & l'activité du roi des Visigoths, dissipèrent les troubles qui agitoient le royaume; & dès qu'il vit le calme rétabli, *Léovigilde*, toujours occupé de plans de guerre & de projets de conquêtes, rassembla une armée nombreuse, marcha contre les troupes de l'empire, & alla assiéger Medina-Sidonia. Les habitans de cette ville lui opposèrent la plus vigoureuse défense : il s'en vengea d'une manière bien cruelle; il corrompit l'un des habitans de la place, qui, pendant la nuit, introduisit dans la ville les soldats Visigoths, qui massacrèrent le peuple & la garnison. Sa vengeance assouvie, *Léovigilde* alla mettre le siège devant Cordoue, qu'il réduisit, malgré les efforts & le courage des défenseurs de cette ville. Il se rendit maître ensuite de toutes les forteresses du pays, qui furent soumises, moins par la force de ses armes que par la terreur qu'inspiroit sa sévérité. La mort de Linva, son frère, le laissant seul possesseur du trône, il profita de la soumission du peuple & des grands à ses volontés, pour assurer dans sa famille la couronne qui, jusqu'alors, avoit été élective; & leur faisant sentir combien il leur seroit avantageux de lui associer ses deux fils, & de les déclarer héritiers du sceptre, il parvint à faire reconnoître Hermenigilde & Recarede pour princes des Goths, & ses successeurs. Cette grande affaire terminée au gré de ses espérances, il porta ses armes dans la Biscaye & les contrées voisines, qu'il conquit, malgré le caractère belliqueux & indépendant des peuples qui les occupoient. Mir, roi des Sueves, avoit secouru ses voisins contre les Visigoths, & c'étoit contre lui que *Léovigilde* alloit tourner ses armes, lorsque Mir, par ses soumissions, détourna, du moins pour quelque temps, l'orage qui le menaçoit. *Léovigilde*, ne croyant point avoir encore assez reculé les frontières de son royaume, poursuivit le cours de ses conquêtes jusqu'au royaume de Murcie. Rien ne lui résista, les peuples se soumirent, & il rentra dans ses états couvert de gloire, souverain de beaucoup de nouvelles provinces & n'ayant plus d'expédition à faire qui pût ajouter à l'éclat de sa célébrité. Peu de temps après son arrivée, il demanda en mariage, pour Hermenigilde son fils, Ingonde, fille de la célèbre Brunehaut, & petite-fille de Gosuinde. Cette union causa la plus grande satisfaction aux Visigoths, & les deux nouveaux époux allèrent tenir leur cour à Séville. Mais la joie publique fut de courte durée, & la concorde qui régnoit dans la famille royale se changea en une bien funeste aversion. Instruit & persuadé par Ingonde, Hermenigilde embrassa le catholicisme. Le roi *Léovigilde*, attaché jusqu'au fanatisme à la secte arienne, indigné de cette conversion, prit les armes & déclara la guerre à son fils, qui, vivement pressé, & hors d'état de résister à un tel ennemi, se détermina, par les conseils de son frère Recarede, à venir se soumettre. *Léovigilde* le traita en vainqueur irrité, le fit dépouiller de ses vêtemens royaux, & l'envoya prisonnier à Tolède. Le roi des Visigoths crut par cette rigueur ramener son fils à l'arianisme : il se trompa; le jeune prince persévéra constamment dans la foi; & *Léovigilde*, attribuant son inébranlable constance aux catholiques, fit tomber sa colère sur eux, & sa fureur s'étant enflammée en proportion de la persévérance de son fils, il alluma contre les catholiques une persécution atroce & générale. Pendant qu'il s'occupoit du barbare soin de répandre le sang des sectateurs du catholicisme, les Vascons, qui habitoient alors les territoires de Guipuscoa, de la Navarre & de Sacca, se soulevèrent, & tentèrent de se rendre indépendans : leurs efforts furent inutiles; *Léovigilde* réprima leur révolte, les réduisit &, en mémoire de ses succès, bâtit dans l'Alava une ville, à laquelle il donna le nom de *Victoria*. Mais la dureté du joug qu'il voulut imposer aux Vascons, lui fut infiniment plus nuisible qu'à eux; ils quittèrent leur patrie, & passant en foule les Pyrénées, ils allèrent s'emparer de cette partie de l'Aquitaine, qui, depuis cette époque, a retenu le nom de *Gascogne*. Cependant Hermenigilde étoit toujours étroitement resserré : mais il trompa la vigilance de ses gardes, prit les armes; & comptant sur le secours de Mir, roi des Sueves, crut pouvoir échapper au courroux de son père : son espérance fut trompée; *Léovigilde* se hâta de marcher, à la tête d'une formidable armée, vers les murs de Séville. Il empêcha le roi des Sueves d'envoyer les secours qu'il avoit promis, & le contraignit même de lui fournir des troupes contre le prince qu'il s'étoit engagé de défendre comme allié. Le siège de Séville fut long & meurtrier : la famine se fit sentir dans cette ville investie de toutes parts; les habitans en firent sortir tous ceux qui, par leur sexe ou par leur âge, ne pouvoient concourir à la défense commune, & l'infléxible *Léovigilde* eut la barbarie de les faire passer tous au fil de l'épée. La ville étoit réduite à la dernière extrêmité; Hermenigilde en sortit, & se retira précipitamment à Cordoue; mais bientôt il y fut assiégé par l'implacable roi des Visigoths, qui emporta la place, prit son fils, le fit charger de chaînes & transférer à Séville, d'où bientôt il le fit conduire à Tarragone. Avant son malheur, Hermenigilde avoit demandé des secours à l'empereur grec, qui envoya ordre à son lieutenant en Espagne, d'attaquer les Visigoths. Dès les premières hostilités de ce puissant allié, *Léovigilde* fit conduire secrétement son fils à Séville, &, après l'avoir tenu quelques jours enfermé dans une prison, il lui envoya un évêque arien pour tâcher de lui faire abjurer le catholicisme. Hermenigilde refusa; & son pére, insensible au cri de la nature, le fit mourir cruellement. Ses mains parricides, encore teintes du sang de son fils, le roi des Visigoths porta ses armes contre les Sueves, & conquit ce royaume, qu'il réunit au sien. L'Europe étoit indignée de sa barbarie; mais les rois les plus puissans redoutoient sa valeur: elle étoit cependant moins formidable alors, soit à cause de la foiblesse & des infirmités de son âge avancé, soit parce que ses cruautés l'avoient rendu fort odieux à ses sujets, aux catholiques sur-tout, qu'il avoit si violemment persécutés: ainsi, sous prétexte de venger Hermenigilde, qu'on regardoit avec raison comme un martyr, & que la cour de Rome a élevé au rang des saints, les François déclarèrent la guerre aux Visigoths, & firent une vive irruption dans les Gaules. Recarede défendit ce pays, &, après bien des hostilités, il triompha enfin des François qui se retirèrent. Enchanté de la valeur de son fils, *Léovigilde* lui fit épouser Bada, fille d'un des principaux seigneurs Goths. Il ne survécut que peu de temps à cette union. On assure qu'avant sa mort, il reconnut ses injustices, détesta son parricide, renonça même à l'arianisme, & mourut catholique en 585, après un règne glorieux de 18 années. *Léovigilde* ne s'illustra pas seulement par sa valeur, ses victoires & ses conquêtes, mais davantage encore par son habileté dans l'art de gouverner. L'état étoit en proie au trouble & au désordre lorsqu'il commença à régner; &, en très-peu de temps, il rétablit le calme. Les Visigoths avoient beaucoup de loix, mais qui se contrarioient les unes les autres, & par là étoient plutôt des sources de contestations que des règles de jugemens. Il revit ses loix & toutes celles qui avoient été publiées depuis le temps d'Alaric: il abolit toutes celles qui étoient inutiles, & en fit de nouvelles, qui prouvent en lui quelque sagesse. Ce fut à lui que le fisc, jusqu'alors inconnu chez les Visigoths, dut son établissement, ainsi que les finances, fort en désordre jusqu'alors, leur exacte administration: en un mot, *Léovigilde* eut des vices dignes d'un tyran, & des qualités dignes d'un roi; mais ces qualités, quelque grandes qu'elles aient été, ne feront jamais oublier qu'il fut l'assassin de son fils. (*L. C.*)

LÉPIDUS, (*Hist. Rom.*) *voyez* TRIUMVIRAT.

LEPREUX, EUSE, ad. & f. (*Hist.*). On traitoit anciennement les *lépreux* avec beaucoup de rigueur. Le curé avec son clergé alloit en procession à la maison du malade qui l'attendoit à la porte, couvert d'un voile noir ou d'une nape; le ladre doit avoir son visage couvert & embranché comme jour de trépassé: après quelques prieres la procession retournoi à l'église, & le *lépreux* suivoit le célébrant à quelque distance. Il alloit se placer au milieu d'une chapelle ardente, préparée comme à un corps mort; on chantoit une messe de *requiem*, & à l'issue de l'office on faisoit autour du *lépreux* des encensemens & des aspersions, & on entonnoit le *libera*: il sortoit pour lors de la chapelle ardente, & on le reconduisoit jusqu'au cimetière, où le prêtre l'exhortoit à la patience. Ensuite il lui défendoit d'approcher de personne, de rien toucher de ce qu'il marchanderoit pour acheter, avant qu'il lui appartînt; de se tenir toujours au-dessous du vent quand quelqu'un lui parleroit; de sonner sa tartevelle quand il demandera l'aumône; de ne point sortir de sa borde sans être vêtu de la housse; de ne boire en aucune fontaine ou ruisseau, qu'en celui qui est devant la borde, d'avoir devant une écuelle fichée sur un droit bâton; de ne passer pont ni planches sans gants; de ne point sortir au loin sans congé ou licence du curé & de l'official. « Je te défends, ajoutoit le prêtre, que tu » n'habites à autre femme qu'à la tienne ». Ensuite il prenoit une pele de la terre du cimetiere par trois fois & la lui mettoit sur la tête, en disant: « C'est » signe que tu es mort quant au monde, & pour » ce aies patience en toi ». *Ephem. Troyen. an.* 1760, *pag.* 113. (*C.*)

LÉPROSERIE, s. f. (*Hist.*) MALADRERIE, mais ce terme ne se soutient plus que dans le style du palais, dans les actes & dans les titres, pour signifier une *maladrerie* en général. En effet, il ne s'appliquoit autrefois qu'aux seuls hôpitaux, destinés pour les lépreux. Matthieu Paris comptoit dix-neuf mille de ces hôpitaux dans la chrétienté, & cela pouvoit bien être, puisque Louis VIII dans son testament fait en 1225, lègue cent sols, qui reviennent à environ 84 livres d'aujourd'hui, à chacune des deux mille *léproseries* de son royaume.

La maladie pour laquelle on fit bâtir ce nombre prodigieux d'hôpitaux, a toujours eu, comme la peste, son siège principal en Egypte, d'où elle passa chez les Juifs, qui tirerent des Egyptiens les mêmes pratiques pour s'en préserver; mais nous n'avons pas eu l'avantage d'en être instruits.

Il paroît que Moïse ne prescrit point de remedes naturels pour guérir la lepre, il renvoie les malades entre les mains des prêtres; & d'ailleurs il caractérise assez bien la maladie, mais non pas avec l'exactitude d'Arétée parmi les Grecs, *liv. IV. chap. xiij.* & de Celse parmi les Romains, *liv. III. chap. xxv.*

Prosper Alpin remarque que dans son tems, c'est-à-dire, sur la fin du seizieme siècle, la lèpre étoit encore commune en Egypte. Nos voyageurs modernes, & en particulier Maundrel, disent qu'en Orient & dans la Palestine, ce mal attaque principalement les jambes, qui deviennent enflées, écailleuses & ulcéreuses.

Le D. Townes a observé qu'une pareille lèpre regne parmi les esclaves en Nigritie; l'enflure de leurs jambes, & les écailles qui les couvrent vont toujours en augmentant; & quoique cette écorce écailleuse paroisse dure & insensible, cependant, pour peu qu'on en effleure la surface avec la lancette, le sang en sort librement. On a tenté jusqu'à ce jour sans succès la cure de ce mal éléphantiatique.

L'histoire raconte que les soldats de Pompée revenant de Syrie, rapportèrent pour la première fois en Italie, une maladie assez semblable à la lépre même. Aucun réglement fait alors pour en arrêter les progrès, n'est parvenu jusqu'à nous; mais il y a beaucoup d'apparence qu'on fit des réglements utiles, puisque ce mal fut suspendu jusqu'au temps des Lombards.

Rotharis qui les gouvernoit avec tant de gloire au milieu du septième siècle, ayant été instruit de l'étendue & des ravages de cette maladie, trouva le moyen le plus propre d'y couper court. Il ne se contenta pas de reléguer les malades dans un endroit particulier, il ordonna de plus, que tout lépreux chassé de sa maison, ne pourroit disposer de ses biens, parce que du moment qu'il avoit été mis hors de sa maison, il étoit censé mort. C'est ainsi que pour empêcher toute communication avec les lépreux, sa loi les rendit incapables des effets civils.

Je pense avec M. de Montesquieu, que ce mal reprit naissance pour la seconde fois en Italie, par les conquêtes des empereurs Grecs, dans les armées desquels il y avoit des milices de la Palestine & de l'Egypte. Quoi qu'il en soit, les progrès en furent arrêtés jusqu'au temps malheureux des croisades, qui répandirent la lépre, non pas dans un seul coin de l'Europe, mais dans tous les pays qui la composent, & pour lors, on établit par-tout des *léproseries*.

Ainsi les chrétiens après avoir élevé de nouveaux royaumes de courte durée, dépeuplé le monde, ravagé la terre, commis tant de crimes, de grandes & d'infâmes actions, ne rapportèrent enfin que la lépre pour fruit de leurs entreprises. Cette cruelle maladie dura long-temps par son étendue dans le corps du petit peuple, par le manque de connoissance dans la manière de la traiter, par le peu d'usage du linge, & par la pauvreté des pays, ou pour mieux dire, leur extrême misère, car les *léproseries* manquoient de tout; & ces cliquettes ou barils qu'on faisoit porter aux lépreux pour les distinguer, n'étoient pas un remède pour les guérir (*D. J.*)

LERI, (Jean de) (*Hist. Litt. mod.*) ministre Protestant, né en Bourgogne, fut en 1556, de la colonie que Charles Durand de Villegagnon, vice-amiral de Bretagne, conduisoit au Brésil sous la protection de l'amiral de Coligny; on a de lui une relation intéressante de ce voyage & qui a été louée par M. de Thou; au retour du Brésil, il avoit essuyé une tempête violente & à la suite une famine épouvantable; cet homme étoit dévoué aux horreurs de la famine & fait pour les décrire. Il étoit aussi enfermé dans la ville de Sancerre, lorsqu'elle essuya en 1573 ce trop fameux siège, où la famine fut telle, qu'une mère y mangea son fils. Ce mot dispense de la décrire. On a de Jean de Leri, un journal curieux de ce siège. Leri mourut à Berne, en 1611.

LÉRIGET, (*voyez* FAYE.)

LERME, (François de Roxas de Sandoval, duc de) (*Hist. d'Esp.*) premier ministre de Philippe III roi d'Espagne, haï comme tous les ministres qui gouvernent sous un roi foible, fut disgracié en 1618, ayant été accusé faussement, selon l'opinion la plus commune, d'avoir fait empoisonner par Rodrigue Caldéron, son confident & sa créature, la reine Marguerite d'Autriche, femme de Philippe III, morte en 1611. Calderon eut cependant la tête tranchée en 1621; mais comme le pape Paul V avoit fait le duc de Lerme cardinal, afin qu'il favorisât l'établissement de l'inquisition dans le royaume de Naples, le roi d'Espagne, par respect pour cette dignité, ne voulut pas qu'on examinât la conduite du duc de Lerme, relativement à cette accusation de poison, égard équivoque & malheureux qui ne sauve que le coupable & qui prive l'innocent de l'avantage de manifester son innocence & de dissiper les soupçons. Un des plus grands ennemis du duc de Lerme, étoit le duc d'Uzéda son fils, qui fut son successeur dans le ministère, mais dont la faveur finit avec la vie de Philippe III son maître, en 1621. Philippe IV, regardant sans doute le duc de Lerme comme coupable, le dépouilla d'une grande partie de ses biens; le duc Cardinal, mourut en 1625, il étoit trois fois grand d'Espagne, par son duché de Lerme, par son marquisat de Dénia, & par le comté de Santa Gadea. Marie-Anne de Sandoval sa fille, & sœur du duc d'Uzéda, porta dans la maison de Cardonne, par son mariage avec Louis Raimond Flock, duc de Cordonne, les biens & les grandesses de sa maison, & la charge de grand-sénéchal de Castille.

LESBONAX, (*Hist. anc.*) philosophe de Mitylène, au premier siècle de l'ere chrétienne, fut disciple d'un autre philosophe nommé Timocrate, distingué par sa doctrine austère que Lesbonax sut adoucir. Ce qui lui réussit si bien & le rendit si agréable à sa patrie, qu'elle fit frapper une médaille en son honneur. Cette médaille, échappée long-temps aux recherches des antiquaires, a été recouvrée de nos jours par M. Cary, de l'académie de Marseille, qui l'a fait connoître par une dissertation publiée en 1744. On avoit de Lesbonax plusieurs ouvrages, mais ils ne nous sont point parvenus; on lui en attribue quelques-uns d'existants, mais ils sont de peu d'importance. Ce sont deux harangues qui se trouvent dans le recueil des anciens orateurs d'Alde; c'est un traité des figures de grammaire, imprimé avec le traité d'Ammonius, de la différence des sons, & avec d'autres anciens grammairiens. Potamon, fils de Lesbonax, fut un des plus célèbres orateurs de Mitylène.

LESCAILLE, (Jacques) (*Hist. Litt. mod.*) poëte & imprimeur Hollandois, natif de Genève, mort en 1677. Il avoit reçu de l'empereur Léopold, la couronne poëtique en 1663.

Catherine Lescaille, sa fille, fut surnommée *la sapho Hollandoise, & la dixième muse.* On a d'elle quelques tragédies, entr'autres ouvrages qui furent recueillis en 1728, elle étoit morte en 1711.

LESCHASSIER, (Jacques) (*Hist. Litt. mod.*) substitut du procureur général au parlement de Paris, jurisconsulte royaliste, qui quitta Paris dans le temps de la ligue pour se retirer auprès de Henri IV. Il écrivit en faveur de la république de Venise, dans le temps des démêlés de cette république avec le pape Paul. Il écrivit aussi en faveur des libertés de l'église Gallicane, ses œuvres ont été recueillies. Né en 1550, mort en 1625.

LESCHERNUVIS f. m. (*terme de relation*) c'est, selon nos voyageurs, le nom qu'on donne en Perse au tribunal où l'on reçoit & où l'on examine les placets & requêtes de ceux qui demandent quelque chose au sophi, soit payement de dette ou d'appointement, soit récompense, ou quelque nouveau bienfait.

LESCUN, (*voyez* FOIX.)

LESDIGUIERES, (*Hist. de Fr.*) (François de Bonne, duc de) pair, maréchal, connétable de France, chevalier des ordres du roi, gouverneur du Dauphiné, ayant mérité tous ces honneurs par une suite non interrompue de services, d'exploits, de succès étonnans, sous Charles IX, Henri III, & surtout Henri IV & Louis XIII, ayant d'ailleurs vécu sous sept rois, étoit de la maison de Bonne en Dauphiné, qui possédoit, dit-on, anciennement le bourg de Bonne, dans le Faucigny en Savoie, auquel elle avoit donné son nom ou qui lui avoit donné le sien. Lesdiguières naquit en Dauphiné le 1er. avril 1543, sous le règne de François Ier. Il prit de bonne heure le parti des armes, & se signala dès 1563, à la défense de Grenoble. En 1577, il devint chef du parti protestant dans le Dauphiné. Henri IV, qui, lorsqu'il n'étoit encore que roi de Navarre, avoit connu son zèle & ses talens, devenu roi de France, le fit son lieutenant général en Piémont, Savoie & Dauphiné. Il fut en effet, comme une espèce de viceroi dans ces pays, y déconcertant tous les efforts de la ligue, toutes les entreprises de l'Espagne, toutes les tentatives du duc de Savoie, qu'il battit en toute occasion & sur lequel il conquit la Savoie presque entière. » Ces deux princes, dit M. de Sully, en parlant du » roi d'Espagne, & du duc de Savoie, rencontrèrent » un adversaire redoutable, qui les arrêta dans leur » carrière, & réduisit leur parti aux abois : c'est Lesdiguières, connu par sa valeur & son bonheur contre » le duc de Savoie. Il se tint toujours attaché au roi ; » & on ne lui reproche point d'avoir songé à s'approprier ses succès, ni d'avoir convoité la souveraineté du Dauphiné : peut-être souhaita-t-il seulement que le roi eût long-temps besoin de son » secours, & ne vint jamais en cette province ».

On raconte que, lorsque Lesdiguières eut pris la ville de Grenoble en 1590, il envoya saint Julien son sécretaire porter cette nouvelle au roi, & lui demander le gouvernement de cette province. Le conseil répondit que le roi s'étoit engagé à ne donner de gouvernemens qu'aux catholiques, & en effet, quoique Henri IV. n'eût point encore fait son abjuration, il étoit possible que la nécessité d'attirer les catholiques à son parti, lui eût arraché cette promesse. Saint Julien se retire sans répliquer, & rentrant un moment après: *messieurs*, dit-il, *votre réponse inattendue m'a fait oublier un mot : c'est que puisque vous ne trouvez pas à propos de donner à mon maître le gouvernement de Grenoble, vous songiez aux moyens de le lui ôter.* Le conseil décida que c'étoit là un cas tout particulier, & le brevet fut expédié sur le champ.

Le même Henri IV lui donna le bâton de maréchal de France, en 1608. Le duc de Savoie ayant fait sa paix avec la France, & étant entré en guerre avec l'Espagne, le duc de Lesdiguières lui mena des troupes en 1617, & lui soumit diverses places en 1621. Lorsque le duc de Luynes, qui avoit à peine servi, fut fait connétable, Lesdiguières fut fait maréchal général des camps & armées, comme si on eût voulu lui montrer qu'on faisoit pour lui tout ce qu'il étoit possible de faire pour un huguenot, mais que l'épée de connétable ne pouvoit être portée que par une main catholique. Cependant son calvinisme commençoit à se refroidir ; car dans la première guerre civile & de religion du règne de Louis XIII, qui s'alluma cette même année 1521, il consentit de servir contre les huguenots, & cette année encore il arriva deux événemens importans sur-tout pour Lesdiguières ; le pape Paul V, & le connétable de Luynes, moururent. Le cardinal Ludovisio, ami de Lesdiguières, succéda au pape Paul V, sous le nom de Grégoire XV. Ce cardinal avoit souvent parlé de conversion à Lesdiguières son ami, qui lui répondoit toujours : *je vous la garde pour quand vous serez pape.* Devenu pape il rappella cette promesse à Lesdiguières, qui fit enfin son abjuration dans l'église de saint André de Grenoble, le 24 juillet 1622, entre les mains de Guillaume d'Hugues, archevêque d'Embrun. Au retour de la cérémonie, le maréchal de Créquy son gendre, lui présenta de la part du roi ses lettres de connétable, & ses lettres portent qu'on n'a jamais vu Lesdiguières vaincu, & que toutes ses expéditions ont été des triomphes. Lesdiguières avoit près de quatre-vingt ans, quand l'épée de connétable lui fut remise ; elle ne resta pas oisive entre ses mains ; en 1625 à quatre-vingt deux ans, il alla faire la guerre en Italie, il prit des places aux Génois, il fit lever le siège de Verue aux Espagnols. Pendant son absence, les huguenots du Vivarais y surprennent le Pousin, & font des courses dans le Dauphiné ; il accourt & de Valence où la maladie le retient, il ordonne & conduit le siége de Meuillon. Cette place se rend le 23 septembre, Lesdiguières meurt le 28, en triomphant comme le connétable du Guesclin ! L'histoire du Dauphiné de Nicolas Chorier, est pleine des exploits de Lesdiguières, & la vie particulière de ce connétable a été écrite par Louis Videl son secrétaire.

Sur la postérité du connétable de Lesdiguières, &

du maréchal de Créquy son gendre, (*voyez* l'article Créquy.

LESLEY, (Jean) (*Hist. d'Ecosse.*) évêque de Ross en Ecosse, défenseur éloquent & courageux de sa souveraine, Marie Stuart, dans les conférences qui se tinrent en Angleterre, par ordre de la reine Elisabeth, & devant ses commissaires, pour examiner si Marie Stuart étoit coupable de la mort de Stuart Darnley, son second mari. On produisoit contre Marie, un recueil de lettres écrites, disoit-on, par elle, au comte de Bothwel, son troisiéme mari, du vivant de son second, & qui contenoient l'aveu & les preuves d'un commerce criminel qu'elle avoit entretenu avec ce Bothwel, du vivant de Darnley, ainsi que du consentement qu'elle avoit donné à l'assassinat du même Darnley, exécuté par Bothwel & ses complices. Ces lettres, dont la fausseté, mille fois démontrée, est généralement reconnue (*Voyez* le second tome du supplément à l'Histoire de la rivalité de la France & de l'Angleterre) viennent d'être reproduites comme une découverte, dans un recueil de *pièces intéressantes & curieuses pour servir à l'histoire*, par un homme à qui on voit que ce point d'histoire est entièrement inconnu. L'évêque de Ross publia une apologie pour la reine d'Ecosse; il observa que ces lettres ne présentoient ni date, ni adresse, ni sceau, ni signature; que le domestique Nicolas Hubert, qu'on supposoit avoir été chargé de les porter, avoit protesté, au moment de son supplice, qu'il n'avoit jamais porté de pareilles lettres, & que la reine d'Ecosse n'avoit eu aucune part au crime qu'on lui imputoit.

L'évêque apostrophe vivement les adversaires de Marie: « Qui de vous, dit-il, a comparé ces pièces » avec l'écriture de la reine? oseriez-vous assûrer que » dans une cause aussi importante, aussi capitale que » celle-ci, vous avez apporté cette exactitude, cette » droiture d'intention, vous avez pris toutes les précau- » tions que prescrivent les loix dans l'affaire civile la » plus légère? . . . . L'étrange façon de collationner » des papiers de cette espèce! quels hommes on a » choisis pour un pareil office? comme si tout l'uni- » vers ne savoit pas que vous êtes les plus mortels » ennemis de la reine! comme si votre trahison, votre » usurpation n'étoient pas fondées sur ces lettres sup- » posées; comme s'il ne se trouvoit pas en Ecosse » plus d'un faussaire habile à contrefaire l'écriture de » la reine, & qu'il n'y en eût pas parmi vous, un » sur-tout qui, plus d'une fois, sans ordre, & à son » insçu, ait envoyé des letttres en son nom, en An- » gleterre & ailleurs! Puis-je donc hésiter encore à » prononcer que ces lettres sont votre infâme ou- » vrage? . . . . . . Oui certes, vous avez vous-même » forgé ces lettres, &c. »

Les ennemis de Marie n'ont jamais rien répondu à ces pressantes interpellations. A la tête de ses ennemis & de ses accusateurs, étoient le lord Murray, son frère naturel, qui se prétendant légitime, dévoroit dans son cœur la couronne, & la possédoit alors sous le titre de régent, par la disgrace & la captivité de sa sœur; Morton, confident de Murray, qui fut convaincu dans la suite d'avoir été un des assassins de Darnley; le secrétaire d'état, Léthington, troisiéme membre de ce Triumvirat, qui n'avoit cessé de trahir la reine Marie, & qui possédoit dans un degré suprême, le talent de contrefaire des écritures, sur-tout celle de Marie Stuart.

L'évêque de Ross étoit incommode avec son zèle & ses assertions, qu'on ne pouvoit démentir; mais le juge (Elisabeth), étoit d'intelligence avec les accusateurs, & aussi ennemi qu'eux de Marie Stuart, qui avoit des droits à la couronne d'Angleterre, & dont l'Angleterre vouloit depuis long-temps asservir la couronne. Pour se débarrasser de l'évêque de Ross, on l'accusa d'intelligence avec quelques seigneurs anglois, qui, révoltés de l'injustice & de la cruauté d'Elisabeth envers Marie, avoient fait quelques mouvements en faveur de celle-ci; en conséquence, l'évêque ambassadeur, au mépris du droit des gens, fut retenu pendant quatre mois, prisonnier en Angleterre, enfermé dans le cachot nommé *la Tour du sang*, & menacé sans cesse de la mort.

M. Robertson ne peint pas avantageusement l'évêque de Ross; nous ne voyons dans toute la conduite de ce prélat, que du courage & de la fidélité, qu'un zèle généreux pour la reine opprimée; en tout cas, s'il avoit besoin du suffrage d'une ennemie, voici le témoignage que lui rend Elisabeth elle-même, dans une lettre à Marie Stuart, en date du 21 décembre 1568.

« Je ne puis que louer le choix que vous avez fait » de l'évêque de Ross, qui a fait éclater en public & » en particulier, dans la défense de votre honneur, » non-seulement beaucoup de fidélité & de prudence, » mais encore le plus entier dévouement; je ne puis » en parler autrement; je vous souhaiterois un grand » nombre de pareils serviteurs; mais certainement nul » ne l'emporte sur lui en zèle & en attachement pour » votre personne. Je lui dois ce témoignage, la fidélité » d'un bon serviteur ne se montre jamais mieux que » dans l'infortune de ses maîtres ».

On est bien étonné d'entendre Elisabeth parler ainsi d'une infortune qu'il étoit en son pouvoir, qu'il étoit de son devoir de faire cesser, & qui révoltoit ses sujets mêmes.

L'évêque de Ross eut la douleur de survivre au supplice de celle qu'il avoit si bien défendue, & dont il avoit si bien prouvé l'innocence. Il mourut à Bruxelles en 1591. On a de lui un ouvrage intitulé *de origine, moribus & rebus gestis Scotorum.*

Un autre *Lesley*, (Charles) évêque de Carlisle, mort en 1721, très-attaché aussi à la maison Stuart, a beaucoup écrit contre les Juifs & les déistes. La plupart de ses écrits ont été traduits de l'anglois en françois, par le P. Houbigant de l'Oratoire.

LESPARRE. (*Voyez* Foix).

LESSIUS, (Léonard) (*Hist. Eccles.*) un de ces théologiens jésuites, couverts de ridicule par Pascal. L'université de Louvain & celle de Douai, condamnèrent quelques-unes de ses propositions comme sémipélagiennes ; mais les universités de Mayence, de Trèves & d'Ingolstat se déclarèrent pour lui ; car sur toutes ces questions, on trouvera toujours autant d'universités & d'écoles à opposer les unes aux autres qu'on voudra en chercher, & il faut les laisser disputer entr'elles sans jamais rien décider ; c'est le parti que prirent les papes Sixte-Quint & Innocent IX, soit pour ménager les Jésuites, soit pour ne pas donner trop d'importance à ces querelles théologiques. *Lessius* passa parmi les Jésuites, pour le vainqueur du Thomisme. On dit que ses confrères enchâsserent dans un reliquaire un de ses doigts, parce qu'il s'en étoit servi pour écrire ses ouvrages sur la grace, & ce doigt, la terreur des Jacobins pendant la vie de *Lessius*, le fut encore après sa mort, par les miracles qu'on prétendit faire par son moyen. Les parlements de France proscrivirent quelques-uns des ouvrages de *Lessius*; *de Justitiâ & jure ; de potestate summi Pontificis :* on peut voir par ce dernier titre, pourquoi les papes ne s'empresserent point de condamner la doctrine de *Lessius*. On a aussi du même auteur, différents traités théologiques, recueillis en deux vol. *in-fol.* Le Traité *sur le choix d'une Religion*, a été traduit par l'abbé Maupertuy. *Lessius*, né près d'Anvers en 1554, mourut en 1623.

LESTONAC, (Jeanne de) (*Hist. Ecclés.*) née en 1556, fondatrice de l'ordre des religieuses Bénédictines de la Compagnie de Notre-Dame, pour l'instruction des jeunes filles. Lorsque le pape Paul V eut approuvé cette fondation en 1607, il dit au général des Jésuites : *Je viens de vous unir à de vertueuses filles, qui rendront aux personnes de leur sexe, les services que vos pères rendent aux hommes dans toute la chrétienté.* L'histoire de ces religieuses a été écrite par un auteur nommé Jean Bouzonie, & celle de Jeanne *de Lestonac* en particulier, l'a été par le P. Beaufils, jésuite à Toulouse ; elle étoit niece de Montagne ; elle avoit été mariée à Gaston de Montferrand, dont elle avoit eu sept enfants. Elle étoit fille d'un conseiller au parlement de Bordeaux ; à sa mort, arrivée le 10 février 1640, son ordre possédoit déja vingt-six maisons, & ce nombre s'est augmenté depuis.

LETI, (Gregorio) (*Hist. Litt. mod.*) Italien protestant, & qui passa sa vie en pays protestant, à Lausane, à Genève, en Angleterre, en Hollande, se faisant chasser presque par-tout ; le fameux Le Clerc fut son gendre. On regarde *Leti* comme le Varillas de l'Italie. En effet, il n'eut pas plus de respect que Varillas pour la vérité, & il déshonora comme lui, l'histoire par des fictions. Madame la dauphine, femme du dauphin, fils de Louis XIV, lui ayant demandé si tout ce qu'il disoit dans la vie du pape Sixte-Quint, étoit vrai, il répondit : *une fiction agréable vaut mieux qu'une vérité.* Mais ce n'étoit pas toujours seulement pour orner son récit qu'il inventoit, c'étoit par des motifs plus condamnables encore, par un esprit ou d'adulation ou de satyre. On connoît ses vies de Charles-Quint, de Philippe II, d'Elisabeth, reine d'Angleterre, de Cromwel, du duc d'Ossone, &c. elles sont toutes traduites en François ainsi que quelques autres ouvrages de l'auteur ; mais le plus grand nombre est de ceux qui n'ont point été traduits. Ils roulent presque tous sur l'histoire & sur la politique. Gregorio *Leti*, né en 1630, mourut à Amsterdam, en 1701.

LEUCIPPE, (*Hist. anc.*) philosophe grec. On sait peu de chosess sur sa personne. Les uns croient qu'il étoit d'Elée, les autres d'Abdère, d'autres de Milet ; il étoit disciple de Zénon, & Démocrite fut son disciple. Il paroît qu'il fut l'inventeur du systême des atomes & des tourbillons, plus de deux mille ans avant Descartes, car il vivoit l'an 428 avant J. C. Posidonius, qui vivoit du temps de Cicéron, a prétendu que l'idée de ce systême étoit venue de Phénicie, où elle avoit été employée par un certain Moschus ou Mochus, que quelques atomistes illuminés, dit M. l'abbé Batteux, se sont plu à confondre avec Moïse. Bayle réfute aussi l'allégation de Posidonius, & blâme Epicure de n'avoir pas reconnu hautement tout ce qu'il devoit à Démocrite & à *Leucippe*, dont il n'avoit fait que modifier la doctrine.

LEVE, (Antoine de) (*Hist. mod.*) navarrois, soldat de fortune, qu'un mérite éminent éleva aux honneurs militaires. Il servit & commanda sous Ferdinand-le-Catholique & sous Charles-Quint, avec la plus grande distinction. En 1503, il vainquit d'Aubigny à la seconde bataille de Seminare. En 1521, il contribua beaucoup à enlever le Milanès à la France. En 1524, ce fut lui qui défendit Pavie contre François Ier. En 1525, il ne contribua pas peu encore au succès de cette fameuse bataille de Pavie, par une vigoureuse sortie qu'il fit à propos pendant la bataille, avec toute sa garnison. En 1529, au milieu des douleurs de la goutte, il surprend le comte de S. Pol, à Landriano, le bat, & le fait prisonnier. Dans cette bataille, on rencontroit par-tout Antoine *de Leve*, qui ne pouvant monter à cheval à cause de sa goutte, se faisoit porter tout armé dans une chaise, par quatre hommes. En cette même année 1529, il combattit avec succès contre Soliman II, en Autriche. En 1535, il se distingua aussi en Afrique, à la suite de l'empereur. Ce prince se plut à lui rendre en différentes occasions, les honneurs qui n'appartiennent qu'aux grands d'Espagne ; il le faisoit asseoir à côté de lui, il vouloit qu'il se couvrît en sa présence, & un jour le voyant différer d'obéir à cet ordre, il lui mit lui-même le chapeau sur la tête, en disant : *un capitaine fameux par trente campagnes toutes glorieuses, a bien mérité d'être assis & couvert devant un empereur de trente ans.* En 1536, il défendit le Milanès pour l'empereur, contre l'amiral de Brion, arrêta les progrès que ce général avoit faits dans le Piémont, & profitant habilement de la défection du marquis de Saluces, il reconquit presque tout le Piémont ; mais cette même année, au siège de Fossan, devenu célèbre par le courage avec lequel il fut soutenu par les François, trahis & sans défense, *de Leve* courut un grand danger. Les assiégés font une sortie par deux endroits, la cavalerie d'un côté, l'infanterie de l'autre. Celle-ci

Celle-ci gagne par un chemin creux, une prairie éloignée, où étoit le quartier des Lansquenets de *de Leve*, lesquels ne pouvant s'attendre à être attaqués, faisoient la garde assez négligemment. L'infanterie Françoise en fait un grand carnage; la cavalerie qui les attaque d'un autre côté, augmente le désordre. L'alarme se répand dans tout le camp. Antoine *de Leve* envoie ses Espagnols pour soutenir les Lansquenets. Ceux qui étoient de garde à la tranchée, voyant courir aux armes de tous côtés, quittent leurs postes pour voler au lieu du combat, & laissent leurs travailleurs presque sans défense. La portion de la garnison restée dans la ville, voyant ce mouvement, sort, attaque les tranchées, les comble, taille en pièces ceux qui les gardoient encore. Les différents corps des assiégés se réunissent, on court au quartier d'Antoine *de Leve*, qui se voyoit alors presque abandonné, & qui pensa être surpris. La goutte lui permettoit à peine de se remuer; on le jette précipitamment dans une chaise; on le porte hors de sa tente; mais les porteurs poursuivis de près par les François, n'imaginèrent pas d'autre moyen de le sauver & de se sauver, que de jetter *de Leve* avec sa chaise au milieu d'une pièce de bled, où il resta caché jusqu'à la retraite des François, qui se fit en bon ordre. Enfin, il reçut à composition ces intrépides défenseurs d'une place hors de défense.

Cette même année 1536, est mémorable par l'expédition de Charles-Quint en Provence. Il ne se promettoit pas moins que la conquête de la France entière. La foule des courtisans le fatiguoit d'avance d'applaudissements, de présages heureux, de cris de victoire; mais on dit que ceux qui avoient plus d'usage de la cour, & qui savoient mieux l'art de flatter, s'opposoient en public à cette expédition, & s'attachoient à démontrer l'impossibilité d'un succès qu'ils croyoient infaillible, afin de ménager à l'empereur la gloire d'avoir eu plus de lumières que sa cour, que son conseil, & d'avoir vaincu contre l'espérance de ses capitaines les plus expérimentés. Le vieil Antoine *de Leve* se distingua parmi ces contradicteurs politiques. On le vit sortir de sa chaise, dont la goute lui rendoit l'usage toujours nécessaire, &, comme si le zèle eût suspendu ses infirmités, se jetter aux pieds de l'empereur, le conjurer les larmes aux yeux, de ne point exposer sa gloire aux hazards d'une expédition si téméraire. Cependant on savoit, ou l'on croyoit savoir qu'il s'attendoit à être vice-roi de France, & à mêler un jour ses cendres avec celles des rois de France à St. Denis. Il mourut cette même année, de douleur du mauvais succès de cette entreprise & de la perte de ses espérances. On dit qu'avec un ton grossier jusqu'à la rusticité, il poussoit les fausses finesses du machiavelisme jusqu'à la perfidie la plus atroce. On dit que s'entretenant avec l'empereur sur les moyens d'asservir l'Italie, il osa lui proposer de se défaire par l'assassinat, des princes qui pouvoient faire obstacle à ses desseins. *Eh! que deviendroit mon ame?* lui dit Charles-Quint; *Avez-vous une ame?* répondit de Leve, *abandonnez l'Empire.* Charles-Quint & ses généraux étoient si haïs & si redoutés en France, qu'il faut se défier un peu des imputations qui leur ont été faites dans ce pays; mais en supposant ce trait véritable, il falloit que ces deux hommes eussent bien peu réfléchi sur la nature des choses, & prêté bien peu d'attention aux faits, pour croire qu'il n'y eût que leur ame d'intéressée à de pareils attentats, & pour n'avoir pas vu que la perfidie & le crime, en révoltant les esprits, retombent presque nécessairement sur leurs auteurs.

LEVENDI, f. m. (*Hist. mod.*) nom donné par les Turcs à leurs forces maritimes; ils y admettent les Grecs & les Chrétiens sans distinction, ce qu'ils ne font point dans leurs troupes de terre, où ils ne reçoivent que des Mahométans.

LEVENTI *ou* LEVANTI, f. m. (*terme de relation*) soldat turc de galère, qu'on rencontre en assez grand nombre dans Constantinople. Comme ces gens-là ne sont que de la canaille qui court sur le monde le coutelas à la main, le gouverneur de la ville a permis de se défendre contr'eux, & l'on les met à la raison à coups d'épée & de pistolets. On a encore un moyen plus sage d'éviter leurs insultes, c'est de se faire escorter par des janissaires, qui ne demandent pas mieux, & pour lors on peut se promener dans Constantinople en toute sureté. (*D. J.*)

LEUH, (*Hist. mod.*) c'est ainsi que les Mahométans nomment le livre dans lequel, suivant les fictions de l'alcoran, toutes les actions des hommes sont écrites par le doigt des anges.

LEVESQUE, (*Hist. Litt. mod.*) Ce nom est celui de beaucoup de gens de lettres distingués:

1°. *Levesque* de Gravelle (Michel-Philippe) conseiller au parlement, mort en 1752, a laissé un *recueil de Pierres gravées antiques*, estimé, en deux vol. *in*-4°.

2°. Pierre-Alexandre *Levesque* de la Ravalière, de l'Académie des Inscriptions & Belles-Lettres, naquit à Troyes le 6 janvier 1697. Pierre *Levesque*, son père, étoit greffier en chef de l'élection de cette ville. Pierre-Alexandre arrivé à Paris, publia un Essai de comparaison entre la déclamation & la poësie dramatique. « Il » espéroit, dit M. Le Beau, être combattu & engager une » querelle. Le silence du public le déconcerta; pour » s'en venger, il fit lui-même la critique de son ouvrage; après cela, il eût été difficile de le contredire ».

Il donna depuis les chansons de Thibaud VI, comte de Champagne & roi de Navarre. « C'est dans cet » ouvrage qu'il a donné la première idée d'un systême » qu'il s'étoit formé, & dont nulle contradiction n'a » pu le faire départir. Jamais personne n'eut l'ame » plus françoise; fortement prévenu en faveur de sa » patrie, aussi zélé défenseur de notre franchise littéraire que les bons François le sont des libertés de » leur église & de l'indépendance de leur monarque, » il portoit cette jalousie jusques sur le langage. Les » anciens chevaliers n'ont jamais combattu pour l'honneur de leurs Dames, avec plus de courage & » de constance, que M. *Levesque* pour soutenir les » priviléges de la langue françoise; il a rompu pour » l'amour d'elle, plus d'une lance dans cette Aca-

» démie, (des Belles-Lettres). Selon lui, elle n'a rien » emprunté, elle ne doit rien à la langue latine; tous » les mots qui la composent lui appartiennent à titre » patrimonial: nous parlons encore celtique; & si » quelques-uns de nos termes ont quelque affinité avec » ceux du latin, ce n'est pas qu'ils en sortent, c'est » qu'ils sont nés ensemble; ils leur ressemblent comme » jumeaux, & non pas comme des fils à leur père. »

Si ce ton demi badin est propre à répandre quelque ridicule sur les systêmes littéraires de M. *Levesque* de la Ravalière, M. Le Beau l'en dédommage en rendant son caractère véritablement respectable.

M. *Levesque* fut reçu à l'Académie des Belles-Lettres en 1543, & il y a de lui plusieurs Mémoires dans le Recueil de cette Académie. Il mourut le 4 février 1762.

3°. Jean *Levesque* de Burigny, aussi de l'Académie des Inscriptions & Belles-Lettres, d'une autre famille que les précédents, vivoit encore, lorsqu'un homme de lettres lui rendit l'hommage suivant, (Mercure du 25 janvier 1783.) « Ce que Cicéron dit de la vieil- » lesse d'Isocrate, rappelle la vénérable & heureuse » vieillesse du doyen actuel de la littérature françoise, » & peut-être de la littérature Européenne, M. de Bu- » rigny, à qui une carrière de quatre-vingt-onze ans, » consacrée à l'étude & à la vertu, laisse encore une » santé robuste, une mémoire étendue, l'usage de tous » ses sens, la jouissance de tous les plaisirs de l'esprit, » l'habitude journalière des lectures instructives, la » faculté même de composer & d'écrire, le goût » & les agréments de la société, l'espérance enfin d'un » grand nombre de jours sereins, & la certitude que » tout le monde les lui souhaite:

Et superest Lachesi quod torqueat, & pedibus se
Ipse suis portat.

» Vrai modèle des mœurs du savant & de l'homme » de lettres, jamais il n'a connu ni l'orgueil, ni l'in- » trigue, ni l'envie; savant utile & sans faste, écri- » vain sans prétention, simple dans son style, simple » dans ses mœurs:

Cujus sunt mores qualis facundia; mite
Ingenium.

« C'est avec un plaisir mêlé d'attendrissement, que » nous lui payons ici un tribut d'estime & de respect » qu'il n'a point recherché, qu'il n'a point désiré, » auquel il ne s'attend pas, & dont il aura la mo- » destie d'être étonné, tandis que tant d'intrigants litté- » raires employent de si étranges moyens pour se » faire prostituer dans les journaux, des éloges qu'ils » savent ne leur être pas dus ».

Jean *Levesque* de Burigny étoit né à Reims en 1692, d'une famille honorable à tous égards, mais dont nous remarquerons seulement ici que dans un espace de temps assez borné, elle a fourni trois sujets à l'Académie des Belles-Lettres, M. de Burigny & MM de Pouilly, père & fils; M. de Champeaux, troisiéme frère de M. de Pouilly le père, & de M. de Burigny, fut ministre du roi dans différentes cours, & se distingua dans la carrière des négociations. M. de Pouilly le père étoit un de ces savants rares, qui savent sur-tout éclairer l'érudition par la critique, & l'histoire par la philosophie. C'étoit d'ailleurs un philosophe aimable & sensible. On en peut juger par sa Théorie des sentiments agréables.

Dans sa dispute sur l'incertitude de l'histoire des premiers siècles de Rome, jamais il ne lui échappa un mot d'aigreur; les deux savants qui lui répondirent, ne purent pas démentir ainsi le caractère de savants. A la seconde ou troisiéme réplique, l'aigreur se montre. Au reste, ils gagnèrent leur procès auprès des savants, & M. de Pouilly, auprès des philosophes.

M. de Pouilly le fils est vivant, & les fonctions de la magistrature se disputent aux occupations littéraires, sans le leur enlever.

M. de Burigny n'a cessé de travailler pendant une vie de 94 ans, & c'est peut-être le seul homme de lettres qui n'ait jamais mis ses ouvrages au-dessus de leur valeur; ils avoient tous un grand mérite d'érudition & de recherches; ses vies de Grotius, d'Erasme, du cardinal du Perron, de Bossuet, & d'autres productions plus considérables, contiennent presque toujours tout ce qu'il est possible de savoir sur la matière traitée dans chacun de ces ouvrages; & quand on voudroit ne les regarder que comme des Mémoires pour servir à l'Histoire, on n'en pourroit pas trouver de plus sûrs, de mieux rédigés, ni de plus fidèlement tirés des sources les plus pures.

Un de ses amis lui parloit un jour avec éloge, de quelques articles de l'*Europe savante*, dont il le croyoit l'auteur: *vous avez raison*, dit M. de Burigny, *ces articles sont excellents, ils ne sont pas de moi*. Cet ami ajoutant que les derniers volumes de ce Journal lui paroissoient inférieurs aux autres; *ils sont tous de moi* dit-il, *& j'en juge comme vous.*

M. de Burigny chérissoit la mémoire de ses amis morts, autant qu'il les avoit chéris vivants. Une personne d'un rang élevé, parloit un jour très-mal de M. de Saint-Hyacinthe, dans un cercle nombreux. M. de Burigny, qui étoit présent, fit tous ses efforts pour défendre son ami; mais pressé de plus en plus & pénétré de douleur de ne pouvoir détruire les imputations dont on le chargeoit: « Monsieur, s'écria-t-il en fondant en larmes, je vous demande grace, vous » me déchirez l'ame; M. de Saint-Hyacinthe est un » des hommes que j'ai le plus aimés; vous le pei- » gnez d'après la calomnie, & je proteste sur mon » honneur, qu'il n'a jamais ressemblé au portrait que » vous en faites. »

M. de Burigny avoit alors 80 ans, & il y en avoit au moins 30 que Saint-Hyacinthe ne vivoit plus.

Un homme si digne d'avoir des amis, trouva dans ses amis & ses parents, les consolations les plus touchantes dans sa vieillesse & dans sa dernière maladie, qui fut peut être la seule. « Sollicité anciennement, dit M. Dacier dans son éloge, d'occuper un apparte-

» ment chez Mme. Geoffrin, il avoit cédé aux instances » de l'amitié; recueilli ensuite par Mme la marquise » de la Ferté-Imbault, comme une portion précieuse » de l'héritage de sa mère, il avoit retrouvé en elle » les mêmes sentiments & les mêmes procédés. Elle » avoit pour lui cette amitié prévenante, si douce, » sur-tout à la vieillesse, ces attentions nobles & » délicates qui partent d'un cœur excellent, poli par » l'usage du grand monde, cette considération & ces » égards qu'une ame bonne & vertueuse se plaît à » témoigner au mérite & à la vertu, rendus encore » plus respectables par l'âge; & personne n'a plus « contribué qu'elle au bonheur de ses dernières » années. En publiant ici ce que M. de Burigny de- » voit à la mère & à la fille, & sa reconnoissance, » je ne suis que son organe, dit M. Dacier, je ne » fais que répéter ce qu'il disoit sans cesse, ce qu'il » m'a chargé de redire, & j'acquitte en son nom la » dette de son cœur. »

Il s'éteignit le 8 octobre 1785, entre les bras de M. de Pouilly, son neveu, & de Mme de Broca, sa nièce, fille de M. de Champeaux, qui avoit renoncé à tout pour se dévouer sans réserve à M. de Burigny, « & lui a prodigué avec un courage, une » constance & une assiduité au-dessus de ses forces, » les soins les plus touchants & les plus empressés. Une » fille tendre n'auroit rien fait de plus pour le meilleur » & le plus chéri des pères. »

M. Dacier applique en particulier à M. de Burigny, ce que Cicéron a dit en général des lettres. « Elles » avoient nourri sa jeunesse, elles embellirent ses plus » beaux jours, elles furent son refuge & sa consola- » tion dans ses peines, elles le rendirent heureux » par-tout & dans tous les moments, elles ont fait » le charme de sa vieillesse, & pour dernière faveur, » elle honorent sa mémoire. »

LEVI, (*Hist. Sacr.*) troisiéme fils de Jacob & de Lia; son expédition avec Siméon son frére, contre les Sichimites, son arrivée en Egypte avec ses enfants, dont l'un fut l'ayeul de Moïse, d'Aaron & de Marie; la part qu'il eut dans la prédiction de Jacob mourant, enfin, tout ce qui le concerne, se trouve dans la Génèse, chapitres 24, 46, 49.

LEVI-LEVIS, (*Hist. de Fr.*) La fable de cette maison la fait descendre de la tribu de *Levi*, à cause de la conformité des noms; mais elle n'a besoin que de la vérité pour être grande & illustre; elle l'étoit dès les onziéme & douziéme siècles. Elle tiroit son nom de la terre *de Levis*, près Chevreuse, dans le Hurepoix:

1°. Gui *de Levis*, qu'on voit faire de grandes fondations en 1190, se croisa contre les Albigeois, sous le jeune Amaury de Montfort, fils de Simon de Montfort, dit le Fort ou le Machabée, & auquel on pourroit donner des épithètes moins glorieuses. Il servit avec tant de gloire, qu'il obtint d'Amaury de Montfort, le titre de maréchal de la Foi, titre héréditaire, & qui a passé à sa postérité, ainsi que la seigneurie de Mirepoix & d'autres dépouilles des Albigeois.

2°. Gui *de Levi*, troisiéme du nom, maréchal de la Foi, suivit en 1266, Charles, duc d'Anjou, à la conquête du royaume de Sicile.

3°. Jean, arrière-petit-fils du précédent, fut tué en 1342, dans une sortie, en défendant la ville de Bergerac, assiégée par les Anglois.

4°. Aléxandre, marquis de Mirepoix, maréchal de la Foi, tué en 1637, à l'attaque des lignes de Leucate, assiégée par les Espagnols. Elisabeth *de Levis*, sa fille, abbesse de Notre-Dame de Rieunette, fut assassinée par six fusiliers en 1671, sur le grand chemin, en revenant de prendre possession d'une terre dépendante de son abbaye. Elle étoit la grande tante du maréchal de Mirepoix, qui suit.

5°. Gaston-Charles-Pierre-François, maréchal de la Foi, capitaine des Gardes-du-Corps, commandant en Languedoc, ainsi que sur toutes les côtes de la Méditerranée; né en 1700, colonel du régiment de Saintonge le 6 mars 1719, de celui de la Marine le 20 février 1734, brigadier d'armée le premier août suivant; ambassadeur à Vienne en 1737, maréchal-de-camp le premier mars 1738, chevalier des ordres le 1 février 1741, lieutenant-général le 2 mai 1744, ambassadeur à Londres le premier janvier 1749, duc à brevet en 1751, maréchal de France le 24 février 1757, mort à Montpellier le 25 septembre 1757. C'est le mari de Mme la maréchale de Mirepoix d'aujourd'hui, Anne-Gabrielle de Beauvau-Craon, sœur de M. le maréchal de Beauvau, veuve du prince de Lixin, célébrée par Montesquieu, chantée par Moncrif.

6°. Dans la branche des barons de la Voute, comtes, puis ducs de Ventadour, Gilbert *de Levis*, comte de Ventadour, blessé à la bataille de Marignan.

7°. François, comte de Vauvert, tué dans un combat naval contre les Rochelois en 1625.

8°. Le duc de Ventadour, mari de Charlotte-Eléonore-Magdeleine de la Mothe-Houdancourt, gouvernante du roi Louis XV, étoit neveu du précédent.

9°. Dans la branche des barons & comtes de Charlus, Jean, chevalier de St. Jean de Jérusalem, tué à la prise d'Alger en 1541.

10°. Jean-Louis, chevalier de l'ordre du roi, assassiné en 1611, avec François son fils, âgé de 15 ans.

11°. Charles-Eugène, dont les terres furent érigées en duché-pairie, sous le nom *de Levis*, en 1723. Il avoit suivi en 1688, le dauphin aux siéges de Philisbourg, de Manheim, de Frankendal. Il fut fait brigadier d'armée le 29 janvier 1702, & se distingua en 1703, à la première bataille d'Hochstet; maréchal-de-camp le 10 février 1704; lieutenant-général, seul & par distinction, le 18 février 1708; fait prisonnier cette même année par les Anglois, dans un vaisseau qui tentoit de passer en Ecosse; reçu chevalier des ordres du roi le 2 février 1732. Mort le 9 mai 1734. En lui s'éteignit sa branche.

12°. Dans la branche de Florensac & Marly, Philippe, mort au siége d'Aqs en Gascogne en 1451.

13°. Dans la branche des barons & comtes de Quelus *de Levis*, Jacques *de Levis* comte de Quelus, un des mignons de Henri III, tué en duel en 1578.

14°. Dans la branche des marquis de Gaudiés, Barthelemi, tué au combat de Senef en 1674.

LEUNCLAVIUS, (Jean) (*Hist. Litt. mod.*) savant voyageur, qui nous a donné le premier des notions exactes & utiles sur la Turquie. On a de lui une *Histoire Musulmane*. Il traduisit en latin, les *Annales des Sultans Ottomanides*, de Jean Gaudier, sur la version que Spiégel en avoit faite du turc en allemand, & il y ajouta une suite sous le titre de *Pandectæ Turcicæ*. On trouve & ces deux Annales & cette suite à la fin de Chalcondyle, imprimé au Louvre. On a encore de *Leunclavius*, un ouvrage intitulé : *Commentatio de Moscorum bellis adversus finitimos gestis*, & des versions latines de Xénophon, de Zosime, de Constantin Manassès, & de quelques autres auteurs grecs, tant de la belle & saine antiquité que des temps plus modernes. Né en Westphalie. Mort à Vienne en Autriche en 1593, âgé de soixante ans.

LEUSDEN, (Jean) (*Hist. Litt. mod.*) savant hollandois & grand Hébraïsant, professeur d'hébreu à Utrecht sa patrie, & dont tous les ouvrages, connus seulement des savants & des hébraïsants, roulent sur la Bible. Né en 1624. Mort en 1699.

LEUVILLE. (*Voyez* OLIVIER.)

LEZKO I, (*Hist. de Pologne.*) surnommé le *Blanc* parce que ses cheveux étoient blonds; il étoit fils de Casimir le Juste, duc de Pologne. Après la mort de ce prince les Polonois voulurent établir la liberté des élections, exclure le fils du feu roi, & rappeller Miceslas le Vieux. Si cet avis eût prévalu, leur indépendance leur auroit coûté cher; ils auroient replacé sur le trône un tyran qu'ils en avoient chassé eux-mêmes, & se seroient rendus esclaves & malheureux pour prouver qu'ils étoient libres. Mais enfin le bien public l'emporta, & le jeune *Lezko* fut couronné l'an 1195. La régence fut confiée à Hélene sa mère. Miceslas trouva encore un parti & se montra à la tête d'une armée; un parti plus puissant marcha contre lui; on en vint aux mains, Miceslas fut vaincu; mais il reparut encore, & s'il avoit la férocité d'un tyran, il avoit aussi le courage d'un héros. La duchesse qui craignoit de hazarder, dans de nouveaux troubles, & sa tête & celle de son fils, força ce jeune prince d'abdiquer. Miceslas régna, & laissa la couronne à son fils Uladislas Laskonogi; mais *Lezko* indigné de l'obscurité où il languissoit, rassembla ses amis, tailla en pièces les troupes de l'usurpateur, & le contraignit, l'an 1206, à lui céder une couronne qu'il avoit déja portée. Son règne fut assez paisible jusqu'à l'an 1220, & l'eût été jusqu'à sa mort, s'il avoit connu l'art de placer ses bienfaits; mais en donnant au comte de Suantopelk le gouvernement de la Poméranie orientale, il ne fit qu'un ingrat d'autant plus dangereux, qu'il avoit des talents & qu'on lui croyoit des vertus. Celui-ci voulut secouer le joug de son bienfaiteur; *Lezko*, résolu de le punir, l'appella au sein de la Pologne sous divers prétextes: le comte y entra à main armée, attira le duc dans une embuscade, & le fit assassiner l'an 1227. (*M. DE SACY.*)

LEZKO II, surnommé *le Noir*, roi de Pologne; il étoit petit-fils de Conrad, duc de Mazovie: Boleslas V le désigna pour son successeur; un prélat audacieux, le scandale & la terreur de la Pologne, assemblage singulier de talens & de vices, Paul Pzzemakow, évêque de Cracovie, voulut lui fermer le chemin du trône, leva une armée de brigands, & fut vaincu. Après la mort de Boleslas, l'an 1279, *Lezko* fut couronné malgré les menées secretes de l'évêque qui ne trouva plus de partisans: à peine étoit-il proclamé, que la Pologne se trouva menacée par une ligue puissante des Russes, des Lithuaniens & des Tartares. *Lezko* marcha contre eux, & les tailla en pièces, l'an 1282. Pzzemakow souffla dans toute la Pologne l'esprit de révolte, dont il étoit animé; les Palatins se soulevèrent; *Lezko* terrassa ces rebelles, & après les avoir dissipés par la force de ses armes, il acheva de les vaincre par ses bienfaits. Mais lorsqu'il vit, en 1288, une multitude de Tartares descendre dans la Pologne, & porter ses ravages jusques sous les murs de Cracovie, soit foiblesse, soit ruse militaire, il s'enfuit en Hongrie, ne reparut qu'après leur départ, & mourut l'an 1289. Sa fuite est la seule faute qu'on puisse lui reprocher. Il étoit grand, généreux, & pardonnoit sans effort. Il avoit l'art de tâter le goût des hommes, & de les asservir par des riens importans. C'est ainsi qu'il flatta les Allemands, & leur inspira un zèle infatigable, en imitant & leur manière de s'habiller & l'usage reçu parmi eux de laisser croître sa chevelure. Dans un combat il échauffa ses soldats d'un enthousiasme belliqueux, en leur assurant que dans un songe l'ange Gabriel lui avoit promis la victoire. (*M. DE SACY.*)

L'HUILLIER. (*Voyez* LUILLIER.

LI, LY, LIS, LYS, f. m. (*Mesure Chinoise*) comme vous voudrez l'écrire, est la plus petite mesure itinéraire des Chinois. Le P. Maffée dit que le *li* comprend l'espace où la voix de l'homme peut porter dans une plaine quand l'air est tranquille & serein; mais les confrères du P. Maffée ont apprécié le *li* avec une toute autre précision.

Le P. Martini trouve dans un degré 90 mille pas chinois; & comme 350 de ces pas font le *li*, il conclut qu'il faut 250 de ces *lis* pour un degré: de sorte que selon lui, 25 *lis* font six milles italiques; car de même que six milles italiques multipliés par dix, font 60 pour le degré, de même 25 *lis*, multipliés par dix, font 250.

Le P. Gouye remarque qu'il en est des *lis* chinois comme de nos lieues françoises, qui ne sont pas de même grandeur par-tout. Le P. Noel confirme cette observation, en disant que dans certains endroits 15 *lis* & dans d'autres 12, répondent à une heure de chemin; c'est pourquoi, continue ce jésuite, j'ai en pouvoir donner 12 *lis* chinois à une lieue de Flandre. Cette idée du P. Noel s'accorde avec ce que dit le P. Verbiest dans sa *cosmographie chinoise*, qu'un degré de latitude sur la terre est de 250 *lis*.

Or je raisonne ainsi sur tout cela ; puisque 250 *lis* chinois font un degré de latitude, & que suivant les observations de l'Académie des Sciences, le degré est de 57 mille 60 toises, il résulte que chaque *li* est de 208 toises & de six vingt cinquiémes de toise, & que par conséquent la lieue médiocre, la françoise, qui est de 2282 toises du Châtelet de Paris, fait environ dix *lis* chinois. (*D. J.*)

LIA, (*Hist. de Fr.*) fille aînée de Laban, première femme de Jacob. Ce qui concerne son histoire se trouve dans la Génèse, chapitres 29, 30, 31, 33.

LIAL-FAIL, s. m. (*Hist. ancienne.*) C'est ainsi que les anciens Irlandois nommoient une pierre fameuse qui servoit au couronnement de leurs rois ; ils prétendoient que cette pierre, qui dans la langue du pays, signifie *pierre fatale*, poussoit des gémissements quand les rois étoient assis dessus lors de leur couronnement. On dit qu'il y avoit une prophétie qui annonçoit que par-tout où cette pierre seroit conservée, il y auroit un prince de la race des *Scots* sur le trône au dixiéme siècle. Elle fut enlevée de force par Edouard I, roi d'Angleterre, de l'abbaye de Scône, où elle avoit été conservée avec vénération ; & ce monarque la fit placer dans le fauteuil qui sert au couronnement des rois d'Angleterre, dans l'abbaye de Westminster, où l'on prétend qu'elle est encore. *Voyez l'Histoire d'Irlande* par Mac-Géogegan. (*A. R.*)

LIANCOURT *ou* LIANCOUR, (*Hist. de Fr.*) Gabrielle d'Estrées fut, dit-on, contrainte par son père, à épouser Nicolas d'Amerval, seigneur *de Liancourt*, gentilhomme de Picardie ; elle se nomma quelque temps Mme *de Liancourt* avant de se nommer la marquise de Monceaux & la duchesse de Beaufort ; Henri IV fit casser ce mariage.

Henri IV avoit alors pour premier écuyer, du Plessis *Liancourt*, seigneur *de Liancourt*, près Clermont en Beauvoisis. Il le nomma pour être du conseil de régence ; *Liancourt* étoit dans le carrosse du roi, lorsque ce prince fut assassiné.

Roger du Plessis, duc *de Liancourt* & de la Roche-Guyon, pair de France, chevalier des ordres du roi, étoit possesseur de ces deux belles & grandes terres, qui sont aujourd'hui dans la maison de la Rochefoucauld ; c'étoit un des hommes les plus brillants & les plus braves de la cour. Il épousa Jeanne de Schomberg, fille du maréchal de Schomberg, surintendant des finances, & sœur du maréchal de Schomberg, duc d'Halluin, femme d'esprit, & surtout très-pieuse. Elle laissa d'abord son mari rechercher tous les avantages que lui promettoient sa naissance & ses qualités brillantes, & se livrer à toutes les dissipations du monde ; insensiblement elle l'attira dans la retraite, qu'elle embellit pour lui ; les beaux jardins, les belles eaux *de Liancourt* furent son ouvrage ; elles sont célèbrées dans la *Psyché* de La Fontaine :

> Rassemblés, sans aller plus loin,
> Vaux, Liancourt & leurs naïades.

Le duc *de Liancourt* devient bientôt pieux & janséniste comme elle ; leurs liaisons avec tout Port-Royal furent célèbres, & leurs noms le sont principalement dans l'Histoire du Jansénisme. C'est au duc *de Liancourt* qu'un prêtre de St. Sulpice, son confesseur, s'avisa de refuser l'absolution à Pâques, parce qu'on disoit qu'il ne croyoit pas que les cinq propositions fussent dans Jansénius, & qu'il avoit dans sa maison des hérétiques, c'est-à-dire, des écrivains de Port-Royal & des Oratoriens. M. Arnaud le docteur, écrivit à ce sujet, deux lettres à un duc & pair, qui étoit M. le duc *de Liancourt* lui-même. Grande assemblée de Sorbonne, où se trouva de la part du roi, le chancelier Seguier ; on y condamna une proposition de M. Arnauld, & on l'exclut de Sorbonne. De-là les premières Lettres Provinciales.

La vie du duc & de la duchesse *de Liancourt* se passa toute entière dans l'exercice des vertus ; on raconte de la duchesse *de Liancourt*, des traits de générosité singuliers ; elle fournissoit de l'argent à ceux qui plaidoient contr'elle, & qui faute de ce secours, n'eussent pu faire valoir leurs droits. Si on demande pourquoi elle ne poussoit pas la générosité jusqu'à leur épargner tout procès, en sacrifiant ses droits ; c'est qu'il s'agissoit de droits de terre, qu'on n'abandonne pas sans inconvénient, & qui sont quelquefois assez incertains pour avoir besoin d'être réglés par un jugement. Elle mourut le 14 juin 1674, à Liancourt, & son mari le premier août suivant. On a d'elle quelques petits écrits adressés à son mari & à sa petite-fille, contenant des avis économiques & domestiques.

Ils n'avoient eu qu'un fils, tué jeune à l'armée. Ce fils laissa une fille, Mademoiselle de la Roche-Guyon, qui fut élevée à Port-Royal ; c'étoit un excellent parti ; elle fut recherchée par tout ce que la cour avoit de plus grand ou de plus en faveur ; le cardinal Mazarin la demanda pour un de ses neveux ; elle épousa le prince de Marsillac, fils du duc de la Rochefoucauld, auteur des *Maximes*, & porta dans la maison de la Rochefoucauld les terres de Liancourt & de la Roche-Guyon.

LIBANIUS, (*Hist. Rom.*) fameux sophiste, fameux rhéteur du quatrième siècle, né à Antioche, élevé à Athènes, professoit l'éloquence à Constantinople du temps de l'empereur Julien. Ce prince faisoit un cas singulier de *Libanius*, & soumettoit au jugement de ce philosophe ses actions & ses écrits. Quoique orateur, *Libanius* ne le flattoit point. Julien étant à Antioche, avoit fait mettre en prison les magistrats de cette ville, contre lesquels il étoit fort irrité. *Libanius* vint avec courage plaider la cause de ses concitoyens. Son ton ferme & libre étonna l'esprit esclave d'un homme qui l'entendit : *Orateur*, lui dit-il, *tu es bien près du fleuve Oronte, pour parler si hardiment.* — *Courtisan*, répondit Libanius, *ta menace est bien plus hardie que mes discours, elle tend à déshonorer le maître que tu veux me faire craindre.* Julien ne se déshonora point ;

il étoit digne d'entendre *Libanius*, & il continua de l'aimer ; ce rhéteur payen eut pour disciples deux illustres orateurs chrétiens, St. Basile & St. Jean-Chrysostôme ; les lettres de St. Basile font foi de son attachement pour son maître.

Nous avons les œuvres de *Libanius* en deux vol. *in-fol.* ; mais elles ne sont pas, à beaucoup près, complettes ; la plûpart de ses harangues sont perdues : un italien, Antoine Bongiovani, en a retrouvé dix-sept dans un manuscrit de la bibliothèque de St. Marc, & les a publiées à Venise en 1755. On ignore le temps de la mort de *Libanius.*

LIBATTO, s. m. (*Hist. mod.*) C'est le nom que les habitants du royaume d'Angola donnent à des espèces de hameaux ou de petits villages qui ne sont que des assemblages de cabanes chétives, bâties de bois & de terre grasse, & entourées d'une haie fort épaisse & assez haute pour garantir les habitants des bêtes féroces, dont le pays abonde. Il n'y a qu'une seule porte à cette haie, que l'on a grand soin de fermer la nuit, sans quoi les habitants courroient risque d'être dévorés.

LIBERAT, (*Hist. Ecclésiast.*) C'est le nom de deux martyrs d'Afrique au cinquième siècle, sous la persécution du roi Hunneric, & celui d'un diacre de l'église de Carthage au sixième siècle, qui se distingua dans l'affaire dite des *Trois Chapitres.* (*Voyez* sur cette affaire, l'article EUTYCHÈS), & dont on a un ouvrage intitulé ; *Breviarium de causâ Nestorii & Eutychetis.*

LIBÈRE, (*Hist. Ecclésiast.*) pape élu en 352, souvent cité par les Jansénistes sur-tout, comme ayant varié dans la foi, & s'étant laissé ébranler par les persécutions de l'empereur Constance, & séduire par les artifices des Ariens. Il n'avoit péché que par foiblesse comme Pierre, il se repentit & pleura comme Pierre, fit des excuses à St. Athanase d'avoir pendant quelque temps abandonné sa cause, & mourut saintement en 366. Les pères le traitent même de *bienheureux*, & son nom se trouve dans quelques anciens martyrologes.

LIBERTAT, (*Voyez* CASAUX.)

LIBURNE, s. m. *Liburnus*, (*Hist. Rom.*) huissier qui appelloit les causes qu'on devoit plaider dans le barreau de Rome ; c'est ce que nous apprenons de Martial qui tâche de détourner Fabianus, homme de bien, mais pauvre, du dessein de venir à Rome où les mœurs étoient perdues ; *procul horridus liburnus* ; & Juvenal dans sa quatrième Satyre,

Primus, clamante liburno,

Currite, jàm sedit.

L'empereur Antonin décida dans la loi *VII, ff. de in integ. restit.* que celui qui a été condamné par défaut, doit être écouté, s'il se présente avant la fin de l'audience, parce qu'on présume qu'il n'a pas entendu la voix de l'huissier, *liburni.* Il ne faut donc pas traduire *liburnus* par *crieur public*, comme ont fait la plûpart de nos auteurs, trop curieux du soin d'appliquer tous les usages aux nôtres. (*D. J.*)

LICETI *ou* LICETO, (*Hist. mod.*) Cet homme qui ne fut peut-être pas nommé sans dessein *Fortunius*, naquit avant le septième mois de la grossesse de sa mère ; son père le fit mettre dans une boëte de coton, & prit pour l'élever & assûrer sa vie, des soins qui réussirent parfaitement à tous égards. *Fortunius* jouit d'une parfaite santé, & vécut soixante & dix-neuf ans. Il fut d'ailleurs un médecin habile, ainsi que son père. On a de lui plusieurs ouvrages en latin, les uns sur la médecine, comme celui qui a pour titre : *de his qui vivunt sine alimentis* ; les autres sur la physique : *de fulminum naturâ ; de maris tranquillitate & ortu fluminum* ; d'autres enfin sur des matières d'antiquité : *de annulis antiquis ; de Lucernis antiquis.* Dans ce dernier traité, il soutient que les lampes sépulchrales des anciens ne s'éteignoient point. Ferrari, dans une dissertation bien postérieure, *de veterum lucernis sepulchralibus*, dit au contraire que ces prétendues lampes inextinguibles, étoient des phosphores qui s'allumoient pour quelques instants, lorsqu'ils étoient exposés à l'air. Fortunius *Liceti* né à Rapalo dans l'état de Gênes en 1577, mourut à Padoue en 1656.

On a de Joseph *Liceti* son père, un ouvrage intitulé : *Nobilità de principali membri dell' Vosno.*

LICINIUS, (*Histoire des empereurs.*) né dans la Dacie, fut un soldat de fortune, qui n'eut d'autre titre à l'empire que son courage & ses talents pour la guerre. Galère-Maximien, qui avoit été simple soldat avec lui, en avoit reçu de grands services : ce fut par reconnoissance qu'il le choisit pour son collègue lorsqu'il parvint à l'empire. Il lui donna le département de l'Illyrie, & ensuite de tout l'Orient. Constantin, qui voyoit son crédit prendre chaque jour de nouveaux accroissements, se fortifia de son alliance, & lui fit épouser sa sœur Constantia, & leurs forces réunies humilièrent la fierté de Maximien, qu'ils défirent dans plusieurs combats. *Licinius* né barbare, ne se dépouilla jamais de la férocité naturelle à sa nation. Ses mœurs agrestes rappellèrent toujours la bassesse de sa naissance. Ennemi des lettres & des philosophes, il les appelloit la *peste* & le *poison* des états. C'étoit pour justifier son ignorance. Son éducation avoit été si négligée, qu'il ne savoit même pas signer son nom. Il oublia que c'étoit à Galère-Maximien qu'il devoit sa fortune, & ce fut contre les enfants de ce bienfaiteur qu'il exerça le plus de cruautés. Maximien défait dans plusieurs combats, fut enfin obligé de se rendre à sa discrétion ; mais le vainqueur impitoyable le fit massacrer avec toute sa famille. Sa fureur avide de sang se tourna contre les chrétiens qu'il détestoit, parce qu'ils étoient favorisés par Constantin devenu l'objet de sa haine jalouse. Constantin assuré des armées des Gaules & de l'Italie, lui déclara la guerre. Ils en vinrent aux mains dans la Pannonie ; & la victoire, sans être décisive, pencha du côté de Constantin. Il fallut senter la fortune d'un second combat dans les plaines d'Andrinople : l'avantage fut à-peu-près égal. Les troupes de *Licinius* plièrent ; mais tout le camp de Constantin fut pillé. Les deux rivaux également épuisés & las de la guerre, firent la paix, que *Licinius* acheta par la cession de la Grèce & de l'Illyrie. *Licinius* honteux d'avoir souscrit à des conditions humiliantes, recommença les hostilités ; il fut encore défait près d'Andrinople ; d'où il se retira à Chalcédoine, où, craignant d'être attaqué par l'armée victorieuse, il demanda la paix qui lui fut accordée ; mais dès qu'il eut réparé ses pertes, il viola le traité ; il en fut puni par une sanglante défaite dans les plaines de Chalcédoine, où toujours malheureux sans rien perdre de sa réputation, il fut obligé de s'en remettre à la clémence de son vainqueur. Sa femme Constantia obtint sa grace de son frère. Constantin, après l'avoir admis à sa table, le relégua à Thessalonique, où il mena une vie privée avec sa femme : il paroissoit avoir renoncé à toutes les promesses de l'ambition, lorsque Constantin envoya des ordres pour l'étrangler. Il mourut âgé de soixante ans, dont il en avoit régné quatorze. (*T-N.*)

LIÉBAUT, (Jean) (*Hist. Litt. mod.*) médecin ; il eut part à *la Maison rustique*, dont le principal auteur fut Charles Etienne, son beau-père. On a de *Liébaut* divers ouvrages de médecine : *Thesaurus sanitatis*, grand trésor en effet ; *de præcavendis curandisque venenis Commentarius ; traités sur les maladies, l'ornement & la beauté des femmes.* Mort 1596.

LIEUTAUD, (Jacques & Joseph) *Hist. Litt. mod.*) Tous deux furent de l'Académie des Sciences ; tous deux étoient de Provence ; l'un, d'Arles ; l'autre, d'Aix, nous ignorons s'ils étoient parents. On a du premier, mort en 1733, vingt-sept volumes de la connoissance des temps, depuis 1703 jusqu'en 1729. Le second a été premier médecin du roi Louis XVI. On a de lui beaucoup d'ouvrages de médecine. Mort à Versailles le 6 décembre 1780, en disant aux médecins ses confrères, rassemblés autour de lui, & qui lui proposoient différents remèdes : *je mourrai bien sans tout cela.*

LIGARIUS, (Quintus) (*Hist. Rom.*) On connoît l'éloquent & touchant plaidoyer de Cicéron pour ce *Ligarius*, & on sait quel en fut le succès. C'est un des beaux triomphes de l'éloquence, puisqu'il s'agissoit de déterminer César irrité, à faire grace, quoiqu'il eût bien résolu d'être inflexible ; Cicéron le rendit clément, en louant sa clémence. Ceux qui ne croient pas ou qui ne veulent pas croire à ces grands effets de l'éloquence, aiment mieux supposer que César & Cicéron étoient d'accord, & qu'il étoit convenu entre eux que César seroit attendri à un certain endroit du plaidoyer, & laisseroit tomber de ses mains l'arrêt qui proscrivoit le coupable ; c'eût été de la part de César une complaisance bien singulière pour Cicéron, de se charger en public de ces apparences toujours odieuses, de colère & de rigueur, tout exprès pour ménager à l'orateur la gloire d'en triompher. Tubéron, accusateur de *Ligarius*, ayant succombé dans cette occasion, renonça pour toujours au Barreau. Il est fâcheux que la clémence de César envers *Ligarius*, n'ait pas empêché celui-ci d'entrer dans la conjuration qui fit périr ce dictateur.

Hélas ! tous les humains ont besoin de clémence.

il importe à l'humanité entière que nul n'ait à se repentir d'avoir été clément, & l'histoire d'Auguste, qui, après avoir puni jusqu'à dix conjurations formées contre lui, prend le parti de pardonner la onzième, & depuis ce temps n'en voit plus naître aucune, est d'une moralité bien plus utile au genre humain, que celle de Ligarius, conspirant contre celui qui lui a pardonné.

LIGER, (Louis) (*Hist. Litt. mod.*) Charles Etienne & Liébaut, son gendre (*voyez* LIÉBAUT) avoient fait la *maison rustique*, Liger est auteur d'une *nouvelle maison rustique*, & de beaucoup de livres économiques très médiocres sur l'agriculture, le jardinage, la cuisine, la chasse, la pêche, &c. Né à Auxerre en 1658, mort à Guerchi, en 1717.

LIGNAC, (Joseph Adrien le Large de) (*Hist. Litt. mod.*) homme triste, écrivain médiocre ; il a beaucoup écrit sur la physique, la métaphysique & la religion. Il est auteur de la *lettre à un Américain sur l'Histoire naturelle de M. de Buffon.* Il a écrit aussi contre le livre de l'esprit. Il a voulu expliquer les mystères, & pour rendre sensible celui de la transsubstantiation, il a soutenu la *possibilité de la présence corporelle de l'homme en plusieurs lieux.* Ne feroit-on pas mieux de révérer en silence nos mystères que de les expliquer ainsi ? Mort à Paris, en 1762.

LIGNE *de marcation*, (*Hist. mod.*) ou *ligne de division, de partition*, établie par les papes pour le partage des Indes entre les Portugais & les Espagnols ; l'invention de cette *ligne* fictice est trop plaisante pour ne la pas transcrire ici d'après l'auteur de l'*Essai sur l'hist. générale.*

Les Portugais dans le XV. siecle demandèrent aux papes la possession de tout ce qu'ils découvriroient dans leurs navigations ; la coutume subsistoit de demander des royaumes au saint siége, depuis que Grégoire VII. s'étoit mis en possession de les donner. On croyoit par là s'assurer contre une usurpation étrangère, & intéresser la religion à ces nouveaux établissements. Plusieurs pontifes confirmèrent donc au Portugal les droits qu'il avoit acquis, & qu'un pontife ne pouvoit lui ôter.

Lorsque les Espagnols commencerent à s'établir dans l'Amérique, le pape Alexandre VI, en 1493, divisa les deux nouveaux mondes, l'américain & l'asiatique, en deux parties. Tout ce qui étoit à l'orient des îles Açores, devoit appartenir au Portugal ; tout ce qui étoit à l'occident, fut donné par le saint siège à l'Espagne. On traça sur le globe une *ligne* qui marqua les limites de ces droits réciproques, & qu'on appella la *ligne de marcation*, ou la *ligne alexan-*

drine; mais le voyage de Magellan dérangea cette *ligne*. Les îles Marianes; les Philippines, les Moluques, se trouvoient à l'orient des découvertes portugaises. Il fallut donc tracer une autre *ligne*, qu'on nomme la *ligne de démarcation*; il n'en coûtoit rien à la cour de Rome de marquer & de démarquer.

Toutes ces *lignes* furent encore dérangées, lorsque les Portugais abordèrent au Brésil. Elles ne furent pas plus respectées par les Hollandois qui débarquèrent aux Indes orientales, par les François & par les Anglois qui s'établirent ensuite dans l'Amérique septentrionale. Il est vrai qu'ils n'ont fait que glaner après les riches moissons des Espagnols; mais enfin ils y ont eu des établissemens considérables, & il en ont encore aujourdhui.

Le funeste effet de toutes ces découvertes & de ces transplantations, a été que nos nations commerçantes se sont fait la guerre en Amérique & en Asie, toutes les fois qu'elles se la sont faite en Europe, & elles ont réciproquement détruit leurs colonies naissantes. Les premiers voyages ont eu pour objet d'unir toutes les nations. Les derniers ont été entrepris pour nous détruire au bout du monde; & si l'esprit qui règne dans les conseils des puissances maritimes continue, il n'est pas douteux qu'on doit parvenir au succès de ce projet, dont les peuples de l'Europe payeront la triste dépense. (*D. J.*)

LIGNEROLLES, (Jean le Voyer, seigneur de) (*Hist. de France*) élevé par la faveur du duc d'Anjou, qui fut depuis le roi Henri III, il devint gentilhomme de la chambre du roi, chevalier de l'ordre, capitaine d'homme d'armes & gouverneur du Bourbonnois. Sa mort est une des circonstances qui prouvent la dissimulation affreuse dont usa Charles IX, dans l'affaire de la saint Barthélemy, & qui montrent combien un grand crime traîne à sa suite de crimes accessoires. Le duc d'Anjou, qui étoit dans le secret des résolutions prises contre les protestans, avoit eu l'indiscrétion d'en révéler une partie à Lignerolles, son favori : celui-ci eut la vanité de vouloir forcer la confiance du roi, en lui faisant connoître qu'il savoit son secret; le roi feignit de ne le pas entendre, & se hâta de faire tuer Lignerolles par Georges de Villequier, vicomte de la Guerche, & Charles, comte de Mansfeld, ses ennemis personnels, qui l'attaquerent au milieu de la rue à Bourgueil en Anjou, sous les yeux de la cour qui étoit pour lors (en 1571.) dans ce lieu. Les assassins furent mis en prison, le roi parut d'abord irrité de leur attentat; mais il leur fit grace, & il n'en fut plus parlé.

LIGUE, *la*, (*Hist. de France.*) on nomme ainsi par excellence toutes les confédérations qui se formèrent dans les troubles du royaume contre Henri III. & contre Henri IV. depuis 1576 jusqu'en 1593.

On appella ces factions la *sainte union* ou la *sainte ligue*; les zélés catholiques en furent les instrumens, les nouveaux religieux les trompettes, & les Lorrains les conducteurs. La mollesse d'Henri III. lui laissa prendre l'accroissement, & la reine mère y donna la main; le pape & le roi d'Espagne la soutinrent de toute leur autorité; ce dernier à cause de la liaison des calvinistes de France avec les confédérés des pays-bas; l'autre par la crainte qu'il eut de ces mêmes huguenots, qui, s'ils devenoient les plus forts, auroient bientôt sappé sa puissance. Abrégeons tous ces faits que j'ai recueillis par la lecture de plus de trente historiens.

Depuis le massacre de la saint Barthélemy, le royaume étoit tombé dans une affreuse confusion, à laquelle Henri III. mit le comble à son retour de Pologne. La nation fut accablée d'édits bursaux, les campagnes désolées par la soldatesque, les villes par la rapacité des financiers, l'église par la simonie & le scandale.

Cet excès d'opprobre enhardit le duc Henri de Guise à former la *ligue* projettée par son oncle le cardinal de Lorraine, & à s'élever sur les ruines d'un état si mal gouverné. Il étoit devenu le chef de la maison de Lorraine en France, ayant le crédit en main, & vivant dans un temps où tout respiroit les factions; Henri de Guise étoit fait pour elle. Il avoit, dit-on, toutes les qualités de son pere avec une ambition plus adroite, plus artificieuse & plus effrénée, telle enfin, qu'après avoir causé mille maux au royaume, il tomba dans le précipice.

On lui donne la plus belle figure du monde, une éloquence insinuante, qui dans le particulier triomphoit de tous les cœurs; une libéralité qui alloit jusqu'à la profusion, un train magnifique, une politesse infinie, & un air de dignité dans toutes ses actions; fin & prudent dans les conseils, prompt dans l'exécution, secret ou plutôt dissimulé sous l'apparence de la franchise; du reste accoutumé à souffrir également le froid & le chaud, la faim & la soif, dormant peu, travaillant sans cesse, & si habile à manier les affaires, que les plus importantes ne sembloient être pour lui qu'un badinage. La France, dit Balzac, étoit folle de cet homme-là; car c'est trop peu de dire amoureuse; une telle passion alloit bien près de l'idolâtrie. Un courtisan de ce règne prétendoit que les huguenots étoient de la *ligue* quand ils regardoient le duc de Guise. C'est de son pere & de lui que la maréchale de Retz disoit, qu'auprès d'eux tous les autres princes paroissoient peuple.

On vantoit aussi la générosité de son cœur; mais il n'en donna pas un exemple, quand il investit lui-même la maison de l'amiral de Coligny, & qu'attendant dans la cour l'exécution de l'assassinat de ce grand homme, qu'il fit commettre par son valet (Besme), il cria qu'on jettât le cadavre par les fenêtres, pour s'en assurer & le voir à ses pieds : tel étoit le duc de Guise, à qui la soif de régner applanit tous les chemins du crime.

Il commença par proposer la *ligue* dans Paris, fit courir chez les bourgeois, qu'il avoit déjà gagnés par ses largesses, des papiers qui contenoient un projet d'association, pour défendre la religion, le roi & la liberté de l'état, c'est-à-dire pour opprimer à la fois le le roi & l'état, par les armes de la religion; la *ligue* fut ensuite signée solemnellement à Péronne, & dans presque toute la Picardie, par les menées & le crédit de d'Humieres, gouverneur de la province. Il ne fut pas difficile d'engager la Champagne & la Bourgogne dans cette association, les Guises y étoient absolus. La Tremoille y porta le Poitou, & bientôt après toutes les autres provinces y entrèrent.

Le roi craignant que les états ne nommassent le duc de Guise à la tête du parti qui vouloit lui ravir la liberté, crut faire un coup d'état, en signant lui-même la *ligue*, de peur qu'elle ne l'écrasât. Il devint, de roi, chef de cabale, & de pere commun, ennemi de ses propres sujets. Il ignoroit que les princes doivent veiller sur les *ligues*, & n'y jamais entrer. Les rois sont la planète centrale qui entraîne tous les globes dans son tourbillon: ceux-ci ont un mouvement particulier, mais toujours lent & subordonné à la marche uniforme & rapide du premier mobile. En vain, dans la suite, Henri III. voulut arrêter les progrès de cette *ligue*: il ne fut pas y travailler ni l'éteindre; elle éclata contre lui, & fut cause de sa perte.

Comme le premier dessein de la *ligue* étoit la ruine des calvinistes, on ne manqua pas d'en communiquer avec dom Juan d'Autriche, qui, allant prendre possession des Pays-bas, se rendit déguisé à Paris, pour en concerter avec le duc de Guise: on se conduisit de même avec le légat du pape. En conséquence la guerre se renouvella contre les protestans; mais le roi s'étant embarqué trop légèrement dans ces nouvelles hostilités, fit bientôt la paix, & créa l'ordre du St. Esprit, comptant, par le serment auquel s'engageoient les nouveaux chevaliers, d'avoir un moyen sûr pour s'opposer aux desseins de la *ligue*. Cependant dans le même temps, il se rendit odieux & méprisable, par son genre de vie efféminé, par ses confrairies, par ses pénitences, & par ses profusions pour ses favoris, qui l'engagèrent à établir sans nécessité des édits bursaux, & à les faire vérifier par son parlement.

Les peuples voyant que du trône & du sanctuaire de la justice, il ne sortoit plus que des édits d'oppression, perdirent peu à peu le respect & l'affection qu'ils portoient au prince & au parlement. Les chefs de la *ligue* ne manquèrent pas de s'en prévaloir, & en recueillant ces édits onéreux, d'attiser le mépris & l'aversion du peuple.

Henri III. ne regnoit plus; ses mignons disposoient insolemment & souverainement des finances, pendant que la *ligue* catholique & les confédérés protestans se faisoient la guerre malgré lui dans les provinces; les maladies contagieuses & la famine se joignoient à tant de fléaux. C'est dans ces moments de calamité, que, pour opposer des favoris au duc de Guise, il dépense quatre millions aux noces du duc de Joyeuse. De nouveaux impôts qu'il mit à ce sujet, changèrent les marques d'affection en haine & en indignation publique.

Dans ces conjonctures, le duc d'Anjou son frère, vint dans les Pays-Bas, chercher au milieu d'une désolation non moins funeste, une principauté qu'il perdit par une tyrannique imprudence, que sa mort suivit de près.

Cette mort rendant le roi de Navarre le plus proche héritier de la couronne, parce qu'on regardoit comme une chose certaine, qu'Henri III. n'auroit point d'enfants, servit de prétexte au duc de Guise, pour se déclarer chef de la *ligue*, en faisant craindre aux François d'avoir pour roi un prince séparé de l'Eglise. En même temps, le pape fulmina contre le roi de Navarre & le prince de Condé, cette fameuse bulle dans laquelle il les appelle *génération bâtarde & détestable de la maison de Bourbon*; il les déclare en conséquence déchus de tout droit & de toute succession. La *ligue* profitant de cette bulle, força le roi à poursuivre son beau-frére qui vouloit le secourir, & à seconder le duc de Guise qui vouloit le détrôner.

Ce duc, de son côté, persuada au vieux cardinal de Bourbon, oncle du roi de Navarre, que la couronne le regardoit, afin de se donner le temps, à l'abri de ce nom, d'agir pour lui-même. Le vieux cardinal, charmé de se croire l'héritier présomptif de la couronne, vint à aimer le duc de Guise comme son soutien, à haïr le roi de Navarre son neveu, comme son rival, & à lever l'étendard de la *ligue* contre l'autorité royale, sans ménagement, sans crainte & sans mesure.

Il fit plus; il prit en 1585, dans un manifeste public, le titre de *premier prince du sang*, & recommandoit aux François de maintenir la couronne dans la branche catholique. Le manifeste étoit appuyé des noms de plusieurs princes, & entr'autres, de ceux du roi d'Espagne & du pape à la tête: Henri III. au lieu d'opposer la force à cette insulte, fit son apologie; & les ligueurs s'emparèrent de quelques villes du royaume, entr'autres, de Tours & de Verdun.

C'est cette même année 1585, que se fit l'établissement des *seize*, espèce de *ligue* particulière pour Paris seulement, composée de gens vendus au duc de Guise, & ennemis jurés de la royauté. Leur audace alla si loin, que le lieutenant du prevôt de l'île de France révéla au roi l'entreprise qu'ils avoient formée de lui ôter la couronne & la liberté. Henri III. se contenta de menaces, qui portèrent les *seize* à presser le duc de Guise de revenir à Paris. Le roi écrivit deux lettres au duc, pour lui défendre d'y venir.

M. de Voltaire rapporte à ce sujet une anecdote fort curieuse; il nous apprend qu'Henri III. ordonna qu'on dépêchât ses deux lettres par deux couriers, & que, comme on ne trouva point d'argent dans l'épargne pour cette dépense nécessaire, on mit les lettres à la poste; de sorte que le duc de Guise se rendit à Paris, ayant pour excuse, qu'il n'avoit point reçu d'ordre contraire.

De là suivit la journée des *barricades*, trop connue pour en faire le récit; c'est assez de dire que le duc de Guise, se piquant de générosité, rendit les armes aux gardes du roi qui, suivant le conseil de sa mère, ou plutôt de sa frayeur, se sauva en grand désordre & à toute bride à Chartres. Le duc, maître de la capitale, négocia avec Catherine de Médicis un traité de paix qui fut tout à l'avantage de la *ligue*, & à la honte de la royauté.

A peine le roi l'eut conclu, qu'il s'apperçut, quand il n'en fut plus temps, de l'abîme que la reine mère lui avoit creusé, & de l'autorité souveraine des Guise, dont l'audace portée au comble, demandoit quelque coup d'éclat. Ayant donc médité son plan, dans un accès de bile noire à laquelle il étoit sujet en hiver, il convoqua les états de Blois, & là, il fit assassiner le 23 & le 24 décembre le duc de Guise, & le cardinal son frère.

Les loix, dit très-bien le poëte immortel de l'histoire de la *ligue*, les loix sont une chose si respectable & si sainte, que si Henri III. en avoit seulement conservé l'apparence, & qu'ayant dans ses mains le duc & le cardinal, il eût mis quelque formalité de justice dans leur mort, sa gloire, & peut-être sa vie eussent été sauvées; mais l'assassinat d'un héros & d'un prêtre le rendirent exécrable aux yeux de tous les catholiques, sans le rendre plus redoutable.

Il commit une seconde faute, en ne courant pas dans l'instant à Paris avec ses troupes. Les ligueurs, ameutés par son absence, & irrités de la mort du duc & du cardinal de Guise, continuèrent leurs excès. La Sorbonne s'enhardit à donner un décret qui délioit les sujets du serment de fidélité qu'ils doivent au roi, & le pape l'excommunia. A tous ces attentats, ce prince n'opposa que de la cire & du parchemin.

Cependant le duc de Mayenne en particulier se voyoit chargé à regret de venger la mort de son frère qu'il n'aimoit pas, & qu'il avoit autrefois appellé en duel. Il sentoit d'ailleurs que tôt ou tard le parti des *Ligueurs* seroit accablé; mais sa position & son honneur emportèrent la balance. Il vint à Paris, & s'y fit déclarer lieutenant général de la couronne de France, par le conseil de l'*union*: ce conseil de l'*union* se trouvoit alors composé de soixante & dix personnes.

L'exemple de la capitale entraîna le reste du royaume; Henri III. réduit à l'extrémité, prit le parti, par l'avis de M. de Schomberg, d'appeller à son aide le roi de Navarre qu'il avoit tant persécuté; celui-ci, dont l'ame étoit si belle & si grande, vole à son secours, l'embrasse, & décide qu'il falloit se rendre à force ouverte dans la capitale.

Déjà les deux rois s'avançoient vers Paris, avec leurs armées réunies, forte de plus de trente mille hommes; déjà le siége de cette ville étoit ordonné, & sa prise immanquable, quand Henri III. fut assassiné, le premier août 1589, par le frère Jacques Clement, dominicain: ce prêtre fanatique fut encouragé à ce parricide par son prieur Bourgoin, & par l'esprit de la *ligue*.

Quelques Historiens ajoutent, que madame de Montpensier eut grande part à cette horrible action, moins peut-être par vengeance du sang de son frère, que par un ancien ressentiment que cette dame conservoit dans le cœur, de certains discours libres tenus autrefois par le roi sur son compte, & qui découvroient quelques défauts secrets qu'elle avoit: outrage, dit Mézerai, bien plus impardonnable à l'égard des femmes, que celui qu'on fait à leur honneur.

Personne n'ignore qu'on mit sur les autels de Paris le portrait du parricide; qu'on tira le canon à Rome, à la nouvelle du succès de son crime; enfin, qu'on prononça dans cette capitale du monde catholique l'éloge du moine assassin.

Henri IV (car il faut maintenant l'appeller ainsi avec M. de Voltaire, puisque ce nom si célèbre & si cher est devenu un nom propre) Henri IV. dis-je, changea la face de la *ligue*. Tout le monde sait comment ce prince, le père & le vainqueur de son peuple, vint à bout de la détruire. Je me contenterai seulement de remarquer, que le cardinal de Bourbon, dit *Charles X.* oncle d'Henri IV. mourut dans sa prison le 9 mai 1590; que le cardinal Cajetan légat *à latere*, & Mendoze ambassadeur d'Espagne, s'accordèrent pour faire tomber la couronne à l'infante d'Espagne, tandis que le duc de Lorraine la vouloit pour lui-même, & que le duc de Mayenne ne songeoit qu'à prolonger son autorité. Sixte V. mourut dégouté de la *ligue*. Grégoire XIV. publia sans succès, des lettres monitoriales contre Henri IV. en vain le jeune cardinal de Bourbon neveu du dernier mort, tenta de former quelque faction en sa faveur; en vain le duc de Parme voulut soutenir celle d'Espagne, les armes à la main; Henri IV. fut par-tout victorieux, par-tout il battit les troupes des ligueurs, à Arques, à Jvry, à Fontaine françoise, comme à Coutras. Enfin, reconnu roi, il soumit par ses bienfaits, le royaume à son obéissance: son abjuration porta le dernier coup à cette *ligue* monstrueuse, qui fait l'événement le plus étrange de toute l'histoire de France.

Aucuns règnes n'ont fourni tant d'anecdotes, tant de piéces fugitives, tant de mémoires, tant de livres, tant de chansons satyriques, tant d'estampes, en un mot, tant de choses singulières, que les règnes d'Henri III. & d'Henri IV. Et, en admirant le règne de ce dernier monarque, nous ne sommes pas moins avides d'être instruits des faits arrivés sous son prédécesseur, que si nous avions à vivre dans des temps si malheureux. (*D. J.*)

LILITH, s. m. (*Hist. anc.*) les Juifs se servent de ce mot pour marquer un spectre de nuit qui enlève les enfants & les tue; c'est pourquoi, comme l'a remarqué R. Léon de Modène, lorsqu'une femme est accouchée, on a coutume de mettre sur de petits billets, aux quatre coins de la chambre où la femme est en couche, ces mots, *Adam & Eve: Lilith hors d'ici*, avec le nom de trois anges; & cela pour garantir l'enfant de tout sortilége. M. Simon, dans sa remarque sur ces paroles de Léon de Modène, observe que *Lilith*, selon les fables des Juifs, étoit la première femme d'Adam, laquelle refusant de se soumettre à la loi, le quitta & s'en alla dans l'air par un secret de magie. C'est cette *Lilith* que les Juifs superstitieux craignent comme un spectre, qui apparoît en forme de femme, & qui peut nuire à l'enfantement. Buxtorff, *au chap. ij. de sa synagogue*, parle assez au long de cette *Lilith*, dont il rapporte cette histoire tirée d'un livre juif. Dieu ayant créé Adam, lui donna une femme qui fut appellée *Lilith*, laquelle refusa de lui obéir ; après plusieurs contestations ne voulant point se soumettre, elle prononça le grand nom de Dieu *Jehova*, selon les mystères secrets de la cabale, & par cet artifice elle s'envola dans l'air. Quelque instance que lui eussent faite plusieurs anges qui lui furent envoyés de la part de Dieu, elle ne voulut point retourner avec son mari. Cette histoire n'est qu'une fable ; & cependant les Juifs cabalistiques, qui sont les auteurs d'une infinité de contes ridicules, prétendent la tirer du premier chapitre de la Genèse, qu'ils expliquent à leur manière. R. Léon de Modène, *Cérem. part. IV. chap. viij.* (*A.R.*)

LIMBORCH, (Philippe de) (*Hist. Litt. mod.*) savant ministre d'Amsterdam, de la secte des Arminiens ou Remontrans, auteur de plusieurs bons ouvrages de théologie, estimés même des catholiques, & sur-tout auteur d'une excellente histoire latine de l'inquisition. Né en 1633 à Amsterdam, mort en 1712.

LIMIERS, (Henri Philippe de) (*Hist. Litt. mod.*) mauvais compilateur d'histoires. On connoît son histoire de Louis XIV. Il y a de lui aussi une histoire de Charles XII, une suite de l'abrégé chronologique de Mézeray; des annales de toute espèce, même une mauvaise traduction de Plaute.

LIMNŒUS, (Jean) *Hist. Litt. mod.*) savant jurisconsulte Allemand, a donné une bonne édition de la Bulle d'or; il a donné aussi les capitulations des empereurs, &c. Né à Jene, en 1592, mort en 1663.

LIMOJON DE SAINT-DIDIER (Ignace-François) (*Hist. Litt. mod.*) poëte François, qui publia une partie d'un mauvais poëme épique de *Clovis*, à peu près dans le même temps où M. de Voltaire faisoit paroître la henriade. Il est aussi l'auteur d'une satire en prose & en vers contre Lamotte, Fontenelle & Saurin, sous le titre de *voyage du Parnasse*. Il avoit remporté des prix à l'académie des Jeux Floraux, & à l'académie Françoise. Tout cela est oublié, ainsi que l'auteur, mort en 1739. à Avignon, sa patrie. On a de son oncle, Alexandre-Toussaint Limojon de St. Didier, une histoire des négociations de Nimègue, ouvrage plus estimé que ceux du neveu.

LIN, (Saint) (*Hist. Ecclés.*) pape, successeur immédiat de saint Pierre. Il est dans le canon de la messe.

LINACER, (Thomas) (*Hist. Litt. mod.*) médecin Anglois, élevé à Florence, où il avoit été disciple de Démétrius Chalcondyle & de Politien, fut précepteur du prince Arthus ou Arthur, fils aîné de Henri VII. roi d'Angleterre, & ensuite médecin de Henri VIII, frère d'Arthus. Il a traduit quelques ouvrages de Galien; il a écrit aussi sur la grammaire, il étoit prêtre & indévot au point qu'il ne voulut, dit-on, jamais lire l'écriture Sainte. C'étoit manquer de goût autant que de piété.

LINANT, (Michel) (*Hist. Litt. mod.*) poëte François, plus connu par son attachement à M. de Voltaire, & par les bienfaits de ce grand homme, que par ses ouvrages, dont il ne reste rien. Il remporta trois fois en vers le prix de l'académie Françoise, en 1739, 1740 & 1744, temps où le prix s'obtenoit aisément. Il a fait aussi des tragédies. Personne ne connoît son *Alzaide*, qui eut six représentations; mais on connoît de nom *Vanda*, qui tomba dès la première. Linant, né à Louviers, en 1709, mourut en 1749, avant l'âge où beaucoup de talents se sont formés. Cependant Gresset a dit :

> Que l'harmonie
> Ne verse ses heureux présens,
> Que sur le matin de la vie,
> Et que sans un peu de folie
> On ne rime plus à trente ans.

LINDANUS, (Guillaume) (*Hist. Litt. mod.*) évêque de Ruremonde, puis de Gand, après avoir exercé l'office d'inquisiteur dans la Hollande, & dans la Frise, fut, malgré cet office, un bon théologien & un homme estimé. On a de lui entr'autres ouvrages, celui qui a pour titre : *Panoplia Evangelica* ; il a donné aussi une édition de la *messe apostolique*, faussement attribuée à saint Pierre. Mort en 1588 à soixante-trois ans. Un auteur nommé Harchius, a écrit sa vie.

LINDENBRUCH *ou* LINDENBROCH, (Fréderic) en latin *Lindenbrogius*. (*Hist. Litt. mod.*) savant littérateur Flamand, du 17e. siécle, a donné des éditions de plusieurs auteurs anciens, célèbres, mais il est encore plus connu par son *codex legum antiquarum, seu leges wisigothorum, burgundionum, longobardorum*, &c. Mort vers 1638.

LINGAM, (*Histoire des Indiens*) autrement LINGAN *ou* LINGUM; divinité adorée dans les Indes, sur-tout au royaume de Carnate : cette divinité n'est cependant qu'une image infame qu'on trouve dans tous les pagodes d'Isuren. Elle offre en spectacle l'union des principes de la génération, & c'est à cette idée monstrueuse que se rapporte le culte le plus religieux. Les bramines se sont reservé le privilége de lui présenter des offrandes; privilége dont ils s'acquittent avec un grand respect & quantité de cérémonies. Une lampe allumée brûle continuellement devant cette idole ; cette lampe est environnée de plusieurs autres branches, & forme un tout assez semblable au chandelier des Juifs qui se voit dans l'arc triomphal de Titus ; mais les dernières branches du candélabre ne s'allument que lorsque les bramines font leur offrande à l'idole. C'est par cette représentation qu'ils prétendent enseigner que l'être suprême qu'ils adorent sous le nom d'*Isuren*, est l'auteur de la création de tous les animaux de différentes espèces. *Voyez* de plus grands détails dans le *christianisme des*

Indes de M. de la Croze, ouvrage bien curieux pour qui sait le lire en philosophe. (*D. J.*)

LINGENDES, (*Hist. Litt. mod.*) trois hommes ont fait connoître ce nom : ils étoient tous les trois de la même famille.

1°. Claude de) Jésuite, connu principalement par des sermons. Né à Moulins en 1591, mort à Paris, en 1660.

2°. Jean de) évêque de Sarlat, puis de Mâcon, étoit aussi de Moulins, fut célèbre aussi par le talent de la chaire, Fléchier le reconnoissoit pour son maître. Il fut précepteur du comte de Moret, fils naturel de Henri IV, tué au combat de Castelnaudari, le 1er septembre 1632. Lingendes mourut en 1665.

3°. Jean de) poëte François de la même famille & du même pays, mort jeune en 1616.

LINIERE, (François Pajot de) (*Hist. Litt. mod.*) mauvais poëte François, ridiculisé par Boileau :

> Qu'ils charment de Senlis le poëte Idiot....
> Peut fournir sans génie un couplet à Linière....
> Mais ses écrits tous pleins d'ennui
> Seront brûlés, même avant lui.

Ce dernier trait passe le ridicule, mais il est conforme à l'opinion générale qui avoit fait donner à Linière le nom de *l'Athée de Senlis*. Mme. Deshoulieres, sans partager ses torts, étoit de ses amies, elle l'étoit aussi de Pradon, & qui plus est, elle étoit la protectrice de leurs ouvrages, ce qui a fait dire que son sort sembloit être d'en faire de bons & de prendre toujours le parti des mauvais. Linière mourut en 1704.

LINNŒUS, (Charles) chevalier de l'Etoile Polaire; professeur de botanique dans l'université d'Upsal, de presque toutes les Académies des Sciences de l'Europe & les honorant toutes, mort le 10 janvier 1778 à soixante & onze ans. C'est aux naturalistes à faire connoître tout le mérite de ce grand naturaliste, & toute l'utilité de ses nombreux ouvrages sur la botanique & l'Histoire Naturelle.

LIONNE, (Hugues de) (*Hist. de Fr.*) ministre des affaires étrangères sous Louis XIV, neveu de Servien, homme d'état & homme de plaisir, étoit d'une des plus anciennes familles du Dauphiné. Un de ses ancêtres, Pierre de Lionne, mort en 1399, étoit un des plus célèbres capitaines de son temps ; il avoit rendu de grands services aux rois Jean, Charles V, & Charles VI ; il s'étoit sur-tout signalé à la bataille de Rosebeque, en 1382.

Saint Evremont, dans une lettre adressée à Isaac Vossius, fait un grand éloge du ministre Hugues de Lionne, & lui applique ce que Salluste a dit de Sylla, que son loisir étoit voluptueux, mais que par une juste dispensation de son temps avec la facilité de travail dont il s'étoit rendu le maître, jamais affaire n'avoit été retardée par ses plaisirs, *otio luxurioso esse, tamen ab negotiis nunquam voluptas remorata.* Saint Evremont lui adresse une multitude de lettres & a d'ailleurs écrit sa vie. Hugues de Lionne mourut en 1671. Un de ses fils, Artus de Lionne, évêque de Rosalie, & vicaire apostolique à la Chine, célebre aussi dans son état, mourut en 1713.

LIPOU *ou* LIPU, s. m. (*Hist. de la Chine*) le *lipou*, dit le père Lecomte, est l'un des grands tribunaux souverains de l'empire de la Chine. Il a inspection sur tous les mandarins, & peut leur donner ou leur ôter leurs emplois. Il préside à l'observation & au maintien des anciennes coûtumes. Il règle tout ce qui regarde la religion, les sciences, les arts & les affaires étrangères. C'est la cour superieure ou le grand tribunal.

On pourroit nommer assez justement les premiers magistrats qui le composent, les *inquisiteurs de l'état*, vu que ce tribunal est chargé de veiller sur la conduite de tous les officiers & magistrats des provinces, d'examiner leurs bonnes ou mauvaises qualités, de recevoir les plaintes des peuples, & d'en rendre compte à l'empereur, auprès de qui ce conseil réside ; c'est de ses rapports & de ses décisions que dépend l'avancement des officiers à des postes plus éminens, ou leur dégradation, lorsqu'ils ont commis des fautes qui la méritent ; le tout sous le bon plaisir de l'empereur qui doit ratifier les décisions du tribunal.

Les Chinois donnent encore le nom de *li-pu* à un autre tribunal chargé des affaires de la religion. (*A. R.*)

LIPSE, (Juste) (*Hist. Litt. mod.*) littérateur & critique habile, peut-être mis au nombre des enfans célèbres & des savans précoces. Il fit des poëmes à neuf ans, & des ouvrages d'érudition à dix-neuf. Il voyagea dans différentes parties de l'Europe, & changea de religion selon les différents pays ; catholique à Bruxelles & à Rome, luthérien à Jene, calviniste à Leyde, redevenu catholique à Louvain, où il professoit les belles-lettres. A travers tant de variations, il fit un *traité de la constance*, & la derniere religion qu'il professa fut le fanatisme persécuteur ; il prêcha l'intolérance & recommanda aux gouvernemens d'exterminer les hérétiques par le fer & le feu ; car, disoit-il, il vaut mieux sacrifier un membre que tout le corps ; mais en pareil cas le corps ne périt point, ou il ne périt que pour s'être coupé les membres. La seule question qu'on pourroit raisonnablement proposer en matière d'intolérance, c'est s'il faut laisser subsister des ennemis publics, tels que les intolérans, & cette question là même, il faut la décider en faveur de la tolérance, avec la seule restriction de rendre les intolérans bien ridicules & bien méprisables, & pour cela il ne faut que les laisser faire.

Les œuvres de Juste Lipse ont été recueillies en six volumes *in-folio*. Ce savant dont l'esprit avoit bien des travers & le caractère bien des défauts, qui a écrit l'histoire de Notre-Dame de Hall en Capucin du seizième siécle ; qui a légué par son testament une robe fourrée à la Vierge ; qui vantoit le stoïcisme & la constance, en changeant sans cesse de pays & de religion ; qui croyoit s'être formé sur Tacite, parce que son style étoit dur & obscur, mais qui avoit au moins le bonheur de savoir Tacite tout entier par cœur, mourut à Louvain, en 1606. Il étoit né près de Bruxelles, en 1547, Aubert Le Mire a écrit sa vie.

LIRE *ou* Lira, (Nicolas de) *voyez* LYRE *ou* LYRA.

LIRON, (Jean) *Hist. Litt. mod.*) Dom *Liron*, savant bénédictin de la congrégation de Saint-Maur. On connoît ses *Singularités historiques & littéraires.* Il étoit de Chartres, & il a donné *la Bibliothèque des Auteurs Chartrains*, où, selon l'usage, beaucoup d'inconnus trouvent place, & reçoivent des éloges à bon marché. Né en 1665, mort au Mans en 1749.

L'ISLE, (DE) (*Hist. Litt. mod.*) nom qui, sans parler de ceux qui le portent encore aujourd'hui avec gloire, ou qui en portent du moins un tout semblable, a été illustre dans les sciences & dans les lettres.

Guillaume *de l'Isle*, né à Paris le dernier février 1675, a été pour la géographie ce que M. Lémery étoit pour la chimie; il l'a réformée si considérablement & sur tant d'articles importants, qu'il peut en être regardé comme le créateur. Ces deux sciences ont été perfectionnées depuis, mais Lémery & *de l'Isle* les ont presque tirées du néant. Claude *de l'Isle*, père de Guillaume, & digne d'un tel fils, avoit enseigné la géographie à M. le régent; Guillaume *de l'Isle* fut choisi pour l'enseigner à Louis XV; il eut le titre inconnu avant lui, de premier géographe du roi. A l'âge de huit ou neuf ans, il avoit déjà dressé & dessiné lui-même, sous les yeux de M. Fréret, des cartes sur l'histoire ancienne. A la fin de 1699, M. *de l'Isle*, âgé de vingt-cinq ans, présenta au public une terre presque nouvelle, où la Méditerranée, qu'on croyoit si bien connoître, n'avoit que huit cents soixante lieues d'Occident en Orient, au lieu de onze cents soixante qu'on lui donnoit. L'Asie étoit pareillement raccourcie de cinq cents lieues; il y avoit un changement de dix-sept cents dans la position de la terre d'Yéco. Croiroit-on que dans les cartes de l'Artois, d'un petit pays si proche de nous & si connu, il y avoit des rivières omises, & en récompense, d'autres supposées; quarante villages créés, ou du moins transportés de si loin & avec des noms tellement défigurés, qu'ils ne pouvoient être reconnus par ceux qui demeuroient sur les lieux? On peut juger par là des services que Guillaume *de l'Isle* avoit à rendre à la géographie, & qu'il lui avoit en effet rendus.

M. *de l'Isle* entra dans l'Académie des Sciences en 1791. Il mourut d'apopléxie le 25 janvier 1726. Le roi de Sardaigne avoit voulu l'enlever à la France. D'autres puissances lui avoient fait les mêmes sollicitations. Le Czar alloit le voir familièrement pour lui donner des observations sur la Moscovie, & plus encore, dit M. de Fontenelle, pour connoître chez lui, mieux que par-tout ailleurs, son propre empire.

Deux de ses frères ont été astronomes, & tous deux de l'Académie des Sciences; tous deux ont été appellés à Pétersbourg. Un autre prit l'histoire pour son partage. Ainsi, Claude *de l'Isle*, homme de mérite lui-même, fut l'heureux père de quatre hommes d'un mérite distingué. Joseph-Nicolas, un des trois frères, membres de l'Académie des Sciences, proposa dès 1720, de déterminer la figure de la terre, ce qui fut exécuté plusieurs années après. Il est mort doyen de toutes les grandes Académies; il a formé nos plus grands astronomes, les La Lande, les Messier. Il resta en Russie depuis 1726 jusqu'en 1747, qu'il revint dans sa patrie, où il fut professeur au Collége Royal. Il mourut en 1768. Il étoit né en 1688. On a de lui des Mémoires pour servir à l'Histoire de l'Astronomie, & d'autres Mémoires insérés dans le Recueil de l'Académie & dans des Journaux. Les nouvelles cartes des découvertes de l'amiral de Fonte, sont aussi de Joseph-Nicolas *de l'Isle*.

Louis-François *de l'Isle* de la Drevetiere se fit un nom dans un genre tout différent. C'est l'auteur de la comédie d'*Arlequin Sauvage*, & de celle de *Timon le Misanthrope*. Il en a donné plusieurs autres; mais ces deux-là sont les principaux titres de sa réputation, & ils ne sont pas médiocres. On a de lui aussi un *Essai sur l'Amour-propre*, poëme, & quelques autres ouvrages. Il étoit d'une famille noble du Périgord, mais ses parents n'étant pas assez riches pour le soutenir à Paris, sa ressource fut de travailler pour le Théâtre Italien, où plusieurs de ses pièces eurent un succès brillant, soutenu & mérité. Mort en 1756. Il étoit né dans le Dauphiné. Il étoit, dit-on, misanthrope comme son *Timon*.

LISOLA, (François Baron de) (*Hist. mod.*) gentilhomme attaché au service des empereurs Ferdinand II, Ferdinand III & Léopold, & employé par eux dans différentes négociations. On a de lui des *Lettres & Mémoires*, & dans un ouvrage politique & polémique, intitulé: *Bouclier d'état & de justice*, il réfuta les prétentions de la France sur divers états de la monarchie d'Espagne; & Verjus, comte de Crecy, qui fut en 1697, un des plénipotentiaires François pour la paix de Riswick, ayant répondu à cet écrit, *Lisola* fit une réplique sous ce titre bassement burlesque: *la Sausse au Verjus*.

LISTE CIVILE, (*Hist. d'Angleterre*) nom qu'on donne en Angleterre à la somme que le parlement alloue au roi pour l'entretien de sa maison, autres dépenses & charges de la couronne. Les monarques de la Grande-Bretagne ont eu, jusqu'au roi Guillaume, 600 mille livres sterling; le parlement en accorda 700 mille à ce prince en 1698. Aujourd'hui la *liste civile* est portée à près d'un million sterling. (*D. J.*)

LISTER, (Martin) (*Hist. Litt. mod.*) médecin de la reine Anne d'Angleterre, est auteur de plusieurs ouvrages latins sur la médecine & sur différentes parties de l'Histoire naturelle; d'un voyage de Paris en anglois; on lui doit aussi une édition du Traité d'Apicius, *de obsoniis & condimentis*.

LISZINSKI, (Casimir) (*Hist. mod.*) gentilhomme polonois, brûlé le 30 mars 1689, pour athéisme, vrai ou faux. On saisit chez lui des papiers informes, où on trouva entr'autres propositions jettées au hazard, sans plan & sans suite, celles-ci; *que Dieu n'étoit pas le créateur de l'homme, mais que l'homme étoit le créateur de Dieu, puisqu'il l'avoit tiré du néant.* On a dit sans impiété, que si Dieu avoit créé l'homme à son image, l'homme le lui avoit bien rendu, & que presque tous les hommes étoient anthropomorphites. Les propositions de *Liszinski* pouvoient absolument être susceptibles d'un sens à-peu-près pareil. *Liszinski* d'ailleurs, protestoit qu'il n'avoit fait que prendre note de ces propositions dans l'intention de les réfuter; on n'admit point cette excuse; mais on eût dû faire attention à une chose: c'est un grand aveuglement & un grand malheur d'être athée; mais quand, pour pénétrer dans le fond de l'ame, & pour trouver un corps de délit, il faut fouiller dans les papiers secrets d'un homme, il est évident qu'il n'avoit point troublé l'état, & que par conséquent l'état n'avoit point de justice criminelle à exercer contre lui; que les supplices en pareil cas, sont des cruautés, & non pas des châtiments.

LIT *des Romains*, (*Hist. Rom.*) *lectus cubicularis*, Cic. couche sur laquelle ils se reposoient ou dormoient. Elle passa du premier degré d'austérité au plus haut point de luxe; nous en allons parcourir l'histoire en deux mots.

Tant que les Romains conservèrent leur genre de vie dur & austère, ils couchoient simplement sur la paille, ou sur des feuilles d'arbres séches, & n'avoient pour couverture que quelques peaux de bêtes, qui leur servoient aussi de matelas. Dans les beaux jours de la république, ils s'écartoient peu de cette simplicité, & pour ne pas dormir sous de riches lambris, leur sommeil n'en étoit ni moins profond, ni moins plein de délices. Mais bientôt l'exemple des peuples qu'ils soumirent, joint à l'opulence qu'ils commencèrent à goûter, les porta à se procurer les commodités de la vie, & consécutivement les raffinemens de la mollesse. A la paille, aux feuilles d'arbres séches, aux peaux de bêtes, aux couvertures faites de leurs toisons, succédèrent des matelas de laine de Milet & des *lits* de plumes du duvet le plus fin. Non-contents de bois de *lits* d'ébène, de cédre & de citronnier, ils les firent enrichir de marquetterie, ou de figures en relief. Enfin ils en eurent d'ivoire & d'argent massif, avec des couvertures fines, teintes de pourpre, & rehaussées d'or.

Au reste, leurs *lits*, tels que les marbres antiques nous les représentent, étoient faits à-peu-près comme nos *lits* de repos, mais avec un dos qui régnoit le long d'un côté, & qui de l'autre s'étendoit aux pieds & à la tête, n'étant ouverts que par-devant. Ces *lits* n'avoient point d'impériale, ni de rideaux, & ils étoient si élevés, qu'on n'y pouvoit monter sans quelque espèce de gradins. (*A. R.*)

LITLE *ou* LE PETIT, (Guillaume) *Hist. Litt. mod.*) surnommé de Neubridge, (*Neubrigensis*) chanoine régulier de St. Augustin en Angleterre, auteur d'une Histoire d'Angleterre, qui commence en 1066, c'est-à-dire, à l'époque de la conquête de Guillaume-le-Bâtard, & qui finit en 1197. L'auteur mourut vers le commencement du treizième siècle.

LITTLETON, (*Hist. d'Anglet.*) nom célèbre en Angleterre.

1°. Thomas *Littleton*, jurisconsulte anglois, mort en 1482, sous le règne d'Edouard IV, est connu par un livre célèbre, intitulé: *Tenures de Littleton.*

2°. Adam *Littleton*, mort à Chelsea en 1694, est auteur d'un Dictionnaire latin-anglois, d'un grand usage en Angleterre.

3°. Le lord *Littleton* ou George *Littleton.*, étoit né à Hagley dans le comté de Worcester en 1708. Sa famille étoit ancienne, & avoit produit des hommes distingués dans plusieurs genres. Son père, sir Thomas *Littleton*, avoit été l'un des lords de l'Amirauté.

Il montra dès sa première jeunesse, un goût très-vif & un talent marqué pour la poësie; mais il ne le cultiva jamais que comme un amusement. Son esprit & ses vues le portoient à des études plus sérieuses.

A l'âge de 20 ans, il quitta sa patrie pour faire le tour de l'Europe. A Paris, il mérita l'estime & la confiance du ministre d'Angleterre en France, qui le chargea de quelques affaires, où le jeune *Littleton* montra la sagesse & la maturité de son esprit.

Par-tout où il alla, il chercha tous les genres d'instructions; il observa les gouvernements & les mœurs, & cultiva les lettres & les arts.

De retour en Angleterre, il fut élu membre de la chambre des communes. Il se lia d'une amitié très-intime avec le prince de Galles, père du roi régnant, qui l'attacha à sa personne, & l'aima jusqu'à sa mort.

En 1744, il fut nommé l'un des lords de la trésorerie; & dans cette place, il employa son crédit à faire accorder des récompenses & des encouragements aux hommes de lettres les plus distingués de son temps. Il fut le protecteur & l'ami de Thompson, d'Young, de West, de Pope & de plusieurs autres; & ses services s'étendirent quelquefois au-delà de la vie de ceux qu'il avoit aimés. Le poëte des Saisons laissa, en mourant, des affaires très-dérangées, *Littleton* travailla à réparer ce désordre; il prit sous sa protection la sœur de Thompson. Il se chargea de revoir & d'achever la tragédie de *Coriolan*, à laquelle ce poëte n'avoit pas mis la dernière main, & il la fit donner à Drurylane, avec un prologue qu'il composa, & qui fut si touchant, que l'acteur qui le prononça & l'assemblée qui l'entendit, fondirent en larmes.

Il avoit épousé en 1742, Miss Lucy Fostescue, jeune personne douée de toutes les graces & de toutes les vertus; & qui pendant quatre ans, fit le bonheur de sa vie. Il la perdit en 1646, ayant d'elle un fils & une fille. Il a consacré sa douleur & ses regrets par une épitaphe & une *monodie* à la mémoire de cette femme chérie, qui respirent la sensibilité la plus touchante. En 1754, il épousa en secondes noces, Elisabeth Rich, dont la conduite répandit autant d'amertume sur la vie de *Littleton*, que la vertu de sa première femme y avoit répandu de douceur. Il fut obligé de s'en séparer par un divorce légal quelques années après.

En 1757, il fut créé pair de la Grande-Bretagne. Il mourut au mois de juillet 1773, d'une inflammation d'entrailles, dans sa terre de Hagley, où il étoit né, qu'il s'étoit plu à embellir, & où il a fait des jardins que vont admirer tous les voyageurs.

Comme citoyen, comme homme public, comme écrivain, le lord *Littleton* a mérité l'estime universelle. Il eut dans la vie privée, les mœurs les plus pures, la probité la plus exacte & en même temps la plus indulgente; il porta dans les affaires & au parlement une intégrité ferme & incorruptible. Zélé pour la constitution de son pays, il soutint toujours le parti de la liberté, sans donner jamais dans ces excès où l'esprit de faction entraîne souvent de prétendus patriotes.

Il reste de lui quelques discours qu'il prononça au parlement dans des occasions importantes; on y trouve une éloquence plus élégante qu'énergique, plus persuasive qu'entraînante; mais la sincérité qui se fait sentir dans les vues & les principes qu'il y développe, donne à ses raisons une force qu'une imagination plus brillante & des mouvement plus impétueux y donneroient difficilement.

Ses ouvrages sont:

1°. Des *nouvelles Lettres Persannes*, qu'il fit dans sa jeunesse, où l'on trouve des vues sages & des idées ingénieuses, mais qui ont le tort d'être venues après celles de Montesquieu, & d'être restées au-dessous.

2°. Des Dialogues des Morts, traduits en françois, où l'on reconnoît par-tout l'honnête homme, l'ingénieux observateur des mœurs, & le bon écrivain.

3°. Une Histoire de Henri II, remarquable par les recherches curieuses & exactes, par la peinture des mœurs, & la fidélité des récits, mais qui offre peut-être des détails peu intéressants pour d'autres lecteurs que les Anglois.

4°. Une Histoire abrégée d'Angleterre en forme de lettres adressées à son fils, traduite plusieurs fois en françois, & qui mérite de l'être dans toutes les langues, comme un modèle pour le choix des faits, la précision du récit & l'intérêt des tableaux.

5°. Des *Observations sur la conversion de St. Paul*, d'où il tire une des principales preuves de la vérité de la Religion Chrétienne.

6°. Des pièces fugitives de poësie, où il y a plus d'élégance, de grace & de finesse, que d'éclat, de chaleur & d'originalité.

7°. Plusieurs petits écrits sur différentes matières, toujours ingénieux & agréablement écrits. (*A. F.*)

LITTRE, (Alexis) (*Hist. Litt. mod.*) de l'Académie des Sciences, né le 21 juillet 1658, à Cordes en Albigeois, docteur régent de la Faculté de Paris, grand anatomiste. Il ne savoit pas parler, mais il savoit guérir: aussi n'eut-il point de réputation dans un monde où le talent vraiment nécessaire est celui de parler. Le monde, dit M. de Fontenelle, a plus besoin d'être amusé que d'être guéri. Il faut voir dans les mémoires de l'académie des sciences de 1702, & dans l'éloge de M. *Littre* par M. de Fontenelle, la Relation d'une cure vraiment miraculeuse qu'il fit dans cette année. On y sent avec une admiration mêlée d'attendrissement & de reconnoissance, tout ce qu'il a fallu de patience, d'adresse, d'amour de son art, de respect pour l'humanité, de combinaisons fines, justes, précises, pour réussir dans un pareil traitement. Un médecin, tel que celui-là, est véritablement un Dieu Sauveur.

M. *Littre* entra dans l'Académie des Sciences en 1699. Il y fut toujours très-assidu; dans les dernières années de sa vie, on l'y voyoit plongé dans une mélancolie profonde & dans un silence dont il n'est jamais sorti, qu'il eût été inutile de combattre, & dont on ne pouvoit que le plaindre. Il mourut d'apoplexie le 3 février 1725. Il n'avoit jamais été à aucun spectacle, il n'y a pas mémoire, dit M. de Fontenelle, qu'il se soit diverti.

LIUBA *ou* LIUVA I, roi des Visigoths, (*Hist. d'Espagne.*) Il y avoit cinq mois que le trône des Visigoths étoit vacant; les grandes qualités d'Athanagilde qui en avoit été le dernier possesseur, rendoient si difficile le choix d'un nouveau souverain, que les grands prétendirent qu'il seroit beaucoup plus avantageux de ne point faire d'élection que de placer la couronne sur la tête d'un prince qui n'auroit ni les vertus ni la capacité d'Athanagilde. Toutefois, sous ce prétexte, fort respectable en apparence, les grands ne cherchoient qu'à profiter de l'interrègne pour accabler le peuple par les plus dures vexations; mais tandis qu'ils opprimoient & fouloient à leur gré leurs vassaux, tandis qu'au lieu d'un roi, l'état restoit en proie à l'ambition d'une foule de tyrans, les Impériaux profitant du désordre de cette espèce d'anarchie, faisoient dans ce royaume les plus cruelles incursions. Les Visigoths, sur-tout ceux qui habitoient dans les villes, se plaignoient hautement, & ils étoient prêts à se soulever contre les grands, lorsque ceux-ci voyant eux-mêmes combien il importoit à la nation d'avoir un chef, s'assemblèrent, & la plupart d'entr'eux donnèrent leur suffrage à *Liuva*, gouverneur de la Gaule gothique: *Liuva* méritoit à tous égards l'honneur du choix: il étoit aussi distingué par sa modération, sa valeur, sa prudence, que par son généreux désintéressement, par son patriotisme, & son zèle héroïque pour le bien public, dont il avoit, en plus d'une occasion, donné des preuves signalées. Le faste de la royauté n'éblouit point le sage *Liuva* qui ne sentit, en recevant le sceptre, que le poids des devoirs que son rang lui prescrivoit. La crainte que les Gaules ne souffrissent de son absence, l'empêcha de s'en éloigner; mais craignant aussi pour les Visigoths, qui ne pouvoient guère tenir en Espagne, entourés, comme ils l'étoient, d'ennemis redoutables, contre lesquels ils ne pourroient lutter qu'autant qu'ils seroient gouvernés & conduits par un chef habile & vigilant, il demanda aux grands que, par intérêt pour eux-mêmes, ils lui associassent Leovigilde son frère, dont on connoissoit la valeur & la rare capacité. Les grands admirèrent la générosité de ce bon souverain, assez désintéressé pour sacrifier une portion de sa grandeur à la tranquillité publique, & ils consentirent à sa proposition. *Liuva* continua de fixer sa résidence dans les Gaules, où il ne s'occupa qu'à rendre ses sujets heureux & ses états florissans jusqu'à sa mort qui arriva en 572.

LIUBA *ou* LIUVA II, roi des Visigoths, (*Histoire d'Espagne*) Recarede, pére de *Liuva II*, s'étoit fait adorer de ses peuples; son fils avoit hérité de sa couronne, &, ce qui vaut encore mieux, de ses talens, de ses vertus, & sur-tout de sa bienfaisance; aussi fut-il aimé de ses sujets autant que Recarede l'avoit été; mais cet attachement, qu'il mérita par sa douceur & sa justice, ne le mit pourtant point à l'abri des fureurs de l'ingrat qui lui arracha la vie, dès la troisième année de son règne. Bien des historiens assurent que *Liuva II* n'étoit que le fils naturel de Recarede qui l'avoit eu d'une femme de très-basse naissance, & qui laissa deux fils légitimes de sa femme Bada. Mais lorsque ce souverain mourut, ses deux fils étoient encore enfans; & *Liuva*, qui atteignoit sa vingtième année, avoit donné tant de preuves de sagacité, de sagesse, de valeur & de bienfaisance, que les grands, fermant les yeux sur l'illégitimité de sa naissance, ne firent aucune difficulté de l'élever au trône, tant ils étoient persuadés qu'il marcheroit sur les traces de son père: ils ne se trompèrent point, & la générosité, la douceur & le caractère bienfaisant de *Liuva* lui concilièrent l'estime & l'affection de ses sujets, dont il se proposoit de faire le bonheur, lorsqu'un monstre d'ingratitude, Witeric, qui s'étoit déjà fait connoître par sa scélératesse, & auquel Recarede avoit pardonné une conspiration tramée contre ses jours, n'ayant pu détrôner & faire mourir le père, détrôna & fit périr le fils. Afin de réussir dans son attentat, le comte Witeric persuada à *Liuva* de déclarer la guerre aux Impériaux, & de le nommer généralissime des Visigoths. Le jeune roi adopta ce plan de guerre, lui donna le commandement de l'armée; mais le perfide Witeric, au lieu d'aller combattre les ennemis de l'état, corrompit les principaux officiers de l'armée, les engagea dans une conjuration, se mit à leur tête, alla se saisir du malheureux *Liuva*, commença par lui couper la main droite, & finit par le faire mourir dans les tourmens. Ainsi périt *Liuva II*, digne d'un meilleur sort. (*L. C.*)

LIVIE, (*Hist. Rom.*) femme de l'empereur Auguste, l'avoit été d'abord de Tibérius Neron; du vivant même de ce premier mari, elle épousa Octave. Tout fut vil dans cette affaire. *Livie* étoit grosse de six mois, & l'impatience d'Octave ne lui permit pas même d'attendre qu'elle fût accouchée. Les Pontifes consultés sur la légitimité d'un pareil mariage, eurent la bassesse de l'approuver. Tibérius Néron eut celle de servir de père à sa femme dans la cérémonie de ce nouveau mariage, le sénat eut bien-tôt celle d'ériger des statues à *Livie*; il n'y eut de sincère & d'honnête que la simplicité d'un enfant qui servoit d'amusement à *Livie*, & qui la voyant au festin des noces sur un même lit de table avec Octave, & Tiberius Néron sur un autre, crut qu'ils se trompoient tous, & les en avertit. La mort de Marcellus fit peut-être calomnier *Livie*, mais on la lui imputa, ainsi que celle des deux petits-fils d'Auguste, Caius & Lucius. La mort de ces Princes, héritiers naturels de l'Empire, puisque l'un étoit neveu & gendre d'Auguste, & les autres ses petits-fils, laissoit le champ libre aux fils de *Livie*, qui n'avoient, par leur naissance, aucun droit à l'Empire, puisqu'ils étoient étrangers à Auguste; pour leur donner quelque droit, elle avoit fait épouser Julie, fille d'Auguste, à Tibère, l'aîné de ses fils; elle vit périr le second. On ne doute pas que le choix qu'elle fit faire à Auguste, de Tibère pour son successeur, n'ait été le fruit des suggestions les plus adroites & les plus assidues. Elle eut le mérite de conseiller à Auguste de faire grace à Cinna; & Auguste, qui penchoit de lui-même vers le parti de la clémence, la remercia d'un si bon conseil, & qui s'accordoit si bien avec son inclination. *Uxori gratias egit*, dit Sénéque. On ne conçoit pas pourquoi Corneille a mieux aimé mettre dans la bouche d'Auguste ce reproche avilissant en lui-même, & comique par l'expression.

Vous m'aviez bien promis des conseils d'une femme;
Vous me tenez parole, & c'en sont là, Madame...

Mot d'autant plus injuste, qu'il est obligé d'en revenir à suivre le conseil de *Livie*. Il est vrai qu'il falloit que le moment de la clémence d'Auguste fût un coup de théâtre, & ne parût point préparé. Voilà pourquoi Auguste rejette d'abord le conseil de *Livie*, & même avec un mépris, qui écarte l'idée qu'il doive jamais le suivre; mais il n'y avoit qu'à ne point faire paroître en tout cette *Livie*, qui ne paroît qu'au 4e. acte, & donner tant de ressentiment & de colère à Auguste qu'on ne pût s'attendre au trait de clémence qui doit suivre.

Livie recuillit les derniers soupirs d'Auguste, & se rendit maîtresse de ses derniers momens; elle fut encore soupçonnée de les avoir accélérés. Le testament d'Auguste l'appelloit pour un tiers à la succession, l'adoptoit pour sa fille, & lui donnoit les noms de *Julia Augusta*. Si elle avoit espéré un empire plus absolu sous son fils que sous son mari, elle s'étoit fort trompée; Tibère s'attacha toujours à borner le pouvoir de sa mère, à diminuer ses honneurs. Son ingratitude égala presque celle que Néron eut depuis à l'égard d'Agrippine; il ne la vit qu'une seule fois pendant les trois dernières années de sa vie, ne vint point la voir pendant la maladie dont elle mourut, n'assista point à ses funérailles, & laissa son testament sans exécution. Au contraire, son petit-fils Claude, qu'elle avoit toujours traité avec la plus grande dureté, parce qu'il étoit sans esprit & sans agrément, lui fit rendre les honneurs divins. Elle fut injuste aussi à l'égard de son autre petit-fils Germanicus, si cher à la nation, si cher aux étrangers même. *Flebunt Germanicum etiam ignoti.* Elle fut complice de Tibère dans les persécutions sourdes qu'il fit souffrir à son neveu; elle protégea Plancine, accusée d'avoir empoisonné Germanicus; elle haïssoit fortement Agrippine, femme de ce héros.

Caligula, son arrière-petit-fils, l'appelloit un Ulysse en jupe, *Ulyssem stolatum* ; ce fut lui qui prononça son éloge funèbre dans la Tribune aux harangues. Selon Dion, elle avoit été pour Auguste une femme très-aimable & très-désirable. Quelqu'un lui demandant par quel secret elle avoit toujours eu sur lui tant d'empire ? par ma soumission à toutes ses volontés, dit-elle, & par ma discrétion parfaite à l'égard & de ses affaires & de ses galanteries ; on prétend que sur ce dernier point elle alloit au-delà de la discrétion, qu'elle poussoit la complaisance jusqu'à fournir elle-même des maîtresses à son mari. Elle mourut à quatre-vingt-six ans, l'an de Rome 780.

LIVILLE, (*Hist. Rom.*) fille de Drusus, frère de Tibère, & femme de Drusus, son cousin-germain, fils du même Tibère ; elle empoisonna son mari, (*Voyez* l'article DRUSUS 5°.) à la sollicitation de Séjan ; elle fut entraînée dans la disgrace de celui-ci, & on la fit mourir de faim, l'an de Rome 782.

LIVINEIUS, (Jean) (*Hist. Litt. mod.*) savant Flamand, né à Dendermonde, théologal d'Anvers, mort en 1599. On lui doit la Bible grecque, imprimée chez Plantin.

LIVIUS, (*Hist. Rom.*) 1°. *Livius* Andronicus fut le premier poëte dramatique chez les Romains. Il fit représenter ses tragédies & ses comédies l'an de Rome 512. (*Voyez* l'article ORBILIUS.)

2°. Marcius *Livius* Salinator, de la maison des Liviens, l'an de Rome 533, triompha de l'Illyrie. Il fut ensuite accusé d'infidélité dans la distribution du butin ; toutes les tribus, excepté la tribu Métia, le condamnèrent. Accablé de douleur, il quitta la ville, renonça aux affaires, & alla s'ensevelir à la campagne. Rappellé à Rome par les consuls dans le cours de la guerre contre Annibal, il y porta toutes les marques de sa douleur, l'éloignement des affaires, la barbe & les cheveux longs. Les censeurs l'obligèrent de venir au sénat ; il y vint, mais il y garda un silence obstiné. On lui proposa un second consulat pour l'an 545 de Rome. « Si vous me croyez homme de bien, dit-il, pourquoi m'avez-vous condamné ? si j'étois » coupable, pourquoi m'offrez-vous le consulat ? » Mais il s'agissoit de combattre Annibal, *Livius* se rendit, quoiqu'on lui donnât pour collégue C. Claudius Néro, qui avoit porté témoignage contre lui ; ces deux illustres ennemis se réconcilièrent, & combattirent de concert l'ennemi. Mais l'an 548 de Rome, étant censeurs ensemble, ils signalèrent l'un contre l'autre toute leur haine qu'ils avoient suspendue pendant leur consulat ; il se dégradèrent l'un l'autre du rang de chevalier ; *Livius* nota le peuple Romain, à l'exception de la tribu Métia, pour l'inconstance dont il avoit usé à son égard, l'ayant d'abord condamné injustement, ensuite l'ayant nommé consul & censeur. A leur sortie de la censure, un des tribuns du peuple les accusa de nouveau, mais l'affaire fut assoupie.

3°. Un autre *Livius*. (Caïus) amiral de la flotte Romaine, l'an 561 de Rome, gagna une bataille navale contre celle d'Antiochus, roi de Syrie, près du port de Coryce, au-dessus de Cyssonte ; l'année suivante il entra dans l'Hellespont, & prit Sestos.

Sur la branche des Liviens, distinguée par le nom de *Drusus*, (*Voyez* DRUSUS.)

LIVONIÈRE, (Claude Pocquet de) (*Hist. Litt. mod.*) jurisconsulte d'Angers. On lui doit un recueil de commentaires sur la coutume de son pays. Ses règles de Droit François sont citées, & font règle en effet. On a aussi de lui un *Traité des Fiefs*. Mort en 1726, à Paris. Son fils eut part à ses ouvrages.

LIVRÉE, s. f. (*Hist. mod.*) couleur pour laquelle on a eu du goût, & qu'on a choisie par préférence pour distinguer ses gens de ceux des autres, & par là se faire distinguer soi-même des autres.

Les *livrées* se prennent ordinairement de fantaisie, & continuent ensuite dans les familles par succession. Les anciens chevaliers se distinguoient les uns des autres, dans leurs tournois, en portant les *livrées* de leurs maîtresses. Ce fut de là que les personnes de qualité prirent l'usage de faire porter leur *livrée* à leurs domestiques ; il est probable aussi que la différence des émaux & des métaux dans le blason, a introduit la diversité des couleurs, & même certaines figures relatives aux pièces des armoiries dans les *livrées*, comme on peut le remarquer dans les *livrées* de la maison de Rohan, dont les galons sont semés de macles qui sont une des pièces de l'écusson de cette maison. Le P. Menestrier dans son traité des carrousels, a beaucoup parlé du mélange des couleurs dans les *livrées*. Dion rapporte qu'Œnomaüs fut le premier qui imagina de faire porter des couleurs vertes & bleues aux troupes qui devoient représenter dans le cirque, des combats de terre & de mer.

Les personnes importantes dans l'état donnoient autrefois des *livrées* à des gens qui n'étoient point leurs domestiques, pour les engager pendant une année à les servir dans leurs querelles. Cet abus fut réformé en Angleterre par les premiers statuts d'Henry IV. & il ne fut plus permis de donner des *livrées* qu'à ses domestiques ou à son conseil.

En France, à l'exception du roi, des princes & des grands seigneurs qui ont leurs *livrées* particulières & affectées à leurs domestiques, les *livrées* sont arbitraires, chacun peut en composer à sa fantaisie, & les faire porter à ses gens : aussi y voit-on des hommes nouveaux donner à leurs domestiques des *livrées* plus superbes que celles des grands. (*A. R.*)

LIZET ou LISET, (Pierre) *Hist. de Fr.*) avocat général, puis premier président au parlement de Paris. On remarqua en lui un mélange d'audace & de timidité qui distingue les caractères foibles & indécis ; tantôt il résistoit aux Guises, tantôt il leur demandoit pardon : on a dit que tantôt il paroissoit plus qu'un homme, & tantôt moins qu'une femme. Il se distinguoit par une sévérité excessive envers les protestants, & par une amitié trop indulgente pour le fameux Noël *Beda*, (*voyez* cet article) dont il aimoit le fanatisme. Il écrivit contre les versions de l'Ecriture-Sainte en langue vulgaire, & fit quelques autres mauvais ouvragés de controverse, dont Théodore de Béze s'est moqué dans un écrit macaronique, intitulé: *Magister Benedictus Passaventius.* Le même Théodore de Béze fit contre le même *Lizet*, au sujet de ses cruautés, une espèce d'épigramme, qui est toujours assez bonne, puisque les droits de l'humanité y sont défendus:

> *Lizet* monté dessus sa mule,
> Trouve un pourceau demi brûlé;
> Tout soudain sa bête recule,
> Come s'elle en eût appellé.
> Enfin tant y fut reculé,
> Que Monsieur *Lizet* en piquant
> Pareillement & quand & quand
> Trancha un chemin tout nouveau.
> Vieil pourri au rouge museau,
> Deshonneur du siècle où nous sommes,
> Ta bête a pitié d'un pourceau
> Et tu n'as point pitié des hommes.

Lizet avoit été fait premier président en 1529. On lui ôta sa place en 1550 & ce fut, dit-on, le cardinal de Lorraine qui la lui fit ôter, en vengeance de ce qu'il avoit empêché qu'on ne donnât aux Guises dans le parlement le titre de princes. On dit qu'à cette occasion il alla s'humilier devant le cardinal de Lorraine & lui demander pardon à genoux en implorant sa pitié pour un vieillard qui n'avoit pour tout bien que sa charge. On voit par cet exemple combien il importe à l'ordre public que ceux qui sont dans de grandes places soient riches par eux-mêmes, & sur-tout que les charges soient inamovibles. On donna au premier président *Lizet* pour dédommagement, l'abbaye de St. Victor, où il mourut en 1554 âgé de soixante & douze ans.

LLACTA-CAMAYU, s. m. (*Hist. mod.*) c'est ainsi qu'on nommoit chez les Péruviens, du temps des Incas, un officier dont la fonction étoit de monter sur une petite tour, afin d'annoncer au peuple assemblé la partie du travail à laquelle il devoit s'occuper le jour suivant. Ce travail avoit pour objet l'agriculture, les ouvrages publics, la culture des terres du soleil, de celles des veuves & des orphelins, de celles des laboureurs, & enfin de l'empereur. (*A. R.*)

LLAUTU, s. m. (*Hist. mod.*) c'étoit le nom que les Péruviens donnoient à une bandelette d'un doigt de largeur, attachée des deux côtés sur les tempes par un ruban rouge, qui servoit de diadème aux Incas ou monarques du Pérou. (*A. R.*)

LLOYD (Guillaume,) (*Hist. d'Anglet.*) évêque de Saint-Asaph en 1680, un des sept évêques anglicans, qui, ayant hazardé de faire des représentations à Jacques II sur toutes ses innovations contre la religion du pays, furent mis à la tour de Londres. Jacques leur fit faire leur procès; le cri public s'éleva en faveur de ces évêques avec tant de force qu'on fut obligé de les absoudre; toute l'Angleterre en fit des feux de joie, elle avoit regardé le destin de la religion & celui de la liberté comme attachés à cette cause. Jacques qui retenoit toujours sous le drapeau, chose presque sans exemple jusqu'alors en Angleterre, des troupes qu'il croyoit avoir rendues toutes catholiques, parce qu'il avoit cassé beaucoup d'officiers & de soldats protestans, étant un jour à dîner dans la tente du lord Feversham (Durfort,) général de ces troupes, entendit dans le camp un bruit extraordinaire; le lord Feversham étant sorti un moment pour voir ce que c'étoit, dit au roi en rentrant: ce n'est rien, ce sont les soldats qui se réjouissent de la délivrance des sept évêques. Vous appellez cela rien? répliqua le roi avec dépit, & il tomba dans une rêverie dont rien ne put le tirer.

On peut croire que *Lloyd* & ses compagnons prirent le parti du roi Guillaume & de la princesse Marie, sa femme au moment de la révolution; *Lloyd* fut fait aumonier du roi, & transféré successivement aux siéges de Cowentry, de Litchfield, de Worcester. C'étoit un prélat savant, sur-tout en chronologie; le *series chronologica olympionicarum* dans le Pindare de l'édition d'Angleterre, est de lui. Il a fait aussi une histoire chronologique de Pythagore, & une description du gouvernement ecclésiastique de la Grande-Bretagne & de l'Irlande, dans les premiers temps de l'établissement du Christianisme dans ce pays. Mort en 1717 à quatre-vingt onze ans.

Un autre *Lloyd* (Nicolas) philologue anglois, mort en 1680 est auteur d'un *dictionnaire historique, géographique & poëtique.*

LOAYSA (Garcias de,) (*Hist. d'Esp.*) ce nom est peu connu, mais il mérite qu'on le fasse connoître; c'est celui de ce dominicain, évêque d'Osma, confesseur de Charles-Quint & un de ses principaux conseillers, qui ouvrit dans le conseil de l'empereur l'avis de renvoyer François I sans rançon, & de faire avec lui une paix solide fondée sur la générosité & sur la reconnoissance; conseil excellent, si les hommes savoient s'élever jusqu'à une politique si sublime, c'est-à-dire, si raisonnable & si utile. Le duc d'Albe rejetta cet avis comme dévot & chimérique & entraîna tout le conseil. Dans le même temps le fameux Erasme indiquoit dans ses écrits ce parti généreux comme le seul moyen d'assûrer la paix. C'étoit, dirent dédaigneusement les ministres de Charles-Quint, l'idée d'un bel esprit, fort belle en morale & sur le papier, mais qui ne valoit rien en politique. Deux siècles de guerre, suite de la rigueur du traité de Madrid, & de l'inexécution nécessaire de ce traité si dur, ont prouvé que c'étoit l'avis du confesseur & du bel esprit qu'il auroit fallu suivre. On a de *Loaysa* un recueil des conciles d'Espagne.

LOBEIRA (Vasquez) (*Hist. Litt. d'Esp.*) portugais du 13e. siècle, passe en Espagne pour le premier auteur du roman d'Amadis de Gaule.

LOBEL (Matthieu) (*Hist. Litt. mod.*) médecin & botaniste de Jacques I. roi d'Angleterre, a beaucoup écrit sur la botanique. Né à Lille en 1538. Mort à Londres en 1616.

LOBINEAU (Gui-Alexis,) (*Hist. Litt. mod.*) dom *Lobineau* savant bénédictin, connu principalement par son histoire de Bretagne & par les contestations auxquelles elle donna lieu entre lui & l'abbé de Vertot & l'abbé des Tuileries; connu principalement encore par l'histoire de Paris, commencée par dom Felibien, achevée & publiée par dom *Lobineau*; on a encore de ce dernier d'autres ouvrages historiques & critiques, moins importans. Né à Rennes en 1666. Mort en 1627 à l'abbaye de St. Jagut près St. Malo.

LOBKOVITZ (Bohuslas de Hassenstein, baron de) (*Hist. d'Allem.*) grand chancelier de Bohême, mort en 1510; homme de lettres & poëte : on a de lui un recueil de poësies latines & quelques autres ouvrages.

Le prince de *Lobkowitz* (Georges Chrétien) un des généraux de l'impératrice-reine de Hongrie, dans la guerre de 1741, mort en 1753, étoit de la même famille.

LOBO (Jérôme,) jésuite portugais dont nous avons une *relation curieuse de l'abyssinie* où il avoit été missionnaire. L'abbé le Grand a traduit en françois cette relation. Le P. *Lobo* mourut à Conimbre en 1678.

Un autre *Lobo* (Rodriguez-François) qui se noya dans le Tage, en revenant dans un esquif, d'une maison de campagne à Lisbonne, a laissé des poësies estimées. Les Portugais font cas sur-tout de sa comédie d'Euphrosine.

LOCKE (Jean) (*Hist. Litt. mod.*) un des esprits les plus sages & les plus éclairés que l'Anglererre ait produits. Il eut dans son pays différentes places qu'il remplit toutes avec distinction & qu'il remit avec générosité, quand il crut trouver ou en lui-même ou dans des circonstances étrangères, quelque obstacle à les bien remplir; mais c'est bien moins par ses emplois ou conservés ou quittés, que *Locke* est connu, que par ses ouvrages philosophiques, par son essai sur l'entendement humain; par son traité du gouvernement civil; par ses lettres sur la tolérance en matière de religion; par ses pensées sur l'éducation des enfans, par son christianisme raisonnable, &c. tous ouvrages traduits tant bien que mal en françois, & pour la plûpart encore en diverses autres langues.

On sait qu'il a pensé que Dieu par sa toute-puissance auroit pu rendre la matière pensante, ce qui a blessé les théologiens & beaucoup de métaphysiciens; on connoît les efforts que M. de Voltaire a faits pour le justifier sur cet article.

Il admiroit la philosophie qui regne dans les arts méchaniques, & il disoit que la connoissance de ces arts renferme plus de vraie philosophie que tous les systêmes & toutes les spéculations des philosophes.

Il demandoit volontiers des conseils à tout le monde, mais il en étoit un peu avare à l'égard des autres, ayant remarqué, disoit-il, que la plûpart des hommes, *au lieu de tendre les bras aux conseils, y tendoient les griffes.*

Locke se trouvant un jour dans la société des hommes de l'Angleterre les plus spirituels & les plus instruits, les Buckingham, les Halifax, les Ashlei, &c. on s'ennuya de la conversation & on proposa de jouer; *Locke* qui n'aimoit pas le jeu, prit des tablettes pendant qu'on jouoit & se mit à écrire; on voulut voir ce qu'il avoit écrit, c'étoient les propos des joueurs, chacun d'eux rit beaucoup de ce qu'il avoit dit, & put à peine comprendre qu'il l'eût dit; *Voilà*, leur dit Locke, *ce que des gens d'esprit deviennent au jeu.*

Un jeune homme que *Locke* avoit beaucoup aimé & qu'il avoit comblé de bienfaits, finit par le trahir & le voler; étant ensuite tombé dans la misère, il eut recours au bienfaiteur, dont il connoissoit la bonté: *Locke* n'étoit nullement implacable, mais il étoit juste & n'étoit pas foible; il n'eut pas la dureté d'abandonner ce jeune homme dans sa détresse, mais il n'eut pas l'imprudence de le rapprocher de lui: il lui donna un billet de cent pistoles & lui dit: » Je vous pardonne vos procédés, mais je ne dois pas vous mettre à portée de me trahir une seconde fois. Ce léger présent n'est point un hommage rendu à notre ancienne amitié, c'est un acte d'humanité, & rien de plus. L'amitié une fois outragée est pour jamais détruite, l'estime une fois perdue ne se recouvre plus.

Ces divers traits peuvent servir à faire connoître le caractère de *Locke*, c'étoit un sage dans sa conduite comme dans ses écrits. La calomnie ne l'épargna point, & ce sont les sages qu'elle aime particulièrement à noircir. *Locke* étoit fils d'un capitaine, qui avoit servi dans les armées parlementaires contre Charles I. C'étoit un premier préjugé qu'on avoit contre lui. De plus; *Locke* avoit été l'instituteur du fils de milord Shaftesbury, grand chancelier d'Angleterre. Shafterbury n'étoit pas digne par son caractère d'être l'ami de *Locke*, mais il avoit pris sur lui l'ascendant des bienfaits, & tout cœur honnête est reconnoissant. *Locke* fut enveloppé dans la disgrace de Shaftesbury, & quitta les places qu'il lui devoit; il alla voyager. Il parut alors quelques libelles contre le gouvernement, il avoit l'air d'un mécontent, on les lui imputa; les principes de *Locke* ne lui permettoient certainement pas une pareille vengeance, il regarda même comme trop au dessous de lui de s'en justifier, & se laissa enlever sans murmurer une dernière place qui lui restoit & qu'il ne daigna pas même redemander dans des temps plus heureux où son innocence étoit parfaitement reconnue. La calomnie, irritée par ses mépris, lui porta encore de plus vives atteintes, on l'accusa d'être entré dans le complot du duc de Montmouth, quoiqu'il n'eût aucunes liaisons avec ce malheureux prince, à qui son oncle impitoyable, Jacques II. fit trancher la tête; Jacques fit redemander *Locke* aux états-généraux, & *Locke* qui dans son ame estimoit assez peu ce monarque, & qui savoit quel empire il donnoit à ses soupçons, fut obliger de se cacher jusqu'à ce que le temps les eût entièrement dissipés. Il ne retourna même en Angleterre qu'à la revolution; il fut aussi agréable au roi Guillaume qu'il avoit été injustement suspect à son prédécesseur, il obtint de nouveaux emplois qu'il quitta ainsi que la ville de Londres, en 1700, pour vivre dans la retraite chez le chevalier Marsham son ami, qui recueillit ses derniers soupirs en 1704. Il étoit né à Wrington près de Bristol en 1632.

LOCKMAN *ou* LOCMAN (*Hist. mod.*) première question : y a-t-il eu un *Lockman?* L'alcoran parle du sage *Lockman*; on le met au rang des anciens fabulistes, des inventeurs de l'apologue, on le prend pour

Le sage par qui fut ce bel art inventé.

Mais le portrait qu'on en fait donne lieu de croire qu'Esope & *Lockman* ne sont qu'un même personnage. Les Arabes ont-ils emprunté l'apologue des Grecs ou les Grecs des Arabes? on n'en sait rien encore; on présume seulement que l'apologue a dû naître dans l'Orient, patrie du despotisme, & par cette raison-là même, berceau des hiéroglyphes, des emblêmes & des allégories, par la nécessité que l'orgueil de la tyrannie impose d'y déguiser les leçons, qu'elle hait toujours, parce qu'elle en a toujours besoin.

LOCUSTE, (*Hist. Rom.*) célèbre empoisonneuse dont Néron se servoit contre ses ennemis, quand il manquoit de prétextes pour les livrer aux supplices ou pour leur commander de se donner la mort. Il s'en servit contre Britannicus, & Racine en parle dans la tragédie qui porte le nom de cet infortuné prince. *La fameuse Locuste.*

LOEWENDAL, (Ulric Fréderic Woldemar, comte de) (*Hist. mod.*) maréchal de France, chevalier des ordres du roi, l'un des honoraires de l'Académie des Sciences, & plus que tout cela, l'un des généraux qui ont le plus assuré à la France, sous le règne de Louis XV cette supériorité peut-être funeste, qu'elle avoit eue long-temps sous Louis XIV, sur les autres nations de l'Europe. Né à Hambourg, en 1700, il avoit servi dès 1713, & d'abord comme simple soldat, il avoit passé par tous les grades de la milice. Avant de se fixer en France, il avoit servi la plûpart des puissances de l'Europe, il s'étoit attaché tour-à-tour au Dannemarck, à l'Empire, à la Pologne, à la Russie. Il étoit à la bataille de Peterwaradin, au siége de Temeswar, à la bataille & au siége de Belgrade, à toutes ces expéditions célébrées par Rousseau, & dire qu'il y étoit, c'est dire qu'il s'y distingua. Il fit ensuite la guerre en Italie, toujours avec le même éclat, il défendit Cracovie, après la mort d'Auguste, roi de Pologne, arrivée en 1733. Il fit les campagnes de 1734 & de 1735, sur le Rhin. Il commanda les armées Russes, dans la Crimée & dans l'Ukraine, enfin il vint en France; il y obtint en 1743 le grade de lieutenant général; en 1744, il étoit aux siéges de Menin, d'Ypres, de Furnes & de Fribourg; il fut blessé à ce dernier; en 1745, il commandoit le corps de réserve à la bataille de Fontenoy, & contribua beaucoup à la victoire. Il prit dans la même campagne Gand, Oudenarde, Ostende, Nieuport. En 1747, il fit les siéges de l'Ecluse & du Sas de Gand; mais ce fut sur-tout la prise de Berg-op-zoom, place devant laquelle avoient échoué le duc de Parme, en 1588, & le marquis Spinola, en 1622, qui mit le comble à la gloire de M. de Loewendal, & qui lui valut le bâton de maréchal de France. Il prit cette place d'assaut, le 16 septembre 1747, & démentit pleinement cette adresse fastueuse que portoient dix-sept grandes barques chargées de provisions, qu'il trouva dans le port, après avoir pris la place: *à l'invincible garnison de Berg-op-zoom.* Cette adresse ne fut qu'un titre de gloire de plus pour celui qui avoit fait perdre à cette garnison ce titre *d'invincible*; la paix suivit de près cet utile & admirable exploit, & le souvenir de tant d'exploits si rapides & si brillans du maréchal de Saxe, & du maréchal de Lœwendal, si digne de s'associer à sa gloire, faisoient respecter cette paix, lorsque par un malheur que la France elle-même regarda comme un signe de réprobation pour elle, nous perdimes ces deux héros, l'un à cinquante ans, (le maréchal de Saxe, en 1750) l'autre à cinquante cinq (le maréchal de Lœwendal, en 1755) dans le court intervalle de la paix de 1748 à la guerre de 1756. Le maréchal de Lœwendal a laissé un fils, François-Xavier-Joseph comte de Lœwendal.

LOGES, (Marie Bruneau, dame des) (*Hist. Litt. mod.*) bel esprit très vanté dans les écrits de son temps, morte en 1641, inconnue aujourd'hui; elle avoit épousé Charles de Rechignevoisin, seigneur des Loges, gentilhomme de la chambre du roi, elle étoit tante de madame d'Aunoy, bel esprit plus connu qu'elle.

LOGNAC, (*Hist. de Fr.*) ennemi des Guises, capitaine *des quarante-cinq* qui poignardèrent le duc de Guise le balafré; il fut aussi un de ceux qui, dans l'imprudence de leur zèle, massacrèrent Jacques Clément, qu'il falloit conserver avec tant de soin. Il fut tué lui-même dans la Gascogne son pays, où il s'étoit retiré.

LOGOTHETE, s. m. (*Hist. mod.*) nom tiré du grec λογος, *ratio*, compte, & de τιτημι, *établir.*

Le *Logothete* étoit un officier de l'empire grec, & on en distinguoit deux; l'un pour le palais, & l'autre pour l'église. Selon Codin, le *logothete* de l'église de Constantinople étoit chargé de mettre par écrit tout ce qui concernoit les affaires relatives à l'église, tant de la part des grands, que de celle du peuple. Il tenoit le sceau du patriarche, & l'apposoit à tous les écrits émanés de lui ou dressés par ses ordres.

Le même auteur dit que le grand *logothete*, c'est ainsi qu'on nommoit celui du palais impérial, mettoit en ordre les dépêches de l'empereur, & généralement tout ce qui avoit besoin du sceau & de la bulle d'or: c'étoit une espèce de chancelier; aussi Nicetas explique-t-il par ce dernier titre celui de *logothete.* (*A. R.*)

LOHENSTEIN, (Daniel Gaspard de) (*Hist. Litt. mod.*) poëte Allemand, qui a fait faire les premiers pas à la tragédie dans son pays. A quinze ans il avoit donné trois tragédies applaudies. Né en Silésie, en 1635, mort en 1683. Il étoit conseiller de l'Empereur, & syndic de la ville de Breslau.

LOI, *proposition & sanction d'une*, (*Hist. Rom.*) c'est un point fort curieux dans l'histoire romaine que l'objet de l'établissement d'une *loi.* Nous avons donc lieu de penser que le lecteur sera bien-aise d'être instruit des formalités qui se pratiquoient dans cette occasion.

Celui qui avoit dessein, dans Rome, d'établir quelque *loi*, qu'il savoit être du goût des principaux de la république, la communiquoit au sénat, afin qu'elle acquît un nouveau poids par l'approbation de cet illustre corps. Si au contraire le porteur de la *loi* étoit attaché aux intérêts du peuple, il tâchoit de lui faire approuver la *loi* qu'il vouloit établir, sans en parler au sénat. Il étoit cependant obligé d'en faire publiquement la lecture, avant que d'en demander la ratification, afin que chacun en eût connoissance. Après cela, si la *loi* regardoit les tribus, le tribun faisoit assembler le peuple dans la place; & si elle regardoit les centuries, ce premier magistrat convoquoit l'assemblée des citoyens dans le champ de Mars. Là, un crieur public répétoit mot-à-mot la *loi* qu'un scribe lui lisoit; ensuite, si le tribun le permettoit, le porteur de la *loi*, un magistrat, & quelquefois même un simple particulier, autorisé par le magistrat, pouvoit haranguer le peuple pour l'engager à recevoir ou rejetter la *loi*. Celui qui réussissoit à faire accepter la *loi*, en étoit appellé l'auteur.

Quand il s'agissoit d'une affaire de conséquence, on portoit une urne ou cassette, dans laquelle on renfermoit les noms des tribus ou des centuries, selon que les unes ou les autres étoient assemblées. On remuoit ensuite doucement la cassette, de peur qu'il n'en tombât quelque nom; & quand ils étoient mêlés, on les tiroit au hazard; pour lors, chaque tribu & chaque centurie prenoit le rang de son billet pour donner son suffrage. On le donna d'abord de vive voix; mais ensuite il fut établi qu'on remettroit à chaque citoyen deux tablettes, dont l'une rejettoit la nouvelle *loi* en approuvant l'ancienne, & pour cela cette tablette étoit marquée de la lettre *A*, qui signifioit *ancienne*; l'autre tablette portoit les deux lettres *U. R.* c'est-à-dire, soit fait comme vous le demandez, *uti rogas*.

Pour éloigner toute fraude, on distribuoit ces tablettes avec beaucoup d'attention. On élevoit alors dans la place où se tenoient les assemblées, plusieurs petits théâtres; sur les premiers qui étoient les plus élevés, on posoit les cassettes où étoient renfermées les tablettes qu'on délivroit à ceux qui devoient donner leurs suffrages; & sur les derniers étoient d'autres cassettes où l'on remettoit lesdites tablettes qui portoient le suffrage. Delà vint le proverbe, *les jeunes gens chassent du théâtre les sexagénaires*, parce qu'après cet âge, on n'avoit plus de droit aux charges publiques.

On élevoit autant de théâtres qu'il y avoit de tribus dans les assemblées des tribus, savoir 35; & dans les assemblées de centuries, autant qu'il y avoit de centuries; savoir, 193.

Il faut maintenant indiquer la manière de donner les suffrages. On prenoit les tablettes qui étoient à l'entrée du théâtre, & après l'avoir traversé, on les remettoit dans la cassette qui étoit au bout. D'abord après que chaque centurie avoit remis ses tablettes, les gardes qui avoient marqué les suffrages par des points, les comptoient, afin d'annoncer finalement la pluralité des suffrages de la tribu ou de la centurie pour ou contre la *loi* proposée. Cette action de compter les tablettes en les marquant avec des points, a fait dire à Cicéron, *comptez les points*, & à Horace, *celui-là a tous les points*, c'est-à-dire, réussit, qui sait joindre l'utile à l'agréable :

Omne tulit punctum, qui miscuit utile dulci.

La *loi* qui étoit reçue par le plus grand nombre de suffrages, étoit gravée sur des tables de cuivre; ensuite on la laissoit quelque temps exposée publiquement à la vue du peuple, ou bien on la portoit dans une des chambres du trésor public pour la conserver précieusement. (*D. J.*)

LOISEL, (Antoine) (*Hist. Litt. mod.*) né à Beauvais, en 1536, disciple & exécuteur testamentaire de Ramus, disciple aussi de Cujas, fut célébre comme avocat, comme magistrat, comme homme de lettres. Ses régles du droit François, ses mémoires de Beauvais & du Beauvoisis, sur-tout ses institutes coutumières, lui ont acquis beaucoup d'autorité. On a de lui aussi quelques poësies & quelques autres ouvrages littéraires plus médiocres; mort en 1617. L'abbé Joly, chanoine de Paris, son neveu, a donné sa vie, en publiant en 1656, *ses opuscules divers.*

LOLLARD *ou* LOHARD, (Walter) (*Hist ecclés.*) hérésiarque Allemand, brûlé à Cologne, en 1422. De ses cendres naquirent les Wicléfites en Angleterre, & les Hussites en Bohême. Brûlez, fanatiques, & applaudissez-vous de vos succès !

LOLLIA PAULINA, (*Hist. Rom.*) fille & petite fille de consuls. C'est à Marcus Lollius son grand père, consul l'an 733 de Rome, qu'Horace adresse l'ode neuvième du livre 4, où il fait de cet homme un si beau portrait.

Non ego te meis
Chartis inornatum silebo
Totve tuos patiar labores
Impunè, Lolli, carpere lividas
Obliviones : est animus tibi
Rerumque prudens & secundis
Temporibus dubiisque rectus ;
Vindex avaræ fraudis & abstinens
Ducentis ad se cuncta pecuniæ :
Consulque non unius anni,
Sed quoties bonus atque fidus
Judex honestum prætulit utili, &
Rejecit alto dona nocentium
Vultu, & per obstantes catervas
Explicuit sua victor arma.

Quant à la seconde épitre du 1er livre.

Trojani belli scriptorem, maxime Lolli, &c.

& à la dix-huitième du même 1er. livre :

Si bene te novi, metues, liberrime Lolli, &c.

M. Dacier croit qu'elles sont adressées au même; le cardinal Norris croit que c'est à son fils qui fut aussi consul, & qui fut le père de Lollia Paulina. Quoi qu'il en soit, l'ayeul fut un grand hypocrite, qui fut long-temps se faire louer des vertus qu'il n'avoit pas. Horace le loue ici de son intégrité, de son mépris pour l'argent, de son éloignement pour les dons; c'étoit l'homme le plus avare & le plus avide. Horace exalte sa fidélité, & il paroît qu'il trahissoit l'état, qu'il servoit d'espion aux ennemis pour retarder la paix & entretenir la guerre. Mais Rome étoit sa dupe, & lorsqu'Auguste envoya son petit fils Caïus César, frère de Lucius, en Orient, pour y régler les affaires de l'Empire, il crut ne pouvoir lui donner un plus sage gouverneur que Lollius. C'est dans ce voyage que Lollius perdit toute la réputation qu'il avoit usurpée. Les présens qu'il reçut de tous les princes & rois de l'Orient, les richesses immenses qu'il amassa le firent connoître pour ce qu'il étoit sur l'article de l'intérêt, & quant à l'infidélité, il fut convaincu d'avoir entretenu la discorde entre Caïus César & Tibère son beau père, & Caïus ayant eu avec le roi des Parthes, une entrevue dans une isle de l'Euphrate, y apprit des trahisons encore plus criminelles de ce même Lollius, il en conçut tant de haine contre ce coupable gouverneur, que celui-ci se jugeant perdu, prit le parti de s'empoisonner. Il n'étoit pas sans talent comme général. Il avoit éprouvé de la part des Allemands, un échec qu'on appella *Lolliana clades*, & où l'on perdit l'aigle de la cinquième légion, mais il avoit pris sa revanche, battu & soumis les Allemands.

Lollia Paulina sa petite fille, étoit si riche des déprédations de son ayeul, qu'elle portoit sur elle pour plus de trois millions de pierreries, elle avoit épousé Caïus Memmius Regulus, qui avoit été consul l'année de la ruine de Séjan. L'Empereur Caligula, ayant dans la suite entendu dire que Lollia Paulina avoit eu une ayeule d'une beauté rare, voulut épouser la petite fille, il l'envoya chercher dans la Macédoine, dont son mari étoit gouverneur, il obligea ce mari de s'en dire le père & de la lui donner en mariage, comme Tibérius Néron avoit donné Livie sa femme en mariage à Auguste. A peine l'eût-il épousée qu'il la répudia. Etant belle encore du temps de l'empereur Claude, à la mort de Messaline, elle entra en concurrence avec Agrippine pour épouser Claude; Agrippine l'ayant emporté sur elle, n'en fut pas moins implacable; elle l'accusa d'avoir consulté des devins & des oracles sur le mariage futur de l'empereur; elle la fit condamner au bannissement, fit confisquer ses grands biens, & ne bornant point sa vengeance, la fit tuer par un tribun dans le lieu de son exil.

LOLIUS, (*Hist. Rom.*) Le troisieme des tyrans qui envahirent les provinces de l'empire Romain confiées à leurs soins, fut proclamé empereur par les légions des Gaules, après le meurtre de Postume & de son fils. Quoiqu'il eût acquis la réputation du plus grand homme de guerre de son siècle, il ne soutint pas sur le trône la haute idée qu'on avoit conçue de ses talens militaires. Son prédécesseur avoit transporté, pendant sept ans, le théâtre de la guerre dans la Germanie. Après sa mort, les Germains exercèrent impunément leurs hostilités dans les Gaules. *Lolius* avoit toute la capacité nécessaire pour réprimer leurs brigandages; mais il étoit mal secondé des Gaulois, qui ne pouvoient lui pardonner la mort de Postume. Les traverses qu'il eut à essuyer, redoublèrent son ardeur pour le travail: il voulut assujettir les soldats aux fatigues dont il leur donnoit l'exemple. Cette sévérité le rendit odieux aux légions, qui le massacrèrent par les intrigues de Victoire ou Victorine, femme ambitieuse, qui avoit l'ame des plus grands héros. Postume & *Lolius* ne sont connus que par leur élévation & leur chûte; tous les détails de leur vie privée sont tombés dans l'oubli. On sait en général qu'ils avoient beaucoup de mérite, & qu'ils ne furent redevables de leur fortune qu'à leurs talens & à leurs vertus. On ne doit imputer leur malheur qu'au siècle de brigandage où ils régnerent. (*T. N.*)

LOLOS, s. m. (*Hist. mod.*) C'est le titre que les Macassarois donnent aux simples gentilshommes, qui chez eux formoient un troisième ordre de noblesse. Ce titre est héréditaire, & se donne par le souverain. Les *Dacus* forment le premier ordre de la noblesse; ils possèdent des fiefs qui relèvent de la couronne & qui lui sont dévolus faute d'hoirs mâles; ils sont obligés de suivre le roi à la guerre avec un certain nombre de soldats qu'ils sont forcés d'entretenir. Les *Carrés* forment le second ordre; le souverain leur confère ce titre qui répond à celui de comte ou de marquis. (*A. R.*)

LOMBARD, (*Hist. mod.*) ancien peuple d'Allemagne qui s'établit en Italie dans la décadence de l'empire romain, & dont on a long-temps donné le nom en France aux marchands Italiens qui venoient y trafiquer, particulièrement aux Génois & aux Vénitiens. Il y a même encore à Paris une rue qui porte leur nom, parce que la plûpart y tenoient leurs comptoirs de banque, le commerce d'argent étant le plus considérable qu'ils y fissent.

Le nom de *Lombard* devint ensuite injurieux & synonyme à *usurier*.

La place du change à Amsterdam conserve encore le nom de *place lombarde*, comme pour y perpétuer le souvenir du grand commerce que les *lombards* y ont exercé, & qu'ils ont enseigné aux habitans des Pays bas.

On appelle encore à Amsterdam le *lombard* ou la maison des *lombards*, une maison où tous ceux qui sont pressés d'argent en peuvent trouver à emprunter sur des effets qu'ils y laissent pour gages. Il y a dans les bureaux du *lombard* des receveurs & des estimateurs; ces derniers estiment la valeur du gage qu'on porte, à-peu-près son juste prix; mais on ne donne dessus que les deux tiers, comme deux cents florins sur un gage de trois cents. L'on délivre en même temps un billet qui porte l'intérêt qu'on en doit payer, & le temps auquel on doit retirer le gage. Quand ce temps est passé, le gage est vendu au plus offrant & dernier enchérisseur, & le surplus (le prêt & l'intérêt préalablement pris) est rendu au propriétaire. Le moindre intérêt que l'on paye au *lombard*, est de six pour cent par an, & plus le gage est de moindre valeur, plus l'intérêt est grand : en sorte qu'il va quelquefois jusqu'à vingt pour cent.

Les Hollandois nomment ce lombard *bank vanleeninge*, c'est-à-dire *banque d'emprunt*. C'est un grand bâtiment que les régens des pauvres avoient fait bâtir en 1550 pour leur servir de magasin, & qu'ils cédèrent à la ville en 1614 pour y établir une banque d'emprunt sur toutes sortes de gages depuis les bijoux les plus précieux jusqu'aux plus viles guenilles, que les particuliers qui les ont portées peuvent retirer quand il leur plaît, en payant l'intérêt ; mais s'ils laissent écouler un an & six semaines, ou qu'ils ne prolongent pas le terme du payement en payant l'intérêt de l'année écoulée, leurs effets sont acquis au *lombard* qui les fait vendre, comme on a déja dit.

L'intérêt de la somme se paye, savoir, au-dessous de cent florins, à raison d'un pennin par semaine de chaque florin, ce qui revient à 16 ⅔ pour cent par an. Depuis 100 jusqu'a 500 florins, on paye l'intérêt à 6 pour cent par an : depuis 500 florins jusqu'à 3000, 5 pour cent par an : & depuis 3000 jusqu'à 10000 florins, l'intérêt n'est que de 4 pour cent par an.

Outre le dépôt général, il y a encore par la ville différens petits bureaux répandus dans les divers quartiers, qui ressortissent tous au *lombard*. Tous les commis & employés de cette banque sont payés par la ville. Les sommes dont le *lombard* a besoin se tirent de la banque d'Amsterdam, & tous les profits qui en proviennent, sont destinés à l'entretien des hôpitaux de cette ville. *Dictionn. de Comm.* Jean P. Ricard, *Traité du commerce d'Amsterdam*. (*A. R.*)

LOMBARD, (Pierre) (*Hist. Litt. mod.*) Pierre Lombard, au douzième siécle donna un fondement solide à la théologie scholastique par ce livre fameux, qui lui a mérité le nom de *maître des sentences*, & qui est à la théologie ce que les œuvres d'Aristote ont été si long-temps à la philosophie ; c'est un corps de théologie, composé de passages des Peres, qui forment autant de sentences. Les plus grands théologiens, Albert, St. Thomas, St. Bonaventure, Guillaume Durand, Guillaume d'Auxerre, Gilles de Rome, Gabriel Major, Scot, Ockam, Estius, le pape Adrien VI, &c. ont commenté ce livre comme s'il eût été d'un ancien, & telle étoit la réputation de Pierre Lombard, & tel le respect qu'inspiroit alors la réputation littéraire, que le prince Philippe, fils de Louis le Gros, & frère de Louis le jeune, étant élu évêque de Paris, céda cette grande place à Pierre Lombard qu'il en jugeoit plus digne ; & qui avoit été son maître ; c'est par cette place, comme par ses études & par ses travaux que Pierre appartient à la France : il étoit né à Novare, ou dans les environs, & delà lui vient le nom de Lombard. De bons auteurs le regardent comme le vrai fondateur de l'université de Paris. Il prit possession de l'évêché de Paris, en 1159 & mourut en 1164.

Le père Lombard, Jésuite, est auteur de plusieurs poëmes couronnés à l'académie des jeux Floraux de Toulouse, & d'un discours couronné en 1747 à l'Académie Françoise sur ce sujet : jusqu'à quel point il est permis de rechercher ou de fuir les honneurs & les dignités ; conformément à ces paroles de l'ecclésiastique : *noli quærere fieri judex, nisi valeas virtute irrumpere iniquitates*.

LOMÉNIE, (Brienne) (*Hist. de Fr.*) famille distinguée dans le ministère. 1°. Antoine de Loménie, seigneur de la ville aux Clercs, sécretaire d'état sous Henri IV, & Louis XIII. étoit fils de Martial de Loménie, seigneur de Versailles, greffier du conseil, tué à la St. Barthelemi, en 1591. Antoine, fut fait prisonnier par les Ligueurs, & conduit à Pontoise, où il servit utilement Henri IV. par des conférences qu'il eut avec Villeroy, alors gouverneur de Pontoise ; en 1595, il fut ambassadeur extraordinaire en Angleterre ; en 1606, sécretaire d'état ; en 1615, il obtint pour son fils, la survivance de cette charge. Il mourut le 17 janvier 1638.

2°. Henri-Auguste de Loménie, sécretaire d'état, & sécretaire du cabinet, capitaine du château des Tuileries, alla en 1624 comme ambassadeur en Angleterre pour régler les articles du mariage d'Henriette de France avec le prince de Galles, qui fut bientôt après le roi d'Angleterre Charles I. Il suivit depuis Louis XIII au siége de la Rochelle, aux voyages d'Italie & de Languedoc. Il eut le département des affaires étrangères. Il mourut le 5 novembre 1666. Nous avons de lui des mémoires curieux. Il avoit épousé Louise de Luxembourg-Brienne ; delà le nom de Brienne joint à celui de Loménie.

3°. Henri-Louis, fils du précédent ; eut en 1651 à seize ans, la survivance de son père ; la même année, il fut fait conseiller d'état. Destiné au ministère des affaires étrangères, il voulut connoître les cours étrangères, il voyagea dans presque toute l'Europe, & comme il étoit homme de lettres, il donna de ses voyages une relation latine fort élégante. A son retour, il entra en exercice à vingt-trois ans ; en 1665 la douleur que lui causa la mort d'Henriette de Chavigny sa femme, lui troubla l'esprit ; sans devenir entiérement fou, il eut des vertiges, des écarts, des bizarreries si étranges que Louis XIV fut obligé de lui demander sa démission, sur quoi il s'écrie à-peu-près comme Zaïre :

Tu m'as donc tout ravi, Dieu, témoin de mes larmes !

Voici les vers élégiaques & chrétiens de M. de Loménie, sur ce sujet :

Tu m'ôtes tout, seigneur, sans que mon cœur murmure ;
Tu bornes justement mon vol ambitieux,
En me précipitant tu m'approches des cieux ;
Et ta main me soutient dans les maux que j'endure.

Il se retira dans la maison de l'institution de l'Oratoire, où il faisoit des vers en l'honneur de Jésus enfant ;

il voulut se faire chartreux, il sortit de l'Oratoire ou on l'en fit sortir ; il voyagea de nouveau, retourna en Allemagne, y vit la princesse de Meckelbourg, s'enflamma pour elle & lui déclara sa passion. On le fit revenir en France où on le tint enfermé, d'abord à l'abbaye de St. Germain-des-Prés, ensuite à St. Benoît sur Loire, puis à St. Lazare, où il entra en 1674, & où il étoit encore en 1690. Il se consoloit de tout en écrivant, soit en vers, soit en prose. Il fit à saint Lazare l'ouvrage dont voici le titre : *le roman véritable, ou l'histoire secrete du Jansénisme, dialogues de la composition de M. de Mélonie (Loménie) sire de Nebrine (Brienne) baron de Menteresse & autres lieux, bachelier en théologie dans l'université de Mayence, aggrégé docteur en médecine dans celle de Padoue, & licencié en droit canon de la faculté de Salamanque, maintenant abbé de St. Léger, habitué à St. Lazare, depuis onze ans, en 1685.*

Cet ouvrage ajouta encore à ses malheurs celui de lui faire des ennemis ; mais il ne pouvoit plus mériter ni amis ni ennemis, il ne devoit qu'être plaint. Le reste de sa vie fut la vie d'un homme de lettres, composant des ouvrages sensés & savans dans ses intervalles lucides, faisant des folies dans ses temps fâcheux, pressant quelquefois les amis qu'il avoit eus à la cour, de lui procurer une liberté dont il auroit encore abusé malgré lui. Il imputoit tous ses malheurs à son goût pour la poësie. Voici comment il s'en exprime lui-même, dans des vers que tout le monde n'auroit pas faits alors avec autant d'aisance.

Le vain plaisir de la rime
M'a seul rendu criminel ;
Ce fut le sang maternel
Qui transmit en moi ce crime ;
Ma mère avoit de la voix,
Et se plaisoit quelquefois
A faire des chansonnettes.
Son esprit mit dans mon corps
L'esprit qui fait les poëtes
Et m'inspira leurs accords.
Ainsi j'appris sans étude
Cet art qu'on prise si peu,
Et mon esprit tout de feu
En contracta l'habitude,
Je rimois sans le savoir ;
Et du matin jusqu'au soir
Je ne faisois autre chose,
Toujours bouilloit mon cerveau ;
Et croyant parler en prose,
Je formois quelque air nouveau.

déplorable exemple de la fragilité des avantages humains, du néant des grandeurs, de l'inconstance de la fortune, cet homme plein d'esprit, d'imagination, de sensibilité, d'instruction, d'une naissance distinguée du côté paternel, illustre du côté maternel, d'une famille décorée, d'un nom célèbre par des services, cet homme qui avoit joint l'étude aux talens & les voyages aux exemples domestiques pour se rendre digne d'exercer les nobles emplois de ses pères ; cet homme que la fortune sembloit avoir pris plaisir à élever dès l'enfance au comble des honneurs, un sentiment vertueux un peu trop exalté le rabaisse au-dessous des hommes les plus maltraités, & par la nature & par la fortune.

Qui nimios tribuebat honores,
Et nimias cumulabat opes, numerosa parabat
Excelsæ turris tabulata, undè altior esset
Casus, & impulsæ præceps immane ruinæ.

Sort cruel ! ce sont là les jeux où tu te plais ;
Tu ne m'as prodigué tes perfides bienfaits,
Que pour me faire mieux sentir ta tyrannie,
Et m'accabler enfin de plus d'ignominie.

Quelques années avant sa mort, il fut envoyé dans l'abbaye de St. Severin de Château-Landon, où il mourut le 17 avril 1698.

Il laissa un fils Louis-Henri de Loménie, comte de Brienne, mort le 14 mars 1743.

LONG, (Jacques le) (*Hist. Litt. mod.*) le père le Long, de l'Oratoire, auteur de *la Bibliothèque Historique de la France*, si considérablement augmentée depuis par M. de Fontète, & de quelques ouvrages savans. Né en 1665, mort en 1721.

LONGAUNAI, (*Hist. de Fr.*) nom d'une ancienne maison de Bretagne, dont étoient :

1°. Lucas de Longaunai, parent & ami du connétable du Guesclin, sous lequel il servit avec gloire.

2°. Hervé, qui porta les armes sous cinq rois, Henri II, François II, Charles IX, Henri III, Henri IV, & qui fut tué à près de quatre-vingt ans, à la bataille d'Ivry.

3°. & 4°. Deux de ses fils, Jean & Antoine, étoient avec lui à cette bataille.

5°. Antoine-François, marquis de Longaunay, blessé d'un coup de mousquet à la bataille de Fleurus, & qui se distingua aux combats de Valcourt, de Leuze, de Steinkerque, & aux siéges de Mons & de Namur.

6°. Antoine, comte de Laugaunay, blessé d'un coup de mousquet à la bataille de Staffarde.

7°. Un autre Longaunay, noyé sur mer dans le vaisseau du chevalier d'Amfreville, son oncle (*voyez* l'article LAMBERT, le Hollandois.)

8°. Un frère du précédent, aide de camp du maréchal de Villars, tué en Allemagne, en 1703.

9°. M. de Longaunay, colonel des nouveaux grenadiers, fut blessé à la bataille de Fontenoi, & mourut de ses blessures. Il est au rang des héros du poëme de Fontenoi.

Hélas ! cher Longaunay, quelle main, quel secours
Peut arrêter ton sang, & ranimer tes jours !

LONGEPIERRE, (Hilaire Bernard de Roqueleyne, seigneur de) (*Hist. Litt. mod.*) sécretaire des commandements du duc de Berry, poëte dramatique, auteur

auteur de la *Médée*, restée au théâtre & bien supérieur à celle de Corneille. Il eût fait d'assez bonnes tragédies, s'il avoit eu du style. Il a traduit en vers Anacréon, Sapho, Théocrite, Moschus & Bion; mais pour traduire de tels auteurs, il faut savoir écrire; & quand on se donne pour adorateur des anciens, le premier hommage à leur rendre, est de ne les pas défigurer. Rousseau s'est beaucoup moqué des traductions de Longepierre dans les couplets, dont le refrein est: *vivent les Grecs*, & dans l'épigramme:

Longepierre le translateur, &c.

(*Voir* l'article BELOT.)

Longepierre, né à Dijon en 1659, mourut à Paris, en 1721.

LONGIN, (Denys) (*Hist. Litt. anc.*) auteur de ce *traité du sublime*, traduit par Boileau, & que Casaubon appelloit un livre d'or. » Longin, dit Boileau, » ne fut pas simplement un critique habile, ce fut » un ministre d'état considérable, & il suffit pour » faire son éloge, de dire qu'il fut considéré de » Zénobie, cette fameuse reine des Palmyréniens, » qui osa bien se déclarer reine de l'Orient, après la » mort de son mari Odenat. Elle avoit appellé » d'abord Longin auprès d'elle, pour s'instruire dans » la langue grecque. Mais de son maître en grec, » elle en fit à la fin un de ses principaux ministres. » Ce fut lui qui encouragea cette reine à soutenir la » qualité de reine de l'Orient, qui lui rehaussa le cœur » dans l'adversité, & qui lui fournit les paroles » altières qu'elle écrivit à Aurélian, quand cet em» pereur la somma de se rendre. Il en coûta la vie à » notre auteur; mais sa mort fut également glorieuse » pour lui, & honteuse pour Aurélian, dont on » peut dire qu'elle a pour jamais flétri la mémoire. » Longin mourut en l'an 273, de l'ere chrétienne. » (*Voyez* ZÉNOBIE.)

LONGIN, exarque de Ravenne, (*voyez* ROSEMONDE.)

LONGOMONTAN, LONGOMONTANUS, (Christian) (*Hist. Litt. mod.*) astronome & mathématicien Danois célèbre, disciple de Ticho-Brahé, utile à son maître. Fils d'un pauvre laboureur obligé de travailler pour vivre, il trouva le temps de travailler encore pour s'instruire. Il remplit depuis 1605, jusqu'à sa mort, arrivée en 1647, une chaire de mathématiques dans son pays. Il proposa un nouveau systême du monde, composé de ceux de Ptolomée, de Copernic & de Tycho-Brahé; mais cette combinaison ne fit pas fortune; il crut avoir trouvé la quadrature du cercle, ce qui fit moins fortune encore; mais on a de lui des ouvrages astronomiques & géométriques, qui ont joui de quelque estime.

LONGUEIL, (*Hist. de Fr.*) illustre & ancienne famille, originaire de Normandie, tire, dit-on, son nom du bourg de Longueil, près de Dieppe.

1°. Adam de Longueil accompagna Guillaume le bâtard à la conquête de l'Angleterre, en 1066, & acquit de la gloire à la bataille d'Hastings, qui consomma cette grande révolution, le 14 octobre de cette même année.

2°. Guillaume de Longueil étoit Chambellan de Charles comte d'Anjou, roi de Sicile, frère de saint Louis.

3°. Geoffroy-Marcel, petit-fils de Guillaume, & chevalier de l'ordre de l'Etoile dans sa naissance, fut tué à la bataille de Poitiers, en 1356.

4°. & 5°. Guillaume, fils de Geoffroy-Marcel, tué à la bataille d'Azincourt, avec Robert ou Raoul, son fils aîné.

6°. Philippe, son troisiéme fils, fut tué au siége de Falaize, en 1432.

7°. Jean, second fils de Guillaume & frère des deux précédens, fut le premier de son nom qui entra dans la magistrature, il fut président au parlement. On a d'un de ses descendans, conseiller d'état sous Henri II, un recueil d'arrêts notables.

8°. René de Longueil, marquis de Maisons, fut surintendant des finances, ministre d'état, chancelier de la reine Anne d'Autriche, gouverneur des châteaux de Versailles, de St. Germain, de Poissy, &c.

9°. Dominique, chevalier de Malthe, frère du surintendant, fut blessé au siége de Spire, & mourut peu de temps après, le 13 avril 1635.

10°. Jean, fils du surintendant, fut président à mortier, ainsi que:

11°. Claude, fils de Jean, qui mourut le 22 août 1715, au milieu des plus belles espérances, & dans l'attente des plus grandes places qui lui avoient été promises.

12°. Jean René son fils, est ce président de Maisons, tant célébré par M. de Voltaire, qui eut la petite vérole en 1723, dans son château de Maisons, où le feu prit dans l'appartement qu'il occupoit. Echappé de ces deux dangers, il se félicite de revoir l'ami dont il a éprouvé le zéle & les soins.

Je reverrai Maisons, dont les soins bienfaisans
Viennent d'adoucir ma souffrance;
Maisons en qui l'esprit tient lieu d'expérience,
Et dont j'admire la prudence,
Dans l'âge des égaremens.

Le président de Maisons eut à son tour la petite vérole, & en mourut le 13 septembre 1731. M. de Voltaire l'a placé dans le temple du goût.

O transports! ô plaisirs! ô momens pleins de charmes!
Cher Maisons, m'écriai je en l'arrosant de larmes,
C'est toi que j'ai perdu, c'est toi que le trépas
A la fleur de tes ans vint frapper dans mes bras.
La mort, l'affreuse mort fut sourde à ma prière;
Ah! puisque le destin nous vouloit séparer,
C'étoit à toi de vivre, à moi seul d'expirer.
Hélas! depuis le jour où j'ouvris la paupière
Le ciel pour mon partage a choisi les douleurs;
Il séme de chagrins ma pénible carrière;
La tienne étoit brillante & couverte de fleurs.
Dans le sein des plaisirs, des arts & des honneurs,

Tu cultivois en paix les fruits de ta sagesse;
Ta vertu n'étoit point l'effet de ta foiblesse;
Je ne te vis jamais offusquer ta raison
Du bandeau de l'exemple & de l'opinion.
L'homme est né pour l'erreur; on voit la molle argile,
Sous la main du potier, moins souple & moins docile,
Que l'ame n'est fléxible aux préjugés divers,
Précepteurs ignorans de ce foible univers.
Tu bravas leur empire, & tu ne sus te rendre,
Qu'aux paisibles douceurs de la pure amitié,
Et dans toi la nature avoit associé
A l'esprit le plus ferme un cœur facile & tendre.

Il avoit laissé un fils âgé de quelques mois, qui mourut d'une chûte le 21 octobre 1732. A la mort de cet enfant, les biens de la maison de Longueil, ont passé dans celle de Bois-Franc Soyecourt, par une fille de Marie Renée de Longueil, fille du surintendant & grande tante du dernier président de Maisons.

LONGUEIL, (*Hist. Litt. mod.*) (Christophe de) savant du quinzième & du seizième siècles, étoit de la maison de Longueil, mais il en étoit bâtard, il étoit fils d'Antoine de Longueil, évêque de Léon, chancelier d'Anne de Bretagne. C'est comme homme de lettres qu'il est connu. Les Italiens, du temps de François I prétendoient avoir seuls la manière cicéronienne, & ne l'accordoient qu'à Longueil, parmi les François. Cette manie du cicéronianisme étoit alors une des plus grandes sources de haine entre les gens de lettres. Les cicéroniens méprisoient ceux qu'ils ne jugeoient pas tels, & ceux-ci les haïssoient. Dans ses voyages littéraires Longueil ayant parcouru la Suisse peu de temps après la bataille de Marignan, il y fut retenu prisonnier. Il mourut à Padoue, en 1522. Sur son parallèle d'Erasme & de Budée, (*voyez* l'article, BADIUS.

LONGUEJOUE, (Mathieu de) (*Hist. de Fr.*) c'est le nom d'un garde des sceaux, qui eut deux fois les sceaux sous François Ier, l'une en 1538, à la mort du chancelier du Bourg, l'autre en 1544, à la mort de François Errault, seigneur de Chemans, mais toujours par commission & point en titre d'office.

LONGUERUE, (Louis du Four de) (*Hist. Litt. mod.*) abbé de Sept-Fontaines & du Jard, étoit d'une famille noble de Normandie; il naquit en 1622 à Charleville, où son père étoit lieutenant de roi. Richelet fut son précepteur, d'Ablancourt son parent, veilloit à ses études. Il fut, sur-tout par la mémoire, au nombre des enfans merveilleux, & sa réputation fut telle que Louis XIV, passant par Charleville, voulut le voir; cette réputation alla toujours en augmentant, & aujourd'hui même encore le nom de l'abbé de Longuerue donne l'idée d'un des plus savans hommes qui ayent existé. Ce n'est pas que le peu d'ouvrages qu'on a de lui, nommément sa *description historique de la France*, soient d'un mérite bien distingué, même comme ouvrages d'érudition; mais dans les conférences & dans les conversations savantes, sa vaste mémoire qui lui rendoit présens tous les faits, lui donnoit un prodigieux avantage. Le *Longueruana*, qui a paru en 1754, donne de lui l'idée d'un savant sans goût, d'un pédant plein de hauteur & d'humeur, tranchant, despotique, opiniâtre, formé en tout sur le modèle de ces savans qui ont tant décrié l'érudition; mais le *Longueruana* ne mérite peut-être qu'une confiance médiocre. L'abbé de Longuerue mourut à Paris, en 1733. Il a laissé six volumes *in-folio* de manuscrits.

LONGUEVAL, (Jacques) (*Hist. Litt. mod.*) le P. Longueval, jésuite, a publié les huit premiers volumes de l'*histoire de l'église Gallicane*, que les pères de Fontenay, Brumoi & Berthier ont continuée. Il avoit eu part aussi aux neuvième & dixième volumes. Cet ouvrage a quelque réputation & il est d'un assez grand usage; mais il faut oser dire qu'il respire partout jusqu'au scandale, l'esprit de persécution & d'intolérance. Né près de Pérone, en 1680, mort le 14 janvier 1735.

LONGUEVILLE. (*Hist. de Fr.*) Le comté de Longueville dans le pays de Caux en Normandie, donné successivement par nos rois, pour récompense de services, au connétable Charles d'Espagne de Lacerda, au connétable du Guesclin, enfin au comte de Dunois, est resté dans la maison de Longueville, issue de ce héros (*voyez* l'article DUNOIS;) en 1505, Louis XII érigea Longueville en duché, en faveur de François d'Orléans, second du nom, petit-fils du comte de Dunois, & son frère, Louis d'Orléans, fut duc de Longueville après lui. C'est celui-ci qui eut le malheur de perdre le 6 juin 1513, la bataille de Guinegaste ou des Eperons, & qui prisonnier à Londres, rendit sa captivité plus utile à la France, que ne l'avoient été ses armes; il lui procura la paix en faisant conclure le mariage de Louis XII avec la princesse Marie d'Angleterre.

Claude d'Orléans, duc de Longueville, son fils, fut tué au siége de Pavie, en 1524. Le petit neveu de celui-ci, Léonor d'Orléans-Longueville, duc de Fronsac, fut tué au siége de Montpellier, le 3 septembre 1622.

Henri, duc de Longueville & gouverneur de Picardie, frère aîné de Léonor, avoit été tué, le 29 avril 1595, d'un coup de mousquet dans une salve qu'on lui fit à son entrée en armes dans la ville de Dourlens.

Henri II. du nom, duc de Longueville, son fils, fut le mari de cette fameuse duchesse de Longueville, l'héroïne de la Fronde d'abord, & ensuite de Port-Royal, sœur du grand Condé & du prince de Conty. Le duc de Longueville fut arrêté le 18 janvier 1650, avec les princes ses beaux frères; & la duchesse arma pour eux tous ses amis, tous ses amans, & le duc de la Rochefoucauld qu'elle aimoit, & Turenne qu'elle n'aimoit pas.

» Le duc de Longueville, dit le cardinal de Retz,
» avoit de la vivacité, de l'agrément, de la libéralité,
» de la justice, de la valeur, de la grandeur, & il

» ne fut jamais qu'un homme médiocre, parce qu'il » eut toujours des idées qui furent au-dessus de sa » capacité.

» La duchesse de Longueville, dit le même cardinal de Retz, avoit une langueur dans les manières » qui touchoit plus que le brillant de celles même » qui étoient plus belles. Elle en avoit une même » dans l'esprit, qui avoit ses charmes, parce qu'elle » avoit, si l'on peut le dire, des réveils lumineux & » surprenans. Elle eût eu peu de défauts, si la galanterie ne lui en eût donné beaucoup. Comme sa » passion l'obligea de ne mettre la politique qu'en » second dans sa conduite, d'Héroïne d'un grand parti, » elle en devint l'aventurière ».

De ce mariage naquit Charles-Paris, duc de Longueville, comte de St. Pol, tué à vingt-trois ans au passage du Rhin, le 21 juin 1672, sous les yeux du grand Condé son oncle, qui eut le bras cassé dans cette occasion. Le duc de Longueville alloit être élu roi de Pologne. Madame de Sévigné peint de la manière la plus touchante, le désespoir de la duchesse de Longueville, sa mère, à cette nouvelle.

» Madame de Longueville fait fendre le cœur; » mademoiselle de Vertus étoit retournée depuis » deux jours à Port-Royal, où elle est presque toujours: » on est allé la querir avec M. Arnauld pour dire » cette terrible nouvelle. Mademoiselle de Vertus » n'avoit qu'à se montrer; ce retour si précipité » marquoit bien quelque chose de funeste: en effet, » dès qu'elle parut, ah! mademoiselle; comment se » porte M. mon frère? sa pensée n'osa aller plus loin. » Madame il se porte bien de sa blessure: & mon » fils? on ne lui répondit rien. Ah! mademoiselle, » mon fils! mon cher enfant, répondez-moi, est-il » mort sur le champ? n'a-t-il pas eu un seul moment? » Ah! mon Dieu, quel sacrifice! & là-dessus elle » tombe sur son lit; & tout ce que la plus vive » douleur peut faire, & par des convulsions, & par » des évanouissements, & par un silence mortel, & » par des cris étouffés, & par des larmes amères » & par des élans vers le ciel, & par des plaintes » tendres & pitoyables, elle a tout éprouvé. Je lui » souhaite la mort, ne comprenant pas qu'elle puisse » vivre après une telle perte. »

Charles-Paris laissa un fils naturel, Charles-Louis, nommé le chevalier de Longueville, qui fut tué au siége de Philisbourg, en 1688.

Ce même Charles-Paris avoit un frère aîné (Charles) engagé dans l'état ecclésiastique, & qui mourut fou le 4 février 1694. » Avec lui, dit M. le chancelier d'Aguesseau, alors avocat général & portant la parole dans un grand procès concernant la succession de Longueville, » avec lui s'éteignit pour » toujours la race des ducs de Longueville; heureuse » dans sa naissance & dans son progrès, par les » actions éclatantes des grands hommes qu'elle a » produits; malheureuse dans sa fin, soit par la mort » prématurée de M. le comte St. Pol, soit par la » vie, encore plus triste & plus douloureuse de » M. l'abbé d'Orléans-Longueville.

Sur les Rothelins, issus des Longueville, (*Voyez* l'article ROTHELIN.)

LONGUS, (*Hist. Litt.*) auteur Grec; on ignore dans quel temps il vivoit, il suffit qu'on sache qu'il est l'auteur du roman Pastoral des amours de Daphnis & de Chloë, dont Amyot nous a donné une traduction si charmante, qu'en la lisant on ne peut pas concevoir qu'on ne lise pas un original.

LOOS, (Corneille) chanoine Flamand, du seizième siècle, n'auroit rien de remarquable sans le fanatisme qui le tint à plusieurs reprises en prison, entre la vie & la mort, parce que le Jésuite Delrio l'avoit dénoncé comme pensant mal des sorciers, c'est-à-dire, les croyant plutôt fous que possédés. C'étoit mal penser en effet, car ce n'étoit pas précisément fous qu'étoient ces gens, qui avoient la bonté de se croire véritablement sorciers:

Aucun de vous n'est sorcier, je vous jure.

Loos n'échappa au supplice des hérétiques, qui est le même que celui des sorciers, qu'en mourant de sa mort naturelle à Bruxelles, en 1595.

LOPEZ DE VEGA, (*voyez* VEGA.)

LOPIN, (Dom Jacques) bénédictin de la congrégation de St. Maur, né à Paris, en 1655, mort en 1693, travailla en société avec dom Montfaucon, à l'édition de St. Athanase, & à celle des *Analecta Græca.*

Un autre dom Lopin, qui vivoit à peu près dans le même temps, étoit un homme, tel que l'illustre auteur des théâtres d'éducation & de société nous représente le Moine de *l'Aveugle de Spa.*

C'étoit un homme simple dont la passion étoit de cultiver des fleurs. Le grand Condé lui avoit procuré le bonheur de les cultiver dans le plus beau lieu du monde, il lui avoit donné un petit hermitage dans le parc de Chantilly. Le cardinal de Retz étant allé voir le grand Condé à Chantilly, long-temps après leurs fameuses querelles, qui n'étoient plus pour eux alors qu'un sujet de conversation, ils allèrent se promener dans l'hermitage du moine, & sans le regarder lui, ni ses fleurs, paroissant occupés de grands intérêts, ils parloient avec beaucoup d'action & marchoient à grands pas, ne choisissant pas leur chemin, & n'épargnant pas les fleurs qui se trouvoient sur leur passage; dom Lopin, les observoit avec étonnement, & avec encore plus de chagrin, & n'osoit rien dire; mais ayant surpris entre eux un sourire d'intelligence sur l'épreuve à laquelle ils mettoient sa patience: *Eh bien, messeigneurs,* leur dit-il, *vous voilà donc d'accord, lorsqu'il s'agit de mortifier un pauvre religieux, il falloit l'être autrefois pour le bien de la France, & pour le vôtre.* Ce discours leur plut infiniment, & ils convinrent qu'ils n'avoient point perdu leurs pas.

LOREDANO, (*Hist. de Venise*) c'est le nom de deux Doges de Venise, l'un nommé Léonor, élu en 1501, mort en 1521. L'autre nommé Pierre, élu en 1567, mort en 1570.

C'est aussi le nom d'un sénateur du dix-septiéme siécle, de la même famille, homme de lettres, fondateur de l'Académie *de Gli Incogniti*, auteur d'une vie d'Adam; c'est la plus ancienne qu'on puisse écrire sans doute, mais que peut-on ajouter d'authentique au peu qui en est dit dans la Genèse. Il est auteur aussi des *Bizarrie Academiche*; de *Vita del Marini*; de *Morte del Valstein*: d'une histoire des rois de Chypre, de la maison de Lusignan, de quelques comédies, &c.

LORENS, (Jacques du) (*Hist. Litt. mod.*) plus connu par quelques mauvaises satyres, que par ses *notes sur les coutumes du pays Chartrain*, & par son état de premier juge du bailliage de Châteauneuf en Thimerais. Comme il avoit une méchante femme, à ce qu'il nous apprend lui-même dans ses satyres, on lui attribue cette épitaphe qui se fait tellement d'elle-même, qu'on peut ne l'attribuer à personne & l'attribuer à tout le monde:

> Cy gît ma femme..... Oh! qu'elle est bien
> Pour son repos & pour le mien!

mort en 1655.

LORET, (Jean) (*Hist. Litt. mod.*) auteur d'une gazette burlesque en vers, depuis 1650 jusqu'en 1665, & de quelques autres poësies burlesques. Le surintendant Fouquet lui faisoit une pension de deux cents écus; il la perdit à la disgrace de ce ministre, & continua de le louer. Fouquet l'ayant su, lui fit tenir de sa prison une gratification de quinze cent livres, sans qu'il sût d'où lui venoit ce présent qu'il s'empressa de publier: mort en 1665. Il étoit de Carentan en Normandie.

LORGES. (*Voyez* DURAS & DURFORT. *Voyez* aussi MONGOMMERI.)

LORME, (Philibert de) appartient à l'histoire des Arts, & nous n'en dirons qu'un mot. Cet architecte qui a bâti le Palais des Tuileries & donné les dessins des châteaux de Meudon, d'Anet, de St. Maur-des-Fossés, &c. fut récompensé par une place d'aumônier du roi & par plusieurs abbayes. Ronsard ayant fait une satyre contre lui, *de Lorme* qui étoit gouverneur des Tuileries lui en fit refuser la porte, traitement qui devroit être fait peut-être à tout auteur de satyres, mais il ne faudroit pas qu'il fût infligé par la vengeance des personnes intéressées. Ronsard à son tour, se vengea. Il écrivit sur la porte ces trois mots: *Fort. révérent. habe. De Lorme* ne douta pas que ce ne fussent des injures; il s'en plaignit: ce sont, dit Ronsard, les trois premiers mots d'un distique d'Ausone, qui avertit les parvenus & les favoris de la fortune, de ne pas s'oublier:

> *Fortunam reverenter habe, quicumque repentè*
> *Dives ab exili progrederere loco.*

On a de Philibert *de Lorme, dix livres d'Architecture*, & un Traité *sur la manière de bien bâtir & à peu de frais*. Mort en 1577.

On a des thèses de médecine assez curieuses, sous le titre de *Laureæ Apollinares*, de Charles *de Lorme*, premier médecin de Marie de Médicis.

LORME, (Marion de) (*Hist. mod.*) maîtresse fameuse du jeune & malheureux Cinq-Mars, du cardinal de Richelieu, du comte de Grammont & de beaucoup d'autres. Le comte de Grammont dit dans ses Mémoires, en parlant d'elle: « la » créature de France qui avoit le plus de charmes, » étoit celle-là. Quoiqu'elle eût de l'esprit comme les » anges, elle étoit fort capricieuse ».

Elle étoit née en 1618. Il paroît qu'elle mourut en 1650. Un auteur du temps, Jean Loret (*Voyez* son article) annonce sa mort dans la *Muse historique*, par ces vers, datés du 30 juin 1650:

> La pauvre Marion *de Lorme*,
> De si rare & gentille forme,
> A laissé ravir au tombeau
> Son corps si charmant & si beau.

Saint-Evremont a fait sur cette mort, des stances qui se trouvent dans le recueil de ses œuvres.

Mais l'auteur de *l'Essai sur la Musique ancienne & moderne*, prétend qu'elle n'est morte qu'en 1752, âgée de cent trente-quatre ans.

« Nous n'avons pu, dit-il, découvrir quelles ont » été les aventures d'une créature aussi singulière; » mais ce que nous savons certainement, c'est que son » grand âge lui ayant fait perdre la plus grande » partie de sa tête, elle fut volée par les domesti- » ques qui la soignèrent, & fut réduite à la dernière » misère. M. Gueret, curé de St. Paul, paroisse sur » laquelle elle demeuroit, en eut pitié, eut la générosité » de lui donner de quoi vivre, & voulut même » qu'elle eût un laquais & une cuisinière, pour qu'elle » ne manquât de rien. La personne digne de foi dont » nous tenons cette anecdote, a vu plusieurs fois cette » singulière fille en 1752, y étant conduite par le curé » de St. Paul, qui soupoit assez souvent avec elle. » Elle avoit encore un peu de mémoire, & répon- » doit aux questions qu'on lui faisoit sur le cardinal » de Richelieu, Cinq-Mars, &c. Elle avoit alors » absolument l'air d'une momie toute ridée; elle ne » pouvoit plus se lever, & avoit à peine la force » de respirer. Enfin elle acheva de vivre en 1752, c'est-à-dire, cent deux ans après l'année où on croit communément qu'elle est morte.

L'auteur de *l'Essai sur la Musique* se fonde sur le certificat d'un médecin qui a vu plusieurs fois Marion dans ses derniers moments, & qui fut présent à l'ouverture de son corps. Il dit qu'elle convenoit d'être Marion; qu'elle s'en attribuoit les aventures; mais que sa caducité étoit telle, qu'on ne pouvoit en tirer plus d'une phrase & demie, après laquelle elle s'endormoit. « En l'éveillant & la remettant au mot » par où elle avoit fini, elle reprenoit le premier » mot de sa phrase, & s'arrêtoit toujours au même » endroit. Son inspection anatomique prouvoit un long

» âge ; on trouva dans le cerveau trois lames osseuses, » le cœur étoit cartilagineux, &c. »

On a bâti une autre histoire de Marion sur cet extrait mortuaire singulier, levé à St. Paul, mais dont les dates ne se rapportent point du tout avec celles de *l'essai sur la Musique*.

« L'an 1741, le 5 janvier, est décédée au Paon » Blanc, rue de la Mortellerie, Marie-Anne Oudette » Grappin, âgée de cent trente-quatre ans & dix » mois, comme il nous a apparu par l'extrait-baptistaire » délivré le 18 septembre 1707, signé & extrait par » M. Thomas, curé de Balheram, proche Gez (ou » Gex en Franche-Comté) laquelle est née le 5 mars » 1606, veuve, en quatriémes noces, de François » Le Brun, procureur-fiscal de M. Rhumant, quai » des Théatins; a été inhumée le 6 dans le cimetière » de St. Paul, sa paroisse. Signé, de Moncherray, » prêtre. Collationné à l'original, & délivré par nous » prêtre, bachelier en théologie, vicaire de la susdite » paroisse de St. Paul. A Paris, le 20 avril 1780. » Signé, Poitevin. En marge est la copie de l'extrait- » baptistaire. »

Dans l'histoire dont nous parlons, qui se trouve dans un *Recueil de Pièces intéressantes pour servir à l'Histoire des règnes de Louis XIII & de Louis XIV*, publié en 1781, on veut que cette Marie-Anne Oudette Grappin ait été la fameuse Marion *de Lorme*, dont on prétend que ce premier nom étoit le véritable, & qui mourut, dit-on, dans la misère à cent trente-quatre ans. On remplit ses quatre mariages, & les autres évènements de sa vie, ou par les Mémoires du temps, ou par des fictions, à-peu-près comme on rempliroit des bouts rimés.

Marion *de Lorme* & Ninon de Lenclos étoient amies.

LORRAINE, (*Hist. mod.*) La Lorraine, province du royaume d'Austrasie, sous la première race de nos rois, royaume sous la seconde, & partage de Lothaire, second fils de l'empereur du même nom, s'appella *Lorraine*, *Lotharii regnum*, du nom de l'un ou l'autre de ces deux Princes, ou peut-être de tous les deux; réduite dans la suite, par différents démembrements, à l'étendue qu'elle a aujourd'hui, elle fut un duché, possédé par des princes souverains, dont l'illustre maison est reconnue par les savans pour avoir la même origine que la maison d'Autriche, avec laquelle elle est aujourdhui unie & confondue. Plus cette maison de Lorraine a produit de personnages immortalisés dans l'histoire, moins nous aurons à nous étendre sur chacun d'eux. Nous nous contenterons de rappeller d'un seul mot, les grands traits qui les distinguent.

La branche regnante, la branche ducale a eu beaucoup de grands Princes, Thierry-le-Vaillant, contemporain de Philippe I. & de Louis-le-Gros, qui servit utilement l'empereur Henri IV, contre les Saxons révoltés.

Raoul, qui fut tué à la bataille de Crécy, en servant la France & Philippe-de-Valois, contre les Anglois.

Jean I., qui eut deux chevaux tués sous lui, à la bataille de Poitiers, & y fut fait prisonnier avec le roi Jean son parrein. Il ne se distingua pas moins à la bataille de Rosebeque en 1382, ainsi que :

Charles I. son fils, qui fut fait Connétable de France, sur la fin du règne de Charles VI; mais qui jugea bientôt que la France dans la confusion où elle étoit sur la fin du règne de Charles VI, ne méritoit pas qu'il voulût en être le connétable.

Jean I avoit eu deux fils : 1°. Charles, dont il vient d'être parlé, & dont la fille aînée Isabelle, épousa René d'Anjou, roi de Sicile, si connu sous le nom du roi René.

2°. Ferry, comte de Vaudemont, qui fut tué en 1515, à la bataille d'Azincourt, en combattant vaillamment pour la France.

Antoine son fils, disputa la Lorraine au roi René; celui-ci fut battu & fait prisonnier à la bataille de Bullegneville ou Bulgneville. Mais Ferry II., fils d'Antoine, épousa Yoland d'Anjou, fille du roi René, & René II de Lorraine, qui naquit de ce mariage, réunissant les droits des deux contendants, fut reconnu pour duc de Lorraine, après que ce duché eut été pendant quarante-trois ans dans la maison d'Anjou, sous le roi René, Jean & Nicolas d'Anjou, ducs de Calabre, ses fils & petits-fils.

Ce fut ce René II qui gagna, le 5 janvier 1477, la bataille de Nancy, où périt Charles-le-Téméraire, ce formidable ennemi de la France, de la Lorraine & des Suisses; ce fut lui qui fit au vaincu de magnifiques obséques, & qui, dans cette cérémonie, en lui jettant de l'eau bénite, dit ce mot, seule oraison funèbre que méritent les conquérants : *beau cousin, vos ames ait Dieu; vous nous avez fait moult de maux & de douleurs.*

De René II, descend la branche de Guise & toutes les autres branches de la maison de Lorraine; mais suivons la branche ducale.

Antoine, fils aîné & successeur de René II, suivit Louis XII en 1507, dans l'expédition contre les Génois; en 1509, dans l'expédition contre les Vénitiens, & à la bataille d'Aignadel. Il fit des prodiges de valeur à la bataille de Marignan, sous François Ier. On ne l'appelloit que *le bon duc Antoine*.

Un fils de René II, Louis, comte de Vaudemont, mourut au siège de Naples en 1527, sous François I.

Un autre de ses fils, François, comte de Lambesc, fut tué à la bataille de Pavie.

Charles II ou III, duc de Lorraine & de Bar, arrière-petit-fils de René II, épousa Claude de France, fille de Henri II. Jusques là les ducs de Lorraine avoient été fort attachés à la France; la ligue changea ces dispositions. Le duc Charles III fut un des lieutenants généraux de la ligue, & c'étoit lui ou son fils, que Catherine de Médicis, sa belle-mère, vouloit faire roi de France, au préjudice de la maison de Bourbon, & même du duc de Guise. Il fut surnommé *le Grand* en Lorraine.

Henri II, duc de Lorraine & de Bar, son fils, fut surnommé *le Bon*; il épousa Catherine de Bourbon, sœur de Henri IV, & tout fut pacifié. Elle mourut le 13 février 1604, sans enfants; mais le duc Henri II laissa, d'un second mariage, deux filles.

Il avoit un frère, François de Lorraine. C'étoit le cas de renouveller la contestation qu'il y avoit eu entre le roi René & Antoine de Vaudemont. La question étoit toujours si la Lorraine étoit un fief masculin ou féminin. Cette querelle finit, comme la première, par des mariages. La princesse Nicole, fille aînée du duc Henri II, épousa Charles IV, fils de François de Lorraine; & sa sœur Claude-Françoise, épousa le cardinal Nicolas-François de Lorraine, évêque de Toul, frère de Charles IV, & qui quitta l'état ecclésiastique, voyant que Charles IV son frère, n'avoit point d'enfants. Ce fut au sujet du mariage de Marguerite, sœur de Charles IV & de Nicolas-François, avec Gaston, duc d'Orléans, que naquit entre la France & la Lorraine, cette longue guerre, interrompue par tant de traités, mais dont le résultat fut que Charles IV, dépouillé de ses états, & toujours à la tête d'une armée, fut réduit au personnage d'un aventurier illustre, grand capitaine, vendant ses grands talents & ses foibles secours à tous les ennemis de la France, & se consolant de toutes ses disgraces par une multitude de mariages & d'intrigues galantes. Il mourut dépossédé, & combattant contre la France, le 18 septembre 1675.

Charles V, son neveu, fils du prince, ci-devant cardinal, Nicolas-François, lui succéda, comme dit M. le président Hénault, dans l'espérance de recouvrer ses états. La devise naturelle de Charles IV & de Charles V étoit:

Spoliatis arma supersunt.

Le dernier avoit déjà eu en 1664, la plus grande part à la victoire de Saint-Godart, remportée sur les Turcs. L'empereur Léopold n'a pas eu de plus grand général, ni d'allié plus fidèle; il lui donna en mariage, sa sœur Eléonore-Marie, veuve du roi de Pologne, Michel Wishovieski.

De ce mariage naquit le duc Léopold, qui fut rétabli dans ses états à la paix de Riswick, & qui fut le Titus de la Pologne. On peut voir dans le siècle de Louis XIV, le tableau enchanteur & touchant de l'administration de cet excellent prince, auquel il n'a manqué que l'empire du monde.

Son fils fut l'empereur François Ier, qui, petit-fils d'un duc de Lorraine, proscrit & détrôné, fils d'un duc de Lorraine, qui n'en eut long-temps que le titre, devint par son mariage avec l'héritière de la maison d'Autriche, un des plus puissants princes de l'Europe:

Curibus parvis & paupere terrâ
Missus in imperium magnum.

Par le traité de Vienne, conclu en 1735, il eut le grand-duché de Toscane, en échange de la Lorraine, qui fut réunie à la France, après avoir été possédée en usufruit par le roi de Pologne, Satanislas, père de la reine Marie Leczinska, femme de Louis XV.

On sait combien la branche de Guise a été utile & funeste à la France, (*Voyez* l'article du cardinal D'OSSAT.) Cette branche eut pour tige un héros, père d'une foule de héros, Claude de Lo raine, cinquième fils de René II, duc de Loraine. Il reçut vingt-deux blessures à la bataille de Marignan, & tomba parmi les morts, il fut sauvé presque miraculeusement: il sauva la Lorraine, la Bourgogne & la Champagne après la bataille de Pavie, en repoussant les paysans Allemands, qui menaçoient ces provinces. François Ier en 1527, érigea pour lui, Guise en en duché-pairie. Mort en 1550.

Le duc de Guise, François, son fils aîné, est le héros de Metz & de Calais; c'est lui qui eut la gloire de chasser entièrement de France, les Anglois, & de fermer cette playe qu'Edouard III avoit faite en 1347, au royaume. Mais il fut avec le cardinal de Lorraine son frère, l'auteur de quelques conseils violents, & l'instaurateur de nos malheureuses guerres de religion. Il en fut la victime:

Guise près d'Orléans se vit assassiné. (1563.)

Henri, duc de Guise, son fils, dit le balafré, presque aussi grand que lui, bien plus coupable, fut l'auteur de la ligue; il alloit détrôner Henri III, lorsque Henri III le fit assassiner le 23 décembre 1588.

Charles, duc de Guise, son fils, ne fut pas un des derniers à faire son accommodement avec Henri IV, & ne fut pas un de ses moins fidèles sujets.

Henri, duc de Guise, fils de Charles, est connu par la tentative qu'il fit en 1647, pour faire valoir les prétentions de sa maison sur Naples. « Il étoit célèbre » dans le monde, dit l'auteur du siècle de Louis XIV, » par l'audace malheureuse avec laquelle il avoit entrepris de se rendre maître de Naples. Sa prison, » ses duels, ses amours romanesques, ses profusions, » ses aventures le rendoient singulier en tout. Il sembloit être d'un autre siècle. On disoit de lui en le » voyant courir avec le grand Condé, (dans le fameux » Carrousel de 1662) *Voilà les héros de la fable & de* » *l'Histoire.*

Louis de Lorraine, un de ses frères, mourut le 27 septembre 1654, d'une blessure reçue dans un combat près d'Arras.

La branche des ducs de Guise s'éteignit en 1675. Elle en avoit formé plusieurs autres:

1°. Celle de Mayenne, dont le duc de Mayenne, frère du duc de Guise le balafré, étoit la tige; elle s'éteignit promptement par la mort du fils de ce duc de Mayenne, tué en 1621, au siège de Montauban.

2°. Celle des ducs d'Aumale, descendue de Claude de Lorraine, premier duc de Guise, par son troisième fils, nommé aussi Claude de Lorraine, qui fut duc d'Aumale; il fut tué d'un coup de canon au siège de la Rochelle, le 14 mars 1573, par sa faute ou par celle du duc de Bouillon, son neveu, qui, de lui-même, ou par le conseil du duc d'Aumale, prévint d'un jour l'expiration d'une trève.

Un de ses fils, le chevalier d'Aumale, voulant

surprendre, pour la ligue, Saint-Denis en France, défendu pour Henri IV, par dominique de Vic d'Ermenonville, fut tué à vingt-huit ans le 3 janvier 1591. C'est ce héros de la ligue, qui joue un si grand rôle dans la Henriade :

Mais de tous ces guerriers, celui dont la valeur
Inspira plus d'effroi, répandit plus d'horreur,
Dont le cœur fut plus fier & la main plus fatale,
Ce fut vous, jeune prince, impétueux d'Aumale,
Vous, né du sang Lorrain, si fécond en héros,
Vous, ennemi des rois, des loix & du repos.

Cette branche s'éteignit en 1631, par la mort de Charles, duc d'Aumale, frère aîné du chevalier.

3°. Celle des ducs d'Elbeuf, descendue de René de Lorraine, septiéme fils de Claude, premier duc de Guise ; de cette branche étoit le duc d'Elbeuf, Henri, qui servit avec distinction sous le règne de Louis XIV, aux sièges de Valenciennes, de Cambrai, de Gand, d'Ypres, de Philisbourg, de Mons, de Namur, de Charleroy, & aux batailles de Steinkerque & de Nerwinde. Il avoit eu la cuisse cassée au siège d'Ypres. De cette branche d'Elbeuf sont sorties :

1° Celle d'Armagnac, descendue de Henri de Lorraine, second fils de Charles II, duc d'Elbeuf. Ce Henri de Lorraine est le fameux comte d'Harcourt :

Qui secourut Casal & qui reprit Turin.

(*Voyez* l'article du grand CONDÉ) les règnes de Louis XIII & de Louis XIV, sont remplis de ses exploits. Il s'étoit signalé dès 1620, à dix-neuf ans, à la bataille de Prague. Il se distingua de même aux sièges de Saint-Jean-d'Angely, de Montauban en 1621, de l'Isle-de-Ré en 1625, de la Rochelle en 1627 & 1628, à l'attaque du Pas de Suse en 1629. En 1637, il reprit les Isles de Sainte-Marguerite & de St. Honorat. En 1639, au combat de Quiers en Piémont, avec huit mille hommes, il battit vingt mille Espagnols, commandés par le marquis de Léganès, qui lui fit dire que s'il *étoit roi de France, il feroit trancher la tête au comte d'Harcourt, pour avoir hazardé une bataille contre une armée trop supérieure.* La réponse étoit facile ; *& moi, si j'étois roi d'Espagne, je ferois trancher la tête au marquis de Léganès, pour avoir cedé la victoire à une armée si inférieure.* Mais le propos du marquis de Léganès étoit un hommage rendu au vainqueur, & la réponse du comte d'Harcourt étoit une injure faite au vaincu. Après le siège de Turin en 1640 ; j'aimerois mieux, disoit le général Jean de Wert, être le général d'Harcourt que d'être empereur. Vice-roi de Catalogne en 1645, il défit les Espagnols à la bataille de Liorens, prit Balaguer, & remporta d'autres avantages. En 1649, il fut vainqueur dans deux combats, l'un auprès de Valenciennes, l'autre entre Douay & Saint-Amand, où il prit un grand nombre de places. En 1651, il eut l'honneur de faire lever le siège de Cognac, au grand Condé. Parmi tant de triomphes, il n'essuya qu'un échec, & cet échec lui est en quelque sorte commun avec le grand Condé. En 1746, il fut obligé de lever le siège de Lérida. Condé eut le même dégoût l'année suivante. Le comte d'Harcourt disoit, & il l'avoit éprouvé, que *s'il y a des malheurs imprévus à la guerre, il y a aussi des succès inattendus* ; & c'est sans doute le sens de ce vers de Mithridate :

La guerre a ses faveurs ainsi que ses disgraces.

Le comte d'Harcourt étoit le père des soldats. Au siège de Turin, où les assiégeants, assiégés à leur tour dans leur camp, manquoient de tout aussi bien que les habitants, les domestiques du comte d'Harcourt ayant procuré quelques barils de vin pour sa table, il ne voulut point en faire usage, & les envoya aux malades & aux blessés ;

C'est ce que j'appelle être
Grand par soi-même, & voilà mon héros.

Le comte d'Harcourt mourut subitement le 25 juillet 1666, à soixante-cinq ans, chez un de ses fils, qu'il étoit venu voir dans son abbaye de Royaumont. Il est enterré dans l'église de cette abbaye, où il a un magnifique tombeau, & une épitaphe qui contient l'histoire de sa vie militaire.

Un de ses petits-fils, Louis-Alphonse-Ignace, dit le bailly de Lorraine, fut tué au combat naval de Malaga le 29 août 1764.

LORRIS, (Guillaume de) (*Hist. Litt. mod.*) premier auteur du roman de *la Rose*, continué par Clopinel. (*Voyez* cet article.) Mort vers l'an 1620.

L'HOSPITAL. (*Voyez* HÔPITAL L').

LOTERIES *des Romains*, (*Hist. rom.*) en latin *pittacia*, n. pl. dans Petrone.

Les Romains imaginèrent pendant les saturnales, des espèces de *loteries*, dont tous les billets qu'on distribuoit gratis aux conviés, gagnoient quelque prix ; & ce qui étoit écrit sur les billets se nommoit *apophoreta.* Cette invention étoit une adresse galante de marquer sa libéralité & de rendre la fête plus vive & plus intéressante, en mettant d'abord tout le monde de bonne humeur.

Auguste goûta beaucoup cette idée ; & quoique les billets des *loteries* qu'il faisoit consistassent quelquefois en de pures bagatelles, ils étoient imaginés pour donner matière à s'amuser encore davantage ; mais Néron, dans les jeux que l'on célébroit pour l'éternité de l'empire, étala la plus grande magnificence en ce genre. Il créa en faveur du peuple des loteries publiques de mille billets par jour, dont quelques-uns suffisoient pour faire la fortune des personnes entre les mains desquels le hazard les faisoit tomber.

L'empereur Héliogabale trouva plaisant de composer des *loteries*, moitié de billets utiles, & moitié de billets qui gagnoient des choses risibles & de nulle valeur. Il y avoit, par exemple, un billet de six esclaves, un autre de six mouches, un billet d'un vase de grand prix, & un autre d'un vase de terre commune, ainsi du reste.

Enfin en 1685, Louis XIV renouvella dans ce royaume, la mémoire des anciennes *loteries* romaines: il en fit une fort brillante au sujet du mariage de sa fille avec M. le duc. Il établit dans le sallon de Marly quatre boutiques remplies de ce que l'industrie des ouvriers de Paris avoit produit de plus riche & de plus recherché. Les dames & les hommes nommés du voyage, tirèrent au sort les bijoux dont ces boutiques étoient garnies. La fête de ce prince étoit sans doute très-galante, & même à ce que prétend M. de Voltaire, supérieure en ce genre à celle des empereurs Romains. Mais si cette ingénieuse galanterie du monarque, si cette somptuosité, si les plaisirs magnifiques de sa cour eussent insulté à la misère du peuple, de quel œil les regarderions-nous? (*D. J.*)

LOTH, *couvert*, (*Hist. Sacr.*) fils d'Aran, petit-fils de Tharé, suivit son oncle Abraham, lorsqu'il sortit de la ville d'Ur, & se retira avec lui dans la terre de Chanaam. Comme ils avoient l'un & l'autre de grands troupeaux, ils furent contraints de se séparer, pour éviter la suite des querelles qui commençoient à se former entre les pasteurs. *Loth* choisit le pays qui étoit autour du Jourdain, & se retira à Sodome, dont la situation étoit riante & agréable; mais dont les habitants, perdus de vices, devoient bientôt être écrasés par la foudre & la colère de Dieu. Quelque temps après, Codorlahomor, roi des Elamites, après avoir défait les cinq petits rois de la Pentapole, qui s'étoient révoltés contre lui, pilla Sodome, & enleva *Loth*, sa famille & ses troupeaux. Abraham en ayant été informé, poursuivit le vainqueur, le défit, & ramena *Loth* avec ce qui lui avoit été enlevé. Celui-ci continua de demeurer à Sodome, jusqu'à ce que les crimes de cette ville infame étant montés à leur comble, Dieu résolut de la détruire avec les quatre villes voisines. Il envoya pour cela trois anges, qui vinrent loger chez *Loth*, sous la forme de jeunes gens. Les Sodomites les ayant apperçus, se livrèrent à une passion abominable, & voulurent forcer *Loth* à les leur abandonner. *Loth*, effrayé à la vue du péril que couroient ses hôtes, & du crime détestable que vouloient commettre ces furieux, offrit de leur abandonner ses deux filles; & cette offre, effet de son trouble que l'on ne peut excuser, parce qu'il n'est jamais permis de faire un mal pour empêcher les autres d'en faire un plus grand, n'ayant pas arrêté ces infames, les anges les frappèrent d'aveuglement, prirent *Loth* par la main, & le firent sortir de la ville avec sa femme & ses deux filles. Il se retira d'abord à Segor, jusqu'à ce qu'ayant vu la punition éclatante exercée contre Sodome, il n'osa demeurer dans le voisinage, & se réfugia dans une caverne avec ses deux filles; car, sa femme, pour avoir regardé derrière elle, contre la défense expresse de Dieu, & par une curiosité qui avoit sa source dans l'amour des biens qu'elle venoit de quitter, avoit été changée en statue de sel. Les filles de *Loth* s'imaginant que la race des hommes étoit perdue, enivrèrent leur père, & dans cet état, elles conçurent de lui chacune un fils; Moab, d'où sortirent les Moabites; & Ammon, qui fut père des Ammonites. On ne sait ni le temps de la mort, ni le lieu de la sépulture de *Loth*, & l'écriture n'en dit plus rien. (†)

LOTH, s. m. (*Hist. Mod.*) poids usité en Allemagne, & qui fait une demi-once ou la trente-deuxième partie d'une livre commune.

LOTAIRE I, troisième empereur d'Occident depuis Charlemagne, (*Empire François.*) né vers l'an 795, de l'empereur Louis-le-Pieux, son prédécesseur, & de l'impératrice Irmengarde, associé à l'empire en 817, succède à son père en 840, meurt sous le froc dans l'abbaye de Prum en 855, âgé de 60 ans: il laissa de l'impératrice Irmengarde sa femme, trois fils & une fille. Louis II, son aîné, lui succéda au royaume d'Italie & au titre d'empereur. *Lotaire* son puîné, eut l'Austrasie, appellée *Lorraine* de son nom, & Charles, le troisième, eut la Provence qui fut érigée en royaume; Irmengarde, sa fille, épousa Gisalbert, duc d'Aquitaine. *Voyez* LOUIS *le Débonnaire* & CHARLES *le Chauve*. (*A. R.*)

LOTAIRE I, roi de Lorraine, fils du précédent; (*Histoire de France.*) On ne sait comment l'empereur *Lotaire I.* qui versa tant de sang pour réunir la monarchie sous un seul maître, put consentir à partager entre ses fils la portion qu'il en avoit possédée, sur-tout dans un temps où ces princes pouvoient être asservis par leurs oncles Louis de Germanie & Charles-le-Chauve, qui chacun possédoient autant d'états qu'eux trois réunis: les suites de ce partage furent telles qu'il eût dû les prévoir, les malheurs de ses peuples & l'avilissement de sa postérité: il fut sans doute conduit par une fausse idée d'équité qui doit toujours céder à l'intérêt de l'état: il comptoit peut-être sur l'union qui devoit régner entr'eux, & il y en eut peu: ils eurent d'abord des démêlés assez vifs, & bientôt ils se partagèrent entre leurs oncles dont ils furent les esclaves plutôt que les alliés. *Lotaire* entretenoit au fond de son cœur une passion qui lui devint trop funeste, il avoit vécu dans sa jeunesse avec Valdrade, il conçut le dessein de l'épouser & de répudier la reine Thietberge: Charlemagne son bisaïeul, en avoit souvent usé de la sorte; mais sa position n'étoit pas la même, il s'en falloit bien qu'il fût aussi puissant: Charlemagne avoit commandé au tiers de l'Europe, il ne pouvoit suivre sans danger l'exemple de ce prince: *Lotaire* ne s'aveugla pas sur les difficultés d'une semblable entreprise: il usa des plus grands ménagemens, tant envers le clergé qu'envers les princes ses oncles & ses frères: il donna à Louis II. les villes de Lausanne & de Sion, avec plusieurs comtés dans le voisinage; le roi de Germanie eut l'Alsace. Au reste, les motifs ou les prétextes ne lui manquèrent pas: il prétendit que la reine vivoit incestueusement avec un comte appellé *Hugues*, jeune seigneur très-connu par la licence de ses penchans, & qu'avant de la connoître il avoit épousé Valdrade par un mariage caché. Thietberge, soit par foiblesse & par crainte, soit qu'elle l'eût réellement commis, avoua le délit avec des circonstances qui pouvoient faire ajouter foi à l'accusation. Un concile national la jugea criminelle, & prononça une sentence de divorce : cette importante affaire sembloit être terminée, mais Charles-le-Chauve la regarda comme un prétexte dont il pouvoit avantageusement se servir pour dépouiller son neveu. Les conseils que ce prince ambitieux donna à Thietberge furent la cause d'une infinité de troubles dans l'état & dans l'église. La reine répudiée soutint que l'aveu de son crime lui avoit été extorqué par la violence, & qu'elle n'étoit aucunement coupable. Le pape gagné par les émissaires de Charles-le-Chauve, se déclara pour la reine disgraciée, qui passa aussi-tôt à la cour de Neustrie, d'où elle prit toutes les mesures pour semer la confusion & le désordre dans les états de son mari. Un second concile ratifia la sentence du divorce, & ordonna le couronnement de Valdrade. Nicolas I. ne laissa pas échapper l'occasion d'augmenter les prérogatives de son siége, & contre les loix de la monarchie qui ne permettoient pas qu'une cause commencée dans un royaume en passât les limites, il s'en attribua la connoissance, s'élevant ainsi au-dessus des conciles, ce que ses prédécesseurs n'avoient eu garde de faire. Il commença par lancer les foudres de l'excommunication contre le roi de Lorraine; c'étoit encore une usurpation du saint siége, chaque évêque avoit le droit exclusif de les lancer dans son diocèse. Hincmar, archevêque de Rheims, soutint les droits des évêques contre les entreprises du pape ; mais ce prélat étoit attaché à Charles-le-Chauve, il se contenta de défendre les priviléges de son ordre, sans chercher à faire cesser les tracasseries auxquelles *Lotaire* étoit en butte. Nicolas fut inflexible sur le mariage de Valdrade, il traita les conciles qui l'avoient permis d'assemblées infames, & sépara de sa communion les évêques qui y avoient présidé. Louis II. prit le parti de son frère, il marcha vers Rome, envoya des ordres pour arrêter Nicolas. Ce pontife employa des armes bien dangereuses : il fit regarder Louis II. comme un impie qui prétendoit renverser l'autel ; il exhorta la populace de Rome à se dévouer au martyre : on fit des processions, on recita des litanies, & l'on se condamna à des jeûnes rigoureux. Toutes ces pieuses pratiques étoient employées pour perdre deux têtes couronnées, l'empereur & le roi de Lorraine. Il faut observer que les légats du saint siège avoient approuvé le mariage de *Lotaire* avec Valdrade, comme ayant été conclu avant celui de Thietberge. Nicolas étoit presque le seul qui le regardât comme illégitime, & sa grande intimité avec Charles-le-Chauve, nous donne lieu de croire qu'il y entroit bien des considérations humaines. Une entrevue de Charles-le-Chauve avec Louis de Germanie, causa les plus mortelles frayeurs à *Lotaire*, il sentit bien qu'ils ne se réunissoient que pour le dépouiller. Il plia enfin sous l'orage, & consentit à reprendre Thietberge : ce fut alors que la cour de Rome fit sentir tout le poids de son despotisme ; le pape enhardi par le succès, força Valdrade d'aller à Rome pour y recevoir en personne la pénitence qu'il jugeroit à propos de lui prescrire. Cette contrainte de vivre avec Thietberge augmentoit encore le dégoût de *Lotaire* pour cette princesse, & rendoit plus tyrannique sa passion pour Valdrade : cependant la soumission qu'il avoit montrée au saint siége avoit déconcerté les mesures de Charles-le-Chauve, qui ne l'avoit traversé que dans l'espoir de parvenir à se revêtir de ses dépouilles. Charles changea alors de systême ; toujours guidé par l'envie d'accroître ses états, il montra des dispositions favorables pour Valdrade : il eut une entrevue avec *Lotaire*, qui, pour récompenser les services qu'il lui faisoit espérer, lui donna l'abbaye de Saint-Vast. Thietberge se voyant privée de son principal appui, descendit du trône où monta sa rivale. Elle écrivit même en cour de Rome ; elle assuroit le pape que *Lotaire* avoit eu de justes motifs de la répudier, elle s'avoua même incapable de remplir les voeux du mariage, elle fit le même aveu dans une assemblée synodale ; mais le pape fut toujours fidèle à ses premiers sentimens, il refusa de croire Thietberge, & lui fit un devoir sacré de rester dans le palais de *Lotaire*, qui fut encore obligé de se retourner vers ses oncles. Charles l'avoit déja abandonné, dans l'espoir qu'il lui feroit faire de nouveaux sacrifices : ce fut pour s'en dispenser que *Lotaire* implora le secours de Louis de Germanie. On prétend même qu'il promit de lui laisser son royaume par son testament, il en obtint une lettre pour le pape, qui mourut sur ces entrefaites. Adrien qui lui succéda, & qui sentoit le besoin de ménager l'empereur Louis II, dans un temps où les Sarrasins menaçoient Rome, montra moins d'opiniâtreté ; il consentit à convoquer un nouveau concile, bien différent de Nicolas qui prétendoit être l'unique juge. Charles-le-Chauve ne s'étoit pas si bien caché que l'on n'eût dévoilé les vues d'intérêt qui le faisoient agir. Ses desseins parurent dans le plus grand jour : la modération d'Adrien qui se montroit disposé à pacifier les choses, lui ôtant tout espoir de perdre *Lotaire* par le clergé, il redoubla ses efforts & ses brigues auprès du roi de Germanie, qui perdit bientôt de vue les promesses qu'il avoit faites à son neveu. Ils firent ensemble un traité qui portoit, « qu'en cas qu'il plût à » Dieu d'augmenter encore leurs états de ceux de » leurs neveux, soit qu'il fallût les conquérir, soit qu'il » fallût les partager entre eux par des arbitres, soit » qu'après la conquête ou le partage il fallût conserver » ou défendre ce qui leur seroit échu, ils s'assisteroient » mutuellement de toute leur puissance & de tous leurs » conseils, *&c.* » Il paroît bien clairement que ces deux princes convoitoient le royaume de leurs neveux. Louis de Germanie ne comptoit plus sur le testament de *Lotaire*, il connoissoit l'affection de ce prince pour Hugues qu'il avoit eu de Valdrade. Ils formèrent le projet de faire condamner *Lotaire* à garder Thietberge, sous prétexte du scandale que causoit son prétendu adultère avec Valdrade. Le roi de Lorraine avoit un fidèle ami dans l'empereur : ce prince ouvrit les yeux au pape sur les desseins de Louis de Germanie & de Charles-le-Chauve. Adrien leva l'excommunication de Valdrade. *Lotaire* avoit cette affaire tellement à cœur, qu'il se décida à aller en Italie solliciter en personne la protection du saint père qui l'admit à sa communion; il lui fit des présens très-considérables, il lui donna entr'autres des vases d'or, dont l'art de l'ouvrier égaloit la richesse; mais ce qu'il demanda au pape & ce qu'il en obtint, lui parut plus précieux que tous ces présens; c'étoit une lionne, une palme & une férule; la lionne représentoit Valdrade; la palme, la réussite de toutes ses entreprises; la férule, le pouvoir de chasser les évêques qui oseroient s'opposer à ses desseins; mais ces favorables augures ne furent point justifiés : il mourut à Plaisance d'une maladie contagieuse, que ses ennemis firent passer pour une malédiction du ciel. Thietberge se rendit aussi-tôt auprès de son corps, elle lui fit rendre les honneurs funèbres, elle versa un torrent de larmes, & montra par sa sensibilité qu'elle étoit digne de l'amour qu'elle n'avoit pu lui inspirer; il n'en avoit point eu d'enfans, on peut croire, d'après l'aveu qu'elle en fit, qu'elle étoit stérile.

Le règne de ce prince forme une époque remarquable dans notre histoire : cette malheureuse passion qu'il ne sut vaincre, ne servit pas peu à accélérer la chûte de la seconde race : il fit plusieurs concessions dangereuses, & pour conserver sa couronne, il la dépouilla de ses plus précieuses prérogatives. La politique ne lui pardonnera jamais les expressions dont il se servit dans une requête qu'il présenta aux évêques de son royaume; après les avoir appellés les *pères*, les *docteurs des hommes*, les *médiateurs entre Dieu & le genre humain*, il leur dit expressément que la dignité royale devoit se soumettre à la sacerdotale; que tous les fidèles étoient gouvernés par ces deux puissances, mais que l'une, c'est-à-dire, la sacerdotale étoit bien supérieure à l'autre. Ses oncles qui lui disputoient les faveurs du clergé, convinrent à-peu-près des mêmes principes. Doit-on s'étonner de la chûte d'une famille, dont les chefs tenoient une conduite si peu digne de leur rang, & sembloient se disputer à qui se dégraderoit le plus vîte? *Lotaire* régna depuis 855, jusqu'en 869, ce qui forme un espace de 14 ans. (*M--Y.*)

LOTAIRE, XXXIIIe roi de France, (*Histoire de France.*) fils & successeur de Louis d'Outremer, & de la reine Gerberge, monta sur le trône de France en 954. Son frère Charles fut le premier des fils de rois qui n'eût point d'états; une longue suite de guerres civiles avoit appris que le partage de la monarchie étoit le germe du dépérissement d'un état. Cet heureux exemple a toujours été suivi depuis. Hugues le Grand, qui tenoit sous sa domination le duché de France & de Bourgogne, étoit revêtu des premières dignités de l'état. Roi sans en avoir le titre, il favorisa l'élévation de *Lotaire*, qu'il tint dans sa dépendance. Cette modération feinte fut récompensée du duché d'Aquitaine qui fut enlevé à la maison de Poitiers : la mort délivra *Lotaire* d'un sujet qui balançoit son pouvoir, & n'eût pas manqué de troubler son règne, comme il avoit fait celui de Louis d'Outremer, son père. Hugues laissoit trois fils, dont l'aîné, célèbre sous le nom de *Hugues Capet*, fut la tige de cette longue suite de rois qui ont occupé & occupent encore aujourd'hui le trône de France. Othon & Henri ses deux autres fils, possédèrent successivement le duché de Bourgogne.

Quoique *Lotaire* s'applaudit en secret d'être délivré d'un vassal qui, après l'avoir élevé sur le trône, étoit assez puissant pour l'en précipiter, il crut cependant devoir témoigner sa reconnoissance à ses enfans. Hugues Capet étoit à la cour du duc de Normandie, qui l'y retenoit dans un esclavage honorable. *Lotaire* employa les prières & les menaces pour l'en retirer, & voulant se l'attacher par le lien des bienfaits, il lui donna le duché de France & celui de Poitiers qu'avoit possédés son père. Leurs intérêts étoient trop opposés pour qu'ils fussent long-temps unis. Hugues Capet rechercha l'alliance du duc de Normandie, & dès qu'il fut assuré de son inclination, il donna un libre cours à son ambition. *Lotaire* sachant qu'il avoit tout à redouter de la part des Normands, s'occupa à multiplier les embarras de Richard, & lui suscita une infinité d'ennemis : il avoit même formé la résolution de le faire enlever; le complot fut découvert, & Richard montra toute son indignation contre ce lâche procédé; son ressentiment éclata contre Thibaut, comte de Chartres, qui s'étoit signalé par son attachement aux intérêts de *Lotaire*. Tous deux entrèrent dans une guerre où Thibaut eut le désavantage, le roi entreprit de le venger. Richard attira Hugues dans son parti; l'alliance de ce duc ne lui paroissant pas suffisante, il appella les Danois à son secours : ces barbares fondirent tout-à-coup sur la France, ils semblèrent n'y être entrés que pour la changer en désert. Ce fut dans le comté de Chartres qu'ils exercèrent leurs plus cruels ravages, un nombre prodigieux d'habitans furent réduits en captivité. Thibaut, dépouillant la fierté de son caractère, demanda humblement pardon à Richard, qui le reçut à la tête de son armée, & daigna lui pardonner.

Richard assez puissant pour imposer la loi, n'écouta que sa générosité. *Lotaire* lui fit une députation pour lui demander la paix : ses ambassadeurs furent reçus avec bonté, on assigna une conférence entre le roi & le duc, qui promirent de tout oublier réciproquement; & leur réconciliation parut sincère, par des présens que se firent le roi & le duc.

Lotaire avoit autant d'ennemis que de grands vassaux : il tourna ses armes contre Arnoul, comte de Flandre, & voulut le punir du refus qu'avoit fait ce comte de l'assister dans la guerre contre les Normands. Arras fut sa première conquête, une place aussi forte emportée dans les premières attaques, détermina les villes voisines à ouvrir leurs portes. Le comte alloit être dépouillé de ses états, lorsque Richard, par sa médiation, força les deux partis à convenir de la paix. Le roi resta en possession d'une partie de ses conquêtes.

Ce fut après ce traité que *Lotaire* se rendit à Cologne, où il eut une entrevue avec l'empereur Othon le Grand. Ces princes se donnèrent réciproquement des marques d'estime & d'amitié; & pour établir une parfaite intelligence entre les François & les Allemands, on y arrêta le mariage du roi avec Emme, fille de *Lotaire II*, roi d'Italie, & d'Adélaïde, seconde femme d'Othon. L'empereur mena ensuite la cour de France à Ingelheim, pour y célébrer les fêtes de pâques; la princesse Emme vint en France l'année d'après, accompagnée d'une infinité de seigneurs Allemands, qui assistèrent aux fêtes de son mariage avec *Lotaire*. Cette alliance avec les Impériaux ne pouvoit long-temps subsister; la Lorraine qu'ils retenoient, & que les rois de France avoient toujours regardée comme une partie de leur patrimoine, étoit un germe de guerre toujours prêt à éclorre. Othon II. avoit succédé à Othon I. Cet empereur, après avoir pacifié ses états, s'étoit rendu à Aix-la-Chapelle pour se délasser de ses fatigues: il s'occupoit des affaires de religion; mais un état si tranquille ne dura guère. Le roi de France profita de sa sécurité pour exécuter ses desseins sur la Lorraine; il fait une irruption subite dans cette province, & entre en vainqueur dans Aix-la-Chapelle sans déclaration de guerre, & sans qu'on eût le moindre avis de sa marche. Peu s'en fallut que l'empereur ne tombât entre ses mains; on dit même que les François y arrivèrent comme il alloit se mettre à table. *Lotaire* ne garda pas long-temps sa conquête, qui, à proprement parler, n'étoit qu'un brigandage. Othon II. ne rentra en Allemagne que pour faire des préparatifs; il envoya dire à *Lotaire* que c'étoit dans Paris même qu'il prétendoit lui demander raison de cette insulte: il se rendit en France dans l'année même, & vint devant Paris qu'il tint assiégé pendant trois jours: il auroit continué plus long-temps ses assauts, sans la saison qui étoit fort avancée: il reprit la route de ses états. *Lotaire* l'incommoda dans sa retraite; des auteurs prétendent que ce prince remporta une grande victoire sur les Impériaux au passage de la rivière d'Aîne; mais comme la Lorraine resta sous la domination Allemande, leur opinion nous paroît fort suspecte. Les moines, qui défrichoient d'une main pesante le champ de l'histoire, que l'ignorance leur avoit livré, rapportent qu'un évêque communiqua aux eaux de l'Aîne la solidité de la terre, & que les Allemands marchèrent dessus comme sur le pont le mieux affermi. C'étoit mettre l'évêque au-dessus de Moïse & de Josué. Il y eut un traité entre les deux monarques. *Lotaire* renonça à la Lorraine en faveur d'Othon II. qui en donna l'investiture à Charles de France, frère de *Lotaire*. On prétend cependant qu'Othon ne reçut la Lorraine que comme fief de la couronne de France. La mort d'Othon arrivée en 883, donna quelqu'espoir à *Lotaire* de pouvoir rompre avec avantage un traité qui le privoit d'une province dont il avoit toujours ambitionné la domination. Il voyoit sur le trône de Germanie un prince jeune encore, & que le vieux Henri de Bavière vouloit en faire descendre. Il se jetta d'abord sur Verdun dont il se rendit maître, & fit prisonnier le comte Godefroi; mais quand il sût que la puissance d'Othon III. étoit affermie, il abandonna sa conquête & rendit la liberté à son prisonnier.

L'association de son fils Louis à la royauté, fut le dernier événement mémorable de son règne: il le fit couronner avec sa femme Blanche d'Aquitaine, qui peu sensible à l'élévation de son jeune époux, & à la couronne qu'elle venoit de recevoir, s'enfuit de la cour. On prétend que Blanche étoit rebutée de l'humeur sèche & brusque de son mari. *Lotaire* fâché de l'évasion de cette princesse, alla lui-même l'exhorter de revenir auprès de son fils. Il mourut à Reims au retour de ce voyage, qui atteste son affection pour sa famille: cet événement se rapporte au second jour de mars 986. On croit qu'il mourut du poison que lui présentèrent les aspirans à la couronne. Des historiens ont accusé la reine sa femme de ce crime: mais, sans rien dire de l'excessive douleur qu'elle témoigna à la mort de ce prince, (tous les historiens conviennent qu'elle versa un torrent de larmes) est-il croyable que cette princesse eût pu sacrifier ainsi son mari dont dépendoient son bonheur & sa gloire? Que devoit-elle désirer de plus que d'être reine de France? *Lotaire* est le dernier des rois du sang de Charlemagne qui ait retracé quelques-unes des vertus de ce grand homme. Il étoit d'un tempérament robuste, & avoit une force de corps étonnante. Sa dextérité le rendoit propre à tous les exercices; son esprit se ressentoit de la trempe de son corps, plein de sève & de vigueur. Il étoit actif, vigilant, & sa bravoure alloit jusqu'à l'intrépidité. On lui reproche son peu de fidélité dans les traités, ce qui semble avoir été un vice de ce temps. L'histoire lui donne un défaut plus grand en politique, elle l'accuse de n'avoir point soutenu ses entreprises avec assez de constance. La plupart des historiens ne lui donnent que deux fils; mais un livre de prières trouvé dans le dernier siècle, a fait croire à de savans critiques qu'il en eut un troisième, nommé *Othon*. Ce livre avoit appartenu à la reine Emme: le nom de ce prince s'y lit expressément; on y voit encore une image fort bien faite, où Jésus-Christ est dépeint dans une nue, étendant sa droite sur les deux rois *Lotaire* & Louis, qui se tiennent par la main, & qui ont des couronnes en forme de cercle; & sa gauche sur la reine qui lui présente un enfant tonsuré & portant une robe rouge: on prend cet enfant pour le jeune Othon.

Lotaire fut inhumé dans l'église de St. Remi, à Reims. Adalberon, archevêque de cette métropole, célébra ses funérailles; ce prélat qui l'avoit traversé pendant tout le cours de son règne, lui donna à sa mort les éloges que ce prince pouvoit mériter. (*M--Y.*)

LOTAIRE II, (*Hist. d'Allemagne.*) XIIe roi ou empereur de Germanie, depuis Conrad I, XVe empereur d'Occident depuis Charlemagne, fils de Gerard de Suplinbourg, & d'Hedwige, né en 1075, fait duc de Saxe en 1106, élu empereur en 1125, mort en 1137.

Lotaire II dut son élévation à son attachement aux intérêts du saint siége, & à sa haine contre la maison de Franconie. Dans sa jeunesse, il avoit porté les armes contre Henri IV, & avoit toujours été l'un de ses ennemis les plus opiniâtres. Henri V, pour le récompenser de l'avoir aidé à détrôner son père, lui avoit donné le duché de la Haute-Saxe; mais *Lotaire II*, en se déclarant en faveur du fils perfide contre le père malheureux, ne servoit que sa haine. Henri V. s'en apperçut, dès qu'il fut parvenu au trône. Dans ses longs démêlés avec les papes au sujet des investitures, il l'eut toujours pour ennemi déclaré. La cour de Rome, pour payer son zèle, & pour l'entretenir, se servit de toute sa politique, & lui fit donner la préférence sur Conrad,

& sur Frédéric, neveu de Henri V. *Lotaire II.* fut couronné à Aix-la-Chapelle, en présence des légats d'Honorius II, qui lui prêta le secours de ses anathêmes pour écarter ses concurrens. Conrad bravant les excommunications du pontife, passa à Milan, où il se fit sacrer & couronner roi de Lombardie. La mort d'Honorius arrivée dans ces conjonctures, fut une circonstance malheureuse pour *Lotaire*. Rome fut partagée en deux factions; le peuple nomma Innocent II, pour succéder au pape défunt; & les cardinaux qui prétendoient avoir le droit exclusif de nommer au souverain pontificat, élurent Anaclet II. Celui-ci plus riche que son concurrent, le force de sortir de Rome, & de se réfugier en France, asyle ordinaire des papes opprimés. Conrad appuya Anaclet de toutes les forces de son royaume, & trouva en lui un puissant soutien. C'étoit donc un devoir de la politique de *Lotaire* de se déclarer pour Innocent II. Ce pape s'étant rendu à Liége, *Lotaire* alla l'y visiter, & eut pour lui les plus grands égards. On lui fait même un reproche d'avoir compromis la majesté du souverain devant ce pontife. Il est vrai que sans perdre la réputation d'un prince pieux qu'il ambitionnoit, il eût pu modérer au moins en public son respect pour Innocent II. Il lui rendit tous les devoirs de domesticité : dans les cavalcades de ce pape, il lui servoit tantôt de coureur, tantôt de palfrenier & de valet-de-pied. Il tenoit la bride de son cheval, écartoit la foule, quelquefois il couroit devant, & revenoit à l'étrier. Pepin en avoit fait à-peu près autant, mais dans des circonstances bien différentes. Cependant *Lotaire* passe en Italie pour chasser Anaclet & Conrad. Les préparatifs de cette expédition furent considérables. C'étoit un usage d'annoncer le voyage en Italie, plus d'un an avant de l'entreprendre. Tous les vassaux de la couronne se rendoient dans la plaine de Roncaille où se faisoit la revue générale. Les vassaux qui refusoient de s'y trouver, étoient privés de leurs fiefs, ainsi que les arrière-vassaux qui refusoient d'accompagner leurs seigneurs. Conrad n'ayant point d'armée capable d'arrêter les progrès du monarque, abandonna l'Italie, & repassa en Allemagne, où il essaya, mais inutilement, de ramener son parti. *Lotaire II*, après la retraite, ou la fuite de son concurrent, se rend maître de Rome, installe le pape, & se fait couronner empereur. Pour prix de ses souplesses & de ses services, il obtint pour lui & pour Henri, duc de Bavière, son gendre, l'usufruit des biens de Mathilde, cette comtesse si fameuse par ses intrigues, par son zèle pour les papes, & sa haine contre la domination Allemande. Le pontife exigeoit une redevance annuelle au saint siége; mais c'étoit moins un bienfait de sa part, qu'une aliénation de celle de *Lotaire*. En effet les papes n'avoient qu'un droit fort équivoque sur ces biens, dont la souveraineté appartenoit incontestablement aux empereurs. C'étoit, dit Voltaire, une semence de guerre pour leurs successeurs.

Le pape, jaloux de perpétuer la mémoire de son avènement au souverain pontificat, fit faire un tableau peu modeste, dans lequel il étoit représenté avec tous les attributs de la souveraineté; & *Lotaire* étoit à ses pieds: telle étoit la légende de ce tableau : « Le roi vient à » Rome, & jure devant les portes de lui conserver » tous ses droits. Il se déclare vassal du pape qui lui » donne la couronne. » On ne sait si *Lotaire* eut connoissance de ce tableau; mais il est bien certain que ses successeurs ne se contentèrent point du titre de vassal des papes. Il est cependant à croire que cette inscription injurieuse ne parut qu'après un second voyage que *Lotaire* entreprit en Italie pour achever de détruire Anaclet II, que Roger, roi de Sicile, s'obstinoit à faire reconnoître pour vrai pape. Roger, victime de son attachement pour son allié, fut chassé jusqu'au fond de la Calabre, & privé de la Pouille que l'empereur conféra au duc Renauld; quoique les succès appartinssent à *Lotaire II* entièrement, le pape lui contesta le droit d'en investir Renauld, & partagea l'honneur de la cérémonie, en portant la main sur l'étendard de la province, à l'instant qu'on le donnoit à ce duc. Il ne paroît pas que la religion fût intéressée à ce que ses chefs jouissent de cet honneur. *Lotaire*, peu après ce voyage, mourut à Bretten, petit village de Bavière.

Entre les diètes qui se tinrent sous son règne, la première est la plus mémorable. Les états assemblés à Ratisbonne, lui tracèrent plusieurs loix qui limitoient son pouvoir. Il fut décidé que les biens des proscrits appartiendroient aux états, & non à l'empereur, que les princes coupables de félonie, ne pourroient être jugés que dans les assemblées générales; c'étoit une loi ancienne, mais les Henri y avoient porté atteinte. On lui défendit d'adopter aucune province de préférence pour y fixer sa cour, & on lui fit un devoir de parcourir successivement toutes les villes de l'empire. Il ne fut plus permis aux empereurs de faire construire des citadelles, pas même de fortifier les anciennes. Les états se réservèrent encore le droit d'établir de nouveaux impôts, celui de délibérer sur la paix, sur la guerre: enfin les grands & les évêques ne voulurent voir dans l'empereur qu'un chef & nullement un maître. Son règne fut remarquable par la découverte du Digeste qu'il trouva au siège de Melphi. Après avoir fait tirer des copies de ce précieux ouvrage, il envoya l'original aux Pisans qui lui fournirent un secours de quarante galères, sans lequel il n'auroit pu se rendre maître de cette ville rebelle. Pise partageoit alors la gloire du commerce avec Gênes & Venise. Ces trois villes rivales voituroient dans leurs ports les richesses de l'Asie; & c'étoient les seules, avec Rome dans l'Occident, que le gouvernement féodal n'avoit pas défigurées. *Lotaire* confirma les hérédités des fiefs & arrière-fiefs, & soumit les officiers des villes aux seigneurs féodaux. C'étoit le moyen de tenir l'Allemagne dans la servitude & la misère. On place sous le règne de ce prince l'extinction des rois Venetes ou Vandales, anciens souverains du Mekerbourget, d'une partie de la Poméranie. Ces rois avoient été soumis à un tribut par plusieurs empereurs, & s'en étoient affranchis pendant les troubles excités par l'ambition des grands vassaux & des papes. *Lotaire* donna l'investiture de ces provinces à Canut, roi des Danois, pour les tenir en fief de l'empire. C'est depuis cette époque que les successeurs de Canut portent le titre de roi des Vandales, quoique leur domination sur ces provinces ne subsiste plus. Il est incertain si ce fut sous le règne de *Lotaire II*, ou sous celui de Henri V, son prédécesseur, que les seigneurs prirent le titre de *coimperantes*, se regardant comme vassaux de l'empire, & non de l'empereur.

Lotaire II. eut de son mariage avec Rebecca ou Richensa, un fils qui mourut jeune, & deux filles Gertrude & Hedvige; la première épousa Henri le Superbe, l'autre Louis le Barbu, langrave de Thuringe & de Hesse. (*M--Y.*)

LOTICHIUS, (*Hist. Litt. mod.*) c'est le nom de plusieurs allemands de la même famille, diversement célèbres dans les lettres.

1°. Pierre, né en 1501, mort en 1576, abbé d'un monastère appellé Solitaire, en allemand *Schluchtern*; il traduisit le luthéranisme dans son abbaye. Il est auteur de quelques ouvrages peu connus.

2°. Pierre son neveu, l'est davantage; il passe pour un des plus grands poëtes que l'Allemagne ait produits. Ses poësies sont latines. Jean Hagius, médecin, en les publiant, a donné la vie de leur auteur, qui étoit aussi médecin. Il étoit né en 1528, dans l'abbaye de son oncle. Il mourut en 1560, avant cet oncle.

3°. Christian, frère puîné du précédent, est auteur aussi de vers latins estimés, autant que peuvent l'être des vers latins modernes. Mort en 1568.

4°. Jean-Pierre, petit-fils de Christian, étoit médecin & poëte. On a de lui des livres de médecine, un commentaire sur Pétrone, des opuscules en vers & en prose. Il fut encore historien. On a de lui une histoire des empereurs Ferdinand II & III.

LOUBÉRE, (Simon de la) (*Hist. Litt. mod.*) de l'Académie Françoise & de l'Académie des Belles-Lettres. Né à Toulouse en 1642, d'un des principaux officiers du présidial de cette ville, & d'une mère nommée Bertrand ou Bertrandi, qui étoit de la famille du cardinal Bertrand ou Bertrandi, garde des sceaux, sous Henri II, cultiva les lettres, mais s'attacha plus particulièrement à la politique; il fut d'abord secrétaire d'ambassade en Suisse; il alla ensuite à Siam en 1687, avec le titre d'envoyé extraordinaire. On a sa relation; elle est estimée. Chargé ensuite d'une commission secrète & apparemment délicate, en Espagne & en Portugal, il fut arrêté à Madrid; il fallut pour le ravoir, user de représailles en France, sur les Espagnols qui s'y trouvoient. Il fut reçu à l'Académie Françoise en 1693, & préféré peut-être par le crédit de messieurs de Pontchartrain, ses protecteurs & ses amis, à La Fontaine, qui s'en vengea par ces vers connus:

Il en sera, quoi qu'on en die;
C'est un impôt que Pont-Chartrain
Veut mettre sur l'Académie,

En 1694, il fut un des huit seuls académiciens, dont l'Académie des Belles-Lettres étoit alors composée, & qui étoient tous de l'Académie Françoise. Peu de temps après il se retira dans sa patrie, s'y maria, y établit l'Académie des Jeux Floraux, alors dégénérés, & y mourut en 1729. Il disoit qu'il n'avoit jamais fait de faux serments, pas même en amour. On a de lui des poësies répandues dans divers recueils; il cultivoit aussi les mathématiques, & il est auteur d'un Traité *de la résolution des Equations ou de l'extraction de leurs racines.*

LOUET, (Georges) (*Hist. Litt. mod.*) conseiller au parlement de Paris, & agent général du clergé, nommé à l'évêché de Tréguier, mais mort en 1608, sans en avoir pris possession, est auteur d'un recueil d'arrêts, auquel on joint les commentaires de Brodeau. (*Voyez* BRODEAU.)

LOUINIGUIN, s. m. *terme de relation*, nom donné par les Sauvages d'Amérique, au trajet de terre qui fait la distance du passage d'une rivière à une autre, pendant lequel trajet on est obligé de porter son canot sur la tête ou sur les épaules. Il se trouve aussi des endroits dans les rivières, où la navigation est empêchée par des sauts, par des chûtes d'eau entre des rochers, qui retrécissent le passage, & rendent le courant si rapide, que l'on est forcé de porter le canot jusqu'à l'endroit où le cours de la rivière permet qu'on en fasse usage; quelquefois le portage du canot est de quelques lieues, & se répète assez souvent; mais ce portage ne fatigue ni n'arrête les Sauvages, à cause de la légèreté de leurs canots. Nous indiquerons ailleurs leur fabrique & leur forme (*A. R.*)

LOUIS, (*Hist. de Pologne.*) roi de Pologne & de Hongrie. Il étoit déja sur le trône de Hongrie, lorsqu'après la mort de Casimir III, il fut appellé à celui de Pologne l'an 1370. La Pologne étoit en proie aux brigandages des Lithuaniens; il ne lui manquoit plus pour comble de malheurs, que d'être gouvernée par *Louis.* Ce fantôme de roi disparut tout-à-coup, emportant avec lui toutes les marques de la royauté, le sceptre, la couronne, le globe d'or & l'épée. Il laissoit dans ses nouveaux états Elisabeth sa mère, assez sage pour les gouverner, mais trop foible pour les défendre. Les désastres de la Pologne ne firent que s'accroître jusqu'à la mort de *Louis*, arrivée l'an 1382. Il avoit désigné pour son successeur Sigismond, marquis de Brandebourg, son gendre. (M. DE SACY.)

LOUIS IV, surnommé l'*Enfant*, (*Hist. d'Allemagne.*) roi de Germanie & de Lorraine: ce prince, le dernier de la race de Charlemagne qui occupa le trône de Germanie, naquit l'an 893, de l'empereur Arnoul, & de l'impératrice Oda. Son exemple prouve la vérité de la remarque que nous avons faite à l'article de son père, que l'enfance des princes François n'étoit point un obstacle à leur élévation; & que le refus de couronner Charles-le-Simple, par rapport à son extrême jeunesse, n'étoit qu'un prétexte pour colorer l'usurpation d'Eudes. En effet, *Louis IV* n'avoit que sept ans, lorsque les Germains, dans une assemblée libre, tenue à Forcheim, lui donnèrent la couronne. On dit dans une assemblée libre, parce que les Germains jouissoient du droit d'élire leurs souverains, depuis qu'Arnoul avoit consenti de recevoir le sceptre qu'ils lui offrirent, tandis que Charles-le-Gros, son oncle, le possédoit encore. La couronne avoit été promise à *Louis*, même avant sa naissance; lorsque l'empereur, son pere, invita les états dans une diète qu'il tint en 889, à consentir au partage de ses états entre Zumtibold & Rathold, ses fils naturels, ils le lui promirent, mais seulement dans le cas où il ne laisseroit aucun fils légitime. Ils suivirent l'ancienne coutume, que l'on avoit violée à la vérité envers Charles, fils de Louis-le-Begue, mais que l'on respectoit encore. » Nous avons beaucoup mieux aimé, dit Hatton, archevêque de » Mayence, suivre l'ancien usage des Francs, dont » les rois ont tous été d'une même maison, que d'introduire une nouvelle coutume ». Arnoul, en déclarant par un décret, qu'on devoit se soumettre au joug de l'église de Rome, n'avoit entendu parler que du joug spirituel; mais il semble que dès-lors les papes prétendoient l'étendre sur le temporel, comme il paroît par la lettre de Hatton à Jean IX : ce prélat se justifioit sur ce qu'on avoit procédé à l'élection de *Louis IV*, sans son agrément; cependant cette lettre peut avoir été supposée. Le silence de plusieurs auteurs, qui ont écrit sur la vie des papes, autorise ce soupçon. Le règne de *Louis* ne fut pas moins orageux que celui de ses prédécesseurs. Tous les ordres de l'état se jouèrent de sa jeunesse, & s'arrogèrent les droits les plus précieux du trône. L'évêque de Toul, en obtint le privilége d'avoir de la monnoie frappée à son empreinte; il se fit encore donner tous les péages du Comté, qui fut déclaré libre de tribut envers la couronne. La qualité de Hatton, & son crédit dans le royaume, porté au plus haut dégré, puisqu'il étoit à la tête de la régence, nous font soupçonner qu'il eut la plus grande part à cette dangereuse concession; & l'on a lieu de s'étonner de ce qu'Othon-le-Grand, beau-frère du jeune prince, & collègue de Hatton dans la régence, n'apporta aucun obstacle aux desirs trop ambitieux du prélat. Cependant *Louis* fut à peine placé à la tête de l'état, que les Lorrains qui abhorroient la domination de Zumtibold, prince colère, & qui s'oublioit quelquefois jusqu'à maltraiter les évêques (dans un accès de fureur il manqua d'en faire expirer un sous le bâton) l'invitèrent à venir recevoir leur hommage. Zumtibold voulut en vain éviter le sort dont il étoit menacé: attaqué d'un côté par ses sujets, & de l'autre par les Germains qui le surprirent aux environs de la Meuse, il fut vaincu & tué dans un combat; les deux tiers de son armée restèrent sur le champ de bataille, & tous ses bagages furent la proie du vainqueur. *Louis* trouvant tous les passages libres, se rendit à Thionville, où tous les seigneurs de la Lorraine le reconnurent pour leur souverain; mais cette lueur de prospérité s'éclipsa bientôt. Ses succès étendoient les bornes de sa domination sans affermir son autorité. Les Lorrains & ses autres sujets ne lui rendirent qu'un stérile hommage. Devenus propriétaires des fiefs qui appartenoient à la couronne, ils construisirent des châteaux, & se fortifièrent les uns contre les autres, plus jaloux de venger leurs querelles particulières, que de soutenir les intérêts de l'état, ou de combattre pour sa gloire. Les Huns, ou Hongrois, armés par la politique de Bérenger, qui donnoit des loix à l'Italie, & qui craignoit de voir les Germains lui redemander un royaume où il régnoit au milieu des plus terribles factions, avoient déjà ravagé la haute-Pannonie, & s'apprêtoient à passer le Lech, qui servoit de limite à cette province du côté de la Bavière. *Louis* abandonné par la plus grande partie de ses sujets, fut réduit à marcher presque seul contre ces redoutables ennemis. Le courage féroce des Hongrois l'emporta sur l'adresse & sur la science militaire. Les Germains furent vaincus, & se virent dans l'impuissance de couvrir la Bavière, la Suabe & la Franconie, qui furent exposées à toutes les calamités de la guerre. Ces provinces désolées souffrirent tout ce qu'elles pouvoient éprouver de la part de ces peuples sanguinaires. *Louis* hors d'état de les chasser par la force des armes, leur donna des sommes considérables qu'ils convertirent presque aussitôt en un tribut réglé. Forcé d'épouser les querelles d'une partie de ses sujets contre l'autre, il ne put effacer cette tache qui déshonoroit son règne. La douleur qu'il en conçut termina sa carrière qui fut aussi courte que laborieuse. Il mourut le 21 janvier 912, dans la vingtième année de son âge, la treizième de son regne. Ce prince étoit digne d'une meilleure fortune, il eut beaucoup de fermeté dans un temps où il étoit dangereux d'en faire paroître. Il fit trancher la tête à Albert, comte de Bamberg, pour avoir excité une guerre civile, à laquelle presque toutes les provinces de Germanie avoient pris part. Les biens de ce factieux furent confisqués & servirent dans la suite à doter l'église de Bamberg, dont l'empereur Henri II fut le fondateur. Plusieurs écrivains le regardent comme la tige des anciens margraves & ducs d'Autriche. Il avoit tué dans un combat Conrad de Fridzlard, son ennemi particulier. Ce Conrad fut la souche des empereurs de la maison de Franconie. (*M.-Y.*)

LOUIS V, dit *de Bavière* & *le Grand*, successeur de Henri VII, (*Hist d'Allemagne.*) né l'an 1284, de Louis-le-Sévère, duc de Bavière, comte palatin du Rhin, & de Mathilde, fille de l'empereur Rodolphe de Habsbourg, élu à Francfort l'an 1314, mort l'an 1346 le 11 octobre.

La vie guerrière & politique de Henri VII sembloit promettre à l'Allemagne quelques jours heureux; mais la mort de ce prince, moissonné au milieu de sa carrière, laissa cet infortuné pays exposé aux maux qui le désoloient. Les Allemands renonçant à la domination de la race des Pepin, avoient rendu le trône électif, sans établir de loix fixes pour prévenir le désordre que devoit occasionner la concurrence. La pluralité des suffrages n'étoit pas un droit; d'ailleurs tous les seigneurs issus d'une maison électorale, prétendoient concourir aux élections. Un prince devoit donc réunir tous les suffrages, ou l'Allemagne étoit exposée au feu des guerres civiles. Frédéric d'Autriche, surnommé *le Beau*, profitant du vice de la constitution germanique, se fit couronner à Bonn, tandis que *Louis V*, appellé par le plus grand nombre des électeurs, se faisoit couronner à Aix-la-Chapelle. Ces deux célèbres rivaux sembloient également dignes du haut rang qu'ils ambitionnoient : même dextérité dans les affaires, mêmes avantages dans l'extérieur, même valeur dans les combats. Frédéric, moins heureux, perdit l'empire & la liberté à la sanglante journée de Muhldorff, le 28 septembre 1322, & fut relégué dans le château de Transnitz, d'où, suivant les meilleurs témoignages, il ne sortit dans la suite qu'après avoir abdiqué.

Louis, vainqueur de Frédéric d'Autriche & du parti de ce prince, se disposoit à rétablir le calme & à fermer les plaies de l'état. Il n'eut pas commencé cette louable entreprise, que des nouvelles d'Italie lui firent craindre la perte d'un empire, qu'il venoit en quelque sorte de conquérir. Jean XXII, pontife ambitieux, & qui ne se contentoit pas d'être le dispensateur des trésors célestes, feignit de s'intéresser au sort de l'empereur dégradé ; & fomentant le ressentiment des Guelfes, ses partisans, contre les Gibelins toujours fidèles aux empereurs, il cita *Louis V* à son tribunal, il le somma même de se désister dans trois mois de l'empire, pour avoir osé, disoit-il, prendre la qualité de roi des Romains avant d'avoir soumis son élection à l'examen de la cour de Rome. Plusieurs papes avoient affecté ce style, qui seroit aujourd'hui si déplacé, si ridicule. Ce fut dans cette occasion que *Louis V* déploya toute la profondeur de son caractère. Le parti de Frédéric étoit affoibli sans être détruit, & dans un temps où les peuples ne connoissant point les justes limites de la puissance spirituelle, trembloient au bruit des censures de Rome, injustes ou légitimes ; l'empereur sentoit qu'un pape pouvoit prêter à ses ennemis des armes redoutables : d'ailleurs, l'exemple de ses prédécesseurs pouvoit lui causer de justes alarmes ; jamais l'Allemagne n'avoit été si bien unie que les papes n'eussent trouvé le moyen de la diviser. Il dissimula le dépit que pouvoient lui occasionner ces prétentions offensantes, & sans paroître rejetter, ni approuver la bulle qui contenoit les volontés du pontife, il la déféra aux états assemblés ; & ce ne fut qu'après avoir réuni l'universalité des suffrages qu'il fit éclater son juste ressentiment. L'empereur & le pape s'anathématisèrent tour-à-tour : *Louis V* se vit à la veille d'être déposé ; Jean XXII le fut réellement. L'empereur étant entré en Italie, prit la couronne des Lombards à Milan, assiégea Pise, se fit proclamer à Rome ; & après y avoir renouvellé les cérémonies de son sacre, il installa sur la chaire de saint Pierre un Franciscain, qui prit le nom de *Nicolas V*, mais qui bientôt devoit succomber sous les foudres de Jean. » Nous voulons, (c'est ainsi que s'exprimoit *Louis* dans une assemblée du clergé & de la noblesse de Rome), suivre l'exemple d'Oton I, » qui, avec le clergé & le peuple de Rome, déposa » Jean XII : armés de la même autorité, nous dépo» sons l'évêque de Rome, Jacques de Cahors, dou» blement coupable d'hérésie & de lèze-majesté ». *Louis V* ne montroit pas moins de fermeté que le grand prince qu'il s'étoit proposé pour modèle. Il fit une ordonnance qui défendoit à tous les évêques (23 avril 1326), & notamment au pape, qui résidoit à Avignon, de s'absenter plus de trois mois de leur église, ni de s'en éloigner de plus de deux journées sans le consentement de leur chapitre. Le pape étoit perdu sans l'opposition que le jeune Colonna, l'un des principaux de la noblesse, fit afficher à la porte de l'église où se tenoit l'assemblée. Tout se confond à Rome sous plusieurs factions ennemies ; le roi de Naples, toujours attaché au pape, se présente aux portes de Rome avec une forte armée, & *Louis V* est contraint de se retirer à Pise, d'où il repassa peu de temps après en Bavière, presque sans armée. Le pape reprit bientôt son premier ascendant ; Nicolas fut forcé de lui demander grace ; & l'empereur lui-même fit des démarches pour se réconcilier ; elles furent infructueuses. Le pape, au lieu de répondre à ses députés fit une ligue secrette avec Jean, dit l'aveugle, roi de Bohême, & vicaire de l'empire en Italie, qui, flatté de l'espérance de voir bientôt son fils, Charles de Luxembourg, sur le trône impérial, leva l'étendard de la guerre. Fortifié de l'alliance des rois de France, d'Hongrie & de Pologne, le roi de Bohême insulta la Bavière. Le pape mourut sur ces entrefaites, & transmit sa haine contre la maison de Bavière, à Benoît XII, qui le remplaça. Une victoire signalée, remportée sur le roi de Bohême, le força de rentrer dans ses états. Il en sortit bientôt après sur de nouvelles espérances que lui donna Philippe-de-Valois. L'empereur, pour conjurer cet orage, s'attacha Edouard III, roi de la grande Bretagne, prince fier, & dont les vues ambitieuses s'étendoient jusques sur la France, malheureuse alors & déchirée par le gouvernement féodal, qui ne fut jamais fait pour ses habitans ; il lui donna la qualité de vicaire de l'empire. On voit combien la couronne impériale, dépourvue de ses anciens priviléges, jettoit encore d'éclat, puisqu'Edouard, l'un des plus grands princes qui aient régné en Angleterre, s'honoroit du titre de vicaire de *Louis*. Les frayeurs de Philippe, que les Anglois attaquoient dans le centre de ses états, rendirent l'ambition du roi de Bohême moins active. L'empereur ayant ainsi détourné l'orage sur ses voisins, négocia avec la cour d'Avignon. Benoît avoit des sentiments pacifiques ; mais enchaîné par Philippe, dont il étoit né sujet, il n'osa consentir à une réconciliation, & ce fut aux craintes que le pape avoit de désobliger la cour de France, que l'Allemagne dut sa liberté. *Louis*, dont la main habile dirigeoit les coups du fier Edouard, enchaîna avec la même facilité l'esprit des princes allemands, qui tant de fois s'étoient armés contre ses prédécesseurs. Assez maître de lui-même pour étouffer son ressentiment lorsqu'il étoit contraire à ses intérêts, il digéroit tous les désagréments que lui faisoit essuyer la cour d'Avignon. Dès qu'il s'apperçut que tous les esprits étoient aigris contre le pontife, il assembla les seigneurs tant ecclésiastiques que séculiers, & leur ayant fait considérer que les outrages portés à sa personne étoient une tache qui s'étendoit sur eux, il les détermina à déclarer ; « que celui qui a été élu empereur par le plus grand nombre est véritable empereur, que la confirmation du pape est inutile, que le pape n'a aucun droit de déposer l'empereur, que l'opinion contraire est un crime de leze-majesté ». Cette loi utile, même nécessaire, fut confirmée à Francfort (2 août 1338), dans une assemblée générale. Elle assigna de justes limites au pontificat ; & le sacerdoce & l'empire, que les empereurs & les papes s'efforçoient de confondre en ambitionnant la supériorité l'un sur l'autre, devinrent deux puissances distinctes & séparées. Les Allemands s'attaquèrent moins fréquemment au trône de leur souverain, & Rome ne vit plus ses autels teints du sang de ses prêtres.

Louis voyant son trône affermi par cette nouvelle constitution, montra une fermeté qui eût été dangereuse auparavant. Il leva de sa propre autorité l'excommunication fulminée contre lui par Jean XXII & ratifiée par Benoît XII, & purgea les églises d'une multitude de prêtres indociles. Alarmé des progrès d'Edouard, il lui retira le vicariat, & rechercha l'amitié du pape, afin sans doute qu'il lui permît de travailler au rétablissement de l'autorité impériale en Italie, où elle étoit presque entièrement méconnue. Clément VI venoit de succéder à Benoît XII ; ce nouveau pontife, enchaîné par ses égards pour Philippe, qui d'abord l'avoit fait archevêque de Rouen, se refusa à une réconciliation, & suivit les procédures de Jean XXII contre lui. Il sollicita même l'archevêque de Trèves de faire en Allemagne un nouvel empereur ; il excite Jean de Luxembourg, devenu moins redoutable depuis qu'il avoit perdu la vue, mais non pas moins ambitieux ; il flatte le duc de Saxe, & réveille la haine de la maison d'Autriche contre la maison de Bavière. Après plusieurs trames secrettes & publiques, il publie contre l'empereur un manifeste rempli d'imprécations non moins injustes qu'indécentes ; « Que la colere de Dieu, (c'est ainsi que s'exprimoit cet implacable pontife), celle » de saint Pierre & de saint Paul tombe sur lui dans » ce monde & dans l'autre ; que la terre s'ouvre & » l'engloutisse tout vivant ; que sa mémoire périsse ; » que tous les éléments s'arment pour le combattre ; » que ses enfants tombent dans les mains des ennemis » aux yeux de leur père ». La maison de Luxembourg avoit trop d'intérêt dans la révolution qu'on projettoit, pour observer la neutralité. Les factieux appelloient le marquis de Moravie, Charles, fils du roi Jean de Bohême, au trône impérial. Ce prince eut une conférence avec Clément VI, & obtint son suffrage, à condition qu'il casseroit les sages ordonnances de l'empereur, reconnoîtroit que le comté d'Avignon appartenoit de droit au S. Siége, ainsi que Ferrare & les autres biens qui anciennement avoient appartenu à la comtesse Mathilde, nom fameux dans les annales de l'empire, par les désordres que cette princesse y avoit occasionnés : il le confirmoit encore dans tous les droits que le pape s'arrogeoit sur le royaume de Sardaigne, de Sicile & de Corse. Il fut encore stipulé que si l'empereur alloit à Rome pour s'y faire couronner, il ne pourroit y séjourner plus d'un jour, & que jamais il n'y rentreroit sans l'agrément ou plutôt sans la permission expresse du pape.

Le marquis de Moravie s'étant assuré de l'inclination du pape par ce traité aussi lâche que perfide, écrivit à l'archevêque de Treves, son oncle, qui ne put résister à la tentation de voir son neveu sur le premier trône du monde. Valderan de Juliers, archevêque de Cologne, consentit à trahir son souverain pour un motif moins excusable. Il reçut mille marcs d'argent, & se jetta dans le parti des factieux qui, dans une assemblée tumultueuse, tenue à Rentz, près de Coblentz, proclamèrent roi des Romains Charles de Luxembourg, marquis de Moravie. Les cérémonies du sacre furent célébrées à Bonn, la ville de Cologne ayant refusé de recevoir les rebelles dans ses murs, quoique son archevêque fût parmi eux.

Ce parti que l'on pouvoit bien appeller celui du pape, étoit fort inférieur à celui de *Louis*. Tous les princes, tant ecclésiastiques que séculiers, excepté ceux que nous venons de nommer, montrèrent une fidélité incorruptible. Ils voyoient de mauvais œil qu'on portoit atteinte à la constitution qui étoit en quelque sorte leur ouvrage ; ils secondèrent l'empereur de toutes leurs forces. Le marquis de Brandebourg son fils, remporta une victoire complette sur les rebelles, quoiqu'ils fussent commandés par leur chef. *Louis*, vainqueur par les armes de son fils, n'eut pas le bonheur de voir la fin d'une guerre commencée sous ces heureux auspices. Un accident termina sa vie glorieuse ; il mourut à la chasse d'une chûte de cheval, & fut enterré à Munich : il étoit dans la soixante-troisiéme année de son âge, & la trente-troisiéme de son regne. L'impératrice Béatrix sa femme, fille de Henri III, duc de Glogau, lui donna deux princes & deux princesses, savoir, Louis, l'aîné, électeur & marquis de Brandebourg, qui vainquit Charles de Luxembourg ; Etienne, duc de Bavière, souche de la maison électorale & ducale de cette province ; Anne, qui fut mariée à Martin de l'Escale, fils de Canis de l'Escale, comte de Vérone ; & Mathilde, qu'épousa Frédéric-le-sévère, marquis de Misnie. L'impératrice Marguerite, sa seconde femme (en 1324), fille & héritière unique de Guillaume III, comte de Hollande, lui donna quatre fils & une fille, savoir, Guillaume & Albert, comtes de Hollande, Louis-le-Romain & Othon, électeurs de Brandebourg ; Elisabeth qui fut successivement femme de Jean, dernier duc de la basse-Bavière, & d'Olri XI, comte de Virtemberg.

Quoique les Suisses eussent secoué le joug sous son prédécesseur, c'est cependant sous son règne qu'on doit placer l'époque de la liberté de cette nation aussi sage que belliqueuse. *Louis* leur en confirma l'inestimable

timable privilége dans la diéte de Nuremberg, pour se les rendre favorables contre Frédéric d'Autriche son concurrent.

Une loi défendoit à ses successeurs de rester dans leurs états héréditaires, & les obligeoit de voyager de ville en ville, & de province en province. Les seigneurs qui devoient défrayer sa cour pendant ses voyages, virent avec plaisir qu'il ne s'y conformoit pas : en effet, il résida constamment dans ses états de Bavière, à moins que quelque nécessité pressante ne le forçât d'en sortir. On croit que c'est le premier qui se soit servi dans ses sceaux de deux aigles en forme de support. Venceslas les changea & les réduisit en une aigle à deux têtes.

Ce fut sous son regne que parut le célebre Rienzi, cet homme prodigieux qui né dans la bassesse s'éleva à la dignité de tribun qu'il fit revivre, prétendit rappeller dans Rome dégradée les vertus & la valeur de ses premiers habitans, & rendre à cette ancienne capitale du monde son premier empire. Il eut assez de confiance pour citer à son tribunal & l'empereur & le pape, & assez de crédit pour se rendre redoutable à ces deux puissances. (*M-Y*)

LOUIS *le pieux* ou *le Débonnaire*, (*Histoire de France & d'Allemagne.*) IIe empereur d'Occident depuis Charlemagne & XXIVe roi de France, né l'an 778, de Charlemagne ; & d'Hildegarde, nommé empereur par son père en 813, confirmé par la nation en 814, mort le 20 juin 840, âgé de 63 ans après un regne de 27 ans.

Ce prince étoit dans l'Aquitaine, qu'il gouvernoit depuis son enfance avec le titre auguste de roi, lorsqu'il apprit la mort de Charlemagne son père : il se rendit aussi-tôt à Aix-la-chapelle, & rompit les mesures de plusieurs courtisans qui pouvoient l'éloigner du trône de l'empire : il prit des précautions qui font soupçonner qu'on avoit conspiré pour lui ravir le diadême. *Louis* voulut commencer son regne par réformer sa famille : ses sœurs, pour se dédommager du célibat où la négligence de leur père les avoit laissées, se livroient à leurs penchants. Leur vie licencieuse humilioit ce monarque qui les confina dans un cloître : leurs amans languirent dans les prisons, & plusieurs même perdirent la vie. Cette rigueur exercée sur les principaux seigneurs, fit beaucoup de mécontens, & en rétablissant les mœurs, *Louis* jetta les semences de la révolte.

Le regne de Charlemagne n'avoit été qu'un enchaînement de guerres, & les loix avoient beaucoup perdu de leur vigueur : des citoyens avoient été livrés à l'oppression & à la servitude : les vols, les rapts étoient restés impunis. *Louis* fit choix de magistrats intègres qui parcoururent les provinces. Alors les loix reprirent leur activité. Les biens usurpés furent rendus, & les citoyens opprimés trouvèrent un vengeur contre l'injustice des grands.

Le premier soin de *Louis*, après qu'il eut rétabli le bon ordre, fut d'assurer l'indivisibilité de la monarchie dans la main des aînés. Il avoit vu les désordres que le partage de l'autorité avoit occasionnés dans l'empire sous la première race : ce fut pour les empêcher de renaître, qu'il se donna pour collègue Lotaire son aîné, & qu'il le déclara empereur : il ne donna à Louis & à Pepin, ses puînés, que le titre de rois qui ne devoit pas les dispenser de l'obéissance. *Louis*, pour faire voir qu'il ne vouloit qu'un seul maître dans la monarchie, & que la qualité de roi devoit être subordonnée à celle d'empereur, exigea l'hommage de la part de son neveu Bernard, que Charlemagne avoit fait roi d'Italie : il le punit du dernier supplice, pour avoir refusé de le rendre, ou pour l'avoir rendu de mauvaise grace. Telles étoient les vues politiques de *Louis le Débonnaire*, & telle fut la rigueur des premières années de son regne. Un fils qu'il eut de Judith sa seconde femme, rendit inutiles les soins qu'il prenoit pour conserver ses états dans le calme de la paix. Cet enfant fut la cause ou, plutôt l'occasion de bien des troubles : on ne pouvoit lui refuser, sans injustice, le titre de roi. On ne pouvoit non plus lui faire un apanage, sans réformer le partage de la succession déjà fait entre les fils du premier lit : Lotaire & ses frères se refusèrent à un acte aussi légitime. Les prélats accoutumés à la licence sous les regnes précédens, se plaignoient de la sévérité du monarque, qui leur prescrivit l'observance stricte des canons : d'un autre côté, les seigneurs attachés aux rois d'Aquitaine & de Bavière, ne voyoient qu'avec peine la réunion de la monarchie dans la main de l'empereur, parce qu'alors ils avoient deux maîtres, leur roi d'abord, ensuite l'empereur : pour les seigneurs de la suite de Lotaire, ils auroient voulu qu'il eût joui dès-lors de toutes les prérogatives attachées à la dignité impériale : mais son père ne lui avoit donné le titre d'empereur, que pour lui assurer le souverain pouvoir lorsqu'il ne seroit plus, & non pas pour le partager avec lui : on voit donc que les seigneurs & les prélats avoient de puissans motifs de se déclarer contre le monarque : la plupart se rangèrent du côté de ses fils. Le pape ennemi, tantôt secret, tantôt déclaré de la cour de France, prit le parti de Lotaire : ce n'étoit pas par amour pour ce prince, il espéroit profiter des désordres des guerres civiles pour achever l'ouvrage de l'indépendance de sa cour, commencé par ses prédécesseurs. Telles furent les véritables causes des tragédies, dont *Louis* fut la principale victime. Deux fois ce prince, sans contredit le meilleur de ceux qui sont montés sur le trône impérial, se vit prisonnier de ses propres fils : ce n'est pas qu'il manquât de courage & d'expérience dans l'art militaire ; il avoit fait ses preuves : son règne en Aquitaine avoit été celui d'un héros & d'un sage. Mais le cœur trop sensible de *Louis* ne lui permettoit pas de soutenir le spectacle d'une guerre civile où il avoit contre lui ses propres enfans qui l'attaquoient avec des armes de toute espèce. Le pape, c'étoit Grégoire IV, passa les Alpes, & se rendit au camp des fils. Cette première démarche consacroit la révolte, c'étoit au père qu'il eût dû parler d'abord. Après qu'il se fut abouché avec Lotaire, il se rendit auprès de *Louis*, dont on connoissoit les sentiments pacifiques : il y resta plusieurs jours sous prétexte de travailler à une réconciliation, mais en effet pour débaucher son armée. Le monarque se trouva presque seul le jour du départ du pontife : telle fut l'excellente œuvre qu'opéra le saint-père. *Louis* ne pouvant se déterminer à s'échapper en fugitif, une cohorte vint le sommer de se rendre de la part de Lotaire : toutes les loix de la nature furent violées, un pere fut obligé d'obéir à son fils qu'il avoit fait roi, empereur & pour ainsi dire son égal : l'infortuné monarque eut peine à obtenir qu'on respecteroit les jours de l'impératrice son épouse & du prince Charles son fils : *Louis*, qui avoit tout à craindre de la part de cette ame dénaturée, exigea le serment de Lotaire, qu'il ne leur feroit couper aucun membre : on voit par ce serment quelle pouvoit être la férocité de ce siècle affreux. *Louis* est obligé de suivre en esclave le char de ce perfide fils qui, après l'avoir traîné de ville en ville, le resserre dans une prison de moines à Soissons. Il est impossible de rendre les traitements affreux qu'on lui fit essuyer : le grand but étoit de le déterminer à se faire moine, & l'on croyoit y parvenir en multipliant ses souffrances. On savoit que l'impératrice Judith & son fils Charles étoient le seul lien qui l'attachoit au monde. On ne cessoit de lui repéter qu'ils étoient morts. Il ne pouvoit en apprendre de nouvelles, étant sans cesse entouré de gardes. Son cœur étoit déchiré des plus cruels regrets : un religieux, qui ne put être témoin de tant de douleur, lui glissa un billet comme il lui présentoit l'hostie, & lui apprit que son épouse & son fils étoient encore en vie. Lotaire ne pouvant réussir à lui faire prendre l'habit, forma la résolution, par le conseil des évêques, de le mettre en pénitence publique : cette pénitence rendoit incapable du gouvernement : il falloit lui supposer des crimes & le forcer à s'en avouer coupable ; ce fut pour exécuter cet exécrable projet qu'il convoqua une assemblée d'états ; cette assemblée séditieuse se tint à Compiegne. « C'est alors, dit Muratori, qu'à » la honte du nom chrétien, on voit les ministres de » Dieu faire un abus impie d'une religion toute » sainte, pour épouvanter, pour détrôner un prince » malheureux, & le forcer à s'avouer coupable des » crimes suivans : d'avoir permis la mort de son » neveu Bernard, & d'avoir forcé ses frères naturels à se faire moines, deux prétendus crimes dont » il avoit déja fait pénitence : d'avoir violé ses serments en révoquant le partage qu'il avoit fait de » la monarchie, & contraint ses sujets à faire deux » serments contraires, occasion de beaucoup de parjures & de grands troubles : d'avoir indiqué pendant le carême une expédition générale, ce qui » n'avoit pas manqué d'exciter de grands murmures : » d'avoir payé de l'exil & de la confiscation des » biens ceux de ses fidèles sujets qui l'étoient allés » trouver pour l'informer des désordres de l'état & » des embûches qu'on lui dressoit : d'avoir exigé de » ses fils & de ses peuples différents sermens contraires à la justice : d'avoir fait diverses expéditions militaires, dont les fruits avoient été des homicides, des sacrilèges, des adultères, des incendies sans nombre, & l'oppression des pauvres, » tous crimes dont il devoit répondre devant Dieu : » d'avoir fait des partages de la monarchie en ne » consultant que son caprice : d'avoir troublé la paix » générale : d'avoir armé ses peuples contre ses fils, » au lieu d'employer ses fidèles serviteurs & son autorité paternelle à les faire vivre en paix : enfin, » d'avoir mis ses sujets dans la nécessité de commettre une infinité de meurtres, lorsque son devoir » étoit d'entretenir la paix entr'eux, & par-là de » procurer leur sûreté. Sur ces griefs mal imaginés, » les évêques font entendre à ce pieux empereur » qu'il avoit encouru l'excommunication ; & que, » s'il vouloit sauver son ame, il avoit besoin de faire » pénitence : ce prince trop simple se laisse traiter » comme le veulent ces prélats (comment eût-il » fait autrement ?) dont la conscience s'étoit vendue à Lotaire. *Louis* se dépouille de la ceinture » militaire & des ornements impériaux, se revêt d'un » cilice, & condamne lui-même toutes les actions » de son regne : c'en est assez pour que Lotaire croie » son père déchu de l'empire : mais comme il s'en » méfioit, & qu'il comptoit très-peu sur le peuple, » il continue de le faire garder étroitement, sans » permettre que personne lui parle, si ce n'est le » petit nombre de gens destinés à le servir ; le peuple témoin de cette triste scène se retire confus de » chagrin ». Certainement les annales du monde ne présentent point d'exemple d'un prince aussi bon, aussi sensiblement outragé. *Louis* ne fit cet aveu, ou plutôt ce mensonge qu'après y avoir été forcé : on multiplia les mauvais traitements pour l'y contraindre. Cette guerre excitée par des tracasseries domestiques, fut terminée par une intrigue. Les moines avoient joué un grand rôle dans une scène où il s'agissoit de déterminer *Louis* ou à se confesser, ou à prendre l'habit religieux. Ils avoient de fréquens entretiens avec les fils du monarque, ils parvinrent à les rendre suspects les uns aux autres & à les diviser. Lotaire abandonné de ses frères, ne fut plus assez puissant par lui-même pour consommer son attentat : les liens de l'empereur furent rompus, il se trouva avec surprise sur le trône, également confondu par sa bonne & par sa mauvaise fortune. Ses malheurs lui donnèrent un caractère de timidité qu'il ne put vaincre ; sa cour fut agitée par de nouvelles tracasseries. Les rois d'Aquitaine & de Bavière regardèrent moins comme un devoir que comme un service d'avoir conspiré pour lui rendre la liberté qu'ils lui avoient ôtée de concert avec Lotaire. Ils voulurent être dépositaires de l'autorité, & en quelque sorte les maîtres. Mais l'impératrice Judith avoit aussi recouvré sa liberté : elle étoit jalouse de l'autorité, & ne vouloit la reprendre que pour se venger des injures qu'elle avoit reçues d'eux & de Lotaire. Cette princesse politique retint les premiers mouvements de sa haine ; & c'étoit par leurs propres armes qu'elle aspiroit à les perdre : elle permit que l'empereur son mari augmentât les domaines de Pepin & de Louis, mais elle fit déclarer Lotaire déchu de ses droits à l'empire. Il lui falloit beaucoup d'adresse pour cacher ses desseins de vengeance : la cour étoit gouvernée par un esprit de superstition à peine concevable ; le lecteur en jugera par ce trait. Lotaire qui avoit tout à redouter de sa disgrace, aspiroit à se réconcilier avec son père. Angilbert, archevêque de Milan, son ambassadeur, fut reçu favorablement. « Saint archevêque, lui dit l'empereur, « comment doit-on traiter son ennemi? » Le Seigneur, répondit Angilbert, ordonne dans » son évangile, de l'aimer & de lui faire du bien ». Si je n'obéis pas à ce précepte, reprit *Louis*? « Vous » n'aurez pas la vie éternelle, repliqua le prélat ». L'empereur fâché d'être obligé de renoncer à sa vengeance ou au paradis, convint d'une conférence pour le lendemain avec l'archevêque, & il s'y fit accompagner par tout ce qu'il y avoit de savant à sa cour. » Seigneur, dit Angilbert, pour ouvrir la » controverse, savez-vous que nous sommes tous » frères en Jesus-Christ? Oui, répondirent les assistans, car nous avons tous le même père dans les » cieux. L'homme libre, continua Angilbert, le serf, » le père, le fils sont donc frères. Or l'apôtre S. Jean » n'a-t-il pas dit que qui hait son frère est homicide, » & un homicide peut-il entrer dans la béatitude » éternelle »? A ces mots tous les savans de l'empereur s'avouèrent vaincus, & lui-même pardonna á Lotaire; mais il le resserra toujours dans les bornes du royaume d'Italie, sans lui rendre le titre d'empereur; cependant les rois d'Aquitaine & de Bavière, plus jaloux du crédit de l'impératrice dont ils avoient pénétré les intentions dans l'augmentation de leur partage, que reconnoissans de ses perfides bienfaits, entretinrent des liaisons avec Lotaire : mais, pour déconcerter leurs mesures, elle fit elle-même une alliance secrette avec lui. Cette princesse consultoit toujours les intérêts de son fils, & jamais ceux de sa haine. Lotaire, qui ne vouloit reconnoître dans ses frères que ses premiers lieutenants, fut flatté des démarches de l'impératrice qui le prioit de servir de tuteur à son fils, qui fut couronné roi de Neustrie & presqu'en même temps roi d'Aquitaine, par la mort prématurée de Pepin; le roi Louis fut entiérerement oublié & réduit à la seule Bavière dans un partage qui fut fait de toute la monarchie entre Lotaire & Charles. Ce prince fut extrêmement sensible à cette espèce d'exhérédation; il prit les armes & recommença la guerre civile : l'empereur le poursuivit avec une extrême chaleur & le força de se resserrer dans ses limites, il ne put le contraindre de même de renoncer à ses sentiments de vengeance. L'empereur ne vit point la fin de cette guerre; il mourut dans une petite île vis-à-vis d'Ingelheim, épuisé de fatigues & de chagrin : outre Lotaire, Louis & Charles, ce prince laissa trois filles Alvaïde, Hildegarde & Giselle. La premiére fut mariée à Begon, comte de Paris; les Généalogistes en font descendre Conrad I, roi ou empereur d'Allemagne: la seconde épousa un comte nommé *Thierri*; la cadette le comte Everard : celle-ci donna le jour à Bérenger, l'un des tyrans d'Italie. *Louis le Débonnaire*, dit Muratori, « fut un prince illustre par la grandeur de son » amour & de son zèle pour la religion, & pour la « discipline ecclésiastique, par son attention à faire » rendre la justice; par sa constance dans l'adversité, » par sa générosité à l'égard des pauvres & du clergé » séculier & régulier; prince qui n'eut point d'égal » pour la clémence, pour la douceur & pour d'autres » vertus qui le rendirent très-digne du nom de *Pieux*, » mais étrangement malheureux dans ses fils du premier » lit qui furent tous ingrats envers ce père si bon, au» quel il firent essuyer tant de traverses; & trop plein » de tendresse pour sa seconde femme & pour le der« nier de ses fils, ce qui fut l'origine de tous les » troubles. »

L'auteur des observations sur l'histoire de France, met au nombre des fautes de *Louis le Débonnaire* les tentatives que fit ce prince pour réunir les royaumes en un seul empire. D'abord j'observerai que cet écrivain, dont je ne prétends point rabaisser le mérite éminent, ne s'est point exprimé avec assez d'exactitude; car bien que la domination françoise fût partagée en plusieurs royaumes, elle ne formoit cependant qu'une seule monarchie. Cet auteur a voulu reprocher à *Louis* d'avoir tenté de réunir la monarchie dans les mains d'un seul. Et c'est, sans contredit, la chose qui doit lui faire le plus d'honneur; c'étoit le seul moyen d'assurer la durée de cet empire : ce que je dis n'a pas besoin de preuves, l'histoire démontre que ce fut la loi du partage, que *Louis* vouloit abolir, qui le fit tomber dans un état de langueur dont il ne se releva jamais. L'auteur des observations prétend s'appuyer du suffrage de Charlemagne, qui, suivant lui, partagea la monarchie en trois royaumes, qu'il rendit absolument indépendans les uns des autres : il est vrai que ce grand prince se conforma à l'usage que les François avoient apporté de Germanie, & qu'il donna à chacun de ses fils une part dans ses états; mais rien ne prouve que son intention fût d'établir entr'eux une indépendance absolue, & s'il étoit question de recourir à des inductions, on en trouve plusieurs qui ne sont pas favorables au sentiment de cet écrivain. D'abord les partages ne furent point égaux; il s'en falloit beaucoup. *Louis le Pieux* n'eut que l'Aquitaine, & Pepin l'Italie : Charles leur aîné devoit avoir tout le reste de la monarchie qui comprenoit la plus grande partie de l'Allemagne, l'ancien royaume d'Austrasie & la Neustrie, lui seul avoit autant d'états que ses deux frères ensemble. Cette inégalité de partage ne me paroît avoir été ménagée que pour lui assurer la souveraineté sur ses frères qu'il auroit exercée sous le titre d'empereur. Car une observation importante, c'est que la dignité impériale ne fut point conférée à plusieurs; Charlemagne la regarda comme indivisible; & lorsqu'il couronna ses fils, il eut soin de les avertir qu'ils devoient lui obéir comme à leur empereur. Enfin, si l'on songe que le titre d'empereur que porta Charlemagne, n'ajoutoit rien à sa puissance, on ne pourra se refuser de croire qu'il ne le prit que comme un moyen de réunir la monarchie, dont le partage avoit déjà coûté le trône & la vie à ses premiers maîtres : si les vues de Charlemagne furent celles que lui suppose l'auteur des observations, on sera forcé de convenir que sa politique fut inférieure en ce point à celle de *Louis le Pieux*. (*M--Y.*)

LOUIS II, surnommé *le Begue*, XXVIe roi de France, étoit fils de Charles-le-Chauve & d'Hermentrude : quoique le trône fut héréditaire, il ne crut pas pouvoir se dispenser de demander les suffrages des évêques & des seigneurs pour y monter. Cette particularité prouve la foiblesse du gouvernement : leur suffrage lui coûta une concession forcée de précieux priviléges. Ceux qui ne s'étoient point trouvés à son avènement accoururent en foule pour participer à des largesses dont le monarque n'eût pu se dispenser sans péril, & ce ne fut qu'en les comblant de biens qu'il crut pouvoir s'assurer de leur fidélité. Mais lui & ses successeurs éprouvèrent que ce n'est pas en flattant des séditieux que l'on peut espérer d'être jamais bien obéi : les sujets alors assez puissans pour faire la loi au souverain, étendoient ou limitoient à leur gré sa puissance. Boson, frère de l'impératrice Richilde, sans avoir le titre de roi, en affectoit toute la pompe, & jouissoit de toutes les prérogatives de la souveraineté ; les dignités accumulées sur sa tête, ses alliances avec les premières familles du royaume le rapprochèrent du trône, qu'il sembloit dédaigner par la grande facilité qu'il avoit d'y monter.

Louis aspiroit à l'empire ; on prétend même qu'il en reçut la couronne des mains du pape dans un concile : mais cette opinion n'est pas générale, nous la révoquons en doute avec d'autant plus de raison, que dans tous les actes qui nous restent de ce prince, on n'en voit aucun où il prenne la qualité d'empereur. Carloman sorti de la branche aînée, nous semble avoir eu plus de droit de le porter ; mais c'étoit un préjugé assez généralement reçu, qu'aucun prince ne pouvoit le prendre sans avoir été couronné par le pape. Les rois de France & de Bavière se disputoient son suffrage : comme il ne pouvoit le donner à tous les deux, il les amusa l'un & l'autre par d'artificieuses promesses ; le but de ce manège étoit de les engager à lui fournir du secours contre les Sarrasins. Cet artifice ne lui réussit pas, les deux rois refusèrent de l'assister, & le trône impérial resta vacant.

Louis le Begue désiroit faire reconnoître Adélaïde, qu'il avoit épousée après avoir répudiée Ansgarde, dont il avoit eu Louis & Carloman ; mais il ne put l'obtenir. Tout le peuple applaudit au refus qu'en fit le pape, Ansgarde étoit encore vivante : c'eût été exclure ses enfans & confirmer le second mariage, qui, suivant les loix de l'Eglise, n'étoit qu'un concubinage. Après la séparation, la France fut embrâsée du feu des guerres civiles. Lotaire, roi de Lorraine, le marquis de Septimanie, & le comte du Mans, s'étoient érigés en tyrans de leurs vassaux : ils exercèrent les plus cruels ravages dans le royaume. *Louis* employa contre eux les armes de l'Eglise. Le comte du Mans, effrayé des foudres de Rome, restitua au roi tous les châteaux qu'il lui avoit ravis : les démêlés avec le roi de Lorraine furent terminés par la négociation. Le marquis de Septimanie refusoit encore de se soumettre : quoique dépouillé de ses états par l'interdiction ecclésiastique & par une sentence de *Louis*, il n'en continuoit pas moins la guerre ; son armée non moins intrépide que lui, & non moins impie, bravoit les excommunications & les menaces d'un roi trop foible pour les punir.

Louis, pour arrêter le feu de la révolte & l'empêcher de s'étendre dans toute l'étendue du royaume, s'avança contre ces rebelles, résolu de terminer la guerre par un coup décisif : mais il est attaqué à Troye par une maladie qui l'arrête dans sa marche : on le transporte à Compiegne, où il meurt avec le soupçon d'avoir été empoisonné : il fut enterré à l'abbaye de Saint-Corneille ; il étoit âgé de trente-cinq ans, il en avoit régné vingt-deux. L'histoire l'a placé parmi les rois fainéans, ce n'est pas qu'elle l'accuse de mollesse ou d'indolence, elle lui reproche seulement de n'avoir rien fait de grand. Ce fut sous son régne que l'on vit éclorre cet essaims de comtes, de ducs & de marquis : c'étoient autant de petits tyrans qui secouoient le joug de l'autorité royale, & qui chargeoient le peuple des chaînes dont ils se dégageoient. Il laissa Adélaïde enceinte d'un fils, qui fut appellé *Charles*, & qui, pour avoir donné sa confiance à des traîtres, fut surnommé *le Simple*. Le courage de ce prince & l'excellence de son cœur lui avoient mérité une dénomination plus honorable.

LOUIS III & CARLOMAN, rois de France. *Louis*, fils aîné de Louis-le-Begue, étoit appellé au trône par la naissance & par le testament de son père qui, en mourant, chargea Odon, évêque de Beauvais, & le comte Albain, de lui porter la couronne, le sceptre & l'épée, ainsi que les autres attributs du pouvoir souverain. Les factions qui déchiroient le royaume, ne daignèrent pas consulter les loix ; & comme la révolte est ingénieuse en prétextes, les mécontens proposèrent d'élire un roi, les deux fils de Louis le Begue étant trop foibles, disoient-ils, pour tenir le timon de l'état dans ces temps orageux ; & pour donner l'appareil de la justice à la dégradation des princes, ils prétendirent que la répudiation d'Ansgarde, leur mère, devoit les ranger dans la classe des enfans naturels. Gosselin, abbé de Saint-Denis, & Conrad, comte de Paris, étoient à la tête de cette faction : ils mettoient tout en combustion dans le royaume, tandis que Boson, qui tenoit le parti des princes, prenoit des mesures à Meaux, pour mettre une armée en campagne. Le roi de Germanie, suscité par Gosselin & par ses complices, entra sur les terres de France : tout présageoit ses succès, lorsque des troubles excités dans la Bavière le forcèrent de repasser le Rhin ; cette expédition ne lui fut cependant pas infructueuse, les partisans des princes lui cédèrent, par un traité, une partie de l'ancien royaume de Lorraine, royaume autrefois puissant, & dont la province qui retient son nom, n'est qu'un foible reste.

Les rebelles privés de son appui, ne tardèrent point à réveiller son ambition, ils l'engagèrent à rompre le traité, il se préparoit à faire une nouvelle invasion, mais il fut retenu par Hugues, fils de Lotaire, qui menaçoit cette partie de la Lorraine qu'on lui avoit cédée. Le suffrage des François étoit partagé entre Carloman & *Louis*, les Neustriens fixoient leurs vœux sur *Louis*; mais Carloman avoit pour lui Boson; il étoit à craindre que la rivalité de ces princes n'excitât une guerre civile : ce fut pour en prévenir les ravages, qu'on les sacra tous deux en même temps. *Louis* eut la France proprement dite, Carloman la Bourgogne & l'Aquitaine.

Boson, qui venoit de faire deux rois, ne put résister à la tentation de l'être. Les princes, jeunes & sans expérience, laissoient un libre cours à son ambition : il séduisit par des présens ceux que les menaces ne purent ébranler : il s'étaya encore de la protection du pape & des évêques. Alors il prit la couronne, & se fit couronner roi d'Arles. Ce nouveau royaume comprenoit le Dauphiné, le Lyonnois, la Provence, la Savoie & une partie de la Bourgogne.

Tous les princes de la maison Carlienne tinrent une assemblée d'états à Gondreville; on y délibéra sur le moyen de rétablir le bon ordre dans le royaume, & d'en chasser les ennemis domestiques & étrangers : il fut décidé que *Louis* & Carloman marcheroient contre Hugues, fils de Lotaire, qui dévastoit la Lorraine : le rebelle n'eut point assez de confiance pour tenter le sort des armes en bataille rangée, il se retira dans les forêts. Les deux rois pensèrent alors qu'il leur seroit facile de punir Boson d'avoir osé prendre le titre de roi; ils le tinrent assiégé pendant deux ans sans pouvoir le réduire; une irruption de Normands répandus dans l'Artois & la Flandre força *Louis* d'oublier le rebelle. Il alla combattre ces nouveaux ennemis, qu'il vainquit dans les plaines de Saucour. Cette victoire fut le dernier événement mémorable du règne de *Louis*. Ce prince, qui méritoit une vie plus longue & un plus heureux règne, mourut vers l'an 883, deux ans & trois mois après son couronnement.

Louis ne laissa point d'enfans, son frère lui succéda sans aucune contradiction. Carloman fit serment de garder les capitulaires de Charles-le-Chauve, & fut aussi-tôt proclamé roi de Neustrie : son nouveau règne fut mêlé de prospérités & de revers. La conquête du Viennois le rendit maître de la femme de Boson qui, dans cette guerre, avoit montré un courage & une conduite qui auroient illustré un général : les Normands, témoins de ses succès, recherchèrent son amitié, & lui demandèrent la paix; Carloman y consentit, mais à des conditions trop humiliantes pour une nation aussi fière : il eut à se repentir de ne leur en avoir point proposé de plus modérées; les Normands lui taillèrent en pièces trois armées puissantes, & le forcèrent d'acheter la paix, il la paya douze mille livres d'or : la mort qui l'enleva (884) peu de temps après, ne lui permit pas d'effacer la honte de ce traité; il mourut d'une blessure que lui fit un sanglier à la chasse. Il ne laissoit point d'héritiers, ses états passèrent à Charles-le-Gros, dont la fin fut si déplorable.

LOUIS IV, dit *d'Outremer*, XXXIIe roi de France, fils de Charles-le-Simple & de la reine Ogive, fille d'Edouard, roi d'Angleterre. Ce prince fut ainsi nommé *d'Outremer*, parce qu'au moment de la captivité de Charles-le-Simple, il alla chercher un asyle en Angleterre contre la violence des grands qui avoit secoué le joug de l'obéissance : il resta treize ans à la cour du roi de la Grande-Bretagne, son aïeul maternel. Hugues-le-Grand parut dédaigner un trône qui étoit environné d'écueils; & ne pouvant s'y placer sans péril, il y fit monter *Louis*, & fut le premier à le reconnoître pour son souverain. L'exemple de sa soumission politique entraîna les seigneurs des deux ordres qui l'accompagnèrent jusqu'à Boulogne où, d'un commun accord ils saluèrent *Louis* à la descente du vaisseau, & le proclamèrent roi de France. Ce service intéressé valut à Hugues le nom de *Grand*, avec une partie de la Bourgogne, dont le frère de Raoul fut dépouillé. Le timon de l'état fut confié à ses soins, & quoiqu'il n'eût qu'une autorité empruntée, il eut tout l'extérieur de la royauté. Ses procédés trop fiers pour ceux d'un sujet, affectoient sensiblement le jeune monarque déjà trop humilié de languir sous la tutelle d'un vassal qui, sous prétexte de le soulager du poids des affaires, le tenoit captif dans l'enceinte d'un palais. Ce fut pour sortir de cet esclavage que *Louis* se ligua avec le duc de Normandie, les comtes de Vermandois & de Poitiers, qu'il croyoit ennemis de Hugues : mais ces alliés infidèles le sacrifièrent bientôt aux intérêts de leur fortune. Hugues qui savoit que les hommes sont toujours vaincus par leurs passions, augmenta le territoire des uns, & accorda des priviléges aux autres : Hugues versa sur eux une infinité de bienfaits, dont il étoit d'autant plus prodigue qu'ils ne lui coûtoient rien; c'est ainsi qu'il en fit les instrumens de ses prospérités. Le monarque chancela plus que jamais sur le trône qu'il prétendoit raffermir : la révolte l'assiégea de toute part; les foudres de l'église lancées contre les rebelles les arrêtèrent quelques instans dans la route du crime, & quoiqu'ils bravassent les excommunications, ils craignoient tout de la terreur qu'elles inspiroient au peuple. Hugues en prévit les suites, & pour les prévenir il consentit à une treve dont *Louis* crut devoir profiter pour reprendre la Lorraine : il en fit la conquête; mais cette démarche n'étoit pas d'un politique : il indisposoit contre lui Othon, roi de Germanie, dans un temps où l'amitié de ce prince lui eût été d'un très-grand secours, comme sa haine lui fut très-funeste. *Louis* ne put conserver la Lorraine, Othon la lui reprit dans une guerre où il eut pour alliés Hugues & le comte de Vermandois.

Les prélats, à la faveur des troubles, se rendoient souverains des villes de leurs diocèses; c'est ainsi, par exemple, que l'archevêché de Reims est devenu duché-pairie du royame. Le comte de Vermandois, pour le conserver à son fils, qui en avoit été dépouillé, attisa le feu de la guerre; mais il fut obligé de se contenter de deux riches abbayes. Les rebelles assiégèrent la ville de Laon; & pour marquer leur reconnoissance à Othon qui les protégeoit avec une armée, ils le déclarèrent roi de France. Le vertige de la révolte égarant les François, ils déposèrent leur souverain, & se donnèrent à Othon, espérant jouir d'une plus grande liberté sous l'empire de ce prince, auquel les Germains ne rendoient qu'un pur hommage. *Louis* montra une ame supérieure à tous ces revers; sa constance ne l'abandonna jamais. Vaincu sous les murs de Laon, il prit la route d'Aquitaine, que la contagion de la révolte n'avoit point corrompue. La France divisée n'offroit que des scènes de carnage. Le pape montra beaucoup d'empressement à rétablir la concorde; ce fut par une suite de ses négociations qu'Othon renonçant à ses droits sur la France, rendit la couronne que ces rebelles lui avoient donnée. Guillaume-la-longue-épée, duc de Normandie, eut la plus grande part dans cette révolution. Ce prince étoit intéressé à entretenir les divisions des François; mais il préféra le titre de pacificateur à celui de conquérant. Le comte de Flandre assassina ce duc bienfaisant, & priva le monarque de son principal appui. *Louis* se montra peu digne des services que lui avoit rendus Guillaume; ce prince perfide, feignant une reconnoissance dont son cœur n'étoit pas capable, se nomma tuteur du fils de Guillaume, le jeune Richard; mais se jouant de ce titre sacré, il attira son pupille à Laon, où il le retint dans une espèce de captivité. Arnoul, gouverneur du jeune prince, voyant que l'on attentoit à sa vie, l'enleva dans une voiture de foin, & le conduisit à Senlis, chez son oncle Bernard. Cet attentat contre la foi publique déshonora *Louis* dans l'esprit de ses alliés, & prêta des armes aux séditieux. Hugues, toujours attentif à profiter des troubles, offrit son secours à Bernard, & l'exhorta à venger l'attentat commis contre son neveu; mais trop ambitieux pour se laisser enchaîner par ses promesses, il se tourna presqu'aussi-tôt du côté de *Louis*, qui lui offrit de partager avec lui les dépouilles du jeune Richard. Ils se réunirent aussi-tôt pour faire la conquête de la Normandie; leurs intérêts trop opposés causèrent bientôt une rupture entr'eux: tous deux n'écoutoient que leur ambition, & comptoient pour rien la foi des traités. *Louis* fit une ligue secrette avec les Normands, qui promirent de le reconnoître pour souverain dès qu'il auroit chassé Hugues de leur pays. Le monarque ébloui par cette promesse séduisante, employa son armée contre un allié aussi infidèle. Hugues fut obligé de s'éloigner; mais *Louis* fut reçu dans Rouen moins comme un libérateur que comme un ennemi que l'on craignoit d'avoir pour maître. Ils appellèrent Hérold, roi des Danois, qui accourut avec la plus grande célérité au secours d'un peuple qui se glorifioit d'avoir une origine commune avec lui. *Louis* s'avança pour le combattre, il fut vaincu & fait prisonnier. Hugues, au premier bruit de sa détention, songea à profiter de ses malheurs: ce politique, instruit dans l'art de feindre, convoqua un parlement, dans lequel il déploia tout le faste d'un zèle patriotique, & parla pour obtenir la rançon du roi; mais il concluoit à ce qu'on le remît entre ses mains pour prévenir l'abus d'autorité. Tout ce qu'il proposa fut agréé; le roi fut rendu, le jeune Richard recouvra son duché, & Hugues eut la ville de Laon.

Louis savoit apprécier les services de Hugues; il ne pouvoit aimer un sujet qui n'avoit brisé ses fers que pour le mettre dans sa dépendance: il secoua ce nouveau joug, & marcha à la tête d'une armée contre Hugues, en qui il ne voyoit qu'un rebelle. Le prélude de cette guerre fut brillant; Reims fut sa première conquête, & Hugues fut exilé, après avoir vu ravager son duché de France. *Louis* profitant de ses premiers succès, prit la route de la Normandie & alla assiéger Rouen: cette ville fut l'écueil de ses prospérités. Othon lui avoit amené un renfort de Saxons, qui périrent presque tous à ce siège mémorable. Cet échec releva les espérances de Hugues; ses partisans conspirèrent pour l'élever sur le trône. *Louis*, désespéré d'avoir sans cesse à combattre & à punir des sujets rebelles, crut qu'il lui seroit plus facile de les dompter par les foudres de l'église que par celles de la guerre; le pape convoqua un concile, où il eut le soin de se trouver. Hugues, qui n'eut point assez de confiance pour s'y présenter, fut frappé de l'excommunication; jamais Rome ne fit un plus légitime usage de sa puissance, & ses foudres auroient été bien plus respectées, si elle ne les eût employées que dans de semblables causes. Hugues avoit trop d'audace pour s'en effrayer; mais le peuple qui avoit horreur d'un excommunié, ne vouloit plus communiquer avec lui, & regardoit comme un sacrilége de s'armer en sa faveur; on ne lui laissa que l'alternative d'une punition rigoureuse ou de l'obéissance. Ce vassal rebelle que rien n'avoit su dompter, consentit enfin à fléchir devant un maître, & reconnut *Louis IV* pour son souverain: cette soumission promettoit quelques instants de calme. *Louis* n'eut pas le temps d'en jouir; sa mort prématurée donna une face nouvelle aux affaires. Ce prince tomba de cheval comme il poursuivoit un loup, & mourut de sa chûte, à l'âge de trente-trois ans, dont il en avoit régné dix-huit. (*M--Y.*)

LOUIS V, XXXIVe roi de France, dernier roi de la seconde race, naquit vers l'an 966, de Lotaire, roi de France, & de la reine Emme, fille de Lotaire II, roi d'Italie. La monarchie touchoit à sa fin, elle n'étoit pas même l'ombre de ce qu'elle avoit été; des vastes états qu'elle possédoit sous Charlemagne, il ne lui restoit que quelques provinces envahies par les seigneurs qui s'y étoient érigés en souverains. On avoit conspiré contre la famille royale, d'autant plus facile à renverser qu'elle n'étoit regardée que comme une famille d'usurpateurs, puisque, pour parvenir au trône, elle avoit dégradé un roi légitime. Lotaire avoit fait de continuels efforts pour reprendre l'autorité dont avoient joui les premiers rois de sa race; & les grands, qui craignoient de perdre les prérogatives qu'ils avoient usurpées, conspiroient ensemble pour faire passer le sceptre en de nouvelles mains. Les craintes de Lotaire s'étoient souvent manifestées; ce fut par un effet de ces craintes qu'il associa *Louis V* au gouvernement du royaume, dans un temps où ce prince étoit trop jeune encore pour lui être d'aucun secours. *Louis* n'avoit que huit ans lorsqu'il fut présente aux états assemblés à Compiègne ; ce fut le 6 juin 979 que se firent les cérémonies du couronnement, qui furent réitérées à la mort de Lotaire ; son nom fut depuis consacré dans les actes publics. *Louis* éprouva de bonne heure des chagrins domestiques. La reine Blanche, que Lotaire lui avoit fait épouser en l'associant au gouvernement, s'enfuit de la cour & se retira en Provence dans le sein de sa famille, dont elle préféroit l'élévation aux intérêts du roi son époux. Quelques écrivains ont rejetté l'évasion de cette princesse sur l'humeur sèche & brusque du monarque ; mais le prétexte qu'elle prit pour s'éloigner, montre bien que ses parents l'avoient portée à cette démarche : elle dit qu'elle n'entreprenoit le voyage de Provence, où sa famille étoit puissante, que pour engager cette Province à se soumettre. Lotaire alla la trouver, & l'engagea à revenir auprès de son fils. Le retour de cette princesse fut le dernier événement du règne de Lotaire : il mourut presque dans le même temps ; sa mort étoit une perte pour *Louis*. La cour étoit dans la plus grande agitation, les prétentions des seigneurs étoient sans bornes. Il eut de fréquents démêlés avec Hugues Capet, & l'issue lui en fut presque toujours très-désavantageuse. La reine Emme sa mère, princesse jalouse de l'autorité, au point que les plus graves auteurs l'accusent d'avoir fait empoisonner Lotaire son mari, qui n'avoit point eu pour ses conseils toute la déférence qu'elle avoit exigée, fit d'abord éclater beaucoup de zèle pour son fils, dont elle devint bientôt l'ennemie la plus implacable. Elle se fortifia par des alliances au-dehors ; elle exigea des seigneurs, de nouveaux serments de fidélité ; & ce qui décèle son ambition, c'est qu'elle ne se contenta pas de ces serments pour son fils, elle voulut encore qu'on les lui fit à elle-même ; & quoique *Louis* eût alors vingt ans accomplis, elle se fit déférer la régence. Lorsque les François se furent acquittés de leurs premiers devoirs, ils tournèrent leurs regards vers la Lorraine, qui avoit passé sous la domination des Allemands, & qu'ils désiroient faire rentrer sous la leur. Ils furent arrêtés par la révolte d'Adalberon, archevêque de Rheims, mécontent de la détention de Godefroi son frère, fait prisonnier sous le règne du feu roi. Ce prélat, animé par un esprit de vengeance, entretenoit un commerce secret avec l'empereur Othon & l'impératrice Théophanie. *Louis* se vit obligé de faire une guerre régulière contre ce sujet rebelle : il l'assiégea dans la ville de Rheims, dont il se rendit maître, non sans verser beaucoup de sang. Le prélat échappa au vainqueur, & toujours inflexible, il rejetta un pardon généreux que lui offroit le monarque. La retraite du prélat en Allemagne, perpétua la guerre : il avoit de nombreux partisans ; sa famille étoit très-puissante. L'évêque de Laon, nommé *Adalberon* comme lui, & probablement son parent, lui fournit de très-grands secours. Ce prélat vivoit avec la reine Emme, mère de *Louis*, dans une familiarité qui devint suspecte au roi. Charles son oncle, lui persuada même que cette familiarité n'étoit rien moins qu'innocente, & que la reine prostituoit son rang, & le prélat son caractère : cette accusation étoit grave, & la critique ne sauroit la croire entièrement sans motif. Le monarque, qui jusqu'alors avoit eu les plus grands égards pour sa mère, commença à la négliger, & bientôt il la persécuta. L'évêque de Laon fut privé de son siège. Ce coup d'autorité doit nous surprendre de la part d'un prince auquel les historiens n'ont pas craint de donner le surnom de *fainéant*. La dégradation de l'évêque remplit la cour de brigues, & entretint la plus grande fermentation parmi les évêques. *Louis* sut cependant se faire obéir de tous ses sujets : les évêques n'osèrent même se déclarer ouvertement pour Adalberon, qui se tourna aussi du côté de Hugues Capet. La reine Emme, qui préféroit les intérêts de l'évêque à ceux de son fils, se déclara sans pudeur ; & voyant que les François refusoient de la seconder, elle eut recours aux Impériaux qui étoient intéressés à entretenir des troubles dans la France ; elle s'adressa d'abord à Adélaïde, sa mère : « J'ai tout perdu, lui écrivit-elle, en perdant le roi mon mari, je n'avois » d'espoir qu'en mon fils ; mais il est devenu mon » ennemi le plus implacable : on a inventé d'horri- » bles mensonges contre moi & contre l'évêque de » Laon ; on ne veut lui ôter sa dignité que pour me » couvrir d'une éternelle confusion ; tous ceux à qui » je témoignois le plus d'amitié, se sont éloignés de » moi. (cet abandon dont se plaint cette princesse, regardoit des personnes sur qui elle avoit versé ses bienfaits.) : secourez donc, ajoutoit-elle, une fille » accablée de douleur : mettez-vous en état de venir » nous joindre, ou faites une puissante ligue contre » les François, pour les obliger à nous laisser notre » tranquillité ». Ces clameurs firent une impression très-vive sur l'esprit d'Adélaïde, déjà ébranlée par sa qualité de mère, & les intrigues des deux Adalberon. L'empereur & l'impératrice, sollicités par cette princesse, se déclarèrent contre *Louis* ; & quoique les troubles de l'Italie, où Crescence, préfet de Rome, avoit presque ruiné l'autorité impériale, dussent déterminer à faire marcher une armée au-delà des Alpes, il resta en Allemagne à dessein d'y lever des troupes, & de marcher contre le roi de France. *Louis* vit d'un œil tranquille les préparatifs de ce prince, & n'en poursuivit pas moins ses prétentions sur la Lorraine : l'empereur d'Allemagne n'entreprit cependant rien de considérable, il gagnoit autant à entretenir des troubles à la cour de *Louis* qu'à l'attaquer ouvertement ; il y avoit toujours quelqu'orage qui grondoit sur la tête du monarque François. La duchesse Béatrice négocia une espèce de paix ; Godefroi fut mis en liberté, & la ville de Verdun lui fut rendue sans argent & sans ôtages ; mais ce comte & l'évêque de Verdun, son fils, abandonnèrent à *Louis* des terres de ce diocèse, avec le droit d'y construire autant de forteresses qu'il le jugeroit à propos. La reine-mère & l'évêque de Laon ne furent point compris dans ce traité : tous deux trembloient dans la crainte d'éprouver le ressentiment du roi, qui mourut sur ces entrefaites, le 22 mai de l'année 987 : une mort aussi prompte, d'un prince qui n'avoit que vingt ans, frappa tous les esprits d'étonnement, & l'on ne tarda point à connoître qu'il avoit été empoisonné : la chronique de Maillezais le dit expressément ; mais elle ne nous a point révélé par qui ni comment. Les uns ont rejetté ce crime sur la reine Emme, sa mère, déjà soupçonnée de cet attentat envers Lotaire son mari ; d'autres en ont accusé la reine Blanche, avec laquelle il avoit toujours vécu avec assez d'indifférence. *Louis* ne laissoit point d'enfants ; le prince Charles son oncle, frère de Lotaire, se présenta pour recueillir sa succession ; mais les grands vassaux lui refusèrent leur suffrage, & le donnèrent à Hugues Capet, dont l'histoire exalte la sagesse & les talents. Ainsi finit la race des Carlovingiens en France ; elle avoit occupé le trône environ 236 ans. Quelques écrivains ont prétendu que *Louis*, avant que de mourir, avoit nommé Hugues pour lui succéder, au préjudice des princes de son sang ; d'autres, dont le sentiment n'est pas plus probable, qu'il avoit laissé son royaume à la reine Blanche, à condition qu'elle épouseroit Hugues après sa mort ; ils ont même ajouté qu'il l'épousa effectivement : ces deux opinions pèchent contre toute vraisemblance ; *Louis* mourut d'une mort trop prompte & trop inopinée, pour qu'il ait pu songer à faire son testament ; & quel testament, qui auroit donné son royaume, ou à son ennemi, ou à une femme qui lui avoit causé les chagrins les plus amers ! Quant au mariage de Blanche avec Hugues, il est démontré impossible, puisque la femme de Hugues vivoit encore lors de son couronnement, & qu'il n'étoit pas plus permis d'avoir deux femmes alors qu'aujourd'hui. Le plus beau droit de Hugues Capet au trône de France, fut sans contredit le suffrage des grands ; ce titre avoit été reconnu par Pepin, dont Hugues dégradoit la postérité : ce titre n'en étoit point un ; & suivant l'esprit de la nation, qui se croit toujours invinciblement liée à la tige royale tant qu'il en reste un rejetton, Pepin-le-bref ne fut qu'un usurpateur qui n'avoit aucun droit à la couronne, tant qu'il resta quelque rejetton de la tige de Clovis. Hugues Capet doit être regardé comme le vengeur de l'oppression injuste des Mérovingiens, & des principes de la nation, que les Carlovingiens n'avoient pas dû méconnoître. Le suffrage de la nation ne devient un titre légitime que quand la famille royale est entiérement éteinte, & elle l'étoit lorsque Hugues Capet vint au trône, puisque les Carlovingiens n'étoient que des usurpateurs, & qu'il n'existoit plus de princes Mérovingiens qui étoient les seuls rois. Le laps de temps pouvoit peut-être changer une usurpation en une domination légitime ; mais on n'eut point d'égard au mérite de la possession. Le sacre auquel Pepin eut recours, ne suffisoit pas pour remédier au vice de son titre : cette cérémonie qu'il emprunta des rois de Juda, rendoit sa personne plus respectable, sans rien ajouter à son droit. C'est de leur sang, & non pas d'une cérémonie religieuse, que les rois de France tiennent la couronne. Ils sont rois dans le sein de leur mère, leur couronne est indépendante de la religion qu'ils professent, puisqu'ils régnoient avant même qu'ils fussent éclairés des lumières de la foi.

Une société savante a demandé pourquoi les rois de la seconde race, princes qui aimoient la guerre & qui la savoient faire, eurent un règne plus court que ceux de la première, qui, depuis Dagobert II, s'endormirent dans le sein de la volupté. Cette question proposée depuis plusieurs années, est restée sans réponse : elle mérite bien d'être approfondie. Je crois appercevoir plusieurs causes, indépendamment de celles que l'on peut tirer de cette main supérieure qui règle à son gré le cours des événements ; je me bornerai à exposer la principale : suivant moi, on doit attribuer la chûte précipitée des Carlovingiens aux principes qu'ils introduisirent dans la monarchie : avant eux la couronne avoit dépendu du sang ; & les François ne pouvoient s'imaginer qu'ils pussent se dispenser de recevoir un fils de roi pour maître, ni qu'il leur fût permis de renoncer à son obéissance, quelqu'inepte qu'il pût être. On regardoit dans le prince, non la capacité, mais le droit ; c'est pourquoi l'on vit les Mérovingiens sur le trône, long-temps après que les maires du palais les eurent dépouillés de leur puissance. L'extrême foiblesse de Clovis II & de ses successeurs, jusqu'à Childeric III, qui tous n'offrirent qu'un fantôme de royauté, ne les empêcha pas de conserver la couronne ; & lorsqu'on cessa d'en craindre ou d'en espérer, on respecta en eux le sang qui couloit dans leurs veines ; le peuple demanda toujours à les voir, & les révéra comme autrefois il avoit révéré ses idoles. Les Carlovingiens, pour se frayer une route au trône, furent obligés de changer les principes : ils accréditèrent cette maxime dangereuse, *que le trône appartient à celui qui est le plus digne d'y monter*. Les grands, que cette maxime alloit rendre les dispensateurs de la royauté, & auxquels même elle ouvroit une voie pour y parvenir, l'adoptèrent aisément. Pepin parvint à s'asseoir à la place de Childeric III, mais il ne tarda pas à s'appercevoir qu'il s'étoit servi d'une verge qui devoit être funeste à sa postérité ; c'est en vain qu'il fit parler le pontife de Rome, un autre pouvoit le faire parler comme lui : c'est en vain qu'il se fit sacrer, il suffisoit au premier intrigant d'avoir un évêque dans ses intérêts pour prétendre aux honneurs de cette cérémonie. Sous la première race, la couronne dépendoit de Dieu seul qui manifestoit sa volonté, en faisant naître un fils de roi ; elle dépendit sous la seconde race, des grands & des ministres de la religion, que mille espèces d'intérêts pouvoient corrompre. Sous la seconde, on avoit l'exemple d'un roi détrôné, & sous la troisième on ne l'avoit pas : on étoit persuadé sous celle-ci, que la couronne appartenoit à la postérité de Clovis, exclusivement à toute autre ; & sous l'autre, à celui qui avoit assez d'audace & de talents pour la ravir & la conserver : delà cette attention qu'eurent les Carlovingiens de présenter leurs enfants aux états, & de les faire reconnoître de leur vivant. Si *Louis* eût prévu sa mort,

&

& qu'il eût eu cette attention pour Charles son oncle, il est à croire que Hugues n'auroit pas monté sitôt sur le trône. Comme les Carlovingiens avoient fait dépendre la royauté du suffrage des grands, ils le demandoient pour leurs enfants, dans le temps qu'ils étoient en état de l'obtenir, soit par les graces qu'ils pouvoient répandre, soit par la terreur qu'ils pouvoient inspirer. Dans un état où la royauté est héréditaire, & où un prince n'en sauroit être dépouillé, quels que soient ses défauts & ses vices, le trône est toujours bien affermi, parce-que si un prince foible néglige ses droits, il est d'ordinaire remplacé par un autre qui, né avec plus de sève & plus de vigueur, ne manque pas de les reprendre : c'est le contraire dans un état où le droit de suffrage est en usage, le trône est nécessairement foible, parce que les grands en qui réside ce droit, n'appellent que ceux auxquels ils connoissent des dispositions favorables à leur ambition; ils ne donnent la couronne qu'aux princes qui leur en font passer les prérogatives, ou au moins qui les associent pour en jouir avec eux.

Des écrivains qui se sont attachés à recueillir les singularités qu'offre notre histoire, ont observé que les trois empires qui se sont formés des débris de celui de Charlemagne, en Allemagne, en France & en Italie, ont été détruits sous trois princes du même nom ; en Allemagne, sous *Louis IV*, dit l'*enfant* ; en Italie, sous *Louis II* ; & en France, sous *Louis V*, dont je viens de crayonner les principaux traits, & que sa vie active & laborieuse sembloit devoir préserver du surnom ignominieux de *fainéant*, sous lequel la postérité s'est accoutumée à le voir figurer. (*M-Y.*)

LOUIS VI, dit *le gros*, fut couronné roi de France, du vivant de Philippe Ier son père, & monta sur le trône après la mort de ce prince, arrivée en 1108 ; il avoit dissipé les cabales que l'on avoit formées contre son père, & ne put étouffer celles qu'on forma contre lui-même. Les comtes de Mante & de Corbeil, & quelques autres vassaux, trop foibles pour attaquer le roi avec leurs seules forces, engagèrent dans leurs intérêts le roi d'Angleterre, duc de Normandie. La ville de Gisors fut le flambeau de la discorde, on en vint aux mains près de Brenneville, en 1116 ; l'indocilité des François leur fit commettre des fautes que leur bravoure ne put réparer, ils furent vaincus. Dans la déroute, un anglois arrête le cheval de *Louis* par la bride, & s'écrie : *le roi est pris. Ne sais-tu pas*, répond le monarque en le renversant d'un coup de sabre, *qu'au jeu d'échecs on ne prend jamais le roi ?* Il courut vers Chartres, résolu de châtier les habitants révoltés ; mais dès qu'il les vit à ses pieds, il pardonna. Un traité termina, ou du moins assoupit la guerre en 1120 ; *Louis* reçut l'hommage de Henri, mais bientôt il fut forcé de tourner ses armes contre l'empereur Henri V, qui, à la tête d'une armée formidable, menaçoit la Champagne ; on se sépara sans combattre. Le roi, en 1127, courut en Flandre, punit les assassins du comte Charles-le-Bon, & donna ce comté à Guillaume Cliton, neveu de Henri I, qu'il n'avoit pu rétablir dans le duché de Normandie. *Louis* mourut le premier août 1137 : ce prince étoit superstitieux & crédule ; il permit aux moines de Saint-Maur d'ordonner le duel entre leurs vassaux ; du reste, brave soldat, assez bon général, mais mauvais politique, il fut le jouet des ruses du roi d'Angleterre, dompta l'orgueil des grands vassaux de la couronne, & se fit craindre de l'étranger comme de ses sujets : on citera toujours comme une grande leçon, le conseil qu'il donnoit en mourant à Louis-le-jeune : *Souvenez-vous, mon fils, que la royauté n'est qu'une charge publique, dont vous rendrez un compte rigoureux au roi des rois.* (*M. DE SACY.*)

LOUIS VII, dit *le jeune*, roi de France, né en 1119, fut couronné en 1137, après la mort de Louis-le-gros ; il punit Thibaut, comte de Champagne, qui s'étoit révolté ; mais il fit périr une foule d'innocents pour châtier un coupable ; & la ville de Vitry fut réduite en cendres ; le remords qui devoit lui inspirer le dessein de rendre son peuple heureux, ne lui inspira que celui d'aller massacrer des Sarrasins. La manie des croisades avoit commencé sous Philippe I ; cette fureur n'avoit fait que s'accroître. *Louis* alla effacer par des meurtres en Palestine, ceux qu'il avoit commis en France ; vainqueur d'abord, vaincu ensuite, prêt à tomber entre les mains des infidèles, il se défendit long-temps seul contre une foule d'assaillants, se fit jour à travers l'armée ennemie, & revint en France avec les débris de la sienne : il appaisa les troubles qui agitoient la Normandie ; mais l'élection d'un archevêque de Bourges ayant excité un différend entre la cour de France & celle de Rome, le pape Innocent II, qui étoit redevable de la tiare à *Louis VII*, jetta un interdit sur ses domaines. Ce prince répudia en 1150, la reine Eléonore, qui épousa depuis le comte d'Anjou, duc de Normandie, enfin roi d'Angleterre ; pour lui, il épousa Constance, fille d'Alphonse, roi de Castille. La guerre se ralluma bientôt entre la France & l'Angleterre, au sujet du comté de Toulouse ; on se livra beaucoup de combats, on signa beaucoup de trèves, & rien ne fut terminé. Le mariage de Marguerite de France avec Henri, fils du roi d'Angleterre, réconcilia les deux cours ; la guerre se renouvella encore, & l'on vit dès-lors éclater ces haines nationales qui se sont perpétuées. *Louis VII* mourut à Paris, le 18 septembre 1180 ; il avoit fait un pélerinage pour obtenir la guérison de son fils, & dans ce voyage pieux il tomba malade lui-même ; ce fut lui qui attribua au siège de Rheims le droit de sacrer les rois de France. (*M. DE SACY.*)

LOUIS VIII, surnommé *Cœur-de-lion*, avoit 36 ans lorsqu'il succéda à Philippe-Auguste, en 1223 ; Henri III, roi d'Angleterre, lui demanda la restitution de la Normandie, & de tous les domaines de Jean, que la cour des pairs de France avoit confisqués ; il fit appuyer sa demande par cinquante mille soldats ; *Louis* y répondit de même, rentra dans toutes les conquêtes de son pére, & soumit la Guyenne que celui-ci avoit négligée ; il dissipa une faction excitée en Flandre par un imposteur qui avoit pris le nom du comte Baudouin ; bientôt il reprit les armes contre ces infortunés Albigeois, dont la cour de Rome avoit juré la destruction. Le siège d'Avignon fut formé, le roi y fut atteint d'une maladie mortelle, on le transporta au château de Montpensier, il y mourut l'an 1226; la cause de son mal fut ignorée; on soupçonna Thibaut, comte de Champagne, de l'avoir empoisonné; les médecins crurent que trop de continence avoit altéré sa santé; on lui conseilla d'admettre dans son lit une jeune personne d'une rare beauté. *Louis* répondit qu'il aimoit mieux mourir que de manquer à la fidélité conjugale; ce fut en vain que pendant son sommeil on mit près de lui une fille qui sacrifioit son honneur au salut de l'état & du roi : il la chassa, mais sans dureté, & lui fit donner une dot & un époux. Ce prince dicta ensuite son testament d'une voix ferme & d'un air serein; la couronne appartenoit à Louis, l'aîné de ses fils; le second eut l'Artois; le troisième le Poitou; le quatrième l'Anjou & le Maine. (*M. G.*)

Louis IX, dit *Saint-Louis*, roi de France, n'avoit que 12 ans lorsqu'il monta sur le trône, en 1226; la régence fut confiée à la reine Blanche, sa mère : cette princesse, aussi courageuse que sage, sut dissiper la ligue de grands vassaux révoltés; il fallut négocier, prendre les armes, les quitter, les reprendre encore. Henri III, roi d'Angleterre, appellé en France par le duc de Bretagne, ne se montra que pour s'enfuir : le duc fut forcé d'implorer la clémence du roi, qui lui déclara qu'après la mort de son fils, la Bretagne retourneroit à la couronne. *Louis* parvenu à l'âge fixé par les loix, gouverna par lui-même; mais il n'en fut pas moins docile aux conseils de la reine Blanche; ce fut elle qui l'unit à Marguerite de Provence, fille de Raimond Béranger : on prétend que peu de temps après cette heureuse alliance, le vieux de la Montagne, craignant au fond de l'Asie un jeune prince qui faisoit l'admiration de l'Europe, fit partir deux émissaires pour l'assassiner; que ces misérables furent découverts; que *Louis* leur pardonna, & les renvoya chargés de présents.

Le comte de la Marche leva l'étendard de la révolte en 1240; Henri III, roi d'Angleterre, épousa sa querelle; bientôt les bords de la Charente furent couverts de combattants : on en vint aux mains près de Taillebourg; ce fut là que *Louis IX* soutint presque seul, sur un pont, le choc de l'armée ennemie; vaincue elle s'enfuit vers Xaintes, *Louis* la poursuit, & la taille en pièces : Henri va chercher un asyle en Angleterre, le comte de la Marche se soumet, & le roi lui pardonne. Ce prince traita les prisonniers comme il auroit traité ses sujets; il tomba peu de temps après dans une maladie dont les suites furent fatales aux François, aux Sarrasins, à lui-même : il fit vœu d'aller porter la guerre en Palestine, si le ciel lui rendoit la santé; on ne conçoit guère comment un roi si sage, si doux, si juste, put promettre à Dieu qu'il ôteroit la vie à des milliers d'hommes, s'il la lui rendoit : on conçoit moins encore comment il accomplit de sang-froid un serment indiscret qui lui étoit échappé dans un des plus violents accès de sa maladie.

Il partit & laissa les rênes de l'état entre les mains de la reine Blanche; ses frères le suivirent. *Louis*, en descendant sur les côtes d'Egypte, signale son arrivée par une victoire; celle de la Massoure donne encore aux Sarrasins une plus haute idée de son courage; ce fut-là qu'on le vit pleurer & venger la mort du comte d'Artois son frère; mais bientôt la fortune change, une famine cruelle désole l'armée; pour comble de malheur, *Louis* est pris avec ses deux frères : il avoit été modeste dans ses prospérités, il fut grand dans les fers. Sa liberté coûta cher à l'état; au reste, on ne pouvoit racheter à trop haut prix un si grand prince : il fut délivré, mais il alla perdre encore en Palestine, quatre années qu'il auroit pu consacrer au bonheur de ses sujets. Enfin la mort de la reine-mère le força de revenir en France : il laissa l'Asie étonnée de sa valeur, & plus encore de ses vertus. Les Sarrasins se racontoient avec surprise tous ses exploits, dont ils avoient été les témoins, comme il s'étoit défendu long-temps seul contre une multitude d'assaillants, comme il avoit pénétré souvent jusqu'aux derniers rangs de ses ennemis; avec quelle fermeté il avoit vu dans sa prison de vils assassins, lever le bras sur sa tête; avec quelle grandeur d'ame il leur avoit pardonné !

Mais déjà il est en France, le peuple le reçoit avec les transports de la joie la plus vive. Par un traité conclu avec le roi d'Aragon, *Louis* réunit à sa couronne la partie méridionale de la France, que les Espagnols avoient usurpée; mais par un autre traité avec le roi d'Angleterre, il lui cède une partie de la Guienne, le Limousin, le Quercy, le Périgord & l'Agenois, à condition que Henri en rendra hommage au roi de France, & qu'il renoncera à toutes ses prétentions sur la Normandie & quelques autres provinces. Henri III devenu plus puissant en France, n'en étoit pas moins foible en Angleterre; les barons animés déja par cet esprit d'indépendance qui s'est perpétué dans la Grande-Bretagne, levèrent contre lui l'étendard de la révolte; mais d'une voix unanime le roi & les rebelles soumirent leurs différends au jugement de *Louis IX*. Si la sentence qu'il porta ne calma point cette grande querelle, elle servit du moins à faire connoître quelle confiance inspiroit à l'Europe la bonne-foi de ce monarque, puisque des étrangers, si long-temps nos ennemis, venoient chercher aux pieds du trône, la justice qu'ils ne trouvoient point dans leur patrie. Cet amour de l'équité lui dicta une sage ordonnance contre les duels usités alors dans toutes les contestations; mais s'il eut assez d'autorité pour proscrire de ses domaines cet abus exécrable, il n'eut pas assez de crédit sur l'esprit de ses barons pour l'interdire dans leurs terres; & après sa mort, cette licence conservée dans les domaines des grands vassaux, reflua bientôt dans ceux du roi. Ennemi de tout ce qui sentoit l'impiété, il avoit condamné les blasphémateurs à avoir la langue percée avec un fer chaud; mais il sentit que le délire de la fureur pouvoit quelquefois affoiblir la noirceur de ce crime, & il réduisit la peine à une amende pécuniaire. La France étoit heureuse, on avoit réparé les pertes qu'on avoit faites dans les croisades ; le peuple payoit peu d'impôts, & les payoit gaiement, parce qu'il en voyoit l'usage. *Louis IX* vivoit, comme un père au sein de sa famille, heureux du bonheur de ses enfants ; une paix profonde régnoit dans les provinces ; la sagesse du roi étouffoit ces différends des seigneurs qui allumoient entr'eux de petites guerres, aussi funestes en détail que celles des rois l'étoient en grand. La fureur des croisades troubla encore une fois le repos de l'état ; *Louis* s'embarqua en 1269, il confia la régence du royaume à Mathieu, abbé de Saint-Denis, & à Simon de Clermont de Nesle ; il avoit fait son testament, afin que si la mort l'attendoit sur les côtes d'Afrique, les suites n'en fussent point fatales à la France ; il aborda près de Tunis, & fit le siège de cette ville : les Sarrasins opposèrent plus d'une fois la perfidie au courage ; on amena au roi trois de ces barbares, qu'on accusoit d'avoir trempé dans une trahison ; le fait étoit probable, mais il n'étoit pas prouvé : « qu'on les délivre, dit *Saint-Louis*, j'aime » mieux m'exposer à sauver des coupables, qu'à faire » périr des innocents ». Cependant la peste faisoit dans le camp les plus affreux ravages, *Louis* en fut atteint, & parut plus touché des maux qui affligeoient ses soldats, que de ceux qu'il souffroit lui-même ; lorsqu'il sentit les approches de la mort, il fit venir Philippe III, son fils, & lui donna les conseils les plus sublimes ; la base de cette morale étoit qu'un roi est le premier citoyen du corps politique, & qu'il doit toujours préférer le bonheur de son peuple à son propre intérêt : ces discours n'auroient eu rien d'étonnant, si *Louis IX* ne les eût appuyés par de grands exemples. La leçon la plus belle qu'il laissoit à Philippe III, étoit l'histoire de sa vie : il mourut le 25 août 1270, & fut canonisé l'an 1297, par le pape Boniface VIII.

Louis IX étoit brave, & même un peu téméraire ; fils docile, époux fidèle, père tendre ; né avec des passions vives, il sut les vaincre, & cette victoire l'honore plus que celles qu'il remporta sur les Sarrasins, il étoit simple dans ses mœurs comme dans ses vêtements ; sa vertu étoit sa plus riche parure ; l'amour de ses sujets lui tenoit lieu de gardes : clément & doux lorsqu'on l'avoit offensé, il étoit inexorable lorsqu'on offensoit Dieu ou l'état : ennemi de la flatterie, il cherchoit moins à recevoir des éloges qu'à les mériter ; on auroit désiré moins d'âpreté dans sa dévotion, & c'est avec regret que l'on voit un si grand roi préférer pendant quelques années, le plaisir de faire le malheur des Sarrasins, à celui de faire le bonheur de la France. Joinville qui le suivit dans ses expéditions, a écrit sa vie avec ce ton ingénu qui porte le caractère de la vérité. (M. DE SACY.)

LOUIS X, surnommé le *Hutin*, étoit jeune encore, lorsqu'il succéda à Philippe-le-Bel son père l'an 1314 : il avoit épousé Marguerite de Bourgogne ; mais cette princesse mérita, par la plus noire infidélité, l'arrêt rigoureux qui la condamna à être étranglée dans sa prison, l'an 1315. *Louis* épousa depuis Clémence de Hongrie : lorsqu'il se fit sacrer, on ne trouva point dans le trésor royal, d'argent pour cette cérémonie. Charles de Valois, oncle du roi, avoit juré la perte d'Enguerrand de Marigny, il saisit cette occasion pour satisfaire son ressentiment. Le ministre fut accusé de malversation. Il étoit aisé de rejetter sur lui toutes les fautes du feu roi : il fut pendu au gibet de Montfaucon qu'il avoit fait dresser. *Louis* rappella en France les Juifs qui en avoient été bannis ; il fit des loix pour favoriser l'agriculture ; mais bientôt il démentit les heureux commencements de son règne, en accablant son peuple d'impôts, pour continuer la guerre de Flandre qu'il fit sans succès. Ce prince mourut au château de Vincennes le 5 juin 1316. Le surnom de *Hutin* qu'on lui donna, signifioit *querelleur* ; c'étoit sans doute chez ce prince un défaut domestique ; car il ne parut querelleur ni dans la manière dont il gouvernoit ses sujets, ni dans celle dont il traitoit avec les étrangers. (M. DE SACY.)

LOUIS XI, roi de France, commença dès sa jeunesse à jouer un rôle important dans l'état ; il signala sa valeur contre les Anglois, aida Charles VII à chasser du royaume ces avides conquérants, & força le célèbre Talbot à lever le siège de Dieppe ; mais à peine Charles VII fut-il tranquille sur le trône, que l'indocile *Louis* rassembla près de lui les mécontents, donna le signal de la révolte ; il lui en coûta plus pour demander grace, qu'à son père pour lui pardonner ; Charles l'envoya contre les Suisses, dont il fit un massacre effroyable ; pénétré d'estime pour ces braves républicains, il dit qu'il aimoit mieux désormais les avoir pour alliés que pour ennemis. Revenu de cette expédition, il causa de nouveaux chagrins à Charles VII, se retira en Dauphiné, & passa dans le Brabant, où il apprit la mort de son père l'an 1461. Il accourut pour prendre possession du trône ; ce ne fut qu'avec une répugnance marquée, & sous des conditions très-dures, qu'il pardonna aux officiers que Charles avoit envoyés pour réprimer sa révolte ; il dépouilla tous ceux que son père avoit revêtus des premières dignités de l'état, il en décora des hommes qu'il ne croyoit fidèles que parce qu'ils avoient intérêt de l'être. Cependant il s'occupa de soins politiques : il prêta une somme considérable à Jean, roi d'Aragon, qui se voyoit attaqué par les Navarrois unis aux Castillans, & reçut pour gage de cette somme les comtés de Cerdaigne & de Roussillon. Pour sûreté d'une autre somme que Marguerite d'Anjou emprunta de lui, cette princesse promit de lui livrer la ville de Calais sitôt que les fers de Henri VI son époux, seroient brisés ; il racheta de même pour de l'argent, les villes de Picardie qui avoient été cédées à Philippe-le-Bon, duc de Bourgogne. Le peuple, quoiqu'accablé d'impôts, aimoit mieux que ces conquêtes fussent payées de ses richesses que de son sang. *Louis XI*, en 1462, créa le parlement de Bordeaux.

Cependant il se formoit une ligue puissante contre le roi : les ducs de Berry, de Bretagne & de Bourbon, les comtes de Charolois & de Dunois étoient à la tête des factieux ; cette guerre, qui fit tant de mal au peuple, fut appellée *guerre du bien public*. C'est ainsi que la politique se jouoit des hommes, & les insultoit en les opprimant. On en vint aux mains, plus par point d'honneur que par nécessité, près de Montlhéri le 16 juillet 1465. Les deux partis s'attribuèrent la victoire. Enfin le traité de Conflans assoupit ces divisions. *Louis XI*, avant de le signer, protesta contre les engagements qu'il alloit prendre, comme s'ils avoient pu être annullés par cette démarche. Il ne tarda pas à violer la paix, en s'emparant de la Normandie, qu'il avoit cédée au duc de Berry son frère; les états assemblés à Tours en 1468, ratifièrent cette usurpation, & déclarèrent que la Normandie ne pourroit plus, sous aucun prétexte, être démembrée du domaine de la couronne. Tout sembloit pacifié, lorsque Charles-le-Téméraire, comte de Charolois, succéda à son père Philippe-le-Bon, duc de Bourgogne. Il avoit encore des intérêts à démêler avec *Louis XI*, & lui proposa une entrevue à Peronne. Ce prince oublia sa défiance naturelle, & se livra au plus grand de ses ennemis; celui-ci se saisit de sa personne, & lui fit signer un traité ignominieux; il le conduisit à Liège pour être témoin de la vengeance qu'il alloit exercer sur les habitants qui avoient pris le parti du roi. *Louis*, après avoir joué ce rôle aussi affreux que ridicule, reparut dans ses états, institua l'ordre de St. Michel, & fit enfermer le cardinal Balue dans le château de Loches. Toute la nation applaudit à ce coup d'état. Balue étoit un homme vil par sa naissance, plus vil par ses mœurs, ennemi secret de son bienfaiteur, & qui paya par la plus noire ingratitude, tous les honneurs dont l'amitié politique du roi l'avoit comblé. Charles toujours ambitieux, *Louis XI* toujours inquiet, reprirent bientôt les armes; les trèves ne leur servirent qu'à faire de nouveaux préparatifs de guerre; ce fut au milieu de ces troubles que l'art pacifique de l'impression s'établit en France. Charles-le-Téméraire échoua devant Beauvais; les François firent plus pour le roi que le roi lui-même. Ce prince laissoit tranquillement ravager une partie de ses états, persuadé que les conquérants disparoîtroient, quand ils ne trouveroient plus rien à détruire. Ses démêlés avec Jean, roi d'Aragon; ses intrigues pour perdre le connétable de Saint-Paul; ses traités avec Charles, tantôt éludés avec adresse, tantôt violés avec audace de part & d'autre; ses menées secrettes avec les ministres d'Edouard IV, pour détacher ce prince des intérêts du duc de Bourgogne; le traité d'Amiens, conclu dans cette vue & confirmé par celui de Pecquigny; enfin la paix faite avec Charles-le-Téméraire, toutes ces opérations développent assez le caractère de *Louis XI*. Par-tout on le voit plutôt menteur que discret, prévoyant moins par sagesse que par crainte, se défiant de tous les hommes, parce qu'il les jugeoit semblables à lui-même; vindicatif, mais préférant les vengeances cachées aux coups d'éclat. Le comte de Saint-Paul, qui avoit trahi tour à tour & le roi de France & le duc de Bourgogne, eut la tête tranchée le 19 décembre 1475; son sang cimenta la réconciliation des deux princes: Charles mourut deux ans après dans un combat contre les Suisses. C'étoit le dernier de cette maison si fatale à la France. Il ne laissoit qu'une fille, appellée *Marie*: *Louis XI* pouvoit rentrer dans tous les états de Charles, en consentant au mariage de cette princesse avec le comte d'Angoulême. Mais il craignit d'augmenter la puissance d'un prince de son sang; ce vaste héritage passa à la maison d'Autriche, & fut un flambeau perpétuel de discorde. Maximilien, qui épousa Marie, fit la guerre à la France; on versa beaucoup de sang de part & d'autre sans succès. Le testament de Charles d'Anjou aggrandit les états de *Louis XI*, par la cession de la Provence. Il lui cédoit aussi ses droits sur les royaumes de Naples & de Sicile; mais *Louis*, plus sage que son successeur, ne voulut conquérir que ce qu'il pouvoit conserver, & fut satisfait de la Provence. Il mourut au Plessis-lès-Tours le 30 août 1483, âgé de soixante ans. A tous les défauts qu'on lui connoît, il joignoit encore une superstition ridicule. Barbare & recherché dans sa barbarie, il voulut que le sang du malheureux duc d'Armagnac coulât sur ses enfants attachés au pied de l'échafaud. Perfide & lâche dans son ressentiment, on le soupçonna d'avoir fait empoisonner le duc de Guyenne son frère. Egoïste décidé, s'il travailla quelquefois au bien-être de son peuple, c'étoit pour travailler au sien; c'est ainsi que sa curiosité produite par son inquiétude, créa l'établissement des postes. Il ne caroissoit les petits que pour les opposer aux grands. Il étoit profond politique, si l'on peut donner ce nom à un fourbe qui ne signe les traités que pour les enfreindre, & n'embrasse ses ennemis que pour les étouffer. (*M. DE SACY.*)

LOUIS XII, surnommé *le père du peuple*, roi de France, étoit fils de Charles, duc d'Orleans, & de Marie de Cleves, & petit-fils de Louis, duc d'Orléans & de Valentine de Milan. Louis XI, qui connoissoit le dégoût de ce prince pour sa fille, le força de l'épouser, sans autre raison que le plaisir d'exercer son despotisme. Il n'étoit alors que duc d'Orléans; en qualité de premier prince du sang, il prétendit à la régence pendant la minorité de Charles VIII; mais la nation confirma le testament de Louis XI, qui remettoit le maniement des affaires à Madame de Beaujeu. Le duc rassembla une faction puissante, & se ligua avec le duc de Bretagne; on prit les armes; Louis de la Trimouille étoit à la tête des royalistes; les deux armées se trouvèrent en présence près de Saint-Aubin; la bravoure du duc d'Orléans fit quelque temps pencher la victoire de son côté; mais enfin assailli de toutes parts, il se rendit; les rebelles se dissipèrent, le prince fut renfermé à la Tour de Bourges; d'Amboise, qui étoit dès-lors son ami, & qui fut depuis son ministre, hazarda sa liberté pour obtenir celle de son maître. Dès que Charles VIII commença à règner par lui-même en 1490, il rendit la liberté à cet illustre captif. Brantôme prétend que sa longue captivité étoit un trait de vengeance de la part de Madame de Beaujeu, dont il avoit dédaigné la passion. Ce prince suivit Charles VIII en Italie, & y donna de nouvelles preuves de son courage; le prince de Tarente s'enfuit à son aspect avec sa flotte, le duc mit pied à terre, & tailla son armée en pièces : il fut long-temps assiégé dans Novarre, & se défendit avec tant de valeur, qu'il donna aux François le temps de le secourir. Enfin Charles VIII n'ayant point laissé d'héritier de la couronne, elle passa sur la tête de *Louis XII*, en 1498. Des courtisans, ennemis de la Trimouille, lui rappellèrent que ce seigneur l'avoit persécuté pendant les troubles de la régence, ils l'excitèrent à se venger : « Un roi de France, répondit *Louis*, n'est pas fait » pour venger les injures du duc d'Orléans ». Il se reposa sur d'Amboise, d'une partie du fardeau des affaires ; une intelligence parfaite régnoit entre ces amis : aucun des deux ne commandoit à l'autre, l'équité seule commandoit à tous deux. Mais la manie des conquêtes s'empara de l'ame du roi ; & d'Amboise, qui dès-lors peut-être jettoit ses vues sur la tiare, n'eut pas le courage de s'opposer à son départ pour l'Italie. *Louis* avoit hérité des droits de Charles VIII sur le royaume de Naples, & de ceux de son ayeul sur le duché de Milan. Ludovic Sforce s'étoit emparé de cet état ; *Louis XII* parut, l'usurpateur s'enfuit, & le Milanois fut conquis par *Louis* aussi rapidement qu'il l'avoit été par Charles VIII ; Genes se soumit, *Louis* fut reçu par-tout avec des acclamations ; les armes de son concurrent furent arrachées & jettées dans l'Arno ; mais à peine le roi est rentré en France, que Ludovic est rappellé. *Louis* fait partir la Trimouille à la tête d'une armée, Ludovic est pris, on l'amène en France. Quelques auteurs italiens ont accusé *Louis XII* de l'avoir traité avec rigueur dans le château de Loches, où il étoit renfermé. Cette erreur paroît leur avoit été plutôt dictée par la haine qui les animoit contre *Louis XII*, que par la pitié que Ludovic leur inspiroit. De tous les biens que l'homme peut desirer, il ne manquoit à ce prince que la liberté qu'on ne pouvoit lui accorder sans péril.

Le roi n'avoit pas perdu de vue le royaume de Naples ; la conquête en fut résolue de concert avec les Espagnols. *Louis* & Ferdinand en réglèrent d'avance le partage. On sait combien les rois ont peu respecté ces sortes de conventions. Louis d'Armagnac, duc de Nemours, si célèbre par sa valeur, & Stuart d'Aubigny commandoient l'armée Françoise ; les Espagnols étoient aux ordres du fameux Gonsalve de Cordoue, l'appui & la terreur de son maître. En quatre mois tout fut conquis. Frédéric, roi de Naples, qui connoissoit la générosité de *Louis XII*, alla chercher un asyle en France, céda au roi par un traité, la portion de ses états qui lui étoit échue en partage, & reçut en échange des domaines considérables. Ainsi *Louis*, d'un mouvement libre, payoit ce qu'il avoit acquis par le droit de conquête ; mais les Espagnols & les François tournoient leurs armes contr'eux-mêmes, & vengeoient Frédéric par leurs sanglantes querelles. Elles furent appaisées par le traité de Lyon, signé en 1503. Claude de France devoit épouser Charles de Luxembourg ; le royaume de Naples étoit la dot de Claude ; Ferdinand, au mépris du traité, fit continuer la guerre. La bonne foi & la sécurité des François furent les causes de leur perte ; la peste détruisit ce que le fer avoit épargné.

Cependant les Génois lèvent l'étendard de la révolte ; le roi y vole, attaque leur armée, la met en fuite, borne sa vengeance à cette victoire, & leur pardonne ; il avoit fait représenter sur sa cotte d'armes un roi des abeilles au milieu de son essaim, avec cette devise ingénieuse & sublime : *non utitur aculeo rex cui paremus*. Sa bonne foi étoit si connue, que Philippe & les états de Flandre ne balancèrent point à lui confier la tutelle de l'archiduc Charles ; l'exemple de tant de princes qui avoient dévoré le patrimoine de leurs pupilles, ne détourna point leur choix.

Le cardinal d'Amboise méditoit depuis long-temps la ligue de Cambray, qui fut enfin conclue en 1508. Le pape Jules II, l'empereur Maximilien, Ferdinand, roi d'Espagne, & *Louis XII*, réunissoient leurs forces pour accabler la république de Venise. Les alliés laissèrent à *Louis XII* les travaux & la gloire de cette guerre, & s'en réservèrent le fruit. Le roi partit, les deux armées Vénitienne & Françoise se trouvèrent en présence près du village d'Agnadel ; le terrein étoit désavantageux, on demanda au roi où il camperoit ; *sur le ventre de mes ennemis*, répondit-il. On lui représente que les Vénitiens peu redoutables par leur bravoure, sont presque invincibles par leur ruse. « Je connois, dit *Louis*, leur sagesse si » vantée ; j'opposerai tant de foux à ces sages, qu'ils » n'en pourront venir à bout ». La victoire fut complette ; d'Alviane qui commandoit les Vénitiens, fut fait prisonnier, & *Louis* le força à aimer son vainqueur. Mais dans un de ces moments où le dépit égare la raison, d'Alviane s'emporta jusqu'à l'insulter ; les courtisans excitèrent *Louis* à se venger. « J'ai vaincu » d'Alviane, dit-il, je veux maintenant me vaincre » moi-même ». Le chevalier Bayard eut beaucoup de part à ses succès. Les alliés se hâtèrent de rentrer dans les états qu'ils avoient perdus, & que les François leur avoient reconquis ; la république de Venise eut l'art de les détacher peu-à-peu du parti de *Louis XII*, qui se vit enfin obligé de repasser les monts & de rentrer en France. Jules II, pontife guerrier, se ligua en 1510, avec l'Espagne & l'Angleterre contre la France : il fit la guerre en personne. Le duc de Nemours gagne la bataille de Ravenne : mais en perdant ce jeune héros, *Louis* perdit Genes & le Milanois. Depuis cette époque, les affaires des François allèrent en décadence en Italie. Peut-être *Louis XII*, qui craignoit de se séparer de son ministre & de son ami, n'avoit-il pas assez secondé le desir que d'Amboise avoit d'être pape ; si ce prélat étoit monté sur le saint-siège, il auroit ménagé avec plus de succès les intérêts de la France en Italie. Anne de Bretagne, veuve de Charles VIII, que *Louis XII* avoit épousée, après avoir répudié Jeanne ; Anne, dis-je, mourut ; *Louis* la pleura, & cependant l'année suivante il épousa Marie, sœur d'Henri VIII, roi d'Angleterre ; ses traités avec Ferdinand & Léon X furent regardés comme des preuves de sa foiblesse. Ce prince, véritablement philosophe, sacrifia sa gloire au bonheur de ses sujets. Il craignoit que les frais d'une nouvelle guerre ne le forçassent à lever des subsides. Les impôts étoient légers sous Charles VIII, il les avoit encore diminués; jamais il ne les augmenta pendant les guerres d'Italie, la nation ne perdit que son sang au-delà des Alpes. Le roi avoit vendu les charges de judicature pour suffire aux dépenses de la guerre, sans opprimer son peuple. Il avoit créé deux parlements, celui de Rouen & celui d'Aix. Seissel parle avec éloge de son respect pour ces corps intermédiaires entre son peuple & lui; il soumettoit à leur jugement les différends qui pouvoient s'élever entre lui & les particuliers voisins de ses domaines; mais jamais il n'exigea qu'on suspendît les affaires de ses sujets pour s'occuper des siennes. L'histoire célèbre avec raison, l'édit par lequel il permet à ses parlements de lui rappeller les loix fondamentales du royaume, si jamais il osoit s'en écarter. Le revenu de son domaine suffisoit à son luxe, & les impôts levés sur le peuple étoient consacrés au bonheur du peuple. L'agriculture fleurit sous son règne, le commerce circula sans obstacles, & la navigation fit de grands progrès. *Un bon pasteur*, disoit-il, *ne peut trop engraisser son troupeau. Je ne trouve les rois heureux, qu'en ce qu'ils ont le pouvoir de faire du bien.* Inexorable pour les ennemis de l'état, il étoit sans colère pour ses propres ennemis. Des comédiens le tournèrent en ridicule, on l'excita en vain à châtier ces audacieux. *Laissez-les faire*, dit-il, *ils m'ont cru digne d'entendre la vérité; ils ne se sont pas trompés. Ils m'ont plaisanté sur mon économie; mais j'aime mieux encore souffrir ce ridicule que de mériter le reproche d'être prodigue aux dépens de mon peuple.* Non content d'avoir diminué les impôts, il avoit rendu moins onéreuse la perception de ceux qu'il avoit conservés. Une armée de commis, qui désoloit la France, fut presque entièrement supprimée. Dans les guerres où il s'agissoit plus de ses intérêts que de ceux de son peuple, il ne força personne à s'enrôler sous ses drapeaux; mais l'amour des François pour leurs rois, lui donna plus de soldats qu'une ordonnance militaire ne lui en auroit amenés. Il respectoit la religion sans être ni l'esclave, ni la dupe des papes.

Ce grand roi digne d'être placé entre Charles V & Henri IV, mourut le premier janvier 1515; éperdument amoureux de la reine son épouse, il avoit voulu recommencer à être jeune dans l'âge où l'on cesse de l'être; & sa passion éteignit le principe de sa vie. (*M. DE SACY.*)

LOUIS XIII, surnommé le *Juste*, étoit fils de Henri-le-Grand & de Marie de Médicis sa seconde femme. Il naquit à Fontainebleau le 27 septembre 1601, & succéda à son père, sous la tutelle de sa mère, le 14 mai 1610. Le royaume de France étoit encore troublé par les anciennes factions de la ligue & des protestants lorsqu'il monta sur le trône; mais le traité de Sainte-Menehould en 1614, & le succès des conférences de Loudun y rétablirent la tranquillité: elle ne fut pas de longue durée. Le gouvernement, la puissance & l'orgueil de Conchino Conchini, maréchal d'Ancre, étant devenus odieux à tout le monde, les troubles recommencerent; ils ne finirent que par la mort de ce maréchal, que le roi fit tuer sur le pont du Louvre par *Vitri*, le 14 octobre 1617, & par l'éloignement de Marie de Médicis qui fut reléguée à Blois. Deux ans après, *Louis XIII* ayant voulu réunir le Bearn à la couronne, & obliger les protestants à rendre les biens ecclésiastiques qu'ils avoient usurpés, ceux-ci se révolterent. Ce prince marcha contre eux, & fut arrêté au siége de Montauban, où le connétable de Luines étant mort, le cardinal de Richelieu obtint la faveur du roi, & devint son premier ministre.

Après la reddition de la Rochelle, le roi de France entreprit de défendre le duc de Nevers, nouveau duc de Mantoue, contre les injustes prétentions du duc de Savoye. *Louis XIII* força en personne le Pas de Suze, défit le duc de Savoye, fit lever le siége de Casal, & mit son allié en possession de son état, par le traité de Quierasque, du 19 juin 1631, lequel acquit à ce monarque le titre de *libérateur de l'Italie.* En vain les Espagnols & les Allemands, jaloux de ces heureux succès, s'unirent pour les contre-balancer; nos armes & l'alliance avec le Grand Gustave, roi de Suède, dissipèrent cette ligue. Les ennemis défaits en plusieurs endroits, la maison d'Autriche réduite à deux doigts de sa perte, la conquête de la Lorraine entière & d'une grande partie de la Catalogne, la réduction de tout le Roussillon, enfin des victoires presque continuelles sur mer & sur terre, voilà les avantages que procurèrent à la France cette réunion des Allemands & des Espagnols. *Louis XIII* n'eut pas la satisfaction néanmoins de voir la guerre terminée: il mourut au moment où il espéroit faire une paix avantageuse, le 14 mai 1643, peu de temps après le cardinal de Richelieu qu'il estimoit beaucoup, mais qu'il craignoit encore plus.

Ce prince étoit juste & pieux. Il avoit des intentions droites, & on ne le gouvernoit qu'en le persuadant. Il jugeoit bien des choses, & l'on remarqua toujours en lui beaucoup de discernement; mais s'étant dégoûté de la lecture dès son enfance, il négligea de perfectionner par l'étude ce que la nature avoit commencé en lui. *Louis XIII* ne connoissoit guere d'autres amusements que la chasse, la peinture & la musique, où il réussissoit. Sa piété tendre & vive n'étoit pas exempte de ces scrupules qui décelent toujours quelque défaut de lumières. Les obstacles le rebutoient, il abandonnoit aisément les entreprises où il avoit montré le plus de chaleur, & c'est alors qu'il avoit besoin de toute la fermeté du cardinal.

Bien des historiens ont accusé ce prince d'une économie indigne d'un roi, parce qu'elle tient à l'avarice. Après la mort du cardinal de Richelieu, on crut que le roi alloit tirer des prisons tous ceux que ce ministre y avoit renfermés; mais *Louis XIII* tint la même conduite que s'il eût été lui-même l'auteur de leur emprisonnement. On le vit inaccessible à toutes les sollicitations; de maniere que pour obtenir la liberté de ces malheureux, on fut obligé de le prendre par le foible qu'on lui connoissoit pour l'épargne, & cette économie extrême qu'on appelle d'un autre nom dans un souverain. Ses courtisans lui représentèrent que c'étoit employer bien mal-à-propos de grandes sommes, qu'il pouvoit épargner en donnant la liberté à ceux qui étoient détenus à la Bastille. Le roi, frappé de ce motif plus que de tout autre, permit qu'on élargît les prisonniers, parmi lesquels se trouvoient MM. de Vitry, de Bassompierre & de Cramail. Ce fut en cette circonstance que M. de Bassompierre, qui étoit un diseur de bons mots, dit en sortant de la Bastille (ce qui arriva le jour même des obsèques du cardinal de Richelieu) : *je suis entré à la Bastille pour le service de M. le cardinal, j'en sors pour son service.*

Peu semblable à Gaston d'Orléans son frère, prince extrêmement jaloux de ses droits, *Louis XIII* savoit modérer l'éclat de la majesté, & éviter à ses courtisans l'embarras de l'étiquette, lorsqu'il leur devenoit trop incommode, ou qu'il sembloit préjudicier à leur santé. Ce prince alloit un jour de Paris à Saint-Germain, accompagné du duc son frère; la chaleur étoit excessive, & les seigneurs qui se tenoient nue tête aux portieres du carrosse, avoient bien de la peine à soutenir l'ardeur du soleil; *Louis XIII* qui s'en apperçut, eut la bonté de leur dire : *couvrez-vous, messieurs, mon frère vous le permet.*

Quoi qu'en aient dit quelques auteurs, *Louis XIII* aimoit & entendoit parfaitement la guerre. Dans toutes les occasions où il s'est trouvé en personne, il a donné des marques de la valeur qui lui étoit naturelle. Il est vrai que la foiblesse de son tempérament ne lui permettoit pas de se trouver continuellement à la tête de ses armées. On rapporte que n'étant encore que dauphin & âgé de trois ans seulement, quelqu'un vint lui annoncer que le connétable de Castille, ambassadeur d'Espagne, venoit avec une grande suite de seigneurs, pour lui présenter ses hommages. *Des Espagnols*, dit avec chaleur ce jeune enfant, *çà, çà, qu'on me donne mon épée.* On eût dit que la nature lui inspiroit en ce moment une haine forte contre une nation qui avoit causé tant de disgraces à ses aïeux, & qui avoit mis le royaume de France à deux doigts de sa perte. Mais, autant le roi témoignoit dès sa plus tendre enfance d'indignation contre les Espagnols, autant il témoignoit de tendresse pour ses sujets rebelles, même en prenant les armes contr'eux. *Je souhaiterois*, disoit-il, *qu'il n'y eût de places fortifiées que sur les frontières de mon royaume, afin que le cœur & la fidélité de mes sujets servissent de citadelle & de garde à ma personne.*

Tout le monde sait à quel point le cardinal de Richelieu étendit son pouvoir, & combien il fit craindre & respecter son autorité. Ce ministre, devenu trop utile pour que le roi s'en défît, & trop impérieux pour qu'il l'aimât, assistoit à un bal qui se donnoit à la cour : le roi s'y ennuya, il voulut sortir; le cardinal se disposoit à en faire autant, & tout le monde se rangeoit pour lui laisser le passage libre, sans presque faire d'attention au roi : le ministre qui ne s'apperçut que sa majesté vouloit sortir, qu'à la vue d'un de ses pages, se rangea pour la laisser passer. *Eh bien!* lui dit *Louis XIII*, *pourquoi ne passez-vous pas, M. le cardinal? N'êtes-vous pas le maître?* Richelieu, le plus pénétrant de tous les hommes, & celui qui connoissoit le mieux le foible de son souverain, sentit parfaitement toute la force de cette expression. Au lieu de répondre & de s'excuser, il prend lui-même un flambeau de la main du page, & passe devant le roi pour l'éclairer. Conduite admirable de la part de cet adroit politique! Un ministre habile tâchera toujours de se dérober la gloire des actions qu'il fait, pour la laisser toute entière à son prince. Il creusera lui-même sa ruine, s'il vise à afficher l'indépendance & le besoin que l'on a de ses services.

Tous les auteurs contemporains de *Louis XIII*, ont donné de grands éloges à sa modération & à sa chasteté. Le jésuite Barri qui déclama avec beaucoup de chaleur contre les nudités de gorge, est rempli d'anecdotes qui tendent toutes à démontrer combien le roi désapprouvoit hautement l'immodestie. Ce prince dînoit un jour en public, une demoiselle se trouva placée vis-à-vis sa majesté; le roi s'appercevant qu'elle avoit la gorge découverte, tint son chapeau abbattu & renfoncé pendant tout son dîner, à la dernière fois qu'il but, il retint une gorgée de vin, & la rejetta sur la gorge de la demoiselle. Le jésuite Barri approuve sans réserve cette action du roi; mais il semble qu'il eût pu donner à sa leçon un ton plus doux. « Etre vertueux, dit un auteur moderne, est un grand avantage; faire aimer la vertu » en est un autre, & les princes ont tant de voies » pour la rendre aimable, que c'est presque leur faute » s'ils n'y parviennent pas ».

On a parlé bien diversement de la longue stérilité de la reine & de la naissance de Louis XIV. On a vu éclorre à ce sujet dans les pays protestans, tout ce que la calomnie peut enfanter de plus noir & de plus affreux. Voici comme l'auteur, duquel nous avons emprunté ces anecdotes, raconte que la chose s'est passée. « Le roi, dit-il, avoit marqué beaucoup » d'inclination pour mademoiselle de la Fayette, fille » d'honneur de la reine Marie de Médicis. Le cardinal de Richelieu qui craignoit l'esprit vif & pénétrant de cette demoiselle, employa tous les » moyens imaginables pour brouiller le roi avec » elle; enfin il en vint à bout. Mademoiselle de la » Fayette demanda à se retirer au couvent de la Visitation à Paris, & l'obtint. Le roi se défiant de » quelque intrigue de la part de son ministre, voulut s'éclaircir, & convint d'un rendez-vous avec » mademoiselle de la Fayette. Il alla à la chasse du » côté de Gros-bois, & s'étant dérobé de sa suite, » se rendit à la visitation. Quatre heures se passèrent dans leur entretien : on étoit au mois de décembre, il n'y avoit pas moyen de retourner à » Gros-bois. Le roi fut obligé de coucher à Paris, » où il ne se trouva ni table, ni lit pour lui. La reine, » contre laquelle il étoit indisposé depuis long-tems,

» à cause de la conspiration de Chalais, dans laquelle il étoit convaincu que cette princesse étoit » entrée, lui fit part de l'un & de l'autre; & » ce fut par cette chaîne d'événements qu'Anne » d'Autriche devint grosse de Louis XIV., qui naquit » dans les neuf mois précis, à compter de cette nuit ».

Un roi au lit de la mort est peut-être l'homme le plus malheureux de son royaume, *Louis XIII* en fit la triste expérience : presque abandonné de ses courtisans & de ses domestiques qui se rangeoient du côté de la faveur naissante, il manqua quelquefois des choses nécessaires à l'état où il se trouvoit. *De grace*, dit-il un jour à quelques courtisans qui l'empêchoient de jouir de la vue du soleil qui donnoit dans les fenêtres de son appartement, *rangez-vous, laissez-moi la liberté de voir le soleil, & qu'il me soit permis de profiter d'un bien que la nature accorde à tous les hommes.* (*M. G.*) (*)

LOUIS XIV, roi de France & de Navarre, surnommé *le grand*, étoit fils de Louis XIII & d'Anne d'Autriche. Il naquit à Saint-Germain-en-Laie, le 5 septembre 1638, & eut le surnom de *Dieu-donné*, étant venu au monde après vingt-trois ans de stérilité de la reine sa mere. Il succéda à Louis XIII, le 14 mai 1643, sous la régence d'Anne d'Autriche, & dans le temps que la guerre se continuoit contre les Espagnols. Il fut sacré le 7 juin 1654, & mourut le 1 septembre 1715.

Les bornes de cet ouvrage ne nous permettent pas de nous étendre sur les actions glorieuses qui remplirent le cours de la vie de ce prince. Quand on se contenteroit simplement de dater les événements considérables de son règne, on ne laisseroit pas de remplir un juste volume. Il nous suffira de dire que *Louis XIV* vint au monde avec ces dispositions heureuses que la nature n'accorde qu'à ses plus chers favoris. C'étoit un des plus beaux hommes & des mieux faits de son royaume; le son de sa voix étoit noble & touchant. Tous les hommes l'admiroient, & toutes les femmes étoient sensibles à son mérite. Il se complaisoit à en imposer par son air; & l'embarras de ceux qui lui parloient, étoit un hommage qui flattoit sa supériorité. Il étoit né avec une ame grande & élevée, un génie juste & délicat; mais il ne témoigna jamais beaucoup d'inclination pour l'étude. La nature & l'usage furent ses seuls maîtres, & l'amour de la gloire perfectionna leur ouvrage. *Louis XIV* obligeoit avec une grace qui, ajoutant aux bienfaits, faisoit voir le plaisir qu'il goûtoit à les répandre. Une preuve que la majesté se concilie aisément avec les vertus aimables, est le respect qu'on eut toujours pour ce prince, & les bontés qu'il eut toujours pour ses courtisans, dont quelques-uns étoient même ses amis.

Son siècle est comparé avec raison à celui d'Auguste. *Louis XIV* avoit un goût naturel pour tout ce qui fait les grands hommes : il sut distinguer & employer les personnes de mérite, dont il animoit les études par ses récompenses; jamais prince n'a plus donné, ni de meilleure grace. On ne connoît point d'homme illustre du siècle passé sur qui sa générosité ne se soit répandue. Dès son enfance, il honora le grand Corneille de sa lettre la plus flatteuse, & dans la suite ayant appris que ce célèbre auteur qui en avoit enrichi tant d'autres par ses productions, étoit à l'extrêmité sans avoir les commodités que la moindre aisance peut procurer, *Louis XIV* prit soin lui-même de fournir à sa subsistance. Vraisemblablement ce prince avoit puisé cet amour des belles-lettres dans les instructions d'Anne d'Autriche sa mère, qui les aimoit & qui en soutenoit la dignité. Un libraire de Paris ayant eu dessein de joindre à la vie du cardinal de Richelieu, un grand nombre de lettres & de mémoires qu'il avoit rassemblés avec beaucoup de soin, n'osoit le faire, parce qu'il craignoit d'offenser bien des gens qui y étoient fort maltraités, mais qui venoient de rentrer en grace à la cour. Il fit part de ses inquiétudes à la reine, & cette sage princesse lui dit : *travaillez sans crainte, & faites tant de honte au vice, qu'il ne reste que la vertu en France.* « Ce n'est, ajoute l'auteur duquel nous avons emprunté cette anecdote, qu'avec de pareils sen- » timents dans les souverains, qu'une nation peut » avoir des historiens fidèles ».

Ce ne furent pas seulement les savants de la France qui eurent part aux bontés de ce prince, ceux des pays étrangers furent également honorés de ses gratifications. *Louis XIV* fit aussi fleurir les arts & le commerce dans ses états; mais en fait de beaux-arts, il n'aimoit que l'excellent, & ce qui portoit un caractère de grandeur. On peut en juger par les magnifiques bâtiments qui ont été élevés sous son règne. Les peintres dans le goût flamand ne trouvoient point de grace devant ses yeux : *ôtez-moi ces magots-là*, dit-il un jour qu'on avoit mis un tableau de Téniers dans un de ses appartements. L'ambition & la gloire lui firent entreprendre & exécuter les plus grands projets, & il se distingua de tous les princes de son siècle, par un air de grandeur, de magnificence & de libéralité qui accompagnoit toutes ses actions. Les traits principaux qui distinguent le règne de ce monarque, sont l'entreprise de la jonction des deux mers par le fameux canal de Languedoc, achevé dès l'an 1664; la réforme des loix, en 1667 & 1670; la conquête de la Flandre Françoise en six semaines; celle de la Franche-Comté en moins d'un mois, au cœur de l'hiver; celles de Dunkerque & de Strasbourg. Qu'on joigne à ces objets une marine de près de deux cents vaisseaux, les ports de Toulon, de Brest, de Rochefort bâtis; 150 citadelles construites; l'établissement des invalides, de Saint-Cyr, l'observatoire, les différentes académies, l'abolition des duels, l'établissement de la police. Qu'on y ajoute encore le commerce sorti du néant, les arts utiles & agréables créés, les sciences en honneur

(*) Ces lettres n'indiquent point le rédacteur de cette partie; sa seule marque est de n'en avoir aucune, & d'être le seul qui n'en ait point.

neur, les progrès de la raison plus avancés dans un demi-siècle, que depuis plus de deux cents ans.

Passons maintenant aux traits principaux qui caractérisent davantage la grande ame de *Louis XIV*. Les princes, quelque puissants qu'ils paroissent, se ressentent toujours des foiblesses de l'humanité. On en a vu & l'on en voit encore souvent qui, fiers de leur naissance & de leur mérite, ne laissent tomber qu'un regard jaloux sur les hommes d'un génie rare & distingué. Une des grandes qualités du roi, étoit d'être touché de celles des autres, de les connoître & de les mettre en usage. *Je serois charmé*, dit ce prince au vicomte de Turenne, qui le complimentoit sur la naissance du grand dauphin, *je serois charmé qu'il vous pût ressembler un jour. Votre religion est cause que je ne puis vous remettre le soin de son éducation, ce que je souhaiterois pouvoir faire, pour lui inspirer des sentiments proportionnés à sa naissance.* M. de Turenne étoit encore protestant. Dès qu'une fois *Louis XIV* avoit accordé sa confiance à une personne qui la méritoit, & qui en avoit donné des preuves, les intrigues ni les cabales de la cour n'étoient pas capables de la lui faire retirer. Il donna un pouvoir si absolu au même maréchal de Turenne pour la conduite de ses armées, qu'il se contentoit de lui faire dire dans les temps d'inaction, *qu'il seroit charmé d'apprendre un peu plus souvent de ses nouvelles, & qu'il le prioit de lui donner avis de ce qu'il auroit fait.* En effet, ce n'étoit quelquefois qu'après le gain d'une victoire, que le roi savoit que la bataille s'étoit livrée. Ce reproche obligeant fait autant d'honneur au souverain qu'au sujet en qui il avoit mis une entière confiance : aussi, rien n'égala la douleur que ce prince ressentit, en apprenant la mort du maréchal de Turenne, arrivée au camp de Salsbach, au-delà du Rhin, le 27 juillet 1675. *J'ai perdu*, dit ce prince, le cœur navré de douleur, *l'homme le plus sage de mon royaume & le plus grand de mes capitaines.* Y a-t-il rien qui caractérise plus avantageusement l'ame sensible & reconnoissante d'un souverain?

On a cependant fait un crime à *Louis XIV* d'avoir laissé gémir, pour ainsi dire, dans la misère, le sage & fameux Catinat, dont on prétend qu'il ne sut ni connoître, ni récompenser le mérite. Il ne faut que citer un exemple pour faire tomber la fausseté de cette accusation. Victime des intrigues & des brigues de la cour, le maréchal de Catinat s'étoit retiré à sa terre de Saint-Gatien; le feu ayant réduit en cendres son château, ce vieil officier se vit contraint à prendre un logement chez son fermier. *Louis XIV* n'eut pas plutôt appris ce malheur, qu'il fit venir M. de Catinat à Versailles, s'informa des raisons qui lui avoient fait réduire son équipage & sa maison à l'état où ils étoient, & lui demanda enfin si, n'ayant point d'argent, il n'avoit pas d'amis qui lui en prêtassent? Les amis, sur-tout à la cour, sont rares, lorsqu'on est dans le besoin. *Louis XIV* se montra aussi bienfaisant à l'égard du maréchal de Catinat, que s'il n'eût eu aucun motif de lui en vouloir. On sait que la religion de ce prince avoit été surprise, en lui faisant accroire qu'en matière de religion M. de Catinat ne craignoit ni ne croyoit rien.

Parmi les traits qu'on rapporte de la bonté de son caractère, en voici quelques-uns qui paroissent des plus frappans. Un jour qu'il s'habilloit, après avoir mis ses bas lui-même, il ne se trouva point de souliers; le valet-de-chambre courut en chercher, & fut quelque temps à revenir; le duc de Montausier en colère, voulant le gronder : *eh! laissez-le en paix*, dit aussi-tôt le roi, *il est assez fâché.* Une autre fois un de ses valets-de-chambre lui laissa tomber sur la jambe nue la cire brûlante d'une bougie allumée; le roi lui dit, sans s'émouvoir : *au moins donnez-moi de l'eau de la reine-d'Hongrie.* Bontems, son valet-de-chambre & son favori, lui demandoit une grace pour un de ses amis : *quand cesserez-vous de demander?* lui répondit brusquement *Louis XIV*; mais s'appercevant de l'émotion de son valet-de-chambre, *oui, quand cesserez-vous de demander pour les autres*; ajouta ce prince, *& jamais pour vous? La grace que vous me demandez pour un de vos amis, je vous l'accorde pour votre fils.*

Il n'est pas vrai que *Louis XIV* se soit jamais servi de termes offensans à l'égard de ses officiers, & il est également faux qu'il ait dit jamais au duc de la Rochefoucauld : *eh! que m'importe par lequel de mes valets je sois servi?* On voit au contraire que dans mille circonstances, il a toujours témoigné les plus grands égards pour la noblesse. Les paroles même de ce prince à ce sujet, ne sauroient être recueillies avec trop de soin. Le duc de Lauzun lui ayant un jour manqué de respect, le roi, qui sentoit venir sa colère, jetta brusquement par la fenêtre une canne qu'il tenoit à la main, & dit, en se tournant vers ceux qui se trouvèrent auprès de lui : *je serois au désespoir, si j'avois frappé un gentilhomme.* Ayant appris quelque temps après qu'un prince du sang avoit maltraité de paroles une personne de distinction, il lui en fit la plus sévère remontrance. *Songez*, lui dit-il, *que les plus légères offenses que les grands font à leurs inférieurs, font toujours des injures sensibles, & souvent des plaies mortelles; celles d'un particulier ne font qu'effleurer sa peau, celles d'un grand pénètrent jusqu'au cœur. Je vous avertis de ne plus maltraiter de paroles qui que ce soit; faites comme moi. Il m'est arrivé plus d'une fois que les personnes qui m'ont les obligations les plus essentielles, se sont oubliées jusqu'à m'offenser : je dissimule & leur pardonne.* Il n'épargna pas plus madame la dauphine qui s'avisa un soir de plaisanter beaucoup & très-haut sur la laideur d'un officier qui assistoit au souper du roi. *Pour moi, madame*, dit le monarque, en parlant encore plus haut que la princesse, *je le trouve un des plus beaux hommes de mon royaume; car c'est un des plus braves.* Une autre fois ce prince faisoit un conte à ses courtisans, & il leur avoit promis que ce conte seroit plaisant; mais dans le cours de la narration s'étant apperçu que l'endroit le plus risible avoit quelque rapport au prince d'Armagnac, il aima mieux le supprimer que de causer de l'embarras & du chagrin à ce seigneur qui étoit présent ; il ne l'acheva que lorsqu'il fut sorti. On peut juger par-là combien ce prince avoit une aversion marquée pour tout ce qui pouvoit chagriner ceux qui l'environnoient : la médisance ne lui étoit pas moins odieuse. On sait qu'il punit de l'exil le chevalier de Grammont, qui s'avisa de faire une mauvaise plaisanterie sur le marquis d'Humieres, auquel le roi venoit d'accorder le bâton de maréchal, à la recommandation de M. de Turenne.

La justice & l'équité de *Louis XIV* ne le distinguoient pas moins que ses autres vertus. Jamais il ne voulut solliciter pour un de ses valets-de-chambre, parce qu'il s'apperçut qu'il y auroit de l'injustice dans cette démarche. Il s'assujettit lui-même aux loix en plusieurs occasions, & voulut que ses intérêts fussent balancés comme ceux de ses derniers sujets, bien persuadé que le législateur n'est jamais plus respecté que lorsqu'il respecte lui-même la loi. Le conseil ayant annoncé que les amendes prononcées pour le roi seroient payées par privilége & préférence à tous autres créanciers, le roi soupçonna la justice de ce réglement : il fit de nouveau examiner la question dans son conseil, se départit de son privilége, & dérogeant à la déclaration, il ne voulut prendre d'hypothèques sur les biens des condamnés, que du jour de la condamnation, imitant en cela l'exemple de Trajan, sous lequel la cause du fisc étoit toujours défavorable.

La bienfaisance étoit si naturelle à *Louis XIV*, qu'il chercha un moyen de devenir le centre des graces, sans exposer l'état ni la justice, en renvoyant à Colbert & à Louvois ceux qui lui demandoient ce qu'il ne pouvoit accorder. Lorsque ceux que l'un de ces deux seigneurs avoient rebutés, venoient s'en plaindre au roi, il les plaignoit lui-même, & s'en débarrassoit avec une bonté qui lui faisoit attribuer tous les bienfaits, & tous les refus aux ministres.

Le grand prince de Condé venoit saluer *Louis XIV*, après le gain de la bataille de Senef contre le prince d'Orange. Le roi se trouva au haut de l'escalier, lorsque le prince qui avoit de la peine à monter, à cause de ses gouttes, pria sa majesté de lui pardonner, s'il la faisoit attendre. *Mon cousin*, lui répondit le roi, *ne vous pressez pas, on ne sauroit marcher bien vîte, quand on est aussi chargé de lauriers que vous l'êtes.* Ce même prince ayant fait faire halte à son armée par une excessive chaleur, pour rendre au roi les honneurs qui lui étoient dus, *Louis XIV* voulut que le prince se mît à couvert des ardeurs du soleil dans l'unique cabanne qui se trouvoit, en lui disant, *que puisqu'il ne venoit dans le camp qu'en qualité de volontaire, il n'étoit pas juste qu'il fût à l'ombre, tandis que le général resteroit exposé à toute la chaleur du jour.* Dans une autre occasion, il dit une chose non moins obligeante au vieux maréchal Duplessis, qui portoit envie à ses enfans qui partoient pour l'armée. *M. le maréchal, on ne travaille que pour approcher de la réputation que vous avez acquise : il est agréable de se reposer après tant de victoires. Relevez-vous*, dit-il au marquis d'Uxelles, qui, ayant été obligé de rendre Mayence au prince Charles de Lorraine, étoit venu se jetter aux pieds du roi, pour justifier sa conduite ; *relevez-vous, vous avez défendu votre place en homme de cœur, & vous avez capitulé en homme d'esprit.*

Quelques choses que l'on ait pu dire contre le poids des impôts sous lesquels ses sujets gémirent durant tout son règne, on ne sauroit nier que ce prince n'eût toujours montré un cœur droit & tendre, & qu'il ne regardât les François comme aussi dignes de son affection, que ce peuple en a toujours témoigné pour ses rois. Un enchaînement de guerres, dont presque toutes étoient nécessaires, & qui contribuèrent au moins toutes à la gloire de l'état, l'empêcha de faire à ses sujets le bien qu'il eût voulu leur faire ; mais il gémit souvent de la nécessité où il se trouva, & quelque temps après la ratification du traité de Riswick, on l'entendit proférer ces belles paroles : *il y a dix ans que je me trouve obligé de charger mes peuples, mais à l'avenir, je vais me faire un plaisir extrême de les soulager.* Ces mêmes sentiments, il les renouvella à l'article de la mort, lorsque s'adressant à son successeur, encore enfant, il lui dit : *J'ai chargé mon peuple au-delà de mon intention, mais j'y ai été obligé par les longues guerres que j'ai eu à soutenir. Aimez la paix, & ne vous engagez dans aucune guerre qu'autant que l'intérêt de l'état & le bien des peuples l'exigeront.*

Je sais que les ennemis de ce prince & de la France ont prétendu qu'il y avoit plus d'ambition que de justice dans l'acceptation pure & simple du testament de Charles II, roi d'Espagne, & qu'en s'en tenant au traité de partage fait avec l'Angleterre & les Provinces-Unies, *Louis XIV* eût pu s'éviter une guerre qui mit la France à deux doigts de sa perte. Mais *Louis XIV* pouvoit-il équitablement, devoit-il même sacrifier les droits de ses petits-fils, droits acquis par la naissance & les loix, à des vues d'état ? On avoit dans tous les temps regardé la renonciation de Marie-Thérese d'Autriche comme caduque & illusoire : on sait d'ailleurs que cette renonciation ne pouvoit être valide qu'autant que l'Espagne auroit satisfait à la dot de cette princesse, comme *Louis XIV* s'en expliqua lui-même aux états-généraux, dans le temps que le grand pensionnaire de Wit lui proposa un traité pour le partage des Pays-bas Espagnols. J'ajouterai encore qu'au milieu de toutes les disgraces que ce prince eut à essuyer durant cette fatale guerre, il se montra plus grand qu'il ne le fut jamais dans les plus brillans jours de ses conquêtes. On le vit même sacrifier toutes ses passions au repos de son peuple, en accordant aux états-généraux tout ce qu'ils demandoient pour la sûreté de leur barrière ; mais heureusement pour la France, leur opiniâtreté les empêcha de profiter de ces avantages.

Un autre reproche que l'on fait à *Louis XIV*, c'est de s'être laissé trop éblouir par l'orgueil & l'amour-propre ; mais est-il surprenant que la vanité se soit quelquefois glissée dans un cœur où tout sembloit l'autoriser ? D'ailleurs, que ne fit-on point pour nourrir ce défaut dans ce monarque ? quels pièges ne lui tendit point la flatterie des courtisans ? On sait, & le duc d'Antin en est convenu lui-même, que lorsqu'il s'agissoit de dresser une statue, il faisoit mettre quelquefois ce qu'on nomme des *calles* entre les statues & les socles, afin que le roi en s'allant promener eût le mérite de s'être apperçu que les statues n'étoient pas droites. Une autre fois il fit abattre une allée de grands arbres qui, selon le roi, faisoit un mauvais effet. Ce prince surpris à son réveil de ne plus voir cette allée, demanda ce qu'elle étoit devenue, *sire*, répondit le duc d'Antin, *elle n'a plus osé reparoître devant vous, puisqu'elle vous a déplu.* On seroit infini, si l'on vouloit rapporter tous les traits que la flatterie inventa pour séduire le cœur de ce prince. Il y avoit devant le château de Fontainebleau un bois qui masquoit un peu la vue du roi, le même duc d'Antin fit scier tous les arbres près de la racine ; on attacha des cordes au pied de chaque arbre, & plus de douze cents hommes se tinrent prêts au moindre signal : le roi s'étant allé promener de ce côté-là, témoigna combien ce morceau de forêt lui déplaisoit ; le duc d'Antin lui fit entendre qu'il seroit abattu dès que sa majesté l'auroit ordonné, & sur l'ordre qu'il en reçut du roi, il donna un coup de sifflet, & l'on vit tomber la forêt. La duchesse de Bourgogne qui étoit présente, sentit toute la portée de la flatterie. *Ah ! bon Dieu*, s'écria-t-elle, toute surprise, *si le roi avoit demandé nos têtes, M. d'Antin les feroit tomber de même.* On ne sauroit nier cependant que *Louis XIV* n'ait donné de grandes marques de modestie dans les occasions les plus délicates. Il fit ôter lui-même de la galerie de Versailles les inscriptions pleines d'enflure & de faste, qu'on avoit placées à tous les cartouches des tableaux : il supprima toutes les épithetes, & ne laissa subsister que les faits. D'ailleurs, son amour-propre n'étoit que cet amour de la gloire qui fait les grands hommes, & qui est, sans qu'on s'en apperçoive, la source de bien des vertus.

Quelque malignes que soient les intentions de la jalousie, elle n'a jamais pu disputer à ce prince ses grandes qualités pour l'art militaire, ainsi que son courage & sa bravoure au-dessus de toute expression. Les étrangers même rendirent à la valeur du roi des témoignages qui ne sont pas suspects. Au siège de Maestricht, où *Louis* se trouvoit en personne, & fit des prodiges de valeur, le brave Farjaux défendoit la ville pour les Hollandois : comme on reprochoit à cet officier qu'il s'étoit trop exposé, *eh ! le moyen de ménager ma vie*, répondit-il, *en voyant un grand roi prendre si peu de soin de la sienne !* Dans la campagne de Flandre en 1667, un jour que ce prince étoit dans les tranchées, & dans un endroit où le feu étoit fort vif, un page de la grande écurie fut tué derrière lui ; un soldat qui voyoit le roi ainsi exposé, le prit rudement par le bras, en lui disant : *ôtez-vous, est-ce là votre place ?* Ce fut durant la même campagne que le duc de Charost, capitaine de ses gardes, lui ôta son chapeau garni de plumes blanches, & lui donna le sien, afin de l'empêcher d'être remarqué.

Nous finirons cet abrégé par dire qu'un des talents qu'on a admirés dans *Louis XIV*, est celui de tenir une cour. Il rendit la sienne la plus magnifique & la plus galante de l'Europe. Ses goûts servoient en toutes choses de loi, & une preuve bien convaincante de la déférence qu'on avoit pour ses sentiments, fut le changement subit qu'un seul mot de sa bouche opéra dans la coëffure des femmes. Les modes étoient montées, comme elles le sont de nos jours, à un point extravagant. *Louis XIV* agit très-prudemment en s'occupant des moyens de les réformer. Le luxe & la dissipation sont dans un état des maladies d'autant plus dangereuses, qu'elles le conduisent imperceptiblement au bord de l'abyme. Un gouvernement attentif & éclairé peut garantir quelque temps une nation, de ces malheureuses influences ; mais le remède le plus efficace est l'exemple de ceux qui nous gouvernent. (*M. G.*)

LOUIS XV. fut notre contemporain, & son règne n'est pas encore mûr pour l'histoire ; il appartient encore au panégyrique & à la satyre ; il faut passer par ces épreuves avant d'arriver à l'histoire.

Quant aux *Louises* célèbres, telles que *Louise* de Savoye & autres, on les trouvera aux articles de leurs maisons.

LOUP, (*Hist. Eccléf.*) C'est le nom de plusieurs saints évêques :

1°. Saint *Loup*, évêque de Troyes, député avec St. Germain d'Auxerre, pour aller en Angleterre combattre Pelage. Il mourut en 479. Il avoit épousé la sœur de St. Hilaire, évêque d'Arles. Ils se séparèrent volontairement pour se consacrer à Dieu dans des couvents. St. *Loup* s'enferma dans celui de Lérins, alors la pépinière des saints évêques. Sidoine Apollinaire appelle St. *Loup*, *le premier des prélats.* Il sauva la ville de Troyes des fureurs d'Attila.

2°. Un autre St. *Loup*, évêque de Bayeux, mort vers l'an 465.

3°. Un autre, évêque de Lyon, mort en 542.

Un autre prélat du même nom, qui ne fut point évêque, ne cède à aucun de ces deux-ci en célébrité, & l'emporte même sur quelques-uns d'entr'eux ; c'est *Loup*, abbé de Ferrières dans le neuvième siècle ; il dressa les canons du concile de Verneuil, tenu en 844, & où il avoit paru avec éclat ; il fut chargé avec Prudence, dit le jeune, ou Galindon, (*Voyez* l'article PRUDENCE) de réformer les monastères de France. On a de lui des Lettres & quelques écrits sur la grace contre le moine Gotescalc. Baluze les a recueillis.

LOUVENCOURT, (Marie de) (*Hist. Litt. mod.*) On a de Mademoiselle *de Louvencourt* quelques poésies, & sur-tout des cantates mises en musique, les unes par Bourgeois, les autres par Clérembault. Rousseau l'a maltraitée dans ses Epîtres. Elle mourut en 1712, à trente-deux ans.

LOUVET, (le président, (*Hist. de Fr.*) (*Voyez* l'article ARTUS de Bretagne, comte de Richemont.)

Deux autres *Louvet*, tous deux nommés *Pierre*, étoient l'un natif de Beauvais, l'autre du village de Reinville, à deux lieues de cette même ville; celui-ci, maître des requêtes de la reine Marguerite, a beaucoup écrit sur l'histoire & les antiquités de Beauvais; l'autre, docteur en médecine, puis historiographe de Dombes, a plus écrit & plus mal encore sur l'histoire de Provence & de Languedoc. Le premier mourut en 1646. Le second vivoit en 1680.

LOUVETIER, (*Hist. mod.*) officier qui commande à l'équipage de la chasse du Loup. Autrefois il avoit des *louvetiers* entretenus dans toutes les forêts; & il en reste encore en beaucoup d'endroits. Le grand *louvetier* a deux têtes de loup au-dessous de l'écu de ses armes: ce fut François Ier qui en créa la charge en 1520. Le grand *louvetier* prête serment entre les mains du roi, les autres officiers de la louveterie le prêtent entre ses mains. Le ravage que causa dans les provinces la grande multiplication de loups, occasionnée par la dépopulation qui suivit les incursions des barbares dans les Gaules, attirèrent l'attention du gouvernement: il y eut des loix faites à ce sujet. Il fut ordonné par celles des Bourguignons, & par les capitulaires de nos rois, d'avertir les seigneurs du nombre de loups que chacun aura tués, d'en présenter les peaux au roi; de chercher & de prendre les louveteaux au mois de mai; & aux vicaires ou lieutenants des gouverneurs, d'avoir chacun deux *louvetiers* dans leur district: on proposa des prix à ceux qui prendroient des loups. On finit par établir des *louvetiers* dans chaque forêt, & par créer un grand *louvetier*, auquel les autres seroient subordonnés. Les places de *louvetiers*, en chaque province, n'étoient que des commissions, lorsque François Ier. les mit en titre d'office, & au-dessus des officiers, celui de grand *louvetier* de France. On attribua d'abord aux *louvetiers* deux deniers par loup, & trois deniers par louve, salaire qui dans la suite fut porté à quatre deniers par louve, & qui dut être payé par chaque feu de village, à deux lieues à la ronde du lieu où l'animal avoit été pris. Les habitants de la banlieue de Paris en furent & ont continué d'en être exempts. (*A. R.*)

LOUVIÈRES, (Charles-Jacques de) (*Hist. Litt. mod.*) vivoit sous le règne de Charles V, roi de France. Il est un des auteurs auxquels on attribue le Songe du Vergier ou du Verdier, *Somnium Viridarii*. Les autres sont Raoul de Presle, Jean de Vertu, sécrétaire de Charles V, Philippe de Maizières. Il y a des raisons pour chacun d'eux.

LOUVILLE, (Jacques-Eugène d'Allonville, chevalier de) (*Hist. Litt. mod.*) de l'Académie des Sciences, né le 14 juillet 1671, étoit d'une famille noble du pays Chartrain, qui possédoit au moins depuis trois cents ans la terre de Louville.

Destiné, comme cadet, à l'état ecclésiastique, il attendit le jour & le moment où il alloit être tonsuré, pour déclarer qu'il ne vouloit point être ecclésiastique. Il entra dans la marine; il étoit à la bataille de La Hogue en 1690. Il servit ensuite sur terre, & en France & en Espagne, dans la guerre de la Succession; il fut pris à la bataille d'Oudenarde. Peu de temps après, il quitta & le service & même Paris, pour se livrer tout entier & sans distraction, aux mathématiques & à l'astronomie. Vers 1714, il alla à Marseille prendre la hauteur du pôle, pour lier ses Observations à celles de Pythéas. En 1715, il fit le voyage de Londres, uniquement pour y voir l'éclipse totale du soleil. En 1717, il se retira dans une petite maison de campagne, à un quart de lieue d'Orléans, où il établit un observatoire, qu'il remplit d'instruments qui étoient pour la plûpart son ouvrage; le peuple le prenoit, selon l'usage, pour un magicien:

> Ces sorciers ont beau faire,
> Les astres sont pour nous aussi bien que pour eux.

La bonne compagnie venoit au moins lui demander quel temps il devoit faire, & si la récolte seroit abondante. Il est vrai, dit M. de Fontenelle, que Paris même n'est pas encore bien parfaitement désabusé de faire le même honneur à Messieurs de l'Observatoire.

Dans cette retraite, M. le Chevalier *de Louville* vivoit en vrai stoïcien, fort taciturne, fort indifférent, se prêtant à peine à la société, recevant son voisinage à dîner, mais à dîner seulement, ne sortant de son cabinet que pour se mettre à table, & le repas fini, rentrant dans ce cabinet, quelque monde qu'il eût. « On voit assez, dit encore M. de Fontenelle, combien il gagnoit de temps par un retranchement si rigoureux & si hardi de toutes les inutilités ordinaires de la société.

» Dans les lectures qu'il faisoit à l'Académie, même stoïcisme, il ne manquoit pas de s'arrêter tout court, dès qu'on l'interrompoit: il laissoit avec un flegme parfait un cours libre à l'objection; & quand il l'avoit désarmée ou lassée par son silence, il reprenoit tranquillement où il avoit quitté: apparemment il faisoit ensuite ses réflexions, mais il ne l'avoit seulement pas promis ».

Il résulte de ces divers traits, un caractère plus singulier qu'aimable. Les monuments de ses travaux astronomiques se trouvent dans le recueil de l'Académie des Sciences. Il y avoit été reçu en 1714. Il mourut le 10 septembre 1732.

LOUVOIS. (*Voyez* TELLIER (LE)).

LOUVRE, (LE) (*Hist. mod.*) en latin *lupara*, palais auguste des rois de France dans Paris, & le principal ornement de cette capitale. Tout le monde connoît le *louvre*, du moins par les descriptions détaillées de Brice & autres écrivains.

Il fut commencé grossièrement en 1214 sous Philippe-Auguste, & hors de la ville. François Ier. jetta les fondements des ouvrages, qu'on appelle le *vieux louvre*; Henri II, son fils, employa d'habiles architectes pour le rendre régulier. Louis XIII éleva le pavillon du milieu couvert en dôme quarré; Louis XIV fit exécuter la superbe façade du *louvre* qui est à l'orient du côté de St. Germain-l'Auxerrois. Elle est composée d'un premier étage, pareil à celui des autres façades de l'ancien *louvre ;* & elle a au-dessus un grand ordre de colonnes corinthiennes, couplées avec des pilastres de même. Cette façade, longue d'environ 88 toises, se partage en trois avant-corps, un au milieu, & deux aux extrémités.

L'avant-corps du milieu est orné de huit colonnes couplées, & est terminé par un grand fronton, dont la cimaise est de deux seules pierres, qui ont chacune cinquante-deux pieds de longueur, huit de largeur & quatorze pouces d'épaisseur.

Claude Perrault donna le dessein de cette façade, qui est devenue, par l'exécution, un des plus augustes monuments qui soient au monde. Il inventa même les machines avec lesquelles on transporta les deux pierres dont nous venons de parler.

L'achevement de ce majestueux édifice, exécuté dans la plus grande magnificence, reste toujours à desirer. On souhaiteroit, par exemple, que tous les rez-de-chaussée de ce bâtiment fussent nettoyés & rétablis en portiques. Ils serviroient ces portiques, à ranger les plus belles statues du royaume, à rassembler ces sortes d'ouvrages précieux, épars dans les jardins où on ne se promène plus, & où l'air, le temps & les saisons, les perdent & les ruinent. Dans la partie située au midi, on pourroit placer tous les tableaux du roi, qui sont présentement entassés & confondus ensemble dans des gardes-meubles où personne n'en jouit. On mettroit au nord la galerie des plans, s'il ne s'y trouvoit aucun obstacle. On transporteroit aussi dans d'autres endroits de ce palais, les cabinets d'Histoire naturelle, & celui des médailles.

Le côté de Saint Germain-l'Auxerrois libre & dégagé, offriroit à tous les regards cette colonade si belle, ouvrage unique, que les citoyens admireroient, & que les étrangers viendroient voir.

(Ce vœu est aujourd'hui rempli.)

Les Académies différentes s'assembleroient ici, dans des salles plus convenables que celles qu'elles occupent aujourd'hui; enfin, on formeroit divers appartements pour loger des académiciens & des artistes. Voilà, dit-on, ce qu'il seroit beau de faire de ce vaste édifice, qui peut-être dans deux siècles n'offrira plus que des débris. M. de Marigni a depuis peu exécuté la plus importante de ces choses, la conservation de l'édifice. (*D. J.*)

LOUVRE, *honneur du*, (*Hist. de France*) on nomme ainsi le privilége d'entrer au *louvre* & dans les autres maisons royales, en carrosse. En 1607, le duc d'Epernon étant entré de cette manière dans la cour du *louvre*, sous prétexte d'incommodité, le roi voulut bien le lui permettre encore à l'avenir, quoique les princes seuls eussent ce privilége; mais il accorda la même distinction au duc de Sully en 1609; enfin, sous la régence de Marie de Médicis, cet honneur s'étendit à tous les ducs & officiers de la couronne, & leur est demeuré. (*D. J.*)

LOYER, (Pierre le) (*Hist. Litt. mod.*) conseiller au présidial d'Angers, savant homme sans lumières & un peu visionnaire. Son Traité des Spectres, est recherché pour la singularité. Son *Edom* ou *Colonies Iduméennes* offre de l'érudition, mais peu d'idées auxquelles on puisse se fier. *Loyer* voulut aussi être poëte; il remporta le prix de l'Eglantine à l'Académie des Jeux Floraux. Né en Anjou en 1540. Mort à Angers en 1633.

LOYSEAU, (Charles) (*Hist. Litt. mod.*) jurisconsulte célèbre, avocat à Paris, lieutenant particulier de Sens, bailli de Châteaudun, connu sur-tout par son Traité *du Déguerpissement*.

Un autre avocat du même nom, mort jeune le 19 octobre 1771 (Alexandre-Jérôme *Loyseau* de Mauléon) a prouvé par son Mémoire pour les Calas, dont il fut le premier défenseur, que s'il eût vécu & travaillé plus long-temps, il auroit pu se faire un grand nom au barreau par son éloquence:

O miserande puer, si quà fata aspera rumpas,
Tu Marcellus eris!

LUC, (Saint) l'un des quatre évangelistes, & auteur des Actes des Apôtres. Il étoit d'Antioche, avoit été médecin. Il accompagna Saint Paul dans ses voyages; il le seconda dans la prédication de l'Evangile. C'est à-peu-près tout ce qu'on en sait.

LUCAIN, (*Marcus-Annæus Lucanus*) (*Hist. Litt. Rom.*) célèbre poëte romain du temps de Néron, auteur de la Pharsale. Quelques-uns disent que c'est un historien, & non pas un poëte, parce qu'il n'invente rien, & qu'il ne suit pas d'autre plan que celui de l'histoire. Eh bien! c'est un historien-poëte & grand poëte. Virgile cesse-t-il de l'être, lorsque dans la description du bouclier d'Enée, imité du bouclier d'Achille, au huitiéme livre de l'Enéide & dans l'entrevue d'Enée & d'Anchise aux Champs-Elisées, livre sixiéme, il retrace en beaux vers presque toute l'histoire Romaine, depuis Ascagne jusqu'à Auguste. Quintilien trouve à Lucain l'éloquence d'un orateur plus que celle d'un poëte. *Magis oratoribus quàm poëtis annumerandus*. Ce jugement auroit besoin d'être un peu expliqué. Entre l'éloquence de l'orateur & celle du poëte, les bornes ne sont pas faciles à poser, ni les différences à assigner. *Lucain* est éloquent sans doute, il est, comme le dit Quintilien, *ardens, & concitatus & sententiis clarissimus.* Corneille lui doit une grande partie de sa sublimité; Brébeuf étincèle à sa suite de quelques beautés supérieures. *Lucain* a quelquefois de la séchéresse & de l'enflure, & il a sur-tout le défaut de ne savoir pas finir. C'est Virgile qui, par la sagesse de son génie, par la pureté de son goût rend le plus sensible dans *Lucain*, ce dernier défaut. Décrivent-ils, l'un, les sinistres prodiges arrivés à la mort de César; l'autre, ceux qui avoient présagé la guerre civile, Virgile ne dit que ce qu'il faut; *Lucain* ne s'arrête pas qu'il n'ait entassé, accumulé, épuisé toutes les images lugubres & effrayantes dont il a pu s'aviser, & qu'il n'ait rendu fastidieux le tableau qu'il vouloit rendre terrible. Mais quelle beauté dans certains détails de cette excessive énumération! & quel degré d'estime peut-on refuser à des morceaux tels que ceux-ci !

Medio visi consurgere campo
Tristia Syllani cecinere oracula manes,
Tollentemque caput gelidas Anienis ad undas,
Agricolæ fracto Marium fugere sepulchro.

Nous ne connoissons point de tableau plus énergique ni plus terrible. Ces mânes de Sylla qu'on voit s'élever tout-à-coup du milieu d'un champ, qu'on entend prononcer de sinistres oracles; ce tombeau de Marius brisé, cette ombre qui en sort; ces laboureurs tremblants & fuyants à la vue du spectre qui élève sa tête effrayante; ce *tollentemque caput* qui rappelle l'*attollentem iras* de Virgile, & qui semble donner une nature gigantesque à l'ombre de Marius : quel tableau !

Quels portraits que ceux de ses principaux personnages, César & Pompée ! combien de beautés, & quelles beautés fournies aux tragédies de la mort de Pompée, de Sertorius ! &c. & quelle gloire d'avoir formé Corneille ! La versification de *Lucain* est d'ailleurs presque toujours ferme, pleine, harmonieuse, énergique, &c. & ce poëte est mort à moins de vingt-six ans. Il étoit fils d'Annæus Mella & neveu de Sénéque. Néron, qui, faisant aussi des vers, étoit jaloux de la gloire poëtique de *Lucain*, cherchoit en toute occasion à lui nuire; car nul genre de tyrannie n'échappoit à ce monstre. *Lucain*, pour s'en venger, entra dans la conspiration de Pison, & fournit à Néron un prétexte de l'immoler. On lui coupa les veines; & , poëte jusqu'à la mort, lorsqu'il sentit la chaleur abandonner les extrémités de son corps, il se souvint des vers où il avoit peint autrefois un soldat mourant de la sorte, & il mourut en les récitant. Il faut avouer qu'il descendit dans la tombe avec deux grandes infamies; l'une, d'avoir flatté son tyran dans la Pharsale, au point de dire que si les destins ne pouvoient que par la guerre civile, procurer au monde l'empire de Néron, les crimes & les désastres deviennent des biens à ce prix :

Quòd si non aliam venturo fata Neroni
Invenere viam, magnoque æterna parantur
Regna Deis, cœlumque suo servire Tonanti
Non nisi sævorum potuit post bella gigantum :
Jam nihil, ô superi, querimur : scelera ipsa, nefasque
Hâc mercede placent.

éloge si fort, que quelques-uns l'ont cru ironique; mais dans ce cas aussi, l'insulte eût été trop forte.

L'autre infamie plus grande encore que la première, est que *Lucain*, gagné par l'espérance de l'impunité, accusa de complicité Atilla sa mère. Il mourut l'an 65 de J. C.

LUCAS, (*Hist. Litt. mod.*) On connoît quelques savants de ce nom;

1°. *Lucas Tudensis* ou Luc de Tuy, ainsi nommé, parce qu'il étoit évêque de Tuy en Galice, au treizième siècle, a écrit contre les Albigeois; & c'étoit tout ce qu'il falloit faire contr'eux. On a de lui encore une histoire d'Espagne, depuis Adam jusqu'en 1236, & une vie de Saint Isidore de Séville.

2°. *Lucas Brugensis* ou Luc de Bruges, docteur de Louvain, doyen de Saint Omer, mort en 1619, savant dans les Langues orientales, a écrit sur la Bible.

3°. Richard *Lucas*, théologien anglois, docteur d'Oxford, mort en 1715, a laissé des sermons & d'autres ouvrages chrétiens.

4°. Paul *Lucas*, célèbre voyageur. Il voyagea dans le Levant, sous Louis XIV & sous Louis XV; & en rapporta des manuscrits & des médailles pour la bibliothèque du roi. En 1736, il voulut entreprendre de nouveaux voyages, partit pour l'Espagne à soixante & douze ans, & mourut à Madrid l'année suivante. On a la relation de ses divers voyages; elle a été mise en ordre par des gens de lettres, Baudelot, Fourmont l'aîné, l'abbé Banier. Paul *Lucas* étoit né à Lyon en 1664; il étoit fils d'un marchand de cette ville.

LUCE ou LUCIUS, (*Hist. Ecclés.*) Il y a eu trois papes de ce nom.

Le premier a le titre de Saint; c'est le successeur de St. Corneille. Elu en septembre 253, il souffrit le martyre le 4 ou 5 mars 254.

Le second, nommé Gérard de *Caccianemici*, Bolonois, élu en 1144, mourut à Rome en 1145, d'un coup de pierre qu'il reçut dans une émeute populaire.

Le troisième, *Humbaldo Allincigoli*, mort à Vérone en 1185, fut grand persécuteur des Hérétiques, & prépara l'inquisition.

LUCIEN, (*Hist. Rom.*) naquit à Samosate sur les bords de l'Euphrate dans la Comagène; l'année de sa naissance n'est pas connue; il a vécu sous les règnes des deux Antonins & de Commode; ses parents étoient pauvres, & de condition médiocre. Il fut d'abord destiné à l'état de sculpteur; il avoit un oncle statuaire, chez lequel il fut mis en apprentissage. Pour son début, il brisa un modèle qu'on lui avoit donné à dégrossir; son oncle l'en punit avec une rigueur qui dégoûta le jeune *Lucien* de la sculpture, & le tourna entièrement du côté des lettres, pour lesquelles il avoit toujours eu du penchant. Il fut Avocat à Antioche; il embrassa ensuite la profession de Rhéteur, & voyagea dans les principales villes de l'Asie mineure, de l'Ionie & de l'Achaïe; il s'arrêta long-temps dans Athènes; il arriva jeune encore dans les Gaules, alors excellente école d'éloquence, & pépinière féconde d'orateurs. Il voulut connoître l'Italie & Rome. Marc-Aurèle lui donna une préfecture en Egypte. Il fut marié; il eut un fils.

On a prétendu que *Lucien* avoit été d'abord chrétien, & qu'il avoit apostasié. M. l'abbé Massieu, son plus moderne traducteur, le lave de cette accusation, ainsi que de celle d'athéisme, de dépravation de mœurs & de licence dans ses écrits. « *Lucien*, dit-il, est un » philosophe ennemi de toutes les sectes, mais non pas » un sacrilége; c'est un écrivain superficiel & mal » instruit, quand il parle des Chrétiens, mais non pas

» un vil apostat. S'il n'a vu dans les disciples de J. C. » qu'une secte particulière de cyniques nouveaux, il » n'est pas plus coupable à cet égard que Tacite, » Pline & d'autres écrivains, qui, comme lui, ont » prétendu juger les Chrétiens sans les connoître ».

Quant à l'accusation d'athéisme, M. l'abbé Massieu tourne à l'avantage de *Lucien*, ce qui a donné lieu à cette accusation : il est certain que *Lucien* étoit un indévot du paganisme ; « en cela même, dit M. l'abbé Massieu, *Lucien*, à son insçu, & sans le vouloir, a » mieux servi la religion Chrétienne, hors de son » sein, qu'il ne l'eût fait peut-être par le seul exem- » ple de sa croyance, s'il eût été chrétien. Ce fut du » sein même de l'idolâtrie, que s'éleva le plus redou- » table adversaire des idoles & le destructeur des » fables du paganisme ».

C'est une circonstance dont la religion Chrétienne peut sans doute tirer avantage ; mais il en résulte cependant que *Lucien* ne reconnoissoit ni ses Dieux ni le nôtre.

Quant aux mœurs de *Lucien*, les avis ont été partagés sur ce point encore plus que sur ses opinions. Un de ses éditeurs, Bourdelot, en a fait un modèle de vertu : *unicum continentiæ exemplum Lucianus, vitiorum omnium inimicus, unius virtutis & perfectæ philosophiæ sectator, cui nec viget quidquam simile aut secundum.*

Voilà certainement un beau zèle d'éditeur. M. l'abbé Massieu se moque avec raison d'un tel excès.

« On ne peut se dissimuler, dit-il, que *Lucien* parle » quelquefois avec une coupable complaisance d'un » penchant infame qui révolte la nature... il faudroit » l'abandonner à tout l'opprobre dont il se seroit » couvert lui-même, s'il étoit l'auteur du *Dialogue* » *des Amours*, où l'on trouve l'éloge de cette abomi- » nation ; mais d'habiles critiques pensent qu'on a » faussement attribué cet ouvrage à *Lucien*, & qu'on » n'y reconnoît ni son style, ni sa manière.

» Ce qu'il dit de cette turpitude dans quelques-au- » tres de ses écrits, ne peut être plus préjudiciable à » sa réputation, que l'*Eglogue de Coridon* & d'*Alexis*, » ne l'a été à celle du chaste Virgile ».

Mais le chaste Virgile, & dans cette églogue & dans l'épisode de *Nisus* & *Euryale*, & dans beaucoup d'autres endroits, n'est chaste que dans l'expression.

M. l'abbé Massieu conclut que les obscénités sont beaucoup plus rares dans les ouvrages de *Lucien* qu'on ne le croit communément, & que la haine du vice & l'amour de la vertu y éclatent presque partout.

La traduction de M. l'abbé Massieu a paru en 1781.

Trois *Lucien* sont honorés du titre de Saints :

1°. Saint *Lucien*, prêtre d'Antioche, & martyr sous Galerius.

2°. Un autre *Lucien*, martyrisé sous l'empereur Déce.

3°. Le premier évêque de l'église de Beauvais.

LUCIFER, (*Hist. Ecclés.*) évêque de Cagliari en Sardaigne, au quatriéme siècle, a cela de remarquable, qu'étant regardé par la plus grande partie de l'église, comme schismatique, mort dans le schisme (en 370) & chef de schismatiques, nommés de son nom *Lucifériens*, il est néanmoins révéré comme un saint à Cagliari, où on célèbre sa fête le 20 mai, & où on a imprimé en 1639, un ouvrage sous ce titre : *defensio sanctitatis B. Luciferii.* Cette idée de la sainteté de *Lucifer*, paroît fondée sur ce qu'il soutint au concile de Milan en 354, la cause de St. Athanase contre l'empereur Constance, qui exila *Lucifer* ; car les tyrans n'ont jamais su répondre aux raisons que par l'exil & les actes de violence. *Lucifer*, qui n'étoit pas endurant, fit contre cet empereur, des écrits très-véhéments, qui furent imprimés à Paris en 1568, par les soins de Jean du Tillet, évêque de Meaux.

LUCILIUS, (Caïus) (*Hist. Litt. de Rome*) chevalier Romain, est regardé comme l'inventeur de la satyre chez les Romains.

Est Lucilius ausus
Primus in hunc operis componere carmina morem,
Detrahere & pellem, nitidus quà quisque per ora
Cederet, introrsùm turpis.

Cependant Pacuvius & Ennius avoient fait des satyres avant lui ; mais il fut le premier qui donna de l'éclat à ce genre, il lui en donna tant qu'il fit des fanatiques qui ne permettoient pas qu'on lui reprochât un défaut. Horace, qui n'étoit point fanatique, en fait un assez bel éloge, quand il dit qu'il ne respectoit que la vertu :

Primores populi arripuit populumque tributim
Scilicet uni æquus virtuti atque ejus alumnis.

qu'il confioit tout à ses livres, & se peignoit tout entier dans ses ouvrages :

Ille velut fidis arcana sodalibus olim
Credebat libris : neque si malè cesserat, usquam
Decurrens aliò, neque si bene. Quò fit ut omnis
Votivâ pateat veluti descripta tabellâ
Vita senis.

Mais, comme dans la quatrième satyre du premier livre, Horace, en accordant à *Lucilius* du goût & du talent pour la raillerie :

Facetus,
Emunctæ naris,

lui avoit reproché la dureté de ses vers, la négligence avec laquelle il les jettoit sur le papier par centaines, sans jamais prendre la peine de les corriger ni de les polir, & l'avoit comparé enfin à un fleuve, qui parmi beaucoup de boue, roule néanmoins un sable précieux :

Durus componere versus,
Nam fuit hoc vitiosus, in horâ sæpè ducentos
Ut magnum, versus dictabat, stans pede in uno.
Cùm flueret lutulentus, erat quod tollere velles.
Garrulus atque piger scribendi ferre laborem,
Scribendi rectè, nam ut multùm, nil moror.

Horace pour ce jugement eut une espèce de persécution littéraire à souffrir ; on l'accusa de décrier Lucilius par envie ; on ne manqua pas de dire contre lui tout ce que nous avons tant entendu dire contre M. de Voltaire, quand il eut fait *le Temple du Goût* & son commentaire sur Corneille, que ce sujet rebelle ne détrônoit ainsi ses maîtres que pour usurper leur place. Horace fut obligé de faire son apologie ; c'est l'objet de la dixiéme satyre du premier livre d'Horace, Lucilius n'y gagne rien ; Horace ne lui accorde toujours que ce qu'il lui avoit accordé, une plaisanterie vive & piquante, tout le sel de la satyre ; mais il lui dénie toujours ce qu'il lui avoit dénié, le mérite des vers :

Nempè incomposito dixi pede currere versus
Lucili. Quis tam Lucili fautor ineptè est
Ut non hoc fateatur ? at idem quod sale multo
Urbem defricuit chartâ laudatur eâdem !
Nec tamen hoc tribuens dederim quoque cætera....
... Non satis est risu diducere rictum
Auditoris : & est quædam tamen hîc quoque virtus.

C'est cette apologie d'Horace au sujet de Lucilius, que Boileau paroît avoir voulu imiter dans la satyre à son esprit.

Perse a dit dans le même sens qu'Horace :

Secuit Lucilius urbem.

Juvenal, en parlant de *Lucilius*, semble se peindre lui-même :

Ense velut stricto quoties Lucilius ardens
Infremuit, rubet auditor cui frigida mens est
Criminibus, tacitâ sudant præcordia culpâ.

Quintilien loue Lucilius de beaucoup d'érudition, & Cicéron lui reproche formellement d'en manquer ; mais Cicéron sur ce point, est tombé en contradiction avec lui-même. Pour lui, il désiroit, disoit-il, des lecteurs qui ne fussent ni tout-à-fait ignorants, ni trop savants. Il paroît que ce Lucilius étoit un homme de très-bonne compagnie. C'étoit l'ami de Scipion & de Lœlius, qui venoient se délasser avec lui dans un repas frugal, de leurs grandes & importantes occupations :

Quin ubi se à vulgo & scenâ in secreta remôrant,
Virtus Scipiadæ & mitis sapientia Læli
Nugari cum illo & discincti ludere, donec
Decoqueretur olus, soliti.

Il étoit né à Suessa, au pays des Aurunces en Italie l'an de Rome 605. Velleïus Paterculus dit qu'il porta les armes sous le second Scipion l'Africain, à la guerre de Numance ; selon la chronique d'Eusébe, il n'auroit eu alors que quinze ans, ce qui forme une difficulté, parce qu'il n'auroit point eu encore la robe virile. Quintilien nous apprend que de son temps, Lucilius avoit encore des zélateurs qui le préféroient non seulement à tous les satyriques, mais à tous les poëtes. On dit qu'il en avoit eu d'assez fous pour cacher des fouets sous leur robe afin de châtier ceux qui parloient mal des vers de Lucilius. Il ne nous reste que quelques fragments de ses satyres. Il avoit fait la vie de Scipion l'Africain ; & c'est à quoi Horace fait allusion dans ces vers :

Attamen & justum poteras & scribere fortem,
Scipiadem ut sapiens Lucilius.

Lucilius étoit grand-oncle de Pompée du côté maternel de ce dernier.

LUCILLE, (*Hist. Rom.*) fille indigne de Marc-Aurèle, mais digne de Faustine, sa mère ; (*Voyez* l'article FAUSTINE.) aussi déréglée qu'elle dans ses mœurs, épousa d'abord l'empereur Verus, associé à l'empire par Marc-Aurèle, ensuite le sénateur Claude Pompeïen, en conservant les honneurs attachés à la dignité impériale. Elle eut un commerce incestueux avec l'empereur Commode son frère, puis dédaignée de lui dans la suite, & son orgueil souffrant impatiemment la nécessité de céder le pas à l'impératrice sa belle-sœur, elle prit le parti de conspirer contre son frère, & entraîna ses amants dans cette conspiration, qui fut découverte, & qui la fit d'abord reléguer dans l'isle de Caprée, où peu après elle fut mise à mort l'an de J. C. 183.

LUCRÈCE, (*Lucretia*) (*Hist. Rom.*) dame romaine, dont le nom est devenu pour les femmes le symbole de la vertu. Elle étoit fille de Spurius Lucretius, & femme de Tarquin Collatin. (*Voyez* TARQUIN.)

LUCRÉCE, (*Titus Lucretius Carus*) (*Hist. Litt. de Rom.*) poëte & philosophe, dont tout le monde rejette le systême, & sait les vers par cœur :

Pieridum si fortè lepos austera canentes
Deficit, eloquio victi, re vincimus ipsâ.

a dit l'auteur de l'*Anti-Lucrèce*, excellent poëme de raisonnement & de discussion, où l'on réfute un excellent poëme de raisonnement & de discussion. C'est une chose qu'on ne peut trop admirer, que la manière heureuse dont l'un & l'autre poëte a su appliquer la poësie à la logique, à la physique, à la métaphysique, à l'exposition & à l'examen de divers systêmes. Les éditions du poëme de Lucrèce, *de rerum Naturâ*, sont innombrables, & les deux Poëtes rivaux ont eu l'un & l'autre l'avantage de trouver un fort bon traducteur. M. de la Grange a enfin traduit *Lucréce* comme il méritoit de l'être ; & long-temps auparavant, M. de Bougainville avoit fort bien traduit l'*Anti-Lucréce*. *Lucréce* mourut à quarante-deux ans, & cinquante-deux ans avant la naissance de J. C.

LUCULLUS, (*Hist. Rom.*) Lucius Licinius, fils d'un père condamné comme concussionnaire, amassa d'immenses richesses, & les dépensa magnifiquement, sans donner lieu même à un soupçon de concussion. Il put dire, comme dit dans la suite un grand général ; *je n'ai jamais rien gagné que sur les ennemis de l'état.*

On cite *Lucullus* comme un exemple de ce que peuvent

peuvent la lecture & l'étude de l'histoire. Cicéron dit qu'étant parti de Rome encore novice dans l'art militaire, il arriva en Asie général tout formé, parce qu'il employa tout le temps du voyage à lire, à méditer l'histoire & à interroger les gens du métier. C'étoit pour la guerre contre Mithridate qu'il partoit. C'est dans cette guerre qui devoit occuper & illustrer les plus grands généraux Romains, que *Lucullus* acquit & sa gloire & sa fortune; il est un de ceux que Xipharès désigne, lorsqu'il loue son père d'avoir seul durant quarante ans:

> Lassé tout ce que Rome eut de chefs importans.

Lucullus eut contre lui les plus grands succès. Cotta, collègue de *Lucullus*, & qui avoit toujours voulu lui enlever l'honneur de la victoire, s'étoit fait battre deux fois en un jour & sur terre & sur mer, par Mithridate, enfermé dans Chalcédoine; il n'avoit plus d'espérance que dans ce même *Lucullus*, objet de son envie; *Lucullus* accourt & le dégage; *j'aime mieux*, dit-il, *sauver du péril un seul citoyen romain, que de conquérir tous les états de Mithridate :* il n'en conquit pas moins les états de Mithridate, après lui avoir fait lever le siège de Cyzique, l'avoir battu plusieurs fois sur terre & sur mer, l'avoir chassé de la Bithynie, l'avoir poursuivi de retraite en retraite. Mithridate défait, se sauve chez Tigrane son gendre, roi d'Arménie; *Lucullus* redemande son vaincu pour le traîner en triomphe à Rome; Tigrane résiste, *Lucullus* passe l'Euphrate & le Tigre, bat Tigrane, prend Tigranocerte, & passant de cette prudente lenteur avec laquelle il avoit consumé devant Cyzique les forces de Mithridate, à l'activité la plus rapide & la plus effrayante, il passe le Mont-Taurus, bat encore Tigrane & Mithridate, & un troisième roi qui s'étoit joint à eux, pousse jusqu'à l'Araxe, assiège Artaxate; ce fut le terme de ses conquêtes. *Lucullus*, parmi tant de talents, avoit négligé le plus nécessaire de tous, celui de plaire; il n'étoit point aimé des soldats, & il avoit à Rome des ennemis & des envieux; le factieux Clodius son beau-frère, étoit dans son armée; *Lucullus* le méprisoit, & le lui témoignoit; Clodius, pour s'en venger, souleva les soldats, qui refusèrent de suivre *Lucullus* dans les pays lointains, où l'emportoient son ardeur & le bonheur de ses armes; les complices de Clodius agirent aussi à Rome contre *Lucullus*; on fit cesser son commandement, qui duroit depuis plusieurs années; on lui donna Pompée pour successeur. Au milieu de ces discordes, Mithridate & Tigrane respirèrent; ils eurent le temps de se reconnoître, temps que l'activité de *Lucullus* ne leur laissoit jamais auparavant; ils remirent des armées sur pied, rentrèrent dans une partie de leurs états, & l'ouvrage de *Lucullus* fut bientôt réduit à peu de chose; Pompée fut obligé de le recommencer.

Lucullus avoit mérité les honneurs du triomphe; tout ce que put faire la jalousie de ses ennemis, fut de le différer pendant trois ans; mais ils ne purent enlever à ce triomphe tout l'éclat qu'il tiroit de tant de trophées érigés en Arménie, des conquêtes de Tigranocerte & de Nisibe, des richesses immenses apportées de ces pays à Rome, du diadême de Tigrane, porté en pompe dans cette cérémonie. Ce fut, comme l'observe Plutarque, cette gloire de *Lucullus*, qui causa dans la suite les malheurs de Crassus. Il s'imagina que les richesses de l'Orient étoient une proie toute prête pour quiconque voudroit seulement aller l'enlever. « Mais bientôt, ajoute-t-il, les fléches des Parthes lui » prouvèrent le contraire; & sa défaite déplorable » fait voir que *Lucullus* devoit ses victoires, non pas » à l'imprudence & à la mollesse des ennemis, mais » à son propre courage & à son habileté ».

Le jour du triomphe de *Lucullus*, dit M. Rollin, d'après Plutarque, fut le dernier de ses beaux jours; le reste de son histoire n'est plus que celle de son luxe, de sa mollesse, de ses palais, de ses jardins, de ses canaux, de ses viviers, de ses festins au salon d'Apollon, de ses soupers, où rien ne devoit jamais être négligé, parce que, selon son expression, *Lucullus* soupoit toujours chez *Lucullus*, &c. Il déposa tout soin de la république, tout souvenir de ses exploits; ce fut alors qu'on put dire de lui ce que dit Catilina dans *Rome sauvée :*

> Cet heureux *Lucullus*, brigand voluptueux,
> Fatigué de sa gloire, énervé de mollesse.

Il parut avoir pris pour modèle ce soldat qui avoit servi sous lui, & qui, devenu riche par ses exploits, ne vouloit plus entendre parler d'exploits, de hazards brillants, d'expéditions glorieuses; envoyez-y, disoit-il, quelqu'un qui ait perdu sa bourse:

> *Luculli miles collecta viatica multis*
> *Ærumnis, lassus dùm noctu stertit, ad assem*
> *Perdiderat; post hoc vehemens lupus, & sibi & hosti*
> *Iratus pariter, jejunis dentibus acer,*
> *Præsidium regale loco dejecit, ut aiunt,*
> *Summè munito & multarum divite rerum.*
> *Clarus ob id factum donis ornatur honestis,*
> *Accipit & bis dena super sestertia nummûm.*
> *Forte sub hoc tempus, castellum evertere Prætor*
> *Nescio quod cupiens, hortari cœpit eundem*
> *Verbis quæ timido quoque possent addere mentem:*
> *I, bone, quò virtus tua te vocat, i, pede fausto;*
> *Grandia laturus meritorum præmia, quid stas?*
> *Post hæc ille catus, quantumvis rusticus, ibit,*
> *Ibit, eò quò vis, zonam qui perdidit, inquit.*

On le prie un jour de prêter cent habits de théâtre; où voulez-vous, dit-il, que je trouve cent habits de théâtre? il fit chercher, il en avoit cinq mille:

> *Chlamydes Lucullus, ut aiunt,*
> *Si posset centum scenæ præbere rogatus*
> *Qui possum tot? ait, tamen & quæram & quot habebo*
> *Mittam; post paulò scribit sibi millia quinque*
> *Esse domi chlamydum; partem vel tolleret omnes.*

Horace ajoute qu'il n'y a que des maisons pauvres

où on sache son compte, & où la part des voleurs ne soit pas faite :

Exilis domus est, ubi non & multa supersunt,
Et dominum fallunt, & prosunt furibus.

On ne s'étonnera pas que *Lucullus*, ainsi dégénéré, ait tremblé & rampé devant César naissant ; il tomba dans un état de démence que le luxe & la bonne chère pouvoient avoir hâté ; Marcus *Lucullus* son frère, qui l'avoit toujours tendrement aimé, fut son curateur. C'est dans cet état que mourut le grand *Lucullus*, l'an 695 de Rome.

LUCUMON, (*Hist. Rom.*) premier nom de Tarquin l'ancien. (*Voyez* TARQUIN.)

LUDE, (DU) (*Hist. de Fr.*) Fontarabie, que l'amiral de Bonnivet avoit prise en 1521, fut conservée la même année par le brave Daillon *du Lude*, avec encore plus de gloire qu'elle n'avoit été conquise ; ce capitaine, long-temps exercé sous Louis XII, dans les guerres d'Italie, ayant été nommé par François Ier, gouverneur de Fontarabie, justifia bien ce choix par le courage persévérant avec lequel il la défendit pendant treize mois, contre toute l'armée d'Espagne. Il soutint quantité d'assauts, il soutint sur-tout les horreurs d'une de ces famines dont les exemples sont même rares dans les histoires des malheurs & des fureurs des hommes ; il y avoit long-temps que tous les animaux domestiques étoient dévorés, que les aliments les plus immondes, les plus dégoûtants manquoient à la faim enragée de la garnison ; qu'on s'arrachoit des cuirs grillés, des parchemins bouillis, & *du Lude* ne parloit point de se rendre, quoiqu'il ne reçût aucun secours. Enfin, une si belle défense fit ouvrir les yeux ; on ne voulut point en perdre le fruit ; on envoya pour faire lever le siège de Fontarabie, une armée commandée par le maréchal de Châtillon. Il ne put arriver que jusqu'à Dax, où la mort l'arrêta le 24 août 1522. Le maréchal de Chabannes prit le commandement de l'armée, passa l'Andaye à la vue des ennemis, très-supérieurs en forces, les attaqua dans leurs lignes, les força, entra triomphant dans Fontarabie, & le siège fut levé. *Du Lude*, après des travaux si longs & si pénibles, revint à la cour, où les embrassements de son maître & les applaudissements du public furent sa plus flatteuse récompense ; on ne l'appelloit que *le rempart de Fontarabie.*

Le grand exemple qu'il avoit donné fut bien mal imité en 1523, par son successeur le capitaine Frauget ; celui-ci n'eut pas honte de rendre en moins d'un mois, cette place, que *du Lude* avoit défendue pendant plus d'un an de siège & de famine, & qui depuis avoit été ravitaillée, fortifiée, garnie de troupes & approvisionnée, de manière que les capitaines les plus expérimentés de l'empereur Charles-Quint taxoient ce siège de témérité. François Ier conçut une si violente colère contre Frauget, qu'il vouloit lui faire trancher la tête, &, s'il lui fit grace de la vie, ce fut pour le couvrir d'une infamie plus cruelle que la mort pour un homme de cœur tel que Frauget avoit paru l'être jusqu'alors ; il le fit casser & dégrader de noblesse sur un échafaud dans la place publique de Lyon, avec les cérémonies les plus ignominieuses. La gloire de *du Lude* parut s'augmenter encore par le parallèle. Ce fameux *du Lude*, nommé Jacques, avoit un frère distingué par le nom du sieur de La Crotte, & l'un des plus vaillants capitaines de Louis XII. Il fut tué à la bataille de Ravenne. Ils étoient fils de M. *du Lude*, qui gouvernoit le roi Louis XI, dit Brantôme ; celui-ci se nommoit Jean ; il étoit Chambellan du roi, capitaine de la Porte, capitaine de cent hommes d'armes, & fut successivement gouverneur du Dauphiné & de l'Artois ; il avoit été élevé avec Louis XI. Comines dit qu'il aimoit son profit particulier, mais qu'il n'aimoit à tromper personne ; trait remarquable en effet dans un favori de Louis XI.

Jacques Daillon *du Lude* eut deux fils, tous deux gouverneurs de Guyenne. Gui, l'un d'eux, eut pour fils François, dont Brantôme dit qu'*il promettoit beaucoup, & qu'il avoit déjà fait belle preuve.* Il fut fait gouverneur de Gaston, duc d'Orléans, dont, selon les intentions de la cour, il négligea autant l'éducation, que M. de Brèves, son prédécesseur, l'avoit soignée, ce qui la lui avoit fait ôter. On cite de ce comte *du Lude*, un calembourg qui fit bruit, dans le temps. La reine Marie de Médicis demandant son voile, & sa dame d'atours s'empressant de l'aller chercher ; *il ne faut point de voile*, dit le comte du Lude, *pour un navire qui est à l'ancre*, faisant allusion au maréchal d'Ancre. On ne diroit pas mieux aujourd'hui.

Sa postérité masculine finit en 1685, par la mort de Henri, comte, puis duc *du Lude*, grand-maître de l'artillerie.

LUDOLPHE *ou* LUDOLF, (Job) savant allemand, né en 1624, à Erfort dans la Thuringe. On prétend qu'il savoit vingt-cinq langues ; il s'étoit particulièrement appliqué à celle des Éthiopiens. Il nous a donné une histoire latine de l'Ethiopie ; un commentaire sur cet ouvrage, & un appendix pour le même ouvrage, le tout en latin ; une grammaire & un dictionnaire abyssin ; les fastes de l'Eglise d'Alexandrie. L'abbé Renaudot l'a critiqué, mais sans porter atteinte à sa réputation. *Ludolphe* mourut en 1704, à Francfort. Sa vie a été écrite par Juncker.

LUGO, (Jean de) (*Hist. Litt. mod.*) né à Madrid en 1588, jésuite en 1603, cardinal en 1643, mort à Rome en 1660, est moins connu pour avoir partagé entre les Jésuites de Séville & les Jésuites de Salamanque, la riche succession de son père, dont il auroit pu jouir dans le monde, & pour avoir fait de grands traités de scolastique, en latin, recueillis en 7 vol. *in-fol.*, que pour avoir été le premier qui ait donné beaucoup de vogue au quinquina, qu'on appella d'abord de son nom, *la poudre de Lugo.* Il la vendoit bien cher aux riches, mais il la donnoit gratuitement aux pauvres.

Les jansénistes ont dû relever comme un trait de machiavellisme jésuitique, le conseil qu'il donne dans

une de ses lettres, à un jésuite de Madrid, & de ré-
» veiller les disputes sur l'Immaculée Conception, afin
» de faire diversion contre les Dominicains, qui pres-
» soient vivement en Italie les Jésuites sur les matières
» de la grace ».

Le cardinal de *Lugo* eut un frère ainé, (François *de Lugo*) jésuite comme lui, & auteur comme lui, de divers écrits théologiques. Mort en 1652.

LUILLIER, (*Hist de France*). C'est le nom de quelques citoyens qui ont été utiles à leur patrie. Il y avoit au quinzième siècle un avocat général ou avocat du roi au parlement de Paris, de ce nom.

Jean *Luillier* son fils, fut recteur de l'Université en 1447, évêque de Meaux en 1483. Il avoit été confesseur de Louis XI, & avoit beaucoup contribué à terminer la guerre, dite *du Bien Public*. Mort en 1500.

De cette même famille étoit Jean *Luillier*, élu prévôt des marchands en 1592, célèbre par les services importants qu'il rendit à Henri IV, dont il facilita en 1593, l'entrée dans Paris, au péril de sa vie. Henri IV, pour le récompenser, créa en sa faveur, une charge de président à la chambre des comptes. Il étoit déjà maître des comptes.

Madeleine *Luillier* sa fille, veuve de Claude Le Roux de Sainte-Beuve, fonda le monastère des Ursulines du fauxbourg St. Jacques, & y mourut en odeur de sainteté en 1628.

LUINES. (*Voyez* ALBERT DE)

LUITPRAND, (*Hist. d'Italie*) roi des Lombards, succéda en 713, au roi Ansprand son père; il fut ami de Charles-Martel; il fit la guerre & des conquêtes comme tant d'autres rois; mais ce qui l'élève au-dessus du vulgaire des Rois, ce sont les loix qu'il donna aux Lombards. Il mourut en 744.

On a les œuvres d'un autre *Luitprand*, évêque de Crémone, qui fut deux fois ambassadeur à Constantinople en 948, & en 968. La seconde fois, il étoit envoyé par l'empereur Othon, à Nicéphore Phocas. Celui-ci, mécontent de ce qu'Othon prenoit le titre d'empereur Romain, tint à l'ambassadeur des discours que *Luitprand* crut de son devoir de repousser avec beaucoup de vigueur; Nicéphore, pour s'en venger, mit l'ambassadeur en prison, & lui fit essuyer toute sorte d'outrages. Il y a parmi les œuvres de *Luitprand*, une relation en six livres, des évènements arrivés de son temps en Europe.

LULLE, (Raimond) (*Hist. Litt. mod.*) chymiste & alchymiste célèbre. Le principe de ses connoissances & de ses erreurs peut-être est respectable. L'amour le fit chymiste. Une jeune personne, fort jolie, dont il étoit passionnément amoureux, (Eléonore, on a conservé son nom) paroissoit l'écouter avec plaisir, & refusoit de l'épouser. Un jour qu'il redoubloit ses sollicitations & ses instances, elle lui découvrit son sein, rongé par un cancer. Le jeune homme prit son parti sur le champ, de guérir & de conquérir sa maîtresse; il chercha, mais avec cette ardeur infatigable que l'amour & la compassion la plus tendre savent seuls inspirer, il chercha dans la médecine & la chymie, toutes les ressources qu'elles pouvoient fournir; il en trouva, il réussit, il sauva, il épousa sa maîtresse. La recette qu'il employa dans cette occasion, mériteroit bien d'être universellement connue & d'être toujours efficace, ce seroit un bienfait de l'amour, ce n'en fut que le secret. Raimond *Lulle* finit par être apôtre. Il alla prêcher l'Evangile en Afrique, & fut assommé à coups de pierre, en Mauritanie, le 29 mars 1315, à quatre-vingt ans. L'isle Majorque, où il étoit né en 1236, le révère comme martyr. Il avoit été disciple du célèbre Arnaud de Villeneuve. (*Voyez* cet article.) Il a beaucoup écrit sur toutes sortes de sciences, mais avec beaucoup d'obscurité. Cette obscurité même l'a rendu recommandable aux docteurs espagnols, qui l'ont fort vanté, même comme écrivain. On a donné, il y a peu d'années, une édition complette de ses œuvres, à Mayence. Deux françois ont écrit sa vie, & l'ont publiée, l'un en 1667, l'autre en 1668. L'un se nomme M. Perroquet; l'autre, le P. Jean-Marie de Vernon. Jordanus Brunus, dans quelques-uns de ses ouvrages, fournit diverses particularités sur Raimond *Lulle* & sur ses écrits.

LULLI, (Jean-Baptiste) (*Hist. mod.*) Les personnes chargées de la partie des Arts dans cette nouvelle Encyclopédie, nous diront tout ce que cet homme célèbre a fait pour la musique, & lui assigneront son rang parmi les créateurs ou réformateurs de cet art, qui excite parmi nous un si juste enthousiasme, & fait naître des haînes si vives & si folles; nous nous contenterons de recueillir quelques faits relatifs à sa personne. *Lulli* étoit né à Florence en 1633. Soit que ses talents fussent méconnus dans son pays, soit qu'ils trouvassent beaucoup d'égaux, il se laissa aisément engager à venir en France, où il espéroit faire sensation & révolution. En effet, le goût avec lequel il jouoit du violon, le fit d'abord rechercher; tout le monde voulut prendre de lui ce goût: Mlle. de Montpensier attacha *Lulli* à son service; Louis XIV lui donna l'inspection sur ses violons, & en créa de nouveaux pour être ses disciples. Il devint alors une espèce de favori; tous les grands ou petits seigneurs qui aimoient ou qui se piquoient d'aimer les arts, aimoient & protégeoient *Lulli*. On ne le regardoit encore que comme un excellent violon, on ne l'appelloit que le petit Baptiste, le cher Baptiste.

Baptiste le très-cher
N'a pas vu ma Courante, & je vais le chercher,

dit Lisandre, dans *les Fâcheux*.

L'abbé Perrin céda au mois de novembre 1672, à *Lulli*, le privilége qu'il avoit obtenu du Roi pour l'établissement de l'opéra. Ce fut alors qu'on vit paroitre ces beaux ouvrages qu'on croyoit immortels & qu'on regardoit comme des chefs d'œuvre à la fois de poësie & de musique, dont Boileau seul s'obstinoit à dire en haine de Quinault:

Et tous ces lieux communs de morale lubrique
Que Lulli réchauffa des sons de sa musique,

dont M. de la Harpe a dit au contraire :

Ces accords languissans, cette foible harmonie,
Que réchauffa Quinault du feu de son génie ;

& dont on peut dire du moins que le temps paroît avoir consacré d'une manière plus solemnelle les paroles que tout le monde sait par cœur, que les airs qu'on commence ou qu'on achève de dédaigner.

A ce talent brillant d'un violon plein de goût, au talent sublime qu'exigeoient du moins alors ces belles compositions lyrico-dramatiques, Lulli joignoit un troisième talent moins estimable peut-être, mais dont Molière faisoit un grand cas, parce qu'il tient de près à l'art du Théâtre ; c'est une pantomime parfaite qui excitoit toujours infailliblement le rire par la justesse précise & fine de l'imitation ; Molière, excellent juge d'un pareil talent, lui disoit : *Lulli, fais-nous rire*, & il jouissoit, & il réfléchissoit sur son art ; les gens du monde appelloient aussi cela *faire rire*, mais ils attachoient à ce mot une idée avilissante, ne distinguant peut-être pas assez le ridicule qui fait rire à ses dépens & le plaisant qui fait rire aux dépens des autres, quand ils l'ont mérité. Une pantomime fidelle n'est-elle pas une partie essentielle de la comédie, une partie morale qui peint & corrige le ridicule du maintien, du ton, du geste, comme le poëme peint celui des idées & des discours ? La pantomime n'est-elle pas le talent de l'acteur, comme une bonne comédie est celui de l'auteur ? Et l'un & l'autre talent ne suppose-t-il pas une observation fine, exacte & morale des caractères & des moindres nuances qui peuvent les peindre ? Louis XIV persuadé que tout vrai talent est essentiellement noble & ne peut qu'honorer, trouva très-bon que Lulli traitât d'une charge de secrétaire du roi ; mais M. de Louvois, qui pour être secrétaire d'état étoit secrétaire du roi, trouva très-mauvais que Lulli, un homme *qui faisoit rire*, prétendît être son confrère : Eh ! *tête-bleu*, lui dit Lulli, qui ne savoit pas parler à des ministres, *vous en feriez autant si vous le pouviez*. En effet Louvois savoit quelquefois faire pleurer la France & l'Europe, & ne savoit faire rire personne. Louis XIV, malgré Louvois, annoblit Lulli. Ce musicien avoit dans l'humeur toute l'impétuosité, toute l'inégalité que la sensibilité donne, & c'étoit sur-tout dans ce qui concernoit son art qu'il ne pouvoit se contenir. D'un bout du théâtre à l'autre il distinguoit le violon qui jouoit faux dans une répétition, couroit à lui, lui arrachoit son instrument, le lui brisoit sur le dos, le lui payoit ensuite plus qu'il ne valoit, lui demandoit pardon & l'emmenoit dîner chez lui. Il y avoit en tout beaucoup d'excès dans son caractère ; tout en lui étoit & paroissoit bizarre. Senecai dans une lettre qu'il suppose écrite des champs élisées, peu de temps après la mort de Lulli » le représente comme un petit homme d'assez mauvaise mine, & d'un » extérieur fort négligé. De petits yeux bordés de » rouge, qu'on voyoit à peine, & qui avoient peine » à voir, brilloient en lui d'un feu sombre, qui marquoit tout ensemble beaucoup d'esprit & beaucoup » de malignité. Un caractère de plaisanterie étoit » répandu sur son visage, & certain air d'inquiétude » regnoit dans toute sa personne. Enfin sa figure entière » respiroit la bizarrerie ; & quand nous n'aurions pas » été suffisamment instruits de ce qu'il étoit, sur la » foi de sa physionomie, nous l'aurions pris sans » peine pour un musicien. »

Lulli étoit à la fois très-libertin & très-superstitieux ; comme il avoit des mouvemens impétueux, il lui arriva de se frapper rudement le pied en battant la mesure avec sa canne ; cet accident qui n'eût été rien pour un autre, devint fort grave par la mauvaise qualité de son sang ; il se crut en danger, il eut peur, & crut devoir prendre pour confesseur un casuiste très-sévère, afin qu'il mît sa conscience plus en sureté. Ce directeur regardant comme un grand péché de fournir au Théâtre même des sons, exigea le sacrifice d'un opéra que Lulli étoit prêt à donner, & le brûla lui-même : Lulli sans guérir entièrement, se trouva beaucoup mieux, reprit l'espérance & alors il auroit fort regretté son opéra ; un prince qui aimoit Lulli & la musique, lui reprocha la condescendance qu'il avoit eue pour les scrupules excessifs d'un janséniste rigoriste, & il regrettoit beaucoup l'opéra sacrifié, soit qu'il le connût, soit qu'il en eût bonne opinion seulement sur la foi des talents de l'auteur. Monseigneur, lui dit Lulli, *consolez-vous, j'en ai gardé copie*. D'autres content ce fait autrement : ils disent que le fils de Lulli, témoin du sacrifice, poussoit des cris de douleur en voyant brûler l'ouvrage & que Lulli lui disoit tout-bas : *tais-toi, Colasse en a une copie*. Colasse étoit musicien aussi & gendre de Lulli. Celui-ci eut une rechute ; les frayeurs & les remords revinrent, il se fit mettre sur la cendre, la corde au col, fit amende honorable, il pleuroit & chantoit : *il faut mourir, pécheur*. Il fallut mourir en effet à cinquante-quatre ans en 1687, des suites de ce malheureux coup qu'il s'étoit donné au pied.

LUNA (Alvarez de) (*Hist. d'Esp.*) connétable de Castille, sous le roi Jean II ; un de ces favoris dont il est toujours bon de rappeller la catastrophe aux favoris, gouverna le roi & l'état, & les gouverna mal, selon l'usage ; il irrita les grands, il opprima le peuple, alluma la guerre dans le royaume ; &, entretenant de coupables intelligences avec les ennemis de l'état, reçut de l'argent des Maures pour empêcher la prise de la Grenade. Il finit par être convaincu de ces crimes, & il eut la tête tranchée à Valladolid en 1453. Au lieu de prendre sur sa confiscation, de quoi le faire enterrer, on exposa pendant plusieurs jours, sa tête dans un bassin, où les passants étoient invités à mettre leurs aumônes pour l'inhumation du malheureux. Il avoit une terre nommée *Cadahalso*, mot qui, en espagnol, signifie *échafaud*. On n'a pas manqué d'imaginer, après coup, comme il arrive toujours, qu'un astrologue lui avoit prédit qu'il mourroit à *Cadahalso*.

Un autre *Luna*, (Michel de) interprète du roi Philippe III, pour l'arabe, a traduit de cette langue en espagnol, l'histoire du roi Rodrigue, par *Abulcacin-Tarif-Abentarique*.

PIERRE DE LUNA. (Anti-Pape) (*V.* BENOIT XIII.)

LUNDORPIUS, (Michel-Gaspard) (*Hist. Litt. mod.*) auteur allemand, très-médiocre continuateur de l'histoire de Sleidan, jusqu'à l'an 1609.

LUNETTES, (*Hist. des invent. mod.*) les *lunettes*, ou plutôt les verres à *lunettes* qu'on applique sur le nez ou devant les yeux pour lire, écrire & en général, pour mieux découvrir les objets voisins que par le secours des yeux seuls, ne sont pas à la vérité, d'une invention aussi récente que les *lunettes* d'approche; car elles les ont précédées de plus de trois siècles; mais leur découverte appartient aux modernes, & les anciens n'en ont point eu connoissance.

Je sais bien que les Grecs & les Romains avoient des ouvriers qui faisoient des yeux de verre, de crystal, d'or, d'argent, de pierres précieuses pour les statues, principalement pour celles des dieux. On voit encore des têtes de leurs divinités, dont les yeux sont creusés : telles sont celles d'un Jupiter Ammon, d'une Bacchante, d'une idole d'Egypte, dont on a des figures. Pline parle d'un lion en marbre, dont les yeux étoient des émeraudes; ceux de la Minerve du temple de Vulcain à Athènes, qui, selon Pausanias, brilloit d'un verd de mer, n'étoient sans doute autre chose que des yeux de béril. M. Buonarotti avoit dans son cabinet quelques petites statues de bronze avec des yeux d'argent. On nommoit *faber ocularius*, l'ouvrier qui faisoit ces sortes d'ouvrages; & ce terme se trouve dans les marbres sépulchraux; mais il ne signifioit qu'un faiseur d'yeux postiches ou artificiels, & nullement un faiseur de *lunettes*, telles que celles dont nous faisons usage.

Il seroit bien étonnant si les anciens les eussent connues, que l'histoire n'en eût jamais parlé à propos de vieillards & de vue courte. Il seroit encore plus surprenant que les poëtes de la Grèce & de Rome, ne se fussent jamais permis à ce sujet aucun de ces traits de satyre ou de plaisanterie, qu'ils ne se sont pas refusés à tant d'autres égards. Comment Pline, qui ne laisse rien échapper, auroit-il omis cette découverte dans son ouvrage, & particulièrement dans le *livre VII*, *chap. lvj*, qui traite des inventeurs des choses? Comment les médecins grecs & romains, qui indiquent mille moyens pour soulager la vue, ne disent-ils pas un mot de celui des *lunettes*? Enfin, comment leur usage, qui est fondé sur les besoins de l'humanité, auroit-il pu cesser? Comment l'art de faire un instrument d'optique si simple, & qui ne demande ni talent ni génie, se seroit-il perdu dans la suite des temps? Concluons donc que les *lunettes* sont une invention des modernes, & que les anciens ont ignoré ce beau secret d'aider & de soulager la vue.

C'est sur la fin du 13e. siècle, entre l'an 1280 & 1300, que les *lunettes* furent trouvées; Redi témoigne avoir eu dans sa bibliothèque un écrit d'un Scandro Dipopozzo, composé en 1298, dans lequel il dit: « Je suis si vieux, que je ne puis plus lire ni écrire » sans verres qu'on nomme *lunettes*, *senza occhiali*; Dans le dictionnaire italien de l'Académie de la Crusca, on lit ces paroles au mot *occhiali* : « Frère Jordanus » de Rivalto, qui finit ses jours en 1311, a fait un » livre en 1305, dans lequel il dit qu'on a découvert » depuis 20 ans, l'art utile de polir des verres à » *lunettes* ». Roger Bacon, mort à Oxford en 1292, connoissoit cet art de travailler les verres; cependant ce fut vraisemblablement en Italie qu'on en trouva l'invention.

Maria Manni, dans ses Opuscules scientifiques, *tome IV*, & dans son petit livre intitulé *de Gl'occhiali del naso*, qui parut en 1738, prétend que l'histoire de cette découverte est due à Salvino de gl' armati, florentin, & il le prouve par son épitaphe. Il est vrai que Redi, dans sa lettre à Charles Dati, imprimée à Florence en 1678, *in-4°.* avoit donné Alexandre Spina, dominicain, pour l'auteur de cette découverte; mais il paroît par d'autres remarques du même Redi, qu'Alexandre Spina avoit seulement imité par son génie ces sortes de verres trouvés avant lui. En effet, dans la bibliothèque des pères de l'Oratoire de Pise, on garde un manuscrit d'une ancienne chronique latine en parchemin, où est marquée la mort du frère Alexandre Spina à l'an 1313, avec cet éloge : *quæcumque vidit aut audivit facta, scivit, & facere ocularia ab aliquo primò facta, & communicare nolente, ipse fecit, & communicavit.* Alexandre Spina n'est donc point l'inventeur des *lunettes*; il en imita parfaitement l'invention, & tant d'autres avec lui y réussirent, qu'en peu d'années cet art fut tellement répandu par-tout, qu'on n'employoit plus que des *lunettes* pour aider la vue. Delà vient que Bernard Gordon, qui écrivoit en 1300, son ouvrage intitulé, *Lilium Medicinæ*, y déclare dans l'éloge d'un certain collyre pour les yeux, qu'il a la propriété de faire lire aux vieillards les plus petits caractères, sans le secours des *lunettes*. (*D. J.*)

LUNETTE D'APPROCHE, (*Hist. des inventions modernes.*) Cet utile & admirable instrument d'optique, qui rapproche la vue des corps éloignés, n'a point été connu des anciens, & ne l'a même été des modernes, sous le nom de *lunettes d'Hollande*, ou *de Galilée*, qu'au commencement du dernier siècle.

C'est en vain qu'on allègue, pour reculer cette date, que dom Mabillon déclare dans son voyage d'Italie, qu'il avoit vu dans un monastère de son ordre, les œuvres de Comestor écrites au treizième siècle, ayant au frontispice le portrait de Ptolémée, qui contemple les astres avec un tube à quatre tuyaux; mais dom Mabillon ne dit point que le tube fût garni de verres. On ne se servoit de tube dans ce temps-là que pour diriger la vue, ou la rendre plus nette, en séparant par ce moyen les objets qu'on regardoit, des autres dont la proximité auroit empêché de voir ceux-là bien distinctement.

Il est vrai que les principes sur lesquels se font les *lunettes d'approche* ou les télescopes, n'ont pas été ignorés des anciens géomètres; & c'est peut-être faute d'y avoir réfléchi, qu'on a été si long-temps sans découvrir cette merveilleuse machine. Semblable à beaucoup d'autres, elle est demeurée cachée dans ses principes, ou dans la majesté de la nature, pour me servir des termes de Pline, jusqu'à ce que le hazard l'ait mise en lumière. Voici donc comme M. de la Hire rapporte dans les *Mémoires de l'Académie des Sciences*, l'histoire de la découverte des *lunettes d'approche*; & le récit qu'il en fait est d'après le plus grand nombre des historiens du pays.

Le fils d'un ouvrier d'Alcmaer, nommé Jacques Métius, ou plutôt Jakob Metzu, qui faisoit dans cette ville de la Nord-Hollande, des *lunettes* à porter sur le nez, tenoit d'une main un verre convexe, comme ceux dont se servent les presbytes ou vieillards, & de l'autre main un verre concave, qui sert pour ceux qui ont la vue courte. Le jeune homme ayant mis par amusement ou par hazard, le verre concave proche de son œil, & ayant un peu éloigné le convexe qu'il tenoit au-devant de l'autre main, il s'apperçut qu'il voyoit au travers de ces deux verres quelques objets éloignés beaucoup plus grands, & plus distinctement, qu'il ne les voyoit auparavant à la vue simple. Ce nouveau phénomène le frappa; il le fit voir à son père, qui sur le champ assembla ces mêmes verres & d'autres semblables, dans des tubes de quatre ou cinq pouces de long, & voilà la première découverte des *lunettes d'approche*.

Elle se divulgua promptement dans toute l'Europe, & elle fut faite selon toute apparence, en 1609; car Galilée publiant en 1610, ses Observations Astronomiques avec les *lunettes d'approche*, reconnoît dans son *Nuncius sidereus*, qu'il y avoit neuf mois qu'il étoit instruit de cette découverte.

Une chose assez étonnante, c'est comment ce célèbre astronome, avec une *lunette* qu'il avoit faite lui-même sur le modèle de celles de Hollande, mais très-longue, pût reconnoître le mouvement des satellites de Jupiter. La *lunette d'approche* de Galilée avoit environ cinq pieds de longueur; or plus ces sortes de *lunettes* sont longues, plus l'espace qu'elles font appercevoir est petit.

Quoi qu'il en soit, Képler mit tant d'application à sonder la cause des prodiges que les *lunettes d'approche* découvroient aux yeux, que malgré ses travaux aux tables rudolphines, il trouva le temps de composer son beau traité de Dioptrique, & de le donner en 1611, un an après le *Nuncius sidereus* de Galilée.

Descartes parut ensuite sur les rangs, & publia en 1537, son ouvrage de Dioptrique, dans lequel il faut convenir qu'il a poussé fort loin sa théorie sur la vision, & sur la figure que doivent avoir les lentilles des *lunettes d'approche*; mais il s'est trompé dans les espérances qu'il fondoit sur la construction d'une grande *lunette*, avec un verre convexe pour objectif, & un concave pour oculaire. *Une lunette* de cette espèce ne feroit voir qu'un espace presque insensible de l'objet. M. Descartes ne songea point à l'avantage qu'il retireroit de la combinaison d'un verre convexe pour oculaire; cependant sans cela, ni les grandes *lunettes*, ni les petites, n'auroient été d'aucun usage pour faire des découvertes dans le ciel, & pour l'observation des angles. Képler l'avoit dit, en parlant de la combinaison des verres lenticulaires : *duobus convexis majora & distincta præstare visibilia, sed everso situ.* Mais Descartes, tout occupé de ses propres idées, songeoit rarement à lire les ouvrages des autres. C'est donc à l'année 1611, qui est la date de la Dioptrique de Képler, qu'on doit fixer l'époque de la *lunette* à deux verres convexes.

L'ouvrage qui a pour titre, *oculus Eliæ & Enoch*, par le P. Reita, capucin allemand, où l'on traite de cette espèce de *lunette*, n'a paru que long-temps après. Il est pourtant vrai que ce père, après avoir parlé de la *lunette* à deux verres convexes, a imaginé de mettre au-devant de cette *lunette*, une seconde petite *lunette*, composée pareillement de deux verres convexes; cette seconde *lunette* renverse le renversement de la première, & fait paroître les objets dans leur position naturelle, ce qui est fort commode en plusieurs occasions; mais cette invention est d'une très-petite utilité pour les astres, en comparaison de la clarté & de la distinction, qui sont bien plus grandes avec deux seuls verres, qu'avec quatre, à cause de l'épaisseur des quatre verres, & des huit superficies qui n'ont toujours que trop d'inégalités & de défauts.

Cependant on a été fort long-temps sans employer les *lunettes* à deux verres convexes: ce ne fut qu'en 1659, que M. Huyghens inventeur du micromètre, les mit au foyer de l'objectif, pour voir distinctement les plus petits objets. Il trouva par ce moyen le secret de mesurer les diamètres des planètes, après avoir connu par l'expérience du passage d'une étoile derrière ce corps, combien de secondes de degrés il comprenoit.

C'est ainsi que depuis Métius & Galilée, on a combiné les avantages qu'on pourroit retirer des lentilles qui composent les *lunettes d'approche.* On sait que tout ce que nous avons de plus curieux dans les sciences & dans les arts, n'a pas été trouvé d'abord dans l'état où nous le voyons aujourd'hui : mais les beaux génies qui ont une profonde connoissance de la Méchanique & de la Géométrie, ont profité des premières ébauches, souvent produites par le hazard & les ont portées dans la suite au point de perfection dont elles étoient susceptibles. (*D. J.*)

LUSIGNAN *ou* **LUZIGNAN**, (*Hist. Mod.*) *ou* **LUSIGNEM**. Suivant la fable, le château de *Lusignan* en Poitou, qui passoit autrefois pour imprenable, avoit été bâti par Mélusine, & il en porte encore le nom; car *Lusignem* est l'anagramme de *Mélusine* ou *Mélusigne*. Or Mélusine étoit une nymphe ou fée, moitié femme, moitié poisson, comme les syrènes. Quand vivoit-elle? on n'en sait rien, au temps des fables; mais il n'y a que les grandes maisons qui aient de ces fables.

Hugues I *de Lusignan*, dit *le Veneur*, vivoit au dixième siècle.

Hugues II, son fils, dit *le bien aimé*, est celui qui fit bâtir le château de *Lusignan*, à ce que croient ceux qui veulent bien abandonner la fable de Mélusine.

Hugues V, arrière-petit-fils de Hugues II, fut tué le 8 octobre 1060, dans ses guerres contre le duc de Guyenne.

Hugues VI, son fils dit *le Brun* ou *le Diable*, peut-être parce qu'il étoit brun, fut tué en 1110, dans un voyage particulier qu'il fit à la Terre-Sainte.

Hugues VII, son fils, mourut à la croisade de Louis-le-Jeune, en 1148.

Gui *de Lusignan*, son petit-fils, est le *Lusignan* de *Zaïre*. Il fut comte de Jaffa & d'Ascalon dans la Terre-Sainte; il devint roi de Jérusalem par son mariage avec Sibylle, fille du roi Amaury, veuve du marquis de Montferrat. Saladin lui enleva Jérusalem en 1187. Il eut quatre enfants qui moururent avec leur mère au siège d'Acre en 1190. C'est exactement le nombre d'enfants que l'auteur de *Zaïre* donne à *Lusignan*. Gui acheta en 1192, des Templiers, l'isle de Chypre, où il mourut en 1194.

Aimery *de Lusignan*, son frère, fut le premier roi de Chypre, & il y en eut quatre de suite de la maison *de Lusignan*.

LUSSAN, (Esparbez de) (*Hist. de Fr.*) noble & ancienne famille, qui a produit entr'autres personnages distingués :

François d'Esparbez *de Lussan*, de la branche d'Aubeterre, gouverneur de Blaïe, sénéchal d'Agenois & de Condomois, qui fut fait maréchal de France le 18 septembre 1620. Il commanda l'armée royale en 1621, aux sièges de Nérac & de Caumont; il mourut en 1628.

De cette même famille étoient deux chevaliers de Malthe, Jean & François, tués à la bataille de Dreux en 1562.

Un de leurs frères, mort d'une blessure reçue à Sainte-Foi, dans le cours de ces mêmes guerres civiles.

François d'Esparbez *de Lussan*, qui servit avec distinction dans les guerres de Louis XIII, contre les Huguenots, sous le maréchal d'Aubeterre, son oncle à la mode de Bretagne.

Un fils de ce François, tué à Balaguier en Catalogne.

Un autre, mort au service.

M. le maréchal d'Aubeterre, ci-devant ambassadeur à Rome, & commandant en Bretagne, étoit de cette maison. C'est de lui qu'il est parlé dans le poëme de Fontenoy :

Le jeune d'Aubeterre
Voit de sa légion tous les chefs indomptés,
Sous le glaive & le feu mourants à ses côtés.

M. le comte de Jonzac est aussi de la même famille.

LUSSAN, (Marguerite de) (*Hist. Litt. mod.*) mademoiselle de Lussan, sous le nom de laquelle nous avons tant d'ouvrages, étoit, dit-on, fille d'un cocher & d'une diseuse de bonne aventure, nommée *la Fleury* : qu'importe? ses ouvrages sont attribués à différents auteurs; les uns à M. de la Serre, les autres à M. l'abbé de Boismorand; d'autres à M. Baudot de Juilly, qu'importe encore? Ils sont médiocres. Ils ont cependant un certain dégré de célébrité qu'ils doivent en partie à l'avantage qu'ils ont eu d'être d'une femme, ou d'avoir été publiés sous son nom. *Les anecdotes de la cour de Philippe Auguste*, sont le plus connu & le plus lu de ces ouvrages, c'est celui qu'on attribue le plus communément à l'abbé de Boismorand; *l'histoire de Charles VI; celle de Louis XI, & l'histoire de la dernière révolution de Naples*, sont des ouvrages historiques assez importans, aussi sont-ils attribués à M. Baudot de Juilly, auteur connu d'une *histoire de Charles VII*, (*Voyez* l'article BAUDOT;) on dit qu'elle partageoit avec lui les récompenses littéraires que ses ouvrages lui avoient procurées. Le vieux la Serre, (Ignace Louis de la Serre, sieur de Langlade) gentilhomme de Cahors, né avec vingt-cinq mille livres de rente qu'il perdit au jeu, & qui n'en vécut pas moins content, jusqu'à près de cent années, lui fut, dit-on, très-utile par son goût; on lui attribue plutôt une influence générale de goût & de conseil sur les ouvrages de mademoiselle de Lussan, qu'on ne lui attribue nommément tel ou tel ouvrage. Il a fait pour son compte quelques opéra. C'étoit l'ami, l'amant, si l'on veut, le mari peut-être de mademoiselle de Lussan. Les autres ouvrages de mademoiselle de Lussan, sont *la vie du brave Crillon*, autre ouvrage historique, qu'on lui laisse; *les anecdotes, annales, intrigues, mémoires secrets, &c. de la cour de Charles VIII, de François I, de Henri II, de Marie d'Angleterre*; ouvrages moitié historiques, moitié romanesques, mais tenant plus du roman que de l'histoire; *les veillées de Thessalie*, recueil de contes, qui du moins ne trompent personne. Au reste, ceux qui ont connu mademoiselle de Lussan, disent beaucoup de mal de sa figure, & beaucoup de bien de son caractère. Elle mourut d'indigestion à paris, le 31 mai 1758, âgée de soixante & quinze ans.

LUTATIUS CATULUS, (*Hist. Rom.*) c'est le nom de deux consuls Romains. L'un qui l'étoit l'an 242, avant J. C., mit fin à la première guerre punique, par la victoire navale qu'il remporta sur les Carthaginois, entre Drépani & les isles Ægates.

L'autre, qui l'étoit l'an 102, avant J. C. aida Marius son collègue à vaincre les Cimbres. Il montra beaucoup d'ardeur dans les dissensions intestines de Rome, & périt dans les guerres civiles.

LUTHER, (Martin) (*Hist. ecclés.*) naquit le 10 novembre 1483, dans la petite ville d'Islèbe au comté de Mansfeld; son père se nommoit Jean Luther ou Luder, & sa mère Marguerite Linderman, gens d'une condition médiocre. Martin Luther entra chez les Augustins à Erford, en 1505, malgré ses parens; il y fut fait prêtre en 1507. Ses raisons pour quitter le monde étoient qu'il avoit vu tomber le tonnerre à ses pieds & mourir subitement à ses côtés, un de ses amis : en 1517, la publication des indulgences en Allemagne, ayant été confiée aux Jacobins, par préférence aux Augustins, qui en avoient été chargés auparavant, Jean Staupitz ou Stupitz, vicaire-général de l'ordre des Augustins en Allemagne, homme de mérite pour son état & pour le temps, chargea

Luther, qui s'étoit acquis une grande réputation dans son ordre, de parler & d'écrire contre les nouveaux vendeurs d'indulgences. Luther étoit propre à cette guerre; il étoit véhément, il avoit l'ardeur de l'enthousiasme, l'opiniâtreté du pédantisme & toute l'insolence de l'orgueil; il parloit avec cette facilité que donne la violence, même sans talent, & l'on trouvoit alors qu'il écrivoit bien.

Il affichа d'abord quatre-vingt-quinze propositions à la porte de l'église de Vittemberg; ce fut là le premier acte d'hostilité.

Le Jacobin Tetzel, chef de la nouvelle prédication des indulgences, répondit par cent-six propositions qu'il fit afficher à Francfort sur l'Oder; de plus en qualité d'inquisiteur, il fit brûler les propositions de Luther; on brûla les siennes à Hall.

Léon X, croyant terminer ces querelles en les jugeant, cita Luther à Rome, & d'abord lui nomma deux juges, dont l'un avoit écrit contre Luther & l'avoit déclaré d'avance hérétique. Mais Luther n'étoit déjà plus un homme qu'on pût opprimer impunément; l'électeur de Saxe lui accordoit hautement une protection respectée dans tout l'empire & imposante pour Rome même; le pape fut obligé de déléguer un juge en Allemagne; ce juge fut le cardinal Cajetan, (Thomas de Vic) légat à Ausbourg, qui avoit été Jacobin.

Luther, forcé par son protecteur même, de comparoître devant ce juge, vint à Ausbourg avec des lettres de recommandation de l'électeur, & un sauf-conduit de l'empereur Maximilien, il comparut, disputa, protesta, afficha de nuit son appel, & s'enfuit secrétement à Vittemberg, feignant de craindre ou craignant réellement qu'on ne l'arrêtât: en effet, il paroît certain que les instructions du légat, étoient ou de l'obliger à se rétracter, ou de le faire arrêter.

La fuite de Luther paroissant déposer contre lui, le légat écrivit à l'électeur de Saxe, pour le prier d'abandonner un hérétique que les foudres de l'église alloient frapper; l'électeur répondit qu'il ne priveroit point son université d'un pareil ornement.

L'empereur Maximilien mourut en 1519, & l'électeur de Saxe, l'un des deux vicaires de l'empire pendant l'interregne, devint pour Luther, un protecteur encore plus puissant; l'autre vicaire de l'empire, l'électeur Palatin, ne s'étoit pas déclaré moins hautement en sa faveur, Rome elle-même parut respecter le crédit de ce moine: le nonce Miltiz, gentilhomme Saxon, que le pape avoit choisi exprès pour l'envoyer à l'électeur de Saxe, comme un homme qui devoit lui être agréable, Miltiz caressa & flatta Luther, qui, fier de voir son parti grossir à chaque pas, daignoit à peine l'écouter.

Charles-Quint dut l'empire à l'électeur de Saxe; nouveau triomphe pour Luther, qui espéra que l'empereur ne pourroit se dispenser de lui être favorable.

Les déclamations de Luther avoient porté coup aux indulgences; la confiance étoit détruite, les Jacobins avoient beau prêcher, on n'écoutoit point, on payoit encore moins; Léon, par une bulle, voulut rendre l'honneur aux indulgences décriées, mais les peuples prévenus ne virent plus qu'un marchand qui prisoit une marchandise dont il vouloit se défaire; les indulgences restoient négligées, la bulle fut oubliée, & Luther continua d'écrire.

Léon X donna, le 15 juin 1520, une bulle par laquelle il condamna quarante & une propositions de Luther, sous ces qualifications vagues, qui deviennent une nouvelle source de dispute pour les esprits indociles. Le nonce Aléandre présenta cette bulle à Charles-Quint.

Luther n'avoit attaqué d'abord que les abus des indulgences, bientôt il attaqua les indulgences même & en nia entiérement la vertu; puis avançant toujours, & les sujets l'entraînant par leur connexité & la dispute par sa violence, il ébranla tous les principes de l'église sur la matière de la justification & des sacrements, le pape fut l'antéchrist, l'église fut Babylone; cette fureur contre ce qu'il appelloit le papisme, ne le quitta plus, il mourut en outrageant le pape & l'église, auxquels pendant le cours du procès, il protestoit d'être entièrement soumis.

En conséquence de la bulle du 15 juin 1520, on avoit brûlé à Rome les écrits de Luther. Luther brûla par représailles à Vittemberg les loix pontificales, & sur-tout la bulle qui l'avoit condamné; il s'intitule *le saint du seigneur*, l'ecclésiaste de Vittemberg, & voilà le nouvel ecclésiaste qui prêche, exhorte, menace, visite, corrige, institue, destitue, régle & bouleverse tout dans l'église; le voilà qui envahit des évêchés & les confère à ses amis; le voilà qui donne les biens des églises & des monastères en proie aux Laïcs, mais sans rien prendre pour lui; il notifie sa mission aux princes & aux peuples avec injonction & menaces.

La diète de Vormes, tenue en 1521, fut la première où l'empire en corps s'occupa de lui; le nonce Aléandre y poursuivit la condamnation de Luther. Il demanda, selon Sleidan, qu'on le fit mourir ou qu'on l'envoyât enchaîné à Rome, & qu'en attendant on brûlât ses livres. L'empereur par esprit de justice & par égard pour l'électeur de Saxe, voulut que Luther fût entendu. Il lui donna un sauf conduit pour comparoître à la diète; les amis de Luther le détournoient d'y aller. Il partit: cent cavaliers armés voulurent l'escorter à la diète, mais il n'entra dans Vormes, qu'avec huit hommes seulement. On avoit chargé le héraut d'armes, qui lui avoit porté son sauf-conduit le 16 avril 1521, d'empêcher qu'il ne prêchât sur la route, mais ce héraut déjà Luthérien, le laissa prêcher à Erford tant qu'il voulut.

Le 17 avril, Luther fut introduit à la diète; des amis secrets qu'il y trouva, lui citérent mystérieusement ces paroles de Saint Mathieu: *quand on vous aura menés devant les rois, ne songez pas à ce que vous aurez à dire, car à l'heure même on vous inspirera ce qu'il faudra que vous disiez.*

Cependant le jurisconsulte Von-Eck, chargé de l'interroger, lui lut les titres de ses ouvrages, & lui demanda premiérement s'il les avouoit, Luther répondit qu'il les avouoit, pourvû qu'on ne les eût point altérés.

Von-Eck lui demanda secondement, s'il ne vouloit pas rétracter ce qu'on y avoit condamné? Luther demanda du temps pour songer à sa réponse; on lui représenta que tout fidèle, à plus forte raison un docteur tel que lui, devoit être toujours prêt à répondre de sa foi, & l'on ne le remit qu'au lendemain.

Le lendemain il voulut disserter, on l'interrompit; *il ne s'agit plus de cela*, lui dit-on, *vos erreurs sont condamnées, voulez-vous les rétracter?* Il voulut citer l'évangile, on lui cita le concile de Constance, qui avoit condamné dans les écrits de Jean Hus, ce que l'on condamnoit dans les siens. Ces noms étoient inquiétans pour un hérétique, qui n'avoit à Vormes d'autre sûreté que celle qui n'avoit pas sauvé Jean Hus à Constance.

Quand Luther se vit ainsi pressé, il retrouva tout son courage, il protesta qu'il ne se rétracteroit jamais, il appliqua noblement aux princes de l'empire, ce que Gamaliel disoit aux magistrats de Jérusalem, qui avoient mis les apôtres en prison: *si cette entreprise vient des hommes, elle se détruira d'elle-même, si elle vient de dieu, vous ne pourrez la détruire.* Sur son refus constant d'abjurer après diverses conférences où l'on essaya vainement de l'ébranler, l'empereur lui commanda de sortir de Vormes, & lui donna vingt & un jours pour se retirer en lieu de sûreté avec le même héraut d'armes qui l'avoit amené, & le même sauf-conduit. Le 26 mai, Charles-Quint publia l'édit impérial, par lequel il mit Luther au ban de l'empire. Luther renvoya son héraut dès Fribourg, & s'engagea au milieu d'une forêt, où il fut arrêté par des gens masqués, qui le conduisirent dans un château désert au haut d'une montagne, où il passa plus de neuf mois toujours bien traité, toujours écrivant, & paroissant se plaire dans cette solitude. Ce château étoit Vestberg, près d'Alstad, & c'étoit l'électeur de Saxe, qui avoit fait enlever Luther, pour le soustraire à l'exécution de l'édit de Vormes.

Les protestants voulurent d'abord publier que la cour de Rome avoit fait assassiner Luther. On avoit même trouvé au fond d'une mine d'argent, son cadavre percé de coups. Ces faux bruits agitèrent quelque temps la diète, au point que les nonces du pape n'étoient plus en sûreté dans Vormes.

Cependant Luther, d'autant plus présent à ses disciples qu'il avoit disparu à tous les yeux, les instruisoit & les enflammoit du sein de sa retraite; tous ses écrits étoient datés de l'isle de Pathmos; il crioit à son peuple de sortir de Babylone; il avoit publié un traité de la captivité de Babylone, qui renversoit toute la hiérarchie de l'église, & d'où il résultoit comme de tous ses autres ouvrages composés dans sa retraite, qu'il ne vouloit plus reconnoître ni pape, ni tradition, ni conciles, ni autorité des pères, ni purgatoire, ni messes privées, ni vœux, ni monastères, ni évêques, ni prêtres non laïcs, ni culte des saints, ni cérémonies qui obligent, ni sacremens qui produisent la grace, ni église visible & infaillible, qui juge de la doctrine; il admet pour unique régle de foi l'écriture sainte interprétée selon son sens.

Le roi d'Angleterre Henri VIII, avant que l'amour le jettant dans le schisme, l'eût rendu le chef de l'église Anglicane, avoit eu l'ambition d'être le docteur de l'église catholique; il avoit fait à Luther l'honneur d'entrer en lice avec lui, il avoit composé ou fait composer un livre pour la défense des sacrements, il l'avoit envoyé à Léon X, & Léon X avoit donné solemnellement à Henri le titre de *défenseur de la foi*, titre dont Henri fut toujours jaloux, & qu'il conserva, même après s'être séparé de la communion romaine. Luther, incapable des moindres ménagements pour un roi qui l'avoit attaqué, répond au roi d'Angleterre; Henri vouloit être un théologien, Luther le traite en théologien, il l'accable d'injures & s'il se souvient de son rang, ce n'est que pour donner à ses injures un peu plus d'atrocité: *ô Majesté Angloise*, s'écrie-t-il, *j'aurai le droit de te veautrer dans ta boue & dans ton ordure...... Commencez vous à rougir, Henri, non plus roi, mais sacrilège?... La manie elle-même ne pouvoit extravaguer plus que Henri, ni la sottise être plus stupide. C'étoit un fou, un insensé, le plus grossier de tous les pourceaux & de tous les ânes;* car il falloit toujours de l'âne & du pourceau dans tout ce que Luther écrivoit, & dans tout ce que les catholiques écrivoient contre lui.

Luther se repentit dans la suite d'avoir tant outragé Henri VIII, lorsqu'il le vit répudier une reine catholique, pour épouser Anne de Boulen, qu'on disoit favorable au luthéranisme. Le desir d'attirer l'Angleterre à sa secte, l'emportant sur les anciennes inimitiés, il s'abaissa jusqu'à faire des excuses à un roi. Elles furent mal reçues, Henri tenoit à sa théologie, & en se séparant de l'église, il en conserva la doctrine, parce qu'il l'avoit enseignée. Il étoit d'ailleurs trop bon théologien pour pardonner. Il reprocha durement à Luther, sa grossièreté & sa légèreté, ses hauteurs & ses bassesses, ses opinions & sa conduite. Luther indigné rétracte ses excuses, il avoue que la soumission ne lui a jamais réussi, il jure de ne jamais retomber dans cette faute, & il tint assez bien parole.

Luther avoit fait en langue Allemande une traduction du Nouveau Testament, que les catholiques trouvèrent remplie d'infidélités tendantes à favoriser ses dogmes; Jerôme Emser, docteur de Léipsick, & théologien du duc George de Saxe, comme Luther l'étoit de l'électeur, releva ces infidélités, & opposa une traduction orthodoxe à cette traduction hérétique. Luther l'accable d'injures, plus encore que les rois & les papes.

L'archiduc, depuis empereur Ferdinand, frère de Charles-Quint, le duc George de Saxe, le duc de Bavière & quelques autres princes catholiques, firent brûler la version de Luther. Leurs édits, selon la forme usitée, ordonnoient le rapport des exemplaires, Luther défend d'obéir *à ces tyrans impies, à ces nouveaux hérodes qui vouloient étouffer Jésus-Christ au berceau.*

Sur le mariage de Luther, avec Catherine de Bore, (*Voyez* l'article BORE.) (Catherine de)

Sur sa dispute avec *Carlostad*, (*Voyez* CARLOSTAD.)

Sur sa querelle avec *Erasme*, (*Voyez* ERASME.)

Sur sa querelle avec *Zuingle*, (*Voyez* ZUINGLE.)

Quand Luther fut marié, il ne connut plus personne qui ne dût suivre l'exemple qu'il avoit donné. Il écrivit à l'archevêque de Mayence, prélat très-orthodoxe, pour lui conseiller de prendre une femme, lui alléguant ce passage de la Genèse : *il n'est pas bon à l'homme d'être seul.* L'archevêque ne lui fit point de réponse.

Mais la doctrine de Luther, à travers bien des vicissitudes, faisoit des progrès dont il avoit lieu d'être content. L'édit impérial de Vormes n'avoit eu aucune exécution; Charles-Quint, occupé d'autres affaires, ne put se trouver à la diète de Nuremberg, tenue en 1523, & les luthériens y prévalurent; quand le nonce Chérégat y demanda, au nom d'Adrien VI, successeur de Léon X, l'exécution de l'édit de Vormes, on lui répondit par des griefs contre Rome, dont on fit cent articles, qui furent dressés par les réformés, & qu'on nomma les cent griefs germaniques, *centum gravamina Germanica.*

En 1524 autre diète, tenue encore à Nuremberg, nouveau triomphe pour Luther. On ne permet déjà plus au légat de paroître à la diète avec les marques publiques de la légation, parce que le peuple, tout luthérien, ne l'eût pas souffert. Ce légat étoit le cardinal Campége, & Clément VII venoit de succéder au pape Adrien VI. Les princes catholiques s'assemblèrent avec le légat à Ratisbonne, le 6 juillet 1524, & formèrent une confédération pour l'exécution de l'édit de Vormes dans leurs états respectifs; ils firent schisme avec l'université de Vittemberg, d'où ils rappellèrent tous ceux de leurs sujets qui y faisoient leurs études; ils déclarèrent ceux qui continueroient d'y étudier, privés de tous leurs biens & incapables de posséder aucun bénéfice. D'un autre côté, les princes protestans envoyoient leurs députés à Spire, se séparant ainsi des catholiques, lorsqu'on reçut de Burgos, des lettres de Charles-Quint, qui blâmoit tout ce qui s'étoit fait à Nuremberg, défendoit aux princes protestans de s'assembler à Spire, & ordonnoit l'exécution de son édit de Vormes.

De ces deux points, les princes protestans obéirent au premier; sur le second, ils alléguèrent une impossibilité absolue, fondée sur la résistance qu'ils trouvoient par-tout dans leurs états. Luther resta donc en paix & en sûreté à Vittemberg, d'où il voyoit sa secte s'étendre dans le nord de l'Allemagne, & le long des côtes de la mer Baltique; elle s'étoit déjà établie dans les duchés de Lunebourg, de Brunswick, de Meckelbourg, dans la Poméranie, dans les archevêchés de Magdebourg & de Bremen, dans les villes de Hambourg, de Vismar, de Rostock; elle occasionna une grande révolution dans la partie de l'Allemagne, qui forme aujourd'hui le royaume de Prusse; elle gagna le Danemarck & la Suède.

La diète de Spire, en 1526, accorda la liberté de conscience jusqu'au concile que l'empereur étoit supplié de procurer dans un an.

En 1529, nouvelle diète à Spire; la querelle sacramentaire avoit affoibli alors les luthériens; ils divisèrent leurs forces en présence des catholiques, qui par là l'emportèrent dans la diète. On sacrifia aux luthériens, les sacramentaires & les anabaptistes, leurs deux plus mortels ennemis, parce qu'ils étoient nés de leur sein; le luthéranisme seul fut toléré par-tout où il étoit établi, mais on défendit de l'établir dans les pays qui ne l'avoient point encore reçu. Cette seconde diète de Spire bornoit considérablement la liberté indéfinie, accordée dans la diète de 1526. Le luthéranisme avoit reculé de plusieurs pas, & ses chefs ne le purent souffrir. Jean, électeur de Saxe, Philippe, Landgrave de Hesse, Ernest & François, ducs de Lunebourg, Wolfang, prince d'Anhalt, les députés de quatorze villes impériales, Strasbourg à la tête, protestèrent dans la diète contre ce décret; delà le nom de *protestants*, d'abord particulier aux luthériens, étendu ensuite aux autres sectes de la réforme.

A la diète d'Ausbourg en 1530, où Charles-Quint vint présider dans tout l'éclat de la majesté impériale, les luthériens présentèrent leur profession de foi si connue sous le nom de *confession d'Ausbourg*, qui distingue aujourd'hui la secte luthérienne, de toutes les autres sectes protestantes. Luther n'avoit pu paroître à Ausbourg, c'eût été braver trop ouvertement l'empereur, qui l'avoit mis au ban de l'empire, & qui eût pu faire exécuter le décret de Vormes, si les catholiques l'eussent emporté à Ausbourg. Il étoit resté à Cobourg dans les états de l'électeur de Saxe, mais assez près du lieu de la diète, pour pouvoir être consulté sur les opérations. Melanchton, son ami, étoit à Ausbourg, & ce fut lui qu'on chargea de dresser la confession Luthérienne, de concert avec Luther.

La confession Luthérienne fut présentée à l'empereur, en latin & en allemand, le 25 juin 1530, tout le parti luthérien la reçut. Les catholiques la réfutèrent par ordre de l'empereur; Mélanchton répondit, & sa réponse est ce qu'on appelle l'*apologie de la confession d'Ausbourg*, pièce devenue inséparable de cette confession, dont elle est comme le supplément.

Le 22 août 1530, l'empereur rendit un décret par lequel il réprouva la confession d'Ausbourg, & ne donna que jusqu'au 15 avril suivant à tous les protestans, pour rentrer dans le sein de l'église.

Le lendemain les protestans voulurent lui présenter l'apologie de la confession d'Ausbourg, il la refusa. Il termina la diète le 19 novembre, par un second décret, qui, plus rigoureux encore que le premier, défend l'exercice de toute autre religion que la catholique, *sous peine de confiscation de corps & de biens.* Il forma en conséquence la ligue catholique d'Ausbourg, à laquelle on opposa la ligue protestante de Smalcalde, formée le 27 février 1531. L'empereur sentit la nécessité de céder au temps; la paix de Nuremberg, conclue le 23 juin 1532, entre les catholiques & les protestans, suspendit l'exécution des édits de Vormes & d'Ausbourg, & accorda aux luthériens le libre exercice de leur religion jusqu'au prochain concile. Il s'éleva de nouveaux troubles, & Luther, qui d'un côté avoit dressé les articles de la ligue de Smalcalde, & qui de l'autre avoit autrefois posé pour un des principes de sa réforme : *qu'on ne prendroit jamais les armes pour la défense de l'évangile*, se trouva fort embarrassé quand il fallut venir aux armes : on le pressoit de s'expliquer, la ligue d'Ausbourg alloit se ranimer, la paix de Nuremberg alloit être violée, les princes de son parti vouloient armer, alloit-il s'opposer à ses défenseurs, au hazard de les rebuter ? Des avocats dirent à Luther, que les loix permettoient de se défendre contre qui que ce fût. Voilà Luther comme frappé d'une lumière nouvelle : *il avoit parlé en théologien, non en jurisconsulte ; l'évangile à la vérité défendoit de résister aux puissances légitimes, mais l'évangile n'étoit point contraire aux loix ; & puisque les loix jugeoient la défense légitime, il s'en rapportoit aux jurisconsultes. En effet*, ajoutoit-il, *dans un temps si fâcheux, on pourroit se voir réduit à des extrémités, où non-seulement le droit civil, mais encore la conscience obligeroit les fidèles à prendre les armes, & à se liguer contre tous ceux qui voudroient leur faire la guerre, & même contre l'empereur.*

Deux autres affaires causèrent encore de l'embarras à Luther & aux luthériens.

L'une concernoit le concile; les luthériens l'avoient eux-mêmes demandé dans la préface de la confession d'Ausbourg : François Ier, sous la protection duquel la ligue de Smalcalde s'étoit mise, se fondoit sur cette soumission apparente à l'église, pour justifier l'appui qu'il prêtoit aux protestans d'Allemagne, & il se joignoit à eux de bonne foi pour proposer un concile. Les protestants s'attendoient à un refus de la part du pape. L'offre fut acceptée contre toute espérance, d'abord par Clément VII, ensuite par Paul III. Les protestants se repentirent alors de s'être trop avancés, & ils revinrent sur leurs pas. Assemblés à Smalcalde, en 1537, pour délibérer sur la bulle de convocation, ils convinrent qu'ils avoient demandé un concile, mais un concile *libre*, *pieux & chrétien ;* or Luther, en dressant les articles de Smalcalde, avoit fait passer en maxime générale que le pape étoit l'Anté-Christ ; comment un concile convoqué par l'Anté-Christ, seroit-il *libre*, *pieux & chrétien* ? Il falloit donc en exclure le pape, comme l'Anté-Christ & les evêques comme ses esclaves; enfin, il ne falloit admettre que les seuls luthériens, encore falloit-il ne les assembler qu'en Allemagne, & que dans une ville luthérienne; c'est-à-dire qu'il falloit ne pas avoir de concile.

L'autre affaire embarrassante pour Luther & pour ses amis, est la fantaisie qui prit à Philippe, Landgrave de Hesse, le plus zélé des défenseurs de la réforme, d'avoir à la fois deux femmes, & de les avoir légitimement & conformément à quelques exemples de l'ancien testament, de les avoir en vertu d'une dispense que lui donneroient les docteurs protestants ses amis, auxquels il annonçoit que sur leur refus, il laisseroit faire l'empereur qui lui procureroit une dispense du pape, dispense que lui Landgrave, dédaigne comme tout ce qui vient du pape, mais dont enfin il s'accommoderoit, faute de mieux. Sur cette menace, les docteurs protestants, après avoir, pour la forme, grondé le Landgrave sur son incontinence, & sur ce besoin de deux femmes ; après avoir, disent-ils, rempli leur devoir en lui représentant le sien, observent que leur pauvre petite église a besoin de protecteurs tels que lui, & en conséquence lui accordent la fatale dispense, en le priant d'en garder le secret à ses amis ; le secret fut mal gardé. Cette dispense est signée de huit docteurs, à la tête desquels se trouvent les noms de Luther & de Mélanchton.

Depuis la formation de la ligue de Smalcalde, les protestants d'Allemagne s'assembloient par-tout librement & sans permission de l'empereur ; ils régloient entr'eux les affaires de leur religion ou de leur ambition ; ils étoient devenus une puissance d'autant plus formidable à l'empereur, que l'intérêt de la religion leur donnoit pour alliés les rois du Nord, & l'intérêt de la politique le roi de France. L'empereur employoit moins alors pour les contenir l'autorité que la ruse ; il les ménageoit dans toutes les diètes, jusqu'à ce qu'il trouvât une occasion de les accabler par les armes. A Ratisbonne, en 1521 ; à Spire, en 1544 ; à Vormes, en 1543, les affaires de la religion toujours agitées, restent toujours indécises ; conférences éternelles, professions de foi tournées & retournées en cent manières, réglemens équivoques, mais toujours assez favorables aux protestans; les évêques murmurent, le pape se plaint, les luthériens espèrent une rupture entre le pape & l'empereur, & Luther écrit dans cette esperance ; mais enfin le concile de Trente s'ouvre le 13 décembre 1545, l'empereur veut qu'on s'y soumette, & sur le refus des luthériens il prend les armes contr'eux, n'ayant plus alors d'autres ennemis, ayant fait la paix avec la France, & une trève avec les Turcs. Ce fut au moment où s'allumoit cette guerre, que Luther mourut, le 18 février 1546, comme un citoyen paisible, dans Islèbe sa patrie, où les comtes de Mansfeld, devenus protestans, l'avoient appellé pour régler leurs partages & concilier leurs différends; sa maladie fut courte, il paroît que c'étoit une indigestion ou une apoplexie. Il laissa trois fils, Jean, Martin & Paul; on ne sait d'eux que leurs noms. Il laissa aussi deux filles. Des catholiques indiscrets se sont trop pressés de dire, les uns que Luther s'étoit pendu, les autres que le démon l'avoit emporté ; d'autres, qu'il étoit mort comme Arius, à la garde-robe après avoir trop soupé, d'autres enfin, & même avant la mort de Luther, qu'à son enterrement on avoit vu paroître en l'air, l'hostie que cet hérésiarque avoit osé prendre à la mort en viatique ; Luther, encore vivant, eut bien du plaisir à publier lui-même cette relation, en y joignant des apostilles.

Une fougue impétueuse, un orgueil grossier, l'insolence envers des supérieurs, le despotisme envers ses égaux, voilà les traits principaux de son caractère : il a troublé la paix, il a étendu l'empire de la haine, bien des gens le regardent comme un des premiers auteurs de la liberté de penser, mais il décida trop & pensa trop peu. L'exemple qu'il donna de ne rien respecter, de ne rien distinguer, ne peut être bon à rien; on ne peut pas dire qu'il ait répandu la lumière; mais il a donné du ressort à l'esprit humain, il l'a fixé sur des objets plus vastes, plus importans, plus philosophiques que ceux dont on s'occupoit avant lui, il n'a pas détruit la scolastique, mais il l'a un peu ennoblie.

On doit encore un autre témoignage à Luther, c'est que ce docteur, content de la gloire de l'Apostolat & de l'empire des controverses, ne descendit jamais aux bassesses de l'intérêt; en donnant les biens d'église en proie aux laïcs, il n'en prit rien pour lui, il n'eut toute sa vie d'autre revenu que ses gages de professeur dans l'université de Vittemberg. (Observons que ce désintéressement caractérise assez les chefs de Secte) Erasme a dit que ce généreux indigent avoit enrichi ses amis, & même ses ennemis; c'est que l'honneur d'être entré en lice contre lui avoit valu de bons bénéfices aux Eckius, aux Cochlées, (*voyez* ces articles) & à d'autres catholiques.

Remarquons encore, mais dans un sens plus vaste & plus noble, que ce grand ennemi ne fut pas inutile à l'église, qu'il la força de veiller sur elle, qu'en ne pardonnant rien à la cour de Rome, il l'avertit de ne se pas tout permettre, que peut-être Adrien VI, successeur du fastueux Léon X, dut à Luther une partie du zèle courageux avec lequel il brava la haine de sa cour en la réformant, en rétablissant la discipline ecclésiastique, en supprimant la vénalité des indulgences & celle des offices, en modérant les taxes de la daterie, en réduisant son propre neveu à un seul bénéfice tres-modique; en établissant cette maxime: *qu'on ne donne point les bénéfices aux hommes, mais les hommes aux bénéfices*; enfin en proscrivant le luxe, & en donnant l'exemple d'une pauvreté chrétienne.

Après la mort de Luther, comme après celle d'Alexandre, tous ses soldats voulurent être rois; les chefs se multiplièrent & se divisèrent.

LUVAS *ou* LUBOS, (*Hist. mod.*) c'est le nom qu'on donne aux chefs d'une nation guerrière & barbare appellée *Gallas*, qui depuis très-long-temps sont les fléaux des Ethiopiens & des Abyssins, sur qui ils font des incursions très-fréquentes. Ces *lubos* sont des souverains dont l'autorité ne dure que pendant huit ans. Aussi-tôt que l'un d'eux a été élu, il cherche à se signaler par les ravages & les cruautés qu'il exerce dans quelque province d'Ethiopie. Son pouvoir ne s'étend que sur les affaires militaires; pour les affaires civiles, elles se règlent dans les assemblées ou diètes de la nation, que le *lubo* a droit de convoquer, mais qui peut de son côté annuller ce qu'il peut avoir fait de contraire aux loix du pays. Il y a, dit-on, environ soixante de ces souverains éphémères dans la nation des Gallas; ils font une très-pauvre figure dans leur cour, dont le père Lobo raconte un usage singulier & peu propre à engager les étrangers à s'y rendre. Lorsque le *lubo* donne audience à quelque étranger, les courtisans qui l'accompagnent tombent sur lui, & lui donnent une bastonnade très-vive qui l'oblige à fuir; lorsqu'il rentre, on le reçoit avec politesse. Le P. Lobo eut le malheur d'essuyer cette cérémonie; en ayant demandé le motif, on lui dit que c'étoit pour faire connoître aux étrangers la valeur & la supériorité des Gallas sur toutes les autres nations. (*A. R.*)

LUXEMBOURG, (Maison de) (*Hist. mod.*) la maison de Luxembourg, l'une des plus illustres de l'europe a produit cinq empereurs, dont trois ont été rois de Bohême.

Les cinq empereurs, sont 1°. Henri Herman, comte de Salms en Ardenne, élu empereur en 1081, au milieu des troubles que la guerre du Sacerdoce & de l'empire excitoit entre le pape Grégoire VII, & le véritable empereur Henri IV. Henri Herman mourut en 1087.

2°. Henri VII. (*Voyez* son article.)

3°. Charles IV, auteur de la Bulle d'Or. (*Voyez* son article.)

4°. Vencessas, son fils. (*Voyez* son article.)

5°. Sigismond, aussi fils de Charles IV. (*Voyez* son article.)

Les trois empereurs rois de Bohême, sont Charles IV, & ses deux fils.

Le père de Charles IV, Jean l'aveugle, étoit aussi roi de Bohême. Ce roi chevalier, quoique privé de la vue, n'en avoit pas moins d'ardeur pour les combats; il abandonnoit le soin de ses états pour chercher les aventures à la guerre, il servoit comme volontaire sous les drapeaux de la France, dans la fameuse querelle de Philippe de Valois, & d'Edouard III; il prenoit même pour devise ce mot: *je sers, Ich Dien I serve*, tandis que son devoir étoit de régner. Tel étoit l'usage du temps; une foule de souverains, partagés entre Edouard & Philippe, servoient en personne dans leurs armées; combattre, même pour des intérêts étrangers, étoit un honneur que les rois ne cédoient point à leurs sujets. Jean de Luxembourg-Bohême, étoit à la bataille de Crécy; les François, repoussés de tous côtés, étoient déjà en déroute, lorsque ce prince s'informa de l'état de la bataille; on lui dit que tout paroissoit désespéré; que l'élite de la noblesse Françoise étoit taillée en pièces ou prisonnière; que Charles de Luxembourg, son fils, roi des Romains, blessé dangereusement avoit été forcé d'abandonner le combat; que rien ne pouvoit résister au prince de Galles, dit le prince Noir: *qu'on me mène à sa rencontre*, s'écria le roi de Bohême. Quatre de ses chevaliers se chargent de le conduire, ils entrelacent la bride de son cheval avec celles de leurs chevaux, ils s'élancent au fort de la mêlée & fondent sur le prince de Galles; on vit ce prince & le roi aveugle se porter plusieurs coups; mais bientôt on vit le roi de Bohême & ses chevaliers tomber morts aux pieds du prince de Galles.

La maison de Luxembourg a produit encore deux impératrices.

1°. Cunegonde, femme de l'empereur Henri II. (*Voyez* l'article de ce prince.)

2°. Elisabeth, femme d'Albert Ier, archiduc d'Autriche & empereur, morte en 1447.

Cinq reines. 1°. Béatrix, femme de Charles Robert ou Charobert, roi de Hongrie, morte en 1318.

2°. Marie, sa sœur, seconde femme de notre Charles-le-Bel, morte en 1323, toutes deux filles de l'empereur Henri VII.

3°. Bonne, femme du roi Jean, sœur de l'empereur Charles IV, morte en 1349.

4°. Anne, fille de l'empereur Charles IV, première femme de Richard II, roi d'Angleterre, morte en 1394.

5°. Marguerite, fille du même empereur Charles IV, mais d'un autre lit que les précédentes, première femme de Louis-le-grand, roi de Hongrie & de Pologne, morte en 1359.

Cette maison de Luxembourg a donné à la France deux connétables.

1°. Valeran de Luxembourg, comte de St. Pol, de la branche de Luxembourg-Ligny, fait connétable en 1411, mort le 19 avril 1415 ou 1413.

2°. Louis de Luxembourg, comte de St. Pol, de la branche de Luxembourg Saint Pol. C'étoit sous Louis XI, c'est-à-dire dans un temps de cabales & d'intrigues continuelles qu'il étoit connétable. Général de Louis XI par sa place, il traitoit par esprit d'intrigue avec tous les partis. Il vouloit se rendre indépendant & jouer un rôle principal au milieu de ces troubles. Il s'étoit emparé de St. Quentin, au nom du roi, & le gardoit pour lui-même. Fier de la possession de cette importante place qu'il promettoit tour-à-tour de remettre au roi de France, au roi d'Angleterre, au duc de Bourgogne, Charles le téméraire, il se faisoit rechercher & redouter de tous ces princes. Louis XI, dans une entrevue avec le roi d'Angleterre Edouard IV, sur le pont de Péquigny, sut tirer de lui les instructions dont il avoit besoin sur les projets & les démarches du connétable; celui-ci n'avoit fait que les trahir tous deux, Edouard l'abandonna sans peine, & le duc de Bourgogne, instruit par les deux rois, des fourberies du connétable, le livra lui-même à Louis XI, qui lui fit trancher la tête à Paris, dans la place de Grêve, le 19 décembre 1475. Ses biens furent confisqués, mais ils furent rendus à sa postérité par une déclaration du roi Charles VIII, en 1587. Marie sa petite-fille porta ces biens dans la maison de Bourbon, par son mariage avec François de Bourbon, comte de Vendôme, bisayeul du roi Henri IV, qui descend ainsi de cette illustre victime de Louis XI.

Ce fut pour François de Luxembourg, sorti de la branche de Luxembourg-Brienne, & qui a formé celle de Pinei, que le roi Henri III érigea, en 1576, Pinei en duché; en 1581, il l'érigea en Pairie, & Tingri en principauté. François fut envoyé trois fois en ambassade à Rome, 1°. par Henri III, en 1586, 2°. en 1590, par les catholiques royalistes qui se donnoient à Henri IV, sous la condition qu'il se feroit catholique, qu'il se feroit instruire du moins dans cette religion; enfin en 1596, par Henri IV lui-même.

Sa petite fille, Marguerite-Charlotte de Luxembourg porta les biens de sa maison dans celle de Clermont Tonnerre, qui ne les conserva pas; car, du mariage de Marguerite Charlotte, avec Charles Henri de Clermont Tonnerre, naquit seulement Magdeleine-Charlotte-Bonne-Thérèse de Clermont-Tonnerre, duchesse de Luxembourg, qui épousa le 17 mars 1661, François-Henri de Montmorenci, duc de Luxembourg, c'est le fameux maréchal de Luxembourg; on trouvera ce qui le concerne lui & sa postérité à l'article MONTMORENCI.

La première maison de Luxembourg, cette maison impériale qui nous occupe ici, nous offre plusieurs personnages morts à la guerre & dans les batailles.

Dans la branche aînée, Baudouin & Jean, tués au combat de Vering, du 5 juin 1288, avec Valeran Ier leur frère, tige de la branche de Luxembourg-Ligny.

Dans cette branche de Luxembourg-Ligni, Gui de Luxembourg, pour qui le roi Charles V érigea Ligni en comté, en 1367, tué à la bataille de Baesvider, le 22 août 1371.

Dans la branche de Saint-Pol, Jean, comte de Marle & de Soissons, fils du connétable de Saint-Pol, tué à la bataille de Morat, le 22 juin 1476.

Dans la branche de Luxembourg-Martigues, Charles, vicomte de Martigues, tué au siége de Hesdin, en 1553.

Sebastien de Luxembourg, qui s'étoit trouvé & signalé aux siéges de Metz, de Térouanne, de Calais, de Guines, de Rouen, d'Orléans; aux batailles ou combats de Dreux, de Messignac, de Jarnac, de Moncontour, &c. & pour qui Charles IX venoit d'ériger, en 1569, le comté de Penthièvre en duché-pairie, tué d'une blessure à la tête au siège de saint Jean d'Angely, le 19 novembre 1569.

LUZERNE, (de la) de Beusseville ou Beuzeville (*Hist. de Fr.*) maison des plus anciennes de la Normandie.

Thomas de la Luzerne, fut un des chevaliers qui accompagnèrent Robert, duc de Normandie, fils aîné de Guillaume le conquérant, à la première croisade.

Guillaume de la Luzerne dans les guerres contre les Anglois sous Charles VII, défendit vaillamment le mont saint Michel, & y mourut en 1458.

Jean de la Luzerne, son fils, fut chambellan des rois Louis XI & Charles VIII.

Gabrielle de la Luzerne porta la terre de la Luzerne dans la maison de Briqueville, en 1556, par son mariage avec François de Briqueville, un des plus braves capitaines de son temps, tué en 1574, sur la brêche de la ville de saint Lo, qu'il défendoit pour les religionnaires.

De cette maison de la Luzerne-Beuzeville, sont M. le comte de la Luzerne, ministre de la marine, (en 1788) M. le marquis de la Luzerne, ambassadeur en Angleterre, & M. l'évêque de Langres, tous fils de César Antoine de la Luzerne, comte de Beuzeville, maréchal de camp, & petits fils du chancelier de Lamoignon, par Marie-Elisabeth de Lamoignon, leur mère.

LYCAMBE :

Qualis Lycambæ spretus infido gener.

(*Voyez* ARCHILOQUE.)

LYCOPHRON, (*Hist. Litt. anc.*) poëte & grammairien grec, né à Chalcis dans l'isle d'Eubée, aujourd'hui Négrepont, vivoit environ trois siècles avant J. C. Il avoit fait des tragédies ; mais il ne reste de lui qu'un poëme de *Cassandre*, si obscur, que le nom de *Lycophron* est resté comme le symbole de l'obscurité ; on l'appelloit *le ténébreux* :

Cachez-vous, Lycophrons, antiques & modernes, &c.

Ovide, dans son poëme de l'*Ibis*, nous apprend que *Lycophron* fut tué d'un coup de flèche :

Utque cothurnatum periisse Lycophroni narrant,
Hæreat in fibris missa sagitta tuis.

Il y a un autre *Lycophron*, fils de ce sage Périandre, qui fut cependant tyran à Corinthe. S'il méritoit une punition comme tyran, il la reçut par ce fils, & par un autre qu'il eût encore, nommé Cypséle. Ce dernier étoit l'aîné. Périandre avoit tué leur mère ; l'histoire n'explique pas trop les circonstances de ce fait. Proclès, leur ayeul maternel, roi d'Epidaure, après les avoir gardés quelque temps auprès de lui, obligé de les renvoyer à leur père, ne leur dit que ce mot : *n'oubliez pas par qui a péri votre mère*. Ce trait resta gravé dans le cœur de *Lycophron*, qui ne put jamais voir dans Périandre que le meurtrier de sa mère. Il ne put se résoudre à lui parler, & resta toujours enseveli devant lui dans un morne silence. Périandre le chassa, & défendit à tous ses sujets, sous peine d'amende, de le loger ou de lui parler. *Lycophron* resta quatre jours couché par terre, sans boire ni manger. Son père en eut pitié ; il vint l'exhorter à prendre les sentiments & les procédés d'un fils, & lui promit ceux d'un père. Il en reçut cette seule réponse : *payez l'amende, vous m'avez parlé*. Ce fut là le premier & le dernier mot qu'il entendit de son fils. Périandre rélégua *Lycophron* à Corfou, & ne songea plus à lui ; mais dans la suite trouvant le fardeau de la royauté trop pesant pour sa vieillesse, & voyant Cypséle, son fils aîné, absolument incapable de régner, il crut que le temps auroit changé *Lycophron*, il lui offrit de l'associer à la royauté. *Lycophron* ne voulut pas même parler à un messager envoyé par son père. Sa sœur vint lui faire la même proposition ; elle étoit fille de Périandre ; elle n'obtint rien. Son père ne se rebuta point ; il continua de négocier avec lui. Puisque vous ne voulez rien partager avec moi, lui dit-il, échangons du moins ; venez régner à Corinthe, j'irai vous remplacer à Corfou. On dit que les habitants de Corfou, pour prévenir cet échange qu'ils craignoient, tuèrent *Lycophron*. Ce récit est d'Hérodote ; & on ne peut se dissimuler qu'il manque en quelques endroits de vraisemblance, & en quelques autres de clarté.

LYCORIS, (*Hist. Rom.*) célèbre courtisane du temps d'Auguste, aimée de ce Cornelius Gallus que Virgile, dans sa dixiéme Eglogue, console si tendrement de ce qu'elle lui préféroit Marc-Antoine, ce qui étoit alors matière à consolation, & non pas à plaisanterie.

Pauca meo Gallo, sed quæ legat ipsa Lycoris,
Carmina sunt dicenda, neget quis carmina Gallo? . . .
Galle, quid, insanis, inquit, tua cura Lycoris
Perque nives alium, perque horrida castra secuta est.

Lycoris avoit été comédienne ; son véritable nom étoit Cytheris ; mais le nom sous lequel Virgile l'a chantée, étoit celui qui devoit lui rester. Elle apprit à son tour à souffrir des mépris ; Gallus, consolé par Virgile, fut encore vengé par Cléopâtre, pour qui Antoine abandonna *Lycoris ;* celle-ci en perdant le cœur de son amant, perdit l'empire de la moitié du monde.

LYCOSTHÈNES, nom grec que prit un savant allemand du seizième siècle, (Conrad Wolfhart) auteur en partie du *Theatrum vitæ humanæ*, achevé & publié par Théodore Zwinger son gendre. On a de lui encore un recueil d'Apophtegmes ; un traité *de Mulierum præclarè dictis & factis ;* un abrégé de la bibliothéque de Gesner, &c. Né en 1518, dans la Haute-Alsace, mort ministre & professeur de logique & des langues, à Bâle, en 1561.

LYCURGUE, (*Hist. anc.*) Ce législateur de Lacédémone vivoit, je ne sais quand, dit Bayle ; en effet, la chronologie sur ce point est incertaine & embrouillée. Son histoire est toute remplie d'oracles, ce qui tient essentiellement à la fable. Il étoit fils d'Eunomus, l'un des deux rois qui régnoient ensemble à Sparte. Son frére aîné n'ayant point laissé d'enfants, il fut roi pendant quelques jours ; mais dès que la grossesse de sa belle-sœur fut connue, il déclara lui-même le premier que la royauté appartenoit à l'enfant qui naîtroit, si c'étoit un fils ; & dès lors il n'administra plus que comme tuteur. La veuve, dit-on, lui proposa de régner & de l'épouser, offrant à ce prix de faire périr son fruit. Il dissimula pour ne pas pousser une si méchante femme à quelque résolution violente ; il la mena, de prétexte en prétexte, jusqu'au terme de l'enfantement ; l'enfant naquit, c'étoit un fils, on le nomma Charilaus.

Lycurgue ayant formé le projet d'une législation nouvelle, voyagea en Crète, dans l'Asie, en Egypte :

Mores hominum multorum vidit & urbes.

Il observa, il compara & fit une législation qui ne ressembloit a aucune autre, mais à laquelle toutes les autres avoient concouru. Il établit un sénat composé de vingt-huit magistrats, qui, avec les deux rois, formoient un conseil de trente. Il fit un nouveau partage des terres, décria la monnoie d'or & d'argent, mit tout en commun, voulut que les repas fussent publics, tout le monde étoit obligé de s'y trouver, & les rois n'en étoient pas dispensés; il accoutuma tous les citoyens à une sobriété extrême; il les accoutuma aussi au secret: quand un jeune homme entroit dans la sale, le plus âgé lui disoit, en lui montrant la porte; *rien de tout ce qui se dit ici, ne sort par là.* Le mets qui leur plaisoit le plus étoit ce qu'on appelloit *la sauce noire.* Denys le tyran se trouvant à un de ces repas, voulut goûter de ce mets, & le trouva très-fade; c'est que l'assaisonnement y manque, lui dit-on.---- Eh! quel est cet assaisonnement? --- La course, la sueur, la fatigue, la faim, la soif.

Education, entretiens, travaux, plaisirs, tout étoit public. Le vol étoit permis comme un jeu d'adresse, comme un moyen de s'exercer aux ruses de guerre, & comme étant sans conséquence dans un pays où il n'y avoit presque point de propriété. Il paroît qu'en général le grand objet des loix de *Lycurgue* étoit de former un peuple de guerriers, mais non pas de conquérants. Dans cette république, où une mère recommandoit à son fils, partant pour l'armée, de revenir *avec son bouclier ou sur son bouclier*; dans cette république, où une autre mère, apprenant la mort de son fils tué dans une bataille, répondoit: *je ne l'avois mis au monde que pour cela*; où la mère de Pausanias, coupable, portoit des pierres pour murer la porte de l'asyle dans lequel il s'étoit refugié; dans cette ville qui chassoit de ses murs le poëte Archiloque pour quelques maximes trop indulgentes à l'égard de la lâcheté; dans cette république, où nul opprobre n'égaloit celui d'avoir fui à la guerre, où les femmes & les mères de ceux qui étoient revenus de la défaite de Leuctres, envioient les mères & les veuves de ceux qui avoient péri, & n'osoient paroître devant elles; où les soldats qui avoient fui, dépouillés des droits du citoyen & de l'homme, étoient obligés de souffrir toutes sortes d'outrages & de porter sur leur visage & dans leurs vêtemens des monumens publics de leur honte; dans cette république enfin où trois cents hommes arrêtoient au pas des Thermopyles l'innombrable armée des Perses, & *périssoient pour obéir aux saintes loix de Sparte*; c'est-là, c'est dans cette même république qu'on évitoit le crime des conquêtes comme la honte de la fuite; c'est-là qu'également éloigné de l'esprit d'avidité qui préside aux guerres des peuples barbares, de l'esprit d'orgueil & de domination qui porte les grands rois à la guerre; du petit esprit de vengeance qui perpétue nos funestes & inutiles guerres, un peuple tout guerrier ne combattoit jamais que pour la défense de l'état; voilà pourquoi il ne fuyoit jamais. L'amour de la patrie augmentoit en intensité à proportion du peu d'étendue de la patrie. Eh! quel citoyen ne deviendroit soldat! quel soldat ne deviendroit invincible, quand il s'agit de ces intérêts puissants de la nature & de l'amour! Le peuple le plus redoutable sera toujours celui qui, fondant, comme les Spartiates, son bonheur sur la vertu, sa sûreté sur la justice & la modération, bornera toujours la guerre à la défense. L'horreur des conquêtes étoit si forte chez les Lacédémoniens, que dans un pays presque environné de la mer, ils refusèrent long-temps d'avoir une marine, de peur que la cupidité ne naquît avec les moyens de la satisfaire. Aussi Plutarque nous représente-t-il les Lacédémoniens comme des ministres de paix chez les nations étrangères, portant par-tout l'ordre avec la concorde, terminant les guerres, appaisant les séditions par leur seule présence. Les peuples soumis, dit-il, venoient se ranger autour d'un ambassadeur lacédémonien, comme les abeilles autour de leur roi. Tel étoit l'ascendant que le désintéressement, la modération, la justice donnoient à ce peuple vertueux sur tous les autres peuples, & qu'il conserva, selon Plutarque, pendant plus de sept cents ans, c'est-à-dire, tant qu'il fut fidèle aux loix de *Lycurgue.* Nous parlons d'après Plutarque; cependant comme les actions démentent quelquefois les principes chez les peuples aussi bien que chez les individus, nous aurions peine à trouver les Lacédémoniens constamment fidèles à ce plan de modération & de désintéressement que Lycurgue leur avoit tracé; nous les trouvons même souvent fort tyranniques à l'égard de leurs voisins, & fort injustes dans leurs guerres, comme on peut le voir dans Thucydide; mais le principe de justice & de modération subsistoit, & l'on y revenoit après s'en être écarté.

On a fait avec raison, divers reproches aux loix de Lycurgue. La nature a réclamé contre l'usage barbare d'exposer les enfants d'une complexion foible, & qu'on jugeoit devoir être incapables des exercices de la guerre; contre la dureté avec laquelle on élevoit les enfants conservés; contre l'inhumanité dont on usoit à l'égard des Ilotes. On a condamné même une éducation uniquement bornée aux exercices corporels, & qui négligeoit absolument la culture de l'esprit, une législation, qui ne s'occupant que de la guerre, condamnoit les citoyens pendant la paix, à une inaction absolue; enfin, la pudeur & la modestie étoient trop ouvertement violées dans les loix qui admettoient les femmes aux mêmes exercices corporels que les hommes, & qui permettoient ou ordonnoient qu'elles dansassent toutes nues en public, aussi bien que les hommes. Les mœurs même & les loix les plus sacrées du mariage étoient blessées par quelques-uns des règlements de *Lycurgue.*

On dit que *Lycurgue*, pour assurer l'exécution de ses loix, fit jurer à ses concitoyens de les observer inviolablement, au moins jusqu'à son retour de Delphes, où il alloit consulter l'oracle sur un dernier objet le plus important & le plus essentiel de tous; il partit, alla ou n'alla point à Delphes; mais il ne revint point. Il se laissa, dit-on, mourir de faim. J'ai déjà observé qu'il y a pour le moins de la fable mêlée à son histoire.

LYCURGUE l'Orateur n'est guère moins célèbre dans son genre. S'il ne fut pas législateur d'Athènes comme l'autre *Lycurgue* le fut de Lacédémone, il fut un exécuteur sévère & utile des loix de police de son pays; il purgea la ville de tous les malfaiteurs & de tous les mauvais citoyens. Sa fonction étoit celle d'intendant du trésor public. En sortant de charge, il fit ce que peu de ministres peuvent faire, ce que tous devroient être obligés de faire ; pendant son administration, il avoit tenu registre de ce qu'il avoit fait, il fit attacher ce registre à une colomne pour l'exposer à la censure de tout le monde. On a remarqué que pendant sa magistrature, voyant mener en prison le philosophe Xenocrate, faute d'avoir payé un tribut qu'on exigeoit des étrangers, *Lycurgue* indigné qu'on traitât avec cette dureté un philosophe si célèbre, le délivra, & fit mettre en prison le fermier qui usoit si impitoyablement de ses droits. Peut-être même faut-il croire que le fermier excédoit ses droits ; car s'il n'eût demandé que ce qui lui étoit dû, il auroit été injuste de le punir ; & ce seroit porter trop loin les privileges de la philosophie, que de les étendre jusqu'à l'exemption d'impôts ; le philosophe obéit aux loix, & ne demande point d'en être dispensé. Les harangues de *Lycurgue* se trouvent dans un recueil de harangues des anciens orateurs grecs, que les Aldes imprimèrent à Venise en 1513, en deux vol. *in-fol.* Il étoit contemporain de Démosthènes.

LYRE *ou* LYRA, (Nicolas de) (*Hist. Litt. mod.*) Nicolas *de Lyra*, normand & de race juive, a écrit contre les juifs, il a fait d'ailleurs sur la Bible, des commentaires estimés. Il vivoit dans le quatorzième siècle.

LYSANDRE, (*Hist. de Lacédémone*) Lacédémonien, rendit à sa patrie la supériorité qu'elle avoit cédée aux Athéniens. Les Spartiates affoiblis par les victoires d'Alcibiade, élurent pour général *Lysandre*, génie audacieux & fécond en ressources. Son éloquence militaire lui fit beaucoup d'alliés ; il leva une armée dans le Péloponèse, & en profitant des alarmes des Ephésiens, qui craignoient de tomber sous la domination des Perses ou des Athéniens, il les engagea à lui confier le gouvernement de leur ville ; ayant appris que Cyrus, fils de Darius, étoit à Sardes, il s'y transporta pour lui exposer combien il étoit intéressé à humilier la fierté des Athéniens ; ce jeune prince dont il caressa la fierté, lui accorda une augmentation pour ses soldats : cette libéralité lui fournit une armée de déserteurs qui, en affoiblissant les Athéniens, le mit en état de tout exécuter ; tandis qu'il enrichissoit ses soldats, il conservoit sous sa tente toute l'austérité Spartiate ; il profita de l'absence d'Alcibiade, pour attirer au combat le général imprudent à qui il avoit confié le commandement. *Lysandre* coula à fond vingt vaisseaux Athéniens ; le retour d'Alcibiade releva le courage des vaincus, qui brûloient d'effacer la honte de leur défaite dans un second combat ; *Lysandre* craignit de compromettre sa gloire contre un général qui n'avoit point encore éprouvé de revers. L'année de son commandement étant expirée, il ne put voir sans jalousie qu'on lui substituoit Callicratidas, qui l'égaloit en talents militaires, & qui lui étoit bien supérieur en sentiments ; il s'en vengea bassement, en renvoyant à Cyrus le trésor destiné à la paye du soldat ; Callicratidas privé de cette ressource, fut dans l'impuissance de soutenir le poids de la guerre ; sa flotte fut battue & dispersée à la journée des Argineuses. Les alliés de Sparte sollicitèrent le rétablissement de *Lysandre*, & son retour à l'armée releva tous les courages ; il justifia cette constance par la victoire d'Egos Potamos, où toute la flotte des Athéniens fut dissipée ; trois mille prisonniers furent égorgés impitoyablement par les Péléponésiens.

Lysandre parcourut en vainqueur toutes les villes maritimes, il y changea la forme du gouvernement ; il ordonna à tous les Athéniens de se retirer dans leur ville dont il méditoit le siège ; sa politique étoit de l'affamer ; les Athéniens, autrefois arbitres de la Grèce, se virent réduits à mendier la paix, aux conditions qu'on voulut leur prescrire : *Lysandre* entra dans leur ville, dont il fit raser les murs ; la forme du gouvernement fut changée ; l'oligarchie fut abolie, & on y substitua trente archontes, qui, dans la suite, furent appellés *tyrans* ; toutes les villes alliées ou sujettes d'Athènes, ouvrirent leurs portes à *Lysandre*, & lui érigèrent des statues ; les poëtes naturellement adorateurs des heureux qui peuvent les récompenser, chantèrent ses louanges, & le mirent au rang des premiers héros de la Grèce ; il ne crut pas son ouvrage affermi tant qu'Alcibiade auroit les yeux ouverts ; il sollicita Pharnabase de le lui livrer mort ou vif ; ce satrape violant les droits sacrés de l'hospitalité, envoya des satellites qui le tuèrent à coups de dards ; les prospérités de *Lysandre* corrompirent son cœur, il devint avare & cruel : huit cents des principaux habitants de Milet furent égorgés par son ordre ; quiconque lui déplaisoit étoit traité en coupable ; les provinces devenues la proie de ses exactions, portèrent leurs plaintes à Sparte, qui rappella son général pour entendre sa justification ; quoiqu'il ne fût point puni, il est à présumer qu'il fut trouvé coupable, puisqu'il y vécut sans considération, jusqu'à l'expédition d'Agésilas, contre la Perse, où il fut nommé chef des trente capitaines subordonnés à ce roi Spartiate, dont il traversa tous les desseins par une basse rivalité ; il retourna à Sparte, où son ambition lui fit jetter les yeux sur le trône : sa descendance d'Hercule lui en frayoit le chemin ; mais comme il n'y avoit que deux branches de la postérité de ce héros qui eussent droit de prétendre au pouvoir souverain, il résolut de s'associer à leur privilége : il corrompit la prêtresse de Delphes ; mais, malgré toute sa dextérité, il ne put se faire assez de partisans pour arriver à son but.

Toute la Grèce alarmée des progrès rapides d'Agésilas, résolut d'opposer une digue à ce torrent qui menaçoit de tout engloutir ; toutes les villes se soulevèrent contre les Lacédémoniens. *Lysandre*, qu'on avoit laissé depuis quelque temps dans l'oubli, reparut à la tête de l'armée ; il entra en Béotie, dans le dessein de faire sa jonction avec les Phocéens ; mais il fut prévenu par les Thébains, qui remportèrent une victoire d'autant plus complette, que ce fut dans cette journée qu'il perdit la vie.

Ce célèbre Spartiate, qui avoit aliéné tous les cœurs par ses exactions, mourut extrêmement pauvre, quoiqu'il quoiqu'il eût vécu sans luxe ; il fit servir ses richesses à son ambition ; & dans le temps qu'il épuisoit les provinces, il en versoit les trésors sur ses partisans ; vain & altier, il s'abandonnoit à la bassesse de la jalousie, & craignoit de voir sa gloire éclipsée par l'éclat des autres généraux. Avant lui, Sparte étoit crainte & respectée ; la dureté de son gouvernement attira sur elle l'envie & la haine de toute la Grèce ; malgré ses succès dans la guerre, on lui refusa une place parmi les grands capitaines ; son grand talent fut de maîtriser les esprits ; sa dextérité dans les négociations & le gouvernement, lui auroit mérité le nom de *grand*, si ses talents n'eussent été obscurcis par ses vices. (*T.--N.*)

LYSERUS, (Polycarpe) *Hist. Litt. mod.*) ministre de Wittemberg, puis de Dresde, fit beaucoup de commentaires sur la Bible, & beaucoup d'ouvrages de controverse ; mais il est moins connu par ses propres ouvrages que par celui dont il a été l'éditeur. C'est une histoire des Jésuites, désavouée par les Jésuites, & contre laquelle le jésuite Greiser a écrit ; en voici le titre : *Historia ordinis Jesuitici, de Societatis Jesu auctore, nomine, gradibus, incrementis, ab Eliâ Hasenmullero, cum duplici præfatione Policarpi Lyseri.* Cette double préface attira de la part de Gretser, (*Voyez* GRETSER.) quelques injures à *Lyserus*, qui les lui rendit bien dans un écrit apologético-Polémique. Né en 1552, mort en 1601.

Un autre *Lyserus*, (Jean) de la même famille, docteur de la confession d'Ausbourg, se fit publiquement l'apôtre de la polygamie ; cependant une seule femme auroit suffi, disoit-on, pour l'embarrasser beaucoup. Il publia le livre intitulé : *Polygamia triumphatrix*, contre laquelle un ministre de Copenhague, nommé *Brunsmanus*, fit paroître la *Polygamia triumphata* & la *Monogamia victrix.*

LYSIAS, (*Hist. Litt. anc.*) célèbre orateur grec, né à Syracuse l'an 459 avant J. C. Ce fut dans Athènes qu'il déploya ses grands talents pour l'éloquence. Nous avons de lui trente-quatre harangues imprimées dans le recueil des Aldes. (*Voyez* ci-dessus l'article de LYCURGUE l'orateur) ; elles sont aussi imprimées séparément.

LYSIMAQUE, (*Histoire de la Grece.*) disciple & ami du philosophe Calisthène, voyant son maître condamné aux plus rigoureux tourments, lui donna du poison pour abréger son supplice. Alexandre, pour le punir de ce zèle officieux, ordonna de le livrer à la fureur d'un lion affamé dont il demeura vainqueur ; son adresse & son courage lui rendirent la faveur de son maître, qui l'éleva à tous les premiers grades de la guerre. Après la mort de ce conquérant, ses lieutenants s'approprièrent son héritage. La Thrace & les régions voisines échurent à *Lysimaque* : ce partage alluma bien des guerres. Antigone, dominateur de la plus grande partie de l'Asie, eut l'orgueil de traiter ses égaux en sujets ; les uns furent dépouillés, & les autres massacrés par ses ordres ; ce fut pour prévenir leur oppression, que Séleucus, Ptolomée & Cassandre se liguèrent avec *Lysimaque* contre cet ennemi commun. La race d'Alexandre fut éteinte par les crimes de l'ambitieux Cassandre ; alors les gouverneurs établirent leur domination dans les pays qui leur avoient été confiés. Antiochus & son fils furent les premiers à ceindre leur front du diadême ; leur exemple fut suivi par Ptolomée & *Lysimaque*, qui prirent le titre de roi dont ils avoient déja le pouvoir.

Lysimaque se fortifia de l'alliance du roi d'Egypte, dont il épousa la fille nommée *Arsinoé* : ces deux rois mirent dans leurs intérêts Pyrrhus, roi d'Epire ; leurs forces réunies fondirent sur la Macédoine, dont il se fit proclamer roi : mais comme *Lysimaque* n'avoit pas moins contribué que lui à l'expulsion de Démétrius, il revendiqua la moitié du royaume conquis. Pyrrhus ne ménagea pas assez ses nouveaux sujets ; ce prince incapable de repos, les rebuta par des marches & des fatigues stériles. *Lysimaque* profita de leur mécontentement, pour envahir toute la Macédoine. Démétrius, chassé de ses états, rassembla les débris de son armée, & fit une invasion sur les terres de son ennemi. Sardes & plusieurs autres places tombèrent sous sa puissance : mais Agathocle, fils de *Lysimaque*, l'obligea de se retirer à l'Orient. Il ne restoit plus que deux capitaines d'Alexandre, *Lysimaque* & Séleucus, âgés l'un & l'autre de plus de quatre-vingts ans : ils avoient toujours vécu amis, & avant de mourir, ils s'acharnèrent à s'entre-détruire. Séleucus agresseur, entra dans l'Asie mineure, avec une nombreuse armée ; il prit Sardes, où *Lysimaque* avoit renfermé tous ses trésors : ce dernier passa l'Hellespont pour arrêter ses progrès, il engagea une action où il perdit la vie ; ses états tombèrent sous la puissance de Séleucus. (*T.-N.*)

LYSIMAQUE, fils d'Aristide, n'eut d'autre héritage que la gloire de son père ; les Athéniens touchés de la pauvreté d'un citoyen dont le père n'avoit été malheureux, que pour avoir trop bien servi la patrie, lui firent présent de cent arpents de bois, & d'autant de terres labourables ; ils y ajoutèrent une somme de cinq mille livres d'argent une fois payée, & quarante sols par jour pour sa dépense : cette largesse faite au fils, fut la plus belle réparation qu'ils pussent faire à la mémoire d'un père respectable. (*T.-N.*)

LYSIPPE, (*Hist. anc.*) célèbre sculpteur grec, par qui seul Alexandre-le-Grand voulut être représenté ;

Edicto vetuit, ne quis se, præter Apellem,
Pingeret, aut alius Lysippo duceret æra
Fortis Alexandri vultum simulantia.

ce qu'Horace appelle :

Judicium subtile videndis artibus.

Néron ne montra pas tant de jugement & tant de

goût, lorsqu'il gâta une belle statue de bronze du même *Lysippe*, en voulant l'enrichir & la dorer. *Lysippe* est de tous les sculpteurs anciens, celui qui a laissé le plus d'ouvrages. Il vivoit trois siècles & demi avant J. C. Il étoit de Sicyone.

LYSIS, (*Hist. anc.*) Philosophe pythagoricien qui vivoit environ quatre siècles avant J. C. Il fut le maître & l'instituteur d'Epaminondas. On lui attribue ce qu'on appelle *les vers dorés de Pythagore*.

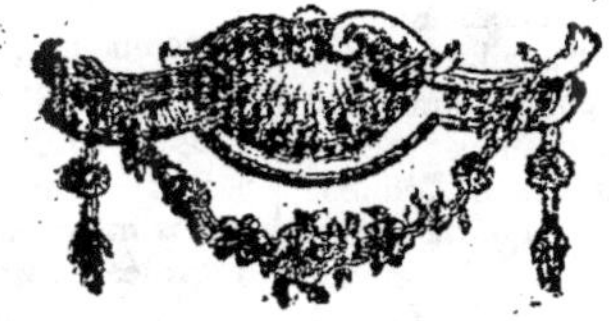

MABILLON, (Jean) savant bénédictin de la congrégation de Saint Maur ; la vie d'un savant & d'un religieux consiste dans la liste de ses ouvrages ; celle de *Mabillon* est sur-tout de ce genre. Une petite singularité accidentelle de cette vie, est que cet homme qui avoit donné dans ses premières études les plus grandes espérances, & qui devoit consacrer sa vie aux études les plus laborieuses, débuta dans les plus belles années de sa jeunesse par être incapable d'aucune application. Il fallut le séparer entièrement des livres, des papiers, de tout ce qui occupe l'esprit ; on le promena d'abbayes en abbayes, sans lui donner aucun emploi, sans lui permettre aucun travail. A Saint Denis, il fut employé pendant un an entier, à montrer le trésor de l'abbaye & les tombeaux des rois ; c'étoit là ce qu'on appelloit employer dom *Mabillon*. C'étoient des maux de tête violents & continuels qui mettoient ce savant homme dans cet état. La nature le rétablit d'elle-même, & le rendit aux lettres. Il travailla d'abord au Spicilége avec dom Luc d'Achery ; il donna depuis deux éditions de St. Bernard ; les actes des Saints de l'ordre de St. Benoît ; les Annales de cet Ordre ; les *Vetera analecta*, recueil de pièces singulières & inconnues, sur-tout sa *Diplomatique*, par laquelle il est si connu & qu'il suffit de nommer. Il voyagea en Allemagne & en Italie par ordre du Roi ; ces voyages furent purement littéraires, il alloit d'abbaye en abbaye, & de bibliothèque en bibliothèque.

Charlemagne avoit introduit dans ses états la liturgie Romaine ; son ordonnance pour l'introduction de ce Rituel, un peu combattue d'abord, finit par être si exactement observée, qu'on oublia entièrement l'ancienne liturgie, & que les savans même ignorèrent en quoi elle avoit consisté, jusqu'à ce que dom *Mabillon*, dans le cours de ses voyages, ayant trouvé dans l'abbaye de Luxeuil, un ancien livre d'église, dont on se servoit en France il y a environ onze siècles, & l'ayant conféré avec divers fragments de St. Hilaire de Poitiers, de Sidoine-Apollinaire, de St. Césaire d'Arles, de St. Grégoire de Tours, & de quelques autres anciens auteurs, s'assura de sa découverte, & fit connoître ce monument de la piété de nos pères, devenu, par le temps, un point d'érudition & un objet de curiosité.

Au retour du voyage d'Italie, dom *Mabillon* mit à la bibliothèque du roi, plus de trois mille volumes de livres rares, tant imprimés que manuscrits, & donna son *Museum Italicum*, contenant en deux gros vol. *in*-4°. des pièces qu'il avoit découvertes ; il rend compte de son voyage dans le premier volume ; mais, dit M. de Boze, son exactitude ne « s'étend » pas jusqu'à rapporter tous les honneurs que lui ren» dirent les savants & les personnes de la première » qualité. Si dom *Mabillon* avoit un esprit propre à » toutes les sciences, il avoit une modestie supérieure » à tous les succès ».

On connoît son Traité des *Etudes Monastiques*, & sa dispute sur ce sujet avec l'abbé de la Trape.

Il traita une multitude d'autres sujets, & eut part à une multitude d'autres ouvrages, indépendamment de ceux qui sont de lui seul.

Il mourut dans l'abbaye de Saint-Germain-des-Prés le 27 décembre 1707. Il étoit né le 23 novembre 1632, sur les frontières de la Champagne & du Luxembourg, dans les environs de Mouson. Il étoit entré en 1653, dans l'abbaye de St. Remi de Rheims.

Dom *Mabillon* avoit la plus grande réputation dans les pays étrangers ; les savants, les souverains, les corps même le consultoient, & ses décisions étoient regardées comme autant d'oracles. Voici ce que le cardinal Colloredo écrivoit de la part du pape Clément XI, à dom Thierry Ruinart, sur la mort de dom *Mabillon*.

« Le pape a voulu lire plusieurs fois le triste & » touchant détail que vous nous avez fait de sa mort. » Sa Sainteté s'est trouvée émue de toute son affection » paternelle, pour un homme de mœurs respectables, » & qui a si bien mérité des lettres & de toute l'église.

» Le saint père a marqué que vous lui feriez plaisir » de l'inhumer dans le lieu le plus distingué, puisqu'il » n'y en a point où sa réputation ne se soit répandue, » & que tous les savants qui iront à Paris, ne man» queront pas de vous demander : *où l'avez-vous mis ?* » *ubi posuistis eum ?* Il prévoit quelle sera leur peine, » s'ils apprennent que les cendres d'un personnage de » ce mérite ont été confondues, & s'ils ne les trouvent » pas recueillies sous le marbre, avec quelque inscrip» tion qui convienne à des restes si précieux ! »

MABOUL, (Jacques) évêque d'Aleth, nommé en 1708. Mort en 1723 ; célèbre par la prédication. On a de lui des oraisons funèbres. Ce fut lui qui prononça celle de Louis XIV à Notre-Dame.

MABOYA *ou* MABOUYA, s. m. (*Théolog. caraïbe*) nom que les Caraïbes sauvages des îles Antilles donnent au diable ou à l'esprit dont ils craignent le malin vouloir ; c'est par cette raison qu'ils rendent au seul *Mabouya* une espèce de culte, fabriquant en son honneur de petites figures de bois bizarres & hideuses, qu'ils placent au-devant de leurs pirogues, & quelquefois dans leurs cases.

On trouve souvent en creusant la terre, plusieurs de ces figures, formées de terre cuite, ou d'une pierre verdâtre, ou d'une résine qui ressemble à l'ambre jaune ; c'est une espèce de copal qui découle naturellement d'un grand arbre nommé *Courbaril.*

Ces idoles anciennes ont différentes formes : les unes représentent des têtes de perroquet ou des grenouilles mal formées, d'autres ressemblent à des lézards à courte queue ou bien à des singes accroupis, toujours avec les parties qui désignent le sexe féminin. Il y en a qui ont du rapport à la figure d'une chauve-souris; d'autres enfin sont si difformes, qu'il est presque impossible de les comparer à quoi que ce soit. Le nombre de ces idoles, que l'on rencontre à certaines profondeurs parmi des vases de terre & autres ustensiles, peut faire conjecturer que les anciens sauvages les enterroient avec leurs morts.

Il est d'usage parmi les Caraïbes d'employer encore le mot *mabouya* pour exprimer tout ce qui est mauvais: aussi lorsqu'ils sentent une mauvaise odeur, ils s'écrient, en faisant la grimace, *mabouya, caye, en en*, comme en pareil cas nous disons quelquefois, *c'est le diable.* (M. LE ROMAIN.)

MABY, s. m. boisson rafraîchissante fort en usage aux îles d'Amérique; elle se fait avec de grosses racines nommées *patates*: celles dont l'intérieur est d'un rouge violet, sont préférables à celles qui sont ou jaunes ou blanches, à cause de la couleur qui donne une teinture très-agréable à l'œil.

Après avoir bien nettoyé ou épluché ces racines, on les coupe par morceaux, & on les met dans un vase propre pour les faire bouillir dans autant d'eau que l'on veut faire de *maby*; cette eau étant bien chargée de la substance & de la teinture des patates, on y verse une suffisante quantité de sirop de sucre clarifié, y ajoutant quelquefois des oranges aigres & un peu de gingembre : on continue quatre à cinq bouillons, on retire le vase de dessus le feu; & après avoir laissé fermenter le tout, on passe la liqueur fermentée au travers d'une chausse de drap, en pressant fortement le marc. Il faut repasser deux ou trois fois la liqueur pour l'éclaircir, ensuite de quoi on la verse dans des bouteilles, dans chacune desquelles on a eu soin de mettre un ou deux cloux de gérofle. Cette boisson est fort agréable à l'œil & au goût, lorsqu'elle est bien faite : elle fait sauter le bouchon de la bouteille; mais elle ne se conserve pas, & elle est un peu venteuse. (M. LE ROMAIN.)

MACAIRE, (*Hist. Ecclésiast.*) c'est le nom de deux saints solitaires d'Egypte au quatrième siècle; l'un, nommé l'*ancien*, né vers l'an 301, à Alexandrie, mort vers l'an 391, auquel on attribue cinquante homélies en grec, imprimées en 1526, à Paris, avec les œuvres de St. Grégoire Thaumaturge, & séparément à Leipsick en 1698 & 1699.

L'autre, nommé *le jeune*, contemporain du premier, né, comme lui, à Alexandrie, mort vers 394 ou 395, & à qui on attribue les *Règles des Moines*; car ce solitaire avoit cinq mille autres solitaires sous sa direction.

MACÉ, (Robert) (*Hist. Litt. mod.*) imprimeur de Caën, le premier qui ait fait usage des caractères de fonte dans l'imprimerie en Normandie. Christophe Plantin fut son élève. Mort vers l'an 1491.

On a d'un autre *Macé*, nommé François, curé de Sainte Opportune, à Paris, (nous ignorons s'il étoit de la famille du précédent) divers ouvrages de piété & d'autres ouvrages de morale & d'histoire, dont quelques-uns ont été faussement attribués à des auteurs plus connus. *Melanie* ou *la Veuve charitable*, a été attribuée à l'abbé de Choisy. Son *Histoire des quatre Cicéron* a été attribuée au père Hardouin, peut-être à cause des paradoxes qu'elle renferme; l'auteur prétend prouver par les historiens grecs & latins, que le fils de Cicéron n'étoit pas moins illustre que son pére. Mort en 1721.

MACEDO, (François & Antoine) (*Hist. Litt. mod.*) deux frères, tous deux jésuites portugais; mais François, inconstant & bizarre, quitta les Jésuites pour les Cordeliers, & le Portugal pour Rome: ce qui lui réussit d'abord; car le pape Alexandre VII, auquel il plut, le combla de biens & d'honneurs; mais il tomba bientôt dans la disgrace de ce pontife. Venise alors fut son asyle; il y soutint des thèses *de omni Scibili*, & d'autres actes publics qu'il intitula: *les rugissements littéraires du lion de St. Marc.* Ces sottises étoient apparemment du goût du temps & du pays; elles lui procurèrent encore un succès passager. L'inventaire qu'il fait lui-même de ses ouvrages dans un de ses livres est vraiment curieux. 53 panégyriques, 60 discours latins, 32 oraisons funèbres, 48 poëmes épiques, 2600 poëmes héroïques, qu'il distingue des épiques, 123 élégies, 115 épitaphes, 212 épîtres dédicatoires, 700 lettres familières, 110 odes, 3000 épigrammes, 4 comédies latines; en tout, cent cinquante mille vers. Que de biens perdus! le mot de *macédoine* qu'on emploie en cuisine pour désigner de certains mélanges, mot dont on ne sait pas bien l'étymologie dans ce sens, viendroit-il par métaphore & par ressemblance, des mélanges littéraires, oratoires, poëtiques, théologiques, polémiques de ce *Macedo*? Auroit-il eu assez de réputation pour laisser son nom à un mets?

Quoi qu'il en soit, il écrivit beaucoup contre le P. Noris, depuis cardinal, au sujet du Monachisme de St. Augustin; il écrivoit pour & contre Jansénius; il écrivit pour & non pas contre l'inquisition. Il en fait remonter l'origine jusqu'au paradis terrestre. Dieu fit dans ce jardin de délices, les fonctions d'inquisiteur à l'égard de nos premiers pères, il les continua ensuite à l'égard de Caïn & des architectes de la Tour de Babel. Ainsi, rien de plus respectable que l'inquisition. L'inquisition politique de Venise se chargea de le récompenser de ces éloges; elle le soupçonna ou le convainquit d'avoir voulu se mêler d'affaires de gouvernement; en conséquence, elle le fit mettre en prison, où il mourut en 1681, âgé de quatre-vingt-cinq ans.

Antoine, son frère, étoit un esprit plus sage. Ayant accompagné en Suède, l'ambassadeur de Portugal, il fut honoré de la confiance de Christine; il fut le premier à qui elle fit part du dessein qu'elle avoit de quitter le luthéranisme & la couronne. Il vécut aussi à Rome, mais il retourna dans son pays. On a de lui un livre intitulé : *Lusitania insulata & purpurata.*

MACÉDOINE, EMPIRE DE (*Hist. anc.*) Ce n'est point ici le lieu de suivre les révolutions de cet empire; je dirai seulement que cette monarchie, sous Alexandre, s'étendoit dans l'Europe, l'Asie & l'Afrique. Il conquit en Europe la Grèce, la partie de l'Illyrie où étoient les Thraces, les Triballiens & les Daces. Il soumit dans l'Asie, la presqu'île de l'Asie mineure, l'île de Chypre, l'Assyrie, une partie de l'Arabie, & l'empire des Perses qui comprenoit la Médie, la Bactriane, la Perse proprement dite, *&c.* Il joignit encore à toutes ces conquêtes une partie de l'Inde en-deçà du Gange. Enfin, en Afrique il possédoit la Lybie & l'Egypte. Après sa mort, cette vaste monarchie fut divisée en plusieurs royaumes, qui tombèrent sous la puissance des Romains. Aujourd'hui cette prodigieuse étendue de pays renferme une grande partie de l'empire des Turcs, une partie de l'empire du Mogol, quelque chose de la grande Tartarie, & tout le royaume de la Perse moderne (*D. J.*)

MACE-MUTINE, s. f. (*Hist. mod.*) monnoie d'or. Pierre II, roi d'Aragon, étant venu en personne à Rome, en 1204, se faire couronner par le pape Innocent III, mit sur l'autel une lettre patente, par laquelle il offroit son royaume au saint siège, & le lui rendoit tributaire, s'obligeant stupidement à payer tous les ans deux cents cinquante *mace-mutines.* La *mace-mutine* étoit une monnoie d'or venue des Arabes; on l'appelloit autrement *mahoze-mutine.* Fleuri *Hist. Ecclés.*

MACEDONIUS, (*Hist. Ecclés.*) patriarche de Constantinople vers le milieu du quatrième siècle, chef des Macédoniens hérétiques, qui nioient la divinité du St. Esprit, comme les Ariens celle de Jésus-Christ.

MACER, (*Hist. Rom.*) (Œmilius) poëte latin, né à Vérone, contemporain d'Auguste. Il avoit fait un poëme sur l'Histoire naturelle, nommément sur *les oiseaux, les serpens & les plantes*; & un autre sur la ruine de Troye, pour servir de supplément à l'Iliade. Si ce poëme valoit le second livre de l'Enéide, où le même sujet est traité, on ne peut trop le regretter. Ces deux poëmes de *Macer* sont perdus. Un poëme des plantes que nous avons sous le nom de *Macer*, est une de ces fourberies littéraires assez communes dans tous les temps, & dont il est toujours bon d'avertir les lecteurs. L'imposture au reste y est maladroite. L'auteur, qui prend le nom d'un écrivain du règne d'Auguste, cite Pline le Naturaliste.

Un autre *Macer* (Lucius Claudius) propréteur d'Afrique sous le règne de Néron, s'y fit proclamer empereur l'an 68 de J. C. & périt la même année accablé par Galba, d'ailleurs en horreur aux Africains par ses vexations & ses cruautés.

MACHABÉES, (*Hist. Sacr.*) On distingue sous ce nom, dans l'écriture sainte, 1°. sept frères juifs qui souffrirent le martyre à Antioche avec leur mère & le saint vieillard Eléazar, pour leur refus constant de manger de la chair de pourceau & de violer la loi. C'étoit sous la persécution d'Antiochus Epiphanes, roi de Syrie. Leur histoire est rapportée au second livre des Machabées, chap. 7.

2°. Les princes Machabées ou Asmonéens, c'est-à-dire, Matathias & ses fils qui combattirent avec tant de valeur contre les rois de Syrie ennemis des Juifs. Leur histoire est contenue dans les deux livres des Machabées, les seuls que l'église reconnoisse pour Canoniques. Il y en avoit quatre, mais les deux derniers sont rejettés comme apocryphes & ne font point partie de la bible.

MACHAULT, (*Hist. Litt. mod.*) Il y a eu trois jésuites de ce nom.

1° (Jean de) qui a écrit contre l'histoire du président de Thou des notes & observations qui furent brulées par la main du bourreau. Il a traduit aussi de l'italien une *histoire de ce qui s'est passé à la Chine & au Japon.* Mort en 1619.

2°. (Jean Baptiste de) auteur d'un livre intitulé. *Gesta à societate jesu in regno Sinensi, Æthiopico & Tibetano.* Mort en 1640.

3°. (Jacques de) auteur des livres suivans. *De missionibus pareguariæ & aliis in Americâ Meridionali. De rebus Japonicis. De provinciis Goanâ, Malabaricâ & aliis. De regno Cochincinensi. De missione religiosorum societatis jesu in Perside. De regno Madurensi, Tangorenci, &c.* Des relations postérieures plus exactes ont ôté à ces ouvrages une grande partie du prix qu'ils avoient dans l'origine. Mort en 1680.

MACHÆRA, s. f. (*Hist. anc.*) machere, arme offensive des anciens. C'étoit l'épée espagnole que l'infanterie légionnaire des Romains portoit, & qui la rendit si redoutable, quand il falloit combattre de près; c'étoit une espèce de sabre court & renforcé, qui frappoit d'estoc & de taille, & faisoit de terribles exécutions. Tite-Live raconte que les Macédoniens, peuples d'ailleurs si aguerris, ne purent voir sans une extrême surprise, les blessures énormes que les Romains faisoient avec cette arme. Ce n'étoit rien moins que des bras & des têtes coupées d'un seul coup de tranchant; des têtes à demi-fendues, & des hommes éventrés d'un coup de pointe. Les meilleures armes offensives n'y résistoient pas; elles coupoient & perçoient les casques & les cuirasses à l'épreuve : on ne doit point après cela s'étonner si les batailles des anciens étoient si sanglantes. (*G*)

MACHIAVEL (Nicolas,) (*Hist. Litt. mod.*) naquit à Florence en 1469 d'une famille noble & patricienne, plus d'une fois honorée de la dignité de gonfalonnier. Il fut mis à la question pour une conjuration contre les Médicis, n'avoua rien & fut sauvé. Il devint dans la suite sécretaire de sa république. Il est l'apôtre de la politique trompeuse & malfaisante, appellée de son nom, le Machiavellisme. Il a eu des apologistes, mais qui n'ont pu réussir à le disculper, ses écrits parlant plus haut que toutes leurs raisons. Et *le prince de*

Machiavel & ses discours sur la première décade de Tite-Live enseignent à tromper & à faire du mal. *Machiavel* a vu que des souverains de son temps excelloient à tromper, & il a dit : il faut tromper, & sur cela au lieu de mépriser le système de *Machiavel* & la conduite de ces princes, nous nous sommes mis à révérer les vues profondes & les perfidies savantes de Louis XI, de Ferdinand le catholique, de Charles-Quint, comme nous avons admiré les conquérans & les rois guerriers.

Dans les réflexions sur Tite-Live, l'auteur écrivoit pour des nations dégénérées qu'il vouloit ranimer ; il s'efforce de les rappeller sinon à la vertu, du moins à l'énergie antique par l'exemple des Romains ; mais il est en général trop indifférent au vice & à la vertu, au juste & à l'injuste, à la tyrannie & au gouvernement modéré, il donne à tous indistinctement des armes & des conseils ; il enseigne à réussir dans le mal comme dans le bien. Il lui importe peu qu'on soit juste & bon, tout ce qu'il veut, c'est qu'on soit grand, c'est-à-dire, fort, & sur-tout que l'on soit habile ; mais la force sans justice excite l'indignation & pousse à la révolte ; la perfidie excite la défiance ; & qu'est-ce qu'une force contre laquelle tout le monde est révolté ? qu'est-ce qu'une habileté dont tout le monde se défie ? Voilà ce que le beau génie de *Machiavel* devoit s'attacher à éclaircir, à développer, à rendre sensible. Comment le voir de sang-froid prendre la défense du fratricide de Romulus, & assurer que ce prince ou ce brigand ne pouvoit pas se dispenser d'un tel crime, parce qu'il faut que le fondateur d'une république soit seul & ne puisse éprouver de contradiction ? comment regretter avec lui la rareté des scélérats illustres, des tyrans habiles, des factieux impunis, & le défaut d'énergie capable de produire de grands crimes ? comment partager son indifférence sur le bien & le mal ?

» Voulez-vous, dit-il, qu'une ville étende au loin » sa domination ? »

Non, je ne le veux pas, & c'est pour l'avantage même de cette ville que je ne le veux pas.

« Les moyens se réduisent à deux, la douceur & » la force. »

Remarquez qu'il vous en laisse le choix, & qu'il ne vous dit rien de plus pour vous engager au parti de la douceur qu'au parti de la force ; dans l'un & dans l'autre cas vous pouvez également compter sur lui, il ne vous refusera pas le secours de ses lumières, il vous conduira également au succès.

« Si vous prenez le parti de la douceur, ouvrez toutes » vos portes aux étrangers ».

Ici on ne peut qu'applaudir.

« Si vous prenez celui de la force, détruisez » toutes les villes voisines..... Rome fut fidelle à ces » principes. »

Et Rome fut violente, injuste & odieuse. Une telle république mérite

Que l'orient contre elle à l'occident s'allie,
Que cent peuples unis des bouts de l'univers,
Passent pour la détruire & les monts & les mers.

Et c'est ce qui devoit le plus naturellement arriver. Si le contraire a eu lieu, c'est par un concours de causes qui ne nous sont pas assez connues ; car, comme nous avons eu plus d'une occasion de le remarquer, ce n'est peut-être pas un médiocre défaut dans nos meilleurs livres politiques, tels que ceux de *Machiavel* & de Bodin, de Montesquieu même, de voir toujours si évidemment que les évènemens ont dû être tels qu'ils ont été, c'est une manière de *prédire le passé* dont on appercevroit le ridicule s'il n'avoit pas été couvert à force d'esprit, de talent & de philosophie ; nous n'avons presque jamais en effet toutes les données nécessaires pour asseoir un jugement certain de ce qui devoit arriver : à égalité d'esprit & de talent, on pourroit donner une autre explication tout aussi probable des mêmes évènemens ; & si toutes les données qui nous manquent, nous étoient fournies à la fois, si le dégré d'influence de chaque cause dans le concours de toutes, nous étoit assigné avec précision, nous aurions avec les mêmes faits, des résultats politiques tout différens. On peut dire à ces philosophes qui voient si clairement dans le passé la liaison des causes avec les effets, ce que la Fontaine disoit aux astrologues : l'état où nous voyons aujourd'hui l'univers, méritoit bien que quelques-uns d'eux l'eussent prévu & annoncé, que ne l'ont-ils donc fait ? Et quant à l'avenir, les causes sont sous leurs yeux, que ne prédisent-ils les effets ?

Et par où l'un périt un autre est conservé.

A dit Corneille, & il est vrai que tel est souvent le résultat de l'histoire dans ses principaux évènemens ; cependant le rapport des effets avec leurs causes est infaillible & invariable ; d'où vient donc cette différence ; sinon de ce que les causes paroissent être les mêmes, & ne sont pas les mêmes, & de ce qu'aux causes apparentes se mêlent des causes réelles, mais secrétes, qui nous échappent.

Pour appliquer cette théorie aux Romains, il ne faut pas toujours dire : *les Romains ont pris un tel moyen, & ils ont réussi, donc voilà le moyen qu'on doit employer quand on se propose la même fin*, car peut-être ont-ils réussi malgré le choix du moyen, & par d'autres causes tout-à-fait inconnues : il ne faut pas que l'évènement nous en impose, & pour profiter des leçons de l'histoire, on doit y regarder d'un peu plus près, on doit remonter à la nature des choses, & éclaircir l'histoire par la philosophie. Le cœur humain est assez connu pour que nous sachions tous que

L'injustice à la fin produit l'indépendance,

la fourberie la défiance, & la violence la révolte. Voilà ce qui fut & ce qui sera toujours malgré tous les exemples contraires que l'histoire peut fournir ; ces exemples ne sont que des exceptions & nous annoncent seulement qu'à cette cause première qui eût produit infailliblement son effet, se sont mêlées d'autres causes qui l'ont contrariée, & qui en ont arrêté l'influence. Les Romains n'ont donc pas réussi pour avoir détruit toutes les villes voisines ; car, par la nature des choses, ce moyen violent devoit opérer le soulevement de tous les peuples, la réunion de toutes les puissances contre la puissance Romaine : peut-être ont-ils réussi parce qu'ils avoient affaire à des voisins ignorans & barbares, à des espèces de demi-sauvages qui n'avoient les uns avec les autres aucune liaison, aucune correspondance, qui ne savoient pas s'unir ni s'entresecourir, qui peut-être ne savoient rien de ce qui se passoit chez leurs voisins. Peut-être les Romains ont-ils réussi parce qu'ils appliquoient à une mauvaise fin & à de mauvais moyens des vertus & des talens qui devoient nécessairement réussir. Peut-être enfin durent-ils leurs succès à un concours de circonstances ignorées qui leur échappoient à eux-mêmes, & dont ils n'ont pu nous instruire ; mais ce que nous savons certainement c'est qu'il n'est pas possible qu'ils aient réussi uniquement pour avoir été violens, fourbes & injustes, parce que la nature des choses y résiste. Il y a indépendamment des faits, des vérités métaphysiques, éternelles, invariables ; quand l'histoire ne me montreroit pas la fin malheureuse de la plûpart des tyrans, je n'en saurois pas moins qu'un tyran est toujours en danger, parce qu'il est toujours menacé par la haine publique & particulière. Les faits qui pourroient paroître démentir cette théorie, s'expliquent par d'autres causes apparentes ou cachées, connues ou ignorées, dont l'action a combattu l'influence de cette cause. Concluons donc que dans les inductions qu'on tire de l'histoire il faut se défier des apparences, remonter à l'essence des choses, discuter les causes & leur rapport avec de certains effets, pour ne pas risquer de porter de faux jugemens, & d'établir des principes pernicieux d'après quelques exemples. *Machiavel* a un chapitre, dont le titre est : *que la fraude sert plus que la force pour s'élever d'un état médiocre à une grande fortune.*

Et la force & la fraude, & la grande fortune à laquelle on parvient par l'un ou l'autre moyen ou par tous les deux, sont trois choses très-mauvaises & très-condamnables que l'auteur paroît estimer beaucoup ; mais passons-lui pour un moment cette estime, & voyons si la préférence qu'il donne à la fraude sur la force, est juste. Quoique les Romains se soient trop souvent permis la fraude, il est certain que la force en général a eu plus de part à leurs conquêtes, & que c'est principalement par la force qu'ils ont écrasé leurs ennemis.

Aléxandre, celui de tous les conquérans qui a poussé le plus loin sa fortune, peut avoir quelquefois employé la ruse, mais c'est ce qu'on apperçoit à peine dans son histoire : on le voit toujours triompher par l'audace, par la valeur, par la force.

Enfin, il est un peu étonnant de voir un écrivain qui parle sans cesse d'énergie & de grandeur, préférer la fraude à la force ; c'est qu'il trouve de la grandeur à tromper aussi bien qu'à vaincre, & qu'il veut qu'on réussisse, n'importe pas quels moyens ;

Dolus an virtus, quis in hoste requirat ?

Mais on peut toujours vaincre, & on ne trompe qu'une fois, du moins des gens avisés : *Si tu me trompes une fois*, dit un proverbe Turc fort sensé, *tant pis pour toi ; si tu me trompes deux fois, tant pis pour moi.* Quand on se détermine à tromper, il faut donc indépendamment de toute morale, avoir bien examiné si l'intérêt du moment est assez fort pour qu'on y sacrifie sa vie entière, pendant laquelle on se condamne à inspirer la défiance & à n'être jamais cru. Voilà ce que devroient peser avec soin ceux qui se déterminent toujours si facilement à tromper, & qui ne sentent pas qu'on a toujours intérêt de conserver une bonne réputation.

» La force seule, dit *Machiavel*, n'a jamais suffi » pour s'élever de la médiocrité à une grande fortune, » la mauvaise foi seule y est quelquefois parvenue. »

Cela peut être, car il y a des exemples de tout ; mais il n'en est pas moins vrai que l'effet naturel de la mauvaise foi est de décréditer, & de nuire aux succès futurs, si elle ne nuit pas toujours au succès présent.

« Xénophon, dans la vie de Cyrus, poursuit *Machiavel*, prouve évidemment la nécessité de recourir » à la mauvaise foi. »

Xénophon est un grand nom ; mais s'il a eu l'air de prouver cela (car on ne prouve pas véritablement ce qui n'est pas) il a fait un grand tort à la morale, sans servir la politique.

« Xénophon conclut tout simplement qu'un prince » ne sauroit faire de grandes choses sans apprendre » l'art de tromper. »

Xénophon, en ce cas, *a tout simplement* fort mal conclu ; il s'est fait le précepteur imprudent du vice & de la bassesse.

» L'historien a toujours soin de remarquer que jamais » Cyrus, sans ce talent, n'auroit pu s'élever à ce haut » dégré de puissance. »

Il a pris là un soin bien inutile, bien funeste, bien indigne d'un historien & d'un philosophe, & dont *Machiavel* n'auroit dû parler que pour en témoigner son indignation ; mais bien loin de s'en indigner, il s'y complait, il y ajoute, il développe cette doctrine, il cherche à l'appuyer par d'autres exemples, & il ne s'apperçoit pas qu'il lui échappe des traits qui la condamnent. « Les Latins, dit-il, se portèrent à la guerre, » parce qu'ils ouvrirent enfin les yeux sur la mauvaise » foi des Romains. » Voilà ce qui arrive, on ouvre les yeux sur la mauvaise foi, & on s'empresse de la punir.

» La mauvaise foi est d'autant moins blâmable, » qu'elle est plus couverte, comme celle des Romains. » C'est comme si on disoit que l'empoisonneur le plus estimable est celui qui sait le mieux se cacher.

Dans le chapitre intitulé : *Des sujets ordinaires de guerres entre les Potentats*, *Machiavel* s'exprime ainsi :

» Ai-je dessein de faire la guerre à un prince, mal- » gré les nœuds les plus solides formés dès long-temps » entre nous ? je trouve des prétextes, j'invente des » couleurs pour attaquer son ami plutôt que lui : je » sais que son ami étant attaqué il arrivera de deux » choses l'une ; ou qu'en prenant sa défense, il me four- » nira l'occasion de le combattre ou qu'en l'aban-

„ ... il découvrira la foiblesse & „ le peu de cas qu'on doit faire de son alliance. L'effet „ naturel de ces deux combinaisons est de flétrir sa „ gloire & de faciliter mes desseins. „

Fort bien ; voilà donc ce que vous faites quand vous avez un dessein malhonnête, injuste, contraire à vos engagemens, & à la foi donnée, mais enfin ce dessein, l'approuvez-vous? le condamnez-vous? Il est évident que vous l'approuvez & que vous le recommandez.

C'est avec peine encore que nous voyons un chapitre porter le titre suivant :

Un prince ne peut vivre avec sécurité tant qu'il laisse le jour à ceux qu'il a dépouillés.

Quel mal est-il arrivé à Charlemagne pour avoir laissé vivre Didier, roi des Lombards, dont il avoit envahi les états? & du temps même de *Machiavel* quel a été pour François I. l'inconvénient d'avoir laissé la vie à Maximilien Sforce, duc de Milan? Nous craindrions bien plutôt que cette maxime Machiavelliste ne devînt funeste au prince usurpateur ou récupérateur, en mettant le prince dépouillé dans la nécessité d'ôter la vie au vainqueur, pour pouvoir la conserver. En devenant plus redoutable à son ennemi, on rend cet ennemi même plus redoutable.

Il faut cependant avouer que *Machiavel* est un des plus grands penseurs qui ayent écrit, que son ouvrage est plein de vérités qui importent au genre humain, que ses erreurs mêmes sont d'un esprit très-étendu & très-éclairé. C'est lui qui nous a enseigné à tirer de l'histoire la plus grande utilité dont elle soit susceptible, en la faisant servir d'exemple & de preuve aux principes politiques qu'il établit : jamais on n'a fait de l'histoire un plus bel usage, jamais on ne l'a mieux appliquée à sa véritable destination. *Machiavel* a fourni beaucoup d'idées aux écrivains politiques qui sont venus après lui, & Montesquieu même peut, à quelques égards, passer pour son disciple. Chaque chapitre donne beaucoup à penser, & il y en a un grand nombre qu'on peut regarder comme d'excellens traités sur des matières délicates & curieuses, ou comme des démonstrations très-piquantes de propositions paradoxales qui avoient d'abord étonné. Tels sont les chapitres dont voici les titres : *Combien il importe à la liberté d'autoriser les accusations. Qu'autant les accusations peuvent être utiles dans une république, autant la calomnie y est pernicieuse. Qu'autant il est dû de louanges aux fondateurs d'une république ou d'une monarchie, autant il est juste de blâmer les auteurs d'un gouvernement tyrannique. Qu'un peuple corrompu qui devient libre, ne peut presque pas réussir à conserver sa liberté. Que les états foibles sont toujours indécis, & que la lenteur à se déterminer est toujours nuisible. Que les places fortes sont en général beaucoup plus nuisibles qu'utiles. Que l'on prend un mauvais parti lorsqu'on veut profiter de la désunion d'une ville pour l'attaquer & s'en rendre maître. Que les Romains laissoient leurs généraux parfaitement maîtres de leurs opérations. Qu'un chef vaut mieux que plusieurs, & que leur multitude nuit au bien. Que la corruption du peuple vient toujours de celle des princes. Qu'un trait d'humanité servit plus à vaincre les Falisques que la prudence des Romains. Comment on rétablit la paix dans une ville divisée, & qu'il est faux que pour conserver son autorité il faille entretenir la désunion.* Ce dernier chapitre est peut-être celui dont on doit savoir le plus de gré à *Machiavel.* Il prouve au moins que l'odieuse maxime : *Divide & impera*, n'appartient pas au code machiaveliste; mais dans ces chapitres mêmes qui semblent annoncer la doctrine la plus pure,

Invenias etiam disjecti membra poetæ.

Tout n'est pas exempt de ce venin qu'on appelle Machiavelisme.

Machiavel a écrit sur beaucoup d'autres matières. On a de lui l'histoire de Florence & la vie de Castruccio Castracani. (*Voyez* cet article, c'est le dernier du premier volume de ce dictionnaire historique,) on a de lui encore des comédies & des poëmes, il a imité l'âne d'or de Lucien & d'Apulée. La Fontaine a imité son conte de *Belphegor* & sa comédie de la *Mandragore*, mais il a fait de celle-ci un simple conte.

Machiavel mourut vers 1527 ou 1529.

MACKENSIE (George) (*Hist. Litt. mod.*) savant moraliste & jurisconsulte Ecossois, il a soutenu ce paradoxe moral, très-vrai & très-utile, qu'il est plus aisé d'être vertueux que vicieux! En effet quelle peine on se donne pour être méchant! Combien il faut résister à ce penchant naturel, à cet attrait puissant qui porte à la vertu & à la raison! avec quel pénible effort on se précipite dans les regrets, les remords, & les craintes! Combien il est plus facile, plus doux & plus heureux de combattre ses passions que de les satisfaire. *Les hommes*, dit Montagne, *tâchent d'être pires qu'ils ne peuvent.* Mot d'un grand sens & qui contient la théorie de *Mackensie.* On a encore de ce dernier auteur un traité en latin de la foiblesse de l'esprit humain. Il nous a donné aussi *les loix & coutumes d'Ecosse.* Né vers 1612. Mort en 1691.

Un autre George *Mackensie*, médecin d'Edimbourg, a donné en 1708 & 1711, des *vies des écrivains Ecossois.*

MACKI (Jean,) (*Hist d'Angl.*) gentilhomme Anglois, intriguant & espion fameux qui suivit le roi Jacques II en France, pour révéler ses démarches, ses secrets & ses desseins au roi Guillaume. Il prépara par ses perfides avis le succès de la bataille de la Hogue en 1692. En 1706 il fit manquer l'entreprise de Jacques III, sur l'Ecosse. Ayant prévariqué même dans son espionage, selon la coutume des espions, il fut mis en prison sous le règne de la reine Anne, & ne fut mis en liberté qu'à l'avènement de George I. Il mourut à Roterdam en 1726. On a de lui un *tableau de la cour de Saint-Germain*, où il traite indignement le prince infortuné qu'il trahissoit; on a aussi de lui des *mémoires de la cour d'Angleterre sous Guillaume III. & Anne*, ils sont traduits en françois.

MACLAURIN (Colin,) (*Hist. Litt. mod.*) célèbre mathématicien anglois. On a de lui un traité d'algèbre fort estimé, une exposition des découvertes philosophiques de Newton, traduite par la Virote; un *traité des fluxions*, traduit par le P. Pezenas. Né à Kilmoddan, d'une famille noble, mort en 1746 à quarante huit ans.

MACON (Antoine le) (*Hist. Litt. mod.*) traducteur du *Décaméron de Bocace*, Éditeur des œuvres de Jean le Maire & de celles de Clément Marot, auteur des *amours de Phydie & de Gélasine*. Il étoit attaché à la reine de Navarre, Marguerite, sœur de François I, à la sollicitation de laquelle il traduisit Bocace.

MACQUART (Jacques Henri) (*Hist. Litt. mod.*) né à Rheims de parens pauvres, fut choisi par M. de Pouilly pour diriger, sous ses yeux, les études de son fils, aujourd'hui Associé libre regnicole de l'académie des inscriptions & belles-lettres, dont son père & son oncle étoient associés ordinaires. Pendant que M. de Pouilly le jeune étoit le disciple de M. *Macquart*, M. *Macquart* l'étoit de M. de Pouilly le père; il refit avec lui & sous lui ces secondes études qui mûrissent les premières, & sans lesquelles celles-ci se réduisent bientôt à rien; il étoit à la source des belles connoissances, & il en profita : mais ce fut vers la médecine qu'il tourna principalement ses études; il fut médecin de la faculté de Paris, médecin de la charité; il s'enflamma d'abord pour l'inoculation, il crut s'être trompé dans la suite, & l'avoua hautement. Il est dû quelque estime à un savant qui dit : *je me suis trompé*, quand il ne se tromperoit qu'en le disant. Il avoit formé le projet de se livrer tout entier à l'étude & aux traitemens des maladies des artisans, qui proviennent de leur art ou métier. Il mourut en 1768 à quarante-deux ans, d'une fièvre maligne dont il fut attaqué dans le cours de ses visites à la charité. Il travailla pendant sept ou huit ans avec beaucoup d'assiduité au journal des savans, où il avoit remplacé pour la partie de la médecine M. Barthès, qui a si bien rempli depuis les grandes espérances qu'il donnoit dès-lors.

A M. *Macquart* succéda au journal des savans, dans la même partie, M. Macquer, célèbre par ses *élémens de chymie*, homme sage & doux, & qui n'avoit pas la même aversion que son prédécesseur pour les idées nouvelles & pour les découvertes de son siècle.

M. Macquer avoit un frère nommé Philippe, avocat, auteur de divers abrégés chronologiques de l'histoire ecclésiastique, de l'histoire d'Espagne & de Portugal, des annales romaines, autre abrégé chronologique. M. le président Hénault avoit eu part à l'abrégé chronologique de l'histoire d'Espagne & de Portugal. M. Macquer fut aidé aussi dans la composition de cet ouvrage, par M. Lacombe, ainsi que dans la traduction du *Syphilis* de Fracastor. Le même M. Macquer eut part encore au *dictionnaire des arts & métiers*, en deux volumes *in-8°*. Né en 1720. Mort long-temps avant son frère, le 27 janvier 1770.

MACRIEN, (*Hist. Rom.*) (*Titus-Fulvius-Julianus-Macrianus*) né en Egypte, d'une famille obscure, élevé par son mérite ou par son bonheur, aux premiers emplois, voulut s'élever à l'empire, lorsque Valérien qu'il accompagnoit dans son expédition contre les Perses, fut fait prisonnier en 258. Mais il fut défait par les généraux de Gallien, fils de Valerien, & ses soldats, à sa prière même, le tuèrent avec le jeune Macrien son fils, en l'an 262. Destinée ordinaire de ces prétendans à l'empire, lorsqu'ils ne réussissoient pas.

MACRIN, (Marcus-Opilius-Severus-Macrinus) (*Hist. Rom.*) naquit à Alger de parens si pauvres, qu'il n'eut d'autre ressource que de se faire gladiateur. Il fut chargé dans la suite d'acheter les bêtes sauvages destinées à combattre dans les jeux publics. Dégoûté de tous ces états, il fut successivement notaire, intendant & avocat. Son esprit fin & délié prit une grande connoissance des affaires, & ce fut par-là qu'il fut élevé à la dignité de préfet du prétoire. Le crédit que lui donna cette place, ne fit qu'allumer son ambition; & honteux de n'occuper que le second rang, il voulut monter au premier. Il monta sur le trône en 218, après avoir fait assassiner Caracalla. Les premiers jours de son règne en firent heureusement augurer : les impôts furent abolis, & le sénat fut chargé de rechercher & de punir les délateurs qui avoient été en faveur sous le dernier règne. Les frontières étoient alors dévastées par Artaban, roi des Parthes, qui vouloit tirer vengeance de la mort de ses sujets, que Caracalla avoit fait massacrer. *Macrin* lui opposa une armée qui l'arrêta dans le cours de ses conquêtes. Mais enfin il se vit réduit à demander la paix à ce roi barbare, qui ne l'accorda qu'à des conditions honteuses. *Macrin*, plus occupé de ses plaisirs que de sa gloire, s'abandonna à la bassesse de ses penchans. Indifférent aux prospérités de l'empire, il oublia les affaires pour se plonger dans les plus sales voluptés. Il s'éloigna de Rome, & fixa son séjour à Antioche, pour n'avoir plus le sénat pour témoin de ses débauches. Tandis qu'il étoit noyé dans les délices de la mollesse, il exigea du soldat une obéissance d'esclave : la discipline militaire devint cruelle, sous prétexte de la rendre exacte. Ingrat envers ceux qui l'avoient élevé à l'empire, il oublia qu'ils pouvoient détruire leur ouvrage. L'armée, lasse de supporter sa sévérité outrée, proclama Héliogabale dans la ville d'Emesse. Le bruit de cette révolte ne put réveiller *Macrin* assoupi dans les voluptés; il se contenta de lui opposer une armée sous les ordres de Julien. Ce général fut défait & massacré. Un soldat eut l'audace de porter sa tête à *Macrin*, en disant que c'étoit celle d'Héliogabale, son concurrent. Ce soldat, après avoir été bien récompensé, s'enfuit avec précipitation. *Macrin*, revenu de son erreur, reconnut trop tard le danger que sa négligence avoit dédaigné. Comme il n'avoit point d'amis, il se vit abandonné des adorateurs de son ancienne fortune. Empereur sans troupes & sans sujets, il se déguisa pour n'être point connu dans sa fuite. Il fut découvert dans un village de Cappadoce par des soldats qui avoient servi sous lui, & qui avoient éprouvé la sévérité de sa discipline; ils lui tranchèrent la tête qu'ils portèrent à Héliogabale, qui la reçut comme une offrande digne de lui. Son fils Diadumene, qui étoit d'une beauté ravissante, fut enveloppé dans sa malheureuse destinée. Il l'avoit associé à l'empire; & ce fut cet honneur qui lui coûta la vie. *Macrin* mourut âgé de cinquante ans, après un règne de quatorze mois. Il laissa un nom abhorré. Son successeur, qui eut tous les vices & qui commit tous les crimes, ne le fit point regretter. (*T—N.*)

MACRIN (*Histoire Litt. mod.*) Il y avoit sous les règnes de François I. & de ses successeurs, deux poëtes, père & fils, qu'on nommoit *Macrin* & dont le vrai nom étoit Salmon. Le père (Jean) fut nommé *Macrin*, parce qu'il étoit petit & maigre, & le fils (Charles) porta le même nom, parce que son père l'avoit porté. Jean fut surnommé l'Horace françois, quoiqu'il ne fit que des vers latins, ou parce que ne faisant que des vers latins, il suivoit Horace de plus près; il a célébré sous le nom de *Gelonis* Gillonne Boursault sa femme; il étoit disciple de le Févre d'Etaples; (voyez FÉVRE (le) Varillas dit que *Macrin* le père, inquiété sur sa foi & menacé même, à ce sujet, par le roi Henri II, se jetta dans un puits: on ne croit point ce fait, parce que Varillas l'a rapporté, ou parce qu'il est le seul qui l'ait rapporté. Mort en 1557.

Charles *Macrin* fut précepteur de Madame Catherine, sœur de Henri IV. il périt dans le massacre de la Saint-Barthélemi en 1572.

Sainte *Macrine* étoit sœur de Saint-Basile & de Saint-Grégoire de Nysse; ce dernier a écrit sa vie. Elle mourut saintement en 379 dans un monastère qu'elle avoit fondé avec sa mère au royaume de Pont.

MACROBE (Aurelius-Macrobius, (*Hist. Litt. anc.*) savant, très-connu par ses *Saturnales* & par un commentaire sur le traité de Cicéron, intitulé: *le songe de Scipion*: *Macrobe* étoit un des principaux officiers de *l'empereur Théodose.*

MACRON (Nœvius-Sertorius Macro,) (*Hist. Rom.*) flatteur de Tibère & de Caligula, criminel puni par le crime, il fit périr Tibère pour servir Caligula, & Caligula le fit périr. Cet homme avoit suivi très-exactement les principes des plus vils courtisans & des plus audacieux Machiavellistes. Il avoit été l'instrument dont Tibère s'étoit servi pour perdre Séjan. C'étoit un méchant lâche qui avoit opprimé un méchant foible pour plaire à un méchant puissant, & pour avoir la place de l'opprimé, qu'il eut en effet; la guerre qu'il déclara pendant tout le cours de sa faveur à tous les gens de bien, prouve assez que c'étoit le foible & non le méchant qu'il avoit écrasé dans Séjan. Tant que Tibère fut dans toute la force de l'âge, de l'empire & de la santé, *Macron* lui fut fidèle, & ne s'attacha qu'à lui: il fut constamment l'esclave odieux d'un tyran odieux; quand il vit Caligula s'approcher des marches du trône, il flatta Caligula, il lui vendit Ennia sa femme, que ce prince aima éperduement: quand Tibère devint vieux & malade, *Macron* hâta sa mort; ce fut lui qui le fit étouffer entre deux matelas, se croyant sûr alors du successeur; il le fut en effet, tant qu'Ennia plut au nouvel empereur; mais ce monstre se dégouta de ces monstres, & obligea *Macron*, & même cette Ennia qu'il avoit tant aimée, de se donner la mort. Horreurs de toutes parts; & voilà les succès, dont le Machiavelisme est si avide & si fier!

MACSARAT *ou* MACZARAT, s. m. (*Hist. mod.*) Habitation où les négres se retirent pour se mettre à couvert des incursions de leurs ennemis. Le *macsarat* est grand, spacieux, & fortifié à la manière de ces nations. (*A. R.*)

MACSURAH, s. m. (*Hist. mod.*) lieu séparé dans les mosquées, & fermé de rideaux: c'est-là que se placent les princes. Le *macsurah* ressemble à la courtine des Espagnols, espèce de tour de lit qui dérobe les rois & princes à la vue des peuples, pendant le service divin. (*A. R.*)

MACTIERNE, s. m. & f. (*Hist. mod.*) ancien nom de dignité, d'usage en Bretagne. Il signifie proprement *fils de prince.* L'autorité des princes, tyrans, comtes ou *mactiernes*, tous noms synonymes, étoit grande: il ne se faisoit rien dans leur district, qu'ils n'eussent autorisé. Les Evêques se sont fait quelquefois appeller *mactiernes*, soit des terres de leur patrimoine, soit des fiefs & seigneuries de leurs églises. Ce titre n'étoit pas tellement affecté aux hommes, que les femmes n'en fussent aussi quelquefois décorées par les souverains: alors elles en faisoient les fonctions. Il y avoit peu de *mactiernes* au douzième siècle: ils étoient déjà remplacés par les comtes, vicomtes, barons, vicaires & prévôts. (*A. R.*)

MADAMS, s. m. pl. (*terme de relation*) on appelle ainsi dans les Indes orientales, du moins dans le royaume de Maduré, un bâtiment dressé sur les grands chemins pour la commodité des passans; ce bâtiment supplée aux hôtelleries, dont on ignore l'usage. Dans certains *madams* on donne à manger aux brames, mais communément on n'y trouve que de l'eau & du feu, il faut porter tout le reste. (*A. R.*)

MADELEINE *ou* MAGDELEINE, (*Hist. Sacr.*) sur le nombre des *Madeleines* ou *Magdeleines* du nouveau testament, voyez à l'article général, *Fèvre* (le) l'article particulier de Jacques le Fèvre, dit d'Etaples.

MADELEINE de France, (*Hist. de Fr.*) fille de François I. Lorsqu'en 1536 l'empereur Charles-Quint fit en Provence cette irruption d'abord effrayante, qui tourna promptement à sa confusion, le jeune roi d'Ecosse Jacques V, fidèle à l'alliance des François, n'attendit pas qu'ils lui demandassent du secours, il s'embarque pour la France avec seize mille hommes d'élite. La tempête repousse deux fois sa flotte sur les côtes d'Ecosse; mais la seconde fois son vaisseau séparé du reste de la flotte, aborde à Dieppe. Jacques V. n'avoit plus qu'un foible secours à offrir à son allié, secours bien différent de celui qu'il avoit préparé. N'importe, il vient l'offrir, & s'offrir lui-même. François sentit tout ce qu'un tel procédé avoit de généreux, & pour le récompenser dignement, il crut devoir donner au roi d'Ecosse la princesse *Madeleine* sa fille. Le mariage se fit en janvier 1537: il n'en vint point d'enfans, & la jeune princesse étant morte la même année, François se chargea de remarier son gendre; il lui fit épouser en 1538, Marie de Lorraine, sœur du grand duc, (car on l'appelloit ainsi,) François de Lorraine & du grand cardinal

Charles de Lorraine ; c'est de ce mariage que naquit l'infortunée Marie Stuart, qui, appellée en apparence aux destinées les plus brillantes, épousa le dauphin, François, fils aîné de Henri II, fut reine de France & mourut sur un échaffaud.

MAFFÉE, MAFFEI, *ou* MAPHÉE, (*Hist. Litt. mod.*) nom que divers savans ont fait connoître & qu'un sur-tout a illustré. Tous ceux dont nous avons à parler & qui ont porté ce nom, étoient Italiens, mais de différentes parties de l'Italie, & nous doutons qu'ils fussent de la même famille.

1°. *Maffée* Vegio, chanoine de St. Jean de Latran, mort en 1458, a écrit sur l'éducation des enfans, il a fait plusieurs ouvrages de dévotion ; mais il est particulièrement connu par un treizième livre qu'il a cru devoir ajouter à l'Eneïde, poëme, qui, malgré ce que veulent dire certains savans, résolus de trouver parfait tout ce qui est ancien, (pour se délivrer de l'embarras de faire un choix & de la nécessité d'avoir du gout,) est évidemment resté incomplet. Le projet de continuer l'ouvrage de Virgile est hardi sans doute, mais le trouver téméraire & sacrilège, comme font quelques zélateurs, est encore une autre superstition. L'Eneïde est l'ouvrage d'un homme, un homme peut y toucher, sur-tout quand ce n'est pas pour le corriger. On a la comparaison à craindre, il est vrai ; eh bien ! c'est au talent & au travail à rendre cette crainte même salutaire, & à la tourner au profit de l'ouvrage.

2°. On a un traité sur les inscriptions & les médailles, & un commentaire sur les épîtres de Cicéron, par Bernardin *Maffée*, savant cardinal, mort en 1553.

3°. On a de Jean-Pierre *Maffée* ; jésuite Italien, mort en 1605 une vie latine de Saint-Ignace & une histoire des Indes aussi latine, traduite en françois, par l'abbé de Pure, *avec qui elle rampe aujourd'hui dans la fange.* Grégoire XIII chargea le P. *Maffée* d'écrire l'histoire de son pontificat. Elle a paru longtemps après la mort de l'un & de l'autre. L'histoire de tout pontificat n'est pas bonne à écrire & celle qui mérite d'être écrite, ne doit pas l'être par un jésuite Italien.

4°. François-Scipion *Maffée* ou *Maffei* ; c'est le fameux marquis *Maffei*, la gloire de Vérone & de l'Italie, l'auteur de la *Mérope* Italienne, à laquelle nous devons la *Mérope* Françoise, qui est à celle-là ce que le Cid de Corneille est à celui de Guillen de Castro.

La Mérope du marquis *Maffei* avoit fait révolution dans la tragédie en Italie, il voulut en faire autant dans la comédie, il en fit une intitulée : *la Cérémonie*, qui eut aussi beaucoup de succès. Il traduisit en vers Italiens le premier chant de l'Iliade, & il étoit digne de faire pour sa patrie, relativement à ce fameux poëme, ce que Pope a fait pour la sienne, & d'être comme lui l'Homère de sa nation. Il ne tint pas à lui d'être utile au monde sur une matière qui intéresse la morale, la politique & l'humanité, & qui est la plus délicate de toutes les matières par ses rapports éloignés ou prochains avec l'honneur & la bravoure, je veux dire le duel : il osa, quoique gentilhomme, & militaire, en condamner l'usage dans un livre plein de raison, intitulé : *La scienza cavalleresca*.

A tant de talens dans tant de genres, le marquis *Maffei* joignoit une érudition immense, une connoissance profonde des inscriptions & des monumens antiques : on en peut juger par son *Musæum Veronense*, sa *Verona illustrata*, son traité *de gli anfiteatri, e singolarmente de Veronese*, son *Istoria diplomatica, che serve d'introduzzione all' arte critica in tal materia*, & par plusieurs autres ouvrages. Il poussa son ambition littéraire jusqu'à la théologie ; il écrivit sur la grace, le libre arbitre & la prédestination, & remontant aux sources de la tradition sur ces matières si souvent & si diversement agitées, il fit l'histoire & le tableau des opinions théologiques qu'elles ont fait naître pendant les cinq premiers siècles de l'église. Il a même donné des éditions de quelques pères, & elles sont estimées. La gloire de M. le marquis *Maffei* remplissoit le monde ; il voulut en jouir & l'augmenter, il voyagea en France, en Angleterre, en Hollande, en Allemagne ; il recueillit par-tout des applaudissements & des hommages, & ne fut pas cependant du nombre de ceux que l'estime des étrangers a quelquefois consolés de l'indifférence de leur patrie. Son exemple au contraire est une exception très-marquée à la maxime connue : *nul n'est prophète en son pays.* A son retour de ses voyages, revenant prendre place à l'académie parmi ses confrères, le premier objet qui frappe ses regards, est son buste placé à l'entrée d'une des salles, avec cette inscription : *Au marquis Scipion Maffei encore vivant*, que M. de Voltaire compare avec raison à celle qu'on lit à Monpellier : *A Louis XIV après sa mort.*

Pendant la dernière maladie du marquis *Maffei*, on fit à Vérone des prières publiques ; après sa mort, le conseil lui décerna des obsèques solemnelles, & son oraison funèbre fut prononcée publiquement dans la cathédrale de Vérone. Il étoit né dans cette ville en 1675 ; il y mourut en 1755.

Un autre Scipion *Maffei*, beaucoup moins célèbre, a donné en italien, une *Histoire* estimée, *de la ville de Mantoue.*

MAFORTIUM, MAFORIUM, MAVORTE, MAVORTIUM, (*Hist. anc.*) habillement de tête des mariées chez les Romains ; il s'appella dans des temps plus reculés *ricinum.* Les moines les prirent ensuite, il leur couvroit les épaules & le col. (*A. R.*)

MAFRACH, s. m. (*Hist. anc.*) grosse valise à l'usage des Persans opulents ; ils s'en servent en voyage, elle contient leurs habits, leur linge & leur lit de campagne. Le dedans est de feutre, & le dehors d'un gros canevas de laine de diverses couleurs, deux *mafrachs* avec le valet font la charge d'un cheval. (*A. R.*)

MAGALHAENS. *Voyez* MAGELLAN.

MAGALOTTI, (Laurent) (*Hist. Litt. mod.*) secrétaire de l'Académie *del Cimento*, à Florence, a donné un recueil des expériences faites par cette Compagnie & divers autres ouvrages. Il révoyoit souvent ses écrits avec un œil sévère, & en étoit rarement content; ce qui donna lieu à cette médaille flatteuse qu'on frappa pour lui : c'étoit un Apollon rayonnant, avec cette légende : *omnia lustrat*. Né à Florence en 1637, mort en 1711. Il étoit de l'Académie de la Crusca, de celle des Arcades & de la Société Royale de Londres.

MAGDALEN *ou* MANDLIN, (*Hist. d'Anglet.*) L'Usurpateur Henri IV tenoit en prison Richard II, qu'il avoit détrôné ; il avoit aussi en sa puissance Edmond, chef de la maison de la Marche, héritier légitime du trône, après Richard, & un frère puîné de ce jeune seigneur. Les amis de la maison de la Marche, contents de veiller à la sûreté d'Edmond, alors âgé de sept ans, & de son frère, n'osoient rien entreprendre en leur faveur. On conspira, & ce ne fut point pour eux. Un chapelain de Richard, nommé *Magdalen* ou *Mandlin* fut l'idole qu'on présenta au peuple. Ce *Mandlin* avoit avec Richard, qui vivoit encore alors, une ressemblance de taille & de figure, dont on crut pouvoir tirer parti. On commença par répandre sourdement le bruit que le roi Richard s'étoit sauvé de sa prison ; & quand on crut avoir disposé les esprits, on indiqua un tournoi à Oxford, où l'on se proposa d'attirer Henri IV, pour le faire prisonnier ou l'assassiner. Le complot fut découvert. Le comte de Rutland, qui avoit flatté, puis trahi tour-à-tour le duc de Glocestre, immolé par Richard II, puis Richard II lui-même, & qui flattoit alors Henri IV, pour le trahir, s'étoit mis à la tête de la conspiration. Un jour qu'il étoit à dîner chez le duc d'Yorck, son père, on apperçut un papier caché dans son sein; on en parla, il parut troublé : le duc d'Yorck voulut voir ce papier, & l'arracha de force à son fils; c'étoit le détail de la conjuration & la liste des conjurés. Le duc d'Yorck veut absolument partir pour aller révéler tout à Henri IV. Le comte de Rutland le prévient pour mériter sa grace. Les conjurés sachant que ces deux princes s'étoient rendus auprès du roi, & jugeant qu'il n'y avoit plus rien à ménager, revêtirent *Mandlin* des ornements de la royauté. Une partie du peuple crut ou voulut croire qu'il étoit le roi ; on retrouvoit dans ce chapelain toutes les graces de Richard, qui en avoit assez pour se faire pardonner ses vices, & qui étoit assez malheureux pour pouvoir être plaint. Les conjurés, en voulant surprendre Henri à Vindsor, furent eux-mêmes surpris à Cirencester, par le maire de cette place, qui les coupa, les batit ; & envoya de sa pleine autorité à l'échafaud, les principaux chefs & les plus grands seigneurs; *Mandlin* eut la tête tranchée ; on vit le lâche Rutland, portant au haut d'une lance, la tête du lord Spenser, son beau-frère & son complice, la présenter honteusement à Henri, qu'il eût traité de même, si le tournoi d'Oxford eût réussi. Ces faits se passoient en 1399.

MAGELLAN, (*Hist. mod.*) En 1517, le Portugais Ferdinand Magalhaëns ou *Magellan*, ayant quitté son roi pour Charles-Quint, découvrit sous les auspices de cet heureux prince, le détroit connu sous le nom de *Magellan*. Il entra le premier dans la mer du Sud ; & pénétrant jusques dans l'Asie par l'Amérique, il trouva les îles Marianes & une des Philippines. *Magellan* mourut en route ; mais dans cette course le tour du globe fut achevé par Sébastien Cano, un des compagnons de *Magellan*, qui rentra dans Séville le 8 septembre 1522. *Magellan* étoit parti le 10 août 1519. Charles-Quint donna pour devise à Cano un globe terrestre avec ces mots : *Primus me circumdedisti. Tu as le premier fait ce tour.* Drake ou Drack le fit en 1056 jours; Cavendish en 777; Drake étoit parti en 1577 ; Cavendish en 1586. (*Voyez* les articles CAVENDISH & DRACK.)

MAGEOGHEGAN, (Jacques) (*Hist. Litt. mod.*) prêtre irlandois, habitué de la paroisse de St. Mery, à Paris, auteur d'une Histoire d'Irlande, très-médiocre, mais qui manquoit. Mort en 1764.

MAGES, SECTE DES, (*Hist. de l'Idol. orient.*) Secte de l'Orient, diamétralement opposée à celle des Sabéens. Toute l'idolâtrie du monde a été longtems partagée entre ces deux sectes.

Les *Mages*, ennemis de tout simulacre que les Sabéens adoroient, révéroient dans le feu qui donne la vie à la nature, l'emblême de la Divinité. Ils reconnoissoient deux principes, l'un bon, l'autre mauvais ; ils appelloient le bon *yardan* ou *ormuzd*, & le mauvais, *ahraman*.

Tels étoient les dogmes de leur religion, lorsque Smerdis, qui la professoit, ayant usurpé la couronne après la mort de Cambyse, fut assassiné par sept seigneurs de la première noblesse de Perse ; & le massacre s'étendit sur tous ses sectateurs.

Depuis cet incident, ceux qui suivoient le magianisme, furent nommés *Mages* par dérision ; car *mige gush* en langue persane, signifie un homme qui a les oreilles coupées ; & c'est à cette marque que leur roi Smerdis avoit été reconnu.

Après la catastrophe dont nous venons de parler, la secte des *Mages* sembloit éteinte, & ne jettoit plus qu'une foible lumière parmi le peuple, lorsque Zoroastre parut dans le monde. Ce grand homme, né pour donner par la force de son génie un culte à l'univers, comprit sans peine qu'il pourroit faire revivre une religion qui pendant tant de siècles avoit été la religion dominante des Medes & des Perses.

Ce fut en Médie, dans la ville de Xiz, disent quelques-uns, & à Ecbatane, selon d'autres, qu'il entreprit vers l'an 36 du règne de Darius, successeur de Smerdis, de ressusciter le magianisme en le réformant.

Pour mieux réussir dans son projet, il enseigna qu'il y avoit un principe supérieur aux deux autres que les *Mages* adoptoient ; sçavoir un Dieu suprême, auteur de la lumiere & des ténèbres. Il fit élever des temples pour célèbrer le culte de cet être suprême, & pour conserver le feu sacré à l'abri de la pluie, des vents & des orages. Il confirma ses sectateurs dans la persuasion que le feu étoit le symbole de la présence divine. Il établit que le soleil étant le feu le plus parfait, Dieu y résidoit d'une manière plus glorieuse que par-tout ailleurs, & qu'après le soleil, on devoit regarder le feu élémentaire comme la plus vive représentation de la divinité.

Voulant encore rendre les feux sacrés des temples qu'il avoit érigés, plus vénérables aux peuples, il feignit d'en avoir apporté du ciel; & l'ayant mis de ses propres mains sur l'autel du premier temple qu'il fit bâtir, ce même feu fut répandu dans tous les autres temples de sa religion. Les prêtres eurent ordre de veiller jour & nuit à l'entretenir sans cesse, avec du bois sans écorce, & cet usage fut rigoureusement observé jusqu'à la mort d'Yazdejerde, dernier roi des Perses de la religion des *Mages*, c'est-à-dire, pendant environ 1150 ans.

Il ne s'agissoit plus que de fixer les rites religieux & la célébration du culte divin; le réformateur du magianisme y pourvut par une liturgie qu'il composa, qu'il publia, & qui fut ponctuellement suivie. Toutes les prières publiques se font encore dans l'ancienne langue de Perse, dans laquelle Zoroastre les a écrites il y a 2245 ans, & par conséquent le peuple n'en entend pas un seul mot.

Zoroastre ayant établi solidement sa religion en Médie, passa dans la Bactriane, province la plus orientale de la Perse, où se trouvant appuyé de la protection d'Hystaspe, père de Darius, il éprouva les mêmes succès. Alors tranquille sur l'avenir, il fit un voyage aux Indes, pour s'instruire à fond des sciences des Brachmanes. Ayant appris d'eux tout ce qu'il desiroit savoir de métaphysique, de physique & de mathématiques, il revint en Perse, & fonda des écoles pour y enseigner ces mêmes sciences aux prêtres de sa religion; ensorte qu'en peu de temps, *savant & mage* devinrent des termes synonymes.

Comme les prêtres *mages* étoient tous d'une même tribu, & que nul autre qu'un fils de prêtre, ne pouvoit prétendre à l'honneur du sacerdoce, ils réservèrent pour eux leurs connoissances, & ne les communiquèrent qu'à ceux de la famille royale qu'ils étoient obligés d'instruire pour les mieux former au gouvernement. Aussi voyons-nous toujours quelques-uns de ces prêtres dans le palais des rois, auxquels ils servoient de précepteurs & de chapelains tout ensemble. Tant que cette secte prévalut en Perse, la famille royale fut censée appartenir à la tribu sacerdotale, soit que les prêtres espérassent s'attirer par ce moyen plus de crédit, soit que les rois crussent par là rendre leur personne plus sacrée, soit enfin par l'un & l'autre de ces motifs.

Le sacerdoce se divisoit en trois ordres, qui avoient au-dessus d'eux un *archimage*, chef de la religion, comme le grand sacrificateur l'étoit parmi les Juifs. Il habitoit le temple de Balch, où Zoroastre lui-même résida long-temps en qualité d'*archimage*; mais après que les Arabes eurent ravagé la Perse dans le septième siècle, l'*archimage* fut obligé de se retirer dans le Kerman, province de Perse; & c'est-là que jusqu'ici ses successeurs ont fait leur résidence. Le temple de Kerman n'est pas moins respecté de nos jours de ceux de cette secte, que celui de Balch l'étoit anciennement.

Il ne manquoit plus au triomphe de Zoroastre, que d'établir la réforme dans la capitale de Perse. Ayant bien médité ce projet épineux, il se rendit à Suze auprès de Darius, & lui proposa sa doctrine avec tant d'art, de force & d'adresse, qu'il le gagna, & en fit son prosélite le plus sincère & le plus zélé. Alors, à l'exemple du prince, les courtisans, la noblesse, & tout ce qu'il y avoit de personnes de distinction dans le royaume, embrassèrent le *Magianisme*. On comptoit parmi les nations qui le professoient, les Perses, les Parthes, les Bactriens, les Chowaresmiens, les Saces, les Medes, & plusieurs autres peuples barbares qui tombèrent sous la puissance des Arabes dans le septième siècle.

Mahomet tenant le sceptre d'une main & le glaive de l'autre, établit dans tous ces pays-là le Musulmanisme. Il n'y eut que les prêtres *mages* & une poignée de dévots, qui ne voulurent point abandonner une religion qu'ils regardoient comme la plus ancienne & la plus pure, pour celle d'une secte ennemie, qui ne faisoit que de naître. Ils se retirèrent aux extrémités de la Perse & de l'Inde. « C'est-là qu'ils vivent aujourd'hui sous le nom de *Gaures*, ou de *Guebres*, » ne se mariant qu'entr'eux, entretenant le feu sacré, » fidèles à ce qu'ils connoissent de leur ancien culte, » mais ignorants, méprisés, & à leur pauvreté près, » semblables aux Juifs, si long-temps dispersés, sans s'allier aux autres nations; & plus encore aux Banians, » qui ne sont établis & dispersés que dans les Indes ».

Le livre qui contient la religion de Zoroastre, & qu'il composa dans une retraite, subsiste toujours; on l'appella *zenda vesta*; & par contraction *zend*. Ce mot signifie originairement, *allume-feu*; Zoroastre par ce titre expressif, & qui peut nous sembler bizarre, a voulu insinuer que ceux qui liroient son ouvrage, sentiroient allumer dans leur cœur le feu de l'amour de Dieu, & du culte qu'il lui faut rendre. On allume le feu dans l'Orient, en frottant deux tiges de roseaux l'une contre l'autre, jusqu'à ce que l'une s'enflamme; & c'est ce que Zoroastre espéroit que son livre feroit sur les cœurs. Ce livre renferme la liturgie & les rites du Magianisme. Zoroastre feignit l'avoir reçu du Ciel, & on en trouve encore des exemplaires en vieux caractères persans. M. Hyde qui entendoit le vieux persan comme le moderne, avoit offert de publier cet ouvrage avec une version latine, pourvu qu'on l'aidât à soutenir les frais de l'impression. Faute de ce secours, qui ne lui manqueroit pas aujourd'hui dans sa patrie, ce projet a échoué au grand préjudice de la république des lettres, qui tireroit de la traduction d'un livre de cette antiquité, des lumières précieuses sur cent choses dont nous n'avons aucune connoissance. Il suffit, pour s'en convaincre, de lire sur les *Mages* & le Magianisme, le bel ouvrage de ce savant anglois, *de religione veterum Persarum*, & celui de Pocock sur le même sujet. Zoroastre finit ses jours à Balk, où il régna par rapport au spirituel sur tout l'empire, avec la même autorité que le roi de Perse par rapport au temporel. Les prodiges qu'il a opérés en matière de religion, par la sublimité de son génie, orné de toutes les connoissances humaines, sont des merveilles sans exemple. (*D. J.*)

MAGGI, (Jérôme) MAGGIUS (*Hist. Litt. mod.*) homme heureusement né pour les sciences & pour les arts, & dont la destinée fut malheureuse. Né à Anghiari dans la Toscane, les Vénitiens l'avoient fait juge de l'amirauté dans l'île de Chypre; les Turcs vinrent assiéger Famagouste; son industrie naturelle lui fit inventer diverses machines pour la défense de la place & pour ruiner les travaux des assiégeants. Malgré tous ses efforts, Famagouste fut pris; les Turcs pillèrent la bibliothèque de *Maggi*, objet sacré pour tout autre que des barbares; ils le chargèrent de chaînes, & le traînèrent en esclavage à Constantinople. Il travailloit le jour pour ses maîtres impitoyables, il écrivoit la nuit. Privé de livres & de tout secours, il eut à se louer des trésors qu'il avoit précédemment accumulés dans sa mémoire; elle lui fournit assez de ressources pour composer des ouvrages, non pas bons, mais savants, & qui, d'après les conjonctures, devenoient des Phénomènes. C'étoient entr'autres, un traité *de Tintinnabulis*, c'est-à-dire, une Histoire des Cloches; une autre, *de Equleo*; des commentaires sur les vies des Hommes illustres d'Œmilius Probus ou de Cornelius Népos; des commentaires sur les Institutes; un traité des Fortifications; il dédia ces ouvrages aux ambassadeurs de France & de l'empereur; ce qui ayant intéressé ces ministres à son sort, ils voulurent le racheter, & commencèrent à traiter de sa rançon; pendant la négociation, *Maggi* ayant trouvé un moyen de s'échapper, en profita, & se sauva chez l'ambassadeur de l'empereur. Le visir irrité, l'envoya reprendre, & le fit étrangler en 1572; consentant ainsi à perdre la rançon, pourvu qu'il commît une cruauté.

On a de Barthélemi *Maggi*, frère de Jérôme, un Traité de la gué..on des playes faites par les armes à feu.

Et d'un François-Marie *Maggi*, parent ou non des précédents, un livre intitulé: *Syntagmata linguarum Georgiæ*.

MAGISTER, f. m. (*Hist. mod.*) *maître*; titre qu'on trouve souvent dans les anciens écrivains, & qui marque que la personne qui le portoit, étoit parvenue à quelque degré d'éminence; *in scientiâ aliquâ, præsertim litterariâ.* Anciennement on nommoit *magistri* ceux que nous appellons maintenant *docteurs*.

C'est un usage encore subsistant dans l'université de Paris, de nommer *maîtres* tous les aspirans au doctorat, qui font le cours de la licence; & dans les examens, les thèses, les assemblées, & autres actes publics de la faculté de Théologie, les docteurs sont nommés *S. M. N. Sapientissimi Magistri Nostri*. Charles IX appelloit ordinairement & d'amitié son précepteur Amyot, *mon maître*. (*A. R.*)

MAGISTRIENS, f. m. pl. (*Hist. anc.*) satellites du magister. Or, comme il y avoit différents magisters, les *magistriens* avoient aussi différentes fonctions. (*A. R.*)

MAGLIABECCHI, (Antoine) (*Hist. Litt. mod.*) savant florentin, bibliothécaire du grand-duc de Toscane Cosme III, lisoit tout, savoit tout, mais n'écrivoit rien ou presque rien. Il se contentoit d'être utile aux savants; & il leur fut si utile, qu'il a mérité que son nom passât jusqu'à nous à ce seul titre. Le cardinal Noris lui écrivoit: *je vous dois plus pour le soin que vous avez bien voulu prendre de me diriger dans mes études, qu'au pape même pour la bonté qu'il a eue de m'honorer de la pourpre.* On a imprimé à Florence en 1745, un recueil de lettres que les savants lui écrivoient, & qui sont autant de témoignages de leur reconnoissance pour *Magliabecchi*. Ce recueil seroit plus complet, si *Magliabecchi*, toujours occupé de l'étude, eût seulement songé à sa gloire & se fût attaché à conserver, à multiplier, à mettre en ordre ces monuments de son érudition communicative & de sa bienfaisance littéraire. On a de lui seulement quelques éditions de différents ouvrages. Né à Florence en 1633, & destiné d'abord par ses parents à l'orfévrerie, son goût l'emporta, comme il arrive à tous ceux qui ont un goût véritablement dominant, & qui ne sont pas ce qu'on appelle bons à tout, parce qu'ils ne sont bons à rien. Mort aussi à Florence en 1714.

MAGLOIRE, (Saint) (*Hist. Ecclés.*) Ce saint, mort en 575, étoit du pays de Galles dans la Grande-Bretagne; il passa en France dans la province aussi nommée Bretagne, du nom des Bretons insulaires qui vinrent y chercher un asyle dans le temps de l'irruption des Saxons dans leur isle. Il fut abbé de Dol, puis évêque en Bretagne; il fonda depuis dans l'isle de Gersey, un monastère, où il mourut. Ses reliques furent transférées à Paris, au fauxbourg St. Jacques, dans un monastère occupé alors par des Bénédictins, & qui a été cédé en 1628, aux Prêtres de l'Oratoire. C'est aujourd'hui le séminaire de Saint *Magloire*.

MAGNENCE, (*Hist. Romaine.*) né dans la Germanie, fut un soldat de fortune qui parvint par son courage à l'empire. La nature l'avoit comblé de tous les dons qui séduisent le cœur & les yeux. Il étoit d'une taille noble & avantageuse; ses traits étoient intéressants & réguliers; sa démarche & son maintien étoient majestueux; il avoit cette éloquence naturelle & militaire qui dédaigne les prestiges de l'art. Sans être savant, il avoit la superficie de toutes les sciences. Constant, présageant qu'il étoit appellé à une haute fortune, le tira de l'emploi de soldat pour l'élever aux premiers grades de la milice; ses bienfaits ne firent qu'un ingrat. *Magnence*, plus absolu que lui dans l'armée, avoit gagné le cœur des soldats en s'associant à leurs débauches: il passoit les jours & les nuits avec eux dans les tavernes, & fournissoit par-tout à leur dépense. Assuré de leur affection, il sort de sa tente revêtu de la pourpre; il parcourt les rangs, accompagné de quelques satellites mercenaires. Ses partisans le proclament empereur, & ceux qui n'étoient point ses complices, gardèrent un morne silence. Tandis qu'il en impose à toute l'armée, il charge Gaïson d'aller massacrer Constant dans sa tente, & cet ordre est exécuté. *Magnence* fut reconnu empereur par les armées d'Italie & d'Afrique : les Gaules seules refusoient de lui obéir. Il y envoya son frère Decentius à la tête d'une armée pour s'y faire reconnoître. Il écrivit ensuite à Constantin, qu'il lui abandonnoit l'Orient & la Thrace, où il avoit déjà le commandement des armées. Constantin, sans daigner lui faire de réponse, laissa le soin des affaires d'Orient à son oncle Gallus, qui avoit été nommé César. Il aborde en Espagne, il invite les peuples à tirer vengeance du massacre de son frère Constant. Dès qu'il fut à la tête d'une armée, il chercha l'usurpateur qu'il joignit en Pannonie; on en vint aux mains dans les plaines de Meurse. L'action fut vivement disputée. *Magnence*, contraint de céder à la fortune, se retira dans les Gaules, que Constantin offrit de lui céder pour épargner le sang de ses sujets. Le tyran, se flattant de réparer la honte de sa défaite, rejetta avec dédain une offre aussi avantageuse. Il tenta la fortune d'un second combat dans la Provence, où la fortune trahit encore son courage. La crainte de tomber au pouvoir du vainqueur, le précipita dans le désespoir. Il fit mourir sa mère & tous ses parents pour les soustraire à la honte de la captivité, & se poignarda lui-même sur leurs cadavres sanglants. Sa tête fut portée sur une pique dans les principales villes de l'empire. Il professoit le christianisme, sans en pratiquer les maximes. Intempérant jusqu'à la débauche, il vécut, comme tous les Germains de son temps, dans une perpétuelle ivresse. Il fut le premier des Chrétiens qui trempa ses mains dans le sang de ses souverains. Fier & présomptueux dans la prospérité, il se laissoit abattre par le moindre revers; quoiqu'il eût été nourri sous la tente, il n'eut jamais cette franchise qui forme le caractère de l'homme de guerre. Cruel & dissimulé, il déguisoit sa haine pour mieux assurer le succès de ses vengeances : il étoit âgé de cinquante ans lorsqu'il se donna la mort; il voulut voir mourir son frère & ses plus intimes amis avant de se priver de la vie (*T.-N.*)

MAGNI, (*Voyez* VALÉRIEN.)

MAGNIEZ, (Nicolas) (*Hist. Litt. mod.*) Ce nom n'est pas connu, un mot le fera connoître; c'est celui de l'auteur du *Novitius*, ce dictionnaire latin si utile. Mort en 1749.

MAGNON, (Jean) (*Hist. Litt. mod.*) poëte du dix-septiéme siécle, auteur de la *Science universelle*, poëme moitié épique, moitié didactique; c'est partout le galimathias le plus sec, & le plus monotone.

Boileau s'est souvenu de *Magnon* dans son Art poëtique, pour l'écraser d'un seul coup en passant, & le laisser confondu dans la foule des écrivains à jamais oubliés :

On ne lit guère plus Rampale & Ménardière,
Que Magnon, du Souhait, Corbin & La Morlière,

C'est tout ce qu'on trouve sur *Magnon* dans Boileau :

Il te met dans la foule, ainsi qu'un misérable;
Il croit que c'est assez d'un coup pour t'accabler,
Et ne t'a jamais fait l'honneur de redoubler.

On dit que sa *Science universelle* devoit avoir dix livres ou volumes de vingt mille vers chacun, & que quelqu'un lui demandant où il en étoit de cet ouvrage, il répondit : *je n'ai plus que cent mille vers à faire.* Il comptoit rendre par cette espèce de poëme encyclopédique, toutes les bibliothèques inutiles, & il le dit dans la préface de la seule partie de cet ouvrage que nous ayons. On a de lui aussi des pièces de théâtre, entr'autres, une tragédie d'*Artaxercès.* Il fut assassiné la nuit par des voleurs à Paris, en 1662.

MAGNUS, (*Hist. du Nord.*) roi d'Ostrogothie; il étoit fils de Nicolas, roi de Danemarck; c'étoit un prince cruel qui n'avoit ni assez de lumières pour dicter des loix, ni assez de vertu pour les observer; il assassina Canut, roi des Vandales. Son peuple eut horreur de cette perfidie, & le chassa de ses états; il alla chercher un asyle à la cour de l'empereur Lothaire, dont il paya les secours par la plus noire trahison; cependant les Juthlandois armèrent une flotte pour le rétablir dans ses états; il fut vaincu, reparut encore les armes à la main, & périt dans un combat l'an 1135. (M. DE SACY.)

MAGNUS, (*Hist. de Danemarck.*) roi de Norwege & de Danemarck, régnoit vers l'an 1040; peu satisfait des états que la fortune lui avoit donnés, il contraignit Canut-Horda à le reconnoître pour son successeur à la couronne de Danemarck. Après la mort de ce prince, il demanda le trône du ton dont il auroit parlé, s'il y avoit été déjà assis; il falloit le couronner ou le combattre; il fut couronné : *Magnus* ne se dissimula point que les Danois l'avoient élu malgré eux; & pour les retenir dans les bornes de l'obéissance, il distribua tous les gouvernemens à ses créatures, & confia aux troupes Norwégiennes la défense des places : il somma ensuite Edouard de lui remettre la couronne d'Angleterre; mais n'ayant pu l'obtenir par les menaces, il n'osa l'arracher par la force des armes, il demeura dans le Danemarck : Suénon devint son ministre, & bientôt son rival; il lui disputa la couronne, *Magnus* le battit en plusieurs rencontres, on ignore les circonstances de la mort de ce prince, arrivée vers l'an 1048. Les Danois lui donnèrent les surnoms glorieux de *bon* & de *père de la patrie*; & on ne peut les accuser d'avoir voulu flatter lâchement un prince étranger qu'ils n'avoient reconnu qu'à regret. (*M. DE SACY.*)

MAGNUS, (*Hist. de Danemarck.*) roi de Livonie & duc de Holstein, il étoit fils de Christiern III, roi de Danemarck; le duché de Holstein avoit été partagé entre les trois enfants de ce prince, Frédéric, Jean & *Magnus.* Frédéric devenu roi de Danemarck, échangea l'an 1560, la souveraineté des diocèses d'Oësel & de Courlande, contre la portion du duché de Holstein qui étoit échue en partage à *Magnus*. Les Livoniens, las du joug de l'ordre teutonique, le reçurent avec enthousiasme : il est aisé de penser qu'on ne le laissa pas tranquille dans cette contrée, la république de Pologne & le czar de Moscovie lui disputèrent les armes à la main, une conquête qui ne lui avoit coûté que des bienfaits ; la Livonie devint donc le théâtre de la guerre. Enfin l'an 1570, le czar proposa au duc *Magnus* de le créer roi de Livonie ; recevoir la couronne des mains du czar, c'étoit se déclarer son vassal, & il valoit mieux être indépendant avec le titre de duc, que tributaire avec celui de roi ; mais ce nom fascina les yeux de *Magnus*, il se rendit en Moscovie, il y fut couronné ; le trône fut déclaré héréditaire dans sa famille, il se soumit à payer un tribut annuel au czar, & celui-ci se réserva le titre de protecteur de Livonie. *Magnus* né avec cette douceur, cette équité, ces vertus qui n'obtiennent pas toujours des couronnes, mais qui les méritent, fit le bonheur des Livoniens ; mais bientôt le czar qui n'avoit d'autre but que de régner sous son nom, arma contre lui ; le protecteur de la Livonie en fut l'oppresseur, la guerre se ralluma ; *Magnus* se vit enlever la plupart de ses places, & se retira dans son duché de Courlande, où il mourut, le 18 mars 1583 ; les regrets des Livoniens le suivirent dans le tombeau, & ses sujets lui furent également gré, & du bien qu'il avoit fait, & de celui qu'il n'avoit pu faire. (*M. DE SACY.*)

MAGNUS, (*Hist. de Suède.*) roi de Suède, étoit fils d'Eric Scateller, roi de Danemarck : un parti de mécontens l'appella en Suède, Eric-le-saint y régnoit alors ; il périt en défendant sa couronne contre l'usurpateur ; *Magnus* fut couronné ; mais ce même peuple qui avoit eu la lâcheté d'abandonner son maître légitime, eut le courage de le venger. Les Goths & les Suédois réunis, s'avancèrent contre *Magnus* ; celui-ci crut qu'une fois monté sur le trône, il falloit le conserver ou mourir ; les Danois étoient accourus pour le défendre ; on en vint aux mains ; *Magnus* périt avec toute son armée ; ce fut l'an 1160, près d'Upsal, que se donna cette bataille ; les vainqueurs bâtirent sur le champ même une église, dont les murailles auroient pu être cimentées du sang des vaincus. (*M. DE SACY.*)

MAGNUS-LADESLAS, roi de Suède ; il étoit fils de Biger-Jerl, & frère de Waldemar, roi de Suède ; il avoit eu le duché de Sudermanie en apanage, son ambition étoit encore plus vaste que ses états ; après la mort de son pere, il excita dans la Suède plusieurs guerres civiles, & parvint à détrôner son frère, l'an 1277. Il prit le titre de roi de Suède, & y ajouta celui de roi des Goths, aboli long-tems auparavant par Ollaüs le tributaire. L'expérience des règnes précédens lui apprenoit qu'il étoit dangereux de donner trop de crédit à la maison de Folkanger, dont lui-même il étoit issu ; il aima mieux élever aux premières dignités quelques seigneurs du comté de Holstein, qu'Hedvige, son épouse, fille du comte Gerard, avoit attirés à sa cour ; le plus célèbre d'entr'eux & le plus digne de l'être, se nommoit *Ingemar Danske* ; la haute fortune de ces étrangers blessa les yeux jaloux de Folkanger ; & Ingemar en fut la première victime ; ils n'osèrent attenter à la vie du comte de Holstein, mais ils le renfermèrent dans le château de Jernsbourg. *Magnus* obtint sa liberté par des démarches humiliantes, l'espoir d'une prompte vengeance lui en faisoit supporter la honte : ils atteignoient le dernier période de leur prospérité, lorsqu'il leur fit trancher la tête. Philippe de Rundi survécut seul au supplice des siens ; une double alliance, le mariage projetté de son fils Briger avec Merette, princesse Danoise, & celui d'Eric, roi de Danemarck, avec Ingeburge, fille de *Magnus*, assoupit au moins pour quelque temps, les longues inimitiés des Suédois & des Danois. *Magnus* exerça dans la Suède une justice si sévère, qu'il rendoit, disoit-on, *les serrures inutiles*, & c'est de-là que lui vint le surnom de *Ladeslas* ; cependant Waldemar faisoit jouer secrètement mille ressorts pour se former un parti & remonter sur le trône ; *Magnus* méprisa son frère tant qu'il ne fut que turbulent, mais dès qu'il fut dangereux, il le fit enfermer. Au milieu des discordes civiles qui troublèrent le repos du Gothland, il prit le parti le plus sage que la bonne politique puisse dicter dans de pareilles circonstances, ce fut de punir également les deux partis. La Suède fut heureuse & florissante sous son règne, mais on reprochera toujours à sa mémoire le massacre des Folkanger & son usurpation ; il mourut le 18 décembre l'an 1290. (*M. DE SACY.*)

MAGNUS-SMEEK, roi de Suède & de Norwege, n'avoit que trois ans lorsque la disgrace de Birger II & la mort de Haquin lui laissèrent ces deux couronnes : il étoit fils d'Eric ; Eric étoit frère de Birger qui l'avoit fait assassiner. *Magnus* épousa Blanche, fille du comte de Namur, & profita des troubles qui agitoient le Danemarck pour s'emparer de la Scanie ; son ambition même portoit ses vues plus loin ; le régent Mathias Kettelmundson étoit mort, & depuis 1336 *Magnus* gouvernoit par lui-même ; il demanda le royaume de Danemarck au pape, comme au roi des rois, & se soumit à payer au saint siége un tribut que les Danois refusoient depuis long-tems ; mais le pontife fut assez sage pour ne pas vouloir se mêler des affaires du Nord. Cependant *Magnus*, par un traité signé l'an 1343, demeura en possession de la Scanie, du Blecking, de l'Hister, de l'île d'Huen, & du Halland qu'il acheta ; mais il fut contraint de céder une partie de la Carélie aux Russes, auxquels il avoit fait une guerre injuste dans son principe, & mal conduite dans l'exécution : il y avoit employé les deniers de saint Pierre, & le pape l'excommunia ; il avoit accablé le peuple d'impots, & le peuple se souleva. Au milieu de ce tumulte Eric fut couronné, & l'on vit sans horreur un père détrôné par son fils ; ce spectacle n'étoit point extraordinaire dans le Nord, la guerre fut bientôt allumée, elle se fit avec divers succès ; enfin *Magnus* fut contraint de partager le royaume

avec

avec son fils ; on lui laissa l'Uplande, la Gothie, le Wermland, la Dalécarlie, le Halland & l'île d'Oëland, le reste fut le partage d'Eric. *Magnus* parut oublier la révolte de son fils, & l'attira à sa cour ; on prétend que Blanche, mère du jeune prince, l'empoisonna ; mais quel que fût le genre de sa mort, il périt à la fleur de son âge, l'an 1354 ; le père succéda à son fils, & tout le royaume rentra sous l'obéissance de *Magnus* ; ce prince méditoit depuis long-tems des projets de vengeance ; pour en assurer le succès il s'appuya de l'alliance de Waldemar, roi de Danemarck, autrefois son ennemi, lui rendit, sans l'aveu des états, la Scanie, le Halland & le Blecking, & promit de marier son fils Haquin, avec Marguerite, fille de ce prince. Waldemar devint le ministre des fureurs de *Magnus* ; celui-ci cherchoit en vain des prétextes pour châtier les Gothlandois ; mais au premier signe que donna sa haine, Waldemar fit massacrer dix-huit mille paysans. C'étoit le sort de *Magnus* d'être détrôné par ses enfans ; Haquin, roi de Norwege, le fit enfermer dans le château de Calmar, & prit en main le gouvernement du royaume. Le mariage de Haquin & de Marguerite, n'étoit pas encore célébré ; les états forcèrent le roi de Norwege à accepter la main d'Elisabeth, sœur de Henri, comte de Holstein ; cette princesse s'embarqua pour venir en Suéde, mais une tempête la jetta sur les côtes de Danemark. Waldemar fut alors rompre ce mariage & conclure le premier. *Magnus* sortit de sa prison, exila un grand nombre de sénateurs : ceux-ci au fond du Gothland, proclamèrent Henri, comte de Holstein, roi de Suéde ; mais il rejetta un présent dangereux & illégitime, & leur conseilla de placer la couronne sur la tête d'Albert, duc de Mecklenbourg ; celui-ci la refusa de même, mais il leur présenta Albert, son second fils, qui fut couronné. *Magnus* fut détrôné une troisiéme fois, & perdit à la fois le trône & la liberté, l'an 1365. Ses fers furent brisés quelque temps après. Il fixa sa retraite en Norwege, où il se noya vers l'an 1375. Jamais prince n'auroit eu plus de droits à la compassion des hommes, s'il n'avoit pas mérité ses malheurs. (*M. DE SACY.*)

MAGNUS, (Jean & Olaus) (*Hist. Litt. mod.*) deux frères, tous deux, l'un après l'autre, archevêques d'Upsal, en Suéde, tous deux persécutés ou du moins disgraciés pour leur attachement à la religion Catholique, lorsque Gustave Vasa, d'ailleurs si grand prince, crut devoir introduire le Luthéranisme dans ses états. Jean, mort à Rome en 1544, est auteur d'une histoire de Suéde, & d'une des archevêques d'Upsal.

Olaus, mort à Rome en 1555, a laissé une *Histoire des Mœurs, des Coutumes & des Guerres des Peuples du Septentrion.*

MAGON, (*Hist des Carthagin.*) nom commun à Carthage, ainsi que celui de Barcée, qui distinguoit une famille de *Magons*, & qui avoit autrefois le nom d'une peuplade d'Africains répandus dans le désert de Barca :

Hinc deserta siti regio, latè que furentes Barcæi.

Plusieurs personnages du nom de *Magon*, sont connus dans l'histoire de Carthage :

1°. *Magon* Barcée fit la guerre avec divers succès, contre Denys-le-Tyran, dans la Sicile, pendant les années 394, 393, 389 avant J. C. Il le battit, il en fut battu, il fut tué enfin dans une bataille.

2°. *Magon* Barcée son fils, eut une destinée encore plus funeste. On l'accusa de s'être mal comporté en Sicile, & d'en être parti à l'arrivée de Timoléon & des Corinthiens, avec une précipitation trop semblable à une terreur panique. Les Carthaginois punissoient dans leurs généraux non seulement la poltronerie & l'incapacité, mais encore le mauvais succès. Chez eux, il falloit vaincre ou ne pas commander. On fit le procès à *Magon*. Il prévint son supplice par une mort volontaire, l'an 343 avant J. C. Mais s'il échappa aux tourments, il ne put échapper à l'infamie. Les Carthaginois firent mettre en croix son cadavre, comme ils l'y auroient mis lui-même.

3°. *Magon*, frère d'Annibal, est le plus célèbre de tous ; il étoit digne de son père Amilcar, de ses frères Annibal & Asdrubal. Il fut chargé de porter à Carthage la nouvelle de la victoire de Cannes, à laquelle il avoit contribué. Pour donner au sénat de Carthage, une idée de la perte que les Romains avoient faite dans cette bataille, il fit répandre au milieu de l'assemblée trois boisseaux d'anneaux d'or, tirés des doigts des chevaliers Romains tués en cette occasion. Il fut battu dans la suite, par Scipion, près de Carthage, & poussé jusques sur le bord de la mer. Chassé de l'Espagne, il voulut se dédommager par la conquête des îles Baléares ; on sait combien les habitans de ces îles excelloient dans l'usage de la fronde. Ceux de Majorque, que *Magon* attaqua d'abord, firent pleuvoir avec leurs frondes, une grêle de pierres si énormes sur les Carthaginois, que ceux-ci furent obligés de prendre le large pour échapper à cette tempête. Plus heureux contre Minorque, *Magon* s'en rendit le maître, & c'est son nom qu'on reconnoît encore dans celui de Port-Mahon, *Portus-Magonis*. Il passa dans la suite en Italie, où il soumit la ville de Gênes ; mais ayant été battu & blessé dans un combat contre Quintilius-Varus, il mourut des blessures qu'il y avoit reçues, l'an 203 avant J. C. Ainsi, une mort violente fut le prix de la gloire que tous ces illustres frères acquirent contre les Romains :

Le sang de ces Romains est-il si précieux,
Qu'on ne puisse en verser sans offenser les Dieux ?

MAHADI, (*Hist. des Arabes*) fils & successeur d'Abou-gia-far-Almanzor, & troisiéme calife de la race des Abassides, a laissé une grande réputation de courage, de sagesse & de bonté. Il humilia l'empire grec, & lui imposa tribut, même sous le règne de l'impératrice Irène. S'il dépensa, comme on le dit, 666 millions d'écus d'or pour un pélerinage à la Mecque, en étalant & exagérant le faste asiatique, gardons-nous de l'en estimer. Quand même, ce qu'on ne dit pas, des fonds exorbitans auroient été employés en bienfaits & en aumônes réparties avec la plus grande intelligence & la plus grande équité, il vaut mieux laisser chacun faire ses aumônes & laisser à chacun le moyen d'en faire, que de lever sur les peuples de tels tributs & de se charger de la répartition. Les rois ne doivent point donner, mais récompenser des travaux & des services; ils ne doivent point faire l'aumône, mais gouverner de manière qu'on soit en état de la faire, & qu'il y ait peu de pauvres.

On a cité de *Mahadi* divers traits, divers mots plus ou moins estimables.

A son arrivée à la Mecque & à son entrée dans la Mosquée, un dévot lui présenta une pantouffle, qu'il assûroit, ainsi que le peuple, avoir appartenu à Mahomet. *Mahadi* la reçut avec respect, & donna une somme considérable au dévot. Il dit ensuite à ses courtisans : *Mahomet n'a jamais eu ni vu cette chaussure ; mais le peuple est persuadé qu'elle vient de ce prophête, & si je l'avois refusée, il auroit cru que je méprisois les choses saintes.* Cette conduite a un air de prudence & de respect pour les erreurs populaires qui d'abord inspire de l'estime ; cependant elle peut être envisagée diversement. Pourquoi, diront des esprits plus amis de la vérité, entretenir la superstition par un faux respect pour des erreurs? Pourquoi, s'il croyoit sa religion vraie, souffrir qu'elle fût profanée par le mensonge? Pourquoi, s'il la croyoit fausse, autoriser des faussetés? Ce n'est pas qu'il faille toujours combattre de front les erreurs populaires en matière de religion ; ce courage seroit souvent une témérité ; mais pourquoi payer & payer cher pour les accréditer? Pourquoi fournir en leur faveur, un argument & un exemple qu'on ne manquera pas de citer, & qui fortifieront ces erreurs.

A ce même voyage de la Mecque, un homme lui donna une très-bonne leçon sur ses largesses onéreuses au peuple, qu'il répandoit avec profusion dans la mosquée : *Mahadi* demanda à cet homme s'il ne vouloit pas y avoir part? *Dans la maison de Dieu*, lui répondit cet homme, *je ne demande qu'à Dieu, & je ne lui demande autre chose que lui-même.*

D'autres réponses faites à ce prince donnent une idée bien aimable de sa bonté. *Jusqu'à quand*, disoit-il à un de ses officiers, *retomberez-vous dans les mêmes fautes? Tant qu'il plaira au ciel*, lui répondit cet officier, *de vous conserver pour notre bonheur, nous ferons des fautes, & vous nous les pardonnerez.*

Mahadi mourut à la chasse par un accident à-peu-près semblable à celui qui chez nous enleva un des princes Carlovingiens, Louis, frère de Carloman. La bête qu'il chassoit, se jetta dans une masure, où le cheval entra sur ses traces ; arrêté par la porte qui se trouva trop basse, le prince fut renversé ; il eut les reins brisés, & expira sur le champ, l'an 785 de J. C. Il avoit régné dix ans & un mois.

MAHAL, *ou* MAHL, (*Histoire mod.*) c'est ainsi qu'on nomme le palais du grand mogol, où ce prince a ses appartemens & ceux de ses femmes & concubines. L'entrée de ce lieu est interdite même aux ministres de l'empire. Le médecin Bernier y est entré plusieurs fois pour voir une sultane malade, mais il avoit la tête couverte d'un voile, & il étoit conduit par des eunuques. Le *mahal* du grand mogol est la même chose que le *serrail* du grand seigneur & le *haram* des rois de Perse ; celui de Dehli passe pour être d'une très-grande magnificence. Il est rempli par les reines ou femmes du mogol, par les princesses du sang, par les beautés asiatiques destinées aux plaisirs du souverain, par les femmes qui veillent à leur conduite, par celles qui les servent, enfin par des eunuques. Les enfans mâles du mogol y restent aussi jusqu'à ce qu'ils soient mariés; leur éducation est confiée à des eunuques, qui leur inspirent des sentimens très-opposés à ceux qui sont nécessaires pour gouverner un grand empire; quand ces princes sont mariés, on leur donne un gouvernement ou une viceroyauté dans quelque province éloignée.

Les femmes chargées de veiller sur la conduite des princesses & sultanes sont d'un âge mûr; elles influent beaucoup sur le gouvernement de l'empire. Le souverain leur donne des offices ou dignités qui correspondent à ceux des grands officiers de l'état; ces derniers sont sous les ordres de ces femmes, qui ayant l'oreille du monarque, disposent souverainement de leur sort. L'une d'elles fait les fonctions de premier ministre ; une autre celle de secrétaire d'état, *&c.* Les ministres du dehors reçoivent leurs ordres par lettres, & mettent leur unique étude à leur plaire ; d'où l'on peut juger de la rigueur des mesures & de la profondeur des vues de ce gouvernement ridicule.

Le grand-mogol n'est servi que par des femmes, dans l'intérieur de son palais ; il est même gardé par une compagnie de cent femmes tartares, armées d'arcs, de poignards & de sabres. La femme qui les commande a le rang & les appointements d'un *omrah* de guerre ou général d'armée. *(A. R.)*

MAHA-OMMARAT, (*Hist. mod.*) c'est le nom que l'on donne dans le royaume de Siam, au seigneur le plus distingué de l'état, qui est le chef de la noblesse, & qui, dans l'absence du roi & à la guerre, fait les fonctions du monarque & le représente. *(A.R.)*

MAHARBAL, (*Hist. des guerres Puniques*) capitaine carthaginois qui commandoit la cavalerie à la bataille de Cannes. Il est connu sur-tout par le conseil qu'il donna de marcher droit à Rome. Dans cinq jours, disoit-il à Annibal, je vous donne à souper au Capitole. Annibal ne goûta point cet avis, & l'on sait que *Maharbal* lui dit qu'il ne savoit que vaincre, & non pas user de la victoire : *Tum Maharbal : non omnia nimirùm eidem Dii dedere ; vincere scis, Annibal, victoriâ uti nescis.*

Ne croyons pas cependant avoir le droit de condamner un général tel qu'Annibal, sur ce mot d'un capitaine, que nous pouvons croire très-habile, mais dont nous ne savons pas bien précisément quelle pouvoit être l'autorité, & dont les talents nous sont beaucoup moins prouvés que ceux d'Annibal. On a beaucoup parlé des délices de Capoue qui amollirent, dit-on, l'armée Carthaginoise ; il est juste de peser aussi les raisons qui ont pu déterminer un homme tel qu'Annibal, & que M. Rollin a très-sensément exposées.

MAHOMET. Sur Mahomet le prophête, *voyez* l'article suivant.

MAHOMÉTISME, s. m. (*Hist. des Religions du monde.*) religion de Mahomet. L'historien philosophe de nos jours en a peint le tableau si parfaitement, que ce seroit s'y mal connoître que d'en présenter un autre aux lecteurs.

Pour se faire, dit-il, une idée du *Mahométisme*, qui a donné une nouvelle forme à tant d'empires, il faut d'abord se rappeller que ce fut sur la fin du sixiéme siècle, en 570, que naquit Mahomet à la Mecque dans l'Arabie Pétrée. Son pays défendoit alors sa liberté contre les Perses, & contre ces princes de Constantinople qui retenoient toujours le nom d'empereurs Romains.

Les enfants du grand Noushirvan, indignes d'un tel père, désoloient la Perse par des guerres civiles & par des parricides. Les successeurs de Justinien avilissoient le nom de l'empire; Maurice venoit d'être détrôné par les armes de Phocas & par les intrigues du patriarche syriaque & de quelques évêques, que Phocas punit ensuite de l'avoir servi. Le sang de Maurice & de ses cinq fils avoit coulé sous la main du bourreau, & le pape Grégoire-le-grand, ennemi des patriarches de Constantinople, tâchoit d'attirer le tyran Phocas dans son parti, en lui prodiguant des louanges & en condamnant la mémoire de Maurice qu'il avoit loué pendant sa vie.

L'empire de Rome en occident étoit anéanti ; un déluge de barbares, Goths, Hérules, Huns, Vandales, inondoient l'Europe, quand Mahomet jettoit dans les déserts de l'Arabie les fondements de la religion & de la puissance musulmane.

On sait que Mahomet étoit le cadet d'une famille pauvre ; qu'il fut long-temps au service d'une femme de la Mecque, nommée Cadischée, laquelle exerçoit le négoce ; qu'il l'épousa & qu'il vécut obscur jusqu'à l'âge de quarante ans. Il ne déploya qu'à cet âge les talents qui le rendoient supérieur à ses compatriotes. Il avoit une éloquence vive & forte, dépouillée d'art & de méthode, telle qu'il la falloit à des Arabes ; un air d'autorité & d'insinuation, animé par des yeux perçants & par une heureuse physionomie ; l'intrépidité d'Alexandre, la libéralité, & la sobriété dont Alexandre auroit eu besoin pour être grand homme en tout.

L'amour qu'un tempérament ardent lui rendoit nécessaire, & qui lui donna tant de femmes & de concubines, n'affoiblit ni son courage, ni son application, ni sa santé. C'est ainsi qu'en parlent des Arabes contemporains, & ce portrait est justifié par ses actions.

Après avoir connu le caractère de ses concitoyens, leur ignorance, leur crédulité, & leur disposition à l'enthousiasme, il vit qu'il pouvoit s'ériger en prophête, il feignit des révélations, il parla : il se fit croire d'abord dans sa maison, ce qui étoit probablement le plus difficile. En trois ans, il eut quarante-deux disciples persuadés ; Omar, son persécuteur, devint son apôtre ; au bout de cinq ans, il en eut cent quatorze.

Il enseignoit aux Arabes, adorateurs des étoiles, qu'il ne falloit adorer que le Dieu qui les a faites : que les livres des Juifs & des Chrétiens s'étant corrompus & falsifiés, on devoit les avoir en horreur ; qu'on étoit obligé, sous peine de châtiment éternel, de prier cinq fois le jour, de donner l'aumône, & sur-tout, en ne reconnoissant qu'un seul Dieu, de croire en Mahomet son dernier prophête ; enfin de hazarder sa vie pour sa foi.

Il défendit l'usage du vin, parce que l'abus en est dangereux. Il conserva la circoncision pratiquée par les Arabes, ainsi que par les anciens Egyptiens, instituée probablement pour prévenir ces abus de la première puberté, qui énervent souvent la jeunesse. Il permit aux hommes la pluralité des femmes, usage immémorial de tout l'Orient. Il n'altéra en rien la morale qui a toujours été la même dans le fond chez tous les hommes, & qu'aucun législateur n'a jamais corrompue. Sa religion étoit d'ailleurs plus assujettissante qu'aucune autre, par les cérémonies légales : par le nombre & la forme des prières & des ablutions, rien n'étant plus gênant pour la nature humaine, que des pratiques qu'elle ne demande pas, & qu'il faut renouveller tous les jours.

Il proposoit pour récompense une vie éternelle, où l'ame seroit enivrée de tous les plaisirs spirituels, & où le corps ressuscité avec ses sens, goûteroit par ses sens mêmes toutes les voluptés qui lui sont propres.

Cette religion s'appella l'*islamisme*, qui signifie *résignation* à la volonté de Dieu. Le livre qui la contient s'appella *coran*, c'est-à-dire, *le livre*, ou l'écriture, ou la lecture par excellence.

Tous les interprètes de ce livre conviennent que sa morale est contenue dans ces paroles : « recherchez » qui vous chasse, donnez à qui vous ôte, pardonnez » à qui vous offense, faites du bien à tous, ne » contestez point avec les ignorants ». Il auroit dû également recommander de ne point disputer avec les savants. Mais, dans cette partie du monde, on ne se doutoit pas qu'il y eût ailleurs de la science & des lumières.

Parmi les déclamations incohérentes, dont ce livre est rempli, selon le goût oriental, on ne laisse pas de trouver des morceaux qui peuvent paroître sublimes. Mahomet, par exemple, en parlant de la cessation du déluge, s'exprime ainsi : « Dieu dit : terre, en» gloutis tes eaux : ciel, puise les eaux que tu as » versées : le ciel & la terre obéirent ».

Sa définition de Dieu est d'un genre plus véritablement sublime. On lui demandoit quel étoit cet Alla qu'il annonçoit : « c'est celui, répondit-il, qui

» tient l'être de soi-même, & de qui les autres le » tiennent, qui n'engendre point & qui n'est point » engendré, & à qui rien n'est semblable dans toute » l'étendue des êtres ».

Il est vrai que les contradictions, les absurdités, les anachronismes, sont répandus en foule dans ce livre. On y voit sur-tout une ignorance profonde de la Physique la plus simple & la plus connue. C'est-là la pierre de touche des livres que les fausses religions prétendent écrits par la Divinité; car Dieu n'est ni absurde, ni ignorant : mais le vulgaire, qui ne voit point ces fautes, les adore, & les Imans emploient un déluge de paroles pour les pallier.

Mahomet ayant été persécuté à la Mecque, sa fuite, qu'on nomme *égire*, fut l'époque de sa gloire & de la fondation de son empire. De fugitif il devint conquérant. Réfugié à Médine, il y persuada le peuple & l'asservit. Il battit d'abord avec cent treize hommes les Mecquois qui étoient venus fondre sur lui au nombre de mille. Cette victoire, qui fut un miracle aux yeux de ses sectateurs, les persuada que Dieu combattoit pour eux comme eux pour lui. Dès-lors ils espérèrent la conquête du monde. Mahomet prit la Mecque, vit ses persécuteurs à ses pieds, conquit en neuf ans, par la parole & par les armes, toute l'Arabie, pays aussi grand que la Perse, & que les Perses ni les Romains n'avoient pu soumettre.

Dans ces premiers succès, il avoit écrit au roi de Perse Cosroès II, à l'empereur Héraclius, au prince des Coptes, gouverneur d'Egypte, au roi des Abissins, & à un roi nommé Mandar, qui régnoit dans une province près du golfe Persique.

Il osa leur proposer d'embrasser sa religion; & ce qui est étrange, c'est que de ces princes il y en eut deux qui se firent mahométans. Ce furent le roi d'Abissinie & ce Mandar. Cosroès déchira la lettre de Mahomet avec indignation. Héraclius répondit par des présens. Le prince des Coptes lui envoya une fille qui passoit pour un chef-d'œuvre de la nature, & qu'on appelloit la belle Marie.

Mahomet, au bout de neuf ans, se croyant assez fort pour étendre ses conquêtes & sa religion chez les Grecs & chez les Perses, commença par attaquer la Syrie, soumise alors à Héraclius, & lui prit quelques villes. Cet empereur entêté de disputes métaphysiques de religion, & qui avoit embrassé le parti des Monothélites, essuya en peu de tems deux propositions bien singulières; l'une de la part de Cosroès II, qu'il avoit long-temps vaincu; l'autre de la part de Mahomet. Cosroès vouloit qu'Héraclius embrassât la religion des Mages, & Mahomet, qu'il se fit musulman.

Le nouveau prophête donnoit le choix à ceux qu'il vouloit subjuguer, d'embrasser sa secte ou de payer un tribut. Ce tribut étoit réglé par l'alcoran à treize drachmes d'argent par an pour chaque chef de famille. Une taxe si modique est une preuve que les peuples qu'il soumit étoient très-pauvres. Le tribut a augmenté depuis. De tous les législateurs qui ont fondé des religions, il est le seul qui ait étendu la sienne par les conquêtes. D'autres peuples ont porté leur culte avec le fer & le feu chez des nations étrangères, mais nul fondateur de secte n'avoit été conquérant. Ce privilége unique est, aux yeux des Musulmans, l'argument le plus fort, que la Divinité prit soin elle-même de seconder leur prophête.

Enfin Mahomet, maître de l'Arabie & redoutable à tous ses voisins, attaqué d'une maladie mortelle à Médine, à l'âge de soixante-trois ans & demi, voulut que ses derniers moments parussent ceux d'un héros & d'un juste : « que celui à qui j'ai fait violence » & injustice paroisse, s'écria-t-il, & je suis prêt de » lui faire réparation ». Un homme se leva qui lui demanda quelque argent; Mahomet le lui fit donner, & expira quelque temps après, regardé comme un grand homme par ceux même qui savoient qu'il étoit un imposteur, & révéré comme un prophête par tout le reste.

Les Arabes contemporains écrivirent sa vie dans le plus grand détail. Tout y ressent la simplicité barbare des temps qu'on nomme *héroïques*. Son contrat de mariage avec sa première femme Cadischée, est exprimé en ces mots : « attendu que Cadischée est » amoureuse de Mahomet, & Mahomet pareillement » amoureux d'elle ». On voit quels repas apprêtoient ses femmes, & on apprend le nom de ses épées & de ses chevaux. On peut remarquer sur-tout dans son peuple des mœurs conformes à celles des anciens Hébreux (je ne parle que des mœurs), la même ardeur à courir au combat au nom de la Divinité, la même soif du butin, le même partage des dépouilles, & tout se rapportant à cet objet.

Mais, en ne considérant ici que les choses humaines, & en faisant toujours abstraction des jugements de Dieu & de ses voies inconnues, pourquoi Mahomet & ses successeurs, qui commencèrent leurs conquêtes précisément comme les Juifs, firent-ils de si grandes choses, & les Juifs de si petites? Ne seroit-ce point parce que les Musulmans eurent le plus grand soin de soumettre les vaincus à leur religion, tantôt par la force, tantôt par la persuasion? Les Hébreux au contraire, n'associèrent guère les étrangers à leur culte; les Musulmans arabes incorporèrent à eux les autres nations, les Hébreux s'en tinrent toujours séparés. Il paroît enfin que les Arabes eurent un enthousiasme plus courageux, une politique plus généreuse & plus hardie. Le peuple hébreux avoit en horreur les autres nations, & craignoit toujours d'être asservi. Le peuple arabe au contraire voulut attirer tout à lui, & se crut fait pour dominer.

La dernière volonté de Mahomet ne fut point exécutée. Il avoit nommé Aly son gendre, & Fatime sa fille, pour les héritiers de son empire : mais l'ambition, qui l'emporte sur le fanatisme même, engagea les chefs de son armée à déclarer Calife, c'est-à-dire, vicaire du prophête, le vieux Abubéker son beau-père, dans l'espérance qu'ils pourroient bientôt eux-mêmes partager la succession: Aly resta dans l'Arabie, attendant le temps de se signaler.

Abubéker rassembla d'abord en un corps les feuilles

éparses de l'alcoran. On lut, en présence de tous les chefs, les chapitres de ce livre, & on établit son authenticité invariable.

Bientôt Abubéker mena ses Musulmans en Palestine, & y défit le frère d'Héraclius. Il mourut peu-après avec la réputation du plus généreux de tous les hommes, n'ayant jamais pris pour lui qu'environ quarante sous de notre monnoie par jour, de tout le butin qu'on partageoit, & ayant fait voir combien le mépris des petits intérêts peut s'accorder avec l'ambition que les grands intérêts inspirent.

Abubéker passe chez les Mahométans pour un grand homme & pour un musulman fidèle. C'est un des saints de l'alcoran. Les Arabes rapportent son testament conçu en ces termes : « Au nom de Dieu très-» miséricordieux, voici le testament d'Abubéker, » fait dans le temps qu'il alloit passer de ce monde à » l'autre, dans le temps où les infidèles croient, où » les impies cessent de douter, & où les menteurs » disent la vérité ». Ce début semble être d'un homme persuadé ; cependant Abubéker, beau-père de Mahomet, avoit vu ce prophête de bien près. Il faut qu'il ait été trompé lui-même par le prophête, ou qu'il ait été le complice d'une imposture illustre, qu'il regardoit comme nécessaire. Sa place lui ordonnoit d'en imposer aux hommes pendant sa vie & à sa mort.

Omar, élu après lui, fut un des plus rapides conquérants qui ait désolé la terre. Il prend d'abord Damas, célèbre par la fertilité de son territoire, par les ouvrages d'acier, les meilleurs de l'Univers, par ces étoffes de soie qui portent encore son nom. Il chasse de la Syrie & de la Phénicie les Grecs qu'on appelloit *Romains*. Il reçoit à composition, après un long siége, la ville de Jérusalem, presque toute occupée par des étrangers qui se succédèrent les uns aux autres, depuis que David l'eut enlevée à ses anciens citoyens.

Dans le même temps, les lieutenants d'Omar s'avançoient en Perse. Le dernier des rois Persans, que nous appellons Hormisdas IV, livre bataille aux Arabes, à quelques lieues de Madain, devenue la capitale de cet empire ; il perd la bataille & la vie. Les Perses passent sous la domination d'Omar plus facilement qu'ils n'avoient subi le joug d'Alexandre. Alors tomba cette ancienne religion des Mages que le vainqueur de Darius avoit respectée ; car il ne toucha jamais au culte des peuples vaincus.

Tandis qu'un lieutenant d'Omar subjugue la Perse, un autre enlève l'Egypte entière aux Romains, & une grande partie de la Lybie. C'est dans cette conquête qu'est brûlée la fameuse bibliotheque d'Alexandrie, monument des connoissances & des erreurs des hommes, commencée par Ptolomée Philadelphe, & augmentée par tant de rois. Alors les Sarrasins ne vouloient de science que l'alcoran ; mais ils faisoient déjà voir que leur génie pouvoit s'étendre à tout. L'entreprise de renouveller en Egypte l'ancien canal creusé par les rois, & rétabli ensuite par Trajan, & de rejoindre ainsi le Nil à la mer Rouge, est digne des siécles les plus éclairés. Un gouverneur d'Egypte entreprend ce grand travail sous le califat d'Omar, & en vint à bout. Quelle différence entre le génie des Arabes & celui des Turcs ! ceux-ci ont laissé périr un ouvrage, dont la conservation valoit mieux que la possession d'une grande province.

Les succès de ce peuple conquérant semblent dus plutôt à l'enthousiasme qui les animoit & à l'esprit de la nation, qu'à ses conducteurs ; car Omar est assassiné par un esclave Perse en 603. Otman, son successeur, l'est en 655 dans une émeute. Aly, ce fameux gendre de Mahomet n'est élu & ne gouverne qu'au milieu des troubles ; il meurt assassiné au bout de cinq ans comme ses prédécesseurs, & cependant les armes musulmanes sont toujours victorieuses. Cet Aly, que les Persans révèrent aujourd'hui, & dont ils suivent les principes en opposition de ceux d'Omar, obtint enfin le califat, & transféra le siége des califes de la ville de Médine, où Mahomet est enseveli, dans la ville de Couffa, sur les bords de l'Euphrate : à peine en reste-t-il aujourd'hui des ruines ! C'est le sort de Babylone, de Séleucie, & de toutes les anciennes villes de la Chaldée, qui n'étoient bâties que de briques.

Il est évident que le génie du peuple arabe, mis en mouvement par Mahomet, fit tout de lui-même pendant près de trois siécles, & ressembla en cela au génie des anciens Romains. C'est en effet, sous Valid, le moins guerrier des califes, que se font les plus grandes conquêtes. Un de ses généraux étend son empire jusqu'à Samarkande en 707. Un autre attaque en même temps l'empire des Grecs vers la mer Noire. Un autre, en 711, passe d'Egypte en Espagne, soumise aisément tour-à-tour par les Carthaginois, par les Romains, par les Goths & Vandales, & enfin par ces Arabes qu'on nomme *Maures*. Ils y établirent d'abord le royaume de Cordoue. Le sultan d'Egypte secoue à la vérité le joug du grand calife de Bagdat, & Abdérame, gouverneur de l'Espagne conquise, ne reconnoît plus le sultan d'Egypte : cependant tout plie encore sous les armes musulmanes.

Cet Abdérame, petit-fils du calife Hesbam, prend les royaumes de Castille, de Navarre, de Portugal, d'Arragon. Il s'établit en Languedoc ; il s'empare de la Guienne & du Poitou ; & sans Charles-Martel, qui lui ôta la victoire & la vie, la France étoit une province mahométane.

Après le règne de dix-neuf califes de la maison des Ommiades, commence la dynastie des califes Abassides vers l'an 752 de notre ere. Abougiafar Almanzor, second calife Abasside, fixe le siége de ce grand empire à Bagdat, au-delà de l'Euphrate, dans la Chaldée. Les Turcs disent qu'il en jetta les fondements. Les Persans assurent qu'elle étoit très-ancienne, & qu'il ne fit que la réparer. C'est cette ville qu'on appelle quelquefois *Babylone*, & qui a été le sujet de tant de guerres entre la Perse & la Turquie.

La domination des califes dura 655 ans : despotiques

dans la religion, comme dans le gouvernement, ils n'étoient point adorés ainsi que le grand-lama, mais ils avoient une autorité plus réelle; & dans les temps même de leur décadence, ils furent respectés des princes qui les persécutoient. Tous ces sultans turcs, arabes, tartares, reçurent l'investiture des califes, avec bien moins de contestation que plusieurs princes chrétiens n'en ont reçu des papes. On ne baisoit point les pieds du calife, mais on se prosternoit sur le seuil de son palais.

Si jamais puissance a menacé toute la terre, c'est celle de ces califes; car ils avoient le droit du trône & de l'autel, du glaive & de l'enthousiasme. Leurs ordres étoient autant d'oracles, & leurs soldats autant de fanatiques.

Dès l'an 671, ils assiégèrent Constantinople qui devoit un jour devenir mahométane; les divisions, presque inévitables parmi tant de chefs féroces, n'arrêtèrent pas leurs conquêtes. Ils ressemblèrent en ce point aux anciens Romains, qui, parmi leurs guerres civiles, avoient subjugé l'Asie mineure.

A mesure que les Mahométans devinrent puissans, ils se polirent. Ces califes, toujours reconnus pour souverains de la religion, & en apparence de l'Empire, par ceux qui ne reçoivent plus leurs ordres de si loin, tranquilles dans leur nouvelle Babylone, y font bientôt renaître les arts. Aaron Rachild, contemporain de Charlemagne, plus respecté que ses prédécesseurs, & qui sut se faire obéir jusqu'en Espagne & aux Indes, ranima les sciences, fit fleurir les arts agréables & utiles, attira les gens de lettres, composa des vers, & fit succéder dans ses états la politesse à la barbarie. Sous lui les Arabes, qui adoptoient déjà les chiffres indiens, les apportèrent en Europe. Nous ne connumes en Allemagne & en France le cours des astres, que par le moyen de ces mêmes Arabes. Le seul mot d'*almanach* en est encore un témoignage.

L'almageste de Ptolomée fut alors traduit du grec en Arabe par l'astronome Benhonaïn. Le calife Almamon fit mesurer géométriquement un dégré du méridien pour déterminer la grandeur de la terre; opération qui n'a été faite en France que plus de 900 ans après sous Louis XIV. Ce même astronome Benhonaïn poussa ses observations assez loin, reconnut, ou que Ptolomée avoit fixé la plus grande déclinaison du soleil trop au septentrion, ou que l'obliquité de l'écliptique avoit changé. Il vit même que la période de trente-six mille ans, qu'on avoit assignée au mouvement prétendu des étoiles fixes d'occident en orient, devoit être beaucoup raccourcie.

La Chimie & la Médecine étoient cultivées par les Arabes. La Chimie, perfectionnée aujourd'hui chez nous, ne nous fut connue que par eux. Nous leur devons de nouveaux remèdes, qu'on nomme les *minoratifs*, plus doux & plus salutaires que ceux qui étoient auparavant en usage dans l'école d'Hippocrate & de Galien. Enfin, dès le second siècle de Mahomet, il fallut que les Chrétiens d'occident s'introduisissent chez les Musulmans.

Une preuve infaillible de la supériorité d'une nation dans les arts de l'esprit, c'est la culture perfectionnée de la poësie. Il ne s'agit pas de cette poësie enflée & gigantesque, de ce ramas de lieux communs insipides sur le soleil, la lune & les étoiles, les montagnes & les mers; mais de cette poësie sage & hardie, telle qu'elle fleurit du temps d'Auguste, telle qu'on l'a vu renaître sous Louis XIV. Cette poësie d'image & de sentiment fut connue du temps d'Aaron Rachild. En voici un exemple, entre plusieurs autres, qui a frappé M. de Voltaire, & qu'il rapporte parce qu'il est court. Il s'agit de la célèbre disgrace de Giafar le Barmécide:

Mortel, foible mortel, à qui le sort prospère
Fait goûter de ses dons les charmes dangereux,
Connois quel est des rois la faveur passagère;
Contemple Barmécide, & tremble d'être heureux.

Ce dernier vers est d'une grande beauté. La langue arabe avoit l'avantage d'être perfectionnée depuis long-tems; elle étoit fixée avant Mahomet, & ne s'est point altérée depuis. Aucun des jargons qu'on parloit alors en Europe, n'a pas seulement laissé la moindre trace. De quelque côté que nous nous tournions, il faut avouer que nous n'existons que d'hier. Nous allons plus loin que les autres peuples en plus d'un genre, & c'est peut-être parce que nous sommes venus les derniers.

Si l'on envisage à présent la religion musulmane, on la voit embrassée par toutes les Indes, & par les côtes orientales de l'Afrique où ils trafiquoient. Si on regarde leurs conquêtes, d'abord le calife Aaron Rachild impose un tribut de soixante-dix mille écus d'or par an à l'impératrice Irène. L'empereur Nicephore ayant ensuite refusé de payer le tribut, Aaron prend l'île de Chypre, & vient ravager la Grèce. Almamon son petit-fils, prince d'ailleurs si recommandable par son amour pour les sciences & par son savoir, s'empare par ses lieutenans de l'île de Crête en 826. Les Musulmans bâtirent Candie qu'ils ont reprise de nos jours.

En 828, les mêmes Africains qui avoient subjugué l'Espagne, & fait des incursions en Sicile, reviennent encore désoler cette île fertile, encouragés par un Sicilien nommé *Ephémius*, qui ayant, à l'exemple de son empereur Michel, épousé une religieuse, poursuivi par les loix que l'empereur s'étoit rendues favorables, fit à-peu-près en Sicile ce que le comte Julien avoit fait en Espagne.

Ni les empereurs grecs, ni ceux d'occident, ne purent alors chasser de Sicile les Musulmans, tant l'orient & l'occident étoient mal gouvernés! Ces conquérans alloient se rendre maîtres de l'Italie, s'ils avoient été unis; mais leurs fautes sauvèrent Rome, comme celles des Carthaginois la sauvèrent autrefois. Ils partent de Sicile en 846 avec une flotte nombreuse, entrent par l'embouchure du Tibre; & ne trouvant qu'un pays presque désert, ils vont assiéger Rome. Ils prirent les dehors, & ayant pillé la riche église de S. Pierre hors les murs, ils levèrent le siége pour aller combattre une armée de François qui venoit secourir Rome, sous un général de l'empereur Lothaire.

L'armée françoise fut battue ; mais la ville rafraîchie fut manquée, & cette expédition, qui devoit être une conquête, ne devint par leur mésintelligence qu'une incursion de barbares.

Ils revinrent bien-tôt avec une armée formidable, qui sembloit devoir détruire l'Italie, & faire une bourgade mahométane de la capitale du Christianisme. Le Pape Leon IV prenant dans ce danger, une autorité que les généraux de l'empereur Lothaire sembloient abandonner, se montra digne, en défendant Rome, d'y commander en souverain.

Il avoit employé les richesses de l'Eglise à réparer les murailles, à élever des tours, à tendre des chaînes sur le Tibre. Il arma les milices à ses dépens, engagea les habitans de Naples & de Gayette à venir défendre les côtes & le port d'Ostie, sans manquer à la sage précaution de prendre d'eux des ôtages, sachant bien que ceux qui sont assez puissans pour nous secourir, le sont assez pour nous nuire. Il visita lui-même tous les postes, & reçut les Sarrasins à leur descente, non pas en équipage de guerrier, ainsi qu'en avoit usé Goslin, évêque de Paris, dans une occasion encore plus pressante, mais comme un pontife qui exhortoit un peuple chrétien, & comme un roi qui veilloit à la sûreté de ses sujets.

Il étoit né romain ; le courage des premiers âges de la république revivoit en lui dans un tems de lâcheté & de corruption, tel qu'un des beaux monumens de l'ancienne Rome, qu'on trouve quelquefois dans les ruines de la nouvelle. Son courage & ses soins furent secondés. On reçut vaillamment les Sarrasins à leur descente ; & la tempête ayant dissipé la moitié de leurs vaisseaux, une partie de ces conquérans, échappés au naufrage, fut mise à la chaîne.

Le pape rendit sa victoire utile, en faisant travailler aux fortifications de Rome, & à ses embellissemens, les mêmes mains qui devoient les détruire. Les mahométans restèrent cependant maîtres du Garillan, entre Capoue & Gayette ; mais plutôt comme une colonie de corsaires indépendans, que comme des conquérans disciplinés.

Voilà donc, au neuviéme siècle, les Musulmans à la fois à Rome & à Constantinople, maîtres de la Perse, de la Syrie, de l'Arabie, de toutes les côtes d'Afrique jusqu'au Mont-Atlas, & des trois quarts de l'Espagne : mais ces conquérans ne formérent pas une nation comme les Romains, qui étendus presque autant qu'eux, n'avoient fait qu'un seul peuple.

Sous le fameux calife Alamon vers l'an 815, un peu après la mort de Charlemagne, l'Egypte étoit indépendante, & le grand Caire fut la résidence d'un autre calife. Le prince de la Mauritanie Tingitane, sous le titre de *miramolin* étoit maître absolu de l'empire de Maroc. La Nubie & la Lybie obéissoient à un autre calife. Les Abdérames qui avoient fondé le royaume de Cordoue, ne purent empêcher d'autres Mahométans de fonder celui de Tolède. Toutes ces nouvelles dynasties revéroient dans le calife, le successeur de leur prophête. Ainsi que les chrétiens alloient en foule en pélerinage à Rome, les Mahométans de toutes les parties du monde, alloient à la Mecque, gouvernée par un chérif que nommoit le *calife* ; & c'étoit principalement par ce pélerinage, que le calife, maître de la Mecque, étoit vénérable à tous les princes de sa croyance ; mais ces princes distinguant la religion de leurs intérêts, dépouilloient le calife en lui rendant hommage.

Cependant les arts fleurissoient à Cordoue ; les plaisirs recherchés, la magnificence, la galanterie regnoient à la cour des rois Maures. Les tournois, les combats à la barrière, sont peut-être de l'invention de ces Arabes. Ils avoient des spectacles, des théâtres, qui tout grossiers qu'ils étoient, montroient encore que les autres peuples étoient moins polis que ces Mahométans : Cordoue étoit le seul pays de l'occident, où la Géométrie, l'Astronomie, la Chimie, la Médecine, fussent cultivées. Sanche-le-gros, roi de Léon, fut obligé de s'aller mettre à Cordoue en 956, entre les mains d'un médecin arabe, qui, invité par le roi, voulut que le roi vînt à lui.

Cordoue est un pays de délices, arrosé par le Guadalquivir, où des forêts de citronniers, d'orangers, de grenadiers, parfument l'air, & où tout invite à la mollesse. Le luxe & le plaisir corrompirent enfin les rois musulmans ; leur domination fut au dixiéme siècle comme celle de presque tous les princes chrétiens, partagée en petits états. Tolède, Murcie, Valence, Huesca même eurent leurs rois ; c'étoit le tems d'accabler cette puissance divisée, mais ce tems n'arriva qu'au bout d'un siècle ; d'abord en 1085 les Maures perdirent Tolède, & toute la Castille neuve se rendit au Cid. Alphonse, dit le *batailleur*, prit sur eux Sarragoce en 1114 ; Alphonse de Portugal leur ravit Lisbonne en 1147 ; Ferdinand III leur enleva la ville délicieuse de Cordoue en 1236, & les chassa de Murcie & de Séville : Jacques, roi d'Aragon, les expulsa de Valence en 1238 ; Ferdinand IV leur ôta Gibraltar en 1303 ; Ferdinand V, surnommé le *catholique*, conquit finalement sur eux le royaume de Grenade, & les chassa d'Espagne en 1462.

Revenons aux Arabes d'orient ; le *Mahométisme* florissoit, & cependant l'empire des califes étoit détruit par la nation des Turcomans. On se fatigue à rechercher l'origine de ces Turcs : ils ont tous été d'abord des sauvages, vivant de rapines, habitant autrefois au-delà du Taurus & de l'Immaüs ; ils se répandirent vers le onzième siècle du côté de la Moscovie ; ils inondèrent les bords de la mer Noire, & ceux de la mer Caspienne.

Les Arabes sous les premiers successeurs de Mahomet, avoient soumis presque toute l'Asie mineure, la Syrie, & la Perse : Les Turcomans à leur tour soumirent les Arabes, & dépouillèrent tout ensemble les califes Fatimites & les califes Abassides.

Togrul-Beg de qui on fait descendre la race des Ottomans, entra dans Bagdat, à-peu-près comme tant d'empereurs sont entrés dans Rome. Il se rendit maître de la ville & du calife, en se prosternant à ses pieds. Il conduisit le calife à son palais en tenant la bride de sa mule ; mais plus habile & plus heureux que les empereurs allemands ne l'ont été à Rome, il établit sa puissance, ne laissa au calife que le soin de commencer le vendredi les prières à la Mosquée, & l'honneur d'investir de leurs états tous les tyrans mahométans qui se feroient souverains.

Il faut se souvenir que, comme ces Turcomans imitoient les Francs, les Normands & les Goths, dans leurs irruptions, ils les imitèrent aussi en se soumettant aux loix, aux mœurs & à la religion des vaincus ; c'est ainsi que d'autres tartares en ont usé avec les Chinois, & c'est l'avantage que tout peuple policé, quoique le plus foible, doit avoir sur le barbare, quoique le plus fort.

Au milieu des croisades entreprises si follement par les chrétiens s'éleva le grand Saladin, qu'il faut mettre au rang des capitaines qui s'emparèrent des terres des califes, & aucun ne fut aussi puissant que lui. Il conquit en peu de temps l'Egypte, la Syrie, l'Arabie, la Perse, la Mésopotamie & Jérusalem, où après avoir établi des écoles musulmanes, il mourut à Damas en 1193, admiré des chrétiens même.

Il est vrai que, dans la suite des temps, Tamerlan conquit sur les Turcs, la Syrie & l'Asie mineure ; mais les successeurs de Bajazet rétablirent bientôt leur empire, reprirent l'Asie mineure, & conservèrent tout ce qu'ils avoient en Europe sous Amurat. Mahomet II. son fils, prit Constantinople, Trébizonde, Caffa, Scutari, Céphalonie, & pour le dire en un mot, marcha pendant trente-un ans de règne, de conquêtes en conquêtes, se flattant de prendre Rome comme Constantinople. Une colique en délivra le monde en 1481, à l'âge de cinquante-un ans ; mais les Ottomans n'ont pas moins conservé en Europe, un pays plus beau & plus grand que l'Italie.

Jusqu'à présent leur empire n'a pas redouté d'invasions étrangères. Les Persans ont rarement entamé les frontières des Turcs, on a vu au contraire le sultan Amurat IV. prendre Bagdat d'assaut sur les Persans, en 1638, demeurer toujours le maître de la Mésopotamie, envoyer d'un côté des troupes au grand Mogol contre la Perse, & de l'autre menacer Venise. Les Allemands ne se sont jamais présentés aux portes de Constantinople, comme les Turcs à celles de Vienne. Les Russes ne sont devenus redoutables à la Turquie, que depuis Pierre le grand. Enfin, la force a établi l'empire Ottoman, & les divisions des chrétiens l'ont maintenu. Cet empire, en augmentant sa puissance, s'est conservé longtemps dans ses usages féroces, qui commencent à s'adoucir.

Voilà l'histoire de Mahomet, du *mahométisme* ; des Maures d'Occident, & finalement des Arabes, vaincus par les Turcs, qui, devenus musulmans dès l'an 1055, ont persévéré dans la même religion jusqu'à ce jour. C'est en cinq pages sur cet objet, l'histoire de onze siècles. (*Le chevalier* DE JAUCOURT.)

(On trouve dans le 32e volume des mémoires de l'académie des inscriptions & belles-lettres, pages 404 & suivantes, un savant mémoire de M. de Bréquigny sur l'établissement de la religion & de l'empire de *Mahomet* ou *Mohammed*, car tel est son vrai nom que nous prononçons par corruption : *Mahomet*. M. de Pastoret, aussi de l'académie des inscriptions & belles-lettres, a remporté le prix proposé par cette académie avant qu'il en fût membre, prix dont le sujet étoit : *Zoroastre, Confucius & Mahomet, comparés comme sectaires, législateurs & moralistes, avec le tableau de leurs dogmes, de leurs loix & de leur morale.* M. de Pastoret montre comment chacun de ces trois grands hommes, inférieur aux deux autres sur certains objets, reprend la supériorité sur d'autres objets ; il les suit dans tous leurs rapports personnels, en sorte qu'il ne manque rien au parallèle, & que chacun de ces personnages contribue tour-à-tour à faire mieux connoître les deux autres par les avantages qu'il a sur eux ou qu'ils ont sur lui. La Mecque, comme on l'a vu, fut le berceau de *Mahomet*. Sa famille y étoit illustre & riche ; la tribu dans laquelle il naquit, tenoit le premier rang dans sa patrie. Il y a donc quelque chose à rabattre du portrait que Zopire fait de *Mahomet* dans la tragédie de M. de Voltaire.

Tu verras de chameaux un grossier conducteur ;
Chez sa première épouse insolent imposteur,
Qui, sous le vain appas d'un songe ridicule
Des plus vils des humains tente la foi crédule ;
Comme un séditieux à mes pieds amené......
De caverne en caverne il fuit avec Fatime,
Ses disciples errans de cités en déserts,
Proscrits, persécutés, bannis, chargés de fers ;
Promènent leur fureur qu'ils appellent divine ;
De leurs venins bientôt ils infectent Médine.

Mahomet, à la vérité, ne jouit jamais des richesses qu'avoient possédées ses ancêtres : le commerce fut sa ressource ; il y mérita par sa bonne foi le surnom honorable d'Elamin, c'est-à-dire, homme sûr & fidèle. Sa retraite mystérieuse dans une grotte du mont Hara, ressemble beaucoup à ce que les Persans appellent *le voyage de Zoroastre vers le trône d'Ormusd. Mahomet* fut un imposteur sans doute ; mais M. de Pastoret juge qu'il a été calomnié sur divers points, & il prend la peine de le justifier ; il prétend par exemple, que *Mahomet* ne s'arrogea point le don des miracles, comme l'ont dit plusieurs auteurs : il cite de lui des traits de générosité estimables ; en un mot, il le réhabilite autant qu'on peut réhabiliter un imposteur, qui dicte ses volontés & exerce ses vengeances au nom de Dieu.

Eh quoi ! tout factieux qui pense avec courage,
Doit donner aux mortels un nouvel esclavage ?
Il a droit de tromper s'il trompe avec grandeur ?

Mahomet mourut âgé de soixante-trois ans dans la onzième année de l'hégire & la vingt-troisième de son prétendu apostolat. On sait que l'hégire est l'époque de sa fuite à Médine, lorsqu'il fut condamné à mort par les Mecquois, & que cette époque se rapporte à l'an 622 de notre ère. Voici le portrait que M. de Pastoret fait de *Mahomet*, d'après Abulfeda.

» Mahomet avoit reçu de la nature une intelligence
» supérieure, une raison exquise, une mémoire prodigieuse, il parloit peu & se plaisoit dans le silence; » son front étoit toujours serein, sa conversation étoit » agréable & son caractère égal. Juste envers tous...... » Un parent, un étranger, l'homme puissant ou le foible » ne faisoient jamais pencher la balance dans ses mains. » Il ne méprisoit point le pauvre à cause de sa pauvreté, » & ne révéroit point le riche à cause de ses richesses.... » Il écoutoit avec patience celui qui lui parloit, & ne se » levoit jamais le premier..... Conquérant de l'Arabie, » il s'asseyoit souvent à terre, allumoit son feu, & préparoit de ses propres mains à manger à ses hôtes. Maître » de tant de trésors, il les répandoit généreusement & ne » gardoit pour sa maison que le simple nécessaire. On dit » de lui qu'il surpassa les hommes en quatre choses, en » valeur, en libéralité, à la lutte & en vigueur dans » le mariage. Il disoit souvent que Dieu avoit créé deux » choses pour le bonheur des humains, les femmes & » les parfums. »

Ses dogmes ont du moins le mérite de proscrire l'idolâtrie & d'établir l'unité de Dieu. *Mahomet* a été fort attaqué sur la morale principalement; M. de Pastoret le justifie encore sur ce point, & fait voir que *Mahomet* a recommandé presque toutes les vertus sociales, presque toutes les vertus utiles.

En comparant ces trois fameux législateurs par leurs qualités personnelles, & indépendamment de leurs écrits, on trouve que Confucius est plus estimable que ses deux rivaux, il inspire plus d'intérêt & de vénération.

Si on les compare comme fondateurs de religions, la supériorité est toute entière du côté de *Mahomet*. Le fils de Zoroastre alla prêcher au loin les erreurs de son père; Omar, Ali & quelques autres étendirent celles de *Mahomet*; & Confucius fonda une école nombreuse & florissante. Mais il s'en faut bien que définitivement leur destinée ait été la même. De ces trois sectes, l'une (celle de Confucius) remplit, il est vrai, un empire puissant, (la Chine;) mais elle est bornée à cet empire. L'autre (celle de Zoroastre) livrée à l'humiliation & à l'opprobre, est à peine connue dans quelques coins de l'Asie; tandis que la troisième (celle de *Mahomet*) répandue dans toutes les parties de la terre, domine sur les contrées les plus fertiles, & voit ses disciples oppresseurs de la Grèce esclave, s'asseoir sur le trône des Césars dans l'une des capitales du monde.

Si on les compare comme législateurs, c'est Zoroastre qui a la supériorité.

Si on les compare enfin comme moralistes, c'est Confucius qui l'emporte; il étend sa morale jusqu'au pardon des injures; il ne permet d'autre vengeance que de nouveaux bienfaits; les deux autres permettent la vengeance proprement dite, & tous deux, sur-tout *Mahomet*, se la sont trop permise.

Indépendamment du prophète, il y a cinq empereurs des Turcs du nom de *Mahomet*.

1°. *Mahomet* I. fils de Bajazet I. fit périr Moyse son frère & monta sur le trône des Turcs en 1413. Il raffermit l'empire Ottoman, ébranlé par les victoires de Tamerlan; il vainquit & fit prisonnier un prince de Caramanie, qui souvent vaincu & jamais soumis, s'attendoit que le supplice alloit expier ses fréquentes infidélités, & par cette crainte même sembloit dicter son arrêt. *Mahomet* épargna sa vie, en l'accablant de mépris. « Je te permets de vivre, lui dit-il; te punir, » ce seroit me venger, & j'avilirois ma vengeance en » l'exerçant sur toi. Tu croirois d'ailleurs en mourant » que *Mahomet* a pu te craindre. » *Mahomet* étendit ses conquêtes sur une multitude de provinces & d'états, & fut d'ailleurs aussi juste que peut l'être un conquérant & un usurpateur. Il établit le siège de son empire à Andrinople. Il mourut en 1421.

2°. *Mahomet II*, dit l'auteur du nouveau dictionnaire historique, fut un monstre & un grand homme, & son caractère sur l'un & sur l'autre point, est établi sur des faits; M. de Voltaire qui prenoit quelquefois le parti de nier les faits, quand ils l'embarrassoient, a nié le fait d'Irène, décapitée par son amant, (voyez l'article *Irène*;) & celui des quatorze esclaves ou pages, qu'il fit éventrer pour savoir lequel avoit mangé un melon qu'on lui avoit dérobé. La raison qu'allègue M. de Voltaire pour nier ces faits, est que *Mahomet II*. étoit un grand homme. Auroit-on bien prouvé que le Czar Pierre I. ne s'amusoit pas à couper des têtes pour montrer son adresse, en observant qu'il réforma sa nation, qu'il introduisit les arts & les lumières en Russie, & qu'il étoit un grand prince? au reste on n'a pas besoin des deux faits que nie M. de Voltaire, il en reste un grand nombre de semblables qui montrent dans *Mahomet II*. beaucoup de férocité. Ce fut sans doute un des conquérans les plus redoutables, les plus rapides & les plus habiles. On l'appella l'Alexandre Mahométan. Il prit Constantinople, exploit exécuté à force de talens, & qui forme à tous égards une grande époque dans l'histoire; il renversa deux empires, conquit douze royaumes, prit plus de deux cent villes sur les chrétiens; mais il fut battu par Scanderberg, par Huniade, par le grand-maître Pierre d'Aubusson & les chevaliers de St. Jean de Jérusalem, il échoua devant Rhodes,

Rhodes, des Ottomans ce redoutable écueil.

Il connut & aima les lettres & les arts, qui pourtant s'enfuirent épouvantés devant lui, & cherchèrent un asyle en Italie & en France. Il arrêta le pillage & le massacre à Constantinople; mais à Calcis dans l'isle d'Eubée ou Négrepont il fit scier par le milieu du corps contre toutes les loix de l'honneur & même de la guerre, le gouverneur Arezzo dont tout le crime étoit de s'être défendu vaillament; à Otrante dans la Calabre, il fit périr d'une mort cruelle, & le gouverneur & l'évêque; il fit passer au fil de l'épée douze mille habitans; après la prise de Trébizonde, il fit massacrer David Comnène & ses trois enfans contre la foi donnée. Il en usa de même envers les princes de Bosnie & envers ceux de Metelin. Il fit périr toute une famille honnête & vertueuse, parce qu'un père de famille avoit refusé de livrer sa fille à la brutalité de ce tyran. Que mécontent de Venise & du Doge, & entendant parler de la cérémonie du mariage du Doge avec la mer Adriatique, il ait dit qu'il l'enverroit bientôt au fond de cette mer consommer son mariage, ce peut n'être que la plaisanterie amère ou la bravade d'un ennemi en colère; mais ce vœu exécrable & plusieurs fois répété d'exterminer jusqu'au dernier des chrétiens, est-il d'un grand homme ou d'une bête féroce? Il mourut en 1481 à cinquante-deux ans. Il avoit transféré le siège de l'empire à Constantinople. Il étoit né à Andrinople en 1430, avoit succédé à son père Amurat II. en 1451. Il ne respectoit pas plus sa religion que celle des chrétiens. *Mahomet* le prophète n'étoit à ses yeux qu'un chef de bandits, & il ne l'appelloit jamais autrement.

3°. *Mahomet III.* fut plus barbare encore que *Mahomet II*, & ne fut point comme lui un grand homme. Successeur d'Amurat III, son père, en 1595, il commença par faire étrangler dix-neuf de ses frères & noyer dix des femmes de son père, & ces femmes on les croyoit & il les croyoit grosses. S'il fut mauvais fils & mauvais frère, il ne fut pas meilleur père ni meilleur mari ou amant; il fit étrangler l'aîné de ses fils & noyer la sultane qui en étoit la mère. Il parut d'abord vouloir acquérir quelque gloire par la guerre; il vint avec deux cent mille hommes assiéger Agria en Hongrie, qui se rendit; la garnison, en sortant de la place, fut massacrée au mépris de la capitulation. *Mahomet* n'aimoit pas sans doute les cruautés, quand ce n'étoit pas lui qui les commettoit; celle-ci qui d'ailleurs étoit mêlée de perfidie, le révolta, & il fit trancher la tête à l'aga des Janissaires qui l'avoit permise. Il gagna le 26 octobre 1596, contre l'archiduc Maximilien, frère de l'empereur Rodolphe, une bataille qu'il avoit d'abord perdue, mais averti que le vainqueur se laissoit entraîner par l'ardeur du pillage, il revint à la charge & lui arracha la victoire, retour du sort dont l'histoire offre à chaque pas une foule d'exemples qui devroient bien nous instruire. Dans la suite, *Mahomet*, moins habile ou moins heureux ne fit plus que des pertes. Réduit à demander la paix aux chrétiens, il ne put l'obtenir, il ne l'obtint pas davantage dans ses propres états où tout étoit en combustion. Il prit le parti de se livrer aux voluptés, de devenir inaccessible & d'ignorer tout. Quand les Janissaires murmuroient trop hautement, il leur sacrifioit ses meilleurs amis; il leur sacrifia même sa mère à laquelle on imputoit les désordres de son règne; il l'exila & mourut de la peste en 1603 à trente-neuf ans.

4°. *Mahomet IV.* né en 1642, reconnu empereur des Turcs en 1649 après la mort tragique d'Ibrahim I. son père, étranglé par les Janissaires. C'est sous son règne que le grand visir Coprogli, (voyez son article) battu d'abord à Raab par Montecuculli, prit Candie en 1669; mais ce fut aussi sous son règne que Sobieski roi de Pologne, remporta tant d'avantages sur les Turcs & leur fit lever le siège de Vienne en 1683, ce qui coûta la vie au visir Cara-Mustapha que *Mahomet* fit étrangler; ce fut encore sous son règne que le prince Charles V. de Lorraine, gagna contre les Turcs la bataille de Mohatz en 1687, & que Morosini, général des Vénitiens, prit aux mêmes Turcs le Péloponnèse ou la Morée qui valoit beaucoup mieux que Candie. Les Janissaires, outrés de tant de disgraces déposèrent *Mahomet IV.* le 8 octobre 1687. Soliman III. son frère, fut mis en sa place, & *Mahomet* entra dans la prison d'où sortoit Soliman. *Mahomet* accoutumé aux exercices de la chasse, ne put soutenir l'inaction où il se vit condamné; il ne fit que languir jusqu'à sa mort arrivée en 1693.

5°. *Mahomet V.* fils de Mustapha II succéda en 1730 à son oncle Achmet III. qui fut déposé. Il fut en guerre presque continuelle avec la Perse. Thamas Kouli-Kan lui enleva la Géorgie & l'Arménie. Son règne d'ailleurs fut sans orages & dura jusqu'à sa mort arrivée en 1754.

MAHUDEL (Nicolas) (*Hist. Litt. mod.*) docteur en médecine. Nous trouvons le nom de ce savant sur la liste de l'académie des inscriptions & belles-lettres en 1717. Nous voyons qu'en 1744 sa retraite & non sa mort fait vaquer dans l'académie une place qui fut remplie par M. l'abbé Belley; nous ne voyons point que M. *Mahudel* ait reçu dans l'académie l'éloge funèbre que l'usage semble assurer à chaque académicien. Nous ignorons ce qui l'a pu déterminer à quitter l'académie après tant d'années pendant lesquelles il avoit très-bien rempli ses devoirs d'académicien, comme il paroît par une foule de mémoires de lui insérés dans le recueil de l'académie, & dont quelques-uns sont très-curieux, entr'autres sa dissertation sur le lin incombustible, tome 4. pages 634 & suivantes; son mémoire sur l'origine de la soie, tome 5. pages 218 & suivantes; son mémoire sur l'autorité que les sobriquets ou surnoms burlesques peuvent avoir dans l'histoire. (Hist. de l'acad. vol. 14 pages 181 & suivantes.) Il y a encore de lui d'autres ouvrages imprimés hors des mémoires de l'académie, quoique dans son genre; une *Dissertation historique sur les monnoies antiques d'Espagne*; une *lettre sur une médaille de la ville de Carthage*. Nous voyons ailleurs qu'il fut quelque temps détenu à la Bastille. Il est mort en 1747.

MAI, (*Hist. mod.*) gros arbre ou rameau qu'on plante par honneur devant la maison de certaines personnes considérées. Les clercs de la Bazoche plantent tous les ans un *mai* dans la cour du palais. Cette cérémonie se pratique encore dans nos villages & dans quelques-unes de nos villes de province. (*A. R.*)

MAJESTÉ, s. f. (*Hist.*) titre qu'on donne aux rois vivants, & qui leur sert souvent de nom pour les distinguer. Louis XI fut le premier roi de France qui prit le titre de *majesté*, que l'empereur seul portoit, & que la chancellerie allemande n'a jamais donné à aucun roi jusqu'à nos derniers temps. Dans le douzième siécle, les rois de Hongrie & de Pologne étoient qualifiés d'*excellence*; dans le quinzième siécle, les rois d'Arragon, de Castille & de Portugal avoient encore les titres d'*altesse*. On disoit à ceux d'Angleterre, votre *grace*; on auroit pu dire à Louis XI, votre *despotisme*. Le titre même de *majesté* s'établit fort lentement; il y a plusieurs lettres du sire de Bourdeille dans lesquelles on appelle Henri III, *votre altesse*; & quand les états accordèrent à Catherine de Médicis l'administration du royaume, ils ne l'honorèrent point du titre de *majesté*.

Sous la république Romaine, le titre de *majesté* appartenoit à tout le corps du peuple & au sénat réuni;

d'où vient que *majestatem minuere*, diminuer, blesser la *majesté*, c'étoit manquer de respect pour l'état. La puissance étant passée dans la main d'un seul, la flatterie transporta le titre de *majesté* à ce seul maître & à la famille impériale, *majestas augusti*, *majestas divinæ domûs*.

Enfin le mot de *majesté* s'employa figurément dans la langue latine, pour peindre la grandeur des choses qui attirent de l'admiration, l'éclat que les grandes actions répandent sur le visage des héros, & qui inspirent du respect & de la crainte au plus hardi. Silius Italicus a employé ce mot merveilleusement en ce dernier sens, dans la description d'une conspiration formée par quelques jeunes gens de Capouë. Il fait parler ainsi le père d'un des conjurés : « Tu te trompes, » si tu crois trouver Annibal désarmé à table : la » *majesté* qu'il s'est acquise par tant de batailles, ne » le quitte jamais ; & si tu l'approches, tu verras » autour de lui les journées de Cannes, de Trébie » & de Trasymène, avec l'ombre du grand Paulus :

Fallit te mensas inter quod credis inermem :
Tot bellis quæsita viro, tot cædibus, armat
Majestas *æterna ducem :-si admoveris ora,*
Cannas & Trebiam ante oculos, Trasimenaque busta,
Et Pauli stare ingentem miraberis umbram.

MAIGNAN ou MAGNAN, (Emmanuel) (*Hist. Litt. mod.*) Minime de Toulouse, maître de mathématiques, qui l'étoit devenu sans maître. Le père Kirker lui disputa quelques-unes de ses découvertes ; mais il paroît que les savants furent plus favorables au père *Maignan* qu'au père Kirker. On dit que Louis XIV, passant par Toulouse, fit une visite au père *Maignan* ; les rois sont sûrs de s'honorer en honorant leurs sujets qui le méritent. On a du père *Maignan*, sous le titre de *Perspectiva horaria*, un Traité de Catoptrique, dans lequel l'auteur donne des règles sur cette partie de la perspective. Les lunettes d'approche que le père *Maignan* fit conformément à ses règles, étoient les plus longues qu'on eût encore vues. Il y a aussi du même auteur un Traité *de usu licito pecuniæ*, où il est beaucoup plus favorable à ce qu'on appelle l'usure, c'est-à-dire, au prêt à intérêt, que ne l'étoient les théologiens de son temps. Il fit des efforts superflus, mais estimables, pour concilier les différentes opinions de l'école sur la grace. Ce fut en tout un religieux laborieux, instruit & vertueux. Né à Toulouse en 1601, il y revint après avoir professé pendant quelque temps avec éclat, les mathématiques à Rome. Il y étoit en 1660. Il y mourut en 1676. La ville plaça son buste, avec une inscription honorable, dans la galerie des hommes illustres. Sa vie a été écrite par le père Saguens, son élève, sous ce titre : *de vitâ, moribus & scriptis Emman. Magnani.*

MAIGROT, (Charles) (*Hist. Ecclés.*) missionnaire à la Chine, nommé depuis évêque de Conon, & vicaire apostolique. Il se fit un nom par son opposition aux Jésuites dans l'affaire des rits Chinois. Les jansénistes Européens trouvèrent bon que *Maigrot* représentât tous les lettrés Chinois comme athées & matérialistes, pour qu'il en résultât que la condescendance jésuitique toléroit à la Chine l'athéisme & le matérialisme. Les Jésuites, de leur côté, n'oublièrent rien pour lui témoigner leur ressentiment ; ils le déférèrent à l'empereur de la Chine comme un ennemi de ses états & comme le calomniateur de sa foi ; ils obtinrent vers l'an 1700, un ordre pour l'arrêter ; & afin que le soin de leur vengeance ne fût remis qu'à eux, ce fut dans leur maison de Pekin qu'ils le firent enfermer. *Maigrot* en sortit dans la suite, & fut banni de la Chine ; il alla s'établir à Rome, & il y mourut. Il a écrit contre l'histoire des Jésuites du P. Jouvenci, toujours au sujet des rits Chinois. C'étoit l'objet qui l'intéressoit le plus. *Maigrot* étoit François, docteur de Sorbonne, & avant de partir pour la Chine, il demeuroit à Paris, au séminaire des Missions étrangères.

MAILLA ou MAILLAC, (Joseph-Anne-Marie de Moyriac de) (*Hist. Litt. mod.*) Le père *de Maillac*, missionnaire jésuite, très-savant dans la langue & la littérature Chinoises. Il passa en 1703, à la Chine. Il leva la carte de la Chine & de la Tartarie Chinoise, qui fut gravée en France en 1732. Il traduisit les *grandes Annales de la Chine*, première histoire complette de cet empire. Il fut agréable aux divers empereurs sous lesquels il vécut, sur-tout à l'empereur Cam-hi, mort en 1722. Il mourut à Pekin le 28 juin 1748.

MAILLARD, (Jean) (*Hist. de France*) citoyen courageux & fidèle, capitaine d'un des quartiers de la ville de Paris, qui délivra cette ville & le royaume des fureurs & des perfidies du prévôt des marchands, Marcel, le 31 juillet 1358. (*Voyez* l'article MARCEL.) Ce traître devoit livrer aux Anglois & aux Navarrois, la porte de St. Antoine & celle de St. Honoré. Ce fut près de la porte de St. Antoine que *Maillard* le rencontra. *Où allez-vous*, lui dit Maillard, du ton d'un juge qui interroge un coupable ? *Que vous importe*, répond Marcel, qui depuis long-temps avoit perdu l'habitude de s'entendre parler en maître. « Mes amis, dit *Maillard* à sa troupe, voyez-vous dans les mains » de ce perfide, les clefs des portes qu'il va livrer » aux Anglois ? » Marcel consterné balbutia un démenti. *Maillard* s'élance sur lui, la hache à la main, & lui fend la tête ; les satellites de Marcel sont massacrés.

Tel est en substance le récit de Froissart dans les éditions que nous avons de lui ; mais M. Dacier, secrétaire perpétuel de l'Académie des Belles-Lettres, qui prépare une meilleure édition de cet auteur, a trouvé d'anciens manuscrits de Froissart, qui ne s'accordent pas avec ceux sur lesquels ont été faites les éditions actuellement existantes. En conséquence, dans une dissertation imprimée au 43e volume des Mémoires de littérature, pag. 363 & suivantes, sous ce titre : *question historique : A qui doit-on attribuer la gloire de la révolution qui sauva Paris pendant la prison du roi Jean ?* M. Dacier enlève à *Maillard* une grande partie de cette gloire. Il résulte de ses recherc ches à cet égard & de la comparaison qu'il fait des différents manuscrits de Froissart, soit entr'eux, soit avec le récit des autres historiens, que *Maillard* avoit d'abord été partisan du roi de Navarre, Charles-le-mauvais, & de Marcel; qu'ayant eu avec Marcel une querelle très-vive le jour même où Marcel fut tué, il embrassa le parti du dauphin; mais il nous semble que par une suite même de cette querelle & de ce changement de parti, *Maillard* peut avoir eu plus de part à la révolution que M. Dacier ne paroît lui en donner. Le texte de Froissart que M. Dacier préfère à celui sur lequel cet auteur a été imprimé, ne contredit pas formellement ce que le texte imprimé dit de *Maillard*; il lui donne seulement des coopérateurs; car voici ce que dit ce texte: « *Messire » Jéhan de Charny le feri* (Marcel) *d'une hache en » la tête & l'abati à terre; & puis, fut feru de maître » Pierre Fouace, & autres qui ne le laissèrent jusques » à tant qu'il feust occis* ».

Pourquoi *Maillard* ne seroit-il pas de *ces autres*, sur-tout quand nous voyons dans le même texte, les mots suivants: « *Là estoit Jéhan Maillart de lez lui* » (le dauphin) *qui grandement estoit en sa grace & » en son amour ET AU VOIR DIRE, IL L'AVOIT » BIEN ACQUIS* ».

Ce dernier mot signifie beaucoup, & on ne voit pas par quel autre moyen *il avoit si bien acquis* les bonnes graces du dauphin, que par la conduite qu'il avoit tenue à l'égard de Marcel & la part qu'il avoit eue à la révolution.

Maillard & sa famille furent annoblis en 1372.

MAILLÉ, (*Hist. de France*) illustre & ancienne maison originaire de Touraine, où elle possédoit autrefois la terre de Maillé, dont elle porte le nom, & qui est la première baronnie de cette province. Cette terre, acquise depuis par le connétable de Luynes, a été érigée en duché, sous le nom de Luynes. La maison *de Maillé* portoit la bannière de Touraine. La chronique de Tours & d'autres chroniques parlent avec admiration, des exploits de Jacquelin *de Maillé*, chevalier de l'ordre des Templiers au treizième siécle.

Hardouin IV, en 1233, fut fait prisonnier dans une guerre particulière contre le duc de Bretagne, Pierre Mauclerc; il servit aussi dans la guerre contre les Albigeois.

Hardouin V, son fils, fut de la croisade de Saint Louis en 1248.

Jean II *de Maillé* de la Tour, comte de Château-roux, mourut des blessures reçues au siége de Negrepelisse en 1635.

Louis son frère, qui avoit suivi en Flandre le duc d'Anjou-Alençon, fut tué en 1583, au massacre d'Anvers.

François, autre frère, chevalier de Malte, fut noyé en Provence, au retour de Malte, le 26 décembre 1624.

Leur frère aîné, Charles, fut tué en duel à Paris en 1605.

Un autre Charles de la branche des marquis de Kerman ou Carman, mourut le 14 juin 1628, au siége de la Rochelle.

Donatien son fils, fut tué en duel en 1652.

Charles-Sébastien, marquis de Kerman, fils de Donatien, colonel du régiment de Navarre, fut tué en Bretagne en 1672.

Donatien-Antoine son frère, capitaine au même régiment, fut tué au combat de Senef en 1674.

Dans la branche des seigneurs du Sablon, César *de Maillé* fut tué au siége de Saint-Antonin; Louis son neveu, au siége de Landrecy; & François, frère de Louis, à l'armée de Catalogne en 1644.

Dans la branche des seigneurs de Brézé & Benehart:

Jacques *de Maillé*, gouverneur du Vendômois, fut fait prisonnier en 1589, à la prise de Vendôme, par Henri IV, qui lui fit trancher la tête.

René, son petit-fils, capitaine aux Gardes, plus fidèle, fut tué au service du roi.

Dans la branche des seigneurs, marquis, puis ducs de Brézé:

Philippe *de Maillé*, vicomte de Verneuil, tué au camp de Valenciennes, sous François Ier, en 1521.

Son frère aîné, Artus, seigneur de Brézé, capitaine des Gardes-du-corps, conduisit Marie Stuart d'Ecosse en France en 1548, lorsqu'elle venoit pour y être élevée & pour épouser le dauphin François II; & ce fut lui aussi qui, en 1560, arrêta le prince de Condé.

Claude *de Maillé*, fils d'Artus, fut tué à la bataille de Coutras le 20 octobre 1587.

Claude, un de ses fils, seigneur de Cérisai, chevalier de Malte, fut tué en duel en 1606.

Un autre de ses fils fut le père d'Urbain *de Maillé* Brézé, maréchal de France, qui le 20 mai 1635, gagna la bataille d'Avein avec le maréchal de Châtillon. Il fut capitaine des Gardes-du-corps, gouverneur d'Anjou, vice-roi de Catalogne; il étoit beau-frère du cardinal de Richelieu.

Il eut pour fils Armand *de Maillé* Brézé, duc de Fronsac, pair de France, grand-maître, chef & surintendant général de la navigation & commerce de France, tué sur mer d'un coup de canon le 14 juin 1646, à vingt-sept ans.

Sa sœur Claire-Clémence *de Maillé* Brézé, fut la femme du grand Condé, mariée le 11 février 1641, morte le 16 avril 1694.

MAILLEBOIS, (voir DESMARÊTS) (*Hist. de France.*) Le maréchal *de Maillebois*, (Jean-Baptiste Desmarêts) étoit fils du contrôleur général Nicolas Desmarêts. Il servit avec succès dans la guerre de 1701 & dans celle de 1733. Il soumit en 1739, l'isle de Corse, qui se révolta de nouveau après son départ, mais qui fut soumise définitivement en 1769, & principalement d'après les plans de M. *de Maillebois*, à qui cette expédition de Corse de 1739, avoit valu le bâton de maréchal de France. Il commanda en Allemagne & en Italie dans la guerre de 1741. M. de Pezay nous a donné *ses Campagnes d'Italie*, & cet ouvrage n'a pas peu servi à la gloire du maréchal. Ce général, mort le 7 février 1762, a eu pour fils M. le comte *de Maillebois*, en qui les militaires reconnoissent des talents supérieurs encore à ceux de son père.

MAILLET, (Benoît de) (*Hist. Litt. mod.*) consul au Caire, puis à Livourne, puis employé à visiter les échelles du Levant, fort connu par *Telliamed*, titre qui n'est autre chose que le nom *de Maillet*, renversé; & par une *Description de l'Egypte*. L'Abbé Le Mascrier a été l'éditeur & le rédacteur de ces deux ouvrages. M. *de Maillet* étoit d'une famille noble de Lorraine; né en 1659, il mourut en 1738, à Marseille.

MAILLOTIN, s. m. (*Hist. mod.*) espèce de masse ou mailloche de bois ou fer dont on enfonçoit les casques & cuirasses. Il y a eu en France une faction appellée *maillotins*, de cette arme. (*A. R.*)

MAILLY, (*Hist. de Fr.*) l'une des plus grandes maisons de Picardie, tire son nom de la terre de Mailly près d'Amiens.

Anselme *de Mailly* commandoit en 1050, les armées de la comtesse de Flandre, Richilde, & fut tuteur du comte de Flandre, fils de cette Richilde.

Nicolas, Gille Ier., son fils; Gille II, fils de Gille Ier, allèrent tous à différentes croisades, & y menèrent à leur suite un grand nombre de chevaliers. Il y eut contre Gille II, ou contre son fils, un arrêt du parlement de Paris, rendu en 1289, au sujet d'une expédition entreprise contre le roi Philippe-le-Bel.

Colard, dit *Payen*, seigneur *de Mailly*, & un de ses fils, nommé aussi Colard, furent tués à la bataille d'Azincourt en 1415.

Nicolas *de Mailly*, seigneur de Bouillencourt, commandoit l'artillerie à la bataille de Cérisoles en 1544.

René Ier. son frère, fut blessé à la bataille de Montcontour, & s'étoit signalé dans les batailles précédentes & à la défense de Metz contre Charles-Quint, en 1553.

Louis, tué au siége de Bordeaux en 1650.

Jacques, tué devant Mastricht.

De la branche des marquis de Nesle:

Louis-Charles, après s'être distingué aux batailles de Rocroy & de Fribourg, reçut trois grandes blessures à la bataille de Nortlingue.

Louis son fils, eut les jambes cassées à la bataille de Senef, & mourut le 18 octobre 1688, des blessures qu'il avoit reçues au siége de Philisbourg.

Louis III, fils de Louis II, fut blessé aux batailles de Ramilly & de Malplaquet, & fut seul vainqueur à la bataille d'Oudenarde, il y battit deux bataillons ennemis. La bataille fut censée perdue pour la France.

De la branche de *Mailly* d'Haucourt:

Antoine, tué au combat de la Bicoque en 1522.

Denis, son frère, chevalier de Malte, tué devant Rouen en 1562.

Edme son frère, tué au siége de Romans, aussi en 1562.

François, fils d'Edme, tué d'un coup de canon au siége de la Fère en 1580.

Nicolas, tué au siége de Dixmude en 1647.

Jean-Baptiste, tué à Mayence en 1690.

De la branche des seigneurs d'Auchy:

Antoine, tué au siége de Hesdin en 1537.

De la branche des seigneurs de Rumesnil:

Robert, tué sur la brèche au siége de Pavie en 1524.

De la branche des seigneurs de Lespine:

Nicolas, baron de Sourdon, assassiné dans l'église de son château de Fiesse le 4 mars 1657.

De la branche des seigneurs de Talmas & de Conti:

Louis *de Mailly*, fameux par ses exploits en Turquie, & dont Froissart parle avec éloge à l'an 1371.

Jean, grand pannetier de France, tomba de cheval dans une fosse pleine d'eau, où il se noya en 1419.

Ferri, mort en 1513, des blessures qu'il avoit reçues au siége de Milan.

De la branche des seigneurs d'Authuille:

Simon, mort des blessures qu'il avoit reçues à la bataille de Rosebèque en 1382.

Jean & Jacques, ses frères, tués à la bataille de Nicopolis en 1396.

Un autre Jean, tué à la bataille d'Azincourt.

MAIMBOURG, (Louis) (*Hist. Litt. mod.*) Le père *Maimbourg*, jésuite, auteur des histoires de l'Arianisme, des Inococlastes, du Luthéranisme, du Calvinisme, du schisme des Grecs, du grand schisme d'Occident, des Croisades, de la Ligue, des pontificats de St. Grégoire-le-grand & de St. Léon, &c. tous sujets bien choisis & mal traités. On disoit de lui, qu'il étoit parmi les historiens, ce que Momus étoit parmi les dieux. Il occupoit aussi à-peu-près le même rang parmi les prédicateurs; & cependant il fut célèbre dans son temps & comme prédicateur & comme historien. Molière disoit de lui: *je mets des sermons sur la scène, le père Maimbourg fait des comédies en chaire*. Il faisoit aussi des romans en histoire & des romans allégoriques. Il n'aimoit pas Bossuet; il fit son portrait & sa satyre dans une de ses histoires; il n'aimoit pas les Jansénistes, il les plaçoit aussi par-tout; il aimoit la guerre, il la fit aux Catholiques, aux Hérétiques, aux Protestants, aux Jansénistes, à Arnauld, à Nicole, à Bossuet, dont il attaqua l'*Exposition de la Foi*, comme bornant trop les articles de foi; il fit la guerre aux Jésuites même, nommément au P. Bouhours, qui, en qualité de grammairien puriste & d'homme d'un goût sévère, n'avoit pu approuver quelques-unes de ses expressions. Dans toutes ces guerres, il avoit rarement raison. Il eut raison une fois, & il en fut puni; il écrivit en faveur du clergé de France contre la cour de Rome, dans le temps des démêlés d'Innocent XI avec Louis XIV. A la vérité sa punition fut d'être exclu de la Société des Jésuites, & la cause de cette exclusion n'avoit rien que d'honorable; mais enfin le pape lui fit l'honneur de demander son exclusion; le roi lui rendit la justice de solliciter pour qu'elle n'eût point lieu; le pape eut plus de crédit sur les Jésuites que le roi, & le P. *Maimbourg* fut exclu. Le roi fut obligé de le dédommager par une pension. Il n'arrivera vraisemblablement plus que des religieux françois déferent plus à la colère injuste d'un pape qu'à la juste recommandation d'un roi, contont d'un sujet qui a défendu sa cause.

Mme. de Sévigné, dans ses Lettres, parle souvent du P. *Maimbourg.* « Son style, dit-elle, me déplait » fort; il sent l'auteur qui a ramassé le délicat des » mauvaises ruelles...... Si vous saviez ce que je » souffre du style du jésuite...... Vous jetterez le » livre par la place & maudirez le jésuite...... Le » P. *Maimbourg* est impertinent...... Je lis l'Aria- » nisme, je n'en aime ni l'auteur ni le style, mais » l'histoire est admirable...... J'ai un crayon, & je » me venge à marquer des traits que je trouve trop » plaisants, & par l'envie qu'il a de faire des appli- » cations des Ariens aux Jansénistes, & par l'embarras » où il est d'accommoder les conduites de l'église dans » les premiers siècles avec les conduites d'aujour- » d'hui : au lieu de passer légèrement là-dessus, il » dit que l'église, *pour de bonnes raisons*, n'en use » plus comme elle faisoit : cela réjouit..... Il veut » toujours pincer quelqu'un & comparer Arius & » une princesse & un courtisan, à M. Arnauld, à » Mme. de Longueville & à Tréville, &c.

Le P. *Maimbourg* a quelquefois une modération plus ridicule que ses plaisanteries & ses déclamations. Il attache quelque mérite d'impartialité à convenir que Luther étoit né d'un homme ordinaire, & non pas d'un incube, comme l'ont écrit quelques auteurs. Il veut bien ne pas croire que Calvin ait eu le fouët & la fleur de lys à Noyon, pour un crime infame qu'il n'ose nommer. Quand on ne se sent capable que de ces impartialités là, il ne faut pas écrire l'histoire.

Le P. *Maimbourg*, à sa sortie des Jésuites, prit pour retraite l'abbaye de St. Victor de Paris. Il y mourut en 1686. Il étoit né à Nancy en 1610, de parents nobles.

Il avoit un cousin, nommé Théodore, qui passa deux fois de la religion Catholique à la religion Luthérienne, & de la religion Luthérienne à la religion Catholique, & finit par être socinien. Il écrivit aussi contre l'*Exposition de la Foi* de M. Bossuet. Il mourut à Londres vers 1693.

MAIMONIDE *ou* BEN-MAIMON, *fils de Maimon*, (Moyse) (*Hist. Litt. mod.*) fameux rabbin de Cordoue, disciple d'Averroës. Les Juifs l'appellent l'*Aigle des Docteurs*, *le second Moyse*, & disent que c'est le plus beau génie qui ait paru depuis leur grand législateur. On le trouve cité sous le nom de *Moses Cordubensis*, parce qu'il étoit de Cordoue, de *Moses Egyptius*, parce qu'il étoit premier médecin & favori du sultan d'Egypte. Les Juifs le désignent aussi assez souvent, selon leur usage, par des lettres initiales, R. M. B. M., c'est-à-dire, *Rabbi Moyse Ben Maimon.* Il a beaucoup écrit sur la Mischna, sur le Talmud, &c. Son ouvrage intitulé : *More Nebochim* ou *Nevochim*, a été traduit en latin par Buxtorff, & son Traité de l'*Idolâtrie*, par Vossius. Il étoit né en 1139. Il mourut en 1209.

MAINARD. (*Voyez* MAYNARD.)

MAINE, (LE) (*Hist. de Fr.*) Le Maine, province de France, a eu d'abord ses comtes particuliers; leur succession a passé par mariage, dans la maison des comtes d'Anjou, rois d'Angleterre. Le Maine fut confisqué par Philippe-Auguste, sur Jean-sans-terre, au sujet de l'assassinat du jeune Artus, neveu de Jean-sans-terre. Depuis ce temps, le comté du Maine a plusieurs fois été donné en apanage aux princes François. St. Louis le donna au comte d'Anjou, Charles son frère, tige de la première maison d'Anjou Françoise, qui régna en Sicile. Charles II, dit le Boiteux, fils de Charles Ier., céda en 1290, le comté du Maine à Charles, comte de Valois, frère de Philippe-le-Bel, en lui donnant en mariage sa fille Marguerite d'Anjou-Sicile. Philippe de Valois, fils de Charles de Valois, à son avènement au trône, réunit à la couronne le comté du Maine. Le roi Jean le donna au duc d'Anjou son second fils, tige de la seconde maison d'Anjou Françoise, qui posséda ou disputa le trône de Sicile. Le dernier prince de cette seconde maison d'Anjou, qui céda au roi Louis XI tous ses droits sur Naples, portoit le titre de comte du Maine. Ce comté étant encore réuni à la couronne, fut donné en apanage d'abord au duc d'Anjou, qui fut depuis Henri III, & depuis au duc d'Anjou-Alençon, le dernier des quatre fils d'Henri II. Louis XIV, en 1673, donna le Maine, avec titre de duché, à son fils naturel Louis-Auguste de Bourbon, légitimé de France, prince de Dombes, colonel général des Suisses, dont nous avons vu la veuve tenir à Sceaux, une cour si spirituelle & si brillante.

MAINE, (*Hist. Litt. mod.*) (François Grudé de la Croix du) se nommoit *du Maine*, parce qu'il étoit de la province du Maine. Il étoit né en 1552. Il est connu par sa *Bibliothèque Françoise*. Il fut assassiné à Toulouse en 1592.

MAIN-FERME, (Jean de la) (*Hist. Litt. mod.*) religieux de l'ordre de Fontevrault, connu des savants & des critiques pour avoir fait, sous le titre de *Bouclier de l'ordre de Fontevrault naissant*, une apologie de Robert d'Arbrissel, fondateur de cet ordre, sur les tentations volontaires, où on a dit qu'il s'exposoit avec les femmes. Le religieux prend le parti de nier le fait. (*Voyez* ARBRISSEL.) Mort en 1633.

MAINFROY, (*Hist. de Sicile.*) (*Voyez* l'article ANJOU, tome Ier., 1re partie, pag. 319, col. 1 & 2.)

MAIN-MORTE, *Statut de*, (*Hist. d'Angl.*) statut remarquable fait sous Edouard I. en 1278, par lequel statut il étoit défendu à toutes personnes sans exception, de disposer directement ni indirectement de leurs terres, immeubles, ou autres biens-fonds, en faveur des sociétés qui ne meurent point.

Il est vrai que, dans la grande charte donnée par le roi Jean, il avoit été déjà défendu aux sujets d'aliéner leurs terres en faveur de l'église. Mais cet article, ainsi que plusieurs autres, ayant été fort mal observé, les plaintes sur ce sujet se renouvellèrent avec vivacité au commencement du règne d'Edouard. On fit voir à ce prince qu'avec le tems toutes les terres passeroient entre les mains du Clergé, si l'on continuoit à souffrir que les particuliers disposassent de leurs biens en faveur de l'église. En effet, ce corps ne mourant point, acquérant toujours & n'aliénant jamais, il devoit arriver qu'il posséderoit à la fin toutes les terres du royaume. Edouard & le parlement remédièrent à cet abus par le fameux statut connu sous le nom de *main-morte*. Ce statut d'Angleterre fut ainsi nommé, parce qu'il tendoit à empêcher que les terres ne tombassent en *main-morte*, c'est-à-dire, en mains inutiles au service du roi & du public, sans espérance qu'elles dussent jamais changer de maîtres.

Ce n'est pas que les biens qui appartiennent aux gens de *main-morte* soient absolument perdus pour le public, puisque leurs terres sont cultivées, & qu'ils en dépensent le produit dans le royaume; mais l'état y perd en général prodigieusement, en ce que ces terres ne contribuent pas dans la proportion des autres, & en ce que n'entrant plus dans le partage des familles, ce sont autant de moyens de moins pour accroître ou conserver la population. On ne sçauroit donc veiller trop attentivement à ce que la masse de ces biens ne s'accroisse pas, comme fit l'Angleterre dans le temps qu'elle étoit toute catholique (*D. J.*)

MAINOTES, (*Hist. mod.*) peuples de la Morée; ce sont les descendants des anciens Lacédémoniens, & ils conservent encore aujourd'hui l'esprit de bravoure qui donnoit à leurs ancêtres la supériorité sur les autres Grecs. Ils ne sont guère que 10 à 12 mille hommes, qui ont constamment résisté aux Turcs, & n'ont point encore été réduits à leur payer tribut. Le canton qu'ils habitent est défendu par les montagnes qui l'environnent. *Voyez* Cantemir, *hist. ottomane*. (*A. R.*)

MAINTENON, (Françoise d'Aubigné, marquise de) (*Hist. de Fr.*) On peut dire de cette femme célèbre, *ingens disputandi argumentum*. Fut-elle simplement une ambitieuse & une intrigante, sans choix & sans délicatesse dans les moyens de parvenir à la grandeur, chez qui la vertu, la décence, la piété n'aient été qu'un instrument utile à ses desseins & qu'un échafaud pour s'élever d'une condition commune jusqu'au rang suprême? ou ce goût pour la décence, ce respect pour la religion, cette dignité imposante, cette modestie respectable, cette réserve poussée, si l'on veut, jusqu'à une sorte de pédanterie, cette modération en toutes choses, étoient-elles en elle des vertus naturelles & non feintes? Son ambition, car elle en eut, elle en fait l'aveu dans ses lettres, ne fit-elle que se prêter aux conjonctures, sans les préparer ni les aider par aucun artifice? ou enfin y avoit-il en elle un mélange de vices & de vertus, de qualités estimables données par la nature, & d'artifices inspirés par l'ambition, qui se soient aidés mutuellement, & qui aient concouru à l'exécution de ses desseins? C'est sur quoi il est difficile d'avoir une idée absolument arrêtée. Voici les événements publics de sa vie; on portera sur les ressorts secrets & cachés qui ont pu les produire, tel jugement qu'on voudra ou qu'on pourra.

Françoise d'Aubigné étoit petite-fille du fameux Théodore Agrippa d'Aubigné. (*Voyez* l'article AUBIGNÉ.) Constant d'Aubigné, fils de Théodore Agrippa, & père de Mme. *de Maintenon*, fut un fils dénaturé, d'ailleurs homme vil, accusé de fausse monnoie & d'autres crimes honteux. Enfermé au château-Trompette, il plut à la fille du gouverneur, Anne de Cardillac, s'enfuit avec elle, l'épousa & ils étoient tous deux en prison à Niort en Poitou, lorsque Françoise d'Aubigné naquit en 1635. Menée à l'âge de trois ans, en Amérique; abandonnée par un domestique sur le rivage, Françoise d'Aubigné pensa y être dévorée par un serpent. Dans la traversée d'Amérique en France, on la crut morte d'une maladie qui régnoit dans le vaisseau, & on alloit la jetter à la mer, lorsqu'elle donna un signe de vie. Ramenée orpheline en France, à l'âge de douze ans, elle fut élevée chez Mme. de Neuillant sa parente, avec assez de dureté, pour avoir pu regarder comme une bonne fortune l'offre que lui fit le cul-de-jatte Scarron, de l'épouser. C'étoit l'alliance de la dignité & de la bouffonnerie, du sublime & du burlesque:

Effutire leves indigna tragœdia versus,
Ut festis matrona moveri jussa diebus,
Intererit satyris paulùm pudibunda protervis.

Tel étoit le contraste de ces deux personnages, les plus discordants en apparence, que jamais l'hymen ait unis. Il ne paroît pas que leur union s'en soit ressentie. Scarron avoit de l'esprit, de l'enjouement, de la bonhomie; il avoit des amis; Mme. Scarron sut en tirer un grand parti & s'acquérir parmi eux beaucoup de considération: elle avoit dès-lors tant de dignité dans le caractère, dans le maintien & dans les manières, que les hommes les plus entreprenants de la cour de Louis XIV, disoient: *nous ferions plutôt une proposition hardie à la reine qu'à cet enfant de quinze ans*. Veuve en 1660, & retombée dans la misère, elle fit long-temps solliciter en vain auprès de Louis XIV, le payement d'une pension dont avoit joui son mari. Louis XIV se plaignoit de ne voir que des placets commençants par ces mots: *la veuve Scarron*. Enfin, désespérant de réussir, elle alloit partir pour le Portugal, où on lui proposoit d'élever des enfants; elle se fit cependant présenter à Mme. de Montespan, & lui dit qu'elle n'avoit pas voulu quitter la France, sans en avoir vu la merveille. L'orgueilleuse Montespan, flattée de ce compliment plus fort que délicat, lui dit qu'il ne falloit pas qu'elle quittât la France, & qu'on trouveroit à y employer ses talents; elle se chargea d'un nouveau placet pour Louis XIV, qui, retrouvant encore la veuve Scarron, fit ses exclamations ordinaires sur l'importunité de cette femme; *il ne tient qu'à vous*, lui dit Madame de Montespan, *de vous en débarrasser, en accordant la pension*; il l'accorda.

Si Louis XIV étoit prévenu contr'elle avant de la connoître, il le fut encore bien davantage après l'avoir connue; il la trouvoit pédante & bel-esprit. Votre bel-esprit, disoit-il à Madame de Montespan, vous rendra pédante comme elle. En la connoissant mieux, ce qui lui avoit paru de la pédanterie, ne lui parut plus qu'une raison aimable; & ce qu'il avoit pris pour du bel-esprit, ne fut plus que du bon esprit. Elle étoit gouvernante des enfants que Madame de Montespan avoit eus du roi, & le roi fut sur-tout frappé d'un mot que lui dit le petit duc du Maine. C'étoit un enfant sérieux & sensé. *Vous êtes bien raisonnable*, lui dit un jour le roi. *Comment ne le serois-je pas*, reprit l'enfant, *j'ai une gouvernante qui est la raison même.* Ce mot, qui lui faisoit connoître combien cette femme savoit se faire aimer & respecter de ses élèves, produisit tout son effet; le roi, dès ce moment, lui destina des graces, & voulut que le duc du Maine eût le mérite & le plaisir de les lui annoncer. Ce fut de ces libéralités du roi, ménagées avec une sage prévoyance, qu'elle acheta en 1674, la terre de Maintenon, dont elle prit le nom, & qui, lorsque son crédit fut devenu prédominant, la fit appeller par les courtisans: *Madame de Maintenant.* Ce crédit parvint à éclipser peu-à-peu, puis à décréditer tout-à-fait celui de Madame de Montespan; & comme cette femme avoit été sa bienfaitrice & son introductrice auprès de Louis XIV, on ne manqua pas d'accuser Madame *de Maintenon* d'ingratitude, & de supposer qu'elle avoit mis beaucoup d'art à supplanter une rivale à qui elle devoit tout. Cette idée est même très-naturelle, en n'envisageant le fait que dans sa généralité. Mais ce sont les incidents & les détails qui expliquent tout: on conçoit combien une femme altière, violente, capricieuse devoit rendre malheureux, d'un côté le grand roi qu'elle tenoit dans ses fers, & qui depuis long-temps ne faisoit plus qu'y languir; de l'autre, la femme que la fortune mettoit dans sa dépendance; combien, par conséquent, elle les poussoit, pour ainsi dire, l'un vers l'autre? Dans leurs peines communes, dont la cause étoit la même, & dont ils ne pouvoient se plaindre à personne, n'étoient-ils pas le confident naturel & le consolateur-né l'un de l'autre? Quand on a souffert ensemble, on se devient si nécessaire! on est si près de s'aimer! Dans les chagrins que l'aigreur, les caprices, l'humeur donnent à ceux qui en sont les victimes, la douceur, la raison, la complaisance sont si précieuses & si aimables! Dans le cas particulier dont il s'agit, le contraste rendoit le mal si insupportable, & indiquoit si fortement le remède, que l'on conçoit aisément que cette inclination a pu naître & se former de la manière la plus innocente, & sans le secours d'aucun artifice. Ils peuvent avoir résisté long-temps; elle, par le souvenir des anciens bienfaits de cette femme; lui, par sa tendresse pour tant de gages précieux, qui, nés de l'amour, sembloient devoir en être de nouveaux nœuds:

Peut-être on t'a conté la fameuse disgrace
De l'altière Vasthi dont j'occupe la place,
Lorsque le roi contr'elle enflammé de dépit,
La chassa de son trône ainsi que de son lit;
Mais il ne put sitôt en bannir la pensée,
Vasthi régna long-temps dans son ame offensée.

Ces vers supposent des combats; & si ces amants, d'un âge mûr, & qui n'étoient pas entraînés par une passion aveugle, ont suffisamment combattu, que peut-on leur reprocher?

Quant au mariage, l'intrigue a pu le suggérer; mais la décence, le respect de la religion & des mœurs ont pu le prescrire; & quand un motif honnête suffit pour rendre compte raisonnablement d'un fait, pourquoi courir le risque de calomnier, en supposant un motif mal-honnête?

Dans les disgraces de la guerre de 1701, le roi paroît enfin sensible aux malheurs de sa nation; peut-être faut-il faire honneur en partie de ces nouveaux sentiments de Louis XIV, à cette femme qu'on a tant accusée de lui avoir fait sacrifier les devoirs de la royauté aux devoirs de la religion. Peut-être en l'arrachant au tumulte des camps, à la dissipation des fêtes, en l'éloignant des plaisirs, en l'accoutumant à la retraite & au recueillement, nourrit-elle dans l'ame de ce prince cette sensibilité inconnue, cette compassion pour les malheureux, sur-tout cet amour pour le peuple, la premiere des vertus royales.

Louis, dans le cours de ses prospérités, & sous l'empire de la marquise de Montespan, avoit paru plus rempli du sentiment de sa grandeur & de sa puissance, que touché des maux de ses peuples.

On voit avec douleur, au milieu des exploits & des triomphes de cette brillante & injuste guerre de 1672, le roi faire la guerre à ses propres sujets en Bretagne, pour leur arracher des subsides mille fois absorbés, non par les besoins de l'état, mais par les dépenses fastueuses qu'on faisoit alors à Versailles, à Clagni, à Trianon. Le cœur se soulève, quand on lit dans les lettres de Madame de Sévigné, l'histoire de ce malheureux artisan, qui, saisi d'un accès de rage, parce qu'on vient de lui enlever son écuelle & son lit pour un impôt qu'il n'a pu payer, égorge trois de ses enfants, se désespère de ce que sa femme & un autre de ses enfants ont pu lui échapper, & ne porte au supplice que le regret de laisser au monde après lui ces deux infortunés. Le soulèvement redouble, lorsqu'à côté de cette aventure, on trouve les détails du luxe de la cour, & cette profusion scandaleuse d'or circulant sur toutes les tables de jeu à Versailles. Ces contrastes irritants, ces disparités révoltantes n'affligent plus les yeux sous le gouvernement de la décente & modeste *Maintenon.*

Si elle jetta le roi dans ces querelles théologiques qui souillent sur-tout la fin de son règne, elle eut grand tort.

Si elle fit rappeller Catinat & employer Villeroy, elle eut grand tort.

Si elle fit employer & conserver dix ans Chamillart, elle eut grand tort.

Au reste, si elle avoit usé d'artifices pour parvenir à la suprême puissance, elle en fut bien punie par l'impossibilité d'en jouir; elle avoue qu'elle fut dans l'ivresse pendant trois semaines; mais promptement désabusée, & ne pouvant plus voir les choses que comme elles étoient, elle se sentit très-malheureuse. Quel

Quel supplice, disoit-elle à Madame de Bolingbroke, sa nièce, *que l'emploi d'amuser un homme qui n'est plus amusable! Je n'y puis plus tenir*, disoit-elle un jour au comte d'Aubigné, son frère, *je voudrois être morte*---- *Vous avez donc parole*, répondit d'Aubigné, *d'épouser Dieu le père*. On voit que d'Aubigné parloit de grandeur quand on lui parloit de bonheur. Elle se consoloit en fondant Saint-Cyr en faveur des jeunes filles nobles qui se trouveroient comme elle dans la pauvreté. C'est dans une pièce faite pour Saint-Cyr, que Racine disoit :

Comme eux vous futes pauvre & comme eux orphelin.

Ce pouvoir de faire du bien fut pour elle un dédommagement auquel elle parut sensible. *Ma place*, disoit-elle, *a bien des côtés fâcheux*, *mais du moins elle me procure le plaisir de donner.*

Un de ses chagrins fut que le comte d'Aubigné son frère, ne répondoit point par ses talents, aux vues qu'elle avoit sur lui; elle le combla de biens, sans oser l'élever aux honneurs de la guerre. Madame de Montespan, plus heureuse, avoit trouvé dans les services du duc de Vivonne son frère, plus qu'un prétexte pour l'élever à la dignité de maréchal de Franche; d'Aubigné étoit envieux de l'élévation de Vivonne, & Vivonne l'étoit des richesses de d'Aubigné. Un jour qu'ils jouoient ensemble, d'Aubigné mit beaucoup d'argent sur une carte; & Vivonne s'écria : *il n'y a que d'Aubigné qui puisse mettre sur une carte une pareille somme. Il est vrai*, répondit brusquement d'Aubigné, *c'est que j'ai reçu mon bâton de maréchal de France en argent*. Ce fut la fille du comte d'Aubigné, nommée Françoise comme sa tante, qui épousa en 1698, le duc, depuis maréchal de Noailles, père des deux maréchaux de Noailles d'aujourd'hui.

Une tante de Madame *de Maintenon*, (Artemise d'Aubigné) avoit épousé Benjamin de Valois, marquis de Villette. Sa petite-fille, Marthe-Marguerite de Valois de Villette, élevée par Madame *de Maintenon*, fut mariée par elle à Jean-Anne de Tubière, marquis de Caylus; elle fut mère de feu M. le comte de Caylus; elle est l'auteur des *Souvenirs*, imprimés en 1770. Ces *Souvenirs* ne sont pas toujours également favorables à Madame *de Maintenon*; elle convient qu'on accusoit sa tante d'avoir eu dans sa jeunesse, plusieurs amants; elle raconte avec complaisance, que M. de Lassay, en bon courtisan, s'échauffant beaucoup dans un cercle nombreux contre ces imputations, & répétant jusqu'à satiété, que pour lui il étoit sûr qu'elles étoient toutes calomnieuses, Madame de Lassay, sa femme, que ce propos ennuyoit, ainsi que les autres, lui dit d'un air nonchalant : *Mais*, *Monsieur*, *comment faites-vous donc pour être si sûr de ces choses-là?* On voit dans ces *Souvenirs*, la confirmation que l'histoire de la lettre qui fit la fortune de Madame *de Maintenon*, n'est qu'une fable populaire. Sans doute, les lettres que Madame *de Maintenon* écrivoit à Louis XIV, au sujet de ses enfants, contribuèrent à donner à ce prince du respect pour son caractère; mais dans le conte en question, il s'agissoit d'une lettre d'amour écrite au roi pour Madame de Montespan, & que le roi reconnut pour être d'une autre, parce qu'elle étoit trop ingénieuse & trop bien tournée pour Madame de Montespan. C'est donner une idée bien fausse de l'esprit de cette femme célèbre, qui avoit dans un degré distingué, ce qu'on appelloit alors l'*esprit des Mortemart*. Ces deux femmes, entre lesquelles une grande rivalité fit naître une haine si forte, avoient naturellement beaucoup d'attrait l'une pour l'autre, & cet attrait tenoit sur-tout au rapport de leurs esprits & au charme mutuel de leur entretien. Dans le temps de leur plus grande haine, à un voyage de Fontainebleau, il y eut un arrangement de voitures fait à dessein ou par hazard, d'où il résulta qu'elles partirent ensemble & tête-à-tête, pour Fontainebleau dans une même voiture; après un moment d'embarras, Madame de Montespan dit à Madame *de Maintenon* : « Madame, ne » soyons point les dupes de cette aventure-ci; & » puisque nous sommes condamnées à voyager en-» semble, tirons parti l'une de l'autre; j'aime votre » entretien; le mien ne vous déplaît pas : causons » A notre arrivée, nous reprendrons notre haine & » nos hostilités ».

On connoît les Mémoires de M. de la Beaumelle pour servir à l'histoire de Madame *de Maintenon*, & les lettres de Madame de *Maintenon* que ces Mémoires accompagnent. Tout cela, non plus que les *Souvenirs* de Madame de Caylus, ne résout pas le problême que nous avons proposé au commencement de cet article sur le caractère de Madame *de Maintenon*. Ce qui favorise l'idée qu'elle étoit très-artificieuse, c'est ce mot qu'on a retenu d'elle, & qui contient tout le machiavelisme de la coquetterie : « *Je le renvoie tou-» jours affligé, jamais désespéré.* C'étoit de Louis XIV qu'elle parloit, & c'étoit avant le mariage.

Après la mort de ce prince, elle choisit la retraite que lui indiquoient ses propres bienfaits; elle se retira dans la maison de Saint-Cyr, où elle jouit d'un empire plus borné; mais plus absolu, plus entier, qui n'étoit sujet à aucuns orages, à aucuns revers, à aucuns dégoûts, & qui jamais ne lui fit dire : *Je voudrois être morte*. Elle y mourut en 1719 à quatre-vingt-quatre ans. Objet de vénération, d'amour & de reconnoissance, elle y mourut au milieu des plus tendres soins de ses filles adoptives, & des bénédictions des pauvres.

MAINUS, (Jason) (*Hist. Litt. mod.*) jurisconsulte italien, dont on a des *Commentaires sur les Pandectes & sur le code de Justinien*. Il enseignoit le droit en Italie, avec tant de réputation, que Louis XII étant dans ce pays, vint le voir & l'entendre dans son école. Il lui témoigna de l'estime & de l'intérêt, & lui demanda entr'autres choses, pourquoi il ne s'étoit pas marié? *C'est*, lui répondit-il, *pour obtenir la pourpre, à votre recommandation*. Il avoit pris pour devise :

Virtuti fortuna comes non deficit.

idée fausse, si on la généralise. Né à Pesaro en 1435. Mort à Padoue en 1519, sans avoir obtenu la pourpre.

MAJOR, (George) (*Hist. Ecclés.*) protestant allemand, disciple de Luther, & auteur lui-même d'une petite secte, qu'on appella de son nom, les *Majorites*, & que personne ne connoît aujourd'hui. Il soutenoit la nécessité des bonnes œuvres pour être sauvé, dans les enfants même. Mort en 1574.

MAJORDOME, s. m. (*Hist. mod.*) terme italien qui est en usage pour marquer un maître-d'hôtel. Le titre de *majordome* s'est donné d'abord dans les cours des princes à trois différentes sortes d'officiers, à celui qui prenoit soin de ce qui regardoit la table & le manger du prince, & qu'on nommoit autrefois *Eleata, præfectus mensæ, architriclinus dapifer, princeps coquorum*. 2°. *Majordome* se disoit aussi d'un grand-maître de la maison d'un prince; ce titre est encore aujourd'hui fort en usage en Italie, pour le surintendant de la maison du pape; en Espagne, pour désigner le grand-maître de la maison du roi & de la reine; & nous avons vu en France le premier officier de la maison de la reine douairiere du roi Louis I, fils de Philippe V, Roi d'Espagne, qualifié du titre de *majordome*. 3°. On donnoit encore le titre de *majordome* au premier ministre, ou à celui que le prince chargeoit de l'administration de ses affaires, tant de paix que de guerre, tant étrangeres que domestiques. Les histoires de France, d'Angleterre & de Normandie fournissent de fréquents exemples de *majordomes*, dans ces deux premiers sens.

MAJORIEN, (*Julius-Valerius Majorianus*) (*Hist. Rom.*) Un des meilleurs & des plus grands princes qu'ait eus l'Empire d'Occident dans sa décadence. Il fut élevé au trône en 457, & fut tué par Ricimer, général de ses armées, en 461. Avant de combattre Genseric, roi des Vandales, il avoit voulu le connoître, il avoit fait à son égard ce qu'Autharis, roi des Lombards, fit plus d'un siècle après, à l'égard de Theudelinde, lorsqu'il la demanda en mariage. (*Voyez* AUTHARIS.) Ce qu'on suppose dans la tragédie de *Didon*, que fit Iarbe à l'égard de cette princesse; il se déguisa, & fut lui-même son ambassadeur. Après avoir vu Genseric, il ne désespéra point de le vaincre, & il sut l'amener à demander la paix. Une suite de princes, tels que *Majorien*, eut pu empêcher ou du moins retarder la chûte de l'Empire d'Occident.

MAIRAN, (Jean-Jacques d'Ortous de) (*Hist. Litt. mod.*) Né en 1678, à Béziers, d'une famille noble, a été un des hommes les plus aimables qui aient cultivé les lettres & qui aient excellé dans les sciences. Il fut cher à M. de Fontenelle, qui, dans ses Eloges des Académiciens, ne perd pas une occasion de le faire valoir; on peut dire de lui, à l'égard de M. de Fontenelle, qu'il fut :

L'ami, le compagnon, le successeur d'Alcide.

Il succéda en effet, à M. de Fontenelle dans un emploi que celui-ci avoit rendu difficile pour ses successeurs, l'emploi de secrétaire perpétuel de l'Académie des Sciences, & il réussit dans ses Eloges, même après M. de Fontenelle, auquel il eut l'art de ne ressembler ni trop ni trop peu. Il succéda aussi à M. de Fontenelle dans l'emploi très-privilégié d'offrir à son siècle le modèle d'une heureuse & saine vieillesse : il conserva, comme M. de Fontenelle, jusqu'au dernier moment, un esprit fin, piquant, philosophique; &, plus heureux que M. de Fontenelle, à quatre-vingt-treize ans, il n'avoit éprouvé d'affoiblissement dans aucun de ses sens, & n'avoit point, comme M. de Fontenelle le disoit de lui-même, *envoyé devant lui son gros bagage*. Sa figure étoit encore très-agréable, sa taille parfaitement droite, sa propreté alloit jusqu'à la parure; il étoit également bien placé dans les compagnies savantes & dans le monde le plus poli. On a dit de lui, comme de M. de Fontenelle, qu'il manquoit de sensibilité pour les autres; que les principes en lui remplaçoient les sentiments; que sa conduite étoit un systême; qu'il ne manquoit à rien ni à personne, mais qu'il rapportoit tout à lui seul; qu'il rendoit beaucoup pour qu'on lui rendît davantage; qu'il avoit le propos modeste & les prétentions orgueilleuses; qu'il étoit occupé du soin de sa réputation comme une coquette du soin de sa beauté, & qu'il y mettoit autant de recherches & d'adresse. Heureux ceux dont les défauts sont assez bien déguisés pour n'être apperçus ainsi qu'à force d'esprit & de sagacité & pour être plutôt devinés que sentis! Il desira fortement d'avoir avec M. de Fontenelle un dernier trait de conformité qu'il ne put pas obtenir; c'étoit l'honneur d'être des trois grandes Académies de Paris :

Certat tergeminis tollere honoribus.

Il étoit de l'Académie des Sciences; il étoit de l'Académie Françoise; & dans celle-ci, des gens d'un ton plus décidé, mais beaucoup moins aimable, ne le mettoient pas au premier rang; l'Académie des Belles-Lettres ne s'empressa point d'accueillir le desir qu'il avoit d'y être admis; mais il est le seul homme étranger à cette Académie dont on trouve un Mémoire imprimé dans son Recueil; & ce Mémoire, qui a pour titre : *Conjectures sur l'Olympe*, &c. joint le goût à l'érudition, l'agrément à la solidité, & peut être cité comme un modèle dans ce genre; quelques académiciens qui respectoient la vieillesse de M. *de Mairan*, désiroient de l'honorer de cette dernière couronne, & peut-être eût-on accordé enfin à son âge ce qu'il avoit droit de prétendre à d'autres titres, lorsqu'une maladie qui n'est, dit-on, mortelle que dans la jeunesse, une fluxion de poitrine presque guérie, lui laissa un dépôt dont il mourut à Paris le 20 février 1771, à quatre-vingt-treize ans. Ses ouvrages les plus connus, outre ses Eloges & ses Mémoires insérés dans le Recueil de l'Académie des Sciences, sont le Traité de l'*Aurore boréale*; la *Dissertation sur la Glace*; les *Lettres au père Parennin*, contenant, sous le nom de Questions, des observations philosophiques & des idées ingénieuses sur la Chine.

MAIRAULT, (Adrien-Maurice) *ou* MERAULT,

(*Hist. Litt. mod.*) Il a traduit Némésien & Calpurnius, & les a beaucoup trop vantés dans sa préface. Il eut part aux *Jugements sur les Ecrits modernes* de l'abbé des Fontaines. Il étoit encore plus ennemi que lui de M. de Voltaire & des bons écrivains de son temps. Mort en 1746.

MAIRE *de Londres*, (*Hist. d'Angl.*) premier magistrat de la ville de Londres, & qui en a le gouvernement civil. Sa charge est fort considérable. Il est choisi tous les ans du corps des vingt-six aldermans par les citoyens le 29 de septembre; & il entre dans l'exercice de son emploi le 29 octobre suivant.

Son autorité s'étend non-seulement sur la cité & partie des fauxbourgs, mais aussi sur la Tamise, dont il fut déclaré le conservateur par Henri VII. Sa jurisdiction sur cette rivière commence depuis le pont de Stones jusqu'à l'embouchure de Medway. Il est le premier juge de Londres, & a le pouvoir de citer & d'emprisonner. Il a sous lui de grands & de petits officiers. On lui donne pour sa table mille livres sterlings par an; pour ses plaisirs, une meute de chiens entretenue, & le privilége de chasser dans les trois provinces de Middlesex, Sussex & Surrey. Le jour du couronnement du roi, il fait l'office de grand échanson. Une chose remarquable, c'est que lorsque Jacques I fut invité à venir prendre possession de la couronne, le *lord-maire* signa le premier acte qui en fut fait, avant les pairs du royaume. Enfin, le *lord-maire* est commandant en chef des milices de la ville de Londres, le tuteur des orphelins & a une cour pour maintenir les loix, priviléges & franchises de la ville. Je l'appelle toujours *lord-maire*, quoiqu'il ne soit point pair du royaume; mais on lui donne ce titre par politesse. C'est par la grande chartre que la ville de Londres a le droit d'élire un *maire*: il est vrai que Charles II & Jacques II révoquérent ce privilége; mais il a été rétabli par le roi Guillaume, & confirmé par un acte du parlement. (*D. J.*)

MAIRE, (Jacques & Jean LE) (*Hist. Litt. mod.*) Jacques *Le Maire* est ce fameux pilote hollandois, qui, parti du Texel le 14 juin 1615, avec deux vaisseaux, découvrit en 1616, le détroit qui porte son nom, vers la pointe la plus méridionale de l'Amérique. On a la relation de son Voyage.

Jean *Le Maire* est un vieux poëte françois, mort vers le commencement ou le milieu du seiziéme siècle. Il étoit contemporain de Marot, mais il n'en avoit pas le talent piquant & original. On le distingue cependant parmi les poëtes de son temps.

MAIRET, (Jean) (*Hist. Litt. mod.*) La *Sophonisbe* de Triffino est la première bonne tragédie italienne; la *Sophonisbe* de *Mairet* a passé long-temps pour la première bonne tragédie françoise, comme s'il eût été de la destinée de ce sujet d'ouvrir avec éclat la carrière dramatique chez les diverses nations; mais il semble au contraire qu'il soit de la destinée de ce sujet d'être toujours manqué en France; car la *Sophonisbe* de *Mairet* n'est pas bonne, & n'a pu conserver la réputation qu'elle avoit usurpée. La *Sophonisbe* de Corneille, quoiqu'elle ait quelque traits dignes de son auteur, n'est pas, à beaucoup près, au nombre de ses bonnes pièces. M. de Voltaire, qui a *refait à neuf* la *Sophonisbe* de *Mairet*, n'a pas fait non plus sous ce titre, une bonne tragédie. *Mairet*, né en 1604, deux ans avant Corneille, & mort en 1686, deux ans après lui, fut un de ces précurseurs de Corneille, qui marchèrent avant lui & avec lui dans la carrière, mais sans lui préparer les voies; il n'eut pas du moins comme Rotrou, le mérite d'être son admirateur & son ami. (*Voyez* l'article CORNEILLE.) Il écrivoit contre lui avec cette animosité qui décèle l'envie, & qui est un aveu involontaire d'infériorité. En supposant tout égal entre les deux *Sophonisbes* de *Mairet* & de Corneille, supposition la plus favorable qu'on puisse faire pour *Mairet*, la *Sophonisbe* de celui-ci est son chef-d'œuvre, ou plutôt, c'est la seule de ses pièces, (d'ailleurs assez nombreuses) dont on se souvienne; la *Sophonisbe* de Corneille est au contraire une de ses moindres pièces; mais il ne s'agit plus aujourd'hui de comparer deux hommes entre lesquels la postérité a mis une si énorme différence.

Mairet avoit été gentilhomme du généreux & brave & malheureux duc de Montmorenci; il l'avoit suivi dans deux combats contre Soubise, frère du duc de Rohan, & comme lui un des chefs des Huguenots. *Mairet* s'étoit distingué dans ces combats. Il s'étoit retiré sur la fin de ses jours, à Besançon.

MAIRONS, MAYRONS *ou* MAIRONIS, (François de) (*Hist. Litt. mod.*) disciple de Scot, dit *le Docteur éclairé* ou *illuminé*, devint une pierre angulaire de la scolastique, après avoir été rejetté par les ouvriers. La Faculté de théologie l'avoit rejetté comme incapable. Pour montrer sa capacité, il voulut soutenir une thèse depuis cinq heures du matin jusqu'à sept heures du soir, sans avoir de président & sans se permettre aucune interruption ni aucune nourriture, ce qui pouvoit prouver plus de force & de loquacité que de science. Depuis ce temps, les bacheliers se sont piqués de l'imiter, & cette thèse fatiguante est ce qu'on appelle *la grande Sorbonique*. François *de Mairons* est du quatorzième siècle.

MAISIÈRES *ou* MAIZIÈRES, (Philippe de) (*Hist. Litt. mod.*) un des auteurs à qui on attribue *le Songe du Vergier*. (*Voyez* l'article PRESLE, (Raoul de.) Philippe *de Maisières* étoit conseiller d'état sous Charles-le-sage, & fut fait par lui gouverneur du Dauphin, (Charles VI.) Il avoit été chancelier du roi de Chypre & de Jérusalem, (Pierre, successeur de Hugues de Luzignan.) Il se retira en 1380, aux Célestins de Paris. Ces religieux avoient alors la faveur qu'avoient eue les Jacobins le siècle précédent, & qu'eurent dans la suite les Jésuites: aussi leur légua-t-il tous ses biens. Il mourut en 1405. C'étoit lui qui, en 1395, avoit beaucoup contribué à obtenir de Charles VI, qu'on donnât un confesseur aux criminels condamnés à mort. Pierre de Craon eut part aussi à ce changement, & fit planter une croix au lieu où se fit depuis la confession. (*Voyez* CRAON.)

MAISON MILITAIRE DU ROI, c'étoit en France outre les compagnies des Gardes-du-corps, les Gendarmes de la garde, les Chevaux-légers, & les Mousquetaires. On y ajoute aussi ordinairement les Grenadiers à cheval, qui campent en campagne à côté des Gardes-du-corps; mais ils ne sont pas du corps de la *maison du roi*. Les compagnies forment la cavalerie de la *maison du roi*. Elle a pour infanterie le régiment des Gardes-Françoises, & celui des Gardes-Suisses. (*A. R.*)

MAISON (*Hist. mod.*) se dit des personnes & des domestiques qui composent la *maison* d'un prince ou d'un particulier. (*A. R.*)

MAISON-DE-VILLE, est un lieu où s'assemblent les officiers & les magistrats d'une ville, pour y délibérer des affaires qui concernent les loix & la police. (*A. R.*)

MAISON, se dit aussi d'un couvent, d'un monastère.

Ce chef d'ordre étant de *maisons* dépendantes de sa filiation, on a ordonné la réforme de plusieurs *maisons religieuses*. (*A. R.*)

MAISTRE, (LE) (*Hist. mod.*) Des magistrats, des avocats, des gens de lettres ont porté ce nom: 1°. Gilles *Le Maistre*, avocat célèbre, qui, comme presque tous les magistrats célèbres de son temps, passa du barreau dans la magistrature. François Ier, le fit avocat général du parlement de Paris; Henri II, président à mortier, puis premier président: il étoit d'une grande sévérité envers les Protestants. On le soupçonna d'avoir été d'intelligence avec la cour dans le temps de l'arrivée imprévue de Henri II au parlement le 10 juin 1559, où ce prince ne donna une insidieuse liberté aux juges d'opiner devant lui, que pour sévir avec connoissance contre ceux qui étoient d'un avis différent du sien; moyen vraiment infaillible d'épouvanter & d'éloigner la vérité. C'étoit proprement punir l'accomplissement du devoir le plus sacré, celui de dire la vérité aux rois, telle qu'on la conçoit & qu'on la croit utile. Ce fut alors que Henri II fit arrêter Anne du Bourg, qui fut pendu sous le règne suivant, pour n'avoir pas cru qu'on dût pendre les Protestants; il fit arrêter aussi plusieurs autres magistrats qui furent punis plus ou moins rigoureusement, selon le degré de leur indulgence. Jamais, dit Mézeray, cette auguste compagnie ne reçut une plus honteuse playe. Il pouvoit ajouter que jamais la justice & l'humanité n'avoient été si cruellement outragées, sous prétexte de zèle pour la religion. C'est de ce Gilles *Le Maistre*, qu'on a un bail fait à ses fermiers, où on trouve des traces précieuses de la simplicité antique. Il y stipule qu'aux veilles des quatre bonnes « fêtes de l'année & au temps des vendanges, » ils seroient tenus de lui amener une charrette couverte, avec de bonne paille fraîche dedans, pour » y asseoir Marie Sapin sa femme, & sa fille Geneviève; comme aussi de lui amener un ânon & une » ânesse pour monture de leur chambrière, pendant » que lui, premier président, marcheroit devant sur » sa mule, accompagné de son clerc, qui iroit à pied » à ses côtés » Mort en 1562, le 5 décembre.

2°. Jean *Le Maistre* fut aussi un Jurisconsulte célèbre, élevé, pour son mérite, du barreau à la magistrature. Il étoit avocat général du parlement de Paris, sous Henri III & Henri IV. Il défendit avec courage & avec succès, la cause des rois. Ce fut lui qui maintint la loi salique en France dans ces temps orageux, & qui fit rendre l'arrêt célèbre, par lequel le parlement de Paris *déclaroit nulle l'élection d'un prince étranger, comme contraire aux loix fondamentales de la monarchie*; arrêt qui empêcha l'élection que les états ligueurs de Paris se disposoient à faire ou du duc de Lorraine, selon le vœu que Catherine de Médicis sa belle-mère, avoit autrefois manifesté; ou de l'infante Isabelle-Claire Eugènie, selon le vœu que manifestoit alors le roi d'Espagne Philippe II, à qui la ligue obéissoit, ou le duc de Mayenne, chef des ligueurs en France, ou le jeune duc de Guise son neveu, qui avoit aussi son parti. Jean *Le Maistre* mourut en 1601, le 22 février. Henri IV avoit créé en sa faveur, une septième charge de président du parlement en 1594. Il s'en étoit démis en 1596.

3°. Antoine *Le Maistre*, avocat au parlement de Paris, neveu par sa mère, du célèbre Arnauld le docteur, que plusieurs appellent le grand Arnauld, fut célèbre lui-même comme avocat, & plus encore comme solitaire de Port-Royal: « J'ai assez parlé » aux hommes en public, disoit-il, je ne veux plus » parler qu'à Dieu dans le silence & dans la solitude. » J'ai plaidé devant des juges mortels la cause de » mes cliens, je me borne aujourd'hui à plaider la » mienne au tribunal du souverain juge ». On a imprimé & estimé ses plaidoyers; on n'en fait plus aucun cas. On a d'ailleurs de lui divers écrits polémiques en faveur de Port-Royal; une vie de St. Bernard, & la traduction de quelques traités de ce père; la traduction du traité du sacerdoce de St. Jean-Chrisostôme; la vie de St. Barthélemi des Martyrs: ce dernier ouvrage fut fait, dit-on, en société avec Thomas du Fossé, autre solitaire de Port-Royal. Antoine *Le Maistre*, né en 1608, mourut en 1658.

4°. Louis-Isaac *Le Maistre*, frère d'Antoine, beaucoup plus connu sous le nom de M. de Sacy, étoit un savant doux, modeste, vertueux, mais il étoit disciple & ami de M. l'abbé de St. Cyran; il étoit directeur des religieuses & des solitaires de Port-Royal, il fallut bien le mettre à la Bastille, puisque la démence du siècle étoit d'y mettre ceux qu'on appelloit Jansénistes, & de remplir les prisons d'état, d'hommes vertueux, au défaut de criminels d'état, qui heureusement ne suffisent pas pour les remplir. Le chef-d'œuvre de l'absurdité intolérante & persécutrice étoit d'opprimer un homme irréprochable comme M. de Sacy; mais

Le juste aussi bien que le sage,
Du crime & du malheur sait tirer avantage.

M. de Sacy composa dans sa prison, son livre des

Figures de la Bible, devenu, malgré les persécuteurs & les Jésuites, le premier livre d'éducation chrétienne qu'on met entre les mains des enfants, & qu'on y mettra vraisemblablement toujours. On ignore jusqu'à quel point Nicolas Fontaine, le compagnon de sa prison, l'a aidé dans cet ouvrage. Thomas du Fossé, qui avoit eu part avec Antoine *Le Maistre*, à la vie de dom Barthélemi des Martyrs, avoit eu part à la traduction de la Bible qui porte le nom de Sacy, & qui est de lui en grande partie. Charles Huré, disciple de Port-Royal, & le fameux Le Tourneux y eurent part aussi. Il est difficile d'assigner parfaitement la part qui lui appartient dans chacun de ses ouvrages, parce que plusieurs ont été faits en commun. Il est difficile aussi d'assigner le nombre fixe de ses ouvrages, parce qu'il en a fait plusieurs sous des noms d'emprunt. Il a par exemple, traduit en françois l'Imitation de J. C., sous le nom de Beuil, prieur de St. Val; & les fables de Phédre, sous le nom de Saint-Aubin; il a traduit, sans user de déguisement, des Homélies de St. Chrysostôme, des comédies de Térence, les lettres de *Bongars*. (*Voyez* BONGARS.) Il a traduit en vers, le poëme de St. Prosper contre les ingrats, c'est-à-dire, sur la grace. On lui attribue aussi les *Heures de Port-Royal*, que les Jésuites appelloient les *Heures à la Jansénist*. Son serviteur & son ami Fontaine, dans *ses Mémoires de Port-Royal*, le fait aimer & respecter, & rend sensible à tout le monde le calme & le bonheur que la vertu assûre aux gens de bien, au milieu même des tribulations & des souffrances. Dans la perte de la liberté & sous les verroux de la Bastille, M. de Sacy étoit heureux par la seule idée que Dieu vouloit qu'il fût là, & que ce Dieu juste daignoit le visiter & l'éprouver. Il avoit été mis à la Bastille en 1666; il en sortit le 31 octobre 1668. Il se retira en 1675, à ce Port-Royal, dont, comme Santeuil l'a dit de M. Arnauld, son cœur n'avoit jamais été absent:

Cor numquam avulsum nec amatis sedibus absens.

Il fut obligé d'en sortir en 1679. Il mourut en 1684, à Pompone, chez M. de Pompone, son ami, & celui de tous les honnêtes-gens. (*Voyez* son article au mot ARNAULD.)

3°. Pierre *Le Maistre*, avocat au parlement, est auteur d'un commentaire très-estimé sur la coutume de Paris. Mort nonagénaire en 1728.

6°. Charles-François-Nicolas *Le Maistre*, sieur de Claville, président au bureau des finances de Rouen, est l'auteur d'un livre autrefois plus lu qu'estimé, & qui n'est plus guère aujourd'hui ni l'un ni l'autre; c'est le *Traité du vrai mérite*. Mort en 1740.

MAITRE, (*Hist. mod.*) titre que l'on donne à plusieurs officiers qui ont quelque commandement, quelque pouvoir d'ordonner, & premièrement aux chefs des ordres de chevalerie, qu'on appelle *grands-maîtres*. Ainsi nous disons *grand-maître* de Malthe, de S. Lazare, de la Toison d'Or, des Francs-maçons.

Maître, chez les Romains; ils ont donné ce nom à plusieurs offices. Le *Maître* du peuple, *magister populi*, c'étoit le dictateur. Le *maître* de la cavalerie, *magister equitum*, c'étoit le colonel général de la cavalerie: dans les armées, il étoit le premier officier après le dictateur. Sous les derniers empereurs, il y eut des *maîtres* d'infanterie, *magistri peditum*; maître du cens, *magister census*, officier qui n'avoit rien des fonctions du censeur ou subcenseur, comme le nom semble l'indiquer, mais qui étoit la même chose que le *præpositus frumentariorum*. *Maître de la milice* étoit un officier dans le Bas Empire, créé, à ce que l'on prétend, par Diocletien; il avoit l'inspection & le gouvernement de toutes les forces de terre, avec une autorité semblable à-peu-près à celle qu'ont eue les connétables en France. On créa d'abord deux de ces officiers, l'un pour l'infanterie, l'autre pour la cavalerie. Mais Constantin réunit ces deux offices en un seul. Ce nom devint ensuite commun à tous les généraux en chef dont le nombre s'augmenta à proportion des provinces ou gouvernements où ils commandoient. On en créa un pour le Pont, un pour la Thrace, un pour le Levant, & un pour l'Illyrie; on les appella ensuite *comites*, comtes, & *clarissimi*. Leur autorité n'étoit qu'une branche de celle du préfet du prétoire, qui par-là devint un officier purement chargé du civil.

Maître des armes dans l'empire grec, *magister armorum*, étoit un officier, ou un controleur subordonné au *maître* de la milice.

Maître des offices, *magister officiorum*; il avoit l'intendance de tous les offices de la cour. On l'appelloit *magister officii palatini*, ou simplement *magister*; sa charge s'appelloit *magisteria*. Ce *maître* des offices étoit à la cour des empereurs d'Occident le même que le curo-palate à la cour des empereurs d'Orient.

Maître des armoiries; c'étoit un officier qui avoit le soin ou l'inspection des armes ou armoiries de sa majesté.

Maître ès arts, celui qui a pris le premier degré dans la plûpart des Universités, ou le second dans celles d'Angleterre, les aspirans n'étant admis aux grades en Angleterre qu'après sept ans d'études. Autrefois dans l'Université de Paris, le degré de *maître ès arts* étoit donné par le recteur, à la suite d'une thèse de philosophie que le candidat soutenoit au bout de son cours. Cet ordre est maintenant changé, les candidats qui aspirent au degré de *maître ès arts*, après leurs deux ans de philosophie, doivent subir deux examens; un devant leur nation; l'autre devant quatre examinateurs tirés des Quatre Nations, & le chancelier ou sous-chancelier de Notre-Dame, ou celui de Sainte-Genevieve. S'ils sont trouvés capables, le chancelier ou sous-chancelier leur donne le bonnet de *maître ès arts*, & l'Université leur en fait expédier des lettres.

Maître de cérémonie en Angleterre, est un officier qui fut institué par le roi Jacques premier, pour faire une réception plus solemnelle & plus honorable aux ambassadeurs & aux étrangers de qualité, qu'il présente à sa majesté. La marque de sa charge est une chaîne d'or, avec une médaille qui porte d'un côté l'emblême de la paix avec la devise du roi Jacques, & aux revers l'emblême de la guerre, avec ces mots : *Dieu & mon droit.* Cet office doit être rempli par une personne capable, & qui possède les langues. Il est toujours de service à la cour, & il a sous lui un *maître*-assistant ou député qui remplit sa place sous le bon plaisir du roi. Il y a aussi un troisiéme officier appellé *maréchal de cérémonie*, dont les fonctions sont de recevoir & de porter les ordres du *maître des cérémonies* ou de son député pour ce qui concerne leurs fonctions, mais qui ne peut rien faire sans leur commandement. Cette charge est à la nomination du roi.

Maîtres de la chancellerie en Angleterre : on les choisit ordinairement parmi les avocats ou licenciés en droit civil, & ils ont séance à la chancellerie ou au greffe ou bureau des rôles & registres, comme assistans du lord chancelier ou *maître* des rôles. On leur renvoie des rapports interlocutoires, les réglemens ou arrêts des comptes, les taxations des frais, *&c.* & on leur donne quelquefois par voie de referé, le pouvoir de terminer entièrement les affaires. Ils ont eu de tems immémorial, l'honneur de s'asseoir dans la chambre des lords, quoiqu'ils n'ayent aucun papier ou lettres-patentes qui leur en donnent le droit, mais seulement en qualité d'assistans du lord chancelier & du *maître* des rôles. Ils étoient autrefois chargés de l'inspection sur tous les écrits, sommations, assignations : ce que fait maintenant le clerc du petit sceau. Lorsque les lords envoient quelque message aux communes, ce sont les *maîtres de chancellerie* qui les portent. C'est devant eux qu'on fait les déclarations par serment, & qu'on reconnoît les actes publics. Outre ceux qu'on peut appeller *maîtres ordinaires de chancellerie* qui sont au nombre de douze, & dont le *maître* des rôles est regardé comme le chef, il y a aussi des *maîtres de chancellerie* extraordinaires, dont les fonctions sont de recevoir les déclarations par serment & les reconnoissances dans les provinces d'Angleterre, à 10 milles de Londres & par-delà, pour la commodité des plaideurs.

Maître de la cour des gardes & saisines en étoit le principal officier, il en tenoit le sceau & étoit nommé par le roi ; mais cette cour & tous ses officiers, ses membres, son autorité & ses appartenances ont été abolis par un statut de la seconde année du règne de Charles II. *ch. xxiv.*

Maître des facultés en Angleterre ; officier sous l'archevêque de Cantorbéry, qui donne les licences & les dispenses ; il en est fait mention dans les *Statuts XXII, XXIII de* Charles II.

Maître de cavalerie en Angleterre, grand officier de la couronne, qui est chargé de tout ce qui regarde les écuries & les haras du roi, & qui avoit autrefois les postes d'Angleterre. Il commande aux écuries & à tous les officiers ou maquignons employés dans les écuries, en faisant apparoître au contrôleur qu'ils ont prêté le serment de fidélité, *&c.* pour justifier à leur décharge qu'ils ont rempli leur devoir. Il a le privilége particulier de se servir des chevaux, des pages, & des valets de pied de l'écurie, de sorte que ses carrosses, ses chevaux, & ses domestiques sont tous au roi, & en portent les armes & les livrées.

Maître de la maison ; c'est un officier sous le lord Steward de la maison ; & à la nomination du roi ; ses fonctions sont de contrôler les comptes de la maison. Anciennement le lord Steward s'appelloit *grand maître de la maison.*

Maître des joyaux ; c'est un officier de la maison du roi, qui est chargé de toute la vaisselle d'or & d'argent de la maison du roi & de celle des officiers de la cour, de celle qui est déposée à la tour de Londres, comme aussi des chaînes & menus joyaux qui ne sont pas montés ou attachés aux ornemens royaux.

Maître de la monnoie, étoit anciennement le titre de celui qu'on nomme aujourd'hui *garde de la monnoie*, dont les fonctions sont de recevoir l'argent & les lingots qui viennent pour être frappés, ou d'en prendre soin.

Maître d'artillerie, grand officier à qui on confie tout le soin de l'artillerie du roi.

Maître des menus plaisirs du roi, grand officier qui a l'intendance sur tout ce qui regarde les spectacles, comédie, bals, mascarades, *&c.* à la cour. Il avoit aussi d'abord le pouvoir de donner des permissions à tous les comédiens forains & à ceux qui montrent le marionnettes, *&c.* & on ne pouvoit même jouer aucune pièce aux deux salles de spectacles de Londres, qu'il ne l'eût lue & approuvée ; mais cette autorité a été fort réduite, pour ne pas dire absolument abolie par le dernier réglement qui a été fait sur les spectacles.

Maître des comptes, officier par patentes & à vie, qui a la garde des comptes & patentes qui passent au grand sceau, & des actes de chancellerie. Il siége aussi comme juge à la chancellerie en l'absence du chancelier & du garde, & M. Edouard Cok l'appelle *assistant.* Il entendoit autrefois les causes dans la chapelle des rôles ; il y rendoit des sentences ; il est aussi le premier des *maîtres* de chancellerie & il en est assisté aux rôles, mais on peut appeller de toutes ses sentences au lord chancelier ; & il a aussi séance au parlement, & y siége auprès du lord chancelier sur le second tabouret de laine. Il est gardien des rôles du parlement, & occupe la maison des rôles, & a la garde de toutes les chartes, patentes, commissions, actes, reconnoissances, qui étant faites en rôles de parchemin, ont donné le nom à sa place. On l'appelloit autrefois *clerc des rôles.* Les six clercs en chancellerie, les examinateurs, les trois clercs du petit sac, & les six gardes de la chapelle des rôles ou gardes des rôles sont à sa nomination.

Maître d'un vaisseau, celui à qui l'on confie la direction d'un vaisseau marchand, qui commande en chef & qui est chargé des marchandises qui sont à bord. Dans la Méditerranée le *maître* s'appelle souvent *patron*, & dans les voyages de long cours *capitaine de navire*. C'est le propriétaire du vaisseau qui choisit le *maître*, & c'est le *maître* qui fait l'équipage & qui lève les pilotes & les matelots, *&c*. Le *maître* est obligé de garder un registre des hommes qui servent dans son vaisseau, des termes de leur engagement, de leurs reçus & payemens, & en général de tout ce qui regarde le commandement de ce navire.

Maître du Temple; le fondateur de l'ordre du Temple & tous ses successeurs ont été nommés *magni Templi magistri*; & même depuis l'abolition de l'ordre, le directeur spirituel de la maison est encore appellé de ce nom.

MAÎTRES, (*Hist. mod.*) *magistri*, nom qu'on a donné par honneur & comme par excellence à tous ceux qui enseignoient publiquement les Sciences, & aux recteurs ou préfets des écoles publiques.

Dans la suite ce nom est devenu un titre d'honneur pour ceux qui excelloient dans les Sciences, & est enfin demeuré particulièrement affecté aux docteurs en Théologie dont le dégré a été nommé *magisterium* ou *magisterii gradus*; eux-mêmes ont été appellés *magistri*, & l'on trouve dans plusieurs écrivains les docteurs de la faculté de Théologie de Paris désignés par le titre de *magistri Parisienses*.

Dans les premiers on plaçoit quelquefois la qualité de *maître* avant le nom propre, comme *maître Robert*, ainsi que Joinville appelle Robert de Sorbonne *ou* Sorbon, *maître Nicolas Oresme* de la maison de Navarre: quelquefois on ne mettoit cette qualification qu'après le nom propre, comme dans *Florus magister*, archidiacre de Lyon & plusieurs autres.

Quelques-uns ont joint au titre de *maître* des dénominations particulières tirées des Sciences auxquelles ils s'étoient appliqués & des différentes matières qu'ils avoient traitées. Ainsi l'on a surnommé Pierre Lombard le *maître des sentences*, Pierre Comestor *ou* le mangeur le *maître de l'Histoire scolastique* ou *savante*, & Gratien le *maître des canons* ou *des décrets*.

Ce titre de *maître* est encore d'un usage fréquent & journalier dans la faculté de Paris, pour désigner les docteurs dans les actes & les discours publics: les candidats ne les nomment que *nos très-sages maîtres*, en leur adressant la parole: le syndic de la faculté ne les désigne point par d'autres titres dans les assemblées & sur les registres. Et on marque cette qualité dans les manuscrits ou imprimés par cette abreviation, pour le singulier *S. M. N.* c'est-à-dire *sapientissimus magister noster*, & pour le pluriel, par celle-ci, *SS. MM. NN. sapientissimi magistri nostri*, parce que la Théologie est regardée comme l'étude de la sagesse.

MAÎTRE ŒCUMÉNIQUE, (*Hist. mod.*) nom qu'on donnoit dans l'empire grec au directeur d'un fameux collége fondé par Constantin dans la ville de Constantinople. On lui donna ce titre qui signifie *universel*, ou parce qu'on ne confioit cette place qu'à un homme d'un rare mérite, & dont les connoissances en tout genre étoient très-étendues, ou parce que son autorité s'étendoit universellement sur tout ce qui concernoit l'administration de ce collége. Il avoit inspection sur douze autres *maîtres* ou docteurs qui instruisoient la jeunesse dans toutes les sciences divines & humaines. Les empereurs honoroient ce *maître œcuménique* & les professeurs, d'une grande considération, & les consultoient même dans les affaires importantes. Leur collége étoit riche, & sur-tout orné d'une bibliothèque de six cent mille volumes. L'empereur Léon l'isaurien irrité de ce que le *maître œcuménique* & ces docteurs soutenoient le culte des images, les fit enfermer dans leur college, & y ayant fait mettre le feu pendant la nuit, livra aux flammes la bibliothèque & le collége & les savants, exerçant ainsi sa rage contre les lettres aussi bien que contre la religion. Cet incendie arriva l'an 726. *Cedren. Theop. Zonaras.*

MAÎTRE DU SACRÉ PALAIS, (*Hist. mod.*) officier du palais du pape, dont la fonction est d'examiner, corriger, approuver ou rejetter tout ce qui doit s'imprimer à Rome. On est obligé de lui en laisser une copie, & après qu'on a obtenu une permission du vice-gérent pour imprimer sous le bon plaisir du *maître du sacré palais*, cet officier ou un de ses compagnons (car il a sous lui deux religieux pour l'aider) en donne la permission; & quand l'ouvrage est imprimé & trouvé conforme à la copie qui lui est restée entre les mains, il en permet la publication & la lecture: c'est ce qu'on appelle le *publicetur*. Tous les Libraires & Imprimeurs sont sous sa jurisdiction. Il doit voir & approuver les images, gravures, sculptures, *&c.* avant qu'on puisse les vendre ou les exposer en public. On ne peut prêcher un sermon devant le pape, que le *maître du sacré palais* ne l'ait examiné. Il a rang & entrée dans la congrégation de l'*Index*, & séance quand le pape tient chapelle, immédiatement après le doyen de la Rote. Cet office a toujours été rempli par les religieux Dominicains qui sont logés au Vatican, ont bouche à la cour, un carrosse, & des domestiques entretenus aux dépens du pape.

MAITRE DE LA GARDE-ROBE, (*Hist. mod.*) *vestiarius*; dans l'antiquité, & sous l'empire des Grecs, étoit un officier qui avoit le soin & la direction des ornements, robes & habits de l'empereur.

Le grand *maître* de la garde-robe, *proto-vestiarius*, étoit le chef de ces officiers; mais parmi les Romains, *vestiarius* n'étoit qu'un simple frippier ou tailleur.

MAITRE CANONNIER, (*Hist. mod.*) est en Angleterre, un officier commis pour enseigner l'art de tirer le canon à tous ceux qui veulent l'apprendre, en leur faisant prêter un serment qui, indépendamment de la fidélité qu'ils doivent au roi, leur fait promettre de ne servir aucun prince ou état étranger sans permission, & de ne point enseigner cet art à d'autres que ceux qui auront prêté le même serment. Le *maître canonnier* donne aussi des certificats de capacité à ceux que l'on présente pour être canonniers du roi.

M. Moor observe qu'un *canonnier* doit connoître ses pièces d'artillerie, leurs noms qui dépendent de la hauteur du calibre, & les noms des différentes parties d'un canon; comme aussi la manière de les calibrer, &c. *Chambers*.

Il n'y a point en France de *maître canonnier*; les soldats de royal-Artillerie sont instruits dans les écoles de tout ce qui concerne le service du *canonnier*.

MAITRE-JEAN, (Antoine) (*Hist. Litt. mod.*) chirurgien célèbre, élève du célèbre Méry, étoit de Méry près de Troyes. Nous ne le considérons ici que comme auteur d'un *Traité des Maladies de l'œil*, très-souvent réimprimé, & traduit dans toutes les langues.

MAITTAIRE, (Michel) (*Hist. Litt. mod.*) grammairien & bibliographe anglois de ce siècle, fameux par son érudition. On lui doit le *Corpus Poëtarum Latinorum*; ses *Annales Typographici* sont aussi très-connus; on y trouve les titres de tous les livres imprimés depuis l'origine de l'imprimerie jusqu'en 1557. On a du même auteur, & toujours en latin, l'histoire des Etienne, & celle de plusieurs autres célèbres imprimeurs de Paris.

MALABRANCA, (Latin) (*Hist. Ecclés.*) dominicain, puis cardinal, neveu du pape Nicolas III. Mort en 1294. On lui attribue la prose des morts: *Dies iræ, dies illa*, qui ne manque ni de poësie d'image, ni de grandes idées, ni quelquefois d'expression; témoins les strophes:

Tuba mirum spargens sonum, &c.
Mors stupebit & natura, &c.
Liber scriptus proferetur, &c.
Quid sum miser tunc dicturus, &c.

MALACHIE, (*Hist. Sacr.*) le dernier des douze petits prophètes.

St. *Malachie*, né à Armach ou Armagh en Irlande en 1094, en fut archevêque en 1127, & se démit de son archevêché en 1135. Il mourut en 1148, à Clairvaux entre les bras de St. Bernard son ami, qui a écrit sa vie. L'honneur seul d'avoir eu un si célèbre historien, suffiroit pour illustrer St. *Malachie*; Saint Bernard lui attribue beaucoup de prédictions, & les rapporte toutes; mais il n'a point parlé & il ne pouvoit pas parler de celles qui ont fait tant de bruit dans la suite, & qui concernent la succession des papes; son silence est même une des preuves qui concourent à établir que ces prédictions ont été faites après coup & dans des temps modernes, c'est-à-dire, dans le conclave de 1590; car depuis la mort de St. *Malachie* jusqu'au commencement du dix-septième siècle, dans un espace de quatre siècles & demi, aucun auteur n'avoit jamais parlé de ces prédictions concernant les papes. On prétendoit les avoir seulement découvertes en 1590; mais on les attribuoit à St. *Malachie*; l'objet de cette fraude étoit de désigner le pape qu'on vouloit qui fût élu, & de persuader qu'il avoit été désigné par St. *Malachie*. Ce pape étoit Grégoire XIV. On le désignoit par ces mots: *de Antiquitate Urbis* parce qu'il étoit d'Orviète, en latin, *urbs vetus*. Tel étoit le voile énigmatique, aisé à percer, qu'on affectoit de jetter sur ces prédictions. Celles qui précédoient 1590, étoient toutes fort justes & fort claires, parce qu'elles rouloient sur le passé; mais il étoit plus difficile d'expliquer les prophéties qui roulent sur des temps postérieurs. On a cependant été frappé après coup, de la justesse apparente de quelques-unes; par exemple, le pape Clément VII, (*Chigi*) a paru parfaitement désigné soixante-cinq ans avant son élection, par ces mots: *montium custos*, *le gardien des montagnes*, parce qu'il portoit dans ses armes, une montagne à six côteaux, & qu'il établit à Rome les monts de Piété. On trouvoit aussi il y a quelques années, le pape actuel Pie VI, assez bien désigné par ces mots: *peregrinus apostolicus*, le pélerin apostolique, à cause d'un voyage qu'il fit à Vienne pour aller conférer avec l'empereur.

MALAGRIDA, (Gabriel) (*Hist. de Portug.*) Ne nous pressons pas de nous croire assez instruits pour instruire nous-mêmes la postérité sur ce qui concerne l'assassinat du roi de Portugal, Joseph, & sur la part que les jésuites *Malagrida*, Mathos & Alexandre peuvent avoir eue par instigation, par approbation ou par quelque genre de complicité que ce puisse être, à l'attentat commis & manqué sur la personne de ce prince, ennemi de leur société, & prêt à la chasser. *Malagrida*, dit-on, consulté par les assassins sur leur entreprise, répondit qu'il n'y avoit pas même de péché véniel à tuer un roi persécuteur des saints; si *Malagrida* & ses confrères jouissant de leur intelligence & de toutes les facultés de leur esprit, ont fait cette réponse, ils se sont rendus criminels d'état, & ils ont dû être condamnés, & punis comme tels par les juges ordinaires de la nation. Tels étoient & le vœu & l'attente de l'Europe, qui voyoit en eux nos Bourgoing, nos Guignard & nos autres fanatiques, mettant le poignard dans la main des Clément, des Châtel & des Ravaillac. Quel a donc été l'étonnement général, lorsqu'au lieu d'un régicide infame, immolé par la loi, on n'a plus vu dans *Malagrida* qu'un malheureux moine, presque octogénaire, livré aux flammes cruelles de l'inquisition, pour de prétendues hérésies contenues dans de petits livres de dévotion sur l'avènement de l'Anté-Christ, & sur l'immaculée conception de Ste. Anne & de la Vierge; & quand on a vu sur-tout dans ces mêmes livrets des preuves sans réplique, que leur auteur étoit fou imbécille, au point que, quand même il lui seroit échappé dans sa folie, les décisions & les discours les plus étranges, il ne pouvoit mériter tout-au-plus que d'être enfermé; en effet, lorsque l'insensé Jean de l'Isle, natif de Vineuil près Chantilly, poussa la démence jusqu'à s'élancer sur Henri-IV, au milieu du Pont-neuf, ce prince, dont la clémence n'épargna aucun supplice à Jean Châtel, se contenta de faire enfermer de l'Isle. Il est juste en effet, de distinguer le fou du criminel.

Mais,

Mais, dit-on, l'inquisition ne fut dans cette affaire qu'une voie détournée pour parvenir à un but légitime, c'est-à-dire, à la condamnation du coupable, & pour éviter les difficultés qui se trouvent toujours à faire le procès à un moine dans un pays *catholique & fidèle* comme le Portugal.

Cela peut être, & il est vrai qu'une nation ne conçoit pas plus certains préjugés & certains usages d'une nation même voisine, qu'un siècle ne conçoit les idées & les erreurs d'un autre siècle. Il se peut faire qu'en Portugal, l'inquisition ainsi substituée aux tribunaux réguliers, & l'accusation de régicide ainsi remplacée par l'accusation plus commode d'hérésie, ayent paru en effet une chose toute simple; mais pour plusieurs autres nations, ce triste expédient n'a fait que répandre sur toute l'affaire, beaucoup de nuages, sur l'accusé tout l'intérêt de l'innocence opprimée, & que fournir une preuve de plus de l'impossibilité d'échapper, innocent ou coupable, à l'inquisition, quand on a des ennemis puissants; car, quelle proposition ne rendra-t-on pas hérétique, quand on voudra? Personne ne peut donc être assûré de sa vie, s'il a seulement écrit quelques lignes, & même il n'est pas besoin d'avoir écrit; on défère tous les jours à l'inquisition de simples propos; un roi même, un roi d'Espagne, le petit-fils de Charles-Quint, Philippe III, fut condamné à l'inquisition, pour avoir témoigné verbalement & par un mouvement naturel, un peu de pitié pour un malheureux qu'on brûloit; car en pareil cas, la pitié est aussi une hérésie; Philippe fut obligé, pour l'exemple & pour la réparation du scandale, d'abandonner aux flammes de l'inquisition, une palette de son sang.

Concluons donc que, dans l'affaire de *Malagrida* & de ses prétendus complices, la vérité est encore couverte pour nous de ces voiles que le temps seul peut lui arracher, convenons que l'expédient de l'inquisition fut malheureux, en ce qu'il fournit la preuve que *Malagrida* étoit fou, & ne pouvoit guère être coupable; & bornons-nous à rapporter un fait: c'est que le P. Gabriel *Malagrida* fut brûlé le 31 septembre 1761, à soixante & quinze ans, non comme complice d'un parricide, mais comme hérétique & faux prophète.

MALANDRIN, s. m. (*Hist. moderne.*) nom qu'on donna dans les croisades aux voleurs arabes & égyptiens. Ce fut aussi celui de quelques brigands qui firent beaucoup de dégats sous Charles V. Ils parurent deux fois en France; l'une pendant le règne du roi Jean, l'autre pendant le règne de Charles son fils. C'étoit des soldats licenciés. Sous la fin du règne du roi Jean, lorsqu'on les nommoit les *tards-venus*, ils s'étoient, pour ainsi dire, accoutumés à l'impunité. Ils avoient des chefs. Ils s'étoient presque disciplinés. Ils s'appelloient entr'eux les *grandes compagnies*. Ils n'épargnoient dans leurs pillages, ni les maisons royales ni les églises. Ils étoient conduits par le chevalier Vert, frère du comte d'Auxerre, Hugues de Caurelac, Mathieu de Gournac, Hugues de Varennes, Gautier Huet, Robert l'Escot, tous chevaliers. Bertrand du Guesclin en délivra le royaume en les menant en Espagne contre Pierre le Cruel, sous prétexte de les employer contre les Maures. (*A. R.*)

MALATESTA, (*Hist. d'Italie.*) C'est le nom d'une ancienne famille d'Italie, qui possédoit la seigneurie de Rimini, & dont étoit Sigismond *Malatesta*, célèbre capitaine du quinziéme siècle, qui fit la guere avec courage & avec succès, aux Papes & aux Turcs; les Papes l'excommunièrent & le diffamèrent comme hérétique & impie, mais les Turcs le trouvoient fort bon chretien.

MALAVAL. Deux hommes fort différents d'esprit & de profession, ont porté ce nom:

1°. François. Il perdit la vue à neuf mois, ce qui ne l'empêcha pas d'être savant & auteur mystique & même hérétique. Il donna dans les erreurs du quiétisme, il les reproduisit du moins en partie dans un livre intitulé: *Pratique facile pour élever l'ame à la contemplation;* on condamna son livre à Rome, & comme s'il eût été dans la destinée ou dans le caractère des quiétistes françois, d'être soumis à l'église au milieu de leurs égarements, il se rétracta comme Fénélon, abjura le quiétisme, & n'y retourna plus. On sentit à Rome le prix de sa résignation; le cardinal Bona devint son ami, & lui obtint une dispense pour recevoir la cléricature, quoiqu'aveugle. Il mourut âgé de quatre-vingt douze ans en 1719, à Marseille, où il étoit né en 1627. Il laissa la réputation d'un pieux & digne ecclésiastique. On a de lui des *Poësies spirituelles*, & des *Vies des Saints*.

2°. Jean *Malaval*, né en 1669, au diocèse de Nismes, étoit protestant; il fut un chirurgien habile. Le médecin Hecquet son ami, le conquit à la religion catholique. On trouve dans les mémoires de l'Académie Royale de Chirurgie, des observations importantes de *Malaval*. Il tomba de bonne heure en enfance, mais il ne perdit pas la mémoire; il étoit hors d'état de suivre une conversation; mais lorsqu'en parlant devant lui, on se servoit d'un mot qui se trouvoit employé heureusement dans une tirade de vers ou dans un beau morceau de prose, dont il avoit autrefois été frappé, il recitoit à l'instant cette tirade ou ce morceau; on a comparé assez ingénieusement son esprit dans cet état, à une montre à répétition qui sonne l'heure quand on presse le bouton.

MALCHUS, (*Hist. Sacr.*) serviteur de Caïphe. On sait comment St. Pierre lui coupa l'oreille, & comment J. C. le guérit.

Un autre *Malchus* ou *Malch* ou *Malc*, solitaire de Syrie au quatriéme siècle, est le sujet du poëme de *S. Malc* de La Fontaine.

MAL DE OJO, (*Hist. mod.*) Cela signifie *mal de l'œil* en espagnol. Les Portugais & les Espagnols sont dans l'idée que certaines personnes ont quelque chose de nuisible dans les yeux, & que cette mauvaise qualité peut se communiquer par les regards, sur-tout aux enfans & aux chevaux. Les Portugais appellent ce mal *quebranto;* il paroît que cette opinion ridicule vient à ces deux nations des Maures ou Sarrasins: en effet les habitants du royaume de Maroc sont dans le même préjugé. (*A. R.*)

Mal des ardens, (*Hist de France*) vieux mot qu'on trouve dans nos anciens historiens, & qui désignent un *feu brûlant*. On nomma *mal des ardens* dans le temps de notre barbarie, une fièvre ardente, érésipélateuse, épidémique, qui courut en France en 1130 & 1374, & qui fit de grands ravages dans le royaume: voyez-en les détails dans *Mézerai* & autres historiens. (*D. J.*)

MALDONADO, (Diego de Coria) (*Hist. Litt. Mod.*) carme Espagnol, qui, dans les livres à la gloire de son ordre, fait descendre comme de raison, les Carmes du prophète Elie & du Mont-Carmel, & fait du prophète Abdias, des chevaliers de Saint-Jean-de-Jérusalem, de St. Louis, &c. autant de Carmes, & une carmélite de Ste. Emérentienne, qui, selon une généalogie qu'il n'a pas trouvée dans les Evangélistes, étoit la bisayeule de Jésus-Christ. *Maldonado* vivoit au seiziéme siécle.

MALDONAT, (Jean) (*Hist. Litt. mod.*) savant théologien, jésuite, né dans l'Estramadoure, enseignoit en 1534, à Paris. Il fut accusé d'avoir suggéré au président de Montbrun un testament en faveur de la Société, il gagna ce procès au parlement de Paris; il fut accusé d'enseigner des erreurs sur l'Immaculée Conception, il gagna cet autre procès au tribunal de Pierre de Gondi, évêque de Paris; il se cacha dans la ville de Bourges pour laisser respirer un peu l'envie. Cependant sa réputation l'annonçoit par-tout avec éclat: il étoit depuis long-temps désiré & demandé par-tout. Le cardinal de Lorraine l'avoit appellé à Pont-à-Mousson, pour mettre en crédit une université qu'il y avoit fondée. Le pape Grégoire XIII le fit venir à Rome pour présider à l'édition de la Bible grecque des Septante. Il savoit bien le grec & l'hébreu; il étoit profond dans la littérature sacrée & profane. Il mourut à Rome en 1583. Ses *Commentaires sur les Evangiles* paroissent le plus recherché de ses ouvrages. Il en a fait aussi sur plusieurs prophêtes, & divers traités théologiques sur les Sacrements, sur la grace, sur le péché originel; son Traité *des Anges & des Démons*, composé en latin, n'a été publié qu'en françois, la traduction ayant été faite sur le manuscrit latin, qui n'a jamais été imprimé. Son ouvrage intitulé: *Summa casuum conscientiæ*, a été condamné, comme favorisant cette morale relâchée, tant reprochée aux Jésuites.

MALEBRANCHE, (Nicolas) (*Hist. Litt. mod.*) Le P. *Malebranche* étoit fils d'un secrétaire du roi, nommé comme lui, Nicolas *Malebranche*, il naquit à Paris le 6 août 1638. Il étoit neveu, par sa mère, d'un conseiller d'état; il eut un frère aîné conseiller de grand'chambre. Il entra dans la congrégation de l'Oratoire à Paris en 1660. Le P. Le Cointe, auteur des *Annales Ecclesiastici Francorum*, voulut l'attacher à l'Histoire Ecclésiastique; mais les faits ne se lioient point dans sa tête, ils ne faisoient que s'effacer mutuellement; le fameux critique M. Simon, qui étoit alors de l'Oratoire, voulut l'attirer à l'hébreu & à la critique sacrée, chacun ne voit que son objet: *Malebranche* vit le Traité *de l'Homme* de Descartes, & il fut métaphysicien & cartésien. Il fit *la Recherche de la Vérité*, qui parut vers 1674. Ce livre lui donna des disciples & des contradicteurs. Il fut suivi des *Conversations Chrétiennes* en 1677, du Traité *de la Nature & de la Grace* en 1680, d'un Traité *de Morale* en 1684, d'*Entretiens sur la Métaphysique & sur la Religion* en 1688. Tout cela n'étoit toujours que *la Recherche de la Vérité*, & on ne connoît guère des ouvrages du P. *Malebranche* que la *Recherche de la Vérité*, où l'auteur, en s'attachant beaucoup à décrier l'imagination, en montre une, dit M. de Fontenelle, fort noble & fort vive, qui travailloit pour un ingrat malgré lui-même, & qui ornoit la raison en se cachant d'elle.

M. de Fontenelle, en exposant les systêmes & les opinions du P. *Malebranche*, fait ce qu'il peut pour leur donner de l'importance, de la gravité, de la clarté; il tâche d'inspirer au lecteur quelque respect pour la métaphysique; mais, malgré les grands noms de *Malebranche* & d'Arnauld, qui rompirent l'un contre l'autre beaucoup de lances sur les idées vraies ou fausses, sur la grace & le libre-arbitre, sur la prémotion physique, le lecteur reste très-froid sur ces matières, & dit franchement avec M. de Voltaire:

> Je renonce au fatras obscur
> Du grand rêveur de l'Oratoire,
> Qui croit parler de l'esprit pur,
> Ou qui veut nous le faire accroire.

Ces théologiens métaphysiciens ne s'entendent ni avec leurs amis ni avec leurs ennemis; ils se plaignent toujours qu'on ne les entend pas, & peut-être ne s'entendent-ils pas eux-mêmes. Si M. Arnauld combat le P. *Malebranche*, celui-ci soutient que M. Arnauld ne l'a pas entendu; si le P. Lamy, disciple du P. *Malebranche*, veut s'appuyer de l'autorité de son maître, ce maître difficile prétend aussi que son disciple fidèle ne l'a pas entendu. Expliquez-vous mieux, & parlez de choses plus claires & moins chimériques. On a encore du P. *Malebranche*, un Traité *de l'Amour de Dieu*, publié en 1697. C'est celui où il corrige son disciple le P. Lamy; des *Entretiens d'un Philosophe Chrétien & d'un Philosophe Chinois sur la nature de Dieu*, imprimés en 1708, où il accuse d'athéisme les lettrés de la Chine, autre matière à dispute; des *Réfléxions sur la Prémotion Physique*, pour répondre à un Traité *de l'action de Dieu sur les créatures*, célèbre dans le temps. Ces réfléxions sont le dernier ouvrage du P. *Malebranche*; elles parurent en 1715.

Le P. *Malebranche*, dans ses livres même de théologie & de méthaphysique, se montroit grand géomètre & grand physicien; c'est ce qui lui fit donner une place d'honoraire à l'Académie des Sciences en 1699, à l'époque du renouvellement de cette compagnie.

Dans la derniére édition de la *Recherche de la Vérité*, qui parut en 1712, on trouve une théorie complette des loix du Mouvement, & un systême général de l'Univers, qui ont été regardés alors comme de beaux morceaux de physique.

Il étoit plus cartésien que Descartes même, & ne

mettoit point de bornes à son Cartésianisme. Il admettoit le systême du mécanisme des bêtes sans aucune restriction. Un jour M. de Fontenelle étant allé le voir dans l'hiver, le P. *Malebranche* donna rudement un coup de pied à un grand chien qui les empêchoit de se chauffer; le chien cria en se rangeant. M. de Fontenelle demanda grace pour le chien, en le plaignant de la douleur qui l'avoit fait crier, le P. *Malebranche* trouva bien peu philosophique cette compassion pour une machine, & gronda très-philosophiquement M. de Fontenelle de son peu de foi à Descartes & à la métaphysique.

Il n'avoit jamais pu lire de vers sans dégoût, & il avoit fait ces deux vers pour tourner la poësie en ridicule:

Il fait en ce beau jour le plus beau temps du monde
Pour aller à cheval sur la terre & sur l'onde.

L'abbé Trublet trouve cela plaisant, parce qu'il n'aimoit pas non plus les vers:

L'honnête homme est plus juste, il estime en autrui
Le goût & les talents qu'il ne sent point en lui.

Le P. *Malebranche* ne peut que perdre tous les jours désormais; mais de son temps il eut beaucoup de réputation. On recherchoit sa conversation, dit M. de Fontenelle, quoiqu'elle fût toujours sage & instructive. Il ne venoit presque point de savants étrangers à Paris, qui ne lui rendissent leurs hommages. Des princes Allemands y sont venus exprès pour lui; le roi d'Angleterre, Jacques II, l'honora d'une visite. Un officier anglois, prisonnier, se consoloit de venir en France, parce qu'aussi bien il avoit toujours eu envie de voir Louis XIV & M. *Malebranche*. Milord Quadrington, mort vice-roi de la Jamaïque, pendant deux ans de séjour à Paris, venoit tous les matins passer deux ou trois heures avec le P. *Malebranche*. Ces effets de la réputation ne sont pas sans inconvénient; car, qui peut se flatter d'amuser ou d'instruire tous les jours un savant pendant deux ou trois heures? Et n'a-t-il pas un meilleur emploi à faire de son temps?

Un M. Taylor traduisit en anglois, la *Recherche de la Vérité*. Le P. *Malebranche* mourut le 13 octobre 1715. Sa vie mesure assez exactement celle de Louis XIV. Il naquit & mourut les mêmes années.

On a d'un autre père *Malebranche* ou *Mallebranque*, (Jacob), jésuite, une histoire estimée *de Morinis & Morinorum rebus*. Il étoit à-peu-près du pays, natif de Saint-Omer ou d'Arras. Mort en 1653.

MALÉZIEU, (Nicolas de) (*Hist. Litt. mod.*) naquit à Paris en 1650. Son père se nommoit comme lui Nicolas *de Malézieu*, il apprit la philosophie sous M. Rohaut. Les mathématiques, qui, dit M. de Fontenelle, souffrent si peu « qu'on se partage entre » elles & d'autres sciences, lui permettoient cependant » les belles-lettres, l'histoire, le grec, l'hébreu, & » même la poësie, plus incompatible encore avec » elles que tout le reste.... M. *de Malézieu* ne fit point de choix, il embrassa tout.

Il n'avoit que vingt ans quand M. Bossuet le connut & le goûta. Louis XIV ayant chargé ce prélat & M. de Montausier de lui chercher des gens de lettres propres à être mis auprès de M. le duc du Maine, M. *de Malézieu* fut un de ceux dont ils firent choix. Il fut constamment l'ami & de M. Bossuet & de M. de Fénélon; on dit même qu'ils le prirent plus d'une fois pour arbitre de leurs différends.

Madame la duchesse du Maine, avide de savoir, & propre à savoir tout, trouva dans M. *de Malézieu* celui dont elle avoit besoin pour tout apprendre. Souvent, dit M. de Fontenelle, pour lui faire connoître les bons auteurs de l'antiquité, que tant de gens aiment mieux admirer que lire, il lui a traduit sur le champ, en présence de toute sa cour, Virgile, Térence, Sophocle, Euripide. M. de Voltaire parle aussi de ces traductions par improvisation. « Je me souviendrai toujours, dit-il à Madame la duchesse du Maine, » que presqu'au sortir de l'enfance, j'eus le bonheur » d'entendre quelquefois dans votre palais, un homme » dans qui l'érudition la plus profonde n'avoit point » éteint le génie...... Il prenoit quelquefois devant » V. A. S., un Sophocle, un Euripide, il traduisoit » sur le champ en françois, une de leurs tragédies. » L'admiration, l'enthousiasme dont il étoit saisi, lui » inspiroient des expressions qui répondoient à la mâle & » harmonieuse énergie des vers grecs, autant qu'il est » possible d'en approcher dans la prose d'une langue » à peine tirée de la barbarie..... Cependant M. *de* » *Malézieu*, par des efforts que produisoit un enthou- » siasme subit, & par un récit véhément, sembloit » suppléer à la pauvreté de la langue, & mettre dans » sa déclamation toute l'ame des grands hommes » d'Athènes..... Il connoissoit Athènes mieux qu'au- » jourd'hui quelques voyageurs ne connoissent Rome » après l'avoir vue..... Vous engageâtes, Madame, » cet homme d'un esprit presque universel, à traduire » avec une fidélité pleine d'élégance & de force, » l'Iphigénie en Tauride, d'Euripide. On la repré- » senta dans une fête digne de celle qui la recevoit » & de celui qui en faisoit les honneurs; vous » y représentiez Iphigénie. Je fus témoin de ce » spectacle ».

En effet, cette princesse aimoit à donner à Sceaux, des fêtes, des divertissements, des spectacles; elle vouloit qu'il y entrât de l'idée, de l'invention, & que, suivant l'expression de M. de Fontenelle, la joie eût de l'esprit. M. *de Malézieu* étoit le grand ordonnateur de ces fêtes, & souvent il y étoit acteur; l'impromptu lui étoit familier: il a, dit M. de Fontenelle, beaucoup contribué à établir cette langue à Sceaux; ajoutons seulement pour la consolation de ceux à qui elle n'est pas familière, que cette langue n'a jamais produit un bon ouvrage; & en effet, il n'est rien resté de tant d'esprit prodigué à Sceaux par M. *de Malézieu*.

On lui attribue une pièce fort médiocre, jouée par les Marionnettes de Brioché, qui a pour titre: *Polichinelle demandant une place à l'Académie*. Un académicien, ou pour venger l'Académie, ou par quelqu'autre motif, fit contre cette pièce une autre pièce intitulée : *Arlequin Chancelier* ; on fit aussi contre la même pièce, une satyre intitulée : *Brioché Chancelier*.

M. *de Malézieu* avoit remplacé M. d'Aguesseau, père du chancelier, & M. de Fieubet, tous deux conseillers d'état, dans l'emploi de chef des conseils de M. le duc du Maine. Il étoit aussi chancelier de la souveraineté de Dombes. L'esprit même des affaires ne s'étoit pas refusé à lui.

Madame de Staal dit que les décisions de M. *de Malézieu* avoient à la cour de Sceaux, la même infaillibilité que celles de Pythagore parmi ses disciples ; que les disputes les plus échauffées s'y terminoient au moment que quelqu'un prononçoit : *il l'a dit*.

En 1699, il fut choisi pour enseigner les mathématiques à M. le duc de Bourgogne ; il les avoit déjà enseignées à Madame la duchesse du Maine, qui, comme nous l'avons dit, auroit voulu tout savoir, & vouloit au moins savoir de tout. Il engagea M. le duc de Bourgogne à écrire de sa main le résultat de chaque leçon, & ces leçons écrites par le prince pendant le cours de quatre ans, ont formé un corps suivi & complet que M. de Boissière, bibliothécaire de M. le duc du Maine, fit imprimer en 1715, sous le titre d'*Eléments de Géométrie de Monseigneur le duc de Bourgogne*.

Au renouvellement de l'Académie des Sciences en 1699, M. *de Malézieu* fut un des honoraires. Il faisoit dans sa maison de Châtenay près de Sceaux, des observations astronomiques, qu'il communiquoit à l'Académie des Sciences. En 1701, il fut reçu à l'Académie Françoise.

En 1718, il fut mis à la Bastille, ainsi que Madame de Staal, alors Mlle. de Launai, pour la part qu'ils pouvoient avoir eue à la conjuration du prince de Cellamare, comme conseils ou comme agents de M. le duc & sur-tout de Madame la duchesse du Maine, qui furent aussi emprisonnés eux-mêmes à ce sujet. Il paroît que M. *de Malézieu* fut le plus en danger. On parla de le transférer de la Bastille dans une prison ordinaire, & de lui faire faire son procès. Il fut mis en liberté, & continua de vivre, moitié à Châtenay, moitié à Sceaux.

Il mourut le 4 mars 1727. Il avoit épousé à vingt-trois ans Françoise Faudelle de Faveresse ; & quoique amoureux, dit M. de Fontenelle, il avoit fait un bon mariage, & ce mariage fut constamment heureux pendant cinquante-quatre ans. Il a laissé trois fils & deux filles.

MALFILLASTRE, (Jacques-Charles-Louis) (*Hist. Litt. mod.*) auteur du poëme de *Narcisse dans l'isle de Vénus*, fut poëte, bon poëte, mais uniquement poëte ; & il vécut & mourut dans la pauvreté. Né en 1732. Mort en 1767.

MALHERBE, (François DE) (*Hist. Litt. mod.*)

Enfin *Malherbe* vint,

dit Boileau. Les héritiers *de Malherbe* ont fait de cet hémistiche l'inscription dont ils ont orné la statue *de Malherbe*. Ce grand poëte étoit né à Caën en 1556, sous le règne de Henri II. Il mourut à Paris en 1628, sous le règne de Louis XIII, ayant vu six rois. Il avoit été gentilhomme ordinaire de la chambre sous Henri IV. On a donné chez Barbou en 1764 & 1776, deux très-bonnes éditions *de Malherbe*, d'après celle que M. Le Febvre de Saint-Marc avoit donnée chez le même Barbou en 1757. Les poësies *de Malherbe* y sont rangées par ordre chronologique ; c'est de tout point l'ordre le plus naturel ; par-là, le lecteur est en état de comparer *Malherbe* avec lui-même, & de suivre les progrès & les vicissitudes de son génie. En effet, il y a bien loin du poëme des larmes de saint Pierre, à l'Ode au Roi Louis XIII partant pour l'expédition de La Rochelle. Lorsque *Malherbe* fit la première pièce, il étoit bien jeune ; lorsqu'il fit la seconde, il étoit bien vieux, du moins pour un poëte ; il avoit soixante & douze ans ; il se glorifie dans ce dernier ouvrage, d'avoir conservé le feu de ses premières années ; c'est-là qu'il dit :

Je suis vaincu du temps, je cède à ses outrages ;
Mon esprit seulement exempt de sa rigueur,
A de quoi témoigner en ses derniers ouvrages,
Sa première vigueur.

Quant au premier ouvrage, *Malherbe* le désavoue en quelque sorte, non comme n'étant pas de lui, mais comme en étant indigne ; c'est de cette pièce que le P. Bouhours a dit : *c'est un ouvrage de jeunesse, mais de la jeunesse de Malherbe*, comme Longin avoit dit de l'Odyssée ; *c'est un ouvrage de vieillesse, mais de la vieillesse d'Homère*. Ce poëme des larmes de saint-Pierre est une mauvaise imitation d'un mauvais modèle ; il est imité d'un ouvrage italien, qui a pour titre : *Lagrime di santo Pietro del signor Luigi Tansillo*. Le Tansille, auteur de ce poëme, étoit un gentilhomme napolitain, mort en 1569. On trouve dans la traduction faite par *Malherbe*, plus de *concetti*, plus de pointes, plus d'hyperboles & généralement plus de mauvais goût que dans ses autres ouvrages qui sont à-peu-près du même temps.

Les trois pièces de *Malherbe* auxquelles nous donnerions la préférence, sont *la Consolation à M. du Perrier*, qu'il fit en 1599, à quarante-cinq ans, âge où un goût déjà exercé se joint à un génie encore ardent ; l'épitaphe du duc d'Orléans en 1611, où après que ce prince a lui-même exposé les avantages de la grandeur & de la naissance dont il étoit environné, il ajoute :

Je suis poudre toutefois,
Tant la parque a fait ses loix
Egales & nécessaires !

Rien ne m'en a su parer ;
Apprenez, ames vulgaires,
A mourir sans murmurer !

Et enfin la paraphrase d'une partie du pseaume 145 :

N'espérons plus, mon ame, aux promesses du monde, &c.

ouvrage dont on ignore la date.

On trouve dans ces dernières éditions de Barbou, une lettre que *Malherbe* adressa au roi Louis XIII, à l'occasion de la mort de son fils, tué en duel en 1627. Ce fait que le fils de *Malherbe* a été tué en duel, se trouve dans l'intitulé de la lettre & dans la vie de *Malherbe*, placée à la tête de ses œuvres; mais dans la lettre même & dans quelques autres pièces, *Malherbe* assure que son fils a été assassiné, & il en demande justice au roi.

« Cette perte, dit Balzac, le toucha bien sensi» blement; je le voyois tous les jours dans le fort » de son affliction, & je le vis agité de plusieurs » pensées différentes. Il songea une fois à se battre » contre celui qui avoit tué son fils; & comme nous » lui représentâmes, M. de Porchères d'Arbaud & » moi, qu'il y avoit trop de disproportion de son âge » de soixante-douze ans à celui d'un homme qui n'en » avoit que vingt-cinq: *c'est à cause de cela, que je* » *veux me battre*, dit-il. *Ne voyez-vous pas que je ne* » *hazarde qu'un denier contre une pistole?* »

MALLE, s. m. (*Hist. de France*) Dans la basse latinité *mallus*; malle est un vieux mot qui signifie *assemblée*. M. de Vertot s'en est servi dans une *dissertation sur les sermens usités parmi les Francs*. On voyoit, dit-il, au milieu du *malle* ou de l'assemblée une hache d'armes & un bouclier.

Les Francs s'étant jettés dans les Gaules, & n'ayant pas encore de lieu fixe pour leur demeure, campoient dans les champs & s'y assembloient en certains temps de l'année pour régler leurs différends & traiter des affaires importantes. Ils appellèrent cette assemblée *mallum*, du mot *mallen*, qui signifioit *parler*, d'où ils avoient fait *maal*, un discours; & ensuite on dit *mallare* ou *admallare*, pour ajourner quelqu'un à l'assemblée générale. *Voyez* M. Ducange. (*D. J.*)

MALLEMANS, (*Hist. Litt. mod.*) Quatre frères de ce nom ont cultivé les lettres assez obscurément. Le plus connu des quatre est un chanoine de sainte Opportune, d'abord capitaine de dragons & marié, auteur d'une mauvaise traduction de Virgile, en prose; d'une *Histoire de la Religion depuis le commencement du monde jusqu'à l'empire de Jovien*, & de quelques autres ouvrages très-médiocres. Mort en 1740, à 91 ans.

MALLET, (*Hist. Litt. mod.*) Deux docteurs en théologie de ce nom, ont été connus dans les lettres.

L'un, (Charles) docteur de Sorbonne, mort en 1680, a beaucoup disputé contre M. Arnauld sur la version du nouveau Testament de Mons, que *Mallet* attaquoit & qu'Arnauld défendoit. L'abbé *Mallet* poussoit le zèle jusqu'à proscrire toute traduction de la bible en langue vulgaire. Cette opinion a été soutenue autrefois par de zélés Catholiques, contre les Protestants & ensuite contre les Jansénistes. Elle est aujourd'hui universellement abandonnée.

L'autre, (Edme) docteur de Navarre, mort en 1755, bien différent du premier, a travaillé à l'Encyclopédie, & son Eloge historique s'y trouve dans l'avertissement placé à la tête du sixième volume. Il étoit né à Melun en 1713. Il éleva les enfants de M. de la Live, fermier général, & fut choisi par la maison de Rohan, pour élever les jeunes princes de Guemené de Montbazon; mais bientôt le desir de se rapprocher de ses parents & de leur être utile, lui fit accepter en 1744, une petite cure auprès de Melun. Les conjonctures ayant changé, il revint à Paris en 1751, remplir au collège de Navarre, une chaire de théologie. Il avoit déjà publié en 1745, du fond de sa retraite, ses *Principes pour la lecture des Poëtes*. Il publia en 1753, ses *Principes pour la lecture des Orateurs*, & son *Essai sur les bienséances oratoires*. Il avoit entrepris deux grands ouvrages; l'un étoit une Histoire générale de toutes nos Guerres, depuis l'établissement de la monarchie jusqu'à Louis XIV inclusivement; l'autre, une Histoire du concile de Trente, qu'il vouloit opposer à celle de Fra-Paolo, donnée par le P. Le Courayer.

Les principaux articles de M. l'abbé *Mallet* dans l'Encyclopédie, sont les articles *Communion*, *Excommunication*, *Déisme*, *Enfer*.

Un travail forcé occasionna la maladie dont il mourut à la fleur de son âge, le 25 septembre 1755. C'étoit un esprit sage, modéré, ami de la paix. Il fut accusé de jansénisme par les Molinistes, de molinisme par les Jansénistes, d'irréligion même par les ennemis de l'Encyclopédie; & cela, sans autre raison ni prétexte, sinon qu'il travailloit à ce dictionnaire; M. l'évêque de Mirepoix, (Boyer) qu'on accuse de n'avoir pas toujours été juste sur ces matières, le fut à son égard; il prit connoissance de l'accusation, en reconnut l'injustice, & se crut obligé de dédommager l'accusé. Il lui donna un canonicat de Verdun.

MALLEVILLE, (Claude) (*Hist. Litt. mod.*)

À peine dans Gombaut, Mainard & Malleville
En peut-on admirer deux ou trois entre mille,

a dit Boileau, en parlant du sonnet; & on pourroit ajouter qu'à peine aujourd'hui dans *Malleville* y a-t-il rien qu'on puisse lire. *Malleville* remporta le prix sur tous les faiseurs de sonnets, Voiture à leur tête, par le sonnet de la *Belle Matineuse*, qui ne fit point secte, comme les sonnets d'Uranie & de Job, parce que tous les rivaux furent écrasés, mais qui fit autant de bruit. « On ne parleroit pas aujourd'hui d'un pareil ouvrage, dit M. de Voltaire ». Et en effet, on n'en parle plus; mais le bon en tout genre, étoit alors aussi rare qu'il est devenu commun depuis, & cette rareté du bon & du beau faisoit paroître tel même ce qui ne l'étoit pas. *Malleville* fut un des premiers membres de l'Académie Françoise dans le temps de son institution. Il avoit été secrétaire du maréchal de Bassompière. Il lui rendit de grands services pendant sa prison, & en reçut de grands bienfaits. Il mourut secrétaire du roi en 1647.

MALLINCKROT, (Bernard) (*Hist. Litt. mod.*) doyen de la cathédrale de Munster, nommé évêque de Ratzebourg, puis élu évêque de Minden, voulut l'être de Munster, & excita tant de séditions contre celui qui lui fut préféré, qu'il se fit déposer de la dignité de doyen de Munster, qu'il conservoit encore, n'ayant pas pu ou n'ayant pas voulu prendre possession des évêchés où il avoit été nommé. L'évêque de Munster le fit même arrêter & enfermer dans un château fort, où il mourut en 1664, avec la même réputation d'esprit inquiet & turbulent qu'auroit eu, sans le mélange d'estime qui la corrige aujourd'hui, le cardinal de Retz, s'il fût mort à Vincennes ou au château de Nantes. *Mallinckrot* étoit savant. On a de lui un Traité de l'invention & du progrès de l'Imprimerie; un de la nature & de l'usage des Lettres; un *des Archi-chanceliers du Saint-Empire Romain*, & *des Chanceliers de la Cour de Rome*.

MALMESBURY, (Olivier de) & Guillaume Sommerset dit de) (*Hist. d'Anglet.*) 1°. Olivier, que d'autres appellent *Elmer* ou *Egelmer*, bénédictin anglois du onziéme siècle, mathématicien, astrologue, devin, voulut voler en l'air avec des aîles attachées à ses bras & à ses pieds. Il se cassa les jambes. Mort à Malmesbury en 1060.

2°. Guillaume Sommerset, dit de *Malmesbury*, surnommé le Bibliothécaire, bénédictin, & historien anglois du douziéme siècle, dédia cinq livres *de rebus gestis Anglorum*, à Robert, comte de Glocestre, fils naturel de Henri Ier. Il y a encore de lui d'autres ouvrages historiques. Il vivoit en 1140.

MALO, (Saint ou Saint Maclou) (*Hist. Ecclés.*) né dans la Grande-Bretagne, ayant passé dans la petite, c'est-à-dire, dans la province de France qu'on appelle Bretagne, y fut évêque d'un lieu nommé Aleth, qui n'est plus qu'un village. Il mourut le 15 novembre 565, dans une solitude auprès de Xaintes. Son corps & le siége épiscopal furent transférés au lieu qui s'appelle actuellement de son nom St. *Malo*. Il étoit d'une famille de saints; St. Samson & St. Magloire étoient ses cousins.

MALOUIN, (Paul-Jacques) (*Hist. Litt. mod.*) professeur de médecine au Collége Royal, médecin de la reine, membre de l'Académie des Sciences de Paris, & de la Société Royale de Londres, auteur de plusieurs ouvrages sur la chymie appliquée à la médecine, a donné les arts du *Meûnier*, du *Boulanger* & du *Vermicelier* dans le recueil que l'Académie des Sciences a publié sur les Arts & Métiers; il est aussi l'auteur des articles de Chymie employés dans la première édition de l'Encyclopédie. Il mourut à Paris en 1778; il étoit de Caën; & un médecin de Caën, Charles *Malouin*, mort en 1718, dont on a un Traité des Corps solides & des fluides, étoit de la même famille.

MALPIGHI, (Marcel) (*Hist. Litt. mod.*) italien illustre, grand médecin, grand physicien, grand naturaliste, premier médecin du pape Innocent XII, (Pignatelli) né en 1628, près de Bologne, mourut à Rome dans le palais Quirinal, en 1694. Ses ouvrages avoient été recueillis & imprimés à Londres de son vivant, en deux volumes *in-folio*. Ses œuvres posthumes, précédées de sa vie, forment de plus un *in-4°*. Ce savant est extrêmement cité par les savants. On connoît & on cite particulièrement son Anatomie des Plantes, & ce qu'il a écrit sur le Ver à soie, sur la formation du Poulet dans l'œuf, sur le Polype du cœur, sur les Poumons, sur le Cerveau, la Langue & différentes parties du corps humain, &c. Il renvoyoit avec candeur, peut-être même avec générosité, la gloire de la plûpart de ses découvertes à son ami Borelli.

MALVASIA, (Charles-César) (*Hist. Litt. mod.*) noble Bolonois du dix-septiéme siècle, a écrit l'*Histoire des Peintres de Bologne*, auxquels il n'assigne pas un rang médiocre parmi les peintres. On a écrit contre lui & contr'eux; il s'est défendu & les a défendus, le tout avec chaleur.

MALVENDA, (Thomas) (*Hist. Litt. mod.*) dominicain espagnol, qui fut utile au cardinal Baronius pour ses ouvrages. Il en fit aussi pour son propre compte, entr'autres les *Annales des Frères Prêcheurs*, en latin; un Traité, aussi latin, de l'Anté-Christ, une version du texte hébreu de la Bible. Né à Xativa en 1566. Mort à Valence en Espagne, le 27 mai 1628.

MALVEZZI, (Virgilio, marquis de) (*Hist. Litt. mod.*) gentilhomme bolonois. Mort à Bologne en 1654. Il a écrit sur Tacite, & fait quelques ouvrages historiques.

MAMACUNAS, (*Hist. mod. culte*) c'est le nom que les Péruviens, sous le gouvernement des Incas, donnoient aux plus âgées des vierges consacrées au soleil; elles étoient chargées de gouverner les vierges les plus jeunes. Ces filles étoient consacrées au soleil dès l'âge de huit ans; on les renfermoit dans des cloîtres, dont l'entrée étoit interdite aux hommes; il n'étoit point permis à ces vierges d'entrer dans les temples du soleil, leur fonction étoit de recevoir les offrandes du peuple. Dans la seule ville de Cusco on comptoit mille de ces vierges. Tous les vases qui leur servoient étoient d'or ou d'argent. Dans les intervalles que leur laissoient les exercices de la religion, elles s'occupoient à filer & à faire des ouvrages pour le roi & la reine. Le souverain choisissoit ordinairement ses concubines parmi ces vierges consacrées; elles sortoient de leur couvent lorsqu'il les faisoit appeller; celles qui avoient servi à ses plaisirs ne rentroient plus dans leur cloître, elles passoient au service de la reine, & jamais elles ne pouvoient épouser personne; celles qui se laissoient corrompre étoient enterrées vives, & l'on condamnoit au feu ceux qui les avoient débauchées. (*A. R.*)

MAMBRUN, (Pierre) (*Hist. Litt. mod.*) jésuite, poëte latin moderne, né à Montferrant en Auvergne en 1600, mort à la Flèche en 1661. Il fut se donner avec Virgile, son modèle, le genre de conformité le plus aisé à saisir. Il fit, comme lui, des Eglogues, des Géorgiques en quatre livres; un poëme épique ou héroïque, en douze chants ou livres, ce dernier avec cette seule différence que Constantin en est le héros, au lieu d'Enée, & que le sujet est l'établissement de la Religion Chrétienne dans l'Empire Romain, au lieu de l'établissement des Troyens dans l'Italie. On trouve au reste, que le père *Mambrun* est un des imitateurs les plus heureux de Virgile, même pour le style, trait de ressemblance un peu plus important; si Boileau n'avoit eu d'autre conformité avec Horace que d'avoir fait des Satyres, des Epîtres & un Art poëtique, on auroit pu lui dire :

Quand sur une personne on prétend se règler,
C'est par les beaux côtés qu'il lui faut ressembler;
Et ce n'est point du tout la prendre pour modèle,
Ma sœur, que de tousser & de cracher comme elle.

MAMERT, (Saint) (*Hist. Ecclés.*) évêque de Vienne en Dauphiné, institua *les Rogations* en l'an 469, à l'occasion d'une calamité publique. Cet établissement a été adopté par l'église, & rendu perpétuel. Saint *Mamert* mourut en 475. Claudien *Mamert* étoit son frère. Celui-ci étoit simple prêtre; il est auteur d'un Traité sur la nature de l'Ame, contre Fauste de Riez; on lui attribue aussi l'hymne qu'on chante le vendredi saint pendant l'adoration de la Croix;

Pange lingua gloriosi
Prœlium certaminis.

Mort en 473 ou 474.

MAMERTIN, (Claude) (*Hist. Litt. mod.*) Nous avons de cet orateur du quatrième siècle, un Panégyrique latin de l'empereur Julien, qui l'avoit fait consul en 362. On croit qu'il étoit fils d'un autre Claude *Mamertin*, dont nous avons aussi deux Panégyriques de Maximien Hercule.

MANITOUS, s. f. (*Hist. mod. superstition*) c'est le nom que les Algonquins, peuple sauvage de l'Amérique septentrionale, donnent à des génies ou esprits subordonnés au Dieu de l'univers. Suivant eux, il y en a de bons & de mauvais; chaque homme a un de ces bons génies qui veille à sa defense & à sa sûreté; c'est à lui qu'il a recours dans les entreprises difficiles & dans les périls pressans. On n'acquiert en naissant aucun droit à ses faveurs, il faut pour cela savoir manier l'arc & la flèche; & il faut que chaque sauvage passe par une espèce d'initiation, avant que de pouvoir mériter les soins de l'un des *manitous*. On commence par noircir la tête du jeune sauvage, ensuite on le fait jeûner rigoureusement pendant huit jours, afin que le génie qui doit le prendre sous sa protection se montre à lui par des songes, ce qui peut aisément arriver à un jeune homme sain dont l'estomac demeure vuide; mais on se contente des symboles, qui sont ou une pierre, ou un morceau de bois, ou un animal, &c. parce que, selon les sauvages, il n'est rien dans la nature qui n'ait un génie particulier. Quand le jeune sauvage a connu ce qu'il doit regarder comme son génie tutélaire, on lui apprend l'hommage qu'il doit lui rendre. La cérémonie se termine par un festin, & il se pique sur quelque partie du corps la figure du *manitou* qu'il a choisi. Les femmes ont aussi leurs *manitous*. On leur fait des offrandes & des sacrifices, qui consistent à jetter dans les rivières des oiseaux égorgés, du tabac, &c. on brûle les offrandes destinées au soleil; quelquefois on fait des libations accompagnées de paroles mystérieuses. On trouve aussi des colliers de verre, du tabac, du maïs, des peaux, des animaux & sur-tout des chiens, attachés à des arbres & à des rochers escarpés, pour servir d'offrandes aux *manitous* qui président à ces lieux. Quant aux esprits malfaisans, on leur rend les mêmes hommages, dans la vue de détourner les maux qu'ils pourroient faire. Les Hurons désignent ces génies sous le nom d'*okkisik*. (*A. R.*)

MAMMÉE, (Julie) (*Hist. Rom.*) fille de Julius-Avitus & Mère de l'empereur Alexandre Sévère; elle est louée dans l'histoire, pour avoir donné à son fils une excellente éducation, à laquelle elle présidoit elle-même; mais *elle ne travailla point à se rendre inutile*, elle conserva l'autorité suprême, & s'en montra toujours très-jalouse; on lui reproche quelques cruautés; on lui reproche aussi de l'avarice. Elle se montra favorable au Christianisme, & fit venir Origène pour en conférer avec lui. Quelques auteurs prétendent même qu'elle finit par embrasser cette religion. Le Goth Maximin excita contr'elle & contre son fils un soulèvement parmi les soldats, qui les massacrèrent l'un & l'autre à Mayence l'an 235 de notre ère. Hérodien peint d'une manière intéressante la douceur inaltérable, mais un peu pusillanime & trop mêlée de foiblesse d'Alexandre, fils de *Mammée*. Le moment où cet enfant malheureux, détrôné pour les vices & l'avarice de sa mère, qu'il n'avoit jamais osé réprimer, se jette entre ses bras, en lui reprochant sa mort qu'il attend, & à laquelle il se résigne, est un mouvement pathétique.

MAMMELUC, s. m. (*Hist. d'Egypte*) milice composée d'abord d'étrangers, & ensuite de conquérans; c'étoient des hommes ramassés de la Circassie & des côtes septentrionales de la mer Noire. On les enrôloit dans la milice au Grand-Caire, & là on les exerçoit dans les fonctions militaires. Salah Nugiumeddin institua cette milice des *mammelucs* qui devinrent si puissans, que, selon quelques auteurs arabes, ils élevèrent en 1255 un d'entr'eux sur le trône. Il s'appelloit *Abousaid Berkouk*, nom que son maître lui avoit donné pour désigner son courage.

Sélim I. après s'être emparé de la Syrie & de la Mésopotamie, entreprit de soumettre l'Égypte. C'eût été une entreprise aisée s'il n'avoit eu que les Egyptiens à combattre; mais l'Égypte étoit alors gouvernée & défendue par la milice formidable d'étrangers dont nous venons de parler, semblable à celle des janissaires qui seroient sur le trône. Leur nom de *mammeluc* signifie en syriaque *homme de guerre à la solde*, & en arabe *esclave*: soit qu'en effet le premier soudan d'Egypte qui les employa, les eût achetés comme esclaves; soit plûtôt que ce fût un nom qui les attachât de plus près à la personne du souverain, ce qui est bien plus vraisemblable. En effet, la manière figurée dont on s'exprime en Orient, y a toujours introduit chez les princes les titres les plus ridiculement pompeux, & chez leurs serviteurs les noms les plus humbles. Les bachas du grand-seigneur s'intitulent ses esclaves; & Thamas Kouli-Kan, qui de nos jours a fait crever les yeux à Thamas son maître, ne s'appelloit que son esclave, comme ce mot même *Kouli* le témoigne.

Ces *mammelucs* étoient les maîtres de l'Egypte depuis nos dernières croisades. Ils avoient vaincu & pris saint Louis. Ils établirent depuis ce temps un gouvernement qui n'est pas différent de celui d'Alger. Un roi & vingt-quatre gouverneurs de provinces étoient choisis entre ces soldats. La mollesse du climat n'affoiblit point cette race guerrière, qui d'ailleurs se renouvelloit tous les ans par l'affluence des autres Circasses, appellés sans cesse pour remplir ce corps toujours subsistant de vainqueurs. L'Egypte fut ainsi gouvernée pendant environ deux cent soixante ans. Toman-Bey fut le dernier roi *mammeluc*; il n'est célèbre que par cette époque, & par le malheur qu'il eut de tomber entre les mains de Sélim. Mais il mérita d'être connu par une singularité qui nous paroît étrange, & qui ne l'étoit pas chez les Orientaux, c'est que le vainqueur lui confia le gouvernement de l'Egypte dont il lui avoit ôté la couronne. Toman-Bey, de roi devenu bacha, eut le sort des bachas, il fut étranglé après quelques mois de gouvernement. Ainsi finit la dernière dynastie qui ait régné en Egypte. Ce pays devint, par la conquête de Sélim en 1517, une province de l'empire turc, comme il l'est encore. (*D. J.*)

MAMURRA, (*Hist. Rom.*) chevalier romain, qui servoit sous César, dans les Gaules, en qualité d'intendant des machines; César n'en parle pas, & on ne le connoît que par ce qu'en ont dit Cicéron, Catulle & Pline le Naturaliste. Ce n'est pas le connoître avantageusement. Cicéron, dans ses lettres à Atticus, parle des richesses acquises dans les Gaules par *Mamurra*, comme d'une chose odieuse. Catulle s'indigne aussi de ces scandaleuses richesses;

Quis hoc potest videre, quis potest pati
Nisi impudicus, & vorax, & helluo,
Mamurram habere quod comata Gallia,
Habebat omnis ultima & Britannia? &c.

Pline, liv. 36, chap. 6, de son Histoire Naturelle, parle du luxe, de la prodigalité de *Mamurra*, de la dépense excessive qu'il fit à Rome, dans une maison située sur le mont *Cœlius*. Il la fit incruster de marbre en-dedans & en-dehors; toutes les colonnes étoient d'un marbre tiré des carrières de Carystos dans l'île d'Eubée, ou des carrières de Luna, ville de Toscane, voisine de la Ligurie. Il fut le premier romain qui donna l'exemple de ce faste ruineux.

Horace parle de la ville des *Mamurra* :

In Mamurrarum lassi deindè urbe manemus.

Cette ville des *Mamurra* est Formies, ville du Latium, voisine de la Campanie, dont la famille des *Mamurra* étoit originaire.

MANAH, (*Hist. ancienne*) idole adorée par les anciens arabes idolâtres: c'étoit une grosse pierre, à qui l'on offroit des sacrifices. On croit que c'est la même chose que *Meni*, dont parle le prophète Isaïe; d'autres croyent que c'étoit une constellation. (*A. R.*)

MANASSÈS ou MANASSÉ (*Hist. Sacr.*) deux personnages de ce nom sont célèbres dans l'Ecriture-Sainte. L'un fils aîné de Joseph & d'Aseneth, chef de la tribu de son nom. Il en est parlé aux chapitres 46 & 48 de la Genèse.

L'autre roi de Juda, fils indigne du pieux Ezéchias. Son histoire est rapportée au quatrième livre des rois, chapitre 21 & au livre second des Paralipomènes, chapitre 33. Il fit périr le prophête Isaïe, âgé de plus de cent ans.

MANCA, s. f. (*Hist. mod.*) étoit autrefois une pièce quarrée d'or, estimée communément 30 sols; *mancusa* étoit autant qu'un marc d'argent. *Voyez les loix* de Canut; on l'appelloit *mancusa*, comme *manu cusa*. (*A. R.*)

MANCINI, (*Hist. mod.*) ancienne maison romaine, elle ne figure en France que depuis le cardinal Mazarin. Elle s'est presque toujours distinguée par l'amour des lettres.

Paul *Mancini*, baron Romain, fut l'instituteur de l'académie des Humoristes; il vivoit en 1600.

Son fils aîné, Michel-Laurent *Mancini*, épousa Jérôme-Mazarin, sœur du cardinal.

De ce mariage nâquirent toutes ces belles *Mancini*, si célèbres à la cour de Louis XIV, par leur figure, par leur esprit, par leur éclat, par leurs intrigues, par leurs succès, par leurs disgraces; la connétable Colonne, qui avoit pensé épouser Louis XIV, & dont l'histoire est le sujet de la tragédie de *Bérénice*; la comtesse de Soissons, mère du prince Eugène; la duchesse de Mazarin, tant célébrée par Saint-Evremont; la duchesse de Bouillon, leur sœur aînée; la duchesse de Vendôme.

Elles eurent aussi plusieurs frères: 1°. le comte de *Mancini*, tué au combat de Saint-Antoine en 1652; un abbé de *Mancini*, tué malheureusement au collège en jouant avec ses compagnons d'étude; un autre mort jeune; le seul qui ait vécu a été le duc de Nevers, Philippe-Julien Mazarini-*Mancini*, si connu par son esprit, par son goût pour les lettres, par son talent pour la poésie, par ses démêlés avec Racine au sujet de *Phèdre* & du *Sonnet* de Madame Deshoulières contre cette pièce, sonnet qui fut mal-à-propos attribué au duc de Nevers.

Ce duc de Nevers étoit l'ayeul de M. le duc de Nivernois qui réunit tout ce qu'il y a jamais eu dans sa maison d'esprit, de graces, de talens, & qui joint à tous les agrémens de l'homme de cour le plus aimable, les lumières & la capacité d'un homme d'état.

MANCO-CAPAC, (*Hist. du Pérou.*) fondateur, législateur & premier Inca de l'empire du Pérou; il paroît qu'il fit adorer aux Péruviens, sous le nom de *Pachacamac*, le Dieu Suprême, créateur & conservateur de l'univers, c'est même à peu près ce que signifie le mot *Pachacamac*. Mais ce Dieu est invisible, il crut qu'il falloit au peuple un Dieu visible, il leur donna le soleil; &, pour participer à la divinité de cet astre,

astre, il se dit son fils. Bientôt les Péruviens furent les enfans du soleil; situés sous la ligne & aux environs, ils ressentoient plus vivement ses influences; ils étoient donc la nation chérie & favorisée de ce Dieu. Delà ce culte du soleil, le plus raisonnable de tous les cultes idolâtres, & qui est indiqué par les sens à ceux à qui la sagesse éternelle n'a point parlé.

MAND, (*Hist. mod. Comm.*) espèce de poids usité dans l'Indostan, & qui varie dans les différentes provinces. A Bengale le *mand* est de 76 livres, à Surate il est de 37 livres $\frac{1}{2}$; en Perse le *mand* n'est que de 6 livres. (*A. R.*)

MANDAJORS (Jean-Pierre des Ours de,) (*Hist. Litt. mod.*) né à Alais en Languedoc le 24 juin 1679, étoit fils du bailli général du comté d'Artois. Il fut reçu à l'académie des inscriptions & belles-lettres en 1712. Il fit imprimer en 1732 une *Histoire critique du Languedoc.* Il y a de lui plusieurs mémoires dans le recueil de l'académie, entr'autres un sur la marche d'Annibal dans les Gaules; des recherches sur les antiquités de *la ville d'Alais* sa patrie, &c. C'est lui qui est l'auteur de l'inscription placée sous la statue de Louis XIV. à Montpellier: *à Louis XIV. après sa mort. M. de Mandajors* mourut en 1747 dans la soixante-neuvième année de son âge.

MANDANE, (*Hist. anc.*) fille d'Astyage, roi des Medes, sœur de Cyaxare, femme de Cambyse, roi des Perses, & mère de Cyrus. (*Voyez* les articles: *Astyage, Cyaxare & Cyrus.*)

MANDANES est le nom d'un philosophe Indien, qui se moqua de la divinité d'Alexandre, & qui refusa de se trouver au banquet où ce prince devoit déclarer cette divinité & reconnoître Jupiter pour son père. Alexandre l'avoit invité solemnellement par des ambassadeurs qui n'épargnèrent pour l'engager à la complaisance, ni les promesses ni les menaces. *Les promesses,* leur dit-il, *ne me tentent pas, je sais vivre de ce que j'ai. Les menaces ne m'épouvantent pas, je sais mourir.*

MANDARIN, s. m. (*Hist. mod.*) nom que les Portugais donnent à la noblesse & aux magistrats, & particulièrement à ceux de la Chine. Le mot *mandarin* est inconnu en ce sens parmi les Chinois, qui, au lieu de cela, appellent leurs grands & leurs magistrats *quan*, ou *quan-su*, ce qui signifie *serviteur* ou *ministre* d'un prince. Il y a à la Chine neuf sortes de *mandarins* ou dégrés de noblesse qui ont pour marque divers animaux. Le premier a une grue, pour marque de son rang; le second a un lion; & le troisième a un aigle; le quatriéme a un paon, &c. Il y a en tout 32 ou 33 mille *mandarins*; il y a des *mandarins* de lettres & des *mandarins* d'armes. Les uns & les autres subissent plusieurs examens; il y a outre cela des *mandarins* civils ou de justice. Depuis que les Tartares se sont rendus maîtres de la Chine, la plûpart des tribunaux sont mi-partis, c'est-à-dire, au lieu d'un président on en a établi deux, l'un tartare & l'autre chinois. Ceux de la secte de Confucius ont ordinairement grande part à cette distinction. Dans les gouvernemens qu'on leur confie, & qui sont toujours éloignés du lieu de leur naissance, pour éviter les injustices que l'amitié, la proximité du sang pourroient leur faire commettre, ils ont un vaste & riche palais; dans la principale salle est un lieu élevé où est placée la statue du roi, devant laquelle le *mandarin* s'agenouille avant que de s'asseoir sur son tribunal. On a un si grand respect pour les *mandarins* qu'on ne leur parle qu'à genoux; les voyageurs vantent fort leur intelligence & leur équité. Le mandarinat n'est pas héréditaire, & l'on n'y élève que des gens habiles. (*A. R.*)

MANDESLO (Jean Albert,) (*Hist. Litt. mod.*) Allemand qui voyagea en Moscovie, en Perse, aux Indes. On a une relation de ses voyages, traduite par Wicquefort.

MANDEVILLE (Bernard de) (*Hist. Litt. mod.*) auteur de *la Fable des Abeilles* & *des Pensées libres sur la religion*, & beaucoup plus connu par ces ouvrages, mis au rang des livres impies, que par ses *Recherches sur l'origine de l'honneur & sur l'utilité du Christianisme dans la guerre;* ouvrage où il semble revenir sur diverses idées hazardées dans les précédens. *Mandeville* étoit un médecin hollandois, il mourut à Londres en 1733.

Un autre *Mandeville* (Jean de) médecin anglois du quatorzième siècle, voyagea en Asie & en Afrique, & composa une relation de ses voyages, qui est imprimée. Mort à Liège le 17 Novembre 1372.

MANDIL, s. m. (*Histoire moderne*) nom d'une espèce de bonnet ou turban que portent les Perses. Le *mandil* se forme premièrement en roulant autour de la tête une pièce de toile blanche, fine, de cinq à six aunes de long, en tournant ensuite sur cela & de la même manière, une pièce de soie ou écharpe de la même longueur, qui souvent est de grand prix. Il faut, pour avoir bonne grace, que l'écharpe soit roulée de telle sorte que ses diverses couleurs, en se rencontrant dans les différens plis, fassent des ondes, comme nous voyons sur le papier marbré. Cet habillement de tête est fort majestueux, mais très-pesant: il met la tête à couvert du grand froid & de l'ardeur excessive du soleil. Les coutelas ne peuvent entamer un *mandil*: la pluie le gâteroit, si les Perses n'avoient une espèce de capuchon de gros drap rouge dont ils couvrent leur *mandil* dans le mauvais temps. La mode du *mandil* a un peu changé depuis quelque temps; pendant le règne de Scha-Abbas II. le *mandil* étoit rond par le haut; du temps de Scha-Soliman, on faisoit sortir du milieu du *mandil* & par dessus la tête un bout de l'écharpe; & récemment sous le règne de Scha-hussein, au lieu d'être ramassé, comme auparavant, on l'a porté plissé en rose, les Persans ont trouvé que cette nouvelle forme avoit meilleure grace; & c'est ainsi qu'ils le portent encore.

MANES, (*Hist. Ecclés.*) Hérésiarque du troisième siècle. C'est de son nom que s'est assez mal & assez mal-à-propos formé le nom du Manicheïsme ou hérésie des Manichéens ou des deux principes; erreur aussi ancienne que le monde. Des écrivains ecclésiastiques nous disent gravement que c'est l'hérésie qui a duré le plus long-temps dans l'église, je le crois bien, & on peut assurer qu'elle durera jusqu'à la consommation des siècles, parce que, comme c'est une affaire de sentiment plus que de raisonnement & d'opinion, elle renaît toutes les fois qu'on croit voir le bien & le mal regner tour-à-tour dans le monde avec un empire égal & respectivement indépendant. Le manichéisme s'est mêlé dans les divers temps & dans les divers lieux à beaucoup d'autres erreurs; de là viennent tous les différens noms de sectes dont le manichéisme est la base & qui ne se distinguent que par les noms de leurs différens chefs & par les erreurs particulières qu'ils ont ajoutées à l'erreur principale. Dans la suite, les Albigeois ou Pétro-brusiens, ou Henriciens, ou Toulousains, ou Bulgares, ou Cathares, ou Poplicains, ou Pathariens, car ils ont eu tous ces noms, furent de vrais Manichéens, avec quelques modifications, additions, restrictions, &c. *Beausobre*, (*voyez* son article,) a écrit l'histoire critique du Manichéisme; Saint-Augustin avoit été Manichéen, & combattit leur secte.

On sait que le pieux roi Robert ayant découvert avec bien de la peine quelques Manichéens en France, ne crut pouvoir rien faire de plus agréable à Dieu que de les livrer aux flammes; ce qui multiplia tellement les Manichéens qu'on les trouvoit sans les chercher, même à la cour, & qu'il fallut brûler jusqu'au confesseur de la reine.

Beausobre a aisément justifié les Manichéens de certaines imputations qui leur ont été faites par leurs ennemis; presque toutes les imputations de parti sont calomnieuses.

Quant à *Manès*, il avoit puisé ses erreurs dans les écrits d'hérétiques plus anciens qui les avoient eux-mêmes tirées d'ailleurs. *Manès* étoit né en Perse, il étoit né dans l'esclavage. Une femme dont il étoit l'esclave, le fit instruire par les mages. Son esprit & sa figure lui procurèrent des succès; les femmes étant pour lui, ses dogmes se répandirent promptement. Il se qualifioit d'abord l'apôtre de J. C. par excellence; bientôt il fut le Saint-Esprit que J. C. avoit promis d'envoyer. Il ne manqua pas de faire des miracles:

C'est un poids bien pésant qu'un nom trop tôt fameux,
Manès ne soutint point cet honneur dangereux.

Sa réputation parvint jusqu'à la cour, il faisoit des miracles; on lui en demanda, il en promit. L'occasion s'en présentoit: un fils du roi de Perse étoit dangereusement malade, *Manès* commença par chasser tous les médecins & assura qu'il n'avoit besoin que de ses prières pour guérir le prince; le prince mourut comme si les médecins étoient restés. Les rois sont souvent trompés, & ils s'en doutent bien; mais quand par hazard ils viennent à s'en appercevoir, malheur au trompeur mal-adroit ou malheureux. Ici la chose étoit claire, le roi de Perse crut que *Manès*, en renvoyant les médecins, avoit privé son fils de secours qui auroient pu lui être salutaires; il fit arrêter *Manès*, en attendant qu'il disposât de son sort. *Manès* trouva le moyen de se sauver de sa prison, c'eût été son miracle le plus utile; mais ayant été repris peu de temps après par les gardes du roi de Perse, il fut écorché vif, châtiment trop cruel, presque mérité cependant, si *Manès* n'étoit de tout point qu'un imposteur; mais dans ces temps d'ignorance & d'absurdité, les charlatans même étoient les premieres dupes de leur art; les hommes se croyoient inspirés, apôtres, prophêtes, taumaturges, sorciers; ils s'avouoient tels, quoique cet aveu dût les faire bruler vifs, & qu'il le sussent bien. Il est difficile d'assigner des bornes à l'extravagance & à la sottise humaine.

MANETHON, (*Hist. Litt. anc.*) vivoit sous Ptolomée Philadelphe, plus de trois siècles avant J. C. C'étoit un prêtre d'Egypte natif d'Héliopolis; il avoit composé en grec, une histoire d'Egypte d'après les écrits de Mercure & d'anciens mémoires conservés dans les archives des temples confiés à sa garde. Cet ouvrage est souvent cité par Josephe & par d'autres auteurs anciens; mais nous n'avons ni l'original de *Manéthon*, ni l'abrégé que Jules Africain en avoit fait. Il ne nous reste que des fragmens, des extraits de Jules Africain dans le syncelle, & ces fragmens sont très-précieux. Gronovius a publié à la fin du dernier siècle un poëme de *Manéthon* en grec avec la version latine, sur le pouvoir des astres qui président à la naissance des hommes: l'abbé Salvini a traduit ce poëme en vers Italiens.

MANFREDI (Eustache, Eustachio,) (*Hist. Litt. mod.*) fils d'Alphonse *Manfredi* notaire à Bologne en Italie, doit être regardé comme le fondateur de l'institut de Bologne. Cette académie d'hommes, dit M. de Fontenelle, est née d'une académie d'enfans dont le jeune *Manfredi* étoit le chef, & qui s'assembloit pour ajouter aux leçons du collège, par la réflexion & la communication des lumières. M. *Manfredi* fut docteur en droit à 18 ans; mais il ne se partagea véritablement qu'entre la poësie & les mathématiques. Il fit des sonnets, des canzoni, il eut beaucoup de succès en poësie, il réforma même à quelques égards le goût de sa nation dans ce genre, & la rapprocha de la nature, il étoit à ce titre de l'académie de la Crusca.

La fameuse Méridienne de Bologne restoit négligée dans l'église de St. Pétrone, il manquoit des astronomes à ce bel instrument. M. *Manfredi*, trois frères, deux sœurs, & un ami particulier qu'il avoit, se firent tous astronomes, ou du moins observateurs, & ce ne furent pas les deux sœurs qui secondèrent avec le moins de zèle & d'intelligence les travaux de M. *Manfredi*. Jamais, dit M. de Fontenelle, une famille entière & aussi nombreuse ne s'étoit unie pour un semblable dessein.

On sait quels sont les embarras, quelles sont les contestations que les rivières causent dans toute la Lombardie & dans quelques autres contrées de l'Italie; il faut que les habitants défendent sans cesse leur terrein contre quelque rivière qui menace de les inonder; chaque état veut rejetter ce fléau sur l'état voisin, au lieu qu'on devroit s'accorder ensemble pour trouver quelque expédient général, qui garantît également tous ces états. La ville de Bologne donna en 1704, à M. *Manfredi* l'importante charge de sur-intendant des eaux, l'astronomie en souffrit, mais l'hidrostatique en profita. Dans l'exercice de ce nouvel emploi, il s'exposa plusieurs fois aux plus grands dangers, parce qu'il vouloit tout voir & tout faire par lui-même. Ce qu'il a écrit sur les eaux a été imprimé en 1723, à Florence, dans un recueil de pièces sur cette matière.

M. *Manfredi* eut en 1711 une place d'astronome dans ce même institut de Bologne qui lui devoit son existence.

Quelques années après, il publia plusieurs volumes d'Ephémérides, ouvrage plein de calculs laborieux & difficiles dans lesquels il fut encore très-utilement aidé par ses sœurs.

En 1724, il publia les observations qu'il avoit faites le 9 novembre 1723, sur une conjonction de Mercure avec le Soleil, à l'observatoire naissant & à peine encore achevé de l'institut de Bologne.

En 1726, il fut reçu à l'académie des sciences de Paris, en qualité d'associé étranger.

En 1729, il fut reçu dans la société royale de Londres. Cette même année & la suivante, il publia ses observations sur les aberrations des étoiles fixes.

En 1735, il fit imprimer à Rome le résultat des travaux astronomiques & géographiques de M. Bianchini, qui avoit laissé ses papiers dans un tel désordre qu'on désespéroit absolument d'en rien tirer. Les sœurs de M. *Manfredi* l'aidèrent encore dans ce travail.

Il mourut le 15 février 1739. Il étoit né le 20 septembre 1674. Il n'étoit, dit M. de Fontenelle, ni sauvage comme mathématicien, ni fantasque comme poëte. Un de ses amis particuliers fut le cardinal Lambertini, archevêque de Bologne, depuis Benoit XIV. Il n'eut pas le plaisir de le voir pape.

Un autre *Manfredi* (Lelio,) traduisit en Italien dans le seizième siècle, (1538,) le roman Espagnol de *Tyran le Blanc*, qui avoit paru à Barcelone à la fin du quinzième siècle, (1497,) & qui a été traduit en François dans celui-ci par M. le comte de Caylus.

MANGEART, (Dom Thomas,) (*Hist. Litt. mod.*) savant bénédictin de la congrégation de Saint-Vanne & de Saint-Hidulphe, antiquaire, bibliothécaire & conseiller du duc Charles de Lorraine, auteur d'un grand ouvrage, publié en 1763 après sa mort, par M. l'abbé Jacquin, sous ce titre : *Introduction à la science des Médailles, pour servir à la connoissance des dieux, de la Religion, des Sciences, des Arts & de tout ce qui appartient à l'histoire ancienne, avec les preuves tirées des Médailles*. On regarde cet ouvrage comme pouvant servir de supplément à l'*antiquité expliquée* de Dom Montfaucon. Dom *Mangeart* mourut dans cette même année 1763 où son livre fut publié après sa mort. Il est encore auteur de quelques autres ouvrages moins importans.

MANGET (Jean-Jacques,) (*Hist. Litt. mod.*) savant Genevois, premier médecin de l'électeur de Brandebourg, auteur de *Bibliotheca Anatomica*; *Bibliotheca Pharmaceutico-Medica*; *Bibliotheca Chymica*; *Bibliotheca Chirurgica*; & autres semblables ouvrages dans lesquels il fut aidé par Daniel le Clerc, auteur d'une histoire de la médecine. Né en 1652. Mort à Genève sa patrie, en 1742, ayant prolongé sa vie, soit par son art, soit par un heureux tempérament, jusqu'à près de 91 ans.

MANGEUR DE FEU (*Hist. mod.*) Nous avons une grande quantité de charlatans qui ont excité l'attention & l'étonnement du public en mangeant du feu, en marchant dans le feu, en se lavant les mains avec du plomb fondu, *&c.*

Le plus célèbre est un anglois nommé Richardson, dont la réputation s'est étendue au loin. Son secret, qui est rapporté dans le *Journal des Savans de l'année 1680*, consistoit en un peu d'esprit de soufre pur, dont il se frottoit les mains & les parties qui étoient destinées à toucher le feu; cet esprit de soufre brûlant l'épiderme, endurcissoit la peau & la rendoit capable de résister à l'action du feu.

A la vérité ce secret n'est pas nouveau. Ambroise Paré nous assure qu'il a éprouvé par lui-même qu'après s'être lavé les mains dans sa propre urine ou avec de l'onguent d'or, on peut en sureté les laver avec du plomb fondu.

Il ajoute qu'en se lavant les mains avec le jus d'oignon, on peut porter dessus une pelle rouge, tandis qu'elle fait distiller du lard. (*A. R.*)

MANGOT, (*Hist. de Fr.*) c'est le nom de deux frères, fils d'un avocat de Loudun en Poitou, tous deux magistrats distingués.

Le premier, Jacques *Mangot*, avocat général au parlement de Paris dans des temps de factions & de troubles, fut inaccessible à l'esprit de parti & occupé uniquement de ses devoirs; il mourut en 1586 à trente-six ans avec la réputation d'un homme intègre, d'un orateur éloquent, d'un magistrat savant, il ne fut qu'estimable. Il est à peine connu aujourd'hui.

Le second, Claude *Mangot*, est beaucoup plus connu, parce que la courte & rapide faveur du maréchal d'Ancre, l'éleva rapidement d'honneurs en honneurs jusqu'à la dignité de garde des sceaux. Il y fut nommé en 1616. L'année suivante, son protecteur, le maréchal d'Ancre, fut assassiné. Au premier bruit de cet évènement, *Mangot* tout effrayé, courut se cacher dans les écuries de la reine. S'étant ensuite remis peu-à-peu de sa terreur, il résolut de tout hazarder, il se présenta au louvre, & marcha droit vers l'appartement de la reine. Mais la reine avoit elle-même perdu son crédit par le coup qui avoit détruit le maréchal d'Ancre; elle alloit elle-même partir pour l'exil, sans avoir pu parler en mère à un fils, dont *la réponse étoit dictée & même le silence*. Le capitaine des gardes du corps, Vitri, qui venoit de tuer le maréchal, rencontrant *Mangot*, lui dit d'un ton de raillerie & d'insulte : *où allez-vous, Monsieur, avec votre robe de satin? Le roi n'a plus besoin de vous.* Vitri, qui avoit la confiance de Luynes, dont le règne commençoit, se sentoit autorisé sans doute à parler ainsi; en effet *Mangot* fut obligé de remettre les sceaux. Il mourut dans l'obscurité où il avoit long-temps vécu. Avoit-il mérité d'en sortir? avoit-il mérité d'y rentrer? Il ne fut pas assez long-temps en place pour qu'on ait pu en juger.

MANI, s. m. (*Hist. mod.*) titre qu'on donne dans le royaume de Loango en Afrique, à tous les grands officiers, aux gouverneurs & aux ministres du roi. Le *mani bomma* est le grand amiral; le *mani-mambo* est le général en chef & gouverneur d'une province; le *mani-beloor* est le chef ou le surintendant des sorciers & devins; le *mani-bellulo* est une espèce de souverain indépendant; le *mani-manga* est le chef des prêtres; le *mani-matta* est le capitaine des gardes du roi, *&c*) *A. R.*)

MANIA, (*Hist. anc.*) tient un rang distingué parmi les femmes illustres de l'antiquité. Après la mort de son mari, gouverneur de l'Eolie, elle pria Pharnabase de lui conserver le gouvernement de cette province. Le satrape étonné de sa demande, & séduit par son assurance, lui confia une place qui jusqu'alors n'avoit été occupée que par des hommes de guerre. Elle s'en acquitta avec l'intelligence des plus grands capitaines. Les villes furent tenues dans l'obéissance, elle se mit à la tête des armées, & montée sur un char, elle donnoit ses ordres avec la contenance d'un général expérimenté. Les limites de son gouvernement furent reculées par ses conquêtes. Ce fut au milieu de ses prospérités, que son gendre humilié d'obéir à une femme, la massacra avec son fils qu'elle formoit dans l'art de vaincre & de gouverner. (*T-N.*)

MANIBELOUR, (*Hist. mod.*) c'est le nom qu'on donne dans le royaume de Loango en Afrique au premier ministre du royaume, qui exerce un pouvoir absolu, & que les peuples ont droit d'élire sans le consentement du roi. (*A. R.*)

MANIEMENT, s. m. (*Hist. mod.*) terme dont les Anglois se servent en parlant de leurs combats de coqs: il signifie l'action de mesurer la grosseur de cet animal, en prenant son corps entre les mains & les doigts. (*A. R.*)

MANILIUS (Marcus,) (*Hist. Litt. anc.*) poëte latin qui vivoit sous Tibère, & dont nous avons un poëme sur l'astronomie. C'est de lui qu'est ce vers connu:

Ornari res ipsa negat contenta doceri.

que tous ceux qui ne savent pas Horace par cœur, croyent d'Horace.

MANLIUS, (*Hist. Romaine.*) gendre de Tarquin le Superbe, est regardé comme la tige de l'illustre famille des Manliens qui fournit à Rome deux dictateurs, trois consuls & douze tribuns. Il n'est connu que par l'asyle qu'il donna à son beau-père que ses crimes & son orgueil avoient précipité du trône, & qui fut le dernier roi des Romains.

Manlius Capitolinus, descendant du premier, étoit à peine parvenu à l'âge de seize ans, que Rome le comptoit déjà au nombre de ses plus braves guerriers. Cette ville devenue la conquête des Gaulois, n'avoit plus de ressource que dans le capitole, dont les barbares étoient sur le point de se rendre maîtres. *Manlius* réveillé aux cris des oies, se mit à la tête d'une troupe de jeunes gens, & repoussa les ennemis, dont il fit un grand carnage. Ce service lui mérita le surnom de *Capitolinus* ou *de conservateur de Rome*. Alors couvert de gloire, il se ménagea la faveur du peuple pour parvenir aux premières dignités de la république, & peut-être pour en être le tyran. Dès qu'il fut entré dans les charges, il introduisit plusieurs nouveautés dangereuses, & sur-tout l'abolition des dettes. Le dictateur Cornelius Cossus le fit arrêter & conduire en prison. Le peuple qui le regardoit comme son protecteur, fit éclater son mécontentement par un deuil public, & le sénat fut contraint d'ordonner son élargissement. Alors devenu plus audacieux par son impunité, il alluma le feu des séditions. Les tribuns du peuple se rendirent eux-mêmes ses accusateurs, & lui imputèrent plusieurs trahisons. Les premières assemblées se tinrent au champ de Mars, d'où l'on découvroit le capitole qu'il avoit sauvé. Les juges saisis d'un saint respect, n'osèrent prononcer la condamnation d'un citoyen dans le lieu même qui avoit été le théâtre de sa gloire. Les comices suivants furent indiqués dans un autre endroit. *Manlius* convaincu d'être traître à la patrie, fut condamné à être précipité du haut du capitole; & il fut défendu aux Manliens de prendre dans la suite le nom de Marcus qu'il avoit porté. (*T. N.*)

MANLIUS (TORQUATUS), de la même famille que le premier, étoit né avec un esprit vif & facile; mais il avoit une si grande difficulté de s'énoncer, que son père rougissant de ce défaut naturel, lui donna une éducation agreste & sauvage, dans la crainte qu'étant élevé à Rome, il n'excitât la dérision de la multitude. Cette fausse honte fit regarder son père comme un dénaturé qui condamnoit son fils aux fonctions de l'esclavage. Il fut cité au jugement du peuple. Le jeune *Manlius* alarmé du danger de son père, s'arma d'un poignard, & se rendit chez l'accusateur auquel il ne laissa que l'alternative, ou d'être égorgé, ou de se désister de son accusation. Cette piété filiale lui mérita la faveur du peuple, qui l'année suivante le nomma tribun militaire. Il signala son courage & son adresse contre les Gaulois, & il vainquit dans un combat singulier un ennemi, qui, fier de sa taille gigantesque, avoit défié le plus brave des Romains. Après l'avoir fait tomber sous ses coups, il lui enleva son collier d'or dont il se fit un ornement. Sa valeur éprouvée lui mérita la dignité de dictateur. Il fut le premier des Romains qu'on en revêtit sans qu'il eût passé par le consulat. Son fils animé par son exemple, accepta un défi que lui fit un officier ennemi. La discipline militaire punissoit sévérement ces sortes de combats. Il en sortit vainqueur; mais au lieu de jouir de sa gloire, il fut condamné à la mort par son inéxorable père, comme infracteur de la discipline; & depuis ce tems on donna le nom d'arrêt de *Manlius* à tous les jugemens qui parurent trop sévères. Le dictateur, fumant du sang de son fils, marcha contre les ennemis sur les bords du Vésiris. Ce fut dans ce combat que Decius son collègue se dévoua à la mort. *Manlius* obtint les honneurs du triomphe. Il fut élevé plusieurs fois au consulat, & il refusa cet honneur dans sa vieillesse, sous prétexte de sa cécité, disant qu'il étoit imprudent de confier le gouvernement à celui qui ne pouvoit rien voir par ses yeux; & comme les jeunes avoient le plus d'empressement de le voir à leur tête, il leur dit: *Cessez de me solliciter; si j'étois consul, je réprimerois la licence de vos mœurs, & vous murmureriez bien-tôt de ma sévérité.* (*T. N.*)

MANLIUS VULSON, de la famille des deux premiers, fut nommé consul l'an 280 de Rome. Il marcha contre les Veïens qu'il avoit ordre d'exterminer; mais touché de leur repentir, il leur accorda la paix, après les avoir mis dans l'impuissance de nuire. Il fit le dénombrement de tous les chefs de famille de Rome, & l'on en compta cent dix mille, sans comprendre les marchands, les artisans, les étrangers & les esclaves. Les villes modernes les plus peuplées ne renferment point un si grand nombre d'habitans, & Rome ne faisoit encore que sortir de l'enfance.

Un autre MANLIUS exerça le consulat conjointement avec Fabius Vibulanus. Il fut chargé de faire la guerre aux Toscans, dont il fit un grand carnage; mais il ne jouit point du plaisir de sa victoire, il fut tué dans la chaleur de la mêlée.

On voit encore un TITUS MANLIUS IMPERIOSUS TORQUATUS, qui fut élevé à la dictature, l'an 405 de la fondation de Rome. (*T-N.*)

MANSARD, si grand nom dans l'architecture, qu'il ne faut que le nommer ici & le renvoyer au département des arts. Nous observerons seulement ce qu'il n'est permis à personne d'ignorer, c'est que le château de Maisons en entier, & le Val de Grace en grande partie, sont l'ouvrage de François *Mansard*, né en 1598; mort en 1666. C'est lui qui est l'inventeur de ce qu'on appelle de son nom des *Mansardes*. Quand Colbert lui demandoit des plans pour les bâtiments du roi, qu'il les adoptoit avec éloge & vouloit lui faire promettre de n'y rien changer, *Mansard* refusoit de s'en charger à cette condition, disant: *je me réserve toujours le droit de mieux faire.* Ce mot est d'un homme qui respecte son art. Il faudroit seulement qu'en se réservant ce droit indéfini de mieux faire, on renonçât au droit de se faire mieux payer, car il faut que celui qui bâtit, sur-tout des deniers du peuple, sache à quoi il s'engage.

Jules Hardouin *Mansard*, neveu de François, chevalier de Saint-Michel, fut, comme son oncle, premier architecte du roi. Ses principaux ouvrages sont la galerie du palais royal, la place de Louis le Grand & celle des victoires; la maison de Saint-Cyr, la Cascade de Saint-Cloud, le château de Versailles, la Ménagerie, l'Orangerie, les Ecuries, la Chapelle, son dernier ouvrage, qu'il n'a pas pu voir achever, la chapelle que M. de Voltaire appelle:

> Ce colifichet fastueux
> Qui du peuple éblouit les yeux,
> Et dont le connoisseur se raille;

mais que tout le monde ne juge pas aussi sévèrem[ent]. Un ouvrage enfin auquel Rome n'a peut-être rien supérieur, le Dôme des Invalides, & une partie [de] l'église, dont le premier architecte avoit été Libéral Bruant. Jules-Hardouin *Mansard* mourut en 1708.

MANSEBDARS, s. m. (*Histoire mod.*) nom qu'o[n] donne dans le Mogol à un corps de cavalerie qui compose la garde de l'empereur, & dont les soldats sont marqués au front. On les appelle ainsi du mot *manseb*, qui signifie une paye plus considérable que celle des autres cavaliers. En effet, il y a tel *mansebdar* qui a jusqu'à 750 roupies du premier titre de paye par an; ce qui revient à 1075 livres de notre monnoie. C'est du corps des *mansebdars* qu'on tire ordinairement les omrhas ou officiers généraux. (*G*)

MANSFELD, (*Hist. d'Allem.*) c'est le nom d'une maison d'Allemagne, féconde en grands capitaines. Les plus illustres sont Pierre Ernest, comte *de Mansfeld* & ses deux fils, sur-tout son fils naturel Ernest.

Pierre Ernest étoit gouverneur d'Yvoi, lorsque les François firent le siège de cette place en 1552. Le comte *de Mansfeld* y fut fait prisonnier. Devenu libre dans la suite il servit les catholiques contre les Protestants à la bataille de Montcontour. Le roi d'Espagne le fit gouverneur de Luxembourg & de Bruxelles. Il mourut en 1604 à quatre-vingt-sept ans. S'il laissa une assez grande réputation de talent & de capacité, il en laissa une bien plus grande d'avarice & de cruauté. Les prisonniers qui tomboient entre ses mains, étoient plus malheureux que les captifs qui servent en Barbarie. Ils étoient obligés de sacrifier presque toute leur fortune pour se tirer d'une captivité si insupportable, ou ils y périssoient misérablement. Cet homme avoit cependant été prisonnier. Il pouvoit dire:

> Ainsi que ces guerriers j'ai langui dans les fers:
> Qui ne sait compâtir aux maux qu'on a soufferts?

On pouvoit lui dire:

> Vous futes malheureux & vous êtes cruel!

Charles, prince *de Mansfeld*, son fils légitime, étoit mort du vivant de Pierre Ernest en 1595 après avoir battu les Turcs qui vouloient secourir la ville de Gran ou Strigonie dont il faisoit le siège. Il avoit servi avec distinction en Flandre & en Hongrie. Il ne laissa point d'enfans.

Ernest *de Mansfeld*, fils naturel de Pierre Ernest, plus illustre encore & que son père & que son frère, fut d'abord attaché comme eux à la maison d'Autriche; l'archiduc Ernest d'Autriche, fut son parrein & lui donna son nom; il servit avec Charles son frère, le roi d'Espagne en Flandre, & l'empereur en Hongrie. Elevé à Bruxelles dans la religion catholique, tout l'éloignoit du parti Protestant. L'empereur Rodolphe II le légitima : On lui promit les charges & les biens du comte *de Mansfeld* son père, on ne lui tint point parole; alors il se jetta dans le parti des princes Protestants, ennemis de la maison d'Autriche. En 1618, il se mit à la tête des révoltés de Bohême, & commença la guerre de trente ans ; il ravagea le Palatinat & l'Alsace, battit les Bavarois, les Allemands l'appelloient l'*Attila de la Chrétienté*. Enfin il fut défait par le fameux Valstein à la bataille de Dessau en 1626. Il mourut le 20 novembre de la même année à quarante-six ans, ayant cédé au duc de Saxe-Weymar les troupes qui lui restoient. Il mourut dans un village de la Dalmatie entre Zara & Spalatro, en voulant passer dans l'état de Vénise pour y entamer quelque négociation utile au parti. Quand il sentit approcher sa dernière heure, il crut qu'il étoit indigne d'un si grand capitaine de mourir dans son lit, & voulant sans doute mettre en pratique la maxime connue : *decet Imperatorem stantem mori*, il se fit habiller & même parer, & se tint debout l'épée au côté appuyé sur deux domestiques, entre les bras desquels il expira. Il avoit eu long-temps une confiance entière dans un de ses officiers nommé Cazel, il acquit la preuve que cet officier le trahissoit & révéloit tous ses projets au comte de Buquoy, général des Autrichiens; il ne lui en dit rien, il lui fait donner trois cents richdales (on ne voit pas trop pourquoi) & l'envoye porter une lettre au comte de Buquoy ; elle étoit conçue en ces termes ; *Cazel étant votre affectionné serviteur & non le mien, comme je l'avois cru, je vous l'envoye afin que vous profitiez de ses services.* Ce procédé étoit imprudent, si l'on veut, mais il étoit noble & fier ; c'est ainsi que César renvoyoit à Pompée Domitius, Afranius, Petréius, & avec eux tous ceux qu'il jugeoit être plus affectionnés à la cause de la république qu'à ses intérêts particuliers, quoiqu'il pût les retenir au moins comme prisonniers. Les Hollandois, que *Mansfeld* avoit souvent bien servis, disoient de lui : *Bonus in auxilio, carus in pretio; Allié utile, mais cher.* C'est ce que Clovis disoit de Saint Martin de Tours, dont il combloit l'église de présents, & à la protection duquel il croyoit devoir une partie de ses victoires ; *il sert assez bien ses amis, mais il est un peu cher.*

Un autre comte de *Mansfeld*, (Henri-François) de la même maison, servit avec distinction la maison d'Autriche, dans la guerre de la succession d'Espagne, fut général des armées de l'empereur, ambassadeur en France & en Espagne, & mourut à Vienne en 1715.

Pendant son ambassade en Espagne, il fut accusé d'avoir, de concert avec le comte d'Oropeza, ministre d'Espagne, fait empoisonner la reine, première femme de Charles II, fille de Monsieur & de Henriette-Anne d'Angleterre, parce qu'elle rendoit son mari favorable à la France. Le marquis de Torcy dit dans ses mémoires, qu'ils prirent peu de soin de s'en justifier.

MANTE, s. f. *syrma* ou *palla*, (*Hist. anc.*) habillement des dames Romaines. C'étoit une longue pièce d'étoffe riche & précieuse, dont la queue extraordinairement trainante, se détachoit de tout le reste du corps, depuis les épaules où elle étoit arrêtée avec une agrafe le plus souvent garnie de pierreries, & se soutenoit à une assez longue distance par son propre poids. La partie supérieure de cette *mante* portoit ordinairement sur l'épaule & sur le bras gauche, pour donner plus de liberté au bras droit que les femmes portoient découvert comme les hommes, & formoit par-là un grand nombre de plis qui donnoient de la dignité à cet habillement. Quelques-uns prétendent que la forme en étoit quarrée, *quadrum pallium*. Le fond étoit de pourpre & les ornemens d'or, & même de pierreries, selon Isidore. La mode de cette *mante* s'introduisit sur la scène, & les comédiennes balayoient les théâtres avec cette longue robe :

Longo syrmate verrit humum.

Saumaise, dans ses notes sur Vopiscus, croit que le *syrma* étoit une espèce d'étoffe particuliere, ou les fils d'or & d'argent qui entroient dans cette étoffe ; mais le grand nombre des auteurs pense que c'étoit un habit propre aux femmes, & sur-tout à celles de la première distinction. (*A. R.*)

MANTECU, *terme de relation*, sorte de beurre cuit dont les Turcs se servent dans leurs voyages en caravanne; c'est du beurre fondu, salé, & mis dans des vaisseaux de cuir épais, cerclés de bois, semblables à ceux qui contiennent leur baume de la Méque. Pocock, *Descript. d'Egypte.* (*D. J.*)

MANTICA, (François) (*Hist. Litt. mod.*) jurisconsulte célèbre d'Italie, créé auditeur de Rote par Sixte-Quint, & cardinal par Clément VIII, auteur de divers traités de droit ; *de conjecturis ultimarum voluntatum libri 12 ; lucubrationes Vaticanæ, seu de tacitis & ambiguis conventionibus ; Decisiones Rotæ Romanæ.* Né à Udine en 1534, mort à Rome en 1614.

MANUCE, (Alde, Paul & Alde le jeune) (*Hist. Litt. mod.*) père, fils & petit-fils, imprimeurs & littérateurs célèbres de Venise & de Rome.

Alde fut le premier qui imprima le grec correctement & sans beaucoup d'abréviations. On a de lui une Grammaire grecque, des notes sur Homère, sur Horace, &c. Il mourut à Venise en 1516.

Paul *Manuce* son fils, y naquit en 1512. On a de lui des Traités pleins d'érudition sur divers sujets relatifs à l'histoire, aux loix, aux usages des Romains: *de Legibus Romanis ; de dierum apud Romanos veteres ratione ; de Senatu Romano ; de Comitiis Romanis ;* des Commentaires sur Cicéron ; des Epîtres, &c. Mort à Rome en 1574.

Alde le jeune, né à Venise en 1545, fils de Paul, eut, comme son père, la direction de l'imprimerie du Vatican ; on a de lui un Traité *de l'Ortographe*, qu'il avoit composé à l'âge de quatorze ans ; des Commentaires sur Cicéron ; des Epîtres ; la vie de Cosme de Médicis ; celle de Castruccio Castracani (*Voyez* cet article.) On put dire de lui ;

Virtus laudatur & alget.

Des éloges furent sa seule récompense; il vécut & mourut pauvre, & fut réduit, pour pouvoir subsister, à vendre sa bibliothèque, qui étoit, dit-on, de quatre-vingt mille volumes que son père & son ayeul avoient amassés à grands frais. Mort à Rome en 1597.

MANUDUCTEUR, s. m. (*Hist. mod.*) terme ecclésiastique, nom qu'on donnoit anciennement à un officier du chœur, qui placé au milieu du chœur, donnoit le signal aux choristes pour entonner, marquoit les tems, battoit la mesure, & régloit le chant.

Les Grecs l'appelloient *mesochoros*, par la raison que nous venons de dire, qu'il étoit placé au milieu du chœur: mais dans l'église latine on l'appelloit *manuductor*, de *manus*, main, & *duco*, conduire, parce qu'il régloit le chœur par le mouvement & les gestes de sa main.

MANUEL, (*Histoire du Bas-Empire.*) C'est le nom de deux empereurs de Constantinople; l'un, de la maison Comnène; l'autre, de la maison Paléologue. Le premier, né en 1120, couronné empereur en 1143, fit beaucoup la guerre; & quoique naturellement bon & aimant ses peuples, il les accabla d'impôts, parce qu'on ne fait la guerre qu'à ce prix. C'est sous son règne qu'arriva la seconde croisade. Les Grecs, & ce qu'on appelloit les Latins, c'est-à-dire, tous les croisés d'Europe vécurent en fort mauvaise intelligence; les Latins ont fort diffamé & vraisemblablement un peu calomnié *Manuel*, dont ils n'étoient pas contents, & qui étoit encore plus mécontent d'eux. Il mourut en 1180, dans un habit de moine, pour expier, non pas le tort qu'il avoit fait à ses peuples, mais je ne sais quel scandale qu'il avoit donné à l'église grecque, par quelques dogmes un peu hazardés.

MANUEL PALÉOLOGUE, fils de Jean VI, fit la guerre aux Turcs; ceux-ci étoient alors dans toute leur vigueur, & l'empire grec dans sa décadence; les Turcs lui prirent Thessalonique, & pensèrent lui enlever Constantinople en 1395. Il remit le sceptre à Jean VII Paléologue son fils, & mourut aussi sous l'habit religieux; c'étoit la dévotion du temps, & cette mode dura long-temps. Il mourut en 1425; il avoit 77 ans, il en avoit régné trente-cinq; on vante sa douceur plus que son habileté. Il étoit bel esprit, on a de lui un recueil d'ouvrages.

MANUEL, (Nicolas) (*Hist. Litt. mod.*) étoit de Berne, & fit jouer dans cette ville, en 1522, deux comédies ou farces intitulées, l'une: *le mangeur de morts*; l'autre: *le Parallèle de J. C. avec son vicaire.* Berne étoit encore catholique; mais les déclamations de Luther y avoient déjà produit leur effet, & avoient disposé les esprits à goûter ces deux pièces, qui n'excitèrent aucune réclamation. Au contraire, l'auteur fut mis dans les charges municipales, & employé dans les affaires de la ville. Ce fut lui qui traduisit *le recueil de procédures, contre des Jacobins, exécutés à Berne en 1509, pour crime de sorcellerie, auquel traité sont accouplés les cordeliers d'Orléans pour pareille imposture.* Cet ouvrage parut à Genève en 1566. Genève & Berne étoient alors protestantes, & en accueillirent d'autant mieux ces histoires scandaleuses, qu'aucun catholique ne pouvoit se défendre. L'histoire des Jacobins de Berne, étoit que ces moines ayant voulu que la Vierge prononçât elle-même contre les cordeliers, en faveur des jacobins, dans l'affaire de l'immaculée conception, avoient choisi un de leurs moines, jeune homme fort crédule, qu'ils stigmatisèrent, & auquel ils firent apparoître la Vierge, qui lui dit tout ce qu'elle voulut ou plutôt tout ce qu'ils voulurent; mais le petit moine, quoique sans se douter de rien, s'étant avisé d'appercevoir quelque ressemblance entre la voix du sous-prieur & celle de la Vierge, on voulut l'empoisonner avec une hostie. L'arsenic dont elle étoit couverte la lui ayant fait rejetter, on l'enferma comme sacrilége; il trouva le moyen de s'échapper, & révéla tout. Rome fit punir ce raffinement de crime; quatre dominicains furent brûlés le 31 mars 1509, à la porte de Berne. Remarquons qu'ils ne furent pas brûlés *pour crime de sorcellerie*, comme le porte le titre du recueil; mais pour crime de profanation & de sacrilége, à moins qu'on n'entende ici par sorcellerie, tout malefice, toute imposture criminelle où l'on employe les choses saintes pour tromper & faire du mal.

L'histoire des cordeliers d'Orléans est de 1533; c'est une des plus grossières fourberies dont les *moines* se soient avisés dans les temps d'ignorance. Ils prenoient bien leur temps, c'étoit celui où Luther, Zuingle, Calvin, tenoient les yeux de l'europe attentifs sur les abus de l'église romaine, & sur les fourberies des moines. Louise de Mareau, femme de François de Saint-Mesmin, prévôt d'Orléans, avoit ordonné qu'on l'enterrât sans pompe aux cordeliers de cette ville, où les Saint-Mesmin avoient leur sépulture, comme bienfaiteurs du couvent. Saint-Mesmin, conformément aux dernières volontés de sa femme, lui fit faire un convoi très-modeste, pour lequel il ne donna aux cordeliers que six écus, somme très-raisonnable pour le temps; mais qui ne satisfaisoit point leur avidité. Ils voulurent avoir part à une coupe de bois que Saint-Mesmin faisoit faire alors, & sur son refus, ils résolurent de se venger. La vengeance qu'ils imaginèrent, fut de lui persuader que sa femme, qu'il avoit beaucoup aimée, étoit damnée. L'ame de cette malheureuse revenoit tous les jours troubler l'office divin par un bruit affreux; l'ame étoit un petit novice qu'on faisoit monter sur la voûte de l'église, où on avoit pratiqué un trou, à la faveur duquel le moine pouvoit entendre tout ce qu'on lui diroit d'en bas. On exorcisa l'esprit, on l'interrogea, on reconnut qu'il étoit muet; mais il n'étoit pas sourd, on lui ordonna de répondre par des signes dont on convint, & qui consistoient à frapper un certain nombre de coups; l'esprit avoua qu'il étoit damné pour avoir reçu secrètement dans son cœur l'hérésie de Luther, & pour avoir trop aimé la parure. On fit d'abord devant peu de personnes, ensuite à mesure que la crédulité faisoit des progrès, devant un plus grand nombre, des représentations de cette ridicule scène ; mais dès qu'on parla de faire monter quelqu'un à la voûte, les cordeliers troublés soutinrent qu'il ne falloit pas déranger l'esprit ; & le peuple qui aime les esprits & les revenans, fit de cet avis. Cette affaire devint bientôt la matière d'un grand procès ; Saint-Mesmin se plaignit qu'on troublât les cendres de sa femme, & qu'on diffamât sa mémoire. Les cordeliers se plaignirent qu'elle troublât leur repos. Le roi nomma des juges. La vérité fut découverte. Les cordeliers furent condamnés à faire amende honorable, & à être bannis du royaume ; mais le peuple vit toujours en eux des saints opprimés ; les aumônes des fidèles, sur-tout des femmes, ne leur manquèrent point dans la prison, & lorsqu'après leur condamnation, ils furent ramenés de Paris à Orléans pour y faire amende honorable, le peuple les suivit en baisant leurs fers & en versant des larmes. Le reste de l'arrêt ne fut point exécuté, parce qu'on craignit de faire triompher les hérétiques, & les hérétiques triomphèrent bien davantage, de ce qu'une pareille fourberie resta impunie. C'est parce que la religion est divine, qu'il faut contenir ceux qui la font servir à de vils intérêts & à des passions humaines ; c'est parce que les choses saintes doivent être respectées, qu'il faut en punir rigoureusement la profanation.

MANZO. (*Voyez Ville*) (marquis de)

MAPPAIRE, (*Hist. anc.*) nom d'officier chez les anciens Romains ; c'étoit celui qui dans les jeux publics, comme celui du cirque & des gladiateurs, donnoit le signal pour commencer, en jetant une mappe, *mappa*, qu'il recevoit auparavant de l'empereur, du consul, ou de quelqu'autre magistrat, apparemment le plus distingué qui fût présent, ou de celui qui donnoit les jeux. (*A. R.*)

MARABOUS ou MARBOUTS, s. m. (*Hist. mod.*) c'est le nom que les Mahométans, soit nègres, soit maures d'Afrique, donnent à des prêtres pour qui ils ont le plus grand respect, qui jouissent des plus grands priviléges. Dans leur habillement ils diffèrent très-peu des autres hommes ; mais ils sont aisés à distinguer du vulgaire par leur gravité affectée, & par un air hypocrite & réservé qui en impose aux simples, & sous lequel ils cachent l'avarice, l'orgueil & l'ambition les plus demesurés. Ces *marabous* ont des villes & des provinces entières, dont les revenus leur appartiennent ; ils n'y admettent que les nègres destinés à la culture de leurs terres & aux travaux domestiques. Ils ne se marient jamais hors de leur tribu ; leurs enfans mâles sont destinés, dès la naissance, aux fonctions du sacerdoce ; on leur enseigne les cérémonies légales contenues dans un livre pour lequel, après l'alcoran, ils marquent le plus grand respect ; d'ailleurs leurs usages sont pour les laïcs un mystère impénétrable. Cependant on croit qu'ils se permettent la polygamie, ainsi que tous les Mahométans. Au reste ils sont, dit-on, observateurs exacts de l'alcoran ; ils s'abstiennent avec soin du vin & de toute liqueur forte ; & par la bonne foi qu'ils mettent dans le commerce qu'ils font les uns avec les autres, ils cherchent à expier les friponneries & les impostures qu'ils exercent sur le peuple ; ils sont très-charitables pour leurs confrères, qu'ils punissent eux-mêmes suivant leurs loix ecclésiastiques, sans permettre aux juges civils d'exercer aucun pouvoir sur eux. Lorsqu'un *marabou* passe, le peuple se met à genoux autour de lui pour recevoir sa bénédiction. Les nègres du Sénégal sont dans la persuasion que celui qui a insulté un de ces prêtres, ne peut survivre que trois jours à un crime si abominable. Ils ont des écoles dans lesquelles on explique l'alcoran, le rituel de l'ordre, ses règles. On fait voir aux jeunes *marabous* comment les intérêts du corps des prêtres sont liés à la politique, quoiqu'ils fassent un corps séparé dans l'état ; mais ce qu'on leur inculque avec le plus de soin, c'est un attachement sans bornes pour le bien de la confraternité, une discrétion à toute épreuve, & une gravité imposante. Les *marabous* avec toute leur famille, voyagent de province en province en enseignant les peuples ; le respect que l'on a pour eux est si grand, que pendant les guerres les plus sanglantes, ils n'ont rien à craindre des deux partis. Quelques-uns vivent des aumônes & des libéralités du peuple ; d'autres font le commerce de la poudre d'or & des esclaves ; mais le commerce le plus lucratif pour eux, est celui de vendre des *gris-gris*, qui sont des bandes de papiers remplis de caractères mystérieux, que le peuple regarde comme des préservatifs contre tous les maux ; ils ont le secret d'échanger ces papiers contre l'or des nègres ; quelques-uns d'entr'eux amassent des richesses immenses, qu'ils enfouissent en terre. Des voyageurs assurent que les *marabous*, craignant que les Européens ne fassent tort à leur commerce, sont le principal obstacle qui a empêché jusqu'ici ces derniers de pénétrer dans l'intérieur de l'Afrique & de la Nigritie. Ces prêtres les ont effrayés par des périls qui ne sont peut-être qu'imaginaires ou exagérés. Il y a aussi des *marabous* dans les royaumes de Maroc, d'Alger, de Tunis, *&c.* On a pour eux le plus grand respect, au point de se trouver très-honoré de leur commerce avec les femmes.

MARACCI, (Louis) (*Hist. Litt. mod.*) de la congrégation des clercs réguliers *de la mère de Dieu*, confesseur du pape Innocent XI ; né à Lucques en 1612 ; mort en 1700. On a de lui l'ouvrage suivant : *Alcorani textus universus arabicè & latinè*, avec des notes explicatives & réfutatives. Maracci eut grande part aussi à l'édition de la *Bible Arabe*, qui se fit à Rome en 1671, en 3 vol. in-fol.

MARAIS, (Marin) musicien célèbre, né en 1656 à Paris, mort en 1728, auteur de plusieurs opéra, celui d'*Alcione* passe pour son chef-d'œuvre.

MARAIS, (*Voyez* MARETS & REGNIER.)

MARALDI, (Jacques-Philippe) (*Hist. Litt. mod.*) neveu par sa mère du grand Cassini, étoit né comme lui à Périnaldo, dans le comté de Nice. Appellé en France par son oncle en 1687, il se mit à observer ferver le ciel, & personne de son temps, n'en a mieux connu tous les détails. Il entreprit un nouveau catalogue des étoiles fixes, qui l'occupa toute sa vie. On ne pouvoit lui désigner aucune étoile, qu'il ne dît sur le champ la place qu'elle occupoit dans sa constellation : nul phénomène céleste ne lui échappoit; la plus petite nouveauté dans le ciel frappoit aussi-tôt des yeux si exercés à l'observation.

Il travailla sous M. Cassini en 1700, à la prolongation de la fameuse méridienne, jusqu'à l'extrémité méridionale du royaume. Etant allé ensuite en Italie, il fut employé par le pape Clément XI, à la grande affaire du calendrier; & M. Bianchini, ami de M. Cassini, ne manqua pas de copier le neveu & l'élève de ce grand astronome, dans la construction d'une méridienne qu'il traçoit pour l'église des chartreux de Rome, à l'imitation de celle de Saint Pétrone de Bologne, tracée par celui qu'ils reconnoissoient tous deux pour leur maître.

En 1718, M. Maraldi, avec trois autres Académiciens, alla terminer la grande méridienne du côté du nord. A ces voyages près, dit M. de Fontenelle, il a passé sa vie renfermé dans le ciel.

Il s'est pourtant permis quelquefois, par forme de délassement & de récréation, des observations physiques sur des insectes, sur des pétrifications curieuses, sur la culture des plantes, &c. Son observation terrestre la plus importante, est celle des abeilles.

Il mourut le premier décembre 1729; il étoit né le 21 août 1665. Il se distingua sur-tout par sa reconnoissance envers le célèbre Dominique Cassini, son oncle.

MARAMBA, (*Hist. mod. superstition.*) fameuse idole ou fétiche adorée par les habitans du royaume de Loango en Afrique, & auquel ils sont tous consacrés dès l'âge de douze ans. Lorsque le temps de faire cette cérémonie est venu, les candidats s'adressent aux devins ou prêtres appellés *gangas*, qui les enferment quelque temps dans un lieu obscur, où ils les font jeûner très-rigoureusement; au sortir delà il leur est défendu de parler à personne pendant quelques jours, sous quelque prétexte que ce soit; à ce défaut, ils seroient indignes d'être présentés au dieu *Maramba*. Après ce noviciat le prêtre leur fait sur les épaules deux incisions en forme de croissant, & le sang qui coule de la blessure est offert au dieu. On leur enjoint ensuite de s'abstenir de certaines viandes, de faire quelques pénitences, & de porter au col quelque relique de *Maramba*. On porte toujours cette idole devant le mani-hamma, ou gouverneur de province, par-tout où il va, & il offre à ce dieu les prémices de ce qu'on sert sur sa table. On le consulte pour connoître l'avenir, les bons ou les mauvais succès que l'on aura, & enfin pour découvrir ceux qui sont auteurs des enchantemens ou maléfices, auxquels les peuples ont beaucoup de foi. Alors l'accusé embrasse l'idole, & lui dit: *je viens faire l'épreuve devant toi, ô Maramba!* les nègres sont persuadés que si un homme est coupable, il tombera mort sur le champ; ceux à qui il n'arrive rien sont tenus pour innocens. (*A. R.*)

MARAN, (dom Prudent) (*Hist. Litt. mod.*) savant bénédictin de la congrégation de Saint Maur, a donné une bonne édition de S. Cyprien, a eu beaucoup de part à celles de S. Basile & de S. Justin, & s'occupoit à en donner une de S. Grégoire de Nazianze, lorsqu'il mourut en 1762. On a de lui quelques ouvrages théologiques & pieux, moins importans.

MARANA, (Jean-Paul) (*Hist. Litt. mod.*) auteur de l'*espion Turc*, ouvrage beaucoup lu autrefois, & qui l'est bien moins depuis que les lettres persannes nous ont offert un si parfait modèle dans un genre à-peu-près semblable. Marana étoit un Génois qu'on avoit accusé d'avoir eu part à la conjuration de Raphaël de la Torre, qui avoit voulu livrer Gênes au duc de Savoye. Il fut quatre ans en prison pour cette affaire, dont il écrivit ensuite l'histoire qu'il fit imprimer à Lyon en 1682, & qui contient des particularités curieuses. Ce fut à Paris où il vécut quelques années, qu'il donna l'*Espion Turc.* Il mourut en Italie en 1693.

MARANES, s. m. (*Hist. mod.*) nom que l'on donna aux Maures en Espagne. Quelques-uns croient que ce nom vient du syriaque *maran-atha*, qui signifie *anathême*, *exécration*. Mariana, Scaliger & Ducange en rapportent l'origine à l'usurpation que Marva fit de la dignité de calife sur les Abassides, ce qui le rendit odieux lui & ses partisans à tous ceux de la race de Mohammed, qui étoient auparavant en possession de cette charge.

Les Espagnols se servent encore aujourd'hui de ce nom pour désigner ceux qui sont descendus de ces anciens maures, & qu'ils soupçonnent retenir dans le cœur la religion de leurs ancêtres: c'est en ce pays-là un terme odieux & une injure aussi atroce que l'honneur d'être descendu des *anciens chrétiens* est glorieux. (*A. R.*)

MARATTES, *ou* MAHARATAS, (*Hist. mod.*) c'est le nom qu'on donne dans l'Indostan à une nation de brigands, sujets de quelques rajahs ou souverains idolâtres, qui descendent du fameux rajah Sevagi, célebre par les incursions & les conquêtes qu'il fit vers la fin du siecle passé, qui ne purent jamais être réprimées par les forces du grand mogol. Les successeurs de ce prince voleur se sont bien trouvés de suivre la même profession que lui, & le métier de brigands est le seul qui convienne aux *Marattes* leurs sujets. Ils habitent des montagnes inaccessibles, situées au midi de Surate, & qui s'étendent jusqu'à la riviere de Gongola, au midi de Goa, espace qui comprend environ 250 lieues; c'est de cette retraite qu'ils sortent pour aller infester toutes les parties de l'Indostan, où ils exercent quelquefois les cruautés les plus inouies. La foiblesse du gouvernement du grand-mogol a empêché jusqu'ici qu'on ne mît un frein aux entreprises de ces brigands, qui sont idolâtres, & qui parlent un langage particulier

MARAVEDI, f. m. (*Hist. mod.*) petite monnoie de cuivre qui a cours en Espagne, & qui vaut quelque chose de plus qu'un denier de France. Ce mot est arabe, & est dérivé de *almoravides*, l'une des dinasties des Maures, lesquels passant d'Afrique en Espagne, donnèrent à cette monnoie leur propre nom, qui par corruption se changea ensuite en *maravedi*; il en est fait mention dans les decrétales aussi bien que dans d'autres auteurs latins sous le nom de *marabitini*.

Les Espagnols comptent toujours par *maravedis*, soit dans le commerce, soit dans les finances, quoique cette monnoie n'ait plus cours parmi eux. Il faut 63 *maravedis* pour faire un réal d'argent, ensorte que la piastre ou pièce de huit réaux contient 504 *maravedis*, & la pistole de quatre pièces de huit en contient 2016.

Cette petitesse du *maravedi* produit de grands nombres dans les comptes & les calculs des Espagnols, de façon qu'un étranger ou un correspondant se croiroit du premier coup-d'œil débiteur de plusieurs millions pour une marchandise qui se trouve à peine lui coûter quelques louis.

Les loix d'Espagne font mention de plusieurs espèces de *maravedis*, les *maravedis* alphonsins, les *maravedis* blancs, les *maravedis* de bonne monnoie, les *maravedis* ombrenos, les *maravedis* noirs, les vieux *maravedis* : quand on trouve *maravedis* tout court, cela doit s'entendre de ceux dont nous avons parlé plus haut; les autres diffèrent en valeur, en finance, en ancienneté, *&c.*

Mariana assure que cette monnoie est plus ancienne que les Maures; qu'elle étoit d'usage du temps des Goths; qu'elle valoit autrefois le tiers d'un réal, & par conséquent douze fois plus qu'aujourd'hui. Sous Alphonse XI, le *maravedi* valoit dix-sept fois plus qu'aujourd'hui; sous Henri second, dix fois; sous Henri III, cinq fois; & sous Jean II, deux fois & demie davantage. (*A. R.*)

MARBACH, (Jean) (*Hist. Litt. mod.*) savant allemand, ministre protestant, auteur d'un livre recherché dans les temps où les jésuites étoient puissans & haïs. Ce livre qui parut en 1578, a pour titre, *Fides Jesu & Jesuitarum : hoc est collatio doctrinæ Domini nostri Jesu Christi, cum doctrinâ Jesuitarum* : né à Lindaw en 1521, mort à Strasbourg en 1581.

MARBODE, (*Hist. ecclés.*) évêque de Rennes, mort en 1123, moine dans l'abbaye de Saint Aubin d'Angers, sa patrie. On a de lui des œuvres imprimées en 1708, à la suite de celles d'Hildebert, évêque du Mans.

MARC. L'histoire sacrée & l'histoire ecclésiastique offrent divers personnages de ce nom.

1°. Saint Marc, le second des évangélistes, disciple de S. Pierre, écrivit, dit-on, son évangile sur ce qu'il avoit appris de la bouche de cet apôtre. On ne sait s'il l'écrivit en grec ou en latin, & on dispute sur ce point. On montre à Venise quelques cahiers d'un manuscrit que l'on dit être l'original écrit de la main de S. Marc; mais il est si gâté par le temps ou autrement, qu'on ne peut en lire une seule lettre, ni discerner seulement si c'est du grec ou du latin; ainsi ce manuscrit semble n'avoir d'autre objet, & n'a réellement d'autre effet que de confirmer l'incertitude qu'il devroit dissiper. D'ailleurs, comment prouveroit-on que c'est l'original de S. Marc? Suivant une tradition ancienne, S. Marc fonda l'église d'Aléxandrie en Egypte. La république de Venise le prend pour son patron. On ne sait rien d'ailleurs de la vie, ni de la mort de cet évangéliste. On a voulu lui attribuer une *liturgie* & une *vie de Saint Barnabé* qui ne sont pas de lui.

2°. Un hérétique nommé Marc, disciple de Valentin, dans le second siècle de l'église, étoit particulièrement suivi par les femmes. Ce qui distingue sur-tout cet imposteur de tant d'autres, c'est que d'autres faisoient des miracles, & qu'il en faisoit faire aux autres, sur-tout aux femmes, & de manière qu'elles en étoient elles-mêmes les dupes, ce qui lui donna une vogue extraordinaire.

3°. Le pape Saint Marc, successeur de Sylvestre I, fut nommé le 18 janvier 336, & mourut le 7 octobre suivant.

Il y a encore un autre Saint *Marc*, évêque d'Aréthuse, sous Constantin, mort sous Jovien ou sous Valens, vers l'an 365; Saint Grégoire de Nazianze en fait un grand éloge, & l'église grecque honore sa mémoire le 23 mars.

Et un autre *Marc*, surnommé l'*Ascétique*, célèbre solitaire du IVe siècle, dont on a des traités dans la bibliothèque des pères.

MARC-ANTOINE (*Voyez Antoine*).

MARC-AURELE, (ANTONIN), *Hist. Rom.* dont le nom rappelle l'idée d'un prince citoyen & ami des hommes, étoit d'une famille ancienne & plus respectable encore par une probité héréditaire que par les dignités. Son ame, en se développant, ne parut sujette à aucune des passions qui amusent l'enfance & tyrannisent la jeunesse. Etre impassible, il ne connut ni l'ivresse de la joie, ni l'abattement de la tristesse : cette tranquillité d'ame détermina Antonin-le-Pieux à le choisir pour son successeur. Après la mort de son bienfaiteur, il fut élevé à l'empire par le suffrage unanime de l'armée, du peuple & du sénat. Sa modestie lui inspira de la défiance, & ne se croyant point capable de soutenir seul le fardeau de l'empire, il partagea le pouvoir souverain avec son frere Verus, gendre d'Antonin-le-Pieux. Le partage de l'autorité qui fomente les haines, ne fit que resserrer les nœuds de leur amitié fraternelle. Il sembloit qu'ils n'avoient qu'une ame, tant il y avoit de conformité dans leurs actions. Une police exacte, sans être austère, réforma les abus, & rétablit la tranquillité. L'état calme au-dedans fut respecté au-dehors. Le sénat rentra dans la jouissance de ses anciennes prérogatives; Marc-Aurèle assista à toutes les assemblées, moins pour en régler les décisions que pour s'instruire lui-même des maux de l'empire. Sa maxime étoit de déférer à la pluralité des suffrages. Il est insensé, disoit-il, de croire que l'avis d'un seul homme soit plus sage que l'opinion de plusieurs personnes intègres & éclairées. Il avoit encore pour maxime de ne rien faire avec trop de lenteur ni de précipitation, persuadé que les plus légères imprudences précipitoient dans de grands écarts. Ce ne fut plus par la bassesse des intrigues qu'on obtint des emplois & des gouvernemens. Le mérite fut prévenu & récompensé. Le sort des provinces ne fut confié qu'à ceux qui pouvoient les rendre heureuses. Il se regardoit comme l'homme de la république, & il n'avoit pas l'extravagance de prétendre que l'état résidoit en lui. Je vous donne cette épée, dit-il au préfet du prétoire, pour me défendre tant que je serai le ministre & l'observateur des loix; mais je vous ordonne de la tourner contre moi, si j'oublie que mon devoir est de faire naître la félicité publique. Il se fit un scrupule de puiser dans le trésor public, sans y avoir été autorisé par le sénat, à qui il exposoit ses motifs, & l'usage qu'il vouloit faire de ce qu'il prenoit. Je n'ai, disoit-il, aucun droit de propriété en qualité d'empereur. Rien n'est à moi, & je confesse que la maison que j'habite est à vous. Le peuple & le sénat lui décernèrent tous les titres que l'adulation avoit prostitués aux autres empereurs; mais il refusa les temples & les autels. Philosophe sur le trône, il aima mieux mériter les éloges que de les recevoir. Dans sa jeunesse il prit le manteau de la philosophie, qu'il conserva dans la grandeur comme un ornement plus honorable que la pourpre. Sa frugalité auroit été pénible à un simple particulier. Dur à lui-même, autant qu'il étoit indulgent pour les autres, il couchoit sur la terre, & n'avoit d'autre couverture que le ciel & son manteau. Sa philosophie ne fut point une curiosité superbe de découvrir les mystères de la nature & la marche des astres, il la courba vers la terre pour diriger ses mœurs. Le fléau de la peste désola l'empire. Les inondations, les volcans, les tremblemens de terre bouleversèrent le globe. Ces calamités multipliées firent naître aux Barbares le desir de se répandre dans les provinces. *Marc-Aurele* se mit à la tête de son armée & marcha contre eux, les vainquit & les força de s'éloigner des frontières. Après qu'il eut puni les Quades & les Sarmates, il eut une guerre plus dangereuse à soutenir contre les Marcomans. Il falloit de l'argent pour fournir à tant de dépenses. Il respecta la fortune de ses sujets, & il suffit à tout en faisant vendre les pierreries & les plus riches ornemens de l'empire. Le succès de cette guerre fut long-temps douteux. Les Barbares, après avoir éprouvé un mélange de prospérités & de revers, furent plutôt subjugués par les vertus bienfaisantes du prince philosophe que par ses armes. *Marc-Aurele* ne confia point à ses généraux le soin de cette expédition. Il commanda toujours en personne, & donna par-tout des témoignages de cette intrépidité tranquille, qui marque le véritable héroïsme: on compara cette guerre aux anciennes guerres puniques, parce que l'état fut exposé aux mêmes dangers, & que l'évènemen en fut le même. Attentif à récompenser la valeur, il érigea des statues en l'honneur des capitaines de son armée qui s'étoient le plus distingués. Son retour à Rome fut marqué par de nouveaux bienfaits. Chaque citoyen fut gratifié de huit pièces d'or. Tout ce qui étoit dû au trésor public, fut remis aux particuliers. Les obligations des débiteurs furent brûlées dans la place publique. Il s'éleva une sédition, qui troubla la sérénité de ces beaux jours. Cassius qui fut proclamé empereur par les rebelles fut massacré par eux. Tous ses partisans obtinrent leur pardon, & s'en rendirent dignes par leur repentir. Les papiers de ce chef rebelle furent tous brûlés par l'ordre de *Marc-Aurele* qui craignit de connoître des coupables qu'il auroit été dans la nécessité de punir. Des professeurs de philosophie & d'éloquence furent établis à Athènes, & ils furent magnifiquement payés. Fatigué du poids de l'empire, il s'associa son fils Commode, dont son amitié paternelle lui déguisoit les penchans vicieux, & ce choix aveugle fut la seule faute de gouvernement qu'on eut à lui reprocher. Il se retira à Lavinium pour y goûter les douceurs de la vie privée, dans le sein de la philosophie qu'il appelloit *sa mère*, comme il nommoit la cour *sa marâtre*: ce fut dans cette retraite qu'il s'écria: Heureux le peuple dont les rois sont philosophes! Importuné des honneurs divins qu'on vouloit lui rendre, il avoit coutume de dire, la vertu seule égale les hommes aux dieux; un prince équitable a l'univers pour temple; les gens vertueux en sont les prêtres & les sacrificateurs. Il fut arraché de son loisir philosophique, par la nouvelle que les Barbares avoient fait une irruption sur les terres de l'empire. Il se mit à la tête de son armée; mais il fut arrêté dans sa marche par une maladie qui le mit au tombeau, l'an 180; il étoit âgé de soixante & un ans, dont il en avoit régné dix-neuf. Ses ouvrages de morale dictés par le cœur, sont écrits avec cette simplicité noble qui fait le caractère du génie. (*T-N.*)

MARC-PAUL (*Voyez Paul*).

MARCA, (Pierre de) (*Hist. Litt. mod.*) d'une famille ancienne du Béarn, originaire d'Espagne, prélat spirituel, savant auteur de plusieurs bons ouvrages; mais trop indifférent au bien & au mal, à l'erreur & à la vérité, toujours prêt à sacrifier ses opinions & ses principes à son ambition & à son intérêt; il ne fit rien dont il n'obtînt ou ne recherchât le prix. Il avoit travaillé avec succès au rétablissement de la religion catholique, dans le Béarn; il eut pour récompense une charge de président au parlement de Pau, en 1621, & celle de conseiller d'état en 1639. Etant magistrat, il crut que son fameux traité *de concordiâ Sacerdotii & Imperii*, où il défendoit les libertés de l'église gallicanne, pourroit être pour lui un moyen de parvenir aux premières dignités de la magistrature; mais étant devenu veuf, il entra dans les ordres pour faire plus sûrement & plus rapidement fortune. Il fut nommé à l'évêché de Conserans; mais les démarches que l'ambition fait faire, ne tournent pas toujours à l'avantage des ambitieux, le pape se souvint du traité *de concordiâ Sacerdotii & Imperii*, & en conséquence il refusa long-temps des bulles à l'auteur : alors, celui-ci, dans un autre ouvrage, expliqua de la manière la plus rapprochée des prétentions ultramontaines, ce qu'il avoit dit de plus fort en faveur des libertés de l'église Gallicane, & tâcha en effet d'accorder le sacerdoce avec l'empire. On prétend même que, pour mériter la pourpre, il dicta, quelques mois avant sa mort, au fameux Baluze, son secrétaire, son ami, & l'héritier de ses manuscrits, un *traité de l'infaillibité du pape.* Justifiant ainsi ce que dit l'abbé de Longuerue, « quand Marca dit mal, » c'est qu'il est payé pour ne pas bien dire, ou qu'il » espère de l'être ».

Une commission dont il fut chargé en Catalogne, fut habilement remplie & réussit bien ; il se fit aimer dans cette province, & y étant tombé malade, on y fit des vœux publics pour sa santé. Sa récompense fut l'archevêché de Toulouse, qu'il eut en 1652 ; il fut fait ministre d'état en 1658. Le jansénisme lui fournit des occasions de rendre des services, peut-être médiocrement utiles, mais qu'on trouvoit alors agréables. Il fit en 1657, une *relation de ce qui s'étoit passé depuis* 1653 *dans les assemblées des évêques, au sujet des cinq propositions.* Nicole la réfuta sous le titre de *Belga percontator* ; car elle étoit peu favorable au jansénisme, & en général, M. *de Marca*, que son traité *de concordiâ Sacerdotii & Imperii*, annonçoit comme un homme fait pour plaire aux jansénistes, fit tout ce qu'il put pour leur déplaire, afin de s'avancer dans l'église. Ce fut lui qui dressa le premier le projet d'un *formulaire* où l'on condamneroit les cinq propositions de Jansénius ; dans le sens de l'auteur. Sa récompense fut encore l'archevêché de Paris, en 1662 ; mais il mourut le jour même où ses bulles arrivèrent. Ses principaux ouvrages, indépendamment de ceux dont nous avons parlé, sont le *Marca Hispanica*, dont Baluze a donné une bonne édition, comme il a donné la meilleure que nous ayons du traité *de concordiâ Sacerdotii & Imperii.* Il a donné aussi divers opuscules posthumes de M. *de Marca.* L'abbé de Faget, cousin-germain de ce prélat, a aussi donné quelques traités théologiques de M. *de Marca*, &, en les publiant, il a donné la vie de son parent. Cette vie a été le sujet d'une dispute fort vive entre l'abbé de Faget & Baluze, qui s'écarta un peu dans cette occasion, de sa modération ordinaire. (*Voyez* l'article BALUZE). On a encore de M. *de Marca* un ouvrage important, savant & curieux, l'*histoire du Béarn*, & une bonne dissertation latine sur la primatie de Lyon, qu'il auroit bien voulu avoir.

MARCEL, (*Hist. ecclés.*) c'est le nom de deux papes, dont le premier est au nombre des saints. Il succéda en 308 au pape Marcellin, & subit le martyre en 310, selon l'opinion la plus commune. D'anciens martyrologes lui donnent seulement le titre de confesseur.

MARCEL II succéda au pape Jules III, le 9 avril 1555, & mourut vingt & un jours après son élection.

Saint-Marcel ou Saint Marceau, évêque de Paris, mourut au commencement du cinquième siècle.

Il y a encore d'autres saints, & même plusieurs martyrs de ce nom ; mais ils sont moins connus.

C'est une grande question entre les saints pères & les théologiens, si les écrits de Marcel, évêque d'Ancyre, au quatrième siècle, sont orthodoxes ou non ; mais ceci ne concerne que la théologie, & ne nous regarde pas.

MARCEL, (*Hist. de France*) (Etienne) prévôt des marchands pendant la captivité du roi Jean, & la régence du dauphin Charles, étoit à la tête du tiers-état, dans l'assemblée de 1356 ; & si le peuple s'écarta dans cette assemblée, de l'obéissance qu'il devoit à l'autorité du dauphin, & du respect qu'il devoit au malheur du roi, c'étoit l'ouvrage de *Marcel*. Le roi de Navarre Charles-le-mauvais, qui avoit démêlé son caractère, également audacieux & perfide, l'avoit attaché à ses intérêts & rempli de son esprit, il l'avoit formé à l'insolence, à la révolte, à l'assassinat. *Marcel* avoit trempé dans la conspiration de Charles-le-mauvais, contre le roi & contre le dauphin ; il avoit fait alors plusieurs voyages secrets à Evreux, apanage de Charles-le-mauvais ; il y étoit resté quelques temps caché & déguisé. *Marcel* se chargea du rôle de défenseur du peuple, pour le séduire & le soulever. Les états ayant refusé tout secours au dauphin pour la délivrance de son père, le dauphin crut que la nécessité le mettoit au-dessus des loix ; il crut pouvoir, malgré les sermens de son père & les siens, recourir à une refonte des monnoies ; il chargea le comte d'Anjou (1), son frère, d'en publier l'ordonnance, tandis qu'il alloit à Metz conférer avec l'empereur Charles IV, son oncle, sur les moyens de tirer de l'Allemagne, les secours que la France lui refusoit. *Marcel* & ses partisans sentirent que le dauphin cherchoit à se passer des états; ils se hâtèrent de détourner ce coup, *Marcel* vient au louvre, & demande, au nom du peuple, la révocation de l'ordonnance; il n'est point écouté; il y retourne le lendemain, il est encore renvoyé sans réponse; il y retourne de nouveau & si bien accompagné, que le comte d'Anjou crut devoir suspendre l'exécution de l'ordonnance jusqu'au retour de son frère. Le dauphin arrive, il veut négocier ; *Marcel* rejette tout accommodement, fait fermer les boutiques, cesser les travaux, armer la bourgeoisie. Le dauphin est obligé non-seulement de supprimer l'ordonnance des monnoies, mais encore de consentir à la destitution de ses officiers & de ses ministres, demandée précédemment par les états, de convoquer de nouveau ces mêmes états qui, devenus plus insolens par le succès, ne mirent plus de bornes à leurs prétentions, dépouillèrent le dauphin de toute autorité, créèrent un conseil auquel ils confièrent le gouvernement des affaires & l'administration des finances.

Le dauphin manda au louvre *Marcel* & les chefs des factieux ; il leur dit qu'il prétendoit gouverner

(1) Anjou n'étoit point encore érigé en Duché.

sans tuteurs, & qu'il leur défendoit de se mêler davantage des affaires du royaume : ils feignirent de se soumettre; mais ils mirent en liberté le roi de Navarre, qui étoit prisonnier depuis quelques années. Alors, les malheurs du royaume furent au comble, le mal fut au-dessus de tous les remèdes. Le dauphin n'eut plus ni autorité, ni liberté, ni voix dans les états. C'étoient *Marcel* & ses complices qui se chargeoient de répondre pour lui; s'il ouvroit la bouche pour proposer une difficulté, on la lui fermoit, en disant : *il convient que cela soit ainsi.*

Un complice de *Marcel* assassine un trésorier du dauphin, & se réfugie dans l'église de S. Médéric. Le dauphin l'en fait arracher, & le fait juger; le prévôt l'envoye au gibet. L'assassin étoit *clerc*, c'est-à dire tonsuré, tout le monde l'étoit alors. L'évêque de Paris s'écrie qu'on a violé à la fois le droit d'asyle & les immunités ecclésiastiques ; il fallut détacher du gibet le corps du criminel, & le rapporter à Saint Médéric où l'on affecta de lui faire des funérailles solemnelles. *Marcel* assemble une troupe d'assassins que Charles-le-mauvais avoit mis en liberté; il marche à leur tête droit au palais ; il rencontre sur sa route Regnaut d'Acy, avocat du roi, magistrat fidèle; il le montre à sa troupe; Regnaut d'Acy est égorgé. *Marcel* entre avec ses satellites dans la chambre du dauphin. *Sire*, lui dit-il, *ne vous esbahissez de chose que vous voyez, car il est ordonné & convient qu'il soit ainsi. Allons*, dit-il à ses gens, *faites en bref ce pourquoi vous êtes venus ici.* Aussi-tôt, Jean de Confians, maréchal de Champagne & Robert de Clermont, maréchal de Normandie, amis & conseillers du dauphin, sont massacrés, le premier en sa présence, l'autre dans un cabinet voisin où il s'étoit sauvé : on traîna sous ses yeux leurs cadavres qu'on accabloit d'outrages; on les laissa exposés sur la table de marbre. Tous les officiers du dauphin prennent la fuite, il reste seul exposé à la furie des assassins. On dit que, saisi d'effroi, il s'abaissa jusqu'à demander la vie. « Monseigneur, lui dit l'insolent *Marcel*, » ne craignez rien, voici le gage de votre salut ». En même-temps il lui met sur la tête le chaperon mi-parti de rouge & d'un bleu verdâtre, qu'on appelloit *pers*, marque du parti navarrois, & le souverain est protégé par ce signal de la révolte. De là *Marcel* se rend à l'hôtel-de-ville, paroît à une fenêtre, harangue le peuple : *Je vous ai vengé*, dit-il, *il faut me seconder.* On l'applaudit, on le suit, il retourne au palais, ou plutôt on l'y porte en triomphe; il trouve le dauphin, les yeux fixés sur les cadavres sanglans de ses amis : « Prince, lui dit il, tout s'est » fait par de bonnes raisons, il faut tout approuver, » votre peuple vous en prie ». J'approuve tout, j'accorde tout, dit le dauphin, suis-je en état de rien refuser? *Marcel* lui envoya le soir des chaperons pour lui & pour ses officiers.

Le dauphin fit porter les corps des deux maréchaux à Sainte-Catherine du Val. Les religieux voulurent avoir un ordre par écrit de *Marcel*, pour leur donner la sépulture. *Marcel* affectant quelque déférence pour le dauphin, dit qu'il falloit prendre ses ordres. Quand on en parla au dauphin, *qu'on les enterre sans solemnité*, dit ce prince en soupirant.

Le dauphin échappe à ses tyrans, & se retire à Compiègne, où ce qui restoit de noblesse fidèle, vient se ranger auprès de lui; il convoque les états-généraux à Compiègne. *Marcel* commence à sentir qu'il a mal connu ce prince; il s'alarme, il négocie, & jusques dans ses menaces, on voit sa crainte. Il appelle à son secours le roi de Navarre, & le roi de Navarre appelle les Anglois. On voyoit avec horreur ces Anglois auxiliaires qu'il traînoit à sa suite, s'ériger en défenseurs de Paris, contre le dauphin qui bloquoit cette ville. Les François s'offensent & s'humilient d'être ainsi protégés par une nation ennemie; les vues du Navarrois leur deviennent enfin suspectes; ses crimes fatiguent & révoltent, il est chassé; les Anglois, quoiqu'appuyés par *Marcel*, sont insultés par le peuple.

Paris alors fut bloqué par deux armées ennemies l'une de l'autre; celle du dauphin, du côté du levant & du midi; celle du roi de Navarre & des Anglois, du côté du couchant & du nord. Les Parisiens entreprennent de résister seuls & au dauphin, & au roi de Navarre, & aux Anglois, & à *Marcel* lui-même, qui traite à-la-fois avec tous ces ennemis. Ce rebelle sent le pouvoir s'échapper de sa main; il perd son insolence avec son ascendant, son génie l'abandonne, il ne se fie plus au peuple qui ne se fie plus à lui, & il se fie au roi de Navarre, qu'il conjure bassement de le dérober au supplice! Le roi de Navarre profita de cette crainte pour tromper son complice : « Si le » dauphin prend Paris, lui dit-il, tous vos trésors » seront pillés, mettez-les à l'abri de l'orage, je vous » les garderai à Saint-Denys, & ce sera pour vous » une ressource assurée dans le malheur ». Le piège n'étoit pas adroit, *Marcel* cependant y tomba. *Marcel* n'étoit plus lui-même, la vertu du dauphin l'épouvantoit; il désespéroit d'une clémence dont il se sentoit indigne; c'est à force de forfaits qu'il prétend assurer sa grace. Il va faire plus qu'on ne lui demande, il va livrer Paris au roi de Navarre & aux Anglois : ce fut dans ce moment, que Maillard frappa ce rebelle, la nuit du 31 juillet au premier août 1338. (*Voyez* l'article *Maillard*) (Jean)

Quelques personnages du nom de *Marcel*, se sont fait un nom dans les lettres.

1°. Christophe, Vénitien, archevêque de Corfou. Il fut pris au sac de Rome, en 1517, par les Allemands du duc de Bourbon & du Prince d'Orange, & n'ayant pas de quoi payer sa rançon, les soldats le lièrent à un arbre en pleine campagne, exposé à toutes les injures de l'air, & là ils prenoient plaisir à lui arracher un ongle chaque jour. Il mourut dans ces tourmens. On a de lui un traité *de animâ*, & une édition des *Ritus Ecclesiastici*.

2°. Guillaume, ami de Segrais & de Brébeuf, auteur de harangues & de divers écrits & opuscules en prose & en vers. Mort en 1702, âgé de 90 ans. Ce fut lui auquel il fût défendu par le recteur, de prononcer l'oraison funèbre du maréchal de Gassion (Voir *Gassion*) parce que ce général étoit mort dans la religion protestante. *Guillaume* Marcel, mourut curé de Basly, près Caën, en 1702, à 90 ans.

3°. Un autre Guillaume très-connu par son *histoire de l'origine & des progrès de la monarchie Françoise*, & par ses *tablettes chronologiques pour l'histoire profane, & pour les affaires de l'église*. Né à Toulouse, d'abord avocat au Conseil, il mourut à Arles, commissaire des classes en 1708. Il avoit des talens pour la négociation, & des vues pour le commerce. Il conclut en 1677, la paix d'Alger avec Louis XIV. Il fit fleurir le commerce de la France en Egypte.

MARCELLIN, (*Hist. Ecclés.*) pape, succéda en 296, au pape Caïus. Les Donatistes l'ont accusé d'avoir été foible dans un temps de persécution, & d'avoir sacrifié aux idoles. Saint-Augustin le lave de cette accusation dans son livre contre Pétilien. Les prétendus actes du concile de Sinuesse, qui contiennent aussi cette accusation, sont supposés. *Marcellin* mourut le 24 octobre 304.

Il y a deux saints Marcellin, l'un martyrisé à Rome en l'an 304; l'autre regardé comme le premier évêque d'Embrun, mort vers l'an 353, & dont on ne fait d'ailleurs rien de certain.

Pendant les longues querelles de l'empereur Frédéric II contre le saint siége, un Marcellin, évêque d'Arezzo, prélat guerrier, à qui le pape Innocent IV avoit donné une armée à commander contre l'empereur, ayant été pris les armes à la main, fut pendu par ordre de ce Prince, vers le milieu du treizième siècle.

Parmi les écrivains du nom de *Marcellin*, on distingue principalement Ammien-*Marcellin* (*Voyez Ammien.*

Et un officier de l'Empire, comte d'Illyrie au sixième siècle, du temps de l'empereur Justinien, auteur d'une chronique qui peut servir de suite à celle de S. Jérôme, laquelle est elle-même la suite de la chronique d'Eusèbe. La chronique de *Marcellin* commence à l'an 379, où finit celle de Saint Jérôme, & va jusqu'à l'an 534. Cassiodore en parle avec éloge. Le père Sirmond en a donné, en 1619, une bonne édition.

MARCELLUS, (Marcus-Claudius) (*Hist. Rom.*) de l'illustre famille de Claudius, fut le premier de sa maison qui se fit appeller *Marcellus*, qui veut dire *belliqueux* ou *petit Mars*. Son adresse dans les armes, & sur-tout son goût pour les combats particuliers, lui méritèrent ce surnom. Quoique ses penchants fussent tournés vers la guerre, il aima les lettres & ceux qui les cultivoient. Ce fut dans la guerre de Sicile qu'il fit l'essai de ses talents militaires. Il ne revint à Rome que pour y exercer l'édilité; & dès qu'il eut atteint l'âge prescrit par la loi, il fut élevé au consulat. Chargé de faire la guerre aux Gaulois Cisalpins, il les vainquit dans un combat, où leur roi Breomatus fut tué de sa propre main, & on lui décerna les honneurs du triomphe; *Marcellus* passa presque toute sa vie sous la tente & dans le camp. La Sicile fut le premier théâtre de sa gloire. Les Siciliens, séduits par la réputation d'Annibal, qui avoit remporté plusieurs victoires en Italie, penchoient du côté des Carthaginois: *Marcellus* y fut envoyé pour les contenir dans le devoir. Les Léontins, qui étoient les plus mal intentionnés, furent les premiers punis. Leur ville fut prise & saccagée. Le vainqueur marcha contre Syracuse qu'il assiégea par terre & par mer. Jamais siége ne fut plus mémorable. Le génie inventeur d'Archimède fit agir contre les Romains, des machines qui en firent un grand carnage. On parle encore d'un miroir ardent, par le moyen duquel une partie des galères ennemies fut engloutie sous les eaux. Ce fait, qu'on pourroit peut-être ranger au nombre des fables, ne peut guère soutenir l'œil de la critique. *Marcellus*, rebuté de tant d'obstacles, changea le siége en blocus; mais tandis qu'il tenoit Syracuse investie, il parcourut en vainqueur la Sicile, où il ne trouva point de résistance. La flotte Carthaginoise, commandée par Himilcon, retourna sans combattre sur les côtes d'Afrique. Hypocrate, un des tyrans de la Sicile, fut vaincu dans un combat, où il perdit huit mille hommes. Ces succès n'ébranlèrent point Syracuse, défendue par un géomètre. *Marcellus* n'espérant rien de la force ni de ses intelligences, s'en rendit maître par la ruse d'un soldat. La ville la plus opulente du monde fut livrée au pillage. Les Syracusains portèrent leurs plaintes à Rome contre leur vainqueur, qu'ils taxèrent d'avarice & de cruauté; mais il fut absous par le sénat.

Après le carnage de Canne, *Marcellus* fut nommé consul avec Fabius-Maximus. L'opposition de leur caractère dicta ce choix. La sage lenteur de l'un parut propre à tempérer la valeur impétueuse de l'autre. Comme Fabius savoit mieux prévenir une défaite, que remporter des victoires, les Romains disoient qu'il étoit leur bouclier, & que l'autre étoit leur épée.

Marcellus fut le premier qui apprit qu'Annibal n'étoit point invincible. Il le harcela sans cesse dans ses marches par des escarmouches, il lui enleva des quartiers, lui fit lever tous les siéges, & le battit dans plusieurs rencontres. Il prit Capoue, contint Naples & Nole, prêtes à se déclarer pour les Carthaginois. Le soin qu'Annibal prit de l'éviter, montre combien il lui paroissoit redoutable. Les prospérités ont leur terme. *Marcellus*, après une continuité de succès, tomba dans des embûches où il périt avec son collègue Crispinus. Annibal lui fit rendre les honneurs funèbres, & renvoya à son fils ses cendres & ses os dans un cercueil d'argent. Les Numides s'approprièrent cette riche dépouille, & les restes de ce grand homme furent dispersés. Il avoit été cinq fois consul. Sa postérité s'éteignit dans *Marcellus*, fils de la sœur d'Auguste, dont il avoit épousé la fille nommée *Julie*; & cette alliance lui ouvroit le chemin à l'empire. Il mourut l'an 547 de Rome. (*T. N.*)

MARCELLUS, (Marcus-Claudius) descendant de

celui dont nous venons de parler, fut un des plus zélés partisans de Pompée. Après la dispersion de son parti César jura de ne lui jamais faire grace. Ce fut pour fléchir ce vainqueur irrité, que Cicéron prononça cette harangue fleurie qui désarma la colère de César. Le sénat joignit ses prières à l'éloquence de l'orateur : *Marcellus* fut rappellé de son exil. (*T.N.*)

MARCELLUS, (Marcus-Claudius) petit-fils du précédent, étoit fils d'Octavie, sœur d'Auguste. Sa naissance l'appelloit à l'empire du monde, & ses vertus le rendoient digne de le gouverner. Auguste, qui le regardoit comme son héritier, lui fit épouser sa fille Julie. Une mort prématurée l'enleva à l'empire. Sa famille chercha des consolations dans la magnificence de ses obsèques. On célébra des jeux en l'honneur de sa mémoire; mais ce furent les larmes & les regrets qui honorèrent le plus ses cendres. (*T.-N.*

MARCHAND, (Prosper) (*Hist. Litt. mod.*) connu par son dictionnaire historique, qui peut être regardé comme un supplément à celui de Bayle, dont on lui doit aussi une édition, ainsi que de ses lettres; du *Cymbalum mundi*, &c. connu encore par son histoire de l'imprimerie, étoit dans ces derniers temps un de ces libraires, hommes de lettres, qui retraçoient ces savans imprimeurs du seizième siècle. Il fut aussi un des principaux auteurs du journal littéraire de Hollande, & eut part encore à d'autres journaux. Mort en 1756.

MARCHE, (Olivier de la) (*Hist. de France*) gentilhomme Bourguignon, page, puis gentilhomme de Philippe-le-Bon, duc de Bourgogne; maitre-d'hôtel & capitaine des gardes de Charles-le-téméraire, fils de Philippe; grand maître d'hôtel de Maximilien d'Autriche, qui épousa Marie de Bourgogne, fille unique de Charles-le-téméraire; attaché dans la même qualité à l'archiduc Philippe, fils de Maximilien & de Marie de Bourgogne, étoit contemporain de Philippe de Comines, & attaché comme lui au dernier prince de la maison de Bourgogne; il a laissé comme lui, des mémoires historiques moins agréables à la vérité que ceux de Philippe de Comines; mais ce qui vaut beaucoup mieux, il a laissé l'exemple d'une fidélité inviolable à ses premiers maîtres & à leur postérité, ce que n'ont fait, ni Philippe de Comines, ni le fameux Desquerdes ou Descordes. Mort à Bruxelles en 1501.

On a encore d'Olivier de la *Marche*, outre ses mémoires, un *traité sur les duels & gages de bataille*, & l'ouvrage intitulé : *Triomphe des dames d'honneur.*

MARCHET, s. m. ou MARCHETA, (*Hist. d'Angleterre*) droit en argent que le tenant payoit autrefois au seigneur pour le mariage d'une de ses filles.

Cet usage se pratiquoit avec peu de différence dans toute l'Angleterre, l'Ecosse, & le pays de Galles. Suivant la coutume de la terre de Dinover dans la province de Caermarthen, chaque tenant qui marie sa fille, paye dix schelins au seigneur. Cette redevance s'appelle dans l'ancien breton, *gwaber marched*, c'est-à-dire, *present de la fille.*

Un tems a été qu'en Ecosse, dans les parties septentrionales d'Angleterre, & dans d'autres pays de l'Europe, le seigneur du fief avoit droit à l'habitation de la première nuit avec les épousées de ses tenans. Mais ce droit si contraire à la justice & aux bonnes mœurs, ayant été abrogé par Malcom III, aux instances de la reine son épouse, on lui substitua une redevance en argent, qui fut nommée le *marcher de la mariée.*

Ce fruit odieux de la débauche tyrannique a été depuis long-tems aboli par toute l'Europe; mais il peut rappeller au lecteur ce que Lactance dit de l'infame Maximien, *ut ipse in omnibus nuptiis prægustator esset.*

Plusieurs savans anglois prétendent que l'origine du *borough-english*, c'est-à-dire, du privilége des cadets dans les terres, qui a lieu dans le Kentshire, vient de l'ancien droit du seigneur dont nous venons de parler; les tenans présumant que leur fils aîné étoit celui du seigneur, ils donnèrent leurs terres au fils cadet qu'ils supposoient être leur propre enfant. Cet usage par la suite des tems, est devenu coutume dans quelques lieux. (*D. J.*)

MARCHETTI, (Alexandre) (*Hist. Litt. mod.*) poëte & mathématien célèbre d'Italie, ami du savant Borelli, (Voir cet article) & son successeur dans sa chaire de mathématiques à Pise, est auteur de poësies & de traités de physique & de mathématique estimés; entr'autres, d'un traité *de resistentiâ fluidorum.* Il a traduit en vers italiens, Lucrèce & Anacréon. Crescimbeni, dans l'histoire de la poësie italienne, a cité un sonnet de *Marchetti*, comme un modèle parfait dans ce genre.

MARCHI, (François) (*Hist. Litt. mod.*) gentilhomme romain, habile ingénieur du seizième siècle, auteur d'un traité *della architettura militare*, devenu rare, ce qui ne feroit pas un bon signe; les Italiens disent que des ingénieurs François qui se sont appropriés beaucoup d'inventions de *Marchi*, en ont fait disparoître les exemplaires; fait plus facile à alléguer qu'à prouver, & que la jalousie & la vanité nationales ont pu inventer.

MARCHIN, MARCIN ou MARSIN, (Ferdinand) (*Hist. de France*) maréchal de France, d'une famille Liégeoise, fut blessé à la bataille de Fleurus, en 1690; se distingua à la bataille de Nervinde en 1693; fut nommé en 1701 par Louis XIV, ambassadeur extraordinaire auprès de Philippe V, roi d'Espagne, qui partant pour aller faire la guerre en Italie, lui donna la première audience dans le vaisseau qui l'y transportoit. *Marcin* eut le bâton de maréchal en 1703, & commanda dans cette guerre de la succession. Il commanda, en 1704, cette triste retraite d'Hochstet. Chargé en 1706, de diriger & de gêner les opérations du duc d'Orléans, devant Turin, & ayant forcé ce prince, contre l'avis du prince, & contre le sien, mais d'après les ordres de la cour, dont il étoit porteur, d'attendre l'ennemi dans les retranchemens, il vit perdre cette autre triste bataille de Turin, où, en quatre heures, toute l'Italie fut perdue. Il fit tout ce qu'il falloit pour être tué sur le champ de bataille. Plus malheureux, il ne fut que blessé à mort, & fait prisonnier. On essaya de le traiter, & ce fut pour le faire mourir dans les tourmens, on lui coupa la cuisse, & il expira quelques momens après l'opération.

MARCIEN, (*Histoire des empereurs.*) Ce Thrace fit oublier la bassesse de son origine par son courage & ses talens guerriers. Le jour qu'il quitta son pays pour aller s'enrôler pensa être le dernier de sa vie. Il rencontra sur sa route le cadavre d'un voyageur qui venoit d'être assassiné. Il s'arrêta pour examiner ses blessures autant par curiosité que par le desir de lui procurer un remède à ses maux; il fut apperçu & soupçonné d'avoir commis ce meurtre. On le conduisit en prison, & l'on étoit prêt à le condamner au dernier supplice, lorsque le véritable assassin fut découvert. Il ne vieillit point dans l'emploi de soldat; il parvint aux premiers grades de la milice sans d'autres protecteurs que son mérite. Théodose, trop foible pour supporter le poids d'une couronne, avoit avili le pouvoir souverain, moins par ses vices que par son indolence. Sa sœur Pulchérie employa tout son crédit pour lui donner un successeur qui fit respecter la majesté du trône: elle se flatta que *Marcien* lui devant son élévation, l'épouseroit & partageroit avec elle l'autorité suprême. Ses intrigues eurent un heureux succès. *Marcien* fut proclamé empereur, mais engagé par un vœu de chasteté, il refusa de le rompre. Son règne fut appellé l'*âge d'or*; & ce fut la loi assise sur le trône qui présida aux destinées des citoyens. Quoique *Marcien* fut déjà vieux, il sembloit avoir encore la vigueur de la jeunesse. Les Barbares n'exercèrent plus impunément leurs brigandages. Attila lui envoya demander le tribut annuel que Théodose second s'étoit soumis à lui payer. Il lui repondit: « Je n'ai de l'or que pour » mes amis, & je garde le fer pour en faire usage » contre mes ennemis. » Quoiqu'il eût tous les talens pour faire la guerre avec gloire, il ne prit jamais les armes que pour se défendre. Il avoit coutume de dire qu'un prince qui faisoit la guerre lorsqu'il pouvoit vivre en paix, étoit l'ennemi de l'humanité. La reconnoissance si rare dans les fortunes élevées, fut une de ses vertus sur le trône. Talianus & Julius, qui étoient deux frères, lui avoient donné l'hospitalité dans une de ses maladies; après qu'il eut recouvré sa santé par leurs soins, ils lui firent encore présent de deux cens pieces d'or pour continuer son voyage. *Marcien* s'en souvint lorsqu'il fut parvenu à l'empire: il donna à l'un le gouvernement d'Illyrie, & à l'autre celui de Constantinople. Genseric avoit envahi l'Afrique. *Marcien* se disposoit à le dépouiller de ses usurpations, lorsque la mort l'enleva aux vœux des peuples après un règne de sept ans dont chaque jour avoit été marqué par des traits de bienfaisance. Sa foi fut pure & brûlante. Les orthodoxes exilés peuploient les déserts, il les rappella pour les élever aux premiers emplois. Les hérétiques furent persécutés & exclus des dignités, Il convoqua en 451 le concile général de Chalcédoine & se chargea d'en faire observer exactement les décrets. Sa mémoire fut long-temps précieuse aux peuples qu'il avoit déchargés du poids des impôts. Le pinceau des hérétiques a un peu défiguré ses traits. Ils l'ont peint comme un prince foible & pusillanime. Il mourut en 457. (*T--N.*)

MARCILE (Théodore) (*Hist. Litt. mod.*) professeur royal en éloquence, né en 1548, mort en 1617. On a de lui des notes & de remarques sur divers auteurs latins, poëtes & autres, Horace, Perse, Catulle, Martial, Suétone, Aulugelle, sur les loix des douze tables, sur les instituts de Justinien, l'ouvrage intitulé, *Historia Strenarum*, le badinage intitulé, *Lusus de* NEMINE, imprimé, avec le *Passeratii* NIHILE, le *Guillimani aliquid*, badinages de même espèce. On a encore de lui des harangues, des poësies & autres opuscules.

MARCION. (*Hist. Ecclés.*) héréſiarque du second siècle de l'église, chef de la secte des Marcionites, disciple de l'hérétique Cerdon. Il avoit, dit-on, fait un livre intitulé: les *Anti-Thèses*, dans lequel il relevoit plusieurs contrariétés qu'il croyoit trouver entre l'ancien & le nouveau testament.

MARCIUS, (Caïus) (*Hist. Rom.*) consul & dictateur, & le premier dictateur pris parmi les Plébeïens, vers l'an 354, avant J. C. Il vainquit les Privernates, les Toscans & les Falisques.

MARCK (la) (*Hist. mod.*). La maison de la *Marck* tire son nom du comté de la *Marck*; elle descend des comtes d'Altena & d'Altemberg qui vivoient dans le onzième siécle. Le premier qui prit le nom de comte de la *Marck* fut Engilbert, mort en 1251.

Evrard I, son fils, combattit en 1288, à la bataille de Woring, pour Jean, duc de Brabant, contre Renaud, comte de Gueldre.

Robert de la *Marck*, premier du nom, seigneur de Sedan, duc de Bouillon, fut tué au siège d'Ivoy en 1489.

Robert de la *Marck*, second du nom, son fils, seigneur de Sedan, duc de Bouillon, mort en 1535, s'étoit signalé à la bataille de Novare, par un trait de désespoir bien brillant & bien heureux. Il apprend qu'on a vu ses deux fils aînés renversés dans un fossé, blessés & perdant tout leur sang. On ne pouvoit pénétrer jusqu'à eux, qu'à travers l'armée des suisses vainqueurs, cet obstacle ne l'arrête pas. Furieux, terrible, il perce à la tête de sa compagnie d'hommes d'armes, cette armée victorieuse, il trouve ses fils mourans; il charge l'un sur son cheval, l'autre sur celui d'un de ses hommes d'armes; il passe encore l'épée à la main au travers des suisses, & rejoint les François dans leur retraite. Ses deux fils lui durent la vie une seconde fois, ils guérirent. L'aîné fut depuis le maréchal de Fleuranges, fait maréchal de France, vers l'an 1530, & dont nous avons des mémoires, où il parle toujours de lui sous le nom *du jeune adventureux*.

Robert de la *Marck*, & l'évêque de Liège, Erard de

de la *Marck*, son frère, avoient toujours été dans les intérêts de la France. On eut l'imprudence de les désobliger dans le temps de la fameuse concurrence de François Ier & du roi d'Espagne à l'empire; on avoit cassé la compagnie de cent hommes d'armes du premier, à cause des excès qu'elle commettoit, & on ne lui en avoit point donné d'autre. La duchesse d'Angoulême lui faisoit mal payer ses pensions, parce qu'il avoit été attaché au parti d'Anne de Bretagne. L'évêque de Liège aspiroit au cardinalat, le roi sollicitoit pour lui avec une vivacité sincère; mais la duchesse d'Angoulême qui s'intéressoit pour Bohier, archevêque de Bourges, frère du trésorier de l'Epargne, parce qu'elle étoit, dit-on, intéressée par le trésorier, trompoit & le roi son fils & le pape; elle mandoit au pape que son fils étoit d'intelligence avec elle, & qu'il ne parloit pour l'évêque de Liège, que par un respect extérieur pour des engagemens dont il ne desiroit point l'exécution: le pape la crut, & Bohier fut cardinal. Cette intrigue fut découverte; le chancelier de Liège, le savant Aléandre qui étoit à Rome, surpris du peu d'égard que le pape avoit eu pour la recommandation du Roi, voulut s'en expliquer avec le secrétaire du pape, qui fut dans la suite le cardinal Bembe; celui-ci montra au chancelier de Liège la lettre de la duchesse d'Angoulême, & lui permit d'en tirer copie. Le chancelier l'envoya à l'évêque, l'évêque au roi. Le roi la désavoua, & ne fut pas cru. L'évêque de Liège indigné, oublia qu'il devoit sa fortune à la France; il se jetta entre les bras du roi d'Espagne, y entraîna son frère; il obtint depuis, par le crédit de l'Espagne, le chapeau de cardinal, & le roi d'Espagne n'eut point auprès des électeurs de ministres plus zélés, ni plus intelligens que les deux la *Marck*.

Devenu empereur, il fit à son tour la faute de les désobliger dans une affaire qui intéressoit la principauté de Sedan, & il n'eut pas de plus grands ennemis; ils lui déclarèrent la guerre, & ils la lui firent, même avant d'être soutenus par la France. Le cardinal resta cependant attaché à Charles-Quint, mais Robert de la *Marck* & ses trois fils se livrèrent à la France. Le retour de la *Marck* vers la France, fut un événement heureux pour Fleuranges, qui étoit toujours resté attaché au roi, & qui se voyoit deshérité par le traité que la *Marck* avoit fait avec l'empereur. Un attrait particulier qui tenoit à la chevalerie, l'entraînoit vers François Ier, & l'y avoit retenu pendant la défection de ses parents. Il étoit avec François Ier, au camp du drap d'or; il fut fort inquiet de la démarche chevaleresque que fit ce prince, d'aller seul & sans escorte, voir Henri VIII à Guines. Au retour de François Ier, il le gronda comme Sully dans la suite grondoit Henri IV. Il lui dit de ce ton que le zèle justifie: *mon maître, vous êtes un fou d'avoir fait ce que vous avez fait, & suis bien-aise de vous revoir ici, & donne au diable celui qui vous l'a conseillé. — Je n'ai pris conseil de personne*, dit le roi, *parce que je savois bien que personne ne me donneroit celui que je voulois prendre.*

Un des plus grands & des plus utiles exploits du maréchal de Fleuranges dans les guerres de François Ier, contre Charles-Quint, fut la défense de Péronne, en 1536. Ce fut un chef-d'œuvre que cette défense: ni le bonheur, ni l'adresse du comte de Nassau, ni tous les efforts de l'armée nombreuse des Impériaux qu'il commandoit, ni l'action continuelle d'une artillerie puissante & bien servie, ni le jeu terrible des mines, ni quatre assauts dans chacun desquels les ennemis revinrent plusieurs fois à la charge, ne purent réduire cette place défendue par le maréchal de Fleuranges, qui fut en cette occasion parfaitement secondé par le généreux d'Estourmel (*Voyez* l'article ESTOURMEL).

Dans l'intervalle d'un des assauts à un autre, le maréchal de Fleuranges manquoit de poudre. Le duc de Vendôme & le duc de Guise étoient à Ham, épiant l'occasion de faire entrer des secours dans la place. Le maréchal de Fleuranges envoya un soldat déterminé leur demander de la poudre. Comme toutes les portes étoient obsédées par les ennemis, il fallut le descendre avec une corde par-dessus les murs, au milieu des marais; il arriva heureusement jusqu'à Ham. Le duc de Guise se chargea de faire entrer dans la ville, pendant la nuit, les secours que Fleuranges demandoit. Il choisit quatre cents arquebusiers, parmi les plus braves, il leur fit prendre à chacun un sac de poudre de dix livres, & les escorta lui-même avec deux cents chevaux, jusqu'au bord des marais de Péronne. Tandis qu'ils traversoient ces marais, le duc de Guise, pour attirer d'un autre côté l'attention des ennemis, tourna autour du camp impérial, sonnant par-tout l'alarme. Pour faire plus de bruit, il avoit mené avec lui tous les trompettes de l'armée qui étoit à Ham. Les ennemis persuadés qu'on alloit leur livrer bataille, coururent tous à leurs postes. Cependant les arquebusiers guidés par le soldat, furent tirés les uns après les autres dans la ville, par des cordes. Au point du jour, les ennemis apperçurent les derniers qui entroient. Le duc de Guise de son côté, faisoit sa retraite en bon ordre.

Le lendemain, le comte de Nassau envoya sommer le maréchal de Fleuranges de se rendre, sous promesse de la vie sauve, pour la garnison; mais sous la condition d'un pillage de trois jours. Sur le refus de Fleuranges la ville devoit être réduite en cendres, & la garnison passée au fil de l'épée. Fleuranges répondit à Nassau: « Votre proposition auroit déjà été indécente, avant que j'eusse reçu quatre mille livres de » poudre dont j'avois besoin, & quatre cents arque- » busiers dont je pouvois me passer ».

Le roi averti par le maréchal de Fleuranges de l'état de la place, au moment où il venoit de chasser l'empereur de la Provence, alloit s'avancer à la tête de son armée victorieuse, pour secourir Péronne, lorsqu'il apprit que le siége venoit d'être levé au moment où l'ennemi sembloit avoir tout préparé pour un cinquième assaut.

Le maréchal de Fleuranges ne jouit pas long-tems de la gloire qu'il avoit acquise par la défense de Péronne. A peine étoit-il retourné auprès du Roi, à peine en avoit-il reçu l'accueil du à sa valeur & à sa bonne conduite, qu'il apprit la mort du fameux Robert de la *Marck*, son père (arrivée la même année 1536) Il prit aussi-tôt la poste pour Sedan ; mais il fut arrêté à Longjumeau, par une fièvre maligne, dont il mourut. (1537) La France perdit à la fois, dans le père, un allié utile, dont les services avoient presque effacé le tort irréparable qu'il avoit fait à François Ier, lors de la concurrence à l'empire, & dans le fils un de ses plus fidèles sujets, un de ses plus braves officiers, & ce qui est toujours bien plus rare, un très-habile capitaine. Il se servoit de sa plume, comme de son épée. Ses mémoires respirent la naïveté libre & hardie d'un chevalier du temps de François Ier.

Le fils du maréchal de Fleuranges, fut aussi maréchal de France ; il est aussi nommé par quelques-uns, le maréchal de Fleuranges, par quelques autres le maréchal de Bouillon. Il fut fait prisonnier par les Espagnols, le 18 Juillet 1553, à la prise du château de Hesdin. Les Espagnols le traitèrent avec toute sorte de dureté, & lorsqu'en vertu de la trève conclue à Vaucelles, le 5 février 1556, ils furent obligés de le relâcher, ils le taxèrent à soixante mille écus d'or de rançon ; encore les accuse-t-on d'avoir eu la perfidie de lui donner un poison lent, dont il mourut cette même année 1556.

Il fut l'ayeul de Charlotte de la *Marck*, qui, par son mariage avec le vicomte de Turenne, Henri de la Tour, si connu depuis sous le nom de maréchal de Bouillon, porta dans cette maison de la Tour d'Auvergne, les principautés de Sedan & de Bouillon, & tous les grands biens de la maison de la *Marck*.

Turenne qui, depuis de la jeune Bouillon
Mérita dans Sedan la puissance & le nom ;
Puissance malheureuse & trop mal conservée,
Et par Armand détruite aussi-tôt qu'élevée.

La branche de la *Marck* Maulevrier, issue d'un second fils du maréchal de la Marck-Bouillon, mort en 1556, a produit à la seconde génération Louise de la *Marck*, qui épousa en 1633, Maximilien Echallard, marquis de la Boulay ; leurs enfans prirent le nom & les armes de la *Marck* : l'aîné, Henri Robert, comte de la *Marck*, fut tué à la bataille de Consarbrick, près de Trèves, le 11 août 1675.

La seule branche de la *Marck* qui subsiste aujourd'hui, celle des barons de Lumain, descend de Guillaume de la *Marck*, dit le *sanglier des Ardennes*, pour sa valeur barbare & sa férocité. Dans une sédition qu'il excita contre Louis de Bourbon, évêque de Liège, tige de la branche de Bourbon Busset, il lui fendit la tête à coups de hache, & jetta son corps, du haut du pont, dans la Meuse, en 1482. Maximilien, archiduc d'Autriche, & depuis empereur, neveu de l'évêque de Liège, par Marie de Bourgogne, sa femme, vengea la mort de son oncle : ayant sû que Guillaume cherchoit à exciter des troubles dans les pays-bas, il le fit arrêter à Utrecht, & lui fit trancher la tête en 1485. On dit que Guillaume portoit cette étrange devise : *Si Dieu ne me veult, le diable me prye.* Ses descendans ont hérité de sa valeur, & non pas de sa férocité.

MARCOUL, (Saint) MARCULPHUS (*Hist. Ecclés.*) né à Bayeux, mort en 558 au monastère de Nanteuil, près de Coutances. Il y a une église de saint Marcoul, à Corberi, au diocèse de Laon, elle dépend de saint Remi de Reims. C'est-là, dit-on, que les rois de France vont, ou alloient faire une neuvaine, après leur sacre, avant que de toucher des écrouelles, comme pour en obtenir la vertu, ou pour remercier de l'avoir reçue.

MARCULFE, (*Hist. Litt. mod.*) moine François, célèbre par son livre des *Formules* des actes anciens, publié par Jérôme Bignon, & dont Baluze a donné depuis une edition très-complette. Cet ouvrage est divisé en deux livres ; le premier contient les chartres royales, le second, les actes des particuliers.

On ne sait rien d'ailleurs de *Marculse*, pas même s'il vivoit au septième ou au huitième siècle ; mais son ouvrage est d'une grande utilité pour la connoissance de l'histoire, tant civile qu'ecclésiastique, des rois de la première race.

MARD (saint) (*Voyez* REMOND).

MARDOCHÉE, (*Hist. Sacr.*) cousin-germain d'Esther, & qui l'avoit adoptée pour sa fille. Son histoire, mêlée avec celle de sa fille adoptive, remplit presque tout le livre d'*Esther*.

MARDONIUS, (*Hist. anc.*) gendre de Darius, & beau-frère de Xercès, commanda les armées des Perses contre les Grecs, & perdit contre ceux-ci la bataille de Platée, où il fut tué l'an 479 avant J. C.

MARE, (de la) *Hist. Litt. mod.*) le plus connu des écrivains qui ont porté ce nom, est Nicolas de la *Mare*, doyen des commissaires au Châtelet, mort en 1723, plus qu'octogénaire, auteur du traité de la police, ouvrage très-estimé, auquel M. le Clerc du Brillet a ajouté un quatrième volume.

On a de Philibert de la *Mare*, conseiller au parlement de Dijon, mort en 1687, un ouvrage intitulé : *Commentarius de bello Burgundico* ; c'est l'histoire de la guerre de 1635, & du siège de saint Jean de Losne, & cet ouvrage fait partie d'un autre plus vaste, *Historicorum Burgundiæ conspectus*.

On a aussi de Guillaume de la *Mare*, poëte latin du seizième siècle, chanoine de Coutances, deux poëmes intitulés, l'un *Chimæra*, l'autre, *de tribus fugiendis, venere, ventre & plumâ*.

MARES. (*Voyez* DESMARES)

MARÊTS. (Jean des Marêts de Saint Sorlin). *Voyez* DESMARÊTS.

MARÈS ou MARÊTS. (des) (*Hist. de France*) Dans les premières années du règne de Charles VI, l'avidité, les exactions du duc d'Anjou, & ensuite du duc de Bourgogne, ses oncles avoient excité quelques séditions dans Paris ; les Maillotins avoient massacré des commis & des partisans ; la cour vouloit se venger, & n'attendoit qu'une occasion favorable ; elle se présenta, lorsqu'après la bataille de Rosebèque, en 1382, le roi revenant à Paris à la tête d'une armée victorieuse, vit les habitans de cette ville venir avec un zèle suspect à sa rencontre, au nombre de trente mille, mal armés & mal disciplinés. Deux mots du connétable de Clisson, prononcés d'un ton fier & menaçant, mirent en fuite cette multitude imprudente. Le roi entra dans Paris, comme dans une place conquise, brisa les portes, rompit les barrières, arracha les chaînes, enleva les armes, supprima la prévôté des marchands & l'échevinage, déploya l'appareil des supplices, avec plus de rigueur que d'équité, fit trancher la tête à *Desmarêts*, magistrat vénérable par son âge, par sa vertu, par ses longs services; son plus grand crime étoit d'être adoré du peuple, & odieux au duc de Bourgogne, dont l'autorité étoit devenue sans bornes, depuis que le duc d'Anjou, entièrement livré à l'expédition de Naples, lui avoit abandonné les rênes du gouvernement. *Desmarêts* porta au supplice cette fermeté tranquille, que donne une bonne-conscience. *Jugez-moi, Seigneur, & séparez ma cause de celle des impies*, dit-il en montant sur l'échafaud. On l'avertit de demander pardon au roi. *Je n'ai*, répondit-il, *jamais offensé les rois de la terre, j'ai employé à en servir quatre, les soixante & dix années de ma vie, en voici la récompense.* Le peuple, à ce spectacle, frémissoit de douleur & de crainte; une consternation générale avoit succédé à toute son audace. Le gouvernement profita de ces dispositions; on assembla dans la cour du palais ce peuple éperdu; on avoit élevé sur un échafaud, un trône, où le roi étoit assis, environné des princes & des grands du royaume. Le Chancelier se lève, reproche au peuple ses révoltes, & les bontés du roi payées, disoit-il, de tant d'ingratitude. Son ton étoit si menaçant, & ses regards si sévères, que le peuple prosterné, & tout en larmes, n'osoit espérer de grace: les princes la demandèrent à genoux, feignant d'être touchés des marques d'un repentir si sincère. Le roi se rendant à leurs instances, déclara qu'il commuoit en une peine pécuniaire la peine de mort *que tout ce peuple avoit méritée.* « C'étoit-là, dit Mézeray, le vrai sujet de cette pièce de » théâtre ». L'édit pour le rétablissement des impôts, fut publié aux acclamations de ce même peuple, qui avoit tant combattu pour s'y soustraire, & la Cour dissipant à l'instant en folles dépenses le produit de ces impôts, justifioit en quelque sorte, dit le même Mézerai, les émotions qu'elle prétendoit punir.

MARÊTS, (Samuel des) (*Hist. Litt. mod.*) c'est le nom d'un savant ministre protestant, auteur d'une multitude d'écrits polémiques contre les catholiques, contre les sociniens, contre Grotius. Ses deux fils, Henri & Daniel ont donné l'édition de la bible françoise, imprimée in-folio, chez Elzevir, en 1669, & dont les notes sont de Samuel leur père, né en 1599, mort vers 1673.

MAREUIL, (*Hist. Litt. mod.*) est le nom d'un traducteur françois du *Paradis* reconquis de Milton.

MARGGRAVE, s. (*Hist. mod.*) en allemand *marck-graf*, titre que l'on donne à quelques princes de l'empire germanique, qui possédent un état que l'on nomme *marggraviat*, dont ils reçoivent l'investiture de l'empereur. Ce mot est composé de *marck*, frontiere ou limite, & de *graf*, comte ou juge; ainsi le mot de *marggrave* indique des seigneurs que les empereurs chargeoient de commander les troupes & de rendre la justice en leur nom dans les provinces frontières de l'empire.

Ce titre semble avoir la même origine que celui de marquis, *marchio.* Il y a aujourd'hui en Allemagne quatre *marggraviats*, dont les possesseurs s'appellent *marggraves*, savoir; 1°. celui de Brandebourg; tous les princes des différentes branches de cette maison ont ce titre, quoique la Marche ou le *marggraviat* de Brandebourg appartienne au roi de Prusse, comme chef de la branche aînée: c'est ainsi qu'on dit le *marggrave* de Brandebourg-Anspach, le *marggrave* de Brandebourg-Culmbach, ou de Bareuth; le *marggrave* de Brandebourg-Schwedt, *&c.* 2°. Le *marggraviat* de Misnie, qui appartient à l'électeur de Saxe. 3°. Le *marggraviat* de Bade; les princes des différentes branches de cette maison prennent le titre de *marggrave.* 4°. Le *marggraviat* de Moravie, qui appatient à la maison d'Autriche. Ces princes, en vertu des terres qu'ils possédent en qualité de *marggraves*, ont voix & séances à la diète de l'empire. (*A. R.*)

MARGON, (Guillaume Plantavit de la Pause de) (*Hist. Litt. mod.*) grand faiseur de *brevets de la Calotte*, grand faiseur de satyres en général. Il en fit une contre les jansénistes, qui déplut même aux jésuites; il seroit sans doute fort aisé d'en faire une qui eût ce double tort ou ce double avantage; mais ce n'avoit pas été l'intention de l'auteur, il avoit réellement pris parti pour les jésuites, contre les jansénistes. L'ouvrage qu'il avoit fait contre ceux-ci, avoit pour titre, *le jansénisme démasqué.* L'abbé de Margon ne fut pas peu surpris, ni peu mécontent de voir cette brochure très-maltraitée dans le journal de Trévoux, par le père de Tournemine.

L'abbé de Margon a laissé la réputation d'un méchant; on dit que sa physionomie annonçoit son caractère à tout le monde. Les libelles qu'il répandoit avec profusion, attirèrent l'attention du gouvernement, il fut relégué aux isles de Lérins; &, lorsque ces isles furent prises par les Autrichiens, en 1746, (car dans cette guerre si brillante & si heureuse, le royaume fut plus d'une fois entâmé) il fut transféré au château d'If, il obtint ensuite une demie liberté, à condition de vivre dans un couvent. Là, en faisant de petite méchancetés obscures, il se consoloit de ne plus oser en faire d'éclatantes; il troubloit du moins la petite sphère qui le renfermoit. Il mourut en 1760. On a de lui d'autres ouvrages que des libelles; des *mémoires de Villars*, qui ne sont pas les véritables; des *mémoires de Berwick*, qui ne sont pas les véritables; des *mémoires de Tourville*, qui ne sont pas les véritables; *les lettres de Fitz-Moritz.*

MARGUERITE, (sainte) vierge & martyre, dont on ne sait rien; on croit qu'elle a reçu le martyre à Antioche en 275.

MARGUERITE, SAMBIRIE, (*Hist. de Danem.*) reine & régente de Danemarck, fille d'un duc de Poméranie, avoit épousé Christophe I, roi de Danemarck. Elle excelloit dans tous les exercices, & se fit admirer souvent dans les tournois. Sa figure annonçoit son mâle caractere. Elle avoit le port noble, les traits durs, & le teint basané; elle eut beaucoup de part aux troubles qui agitèrent le Danemarck pendant le règne de son époux; mais elle ne put lui inspirer le courage dont elle étoit animée. Ce prince vécut esclave du Clergé, & mourut sa victime. La reine fut nommée régente du royaume de Danemarck après la mort de Christophe I, pendant la minorité d'Eric Glipping, son fils. Elle essuya d'abord quelques démêlés avec l'Eglise, & (ce que les plus grands rois avoient en vain tenté jusqu'alors) elle sut faire respecter l'autorité suprême par les prélats. Elle refusa l'investiture du duché de Sleswick à Eric, prince Suédois; elle sentoit combien il étoit dangereux de recevoir cet étranger dans le royaume: son refus alluma la guerre. *Marguerite* parut à la tête de son armée: mais trahie par ses généraux, elle fut vaincue l'an 1262, & tomba entre les mains de ses ennemis. Eric, son fils, eut le même sort; l'un & l'autre obtinrent leur liberté: le premier usage qu'en fit *Marguerite*, fut d'envoyer à l'échafaud les chefs qui avoient donné à l'armée l'exemple d'une fuite honteuse. Ses anciens différends avec le Clergé se réveillèrent. Une soumission politique mit le pape Urbain IV dans ses intérêts; mais la mort de ce pontife rendit à l'archevêque de Lauden sa première audace; cependant ces querelles se terminèrent dans la suite. Mais Eric ayant commencé à gouverner par lui-même, il ne resta plus à *Marguerite* que le souvenir de ses belles actions, & la vénération publique qui en étoit le prix: elle mourut vers l'an 1300. Une conduite soutenue & adaptée aux événemens, une humeur égale & sans caprice, une sévérité guidée par l'équité & non par la vengeance, son courage dans ses malheurs, sa modestie dans le cours de ses prospérités lui assurent une place parmi les femmes célèbres & même parmi les grands hommes.

MARGUERITE, reine de Danemarck, de Suéde & de Norwege. Tout est singulier dans cette princesse, jusques à sa naissance. Valdemar III, le plus soupçonneux des hommes, avoit fait enfermer Hedwige, son épouse, dans le château de Sobourg; s'étant égaré à la chasse, cette prison même lui servit d'asyle; on lui présenta son épouse, déguisée avec art & sous un autre nom; son erreur lui rendit tout son amour, & *Marguerite* en fut le fruit; elle naquit l'an 1353; talens, esprit, courage, tout fut précoce en elle; son père prévit de bonne heure sa haute destinée. « La nature s'est trompée, disoit-il, » elle vouloit en faire un héros, & non pas une » femme ». Olaüs V étant mort en 1385, la couronne fut briguée par Henri de Mecklenbourg, fils d'Albert, roi de Suède; mais *Marguerite*, dont les graces & le génie naissant avoient charmé tous les Scaniens, fut proclamée par eux: leur exemple entraîna les suffrages des autres provinces: la princesse fut couronnée. Elle étoit déja régente de Norvege: le trône étoit encore vacant: elle avoit gouverné avec tant de sagesse sous le nom de *régente*, qu'elle méritoit de gouverner sous celui de *reine*: cependant plusieurs partis s'opposoient à son élection: elle s'empara des places fortifiées, remplit la Norvege de troupes, soumit une partie de ses ennemis par la terreur de ses armes, & le reste par ses bienfaits. Enfin elle fut couronnée; elle étoit reine & femme, & ne se vengea point. Les Danois plus fiers, rougissoient de fléchir sous le joug d'une femme. *Marguerite* se vit forcée de faire couronner le jeune & foible Eric Wratislas, duc de Poméranie, le dernier de ses enfans. C'étoit un fantôme qu'elle présentoit au peuple pour le tromper; Hacquin, prince Suédois, fut contraint de renoncer à toutes ses prétentions sur la couronne. Il étoit plus difficile d'écarter Albert de Mecklenbourg, roi de Suède, qui avoit déja arboré les trois couronnes dans son écusson: déjà, pour assurer le succès de ses desseins, il avoit levé des armées & fait équiper des flottes; mais il avoit oublié que l'amour du peuple est le plus ferme appui du trône. Le despotisme étoit l'objet de toutes ses démarches politiques. Les Suédois gémissoient sous le fardeau des subsides; la bienfaisance intéressée de *Marguerite* les soulageoit dans leur indigence; les gouverneurs des forteresses ouvrirent les portes à ses troupes, le sénat déposa le roi Albert, le peuple appella *Marguerite*, & la noblesse la couronna. Cette révolution fut l'ouvrage de quelques mois. La victoire de Falkoping en assura la durée: Albert tomba entre les mains des mécontens; son fils eut le même sort; mais la captivité des deux princes ne fit point rentrer sous le joug de *Marguerite* quelques troupes de factieux qui avoient pris les armes, moins pour la défense d'Albert, que pour troubler l'état; les discordes étoient sur-tout fomentées par les comtes de Holstein & le duc de Sleswigh qui craignoient que la nouvelle reine ne s'emparât de leurs états, & qui espéroient qu'Albert, pour payer leurs services, leur laisseroit cette indépendance à laquelle ils aspiroient. La reine crut qu'il falloit faire quelques sacrifices à la gloire de porter trois couronnes: elle renonça à toute jurisdiction sur les domaines de ces princes, & ils promirent d'abandonner le parti du malheureux Albert. Ce prince ne trouva plus d'amis que dans la Wandalie. Ces peuples demandèrent sa liberté; mais on la lui vendit bien cher; il fut contraint d'abjurer tous ses droits sur la couronne de Suède, & s'obligea de payer une somme de soixante mille marcs pour prix de sa rançon. Ce fut l'an 1395 que ce traité fut conclu, sous la garantie de Barmin, duc de Poméranie, & de Jean, duc de Meklenbourg. *Marguerite*, qui craignoit qu'après sa mort, la postérité d'Albert ne s'emparât du trône, voulut régler elle-même le choix de son successeur : cette élection se fit sans obstacles ; *Marguerite* présenta au peuple Eric, son petit-neveu, & ce jeune prince fut couronné. L'ambition de *Marguerite* n'étoit point encore satisfaite ; tant que les trois couronnes étoient distinctes & séparées, elle craignoit que l'une ne vînt à se détacher des deux autres ; elle voulut donc former un seul royaume de la Suède, du Danemarck & de la Norwege. Son dessein n'étoit pas sans doute de donner à ce plan politique une consistance invariable pour l'avenir, mais seulement d'en assurer la durée pendant sa vie, ou tout au plus pendant celle d'Eric. Cette princesse connoissoit trop le cœur humain, le caractere, les intérêts, la rivalité des trois nations sur lesquelles elle régnoit, pour se persuader qu'un projet si difficile dans l'exécution, pût se soutenir pendant plusieurs siècles. Ce fut à Calmar qu'elle assembla les sénateurs & la noblesse de Danemarck, de Suède & de Norwege ; la réunion des trois royaumes y fut proposée ; elle excita des débats très-vifs ; la reine *Marguerite* leva tous les obstacles, elle régla que le roi seroit alternativement élu par un des trois royaumes ; que ce monarque, pour ainsi dire, errant, fixeroit son séjour en Suède, en Danemarck, en Norwege, pendant quatre mois ou pendant une année ; qu'il consommeroit dans chaque royaume les revenus qu'il en tireroit ; que chaque nation ne payeroit des impôts que pour ses propres besoins ; enfin que les loix, les coutumes, les privilèges de chaque royaume ne souffriroient aucune altération ; qu'enfin dans chaque royaume les gouvernemens & les charges seroient le partage des naturels du pays, & ne seroient jamais donnés à des étrangers. Telle fut cette union de Calmar, si célèbre & si funeste, qui devoit, au jugement des politiques de ce tems, assurer le repos du Nord, & qui y alluma tous les feux de la guerre. Albert n'osa plus disputer à *Marguerite* un trône où trois nations s'empressoient à la maintenir. Mais cette reine, qui avoit fait une étude profonde des intérêts du commerce, des penchans des peuples sur lesquels elle régnoit, préféroit les Danois aux deux autres nations ; « La » Suède, disoit-elle à Eric, son successeur, vous » donnera de quoi vivre, la Norwege de quoi vous » vêtir, le Danemarck de quoi vous défendre ». Elle n'observa pas elle-même avec un respect bien scrupuleux, les conditions qu'elle s'étoit imposées. Les chevaliers Teutoniques s'étoient emparés de l'île de Gothland, *Marguerite* voulut y rentrer à main armée ; mais les troupes Suédoises qu'elle y envoya, furent repoussées ; elle prit le parti d'acheter ce qu'elle n'avoit pu conquérir. Ce traité fut conclu l'an 1398. Les Suédois payerent la somme qui avoit été fixée ; le Gothland devoit dès-lors appartenir à la Suède : cependant il fut annéxé au Danemarck. *Marguerite* auroit dû sentir quel préjudice cette conduite devoit faire un jour au jeune Eric. L'union de Calmar auroit été rompue dès-lors, si la politique de cette grande reine n'eût enchaîné les trois nations, qui se promettoient bien de se séparer, lorsqu'Eric, dont elles méprisoient la foiblesse, rempliroit la place de cette femme étonnante. Elle mourut l'an 1411, d'une maladie qu'elle gagna dans un vaisseau. Ses restes furent depuis transportés dans l'église de Roschild, & déposés sous un magnifique mausolée, que la reconnoissance ou le faste d'Eric lui fit élever. Un an avant sa mort, elle avoit fait célébrer avec une pompe digne des trois couronnes, le mariage d'Eric avec Philippine, fille de Henri IV, roi d'Angleterre. Dès cet instant Eric voulut régner par lui-même ; mais la reine conserva toujours l'empire qu'elle avoit & sur ses sujets & sur lui ; elle ne laissa à ce prince que le pouvoir de hazarder quelques coups d'état peu importans qui flatoient sa vanité ; mais qui n'influoient point sur la situation des trois royaumes. Elle eut l'art de l'écarter du gouvernement, & de lui persuader qu'il gouvernoit.

La gloire de son règne, son courage, ses talens, la protection dont elle honoroit les arts, le respect qu'elle inspira à ses voisins, l'immense étendue des états qu'elle conquit par ses bienfaits, qu'elle conserva par la force de ses armes & par ses ruses politiques, la firent surnommer la *Sémiramis du Nord*. Mais si l'on examinoit en détail la conduite de cette princesse, si l'on pouvoit deviner son cœur, on verroit peut-être qu'elle n'eut que des talens & peu de vertus. Elle présenta aux trois nations un fantôme de liberté pour les asservir en effet, le despotisme étoit le but de toutes ses démarches ; elle avoit soin que la justice fût observée dans les trois royaumes, mais elle-même en violoit les loix sans scrupule ; elle distribua les principales dignités de la Suède à des seigneurs Danois, confia à des troupes Danoises la garde des forteresses des Suédois, trompa ceux-ci dans l'affaire du Gothland ; & lorsque la noblesse vint lui reprocher ses injustices, & lui présenter ses titres & le traité de Calmar : « Je » ne touche point à vos papiers, dit-elle, conservez-» les, je saurai bien conserver vos forteresses ». Son amour pour Abraham Broderson est encore une tache à sa gloire. C'étoit un jeune Suédois, qui n'avoit d'autre mérite qu'une figure intéressante, & qui ne profita point de l'ascendant qu'il avoit sur l'esprit de la reine, pour la forcer à rendre justice à sa patrie. Du reste, grande dans ses vues, & ne méprisant pas les détails, jugeant les hommes d'un coup-d'œil, & les jugeant bien, gouvernant presque sans ministre, joignant à propos la patience & l'activité, écartant avec art les demandes importunes, refusant avec grace quand son autorité chanceloit, avec fermeté quand elle fut assez puissante, *Marguerite* fut un prodige pour son sèxe ; elle l'eût été pour le nôtre. (*M. DE SACY.*)

MARGUERITE DE PROVENCE, femme de Saint Louis. Raimond Bérenger, comte de Provence, eut quatres filles ; toutes les quatres furent mariées à des rois ; l'aînée (*Marguerite*) épousa Saint Louis, roi de France ; la seconde (*Eléonore*) Henri III, roi d'Angleterre ; la troisième, (*Sancie*) Richard, frère du roi d'Angleterre, élu roi des Romains ; la quatrième, (*Béartix*) épousa Charles, comte d'Anjou, frère de Saint Louis, qu'elle força d'accepter le royaume de

Sicile, afin d'être reine aussi bien que ses sœurs.

Le mariage de Saint Louis avec *Marguerite* de Provence, fut l'union de deux ames célestes; mêmes inclinations, mêmes vertus, tendresse égale, épanchements réciproques; elle le suivit au-delà des mers, & chez les infidèles; elle accoucha en 1250, à Damiette, d'un fils qui fut surnommé *Tristan*, parce qu'il vint au monde dans de tristes conjonctures; on venoit de recevoir depuis trois jours, la nouvelle de la défaite & de la prise du roi. Marguerite alors ne se croyant pas en sûreté dans Damiette, & craignant à tout moment de voir les Sarrasins vainqueurs surprendre cette place, & venir l'enlever elle-même dans sa maison, prenoit la précaution de faire coucher dans sa chambre, pendant le jour, & veiller auprès d'elle pendant la nuit, un vieux chevalier âgé de quatre-vingt ans, auquel elle recommanda de lui couper la tête, si les Sarrasins prenoient Damiette. Le vieillard le lui promit, & lui donna sa foi de chevalier; il lui avoua qu'il avoit eu de lui-même cette idée, sans attendre qu'elle lui en eut parlé.

Marguerite fut la consolatrice de son mari dans la captivité; il la consultoit sur les affaires les plus importantes, sans qu'elle prétendît à cet honneur: *je le dois*, dit-il à des gens assez injustes pour s'en étonner, *elle est ma dame & ma compagne*. Des princes étrangers suivirent son exemple; le roi d'Angleterre, Henri III, prit *Marguerite* pour arbitre de quelques démêlés particuliers; l'empereur Rodolphe en fit autant dans la suite.

Sur quelques autres traits de son caractère, & quelques autres détails de son union avec Saint Louis. (*Voyez* l'article BLANCHE DE CASTILLE)

Marguerite survécut quinze ans son mari, elle mourut en 1285. On a remarqué que son douaire étoit assigné sur les Juifs, qu'on toléroit alors en France, mais à qui on faisoit payer cette tolérance, & qu'on autorisoit à voler le peuple, en se réservant de les voler un jour. Ils lui payoient par quartier 219 livres 7 sols 6 den.

Marguerite respectoit les mœurs dans sa conduite, & vouloit qu'on les respectât dans les écrits: un poëte Provençal lui ayant présenté un ouvrage qu'elle jugea trop libre, il fut exilé aux isles d'Hières.

Marguerite étant l'aînée des quatre filles du comte de Provence, qui n'avoit point de fils, sembloit devoir hériter de la Provence, & l'espérance de réunir ce comté à la couronne, pouvoit être entrée pour beaucoup dans les vues qui déterminèrent ce mariage; mais ce fut la plus jeune (Béatrix) qu'il plut à Raimond Bérenger d'instituer son héritière. Le droit romain, qui régit la Provence, sembloit l'y autoriser, par la faculté indéfinie de tester qu'il accorde aux citoyens; mais il semble que le droit de succéder à des états, ne puisse point être soumis à cette faculté indéfinie de tester, & qu'un pareil droit mérite bien d'être fixé par la nature. Saint Louis respecta le testament de son beau-père; mais *Marguerite* regarda toujours Béatrix & le comte d'Anjou, roi de Sicile, son mari, comme des usurpateurs à l'égard de la Provence; elle fit beaucoup d'instances à Saint-Louis, pour qu'il défendît ses droits. C'est le seul article sur lequel elle ne fut pas écoutée.

MARGUERITE DE BOURGOGNE, première femme de Louis Hutin; enfermée en 1314, au château Gaillard, puis étranglée en 1315, pour mauvaise conduite. Philippe-le-bel eut trois brus, toutes les trois furent accusées d'adultère; deux d'entr'elles furent convaincues; l'autre est restée suspecte. Il n'en coûta la vie qu'à *Marguerite*; elle étoit fille de Robert II, duc de Bourgogne.

Blanche, fille d'Othon IV, comte de Bourgogne, femme de Charles, qui fût depuis Charles-le-bel, en fut quitte pour être répudiée, sous prétexte de parenté, & pour se faire religieuse à Maubuisson.

Jeanne, sœur aînée de Blanche, femme de Philippe, qui fût depuis le roi Philippe-le-long, fut jugée innocente, *inculpabilis & omninò innoxia*, & en conséquence reprise par son mari, après une prison d'environ un an; mais en pareil cas le public ne croit à l'innocence, ni sur la foi d'un arrêt, ni sur la foi du mari.

Les amans des princesses coupables étoient deux frères, Philippe & Gautier de Launai, gentilshommes Normands. Ils furent écorchés vifs, & traînés dans la prairie de Maubuisson, nouvellement fauchée, mutilés, décapités, puis leurs troncs pendus par les bras à un gibet. Tous les complices & fauteurs furent diversement punis, suivant la part qu'ils avoient eue à cette intrigue; spectacle d'opprobre & de scandale qu'on eût pu se dispenser d'étaler, & qui ne faisoit que souiller la maison royale d'une honte publique.

MARGUERITE D'ECOSSE, (*Hist. de Fr.*) premiere femme de Louis XI. (*Voyez* CHARTIER) (ALAIN.) Elle étoit fille de Jacques Ier. roi d'Ecosse, de cette malheureuse maison Stuart. (*Voyez* STUART.) Elle ne démentit point une race funeste. Vertueuse, aimable, amie des lettres, dauphine de France, ayant en perspective les plus brillantes destinées, elle fut victime de la calomnie, & mourut à vingt ans en 1444, moitié de maladie, moitié de douleur & déjà lasse de la vie. Son dernier mot fut: *Fi de la vie, qu'on ne m'en parle plus.* Elle mourut sous Charles VII, & ne fut point reine.

MARGUERITE D'ANJOU. (*Voyez* ANJOU.)

MARGUERITE D'AUTRICHE (*Hist. mod.*) fille de l'empereur Maximilien & de Marie de Bourgogne, sœur de l'archiduc Philippe-le-beau, roi d'Espagne, tante de Charles-Quint. Le mariage de Maximilien avec Marie de Bourgogne, avoit rendu ce prince ennemi nécessaire des François, en lui imposant le devoir de défendre sa femme & les états de la succession de Bourgogne contre les armes & les intrigues de Louis XI. On avoit voulu étouffer cette haine dans son origine, en mariant le dauphin, depuis Charles VIII, avec *Marguerite* d'Autriche, qui devoit porter en dot à la France le comté de Bourgogne ou la Franche-Comté, & le comté d'Artois;

mais, tandis que Maximilien paroissoit uniquement occupé du mariage de sa fille, il épousoit par procureur, Anne de Bretagne, que Charles VIII, mal conseillé & mal conduit, opprimoit alors; par là, Maximilien devenoit le défenseur de cette princesse contre la France, comme il l'avoit été de Marie de Bourgogne. Charles VIII, refroidi sur l'alliance de Maximilien, depuis la découverte de ses vues sur la Bretagne, prit le parti de lui renvoyer sa fille & de lui prendre sa femme, qui heureusement ne l'étoit pas encore. *Marguerite* d'Autriche ne pardonna, dit-on, jamais à la France l'affront qu'elle en avoit reçu dans cette occasion.

C'est d'elle qu'on raconte qu'ayant été promise en 1497, à Jean, infant d'Espagne, fils de Ferdinand-le-Catholique & d'Isabelle, & allant par mer joindre ce nouveau mari, elle fut battue d'une si violente tempête, qu'elle pensa périr, & qu'au milieu d'un tel danger, elle sut conserver assez de sang froid & de gaieté de cœur pour se faire cette épitaphe badine :

Ci gît Margot, la gente demoiselle,
Qu'eut deux maris, & si mourut pucelle.

Elle en eut trois, & ne mourut point pucelle. L'infant étant mort peu de temps après, elle épousa Philibert-le-beau, duc de Savoie. Devenue veuve, sans enfants, elle se retira en Allemagne, auprès de l'empereur Maximilien son père. Elle fut dans la suite gouvernante des Pays-Bas. Ce fut elle qui, en 1508, contribua beaucoup à former cette fatale ligue de Cambray, où Louis XII s'unit avec ses ennemis de tous les temps contre les Vénitiens ses alliés nécessaires.

Elle eut à ce sujet de violens démêlés avec le cardinal d'Amboise, légat du Saint-Siége & ministre de France, qui sentoit quelle faute Louis XII faisoit alors contre la politique, & qui vouloit s'y opposer; *& nous sommes, monseigneur le légat & moi, cuidié prendre au poil*, mandoit-elle alors.

Ce fut elle encore qui, en 1529, dans cette même ville de Cambray, eut avec la duchesse d'Angoulême, la gloire de conclure enfin la paix, qui fut nommée *la Paix des Dames*, entre Charles-Quint & François Ier. Elle mourut à Malines en 1530.

Sa devise étoit : *Fortune, infortune, fors une*. On l'explique de différentes manières. Nous présumons que c'est une devise chrétienne, qui rentre dans le sens de ce passage de l'Ecriture : *Porrò unum est necessarium; il n'y a qu'une chose nécessaire, c'est le salut*; de même le jeu de mots de la devise nous paroît signifier : *ce que le monde regarde comme une fortune, est une véritable infortune, parce que ce sont autant d'obstacles au salut, seule fortune véritable*.

Marguerite d'Autriche aimoit & cultivoit les lettres, & a été célébrée par les savants ; elle a laissé des ouvrages en prose & en vers, entr'autres, *le Discours de ses infortunes & de sa vie*. Jean Le Maire fit à sa louange, l'ouvrage intitulé : *la Couronne Margaritique*, imprimée à Lyon en 1549.

MARGUERITE *ou* MARIE D'AUTRICHE, sa nièce, sœur de Charles-Quint, fut, comme elle, gouvernante des Pays-Bas. Elle étoit veuve de Louis, roi de Hongrie. (*Voyez* à l'article BLOMBERG (Barbe) ce que la calomnie a imputé à cette princesse au sujet de la naissance de dom Juan d'Autriche, son neveu.

MARGUERITE DE VALOIS, duchesse d'Alençon, depuis reine de Navarre, sœur de François Ier. (*Voyez* l'article ALENÇON, l'article BÉDA, & l'article LE FÈVRE D'ÉTAPLES.)

Voici le portrait qu'on fait de cette princesse dans l'histoire de François Ier : « *Marguerite* pensoit comme » lui ; elle avoit les mêmes goûts, les mêmes lumières, » & le talent d'inspirer tout ce qu'elle sentoit. Aux » qualités héroïques qui font les grands caractères, » elle joignoit les qualités douces qui font les caractères » intéressants ; avec le désir de plaire, elle en eut » tous les moyens, & la beauté fut le moindre de » ses charmes ; ornement de la cour de François Ier, » elle étonna celle de l'empereur, qui la prit pour » modèle sans pouvoir l'égaler ; dans les cercles, dans » les fêtes, c'étoit une femme aimable, qui aspiroit » à la conquête des cœurs comme Charles-Quint à » celle des empires ; dans son cabinet solitaire, c'étoit » un philosophe sensible, qui se pénétroit du plaisir » de penser & de connoître, & pour qui l'instruction » étoit un besoin...... elle avoit un besoin plus » noble encore, celui de faire du bien ; elle y joi- » gnoit le courage plus rare d'empêcher le mal.... » toujours libre & toujours sage, elle plaça la liberté » dans l'esprit & la sagesse dans les mœurs ; pour » conserver le droit de tout dire & de tout écrire, » elle ne fit rien contre son devoir. Indulgente sans » intérêt, elle excusoit les passions, sourioit aux foi- » blesses, & ne les partageoit pas. Quelque tort qu'on » eût avec elle, elle ne fit jamais un reproche, & » n'en eut point à se faire. Bienfaisante avec équité, » on ne vit, autant qu'il fut en elle, ni un service » oublié, ni un talent négligé, ni une vertu mé- » connue ; elle aimoit passionnément & son frère & » les lettres ; les savans lui étoient chers, les mal- » heureux lui étoient sacrés, tous les humains étoient » ses frères, tous les écrivains étoient sa famille, » elle ne divisoit point la société en orthodoxes & » en hérétiques, mais en oppresseurs & en opprimés, » quelle que fût la foi des uns & des autres. Elle » tendoit la main aux derniers, elle réprimoit les » premiers, sans leur nuire & sans les haïr.... tandis » que le syndic Béda guettoit des hérétiques, & que » le conseiller Verjus les brûloit, tandis que des bar- » bares égorgeoient des fous & menaçoient des sages, » *Marguerite* consoloit le roi mourant dans sa prison, » le rappelloit à la vie, négocioit pour sa déli- » vrance, & le conjuroit par ses infortunes, de prendre » pitié des infortunés que le fanatisme opprimoit. » Les fanatiques la calomnièrent, n'ayant pas d'autre moyen de l'opprimer, & elle leur pardonna, ayant mille moyens de se venger. On rendit sa foi suspecte, même à son frère ; tous les savants qu'elle s'attacha & qui s'attachèrent à elle, furent notés d'hérésie ;

quelques-uns étoient réellement hérétiques, & elle le savoit bien; mais elle ne croyoit pas devoir se priver de leurs lumières, à cause de leurs erreurs; elle conserva la foi catholique, en souffrant ceux qui la rejettoient; elle eut pour conseils de conscience & de politique, l'archevêque d'Embrun Tournon, depuis cardinal, le plus vertueux des intolérants, & l'évêque de Tarbes-Grammont, cardinal aussi dans la suite, & non moins favorable à l'intolérance; mais ils ne purent jamais lui rien persuader contre l'humanité, & lorsqu'elle eut épousé le roi de Navarre, rien ne put l'empêcher de donner un asyle dans ses états à ces savants, hérétiques ou non, que la persécution chassoit des états de son frère; & c'étoit dans un siècle où ce penchant malheureux qu'ont tous les hommes à l'intolérance, étoit autorisé par le dogme & fortifié par l'empire de l'opinion, qu'elle s'élevoit ainsi par le mouvement naturel de son ame, autant que par les lumières de son esprit, au-dessus des préjugés funestes, & qu'elle osoit se livrer à toute sa bienfaisance. Elle mourut à cinquante-sept ans, le 21 décembre 1549, au château d'Odos dans le Bigorre. Elle étoit née à Angoulême le 11 avril 1492, fut mariée le 9 octobre 1509, au duc d'Alençon, dont elle n'eut point d'enfants, & qui mourut le 11 avril 1525; elle épousa en secondes noces le 24 janvier 1527, Henri d'Albret, roi de Navarre, second du nom, dont elle eut Jeanne d'Albret, qui fut mère de notre roi Henri IV.

On connoît ses Nouvelles. Jean de La Haye, son valet-de-chambre, a recueilli ses autres œuvres, sous ce titre, digne du temps; *les Marguerites de la Marguerite des Princesses*. C'étoit François Ier. qui avoit donné à sa sœur le nom de *Marguerite des Marguerites*, & tout le monde l'appelloit ainsi à la cour. Sa devise, une fleur de souci regardant le soleil, avec ces mots: *Non inferiora secutus*, ne nous paroît pas assez claire. Est-ce un hommage de tendresse pour son frère ou pour un de ses deux maris? Dans le second cas, les compare-t-elle entr'eux ou avec son frère, comme Virgile compare les deux maîtres de Misène, & dit qu'Enée n'étoit pas inférieur à Hector? Ces comparaisons n'auroient rien d'heureux. Ou bien, sans faire aucune comparaison, *Marguerite* dit-elle de l'objet qui l'occupe, qu'elle ne s'attache qu'à l'objet le plus noble, qu'elle ne veut suivre que le modèle le plus parfait? Il est certain que cette devise est susceptible de tous ces sens. Quant à cette autre devise, un lys entre deux marguerites, avec ces mots; *Mirandum naturæ opus*, François Ier. est le lys, les deux marguerites sont apparemment sa sœur & sa fille, Marguerite de France, qui épousa en 1559, Emmanuel-Philibert, duc de Savoie, & qui aima les lettres aussi bien que son père & sa tante. Ses sujets l'appellèrent *la Mère des Peuples*. Ce titre est un grand éloge. Elle mourut en 1574; elle étoit née en 1523.

MARGUERITE DE FRANCE *ou* DE VALOIS, fille de Henri II & de Catherine de Médicis, sœur des derniers rois Valois, & première femme de Henri IV, naquit à Fontainebleau le 14 mai 1552. On sait trop sous quels funestes auspices Henri IV devint son mari. Ce mariage ne fit le bonheur ni de Henri ni de *Marguerite*. Cette princesse témoigna de l'éloignement pour cette union; il paroît qu'elle aimoit alors le duc de Guise, & jamais elle n'eut d'inclination pour Henri IV, qui ne paroît pas non plus en avoir eu pour elle. Charles IX voulant par ce mariage attirer les Protestans dans le piège, usa de son autorité pour déterminer sa sœur. A la cérémonie du mariage, *Marguerite* ne répondit rien, lorsqu'on lui demanda si elle acceptoit pour époux, le roi de Navarre; le cardinal de Bourbon, qui faisoit la cérémonie, ou, selon d'autres, Charles IX lui-même poussa brusquement la tête par derrière, à *Marguerite*. Cette inclination de tête forcée, fut prise pour un consentement, & fut le seul que donna *Marguerite*; sa répugnance eût vraisemblablement été plus forte encore, si elle eut su à quelle horrible entreprise son mariage servoit de voile.

La reine de Navarre peint elle-même dans ses Mémoires, la situation difficile où elle se trouvoit dans le temps de la St. Barthélemy. « Les Huguenots me » tenoient suspecte, parce que j'étois catholique, & » les Catholiques, parce que j'avois épousé le roi de » Navarre, qui étoit huguenot..... Un soir étant au » coucher de la reine ma mère, assise sur un coffre, » auprès de ma sœur de Lorraine, que je voyois fort » triste, la reine ma mère, parlant à quelques-uns, » m'apperçut, & me dit que je m'en allasse coucher. » Comme je faisois la révérence, ma sœur me prend » par le bras, & m'arrête, & se prenant fort à » pleurer, me dit: *Mon Dieu, ma sœur, n'y allez* » *pas*. La reine ma mère s'en apperçut, & appellant ma sœur, se courrouça fort à elle, & lui défendit de me rien dire. Ma sœur lui dit qu'il n'y » avoit point d'apparence de me sacrifier comme » cela, & que sans doute s'ils découvroient quelque » chose, ils se vengeroient sur moi. La reine ma » mère répond que s'il plaisoit à Dieu, je n'aurois » point de mal, mais quoi que ce fût, il falloit que » j'allasse, de peur de leur faire soupçonner quelque » chose. Je voyois bien qu'ils se contestoient, & » n'entendois pas leurs paroles. Elle me commanda » encore rudement que je m'en allasse coucher. Ma » sœur fondant en larmes, me dit: bon soir, sans » m'oser dire autre chose; & moi, je m'en allai toute » transie & éperdue, sans me pouvoir imaginer ce que » j'avois à craindre........ J'avois toujours dans le » cœur les larmes de ma sœur, & ne pouvois dormir » pour l'appréhension en laquelle elle m'avoit mise..... » La nuit se passa de cette façon, sans fermer l'œil... » Enfin, voyant qu'il étoit jour, estimant que le » danger que ma sœur m'avoit dit fût passé, vaincue » du sommeil, je dis à ma nourrice qu'elle fermât la » porte, pour pouvoir dormir à mon aise. Une heure » après, comme j'étois le plus endormie, voici un » homme frappant des pieds & des mains à la porte, » & criant: *Navarre, Navarre*. Ma nourrice pensant » que ce fût le roi mon mari, courut vitement à la » porte. Ce fut un gentilhomme, nommé M. de Téjan » ou Teyran, qui avoit un coup d'épée dans le coude

» & un coup d'hallebarde dans le bras ; & étoit » encore poursuivi de quatre archers, qui entrèrent » tous après lui en ma chambre. Lui se voulant garantir, se jetta dessus mon lit. Moi, sentant ces » hommes qui me tenoient, je me jette à la ruelle, & » lui après moi, me tenant toujours à travers du » corps. Je ne connoissois point cet homme, & ne » savois s'il venoit là pour m'offenser, ou si les archers en vouloient à lui ou à moi. Nous criions » tous deux, & étions aussi effrayés l'un que l'autre. » Enfin, Dieu voulut que M. de Nancey, capitaine » des Gardes, y vînt, qui me trouvant en cet état-là, » ne se put tenir de rire, & se courrouça fort aux » archers de cette indiscrétion, les fit sortir, & me » donna la vie de ce pauvre homme qui me tenoit, » lequel je fis coucher & panser dans mon cabinet, » jusques à tant qu'il fût du tout guéri «. Un autre gentilhomme, nommé Bourse, fut percé d'un coup de hallebarde, à trois pas de la reine. » Je tombai, dit-elle, de l'autre côté, presqu'évanouie, entre les » bras de M. de Nancey, & pensois que ce coup » nous eût percés tous deux «.

Brantôme & l'auteur du discours de la vie de Catherine de Médicis, disent qu'en cette occasion, le roi de Navarre dut la vie à l'intercession de *Marguerite*, qui, se jettant aux genoux de son frère, le conjura d'épargner son mari. *Marguerite* n'en dit rien dans ses Mémoires.

Au lieu de se repentir du grand crime qu'on venoit de commettre, on ne se repentit que de ne l'avoir pas consommé en ôtant la vie au roi de Navarre & au prince de Condé. La reine-mère interrogea la reine de Navarre, sa fille, sur les particularités les plus secrettes de son mariage, lui disant *que si cela n'étoit, il y avoit moyen de la démarier.* Marguerite *se doutant bien que ce qu'on vouloit l'en séparer, étoit pour lui faire un mauvais tour*, répondit à sa mère « qu'elle » ignoroit totalement ce dont elle lui parloit, & qu'elle » la prioit de lui épargner une réponse aussi embar» rassante ».

Le roi de Navare & le duc d'Anjou-Alençon s'échappèrent de la cour vers le commencement du règne de Henri III. On s'en prit à la reine de Navarre, qui cependant avoit ignoré le secret de son mari, & on la retint prisonnière. « A la cour, dit-elle, » l'adversité est toujours seule, comme la prospérité » est accompagnée, & la persécution assistée : le seul » brave Crillon fut celui qui, méprisant toutes défenses & toute défaveur, vint cinq ou six fois en ma » chambre, étonnant tellement de crainte les cerbères » que l'on avoit mis à ma porte, qu'ils n'osèrent » jamais..... lui refuser le passage.

Monsieur, (c'est le duc d'Anjou-Alençon) étoit toujours l'ennemi des Mignons qui gouvernoient Henri III, & il n'avoit guère d'ami à la cour, que la reine de Navarre, sa sœur. Emprisonné plusieurs fois, il étoit gardé à vue dans le Louvre en 1578. Il eut recours à *Marguerite*, & la pria de lui fournir une corde, pour qu'il pût se sauver la nuit par la fenêtre de sa chambre qui étoit au second étage, & qui donnoit sur les fossés du château. La reine de Navarre fit emporter ce jour-là même hors du Louvre, un coffre à demi brisé; quelques heures après, on le lui rapporta raccommodé, & renfermant la corde que Monsieur avoit demandée. Le soir la reine-mère soupa seule avec sa fille. Monsieur, impatient d'exécuter son dessein, arrive, parle bas à sa sœur; Matignon, qui n'aimoit pas Monsieur, considérant l'air d'empressement & d'embarras avec lequel il avoit parlé à la reine de Navarre, dit à Catherine de Medicis : *demain, Monsieur ne sera plus dans le Louvre.* La reine-mère troublée, demande à *Marguerite* si elle avoit entendu ce que *Matignon* venoit de dire; *Marguerite* répondit que non, & Catherine répéta ce que Matignon avoit dit. « Lors, dit *Marguerite* dans ses Mémoires, me » trouvant entre ces deux extrêmités ou de manquer » à la fidélité que je devois à mon frère & mettre » sa vie en danger, ou de jurer contre la vérité » (chose que je n'eusse voulu pour éviter mille morts) » je me trouvai en si grande perpléxité, que si » Dieu ne m'eût assistée, ma façon eût assez témoigné » sans parler, ce que je craignois qui fût découvert. » Mais comme Dieu assiste les bonnes intentions, & » sa divine bonté opéroit en cette œuvre pour sauver » mon frère, je composai tellement mon visage & » mes paroles, qu'elle ne pût rien connoître que ce » que je voulois ; & que je n'offensai mon ame » ni ma conscience par aucun faux serment. Je lui » dis donc si elle ne connoissoit pas bien la haine que » M. de Matignon portoit à mon frère; que c'étoit » un brouillon malicieux, qui avoit regret de nous » voir tous d'accord; que lorsque mon frère s'en iroit, » j'en voulois répondre de ma vie ; que je m'assurois » bien que ne m'ayant jamais rien célé, il m'eût » communiqué ce dessein, s'il eût eu cette volonté. » Ce que je disois m'assurant bien que mon frère étant » sauvé, l'on n'eût osé me faire déplaisir ; & au pis » aller, quand nous eussions été découverts, j'aimois » trop mieux y engager ma vie que d'offenser mon ame » par un faux serment, & mettre la vie de mon » frère au hazard; elle ne recherchant pas de près le » sens de mes paroles, me dit : pensez bien à ce que » vous me dites, vous m'en serez caution, vous m'en » répondrez sur votre vie. Je lui dis en souriant, que » c'étoit ce que je voulois. La reine de Navarre étant » rentrée dans son appartement, se coucha d'abord » pour écarter les femmes de sa suite ; elle ne garda » que ses femmes-de-chambre dont elle connoissoit la » fidélité ». Monsieur arriva bientôt avec ses deux confidens, Simier & Cangé, qui devoient accompagner sa fuite. *Marguerite* se leva, les aida elle-même à lier la corde à une traverse de bois. Monsieur descendit le premier en riant ; Simier en tremblant, & ayant peine à se tenir à la corde ; Cangé, qui descendoit le troisiéme, étant encore en l'air, on vit un inconnu sortir du fossé, & marcher à grands pas vers le corps-de-garde du Louvre. La reine de Navarre se rappellant le discours qu'avoit tenu Matignon, craignit que cet homme ne fût un espion aposté par lui, pour observer son frère ; la vie de ce prince n'eût pas été en sûreté après cette seconde fuite, s'il fût tombé entre les mains de ses ennemis. Les femmes de la reine jettèrent vîte la corde au feu, pour qu'elle ne pût servir à convaincre leur maîtresse; mais la corde en s'enflammant, mit le feu à la cheminée. Les gardes appercevant des flammes au-dessus de l'appartement de *Marguerite*, frappèrent rudement à sa porte, en criant qu'on ouvrît.

Marguerite crut d'abord que son frère étoit pris, & qu'on venoit l'arrêter elle-même; voyant que la corde n'étoit encore qu'à demi brûlée, elle défendit à ses femmes d'ouvrir. Celles-ci s'approchèrent de la porte, & parlant bas, comme si elles eussent craint d'éveiller la reine, elles assûrèrent les gardes qu'elles alloient éteindre le feu; qu'il n'y avoit aucun danger, & leur recommandèrent sur-tout de ne point faire de bruit, de peur de réveiller & d'effrayer la reine. Ils se retirèrent; mais deux heures après on sut dans le Louvre l'évasion de Monsieur. Cossé vint chez la reine de Navarre pour la conduire devant le roi & la reine-mère, qui vouloient l'interroger sur cette évasion; une des femmes de la reine se jette toute éplorée à ses pieds, s'efforçant de la retenir, & lui criant : *Vous n'en reviendrez jamais.* Cossé repoussa cette femme, & dit à la reine : *Voilà, Madame, une indiscrétion qui vous perdroit, si tout autre que moi en eût été le témoin.* Elle trouva, en arrivant, le roi assis auprès du lit de sa mère, & dans une si grande fureur, qu'il l'auroit maltraitée, sans la présence de Catherine; ils lui reprochèrent l'un & l'autre les discours qu'elle avoit tenus la veille; *Marguerite* assûra que son frère l'avoit trompée, ainsi que toute la cour; au reste elle répondit de nouveau sur sa vie des bonnes intentions de Monsieur, qui n'avoit, disoit-elle, aucun dessein de troubler la tranquillité du royaume, & qui n'étoit occupé que de l'expédition des Pays-Bas.

La reine de Navarre alla rejoindre son mari. On a dit que le fameux Pibrac, chancelier de Navarre, avoit été amoureux d'elle; il crut même devoir s'en disculper, & nous avons son apologie. Une apologie en pareil cas prouve le fait dont on prétend se disculper.

Les Mémoires de la reine de Navarre finissent en 1582, & les autres historiens lui sont moins favorables.

En 1583, Henri III, qui avoit fait revenir sa sœur à la cour de France, parce qu'il espéroit tirer parti, pour ses intérêts, de la présence de cette princesse, la chassa ignominieusement; l'ordre portoit en propres termes, qu'elle eût *à délivrer la cour de sa présence contagieuse;* elle part en s'écriant qu'il n'y avoit jamais eu deux princesses plus malheureuses que Marie Stuart & elle. Pendant qu'elle dînoit au Bourg-la-Reine, le roi passa dans sa voiture fermée, sans daigner la saluer. Arrivée entre Saint-Clair & Palaiseau, des gardes arrêtent sa litière, font la visite par-tout, l'obligent d'ôter son masque, ne lui épargnent pas même les propos injurieux, & se saisissent de son écuyer, de son médecin & de son chirurgien. D'autres arrêtoient dans le même temps, les dames de Béthune & de Duras, confidentes de la reine, *auxquelles ils donnèrent plusieurs coups & des soufflets*, disent l'Etoile, d'Aubigné & du Plessis-Mornay. Le roi de Navarre fit faire à Henri III, de fortes remontrances sur l'affront qu'il avoit fait à *Marguerite* : si elle l'a mérité, disoit-il, je ne dois plus la recevoir; si elle ne l'a pas mérité, je demande réparation pour elle. Henri III, fort embarrassé par un argument si pressant, cherchoit à se rejetter sur la découverte qu'on avoit faite, disoit-il, de la vie scandaleuse que menoient les dames de Béthune & de Duras, qu'il appelloit *vermine très-pernicieuse, & non supportable auprès de princesse de tel lieu.* Henri IV reçut *Marguerite*, mais il ne lui témoigna plus ni amitié ni estime. Il eut cependant à se louer d'elle dans l'affaire du divorce. Le duc de Sully, dans ses Mémoires, rend témoignage à la docilité que cette reine fit paroître en cette occasion, pour les volontés de Henri IV. Elle rendit même à ce prince & à l'état un service important, en révélant la conspiration du comte d'Auvergne & de la demoiselle d'Entragues sa sœur. L'homme qui conduisoit toute cette intrigue étoit un capucin, nommé le père Ange ou Archange, & ce capucin étoit fils de la reine *Marguerite*, qui l'avoit eu de Chanvallon. Un si puissant intérêt ne put empêcher cette princesse de remplir le devoir d'une fidelle sujette.

Le trait suivant peint des mœurs bien étranges: *Marguerite* aimoit un provençal, nommé Date. Ce favori l'avoit détachée d'un nommé Vermond, dont le père & la mère avoient été de la maison de *Marguerite.* Vermond, soit qu'il vît dans le favori, un rival ou seulement un ennemi, lui cassa la tête d'un coup de pistolet, sous les yeux & à la portière même de la reine sa maîtresse : il voulut s'enfuir; mais il fut pris & ramené à l'hôtel de Sens, où demeuroit la reine *Marguerite.* On dit dans le *Divorce satyrique*, que la reine, qui peut-être n'auroit dû voir dans cet événement que l'effet naturel & le juste châtiment de ses incontinences & des désordres de sa conduite, crioit, en voyant entre les mains des archers, ce Vermond qu'elle avoit peut-être aimé : *qu'on tue ce méchant; tenez, tenez, voilà mes jarretières, qu'on l'étrangle.* Vermond n'étoit pas moins animé contre son ennemi. Le cadavre de Date lui ayant été représenté : *tournez-le*, dit-il, *que je voie s'il est mort, & s'il ne l'est pas, que je l'achève.* La fureur de *Marguerite* étoit au comble, en se voyant ainsi bravée, elle jura qu'elle resteroit sans boire & sans manger jusqu'à ce qu'elle fût vengée de l'assassin. Deux jours après Vermond eut la tête tranchée devant l'hôtel de Sens; il étoit condamné à faire amende honorable & à demander pardon à la reine; il jetta loin de lui la torche, & refusa de demander pardon à la reine, qui eut la cruauté d'assister à son supplice.

Ce fut pour éloigner de son esprit l'image d'un amant assassiné à ses yeux, que *Marguerite* quitta l'hôtel de Sens, & vint s'établir au Pré aux Clercs, où elle fit commencer de grands travaux. Un nouvel amant de *Marguerite*, nommé Bajeaumont, étant tombé malade, le roi dit aux filles de la reine : « Priez Dieu » pour la convalescence de Bajeaumont, & je vous » donnerai votre foire ; car, s'il venoit à mourir, la » reine prendroit cet hôtel en horreur, & je serois » obligé de lui en acheter un autre ».

Le comte de Choisy, qui avoit placé sa fille dans la maison de *Marguerite*, & que les intrigues de Bajeaumont avoient forcé à l'en retirer, répondit à cette princesse, qui se plaignoit de la conduite de la demoiselle de Choisy : « Si la vôtre, Madame, eût été » aussi bonne, vous porteriez encore la couronne ».

Une autre femme à laquelle *Marguerite* faisoit le même reproche, qu'elle n'avoit droit sans doute de faire à personne, lui dit ; oui, Madame, nous avons fait l'une & l'autre bien des fautes ; si vous vous étiez mieux gouvernée, votre maison ne seroit pas ici ; *elle seroit delà l'eau*, (c'est-à-dire, au Louvre.)

Le 9 mars 1610, le P. Suffren, jésuite, prêchant à Notre-Dame contre les mœurs de son siècle, dit : qu'il n'y avoit à Paris si petite coquette qui ne montrât son sein, prenant exemble sur la reine *Marguerite*... Ayant fait ensuite une pause, il ajouta, que plusieurs choses étoient permises aux reines, quoique défendues aux autres femmes.

Marguerite assista au sacre de Marie de Médicis ; Henri IV l'exigea sans doute, à la sollicitation de Marie, mais on auroit dû épargner à *Marguerite* un tel désagrément.

Les recherches qu'elle fit pour connoître les auteurs de l'assassinat d'Henri IV, semblent prouver combien elle fut sensible à cet évènement. La demoiselle Comans ou Descomans, dont les dépositions qui chargeoient sur-tout le duc d'Epernon & la marquise de Verneuil, parurent d'abord mériter quelque attention, & ne sont pas encore aujourd'hui méprisées de tout le monde, étoit au service de *Marguerite*, & cette princesse se donna tous les mouvements possibles pour la faire entendre.

Marguerite mourut le 27 mars 1615, âgée de soixante & trois ans. L'avocat général Servin lui fit cette épitaphe :

Margaris alma soror, consors & filia regum ;
Omnibus his moriens (proh dolor !) orba fuit.
Pars ferro occubuit, pars altera cœsa veneno ;
Tutior est solio parvula sella gravi.
Prævisis obiit mater vexata procellis ;
Par natæ mœror præstitit inferias.

C'est faire trop d'honneur à Catherine de Médicis, que de la faire mourir de douleur pour les orages qu'elle prévoyoit, elle qui avoit toujours vécu parmi les orages, & qui avoit tant aimé à les exciter. C'est faire trop d'honneur aussi à *Marguerite* de Valois, que de la faire mourir de douleur pour la mort d'Henri IV, sur-tout cinq ans après cette mort. Elle aima les lettres comme François Ier. son ayeul, & comme *Marguerite* de Valois, reine de Navarre, sa grande-tante. Voilà peut-être le plus grand éloge qu'on puisse lui donner.

MARGUERITE-MARIE ALACOQUE, plus connue sous le nom de *Marie* Alacoque. (*Voyez* ALACOQUE.)

MARIAGE DES TURCS (*Hist. modern.*) Le *mariage* chez les Turcs, dit M. de Tournefort, qui étoit fort bien instruit, n'est autre chose qu'un contrat civil que les parties peuvent rompre ; rien ne paroît plus commode : néanmoins, comme on s'ennuyeroit bientôt parmi eux du *mariage*, aussi bien qu'ailleurs, & que les fréquentes séparations ne laisseroient pas d'être à charge à la famille, on y a pourvu sagement. Une femme peut demander d'être séparée d'avec son mari, s'il est impuissant, adonné aux plaisirs contre nature, ou s'il ne lui paye pas le tribut, la nuit du jeudi au vendredi, laquelle est consacrée aux devoirs du *mariage*. Si le mari se conduit honnêtement, & qu'il lui fournisse du pain, du beurre, du riz, du bois, du café, du coton, & de la soie pour filer des habits, elle ne peut se dégager d'avec lui. Un mari qui refuse de l'argent à sa femme pour aller au bain deux fois la semaine, est exposé à la séparation ; lorsque la femme irritée renverse sa pantoufle en présence du juge, cette action désigne qu'elle accuse son mari d'avoir voulu la contraindre à lui accorder des choses défendues. Le juge envoie chercher pour lors le mari, le fait bâtonner, s'il trouve que la femme dise la vérité, & casse le *mariage*. Un mari qui veut se séparer de sa femme, ne manque pas de prétextes à son tour ; cependant la chose n'est pas si aisée que l'on s'imagine.

Non-seulement il est obligé d'assurer le douaire à sa femme pour le reste de ses jours ; mais supposé que par un retour de tendresse il veuille la reprendre, il est condamné à la laisser coucher pendant 24 heures avec tel homme qu'il juge à propos : il choisit ordinairement celui de ses amis qu'il connoît le plus discret ; mais on assure qu'il arrive quelquefois que certaines femmes qui se trouvent bien de ce changement, ne veulent plus revenir à leur premier mari. Cela ne se pratique qu'à l'égard des femmes qu'on a épousées. Il est permis aux Turcs d'en entretenir de deux autres sortes ; savoir, celles que l'on prend à pension, & des esclaves, on loue les premières, & on achète les dernières.

Quand on veut épouser une fille dans les formes, on s'adresse aux parens, & on signe les articles après être convenu de tout en présence du cadi & de deux témoins. Ce ne sont pas les père & mère de la fille qui dotent la fille, c'est le mari : ainsi, quand on a réglé le douaire, le cadi délivre aux parties la copie de leur contrat de *mariage* : la fille de son côté n'apporte que son trousseau. En attendant le jour des nôces, l'époux fait bénir son *mariage* par le prêtre ; & pour s'attirer les graces du ciel, il distribue des aumônes, & donne la liberté à quelque esclave.

Le jour des nôces, la fille monte à cheval couverte d'un grand voile, & se promène par les rues sous un dais, accompagnée de plusieurs femmes, & de quelques esclaves, suivant la qualité du mari ; les joueurs & les joueuses d'instrumens sont de la cérémonie : on fait porter ensuite les nippes, qui ne sont pas le moindre ornement de la marche. Comme c'est tout le profit qui en revient au futur époux, on affecte de charger des chevaux & des chameaux de plusieurs coffres de belle apparence, mais souvent vuides, ou dans lesquels les habits & les bijoux sont fort au large.

L'épouse est ainsi conduite en triomphe par le chemin le plus long chez l'époux, qui la reçoit à la porte : là ces deux personnes, qui ne se sont jamais vues, & qui n'ont entendu parler l'une de l'autre que depuis peu, par l'entremise de quelques amis, se touchent la main, & se témoignent tout l'attachement qu'une véritable tendresse peut inspirer. On ne manque pas de faire la leçon aux moins éloquens; car il n'est guère possible que le cœur y ait beaucoup de part.

La cérémonie étant finie, en présence des parens & des amis, on passe la journée en festins, en danses, & à voir les marionettes; les hommes se réjouissent d'un côté, & les femmes de l'autre. Enfin la nuit vient, & le silence succède à cette joie tumultueuse. Chez les gens aisés la mariée est conduite par un eunuque dans la chambre qui lui est destinée; s'il n'y a point d'eunuque, c'est une parente qui lui donne la main, & qui la met entre les bras de son époux.

Dans quelques villes de Turquie il y a des femmes dont la profession est d'instruire l'épousée de ce qu'elle doit faire à l'approche de l'époux, qui est obligé de la deshabiller pièce-à-pièce, & de la placer dans le lit. On dit qu'elle récite pendant ce temps-là de longues prières, & qu'elle a grand soin de faire plusieurs nœuds à sa ceinture, ensorte que le pauvre époux se morfond pendant des heures entières avant que ce dénouement soit fini. Ce n'est ordinairement que sur le rapport d'autrui qu'un homme est informé, si celle qu'il doit épouser est belle ou laide.

Il y a plusieurs villes où, le lendemain des nôces, les parens & les amis vont dans la maison des nouveaux mariés prendre le mouchoir ensanglanté, qu'ils montrent dans les rues, en se promenant avec des joueurs d'instrumens. La mère ou les parentes ne manquent pas de préparer ce mouchoir, à telle fin que de raison, pour prouver, en cas de besoin, que les mariés sont contens l'un de l'autre. Si les femmes vivent sagement, l'alcoran veut qu'on les traite bien, & condamne les maris qui en usent autrement, à réparer ce péché par des aumônes, ou par d'autres œuvres pies qu'ils sont obligés de faire avant que de se réconcilier avec leurs femmes.

Lorsque le mari meurt le premier, la femme prend son douaire, & rien de plus. Les enfans dont la mère vient de décéder, peuvent forcer le père de leur donner ce douaire. En cas de répudiation, le douaire se perd, si les raisons du mari sont pertinentes; sinon le mari est condamné à le continuer, & à nourrir les enfans.

Voilà ce qui regarde les femmes légitimes : pour celles que l'on prend à pension, on n'y fait pas tant de façon. Après le consentement du père & de la mère, qui veulent bien livrer leur fille à un tel, on s'adresse au juge, qui met par écrit que ce tel veut prendre une telle pour lui servir de femme, qu'il se charge de son entretien, & de celui des enfans qu'ils auront ensemble, à condition qu'il la pourra renvoyer lorsqu'il le jugera à-propos, en lui payant la somme convenue, à proportion du nombre d'années qu'ils auront été ensemble. Pour colorer ce mauvais commerce, les Turcs en rejettent le scandale sur les marchands chrétiens, qui ayant laissé leurs femmes dans leur pays, en entretiennent à pension dans le Levant. A l'égard des esclaves, les Mahométans, suivant la loi, en peuvent faire tel usage qu'il leur plaît; ils leur donnent la liberté quand ils veulent, ou ils les retiennent toujours à leur service. Ce qu'il y a de louable dans cette vie libertine, c'est que les enfans que les Turcs ont de toutes leurs femmes, héritent également des biens de leur père, avec cette différence seulement, qu'il faut que les enfans des femmes esclaves soient déclarés libres par testament; si le père ne leur fait pas cette grace, ils suivent la condition de leur mère, & sont à la discrétion de l'aîné de la famille. (*D. J.*)

MARIAGE DES ROMAINS, (*Hist. Rom.*) le *mariage* se célébroit chez les Romains avec plusieurs cérémonies scrupuleuses qui se conservèrent long-temps, du moins parmi les bourgeois de Rome.

Le *mariage* se traitoit ordinairement avec le père de la fille ou avec la personne dont elle dépendoit. Lorsque la demande étoit agréée & qu'on étoit d'accord des conditions, on les mettoit par écrit, on les scelloit du cachet des parens, & le père de la fille donnoit le repas d'alliance; ensuite l'époux envoyoit à sa fiancée un anneau de fer, & cet usage s'observoit encore du tems de Pline; mais bien-tôt après on n'osa plus donner qu'un anneau d'or. Il y avoit aussi des négociateurs de *mariages* auxquels on faisoit des gratifications illimitées, jusqu'à ce que les empereurs établirent que ce salaire seroit proportionné à la valeur de la dot. Comme on n'avoit point fixé l'âge des fiançailles avant Auguste, ce prince ordonna qu'elles n'auroient lieu que lorsque les parties seroient nubiles: cependant dès l'âge de dix ans on pouvoit accorder une fille, parce qu'elle étoit censée nubile à douze.

Le jour des noces on avoit coutume, en coëffant la mariée, de séparer les cheveux avec le fer d'une javeline, & de les partager en six tresses à la manière des vestales, pour lui marquer qu'elle devoit vivre chastement avec son mari. On lui mettoit sur la tête, un chapeau de fleurs, & par-dessus ce chapeau une espèce de voile, que les gens riches enrichissoient de pierreries. On lui donnoit des souliers de la même couleur du voile, mais plus élevés que la chaussure ordinaire, pour la faire paroître de plus grande taille. On pratiquoit anciennement chez les Latins une autre cérémonie fort singulière, qui étoit de présenter un joug sur le col de ceux qui se fiançoient, pour leur indiquer que le *mariage* est une sorte de joug: & c'est de-là, dit-on, qu'il a pris le nom de *conjugium*. Les premiers Romains observoient encore la cérémonie nommée *confarréation*, qui passa dans la suite au seul *mariage* des pontifes & des prêtres.

La mariée étoit vêtue d'une longue robe blanche ou

de couleur de safran, semblable à celle de son voile; sa ceinture étoit de fine laine nouée du nœud herculéen qu'il n'appartenoit qu'au mari de dénouer. On feignoit d'enlever la mariée d'entre les bras de la mère pour la livrer à son époux, ce qui se faisoit le soir à la lueur de cinq flambeaux de bois d'épine blanche, portés par de jeunes enfans qu'on nommoit *pueri lauti*, parce qu'on les habilloit proprement & qu'on les parfumoit d'essences: ce nombre de cinq étoit de règle en l'honneur de Jupiter, de Junon, de Vénus, de Diane, & de la déesse de Persuasion. Deux autres jeunes enfans conduisoient la mariée, en la tenant chacun par une main, & un troisiéme enfant portoit devant elle le flambeau de l'hymen. Les parens faisoient cortège en chantant *hymen, ô hyménée*. Une femme étoit chargée de la quenouille, du fuseau & de la cassette de la mariée. On lui jettoit sur la route de l'eau lustrale, afin qu'elle entrât pure dans la maison de son mari.

Dès qu'elle arrivoit sur le seuil de la porte, qui étoit ornée de guirlandes de fleurs, on lui présentoit le feu & l'eau, pour lui faire connoître qu'elle devoit avoir part à toute la fortune de son mari. On avoit soin auparavant de lui demander son nom, & elle répondoit *Caïa*, pour certifier qu'elle seroit aussi bonne ménagere que Caïa Cæcilia, mère de Tarquin l'ancien. Aussi-tôt après on lui remettoit les clefs de la maison, pour marquer sa jurisdiction sur le ménage; mais en même tems on la prioit de s'asseoir sur un siége couvert d'une peau de mouton avec sa laine, pour lui donner à entendre qu'elle devoit s'occuper du travail de la tapisserie, de la broderie, ou autre convenable à son sexe: ensuite on faisoit le festin de nôces. Dès que l'heure du coucher étoit arrivée, les époux se rendoient dans la chambre nuptiale, où les matrones qu'on appelloit *pronubæ*, accompagnoient la mariée & la mettoient au lit génial, ainsi nommé, parce qu'il étoit dressé en l'honneur du génie du mari.

Les garçons & les filles, en quittant les époux, leur souhaitoient mille bénédictions, & leur chantoient quelques vers fescennins. On avoit soin cette première nuit de ne point laisser de lumière dans la chambre nuptiale, soit pour épargner la modestie de la mariée, soit pour empêcher l'époux de s'appercevoir des défauts de son épouse, au cas qu'elle en eût de cachés. Le lendemain des nôces il donnoit un festin, où sa femme étoit assise à côté de lui sur le même lit de table. Ce même jour les deux époux recevoient les présens qu'on leur faisoit, & offroient de leur côté un sacrifice aux dieux.

Voilà les principales cérémonies du *mariage* chez les Romains; j'ajouterai seulement deux remarques: la première, que les femmes mariées conservoient toujours leur nom de fille, & ne prenoient point celui du mari. On sait qu'un citoyen romain qui avoit séduit une fille libre, étoit obligé par les loix de l'épouser sans dot, ou de lui en donner une proportionnée à son état; mais la facilité que les Romains avoient de disposer de leurs esclaves, & le grand nombre de courtisannes rendoit le cas de la séduction extrêmement rare.

2°. Il faut distinguer chez les Romains deux maniéres de prendre leurs femmes: l'une étoit de les épouser sans autre convention que de les retenir chez soi; elles ne devenoient de véritables épouses que quand elles étoient restées auprès de leurs maris un an entier, sans même une interruption de trois jours: c'est ce qui s'appelloit un *mariage* par l'usage, *ex usu*. L'autre manière étoit d'épouser une femme après des conventions matrimoniales, & ce *mariage* s'appelloit de vente mutuelle, *ex coemptione*: alors la femme donnoit à son mari trois as en cérémonie, & le mari donnoit à sa femme les clefs de son logis, pour marquer qu'il lui accordoit l'administration de son logis. Les femmes seules qu'on épousoit par une vente mutuelle, étoient appellées mères de famille, *matres-familias*, & il n'y avoit que celles-là qui devinssent les uniques héritières de leurs maris après leur mort.

Il résulte de-là que chez les Romains le *matrimonium ex usu*, ou ce que nous nommons aujourd'hui *concubinage*, étoit une union moins forte que le *mariage* de vente mutuelle; c'est pourquoi on lui donnoit aussi le nom de demi-mariage, *semi-matrimonium*, & à la concubine celui de demie-femme, *semi-conjux*. On pouvoit avoir une femme ou une concubine, pourvu qu'on n'eût pas les deux en même tems: cet usage continua depuis que, par l'entrée de Constantin dans l'Eglise, les empereurs furent chrétiens. Constantin mit bien un frein au concubinage, mais il ne l'abolit pas, & il fut conservé pendant plusieurs siècles chez les chrétiens: on en a une preuve bien authentique dans un concile de Tolède, qui ordonne que chacun, soit laïc, soit ecclésiastique, doive se contenter d'une seule compagne, ou femme, ou concubine, sans qu'il soit permis de tenir ensemble l'une & l'autre. . . . Cet ancien usage des Romains se conserva en Italie, non-seulement chez les Lombards, mais depuis encore quand les François y établirent leur domination. Quelques autres peuples de l'Europe regardoient aussi le concubinage comme une union légitime: Cujas assure que les Gascons & autres peuples voisins des Pyrénées, n'y avoient pas encore renoncé de son tems (*D. J.*)

MARIAGE LÉGITIME, & NON LÉGITIME, (*Histoire & Droit Romain.*) Les *mariages légitimes* des enfans chez les Romains, étoient ceux où toutes les formalités des loix avoient été remplies. On appelloit *mariages non légitimes* ceux des enfans qui, vivant sous la puissance paternelle, se marioient sans le consentement de leur père. Ces mariages ne se cassoient point lorsqu'ils étoient une fois contractés; ils étoient seulement destitués des effets de droit qu'ils auroient eus s'ils eussent été autorisés par l'approbation du père: c'est ainsi que Cujas explique le passage du jurisconsulte Paul, dont voici les paroles: *Eorum, qui in potestate patris sunt, sine voluntate ejus, matrimonia jure non contrahuntur, sed contracta non solvuntur.* Mais il y a tout lieu de croire que le jurisconsulte romain parle seulement du pouvoir ôté aux pères de rompre le *mariage* de leurs enfans encore sous leur puissance, lors même qu'ils y avoient donné leur consentement. On peut voir là-dessus les notes de M. Schulting, *page 300* de sa *Jurisprudentia ante-Justinianea.* Pour ce qui est de l'*uxor injusta* dont il est parlé dans *la loi 13. §. 1. dig. ad leg. Julia i de adulter.* Cujas lui-même semble s'être retracté dans un autre endroit de ses observations, où il conjecture qu'il s'agit dans cette loi, d'une femme qui n'a pas été épousée avec les formalités ordinaires, *quæ non solemniter accepta est, aquâ & igne observat. lib. VI. cap. xvj.* : car chez les anciens Romains, quand on avoit omis ces formalités, qui consistoient dans ce que l'on appelloit *confarreatio* & *coëmptio*, une fille, quoiqu'elle eût été menée dans la maison de celui qui en vouloit faire sa femme, n'étoit pourtant pas censée pleinement & légitimement mariée; elle n'étoit pas encore entrée dans la famille, & sous la puissance du mari, ce qui s'appelloit *in manum viri convenire* : elle n'avoit pas droit de succéder à ses biens, ou entièrement, ou par portion égale avec les enfans procréés d'eux : il falloit, pour suppléer à ce défaut de formalités requises, qu'elle eût été un an complet avec son mari, sans avoir découché trois nuits entières, selon la loi des XII. tables, qu'Aulu-Gelle, *Noct. Attic. lib. III. cap. ij. &* Macrob. *Saturnal. lib. I. ch. xiij.* nous ont conservée. Jusques-là donc cette femme étoit appellée *uxor injusta*, comme le président Brisson l'explique dans son Traité, *ad leg. jul. de adulteriis*; c'est-à-dire, qu'elle étoit bien regardée comme véritablement femme, & nullement comme simple concubine; en sorte cependant qu'il manquoit quelque chose à cette union pour qu'elle eût tous les droits d'un *mariage légitime.* Mais tout *mariage* contracté sans le consentement du père, ou de celui sous la puissance de qui le père étoit lui-même, avoit un vice qui le rendoit absolument nul & *illégitime*, de même que les *mariages* incestueux, ou le *mariage* d'un tuteur avec sa pupille, ou celui d'un gouverneur de province avec une provinciale, *&c.* (*D. J.*)

MARIAMNE, (*Hist. des Juifs.*) « Un roi à qui » la terre a donné le nom de *Grand* (Hérode) » éperdument amoureux de la plus belle femme de » l'univers (*Mariamne*); la passion furieuse de ce roi, » si fameux par ses vertus & par ses crimes, ses » cruautés passées, ses remords présents; ce passage » si continuel & si rapide de l'amour à la haine & de » la haine à l'amour; l'ambition de sa sœur, (Salomé) » les intrigues de ses ministres, la situation cruelle » d'une princesse dont la vertu & la beauté sont » célèbres encore dans le monde; qui avoit vu son » père (son ayeul) Hyrcan, & son frère (Aristobule), » livrés à la mort par son mari, & qui, pour comble » de douleur, se voyoit aimée du meurtrier de sa » famille ». Voilà ce que Josephe a peint avec tout l'intérêt que comporte l'histoire, & M. de Voltaire, avec tout l'intérêt que comporte la tragédie. Hérode, dans un moment de jalousie & de colère, fit périr *Mariamne*, comme il fit périr dans la suite les deux fils qu'il avoit eus d'elle, Alexandre & Aristobule. Le désespoir où le jetta la mort de cette femme adorée, lui donna une maladie dont il pensa mourir, & lui laissa des moments d'égarement, dans lesquels il ordonnoit à ses domestiques d'aller chercher la reine, la croyant toujours vivante, & ne pouvant recevoir de consolation que d'elle. Ainsi ce trait que M. de Voltaire a conservé, ce trait qui seroit une invention tragique jusqu'au sublime, si le poëte l'avoit imaginé, n'est en effet qu'une vérité historique, & n'a dans la pièce que le mérite de l'expression & de la fidelité. Hérode, à qui Nabal vient de faire le récit de la mort de *Mariamne*, ordonnée par Hérode lui-même, entre dans le délire, se plaint de ne voir ni sa sœur ni sa femme, & de n'appercevoir que des yeux baignés de larmes qui se détournent de lui :

Qu'ai-je donc fait? pourquoi suis-je en horreur au monde?
Qui me délivrera de ma douleur profonde?
Par qui ce long tourment sera-t-il adouci?
Qu'on cherche *Mariamne*, & qu'on l'amene ici.

NABAL.

Mariamne, seigneur?

HÉRODE.

Oui, je sens que sa vue
Va rendre un calme heureux à mon ame éperdue;
Toujours devant ses yeux que j'aime & que je crains,
Mon cœur est moins troublé, mes jours sont plus serains,
Déjà même à son nom mes douleurs s'affoiblissent,
Déjà de mon chagrin les ombres s'éclaircissent :
Qu'elle vienne.

NABAL.

Seigneur.....:

HÉRODE.

Je veux la voir.

NABAL.

Hélas!
Avez-vous pu, seigneur, oublier son trépas?

Mariamne mourut vingt-huit ans avant l'ere Chrétienne. Hérode épousa une autre *Mariamne*, fille de Simon, grand sacrificateur des Juifs, il se contenta d'exiler celle-ci, qui fut accusée de conspiration contre lui.

MARIANA, (Jean) (*Hist. Litt. mod.*) jésuite espagnol, qu'un de ses ouvrages a rendu fameux, & un autre *famosus*; le premier est son histoire d'Espagne; il la composa en latin, & la traduisit en espagnol; le père Charenton son confrère l'a traduite en françois. L'original ne va que jusqu'en 1506, mais des continuations l'étendent jusqu'en 1678. Le second ouvrage est le Traité *de Rege & Regis institutione*; il enseigne le régicide; le crime de Jacques Clément y est loué; l'ouvrage a été censuré par la Sorbonne, & condamné au feu par le parlement de Paris. Quelques-uns ont dit sans fondement, que ce livre avoit déterminé Ravaillac à son attentat, parce qu'il étoit propre à produire cet effet. Les autres ouvrages de *Mariana* sont moins connus, soit en bien, soit en mal. Son Traité *de Ponderibus & Mensuris*, le fit mettre en prison, parce qu'il blâmoit avec raison, les changements qui se faisoient en Espagne dans les monnoies. Il avoit composé en espagnol un ouvrage, où il relevoit les défauts qu'il croyoit voir dans le gouvernement de sa société. Il ne se proposoit point de publier cet ouvrage, qui pouvoit lui faire des ennemis parmi ses confrères; mais un franciscain lui enleva son manuscrit dans sa prison, & aucun ouvrage de *Mariana* ne fut tant de fois imprimé; il l'a été en espagnol, en latin, en italien, en françois. Mort à Tolède en 1623, âgé de 87 ans.

MARIANUS SCOTUS, (*Hist. Litt. mod.*) moine écossois, retiré en 1059, à l'abbaye de Fulde, mort à Mayence en 1086, parent du vénérable Bède, auteur d'une chronique qui va depuis la naissance de J. C. jusqu'à l'an 1083, & qui a été continuée jusqu'en 1200, par un abbé nommé Dodechin.

MARIE, *amertume de la mer*, (*Hist. Sacrée*) sœur de Moyse & d'Aaron, fille d'Amram & de Jocabed, naquit vers l'an du monde 2424, environ douze ou quinze ans avant son frère Moyse. Lorsque celui-ci, qui venoit de naître, fut exposé sur le bord du Nil, *Marie*, qui s'y trouva, s'offrit à la fille de Pharaon pour aller chercher une nourrice à cet enfant. La princesse ayant agréé ses offres, *Marie* courut chercher sa mère, à qui l'on donna ce jeune Moyse à nourrir. On croit que *Marie* épousa Hur, de la tribu de Juda, mais on ne voit pas qu'elle en ait eu des enfants. Après le passage de la mer rouge & la destruction entière de l'armée de Pharaon, *Marie* se mit à la tête des femmes de sa nation, & entonna avec elles ce fameux cantique *Cantemus Domino*, &c. pendant que Moyse le chantoit à la tête du chœur des hommes. Lorsque Séphora, femme de ce dernier, fut arrivée dans le camp, *Marie* eut quelques démêlés avec elle intéressa dans son parti, Aaron, & l'un & l'autre murmurèrent contre Moyse. Dieu en fut irrité, & il frappa *Marie* d'une lèpre fâcheuse, dont il la guérit à la prière de Moyse, après l'avoir cependant condamnée à demeurer sept jours hors du camp. Elle mourut l'an 2552, au campement de Cadès, dans le désert de Sin, où elle fut enterrée; & Eusèbe dit que de son tems on voyoit encore son tombeau à Cadès. *Exod. xv, nombre xx*, 26. (†.)

Dans le Nouveau Testament on trouve, indépendamment de la Vierge *Marie*, mère de J. C., plusieurs femmes du nom de *Marie*. On a disputé sur leur nombre, ainsi que sur celui des Magdeleines; les uns distinguent ce que les autres confondent.

La femme qui, au siége de Jérusalem, mangea son fils, se nommoit *Marie*. Il est remarquable qu'une telle horreur soit arrivée sous Titus & sous Henri IV. C'est un grand argument contre la guerre. *Voyez* le dixiéme chant de *la Henriade*.)

MARIE DE BRABANT, femme de Philippe-le-Hardi, roi de France. (*Voyez* l'article BROSSE) (Pierre de la.)

MARIE D'ANJOU. (*Voyez* ANJOU.)

MARIE DE BOURGOGNE. Cette princesse, fille de Charles-le-Téméraire, dernier prince de la seconde maison de Bourgogne, étoit aussi douce, aussi docile, aussi patiente que son père avoit été violent, emporté, ambitieux. Comme elle étoit héritière de vastes & nombreux états, elle fut promise par son père à tous les princes de l'Europe. Louis XI, qui n'auroit dû songer qu'à la faire épouser à son fils, aima mieux la persécuter & la dépouiller par la fourberie & la violence: il la força de se jetter entre les bras de Maximilien, archiduc d'Autriche, fils de l'empereur Frédéric III, & de faire passer dans la maison d'Autriche une succession qui n'auroit jamais dû sortir de la maison de France.

Marie de Bourgogne témoigna beaucoup de bonté, lorsqu'en 1477, les Gantois révoltés contr'elle par les intrigues de Louis XI, ayant condamné à mort ses ministres Hugonet & d'Imbercourt, pour avoir trop bien servi leur souveraine, elle parut dans la place publique en habits de deuil, pâle, échevelée, désolée, avouant ses ministres de tout ce qu'ils avoient fait, & demandant leur grace au peuple avec des torrens de larmes & les plus tendres instances; & ce peuple montra bien toute sa férocité, en repoussant la prière, en résistant aux larmes d'une si bonne princesse, & en faisant tomber à ses pieds les têtes de ses ministres & de ses amis. *Marie* de Bourgogne mourut à Bruges en 1482, des suites d'une chûte de cheval.

MARIE D'ANGLETERRE, (*Hist. de Fr. & d'Angl.*) sœur de Henri VIII, roi d'Angleterre, troisiéme femme de notre roi Louis XII, est le seul exemple d'une princesse angloise, devenue reine de France, sous la troisiéme race. Bathilde qui, sous la premiére, avoit épousé Clovis II, & en avoit eu trois fils, étoit angloise; c'est tout ce qu'on en sait.

On avoit vu sur la fin de la seconde, Ogine, fille d'Edouard, de la race Saxonne, régner avec Charles-le-simple. C'est cette Ogine qui, pendant la détention de son mari au château de Péronne, se retira en Angleterre, auprès d'Adestan son frère, & y emmena son fils Louis, qui en eut le surnom de *d'Outremer*, lorsqu'il revint régner sur les François. *Marie* eut avec cette Ogine, une conformité singulière. Toutes deux avoient d'abord été mariées par raison d'état; toutes deux devenues maîtresses de leur sort, se marièrent par inclination. Ogine épousa Hebert, comte de Troyes; *Marie* épousa le duc de Suffolck - Brandon. Ce Charles Brandon, duc de Suffolck, étoit le favori de Henri VIII. Il l'étoit aussi de *Marie* sa sœur, dès le temps où elle vivoit encore en Angleterre; il l'accompagna en France, où leur conduite fut si discrète, que Louis XII n'en soupçonna rien. François, comte d'Angoulême & duc de Valois, qui fut bientôt après le roi François Ier, s'enflamma d'abord pour *Marie*; mais il sentit ou on lui fit sentir combien il seroit dangereux même de réussir dans un pareil amour. Il changea de personnage, veilla & fit veiller avec soin sur la reine; sur le duc de Suffolck & sur lui;

même. La duchesse de Valois & la comtesse d'Angoulême trouvèrent des prétextes pour ne jamais perdre la reine de vue; on lui persuada qu'elle n'osoit coucher seule, & la baronne d'Aumont, sa dame d'honneur, réclama, comme un droit de sa place, de coucher dans sa chambre en l'absence du roi. La reine prit ou feignit de prendre toute cette contrainte pour une étiquette dont son rang la rendoit esclave.

Louis XII ne vécut que deux mois avec *Marie*, parce qu'il employa trop ce temps à lui plaire Outre qu'il avoit changé pour elle toute sa manière de vivre, *il avoit voulust*, dit Fleuranges, *faire du gentil compaignon avec sa femme, mais il n'étoit plus homme pour ce faire, car de long-temps il étoit fort malade.*

Après la mort de Louis XII, Monsieur d'Angoulême, dit le même maréchal de Fleuranges, demanda » à ladicte reine « s'il se pouvoit nommer roi, à cause » qu'il ne savoit si elle estoit enceinte ou non; sur quoi » ladicte dame lui fit réponse qu'oui, & qu'elle ne » savoit aultre roi que lui, car elle ne pensoit avoir » fruict au ventre qui l'en peust empêcher ».

Trois mois après, le duc de Suffolck épousa secrètement la reine, qui écrivit elle-même à son frère, qu'elle avoit forcé le duc de Suffolck à recevoir sa main; « Vous m'auriez refusé votre consentement, lui dit-elle, vous m'accorderez mon pardon ».

Polydore Virgile va jusqu'à dire que Henri VIII destinoit sa sœur à Suffolck, avant que des intérêts politiques l'obligeassent de la donner à Louis XII, & qu'il n'avoit fait son favori duc, que dans l'intention d'en faire son beau-frère.

Marie retourna auprès de Henri VIII, & l'Angleterre qui l'avoit vue partir reine de France, la vit revenir duchesse de Suffolck, plus contente de l'heureuse médiocrité de ce second état, que de la splendeur gênante du premier. Il lui resta de sa couronne un douaire de soixante mille livres de rente, bien payé quand la France & l'Angleterre étoient amies.

Marie d'Angleterre mourut en 1534, à trente-sept ans.

MARIE STUART. (*Voyez* STUART.)

MARIE DE MÉDICIS. (*Voyez* MÉDICIS.)

MARIE PREMIÈRE, (*Hist. d'Anglet.*) reine d'Angleterre, fille de Henri VIII & de Catherine d'Arragon, sœur d'Edouard VI, à qui elle succéda, & d'Elisabeth qui lui succéda, eût pu paroitre digne du trône, si elle ne l'eût point occupé. Jamais enfant royal n'avoit été plus éprouvé par le malheur dès son enfance. Enveloppée dans la proscription d'une mère malheureuse & respectable, elle ne trouva dans son père, qu'un tyran & un ennemi, qui la priva des droits de sa naissance, qui la livra, sans appui & sans consolation, à la haine de ses belles-mères; elle osa résister à ce père barbare, & rester fidelle à sa mère; elle osa regarder comme nul tout ce qui n'étoit que l'ouvrage de la violence, & défendre avec fermeté les droits dont on la dépouilloit. Tant qu'Anne de Boulen vécut, *Marie* ne voulut faire aucune démarche pour se réconcilier avec son père; elle rejettoit hautement sa suprématie, cette suprématie qu'il ne s'étoit arrogée que pour répudier Catherine d'Arragon, & épouser Anne de Boulen. La mort de cette dernière rapprocha le père & la fille. Henri força *Marie* de signer un acte, par lequel elle reconnoissoit enfin sa suprématie, renonçoit à l'obéissance du pape, & avouoit la nullité du mariage de sa mère. Son cœur désavoua toujours cette signature arrachée à sa foiblesse; elle trouva plus de force contre son frère, elle n'en reconnut jamais la suprématie, & refusa constamment de souscrire à la nouvelle liturgie, ce qui lui attira de la part d'Edouard VI une persécution, qui lui fit former le projet de quitter le royaume; mais on veilloit sur elle, & la fuite lui fut impossible.

Le premier acte d'autorité que fit *Marie*, en montant sur le trône, fut d'ouvrir les prisons des Catholiques persécutés, & de les rétablir dans leurs biens & dans leurs temples. Tout cela étoit juste. Que les Catholiques même eussent la meilleure part aux faveurs de la nouvelle reine, on avoit dû s'y attendre; elle leur devoit ce dédommagement de l'oppression qu'ils avoient soufferte pour une cause qui étoit la sienne, mais elle avoit promis de ne point persécuter. C'étoit sur la foi de cette promesse, que les Protestants s'étoient donnés à elle. Si long-temps en butte elle-même à la persécution, elle devoit en avoir senti toute l'injustice; l'élève du malheur devoit être la consolatrice de l'humanité, *Marie* n'eut point cet honneur; le malheur l'avoit aigrie; elle étoit fille de Henri VIII; sa cruauté saisit tous les prétextes que la politique & la religion, mal entendues l'une & l'autre, purent lui fournir; elle ne pardonna point à Jeanne Gay, qu'on avoit rendue coupable malgré elle. Les victimes immolées à la religion, furent encore plus nombreuses. On compte jusqu'à deux cents-quatre-vingt-quatre personnes livrées aux flammes pour hérésie, sous le règne de *Marie*, & ce règne fut de cinq ans. Plusieurs furent brûlés à petit feu; on prenoit plaisir à leur faire tomber les membres les uns après les autres en les brûlant avec des flambeaux. Un malheureux ne pouvant résister aux douleurs, s'écria: *j'abjure;* on le détacha, on lui fit signer son abjuration; il vint un ordre de la cour de le brûler malgré cette abjuration, & le juge fut mis en prison pour l'avoir fait détacher.

Une femme (car on brûloit aussi des femmes, & même dans l'état de grossesse) une femme qui étoit dans cet état, fut avancée par les douleurs, & accoucha au poteau; un des assistants retira l'enfant du feu; l'autorité publique, après un moment de délibération, fit rejetter l'enfant dans les flammes, comme *fruit d'hérésie.*

Marie épousa Philippe II, roi d'Espagne, mariage le plus contraire & à la politique angloise en particulier, & à la politique européenne en général; mais elle espéroit par le mélange des mœurs espagnoles, amener les Anglois à recevoir le joug de l'inquisition, & cet avantage faisoit disparoître à ses yeux tous les inconvénients d'une telle alliance. Philippe II la gouvernoit & la méprisoit. Malgré son indifférence, il

crut

crut avoir donné un héritier au trône; *Marie* le désiroit trop pour n'en pas concevoir & n'en pas donner un peu légèrement l'espérance. A un sermon du cardinal Polus, dont elle avoit été pieusement affectée, elle avoit senti son enfant remuer; le bruit se répandit en quelques provinces, qu'elle étoit accouchée d'un fils; le *Te Deum* fut chanté dans la cathédrale de Norwick. Un prédicateur tira en chaire l'horoscope, & fit le portrait de l'enfant; mais la reine n'avoit été délivrée que d'une môle. Philippe renonçant à l'espérance d'avoir des enfants de *Marie*, retourna dans ses états, laissant sa femme inconsolable de son absence & de ses froideurs.

Philippe avoit averti *Marie* que la cour de France formoit des projets qui paroissoient menacer Calais; Philippe ajoutoit à cet avis l'offre de mettre garnison flamande dans cette place; mais les Anglois se défièrent avec assez de raison, d'un soin si obligeant, & l'offre fut rejettée; ce qui acheva de rendre Philippe aussi indifférent sur les affaires de l'Angleterre, qu'il l'étoit déjà pour la reine sa femme. Le duc de Guise prit Calais, & *Marie* mourut peu de temps après, en 1558. *On n'a pas connu mon mal*, dit-elle dans ses derniers moments, *si l'on veut le savoir, qu'on ouvre mon cœur, & on y trouvera Calais.* Elle étoit née en 1515, & avoit commencé à régner en 1553.

MARIE SECONDE, reine d'Angleterre conjointement avec Guillaume III son mari, prince d'Orange, étoit fille du malheureux Jacques II. Elle nâquit au palais de Saint-James en 1662, sous le règne de Charles II. Son oncle, Jacques II, étoit alors duc d'Yorck; il se fit catholique, au grand désagrément de la nation angloise; mais il n'eut pas la liberté d'élever ses filles dans cette religion; Charles II, malgré le penchant qu'il avoit lui-même pour le catholicisme, prit soin de les faire instruire dans la foi protestante.

Le prince d'Orange, déjà uni par les liens du sang à la maison d'Angleterre, neveu de Charles II & du duc d'Yorck par sa mère, leur sœur, plus uni encore par les liens politiques avec les républicains anglois, qui, soulevés par lui contre la France, s'indignoient des liaisons de leurs princes avec Louis XIV, voulut former de nouveaux nœuds plus étroits encore avec cette maison & avec ce pays, en épousant la princesse *Marie*. Les grandes révolutions que ce mariage entraîna dans la suite, sembloient annoncées par les conjonctures mêmes dans lesquelles ce mariage fut conclu, & par la hauteur avec laquelle Guillaume fit la demande de la princesse *Marie*. Charles II n'avoit point d'enfants légitimes, & le duc d'Yorck n'avoit que des filles; celui qui épouseroit *Marie*, acquerroit de grandes espérances.

Le prince d'Orange vint en 1677, en Angleterre, faire la demande de la princesse; c'étoit le temps où il soulevoit toute l'Europe contre la puissance menaçante de Louis XIV. Le duc d'Yorck accueillit froidement cette proposition, & se contenta de dire qu'il se soumettroit toujours aux volontés du roi son frère. Charles vouloit que le mariage de sa nièce fût le sceau de la paix qui se négocioit alors à Nimègue; le prince d'Orange commença par déclarer hautement que la princesse lui avoit plu dès la première vue, & qu'en la connoissant mieux, il l'aimoit tous les jours davantage, mais qu'il étoit incapable de sacrifier le moindre des intérêts de ses concitoyens & de ses alliés, pour la plus belle femme du monde, & qui lui seroit la plus chère; Charles prit le parti de dire qu'il estimoit infiniment cette franchise de son neveu.

L'affaire du mariage traînant en longueur, parce que Louis XIV la traversoit, Guillaume dit hautement qu'il falloit que cela finît, & que le roi choisît d'avoir en lui un ami fidèle ou un ennemi implacable. Ces traits d'impatience & de hauteur qui révoltoient le duc d'Yorck, trouvoient plus d'indulgence chez Charles II. Il voulut toujours n'y voir qu'une noble franchise; il avoua au chevalier Temple, qui avoit toujours fait des vœux & des démarches pour cette alliance, qu'il s'étoit toujours piqué d'être physionomiste; qu'il prétendoit ne s'être jamais trompé, en jugeant d'après la physionomie: « Celle de mon neveu me plaît, ajouta-t-il, elle m'annonce un honnête homme; vous » pouvez l'assûrer qu'il aura ma nièce ». Ce mariage se fit en effet en 1677, à la grande satisfaction des Anglois, & le prince d'Orange acquit à la succession d'Angleterre, des droits qu'il fit valoir avant le temps, quoique détruits par la naissance de Jacques III. Cette naissance même hâta la révolution. Le prince d'Orange assûré des suffrages de la nation angloise, que le catholicisme persécuteur de Jacques II révoltoit depuis long-temps, prit le parti, en 1688, de détrôner son beau-père, du consentement de sa femme. Les Catholiques comparèrent Guillaume à Tarquin, & la princesse *Marie* à Tullie, écrasant sous les roues de son char, le corps de Servius-Tullius son père. Guillaume & *Marie* furent couronnés roi & reine d'Angleterre.

Marie mourut le 7 janvier 1695, sans enfants, & le trône passa, mais seulement après la mort de Guillaume en 1702, à la princesse Anne, sœur de *Marie*, & femme de George, prince de Danemarck.

Un prédicateur jacobite insulta la mémoire de *Marie*, en prêchant sur ce texte où Jéhu dit, en parlant de Jésabel: *Ite & videte maledictam illam & sepelite eam, quia filia Regis est.* « Allez voir ce qu'est devenue cette » malheureuse, ensevelissez-la, parce qu'elle est fille » de roi ». Rois, liv. 4, chap. 9, vers. 34.

Les Protestants au contraire la célèbrent comme protectrice des arts & bienfaitrice des malheureux.

Elle faisoit en secret, à son père détrôné par elle, une pension de soixante-dix mille livres, qu'il perdit à sa mort.

MARIE-THÉRÈSE D'AUTRICHE, reine de France, fille de Philippe IV, roi d'Espagne; née à Madrid en 1638, épousa Louis XIV le 9 juin 1660, à Saint-Jean-de-Luz, en vertu de la paix des Pyrénées, mourut en 1683, le 30 juillet.

On a, pour juger de cette princesse, deux mots,

dont l'un est d'elle, l'autre a été dit à son occasion. Une carmélite l'aidant à faire son examen de conscience pour une confession générale, & lui demandant si, avant son mariage, elle n'avoit pas désiré de plaire à quelques-uns des jeunes gens de la cour du roi son père? *Oh non! ma Mère*, répondit-elle, *il n'y avoit point de rois*: ce trait rapporté par Madame la comtesse de Caylus dans ses *Souvenirs*, & cité avec éloge par M. le président Hénault, ne plaît pas à tout le monde.

L'autre mot fût dit à sa mort, par Louis XIV: *Voilà le seul chagrin qu'elle m'ait donné*. Louis XIV pouvoit ajouter qu'il lui en avoit donné quelques-uns qu'elle avoit soufferts avec beaucoup de douceur & de patience, & sur lesquels il avoit assez mal accueilli des plaintes tendres & respectueuses qu'elle avoit quelquefois hazardées.

Marie-Christine-Victoire de Bavière, fille de Ferdinand de Bavière, née à Munich en 1660, épousa en 1680, à Châlons en Champagne, le dauphin, fils de Louis XIV. La mémoire de cette princesse a passé comme une ombre; elle méritoit cependant, à quelques égards, qu'on se souvînt d'elle.

Elle étoit laide, & se rendant justice, elle ne cherchoit qu'à se cacher; l'éclat de la cour de Louis XIV lui déplaisoit; elle vivoit retirée dans son appartement, avec ses femmes, sur-tout avec sa femme-de-chambre allemande, Bessola, ne s'occupant qu'à la prière & à la lecture; car elle aimoit l'instruction, & elle montroit de l'esprit. M. de Fontenelle lui a dédié ses Eglogues, & cette dédicace est une Eglogue à sa louange; il y vante beaucoup l'esprit de cette princesse, & le jugement plein de finesse & de goût qu'elle portoit sur les ouvrages d'esprit.

C'est de cette dauphine de Bavière, que le président de Croissy, qui avoit été chargé de négocier son mariage à la cour de Munick, disoit au roi à son retour: *Sire, sauvez le premier coup-d'œil, elle vous paroîtra fort bien*. C'est elle à qui le roi disoit un jour: *Vous ne m'aviez pas dit, Madame, que la duchesse de Toscane, votre sœur, étoit extrêmement belle! Etoit-ce à moi*, répondit-elle, *à me souvenir que ma sœur a toute la beauté de la famille, lorsque j'en ai tout le bonheur?* Que pouvoit-on dire de plus aimable? Le mot qu'elle dit, en mourant, au duc de Berry, son dernier fils, est plus aimable encore: elle mouroit des suites de cette dernière couche; elle demande son fils, l'embrasse avec toute la tendresse d'une mère: *c'est de bien bon cœur*, lui dit-elle, *quoique tu me coûtes bien cher*. Une telle femme pouvoit être plus intéressante que celles qui brilloient dans les fêtes, dans les bals, dans les jeux de Versailles, & qui étoient plus selon le cœur de Louis XIV. Elle mourut en 1690. Louis XIV étoit dans sa chambre au moment où elle expiroit; on lui proposa de sortir, pour se dérober à l'horreur de ce spectacle: *Non, non*, répondit-il, *il est bon que je voie comment meurent mes semblables*. On ajoute qu'il dit à M. le dauphin: *Voilà ce que deviennent les grandeurs*.

Marie-Adélaïde de Savoie. (*Voyez* l'article Savoie).

Marie-Josephe de Saxe. (*Voyez* Saxe).

MARIES, s. f. (*Hist. mod.*) fêtes ou réjouissances publiques qu'on faisoit autrefois à Venise, & dont on tire l'origine de ce qu'autrefois les Istriens, ennemis des Vénitiens, dans une course qu'ils firent sur les terres de ceux-ci, étant entrés dans l'église de Castello, en enlevèrent les filles assemblées pour quelque mariage, que les Vénitiens retirèrent de leurs mains après un sanglant combat. En mémoire de cette action, qui s'étoit passée au mois de février, les Vénitiens instituèrent dans leur ville la fête dont il s'agit. On y célébroit tous les ans le 2 de février, & cet usage a subsisté trois cents ans. Douze jeunes filles des plus belles, magnifiquement parées, accompagnées d'un jeune homme qui représentoit un ange, couroient par toute la ville en dansant; mais les abus qui s'introduisirent dans cette cérémonie, la firent supprimer. On en conserva seulement quelques traces dans la procession que le doge & les sénateurs font tous les ans à pareil jour, en se rendant en troupe à l'église Notre-Dame. Jean-Baptiste Egnat. *exempl. illustr. virg.* (*A. R.*)

MARIETTE, (Pierre-Jean) (*Hist. Litt. mod.*) fils d'un libraire & libraire lui-même, puis secrétaire du roi & contrôleur de la chancellerie. Son Recueil d'Estampes étoit un des plus complets en ce genre. M. *Mariette* est connu par son Traité *des Pierres gravées*; par des *Lettres à M. le comte de Caylus*, sur la Fontaine de Grenelle, & en général, par le goût & la connoissance des arts. Mort à Paris le 10 septembre 1774.

MARIGNAN, (Jean-Jacques-Medichino) MÉDEQUIN, (marquis de) (*Hist. Litt. mod.*) Nous trouvons son nom écrit de diverses manières; *Médicis*, *Medici*, *Médiquin*, *Médequin*; Brantôme l'appelle même *Médecin*; mais il paroît que c'est une plaisanterie sur son nom. Il étoit milanois, fils d'un commis à la douane. Son esprit, ses talents, ses intrigues lui avoient donné entrée dans la maison du duc de Milan, François Sforce, auquel il servoit de secrétaire. C'étoit dans le temps où François Ier. disputoit, conquéroit, perdoit tour-à-tour le Milanès; *Médequin* conçut l'espérance d'une plus grande fortune, si les François parvenoient à s'établir dans ce duché; pour s'attirer leur faveur, il leur révéloit tous les secrets de son maître: Sf. ce fut instruit de cette infidélité par une lettre qu'il intercepta; il jura la perte de *Médequin*; mais il voulut éviter d'un côté, les longueurs & l'éclat d'une procédure criminelle, de l'autre les inconvénients plus grands encore d'un assassinat direct: il n'avoit pas oublié qu'ayant fait assassiner pour des raisons à-peu-près pareilles, un Monsignorino Visconti, il avoit été assassiné lui-même par un Visconti. Guichardin fait entendre que Sforce s'étoit servi de *Médequin* pour assassiner Monsignorino Visconti; & il paroît encore par le récit de quelques autres auteurs, que c'étoit un complice que Sforce avoit voulu perdre dans *Médequin*. Quoi qu'il en soit, l'expédient dont il se servit, fut de charger *Médequin* d'une lettre pour le gouverneur de Musso, place située à l'extrémité du Milanès, vers le nord du lac de Côme, dans un pays dont on recevoit à peine des nouvelles dans le reste du duché; cette lettre étoit un ordre au gouverneur de faire jetter le porteur dans le lac. *Médequin*, soit par défiance, soit pour pouvoir instruire les François du sujet de sa commission, décacheta la lettre, & apprit le sort qu'on lui préparoit; il voulut que les moyens employés pour sa perte, servissent à sa fortune & à sa vengeance. Il supprima la lettre de Sforce, &, imitant son écriture, il fabrique deux lettres, adressées, l'une au gouverneur de Musso, l'autre à son lieutenant. Par la première, le duc avertissoit vaguement le gouverneur d'être en garde contre les Grisons, qui en descendant de leurs montagnes pour servir la France, pourroient surprendre Musso. Par la seconde, le duc mandoit au lieutenant qu'il avoit découvert un projet formé par le gouverneur, de livrer la place aux François; qu'il falloit prévenir cette trahison, & prêter main-forte à *Médequin*, qui alloit par son ordre à Musso pour arrêter le gouverneur & veiller à la sûreté de la place. *Médequin* arrive à Musso, rend les lettres, est bien reçu par le gouverneur, bien servi par le lieutenant. Le gouverneur est arrêté; *Médequin* se saisit de son argent, & l'emploie à corrompre la garnison; il se rend maître de la place, il lève le masque, & chasse le lieutenant. Mais pour conserver cette place, & pour braver le ressentiment de Sforce, il avoit besoin d'une puissante protection; il avoit à choisir de celle de François Ier. ou de Charles-Quint; il préféra celle de l'empereur, & voulut la mériter par un service important. Six mille Grisons servoient dans l'armée de François Ier. *Médequin* entreprit de les forcer à retourner dans leur pays; il dressa des embûches au gouverneur de Chiavenne, place importante du pays des Grisons, & voisine du lac de Côme, il enleva aisément ce gouverneur, un jour que celui-ci étoit sorti de la place sans escorte; il paroît ensuite à la vue de Chiavenne, il demande à parler à la femme du gouverneur; elle se présente sur la muraille. *Médequin* tenant une épée dans une main, lui montre de l'autre son mari désarmé, lié, prêt à recevoir le coup mortel: *Choisissez, Madame*, lui dit-il, *de me remettre votre place, ou de voir & de faire égorger votre mari.* Cette femme s'effraye, &, n'ayant point le courage de préférer son devoir de sujette à son devoir d'épouse, ouvre les portes à *Médequin*; à cette nouvelle, les Grisons quittèrent l'armée Françoise qui assiégeoit alors Pavie, & qui alloit bientôt livrer la funeste bataille de ce nom; ils jugèrent que leur devoir le plus pressant étoit d'aller défendre leur pays.

Médequin ayant eu Marignan pour échange de la ville de Musso, qu'il avoit remise à l'empereur, prit le titre de marquis *de Marignan*, sous lequel il est si connu. Etant devenu dans la suite un des hommes les plus illustres de l'Italie, & Jean-Ange *Médequin* son frère, ayant été fait pape, sous le nom de Pie IV, Cosme I, à la faveur de la ressemblance des noms, reconnut ces Médicis ou *Médequins* de Milan, pour être de sa maison; mais cette opinion n'a pu s'établir, malgré les efforts de Messaglia, auteur de la vie du marquis *de Marignan*, lequel dit avoir vu les armes de Médicis sculptées dans une très-ancienne maison des ayeux du marquis à Milan; mais n'avoient-elles pas été sculptées après coup? Il parle aussi d'une salle, où l'on voyoit peintes les tiares de trois papes de la maison de Médicis; ces trois papes étoient Léon X, Clément VII & Pie IV, frère du Marquis *de Marignan*. Mais ce fait peut ne prouver que la prétention des *Médequins* & cette prétention est certaine. L'auteur ajoute qu'Alexandre de Médicis écrivit au marquis du Guast, général de l'empereur, pour lui recommander le marquis de Marignan comme son parent, & que c'étoit avant le pontificat de Pie IV. Oui, mais c'étoit dans un temps où le marquis *de Marignan*, par l'éclat de ses exploits & de ses services, & par le rôle important qu'il jouoit en Italie, avoit mérité qu'on se fît l'honneur de l'avouer pour parent.

Le même Messaglia traite de fable l'histoire de la surprise de Chiavenne, rapportée par tous les historiens; mais les biographes sont ordinairement des panégyristes; tout ce qui ne leur paroît pas assez honorable à la mémoire de leurs héros, est toujours faux; il vaut mieux en croire les écrivains sans intérêt.

Le marquis *de Marignan* passa dans la suite, du parti de l'empereur dans celui du roi de France, qui s'appelloit la ligue, parce que toutes les puissances de l'Italie s'étoient liguées avec François Ier, contre Charles-Quint qui, depuis la bataille de Pavie, devenoit trop redoutable.

Le duc Sforce & le marquis *de Marignan*, malgré leur haine mutuelle, servoient alors la même cause. Sforce assiégé dans le château de Milan par le duc de Bourbon, fut obligé de capituler; échappé des mains des Impériaux, il alla joindre les confédérés, à Lodi, place qu'il devoit à leurs armes; le marquis *de Marignan*, après tant de trahisons, ne put soutenir sa vue, & quitta l'armée; mais il eut l'insolence d'être mécontent de ce que la ligue lui préféroit Sforce, & il en témoigna son mécontentement d'une manière plus insolente encore, en faisant arrêter des ambassadeurs de Venise, qui alloient en France. Le prétexte qu'il prit fut que la ligue lui devoit de l'argent pour des levées qu'il avoit faites en Suisse: les Grisons avoient pris sur lui Chiavenne; mais il les gênoit tant par des impôts qu'il avoit établis sur la navigation du lac de Côme, que les Grisons, pour s'exempter de ces droits, lui avoient donné cinq mille cinq cents ducats, & lui en avoient promis encore autant. La ligue, pour attirer à elle les Grisons, qu'elle savoit être sollicités par le duc de Bourbon, de s'unir à lui, promit de les acquitter envers le marquis *de Marignan*, des cinq mille cinq cents ducats qui restoient à payer, de leur rembourser ceux qu'ils avoient déjà payés, & de faire cesser les vexations de cet aventurier.

MARIGNY, (Enguerrand Le Portier; seigneur de) (*Hist. de Fr.*) Sous le règne de Philippe-le-Bel, il gouvernoit les finances & le roi & le royaume, & vraisemblablement il ne les gouvernoit pas bien; car ce règne est une époque de grandes violences & de grandes déprédations. Enguerrand *de Marigny* & sous lui, Etienne Barbete, maître de la monnoie, devinrent trop puissants par le malheur public, & par les altérations de la monnoie : « Il s'étoit plus levé, dit Mezeray, de deniers extraordinaires durant ce » règne seul que dans tous les précédents...... on » faisoit entreprendre au roi des choses au-dessus des » forces de son état..... il étoit d'ailleurs enveloppé » par ceux qui manioient les finances ; il leur en » laissoit prendre leur bonne part en récompense de » ce qu'ils donnoient les moyens de faire ces exactions. » Ses coffres étoient comme le tonneau des Danaïdes, » où l'on versoit sans cesse, & qui ne se remplissoit » jamais. Ainsi, c'étoit toujours à recommencer ; un » impôt en attiroit un autre nouveau & plus grand ». Enguerrand *de Marigny* a trouvé des défenseurs qui l'ont représenté comme un homme d'état, & qui ont pris son parti contre Mézeray ; mais la mauvaise administration des finances & sa fortune particulière l'accusent trop hautement. Les paradoxes historiques peuvent éblouir, mais ils ne persuadent pas toujours. La fin de *Marigny* fut malheureuse, c'est ce qui lui a donné des partisans. La pitié fait quelquefois illusion. *Marigny* fut pendu sous Louis-le-Hutin en 1315, la veille de l'ascension, au gibet de Monfaucon qu'il avoit fait construire ; *& comme maître du logis*, dit encore Mézeray, *il eut l'honneur d'être mis au haut bout au-dessus de tous les autres voleurs.* Mais les hommes ont un grand talent pour gâter tout, & pour faire injustement même les choses les plus justes. *Marigny* fut pendu bien moins pour avoir été oppresseur, que pour avoir été insolent envers le comte de Valois, plus oppresseur que lui. Charles de Valois lui demandoit compte du trésor qu'avoit laissé le roi Philippe-le-Bel. J'en rendrai bon compte, dit *Marigny*.--- Rendez-le dès-à-présent.--- Eh bien, Monsieur, je vous en ai donné la moitié, l'autre a servi à payer les dettes du roi.--- Certes, de ce mentez-vous, Enguerrand.--- Pardieu, Monsieur, de ce mentez-vous vous-même. Le comte de Valois mit l'épée à la main ; *Marigny* se mit en défense. Cette scène se passoit en plein conseil & devant le roi. *Marigny* fut pendu ; mais Charles-de-Valois ne fut pas justifié. Il eut des remords : la mémoire de *Marigny* fut réhabilitée, mais elle n'est pas justifiée non plus dans l'opinion générale.

Divers personnages du nom de *Marigny* sont connus dans les lettres : 1°. Jacques Carpentier *de Marigny*, gentilhomme françois, fils du seigneur de *Marigny* près Nevers, ecclésiastique très-irrégulier, homme voluptueux, esprit plaisant, conteur agréable, chansonnier célèbre, fut frondeur, parce qu'il étoit attaché au cardinal de Retz, puis au grand Condé ; il fit des chansons contre le cardinal Mazarin. Cependant sa plaisanterie sur le prix proposé par le parlement, à celui qui apporteroit la tête du cardinal, & la répartition qu'il fit de la somme assignée, tant pour qui lui couperoit le nez, tant pour une oreille, tant pour un oeil, tant pour le faire eunuque. Cette plaisanterie étoit plus propre à donner du ridicule à l'arrêt qu'au cardinal. On a de *Marigny*, un *Recueil de Lettres en vers & en prose*, & un *poëme sur le Pain béni.* Il est le gentilhomme françois dont il est parlé à l'article ALLEN. (*Voyez* cet article.) Il avoit voyagé en Allemagne & en Suéde. Etant en Allemagne, il eut une maladie très-grave, dont il pensa mourir ; l'évêque luthérien d'Osnabruck l'assuroit qu'il n'en mourroit pas, & plaisantant pour rendre son pronostic plus vraisemblable, vous n'aurez pas, lui dit-il, le chagrin d'être enterré parmi des Luthériens : *En tout cas*, répondit Marigny, *le remède seroit facile, il suffiroit de creuser deux ou trois pieds plus bas, je serois avec des Catholiques.* Il mourut en 1670.

Nous avons d'un autre *Marigny* (l'abbé Augier de) mort à Paris en 1762, une *Histoire du douzième siècle ;* une *Histoire des Arabes ; & les Révolutions de l'Empire des Arabes.*

MARIGOT, s. m. (*Terme de relation*) Ce mot signifie en général dans les îles de l'Amérique, un lieu où les eaux de la pluie s'assemblent & se conservent. (*D. J.*)

MARILLAC, (*Hist. de Fr.*) famille françoise, qui a produit entr'autres, trois personnages très-célèbres :

1°. Charles *de Marillac*, archevêque de Vienne, fils de Guillaume *de Marillac*, contrôleur général des finances du duc de Bourbon. Il se distingua sur-tout à la conférence de Fontainebleau en 1560. Il fut suspect de protestantisme, ainsi que son ami Montluc, évêque de Valence, & son autre ami le chancelier de l'Hôpital, parce qu'il attaquoit les abus de la cour de Rome, & qu'il osoit s'élever contre les Guises, alors tout-puissans. Il mourut dans la même année 1560, de douleur, dit-on, des maux qu'il prévoyoit, & qui furent plus grands peut-être, qu'il ne l'avoit prévu.

2°. Michel *de Marillac*, garde des sceaux, neveu de l'archevêque de Vienne, avoit été dans sa jeunesse, un ardent ligueur. Il étoit fort dévot, & sembloit d'abord n'avoir de goût que pour la retraite ; il s'étoit fait faire un appartement dans l'avant-cour des Carmélites du fauxbourg St. Jacques, pour avoir la jouissance continuelle de leur église. Marie de Médicis, fondatrice de cette maison, y venoit souvent ; elle connut *Marillac*, & le recommanda au cardinal de Richelieu, sur qui elle avoit encore alors du crédit. Richelieu fit *Marillac* directeur ou surintendant des finances en 1624, & garde des sceaux en 1626. *Marillac* publia en 1629, une Ordonnance générale, qui régloit les principaux points de la jurisprudence, & qu'ayant été rejettée par le parlement, & nommée par dérision, *le Code Michau*, du nom de Baptême de *Marillac*, est aujourd'hui louée & regrettée à beaucoup d'égards, par quelques jurisconsultes. La disgrace de *Marillac*, arrivée quelques années après, porta le dernier coup à cette ordonnance. L'ingratitude du cardinal de Richelieu envers la reine-mère, rendit les *Marillac* ingrats à leur tour envers Richelieu, ou, si l'on veut, ayant à prendre parti entre la reine & le cardinal, ils regardèrent la reine comme leur première & principale bienfaitrice, puisque c'étoit elle qui les avoit recommandés au cardinal. Quoi qu'il en soit, ils travaillèrent de concert avec elle, à la perte de Richelieu, & ils furent les plus fortes dupes de ce qu'on appella *la Journée des dupes*, journée où Richelieu découragé suivit cependant le conseil que lui donna le card inal de la Valette, d'aller joindre le roi à Versailles, & revint triomphant de ses ennemis, qui, se croyant sûrs du succès, négligèrent de faire la même démarche, & laissèrent le champ libre au Cardinal. Celui-ci fit enfermer le garde des sceaux dans le château de Caën, puis dans celui de Châteaudun, où il mourut en 1632, si pauvre, que Marie de Creil sa belle-fille, fut obligée de faire les frais de ses funérailles, après l'avoir nourri dans sa prison. Le dernier descendant du garde des sceaux, a été Jean-François *de Marillac*, brigadier des armées du roi, gouverneur de Béthune, tué en 1704, à la bataille d'Hochstet; mais il restoit d'autres *Marillac* de la même famille. Le garde des sceaux *de Marillac* a laissé quelques ouvrages. On a de lui des poësies, entr'autres, une traduction des Pseaumes en vers françois; une Dissertation sur l'auteur du livre de l'*Imitation*.

3°. Louis de *Marillac*, maréchal de France, frère du garde-des-Sceaux, fut une des victimes de la haine & de la vengeance du cardinal de Richelieu, & victime innocente, comme ce ministre eut l'atrocité de le reconnoître lui-même dans le persiflage amer dont il récompensa la lâche & barbare condescendance des Juges qui condamnèrent *Marillac* à avoir la tête tranchée : « Il faut avouer, leur dit-il, que Dieu » donne aux Juges des lumières supérieures à celles » des autres hommes, puisque vous avez vu dans » le procès du maréchal, de quoi le condamner à » mort. Pour moi, je n'aurois jamais cru qu'il mé» ritât une peine si rigoureuse ».

Si tu ne le croyois pas, homme de sang, pourquoi ne lui faisois-tu pas accorder sa grace ? Mais les Juges n'avoient pas eu d'autres lumières que celles que le cardinal leur avoit suggérées ou plutôt commandées. Ayant résolu la perte de *Marillac*, il avoit commencé par le priver de ses Juges naturels; il lui avoit nommé une commission sur laquelle il comptoit, & qui cependant lui manqua; elle ne crut pas pouvoir s'empêcher d'admettre *Marillac* à se justifier. Richelieu fit casser cet arrêt, & nomma une autre commission, dans laquelle il fit entrer ceux qui étoient connus pour les plus grands ennemis de *Marillac*, entr'autres Paul Hay du Châtelet, à qui tout le monde attribuoit une satire sanglante contre les deux frères, & qui, sans avouer cette satire, allégua qu'elle lui étoit attribuée pour se dispenser d'être des juges, ce qui lui attira la haine du cardinal & une disgrace. (*Voyez* l'article CHATELET) (Paul Hay, seigneur du) Le cardinal avoit si grande peur, que les juges ne condamnassent pas *Marillac*, qu'il fit faire le procès sous ses yeux, dans sa maison de Ruel, violant impudemment toutes les loix, toutes les formes, toutes les bienséances pour assouvir sa vengeance. Au reste, les *Marillac* n'étoient pas des personnages plus vertueux qu'on ne l'est communément à la cour. Originairement créatures du cardinal, ils n'avoient pas eu pour lui plus de reconnoissance que le cardinal n'en avoit eu pour la reine mère, à laquelle il devoit toute sa grandeur & toute sa fortune. Ingrats, ils s'unirent à la reine-mère pour punir un ingrat, qui l'étoit plus qu'eux; car, pour eux, ils avoient du moins l'excuse de ne nuire au cardinal que pour servir la reine, leur première bienfaitrice, & qui leur avoit procuré la faveur du cardinal; mais dans le fond ils ne songeoient qu'à s'élever sur ses ruines. La journée des dupes éclata, & Richelieu écrasa tous ses ennemis. On dit qu'en cette occasion le maréchal de *Marillac* s'étoit distingué parmi tous les conjurés, (si l'on peut appeller ainsi la mère & le frère du roi réunis avec les grands, contre un ministre odieux) en offrant de tuer de sa main le cardinal, qui instruit dit-on, de cette délibération, se piqua de punir chacun de ses ennemis de la même peine que chacun avoit prononcée contre lui. Cette offre de tuer le ministre, fut la véritable cause du supplice du maréchal; elle n'est point alléguée, parce qu'une proposition vague, non acceptée, non exécutée, ne pouvoit pas être punie de mort; on chercha d'autres crimes beaucoup moindres en eux-mêmes, mais qu'on pouvoit aggraver à son gré, & sur lesquels on pouvoit prendre le prétexte d'une loi positive, ce qui s'appelle assassiner avec le fer des loix; on l'accusa de péculat & de concussion; on discuta jusqu'aux moindres droits de sa place, qu'il avoit exercés ou permis qu'on exerçât, on les lui contesta tous, & à force d'envie de le trouver coupable, on le trouva coupable. Il s'agissoit le plus souvent d'objets qui, par leur peu d'importance, n'avoient pas été jusqu'à lui, & dont il n'avoit pas même d'idée. Il répondoit sur les uns, *j'ai cru avoir ce droit*; sur les autres, *j'ignore si j'avois ce droit*; sur tous, *j'ignore si ces droits ont été exercés en mon nom, ou s'ils ont été négligés; des soins plus importans exigeoient mon attention.* Quelquefois impatienté des interrogatoires ridicules qu'on lui faisoit subir, il s'écrioit, *chose étrange qu'un homme de mon rang soit persécuté avec tant de rigueur & d'injustice! Il ne s'agit dans tout mon procès que de foin, de paille, de pierres & de chaux.*

Il est vrai que la petitesse de ces objets ne seroit pas toujours une raison de les négliger, & que chez une nation, très-vertueuse, très-ferme sur tous les principes de la probité, la plus légère faute dans l'emploi des deniers publics, & dans l'exercice de droits onéreux seroit si fort en contradiction avec les mœurs qu'elle paroîtroit toujours fort grave; mais accoutumé comme on l'étoit depuis si long-temps, à la plus grande indulgence sur cet article, les excès même les plus crians dans ce genre, paroissoient à peine une faute légère, & le maréchal de *Marillac*, même coupable, avoit le droit de n'être pas condamné, sur-tout à mort pour une faute sur laquelle on avoit l'habitude de ne rechercher personne; rien de plus injuste en général que ce qu'on appelle faire un exemple, sur-tout quand c'est sur un malheureux ou sur un ennemi, & qu'on ne le fait pas indistinctement sur tous les coupables. Voulez-vous remettre en vigueur une loi pénale tombée en désuetude? Commencez par la renouveller, & par avertir que les coupables, qu'on étoit auparavant dans l'usage d'épargner, ne seront plus épargnés désormais. Le maréchal eut la tête tranchée à Paris, à la place de grève, le 10 mai 1632. Son procès avoit duré près de deux ans, & le maréchal étoit si sûr de son innocence, qu'il avoit rejetté l'offre que plusieurs de ses amis lui avoient faite, de le tirer de prison. Il avoit été gentilhomme ordinaire de la chambre de Henri IV, il avoit eu le bâton de maréchal de France en 1629; il l'avoit mérité par ses services; il étoit couvert de blessures, & eût-il été coupable, il méritoit de ne pas périr.

MARIN, (P. Carvilius Marinus) (*Hist. Rom.*) A la fin de l'empire de Philippe, vers le milieu du troisième siècle, ce Carvilius Marinus, qui avoit fait la guerre avec distinction, contre les Goths, reçut des troupes, en 249, le titre de César, & prit la pourpre impériale dans la Mæsie. Philippe envoya une armée pour dissiper ce parti; il s'étoit dissipé de lui-même. Les mêmes soldats qui avoient proclamé Carvilius Marinus, l'avoient aussi massacré.

MARIN, (Michel-Ange) (*Hist. Litt. mod.*) minime, né à Marseille en 1697, mort le 3 avril 1767, auteur d'une multitude d'ouvrages de piété, a joui d'une réputation distinguée parmi les écrivains ascétiques. La plupart de ses ouvrages sont des romans pieux, tels que *Farfalla* ou *la comédienne convertie*; *Théodule* ou *l'enfant de bénédiction*; *Agnès de Saint-Amour*, ou *la fervente novice*; *Angélique* ou *la religieuse selon le cœur de Dieu*, &c. L'objet de ces romans est toujours de porter à la vertu & à la piété. Le pape Clément XIII honora le P. *Marin* de plusieurs brefs pleins de louanges. On a fait de lui un éloge historique, qui a été imprimé en 1769, à Avignon.

MARINE, (Sainte) (*Hist. Ecclés.*) vierge chrétienne, dont le nom est plus célèbre dans l'église que son histoire n'y est connue ou du moins qu'elle n'est avérée. On ne sait rien de certain, ni sur le temps, ni sur le pays où elle a vécu. On croit qu'elle vivoit en Bithynie, vers le huitième siècle, & voici ce qu'on raconte de son histoire. Son père nommé Eugène, emporté par cette ferveur, souvent indiscrète, qui peuploit alors les cloîtres, & qui faisoit quelquefois sacrifier à des devoirs de surérogation les devoirs les plus essentiels, se retira dans un monastére, oubliant qu'il étoit père & qu'il laissoit dans ce monde qu'il quittoit, & dont il redoutoit les dangers pour lui-même, une jeune fille pour laquelle ces dangers étoient bien plus à craindre. Lorsque la solitude même dans laquelle il s'étoit enfermé, lui eut laissé le loisir de faire de sérieuses réflexions, il frémit de ces dangers où sa fille restoit exposée sans guide & sans appui, & ne voyant plus de remède à la faute qu'il avoit faite, & dont il sentoit alors avec effroi toutes les conséquences, il tomba dans une mélancolie profonde, dont tout le monde s'apperçut. Son abbé l'interrogea sur le sujet d'une tristesse si visible. Eugène ne lui cacha rien que le sexe de *Marine*. « Je suis » père, lui dit-il, & je laisse dans le monde un enfant » dont l'éducation devoit être ma seule affaire; je » sens avec amertume la douleur de cette séparation, » & j'ai d'ailleurs beaucoup d'inquiétude sur le sort » de ce malheureux enfant, abandonné ainsi à lui-» même, dans un âge qui a tant besoin de guide » & de conseil ». L'abbé croyant qu'il s'agissoit d'un fils, n'imagina rien de mieux que de le réunir avec son père dans le même monastère. Eugène va chercher sa fille, lui coupe les cheveux, lui fait quitter les habits de son séxe, & l'engage par un serment solemnel à garder jusqu'à la mort le secret sur ce séxe. La jeune fille est reçue dans le monastère sous le nom de frère *Marin*; elle fut long-temps l'édification de cette maison. Son emploi fut d'aller au-dehors chercher les provisions nécessaires, & comme elle avoit ainsi fréquemment des occasions de sortir, & qu'elle étoit plus connue que les autres religieux, elle se vit plus en butte à la calomnie. La fille d'une maison dans laquelle les affaires du couvent l'appelloient assez souvent, eut une foiblesse qui éclata, elle accusa le frère Marin de l'avoir séduite. Celui-ci, qui pouvoit si aisément se justifier, fut fidèle à son serment, se laissa juger & condamner. On le mit en pénitence à la porte du monastère, il se soumit à la pénitence; on le chargea de l'éducation de cet enfant étranger, il parut s'en charger avec plaisir, en expiation de sa faute. Il soutint avec beaucoup de patience & d'humilité les réprimandes & les reproches de l'abbé & de toute la communauté. Il mourut au bout de trois ans, au milieu des rigueurs de cette pénitence; ceux qui prirent soin de l'ensevelir, avertirent l'abbé de la découverte incroyable qu'ils avoient faite. L'abbé & toute la communauté admirèrent une telle vertu, & furent inconsolables de l'avoir mise à une telle épreuve.

MARINELLA, (Lucrèce) (*Hist. Litt. mod.*) savante Vénitienne du dix-septième siècle, dont on a plusieurs ouvrages, tels que *La Nobiltà delle donne*, où elle soutient la prééminence de son séxe, thèse que les femmes pourroient abandonner aux hommes; *la vita di Maria Vergine*, en prose & en rimes; *Arcadia felice*; *amore inamorato*; un recueil de rimes ou de poësies.

MARINELLO, (Jean) (*Hist. Litt. mod.*) médecin italien du seizième siècle, est auteur d'un ouvrage sur les maladies des femmes, qui porte deux titres en apparence bien différens, & bien peu faits pour s'appliquer à un même livre.

L'un est: *Gli ornamenti delle donne, tratti delle scritture d'una Rena græca.*

L'autre, qui annonce plus précisément le sujet, est: *le Medecine partenenti alle infermità delle donne.*

Cet ouvrage eut de la réputation dans son temps; mais on a beaucoup mieux écrit depuis en toute langue

& en tout pays, soit sur le même sujet soit sur toutes les autres parties de la médecine.

MARINI, (Jean-Baptiste) (*Hist. Litt. mod.*) connu sous le nom de *Cavalier Marin*, poëte célèbre sur-tout par son poëme d'*Adonis*, est auteur d'un autre poëme sur le massacre des Innocens, *de strage de gl'innocenti.* Il y a de lui encore un autre poëme intitulé : *la Murtolcide.* C'étoit une satyre contre un autre poëte Italien, nommé Gaspard Murtola, qui de son côté fit contre lui la *Marinéide*; mais qui, se sentant apparemment le plus foible dans ce genre d'escrime, permit à sa vengeance de joindre à la satyre la ressource de l'assassinat; il tira un coup de pistolet au *Cavalier Marin*, qui ne fut que blessé. Celui-ci jugeant qu'il falloit pardonner beaucoup de choses à un poëte irrité, demanda & obtint grace pour Murtola. Cette démarche étoit convenable de sa part; mais les juges auroient dû penser autrement, & sentir le danger de permettre l'assassinat à l'amour-propre blessé des poëtes. Pour ne pas revenir à ce Murtola, nous dirons ici qu'on a de lui un poëme italien de la création du monde, & d'autres poësies, tant italiennes que latines. Il mourut en 1624, & le *Cavalier Marin* en 1625. Celui-ci étoit né en 1569. Murtola étoit de Gênes; *Marini*, de Naples.

MARINIANA, (*Hist. Rom.*) femme de l'empereur Valérien, qui ayant suivi son mari en Asie, fut prise avec lui par Sapor, roi de Perse, & qui témoin des affronts de l'empereur, & exposée elle-même aux insultes de Sapor, mourut de douleur dans sa prison. Sur cette aventure de Valérien & de Sapor, *voyez* l'article BAJAZET. Les historiens vantent la vertu de *Mariniana*, autant qu'ils déplorent ses malheurs.

MARION, (Simon) (*Hist. de Fr.*) célèbre avocat-général au parlement de Paris, sous le règne de Henri IV, avoit plaidé comme simple avocat pendant trente-cinq ans. Il mourut à Paris en 1605: il fit imprimer en 1594 ses plaidoyers, sous le titre d'*actiones forenses.* Catherine *Marion*, sa fille, femme d'Antoine Arnauld, fameux par son plaidoyer pour l'université contre les Jésuites, eut vingt enfans, presque tous célèbres par leurs talens & par leurs vertus. Elle fut la mère du docteur Arnauld, de M. Arnauld d'Andilly, de l'évêque d'Angers, &c. (*Voyez* l'article ARNAULD). Elle fut mère aussi de Marie-Angélique Arnauld, abbesse de Port-Royal. Elle vécut dans cette abbaye sous la direction de sa fille; elle y mourut en 1641, au milieu de ses filles & de ses petites-filles, comme la plus heureuse mère de famille eût pu faire dans le monde.

MARIOTTE, (Edme) (*Hist. Litt. mod.*) reçu à l'académie des sciences en 1666, dans le temps de son institution: célèbre par des expériences de physique, dans plus d'un genre; il a fait à Chantilly la plûpart de ses expériences d'hidrauliques, science qu'il a contribué à perfectionner; il a su ajouter aussi aux découvertes de Pascal sur la pesanteur. On a de lui un traité du mouvement des eaux; un traité du nivellement; un traité du choc des corps; un traité du mouvement des pendules, & d'autres ouvrages de physique. Il a aussi fait & publié des expériences sur les couleurs. Mort en 1684; c'est à lui qu'on attribue ces deux vers latins si concis & si flateurs sur la rapidité des conquêtes de Louis XIV.

Una dies Lotharos, Burgundos hebdomas una;
Una domat Batavos luna, quid annus erit?

MARIVAUT. (*Voyez* MAROLLES)

MARIVAUX, (Pierre Carlet de Chamblain de) (*Hist. Litt. mod.*) de l'académie françoise.

On a donné un *esprit de Marivaux*, comme on en avoit donné un de Fontenelle. A la tête de ce recueil on trouve un éloge historique de M. de *Marivaux*, qui ne peut rien apprendre sur son esprit, ni sur ses talens; mais qui donne l'opinion la plus avantageuse de son caractère. Il contient deux lettres, l'une sur la paresse, l'autre sur les ingrats « Ah! sainte » paresse, salutaire indolence, s'écrie-t-il dans l'une, si » vous étiez restées mes gouvernantes, je n'aurois pas » vraisemblablement écrit tant de néants plus ou moins » spirituels; mais j'aurois eu plus de jours heureux » que je n'ai eu d'instans supportables. Mon ami! » le repos ne vous rend pas plus riche que vous ne » l'êtes, mais il ne vous rend pas plus pauvre, avec » lui vous conservez ce que vous n'augmentez pas, » encore ne sais-je si l'augmentation ne vient pas quel- » quefois récompenser la vertueuse insensibilité pour » la fortune ».

C'est du moins la morale de la fable de la Fontaine, qui a pour titre : *l'homme qui court après la fortune, & l'homme qui l'attend dans son lit.* L'auteur parle ensuite d'un homme de sa connoissance qui va voyager avec un prince: « Il a l'honneur d'appartenir » à un prince, il faut qu'il marche; & moi, j'ai la » douceur de n'appartenir qu'à moi, & je ne mar- » cherai point ».

C'est par une suite de cet amour pour le repos & pour la liberté, qu'il fit un jour une aumône considérable à un pauvre, auquel il reprochoit de mendier, étant dans toute la force de la jeunesse & de la santé, & qui lui répondit avec toute l'énergie d'un sentiment profond : *ah! Monsieur, si vous saviez, je suis si paresseux!*

Il y a de fort beaux traits dans la lettre sur les ingrats; tel est celui-ci : « Ils ont beau faire, mon » ami, leur conscience ne sauroit être ingrate, tout » s'y retrouve. Elle a des replis, où les reproches » que nous méritons se conservent, où nos devoirs » se plaignent de n'avoir pas été satisfaits.

Une des maximes de M. *Marivaux* étoit *que, pour être assez bon, il faut l'être trop.* Il disoit encore, « si mes » amis venoient m'assurer que je passe pour un bel » esprit, je ne sens pas en vérité que je fusse plus » content de moi-même; mais si j'apprenois que quel- » qu'un eût fait quelque profit en lisant mes ouvrages, » se fût corrigé d'un défaut, oh! cela me toucheroit, & ce plaisir-là seroit de ma compétence ».

On fera éternellement à M. de *Marivaux* le reproche d'avoir été affecté & maniéré dans son style, & ce reproche sera éternellement injuste. Sa manière d'écrire étoit celle qui lui étoit prescrite par sa manière de voir & de sentir, & elle en est la plus fidèle expression. Loin qu'elle lui coûtât de la recherche & de l'effort, c'est pour écrire autrement, c'est pour écrire d'une manière qui auroit paru plus naturelle, qu'il eût été réduit à faire des efforts. S'il ne réunit pas tous les suffrages, c'est que tout le monde n'a pas assez d'esprit pour goûter tout le sien. Qui pourroit cependant n'aimer pas *Marianne* & *le Paysan parvenu*? qui peut les quitter quand on s'est une fois engagé dans cette lecture? Où trouve-t-on des tableaux plus vrais, plus fins, plus philosophiques, une peinture plus fidelle du cœur humain dans toutes les situations, dans tous les ordres de la société, dans toutes les conditions de la vie? Il peint en miniature, il est vrai; mais comme il fait sortir toutes les physionomies! comme malgré la petitesse & la finesse des traits, tout se distingue, tout frappe, tout fait effet! Dans le *Spectateur François* que de grandes & fortes leçons! Que d'histoires morales & intéressantes! les critiques les plus justes qu'on ait faites du talent de *Marivaux*, tombent sur ses comédies, d'ailleurs charmantes, telles que les deux *surprises de l'Amour*, *le Legs*, *le préjugé Vaincu*, *la Double Inconstance*, *l'Epreuve*, *la Mère Confidente*. C'est-là qu'on peut dire véritablement qu'il y a trop d'esprit, parce que tous les personnages ont toujours le même esprit, qui est celui de l'auteur, au lieu d'être celui du personnage. On a dit que toutes ses pièces n'étoient toujours que la surprise de l'amour, & que pour se faire un mérite de cette uniformité, il auroit dû les intituler, *première*, *seconde*, *troisième*, *quatrième*, &c. *Surprise de l'Amour*; qu'alors ce qui a paru stérilité, défaut d'invention, auroit paru tour de force & fécondité. Ce langage singulier & original, ce jargon, si l'on veut, que les ennemis de M. de *Marivaux* ont appellé *du marivaudage*, peut en effet paroître mesquin aux esprits nourris des grands modèles, & accoutumés à une manière plus sérieuse & plus noble; mais il n'arrête jamais le lecteur par aucune obscurité, par aucun embarras, par aucune disproportion, aucune disconvenance entre l'idée & l'expression. Il ne faut pas imiter ce style, mais il est bon qu'il en existe ce modèle unique.

Ajoutons à la gloire de M. de *Marivaux*, considéré du moins comme Romancier, que ces grands Romanciers Anglois, ces grands peintres de la nature & des mœurs, le reconnoissent pour leur modèle dans le genre qui les a immortalisés.

M. de *Marivaux* étoit né à Paris en 1688, d'un père qui avoit été directeur de la monnoie à Riom en Auvergne, & d'une famille ancienne dans le parlement de Rouen; il fut reçu à l'académie françoise le 14 février 1743, à la place de l'abbé Houtteville. Sur la manière dont il fut reçu par l'archevêque de Sens, M. Languet de Gergy, alors directeur. *Voyez* l'article LANGUET. M. de *Marivaux* mourut le 12 février 1763.

Son goût étoit aussi singulier que son style; ami de M. de la Motte & de M. de Fontenelle, il combattit sous eux dans la querelle des anciens & des modernes, & outrant leur systême, il le poussa jusqu'au mépris formel des anciens. Il ne goûtoit pas Molière, & trouvoit son genre de comique mauvais, toute vanité d'auteur à part; car il étoit sincèrement modeste: il préféroit son dévot, M. de Climal dans *Marianne*, au Tartuffe de Molière, comme un caractère beaucoup plus fin, & toute comparaison aussi à part, il n'avoit pas tort de l'estimer beaucoup; car c'est véritablement un portrait fait de main de maître; & M. d'Alembert nous fournit une fort bonne solution, en disant que M. de Climal est peut-être un meilleur hypocrite de roman; mais que celui de Moliere est à coup sûr, un meilleur Tartuffe de comédie.

MARIUS, (*Hist. rom.*) (Caius) soldat de fortune, né de parens obscurs, fut sept fois consul, honneur qui le distingue & qui le condamne, comme ayant été acquis au mépris des loix. Il étoit d'Arpinum, qui étoit aussi la patrie de Cicéron, & Cicéron se glorifie en plus d'un lieu d'un tel compatriote qu'on pouvoit cependant vouloir désavouer à quelques égards.

Les parens de *Marius* vivoient du travail de leurs mains, & *Marius* lui-même travailla d'abord à la terre.

Arpinas alius Volscorum in monte solebat.
Poscere mercedes alieno lassus aratro. JUVÉNAL.

Il se sentit toute sa vie du défaut d'éducation où la pauvreté de ses parens l'avoit condamné; il fut toujours grossier, brutal, emporté; il prit le parti de mépriser l'éloquence & les connoissances qui lui manquoient, & que tant d'autres alloient chercher dans la Grèce; il demandoit pourquoi un peuple libre daignoit apprendre la langue d'un peuple esclave, & à quoi servoient des sciences & des lettres qui n'avoient préservé les Grecs, ni des armes, ni du joug des Romains. Il quitta la charrue pour les armes, & servit d'abord au siège de Numance, sous Scipion, qui ne tarda pas à le distinguer. Des admirateurs de ce grand général, lui disant un jour avec enthousiasme: *qui pourra jamais vous remplacer? Ce sera celui-ci peut-être*, dit-il, en montrant *Marius*, encore simple soldat.

Son ambition s'étoit déclarée de bonne heure; mais elle fut d'abord malheureuse. Dans sa petite ville d'Arpinum, il n'avoit jamais pu parvenir à aucune charge municipale; ce ne fut pas de même sans essuyer beaucoup de refus, qu'il parvint à être créé successivement tribun des soldats, tribun du peuple, préteur; il manqua en un seul jour, & l'édilité curule, & l'édilité plébeïenne, & comme le dit Valere-Maxime: *patientiâ repulsarum irrupit magis in curiam quàm venit.*

Cet.

Cet homme avoit dans un degré rare, le courage qui consiste à braver & à soutenir la douleur. Il avoit des varices qui lui défiguroient les jambes; il résolut de faire couper ces varices, & il souffrit cette opération sans être attaché, sans faire un mouvement, sans pousser un cri; mais après cette épreuve faite sur une jambe, il ne voulut pas qu'elle fût continuée sur l'autre, jugeant, d'après son expérience, qu'une telle douleur devoit être réservée pour le cas d'une nécessité absolument indispensable. *Ita*, dit Cicéron, *& tulit dolorem, ut vir: & ut homo, majorem ferre sine causâ necessariâ noluit.*

Le consul Métellus le fit son lieutenant-général dans la guerre contre Jugurtha; il ne pouvoit en choisir un, ni plus utile pour Rome, ni plus funeste pour lui: dans les fonctions de cet emploi, nuls travaux ne le rebutèrent, nuls périls ne l'effrayèrent, rien de ce qui pouvoit être utile ne lui parut au-dessous de lui; nul soldat ne l'emportoit sur lui en frugalité, en ardeur pour le travail, en constance à supporter la fatigue; nul ne menoit une vie plus dure. Quand il crut avoir mérité le consulat, il se mit sur les rangs pour le briguer; les nobles regardoient cet honneur comme réservé pour eux, & ne pouvoient souffrir qu'il fût déféré à ce qu'ils appelloient *des hommes nouveaux:* ce n'est pas qu'il n'y en eût eu plusieurs exemples; mais ces exemples commençoient à s'éloigner, & la prétention des nobles étoit alors dans toute sa force; quand *Marius* demanda son congé à Métellus pour aller à Rome briguer le consulat, Métellus lui donna des conseils d'ami sur cette ambition qu'il jugeoit excessive, & lui refusa son congé. *Marius* ne cessa de le solliciter, & un jour Métellus, dans un mouvement d'impatience, lui dit: *en supposant que cet honneur puisse vous regarder, il sera temps pour vous de le demander, quand mon fils le demandera.* Ce fils n'avoit que vingt ans, & on ne pouvoit être Consul qu'à quarante-trois ans.

Marius ne pardonna jamais ce propos à Métellus, il se mit à cabaler contre lui, & à Rome & dans l'armée, & lui ayant, à force d'importunité, arraché la permission d'aller à Rome, il y calomnia tellement ce sage général, il décria tant ses talents, ses exploits, ses succès; il fit de si belles promesses, que non-seulement il obtint le consulat, mais qu'il fit rappeller Métellus, & se fit nommer à sa place pour continuer la guerre contre Jugurtha.

Salluste met dans la bouche de *Marius*, en cette occasion, une harangue contre les nobles qui étoit fort dans son caractère & dans ses sentiments; mais dont l'éloquence appartient sans doute toute entière à Salluste. Métellus, en recevant l'ordre de son rappel, pleura de dépit, & prit soin d'éviter la rencontre de son successeur; il eut pour consolation les honneurs du triomphe, & le surnom de *Numidique.*

Marius eut pour questeur Sylla, qu'il vit travailler à s'élever sur ses ruines, comme il s'étoit élevé lui-même sur celles de Métellus. Ce fut Sylla qui détermina Bocchus à trahir Jugurtha, son parent & son allié & à le livrer aux Romains, & quoique ce moyen de triompher d'un ennemi, n'eût rien de noble, cependant Jugurtha, depuis si long-temps, donnoit tant d'embarras aux Romains, & fatiguoit tant leurs principaux chefs; Métellus & *Marius*, après les victoires les plus considérables & les plus glorieuses, étoient encore si loin de terminer cette guerre, qu'on s'applaudit de la voir heureusement terminée sans faire attention à la bassesse d'un moyen auquel Rome, dans le temps de sa vertu, n'auroit jamais voulu devoir ses succès. Sylla tira vanité de ce moyen, il fit faire un anneau qui lui servit toujours, dans la suite, de cachet, où il étoit représenté recevant Jugurtha des mains de Bocchus. *Marius*, à qui, en qualité de général, la gloire de tout succès devoit être rapportée, regarda cette jactance de Sylla, comme une insulte qu'il lui faisoit. Delà, cette haine implacable & terrible, qui coûta tant de sang à la République.

Marius étoit encore en Afrique, lorsqu'il apprit qu'il venoit d'être nommé consul pour la seconde fois au bout de deux ans, quoique régulièrement il dût y avoir un intervalle de dix ans entre deux consulats. Il revint en Italie, & triompha dans Rome, de Jugurtha, le jour même où il entroit en charge, c'est-à-dire, le premier janvier de l'an 647 de la fondation de Rome, avant J.-C. 105. Après la cérémonie, il entra dans le sénat avec sa robe triomphale, chose jusqu'alors sans exemple, & qui excita beaucoup d'étonnement & de murmure. Il sortit, & revint avec l'habit ordinaire de sénateur, c'est-à-dire, la robe bordée de pourpre.

La terreur qu'inspiroient les Cimbres, le fit nommer consul pour la troisième fois l'an 649 de Rome, avant J.-C. 103. Ce fut, pendant cette expédition contre les Cimbres, qu'il fit creuser ce canal du Rhône, connu sous le nom de *Fossa Mariana.* Aux Cimbres étoient joints les Teutons & les Ambrons. Ces deux derniers peuples traversoient le Dauphiné & la Provence pour pénétrer dans la Ligurie. Les Cimbres prenoient par la Bavière & le Tirol, pour entrer dans l'Italie par le Trentin. Les Consuls se séparèrent de même. *Marius* alla camper au confluent du Rhône & de l'Isere, pour s'opposer aux Teutons & aux Ambrons, tandis que son collègue Quintus Lutatius Catulus attendit les Cimbres au pied des Alpes du côté du Tirol.

Un géant Teuton défia *Marius* à un combat particulier; *Marius* répondit que *s'il étoit si pressé de mourir, il pouvoit s'aller pendre.*

Consul pour la quatrième fois, l'an 650, *Marius* laisse l'insolence de ces ennemis parvenir au dernier degré, ils passent à la tête du camp des Romains, y font mille bravades, demandent ironiquement aux Romains, s'ils ne veulent rien mander à leurs femmes, les assurant qu'ils seroient incessamment dans le cas de leur donner des nouvelles de leurs maris; enfin quand la mesure fut comblée, quand les Romains s'étant accoutumés à la vue, aux cris, aux hurlements de ces barbares, purent les envisager & les entendre sans frayeur, il les attaqua & les tailla en pièces auprès de la ville d'Aix, & lorsqu'après sa victoire, il offroit aux dieux un sacrifice solemnel, en action de graces, il reçut la nouvelle qu'il venoit d'être nommé consul pour la cinquième fois; ce consulat étoit pour l'année 651 de Rome. A peine l'eut il obtenu, qu'il courut le mériter comme le précédent par une nouvelle victoire. Il joignit Catulus pour combattre avec lui les Cimbres; il les atteignit près de Verceil. Les Cimbres ignorant la défaite des Teutons, ou ne la croyant pas possible, envoyèrent des ambassadeurs demander à *Marius* des villes & des terres pour eux & pour leurs frères. Qui sont ces frères? leur demanda *Marius*. —— Les Teutons. ---- N'en soyez point en peine, reprit *Marius*, ils ont la terre que nous leur avons donnée & ils la garderont éternellement. ---- Cette insolente ironie sera punie, dirent les Cimbres, & par nous & par les Teutons, dès qu'ils seront arrivés. --- Ils sont arrivés, & les voici, saluez les, embrassez vos frères, dit *Marius*, en faisant paroître devant eux les chefs des Teutons enchaînés. Trois jours après, la bataille se livra dans la plaine de Verceil. Cette seconde victoire fut encore plus complette que la première. *Marius* en eut le principal honneur, selon Juvénal, mais Catulus fut associé à sa gloire.

Hic (Marius) *tamen & Cimbros & summa pericula rerum*
Excidit, & solus trepidantem protegit urbem
Atque ideò; postquam ad Cimbros stragemque volabant,
Qui nunquam attigerant majora cadavera corvi,
Nobilis ornatur lauro collega secundâ.

Sylla, qui servoit dans l'armée de Catulus, avoit laissé des mémoires où il refusoit à *Marius* toute part à la victoire; cette opinion n'a point prévalu.

Jusqu'ici *Marius* est un héros, il va cesser de l'être. Il revient à Rome, & après avoir obtenu & mérité tant de consulats par des services & des victoires, il ne rougit pas de s'en procurer un sixième par brigue & par argent, pour l'an 652. Il fait exiler Métellus pour avoir refusé de prêter un serment injuste; il remplit Rome de troubles, & en sortit brusquement pour n'être pas témoin du rappel glorieux de ce même Métellus. Dans la guerre désignée par le nom de *guerre sociale* ou *des alliés*, *Marius* acquit peu de gloire, il parut éclipsé par Sylla, & par Sertorius naissant. La jalousie éclate entre *Marius* & Sylla, au sujet des statues de la victoire, données par Bocchus au peuple Romain, où on voyoit, comme dans l'anneau de Sylla, Jugurtha livré par Bocchus à ce même Sylla. Bientôt Sylla & *Marius* se disputèrent le commandement dans la guerre contre Mithridate. Le sénat étoit pour Sylla, le peuple pour *Marius*; il y eut de violentes séditions à ce sujet; Sylla marche avec une armée contre Rome, s'en empare, oblige *Marius* à prendre la fuite, le fait déclarer ennemi public, ainsi que ses principaux partisans. Quintus Scevola, l'Augure, beau-père de *Marius* le fils, osa seul résister à la volonté absolue de Sylla. *Non*, dit-il, *je ne déclarerai point ennemi de Rome, un homme par lequel j'ai vu Rome & l'Italie entière sauvées*. Il faisoit allusion à la défaite des Cimbres.

Cependant *Marius*, sorti de Rome avec son fils, (l'an 664) se retira dans une maison de campagne qu'il avoit près de Lanuvium; il vouloit gagner la mer, & sortir de l'Italie; mais n'ayant eu le temps de faire aucun arrangement pour un pareil voyage, il envoya son fils dans une terre de Scévola qui étoit voisine, pour prendre chez son beau-père les choses principales dont ils avoient besoin. Le jeune *Marius* passa la nuit dans la maison de Scévola; le jour étant venu, il voulut joindre son père, il apperçut des gens à cheval, qu'il jugea envoyés par Sylla, pour faire la recherche dans la maison de Scévola, qui lui étoit naturellement suspecte. Le fermier de Scévola ne put sauver le jeune *Marius*, qu'en le cachant dans une charrette remplie de féves, qu'il mena vers Rome, en passant au travers de ceux qui cherchoient *Marius*; ils n'eurent aucun soupçon. Le jeune *Marius* entra dans Rome & jusques dans la maison de sa femme, y prit tout ce dont il avoit besoin, en sortit ainsi que de Rome & de l'Italie, sans faire aucune rencontre fâcheuse, & n'espérant plus pouvoir rejoindre son père, qui n'auroit pu l'attendre si long-temps sans être pris, il passa en Afrique.

Le père s'étoit rendu à Ostie, y avoit trouvé un vaisseau, s'étoit embarqué. La violence du vent le força d'aborder dans un lieu suspect, & environné de ses ennemis; les vivres lui manquoient, il commençoit à sentir la faim; il apperçut des bergers, il s'en approcha pour leur demander quelques secours, ils n'en avoient point à lui donner; mais l'ayant reconnu, ils l'avertirent qu'ils venoient de voir des gens à cheval qui le cherchoient. Il s'enfonça dans un bois où il passa la nuit, tourmenté par la faim; mais exhortant les compagnons de sa fuite à se réserver pour une meilleure destinée. Errant sur le bord de la mer, près de Minturnes, à l'embouchure du Liris ou Garigliano, avec sa troupe fugitive, ils apperçoivent des gens à cheval qui viennent à eux; en même temps, tournant les yeux vers la mer, ils voient deux vaisseaux marchands qui fendoient les flots: ils courent à la mer, se jettent à l'eau, tâchent de gagner à la nâge les deux vaisseaux. *Marius*, vieux & pesant, porté avec peine au-dessus de l'eau par deux esclaves, atteignit enfin un des vaisseaux, & y fut reçu, tandis que les cavaliers arrivés sur le bord, crioient aux matelots d'aborder ou de jetter *Marius* à la mer. Celui-ci est réduit à implorer avec larmes la pitié des maîtres du vaisseau, qui, après avoir quelque temps délibéré & balancé, ne voulurent point livrer cet illustre suppliant. Les cavaliers se retirèrent en menaçant.

Quand ils se furent éloignés, les matelots, toujours incertains, abordent à l'embouchure du Liris, proposent à *Marius* de descendre pour se reposer un moment; à peine est-il assis sur le rivage, il voit lever l'ancre, il voit partir le vaisseau; le voilà seul avec ses malheurs & ses dangers; il se traîne dans la fange des marais, jusqu'à la cabane d'un pauvre bucheron qui le cache sous un amas de feuilles, de roseaux & de jones. Bientôt il entend un grand bruit du côté de la cabane, c'étoient des gens à cheval, envoyés à sa poursuite, qui interrogeoient le bucheron, qui le pressoient & l'intimidoient. *Marius* sentit qu'il alloit être découvert ; il change d'asyle, & se plonge tout nud dans l'eau sale & bourbeuse de ces marais. Ce sont-là ces marais de Minturnes, devenus si fameux par la fuite & les dangers de *Marius* ; il fut apperçu, il fut pris, traîné à Minturnes, la corde au col, livré aux Magistrats, condamné à périr ; mais aucun citoyen ne voulut se charger de l'exécution ; on envoya un étranger, Cimbre ou Gaulois de naissance pour le tuer dans sa prison ; *Marius* lançant sur lui un regard, plutôt terrible qu'effrayé, lui cria du ton d'un homme qui a la conscience de sa grandeur, & qui sait que le ciel réserve des ressources extraordinaires aux grands courages dans les grands périls : *Quoi ! barbare, oserois-tu tuer Caïus Marius ?* Le barbare, comme terrassé par la majesté d'un héros, s'arrête, sort, jette son épée, & s'écrie : *non, je ne saurois tuer Caïus Marius.* Le sentiment dont il avoit été pénétré dans cette occasion, se communique aux Minturnois, ils rougissent d'être moins humains qu'un barbare. *Marius* est mis en liberté ; bientôt il s'embarque pour l'Afrique ; mais obligé de relâcher en Sicile, il y trouve de nouveaux ennemis. Le questeur de la province tombe sur sa troupe, tue dix-huit hommes de son équipage, & pense le prendre lui-même. *Marius* se rembarque précipitamment, il aborde enfin en Afrique, & c'est pour y trouver encore des ennemis ; il voit venir à lui un officier du préteur, qui lui dit d'un ton menaçant : *le préteur Sextilius vous défend de mettre le pied dans sa province, sous peine d'être traité en ennemi public, suivant le décret du sénat, auquel il a résolu d'obéir.* *Marius* eut encore ici une de ces ressources qui n'appartenoient qu'à lui. *Va*, dit-il à l'officier, *va dire à celui qui t'envoie, que tu as vu Marius fugitif, assis au milieu des ruines de Carthage.* C'est ce mot que les historiens & les poëtes ont fait valoir à l'envi.

Cùm Marius intuens Carthaginem, illa intuens Marium, alter alteri possent esse solatio, dit Velleius-Paterculus.

Solatia fati
Carthago Mariusque tulit, pariterque jacentes
Ignovere deis....

A dit Lucain.

Et ces grands monuments se consoloient entr'eux. A dit M. l'abbé de Lille.

Marius resta en Afrique assez long-temps pour y recueillir son fils, qui, comblé d'honneurs, mais retenu prisonnier par Hiempsal, roi de Numidie, accepta le bienfait de la liberté que l'amour lui offroit. Une des maîtresses d'Hiempsal conçut pour le jeune *Marius*, une passion si généreuse, qu'elle consentit à se priver de lui, en favorisant sa fuite ; c'est le sujet d'une des héroïdes de M. de Fontenelle. Aucune partie du monde ne pouvoit recevoir *Marius*, il fallut sortir de l'Afrique ; à peine étoit il embarqué avec son fils, qu'ils virent accourir sur le bord de la mer, des cavaliers Numides, envoyés par Hiempsal à la poursuite du jeune *Marius*, qui put juger par-là de l'importance du service que lui avoit rendu sa libératrice, & du dessein qu'avoit formé Hiempsal de faire sa cour aux Romains, aux dépens de son prisonnier. Les deux *Marius* passerent l'hiver assez tranquillement dans les isles de l'Afrique, & la fortune se lassa enfin de les persécuter ; mais ils méritoient leurs malheurs, puisqu'après ces malheurs mêmes ils furent cruels.

Cinna, ennemi de Sylla & du parti des nobles, ami de *Marius* & de la faction populaire, ayant été nommé consul pour l'an de Rome 665, obligea Sylla de sortir de l'Italie, & de partir pour la guerre contre Mithridate, en le faisant accuser par un des Tribuns ; il travailla au rappel de *Marius*, remplit la ville de troubles, l'inonda de sang, se fit lui-même chasser de Rome, & déposer du consulat. (*Voyez* l'article MERULA). Il revient avec *Marius*, qu'il déclare proconsul & qu'il comble d'honneurs ; ils marchent contre Rome qui leur est livrée ; ils y exercent les plus abominables vengeances, font égorger les chefs de la noblesse, les personnages consulaires les plus distingués, les Crassus, les Césars, les Catulus, les Merula, l'orateur Marc-Antoine, ayeul du Triumvir. Un signe de tête de *Marius* coûtoit la vie à ceux qui se présentoient devant lui ; ceux qui venoient le saluer, & auxquels ou à dessein, ou par distraction, ou parce qu'il ne les démêloit pas dans la foule, il ne rendoit pas le salut, étoient à l'instant poignardés par les esclaves & les bourreaux, qui lui servoient de gardes ; on exposoit leurs têtes sur la tribune aux harangues, on fouloit aux pieds leurs corps dans les rues.

Marius se nomma lui-même consul pour l'an de Rome 666. Ce fut son septième & dernier consulats. Il mourut en versant le sang, en faisant précipiter du haut du roc Tarpéien, le sénateur Sextus Licinius ; il mourut le 13 janvier de l'an 666 de Rome. Fimbria, un des exécuteurs de ses cruautés, crut ne pouvoir mieux honorer ses funérailles, qu'en les marquant par l'assassinat du vertueux pontife Quintus Scevola. Celui-ci n'ayant été que légèrement blessé, Fimbria le cita devant le peuple. Quel crime, lui dit-on, pouvez vous reprocher à cet homme, qu'on ne peut pas même assez dignement louer ? *Je lui reprocherai*, répondit ce forcené, *de n'avoir pas reçu assez avant dans le corps le poignard dont il devoit être tué sur la place.* Tel étoit *Marius*, tels étoient ses complices.

Marius le fils n'imita de son père que les cruautés. Le premier jour de l'an 666, il tua de sa main un tribun du peuple, & en envoya la tête aux consuls, c'est-à-dire, à son père & à Cinna. Il fut nommé consul avec Carbon, pour l'an de Rome 670. Il fit massacrer les chefs de la faction de Sylla, entr'autres, ce respectable pontife Scevola, qui avoit échappé au poignard de Fimbria ; il perdit contre Sylla, la bataille de Sacriport, entre Segni & Palestrine (Segnia & Preneste), assiégé ensuite dans cette dernière ville, il tâcha de se sauver par des souterreins qui donnoient dans la campagne ; mais trouvant toutes les issues fermées & gardées par des soldats, il prit le parti de se battre avec le jeune Telesinus, son ami, & de concert avec lui ; dans l'espérance qu'ils périroient par la main l'un de l'autre; & qu'ils échapperoient aux supplices que Sylla leur préparoit. *Marius* tua son ami; mais il n'en fut que blessé, & il se fit achever par un de ses esclaves.

Marius le jeune n'avoit que vingt-six à vingt-sept ans, & il étoit consul, quoique les loix ne permissent de prétendre au consulat qu'à quarante-trois ans; mais il n'y avoit plus de loix. Sa mère, au lieu de le féliciter de cet honneur prématuré, pleura sur lui, & prévit sa perte. La tête de *Marius* fut portée à Sylla, qui la fit exposer sur la tribune aux harangues, & qui, en la considérant & en insultant à la jeunesse de ce consul, dit que cet enfant téméraire auroit dû apprendre à manier la rame avant que d'entreprendre de conduire le gouvernail. Les malheurs de *Marius*, qui auroient dû au moins lui apprendre à pardonner, ne lui avoient appris qu'à se venger.

L'Histoire Romaine offre encore quelques autres *Marius*, moins célèbres. Juvénal parle d'un Préteur *Marius* qui avoit fort vexé sa province, & qui jouissoit en paix du fruit de ses vexations, tandis que la province, qui l'avoit fait rappeller & exiler, en gémissoit encore:

Exul ab octavâ Marius bibit, & fruitur diis
Iratis, at tu victrix provincia ploras!

Horace parle d'un *Marius*, forcéné d'amour, qui après avoir tué sa maîtresse dans un excès de jalousie, se précipite lui-même pour mourir avec elle:

Hellade percussâ Marius cùm praecipitat se
Cerritus fuit? an commotae crimine mentis
Absolves hominem, & sceleris damnabis eumdem,
Ex more imponens cognata vocabula rebus?

MARLBOROUGH, (Jean Churchill (duc de) (*Hist. d'Angleterre*) étoit d'abord favori du roi Jacques II; il étoit frère d'Arabelle Churchill, maîtresse de ce prince, & mère du maréchal de Berwick; il abandonna Jacques II, dans le temps de la révolution en 1688. Il servit avec éclat contre lui, dans la guerre d'Irlande en 1689 & 1690. Quelque temps après, il forma, en faveur de ce même Jacques II, une conspiration, pour laquelle il fut mis à la tour de Londres; Lady *Marlborough*, sa femme, gouvernoit la princesse Anne, qui, sous le règne de Guillaume III & de Marie II, sœur d'Anne, étoit héritière présomptive de la couronne d'Angleterre; Guillaume & Marie exigèrent que la princesse Anne renvoyât la duchesse *de Marlborough*. Anne affecta de paroître par-tout avec elle; la reine arrivant à un spectacle où la duchesse *de Marlborough* étoit avec la princesse Anne, envoya ordre à la duchesse de sortir; elle obéit, & la princesse sortit avec elle; on lui ôta ses gardes, on défendit aux Dames de la cour de la voir; elle se retira dans la ville de Bath, & sa disgrace fut publique.

Quand elle monta sur le trône, après la mort de Guillaume III, les *Marlborough* y montèrent avec elle; la duchesse fut sa favorite, le duc fut son général: il gagna les batailles d'Hochstet le 13 août 1704; de Ramillies, le 23 mai 1706; d'Oudenarde, le 11 juillet 1708; de Malplaquet, le 11 septembre 1709; en 1704, il avoit embrâsé la Bavière jusqu'à Munick, pour punir l'électeur de Bavière de son attachement à la France. On a observé qu'il n'avoit jamais assiégé de place, qu'il n'eût prise, ni livré de bataille, qu'il n'eût gagnée. L'union, le concert qui régnoient entre lui & le prince Eugène, leur donnoient une force invincible; Eugène & *Marlborough* étoient moins des sujets que de véritables puissances. Le marquis de Torcy dit qu'Eugène, *Marlborough*, Heinsius, pensionnaire de Hollande, étoient comme les Triumvirs de la Ligue contre la France. *Marlborough* gouvernoit Heinsius. La paix & la guerre étoient entre les mains de deux généraux, dont la gloire & la puissance étoient fondées sur la guerre. En 1709, Louis XIV traitoit secrétement de la paix avec les Hollandois; mais Eugène & *Marlborough* étoient instruits de tout par Heinsius. Ils vinrent même ensuite aux conférences à la Haye. Heinsius étoit incorruptible, le prince Eugène étoit trop au-dessus de la corruption; mais on savoit que *Marlborough* aimoit l'argent, on l'attaqua de ce côté. Louis XIV lui avoit fait faire des propositions par le duc de Berwick, son neveu, & par le marquis d'Alégre. Torcy, dans sa première conférence avec *Marlborough*, crut s'appercevoir qu'il faisoit souvent revenir avec art, dans la conversation, les noms de ces deux personnes, & qu'il sembloit vouloir pénétrer si Torcy étoit instruit de leur négociation avec lui; il fit connoître qu'il ne l'ignoroit pas, il l'assura que les dispositions du roi n'étoient point changées à cet égard; *Marlborough* rougit, & parla d'autre chose. Torcy essaya plus d'une fois de le ramener des intérêts généraux à ses intérêts particuliers, chaque fois *Marlborough* rougissoit, & paroissoit vouloir détourner la conversation; cependant, continue Torcy, *Marlborough* n'omettoit aucune « occasion de parler de son respect pour Louis XIV, » même de son attachement à la personne de S. M. » C'étoit en France & sous M. de Turenne, qu'il » avoit appris le métier de la guerre, il vouloit persuader qu'il en conservoit une éternelle » reconnoissance. Ses expressions étoient accompagnées de protestations de sincérité, démenties par » les effets, de probité, appuyée de serments sur son » honneur, sa conscience, & nommant souvent le » nom de Dieu, il l'appelloit à témoin de la vérité » de ses intentions. On étoit tenté de lui dire: *pour*» *quoi ta bouche profane ose-t-elle citer ma loi?* »

Cette négociation fut suivie. On voit dans une instruction de Louis XIV au marquis de Torcy, le prix qu'il mettoit aux différens avantages que *Marlborough* lui feroit obtenir, tant pour Naples & la Sicile, tant pour Dunkerque, tant pour Strasbourg, &c.

La reine Anne se dégoûta de la personne, & se lassa de l'empire de Sara Jennings, duchesse *de Marlborough*. Une nouvelle favorite la gouvernoit; l'imprudente *Marlborough* s'étoit donnée une rivale, en faisant entrer au service de la reine, une de ses parentes, nommée *Hill*, qui fut depuis milady Masham. Plus imprudente encore, la duchesse même *de Marlborough* voyant ce crédit naissant ébranler le sien, acheva de se perdre par des hauteurs & des traits d'aigreur qui aliénèrent entièrement le cœur de la reine. Une jatte d'eau que la duchesse, par une mal-adresse réelle ou feinte, répandit sur la robe de la nouvelle favorite, dans un moment où la reine & les femmes de la cour prenoient plaisir à considérer la beauté de cette robe, fut le dernier écueil où vint se briser cet énorme crédit des *Marlboroughs*; la duchesse fut entièrement disgraciée, le ministère fut changé. On attaqua par degré la puissance du duc *de Marlborough* lui-même; on commença par borner son autorité: on rechercha ensuite son administration; on osa lui faire son procès dans le même lieu, dit le marquis de Torcy, où depuis dix ans, il recevoit, au nom de la nation, des remerciements & des éloges au retour de chaque campagne. On se contenta cependant d'abaisser & d'humilier *Marlborough*; on ne voulut pas le perdre, parce qu'on craignit les représailles; son avidité, ses extorsions fournirent des raisons ou des prétextes de le dépouiller de ses emplois, & on prétendit montrer assez de respect pour sa gloire, en lui laissant la vie.

Le nouveau ministère fit aisément connoître à la reine que *Maleborough* seul avoit intérêt à la continuation d'une guerre qui augmentoit tous les jours sa gloire & sa puissance, mais qui ruinoit la nation, sans qu'elle en tirât ou même qu'elle s'en promît aucun avantage.

Le prince Eugène vint à Londres pour mettre obstacle à la paix, de concert avec le duc *de Marlborough*; il fut reçu froidement par la reine, on éclaira ses démarches, on arrêta ses intrigues; les ministres lui rendirent des respects, mais ils veillèrent sur lui; un de ces ministres, qui avoit le plus contribué à faire priver *Marlborough* du commandement des armées, donnant à dîner au prince Eugène, dit qu'il regardoit comme le plus beau jour de sa vie, celui où il avoit l'honneur de recevoir chez lui le plus grand capitaine du siècle; le prince Eugène lui répondit: *si je le suis, c'est depuis peu, & c'est surtout à vous que j'en ai l'obligation.* Il ne s'agissoit pas de moins, dit-on, dans les complots d'Eugène & *de Marlborough*, que de détrôner & d'emprisonner la reine. Le lord Bolingbroke a raconté en France, à des personnes dignes de foi, qu'alarmé du danger de cette princesse, il entra dans sa chambre au milieu de la nuit, lui fit part des avis qu'il avoit reçus, & lui proposa de faire arrêter sur le champ le prince Eugène & le duc *de Marlborough*. La reine effrayée d'un parti aussi violent, lui demanda s'il n'imaginoit pas de moyen plus doux? Oui, Madame, dit Bolinbroke, & il proposa de remplir de gardes le palais & les environs & les postes les plus importants de Londres. En effet, les mal-intentionnés voyant leurs projets découverts & prévenus, restèrent tranquilles, & se cachèrent. Le prince Eugène partit; *Marlborough* quitta aussi l'Angleterre, & se retira dans la ville d'Anvers. A l'avènement du roi Georges Ier. à la couronne, en 1714, il fut rétabli dans toutes ses charges; il les quitta quelques années avant sa mort, tomba en enfance avant le temps, & n'eut plus d'autre occupation, d'autre récréation que de jouer au petit palet avec ses pages. Il mourut en 1722. Il étoit né en 1650.

Le duc *de Marlborough* avoit été le plus bel homme, & la duchesse *de Marlborough* la plus belle femme de l'Angleterre; lorsque le duc servoit en France, sous Turenne, on ne l'appelloit que *le bel Anglois*; mais le général François, dit M. de Voltaire, jugea que le bel Anglois seroit un jour un grand homme. Le roi Guillaume disoit n'avoir jamais vu personne qui eût moins d'expérience & plus de talent, qui eût la tête plus froide & le cœur plus chaud. Après la bataille d'Hochstet, *Marlborough* ayant reconnu parmi les prisonniers, un soldat françois dont il avoit remarqué la valeur pendant l'action, lui dit: *Si ton maître avoit beaucoup de soldats comme toi, il seroit invincible.* — *Ce ne sont pas les soldats comme moi qui lui manquent*, répondit le soldat, *mais des généraux comme vous.*

Marlborough faisoit les honneurs des victoires & des succès guerriers, & c'étoit à lui à les faire: un seigneur françois lui faisant compliment sur ses belles campagnes de Flandre: *Vous savez*, lui dit Marlborough, *ce que c'est que les succès de la guerre; j'ai fait cent fautes, & vous en avez fait cent & une.*

La duchesse *de Malborough* n'est morte qu'en 1744.

MARLORAT, (Augustin) (*Hist. du Calvinisme*) ministre calviniste célèbre; il se distingua au concile de Poissy en 1561. L'année suivante il fut pris dans Rouen, & fut pendu par l'effet de la violence & de la cruauté qu'inspirent les guerres civiles, & sur-tout les guerres de religion. On a de lui des Commentaires sur l'Ecriture-Sainte. Il avoit, comme Luther, été Augustin avant d'être hérétique.

MARMOL, (Louis) (*Hist. Litt. mod.*) écrivain espagnol, né à Grenade, connu par sa *Description générale de l'Afrique*, que Nicolas Perrot d'Ablancourt a traduite. Il avoit connu l'Afrique par huit années de captivité, ayant été pris au siège de Tunis en 1536.

MAROLLES, (Claude de) (*Hist. de Fr.*) *Marolles* & Marivault, gentilshommes françois, ennemis, & de partis contraires. *Marolles*, ligueur; Marivault, royaliste, donnèrent les derniers le spectacle d'un duel solemnel; car cet usage ne fut point aboli, (comme tout le monde le dit & le répète) à l'occasion du combat de Chabot & de la Châtaigneraie, au commencement du règne de Henri II. *Marolles* & Marivaux se battirent derrière les Chartreux, en présence du peuple & de l'armée, le jour même ou le lendemain de l'assassinat de Henri III, en 1589. Les deux lances furent brisées, mais ce fut *Marolles* qui fut vainqueur, il eut seulement sa cuirasse faussée, mais il laissa le fer de sa lance avec le tronçon dans l'œil de son ennemi, qui mourut un quart d'heure après, en vrai royaliste, ou plutôt, en ami tendre de Henri III : *Si je n'ai pas le plaisir de vaincre*, dit-il, *du moins je n'aurai pas la douleur de survivre au roi mon maître.* Observons que Henri III eut des amis, & que tous ses favoris l'aimèrent tendrement, au lieu que tous ceux de Louis XIII le haïssoient. La ligue triompha de la victoire de *Marolles*; elle ramena le vainqueur dans Paris, au son des trompettes, au bruit des acclamations. Les prédicateurs le comparèrent en chaire, à David, vainqueur de Goliath, soit parce qu'il étoit plus petit ou plus jeune que Marivault, soit seulement parce qu'il l'avoit vaincu. L'auteur de *La Henriade* ne trouvant pas les noms de Marivault & de *Marolles* assez célèbres pour figurer dans son poëme, y a substitué ceux de Turenne & de d'Aumale, & a donné la victoire aux royalistes, représentés par Turenne. *Marolles* fit la guerre en différents pays, & signala par-tout sa valeur. On raconte de lui un trait, qui montre à quel point les hommes poussent quelquefois la superstition des mots, & avec quelle facilité ils les prennent pour la chose même. Il ne se faisoit, dit-on, jamais saigner que debout & appuyé sur sa pertuisane, parce qu'il tenoit pour maxime qu'un guerrier ne doit verser de sang que les armes à la main. De bonne foi, étoit-ce-là le sens de cette maxime? Son objet n'est-il pas évidemment ou de rappeller les guerriers à l'humanité en leur interdisant toute effusion de sang hors des combats, ou de les avertir de réserver le leur pour les besoins de la patrie; Claude *de Marolles* mourut en 1633.

L'abbé *de Marolles*, (Michel) cet infatigable traducteur d'Athénée, de Pline, de Térence, de Lucrèce, de Catulle, de Virgile, d'Horace, de Lucain, de Juvénal, de Perse, de Martial, de Stace, d'Aurélius-Victor, d'Ammien-Marcellin, de Grégoire de Tours, étoit fils de Claude *de Marolles*; ce paisible ecclésiastique étoit aussi laborieux que son père étoit intrépide. Il remplit une carrière de soixante & un ans & plus, de travail, depuis sa traduction de Lucain, qui parut en 1619, jusqu'à son Histoire des comtes d'Anjou, qu'il publia en 1681; car il ne se bornoit pas à traduire, & il composa aussi quelques ouvrages de son chef, entr'autres des Mémoires, dont l'abbé Goujet a donné une édition en 1755. Il continua l'Histoire Romaine de Coëffeteau; mais entremêlant toujours ses ouvrages de traduction, Il entreprit & commença celle de la Bible; on n'en a que les trois premiers livres de Moyse; cette traduction éprouva des contradictions, & ne fut pas continuée. L'abbé *de Marolles* y avoit inséré les notes & les rêveries du Préadamite la Peyrère. L'archevêque de Paris, de Harlay, crut l'ouvrage dangereux, & en fit saisir & disparoître les exemplaires. L'abbé *de Marolles* faisoit aussi des vers; on sait le nombre de ceux qu'il a faits, il est de cent trente-trois mille cent vingt-quatre; on n'en a pas retenu un seul. Il disoit un jour à Linière : *mes vers me coûtent peu. Ils vous coûtent ce qu'ils valent*, répondit Linière. L'abbé *de Marolles* aimoit les estampes; il en fit un recueil de près de 100,000, qui est aujourd'hui un des ornemens du cabinet du roi. Il mourut en 1681. Il étoit né avec le siècle. Ses traductions, sur-tout celles des poëtes, ne sont pas estimées, mais il ne manquoit pas d'instruction.

MAROSIE (*Voyez* l'article ALBERIC.)

MARON, s. m. (*terme de relation.*) On appelle *marons* dans les îles Françoises, les negres fugitifs qui se sauvent de la maison de leurs maîtres, soit pour éviter le châtiment de quelque faute, soit pour se délivrer des injustes traitemens qu'on leur fait. La loi de Moïse ordonnoit que l'esclave à qui son maître auroit cassé une dent seroit mis en liberté; comme les Chrétiens n'acquièrent pas les esclaves dans ce dessein, ceux-ci accablés de travaux ou de punitions, s'échappent par-tout où ils peuvent, dans les bois, dans les montagnes, dans les falaises, ou autres lieux peu fréquentés, & en sortent seulement la nuit pour chercher du manioc, des patates, ou autres fruits dont ils subsistent. Mais selon le *code noir*, (c'est le code de marine en France), ceux qui prennent ces esclaves fugitifs, qui les remettent à leurs maîtres, ou dans les prisons, ou entre les mains des officiers de quartier, ont cinq cents livres de sucre de récompense. Il y a plus : lorsque les *marons* refusent de se rendre, la loi permet de tirer dessus; si on les tue, on en est quitte en faisant sa déclaration par serment. Pourquoi ne les tueroit-on pas dans leur fuite, on les a bien achetés? Mais peut-on acheter la liberté des hommes, elle est sans prix.

Au reste, j'oubliois de dire une chose moins importante, l'origine du terme *maron* : ce terme vient du mot espagnol *simaran*, qui signifie un *singe*. Les Espagnols, qui les premiers habitèrent les îles de l'Amérique, crurent ne devoir pas faire plus d'honneur à leurs malheureux esclaves fugitifs, que de les appeller *singes*, parce qu'ils se retiroient, comme ces animaux, au fond des bois, & n'en sortoient que pour cueillir des fruits qui se trouvoient dans les lieux les plus voisins de leur retraite. (*D. J.*)

MAROT, (*Hist. Litt. mod.*) Jean *Marot*, poëte de la reine Anne de Bretagne & valet de chambre de François Ier. mort en 1523, seroit peut-être aujourd'hui plus célèbre, si son fils ne l'eût effacé. Ce fils nous apprend lui-même que Jean *Marot* lui recommanda en mourant la poësie qu'il avoit cultivée, avis rarement donné par un père mourant à son fils.

Clément *Marot*, né à Cahors, fut valet-de-chambre, d'abord de la sœur de François I, ensuite de François I. lui-même. Marguerite étoit alors femme du duc d'Alençon. *Marot* suivit ce Duc aux guerres d'Italie; il se comporta bien mieux que lui à la bataille de Pavie. Pendant que le maître fuyoit, (*Voyez* l'article ALENÇON) le valet-de-chambre se faisoit blesser & prendre avec le roi. Il revint bientôt en France, mais ce fut pour essuyer une autre captivité. Les théologiens le poursuivirent comme hérétique; il fut décrété de prise-de-corps par l'officialité de Chartres, arrêté à Paris, & mis au Châtelet; alors le duc d'Alençon mort, la duchesse d'Alençon partie pour l'Espagne, François Ier. prisonnier, laissoient *Marot* & les gens de lettres sans appui & sans secours; *Marot* se plaint beaucoup d'un docteur de Sorbonne, nommé Bouchard, inquisiteur de la foi, auquel il attribue sa détention. Le roi, du fond de sa prison, contint le zèle de ce fanatique; *Marot* le reconnoît formellement dans ses vers. Quelque temps après, *Marot* eut avec la Cour des Aides, une affaire qui le fit encore arrêter; on l'accusoit d'avoir fait échapper un prisonnier. Le roi écrivit le 1er. novembre 1527, à la Cour des Aides, en faveur de *Marot*, qui fut relâché; mais il retomba bientôt entre les mains des théologiens, qu'il bravoit trop & dans ses discours & dans ses écrits.

Dans un temps où il étoit à Blois, la police fit une descente dans sa maison à Paris, pour voir s'il n'avoit point de livres défendus; ce droit barbare d'inquisition étoit établi alors, & *Marot* ne prétendoit en être exempt que par son privilége de poëte; mais craignant que ce privilége ne fût pas reconnu en justice, il prit la fuite, & se retira en Béarn, chez la duchesse d'Alençon, alors reine de Navarre; & ne s'y croyant pas encore en sûreté, il alla en Italie, chez la duchesse de Ferrare. Delà il plaida sa cause auprès du roi par une épître, où il ne ménage pas plus les juges que les théologiens. Il obtint en 1536, la permission de revenir en France; il prétendoit que le séjour de l'Italie l'avoit accoutumé à une grande circonspection; vraisemblablement il reprit en France toute sa hardiesse; car il fut obligé de se retirer au bout de quelques années, à Genève; mais Genéve n'étoit pas un pays de liberté. L'austérité des mœurs & la sévérité des loix que Calvin y avoit établies, auroient dû en éloigner *Marot*, qui, selon Théodore de Bèze, ne put jamais corriger les mœurs peu chrétiennes dont il avoit contracté l'habitude à la cour de France. En effet on a dit qu'ayant été surpris en adultère, il auroit été pendu selon la loi du pays, si Calvin, son ami, n'eût fait commuer la peine en celle du fouet, fait pour le moins trop suspect. Bayle observe avec raison que, quand il s'agit d'un homme aussi connu que *Marot*, l'incertitude d'un pareil fait en démontre la fausseté. *Marot* quitta Génève, & alla mourir à Turin en 1544, âgé d'environ soixante ans.

On a cru qu'un aussi grand poëte avoit dû être cher aux plus grandes & aux plus belles dames de son temps; en conséquence, on lui a donné pour maîtresses, non seulement Diane de Poitiers, mais même la reine de Navarre, qui, avec l'esprit le plus libre, eut les mœurs les plus sages, & qui paroît n'avoir point eu d'amans.

On a remarqué que dans ses poësies, où il fait l'histoire de sa vie, & où il parle de tout ce qui l'intéresse, *Marot* ne dit rien de sa femme, ce qui feroit croire qu'il n'étoit point marié; concluons seulement de ce silence, que sa femme l'intéressoit peu; mais il parle de ses enfans à François I., & il en parle d'une manière également naïve & touchante; il dit qu'en quittant la France, qu'il appelle ingrate, ingratissime à son poëte, il la regretta peu; puis il se reprend:

> Tu ments, Marot, grands regrets tu sentis,
> Quand tu pensas à tes enfans petits!

Un de ces enfans, nommé Michel *Marot*, fit des vers qui ont été imprimés avec ceux de Jean & de Clément; mais, loin d'égaler son père, il n'égala pas même son ayeul.

La Sorbonne qui n'aimoit pas Clément *Marot*, condamna ses pseaumes. *Marot*, dit-on, avoit traduit d'après l'hébreu dont Vatable son ami lui expliquoit le vrai sens. On jugea qu'il s'en étoit écarté, ce que la contrainte seule de la mesure & de la rime rend plus que vraisemblable. Ces pseaumes étoient dédiés à François I. La Sorbonne fit des remontrances à ce prince sur cette dédicace acceptée, & sur le privilége accordé. Le roi prit d'abord la défense de *Marot*, qui l'en remercie expressément dans une épigramme contre la Sorbonne; mais il céda aux clameurs, ce qui lui arrivoit souvent, & arrêta (le plus tard qu'il put) la publication de ces pseaumes qu'il ne cessa de lire & de chanter avec toute sa cour. Ils avoient été mis en musique par Gudimel & Bourgeois, les plus habiles musiciens du temps. La traduction de *Marot* fut continuée par Théodore de Bèze, mais non, dit un auteur du temps, *avec la même jolivêté*. Les révolutions de la langue ont rendu cette *jolivêté* bien ridicule; & c'est un avertissement de ne confier qu'avec circonspection à la mobilité d'une langue vivante, les objets de notre respect & de notre foi. La traduction de *Marot* & de Théodore de Bèze fut admise dans la Liturgie Protestante, & par là devint plus odieuse aux Catholiques. Dans la suite elle fut rajeûnie par Conrart & la Bastide. Les églises protestantes, suivant leur degré de pédanterie, se partagèrent entre l'ancienne traduction & la nouvelle, toutes deux assez vieilles aujourd'hui.

MARQUARD FREHER, (*Hist. Litt. mod.*) savant allemand des 16e & 17e siècles, né à Ausbourg en 1565, professeur en droit à Heidelberg, conseiller de l'electeur-palatin, employé par l'electeur Fréderic IV, en différentes affaires en Pologne, à Mayence & dans plusieurs autres cours, mourut à Heidelberg en 1614. On a de lui une foule d'ouvrages tous savans, dont voici les principaux: *Origines Palatinæ; de Inquisitionis processu; de re monetariâ veterum Romanorum, & hodierni apud Germanos imperii; rerum Bohemicarum scriptores; rerum Germanicarum scriptores; Corpus historiæ Franciæ.*

MARQUE, (*Hist mod.*) *lettres de marque*, ou *lettres de représailles*; ce sont des lettres accordées par un souverain, en vertu desquelles il est permis aux sujets d'un pays de faire des represailles sur ceux d'un autre après qu'il a été porté par trois fois, mais inutilement, des plaintes contre l'aggresseur à la cour dont il dépend.

Elles se nomment ainsi du mot allemand *marcke*, limite, frontière, comme étant *jus concessum in alterius principis marchas seu limites transeundi sibique jus faciendi*, un droit de passer les limites ou frontières d'un autre prince, & de se faire justice à soi-même. (*A. R.*)

MARQUIS, s. m. (*Hist. mod.*) & par quelques vieux auteurs gaulois MARCHIS, ce qui est plus conforme au terme de la basse latinité *marchio*.

Les princes de la maison de Lorraine prenoient la qualité de *ducs* & de *marchis de Loheirene*, comme on le voit dans le codicille de Thibaut III. de l'an 1312, dans un autre acte de 1320, & dans le testament du duc Jehan I. de 1377.

Quoique les noms de *marchis*, *marquis*, & *marggrave* signifient originairement la même chose, *un seigneur commandant sur la frontière*, ils ont acquis avec le temps une signification bien différente.

Un marggrave est un prince souverain qui jouit de toutes les prérogatives attachées à la souveraineté ; & les marggraves ne se trouvent que dans l'empire d'Allemagne.

Il y a quelques *marquis* ou marquisats en Italie, comme Final ; en Espagne, comme le marquisat de Villena, possédé par le duc d'Escalona. Il n'y en a point en Danemark, en Suede & en Pologne.

Enfin le titre de *marquis* en France est une simple qualification que le souverain confère à qui il veut, sans aucun rapport à sa signification primitive ; & le marquisat n'est autre chose qu'une terre ainsi nommée par une patente, soit qu'on en ait été gratifié par le roi, soit qu'on en ait acheté la patente pour de l'argent.

Sous Richard, en 1385, le comte d'Oxford fut le premier qui porta le titre de *marquis* en Angleterre, où il étoit alors inusité. (D. J.)

MARRIER, (D. Martin) (*Hist. Litt. mod.*) bénédictin Cluniste, auteur du recueil intitulé : *Bibliotheca Cluniacensis* ; c'est une collection de titres, de pièces concernant les abbés & l'ordre de Cluni. Ces sortes d'ouvrages sont toujours de quelque utilité pour l'histoire ecclésiastique. On a du même dom Martin *Marrier*, une histoire latine du monastère de St. Martin-des-Champs, dont il étoit prieur. Né en 1572 ; mort en 1644.

MARSAIS, (César Chesneau du) (*Hist. Litt. mod.*) né à Marseille en 1676, entra d'abord dans la congrégation de l'Oratoire ; mais il lui falloit plus de liberté en tout genre, & sur-tout plus de liberté de penser, que cette congrégation, d'ailleurs si sage, n'en permet & ne peut en permettre ; il la quitta, il vint à Paris, s'y maria, épousa une *Honesta*, dont il fut obligé de se séparer :

> N'épousez point d'Honesta, s'il se peut,
> N'a pas pourtant une Honesta qui veut.

sa ressource fut d'élever des enfants. Il fut précepteur dans la maison du fameux Law, dans celle du président de Maisons, dans celle du marquis de Baufremont, dont il éleva les trois fils ; on lui imputoit d'avoir demandé, en y entrant, dans quelle religion on vouloit qu'il les élevât. En général, il a passé pour être d'une grande indifférence sur cet article important ; les Jésuites saisirent ce prétexte de le persécuter ; mais leur vrai motif, dit-on, étoit que *du Marsais* avoit été oratorien, & qu'il en conservoit les sentiments à leur égard. En même temps, ils laissoient en paix le célèbre Boindin, dont l'irréligion étoit plus affichée & plus bruyante, mais qui ne songeoit point à eux, & auquel ils ne songeoient point ; *du Marsais* témoignant un jour son étonnement à Boindin sur cette conduite si différente des Jésuites à leur égard : *rien de plus naturel*, lui répondit Boindin, *vous êtes un athée janséniste, & moi un athée moliniste.* L'athée janséniste mourut en 1756, & l'histoire a pris soin d'observer que ce fut après avoir reçu les sacrements ; il avoit vécu pauvre, aimé & estimé :

> *Probitas laudatur & alget.*

M. le comte de Lauraguais lui faisoit une pension de mille livres, dont il a continué une partie à une personne qui a pris soin de la vieillesse de ce philosophe. M. *du Marsais* avoit l'esprit le plus juste, le plus lumineux, le plus ami du vrai, & du naturel en tout genre. Il avoit dans le commerce, beaucoup de simplicité, de candeur, de naïveté, peu d'usage du monde, peu de connoissance des hommes. Fontenelle le caractérisoit, en disant que c'étoit le nigaud le plus spirituel qu'il eût connu. Par une suite de son amour pour le naturel, il fit adopter, dit-on, à mademoiselle Le Couvreur, un systême de déclamation simple & rapprochée de la nature, qu'on ne connoissoit point avant elle. Son *Traité des Tropes*, que des ignorants appelloient son *Histoire des Tropes*, est un des meilleurs ouvrages de grammaire & de rhétorique. Ses articles de grammaire dans l'Encyclopédie, ont le même mérite ; lumière & justesse par-tout. Sa Méthode raisonnée pour apprendre la langue latine, est d'un esprit qui ne reconnoît d'autorité que celle de la raison. On a de lui encore une *Exposition de la doctrine de l'Eglise Gallicane, par rapport aux prétentions de la cour de Rome ;* & une *Logique* ou *Réflexions sur les opérations de l'esprit.*

MARSHAM, (Jean) (*Hist. Litt. mod.*) célèbre antiquaire & chronologiste anglois, baronnet & chevalier de l'ordre de la jarretière, a débrouillé les Antiquités Egyptiennes, autant qu'elles peuvent être débrouillées. On connoît sa *Diatriba chronologica*, & sur-tout son *Canon Chronicus Ægyptiacus, Hebraicus, Græcus.* Prideaux l'a réfuté sur quelques points, sans avoir porté aucune atteinte à sa réputation. Non moins bon citoyen qu'habile chronologiste, le chevalier Marsham avoit souffert pour la cause de Charles I. & en fut récompensé par Charles II. Né à Londres en 1602, il mourut en 1672.

MARSIGLI (Louis-Ferdinand) (*Hist. Litt. mod.*)

Mod.) Il y a deux hommes à considérer dans M. le comte Marsigli, le militaire & le savant. Il étoit né à Bologne le 10 Juillet 1658, du comte Charles-François Marsigli, d'une ancienne maison patricienne de Bologne. Ses maîtres de mathématiques furent Géminiano Montanari & Alphonse Borelli; son maître d'anatomie, Marcel Malpighi. Capitaine d'infanterie en 1683 au service de l'empereur, & combattant contre les Turcs, il fut blessé au passage du Raab le 2 juillet, & tomba presque mourant entre les mains des Tartares. Il fut si malheureux dans cette première captivité, qu'il regarda comme ses libérateurs deux Turcs, fréres, fort pauvres qui l'achetèrent, chez lesquels il manquoit de tout, & qui le faisoient enchaîner toutes les nuits à un pieu planté au milieu de leur cabane; un troisième Turc qui vivoit avec eux étoit chargé de ce soin. Délivré le 25 Mars 1684, il fortifia plusieurs places & servit très-utilement, & comme ingénieur & comme soldat. Il fut fait colonel en 1689. A la paix, il fut employé par l'empereur à régler les limites respectives de ses Etats, de ceux de Venise & de ceux de la Porte. Se trouvant sur les confins de la Dalmatie Vénitienne, il reconnut de loin une montagne, au pied de laquelle habitoient les deux Turcs dont il avoit été l'esclave; ils vivoient toujours & étoient toujours pauvres; il eut le plaisir de se faire voir à eux, environné de troupes qui lui obéissoient ou le respectoient, & le plaisir encore plus doux de soulager leur misère. Il écrivit au grand-visir, & lui demanda pour l'un de ces Turcs un timariot (bénéfice militaire); il en obtint un beaucoup plus considérable qu'il ne le demandoit. Sa générosité, dit M. de Fontenelle, fut sentie par ce visir comme » on auroit pû souhaiter qu'elle le fût par le premier » ministre de la nation la plus polie & la plus exercée » à la vertu.

L'ennemi de mon dieu connoît-donc la vertu?
Tu la connois bien peu puisque tu t'en étonnes.

Le comte *Marsigli* trouva dans la suite à Marseille un galérien Turc; c'étoit celui qui l'attachoit toutes les nuits au pieu dont on a parlé; ce malheureux, saisi d'effroi, se jette à ses pieds pour le prier de ne pas se venger en le faisant traiter avec plus de rigueur. Le comte lui procura la liberté par M. le comte de Pontchartrain, & le fit renvoyer à Alger, d'où il manda au comte *Marsigli*, qu'en reconnoissance du bienfait qu'il avoit reçu de lui, il avoit obtenu du bacha des traitemens plus doux pour les esclaves chrétiens. Il est donc vrai que le bien se rend ainsi que le mal, & qu'on a par conséquent intérêt de faire le bien!

Dans la guerre de 1701 pour la succession d'Espagne, parvenu au grade de général de bataille, il étoit en 1703, dans Brisac sous le comte d'Arco, gouverneur, lorsque cette place se rendit le 6 Septembre à M. le duc de Bourgogne. L'empereur crut que Brisac avoit été mal défendu, il fit faire le procès aux comtes d'Arco & *Marsigli*, & par un jugement du 4 Février 1704, le premier fut condamné à avoir la tête tranchée, ce qui fut exécuté le 18 du même mois; le comte *Marsigli* fut *déposé de tous honneurs & charges avec la rupture de l'épée.* Un coup si terrible, dit M. de Fontenelle, lui dut « faire regretter l'esclavage chez les Tartares. »

Je voudrois être encor dans les prisons d'Epire.

Le comte *Marsigli* vint à Vienne demander la révision du procès, mais n'ayant pu approcher de la personne de l'empereur, il prit le public pour juge & publia sa justification; long-temps avant le siége de Brisac, il avoit fait voir que la place ne pouvoit pas se défendre; il le prouve par les états de la garnison, des munitions de guerre, &c. On lui avoit refusé, sous prétexte d'autres besoins, ce qu'il avoit demandé de plus nécessaire. *Marsigli* n'étoit pas le commandant, il n'avoit rien ordonné, il n'avoit fait que se ranger à l'avis unanime du conseil de guerre. L'innocence du comte *Marsigli* fut reconnue par les puissances mêmes, alliées de l'empereur. Le public, qui sait si bien, dit M. de Fontenelle, faire « entendre son jugement sans le pro» noncer en forme, ne souscrivit pas à celui des » commissaires impériaux. « Parmi tant de suffrages favorables au comte *Marsigli*, Fontenelle en cite un qui n'est que celui d'un particulier, mais ce particulier « est M. le maréchal de Vauban, dont l'au» torité auroit pu être opposée, s'il l'eût fallu, à » celle de toute l'Europe comme l'autorité de Caton » à celle des dieux. Il paroît qu'on avoit voulu, au commencement d'une guerre, donner un exemple effrayant de sévérité, mais il faut que ces exemples soient justes ». La morale des Etats, dit M. de Fontenelle, se résout pour de si grands intérêts à hasarder le sacrifice de quelques particuliers ».

Oui, les Etats ont bien de la peine à comprendre qu'il n'y a qu'une morale, qu'elle est la même pour les Etats & pour les particuliers; qu'il n'y a aussi qu'un intérêt, celui d'être fidèle à cette morale unique.

Le comte *Marsigli* se crut si peu flétri par ce jugement injuste, qu'il prit pour devise une *M*, première lettre de son nom, qui porte de part & d'autre entre ses jambes les tronçons d'une épée rompue, avec ces mots, *Fractus integro.* Diverses puissances lui proposèrent de l'emploi, & le jugement dont il avoit à se plaindre, fut regardé comme non avenu à force d'être injuste; ce qui prouve l'intérêt de n'en rendre que de justes.

Le comte *Marsigli* se consola de l'injustice qu'il avoit essuyée, par les plaisirs de l'étude qu'il avoit toujours joints à l'exercice des armes. Dès 1670, n'ayant encore que vingt-un ans, il avoit été à Constantinople; il avoit examiné en politique l'état des forces Ottomanes, & en physicien le Bosphore de Thrace & ses fameux courans. Son *traité du Bosphore*, qui est son premier ouvrage, parut en 1681

& fut suivi d'un autre traité, intitulé : *Del' incremento e decremento dell' imperio Ottomano.*

En 1712, il fonda le fameux institut de Bologne, dont l'ouverture se fit en 1714.

En 1715 parut son *histoire physique de la mer.* La même année il fut reçu associé étranger de l'académie des sciences concurremment avec le duc d'Escalonne, grand d'Espagne. Le roi ne voulut point faire de choix entre eux, il ordonna que tous deux seroient de l'académie, & que la première place d'associé étranger qui vaqueroit, ne seroit point remplie ; sur quoi M. de Fontenelle fait la réflexion suivante : « N'eût-il pas, sans hésiter, donné la préférence à un » homme du mérite & de la dignité du duc d'Escalonne, pour peu qu'il fût resté de tache au nom » de son concurrent, & cette tache n'eût-elle pas » été de l'espèce la plus odieuse aux yeux de ce » grand prince ? »

Le comte *Marsigli* étoit aussi de la société royale de Londres & de celle de Montpellier.

Il fit encore un établissement d'une grande utilité pour les lettres, celui d'une imprimerie fournie de caractères non seulement latins & grecs, mais encore hébreux & arabes ; & se souvenant de ses malheurs utilement pour les malheureux, il établit dans la chapelle de son institut de Bologne, un tronc pour le rachat des chrétiens, & principalement de ses compatriotes, esclaves en Turquie.

Qui ne sait compâtir aux maux qu'on a soufferts !

Son grand ouvrage du *cours du Danube* parut imprimé en 1726. Il mourut le premier Novembre 1730.

MARSILE FICIN (*Voyez* FICIN.)

MARSIN (*Voyez* MARCHIN.)

MARSOLLIER (Jacques) (*Hist. Litt. mod.*), chanoine régulier de sainte Geneviève, puis prévôt d'Uzés, né en 1647, mort en 1724, auteur de beaucoup d'ouvrages connus, sur-tout dans le genre historique & biographique, tels que les vies de Henri VII roi d'Angleterre, du cardinal Ximenès, de Henri de la Tour d'Auvergne duc de Bouillon, de saint-François de Sales, de madame de Chantal, de l'abbé de Rancé, réformateur de la Trappe. Ce dernier ouvrage a été vivement critiqué par dom Gervaise, aussi abbé de la Trappe. (*Voyez* son article.) L'abbé *Marsollier* a aussi fait une *Histoire de l'origine des Dixmes & autres biens temporels de l'Eglise*, & des *Entretiens sur plusieurs devoirs de la vie civile.*

MARSY, (François-Marie de) (*Hist. Litt. mod.*) d'abord jésuite, il s'annonça par le plus grand talent pour la poësie latine. Son poëme *de Picturâ* est un des plus agréables ouvrages de ce genre, sans distinction d'antique & de moderne ; on en retient par cœur des vers & des tableaux entiers comme dans Virgile & dans Ovide. L'art de peindre, qu'il possèda au plus haut degré, le désignoit pour le chantre de la peinture, & lui indiquoit ce sujet. Il est impossible, par exemple, que le portrait d'une vieille bossue qui insulte à ses railleurs, fasse plus d'effet dans le tableau que dans ces vers :

Nunc inducit anum rigidis cui plurima sulcis
Ruga cavat frontem, gibboso lignea dorso,
Capsa sedet, geminum poples sinuatur in arcum ;
Ora tamen rictus distendit ludicra mordax,
Risoresque suos prior irridere videtur.

D'excellent poëte latin, l'abbé *de Marsy* sorti des Jésuites, devint un prosateur françois, assez obscur, c'est-à-dire, qu'il se mit aux gages des libraires, sûr moyen d'anéantir le talent le plus heureux. Son *Analyse de Bayle* fut lue cependant, & assez lue pour avoir été condamnée par le parlement & avoir fait mettre son auteur à la Bastille, & on juge bien que dès-lors elle ne pouvoit plus manquer de lecteurs ; mais qui est-ce qui connoît son histoire de *Marie Stuart?* On lit bien peu aussi sa volumineuse Histoire moderne pour servir de suite à l'Histoire ancienne de M. Rollin. Sa traduction des Mémoires de Melvill, est un livre utile, parce que les Mémoires de Melvill, dont il faut pourtant quelquefois se défier, sont très-curieux & assez véridiques. Les amateurs de Rabelais n'aiment point qu'il ait prétendu mettre Rabelais à la portée d'un plus grand nombre de lecteurs ; tant pis, disent-ils, pour qui ne sait pas lire Rabelais. On a de lui aussi un Dictionnaire abrégé de Peinture & d'Architecture ; mais son poëme de la Peinture vaut mieux, & peut faire des peintres. Il mourut en 1763.

MARTELIERE, (Pierre de la) (*Hist. Litt. mod.*) avocat au parlement de Paris, puis conseiller d'état. Il fut connu, comme les Pasquier & les Arnauld, par un plaidoyer pour l'Université contre les Jésuites, qui passa pour un chef-d'œuvre d'éloquence, parce qu'il étoit contre les Jésuites, & que l'avocat leur disoit beaucoup d'injures ; on compara dans le temps ce plaidoyer aux Philippiques de Démosthène & aux Catilinaires de Cicéron. Quelle différence & dans l'intérêt des sujets & dans l'éloquence des orateurs ! Aussi les Philippiques & les Catilinaires ne cessent de nous occuper ; & qui est-ce qui s'occupe du plaidoyer de la *Martelière* ? qui est-ce qui en sait même l'existence ? L'avocat Antoine Arnauld, & son fils le docteur, nommé Antoine comme lui, se sont fait aussi un grand nom par leurs écrits contre les Jésuites ; mais aux yeux des gens sages, ce dernier est cent fois plus grand, lorsque, par un pur esprit d'équité, il écrit une fois en faveur des Jésuites même, dans l'affaire de la *Conspiration Papiste*, que lorsque, par esprit de parti & par une haine héréditaire, il écrit si souvent contr'eux, sur tant de matières aujourd'hui oubliées. (*Voyez* l'article ARNAULD.) *La Martelière* mourut en 1631.

MARTELLI, (*Hist. Litt. mod.*) Louis & Vincent, deux frères, poëtes italiens du seizième siècle. On vante la tragédie de *Tullia*, du premier, mort en 1527, à vingt-sept ou vingt-huit ans.

Un autre *Martelli*, (Jean-Jacques) secrétaire du sénat de Bologne, au dix-septième siècle, s'est fait connoître aussi par des tragédies applaudies; il est mis par le marquis Maffei, au rang des meilleurs poëtes italiens.

MARTENNE, (Edmond) *Hist. Litt. mod.*) dom *Martenne*, bénédictin de la congrégation de Saint-Maur, auteur d'une multitude d'ouvrages & de collections utiles pour l'Histoire Ecclésiastique, tels que *Thesaurus novus Anecdotorum; Veterum Scriptorum amplissima collectio*; divers traités sur les anciens Rits de l'Eglise & des Moines, &c. Dom *Martenne* est un des plus savants hommes qu'ait produits l'ordre de St. Benoît, & aucun n'a poussé plus loin l'érudition ecclésiastique. Né à St. Jean-de-Losne en 1654. Mort en 1739.

MARTHE, (*Hist. Sacr.*) sœur de Lazare & de Marie. (*Voyez* LAZARE.) Tout ce qui concerne leur histoire se trouve dans la Bible, Evangile de St. Luc, chapitre 10; de St. Jean, chapitres 11 & 12. Il ne faut pas croire que Lazare ait été évêque de Marseille, ni que *Marthe* ait habité le lieu où est aujourd'hui Tarascon, ni Marie la Sainte-Baume; ce sont des inventions des siècles d'ignorance.

MARTHE, (Abel, Scévola, &c. de Sainte,) (*Voyez* SAINTE MARTHE).

MARTIA. (*Voyez* COMMODE.)

MARTIAL, (Marcus-Valerius-Martialis) né en Espagne, vécut à Rome sous Galba & ses successeurs, & mourut sous Trajan. Il a dit trop de bien de Domitien vivant, & trop de mal de Domitien mort. On connoît ses Epigrammes; l'abbé de Marolles les a traduites, & Ménage appelloit sa traduction des épigrammes contre *Martial*.

Saint *Martial*, évêque & apôtre de Limoges, vivoit sous l'empire de Dèce; c'est à-peu près tout ce qu'on en sçait.

MARTIAL d'Auvergne, procureur au parlement & notaire au Châtelet de Paris au quinzième & seizième siècles, a compilé ou composé cinquante & un *Arrêts de la Cour d'Amour*. Cet ouvrage est célèbre, ainsi que les *Vigiles de Charles VII*, par le même auteur. Ce sont les Chroniques de ce temps mises en vers, & burlesquement divisées en pseaumes, en versets, en leçons, en antiennes, comme l'office de l'église. On a encore du même auteur, *l'Amant rendu Cordelier de l'Observance d'Amour*, & *les dévotes louanges à la Vierge Marie*, espèces de poëmes. Les poësies de *Martial* d'Auvergne ont conservé tant de réputation, malgré le temps où elles ont été composées, qu'elles ont été réimprimées à Paris, chez Coustelier en 1724. *Martial* d'Auvergne mourut en 1508.

MARTIALE, COUR (*Hist. mod. d'Angl.*) c'est ainsi qu'on appelle en Angleterre le conseil de guerre, établi pour juger la conduite des généraux, des amiraux; & la décision est quelquefois très-sévère.

La coutume de juger sévèrement, & de flétrir les généraux, dit M. de Voltaire, a malheureusement passé de la Turquie dans les états chrétiens. L'empereur Charles VI en a donné deux exemples dans la dernière guerre contre les Turcs, guerre qui passoit dans l'Europe pour avoir été plus mal conduite encore dans le cabinet, que malheureuse par les armes. Les Suédois, depuis ce temps-là, condamnèrent à mort deux de leurs généraux, dont toute l'Europe plaignit la destinée; & cette sévérité ne rendit leur gouvernement ni plus respectable, ni plus heureux au-dedans. Enfin l'amiral Matthews succomba dans le procès qui lui fut fait après le combat naval, contre les deux escadres combinées de France & d'Espagne en 1744.

Il paroît, continue notre historien philosophe, que l'équité exigeroit que l'honneur & la vie d'un général ne dépendît pas d'un mauvais succès. Il est sûr qu'un général fait toujours ce qu'il peut, à moins qu'il ne soit traître ou rebelle, & qu'il n'y a guère de justice à punir cruellement un homme qui a fait tout ce que lui permettoient ses talens; peut-être même ne seroit-il pas de la politique, d'introduire l'usage de poursuivre un général malheureux, car alors ceux qui auroient mal commencé une campagne au service de leur prince, pourroient être tentés de l'aller finir chez les ennemis. (*D. J.*)

MARTIANAY, (Jean) (*Hist. Litt. mod.*) bénédictin de la congrégation de Saint-Maur, a donné une *Vie de St. Jérôme*, & une édition des œuvres de ce Père. Cette édition a été fort critiquée par Simon & par Le Clerc, & en général elle n'est pas aussi estimée des savants que les éditions des Pères, données par plusieurs bénédictins. On a de lui quelques autres ouvrages pieux, moins estimés encore. Né en 1647. Mort en 1717.

MARTIGNAC, (Etienne Algai, sieur de) (*Hist. Litt. mod.*) traducteur très-médiocre, mais estimé de son temps. Il a traduit Virgile, Horace, Ovide, Juvénal & Perse, & quelques comédies de Térence. Il a traduit aussi l'Imitation de J. C. Il avoit commencé à traduire la Bible. Il a écrit la Vie des archevêques & derniers évêques de Paris au dix-septième siècle. Il a rédigé les Mémoires du duc d'Orléans Gaston, à la confiance duquel il avoit eu part. Il mourut en 1698.

MARTIN, (Saint) (*Hist. Ecclés.*) Saint qui mérite d'être distingué parmi les Saints mêmes, non seulement par sa charité, mais par sa tolérance, dans un temps où les Chrétiens commençoient à trop oublier qu'ayant tiré leur principale gloire des persécutions qu'ils avoient souffertes, ce seroit pour eux un opprobre de persécuter à leur tour. On sait qu'il coupa son habit en deux pour revêtir un pauvre qu'il rencontra nud à la porte d'Amiens. On prétend que la nuit suivante, J. C. se fit voir à lui, couvert de cette moitié d'habit. Si c'est une fiction, elle a du moins le mérite d'être très-morale. Voilà pour ce qui concerne la charité de St. *Martin*; voici ce qui regarde son esprit de tolérance: Ithace & Idace, évêques d'Espagne, ayant fait condamner à mort l'hérésiarque Priscillien & quelques-uns de ses sectateurs, St. *Martin*, indigné de voir des évêques devenir des bourreaux, se sépara de leur communion, & obtint la grace de quelques Priscillianistes condamnés, & qui n'étoient pas encore exécutés; mais Priscillien leur chef avoit subi le supplice. Saint *Martin* fut évêque de Tours, & fonda le célèbre monastère de Marmoutier, qu'on croit être la plus ancienne abbaye de France. Il étoit né dans une partie de la Pannonie, qui est aujourd'hui la Basse-Hongrie. Il souffrit pour la foi, & il est au rang des confesseurs; il est regardé comme l'apôtre des Gaules. Sulpice Sévère son disciple, & Fortunat, ont écrit son édifiante vie. Il fut fait évêque en 374, & mourut le 11 novembre de l'an 400.

Il y a eu cinq papes du nom de *Martin*:

1°. *Martin* Ier. nommé pape en 649, mourut exilé dans la Chersonèse le 16 septembre 655, par l'effet du ressentiment de l'empereur Constant, dont il avoit condamné le *Type* en même temps que l'*Echtèse* d'Héraclius & que l'hérésie des Monothélites.

2°. *Martin* II, élu en 882, mort en 884, condamna Photius.

3°. *Martin* III, élu en 942, mourut en 946.

4°. *Martin* IV, (Simon de Brie *ou* de Brion) avoit été chancelier de France sous Saint Louis. Il fut élu pape en 1281. Il se distinguoit par la connoissance du droit, & il avoit comme ses prédécesseurs & ses successeurs, une haute idée des droits du St. Siége. Il excommunia l'empereur grec Michel Paléologue; il en avoit le droit, si l'excommunication n'est qu'une déclaration qu'on n'est pas de la même église & qu'on n'a pas la même foi; il déposa Pierre III, roi d'Arragon, pour les Vêpres Siciliennes, ou du moins après les Vêpres Siciliennes, & en effet pour le refus qu'il faisoit de rendre hommage au pape, de la Sicile; il prétendit lui enlever l'Arragon, & le donner à Charles-de-Valois, frère de Philippe-le-Bel; il défendit aussi à Pierre III de prendre le titre de roi de Sicile, & Pierre affectant un respect dérisoire pour cette défense, ne se faisoit plus appeller que *le Chevalier d'Arragon, père de deux rois & maître de la mer.* C'est le ton qu'on auroit toujours dû prendre avec des papes qui prétendoient disposer des couronnes. *Martin IV* mourut en 1285.

5°. *Martin V.* étoit de la maison Colonne. On a remarqué que dans sa bulle contre les Hussites, il recommande la soumission à toutes les décisions du concile de Constance, ce qui emportoit implicitement la reconnoissance de la supériorité du concile sur les papes, laquelle est formellement établie par ce concile. Au reste, il n'eut rien de plus pressé que de dissoudre ce concile, & d'en laisser presque tous les règlements sans aucune exécution. Elu en 1417, mort en 1431.

Le nom de *Martin* a été porté aussi par quelques hommes de lettres plus ou moins connus:

1°. *Martin* de Pologne, *Martinus Polonus*, dominicain, nommé à l'archevêché de Gnesne par le pape Nicolas III. Il est auteur d'une Chronique, nommée de son nom *Chronique Martinienne.* Mort en 1278.

2°. *Martin*, *Martens*, ou *Mertens*, (Thierry) flamand, un des premiers qui cultivèrent l'art de l'imprimerie dans les Pays-Bas; il exerça cet art à Alost sa patrie, à Louvain, à Anvers, & comme tous les premiers Imprimeurs, il étoit savant. Mort à Alost en 1534.

3°. Dom Claude *Martin*, bénédictin de la congrégation de St. Maur, a écrit la vie de sa mère, première supérieure des Ursulines de Québec, sous le nom de Marie de l'Incarnation, & dom Martenne, a écrit sa vie; & la mère & le fils avoient fait quelques ouvrages de piété. La mère mourut à Québec en 1672. Le fils, à l'abbaye de Marmoutier, en 1696.

4°. David *Martin*, ministre protestant, pasteur d'Utrecht. C'étoit un françois refugié. Il est l'auteur de l'Histoire du Vieux & du Nouveau Testament, appellée la Bible de Mortier, du nom de l'imprimeur; d'un traité de la Religion révélée, & de divers autres ouvrages sur la Bible. Mort à Utrecht en 1721. Né en 1639, dans le diocèse de Lavaur.

5°. Dom Jacques *Martin*, benédictin de la congrégation de St. Maur, homme simple & doux dans la société, fougueux & amer la plume à la main, ayant le caractère & le ton des savants du seizième siècle. Il est auteur d'un Traité *de la Religion des anciens Gaulois*; d'une Histoire des Gaulois, publiée par dom de Brezillac, neveu de dom Jacques *Martin*; d'une *Explication de divers Monuments singuliers qui ont rapport à la Religion des plus anciens peuples*, avec l'*examen de la dernière édition des ouvrages de St. Jérôme*; & un Traité *sur l'Astrologie judiciaire*; *d'éclaircissements littéraires sur un projet de Bibliothèque alphabétique.* Tous ces ouvrages sont fort savants & fort ennuyeux, & les traits satyriques dont l'auteur a voulu les semer, sont en pure perte, on ne s'en s'apperçoit pas:

Eh! l'ami, qui te savoit là?

Dom Jacques *Martin* mourut à l'abbaye de Saint Germain-des-Prés en 1751.

MARTIN GUERRE, (*Hist. mod.*) né à Andaye au Pays des Basques, épousa Bertrande de Rols du Bourg d'Artigat au diocèse de Rieux en Languedoc. Après avoir habité dix ans avec elle, il passa en Espagne, & disparut pendant huit ans. Au bout de ce temps, un homme se présente, dit à Bertrande qu'il est son mari, le lui persuade & habite avec elle. Une tentative qu'il fit ensuite pour s'approprier les biens de Bertrande, le rendit suspect; Bertrande & ses parents, & ceux de son mari, examinant de plus près cet homme, virent ou crurent voir que c'étoit un imposteur: en effet, il fut condamné comme tel par le juge de Rieux, à être pendu. Il appella au parlement de Toulouse, où on étoit fort embarrassé, lorsque le vrai *Martin Guerre* revint d'Espagne. L'imposteur étoit son ami, Arnould du Thil, qui tenoit de lui-même tous les faits qui avoient donné de la vraisemblance à sa prétention d'être *Martin Guerre.* Arnauld du Thil fut pendu & brûlé devant la maison de *Martin Guerre* à Artigat en 1560; mais il avoit eu de Bertrande de Rols, sous la foi du mariage, une fille, à laquelle ses biens furent donnés.

MARTINEAU, (Isaac) (*Hist. Litt. mod.*) jésuite. M. le Duc, ayeul de M. le prince de Condé, étant prêt à entrer en philosophie au collége de Louis-le-Grand, les Jésuites dirent au grand Condé son ayeul, qu'ils avoient en province un excellent professeur de philosophie, qui conviendroit bien à M. le duc, mais qu'ils n'osoient le faire venir à Paris ni le proposer, à cause de l'excès de sa difformité. *Il ne doit pas faire peur à qui connoît Pelisson*, dit le prince de Condé. Il demanda qu'on le fit venir. C'étoit le père *Martineau*. Il vint, il plut, il fit oublier sa laideur. De la cour de Chantilly il passa bientôt à celle de Versailles; il fut confesseur de M. le duc de Bourgogne. Il vit mourir son pénitent: entr'autres livres de dévotion, il publia un ouvrage intitulé: *les Vertus du duc de Bourgogne*. Le P. *Martineau* né en 1640, mourut en 1720.

MARTINI, (Martin) (*Hist. Litt. mod.*) jésuite, missionnaire à la Chine, dont il a fait la description, & dont il a écrit l'Histoire; il étoit lu & consulté avant que le P. du Halde eût écrit. Il étoit revenu de la Chine en 1651.

MARTINIÈRE, (Antoine-Augustin Bruzen de la) (*Hist. Litt. mod.*) auteur de plusieurs ouvrages, dont les plus célèbres sont le grand *Dictionnaire géographique*; *l'Introduction à l'Histoire de l'Europe par le baron de Puffendorff, entièrement remaniée, augmentée de l'Histoire de l'Asie, de l'Afrique & de l'Amérique & purgée de plus de deux mille fautes*; & une *Introduction générale à l'étude des Sciences & des Belles-Lettres, en faveur des personnes qui ne savent que le françois*. C'est à la *Martinière* qu'on doit le recueil des Lettres choisies de Richard Simon son oncle. L'ex-jésuite la Hode ou son imprimeur, a mis mal-à-propos le nom de Bruzen de la *Martinière* à la tête d'une mauvaise Histoire de Louis XIV, dont il l'accuse injustement d'avoir été l'éditeur & le reviseur. (*Voyez* HODE. (la) La *Martinière* mourut à la Haye en 1749. Il étoit né à Dieppe, & s'étoit attaché successivement à divers princes étrangers.

MARTINOZZI, (Marie) (*Hist. de Fr.*) nièce du cardinal Mazarin, femme du premier prince de Conty, connue par son attachement à Port-Royal. Le fameux Lancelot, (*Voyez* son article) de Port-Royal, fut précepteur des princes ses fils. Elle mourut en 1672. Laure *Martinozzi* sa sœur, épousa le duc de Modène.

MARTINUSIUS, (George) (*Hist. de Hongrie*) cardinal, premier ministre de Jean Zapol ou Zapolski, Vaivode de Transylvanie, concurrent de l'empereur Ferdinand Ier au royaume de Hongrie, & qui partagea ce royaume avec lui. On vante l'administration du cardinal *Martinusius* comme la valeur de Zapol. Ce prince confia en mourant, (en 1549) la tutelle de son fils à *Martinusius*. Ferdinand Ier fit assassiner ce ministre vers l'an 1551. Un chanoine de l'église d'Uzès, nommé Béchet, a écrit sa vie.

MARTYR, (Pierre) (*Hist. mod.*) Divers personnages sont connus sous le nom de Pierre *Martyr*: 1°. Pierre *Martyr*, d'Anghiera dans le Milanois éleva les enfants de Ferdinand-le-Catholique, & fut ambassadeur extraordinaire à Venise, puis en Egypte. On a de lui une relation curieuse de cette dernière ambassade; une Histoire de la découverte du Nouveau Monde, intitulée: *de Navigatione & terris de novo repertis*; des Lettres historiques, sous ce titre: *Epistolæ de rebus Hispanicis*, fort utiles pour l'Histoire du quinzième siècle. Né en 1455, mort en 1525.

2°. Pierre *Martyr* de Novare, auteur d'un traité *de Ulceribus & Vulneribus capitis*, imprimé à Pavie en 1584.

3°. Pierre *Martyr*, espagnol & sans doute dominicain, dont on a un livre intitulé: *Summarium Constitutionum pro regimine ordinis Prædicatorum*, imprimé en 1619.

4°. Pierre *Martyr*, fameux hérétique du seizième siècle. Son véritable nom étoit Vermigli ou Vermilli. Il étoit florentin. L'inquisition souffroit peu d'hérétiques dans le sein de l'Italie, mais la réforme y pénétroit, & enlevoit beaucoup d'habitants à cette contrée. Nous voyons vers le milieu du seizième siècle, une église italienne établie à Zurich, sous la direction de Bernardin Ochin, natif de Sienne, qui, d'abord cordelier, ensuite capucin & général de cet ordre alors naissant, s'enfuit en 1542, de l'Italie, avec une fille, qu'il alla épouser à Genève. Le florentin Vermilli, dit Pierre *Martyr*, son ami, calviniste non moins zélé, le suivit de près. En 1547, ils allèrent ensemble en Angleterre, où Thomas Crammer, archevêque de Cantorberi, les appelloit pour travailler avec lui à la réforme qui se fit sous Edouard VI. Leur ouvrage fut détruit sous le règne de Marie; ils quittèrent alors l'Angleterre, & se retirèrent à Strasbourg. Ils y trouvèrent Zanchius, chanoine régulier d'Italie, que les leçons & l'exemple de Vermigli son maître, avoient séduit. En 1555, Ochin prit la direction de l'église italienne réformée de Zurich; il en fut chassé en 1563, à l'âge de soixante-seize ans; il se retira en Pologne, il en fut chassé encore; il s'enfuit en Moravie, où il mourut de la peste, avec son fils & ses deux filles. Pierre *Maryr* ou Vermilli mourut à Zurich en 1562. Ses œuvres ont été recueillies en 3 vol. *in-fol.*, sous le titre de *Loci communes Theologici*. On a aussi des Lettres de lui, & elles ont été imprimées par Elzevir.

MARTYRS, (Barthelemi des). *Voy.* BARTHELEMI.

MARVILLE, (Vigneul de) *Voyez* ARGONNE.

MARULLE, (*Hist. anc. & mod.*) Plusieurs hommes de lettres de divers temps & de divers pays, ont porté ce nom:

1°. Pompée *Marulle*, grammairien Romain, osa reprendre Tibère, sur un mot peu latin qui lui étoit échappé, disant que l'empereur pouvoit donner droit de bourgeoisie aux hommes, mais non pas aux mots.

2°. Tacite *Marulle*, poëte calabrois, fit un poëme à la louange d'Attila, comme on pourroit en faire un à la louange de la peste & des tremblemens de terre. Attila, pour récompense de ses flateries, voulut le faire brûler avec son ouvrage.

Ce Monseigneur du Lion là
Fut parent de Caligula.

3°. Michel *Marulle*, un de ces grecs savans, refugiés en Italie après la prise de Constantinople. Il se noya en passant la Cecina près de Volterre en 1500. On a de lui des Epigrammes, &c., & un recueil intitulé : *Marulli Næniæ*.

4°. Marc *Marulle*, natif de Spalatro en Dalmatie, auteur du seizième siècle. On connoît de lui un traité *de religiosè vivendi institutione per exempla*.

MAS, (Louis du) (*Hist. Litt. mod.*) inventeur du *Bureau Typographique*, il en a expliqué tout le système & toute l'économie dans un ouvrage intitulé : *Bibliothèque des Enfans*. On a de lui aussi *l'Art de transposer toutes sortes de Musiques sans être obligé de connoître ni le temps ni le mode.* Il étoit fils naturel de Jean Louis de Montcalm, seigneur de Candiac. Il éleva, selon sa méthode, le jeune de Candiac, son neveu ; il l'accompagna, tant à Paris que dans les autres grandes villes du royaume, où ce jeune homme fut admiré comme un prodige d'esprit & de connoissances, bien supérieur à son âge qui n'étoit pas encore de sept ans. Dumas jouissoit doublement de ce triomphe d'un neveu & d'un élève. Il eut la douleur de le perdre en 1726, avant la septième année révolue, & cette douleur fut si forte, qu'elle lui donna une maladie dont il seroit mort dans la misère & dans l'abandon, sans les soins généreux de M. Boindin, dont on a pris soin de publier l'incrédulité, mais dont on a un peu trop oublié de célébrer l'humanité. Boindin fit transporter Dumas chez lui, & l'y fit traiter ; la santé lui fut rendue, & il ne mourut qu'en 1744.

MASCARADE, s. f. (*Hist. mod.*) troupe de personnes masquées ou déguisées qui vont danser & se divertir sur-tout en tems de carnaval ; ce mot vient de l'italien *mascarata*, & celui-ci de l'arabe *mascara*, qui signifie *raillerie*, *bouffonnerie*.

Je n'ajoute qu'un mot à cet article ; c'est Granacci qui composa le premier & qui fut le premier inventeur des *mascarades*, où l'on représente des actions héroïques & sérieuses. Le triomphe de Paul-Emile lui servit de sujet, & il y acquit beaucoup de réputation. Granacci avoit été élève de Michel-Ange, & mourut l'an 1543. (*A.R.*)

MASCARDI, (Augustin) (*Hist. Litt. mod.*) camérier d'honneur du pape Urbain VIII, auteur d'une *Histoire de la Conjuration de Fiesque*, dont l'ouvrage du cardinal de Retz qui porte le même titre, n'est proprement qu'une Traduction libre. On a aussi du même *Mascardi* un traité *dell' arte Historica* & des harangues & poësies tant latines qu'italiennes. Né à Sarzane dans l'état de Gênes en 1591, d'une famille illustre. Mort aussi à Sarzane en 1640.

* MASCARENHAS, (Freyre de Montarroyo) (*Hist. Litt. mod.*) d'une famille noble de Lisbonne, membre distingué de plusieurs Académies, introduisit le premier en Portugal, l'usage des Gazettes. On a de lui plusieurs ouvrages : *Les négociations de la paix de Riswik*; *l'Histoire naturelle chronologique & politique du Monde* ; *La conquête des Onizes*, peuple du Bresil ; la *relation de la bataille de Peterwaradin*, le livre intitulé : *Evénemens terribles*, arrivés en Europe en 1717 ; le récit des *avantages des Russes sur les Turcs & les Tartares*.

MASCARON, (Jules) (*Hist. Litt. mod.*) oratorien, que ses succès dans la chaire élevèrent à l'episcopat comme Massillon. Il fut évêque de Tulles, puis d'Agen ; il passoit pour le rival de Fléchier, arrivé aussi à l'episcopat par la même route, & il est à remarquer que leur chef d'œuvre à l'un & à l'autre, & le seul ouvrage peut-être où ils ayent été l'un & l'autre véritablement éloquents est l'Oraison funèbre de M. de Turenne ; tant les grands & beaux sujets élèvent le génie à leur hauteur ! Tant les grandes choses fournissent les grandes pensées & les grands mouvemens ! Dans la comparaison de ces deux Oraisons funèbres, le public paroît avoir préféré comme dans tout le reste, Fléchier à *Mascaron*. Madame de Sévigné ayant lu celle de *Mascaron*, disoit : « il me semble n'avoir rien vu de si beau que » cette pièce d'éloquence. On dit que l'abbé Fléchier » veut la surpasser, mais je l'en défie ; il pourra » parler d'un héros, mais ce ne sera pas de M. » de Turenne, & voilà ce que M. de Tulle a fait » divinement à mon gré. La peinture de son cœur est » un chef-d'œuvre, & cette droiture, cette naïveté, » cette vérité dont il est pétri, cette solide modestie, » enfin tout, je vous avoue que j'en suis charmée. Elle dit dans une autre lettre : » Je n'ai point eu l'Oraison funèbre de M. Fléchier, est-il possible qu'il puisse contester à M. de Tulle ? Elle se retracta dans la suite ; Madame de Lavardin, dit-elle, me » parla de l'Oraison funèbre du Fléchier. Nous la » fimes lire, & je demande mille & mille pardons » à M. de Tulle ; mais il me parut que celle-ci étoit » au-dessus de la sienne, je la trouve plus également » belle par-tout ; je l'écoutai avec étonnement, ne » croyant pas qu'il fût possible de dire les mêmes » choses d'une manière toute nouvelle ; en un mot, » j'en sus charmée ».

Mascaron, né à Marseille en 1634, étoit fils d'un avocat célèbre au parlement d'Aix. Il prêcha d'abord à Saumur, & Tannegui Le Févre, père de Madame Dacier, ayant entendu ses premiers sermons, s'écria : *malheur à ceux qui prêcheront ici après Mascaron !* Quand il parut à la cour, quelques courtisans qui n'avoient pas une juste idée de la liberté évangelique, crurent qu'il la poussoit trop loin, ou plutôt crurent faire leur cour à Louis XIV, en tenant ce langage ; ce monarque, à qui une liberté excessive eût sans doute déplu, & qui dit dans une autre occasion ; *j'aime à prendre ma part d'un sermon, mais je n'aime pas qu'on me la fasse*, ferma dans cette occasion-ci la bouche aux courtisans, en disant du prédicateur : *Il a fait son devoir, faisons le nôtre*. En 1671, Louis XIV demanda deux Oraisons funèbres à *Mascaron*, l'une pour Madame, (Henriette d'Angleterre) l'autre pour le duc de Beaufort, & il plaça les deux services à deux jours près l'un de l'autre. Le maître des cérémonies lui fit observer que ce rapprochement des deux discours pourroit être embarrassant pour l'orateur. *C'est l'évêque de Tulle*, répliqua Louis XIV, *il s'en tirera bien. Mascaron* devenu évêque d'Agen en 1678, reparut pour la dernière fois à la cour en 1674; après un long intervalle, il obtint les mêmes applaudissements que dans sa jeunesse, & le roi lui dit: *Vous devez trouver ici bien des changements; il n'y a que votre éloquence qui ne vieillit point. Mascaron* fonda l'hôpital d'Agen; sa mémoire est en vénération dans cette ville. Il mourut en 1703.

MASCLEF, (François) (*Hist. Litt. mod.*) théologien de confiance de M. de Brou, évêque d'Amiens; & par cette raison même, peu agréable à M. Sabbatier, successeur de M. de Brou. Il est auteur du *Catéchisme d'Amiens*, & des *Conférences Ecclésiastiques* de ce diocèse. Il avoit une grande connoissance des langues orientales. On a de lui une *Grammaire hébraïque*; il avoit inventé une nouvelle méthode pour lire l'hébreu sans se servir des points. Les savants se partagèrent sur cette méthode; le père Guarin, dans sa Grammaire hébraïque, fit beaucoup d'objections, auxquelles on trouve des réponses dans une réimpression qui fut faite en 1730 de la Grammaire hébraïque de *Masclef*, par les soins de M. l'abbé de la Bletterie son ami, alors oratorien. *Masclef* mourut en 1728.

MASCRIER, (Jean-Baptiste le) (*Hist. Litt. mod.*) Nous avons dit, à l'article *Baillet* (voir cet article) que M. l'abbé le *Mascrier* fut le rédacteur des ouvrages de M. Maillet sur l'Egypte; ajoutons qu'il est l'auteur des ouvrages suivants: *Réflexions chrétiennes sur les grandes vérités de la Foi*; *Histoire de la dernière révolution des Indes Orientales*. Il a eu part, ainsi que M. l'abbé Banier, au livre des *Coutumes & Cérémonies religieuses de tous les Peuples du monde*; il a eu part aussi à la traduction de M. de Thou; il a traduit encore les Commentaires de César; il a donné des éditions des Mémoires du marquis de Feuquières & de l'Histoire de Louis XIV. par Pélisson. L'abbé Le *Mascrier* étoit de Caën; il mourut à Paris en 1760.

MASENIUS, (Jacques) (*Hist. Litt. mod.*) jésuite allemand du dix-septième siècle. Des gens sans goût, mais qui avoient la petite ambition de se distinguer par un paradoxe littéraire, crurent ou voulurent avoir fait une découverte en déterrant dans l'ombre des classes, un poëme latin de ce *Masenius*, sur un sujet qui a été & qui a dû être souvent traité, mais auquel Milton seul a sçu conserver son intérêt & sa dignité; ce sujet est la chûte du premier homme & l'introduction du péché dans le monde. Milton & *Masenius* étoient contemporains, même *Masenius* avoit deux ans de plus que Milton, étant né en 1606, & Milton seulement en 1608; donc Milton, dont le poëme n'a paru qu'après sa mort, avoit copié *Masenius* dans les endroits où ils ont dû presque nécessairement se rencontrer. C'est à peu-près le raisonnement de ceux qui ont prétendu avoir fait cette découverte. Il est probable au contraire, que Milton n'avoit jamais entendu parler de *Masenius* ni de sa *Sarcothée*. Si ce titre de mauvais goût étoit parvenu jusqu'à lui, il n'y auroit pas reconnu son sujet. Il n'y a guère que dans un collége qu'on imagine, en traitant sur-tout un pareil sujet, de représenter la nature humaine en général, sous l'emblême d'une déesse qui préside à la chair. On reconnoît par-tout dans Milton, la manière d'un maître, la touche du génie, tous les caractères de la grande & belle poësie. L'inconnu *Masenius* n'offre que des fictions collégiales dans des vers empoulés. Milton est mis, au moins par les Anglois, au rang d'Homère & de Virgile, & il n'est pas nécessaire d'être anglois pour le respecter beaucoup; mais qui est-ce qui connoissoit *Masenius* avant 1757, où Barbou fit l'honneur à son poëme de l'imprimer avec les pièces du procès qui s'étoit élevé au sujet du parallèle entre le *Paradis perdu* & la *Sarcothée*, entre Milton & *Masenius*, pour savoir lequel avoit servi de modèle à l'autre. On peut répondre hardiment: *aucun*; car *Masenius* ne doit pas avoir vu le poëme de Milton, & Milton ne connoissoit guère les productions latines des colléges des Jésuites.

Les autres ouvrages de *Masenius* sont encore plus ignorés. C'est *Palestra eloquentiæ ligatæ*, espèce d'art poëtique à l'usage des colléges; *Palestra styli Romani*; une vie de Charles-Quint & de Ferdinand, qu'il intitule: *Anima Historiæ*. Toujours des titres de mauvais goût. Il a écrit aussi sur les Antiquités de Trèves.

MASOLES, (*Hist. mod*) c'est ainsi qu'on nomme une milice de la Croatie, qui est obligée de se tenir prête à marcher en cas d'invasion de la part des Turcs. Au lieu de solde, on assigne des morceaux de terre à ceux qui servent dans cette milice, mais leurs officiers reçoivent une paye. (*A. R.*)

MASQUE DE FER, (l'Homme au) (*Hist. de France.*) Il existoit une ancienne tradition, suivant laquelle il y avoit eu long-temps à la Bastille un prisonnier masqué, dont la destinée paroissoit renfermer quelque grand mystère. L'auteur du Siècle de Louis XIV est le premier qui ait détaillé cette piquante histoire, & excité sur ce sujet une curiosité qui ne sera point satisfaite. Mais comme cette tradition n'étoit pas présente à tous les esprits, plusieurs voulurent penser que M. de Voltaire avoit inventé cette histoire; mais le plus grand nombre voulut percer le mystère & découvrir absolument l'homme au *Masque de Fer*; delà une foule de conjectures dont aucune n'auroit même le mérite de la vraisemblance, s'il étoit certain, comme le dit M. de Voltaire, que ce prisonnier, quel qu'il fût, ait été arrêté quelques mois après la mort du cardinal Mazarin en 1661. Alors ce ne pouvoit être ni le duc de Beaufort, qui ne disparut que le 25 juin 1669, au siége de Candie, ni le comte de Vermandois, qui ne mourut qu'en 1683, ni le duc de Montmouth, qui n'eut la tête tranchée qu'en 1685. Or c'est assez entre ces trois conjectures qu'on se partage ; mais M. de Voltaire n'a point fixé cette époque d'après une autorité décisive, ou d'après un point de fait constant, il la déduit d'une suite de raisonnements plausibles ; cette fixation en un mot est une affaire de critique, & non pas un fait constaté. Aussi, sans s'y arrêter, beaucoup d'écrivains postérieurs, tels que le P. Griffet, M. de Saint-Foix, &c. en sont revenus à ces conjectures, auxquelles ils ont donné plus ou moins de vraisemblance. Que n'a-t-on pas imaginé ? on a voulu que ce fût un secrétaire du duc de Mantoue, qui avoit agi contre la France ; mais comment une telle conjecture se concilieroit-elle avec les marques de respect que lui donnoient les gouverneurs de ses différentes prisons & les ministres mêmes qui le voyoient ? Nous ne répétons point ici tout ce que M. de Voltaire a raconté sur ce sujet intéressant ; mais on me demandera peut-être où M. de Voltaire a discuté ce qui concerne l'époque de la détention du prisonnier ; car dans le siècle de Louis XIV., il énonce le fait, & ne le discute pas : dans le Dictionnaire philosophique, article *Ana*, *Anecdote*, il dit que l'homme au *Masque de Fer* étoit à Pignerol en 1662 ; mais il ne discute pas ce fait, quoiqu'il dispute contre le P. Griffet, & qu'il dise qu'il en sait plus que lui sur ce fait, mais qu'il n'en dira pas davantage. J'aurois peine, à la vérité, à indiquer dans la foule des brochures échappées à M. de Voltaire, celle où il discutoit le fait concernant l'époque de la détention du prisonnier ; mais je me ressouviens très-bien de l'avoir vue dans le temps.

Quant à ceux qui, pour prouver que l'homme au *Masque de Fer* étoit le comte de Vermandois, ont allégué le nom sous lequel il a été déguisé, (*Marchiali*) nom dont l'anagramme est *hic amiral*, ils ne peuvent pas avoir beaucoup compté sur une pareille preuve. Quant à la date de la mort de ce prisonnier, M. de Voltaire l'avoit d'abord placée en 1704. Il a dit depuis que cet inconnu avoit été enterré à St. Paul le 3 mars 1703 ; les auteurs du nouveau Dictionnaire historique disent le 19 novembre 1703 ; d'autres ont dit le 19 décembre. Les auteurs ou l'auteur de ce Dictionnaire, annoncent avoir pris des informations sur diverses particularités de l'histoire de l'homme au *Masque de Fer* dans l'isle de Sainte-Marguerite. M. l'abbé Papon, auteur de l'Histoire de Provence, a pris aussi dans le même lieu, des informations qui lui ont fourni des particularités curieuses assez conformes pour le fond à celles qu'a rapportées M. de Voltaire. Voici ce qu'il rapporte, Histoire de Provence, tom. 1, pag. 425.

« Le prisonnier n'avoit que peu de personnes attachées à son service qui eussent la liberté de lui » parler. Un jour que M. de Saint-Mars s'entretenoit » avec lui, en se tenant hors de la chambre, dans une » espèce de coridor, pour voir de loin ceux qui » viendroient, le fils d'un de ses amis arrive & s'avance » vers l'endroit, où il entend du bruit. Le gouverneur » qui l'apperçoit, ferme aussi-tôt la porte de la chambre, » court précipitamment au-devant du jeune homme, » & d'un air troublé il lui demande s'il a vu, » s'il a entendu quelque chose. Dès qu'il se fut » assûré du contraire, il le fit repartir le jour même, » & il écrivit à son ami, *que peu s'en étoit fallu que* » *cette aventure n'eût coûté cher à son fils ; qu'il le* » *lui renvoyoit de peur de quelque autre imprudence*. » Cette anecdote rappelle celle du pêcheur qui avoit » trouvé l'assiette d'argent, & à qui M. de Saint-» Mars dit : *Tu es bien heureux de ne savoir pas* » *lire*.

» J'ai eu, dit le même auteur, tom. 2, la curiosité d'entrer dans la prison le 2 février de » cette année 1778 ; elle n'est éclairée que par une » fenêtre du côté du nord, percée dans un mur qui » a près de quatre pieds d'épaisseur, & où l'on a mis » trois grilles de fer, placées à une distance égale ; » cette fenêtre donne sur la mer. J'ai trouvé dans la » citadelle, un officier de la Compagnie-franche, » âgé de 79 ans ; il m'a dit que son père, qui servoit » dans la même Compagnie, lui avoit raconté plusieurs fois qu'un *frater* de cette Compagnie apperçut un jour sous la fenêtre du prisonnier, quelque » chose de blanc qui flottoit sur l'eau. Il l'alla prendre, » & l'apporta à M. de Saint-Mars. C'étoit une chemise » très-fine, pliée avec assez de négligence, & sur » laquelle le prisonnier avoit écrit d'un bout à l'autre. » M. de Saint-Mars, après l'avoir dépliée, & avoir » lu quelques lignes, demanda au *frater*, d'un air très-» embarrassé, s'il n'avoit pas eu la curiosité de lire » ce qu'il y avoit. Le *frater* lui protesta plusieurs fois » qu'il n'avoit rien lu ; mais deux jours après il fut » trouvé mort dans son lit. C'est un fait que l'officier » a entendu raconter si souvent à son père & à un aumônier du fort, qu'il le regarde comme un fait incontestable. Le suivant me paroît également certain, d'après » les témoignages que j'ai recueillis sur les lieux.

» On cherchoit une femme pour servir le prisonnier ; il en vint une d'un village voisin, dans la » persuasion que ce seroit un moyen de faire la fortune de ses enfants ; mais quand on lui dit qu'il » falloit renoncer à les voir, & même à conserver » aucune liaison avec le reste des hommes, elle refusa » de s'enfermer avec un prisonnier dont la connoissance coûtoit si cher. Je dois dire encore qu'on » avoit mis aux deux extrêmités du fort du côté de » la mer, deux sentinelles, qui avoient ordre de tirer » sur les bateaux qui s'approcheroient à une certaine » distance.

» La personne qui servoit le prisonnier, mourut » à l'isle Sainte-Marguerite. Le père de l'officier dont » je viens de parler, qui étoit pour certaines choses, » l'homme de confiance de M. de St. Mars, a souvent » dit à son fils qu'il avoit été prendre le mort, à » l'heure de minuit dans la prison, & qu'il l'avoit » porté sur ses épaules dans le lieu de la sépulture. Il » croyoit que c'étoit le prisonnier lui-même qui » étoit mort ; c'étoit, comme je viens de le dire, la » personne qui le servoit, & ce fut alors qu'on chercha une femme pour la remplacer. »

Le fameux La Grange Chancel a publié dans un Journal

Journal une lettre, où il raconte que lorsque Saint-Mars, (qui eut toujours la garde de ce prisonnier, d'abord à Pignerol, ensuite à l'isle Sainte-Marguerite, & enfin à la Bastille) alla prendre le *Masque de Fer* » pour le conduire à la Bastille, le prisonnier dit à son conducteur : *Est-ce que le roi en veut à ma vie? non, mon prince*, repartit Saint-Mars, *votre vie est en sûreté, vous n'avez qu'à vous laisser conduire.* « J'ai » sçu, ajoute-t-il, du nommé Du Buisson, qui avoit » été dans une chambre avec quelques autres pri- » sonniers, précisément au-dessus de celle qui étoit » occupée par cet inconnu, que par le tuyau de la » cheminée, ils pouvoient s'entretenir & se commu- » niquer leurs pensées; mais que celui-ci ayant de- » mandé pourquoi il s'obstinoit à leur taire son nom » & ses aventures, il leur avoit répondu que cet aveu » lui coûteroit la vie, ainsi qu'à ceux auxquels il auroit » révélé son secret ».

Si de ces particularités importantes & trop importantes, nous passons à des bagatelles, M. de Voltaire dit que le prisonnier, dans la route, portoit un masque dont la mentonnière avoit des ressorts d'acier qui lui laissoient la liberté de manger avec le masque sur le visage; c'est même ce qui a donné lieu au nom de *Masque de Fer*, par lequel on le désigne; mais le Journal de M. de Jonca, lieutenant-de-roi de la Bastille, au temps où le prisonnier y arriva, ne dit pas que le masque fût de fer; il ne parle que d'un *masque de velours noir.*

Autre observation de la même force & encore plus futile. M. de Voltaire dans le Siècle de Louis XIV, avoit d'abord cité pour garant des particularités concernant l'homme au *Masque de Fer*, un vieux médecin de la Bastille; dans les anecdotes, le médecin n'est plus qu'un apothicaire, il n'est point nommé, mais le sieur Marsolan, chirurgien de feu M. le maréchal de Richelieu, étoit son gendre; & c'est par ce sieur Marsolan que M. de Voltaire a sçu divers détails concernant l'homme au *Masque de Fer.*

MASQUIERES, (Françoise) (*Hist. Litt. mod.*) fille d'un maître-d'hôtel du roi, morte à Paris en 1728, connue dans son temps par quelques poësies aujourd'hui oubliées, qui se trouvent dans quelques anciens recueils.

MASSANKRACHES, (*Hist. mod.*) c'est ainsi que l'on nomme dans le royaume de Camboya, situé aux Indes orientales, le premier ordre du clergé, qui commande à tous les prêtres, & qui est supérieur même aux rois. Les prêtres du second ordre se nomment *nassendeches*, qui sont des espèces d'évêques égaux aux rois, & qui s'asseient sur la même ligne qu'eux. Le troisième ordre est celui de *mitires* ou prêtres, qui prennent séance au-dessous du souverain; ils ont au-dessous d'eux les *chaynises* & les *sazes*, qui sont prêtres d'un rang plus bas encore. (*A. R.*)

MASSEVILLE, (Le Vavasseur de) (*Hist. Litt. mod.*) normand, auteur d'une *Histoire sommaire de Normandie*, & d'un *Etat géographique de la Normandie*; il avoit fait aussi un Nobiliaire de cette province. On ignore ce que son directeur put y trouver de condamnable, mais dans sa dernière maladie, il l'obligea d'en jetter le manuscrit au feu. Mort à Valogne en 1733.

MASSIA, (*Hist. mod. Culte*) c'est le nom que les Japonnois donnent à de petits oratoires ou chapelles bâtis en l'honneur des dieux subalternes; elles sont desservies par un homme appellé *canusi*, qui s'y tient pour recevoir les dons & les offrandes des voyageurs dévots qui vont invoquer le dieu. Ces *canusi* sont des séculiers à qui les kuges ou prêtres de la religion du Sintos, par un désintéressement assez rare dans les hommes de leur profession, ont abandonné le soin & le profit des chapelles & même des mia ou temples. (*A. R.*)

MASSIER, s. m. (*Hist. mod.*) celui qui porte une masse. Le recteur de l'Université a ses *massiers*; le chancelier a les siens; le roi est précédé de *massiers* aux processions de l'ordre; les cardinaux ont des *massiers* à cheval devant eux en leurs entrées; deux *massiers* tiennent la bride du cheval du pape, & le conduisent lorsqu'il sort en cérémonie. (*A. R.*)

MASSIEU, (Guillaume.) (*Hist. Litt. mod.*) de l'Académie des Belles-Lettres & de l'Académie Françoise, écrivain nourri des bons auteurs de l'antiquité. Son Histoire de la Poësie Françoise est estimée, ainsi que sa traduction de Pindare dont il n'a donné que six odes. On estime aussi la préface qu'il a mise à la tête des œuvres de Tourreil son ami, dont il a donné une édition en 1721. Il y a de lui plusieurs dissertations savantes & d'une bonne & saine littérature, dans le recueil de l'Académie des Belles-Lettres. L'abbé d'Olivet dans un recueil de quelques poëtes latins modernes, a publié un poëme latin de M. l'abbé *Massieu* sur le Café. L'abbé *Massieu* étoit né à Caën en 1665 le 13 avril; il fut quelque temps jésuite. M. de Sacy, de l'Académie Françoise, lui confia l'éducation de son fils. Il fut nommé en 1710, professeur en grec au Collége Royal; il fut reçu à l'Académie des Belles-Lettres en 1705; à l'Académie Françoise en 1714; il fut trois ans aveugle, & il eut le bonheur de recouvrer la vue; mais il mit une économie assez singulière dans la jouissance d'un si grand avantage; il se contenta d'avoir recouvré un œil dont l'usage suffisoit à ses travaux; impatient de l'employer, il ne put se résoudre à sacrifier encore quelques mois que demandoit l'oculiste pour lui rendre aussi l'usage de l'autre œil; *il le tenoit*, disoit-il, *en réserve, & comme une ressource dans de nouveaux malheurs.* Il mourut à Paris en 1722.

MASSILLON, (Jean-Baptiste) (*Hist. Litt. mod.*) Le premier mot de *Massillon* après avoir entendu les prédicateurs de son temps, fut : *Si je prêche jamais, je ne prêcherai pas comme eux*; ce mot étoit déjà d'un réformateur & d'un ennemi de la routine. Ce mot appliqué même au P. Bourdaloue dans un sens critique, auroit été injuste sans doute; mais il y a un sens dans lequel il est toujours très-juste & applicable à tout, c'est celui de ce vers de Brutus dans la mort de César:

Non, n'imitons personne, & servons tous d'exemple.

En effet, il falloit être soi-même & ne pas imiter même Bourdaloue. Les parallèles entre ces deux grands prédicateurs, ne nous ont pas plus manqué que les parallèles de Corneille & de Racine ; mais si l'un des deux eût imité l'autre, on n'auroit fait aucun parallèle entr'eux : tout imitateur reconnoît son infériorité. A présent *Massillon* gagne tous les jours quelque chose sur Bourdaloue, comme Racine sur Corneille ; on préfère cette profonde connoissance du cœur humain, cette élégance harmonieuse, cette langue si belle & si riche de *Massillon*, à la logique quelquefois pressante & entraînante, mais souvent sèche, de Bourdaloue. On s'étonnoit de cette connoissance du cœur humain, de ces peintures vraies des passions, de ces beaux développements de l'amour-propre dans un homme voué par état, à la retraite, & qui vivoit éloigné des hommes. C'est, en me sondant moi-même, disoit-il, que j'ai appris à connoître les autres ; en effet, en étudiant attentivement son propre cœur, on peut y voir l'histoire de tous les cœurs, & deviner tout ce que l'expérience ne fait ensuite que confirmer & qu'appliquer aux cas particuliers.

Massillon étoit né à Hières en Provence en 1663, d'une famille obscure, il dut tout à son génie ; il entra dans l'Oratoire à dix-sept ans. Dès qu'il eut prêché, son humilité chrétienne s'effraya de sa réputation naissante ; il craignoit, disoit-il, le *démon de l'orgueil*, &, pour lui échapper, il alla se cacher dans la solitude rigoureuse & effrayante de Sept-Fons. Ce démon l'y poursuivit. Le cardinal de Noailles ayant envoyé à l'abbé de Sept-Fons, un mandement qu'il venoit de publier, l'abbé chargea *Massillon* de faire en son nom, une réponse qui pût plaire à ce prélat. Cette réponse fut un ouvrage & un ouvrage si bien écrit, & qu'on attendoit si peu de la solitude de Sept-Fons, que le cardinal voulut éclaircir ce mystère & savoir quel étoit le véritable auteur de la lettre ; il le tira de son désert, le fit venir à Paris & rentrer à l'Oratoire, & se chargea de sa réputation & de sa fortune ; *Massillon* vit croître alors à chaque pas, le danger qu'il avoit redouté ; un de ses confréres lui disant ce qu'il entendoit dire à tout le monde de ses succès : *le diable*, répondit-il, *me l'a déjà dit plus éloquemment que vous.*

Quel cours d'éducation pour un jeune prince, que le petit Carême de *Massillon* ! avec quelle éloquence, quel intérêt, quelle persévérance il y plaide la cause de l'humanité contre la ligue toujours ennemie & toujours subsistante de ces courtisans :

Divisés d'intérêt & pour le crime unis.

La même année où ces discours furent prononcés, M. *Massillon* fut reçu à l'Académie Françoise le 23 février 1719, à la place de l'abbé de Louvois. M. *Massillon*, que les Jésuites avoient écarté de l'épiscopat sous le règne de Louis XIV, par des raisons dont la meilleure étoit que *Massillon* étoit oratorien, venoit d'être nommé à l'évêché de Clermont en Auvergne. C'étoit l'abbé Fleuri, auteur de l'Histoire Ecclésiastique, qui le recevoit à l'Académie Françoise ; il étoit impossible de trouver deux plus rigides observateurs des canons que le directeur & le récipiendaire, & M. de Fleuri savoit bien qu'il ne désobligeoit point un évêque tel que *Massillon*, en lui disant : « Nous prévoyons avec douleur, que nous » allons vous perdre *pour jamais*, & que la loi » *indispensable* de la résidence, va vous enlever sans » retour à nos assemblées ; nous ne pouvons plus » espérer de vous voir que dans les moments où quel» que affaire *fâcheuse* vous *arrachera malgré vous*, à » votre église ».

M. *Massillon* exécuta de point en point ce qu'avoit dit M. l'abbé Fleury ; il passa le reste de sa vie dans son diocèse : mais considérons ici combien tout change selon les circonstances des temps & des personnes. Vingt-cinq ans après, M. Gresset, qui n'étoit pas encore dévot, & dont le dernier titre étoit la comédie du *Méchant*, recevant à l'Académie Françoise M. d'Alembert, & faisant l'eloge de son prédécesseur M. de Surian, évêque de Vence, dit un mot sur la nécessité de la résidence, & ce mot le fit regarder avec horreur à la cour comme le détracteur des évêques & l'ennemi de la religion, parce que ce mot avoit été remarqué dans l'assemblée, & avoit été fort applaudi.

Les conférences que M. *Massillon* faisoit à ses curés dans son diocèse, sont au nombre de ses meilleurs sermons, & le bien que M. *Massillon* a fait en tout genre à son diocèse, le met au nombre des meilleurs & des plus utiles évêques : une lettre qu'il écrivit au cardinal de Fleury, pour lui représenter la misère de son peuple, suffiroit pour faire bénir sa mémoire ; & nous ne concevons pas comment ceux à qui la religion fournit des motifs si puissants & des droits si imposants pour mettre ainsi aux pieds du trône la misère du peuple, s'acquittent si rarement de ce devoir sacré. C'est peut-être l'effet du défaut de résidence, qui, en les éloignant du spectacle de cette misère, prive leur troupeau de ce fruit de leur sensibilité.

C'étoit peu d'être charitable avec profusion, M. *Massillon* savoit l'être avec une délicatesse qui lui étoit propre. Un couvent de religieuses étoit sans pain depuis plusieurs jours ; ces infortunées alloient mourir plutôt que d'avouer leur misère, dans la crainte qu'on ne supprimât leur maison, à laquelle elles étoient fort attachées. L'évêque de Clermont apprit & leur indigence & le motif de leur silence ; il commença par leur faire tenir par une voie secrette, une somme considérable, il pourvut ensuite à leur subsistance par des ressources plus solides ; & ce ne fut qu'après la mort de M. *Massillon*, qu'elles connurent leur bienfaiteur.

Plein de respect pour la religion & plein de mépris pour la superstition, il abolit des processions très-anciennes & très-indécentes, auxquelles le peuple couroit en foule par différents motifs. Les curés de la ville craignant la fureur du peuple, n'osoient publier le mandement qui défendoit ces processions. *Massillon* monta en chaire, publia son mandement lui-même, & se fit écouter d'un auditoire tumultueux, qui auroit insulté tout autre prédicateur.

Il mourut, dit M. d'Alembert, comme étoit mort Fénelon, & comme tout évêque doit mourir, sans argent & sans dettes. Ce fut le 28 septembre 1742. Le même M. d'Alembert rapporte que, près de trente ans peut-être après sa mort, un voyageur se trouvant à Clermont, voulut voir la maison de campagne où *Massillon* passoit la plus grande partie de l'année. Un ancien grand-vicaire qui, depuis la mort de *Massillon*, n'avoit pas eu la force de retourner à cette maison de campagne, consentit cependant à y mener le voyageur. « Ils partirent en» semble, & le grand-vicaire montra tout à l'étranger. » *Voilà*, lui disoit-il, les larmes aux yeux, *l'allée où ce* » *digne prélat se promenoit avec nous...... voilà le berceau* » *où il se reposoit en faisant quelques lectures.... voilà le* » *jardin qu'il cultivoit de ses propres mains....* Quand » ils furent arrivés à la chambre où *Massillon* avoit » rendu les derniers soupirs: *Voilà*, dit le grand-vicaire, » *l'endroit où nous l'avons perdu*, & il s'évanouit en » prononçant ces mots. La cendre de Titus & de » Marc-Aurèle, ajoute M. d'Alembert, eût envié un » pareil hommage ».

Massillon étoit pour M. de Voltaire, le modèle des prosateurs, comme Racine étoit celui des poëtes; il avoit toujours sur la même table, le *petit Carême* à côté d'*Athalie*.

Massillon est auteur de quelques Oraisons funèbres, mais elles sont jugées inférieures à ses Sermons.

Il lui étoit arrivé une seule fois de manquer de mémoire en chaire; le démon de l'orgueil lui exagéra sans doute ce léger dégoût; en conséquence, il pensoit qu'il y auroit plus d'avantage à lire les sermons qu'à les réciter. On lui demandoit un jour quel étoit celui de ses sermons qu'il préféroit aux autres; il répondit: *celui que je sais le mieux*; & en effet, celui de ses ouvrages qu'un auteur, homme de goût, sait le mieux, pourroit bien être presque toujours le meilleur.

MASSIN, (*Hist. mod. Jurisprud.*) c'est le nom que l'on donne dans l'île de Madagascar aux loix auxquelles tout le monde est obligé de se conformer: elles ne sont point écrites; mais étant fondées sur la loi naturelle, elles sont passées en usage, & il n'est permis à personne de s'en écarter. Ces loix sont de trois sortes; celles que l'on nomme *massin-dili* ou loix de commandement, sont celles qui sont faites par le souverain; c'est sa volonté fondée sur la droite raison, par laquelle il est obligé de rendre la justice, d'accommoder les différends, de distribuer des peines & des récompenses. Suivant ces loix, un voleur est obligé de rendre le quadruple de ce qu'il a pris; sans cela il est mis à mort, ou bien il devient l'esclave de celui qu'il a volé.

Massin-poch, sont les loix & usages que chacun est obligé de suivre dans la vie domestique, dans son commerce, dans sa famille.

Massin-tane, sont les usages, les coutumes ou les loix civiles, & les réglements pour l'agriculture, la guerre, les fêtes, *&c.* Il ne dépend point du souverain de changer les loix anciennes, & dans ce cas, il rencontreroit la plus grande opposition de la part de ses sujets, qui tiennent plus qu'aucun autre peuple aux coutumes de leurs ancêtres. Cependant il règne parmi eux une coutume sujette à de grands inconvéniens, c'est qu'il est permis à chaque particulier de se faire justice à lui-même, & de tuer celui qui lui a fait tort. (*A. R.*)

MASSINISSA, (*Hist. anc.*) fils de Gela, roi des Massiliens, parvint au trône qu'avoit usurpé le meurtrier de presque toute sa famille. Les Numides se rangèrent en foule sous ses drapeaux, & il remporta une victoire qui le rendit paisible possesseur de l'héritage de ses ancêtres. Il usa avec modération de sa prospérité, & pouvant punir l'usurpateur Lacumaces, il eut la générosité de lui pardonner, & de lui rendre tous ses biens. Syphax, roi des Massyliens & allié des Romains, prévoyant sa grandeur future, le dépouilla de ses états. *Massinissa* vaincu, se retira sur le mont Balbus, d'où il ne descendoit que pour faire des courses sur les terres de son ennemi. Siphax lui opposa un de ses meilleurs généraux qui le contraignit de se retirer sur le sommet de la montagne, où il fut assiégé. *Massinissa*, après une vigoureuse résistance, se sauva avec quatre soldats qui avoient survécu à leurs compagnons. Il se retira dans une caverne où il ne subsista que de brigandages; mais ennuyé de sa retraite, il eut l'audace de reparoître sur les frontières de son royaume, où rassemblant une armée de six mille hommes de pied & de deux mille chevaux, il rentra en possession de ses états. Syphax, avec des troupes supérieures, marcha contre lui; l'action fut sanglante, & la valeur fut obligée de céder à la supériorité du nombre. *Massinissa* vaincu se retira avec soixante & dix cavaliers, entre les frontières des Carthaginois & des Garamantes, où l'arrivée de la flotte Romaine le rétablit dans son royaume. Ce prince étoit devenu l'ennemi des Carthaginois qui lui avoient enlevé sa chère Bérénice. Cette princesse qui unissoit tous les talens aux charmes les plus touchans, lui avoit été promise; mais le sénat de Carthage contraignit son père Asdrubal de la donner à Syphax. *Massinissa* indigné de cet outrage, se jetta dans les bras des Romains. Ce fut par leur secours qu'il se rendit maître du royaume de Syphax, & qu'après la bataille de Zama, il dicta des conditions humiliantes aux Carthaginois, qu'il obligea de lui payer cinq mille talens. Après une autre victoire qu'il remporta sur eux, il fit passer sous le joug leurs soldats, & les força de rappeller leurs bannis qui s'étoient réfugiés dans ses états. Il étoit âgé de quatre-vingt-dix ans, lorsqu'il termina cette guerre. Avant de mourir, il donna son anneau à l'aîné des cinquante-quatre fils qui lui survécurent, & dont il n'y avoit que trois nés d'un mariage légitime. Le commencement de sa vie ne fut qu'un tissu d'infortunes; mais sur la fin de son règne, chaque jour fut marqué par des prospérités. Son royaume s'étendoit depuis la Mauritanie jusqu'aux bornes occidentales de la

Cyrénaïque. La guerre dont il fut occupé, ne l'empêcha point de civiliser ses peuples dont il fut le conquérant & le législateur. Il étoit d'un tempérammment robuste, & il conserva sa vigueur jusqu'à une extrême vieillesse, puisqu'étant mort à quatre-vingt-dix ans, il laissa un fils qui n'en avoit que quatre. Il fut redevable de cette santé inaltérable à sa frugalité, & à l'habitude des fatigues. Il restoit à cheval pendant plusieurs jours & plusieurs nuits de suite. Le lendemain d'une victoire remportée sur les Carthaginois, on le trouva dans sa tente mangeant un morceau de pain bis. (*T-N.*)

MASSON, (Jean) (*Hist. Litt. mod.*) françois réfugié, ministre réformé en Hollande, auteur d'une *Histoire critique de la république des lettres*, depuis 1712, jusqu'en 1716; des vies d'Horace, d'Ovide, de Pline le jeune; & parmi les modernes, de Bayle. Cette Histoire de Bayle & de ses ouvrages, différente de celle de M. Desmaiseaux, a cependant été attribuée à La Monnoye. On dit que l'auteur de *Mathanasius* a eu Jean *Masson* en vue dans plusieurs de ses remarques.

MASSON, (Papire) (*Voyez* PAPIRE MASSON.)

MASSUET, (Dom René.) (*Hist. Litt mod.*) bénédictin de la congrégation de saint Maur, a donné une édition de saint Irénée, & a défendu l'édition de St. Augustin, donnée par ses confrères. Il a donné aussi une seconde édition de S. Bernard de dom Mabillon. Le cinquième volume des Annales de l'ordre de S. Benoit est encore de lui. Il est mort en 1716. Il étoit né dans le diocèse d'Evreux en 1665.

MATADORS, f. m. (*Hist. mod.*) c'est ainsi que l'on nommoit en 1714, une compagnie de deux cents hommes que levèrent ceux de Barcelone qui refusèrent opiniâtrement de reconnoître le roi Philippe V. pour leur souverain : le but de l'établissement de cette milice, ou de ces brigands, étoit de massacrer tous ceux de leurs concitoyens qui favorisoient le parti de ce prince. (*A. R.*)

MATAMOROS, (Alphonse Garcias) chanoine de Séville, & professeur d'éloquence dans l'université d'Alcala, au seizième siècle. On a de lui un *traité des Académies & des hommes doctes d'Espagne*. C'est une apologie des connoissances & des lumières de son pays.

MATAMORS, (*Hist. mod. Econom.*) c'est ainsi que l'on nomme des espèces de puits ou de cavernes faites de main d'hommes, & taillées dans le roc, dans lesquelles les habitants de plusieurs contrées de l'Afrique serrent leur froment & leur orge, comme nous faisons dans nos greniers. On assure que les grains se conservent plusieurs années dans ces magasins souterreins; qui sont disposés de manière que l'air peut y circuler librement, afin de prévenir l'humidité. L'entrée de ces conduits est étroite, ils vont toujours en s'élargissant, & ont quelquefois jusqu'à 30 pieds de profondeur. Lorsque les grains sont parfaitement secs, on bouche l'entrée avec du bois que l'on recouvre de sable. (*A. R.*)

MATATOU, f. m. (*terme de relation*) meuble des Caraïbes : c'est une espèce de corbeille quarrée, plus ou moins grande, & qui n'a point de couvercle. Le fond en est plat & uni; les bords ont trois ou quatre pouces d'élévation, les coins sont portés sur quatre petits bâtons qui excèdent de trois à quatre pouces la hauteur des bords; ils se terminent en boule ou sont coupés à quatre pans. Ils servent de pieds au *matatou*, & s'enchassent dans les angles. On lui donne depuis huit jusqu'à douze pouces de hauteur, au-dessous du fond de *matatou*, pour l'élever de terre à cette hauteur. Le fond & les côtés sont travaillés d'une maniere si serrée, qu'on peut remplir d'eau le *matatou*, sans craindre qu'elle s'écoule, quoique cette corbeille ne soit faite que de roseaux ou de queue de lataniers.

Les *matatous* servent de plats aux Caraïbes; ils portent dans un *matatou* leur cassave qu'ils font tous les jours, & qui est bien meilleure en sortant de dessus la platine, que quand elle est sèche & roide. Ils mettent sur un autre *matatou* la viande, les poissons, les crabes, en un mot leur repas avec un couiplein de pimentade, c'est-à-dire, du suc de manioc bouilli, dans lequel ils ont écrasé quantité de piment avec du jus de citron. C'est là leur sauce favorite pour toutes sortes de viandes & de poissons; elle est si forte, qu'il n'y a guère que des Caraïbes qui puissent la goûter. (*D. J.*)

MATCOMECK, (*Hist. mod.*) c'est le nom que les Iroquois & autres sauvages de l'Amérique septentrionales donnent à un dieu qu'ils invoquent pendant le cours de l'hiver. (*A. R.*)

MATHA, (Saint Jean. de) (*Hist. Ecclés.*) fondateur de l'ordre de la Rédemption des Captifs ou de la Sainte Trinité, étoit né le 24 juin 1160, dans un bourg de la vallée de Barcelonette. Il s'associa pour sa fondation avec un saint hermite nommé Felix de Valois, que quelques-uns ont cru avoir été un prince de la maison de France, nommé Hugues, petit-fils d'un autre Hugues, comte de Vermandois, troisième fils du Roi Henri Ier. & d'Anne de Russie; mais ce n'est point l'avis du docte Baillet. Quoi qu'il en soit, Jean de *Matha* & Félix de Valois allèrent à Rome, où le Pape Innocent III leur donna solemnellement le 2 février 1199, l'habit blanc, tel que le portent les Trinitaires avec la croix rouge & bleue, attachée à l'habit. Le bienheureux Jean de *Matha* mourut à Rome le 22 décembre 1213 ou 1214.

Les *Mémoires de Grammont* & les Souvenirs de Madame de Caylus font connoître un autre Matha bien différent & homme d'une Société piquante, d'une ignorance aimable, d'une insouciance intéressante, d'une gaîté plaisante, dont tous les mots ont un caractère original de naïveté, d'esprit & de franchise; espèce de plaisant de très bonne compagnie, ce qui n'arrive guères aux plaisans.

MATHAN, (*Hist. Sacr.*) prêtre de Baal, tué devant l'autel de ce faux Dieu. Rois, liv. 4, chap. 11, vers. 18. c'est le *Mathan* de la tragédie d'Athalie.

Dans la Généalogie de Jesus-Christ, selon S. Matthieu, chap. 1, vers. 15, on trouve un autre

Mathan fils d'Eléazar, pere de Jacob & ayeul de Joseph, mari de la Sainte Vierge.

MATHATIAS, (*Hist. Sacr.*) père & chef des Macchabées. Son histoire se trouve au premier livre, chap. 2 des Macchabées.

MATHIAS, successeur de Rodolphe II, (*Histoire d'Allemagne, de Hongrie & de Bohême.*) XXXIIIe empereur depuis Conrad I, XXVIIe roi de Hongrie, XXXVIIe roi de Bohême, naquit l'an 1557, de Maximilien II & de Marie d'Espagne. L'ambition qui l'avoit porté à la révolte contre Rodolphe, son frère, qui fut contraint de lui céder la Hongrie, la Bohême, & presque tous ses autres états héréditaires, sembloit l'éloigner du trône impérial. Une nation amoureuse de son indépendance, ne devoit regarder qu'en tremblant un prince qui avoit usurpé plusieurs couronnes. Cependant il parvint à réunir tous les suffrages dans une assemblée qui se tint à Francfort (13 juin 1612): on croit qu'il ne dut son élévation qu'à l'or qu'il avoit eu l'adresse de semer; d'ailleurs le voisinage des Turcs, comme l'ont remarqué plusieurs écrivains, sembloit exiger l'élection d'un prince de la maison d'Autriche assez puissant pour leur opposer une barrière. Les états, dans la crainte qu'il ne leur donnât des chaînes, ajoutèrent quelques articles à la capitulation de Charles-Quint. La cérémonie de son sacre fut recommencée en faveur de la reine Anne, sa femme. On ne peut passer sous silence cette particularité, parce que c'étoit un honneur dont n'avoient pas joui les femmes de ses prédécesseurs. On remarque encore que les députés des états de Bohême furent admis dans l'assemblée lors du serment de *Mathias*. Dans les diètes précedentes, on s'étoit contenté de leur notifier les conclusions des électeurs. Cette faveur fut érigée en droit en 1708, après des contestations bien vives, & depuis ce tems les rois de Bohême jouirent de toutes les prérogatives des autres électeurs. La Hongrie étoit toujours exposée aux incursions des Turcs, voisins de ses frontières; le sultan désavouoit leurs brigandages, mais les Hongrois n'en étoient pas moins malheureux. Les cantons qui confinoient à ces brigands étoient devenus déserts; *Mathias*, pour arrêter le mal, demanda du secours aux états d'Allemagne. Les princes catholiques, toujours affectionnés au sang Autrichien qui leur avoit toujours été favorable, y consentirent avec zèle, & donnèrent leur part de la contribution; mais les princes protestans trouvèrent des prétextes pour ne point suivre leur exemple. Le principal fut que ceux de leur communion perdoient tous les procès qu'ils portoient à la chambre impériale, où les juges catholiques formoient le plus grand nombre. L'union évangélique & l'union catholique que la succession de Juliers & de Cleves avoit occasionnées sous le règne de Rodolphe II, subsistoient encore. Il est vrai qu'elles ne se livroient pas à ces animosités, à ces violences, suites ordinaires des guerres de religion; mais il falloit beaucoup de ménagement pour qu'elles ne devinssent pas la source des plus grands désordres. L'empereur, au lieu de chercher à se venger du refus que les princes protestans venoient de lui faire essuyer, mit tous ses soins à les adoucir. Il consentit même à réformer la chambre impériale dont ils avoient eu plus d'une fois raison de se plaindre. Cette conduite diminua la haine des deux ligues; elles ne prirent qu'un médiocre intérêt à la succession de Juliers qui les avoit fait naître: ainsi la guerre entreprise pour cette succession, guerre qui sembloit devoir embrâser l'Europe, ne fut plus qu'une de ces querelles qui de tous tems avoient divisé quelques principautés sans détruire l'harmonie du corps Germanique. Un traité conclu à Sand, entre l'électeur de Brandebourg & le palatin de Neubourg pour le partage de la succession de Juliers, sembloit rétablir le calme dans cette partie de l'Allemagne. On avoit réglé le mariage de la fille de l'électeur de Brandebourg avec le jeune palatin de Neubourg-Wolffgand; mais un soufflet que l'électeur donna au palatin, occasionna une nouvelle rupture. Wolffgand furieux d'un affront aussi sanglant, mais trop foible pour en tirer vengeance par lui-même, se fit catholique pour s'attacher le parti Espagnol dans les Pays-Bas. L'électeur de son côté se fit calviniste, & mit les états généraux dans son parti. Tel est l'empire de l'ambition sur les princes. La religion si chère aux peuples, n'est souvent pour eux qu'un prétexte pour favoriser leurs intérêts. Cependant *Mathias* faisoit des préparatifs contre les Turcs. La principauté de Transilvanie, vacante par la mort de Gabriel Battori, qui venoit de se tuer pour ne pas survivre à la honte de sa défaite, offroit un nouveau motif de guerre. Un bacha avoit donné cette principauté à Bethlem-Gabor, & cette province, obéissante à son nouveau souverain, sembloit à jamais perdue pour la maison d'Autriche. Achmet, dans l'âge de l'ambition, & maître absolu d'un empire qui, sous les Soliman II & les Mahomet II, avoit menacé toute la terre de son joug, causoit à *Mathias* les plus vives alarmes. Il craignoit que le sultan, déja maître de la plus belle partie de la Hongrie, n'entreprît de la lui enlever toute entière: mais la vaste étendue de l'empire Ottoman qui depuis si long-tems répandoit la terreur dans les états Chrétiens, fut ce qui les sauva. Les Turcs étoient perpétuellement en guerre avec les Perses, dont le pays fut tant de fois l'écueil de la prospérité des Romains: les Géorgiens, les Mingréliens indisciplinés, & d'autres barbares les inquiétoient par leurs continuelles révoltes, & infestoient les côtes de la mer Noire. Les Arabes si redoutables sous les successeurs du prophête, & qui, avant d'être soumis aux Turcs, jamais n'avoient subi de joug étranger, étoient difficiles à gouverner. Il arrivoit souvent que, quand on craignoit une nouvelle inondation de Turcs, ils étoient obligés de conclure une paix désavantageuse. D'ailleurs, les sultans avoient beaucoup dégénéré: autrefois uniquement sensibles à la gloire, ils étoient toujours à la tête de leurs armées; mais depuis Selim II, fils indigne du grand Soliman, ils restoient dans l'enceinte du serrail, où, livrés à des plaisirs grossiers, ils se déchargeoient du poids de la couronne sur des ministres choisis par le caprice d'un eunuque insensible aux prospérités de l'état. Achmet se montra peu jaloux de suivre les projets de ses prédécesseurs sur la Hongrie, & conclut avec *Mathias* un traité déshonorant. Il consentit à restituer Canise, Agria, Albe-Royale, Piste & Bude, place plus importante que les autres : ainsi l'empereur tira beaucoup plus d'avantages de la stupide indifférence du sultan, qu'il n'eût pu s'en promettre de la guerre la plus laborieuse. Il est vrai qu'il renonça aux prétentions de sa couronne sur la Transilvanie. Cette province resta à Bethlem-Gabor qui la gouverna sous la protection de la Porte. Les dernières années de ce règne se passèrent en négociations & en intrigues, occasionnées par le défaut de postérité dans *Mathias*. L'impératrice Anne ne lui avoit donné aucun héritier, & plusieurs princes briguoient l'honneur de lui succéder. Philippe III, roi d'Espagne, desiroit que le choix tombât sur l'archiduc Ferdinand, petit-fils de Ferdinand I, par Charles, duc de Stirie. Ce choix devoit plaire aux électeurs, parce que si l'empire se perpétuoit dans la maison d'Autriche, au moins il sortoit de l'ordre des successions, puisque l'empereur avoit encore plusieurs frères qui, si les loix du sang eussent été écoutées, avoient plus de droits au trône, que Ferdinand : *Mathias* se laissa persuader par Philippe ; il engagea Albert & Maximilien, ses freres, à renoncer à ses trois couronnes, & les assura toutes à Ferdinand, qui déploya sur le trône impérial la même autorité que s'il eût été sur celui de France ou d'Espagne. *Mathias* mourut peu de tems après ; il étoit âgé de soixante-treize ans ; il en avoit régné sept. On attribue sa mort à la perte de Clesel, évêque de Vienne, son premier ministre, enlevé par les ordres secrets de Ferdinand, dont il blâmoit le caractère impérieux. Il est sans doute honteux pour ce prince d'avoir eu l'ambition de troubler les dernières années du régne de Rodolphe II, son frère, & de lui ravir les royaumes de Hongrie & de Bohême. Au reste, il se comporta avec beaucoup de modération sur le trône. Il avoit des talens, & souvent il en cacha l'éclat pour ne point alarmer les grands qui auroient pu en craindre l'abus ; & lorqu'en mourant il remit son sceptre à Ferdinand qui étoit nourri dans les mœurs Espagnoles, & qui aimoit le despotisme, il lui dit que s'il vouloit passer des jours heureux, il devoit rendre sa domination presqu'insensible. Il eut un fils naturel connu dans l'histoire sous le nom de dom *Mathias d'Autriche*. Ce fut cet empereur qui érigea la charge de directeur général des postes en fief de l'empire. Comme *Mathias* s'étoit rendu suspect, les électeurs, avant de le couronner, ajoutèrent plusieurs articles importans à la capitulation de Charles-Quint. L'union électorale fut érigée en loi fondamentale. Ces sept princes unis étoient une hydre bien redoutable pour un empereur. Cette capitulation obligeoit encore *Mathias* & ses successeurs: 1°. de réunir à l'empire les fiefs d'Italie qui en étoient aliénés, c'étoit ordonner de perpétuer la guerre en Italie ; 2°. d'employer les subsides fournis par les états au seul usage pour lequel ils étoient accordés ; 3°. elle permettoit aux électeurs d'élire un roi des Romains, quand ils le jugeroient utile & nécessaire même, malgré l'opposition de l'empereur. Elle contenoit encore plusieurs articles, mais ceux-ci sont les plus dignes de remarque. (*M--Y.*)

MATHILDE, (*Hist. mod.*) trois femmes de ce nom sont principalement célèbres dans nos histoires modernes.

1°. Sainte *Mathilde*, femme de Henri l'Oiseleur, roi de Germanie, mère de l'empereur Othon, dit le grand & ayeule maternelle de Hugues Capet, fonda beaucoup de monastères & d'hopitaux, & mourut en 968.

2°. *Mathilde*, comtesse de Toscane, morte en 1115, fameuse par la donation solemnelle qu'elle fit de ses biens au saint Siége. Cette donation n'est pas contestée comme celle de Constantin, & même comme celle de Charlemagne, c'est le titre le plus authentique que les papes aient eu à réclamer. Cette comtesse *Mathilde* étoit cousine de l'empereur Henri IV, & n'en étoit pas plus de ses amies ; elle soutint contre lui les intérêts des papes Grégoire VII & Urbain II avec tant de zèle, qu'elle fut même accusée d'avoir eu des liaisons trop étroites avec le pape Grégoire VII. (*Voyez* l'article de ce pape.) Mais cette accusation est regardée assez généralement comme une calomnie, & ne va ni aux mœurs de l'inflexible Hildebrand, ni à celles de la dévote *Mathilde*. Les biens de cette princesse étoient très-considérables ; elle possédoit la Toscane, le Mantouan, le Parmesan, le Plaisantin, le Modénois, le Veronois, Reggio, une partie de l'Ombrie, une partie de la Marche d'Ancône, presque tout ce qu'on appelle aujourd'hui le patrimoine de St. Pierre, depuis Viterbe jusqu'à Orviète. La guerre n'étoit déjà que trop allumée entre les papes & les empereurs ; c'étoit au fort de la grande querelle du sacerdoce & de l'empire ; il sembla que *Mathilde* eût craint que cette querelle ne cessât ou ne languît, & qu'elle eût voulu la ranimer par cette donation. Quand le pape Pascal II voulut se mettre en possession des biens de *Mathilde*, il éprouva la plus forte opposition de la part de l'empereur Henri IV, qui prétendit que la plûpart de ces biens étoient des fiefs de l'empire, dont *Mathilde* n'avoit pas pu disposer ; delà des contestations longues & sanglantes, qui finirent par une espèce de transaction ; une partie, mais une partie seulement de la succession de la comtesse *Mathilde*, resta au St. Siége.

3°. *Mathilde*, fille de Henri Ier. roi d'Angleterre, Elle épousa en premières noces, l'empereur Henri V ; restée veuve sans enfants, elle retourna en Angleterre. Devenue fille unique par le naufrage désastreux qui fit périr tous les enfants du roi d'Angleterre, presqu'à la vue du port de Barfleur, d'où ils partoient pour retourner dans leur isle, en 1120, Henri Ier la fit reconnoître pour son héritière dans une assemblée générale des vassaux de la couronne, & lui fit épouser en secondes noces, Geoffroi, dit Plantagenet, fils de Foulques, comte d'Anjou. On a prétendu que le premier mari de *Mathilde*, l'empereur Henri V, qui avoit à se reprocher la mort de son père, causée par les chagrins qu'il lui avoit donnés & les guerres qu'il lui avoit faites, mais qui ne se reprochoit que ses guerres contre le pape, voulant en faire pénitence, avoit fait répandre le bruit de sa mort, & s'étoit secrétement consacré au service des malades dans l'hôpital d'Angers, où il fut rencontré long-temps après & reconnu par *Mathilde* sa femme, devenue femme du comte d'Anjou. De ce second mariage naquit Henri II, l'un des plus grands rois de l'Angleterre, si ce ne fut pas le plus grand.

Les dernières intentions de Henri Ier. ne furent point suivies. Le droit de la nature, les serments réitérés des Anglois ne purent procurer sa succession à *Mathilde* sa fille. Ce fut Etienne de Boulogne son neveu, qui lui succéda; ce même Etienne avoit prêté avec toutes les apparences du zèle, le serment que Henri avoit exigé pour *Mathilde*. Robert, comte de Glocester, fils naturel de Henri, poussé par une tendresse sincère pour sa sœur, vouloit jurer le premier d'en défendre les droits; Etienne de Boulogne affectant, ou ayant alors la même tendresse pour sa cousine, réclama, en vertu de la légitimité, le droit de donner à la nation l'exemple de ce serment. Henri ni *Mathilde* ne se défioient point de son ambition. Mais *Mathilde* & le comte d'Anjou son mari, étant absens d'Angleterre, à la mort de Henri Ier., Etienne oublia ses serments, & se souvint seulement qu'une pareille conjoncture avoit procuré autrefois le trône à Henri lui-même, il se hâta de prévenir *Mathilde*: l'évêque de Wincester son frère, & quelques autres prélats, gagnèrent l'archevêque de Cantorberi, & le déterminèrent à sacrer Etienne. *Mathilde* ne cessa de lui disputer la couronne pour elle & pour son fils; elle fait Etienne prisonnier à la bataille de Lincoln, & abusant de la victoire, le charge de chaînes, & rejette toutes ses propositions; sa dureté choque & révolte; on se soulève; elle est surprise dans Londres, d'où elle eut peine à s'échapper: on la poursuit de ville en ville, & ce ne fut qu'à la faveur de mille déguisements & qu'à travers mille fatigues, qu'elle put enfin arriver dans un lieu sûr. Pour passer de Devizes à Glocestre, au milieu d'un pays occupé par ses ennemis, elle fut obligée de se faire mettre dans une bière, ses gardes déguisés en prêtres, conduisoient le convoi, qui ne fit naître aucun soupçon. Robert, comte de Glocestre son frère, & l'ame de son parti, ayant été pris, fut échangé contre le roi Etienne; celui-ci, quelque temps après, tenant *Mathilde* assiégée dans le château d'Oxford, le comte de Glocestre accouroit pour la délivrer par une bataille, lorsqu'il apprit qu'elle s'étoit sauvée d'Oxford. Cette princesse accoutumée aux périls de la fuite, exercée à l'art des déguisements, avoit imaginé un nouveau stratagême qui lui avoit encore réussi; la rivière étoit glacée, la campagne couverte de neige; *Mathilde* ayant remarqué qu'une saison si rude faisoit perdre aux assiégeants une partie de leur vigilance, sortit pendant la nuit, par une fausse porte, vêtue de blanc, afin qu'on ne pût aisément la distinguer au milieu de la neige; elle traversa la rivière sur la glace, alla à pied jusqu'à la ville d'Abington, d'où elle fut transportée à Wallingford. Enfin, après beaucoup d'autres vicissitudes de bonne & de mauvaise fortune, où elle se distingua toujours par un grand courage, elle fit avec Etienne un traité, par lequel il fut permis à Etienne de garder le trône d'Angleterre le reste de sa vie, en reconnoissant solemnellement pour successeur le prince Henri, fils de *Mathilde*, au préjudice de son propre fils, auquel on assûra seulement toutes les terres que possédoit le comte de Boulogne, tant en Angleterre qu'en France, avant qu'il fût roi. Ce traité fut exécuté. On a prétendu que *Mathilde* y avoit déterminé le roi Etienne, en lui rappellant dans une conférence particulière, qu'ils s'étoient aimés autrefois, & que ce Henri qu'il persécutoit, étoit son propre fils, non le fils de Geoffroy. *Mathilde* mourut en 1167.

MATHUSALEM, (*Hist. Sacr.*) fils d'Enoch, père de Lamech & ayeul de Noë, vécut 969 ans, c'est celui de tous les patriarches, dont la vie a été la plus longue (*Genèse*, *chap.* 5.)

MATIGNON, (DE GOYON DE) (*Hist. de Fr.*) grande & illustre maison dont les antiquités se perdent dans les premiers temps de notre histoire. On ignore si elle tire son nom de la ville de Matignon, ou si elle lui a donné le sien.

Quant au nom de Goyon, on croit que c'étoit le nom propre d'un des auteurs de cette maison, nom adopté par ses descendans; d'anciennes chroniques disent que ce Goyon chassa les Normands de la Bretagne, dont ils s'étoient emparés vers l'an 931, & que, pour mettre ce pays à l'abri de leurs incursions, il fit bâtir sur un rocher escarpé, qui domine entièrement la mer, le château de la Roche-Goyon.

On ne connoît des premiers Goyon-Matignon, que des donations faites à d'anciennes abbayes, ce qui suppose toujours une grande puissance dans des temps fort reculés.

Dans la grande guerre pour la succession de Bretagne au quatorzième siècle, les Matignon prirent parti pour Charles de Blois & Jeanne de Penthièvre sa femme, contre la maison de Montfort.

1°. Bertrand Goyon, second du nom, sire de Matignon & de la Roche-Goyon, porta, l'an 1364, à la bataille de Cocherel, la bannière du connétable du Guesclin. Il le suivit aussi en Espagne l'an 1366.

2°. Lancelot-Goyon fut fait prisonnier dans les guerres contre l'Angleterre, par le sire de l'Escale, chevalier Anglais, & traita de sa rançon le 23 Avril 1434.

3°. Alain Goyon, grand écuyer de France sous Louis XI & Charles VIII, défendit les frontières de Normandie contre le duc de Berry, frère de Louis XI, & contre le duc de Bretagne. Il défendit la ville de Caën contre le seigneur de Lescun.

4°. Jacques I. du nom, sire de Matignon, fut celui

qui, avec d'Argouges, découvrit la conspiration du connétable de Bourbon.

5°. Il fut père de Jacques II, qui fut le premier maréchal de Matignon. Celui-ci élevé, en qualité d'enfant d'honneur auprès de Henri II alors dauphin, porta les armes sous six rois, depuis & compris François I, jusques & compris Henri IV; il se distingua aux siéges de Montmédy, de Damvilliers, de Metz, de Hesdin, de Blois, de Tours, de Poitiers, de Rouen. Il fut fait prisonnier à la bataille de Saint-Quentin en 1557. Toujours attaché au parti du roi & de la religion de ses pères, dans les guerres contre les Huguenots, il combattit ceux-ci à Jarnac, à la Roche-Abeille, à Montcontour. Mais en même temps il est du petit nombre de ces gouverneurs catholiques, qui, par leur désobéissance vertueuse, sauvèrent les Huguenots à la saint-Barthelemi; il préserva de ce massacre, Alençon & saint-Lo où il commandoit. En 1574, il pacifia la basse-Normandie & prit le comte de Montgommeri dans la ville de Domfront. Charles IX érigea pour lui en comté, l'ancienne baronnie de Thorigny; Henri III, le fit maréchal de France le 14 Juillet 1579, & chevalier de l'ordre du Saint-Esprit le 31 décembre de la même année. Il ne cessa pendant tout ce règne de remporter des avantages sur les Huguenots. Lorsque Henri IV. parvint au trône, il fut un des premiers à le reconnoître, il remit Bordeaux & toute la Guyenne sous son obéissance. Au sacre du roi à Chartres le 27 Février 1594, il fit les fonctions de connétable. A la réduction de Paris le 22 Mars de la même année, il entra dans cette ville à la tête des suisses. Il mourut au château de Lesparre le 27 Juillet 1597.

6°. Odet, fils aîné du maréchal, mort avant son père le 7 Août 1595, s'étoit distingué au combat d'Arques & à la bataille d'Ivry; aux siéges de Rouen, d'Alençon, de Lizieux, de Laon, de Dijon. Il eut le brevet d'amiral. Henri IV. le visita dans sa dernière maladie.

7°. Charles, second fils du maréchal, fut digne de son père & de son frère. Louis XIII. en considération de ses services, lui accorda, le 8 Mars 1622, un brevet de Maréchal de France qui n'eut point d'effet. Mort le 8 Juin 1648.

8°. Jacques, fils de Charles, élevé comme enfant d'honneur de Louis XIII, servit en 1622 contre les Huguenots, fut blessé à Blaye d'un coup de mousquet, prit Agen en 1625, fut tué en duel par le comte de Boutteville le 25 Mars 1626.

9°. François, frère de Jacques, fut blessé près de Pavie en Italie en 1625; ervit au siége de la Rochelle en 1628; se distingua en 1632 au combat de Rouvroi. Mort le 19 Janvier 1675.

10°. Charles, fils de François, se distingua en 1664 au combat de St. Gothar ou St. Godard contre les Turcs; à la déroute du comte de Marsin, père du maréchal de Marsin près de Lille en 1667, à la conquête de la Hollande en 1672. Il mourut en 1674 d'une blessure reçue à la bataille de Senef.

11°. Henri, frère du précédent, servit avec honneur à l'attaque des lignes d'Arras en 1654; aux siéges de Montmedy, Gravelines & Dunkerque en 1658, à la déroute du comte de Marsin en 1667 ainsi que son frère. Il mourut le 28 Décembre 1682.

12°. Dans la branche des comtes de Thorigny, Jacques III servit en 1664, à la prise de Gigeri en Barbarie, sous le duc de Beaufort, puis en Portugal, sous le comte de Schomberg, & fut chevalier des ordres du roi en 1688, lieutenant-général en 1693. Il mourut le 14 Janvier 1725.

13°. C'est son fils, Jacques-François Léonor, qui épousa le 20 octobre 1715, l'héritière de la principauté de Monaco, Louise-Hippolyte de Grimaldi, duchesse de Valentinois, à la charge de prendre le titre de duc de Valentinois avec les armes de Grimaldi. Louis XIV le 24 juillet 1715, donna un brevet & Louis XV, au mois de décembre de la même année donna de nouvelles lettres d'érection de Valentinois en duché-pairie, pour M. de *Matignon*, en faveur de ce mariage, elles furent enrégistrées en 1716, & M. de *Matignon* fut reçu pair en conséquence le 14 décembre 1716. M. le prince de Monaco d'aujourd'hui est né de ce mariage.

14°. Dans la branche des comtes de Gacé, le second maréchal de *Matignon*, Charles-Auguste, fils de Charles, (article 10) avoit servi en Candie, où il avoit été dangereusement blessé en 1668; en Hollande en 1672; il s'étoit distingué le 16 juin 1674, au combat de Sintzeim; le 6 janvier 1675 au combat de Turkeim; le 11 août de la même année à l'affaire de Consarbrick; à Fleurus, à Steinkerque, & dans une multitude de siéges. En 1689, il suivit le roi d'Angleterre Jacques II en Irlande. En 1708, il fut chargé de mener en Ecosse le roi d'Angleterre Jacques III. Il fut déclaré maréchal de France en pleine mer; l'expédition n'ayant pas réussi, le maréchal de *Matignon* vint servir sous M. le duc de Bourgogne à la bataille d'Oudenarde. Mort en 1729.

La maison de *Matignon* a eu des alliances avec diverses branches de la maison de France, celle de Bretagne, celle d'Orléans-Longueville, enfin celle de Bourbon.

MATILALCUIA, (*Hist. mod. superst.*) c'est le nom que les Mexiquains donnoient à la déesse de eaux. (*A. R.*)

MATRICULE DE L'EMPIRE; (*Hist. mod. & Droit public*) c'est ainsi qu'on nomme dans l'empire d'Allemagne, le *registre* sur lequel sont portés les noms des princes & états de l'Empire, & ce que chacun d'eux est tenu des contribuer dans les charges publiques de l'Empire & pour l'entretien de la chambre impériale ou du tribunal souverain de l'Empire. Cette *matricule* est confiée aux soins de l'électeur de Mayence, comme garde des archives de l'Empire. Il y a plusieurs *matricules* de l'Empire qui ont été faites en différens tems, mais celle qu'on regarde comme la moins imparfaite, fut faite dans la diète de Worms en 1521. Depuis on a souvent proposé de la corriger, mais jusqu'à jusqu'à présent ces projets n'ont point été mis à exécution. (----)

MATRONE, s. f. (*Hist. anc.*) signifioit parmi les Romains une *femme*, & quelquefois aussi une *mere de famille.*

Il y avoit cependant quelque différence entre *matrone* & *mere de famille*. Servius dit que quelques auteurs la font consister en ce que *matrona* étoit une femme qui n'avoit qu'un enfant, & *mater-familias*, une femme qui en avoit plusieurs; mais d'autres, & en particulier Aulugelle, prétendent que le nom de *matrona* appartenoit à toute femme mariée, soit qu'elle eût des enfans, soit qu'elle n'en eût point, l'espérance & l'attente d'en avoir suffisant pour faire accorder à une femme le titre de mere, *matrona;* c'est pour cela que le mariage s'appelloit *matrimonium:* Cette opinion a été aussi soutenue par Nonius. (*A. R.*)

MATSURI, (*Hist. mod.*) c'est le nom que les Japonois donnent à une fête que l'on célèbre tous les ans en l'honneur du dieu que chaque ville a choisi pour son patron. Elle consiste en spectacles que l'on donne au peuple, c'est-à-dire, en représentations dramatiques, accompagnées de chants & de danses, & de décorations qui doivent être renouvellées chaque année. Le clergé prend part à ces réjouissances, & se trouve à la procession dans laquelle on porte plusieurs bannieres antiques; une paire de souliers d'une grandeur démesurée; une lance, un panache de papier blanc, & plusieurs autres vieilleries qui étoient en usage dans les anciens tems de la monarchie. La fête se termine par la représentation d'un spectacle dramatique. (*AR*).

MATTHIEU, (Saint) (*Hist. Sacr.*) Apôtre & auteur du premier des quatre évangiles. On croit qu'il le composa dans la langue que les Juifs parloient alors, & qui étoit un Hébreu mêlé de Chaldéen & de Syriaque. Les Nazaréens ont long-temps conservé cet original Hébreu, mais il s'est perdu dans la suite; le texte grec que nous avons aujourd'hui, & qui tient lieu d'original est une ancienne version faite du temps des Apôtres.

Il y a plusieurs historiens ou chroniqueurs du nom de *Matthieu.*

MATTHIEU Paris, bénédictin Anglois, du monastère de St. Alban. On a de lui une histoire universelle jusqu'en 1259, année de sa mort. Il en avoit fait un abrégé sous le titre d'*Historia Minor*, par opposition avec le grand ouvrage, *Historia Major.*

MATTHIEU de Vendôme, abbé de St. Denis, régent du royaume de France pendant la dernière croisade de St. Louis, & principal ministre sous Philippe le Hardi, est, dit-on, auteur d'une *histoire de Tobie* en vers, imprimée à Lyon en 1505; mais ce n'est ni comme historien ni comme poëte qu'il est le plus connu, c'est comme ministre, autant qu'un ministre de ces temps reculés peut l'être. Mort en 1286.

3°. MATTHIEU de Westminster, bénédictin de l'abbaye de ce nom en Angleterre au quatorzième siècle, auteur d'une Chronique latine, depuis le commencement du monde jusqu'en l'an 1307.

4°. Pierre *Matthieu*, historiographe de France sous Henri IV & Louis XIII. né en 1563. Mort en 1621. On a de lui l'*Histoire des choses mémorables arrivées sous le règne de Henri-le-Grand*; l'*Histoire de la Mort déplorable de Henri-le-Grand*; des histoires de Saint-Louis & de Louis XI; une Histoire de France sous François I, & tous les rois suivans jusques & compris les premières années de Louis XIII. *Matthieu* avoit été ligueur & avoit fait une tragédie intitulée: *la Guisiade*, où il déploroit l'assassinat du duc de Guise le balafré, très-déplorable en effet, de quelque manière qu'on veuille l'entendre. On a de lui encore des *quatrains sur la vie & la mort.* C'est ce livre dont Gorgibus recommande la lecture à Celie, dans *le Cocu imaginaire.* (*R A.*)

Lisez-moi comme il faut, au lieu de ces sornettes,
Les quatrains de Pibrac, & les doctes tablettes
Du conseiller *Matthieu*, l'ouvrage est de valeur,
Et plein de beaux dictons à réciter par cœur.

MATTHIOLE, (Pierre-André) (*Hist. Litt. mod.*) Premier médecin de Ferdinand, archiduc d'Autriche, frère de Charles-Quint & depuis empereur. Il est connu par ses commentaires sur Dioscoride.

MAUND, (*Hist. mod.*) ancienne mesure dans l'Angleterre. (*A.R.*)

MAUBERT DE GOUVEST, *ou* GOUVEST DE MAUBERT. (*Voyez* GOUVEST.)

MAUCROIX, (François de) (*Hist. Litt. mod.*) Chanoine de Reims, ami de Boileau, de Racine & sur-tout de la Fontaine, avec les œuvres duquel il osa mêler les siennes dans un recueil en deux volumes in-12 qui parut en 1685, sous le titre d'*Œuvres diverses.* On a donné aussi en 1726, un autre recueil de *Maucroix* seul, intitulé *les nouvelles Œuvres de Maucroix.* Il eut de plus que ses trois illustres amis, une longue & heureuse vieillesse. Il mourut à 90 ans en 1708. C'est par des traductions qu'il est particulièrement connu. Les principales sont celles des Philippiques de Démosthènes, du dialogue de Platon, intitulé: *Euthidemas;* des *Homélies* de Saint-Jean Chrysostôme au peuple d'Antioche; du *Rationarium temporum* du père Petau; de l'histoire du Schisme d'Angleterre de Nicolas Sanderus; des vies des cardinaux Polus & Campeggè.

MAULEON, (Auger de) sieur de Granier. (*Hist. Litt. mod.*) éditeur des Mémoires de la reine Marguerite, de ceux de M. de Villeroi, des Lettres du cardinal d'Ossat, & de celles de Paul de Foix. Les registres de l'Académie Françoise du 6 février 1635, portent qu'il fut élu par billets, qui furent tous en sa faveur, excepté trois; mais les mêmes registres portent que le 14 mai suivant, sur la proposition qui en fut faite par le directeur, de la part de M. le cardinal, il fut déposé pour une mauvaise action, d'une commune voix, & sans espérance d'être restitué. Richelet dit que c'est pour avoir été dépositaire infidèle. « C'étoit, dit l'historien de l'Académie, un ecclésiastique, natif du pays de Bresse, » homme de bonne mine, de bon esprit, d'agréable » conversation, qui avoit du savoir & même des » belles-lettres, ... fort civil & fort officieux envers » les personnes d'esprit & les gens de lettres ». Il vivoit encore en 1653, lorsque l'histoire de l'Académie de Pélisson, parut pour la première fois, & il étoit alors extrêmement dévot.

MAUPERTUIS, (Pierre-Louis Moreau de) (*Hist. Litt. mod.*) nâquit à Saint-Malo le 28 septembre 1698. Son père René Moreau fut pendant quarante ans député du commerce pour la ville de Saint-Malo; Jeanne-Eugénie Baudron, mère de M. de *Maupertuis*, aima son fils avec une tendresse dont l'excès lui fut pernicieux, en nourrissant dans un caractère vif, altier & sensible, le germe de plusieurs défauts, que la réflexion & l'expérience eurent dans la suite bien de la peine à corriger. Par un effet naturel de cette tendresse, l'éducation de M. de *Maupertuis* fut domestique, jusqu'à ce qu'en 1714, l'affection courageuse de son père, triomphant des foiblesses de sa mère, il le conduisit à Paris, où il fit sa philosophie au collége de la Marche. La grammaire & la rhétorique l'avoient amusé, la philosophie l'entraîna; son génie se déclara, il étonna & surpassa ses maîtres; cependant il parut moins songer d'abord à éclairer le monde qu'à servir sa patrie dans la plus noble des professions; il embrassa le parti des armes & entra en 1718 dans la première compagnie des mousquetaires. En 1720, il eut une compagnie de cavalerie; en 1721, pendant un séjour qu'il fit à Paris, guidé dans le choix de ses sociétés par son goût dominant, il fréquenta beaucoup les savans & les gens de lettres; son amour pour les sciences s'enflamma de plus en plus, M. Fréret fut un des premiers à présager la destinée de ce jeune homme, il lui conseilla de se livrer entièrement à la géométrie, *il n'y avoit que la géométrie*, disoit-il, *qui pût satisfaire cette ame active & dévorante*. MM. Varignon, Saurin, Nicole, &c furent du même avis, & déterminèrent M. de *Maupertuis*. Il quitta le service, & consacra sa vie aux sciences.

Il fut reçu à l'académie des sciences le 11 décembre 1723, & y lut dans l'assemblée publique du 15 novembre 1724, son premier Mémoire sur la forme des instrumens de musique, car la musique instrumentale étoit un de ses plaisirs & de ses talens.

La physique ne lui fut pas moins chère; dès sa tendre jeunesse il s'étoit plû à disséquer des animaux de l'espèce de ceux qui passent pour venimeux; on trouve dans les mémoires de l'académie des sciences, années 1727 & 1731, deux mémoires de lui, l'un sur une espèce de salamandre, l'autre sur les scorpions, sans compter une multitude d'autres mémoires sur toute sorte de sujets, répandus dans ce même recueil.

L'avidité d'apprendre entraîna M. *de Maupertuis* dans différents pays, & fut le premier principe de cette vie errante qu'il a souvent menée. La patrie de Newton attira d'abord ses regards; la Société Royale de Londres s'empressa d'acquérir en lui, non seulement un de ses plus illustres membres, mais encore un françois plus passionné qu'aucun anglois pour la gloire de Newton, & qui devoit concourir avec le plus grand zèle aux progrès de la philosophie Newtonienne. Il alla ensuite à Bâle, où il s'unit d'une amitié très-étroite avec la célèbre famille des Bernoulli.

Il publia en 1723, *son Discours sur les différentes figures des Astres*; cet ouvrage ajouta beaucoup à sa réputation, & lui donna un rang distingué parmi le petit nombre d'écrivains vraiment utiles qui, en joignant l'agrément à l'instruction, ont rendu la philosophie accessible à tous les ordres de lecteurs.

Le mémoire que M. *de Maupertuis* lut en 1733, à l'Académie sur la figure de la terre & sur les moyens que l'astronomie & la géographie fournissent pour la déterminer, fut l'avant-coureur d'une des plus grandes époques de la physique, celle des voyages à l'Equateur & au cercle polaire; le compte que M. *de Maupertuis* rendit du sien, lui attira des applaudissements & des contradictions, d'où naît la gloire. Il eut alors d'assez intimes liaisons avec Mme. la marquise du Châtelet, M. de Voltaire & M. Kœnig; ces deux derniers devinrent dans la suite ses plus grands ennemis.

Le Voyage du Nord avoit fixé sur M. *de Maupertuis* les regards de toutes les compagnies savantes; elles s'empressèrent à l'admettre. La Société Royale de Berlin ne fut pas des dernières à l'adopter. Peu de tems après, l'illustre Frédéric monta sur le trône de Prusse; il appelloit dès-lors M. *de Maupertuis* pour lui confier l'administration d'une compagnie, qui ayant pour fondateur le grand Leibnitz, sembloit demander pour restaurateur M. *de Maupertuis*.

Dès 1740, sur les invitations du roi de Prusse, il se rendit à Berlin; il suivit ce prince dans la campagne de 1741, en Silésie; il fut pris par les Autrichiens à la bataille de Molwitz, son cheval l'ayant emporté pendant le feu de l'action; il fut conduit à Vienne, où leurs majestés impériales l'honorèrent des bontés les plus distinguées; il revint à Berlin, mais le temps où il devoit s'y fixer n'étoit pas encore arrivé; il revint à Paris, & fut reçu à l'Académie Françoise en 1743.

Le goût de sa première profession, celle des armes, ne l'avoit point quitté; il aimoit le spectacle des opérations militaires; nous l'avons vu à Molwitz, nous le retrouvons en 1744, au siége de Fribourg; là, par une distinction assez remarquable, M. le maréchal de Coigny & M. le comte d'Argenson le chargèrent de porter au roi de Prusse la nouvelle de la prise du château de Fribourg; ce fut vers ce temps que le roi de Prusse prit toutes les mesures nécessaires pour se l'attacher. La France ne voulut point paroître avoir perdu un sujet que les nations étrangères s'empressoient d'acquérir, elle ne traita point M. de

Maupertuis en expatrié, elle lui conserva le droit de régnicole. Le 8 octobre 1745, il épousa Mlle. de Borck; il fut fait président de l'Académie de Berlin le 6 juin 1746, & bientôt après le roi s'en déclara le protecteur. M. *de Maupertuis* reçut aussi presqu'en même temps l'ordre du mérite.

On connoît les divers ouvrages composés par M. *de Maupertuis*, soit en France, soit en Prusse, ses Eléments de Géographie, son Astronomie Nautique, sa Lettre sur le progrès des Sciences, sa Vénus physique, son Essai sur la formation des corps organisés, son Essai de Philosophie morale, son Essai de Cosmologie, &c.

On connoît la trop fameuse querelle de M. *de Maupertuis* avec M. Kœning, querelle où M. *de Maupertuis* paroît avoir mis trop de hauteur & de despotisme, & où l'intervention de M. de Voltaire mit beaucoup de malignité; celui-ci accabla M. *de Maupertuis* de sarcasmes terribles, il le perça de tous les traits du ridicule durable dont il savoit couvrir ses ennemis. Au milieu des orages qu'entraîna cette triste dispute, M. *de Maupertuis* étoit mourant & dégoûté d'une vie, que dans des temps même plus heureux, il appelloit déjà *le mal de vivre.* Il voulut revoir sa patrie; il espéroit y trouver le soulagement que quelques voyages précédents qu'il y avoit faits, lui avoient procuré; il partit de Berlin le 7 juin 1756. Il passa l'hiver à Saint-Malo; il en repartit le 10 juin 1757, pour retourner en Prusse; mais comme la guerre rendoit alors la navigation peu sûre, il traversa toute la France, s'arrêta à Bordeaux, puis à Toulouse, se rendit ensuite par Narbonne & par Nîmes, à Lyon, d'où il alla voir à Neufchâtel, le gouverneur de cette principauté, frère du célèbre maréchal Keith; il passa enfin à Bâle, où il vit son intime ami M. Bernoulli, & où, après de longues souffrances, il mourut dans le sein de l'amitié, le 27 juillet 1759.

MAUPERTUY, (Jean-Baptiste Drouet de) (*Hist. Litt. mod.*) homme inconstant & dont le goût pour l'étude fut le seul goût durable; avocat, puis bel-esprit, puis employé dans les fermes, & ruiné dans cet état, qui auroit dû l'enrichir. Il revient à Paris, puis tout-à-coup il renonce au monde, & après une retraite de deux ans, prend l'habit ecclésiastique; il passe ensuite cinq ans dans un séminaire, cinq autres années dans l'abbaye de Sept-Fons, dont il a écrit l'Histoire, qu'on accuse d'infidélité. Il change encore de solitude, & se cache au fond du Berry. Il est fait chanoine de Bourges; de l'église de Bourges, il passe dans celle de Vienne, dont il a aussi écrit l'Histoire; il revient à Paris, & se retire enfin à Saint-Germain-en-Laye, où il mourut en 1730. On a de lui, outre plusieurs livres de dévotion, un grand nombre de traductions françoises. Les principales sont celles du premier livre des *Institutions de Lactance*; du *Traité de la Providence* & *du Timothée* de Salvien; des *Actes des Martyrs*, recueillis par dom Ruinart; de l'*Histoire des Goths* de Jornandès; de la *pratique des Exercices spirituels* de St. Ignace; du Traité latin de Lessius *sur le choix d'une Religion*; de l'*Euphormion* de Jean Barclei. L'abbé de *Maupertuy* étoit né à Paris en 1650, d'une famille noble, originaire du Berry.

MAUR, (Saint) (*Hist. Ecclés.*) contemporain & disciple de St. Benoît, aussi célèbre dans son ordre que lui-même. Mort en 584.

Saint *Maur* a donné son nom à une congrégation célèbre de Bénédictins, qui a produit une foule d'hommes savans & vertueux.

MAUR, (Raban.) (*Voyez* RABAN-MAUR).

MAURE, (Sainte.) (*Voyez* SAINTE-MAURE).

MAURICE (*Hist. Rom.*) quoique romain d'origine, naquit dans la Capadoce, où sa famille s'étoit établie. Il avoit commencé par être notaire, mais il se dégoûta des fonctions paisibles & sédentaires. Il s'enrôla dans la milice comme simple soldat. Sa valeur & sa capacité l'élevèrent au commandement des armées, & aux premières dignités de l'Empire; & Tibère Constantin voulant se l'attacher par des bienfaits, lui donna sa fille Constantine en mariage. Il parvint à l'empire l'an 585 de Jesus-Christ. Les Perses faisoient alors de fréquentes incursions sur les terres des Romains. *Maurice* envoya contr'eux son beau-frere Philippicus qui éprouva des prospérités & des revers. La fin de cette guerre fut glorieuse à *Maurice* qui rétablit sur le trône Cosroès que ses sujets en avoient fait descendre. Les Perses humiliés & punis, n'insultèrent plus les provinces de l'Empire. Mais des ennemis plus redoutables, parce qu'ils étoient plus cruels, y portèrent la désolation. Les Lombards, maîtres d'une partie de l'Italie, y exerçoient les plus cruelles vexations; *Maurice* les affoiblit & les mit dans l'impuissance de nuire. Les Huns, après avoir essuyé de fréquentes défaites, furent contraints de se renfermer dans leurs déserts. Les Abares firent une plus longue résistance. *Maurice* pour délivrer l'Empire de ce peuple de brigands, consentit à leur payer annuellement cent mille écus. Fiers d'avoir les Romains pour tributaires, ils eurent plus de confiance dans leurs forces; & sans foi dans les traités, ils recommencèrent leurs ravages. *Maurice* en tua cinquante mille dans différents combats sans pouvoir les rebuter. Ils furent plus sensibles au sort de leurs prisonniers qui étoient tombés au pouvoir des Romains. Ils consentirent à se retirer sur leurs terres, à condition qu'on leur rendroit leurs compagnons captifs, & ils s'engagèrent à leur tour à remettre les Romains qu'ils avoient en leur pouvoir. Ces conditions furent exactement remplies par *Maurice*; mais le roi des Abares infidèle à ses promesses, au lieu de renvoyer ses prisonniers, les fit tous passer au fil de l'épée. *Maurice* indigné de cette infidélité, fit de grands préparatifs pour porter la guerre dans le pays des Abares. Ce dessein fut déconcerté par la rébellion de Phocas, qui fut proclamé empereur par l'armée dont *Maurice* lui avoit confié le commandement. Ce dangereux rival qui des plus bas emplois étoit parvenu aux premiers honneurs de la guerre, le poursuit jusqu'à Chalcédoine où il se saisit de sa personne. L'infortuné *Maurice*, après avoir vu égorger ses fils, eut la tête tranchée. Toute sa famille fut enveloppée dans ce carnage. Il s'étoit rendu odieux à la milice qu'il payoit mal & qui souvent manquoit du nécessaire. Ce fut un simple soldat qui l'arrêta pour se venger du refus qu'il avoit fait de lui payer sa solde. Jamais empereur n'avoit poussé aussi loin l'avarice. Il vécut pauvre pour mourir riche : on remarqua que le desir d'accumuler avoit toujours été le vice dominant des empereurs nés dans la pauvreté. Il étoit dans la soixante-sixième année de son âge lorsqu'il perdit la vie. Il en avoit passé vingt sur le trône avec la réputation d'un grand capitaine. Il eut de la piété & protégea le christianisme dont il pratiqua religieusement les maximes. On n'eut à lui reprocher que son avarice. Ce fut sous son règne que les Mahométans commencèrent à se faire connoître par leurs missionnaires guerriers. (*T--N*)

MAURICEAU, (François) *Hist. Litt. mod.*) chirurgien de Paris, auteur d'un ouvrage de son art, très-estimé & traduit dans presque toutes les langues de l'Europe, qui a pour titre : *Traité des Maladies des Femmes grosses & de celles qui sont accouchées, & de leurs enfants nouveaux nés.* Mort en 1709.

MAUROLICO, (François) (*Hist. Litt. mod.*) né à Messine en 1494, abbé de Sainte Marie-du-Port en Sicile. On a de lui beaucoup d'ouvrages sur la méchanique & les mathématiques, & sur diverses parties de la physique. On lui doit l'édition des *Sphériques de Théodose ; Emendatio & restitutio Conicorum Apollonii Pergæi ; Archimedis monumenta omnia ; Euclidis Phenomena*, &c. On a aussi de lui une Histoire de son pays, sous ce titre : *Sicanicarum rerum compendium*. Mort en 1575.

MAURUS, (Terentianus) (*Hist. Rom.*) gouverneur de Syenne dans la haute Egypte, auteur d'un poëme latin sur les règles de la poësie & de la versification, sous ce titre, *de Arte Metricâ*, vivoit sous Trajan ou sous les Antonins.

MAUSSAC, (Philippe-Jacques) (*Hist. Litt. mod.*) conseiller au parlement de Toulouse, & président en la cour des aides de Montpellier, mort en 1650, auteur de notes estimées sur Harpocration, de remarques sur le traité des Monts & des Fleuves, attribué à Plutarque, & d'autres opuscules qui annoncent de l'érudition & de la critique.

MAUTOUR, (Philibert-Bernard Moreau de) (*Hist. Litt. mod.*) auditeur des comptes de Paris, fut reçu à l'Académie des Belles-Lettres en 1701, & il y a plusieurs mémoires de lui dans le recueil de cette Académie. On a de lui aussi une traduction de l'Abrégé chronologique du P. Pétau & quelques poësies peu connues, ou plutôt tout-à-fait inconnues aujourd'hui, qui ne sont pas même recueillies, mais qu'il avoit répandues dans le Journal de Verdun & dans d'autres Journaux ou recueils. Il étoit né à Beaune en 1654. Mort en 1737.

MAXENCE, (MARCUS VALERIUS) (*Hist. Rom.*) fils de l'empereur Maximien, fut proclamé empereur par les gardes prétoriennes qui conservoient un précieux souvenir des bienfaits de son père. Il profita de l'absence de Galere Maximien qui étoit occupé de la guerre d'Illyrie. Il abandonna le soin de cette province pour venir combattre en Italie son rival, encore mal affermi. Mais il fut informé dans sa marche que ses troupes étoient résolues de passer dans le camp de son ennemi. Il rentra dans l'Illyrie, tandis que Sevère, qu'il avoit adopté, soutenoit la guerre dans l'Italie, où il ne put rassembler les restes épars de son parti. *Maxence* l'assiégea dans Ravenne où il l'obligea de se rendre après lui avoir promis la vie : mais ce vainqueur perfide ne l'eut pas plutôt en son pouvoir qu'il lui fit trancher la tête. Maximien dégoûté de la vie que ses démêlés avec son fils lui avoit rendu odieuse, s'étrangla, & sa mort laissa *Maxence* sans concurrent à l'empire. L'Afrique qui jusqu'alors avoit refusé de le reconnoître, se rangea sous son obéissance. Il y commit tant de cruautés, que les peuples implorèrent l'assistance de Constantin pour briser leur joug. Ce prince avoit alors le gouvernement des Gaules. Il se rendit aux vœux des personnes les plus considérables de Rome qui le sollicitoient de se charger de l'empire. Il entre dans l'Italie où les vieux soldats s'empressent de se ranger sous ses enseignes. Les villes lui ouvrent leurs portes & le reçoivent comme leur libérateur. Le tyran alarmé de ses progrès, reconnut trop tard qu'il avoit un rival redoutable. Il sortit de Rome résolu de terminer la querelle par une bataille. La fortune qui l'avoit jusqu'alors favorisé, lui fit éprouver un humiliant revers. Il fut entiérement défait, & comme il se précipitoit dans sa fuite, il tomba dans le Tibre avec son cheval, & fut englouti sous les eaux en 315, après un règne de six ans. Il avoit fait éclater sa haine contre les chrétiens que Constantin à son avénement à l'empire, favorisa par un édit. Sa mémoire fut en horreur aux Romains qu'il avoit accablés d'impôts ; exacteur impitoyable, il confisquoit par avarice les biens de ceux qui n'avoient d'autres crimes que d'être riches ; & pour justifier ses usurpations, il leur supposoit des crimes qui les faisoient condamner à la mort. Il n'eut aucune des vertus de son père. Il étoit lent à concevoir des projets & lâche dans l'exécution. Sa physionomie sinistre manifestoit les vices de son cœur. Son esprit foible & borné étoit incapable de gouverner un grand empire, sur-tout dans ces tems orageux. Il croyoit en imposer par un orgueil insultant qui le fit encore plus détester que l'assemblage de tous ses crimes. (*T--N.*)

MAXIME (*Hist. Rom.*) général de l'armée Romaine en Angleterre, se concilia l'affection des légions mécontentes de Gratien qui leur avoit préféré un corps d'Alains pour veiller à la sûreté de sa personne. Ses soldats le proclamerent empereur, & leur exemple fut suivi par les légions des Gaules. Gratien marcha contre lui ; & comme il se préparoit à le combattre, il se vit abandonné de ses soldats & réduit à prendre honteusement la route d'Italie. Il fut assassiné à Lyon,

& *Maxime* eut la cruauté de lui refuser les honneurs de la sépulture. La mort de son rival ne le laissa point possesseur paisible de l'empire. Valentinien, frère de Gratien, se réfugia avec sa mère auprès de Théodose qui commandoit dans l'Orient. *Maxime* maître de l'Italie, la regarda comme un pays de conquête. Il y commit toutes sortes de cruautés & de brigandages. Les soldats, à l'exemple de leur chef, profanèrent les temples & maltraiterent les citoyens. Il chercha les moyens de séduire Théodose, à qui il fit les plus éblouissantes promesses. Mais celui-ci, plus politique que lui, l'amusa par des négociations artificieuses qui lui donnèrent le tems d'assembler une armée & d'équiper une flotte. *Maxime* qui s'étoit flaté de lui en imposer en mettant en mer quelques vaisseaux, essuya une honteuse défaite. Son armée de terre fut mise en déroute sous les murs d'Aquilée qui fut prise d'assaut. *Maxime* abandonné de ses soldats, fut amené chargé de chaînes aux pieds de son vainqueur, qui, s'attendrissant sur son malheur, lui reprocha ses crimes & eut la générosité de les lui pardonner. Mais ses soldats à qui il étoit devenu odieux, murmurerent de cette indulgence ; & craignant qu'il ne se relevât de sa chûte, ils lui tranchèrent la tête en 388. Valentinien qui lui avoit disputé l'empire pendant sept ans, avoit établi sa domination dans l'Occident. Tandis qu'il s'endormoit à Vienne dans une fausse sécurité, il fut trahi par deux de ses officiers, Eugene & Arbogaste, qui l'étranglèrent dans son lit; c'étoient ces ministres de sang qui avoient massacré Gratien. Pressés par leurs remords & sans espoir de pardon, ils se précipitèrent dans la mer pour se soustraire à l'infamie d'un juste supplice. (*T.---N.*)

MAXIME II, (PETRONE) sénateur & consul Romain, jouit d'une grande considération dans l'exercice de ses fonctions pacifiques. Tant qu'il ne fut qu'homme privé, sa vie n'offrit rien à la censure. Riche de toutes les connoissances qui rendent un particulier aimable & essentiel, il apporta dans le commerce de la vie civile les vertus qui en font la sûreté, & les talens qui en font les agrémens. L'amour qu'il sentit pour Eudoxie le rendit ambitieux & criminel. Il épousa la veuve de ce prince infortuné, & dans une ivresse d'amour, il lui découvrit que le desir de la posséder l'avoit porté à assassiner Valentinien. Eudoxie, saisie d'horreur, appelle secrétement Genséric en Italie. Ce roi des Vandales se rendit à des vœux qui flatoient son ambition. Il entre avec son armée dans Rome où *Maxime* croyoit n'avoir d'ennemis que ses remords. Ce lâche empereur, au lieu de lui opposer de la résistance, ne voit d'autres moyens que la fuite. Ses soldats s'offrent en vain d'exposer leur vie pour protéger la sienne. Il n'est susceptible que de crainte ; & tandis qu'il les sollicite à être les compagnons de sa fuite, ils l'assommèrent à coups de pierre, l'an 455. Il n'avoit régné que deux mois & quelques jours. (*T— N.*)

MAXIME *perfide*, (*Hist. mod.*) se dit principalement d'une proposition avancée par quelques-uns du tems de Cromwel ; savoir, qu'il étoit permis de prendre les armes au nom du roi contre la personne même de sa majesté, & contre ses commissaires : cette *maxime* fut condamnée par un statut de la quatorzième année du régne de Charles II. *c. iij.* (*A. R.*)

MAXIMIEN HERCULE, (*Hist. Rom.*) né de parens obscurs, n'eut d'autre ressource pour subsister que la profession des armes. Il fut redevable de son élévation à Dioclétien, témoin de sa valeur & son compagnon dans son apprentissage de la guerre. *Maximien*, associé à l'empire par la faveur de son ancien ami, n'oublia jamais qu'il étoit son bienfaiteur. Il eut pour lui la docilité d'un enfant qui obéit sans réplique aux ordres d'un père chéri. Son bienfaiteur lui donna le département de l'Afrique & de la Gaule dont il appaisa les tumultes populaires, autant par sa sagesse que par ses armes. Ses succès lui méritèrent les honneurs du triomphe qui lui furent décernés conjointement avec Dioclétien. Il éprouva quelques revers dans la Bretagne, qu'il fut obligé d'abandonner à Carause qui l'avoit envahie. Cette honte fut effacée dans le sang de Julianus qui avoit fait soulever l'Afrique. Les Maures vaincus par ses armes, furent transplantés dans d'autres contrées. *Maximien* sollicité par Dioclétien, qui se dépouilla de la pourpre, suivit son exemple ; & dégoûté des embarras des affaires, il voulut jouir de lui-même dans le loisir de la vie privée ; mais fatigué du poids de son inutilité, il reprit la pourpre à la sollicitation de son fils. Soit par dégoût des grandeurs, ou par mauvaise volonté contre son fils, il l'obligea de s'exhéréder & de se réduire à la condition de simple particulier. Le peuple & l'armée se souléverent contre cette injustice. *Maximien* n'eut d'autre ressource que de se réfugier dans les Gaules où commandoit Constantin qui avoit épousé Fausine sa fille. Son caractère inquiet & remuant ne put se ployer sous les volontés d'un gendre, & ce fut pour s'en débarrasser qu'il engagea sa fille à se rendre complice du meurtre de son époux. Faustine saisie d'horreur parut disposée à commettre ce crime pour le prévenir. Constantin averti par elle fit coucher dans son lit un de ses eunuques, que les meurtriers massacrèrent au milieu des ténèbres. Constantin survint accompagné de ses gardes. Il reprocha à son beau-père l'énormité de son crime, & ne croyant pas devoir le laisser impuni, il ne lui laissa que le choix de son supplice. *Maximien* déséspéré d'avoir manqué son coup, s'étrangla à l'âge de 60 ans dont il en avoit régné vingt-un. Quoiqu'il eût toutes les qualités d'un grand capitaine, il en ternit l'éclat par les vices qui font les grands scélérats. Son élévation ne put corriger la rusticité de ses mœurs féroces. Toutes ses actions rappellèrent qu'il étoit né barbare & sans éducation. Il eut l'avarice & la cupidité d'un publicain. Sa figure étoit aussi rebutante que son caractère. (*T.--N.*)

MAXIMIEN II, fut surnommé l'*armentaire*, parce

qu'étant né de parens pauvres, il avoit passé sa jeunesse à garder les troupeaux. Ce fut par sa valeur que de simple soldat, il parvint aux premiers grades de la guerre. La faveur des soldats le rendit nécessaire à Dioclétien qui le créa César, en lui faisant épouser sa fille Valéria. Tant qu'il n'avoit eu qu'un commandement subordonné, il s'étoit acquis la réputation d'un grand capitaine: il démentit cette idée dans la guerre contre les Goths & les Perses qui le vainquirent dans plusieurs combats. Ses défaites furent imputées à son incapacité. Dioclétien l'obligea de marcher à pied à la suite de son char avec tous les attributs de la dignité impériale. Sensible à cette humiliation, il demanda le commandement d'une nouvelle armée pour réparer la honte de ses anciennes défaites. Plus heureux ou plus sage, il remporta une victoire complette sur Narsès, qui lui abandonna son camp, ses femmes & ses enfans. Le vainqueur usa avec humanité de sa victoire; la famille de Narsès n'essuya aucune des humiliations de la captivité; mais il ne lui rendit la liberté qu'à condition qu'on restitueroit toutes les provinces situées en deçà du Tigre, que les Perses avoient envahies. Il succomba sous le poids de ses prospérités. Saisi d'un fol orgueil, il prit le titre de fils de Mars. Dioclétien qui l'avoit méprisé commença à le craindre, & quelque tems après il se détermina à se démettre de l'empire. *Maximien* après cette abdication monta sur le trône & prit le titre d'Auguste, qu'il déshonora par ses cruautés. Les peuples furent accablés d'impôts, & ceux qui furent dans l'impuissance de les payer, furent exposés aux bêtes féroces: ce fut contre les Chrétiens qu'il exerça le plus de cruautés. Toutes les calamités qui affligèrent l'empire leur furent imputées. L'âge qui tempère les passions, ne fit qu'aigrir sa cruauté. Tous les sujets de l'empire furent obligés à donner une déclaration de leurs biens, & ceux qui furent convaincus d'inexactitude, furent punis par le supplice de la croix. Les indigens furent accusés de cacher leurs trésors, & sur cette fausse idée, ils furent jettés dans le Tibre. Ces exécutions barbares le rendirent odieux aux peuples. Maxence, appellé par les vœux des Romains, le força de quitter l'Italie. Les chagrins épuisèrent ses forces; il tomba malade, & son corps couvert d'ulcères ne fut plus qu'une plaie. Ce tyran qui dans la santé avoit bravé les dieux & leurs ministres, devint superstitieux en sentant sa fin approcher. Il invoqua toutes les divinités du paganisme qui n'apportèrent aucun soulagement à ses maux. Il adressa ensuite ses vœux au dieu des Chrétiens qui rejetta ses prieres. Il mourut au milieu des douleurs les plus aigues qui furent le châtiment anticipé de ses excès monstrueux. Son extérieur décéloit les vices cachés de son ame. Il étoit d'une taille gigantesque & chargé d'embonpoint. Sa voix forte & discordante ne se faisoit entendre que pour faire des menaces ou dicter des arrêts de mort. Les lettres qu'il dédaigna ne lui prêtèrent point leur secours pour adoucir sa férocité. Il mourut l'an 311. (*T--N*).

C'est le même que *Galerius*. (*Voyez* GALERIUS.)

MAXIMILIEN I, archiduc d'Autriche, (*Hist. d'Allemagne.*) XXVIIIe empereur depuis Conrad, naquit le 22 mars l'an 1459, de Fréderic le Pacifique, & d'Eléonore de Portugal, & fut élu roi des Romains en 1486 le 16 février: il succéda à son père l'an 1493, & mourut le 12 janvier 1519.

Le commencement du regne de ce prince offre un mélange de prospérités & de revers. Son mariage avec la princesse Marie, fille & héritière de Charles le Téméraire, le mit en état de figurer avec les plus puissans potentats de l'Europe, même avant qu'il parvint au trône de l'empire. Ce mariage fut une source de guerres entre les maisons de France & d'Autriche. Au nombre des provinces qui formoient l'opulente succession de Charles, on comptoit le Cambresis, l'Artois, le Hainaut, la Franche-Comté & la Bourgogne. La France prétendoit avoir un droit de suzeraineté sur ces provinces. Louis XI, que l'on déteste comme homme, mais que l'on admire comme roi, devoit commencer par se saisir des deux Bourgognes, & de plusieurs places dans l'Artois & le Hainaut. La France foible & malheureuse sous le regne des prédécesseurs de Louis, parce qu'elle étoit toujours divisée & ennemie de ses rois, se rendoit redoutable sous un prince qui avoit l'art de se faire obéir, & qui, au risque d'éprouver des remords, commettoit indifféremment tous les crimes, pourvu qu'ils fussent avoués par la politique. *Maximilien* savoit ce qu'il avoit à craindre d'un semblable ennemi; persuadé que les troupes de la princesse son épouse, étoient insuffisantes, il implora les princes allemands qui, mécontens de l'empereur son père, lui refuserent des secours. Les Liégeois seuls embrasserent son parti. Aidé de ces nouveaux alliés dont la fidélité lui étoit d'autant moins suspecte, qu'il connoissoit leur aversion pour la domination françoise, *Maximilien* prit plusieurs places importantes, battit les François à Guinegaste; cette victoire ne fut pas décisive. Louis XI eut l'adresse de lui en dérober tout le fruit en le forçant de lever le siége de Térouane. La mort de Marie arrivée sur ces entrefaites fournit de nouveaux alimens à cette guerre. *Maximilien* fut regardé comme un étranger, & les états, sur-tout ceux de Flandres, lui contesterent la tutelle & la garde-noble du prince Philippe, son fils, & de la princesse Marguerite, sa fille. Cette nouvelle contestation étoit en partie l'effet des intrigues de la cour de France. Elle se termina à l'avantage de *Maximilien*; ce prince fut déclaré tuteur de Philippe, son fils; on lui fit cependant quelques conditions. Il se déchargea alors des soins de la guerre de France sur ses généraux, & alla à Francfort où les princes de l'empire lui donnerent le titre de roi des Romains. La mort de Louis XI, arrivée peu de tems avant qu'il eût obtenu cette nouvelle dignité, sembloit lui promettre des succès heureux du côté de la Flandre où étoit le théâtre de la guerre; mais le peu de discipline qu'il entretenoit parmi ses troupes, excita une rumeur universelle. Les parens de la princesse défunte, qui se voyoient éloignés des affaires, & de la personne de Philippe, favorisoient l'esprit de révolte. Ils persuaderent aux Flamands, naturellement ennemis du gouvernement arbitraire, qu'il tendoit à introduire le despotisme, & à le perpétuer dans sa personne. Sur ce bruit qu'autorisoient des actes d'une sévérité nécessaire, il se vit tout-à-coup arrêté dans Bruges ; on le traita avec beaucoup de déférence & de respect, mais on fit le procès à ses partisans. Il y en eut dix-sept de décapités par l'ordre des états généraux. Il y avoit bien trois mois qu'il étoit dans les fers, lorsque l'empereur Frédéric s'approcha avec une armée, & menaça les rebelles. Les états ne se laisserent cependant pas abattre, ils se préparerent à le recevoir. L'empereur & le roi des Romains, qui connoissoient les suites d'une guerre civile, signerent un traité qui les obligeoit à faire sortir de la Flandre toutes les troupes allemandes, & à faire la paix avec Charles VIII, roi de France. On a demandé pourquoi le ministère du jeune Charles VIII ne profita pas d'une si heureuse conjoncture ? Mais outre que ce ministere étoit foible, il étoit occupé d'une négociation importante. *Maximilien* avoit formé le projet d'épouser la duchesse de Bretagne, afin de pouvoir presser la France de tous les côtés ; il l'avoit même épousée par procureur; il s'agissoit donc de rompre, ou plutôt d'empêcher la consommation de ce mariage, & de faire épouser la duchesse au roi de France, au lieu de la princesse Marguerite d'Autriche, fille de *Maximilien*, qu'on lui avoit destinée. Cette négociation réussit au grand bonheur de la France qui auroit eu les Bretons pour ennemis, & pour ennemis incommodes, au lieu qu'elle put se flater de les avoir bientôt pour sujets. Le roi des Romains, pour se dispenser d'exécuter les conditions du traité que les Flamands ses sujets lui avoient imposées, alla faire la guerre à Ladislas Jagellon qui conservoit la basse-Autriche engagée à la couronne d'Hongrie pour les frais d'une guerre ruineuse. Il reprit cette province, & força Ladislas à renouveller le traité que Frédéric le Pacifique avoit fait avec Mathias. Ce traité qui forçoit Ladislas à reconnoître *Maximilien* pour son successeur aux royaumes d'Hongrie & de Bohême, pourvu qu'il ne laissât point d'héritier, préparoit de loin ces deux états à obéir à la maison d'Autriche. Il avoit à peine conclu cet important traité, qu'on lui apprit que sa prétendue femme, Anne de Bretagne, venoit de consommer un mariage plus réel avec Charles VIII; il en conçut un secret dépit, mais ayant surpris Arras, il profita de cette conquête pour conclure une paix avantageuse. Le roi de France lui céda la Franche-Comté en pleine souveraineté; l'Artois, le Charolois & Nogent, à condition d'hommage. On doit observer que *Maximilien* n'agissoit que comme régent & tuteur de Philippe son fils, titulaire de ces provinces, comme représentant Marie de Bourgogne. Il faut avouer, dit un moderne, que nul roi des Romains ne commença plus glorieusement sa carriere que *Maximilien*. La victoire de Guinegaste sur les François, l'Autriche reconquise, la prise d'Arras & l'Artois gagné d'un trait de plume, le couvroient de gloire. Frédéric le Pacifique mourut (1493), peu de tems après la conclusion de ce traité si avantageux à sa maison. L'empire fut peu sensible à cette mort, il y avoit long-tems que le roi des Romains l'avoit éclipsé. *Maximilien* lui succéda sans contradiction, & s'approcha de la Croatie & de la Carniole, que menaçoient les Turcs, gouvernés alors par Bajazet II, successeur du redoutable Mahomet, conquérant de Constantinople & destructeur de l'empire d'Orient. Il épousa à Inspruk, à la honte de l'Allemagne & de sa maison, la niece de Louis Sforce surnommé *le Maure*, auquel il donna l'investiture de Milan. Louis le Maure avoit usurpé ce duché sur Jean Galeas Sforce, son neveu, après l'avoir fait empoisonner. Ni l'amour, ni l'honneur ne présiderent à ce mariage; l'empereur ne fut ébloui que par les sommes que lui apporta sa nouvelle épouse; cinq cens mille florins d'or firent disparoître l'intervalle immense qui étoit entre ces deux maisons. Charles VIII passa dans le même temps en Italie, il y alloit réclamer le royaume de Naples, en vertu du testament de Charles d'Anjou, comte de Provence, qui prenoit toujours le titre de roi des deux Siciles, depuis long-tems enlevées à sa maison. Il fut reçu à Rome dans un appareil qui approchoit de la pompe d'un triomphe. Louis Sforce, le même qui venoit de s'allier à *Maximilien*, lui avoit fourni des secours d'hommes & d'argent. Les succès de Charles furent rapides; il entra dans Naples précédé par la terreur du nom François; mais sa vanité qui lui fit prendre le double titre d'Empereur & d'Auguste dont les princes d'Allemagne étoient seuls en possession, lui prépara un retour funeste. *Maximilien* le vit avec un œil jaloux, il se ligua avec la plupart des princes de l'Europe pour lui faire perdre les noms pompeux qu'il avoit eu l'indiscrétion de prendre. Le pape qui lui avoit fait une réception magnifique, Louis Sforce qui avoit facilité ses succès, & les Vénitiens, ceux-ci, sur-tout, trembloient de voir s'élever en Italie une puissance rivale de la leur; ils conspirerent pour chasser le conquérant. Ferdinand d'Aragon & Isabelle de Castille entrerent dans cette ligue, qui força Charles de repasser en France, & d'abandonner Naples & ses autres conquêtes en moins de cinq mois. L'empereur après avoir obligé Charles de sortir de l'Italie, y entra à son tour; mais il fut si mal accompagné qu'il n'y fit rien de mémorable: il n'avoit que mille chevaux & cinq à six mille lansquenets; ce qui ne suffisoit pas pour faire perdre à l'Italie l'idée de son indépendance. Il repassa les Alpes au bruit de la mort de Charles VIII, & fit une irruption sur les terres de France du côté de la Bourgogne. *Maximilien* persistoit à réclamer, pour son fils, toute la succession de Marie. Louis XII rendit plusieurs places au jeune prince qui fit hommage-lige entre les mains du chancelier de France dans Arras, pour le Charolois, l'Artois & la Flandre, & l'on convint de part & d'autre de s'en rapporter au parlement de Paris sur le duché de Bourgogne. Cette anecdote est bien honorable pour Louis XII, rien ne peut donner une plus haute idée de sa justice; c'étoit le reconnoître incapable de corrompre un tribunal sur lequel il avoit tout pouvoir. Louis XI n'eût point inspiré cette confiance, plus flateuse pour la nation que vingt victoires. L'empereur, après avoir ainsi réglé ce différend, jetta un coup d'œil sur les Suisses qui se donnoient de grands mouvemens pour enlever à la maison d'Autriche le reste des domaines qu'elle possédoit dans leur pays. Il tâchoit de ramener par les voies de la douceur l'esprit d'une nation que la hauteur de ses orgueilleux ancêtres avoit aliéné. Toutes ses tentatives furent infructueuses : les états assemblés dans Zurik s'écrierent tout d'une voix, qu'il ne falloit point avoir de confiance dans *Maximilien*. La guerre devint inévitable, & les Autrichiens ayant été vaincus dans trois batailles, l'empereur fut obligé de rechercher la paix, & de reconnoître l'indépendance des cantons qui furent depuis au nombre de treize par la réunion des villes de Basle, de Schaffhouse & d'Appenzel, qui se fit l'année suivante (1500). Cette guerre contre la Suisse l'empêcha de s'opposer aux progrès de Louis XII en Italie; mais la perfidie des princes de cette contrée le servit mieux que n'auroient fait les Allemands, s'il eut pu les employer. Cependant, pour jouir en quelque sorte des victoires de Louis qui lui demandoit l'investiture de Milan, conquis sur Louis Sforce, son oncle, il mit une condition à son agrément, savoir, que Louis consentiroit au mariage de Claude, sa fille, avec Charles son petit-fils; c'étoit s'y prendre de bonne heure, Charles étoit à peine dans sa deuxieme année. On prétend que le dessein de *Maximilien*, dans ce projet de mariage, étoit de faire passer un jour le Milanois & la Bretagne à ce petit-fils, Prince qui d'ailleurs eut une destinée si brillante. Cet empereur qui travailloit avec tant d'assiduité à élever sa maison, n'avoit que des titres pour lui-même; il n'avoit aucune autorité en Italie, & n'avoit que la préséance en Allemagne. Ce n'étoit qu'à force de politique qu'il pouvoit exécuter les moindres desseins. L'Allemagne étoit d'autant plus difficile à gouverner, que les princes instruits par ce qui se passoit en France, craignoient que l'on n'abolît les grands fiefs. Les électeurs firent une ligue; & résolurent de s'assembler tous les deux ans pour le maintien de leurs priviléges. Cette rivalité entre le chef & les membres de l'empire flatoit sensiblement le pape & les principautés d'Italie qui conservoient encore le souvenir de leur ancienne servitude. Frédéric, son père, avoit fait ériger l'Autriche en archiduché, il voulut le faire déclarer électorat, & il ne put réussir. Malgré les contradictions que *Maximilien* éprouvoit dans son pays, sa réputation s'étendoit dans le Nord; le roi Jean, chancelant sur le trône de Danemarck, de Suede & de Norwege, eut recours à son autorité : *Maximilien* ne manqua pas de faire valoir les droits que ce prince lui attribuoit : il manda aux états de Suede qu'ils eussent à obéir, qu'autrement il procéderoit contre eux selon les droits de l'empire : il ne paroît cependant pas que jamais ils en eussent été sujets; mais, comme le remarque M. de Voltaire, ces déférences dont on voit de tems en tems des exemples, marquent le respect que l'on avoit toujours pour l'empire. On s'adressoit à lui quand on croyoit en avoir besoin, comme on s'adressa souvent au saint siége pour fortifier des droits incertains. La minorité de Philippe avoit suscité bien des guerres à *Maximilien*; la mort prématurée de ce prince en excita de nouvelles. Il laissoit un fils enfant, c'étoit Charles de Luxembourg dont nous avons déja parlé, & qui est mieux connu sous le nom de *Charles-Quint*. Les Pays-Bas refusoient de reconnoître l'empereur pour régent; les états alléguoient pour prétexte que Charles étoit françois, comme étant né à Gand, capitale de la Flandre, dont Philippe, son père, avoit fait hommage au roi de France. *Maximilien* multiplia en vain tous ses efforts pour engager les provinces à se soumettre, elles refuserent avec opiniâtreté pendant dix-huit mois; mais enfin elles reçurent pour gouvernante la princesse Marguerite, fille chérie de *Maximilien* : cependant l'empereur faisoit toujours des vœux pour reprendre quelqu autorité en Italie, où dominoient deux grandes puissances, savoir, la France & Venise, & une infinité de petites qui se partageoient entre l'une & l'autre, suivant que leurs intérêts l'exigeoient. Ce fut pour satisfaire cet ardent desir qu'il entra dans la fameuse ligue de Cambrai, formée par Jule II, contre la république de Venise assez fière pour braver tous les princes de l'Europe qui avoient conjuré sa ruine. Louis XII, qui devoit la protéger, ne put résister à l'envie de l'humilier, & de se venger de quelques secours qu'elle avoit fournis à ses ennemis : il entra dans la ligue, ainsi que le roi d'Espagne qui vouloit reprendre plusieurs villes qu'elle lui avoit enlevées, & auxquelles il avoit renoncé par un traité. Il seroit trop long d'entrer dans le détail de cette guerre; il nous suffit de faire connoître quelle étoit la politique qui faisoit agir ces princes, & de montrer quelle en fut l'issue. Jule qui en avoit été le premier moteur, & qui rassembloit tant d'ennemis autour de Venise, ne vouloit qu'abaisser cette république, mais non pas la détruire. Elle perdit dans une seule campagne les riches provinces que lui avoient à peine acquises deux siècles de la politique la plus profonde & la mieux suivie. Réduite au plus déplorable état, elle s'humilia devant le pontife qui conspira dès-lors avec Ferdinand pour la relever & la délivrer des François, ses ennemis les plus redoutables. Louis XII, généreux & plein de valeur, ne connoissoit pas cette sage défiance si utile à ceux qui sont nés pour gouverner : il fut successivement joué par le pape & par l'empereur. Ses états d'Italie furent frappés des mêmes coups qu'il venoit de porter à la république. *Maximilien* qui se gouvernoit uniquement par des vues d'intérêt, & qui cédoit toujours aux conjonctures, se déclara contre lui, dès qu'il cessa de le redouter ou d'en espérer, & donna à Maximilien Sforce, fils de Louis le Maure, l'investiture du duché de Milan pour lequel Louis XII lui avoit payé, trois ans auparavant, cent soixante mille écus; mais ce dont *Maximilien* ne se doutoit pas, c'est que Jule II travailloit sourdement pour le perdre lui-même. Ce prince abusé par de feintes négociations, comptoit tellement sur l'amitié du pape, qu'il lui proposoit de bonne foi de le prendre pour collégue au pontificat; on a fait des railleries sur cette proposition, mais si *Maximilien* avoit réussi, c'étoit l'unique moyen de relever l'empire d'Occident, en réunissant les deux pouvoirs. Devenu légat de Jule II, comme son collégue, il l'eût facilement enchaîné comme empereur; mais c'étoit s'abuser étrangement que de s'imaginer pouvoir tromper à ce point Jule, le plus fier & le plus délié des pontifes après Léon X, son successeur; d'ailleurs les princes chrétiens étoient trop éclairés sur leurs vrais intérêts, pour qu'on puisse soupçonner qu'ils l'eussent souffert, eux qui tant de fois avoient rampé devant les papes, lors même qu'ils étoient dépourvus de toute puissance temporelle. *Maximilien* n'est donc blâmable que pour avoir proposé un projet qui lui eût attiré sur les bras toute l'Europe. Malgré le refus de Jule, il prenoit souvent le titre de souverain pontife que les Césars avoient toujours porté avec celui d'empereur. Ces deux titres reunis sembloient rendre éternelle la domination de ces hommes fameux, lorsque les Barbares du nord vinrent briser cette puissance formidable, qui tenoit l'univers à la chaîne. Le saint siège ayant vaqué par la mort de Jule II, *Maximilien* voulut y monter, après avoir essayé de le partager. Il acheta la voix de plusieurs cardinaux; mais le plus grand nombre lui préféra le cardinal Julien, qui, né du sang des Médicis, déploya, sous le nom de *Léon X*, tout le génie des Côme & des Laurent qui avoient illustré cette maison, à laquelle l'Europe doit ses plus belles connoissances. Animé du même amour de la gloire, mais avec plus de finesse dans les vues, & plus d'aménité dans le caractère que Jule dont il avoit été le conseil, il suivit le même plan; & voyant Venise presque abattue, il se ligua contre Louis XII, avec Henri VIII, roi d'Angleterre, Ferdinand le Catholique & l'empereur dont il devoit consommer la perte, après qu'il auroit réduit le roi de France. Cette ligue fut conclue à Malines (5 avril 1513), en partie par les soins de Marguerite, gouvernante des Pays-Bas; cette princesse avoit eu beaucoup de part à celle de Cambrai. L'empereur devoit se saisir de la Bourgogne, le roi d'Angleterre, de la Normandie, & le roi d'Espagne qui avoit récemment usurpé la Navarre sur Jean d'Albret, devoit envahir la Guienne: ainsi Louis, qui, peu de temps auparavant, battoit les murs de Venise, & parcouroit l'Italie dans l'appareil d'un triomphateur, se vit réduit à se défendre dans ses états contre les mêmes puissances qui avoient facilité ses succès; si, au lieu d'entrer dans la ligue de Cambrai, il se fût réuni avec les Vénitiens, il partageoit avec eux le domaine de l'Italie, & probablement son auguste maison régneroit encore au-delà des Alpes. Cependant cette puissante ligue se dissipa d'elle-même, dès qu'on eut ravi à la France, sans crainte de retour, ce qu'elle possédoit en Italie. *Maximilien* joua dans cette guerre un rôle bien humiliant pour le premier prince de la chrétienté; il sembloit moins l'allié de Henri VIII, que le sujet de ce prince, il en recevoit chaque jour une solde de cent écus, elle eût été de cent mille, qu'il n'eût pas été plus excusable de la recevoir: un empereur devoit se montrer avec plus de dignité. Il accompagna Henri à la fameuse journée de Guinegaste, appellée la *journée des éperons*; & dans un âge mûr il parut en subalterne dans ces mêmes lieux où il avoit commandé & vaincu dans sa jeunesse. Les grands événemens qui s'accomplirent en Europe sur la fin de son regne, n'appartiennent point à son histoire; il ne fut que les préparer. *Maximilien* mourut à Urelz, dans la haute Autriche; il étoit dans la soixantième année de son âge, & la vingt-cinquième de son règne. Il fut vanté dans le commencement de son règne comme un prince qui réunissoit dans le plus éminent dégré les qualités brillantes du héros & toutes les vertus du sage. C'est le sort de tous les souverains qui succèdent à des princes foibles; ce n'est pas qu'on veuille obscurcir son mérite. On avoue qu'il n'étoit pas sans capacité, & qu'il en falloit avoir pour se soutenir dans ces tems orageux. A le considérer comme homme privé, l'histoire a peu de défauts à lui reprocher, il étoit doux, humain, bienfaisant, il connut les charmes de l'amitié, il honora les savans, parce qu'il avoit éprouvé par lui-même ce qu'il en coûtoit pour l'être. A le considérer comme prince, il n'avoit pas cette majesté qui imprime un air de grandeur aux moindres actions; ses manières simples dégénéroient quelquefois en bassesse; il ne savoit ni user de sa fortune, ni supporter les revers; léger & impétueux, un caprice lui faisoit abandonner des entreprises commencées avec une extrême chaleur. Son imagination enfantoit les plus grands projets, & son inconstance ne lui permettoit d'en suivre aucun. Allié peu sûr, il fut ennemi peu redoutable; aimant prodigieusement l'argent, il le dépensoit avec prodigalité, il sut rarement l'employer à propos, & l'on blâme, sur-tout, les moyens dont il usa pour s'en procurer. Il effaça Frédéric, son pere, de son vivant, & il fut effacé lui-même par Charles-Quint, son petit-fils: il faut cependant convenir que son règne offriroit moins de taches, s'il eût été le maître d'un état plus soumis. Quand il jettoit un coup d'œil sur la France obéissante & amoureuse de ses rois, il avoit coutume de dire que, s'il avoit deux fils, il voudroit que le premier fût dieu, & le second roi de France. Marie de Bourgogne, sa première femme, lui donna trois enfans, savoir: Philippe, Marguerite & François: il n'en eut point de Blanche-Marie Sforce, mais il en eut un très-grand nombre de ses maîtresses. On distingue George qui remplit successivement les évêchés de Brixin, de Valence & de Liège.

Quant à ce qui pouvoit influer sur le gouvernement, on remarque une promesse faite aux états de ne faire aucune alliance au nom de l'empire sans leur consentement: c'est la première loi qui borna l'autorité des empereurs à cet égard: il proscrivit les duels & tous les défis particuliers; la peine du ban impérial fut prononcée contre les infracteurs de cette salutaire ordonnance, qui ne fut pas toujours suivie; & l'on érigea un tribunal suprême qui devoit connoître des différends qui avoient coutume d'arriver entre les états.

Tant que les souverains d'Allemagne n'avoient point été à Rome, ils ne prenoient que le titre de roi des Romains; *Maximilien* changea cet usage, & se fit donner le titre d'empereur élu, que prirent tous ses successeurs. Des auteurs lui attribuent l'abolition du jugement secret; mais cet honneur appartient incontestablement à Frédéric-le-Pacifique, son père. Son règne est fameux par la découverte du nouveau monde, découverte si fatale à ses habitans. (*T--N.*)

MAXIMILIEN II, successeur de Ferdinand I, (*Histoire d'Allemagne.*) XXXIe empereur depuis

Conrad I, né en 1527 de l'empereur Ferdinand I, & de l'impératrice Anne de Hongrie, couronné roi des Romains en 1562, élu empereur à Francfort, le 24 novembre de la même année, sacré roi de Hongrie en 1563.

Les commencemens du règne de *Maximilien II* n'offrent rien qui appartienne à l'histoire de ce prince. Il tâcha de concilier les différentes sectes qui divisèrent la chrétienté, ou plutôt à les rappeller toutes à l'ancien culte; toutes ses tentatives furent infructueuses. Ces détails concernent l'histoire ecclésiastique, & il en est suffisamment parlé aux articles des différentes sectes. Il eut cependant la guerre à soutenir contre les Turcs, toujours gouvernés par le célèbre Soliman II, la terreur & l'effroi des Hongrois sous ses prédécesseurs. La Transilvanie fut la cause de cette guerre. La maison d'Autriche vouloit y entretenir un gouverneur, depuis que Ferdinand avoit acquis cette province de la veuve de Jean Sigismond pour quelques terres dans la Silésie. Le fils de Sigismond, mécontent de l'échange qu'avoit fait sa mère, avoit reparu dans la Transilvanie, & s'y soutenoit par la protection des Turcs. Les commencemens de cette guerre furent heureux: les Autrichiens se signalèrent par la prise de Tokai; mais cette conquête ayant alarmé Soliman, ce généreux sultan, chargé d'années, se fit porter devant Rigith, dont il ordonna le siége. Le brave comte de Serin, que sa valeur rendit cher à ses ennemis même, défendoit cette place importante. *Maximilien* devoit le secourir à la tête d'une armée de près de cent mille hommes levés dans ses différens états; mais il n'osa s'approcher de l'endroit où étoit le danger. Le comte de Serin, se voyant abandonné, montra autant de courage que l'empereur montroit de pusillanimité. Au lieu de rendre la ville aux Turcs, ce qu'il eût pu faire sans honte, puisqu'il étoit impossible de la conserver, il la livra aux flammes dès qu'il vit l'ennemi sur la brêche, & se fit tuer en en disputant les cendres. Le grand visir, admirateur de son courage & de sa résolution héroïque, envoya la tête de cet illustre comte à *Maximilien*, & lui reprocha d'avoir laissé périr un guerrier si digne de vivre. Ce siége fut mémorable par la mort du sultan, qui précéda de quelques jours celle du comte de Serin. *Maximilien* pouvoit profiter de la consternation que devoit répandre parmi les Turcs la perte d'un aussi grand chef, il ne fit aucun mouvement, & retourna sur ses pas sans même avoir vu l'ennemi. La tranquillité de l'Allemagne fut encore troublée par un gentilhomme de Franconie, appellé *Grombak*. C'étoit un scélérat proscrit pour ses crimes, qui cherchoit à tirer avantage du ressentiment de l'ancienne maison électorale de Saxe, dépouillée de son électorat par Charles-Quint. Il s'étoit refugié à Gotha, chez Jean-Frédéric, fils de Jean-Frédéric, auquel la bataille de Mulberg avoit été si funeste. Il s'insinua dans l'esprit de ce duc, dont il fomenta le ressentiment, & l'engagea à déployer l'étendard de la révolte. La fin de cette guerre fut fatale à ses auteurs: Grombak périt sur l'échafaud avec ses complices, principalement pour avoir formé une conspiration contre Auguste, électeur de Saxe, chargé de faire exécuter contre lui l'arrêt de sa proscription. Frédéric, aussi malheureux que son père, fut rélégué à Naples, & son duché de Gotha fut donné à son frère Jean-Guillaume. Un magicien, aposté par Grombak, lui avoit promis une destinée bien différente. Cet imposteur lui avoit fait croire qu'il parviendroit à l'empire dont il dépouilleroit *Maximilien*. La chrétienté étoit menacée du plus grand orage qu'elle eût essuyé. Les troubles auxquels jusqu'alors elle avoit été en proie, s'étoient appaisés par l'autorité des conciles; mais celui de Trente fut méconnu par les Luthériens & les autres sectaires: les orthodoxes même en rejettoient plusieurs canons; on ne voyoit point de possibilité de réunir les esprits; tous les princes étoient partagés: Philippe II, qui comptoit pour rien le sang des hommes, & qui le répandit toujours dès que ses plus légers intérêts l'exigèrent; Pie V, ce pontife inflexible, & la reine Catherine de Médicis, avoient conspiré la ruine des calvinistes; & ce projet s'exécutoit en Flandre, en France, en Espagne, par les crimes & les armes de toute espèce. *Maximilien II* vouloit qu'on laissât vivre les peuples au gré de leur conscience, jusqu'à ce qu'on pût les ramener par la voie de la persuasion. Si l'histoire peint ce prince sans valeur & sans talens dans l'art de la guerre, elle doit les plus grands éloges à sa modération, dans un tems de fanatisme & de discorde, où des rois, égarés par un faux zèle & dévorés par l'ambition, se souilloient d'injustices & d'assassinats. Il avoit coutume de dire: *Le sang humain qui rougit les autels, n'honore pas le père commun des hommes.* On est étonné d'entendre M. de Voltaire, cet apôtre du tolérantisme, faire un crime à *Maximilien* d'avoir refusé de seconder le barbare Philippe, dont les ministres égorgeoient sans pitié les malheureux habitans des Pays-Bas. Philippe étoit son cousin; mais *Maximilien* dans ses sujets voyoit des enfans, & dans tous les chrétiens des frères. Cet empereur, au lieu de céder à la voix d'une cruelle intolérance, permit aux Autrichiens, qu'on ne pouvoit ramener, de suivre la confession d'Ausbourg. Le pape, que cette conduite offensoit, saisit toutes les occasions de le mortifier. Il reçut la plainte de Côme II, duc de Florence, qui disputoit l'honneur du pas à celui de Ferrare, & conféra le titre de grand-duc à Côme. C'étoit un attentat contre les droits de l'empire, qui ne permettoient pas au saint Siége d'en conférer les dignités, ni de connoître des différends qui s'élevoient entre les possesseurs des grands fiefs. L'empereur ne manqua pas de réclamer. Il tint ensuite plusieurs diètes, celle de Spire fut la plus mémorable. Les enfans du duc de Gotha y obtinrent les biens qu'il possédoit avant les troubles qu'avoit occasionnés la révolte. *Maximilien* y conclut une paix avec Sigismond Lapolski, vaivode de Transilvanie, qu'il reconnut pour souverain de cette province, & Sigismond renonça à toutes ses prétentions sur la Hongrie : il quitta même le titre de roi qu'il avoit conservé jusqu'alors. On corrigea, ou plutôt ou voulut corriger différens abus qui s'étoient glissés dans la monnoie. Les priviléges de Lubec y furent confirmés. Cette ville riche & commerçante avoit déjà beaucoup perdu de sa splendeur. Les Vénitiens, en guerre avec les Turcs, qui leur enlevoient chaque jour quelque possession, firent une ligue avec le roi d'Espagne & le pape. Ils sollicitèrent l'empereur d'y entrer ; mais il aimoit trop la paix pour rompre avec les Ottomans. La mort de Sigismond II, dernier roi de Pologne, du sang des Jagellons, donna naissance à une infinité de brigues. *Maximilien* fit des tentatives secretes pour faire élire Ernest son fils : il vouloit se faire prier, & cette vanité, déplacée sans doute, puisqu'une couronne vaut bien la peine d'être demandée, fut cause que le duc d'Anjou lui fut préféré. Il s'en consola, en assurant l'empire à Rodolphe II, son fils, qu'il fit reconnoître pour roi des Romains. L'abdication du duc d'Anjou qui repassa en France, où il étoit appellé par la mort de Charles IX, lui donna l'espoir de réussir dans ses premiers projets sur la Pologne ; mais la faction opposée lui causa une mortification bien grande : elle couronna Jean Battori, vaivode de Transilvanie, qui, pour assurer ses droits, épousa la sœur de Sigismond II. Le czar de Moscovie s'offrit à seconder son ressentiment, & à faire la guerre au nouveau roi, qui mit la Porte dans ses intérêts. *Maximilien* refusa ses services, prévoyant qu'il les payeroit de la Livonie : il ne vouloit pas trahir à ce point les intérêts de l'empire, qui avoit des droits sur cette province. Il se préparoit cependant à déclarer la guerre à Battori, traité à la cour de Vienne d'usurpateur & de tyran, mais qui possédoit les qualités d'un roi. *Maximilien* mourut au moment qu'il alloit allumer les premiers feux de cette guerre. Il laissa un nom cher aux gens de bien, mais méprisé de ces cœurs barbares qui n'estiment un prince que la foudre à la main, & qui n'admirent que les grands succès, qui sont bien plus souvent les fruits du crime que de la vertu. La bulle d'or faisoit une loi aux empereurs de savoir quatre langues ; *Maximilien* en parloit six. Ce prince honora les lettres, & récompensa les artistes dans tous les genres. Quiconque se distingua par quelque chef-d'œuvre, éprouva ses largesses. Il eut plusieurs enfans de son mariage avec l'impératrice Marie, sœur de Philippe II. Ceux qui lui survécurent, furent Rodolphe qui lui succéda à l'empire ; Ernest qu'il vouloit placer sur le trône de Pologne, & qui fut gouverneur des Pays-Bas ; Ferdinand ; Matthias qui régna après Rodolphe II ; Maximilien, qui fut grand-maître de l'ordre Teutonique ; Albert, qui, après avoir été successivement viceroi de Portugal, cardinal & archevêque de Tolede, épousa l'infante Isabelle qui lui apporta les Pays-Bas en dot, & Venceslas. L'archiduchesse Anne, l'aînée de ses filles, fut mariée à Philippe II, sous qui s'opéra la révolution à laquelle la Hollande doit sa liberté. Elisabeth cadette fut mariée à Charles IX. (*M.--Y.*)

MAXIMIN, (Saint) (*Hist. Ecclés.*) évêque de Trèves au quatrième siècle, étoit né à Poitiers ; il combattit les Ariens, & reçut honorablement saint Athanase, exilé à Trèves. Il vivoit en 349 : étant allé peu de temps après revoir sa patrie, il y mourut.

MAXIMIN, (*Hist. Rom.*) est le nom de deux empereurs romains.

Le premier étoit né l'an 173, dans une bourgade de Thrace ; son père étoit de la nation des Goths, sa mère de celle des Alains ; il fut d'abord berger, puis soldat & excellent soldat, & encore meilleur tribun légionnaire ; à mesure qu'il avançoit en grade, il redoubloit ses soins & augmentoit de zèle pour tous les détails du service ; *plus je serai grand*, dit-il à ceux qui s'en étonnoient, *plus je travaillerai*. Il étoit d'une force de corps qu'on peut soupçonner l'histoire d'avoir même exagérée, ainsi que sa taille, qui étoit, dit-on, de huit pieds & demi ; & sa voracité, qui alloit, dit-on encore, jusqu'à dévorer quarante livres de viande par jour, & avaler une amphore de vin, contenant environ vingt-huit de nos pintes. On lui attribue tout ce qui a été dit de Milon le Crotoniate. (*Voyez* l'article MILON.) Il mettoit tout seul en mouvement le chariot le plus chargé ; d'un coup de poing, il brisoit les dents à un cheval ou lui cassoit une jambe ; avec la main il réduisoit en poudre des pierres de tuf, & fendoit des arbres. L'empereur Sévère le fit lutter un jour contre sept soldats, choisis parmi les plus vigoureux, une autre fois contre seize de ses domestiques, il les renversa tous. Etant tribun ou centurion, son plus grand plaisir étoit de s'exercer ainsi à la lutte contre ses soldats, & il triomphoit toujours. Un tribun envieux de ses succès continuels, & qui se sentoit aussi de la force & du courage, lui dit : « c'est une foible gloire pour un officier » supérieur, de vaincre ses soldats. Ce propos, dit *Maximin*, est sans doute d'un homme qui veut se » mesurer avec moi. Le défi accepté, *Maximin*, d'un » coup de poing le renverse : qu'un autre maintenant » se présente, dit-il, mais que ce soit un tribun ». Tel étoit *Maximin* jusqu'au temps où il fut à portée d'élever son ambition jusqu'au trône, & de tourner contre Alexandre Sévère, son bienfaiteur, la grandeur & l'autorité dont il lui étoit redevable. Alexandre Sévère, vainqueur des Perses, retournoit à Rome, d'où il partit bientôt pour chasser les Germains de la Gaule. C'est dans cette expédition malheureuse que l'ingrat & perfide *Maximin* engagea les légions de la Gaule à massacrer ce vertueux empereur, dont Rome alors n'étoit pas digne. *Maximin* usurpa l'empire & détruisit tout le bien qu'avoit fait son prédécesseur ; on ne vit plus en lui, qu'un monstre farouche, barbare de caractère comme de naissance ; sa taille démesurée, son aspect terrible, sa force incroyable, son courage impétueux, sa férocité excessive qui, dans un soldat, avoient pu quelquefois exciter l'admiration, n'inspiroient plus que la crainte dans un empereur ou plutôt dans un tyran ; il haïssoit la noblesse, & travailloit à l'exterminer ; il persécutoit les Chrétiens en haine d'Alexandre Sévère, qui les avoit protégés. Ses sombres défiances, ses emportements, ses fureurs révoltèrent contre lui tous les ordres de l'empire. Un jour on lui fit au spectacle, une application qui eût été un avertissement, s'il avoit pu l'entendre ; un acteur prononçoit des vers grecs dont voici le sens : *Celui qui ne peut pas être tué par un seul, peut l'être par plusieurs. L'éléphant est un grand animal, & on le tue. Le lion & le tigre sont fiers & courageux, & on les tue. Craignez la réunion de plusieurs, si un seul ne peut vous faire craindre.* L'ignorant *Maximin*, qui n'entendoit pas le grec, mais qui vit un grand mouvement dans l'assemblée, demanda ce qui venoit d'être dit ; on le trompa, & il fut obligé de croire ce qu'on lui disoit. Peu de temps après, la noblesse d'Afrique ayant massacré un officier, dont les exactions approuvées sans doute par *Maximin*, ruinoient la province, le desir d'obtenir l'impunité, produisit une révolution qui plaça pour un moment sur le trône, les deux Gordiens; ce fut l'arrêt de leur mort. Gordien le père, vieillard octogénaire, se laissa proclamer empereur par les légions d'Afrique, afin d'éviter la mort dont elles le menaçoient, & qui n'en fut que plus horrible pour avoir été retardée. Il fut témoin de la défaite & de la mort de son fils, & se pendit de désespoir. Le sénat qui avoit confirmé leur élection, déféra l'empire, sans le concours du peuple & des soldats, à Maxime & à Balbin, & les chargea de soutenir la guerre contre *Maximin*, devenu l'objet de l'exécration publique ; le peuple ne désavoua point ce choix ; mais il força les deux nouveaux empereurs de s'associer un troisième Gordien : c'est celui qui est connu sous le nom de Gordien le jeune ; cependant l'Italie trembloit au seul nom de *Maximin* qui, averti de toutes ces révolutions, accouroit furieux des bords du Danube, où les Germains avoient exercé son courage ; cet homme terrible n'avoit jamais sçu pardonner ; aigri par le malheur, il n'en étoit que plus effrayant ; les tortures & la mort devoient être le partage inévitable des vaincus; le tyran approchoit, la terreur redoubloit, les Alpes mal gardées n'avoient rien opposé à son passage. Aquilée l'arrêta, il y trouva une résistance qui poussa sa férocité jusqu'au comble ; ne pouvant l'exercer sur ses ennemis, il l'exerçoit sur sa propre armée, qui enfin délivra elle-même l'empire de ce fléau ; les têtes des deux *Maximin* père & fils, portées à Maxime, réunirent les deux armées, chacun se crut délivré de la mort, Maxime triompha de l'ennemi qu'il n'avoit pas vaincu. La mort de *Maximin* tombe à l'an 238. Jamais bête plus cruelle n'a marché sur la terre, dit Capitolin, en parlant du père. Son nom étoit *Caïus - Julius - Verus-Maximinus.* Le fils, qui avoit été nommé César par son père, ne vécut que vingt & un ans. L'histoire n'a guère conservé que le souvenir de sa belle figure, qu'il se plaisoit, dit-on, à relever par la parure. Un Auteur a écrit que les Romains furent presqu'aussi affligés de sa mort que contents de celle du père.

Le second empereur, du nom de *Maximin*, étoit *Galerius - Valerius - Maximinus*, surnommé Daïa ou Daza, neveu de Galerius, & nommé par lui César l'an 305. Il étoit digne par ses vices, du choix de Galérius. Les uns usurpant la pourpre impériale, les autres la conservant, quelques-uns même, tels que Maximien Herculé, collègue de Dioclétien, la reprenant après l'avoir quittée, on compta jusqu'à six empereurs à la fois ; Galerius, successeur de Dioclétien ; Constantin, héritier de Constance-Chlore son père ; Licinius, beau-frère de Constantin ; Maximien, qui avoit repris la pourpre ; Maxence son fils, qui l'avoit prise & qui ne la quitta pas même pour son père ; & *Maximin* Daïa : tous ces six empereurs furent ennemis, malgré les liens qui unissoient quelques-uns d'entr'eux. *Maximin*, vaincu par Licinius, s'empoisonna l'an 313, & tout vint aboutir à Constantin, qui resta seul maître de l'empire. Avant de s'empoisonner, *Maximin* s'étoit rempli de vin & de viandes, comme pour dire un dernier adieu aux plaisirs de la table, ce qui rendit l'effet du poison plus lent, mais plus terrible. Le feu du poison lui dévora les entrailles, il devint un squelette, les yeux lui sortirent de la tête, il sentit alors de cruels remords d'avoir persécuté les Chrétiens avec autant de violence que le premier *Maximin* ; il demandoit pardon à JESUS-CHRIST, il le prioit douloureusement de l'épargner & de se contenter des maux qu'il éprouvoit. Il avoit voulu épouser Valérie, fille de Dioclétien, & veuve de Galerius, femme vertueuse qui, par des raisons de décence, & peut-être par aversion pour un homme haïssable, rejetta ses propositions ; il prit un plaisir barbare à la persécuter, à la tourmenter, à la traîner d'exil en exil, sans que Dioclétien son père, tantôt suppliant comme un simple particulier, tantôt parlant d'un ton plus ferme, comme un homme qui se souvenoit d'avoir été empereur, pût obtenir aucun soulagement aux peines de sa fille qui, du fond des déserts de la Syrie, où elle étoit reléguée, imploroit sa protection.

On trouve encore dans l'Histoire Romaine, un autre *Maximin*, parent de l'empereur Tacite, & gouverneur de Syrie sous ce prince ; ce *Maximin* étoit, comme tous ceux de ce nom, un homme violent & emporté qui, maltraitant & les soldats & les officiers, les souleva contre lui, & périt sous leurs coups, l'an de J. C. 276. Sa mort entraîna celle de l'empereur Tacite, parce que les meurtriers de *Maximin* crurent ne pouvoir s'assurer l'impunité qu'en faisant périr Tacite lui-même, vengeur naturel de son parent & de son protégé.

MAYENNE, (*Voyez* LORRAINE.)

MAYEQUES, s.m. pl. (*Hist. mod.*) c'est ainsi que l'on nommoit chez les Mexicains un nombre d'hommes tributaires, à qui il n'étoit point permis de posséder des terres en propre, ils ne pouvoient que les tenir en rente ; il ne leur étoit point permis de quitter une terre pour en prendre une autre, ni de jamais abandonner celle qu'ils labouroient. Les seigneurs avoient sur eux la jurisdiction civile & criminelle, ils ne servoient à la guerre que dans les nécessités pressantes, parce que les Mexicains savoient que la guerre ne doit point faire perdre de vue l'agriculture. (*A. R.*)

MAYER *ou* MAIER, (*Hist. Litt. mod.*) C'est le nom de plusieurs écrivains connus :

1°. Michel *Mayer*, grand alchymiste du dernier siècle, a beaucoup écrit sur la Pierre philosophale & sur les frères Rose-Croix.

2°. Jean-Frédéric *Mayer*, luthérien, de Leipsick, surintendant général des églises de Poméranie, a donné une *Bibliothèque de la Bible*, où il examine les différents écrivains juifs, chrétiens, catholiques, protestants, qui ont travaillé sur la bible; un traité de la manière d'étudier l'Ecriture sainte; diverses dissertations, toujours sur la Bible; un traité *de osculo pedum Pontificis Romani.* Mort en 1712.

3°. Tobie *Mayer*, un des plus grands astronomes de ce siècle, connu sur-tout par ses *Tables du mouvement du Soleil & de la Lune*, auteur d'une *nouvelle manière générale de résoudre tous les problêmes de Géométrie, au moyen des lignes géométriques*; d'un *Atlas mathématique, dans lequel toutes les mathématiques sont représentées en 60 tables*, & d'autres ouvrages d'astronomie & de mathématiques très-utiles. Il étoit né en 1723, à Marspach dans le duché de Wirtemberg. Il fut professeur de mathématiques à Gottingue en 1750. Il mourut le 20 février 1762.

MAYERNE, (Théodore Turquet, sieur de) (*Hist. Litt. Mod.*) médecin de Henri IV, & ensuite des rois d'Angleterre. Il étoit calviniste, & le cardinal du Perron, mauvais convertisseur, avoit vainement entrepris sa conversion. Il mourut à Chelséy près de Londres, en 1655. Il étoit né à Genève en 1573. Ses œuvres ont été imprimées en 1700, en un gros vol. *in-folio*.

MAYNARD, (François) (*Hist. Litt. mod.*) un des premiers bons poëtes françois & un des membres de l'Académie Françoise les plus distingués de son temps, étoit fils d'un conseiller au parlement de Toulouse, dont on a un recueil d'arrêts; on le regarde comme celui qui a établi la règle très-nécessaire & très-impérieusement exigée par l'oreille de faire une pause au troisième vers dans les couplets, strophes ou stances de six vers, & une au septième vers dans les strophes de dix. Malherbe disoit de *Maynard*, qu'il tournoit fort bien un vers, mais que son style manquoit de force, & nous pouvons dire qu'il mérite une place très-honorable au-dessous de Malherbe; ses vers sont d'un homme qui sait & qui sent ce qu'il dit; ils disent quelque chose, & ils ont de l'intérêt; on voit quels sentiments animoient l'auteur, on voit qu'il espéroit beaucoup des grands; que ses espérances étoient souvent trompées, & qu'alors il se plaignoit d'eux avec l'amertume d'un cœur ulcéré. On connoît ses vers au cardinal de Richelieu :

Armand, l'âge affoiblit mes yeux,
Et toute ma chaleur me quitte,
Je verrai bientôt mes ayeux
Sur le rivage du Cocyte,
Je serai bientôt des suivants
De ce bon monarque de France
Qui fut le père des savants,
Dans un siècle plein d'ignorance.

Je l'entretiendrai des merveilles de ton ministère; & sur ce point j'aurai beaucoup à lui dire :

Mais s'il demande à quel emploi
Tu m'as *tenu dedans* le monde,
Et quel bien j'ai reçu de toi,
Que veux-tu que je lui réponde?

Le cardinal répondit durement : *rien.* Il avoit sans doute de la haine ou des préventions contre lui; il n'avoit certainement pas beaucoup d'occasions de placer mieux ses bienfaits; & puisque les poëtes de ce temps se permettoient de demander aussi franchement, puisqu'ils étoient sur ce point sans délicatesse & sans dignité, il est sûr que *Maynard* ne pouvoit trouver une manière de demander plus ingénieuse, plus obligeante pour le ministre, plus faite pour lui plaire & pour être accueillie. Si le cardinal de Richelieu, qui donnoit six cents liv. à Colletet pour six vers plutôt d'une bonne fabrique que d'un bon goût, ne sentoit pas combien *Maynard* étoit supérieur à Colletet & à ses semblables, il avoit tort de juger des vers & des ouvrages d'esprit.

Si la pièce très-jolie, très-piquante & très-philosophique, citée par M. de Voltaire à l'article *Maynard*, dans le siècle de Louis XIV, est faite contre le cardinal de Richelieu, & si c'est la vengeance du refus choquant de ce ministre, cette vengeance, qui n'a rien de sanglant ni d'atroce, paroît très-juste, & elle est de bon goût, elle est dans les justes mesures. Cependant M. de Voltaire a raison, toute cette conduite ressemble trop à celle des mendians qui appellent les passans *Monseigneur*, & qui les maudissent, s'ils n'en reçoivent point d'aumône.

Maynard avoit été secrétaire de la reine Marguerite, & avoit trouvé grace auprès d'elle par son esprit & son enjouement. Noailles, ambassadeur à Rome, l'y mena en 1634; il plut aussi au pape Urbain VIII, par les charmes de sa conversation; il revint en France, & comme aux agréments dont nous avons parlé, il joignoit encore ceux d'une belle figure, il sembloit pouvoir se promettre des succès solides auprès des grands; il obtint, au lieu de richesses, un brevet de conseiller d'état. Il tenta encore la fortune sous la régence d'Anne d'Autriche; & n'ayant ni eu ni prévu un meilleur succès, il se rebuta & se retira dans sa province, où il écrivit sur la porte de son cabinet, ces quatre vers plus philosophiques qu'on ne savoit les faire alors :

> Las d'espérer & de me plaindre
> Des Muses, des grands & du sort,
> C'est ici que j'attends la mort,
> Sans la désirer ni la craindre.

C'est le *Summum nec metuas diem, nec optes.* Il mourut en 1646, âgé de soixante & quatre ans.

MAZARIN, (Jules) (*Hist. de Fr.*) né à Piscina dans l'Abruzze en 1602, d'une famille noble, fait cardinal en 1641, le 16 décembre, gouverna la France depuis 1643 jusqu'à sa mort, arrivée à Vincennes le 9 mars 1661. Il régna au milieu des orages; tout ce qu'on a fait contre lui de chansons & de libelles formeroit une bibliothèque considérable : mais ce n'est pas par des chansons & des libelles, qu'il faut juger les hommes célèbres. L'histoire de son ministère se trouve dans tous les mémoires du temps, tantôt avec éloge, tantôt avec censure. Tout est dit sur ce point, tout est connu, tout est jugé. Nous nous bornerons ici à quelques résultats généraux.

Ce ministre, qu'on a tant comparé avec Richelieu son prédécesseur & son protecteur, avoit sans doute moins d'étendue d'esprit, moins d'élévation dans l'ame, moins d'énergie dans le caractère. L'un gouvernoit par la force, l'autre par l'adresse, aucun par la raison ni par la justice; l'un accabloit ses ennemis, l'autre les trompoit; l'un commandoit, l'autre négocioit. Si l'on examine de quelle utilité ils ont été au monde, & qu'on les compare sous ce point de vue, il vaut certainement mieux avoir appaisé des troubles que d'en avoir fait naître, il vaut mieux avoir terminé la guerre de trente ans que de l'avoir entretenue & ranimée; la paix de Westphalie (1648.) & celle des Pyrénées (1659) sont deux époques qui élèvent *Mazarin* au-dessus de Richelieu & des plus grands ministres. Tant de droits réglés par le traité de Westphalie; la souveraineté des Pays-Bas irrévocablement reconnue, la liberté de l'Allemagne, l'indépendance de ses princes assurée, & le code germanique fondé pour l'avenir sur cette base solide; la rivalité des maisons de France & d'Autriche suspendue par le traité des Pyrénées; de nouveaux nœuds formés entre ces deux maisons; & par l'effet de ces nœuds, la succession d'Espagne présentée de loin à la France qui la recueillit dans la suite : ces monuments de paix valent bien l'honneur d'avoir inventé des moyens nouveaux ou renouvellé des moyens anciens de troubler l'Europe.

Mazarin s'étoit annoncé de bonne heure pour un ministre de paix. Le trait suivant devroit immortaliser beaucoup plus que des victoires. En 1630, les François & les Espagnols étoient près d'en venir aux mains dans les environs de Casal; *Mazarin* s'élance entre les deux armées, les arrête, les sépare, & par une négociation heureuse, au moins pour le moment, fait conclure une trève sous la médiation du duc de Savoie dont il étoit l'envoyé. Ce fait a été trop peu célébré dans l'histoire, on a presque oublié que *Mazarin*, dans cette occasion éclatante, a épargné le sang des hommes; on se souvient seulement qu'il les trompoit: on lui en a même fait un mérite, & dom Louis de Haro a paru avancer un paradoxe, en observant que *Mazarin* avoit un grand défaut en politique, celui de vouloir toujours tromper.

On a aussi beaucoup vanté Richelieu d'avoir abaissé les grands & les corps intermédiaires. La preuve qu'il ne les avoit point abaissés, c'est la guerre de la Fronde, & la foiblesse des motifs apparents qui la firent naître. Quelques édits bursaux, peu onéreux exigés d'ailleurs par les conjonctures, auroient-ils excité une si violente tempête contre un ministre doux & modéré, si une multitude d'autres impôts établis dès le temps du cardinal de Richelieu & l'inexactitude dans les payemens, fruits d'une guerre longue & ruineuse, n'avoient aigri depuis long-temps les esprits? Les troubles de la Fronde n'éclatèrent que sous *Mazarin*, mais Richelieu en avoit fourni & développé le germe; *Mazarin*, sans avoir eu le tort de les exciter, eut le talent de les dissiper, il eut le bonheur de triompher deux fois de la haine publique, qu'il n'avoit pas méritée.

C'est sur-tout par l'amour des lettres que le cardinal de Richelieu est supérieur à l'indifférent *Mazarin*, qui n'aimoit que la fortune; il reste cependant un monument précieux du cardinal *Mazarin*, c'est le collége & la bibliothèque qui portent son nom.

Richelieu s'étoit principalement proposé pour modèle l'inflexible sévérité de Ximénès; *Mazarin* la souplesse artificieuse de Louis XI & de Ferdinand-le-Catholique.

On sait si Richelieu étoit vindicatif & sanguinaire; *Mazarin*, quoiqu'il se soit cru forcé à quelques coups d'autorité assez hardis, ne savoit point haïr, oublioit aisément les injures & en a pardonné quelques-unes assez généreusement. On raconte que dans un souper de frondeurs, le chansonnier Blot fit contre lui ce couplet, plus violent qu'ingénieux :

> Creusons tous un tombeau
> A qui nous persécute ;
> Que le jour sera beau
> Qui verra cette chûte !
> Pour ce Jules nouveau,
> Cherchons un nouveau Brute.

Le lendemain le cardinal envoye chercher Blot. *Si vous croyez avoir soupé hier avec tous gens de vos amis*, lui dit-il, *vous vous trompez ; il y en avoit quelques-uns des miens ; vous avez du talent, monsieur Blot, mais vous en faites un mauvais usage; que faudroit-il faire pour être de vos amis ?* On ajoute qu'il lui donna une pension de deux mille francs, à condition de renoncer à la satyre ; c'étoit lui rendre deux services au lieu d'un.

L'ambition de Richelieu se portoit à tous les objets; il vouloit être tantôt patriarche des Gaules, tantôt électeur de Trèves, tantôt régent du royaume après Louis XIII, qu'il voyoit mourant sans voir qu'il l'étoit lui-même davantage ; en effet il mourut plus de cinq mois avant Louis XIII. Il avoit aussi l'ambition d'être canonisé. Il paroît que le dernier but de l'ambition de *Mazarin* étoit d'amasser des richesses ; Richelieu vouloit être riche pour être puissant, *Mazarin* vouloit être puissant pour être riche.

Richelieu & *Mazarin* eurent tous deux le ridicule de vouloir usurper la gloire d'autrui dans un genre qui leur étoit étranger. Richelieu vouloit que Corneille lui cédât la tragédie du Cid ; *Mazarin*, que Turenne lui cédât la victoire des Dunes & la campagne de 1654. C'est à cette prétention d'être guerrier, annoncée déjà depuis long-temps, que le grand Condé faisoit allusion, lorsqu'il disoit au cardinal avec un sourire amer : *adieu, Mars*.

M. le président Hénault a fait un bien beau portrait du cardinal *Mazarin* ; il est peut-être un peu embelli comme ceux de Velleius Paterculus son modèle, mais il a de grands traits de vérité.

« Ce ministre, dit-il, étoit aussi doux que le cardinal » de Richelieu étoit violent. Un de ses plus grands » talens fut de bien connoître les hommes Le caractère » de sa politique étoit plûtot la finesse & la patience » que la force. Opposé à don Louis de Haro, comme » Richelieu l'avoit été au duc d'Olivarès, après être » parvenu, au milieu des troubles civils de la France, » à déterminer toute l'Allemagne à nous céder de » gré ce que son prédécesseur lui avoit enlevé par la » guerre ; il sut tirer un avantage encore plus précieux » de l'opiniâtreté que l'Espagne fit voir alors, & » après lui avoir donné le temps de s'épuiser, il » l'amena enfin à la conclusion de ce célébre mariage » (de Louis XIV & de Marie Thérèse) qui acquit » au roi des droits légitimes & vainement contestés » sur une des plus puissantes monarchies de l'univers. » Ce ministre pensoit que la force ne doit jamais » être employée qu'au défaut des autres moyens, & » son esprit lui fournissoit le courage conforme aux » circonstances. Hardi à Casal, tranquille & agissant » dans sa retraite à Cologne, entreprenant lorsqu'il » fallut arrêter les princes ; mais insensible aux plaisanteries de la Fronde, méprisant les bravades du » coadjuteur, & écoutant les murmures de la populace, » comme on écoute du rivage le bruit des flots de » la mer. Il y avoit dans le cardinal de Richelieu » quelque chose de plus grand, de plus vaste & de » moins concerté ; & dans le cardinal *Mazarin* » plus d'adresse, plus de mesures & moins d'écarts. » On haïssoit l'un, & l'on se moquoit de l'autre ; » mais tous deux furent les maîtres de l'Etat.

Le Cardinal *Mazarin* qui, sans rien avoir de la cruauté de Louis XI, se piquoit d'en avoir la politique machiavelliste, en avoit aussi les petitesses. On sait que Louis XI, dans la maladie de langueur dont il mourut, cherchoit à faire illusion aux autres, ne pouvant se la faire à lui-même ; il paroissoit en public avec de riches vêtements, croyant déguiser par la parure, sa décadence & sa foiblesse ; *Mazarin* en fit autant dans sa dernière maladie. Il donna une audience publique, où il crut avoir un air de santé, parce qu'il s'étoit mis un peu de rouge. Le comte de Fuensaldagne, ambassadeur d'Espagne, n'en fut point la dupe, & dit à M. le prince, auprès duquel il se trouvoit : *voilà un portrait qui ressemble un peu à M. le cardinal.*

Le Roi & la cour portèrent le deuil à la mort du cardinal. On a prétendu qu'il avoit amassé plus de deux cents millions ; cette immense richesse a aussi été révoquée en doute au moins quant au degré, mais ce qui n'est pas douteux, c'est que, sans être prêtre, il étoit évêque de Metz, & qu'il possédoit dans la même ville les abbayes de S. Arnould, de S. Clément & de S. Vincent ; celles de S. Denis, de Cluni, de S. Victor de Marseille, de S. Médard de Soissons, de S. Taurin d'Evreux, & plusieurs autres, sans compter, dit-on, la vente des bénéfices qu'il conféroit, & tous les autres profits qu'il se réservoit ou se ménageoit, soit dans les biens ecclésiastiques, soit dans toute sorte d'affaires de finances & autres.

Les mariages de ses nièces furent de grandes & importantes affaires. (*Voyez* les articles MANCINI & MARTINOZZI.) Charles II, depuis Roi d'Angleterre, alors fugitif & proscrit pendant la tyrannie de Cromwel, demanda au cardinal *Mazarin* une de ses nièces en mariage, & fut refusé. Richelieu la lui eût accordée & eût voulu la faire reine d'Angleterre. Quand les affaires de Charles II parurent se rétablir, *Mazarin* voulut renouer la négociation ; il fut refusé à son tour. Voilà encore à quoi Richelieu ne se seroit pas exposé.

Le cardinal *Mazarin* dans ses lettres, paroît s'opposer de bien bonne foi au desir que Louis XIV, dans l'ardeur de la jeunesse & de la passion, montroit d'épouser mademoiselle de Mancini, qui fut depuis la connétable Colonne ; on croit cependant assez généralement qu'il fut tenté de laisser agir la passion du Roi, & que ce fut dans cet esprit qu'il dit à la reine-mère, qu'il craignoit bien que le Roi ne voulût trop absolument épouser sa nièce. On sait la réponse que lui fit la reine-mère, qui comprit, comme dit l'auteur du siècle de Louis XIV, que le ministre desiroit ce qu'il feignoit de craindre : *Si le roi étoit capable d'une telle bassesse, je me mettrois avec mon autre fils à la tête de la nation contre lui & contre vous*, réponse que le ministre, ajoute-t-on, ne lui pardonna jamais, & qu'il dut d'autant moins lui pardonner, qu'il fut obligé de s'y conformer. Dès qu'il put se passer du crédit de la reine, qui l'avoit fait tout ce qu'il étoit & à laquelle il devoit bien plus que Richelieu à Marie de Medicis, il travailla sourdement à diminuer ce crédit. Quant à la tentative qu'il avoit faite en faveur de sa nièce sur l'esprit de la reine-mère, ce n'étoit vraisemblablement que l'effet d'une irrésolution assez naturelle en pareil cas ; car on croit qu'en général il n'étoit pas de sa politique de faire sa nièce reine, parce qu'il eût été beaucoup moins roi lui-même, & qu'elle n'avoit pas pour lui le respect & la tendresse qu'elle lui devoit. M. l'abbé d'Alainval a publié en 1745, les lettres du cardinal *Mazarin.*

Parmi ses nièces, ce fut Hortense Mancini qu'il fit

principale héritière; elle avoit épousé en 1661, l'année même de la mort du cardinal, Armand-Charles de la Porte de la Meilleraie, fils du maréchal de ce nom. Il prit le nom de duc de *Mazarin*, & c'est cet homme aussi connu par la bizarrerie de son esprit, que sa femme l'étoit par la beauté, par l'esprit & par toutes les qualités que Saint Evremont a tant célébrées en elle ; très-malheureuse avec son mari, elle voulut s'en faire séparer, & n'ayant pas pu y reussir, elle s'en sépara de fait en fixant son séjour en Angleterre

J'ai voulu par des mers en être séparée.

Le duc de *Mazarin* fut la tige des ducs de *Mazarin* qui ne subsiste plus, & dont les héritières ont porté ce titre de ducs de *Mazarin* dans différentes maisons. Il est actuellement dans la maison d'Aumont.

MAZEL ou MAZELI, (David) (*Hist. Litt. mod.*) ministre François, réfugié en Angleterre, a traduit le traité de Sherlock sur la mort & le jugement dernier; le traité de Loke, du gouvernement civil; l'essai de Gilbert Burnet sur la vie de la reine Marie. Mort à Londres en 1725.

MAZEPPA, (*Hist. mod.*) Gentilhomme polonois, avoit été page du roi Jean Casimir. M. de Voltaire raconte dans l'histoire de Charles XII, qu'une intrigue que *Mazeppa* eut dans sa jeunesse avec la femme d'un autre gentilhomme Polonois, ayant été découverte, le mari le fit fouetter de verges, le fit lier tout nud sur un cheval farouche, & le laissa aller en cet état. « Le cheval qui étoit du pays de » l'Ukraine y retourna & y porta *Mazeppa* demi-mort de fatigue & de faim. » Des paysans Cosaques le secoururent, il se signala parmi eux dans différentes courses contre les Tartares. Sa réputation parvint jusqu'au Czar Pierre I. qui le fit prince de l'Ukraine & qui se servit de lui pour civiliser les Cosaques; mais un jour à table, dans un mouvement de colère & peut-être d'yvresse, le Czar l'ayant menacé de le faire empaler, il résolut de se rendre indépendant, de se composer un royaume de l'Ukraine & des débris qu'il pourroit enlever à l'empire de Russie. Il fit un traité avec Charles XII, qui s'engageoit alors dans les déserts de l'Ukraine, mais il lui arriva ce qui arrive ordinairement à ces rebelles illustres, ce qui étoit arrivé au connétable de Bourbon quand il s'étoit donné à Charles-Quint, ce qui étoit arrivé à M. de Turenne lorsqu'il avoit pris le parti des princes emprisonnés, ou plutôt celui de Madame de Longueville, c'est-à-dire, qu'au lieu d'une armée de trente mille hommes & d'autres puissans secours qu'il avoit promis, il arriva presque seul en fugitif, parce que son projet avoit été découvert & prévenu; mais ce fugitif sut être utile, il servit de guide à l'armée de Charles XII dans les déserts de l'Ukraine, il la fit subsister pendant le rigoureux hiver de 1709. Le czar, qui avoit fait rouer ses amis & qui l'avoit fait pendre lui-même en effigie, lui fit proposer de rentrer sous sa domination, mais il fut fidèle ou à son nouvel allié & à son projet de se faire roi de l'Ukraine, soit qu'il n'osât plus compter sur les promesses du czar après l'avoir trahi, soit qu'il comptât pour le succès de ses grandes vues sur le prince, qui avoit donné la couronne au roi Stanislas, il l'engagea au siége de Pultava, & il étoit près de le rendre maître de cette place par les intelligences qu'il y entretenoit, lorsque l'arrivée du czar, pour faire lever le siége, donna lieu à cette funeste bataille de Pultava, du 8 juillet 1709, qui renversa tous les projets & toutes les espérances de Charles XII & de *Mazeppa*; ce qu'il y avoit de plus étonnant dans celui-ci, c'est que dans le temps où il s'égaroit ainsi dans de vastes projets, & où il s'allioit avec un roi, aventurier égaré lui-même à une distance immense de son royaume; il avoit 84 ans. Après la bataille, où il se comporta très-vaillamment, il se sauva dans la Valachie & ensuite à Bender, auprès du roi de Suede, où il mourut.

MAZIL, (*Hist. mod.*) nom que les Turcs donnent aux princes qui sont leurs tributaires lorsqu'ils sont dépossédés de leurs états. (*A. R.*)

MEAD, (Richard) (*Hist. Litt. mod.*) célèbre médecin anglois, dont le caractère bienfaisant & généreux n'a pas été moins vanté que ses connoissances. On dit qu'à Londres, l'exercice de sa profession lui rapportoit près de cent mille livres par an, & qu'il faisoit le plus magnifique usage de cette fortune. Ses principaux ouvrages sont un *Essai sur les Poisons*, résultat d'une foule d'expériences, sur-tout sur les vipères; & un *recueil de conseils & préceptes de Médecine*, où se trouvent deux traités curieux: l'un *de la Folie*, l'autre des *Maladies* dont il est parlé dans la Bible. M. *Mead* étoit de la Société Royale de Londres, & n'en étoit pas un des membres les moins distingués. Il étoit né en 1673, dans un village près de Londres, avoit été disciple de Grœvius à Utrecht, & mourut en 1754.

MÉCENE, (*C. Clinius* ou *Cilnius Mecœnas*) (*Hist. Rom.*) chevalier romain, & qui, malgré la faveur d'Auguste, ne voulut jamais être rien de plus. Virgile lui dédia son poëme des Géorgiques; Horace lui adressa plusieurs de ses Odes & de ses autres poësies. Le nom de *Mécene* est devenu celui des protecteurs des lettres; & en effet, *Mécene* leur a donné deux grands exemples, l'un de bien choisir parmi les gens de lettres:

Præsertim cautum dignos assumere.

L'autre, de leur permettre le ton de l'égalité & de l'amitié:

Ah! te meæ si partem animæ rapit
Maturior vis, quid moror altera?
Nec carus æquè nec superstes
Integer.

D'ailleurs il paroît que *Mécene* très-éloigné des mœurs des anciens Romains, poussoit le goût des arts & des commodités de la vie jusqu'à la mollesse. Quant à son

caractère

caractère, on le représente tantôt comme un assez vil courtisan d'Auguste, tantôt comme un ami courageux de ce prince; on rapporte en preuve de la première allégation, le mot: *non omnibus dormio*, *je ne dors pas pour tout le monde*. On raconte qu'Auguste se trouvant en tiers entre *Mécène* & Terentilla sa femme, *Mécène* dormoit pour ménager à sa femme des entretiens secrets avec l'empereur, & qu'un autre ayant voulu profiter de même du sommeil de *Mécène*, celui-ci se réveillant à propos, lui dit: *je ne dors pas pour tout le monde*. Mais on est partagé sur ce mot. Les uns l'attribuent à *Mécène*, faisant sa cour à Auguste, les autres à un courtisan de *Mécène*, faisant sa cour à *Mécène* lui-même. On n'est pas dans la même incertitude sur le trait de courage qui honore l'amitié de *Mécène* pour Auguste. Cet empereur, encore cruel alors, étoit occupé à faire une liste de proscriptions; la liste grossissoit, & l'inquiétude augmentoit. *Mécène* fait passer à Auguste ses tablettes, il les ouvre & y lit ces mots: *surge, carnifex, leve-toi, bourreau, & cesse d'égorger*. Auguste qui jusques-là ne suivoit que sa haine, obéit à la voix de l'amitié & se leva. *Mecène* étoit avec Agrippa le confident le plus intime de ce prince. Ce furent eux qu'il consulta sur le projet d'abdiquer l'empire; Agrippa étoit pour l'abdication, *Mécène* fut d'un avis contraire; mais à ce conseil de garder le pouvoir suprême, il joignit celui d'en bien user; & il faut rendre justice à Auguste, il suivit en grande partie ce second conseil. Quand il eut perdu *Mécène* & que quelques fautes lui donnoient des repentirs, ces repentirs se tournoient toujours en regrets d'être privé des conseils d'un tel ami, & devenoient autant d'hommages pour sa mémoire. *O Mécène*, s'écrioit-il, *si tu vivois, jamais tu ne m'aurois laissé commettre une telle faute!*

Mécène cultivoit la poësie; on a de lui quelques fragments dans le *Corpus Poëtarum* de Maitaire. On connoît sur-tout ces vers qui peignent l'attachement des hommes à la vie:

Debilem facito manu,
Debilem pede, coxâ,
Tuber adstrue gibberum,
Lubricos quate dentes;
Vita dum superest, bene est:
Hanc mihi, vel acutâ
Sedeam cruce, sustine.

La Fontaine a imité ces vers:

Mécénas fut un galant homme:
Il a dit quelque part: qu'on me rende impotent,
Cu-de-jatte, gouteux, manchot, pourvu qu'en somme
Je vive, c'est assez, je suis plus que content.

Mécène mourut huit ans avant la naissance de J. C.

MÉDARD, (Saint) (*Hist. Ecclés.*) évêque de Noyon & de Tournay au sixième siècle, nommé à l'évêché de Noyon l'an 530, & à celui de Tournay en 532, fut obligé de les garder tous deux, parce que tous deux avoient besoin de son zèle & de

ses soins, & que cette réunion, quelquefois nécessaire dans ces temps de l'église naissante, n'étoit pas alors un scandale dans l'église. Beaucoup de conversions de l'idolâtrie au christianisme, furent le fruit de ses travaux apostoliques.

Saint *Médard* étoit né au village de Salency, près de Noyon, & on rapporte à ce saint évêque, l'utile institution des Rosières. Il mourut à Noyon vers l'an 645, le 8 juin, jour où l'on célèbre sa fête; il est enterré au bourg de Crouy, dans le voisinage de Soissons. On y a bâti une église, & ensuite un monastère qui a été fort enrichi par les libéralités des rois.

On sait quelle bizarre célébrité des miracles fort suspects & des convulsions scandaleuses ont donné vers le commencement ou le milieu de ce siècle, au cimetière de St. *Médard* à Paris. (*Voyez* l'article du diacre PARIS.)

MÉDAVY. (*Voyez* GRANCEY.)

MEDIASTITICUS ou *MEDIXTUTICUS*, subst. masc. (*Hist. anc.*) c'étoit autrefois le premier magistrat à Capoue. Il avoit dans cette ville la même autorité que le consul à Rome. On abolit cette magistrature, lorsque Capoue quitta le parti des Romains pour se soumettre à Annibal.

MÉDIATEUR, (*Hist. de Constant.*) en grec Μεσαζων. On nommoit *médiateur*, Μεσαζοντος sous les empereurs de Constantinople, les ministres d'état, qui avoient l'administration de toutes les affaires de la cour; leur chef ou leur président s'apelloit le *grand médiateur*, μεγας Μεζασων & c'étoit un poste de grande importance. (*D. J.*)

MÉDICIS, (*Hist. d'Italie.*) La puissance des *Médicis*, née du commerce & de l'opulence, s'accrut par la sagesse, par la prudence, par l'amour des arts, par toutes les ressources d'un luxe éclairé, bienfaisant, digne des plus grands rois; ils ne donnoient à Florence leur patrie, que des fers dorés, qu'elle n'appercevoit pas, & qu'elle forgeoit quelquefois elle-même par l'hommage qu'elle rendoit aux vertus des *Médicis*. L'illustre Côme fut honoré du titre de *père de la patrie*.

Laurent & Julien, ses petit-fils, gouvernèrent leur république en citoyens, mais en maîtres. La conjuration des Pazzi, (*voyez* l'article PAZZI,) qui fit périr Julien, rendit Laurent son frère plus cher aux Florentins, par le danger qu'il avoit couru; ses ennemis, en voulant le perdre, ne firent qu'augmenter son pouvoir. Il marcha sur les traces de Côme son ayeul, fit comme lui les délices de sa république, & fut surnommé le père des Muses, à cause de son amour pour les lettres.

Pierre son fils, moins habile & moins heureux, fut chassé. (*Voyez* à l'article LÉON X), comment ce pontife, alors cardinal, frère de Pierre, ramena sa maison triomphante dans Florence.

Le jeune Laurent II *de Médicis*, son neveu, régna sous lui dans cet état, & commanda les armées de son oncle, en Italie. Il vint en France en 1517, tenir sur les fonts, au nom du pape Léon X, le dauphin, fils de François Ier. & qui fut nommé François comme son père. Pendant le séjour de Laurent dans ce royaume, le roi lui fit épouser Marguerite de Boulogne, une de ses parentes. Le maréchal de Fleuranges décrit vivement dans ses Mémoires, les fêtes qui furent données à Amboise, à l'occasion de ce baptême & de ce mariage. Il nous apprend en passant, que Laurent *avoit bien fort la grosse V..... & de fraîche mémoire.* Magdeleine de Boulogne étoit jeune & belle, & *quand elle épousa ledict Laurent, elle ne l'espousa pas seul, car elle espousa la grosse V..... quant & quant.* Le banquet, le bal durèrent jusqu'à deux heures après minuit, heure alors plus qu'indue, puis *on mena coucher la mariée qui étoit trop plus belle que le marié.* Il y eut ensuite huit jours de combats & tournois, là où étoit le nouveau marié, qui faisoit le mieux qu'il pouvoit devant sa mie. Les deux époux moururent en moins de deux ans, laissant pour seul fruit de leur mariage, cette célèbre Catherine *de Médicis*, ornement & fléau de la France. Sur le mariage de cette princesse avec le duc d'Orléans, qui fut depuis notre roi Henri II, *voyez* l'article CLÉMENT VII. *Voyez* aussi l'article MONTGOMMERY. L'histoire a flétri sa mémoire. Brantôme, qui dit toujours tant de bien de ceux même dont il veut dire du mal, & qui loue Frédégonde & Isabelle de Bavière, est le seul auteur qui ait beaucoup vanté Catherine *de Médicis.* Qu'il célèbre en elle la figure, la taille, *la plus belle jambe, la plus belle main qui fût jamais vue*, la grace & l'adresse dans toute sorte d'exercices, le désir & le talent de plaire, l'esprit, l'enjouement, l'éloquence, enfin tous les avantages que la nature n'avoit pas refusés aux Frédégondes & aux Brunehauts; qu'il nous dise que, par sa dextérité, sa complaisance & l'agrément de son humeur, elle gagna si bien les bonnes graces de François Ier. & de Henri II, qu'ils résistèrent à toutes les propositions de divorce que sa stérilité pendant les dix premières années de son mariage, donna lieu de hazarder; qu'il nous apprenne que, dans l'empressement de suivre François Ier à la chasse, elle fut la première femme qui mit la jambe sur l'arçon, & qu'elle excella dans l'exercice du cheval jusqu'à l'âge de soixante ans & plus, malgré plusieurs chûtes, *qui allèrent jusqu'à rupture de jambe & blessure à la tête, dont il l'en fallut trepaner*; qu'il se complaise dans la description suivante :

« Vous eussiez vu quarante ou cinquante dames ou » damoiselles la suivre, montées sur de belles ha» quenées, & elle se tenant à cheval de si bonne » grace que les hommes n'y paroissoient pas mieux, » tant bien en point par habillement à cheval que rien » plus; leurs chapeaux tant bien garnis de plumes, ce » qui enrichissoit encore la grace, si que les plumes » voletantes en l'air, représentoient à demander amour » ou guerre. Virgile *qui s'est voulu mêler de décrire* le » haut appareil de la reyne Didon, quand elle alloit » & estoit à la chasse, n'a rien approché au prix de » celui de nostre royne avec ses dames. »

Qu'il assûre qu'elle aimoit passionnément la lecture, qu'elle protégeoit les arts, qu'elle fut généreuse envers les gens de lettres, qui furent ingrats envers elle, puisqu'ils l'ont plutôt décriée que louée, qu'elle lisoit jusqu'aux satyres qu'on faisoit contr'elle, & qu'elle en plaisantoit la première, (il eût mieux valu qu'elle en profitât) enfin qu'il lui accorde avec la capacité dans les affaires, la dignité dans les occasions d'éclat, la fermeté dans les revers, cette magnificence & ce goût héréditaires dans la maison *de Médicis*; on peut lui passer ces éloges plus ou moins mérités.

Mais que tout ce qu'il dit de cette princesse soit un panégyrique ou une apologie; qu'il entreprenne de la justifier sur tous les points; qu'il veuille que la gloire de Catherine soit sans tache & son administration sans reproche; qu'il prétende l'absoudre de toutes les horreurs qui ont souillé les règnes de ses trois fils; qu'il la représente comme un ange de paix, sans cesse occupé à dissiper les troubles que d'autres avoient fait naître, à prévenir les guerres étrangères, les guerres civiles & les combats singuliers, à ménager le sang de la noblesse & les trésors des peuples; qu'il s'écrie : *jamais nous n'aurons une telle reine en France, si bonne pour la paix*; qu'il accuse Henri IV d'avoir haï sans sujet, cette princesse; qu'il dise que la cour de Catherine étoit *une école de toute honnêteté & vertu*, c'est vouloir perdre entièrement la confiance du lecteur.

Brantôme ne parle pas même de la superstition si connue de Catherine *de Médicis*, superstition que par une contradiction moins rare qu'on ne pense, elle allioit avec l'indifférence sur la religion, & même avec l'incrédulité; mais il en rapporte, sans s'en appercevoir, un trait d'autant plus fort, qu'il est dans un genre qui en paroît moins susceptible. Catherine aimoit les représentations théâtrales. Dans une fête qu'elle donnoit à Blois, elle avoit fait jouer par les princesses ses filles, & par des seigneurs de sa cour, *la Sophonisbe* de Saint-Gelais; mais les événements publics qui suivirent cette fête, n'ayant pas été heureux, Catherine s'en prit à la tragédie de *Sophonisbe*, & ne voulut plus dans la suite faire jouer que des comédies, ou tout-au-plus & par accommodement, des tragi-comédies.

Dans la vérité, Catherine n'avoit d'autre politique que la ruse, & n'avoit d'énergie que pour le crime; elle avilit le pays qu'elle gouvernoit; elle sembla fixer la guerre en France; elle ne fit que brouiller & au-dehors & au-dedans; elle excitoit, elle suspendoit tour-à-tour la guerre civile, la guerre étrangère, sans tirer de ses négociations perpétuelles, d'autre avantage que le plaisir de négocier; toujours prête à changer d'amis & d'ennemis, elle ne tendoit & ne parvenoit à rien. Mais pour dire en un mot ce qui la condamne à jamais, la Saint Barthelemy avec la profonde dissimulation qui prépara ce complot & toutes les atrocités qui accompagnèrent l'exécution, la Saint-Barthelemy fut son ouvrage.

Elle mourut le 5 janvier 1589; elle mourut comme Isabelle de Bavière, moitié oubliée, moitié haïe des François, mais n'étant détrompée ni détachée de rien, & regrettant toujours le pouvoir dont elle avoit tant abusé.

On lui a fait dans le temps, une épitaphe qui

de l'impartialité, & qui la ménage encore:

La reine qui cy gît, fut un diable & un ange,
Toute pleine de blâme & pleine de louange;
Elle soutint l'état, & l'état mit à bas,
Elle fit maints accords & pas moins de débats.
Elle enfanta trois rois & cinq guerres civiles,
Fit bâtir des châteaux & ruina des villes,
Fit de fort bonnes loix & de mauvais édits:
Souhaite-lui, passant, enfer & paradis.

L'héritière légitime des droits de la maison *de Médicis* sur Florence, étoit Catherine *de Médicis*; mais l'intérêt du nom faisoit préférer les mâles bâtards aux filles légitimes; la bâtardise dans cette maison, n'étoit un obstacle ni à la grandeur ni à la fortune; le pape Clément VII lui-même étoit bâtard, & le nom des *Médicis* n'étoit porté alors avec éclat que par trois bâtards, Clément VII, fils naturel de Julien, tué dans la conjuration des Pazzi; Alexandre, fils naturel de Laurent II, par conséquent frère de Catherine *de Médicis*; (Scipion Ammirato dit qu'il étoit fils naturel du pape Clément VII lui-même, & non de Laurent II); & Hyppolyte, fils naturel d'un Julien II, surnommé *le jeune & le magnifique*, oncle de Laurent II. C'étoit à Alexandre que Clément VII destinoit le gouvernement de Florence; il avoit fait Hyppolite cardinal, partage dont celui-ci fut toujours mécontent. L'empereur Charles-Quint profita pour sa bâtarde, des vues qu'avoit le pape pour les bâtards de sa maison; il donna en mariage à Alexandre *de Médicis*, Marguerite d'Autriche, qu'il avoit eue d'une flamande, nommée Marguerite Van-Gest; il promit dans un traité conclu en 1529, avec ce même pape qu'il avoit long-temps tenu prisonnier, (*Voyez* l'article CLÉMENT VII.) il promit de mettre Alexandre en possession de l'autorité que les *Médicis* avoient eue à Florence, promesse dont le mariage de sa fille garantissoit l'exécution, & qu'il accomplit en effet; mais il lui en coûta une guerre sanglante, où périt le dernier prince d'Orange de la maison de Châlon, qui commandoit l'armée impériale, & le siége de Florence dura onze mois. L'autorité souveraine fut entiérement rétablie en Toscane, & déclarée héréditaire dans la maison *de Médicis*, par la décision de l'empereur. Après la mort de Clément VII, arrivée le 4 septembre 1534, Hyppolite conspira contre Alexandre, & mourut empoisonné, à ce qu'on croit, par cet Alexandre. Alexandre lui-même fut égorgé par des assassins que Laurent *de Médicis*, un de ses parents, introduisit la nuit dans sa chambre, au lieu d'une femme qu'il s'étoit chargé d'y introduire, & que l'incontinence d'Alexandre attendoit; Laurent fut massacré à son tour par les vengeurs d'Alexandre.

La souveraineté de Florence passa dans une autre branche de la maison *de Médicis*. Côme II. monta sur ce trône en 1569. Il étoit fils de ce brave & infidèle Jean *de Médicis*, un des plus vaillants capitaines de l'Italie, qui, dans la grande guerre de 1521, entre Charles-Quint & François Ier, avoit passé & repassé si souvent du camp des François dans celui des Impériaux, & du camp des Impériaux dans celui des François; il servoit ces derniers en 1525, au siége de Pavie; Antoine de Lève qui commandoit dans la place, fit une sortie que Jean *de Médicis* fut chargé de repousser. Tandis qu'il s'acquittoit de cette commission avec sa valeur ordinaire, il fut blessé au talon, comme Achille, dont la valeur lui avoit fait donner le surnom. Un coup de feu lui brisa l'os & le mit hors de combat. Il fut obligé de se faire transporter à Plaisance. Sa troupe, qui n'aimoit & ne craignoit que lui, se débanda lorsqu'elle se vit sans chef.

Il servoit encore les François, & étoit un des chefs de la ligue contre Charles-Quint en 1526, au combat de Borgo-Forté, vers le confluent de l'Oglio & du Pô, lorsque chargeant les Allemands de Bourbon, à la tête de sa troupe, un coup de fauconneau lui fracassa la cuisse; il fut transporté à Mantoue, & il y mourut de cette blessure; Brantôme & Varillas disent qu'on lui coupa la cuisse, & que *Médicis*, sans vouloir souffrir qu'on le soutînt ni qu'on lui bandât les yeux, poussa la fermeté jusqu'à tenir lui-même la lumière pendant l'opération, sans qu'il parût la moindre altération sur son visage.

C'étoit le seul de tous les chefs de la ligue que les ennemis craignissent; tous les partis tour-à-tour avoient éprouvé son courage. Un tempérament plein de feu le précipitoit dans toutes les occasions perilleuses; ses talents, que l'expérience mûrissoit tous les jours, l'égaloient déjà aux plus grands capitaines. Il mourut à vingt-neuf ans. Les exploits dont il remplit cet espace si court, auroient suffi pour illustrer une longue carrière.

La troupe particulière dont il étoit le chef, pour témoigner la douleur qu'elle avoit de sa perte, arbora le drapeau noir qu'elle conserva depuis, monument respectable de la gloire du général & de l'amour de ses soldats. Elle prit le nom de Bandes noires qu'avoit porté une autre troupe, détruite à la bataille de Pavie. Brantôme dit que c'étoit Jean *de Médicis* lui-même qui avoit fait prendre à sa troupe le drapeau noir, à la mort de Léon X, mais elle le garda en mémoire de Jean *de Médicis*.

Côme son fils, fut le premier revêtu du titre de grand-duc par le pape Pie V.; c'est de lui que Brantôme rapporte que les partisans de la république lui tendoient toute sorte de pièges, & que, comme il étoit grand nâgeur & grand plongeur, & qu'il prenoit plaisir à se jetter dans l'Arno du haut du pont, ils poussèrent la haine jusqu'à ficher en terre au fond de la rivière, des épées & des dagues, les pointes en haut, afin qu'il se perçât en se jettant d'en haut dans le fleuve; mais il vit le piège, & l'évita. Son règne d'ailleurs fut long & illustre; il eût pu passer pour heureux, sans la terrible & funeste aventure de deux de ses fils. La voici, telle qu'elle est rapportée par un écrivain moderne, d'après ceux du temps.

« Jean, l'aîné des deux princes, étoit d'un caractère doux & bienfaisant; Garcias le cadet, avoit » l'ame d'un barbare; les vertus de son frère exci-

» tèrent sa jalousie. Un jour qu'ils étoient ensemble » à la chasse, ils se trouvèrent par hazard séparés » de leur suite; Garcias ne laissa pas échapper l'occa- » sion d'assouvir sa rage, il s'élança sur Jean, le tua » d'un coup de poignard, & rejoignit sa suite sans » paroître ému de son forfait.

» On trouva le cadavre sanglant; le meurtrier dissi- » mula comme auroit pu faire un scélérat nourri depuis » long-temps dans le crime; mais le père se doutant de » la vérité, renferma sa douleur, & fit publier que » son fils étoit mort subitement. Le jour d'après, il » ordonne à Garcias de le suivre dans le lieu où » étoit le corps du prince assassiné : là, le désespoir » & la douleur s'emparent de l'ame de Cosme. *Voilà*, » dit alors ce père infortuné, *voilà le sang de votre* » *frère, qui vous accuse & qui demande vengeance à* » *Dieu & à moi-même.* Garcias fit l'aveu de son crime; » mais il accusa Jean d'avoir attenté à ses jours. Le » père, loin de recevoir ses excuses, le tua du même » poignard dont Jean avoit été assassiné.

Ce fait n'est pas généralement adopté. Plusieurs auteurs disent que les deux jeunes princes moururent de la peste en 1562. Cosme mourut en 1574. Il fut l'ayeul de Marie *de Médicis*, femme de notre roi Henri IV, & mère de Louis XIII.

On voit Marie, sous le règne de Henri IV, inquiète, capricieuse, hautaine, soupçonneuse, querelleuse, contraire à tous les vœux du roi, contraire même à ses vues politiques, & osant les traverser par des intrigues secrettes, par des intelligences coupables avec les ennemis de l'état, perdant le droit qu'elle avoit de se plaindre des infidélités de son mari, par le peu de tendresse qu'elle lui montroit, par le peu de soin qu'elle prenoit de lui plaire, par le peu de douceur qu'elle répandoit sur sa vie, par la confiance qu'elle prodiguoit, par l'appui qu'elle prêtoit à des domestiques insolens & factieux, ennemis déclarés du roi; on la voit se tourmenter pour être malheureuse & pour devenir odieuse à ce prince, qui l'eût aimée, si elle l'avoit voulu. Tous ces torts cependant sont de son humeur, & non pas de son cœur; trop amie de l'intrigue, elle étoit du moins incapable de crime; elle n'avoit sur-tout ni assez de méchanceté ni peut-être assez de vigueur pour l'attentat atroce dont elle a été soupçonnée; son obstination à rechercher l'alliance de l'Espagne, contre les intentions du roi son mari, arrache, il est vrai, à l'auteur moderne d'une Vie *de Médicis*, cette réflexion juste & terrible, *qu'il semble qu'il n'y avoit que la certitude de la mort du roi, qui pût faire suivre avec tant de confiance & d'opiniâtreté une négociation si contraire aux projets de ce monarque*; & le président Hénault avoit déjà dit *qu'elle n'avoit pas été assez surprise ni assez affligée de la mort de ce prince.* Mais l'auteur de la Vie lave entièrement la mémoire de Marie *de Médicis* du soupçon affreux d'avoir contribué à la mort de Henri IV, & fait retomber ce soupçon sur la marquise de Verneuil.

Par la mort de Henri IV, Marie devint régente & souveraine, sous le nom de son fils; voilà en apparence, son ambition satisfaite; c'est là au contraire, que commencent ses malheurs les plus réels. Jalouse de l'autorité comme elle en avoit été avide, l'idée que cette autorité pût être ou bravée, ou attaquée, ou menacée, ne lui laissoit aucun repos; & tous les moyens qu'elle prenoit pour affermir cette autorité toujours chancelante, ne faisoient que l'affoibir & la détruire: aussi étoient-ils directement contraires à leur fin. Au lieu de gouverner, Marie traitoit sans cesse avec ses sujets, & toujours avec désavantage; toute son administration ne fut qu'une négociation perpétuelle & mal-adroite; sa politique étoit de payer bien cher les services qu'on lui devoit & qu'elle avoit droit d'exiger; elle payoit les grands pour rester fidèles ou pour le devenir; c'étoit les inviter à se révolter toujours: ils troublèrent l'état, moins par esprit de faction que par des vues d'intérêt. L'expérience ne la corrigeoit point; à la dixième défection, elle payoit aussi cher ou plus cher qu'à la première; elle partageoit les trésors de l'état entre ses favoris & les mécontents. Les sommes considérables que l'économie de Henri IV, avoit amassées pour l'exécution de ses grands desseins, furent promptement dissipées; il fallut accabler les peuples d'impôts pour fournir aux besoins toujours renaissants d'une pareille administration. L'auteur de l'*Histoire de la Mère & du Fils*, compte qu'en six ou sept ans, le prince de Condé avoit reçu de Marie *de Médicis*, plus de trois millions six cents mille livres; le comte de Soissons & son fils, seize cents mille livres; le prince de Conty & sa femme, quatorze cents mille; le duc de Longueville, douze cents mille; le duc de Mayenne & son fils, deux millions; le duc de Vendôme, près de six cents mille francs; le duc de Bouillon, un million; le duc d'Epernon & ses enfants, près de sept cents mille livres, sans compter leurs appointements & les pensions qu'ils avoient fait donner à leurs créatures, & tout cela pour s'être révoltés ou pour s'être rendus redoutables ou nécessaires. Il en avoit coûté d'ailleurs à l'état plus de vingt millions pour les combattre dans leurs fréquentes révoltes.

Un autre défaut essentiel de l'administration de Marie, c'est cette affectation indécente de contrarier en tout le gouvernement de Henri IV, de destituer ses ministres, de prodiguer la confiance, les honneurs, les emplois, les richesses aux ennemis déclarés de ce grand prince, de changer, même au dehors, d'amis & d'ennemis, de rompre les alliances que Henri avoit formées, de bouleverser le systême de l'Europe. Cette conduite imprudente produisoit plusieurs mauvais effets. D'un côté, elle annonçoit un mépris choquant pour la mémoire d'un roi plein de gloire, & non moins illustre par la politique que par les armes; de l'autre, elle faisoit naître ou confirmoit le soupçon injuste & affreux dont nous avons parlé; elle fournissoit d'ailleurs des prétextes aux révoltes des grands, des motifs aux plaintes du peuple, des occasions ou des facilités aux intrigues des courtisans, qui ébranlèrent peu-à-peu, & parvinrent enfin à détruire la puissance de Marie.

Si cette reine & ses amis n'eussent jamais été soupsonnés de la mort de Henri IV, jamais peut-être on n'eût osé ni pu soulever son fils contr'elle, ni assassiner le maréchal d'Ancre au nom du roi, & la maréchale, au nom des loix. Ces crimes, il faut rendre justice à Marie, n'étoient point à son usage; on lui proposa plus d'une fois de la venger par ces moyens affreux, elle s'y refusa toujours.

Du reste, elle fut sans dignité dans la disgrace, comme elle avoit été sans vigueur dans l'administration: le plaisir de négocier parut la consoler du malheur de ne plus régner. Elle cabala, elle rampa, elle troubla l'état pour arracher aux favoris, une foible portion, une foible apparence du pouvoir qu'elle regrettoit. Combien elle eût été plus intéressante, plus respectée, plus puissante peut-être, si au lieu d'implorer pour sortir de Blois, l'appui du duc d'Epernon, qu'elle avoit trop négligé; au lieu de s'abaisser jusqu'à caresser Luynes son persécuteur, elle eût attendu dans la retraite avec une fermeté noble & calme, que les fautes des favoris, les révolutions du temps, les vicissitudes de la fortune lui rendissent son ascendant naturel sur son fils!

Le règne de Luynes fut court; la mort le frappa au sein des grandeurs & de la puissance; mais Marie ne recouvra jamais qu'une partie de son ancien crédit; elle en eut assez cependant pour élever au-dessus d'elle-même la fortune du cardinal de Richelieu, qui depuis la réduisit à sortir de France, & à périr dans l'exil & dans la misère.

A travers toutes les variations de sa fortune, Marie avoit toujours été fidelle à la négociation & à l'intrigue. Dans le temps où elle défendoit avec peine, son autorité chancelante contre le crédit toujours croissant du cardinal de Richelieu, sa politique avoit été de soulever le duc d'Orléans son second fils, contre le roi & contre ce ministre. Sacrifiée au cardinal, chassée de la France, dépouillée de ses biens & de son douaire, privée de tout, elle fut moins accablée de ses disgraces qu'amusée du soin de négocier son retour en France & de se ménager un asyle dans les différentes cours de l'Europe. Elle fit des avances au cardinal de Richelieu, comme elle en avoit fait au connétable de Luynes, & même du temps de Henri IV, à la marquise de Verneuil. Au fond, elle ne haïssoit personne; & lorsqu'à sa mort, le nonce Chigi, qui fut depuis le pape Alexandre VII, lui recommanda de pardonner à Richelieu, il vit que le sacrifice d'une si juste haine étoit déjà fait, & qu'il n'avoit rien coûté. Elle n'aimoit ni plus fortement ni plus constamment; sa tendresse pour ses fils, fut toujours subordonnée à son amour pour l'intrigue, premier sentiment de son ame. Plus inquiète qu'ambitieuse, elle croyoit aimer l'autorité, c'étoit la négociation qu'elle aimoit. Cette reine de France, veuve & mère de rois de France, belle-mère du roi d'Espagne, du roi d'Angleterre, du duc de Savoie, mourut à Cologne le 3 juillet 1642. Elle étoit née le 26 avril 1575, & avoit épousé Henri IV, le 27 décembre 1600.

La maison *des Médicis*, grands-ducs de Toscane, s'est éteinte dans la personne de Jean Gaston *de Médicis*, né le 24 mai 1671, mort le 9 juillet 1737. Alors le grand duché de Toscane a passé à la maison de Lorraine, en vertu des arrangements politiques de l'Europe.

La maison *de Médicis* avoit produit un troisième pape, (Léon XI.) qui ne siégea que vingt-six jours. (*Voyez* l'article LÉON XI.)

Les généalogistes parlent diversement de l'origine de cette maison. Il en est qui la font remonter jusqu'au onzième siècle; elle est connue au moins depuis le milieu du treizième.

Ce Pierre II, frère du pape Léon X, & père de Laurent II, & qui, comme nous l'avons dit, fut chassé de Florence (le 9 novembre 1494) fut le premier qui chargea un des tourteaux de ses armes de trois fleurs de lys d'or, par concession ou de Louis XI, ou, selon d'autres, de Charles VIII.

MEDICIS *ou* MEDICHINO. (*Voyez* MARIGNAN.)

MÉDIMNE, s. m. (*Mesur. antiq.*) Μέδιμνος. C'étoit une mesure de Sicile, qui selon Budée, contient six boisseaux de blé, & qui revient à la mesure de la mine de France; mais j'aime mieux en traduisant les auteurs grecs & latins, conserver le mot *médimne*, que d'employer le terme de *mine* qui est équivoque. M. l'abbé Terrasson met toujours *médimne* dans sa traduction de Diodore de Sicile. (*D. J.*)

MEDITRINALES, adj. (*Hist. anc.*) fêtes que les Romains celébroient en Automne le 11 d'Octobre, dans lesquelles on goûtoit le vin nouveau & l'on en buvoit aussi du vieux par maniere de médicament, parce qu'on regardoit le vin non-seulement comme un confortatif, mais encore comme un antidote puissant dans la plûpart des maladies. On faisoit aussi en l'honneur de *Meditrina*, déesse de la Médecine, des libations de l'un & de l'autre vin. La première fois qu'on buvoit du vin nouveau, on se servoit de cette formule, selon Festus: *Vetus novum vinum bibo, veteri novo morbo medior*; c'est-à-dire *je bois du vin vieux, nouveau, je remédie à la maladie vieille, nouvelle*; paroles qu'un long usage avoit consacrées, & dont l'omission eût passé pour un présage funeste. (*G*)

MEDON, (*Hist. Grecque.*) fils de ce Codrus, *pro patriâ non timidus mori*, fut le premier archonte d'Athènes; son père avoit été le dix-septième & dernier roi. Il fut fait archonte vers l'an 1068 avant Jesus-Christ.

MÉDRESE, s. m. (*Hist. mod.*) nom que les Turcs donnent à des académies ou grandes écoles que les sultans font bâtir à côté de leurs jamis ou grandes mosquées. Ceux qui sont préposés à ces écoles se nomment *muderis*; on leur assigne des pensions annuelles proportionnées aux revenus de la mosquée. C'est de ces écoles que l'on tire les juges des villes, que l'on nomme *mollas* ou *molahs*. (*A. R.*)

MÉGAHETERIARQUE, s. m. (*Hist. du bas empire*) nom d'une dignité à la cour des empereurs de Constantinople. C'étoit l'officier qui commandoit en chef les troupes étrangeres de la garde de l'empereur; & son vrai nom, dit M. Fleury, étoit *mégahétairiaque*. (*D. J.*)

MEGASTHENE, (*Hist. Litt. anc.*) historien grec qui vivoit environ trois siècles avant Jesus-Christ, avoit composé une *Histoire des Indes*, qui est citée par les anciens, mais qui est perdue; celle que nous avons sous son nom, est une supposition d'Annius de Viterbe.

MEGE, (dom Antoine-Joseph) (*Hist. Litt. mod.*) bénédictin de la congrégation de Saint Maur, auteur d'une vie de St. Benoît, & d'un Commentaire sur sa Règle. Mort en 1691.

MEGELLE, s. f. (*Hist. mod.*) c'est l'assemblée des grands seigneurs à la cour de Perse, soit que le sophi les appelle pour des choses de cérémonie, soit qu'il ait besoin de leur conseil dans des affaires importantes & secrettes. Les *mégelles* ont été de tous les tems impénétrables. (*A. R.*)

MEHEGAN, (Guillaume-Alexandre de) (*Hist. Litt. mod.*) naquit en 1721, dans les Cevennes, d'une famille originaire d'Irlande. Le phlegme anglican étoit rechauffé chez lui, par le feu de nos provinces méridionales. Il fut long-temps connu sous le nom de l'abbé *de Mehegan*, mais il avoit fini par se marier. Il est l'auteur des ouvrages suivans: l'origine des Guèbres ou la Religion naturelle mise en action; Considérations sur les révolutions des Arts; Pièces fugitives en vers; Mémoires de la marquise de Terville; Lettres d'Aspasie; l'origine, les progrès & la décadence de l'Idolâtrie; tableau de l'Histoire moderne. Il étoit en train de faire sa réputation littéraire, lorsqu'il mourut très-promptement le 23 janvier 1766. Il devoit dîner le lendemain, avec plusieurs gens de lettres, qui, sur la foi de tout l'esprit dont ses ouvrages paroissoient étinceler, & de la haine que les folliculaires, ennemis de tous les talents, paroissoient lui avoir vouée, désiroient de le connoître. Il faut convenir que ses ouvrages qui avoient séduit d'abord par l'éclat peut-être trop soutenu du style, sont aujourd'hui presque oubliés; c'est que l'esprit ne suffit pas, c'est qu'il faut sur-tout du naturel & un tour heureux d'imagination pour imprimer aux ouvrages un caractère de vie; il faut, non une philosophie de secte, mais une philosophie qui appartienne à l'auteur, qui atteste qu'il a pensé & senti, & non pas répété.

ME HERCULES, (*Hist. anc.*) jurement des hommes par Hercule: *me Hercules*, est la même chose que *ita me Hercules juvet*. Les femmes ne juroient point par Hercule; ce dieu ne leur étoit point propice; une femme lui avoit refusé un verre d'eau, lorsqu'il avoit soif; les artifices d'une femme lui coûterent la vie; c'étoit le dieu de la force, & les femmes sont foibles. On fit dans les premiers siècles de l'Eglise un crime aux Chrétiens de jurer par *Hercule*. (*A. R.*)

MEIBOMIUS, (*Hist. Litt. mod.*) Quatre sçavans ont fait connoître ce nom:

1°. Henri, médecin de Helmstadt, mort en 1625, que son petit-fils a placé parmi ses *rerum Germanicarum scriptores*.

2°. Jean-Henri, fils de l'un, père de l'autre, aussi médecin, d'abord à Helmstadt, ensuite à Lubeck, a découvert des vaisseaux dirigés vers les paupières, qui se nomment de son nom, les *Conduits de Meibomius*. Son ouvrage sur cette matière, a pour titre: *de fluxu humorum Oculorum*. On connoît son traité *de usu flagrorum in re Medicâ & Venereâ*. Il y a aussi de lui un traité *de Cerevisiis*, & une Vie de Mécène. Mort vers 1670.

3°. Henri, fils du précédent, petit-fils du premier, est sur-tout connu par le recueil dont nous avons parlé; *rerum Germanicarum Scriptores*. On a aussi de lui un ouvrage intitulé; *ad Saxoniæ inferioris historiam introductio. Chronicon Bergensc. Valentini Henrici Vogleri introductio universalis in notitiam cujuscumque generis bonorum scriptorum*; ce n'est qu'une édition, mais *Meibomius* l'a enrichie de savantes notes; enfin, on a de lui des dissertations de Médecine, &c. Né à Lubeck en 1638, mort en 1700. Il avoit beaucoup & utilement voyagé dans toute l'Europe.

4°. Marc, de la même famille. Il avoit dédié à la reine Christine, un recueil des auteurs qui ont écrit sur la musique des anciens. Bourdelot, médecin, favori & bouffon de Christine, lui donna l'idée d'un divertissement où *Meibomius* chanteroit un air de musique ancienne, & Naudé, au son de sa voix, danseroit des danses grecques; il ne vouloit que rendre ridicule *Meibomius* & Naudé, il y réussit. *Meibomius* prit mal la plaisanterie; il maltraita fort Bourdelot, lui meurtrit le visage à coups de poing, & s'enfuit de la cour de Suède. On a de lui un traité *de Fabricâ Triremium*; une édition des anciens Mythologues grecs. Il prétendit corriger l'exemplaire hébreu de la Bible qui, selon lui, étoit plein de faute. Son ouvrage sur ce sujet, a pour titre: *Davidis psalmi & totidem sacræ scripturæ veteris Testamenti capita..... restituta.*

MEILLERAIE ou MEILLERAYE, (LA) (*Voyez* PORTE (LA).

MEINGRE. (Le) (*Voyez* BOUCICAUT.)

MEKKIEMES, (*Hist. mod.*) nom que les Turcs donnent à une salle d'audience, où les causes se plaident & se décident. Il y a à Constantinople plus de vingt de ces *mekkiemes*. (*A. R.*)

MELA. (*Voyez* POMPONIUS MELA.)

MELANCTHON, (Philippe) (*Hist. du Luther.*) Le vrai nom de *Melanchton* est *Schwartserdt*, qui signifie, en allemand, *terre noire*, comme *Mélanchton* le signifie en grec. *Mélanchton* étoit le disciple & le coopérateur de Luther, mais aussi doux, aussi modéré que son maître étoit altier & violent; il avoit beaucoup à souffrir des emportements, des fureurs & des caprices de Luther; il tâchoit toujours vainement, d'adoucir cet homme fougueux, & de concilier tous les chefs de la réforme, qu'il voyoit avec douleur, aussi divisés entr'eux & aussi ennemis les uns des autres qu'ils l'étoient des Catholiques. Quand la Sorbonne eut condamné Luther, *Mélanchton* fit l'apologie de son ami, il fallut qu'il consentît de traiter la censure de la Sorbonne, de *décret furieux* & les docteurs de *théologastres*, dans le titre même de son ouvrage, *adversùs furiosum Parisiensium theologastrorum decretum, apologia pro Luthero.* Cette apologie, composée sous les yeux de Luther & toute animée de son esprit, ne le contenta pas encore, parce que *Mélanchton* y avoit laissé quelques traits de sa modération naturelle, & n'avoit pas pu se monter par-tout au ton de Luther. Florimond de Remond & le P. Maimbourg, catholiques, à qui le zèle ne permet pas toujours de s'assurer des faits qu'ils avancent, prétendent que *Mélanchton* se laissa séduire par l'idée de la nécessité du travail manuel que Carlostadt fondoit sur ces paroles de la Genèse : *tu mangeras ton pain à la sueur de ton corps ;* & qu'en conséquence il se fit garçon boulanger, tandis que Carlostadt alla labourer la terre ; mais le fait, du moins en ce qui concerne *Mélanchton*, est nié par les Protestants. (*Voyez* l'article CARLOSTAD.)

Ce fut *Mélanchton* qui fut chargé de dresser la confession luthérienne d'Ausbourg, de concert avec Luther : ce concert ne fut pas sans dissonnances; Luther vouloit pousser tout à l'excès, *Mélanchton* vouloit tout adoucir ; on faisoit, on défaisoit à tout moment quelque article de foi. *Il falloit*, dit Mélanchton, *les accommoder à l'occasion........ Je changeois tous les jours & rechangeois quelque chose, & j'en aurois changé beaucoup davantage, si nos compagnons nous l'avoient permis.* Les lettres de *Mélanchton* ne parlent que de ses inquiétudes pendant tout ce temps-là. Luther le désoloit par ses hauteurs, l'effrayoit par ses emportements ; il entroit quelquefois contre *Mélanchton* dans une si violente colère, qu'il ne vouloit pas lire ses lettres, & renvoyoit les messagers sans réponse. *Mélanchton*, toujours docile & patient, gémissoit, cédoit & changeoit. Il parvint enfin à mettre cette confession d'Ausbourg en état d'obtenir le suffrage de Luther. Le grand maître prononça ces grands mots : *elle me plaît infiniment, je n'y puis rien changer ni corriger.* Il fait pourtant quelques petits reproches, il insinue qu'il ne veut pas faire de corrections, parce qu'elles trancheroient trop avec la timide circonspection qui préside à tout l'ouvrage : *je ne sçais point*, dit-il, *procéder avec cette molle délicatesse.* En effet, depuis ce temps, les Luthériens, déjà séparés des Anabaptistes & des Sacramentaires, parurent encore se subdiviser en deux espèces de sectes, de Luthériens purs & de Luthériens *mitigés* ; & le modeste *Mélanchton*, qui n'ambitionnoit point d'autre honneur que celui d'être le premier & le plus fidèle des disciples de Luther, se trouva malgré lui, érigé en chef des Luthériens relâchés ; mais cette différence étant plus dans les caractères que dans la foi, ne fut apperçue que par des yeux intéressés, & ne forma point deux sectes sensiblement séparées.

La confession d'Ausbourg fut présentée à l'empereur le 25 juin 1530. Elle fut réfutée par les Sacramentaires d'un côté, par les Catholiques de l'autre ; cette dernière réfutation fut faite par ordre de l'empereur. *Mélanchton* y répondit; & sa réponse est ce qu'on appelle l'*Apologie de la confession d'Ausbourg*, pièce devenue inséparable de cette confession, dont elle est comme le supplément. Il fit aussi la censure de l'*intérim* de Charles-Quint en 1548. Rien n'est comparable aux agitations, aux douleurs qu'éprouva *Mélanchton*, lorsqu'il vit la réforme, après avoir établi pour principe : qu'on ne prendroit jamais les armes pour la défense *de l'Evangile*, & qu'il falloit tout souffrir plutôt que d'armer pour cette cause, former des ligues & prendre les armes. Toutes ses lettres présentent le tableau d'une ame déchirée ; il pleuroit, il excusoit Luther, il accusoit le malheur des temps, il parloit pour s'étourdir, il appelloit des consolations qui le fuyoient, il versoit des larmes amères dans le sein de ses amis. On le voit faire de vains efforts pour se rassurer, pour excuser la guerre que son cœur condamnoit, pour justifier Luther qu'il s'obstinoit à aimer. Quand il ne pouvoit s'empêcher de le condamner, c'étoit toujours sans le nommer. Je ne vois, disoit-il, que tyrannie de la part des papistes *ou des autres....* je reconnois combien *certaines gens* ont tort. Il lui avoit donné le beau nom de Périclès; & quand il lui arrivoit de le condamner même nommément, il ne le comparoit qu'à des héros : Luther avoit, disoit-il, la colère d'Achille, les emportements d'un Hercule, d'un Philoctète, d'un Marius; mais il en revenoit toujours à trouver quelque chose d'extraordinaire & de prophétique dans cet homme, & sur tous les excès & les contradictions de la réforme, il en revenoit toujours à prier Dieu ; c'étoit toujours aux pieds de Dieu que cette ame simple & droite venoit déposer ses douloureuses agitations. *Mélanchton*, au milieu de tous ces mouvements, étant allé voir sa mère, femme simple & dévote, la trouva fort émue des disputes de religion qui troubloient alors l'Allemagne, & fort incertaine de ce qu'elle devoit croire, elle lui récita ses prières pour sçavoir s'il n'y trouveroit rien de condamnable. « Votre foi & vos prières sont très-bonnes, lui répondit *Mélanchton*, n'y changez rien, & laissez » disputer les docteurs ».

Mélanchton, avec beaucoup d'esprit & de lumières pour son siècle, étoit sensible, par conséquent foible : cette foiblesse alloit jusqu'à croire aux prodiges, aux prédictions, à l'astrologie, dans un siècle qui croyoit à tout cela. On lui avoit prédit un naufrage sur la Mer Baltique & sur la Mer du Nord; & pour ne pas s'embarquer sur ces deux mers, *Mélanchton* se refusoit à des prosélytes qui l'appelloient en Danemarck & en Angleterre; car, en croyant que ces prédictions s'accompliroient infailliblement, on faisoit tout pour les démentir. Il avoit tiré l'horoscope de sa fille, & un horrible aspect de Mars le faisoit trembler pour elle ; de tristes conjonctions des astres & la flamme d'une comète extrêmement septentrionale, ne l'effrayoient pas moins ; dans le temps des conférences d'Ausbourg, il se consoloit de la lenteur avec laquelle on y procédoit, parce que *vers l'automne*, *les astres devoient être plus propices aux disputes ecclésiastiques.* Tel étoit

Mélanchton avec toutes ses vertus & toutes ses foiblesses.

La fameuse dispense accordée au Landgrave de Hesse pour épouser une nouvelle femme, sans répudier la première, étoit signée de *Mélanchton* aussi bien que de Luther & de quelques autres; & *Mélanchon* fut un des témoins secrets de ce second mariage.

A la mort de Luther, *Mélanchton* crut perdre un ami, & il gagna un rang dans la réforme; il en fut en quelque sorte, le patriarche, comme l'avoit été Luther; il n'en fut que plus exposé à l'envie & aux persécutions dans son propre parti; car après la mort de Luther, tous ses soldats voulurent être rois; ses chefs se multiplièrent & se divisèrent. *Mélancthon* étoit trop doux pour pouvoir contenir tant d'ardents disputeurs; s'il n'avoit pas la violence de Luther, il n'en avoit pas non plus l'énergie; incapable d'être persécuteur, il fut persécuté. Illyric, son disciple, voulut être son maître; il fit condamner dans deux synodes, quelques propositions de *Mélanchton*, qui ne s'éloignoient pas assez de la foi de l'église romaine; le ménagement qu'on eut pour cet homme célèbre, fut de ne le pas condamner sous son nom, mais sous la dénomination injurieuse de quelques *papistes* ou *scholastiques*. Osiandre l'outrageoit du fond de la Prusse; David Chytré, plus zélé qu'eux tous, ne proposoit pas moins que de se défaire de *Mélanchton*, à cause de son dangereux amour pour la paix. *Mélanchton* réduit au silence & aux larmes, disoit: *je ne veux plus disputer contre des gens si cruels*. Il mourut (en 1560.) incertain, comme il avoit vécu; on a dit de lui qu'il avoit passé sa vie entière à chercher sa religion sans avoir pu la trouver. On prétend qu'il changea quatorze fois de sentiment sur le péché originel & sur la prédestination. Il se consola de mourir, parce qu'il alloit, disoit-il, être délivré de deux grands maux, du péché & de la rage théologique. Camérarius a écrit sa vie. (*Voyez* l'article CAMÉRARIUS.)

MÉLANIE, (*Hist. Ecclés.*) C'est le nom de deux vieilles dames romaines, ayeule & petite-fille, mises au rang des saintes; elles se consacrèrent au service des Catholiques persécutés par les Ariens, visitèrent les saints lieux & bâtirent des monastères. L'une vivoit sous la direction de Rufin, prêtre d'Aquilée, (*voyez Rufin*) l'autre ayant passé en Afrique, eut des relations avec saint Augustin. Toutes deux moururent à Jérusalem, l'ayeule en 410, la petite-fille en 434.

MÉLANIPPIDES. (*Hist. litt. anc.*) C'est le nom de deux poëtes grecs, ayeul & petit-fils, dont l'un vivoit plus de cinq siècles, l'autre environ quatre siècles & demi avant J. C. On a des fragments de leurs ouvrages dans le *Corpus poetarum græcorum*.

MELCHIOR-CANUS, (*Voyez* CANUS).

MELCHISEDECH, (*Hist. sacr.*) Roi de Salem & prêtre du Dieu très-haut. C'est ainsi qu'il est qualifié dans la genèse, chap. 14, & c'est à-peu-près tout ce que l'écriture nous en apprend; les sçavants ne s'en sont pas contentés; ils se sont partagés en différentes opinions sur ce qui concerne Melchisédech; les uns en ont fait un payen, les autres un ange; il y a eu même des hérétiques nommés *Melchisedeciens*. Ce que les savants sçavent le moins, c'est ce que l'écriture appelle *sapere ad sobrietatem*.

MELCHTAL (Arnold de) *Hist. mod.* Un des principaux auteurs de la liberté helvétique, un des coopérateurs de Guillaume Tell, *voyez* TELL.

MÉLÉAGRE (*Hist. litt. mod.*) Poëte grec, auteur du recueil d'épigrammes grecques connu sous le nom d'*Anthologie*, & où il y a des épigrammes de quarante six poëtes différents. On en a souvent changé la disposition. C'est le moine grec Planudes, qui, en 1380 l'a mis dans l'état où nous l'avons actuellement. Méléagre étoit Syrien, & vivoit sous le règne de Séleucus VI roi de Syrie, environ un siècle avant J. C.

MELECHER, s. m. (*Hist. anc.*) idole que les Juifs adorerent. *Melecher* fut, selon les uns, le soleil; la lune, selon d'autres. Ce qu'il y a de certain, c'est que les femmes lui offroient un gâteau signé d'une étoile, & que les Grecs faisoient à la lune l'offrande d'un pain sur lequel la figure de cette planète étoit imprimée.

MELIN. (*Voyez*) S. GELAIS.

MELIKTU-ZIZIAR, *ou* PRINCE DES MARCHANDS, s. m. (*Hist. mod. & Comm.*) On nomme ainsi en Perse celui qui a l'inspection générale sur le commerce de tout le royaume, & particulièrement sur celui d'Ispaham. C'est une espece de prevôt des marchands, mais dont la jurisdiction est beaucoup plus étendue que parmi nous.

C'est cet officier qui décide & qui juge de tous les différends qui arrivent entre marchands, il a aussi inspection sur les tisserands & les tailleurs de la cour sous le nazir, aussi bien que le soin de fournir toutes les choses dont on a besoin au serrail: enfin il a la direction de tous les courtiers & commissionnaires qui sont chargés des marchandises du roi, & qui en font négoce dans les pays étrangers. *Dictionn. de Comm.* (*G*).

MELITON (*Hist Ecclés.*) (Saint) évêque de Sardes en Lydie, au second siècle de l'église, auteur d'une *apologie pour les Chrétiens* qu'il présenta en 171 à l'Empereur Marc-Aurèle, & dont Eusèbe & les autres écrivains ecclésiastiques font l'éloge. Tertullien & S. Jérôme parlent aussi avec éloge de St. Meliton. Il ne reste de ses œuvres que quelques fragments dans la bibliothèque des pères.

MELITUS. (*Hist. anc.*) Orateur & poëte grec, peu connu à ce double titre, mais diffamé à jamais pour avoir été avec Anitus un des ennemis & des accusateurs de Socrate. Les Athéniens, dans leur repentir, condamnèrent Mélitus à la mort, comme leur ayant arraché un jugement inique contre le plus sage des grecs. Socrate & Mélitus vivoient environ quatre siècles avant J. C.

MELLO, (*Hist. de Fr.*) Ancienne famille de Picardie, descend de Dreux I du nom, seigneur de *Mello*, nommée par corruption *Merlou*, en Beauvoisis entre Creil & Beaumont sur-Oise ; Dreux étoit frère de Martin de Mello, chanoine de l'église de Paris, qui fonda, l'an 1103, le Chapitre de Mello.

Raoul de Mello, fils de Dreux II & petit-fils de Dreux I, l'un des plus vaillants capitaines de son temps, fut tué à Tripoli en 1151.

Dreux IV fut Connétable de France sous Philippe-Auguste, entre Raoul comte de Clermont & Matthieu de Montmorenci. Il suivit Philippe-Auguste à la Terre-Sainte, & y acquit beaucoup de gloire. Il mourut le 3 Mars 1218.

Guillaume I fils de Dreux IV, fut fait prisonnier dans un combat entre Philippe-Auguste & Richard-Cœur-de-lion, l'an 1198.

Dreux de Mello son frère accompagna St. Louis à la cinquiéme croisade & mourut dans l'isle de Chypre en 1248 ainsi que Guillaume II son neveu, fils de Guillaume I. Un autre Dreux, frère de Guillaume II, accompagna aussi St. Louis à cette même croisade.

Un Dreux de Mello de la branche de St. Parise, mourut en 1396 dans l'expédition de Hongrie contre Bajazet, où se livra la bataille de Nicopolis.

MELON, (Jean-François) (*Hist. litt. mod.*) auteur de *l'Essai politique sur le commerce*, réfuté à quelques égards par M. du Tot dans ses *réflexions sur le commerce & les finances* ; ce sont ces deux ouvrages qui ont commencé à rendre familières au commun des lecteurs les idées de politique, de commerce & de finances, & qui nous ont guéris de la manie des mystères politiques. M. le Régent faisoit un grand cas des lumières de M. Melon. On a encore de lui l'ouvrage intitulé: *Mahmoud le Gasnevide*, Histoire allégorique de la régence de ce même prince, & des dissertations pour l'académie de Bordeaux que M. Melon avoit engagé le duc de la Force à fonder ; mort à Paris en 1738.

MELOT, (Jean-Baptiste) (*Hist. litt. mod.*) né à Dijon en 1697, reçu à Paris dans l'Académie des inscriptions & belles-lettres en 1738, fut nommé en 1741 Garde des manuscrits de la Bibliothèque du roi, & travailla au catalogue de ces manuscrits avec beaucoup d'ardeur. Il travailla aussi pendant quelques années à un glossaire nécessaire pour l'intelligence de l'édition du Joinville, faite d'après un manuscrit de 1309, le plus ancien qu'on connoisse, & auquel on a joint la vie du même St. Louis, par Guillaume de Nangis, & un livre des *miracles* du même St. Louis, décrits par le confesseur de la reine Marguerite-de-Provence, sa femme. Cette édition à laquelle M. Melot avoit travaillé de concert avec M. l'abbé Sallier, a été donnée en 1761 par M. Capperonnier, successeur de M. Melot dans l'emploi de garde des manuscrits de la bibliothèque du roi.

M. Melot n'étoit pas uniquement propre à donner des glossaires & des éditions. C'étoit d'ailleurs un homme d'esprit, à en juger par la devise heureuse qu'il proposa pour la médaille dramatique promise par le roi aux auteurs qui auroient eu trois succès bien reconnus dans la carrière soit tragique, soit comique. La muse du théâtre développe un rouleau sur lequel on lit les noms de Corneille & de Racine, & celui de Molière, & le mot de la devise est cet hémistiche de Virgile;

& qui nascentur ab illis.

M. Melot étoit de plus un homme intéressant par la douceur de ses mœurs & par ses vertus.

MELVILL, (Jacques de) (*Hist. d'Ecosse.*) gentilhomme écossois, ambassadeur de la reine Marie Stuart, auprès d'Elisabeth, reine d'Angleterre. Elisabeth, qui, jalouse de la beauté, de l'esprit & des graces de Marie, ne se lassoit jamais de faire des questions sur cette princesse, dans l'espérance de lui découvrir des défauts, ou de se faire accorder quelque supériorité sur elle, demanda une fois sans détour à *Melvill*, laquelle étoit la plus belle de Marie ou d'elle. *Melvill* éluda la question. Marie est, dit-il, la plus belle femme de l'Ecosse, comme Elisabeth est la plus belle femme de l'Angleterre. La taille étoit sur-tout ce qu'on vantoit dans Marie ; ce fut aussi ce qu'attaqua Elisabeth : du moins, dit-elle, Marie n'est pas si grande que moi. Ici *Melvill* se crut obligé d'avouer que Marie étoit plus grande. Elle l'est donc trop, répliqua aigrement Elisabeth. *Melvill* sourit, se tut, & consigna ce fait dans ses mémoires.

Melvill étoit venu notifier en Angleterre la naissance du prince d'Ecosse, (Jacques VI) fils de Marie Stuart; il rapporte lui-même dans ses mémoires ce qu'il vit dans cette occasion. Quand il arriva, Elisabeth donnoit un bal, la gaieté brilloit sur son visage, & animoit toute l'assemblée ; aussi-tôt qu'on eut appris le sujet de l'arrivée de *Melvill*, une morne tristesse avoit tout glacé ; Elisabeth, la tête appuyée sur sa main, s'écria douloureusement : *la reine d'Ecosse est mère, & moi je ne suis qu'un arbre stérile.* L'assemblée se sépara ou fut congédiée ; c'étoit l'effet du premier mouvement ; le lendemain Elisabeth ayant eu le temps de se composer, donna audience à l'ambassadeur, témoigna la joie la plus vive de l'heureuse nouvelle qu'il apportoit, le remercia de la diligence qu'il avoit faite pour la lui apprendre plutôt ; elle nomma des ambassadeurs pour aller tenir en son nom sur les fonts de baptême l'enfant *de sa chère sœur.*

Jacques de *Melvill*, malgré le zèle qu'il témoigne quelquefois pour Marie Stuart, étoit pensionnaire d'Elisabeth, & partisan secret de Murray, frère naturel de Marie, & son ennemi & son persécuteur le plus ardent. *Melvill* doit donc être suspect, quand il parle contre Marie & qu'il fournit des armes contre elle à ses ennemis sur certains points controversés ; par exemple, lorsqu'il dit qu'il crut de son devoir d'avertir que la confiance qu'elle témoignoit à David Riccio, donnoit lieu à des bruits fâcheux ; qu'il étoit effrayé de ses familiarités avec cet homme, & qu'il craignoit qu'elles ne fussent mal interprétées par ses ennemis.

Il est encore très-suspect, lorsqu'il dit qu'ayant reçu des partisans secrets que Marie avoit en Angleterre, une lettre dans laquelle ils lui représentoient le tort que Marie alloit se faire par son mariage avec un homme tel que le comte de Bothwel, il crut devoir communiquer cette lettre à Marie, qui n'en fit d'autre usage que de la montrer à Bothwel, ce qui compromit *Melvill*; ce même auteur ajoute que le lord Herries se jetta aux genoux de la reine, pour la détourner d'une alliance si honteuse; or, le lord Herries avoit signé l'acte de confédération de la noblesse, qui engageoit, Marie pour le bien de l'état & pour sa sûreté particulière, à épouser le comte de Bothwel, & il signa, comme témoin, le contrat de mariage (*Voyez* MARIE STUART à l'article STUART, l'article LESLEY &c.

Marie Stuart, qui n'étoit pas soupçonneuse, n'ôta point sa confiance à *Melvill*, & le roi Jacques son fils, peut-être à l'instigation des ennemis de sa mère, le mit dans son conseil, & lui donna l'administration de ses finances; quand il alla régner en Angleterre, sous le nom de Jacques I, il voulut emmener *Melvill* avec lui; mais celui-ci s'excusa de le suivre & mourut retiré des affaires.

Robert *Melvill*, de la même famille, fut un des ambassadeurs envoyés par Jacques VI, encore simple roi d'Ecosse, pour demander la grace de Marie Stuart, sa mère; il la demandoit comme un roi demande justice à un roi, en laissant entrevoir ce que l'honneur & le devoir exigeroient de lui, si le crime étoit consommé; l'insolente tyrannie trouva de l'insolence dans la menace d'un fils qui parloit de venger sa mère. Robert *Melvill* agit avec zèle, & ne put rien obtenir.

Un autre *Melvill* (André) étoit maître d'hôtel de la même reine d'Ecosse; lorsqu'elle alloit au supplice, elle le trouva au bas de l'escalier dans les convulsions du désespoir, se roulant par terre, se tordant les bras, rugissant de douleur, & pouvant à peine proférer ces paroles: quelle nouvelle je vais porter en Ecosse, au roi mon maître! La reine lui reprocha doucement son peu de fermeté, & comme elle avoit de la peine à monter sur l'échafaud, à cause d'un mal de jambe, elle lui dit d'un air serain & d'un ton encourageant: *allons, mon cher André, encore ce petit service, aidez-moi à monter*. Elle le chargea de recommander ses domestiques au roi son fils, & de lui défendre en son nom, de chercher à la venger.

MELUN, (*Hist. anc. & mod.*) César parle de Melun (*Melodunum*) dans ses commentaires, comme d'une ville dès-lors ancienne & alors considérable. Les Normands la ruinèrent en 845. Le roi Hugues Capet la donna à Bouchard, son favori. Sous le règne de Robert, Eudes, comte de Champagne, s'en rendit maître à prix d'argent; Robert la reprit l'an 999, & fit pendre le châtelain & sa femme, qui l'avoient livrée au comte de Champagne; les Anglois la prirent par famine en 1420. Elle eut part aussi aux malheurs de la France dans les guerres civiles du seizième siècle.

La Maison de Melun paroit avoir tiré son nom de cette ville; nous la voyons figurer parmi les maisons les plus considérables du Royaume, à la cour des rois Hugues Capet & Robert. Nous distinguerons dans cette maison les personnages suivans:

1°. Guillaume I. du nom, vicomte de Melun, surnommé *le Charpentier*, parce qu'il n'y avoit point d'armure qui pût résister à la pesanteur ou de ses armes ou de ses coups; il vivoit vers la fin du onzième siècle, sous le règne de Philippe I.

2°. Adam II. du nom, se signala sous Philippe-Auguste en 1207. Il commandoit en Poitou contre les Anglois; il les défit, & fit prisonnier Aimeri VII, vicomte de Thouars, leur chef. Il étoit à la bataille de Bovines en 1214; & c'est de lui qu'il est parlé dans *Zaïre*:

> Quand Philippe à Bovine enchaînoit la victoire,
> Je combattois, seigneur, avec Montmorenci,
> *Melun*, d'Estaing, de Nesle & ce fameux Couci.

Il accompagna le prince Louis, fils de Philippe-Auguste, à la guerre contre les Albigeois en 1215; il le suivit encore dans son expédition d'Angleterre. Il mourut le 22 Septembre 1217.

3°. Dans la branche de la Loupe & Marcheville, Simon de Melun, maréchal de France, sous Philippe-le-Bel, tué à la bataille de Courtrai en 1302, le 11 juillet.

4°. Jean I. son neveu, vicomte de Melun, successeur d'Enguerrand de Marigny, dans l'office de grand chambellan, est fameux par ses services sous Philippe-le-Long, Charles-le-Bel & Philippe-de-Valois.

5°. Jean second, vicomte de Melun, comte de Tancarville, fils de Jean I, fut aussi grand-chambellan après son père, & de plus, grand-maître de France, après le seigneur de Châtillon. Le roi Jean érigea en sa faveur la terre de Tancarville en comté, le 4 février 1351. Il fut fait prisonnier à la bataille de Poitiers, avec Guillaume, archevêque de Sens, son frère. Il eut part à toutes les grandes affaires de son temps; il mourut en 1382.

6°. Guillaume IV son fils, comte de Tancarville, grand-chambellan, & de plus, grand-bouteiller de France & premier président laïc de la chambre des comptes, charge annexée alors à celle de grand-bouteiller, alla en 1396, prendre possession de l'Etat de Gênes qui s'étoit donné au roi Charles VI. Tancarville fut tué en 1415, à la bataille d'Azincourt.

7°. Dans la branche d'Espinoi, Henri de Melun étoit à la bataille de Nicopolis en 1396, & s'y distingua. Les aînés de cette branche d'Espinoi étoient connétables héréditaires de Flandre.

8°. Robert de Melun, marquis de Roubaix, chevalier de la toison d'or, tué au siége d Anvers en 158[illegible].

9°. Henri, marquis de Richebourg, filleul du roi Henri IV, qui lui donna son nom, tué en duel.

10°. Matthias, dont nous observerons seulement qu'il mourut en bas âge de piqûres que lui firent des mouches à miel. Il étoit frère de Henri.

11°. Ainsi que Henri-Anne, marquis de Richebourg, qui étoit au service de l'empereur Ferdinand II, & qui se distingua à la bataille de Prague, du 8 novembre 1620.

12°. Ambroise de Melun, neveu des précédens, mort d'une blessure reçue au siége d'Aire le 5 Août 1641.

13°. Henri, marquis de Richebourg, frère d'Ambroise, mort en Portugal, au service du roi d'Espagne en 1664.

14°. Louis de Melun, prince d'Epinoi; c'est celui

fut tué à la chasse à Chantilly, par un cerf, le 31 juillet 1724.

15° Dans la branche de la Borde-Normanville, Charles de Melun, bailli de Melun, gouverneur de Paris & de l'Isle de France & grand-maître de France, long-temps favori de Louis XI, tombé ensuite dans sa disgrace par les intrigues du cardinal Balue qui lui devoit sa fortune, eut la tête tranchée dans le marché d'Andely le 20 août 1768.

Cette maison de Melun a donné à l'église une multitude de prélats distingués.

MÊMES *ou* MESMES (de) (*Hist. de Fr.*) ancienne & noble famille, originaire de la province de Béarn. Amanieu de Mêmes, le premier de ce nom dont on ait connoissance, vivoit au commencement du treizième siècle, & on prétend qu'une branche cadette de cette famille, étoit établie vers celui du douzième en Angleterre, où elle a subsisté long-temps. On lit ces mots dans un ancien manuscrit en vers enrichi de mignatures: *Ce livre fut au roi St. Louis, qui en la fin de ses jours le donna à messire Guillaume de Mêmes, son premier Chapelain.* C'étoit un pseautier, qui passa depuis dans la bibliothèque des rois d'Angleterre, d'où il est revenu dans celle de Messieurs de Mêmes, où est sa véritable place, & où il est conservé comme une des antiquités de leur famille.

Le premier de cette famille qui vint s'établir à Paris, est Jean-Jacques de Mêmes, premier du nom, le 11 mai 1490. En s'attachant aux rois de France, il ne diminua rien de son zèle pour la maison royale de Navarre, c'est-à-dire, pour les maisons de Foix & d'Albret, il partagea ses services entre son maître naturel & son maître adoptif, dont heureusement les intérêts étoient les mêmes. François lui offrit la place de l'avocat du roi Jean Ruzé, dont apparemment il étoit mécontent. De Mêmes la refusa, en disant que jamais un homme de bien ne prenoit la place d'un homme de bien, vivant; il fut lieutenant-civil, maître requêtes, nommé à la place de premier président du parlement de Rouen, mais il resta dans le conseil. Il alla en qualité d'ambassadeur en Allemagne, en Suisse, en Espagne, toujours pour les intérêts réunis des rois de France & de Navarre. Il négocia le mariage de Jeanne d'Albret avec Antoine de Bourbon. Il mourut le 23 octobre 1569.

Henri de Mêmes, premier du nom, son fils, amateur des lettres, ainsi que Jean-Jacques, ami & compagnon d'étude des de Foix, des Pibrac, des Turnèbe, des Lambin. Il fut à la fois & magistrat & homme de guerre; la république de Sienne s'étant mise sous la protection de la France, il y fut envoyé en 1556, en qualité de podestat ou chef des armes & de la justice. En France, ayant rassemblé différentes garnisons pour en faire une petite armée, il reprit plusieurs villes & châteaux forts, dont les Espagnols s'étoient emparés. Après avoir été chargé de différentes négociations en Italie, & avoir fait preuve de capacité dans tous les emplois de robe & d'épée dont il s'étoit acquitté, il fut fait conseiller d'état, chancelier de Navarre, sur-intendant de la maison de la reine Louise de Lorraine, femme de Henri III. Ce fut lui qui en 1570, avec le maréchal de Biron, suspendit la guerre civile contre les Huguenots, par cette paix conclue à St. Germain, qui fut nommée *boiteuse & mal assise*, parce qu'elle avoit été négociée de la part du roi par Biron qui étoit boiteux, & par *de Mêmes* qui étoit seigneur de Malassise. Cette plaisanterie annonçoit des défiances qui furent cruellement justifiées deux ans après; mais les négociateurs avoient été de bonne foi. Henri *de Mêmes* mourut le premier août 1596. Dans son épitaphe qu'on voit aux Grands-Augustins, il est dit que Henri a été beaucoup loué, & qu'il ne l'a pas encore été assez; *doctissimorum hominum scriptis celeberrimum, à nemine tamen satis pro dignitate laudatum.* Messieurs de Sainte Marthe ont fait l'éloge historique de Jean Jacques & de Henri de *Mêmes*. Le fils unique de Henri, se nommoit Jean-Jacques comme son ayeul. Le célèbre Jean Passerat fut son précepteur. Jean Jacques mourut doyen du Conseil le 31 Octobre 1642; c'est pour lui que la terre & seigneurie d'Avaux a été érigée en Comté par Louis XIII, en 1638, *en considération*, portent les lettres d'érection, *des grands & recommandables services rendus à ses couronnes de France & de Navarre, par les défunts seigneurs de Mêmes, tant dedans que dehors le royaume, notamment au feu Roi, par le feu seigneur de Roissy,* (Henri) *Chancelier de Navarre & premier Conseiller d'Etat de France, & à présent par ledit seigneur de Roissy, son fils* (Jean Jacques II,) *premier & plus ancien Conseiller en tous ses Conseils.* Henri II, fils aîné de Jean Jacques II, fut Lieutenant-Civil en 1613, Prévôt des marchands en 1618; il mourut Président à Mortier en 1650.

Claude, second fils de Jean-Jacques II, est ce fameux comte d'Avaux, le modèle des négociateurs & des hommes d'Etat, l'auteur du traité de Westphalie; il mourut le 19 Novembre 1650, il avoit été Surintendant des Finances.

Jean Antoine, troisième fils de Jean Jacques II, mourut Président à Mortier le 23 Février 1673.

Jean-Jaques de *Mêmes*, troisième du nom, fils de Jean Antoine, fut aussi Président à Mortier; il étoit de l'Académie Françoise: mort le 9 Janvier 1688.

Jean Antoine, fils de Jean-Jacques III, est le premier Président de *Mêmes*, mort le 23 Août 1723; il étoit aussi de l'Académie Françoise.

MEMMIUS, (*Hist. Rom.*) C'est le nom:

1°. Du tribun du peuple *Caïus Memmius*, orateur célèbre. *Eâ tempestate romæ Memmii facundia clara pollensque fuit*; il engagea par son éloquence le peuple Romain, à informer des crimes de Jugurtha & des complices qu'il avoit à Rome, sur-tout parmi les Grands & la Noblesse, dont Memmius étoit l'ennemi déclaré. Salluste prétend qu'il ne fait, pour ainsi dire, que transcrire le discours prononcé en cette occasion par *Memmius*, (l'an de Rome 641) *unam ex tam multis orationem ejus perscribere*: il paroît cependant que si *Memmius* a fourni le fond des idées, Salluste y a mis la forme; on peut même l'inférer du mot *dicam* qu'il employe. L'effet de ce discours fut que Lucius Cassius fut député vers Jugurtha pour l'engager à venir à Rome rendre compte de sa conduite & de celle des Romains ses amis, qu'il y vint & qu'il fut interrogé juridiquement devant le peuple par *Memmius*, l'an de Rome 652. *Memmius* disputa le consulat contre Glaucia, créature du factieux Tribun Saturnin, l'ame du parti de Marius. *Memmius* alloit l'emporter, lorsque Saturnin le fit assassiner sur la place en présence de tout le peuple.

2°. De *Memmius* Pollio, consul désigné pour l'an de Rome 801, de J. C. 50. Ce fut de lui qu'Agrippine se servit pour engager le Sénat à proposer à l'Empereur Claude de conclure le mariage du jeune Domitius, fils d'Agrippine, & qui fut depuis l'Empereur Néron, avec Octavie, fille de Claude.

3°. De *Memmius* Regulus, consul l'an de Rome 782, de J. C. 31. Ce fut à lui que Tibère adressa ses ordres contre Séjan, lorsqu'il voulut perdre cet ambitieux & coupable Ministre. Fulcinius Trio son collégue, qui étoit le premier dans l'ordre des consuls, mécontent de cette préélection, qui lui annonçoit qu'il étoit suspect, & voulant détruire tout soupçon, affecta un zèle excessif; & imputa au consul *Memmius*, homme doux & modéré, de procéder trop mollement dans la recherche & la punition des complices, c'est-à-dire, des amis de Séjan: *Memmius* repoussa le reproche & lui imputa d'avoir été lui-même des amis de Séjan; on appaisa cette querelle. Ce fut à *Memmius* Regulus que Caligula enleva, l'an de Rome 789, de J. C. 38, Lollia Paulina sa femme (*voyez* cet article à *Lollius*) Lorsque ce même Prince, la dernière année de sa vie, c'est-à-dire, l'an de Rome 792, de J. C. 41, voulut qu'on transportât à Rome, la Statue de Jupiter Olympien qu'il vouloit placer dans le capitole, & dont il se proposoit d'ôter la tête pour mettre la sienne en la place, la superstition des peuples, qui révéroient cette statue, inventa mille prétextes pour se dispenser d'obéir; le vaisseau destiné au transport de la Statue avoit été foudroyé; la Statue ne se laissoit point approcher, & mettoit en pièces ceux qui vouloient y porter la main; le plus plausible de ces prétextes étoit qu'on ne pouvoit transporter la Statue sans l'exposer à être brisée. *Memmius* Regulus, alors gouverneur de la Macédoine & de l'Achaïe, chargé à ce titre de rendre compte de ces obstacles, eût payé de sa vie cette commission hardie & dangereuse de s'opposer aux folies de Caligula: la mort du tyran le sauva.

Memmius Regulus mourut sous le règne de Néron l'an de Rome 812, de J. C. 61. Il avoit une grande réputation, & cette réputation, ce qui est sur-tout à craindre sous les tyrans, avoit de l'éclat, *autoritate, constantiâ, famâ, in quantum præumbrante Imperatoris fastigio datur, clarus*, dit *TACITE*.

Néron l'estimoit, & dans une maladie où ses flateurs lui disoient que si la république avoit le malheur de le perdre, elle seroit perdue elle-même, il répondit qu'elle auroit une puissante ressource dans *Memmius* Regulus. *Memmius* vécut cependant après ce mot, dit Tacite, il vécut parce qu'il étoit défendu par sa douceur, par son caractère paisible & peu entreprenant, par la nouveauté de son illustration & la médiocrité de sa fortune. *Vixit tamen post hæc Regulus, quiete defensus, & quia novâ generis claritudine, neque invidiosis opibus erat.*

MEMNON, (*Hist. Anc.*) Rhodien, habile guerrier, général de Darius, dernier Roi des Perses; il avoit donné à Darius le conseil de faire le dégât dans son pays pour affamer l'armée d'Alexandre, moyen par lequel dans la suite le Connétable Anne de Montmorenci en 1536, sauva la Provence attaquée par Charles-Quint, & il vouloit qu'ensuite Darius portât lui-même la guerre en Macedoine. Après la bataille du Granique, il défendit la ville de Milet, s'empara des Isles de Chio & de Lesbos, répandit la terreur dans la Grèce, & on lui fait l'honneur de croire qu'il mourut à propos pour Alexandre, dont il étoit seul capable de repousser les efforts & d'arrêter les conquêtes. Après la bataille d'Issus, sa femme & son fils tombèrent entre les mains d'Alexandre, ainsi que la mère & la femme de *DARIUS*.

MÉNAGE, (Gilles) (*Hist. Litt. mod.*) homme d'une grande Litterature, d'une vaste mémoire, d'un médiocre talent. On sait & il savoit qu'il étoit le *Vadius* des *femmes savantes* & il n'en étoit pas trop fâché, c'étoit toujours jouer un rôle & avoir mérité les attaques d'un grand homme (*Voyez* l'article COTIN.) Sans être Poëte, il fit des vers Grecs, Latins, Italiens & François. Il réussit assez bien dans les vers Italiens & fut de l'Académie de la Crusca; il ne put être de l'Académie Françoise. Il auroit pu être refusé à cause de la médiocrité de ses talens, il le fut, dit-on, à cause de sa *Requête des Dictionnaires*, espèce de satyre contre le Dictionnaire de l'Académie Françoise. *C'est pour cela*, disoit Montmaur, *qu'il faut le condamner à être de l'Académie, comme on condamne un homme qui a déshonoré une fille, à l'épouser. Ménage* aimoit la guerre & eut beaucoup de querelles Litteraires. Il se piquoit de galanterie, (*Voyez* l'article COSTAR.) C'est vraisemblablement par air qu'il vouloit qu'on le crût fort attaché à Madame de la Fayette & à Madame de Sévigné, sur-tout à la première; il n'avoit pas de quoi leur plaire, & à peine avoit-il le goût nécessaire pour les aimer. Il ne savoit que citer, & le *Menagiana* n'annonce qu'un savant de peu d'esprit:

> Jamais Eglé, jamais Sylvie,
> Jamais Lise à souper ne prie
> Un pédant à citations.

Sa conversation cependant, toujours riche des dépouilles d'autrui, n'étoit pas sans fruit & sans l'espèce d'agrément attaché à l'utilité. Un jour qu'il s'étoit fait écouter avec plaisir à l'hôtel de Rambouillet, la Marquise de Rambouillet lui dit: *vous venez de nous dire des choses agréables, mais tout cela est aux autres; ne pourriez-vous pas enfin nous dire quelque chose qui fût de vous ?* On ne dit pas s'il satisfit à cette demande. *Son Dictionnaire Etymologique* est toujours consulté, quoiqu'il satisfasse rarement. *Ses origines de la Langue Italienne* ont étonné de la part d'un étranger. On lui doit une édition de Diogène-Laërce, avec des observations estimées ; une *histoire de Sablé*, & divers autres ouvrages. L'édition du *Menagiana* en quatre volumes est due aux soins de M. de la Monnoye. Ces sortes de recueils, bons ou mauvais, sont presque sûrs de réussir, pourvu qu'on y apprenne quelque chose, & on apprend beaucoup dans celui-ci. Né en 1613 ; mort en 1692.

MÉNAGER, (Nicolas) (*Hist. de Fr.*) La France, dans un moment où ses affaires paroissoient désespérées (en 1711), fit partir pour Londres, Ménager, député pour la ville de Rouen au conseil du commerce, l'homme de l'Europe le mieux instruit de ce qui concernoit le commerce des Indes Occidentales ; il avoit formé le projet de laisser le commerce libre dans le nouveau monde, à toutes les nations de l'Europe, sans que l'Espagne en reçût aucun préjudice, & même de concert avec cette puissance. Il est rare que des projets utiles à l'humanité entière réussissent, l'Europe n'étoit pas encore en état de l'entendre ; mais il suivit avec Prior la négociation particulière dont il étoit chargé. Tous deux agissant de bonne foi, tous deux étant amis de la paix & se voyant élevés par leur mérite personnel à ce noble emploi de pacificateurs de l'Europe, ils eurent bientôt avancé ce difficile ouvrage. Les préliminaires furent signés à Londres au mois d'Octobre 1711, & *Ménager* fut nommé Plénipotentiaire pour la France à Utrecht, en 1613, avec le Maréchal d'Huxelles & l'Abbé de Polignac. Un député de la province d'Overyssel, que l'Empereur avoit fait comte de Rechteren, & qui s'opposoit à la paix parce qu'il avoit un petit intérêt personnel à la guerre, imagina un moyen assez puéril de rompre ou de suspendre les conférences : il prétendit qu'un jour, lorsqu'il passoit en carrosse devant la porte de *Ménager*, les laquais de ce plénipotentiaire avoient *fait des grimaces* aux siens ; en conséquence il pria *Ménager* de trouver bon qu'on vînt faire des perquisitions dans sa maison, pour reconnoître ceux de ses domestiques dont on croyoit avoir à se plaindre. *Ménager* représenta que ce seroit rendre les accusateurs juges des accusés, & que cette querelle de valets ne méritoit gueres d'occuper leurs maîtres : » en ce cas, dit Rechteren, les maîtres & les » valets se feront justice eux-mêmes. » En effet, il fit faire aux domestiques de *Ménager* une insulte moins équivoque que des grimaces. Sur le compte que *Ménager* en rendit à Louis XIV, ce monarque exigea que Rechteren fut désavoué & révoqué ; ce qui fut fait sans difficulté, & l'ouvrage de la paix fut consommé dans ce même congrès d'Utrecht : cette même année 1713, Louis XIV avoit fait *Ménager* Chevalier de l'Ordre de S. Michel, & avoit érigé sa terre de S. Jean en Comté. *Ménager* mourut le 15 Juin 1714.

MENANDRE, (*Hist. Litt. anc.*) Poëte Comique d'Athènes, honoré du titre de *Prince de la nouvelle Comédie*. On suppose avec quelque raison, sur la foi des anciens, qu'il avoit autant de délicatesse & de finesse dans la plaisanterie, qu'Aristophane mettoit de force & quelquefois de grossièreté dans la Satire. *Menandre* est cité comme le grand modèle dans le genre comique, mais nous n'en pouvons pas juger. De cent-huit Comédies qu'on dit qu'il avoit composées, & qu'on dit que Térence avoit toutes traduites, il ne nous reste que peu de fragmens. Ils ont été recueillis & publiés en Hollande par le Clerc en 1709. La fécondité des auteurs Dramatiques Grecs, telle qu'on nous la représente, est si inconcevable qu'on seroit tenté de croire, ou que les Historiens nous en ont imposé sur ce point pour nous étonner par cette réunion de l'abondance & de l'excellence, toujours si rare dans la nature, ou qu'il n'y a que les bons ouvrages qui se soient conservés par leur bonté même, & que les autres ne faisoient que nombre ; mais cette dernière opinion ne peut être adoptée, toute l'antiquité réclame contre. Trop de pièces qui n'existent plus, sont citées avec éloge par les meilleurs critiques, & celles de *Menandre* nommément, sont dans ce cas. Ce Poëte se noya près du port Pirée, environ trois siécles avant J. C. César croit donner un assez grand éloge à Térence, en l'appellant *un demi-Menandre*.

Tu quoque, tu in summis, ô dimidiate Menander, *Poneris, & meritò, puri sermonis amator.*

MENARD, (*Hist. Litt.*) plusieurs hommes de lettres ont porté ce nom :

1°. Claude *Menard*, Lieutenant de la Prévôté d'Anges, a publié deux livres de Saint Augustin contre Julien, qu'il avoit tirés de la bibliothéque d'Angers. Il a donné l'*histoire de S. Louis*, de Joinville avec des notes, une histoire de Bertrand du Guesclin, &c. mort en 1652, à 72 ans.

2°. Dom Nicolas-Hugues *Menard*, Bénédictin de la congrégation de Saint-Maur, a trouvé l'*épître de St. Barnabé* dans un manuscrit de l'Abbaye de Corbie ; mais c'est Dom Luc d'Achery qui l'a publiée après la mort de Dom *Ménard*, arrivée en 1644. Dom *Menard* a donné le *Concordia Regularum* de St. Benoit d'Aniane, avec la vie de ce Saint ; *Diatriba de unico Dionisio ; le sacramentaire de S. Grégoire le Grand, le Martyrologe des Saints de l'ordre de S. Benoit.*

3°. Jean *Menard* de la Noë, Prêtre du diocèse de Nantes, né en 1650, mort en 1717, fondateur de la maison du Bon Pasteur pour les brebis égarées, c'est-à-dire, pour les filles repenties, rue du Cherche-midi à Paris ; sa vie a été imprimée en 1734.

4°. Léon *Menard*, de l'Académie des Inscriptions & Belles-Lettres, Conseiller au Présidial de Nimes, homme doux, médiocre & taciturne ; on n'entendit jamais sa voix s'élever dans les séances de l'Académie ; il écoutoit & apparemment il profitoit, mais il n'instruisoit pas : il y a cependant de l'instruction à prendre dans ses livres. Son *histoire Civile, Ecclésiastique & Littéraire de la ville de Nîmes*, en 7 volumes *in-4°.*, est un monument d'érudition, mais de prolixité :

> Je veux mourir, si, pour tout l'or du monde,
> Je voudrois être aussi savant que vous.

On a encore de M. *Menard* un ouvrage intitulé, *mœurs & usages des Grecs*, même un Roman (les amours de Callisthène & d'Aristoclie) dont l'objet est de peindre ces mêmes mœurs. Il a donné de plus un recueil de pièces fugitives pour servir à l'histoire de France, en 3 volumes *in-4°.*; M. *Menard* vécut & mourut pauvre. Il mourut en 1767.

MENARDAIE, (la) (*Hist. Litt. mod.*) on se fait un nom par le fanatisme & la superstition, mais c'est le nom d'Erostrate. Ce la *Menardaie*, Prêtre & dévot imbécille, osa, dans le milieu du dix-huitième siècle, sans aucun intérêt, sans aucun à propos & uniquement par un délire de superstition, vouloir persuader que le curé de Loudun, Urbain Grandier, étoit véritablement Magicien, & les Religieuses de Loudun véritablement possédées.

MESNARDIERE ou MENARDIERE, (Hippolyte-Jules Pilet de la) (*Hist. Litt. mod.*) celui-ci a encore pris la défense de la possession des Religieuses de Loudun, & ce ne fut point par superstition, mais par bassesse, il vouloit faire sa cour au Cardinal de Richelieu; un Médecin Ecossois, nommé Duncan, avoit écrit pour prouver que cette prétendue possession n'étoit qu'un dérangement de cerveau produit par la mélancolie. Cette opinion, qui mettoit dans tout son jour l'innocence d'Urbain Grandier (*Voyez* GRANDIER,) la lâche iniquité de ses Juges, & la barbare vengeance du Cardinal, déplaisoit fort à celui-ci; la *Menardière* vint à son secours & opposa un Médecin (car il l'étoit) à un Médecin. Il fit un *traité de la mélancolie* exprès pour réfuter Duncan, le traité flatta le Cardinal, qui prit la *Menardière* pour Médecin & le fit Maître d'Hôtel du Roi. Sa conversation avoit de l'éclat, il plut à la cour, il fit de mauvaises Poësies, de mauvaises traductions, une Poëtique qu'il commença par l'ordre du Cardinal, & qu'il n'acheva pas parce que le cardinal mourut. Il fut de l'académie françoise, parce qu'il parloit bien; (on ne devroit en être que quand on écrit bien). Il n'en fut pas cependant du temps du Cardinal; il ne fut reçu qu'en 1655; il mourut en 1663.

MENASSEH-BEN-ISRAEL, (*Hist. Litt. mod.*) célèbre Rabbin, né en Portugal & mort à Middelbourg vers le milieu du dix-septième siècle, auteur du *Conciliator*, ouvrage où il concilie les passages de l'écriture qui semblent se contredire; d'un traité *de resurrectione mortuorum*, d'un autre, *de termino vitæ*: Thomas Pocock a écrit sa vie en Anglois.

MENCKE, MENCKENIUS (Louis-Othon) (*Hist. Litt. mod.*) premier auteur du Journal de Leipsick, avoit été cinq fois recteur de l'université, & sept fois doyen de la faculté de Philosophie de cette ville. On a de lui un traité intitulé : *Micropolitia, seu respublica in microcosmo conspicua*, & un autre intitulé : *jus Majestatis circà venationem*, droit dont on ne peut user avec trop de réserve & d'indulgence; né à Oldembourg en 1644, mort en 1707.

Jean Burchard, son fils, & Fréderic Othon son petit-fils, continuèrent l'un après l'autre le Journal de Leipsick. Jean Burchard fut de l'Académie de Berlin & de la société royale de Londres, historiographe & conseiller Aulique de Frédéric-Auguste de Saxe, Roi de Pologne. Il mourut en 1732, il étoit né en 1674. On a de lui : *scriptores rerum Germanicarum, speciatim Saxonicarum*, 3 vol. *in-folio*; deux discours latins, traduits en diverses langues, sur la charlatanerie des savans, &c.

MENDAJORS, (pierre des Ours de) (*Hist. Litt. mod.*) gentilhomme Languedocien, né en 1679 à Alais, fut reçu en 1712 à l'Académie des Inscriptions & Belles-Lettres, dans le recueil de laquelle on trouve plusieurs Mémoires de lui, qui roulent principalement sur des points de la géographie ancienne, tels que *la position du camp d'Annibal le long des bords du Rhône; les limites de la Flandre, de la Gothie*, &c. On a de lui encore, hors de ce recueil, l'*histoire de la Gaule Narbonnoise*. Il passa en 1715 à la vétérance dans l'Académie, & retourna dans sa patrie, où il est toujours si doux de retourner. Il y mourut le 15 Novembre 1747.

MENDEZ-PINTO, (Ferdinand) (*Hist. mod.*) Portugais, d'abord laquais, puis soldat, pris plusieurs fois, vendu seize fois, treize fois esclave, a donné une relation rare & curieuse de ses voyages, publiée à Lisbonne en 1614, traduite de Portugais en François par un gentilhomme Portugais, nommé Bernard Figuier. Cette traduction a été imprimée à Paris en 1645. La relation de *Mendez-Pinto* offre un grand nombre de particularités remarquables sur la géographie, l'histoire & les mœurs de la Chine, du Japon & des divers royaumes situés entre l'Inde & la Chine, tels que Pégu, Siam, Achem, Java, &c. M. de Surgy en resserrant cette relation & n'en prenant que ce qu'il y a de plus curieux, en a formé une histoire intéressante qu'il a fait imprimer dans l'ouvrage intitulé : *les vicissitudes de la fortune*.

MENDOZA, (*Hist. d'Esp.*) grande maison d'Espagne, qui a produit plusieurs hommes célèbres.

1°. Deux Cardinaux, hommes d'état & hommes de lettres; l'un sous Ferdinand & Isabelle, l'autre sous Charles Quint; le premier (Pierre Gonzales de Mendoza) Archevêque de Séville, puis de Tolède, mort en 1495; le second (François de Mendoza) Evêque de Burgos, mort en 1566.

2°. Diego-Hurtado, comte de Tendilla, utile au même Charle-Quint dans les négociations & dans les armes, Ambassadeur à Trente, y protesta de nullité contre le concile en 1548. On lui attribue la première partie des *aventures de Lazarille de*

Tornes; sa bibliothèque, très-riche en manuscrits, est fondue dans celle de l'Escurial. Mort vers l'an 1575.

3°. Antoine Hurtado, qui vivoit sous Philippe IV, a laissé des Comédies Espagnoles.

4°. Ferdinand, homme très-savant dans les langues & dans le droit, a fourni aux savans un triste exemple du danger de l'excès dans le travail. Son application à l'étude le rendit fou. Il vivoit dans le seizième siècle. Cette maison a produit aussi des hommes célèbres pour des services d'un autre genre.

5°. Pierre Gonzalès Hurtado de Mendoza, Grand Maître de la maison du Roi d'Espagne, Jean I. Il fut tué à la bataille d'Albujarrota le 14 Août 1385, en tirant le Roi du danger où il succomba.

6°. Diégue Hurtado de Mendoza, son fils, fut Amiral de Castille.

7°. Un autre Diégue Hurtado de Mendoza, petit-fils de celui-ci, fut créé duc de l'Infantado en 1475.

8°. & 9°. Pierre & Jean de Mendoza, frères, l'un chevalier de l'ordre de S. Jacques, l'autre de S. Jean de Jérusalem, tués dans une expédition en Angleterre.

10°. Bernardin de Mendoza, tué à la bataille de Saint-Quentin en 1557.

11°. Inigo Lopez, tué à la même bataille.

12°. Emmanuel-Gomez-Manrique de Mendoza-Sarmiento delos Cobos & Luna, tué le 21 Juillet 1668, en Sardaigne où il étoit Viceroi.

13°. Laurent de Mendoza, mort en 1578, dans une expédition en Angleterre.

14°. Jean de Mendoza, tué dans la guerre de Grenade.

15°. Rodrigo de Mendoza, tué dans une expédition en Angleterre.

MÉNÉCRATE, (*Hist. Anc.*) Medecin de Syracuse, fameux par la vanité ou plutôt par la folie qu'il avoit de vouloir absolument être Jupiter, & par sa lettre à Philippe, père l'Alexandre, ainsi que par la réponse de ce Prince: *Ménécrate Jupiter, au Roi Philippe, salut*:--- *Philippe à Ménécrate, santé & bon sens*. Philippe l'ayant invité à un festin, lui fit servir pour tous mets la fumée de l'encens & l'odeur des parfums. *Ménécrate* avoit composé un livre de remèdes. Il est perdu. *Ménécrate* vivoit plus de trois siècles & demi avant J. C.

MENÈS, (*Hist. Anc.*) fondateur du royaume d'Egypte & premier Roi des Egyptiens; on croit qu'il bâtit Memphis; mais tout ce qu'on dit de ce Prince & de ses premiers successeurs, est fort incertain.

MENESES, (Alexis de) (*Hist. mod.*) Portugais, Archevêque de Goa; il visita les chrétiens de St. Thomas dans le Malabar, & y tint le synode, dont nous avons les actes sous le titre de *Synodus Diamperensis*. Il fit brûler les livres de ces chrétiens, parce qu'ils n'étoient pas de sa communion, & nous a privés par-là de connoissances qui pouvoient être curieuses. C'est le principe d'Omar, c'est celui de tous les barbares & de tous les ignorans: « si » ces livres ne font que répéter le livre de notre » loi, ils sont inutiles; s'ils disent le contraire, ou » seulement s'ils disent autre chose, ils sont dange» reux. » *Menesès*, à son retour en Portugal après cette expédition, fut fait Archevêque de Brague & Viceroi du Portugal par Philippe II. Il mourut à Madrid en 1617.

MENESTRIER, (Claude-François) (*Hist. Litt. mod.*) Jésuite, connu par sa *méthode du Blason*, & en général par son goût pour le Blason, les fêtes publiques, les cérémonies, pompes funèbres, décorations en tout genre. On le consultoit & on lui demandoit de toutes parts des dessins pour des cérémonies; ces desseins étoient toujours chargés ou enrichis d'une quantité prodigieuse de devises, d'inscriptions & de médailles. Il avoit & beaucoup d'imagination & beaucoup de mémoire. Quant à l'imagination, elle est prouvée par ce goût même pour les décorations & par ses inventions dans ce genre; pour sa mémoire, elle étonnoit tout le monde. On raconte que la Reine Christine passant par Lyon, où demeuroit le père *Menestrier*, voulut éprouver sa mémoire dont la réputation étoit venue jusqu'à elle; elle fit prononcer & écrire en sa présence trois cent mots, les plus bizarres & les plus difficiles à retenir & même à prononcer, qu'on put imaginer; le père *Menestrier* les répéta tous de mémoire dans l'ordre où ils étoient écrits. Outre une multitude de traités sur les devises, les médailles, les tournois, le blason, les armoiries, &c. on a de cet auteur une *histoire consulaire de la ville de Lyon* sa patrie; une *histoire du règne de Louis le Grand par les médailles, emblêmes, devises, &c.* un ouvrage intitulé *la philosophie des Images*; un traité de *l'usage de se faire porter la queue*. Il avoit beaucoup voyagé; son imagination & sa mémoire s'en étoient accrues. Il étoit né en 1633, il mourut en 1705.

Deux autres hommes du nom de *Menestrier* ou *le Menestrier* (Jean Baptiste & Claude) tous deux antiquaires, tous deux de Dijon; l'un mort en 1634, l'autre vers 1657, avoient eu quelque réputation dans leur temps. Le premier a écrit sur les médailles des Empereurs & des Impératrices de Rome: on a du second l'ouvrage intitulé: *Symbolica Dianæ Ephesiæ statuâ ... exposita.*

MENI, s. m. (*Hist. anc.*) idole que les Juifs adorèrent. On prétend que c'est le Mercure des payens. On dérive son nom de manoh, *numerarii*, & l'on en fait le dieu des Commerçans. D'autres disent que le *Meni* des Juifs fut le Mena des Arméniens & des Egyptiens, la lune ou le soleil. Il y a sur cela quelques autres opinions qui ne sont ni mieux ni plus mal fondées. (*A. R.*)

MENIANUM, s. m. (*Hist. anc.*) *Balcon*. Lorsque Caius Menius vendit sa maison aux censeurs Caton & Flaccus, il se réserva un balcon soutenu d'une colomne, d'où lui & ses descendans pussent voir les jeux. Ce balcon étoit dans la huitieme région. Il l'appella *Menianum*, & on le désigna dans la suite par la colonne qui le soutenoit: on dit, *columna mensa* pour le *menianum*. Les Italiens ont fait leur mer *migani* du mot *menianum* des anciens. (*A. R.*)

MENIN, f. m. (*Hist. mod.*) ce terme nous est venu d'Espagne, où l'on nomme *meninos*, c'est-à-dire, *mignons* ou *favoris*, de jeunes enfans de qualité placés auprès des princes, pour être élevés avec eux, & partager leurs occupations & leurs amusemens.

MENIPPE, (*Hist. Anc.*) esclave, philosophe cynique, satyrique, usurier, finit par se pendre, tout cela n'est pas trop d'un philosophe. Il étoit de Phénicie, il vivoit à Thèbes. Il avoit composé treize livres de Satires, elles sont perdues.

Un autre philosophe Cynique du nom de Ménippe, distingué par le titre de Gadarénien, qui paroit désigner son pays, est celui qui a donné son nom à la satyre Ménippée, genre de satyre, non-seulement mêlée de plusieurs sortes de vers, mais encore entremêlée de prose, & où comme dans Varron, il y avoit quelquefois un mélange de diverses langues. Voilà pour la forme; quant au fond, le principal objet de la satyre *Menippée*, paroit être de tourner en ridicule des choses sérieuses ou réputées telles.

MENNON-SIMONIS, (*Hist. Ecclés.*) chef des Anabaptistes, appellés de son nom *Mennonites* & qui passent pour les plus sensés, ou si l'on veut, pour les moins insensés des Anabaptistes. Ce *Mennon* eut un grand nombre de disciples en Allemagne & dans les pays-bas. Ses dogmes, outre la rebaptisation des adultes, étoient encore que Jesus-Christ n'avoit point reçu son corps de la Vierge Marie, & que ce corps étoit ou de la substance du père ou de celle du saint esprit. En conséquence on mit à prix la tête de *Mennon* en 1543. C'étoit attacher bien de l'importance à de pareilles visions, & en attacher bien peu à la vie des hommes. *Mennon* du moins étoit humain, il blâma les extravagances & les cruautés des Anabaptistes guerriers, qui sous la conduite de Thomas Muncer & de Jean de Leyde (*Voyez* l'article MUNCER) (Thomas) causèrent tant de trouble en Allemagne & dans les Pays-Bas. *Mennon* échappa aux assassins, & mourut tranquille en 1565 à Oldeslo entre Lubeck & Hambourg. Le recueil de ses œuvres a été imprimé à Amsterdam.

MENOCHIUS, (Jacques & Jean-Etienne) (*Hist. Litt. mod.*) père & fils; le premier, Jurisconsulte de Pavie étoit appellé le Balde & le Barthole de son siècle; on a de lui des traités: *de recuperandâ possessione, de adipiscendâ possessione, de præsumptionibus, de arbitrariis judicum quæstionibus & causis conciliorum.* Il mourut en 1607, président du conseil de Milan.

Le second, né à Pavie en 1576, se fit Jesuite en 1593. & mourut en 1656. On a de lui des *institutions politiques & économiques*, tirées de l'écriture sainte; un savant traité *de la république des Hébreux*; un commentaire sur l'écriture sainte. Il a eu pour éditeur le P. de Tournemine, son confrère.

MENOT, (Michel) (*Hist. Litt. mod.*) Cordelier, prédicateur des quinzième & seizième siècles, fameux par le ton burlesque & le ridicule grotesque de ses sermons: mort en 1518.

MENSAIRES, f. m. pl. (*Hist. anc.*) officiers qu'on créa à Rome, au nombre de cinq, l'an de cette ville 402, pour la première fois. Ils tenoient leurs séances dans les marchés. Les créanciers & les débiteurs comparoissoient là; on examinoit leurs affaires; on prenoit des précautions pour que le débiteur s'acquittât, & que son bien ne fût plus engagé aux particuliers, mais seulement au public qui avoit pourvu à la sûreté de la créance. Il ne faut donc pas confondre les *mensarii* avec les *argentarii* & les *nummularii*: ces derniers étoient des especes d'usuriers qui faisoient commerce d'argent. Les *mensarii* au contraire, étoient des hommes publics qui devenoient ou quinquivirs ou triumvirs; mais se faisoit *argentarius* & *nummularius* qui vouloit. L'an de Rome 356, on créa à la requête du tribun du peuple M. Minucius, des triumvirs & des *mensaires*. Cette création fut occasionnée par le défaut d'argent. En 538, on confia à de pareils officiers les fonds des mineurs & des veuves; & en 542, ce fut chez des hommes qui avoient la fonction des *mensaires*, que chacun alloit déposer sa vaisselle d'or & d'argent & son argent monnoyé. Il ne fut permis à un sénateur de se réserver que l'anneau, une once d'or, une livre d'argent; les bijoux des femmes, les parures des enfans & cinq mille *asses*; le tout passoit chez les triumvirs & les *mensaires*. Ce prêt, qui se fit par esprit de patriotisme, fut remboursé scrupuleusement dans la suite. Il y avoit des *mensaires* dans quelques villes d'Asie; les revenus publics y étoient perçus & administrés par cinq préteurs, trois questeurs & quatre *mensaires* ou *trapezetes*; car on leur donnoit encore ce dernier nom. (*A. R.*)

MENTEL, (Jean) (*Hist. Litt. mod.*) on a voulu lui attribuer l'invention de l'Imprimerie, & Jacques *Mentel*, Medecin de la faculté de Paris vers le milieu du 17e. siècle, se disant un de ses descendans, fit deux dissertations latines pour prouver qu'en effet on étoit redevable de cet art à Jean *Mentel*. Cette opinion n'a pas été adoptée, & il n'est resté à Jean *Mentel* que l'honneur d'avoir été le premier qui se soit distingué dans cet art à Strasbourg. Il y publia en 1466, une bible en 2 volumes *in-folio*, & de 1473 à 1476, le miroir historial de Vincent de Beauvais en dix volumes aussi *in-folio*. L'Empereur Fréderic III. lui accorda des armoiries en 1466, Jacques *Mentel* prétend qu'il étoit déjà noble: qu'importe?

MENUS PLAISIRS, *ou simplement* MENUS, (*Hist. mod.*) c'est chez le roi le fonds destiné à l'entretien de la musique tant de la chapelle que du concert de la reine, aux frais des spectacles, bals, & autres fêtes de la cour.

Il y a un intendant, un trésorier, un contrôleur, & un caissier des *menus*, dont chacun en droit soi est chargé de l'ordonnance des fêtes, d'en arrêter, viser & payer les dépenses (*A. R.*)

MENZIKOW, (Alexandre) (*Hist. de Russie*) devenu par son mérite & par la faveur du Czar Pierre I. Feld-maréchal & prince, étoit, selon l'opinion générale,

générale, fils d'un paysan, il avoit été garçon-pâtissier à Moscou; on se souvenoit de l'y avoir vu porter des petits pâtés dans les rues en chantant. quelques-uns disent cependant que son père avoit servi comme officier dans les armées du Czar, Alexis Michaëlowitz. M. de Voltaire & M. le comte de Manstein s'en tiennent à l'opinion commune; *Menzikow* n'en fut pas moins un grand général & un grand ministre. La première bataille rangée que les Russes gagnèrent contre les Suédois, fut gagnée par *Menzikow*, auprès de Kalish en Pologne, le 19 octobre 1706, & la première fois que le Czar en personne battit les Suédois, il étoit secondé par Menzikow, c'étoit à la bataille de Lesnau entre le Borysthène & la Sossa ou Sockza, le 7 octobre 1708. A la bataille de Pultava, du 8 juillet 1709, *Menzikow* eut trois chevaux tués sous lui & contribua beaucoup à la victoire. Ce fut à un souper chez le prince *Menzikow*, que le Czar vit la célèbre Impératrice Catherine & en devint amoureux, il l'épousa en 1707. *Menzikow* contribua beaucoup à la placer sur le trône, à la mort de Pierre I.

A Catherine succéda Pierre II. fils de ce Pétrowitz, que son père avoit fait périr, & de la princesse de Wolfembutel, Pierre deux étoit né en 1715, & n'avoit qu'onze ans & demi. Ce fut d'abord le prince *Menzikow*, qui s'empara de toute la puissance; il en abusa: on voulut se venger, & son crédit fut attaqué sourdement; celui des princes Dolgorouky s'élevoit peu à peu sur ses ruines: un d'eux parvint à être favori du jeune Empereur. Cependant *Menzikow* ne cessoit d'élever sa fortune, il avoit fiancé à l'empereur une de ses filles; il vouloit marier son fils à la grande Duchesse Natalie, sœur de l'Empereur; ce fut sa grandeur même qu'on employa pour le perdre. On fit remarquer au jeune prince le despotisme de *Menzikow*; on lui fit entendre que ce ministre ne s'approchoit ainsi du trône que pour y monter par dégrés. L'ame du jeune Empereur s'ouvrit à ces insinuations, & *Menzikow* donna prise sur lui par des imprudences.

Un corps d'artisans ayant fait, selon un usage du pays, un présent de neuf mille ducats à l'Empereur, ce prince voulut en gratifier sa sœur, & lui envoya cette somme par un de ses gentilshommes. Celui-ci rencontra *Menzikow*, qui ayant su de lui où il portoit cet argent, lui dit: « *l'Empereur est encore trop* » *jeune pour savoir l'usage qu'il faut faire de l'argent:* » *portez celui-ci chez moi, je me charge du tout.* Le gentilhomme, n'osant répliquer, obéit. Le lendemain la princesse étant venue voir l'Empereur, son frère, ce prince étonné du silence qu'elle gardoit sur le présent qu'il lui avoit fait, lui demanda s'il ne valoit pas bien un remerciement. Elle répondit qu'elle n'avoit rien reçu, le gentilhomme ayant été appellé raconta ce qui s'étoit passé. *Menzikow* fut mandé; l'Empereur qu'il n'avoit jamais vu que docile & soumis, lui demanda du ton d'un maître, ce qui le rendoit assez hardi pour s'opposer à l'exécution des ordres de son Empereur. *Menzikow* allégua les besoins de l'état, & s'excusa au moins par la nécessité de s'informer avant tout si c'étoit réellement par l'ordre de l'Empereur qu'on portoit cet argent chez sa sœur. L'Empereur frappa du pied, & dit en colère: *je t'apprendrai que je suis Empereur, & que je veux être obéi.* *Menzikow* le suivit, & parvint à l'appaiser pour le moment.

Menzikow fut malade: on peut croire que ce temps fut employé contre lui. Revenu en santé, au lieu de retourner promptement à la cour, il alla faire bénir une chapelle dans une de ses maisons: l'Empereur étoit invité à la cérémonie, il n'y vint pas. *Menzikow* eut l'imprudence de s'asseoir pendant cette cérémonie sur une espèce de trône, qui avoit été destiné pour l'Empereur; cette petite circonstance, empoisonnée par ses ennemis, décida sa perte.

Il se rendit enfin à Pétershof, où devoit être la cour; l'Empereur étoit à la chasse & ne revint pas de deux jours. *Menzikow* se rendit à Petersbourg, où il attendit l'Empereur, qui jusqu'alors avoit logé dans la maison de *Menzikow*. Mais le général Soltikoff vint apporter l'ordre d'enlever de cette maison les meubles de l'Empereur, & de les transporter dans le palais d'été; en même temps on renvoya au prince *Menzikow* les meubles de son fils, qui, en qualité de grand-chambellan, devoit loger auprès de l'Empereur.

Il fit la faute alors de renvoyer dans les quartiers le régiment d'Ingermanland, qu'il avoit fait camper pour sa sûreté autour de son palais. Ce régiment qu'il avoit levé, lui étoit entièrement dévoué, & avoit long-temps contenu ses ennemis.

Le lendemain, le général Soltikoff vint arrêter le prince, sa femme & ses enfants coururent au palais d'été pour se jetter aux pieds de l'Empereur; l'entrée de ce palais leur fut interdite.

Cependant on dit à *Menzikow* qu'il ne perdroit que ses charges, qu'on lui laisseroit ses biens, & qu'on lui permettroit de passer le reste des ses jours à Oranienbourg, jolie ville qu'il avoit fait bâtir sur les frontières de l'Ukraine. Il partit accompagné de toute sa famille & avec une suite nombreuse de domestiques; mais sur la route de Pétersbourg à Moscou, on reçoit l'ordre de doubler sa garde, de l'observer de plus près, de mettre le scellé sur ses effets, de ne lui laisser que le nécessaire. En même temps on lui fait son procès, il est condamné à passer ses jours à Bésorowa au bout de la Sibérie. Sa femme devenue aveugle à force de pleurer, mourut en chemin: le reste de sa famille le suivit dans son exil. *Menzikow* soutint ses malheurs avec fermeté: il eut plus de santé pendant les deux ans qu'il vécut en Sibérie, qu'il n'en avoit eu dans le temps de sa puissance. On lui avoit assigné dix roubles par jour; il trouva le moyen de ménager sur cette somme de quoi faire bâtir une petite église, à la construction de laquelle il travailla en personne comme Charpentier. Il mourut au mois de novembre 1729 d'une réplétion de sang, dit M. le comte de Manstein, parce que, dit-on, il ne se trouva personne à Besorowa, qui pût le saigner. Il avoit un fils & deux filles. Celle qui avoit été fiancée avec l'Empereur, mourut dans l'exil avant son père; l'autre a été mariée du temps de l'Impératrice Anne, avec le général Gustave Biron, frère du duc de Curlande. Elle est morte au commencement de l'année 1737, le fils étoit major aux Gardes dans le temps où M. le comte de Manstein écrivoit. » Tant que son père fut dans le bonheur, dit naïvement M. de Manstein, tout le monde lui trouvoit » de l'esprit, quoiqu'il ne fût alors qu'un enfant; » depuis la disgrace & la mort de son père, il se » trouve peu de personnes dans tout l'empire de » Russie qui en ayent moins que lui. »

M. de Manstein juge que ce prince de *Menzikow* qui passa par tant de fortunes diverses, fut lui-même l'artisan de sa disgrace, par l'ambition qu'il eut de placer sa famille sur le trône de Russie. Les favoris qui l'ont suivi, sont venus se briser contre le même écueil.

M. de la-Harpe a mis à la tête de sa tragédie, intitulée: *Menzicoff ou les exilés*; un précis historique excellent sur le Prince Menzicoff ou Menzicow.

MENZINI, (Benoît) (*Hist. Litt. mod.*) poëte italien, de l'académie des Arcades, compté parmi les bons poëtes italiens du dix-septième siècle. Il fut protégé par la reine Christine. Ses œuvres ont été recueillies à Florence en 1731, en deux volumes *in-4°.*

MEQUE, Pélerinage de la (*Hist. des Turcs*) c'est un voyage à la *Meque* prescrit par l'alcoran: » Que tous ceux qui peuvent le faire, n'y manquent » pas, dit l'auteur de ce livre ». Cependant le *pélerinage* de la *Meque* est non-seulement difficile par la longueur du chemin, mais encore par rapport aux dangers que l'on court en Barbarie, où les vols sont fréquens, les eaux rares & les chaleurs excessives. Aussi par toutes ces raisons, les docteurs de la loi ont décidé qu'on pouvoit se dispenser de cette course, pourvu qu'on substituât quelqu'un à sa place.

Les quatre rendez-vous des pélerins sont Damas, le Caire, Babylone & Zébir. Ils se préparent à ce pénible voyage par un jeûne qui suit celui du ramazan, & s'assemblent par troupes dans des lieux convenus. Les sujets du grand seigneur qui sont en Europe, se rendent ordinairement à Alexandrie sur des batimens de Provence, dont les patrons s'obligent à voiturer les pélerins. Aux approches du moindre vaisseau, ces bons musulmans, qui n'appréhendent rien tant que de tomber entre les mains des armateurs de Malte, baisent la bannière de France, s'enveloppent dedans, & la regardent comme leur asyle.

D'Alexandrie ils passent au Caire, pour joindre la caravane des Africains. Les Turcs d'Asie s'assemblent ordinairement à Damas; les Persans & les Indiens à Babylone; les Arabes & ceux des îles des environs, à Zébir. Les pachas qui s'acquittent de ce devoir, s'embarquent à Suez, port de la mer Rouge, à trois lieues & demi du Caire. Toutes ces caravanes prennent si bien leurs mesures, qu'elles arrivent la veille du petit bairam sur la colline d'Arafagd, à une journée de la *Meque*. C'est sur cette fameuse colline qu'ils croient que l'ange apparut à Mahomet pour la première fois; & c'est-là un de leurs principaux sanctuaires. Après y avoir égorgé des moutons pour donner aux pauvres, ils vont faire leurs prières à la *Meque*, & de là à Médine, où est le tombeau du prophète, sur lequel on étend tous les ans un poêle magnifique que le grand-seigneur y envoie par dévotion: l'ancien poêle est mis par morceaux; car les pélerins tâchent d'en attraper quelque pièce, si petite qu'elle soit, & la conservent comme une relique très-précieuse.

Le grand-seigneur envoie aussi par l'intendant des caravanes, cinq cent sequins, un alcoran couvert d'or, plusieurs riches tapis, & beaucoup de pièces de drap noir, pour les tentures des mosquées de la *Meque*.

On choisit le chameau le mieux fait du pays, pour être porteur de l'alcoran: à son retour ce chameau, tout chargé de guirlandes de fleurs & comblé de bénédictions, est nourri grassement, & dispensé de travailler le reste de ses jours. On le tue avec solemnité quand il est bien vieux, & l'on mange sa chair comme une chair sainte; car s'il mouroit de vieillesse ou de maladie, cette chair seroit perdue & sujette à pourriture.

Les pélerins qui ont fait le voyage de la *Meque*, sont en grande vénération le reste de leur vie; absous de plusieurs sortes de crimes, ils peuvent en commettre de nouveaux impunément, parce qu'on ne sauroit le faire mourir selon la loi; ils sont réputés incorruptibles, irréprochables & sanctifiés dès ce monde. On assure qu'il y a des Indiens assez sots pour se crever les yeux, après avoir vu ce qu'ils appellent les saints lieux de la *Meque*; prétendant que les yeux ne doivent point après cela être prophanés par la vûe des choses mondaines.

Les enfans qui sont conçus dans ce pélerinage, sont regardés comme de petits saints, soit que les pélerins les aient eu de leurs femmes légitimes, ou des avanturières: ces dernières s'offrent humblement sur les grands chemins, pour travailler à une œuvre aussi pieuse. Ces enfans sont tenus plus proprement que les autres, quoiqu'il soit mal-aisé d'ajouter quelque chose à la propreté avec laquelle on prend soin des enfans partout le levant. (*D. J.*)

MERCATOR, (Marius) (*Hist. Eccles.*) auteur ecclésiastique, ami de saint Augustin, écrivit contre les Nestoriens & les Pélagiens. Mort vers l'an 451. Baluze a donné en 1684, une édition de ses ouvrages.

Nicolas *Mercator*, mathématicien du dix-septième siècle, de la société royale de Londres, est auteur d'une *Cosmographie* & d'autres ouvrages estimés; il a corrigé les défauts des premières Cartes marines & fait quelques découvertes. Il étoit du Holstein.

Mercator, (Isidore.) *Voyez* Isidore & Denys le Petit.

MERCI. (*Voyez* Mercy.)

MERCIER, Mercerus (Jean) (*Hist. Litt. mod*) successeur de Vatable dans la chaire d'hébreu au Collége Royal, a écrit sur diverses parties de l'Ecriture Sainte. Mort à Uzès sa patrie, en 1572.

Josias *Mercier* son fils, beau-père de Saumaise, &

habile critique, a donné une bonne édition de Nonius-Marcellus; des notes sur Aristénète, sur Tacite, sur Dictys de Crète, & sur le livre d'Apulée, *de Deo socratis*. Mort en 1625.

Un autre *Mercier*, (Nicolas) professeur d'humanités au Collége de Navarre, mort en 1647. est auteur du *Manuel des Grammairiens*, dont on se sert ou dont on s'est servi dans plusieurs collèges; d'un traité de l'Epigramme, estimé; il a donné aussi une édition des Colloques d'Erasme à l'usage des Collèges.

MERCŒUR. (*Voyez* LORRAINE.)

MERCURIALIS, (Jérôme) médecin italien, très-célebre au seizième siècle; on l'appelloit *l'Esculape de son temps*; on assûre qu'il guérissoit beaucoup, & il fit une très-grande fortune. Forli, sa patrie, lui érigea une statue: on a de lui des traités estimés *de Arte Gymnasticâ*, *de Morbis Mulierum*, des notes sur Hippocrate & sur Pline le naturaliste: ses œuvres ont été recueillies à Venise en 1644. en un volume *in-folio*. Il mourut en 1596, à Forli, où il étoit né en 1530.

MERCY, (*Hist. mod.*) c'est le nom de deux généraux allemands célebres, ayeul & petit-fils, tous deux morts au lit d'honneur, tous deux connus plutôt par de grands talents que par de grands succès. L'ayeul sur-tout (François *de Mercy*) général du duc de Bavière, fut un digne rival des Condés & des Turennes, dont on dit qu'il devinoit toujours tous les desseins & qu'il les prévenoit, toutes les fois que la chose étoit possible. Il prit Rotweil en 1643, Fribourg en 1644; mais la même année il perdit contre Condé & Turenne, les batailles de Fribourg, dont on pourroit dire cependant qu'elles ont plutôt été gagnées par Condé & Turenne, qu'elles n'ont été perdues par Mercy, qui s'y couvrit de gloire; on en peut dire autant de la bataille de Nortlingue, du 3 août 1645, où il reçut des blessures dont il mourut. On l'enterra sur le champ de bataille, & on grava sur sa tombe cette imposante épitaphe: *Sta viator, heroem calcas*; *arrête, voyageur, tu foules un héros*. Il avoit eu l'honneur de battre le vicomte de Turenne à Mariendal le 5 mai 1645.

Florimond, comte *de Mercy*, son petit-fils, devint feld-maréchal de l'empereur en 1704; en 1705, il força les lignes de Pfaffenhoven. En 1709, il fut vaincu en Alsace par le comte du Bourg. Il acquit beaucoup de gloire dans les guerres de l'empereur Charles VI, contre les Turcs. Il fut tué à la bataille de Parme, le 29 juin 1734. Le comte d'Argentan, son cousin, alors colonel au service de l'empereur, fut son héritier, à la charge de prendre le nom & les armes de la maison *de Mercy*.

MÉRÉ, (George Brossin, chevalier de) (*Hist. Litt. mod.*) écrivain du Poitou, qui a traité divers sujets de morale & de littérature, & dont l'abbé Nadal a publié quelques œuvres posthumes. Il en est parlé dans le troisième volume des mélanges d'histoire & de littérature de Vigneul-Marville & dans le quatrième tome de la bibliothèque historique du Poitou, de M. Dreux du Radier. Le chevalier *de Méré* mourut vers l'an 1690, dans une terre qu'il avoit en Poitou.

MERE-FOLLE, ou MERE-FOLIE (*Histoir. mod.*) nom d'une société facétieuse qui s'établit en Bourgogne sur la fin du XIV. siècle ou au commencement du XV. Quoiqu'on ne puisse rien dire de certain touchant la première institution de cette société, on voit qu'elle étoit établie du tems du duc Philippe le Bon. Elle fut confirmée par Jean d'Amboise, évêque de Langres, gouverneur de Bourgogne, en 1454; *festum fatuorum*, dit M. de la Mare, est ce que nous appellons la *mère-folle*.

Telle est l'époque la plus reculée qu'on puisse découvrir de cette société, à moins qu'on ne veuille dire avec le P. Menestrier, qu'elle vient d'Engelbert de Clèves, gouverneur du duché de Bourgogne, qui introduisit à Dijon cette espèce de spectacle; car je trouve, poursuit cet auteur, qu'Adolphe, comte de Cleves, fit dans ses états une espèce de société semblable, composée de trente six gentilshommes ou seigneurs qu'il nomma la *compagnie des fous*. Cette compagnie s'assembloit tous les ans au tems des vendanges. Les membres mangeoient tous ensemble, tenoient cour plenière, & faisoient des divertissemens de la nature de ceux de Dijon, élisant un roi & six conseillers pour présider à cette fête. On a les lettres-patentes de l'institution de la société du *fou*, établie à Clèves en 1381. Ces patentes sont scellées de 35 sceaux en cire verte, qui étoit la couleur des fous. L'original de ces lettres se conservoit avec soin dans les archives du comté de Clèves.

Il y a tant de rapport entre les articles de cette institution & ceux de la société de la *mère-folle* de Dijon, laquelle avoit, comme celle du comté de Clèves, des statuts, un sceau & des officiers, que j'embrasse volontiers le sentiment du P. Menestrier, qui croit que c'est de la maison de Clèves que la compagnie dijonnoise a tiré son origine; ajoutez que les princes de cette maison ont eu de grandes alliances avec le duc de Bourgogne, dans la cour desquels ils vivoient le plus souvent.

La plûpart des villes des Pays bas dépendantes des ducs de Bourgogne, célébroient de semblables fêtes. Il y en avoit à Lille sous le nom de *fête de l'épinette*, à Douai sous le nom de la *fête aux ânes*, à Bouchain sous le nom de *prevôt de l'étourdi*, & à Evreux sous celui de la *fête des covards*, ou *cornards*.

Doutreman a décrit ces fêtes dans son histoire de Valenciennes; en un mot, il y avoit alors peu de villes qui n'eussent de pareilles bouffonneries.

La mère-folle ou *mère-folie*, autrement dite *l'infanterie dijonnoise*, en latin de ce tems-là, *mater stultorum*, étoit une compagnie composée de plus de 500 personnes, de toutes qualités, officiers du parlement, de la chambre des comptes, avocats, procureurs, bourgeois, marchands, *&c.*

Le but de cette société étoit la joie & le plaisir. La ville de Dijon, dit le P. Menestrier, qui est un pays de vendanges & de vignerons, a vû long-tems un spectacle qu'on nommoit *mère-folie*. Ce spectacle se donnoit tous les ans au tems du carnaval, & les personnes de qualité déguisées en vignerons, chantoient sur des chariots des chansons & des satyres qui étoient comme la censure publique des mœurs de ce tems-là. C'est de ces chansons à chariots & à satyres que venoit l'ancien proverbe latin, des chariots d'injures, *plaustra injuriarum.*

Cette compagnie, comme nous l'avons déjà dit, subsistoit dans les états du duc Philippe le Bon avant 1444, puisqu'on en voit la confirmation accordée cette même année par ce prince. L'on voit aussi au trésor de la sainte chapelle du roi à Dijon une seconde confirmation de la *mère-folle* en 1482, par Jean d'Amboise, évêque de Langres, lieutenant en Bourgogne, & par le seigneur de Beaudricourt, gouverneur du pays; ladite confirmation est en vers françois.

Cette société de *mère-folle* étoit composée d'infanterie. Elle tenoit ordinairement assemblée dans la salle du jeu de paume de la poissonnerie, à la réquisition du procureur fiscal, dit *fiscal verd*, comme il paroît par les billets de convocation, composés en vers burlesques. Les trois derniers jours du carnaval, les membres de la société portoient des habillemens déguisés & bigarrés de couleur verte, rouge & jaune, un bonnet de même couleur à deux pointes avec des sonnettes, & chacun d'eux tenoit en main des marottes ornées d'une tête de fou. Les charges & les postes étoient distingués par la différence des habits; la compagnie avoit pour chef celui des associés qui s'étoit rendu le plus recommandable par sa bonne mine, ses belles manières & sa probité. Il étoit choisi par la société, en portoit le nom, & s'appelloit la *mère-folle*. Il avoit toute sa cour comme un souverain, sa garde suisse, ses gardes à cheval, ses officiers de justice, des officiers de sa maison; son chancelier, son grand écuyer; en un mot toutes les dignités de la royauté.

Les jugemens qu'il rendoit s'exécutoient nonobstant appel, qui se relevoit directement au parlement. On en trouve un exemple dans un arrêt de la cour du 6 Février 1579, qui confirme le jugement rendu par la *mère-folle.*

L'infanterie qui étoit de plus de 200 hommes, portoit un guidon ou étendard, dans lequel étoient peintes des têtes de fous sans nombre avec leurs chaperons, plusieurs bandes d'or, & pour devise, *stultorum infinitus est numerus.*

Ils portoient un drapeau à deux flammes de trois couleurs, rouge, verte & jaune, de la même figure & grandeur que celui des ducs de Bourgogne. Sur ce drapeau étoit représentée une femme assise, vêtue pareillement de trois couleurs, rouge, verte & jaune, tenant en sa main une marotte à tête de fou, & un chaperon à deux cornes, avec une infinité de petits fous coîffés de même, qui sortoient par-dessous & par les fentes de sa jupe. La devise pareille à celle de l'étendard, étoit bordée tout-au-tour de franges rouges, vertes & jaunes.

Les lettres-patentes que l'on expédioit à ceux que l'on recevoit dans la société, étoient sur parchemin, écrites en lettres de trois couleurs, signées par la *mère-folle*, & par le griffon verd, en sa qualité de greffier. Sur ces lettres-patentes étoit empreinte la figure d'une femme assise, portant un chaperon en tête, une marotte en main, avec la même inscription que l'étendart.

Quand les Membres de la société s'assembloient pour manger ensemble, chacun portoit son plat. La *mère-folle* (on sait que c'est le commandant, le général, le grand-maître) avoit cinquante suisses pour sa garde. C'étoient les plus riches artisans de la ville qui se prêtoient volontiers à cette dépense. Ces suisses faisoient la garde à la porte de la salle de l'assemblée, accompagnoient la *mère-folle* à pié, à la reserve du colonel qui montoit à cheval.

Dans les occasions solemnelles, la compagnie marchoit avec de grands chariots peints, traînés chacun par six chevaux caparaçonnés avec des couvertures de trois couleurs, & conduits par leurs cochers & leurs postillons vêtus de même. Sur ces chariots étoient seulement ceux qui récitoient des vers bourguignons, habillés comme le devoient être les personnages qu'ils représentoient.

La compagnie marchoit en ordre avec ces chariots par les plus belles rues de la ville, & les plus belles poésies se chantoient d'abord devant le logis du gouverneur, ensuite devant la maison du premier président du parlement, & enfin devant celle du maire. Tous étoient masqués, habillés de trois couleurs, mais ayant des marques distinctives suivant leurs offices.

Quatre hérauts avec leurs marottes, marchoient à la tête devant le capitaine des gardes; ensuite paroissoient les chariots, puis la *mère-folle* précédée de deux hérauts, & montée sur une haquenée blanche; elle étoit suivie de ses dames d'atour, de six pages & de douze valets de pied: après eux venoit l'enseigne, puis 50 officiers, les écuyers, les fauconniers, le grand veneur & autres. A leur suite marchoit le guidon, accompagné de 50 cavaliers, & à la queue de la procession le fiscal verd & les deux conseillers, habillés comme lui; enfin les suisses fermoient la marche.

La *mère-folle* montoit quelquefois sur un chariot fait exprès, tiré par deux chevaux seulement, lorsqu'elle étoit seule; toute la compagnie le précédoit, & suivoit ce char en ordre. D'autres fois on atteloit au char de la *mère-folle* douze chevaux richement caparaçonnés; & cela se faisoit toujours lorsqu'on avoit construit sur le chariot un théâtre capable de contenir avec la *mère-folle* des acteurs habillés suivant la cérémonie: ces acteurs récitoient aux coins des rues des vers françois & bourguignons conformes au sujet. Une bande de violons & une troupe de musiciens étoient aussi sur ce théâtre.

S'il arrivoit dans la ville quelque événement singulier, comme larcin, meurtre, mariage bizarre, séduction du sexe, &c. pour lors le chariot & l'infanterie étoient sur pied; l'on habilloit des personnes de la troupe de même que ceux à qui la chose étoit arrivée, & on représentoit l'événement d'après nature. C'est ce qu'on appelle faire marcher la *mère-folle*, l'infanterie dijonnoise.

Si quelqu'un aggrégé dans la compagnie s'en absentoit, il devoit apporter une excuse légitime, sinon il étoit condamné à une amende de 20 livres. Personne n'étoit reçu dans le corps que par la *mère-folle*, & sur les conclusions du fiscal verd; on expédioit ensuite au nouveau reçu des provisions qui lui coûtoient une pistole.

Quand quelqu'un se présentoit pour être admis dans la compagnie, le fiscal assis faisoit des questions en rimes, & le récipiendaire debout, en présence de la *mère-folle* & des principaux officiers de l'infanterie, devoit aussi répondre en rimes; sans quoi son aggrégation n'étoit point admise. Le récipiendaire de grande condition, ou d'un rang distingué, avoit le privilège de répondre assis.

D'abord après la réception, on lui donnoit les marques de confrère, en lui mettant sur la tête le chapeau de trois couleurs, & on lui assignoit des gages sur des droits imaginaires, ou qui ne produisoient rien, comme on le voit par quelques lettres de réception qui subsistent encore. Nous avons dit plus haut que la compagnie comptoit parmi ses membres des personnes du premier rang, en voici la preuve qui méritoit d'être transcrite.

Acte de réception de Henri de Bourbon, *prince de Condé, premier prince du sang*, en la compagnie de la *mère-folle* de Dijon *l'an* 1626.

Les superlatifs, mirélifiques & scientifiques, l'opinant de l'infanterie dijonnoise, régent d'Apollon & des muses, nous légitimes enfans figuratifs du vénérable Bontems & de la marotte, ses petits-fils, neveux & arrière-neveux, rouges, jaunes, verds, couverts, découverts & forts-en-gueule; à tous fous, archi-fous, lunatiques, hétéroclites, éventés, poëtes de nature bizarres, durs & mols, almanachs vieux & nouveaux, passés, présens & à venir, *salut*. Doubles pistoles, ducats & autres espèces forgées à la portugaise, vin nouveau sans aucun malaise, & chelme qui ne le voudra croire, que haut & puissant seigneur Henri de Bourbon, prince de Condé, premier prince du sang, maison & couronne de France, chevalier, *&c.* à toute outrance auroit son altesse honoré de sa présence les festus & guoguelus mignons de la *mère-folle*, & daigné requérir en pleine assemblée d'infanterie, être immatriculé & recepturé, comme il a été reçu & couvert du chaperon sans péril, & pris en main la marotte, & juré par elle & pour elle ligue offensive & défensive, soutenir inviolablement, garder & maintenir folie en tous ses points, s'en aider & servir à toute fin, requérant lettres à ce convenables; à quoi inclinant, de l'avis de notre redoutable dame & *mère*, de notre certaine science, connoissance, puissance & autorité, sans autre information précédente, à plein confiant de S. A. avons icelle avec allégresse par ces présentes, *hurelu*, *berelu*, à bras ouverts & découverts, reçu & impatronisé, les recevons & impatronisons en notre infanterie dijonnoise, en telle sorte & manière qu'elle demeure incorporée au cabinet de l'intesle, & généralement tant que folie durera, pour par elle y être, tenir & exercer à son choix, telle charge qu'il lui plaira aux honneurs, prérogatives, preéminences, autorité & puissance que le ciel, sa naissance & son épée lui ont acquis; prêtant S. A. main forte à ce que folie s'éternise, & ne soit empêchée, ains ait cours & décours, débit de sa marchandise, trafic & commerce en tout pays, soit libre par tout, en tout privilégiée; moyennant quoi, il est permis à S. A. ajouter, si faire le veut, folie sur folie, franc sur franc, *ante*, *sub ante*, *per ante*, sans intermission, diminution ou interlocutoire, que le branle de la machoire; & ce aux gages & prix de sa valeur, qu'avons assigné & assignons sur nos champs de Mars & dépouilles des ennemis de la France, qu'elle levera par ses mains, sans en être comptable. Donné & souhaité à S. A.

> A Dijon, où elle a été,
> Et où l'on boit à sa santé,
> L'an six cent mille avec vingt-six,
> Que tous les fous étoient assis.

Signé par ordonnance des redoutables seigneurs buvans & folatiques, & contre-signé *Deschamps*, *Mère*, & plus bas, *le Griffon verd*.

Cependant, peu d'années après cette facétieuse réception du premier prince du sang dans la société, parut l'édit sévere de Louis XIII, donné à Lyon le 21 Juin 1630, vérifié & enregistré à la cour le 5 juillet suivant, qui abolit & abrogea sous de grosses peines la compagnie de la *mère-folle* de Dijon; laquelle compagnie de *mère-folle*, dit l'édit, est vraiment une *mère* & *pure folie*, par les désordres & débauches qu'elle a produits, & continue de produire contre les bonnes mœurs, repos & tranquillité de la ville, avec très-mauvais exemple.

Ainsi finit la société dijonnoise. Il est vraisemblable que cette société, ainsi que les autres confreries laïques du royaume, tiroient leur origine de celle qui vers le commencement de l'année se faisoit depuis plusieurs siècles dans les églises par les ecclésiastiques, sous le nom de la *fête des fous*. *Voyez* FETE DES FOUS.

Quoi qu'il en soit, ces sortes de sociétés burlesques prirent grande faveur & fournirent long-tems au public un spectacle de récréation & d'intérêt, mêlé sans-doute d'abus; mais faciles à réprimer par de sages arrêts du parlement; sans qu'il fût besoin d'ôter au peuple un amusement qui soulageoit ses travaux & ses peines. (*D. J.*)

MERKUFATI, s. m. (*Hist. mod.*) nom que les Turcs donnent à un officier qui est sous le tefterdar ou grand trésorier; sa fonction est de disposer des deniers destinés à des usages pieux. (--)

MERIDIANI, (*Hist. anc.*) nom que les anciens Romains donnoient à une espèce de gladiateurs qui se donnoient en spectacle, & entroient dans l'arène vers le midi, les bestiaires ayant déjà combattu le matin contre les bêtes.

Les *Méridiens* prenoient leur nom du tems auquel ils donnoient leur spectacle. Les *Méridiens* ne combattoient pas contre les bêtes, mais les uns contre les autres l'épée à la main. Delà vient que Séneque dit que les combats du matin étoient pleins d'humanité, en comparaison de ceux qui les suivoient.

MERLIN, (Ambroise) (*Hist. d'Anglet.*) c'est le fameux enchanteur *Merlin*, dont le *roman* & les *prophéties* sont si célèbres. Cet homme, que Buchanan représente comme un imposteur qui trompoit les peuples pour leur plaire, vivoit dans le temps de l'irruption des Saxons en Angleterre, & annonçoit peut-être aux Bretons opprimés par ces Saxons, la fin de leurs misères pour les engager à se défendre. Selon d'autres auteurs, quelques connoissances des mathématiques, connoissances trop étrangères à son siécle, lui valurent cette réputation de prophête que lui donnèrent les poëtes, & celle de sorcier que lui donnèrent les moines. Les uns & les autres assurent assez communément qu'il étoit né d'un incube. Il avoit transporté d'Irlande en Angleterre, les grands rochers qui s'élèvent en pyramide, près de Salisbury. Rien de si connu dans les vieilles fables britanniques, que les enchantemens de *Merlin*.

MERLIN, (Jacques) (*Hist. du Luthéran.*) docteur de la maison de Navarre, chanoine de Notre-Dame, grand pénitencier, & vicaire général de l'évêque de Paris, & dans la suite archi-prêtre & curé de la Madeleine; on lui doit la première collection des Conciles & quelques autres ouvrages. Noël Beda (voir son article) vouloit qu'on le brûlât pour avoir essayé de justifier Origéne. *Merlin* oublia dans la suite qu'il avoit pensé être la victime du faux zèle, il devint persécuteur à son tour; il se plaignoit si amérement & si publiquement de ce qu'on usoit d'indulgence envers les hérétiques, qu'il fallut user de rigueur envers lui. On l'enferma au Louvre le 11 avril 1527. Il n'en sortit qu'au bout de deux ans révolus, le 12 avril 1529, & alors il fut exilé à Nantes; mais le roi le rendit l'année suivante, aux vœux du chapitre de Notre-Dame, qui sollicitoit son rappel; car les persécuteurs trouvent toujours de l'appui, & en trouvoient sur-tout alors. Jacques *Merlin* mourut en 1541.

MERLIN COCCAYE, (*Voyez* COCAYE *ou* FOLENGO.

MÉROUÉE, IIIe roi de France, (*Hist. de France.*) successeur de Clodion. L'origine de ce prince est incertaine: on sait seulement qu'il étoit fils de la femme de Clodion: on lui donnoit pour père une divinité de la mer: cette fable qui prouve la grossièreté des peuples qui l'adoptèrent, rendroit suspecte la vertu de la femme de Clodion, si l'on ne savoit quelle étoit la sainteté des mariages parmi les Francs, dans les tems voisins de leur origine: cette princesse put recourir à ce stratagême pour enchaîner la vengeance du roi qui devoit respecter dans cette adultere la maîtresse d'un dieu. Peut-être aussi que la reine avoit eu *Mérouée* d'un autre lit: & ce conte put être imaginé pour lui faire obtenir la préférence sur ses frères, qui dans cette supposition avoient plus de droit à la couronne (nous parlons ici par figure, car la couronne n'étoit point encore le symbole de la royauté parmi les Francs) auprès d'un peuple qui n'admettoit pour le gouverner que les princes du sang le plus illustre. Toujours est-il certain que *Mérouée* eut à soutenir une guerre longue & sanglante contre un fils de Clodion que l'histoire ne nomme pas, & qu'il ne parvint à l'exclure de la royauté qu'en faisant alliance avec les Romains; on a prétendu que Childeric, son fils, étoit allé à Rome cimenter les nœuds de cette alliance; qui prouve que les Francs dès-lors offroient une puissance respectable. Cette conjecture est fondée sur le rapport de Priscus qui dit avoir vu dans cette ancienne capitale du monde un prince Franc dont les traits conviennent assez au fils de *Mérouée*. Cette guerre civile excitée par la rivalité de ces princes, accéléra la chûte de l'empire d'Occident & de celui d'Orient; car celui-ci ne fut plus qu'un fantôme dès que l'autre fut détruit. Le fils de Clodion qui voyoit son ennemi soutenu par une puissance aussi formidable que les Romains, se mit sous la protection des Huns, les seuls peuples en état de les vaincre; & telle fut la cause ou l'occasion de la fameuse invasion d'Attila dans les Gaules. *Mérouée* voulut en vain défendre Cologne contre un aussi terrible ennemi, il en fut chassé: cette ville fut brûlée, & Childeric son fils tomba au pouvoir du vainqueur. Des écrivains ont prétendu qu'il fut dépouillé du pays que les Francs occupoient au delà du Rhin, & que son rival en resta paisible possesseur. Cette opinion est en quelque sorte justifiée; les rois de Thuringe dont parlent les écrivains de la première race, pouvoient bien descendre de ce prince. Au reste *Mérouée* fut bien dédommagé de cette perte après la défaite des Huns, à laquelle il eut beaucoup de part; les Francs, à l'époque de sa mort, étoient en possession de Soissons, de Châlons, du Vermandois, d'Arras, de Cambrai, de Tournai, de Senlis, de Beauvais, d'Amiens, de Terouane & de Boulogne. *Mérouée* mourut en 457, après un règne d'environ dix ans, laissant ses états à Childeric son fils. L'histoire ne nous a pas conservé le nom de sa femme, elle est également muette sur celui de ses enfans. (*M-r.*)

MÉROVINGIEN, subst. & adj. masc. (*Hist. de France*) nom que l'histoire donne aux princes de la première race des rois de France, parce qu'ils descendoient de Mérovée. Cette race a régné environ 333 ans, depuis Pharamond jusqu'à Charles Martel, & a donné 36 souverains à ce royaume.

M. Gibert (*Mem. de l'acad. des Belles-Lettres*) tire le mot de *Mérovingien*, de Marcoboduus, roi des Germains, d'où les Francs ont tiré leur origine, & ont formé le nom de *Mérovée* par l'analogie de la langue germanique rendue en latin. M. Freret, au contraire, après avoir essayé d'établir que le nom de *Mérovingien* ne fut connu que sous les commencemens de la deuxieme race (ce que nie M. Gibert), dans un tems où il étoit devenu nécessaire de distinguer la famille régnante de celle à qui elle succédoit, rend à Mérovée, l'ayeul de Clovis, l'honneur d'avoir donné son nom à la première race de nos rois; & sa raison, pour n'avoir commencé cette race qu'à Mérovée, est que, suivant Grégoire de Tours, quelques-uns doutoient que Mérovée fût fils de Clodion, & le croyoient seulement son parent, *de stirpe ejus*, au lieu que depuis Mérovée la filiation de cette race n'est plus interrompue. C'est un procès entre ces deux savans, & je crois que M^r. Freret le gagneroit. (*D. J.*)

MERRE, (le) (*Hist. Litt. mod.*) père & fils, tous deux nommés Pierre, tous deux avocats au

Parlement de Paris & professeurs en droit canon au Collège Royal. On leur doit le grand recueil des actes, titres & mémoires, concernant les affaires du clergé de France. On a de plus, du premier, un *Sommaire touchant la jurisdiction*, & un mémoire intitulé : *Justification des usages de France, sur le mariage des enfans de famille, faits sans le consentement de leurs parens.*

Le premier mourut en 1728 ; le second en 1763.

MERSENNE, (Marin) (*Hist. Litt. mod.*) minime, compagnon d'études, correspondant actif & ami fidèle de Descartes. Il fut lui-même grand Mathématicien & inventeur en géometrie. On a de lui un *traité de l'harmonie universelle, contenant la théorie & la pratique de la musique* ; un traité des Sons, de *sonorum naturâ, causis & effectibus* ; *Cogitata Physico-Mathematica ; la vérité des sciences ; les Questions inouies.* Le goût du père *Mersenne* pour les mathématiques ne lui faisoit pas oublier ce qu'il devoit à son état. Il a peut-être même un peu trop payé le tribut à cet état, lorsque dans ses *Quæstiones celebres in Genesim*, en parlant de Vanini, il a donné naïvement la liste des athées de son temps ; cette liste a été supprimée, & par conséquent elle est très-recherchée, mais il est difficile de trouver des exemplaires où elle soit. Tout n'appartient pas au père *Mersenne* dans ses écrits. On lui trouvoit le talent d'employer ingénieusement les pensées d'autrui ; & la Mothe-le-Vayer l'appelloit *le bon larron*. Le père Hilarion de Coste, son confrère & son disciple, a écrit sa vie.

MERVEILLE, (*Hist. mod.*) L'assassinat de l'Ecuyer *Merveille* fut la cause de la seconde guerre entre Charles-Quint & François Ier. C'étoit un gentilhomme milanois, qui ayant fait fortune en France, par les bienfaits de Louis XII & de François Ier., eut la vanité assez naturelle d'étaler cette fortune aux yeux de ses parents & de ses concitoyens. Il fit un voyage à Milan ; le duc (François Force), avoit pour chancelier, Taverne, neveu de *Merveille*. L'oncle fut accueilli dans cette cour, & plut au duc. Quelques temps après son retour en France, Taverne y vint, & fit entendre à François Ier. que le duc de Milan seroit flaté d'avoir à sa cour un ambassadeur François; que cette ambassade pourroit n'être pas infructueuse au roi ; qu'elle donneroit les moyens de traiter d'affaires égalem nt avantageuses & à la France & au duc de Milan ; mais comme le duc, placé entre l'empereur & le roi de France, étoit obligé de les ménager l'un & l'autre, Taverne ajouta qu'il falloit dérober avec soin à l'empereur, la connoissance de ces liaisons; qu'il ne falloit point que celui qui seroit envoyé, prît publiquement le caractère d'ambassadeur, content d'être connu du duc sous ce titre ; que pour dissiper les soupçons qui pourroient naître dans l'esprit de l'empereur, le roi, par des lettres expresses, recommanderoit au duc cet ambassadeur, comme un homme que des affaires particulières avoient conduit à Milan. Taverne désigna *Merveille* son oncle, comme un homme qui seroit agréable au duc : le roi approuva tous ces arrangemens ; *Merveille* partit avec des lettres de créance qui ne devoient être montrées qu'au duc, & des lettres de recommandation, qui devoient être montrées à l'empereur à tout événement.

Peut-être la même vanité qui lui faisoit étaler ses richesses dans sa patrie, rendit-elle *Merveille* indiscret sur son caractère d'ambassadeur. Quoi qu'il en soit, l'empereur ou sut ou soupçonna que cet homme avoit un titre pour résider auprès du duc ; il fit des reproches & des menaces. Sforce lui envoya les fausses lettres de recommandation ; ce stratagême n'étoit pas assez fin pour tromper Charles-Quint : d'ailleurs, la même indiscrétion qui lui avoit appris que *Merveille* étoit ministre de François Ier., pouvoit lui avoir dévoilé l'artifice des lettres de recommandation, il comprit que Sforce joignoit la fourberie au mystère, il parut doublement irrité ; Sforce trembla, & promit à l'empereur de lui donner bientôt des preuves éclatantes de fidélité.

Merveille passoit un jour dans les rues de Milan, à la suite du duc ; un gentilhomme de la chambre du duc, de la maison de Castiglioné, les voyant passer, demande, d'un ton fier, à un des domestiques de *Merveille*, à qui il est ; le domestique répond qu'il a l'honneur de servir le seigneur *Merveille*, de France, Castiglioné dit un mot qui marquoit peu d'estime pour le seigneur *Merveille*. Un autre domestique de *Merveille*, moins endurant, ou plus zélé que le premier, demande raison à Castiglioné, des discours injurieux qu'il a tenus sur son maître. Après des démentis donnés & reçus, Castiglioné, soit prudence, soit honte de se commettre avec un domestique, se retire, & laisse à ses domestiques le soin de le venger. Deux d'entr'eux fondent sur celui de *Merveille* ; on les sépare. *Merveille*, instruit de tout par son domestique, prie un de ses amis, parent de Castiglioné, de lui demander ce qu'il devoit penser de ce rapport. Castiglioné proteste qu'il n'a point tenu les discours qu'on lui impute. L'ambassadeur, content de ce désaveu, envoie faire des excuses à Castiglioné sur l'étourderie & l'insolence de son domestique. Le duc défend aux deux gentilshommes toute voie de fait. *Merveille* répond qu'il obéira d'autant plus volontiers, qu'il n'a point d'ennemi, & qu'il n'a ni fait ni reçu d'insulte. Cependant on voyoit Castiglioné, passer & repasser devant l'hôtel de l'ambassadeur, accompagné de dix ou douze hommes armés ; un soir ayant rencontré cinq ou six domestiques de l'ambassadeur, il les attaqua & les mit en fuite. *Merveille* en porta ses plaintes au magistrat, qui promit justice, & resta tranquille. Castiglioné attaqua de nouveau les gens de *Merveille*, qui étant sur leurs gardes & déterminés à tout, repoussèrent vivement l'insulte ; le combat fut sanglant; Castiglioné resta mort sur la place. Les siens, épouvantés, prirent la fuite.

Le lendemain matin (4 juillet 1533) le même magistrat, qui n'avoit pas voulu prévenir ce malheur, se transporte chez l'ambassadeur, le mène en prison, fait mettre ses gens au cachot, leur fait donner la question, n'épargne pas même un domestique de plus de quatre-vingt ans, que l'âge avoit rendu sourd ; il ne néglige rien pour leur arracher, par la violence des tourments, une déposition contre leur maître. *Merveille* est mis au secret. Quelques-uns de ses amis, sans avoir pu le voir, présentent au magistrat, un mémoire pour sa justification ; le magistrat ne le lit point, & le déchire en leur présence. Le 6, ayant pris les ordres du duc, il se transporte pendant la nuit, à la prison, fait trancher la tête à l'ambassadeur, & fait exposer son corps dans la place.

Un neveu de ce malheureux ministre, autre que Taverne, prend la poste, vient se jetter aux pieds du roi, & lui demander justice & vengeance.

Taverne y vint aussi ; mais bien loin d'y venir défendre la mémoire de cet oncle qu'il avoit lui-même demandé nommément pour ambassadeur, il vint justifier son maître, &, qui le croiroit ? soutenir que *Merveille* n'avoit point ce caractère d'ambassadeur. Accablé à l'instant par les preuves de son mensonge, troublé par des questions auxquelles il n'avoit rien à répondre, & par des reproches dont il sentoit la justice, pressé sur l'irrégularité de ce supplice qu'on avoit fait subir à *Merveille* dans la prison & pendant la nuit, il répondit en bégayant, que le duc en avoit usé ainsi par respect pour le roi & par égard pour le caractère d'ambassadeur dont *Merveille* étoit revêtu. « Fourbe maladroit, lui dit François Ier, digne mi» nistre d'un maître assassin, te voilà convaincu par » ta propre bouche. Si le caractère d'ambassadeur » avoit été aussi avili dans la personne de *Merveille* » qu'il l'est dans la tienne, j'approuverois presque » son supplice » : il chassa aussi-tôt de sa cour ce ministre de fraude & d'impudence, & prépara tout pour la vengeance de son ambassadeur.

MERVEILLE DU MONDE (*Hist. anc.*) On en compte ordinairement sept ; savoir, les pyramides d'Egypte, les jardins & les murs de Babylone, le tombeau qu'Arthémise reine de Carie éleva au roi Mausole son époux, à Halycarnasse ; le temple de Diane à Ephèse ; la statue de Jupiter Olympien, par Phidias ; le colosse de Rhodes ; le phare d'Alexandrie.

MERVILLE, (Michel Guyot) (*Hist. Litt. mod.*) C'est l'auteur de plusieurs pièces de théâtre, qui prouvent un vrai talent. Telles sont *Achylle à Scyros*, faite à la vérité, d'après Métastase, mais qui en est une imitation très-heureuse & très-originale ; & le *Consentement forcé*, très-jolie comédie qui se joue toujours avec grand succès à la Comédie Françoise. Ses œuvres de théâtre ont été imprimées en trois volumes *in*-12. Il a fait d'ailleurs des Journaux. Sa vie a été moins uniforme que celle de la plûpart des gens de lettres. Né à Versailles, fils d'un président du Grenier à sel, il se fit libraire à la Haye. Il voyagea beaucoup & à diverses reprises. Il quitta son commerce, & vint à Paris travailler pour le théâtre. Sa fortune se dérangea ; il étoit marié, il avoit une fille. La misère, partagée avec une femme & un enfant, lui parut insupportable ; il laissa sur sa table un bilan, qui prouvoit que ses effets étoient suffisants pour payer ses dettes, mais il ne voulut pas continuer de vivre à la charge d'en faire de nouvelles, qu'il ne pourroit pas acquitter ; il chargea un magistrat de ses amis, de l'exécution de ses dernières volontés, & se noya dans le lac de Genève en 1765. Il étoit né en 1696, & s'étoit retiré en Suisse en 1751. Tout ce qu'on sait de son caractère n'inspire que de l'estime & des regrets.

MERULA, (L. Cornelius) (*Hist. Rom.*) l'an de Rome 665, au milieu de discordes fatales de Marius & de Sylla, L. Cornelius Cinna, complice de Marius, étant consul, le Sénat lui fit son procès, & le déclara déchu du consulat ; Cinna méritoit cet affront ; mais l'exemple étoit d'une dangereuse conséquence. *Hæc injuria*, dit Velleius Paterculus, *homine quàm exemplo dignior fuit.* On mit à la place de Cinna, L. Cornelius *Merula*, prêtre de Jupiter, homme vertueux. Le parti de Marius & de Cinna ayant triomphé, & le sénat se voyant réduit à la nécessité de rendre le consulat à ce dernier, mais ne pouvant se résoudre à déposer un homme tel que *Merula*, celui-ci le tira d'embarras, en déclarant qu'il ne souffriroit jamais que ses intérêts fussent un obstacle à la paix. C'est pour travailler au salut de la patrie, dit-il, que j'ai reçu les faisceaux ; puisque le salut de la patrie demande que je les dépose, je donne avec joie à mes concitoyens, cette preuve d'amour & de zèle. Il monta ensuite à la tribune aux harangues, & fit devant le peuple une abdication solemnelle ; cette générosité de *Merula* n'empêcha pas que Marius & Cinna, introduits dans la ville, ne le missent au nombre des proscrits. Ce fut au pied de l'autel de Jupiter que *Merula* s'ouvrit les veines, son sang rejaillit jusques sur la statue du Dieu, & parut implorer la vengeance céleste contre les cruels ennemis qui le forçoient à mourir.

MERULA, (*Hist. Litt. mod.*) On connoît deux savants de ce nom :

1°. Georges, italien, natif d'Alexandrie de la Paille ; mort à Milan en 1494, auteur d'une histoire des Viscomtis de Milan, de commentaires sur divers auteurs anciens, & de quelques autres ouvrages. Erasme & d'autres savants l'ont loué ; il avoit été disciple de Philelphe.

2°. Paul, hollandois, successeur de Juste-Lipse dans la chaire d'histoire de l'Université de Leyde, auteur d'une Cosmographie, d'un traité de Droit, de Commentaires sur les Fragmens d'Ennius ; éditeur d'une Vie d'Erasme. Mort à Rostock en 1607.

MERY, (Jean) (*Hist. Litt. mod.*) chirurgien célèbre & de l'Académie des Sciences. Il étoit né à Vatan en Berry, le 6 janvier 1645, d'un autre Jean *Mery*, aussi chirurgien. Il vint à Paris à dix-huit ans, s'instruire à l'Hôtel-Dieu. Depuis ce temps, l'anatomie l'occupa tout entier. Il fut chirurgien de la reine Marie-Thérèse ; en 1683, M. de Louvois le nomma chirurgien-major des Invalides ; en 1684, le roi de Portugal ayant demandé à Louis XIV, un chirurgien habile, pour secourir la reine sa femme, M. de Louvois fit partir en poste M. *Méry* ; mais la reine étoit morte avant son arrivée ; M. *Méry*, à son retour, entra

entra dans l'Académie des Sciences. M. Fagon le plaça auprès de M. le duc de Bourgogne, encore enfant; mais il revint aussi-tôt qu'il le put, dit M. de Fontenelle, respirer son véritable air natal, celui des Invalides & de l'Académie.

En 1692, il fit, par ordre de la cour, un voyage en Angleterre, dont on a toujours ignoré l'objet, même dans sa famille. Il est presque étonnant, dit à ce sujet M. de Fontenelle, que M. *Méry* ait été connu; il n'a rien mis du sien dans sa réputation, que son mérite, & communément il s'en faut beaucoup que ce ne soit assez.

En 1710, M. le premier président de Harlay le nomma premier chirurgien de l'Hôtel-Dieu. Avec la connoissance la plus parfaite de la structure des animaux, il disoit, en songeant à l'ignorance où l'on est de l'action & du jeu des liqueurs: *nous autres anatomistes, nous sommes comme les crocheteurs de Paris, qui en connoissent toutes les rues jusqu'aux plus petites & aux plus écartées; mais qui ne savent pas ce qui se passe dans les maisons.*

C'est dans les Mémoires de l'Académie qu'on trouve ce qu'il a écrit sur divers sujets d'anatomie; hors des Mémoires, il n'a publié qu'un seul traité sur la circulation du sang dans le fœtus, où il défend seul contre tous, une opinion qui lui étoit particulière.

Son ton étoit celui d'un homme de cabinet, à qui les ménagements de la société sont peu connus: « il » ne donnoit point à entendre qu'un fait étoit faux, » qu'un sentiment étoit absurde, il le disoit. » Ceux de ses confrères de l'Académie qui pouvoient se plaindre de quelques-unes de ces sincérités, ne l'abandonnèrent pas cependant lorsque ses infirmités le réduisirent à se renfermer absolument chez lui. Il fut touché de ces sentiments, qu'il méritoit plus, dit M. de Fontenelle, qu'il ne se les étoit attirés. Il mourut le 3 novembre 1722.

MESCIES, s. f. pl. (*Hist. anc.*) fêtes célébrées dans Athènes à l'honneur de Thésée, & en mémoire de ce qu'il les avoit fait demeurer dans une ville où il les avoit rassemblés tous, des douze petits lieux où ils étoient auparavant dispersés. (*A. R.*)

MESENGUY, (François-Philippe) (*Hist. Litt. mod.*) Il eut les amis & les ennemis que le jansénisme étoit en possession de donner; Messieurs Rollin & Coffin furent du nombre des premiers; M. Coffin le choisit même pour son coadjuteur dans la place de principal du Collège de Beauvais à Paris. M. *Mésenguy* avoit enseigné au Collège de la ville de Beauvais sa patrie. Il quitta en 1728 le Collège de Beauvais à Paris, ayant été rendu suspect & désagréable à la cour par son opposition à la constitution. Il avoit composé pour les pensionnaires de ce Collège, une exposition de la doctrine chrétienne. On a de lui plusieurs autres bons ouvrages, tels que l'*abrégé de l'histoire & de la morale de l'ancien Testament*, dont M. Rollin fait un grand éloge; & un autre ouvrage qui est le développement de ce premier, & qui a pour titre: *Abrégé de l'histoire de l'ancien Testament, avec des éclaircissements & des réflexions*; des *entretiens sur la Religion*, &c. Il eut part aux vies des Saints, de l'abbé Goujet. Il est aussi l'auteur de quelques écrits jansénistes, aujourd'hui oubliés. Né en 1677. Mort en 1763.

MESLIER, (Jean) (*Hist. Litt. mod.*) curé du village d'Etrepigny en Champagne, connu par l'écrit impie qu'il laissa en mourant, sous le titre de *Testament de Jean Meslier*. Mort en 1733.

MESMES, (de) *Voyez* MÊMES (de)

MESNAGER, (Nicolas) (*Voyez* MÉNAGER.)

MESNARDIERE, (la) (*Voyez* MÉNARDIÈRE.)

M[illegible]R, prêtre, mort en 1761, auteur d'un problême historique: *Qui des Jésuites, de Luther & de Calvin, a plus fait de mal à l'Eglise?*

MESNIL, (Jean-Baptiste du) (*Hist. de Fr.*) avocat du roi, c'est-à-dire, avocat général au parlement de Paris, mourut de douleur en 1569, des troubles civils dont il étoit témoin. On trouve quelques écrits de lui dans les Opuscules de Loisel.

Un autre Jean-Baptiste *du Mesnil*, dit *Rosimond*, comédien de la troupe du Marais, auteur de quelques mauvaises comédies, & d'une *Vie des Saints*, mourut en 1686, & fut enterré sans aucune cérémonie, dans le cimetière de Saint-Sulpice, à l'endroit où l'on met les enfants morts sans baptême.

MESSAGER, s. m. chez les anciens Romains étoit un officier de justice; ce terme ne signifioit originairement qu'un *messager* public ou un *serviteur* qui alloit avertir les sénateurs & les magistrats, des assemblées qui devoient se tenir, & où leur présence étoit nécessaire.

Et comme dans les premiers tems de l'empire romain la plûpart des magistrats vivoient à la campagne, & que ces *messagers* se trouvoient continuellement en route, on les appelloit *voyageurs*, de *viâ*, grand-chemin, *viatores*.

Avec le tems le nom de *viator* devint commun à tous les officiers des magistrats, comme ceux qu'on appelloit *lictores*, *accensi*, *scribæ*, *statores*, *præcones*, soit que tous ces emplois fussent réunis dans un seul, soit que le terme *viator* fût un nom général, & que les autres termes signifiassent des *officiers* qui s'acquittoient chacun en particulier de fonctions différentes, comme Aulu-Gelle semble l'insinuer, lorsqu'il dit que le membre de la compagnie des *viatores*, chargé de garotter un criminel condamné au fouet, s'appelloit *lictor*. *Voyez* ACCENSI, SCRIBÆ.

Quoi qu'il en soit, les noms de *lictor* & *viator* s'employoient indifféremment l'un pour l'autre, & nous lisons aussi fréquemment: *Envoyer chercher ou avertir quelqu'un par un lictor, que par un* viator.

Il n'y avoit que les consuls, les préteurs, les tribuns & les édiles qui fussent en droit d'avoir des *viatores*. Il n'étoit pas nécessaire qu'ils fussent citoyens romains, & cependant il falloit qu'ils fussent de condition libre.

Du tems de l'empereur Vespasien il y eut encore une

autre espèce de *messagers*. C'étoient des gens préposés pour aller & venir d'Ostie à Rome prendre les ordres du prince pour la flotte, & lui rapporter les avis des commandans. On les appelloit *messagers des galères*, & ils faisoient leurs courses à pied. (*A. R.*)

MESSALINE, (Valerie) (*Hist. Rom.*) son nom est devenu celui de l'impudicité même & de la prostitution, il est inséparable du souvenir de ce vers de Juvénal:

Et lassata viris, necdùm satiata recessit:

fille de Messala, dit Barbatus, elle fut la première femme de l'empereur Claude, la mère du malheureux Britannicus & de la vertueuse Octavie, épouse malheureuse de Néron. Son mariage solemnellement contracté avec le jeune & beau Silius, du vivant de l'empereur Claude son mari, & dont elle fit signer l'acte à l'empereur lui-même, est un des faits les plus incroyables qui aient été rapportés par un historien croyable. Que peut nous importer une pareille femme, après une pareille conduite, après avoir épuisé toutes les horreurs du vice & toutes les fureurs du crime? après avoir pris plaisir à livrer des femmes à la prostitution en présence de leurs maris, & avoir menacé de la mort celles qui résisteroient? Eh bien! le pinceau énergique de Tacite nous force encore de la plaindre. Ce n'est plus cette impératrice toute-puissante, terrible & criminelle, l'orage qu'elle a pris plaisir à conjurer a enfin éclaté contre elle; c'est une infortunée, sans appui, sans défense, que l'inflexible & audacieux Narcisse repousse loin du char de l'empereur, elle lui présente en vain ses enfans, en criant: *ne condamnez point, sans l'entendre, la mère de Britannicus & d'Octavie*! sa voix est étouffée par les cris barbares de Narcisse, qui commande à l'empereur le meurtre & la vengeance: cependant Claude s'attendrit, il veut entendre sa femme, il va lui pardonner, Narcisse la fait égorger au nom de Claude même; on la trouve dans les jardins de Lucullus, renversée par terre, abîmée dans le désespoir & dans la terreur, mourante sur le sein de sa mère, qui, long-temps éloignée d'elle par l'éclat de sa fortune, mais ramenée auprès d'elle par son malheur, la consoloit, l'encourageoit, pleuroit avec elle; le tribun présente le fer à *Messaline*, elle veut se percer, mais son ame affoiblie par le long usage des voluptés, est incapable de ce dernier trait de courage; elle pleure, elle hésite, le tribun aide sa main tremblante, elle expire dans les bras de sa mère.

Une autre *Messaline*, dont le prénom étoit Statilie, fut la troisième femme de Néron; elle lui survécut, & Othon étoit sur le point de l'épouser, lorsqu'il se donna la mort. Elle se consola dans l'étude des lettres & de la philosophie, d'avoir été la femme de Néron & de n'avoir pas été celle d'Othon.

MESSENIUS (*Hist. de Suède*). Jean & Arnold, père & fils, savans suédois, eurent une destinée malheureuse: le père accusé en 1615, d'être partisan secret de Sigismond, roi de Pologne, fut condamné à une prison perpétuelle. Il y éleva un monument à la gloire de cette même patrie qui le flétrissoit. Son ouvrage, en 14 volumes *in-folio*, porte pour titre: *Scandia illustrata*; l'auteur mourut en 1636.

Son fils, historiographe de Suède, fut décapité en 1648, avec un fils, âgé d'environ 17 ans, pour de prétendues satyres contre le roi ou ses ministres. Il est rare que des satyres méritent la mort, il est rare qu'un enfant de 17 ans ait mérité la mort par des satyres. Il y auroit beaucoup à dire à tout cela. On a d'Arnold *Messenius*, le Théatre de la Noblesse de Suède en latin.

MESSIER, (Robert) (*Hist. Litt. mod.*) franciscain, prédicateur du quinzième siècle, c'est tout dire; ses sermons, imprimés en 1424, servent de pendant à ceux de Menot.

MESSIS, MESSIUS *ou* MATHYS *ou* MATHYSIS, (Quintin) (*Hist. mod.*) dit *le maréchal d'Anvers*. C'est sur lui qu'on a fait ce vers:

Connubialis amor de Mulcibre fecit Apellem.

parce qu'ayant exercé vingt ans la profession de maréchal, l'amour le fit peintre comme il avoit fait Raimond Lulle, médecin; *Messis* devenu amoureux de la fille d'un peintre, qui ne vouloit la donner qu'à un peintre, se fit peintre, fit pour premier tableau, le portrait de sa maîtresse, & la conquit par ses talens. Il mourut à Anvers en 1529.

MESTREZAT, (Jean & Philippe) (*Hist. Litt. mod.*) oncle & neveu, tous deux ministres & controversistes dans le dix-septième siècle, le premier en France, le second à Genève. On a du premier des sermons; du second, des écrits polémiques.

MÉTATEURS, s. m. pl. (*Hist. anc.*) c'étoient quelques centurions commandés par un tribun; ils précédoient l'armée, & ils en marquoient le camp. On entendoit encore par ce *mot* des officiers subalternes qui partoient avant l'empereur; & qui alloient marquer son logis & celui de sa maison. (*A. R.*)

METEL. (*Voyez* BOIS-ROBERT.) Il y a eu dans le treizième siècle, un abbé prémontré, nommé Hugues *Metel*, dont les lettres publiées par dom Hugo, autre abbé prémontré, sont de quelque utilité pour l'histoire des XIe & XIIe siècles.

METELLUS, (*Hist. Rom.*) grande famille de Rome, qui a produit plusieurs hommes célèbres.

Q. Cæcilius *Métellus*, préteur l'an 604 de Rome, fit la guerre avec succès & avec gloire en Macédoine & en Achaïe. Quinze ou seize ans après la défaite & la mort de Persée, dernier roi de Macédoine, un aventurier, nommé Andriscus, se prétendant fils naturel de Persée, prit le nom de Philippe, & voulut se faire roi de Macédoine, il fut battu par *Métellus*, obligé de s'enfuir chez les Thraces, qui le livrèrent au préteur; il fut envoyé à Rome.

Un autre aventurier, qui se disoit aussi fils de Persée

& qui se faisoit nommer Alexandre, fut aussi battu par *Métellus*; la Macédoine fut alors réduite en province, & *Métellus* en eut le surnom de *Macedonicus*.

Deux ans après, il remporta sur les Achéens, une victoire considérable près de Scarphée, ville de la Locride; il battit aussi & passa au fil de l'épée mille Arcadiens dans la Béotie, près de Chéronée; il soumit Thèbes, il prit Mégare, il marcha vers Corinthe, & prépara les voies au consul Mummius, auquel il étoit réservé de soumettre cette dernière ville. *Métellus* fut honoré du triomphe, comme vainqueur de la Macédoine & de l'Achaïe. Andriscus étoit traîné devant son char, & ce qu'on appelloit *la troupe d'Alexandre-le-Grand*, décoroit ce triomphe. C'étoient les statues équestres de vingt-cinq amis ou braves d'Alexandre, tués à la bataille du Granique, & auxquels il avoit fait ériger ce monument par Lysippe; elles étoient placées à Dium, ville de Macédoine; *Métellus* les fit transporter à Rome.

Censeur l'an de Rome 622, il prononça devant le peuple un discours dont Aulu-Gelle nous a conservé deux morceaux, & dont l'objet étoit d'exhorter les citoyens à se marier.

Le tribun du peuple, Caïus Atinius, qu'il avoit exclu du sénat, voulant se venger, le fit saisir, & alloit, en vertu du droit de sa place, le faire précipiter du haut de la roche Tarpéienne, si *Métellus* en résistant, en se faisant traîner & violenter au point qu'il en eut la tête toute ensanglantée, n'eût donné le temps à ses fils de faire venir un autre tribun, qui le prit sous sa protection, & le sauva des fureurs d'Atinius. *Métellus* mourut prince du sénat. Son lit funèbre fut porté par ses quatre fils, dont l'un étoit consulaire & actuellement censeur, le second aussi consulaire, le troisième consul, le quatrième avoit été préteur, & fut élevé au consulat deux ans après. De trois gendres qu'il avoit aussi, deux furent aussi consuls. Environné d'une telle famille, chef du sénat, comblé d'ans & d'honneurs, Velleïus Paterculus le cite comme un modèle de félicité. Ce n'est pas là mourir, dit-il, c'est sortir heureusement de la vie: *hoc est nimirùm magis feliciter de vitâ migrare, quàm mori.* Il mourut l'an 637 de Rome. Dans l'espace de douze ans, on trouve plus de douze consulats, ou censures, ou triomphes des *Métellus*; & l'an 639 de Rome, deux *Métellus* frères, & tous deux fils de Macédonicus, triomphèrent en un même jour. Quintus Cæcilius *Métellus*, fils de Macédonicus, consul l'an de Rome 629, triompha l'an 631, des Baléares, & prit le surnom de *Balearicus*; Lucius Cæcilius *Métellus*, neveu de Macedonicus; consul en 633, triompha des Dalmates en 634, & prit le surnom de *Dalmaticus*. Un autre Quintus Cæcilius *Métellus* prit, l'an de Rome 645, le surnom de *Numidicus*. (*Voyez* l'article MARIUS.) Un autre *Métellus* eut aussi le surnom de *Creticus*. En général cette famille affecta de se distinguer par ces surnoms glorieux, qui attestent des victoires, & dont les Scipions avoient donné les premiers exemples. Un fils de *Metellus* Numidicus acquit le surnom de *Metellus Pius*, par la piété filiale qu'il fit éclater dans le temps de l'injuste exil de son père. (*Voyez* l'article MARIUS.) Il alla de maison en maison, revêtu d'habits de deuil, sollicitant la grace de son père, ou plutôt sollicitant pour lui la justice. Les larmes qu'il versa dans cette occasion, lui acquirent, dit Valere Maxime, un nom aussi glorieux qu'auroient pu faire des victoires: *Pertinaci ergà exulem patrem amore tàm clarum lacrymis quàm alii victoriis nomen assecutus.* Il fut dans la suite, un des lieutenants du parti de Sylla, il le servit en Afrique, en Italie; il fit long-temps la guerre en Espagne, tantôt seul, tantôt avec Pompée contre Sertorius; celui-ci ayant défié *Métellus* à un combat singulier, *Métellus* le refusa, comme Marius avoit refusé le défi du géant Teuton. (*Voyez* l'article MARIUS.) La bataille de Sucrone entre Sertorius & Pompée, étant restée indécise, Sertorius se préparoit à recommencer le combat le lendemain, lorsque *Métellus* Pius, que Pompée auroit dû attendre, & dont au contraire il avoit voulu prévenir l'arrivée, pour avoir seul l'honneur de la victoire, fit sa jonction & fortifia l'armée de Pompée; Sertorius alors se retira, en disant: *si cette vieille n'étoit survenue*, (c'étoit *Métellus* Pius qu'il désignoit ainsi) *j'aurois renvoyé ce petit garçon*, (Pompée) *à Rome, après l'avoir châtié comme il le mérite. Métellus* & Pompée donnoient l'exemple de la plus parfaite intelligence. Pompée déféroit toujours à *Métellus*, comme à son supérieur. *Metellus* traitoit toujours avec Pompée comme avec son égal; ces deux capitaines réunis battirent Sertorius dans une affaire générale. *Métellus*, malgré son âge avancé, combattit avec toute la vigueur d'un jeune soldat; il fut blessé, & ce fut ce qui détermina la victoire. Ses soldats voyant couler le sang de ce général chéri, s'animèrent tellement de douleur & de colère que rien ne put leur résister, & que Sertorius se vit arracher des mains la victoire. *Métellus* à cette occasion, eut la foiblesse de se laisser rendre les honneurs divins & de se laisser donner des fêtes dont la magnificence démentoit trop la simplicité romaine & le goût antique. La sévérité naturelle de Pompée, encore jeune, & la dignité de ses mœurs, condamnoient hautement le luxe fastueux de ce vieillard, qui en perdit une partie de sa réputation. Il se fit plus de tort encore en mettant à prix la tête de Sertorius, alors le plus intéressant des Romains. Sertorius se soutint contre *Métellus* & Pompée, deux des plus habiles généraux que Rome eût alors, il rendit leurs avantages inutiles; mais il périt par la trahison de Perperna, & *Métellus* & Pompée triomphèrent comme vainqueurs & pacificateurs de l'Espagne.

Métellus Népos, tribun du peuple l'an de Rome 689, & consul l'an 695, d'abord ennemi de Caton & de Cicéron, & défendant avec zèle la cause de Claudius, son cousin, empêcha par son autorité de tribun, que Cicéron, sortant du consulat, ne haranguât le peuple, & le força de se renfermer dans le serment ordinaire qu'il n'avoit rien fait contre les loix. Cicéron sans se déconcerter, eut la présence d'esprit de jurer que Rome & la république lui devoient leur salut; c'étoit en effet tout ce qu'il avoit à dire, & le public applaudit. Ce *Métellus* Népos étoit essensïellement un homme de bien & un bon citoyen ; son zèle pour Pompée & pour César, alors unis dans leurs desseins ambitieux, l'avoit égaré. Dans la suite il ouvrit les yeux, rendit justice à Cicéron, & servit constamment sa cause.

Quintus-Cæcilius *Métellus* Celer, consul l'an de Rome 692, frère ou cousin du précédent, défendit toujours avec zèle la liberté publique. Son consulat sert d'époque à la formation du premier triumvirat, & à l'origine de la guerre civile :

Motum ex Metello consule civicum, &c.

Pompée voulant faire passer une loi pour assigner des terres à ses soldats, *Métellus* s'y opposa constamment ; le tribun Flavius poussa le zèle pour Pompée jusqu'à faire emprisonner le consul. Le sénat voulut s'assembler auprès du consul dans la prison, Pompée se hâta de faire cesser ce scandale ; Flavius se désista, & la victoire resta définitivement à *Métellus*. Il mourut l'an de Rome 793.

Quintus-Cæcilius *Métellus* Pius-Scipion, consul l'an de Rome 700, avec Pompée son gendre, dont le crédit l'avoit dérobé aux suites fâcheuses d'une accusation de brigue, dans laquelle il alloit succomber, d'après une loi portée par Pompée lui-même. Cet homme voulut rétablir la censure dans tous ses droits ; mais ses mœurs s'élevoient contre lui. Pendant son consulat, il avoit été avec quelques tribuns, d'un repas que donnoit un huissier, & dans lequel ce misérable prostitua deux femmes d'une naissance illustre, & un jeune homme de condition, à ces misérables magistrats :

Voilà donc les soutiens de ma triste patrie !
Voilà vos successeurs, Horace, Décius ;
Et toi, vengeur des loix, toi, mon sang, toi Brutus,
Quels restes, justes dieux, de la grandeur romaine !

Ce *Métellus* Scipion fut cependant un des derniers soutiens de la république expirante ; après la défaite de Pompée à Pharsale, il fit la guerre en Afrique avec Juba, contre César ; mais il ne montra dans cette guerre ni talent ni conduite ; il s'y rendit odieux par des cruautés, & méprisable par des bassesses ; il n'eut de grandeur que dans sa mort, arrivée l'an 706 de Rome. Vaincu à la bataille de Thapsus, & prêt à tomber entre les mains de César, voyant son vaisseau enveloppé par une flotte ennemie, il se perça de son épée ; les vainqueurs entrent dans son vaisseau, & demandent à grands cris, *où est le général ? Le général*, dit-il, *est en sûreté*, & il expire. Cette fière & sublime Cornelie :

Veuve du jeune Crassé & veuve de Pompée,
Fille de Scipion.

méritoit un père dont toute la vie eût été plus digne de sa mort & plus digne de son nom.

Un Lucilius *Métellus*, tribun du peuple l'an de Rome 705, osa résister avec quelque courage, à César, lorsque celui-ci fit enfoncer les portes du trésor public, dont les consuls avoient emporté la clef.

Il sembloit être dans la destinée des *Métellus*, de mériter ce surnom de *Pius*, que plusieurs d'entr'eux avoient porté ; l'an 721 de Rome, Octave, vainqueur d'Antoine à la bataille d'Actium, étant dans son conseil à décider du sort des prisonniers du parti d'Antoine, on amène devant son tribunal, un vieillard accablé d'années & de misère, défiguré par une longue barbe, une chevelure en désordre, tout l'appareil de l'infortune & de la douleur. Un des juges du tribunal ayant levé les yeux sur ce vieillard, court à lui & l'embrasse en fondant en larmes. César, s'écrie-t-il, c'est mon père, c'est ton ennemi, mais moi, je t'ai toujours servi avec zèle ; tu peux le punir, mais tu dois me récompenser : eh bien ! que ma récompense soit de mourir avec lui, si tu as résolu sa mort. On ne put résister à ce mouvement inattendu, toute l'assemblée attendrie entraîna Octave, attendri lui-même ; il accorda au vieux *Métellus* la vie & la liberté.

METEZEAU, (Clément) (*Hist. de Fr.*) architecte ; c'est à lui qu'on doit la fameuse digue de La Rochelle, exécutée en 1628, & qui avoit 747 toises de longueur. Il fut secondé par Jean Tiriot, maçon, nommé depuis *le capitaine Tiriot*. On mit au bas du portrait de *Metezeau* ces deux vers, où on égale l'artiste qui avoit sçu arrêter la mer, au philosophe qui disoit qu'il souleveroit la terre :

Dicitur Archimedes terram potuisse movere,
Æquora qui potuit sistere non minor est.

Metezeau avoit un frère oratorien & prédicateur, auteur de quelques livres de théologie.

METHER, f. m. (*Hist. mod.*) c'est ainsi que l'on nomme en Perse un des grands-officiers de la cour du roi, dont la fonction l'oblige à être toujours auprès de sa personne, pour lui présenter des mouchoirs lorsqu'il en a besoin ; ce sublime emploi est rempli par un eunuque, qui a communément le plus grand crédit. (*A. R.*)

METHOCHITE ou METOCHITE, (*Hist. du Bas-Empire*) eut des emplois considérables sous Andronic II, dit *l'ancien*, par opposition avec Andronic III, son petit-fils, dit *le jeune*. *Méthochite*, qu'on appelloit une *Bibliothèque vivante*, tant il étonnoit par son grand savoir, est auteur d'une *Histoire Romaine* ; d'une *Histoire Sacrée* ; d'une *Histoire de Constantinople*. Il mourut en 1612.

METICHÉE, f. m. (*Hist. anc.*) tribunal d'Athènes ; il falloit avoir passé 30 ans, s'être fait considérer, & ne rien devoir à la caisse publique, pour être admis à l'administration de la justice. En entrant en charge, on juroit à Jupiter, à Apollon & à Cérès, de juger en tout suivant les loix ; & dans le cas où il n'y auroit point de loi, de juger selon la conscience. Le *Metichée* fut ainsi nommé de l'architecte *Metichius*. (*A. R.*)

METIREN, (Emmanuel) (*Hist. Litt. mod.*) auteur d'une *Histoire des Pays-Bas*, natif d'Angers, mort en 1612.

METIUS-SUFFETIUS, (*Hist. Rom.*) dictateur d'Albe, soumis aux Romains depuis le combat des Horaces & des Curiaces; il trahit Tullus Hostilius dans un combat contre les Véïens & les Fidenates. Tullus, vainqueur, malgré la défection de *Metius*, & maître de la personne du traître, le fit tirer à quatre chevaux:

Haud procul indè citæ Metium in diversa quadrigæ
Distulerant (at tu dictis, Albane, maneres),
Raptabatque viri mendacis viscera Tullus,
Per sylvam, & sparsi rorabant sanguine vepres.

Jacques *Metius*, natif d'Alcmaër en Hollande, inventa les lunettes d'approche, & en présenta une aux états généraux en 1609. Des écoliers en jouant sur la glace, & en mettant des morceaux de glace aux bouts de leurs écritoires, lui donnèrent l'idée de cette invention, ouvrage du hazard, comme presque toutes les autres. Jacques *Metius* avoit un frère, Adrien *Metius*, professeur de Mathématiques, & qui a écrit dans ce genre. Adrien mourut en 1635.

METOCIE, f. m. (*Hist. anc.*) tribut que les étrangers payoient pour la liberté de demeurer à Athènes. Il étoit de 10 ou 12 drachmes. On l'appelloit aussi *enorchion*; mais ce dernier mot est *l'habitatio* des Latins, désignant plutôt un loyer qu'un tribut. Le *metocie* entroit dans la caisse publique; l'énorchion étoit payé à un particulier propriétaire d'une maison. (*A. R.*)

METON ou METHON, (*Hist. anc.*) mathématicien d'Athènes, inventeur du cycle de 19 ans, appellé le *nombre d'or*. Il le publia l'an 432 avant J. C.

METRIE ou METTRIE, (Julien Offray de la) (*Hist. Litt. mod.*) Né à Saint-Malo en 1709, alla étudier en médecine, en Hollande, sous Boherhave. Il fut médecin du duc de Grammont & du régiment des Gardes-Françoises, dont le duc étoit colonel; il chercha dans la profession du matérialisme, une funeste renommée; il fit l'*Histoire naturelle de l'ame*; l'*Homme-machine*; l'*Homme-plante*, & d'autres ouvrages d'une philosophie téméraire, qui ont été publiés à Berlin en un volume *in-4°.*, & en deux volumes *in 12*. Son Machiavel en médecine, satyre contre tous ses confrères, lui en fit autant d'ennemis; il fut beaucoup lu & est devenu rare. Il avoit perdu son protecteur le duc de Grammont, tué à la bataille de Fontenoy; il fut réduit à s'expatrier; il se retira en Hollande, on y brûla son *Homme-machine*, & il ne s'y crut pas en sûreté, il se sauva & se fixa enfin à Berlin. Il fut lecteur du roi de Prusse, & membre de l'Académie de Berlin. Ami du paradoxe & toujours bizarre dans ses systêmes & dans sa conduite, il vouloit assujettir l'indigestion à la saignée, & ne croyant pas le législateur dispensé de sa loi, il eut une fièvre d'indigestion, il prit des bains, se fit saigner huit fois, & mourut. On a parlé diversement de ses derniers moments. Les uns ont dit qu'il avoit témoigné du repentir de tant d'erreurs & de folies; & que comme sa conduite n'avoit fait ni estimer son caractère ni excuser ses opinions, les philosophes matérialistes disoient qu'il les avoit deshonorés & pendant sa vie & à sa mort; d'autres disent & ont écrit qu'il étoit sorti du monde à-peu-près comme un acteur quitte le théâtre, sans autre regret que celui de perdre le plaisir d'y briller. On a de lui une traduction des Aphorismes de Boërhave son maître, mais avec des observations qui ne sont pas toujours aussi justes ni aussi sages que le texte. Un grand roi l'estimoit ou du moins l'aimoit, & a daigné l'honorer d'un éloge public, lu à l'Académie de Berlin. *La Mettrie* mourut en 1751.

MÉTROUM, f. m. (*Hist. anc.*) en général un temple consacré à Cibele; mais en particulier celui que les Athéniens élevèrent à l'occasion d'une peste, dont ils furent affligés pour avoir jetté dans une fosse un des prêtres de la mère des dieux. (*A. R.*)

METZ (Claude Barbier ou Berbier du), (*Hist. de France.*) lieutenant général d'artillerie & lieutenant général des armées du roi, naquit en 1638. La campagne de 1658 est la seule qu'il n'ait pas faite depuis son entrée dans le service jusqu'à sa mort, parce qu'un coup de canon qu'il avoit reçu en 1657 l'avoit mis cette année-là hors d'état de servir. Il étoit, comme nous avons vu dans ces derniers temps M. de Villepatour, d'une difformité honorable, effet de ses blessures. Les femmes veulent qu'on serve l'état, mais elles ne dispensent guères de plaire, & même aux yeux. Barbier du *Metz* ayant paru au dîner du roi, Madame la Dauphine ne put s'empêcher de dire: *Voilà un homme bien laid*, sans considérer la source de cette laideur. Louis XIV, l'homme du monde qui avoit le plus de talent pour réparer ces sortes d'étourderies, prit la parole, & dit d'une voix haute: *Et moi je le trouve bien beau; c'est un des plus braves hommes de mon royaume*. Un de ces mots-là remplit d'amour & de zèle un bon citoyen, & fait qu'il va gaîment se faire tuer à la première occasion. Barbier du *Metz* fut tué d'un coup de mousquet à la bataille de Fleurus en 1690. C'étoit, avant M. de Vauban, le plus habile ingénieur qu'eût eu la France. C'étoit d'ailleurs un homme de bien comme M. de Vauban. » *Vous perdez beaucoup*, dit Louis XIV au frère de Barbier du *Metz*; *je perds encore davantage par la difficulté de remplacer un pareil homme.*

MEVIUS ou MŒVIUS, (*Hist. anc.*) (*V.* BAVIUS.) Indépendamment du vers satyrique de Virgile, d'après lequel tous les commentateurs assurent que *Bavius* & *Mœvius* étoient de très-mauvais poëtes, comme si Virgile n'avoit pas pu se tromper ou être injuste, & comme si Boileau ne l'avoit pas été envers Quinault; nous avons une ode d'Horace contre Mœvius: c'est la dixième des épodes. Il ne reproche point à Mœvius d'être un mauvais poëte, mais de sentir mauvais, *Ferens olentem Mævium*; & pour ce seul tort, il lui souhaite un naufrage & la mort; il appelle tous les vents pour submerger son vaisseau ; il se plaît à se représenter ce malheureux au milieu de la tempête, pâle, tremblant, implorant vainement le secours de Jupiter, & lui demandant timidement la vie. Il prend plaisir encore à le voir étendu sur le rivage servant de pâture aux animaux : il l'insulte dans cet état, & promet un sacrifice aux tempêtes pour les remercier d'avoir exaucé ses vœux.

Opima quod si præda curvo littore
Porrecta, mergos juveris,
Libidinosus immolabitur caper,
Et agna tempestatibus.

Il y a de la poësie dans cette ode : les imprécations prêtent toujours à la poësie. Si ces imprécations ne sont ici qu'un badinage, il est de mauvais goût, si elles sont sérieuses, c'est une barbarie bien indécente. Il n'y a point de respect pour l'antiquité qui puisse faire excuser un pareil oubli de la morale et des bienséances. Voilà le modèle de toutes les grossièretés du quinzième et du seizième siècles ; on a dit : *Nous avons l'exemple d'Horace.*

MEVÉLEVITES, f. m, pl. (*Hist. mod.*) espèce de dervis ou de religieux turcs, ainsi nommés de Mevéleva leur fondateur. Ils affectent d'être patiens, humbles, modestes & charitables ; on en voit à Constantinople conduire dans les rues un cheval chargé d'outres ou de vases remplis d'eau pour la distribuer aux pauvres. Ils gardent un profond silence en présence de leurs supérieurs & des étrangers, & demeurent alors les yeux fixés en terre, la tête baissée & le corps courbé. La plûpart s'habillent d'un gros drap de laine brune ; leur bonnet, fait de gros poil de chameau, tirant sur le blanc, ressemble à un chapeau haut & large qui n'auroit point de bords. Ils ont toujours les jambes nues & la poitrine découverte, que quelques-uns se brûlent avec des fers chauds en signe d'austérité. Ils se ceignent avec une ceinture de cuir, & jeûnent tous les jeudis de l'année. Guer *mœurs des Turcs*, *tome I*,

Au reste, ces *mevélevites*, dans les accès de leur dévotion, dansent en tournoyant au son de la flute, sont grands charlatans, & pour la plûpart très-débauchés. (*A. R.*)

MEUN. (Jean de) (*Voyez* CLOPINEL.)

MEURSIUS, (Jean) (*Hist. Litt. mod.*) savant hollandois, professeur d'histoire, d'abord à Leyde, ensuite dans l'Université de Sora en Dannemarck. Ses traités sur l'état de l'ancienne Grèce ; *de populis Atticæ*; *Atticarum lectionum libri 4*; *Archontes Athenienses*; *Fortuna Attica*; *de Athenarum origine*; *de festis Græcorum*, insérés dans les recueils de Grœvius & de Gronovius, sont d'une érudition instructive. On a de lui encore une histoire latine du Dannemarck & une histoire de l'Université de Leyde sous ce titre : *Athenæ Batavæ*. Ses œuvres ont été recueillies en douze volumes in-folio. Né à Utrecht en 1579, il mourut en 1641.

On a de Jean MEURSIUS, son fils, né en 1613, à Leyde, mort en Dannemarck à la fleur de son âge, divers ouvrages, entr'autres un traité de la conservation des arbres. *Arboretum sacrum*, *sive de arborum conservatione.*

MEYNIER, (Jean) baron d'Oppède, (*Hist. de Fr.*) acquit une célébrité funeste dans la sanglante & barbare exécution de Cabrières & de Mérindol contre les Vaudois. Il étoit premier président du parlement d'Aix. Il fit rendre, par cette compagnie, un arrêt de proscription contre les Vaudois, & il se chargea de l'exécuter avec l'avocat général Guérin & d'autres commissaires ou animés de ce zèle fanatique qui, vingt-sept ans après, produisit la Saint-Barthélemy, ou intéressés à la ruine des Vaudois, dont on leur abandonnoit la dépouille ; on prétend que d'Oppéde étoit sur-tout animé contre Cabrières, parce qu'un de ses fermiers qui ne l'avoit pas payé, y avoit trouvé un asyle. Le baron de la Garde étoit avec ses troupes aux ordres de d'Oppède. On parcourut tout le Comtat & une partie de la Provence en faisant main-basse sur tout ce qui parut suspect. Tous les ennemis de d'Oppède & de Guérin étoient incontestablement Vaudois. Quatre mille personnes furent massacrées, & il en périt un bien plus grand nombre de faim & de misère dans les forêts, où ils se sauvèrent & où on leur coupa les vivres. On étrangla de plus une multitude de prisonniers dans une vaste prairie. On avoit réservé quelques femmes & quelques enfans qu'on prétendoit convertir : on les avoit enfermés pour cela dans une église : on changea d'avis, & on trouva plus court d'aller les y égorger ; car, disoit-on, l'arrêt l'ordonnoit expressément. D'autres femmes furent enfermées dans une grange, & d'Oppède y fit mettre le feu. Si ces malheureuses paroissoient à la fenêtre pour se jetter en bas, on les repoussoit à coups de fourche, ou on les recevoit sur les pointes des hallebardes. Le baron de la Garde, qui avoit fait la guerre avec le corsaire Barberousse & avec les Turcs, admiroit la froide rage de ces Chrétiens, ministres de paix ; il n'avoit jamais rien vu de semblable. Un de ses soldats ne put y tenir ; il monta sur la côte la plus élevée ; il fit du bruit, il roula au fond des vallées de grosses pierres pour avertir de l'approche de l'ennemi ceux des Vaudois qui pouvoient y être cachés ; il poussa l'imprudence de la compassion jusqu'à leur crier de toute sa force de se sauver au plutôt.

Il restoit environ mille prisonniers dont on ne savoit que faire, mais qu'il n'y avoit pas moyen d'épargner, puisque l'arrêt ne le permettoit pas. On en pendit environ trois cents pour varier cette scène d'horreurs, & on envoya les sept cens autres aux galères. Il y eut environ vingt-quatre villages ou bourgs réduits en cendres. François I, trompé par le zèle du cardinal de Tournon, qui le trompoit lui-même :

(*Fallit te incautum pietas tua, nec minùs ille*
Exultat demens.)

approuva, par des lettres-patentes du 18 août 1545,

la conduite du parlement d'Aix. Mais, sous Henri II, cette affaire fut soumise à l'examen du parlement de Paris, où elle tint cinquante audiences. Sans doute la cause de l'humanité y fut foiblement défendue. Le président d'Oppède plaida lui-même la sienne : il parla en fanatique comme il avoit agi ; il prit un texte ; ce fut ce verset du pseaume par où commence la messe : *Judica me, Deus, & discerne causam meam de gente non sanctâ.* Il prouva qu'il avoit fallu égorger tous les Vaudois, parce que Dieu avoit ordonné à Saül d'exterminer tous les Amalécites. Ses raisons furent apparemment jugées bonnes : il fut renvoyé absous, & continua d'exercer sa charge. Il mourut de la pierre en 1558. Les protestans disent que ce fut une vengeance divine ; les catholiques, que ce fut une vengeance humaine, & qu'un chirurgien protestant lui causa une mort douloureuse en le sondant avec une sonde empoisonnée.

Le baron de la Garde, pour la part qu'il avoit eue, peut-être malgré lui, à l'expédition de Cabrières & de Mérindol, garda la prison pendant quelques mois. L'avocat du roi Guérin paya pour tous : il fut pendu en 1554 ; mais il paroît que ce fut pour des faussetés & des concussions étrangères à l'affaire de Mérindol, car les plus grands attentats contre la nature sont quelquefois les moins punis.

MEZERAY (François-Eudes de) (*Hist. litt. mod.*), si connu par sa grande histoire de France, & sur-tout par son abregé chronologique, a passé long-temps pour un historien très-exact.

Et que son vers exact, ainsi que Mézeray,

dit Boileau. On sait aujourd'hui que Mézeray n'est pas assez exact, & qu'il n'a pas poussé assez loin ses recherches. Il eut long-temps aussi la réputation d'un écrivain hardi, parce qu'on n'avoit pas une idée juste de la liberté de l'histoire. Un vieux préjugé dont on ne se rendoit pas compte, mais qui perçoit dans toutes les idées & dans tous les discours, persuadoit qu'il n'étoit permis de parler de nos rois, même les plus anciens & les plus mauvais, qu'avec éloge. *La sagesse de nos rois* étoit une espèce de phrase proverbiale, applicable à tous ; mais si Charles cinq étoit sage, Charles VI étoit fou ; si Louis XII étoit le père du peuple, Louis XI en étoit le tyran : Si vous ne distinguez rien, si vous confondez tout dans des phrases de routine, vous trompez les rois & les peuples au préjudice de la société : en épargnant au vice la flétrissure qu'il mérite, vous privez la vertu des récompenses qui lui sont dues.

Qui ne hait point assez le vice
N'aime point assez la vertu.

On demandoit sérieusement à Mézeray, pourquoi il avoit peint Louis XI comme un tyran ? Sa réponse fut simple : *Pourquoi l'étoit-il ?* Le Duc de Bourgogne, père de Louis XV, demandoit à l'Abbé de Choisy comment il s'y prendroit pour faire entendre que Charles VI étoit fou. *Monseigneur, je dirai qu'il étoit fou.*

Mais un reproche qu'on peut faire à Mézeray, c'est que sa véracité a souvent l'air & le ton de l'humeur ; que c'est souvent son caractère qui juge au lieu de son esprit, & qu'il juge quelquefois l'état plus que la personne ; qu'il donne plus à des préventions générales qu'aux circonstances particulières des faits. Son style est bas & dur, mais d'une énergie quelquefois pittoresque, & il a un grand mérite, celui d'être à lui.

Mézeray étoit né en 1610 à Ry en Basse-Normandie. Son père étoit Chirurgien. Son frère cadet, Charles-Eudes, étoit Chirurgien-Accoucheur, assez habile dans sa profession : il étoit connu sous le nom de Douay. Jean-Eudes, leur frère aîné, fut le fondateur de la Congrégation des Prêtres nommés de son nom, *Eudistes*. Ce Jean-Eudes étoit l'objet des plaisanteries & des persécutions éternelles de Mézeray, qui avoit autant de malice & de causticité, que Jean Eudes avoit de dévotion & de simplicité. Mézeray entra d'abord dans le service, & le quitta bientôt pour se livrer au travail avec tant d'ardeur, qu'il en eut une maladie dangereuse. Le Cardinal de Richelieu, ayant appris son état & en ayant su la cause, lui envoya cinq cents écus dans une bourse aux armes de Richelieu. Le Cardinal lui fit aussi donner une pension considérable. Quand les besoins de l'état & les dépenses de la guerre amenoient des difficultés ou des délais dans le paiement, Mezeray se présentoit à l'audience du Cardinal, & lui demandoit la permission d'écrire l'histoire de Louis XIII, alors régnant. Le Cardinal entendoit ce que cela vouloit dire, & les ordres étoient donnés pour que Mézeray fût payé. Il fut fait Secrétaire perpétuel de l'Académie Françoise, à la mort de Conrart. Aux élections, sa méthode étoit de donner toujours une boule noire à l'Académicien élu, & auquel il avoit souvent donné sa voix. *C'étoit*, disoit-il, *pour maintenir la liberté de l'Académie dans les élections.* La vérité est que c'étoit une des nombreuses bizarreries de Mézeray, qui en avoit de toutes les espèces & qui en avoit même beaucoup d'insignifiantes & d'insipides, comme celle de ne se servir jamais de la clarté du jour, de travailler à la chandelle en plein midi, & s'il lui survenoit des visites, de reconduire tout le monde jusqu'à la porte le flambeau à la main au plus grand jour.

Ses mœurs étoient ignobles & crapuleuses, & il en parloit d'un ton assorti à la chose, lorsqu'il disoit qu'il étoit redevable de la goutte *à la fillette & à la feuillette.* Quand il se mettoit au travail, il avoit toujours une bouteille sur son bureau.

Quelques traits de sincérité ou d'humeur contre les traitants, traits auxquels on n'étoit pas accoutumé alors, lui firent retrancher sous le ministère de Colbert, d'abord une partie de sa pension, ensuite sa pension toute entière. Il mit à part dans une cassette les derniers appointemens qu'il avoit reçus en qualité d'historiographe ; & il y joignit ce billet : *Voici le dernier argent que j'ai reçu du roi : il a cessé de me payer, & moi de parler de lui tant en bien qu'en mal.* Tout cela n'annonce pas une ame fort noble. Son aversion pour les traitans étant encore augmentée par le retranchement de sa pension, il disoit : » Je garde » deux écus d'or frappés au coin de Louis XII, » surnommé le Père du peuple : l'un pour louer une » place à la Grève la première fois qu'on pendra un » traitant; l'autre pour boire à la vue de son supplice ». A l'article Comptable, dans le Dictionnaire de l'Académie, il avoit proposé sérieusement cet exemple que son indécence fit rejetter : *tout comptable est pendable.* Avec de telles dispositions on n'est pas fort propre à écrire l'histoire. Mézeray étoit de bonne composition sur les erreurs répandues dans les siennes. Le savant père Petau lui disant qu'il y avoit trouvé mille erreurs. *Vous n'y avez pas bien regardé*, dit-il, *pour moi, j'y en ai trouvé dix mille.* Etoit-ce un aveu cependant, ou une dérision?

Mézeray mourut en 1683. Il avoit fait profession d'un grand pyrrhonisme en matière de religion. Dans sa dernière maladie, il rassembla ceux de ses amis qu'il avoit pu ou scandaliser ou séduire par ses discours irréligieux : *Souvenez-vous*, leur dit-il, *que* Mézeray *mourant est plus croyable que* Mézeray *en santé.*

Un de ses travers avoit été d'aller le plus souvent vêtu comme un mendiant. Un jour étant en voyage & vêtu ainsi, il fut arrêté par les archers des pauvres. *Messieurs*, leur dit-il, charmé de cette aventure, qui étoit fort de son goût : *j'aurois peine à vous suivre à pied, on raccommode quelque chose à ma voiture, aussitôt qu'elle m'aura joint, nous irons ensemble où il vous plaira.*

C'étoit dans le peuple qu'il aimoit à former des liaisons. Un cabaretier du village de la Chapelle, sur la route de Saint-Denis, nommé Lefaucheur, lui plut tellement par sa franchise & ses propos naïfs, qu'il prit l'habitude d'aller passer chez lui les journées entières, & qu'il le fit son légataire universel.

Outre ses histoires de France, son avant Clovis, son traité de l'origine des François, on a de lui une continuation de l'histoire des Turcs depuis 1612 jusqu'en 1649; une traduction françoise du traité latin de Jean de Sarisbery ou de Salisbery, intitulé : *Les vanités de la cour.* On lui attribue quelques satires contre le gouvernement, qui parurent sous le nom de Sandricourt; *l'histoire de la mère & du fils*, &c.

MEZIRIAC, (Claude-Gaspard Bachet de) (*Hist. Litt. mod.*) né à Bourg-en-Bresse, d'une famille noble, fut d'abord Jésuite, & dès l'âge de vingt ans il professoit la rhétorique à Milan. Ayant quitté la Société des Jésuites, il vint à Paris, & fut de l'académie françoise dès la naissance de cette compagnie. Il mourut en 1638, âgé d'environ 60 ans. On a de lui une vie d'Esope où il réfute le roman de Planudes, & soutient qu'Esope n'étoit ni bossu ni mal fait, article fort étranger au mérite de ses fables; il a traduit en vers françois du temps quelques héroïdes d'Ovide, auxquelles il a joint un commentaire dont on fait assez de cas, non pour le style, mais pour l'érudition mythologique. Il étoit mathématicien aussi bien qu'homme de lettres. On estime sa traduction latine de Diophante, & le commentaire qui l'accompagne : elle a été réimprimée en 1670 avec des observations du célèbre Fermat.

MEZRAIM, (*Hist. Sacr.*) fils de Cham & petit-fils de Noé. Il en est parlé au chapitre 10 de la Genèse.

MIA, (*Hist. mod.*) c'est le nom que les Japonois donnent aux temples dédiés aux anciens dieux du pays : ce mot signifie *demeure des ames.* Ces temples sont très-peu ornés; ils sont construits de bois de cèdre ou de sapin, ils n'ont que quinze ou seize pieds de hauteur; il règne communément une galerie tout-au-tour, à laquelle on monte par des degrés. Cette espèce de sanctuaire n'a point de portes; il ne tire du jour que par une ou deux fenêtres grillées, devant lesquelles se prosternent les Japonois qui viennent faire leurs dévotions. Le plafond est orné d'un grand nombre de bandes de papier blanc, symbole de la pureté du lieu. Au milieu du temple est un miroir, fait pour annoncer que la divinité connoît toutes les souillures de l'ame. Ces temples sont dédiés à des espèces de saints appellés *Cami*, qui font, dit-on, quelquefois des miracles; & alors on place dans le *mia* ses ossemens, ses habits, & ses autres reliques, pour les exposer à la vénération du peuple; à côté de tous les *mia*, des prêtres ont soin de placer un tronc pour recevoir les aumônes. Ceux qui vont offrir leurs prières au cami, frappent sur une lame de cuivre pour avertir le dieu de leur arrivée. A quelque distance du temple est un bassin de pierre rempli d'eau, afin que ceux qui vont faire leurs dévotions puissent s'y laver; on place ordinairement ces temples dans des solitudes agréables, dans des bois, ou sur le penchant des collines; on y est conduit par des avenues de cèdres ou de cyprès. Dans la seule ville de Méaco on compte près de quatre mille *mia*, desservis par environ quarante mille prêtres; les temples des dieux étrangers se nomment *tira.* (A. R.)

MIAGOGUE, s. m. (*Hist. anc.*) nom qu'on donnoit, par plaisanterie, aux pères qui faisant inscrire leurs fils le troisième jour des apaturies dans une tribu, sacrifioient une chèvre ou une brebis, avec une quantité de vin, au-dessous du poids ordonné. (*A. R.*)

MICATION, s. f. (*Hist. anc.*) jeu où l'un des joueurs lève les mains en ouvrant un certain nombre de doigts, & l'autre devine le nombre de doigts levés, pairs ou impairs. Les lutteurs en avoient fait un proverbe, pour signifier, agir sans les connoissances nécessaires à la chose qu'on se proposoit, ce qu'ils désignoient par *micare in tenebris.* (A. R.)

MICESLAS I, (*Hist. de Pologne.*) duc de Pologne. Jusqu'au règne de ce prince, la Pologne avoit été plongée dans les ténèbres de l'idolâtrie; ce fut lui qui le premier éleva la croix sur les débris des idoles;

idoles ; & cette révolution fut l'ouvrage de l'amour. Dambrowcka, fille de Boleslas, duc de Bohême, avoit allumé dans son cœur les feux les plus violens ; mais elle étoit chrétienne ; & elle avoit juré de ne jamais unir sa main à celle d'un prince idolâtre. *Miceslas* se fit baptiser pour lui plaire, il lança un édit par lequel il ordonnoit à tous ses sujets de mettre leurs idoles en pièces ; il leur marquoit le jour où cet ordre devoit être exécuté dans toute la Pologne : il le fut sans résistance l'an 965. L'évangile fut adopté dans toute sa rigueur ; on poussa même la morale chrétienne jusqu'à un stoïcisme qui excite autant de pitié que d'étonnement. Lorsqu'un polonois étoit convaincu d'avoir mangé de la viande pendant le carême, on lui arrachoit toutes les dents : par le châtiment dont on punissoit une faute si légère, on peut juger des supplices réservés aux grands crimes. *Miceslas* fit à sa maîtresse ou à sa religion un plus grand sacrifice, en chassant de sa cour plusieurs concubines, dont il avoit été plus idolâtre que de ses faux dieux. Tant de zèle pour l'évangile ne put cependant obtenir du pape qu'il érigeât le duché de Pologne en royaume : le christianisme ne lui sembloit pas assez affermi dans cette contrée ; il vouloit que les ducs, par une soumission plus aveugle aux volontés de la cour de Rome, méritassent le titre de rois. Cependant si la couronne doit être le prix des victoires, peu de princes en ont été plus dignes que *Miceslas* : il défit les Saxons près de Vidin, l'an 968, porta le ravage jusqu'au centre de la Bohême, & laissa par-tout des monumens de son courage ; il prêta à la religion chrétienne l'appui de ses armes contre les peuples du Nord. Ce fut sous son règne qu'on vit s'établir cette coutume bizarre, de tirer l'épée lorsque le prêtre lit l'évangile ; elle s'est longtems conservée en Pologne. *Miceslas* avoit commencé à régner vers 964, & mourut l'an 999 : l'histoire le peint comme un prince occupé sans cesse du bonheur de ses sujets, & de la splendeur de l'état. (*M. de Sacy.*)

Miceslas II, roi de Pologne : la nation avoit décoré du titre de roi, la tombe de Boleslas Crobri, son père. Le fils couronné à Gnesne en 1025, avec Richsa son épouse, prit le même titre ; mais il n'en avoit ni les vertus, ni les talens : endormi dans les bras de son épouse, invisible à son peuple, renfermé dans son palais, à peine fut-il informé que les Russes venoient venger les défaites qu'ils avoient essuyées sous le règne de son père, & qu'ils emmenoient les Polonois en esclavage pour cultiver leurs terres. Enfin la nation fit entendre ses murmures ; *Miceslas* étoit menacé de perdre la couronne, s'il ne se montroit à la tête de son armée ; il se montra, mais il ne fit rien de plus ; aussi indolent dans son camp que dans son palais, il observa l'ennemi & n'osa le combattre. Ulric, duc de Bohême, tributaire de la Pologne, en secoua le joug, il prit les armes pour obtenir une indépendance que *Miceslas* ne lui disputoit pas, & ravagea la Pologne pour conserver la Bohême. La Moravie suivit cet exemple, *Miceslas* partit une seconde fois à la tête de ses troupes, & n'osa hazarder ni siéges ni batailles : il voulut négocier, mais il étoit aussi mauvais politique que mauvais général. Les gouverneurs qu'il avoit établis dans les provinces, méprisèrent un maître indolent qui n'avoit pas plus de courage pour contenir ses sujets que pour vaincre ses ennemis : ils s'érigerent en souverains, & la Pologne devint un état anarchique, livré aux divisions les plus funestes : ce fut vers l'an 1036 qu'arriva cette révolution. Trois princes hongrois entreprirent de sauver ce royaume prêt à s'abimer dans ses fondemens ; ils arrachèrent *Miceslas* de son palais, l'entraînèrent en Poméranie, & le firent vaincre malgré lui-même. Son goût pour les plaisirs le ramena dans sa capitale, où il donna encore pendant quelque tems le spectacle de ses débauches, & mourut l'an 1034. (*M. de Sacy.*)

Miceslas III, surnommé *le vieux*, succéda, l'an 1173, à Boleslas IV, son frère, roi de Pologne : tant qu'il avoit été confondu dans la foule, on avoit estimé ses vertus, ou plutôt on n'avoit pas apperçu ses vices ; dès qu'il fut roi, toute la noirceur de son caractère se développa sans obstacles ; il accabla le peuple d'impôts, dépouilla les riches, vexa les pauvres, écarta les gens vertueux de toutes les grandes dignités ; & devenu tyran, ne se rendit accessible qu'à des tyrans comme lui. Le peuple gémissoit en silence ; la noblesse osoit à peine murmurer ; un prêtre changea la face de l'état. Gedéon, évêque de Cracovie, souleva la nation, & fit déposer *Miceslas* ; Casimir, après quelques refus politiques ou sincères, accepta sa couronne : *Miceslas* mendia des secours chez tous ses voisins, & ne trouva pas un ami. Quelques factieux dans la grande Pologne prirent les armes en sa faveur ; mais cet orage fut bientôt dissipé, & *Miceslas* s'enfuit à Ratibor, dans la haute-Silésie, l'an 1179 : il revint à la tête d'une armée, chassa Lezko qui avoit succédé à Casimir, & mourut l'an 1202. (*M. de Sacy.*)

MICHABOU, s. m. (*Hist. mod. culte*) c'est le nom que les Algonquins, & autres sauvages de l'Amérique septentrionale donnent à l'Etre suprême ou premier Esprit, que quelques-uns appellent le *grand-lièvre* : d'autres l'appellent *atahocan*. Rien n'est plus ridicule que les idées que ces sauvages ont de la divinité ; ils croient que le grand-liévre étant porté sur les eaux avec tous les quadrupedes qui formoient sa cour, forma la terre d'un grain de sable, tiré du fond de l'Océan, & les hommes des corps morts des animaux ; mais le grand-tigre, dieu des eaux, s'opposa aux desseins du grand-liévre, ou du moins refusa de s'y prêter. Voilà, suivant les sauvages, les deux principes qui se combattent perpétuellement.

Les Hurons désignent l'Etre suprême sous le nom d'*Areskoui*, que les Iroquois nomment *Agréskoué*. Ils le regardent comme le dieu de la guerre. Ils croient qu'il y eut d'abord six hommes dans le monde ; l'un d'eux monta au ciel pour y chercher une femme, avec qui il eut commerce ; le très-haut s'en étant apperçu, précipita la femme, nommée *Atahentsik* sur la terre, où elle eut deux fils, dont l'un tua l'autre. Suivant les Iroquois, la race humaine fut détruite par un déluge universel, & pour repeupler la terre, les animaux furent changés en hommes. Les sauvages admettent des génies subalternes bons & mauvais, à qui ils rendent un culte ; *Atahentsik* qu'ils confondent avec la lune, est à la tête des mauvais, & *Joukeska*, qui est le soleil, est le chef des bons. Ces génies s'appellent *Okkisik* dans la langue des Hurons, & *Manitons* chez les Algonquins. (*A. R.*)

MICHÉE. (*Hist. Sac.*) Il y a dans l'ancien testament deux prophêtes de ce nom : l'un, dit *Michée* l'ancien, fils de Jemla. Sa prophétie est rapportée au vingt-deuxième & dernier chapitre du troisième livre des rois. L'autre est le sixième des douze petits prophêtes. Sa prophétie contient sept chapitres.

MICHEL WIESNOWSKI, (*Hist. de Pologne.*) roi de Pologne. Après l'abdication de Jean Casimir, le prince de Condé, le duc de Neubourg, le prince Charles de Lorraine & le grand duc de Moscovie, au nom de son fils, briguèrent les suffrages de la diète, assemblée pour l'élection d'un roi, l'an 1669. Aucun de ces concurrens ne fut élu, & après des délibérations tumultueuses, l'assemblée jetta les yeux sur *Michel Koribut Wiesnowski*. Ce prince n'avoit point acheté les suffrages, il languissoit dans l'indigence, & c'étoit pour la défense de l'état qu'il s'étoit ruiné. Il étoit de la race des Jagellons, & avoit fait la guerre aux Cosaques ; ce peuple reprit les armes, les Turcs le secondèrent, Kaminiec fut emporté d'assaut, la Podolie fut conquise : c'en étoit fait de la Pologne, si elle n'eût trouvé dans son sein un Jean Sobieski (*Voyez* ce mot) qui vengea ses outrages, répara ses pertes, & terrassa les forces de l'empire Ottoman. *Michel Wiesnowski*, simple spectateur de ces expéditions, s'endormoit sur son trône. Il mourut l'an 1673, le 10 novembre, jour où Jean Sobieski écrasa les Turcs sous les murs de Choczim. (*M. DE SACY.*)

MICHEL I, (*Histoire du Bas-Empire.*) qui eut le surnom de *Rambage*, est plus connu sous celui de *Curopalate*. Il monta sur le trône de Constantinople après la mort de Nicéphore, dont il avoit épousé la fille ou la sœur. Il avoit toutes les vertus d'un homme privé, & n'avoit pas tous les talens qui font les grands princes. Occupé du bonheur de ses peuples, il ne put les protéger contre les invasions fréquentes des barbares qui désoloient les provinces. Pauvre, mais sans besoins, il adoucit le poids des impôts. Les sénateurs dépouillés de leurs biens sous le règne précédent, rentrèrent dans la jouissance de leurs biens & de leurs dignités. Les veuves & les orphelins retrouvèrent un époux & un père dans un maître compatissant. Tandis qu'il s'occupoit du bonheur de ses sujets, les Sarrasins enlevoient les plus belles provinces. *Michel*, sans talent pour la guerre, leur opposa ses lieutenans. Léon l'Arménien remporta sur eux plusieurs victoires. Les Bulgares, plus heureux que les Sarrasins, s'emparèrent de Mesembrie sur le Pont-Euxin. Cette conquête leur donnoit une libre entrée sur le territoire de Constantinople. Le peuple alarmé d'avoir de si dangereux voisins, reconnut qu'il lui falloit un empereur belliqueux pour le protéger. *Michel* plus propre à édifier sa cour par ses mœurs qu'à briller à la tête d'une armée, tomba dans le mépris. Léon l'Arménien fut proclamé empereur par l'armée dont il avoit le commandement. *Michel*, à la première nouvelle de cette élection, descendit sans regret du trône qu'il n'avoit occupé que pendant deux ans. Il se réfugia dans une église avec sa femme & ses enfans, il n'en sortit que pour prendre l'habit monastique, qui lui convenoit mieux que la pourpre. (*T.-N.*)

MICHEL II, surnommé *le Begue*, étoit né dans la Phrygie, de parens obscurs & indigens, qui ne lui laissèrent d'autres ressources que les armes. Ses talens militaires l'élevèrent au rang de Patricien ; Léon l'Arménien l'admit dans sa familiarité, & lui confia l'exécution des entreprises les plus difficiles. Sa faveur arma l'envie ; il fut accusé d'avoir conspiré contre son maître qui l'avoit comblé d'honneurs & de bienfaits. Ses juges le condamnèrent à être brûlé vif la veille de Noël. L'impératrice Théodosie remontra qu'une exécution aussi sanglante profaneroit la sainteté de cette fête. L'exécution du supplice fut différée. Les partisans de *Michel* moins religieux, ne se firent point un scrupule d'assassiner Léon le jour même de Noël. Il tirèrent *Michel* de prison, le proclamèrent empereur. Dès qu'il fut sur le trône, il se montra indigne de l'occuper : tyran des consciences, il voulut assujettir les Chrétiens à l'observation du sabbat & à plusieurs autres cérémonies judaïques. Quoiqu'il ne sût ni lire ni écrire, il eut la manie de s'ériger en théologien, & de prononcer sur tous les points de doctrine. Eupheme, qui avoit enlevé une religieuse, fut condamné à la mort ; il fut informé de son arrêt avant d'être arrêté. Il avoit alors le gouvernement de la Sicile, où il étoit aussi chéri que *Michel* y étoit détesté. Il déploya l'étendard de la révolte, & appella dans cette île les Sarrasins toujours prêts à soutenir la cause des rebelles. Eupheme ayant été sur le chemin de Syracuse dont il alloit prendre possession, les Barbares s'approprièrent la Sicile qu'ils avoient affranchie du joug de *Michel*. Leurs flottes dominatrices de la mer, s'emparent de la Crète, de la Pouille & de la Calabre. Tandis qu'ils élevoient leur puissance sur les débris de l'empire, *Michel*, tranquille dans son palais, se consoloit de ses pertes avec ses concubines. Son intempérance épuisa son tempérament robuste : une rétention d'urine termina sa vie, dans la neuvième année de son regne. Un ancien oracle avoit prédit le démembrement de l'empire lorsqu'un prince avare & begue occuperoit le trône. Les Grecs devenus Chrétiens, conservèrent pendant plusieurs années un reste d'attachement pour les superstitions du paganisme. (*T.-N.*)

MICHEL III, fils de Théophile, étoit encore ensant lorsqu'il fut élevé à l'empire. Théodora, sa mère, fut chargée de l'administration pendant sa minorité. Cette princesse zélée pour le culte des images, persécuta les Iconoclastes qui, pendant leur faveur, avoient persécuté les Catholiques. Dès que son fils fut en âge de régner, elle lui remit les rênes du gouvernement; mais il se lassa bientôt des embarras des affaires pour se livrer à ses penchans voluptueux. Les excès de la table occupèrent tous ses momens. Son intempérance, qui égaroit souvent sa raison, lui fit donner le surnom d'*Ivrogne*. Sa mère affligée de ses désordres, fit d'inutiles efforts pour le rappeller à ses devoirs. Fatigué de ses leçons, il l'obligea de se faire couper les cheveux & de s'enfermer dans un monastère, avec les princesses ses filles. Les Barbares le voyant abruti dans la débauche, désolèrent impunément les provinces de l'empire. *Michel*, qui, de guerrier intrépide & actif, étoit devenu un prince efféminé, n'aimoit plus qu'à signaler son adresse dans les jeux du cirque. Il assistoit à la course des chevaux, lorsqu'on vint lui annoncer que les Sarrasins s'avançoient vers Constantinople; c'est bien le tems, répondit-il, de me parler de guerre quand je suis occupé de mes plaisirs. Son oncle Bardas qui régnoit sous son nom, entretenoit ses goûts par l'art d'inventer chaque jour de nouveaux plaisirs. Ce lâche corrupteur, accusé d'aspirer à l'empire, fut condamné à la mort. *Michel*, incapable de gouverner, se donna pour collégue Basile, qui jusqu'alors n'avoit été connu que par son adresse à caresser les foiblesses de son maître. Dès que ce nouveau César fut revêtu de la pourpre, il adopta d'autres maximes & d'autres mœurs: il avoit été le complice des débauches de son maître, il devint son censeur aussi-tôt qu'il fut son collégue. *Michel*, indigné de ce qu'il osoit lui donner des leçons, résolut de l'empoisonner. Basile instruit qu'il méditoit sa perte, le fit assassiner en 867. Il avoit occupé le trône pendant treize ans: ce fut sous son régne que le schisme, qui sépare l'Eglise grecque d'avec la latine, prit naissance. (*A. R.*)

MICHEL IV fut surnommé *le Paphlagonien*, parce qu'il étoit né en Paphlagonie. Il ne dut son élévation qu'à ses crimes & à sa beauté; il avoit entretenu un commerce adultère avec l'impératrice Zoé, femme de Romain Argire, qu'il fit étouffer dans le bain. Zoé délivrée d'un mari qui la dédaignoit, revêtit son amant des ornemens impériaux. Le patriarche Alexis séduit par ses présens & par les offrandes dont elle enrichit son église, leur donna la bénédiction nuptiale. *Michel* n'avoit d'autre mérite qu'une taille avantageuse, & une figure gracieuse & intéressante; mais il étoit sujet à de fréquentes attaques d'épilepsie, qui du plus bel homme de son siècle en faisoient le plus dégoûtant; Zoé qui, sur la foi de ses promesses, s'étoit flatée de jouir de toute l'autorité, s'apperçut bientôt qu'elle s'étoit donné un maître. *Michel*, sans talent pour la guerre & sans capacité pour les affaires, confia le soin du gouvernement à l'eunuque Jean, son frère, qui, dans un corps inutile, renfermoit tous les ressorts de la politique. Les grands murmurèrent contre Zoé, qui leur avoit donné un maître sans mérite & sans naissance. Les murmurateurs, trop foibles pour oser être rebelles, furent punis, les uns par la prison & les autres par l'exil. Leurs biens furent confisqués pour les priver de la puissance de nuire. Les Barbares, pleins de mépris pour un prince qui ne savoit ni combattre, ni gouverner, portèrent la désolation dans toutes les provinces de l'empire. *Michel*, pour détruire l'idée qu'on avoit de son incapacité pour la guerre, se mit à la tête de ses armées, où, secondé de généraux plus habiles que lui, il eut quelques succès mêlés de revers; il porta ensuite la guerre dans l'Egypte dont il força le roi de lever le siege d'Edesse. Ce prince déchiré de remords d'avoir fait périr son roi, se persuada que son épilepsie étoit le châtiment de son crime. Il crut l'expier par ses aumônes & par les prières des moines & des prêtres qu'il enrichit de ses dons, pour acheter le ciel; ses remords le rendirent insensible aux attraits des grandeurs. Pour surcroît de malheur, il apprit que son médecin avoit été corrompu pour l'empoisonner. Alors il se dégoûta du pouvoir souverain qui l'exposoit à vivre au milieu de ses ennemis. Il prit l'habit monastique, & mourut après avoir créé césar un de ses neveux. (*T.-N.*)

MICHEL V fut surnommé *Calaphate*, parce que Etienne, son père, avoit été calfateur de navires. Son oncle, avant de mourir, l'avoit créé césar pour lui assurer l'empire. Zoé, par complaisance pour son mari, l'avoit adopté pour son fils. Son caractère souple & délié ploya sous les volontés de l'impératrice, qui fut charmée d'avoir un collégue qui se bornant à la simple décoration, lui abandonnoit toute l'autorité. Cette princesse, malgré sa politique clairvoyante, s'en laissa imposer par cet extérieur soumis. Dès qu'elle eut affermi le pouvoir de *Michel*, elle éprouva son ingratitude. Aussi ambitieux qu'elle, mais plus habile à voiler ses desseins, il lui supposa des crimes, & sur le prétexte spécieux qu'elle avoit voulu l'empoisonner, elle fut exilée & contrainte d'embrasser la vie monastique. Le patriarche de Constantinople, qui n'avoit d'autre crime que son attachement pour elle, fut chassé de son siége & condamné à l'exil avec toute sa famille. Le peuple indigné de cette ingratitude, se souleva. *Michel* publia un manifeste, où il exposoit les motifs de sa conduite. Cette apologie ne fut point écoutée: pendant que le préfet du prétoire en faisoit la lecture, il s'éleva plusieurs voix qui crièrent: « Nous ne voulons point » de *Michel* pour empereur; nous sommes disposés » à n'obéir qu'à Zoé, mère de la patrie: c'est à elle » seule que le trône appartient ». Théodora sœur de Zoé & compagne de son exil, fut proclamée impératrice avec elle, mais elle n'eut que le second rang. *Michel* marcha contre les rebelles, dont trois mille furent passés au fil de l'épée: ce carnage ne servit qu'à allumer la fureur du peuple, qui l'obligea de chercher un asyle dans le monastère de Stude. Les deux nouvelles souveraines rentrèrent dans

Constantinople aux acclamations d'un peuple nombreux. Zoé, naturellement éloquente, se rendit dans la place publique où elle harangua le peuple pour le remercier de ce qu'il avoit fait pour elle. Elle ajouta que ne voulant rien faire que de concert avec ses sujets, elle les laissoit les arbitres de la destinée de *Michel*. Aussi-tôt, on entend par-tout crier : qu'on lui creve les yeux, qu'on le pende, qu'il expire sur la croix. Les plus furieux vont l'arracher de son monastere, il est traîné dans la place publique, & après qu'on lui a crevé les yeux, il est condamné à l'exil. (*T.--N.*)

MICHEL VI, proclamé empereur de Constantinople en 1056, fut déposé l'année suivante. Sans talent pour gouverner, ce fut son incapacité qui prépara son élévation. Les ministres ambitieux de perpétuer leur pouvoir, le proposèrent à Théodora, en lui faisant croire que *Michel* étant né pour la guerre, seroit plus jaloux de paroître à la tête d'une armée que de se charger du fardeau d'une administration. A peine fut-il placé sur le trône, que Théodose, cousin-germain de Constantin Monomaque, forma une conjuration pour l'en faire descendre. Ses complots furent découverts, il fut arrêté & relégué à Pergame. *Michel*, gouverné par d'avares ministres, supprima les gratifications que les empereurs avoient coutume de faire aux troupes le jour de Pâque. Catacalon, Isaac Comnene & Brienne, qui étoient les principaux de l'empire, lui firent des remontrances amères sur ce retranchement, ils en reçurent une réponse qui choqua leur fierté. Ces trois généraux qui avoient une injure commune à venger, convoquent leurs amis dans la grande église. Les généraux offrent l'empire à Catacalon, qui refusant de l'accepter à cause de son grand âge, leur conseilla d'élire Isaac Comnène, à qui tous les conjurés donnèrent leur suffrage. Ils se retirèrent en Asie, où l'armée qu'ils avoient sous leurs ordres, proclama Isaac empereur dans la ville de Nicomédie. *Michel* instruit de cette révolte, leur envoya des députés qui proposèrent d'associer Isaac à l'empire. Cette offre fut acceptée par les rebelles qui, par cette feinte modération, voilèrent mieux leur véritable dessein. Isaac marche à Constantinople pour s'y faire reconnoître: les patrices & les sénateurs confirment son élection dans l'église de sainte Sophie; dès qu'il eut connu la disposition favorable des esprits, il fit dire à *Michel*, par l'organe du patriarche, qu'il n'étoit plus que son sujet, & qu'en cette qualité il devoit se dépouiller de la pourpre, & sortir du palais. *Michel* plus jaloux de son repos que des grandeurs, descendit du trône avec plus de joie qu'il n'y étoit monté. Il se retira dans sa maison pour y goûter les douceurs de la vie privée; il y mourut peu de tems après. Il fut surnommé *Stratiotique*, parce qu'élevé sous la tente, il n'eut de passion que pour les armes. Il s'étoit acquis, pendant sa jeunesse, la réputation d'un grand homme de guerre. Mais ce n'est point avec l'épée qu'on gouverne un empire. (*T.--N.*)

MICHEL VII, surnommé *Parapinace*, étoit de l'illustre maison des Ducas. Il fut le second de sa famille qui monta sur le trône de Constantinople pour succéder à Constantin son parent. Eudocie sa mère, en qualité de tutrice de ses trois fils désignés empereurs, gouverna sous leur nom pendant leur minorité. Son mari par son testament l'avoit désignée pour régner conjointement avec eux, à condition qu'elle ne contracteroit point un second mariage. Cette princesse trop ambitieuse pour partager le pouvoir, fut bientôt infidelle à son engagement. Ses fils furent exclus du gouvernement, & elle épousa Romain Diogene qu'elle fit proclamer empereur. Le peuple fut indigné d'avoir un pareil maître. Les trois princes intéressèrent tous les cœurs. La sédition avoit déja étendu ses ravages, lorsqu'elle fut arrêtée par les fils d'Eudocie, qui sacrifièrent leurs intérêts à la tranquillité publique. Mais quelque tems après ils adoptèrent un autre système. *Michel* profitant d'un revers essuyé par Romain Diogene, se fit reconnoître empereur, & condamna sa mère à l'exil. L'usurpateur, après avoir fait une guerre incertaine pendant un an, fut vaincu & fait prisonnier. On lui creva les yeux, & il fut confiné dans un monastère. *Michel* éloigna ses frères du gouvernement où ils avoient été appellés comme lui par le testament de leur père. Ce prince sans talens & sans courage, vit d'un œil indifférent les Turcs ravager les provinces d'Asie. Un Normand nommé *Oursel*, de la maison de Bailleul, qui a donné des rois à l'Écosse, & dont quelques rejettons subsistent encore en Normandie, se mit à la tête d'une troupe mercenaire d'Italiens, & fortifié de l'alliance des Turcs, il se rendit maître de la Bithinie & de la Lycaonie. Jean Ducas, oncle de *Michel*, entreprit de l'en chasser, mais il fut vaincu & fait prisonnier. Ce héros aventurier auroit étendu plus loin ses conquêtes, si les Turcs jaloux de ses prospérités ne l'eussent livré à ses ennemis. Il fut conduit chargé de chaînes à Constantinople. On lui déchira le corps à coups de nerfs de bœuf, & il fut ensuite jetté dans la plus affreuse prison. *Michel*, délivré d'un ennemi si redoutable, s'abandonna aux conseils de ses avares ministres, qui le firent détester par ses exactions. Un cri général s'éleva contre la dureté de son gouvernement. Il crut en imposer aux mécontens, en se donnant un collègue. Son choix tomba sur Nicephore de Brune, qui étoit véritablement digne de commander. Les ennemis de sa gloire le représentèrent comme un ambitieux qui, mécontent de n'occuper que le second rang, se rendroit bientôt criminel pour monter au premier. *Michel*, naturellement timide & soupçonneux, l'éloigna de la cour; sous prétexte qu'il étoit le seul capable de s'opposer aux incursions des Bulgares. Nicephore eut de si brillans succès, que tous les yeux de la nation se fixèrent sur lui. Importuné de sa propre gloire, il vit les dangers où elle l'exposoit. Il fut bientôt instruit qu'il n'y avoit plus de sûreté pour lui à la cour. Il aima mieux se rendre coupable que d'expirer victime de la calomnie. Il déploya l'étendard de la rébellion, & se fit proclamer empereur dans Constantinople. Le Normand Oursel fut tiré de sa prison, comme le seul capitaine qui pût arrêter les progrès de la rébellion, il attaqua & vainquit Nicephore; mais il ne put profiter de sa victoire par le refus que firent les soldats de poursuivre les vaincus. Nicephore profita de cette mutinerie pour réparer sa défaite. Il se rendit maître de Nicée, & il fut reconnu empereur par toutes les provinces de l'Orient. Ses partisans, dont le nombre dominoit dans la capitale, s'assemblèrent dans sainte Sophie, où le peuple fut convoqué. *Michel* qui étoit encore assez puissant pour dissiper & punir cette troupe séditieuse, aima mieux abdiquer en faveur de son frère qui refusa avec sagesse un présent aussi dangereux. Les conjurés l'enlevèrent du palais de Blaquerne, & le transférèrent avec son fils dans le monastère de Stude où il embrassa l'état monastique. Il en fut tiré dans la suite pour être évêque d'Ephese. Sa femme se fit religieuse. Ce prince, plus foible que vicieux, étoit enfant jusques dans ses amusemens. Il avoit plus de foi que de lumieres, plus de mœurs que de talens. Il eût pu se faire estimer dans la vie privée; mais incapable de gouverner, il ne fut qu'un prince vil & méprisable. Son regne qui ne fut que de six ans, ne servit qu'à faire connoître sa petitesse. (*T.--N.*)

MICHEL VIII, de la famille des Paléologues, monta sur le trône de Constantinople en 1259. L'empereur Théodose, séduit par l'extérieur de ses vertus, l'avoit chargé en mourant de la tutelle de son fils, Jean Lascaris. *Michel* reconnut mal cette confiance. Il fit mourir son pupille âgé de quinze ans, après lui avoir fait crever les yeux. Cette atrocité qui le rendoit indigne du trône, lui servit de dégré pour y monter. Ses talens politiques & guerriers adoucirent l'horreur qu'inspiroit son crime. Il reprit Constantinople, qui depuis cinquante-huit ans, étoit sous la domination des François. Il regarda le trône comme un héritage qu'il devoit transmettre à sa postérité; c'est ce qui le rendit plus jaloux d'en étendre les limites, & de lui rendre sa premiere splendeur. Il tourna d'abord ses armes contre Guillaume, prince d'Achaïe, qu'il dépouilla de ses états. Son alliance avec les Génois lui fournit les moyens de résister aux Vénitiens, dont la puissance étoit alors redoutable aux empereurs d'Orient. La paix qu'il fit avec eux lui procura un loisir dont il fit usage pour régler la police de l'empire. Ses premiers soins furent d'applanir les obstacles qui séparoient l'église Grecque d'avec la Latine. Il se rendit à Lyon où le concile étoit assemblé pour cette réunion. Il remit sa profession de foi au pape Grégoire à qui il prêta serment d'obéissance. Cette soumission le rendit odieux aux Grecs qui refusèrent de souscrire à son formulaire. Il se repentit trop tard de sa complaisance pour les Latins, & ce qu'il fit pour la réparer lui attira les anathêmes du pape Nicolas, sans lui rendre le cœur de ses sujets dont il fut si fort abhorré qu'ils lui refusèrent les honneurs de la sépulture. Ils ne purent jamais lui pardonner d'avoir voulu les soumettre aux Latins. Cette haine ne s'étendit point sur sa famille, qui, après lui, occupa le trône de Constantinople pendant 193 ans, jusqu'à la destruction de l'empire d'Orient par Mahomet II, en 1452. (*T--N*)

MICHEL, la *saint Michel*, la fête de saint *Michel*, qui arrive le 29 de Septembre. (*A. R.*)

MICHEL ANGE, *cachet de*, (*Pierres gravées*) fameuse cornaline du cabinet du roi de France, ainsi nommée, parce qu'on croit qu'elle servoit de cachet à *Michel-Ange*. Quoi qu'il en soit, cette cornaline est transparente, gravée en creux, & contient dans un espace de cinq à six lignes, treize ou quatorze figures humaines, sans compter celles des arbres, de quelques animaux, & un exergue où l'on voit seulement un pêcheur. Les antiquaires françois n'ont pas encore eu le plaisir de deviner le sujet de cette pierre gravée. M. Moreau de Mautour y découvre un sacrifice en l'honneur de Bacchus, & en mémoire de sa naissance; & M. Baudelot y reconnoît la fête que les Athéniens nommoient *Puanepties*. Quand vous aurez vu dans l'histoire de l'académie des Belles-Lettres, la figure de ce prétendu *cachet de Michel-Ange*, vous abandonnerez l'énigme, ou vous en chercherez quelque nouvelle explication, comme a fait M. Elie Rosmann, dans ses remarques sur ce cachet, imprimées à la Haye en 1752 *in*-8°. (*D. J.*)

MICHELI, (Pierre-Antoine) (*Hist. Litt. mod.*) né de parens pauvres, apprit le latin sans maître, & la botanique dans les champs. Le Grand-Duc de Toscane, dont il étoit sujet, lui fit fournir des livres & le fit son botaniste. On a de lui: *Nova plantarum genera*, ouvrage dont Boërhave faisoit grand cas; *Historia plantarum horti Farnesiani*, &c. Mort en 1737.

MICHOL, (*Hist. Sac.*) fille de Saül, femme de David. Son histoire mêlée avec celle de David, se trouve au premier livre des rois, chapitres 18 & 19, & liv. 2, chap. 6.

MICIPSA, roi des Numides, en Afrique, fils de Massinissa, oncle de Jugurtha, père d'Adherbal & d'Hiempsal que Jugurtha fit mourir. C'est lui qui, dans Salluste, fait en mourant à ses fils & à Jugurtha ce beau discours que tout le monde connoît: *Parvum ego te, Jugurtha*, &c. où se trouve cette belle maxime qu'on devroit prendre pour base de toute bonne politique: *Regnum vobis trado, si boni eritis, firmum, sin mali, imbecillum; nam concordiâ res parvæ crescunt, discordiâ maximæ dilabuntur*. Il finit par cette exhortation adressée à ses fils en les mettant en parallèle avec Jugurtha qu'il avoit adopté: *Enitimini ne ego meliores liberos sumpsisse videar quam genuisse*. Voyez *l'article* ADHERBAL.

MICO, (*Hist. mod.*) c'est le titre que les sauvages de la Géorgie, dans l'Amérique septentrionale, donnent aux chefs ou rois de chacune de leurs nations. En 1734 Tomokichi, *mico* des Yamacraws fut amené en Angleterre, où il fut très-bien reçu du roi à qui il présenta des plumes d'aigles, qui sont le présent le plus respectueux des ces sauvages. Parmi les curiosités que l'on fit voir à Londres à ce prince barbare, rien ne le frappa autant que les couvertures de laine, qui, selon lui, *imitoient assez bien les peaux des bêtes*; tout le reste n'avoit rien qui frappât son imagination au même point. (*A. R.*)

MIDDELBOURG, (Paul-Germain de) (*Hist. Litt. mod.*) ainsi nommé parce qu'il étoit de Middelbourg en Zélande, étoit évêque de Fossombrone. On a de lui un traité assez rare : *De rectâ Paschæ celebratione & de die Passionis J. C.* & un autre assez rare aussi & assez singulier, à en juger même par le titre : *De numero atomorum totius universi*. Mort en 1534 à 89 ans.

MIDDENDORP, (Jacques) (*Hist. Litt. mod.*) chanoine & recteur de l'université de Cologne, auteur d'un traité : *De Academiis orbis universi*, & d'autres ouvrages. Mort en 1611.

MIDLETON, (Richard) (*Hist. Litt. mod.*) *Ricardus de mediâ villâ*, cordelier, un des héros de la scholastique en Angleterre, & honoré d'un de ces titres pédantesques familiers à la scholastique. Le sien étoit celui de *docteur solide & abondant*, *de docteur très-fondé & autorisé*. On a de lui un de ces innombrables commentaires que tout le monde faisoit alors sur le maître des sentences. Mort en 1304.

MIDLETON est aussi le nom d'un poëte dramatique anglois, & celui de l'auteur de la vie de Cicéron.

MIDORGE. *Voyez* MYDORGE.

MIGNOT, (Etienne) (*Hist. Litt. mod.*) de l'académie des Inscriptions & Belles-Lettres, où il fut reçu à près de soixante-trois ans, & dont il a rempli le recueil de mémoires plus savans que précis. Il a d'ailleurs beaucoup écrit en théologien & en canoniste sur plusieurs livres de l'écriture sainte, & pour le développement & la défense des vérités de la religion. On a encore de lui une histoire des démêlés de Henri II, roi d'Angleterre, avec S. Thomas de Cantorbéry; un mémoire sur les libertés de l'Eglise Gallicane; un ouvrage intitulé : les droits de l'état & du prince sur les biens du clergé; un traité qui a pour titre : la réception du concile de Trente dans les états catholiques; un traité des prêts de commerce. L'abbé *Mignot* étoit docteur de Sorbonne, & jamais la Sorbonne n'en avoit eu de plus doux ni de plus tolérant. C'étoit un vieillard intéressant & respectable par ses mœurs. Il étoit né à Paris en 1698; il y mourut en 1771.

MIKADO, (*Hist. mod.*) c'est ainsi que l'on nomme au Japon l'empereur ecclésiastique, ou le chef de la religion de cet empire; il s'appelle aussi *dairo*, ou *dairi*. (*A. R.*)

MILES, f. m. (*Hist. mod.*) terme latin qui signifie à la lettre un *fantassin*; mais dans les loix & les coutumes d'Angleterre, il signifie aussi un chevalier, qu'on appelloit autrement *eques*. (*A. R.*)

MILIARISIUM, f. m. (*Hist. anc.*) monnoie d'argent de cours à Constantinople, on n'est pas d'accord sur sa valeur. Il y en a qui prétendent que six *miliarisium* valoient un *solidum*, & que le *solidum* étoit la sixieme partie de l'once d'or. (*A. R.*)

MILICH, (Jacques) (*Hist. Litt. mod.*) médecin allemand, né en 1501, mort en 1559 d'un excès de travail, auteur de traités : *de Arte medicâ & de considerandâ sympathiâ & antipathiâ in rerum naturâ*. On a de lui aussi des commentaires latins sur Pline le naturaliste, & des discours latins sur Hippocrate, Galien & Avicenne. Il étoit de Fribourg en Brisgaw & professoit la médecine à Vittemberg.

MILIEU (Antoine) (*Hist. Litt. mod.*) Jésuite & professeur dans son ordre, né à Lyon en 1573, avoit fait plus de vingt mille vers latins qu'il brûla dans une maladie dont il croyoit ne pas revenir : le premier livre d'un poëme intitulé : *Moyses viator*, échappa seul aux flammes. Le cardinal Alphonse de Richelieu, archevêque de Lyon, frère du ministre, engagea l'auteur à finir cet ouvrage, qui eut beaucoup de succès, & que personne ne connoît aujourd'hui. Antoine *Milieu* mourut à Rome en 1646.

MILL, (Jean) (*Hist. Litt. mod.*) théologien anglois, chapelain de Charles II, auteur d'une très-bonne édition du nouveau testament grec, dans laquelle il a recueilli toutes les variantes que les manuscrits ont pu lui fournir; elle a suffi pour lui faire un nom dans la littérature sacrée. Mort en 1707.

MILLETIERRE, (Théophile Brachet, sieur de la) (*Hist. Eccl.*) homme qui varia beaucoup sur la religion; mais qui, dans les différens partis qu'il embrassa, porta toujours le même esprit de contention & de guerre, & tous les excès d'un zèle effrené. On disoit de lui, pour exprimer son caractère, que *c'étoit un homme à se faire brûler tout vif dans un concile*. D'abord protestant furieux, il anima les Rochelois à la révolte par ses écrits. Il fut arrêté en 1628 à Toulouse, & retenu en prison pendant quatre ans. Devenu libre, il voulut réunir les Calvinistes avec les Catholiques. Ces projets de réunion réussissent rarement, & La *Milletière* n'étoit pas propre à les faire réussir. Il déplut aux Calvinistes sans plaire aux Catholiques. Le mécontentement des premiers, le détacha entièrement de leur parti. Il fit abjuration publique du calvinisme en 1645. Il ne cessa depuis d'écrire contre les Protestans avec le même zèle qu'il avoit d'abord signalé contre les Catholiques; & allant toujours beaucoup plus loin que les Catholiques les plus ardens. Il mourut en 1665, haï des Protestans & méprisé des Catholiques.

MILLIAIRE, f. m. (*Hist. anc.*) espace de mille pas géométriques, distance par laquelle les Romains marquoient la longueur des chemins, comme nous la marquons par lieues. On compte encore par milles en Italie. Il y avoit à Rome au milieu de la ville une colonne appellée *milliaire*, qui étoit comme le centre commun de toutes les voies ou grands chemins sur lesquels étoient plantés, de mille pas en mille pas, d'autres colonnes, ou pierres numerotées suivant la distance où elles étoient de la capitale ; de là ces expressions fréquentes dans les auteurs, *tertio ab urbe lapide*, *quarto ab urbe lapide*, pour exprimer une distance de trois ou quatre mille pas de Rome. A l'exemple de cette ville les autres principales de l'Empire firent poser dans leurs places publiques des colonnes *milliaires* destinées au même usage.

MILLIAIRES, *milliaria*, (*Hist. anc.*) grands vases ou reservoirs dans les thermes des Romains, ainsi nommés de la grande quantité d'eau qu'ils contenoient, & qui par des tuyaux se distribuoit, à l'aide d'un robinet, dans les différentes piscines, ou cuves où l'on prenoit le bain. (*A. R.*)

MILON le Crotoniate, (*Hist. Anc.*) ainsi nommé parce qu'il étoit de Crotone, athlète connu par sa force singulière. Il fut vainqueur, dans son enfance, aux jeux pythiens, & il le fut six fois depuis ; il le fut six fois aussi aux jeux olympiques, & la septième fois il ne put trouver de concurrens. Il serroit dans ses doigts une grenade sans l'écraser, & personne ne pouvoit la lui arracher. Il se tenoit si ferme sur un disque ou palet de forme plate & ronde, (qu'on avoit huilé pour le rendre plus glissant, (qu'il étoit impossible de l'ébranler. Il ceignoit sa tête d'une corde & retenoit son haleine, les veines s'enfloient & rompoient la corde. Le coude appuyé sur le côté, il présentoit la main droite ouverte, les doigts serrés l'un contre l'autre, & aucune force humaine ne pouvoit lui écarter le petit doigt des trois autres, le pouce restant élevé. Un jour qu'il assistoit aux leçons de Pythagore, dont il étoit un des disciples les plus assidus, la colonne qui soutenoit le plafond de la salle fut ébranlée par un accident, il la soutint seul, donna le temps aux auditeurs de se retirer, & se sauva lui-même après eux. Ce trait, joint à la foiblesse morale de ce fort *Milon*, qu'une courtisane gouvernoit, pourroit faire naître l'idée que l'histoire de *Milon* ne seroit que celle de Samson altérée & corrompue. La voracité de *Milon* égaloit sa vigueur. Il mangeoit, dit-on, vingt livres de pain & vingt livres de viande par jour, & buvoit quinze pintes de vin. Athénée rapporte que *Milon* parcourut un jour toute la longueur du stade portant sur ses épaules un taureau de quatre ans, qu'il assomma ensuite d'un coup de poing & qu'il mangea tout entier dans la journée. Ce fut cet Hercule de Crotone, qui, armé d'une massue comme Hercule, & couvert comme lui d'une peau de lion, détruisit à la tête de cent mille Crotoniates, trois cent mille Sibarites, dont la ville demeura déserte.

Milon, dans sa vieillesse, regardoit tristement ses bras, autrefois si robustes, alors affoiblis par l'âge : Ah ! disoit-il en pleurant, ils sont morts à présent, ces bras dont tant d'athlètes ont éprouvé la vigueur.

Il voulut cependant faire un essai, & cet essai lui coûta la vie : il trouva un vieux chêne entr'ouvert par quelques coins qu'on y avoit enfoncés à force ; il voulut achever de le fendre avec ses mains ; mais c'étoit une entreprise digne de sa jeunesse : les coins étant dégagés, ses mains se trouvèrent prises ; les deux parties de l'arbre se rejoignirent, il ne put se débarrasser & restant ainsi privé de ses mains captives, il fut dévoré par les loups. Il vivoit environ cinq siècles avant J. C.

MILON, (*Hist. Rom.*) (*Titus Annius*) briguoit le consulat. Il avoit pour irréconciliable ennemi, l'ennemi de tous les gens de bien, le factieux Clodius, tribun du peuple. (*Voyez son article*). Ils se rencontrèrent sur la voie Appienne, à peu de distance de Rome ; tous deux étoient bien accompagnés ; ils en vinrent aux mains : le choc fut violent : on ignore quel fut l'agresseur ; mais Clodius y périt avec un grand nombre des gens de sa suite. Sextus Clodius, parent du mort, fit porter son corps sur la tribune aux harangues, & les tribuns ses confrères demandèrent vengeance de sa mort. Ciceron, ennemi de Clodius, défendit *Milon*. Nous avons sa harangue ; c'est une des plus éloquentes de cet éloquent Orateur ; mais elle ne fut pas prononcée telle que nous l'avons. Le tribunal entouré de soldats, les murmures, les cris des partisans de Clodius troublèrent & intimidèrent l'orateur. Son discours produisit peu d'effet, il ne produisit pas du moins celui de persuader les juges de l'innocence de *Milon*. Celui-ci fut exilé à Marseille, où Ciceron lui envoya son discours tel qu'il l'avoit composé. *Milon* l'ayant lu, s'écria : *O ! Ciceron, si tu avois parlé ainsi, Milon ne seroit pas à Marseille !*

MILON est aussi le nom d'un Bénédictin, mort en 872, & qui avoit été instituteur d'un fils de Charles le Chauve. Il a écrit en vers une vie de S. Amand, qui se trouve dans Surius, & dans Bollandus. Une autre pièce de lui, qui a pour titre : *Le combat du printemps & de l'hiver*, est insérée dans l'ouvrage de Casimir Oudin sur les auteurs ecclésiastiques.

MILTIADE, (*Hist. Grecq.*) C'est à ce grand capitaine que commencent & la gloire de l'ancienne Grèce, & son ingratitude envers les grands hommes. Il étoit Athenien, fils de Cimon. Son oncle, nommé aussi Miltiade, avoit établi une colonie dans la Chersonèse de Thrace, dont il fut le prince, ou, comme on le disoit alors, le tyran. *Miltiade*, son neveu, qui est le sujet de cet article, fut aussi tyran de la Chersonèse. Il l'étoit dans le temps de l'expédition de Darius contre les Scythes. Il suivit ce monarque dans cette expédition ; mais dès-lors plus favorable à la liberté publique que jaloux de sa propre domination, *amicior omnium libertati quàm suae dominationi*, dit Cornélius Nepos, il proposa aux Grecs d'Ionie, qui servoient comme lui dans l'armée de Darius, de se rendre libres, & d'enfermer ce prince dans les déserts de la Scythie en coupant le pont qu'il avoit construit sur le Danube pour assurer sa retraite. C'étoit fait du grand roi si ce conseil avoit été suivi. Darius ayant envahi la Grèce, *Miltiade* gagna contre ses généraux cette célèbre bataille de Marathon que Platon regarde comme la source & la première cause de toutes ces importantes victoires qui assurèrent la gloire & la liberté des Grecs, & qui furent toujours comme celle-ci, le triomphe du petit nombre sur la multitude, & de la valeur sur la force. L'armée des Perses étoit de cent dix mille hommes, celle des Athéniens de dix mille en tout, & la victoire de ceux-ci fut complette. La récompense de *Miltiade* fut d'être représenté à la tête des chefs dans le tableau où étoit peinte cette glorieuse victoire de Marathon. Ce tableau étoit de Polygnote, & il fut mis à Athènes dans la galerie connue sous le nom de *Pécile*, c'est-à-dire *variée*, où étoient rassemblés les tableaux des plus grands maîtress. Après la bataille de Marathon, *Miltiade* fut chargé de soumettre les isles de la mer Egée, qui avoient pris le parti des Perses. Il en subjugua plusieurs, mais ayant échoué devant Paros, où il avoit été dangereusement blessé, il fut accusé de s'être laissé corrompre par l'argent des Perses, tant on étoit persuadé que le vainqueur de Marathon ne pouvoit essuyer d'échec qui ne fût volontaire. Mais il étoit encore plus impossible au libérateur de la Grèce de devenir un traître & de vouloir détruire son ouvrage. Cependant le peuple encore récemment délivré de la tyrannie des Pisistratides, craignit que celui qui avoit été tyran de la Chersonèse ne voulut l'être à Athènes; il craignit la gloire & le mérite même de *Miltiade*. Il aima mieux punir un innocent que d'avoir à redouter un coupable. *Maluit eum innoxium plecti quàm se diutiùs esse in timore*. *Miltiade* fut condamné à perdre la vie & à être jetté dans *le barathre*, lieu où l'on précipitoit les coupables convaincus des plus grands crimes. Sur l'opposition des magistrats, révoltés de ce jugement inique, on commua sa peine & on le condamna en une amende de cinquante talens. Etant hors d'état de la payer, il fut retenu en prison & il y mourut de la blessure qu'il avoit reçue devant Paros, & qui attestoit l'ingratitude des Grecs. Cimon son fils paya les cinquante talens pour pouvoir lui rendre les honneurs de la sépulture. (*Voyez l'article* CIMON.)

MILTON (Jean). (*Hist. d'Anglet.*) C'est le poëte épique de l'Angleterre. On a de lui deux poëmes en ce genre : *le Paradis perdu*, qui est sa gloire & celle de sa patrie, & *le Paradis reconquis*, qu'on juge en général moins digne de lui, & auquel cependant il donnoit, dit-on, la préférence. Le Paradis perdu a été traduit en prose françoise par M. Dupré de Saint-Maur, & par M. Racine le fils. La première traduction est noble, énergique, passionnée, animée de tout le feu de la poësie angloise. On sent que c'est un poëte qu'on lit, & un poëte anglois, & on ne sent jamais que c'est une traduction. Celle de M. Racine est, dit-on, plus littérale; mais, malheur aux traductions littérales, & celle de M. Racine n'a pas été heureuse. La traduction littérale d'un poëte ne sera jamais une traduction fidelle, qu'autant qu'elle rendra les mouvemens, les images, les formes du style; en un mot, ce qui constitue la poësie. M. de Beaulaton a fait une traduction en vers de ce même poëme, & Madame du Boccage une imitation aussi en vers. M. de Voltaire en a imité librement & noblement quelques morceaux : il a jugé *Milton* dans son essai sur la poësie épique, & dans ses stances sur les poëtes épiques. En comparant *Milton* avec ses rivaux de toutes les nations, il a dit :

Milton, plus sublime qu'eux tous,
A des beautés moins agréables :
Il semble écrire pour les foux,
Pour les Anges & pour les Diables.

C'est principalement Addisson (*Voyez cet article*) qui a fait connoître à sa nation tout le prix du *Paradis perdu*, & les foux pour lesquels ce poëme sembloit écrit eurent besoin d'être avertis par un sage. Le libraire Tompson consentit avec bien de la peine à donner trente pistoles à *Milton* de cet ouvrage, qui valut plus de cent mille écus aux héritiers du libraire. Au reste, dans ce poëme étincelant de beautés bizarres, on trouve aussi des beautés d'un genre très-agréable, telles que la description du paradis terrestre, & la peinture des amours d'Adam & d'Eve dans le jardin d'Eden. Sur l'idée générale de ce poëme, *voyez les articles* ANDREINI & MASENIUS. *Milton* eut le malheur comme Homère, de devenir aveugle; car suivant l'observation de Velléius Paterculus, il faut être aveugle pour croire qu'Homère ait été aveugle né. *Quem si quis cæcum genitum putat, omnibus sensibus orbus est.* En effet, comment un si grand peintre de la nature auroit-il pu ne l'avoir jamais vue ? *Milton* privé de ce magnifique spectacle déplora son malheur dans son poëme, ce qui lui fournit un exorde superbe d'un de ses chants. On dit que d'autres malheurs personnels & domestiques lui ont fourni encore d'autres beautés remarquables. Sa première femme l'ayant quitté, en alléguant qu'ils étoient de partis différens dans les guerres civiles, sa famille ayant toujours été royaliste & *Milton* étant hautement déclaré pour le parti républicain, celui-ci fit à ce sujet son traité du divorce, où il disoit que la seule contrariété d'humeurs étoit une cause suffisante de divorce; que c'est peu d'être libre en public, si on est esclave dans sa maison; qu'il faut veiller à la liberté particulière autant qu'à la liberté générale & que la première réforme devoit tomber sur les troubles domestiques; mais sa femme s'étant présentée inopinément devant lui chez un ami commun, & s'étant jettée dans ses bras en fondant en larmes, il n'eut pas la dureté de la repousser; il s'attendrit, pleura avec elle, & la reprit. Ce coup de théâtre qui l'avoit frappé, lui inspira le beau morceau de la réconciliation d'Adam & Eve après le péché.

Le Paradis reconquis a été traduit en françois par le P. de Mareuil, Jésuite. *Milton* fut en effet un des plus zélés défenseurs de la cause républicaine. Il écrivit pour justifier le supplice de Charles Ier. Saumaise prit la défense de ce monarque infortuné; mais il resta trop au-dessous d'une cause si intéressante. L'ouvrage de *Milton*, intitulé : *Défense du peuple Anglois*, scandalisa beaucoup les monarchies, & fut brûlé à Paris par la main du bourreau, tandis que l'auteur étoit récompensé à Londres par un présent de mille livres sterling. Il écrivit aussi contre le livre de Pierre Dumoulin le fils, qu'il attribuoit à Morus, (Alexandre) & qui a pour titre : *Clamor regii sanguinis adversùs parricidas anglos.* Il étoit

étoit Sécretaire de Cromwel: Il le fut aussi de Richard Cromwel & du parlement qui dura jusqu'au temps de la restauration. Après le rétablissement de Charles II on le laissa tranquille dans sa maison, dont il eut soin cependant de ne pas sortir que l'amnistie ne fût publiée. On lui offrit même de lui rendre sa place de Sécretaire auprès de Charles II, & sa femme le sollicitoit vivement d'accepter. *Vous autres femmes*, lui dit-il avec colère, *il n'y a rien que vous ne soyez prêtes à faire pour aller en carrosse. Quant à moi, je veux vivre libre & mourir en homme*; & il refusa. Il étoit aussi zélé pour la tolérance en matière de religion, que pour la liberté; mais il excluoit de cette tolérance la religion Catholique, qu'il regardoit comme essentiellement intolérante. Il a beaucoup écrit sur toutes ces matières. Il y a aussi de lui une histoire d'Angleterre. Toutes ses œuvres, tant poëtiques qu'historiques & polémiques, ont été recueillies en 1699 à Londres, en trois volumes in-folio. A la tête de cette édition, se trouve la vie de *Milton* par Roland. Il étoit né en 1608 d'une famille noble. Il mourut à Brunhill en 1674.

On avoit remarqué que notre roi Henri III, prince d'un caractère naturellement doux, devenoit presque furieux dans les temps de gelée. On a fait une remarque de physique à peu près semblable sur *Milton*: c'est que son génie étoit dans sa plus grande force, depuis l'équinoxe d'automne, jusqu'à l'équinoxe du printemps. Il avoit beaucoup voyagé, & les voyages, indépendamment des idées & des tableaux qu'ils lui fournissoient, renouvelloient & ranimoient son imagination par le seul mouvement. Il avoit autant de goût pour la musique que pour la poësie: sa voix étoit belle, & il chantoit bien. Il jouoit de divers instrumens.

Ses filles, qui étoient au nombre de trois, l'aidoient dans ses travaux, & c'étoit sans y rien connoître; il les avoit instruites à lire & à prononcer distinctement huit langues différentes sans les entendre; & pour raison de ne pas pousser plus loin leur instruction à cet égard, il alléguoit ce mauvais quolibet: *Qu'une langue suffit de reste à une femme.* Elles ne lui étoient pas moins utiles dans le malheureux état de cécité où il étoit réduit. Elles lui lisoient en hébreu Isaïe, en grec Homère, en latin Virgile & Ovide. Madame Clarke, une de ses filles, avoit retenu quantité de vers de ces différens poëtes, & les récitoit par cœur imperturbablement sans savoir ce qu'elle disoit. Addisson étant parvenu au ministère, voulut la connoître pour lui faire du bien; il lui fit dire de la venir voir & d'apporter les titres qui prouvoient qu'elle étoit fille de *Milton*. Elle ressembloit si fort à son père, qu'aussitôt qu'Addisson la vit il s'écria: *Ah! Madame, il n'est plus besoin de papiers; oui, vous êtes la fille de l'illustre* Milton; *voilà des traits qui l'attestent bien mieux que ne pourroient faire tous les titres du monde.*

MIMAR AGA, s. m. (*Hist. mod.*) officier de police chez les Turcs. C'est l'inspecteur des bâtimens publics, ou, ce que nous appellerions en France, *grand voyer*.

Son principal emploi consiste à avoir l'œil sur tous les bâtimens nouveaux qu'on élève à Constantinople & dans les fauxbourgs, & à empêcher qu'on ne les porte à une hauteur contraire aux réglemens; car la maison d'un chrétien n'y peut avoir plus de treize verges d'élévation, ni celle d'un turc plus de quinze; mais les malversations du *mimar aga* sur cet article, aussi bien que sur la construction des églises des chrétiens, sont d'autant plus fréquentes, qu'elles lui produisent un gros revenu. Il a aussi une espèce de jurisdiction sur les maçons du commun, appellés *calfas* ou *chalises*. Il a droit de les punir ou de les mettre à l'amende, si en bâtissant ils anticipent sur la rue, s'ils font un angle de travers, ou s'ils ne donnent pas assez de corps & de profondeur à leurs murailles, quand même le propriétaire ne s'en plaindroit pas. Cette place est à la disposition & nomination du grand-visir. Guer. *Mœurs des Turcs*, tom. II. (*A. R.*)

MIMNERME, (*Hist. Litt. mod.*) Poëte & Musicien Grec, qui vivoit du temps de Solon; il n'en reste que des fragmens dont un des plus considérables se trouve dans Stobée. Ses élégies amoureuses sont fort vantées dans toute l'antiquité. Properce a dit:

Plus in amore valet Mimnermi versus Homero.

Horace le cite comme le chantre & le panégyriste le plus célébre de l'amour & des jeux:

Si Mimnermus uti censet, sine amore jocisque
Nil est jucundum, vivas in amore jocisque.

Il paroît le préférer à Callimaque, lorsqu'il dit:

Discedo Alcœus puncto illius, ille meo quis?
Quis nisi Callimachus? Si plus adposcere visus,
Fit Mimnermus, & optivo cognomine crescit.

Quelques-uns croyent *Mimnerme* l'inventeur de l'élégie; mais il n'y a rien de constant sur ce point.

Quis tamen exiguos elegos emiserit auctor
Grammatici certant, & adhuc sub judice lis est.

MIMOS, s. m. (*Hist. mod.*) Lorsque le roi de Loango en Afrique est assis sur son trône, il est entouré d'un grand nombre de nains, remarquables par leur difformité, qui sont assez communs dans ses états. Ils n'ont que la moitié de la taille d'un homme ordinaire, leur tête est fort large, & ils ne sont vêtus que de peaux d'animaux. On les nomme *mimos* ou *bakke-bakke*; leur fonction ordinaire est d'aller tuer des éléphans qui sont fort communs dans leur pays; on dit qu'ils sont fort adroits dans cet exercice. Lorsqu'ils sont auprès de la personne du roi, on les entremêle avec des négres blancs pour faire un contraste, ce qui fait un spectacle très-bizarre, & dont la singularité est augmentée par les contorsions & la figure des nains. (*A. R.*)

MINARET, s. m. (*Hist. mod.*) tour ou clocher des mosquées chez les Mahométans. Ces tours ont 3 ou 4 toises de diamètre dans leur base ; elles sont à plusieurs étages avec des balcons en saillie, & couvertes de plomb avec une aiguille surmontée d'un croissant. Avant l'heure de la prière, les muezznis ou crieurs des mosquées montent dans ces *minarets*, & de dessus les balcons appellent le peuple à la prière en se tournant vers les quatre parties du monde, & finissant leur invitation par ces paroles : *Venez, peuples, à la place de tranquillité & d'intégrité ; venez à l'asyle du salut.* Ce signal qu'ils nomment *ezan*, se répète cinq fois le jour pour les prières qui demandent la présence du peuple dans les mosquées, & les vendredis on ajoute un sixieme ezan. Il y a plusieurs *minarets*, bâtis & ornés avec la derniere magnificence. Guer. *Mœurs des Turcs*, *tome I.* (*A.R.*)

MINERVIUM, s. m. (*Hist. anc.*) en général édifice consacré à Minerve ; mais en particulier ce petit temple consacré à *Minerva capitata*, dans la onzième région de la ville de Rome, au pied du mont Cœlius. (*A.R.*)

MINIANA, (*Hist. Litt. mod.*) continuateur de Mariana, mort en 1630 ; étoit Religieux de la rédemption en Espagne.

MINISTERE, s. m. (*Hist. mod.*) profession, charge ou emploi où l'on rend service à Dieu, au public, ou à quelque particulier.

On dit dans le premier sens, que le *ministère* des prélats est un *ministère* redoutable, & qu'ils en rendront à Dieu un compte rigoureux. Dans le second, qu'un avocat est obligé de prêter son *ministère* aux opprimés, pour les défendre. Et dans le troisieme, qu'un domestique s'acquitte fort bien de son *ministère*.

Ministère se dit aussi du gouvernement d'un état sous l'autorité souveraine. On dit en ce sens que le *ministère* du cardinal de Richelieu a été glorieux, & que les lettres n'ont pas moins fleuri en France sous le *ministère* de M. Colbert qu'elles avoient fait à Rome sous celui de Mécénas.

Ministère est aussi quelquefois un nom collectif, dont on se sert pour signifier les ministres d'état. Ainsi nous disons, le *ministère* qui étoit Wigh, devint Tory, dans les dernières années de la reine Anne, pour dire que les ministres attachés à la première de ces factions furent remplacés par d'autres du parti contraire.

MINISTRE, (*Hist. mod.*) celui qui sert Dieu, le public ou un particulier.

C'est en particulier le nom que les Prétendus Réformés donnent à ceux qui tiennent parmi eux la place de prêtres.

Les Catholiques même appellent aussi quelquefois les évêques ou les prêtres, les *ministres* de Dieu, les *ministres* de la parole ou de l'Evangile. On les appelle aussi *pasteurs*.

Ministres de l'autel, sont les ecclésiastiques qui servent le célébrant à la messe ; tels sont singulièrement le diacre & le sous-diacre, comme le porte leur nom ; car le mot grec Διάκονος signifie à la lettre, *ministre*.

MINISTRES DU ROI sont des personnes envoyées de sa part dans les cours étrangères pour quelques négociations : tels sont les ambassadeurs ordinaires & extraordinaires, les envoyés ordinaires & extraordinaires, les *ministres* plénipotentiaires ; ceux qui ont simplement le titre de *ministres du roi* dans quelque cour ou à quelque diète, les résidens & ceux qui sont chargés des affaires du roi auprès de quelque république ; quoique ces *ministres* ne soient pas tous de même ordre, on les comprend cependant tous sous la dénomination générale de *ministres du roi*.

Les cours étrangères ont aussi des *ministres* résidens près la personne du roi, de ce nombre est le nonce du pape ; les autres sont, comme les *ministres du roi*, des ambassadeurs ordinaires & extraordinaires, des envoyés ordinaires & extraordinaires, des *ministres* plénipotentiaires, des personnes chargées des affaires de quelque prince ou république ; il y a aussi un agent pour les villes anséatiques.

Le nombre des *ministres du roi* dans les cours étrangères, & celui des *ministres* des cours étrangères résidens près le roi, n'est pas fixe ; les princes envoient ou rappellent leurs ambassadeurs & autres *ministres*, selon les diverses conjonctures.

Les *ministres* des princes dans les cours étrangères signent, au nom de leur prince, les traités de paix & de guerre, d'alliance, de commerce, & d'autres négociations qui se font entre les cours.

Lorsqu'on fait venir quelque expédition d'un jugement ou autre acte public, passé en pays étranger, pour s'en servir dans un autre état, on la fait légaliser par le *ministre* que le prince de cet état a dans le pays étranger d'où l'acte est émané, afin que foi soit ajoutée aux signatures de ceux qui ont expédié ces actes ; le *ministre* signe cette légalisation, & la fait contresigner par son secrétaire, & sceller de son sceau (*A*).

MINORITÉ DES ROIS, (*Hist. mod.*) âge pendant lequel un monarque n'a pas encore l'administration de l'état. La *minorité des rois* de Suede, de Danemarck & des provinces de l'Empire, finit à 18 ans ; celle des rois de France se termine à 14 ans, par une ordonnance de Charles V. du mois d'Août 1374. Ce prince voulut que le recteur de l'université, le prévôt des marchands & les échevins de la ville de Paris, assistassent à l'enregistrement. Le chancelier de l'Hôpital expliqua depuis cette ordonnance, sous le règne de Charles IX ; & il fut alors décidé que l'esprit de la loi étoit que les rois fussent majeurs à 14 ans commencés, & non pas accomplis, suivant la régle que, dans les causes favorables, *annus inceptus pro perfecto hab. tur.* Il est bien difficile de peser le pour & le contre qui se trouve à abréger le tems de la *minorité des rois* ; ce qu'il y a de certain, c'est que si dans la *minorité* on porte aux pieds du trône les gémissemens du peuple, le prince laisse répondre pour lui, les auteurs même des maux dont on se plaint ; & ceux-ci ne manquent jamais d'ordonner la suppression de pareilles remontrances. Mais des ministres n'abuseront-ils pas également de l'esprit d'un prince qui commence sa 14e. année ? (*D. J.*)

MINUTIUS-FELIX, (*Hist. Anc.*) orateur Romain qui vivoit au commencement du troisième siècle, & dont nous avons un dialogue intitulé : *Octavius*, où un chrétien & un payen disputent ensemble. L'objet & le résultat de cet ouvrage est de jetter du ridicule sur les fables du paganisme. D'Ablancourt, parmi nous, a traduit ce Dialogue.

MIPHILOSETH, (*Hist. Sacr.*) il y en a deux : l'un fils de Saül & de Respha, dont il est parlé au second livre des Rois, *chapitre* 21, *vers.* 9.

L'autre, fils de Jonathas, dont on trouve l'histoire au second livre des Rois, *chapitres* 4, 9, 16 & 19.

MIQUELETS, s. m. pl. (*Hist. mod.*) espèce de fantassins ou de brigands qui habitent les Pyrénées. Ils sont armés de pistolets de ceinture, d'une carabine à rouet, & d'une dague au côté. Les *miquelets* sont fort à craindre pour les voyageurs.

Les Espagnols s'en servent comme d'une très-bonne milice pour la guerre de montagnes, parce qu'ils sont accoutumés dès l'enfance à grimper sur les rochers. Mais hors de là, ce sont de très-mauvaises troupes. (*A. R.*)

MIRABAUD, (Jean Baptiste de) (*Hist. Litt. mod.*) Provençal, secrétaire perpétuel de l'Académie Françoise, traducteur de la *Jerusalem délivrée*, du Tasse, & du *Roland Furieux* de l'Arioste. De meilleures traductions de ces deux ouvrages, faites depuis, n'ont cependant pas fait oublier celles de M. *Mirabaud*. Il eut pour successeurs, dans le secrétariat de l'Académie, M. Duclos & dans la place d'Académicien, M. de Buffon qui a fait de lui un fort bel éloge, où se trouve cette maxime générale très-importante & très-vraie : « *plus un homme est honnête & plus ses écrits » lui ressemblent*, » mais à l'application, on ne voit pas trop comment M. de *Mirabaud* pouvoit se peindre dans la traduction du Tasse & de l'Arioste ; c'étoit le Tasse & l'Arioste qu'il devoit peindre & qu'il n'a peut-être pas assez bien peints. M. de *Mirabaud* mourut le 24 juin 1760, âgé de quatre-vingt-six ans. On a fort mal-à-propos mis sous son nom, dix ans après sa mort, *le systême de la nature*, ouvrage qu'il ne faut attribuer à personne.

MIRAMION, (*Hist. mod.*) (Marie Bonneau dame de) née à Paris en 1629, mariée en 1645, à Jean Jacques de Beauharnois, seigneur de *Miramion*, femme pieuse & charitable, connue par plusieurs fondations utiles ou nécessaires, entr'autres, par celle de Sainte Pelagie, & sur-tout par celle des dames qui de ce nom s'appellent Miramionnes ; elle mourut en 1696. Le comte de Bussy-Rabutin avoit été violemment amoureux d'elle dans sa jeunesse, & l'avoit enlevée. L'Abbé de Choisy a écrit sa vie.

MIRANDE ou MIRANDOLE, (*Voyez* PIC de la)

MIRAUMONT, (Pierre de) (*Hist. Litt. mod.*) natif d'Amiens, Lieutenant de la prévôté de l'hôtel, auteur de Mémoires sur la prévôté de l'hôtel, d'un *traité des chancelleries*, & du livre intitulé ; *origine des cours souveraines*. Mort en 1611.

MIRE, (Aubert le) (*Hist. Litt. mod.*) né à Bruxelles en 1573, doyen de l'église d'Anvers, dont Jean le *Mire* son oncle étoit évêque, & premier aumônier & bibliothécaire de l'archiduc Albert d'Autriche, a beaucoup travaillé sur les origines monastiques, particulièrement sur celles des Bénédictins & des Chartreux ; on a recueilli en quatre volumes *in*-folio tous ses ouvrages sur l'histoire ecclésiastique. Il a travaillé aussi sur des sujets profanes. On a de lui un recueil de Chartres & de Diplomes concernant les Pays-Bas, sous le titre d'*Opera Historica & Diplomatica*, avec des notes, corrections & augmentations de Foppens, & des éloges des écrivains célèbres des Pays-Bas, éloges toujours trop forts, selon l'usage. Aubert le *Mire* a encore écrit la vie de Juste-Lipse, & on a de lui quelques ouvrages historiques utiles, tels que ceux-ci : *Rerum Belgicarum Chronicon ; De rebus Bohemicis*. Toutes les œuvres de le *Mire* sont en latin.

MIREPOIX, (*Voyez* LEVIS.)

MIRIWEYSS, (*Hist. mod. de Perse*) rebelle fameux par ses succès & par ses cruautés, fils d'un autre rebelle, qui avoit enlevé à l'Empereur de Perse la province de Candahar. *Miriweyss* prenoit en conséquence le titre de *prince de Candahar*. Ayant rassemblé une armée d'environ douze mille hommes, il remporta, le 8 mars 1722, une grande victoire & s'empara d'Ispahan. Il abusa de la victoire & de la vengeance, il viola tous les traités de commerce que la Perse entretenoit avec les différentes puissances de l'europe, il se rendit odieux, mais redoutable : les ennemis de la Perse se joignirent à lui. En 1724, le Mogol & le Turc lui fournirent des secours ; mais en 1725 les choses changèrent, ses vastes desseins alarmèrent ses voisins, & la Turquie, loin de le seconder, se tourna contre lui ; il sut résister même avec avantage à la Turquie, mais c'étoit de ses propres vices qu'il avoit le plus à craindre ; il avoit enlevé une femme à son mari légitime ; le fils de cette femme, pour venger ou son père ou sa mère, ou tous les deux ensemble, tua le tyran au mois d'octobre 1725.

MIRMILLON, s. m. (*Hist. anc.*) espèce de gladiateurs qui étoient armés d'un bouclier & d'une faulx. On les distinguoit encore à la figure de poisson qu'ils portoient à leurs casques. (*A. R.*)

MIROIR DES ANCIENS, (*Hist. des Invent.*) voici sur ce sujet des recherches qu'on a insérées dans l'histoire de l'Académie des Inscriptions, & qui méritent de trouver ici leur place.

La nature a fourni aux hommes les premiers *miroirs*. Le crystal des eaux servit leur amour propre, & c'est sur cette idée qu'ils ont cherché les moyens de multiplier leur image.

Les premiers *miroirs* artificiels furent de métal. Cicéron en attribue l'invention au premier Esculape. Une preuve plus incontestable de leur antiquité, si notre traduction est bonne, seroit l'endroit de l'exode, *chap. xxxviij. v.* 8. où il est dit qu'on fondit les *miroirs* des femmes qui servoient à l'entrée du tabernacle, & qu'on en fit un bassin d'airain avec sa base.

Outre l'airain, on employa l'étain & le fer bruni; on en fit depuis qui étoient mêlés d'airain & d'étain. Ceux qui se faisoient à Brindes passèrent long-tems pour les meilleurs de cette dernière espèce; mais on donna ensuite la préférence à ceux qui étoient faits d'argent; & ce fut Praxitèle, différent du célèbre sculpteur de ce nom, qui les inventa. Il étoit contemporain de Pompée le grand.

Le badinage des poëtes & la gravité des jurisconsultes se réunissent pour donner aux *miroirs* une place importante dans la toilette des dames. Il falloit pourtant qu'ils n'en fussent pas encore, du moins en Grece, une pièce aussi considérable du tems d'Homère, puisque ce poëte n'en parle pas dans l'admirable description qu'il fait de la toilette de Junon, où il a pris plaisir à rassembler tout ce qui contribuoit à la parure la plus recherchée.

Le luxe ne négligea pas d'embellir les *miroirs*. Il y prodigua l'or, l'argent, les pierreries, & en fit des bijoux d'un grand prix. Senèque dit qu'on en voyoit dont la valeur surpassoit la dot que le sénat avoit assignée des deniers publics à la fille de Cn. Scipion. Cette dot fut de 11000 as; ce qui, selon l'évaluation la plus commune, revient à 550 livres de notre monnoie. On ornoit de *miroirs* les murs des appartemens; on en incrustoit les plats ou les bassins dans lesquels on servoit les viandes sur la table, & qu'on apelloit pour cette raison *specillatæ patinæ*; on en revêtoit les tasses & les gobelets, qui multiplicient ainsi l'image des convives; ce que Pline appelle *populus imaginum*.

Sans nous arrêter aux *miroirs ardens*, qui ne sont pas de notre sujet, passons à la forme des anciens *miroirs*. Il paroît qu'elle étoit ronde ou ovale. Vitruve dit que les murs des chambres étoient ornés de *miroirs* & d'abaques, qui faisoient un mélange alternatif de figures rondes & de figures quarrées. Ce qui nous reste de *miroirs anciens* prouve la même chose. En 1647 on découvrit à Nimégue un tombeau où se trouva entr'autres meubles, un *miroir* d'acier ou de fer pur, de forme orbiculaire, dont le diamètre étoit de cinq pouces romains. Le revers en étoit concave, & couvert de feuilles d'argent, avec quelques ornemens.

Il ne faut cependant pas s'y laisser tromper: la fabrication des *miroirs* de métal n'est pas inconnue à nos artistes; ils en font d'un métal de composition qui approche de celui dont les anciens faisoient usage: la forme en est quarrée, & porte en cela le caractère du moderne.

Le métal fut long-tems la seule matière employée pour les *miroirs*. Il est pourtant incontestable que le verre a été connu dans les tems les plus reculés. Le hazard fit découvrir cette admirable matière environ mille ans avant l'époque chrétienne. Pline dit que des marchands de nitre qui traversoient la Phénicie, s'étant arrêtés sur le bord du fleuve Bélus, & ayant voulu faire cuire leurs viandes, mirent, au défaut de pierres, des morceaux de nitre pour soutenir leur vase, & que ce nitre mêlé avec le sable, ayant été embrasé par le feu, le fondit, & forma une liqueur claire & transparente qui se figea, & donna la première idée de la façon du verre.

Il est d'autant plus étonnant que les anciens n'aient pas connu l'art de rendre le verre propre à conserver la représentation des objets, en appliquant l'étain derrière les glaces, que les progrés de la découverte du verre furent chez eux poussés fort loin. Quels beaux ouvrages ne fit-on pas avec cette matière! quelle magnificence que celle du théatre de M. Scaurus, dont le second étage étoit entièrement incrusté de verre! Quoi de plus superbe, selon le récit de saint Clément d'Alexandrie, que ces colonnes de verre d'une grandeur & d'une grosseur extraordinaire, qui ornoient le temple de l'île d'Aradus!

Il n'est pas moins surprenant que les anciens, connoissant l'usage du crystal plus propre encore que le verre à être employé dans la fabrication des *miroirs*, ne s'en soient pas servis pour cet objet.

Nous ignorons le tems où les anciens commencèrent à faire des *miroirs* de verre. Nous savons seulement que ce fut des verreries de Sidon que sortirent les premiers *miroirs* de cette matière. On y travailloit très-bien le verre, & on en faisoit de très-beaux ouvrages, qu'on polissoit au tour, avec des figures & des ornemens de plat & de relief, comme on auroit pu faire sur des vases d'or & d'argent.

Les anciens avoient encore connu une sorte de *miroir* qui étoit d'un verre, que Pline appelle *vitrum Obsidianum*, du nom d'Obsidius qui l'avoit découvert en Ethiopie; mais on ne peut lui donner qu'improprement le nom de *verre*. La matière qu'on y employoit étoit noire comme le jayet, & ne rendoit que des représentations fort imparfaites.

Il ne faut pas confondre les *miroirs* des anciens avec la pierre spéculaire. Cette pierre étoit d'une nature toute différente, & employée à un tout autre usage. On ne lui donnoit le nom de *specularis* qu'à cause de sa transparence; c'étoit une sorte de pierre blanche & transparente qui se coupoit par feuilles, mais qui ne résistoit point au feu. Ceci doit la faire distinguer du talc, qui a bien la blancheur & la transparence, mais qui résiste à la violence des flammes.

On doit rapporter au tems de Sénèque l'origine de l'usage des pierres spéculaires; son témoignage y est formel. Les Romains s'en servoient à garnir leurs fenêtres, comme nous nous servons du verre, sur-tout dans les sales à manger, pendant l'hiver pour se garantir des pluies & des orages de la saison. Ils s'en servoient aussi pour les litières des dames, comme nous mettons des glaces à nos carrosses; pour les ruches, afin d'y pouvoir considérer l'ingénieux travail des abeilles. L'usage des pierres spéculaires étoit si général, qu'il y avoit des ouvriers dont la profession n'avoit d'autre objet que celui de les travailler & de les mettre en place. On les appelloit *specularii*.

Outre la pierre appellée *spéculaire*, les anciens en connoissoient une autre appellée *phengitès*, qui ne cédoit pas à la première en transparence. On la tiroit de la Cappadoce. Elle étoit blanche, & avoit la dureté du marbre. L'usage en commença du tems de Néron; il s'en servit pour construire le temple de la Fortune, renfermé dans l'enceinte immense de ce riche palais, qu'il appella la *maison Dorée*. Ces pierres répandoient une lumière éclatante dans l'intérieur du temple; il sembloit, selon l'expression de Pline, que le jour y étoit plutôt renfermé qu'introduit, *tanquam inclusâ luce, non transmissâ*.

Nous n'avons pas de preuves que la pierre spéculaire ait été employée pour les *miroirs*; mais l'histoire nous apprend que Domitien, dévoré d'inquiétudes & agité de frayeurs, avoit fait garnir de carreaux de pierre phengite, tous les murs de ses portiques, pour appercevoir, lorsqu'il s'y promenoit, tout ce qui se faisoit derrière lui, & se prémunir contre les dangers dont sa vie étoit menacée. (*A. R.*)

MIRON, (*Hist. de Fr.*) François *Miron*, médecin de Charles IX, eut pour fils Gabriel *Miron*, qui fut Lieutenant-Civil. Celui-ci eut deux fils: François, Lieutenant-Civil & sur-tout Prévôt des marchands très-célébre & très-celébré par Mézeray; il fut nommé à cette dernière place en 1604. Il mourut le 4 juin 1609, c'est lui qui a fait faire la façade de l'hôtel de ville de Paris, qui passoit alors pour un bel édifice: Robert, son frère, président aux requêtes du palais, ambassadeur en Suisse, fut aussi Prévôt des marchands, & à ce titre Président du tiers-état à l'assemblée des états-généraux de 1614. Il mourut en 1641.

Charles *Miron*, fils du prévôt des marchands, François, fut nommé à l'évêché d'Angers, par Henri III en 1588. Il n'avoit que dix-huit ans alors, & sur ce fondement le chapitre crut pouvoir s'opposer à sa prise de possession; le chapitre perdit sa cause, *Miron* prit possession le 4 avril 1589, & fut sacré à Tours par Simon de Maillé le 11 avril 1591. Attaché à Henri IV à la vie & à la mort, il fut présent à son abjuration à St. Denys le 25 juillet 1593; à son sacre fait à Chartres le 27 février 1594; en 1610, il fit son oraison funèbre, il se démit de son évêché d'Angers en faveur de Guillaume Fouquet de la Varenne. Le cardinal de Richelieu auquel il faisoit ombrage à Paris, l'obligea de reprendre son évêché d'Angers à la mort de Fouquet de la Varenne en 1621. Il en reprit possession le 23 avril 1622, trente trois ans après la première prise de possession. Il fut transféré à l'archevêché de Lyon en 1626. Mort doyen des prélats de France en 1628.

Un Robert *Miron*, maître des comptes, de la même famille, fort attaché au Roi, fut massacré au sortir de l'hôtel de ville, dans l'émeute du 4 juillet 1652.

MIRZA *ou* MYRZA, (*Hist.*) titre de dignité qui signifie *fils de prince*; les Tartares ne l'accordent qu'aux personnes d'une race noble & très-ancienne.

Les filles du *mirza* ne peuvent épouser que des *mirzas*, mais les princes peuvent épouser des esclaves, & leurs fils ont le titre de *mirza*. On dit que toutes les princesses tartares ou *mirzas* sont sujettes à la lunacie; c'est à ce signe qu'on juge de la légitimité de leur naissance, leurs mères sur-tout s'en réjouissent, parce que cela prouve qu'elles ne sont point nées d'un adultére; les parens en sont aussi très-joyeux, & ils se complimentent sur ce qui, selon eux, est une marque infaillible de noblesse. Lorsque la lunacie se manifeste, on célèbre ce phénomene par un festin auquel les filles des autres *mirzas* sont invitées, après quoi la lunatique est obligée de danser continuellement, pendant trois jours & trois nuits, sans boire, ni manger, ni dormir; & cet exercice la fait tomber comme morte. Le troisième jour on lui donne un bouillon fait avec de la chair de cheval & de la viande. Après qu'elle s'est un peu remise, on recommence la danse, & cet exercice se réitère jusqu'à trois fois; alors la maladie est guérie pour toujours. *Voyez* Cantemir, *Hist. ottomane*. (—)

MIS, s. m. (*Hist. du bas Empire*) c'est, comme on le dit dans le *Dictionnaire de Trévoux*, le nom que l'on donnoit autrefois aux commissaires que les rois déléguoient dans les généralités, & qui répond en partie aux intendans de nos jours. On voit dans les vieux capitulaires, que Charles-le-Chauve nomme douze *mis* dans les douze missies de son royaume; on les appelloit *missi dominici*; sur quoi le P. d'Argone, sous le nom de Vigneul Marville, dit qu'un bibliothécaire ignorant rangea au nombre des missels un traité *de missis dominicis*, croyant que c'étoit un recueil des messes du dimanche. Ces commissaires informoient de la conduite des comtes, & jugeoient les causes d'appel dévolues au roi, ce qui n'a eu lieu cependant que sous la deuxieme race. Sous la troisième, ce pouvoir a été transféré aux baillis & sénéchaux, qui depuis ont eu droit de juger en dernier ressort, jusqu'au tems que le parlement a été rendu sédentaire par Philippe-le-Bel. (*D. J.*)

MISERATSIE, (*Hist. mod.*) c'est le nom que les Japonois donnent à des curiosités des divers genres, dont ils ornent leurs appartemens. (*A. R.*)

MISLA, s. m. (*Hist. mod. Diete*) c'est une boisson que font les Indiens sauvages, qui habitent la terre ferme de l'Amérique vers l'isthme de Panama. Il y a deux sortes de *misla*; la première se fait avec le fruit des plantes fraîchement cueilli, on le fait rôtir dans sa gousse & on l'écrase dans une gourde; après en avoir ôté la pelure, on mêle le jus qui en sort avec une certaine quantité d'eau. Le *misla* de la seconde espèce se fait avec le fruit du platane séché, & dont on a formé une espece de gâteau; pour cet effet, on cueille le fruit dans sa maturité, & on le fait sécher à-petit-feu sur un gril de bois, & l'on en fait des gâteaux qui servent de pain aux Indiens. (*A. R.*)

MISSI DOMINICI, (*Hist. de Fr.*) c'est ainsi que l'on nommoit sous les princes de la race carlovingienne, des officiers attachés à la cour des empereurs, que ces princes envoyoient dans les provinces de leurs états, pour entendre les plaintes des peuples contre leurs magistrats ordinaires, leur rendre justice & redresser leurs griefs, & pour veiller aux finances; ils étoient aussi chargés de prendre connoissance de la discipline ecclésiastique & de faire observer les réglemens de police. Il paroît que ces *missi dominici* faisoient les fonctions que le roi de

France a données depuis intendans de ses provinces. (—)

MISSILIA, s. m. pl. (*Hist. anc.*) présens en argent qu'on jettoit au peuple. On enveloppoit l'argent dans des morceaux de drap, pour qu'ils ne blessassent pas. On faisoit de ces présens aux couronnemens. Il y eut des tours bâties à cet usage. Quelquefois au lieu d'argent, on distribuoit des oiseaux, des noix, des dattes, des figues. On jetta aussi des dés. Ceux qui pouvoient s'en saisir alloient ensuite se faire délivrer le bled, les animaux, l'argent, les habits désignés par leur dé. L'empereur Léon abolit ces sortes de largesses qui entraînoient toujours beaucoup de désordre. Ceux qui les faisoient, se ruinoient; ceux qui s'attroupoient pour y avoir part, y perdoient quelquefois la vie. Les largesses véritables, c'est le soulagement des impôts. Donner à un peuple qu'on écrase de subsides, c'est le revêtir d'une main, & lui arracher de l'autre la peau. (*A. R.*)

MISSON, (Maximilien) (*Hist. Litt. mod.*) zélé protestant, dont on lisoit beaucoup autrefois le voyage d'Italie, & parce qu'on n'en avoit pas encore de meilleur, & parce qu'il abonde en petites anecdotes satyriques contre l'église romaine. On a encore de *Misson* des *mémoires d'un voyageur en Angleterre*, & un petit ouvrage fanatique & polémique, intitulé: le *théatre sacré des Cevennes*, où il veut qu'on croye à toutes les prophéties & à toutes les petites mysticités frauduleuses qui accompagnoient la révolte des Cevennes au commencement de ce siècle. *Misson* mourut à Londres en 1721.

MITELLA, s. f. (*Hist. anc.*) espèce de bonnet qui s'attachoit sous le menton. C'étoit une coëffure des femmes que les hommes ne portoient qu'à la campagne. On appella aussi *mitella* des couronnes d'étoffe de soie, bigarées de toutes couleurs, & parfumées des odeurs les plus précieuses. Neron en exigeoit de ceux dont il étoit le convive. Il y en eut qui coûtèrent jusqu'à quatre millions de sesterces. (*A. R.*)

MITHRIDATE, (*Hist. rom. en Asie*) nom de plusieurs rois de Pont: *Mithridate* VI. surnommé Eupator, ce grand ennemi des romains, est le plus célèbre de tous. Il étoit d'un sang des plus nobles de l'Univers, Racine a dit:

> Qui voit jusqu'à Cyrus remonter ses ayeux,

Ce qui ne seroit pas exactement vrai, si, comme le pensent plusieurs savants, il descendoit de Darius, fils d'Hystaspe par Artabazane, fils aîné de Darius & frère aîné de Xerxès; car Xerxès descendoit de Cyrus par Atosse, sa fille, une des femmes de Darius, & ce fut la raison pour laquelle il fut préféré pour le trône à son frère aîné Artabazane, qui, né d'une autre mère, étoit étranger à Cyrus, fondateur de l'empire des Perses. Artabazane obligé de céder cet empire à Xerxès & l'ayant cédé de bonne grace, obtint de lui un établissement sur la côte du Pont-Euxin: de là le royaume de Pont.

Le père de *Mithridate*, nommé *Mithridate* Evergete, étoit le premier de sa race qui eût fait alliance avec les romains. L'avénement de *Mithridate* Eupator ou le grand, peut se rapporter à l'an de rome 629, avant J. C. 123. Il fut élevé par des tuteurs perfides qui tenterent tous les moyens de le faire périr, mais leur mauvaise volonté tourna toujours à son avantage; ils lui faisoient monter un cheval farouche & indompté, ils le condamnoient aux exercices les plus violens & les plus dangereux; il arriva de là qu'il devint le meilleur cavalier, l'homme le plus robuste & le plus adroit de son royaume. Ils tentèrent le poison, le jeune prince qui s'en défioit, se précautionna par l'usage des contrepoisons, & seul entre tous les hommes, dit Pline, il contracta l'habitude de prendre tous les jours du poison après s'être muni d'Antidotes. Il inventa même des contrepoisons, dont un avoit retenu son nom.

> ... Des plus chères mains craignant les trahisons
> J'ai pris soin de m'armer contre tous les poisons,
> J'ai su par une longue & pénible industrie
> Des plus mortels venins prévenir la faire.

La chasse & la guerre, dont il fit un usage continuel, l'accoutumèrent au sang & le rendirent féroce & cruel autant que hardi & vigoureux. Justin dit d'après Trogue Pompée, que *Mithridate* vécut sept ans entiers dans les forêts, y passant les nuits comme les jours, sans entrer non-seulement dans aucune ville, mais même dans aucune maison de paysan. Quand il eut quitté cette vie sauvage & innocente, où du moins il ne tuoit que des bêtes, il fit mourir ses tuteurs, sa mère, son frère, ses fils, ses filles, ses femmes, ses maîtresses, Laodice sa sœur dont il avoit fait aussi sa femme, & qui lui ayant été infidèle pendant une de ses longues absences, avoit tenté de l'empoisonner à son retour; cependant il est moins diffamé par ces crimes que célèbre comme un grand roi:

> Qui seul a durant quarante ans
> Lassé tout ce que Rome eut de chefs importans;
> Et qui dans l'Orient balançant la fortune
> Vengeoit de tous les rois la querelle commune....
> Qui de Rome toujours balançant le destin,
> Tenoit entre elle & lui l'univers incertain;

Et qui nous plait enfin par sa seule haine pour les Romains, peuple conquérant, peuple aussi odieux qu'admirable. *Mithridate* aussi conquérant & aussi injuste qu'eux, mais moins heureux & par-là plus intéressant, chercha d'abord à s'aggrandir du côté du nord du Pont-Euxin & vers les Palus Méotides, mais bien-tot tournant ses vûes vers le midi, l'Asie Mineure devint l'objet de son ambition; elle étoit alors partagée entre les romains & *Mithridate* & quelques autres rois, dont les romains se rendoient ou les protecteurs ou les oppresseurs, selon les intérêts de leur politique; il résolut de chasser les Romains de l'Asie & de dépouiller ces autres rois. Il attaqua d'abord ceux-ci, sûr que les romains prendroient leur défense, non par zèle pour eux, mais pour empêcher son aggrandissement; il parut d'abord vouloir ménager les romains jusqu'à ce qu'il eût formé contre eux une ligne assez puissante pour éclater. Tigrane, son gendre, Roi d'Arménie, lui fournissoit des troupes, tous les rois de l'Orient étoient dans ses intérêts, l'Egypte & la Phénicie fournissoient sa flotte de pilotes expérimentés; tout lui réussit d'abord, toute l'Asie Mineure se soumit à lui; il fait prisonnier Oppius, général romain & le traîne par-tout à sa suite, comme les romains dans leurs triomphes traînoient les rois vaincus à la suite d'un char; ayant aussi vaincu & pris Aquilius, autre général Romain, il le traita encore avec bien plus d'outrages, il le fit charger de chaînes, battre de verges, promener publiquement sur un âne, attacher par une chaîne à un Bastarne d'une hauteur démesurée, qui étoit à cheval & qu'il étoit obligé de suivre à pied; il finit par lui faire verser de l'or fondu dans la bouche, pour insulter à l'avidité qu'il lui reprochoit & qu'on lui reprochoit.

De ces cruautés particulières, *Mithridate* s'éleva par dégrés à des cruautés publiques. Il envoya un ordre à tous les gouverneurs des provinces & des villes de son obéissance dans l'Asie, de massacrer en un seul jour tout ce qui se trouvoit de Romains dans l'Asie. L'ordre fut exécuté avec autant de barbarie qu'il avoit été donné. Il en coûta la vie à cent mille Romains, hommes, femmes, enfans. C'est un de ces grands massacres, une de ces horribles perfidies qui souillent les annales du monde, & cependant *Mithridate* n'inspire point d'horreur, parce qu'il s'agissoit des Romains. Xipharès dit à Mithridare:

N'en attendez jamais qu'une paix sanguinaire,
Et telle qu'en un jour un ordre de vos mains
La donna dans l'Asie à cent mille Romains.

Xipharès veut ici complaire à *Mithridate*, & applaudir à sa haine pour les Romains; mais il semble que le personnage intéressant de la pièce, personnage réputé vertueux, ne devroit pas applaudir à ce lâche assassinat, où la foi publique est si indignement trahie. Il avoit d'autres éloges à donner à *Mithridate*, & des exploits plus glorieux à célébrer; celui-là est trop infâme: un fils n'en devoit point rappeller la mémoire.

Mithridate ayant pris Stratonicée, ville de Carie, y vit cette Monime que Racine a célébrée. Il l'aima; mais cet amour ne l'engagea d'abord qu'à la séduire. Il lui envoya quinze mille pièces d'or, croyant, dit Racine:

Qu'elle lui céderoit une indigne victoire.

Sa vertu & ses refus n'ayant fait qu'irriter l'amour de *Mithridate*, il lui envoya le bandeau royal, & l'épousa solemnellement. Elle n'en fut que plus malheureuse. » La pauvre dame, dit Amyot, traduction de Plutarque, depuis que ce roi l'eut épousée, avoit » vécu en grande déplaisance, ne faisant continuellement autre chose que de plorer la malheureuse » beauté de son corps, laquelle, au lieu d'un mari, » lui avoit donné un maître, & au lieu de compagnie » conjugale, & que doit avoir une dame d'honneur, » lui avoit baillé une garde & garnison d'hommes » barbares, qui la tenoit comme prisonnière loin du » doux pays de la Grèce, en lieu où elle n'avoit qu'un » songe & une ombre de biens, & au contraire » avoit réellement perdu les véritables dont elle jouissoit » au pays de sa naissance. « *Mithridate*, vaincu par Lucullus, craignit que ses femmes ne tombassent au pouvoir du vainqueur; & les fit toutes tuer. Plus il aimoit Monime, moins sa jalousie pouvoit l'épargner, dans cette conjoncture » Et quand l'eunuque fut arrivé » devers elle, poursuit Amyot, & lui eut fait commandement de par le roi, qu'elle eût à mourir; à donc » elle s'arracha d'alentour de la tête son bandeau royal » & se le nouant à l'entour du col, s'en pendit; mais » le bandeau ne fut pas assez fort, & se rompit incontinent; & lors elle se prit à dire: ô maudit » & malheureux tissu, ne me serviras-tu point au » moins à ce triste service? En disant ces paroles, elle » le jetta contre terre, crachant dessus, & tendit la » gorge à l'eunuque ».

Philopémen, père de Monime, n'avoit rien de commun avec le fameux chef de la ligue achéenne.

Quant à *Mithridate*, on l'a beaucoup comparé avec Annibal, qu'il paroissoit avoir pris pour modèle. Xipharès, qui partageoit la haine de son père pour les Romains, pouvoit lui dire comme la chose du monde la plus propre à le flatter:

Rome poursuit en vous un ennemi fatal,
Plus conjuré contre elle & plus craint qu'Annibal.

Mais hors de cette situation, peut-on justement comparer à cet Annibal, qui pendant dix-sept ans ravagea l'Italie avec une armée victorieuse, épouvanta & pressa Rome même, l'humilia & l'affoiblit par tant de grandes batailles, ne laissa enfin à ses généraux, après la bataille de Cannes, que l'honneur de n'avoir point désespéré de son salut? peut-on, disons-nous, lui comparer pour les succès ce *Mithridate* toujours successivement vaincu par Sylla, par Lucullus, par Pompée; jamais heureux que contre les alliés des Romains, tels qu'Ariobarzane, roi de Cappadoce, & Nicomède, roi de Bithynie, ou contre des généraux Romains de peu de gloire, & dont l'avantage le plus signalé sur les Romains, fut ce lâche & odieux massacre qu'il en fit faire dans toute l'Asie. *Mithridate* fut bien moins redoutable aux Romains par la force de ses armes, qu'incommode & fatiguant par le renouvellement perpétuel de ses efforts toujours opiniâtres & toujours malheureux, qui l'ont fait comparer par Florus à un serpent menaçant encore de la queue lorsque sa tête est écrasée. *More anguium*, dit-il, *qui obtrito capite, postremum caudâ minantur*. S'il est un général auquel on puisse le comparer, ce n'est point Annibal, auquel il ne ressembloit que par la haine de Rome, c'est Jugurtha, dont il avoit en effet les talens & les vices, & dont il eut à peu près le sort, excepté qu'il sut échapper à l'humiliation d'être traîné en triomphe. S'il étoit possible de dire qu'il est juste qu'un père périsse par les complots de ses fils, on le diroit de *Mithridate*: il avoit fait périr presque tous ses fils, il venoit d'égorger Xipharés son fils innocent, pour punir sa mère coupable, & cette mère malheureuse vit, du rivage opposé du Bosphore, tomber cette déplorable victime de la vengeance d'un père & de l'infidélité d'une mère. Il restoit Pharnace, objet de la prédilection de *Mithridate*, & qu'il désignoit pour son successeur; mais aucun fils ne pouvoit prendre confiance en un tel père. Pharnace conspira contre *Mithridate*. Le projet fut découvert, il alloit être puni; l'ordre étoit donné d'arrêter Pharnace; l'armée se souleva, proclama Pharnace, assiégea *Mithridate* dans un château. Ce malheureux père fut réduit à demander la vie à son fils, qui rejetta sa prière. *Mithridate* désespéré, empoisonna ses femmes & ses filles, voulut s'empoisonner lui-même, & comme le dit Racine :

D'abord il a tenté les atteintes mortelles
Des poisons que lui-même a cru les plus fideles,
Il les a trouvés tous sans force & sans vertu.....
Aussitôt dans son sein il plonge son épée;
Mais la mort fuit encor sa grande ame trompée.

Il se fit achever par quelques guerriers; mais ce ne fut pas sans avoir prononcé contre son fils la malédiction des pères outragés.

Diris agam vos, dira detestatio
Nullâ expiatur victimâ.

Sa mort tombe à l'année 689 de Rome, avant J. C. 63.

MITOTE, f. f. (*Hist. mod.*) danse solemnelle qui se faisoit dans les cours du temple de la ville de México, à laquelle les rois même ne dédaignoient pas de prendre part. On formoit deux cercles l'un dans l'autre : le cercle intérieur, au milieu duquel les instrumens étoient placés, étoit composé des principaux de la nation; le cercle extérieur étoit formé par les gens les plus graves d'entre le peuple, ornés de leurs plumes & de leurs bijoux les plus précieux. Cette danse étoit accompagnée de chants, de mascarades, de tours d'adresse. Quelques-uns montoient sur des échasses, d'autres voltigeoient & faisoient des sauts merveilleux; en un mot, les Espagnols étoient remplis d'admiration à la vûe de ces divertissemens d'un peuple barbare. (*A. R.*)

MITTA, f. f. (*Hist. mod.*) étoit anciennement une mesure de Saxe, qui tenoit 10 boisseaux. (*A. R.*)

MOAB, (*Hist. Sacr.*) né de Loth, ainsi qu'Ammon, dans le désert, après l'embrâsement de Sodome & des autres villes de la Pentapole, fut le père & le chef d'un peuple nommé de son nom les Moabites. Ceux-ci habitoient à l'orient du Jourdain & de la mer morte, sur le fleuve Arnon, dans un pays qu'ils avoient conquis sur les géans Enacim, & que les Amorrhéens reprirent dans la suite en partie sur les Moabites. (*Génèse, chap. 19 & ailleurs.*)

MOATAZALITES *ou* MUTAZALITES, (*Hist. Turq.*) nom d'une secte de la religion des Turcs, qui signifie *séparés*, parce qu'ils firent une espèce de schisme avec les autres sectes, ou parce qu'ils sont divisés d'elles dans leurs opinions. Ils prennent le titre de *l'unité* & de la *justice* de Dieu, & disent que Dieu est éternel, sage, puissant, mais qu'il n'est pas éternel par son éternité, ni sage par sa sagesse, & ainsi de ses autres attributs, entre lesquels ils ne veulent admettre aucune distinction, de peur de multiplier l'essence divine. La secte qui leur est la plus opposée, est celle des Séphalites, qui soutiennent qu'il y a en Dieu plusieurs attributs réellement distingués, comme la sagesse, la justice, &c. Ricaut *de l'Empi ottom.* (*A. R.*)

MOAVIAS, (*Hist. des Califes.*) général du Calife Othman, connu par des destructions, entr'autres par celle du colosse de Rhodes, ouvrage mémorable de Charès. *Moavias* le fit briser, & en fit porter les morceaux à Alexandrie sur neuf cent chameaux. Mort en 680.

MOCENIGO. (*Hist. de Vénise.*) C'est le nom d'une maison illustre chez les Vénitiens & qui a donné à Venise plusieurs Doges célèbres, & plusieurs citoyens utiles : 1°. André *Mocenigo* qui vivoit en 1522, fut employé dans les plus grandes affaires par sa république, qui eut à se louer de son zèle & de ses talens. Il a laissé deux morceaux d'histoire, l'un en latin : *De bello Turcarum*; l'autre en italien : *La guerra di Cambrai.* Ce dernier ouvrage n'a pas été inutile à l'Abbé Dubos pour la composition de son histoire de la ligue de Cambrai.

2°. Louis *Mocenigo*, nommé Doge en 1570. Lorsque les Turcs eurent pris l'isle de Chypre, ce Doge se ligua contre eux avec le pape & le roi d'Espagne, & ce fut alors que ces trois puissances gagnèrent la célèbre bataille de Lépante, le 7 octobre 1571. Louis *Mocenigo* mourut en 1576. Son gouvernement avoit été agréable à sa patrie, & brillant aux yeux des étrangers.

3°. Sébastien *Mocenigo*, un des descendans de Louis, élu Doge le 28 août 1722, après avoir été provéditeur général de la mer, gouverneur de la Dalmatie & commissaire de la république, pour régler avec les commissaires Turcs les limites des deux états. Mort en 1732.

MODEL, (*Hist. Litt. mod.*) médecin & savant Allemand, établi en 1737 en Russie, où il eut la direction des apothicaireries impériales, mort à Pétersbourg le 2 avril 1775, a publié plusieurs ouvrages qui ont été traduits en françois par M. Parmentier, sous le titre de Récréations physiques, économiques & chimiques.

MODENE. *Voyez* Est.

MODIMPERATOR, f. m. (*Hist. anc.*) celui qui désignoit dans un festin les santés qu'il falloit boire, qui veilloit à ce qu'on n'enivrât pas un convive, & qui prévenoit les querelles. On tiroit cette dignité au sort. Le *modimperator* des Grecs s'appelloit *symposiarque*; il étoit couronné. (*A. R.*)

MODIOLUM, f. m. (*Hist. anc.*) espèce de bonnet à l'usage des femmes grecques. Il ressembloit à un petit seau, ou à la mesure appellée *modiolus*. (*A. R.*)

MODIOLUS, f. m. (*Hist. anc.*) c'étoit la quatrième partie du modius. C'étoit aussi un vaisseau à boire, & un seau à puiser de l'eau. C'est la configuration qui avoit rassemblé ces objets sous une même dénomination. (*A. R.*)

MODIUS, f. m. (*Hist. anc.*) mesure antique qui servoit à mesurer les choses sèches, & tous les grains chez les Romains ; elle contenoit trente-deux hemines ou seize setiers, ou un tiers de *l'amphora* ; ce qui revient à un picotin d'Angleterre. Il a huit litrons, mesure de Paris. (*A. R.*)

MOEBIUS. (*Hist. Litt. mod.*) C'est le nom de deux savans médecins allemands, père & fils, tous deux ayant pour nom de baptême Godefroy. Le père a beaucoup écrit sur diverses parties de la médecine. Il mourut en 1664.

C'est aussi le nom d'un théologien Luthérien, (George) mort en 1697, auteur d'un *Traité de l'origine de la propagation & de la durée des oracles des payens, contre Vandale*. Le père Baltus s'en est servi contre M. de Fontenelle.

MOENIUS, (Caïus) (*Hist. Romaine.*) consul romain. Il attacha autour de la tribune aux harangues les becs & les éperons des navires qu'il avoit pris à la bataille d'Antium, l'an 338 avant J. C., & c'est ce qui a fait donner à la tribune aux harangues le nom de *Rostra*.

Horace, dans la satire quinzième du livre premier, parle d'un *Mœnius*, fameux dissipateur.

Mœnius ut rebus maternis atque paternis
Fortiter absumptis, &c.

Ayant mangé tout son bien, il vendit aux censeurs une maison qu'il avoit dans la place publique, & ne s'en réserva qu'une colonne sur le haut de laquelle il pratiqua une loge pour voir les jeux. *Mœnius columnam cùm exciperet*, dit Lucilius.

Ce *Mœnius* étoit aussi renommé & redouté pour ses médisances.

Quœlibet in quemvis opprobria fingere sœvus,

dit Horace dans l'endroit cité & dans la troisième satire du livre premier,

Mœnius absentem Novium cum carperet heus! tu
Quidam ait, ignoras te an ut ignotum dare nobis
Verba putas? egomet mî ignosco, Mœnius inquit,
Stultus & improbus hic amor est dignusque notari.

MOESTLIN, (Michel) (*Hist. Litt. mod.*) mathématicien célèbre qui découvrit le premier la raison de cette foible lumière qui paroît sur la lune lorsqu'elle est renouvellée ou lorsqu'elle est près de l'être, mort à Heidelberg en 1650.

MOHOCKS *ou* MOHAWKS, (*Hist. mod.*) c'est ainsi qu'on nomme une nation de sauvages de l'Amérique septentrionale, qui habitent la nouvelle Angleterre. Ils ne se vêtissent que des peaux des bêtes qu'ils tuent à la chasse, ce qui leur donne un aspect très-effrayant ; ils ne vivent que de pillage & traitent avec la dernière cruauté ceux qui ont le malheur de tomber entre leurs mains, mais ils ne sont, dit-on, rien moins que braves, lorsqu'on leur oppose de la résistance ; on assure qu'ils sont dans l'usage d'enterrer tout vifs leurs vieillards, lorsqu'ils ne sont plus propres aux brigandages & aux expéditions. En 1712, il s'éleva en Angleterre une troupe de jeunes débauchés qui prenoient le nom de *mohocks*, ils parcouroient les rues de Londres pendant la nuit, & faisoient éprouver toutes sortes de mauvais traitemens à ceux qu'ils rencontroient dans leurs courses nocturnes. (*A. R.*)

MOINE. (le) (*Hist. mod.*) divers personnages ont illustré ce nom de *le Moine*.

1°. Le Cardinal *le Moine*, (Jean) évêque de Meaux, qui a fondé à Paris, rue S Victor, le collége de son nom. C'étoit un célèbre Ultramontain, digne ministre du pape Boniface VIII, qui l'envoya légat en France l'an 1303, dans le cours de ses démêlés avec Philippe-le-Bel. Il mourut à Avignon en 1313. On a de lui un commentaire sur les décrétales.

2°. Etienne *le Moine*, ministre protestant, auteur du *Varia sacra*. On lui doit la publication du livre de *Nilus Doxopatrius* touchant les cinq patriarchats. Mort en 1689.

3°. Pierre *le Moine*, Jésuite, auteur du poëme de S. Louis, & de quelques autres ouvrages moins connus. Despréaux disoit de lui : *Il est trop fou pour que j'en dise du bien ; il est trop poëte pour que j'en dise du mal.* Son poëme seroit une preuve de l'un & de l'autre. Il ne seroit que trop aisé d'en tirer une multitude de mauvaises épigrammes, de pensées puériles, de traits forcés, de vers gothiques ; mais le P. *le Moine* a quelquefois tiré parti fort ingénieusement de certaines circonstances historiques, relatives à son sujet. Tout le monde connoît ce conte vrai ou faux rapporté par tant d'historiens : que le Vieux de la Montagne avoit sous ses ordres une multitude d'assassins qu'il envoyoit en différentes contrées égorger les rois & les princes qu'il leur désignoit. Il en envoya, dit-on, deux en France pour tuer St. Louis ; mais depuis, touché de la vertu de ce grand roi, il se hâta de le contremander, & en attendant qu'on les eût trouvés, il fit avertir le roi de prendre garde à lui. Voici comment le P. *le Moine* déguise & embellit ce fait :

Au milieu d'un tournoi que donnoit S. Louis en réjouissance de la prise de Damiette, parut tout-à-coup un chevalier inconnu qui portoit dans ses armes deux haches en sautoir sur des têtes de rois ; il demande à courir contre six des plus braves de l'armée, qu'il renverse tous. Enorgueilli par ces succès, il demande à courir contre le roi lui-même, qui veut bien y consentir. L'inconnu prend pour ce combat :

Un pin noueux & vert
Armé d'un long acier sous l'écorce couvert.

C'étoit violer les loix des tournois qui n'admettoient

que des lances sans fer, & le roi n'avoit point d'autre arme : il évite avec art le fer du perfide étranger, & brisant sa lance contre lui, il le renverse & lui crève un œil. Ce malheureux avoue son projet criminel & l'ordre qu'il avoit reçu

Du vieillard assassin des rois si redouté.

Louis lui pardonne son attentat, & récompense sa valeur par des présens magnifiques.

Dans le 8e. livre, un ange transporte S. Louis au ciel dans un char de feu : J. C. lui offre trois couronnes à son choix. S. Louis choisit la couronne d'épines, & la préfère à celles de deux empires. Triple & heureuse allusion faite d'un seul trait : 1°. au sujet du poëme, qui est la conquête de la couronne d'épines : 2°. au refus que S. Louis fit véritablement de la couronne impériale qui lui fut offerte par le pape pour le comte d'Artois son frère ; 3°. A la préférence que donna Salomon à la sagesse sur tous les autres biens dont Dieu lui proposoit le choix.

Le P. *le Moine*, sans le secours de l'histoire, imagine quelquefois des situations intéressantes: l'ombre de Saladin, évoquée par l'enchanteur Mirême, déclare au sultan Mélédin qu'il ne peut conserver sa couronne, qu'en immolant son fils ou sa fille. Mélédin choisit comme un moindre mal d'immoler Zahide sa fille, qui consent généreusement à son trépas, ce qu'elle eût dû faire sans employer cette équivoque :

Et le fer inhumain du triste exécuteur
M'ouvrira *l'estomac* sans ébranler *mon cœur*.

Il n'auroit pas fallu non plus que le fer en se levant, semblât de regret jetter un triste éclair. Tandis que Mélédin est prêt à frapper sa fille, amenée en pompe sur le bord du Nil pour ce sacrifice, il se sent arrêter le bras. C'étoit Muratan son fils : ce jeune prince veut mourir pour sa sœur. Zahide & Mélédin s'y opposent. Muratan n'en croit que son cœur, il se tue, il accomplit l'oracle. Ce trait seroit beau dans un beau poëme.

Il arrive quelquefois au P. *le Moine* d'avoir le style épique, & d'être harmonieux sans être empoulé. Voici, par exemple, une image forte dans le récit des songes qui toutes les nuits venoient effrayer Mélédin :

L'innocente sultane, à qui sur un soupçon
Il fit donner la mort par un traître échanson,
Venoit toutes les nuits, terrible & menaçante,
Arracher de son front sa couronne sanglante.

Il y a des vers bien tournés dans cette leçon sur la tolérance, conforme à ce passage de l'évangile : » Votre » père, qui est dans les cieux, fait lever son soleil » sur les bons & sur les méchans, & fait pleuvoir » sur les justes & sur les injustes. « *Matt. chap, 6, vers. 45.*

Dieu, comme le soleil, remplit de ses bontés
Les lieux déserts non moins que les lieux habités....
Il n'est rien que sa main n'élève & ne cultive,
Rien qui sous ses regards & dans son sein ne vive ;
Celui qui s'est soumis au culte de la croix,
Celui qui du Talmud suit les bizarres loix....
Sujets à sa conduite & nourris par ses soins
Le trouvent toujours prêt à remplir leurs besoins ;
Aux courses du pirate, il prête ses étoiles,
Il lui prête les vents qui remplissent ses voiles ;
Et la mer, comme lui, sert sans distinction,
Le dévot de la Mecque & celui de Sion.

Le P. *le Moine* étoit né en 1602, à Chaumont en Bassigny, il mourut en 1672 à Paris.

4°. François *le Moine*, premier Peintre du roi. Ce n'est pas à nous à apprécier ses talens; d'ailleurs, qui ne connoît la coupole de la chapelle de la Vierge, à S. Sulpice, & sur-tout le Sallon d'Hercule à Versailles ? Nous ne parlerons que de son personnel ou plutôt nous ne parlerons que de sa mort. Il étoit naturellement mélancolique, & diverses conjonctures poussèrent cette disposition jusqu'à la folie ; il se faisoit lire l'histoire romaine, & toutes les fois qu'un romain se tuoit, il étoit saisi d'admiration & s'écrioit avec enthousiasme : *Ah ! la belle mort !* Un de ses amis qui avoit fait avec lui le voyage d'Italie, devoit le venir prendre pour le mener à la campagne, où il se proposoit de lui faire prendre quelques remèdes dont sa tête, qui s'échauffoit, paroissoit avoir besoin. Il arrive au jour & au moment convenus. *Le Moine* entend frapper à sa porte : son imagination s'égare, il se représente des archers qui viennent l'arrêter, il s'enferme, se perce de neuf coups d'épée, ouvre ensuite la porte, & tombe mort aux yeux de son ami, le 7 juin 1737, à quarante-neuf ans. Il étoit né en 1688.

5°. Abraham *le Moine*, né en France vers la fin du dernier siècle, mourut en 1760 en Angleterre, où il étoit ministre protestant. Il a traduit *les témoins de la résurrection, &c.* de l'évêque Sherlock ; *l'usage & les fins de la prophétie*, du même ; les *Lettres Pastorales* de l'évêque de Londres.

MOINE LAY *ou* OBLAT, soldat estropié que différentes abbayes royales en France étoient obligées de recevoir, elles étoient aussi obligées de lui donner une portion comme à un autre moine. *L'oblat* étoit obligé de balayer l'église & de sonner les cloches. Louis XIV, en fondant les invalides y attacha les fonds dont les abbayes royales étoient chargées à l'occasion des soldats hors de service. Depuis la fondation de cet hôtel, il n'y a plus de *moine lay*. (*A. R.*)

MOIVRE, (Abraham) (*Hist. Litt. mod.*) de la Société royale de Londres, & de l'Académie des Sciences de Paris. On a de lui un traité des chances en Anglois, un Traité des rentes viagères, divers Mémoires dans les transactions philosophiques, entr'autres, une analyse des jeux de hazard, dans laquelle il prit une route différente de celle de M. de Montmort. Il joignoit aux connoissances mathématiques le goût de la littérature, & malgré le plus grand respect pour Newton, dont il se regardoit comme le disciple, il avouoit qu'il auroit encore mieux aimé être Molière que Newton. Né en 1667, il avoit vu jouer la troupe de Molière; il en avoit été frappé, & soixante-dix ans encore après, & bien avant dans ce siècle, il retraçoit à la génération nouvelle, la manière dont les acteurs qui avoient vu Molière & qui avoient été formés par lui, représentoient ses pièces. Il passoit pour être d'une franchise que les nations polies se sont interdite depuis long-temps. Quelqu'un, croyant lui faire un compliment en lui disant que les mathématiciens n'avoient guères de religion : *J'en ai assez*, lui dit-il, *pour vous pardonner cette sottise*. Un des plus grands seigneurs de l'Angleterre lui faisant un reproche d'amitié sur ce qu'il venoit rarement dîner chez lui : *Je ne suis pas assez riche*, dit-il, *pour avoir souvent cet honneur-là*. Chacun sait que c'étoit l'usage, en Angleterre, quand on dînoit en ville, de donner quelque argent à tous les domestiques de la maison où on dînoit. Abraham *Moivre* perdit la vue & l'ouïe dans les dernières années de sa vie, & le besoin de sommeil, suite de l'extinction de ses sens, augmenta tellement, que sur les vingt-quatre heures du jour, il dormoit vingt heures. Il mourut à Londres en 1754. Il étoit de Vitry en Champagne.

Gilles ou Gillet *de Moivre*, avocat, a donné en 1743, une vie de Tibulle, & en 1746 une vie de Properce, avec des imitations en vers françois, des élégies de ces deux poëtes.

MOKISSOS (*Hist. mod. superstition*) Les habitans des royaumes de Loango & de Benguela en Afrique, & plusieurs autres peuples idolâtres de cette partie du monde désignent sous ce nom des génies ou démons, qui sont les seuls objets de leur adoration & de leur culte. Il y en a de bienfaisans & de malfaisans; on croit qu'ils ont des départemens séparés dans la nature, & qu'ils sont les auteurs des biens & des maux que chaque homme éprouve. Les uns président à l'air, d'autres aux vents, aux pluies, aux orages: on les consulte sur le passé & sur l'avenir. Ces idolâtres représentent leurs *mokissos* sous la forme d'hommes ou de femmes grossièrement sculptés; ils portent les plus petits suspendus à leur cou; quant à ceux qui sont grands, ils les placent dans leurs maisons; ils les ornent de plumes d'oiseaux & leur peignent le visage de différentes couleurs.

Les prêtres destinés au culte de ces divinités, ont un chef appellé *enganga-mokisso*, ou *chef des magiciens*. Avant que d'être installé prêtre, on est obligé de passer par un noviciat étrange qui dure quinze jours; pendant ce tems, le novice est confiné dans un cabinet solitaire; il ne lui est permis de parler à personne, & pour s'en souvenir, il se fourre une plume de perroquet dans la bouche. Il porte un bâton, au haut duquel est représenté une tête humaine qui est un *mokisso*. Au bout de ce temps le peuple s'assemble, & forme autour du récipiendaire une danse en rond, pendant laquelle il invoque son dieu, & danse lui-même autour d'un tambour qui est au milieu de l'aire où l'on danse. Cette cérémonie dure trois jours, au bout desquels l'enganga ou chef fait des contorsions, des folies & des cris comme un frénétique; il se fait des plaies au visage, au front & aux tempes; il avale des charbons ardens, & fait une infinité de tours que le novice est obligé d'imiter. Après quoi il est aggrégé au collége des prêtres ou sorciers, nommés *fetisseros*, & il continue à contrefaire le possédé, & à prédire l'avenir pendant le reste de ses jours. Belle vocation! (*A. R.*)

MOKOMACHA, (*Hist. mod.*) c'est le titre que l'on donne dans l'empire du Monomotapa à un des plus grands seigneurs de l'état, qui est le général en chef de ses forces. (*A. R.*)

MOLAC. (*Voyez* SÉNÉCHAL) (le)

MOLACHEN, s. m. (*Hist. mod.*) monnoie d'or des Sarrasins. C'est, à ce qu'on pense, la même que le miloquin. (*A. R.*)

MOLANUS, (Jean) (*Hist. Litt. mod.*) professeur de Théologie à Louvain, auteur de notes sur le Martyrologe d'Usuard; d'une bibliothèque théologique; d'un traité *de militiâ sacrâ Ducum ac Principum Brabantiæ*; d'un traité *de Decimis dandis & decimis recipiendis*, &c. Né à Lille, mort à Louvain en 1585.

On a aussi quelques ouvrages d'un autre *Molanus*, (Gérard Welter) théologien Luthérien, mort en 1722.

MOLAY *ou* MOLÉ, (Jacques de) dernier Grand-Maître des Templiers, brûlé vif avec les principaux de son ordre, dans l'isle du palais le 11 mars 1314. Le pape Clément V & Philippe-le-Bel, persécuteurs de cet ordre célèbre & malheureux, étant morts dans la même année que Jacques *de Molay*, on a dit, & on a dû dire au quatorzième siècle, que *Molé*, mort innocent, les avoit cités au tribunal de Dieu dans cette même année. Tout ce qu'on peut dire, c'est que l'affaire des Templiers est encore un problême que le temps, suivant les apparences, ne résoudra pas. La philosophie aura peine à comprendre que des Religieux fussent à la fois athées & sorciers; qu'ils crachassent sur le crucifix, & qu'ils adorassent une tête de bois dorée & argentée qui avoit une grande barbe. Quand de pareils aveux échappent dans les tortures, ils ne prouvent que contre l'usage de la question. On aura moins de peine à croire que quelques-uns d'entre eux pouvoient s'être rendus coupables du péché contre nature, dont ils furent tant accusés. On croira sur-tout aisément que leurs plus grands crimes furent leur richesse, leur puissance, une sorte d'indépendance de tout gouvernement, & quelques séditions qu'ils avoient excitées en France au sujet d'une altération de monnoies, où ils avoient beaucoup perdu. On les accusoit aussi d'avoir fourni de l'argent à Boniface VIII pendant ses démêlés avec Philippe le Bel, & ce fait seul suffiroit pour expliquer l'acharnement impitoyable avec lequel ce prince les poursuivit. On sait que ce fut de la France que partit le souffle qui les extermina, & que si l'on fut injuste à leur égard dans toute l'Europe, on ne fut cruel contre eux qu'en France: ils furent dépouillés par-tout; mais ils ne furent brûlés qu'en France. On eut au moins la justice, en France même, d'enrichir de la dépouille des Templiers les Chevaliers hospitaliers de S. Jean de Jérusalem: ils en eurent les bénéfices, le roi en eut l'argent. Philippe le Bel se fit donner d'abord deux cents mille livres, somme alors immense. Louis le Hutin, son fils, en demanda encore soixante mille. On convint qu'il auroit les deux tiers de l'argent des Templiers, les meubles de leurs maisons, les ornemens de leurs églises, & tous leurs revenus échus depuis le 13 octobre 1307, époque de leur détention, jusqu'à l'année 1314, époque du supplice des derniers. L'ordre des Templiers avoit duré depuis 1118 jusqu'en 1312, qu'il fut aboli par le concile de Vienne.

MOLÉ, (*Hist. de Fr.*) famille originaire de Troies en Champagne, & distinguée dans la robe, descend de Guillaume *Molé*, qui, sous le règne de Charles VII, de concert avec l'évêque de Troyes, son beau-frère, chassa de cette ville les Anglois.

Nicolas *Molé*, conseiller au parlement, son petit-fils, eut, entre autres enfans, Edouard *Molé*, qui forma la branche des seigneurs de Champlâtreux. Edouard, reçu conseiller au parlement en 1567, fut procureur-général dans le temps de la ligue. Il contribua en 1594, à réduire Paris sous l'obéissance du roi, il fut fait président à mortier en 1612, mourut en 1614.

Son fils, Matthieu *Molé*, est le fameux premier président & garde des sceaux. *Molé*, ce magistrat vertueux & intrépide, qui avoit été vingt-sept ans procureur-général dans des temps difficiles, qui, devenu chef du parlement dans les temps les plus orageux, fut toujours le défenseur du parlement à la cour, & de la cour au parlement. C'est de lui que le cardinal de Retz dit, dans ses mémoires: » Si ce n'étoit pas une sorte de » blasphême de dire qu'il y avoit alors un homme » plus intrépide que le grand Condé & que Gustave, je » nommerois le premier président *Molé*. « En effet, la vertu courageuse ne va pas plus loin. Jamais le danger le plus pressant ne put le déterminer à des précautions qu'il regardoit comme une foiblesse. On proposoit un jour de sortir par une porte inconnue au vulgaire, pour éviter la fureur du peuple, qui remplissoit la grande salle, prêt à se jetter sur le parlement, dont il étoit mécontent alors: *Non*, dit Molé, *nous augmenterions l'insolence des mutins par cet air de crainte*; & faisant ouvrir les portes de la grand'chambre, il fend les flots de la multitude, & se fait un passage à la tête de sa compagnie. Un des mutins le saisit & lui présente la pointe d'un poignard qui pouvoit être suivi à l'instant de mille autres poignards. *Molé* le fait trembler en le menaçant de la justice, & cet homme reste accablé sous le poids de la dignité & de l'autorité. Tel étoit *Molé* en toute occasion: il donna en France l'idée de ce qu'étoit un magistrat Romain dans les beaux jours de la République. On lui donna les sceaux le 3 avril 1651; il les remit le 13 du même mois; on les lui redonna le 6 septembre suivant, & il les garda jusqu'à sa mort arrivée le 3 janvier 1656. Il étoit né en 1584.

Sa postérité offre une suite de présidens à mortier, dont le dernier, (vivant en 1788) a été premier président en 1757, & s'est démis en 1763.

MOLIERE, (Jean Baptiste Poquelin de) fils & petit-fils de valets-de-chambre-tapissiers du roi, né en 1620, mort le 17 février 1673. Boileau a beaucoup loué *Molière*, & vivant & mort, mais dans l'Art Poëtique, où il paroît plus particulièrement le juger, il dit que Molière:

> Peut-être de son art eût remporté le prix.
> Si, &c.

Un contemporain pouvoit en parler avec cette réserve, mais la postérité a prononcé. Il n'y a plus là de *peut-être* ni de *si*. *Molière* est l'esprit le plus original & le plus utile qui ait jamais honoré & corrigé l'espèce humaine, & Boileau même en jugeoit à-peu-près ainsi; car Louis XIV lui ayant demandé quel étoit le génie qu'il devoit regarder comme ayant le plus illustré son règne, il nomma sans balancer *Molière*.

La comédie de l'*Etourdi* est la première des pièces imprimées & connues de *Molière*; mais auparavant il avoit fait quelques farces, telles que *le Docteur amoureux*, *les trois Docteurs rivaux*, le *Maître d'Ecole*, dont il ne reste que le titre; *le Médecin volant* & *la jalousie de Barbouillé*, que quelques curieux ont conservé, & dont *Molière* a employé quelques traits dans d'autres pièces. Le comique de caractère, cette carrière ouverte par Corneille dans le *Menteur*, appelloit *Molière*; mais le comique d'intrigue s'étoit emparé de la scène, il ne falloit point l'en chasser; conservons, multiplions les genres, n'excluons rien. Loin de vouloir établir le nouveau genre sur les ruines de l'ancien, *Molière* commence par les unir. *L'Etourdi* est une machine composée de ces deux ressorts; Mascarille renoue sans cesse une intrigue toujours rompue ou par l'étourderie de *Lelie* ou par des contre-temps que le hazard amène. Il vaudroit mieux peut-être que ces contre-temps vinssent toujours de l'étourderie de *Lelie*, l'action en seroit plus nette & plus morale. Mais d'ailleurs, quel essai! que d'invention! quelle souplesse! & quelle vivacité dans l'intrigue! quelle variété d'incidents! quelle vérité dans l'expression, toujours différente, de la colère de *Mascarille*!

Dans le *Dépit Amoureux*, c'est encore l'intrigue qui domine, intrigue bizarre, compliquée, peu décente; mais déjà la main d'un maître fait répandre sur ce fonds ingrat, des caractères d'un comique fort, des situations piquantes, des scènes exquises & dans des genres tout differens. Rapprochez la scène de *Métaphraste* avec *Albert*, de celle qui donne le nom à la pièce, & qui égale presque deux scènes pareilles du *Dépit amoureux*, l'une dans *le Bourgeois Gentilhomme*, l'autre dans *le Tartuffe*, vous connoîtrez déjà l'immensité du génie de *Molière*.

La bonne comédie naît enfin avec les *Précieuses Ridicules*; ce n'étoit pas encore la perfection du genre, mais c'étoit l'ébauche du genre le plus parfait; c'étoit à quelques égards, une farce, mais une farce morale & philosophique; si le comique étoit un peu chargé, il étoit fort, il étoit vrai. Corneille avoit oublié de punir son *Menteur*, & par là il avoit privé sa fable de moralité; *Molière* punit ses *Précieuses* par un affront sanglant qu'elles s'attirent, & par là il a mérité d'être regardé comme l'inventeur du comique de caractère moral. *Molière* n'invente rien qu'il ne perfectionne, c'est ce qui le distingue des inventeurs ordinaires, déjà si rares. C'est en perfectionnant toujours qu'il s'élève par dégrés jusqu'au *Misanthrope*, jusqu'aux *Femmes Savantes*, jusqu'au *Tartuffe*, jusqu'à cette pièce aprés la quelle il ne faut plus rien nommer & qui est non-seulement le chef-d'œuvre du théâtre comique, mais un grand bienfait envers l'humainté.

Il est assez remarquable que Pradon éclairé par le desir de contredire Boileau, ait mieux vu que cet arbitre du goût, combien les farces même de *Molière* sont estimables.

Si l'on considère *Molière* comme acteur, si l'on veut savoir quels furent ses talens pour la déclamation, l'auteur répond assez du comédien; on sent qu'il n'a pu lui manquer que les avantages extérieurs; on dit qu'en effet ils lui manquèrent; qu'une voix sourde, des infléxions dures, une volubilite désagréable le forcèrent d'abandonner la déclamation tragique, dont sa seule présence, en rappellant si vivement la comédie, devoit trop affoiblir l'impression. A force de travaux & d'efforts dignes de Démosthénes, il excella dans les grands rôles comiques, il forma Baron dans le genre même qu'il abandonnoit, & il ne le forma pas moins à la vertu qu'au talent; il lui donna de grands exemples de l'une & de l'autre.

Sa vie privée fut celle d'un sage obscur comme sa vie publique est celle d'un sage illustre. Il fut le conseil, l'arbitre, quelquefois même le réformateur de ses amis comme il l'étoit du public au theâtre. Jamais la considération ne s'est unie plus intimement à la gloire.

On sait que *Molière* fut frappé à mort sur le théâtre, en contrefaisant le mort dans le *Malade imaginaire*, circonstance qui a fourni des épigrammes, tandis que l'événement devoit arracher des larmes; on sait qu'il mourut dans les bras de la piété, & qu'il s'en étoit rendu digne par sa charité; il donnoit l'hospitalité à deux de ces pauvres religieuses qui viennent quêter à Paris pendant le carême; elles lui prodiguèrent par devoir & par reconnoissance, les consolations & les soins dans ses derniers momens; on sait jusqu'à quel point la rigueur de nos usages (qu'il ne s'agit pas ici de juger) fut adoucie en sa faveur à la prière de Louis XIV. Toutes nos réflexions sur cette rigueur & sur cette indulgence, ne vaudroient pas ce cri énergique de la femme de *Molière: quoi! l'on refuseroit un peu de terre à un homme auquel on devroit élever des autels*! juste, mais tardif témoignage que la vanité plus que la douleur de cette femme rendoit à un grand homme dont elle avoit trahi la tendresse & empoisonné la vie.

Sur quelques particularités concernant l'éducation, le caractère, les talens, &c. de *Molière*, *voyez* les articles BOURSAULT, CHAPELLE, COTIN, GASSENDI, MENAGE, REGNARD, &c.

MOLIERES, (Joseph Privat de) de l'Académie des Sciences; professeur de philosophie au Collége royal, grand partisan de Descartes & disciple du P. Malebranche. On a de lui des Elémens de Géométrie, des Leçons de Mathématiques, des Leçons de Physique. Son Systême des Petits Tourbillons est connu; on voit quelquefois qu'il cherche à rectifier les idées de Descartes par les expériences de Newton.

Il étoit si distrait que tout le monde s'en appercevoit, & qu'on pouvoit tout oser avec lui; on dit qu'un décroteur, en nettoyant ses souliers, lui vola des boucles d'argent & en substitua de fer, sans qu'il s'en apperçût; on dit qu'un autre voleur étant entré dans son appartement, il crut faire avec lui un excellent marché, en lui indiquant le lieu où étoit son argent & en se laissant voler, à condition seulement qu'on ne dérangeroit rien à ses papiers.

Il tenoit si fortement à ses systêmes qu'il ne souffroit sur ce point ni doute ni plaisanterie; un jour qu'on l'avoit un peu tourmenté à l'Académie sur ses opinions, il s'étoit fâché serieusement & étoit sorti de l'Académie tout échauffé; le froid le saisit, la fièvre le prit, il mourut au bout de cinq jours le 12 mai 1742. Il étoit né à Tarascon en 1677.

MOLINA, (Louis) (*Hist. Ecclés.*) jésuite, dont le traité sur la Grace & le Libre-Arbitre a donné lieu aux querelles des Jansénistes & des Molinistes, des Jacobins & des Jésuites, querelles que le pape Clément VIII voulut vainement terminer en formant la célébre congrégation *de Auxiliis*. Il éprouva ainsi que ses successeurs, que le moyen de terminer les disputes théologiques n'est pas de former des congrégations, ni d'autoriser des colloques & des conférences, mais de fermer l'oreille à tout ce vain bruit, & de détourner ses regards de tous ces vains spectacles.

Molina étoit né à Cuença dans la Castille neuve, d'une famille noble; il étoit entré chez les Jésuites en 1553. Il mourut à Madrid en 1600.

Un autre Louis *Molina*, jurisconsulte espagnol, est auteur d'un savant traité sur les substitutions des terres anciennes de la Noblesse d'Espagne, intitulé: *De Hispanorum primogenitorum origine & naturâ*. Il vivoit sous Philippe II & Philippe III.

On a de Jean *Molina*, historien espagnol du seizième siécle: *Cronica antigua d'Aragon*, publiée en 1524 & *de las Cosas memorables de Espagna*, publié en 1539.

On a aussi d'un chartreux espagnol, nommé Antoine *Molina*, un traité de *l'instruction des Prêtres*, qui a été traduit en françois.

MOLINIER (Jean-Baptiste) (*Hist. Litt. mod.*) oratorien connu par ses sermons imprimés en 14 volumes & par quelques autres ouvrages de piété. Massillon l'ayant entendu, lui dit: *il ne tient qu'à vous d'être à votre choix le prédicateur du peuple ou des Grands*; mais il étoit souvent l'un & l'autre dans un même sermon, tant son style étoit inegal; né à Arles en 1675, il entra dans la congrégation de l'Oratoire en 1700, il en sortit en 1720. Il mourut en 1745.

MOLINOS, (*Hist. Ecclés.*) prêtre espagnol, apôtre du quiétisme. Il exposa ses idées ou ses chimères dans son livre intitulé: *Conduite Spirituelle*. De peur que ce livre ne fût promptement oublié, on mit l'auteur dans les prisons de l'Inquisition. On condamna, en

1687, soixante-huit propositions extraites de ce livre; on exigea de l'auteur une abjuration, & au lieu de le laisser tranquille à ce prix, on l'enferma dans un cachot, où il mourut en 1696, à soixante & dix ans. On dit qu'en se séparant du moine qui le conduisoit dans le cachot où il devoit vivre & mourir, son dernier mot fut : *Adieu, mon père, nous nous reverrons au jour du jugement, & nous saurons alors de quel côté est la vérité.* On conclut de là qu'il n'étoit pas bien converti. La chose est en effet très-vraisemblable, & ce n'est qu'une preuve de plus de l'abus des abjurations forcées & de la cruauté qui punit encore des erreurs abjurées.

MOLLER, (Jean) (*Hit. Litt. mod.*) né en 1661, dans le duché de Sleswick. Mort en 1725. On a de lui divers ouvrages historiques. *Introductio ad historiam Ducatuum Sleswicensis & Holsatici*; *Cimbria litterata*; *Isagoge ad historiam Chersonesi Cimbriacæ*, &c. Ses fils ont écrit sa vie.

Il y a quelques autres savans du nom de *Moller*, mais ils sont moins connus, & leurs ouvrages moins utiles.

MOLSA *ou* MOLZA, (François-Marie) (*Hist. Litt. mod.*) & Tarquinie sa petite-fille, se distinguèrent tous deux par la poësie, & leurs œuvres sont imprimées ensemble. L'ayeul mourut en 1544, d'une maladie honteuse, fruit de ses débauches; sa petite-fille fut une autre Artemise. Elle obtint en 1600, pour elle & pour toute sa famille, les privilèges des citoyens romains. Elle étoit de Modène, ainsi que son ayeul. Elle fut un des principaux ornemens de la cour d'Alphonse II, duc de Ferrare. Le Tasse, le Guarini, tous les hommes célèbres de son temps en Italie, étoient ses amis & la consultoient sur leurs ouvrages.

MOLYNEUX, (Guillaume) (*Hist. Litt. mod.*) ami de Locke, né à Dublin, forma dans sa patrie une société de savans semblable à la Société Royale de Londres. On a de lui un traité de Dioptrique, & la description en latin d'un Télescope de son invention. Mort en 1698.

MONABAMBYLE, f. m. (*Hist. anc*) chandelier qu'on portoit devant le patriarche de Constantinople le jour de son élection. Il étoit à un cierge. Celui qu'on portoit devant l'empereur, étoit à deux cierges, & s'appelloit *dibambile.* (*A. R.*)

MONALDESCHI, (Jean de) (*Hist. de Suede*) écuyer & favori de la reine Christine, assassiné par ses ordres & presque par elle (*voyez* l'article CHRISTINE.) Le Bel, trinitaire, qui confessa *Monaldeschi*, a donné une relation intéressante de sa mort.

On a d'un Louis de *Monaldeschi*, gentilhomme d'Orviéte, né en 1326, des Annales Romaines en italien, depuis 1328 jusqu'en 1340. On ignore si l'écuyer de Christine étoit de la même famille.

MONARDES, (Nicolas) (*Hist. Litt. mod.*) médecin espagnol dont on a un *traité des Drogues de l'Amérique*, & d'autres ouvrages, les uns en latin, les autres en espagnol. Mort en 1577.

MONBRON, (Fougeret de) (*Hist. Litt. mod.*) on a de lui des Romans, l'ouvrage intitulé : le *Cosmopolite*, un autre qui a pour titre : *Préservatif contre l'Anglomanie*; celui par lequel il est le plus connu, est la *Henriade travestie.* Mais pourquoi des travestissemens ? pourquoi réduire à l'ignoble & au ridicule ce qui est en soi-même noble ou touchant ? pourquoi dégrader ? Je sais qu'il y a quelque mérite de sagacité à saisir les rapports éloignés qui peuvent se trouver entre des genres & des objets absolument différens & les rapports de contraste dont les genres opposés sont susceptibles ; mais ces rapports seront rarement saisis & goûtés par les ames nobles & sensibles ; elles craignent trop d'être troublées dans leurs plaisirs délicats ; les traits qui les attendrissent ou qui leur donnent des sentimens élevés, leur sont trop chers pour qu'elles cherchent à en affoiblir l'impression par celle du rire & par des souvenirs plaisans. Dans la Henriade, Henri III envoie le roi de Navarre en Angleterre demander des secours à la reine Elisabeth :

Allez en Albion, que votre renommée
Y parle en ma défense & m'y donne une armée ;
Je veux par votre bras vaincre mes ennemis,
Mais c'est de vos vertus que j'attends des amis.

Dans la *Henriade travestie*, il lui dit :

Le coche partira demain,
Profitez-en, s'il n'est pas plein.

Et c'est là une des plaisanteries les plus piquantes de l'ouvrage. En général, la parodie n'est bonne qu'autant qu'elle est allégorique & critique, & qu'elle met dans tout leur jour des défauts réels ; alors elle a le double mérite, & de démasquer un faux sublime, & d'indiquer le genre de ridicule auquel il répond.

Monbron mourut en 1760.

MONCADE, (Hugues de) (*Hist. d'Esp.*) viceroi de Naples sous Charles-Quint, avoit succédé dans cette place à Charles de Lannoi, son ami. Il avoit mérité cet emploi par ses services, quoiqu'ils n'eussent pas toujours été heureux. En 1524, lorsque le connétable de Bourbon, à la tête des Impériaux, faisoit le siége de Marseille, on comptoit beaucoup pour le succès de ce siège sur l'armée navale, commandée par Hugues de *Moncade*; mais la flotte françoise, commandée par le vice-amiral La Fayette & par le célèbre André Doria, gênois, alors attaché au service de la France, remporta une victoire complette sur *Moncade*, & lui prit plusieurs vaisseaux. *Moncade* fut un des négociateurs nommés par l'empereur pour la délivrance du pape Clément VII, qu'il pouvoit ordonner peut-être sans qu'il fût besoin de négociateurs ; & comme ce *Moncade* n'étoit ni chrétien, ni humain, il n'étoit pas fâché de nuire au pape qu'il n'aimoit pas, & dont il étoit haï ; en conséquence il inclinoit assez à rendre la captivité du pape éternelle. En 1528, tandis que Lautrec assiégeoit Naples par terre, Philippin Doria, neveu d'André Doria, qui n'avoit pas encore quitté le service de la France, avoit le commandement des galères qui devoient bloquer le port de Naples ; le viceroi *Moncade* entreprit ou de surprendre cette flotte, ou de l'attaquer à force ouverte : instruit par ses espions que le service étoit fort négligé sur la flotte de Doria, & que souvent les soldats en descendoient pour aller se promener dans le camp de Lautrec, il croyoit aller à un succès certain ; mais, averti par Lautrec, Philippin Doria se tint sur ses gardes. Le combat fut terrible, il dura depuis deux heures après midi jusqu'à une heure après minuit. Tous les chefs de la flotte impériale furent faits prisonniers. *Moncade*, qui n'avoit jamais montré autant de valeur que dans cette journée, après avoir long-temps combattu, malgré une blessure considérable qu'il avoit reçue au bras, mourut accablé sous une grêle d'arquebusades. L'empereur perdit en lui, sinon un grand général, du moins un brave soldat, un bon sujet, quoique d'ailleurs un méchant homme. *Moncade* étoit d'une ancienne & illustre famille originaire de Catalogne, & autrefois souveraine du Béarn. Elle se prétend issue des anciens ducs de Bavière, & remonte par eux jusqu'au commencement du 8me siècle, elle porte les armes de Bavière écartelées avec celles de *Moncade*. Les premiers *Moncades* firent vigoureusement la guerre aux Maures en faveur des comtes de Barcelone.

Guillaume Raimond fut tué à la bataille de Matabous. en 993.

Gaston son fils, le vengea en 1003, par des victoires remportées sur les Maures de Cordoue.

Guillaume Raimond 3e. du nom, se signala en 1133, à la bataille de Fraga ; en 1147, à celle d'Almeria ; en 1148, il prit Tortose & concourut à la prise de Lérida.

Guillaume-Raimond, 5e. du nom, se distingua aussi à la bataille des Naves de Toulouse en 1212.

Oton, 5e. du nom, fut tué en 1354 à l'expédition de Juel d'Arborea en Sardaigne.

Guillaume Raimond, 8e. du nom, fut blessé en différentes ocasions, dans les guerres de Naples du 15e. siècle.

Matthieu Florimond son neveu, prit, en 1463, Saint Felix sur l'Ebre ; & gagna en 1464, une bataille en un endroit, nommé *les Prés du Roi*.

Pierre-Raimond, père de notre illustre ennemi, Hugues de *Moncade*, avoit aussi combattu les François, qui étoient entrés en 1496, dans le Roussillon.

Michel-François, 5me. du nom, mourut à Gironne le 8 août 1674, des fatigues qu'il avoit essuyées dans cette campagne.

Guillaume Raimond 6me. du nom son fils, se signala dans le Milanès à la déroute du général Visconti, le 26 octobre 1703. Il fut capitaine des Gardes de Philippe V.

MONCHESNAY, (Jacques Lôme de) (*Hist. Litt. mod.*) fils d'un procureur au parlement, donna plusieurs comédies au Théâtre Italien, & fit ensuite une satyre contre la comédie. Il étoit lié avec Boileau ; mais ayant fait imprimer des satyres, & sachant que Boileau ne les goûtoit pas, il se refroidit beaucoup pour lui ; car nous avons beau faire, nous n'aimons pas ceux qui n'aiment pas nos ouvrages. *Il me vient voir rarement*, disoit Boileau, *parce que quand il est avec moi, il est toujours embarrassé de son mérite & du mien.* C'est encore ce qui arrive souvent dans la société des gens de lettres. Leurs prétentions réciproques, la difficulté de régler les rangs entr'eux & de les faire convenir de ces rangs, met toujours de l'embarras dans leur commerce. Le *Bolœana* ou entretiens de M. de *Monchesnay* avec Boileau, est un monument de cette liaison, fâcheuse nécessairement pour l'un des deux, & peut-être pour tous deux. Né à Paris en 1666, mort à Chartres en 1740.

MONCHY D'HOCQUINCOURT, (Charles de) (*Hist. de Fr.*) d'une noble & ancienne famille de Picardie, se distingua par sa valeur à la guerre, plus que par sa capacité. En 1647, il prit Tubinge dans le Wirtemberg. En 1650, à la bataille de Réthel, où M. de Turenne fut battu par le maréchal du Plessis-Praslin, il commandoit l'aîle gauche de l'armée victorieuse. Il eut l'année suivante le bâton de maréchal de France. En 1652, il alla prendre le cardinal Mazarin sur la frontière pour le ramener à la cour. Le 6 avril de la même année, le prince de Condé lui enleva plusieurs quartiers à Bleneau ; la même année il prit sa revanche au combat d'Etampes, où joint avec M. de Turenne, il força les fauxbourgs, & battit quelques troupes du prince de Condé. En 1654, joint avec le vicomte de Turenne & le maréchal de la Ferté, il fit lever le siége d'Arras au même prince de Condé, joint avec l'archiduc Léopold & le comte de Fuensaldagne. En 1655, s'étant brouillé avec le cardinal Mazarin, la duchesse de Châtillon dont il étoit amoureux, profita de son mécontentement pour l'attirer au parti de M. le prince. Le maréchal d'Hocquincourt, qui étoit gouverneur de Péronne, lui écrivit vers ce temps ce billet connu : *Péronne est à la belle des belles.* Le maréchal d'Hocquincourt, voyant la ville de Hesdin soulevée par deux aventuriers François, de Fargues & la Rivière son beau-frère, gouverné par le premier, se retira dans cette place. Un mécontent de cette importance devoit naturellement être le maître dans une ville rebelle ; de Fargues lui fit rendre de grands honneurs ; mais il appliqua ses soins à le priver de toute autorité, de toute influence. Le maréchal, ennuyé du rôle subalterne qu'il jouoit dans Hesdin, se hâta d'en sortir & d'aller joindre les Espagnols ; il fut tué en allant reconnoître l'armée Françoise avant la bataille des Dunes en 1658. La conversation du P. Canaye & du Maréchal d'Hocquincourt représente ce dernier comme un franc chevalier, plein d'honneur, d'audace, de valeur, de préjugés, d'ignorance, impétueux, incapable de raison, l'antipode en tout du doucereux & insinuant jésuite avec lequel on le suppose en conversation. L'histoire amoureuse des Gaules le représente de plus, comme un brutal indiscret, fort à craindre pour les Dames qui auroient eu pour lui des bontés.

Les ancêtres du maréchal d'Hocquincourt avoient bien servi l'état, & cette maison de *Monchy* d'hocquincourt, soit avant, soit après le maréchal, a versé bien du sang dans les batailles.

1°. Jean, seigneur de Monchy, fut fait chevalier l'an 1351.

2°. Son petit-fils Edmond le fut en 1437, à la prise du Crotoy.

3°. Jean III, petit-fils d'Edmond, fut tué à la bataille de Ravenne en 1512.

4°. Trois des petits-fils de Jean III, Charles, Louis & Pierre furent tués; les deux premiers à la bataille de Dreux, le dernier à la bataille de Jarnac.

5°. Le maréchal d'Hocquincourt eut aussi trois fils tués; sçavoir :

Jacques, seigneur d'Inquessen, au siége d'Angers, en 1652.

Dominique, dit le chevalier d'Hocquincourt, submergé dans son vaisseau, après s'être signalé dans un combat naval contre les Turcs, le 28 novembre 1665.

Et Gabriel, comte d'Hocquincourt, tué d'un coup de mousquet dans la tête à l'attaque de l'église de Gramshusen en Allemagne, le 25 juillet 1675.

6°. Georges *de Monchy*, autre fils du maréchal d'Hocquincourt, eut deux fils tués; sçavoir;

Charles, tué en Irlande le premier juillet 1690.

Jean-George, tué près de Huy, le 27 août 1692.

7°. Dans la branche d'Inquessen, Nicolas mourut prisonnier de guerre.

8°. Dans la branche de Caveron, Pierre-Robert fut tué au siége de Lille, en 1667.

9°. Dans la branche de Senarpont ou Senerpont, Jean battit, en 1545, deux partis anglois devant Boulogne, & contribua, en 1557, à la prise de Calais.

10°. Jean eut deux fils tués; sçavoir : François, en sortant de Page; & Louis, à la prise de Meaux.

MONCK, (Georges) (*Hist. d'Anglet.*) combattit d'abord dans les armées de Charles Ier. ; & ayant été fait prisonnier par le chevalier Thomas Fairfax, il fut mis à la Tour de Londres, d'où il ne sortit que plusieurs années après. Charles Ier. étant mort & tout ayant cédé à la fortune & au génie de Cromwel, il eut pendant le règne de ce premier, le commandement des troupes d'Écosse, ensuite celui des flottes Angloises dans la guerre entre l'Angleterre & la Hollande pour le *Salut*. Il remporta, en 1653, sur la flotte Hollandoise, une grande victoire, où le célèbre amiral hollandois Tromp fut tué. Après la mort d'Olivier Cromwel, le général *Monck* fit proclamer protecteur Richard, fils d'Olivier. Après l'abdication de Richard, la multitude des sectes & des factions, les querelles du parlement & de l'armée jettèrent l'Angleterre dans une telle anarchie, qu'il n'y avoit plus que le rétablissement de Charles II qui pût l'en tirer. Le général *Monck*, pénétré de cette vérité, entreprit de rétablir ce prince, & y parvint en ne disant son secret à personne, en craignant autant le zèle des amis que l'opposition des ennemis, en ne se confiant pas même à son propre frère, en passant, pour ainsi dire, à travers tous les partis, sans s'y mêler, en les assoupissant & les déconcertant tous par une conduite mystérieuse & impénétrable qui le menoit à son but, & paroissoit l'en éloigner. Il vit luire enfin ce beau jour qu'il avoit préparé, ce 8 juin 1660, où Charles II ramené dans une patrie si cruelle autrefois pour son père & pour lui-même, n'entendit que des acclamations, ne vit que des larmes de joie, & fut porté en triomphe dans sa capitale ; jour de paix & de tendresse, où cette estimable nation, éclairée par les évènements, abjura ses fureurs, & reconnut combien l'esprit de guerre & le zèle persécuteur l'avoient égarée & dégradée. Charles II fit *Monck* duc d'Albermale, général des armées, grand écuyer, conseiller d'état, trésorier, &c. Il se signala encore dans les combats de mer de 1665 & de 1666, contre les Hollandois. Il mourut comblé d'honneurs & de biens en 1679, & fut enterré avec pompe à Westminster. Il ne croyoit point qu'il y eût d'état où l'on pût se passer de probité, même de vertu; il en exigeoit dans les soldats, & vouloit qu'on y tînt la main & qu'on y mît du choix : *une armée*, disoit-il, *ne doit point servir d'asyle aux voleurs & aux malfaiteurs.*

MONCLAR, (Pierre-François de Ripert de) (*Hist. mod.*) procureur-général du parlement d'Aix. Mort en 1773, dans sa terre de Saint-Saturnin en Provence, magistrat illustre, homme éloquent, dont les réquisitoires ont fait du bruit & ont eu beaucoup de succès dans le temps; mais, quoiqu'on en dise, il n'a pas été assez juste à l'égard des Jésuites dans le fameux *Compte* qu'il rendit de leurs Constitutions pour opérer leur dissolution; ces Constitutions pouvoient être mauvaises, mais il ne falloit pas affecter de refuser à cette société jusqu'au mérite littéraire, qu'elle a eu certainement dans un degré distingué.

MONCONYS, (Balthasar de) (*Hist. Litt. mod.*) fils d'un lieutenant-criminel de Lyon, voyagea dans l'Orient pour y trouver des traces de la philosophie de Mercure Trismégiste & de Zoroastre. On a ses Voyages en trois volumes *in*-4°. & en quatre volumes *in*-12. Mort à Lyon en 1665.

MONCRIF, (François-Augustin Paradis de) (*Hist. Litt. mod.*) secrétaire des commandements de M. le comte de Clermont, lecteur de la reine, l'un des Quarante de l'Académie Françoise, & membre de celles de Nancy & de Berlin, né en 1687, reçu à l'Académie Françoise en 1733, mort en 1770; homme aimable, ami sûr, auteur plein de grace; on peut trouver quelquefois de la manière dans ses chansons & ses madrigaux, mais on y trouve toujours de la finesse, de la délicatesse, de la grace. Il est du petit nombre de ceux qui ont su tirer parti du style marotique, mérite beaucoup plus rare qu'on ne pense. Rousseau, qui l'a prodigué sans motif & sans goût dans ses épitres & ses allégories, n'a su l'employer heureusement que dans quelques épigrammes; l'heureux La Fontaine ne l'a jamais employé sans en tirer quelqu'agrément; M. *de Moncrif* a su en tirer non-seulement de la grace, mais encore de l'intérêt dans ses romances *d'Alix & Alexis*, & de la comtesse de Saulx, modèles de tout ce qui s'est fait de bon dans ce genre. Ses chansons ne sont pas inférieures à ses romances; la chanson d'Aspasie:

Elle

Elle m'aima, cette belle Aspasie, &c.

est d'une volupté, d'une mollesse anacréontique dont le charme inexprimable est toujours senti. Les *Conseils sur l'Amour* :

Songez bien que l'Amour sait feindre,

& qui finit ainsi :

Je sentis qu'il avoit mon cœur ;
Quand je commençois à le craindre.

est non-seulement une chanson très-pastorale & très-agréable, mais encore très-morale; divers traits répandus dans ses ouvrages, ont mérité, par un naturel plein de finesse, par leur forme sentencieuse, par l'avantage d'être bien placés, & de pouvoir être appliqués à propos, ont mérité, dis-je, de devenir, pour ainsi dire, proverbes ; tels sont ceux-ci, par exemple :

En songeant qu'il faut qu'on l'oublie ;
On s'en souvient.

Ah ! s'il regrette ce qu'il aime ;
Que je le plains.

Las ! elle fait passer un si beau jour !

C'étoit pour condamner l'Amour ;
Mais c'étoit en parler sans cesse.

Croiroit-on qu'on se fait aimer,
En ne disant pas : *je vous aime* ?

Qui plaît est roi, qui ne plaît plus n'est rien.

M. *de Moncrif* a eu aussi des succès dans le grand genre lyrique ; *les Fragments*, *Zélindor* & d'autres opéras de lui, sont fameux.

Son traité *sur la nécessité & sur les moyens de plaire*, est d'une philosophie usuelle qui apprend à vivre dans le monde, qui fait sentir tous les avantages de l'indulgence, qui prouve que l'abus de la liberté est la mort de la liberté, le commencement de la tyrannie.

On dit que M. *de Moncrif* témoignant devant M. le comte d'Argenson le desir d'être historiographe de France, quoique ses titres ne fussent pas dans le genre historique ; M. d'Argenson, qui avoit acquis par beaucoup d'autres bienfaits, le droit de lui parler avec franchise, s'écria : *historiographe ! à quel titre ? bon pour historiogriffe, vous y auriez des droits incontestables.* Ce calembourg étoit fondé sur ce que M. *de Moncrif* avoit fait une *Histoire des Chats*, badinage que le public avoit eu la pédanterie de juger avec autant de sévérité que si ç'avoit été un ouvrage sérieux.

Lorsqu'en 1757, éclata la fameuse disgrace de ce ministre chéri du public, & qui avoit fait du bien à beaucoup de particuliers, M. *de Moncrif* se distingua parmi ceux-ci, en demandant la permission de suivre son bienfaiteur dans sa retraite, & de lui consacrer sa vie ; il n'obtint que celle d'aller tous les ans pendant quelque temps, l'entretenir de son attachement & de sa reconnoissance.

Nous avions rendu ce témoignage aux talents & aux qualités de *M. de Moncrif*, lorsque nous avons reçu de M. son fils, la note suivante, relative au nom & à la famille *de Moncrif*.

M. *de Moncrif* (Paradis, du nom de son père) lecteur de la reine, l'un des Quarante de l'Académie Françoise, dont nous avons plusieurs ouvrages, a obtenu la permission de s'appeller *Moncrif*, du nom de sa mère.

Il est le dernier de ce nom de la branche de cette famille, établie en Champagne.

Deux autres branches, issues d'une des plus anciennes maisons d'Ecosse, alliées aux Conighen, aux Stuart, &c. existent à Paris, dans MM. *de Moncrif* de la chambre des comptes, & en Bourgogne, dans MM. de *Moncrif*, qui sont dans le service.

Cette maison tire son nom du lieu & baronnie *de Moncrif*, (Moncrieffe en écossois) situé dans le comté de Perth, à deux lieues d'Edimbourg, sur la rivière d'Ierne, à l'embouchure de laquelle est le château.

Plusieurs chefs de cette famille ont péri les armes à la main aux côtés de Jacques IV, à la sanglante bataille de Flouden.

Un rejetton de cette maison, (le capitaine *Moncrieffe*) s'est distingué dans notre dernière guerre à Savannah, sous le général Prevost. *Voyez* les historiens J. Makendry, l'Huyde, Thom. Eliot, Candene, Thevel, Beda, Grandchamps, Belleforêt, P. Davity ; les Etats de la France, les Nobiliaires de Bourgogne, Champagne & Paris ; les Couriers de l'Europe & Gazette de France des 21 & 22 décembre 1779, & 4 janvier 1780.

MONDEJEU. (*Voyez* MONTDEJEU.)

MONDONVILLE, (Jeanne de) (*Hist. Ecclés.*) institutrice de la congrégation des Filles de l'Enfance, à Toulouse; cet institut, approuvé par M. de Marca, archevêque de Toulouse, confirmé par un bref du pape Alexandre VII, en 1662, autorisé par des lettres-patentes du roi en 1663, vanté par beaucoup d'évêques & de docteurs, fut détruit par les Jésuites ; car nous avons dit que comme il faut être juste, on avoit eu tort de refuser à cette société, la gloire d'avoir cultivé les lettres avec succès. (*Voyez* ci-dessus l'article MONCLAR) mais on n'a peut-être pas encore assez dit combien cette société destructrice, délatrice, persécutrice, dont la fureur n'étoit jamais assouvie que par la ruine entière de ses ennemis, & qui comptoit pour ses ennemis tous ceux qui ne faisoient pas profession de lui être dévoués, avoit mérité d'être ruinée elle-même, ou plutôt d'être réprimée, ce qui vaut toujours mieux que de ruiner ; ils combattirent Mme. *de Mondonville*, & la congrégation de l'Enfance, sous prétexte de jansénisme, & obtinrent en 1686, un arrêt du conseil, qui supprima cette congrégation ; l'institutrice fut reléguée dans le couvent des Hospitalières de Coutances, où elle mourut en 1603. Les filles de l'Enfance furent dispersées, & les Jésuites acquirent leur maison, où ils mirent leur séminaire. A entendre les Jésuites, la fondatrice & ses filles étoient coupables d'avoir donné un asyle à des hommes d'une mauvaise doctrine, c'est-à-dire, à des jansénistes : eh! malheureux! vous les persécutiez, vous les emprisonniez, il falloit bien que des personnes plus charitables, peut-être par esprit de parti, mais enfin plus charitables, leur donnassent un asyle. « Elles avoient » publié des libelles contre la conduite du roi & de » son conseil! ». c'est-à-dire, qu'elles avoient déploré l'abus des lettres-de-cachet, sollicitées par les Jésuites contre des gens dont le grand crime étoit d'accorder peut-être un peu plus à la grace qu'au libre-arbitre. Le parlement de Toulouse ne fut point favorable aux Jésuites dans cette affaire. L'ex-jésuite Reboulet ayant publié en 1732, une histoire des filles de la congrégation de l'Enfance, où cet institut étoit très-maltraité, un parent de Mme. *de Mondonville* attaqua cette histoire comme calomnieuse, & la réfuta par un mémoire, dont la première partie est intitulée : *l'Innocence justifiée* ou *l'histoire véritable des filles de l'Enfance*; la seconde, *le Mensonge confondu* ou *la preuve de la fausseté de l'Histoire calomnieuse de filles de l'Enfance.* Le parlement de Toulouse condamna au feu l'histoire de Reboulet; il répondit, le même parlement condamna au feu sa réponse.

On sait que *Mondonville* est le nom d'un musicien célèbre (Jean-Joseph Cassanea *de Mondonville.*) (Il appartient à l'Histoire des Arts.)

MONGAULT, (Nicolas-Hubert de) (*Hist. Litt. mod.*) de l'Académie Françoise & de l'Académie des Belles-Lettres, étoit fils naturel de M. Colbert de Saint-Pouanges, & resta quelque temps auprès de M. Colbert, archevêque de Toulouse. Il fut aussi quelque temps Oratorien. On le reçut à l'Académie des Belles-Lettres en 1708. Enfin il devint précepteur de M. le duc de Chartres, fils de M. le Régent. Ce fut là son malheur: l'ambition s'empara de lui; il eut toujours devant les yeux l'étonnante fortune du cardinal Dubois; & se sentant fort supérieur en mérite à ce burlesque ministre, il fit ce sophistique raisonnement, que l'amour-propre fait toujours faire : *Je vaux mieux, je dois donc mieux réussir.*

Cet homme, dites-vous, étoit planteur de choux,

Et le voilà devenu pape:

Ne le valons-nous pas?— Vous valez cent fois mieux;

Mais que vous sert votre mérite?

La fortune a-t-elle des yeux?

Il ne manqua rien à l'Abbé *Mongault* du côté de la fortune. Il eut plusieurs bonnes abbayes; le prince son élève, lui donna de plus les places de secrétaire général de l'infanterie françoise, de secrétaire de la province de Dauphiné, de secrétaire des commandemens du cabinet; mais toutes ces graces le laissoient dans un état subalterne, & le cardinal Dubois s'étoit élevé à la suprême puissance. Cette idée rendit l'Abbé *Mongault* malheureux, elle le jetta dans la mélancolie, & lui donna des vapeurs noires, *maladie d'autant plus affreuse*, disoit-il, *qu'elle fait voir les choses comme elles sont.* Mais les vapeurs d'ambition ne font pas voir les objets d'ambition tels qu'ils sont; on seroit trop tôt guéri. L'Abbé *Mongault* étoit en effet un homme d'un mérite distingué. Sa traduction des Lettres de Cicéron à Atticus, est d'un littérateur excellent, & ses remarques sont d'un homme d'état. M. le président Hénaut oppose cette traduction à la décision grossièrement orgueilleuse de Luther : » Personne ne » peut entendre les épitres de Cicéron, c'est moi » qui le dis & qui le décide, à moins qu'il n'ait eu » part au gouvernement de quelque république durant » vingt ans. «

La traduction d'Hérodien, par le même Abbé *Mongault*, est encore une fidelle copie d'un très-bon original. Il y a aussi quelques dissertations, mais en petit nombre, de l'Abbé *Mongault*, dans le recueil de l'Académie des Inscriptions & Belles-Lettres. Il avoit été reçu à l'Académie Françoise en 1718. Il mourut en 1746. Il étoit né en 1674.

MONGIN, (Edme) (*Hist. Litt. mod.*) évêque de Bazas en 1724, avoit été précepteur de M. le duc de Bourbon, père de M. le prince de Condé & de M. le comte de Charolois, son oncle & son tuteur. Il avoit été reçu à l'Académie Françoise en 1708. Ses œuvres furent imprimées en 1745 : elles contiennent des sermons & d'autres discours chrétiens, & l'Abbé *Mongin* avoit eu, avant d'être évêque & académicien, quelque réputation comme prédicateur. On cite de lui un mot en preuve de son amour pour la paix dans les querelles de l'église : un de ses confrères (évêques) vouloit publier un mandement sur des matières délicates : *Monseigneur*, lui dit-il, *parlons beaucoup, mais écrivons peu.* Mais parler beaucoup n'est pas déjà une chose trop favorable à la paix : c'est déjà violer la loi du silence, loi à la vérité plus facile à imposer qu'à faire exécuter. Ah! la véritable loi du silence, c'est une indifférence parfaite, non pas sur la religion, elle ne peut jamais être un objet d'indifférence; mais sur les disputes théologiques, toujours pour le moins très-inutiles. M. *Mongin* mourut en 1746. Il étoit né en 1668.

MONGOMMERI. (*Voyez* MONGOMMERY.)

MONIN, (Jean-Edouard du) (*Hist. Litt. mod.*) un des beaux esprits du seizième siècle. On a de lui des poësies & latines & françoises, & quelques tragédies. Peut-être eût-il été un homme, mais il fut assassiné à vingt-six ans, en 1586. Voëtius a prétendu, mais sans preuve, que c'étoit le cardinal du Perron qui l'avoit fait assassiner pour se venger de quelques satires que *Monin* avoit faites contre lui.

MONIQUE, (Sainte) (*Hist. Ecclés.*) mère de S. Augustin. C'est à ses ferventes prières qu'on attribue la conversion de son fils. Elle avoit aussi converti son mari Patrice, bourgeois de Tagaste en Numidie, qui étoit payen. Elle étoit née en 332, & mourut en 387 à Ostie.

MONIME. (*Voyez* MITHRIDATE.)

MONITEUR, s. m. (*Hist. anc.*) gens constitués pour avertir les jeunes gens des fautes qu'ils commettoient dans les fonctions de l'art militaire. On donnoit le même nom aux instituteurs des enfans, garçons ou filles, & aux oisifs qui connoissoient toute la bourgeoisie romaine, qui accompagnoient dans les rues les prétendans aux dignités, & qui leur nommoient les hommes importans dont il falloit captiver la bienveillance par des caresses. Le talent nécessaire à ces derniers étoit de connoître les personnes par leurs noms : un bourgeois étoit trop flatté de s'entendre désigner d'une manière particulière par un grand. Aux théâtres, le *moniteur* étoit ce que nous appellons *souffleur*. Dans le domestique, c'étoit le valet chargé d'éveiller, de dire l'heure de boire, de manger, de sortir, de se baigner. (*A. R.*)

MONMORENCI. } *Voyez par* MONT.
MONMOUTH. }

MONNIER. (le) (*Hist. Litt. mod.*) Trois hommes de ce nom, le père nommé Pierre, & les deux fils Pierre-Charles & Louis-Guillaume, ont été de l'académie des Sciences. Le père avoit été long-temps professeur de philosophie au collége d'Harcourt. On a de lui le *Cursus philosophicus*, long-temps célèbre dans les écoles. Il mourut en 1757.

MONNOYE, (Bernard de la) (*Hist. Litt. mod.*) de l'académie Françoise, excellent littérateur plutôt qu'homme d'un vrai talent. Son érudition en littérature, l'avoit rendu l'oracle des Bibliographies. On a de lui des poësies françoises, & il avoit remporté cinq fois le prix de poësie à l'Académie Françoise. Ses vers n'en sont pas moins très-médiocres, & il n'est personne qui ose mettre *la Monnoye* au rang des vrais poëtes. Ses noëls bourguignons sont peut-être son ouvrage le plus original; mais il faut être Bourguignon pour en sentir tout le mérite. Au reste, s'il n'est qu'au rang des poëtes médiocres, il est à la tête des littérateurs & des bibliographes. Ses notes, ses dissertations sur le *Menagiana*, sur les *Jugemens des Savans* de Baillet, & *L'Anti-Baillet* de Ménage; sur la Bibliothèque choisie de Colomiès, sur la Bibliothèque de Duverdier & de la Croix du Maine, sur Rabelais, sur le livre *De tribus impostoribus*; en un mot ses ouvrages d'érudition *Philologique* sont les vrais fondemens de sa réputation. Il étoit né à Dijon en 1641. Il avoit remporté, en 1671, le premier prix de poësie que l'académie ait distribué : le sujet étoit : *Le Duel aboli*, & le Duel n'est point aboli. Il fut reçu à l'académie Françoise en 1713. Il mourut en 1728. Le funeste systême de Law le ruina entièrement, & il ne subsista depuis ce temps que des bienfaits du duc de Villeroy. Songeons qu'il avoit quatre-vingt ans lorsqu'il perdit ainsi tout son bien, & représentons-nous le sort d'un vieillard qui se voit privé du nécessaire absolu dans un âge où les besoins qui se multiplient, rendroient le superflu même absolument nécessaire, dans un âge où tous les moyens de travail & de subsistance manquent à la fois.

M. *de la Monnoye*, Avocat célèbre au parlement de Paris, & homme très-aimable, étoit son petit-fils. Il croyoit devoir au nom qu'il portoit, de paroître occupé de littérature, dans un temps où les avocats s'en occupoient peu ; il n'avoit guères que des préjugés littéraires ; il offroit, par exemple, de prouver que M. de Voltaire n'avoit jamais fait quatre vers raisonnables de suite, & telle étoit à peu près la littérature des avocats & de beaucoup de magistrats de son temps. Ils avoient vu naître Voltaire, comment pouvoit-il être un grand homme ?

MONNOIES DES ROMAINS, (*Hist. rom.*) La pauvreté des premiers Romains ne leur permit pas de faire battre de la *monoie* ; ils furent deux siècles sans en fabriquer ; se servant de cuivre en masse qu'on donnoit au poids : Numa, pour une plus grande commodité, fit tailler grossièrement des morceaux du cuivre du poids de douze onces, sans aucune marque. On les nommoit, à cause de cette forme brute, *as rudis* : c'étoit là toute la *monnoie* romaine. Long-tems après, Servius Tullius en changea la forme grossière en pieces rondes du même poids & de la même valeur, avec l'empreinte de la figure d'un bœuf; on nommoit ces pièces *as libralis*, & *libella*, à cause qu'elles pesoient semblablement une livre ; ensuite on les subdivisa en plusieurs petites pièces, auxquelles on joignit des lettres, pour marquer leur poids & leur valeur; proportionnellement à ce que chaque pièce pesoit. La plus forte étoit le *décussis*, qui valoit & pesoit dix *as* ; ce qui la fit nommer *denier* ; & pour marque de sa valeur, il y avoit dessus un X. Le *quadrussis* valoit quatre de ces petites pièces; le *tricussis* trois ; le sesterce deux & demi : il valut toujours chez les Romains le quart d'un denier, malgré les changemens qui arrivèrent dans leurs *monnoies*, & pour désigner sa valeur, il étoit marqué de deux grands I, avec une barre au milieu, suivi d'un S, en cette manière H-S. Le *dupondius* valoit deux as, ce que les deux points qui étoient dessus signifioient. L'as se subdivisoit en petites parties, dont voici les noms; le *duns* pesoit onze onces, le *dextans* dix, le *dodrans* neuf, le *bes* huit, le *septunx* sept, le *semissis*, qui étoit le demi-as, en pesoit six, le *quinunx* cinq, le *triens* qui étoit la troisième partie de l'as, pesoit quatre onces, le *quatrans* ou quatrième partie, trois, le *sextans* ou sixième partie, deux; enfin *uncia*, étoit l'once, & pesoit une once.

Toutes ces espèces n'étoient que de cuivre, & même si peu communes dans les commencemens de la république, que l'amende décernée pour le manque de respect envers les magistats se payoit d'abord en bestiaux. Cette rareté d'espèces fit que l'usage de donner du cuivre en masse au poids dans les paiements, subsista long-tems; on en avoit même conservé la formule dans les actes, pour exprimer que l'on achetoit comptant, comme on voit dans Horace, *librâ mercatur & ære.* Tite-Live rapporte que l'an 347 de Rome, les sénateurs s'étant imposé une taxe pour fournir aux besoins de la république, en firent porter la valeur en lingots de cuivre dans des chariots au trésor public, qu'on appelloit *ærarium*, du mot *æs*, genitif *æris*, qui signifie du *cuivre*, parce qu'il n'y avoit point à Rome d'or ni d'argent.

Ce fut l'an 485 de la fondation de cette ville que les Romains commencèrent de fabriquer des *monnoies* d'argent, auxquelles ils imposèrent des noms & valeurs relatives aux espèces de cuivre: le denier d'argent valoit dix as, ou dix livres de cuivre, le demi-denier d'argent ou *quinaire* cinq, le sesterce d'argent deux & demi, ou le quart du denier. Ces premiers deniers d'argent furent d'abord du poids d'une once, & leur empreinte étoit une tête de femme, coëffée d'un casque, auquel étoit attachée une aîle de chaque côté; cette tête représentoit la ville de Rome: ou bien c'étoit une victoire menant un char attelé de deux ou quatre chevaux de front, ce qui faisoit appeller ces pièces *bigati* ou *quadrigati* & sur le revers étoit la figure de Castor & Pollux. Pour lors la proportion de l'argent au cuivre étoit chez les Romains, comme 1 à 960: car le denier romain valant dix *as*, ou dix livres de cuivre, il valoit 120 onces de cuivre; & le même denier valant un huitiéme d'once d'argent, selon Budée, cela faisoit la proportion que nous venons de dire.

A peine les romains eurent assez d'argent pour en faire de la *monnoie*, que s'alluma la première guerre punique, qui dura 24 ans, & qui commença l'an 489 de Rome. Alors les besoins de la république se trouvèrent si grands, qu'on fut obligé de réduire l'*as libralis* pesant douze onces, au poids de deux, & toutes les autres *monnoies* à proportion, quoiqu'on leur conservât leur même valeur. Les besoins de l'état l'ayant doublé dans la seconde guerre punique qui commença l'an 536 de Rome, & qui dura 17 ans, l'as fut réduit à une once, & toutes les autres *monnoies* proportionnellement. La plûpart de ces as du poids d'une once avoient pour empreinte la tête du double Janus d'un côté, & la proue d'un vaisseau de l'autre.

Cette réduction ou ce retranchement que demandoient les besoins de l'état, répond à ce que nous appellons aujourd'hui *augmentation des monnoies*; ôter d'un écu de six livres la moitié de l'argent pour en faire deux, ou le faire valoir douze livres, c'est précisément la même chose.

Il ne nous reste point de monument de la manière dont les Romains firent leur opération dans la première guerre punique: mais ce qu'ils firent dans la seconde, nous marque une sagesse admirable. La république ne se trouvoit point en état d'acquitter ses dettes: l'as pesoit deux onces de cuivre, & le denier valant dix as, valoit vingt onces de cuivre. La république fit des as d'une once de cuivre; elle gagna la moitié sur ses créanciers; elle paya un denier avec ces dix onces de cuivre. Cette opération donna une grande secousse à l'état, il falloit la donner la moindre qu'il étoit possible; elle contenoit une injustice, il falloit qu'elle fût la moindre qu'il étoit possible; elle avoit pour objet la libération de la république envers ses citoyens, il ne falloit donc pas qu'elle eût celui de la libération des citoyens entr'eux: cela fit faire une seconde opération, & l'on ordonna que le denier, qui n'avoit été jusques-là que de dix as, en contiendroit seize. Il résulta de cette double opération que, pendant que les créanciers de la république perdoient la moitié, ceux des particuliers ne perdoient qu'un cinquième: les marchandises n'augmentoient que d'un cinquième; le changement réel dans la *monnoie* n'étoit que d'un cinquième; on voit les autres conséquences. En un mot les Romains se conduisirent mieux que nous, qui dans nos opérations, avons enveloppé & les fortunes publiques, & les fortunes particulières.

Cependant les succès des Romains sur la fin de la seconde guerre punique, les ayant laissés maîtres de la Sicile, & leur ayant procuré la connoissance de l'Espagne, la masse de l'argent vint à augmenter à Rome; on fit l'opération qui réduisit le denier d'argent de vingt onces à seize, & elle eut cet effet qu'elle remit en proportion l'argent & le cuivre; cette proportion étoit comme 1 à 160, elle devint comme 1 est à 128.

Dans le même tems, c'est-à-dire, l'an de Rome 547, sous le consulat de Claudius Nero, & de Livius Salinator, on commença pour la première fois de fabriquer des espèces d'or, qu'on nommoit *nummus aureus*, dont la taille étoit de 40 à la livre de douze onces, de sorte qu'il pesoit près de deux dragmes & demi; car il y avoit trois dragmes à l'once. Le *nummus aureus*, après s'être maintenu assez longtems à la taille de 40 à la livre, vint à celle de 45, à de 50 & de 55.

Il arriva sous les empereurs de nouvelles opérations encore différentes sur les *monnoies*. Dans celles qu'on fit du tems de la république, on procéda par voie de retranchement: l'état confioit au peuple ses besoins, & ne prétendoit pas le séduire. Sous les empereurs, on procéda par voie d'alliage: les princes réduits au désespoir par leurs libéralités même, se virent obligés d'altérer les *monnoies*; voie indirecte qui diminuoit le mal, & sembloit ne le pas toucher: on retiroit une partie du don, & on cachoit la main; & sans parler de diminution de la paye ou des largesses, elles se trouvoient diminuées. On remarque que sous Tibère, & même avant son règne, l'argent étoit aussi commun en Italie, qu'il pourroit l'être aujourd'hui en quelque partie de l'Europe que ce soit; mais comme bientôt après, le luxe reporta dans les pays étrangers l'argent qui regorgeoit à Rome, ce transport en diminua l'abondance chez les Romains, & fut une nouvelle cause de l'affoiblissement des *monnoies* par les empereurs. Didius Julien commença cet affoiblissement. La *monnoie* de Caracalla avoit plus de la moitié d'alliage, celle d'Alexandre Sévère les deux tiers: l'affoiblissement continua, & sous Galien, on ne voyoit plus que du cuivre argenté.

Le prince qui de nos jours feroit dans les *monnoies* des opérations si violentes, se tromperoit lui-même, & ne tromperoit personne. Le change a appris au banquier à comparer toutes les *monnoies* du monde, & à les mettre à leur juste valeur; le titre des *monnoies* ne peut plus être un secret. Si un prince commence le billon, tout le monde continue, & le fait pour lui: les espèces fortes sortent d'abord, & on les lui renvoie foibles. Si, comme les empereurs romains, il affoiblissoit l'argent, sans affoiblir l'or, il verroit tout-à-coup disparoître l'or, & il seroit réduit à son mauvais argent. Le change, en un mot, a ôté les grands coups d'autorité, du moins les succès des grands coups d'autorité.

Je n'ai plus que quelques remarques à faire sur les *monnoies romaines* & leur évaluation.

Il ne paroît pas qu'on ait mis aucune tête de consul ou de magistrat sur les espèces d'or ou d'argent avant le déclin de la république. Alors les trois maîtres des *monnoies*, nommés *triumvirs monétaires*, s'ingérèrent de mettre sur quelques-unes les têtes de telles personnes qu'il leur plaisoit, & qui s'étoient distinguées dans les charges de l'état, observant néanmoins que cette personne ne fût plus vivante, de peur d'exciter la jalousie des autres citoyens. Mais après que Jules-César se fut arrogé la dictature perpétuelle, le sénat lui accorda par exclusion à tout autre, de faire mettre l'empreinte de sa tête sur les *monnoies*; exemple que les empereurs imitèrent ensuite. Il y en eut plusieurs qui firent fabriquer des espèces d'or & d'argent portant leur nom, comme des Philippes, des Antonins, *&c.* Quelques-uns firent mettre pour empreinte la tête des impératrices. Constantin fit mettre sur quelques-unes la tête de sa mère: & après qu'il eut embrassé le christianisme, il ordonna qu'on marquât d'une croix les pièces de *monnoie* qu'on fabriqueroit dans l'empire.

Les Romains comptoient par deniers, sesterces, mines d'Italie, ou livres romaines, & talens. Quatre sesterces faisoient le denier, que nous évaluerons, *monnoie* d'angleterre, qui n'est point variable, à sept sols & demi. Suivant cette évaluation 96 deniers, qui faisoient la mine d'Italie, ou la livre romaine, monteront à 3 liv. sterl. & les 72 liv. romaines qui faisoient le talent, à 216 liv. sterling.

J'ai dit que les Romains comptoient par sesterces; ils avoient le petit sesterce, *sestertius*, & le grand sesterce, *sestertium*. Le petit sesterce valoit à-peu-près 1 d. trois quarts sterling. Mille petits sesterces faisoient le *sestertium*, valant 7 liv. 1 shell. 5 d. 29. sterling. *Mille sesterria* faisoient *decies sestertium* (car le mot de *centies* étoit toujours sous-entendu), ce qui revient à 8972 liv. 18 sh. sterling. *Centies sestertium*, ou *centies* H-S répondent à 80729 liv. 3 sh. 4 d. sterl. *Millies* H-S à 807291 liv. 13 sh. 4 d. sterl. *Millies centies* H-S. à 888020 liv. 16 sh. 8 d. sterl.

La proportion de l'or à l'argent étoit d'ordinaire de 10 à 1, quelquefois de 11, & quelquefois de 12 à 1. Outre les *monnoies* réelles d'or & d'argent & de cuivre, je trouve que Martial fait mention d'une menue *monnoie* de plomb, ayant cours de son tems; on la donnoit, dit-il, pour rétribution à ceux qui s'engageoient d'accompagner les personnes qui vouloient paroître dans la ville avec un cortège. Mais il est vraisemblable que cette prétendue *monnoie* de plomb, ne servoit que de marque & de mereau, pour compter le nombre des gens qui étoient aux gages de tel ou tel particulier.

Pour empêcher les faux-monnoyeurs de contrefaire certaines espèces d'or ou d'argent, les Romains imaginèrent de les denteler tout-au-tour comme une scie; & on nomma ces sortes d'espèces *nummi serrati*; il y a des traducteurs & des commentateurs de Tacite qui se sont persuadés, que *nummus serratus* étoit une *monnoie* qui portoit l'empreinte d'une scie; & cette erreur s'est glissée au moins dans quelques dictionnaires. (*D. J.*)

MONNOIE OBSIDIONALE, (*Hist. milit.*) on appelle de ce nom une *monnoie* communément de bas-alloi, de quelque métal, ou autre matière, formée & frappée pendant un triste siège, afin de suppléer à la vraie *monnoie* qui manque, & être reçue dans le commerce par les troupes & les habitans, pour signe d'une valeur intrinsèque spécifiée.

Le grand nombre de villes assiégées où l'on a frappé pendant les xvj. & xvij. siècles de ces sortes de pièces, a porté quelques particuliers à en rechercher l'origine, l'esprit, & l'utilité. Il est certain que l'usage de frapper dans les villes assiégées des *monnoies* particulières, pour y avoir cours pendant le siège, doit être un usage fort ancien, puisque c'est la nécessité qui l'a introduit. En effet, ces pièces étant alors reçues dans le commerce pour un prix infiniment au-dessus de leur valeur intrinsèque, c'est une grande ressource pour les commandans, pour les magistrats, & même pour les habitans de la ville assiégée.

Ces sortes de *monnoies* se sentent de la calamité qui les a produites; elles sont d'un mauvais métal, & d'une fabrique grossière; si l'on en trouve quelques-unes de bon argent, & assez bien travaillées, l'ostentation y a eu plus de part que le besoin.

Leur forme n'est point déterminée, il y en a de rondes, d'ovales, & de quarrées; d'autres en losange, d'autres en octogone, d'autres en triangles, *&c.*

Le type & les inscriptions n'ont pas de règles plus fixes. Les unes sont marquées des deux côtés, & cela est rare; les autres n'ont qu'une seule marque. On y voit souvent les armes de la ville assiégée; quelquefois celles du souverain, & quelquefois celles du gouverneur; mais il est plus ordinaire de n'y trouver que le nom de la ville tout au long, ou en abrégé, le millesime, & d'autres chiffres qui dénotent la valeur de la piece.

Comme les curieux ont négligé de ramasser ces sortes de *monnoies*, il seroit difficile d'en faire une histoire bien suivie: cependant la diversité des pièces obsidionales que nous connoissons, la singularité de quelques-unes, & les faits auxquels elles ont rapport, pourroient former un petit ouvrage agréable, neuf & intéressant.

Les plus anciennes de ces *monnoies obsidionales* de notre connoissance, ont été frappées au commencement du xvj. siècle, lorsque François I. porta la guerre en Italie; & ce fut pendant les siéges de Pavie & de Crémone, en 1524 & 1526. Trois ans après on en fit presque de semblables à Vienne en Autriche, lorsque cette ville fut assiégée par Soliman II. Lukius en rapporte une fort singulière, frappée par les Vénitiens à Nicosie, capitale de l'île de Chypre, pendant le siége que Selim II. mit devant cette île en 1570.

Les premières guerres de la république d'Hollande avec les Espagnols, fournissent ensuite un grand nombre de ces sortes de *monnoies*; nous en avons de frappées en 1573, dans Middelbourg en Zélande, dans Harlem, & dans Alcmaer. La seule ville de Leyde en fit de trois différens revers pendant le glorieux siége qu'elle soutint en 1474. On en a de Schoonhoven de l'année suivante; mais une des plus dignes d'attention, fut celle que frappèrent les habitans de Kampen durant le siége de 1578; elle est marquée de deux côtés. On voit dans l'un & dans l'autre les armes de la ville, le nom au-dessous, le millésime, & la note de la valeur. On lit au-dessus ces deux mots *extremum subsidium*, dernière ressource, inscription qui revient assez au nom que l'on donne en Allemagne à ces sortes de *monnoies*; on les appelle ordinairement *pièces de nécessité*; celles qui furent frappées à Mastricht, en 1579, ne sont pas moins curieuses; mais celles qu'on a frappées depuis en pareilles conjonctures, ne contiennent rien de plus particulier, ou de plus intéressant.

On demande si ces sortes de *monnoies*, pour avoir un cours légitime, doivent être marquées de la tête ou des armes du prince de qui dépend la ville; si l'une ou l'autre de ces marques peut être remplacée par les seules armes de la ville, ou par celle du gouverneur qui la défend; enfin s'il est permis à ce gouverneur ou commandant de se faire représenter lui-même sur ces sortes de *monnoies*. Je résous toutes ces questions en remarquant que ce n'est qu'improprement qu'on appelle les pièces obsidionales *monnoies*; elles en tiennent lieu, à la vérité, pendant quelque tems; mais au fond, on ne doit les regarder que comme des espèces de méreaux, de gages publics de la foi des obligations contractées par le gouverneur, ou par les magistrats dans des tems aussi cruels que ceux d'un siège. Il paroît donc fort indifférent de quelle manière elles soient marquées, pourvu qu'elles procurent les avantages que l'on en espère. Il ne s'agit que de prendre le parti le plus propre à produire cet effet, *salus urbis, suprema lex esto*.

Au reste, il ne faut pas confondre ce qu'on appelle *monnoies obsidionales*, avec les médailles frappées à l'occasion d'un siège, & de ses divers événemens, ou de la prise d'une ville; ce sont des choses toutes différentes. (*D. J.*)

MONOCROTON, s. m. (*Hist. anc.*) vaisseau à un banc de rames de chaque côté. On l'appelloit aussi *moneris*; ce n'étoit donc pas, comme on le pourroit croire, une barque qu'un seul homme pût gouverner. (*A.R.*)

MONOMACHIE, s. f. (*Hist. mod.*) en grec μονομαχια, *duel*, combat singulier d'homme à homme. Ce mot vient de μονος, *seul*, & de μαχη, combat.

La *monomachie* étoit autrefois permise & soufferte en justice pour se laver d'une accusation, & même elle avoit lieu pour des affaires purement pécuniaires, elle est maintenant défendue. Alciat a écrit un livre *De monomachiâ*. (*A. R.*)

MONOPHILE, (*Hist. anc.*) eunuque de Mithridate. Sommé de rendre un château où il étoit renfermé avec la fille de ce prince, & désespérant de pouvoir le défendre contre les Romains, qui venoient de vaincre Mithridate sous la conduite de Pompée, il poignarda la princesse, & se poignarda lui-même pour ne point survivre à la défaite de son maître, & pour que la fille de Mithridate ne tombât pas au pouvoir des Romains.

MONOPTERE, s. m. (*Hist. anc.*) sorte de temple chez les anciens, qui étoit de figure ronde & sans murailles pleines, ensorte que le dôme qui le couvroit n'étoit soutenu que par des colonnes posées de distance en distance; ce mot est composé de μονος, *seul*, & de πτερον, *aîle*, comme qui diroit bâtiment composé d'une *seule aile*. (*A. R.*)

MONPENSIER. *Voyez* MONTPENSIER.

MONRO, (Alexandre) (*Hist. Litt. mod.*) célèbre médecin anglois, né en 1697, mort en 1767, un des plus grands anatomistes de son siècle. Ses œuvres ont été publiées en 1781. On distingue sur-tout son traité de *l'anatomie des os*, qui a été imprimé huit fois du vivant de l'auteur, & traduit dans presque toutes les langues de l'Europe.

MONSEIGNEUR, MESSEIGNEURS, *au pluriel*, (*Hist. mod.*) titre d'honneur & de respect dont on use lorsqu'on écrit ou qu'on parle à des personnes d'un rang ou d'une qualité auxquelles l'usage veut qu'on l'attribue. Ce mot est composé de *mon* & de *seigneur*. On traite les ducs & pairs, les archevêques & évêques, les présidens au mortier de *monseigneur*. Dans les requêtes qu'on présente aux cours souveraines, on se sert du terme *monseigneur*.

Monseigneur, dit absolument, est la qualité qu'on donne présentement au dauphin de France; usage qui ne s'est introduit que sous le règne de Louis XIV; auparavant on appelloit le premier fils de France *monsieur le dauphin*.

MONSIEUR, *au pluriel* MESSIEURS, (*Hist. mod.*) terme ou titre de civilité qu'on donne à celui à qui on parle, ou de qui on parle, quand il est de condition égale ou peu inférieure. Ce mot est composé de *mon* & de *sieur*. Borel dérive ce mot du grec, Χυριος, qui signifie *seigneur* ou *sire* comme si on écrivoit *moncyeur*.

Pasquier tire l'étymologie des mots *sieur* ou *monsieur*, du latin *senior*, qui signifie *plus âgé*; les Italiens disent *signor*, & les Espagnols *senor*; avec l'atildé, qui équivaut à *ng* dans le même sens, & d'après la même étymologie; les adresses des lettres portent à *monsieur*, *monsieur*, *&c.* L'usage du mot *monsieur* s'étendoit autrefois plus loin qu'à présent. On le donnoit à des personnes qui avoient vécu plusieurs siècles auparavant; ainsi on disoit *monsieur S. Augustin* & *monsieur S. Ambroise*, & ainsi des autres saints, comme on le voit dans plusieurs actes imprimés & manuscrits, & dans les inscriptions du xve & du xvj[e] siècles. Les Romains, du temps de la république, ne reconnoissoient point ce titre, qu'ils eussent regardé comme une flatterie, mais dont ils se servirent depuis, employant le nom de *dominus* d'abord pour l'empereur, ensuite pour les personnes constituées en dignités: dans la conversation ou dans un commerce de lettres, ils ne se donnoient que leur propre nom; usage qui subsista même encore après que César eut réduit la république sous son autorité. Mais la puissance des empereurs s'étant ensuite affermie dans Rome, la flatterie des courtisans qui recherchoient & la faveur & les bienfaits des empereurs, inventa ces nouvelles marques d'honneurs. Suétone rapporte qu'au théâtre un comédien ayant appellé Auguste, *seigneur* ou *dominus*, tous les spectateurs jettèrent sur cet acteur des regards d'indignation, ensorte que l'empereur défendit qu'on lui donnât davantage cette qualité. Caligula est le premier qui ait expressément commandé qu'on l'appellât *dominus*. Martial, lâche adulateur d'un tyran, qualifia Domitien *dominum deumque nostrum*; mais enfin, des empereurs ce nom passa aux particuliers. De *dominus* on fit *dom*, que les Espagnols ont conservé, & qu'on n'accorde en France qu'aux religieux de certains ordres.

Monsieur, dit absolument, est la qualité qu'on donne au second fils de France, au frère du roi. Dans une lettre de Philippe de Valois, ce prince parlant de son prédécesseur, l'appelle *monsieur* le roi. Aujourd'hui personne n'appelle le roi *monsieur*, excepté les enfans de France. (*A. R.*)

MONSTRELET, (Enguerrand de) (*Hist. Litt. mod.*) gentilhomme flamand, mort en 1453, gouverneur de Cambrai sa patrie; plus connu par sa *Chronique* ou *Histoire curieuse & intéressante des choses mémorables arrivées de son temps*, depuis l'an 1480, jusqu'en 1467.

MONTAGNE *ou* MONTAIGNE, (Michel de) (*Hist. Litt. mod.*) Ses *Essais* sont un chef-d'œuvre qui ne périra jamais; c'est l'ouvrage le plus pensé qu'il y ait dans une langue qui, malheureureusement, n'est plus la nôtre; c'est l'ouvrage qui fait le plus regretter l'ancien langage françois; mais qu'on y prenne garde, ce n'est pas tant l'ancien langage qu'on regrette en lisant *Montagne*, que le langage particulier qu'il avoit su se faire, ce langage énergique & pittoresque, presque tout formé d'expressions de génie qui donnent de la force, du mouvement, de la couleur aux pensées; jamais l'imagination n'a si bien servi la philosophie, & le style de *Montagne* n'étonnoit pas moins ses contemporains qu'il nous étonne nous-mêmes. Un charme particulier de ce livre, c'est que ce n'est point un livre, c'est une conversation continuelle de *Montagne* avec son lecteur; conversation avec tous les écarts, toutes les disparates, tous les épisodes, toutes les excursions hors du sujet, tous les retours au sujet, tout le naturel, toute la franchise, tous les avantages, & si l'on veut, tous les défauts de la conversation. Prenez une idée devenue commune, ou qui pouvoit l'être du temps même de *Montagne*, vous pourrez la rencontrer dans *Montagne*, vous ne la reconnoîtrez plus, tant l'expression l'aura dénaturée, embellie, fortifiée, rendue propre à l'auteur! Le germe de presque toutes les idées utiles qui viennent d'être adoptées ou qui vont l'être sur l'éducation, sur la législation, sur les objets les plus intéressants pour la société, se trouve dans *Montagne*; & ceux qui en tout genre, ont eu la gloire ou le bonheur de renverser la barrière ébranlée par leurs prédécesseurs, se sont sur-tout aidés de *Montagne* en le citant ou en ne le citant pas. Jamais on n'a fait un usage plus juste ni plus riche de l'histoire. Tout précepte, toute idée, toute proposition est appuyée sur des exemples; c'est vraiment la philosophie de l'histoire; c'est la morale prouvée par les faits: aussi le cardinal du Perron appelloit-il ce livre, *le breviaire des honnêtes-gens*.

On a imprimé en 1772, *des Voyages de Montagne*; ce n'est qu'un Journal informe & minutieux, dicté à un domestique, & que le domestique auroit pu faire presqu'aussi bien que le maître. On y trouve cependant quelques traits, quelques descriptions, où on peut reconnoître *Montagne*:

Invenias etiam disjecti membra poetæ.

Mais il est triste d'avoir à lui tenir compte de certains petits détails de sa dépense dans ses *Voyages*, parce que, dit-on, ils peuvent servir d'objets de comparaison pour le prix des denrées & pour la proportion du numéraire actuel avec celui du temps de *Montagne*.

Michel de *Montagne* naquit en 1533, au château de Montagne en Périgord, de Pierre Eyquem, seigneur de Montagne. Son éducation offre quelques particularités. *Montagne* sut le latin à six ans, parce que ce ne fut pas pour lui une langue apprise, mais une langue naturelle. Son père avoit placé auprès de lui, un allemand qui ne lui parloit jamais qu'en latin. On avoit le singulier usage de ne le réveiller le matin, qu'au son des instruments; il eût mieux valu peut-être ne le point réveiller du tout, & peut-être devroit-on ne lever les enfants que lorsqu'ils s'éveillent d'eux-mêmes: pourquoi les frustrer d'une partie du repos que la nature leur avoit destiné? *Montagne* eut pour maîtres Buchanan & Muret; sorti des études, il voyagea, & observa beaucoup; car c'étoit l'homme sur-tout qu'il vouloit connoître, & il y réussit:

Montagne, sans art, sans systême,
Cherchant l'homme dans l'homme-même,
Le connoît & le peint bien mieux.

Il fut quelque temps conseiller au parlement de Bordeaux; mais cette profession n'avoit point pour lui d'attraits. Son père avoit été maire de la ville de Bordeaux; il le fut aussi en 1581; il succéda dans cette place, au maréchal de Biron, & il y eut pour successeur le maréchal de Matignon. Charles IX lui avoit donné le collier de l'ordre de Saint-Michel, celui du Saint-Esprit n'étoit pas encore institué. Il mourut en 1592, ayant vu jusqu'à six rois. C'est voir trop de rois & pour eux & pour soi-même.

MONTAIGU, (*Hist. de Fr.*) nom d'une illustre maison d'Auvergne, dont étoit Guerin *de Montaigu*, le quatorzième & l'un des plus célèbres grands-maîtres de l'ordre de Saint-Jean-de-Jérusalem, qui résidoit alors à Ptolémaïde ou Saint-Jean-d'Acre. Il fut élu l'an 1206, chassa les Turcs de l'Arménie l'an 1209; il se signala en 1219, à la prise de Damiette. Il mourut en 1230, comblé de gloire, redouté des Turcs & regretté de tous les princes chrétiens. Cette maison *de Montaigu* subsiste encore dans les marquis de Bouzols & vicomtes de Beaune.

Gilles ou Guillaume-Aicelin *de Montaigu* (car il est appellé de ces deux différents noms de Gilles ou de Guillaume, par différents auteurs) fut cardinal-évêque de Térouane, & chancelier de France. Il suivit le roi Jean à Bordeaux & en Angleterre, après la funeste bataille de Poitiers; il tenoit les sceaux en Angleterre auprès du roi prisonnier, & on a des lettres scellées de lui, datées d'Angleterre. En 1358, il se retira en Auvergne; en 1360, le roi le rappella auprès de lui; il fut fait cardinal en 1361, & mourut à Avignon en 1378. Voici le le témoignage que lui rend Froissart: *alors étoit chancelier de France un moult sage homme & vaillant, qui étoit nommé messire Guillaume* de Montaigu, *évêque de Térouane, par lequel conseil on besogna en France & bien le valoit en tous états; car son conseil étoit bon & loyal.*

MONTAGU *ou* MONTAIGU, (Jean de) (*Hist. de Fr.*) Lorsque le cruel Jean, duc de Bourgogne, après avoir assassiné son cousin le duc d'Orléans, frère de Charles VI, revint, la force à la main, avouant son crime, osant le justifier, & donnant à la France ce grand scandale d'une apologie publique de l'assassinat du frère du roi, prononcée devant toute la cour, devant tous les corps de l'état, devant le peuple même, par un prêtre & un religieux; il s'empara du gouvernement, & l'autorité resta entre les mains du crime; le duc de Bourgogne avoit déjà surpris la confiance du peuple, il se l'assura encore en faisant trancher la tête à *Montaigu*, surintendant des finances, coupable sans doute de quelques déprédations, mais puni seulement pour avoir déplu au duc de Bourgogne, selon l'usage si connu de rendre injuste par le motif & par la manière, ce qui pourroit être juste au fond. *Montaigu* fut jugé par des commissaires en 1409; c'est de lui, qu'un célestin de Marcoussy, dit à François Ier., *qu'il n'avoit pas été condamné par juges, ains par commissaires. Montaigu* fut réhabilité dans la suite par le parti orléanois, peut-être avec aussi peu de justice, & seulement en haine du duc de Bourgogne. Ses richesses & son énorme puissance déposoient contre lui; la prospérité avoit fait sur lui son effet ordinaire. On raconte que Séjan, au moment de sa disgrace, appellé deux fois en plein sénat, par le consul Régulus, ne répondit point, parce que dans le cours de sa longue puissance, il avoit perdu l'habitude de recevoir des ordres. Ce fut par une disposition à-peu-près semblable, que quand le prévôt de Paris, des Essarts, arrêta *Montaigu*, celui-ci lui dit, *Ribaud, comment es-tu si hardi de moi attoucher?*

Un frère de *Montaigu*, nommé Jean, comme lui, évêque de Chartres, puis archevêque de Sens & chancelier de France, fut tué à la bataille d'Azincourt. *Ce prélat*, dit un auteur du temps, *fut peu plaint, parce que ce n'étoit pas son office.*

Un autre frère de *Montaigu*, nommé Gérard, fut évêque de Paris, & mourut en 1420.

Tous trois étoient fils de Gérard *de Montaigu*, secrétaire du roi Charles V, trésorier de ses Chartes, & maître des comptes, mort le 15 juillet 1391.

Le fils de Jean *de Montaigu*, décapité en 1409, fut Charles *de Montaigu*, vidame de Laonnois, seigneur de Marcoussy, tué à la bataille d'Azincourt. C'est par Jacqueline, une de ses sœurs, que la terre de Marcoussy & d'autres biens des *Montaigu*, ont passé dans la maison de Graville.

Le nom de *Montaigu* ou *Mountagu*, a été porté aussi en Angleterre, par plusieurs personnages dignes de mémoire. C'étoit celui:

1°. D'un lord, frère de ce fameux comte de Warwick, tour-à-tour l'appui & la terreur des deux Roses rivales d'Angleterre. Le lord *de Montaigu* fut tué avec le comte de Warwick son frère, à la bataille de Barnet, qu'ils perdirent contre Edouard IV, le 3 avril 1471.

Il y a en Angleterre une ancienne maison de *Montaigu*, dont les deux principales branches ont été les *Montaigu* du comté de Northampton, & les comtes de Salisburi. Ceux de Northampton se sont distingués par leur attachement à la maison Stuart dans les temps les plus difficiles. Le lord *Montaigu* de Bougthon, dans le comté de Northampton, souffrit pour la cause de Charles Ier, & fut emprisonné par ordre du parlement; son frère Henri, lord *Montaigu* de Kymbolton, dans le comté de Manchester, fut trésorier d'Angleterre & garde du sceau privé sous le même Charles Ier.

Edouard, fils de Henri, concourut au rétablissement de Charles II, & fut son chambellan.

Un autre *Montaigu*, le lord *Montaigu* de Saint-Neots, fit passer au service du même Charles II, la flotte angloise qu'il commandoit. Il fut tué le 26 mai 1672, dans un combat naval entre les flottes angloise & hollandoise.

C'étoit un *Montaigu* qui étoit ambassadeur d'Angleterre en France, dans le temps de la mort de Madame Henriette-Marie d'Angleterre; & nous avons de lui sur cette mort, des lettres adressées au comte d'Arlington, secrétaire d'état.

Le fameux comte de Halifax, chancelier de l'échiquier

quier sous Guillaume III, & auteur des billets de l'échiquier, & d'autres établissements utiles au commerce & aux finances d'Angleterre, disgracié sous la reine Anne, en 1711, dans le temps de la trève, suivie de la paix d'Utrecht, régent du royaume après la mort de la reine Anne, jusqu'à l'arrivée du roi Georges Ier., ayant beaucoup contribué à fixer la succession dans la maison de Hanovre, rentra, sous Georges Ier., dans tous ses emplois, & y mourut le 30 mai 1715. Il étoit *Montaigu* de la branche de Northampton.

Vers le même temps, un lord *Montaigu* étoit ambassadeur à Constantinople. C'est à lady Wortley-*Montaigu* sa femme, que l'Angleterre a dû la méthode de l'inoculation. Voici ce que M. de Voltaire écrivoit à ce sujet en 1727, avant que personne connût en France cette Méthode. « Mme de Wortley-» *Montaigu*, une des femmes d'Angleterre qui a le » plus d'esprit & le plus de force dans l'esprit, étant » avec son mari en ambassade à Constantinople, » s'avisa de donner sans scrupule, la petite vérole à » un enfant dont elle étoit accouchée en ce pays; son » chapelain eut beau lui dire que cette expérience » n'étoit point chrétienne, & ne pouvoit réussir que » chez des infidèles, le fils de Mme Vortley s'en » trouva à merveille. Cette dame, de retour à Lon-» dres, fit part de son expérience à la princesse de » Galles, aujourd'hui reine, (c'étoit la princesse Guillelmine-Dorothée-Charlotte de Brandebourg-Anspach, femme de Gerges II.) Dès que cette » reine eut entendu parler de l'inoculation ou insertion » de la petite vérole, elle en fit faire l'expérience sur » quatre criminels condamnés à mort, à qui elle sauva » doublement la vie..... Assurée de l'utilité de cette » épreuve, elle fit inoculer ses enfans. L'Angleterre » suivit son exemple; & depuis ce temps, dix mille » enfants de famille, au moins, doivent ainsi la vie » à la reine & à Mme Wortley-*Montagu*, & autant de » filles leur doivent leur beauté ».

On nous a fourni sur Mme *de Montaigu* & sur son fils, les anecdotes suivantes.

Miladi *Montagu* avoit été fort liée avec Pope; elle lui écrivoit de Constantinople, & plusieurs de ses lettres ont été imprimées & traduites. Ils se brouillèrent, & l'on en ignore la cause.

Miladi *Montagu*, pendant l'ambassade de son mari à la Porte, eut, dit-on, la curiosité d'entrer dans l'intérieur du serrail. On prétendit que le grand-seigneur l'y avoit reçue lui-même, & qu'elle avoit eu les honneurs du mouchoir. Ce bruit fit fortune à Londres: on accusa Pope d'en être l'auteur, & l'imputation n'étoit pas sans fondement. Un ami de l'ambassadrice s'en plaignit à Pope lui-même, qui répondit: *Dieu me garde d'avoir jamais imaginé que milady* Montagu *ait couché avec le grand-seigneur, tout au plus avec quelques-uns de ses janissaires.* Cette cruelle & brutale plaisanterie fut rapportée à milady, qui, dès ce moment, ne respira que la haine & la vengeance.

Elle écrivoit de Florence, à une de ses amies: « Le » mot de *malignité* me rappelle la malfaisante guèpe » de Twickenham (1). Ses mensonges ne m'affectent » plus. On ne peut que le mépriser comme les contes » du serrail & du mouchoir, dont je suis bien per-» suadée qu'il est seul l'inventeur. Cet homme a un » cœur méchant & bas; il est assez vil pour prendre le » masque d'un moraliste, afin de décrier à son aise » la nature humaine, & de couvrir d'un voile décent » la haine qu'il porte aux hommes ».

Pope écrivoit dans le même temps à un de ses amis qui voyageoit en Italie: « Vous me parlez de » la réputation que mon ancienne connoissance lady » Marie s'est faite dans toute l'Italie, mais vous ne » vous souciez pas de me dire, & je ne me soucie » guère d'apprendre quels sont les titres qui lui ont » acquis cette grande réputation. Je voudrois cepen-» dant que vous me dissiez ce qui, de l'avarice ou » de la galanterie, domine le plus dans son caractère ».

Pope publia quelque temps après, une Imitation en vers, de la première satyre du second livre d'Horace. Il y désigne une femme, sous le nom de *Sapho*, par deux vers dont voici la traduction:

De Sapho n'attends pas un traitement plus doux,
Son amour empoisonne, & sa haine déchire.

Le mot anglois (2) que je traduis ici par *empoisonne*, a dans l'original, une toute autre énergie, que le bon goût comme la décence, ne permet pas de rendre dans notre langue. On appliqua ces vers sanglans à milady *Montagu*: Pope se défendit de l'application; mais on ajoute peu de foi aux désaveux des poëtes satyriques. Milady elle-même ne douta point que ce ne fût elle que Pope avoit eue en vue; à ce nouvel outrage, elle ne garda plus de mesure, & se vengea avec les mêmes armes.

Elle fit imprimer une satyre en vers, contre Pope, la plus amère, la plus violente, & la plus cruelle peut être qu'il y ait en aucune langue; on a peine à y reconnoître le ton d'une femme du monde, aimable & polie; mais on y trouve autant d'esprit que de fureur. C'est sous ce point de vue, un des monuments les plus curieux de la littérature.

Milady *Montagu* a composé d'autres petites pièces de poësie d'un goût plus délicat & d'un ton plus convenable à son sexe, à son rang & à ses talens: la plûpart roulent sur la galanterie; & ce qui les caractérise en général, c'est l'esprit, l'élégance & la finesse; on y trouve moins d'imagination & de sensibilité. Quelques-unes mériteroient qu'on les traduisît dans notre langue, mais en les revêtant des ornemens de la versification, sans lesquels ces jeux d'esprit perdent nécessairement presque tout ce qu'ils ont de piquant.

Lady Mary-Wortley *Montagu* survécut de plusieurs années à son époux Edouard-Wortley *Montagu*, qui, dit-on, mourut subitement, sans avoir eu le temps

(1) Twickenham est un village près de Londres, où Pope avoit une jolie maison.

(2) Pox'd by her love.

de changer, comme il l'avoit projetté, les dispositions de son testament, par lequel il avoit déshérité son fils. Voici ce qu'on rapporte de ce jeune homme. A peine sorti de l'enfance, il avoit abandonné la maison paternelle pour aller habiter la chaumière & s'asservir au genre de vie & aux ordres d'un ramoneur. Une mauvaise nourriture & des haillons lui parurent préférables aux commodités & aux agrémens dont il avoit joui. Il se tint ainsi caché dans Londres même, pendant neuf mois, au bout desquels on parvint à le découvrir. Ramené chez ses parents, on combattit inutilement en lui le desir de se dégrader volontairement; il s'échappa de nouveau, se fit recevoir mousse sur un vaisseau qui partoit pour Lisbonne, & après ce voyage, traversa toute l'Espagne au service d'un muletier; sa vie enfin ne fut qu'une suite d'aventures & de bizarreries. C'étoit pourtant un homme du plus grand mérite, & il l'a prouvé par un excellent ouvrage, intitulé: *Réflexions sur l'origine & la décadence des Républiques*. Il étoit revenu en Angleterre, & s'étoit raccommodé avec son père avant la mort de celui-ci; mais à-peu-près vers cette époque, il offensa grièvement sa mère, qui, n'ayant jamais voulu lui pardonner, ne lui légua qu'un schelling de la riche succession qu'elle auroit pu lui laisser. Il étoit chez l'étranger lorsqu'il reçut ce legs, & il le donna à un de ses amis, qui dans ce moment là se trouvoit chez lui. Le lord Bute, qui avoit épousé sa sœur, devint par là maître d'une très-grande fortune, à laquelle il n'avoit pas droit de prétendre; mais cet homme généreux céda à son beau-frère, plus qu'on ne lui auroit probablement accordé en justice, si celui-ci eût voulu attaquer les dispositions de sa mère. M. *Montagu* passa dans le Levant les quinze dernières années de sa vie, pendant lesquelles il étoit devenu passionné pour le costume & les usages des Arabes, qu'il adopta & suivit constamment jusqu'à sa mort.

Il a passé les vingt dernières années de sa vie, en Egypte & dans la Grèce, vivant comme les Turcs, vêtu comme eux, ayant plusieurs femmes, & cultivant toujours les lettres. Il reparut en Italie, sans quitter le doliman ni la barbe.

Il revint en Angleterre exprès pour se marier, mais il annonça qu'il n'épouseroit qu'une fille grosse; elle ne fut pas difficile à trouver. Il l'épousa afin de laisser à l'enfant les biens dont il vouloit priver sa famille.

On a de lui quelques observations sur des monumens & des inscriptions antiques.

Nous ignorons si le savant anglois Richard *de Montaigu* ou *Montagu*, évêque de Chester, puis de Nortwich, étoit de cette maison *de Montaigu*; il étoit du comté de Buckingham; c'étoit de tous les théologiens anglois, celui dont les opinions se rapprochoient le plus de la foi catholique, & on croit qu'il alloit l'embrasser ouvertement, lorsque la mort le prévint en 1641. Il a beaucoup écrit sur des sujets relatifs à l'Ecriture-Sainte & à la théologie. Il eut quelques contestations avec Casaubon, au sujet d'ouvrages qu'ils avoient fait l'un & l'autre contre Baronius; Casaubon accusoit ou soupçonnoit *Montaigu* de plagiat & d'abus de confiance à son égard, parce qu'il lui avoit anciennement communiqué son ouvrage; mais tout en s'en plaignant, il loue le savoir de *Montaigu*.

On a aussi *de Montaigu*, des éditions de quelques ouvrages de plusieurs pères de l'église.

MONTALEMBERT. *Voyez* ESSÉ.

MONTAMY, (Didier-François d'Arclais, seigneur de) (*Hist. Litt. mod.*) premier maître d'hôtel de feu M. le duc d'Orléans, & chevalier de S. Lazare, mort à Paris en 1764, a traduit de l'allemand de Pott, sa Litogiognosie. Il est aussi auteur d'un traité des couleurs pour la peinture en émail & sur la porcelaine, imprimé à Paris en 1765, & dont M. Diderot a été l'éditeur.

MONTAN, (*Hist. de l'Eglise.*) Héréfiarque & illuminé du second siècle de l'Eglise, chef des Montanistes.

MONTANUS, Jean-Baptiste) (*Hist. Litt. mod.*) de Vérone, poëte, & sur-tout médecin célèbre, passa, en Italie, pour un second Galien. Il a beaucoup écrit sur la Médecine, tant générale que particulière, sur les vertus des médicaments, &c. On a aussi de lui: *Lectiones in Galenum & Avicennam*. Il étoit de presque toutes les Académies d'Italie. Mort en 1551.

MONTARGON, (Robert-François de) (*Hist. Litt. mod.*) dit le père Hyacinthe de l'Assomption, augustin de la Place des Victoires, aumônier du roi de Pologne Stanislas, est connu par son *Dictionnaire Apostolique*, à l'usage des prédicateurs sans talens, & par quelques autres ouvrages relatifs à la chaire & à la religion. Il périt malheureusement dans la crue d'eau que Plombières éprouva la nuit du 24 au 25 juillet 1770.

MONTARROYO MASCARENHAS, (Freyre de) (*Hist. Litt. mod.*) noble portugais, servit quelque temps, puis se livra tout entier aux lettres. Ses principaux ouvages sont: les *Négociations de la Paix de Riswich*; les relations des batailles d'Oudenarde & de Peterwaradin; de la mort de Louis XIV; *la Conquête des Onizes*, peuple du Brésil; *détail des progrès des Russes contre les Turcs & les Tartares*, &c. Né en 1670. Mort vers l'an 1730.

MONTAUBAN, (Jacques Pousset de) avocat, mort en 1685. Il étoit lié avec Boileau, Racine, Chapelle, &c On a de lui quelques pièces de théâtre ignorées, mais on dit qu'il a eu part à la comédie des *Plaideurs*. Si c'est lui, qui, par la connoissance qu'il avoit du barreau, a fourni le plaidoyer de l'Intimé & donné ce parfait modèle de la fausse éloquence & de la fausse chaleur, il avoit bien saisi les ridicules du barreau. Le portrait ressemble encore.

MONTAULT, (*Voyez* NAVAILLES.)

MONTAUSIER, (de Sainte-Maure) (*Hist. de Fr.*) Il y avoit une ancienne maison de Sainte-Maure, connue par des titres dès la fin du dixième siècle & le commencement du du onzième. Avoye de Sainte-Maure, héritière de cette maison, épousa en 1205, Guillaume de Précigny, de la même province, la Touraine; il prit le nom de Sainte-Maure, & leurs enfants réunissoient ou prenoient alternativement les noms de Précigny & de Sainte-Maure. Deux oncles d'Avoye, du nom de Sainte-Maure, avoient été tués dans les guerres que Henri Ier., roi d'Angleterre, faisoit en France vers les commencements du règne de Louis-le-Gros.

Pierre de Sainte-Maure-Précigny, dans la grande querelle d'Edouard III & de Philippe-de-Valois, fut fait trois fois prisonnier par les Anglois; il servoit en 1338 & 1340.

Guillaume de Sainte-Maure son frère, doyen de Saint-Martin-de-Tours, & qui refusa l'évêché de Noyon, fut chancelier de France sous Philippe-de-Valois, il fut nommé le 7 septembre 1329, & mourut en 1334.

Gui de Sainte-Maure épousa vers l'an 1325, l'héritière *de Montausier*, & forma la branche de *Montausier*.

Arnauld de Sainte-Maure, seigneur *de Montausier* son petit-fils, mourut, à ce qu'on croit, prisonnier des Anglois; il vivoit sous Charles VI & Charles VII.

François, baron *de Montausier*, fut tué en 1594, au siége de Laon.

François, seigneur de Sales, son frère, fut tué en duel le 26 janvier 1614.

Hector, baron *de Montausier*, leur neveu, maréchal-de-camp dans l'armée de la Valteline, y mourut au siège de Bormio en 1635.

Il étoit le frère du fameux Charles de Sainte-Maure, duc *de Montausier*, pair de France, gouverneur du dauphin, fils de Louis XIV. Le duc *de Montausier* naquit en 1610, de Léon de Sainte-Maure, baron *de Montausier*, frère des deux François nommés ci-dessus, & de Marguerite de Château-Briant. Il fut élevé dans la religion protestante, il l'abjura. « Abjurer » la religion de ses pères! s'écrie sur cela M. de La Cretelle, quel acte pour un homme de bien! Mais, ajoute-t-il, si sa conscience s'alarme, si la vérité » l'appelle, restera-t-il dans les dangers de l'erreur, » pour se sauver des soupçons des hommes! ce seroit » une autre lâcheté ». Peut-être, continue M. de La Cretelle, croira-t-on que l'amour eut quelque part à » sa conversion, puisqu'elle fut suivie de son mariage » avec la célèbre Julie d'Angennes, qu'il aimoit depuis » long-temps sans pouvoir l'obtenir, à cause de la » différence de religion. » M. de La Cretelle répond à cette objection par un fait qui prouve que l'amour même ne pouvoit détourner *Montausier* de son devoir. « Il avoit aimé en Lorraine, une demoiselle d'une » grande beauté, d'une grande maison, d'une grande » fortune; elle fut faite prisonnière; on le pressa vivement de favoriser son évasion, & un heureux & » brillant hymen devoit être le prix de ce service..... » Il fut inflexible. »

Julie d'Angennes & ce fameux hôtel de Rambouillet, célébré par Mme. Deshoulieres, sous le nom du *Palais d'Artenice*, rappellent la fameuse guirlande de Julie, ouvrage de tous les beaux esprits qui fréquentoient cet hôtel, ouvrage auquel M. *de Montausier* a contribué comme les autres, & dont on n'a retenu que le quatrain de la violette, fait par l'abbé Regnier Desmarais;

Modeste en ma couleur, modeste en mon séjour,
Libre d'ambition, je me cache sous l'herbe;
Mais si sur votre front je puis me voir un jour,
La plus humble des fleurs sera la plus superbe.

Montausier servit d'abord avec éclat; à vingt-huit ans il étoit maréchal-de-camp. En 1643, il fut pris à la journée de Duttinguen. Sa captivité dura dix mois. Sa rançon fut de dix mille écus, il racheta en même temps plusieurs officiers, & s'engagea pour un grand nombre d'autres qui lui étoient inconnus. Pendant la guerre de la Fronde, il reprit sur les Frondeurs, Saintes & Taillebourg; dans un combat en Périgord, il reçut cinq blessures considérables, on le transporta mourant à Angoulême, où il fut long-temps à se rétablir.

Lorsqu'il prit le parti de quitter sa province & de venir s'établir à Paris & paroître à la cour: *oui*, dit-il, *je vais à la cour & j'y dirai la vérité*. On sait s'il fut fidèle à ce serment; & rendons ici justice à Louis XIV, cette sincérité qui devoit perdre *Montausier*, fut la source de sa fortune; Mme. *de Montausier* fut faite gouvernante des enfans de France, & M. *de Montausier* gouverneur du Dauphin en 1668. Il avoit été fait duc & pair & chevalier des ordres en 1664. Il plaça d'abord auprès de son élève, l'éloquent Bossuet & le savant Huet; celui-ci présida aux éditions *ad usum Delphini*; mais ce fut, dit-on, le duc *de Montausier*, le plus savant homme de la cour, qui en conçut l'idée. Du moment où il fut chargé de l'éducation du dauphin, il sembla dire à tous ceux qui approchoient de la personne de son élève, comme Brutus à Messala:

Allez donc, & jamais n'encensez ses erreurs,
Si je hais les tyrans, je hais plus les flatteurs.

M. le dauphin tirant à un but, & en étant resté fort éloigné, un jeune page qu'on savoit être fort adroit, tira ensuite, & s'en éloigna encore davantage. Petit flateur, s'écria *Montausier*, c'est de M. le dauphin qu'il faut t'éloigner.

Il menoit le dauphin dans les chaumières & les masures les plus voisines de Versailles. Eh! qui peut, dit l'enfant, habiter ces tristes & dégoûtantes demeures? *Entrez & voyez, monseigneur, c'est sous ce chaume, c'est dans cette misérable retraite que logent le père, la mère, les enfans qui travaillent sans cesse pour payer l'or dont vos palais sont ornés, & qui meurent de faim pour subvenir aux frais de votre table.*

On connoît son mot à son élève, au moment où il cessoit d'être son gouverneur: *Monseigneur, si vous êtes honnête homme, vous m'aimerez; si vous ne l'êtes pas, vous me hairez, & je m'en consolerai.*

Et sa lettre au même prince, après la prise de Philisbourg: *Monseigneur, je ne vous fais point de compliment sur la prise de Philisbourg; vous aviez une bonne armée, des bombes, du canon & Vauban. Je ne vous en fais point aussi sur ce que vous êtes brave ; c'est une vertu héréditaire dans votre maison. Mais je me réjouis avec vous de ce que vous êtes bon, libéral, faisant valoir les services de ceux qui font bien ; c'est sur quoi je vous fais mon compliment.*

S'il n'aimoit pas la flatterie adressée aux princes, il ne la souffroit pas, adressée à lui-même :

Cui malè, si palpere, recalcitrat undique tutus.

Fléchier, qu'il ne connoissoit pas encore, lui tenant un propos obligeant : *Ah ! dit-il, voilà de mes flatteurs !* Il lui rendit plus de justice dans la suite. Le peuple, quand il voyoit passer la cour, demandoit : où est cet honnête homme qui dit toujours la vérité ?

Montausier fut gré à Moliere de l'avoir eu en vue dans son *Misanthrope*, homme d'humeur, mais honnête homme ; il l'en remercia. (*Voyez* l'article COTIN.) Si *Montausier* haïssoit la flaterie, il haïssoit aussi la satyre ; il s'étoit expliqué durement sur Boileau, & c'étoit le propos même du duc *de Montausier*, que Boileau avoit rendu ainsi :

Mais tout n'iroit que mieux
Quand de ces médisans l'engeance toute entière,
Iroit, la tête en bas, rimer dans la rivière.

Dans la suite, Boileau sentit combien il étoit important pour lui d'obtenir le suffrage de *Montausier*, & dans l'Epître à Racine, où il fait, comme Horace, l'énumération des hommes de goût & de mérite auxquels il aspire à plaire, il sollicita ce suffrage d'une manière si noble & si obligeante, que *Montausier* y fut sensible, & lui accorda son amitié. Après avoir parlé des Colbert, des Pomponne, des La Rochefoucauld, des Condé, il ajoute :

Et plût au ciel encor, pour couronner l'ouvrage,
Que *Montausier* voulût lui donner son suffrage !
C'est à de tels lecteurs que j'offre mes écrits.

Le duc *de Montausier* mourut en 1690. La duchesse *de Montausier*, sa femme, & l'objet de toutes ses affections, étoit morte en 1671, dame d'honneur de la reine. Fléchier fit l'oraison funèbre de tous deux, & consacra leur tendresse mutuelle. C'est dans l'oraison funèbre de M. *de Montausier*, que se trouve ce beau mouvement oratoire, qui a été si souvent imité depuis : « Oserois-je dans ce discours, où la franchise & » la candeur font le sujet de nos éloges, employer la » fiction & le mensonge ? ce tombeau s'ouvriroit, ces » ossements se rejoindroient, & se ranimeroient pour » me dire : pourquoi viens-tu mentir pour moi, qui » ne mentis pour personne ?

La branche de *Montausier* s'éteignit dans la personne du duc : sa fille unique Marie-Julie de Sainte-Maure, épousa le 16 mars 1664, Emmanuel, comte de Crussol, duc d'Uzès, premier pair de France.

MONTBRUN, (Charles Dupuy) (*Hist. de Fr.*) fut nommé *brave* dans le parti calviniste, & fut l'effroi des catholiques dans les guerres civiles sous Charles IX & sous Henri III. Il faisoit la guerre en Provence & en Dauphiné, où il s'étoit emparé de plusieurs places. Il se trouva & se distingua aux batailles de Jarnac & de Montcontour. En 1570, il accompagna l'amiral de Coligny dans le Vivarais, passa le Rhône à la nage avec sa cavalerie, qui venoit de battre le marquis de Gordes, commandant du Dauphiné, lequel avoit été blessé dans cette affaire. Les protestants ayant repris les armes après la Saint-Barthelemi, *Montbrun* s'empara encore de quelques places. Henri III, à son retour de Pologne, prenant possession de son royaume de France, passa devant Livron, place importante par sa situation, entre Lyon & Marseille ; ses troupes en faisoient le siége ; il fut insulté par les habitants, sans pouvoir en tirer vengeance ; ce qui jetta sur sa personne, ainsi que sur son règne, un discrédit dont il ne put se relever. C'étoit *Montbrun* qui commandoit dans cette place ; il fit piller par ses troupes, le bagage du roi, & il répondit à ceux qui s'étonnoient de la hardiesse qu'il avoit eue dans cette occasion : *deux choses rendent les hommes égaux, le* JEU ET LA GUERRE. Dans une autre occasion, *Montbrun* étant poursuivi par le marquis de Gordes, & se voyant au moment d'être tué ou pris, poussa son cheval excédé de fatigue, & voulut sauter un canal, près de Die, il tomba, se cassa la cuisse, & fut pris. Il fut conduit le 29 juillet 1575, à Grenoble, où on lui fit son procès ; il fut condamné à mort, & exécuté le 12 août suivant. La paix se fit en 1576, entre les catholiques & les protestants, & *Montbrun* fut expressément réhabilité dans le traité ; le jugement rendu contre lui fut anéanti. Son nom n'a point été flétri par le supplice, on ne se souvient que de sa valeur.

MONTCALM, (Louis-Joseph de Saint Veran, marquis de) (*Hist. de Fr.*) naquit en 1712, à Candiac, sa famille étoit du Rouergue ; elle avoit produit autrefois un grand-maître de l'ordre de Saint Jean de Jérusalem, nommé Gozon. Le marquis *de Montcalm* porta les armes de bonne heure, & ce ne fut qu'après avoir servi dix-sept ans qu'il fut fait colonel en 1743. Il reçut trois blessures à la bataille donnée sous Plaisance, le 13 juin 1746. La même année il reçut encore deux coups de feu au combat de l'Affiette, du 19 juillet 1747. Il fut fait brigadier des armées du roi cette même année 1747 ; maréchal de camp en 1756, & en même temps il fut nommé commandant en chef des troupes Françoises dans l'Amérique. Il prit alors la ferme résolution de défendre & de conserver le Canada ou de s'ensevelir sous ses ruines. A peine arrivé en Amérique, il arrêta par ses bonnes dispositions, l'armée du général Loudon, au lac du Saint Sacrement. Pendant quatre ans qu'il fit la guerre dans cette contrée, il soutint la destinée chancelante de la colonie Françoise, il battit ou repoussa des armées supérieures à la sienne, prit des forteresses défendues par des garnisons nombreuses. Ses troupes eurent beaucoup à souffrir du froid & de la faim pendant l'hiver de 1757 à 1758 ; il souffrit avec elles, & leur donna l'exemple de la constance ; il se priva de tout pour les secourir. Le 8 juillet 1758, il remporta une victoire complette sur le général Abercromby, qui avoit succédé au lord

Loudon ; le modeste vainqueur disoit dans sa relation, qu'il n'avoit eu pour tout mérite que le bonheur de commander des troupes valeureuses ; il avoit été fait commandeur de l'ordre de Saint Louis en 1757 ; il fut fait lieutenant-général en 1758. Au combat de Québec, livré le 14 septembre 1759, il reçut au premier rang & au premier choc, une profonde blessure, dont il mourut le lendemain. Ses vertus égaloient sa valeur & ses talents. Un trou qu'avoit fait une bombe, fut pour lui comme une espèce de tombeau militaire. Au milieu des travaux guerriers, il avoit toujours trouvé du temps pour l'étude qu'il avoit toujours aimée, & dans les idées de retraite dont il s'occupoit quelquefois, il faisoit entrer pour beaucoup dans son bonheur l'espérance d'être un jour de l'Académie des Inscriptions & Belles-Lettres, & de se livrer presque entièrement aux travaux de cette compagnie. L'Académie n'a pu que faire son épitaphe. La voici :

Hic jacet
Utroque in orbe æternùm victurus
Ludovicus-Josephus de Montcalm Gozon,
Marchio Sancti Verani, Baro Gabriaci,
Ordinis Sancti Ludovici commendator,
Legatus generalis exercituum Gallicorum,
Egregius & civis & miles,
Nullius rei appetens præterquàm veræ laudis,
Ingenio felici & Litteris exculto,
Omnes militiæ gradus per continua decora emensus,
Omnium belli artium, temporum, discriminum gnarus
In Italiâ, in Bohemiâ, in Germaniâ dux industrius,
Mandata sibi ità semper gerens ut majoribus par haberetur,
Jam clarus periculis
Ad tutandam Canadensem provinciam missus,
Parvâ militum manu hostium copias non semel repulit,
Propugnacula cepit viris armisque instructissima,
Algoris, inediæ, vigiliarum, laboris patiens,
Suis unicè prospiciens, immemor sui,
Hostis acer, victor mansuetus,
Fortunam virtute, virium inopiam peritiâ & celeritate compensavit
Imminens coloniæ fatum & consilio & manu per quadriennium sustinuit
Tandem ingentem exercitum duce strenuò & audaci
Classemque omni bellorum mole gravem
Multiplici prudentiâ diù ludificatus,
Vi pertractus ad dimicandum
In primâ acie, in primo conflictu vulneratus,
Religioni quam semper coluerat innitens,
Magno suorum desiderio nec sine hostium mærore extinctus est
Die 14 septemb. ann. 1759, ætatis 48.
Mortales optimi ducis exuvias in excavatâ humo,
Quam globus bellicus decidens dissiliensque
Desoderat
Galli lugentes deposuerunt,
Et generosæ hostium fidei commendârunt.

MONTCHAL, (Charles de) (*Hist. Litt. mod.*) archevêque de Toulouse, dont on a des Mémoires connus. Il avoit été précepteur du cardinal de la Valette, & il fut nommé à l'archevêché de Toulouse sur la démission de ce cardinal. Il étoit fils d'un apothicaire d'Annonai en Vivarais. On lui attribue une dissertation faite pour prouver que les puissances séculières ne peuvent imposer sur les biens de l'église aucune taxe, sans le consentement du clergé. Mort en 1651.

MONTCHENU, (*Hist. de Fr.*) fut l'ami le plus désintéressé de François Ier. Elevé avec ce prince, il se contenta dans sa plus grande faveur, de l'office de premier maître d'hôtel; cet emploi l'attachoit à la personne du roi, qu'il aimoit; il n'ambitionna ni fortune ni dignités plus éminentes; ce qui a donné lieu au conte suivant, fondé sur quelque vérité. Parmi l'élite de la noblesse qui étoit élevée avec François Ier., alors comte d'Angoulême, François distinguoit dès-lors Montmorency, Brion & *Montchenu*. Brantôme rapporte que ces trois jeunes seigneurs s'entretenant avec lui sur leurs destinées futures, lui demandèrent ce qu'il feroit pour eux lorsqu'il seroit roi : *désirez seulement*, leur dit François, *& soyez sûrs de tout obtenir*. Montmorenci désira d'être connétable, Brion d'être amiral, *Montchenu* borna son ambition à être premier maître-d'hôtel : leurs voeux furent remplis dans la suite, & le conte fut aisé à imaginer.

Ces trois fidèles amis de François Ier. eurent le même sort que lui à Pavie, Montmorenci fut pris avant la bataille, Brion & *Montchenu* dans la mêlée.

MONTCHEVREUIL. (*Voyez* MORNAI.)

MONTDEJEU, (Jean de Sculemberg *ou* de Schulemberg, marquis de) (*Hist. de Fr.*) commandoit dans Arras en 1654, lorsque le prince de Condé, l'archiduc Léopold & le Comte de Fuensaldagne en firent le siége, que M de Turenne leur fit lever. *Montdejeu* fut fait maréchal de France en 1658. Mort en 1651. Il étoit d'une ancienne maison établie, dès le 12e. siècle, dans la Marche de Brandebourg.

MONT-D'ORGE, (Antoine Gautier de) (*Hist. Litt. mod.*) maître de la chambre aux deniers du roi, auteur des *Talens lyriques*, & de quelques autres ouvrages. Né à Lyon en 1727. Mort à Paris en 1768.

MONTECUCULI *ou* MONTECUCULO, (Sebastien) (*Hist. mod.*) En 1536, époque où la rivalité de Charles-Quint & de François Ier. étoit le plus animée, époque où Charles-Quint, descendu en Provence avec les forces les plus redoutables, menaçoit de conquérir la France, le roi étant au camp de Valence, le dauphin François son fils, s'embarqua sur le Rhône, pour l'aller joindre; il fut attaqué à Tournon d'une maladie subite & violente, dont il mourut le quatriéme jour. Déjà échauffé par les plaisirs, il voyageoit au milieu des ardeurs d'un été si sec & si chaud, que dans des provinces moins chaudes que celles qu'il parcouroit, les rivières étoient presque entièrement taries. S'étant arrêté à Tournon, il voulu jouer à la paume, qu'il aimoit beaucoup, & s'y échauffa excessivement. Excédé de fatigue, de soif & de chaleur, il but de l'eau fraîche avec intempérance, & il est assez vraisemblable qu'il mourut d'une pleureusie. On ne voulut pas croire que les voluptés, toujours si meurtrières, que l'intempérie des saisons, source de contagions & de mortalités, que le combat de la fraîcheur & de la chaleur excessive, qu'on dit dangereux, eussent pu causer la mort d'un jeune prince; on aima mieux concevoir les plus affreux soupçons. Charles-Quint étoit en Provence, & vouloit conquérir la France, il falloit bien que ce fût lui qui eût fait périr le dauphin; le peuple voulut absolument que le dauphin eût été empoisonné. On arrêta le comte Sébastien *de Montecuculi*, italien; & comme une erreur en fortifie une autre, quelques connoissances qu'il avoit en médecine, sa patrie, tout fut érigé en présomptions contre lui. On l'accusa d'avoir versé dans le vase du prince, un poison mortel; on le mit à la question, moyen quelquefois assez efficace de faire avouer ce qui est déjà cru, ou ce qu'on veut qui le soit; il y révéla d'étranges choses. Il avoit, disoit-il, été poussé à ce crime par Antoine de Lève & par Ferdinand de Gonzague, généraux de l'empereur. Ce prince, sans lui rien prescrire, l'avoit beaucoup questionné sur tout ce qui se passoit à la cuisine du roi de France; car *Montecuculi* avoit déjà été précédemment en France. Après cette conversation, l'empereur l'avoit envoyé à de Lève & à Gonzague, qui lui avoient confié le plan du complot, & l'avoient chargé de l'exécution; & suivant ce complot, il devoit attenter de même à la vie du roi & des deux autres princes ses fils. Ni les mœurs du temps, qui étoient celles de la chevalerie, ni le caractère de l'empereur, qui se permettoit la ruse, jamais le crime; ni l'intérêt de ce prince, qui ne pouvoit être de se rendre odieux par des crimes nécessairement inutiles, puisque le roi n'auroit jamais manqué de successeurs ni de vengeurs, ni la confiance avec laquelle Charles-Quint passa, trois ans après, par la France pour aller dans les Pays-Bas, ni la manière dont il fut alors accueilli en France, rien ne permet d'appercevoir la moindre ombre de vraisemblance dans cette accusation. Si l'on veut absolument trouver quelqu'un qui eût intérêt, non à faire périr les trois princes avec ou sans leur père, mais à empoisonner le dauphin, si la maxime que celui à qui le crime est utile, en est présumé l'auteur, doit être adoptée, c'est sur Catherine de Médicis que pourroient tomber des soupçons plus raisonnables, ce seroit elle qui auroit voulu, par la mort du dauphin son beau-frère, procurer le trône au duc d'Orléans, son mari, pour devenir reine. Cette idée, qui du moins ne présente qu'un seul crime, montre en même temps un grand intérêt de le commettre. Aussi fût-ce Catherine de Médicis qu'accusa l'indignation des Impériaux, en repoussant le soupçon qui les accusoit eux-mêmes; & le caractère de Médicis n'aide pas à la justifier.

Montecuculi fut écartelé à Lyon, comme convaincu, selon l'arrêt (du 7 octobre 1536) d'avoir empoisonné le dauphin, & d'avoir voulu empoisonner le roi. François Ier. pour venger son fils, voulut qu'on donnât à ce jugement la plus grande solemnité; il y assista lui-même; il y fit assister les princes du sang, tous les prélats qui se trouvèrent alors à Lyon, tous les ambassadeurs, tous les seigneurs, même étrangers, qui l'avoient accompagné, & parmi lesquels il y avoit beaucoup d'italiens.

Faut-il croire que pour donner une victime aux mânes du dauphin & à la douleur du roi, on se soit fait un jeu barbare de faire périr un innocent dans des tourments affreux, & qu'une politique infernale ait voulu saisir cette occasion d'exciter par la calomnie, une haine universelle contre l'empereur?

Ou bien faut-il croire que la jeune Médicis, au crime horrible d'avoir empoisonné son beau-frère, ait su joindre à dix-sept ans, le crime habile de tourner vers l'empereur les soupçons d'un peuple, qui, à la vérité, désiroit de le trouver coupable?

Ou bien enfin ce *Montecuculi* étoit-il un de ces aventuriers moitié scélérats, moitié fous, qui, sans complices, comme sans motifs, dans un accès de superstition religieuse ou politique, attentent à la vie des princes qu'ils ne connoissent pas, & troublent un état sans servir personne?

Mais presque tous les auteurs qui ont cru *Montecuculi* coupable, l'ont regardé comme un instrument employé par de Léve ou par Gonzague sous la direction de l'empereur; les autres ont accusé Catherine de Médicis, qui ne paroît pas avoir été crue coupable en France, ou ils ont jugé qu'il n'y avoit ni crime ni criminel, & que le dauphin avoit péri d'un mort naturelle: ce qui rendroit l'arrêt inexpliquable & inconcevable.

Des pièces du temps témoignent que le peuple exerça sur le cadavre déchiré de *Montecuculi*, toutes ces barbaries, toutes ces horreurs qui lui sont familières.

L'arrêt fournit une circonstance qui mérite d'être relevée, c'est que *Montecuculi* s'étoit donné un complice, qu'il avoit accusé le chevalier Guillaume de Dinteville, seigneur des Chenets, d'avoir eu connoissance de son projet d'empoisonner le roi. Il prétendoit le lui avoir confié à Turin & à Suze; mais cette accusation ayant été reconnue fausse, l'arrêt condamne *Montecuculi* à faire une réparation publique à Dinteville, & adjuge à celui-ci une amende considérable sur les biens confisqués de son téméraire accusateur.

L'arrêt offre encore une circonstance qui n'est pas indifférente; c'est qu'on trouva un traité de l'usage des poisons, écrit de la main *de Montecuculi*.

Au reste, l'arrêt garde le plus profond silence sur l'empereur & sur tout autre instigateur du crime; il ne punit & ne nomme qu'un coupable; il faut n'en pas chercher davantage, & reconnoître qu'il manque bien des lumières sur cette funeste aventure. *Adeò maxima quæque ambigua sunt!* dit Tacite, Annal. liv. 3, chap. 19.

MONTECUCULI, (Raimond, comte de) (*Hist. mod.*) Nous ignorons si le fameux Raimond, comte *de Montecuculi*, généralissime des armées de l'empereur, & rival de Turenne, étoit de la même famille que le malheureux Sébastien; tous deux étoient italiens, l'un de Ferrare, l'autre du Modénois. Raimond étoit né en 1608. Il porta d'abord les armes sous Ernest *de Montecuculi* son oncle, général de l'artillerie impériale, qui l'institua son héritier; il servit d'abord comme simple soldat, & passa rapidement par tous les degrés de la milice. En 1644, il commandoit & eut un avantage marqué sur les Suédois; mais le mars 1645, il fut battu & fait prisonnier à Tabor, par le général Tortenson; il resta deux ans dans la captivité. Ces deux années ne furent point perdues pour lui; la lecture & l'étude le consolèrent, & contribuèrent à le former dans l'art même qu'il ne pouvoit exercer. Il se vengea de cette première défaite par de nouveaux avantages, mais il fut encore battu le 17 mai 1648, à Summerhausen, près d'Ausbourg, avec le général Melander, par le vicomte de Turenne, joint aux Suédois, commandés par le général Wrangel & le comte de Konigsmarck. Après la paix de Munster, passant en Italie, & assistant aux fêtes du mariage de François, duc de Modène, avec Victoire Farnèse, il eut le malheur de tuer dans un carrousel, d'un coup de lance poussé avec trop de force & qui perça la cuirasse, le comte Manzani son ami. Il fit la guerre ensuite avec bonheur & avec capacité, contre les Suédois, tantôt en faveur du roi de Pologne, tantôt en faveur du roi de Dannemarck; il la fit depuis contre les Turcs, non-seulement avec bonheur, mais avec éclat & avec gloire; il remporta sur eux, en 1664, la célèbre bataille de Saint-Gothard. En 1673 & 1675, il fut opposé à M. de Turenne; ce fut alors qu'on vit ces deux grands généraux s'observer, se mesurer, se deviner, se rencontrer par-tout où les appelloient les principes d'une guerre savante, combinée, réfléchie. Toute l'Europe avoit les yeux sur ces deux grands généraux, tous les militaires apprenoient d'eux les secrets de leur art, & attendoient en silence quel seroit l'événement de tant de préparatifs si sagement, si habilement concertés. *Cette campagne* (de 1657), dit le chevalier Folard, *fut le chef-d'œuvre du vicomte de Turenne & du comte de Montecuculi; il n'y en a point de si belle dans l'antiquité, il n'y a que les experts dans le métier qui puissent en bien juger.* Enfin M. de Turenne paroissoit prendre le dessus, & croyoit pouvoir se promettre la victoire, lorsque le coup de canon qui l'emporta le 27 juillet, près de Salsbac, vint sauver la gloire de *Montecuculi*, & valut aux François une défaite; ils repassèrent le Rhin précipitamment, & la belle retraite du comte de Lorges, neveu de Turenne, parut une victoire dans la consternation où l'on étoit. Le marquis de Vaubrun, qui commandoit l'armée avec le comte de Lorges, fut tué au combat d'Atlenheim, où *Montecuculi* chargeoit les François dans leur retraite, le duc de Vendôme y fut blessé; il fallut envoyer Condé pour arrêter les succès de *Montecuculi* : Condé lui fit lever les siéges d'Haguenau & de Saverne, le força de repasser le Rhin, & termina par ce dernier exploit, sa carrière militaire.

La plus grande gloire de Turenne fut d'avoir été à la veille de battre *Montecuculi*; la dernière gloire de Condé fut de l'avoir contenu & repoussé; & celle de *Montecuculi*, fut de s'être mesuré avec ces deux grands hommes, sans aucun désavantage marqué. Il ne reparut plus dans la carrière.

Montecuculi joignoit à ses grands talens, des vertus & des sentiments nobles. Il pleura sincérement son illustre rival, qui alloit être son vainqueur. *C'étoit*, dit-il, *un homme qui faisoit honneur à l'homme.* De tous ceux qui ont loué Turenne, personne n'a aussi bien connu que *Montécuculi*, toute l'étendue de ses talens & de son mérite militaire.

Montecuculi, comme presque tous les grands généraux, étoit rigide observateur de la discipline. Il avoit une fois defendu, sous peine de mort, qu'on passât dans un sentier, à travers les bleds; il apperçut un soldat qui, malgré la défense, passoit par ce sentier; il envoya ordre au prévôt de l'armée de le faire pendre; le soldat, en s'avançant vers le général, lui crioit qu'ayant été absent dans le temps de la défense, il l'avoit absolument ignorée; *Montecuculi* croyant que c'étoit une défaite, dit froidement : *que le prévôt fasse son devoir.* Le soldat réduit au désespoir, & qui n'avoit pas encore été désarmé, s'écria: *je n'étois pas coupable, je le suis maintenant*; il tira sur le général, & le manqua. *Montecuculi* reconnut à ce mouvement d'énergie, l'indignation d'un innocent qui se voit opprimé; il lui pardonna, & rien n'étoit plus juste, il l'avoit seul rendu coupable.

Montecuculi mourut à Lintz en 1680. Il aimoit les lettres, il contribua beaucoup à l'établissement de l'Académie des Curieux de la Nature. On a de lui des Mémoires sur son art, qu'il avoit composés dans ses campagnes de Hongrie contre les Turcs, & qu'il avoit présentés en 1665, à l'empereur. Ils ont été traduits d'italien en françois, par M. Adam, de l'Académie Françoise, secrétaire des commandements de M. le prince de Conty; & M. le comte de Turpin a donné en 1759, des commentaires sur ces Mémoires.

MONTEGUT, (Jeanne de Segla, femme de M. de) (*Hist. Litt. mod.*) Les œuvres de cette femme aimable & d'un talent distingué, ont paru en 1768, recueillies par M. de *Montegut* son fils, conseiller au parlement de Toulouse. Jeanne de Segla naquit à Toulouse le 25 octobre 1709, d'une famille noble. Son père, qui se nommoit Jean-Joseph de Segla, mourut à vingt-trois ans; Jeanne n'en avoit que deux alors. Elisabeth de Gras sa mère, épousa en secondes nôces, M. de Lardos, célèbre avocat au parlement de Toulouse, dont elle eut trois filles, Mesdames de Masqueville, d'Anseau de Tersac, & de Druillet. La jeune de Segla fut élevée à la campagne par une tante paternelle. Elle avoit une facilité merveilleuse à tout apprendre sans maître. Ce fut ainsi qu'elle apprit l'italien, l'espagnol, l'histoire, la géographie, le dessin; elle excella dans les talents agréables & dans tous les ouvrages de son sexe. Elle peignoit en miniature avec beaucoup de délicatesse, & son fils a conservé d'elle des tableaux, qui, dit-il, feroient honneur aux plus grands maîtres.

L'indulgence, la bonté, la tendresse percent partout dans l'histoire de sa vie & dans ses ouvrages. On voit dans ses lettres à son fils, l'épanchement d'une mère joint aux attentions délicates d'une amie; on la voit attirer la confiance de son fils, encourager son esprit, ses talens naissans, ménager sa sensibilité. « Eh » bien, mon fils, lui dit-elle dans une de ses lettres, » vous voilà bien rembruni pour une maladie que je

» n'ai plus » ; & l'on voit bien qu'elle lui avoit caché & fait cacher son danger. Toute idée d'autorité disparoît dans ce commerce ; c'est l'amie qui conseille, qui exhorte, qui prie ; la mère ne sait qu'aimer. Dans les sentiments du fils, on voit un mélange de ceux qu'on doit à une mère tendre & de ceux qu'inspire une femme aimable. Mme. *de Montegut* nous apprend qu'elle étoit tendre ; c'est le défaut ou le mérite de toute personne spirituelle & sensible, élevée à la campagne, loin de ce grand monde qui paroît toujours effrayant à ceux que l'éducation de l'enfance n'a pas familiarisés avec ses usages, ses travers & ses ridicules.

Mademoiselle de Segla fut mariée à seize ans, avec M. *de Montegut*, trésorier de France, de la généralité de Toulouse. De ce mariage assorti du côté des biens, de la naissance & des agréments, naquit M. *de Montegut*, éditeur des œuvres de sa mère. Son éducation fournit à Mme *de Montegut* l'occasion de développer son goût & ses dispositions pour les langues. « Elle s'amusa, dit-il, à lire les livres latins » qu'elle voyoit entre mes mains ; elle assistoit aux » leçons qu'on me donnoit ; bientôt elle en fut autant » que mes maîtres, & voulut me servir de pré» cepteur ».

Elle apprit l'anglois avec la même facilité que le latin ; elle prit même quelque connoissance du grec. La physique, les mathématiques ne lui furent point étrangères ; elle fit une étude particulière de la botanique médicinale, & composoit des remèdes pour les pauvres.

Dès l'âge de vingt ans, elle étoit sujette à des maux de tête qui l'ont tourmentée jusqu'à la fin de ses jours. Trois ans avant sa mort, elle pensa être la victime d'une méprise d'apothicaire. On lui donna dans une médecine, un poison subtil, dont on arrêta l'effet avec peine, & qui laissa des traces que rien ne put effacer.

La mort de son mari, arrivée en 1751, acheva de ruiner son foible tempérament. Il expira dans ses bras. Dès ce moment, la santé de Mme. *de Montegut* alla en déclinant, ses forces s'épuisèrent, son corps se dessécha, une maladie épidémique qui régnoit à Toulouse, acheva de l'éteindre le 17 juin 1752.

Elle avoit près de trente ans, lorsqu'elle fit ses premiers vers ; en 1738, elle composa pour le prix de l'Académie des Jeux Floraux, l'églogue de *Célimène & Daphnis*, qui partagea les suffrages. En 1539, l'ode à *Alexandre* concourut pour le prix, & l'élégie intitulée : *Ismène*, le remporta.

En 1741, le poëme de la conversion de Sainte Madeleine remporta le prix du genre pastoral ; & la même année, l'ode sur le Printemps, remporta le premier prix. Alors Mme. *de Montegut* demanda, suivant le droit qu'elle en avoit, des lettres de *Maîtresse* des Jeux Floraux, & prit séance dans cette Académie, à côté de Mlle. de Catellan.

Il y a en général une grande analogie entre le talent poëtique de Mme. *de Montegut* & celui de Mme. Deshoulières. C'est presque toujours cette tristesse tendre, cette mélancolie douce & philosophique, qui attache & qui pénètre, qui, sans rejetter les images, se nourrit avec plus de complaisance, de réflexions & de sentimens :

J'ai déjà trente fois vu le naissant feuillage
Les prés couverts de fleurs, les fertiles moissons,...
C'en est fait : j'ai passé mes plus belles années,
Je ne reverrai plus ces riantes journées, ...
Déjà j'entrevois ces ténèbres
Qui pour jamais obscurciront mes yeux.

Une Ode à son fils pour le rappeller de Paris, auprès d'elle, est de la tendresse la plus aimable. Sa mélancolie philosophique paroît toute entière dans une fort belle Elégie, sur la coupe des beaux arbres de Segla :

Qu'est-ce qui m'attendrit sur vos mourans appas ?
Dois-je pleurer des maux que vous ne sentez pas ?...
Tout passe, tout périt : bientôt, ainsi que vous,
De l'implacable mort j'éprouverai les coups :
La poussière & l'oubli deviendront mon partage :
Et s'il reste de moi quelque légère image,
Que l'amitié sensible ait pris soin de tracer,
Le temps qui détruit tout, saura trop l'effacer.

Elle a fort bien traduit divers morceaux d'Horace :

Age, jam meorum
Finis Amorum.
Non enim post hâc aliâ calebo
Fœminâ.

Cher & dernier objet de mes tendres amours,
Jusqu'au triste moment qui finira mes jours,
Tu ne te verras point préférer de rivale.

Vers de Racine très-bien appliqué :

Nec coæ referunt jam tibi purpuræ,
Nec cari lapides tempora quæ semel
Notis condita fastis
Inclusit volucris dies.

La pourpre qui te pare & le feu des rubis,
De tes jours trop nombreux dans nos fastes écrits,
N'ont pu ralentir la vîtesse.

Voilà quatre vers rendus en trois, & rien d'essentiel n'est oublié.

MONTEJEAN, (René de) (*Hist. de Fr.*) fut fait prisonnier à la bataille de Pavie avec tous les plus braves chevaliers de l'armée françoise en 1525. Il acquit beaucoup de gloire en 1536, en Piémont, sous l'amiral de Brion ; il servit la même année sous Montmorenci, à cette belle défense de la Provence, où ce grand désir de gloire, cette valeur impétueuse, cette ardeur de chevalier qui caractérisoient *Montejean*, plus encore que tous les autres braves, étoient précisément ce qu'il y avoit de plus funeste & ce dont le général avoit le plus à se défendre. Le plan de cette campagne étoit de faire le dégât pour affamer l'ennemi, d'abandonner d'abandonner & de sacrifier tout ce qui n'étoit pas situé sur le Rhône & sur la Durance. *Montejean* fit les plus fortes instances, pour qu'on lui permît de s'enfermer dans la ville d'Aix; il promettoit de la défendre jusqu'à l'hiver, qui obligeroit d'en lever le siège; Montmorenci, qui ne vouloit s'en rapporter qu'à lui, alla visiter lui-même cette place, & ne jugea pas qu'elle pût être défendue. Aix fut démantelé; mais *Montejean* ne pouvoit se contenir, il faisoit tous les jours de nouvelles instances pour qu'on lui permît d'en venir aux mains avec quelque détachement ennemi. L'importunité de *Montejean* l'emporta enfin sur la défiance de Montmorenci, qui, pour ne pas le refuser toujours, lui permit d'aller tâter l'ennemi, en lui recommandant d'observer tout avec la plus grande circonspection, de n'attaquer qu'à son avantage, & de se tenir toujours près de quelque poste sûr, où il pût se retirer en cas d'inégalité. C'étoit lui recommander de changer de caractère. Montmorenci le sentit bien; à peine *Montejean* étoit-il parti, tout enivré du plaisir de pouvoir combattre, ayant déjà oublié les conseils de son général, & ne songeant qu'à ceux de la gloire, qu'un exprès fut envoyé pour révoquer la permission, & pour enjoindre à *Montejean* de revenir: mais cet exprès prit un autre chemin, & arriva trop tard. *Montejean* trouva quelques officiers qui continuoient le dégât ordonné, il en entraîna quelques-uns avec lui, malgré la résistance des autres. On apprit le lendemain, qu'il avoit été fait prisonnier avec ceux qui avoient consenti à le suivre. L'honneur d'avoir pris *Montejean*, autant que l'intérêt d'avoir un prisonnier de cette importance, excita entre trois officiers impériaux, une contestation qui fut portée au Tribunal de Ferdinand de Gonzague. L'un avoit ôté à *Montejean* sa masse de fer, l'autre son gant, & le troisième l'avoit arrêté en saisissant la bride de son cheval. Gonzague prononça en faveur de ce dernier; il se nommoit Marsilio Sola de Bresse.

L'échec de *Montejean* produisit l'effet que le roi & Montmorenci avoient craint. Gonzague par vanité, l'empereur par politique, enflèrent à l'excès cette petite victoire. L'Europe retentit d'une petite escarmouche, qui devoit à peine faire la matière d'une nouvelle dans les deux camps, & ce bruit porta le découragement & l'effroi pour un temps, dans le camp d'Avignon, où étoit Montmorenci avec l'armée françoise.

Montmorenci, pour sa belle défense de Provence & pour ses autres services, eut l'épée de connétable, & *Montejean* eut son bâton de maréchal de France, le 10 février 1538. Il fut fait aussi lieutenant-général pour le roi, en Piémont. Il mourut l'année suivante.

Il avoit assisté en 1532, au nom du roi, aux états de Bretagne, convoqués à Vannes pour la réunion de la Bretagne à la couronne; mais on ne se contentoit pas que les états y consentissent, ou vouloit qu'ils la demandassent; & c'étoit ce qui révoltoit sur-tout les opposans à la réunion. Quoi! s'écrioient-ils, nous demanderons la servitude comme une grace! Le député de Nantes s'opposa fortement à cette proposition; il déclara que ses pouvoirs ne s'étendoient pas jusques-là; qu'il croiroit trahir la confiance dont on l'avoit honoré, & sacrifier par une lâche prévarication, les intérêts de sa patrie, s'il prêtoit les mains à une pareille démarche, sans avoir de nouveau consulté sa communauté. *Montejean*, soldat téméraire, négociateur mal-adroit, courtisan peu accoutumé à trouver de la résistance, quand il parloit au nom du roi, s'emporte, éclate, se lève de son siège pour maltraiter le député. Cette indécence révolte la fierté bretonne, les états indignés se soulèvent, & veulent se séparer; enfin les esprits sages calment les esprits échauffés; ils leur font comprendre que la réunion étant un bien pour la Bretagne, la démarche que le roi demandoit aux états, devenoit pour eux un honneur & un devoir; on se rendit à ces raisons, la réunion fut demandée & accordée, la charte en fut donnée au mois d'août 1532.

MONTEIL, (Adhémar de) (*Hist. de Fr.*) Maison très-connue & très-célèbre en Provence & en Dauphiné; les deux noms d'Adhémar & de *Monteil* se retrouvent dans le nom de Montelimart en Dauphiné, qui se nommoit autrefois Monteil ou Montilly, & dont le nom latin est *Mons* ou *Montelium Adhemari*, ou parce que c'étoit la demeure des Adhémars, ou parce que les Adhémar de Monteil en avoient été les fondateurs ou les restaurateurs. Il paroît que la maison des Adhémard *de Monteil*, se partagea en deux branches principales, dont l'une resta établie en Dauphiné, & l'autre, qui est celle des seigneurs de Grignan, s'établit en Provence.

De la première descendoient Balthasar & Louis *de Monteil*; ce dernier fut tué en 1673, dans un combat de Saint-François, où il servoit la France, & commandoit un régiment françois en pays étranger.

Balthasar eut sept fils, dont six furent tués au service de la France, en différentes actions. De cette branche étoit aussi Aymar ou Adhémar de *Monteil* ou *du Monteil*, évêque du Puy au onzième siècle, qui assista en 1095, au concile de Clermont, où fut résolue la première croisade, & qui fut un des principaux chefs de cette expédition. Il faisoit porter devant lui, une lance qu'on croyoit être & qui n'étoit pas celle dont Notre-Seigneur avoit eu le côté percé; les écrivains n'ont pas manqué de raconter qu'aucun des soldats qui combattoient sous les enseignes de l'évêque du Puy & sous la protection de cette lance sacrée, n'avoit reçu aucune blessure dans les combats. Si celui qui la faisoit porter devant lui ne fut pas blessé, il mourut de la peste après la prise d'Antioche en 1098. Aymar *de Monteil* étoit pour son temps, un prélat lettré; on lui attribue l'antienne *Salve Regina*.

De la branche des Grignan étoient: 1°. Louis-Adhémar *de Monteil*, premier comte de Grignan, que nous voyons employé en Allemagne, dans des ambassades importantes sous le règne de François Ier. Il mourut en 1557, sans postérité; mais Blanche Adhémar *de Monteil* sa sœur, avoit épousé Gaspard de Castellane, premier du nom de l'illustre & ancienne maison de Castellane. (*Voyez* CASTELLANE.)

De ce mariage naquit Gaspard de Castellane-Adhémar *de Monteil*, comte de Grignan, qui fut héritier de Louis son oncle, & substitué au nom & aux armes d'Adhémar.

De lui descendoient : 1°. Louis-Adhémar *de Monteil*, comte de Grignan, chevalier des ordres du roi en 1584, fidèle sujet des rois Henri III & Henri IV, quoique zélé catholique.

2°. Plusieurs archevêques d'Arles, prélats distingués.

3°. Rostaing, qui mourut à Toulouse en 1621, au retour du siége de Montauban, & des fatigues de ce siége.

4°. Philippe son frère, tué au siége de Mardick en 1657.

5°. François-Adhémar *de Monteil*, comte de Grignan, lieutenant-général en Languedoc & en Provence, chevalier des ordres du roi, neveu des précédents & tous ses frères. Ce fut lui qui épousa en troisièmes noces, mademoiselle de Sévigné ; & tous ces Grignan, ces Adhémar, ces *Monteil*, si diversement célébrés dans les lettres de Mme de Sévigné, étoient Castellane.

MONTE-MAJOR, (Georges de) (*Hist. Litt. mod.*) ainsi nommé du lieu de sa naissance, auprès de Conimbre, fut un poëte castillan célèbre au seizième siècle. Ses poësies, sous le titre de *Cancionero*, & une espèce de roman intitulé, *La Diane*, ont été traduits. Mort vers 1560.

MONTESPAN. (*Voyez* ROCHECHOUART.)

MONTESQUIEU, Charles de Secondat, baron de la Brède & de) (*Hist. Litt. mod.*) Il suffit pour montrer l'étendue de son génie & la variété de ses talens, d'observer que c'est l'auteur des *Lettres Persannes* & du livre *des causes de la grandeur & de la décadence des Romains*, *du Temple de Gnide*, & *de l'Esprit des Loix*. Ce dernier ouvrage, auquel il avoit en quelque sorte préludé par quelques-unes des Lettres Persannes, & par le livre des causes de la grandeur & de la décadence des Romains, fut, pour ainsi-dire, l'affaire de toute sa vie ; il y rapporta ses études, ses réflexions, ses voyages ; c'est le produit de vingt ans de travail. Ce livre l'a placé parmi les écrivains politiques & les législateurs des nations, au rang qu'occupa long-temps Descartes, & qu'occupe aujourd'hui Newton dans la physique. On peut dire de *Montesquieu* en politique, ce que Louis Racine a dit de Descartes :

Nous courons ; mais sans lui nous ne marcherions pas.

A la naissance de cet ouvrage, on n'en sentit pas tout le mérite ; des légistes dirent que c'étoit de l'esprit sur les loix ; on sait aujourd'hui qu'il n'y a pas le moindre esprit dans ce mot là. Des gens du monde, qui se croyoient en droit de lire & de juger un livre de l'auteur des Lettres Persannes, qui les avoient amusés autrefois, furent étonnés de ne point trouver dans ce nouveau livre, le même amusement ; les penseurs & ceux qui comptent pour quelque chose le bonheur du genre humain, vinrent à leur tour, & dirent : voilà le code des nations, on aura peut-être à le perfectionner, & il nous en fournira lui-même les moyens ; mais commençons par l'admirer & par le méditer profondément. *Le genre humain avoit perdu ses titres*, a dit M. de Voltaire, *Montesquieu les lui a rendus*. Quel éloge ! mais ne dissimulons pas qu'il en a fait aussi beaucoup de critiques, qui n'ont pas toutes paru justes, mais qui ne pouvoient pas être toutes injustes ; Milord Chertesfield rendit à *Montesquieu* ce témoignage public : « les vertus » de *Montesquieu* ont fait honneur à la nature hu- » maine ; ses écrits lui ont rendu & fait rendre justice. » Ami de l'humanité, il en soutient avec force & » avec vérité, les droits indubitables & inaliénables.... » il connoissoit parfaitement bien & admiroit avec » justice l'heureux gouvernement de ce pays, dont les » loix fixes & connues, sont un frein contre la mo- » narchie qui tendroit à la tyrannie, & contre la » liberté qui dégénéreroit en licence. Ses ouvrages ren- » dront son nom célèbre, & lui survivront aussi long- » temps que la droite raison, les obligations morales » & le véritable esprit des loix seront entendus, res- » pectés & conservés ».

M. de *Montesquieu* étoit né au château de la Brède, près de Bordeaux, le 18 janvier 1689, d'une famille noble de Guyenne. La terre de *Montesquieu* avoit été acquise par son trisayeul, Jean de Secondat, maître d'hôtel du roi de Navarre, Henri d'Albret, & de Jeanne d'Albret sa fille. Cette terre fut érigée en baronnie par Henri IV, pour Jacob de Secondat, fils de Jean. Jean Gaston, fils de Jacob, fut président à mortier au parlement de Bordeaux. Un de ses fils, qui étoit dans le service, fut père de M. de *Montesquieu*. Un de ses frères, oncle de M. de *Montesquieu*, & à qui avoit passé la charge de président à mortier, la transmit à M. de *Montesquieu*, & le fit son héritier. M. de *Montesquieu* avoit été reçu conseiller au parlement de Bordeaux le 24 février 1714 ; il fut reçu président à mortier le 13 juillet 1716 ; le 3 avril de la même année, il avoit été reçu à l'Académie de Bordeaux, qui ne faisoit que de naître. Ce fut en 1721, que parurent les Lettres Persannes ; elles lui attirèrent une persécution, lorsqu'à la mort de M. de Sacy, arrivée en 1727, il se présenta pour l'Académie Françoise ; le ministère échauffé par des délateurs, le menaça de l'exclusion ; on dit que pour détourner cet orage, il eut recours au petit stratagême de faire imprimer & de présenter au ministre, un exemplaire, d'où il prit soin de faire disparoître tous les traits qui auroient pu déplaire, & sur lesquels portoit la délation ; le ministre le lut, l'approuva, & l'élection de l'Académie ne fut point rejettée ; si le fait est vrai, M. de *Montesquieu* pouvoit dire, comme Mithridate :

S'il n'est digne de moi, le piège est digne d'eux.

Il faut le plaindre d'avoir été réduit à cet artifice, & condamner hautement ceux qui l'y réduisirent ; ce qu'il y a de certain, c'est qu'il falloit que M. de *Montesquieu* fût de l'Académie.

M. de Voltaire paroît avoir regardé comme une

des contradictions de ce monde, que M. de *Montesquieu* ait été reçu à l'Académie pour les seules Lettres Persannes, dont une contient des plaisanteries sur l'Académie; mais cette lettre n'est pas un libelle, & elle offre des idées de réforme que l'Académie pourroit bien adopter quelque jour; d'ailleurs, il est dans l'esprit & dans les mœurs de l'Académie d'être plus sensible au mérite qu'irritée de la critique.

M. de *Montesquieu* y fut reçu le 24 janvier 1728. Quelque temps auparavant il avoit quitté sa charge pour se livrer tout entier aux lettres. Il voyagea pour connoître les loix & les mœurs, comme Platon, comme Anacharsis, comme Démocrite, comme Ulisse:

Qui mores hominum multorum vidit & urbes.

Il parcourut l'Allemagne, la Hongrie, l'Italie, la Suisse, la Hollande, l'Angleterre; il vit par-tout ce que chaque contrée offroit de plus curieux, il étudia les hommes & les choses. Il vit à Vienne le prince Eugène, à Vénise le fameux Law & le comte de Bonneval; il arriva trop tôt en Allemagne, Fréderic-le-Grand n'étoit pas encore sur le trône; il arriva trop tard en Angleterre, Locke & Newton n'étoient plus. Revenu dans sa patrie, il se retira deux ans à sa terre de la Brède pour recueillir ses idées & les mûrir; & toujours occupé de l'Esprit des Loix, il commença par mettre la dernière main à son ouvrage sur les causes de la grandeur & de la décadence des Romains, qui parut en 1734, & que M. d'Alembert appelle avec raison, une Histoire Romaine à l'usage des hommes d'état & des philosophes. Enfin, l'Esprit des Loix parut en 1748; puis la défense de l'Esprit des Loix; & M. de *Montesquieu*, vainqueur de l'envie & des préjugés, commençoit à jouir pleinement de sa gloire, lorsqu'il mourut le 10 février 1755, environné de quelques jésuites, qui épioient les derniers momens d'un grand homme pour s'en emparer, & se rendre maître de ses écrits, & défendu contr'eux par une amie puissante & courageuse.

Ses vertus égaloient ses lumières; le bonheur, qui ne lui manqua jamais, fut celui de la bienfaisance; on sait que la comédie touchante du *Bienfait Anonyme*, est son histoire, & qu'il est le vrai héros de la pièce.

Il n'a pas tenu à sa modestie que les traits mêmes de son visage ne nous fussent inconnus. Il s'étoit refusé long-temps aux pressantes sollicitations de M. de la Tour, qui ne vouloit que la satisfaction de le peindre. M. Dassier, célèbre par les médailles qu'il a frappées à l'honneur de plusieurs hommes illustres, vint de Londres à Paris, pour frapper la sienne. Il essuya d'abord des refus, mais il venoit aguerri contre les refus: « Croyez-vous, lui dit-il, qu'il y ait moins » d'orgueil à refuser ma proposition qu'à l'accepter? M. de *Montesquieu*, frappé du fond de vérité, caché sous cette plaisanterie, laissa faire M. Dassier.

MONTESQUIOU, (*Hist. de Fr.*) Aucun de nos anciens historiens n'a su qui étoit un fameux Eudes, duc d'Aquitaine, qu'on voit jouer un grand personnage & figurer comme un souverain du temps de Charles-Martel. On ne savoit rien de sa généalogie ni avant ni après lui. Cette généalogie n'a été bien connue que dans ces derniers temps, par la charte d'Alaon, ainsi nommée d'un monastère du diocèse d'Urgel, dont elle confirme la fondation; cette charte, donnée à Compiègne le 21 janvier 845, est de Charles-le-Chauve; elle a paru imprimée pour la première fois en 1694, dans la collection des conciles d'Espagne, par le cardinal d'Aguirre; & depuis en 1730, dans l'histoire du Languedoc, de dom Vaissette. Ce savant bénédictin a discuté cette charte, il l'a éclaircie, il en a soutenu l'authenticité. Il est dit dans la charte d'Alaon, qu'après la mort du jeune Chilpéric, fils d'Aribert, lequel étoit frère de Dagobert, ce dernier prince donna l'Aquitaine à Boggis & à Bertrand, frères de Chilpéric & fils d'Aribert; qu'Eudes, fils de Boggis, posséda l'Aquitaine à titre héréditaire, & qu'il la réunit toute entière, ayant aussi recueilli la succession de Bertrand son oncle, qui lui fut abandonnée par le fameux Saint-Hubert, évêque de Maëstricht & de Liége, fils unique de Bertrand. Eudes eut pour successeur, Hunaud son fils aîné; celui-ci Gaïffre son fils, Gaïffre eut pour fils, Loup II, duc de Gascogne, qui vainquit, dit-on, Charlemagne à la journée de Roncevaux, & que Charlemagne fit pendre dans la suite, comme Pepin son père avoit fait pendre Rémistain, grand-oncle de ce même duc. Charlemagne, dit toujours Charles-le-Chauve dans la charte d'Alaon, laissa par pitié, *misericorditer*, à Adalaric ou Adalric, fils de Loup, une partie de la Gascogne. On voit dans la suite, ce duc Adalric se révolter contre Louis-le-Débonnaire, & périr en 812, avec Centulle, un de ses fils, dans un combat contre ce prince, alors roi d'Aquitaine, du vivant de Charlemagne son père. La Gascogne fut partagée entre Sciminus, frère de Centulle, & Loup III, neveu de Sciminus & fils de Centulle. Loup III & Garsimine, son cousin, fils de Sciminus, ne furent pas plus fidèles que leurs pères, & perdirent la Gascogne, qui fut confisquée sur eux. Garsimine & Sciminus son père furent tués dans des combats, auxquels leur révolte donna lieu. Sciminus périt comme Adalric son père, & Centulle son frère, en 812; Garsimine en 818; Loup fut chassé de son duché, & exilé en 819. Donatus Lupus & Centulupus, fils de ce Loup, furent, l'un comte de Bigorre, l'autre comte de Béarn: celui-ci fut père de Sance, surnommé Mitarra, premier comte ou duc héréditaire de Gascogne, élu par les Gascons; son petit-fils, Garcias Sance, dit le Courbé, eut deux fils, dont le second, nommé Guillaume Garcie, est la tige des comtes de Fezensac; son second fils, Bernard de Fezensac, dit le Louche, fut la tige des comtes d'Armagnac, dont étoient ce connétable d'Armagnac, trop fameux du temps de Charles VI; ce duc de Nemours, trop malheureux sous Louis XI; & le duc de Nemours, son fils, tué en 1503 à la bataille de Cérignoles, & dans la personne duquel s'est éteinte cette branche.

Othon, frère aîné de Bernard de Fezensac, eut pour petit-fils, Aimeri, comte de Fezensac, dont le fils, nommé aussi Aimeri, est la tige des barons de *Montesquiou.*

De cette branche étoient :

Arsieu II, qui alla en 1212, en Espagne, combattre les Sarrasins. Ce fut lui qui, en 1226, acquit pour lui & pour ses descendans, le titre de fils & chanoine de l'église d'Auch.

Son petit-fils Pictavin fut évêque de Basas en 1323, de Maguelonne en 1334, d'Albi en 1338, & créé cardinal par le pape Clément VI, le 17 décembre 1350. Mort en 1355.

Raimond Aimeri V, arrière-petit-fils d'Arsieu II, fut fait prisonnier en 1361, dans une bataille contre Gaston Phœbus, comte de Foix.

De cette branche des barons de *Montesquiou*, se sont formées diverses autres branches. Les principales sont celles de Montluc & d'Artagnan.

Celle de Montluc a produit deux maréchaux de France, diversement célèbres, Blaise de Montluc & Montluc-Balagny. (*Voyez* les articles BALAGNY & MONTLUC.)

Le fils aîné du maréchal Blaise de Montluc, nommé Marc-Antoine, fut blessé à mort au port d'Ostie en 1557, en allant reconnoître un fort.

Pierre-Bertrand, frère de Marc-Antoine, fut blessé à mort, à la prise de Madère en 1568.

Il eut un fils nommé Blaise, comme le maréchal son ayeul, qui l'avoit institué son héritier.

Ce Blaise II mourut au siége d'Ardres en 1596.

Fabien, autre fils du maréchal Blaise de Montluc, fut blessé en 1570, au siége de Rabasteins, & tué en 1573, en Guienne.

Le maréchal de Montluc-Balagny étoit neveu de Blaise.

Deux de ses fils, Damian & Alphonse-Henri, furent tués.

Jean-Alexandre, fils d'Alphonse-Henri, eut la cuisse emportée d'un coup de canon à la prise de Tortose en 1648, & il en mourut sur le champ.

Dans la branche d'Artagnan, Jean fut tué au siége de La Rochelle en 1628.

Le marquis d'Artagnan, capitaine-lieutenant de la première compagnie des Mousquetaires, tué au siége de Maëstricht en 1673, n'étoit pas de la maison de *Montesquiou*, il se nommoit Charles de Batz, & étoit fils d'une *Montesquiou*-d'Artagnan, sœur de Jean, tué au siége de La Rochelle.

De cette branche de *Montesquiou*-d'Artagnan, étoit M. d'Artagnan, officier de la plus grande distinction, qui prit le nom de maréchal de *Montesquiou*, lorsque ses longs & utiles services lui eurent acquis le bâton de maréchal de France. Il servit sous Louis XIV, dans les guerres de 1667, de 1672, de 1688, de 1701, se trouva aux batailles de Fleurus, de Steinkerque, de Nerwinde, commandoit l'infanterie aux batailles de Ramillies & de Malplaquet, eut dans cette dernière bataille, trois chevaux tués sous lui, & y reçut deux coups dans sa cuirasse. Il fut fait maréchal de France le 20 septembre 1711, eut grande part en 1712, à la victoire de Denain; fut fait chevalier des ordres sous Louis XV, le 2 février 1724.

Dans la branche de Préchac, issue, comme les deux précédentes, des barons de *Montesquiou*, nous devons distinguer Daniel, qui, comme le maréchal de *Montesquiou*, servit dans toutes les guerres de Louis XIV, fut blessé en 1674, au siége d'Antoing, au pied gauche, eut, en 1675, un cheval tué sous lui au combat d'Altenheim, d'un coup de canon, & y reçut lui-même un coup de mousquet au pied droit, en reçut un autre à la cuisse en 1695, en voulant ravitailler Castelfollit en Catalogne, & s'étoit signalé l'année précédente, au passage du Ter. Il mourut à quatre-vingt-un ans en 1615.

Il est d'un bon exemple, que le *Montesquiou* qui tua le prince de Condé à Jarnac, & qui ne sera toujours que trop fameux par les beaux vers de La Henriade dont il est l'objet, disparoisse, pour ainsi dire, dans la généalogie de cette maison, & qu'il y ait même quelque incertitude sur sa personne & quelque difficulté à le désigner, comme s'il étoit retranché de cette race illustre, & vraisemblablement d'origine royale. *Atavis edita regibus.* On dit que quand M. d'Artagnan prit le nom de maréchal de *Montesquiou*, & que Mme. d'Artagnan, que Mme. la duchesse de Bourbon, fille de Louis XIV, avoit toujours beaucoup aimée, se présenta au Palais Bourbon, sous le nom de la maréchale de *Montesquiou*, elle fut froidement accueillie par cette princesse, qui ne lui dissimula pas que son nouveau nom étoit mal sonnant à l'hôtel de Condé. C'étoit pousser bien loin le ressentiment d'un attentat qui n'est plus connu, pour ainsi dire, que par l'histoire, & sur lequel les points de vue, les intérêts, les sentiments sont si changés par les révolutions du temps. Etablissons bien qu'un nom ne peut être coupable; que les crimes des pères, souvent détestés par les enfans, ne doivent point être imputés à ceux-ci; qu'il faut juger les individus, & ne jamais condamner une race.

MONTEZUMA, (*Hist. mod.*) dernier roi du Mexique, dans le temps où Fernand Cortez, (*voyez* CORTEZ) fit la conquête de ce pays. *Montezuma* n'en fut pas quitte pour se reconnoître vassal & être tributaire de Charles-Quint, il n'en perdit pas moins la liberté, & les Espagnols s'en prenoient à lui de tous les efforts que faisoient ses sujets pour la lui rendre. Un officier espagnol, de la suite de Fernand Cortez, nommé Alvarado, ayant, sur un simple soupçon de quelque mouvement de la part des Mexicains, massacré inhumainement au milieu d'une fête, deux mille d'entr'eux, se vit assiégé dans sa maison :

Par ce peuple en furie
Rendu cruel enfin par notre barbarie.

Montezuma offrit aux Espagnols de se montrer à ses sujets pour les engager à se retirer; mais les Mexicains ne voyant plus en lui qu'un esclave des Espagnols, n'eurent aucun égard à ses discours, & se révoltant contre lui-même, le chassèrent à coups de pierres; il fut blessé mortellement en cette occasion, & expira bientôt après. C'étoit en 1520. Deux de ses fils & trois filles embrassèrent le christianisme ; Charles-Quint donna au fils aîné des terres, des revenus considérables & le titre de comte de *Montezuma*, foibles dédommagemens d'un empire. Cette famille est encore puissante en Espagne.

MONTFAUCON, (dom Bernard de) (*Hist. Litt. mod.*) savant religieux, homme vertueux comme tous ceux qui s'occupent uniquement des lettres. Il étoit de l'ancienne famille de Roquetaillade, dans le diocèse d'Aleth. Il naquit en 1655, au château de Soulage en Languedoc. Il prit d'abord le parti des armes; mais la perte de ses parens l'ayant dégoûté du monde il entra dans la congrégation de St. Maur en 1675. De ce moment, toute son histoire est dans ses ouvrages. En 1698, il fit un voyage en Italie pour consulter les Bibliothèques les plus célèbres, & y chercher d'anciens manuscrits. Revenu à Paris en 1701, il donna une relation curieuse de son voyage, sous le titre de *Diarium Italicum*, qu'il publia en 1702. On y trouve une description de plusieurs monumens antiques & une notice de plusieurs manuscrits, tant grecs que latins, inconnus jusqu'alors. Jamais savant n'a été plus laborieux ni plus fécond que dom *Montfaucon*, nul n'a eu plus pleinement ni plus abondamment les honneurs de l'*in-folio*. Ses ouvrages de ce format montent à quarante-quatre volumes, encore est-il descendu quelquefois à l'*in-4°*. comme dans le *Diarium Italicum*, dans un volume d'analectes grecques, publié en 1688, & même jusqu'à l'*in-12*, comme dans une Dissertation sur la *vérité de l'Histoire de Judith*, & dans la traduction françoise du livre de Philon, de la Vie contemplative. Dom *Montfaucon* tâche d'y prouver que les Thérapeutes dont parle Philon, étoient chrétiens; opinion qui a été réfutée par le président Bouhier. Les ouvrages d'ailleurs les plus connus de dom *Montfaucon*, sont sa *Palæographie grecque*, dans laquelle il entreprend de faire pour le grec, ce que Mabillon a fait pour le latin dans sa Diplomatique. Il y donne des exemples de toutes les différentes écritures grecques dans tous les siècles; l'*Antiquité expliquée*; *les Monuments de la Monarchie Françoise*; le *Bibliotheca Bibliothecarum manuscriptorum nova*. Il a donné aussi une édition de Saint Athanase, avec un recueil d'ouvrages d'anciens écrivains grecs, qu'on joint ordinairement à cette édition de Saint Athanase. Il a donné aussi une édition de Saint Jean-Chrysost me. Il est inutile d'observer que dom *Montfaucon* n'est un bon écrivain ni en latin ni en françois, mais c'est un savant utile. Il vécut toujours paisible, studieux & laborieux jusqu'à 87 ans; il mourut en 1741. Il étoit honoraire de l'Académie des Inscriptions & Belles-Lettres, & y avoit été reçu en 1719, à la place du père Le Tellier, jésuite.

MONTFLEURY, (Zacharie-Jacob) (*Hist. Litt. mod.*) d'une famille noble d'Anjou, prit, pour se déguiser, ce nom *de Montfleury*, en se faisant comédien. Il avoit été page chez le duc de Guise. Il est un des premiers acteurs tragiques françois qui se soient fait un nom, & il est aussi un des premiers qui aient récité au théâtre des vers dignes de former un acteur. Il joua dans les premières représentations du *Cid* en 1637, & il mourut au mois de décembre 1667, pendant le cours des premières représentations d'*Andromaque*, où il jouoit le rôle d'Oreste; ainsi, il avoit vu naître le génie de Corneille & celui de Racine, & il avoit contribué à leur gloire. On a dit qu'il étoit mort sur le théâtre ou en sortant du théâtre, victime des efforts qu'il avoit faits pour bien rendre les fureurs d'Oreste; les uns ont dit qu'il s'étoit cassé un vaisseau dans la poitrine; les autres, que son ventre s'ouvrit malgré le cercle de fer qu'il étoit obligé de porter pour en soutenir le poids énorme. Mlle. Du Plessis, sa petite-fille, a écrit que tous ces bruits étoient faux, & elle attribue sa mort, arrivée en effet peu de jours après qu'il eut joué le rôle d'Oreste, au saisissement que lui causa la prédiction qui lui fut faite d'une mort prochaine, par un charlatan indiscret. Il est vrai au reste, qu'il étoit d'une énorme grosseur. Cirano de Bergerac disoit de lui : *Il fait le fier, parce qu'on ne peut pas le bâtonner tout entier dans un jour.* Il est bien étonnant qu'un homme de cette taille jouât ce qu'on appelle *les amoureux* dans la tragédie. Comment pouvoit-il faire illusion? Il est auteur d'une tragédie de la *Mort d'Asdrubal* qui a été attribuée à son fils.

Mais c'est ce fils (Antoine-Jacob de *Montfleury*) qui est l'auteur *de la Femme Juge & Partie*, où, décence à part peut-être, il y a des scènes si plaisantes; de la *Fille Capitaine*, & de quelques autres pièces qu'on joue de temps en temps, & qui lui forment un théâtre en quatre volumes. Il mourut en 1685.

Un autre *Montfleury*, qui n'a rien de commun avec ces deux-là, (Jean Le Petit de *Monfleury*) de Caën, & de l'Académie de cette ville, est auteur de quelques Odes & de quelques Poëmes sans poësie. Mort en 1777.

MONTFORT, (Simon, comte de) (*Hist. de Fr.*) C'est ce fameux chef de la croisade contre les Albigeois, au commencement du treizième siècle; ce fut lui qui remporta en 1213, une grande victoire sur Pierre, roi d'Arragon, sur Raimond, comte de Toulouse, & sur les comtes de Foix & de Cominges. C'est à lui que le quatrième concile général de Latran & le pape Innocent III donnèrent, en 1215, l'investiture du comté de Toulouse, à la charge de l'hommage au roi Philippe-Auguste. On ne l'appelloit alors que le Machabée, le défenseur de l'église; aujourd'hui ses cruautés envers les Albigeois, lui font plus de tort dans l'opinion publique, que son zèle intéressé pour la foi catholique & toute sa gloire militaire ne le rendent recommandable. Il fut tué au siége de Toulouse le 25 juin 1218; & les Albigeois ne manquèrent pas d'observer qu'il mourut comme Abimelech, écrasé d'une pierre lancée par une femme. Son second fils fut célèbre en Angleterre, sous le nom de comte de *Leicester*.

Amauri de *Montfort*, fils de Simon & frère aîné du comte de Leicester, continua la guerre contre les Albigeois, mais avec moins de succès & moins de cruauté que son père; il fut obligé de céder au roi Louis VIII, ses droits, quels qu'ils fussent, sur le comté de Toulouse. Il fut fait connétable sous Saint Louis en 1231. Il fit la guerre dans la Palestine, & fut fait prisonnier dans un combat livré sous les murs de Gaza. Il recouvra sa liberté en 1241, mais il mourut la même année à Otrante.

Le comte de Leicester se nommoit Simon de *Montfort* comme son père; possédant du chef d'une ayeule, de grands biens en Angleterre, il s'y étoit fixé; il plut au roi Henri III, prince léger & capricieux; bientôt sa faveur éclipsa toute autre faveur; le roi lui donna en mariage Eléonore sa sœur, malgré elle & malgré toute sa cour. Quelques-uns disent que le comte de Leicester la séduisit, & qu'il força le roi de la lui donner; elle étoit veuve de Guillaume Maréchal, comte de Pembrock, qui avoit été régent d'Angleterre sous la minorité de Henri III. Le comte de Leicester fut disgracié à son tour. Le roi lui reprocha un jour d'avoir séduit sa femme avant son mariage, & de l'avoir eue malgré lui. Elle étoit présente. Tous deux se retirèrent de la cour. Leicester alla gouverner & opprimer la Guienne au nom du roi: cette province porta ses plaintes à Londres; Leicester y passa pour se défendre; l'éclaircissement fut vif entre les deux beaux-frères. Leicester s'indigna de ce que le roi daignoit seulement écouter ses accusateurs. Henri s'indigna de l'orgueil de Leicester: celui-ci appella le roi *ingrat*; le roi l'appella *traître*. Leicester eut l'insolence de donner au roi un démenti. Le roi, à qui tout le monde manquoit impunément, parce qu'il avoit manqué à tout le monde, se contenta de se plaindre de sa brutalité. Leicester aussi dévot qu'insolent, lui dit: *Il faut que vous n'alliez jamais à confesse.* Le roi daigna lui répondre qu'il y alloit souvent. — *On ne le croiroit point en voyant votre conduite*, reprit Leicester; *que sert la confession sans le repentir?* — *Je ne me suis jamais tant repenti de rien*, dit le roi, *que d'avoir comblé de biens un homme tel que vous.*

Le roi vouloit faire arrêter Leicester, mais il vit tous les barons prêts à se déclarer en faveur de cet homme, non qu'ils approuvassent ou son administration en Guienne ou sa manière de se défendre à Londres, mais parce qu'ils ne cherchoient qu'un chef contre la tyrannie. Un parlement s'assemble à Oxford en 1258; on y forme un conseil perpétuel de vingt-quatre barons, douze nommés par le roi, douze par le parlement. Le comte de Leicester est mis à la tête des douze barons parlementaires; ils entrent un jour tout armés dans la salle de l'assemblée. *Suis-je prisonnier*, demanda le roi en tremblant? *Non*, *vous êtes libre*, répondit un d'entr'eux, *mais il faut que la nation le soit aussi.* On dressa les fameux statuts d'Oxford, qui font époque dans la constitution angloise, comme les deux chartes dont ils sont la confirmation & l'extension. Richard, comte de Cornouailles, frère du roi, étant absent, Henri, fils de Richard, protesta contre les statuts d'Oxford, déclarant que son père ne les approuveroit jamais. *Il ne conservera donc pas un pouce de terre dans le royaume*, répondit insolemment Leicester. Il dit à un autre opposant, frère utérin du roi: *Votre tête répondra de votre obéissance.* Ce tyran, ennemi d'un tyran, agissoit & parloit en roi, sous prétexte de borner l'autorité royale.

Henri III, dépouillé de sa puissance, eût encore donné sa couronne pour se venger du comte de Leicester, auquel seul il attribuoit toutes ses disgraces. Sa haine pour Leicester étoit devenue de l'horreur; il frémissoit à son nom. Un jour le roi alloit par la Tamise, à la Tour de Londres; un violent orage l'obligea de gagner promptement la terre. On le descendit près du château de Durham; il y trouva le comte de Leicester; il parut se troubler à sa vue: *craignez-vous le tonnerre?* lui dit le comte: *oui*, répondit le roi, *mais je crains encore plus ta présence.*

Le roi qui avoit approuvé, malgré lui, les statuts d'Oxford, les désavoua, & réclama contre: il fallut que la force en décidât; les barons élurent pour général le comte de Leicester. Londres se déclara pour eux; la reine voulant passer sous le pont de Londres pour se sauver de la Tour à Windsor, fut insultée par la populace, qui crioit: *Il faut noyer cette sorcière*, & qui poussa en effet l'insolence jusqu'à jetter de grosses pierres dans la barque pour la faire enfoncer. La guerre eut lieu, tout fut en combustion dans le royaume; le comte de Leicester fit prisonniers à la bataille de Lewes, le 14 mai 1264, le roi Henri, Edouard son fils, & Richard son frère. Mais qu'y gagnèrent les barons? Leicester fut un tyran vigoureux, au lieu que Henri avoit été un tyran foible. Leicester fit tout plier sous un joug de fer, & préluda aux fureurs de Cromwel. Il est tué lui-même à la bataille d'Evesham, le 4 août 1265, bataille où il tenoit à sa suite le roi prisonnier, qu'il forçoit de combattre pour les barons, & qui, blessé par ceux qui combattoient pour lui, fut obligé de se nommer pour échapper à la mort. Ce fut le prince Edouard, fils de Henri, qui s'étant sauvé des fers de Leicester, lui arracha la vie avec l'autorité qu'il avoit usurpée. Le comte de Leicester vit sa perte écrite dans les dispositions de cette journée: *que Dieu ait pitié de nos ames*, s'écria-t-il en jetant ses regards sur les deux armées avant le combat, *nos corps sont condamnés à périr*; son parti le déclara martyr, & publia qu'il avoit fait des miracles; car ce rebelle (nous l'avons dit) étoit très-dévot; il avoit pour directeur Robert Grosse-tête, évêque de Lincoln, que quelques historiens appellent *bienheureux*, & qui avoit donné au comte de Leicester la guerre civile pour pénitence, en lui prédisant qu'il y gagneroit la couronne du martyre. Henri remonta sur le trône; mais tout le reste de son malheureux règne se passa au milieu de ces horreurs. Simon de *Monfort*, fils du comte de Leicester, voulut venger son père comme le prince Edouard vengeoit le sien: selon que le roi ou les barons étoient vainqueurs ou vaincus, la tyrannie royale ou la tyrannie parlementaire prenoit le dessus.

A travers cette anarchie & pendant la prison du roi, les représentans des Bourgs, nommés par les conservateurs des priviléges du peuple dans chaque comté, eurent séance pour la première fois, au parlement, où ils furent appellés par le comte de Leicester en 1265. Telle est, selon la plûpart des auteurs, l'origine de la chambre basse ou chambre des communes; époque mémorable dans la constitution d'Angleterre.

Cette maison de *Montfort* tiroit son nom de la ville de Montfort-l'Amauri, ou le lui avoit donné.

De cette maison étoient Amauri III, seigneur de *Montfort* au onzième siècle, surnommé le puissant, mort d'un coup de lance qu'il reçut dans le château d'Ivry.

Richard, seigneur de *Monfort*, son frère, mort en 1090, d'un coup de trait à l'attaque du château de Conches.

La fameuse Bertrade de *Montfort*, enlevée par Philippe Ier, roi de France, à Foulques-le-Réchin, comte d'Anjou, (*Voyez* BERTRADE) étoit leur sœur.

En 1543, dans les guerres du Piémont sous François Ier, le comte d'Enguien pour la France, & Barberousse pour la Turquie, ayant résolu d'assiéger Nice, le commandant qu'ils sommèrent de se rendre, répondit : je me nomme *Montfort*, mes armes sont des pals, & ma devise : *Il me faut tenir*. Tout cela étoit fort beau à dire, mais *Montfort* ne tint point. Il rendit promptement la ville, mais il prit sa revanche dans le château, dont il fit lever le siége au comte d'Enguien & à Barberousse.

MONTFORT DE BRETAGNE. (*Voyez* PENTHIÈVRE.)

MONTGAILLARD, (Bernard de Percin de) (*Hist. de Fr.*) On l'appelloit *le petit Feuillant & le Laquais de la ligue*, parce qu'il étoit toujours en mouvement pour la servir : c'étoit d'ailleurs un religieux plein de zèle & un homme de mœurs austères; mais ce n'est ni le zèle ni l'austérité qui manquent à ces fanatiques qui troublent l'état ou qui persécutent les particuliers. Après avoir refusé des évêchés & des bénéfices de toute espèce, il accepta l'abbaye d'Orval, & y introduisit une réforme assez semblable à celle de la Trappe. On l'avoit fait passer je ne sais pourquoi, d'ailleurs qu'importe? de l'ordre des Feuillans dans l'ordre des Bernardins; il avoit beaucoup écrit contre Henri IV. Il brûla depuis lui-même tous ses écrits; car il étoit de ceux que l'abjuration d'Henri IV avoit ramenés sincèrement à ce prince. Il mourut en 1628, dans son abbaye d'Orval. Il étoit né en 1563.

MONTGERON, (Louis-Basile Carré de) (*Hist. mod.*) conseiller au parlement de Paris, fils d'un maître des requêtes, auteur du fameux livre intitulé : *La vérité des Miracles opérés par l'intercession du bienheureux Pâris*. On le mit d'abord à la Bastille. On le relégua ensuite chez des Bénédictins dans le diocèse d'Avignon, puis à Viviers, puis on l'enferma de nouveau; ce fut dans la citadelle de Valence, & il y mourut en 1754. Si on lui avoit épargné ou si on s'étoit épargné toutes ces inutiles rigueurs, son livre en auroit été beaucoup plutôt oublié.

MONTGOMMERY ou MONGOMERI, (*Hist. mod.*) est le nom d'une petite ville d'Angleterre dans la principauté des Galles; c'est aussi le nom d'un comté de France dans la Normandie. L'un de ces deux endroits a-t-il donné son nom à l'autre? Mais les lieux ne nous intéressent ici qu'à cause des personnes. Il y a ou il y avoit en Angleterre, une ancienne maison de *Montgommery* : étoit-elle d'origine angloise ou bien descendoit-elle d'une famille Normande qui eût passé en Angleterre du temps de Guillaume-le-Conquérant ou depuis la conquête? Quoi qu'il en soit, de cette ancienne maison de *Montgommery*, descendoient par un puîné, les comtes d'Egland en Ecosse, & de ces comtes d'Egland descendoit Alexandre de *Montgommery*, parent par les femmes, de Jacques Ier, roi d'Ecosse.

Robert de *Montgommery*, petit-fils d'Alexandre, vint d'Ecosse au secours de la France, & s'attacha au service de ce pays vers le commencement du règne de François Ier.

Jacques de *Montgommery* son fils, seigneur de Lorges dans l'Orléanois, fut un des plus vaillans hommes de son temps; il est nommé François par quelques auteurs : ce fut lui qui, en 1521, au commencement de la première grande guerre de François Ier, contre Charles-Quint, ravitailla Mézières; & qui, suivant l'usage du temps, où on mêloit toujours les combats de chevalerie aux opérations militaires, proposa aux Impériaux un combat singulier à pied & à la pique, combat qui fut accepté pour les impériaux, par un chevalier de la maison de Vaudrei; aucun des deux tenans n'eut d'avantage marqué.

Pendant ce même siége, le capitaine grand-Jean Picart, qui, après avoir long-temps servi la France, avoit passé au service de l'empereur, voulut savoir s'il étoit vrai que la place eût été aussi abondamment ravitaillée que les assiégés le publioient; il envoya un tambour demander, de sa part, une bouteille de vin à de Lorges, son ancien ami. De Lorges envoya deux bouteilles, une de vin vieux, une de vin nouveau, & mena le tambour dans une cave garnie d'une multitude de tonneaux, mais dont la plûpart n'étoient remplis que d'eau. Telles étoient alors les grandes finesses & de l'attaque & de la défense.

Le capitaine de Lorges acheta en 1543, le comté de *Montgommery* en Normandie, qu'il disoit avoir appartenu aux auteurs de sa race.

Nicolas Pasquier dit dans ses lettres, que ce fut le capitaine de Lorges *Montgommery* qui eut le malheur de jetter le tison fatal de Romorentin, dont François Ier fut dangereusement blessé. (*Voyez* POL) (le comte de Saint). S'il n'y a pas là d'erreur, cette race de *Montgommery* étoit bien fatalement destinée à punir nos rois de leurs imprudences chevaleresques, & à les blesser ou à les tuer, sans aucune intention criminelle.

C'est Gabriel de *Montgommery*, fils du capitaine de Lorges, qui, plus malheureux encore que son père, blessa mortellement Henri II, au tournoy de la rue Saint-Antoine; mais le tison de Romorentin fut plus coupable que la lance du Tournoy, parce qu'il ne devoit point absolument entrer parmi les armes du combat de Romorentin; l'intention n'étoit point coupable, mais c'étoit une étourderie & une imprudence.

Gabriel de *Montgommery* n'eut rien à se reprocher; il poussa même si loin les précautions, qu'il en résulte une sorte de confirmation du récit de Nicolas Pasquier; car dans ces temps de chevalerie, où les rois figuroient dans les tournois comme les autres chevaliers, il n'y avoit aucune raison pour qu'un chevalier refusât d'entrer en lice avec eux, & *Montgommery*, par une espèce de pressentiment secret, s'en défendit à plusieurs reprises, comme s'il eût voulu dire: *ne choissez point pour ce combat le fils de celui dont la main s'est égarée à Romorentin; souvenez-vous de votre père & du mien.* Il ne se rendit enfin qu'en voyant le roi prêt à s'irriter de ses refus. Le roi ne mourut qu'onze jours après; il fut la plus illustre victime de ces périlleux amusemens, dont un envoyé du grand-seigneur disoit; *que si c'étoit tout de bon, ce n'étoit pas assez, & que si c'étoit un jeu, c'étoit trop.* Il défendit en mourant, que *Montgommery* fût inquiété ni recherché pour ce fait, en aucune manière. *Montgommery* se retira dans ses terres, & alla ensuite voyager; mais il revint en France dans le temps des guerres de religion, & au malheur d'avoir tué Henri II, il joignit le tort d'entrer contre Charles IX son fils, dans toutes les révoltes du parti protestant. Il se jetta dans Rouen, d'où il eut peine à se sauver en 1562. Après avoir vaillamment défendu la place jusqu'au dernier moment, il n'eut que le temps de se jetter dans un esquif, pour se retirer vers le Havre; mais à Caudebec il trouva la rivière fermée par une chaîne, il brisa la chaîne, ce que les gens de sa secte regardèrent comme un miracle, & ce que d'autres expliquèrent par une intelligence avec l'ouvrier qui avoit fait la chaîne, & qui l'avoit apparemment construite de manière qu'elle pût être aisément rompue.

Après la victoire remportée par les protestants à la Rochelle le 15 juin 1569, la cour humiliée de cet échec, fit mettre à prix par le parlement, les têtes de Coligny & de *Montgommery.* Ce dernier recouvra tout le Béarn, que les catholiques avoient enlevé à Jeanne d'Albret, reine de Navarre, mère de Henri IV.

Montgommery étoit à Paris dans le temps du massacre de la Saint-Barthélemi; le fauxbourg Saint-Germain, où il demeuroit, étant alors le quartier de Paris le plus éloigné, l'exécution y fut un peu retardée, ce qui donna le temps à ceux qui furent avertis, de se sauver, *Montgommery* s'enfuit au grand galop, avec quelques amis; on les poursuivit jusqu'à Montfort-l'Amaury, & même par delà; *Montgommery* devint dans le parti protestant, à-peu-près ce que Coligny & Condé y avoient été; il vint au secours de la Rochelle en 1573. L'année suivante il fit la guerre en Normandie, & eut le malheur d'être pris dans Domfront, par le maréchal de Matignon. Il s'étoit rendu sous la promesse de la vie sauve; mais il faut expliquer ce mot. Matignon ne pouvoit sans doute lui rien garantir de la part de la cour; il ne lui donna, selon d'Aubigné même, auteur protestant, d'autre parole, sinon que sa vie seroit respectée, & sa personne bien traitée tant qu'il seroit entre les mains de Matignon; mais celui-ci reçut bientôt de Catherine de Médicis, l'ordre d'envoyer son prisonnier à Paris, sous bonne & sûre garde; elle montra la joie la plus vive d'avoir *Montgommery* en sa puissance, & courut porter cette nouvelle au roi Charles IX, qui n'y prit point d'intérêt, parce qu'il n'en pouvoit plus prendre à rien, étant accablé par le mal & touchant au terme de sa vie. « Mon fils, lui dit Catherine, » n'êtes-vous pas charmé que votre ennemi & le » meurtrier de votre père soit tombé entre nos » mains? Madame, répondit Charles IX, je ne me » soucie ni de cela ni d'autre chose ».

On n'en fit pas moins le procès à *Montgommery*; mais ce procès étoit difficile, à cause des édits de pacification, & des amnisties accordées; il falloit un prétexte qui lui fût particulier: on prit le prétexte qu'en venant secourir la Rochelle avec des vaisseaux construits en Angleterre, il avoit arboré sur ces vaisseaux le pavillon anglois, comme si les protestants n'avoient pas toujours, tant qu'ils l'avoient pu, fait entrer les puissances protestantes dans toutes leurs guerres contre les catholiques françois. *Montgommery* mourut avec le même courage qu'il avoit montré à la tête des armées. Lorsqu'on lui lut son arrêt, qui portoit que ses enfants étoient dégradés de noblesse: *s'ils n'ont la vertu des nobles pour s'en relever*, dit-il, *je consens à la dégradation.* Ce fut le 26 juin 1574, qu'il eut la tête tranchée à la grève, après avoir été brisé par la question. C'étoit un des grands capitaines & même un des grands hommes de son siècle. Il laissa deux fils, Jacques de Lorges & Gabriel II.

Jacques ne laissa qu'une fille, nommée Marie, qui épousa Jacques de Durfort, comte de Duras; par ce mariage, le nom de Lorges & les biens de la maison de *Montgommery* passèrent dans la maison de Durfort.

Gabriel II, oncle de Marie, racheta en 1610, de sa nièce, le comté de *Montgommery*. Il mourut en 1653, laissant des enfants qui continuèrent cette race, laquelle dans aucun temps n'a passé pour dégradée.

MONTGON, (Charles-Alexandre de) (*Hist. mod.*) naquit en 1690, à Versailles, d'une famille attachée à la cour; il étoit fils d'une dame du palais de madame la duchesse de Bourgogne, mère du roi Louis XV.

On ne conçoit pas bien pourquoi l'abdication de Philippe V, roi d'Espagne, fut pour lui un motif si puissant d'aller s'attacher au service de ce prince; mais puisque nous voyons qu'il fut chargé secrètement par M. le duc Bourbon, alors premier ministre, de ménager le raccommodement des cours de Versailles & de Madrid, que le renvoi de l'infante rendoit alors ennemies, ne cherchons pas d'autre motif de ce voyage; le reste apparemment n'est que prétexte. Il revint à Paris avec une commission pareillement secrète de Philippe V, qui, depuis la mort du prince Louis son fils, en faveur duquel il avoit abdiqué, avoit remonté sur le trône d'Espagne, & qui, dans le cas où Louis XV viendroit à mourir sans enfants, prétendoit succéder à la couronne de France. La commission secrète donnée à l'abbé *de Montgon* par Philippe V, concernoit

concernoit ce dernier projet. Il eut même sur ce sujet, à ce qu'il rapporte dans ses mémoires, une entrevue très-mystérieuse avec M. le duc de Bourbon, alors exilé à Chantilly, & qui se rendit secrètement à Ecouen pour cette conférence, dont le résultat, selon lui, fut que M. le duc de Bourbon, contre son intérêt personnel & celui de sa branche, promit, dans le cas prévu, d'être pour la branche d'Espagne contre la branche d'Orléans. On trouve dans les mémoires de l'abbé de *Montgon* des idées assez raisonnables sur le ministère de M. le duc de Bourbon en France, quelques détails piquans & curieux sur la cour d'Espagne, & des jugemens fort injustes sur le ministère & sur la personne du cardinal de Fleury, qu'il paroît regarder comme son ennemi personnel, & qu'il traite bien comme tel. On entrevoit que toute cette haine ne vient que de ce que le cardinal avoit paru le dédaigner; & delà naissent en effet, les haines les plus atroces.

MONTHOLON, (François de) (*Hist. de Fr.*) Dans le grand procès intenté au connétable de Bourbon par la duchesse d'Angoulême, Poyet qui fut depuis chancelier, étoit l'avocat de la duchesse. *Montholon*, qui fut depuis garde des sceaux, étoit l'avocat du connétable. Il y avoit entre leurs caractères, la même différence qu'entre leurs causes : l'un étoit digne de prostituer son ministère à la tyrannie & à la persécution; l'autre, de déployer sa généreuse éloquence en faveur d'un héros opprimé : il fut cependant garde des sceaux sous François Ier. ; mais ce ne fut qu'après la mort de la duchesse. Le roi, sans être vu, avoit entendu *Montholon* plaider la cause du connétable de Bourbon contre le roi lui-même & contre sa mère; dès-lors, plein d'estime pour lui, il lui avoit destiné une charge d'avocat-général au parlement, quand il en viendroit à vaquer. Olivier Alligret étant mort le 23 septembre 1532, le roi nomma en effet le 28, *Montholon*, pour le remplacer. Dans le même temps, & deux jours avant la mort d'Alligret, le connétable de Montmorenci mandoit au roi, qu'à propos de la maladie d'Alligret, il s'étoit informé des Avocats les plus propres à le remplacer, & que la voix publique lui avoit nommé *Montholon*. « Je ne le connois point, dit-il, » je ne l'ai jamais vu, mais si l'on vous en dit autant » de bien qu'à moi, je pense, Sire, que au lieu que » pourrez être importuné de bailler cet office à autre, » vous aurez envie de prier icelui *Montholon* de le » prendre ». Il fut ensuite président au parlement avant d'être garde des sceaux; il prêta le serment en cette dernière qualité, le 22 d'Août 1542, entre les mains du cardinal de Tournon, à qui le roi donna le 9 août de la même année, une commission particulière pour le recevoir. Le 9 septembre suivant, le dauphin Henri nomma *Montholon* garde des sceaux de la Bretagne, province que Henri étoit censé posséder du chef de sa mère, fille aînée d'Anne de Bretagne.

Vers la fin de l'année 1542 & le commencement de 1543, les impôts, source très-féconde de divisions entre les rois & les peuples, avoient excité à la Rochelle, la seule révolte qui ait troublé le règne paisible de François Ier. Ce fut pour ce prince, une occasion d'exercer sa clémence & de se faire aimer davantage; cette révolte ne coûta aux Rochelois qu'une somme de deux cents mille francs, qui tourna au profit de la ville par la générosité du garde des sceaux *de Montholon*, dont le roi avoit voulu récompenser les services par cette somme, & qui la remit aux habitans pour fonder un hôpital. Ainsi nulle ombre de peine n'obscurcit la clémence du roi, ne borna la grace accordée aux Rochelois, & *Montholon* fut plus que récompensé, il s'immortalisa. On le perdit le 10 juin 1543, *personnage d'une probité rare & qui a toujours été héréditaire dans sa famille*, dit Mezerai. Il fut surnommé l'*Aristide François*, surnom le plus glorieux qui pût être donné à un magistrat & à un citoyen.

Son fils, nommé comme lui, François *de Montholon*, fut digne de lui & fut aussi garde des sceaux. Antoine Seguier, le premier des avocats du Roi au parlement qui eut le titre d'avocat-général, en présentant au parlement les lettres de garde des sceaux données à François II *de Montholon*, l'appella aussi *l'Aristide François*; il dit que ces lettres étoient une déclaration publique que le roi faisoit à tous ses sujets, de vouloir *honorer les charges par les hommes, & non les hommes par les charges*. On a dit encore de *Montholon* que le parlement où il avoit long-temps plaidé avant d'être en charge, *n'avoit jamais désiré autres assurances de ses plaidoyers, que ce qu'il avoit mis en avant par sa bouche, sans recourir aux pièces*. Eût-il été encore plus digne de foi, le devoir du parlement étoit sans doute de recourir aux pièces; mais on ne peut rien imaginer de plus glorieux pour un particulier que d'être l'objet d'une pareille confiance. Il fut nommé garde des sceaux en 1588, par Henri III. Il remit les sceaux en 1590, à Henri IV, pour n'être pas obligé de sceller des édits favorables aux Protestants; il faut croire que ce zèle catholique se renfermoit dans les bornes de la tolérance & de la charité, mais chez tout autre que François *de Montholon*, l'époque de la ligue rendroit ce même zèle suspect au moins d'un peu d'excès. Il mourut la même année 1590.

C'est de Jacques *de Montholon* son fils, avocat au parlement de Paris, qu'on a un Recueil d'Arrêts servant de règlement. Celui-ci mourut le 17 juillet 1622.

On a aussi de Jean *de Montholon*, frère du premier garde des sceaux, oncle du second, chanoine de Saint-Victor de Paris, nommé au cardinalat, mais qui n'en reçut point les honneurs, une espèce de Dictionnaire de Droit sous ce titre : *Promptuarium juris divini & utriusque humani*. Mort le 10 mai 1521.

MONTIGNY, (François de la Grange d'Arquien, dit le Maréchal de) (*Hist. de Fr.*) Il avoit été fait prisonnier à la bataille de Coutras en 1587, par Henri IV, alors seulement roi de Navarre. Il fit la guerre aux ligueurs, après la mort de Henri III, en faveur de ce même Henri IV, son vainqueur. Il se distingua au combat d'Aumale en 1592, & au siège d'Amiens en 1597. Il fut fait gouverneur de Paris en 1601. Il fut fait maréchal de France sous la régence de Marie de Médicis, & par la faveur du maréchal d'Ancre. En 1617, il servit la cour contre les mécontens. Il mourut cette même année, le 9 septembre. Son fils ne laissa point de postérité masculine. Son neveu Henri, marquis d'Arquien, fut père de la reine de Pologne, Marie-Casimire, femme de Sobieski. Après la mort de sa mère, elle procura le chapeau de cardinal à son père, avec lequel elle alla s'établir à Rome. En 1714, elle revint en France, où le roi lui donna pour demeure, le château de Blois. Elle y mourut en 1716. Une autre fille du marquis de la Grange d'Arquien épousa le comte de Bethune, & fut ayeule de la maréchale de Belle-Isle.

MONTLHERY, (Guy de & Hugues de) (*Hist. de Fr.*) comtes de Rochefort, père & fils, sous les règnes de Philipe I & de Louis-le-Gros. Tous deux eurent l'office de sénéchal de France. Le père signa en cette qualité, à une chartre du roi Philippe I, de l'an 1093, & fut de la première croisade en 1096. Philippes I voulut que Louis-le Gros épousât la fille de Guy, la sœur de Hugues ; mais ce prince au bout de trois ans, ayant fait casser son mariage, sous ce prétexte de parenté, qui ne manquoit jamais dans un temps où la preuve de la parenté se faisoit par témoins, & non par actes, Guy & Hugues devinrent ses ennemis, & troublèrent l'état. Guy fut battu auprès du château de Gournay, & ce château fut pris & confisqué sur lui. Il mourut en 1108. Hugues continua la querelle ; celui-ci acquit une funeste célébrité par des violences & des injustices : un de ses parens étant tombé dans sa disgrace, il le fit enlever, l'enferma dans une tour, & on trouva ce malheureux, mort au pied de la tour ; il l'avoit fait étrangler, & il l'avoit jetté par la fenêtre, pour persuader que le prisonnier s'étoit tué en voulant se sauver ; mais des signes certains manifestèrent la fraude. Le soulèvement que les cruautés de Hugues excitèrent contre lui, le fit dépouiller de sa charge de sénéchal, & l'obligea de quitter le monde, il se fit moine à Cluni vers l'an 1118, & y mourut quelques années après.

MONTLUC, (Blaise de) (*Hist. de Fr.*) un de ces hommes en qui le pur esprit de chevalerie a brillé avec tous ses avantages & tous ses défauts. Il étoit d'une branche de cette maison de Montesquiou Artagnan, dont la prétention, aussi bien fondée que toute prétention généalogique, est de descendre de la première race de nos rois, par Boggis, fils de Charibert ou Aribert, lequel étoit frère de Dagobert I. Blaise naquit en 1500, dans un petit village près de Condom. Il fut d'abord page d'Antoine, duc de Lorraine, frère de Claude, duc de Guise. A dix-sept ans il servoit en Italie ; il servit d'abord sous les de Foix, Lautrec & Lescun ; il étoit au funeste combat de la Bicoque en 1522. Il fut fait prisonnier, ainsi que le roi François Ier. à la funeste bataille de Pavie en 1525. Il reçut deux coups d'Arquebusade au bras gauche dans l'expédition non moins funeste de Naples en 1528, où périt Lautrec. En 1536, il étoit dans Marseille, lorsque Charles-Quint assiégeoit cette place, dont il fut obligé de lever le siége.

En 1554, il servoit en Piémont sous le comte d'Enguien. Le comte assiégeoit Carignan ; le marquis du Guast, un des plus habiles généraux de Charles-Quint, s'ébranloit pour venir au secours ; le comte d'Enguien manquoit d'argent pour payer ses troupes ; d'ailleurs, la France étoit dans un moment de crise, où le roi n'approuvoit pas qu'on courût les risques d'une bataille ; le duc d'Enguien dépêcha *Montluc* en diligence pour demander au roi de l'argent & la permission de combattre. *Montluc* s'est plu à décrire dans ses Mémoires, les particularités de ce voyage à la cour. Le roi voulut qu'il assistât au conseil, où la proposition d'une bataille fut assez généralement rejettée. *Montluc* étoit obligé de garder le silence ; mais son air, sa contenance, ses gestes parloient, tout en lui exprimoit l'impatience & le mécontentement. Le roi voyant la violence qu'il se faisoit, lui permit de parler. *Montluc* peignant alors avec une gaieté audacieuse & gasconne, la valeur des troupes, les talens du général, l'ardeur des soldats, mit tant de feu dans ses discours, dans ses mouvemens, dans ses gestes, qu'il sembloit être sur le champ de bataille, au milieu du carnage, assûrant la victoire, poursuivant les vaincus. Le roi qui, d'abord rioit de son enthousiasme, finit par le partager. Le comte de St. Pol le voyant ébranlé, lui dit : *Sire, changeriez-vous d'opinion, pour les vaines déclamations de ce fol enragé ? Ce fol*, répondit le roi, *dit des choses fort sages, & ses raisons méritent d'être pesées. Avouez-le, Sire*, dit l'amiral d'Annebaut, *vous combattriez à leur place, & vous voulez qu'ils combattent. J'ai commandé cette armée d'Italie, je puis vous répondre de la valeur des soldats ; vous savez, d'ailleurs, de qui les succès dépendent.* A ces mots, le roi leva les yeux au ciel, joignit les mains, & jettant son bonnet sur la table : *qu'ils combattent*, s'écria-t-il, *qu'ils combattent.* Le comte de St. Pol voyant cet avis prévaloir, dit à Montluc : *fol enragé ! tu seras cause aujourd'hui du plus grand bonheur ou du plus grand malheur !* Vous n'avez qu'un seul mot, répondit Montluc ; *si nous perdons !* Mais pourquoi ne pas dire aussi : *si nous gagnons* ? Nous gagnerons, assurez-vous que les premières nouvelles seront *que nous les aurons tous fricassés, & en mangerons, si nous voulons.* Après de tels discours il falloit vaincre ; on vainquit, & *Montluc*, qui commandoit les Arquebusiers à cette mémorable journée de Cerisoles, ne contribua pas médiocrement à la victoire.

En 1546, il servoit en Picardie sous le maréchal du Biez : il s'agissoit de reprendre Boulogne-sur-mer, dont les Anglois s'étoient emparés ; on faisoit venir du canon pour former l'attaque d'un fort qui couvroit la place. L'artillerie n'avoit pas encore entièrement triomphé alors de l'ancien esprit militaire, qui donnoit plus à l'adresse, à la force, à la valeur de l'homme qu'aux combinaisons de l'art, qui préféroit l'audace à la prudence, un coup de main aux précautions & aux mesures, les combats de chevalier à la science du général. Cet esprit de chevalerie qui, à Pavie, avoit emporté valeur bouillante de François Ier. au milieu des bataillons ennemis, & qui lui avoit fait masquer l'artillerie de Galiot de Genouillac, seule suffisante pour assurer la victoire, emporta ici Blaise de *Montluc*: *Pourquoi du canon*, dit-il; mes compagnons & moi, nous allons seuls emporter ce fort, ils l'emportèrent en effet; mais du canon auroit ménagé quelques-uns de ces braves aventuriers; & cette raison qui seroit décisive aujourd'hui, offensoit alors leur valeur. En marchant à cette expédition, *Montluc* avoit dit à ses soldats: *si je vous vois reculer, je vous coupe les jarrêts; coupez-les-moi, si vous me voyez reculer.*

En 1551, sous le règne de Henri II, le maréchal de Brissac, dans l'armée duquel il étoit employé, l'engageoit à se jetter dans la ville de Bène, assiégée alors par les Espagnols, & réduite à la famine. *Montluc* résistoit: *qu'irai-je faire*, disoit-il, *dans une ville où tout le monde sera mort de faim dans trois jours?* Brissac redoubla ses instances; &, comme le Préteur dont parle Horace:

Hortari cœpit eundem
Verbis, quæ timido quoque possent addere mentem.

Si je vous savois dans la place, dit-il, *je la croirois sauvée. Vous obtiendriez du moins une capitulation honorable. Montluc* s'irritant à ce mot de capitulation, dit qu'il aimeroit mieux être mort *que de voir son nom en de pareilles écritures.* C'est ainsi que Henri IV répondit au duc de Parme, qui lui demandoit ce qu'il pensoit de sa retraite de Caudebec, qu'il ne se connoissoit point en retraites. *Montluc* n'eut point d'*écritures* à signer; il entra dans Bène, & en fit lever le siége; mais il ne faut jamais dire qu'on ne fera point de capitulation ni de retraite. En 1554, *Montluc* porta du secours à la ville de Sienne, qui s'étoit mise sous la protection de la France, & qui soutint un siège de huit mois contre l'armée Impériale, commandée par le marquis de Marignan; *Montluc* fit convertir le siége en blocus, & fit tant par son éloquence & par son exemple, qu'il engagea les Siennois à souffrir toutes les horreurs de la famine; ce ne fut qu'à la dernière extrêmité qu'on capitula; mais on capitula enfin, *Montluc* & toutes ses troupes sortirent avec les honneurs de la guerre.

Sous Charles IX, *Montluc* commanda en Guyenne, contre les Huguenots, & dans une foule de combats qu'il leur livra, il eut toujours l'avantage. Brantôme lui reproche des cruautés dans ces guerres de religion, & dit qu'il sembloit en disputer avec le baron des Adrets, qui, encore huguenot alors, exerçoit sur les Catholiques les mêmes violences que *Montluc* sur les Huguenots. En 1570, *Montluc* assiégeant le château de Rabasteins, y fut blessé aux deux joues, d'une arquebusade, dont il resta tellement défiguré, qu'il fut obligé de porter un masque tout le reste de sa vie. Quand on vit tout le sang qui lui sortoit par le nez & par la bouche, on voulut l'emporter, & lui-même se croyoit blessé à mort: *ne songez qu'à me venger*, dit-il, & il donna l'ordre de n'épargner personne; cet ordre fut trop bien exécuté, tout fut passé au fil de l'épée.

En 1574, il fut fait maréchal de France. Il y avoit long-temps que ses services & ses succès continuels dans le commandement, (car il ne fut jamais battu) avoient mérité cet honneur. Il mourut en 1577, dans sa terre d'Estillac en Agenois. Ce fut dans cette retraite qu'il écrivit de mémoire, à soixante & quinze ans, son histoire que nous avons sous le titre de *Commentaires de Blaise de Montluc, maréchal de France*, & qui n'a paru que long-temps après sa mort, en 1592, par les soins du zélé persécuteur catholique Florimond de Remond, conseiller au parlement de Bordeaux. Henri IV appelloit ce livre: *la Bible des Soldats*, titre qui conviendroit peut-être mieux encore à l'ancienne vie du chevalier Bayard. On a dit de *Montluc*, au sujet de ses Commmentaires: *Multa fecit, plura scripsit. Il en a beaucoup fait, il en a plus raconté encore.* On trouve en effet dans cet ouvrage, un grand caractère de chevalerie; mais on y trouve aussi de la forfanterie & de la jactance. C'est le contraire de ce que Salluste dit de Jugurtha: *plurimùm facere, & minimùm de se ipse loqui.* L'auteur de l'Esprit de la Ligue compare les Commentaires *de Montluc* avec les Mémoires du sage La Noue. « La Noue, dit-il, ne » parle presque jamais de lui, & le lecteur par » son estime, lui paie sa modestie au centuple. *Montluc* » parle toujours de lui-même, & ne déplaît pas, parce » qu'on voit que dans ses actions, il n'avoit en vue » que son devoir, & que son principal motif, en » écrivant, étoit d'en inspirer l'amour aux autres ».

On ne peut rien dire de plus indulgent à la fois & de plus juste.

Montluc avoit vu six rois, & avoit porté les armes sous cinq.

Il avoit un frère aussi célèbre & aussi utile dans les négociations que le maréchal l'étoit à la guerre; c'étoit l'évêque de Valence, Jean *de Montluc*: quoique évêque, il étoit aussi favorable aux Huguenots que le maréchal leur étoit contraire; & quoiqu'évêque, il étoit marié avec une demoiselle, nommée Anne Martin, dont il eut Jean *de Montluc*-Balagny, dont nous avons parlé à l'article BALAGNY.

Ce fut l'évêque de Valence qui, dans son ambassade de Pologne, fit élire roi de Pologne, le duc d'Anjou, depuis Henri III. Il fut employé aussi avec succès, en Allemagne, en Angleterre, en Ecosse, à Constantinople. Le pape le condamna comme hérétique, sur les accusations du doyen de l'église de Valence; mais celui-ci n'ayant pas pu prouver son accusation par des titres authentiques, fut condamné par arrêt du 14 octobre 1560, à faire réparation à son évêque. *Montluc* finit par être catholique de bonne foi; il mourut à Toulouse en 1579, entre les bras d'un jésuite. On a de lui des sermons imprimés & quelques autres ouvrages.

MONTMAUR, (Pierre de) (*Hist. Litt. mod.*) professeur en langue grecque au Collége Royal. Il n'y a pas le mot pour rire dans toutes les querelles, épigrammes, chansons, satyres, calomnies, injures, &c. dont cet homme a été ou l'auteur ou l'objet. Ménage a écrit la vie satyrique de *Montmaur*, sous le titre de *Gargilius Mamurra.* Sallengre a recueilli, sous le titre d'*Histoire de Montmaur*, tous les libelles faits contre cet homme. Pour lui, il n'écrivoit point, mais il parloit, & sa langue étoit encore plus venimeuse que la plume de ses adversaires : il avoit une mémoire chargée d'anecdotes scandaleuses, vraies ou fausses, contre les auteurs, morts ou vivants ; & on appelloit de son nom *Montmaurismes*, des allusions malignes, tirées du grec ou du latin, qu'il faisoit aux noms des auteurs qui l'attaquoient. La grande réputation qui lui est restée, est celle de parasite. Grace aux changemens arrivés dans nos mœurs, on ne sait plus aujourd'hui ce que c'est qu'un parasite. Boileau a dit :

> Savant en ce métier, si cher aux beaux-esprits,
> Dont Montmaur autrefois fit leçon dans Paris.

Les beaux-esprits, les gens de lettres dinent beaucoup en ville, plus peut-être que l'intérêt du travail ne le demanderoit ; mais aucun ne peut être désigné par le titre de parasite, même en se reportant au temps où ce titre avoit une signification. Tout ce qu'on voit dans cette conjuration des auteurs contre *Montmaur*, c'est la jalousie que leur inspiroit la facilité de parler qui le distingoit parmi eux, & qu'il exerçoit contr'eux, tandis qu'il leur laissoit les écrits. On peut y voir aussi combien les injures dites en grec ou en latin, faisoient d'impression alors, & quelle étoit la grossiéreté du ton & des discours des gens de lettres. *Montmaur* abusoit quelquefois de la parole & de l'érudition fugitive que permet la conversation; il hazardoit de fausses citations, dans l'espérance qu'on ne les vérifieroit pas; il en fut plusieurs fois convaincu avec honte; mais cette honte ne satisfit point ses ennemis; ils eurent recours à la vengeance des lâches, à la calomnie. Un portier du Collége de Boncœur, où demeuroit *Montmaur*, ayant été tué, ils publièrent que c'étoit *Montmaur* qui l'avoit assommé d'un coup de bûche ; ils donnèrent assez de vraisemblance à leur accusation, pour que *Montmaur* fût mis en prison ; leur succès n'alla pas plus loin, son innocence fut prouvée : ils se bornèrent alors à ces calomnies qu'on croit sans en exiger la preuve; ils l'accusèrent de corrompre la jeunesse. Ce qu'il y a de plus constant sur son compte, c'est que c'étoit un pédant redoutable & odieux aux pédans ses confrères. Il avoit été jésuite, avocat, poëte. Il mourut en 1648, âgé de soixante & quatorze ans.

MONTMÉNIL. *Voyez* SAGE (le).

MONTMIRAIL. (On prononce MONTMIREL.) *Voyez* TELLIER (le).

MONTMORENCI, (Maison de) (*Hist. de Fr.*) C'est ici sur-tout que l'on peut dire :

> *Fortia facta patrum, series longissima rerum,*
> *Per tot ducta viros antiquæ ab origine gentis.*

L'origine de la maison *de Montmorenci* se perd dans la nuit des temps. On a toujours cru que les *Montmorenci* descendoient du premier des Francs qui embrassa le christianisme. Les auteurs se partagent sur cette origine ; les uns, tels que Robert Cenal, évêque d'Avranches, liv. 1 de ses Remarques Gauloises, & le président Fauchet, liv. 2 des Antiquités Françoises, l'attribuent à Lisoie, général de Clovis; d'autres, tels que Mérula, du Verdier, Anssel, à Lisbius, le plus noble & le plus puissant des Gaulois qui habitoient la province nommée aujourd'hui l'Isle-de-France. Lisbius fut, dit-on, converti par St. Denis, & souffrit le martyre avec lui au troisième siècle. Le nom de Lisbius & celui de Lisoie paroissent être le même.

Quant au nom de *Montmorenci*, il vient, dit-on, de ce que Guy-le-Blond, l'un des chefs de cette maison, & compagnon d'armes de Charles-Martel, tua dans une bataille, un roi More, & le voyant tomber, s'écria: *voilà mon More occis ;* on ajoute qu'en mémoire de ce succès, il bâttit un château qu'il appella *Mon-More-occis*, d'où est venu par corruption, le nom de *Montmorenci.*

Quant aux armes de *Montmorenci*, elles n'avoient d'abord que la croix ; mais dans l'excursion que l'empereur Othon II fit jusqu'aux portes de Paris, l'an 978, Bouchard *de Montmorenci*, dont Othon avoit brûlé le château, fut un de ceux qui se distinguèrent le plus contre ce formidable ennemi, lorsque Lothaire & Hugues-Capet battirent son arrière-garde au passage de l'Aîne. On assure qu'il enleva aux Allemands, quatre étendards ou aigles impériales, & que ce fut en mémoire de cet exploit, qu'il orna la croix de ses armes de quatre aiglettes ou alérions. Ses descendants n'eurent point d'autres armes jusqu'à Matthieu II *de Montmorenci* dit le Grand, connétable de France, qui à la bataille de Bovines, ayant enlevé douze aigles impériales, augmenta son écusson de douze alérions, par ordre de Philippe-Auguste.

Les *Montmorenci* s'intituloient : *Sires de Montmorenci, par la grace de Dieu.* Sous les rois Robert & Henri I, Bouchard III & Alberic *de Montmorenci* son frère, connétable de France, signent presque toutes les chartres avec les grands vassaux de la couronne, tels que les comtes de Flandres, de Champagne, les ducs de Normandie. Sous Henri I & Philippe I, le connétable Thibaud & Hervé *de Montmorenci* son frère, bouteiller de France, signent presque tous les actes solemnels avant les grands officiers de la couronne ; les rois les appellent *princes du royaume*, *nobles princes.* Sous Louis-le-Jeune, Matthieu I *de Montmorenci*, connétable de France, épouse, du consentement du roi, la reine douairière, sa mère, veuve de Louis-le-Gros, & gouverne sagement le royaume avec elle & avec l'abbé Suger, pendant la funeste expédition de Louis-le-Jeune dans la Palestine. Hervé *de Montmorenci*, son frère, s'attache à Henri II, roi d'Angleterre, & par les exploits les plus signalés, obtient les dignités de connétable & de sénéchal d'Irlande, avec un établissement immense dans ce royaume, à la conquête duquel il avoit beaucoup contribué.

Matthieu *de Montmorenci*-Marly, fils du connétable Matthieu I, héros plein d'audace, cherchoit dans les combats, les guerriers les plus redoutés, tels que le comte de Leiceſtre, ſurnommé l'Achille de l'Angleterre, & Richard cœur de lion lui-même. Il ſuivit Philippe-Auguſte en Syrie, & ſe diſtingua au ſiége d'Acre, où il perdit Jocelin *de Montmorenci* ſon neveu; mais ce fut ſur-tout dans l'expédition de Conſtantinople en 1203 & 1204, qu'il acquit une gloire immortelle. Il mourut dans le ſein de la victoire, au moment où il alloit partager avec les autres chefs, les débris de l'empire conquis par leur valeur.

Le plus illuſtre des *Montmorenci* du 13me. ſiècle, eſt le connétable Matthieu II, dit le Grand. Ce fut lui qui éleva la dignité de connétable au-deſſus de tous les offices militaires, & qui en fit la première dignité de l'état. Sa vie n'offre qu'une ſuite continuelle de victoires & de conquêtes. Son hiſtoire, néceſſairement liée avec celle de Philippe-Auguſte, qui lui dut en grande partie l'éclat de ſon règne; de Louis VIII & de St. Louis, à qui ſes ſervices furent encore ſi utiles, eſt ſuffiſamment connue par l'Hiſtoire de France; mais un trait plus intéreſſant, aux yeux de l'humanité, que des victoires, c'eſt que *Montmorenci*, moyennant une légère redevance, affranchit tous ſes vaſſaux des corvées, des tailles & des impoſitions que les barons étoient alors en poſſeſſion d'exiger; bienfait immenſe, car plus de ſix cents fiefs dépendoient de ſa ſeule baronnie de *Montmorenci.*

Ce Connétable étoit grand-oncle, oncle, beau-frère, neveu, petit-fils de deux empereurs, de ſix rois, & allié de tous les ſouverains de l'Europe; il prenoit, comme ſes ancêtres, la qualité de *Sire de Montmorenci, par la grace de Dieu.* La plûpart des têtes couronnées de l'Europe deſcendent de ce grand homme, par le mariage de Jeanne de Laval, une de ſes petites-filles, avec Louis de Bourbon, comte de Vendôme, triſayeul d'Henri IV.

Un autre Matthieu *de Montmorenci*, ſurnommé auſſi le Grand, amiral & grand chambellan de France, ne ſe ſignala pas moins par les ſervices qu'il rendit aux rois Philippe le-Hardi & Philippe-le-Bel. Ce Seigneur, qui aimoit beaucoup la chaſſe, ayant reçu des plaintes de ſes vaſſaux ſur le dégât que faiſoit le gibier dans leurs hétitages, leur permit, leur ordonna même de tuer & d'emporter tout ce qu'ils trouveroient de gibier de toute eſpèce dans l'étendue de ſes domaines, ne ſe réſervant qu'une ſeule garenne, pour y prendre le plaiſir de la chaſſe, ſans aucun préjudice pour ſes vaſſaux; trait qui trouvera plus d'admirateurs parmi le peuple, que d'imitateurs parmi les grands.

Le même Matthieu aſſigna des fonds pour habiller tous les pauvres de ſes terres: pluſieurs de ſes ancêtres lui en avoient donné l'exemple.

Sous les rois de la branche des Valois & pendant les longues diviſions de la France & de l'Angleterre, les *Montmorenci* continuent à ſe diſtinguer par leur zèle pour l'état, par leurs talens & par leurs vertus. Nulle maiſon du royaume ne donna de plus grandes marques d'attachement à Charles VII, pendant la tyrannie des Anglois en France. Jean II, ſeigneur de *Montmorenci*, à peine ſorti de l'enfance, abandonna, pour le ſuivre, des biens immenſes dans l'Iſle-de-France, en Normandie, en Brie, en Champagne, en Picardie, en Artois, en Flandres; les Anglois le déclarèrent criminel de lèze-majeſté, ils confiſquèrent ſes biens; cet arrêt ne contient pas un mot qui ne ſoit l'éloge le plus complet de ſa fidélité pour ſon roi. Une branche de cette maiſon, connue ſous le nom de *Montmorenci-Beauſau*, fut enſevelie dans les plaines de Verneuil en 1424. Guy, 14e. comte de Laval, ſes frères André de Laval, ſire de Loheac, maréchal de France & amiral, & Louis de Laval, ſire de Châtillon, gouverneur du Dauphiné, Gilles de Laval, ſire de Rais, maréchal de France; ſon frère, René de Laval, ſire de la Suze; Guy de Laval, ſeigneur de Loué, firent par-tout des prodiges de valeur contre les Anglois. A peine trouve-t-on dans ces temps malheureux, un ſeul combat où il n'y ait point eu de *Montmorenci*, tué ou bleſſé, ou pris.

Le maréchal de Rais, qui vient d'être nommé, eut une célébrité funeſte & une deſtinée déplorable; dès l'âge de dix ans, il avoit ſignalé ſa valeur contre les Anglois, à l'expulſion deſquels il eut beaucoup de part. Sa naiſſance, une fortune immenſe, de grands talens pour la guerre ſembloient lui ouvrir une carrière brillante. Ses diſſipations, ſes débauches, ſes folies le conduiſirent au bûcher. Il donna dans toutes les ſuperſtitions de la magie; il avoit fait avec le diable, un traité, par lequel il lui abandonnoit tout, excepté ſa vie & ſon ame. Il y eut dans ſa condamnation, un mêlange ſingulier de rigueur & d'indulgence. Jean V, duc de Bretagne, qui, profitant du déſordre de ſes affaires, avoit acheté ſes terres à vil prix, fut ſon plus ardent perſécuteur. Le maréchal de Rais fut condamé à être brûlé vif en 1470. On fit à Nantes une proceſſion générale, dont l'objet étoit de demander pour le maréchal, le courage de ſoutenir cet horrible ſupplice. Le duc de Bretagne fut préſent à l'exécution. Des hiſtoriens diſent qu'il permit qu'on l'étranglât avant de le livrer aux flammes. On retira du feu ſon corps avant qu'il fût endommagé, & on l'enterra dans l'égliſe des Carmes de Nantes, avec la plus grande pompe. Il étoit d'une branche de *Montmorenci*-Laval, éteinte dans le quinzième ſiècle.

Jean II, baron de *Montmorenci*, déshérita ſes deux fils aînés, Jean de Nivelle & Louis de Foſſeux, parce qu'ils avoient embraſſé la querelle du duc Bourgogne, Charles-le-Téméraire, dont ils étoient les vaſſaux; il tranſporta leurs droits à Guillaume, ſon troiſième fils, qui vint avec lui ſervir Louis XI. Ce Guillaume, qui ſe diſtingua ſous Louis XI, Charles VIII, Louis XII & François I, fut la tige d'une branche de la maiſon de *Montmorenci*, qui l'emporta encore en éclat, ſur toutes les autres; elle a donné à la France, dans l'eſpace d'environ un ſiècle, depuis François I juſqu'à Louis XIII, deux connétables, deux grands-amiraux, deux grands-maîtres, quatre maréchaux de France, cinq ducs & pairs, huit chevaliers de Saint-Michel, avant l'inſtitution de l'ordre du Saint-Eſprit, trois chevaliers de ce dernier ordre, deux de la Jarretière, des colonels-généraux des Suiſſes & de la Cavalerie-Légère. L'hiſtoire du fameux connétable Anne, du connétable Henri I ſon fils, non moins fameux, des frères de Henri, François, maréchal de France; Charles, duc d'Amville & grand-amiral; du brave, du brillant, du généreux & infortuné Henri II, fils de Henri I, décapité à Toulouse en 1632, & en qui finit son illustre branche; la consternation de toute la France à cet événement, la douleur profonde & inconsolable de la duchesse *de Montmorenci* sa femme, sont des objets connus de tout le monde.

Sous Louis XIV, un autre *Montmorenci* joint l'intérêt du malheur à l'éclat de la gloire; c'est le maréchal de Luxembourg, l'ami, l'élève & le rival du grand Condé:

Malheureux à la cour, invincible à la guerre,
Luxembourg fait trembler l'Empire & l'Angleterre.

François-Henri *de Montmorenci*, comte de Bouteville, depuis maréchal-duc de Luxembourg, naquit à Paris le 8 janvier 1628, environ six mois après la mort de son père, décapité pour duel. Le jeune comte de Bouteville, présenté à la cour par la princesse de Condé, sœur de l'infortuné duc *de Montmorenci*, aussi décapité, s'attacha au grand Condé, fils de cette princesse; il se distingua sous lui à la bataille de Lens en 1648, où il mérita le brevet de maréchal-de-camp à vingt ans. Les troubles de la Fronde suivirent de près, l'esprit de faction souleva contre la cour la plûpart des grands; l'amitié seule rangea Bouteville sous les drapeaux de Condé. Après avoir essayé d'exciter un soulèvement général dans Paris en faveur des princes qu'on arrêtoit, & d'enlever les nièces du cardinal Mazarin pour leur servir d'ôtage, il alla combattre sous Turenne, qui s'avançoit pour délivrer les princes. Il fut pris à la bataille de Rhétel, & mis au donjon de Vincennes, d'où il ne sortit que quand la liberté fut rendue aux princes. Dans le cours de la guerre où le grand Condé servit l'Espagne contre sa patrie, le comte de Bouteville eut la plus grande part à toutes les actions qui immortalisèrent ce prince; il fut pris encore à la journée des Dunes; mais les Espagnols qu'il avoit si bien servis, se hâtèrent de l'échanger contre le maréchal d'Aumont. La paix des Pyrénées rendit l'année suivante à la France, ces héros, dont la fatalité des conjonctures avoit égaré le courage. Condé & Bouteville revinrent, & ne songèrent plus qu'à effacer par d'utiles services, la gloire coupable dont ils s'étoient couverts.

Bouteville épousa le 17 novembre 1661, Madeleine-Charlotte-Bonne-Thérèse de Clermont-Tonnerre, (*voyez* l'article CLERMONT-TONNERRE.) héritière, du côté maternel, de la maison impériale de Luxembourg. (*voyez* l'article LUXEMBOURG) Bouteville, en faveur de ce mariage, joignit au nom & aux armes de *Montmorenci*, le nom & les armes de Luxembourg.

Ce mariage donna naissance à deux grands procès. Le Marquis de Béon, petit-fils par sa mère, de Jean de Luxembourg, comte de Brienne, réclama le duché de Piney-Luxembourg. Le duc & la duchesse de Luxembourg-*Montmorenci* furent maintenus dans la possession de ce duché par un arrêt définitif du parlement de Rouen, rendu en 1675.

Le roi, en accordant en 1662, des Lettres-patentes à M. de Bouteville, pour prendre le nom & la qualité de duc de Piney-Luxembourg, avoit déclaré qu'il ne prétendoit pas faire une nouvelle érection; en conséquence, le duc de Luxembourg prétendit avoir rang parmi les pairs, du jour de l'érection originaire de Piney-Luxembourg en duché-pairie. Cette contestation entre les ducs de Luxembourg & les autres pairs, ne fut entièrement terminée que par l'édit de 1711, qui décide que les ducs de Luxembourg n'auront rang parmi les pairs, que du mois de mai 1662, époque des lettres obtenues par le comte de Bouteville.

Le nouveau duc de Luxembourg suivit Louis XIV à la conquête de la Flandre en 1667. L'année suivante il contribua beaucoup à celle de la Franche Comté.

Dans la guerre contre la Hollande en 1672, il eut le commandement de l'armée des princes Allemands, ligués avec Louis XIV, contre les Hollandois. Ses plus importantes conquêtes furent celles de Voërden, Bodegrave, Swammerdam. Dans une expédition tentée contre Leyde & contre La Haye, un dégel subit le mit dans un pressant danger. La campagne de 1673, offre aussi les plus grandes preuves de talent dans le duc de Luxembourg. Il partagea en 1674, avec le grand Condé, l'honneur de la victoire de Senef. En 1675, il fut fait maréchal de France, & c'est lui seul qu'on voit dans la suite rendre à la France, Turenne & Condé, dont cette année termina la carrière militaire par la mort du premier, & par la retraite du second: après ces deux événements, après la défaite de Créquy & la prise de Trèves, Luxembourg sauva la France par une conduite à-peu-près pareille à celle que nous avons vue tenir en 1744, au maréchal de Saxe dans des conjonctures assez semblables. L'année suivante, Luxembourg sauva de la même manière, l'Alsace & la Lorraine; des chansons, des épigrammes en furent la récompense. La bataille de Cassel & ses suites en 1677, celle de St. Denis, près Mons en 1678, imposèrent silence à la satyre, & assûrèrent à Luxembourg la gloire du plus grand général de l'Europe: la récompense de ces nouveaux exploits fut encore plus indigne. La haine de Louvois pensa le perdre. La calomnie ourdissoit en secret, contre lui, une trame perfide que ce ministre favorisoit. De vils scélérats furent encouragés à charger de crimes odieux, le héros de la France. Il se vit emprisonné, interrogé, prêt à être condamné. La bassesse & l'infamie des accusateurs, la dureté du ministre, les préventions de Louis XIV, les prévarications de quelques juges font trembler pour Luxembourg, qui, abandonné de son roi, oublié de la cour, persécuté par Louvois, chargé par les rapporteurs de son affaire, trahi par le sort, déchiré par le peuple ingrat & trompé, n'a pour lui que son innocence, ses services & la simplicité noble & ferme de ses réponses. La force de la vérité l'emporta enfin, les juges le déclarent innocent, & rendent hommage à ses vertus. Mais l'influence des calomnies & des intrigues de la cour se fait encore sentir. Luxembourg est exilé, il reçoit tous les désagrements, toutes les mortifications que la haine d'un ministre puissant peut attirer. La guerre qui se rallume en 1688, fait sentir le besoin qu'on avoit de Luxembourg, il est remis à la tête des armées; le reste de sa vie n'est plus qu'une suite de victoires & de triomphes, malgré les contradictions qu'il ne cessa d'éprouver de la part de M. de Louvois & de M. de Barbésieux son fils. Chaque campagne est marquée par une de ces grandes & heureuses batailles, qui ont fait donner à M. de Luxembourg ce titre plaisant & flateur de *Tapissier de Notre-Dame : batailles de Fleurus* en 1690, de Leuze en 1691, de Steinkerque en 1692, de Nervinde en 1693 : *si percussisses quinquies..... percussisses syriam usque ad consumptionem*, a dit à ce sujet le père de La Rue, par une application ingénieuse. Le maréchal de Luxembourg mourut comblé de gloire le 4 janvier 1695.

En réunissant les principaux titres d'honneur répandus sur les diverses branches de la maison de *Montmorenci*, on trouve qu'elle a produit six connétables, onze maréchaux de France, quatre amiraux, sans compter une multitude presque innombrable de grands sénéchaux, de grands-maîtres de la maison du roi, de grands chambellans, de bouteillers, de chambriers, de grands-pannetiers, de chevaliers de Saint-Michel, de la toison d'or, de la jarretière, du Saint-Esprit, de capitaines des Gardes, &c.

MONTMORT, (Pierre Rémond de) (*Hist. Litt. mod.*) destiné par son père à une charge de magistrature, pour laquelle il se sentoit de l'aversion avant même de se sentir de l'attrait pour autre chose, quitta la maison paternelle & alla voyager en Angleterre, dans les Pays-Bas, en Allemagne; le livre *de la recherche de la Vérité* le rendit philosophe & philosophe chrétien. Revenu en France en 1699, il perdit son père peu de temps après, & à vingt-deux ans, il se trouva maître d'un assez grand bien; les mathématiques, devenues sa passion dominante, furent son préservatif contre d'autres passions plus dangereuses. Des arrangemens de famille l'obligèrent d'accepter pour un temps, un canonicat de Notre-Dame de Paris. Il fut chanoine, dit M. de Fontenelle, & le fut à toute rigueur; les offices du jour n'avoient nulle préférence sur ceux de la nuit; ni les assiduités utiles sur celles qui n'étoient que de piété. Cette vie rigoureuse de chanoine, sur laquelle il ne se faisoit aucun quartier, le gênoit trop, il acheta vers la fin de 1704, la terre de Montmort. Là il étoit voisin de celle de Mareuil, où demeuroit la duchesse d'Angoulême, cette bru de Charles IX, qui vivoit encore 139 ans après la mort de son beau-père; il vit chez elle mademoiselle de Romicourt, sa petite-nièce & sa filleule, il l'épousa en 1706, au château de Mareuil. Par un bonheur assez singulier, dit Fontenelle; le mariage lui rendit sa maison plus agréable, & les mathématiques en profitèrent. Il donna en 1708, son *essai d'analyse sur les Jeux de hazard*, qui le mit en grande liaison avec les Bernoulli, occupés aussi de semblables combinaisons; il en donna en 1714, une nouvelle édition, enrichie de son commerce épistolaire avec Messieurs Bernoulli. Il avoit entrepris aussi une Histoire de la géometrie, mais elle est restée imparfaite. Il étoit l'ami de tous les grands mathématiciens de l'Europe, des Newton, des Leibnitz, des Bernoulli, des Halley, des Taylor, &c. En 1715, il alla observer à Londres, une éclipse solaire, qui étoit totale en Angleterre; la Société Royale l'admit dans son sein; M. de Fontenelle dit à ce sujet, que les attractions qu'on croyoit abolies par le cartésianisme, ont été ressuscitées par les Anglois, *qui cependant se cachent quelquefois de l'amour qu'ils leur portent*; c'est de l'amour qu'on pourroit encore porter au cartésianisme qu'il faudroit aujourd'hui se cacher avec grand soin.

M. de *Montmort* fut reçu associé libre à l'Académie des Sciences en 1716.

La duchesse d'Angoulême, en 1713, l'avoit nommé son exécuteur testamentaire, honneur qui lui donna deux procès à soutenir; il les gagna tous deux.

Il mourut à Paris de la petite vérole, le 7 octobre 1716. Sa mort fut une calamité pour les paroisses dont il étoit seigneur.

Il étoit sujet, dit M. de Fontenelle, à des colères d'un moment, & à ces colères « succédoit une petite » honte & un repentir gai. Il étoit bon maître, même » à l'égard de domestiques qui l'avoient volé, bon » ami, bon mari, bon père, non seulement pour » le fond des sentimens, mais, ce qui est plus » rare, dans tout le détail de la vie.

Rien ne pouvoit déranger son application à l'étude. M. de Fontenelle nous le représente travaillant aux problêmes les plus embarrassans, dans une chambre où on jouoit du clavecin, & où son fils couroit & le lutinoit, & les problêmes ne laissoient pas de se résoudre.

MONTMOUTH, (Jacques, duc de) (*Hist. d'Ang.*) Charles II, roi d'Angleterre, n'avoit point d'enfans de son mariage avec Catherine de Portugal, mais il avoit un grand nombre de bâtards, parmi lesquels on distinguoit sur-tout le duc *de Montmouth*, né d'une maîtresse, nommée Mistriss Walters ou Barlow, le duc d'Yorck, qui fut depuis Jacques II, étoit l'héritier présomptif, mais son zèle pour la religion catholique & son goût pour le despotisme le rendoient odieux à la Nation; il fut obligé de sortir des trois royaumes & d'aller, pour un temps, chercher un asyle à Bruxelles; le duc de *Montmou h*, en conséquence de l'éloignement du duc d'Yorck, conçut des espérances, & forma des projets qui lui attirèrent pendant quelque temps, la disgrace de son père. Il commençoit à prétendre & ses partisans à publier que Charles II avoit épousé Mistriss Walters, mère de *Montmouth*, & que le contrat de mariage existoit; on alloit même jusqu'à nommer celui qui en étoit dépositaire. Le Roi démentit publiquement en plein conseil, ces impostures: le prétendu dépositaire déclara aussi qu'il n'avoit jamais été chargé d'un pareil dépôt, & qu'il n'en avoit jamais entendu parler. *Montmouth* plaidant un jour dans la chambre des lords pour l'exclusion du duc d'Yorck, en présence de Charles II, dit qu'il votoit avec d'autant plus de zèle pour ce parti, qu'il y croyoit la sûreté du roi son père, intéressée. Charles dit tout haut : *c'est un baiser de Judas qu'il me donne* ; mais toujours partagé entre le duc d'Yorck & le duc de *Montmouth*, & trop foible pour tenir la balance entr'eux, Charles la faisoit pencher tour-à-tour de l'un & de l'autre côté.

Montmouth trempa dans ce qu'on appella *le complot de la maison de Rye*, maison qui appartenoit à un des conjurés & où le complot fut formé, où même il devoit être exécuté ; il ne s'agissoit pas de moins dans quelques-unes des propositions qui furent faites, que d'assassiner ou du moins d'arrêter le roi & le duc d'Yorck ; mais les chefs de ce complot mal concerté différoient tous de vues, de motifs & d'objet : des hommes même vertueux y entrèrent, & ceux-ci n'avoient pour but que la liberté de leur pays ; tous se réunissoient dans le projet d'exclure de la couronne le duc d'Yorck ; la conspiration fut découverte & punie, & le duc de *Montmonth* fut obligé de se cacher.

Après la mort de Charles II, arrivée le 16 février 1685, Jacques II son frère, monta sur le trône, malgré tous les bills d'exclusion : *Montmouth* eut la folie de lui disputer la couronne, & la folie encore plus grande de tenter cette entreprise sans parti, sans vaisseaux, sans armée, suivi seulement de quelques aventuriers ; il fit une descente à main armée, en Angleterre, tandis que le comte d'Argyle en faisoit une en Ecosse ; ils furent défaits, pris & décapités ; la loi autorisoit cette rigueur ; mais le duc de *Montmouth* étoit neveu de Jacques ; il avoit été l'objet de toute la tendresse de Charles II, qui le lui avoit recommandé en mourant ; il étoit plus étourdi que méchant ; son malheur & la clémence du vainqueur l'auroient aisément fait rentrer dans le devoir : il étoit l'idole du peuple, & la politique vouloit qu'on lui pardonnât, mais Jacques ne savoit point pardonner.

La fuite du duc de *Montmouth*, après la bataille de Sedgemoor, du 5 juillet 1685, où il avoit été défait, fut accompagnée de fatigues & de périls, qui rappellant les anciens malheurs de Charles II, poursuivi par Cromwel, devoient disposer à la clémence un prince qui les avoit partagés. Plus malheureux que son père, *Montmouth* tomba entre les mains de ses ennemis ; alors son courage l'abandonna ; il montra tant de foiblesse, & demanda la vie à genoux avec tant d'instances, que Jacques espéra qu'il l'engageroit aisément à livrer ceux qui l'avoient suivi : mais il y avoit loin dans *Montmouth* de la foiblesse à la bassesse ; il crut son honneur intéressé au silence, & il le garda jusqu'à la mort.

Selon une tradition rapportée par le chevalier Dalrymple, le matin du jour de l'exécution de *Montmouth*, Jacques II envoya demander à déjeuner à la duchesse de *Montmouth* ; elle ne douta pas que son mari n'eût sa grace ; mais Jacques se crut généreux, en remettant à la veuve & aux enfans (ses petits neveux) les biens qui, suivant la rigueur de la loi, étoient acquis à la couronne par la révolte de *Montmouth*, & c'étoit cette cession, que, par un défaut de délicatesse monstrueux, il s'étoit fait un plaisir d'aller porter lui-même à la duchesse.

Une foule de peuple suivit *Montmouth* à l'échafaud en versant des larmes ; c'étoit la douleur plus que la mort que *Montmouth* avoit redoutée, il pria encore plus instamment le bourreau de prendre ses mesures pour ne le pas manquer, qu'il n'avoit prié le roi son oncle de lui accorder la vie ; il chargea ses domestiques de payer après sa mort, à l'exécuteur le prix de son adresse, s'il le méritoit, & ce prix étoit considérable ; ce fut précisément ce qui rendit le bourreau plus mal-adroit. Agité par la crainte & par l'espérance, il ne porta qu'un coup mal assuré, qui laissa au duc la force de se relever & de le regarder au visage, comme pour l'avertir que le traité étoit rompu. Le duc remit ensuite tranquillement sa tête sur le billot, l'exécuteur ayant porté deux autres coups avec aussi peu de succès, jetta la hache, en s'écriant qu'il lui étoit impossible de remplir son ministère ; les schérifs le forcèrent de la reprendre, & ce ne fut qu'après deux autres coups que la tête tomba.

Après l'exécution, le peuple ne voulut plus croire que cette tête qu'il avoit vue tomber, fût celle de *Montmouth* ; il aima mieux supposer qu'un ami de *Montmouth* qui lui ressembloit beaucoup, avoit voulu mourir pour lui, il se flatta de revoir *Montmouth*, & cette espérance toujours présentée, ce nom toujours prononcé par les factieux, excitèrent ou secondèrent plus d'un soulèvement.

C'est sur toutes ces chimères qu'on a élevé la conjecture fabuleuse que le duc de *Montmouth* étoit l'homme *au masque de fer*. (*Voyez* MASQUE DE FER.) car c'est une des mille conjectures auxquelles l'aventure du masque de fer a donné lieu.

MONTPENSIER, (*Hist. de Fr.*) nom 1°. d'une branche de la maison de Bourbon, laquelle est elle-même une branche de la maison de France. (*Voyez* BOURBON) où ce qui concerne cette branche, dont étoit le fameux connétable de Bourbon, est rapporté.

2°. D'une autre branche de la maison de France, qui descend de Louis de Bourbon, premier du nom, prince de la Roche-sur-Yon, second fils de Jean de Bourbon II^d du nom, comte de Vendôme, & d'Elizabeth de Beauvau. Cette seconde branche de *Montpensier*, est celle des ducs de *Montpensier*, & elle descend de la première par les femmes. En effet Louis de Bourbon Ier du nom, tige de cette seconde branche, avoit épousé, le 21 mars 1504, Louise de Bourbon, comtesse de *Montpensier*, fille aînée de Gilbert de Bourbon, & sœur du fameux connétable de Bourbon, tué au siége de Rome.

Louis I. eut deux fils ;

1°. Louis de Bourbon, II^d. du nom, qui fut le premier duc de *Montpensier*. Il se distinguoit par son zèle persécuteur contre les Huguenots. Quand ils tomboient

tomboient entre ses mains à la guerre, il faisoit pendre tous les hommes, il livroit toutes les femmes à la prostitution. Il fut surnommé *le Bon*. Sa formule de condamnation pour les hommes, étoit : *je vous recommande à M. Babelot* ; ce M. Babelot étoit un Cordelier qui devoit les confesser. Pour les femmes : *je vous recommande à mon guidon Montauron*. Il n'appartient qu'à Brantôme de peindre ce terrible Montoiron. (Brant. hom. Illust. art. *Montpensier*.) Louis II, né le 10 juin 1513, mourut le 23 septembre 1582. La fameuse duchesse de *Montpensier*, Catherine de Lorraine, sœur des Guises, tués à Blois; cette implacable ennemie de Henri III qui, ayant, dit-on, été bien avec elle, l'avoit accusée de quelque imperfection secrette, cette factieuse princesse qui portoit, disoit-elle, toujours à ses côtés une paire de ciseaux pour faire à Henri III, une couronne de Moine, & qui détermina Jacques Clément à son attentat, étoit la seconde femme du duc de *Montpensier*, qui n'en eut pas d'enfans; mais il en avoit d'un premier lit.

2°. Charles, prince de la Roche-sur-Yon, mort le 10 octobre 1565 : l'auteur de l'histoire de la maison de Bourbon, rapporte de lui un trait curieux.

» A l'exception de la principauté dont il portoit » le nom, le prince de la Roche-sur-Yon ne » possédoit rien...... il jetta les yeux sur l'héri- » tière de la maison de Laval, aussi riche que noble » ..... mais il échoua par le crédit prépondérant » du connétable de Montmorenci, qui obtint la » préférence en faveur de Coligny-d'Andelot, son » neveu. On prétend que d'Andelot, jeune & avan- » tageux, non content du triomphe qu'il avoit » remporté sur son rival, s'échappa contre lui en » railleries sanglantes. Le prince de la Roche-sur- » Yon........ voulut se battre contre lui. D'Andelot, » quoiqu'issu d'une maison très-puissante......., » quoiqu'il passât pour le plus fier & le plus déter- » miné de tous les hommes, & que dans ce siècle » du courage & de l'audace il fût surnommé *le* » *chevalier sans peur*, frémit cependant à la seule » idée de se battre contre un prince du sang, & » évita toujours l'occasion de se battre avec lui.

» Mais le hazard confondit ses précautions. Un » jour qu'il accompagnoit le roi à la chasse, il se » trouva seul à l'écart; le prince de la Roche-sur- » Yon, qui peut-être l'épioit, arrive, & le traite » avec mépris & dureté; bien plus, il veut se porter » contre lui aux voies de fait. Alors d'Andelot met » l'épée à la main pour repousser l'outrage, & blesse » son ennemi; il est blessé lui-même par un gentil- » homme du prince, appellé Desroches, qui survint. » D'Andelot & Desroches continuoient de se battre » & se chargeoient avec fureur, lorsqu'ils furent sé- » parés par un corps de chasseurs. Cet événement fit » beaucoup de bruit; les princes du sang en corps, » demandèrent au roi justice de l'audace de d'Andelot; » le connétable de Montmorenci embrassa hautement » la défense de son neveu, & il eut besoin de tout » son crédit à la cour, pour le soustraire à la rigueur » de la justice.

» D'Andelot échappé au péril qui le menaçoit, se » confirma de plus en plus dans l'idée de fuir toute » rencontre avec un ennemi que la loi lui rendoit » sacré. Il revenoit un jour de Saint-Germain-en-Laye, » où habitoit la cour; à peine entré dans un bac pour » traverser la Seine, il apperçoit le prince de la » Roche-sur-Yon, qui accouroit à toute bride, » & qui crioit qu'on l'attendît. D'Andelot s'imagine » que le prince le poursuit pour l'obliger à se battre; » aussi-tôt il tire son épée, & coupe le cable du bac. » Le prince regarda cette sage précaution de son » rival comme un nouvel affront; son ressentiment » augmenta contre lui; mais il ne trouva plus occasion » de le faire éclater. »

Le prince de la Roche-sur-Yon laissa un fils, Henri de Bourbon, marquis de Beaupréau, mort d'une chûte de cheval dans un tournoi, à Orléans en 1560.

Le dernier duc *de Montpensier*, en qui finit cette branche, fut très-attaché à Henri IV. Il perdit contre le duc de Mercœur, la bataille de Craon en Anjou; il fut blessé d'un coup d'arquebuse au siége d'Evreux en 1593. En 1596, il eut la foiblesse de se laisser séduire par plusieurs seigneurs françois mal-intentionnés, qui, voulant profiter pour eux-mêmes de la mauvaise situation des affaires du royaume à cette époque, le chargèrent de proposer au roi, comme seul moyen de résister aux ennemis, de rendre tous les gouverneurs héréditaires, moyennant quoi tous ces gouvernemens devenus héréditaires, se chargeroient de lui entretenir des troupes toujours prêtes dans tous ses besoins; le roi le fit rougir d'une proposition si déplacée dans sa bouche, lui prince du sang, & beaucoup plus proche de la couronne que n'en avoit été autrefois Henri lui-même. Le duc *de Montpensier* reconnut sa faute, & courut la réparer, en déclarant à tous ses conjurés, qu'ils l'avoient trompé; que leur proposition étoit la subversion de la monarchie; qu'il n'en parleroit au roi que pour l'en détourner, & lui dévoiler leurs artifices. Cette entreprise n'alla pas plus loin, les événemens changèrent & les affaires se rétablirent.

Le duc *de Montpensier* mourut le 27 février 1608; laissant une fille, Marie de Bourbon, qui épousa le 6 août 1626, le duc d'Orléans, Gaston, frère de Louis XIII, & qui mourut le 4 juin 1627, six jours après être accouchée de la fameuse Mademoiselle *de Montpensier*, Anne-Marie-Louise d'Orléans, dont nous avons des Mémoires, & qui épousa le duc de Lauzun. (*Voyez* l'article LAUZUN) après avoir manqué plus de mariages, dit M. le président Hénault, que la reine Elisabeth n'en avoit rompus. Ses Mémoires, assez mal écrits pour que l'on puisse assurer qu'ils sont d'elle, ne donnent l'idée que d'un petit esprit de cour, occupé de petites intrigues & de tracasseries; mais elle avoit du caractère ; c'étoit elle qui fixoit les irrésolutions de son père; ce fut elle qui, en 1652, retint Orléans dans le parti de son père & dans celui du grand Condé; ce fut elle qui, cette même année, au combat de Saint-Antoine, en faisant tirer le canon de la Bastille sur l'armée royale & la forçant de se retirer, sauva la vie peut-être au grand Condé; & fit cesser cet horrible carnage qui se faisoit de l'élite de la noblesse françoise à la porte Saint-Antoine, laquelle ne s'ouvroit point & refusoit un asyle aux vaincus; ce fut elle qui, à la mort de Cromwel, dont on portoit le deuil à la cour de France, osa seule paroître en couleur, & protesta par son exemple, contre cet indigne hommage qu'on rendoit au meurtrier du roi son oncle. Elle avoit donné en 1682, la principauté de Dombes à M. le duc du Maine & laissa en mourant, (le 5 avril 1693) sa maison de Choisy, au dauphin, fils de Louis XIV, & elle fit Monsieur, frère de Louis XIV & son cousin-germain, son légataire universel; c'est ainsi que tous ses grands biens ont passé dans la maison d'Orléans, qui les posséde aujourd'hui.

MONTPENSIER, petite ville de la Basse-Auvergne entre Aigueperse & Gannat, & où notre roi Louis VIII étoit mort le 8 novembre 1226, dans un château, ruiné sous le règne de Louis XIII, avoit eu ses seigneurs particuliers; elle avoit passé successivement dans les maisons de Thiern, de Beaujeu, de Dreux, de Ventadour. Bernard de Ventadour & Robert son fils, l'avoient vendue en 1384, au duc de Berry, oncle de Charles VI. Marie sa fille, la porta dans la maison de Bourbon, par son mariage avec Jean I, duc de Bourbon, qu'elle épousa le 24 juin 1400; & ce fut un de leurs fils, Louis de Bourbon, qui forma, comme nous l'avons dit, la première branche de *Montpensier*. Cette ville étoit érigée en comté dès le temps de la vente faite au duc de Berry, par les Ventadour. Elle fut érigée par François I, en duché-pairie au mois de février 1538.

MONTPEZAT, (Antoine de Lettes dit des Prez, seigneur de) (*Hist. de Fr.*) Lorsque les Anglois restituèrent en 1518, à la France, la ville de Tournay, qu'ils avoient prise en 1513, ils se piquèrent de procurer à François Ier, dont leur roi Henri VIII étoit alors ami, toutes les facilités possibles pour le paiement des sommes stipulées pour le prix de cette restitution. François Ier n'avoit pas d'argent. Le roi d'Angleterre se contenta de prendre huit ôtages des plus illustres & des plus riches maisons; du nombre de ces ôtages étoit un *Montpezat* d'Agenez ou d'Agenois, qui, selon Brantôme, n'a rien de commun avec le *Montpezat* de Quercy, depuis maréchal de France. Il paroît que Brantôme a sur cela des idées bien confuses. Antoine de Lettes, qui prit le nom de *Montpezat*, & qui fut maréchal de France, étoit de l'ancienne maison de *Montpezat* par sa mère, & les de Lettes & les *Montpezat* étoient également du Quercy. Lorsque François Ier. fut pris à la bataille de Pavie, le tumulte & l'effroi ayant écarté tous ses domestiques, & aucun ne se présentant pour le deshabiller, un inconnu s'offrit avec empressement à lui rendre ce service. Le roi lui dit: qui êtes-vous? vous paroissez françois. Je le suis, répondit l'inconnu. Je me nomme *Montpezat*, gentilhomme du Quercy! (c'étoit Antoine de Lettes) Mais que faites-vous ici? —— J'étois un des Gendarmes de la compagnie du maréchal de Foix. Un soldat espagnol de votre garde m'a fait son prisonnier, & me mène à sa suite, de peur que je ne lui échappe. Le roi fit venir le soldat espagnol, & lui dit: je vous réponds de la rançon de ce gentilhomme, & je vous donnerai de plus cent écus; laissez-le-moi seulement pour valet-de-chambre. Dès ce moment la fortune *de Montpezat* fut décidée; il s'attacha au roi, il lui plut, il le servit utilement pendant sa prison, & fit plusieurs voyages, tantôt vers l'empereur, tantôt vers la régente, chargé de commissions secrettes, & qu'on n'osoit écrire. Ses talens pour la négociation & pour les intrigues utiles, l'élevèrent aux honneurs militaires & jusqu'à la dignité de maréchal de France.

En 1542, le roi envoya le dauphin commander en Roussillon, & faire le siége de Perpignan, avec *Montpezat*, alors lieutenant-général en Languedoc, qui avoit proposé cette expédition; elle ne réussit pas, le dauphin fut obligé de lever le siége de Perpignan. Le mécontentement qu'eut le roi de cet affront que son fils venoit de recevoir, éclata par la disgrace de *Montpezat*, à laquelle ne contribuèrent pas peu les plaintes du roi & de la reine de Navarre, qui ne pouvoient lui pardonner de l'avoir emporté sur eux pour l'expédition du Roussillon; cependant quelque défectueux que pût être le plan proposé par *Montpezat*, il paroît qu'on auroit pu en tirer parti, si l'exécution eût été plus prompte & plus exacte. Mais la cour veut des succès, & punit le malheur; elle exige du moins que l'auteur d'un systême nouveau, par conséquent combattu, prévoye des défauts dans l'exécution, & qu'il assûre le succès malgré ces défauts prévus. La disgrace de *Montpezat* ne dura pas long-temps, il fut fait maréchal de France le 13 mars 1544, & il ne jouit pas long-temps de cet honneur, car il mourut cette même année. Sa défense de Fossan en 1536, contre les armes d'Antoine de Lève & les artifices du marquis de Saluces, qui trahissoit la France, fut un exploit mémorable & romanesque. On raconte que *Montpezat*, par une suite du ressentiment de l'affaire de Perpignan, tint à la reine de Navarre, sœur de François Ier., dans les états de laquelle il étoit alors, un propos peu respectueux qui l'irrita. *Rendez grace*, lui dit-elle, *à l'honneur que vous avez d'appartenir au roi de France mon frère, sans cela, je vous ferois bientôt sortir de mes terres.* —— *En effet*, *Madame*, répondit-il, *il ne faudroit pas aller bien loin pour en sortir.*

Il y avoit dans le commencement du 14me siècle, un *Montpezat*, de la maison des *Montpezat* d'Agenois, qui avoit été cause du renouvellement de la guerre entre la France & l'Angleterre, sous Edouard II & Charles-le-Bel. Ce *Montpezat*, un des plus grands seigneurs de l'Agenois, avoit fait bâtir une forteresse, sur un terrein qu'il prétendoit être du domaine du roi d'Angleterre, & que les François réclamoient comme appartenant au domaine de leur couronne. Cette contestation fut portée au parlement de Paris, qui adjugea la forteresse à la France. *Montpezat*, qui apparemment avoit ses raisons pour aimer mieux relever d'Edouard que de Charles-le-Bel, demanda main forte au sénéchal de Guyenne, officier du roi d'Angleterre, ils assiégèrent ensemble la forteresse, ils l'emportèrent d'assaut, massacrèrent la garnison françoise, firent pendre quelques officiers du roi de France. Charles-le-Bel demanda une réparation ; il exigeoit qu'on lui remît avec la forteresse, *Montpezat*, le sénéchal de Guyenne & leurs complices, pour être jugés selon les loix ; le roi d'Angleterre négocia, & finit par éluder la réparation. Charles-le-Bel voulant châtier son vassal, envoya en Guyenne le comte de Valois : celui-ci prit & rasa la forteresse qui avoit été la cause de cette guerre. *Montpezat* en mourut de douleur, presque toute la Guyenne fut soumise.

MONTPLAISIR, (René de Bruc de) (*Hist. Litt. mod.*) gentilhomme breton, oncle du maréchal de Créquy ; on a de lui quelques poësies, entr'autres, *le Temple de la Gloire*, adressé au duc d'Enguien, (le grand Condé) après la victoire de Nortlingue ; il avoit servi avec distinction sous ce grand prince. Il mourut vers 1673. *Montplaisir* étoit ami de madame de la Suze ; en conséquence, on n'a pas manqué de dire qu'il avoit eu part aux ouvrages de cette dame. Une femme bel-esprit ne peut pas avoir d'amis ni même de liaisons parmi les gens de lettres, sans qu'on leur attribue ses ouvrages, sur-tout quand ils sont bons, ce n'est pas par là que nous permettons aux femmes de plaire, nous nous sommes réservé l'esprit comme Dieu s'est réservé la vengeance.

MONTRÉAL *ou* REGIOMONTAN, (*Hist. Litt. mod.*) dont le vrai nom étoit Jean Muller, célèbre mathématicien allemand du quinzième siècle, né en Franconie, appellé de Vienne, où il enseignoit, à Rome, par le cardinal Bessarion, il fut élevé par le pape Sixte IV, à l'archevêché de Ratisbonne. Il mourut à Rome en 1476 ; il étoit né en 1436. On a dit qu'il avoit été assassiné ou empoisonné par les fils de Georges de Trébisonde, en haine de ce qu'il avoit relevé beaucoup de fautes dans les traductions de leur père ; c'est pousser loin le ressentiment d'une critique & le zèle pour la gloire littéraire d'un père. Paul Jove dit que *Regiomontan* mourut de la peste. Il s'étoit fait un assez grand nom en publiant l'abrégé de l'almageste de Ptolomée, que Georges Purbach, maître de Muller en astronomie, avoit commencé. Gassendi a estimé assez Muller, & ses ouvrages, pour avoir écrit sa vie.

MONTREUIL *ou* MONTEREUL, (Matthieu de) (*Hist. Litt. mod.*)

On ne voit point mes vers à l'envi de Montreuil,
Grossir impunément les feuillets d'un recueil,

dit Boileau. La Monnoie prétend que *Montreuil* ne mettoit ses vers dans aucun recueil, & que ce trait de Boileau porte à faux. Cela peut être, & cela n'est d'aucune importance. Boileau a bien plus pensé à imiter ces vers d'Horace ;

Nulla taberna meos habeat neque pila libellos
Queis manus insudet vulgi hermogenisque Tigelli....
Non recito quicquam nisi amicis, idque coactus,
Non ubivis coram quibuslibet......

qu'à lancer un trait bien juste contre *Montreuil* ; mais le nom de *Montreuil* s'est trouvé là pour la rime, *Montreuil* étoit, comme dit Collé :

De ces nigauds,
Qui font des Madrigaux.

On trouvoit les siens fort ingénieux ; il ne paroît pas cependant qu'on en ait beaucoup retenu. *Montreuil* étoit secrétaire du célèbre M. de Cosnac, évêque de Valence, puis archevêque d'Aix. Il mourut en 1691 à Aix, où il l'avoit suivi.

Matthieu *de Montreuil* ou *Montereul*, avoit pour frère, Jean de *Montreuil*, de l'Académie Françoise, chanoine de Toul, secrétaire d'ambassade à Rome & en Angleterre, résident en Ecosse, secrétaire des commandements du premier prince de Conti, frère du grand Condé ; il fut employé en diverses négociations importantes ; ce fut sur ses avis qu'on arrêta en 1639, & qu'on mit à Vincennes, l'électeur palatin, qui passoit *incognito* par la France, pour aller surprendre Brisac, & nous enlever les troupes Veimariennes, à la mort du duc de Saxe-Veimar, dont il réclamoit la succession. Il négocia aussi pour faire remettre Charles Ier. entre les mains des Ecossois, & ce malheureux prince étoit sauvé, si les Ecossois n'avoient pas eu depuis la lâcheté de le vendre aux Anglois. *Montreuil* agit avec beaucoup de zèle en France, pour la délivrance des princes arrêtés le 18 janvier 1650. Il leur faisoit parvenir dans leur prison, des avis utiles, au moyen d'un secret que le roi d'Angleterre lui avoit appris. On écrivoit avec une liqueur blanche, qui ne laissoit rien paroître ; celui qui recevoit la lettre, avoit une poudre qui, jettée sur le papier, rendoit lisible tout ce qu'on avoit écrit. Les princes avoient de cette poudre sur la cheminée de leur chambre ; leurs gardes les voyoient tous les jours s'en servir pour dessécher leurs cheveux. On envoyoit au prince de Conti, des drogues dont il avoit ou feignoit d'avoir besoin ; elles étoient enveloppées dans du papier blanc, mais ce papier blanc étoit chargé de la liqueur blanche que la poudre en question faisoit paroître, & qui instruisoit les princes de ce qu'ils avoient intérêt de savoir. De tels services ne feroient pas restés sans récompense, mais les princes ne sortirent de leur prison que le 13 février 1651 ; & Jean de *Montreuil* mourut le 27 avril suivant, à trente-sept ans. Comme on n'a de lui aucun ouvrage, du moins imprimé, on ne voit pas trop pourquoi il étoit de l'Académie Françoise. Encore si c'eût été son frère ! L'épitaphe de Jean *de Montreuil* ou *Montereul*, qu'on lit dans l'église des Ursulines du fauxbourg St. Jacques à Paris, dit qu'il joignoit une belle ame avec un corps accompli ; l'histoire de l'Académie vante aussi sa belle figure. On lit à la fin de l'épitaphe ces quatre vers latins :

Montrolii cineres (quem Gallia luget ademptum)
Hæc gelido clausos continet urna sinu.

Si numeras benè quæ gessit, plus Nestore vixit;
Si numeras annos, occidit antè diem.

Il semble que Jean-Baptiste Rousseau ait eu ces vers en vue, lorsqu'il a dit dans son Ode sur la mort du prince de Conti, fils de celui à qui Jean *de Montreuil* avoit été attaché :

Pour qui compte les jours d'une vie inutile,
L'âge du vieux Priam passe celui d'Hector :
Pour qui compte les faits, les ans du jeune Achille
L'égalent à Nestor.

Il y a une Vie de J. C. d'un père *de Montreul* ou *Montereul*, jésuite.

MONTROSS, (Jacques Graham, comte & duc de) (*Hist. d'Ecosse.*) vice-roi d'Ecosse, le plus brave, le plus habile & le plus fidèle défenseur de la cause de Charles Ier. & de ses enfants; il eut la gloire de battre plusieurs fois Cromwel & de le blesser de sa main. Après avoir combattu avec divers succès en Angleterre, il passa en Ecosse, y leva une armée à ses dépens, s'empara de Perth, d'Aberdéen, d'Edimbourg, battit le comte d'Argyle. Si le malheureux Charles Ier. avoit pu échapper à la destinée de sa déplorable maison, il en auroit eu l'obligation au comte *de-Montross*; mais s'étant remis entre les mains des Ecossois, qui eurent la lâcheté de le vendre à ses ennemis, les Ecossois, tandis qu'ils le retenoient encore, exigèrent qu'il ordonnât à *Montross* de désarmer; celui-ci obéit à regret, par fidélité, & parce qu'il ne savoit pas résister à son roi. Devenu inutile à son service, il s'éloigna d'un pays infidèle à ses maîtres légitimes; il vint en France, il passa en Allemagne, où il fut maréchal de l'Empire, où il ajouta encore à sa gloire. Lorsqu'après la mort de Charles Ier., Charles II son fils voulut faire une tentative en Ecosse, il sentit le besoin qu'il avoit de *Montross* pour cette expédition; & *Montross* toujours prêt à servir par préférence, ses maîtres légitimes, s'empressa de repasser en Ecosse. Il eut d'abord des avantages, il s'empara des Isles Orcades; mais étant descendu dans le continent de l'Ecosse, avec une trop foible armée, il fut battu, obligé de se cacher comme Marius, mais pour une meilleure cause, dans des roseaux, déguisé en paysan. La faim le contraignant de sortir de son asyle, il crut pouvoir risquer de se découvrir à un écossois, nommé Brime, qui avoit autrefois servi sous lui. Mais l'esprit de trahison & de lâcheté s'étoit emparé alors de cette nation; cet homme le vendit à Lesley, général ennemi, qui le fit conduire à Edimbourg, & dans cette capitale, sa conquête dans des temps plus heureux, il fut indignement pendu & écartelé pour prix de sa fidélité envers son souverain; c'est le cas plus que jamais, de dire :

Vous n'êtes point flétri par ce honteux trépas,
Mânes trop généreux, vous n'en rougissez pas...
Et qui meurt pour son roi, meurt toujours avec gloire.

MONUMENT, (le) (*Hist. d'Anglet.*) il est ainsi nommé par les Anglois, & avec raison, car c'est le plus célèbre *monument* des modernes, & une des pièces des plus hardies qu'il y ait en architecture : ce fut en mémoire du triste embrâsement de Londres, qui arriva le 2 septembre 1666, qu'on érigea cette pyramide, au nord du pont qui est de ce côté-là sur la Tamise, près de l'endroit où l'incendie commença; c'est une colonne ronde de l'ordre toscan, bâtie de grosses pierres blanches de Portland. Elle a deux cens pieds d'élévation & quinze de diamètre; elle est sur un piédestal de quarante pieds de hauteur, & vingt-un en quarré. Au-dedans est un escalier à vis de marbre noir, dont les barreaux de fer règnent jusqu'au sommet, où se trouve un balcon entouré d'une balustrade de fer, & qui a vue sur toute la ville. Les côtés du nord & du sud du piédestal ont chacun une inscription latine; une de ces inscriptions peint la désolation de Londres réduite en cendres, & l'autre son rétablissement qui fut aussi prompt que merveilleux. Tout ce que le feu avoit emporté d'édifices de bois, fut en deux ou trois ans rétabli de pierres & de briques sur de nouveaux plans plus réguliers & plus magnifiques, au grand étonnement de toute l'Europe, & au sortir d'une cruelle peste qui suivit l'année même de l'embrâsement de cette capitale; & rien ne fait tant voir la richesse, la force & le génie de cette nation, quand elle est d'accord avec elle-même, & qu'elle a de grands maux à réparer. (*D. J.*)

MOPINOT, (Simon) (*Hist. Litt. mod.*) bénédictin de la congrégation de Saint-Maur, a travaillé avec dom Constant, à la collection des Lettres des Papes. On a de lui des Hymnes, qu'on chante encore dans plusieurs maisons de sa congrégation. Né à Rheims en 1686, mort en 1724.

MOPSUESTE, (Théodore de) (*Hist. Ecclés.*) (*Voyez* THÉODORE.)

MOQUA, s. f. (*Hist. mod.*) céremonie fanatique en usage parmi les Mahométans indiens. Lorsqu'ils sont revenus du pélerinage de la Mecque, un d'entr'eux fait une course sur ceux qui ne suivent pas la loi de Mahomet; il prend pour cela en main son poignard, dont la moitié de la lame est empoisonnée, & courant dans les rues, il tue tous ceux qu'il rencontre qui ne sont pas Mahométans, jusqu'à ce que quelqu'un lui donne la mort à lui-même. Ces furieux croient plaire à Dieu & à leur prophête en leur immolant de pareilles victimes; la multitude après leur mort les révère comme saints, & leur fait de magnifiques funérailles. Tavernier, *Voyage des Indes.* (*A. R.*)

MOQUISIE, s. f. (*Hist. de l'idolâtrie*) les habitans de Lovango, & autres peuples superstitieux de la basse Ethiopie, invoquent des démons domestiques & champêtres, auxquels ils attribuent tous les effets de la nature. Ils appellent *moquisie*, tout être en qui réside une vertu secrette, pour faire du bien ou du mal, & pour découvrir les choses passées & les futures : leurs prêtres portent le nom de *ganga moquisie*, & on les distingue par un surnom pris du lieu, de l'autel, du temple, & de l'idole qu'ils servent.

La *moquisie* de Thirico est la plus vénérée ; celle de Kikokoo préside à la mer, prévient les tempêtes, & fait arriver les navires à bon port : c'est une statue de bois représentant un homme assis. La *moquisie* de Malemba est la déesse de la santé : ce n'est pourtant qu'une natte d'un pied & demi en quarré, au haut de laquelle on attache une courroye pour y pendre des bouteilles, des plumes, des écailles, de petites cloches, des crecerelles, des os, le tout peint en rouge. La *moquisie* Mymie est une cabane de verdure, qui est sur le chemin ombragé d'arbres. La *moquisie* Cossi est un petit sac rempli de coquilles pour la divination. Pour la *moquisie* de Kimaye, ce sont des pièces de pots cassés, des formes de chapeaux & de vieux bonnets. La *moquisie* Injami, qui est à six lieues de Lovango ; est une grande image dressée sur un pavillon. La *moquisie* de Moanzi, est un pot mis en terre dans un creux entre des arbres sacrés, ses ministres portent des bracelets de cuivre rouge : voilà les idoles de tout le pays de Lovango, & c'en est assez pour justifier que c'est le peuple le plus stupide de l'univers. (*A. R.*)

MORA, s. f. (*Hist. anc.*) troupe de Spartiates, composée de 500, ou de 700, ou de 900 hommes. Les sentimens sont variés sur cette appréciation. Il y avoit six *mora*, chacune étoit commandée par un polémarque, quatre officiers sous le polémarque, huit sous ces premiers, & seize sous ceux-là. Donc si ces dernières avoient à leurs ordres 50 hommes, la *mora* étoit de 400, ce qui réduit toute la milice de Lacédémone à 2400 : c'est peu de chose, mais il s'agit des temps de Lycurgue. On ne recevoit dans cette milice que des hommes libres, entre 30 & 60 ans (*A. R.*)

MORABIN, (Jacques) (*Hist. Litt. mod.*) secrétaire de la police, mort le 9 septembre 1762. Il aimoit les lettres, & s'occupa beaucoup de Cicéron. Il fit & son histoire générale & l'histoire particulière de son exil. On lui doit aussi le *Nomenclator Ciceronianus*. Il traduisit le Traité des Loix du même Cicéron, le Dialogue des Orateurs, attribué à Tacite ; le Traité de la Consolation.

MORABITES, s. f. (*Hist. mod.*) nom que donnent les Mahométans à ceux d'entr'eux qui suivent la secte de Mohaidin, petit-fils d'Aly, gendre de Mahomet. Les plus zélés de cette secte embrassent la vie solitaire, s'adonnent dans les déserts à l'étude de la philosophie morale. Ils sont opposés en plusieurs points aux sectateurs d'Omar, & menent une vie d'ailleurs assez licencieuse, persuadés que les jeûnes & les autres épreuves qu'ils ont pratiquées leur en donnent le droit. Ils se trouvent aux fêtes & aux nôces des grands, où ils entrent en chantant des vers en l'honneur l'Aly & de ses fils ; ils y prennent part aux festins & aux danses jusqu'à tomber dans des excès, que leurs disciples ne manquent pas de faire passer pour des extases : leur règle n'est fondée que sur des traditions.

On donne aussi en Afrique le nom de *Morabite* aux mahométans qui font profession de science & de sainteté. Ils vivent à-peu-près comme les philosophes payens ou comme nos hermites : le peuple les révère extrêmement, & on en a quelquefois tiré de leur solitude pour les mettre sur le trône. Marmol, *de l'Afrique*. (*A. R.*)

MORALES, (Ambroise) (*Hist. Litt. mod.*) prêtre de Cordoue, historiographe de Philippe II, professeur dans l'Université d'Alcala, contribua un peu à répandre le goût des lettres en Espagne. On a de lui une *Chronique de l'Espagne*, & *les Antiquités d'Espagne* ; il avoit été dominicain, mais les Dominicains l'avoient chassé, parce que par une piété mal entendue, il avoit imité l'action d'Origène. C'étoit une action peu sensée sans doute ; mais est-ce là une raison de n'être plus dominicain ? Quelle est cette manie dangereuse d'exiger la conservation & la pleine possession d'avantages auxquels on renonce ? C'est donner & retenir. Je conçois que le sacrifice est plus continuel & plus méritoire, mais il est moins sûr.

MORAND, (Pierre de) (*Hist. Litt. mod.*) auteur des Tragédies de *Teglis*, de *Childeric*, de la comédie intitulée : l'*Esprit de Divorce*, &c. poëte très-médiocre, auquel il arriva diverses aventures qui ne sont pas médiocrement ridicules. Il s'étoit attiré les unes, quelques autres paroissent être l'effet du hazard, & lui sont absolument étrangères ; telle est, par exemple, celle-ci :

A la première représentation de *Childéric*, un vers fut extrêmement applaudi, le voici :

Tenter est des mortels, réussir est des Dieux.

Un des spectateurs à qui le vers étoit échappé, s'adressa pour l'apprendre, à un homme qui applaudissoit avec transport, & qui se fit un plaisir de l'associer à son enthousiasme, en lui récitant ce vers, qu'il avoit entendu de cette manière :

Enterrer des mortels, ressusciter des Dieux.

Alors l'homme, bien instruit, remerciant, son voisin, & convenant que le vers étoit fort beau, s'empressa de joindre ses applaudissemens à ceux du public ; & voilà quels sont souvent les applaudissemens du parterre. On sait que dans une autre pièce, ce vers :

Un héros à sa voix enfante des soldats,

fut sur-tout applaudi, parce qu'on crut entendre :

Un héros en Savoie enfante des soldats,

& parce qu'on crut que c'étoit un compliment pour le roi de Sardaigne, duc de Savoie.

Au contraire, ce vers d'une tragédie moderne fut sifflé :

Vous serez dans ma tente en paix comme dans Londres.

parce qu'on crut entendre *dans l'onde*, & qu'un plaifant s'écria : *oui, comme le poisson dans l'eau ;* & voilà quelles sont quelquefois les critiques du parterre.

La raison qui fit tomber *Childeric*, peut être imputée en partie à l'auteur, en partie aux circonstances du tems. On sait qu'alors le théâtre étoit surchargé de spectateurs aux premières représentations, & qu'il ne restoit qu'un espace très étroit & très-incommode aux acteurs pour tous leurs mouvemens ; un de ces spectateurs voyant qu'un acteur tenant une lettre à la main, avoit peine à percer la foule pour se mettre en scène, cria ; *place au facteur ;* les éclats de rire furent si universels, qu'il ne fut pas possible aux acteurs de se faire entendre. Il est vrai que quand Roxane apporte à Atalide, la lettre d'Amurat, qui proscrit Bajazet ; quand, dans la même pièce, Fatime apporte à Roxane, la lettre de Bajazet, qu'Atalide avoit cachée dans son sein ; quand, dans *Zaïre*, Mélédin apporte à Orosmane, une lettre de Nérestan, adressée à Zaïre, la même plaisanterie pourroit ou du moins auroit pu autrefois avoir lieu, quoique ces trois momens soient des momens bien tragiques ; mais il faut convenir qu'en général, ces idées burlesques ne se présentent au spectateur que quand il n'est point ému ou même que quand il est ennuyé, & que dans le cas particulier de *Childeric*, l'obscurité d'une intrigue confuse & embarrassée, disposoit le spectateur à la critique & à la plaisanterie ; mais souvenons-nous que le mot ; *La Reine boit*, fit tomber *Marianne*, pièce intéressante, quoiqu'on en dise, & que le mot *Coussy, Coussy*, fit tomber *Adélaïde du Guesclin*, pièce d'un grand intérêt, comme tout le monde en convient aujourd'hui.

M. *Morand* avoit été marié ; il crut avoir à se plaindre de sa belle-mère, il la quitta ainsi que sa femme ; il les laissa en province, & vint faire des vers à Paris. Sa belle-mère lui fit des procès, & le déchira dans un *factum*. Pour se venger, il la joua dans sa comédie de *l'Esprit du Divorce*. Le portrait de cette femme parut outré, le poëte s'avança sur le théâtre, & se mit à vouloir démontrer au public, par le récit de ce qu'il avoit éprouvé, que le personnage n'étoit que trop réel. Après la représentation de la pièce, qui ne tomba point en totalité, on en annonça une seconde représentation ; quelqu'un cria dans le parterre : *avec le compliment de l'auteur*. M. *Morand*, dont la harangue n'avoit pas réussi, jette son chapeau dans le parterre, en disant : *celui qui veut voir l'auteur, n'a qu'à lui apporter son chapeau*. On le mena chez le lieutenant de police, qui lui fit une petite correction paternelle ; mais cette saillie, moitié de poëte, moitié de gentilhomme, remplit son objet en lui donnant de la célébrité, & en le montrant fou & brave comme M. de l'Empirée dans *la Métromanie* : aussi fut-il si content de sa petite aventure, qu'il se hâta d'en faire lui-même la relation dans une lettre imprimée, pour achever d'en instruire la portion du public qui n'en avoit pas été témoin. On a remarqué qu'il n'avoit été heureux ni en littérature, ni en mariage, ni au jeu, ni en bonnes fortunes, & qu'il mourut au moment où ses affaires étant arrangées & ses dettes payées, il alloit commencer à jouir d'une fortune honnête & sans embarras. Ce fut le 3 août 1757.

Dans le même temps vivoit un autre homme du même nom, plus illustre & plus utile, Sauveur-François *Morand*, de l'Académie des Sciences, de la Société Royale de Londres, chevalier de l'ordre de St. Michel, un de nos plus grands chirurgiens & père d'un Médecin qui soutient dignement la gloire de son nom. L'histoire de Sauveur-François appartient à celle de l'art salutaire qui lui a dû des progrès importans. En 1729, il alla en Angleterre pour connoître à fond par lui-même la pratique du célèbre Cheselden dans l'opération de la taille, & en procurer les avantages à ses concitoyens. L'article du charbon de terre dans les arts, de l'Académie, est de M. *Morand*, & on a de lui plusieurs pièces fugitives d'un grand prix, sur la médecine & la chirurgie, entr'autres, la relation de la maladie de la femme Supiot, dont les os s'étoient amollis, & divers mémoires dans le recueil de l'Académie des Sciences, & dans celui de l'Académie de Chirurgie. Il mourut en 1773.

MORATA *ou* MORETA, (Olympia Fulvia) (*Hist. Litt. mod.*) née à Ferrare en 1526, morte à vingt-neuf ans en 1555, avoit enseigné publiquement en Allemagne, les lettres grecques & latines ; elle avoit embrassé le luthéranisme, & avoit épousé un professeur de médecine à Heidelberg. On a d'elle des vers grecs & latins, imprimés à Bâle en 1562. avec les œuvres de Cœlius Curion.

MORAVES *ou* FRERES UNIS, *Moraves*, *Moravites* ou *Frères unis*, secte particulière & reste des Hussites, répandus en bon nombre sur les frontières de Pologne, de Bohême & de Moravie, d'où, selon toute apparence, ils ont pris le nom de *Moraves* ; on les appelle encore *Hernheutes*, du nom de leur principale résidence en Lusace, contrée d'Allemagne.

Ils subsistent de nos jours en plusieurs maisons ou communautés, qui n'ont d'autres liaisons entr'elles, que la conformité de vie & d'institut. Ces maisons sont proprement des aggrégations de séculiers, gens mariés & autres, mais qui ne sont tous retenus que par le lien d'une société douce & toujours libre ; aggrégation où tous les sujets en société de biens & de talens, exercent différens arts & professions au profit général de la communauté ; de façon néanmoins que chacun y trouve aussi quelque intérêt qui lui est propre. Leurs enfans sont élevés en commun aux dépens de la maison, & on les y occupe de bonne heure, d'une manière édifiante & fructueuse ; ensorte que les parens n'en sont point embarrassés.

Les *Moraves* font profession du christianisme, ils ont même beaucoup de conformité avec les premiers chrétiens, dont ils nous retracent le désintéressement & les mœurs. Cependant, ils n'admettent guères que les principes de la théologie naturelle, un grand respect pour la Divinité, une exacte justice jointe à beaucoup d'humanité pour tous les hommes ; & plus outrés à quelques égards que les protestans mêmes, ils ont élagué dans la religion tout ce qui leur a paru sentir l'institution humaine. Du reste, ils sont plus que personne dans le principe de la tolérance ; les gens sages & modérés, de quelque communion qu'ils soient, sont bien reçus parmi eux, & chacun trouve dans leur société toute la facilité possible pour les pratiques extérieures de sa religion. Un des principaux articles de leur morale, c'est qu'ils regardent la mort comme un bien, & qu'ils tâchent d'inculquer cette doctrine à leurs enfans, aussi ne les voit-on point s'attrister à la mort de leurs proches. Le comte de Zinzendorf patriarche ou chef des *frères unis*, étant décédé au mois de Mai 1760, fut inhumé à Erneut en Lusace, avec assez de pompe, mais sans aucun appareil lugubre ; au contraire avec des chants mélodieux & une religieuse allégresse. Le comte de Zinzendorf étoit un seigneur allemand des plus distingués, & qui ne trouvant dans le monde rien de plus grand ni de plus digne de son estime, que l'institut des *Moraves*, s'étoit fait membre & protecteur zélé de cette société, avant lui opprimée & presque éteinte, mais société qu'il a soutenue de sa fortune & de son crédit, & qui en conséquence reparoît aujourd'hui avec un nouvel éclat.

Jamais l'égalité ne fut plus entière que chez les *Moraves* ; si les biens y sont communs entre les frères, l'estime & les égards ne le sont pas moins ; je veux dire que tel qui remplit une profession plus distinguée, suivant l'opinion, n'y est pas réellement plus considéré qu'un autre qui exerce un métier vulgaire. Leur vie douce & innocente leur attire des prosélites, & les fait généralement estimer de tous les gens qui jugent des choses sans préoccupation. On sait que plusieurs familles *Moravites* ayant passé les mers pour habiter un canton de la Géorgie américaine sous la protection des Anglois, les sauvages en guerre contre ceux-ci, ont parfaitement distingué ces nouveaux habitans sages & pacifiques. Ces prétendus barbares, malgré leur extrême supériorité, n'ont voulu faire aucun butin sur les *frères unis*, dont ils respectent le caractère paisible & désintéressé. Les *Moraves* ont une maison à Utrecht ; ils en ont aussi en Angleterre & en Suisse.

Nous sommes si peu attentifs aux avantages des communautés, si dominés d'ailleurs par l'intérêt particulier, si peu disposés à nous secourir les uns les autres, & à vivre en bonne intelligence, que nous regardons comme chimérique tout ce qu'on nous dit d'une société assez raisonnable pour mettre ses biens & ses travaux en commun. Cependant l'histoire ancienne & moderne nous fournit plusieurs faits semblables. Les Lacédémoniens, si célèbres parmi les Grecs, formèrent au sens propre une république, puisque ce qu'on appelle *propriété* y étoit presque entièrement inconnu. On en peut dire autant des Esséniens chez les Juifs, des Gymnosophistes dans les Indes ; enfin, de grandes peuplades au Paraguay réalisent de nos jours tout ce qu'il y a de plus étonnant & de plus louable dans la conduite des *Moraves*. Nous avons même parmi nous quelque chose d'approchant dans l'établissement des frères cordonniers & tailleurs, qui se mirent en communauté vers le milieu du dix-septième siècle. Leur institut consiste à vivre dans la continence, dans le travail & dans la piété, le tout sans faire aucune sorte de voeux.

Mais nous avons, sur-tout en Auvergne, d'anciennes familles de laboureurs, qui vivent de tems immémorial dans une parfaite société, & qu'on peut regarder à bon droit, comme les *Moraves* de la France ; on nous annonce encore une société semblable à quelques lieues d'Orléans, laquelle commence à s'établir depuis vingt à trente ans. A l'égard des communautés d'Auvergne, beaucoup plus anciennes & plus connues, on nomme en tête les Quitard Pinoux comme ceux du temps le plus éloigné & qui prouvent cinq cents ans d'association ; on nomme encore les Arnaud, les Pradel, les Bonnemoy, les Lournel & les Anglade, anciens & sages roturiers, dont l'origine se perd dans l'obscurité des temps ; & dont les biens & les habitations sont situés dans la baronnie de Thiers en Auvergne, où ils s'occupent uniquement à cultiver leurs propres domaines.

Chacune de ces familles forme différentes branches qui habitent une maison commune, & dont les enfans se marient ensemble ; de façon pourtant que chacun des consorts n'établit guère qu'un fils dans la communauté pour entretenir la branche que ce fils doit représenter un jour après la mort de son père ; branches au reste dont ils ont fixé le nombre par une loi de famille qu'ils se sont imposée, en conséquence de laquelle ils marient au-dehors les enfans surnuméraires des deux sexes. De quelque valeur que soit la portion du père dans les biens communs, ces enfans s'en croient exclus de droit, moyennant une somme fixée différemment dans chaque communauté, & qui est chez les Pinoux de 500 liv, pour les garçons, & de 200 liv. pour les filles.

Au reste, cet usage tout consacré qu'il est par son ancienneté & par l'exactitude avec laquelle il s'observe, ne paroît guère digne de ces respectables associés. Pourquoi priver des enfans de leur patrimoine, & les chasser malgré eux, du sein de leur famille ? n'ont-ils pas un droit naturel aux biens de la maison, & sur-tout à l'inestimable avantage d'y vivre dans une société douce & paisible, à l'abri des misères & des sollicitudes qui empoisonnent les jours des autres hommes ? D'ailleurs l'association dont il s'agit étant essentiellement utile, ne convient-il pas pour l'honneur & pour le bien de l'humanité, de lui donner le plus d'étendue qu'il est possible ? Supposez donc que les terres actuelles de la communauté ne suffisent pas pour occuper tous ses enfans, il seroit aisé avec le prix de leur légitime, de faire de nouvelles acquisitions ; & si la providence accroît le nombre des sujets, il n'est pas difficile à des gens unis & laborieux d'accroître un domaine & des bâtimens.

Quoi qu'il en soit, le gouvernement intérieur est à-peu-près le même dans toutes ces communautés, chacune se choisit un chef qu'on appelle *maître* ; il est chargé de l'inspection générale & du détail des affaires ; il vend, il achete, & la confiance qu'on a dans son intégrité lui épargne l'embarras de rendre des comptes détaillés de son administration ; mais sa femme n'a parmi les autres personnes de son sexe que le dernier emploi de la maison, tandis que l'épouse de celui des consorts qui a le dernier emploi parmi les hommes, a le premier rang parmi les femmes, avec toutes les fonctions & le titre de maîtresse. C'est elle qui veille à la boulangerie, à la cuisine, &c. qui fait faire les toiles, les étoffes & les habits, & qui les distribue à tous les consorts.

Les hommes, à l'exception du maître, qui a toujours quelque affaire en ville, s'occupent tous également aux travaux ordinaires. Il y en a cependant qui sont particulierement chargés, l'un du soin des bestiaux & du labourage ; d'autres de la culture des vignes ou des prés, & de l'entretien des futailles. Les enfans sont soigneusement élevés, une femme de la maison les conduit à l'école, au catéchisme, à la messe de paroisse, & les ramene. Du reste, chacun des consorts reçoit tous les huit jours une légère distribution d'argent dont il dispose à son gré, pour ses amusemens ou ses menus plaisirs.

Ces laboureurs fortunés sont réglés dans leurs mœurs, vivent fort à l'aise & sont sur-tout fort charitables ; ils le sont même au point qu'on leur fait un reproche de ce qu'ils logent & donnent à souper à tous les mendians qui s'écartent dans la campagne, & qui par cette facilité s'entretiennent dans une fainéantise habituelle, & font métier d'être gueux & vagabonds ; ce qui est un apprentissage de vols & de mille autres désordres.

Sur le modèle de ces communautés, ne pourroit-on pas en former d'autres, pour employer utilement tant de sujets embarrassés, qui faute de conduite & de talens, & conséquemment faute de travail & d'emploi, ne sont jamais aussi occupés ni aussi heureux qu'ils pourroient l'être, & qui par-là souvent deviennent à charge au public & à eux-mêmes ?

On n'a guère vu jusqu'ici que des célibataires, des ecclésiastiques & des religieux qui se soient procuré les avantages des associations ; il ne s'en trouve presque aucune en faveur des gens mariés. Ceux-ci néanmoins, obligés de pourvoir à l'entretien de leur famille, auroient plus besoin que les célibataires, des secours que fournissent toutes les sociétés.

Ces considérations ont fait imaginer une association de bons citoyens, lesquels unis entr'eux par les liens de l'honneur & de la religion, pussent les mettre à couvert des sollicitudes & des chagrins que le défaut de talens & d'emploi rend presque inévitables ; association de gens laborieux, qui, sans renoncer au mariage, pussent remplir tous les devoirs du christianisme, & travailler de concert à diminuer leurs peines & à se procurer les douceurs de la vie, établissement, comme l'on voit, très-désirable, & qui ne paroît pas impossible ; on en jugera par le projet suivant.

1°. Les nouveaux associés ne seront jamais liés par des vœux, & ils auront toujours une entière liberté de vivre dans le mariage ou dans le célibat, sans être assujettis à aucune observance monastique ; mais sur-tout ils ne seront point retenus malgré eux ; & ils pourront toujours se retirer dès qu'ils le jugeront expédient pour le bien de leurs affaires. En un mot, cette société sera véritablement une communauté séculière & libre dont tous les membres exerceront différentes professions, arts ou métiers, sous la direction d'un chef & de son conseil ; & par conséquent ils ne différeront point des autres laïcs, si ce n'est par une conduite plus reglée & par un grand amour du bien public ; du reste, on s'en tiendra pour les pratiques de religion à ce que l'église prescrit à tous les fidèles.

2°. Les nouveaux associés s'appliqueront constamment & par état, à toutes sortes d'exercices & de travaux, sur les sciences & sur les arts ; en quoi ils préféreront toujours le nécessaire & le commode à ce qui n'est que de pur agrément ou de pure curiosité. Dans les Sciences, par exemple, on cultivera toutes les parties de la Médecine & de la Physique utile ; dans les métiers, on s'attachera spécialement aux arts les plus vulgaires & même au labourage, si l'on s'établit à la campagne : d'ailleurs, on n'exigera pas un sou des postulans, dès qu'ils pourront contribuer de quelque manière au bien de la communauté. On apprendra des métiers à ceux qui n'en sauront point encore ; & en un mot, on tâchera de mettre en œuvre les sujets les plus ineptes, pourvu qu'on leur trouve un caractère sociable, & sur-tout l'esprit de modération joint à l'amour du travail.

3°. On arrangera les affaires d'intérêt, de manière que les associés, en travaillant pour la maison, puissent travailler aussi pour eux-mêmes ; je veux dire, que chaque associé aura, par exemple, un tiers, un quart, un cinquième ou telle autre quotité de ce que ses travaux pourront produire, toute dépense prélevée ; c'est pourquoi on évaluera tous les mois les exercices ou les ouvrages de tous les sujets, & on leur en payera sur le champ la quotité convenue, ce qui fera une espèce d'appointement ou de pécule que chacun pourra augmenter à proportion de son travail & de ses talens.

L'un des grands usages du pécule, c'est que chacun se fournira sur ce fonds le vin, le tabac & les autres besoins arbitraires, si ce n'est en certains jours de réjouissance qui seront plus ou moins fréquens, & dans lesquels la communauté fera tous les frais d'un repas honnête ; au surplus, comme le vin, le café, le tabac, font plus que doubler la dépense du nécessaire, & que, dans une communauté qui aura des femmes, des enfans, des sujets ineptes à soutenir, la parcimonie devient absolument indispensable ; on exhortera les membres en général & en particulier, à mépriser toutes ces vaines délicatesses qui absorbent l'aisance des familles, & pour les y engager plus puissamment, on donnera une récompense annuelle à ceux qui auront le courage de de s'en abstenir.

4°. Ceux qui voudront quitter l'association, emporteront non-seulement leur pécule, mais encore l'argent qu'ils auront mis en société, avec les intérêts usités dans le commerce. A l'égard des mourans, la maison en héritera toujours ; de sorte qu'à la mort d'un associé, tout ce qui se trouvera lui appartenir dans la communauté, sans en excepter son pécule, tout cela, dis-je, sera pour lors acquis à la congrégation, mais tout ce qu'il possédera au dehors appartiendra de droit à ses héritiers.

5°. Tous les associés, dès qu'ils auront fait leur noviciat, seront regardés comme membres de la maison, & chacun sera toujours sûr d'y demeurer en cette qualité, tant qu'il ne fera pas de faute considérable & notoire contre la religion, la probité, les bonnes mœurs. Mais dans ce cas, le conseil assemblé aura droit d'exclure un sujet vicieux, supposé qu'il ait contre lui au moins les trois quarts des voix; bien entendu qu'on lui rendra pour lors tout ce qui pourra lui appartenir dans la maison, suivant les dispositions marquées ci-dessus.

6°. Les enfans des associés seront élevés en commun, & suivant les vues d'une éducation chrétienne; je veux dire, qu'on les accoutumera de bonne heure à la frugalité, à mépriser le plaisir présent, lorsqu'il entraîne de grands maux & de grands déplaisirs; mais sur-tout on les élevera dans l'esprit de fraternité, d'union, de concorde, & dans la pratique habituelle des arts & des sciences les plus utiles, le tout avec les précautions, l'ordre & la décence qu'il convient d'observer entre les enfans des deux sexes.

7°. Les garçons demeureront dans la communauté jusqu'à l'âge de seize ans faits ; après quoi, si sa majesté l'agrée, on enverra les plus robustes dans les villes frontières, pour y faire un cours militaire de dix ans. Là ils seront formés aux exercices de la guerre, & du reste occupés aux divers arts & métiers qu'ils auront pratiqués dès l'enfance ; & par conséquent ils ne seront point à charge au roi, ni au public dans les tems de paix ; ils feront la campagne au tems de guerre, après avoir fait quelqu'apprentissage des armes dans les garnisons. Ce cours militaire leur acquerra tout droit de maîtrise pour les arts & pour le commerce ; de façon qu'après leurs dix années de service, ils pourront s'établir à leur choix dans la communauté séculière ou ailleurs, libres d'exercer par-tout les différentes professions des arts & du négoce.

8°. Lorsqu'il s'agira de marier ces jeunes gens, ce qu'on ne manquera pas de fixer à un âge convenable pour les deux sexes, leur établissement ne sera pas difficile, & tous les sujets auront pour cela des moyens suffisans ; car outre leur pécule plus ou moins considérable, la communauté fournira une honnête légitime à chaque enfant, laquelle consistera tant en argent, qu'en habillemens & en meubles ; légitime proportionnée aux facultés de la maison, & du reste égale à tous, avec cette différence pourtant qu'elle sera double au moins pour ceux qui auront fait le service militaire. Après cette espèce d'héritage, les enfans ne tireront plus de leurs parens que ce que ceux-ci voudront bien leur donner de leur propre pécule ; si ce n'est qu'ils eussent des biens hors la maison, auquel cas les enfans en hériteront sans difficulté.

Il ne faut aucune donation, aucun privilége, aucun legs pour commencer une telle entreprise ; il est visible que tous les membres opérant en commun, on n'aura pas besoin de ces secours étrangers. Il ne faut de même aucune exemption d'impôts, de corvées, de milices, &c. Il n'est ici question que d'une communauté laïque, dépendante à tous égards de l'autorité du roi & de l'état, & par conséquent sujette aux impositions & aux charges ordinaires. On peut donc espérer que les puissances protégeront cette nouvelle association, puisqu'elle doit être plus utile que tant de sociétés qu'on a autorisées en divers tems, & qui se sont multipliées à l'infini, bien qu'elles soient presque toujours onéreuses au public.

Au reste on ne donne ici que le plan général de la congrégation proposée, sans s'arrêter à développer les avantages sensibles que l'état & les particuliers en pourroient tirer, & sans détailler tous les réglemens qui seroient nécessaires pour conduire un tel corps. Mais on propose en question ; savoir, si suivant les loix établies dans le royaume pour les entreprises & sociétés de commerce, les premiers auteurs d'un pareil établissement pourroient s'obliger les uns envers les autres, & se donner mutuellement leurs biens & leurs travaux, tant pour eux que pour leurs successeurs, sans y être expressément autorisés par la cour.

Ce qui pourroit faire croire qu'il n'est pas besoin d'une approbation formelle, c'est que plusieurs sociétés assez semblables, actuellement existantes, n'ont point été autorisées par le gouvernement ; & pour commencer par les frères cordonniers & les freres tailleurs, on sait qu'ils n'ont point eu de lettres-patentes. De même les communautés d'Auvergne subsistent depuis des siècles, sans qu'il y ait eu aucune intervention de la cour pour leur établissement.

Objections & réponses. On ne manquera pas de dire qu'une association de gens mariés est absolument impossible ; que ce seroit une occasion perpétuelle de trouble, & qu'infailliblement les femmes mettroient la désunion parmi les consorts ; mais ce sont-là des objections vagues, & qui n'ont aucun fondement solide. Car pourquoi les femmes causeroient-elles plutôt du désordre dans une communauté conduite avec de la sagesse, qu'elles n'en causent tous les jours dans la position actuelle, où chaque famille, plus libre & plus isolée, plus exposée aux mauvaises suites de la misère & du chagrin, n'est pas contenue, comme elle le seroit là, par une police domestique & bien suivie ? D'ailleurs, si quelqu'un s'y trouvoit déplacé, s'il y paroissoit inquiet, ou qu'il y mît la division ; dans ce cas, s'il ne se retiroit de lui-même, ou s'il ne se corrigeoit, on ne manqueroit pas de le congédier.

Mais on n'empêcheroit pas, dit-on, les amours furtives, & bientôt ces amours causeroient du trouble & du scandale.

A cela je réponds que l'on ne prétend pas réfondre le genre humain ; le cas dont il s'agit arrive déja fréquemment, & sans-doute qu'il arriveroit ici quelquefois ; néanmoins on sent que ce désordre seroit beaucoup plus rare. En effet, comme l'on seroit moins corrompu par le luxe, moins amolli par les délices, & qu'on seroit plus occupé, plus en vue, & plus veillé, on auroit moins d'occasion de mal faire, & de se livrer à des penchans illicites. D'ailleurs les vues d'intérêt étant alors presque nulles dans les mariages, les seules convenances d'âge & de goût en décideroient ; conséquemment il y auroit plus d'union entre les conjoints ; & par une suite nécessaire moins d'amours répréhensibles. J'ajoute que le cas arrivant, malgré la police la plus attentive, un enfant de plus ou de moins n'embarrasseroit personne, au lieu qu'il embarrasse beaucoup dans la position actuelle. Observons enfin que les mariages mieux assortis dans ces maisons, une vie plus douce & plus réglée, l'aisance constamment assurée à tous les membres, seroient le moyen le plus efficace pour effectuer le perfectionnement physique de notre espèce, laquelle, au contraire, ne peut aller qu'en dépérissant dans toute autre position.

Au surplus, l'ordre & les bonnes mœurs qui règnent dans les communautés d'Auvergne, l'ancienneté de ces maisons, & l'estime générale qu'on en fait dans le pays, prouvent également la bonté de leur police & la possibilité de l'association proposée. Des peuples entiers, à peine civilisés, & qui pourtant suivent le même usage, donnent à cette preuve une nouvelle solidité. En un mot, une institution qui a subsisté jadis pendant des siècles, & qui subsiste encore presque sous nos yeux, n'est constamment ni impossible, ni chimérique. J'ajoute que c'est l'unique moyen d'assurer le bonheur des hommes, parce que c'est le seul moyen d'occuper utilement tous les sujets, le seul moyen de les contenir dans les bornes d'une sage économie, & de leur épargner une infinité de sollicitudes & de chagrins, qu'il est moralement impossible d'éviter dans l'état de désolation où les hommes ont vécu jusqu'à présent. *Article de* M. FAIGUET, *trésorier de France.*

MORDATE, f. m. (*Terme de relation*) Les Turcs appellent *mordates* ceux qui de chrétiens se sont faits mahométans, qui depuis ont retourné au Christianisme, & qui enfin, par une dernière inconstance, sont rentrés dans le Mahométisme. Les Turcs ont pour eux un souverain mépris, & ceux-ci en revanche affectent de paroître plus encore zélés mahométans que les musulmans même. Les personnes qui changent de religion par des vûes d'intérêt, n'ont d'autres ressources que l'hypocrisie. (*D. J.*)

MORDAUNT. (*Voyez* PETERBOROUGH.)

MOREAU, (Moreau de Maupertuis & Moreau de Mautour, (*Voyez* MAUPERTUIS & MAUTOUR.) Ce nom de *Moreau* a été celui de plusieurs autres personnages connus. Voici les principaux,

1°. René Moreau, professeur royal en médecine & en chirurgie à Paris, mort le 17 octobre 1656. On lui doit une édition de l'Ecole de Salerne & un traité du Chocolat.

2°. Dans le même genre, Jacques *Moreau*, médecin, disciple de Guy-Patin, auteur de Consultations sur les Rhumatismes, de traités sur l'Hydropisie & sur les fièvres. Né en 1647. Mort en 1728.

3°. Dans le même genre encore, un homme plus célèbre que les précédens, a été M. *Moreau*, Chirurgien de l'Hôtel-Dieu de Paris.

4°. Jacques *Moreau* de Brasey, né à Dijon en 1663, mort à Briançon, à 90 ans. Il étoit militaire, historien & poëte. On a de lui un journal de la campagne de Piémont en 1690 & 1691 ; des *Mémoires politiques, satyriques & amusans* à ce que dit le titre ; la suite du Virgile travesti, amusante encore si l'on veut.

5°. Etienne *Moreau*, autre poëte de Dijon ; dont les poësies ont été imprimées en 1667, sous ce titre : *nouvelles fleurs du Parnasse.* Mort en 1699.

6°. Jean Baptiste *Moreau*, musicien ; c'est lui qui a fait pour la maison de St. Cyr, la musique des chœurs d'Esther & d'Athalie, & d'autres pièces postérieures composées pour la même maison. Mort en 1733.

MOREL. Il y a aussi plusieurs personnages connus de ce nom de *Morel*:

1°. Trois Imprimeurs célèbres, père, fils & petit-fils ; les deux premiers nommés Frederic, le troisième Claude, dans les seizième & dix-septième siècles, tous trois studieux & savans. Le second sur-tout, qui n'aimoit absolument que l'étude, est célèbre par le sang froid qu'il conservoit sur tout le reste. Il travailloit lorsqu'on vint lui annoncer que sa femme se mouroit, il étoit au milieu d'une phrase, il ne voulut pas la laisser interrompue ; avant qu'elle fût achevée, sa femme étoit morte ; il dit froidement en l'apprenant : *j'en suis marri, c'étoit une bonne femme* ; & il se remit à écrire.

2°. Guillaume *Morel*, professeur royal en grec, & directeur de l'Imprimerie royale à Paris, mort en 1564. On a de lui un Dictionnaire grec-latin-françois & d'autres ouvrages.

Son frère, nommé Jean, âgé d'environ vingt ans, mourut en prison, où il étoit retenu pour crime d'hérésie, qui n'est point un crime. La rage de la persécution ne fut point éteinte par sa mort. On le déterra pour le brûler le 27 février 1559. Quels temps & quelles mœurs !

3°. André *Morel*, antiquaire de Berne, avoit été employé par Louis XIV, à un travail sur les médailles ; M. de Louvois le fit mettre à la Bastille, parce qu'il se plaignoit de n'avoir pas été récompensé ; & cette Tyrannie même prouve que ses plaintes étoient justes :

Seul recours d'une ingrat qui se voit confondu
Par de nouveaux affronts vous m'avez répondu.

Ce qui le prouve encore, c'est l'offre qu'on lui fit de la place de garde du cabinet des médailles du roi, dans le temps même qu'il étoit à la Bastille. On mit seulement à cette offre la condition qu'il se feroit catholique, & il refusa; quand on fut las de le retenir à la Bastille, on lui rendit sa liberté le 16 novembre 1691, à la sollicitation du grand conseil de Berne. Il mourut en Allemagne en 1703. Ses principaux ouvrages, qui roulent tous sur les médailles, sont: *Thesaurus Morellianus, sive familiarum Romanarum numismata omnia disposita ab Andreâ Marello, cum Commentariis Havercampi; specimen rei nummariæ*, &c.

4°. Dom Robert *Morel*, bénédictin de la congrégation de Saint Maur, bibliothécaire de Saint Germain-des-Prés, auteur de beaucoup de livres de piété. Né en 1653. Mort en 1731.

MORERI, (Louis) (*Hist. Litt. mod.*) Il eut ou on lui donna une idée heureuse, mais il n'eut pas le temps de l'exécuter, & ne fit du moins qu'en ébaucher l'exécution. Son ouvrage a depuis été réformé, retravaillé, augmenté, de sorte qu'il est devenu l'ouvrage d'une multitude d'auteurs; mais il s'appelle & s'appellera toujours le Dictionnaire de *Moreri*: tant il importe de commencer:

Dimidium facti qui cepit habet, sapere aude,
Incipe.

L'abbé Goujet entr'autres continuateurs, avoit fait des supplémens qui avoient d'abord été imprimés à part, mais qui ont été insérés dans le texte, dans la dernière édition, laquelle est de 1759.

Moreri étoit prêtre, docteur en théologie. Il étoit né en 1643, à Bargemont, petite ville de Provence. Il fut attaché à M. de Pompone, ministre & secrétaire d'état. Il mourut à Paris le 10 juillet 1680, ayant à peine atteint l'âge de devenir savant.

Comme les généalogies, sur-tout les Françoises, sont une des parties les plus considérables & même les plus exactes de cet ouvrage, & qu'il doit toujours y avoir de longs intervalles entre les diverses éditions d'un livre si volumieux, il seroit à desirer, que chaque année, ou du moins à de très-courts intervalles, on donnât un état des changemens arrivés par mariage, par naissance & par mort, dans chacune des familles dont la généalogie est insérée dans *Moreri*; ces divers états formeroient un supplément naturel à la partie généalogique, supplément au moyen duquel on auroit toujours sous les yeux le tableau fidèle de l'état présent de chaque famille, & le *Moreri* conserveroit toujours à cet égard le même degré d'utilité qu'il avoit en 1759, c'est-à-dire, à l'époque de la dernière édition, au lieu qu'étant instruit de tout jusqu'à cette époque, on est condamné à ignorer tout ce qui la suit, & ce qui existe de son temps.

MORET, (Antoine de Bourbon, comte de) (*Hist de Fr.*) fils naturel de Henri IV & de Jacqueline de Beuil, comtesse de *Moret*, naquit en 1607, dans un temps où Henri IV cherchoit des distractions & des consolations aux chagrins que lui donnoient d'un côté l'humeur acariâtre de la reine, de l'autre le caractère altier, ambitieux & intrigant de la marquise de Verneuil. Sous le règne de Louis XIII, le comte de *Moret* ne souffrit pas plus patiemment que les autres la tyrannie du cardinal de Richelieu. Il étoit avec le duc de Montmorenci au combat de Castelnaudari en 1632, & il y fut tué; voilà du moins l'opinion commune, mais il y a une tradition contraire; on prétend que, désabusé des choses de la terre par le malheur de cette journée, redoutant la destinée du duc de Montmorenci son ami, & étant ensuite pénétré de douleur du sort de ce héros, il prit le parti de s'ensevelir dans une retraite; qu'il fut hermite d'abord en Portugal; qu'ensuite croyant pouvoir sans danger revenir en France, & conservant assez l'amour de la patrie, pour vouloir du moins y vivre, quoique caché & quoiqu'éloigné de la cour, il choisit pour asyle, un hermitage au fond de l'Anjou, mais que trahi par la ressemblance qu'il avoit avec le roi son père, il attira l'attention, & que sur les bruits qui se répandirent, Louis XIII chargea l'Intendant de Touraine de voir cet hermite & de tâcher de tirer de lui son secret. La réponse de l'hermite fut propre à confirmer les soupçons: *qui que je sois*, dit-il, *je ne demande qu'une grace, c'est qu'on me laisse tel que je suis.* Un curé nommé Grandet a donné sa vie.

MORGAGNI, (Jean-Baptiste) (*Hist. Litt. mod.*) savant anatomiste italien, de l'Institut de Bologne, & correspondant de l'Académie des Sciences de Paris, auteur de divers ouvrages importans sur son art. Né à Forli en 1682. Mort en 1771.

MORGEN, (*Hist. mod.*) c'est une mesure usitée en Allemagne pour les terres labourables, les prés & les vignes; elle n'est point par-tout exactement la même. Le *morgen* dans le duché de Brunswick, est de 120 verges, dont chacune a huit aunes ou environ 16 pieds de roi. (*A. R.*)

MORGUE, (*Hist. mod.*) c'est dans les prisons, l'intervalle du second guichet au troisième. On donne le même nom à un endroit du châtelet, où l'on expose à la vue du public les corps morts dont la justice se saisit: ils y restent plusieurs jours afin de donner aux passans le tems de les reconnoître. (*A. R.*)

MORGUES, (*Voyez* MOURGUES.)

MORHOF, (Daniel-Georges) (*Hist. Litt. mod.*) savant littérateur allemand, auteur de quelques œuvres poëtiques & oratoires, mais sur-tout d'un livre savant, intitulé: *polyhistor sive de notitiâ auctorum & rerum*, & du *princeps medicus*, dissertation où il accorde également aux rois de France & d'Angleterre le don de guérir les écrouelles, & soutient que ce don est miraculeux. Né en 1639, à Wismar, dans le duché de Meckelbourg; mort en 1691, à Lubeck.

MORICE de Beaubois, (Dom Pierre-Hyacinthe) (*Hist. Litt. mod.*) savant bénédictin de la congrégation de Saint Maur, connu par son travail sur l'histoire de la maison de Rohan; mais ce travail est resté manuscrit dans cette maison. Dom *Morice* étoit lui-même Breton ; il étoit né en 1693, à Quimperlay dans la basse Bretagne, il mourut en 1750.

MORIN. Il y a plusieurs personnages connus de ce nom.

1°. Pierre, de qui on a un traité du bon usage des Sciences, & quelques autres ouvrages. Il avoit travaillé dans l'imprimerie de Paul Manuce à Venise, ce qui étoit alors un titre littéraire. Les papes Grégoire XIII & Sixte-Quint l'employèrent à l'édition des Septante & à celle de la Vulgate. Né à Paris en 1531. Mort en 1608.

2°. Jean-Baptiste, fameux astrologue & tireur d'horoscopes, du temps des cardinaux de Richelieu & Mazarin. Le cardinal de Richelieu le consultoit, & un autre ministre du même temps, le comte de Chavigny, ne voyoit jamais le cardinal sans avoir demandé à *Morin* quelles heures les astres indiquoient comme les plus propices pour voir ce ministre. Le cardinal Mazarin pour qui un astrologue étoit un homme précieux, soit qu'il crût à l'astrologie, soit qu'il n'y crût pas, lui donna une pension de deux mille livres & la chaire de mathématiques au collége royal. Si l'on s'en rapporte à ces gens qui font semblant de ne pas croire au merveilleux pour engager les autres à y croire, *Morin* avoit prédit à peu de jours près le jour de la mort de Gustave-Adolphe ; à seize jours près celle du connétable de Lesdiguières ; à six jours près celle de Louis XIII ; à dix heures près le moment précis de la mort du cardinal de Richelieu. Il y a deux manières de réfuter ces faits ; l'une est de les nier, l'autre est d'observer qu'en les supposant vrais, il n'y a rien à conclure de tant d'erreurs tant grandes que petites ; mais le triomphe de ses horoscopes, c'est qu'en voyant ou la personne de Cinq-Mars ou son portrait, sans savoir qui c'étoit, il annonça que cet homme auroit la tête tranchée. Il est bien vraisemblable que Cinq-Mars étoit en prison & qu'on lui faisoit son procès, lorsque *Morin* fit cette prédiction, qui n'étoit qu'une conjecture. *Morin* écrivit contre Copernic & contre Gassendi ; il réfuta le livre des Préadamites. On a de lui un livre intitulé : *Astrologia Gallica*, & d'autres qui annoncent ce qu'il étoit, c'est-à-dire, un homme bizarre jusqu'à la folie. Il étoit né en 1583, à Villefranche en Beaujolois. Il mourut en 1656.

3°. Jean, né à Blois en 1591, de parens calvinistes, abjura entre les mains du cardinal du Perron, & entra dans la congrégation de l'Oratoire nouvellement fondée par le cardinal de Berulle ; il écrivit contre le régime de cette congrégation, un ouvrage intitulé : *des défauts du gouvernement de l'Oratoire*. Un pareil ouvrage eût pu être très-innocent, il eût pu tendre au bien & indiquer les moyens de perfectionner l'ouvrage de M. de Berulle ; mais il fut regardé comme une satyre, & il est devenu rare, parce que le plus grand nombre des exemplaires a été brûlé. Le père *Morin* étoit très-savant dans les langues orientales, & très-versé dans la critique ecclésiastique. Il publia le Pentateuque Samaritain dans la bibliothèque polyglotte de Le Jay. Il eut des contestations avec Siméon de Muis, professeur en hébreu au Collége Royal sur l'authenticité du texte hébreu. (*Voyez* MUIS.) Les papes & les théologiens, sur-tout les théologiens ultramontains se plaignirent quelquefois de ses ouvrages, & exigèrent de lui de temps en temps, des explications ou des rétractations, mais tous les savans rendoient justice à son profond savoir. Mort en 1659.

4°. Etienne, ministre protestant, fut pourtant de l'Académie de Caen sa patrie ; mais la révocation de l'édit de Nantes l'obligea de se retirer en Hollande, & il fut professeur des langues orientales à Amsterdam. Il mourut en 1700. On a de lui une vie de Samuel Bochard, & des dissertations sur des sujets d'antiquité.

5°. Henri, fils du précédent, fut aussi ministre ; mais il se fit catholique, & fut de l'Académie des Belles-Lettres. On ne connoît guère de lui que les Mémoires qu'il a donnés dans le recueil de cette Académie. Mort en 1728.

6°. Louis, de l'Académie des Sciences, premier médecin de Mademoiselle de Guise, homme simple & studieux, qui ne connoissoit dans Paris, que des livres & des savans. Né au Mans en 1635. Mort en 1715. M. de Fontenelle a fait son éloge.

7°. Jean, né à Meung, près d'Orléans, en 1705, professeur de philosophie à Chartres, correspondant de l'Académie des Sciences. On a de lui le *Méchanisme universel*, & un *traité de l'Electricité*, qui fut attaqué par M. l'abbé Nollet, & défendu par son auteur. Mort à Chartres le 28 mars 1764.

8°. Simon ; celui-ci étoit fou & fut traité en criminel par des foux barbares, & ces foux & ces barbares étoient du temps de Louis XIV. Ce Simon *Morin* étoit un homme à-peu-près tel qu'Eon de l'Etoile, il se croyoit ou se disoit le Messie. Il prêchoit & écrivoit des folies ; il fut plusieurs fois enfermé ; il n'y avoit peut-peut-être pas grand mal à cela ; mais à peine l'étoit-il, qu'on avoit grand soin de le mettre en liberté, comme si on eût voulu qu'il prêchât & qu'il écrivît de nouveau. Sa vie n'est presque qu'une alternative continuelle de captivité & de liberté. Le parlement l'avoit enfin condamné à être enfermé aux petites maisons ; on pouvoit & on devoit s'en tenir là. On le relâcha encore, & il dogmatisa encore. Desmarêts de Saint Sorlin joua un indigne rôle dans cette affaire ; il feignit de se mettre au rang de ses prosélytes, pour lui arracher les secrets de sa doctrine, qui n'étoient pas fort secrets : cette doctrine étoit publique & manifeste, c'étoit l'extravagance d'un visionnaire. Desmarêts qui n'étoit pas mal visionnaire lui-même, (& c'est même la seule circonstance qui puisse l'excuser ici) alla dénoncer *Morin* comme hérétique. Sur cette dénonciation doublement infame, on court arrêter *Morin* ; on le trouve occupé à composer un écrit qui commençoit par ces mots : *le Fils de l'Homme au Roi de France*. Le procès étoit tout fait ; l'homme étoit fou, & il falloit ou souffrir ses folies, ou le remettre aux petites maisons, d'où on avoit eu grand tort de le tirer : on eut la cruauté de lui faire son procès-criminel dans toutes les règles de l'inquisition, & il fut condamné à être brûlé avec ses écrits ; ce qui fut impitoyablement exécuté le 14 mars

1663, étrange époque pour un si étrange fait, & qui prouve qu'il n'est peut-être pas encore tems de cesser d'écrire contre l'intolérance; car tant que la tolérance civile ne sera pas passée en loi générale, solemnelle & promulguée, on pourra toujours craindre de voir renaître de semblables horreurs; & remarquez que quand on parle de tolérance, les persécuteurs se taisent, mais qu'ils n'acquiescent à rien; ils se réservent pour des temps *plus heureux*. Nous lisons dans un livre moderne, estimable & utile, (le nouveau Dictionnaire historique) le trait suivant: « après qu'on eut fait à » Simon *Morin*, la lecture de son jugement, le premier » président de Lamoignon lui demanda s'il étoit écrit » quelque part que le nouveau Messie dût subir le » supplice du feu? ce misérable eut l'impudence de » répondre par ce verset du Pseaume 16: *igne me examinasti, & non est inventa in me iniquitas*.

Qu'il soit permis à l'auteur de l'histoire du premier président de Lamoignon d'espérer que ce grand magistrat n'a point démenti son doux & aimable caractère, au point de se permettre, dans une si horrible conjoncture, une dérision si atroce, & même il n'étoit point dans le cas, n'ayant jamais tenu au parlement que comme maître des requêtes d'abord, & ensuite comme premier président; il n'a jamais été à la Tournelle, & par conséquent, il n'a pas pu être des juges de *Morin*. Il n'auroit pu en être que si *Morin* eût été gentilhomme, & eût réclamé à ce titre, l'assemblée des chambres, c'est-à-dire, la réunion de la Grand' chambre & de la Tournelle; mais *Morin* étoit un homme du peuple, qui gagnoit sa vie à copier. M. de Lamoignon n'a donc ni fait ni pu faire l'abominable question qu'on lui attribue. Quant à *Morin*, s'il a fait à quelque autre la réponse qu'on lui impute, il n'étoit ni un *misérable* ni un *impudent*, mais un homme d'esprit, qui faisoit une application pleine de sens, trop ingénieuse seulement pour la circonstance, mais qui par là même annonçoit un grand sang-froid & un grand courage. S'il étoit vrai encore que *Morin* eût dit aux juges: *vous me condamnez dans ce monde, & je vous condamnerai dans l'autre*, ce n'est point *une pauvreté*, comme on le dit dans l'ouvrage dont nous parlons, c'est encore un propos d'un grand sens; en effet, cet arrêt les condamne dans la postérité, & seroit très-propre à les condamner dans une autre vie. Au reste, on rend le témoignage à ce malheureux, que dans les tourments, il ne cessoit de prononcer les noms de Jesus & de Marie, & d'implorer la miséricorde divine, puisqu'il n'étoit plus pour lui de miséricorde humaine.

MORINIENS, *morini*, (*Hist. anc.*) peuple de l'ancienne Gaule belgique, qui habitoit du tems des Romains, le pays de Clèves, de Juliers & de Gueldres. (*A. R.*)

MORINIÈRE, (Adrien-Claude Le Fort de la) *Voyez* FORT (le.)

MORION, armure de tête qui étoit autrefois en usage pour l'infanterie. (*A. R.*)

MORIONS, s. m. pl. (*Hist. anc.*) personnages bossus, boîteux, contrefaits, tête pointue à longues oreilles, & à physionomie ridicule, qu'on admettoit dans les festins, pour amuser les convives. Plus un *morion* étoit hideux, plus chérement il étoit acheté. Il y en a qui ont été payés jusqu'à 2000 sesterces. (*A.R.*)

MORISON, (Robert) (*Hist. Litt. mod.*) botaniste écossois célèbre. Dans les guerres civiles d'Angleterre & d'Ecosse, sous Charles Ier., il s'étoit montré bon royaliste, & avoit été blessé dangereusement à la tête, dans un combat contre les Presbytériens d'Ecosse, livré sur le pont d'Aberdeen sa patrie. Il vint en France, où le duc d'Orléans Gaston lui confia la direction du Jardin des Plantes, à Blois. Il vit & connut en France, le roi Charles II, qui, après son rétablissement, le fit venir à Londres, le prit pour son médecin, & le fit professeur royal de botanique. Il passe pour l'inventeur d'une méthode nouvelle d'expliquer cette science. Il mourut en 1683, il étoit né en 1620. On a de lui *Prœludium Botanicum*; *Hortus Blesensis*; la seconde & la troisième parties seulement de son *Histoire des Plantes*. La première est perdue, elle est remplacée par un traité intitulé: *Plantarum umbelliferarum distributio nova*.

MORISOT, (Claude-Barthélemi) (*Hist. Litt. mod.*) auteur d'un livre intitulé *Peruviana*, c'est l'histoire des démêlés du cardinal de Richelieu avec la reine-mère & le duc d'Orléans. On a encore de lui quelques autres ouvrages, entr'autres, contre les Jésuites. Né à Dijon en 1592. Mort aussi à Dijon en 1661.

MORNAC, (Antoine) (*Hist. Litt. mod.*) célèbre avocat au parlement de Paris. On a ses ouvrages de droit en 4 volumes *in-fol.* & ses vers en un volume *in-8°*. sous le titre de *Feriæ Forenses*, pour bien avertir qu'il ne se permettoit d'en faire que dans les vacances & à ses heures perdues. Mort en 1619.

MORNAY *ou* MORNAI, (*Hist. de Fr.*) ancienne & illustre famille déjà puissante dans le Berry & dans la Touraine dès le douzième siècle, & qui au commencement du quatorzième, a eu deux chanceliers de France, savoir:

1°. Pierre de *Mornay*, élu evêque d'Orléans en 1288, puis d'Auxerre en 1295. Mort en 1306.

2°. Etienne, clerc du roi, nommé chancelier au commencement de 1314, & qui le fut jusqu'en 1316. Il fut depuis président des comptes, & chargé d'ailleurs de diverses négociations importantes. Il mourut le 31 août 1332.

Guillaume, frère d'Etienne, étoit valet-de-chambre de Louis Hutin, Charles-le-Bel le fit chevalier le 17 juin 1322.

Le personnage le plus célèbre est ce Philippe de *Mornai*, seigneur du Plessis-Marli, qui joue un si beau rôle dans la Henriade, & qu'on appelloit le *pape des Huguenots*. C'étoit en effet de tous les seigneurs François attachés à ce parti, un des plus sages & des plus instruits. Il avoit été destiné à l'état eccléfiaftique ; & un oncle, assez riche bénéficier, lui destinoit ses bénéfices : il sacrifia sans balancer ces espérances à ce qui lui parut être la vérité :

Soutien trop vertueux du parti de l'erreur,

dit M. de Voltaire. Son livre contre l'Eucharistie lui donna une grande considération dans le parti. Il fut le sujet de la fameuse conférence de Fontainebleau en 1600, entre lui & Jacques Davy du Perron, alors évêque d'Evreux, depuis cardinal. S'il servit son parti de sa plume, il servit son roi de son épée, de ses négociations, de ses conseils. M. de Sully ne lui rend pas assez de justice dans ses mémoires; on voit qu'il y avoit entr'eux rivalité de crédit, soit auprès du prince, soit dans le parti ; d'autres suffrages lui sont plus favorables. Le fameux Hugues Grotius dans ses lettres, lui attribue le traité *de Monarchiâ*, publié sous le nom de Junius Brutus ; mais M. Bossuet dit qu'il n'en fut que l'éditeur. Lorsqu'en 1621, Louis XIII ralluma contre les Huguenots ces guerres que la modération de son père avoit éteintes, il crut devoir ôter à du Plessis *Mornai* le gouvernement de Saumur, que *Mornai* tenoit de l'amitié de Henri IV, & qu'il possédoit depuis 1590. Il mourut le 11 novembre 1623. Il étoit né le 5 novembre 1549.

Philippe de *Mornai*, son fils, fut tué le 23 octobre 1605, dans les Pays-Bas, à l'entreprise de Gueldres.

Dans la branche des marquis de Montchevreuil, Charles de *Mornai* eut cinq fils tués au service, savoir :

Philippe, chevalier de Malte, tué au passage du Rhin en 1672.

Charles-François & Marc, capitaines de cavalerie, tués en diverses occasions.

Gaston-Jean-Baptiste, comte de Montchevreuil, lieutenant-général des armées du roi, tué à la bataille de Nerwinde le 29 juillet 1693.

Henri, leur frère, marquis de Montchevreuil, fut gouverneur du château de S. Germain-en-Laye, ainsi que Léonor son fils.

René, frère de Léonor, ambassadeur en Portugal, abbé d'Orcamp, nommé à l'archevêché de Besançon, passoit par l'Espagne en revenant du Portugal, lorsqu'il fut aveuglé d'un coup de soleil ; il mourut aux eaux de Bagnères en 1721.

Dans la branche des seigneurs de Mesnil-Terribus & de Ponchon :

Charles de *Mornai* eut la jambe fracassée à la bataille de Rocroi en 1643.

Philippe, son frère, fut tué aussi dans un autre combat.

François, fils de Charles, mourut au service à Sar-Louis le 18 décembre 1719.

Henri, frère aîné de François, reçut au siége de Namur en 1692, un coup de mousquet dans la joue gauche, & la balle sortit derrière l'oreille droite ; cette blessure ne l'empêcha pas de se trouver l'année suivante à la bataille de Nerwinde, où il en reçut plusieurs autres.

Louis-François, leur frère, après avoir été trente ans capucin, fut nommé en 1713, coadjuteur de Quebec.

Dans la branche de Villarceaux :

Philippe, chevalier de Malte, fut tué en duel en 1624.

Pierre, seigneur de Villarceaux son frère, fut assassiné la même année.

Charles, marquis de Villarceaux, petit-fils de Pierre, fut tué à la bataille de Fleurus, le 19 juillet 1690.

MORON, (Jérôme) (*Hist. d'Ital.*) chancelier du Milanès, sous Maximilien & François Sforce. Lorsque François Ier. en 1515, tenoit le premier de ces princes assiégé dans le château de Milan, le connétable de Bourbon jugea, d'après les dispositions particulières dont il étoit informé, que la voie de la négociation seroit plus efficace & plus prompte que celle des armes ; il y employa Jean de Gonzague son oncle, favori de Sforce, il gagna par son moyen, Jérôme *Moron*, chancelier de Milan, l'ame du conseil de Sforce, homme adroit & ambitieux. Quelques historiens accusent ces deux hommes d'avoir deshonoré leur maître, en lui faisant signer une capitulation prématurée ; *Moron* fut conservé dans sa dignité de chancelier du Milanès, on lui promit de plus, une charge de maître des requêtes ; on lui manqua de parole, & il eut d'ailleurs à souffrir du gouvernement des de Foix, qui exerçoient l'autorité du roi dans le Milanès ; il se mit donc à intriguer avec succès auprès du pape, de l'empereur & de tous les souverains d'Italie, en faveur de François Sforce ; il fit pour lui des levées de troupes. Le maréchal de Foix, dur & sévère, & aliénant par-là tous les esprits, envoya au supplice tous ceux qu'il soupçonna de relations avec *Moron*, & il ne fit que fortifier le parti de Sforce & de *Moron*. Ce dernier servit contre la France en 1521, dans l'armée de Prosper Colonne & de Pescaire ; il s'opposa de tout son pouvoir à la levée du siége de Parme ; par la connoissance particulière qu'il avoit du pays, il facilita aux confédérés le passage de l'Adda, en leur indiquant un endroit mal gardé, où ils trouvèrent des bateaux cachés dans des roseaux, tandis que Lautrec, averti par François Ier de veiller sur l'Adda, & d'en disputer le passage aux confédérés, assûroit qu'il étoit impossible qu'ils tentassent seulement de le passer. Au commencement de 1522, le parti François s'étant fortifié, *Moron* ne perdit point courage ; il courut à Milan pour chercher de l'argent & pour achever de soulever tous les esprits en faveur du maître sous lequel il espéroit gouverner : il gagna un moine enthousiaste ou fourbe ; c'étoit un augustin, nommé André de Ferrare, qui lui prêta le secours de ses fureurs éloquentes En 1523, *Moron* fit assassiner à Milan, & pour des raisons qu'on ignore, mais à ce qu'on croit, pour avoir entretenu quelques intelligences avec les François, un Monsignorino Viscomti ; quelques mois après Boniface Viscomti, parent de Monsignorino, s'élança sur le duc Sforce pour l'assassiner ; il ne paroît pas cependant que ce fût pour venger Monsignorino. L'infatigable *Moron*, plus utile au duc de Milan que les plus habiles généraux, faisoit de plus en plus repentir les François de ne lui avoir pas tenu parole. En 1523, pendant la campagne de l'amiral de Bonnivet dans le Milanès, il empêcha Milan d'être surpris par ce général; il encourageoit & les bourgeois & les soldats, veilloit à l'approvisionnement de la place & à l'avancement des travaux; Milan étant bloqué, cent mille hommes manquèrent de pain pendant huit jours, non par défaut de bled, car ses soins y avoient pourvu, mais par défaut de farine, parce que tous les moulins étoient ruinés; il employa des moulins à bras, il redoubla de zèle & de travaux, il inspira aux habitans son esprit de ressource & sa constance; enfin il sauva Milan.

Après la bataille de Pavie, *Moron* vit avec douleur, la dépendance dans laquelle l'empereur retenoit Sforce. On nourrissoit l'armée impériale aux dépens du duc, on l'accabloit d'exactions, on n'avoit pas honte de vouloir lui vendre douze cents mille ducats une investiture que tant de ducs de Milan avoient jugée inutile; les généraux de l'empereur lui faisoient tous les jours quelque nouvel affront, sa liberté même n'étoit pas assurée. *Moron* partageoit ses alarmes & ressentoit ses injures; il comprit que les François trop abattus, n'étoient plus des ennemis redoutables pour Sforce, qu'ils pouvoient devenir pour lui des alliés utiles, & que c'étoit désormais à l'empereur qu'il falloit résister. Il forma d'après ces réflexions, un projet digne de son génie; il voulut rassembler dans une ligue contre l'empereur seul, la France, l'Angleterre, le pape, les Florentins, les Vénitiens & Pescaire lui-même, général de l'empereur, mais mécontent, qui devoit attirer au parti de la ligue tout ce qu'il pourroit entraîner de l'armée impériale, & faire égorger le reste. (Sur le succès qu'eut ce projet, & sur la manière dont Pescaire trahit *Moron*, *voyez* l'article PESCAIRE.) *Moron* mourut subitement au camp devant Florence en 1529.

Il eut un fils, (Jean *Moron*) cardinal, & qui eut des suffrages pour la papauté, entr'autres, celui de Saint-Charles Borromée. Il fut envoyé légat en diverses contrées, & il fut président du concile de Trente. Mort à Rome en 1525. On a de lui quelques Epîtres, Constitutions, &c. & autres ouvrages ecclésiastiques. Sa vie, beaucoup moins active que celle de son père, a été écrite par Jacobellus, évêque de Foligny.

MOROSINI, en latin *Maurocenus* (*Hist. mod.*) noble & ancienne maison qui a donné plusieurs doges à la république de Venise:

1°. Dominique, élu doge en 1148.

2°. Marin, élu en 1249. Ce fut lui qui soumit Padoue à la république.

3°. Michel, mort en 1381, quatre mois après son élection. Il soumit l'isle de Ténedos.

4°. François, le plus illustre de tous, quatre fois généralissime des armées vénitiennes contre les Turcs, se signala par les plus grandes & les plus belles actions; ce fut lui qui fit cette belle défense de Candie, à laquelle la France & diverses puissances de l'Europe contribuèrent. On compte que pendant le cours de ce siége, il soutint plus de cinquante assauts, livra plus de quarante combats sous terre, éventa près de cinq cents fois les mines des assiégeans. Il fut enfin forcé de capituler au bout de vingt-huit mois de siége, en 1669. Les Vénitiens avoient perdu à ce siége au moins trente mille hommes; les assiégeans cent vingt mille. Le grand-visir, qui assiégeoit Candie, avoit cherché à corrompre *Morosini*, en lui offrant, au nom du grand-seigneur, la principauté de la Valachie & de la Moldavie. *Morosini* n'avoit pas été plus accessible à l'ambition qu'à la crainte. Quelle fut sa récompense? Il fut arrêté à son retour à Venise, par ordre du sénat. Cette injustice servit à manifester non-seulement son innocence, mais sa vertu inflexible & inaltérable. La république, pour réparation, lui donna la charge de Procurateur de Saint-Marc. En 1677, il remporta sur les Turcs, une victoire près des Dardanelles, prit Corinthe, Athènes, presque toute la Grèce avec les isles voisines. Ce fut alors qu'on lui donna le titre de *Peloponésiaque*, comme les anciens Romains donnoient à leurs généraux, le surnom glorieux des conquêtes qu'ils avoient faites. Ses concitoyens lui érigèrent une statue avec cette inscription: *Francisco Mauroceno, Peloponesiaco, adhuc viventi*, laquelle a sans doute servi de modèle à l'inscription dont Vérone a orné la statue du marquis Maffei: *au marquis Scipion Maffei, vivant.* Cette dernière inscription mériteroit tous les éloges qu'elle a reçus, si elle n'étoit venue après celle de *Morosini*. Ce grand homme fut fait doge en 1688. Il fut généralissime pour la quatrième fois en 1693. Il étoit alors âgé de soixante & quinze ans, étant né en 1618; il n'en battit pas moins les Turcs, & à plusieurs reprises. Enfin la fatigue & les travaux l'ayant épuisé, il tomba malade, & mourut à Napoli de Romanie en 1694. On grava sur son tombeau la même inscription que sur sa statue, en retranchant les deux derniers mots, qui ne pouvoient plus avoir lieu, *adhuc viventi*, mais en conservant ce titre de Péloponésiaque, qui fait sa gloire.

Deux cardinaux du nom de *Morosini*, Pierre & Jean-François, ont été célèbres, l'un au quinzième siècle, l'autre au seizième. Au commencement du dix-septième, André *Morosini*, revêtu des principales charges de la république, continua l'histoire de Venise de Paruta, qu'il poussa jusqu'en 1615.

MORTMART. *Voyez* ROCHECHOUART.

MORTIMER *ou* MORTEMER, (Roger de) (*Hist. d'Anglet.*) Edouard II, roi d'Angleterre, avoit épousé Isabelle de France, fille de Philippe-le-Bel & sœur de Louis-le-Hutin, de Philippe-le-Long & de Charles-le-Bel. Edouard ne pouvoit se passer de mignons. (*Voyez* les articles GAVESTON & EDOUARD). Isabelle se permit des amans. On remarqua sur-tout parmi ceux-ci, Roger *de Mortemer*, d'une famille originaire de Normandie, le plus bel homme de l'Angleterre & le plus spirituel. Ce n'étoit assurément ni aux Spensers à être sévères, ni à Edouard à être jaloux; & les premiers auroient pu se contenter de gouverner le roi, sans persécuter la reine : ils s'empressèrent de faire savoir au monarque l'infidélité de sa femme. Edouard renonça dès-lors à la voir, & c'étoit apparemment ce qu'ils désiroient; mais craignant encore plus *Mortemer* qu'Isabelle, ils le firent mettre à la Tour de Londres; on le condamna deux fois à mort, on lui donna deux fois sa grace : on voulut le retenir toute sa vie en prison; il se sauva, & vint chercher un asyle en France. Isabelle y vint aussi, & y porta ses plaintes contre un mari injuste & des ministres insolens; mais quand on eut vu en France, de quoi il s'agissoit, & qu'une femme vouloit réduire les intérêts de deux nations aux intérêts d'un mignon & d'un amant, Charles-le-Bel, *ennemi de ces turpitudes*, dit Mézeray, n'y voulut prendre aucune part. Cependant Isabelle & *Mortemer* rentrent en Angleterre, arment contre Edouard & les Spensers, font périr les Spensers, enferment Edouard, le font déposer, s'emparent de l'autorité, malgré la précaution que le parlement avoit prise en déposant Edouard II, de nommer douze tuteurs pour gouverner sous Edouard III, fils d'Edouard II & d'Isabelle; ces usurpateurs d'un pouvoir qu'on n'avoit pas prétendu leur confier, commencent à inspirer la haine qu'ils méritoient. Les larmes hypocrites que l'impudente Isabelle affectoit de verser sur le sort de son mari, comme si ce sort n'eût pas dépendu d'elle, mais seulement de la nation, ces larmes ne pouvant en imposer, revoltèrent & firent verser des larmes véritables en faveur d'Edouard. Isabelle & *Mortemer* craignant les effets de cette pitié, comblèrent la mesure en faisant périr Edouard II, & même d'une mort cruelle. *Mortemer* avoit rendu à l'Angleterre l'insolence & les vices des Gaveston & des Spenser; sa tyrannie étoit devenue insupportable & au peuple & au roi; le peuple frémissoit de voir une femme meurtrière de son mari, règner scandaleusement avec son complice; le roi Edouard III s'indignoit des horreurs dont on souilloit les prémices de son règne. Isabelle & *Mortemer* voyoient l'exécration publique & la bravoient; ils s'imaginoient pouvoir tout, parce qu'ils osoient tout; ils croyoient couvrir des crimes atroces par des crimes adroits. Quand ils voulurent perdre le comte de Kent, qui les avoit trop bien servis, mais qui s'en repentoit, ils lui firent donner le faux avis que le roi Edouard II, son frère, dont il pleuroit la mort, étoit vivant; on lui dit qu'il ne pouvoit pas le voir, mais on l'assura qu'il pouvoit lui écrire, & l'on offrit de remettre ses lettres; le comte de Kent écrivit, il promit à son frère de ne rien négliger pour lui rendre la liberté & la couronne; C'étoit tout ce qu'on vouloit; la lettre portée à *Mortemer*, fut le crime pour lequel un parlement vendu, condamna au dernier supplice le frère d'Edouard II & l'oncle d'Edouard III. Sa confiscation fut donnée à un des fils de *Mortemer*, tant l'autorité avoit dépouillé toute pudeur! *Mortemer* fit arrêter pour la même cause, un autre prince du sang, dont il avoit reçu, aussi bien qu'Isabelle, les plus grands services, c'étoit le comte de Lancastre. Les Parlemens n'osoient plus résister à *Mortemer* : au mépris de toutes les loix, il entroit à main armée dans les assemblées, menaçant de la mort quiconque prétendroit résister. Présent à tout par les espions dont il entouroit le roi & les grands, il rendit le roi inaccessible & les grands suspects les uns aux autres. Quand le roi entreprit de le punir, il fallut qu'il cachât son projet comme on cache une conspiration; à peine put-il trouver des complices; il convoqua un parlement à Nottingham; il voulut se rendre le maître du château, mais Isabelle & *Mortemer* l'avoient prévenu; on lui permit à peine de s'y loger avec trois ou quatre domestiques : la reine avoit pris la précaution de faire changer les serrures, & tous les soirs on lui apportoit les clefs du château : le roi eut connoissance d'un passage souterrein, pratiqué autrefois pour donner au château une secrette issue, abandonné alors & bouché par des décombres. Ce passage qu'on appelle encore *la fosse de Mortemer*, communiquoit à l'appartement de ce favori; ce fut par là que les confidens du roi, introduits pendant la nuit, surprirent *Mortemer* tenant un conseil secret avec ses amis particuliers. Deux de ces derniers ayant tiré l'épée pour le défendre, furent massacrés à l'instant : la reine réveillée par le bruit & par son inquiétude, s'élance de son lit, vole au secours de son amant : *mon fils*, *mon fils*, crioit-elle, *épargnez le gentil Mortemer!* Elle le vit entraîner; *Mortemer* fut pendu, Isabelle enfermée, alors Edouard fut roi.

Observons seulement, en faveur de l'autorité toujours nécessaire des loix, que le parlement ayant condamné *Mortemer* sur la seule notoriété des faits, sans avoir entendu de témoins, sans avoir donné à l'accusé les moyens de se défendre, cet arrêt fut cassé environ vingt ans après, sur les représentations du fils de *Mortemer*, qui allégua l'irrégularité de la procédure.

Quant à Isabelle, quelques auteurs ont dit qu'on avoit avancé ses jours; l'opinion constante est qu'elle vécut vingt-huit ans dans sa prison. Froissard, auteur presque contemporain, dit qu'*elle y usa sa vie doucement; qu'on lui donna des chambrières pour la servir, dames pour lui tenir compagnie, chevaliers d'honneur pour la garder, belle revenue pour la suffisamment gouverner selon son noble état, & que le roi son fils la venoit voir deux ou trois fois l'an*; c'étoit tout ce qu'il lui devoit.

La maison de *Mortemer* joua dans la suite un rôle considérable, & eut des droits incontestables au trône après la mort de Richard II, fils du prince Noir, & petit-fils d'Edouard III. Le second des fils d'Edouard III, qui suivoit immédiatement le prince Noir, & qui précédoit les ducs de Lancastre & d'Yorck, auteurs des deux Roses, étoit le duc de Clarence. Celui-ci étoit mort avant son père, ne laissant d'Elisabeth de Burgh sa femme, qu'une fille, mariée à Edmond *Mortemer*, comte de la marche, d'une autre branche que Roger; ces *Mortemer*, trahis par le sort, ne régnerent point, mais leurs droits passèrent par mariage, à la branche d'Yorck, qui les fit valoir.

MORTON, (*Hist. d'Anglet. & d'Ecosse*) le comte de Murray frère naturel de Marie Stuart & son

son plus mortel ennemi, chef du parti protestant en Ecosse; le comte de *Morton* de la maison de Douglas, ami & confident de Murray, & le secrétaire d'état Maitland de Léthington formoient ce qu'on pourroit appeller le Triumvirat d'Ecosse, dont l'objet étoit de perdre Marie Stuart & de mettre sur le trône le comte de Murray, sous lequel les deux autres espéroient de régner. Ils avoient d'abord engagé la reine Elisabeth à faire enlever la reine d'Ecosse à son passage de France en Ecosse; c'étoient eux qui avoient fait assassiner David Riccio; (*voyez* RICCIO) c'étoient eux qui entretenoient par toute sorte d'artifices, la mésintelligence & la division entre Marie Stuart & Stuart Darnley son mari. La politique assez constante du Triumvirat, étoit de ne jamais s'exposer tout entier & de paroître même se diviser; quand l'un des trois prenoit les armes, les deux autres, ou l'un d'eux feignoit de s'attacher aux intérêts de la reine, & restoit auprès d'elle pour l'épier, la tromper & rendre compte de tout aux autres. La nuit du 9 au 10 février 1567, la maison où étoit logé Darnley saute en l'air par le jeu d'une mine, on retrouve le corps de ce prince à quelque distance de là, sous un arbre. Quels étoient les assassins? La voix publique accusa d'abord le comte de Bothwel. Le crédit de Murray & de *Morton* fit choisir les juges & les officiers qui devoient connoître de ce crime. Quand Bothwel parut devant ses juges, *Morton* prit sa défense, & voulut l'accompagner. Pendant qu'on instruisoit ou qu'on feignoit d'instruire le procès de Bothwel, Murray content de lui avoir fait donner des juges à son choix, voyageoit en Angleterre & en France, paroissant ne prendre part à rien, & supposant que la recherche qu'on alloit faire des assassins du roi ne pouvoit le regarder, ou en tout cas voulant détourner de lui les soupçons. Bothwel fut absous par la connivence de ses juges, par le crédit de ses complices, à la tête desquels étoit *Morton*; mais ceux-ci virent bien que le peuple n'avoit pas confirmé la sentence des juges, & que Bothwel étoit condamné par l'opinion publique. Ils engagèrent la noblesse à signer un acte de confédération, par lequel elle garantissoit l'innocence de Bothwel, prenoit sa défense contre ses accusateurs, & le proposoit à Marie avec instance comme un homme digne de recevoir la main de sa souveraine, comme un vieux serviteur de la reine d'Ecosse Marie de Lorraine sa mère, comme un appui nécessaire & dont elle ne pouvoit se passer dans un temps de factions & de crimes, où son précédent mari venoit de lui être enlevé par un attentat si hardi & si effrayant. Murray, avant son départ, affectant un faux zèle pour les intérêts de sa sœur, lui avoit aussi tenu le même langage; cependant on sentoit que la reine seroit retenue par la considération des soupçons dont Bothwel avoit été l'objet. C'est sur-tout à détruire ces soupçons que l'on s'attache. Les termes dans lesquels étoit conçu l'acte souscrit par la noblesse, avoient sur ce point une énergie qui ne permettoit aucun doute sur l'innocence de Bothwel. « pour la soutenir, disoit-on, » & pour assurer le mariage de Bothwel avec la » reine, nous sacrifierons nos fortunes & nos vies..... » si nous venions jamais à penser ou agir autrement, nous consentons à perdre pour toujours » notre réputation & à être regardés comme des » gens sans foi, comme des traîtres. » Cet acte étoit signé de *Morton* & de ses amis & de tous les gentilshommes qu'ils avoient pu séduire. Marie, en épousant malgré elle, ce vieux Bothwel, crut céder aux vœux de sa noblesse & se sacrifier au bien de l'etat; d'ailleurs effrayée pour elle-même de la violence qui lui avoit enlevé son mari, elle crut en effet avoir besoin d'un appui, & n'en pouvoir choisir un plus sûr que celui qui lui avoit été proposé par son frère & par la noblesse de son royaume; elle ne pouvoit croire Bothwel coupable; accusée elle-même par des libelles, la conscience qu'elle avoit de son innocence la disposoit à juger innocent, sur la foi de la noblesse du royaume, un ancien & zélé serviteur de sa maison. Elle se persuada même qu'on n'avoit accusé Bothwel qu'en haine de l'attachement qu'il lui avoit toujours montré, & de la confiance dont elle l'honoroit.

Morton avoit fait absoudre le comte de Bothwel, il avoit déterminé la reine à épouser ce Bothwel; à peine le mariage est-il célébré, tout change. *Morton* se déclare ennemi de Bothwel & de la reine; peu s'en faut qu'il ne les surprenne & ne les enlève dans leur palais même; il soulève cette même noblesse qu'il avoit séduite, & lui fait prendre les armes. Quel motif allègue-t-il de cette révolte contre sa souveraine? *c'est que par son mariage, aussi honteux que précipité, avec le comte de Bothwel, Marie fournit une preuve non équivoque qu'elle a participé à la mort du roi son époux.*

La vérité est que *Morton* avoit été complice de Bothwel dans l'assassinat du roi; ainsi, bien assuré que Bothwel étoit coupable, il le défend devant les juges, il le fait absoudre par ces juges vendus, il fait attester son innocence par la noblesse, il la fait attester devant la reine, il lui propose cet homme pour mari; & quand elle a bien voulu l'agréer sur la foi d'une innocence ainsi confirmée, c'est le moment que *Morton* attendoit pour accuser Bothwel du meurtre du roi, & la reine elle-même de complicité! cette complicité, il la fonde sur le mariage même qu'il a eu l'insolence & la perfidie de proposer!

Morton poursuit la reine & Bothwel; l'injustice triomphe, la reine tombe entre les mains des rebelles, elle s'en échappe, elle se sauve en Angleterre, où, contre tout droit, elle est retenue prisonnière. Quant à Bothwel, il eût été aussi aisé à prendre que la reine, mais Murray & *Morton* étoient trop habiles pour se charger de ce dangereux prisonnier qui, n'ayant plus rien à ménager, eût tout dit & tout prouvé: on le laissa échapper; on attendit qu'il eût gagné les Orcades, puis le Danemarck, alors on mit sa tête à prix pour lui fermer le retour. Murray est nommé régent d'Ecosse. Cependant Elisabeth, reine d'Angleterre, veut que sa prisonnière se justifie; on nomme des commissaires de part & d'autre; Murray, *Morton* & Léthington ont grand soin de se faire nommer à la tête des commissaires accusateurs de Marie ; ils veulent suivre tous les détails de cette affaire, quoiqu'ils n'aient rien à craindre, ayant pour juge Elisabeth leur alliée & l'ennemi de Marie.

Après la mort de Murray la régence d'Ecosse fut donnée au comte de Lennox, père du malheureux Darnley. Vengeur naturel de la mort de son fils, son premier soin fut d'envoyer en Danemarck, réclamer Bothwel ; cette ambassade donnoit de vives inquiétudes à *Morton* ; de concert avec Elisabeth, auprès de laquelle il étoit alors, il fit manquer la négociation, & Bothwel resta en Danemarck ; *Morton* intercepta les dépêches que le ministre écossois envoyoit au régent d'Ecosse : cependant la guerre civile continuoit en Ecosse entre le parti de la régence, qu'on appelloit le parti du jeune roi, & celui de la reine, c'est-à-dire, qu'on armoit le fils contre la mère ; Lennox étant tombé entre les mains du parti ennemi, fut massacré sans pitié, en vengance de cruautés pareilles qu'il avoit exercées contre les gens de ce parti qui étoient tombés entre ses mains, nommément contre l'archevêque de Saint-André, Hamilton, qu'il avoit fait pendre, & qui fut le premier exemple d'un évêque mort par la main du bourreau en Ecosse.

La régence fut donnée au comte de Marr, gouverneur du jeune prince, homme digne d'un parti plus juste ; il mourut en peu de jours, d'une maladie inconnue, dont il fut saisi en sortant de dîner chez le comte de *Morton*, qui voulut avoir sa place & qui l'eut (1572.)

Morton se signala par des violences plus grandes encore que celles de son ami Murray envers les partisans de Marie ; il se rendit odieux à la nation, qui le déposa ; après avoir passé quelque temps dans une retraite que ses amis même appelloient l'*Antre du Lion*, il rentra dans la régence à main armée, mais ce fut pour tomber de plus haut & dans un abîme plus profond.

Elisabeth avoit brouillé Marie avec le prince d'Ecosse son fils ; on parvint à brouiller à son tour Elisabeth avec le prince d'Ecosse ; ce fut l'ouvrage des Guises. Un des moyens qu'ils imaginèrent pour servir Marie Stuart, leur cousine, fut d'envoyer en Ecosse, Edme Stuart, baron d'Aubigny, neveu du feu comte de Lennox, & le plus proche parent du jeune prince, du côté paternel. Il s'associa un autre Stuart, fils du lord Ochiltrée. La faveur de Jacques fit le premier, duc de Lennox ; le second, comte d'Arran. Tous deux avoient de quoi plaire & de quoi séduire ; ils s'emparèrent de l'esprit du jeune prince, l'approchèrent de sa mère, l'éloignérent d'Elisabeth, l'irritèrent sur-tout contre *Morton*, qu'ils accusèrent devant le prince d'être un des meurtriers de son père ; *Morton* fut arrêté, on lui fit son procès ; la reine d'Angleterre en fut vivement alarmée, elle envoya coup sur coup, pour cette affaire, plusieurs ambassadeurs extraordinaires en Ecosse. Elle fit avertir le prince de se défier du duc de Lennox & du comte d'Arran, qui, disoit-elle, le trahissoient. Un de ses ministres plaida publiquement par son ordre, la cause de *Morton* devant le parlement d'Ecosse ; elle pria & menaça, elle voulut soulever en faveur de *Morton*, la noblesse écossoise. *Morton* s'étoit fait trop d'ennemis dans la noblesse même ; Elisabeth fit avancer des troupes sur la frontière ; on avoit tout prévu & pourvu à tout. *Morton*, convaincu & condamné, fut exécuté sans réclamation ; il fit au moment de son supplice, une déclaration qui fut rédigée ou écrite sous sa dictée, par des ecclésiastiques de ses amis, qui l'assistoient à la mort, & il résulte de cette déclaration :

1°. Qu'ayant su le complot de Bothwel, il ne l'avoit ni prévenu ni révélé ; qu'après l'exécution du crime, sachant Bothwel coupable, il l'avoit fait absoudre par des juges à sa bienséance, devant lesquels il l'avoit même accompagné ; qu'il l'avoit proposé & fait proposer par la noblesse, pour mari à la reine, & qu'il s'étoit servi ensuite de ce mariage pour prouver la complicité de la reine avec Bothwel, qu'il n'avoit accusé qu'après le mariage.

2°. Que croyant ou sachant Léthington coupable, il l'avoit fait reconnoitre par la même noblesse, *pour homme d'honneur & citoyen utile.*

3°. Qu'enfin, ayant su, avant la mort du roi, que son cousin Archibald Douglas étoit entré dans une conjuration ; & après la mort du roi, que ce même Archibald Douglas avoit aidé Bothwel dans l'exécution du crime, il en avoit fait son agent & sa créature, l'avoit élevé de l'emploi obscur de ministre à Glaskow, à la dignité de lord de la cour de justice ; qu'enfin il avoit fait sa fortune, comme pour le récompenser d'avoir assassiné le roi.

MORVILLIERS, (de) (*Hist. de Fr.*) Il y a eu un chancelier & un garde des sceaux de ce nom ; mais ils n'étoient pas, dit-on, de la même famille :

1°. Le chancelier, nommé Pierre, étoit fils de Philippe *de Morvilliers*, premier président du parlement de Paris, sous les règnes de Charles VI & de Charles VII, mort en 1438. Ils étoient d'une famille noble de Picardie. Pierre fut fait chancelier en 1461, la première année du règne de Louis XI. Ce prince l'envoya en 1464, auprès du duc de Bourgogne, Philippe-le-Bon ; il l'avoit envoyé auparavant auprès du duc de Bretagne, & voici à quelle occasion. Le comte de Charolois, (Charles-le-Téméraire) à qui le duc de Bourgogne son père, avoit confié le gouvernement des Pays-Bas, faisoit son séjour à Gorkon en Hollande, d'où il entretenoit une correspondance secrette avec le duc de Bretagne, par le moyen de Romillé, vice-chancelier de ce duc. Louis XI envoya son chancelier *Morvilliers*, homme violent, impétueux & hardi, défendre au duc de Bretagne de prendre le titre de duc par la grace de Dieu, de battre monnoie & de lever des tailles dans son duché. Le duc surpris, feignit de se soumettre, gagna du tems, & se ligua secrètement avec le comte de Charolois.

Le bâtard de Rubempré, déguisé en marchand, entra dans le port de Gorkon, à dessein d'enlever Romillé, l'ame & l'instrument de cette intrigue. Peut-être la commission de Rubempré s'étendoit-elle jusqu'à enlever le comte de Charolois lui-même, si l'occasion s'en présentoit, du moins le comte affecta de le croire & de le publier; Rubempré fut découvert & arrêté. Le roi envoya au duc de Bourgogne, qui étoit pour lors à Hesdin, une ambassade célèbre, à la tête de laquelle étoit *Morvilliers*, pour demander la liberté de Rubempré & une réparation éclatante des bruits injurieux, répandus par le comte de Charolois, au sujet de cette expédition. *Morvilliers* mit tant de hauteur dans ses plaintes & dans les reproches dont il accabla le comte de Charolois sur ses intelligences avec le Breton, qu'il aliéna les esprits plus que jamais, & fit partager au duc de Bourgogne le ressentiment de son fils contre le roi. Lorsque les ambassadeurs prirent congé du duc de Bourgogne, le comte de Charolois dit à l'archevêque de Narbonne, d'un ton ironique & fier: « recommandez-» moi très-humblement à la bonne grace du roi, & » lui dites qu'il m'a bien fait laver la tête par son » chancelier, mais qu'avant qu'il soit un an, il s'en » repentira ». Il lui tint parole, comme Louis XI le reconnut lui-même dans la suite, & l'aventure de Rubempré & les hauteurs de *Morvilliers*, furent une des principales causes de la guerre du bien public & de la bataille de Montlhéri. Le chancelier de *Morvilliers* mourut en 1476.

2°. Le garde des sceaux, nommé Jean, fils du procureur du roi de la ville de Blois, naquit en 1507, fut d'abord lieutenant-général de Bourges, doyen de la cathédrale de cette ville, puis conseiller au grand-conseil. Il fut envoyé en ambassade à Venise, & s'y conduisit bien; il eut l'évêché d'Orléans en 1552, & les sceaux en 1568. Il acquit de la réputation au concile de Trente. Le président Hénault, à l'année 1563, rapporte une lettre de lui du 3 mars, où la distinction des décrets concernant la doctrine, & des décrets concernant la discipline, est parfaitement établie, les premiers sont regardés *comme choses saines & bonnes, étant déterminées en concile général & légitime*; les autres comme dérogeant aux droits du roi & aux priviléges de l'église gallicane, ne pouvant être reçus ni exécutés. *Morvilliers* se démit de son évêché en 1563, il quitta aussi les sceaux & les reprit. Il les avoit eus la première fois, à la retraite du chancelier de l'Hôpital, auquel il étoit fâcheux de succéder. Il mourut à Tours en 1577.

MORUS, (Thomas) (*Hist. d'Anglet.*) chancelier d'Angleterre, savant, d'une vertu douce, d'un esprit gai, qui plaisanta jusques sur l'échafaud, où le barbare Henri VIII l'envoya, parce qu'il refusoit de reconnoître sa suprématie; il dit à un des assistans: *aidez-moi, je vous prie, à monter, il n'y a pas d'apparence que vous m'aidiez à descendre*, il rangea sa barbe sous la hache de l'exécuteur, en disant: *celle-ci n'a point commis de trahison.* Cet homme rare donnoit toujours à la vertu un caractère d'enjouement & de gaieté. Un gentilhomme anglois, qui avoit un procès à la chancellerie, lui envoya deux flacons d'or d'un travail recherché; Thomas *Morus* les fit remplir d'un vin exquis, & les remit au domestique du gentilhomme: » mon ami, lui dit-il, dites à votre maître, que si » mon vin lui paroît bon, il peut en envoyer chercher tant qu'il voudra.

Thomas *Morus* fut décapité en 1535. Sa femme le conjuroit d'obéir au roi, & de se conserver pour elle & pour ses enfans. Il avoit soixante-deux ans, étant né vers l'an 1473. *Combien d'années croyez-vous que je puisse vivre encore?* --- *Plus de vingt ans*, répondit-elle. --- *Et c'est à vingt ans de vie sur la terre que je sacrifierois l'éternité!* Marguerite *Morus* sa fille, digne d'un tel père, lui écrivit, dit-on, pour lui persuader aussi d'obéir au roi; mais elle avoit espéré que sa lettre seroit interceptée: elle le fut, & en conséquence, on lui accorda la permission qu'elle sollicitoit, d'aller consoler & servir son père dans la prison; alors elle loua son zèle & sa constance, lui promit de suivre son exemple, s'il en étoit besoin, & d'être, comme lui, fidelle à la religion, au péril de sa vie; elle racheta de l'exécuteur, la tête de son père, professa hautement l'orthodoxie en Angleterre, & chercha sa consolation dans la foi dont son père étoit mort martyr, & dans les lettres qu'il avoit cultivées avec gloire. On a de lui un dialogue, intitulé: *quod Mors pro fide fugienda non sit.* Ce principe régla sa conduite. Il écrivit contre Luther; on a encore de lui une histoire de Richard III & d'Edouard V; une version latine de trois dialogues de Lucien; des lettres; des épigrammes; son apologie de *l'Eloge de la Folie*, par Erasme, est célèbre; mais c'est sur-tout son *Utopie*, qui mérite d'être distinguée. Ce roman politique, souvent comparé à la république de Platon, peut être regardé comme un ouvrage de génie, sur-tout si l'on considère le temps où il a paru; la plupart des idées philosophiques & politiques, auxquelles on a su donner plus d'éclat dans la suite, se trouvent dans ce livre. Les réflexions du voyageur Raphaël Hythlodée, sur l'inconvénient des soldats & des domestiques trop nombreux; sur la peine de mort infligée aux voleurs; sur les moyens de prévenir le vol, pour n'avoir pas à le punir; sur les loix injustes en général, méritent l'attention des législateurs & des hommes d'état; & quant à la politique extérieure, aux intérêts des princes, toujours si mal connus par eux, à leurs conventions superflues, s'ils étoient justes; inutiles, s'ils sont injustes, on n'a rien dit de mieux depuis l'*Utopie*. L'auteur juge que la guerre, *bellum, rem planè belluinam*, doit être abandonnée aux bêtes carnacières, & que la gloire des conquêtes devroit tenir lieu d'infamie.

Les mêmes principes de bienfaisance & d'équité président en général aux usages & aux loix des Utopiens. Si jamais les chefs des nations s'occupoient du soin de réformer les sociétés politiques & de rapprocher le genre humain de la nature & du bonheur, ils auroient plus d'une idée utile à puiser dans ce livre, un des meilleurs certainement qu'ait produits le seizième siècle. Il a été traduit par Gueudeville.

MORUS, (Alexandre) (*Hist. Litt. mod.*) est le nom d'un ministre protestant, qui exerçoit son ministère à Charenton; il avoit enseigné la théologie & l'histoire en Hollande: il écrivit contre Milton, en faveur des Rois; son ouvrage a pour titre: *Alexandri*

Mori fides publica. Milton & Daillé l'ont fort maltraité dans leurs écrits. On a de lui des Sermons qui attirèrent la foule dans le temps; des traités de Controverses; des Harangues & des Poëmes latins, un entre autres, qu'il publia étant en Italie, au sujet d'un combat naval, gagné par les Vénitiens contre les Turcs. La république de Venise lui fit présent d'une chaîne d'or pour cet ouvrage. Alexandre *Morus* étoit françois, né à Castres en 1616, d'un père écossois; il mourut à Paris en 1670.

Il y a quelques autres savans, mais obscurs, du nom de *Morus.*

MOSCHUS, (*Hist. Litt. anc.*) poëte bucolique grec, étoit contemporain de Théocrite & de Bion. Il vivoit comme eux du temps de Ptolemée-Philadelphe, environ deux siècles ou un peu plus avant J. C.

Les poësies de Moschus & de Bion, qui sont ordinairement imprimées ensemble, sont pleines de goût & de délicatesse, & plaisent à ceux même qu'on accuse de ne pas assez sentir le mérite de la simplicité des anciens.

MOSCHUS est aussi le nom d'un pieux solitaire, prêtre de Jérusalem, connu par les voyages qu'il entreprit pour visiter les monastères d'Orient & de l'Egypte & par un ouvrage intitulé : *Le Pré Spirituel*, qui a été traduit par M. Arnauld d'Andilly. Ce Moschus, nommé Jean, vivoit, à ce qu'on croit, dans le 7e. siècle de l'ère chrétienne.

MOSHEIM, (Jean Laurent) *Hist. Litt. mod.*) célèbre prédicateur allemand, de l'ancienne famille des barons de Mosheim. On le regarde comme le *Bourdaloue de l'Allemagne.* Il n'étoit pas moins habile littérateur. On a de lui une Histoire Ecclésiastique sous ce titre : *Institutiones Historiæ Ecclesiasticæ*, une histoire du malheureux Michel Servet, des dissertations savantes sur divers objets littéraires. Il a traduit & commenté quelques ouvrages de Cudwoth. (*Voyez* cet article.) Il est mort vers le milieu du siècle présent, chancelier de l'université de Gottingue. Il étoit né à Lubeck en 1694.

MOSQUÉE, s. f. (*Hist. mod.*) parmi les Mahométans, c'est un temple destiné aux exercices de leur religion, ce mot vient du mot turc *meschit*, qui signifie proprement un temple fait de charpente, comme étoient ceux que construisirent d'abord les Mahométans; c'est delà que les Espagnols ont fait *meschita*, les Italiens *moscheta*, & les François & les Anglois *mosquée* & *mosques.* Borel le dérive du grec μοσχος, *vitulus*, à cause que dans l'alcoran il est beaucoup parlé de vache; d'autres le tirent, avec plus de raison, de *masgiad*, qui, en langue arabe, signifie *lieu d'adoration.*

Il y a des *mosquées* royales fondées par les empereurs, comme la Solimanie, la Muradie, *&c.* A Constantinople il y a des *mosquées* particulières fondées par des muphtis, des visirs, des bachas, *&c.*

Les *mosquées* royales ou *jamis*, bâties par les sultans; & qu'on appelle *selatyn*, d'un nom générique qui signifie *royal*, sont ordinairement accompagnées d'académies ou grandes écoles bâties dans leur enceinte ou dans leur voisinage; on y enseigne les loix & l'alcoran, & ceux qui sont préposés à ces académies se nomment *muderis*, & n'en sortent que pour remplir des places de mollaks ou de juges dans les provinces. Elles sont aussi accompagnées d'*imarets* ou hôpitaux pour recevoir les pauvres, les malades, les insensés. Les *mosquées* royales ont de grands revenus en fonds de terre, & les autres à proportion, selon la libéralité de leurs fondateurs.

On n'apperçoit dans les *mosquées* ni figures, ni images, parce que l'alcoran les défend expressément, mais plusieurs lampes suspendues, & plusieurs petits dômes soutenus de marbre ou de jaspe; elles sont quarrées & solidement bâties. A l'entrée est une grande cour plantée d'arbres touffus, au milieu de laquelle & souvent sous un vestibule est une fontaine avec plusieurs robinets & de petits bassins de marbre pour l'*abdet* ou ablution. Cette cour est environnée de cloîtres où aboutissent des chambres pour les imans & autres ministres de la religion, & même pour les étudians & les pauvres passans. Chaque *mosquée* a aussi ses minarets, d'où les muezins appellent le peuple à la priere. Quand les Musulmans s'y assemblent, avant que d'y entrer ils se lavent le visage, les mains & les pieds. Ils quittent leur chaussure & entrent ensuite avec modestie, saluent le mirob ou niche placé au fond de temple & tourné vers la Meque. Ils levent ensuite dévotement les yeux au ciel en se bouchant les oreilles avec les pouces, & s'inclinent profondément par respect pour le lieu d'oraison. Enfin ils se placent en silence, les hommes dans le bas de la *Mosquée*, les femmes dans les galeries d'en haut ou sous les portiques extérieurs; là ils sont tous à genoux sur un tapis ou sur la terre nue qu'ils baisent trois fois; de tems-en-tems ils s'asseient sur leurs talons, & tournent la tête à droite & à gauche pour saluer le prophète, ainsi que les bons & mauvais anges. L'iman fait à haute voix la prière que le peuple répete mot pour mot. Les dômes des *mosquées* & les minarets sont surmontés d'aiguilles qui portent un croissant : les Turcs ont changé en *mosquées* plusieurs églises. (*A. R.*)

MOTASSEM, (Hist. des Califes) Calife au neuvième siècle de l'ère chrétienne, cinquième de l'Hégire. Son histoire est d'une singularité qui paroît fabuleuse ou du moins très-exagérée; elle est toute comprise dans le surnom de *Huitainier*, qui lui fut donné parce que le nombre *huit* entre dans toutes les époques de sa vie. Il naquit le *huitième* mois de l'année, il fut le *huitième* Calife Abasside & en tout le *huitième* de sa race; il monta sur le trône l'an de l'Hégire quatre cent dix-*huit* &, si l'on veut, l'an de J. C. *huit* cent quarante. Il alla *huit* fois commander ses armées. Il regna *huit* ans, *huit* mois & *huit* jours. Il mourut âgé de quarante-*huit* ans. Il eut *huit* fils & *huit* filles. Il laissa dans l'épargne *huit* millions d'or & d'argent. On peut parier hardiment pour la fausseté de plus de la moitié de ces rapports.

MOTAZALITES, s. m. (*Hist. mod.*) C'est le nom des partisans d'une secte de la religion mahométane, dont la principale erreur est de croire que l'alcoran a été créé, & n'est point co-éternel à Dieu. Cette opinion, anatahématisée par l'alcoran même, & proscrite par les Sonnites, n'a pas laissé de trouver des partisans zélés, elle excita même des persécutions sous quelques-uns des califes abassides qui décidèrent que l'alcoran avoit été créé; enfin Motawakel permit à tous ses sujets de penser ce qu'ils voudroient sur la création ou l'éternité de cet ouvrage. Un docteur musulman trouva un milieu à la dispute, en disant que l'idée originaire du koran étoit réellement en Dieu; par conséquent qu'elle étoit co-essentielle & co-éternelle à lui, mais que les copies qui en ont été faites, étoient l'ouvrage des hommes.

MOTTE HOUDANCOURT, (Philippe de la) (*Hist. de Fr.*) maréchal de France sous Louis XIII & sous Louis XIV, est au nombre des meilleurs généraux du temps où il a vécu. Ce fut dans les guerres civiles contre les Huguenots qu'il se signala d'abord en 1622; puis au combat naval gagné contre eux par le duc de Montmorenci en 1625, à la prise de Privas en 1629. Il fut blessé au combat du pont de Carignan en 1630. Il se distingua encore à la bataille d'Avein en 1635, au combat de Keisinghen, où il commandoit l'infanterie françoise en 1637, à celui de Poligni en 1638, &, la même année encore, au combat où Savelli fut défait le 7 novembre. En 1639, il prit Quiers en Piémont & ravitailla Casal. En 1641, il fut obligé de lever le blocus de Tarragone, parce que l'archevêque de Bordeaux Sourdis avoit laissé passer les secours que les Espagnols portoient à cette place; mais ce ne fut pas sans avoir battu ces mêmes Espagnols le 10 Juin sous les murs de Tarragone. Il les battit encore en 1642 au combat de Vals, le 19 janvier, & à la bataille de Villefranche, le 31 mars, & dans un troisième combat, & prit Monçon le 16 juin. Il étoit alors maréchal de France; Le roi lui en avoit donné le bâton à Narbonne le 13 avril de la même année. Il lui donna en même temps le duché de Cardonne & la vice-royauté de Catalogne. Le maréchal de *la Mothe* gagna encore la bataille de Lérida le 7 Octobre. Jusques-là les succès du maréchal de *la Mothe* excitoient l'envie; mais en 1643 le roi d'Espagne reprit Monçon que *la Mothe* ne put secourir &, en 1644, dom Philippe de Selve battit le maréchal de *la Mothe* qui vouloit empêcher la prise de Lérida. Le roi d'Espagne prit cette place & Balaguier, & fit lever le siége de Tarragone au maréchal. Celui-ci fut rappellé & mis à Pierre-Encise. Sa disgrace venoit, dit-on, de ses liaisons avec le ministre Desnoyers, qui étoit alors en disgrace lui-même, parce qu'il n'avoit pas encore donné sa démission de la charge de secrétaire d'état de la guerre dans laquelle le Tellier étoit désigné pour le remplacer. Le Tellier fit entrer le cardinal Mazarin dans ses intérêts, & on fit le procès au maréchal de *la Mothe*; il fut traîné de tribunaux en tribunaux, jusqu'à ce qu'enfin pleinement justifié par le parlement de Grenoble, il sortit de Pierre-Encise en 1648. La vice-royauté de la Catalogne lui fut rendue en 1651. Il y força les lignes des ennemis devant Barcelone le 23 avril 1652, & ne rendit Barcelone, le treize octobre, qu'après 15 mois de siége. Il mourut le 24 mars 1657. La maréchale de *la Mothe Houdancourt*, sa femme, fut gouvernante des enfans de France, & la duchesse de Ventadour, leur fille, fut la gouvernante de Louis XV.

Il y a eu sous le règne de ce dernier prince, un autre maréchal de *la Mothe Houdancourt*, mort en 1755.

Le premier maréchal de *la Mothe Houdancourt* avoit eu un frère (Henri) évêque de Rennes, puis archevêque d'Auch.

Un autre, (Jérôme) évêque de Saint-Flour.

Un autre, abbé de l'ordre de Saint-Antoine.

Un autre, (Jacques) commandeur de l'ordre de Malthe.

Le comte de *la Mothe*, leur petit-neveu, fut tué à la défense d'Aire le 2 novembre 1710.

MOTHE LE VAYER, (François de la) *Hist. Litt. mod.*) fils d'un substitut du procureur-général du parlement de Paris, il exerça lui-même long-temps cette charge; mais son goût l'entraînoit vers les lettres & la philosophie. Il fut précepteur du duc d'Orléans, frère unique de Louis XIV, & avoit été proposé pour Louis XIV lui-même. Il vécut en sage & en solitaire à la cour. Il fut reçu à l'Académie Françoise en 1639. On lui a beaucoup reproché son scepticisme; on assure cependant qu'il ne l'étend pas aux objets de la révélation. Ses ouvrages ont été recueillis en deux volumes in-folio, en quatorze volumes in-8°, en 15 volumes in-12. Ils annoncent du jugement & du savoir. Son *Traité de la vertu des Payens* a été réfuté par M. Arnauld, dans son Traité de la nécessité de la foi. L'*Hexameron rustique* & les *Dialogues faits à l'imitation des Anciens*, sous le nom d'*Orasius Tubero*, sont de *la Mothe le Vayer*. Ils sont imprimés à part & ne se trouvent point dans le recueil de ses œuvres. La traduction de Florus, qui porte le nom de *la Mothe le Vayer*, est d'un fils unique de François, ami de Boileau & auquel ce poëte adresse sa quatrième Satyre. C'est l'abbé le Vayer.

> D'où vient, cher le Vayer, que l'homme le moins sage,
> Pense toujours avoir la sagesse en partage? &c.

Ce fils mourut en 1664, du vivant du père. On lui attribue le roman de Tarsis & Zélie. Le père ne mourut qu'en 1672. Il étoit né à Paris en 1588. On a donné l'*Esprit de la Mothe le Vayer*, in-12.

François de *la Mothe le Vayer* de Boutigny, maître des requêtes, mort intendant de Soissons en 1685, étoit de la même famille. On a de lui une *Dissertation sur l'autorité des Rois, en matière de régale*; elle avoit d'abord été imprimée sous le nom de M. Talon, avec ce titre: *Traité de l'autorité des Rois touchant l'administration de la justice*, & il y a du même M. le

Vayer de Boutigny, un *Traité de l'autorité des Rois*, *touchant l'âge nécessaire à la profession religieuse*.

MOTHE GUYON, (de la) *Voyez* GUYON.

MOTHE, (de la Mothe Fénelon) *Voyez* FÉNELON.

MOTIN, (Pierre) (*Hist. Litt. mod.*) poëte françois, né à Bourges, mort en 1615.

J'aime mieux Bergerac & sa burlesque audace
Que ces vers où Motin se morfond & nous glace,

Dit Boileau.

MOTTE, (Houdart de la) (*Hist. Litt. mod*) l'un des écrivains les plus ingénieux & les plus éclairés, l'un des meilleurs prosateurs françois: il eut aussi de la réputation en plus d'un genre comme poëte, quoiqu'il n'y ait de lui en poësie aucun ouvrage fini, & qu'on puisse regarder comme classique; mais qui pourroit ne pas aimer toujours *Inès de Castro*? Qui pourroit ne pas goûter ce transport passionné de dom Pèdre?

Ne désavouez point, Inès, que je vous aime,

Qui ne seroit attendri de ce mot pénétrant d'Inès?

Que me promettre hélas! de ma foible raison;
Moi qui ne puis sans trouble entendre votre nom?

Qui ne le seroit du discours d'Inès, au moment de l'arrivée des enfans?

On vous amène encor de nouvelles victimes;.....
Embrassez, mes enfans, ces genoux paternels....,
N'y voyez point mon sang, n'y voyez que le vôtre.

Racine & Voltaire se seroient applaudis de ce trait si heureux, de ce trait de génie;

Eloignez mes enfans; ils irritent mes peines,

M. de *la Mothe* n'a excellé dans aucun genre de poësie; mais il n'en est point où il n'offre de ces traits excellens qu'on aime à retrouver dans sa mémoire, & qu'on cite à tout propos, tels que ceux-ci;
Dans ses odes Pindariques;

Et présens à tout nous y sommes
Contemporains de tous les hommes
Et citoyens de tous les lieux.

En parlant de l'Histoire.

Les Nymphes de la double cime
Ne l'affranchirent de la rime
Qu'en faveur de la vérité.

En parlant du Télémaque.

Idolâtres tyrans des Rois.

En parlant des flatteurs; vers dur peut-être, mais fort de sens.

Et le crime seroit paisible,
Sans le remords incorruptible
Qui s'élève encor contre lui.

Mot dont M. de Fontenelle a si bien fait sentir tout le mérite.

Et craignons que notre imprudence,
En éternisant la vengeance,
N'en éternise les remords.

Dans les odes Anacréontiques:

Un soupir m'échappe, il s'éveille;
L'amour se réveille de rien.

Dans l'Epopée même:

Le muet parle au sourd, étonné de l'entendre!

Sur ce qui concerne l'imitation de l'Iliade, *voyez* l'article HOMÈRE & l'article LAMBERT (Madame la marquise de) & opposez le suffrage de cette dame, c'est-à-dire, le suffrage de l'amitié à la malignité de l'épigramme de Rousseau.

Le traducteur qui rima l'Iliade, &c.
Rendons-les courts, en ne les lisant point.

Combattez ces deux jugemens l'un par l'autre, & restez à distance égale de l'un & de l'autre, c'est là qu'est l'équité.

Dans les fables, que de traits à retenir & à citer!

Ne pouvant nous régir, nous avez-vous conquis?....
Et pourquoi donc, Seigneur, répondit la Matrone.
Leçon commence, exemple achève.....
L'ennui naquit un jour de l'uniformité....
La haîne veille & l'amitié s'endort.....
Il vaut mieux plaire que servir....
Parmi tous les oiseaux du monde
Ils se choisissoient tous les jours....
C'est providence de l'amour
Que coquette trouve un volage....
Parce qu'Alexandre s'ennuye
Il va mettre le monde aux fers....
Vous n'êtes que puissant encore,
Gouvernez bien, vous voilà roi....
Il perdit tout son temps à vaincre,
Et n'en eut pas pour gouverner....
Foiblesse & ruse est un bon lot
Qui vaut bien puissance & sottise.

Et une foule de traits semblables. C'est l'imitation de La Fontaine qui a perdu tous les auteurs de fables, & qui a égaré *la Motte* même. S'il eût consenti d'être lui, d'être *la Motte* & non pas La Fontaine, c'étoit un fabuliste philosophe, plein d'esprit & de raison; mais il a voulu, dans ses prologues & dans ses réflexions, badiner comme La Fontaine, & ces petites graces étrangères deviennent chez lui autant de grimaces, il ne s'est pas assez souvenu de la fable de La Fontaine;

Ne forçons point notre talent;
Nous ne ferions rien avec grace.

C'est dans le genre lyrique, dans l'opéra que M. de *la Motte* a eu le plus de succès; *Alcione*, *Issé*, *Scanderberg*, l'*Europe Galante*, le *Triomphe des Arts*, *Canente*, *le Carnaval & la Folie*, *Amadis de Grèce*, *Omphale* ont conservé de la reputation. Il nous semble cependant que sa poësie est sèche & froide, si on la compare à celle de Quinault, au prologue des Elémens, à l'acte de Vertumne & Pomone, enfin à ce qu'il y a de mieux après Quinault dans ce genre.

On a de *la Motte* aussi des comédies, & ces comédies ont du mérite; on joue toujours le Magnifique avec succès. Il eut part, dit-on, au *Port de Mer*, très-jolie pièce qu'on attribue communément au seul Boindin, & qui en effet n'est pas dans le recueil des œuvres de *la Motte*. Il avoit d'abord débuté par ce genre, & son début ne fut point heureux. Il avoit donné en 1693, à vingt & un ans, une comédie qui avoit pour titre: *Les Originaux ou l'Italien.* La douleur qu'il eut de sa chute, l'engagea pour quelque temps à quitter le monde & ce fut à la Trappe qu'il se retira, ce qui lui a valu cette grossière injure dans ces couplets plus grossiers encore que fameux, attribués à Rousseau:

Quel Houdar, le poëte Houdar,
Ce moine vomi de la Trappe,
Qui sera brûlé tôt ou tard,
Malgré le succès qui nous frappe.

Il faut bien aimer à parler de Grève & de supplices, il faut être bien familiarisé avec ces horreurs, pour en parler à M. de *la Motte*, l'homme le plus doux, le plus sage, le plus vertueux, le plus indulgent qui fut jamais. Justice & justesse, disoit M. de la Faye, voilà la devise de M. de *la Motte*. Il a reçu la justesse en talent, disoit encore le même M. de la Faye. Rousseau qui étoit jaloux de tous les talens, le fut des talens de M. de *la Motte*. Ils furent en concurrence pour l'Académie, *la Motte* l'emporta & devoit l'emporter auprès d'une compagnie qui exige, dans ses membres, la réunion des mœurs & des talens. M. d'Alembert trouve cependant que l'Académie fut injuste, en ne reconnoissant pas la prééminence des titres de Rousseau sur ceux de son rival. Il est vrai que Rousseau portoit dans l'ode une énergie, un éclat, un enthousiasme qui avoient été refusés à *la Motte*; mais, sans vouloir approuver ni blâmer ceux qui croiront pouvoir mettre en parallèle la philosophie de *la Motte* avec la poësie de Rousseau, le grand sens du premier, même dans l'ode, avec l'harmonie imposante, mais quelquefois un peu insignifiante du second, *la Motte* avoit pour lui ses succès en divers genres au théâtre, auxquels Rousseau n'avoit rien à opposer; *la Motte* avoit sa Prose la plus parfaite qu'on connût en françois, avant celle de M. de Voltaire, mérite auquel Rousseau n'avoit encore rien à opposer; *la Motte* avoit cette universalité des genres que M. de Voltaire a depuis poussée beaucoup plus loin. Rousseau étoit restreint à une sphère bien bornée, & quand *la Motte* lui en auroit abandonné l'empire & se seroit borné aux autres titres sur lesquels il n'y avoit point de concurrence entre lui & son rival, il auroit pu dire:

illâ se jactet in aulâ
Œolus, & clauso ventorum carcere regnet.

Ainsi, tout bien pesé, nous ne saurions trouver dans la préférence donnée à *la Motte* sur Rousseau, cette injustice qu'y trouve M d'Alembert.

M. de Fontenelle, qui disoit que sa gloire étoit de n'avoir pas été jaloux de M. de *la Motte*, parle dans l'éloge de son ami, d'églogues « qu'il renfermoit, dit-il, » peut-être par un principe d'amitié pour moi » En effet si nous n'avions pas les Eglogues de M. de Fontenelle, ce seroient celles de M. de *la Motte* qui en tiendroient la place; elles sont dans le même genre & du même ton, pleines d'esprit, de grace, de délicatesse, elles ne peignent pas plus les travaux ni les plaisirs champêtres que celles de Fontenelle; mais elles peignent aussi bien l'amour tranquille & heureux, le cœur doucement occupé d'une inclination naissante & sans trouble. L'idée en est presque toujours ingénieuse & philosophique. *Voyez* sur-tout la neuvième églogue, intitulée: *L'oiseau. Voyez* dans la douzième le combat de chant entre Ismène & Licidas, & toute la délicatesse de l'explication qu'ils ont ensuite.

Que d'esprit, je ne dis plus dans les grands morceaux de prose de M. *de la Motte*, je ne dis plus dans ces *réflexions sur la critique*, ouvrage excellent à tous égards & si agréable que l'auteur pourroit se passer d'avoir aussi souvent raison; mais, dans les moindres billets, dans cette correspondance de Sceaux, dans ces bagatelles, dans ces amusemens de société, qui sont comptés pour rien dans sa gloire littéraire!

M. de *la Motte* étoit né à Paris le 17 janvier 1672. Il fut reçu à l'Académie Françoise le 8 février 1710, à la place de Thomas Corneille. Il avoit dès-lors le malheur d'être aveugle, il tira un grand parti de cette conjoncture dans son discours de réception: « Ce » que l'âge, dit-il, avoit ravi à mon prédécesseur, » je l'ai perdu dès ma jeunesse..... Il faut l'avouer » cependant, cette privation dont je me plains, ne » sera plus pour moi un prétexte d'ignorance. Vous » m'avez rendu la vue, Messieurs, vous m'avez ouvert » tous les livres, en m'associant à votre compagnie... » Et puisque je puis vous entendre, je n'envie plus » le bonheur de ceux qui peuvent lire. »

On sait que M. de *la Motte*, se trouvant dans une foule, marcha sur le pied, sans le vouloir, à un jeune homme qui se trouvoit trop près de lui: celui-ci, dans son impatience brutale, lui donna un soufflet. *Monsieur*, lui dit M. de *la Motte*, *vous allez être bien fâché en apprenant que je suis aveugle.* Quelle leçon en effet!

Les opinions de M. de *la Motte*, au sujet de la prééminence de la prose sur les vers, & des modernes sur les anciens, ont servi de prétexte à l'envie pour accabler de satyres & d'épigrammes cet homme bon & sage qui jamais n'affligea volontairement l'amour-propre de personne.

On sait qu'indépendamment des talens qu'annoncent ses ouvrages, il en eut deux autres par lesquels il fut même célèbre : celui de les lire de la manière la plus séduisante, & celui de charmer par une conversation toujours attachante & toujours aimable. Ses principaux amis furent Mde. la duchesse du Maine, Mde. la marquise de Lambert, M. de Fontenelle, M. le marquis de Saint-Aulaire, M. de Sacy, M. de la Faye, &c. Il croyoit n'avoir point d'ennemis parmi les gens de lettres; « ce seroit un grand préjugé contre » vous, lui dit M. de Fontenelle, mais vous leur » faites trop d'honneur & vous vous en faites trop » peu.

» Il n'y a jamais eu, dit le même M. de Fontenelle, qu'une voix à l'égard de ses mœurs, de sa » probité, de sa droiture, de sa fidélité dans le commerce, de son attachement à ses devoirs; sur tous » ces points la louange a été sans restriction, peut-être » parce que ceux qui se piquent d'esprit, ne les ont » pas jugés assez importans & n'y ont pas pris beaucoup d'intérêt. »

Privé de l'usage des yeux, il ne se servoit que de ceux d'un neveu (M. le Fèvre) dont les soins constans & perpétuels pendant vingt-quatre années, qu'il a entièrement consacrées à son oncle, méritent, dit encore M. de Fontenelle, « l'estime &, en quelque » sorte, la reconnoissance de tous ceux qui aiment » les lettres, ou qui sont sensibles à l'agréable spectacle que donnent des devoirs d'amitié bien remplis ».

M. de *la Motte* mourut le 26 décembre 1731. Le P. Vanier l'a loué noblement dans ces vers latins;

Mottæus, fatis vivens agitatus iniquis,
Consurgit tumulo radians & funere major.
Non tulerat livor laudum genus omne metentem;
Ultima nunc post fata silet, palmisque poetam
Usque novis decorat mors, ultima meta, triumphis.

MOTTE, (de la Motte d'Orléans) *Voy.* ORLÉANS.

MOTTEVILLE, Françoise Bertaud, dame de) (*Hist. mod.*) elle étoit nièce du célèbre Bertaud, évêque de Séez, dont nous avons des poësies, & fille d'un gentilhomme ordinaire, elle étoit née en Normandie vers l'an 1615. Elle plut à la reine Anne d'Autriche & par conséquent elle déplut au cardinal de Richelieu qui la fit disgracier; alors elle se retira, ainsi que sa mère, en Normandie, où elle épousa Nicolas Langlois, seigneur de Motteville, premier président de la chambre des comptes de Rouen; elle resta veuve au bout de deux ans, & la reine Anne d'Autriche étant aussi devenue veuve & de plus régente du royaume, se ressouvint de Françoise Bertaud, & la rappella auprès d'elle. On connoît les Mémoires de Mde. de *Motteville* pour servir à l'histoire d'Anne d'Autriche. En général elle réussissoit beaucoup à la cour, & la reine d'Angleterre, veuve de charles I, l'avoit prise aussi en affection; elle survécut à ces deux princesses, la première (Anne d'Autriche) morte en 1666 : la seconde (la reine d'Angleterre) morte en 1669. Mde. de *Motteville* mourut à Paris en 1689. Elle avoit toujours été auprès de la reine Anne d'Autriche, en qualité de dame employée sur l'état de la maison de la reine, après la dame d'honneur & la dame d'atours. Un Mémoire historique touchant M[de] de Motteville, inséré dans le Journal des Savans du mois de mai 1724, pages 288 & 289, nous apprend qu'il y avoit alors plusieurs dames qui avoient ce titre, » ainsi qu'il est aisé de voir par les états de la France; » & même il y en avoit de fort qualifiées par leur » naissance ou par leurs maris; dans un état de la » France de 1648, il y a une liste de ces dames, » A la tête est M[de]. la maréchale de Vitry & autres » dames, du nombre desquelles est M[de]. la présidente » de *Motteville.* Dans un autre état de la France » de 1663 & de 1665 il y a encore une liste de » ces dames employées sur l'état de la maison de la » reine-mère. A la tête est M[de]. de Brégy, & après » elle M[de]. la présidente de *Motteville*, & ensuite » plusieurs autres parmi lesquelles est M[de]. la comtesse de la Suze. »

Madame de *Motteville* avoit un frère, François Bertaud, sieur de Fréauville, conseiller-clerc au parlement de Rouen; elle en parle dans ses Mémoires. Elle contribua beaucoup par ses conseils auprès de la reine d'Angleterre, à l'établissement du monastère de Ste Marie de Chaillot, & elle alloit y faire de fréquentes retraites, soit avec la reine d'Angleterre, soit seule, depuis la mort de cette reine. M[de] le Vayer, supérieure de ce couvent, a fait une espèce d'éloge historique de M[de]. de *Motteville*, inséré dans le Journal des Savans, à la suite du Mémoire Historique qui vient d'être cité.

MOUCHACHE, f. f. (*Hist. des drog.*) nom vulgaire d'une espèce d'amidon que l'on fait dans les Isles avec du suc de manioc bien desséché au soleil, où il devient blanc comme neige. Le suc récemment tiré du manioc, a un petit goût aigrelet, & est un vrai poison, qui perd néanmoins toutes ses mauvaises qualités, ou en vieillissant, ou par le feu; de sorte que les sauvages, après l'avoir gardé & desséché, en mettent sans aucun accident dans les sausses qu'ils font bouillir, & dans presque tous leurs gâteaux. (*D. J.*)

MOUCHI *ou* MONCHI, (Antoine de) (*Hist. Litt. mod.*) (*Voyez* DEMOCHARÈS.)

MOUFET, (Thomas) (*Hist. Litt. mod.*) médecin anglois, mort vers l'an 1600, connu par son *Theatrum Insectorum*, estimé des uns, décrié par les autres.

MOULIN, (du) Il y a de ce nom plusieurs personnages connus.

1°. Le plus célèbre est le jurisconsulte Charles Dumoulin. On a ses œuvres en cinq vol. *in-fol*; mais ce sont ses observations sur l'édit du roi henri II, contre les petites dates qui ont fait sa grande réputation. C'étoit alors une audace d'autant plus grande d'écrire contre les prétentions

&

& les abus de la cour de Rome, que c'étoit encourir le soupçon & souvent l'accusation d'hérésie ; le livre de *du Moulin* força le pape à des ménagemens pour la France, dont il s'étoit trop dispensé depuis quelque temps : aussi le connétable Anne de Montmorenci, présentant au roi & l'auteur & l'ouvrage, lui dit : *Sire, ce que Votre Majesté n'a pu faire avec trente mille hommes, de contraindre le pape à lui demander la paix, ce petit homme l'a fait avec un petit livre.* Mais le parti ultramontain ne le laissa pas jouir paisiblement de son triomphe : on le peignit comme protestant, on souleva contre lui les zélateurs catholiques, sa maison fut pillée, il fut obligé de se sauver en Allemagne, il fuyoit la persécution, il retrouva la persécution ; n'ayant pu cacher aux luthériens que l'opinion des Calvinistes lui paroissoit plus raisonnable que la leur, il fut puni de cette sincérité ; les Luthériens le retinrent pendant onze mois en prison. Après avoir mené ensuite une vie assez errante, il revint à Paris en 1557, les guerres de religion l'en chassèrent en 1562 ; il y rentra en 1564, & y retrouva encore la persécution, qui étoit par-tout dans ce temps ; il fut mis à la conciergerie pour des consultations au sujet du concile de Trente. Il y a bien là de quoi être mis à la conciergerie ! On assure qu'il mourut bon catholique en 1566. Il étoit l'oracle de la jurisprudence, & les jurisconsultes même l'appellent le Prince des jurisconsultes françois. On le consultoit de toutes les provinces du royaume ; on s'écartoit rarement de ses réponses dans les tribunaux tant civils qu'ecclésiastiques : c'étoient véritablement *responsa prudentis*. Ses décisions, dit Teissier, avoient plus d'autorité dans le palais que les arrêts du parlement. *Du Moulin* avoit cet orgueil grossier que les savans de son temps croyoient suffisamment autorisé par l'exemple de quelques anciens. Il se vantoit comme eux, il s'appelloit lui-même *le docteur de la France & de l'Allemagne*, & à la tête de ses consultations, au lieu de la formule : *le Conseil soussigné*, &c. il mettoit cette phrase : *Moi qui ne cède à personne, & à qui personne ne peut rien apprendre....* C'étoit bien gratuitement & bien ridiculement énoncer une chose impossible, car il est bien reconnu qu'il n'y a pas d'ignorant de qui le plus savant homme du monde ne puisse apprendre quelque chose.

S'il mourut catholique, sa famille fut protestante, & elle périt dans le massacre de la Saint-Barthélemi ; elle étoit noble & ancienne. Il se contenta toujours d'être simple avocat, & il avoit raison. Il avoit fait de cette profession le premier état du monde. On lui offrit une place de conseiller au parlement, il la refusa.

2°. Pierre *du Moulin*, célèbre ministre protestant, étoit aussi d'une noble & ancienne famille, qui avoit fourni dans le douzième siècle un grand-maître à l'ordre de Saint-Jean de Jérusalem : Pierre fut ministre à Charenton ; il fut le théologien de la duchesse de Bar, sœur de Henri IV ; il le fut ensuite du duc de Bouillon, & mourut ministre à Sedan en 1658. Il étoit né en 1568 au château de Buhny, dans le Vexin. Ses ouvrages qu'on ne lit plus, sont presque tous polémiques & satyriques contre l'église romaine, aussi bien que ceux de Pierre, de Louis & de Cyrus *du Moulin*, ses fils : le premier mort en 1684, chapelain du roi Charles II & chanoine de Cantorberi. Distinguons cependant parmi les œuvres de ce Pierre II, un ouvrage qui lui fait honneur & contre lequel Milton s'est déchaîné d'une manière qui ne lui en fait guères : c'est une défense de la mémoire & des droits de Charles I, sous ce titre : *Clamor regii sanguinis*, (*Voyez* l'article MILTON) Milton attribuoit mal-à-propos cet ouvrage à Alexandre Morus, (*Voyez* MORUS.)

MOULIN, (Gabriel du) (*Hist. Litt. mod.*) curé de Maneval, dans le diocèse de Lisieux, au dix-septième siècle, auteur d'une *Histoire Générale de Normandie sous les ducs*, & d'une *Histoire des Conquêtes des Normands dans les royaumes de Naples & de Sicile.*

MOULINET, (*Voyez* THUILERIES.)

MOULINS, (Guyard des) (*Hist. Litt. mod.*) doyen du chapitre d'Aire en Artois, à la fin du XIIIe siècle, est connu des savans & des curieux par sa traduction de l'abrégé de la Bible de Pierre Comestor, sous le titre de *Bible Historiaux.* On conserve un manuscrit de cette traduction dans la bibliothèque de Sorbonne ; elle a été imprimée à Paris en 1490.

Laurent *des Moulins*, prêtre & poëte françois du diocèse de Chartres, au commencement du seizième siècle, est auteur d'un poëme moral, intitulé : Le *Catholicon des mal-avisés*, ou le *Cimetière des malheureux.*

MOURET, (Jean-Joseph) (*Hist. mod.*) célèbre musicien françois, né en 1682 à Avignon, mort en 1738 à Charenton, appartient à l'histoire des Arts. Il mourut fou par une suite de pertes & de malheurs qui dérangèrent sa fortune.

MOURGUES, (Matthieu de) (*Hist. de Fr.*) sieur de Saint-Germain, ex-jésuite, prédicateur de Louis XIII, aumônier de Marie de Médicis sa mère, écrivain à gages du cardinal de Richelieu, tant que celui-ci fut uni d'intérêt & d'amitié avec la reine-mère ; quand le cardinal fut brouillé avec cette princesse, il maltraita *Mourgues*, qui se retira auprès de la reine, & ne revint en France qu'après la mort du cardinal ; il mourut aux Incurables en 1670, à quatre-vingt-huit ans. On a de lui *la Défense de la Reine-Mère*, & quelques autres écrits polémiques, & des Sermons.

On a d'un autre *Mourgues*, (Michel) jésuite, un *Traité de la Poësie Françoise*, & des *Elémens de Géométrie* ; un *Plan Théologique du Pithagorisme* ; un *Parallèle de la Morale Chrétienne avec celle des anciens Philosophes.* Mort en 1713, à soixante-dix ans.

MOUSSET, (Jean) (*Hist. Litt. mod.*) Le respect pour les anciens a quelquefois été poussé jusqu'à l'imitation la plus ridicule & la plus excessive ; on a pensé que les vers grecs & latins ayant été mesurés par des spondées, des dactyles & des trochées, c'étoit honorer la poësie françoise que de l'asservir à ces mêmes mesures ; cette folie a donné naissance à quelques odes en vers saphiques & adoniques. Voici une épigramme en vers hexamètres & pentamètres sur la naissance de l'Amour. L'idée n'en est pas absolument mauvaise, & méritoit d'être employée dans une mesure qui convînt à la langue, ou dans un langue qui convînt à la mesure :

Vénus grosse, voyant approcher son terme, demanda
 Aux trois Parques de quoi elle devoit accoucher ;
D'un tygre, dit Lachesis ; d'un roc Clothon ; Atropos,
 d'un feu.
 Et pour confirmer leur dire, naquit Amour.

On a traduit aussi des vers latins par des vers françois de même mesure :

Cæsare venturo, Phosphore, redde diem
César va revenir, Aube, ramene le jour.

On ne convient pas de l'inventeur de cette sottise. Pasquier l'attribue à Jodelle. Du Verdier, dans sa *Bibliothèque Françoise*, l'attribue à Baïf ; Nicolas Rapin s'en donne l'honneur dans une strophe saphique, que voici : elle est tirée d'une ode toute saphique, adressée à Scévole de Sainte-Marthe :

Sainte Marthe, enfin je me suis avancé
Sur le train des vieux, et premier commencé
Par nouveaux sentiers m'approchant de bien près
 Au mode des Grecs.

Mais le premier, si l'on en croit d'Aubigné, qui ait fait de ces vers françois mesurés à la manière des Grecs & des Latins, c'est Jean *Mousset*, qui donne lieu à cet article. S'il est vrai qu'il ait publié, dès l'an 1550, l'Iliade & l'Odyssée en vers françois de cette espèce, il seroit certainement antérieur dans ce genre d'escrime, à Jodelle, à Baïf & à Nicolas Rapin, dont les deux premiers étant nés en 1532, & le dernier étant mort en 1609, étoient trop jeunes en 1550, pour avoir devancé Jean *Mousset*.

On dit qu'un homme bien propre à faire réussir cette admission des mètres grecs & latins dans la poésie françoise, si elle étoit susceptible de succès, M. Turgot, avoit traduit en vers de ce genre, le quatrième livre de l'Enéide, & avoit envoyé son essai à M. de Voltaire, qui, ne l'ayant point approuvé, détermina l'auteur à supprimer l'essai, & à abandonner l'entreprise.

MOUSTACHE, s. f. (*Hist. mod.*) partie de la barbe qu'on laisse au-dessus des levres ; on dit qu'entre les motifs qu'on apporta pour refuser aux laïcs la communion sous les deux espèces, on fit valoir la raison contenue dans ce passage : *Quia barbati & qui prolixos habent granos, dum poculum inter epulas sumunt, prius liquore pilos inficiunt quam ori infundunt.*

Les orientaux portent en général de longues *moustaches* qui leur donnent un air martial & terrible à leurs ennemis. Parmi les Turcs il n'y a guère que les levantins ou soldats de marine qui se rasent les joues & le menton, les autres laissent croître leur barbe pour paroître plus respectables. La plus grande menace qu'on puisse leur faire est celle de la leur couper, ce qu'ils regardent comme le plus outrageant de tous les affronts. Le roi de Suède, Charles XII, en ayant menacé dans une occasion les janissaires qui lui servoient de garde à Bender, ils s'en tinrent très-offensés.

Il n'y a pas plus de cent ans que tout le monde portoit la *moustache* en France, même les ecclésiastiques, comme on le voit par les portraits des cardinaux de Richelieu & Mazarin ; on les a releguées parmi les troupes, où les soldats sont même libres d'en porter, & il n'y a guère parmi nous d'officiers qui en portent que ceux des housards : les Chinois & les Tartares les portent longues & pendantes comme faisoient autrefois les Sarrasins. (*A. R.*)

MOUVANS, (Paul Richieud, dit *le brave*) gentilhomme provençal, fameux capitaine protestant, se signala dans les guerres civiles & religieuses du seizième siècle. Son frère, protestant comme lui, ayant été tué à Draguignan dans une émeute populaire, excitée par des prêtres, il prit les armes pour le venger ; & étant devenu lui même l'objet des vengeances de la cour, il prit le parti de se retirer à Genève pour mettre sa vie en sûreté. Rentré en France les armes à la main, en 1562, après le massacre de Vassy, ayant rejetté toutes les offres que lui fit le duc de Guise pour l'attirer au parti Catholique, il alla s'enfermer à Sisteron, qu'il défendit contre les Catholiques : il y soutint un assaut de sept heures, où il repoussa les assiégeans avec sa valeur ordinaire ; mais il vit qu'il seroit impossible d'en soutenir un second, & alors il forma le projet d'une des belles expéditions qui se soient faites à la guerre. Ayant remarqué un passage que les ennemis avoient négligé de garder, il résolut de sortir par là de la ville pendant la nuit, & d'emmener avec lui non-seulement toute la garnison, mais encore tous ceux des habitans, de tout sexe & de tout âge, qui voudroient le suivre, & de les aller mettre en sûreté dans Grenoble. Cette marche fut également pénible & périlleuse ; mais la bonne conduite de *Mouvans* & ses sages précautions triomphèrent de tous les obstacles. Les vieillards, les femmes, les enfans, tout ce qui étoit sans défense, fut placé au centre de cette petite troupe. Des Arquebusiers étoient à la tête, à la queue & sur les cotés. Il y avoit par-tout des embûches dressées sur les routes, il falloit s'en détourner à tout moment, & traverser les défilés les plus étroits & les plus tortueux des montagnes, souvent même s'élever au sommet de ces montagnes, & diriger delà sa route à travers des lieux inhabités & presque inaccessibles. Ils se rafraîchirent quelques jours dans les vallées d'Angrone & de Pragelas, où les Vaudois les reçurent comme des amis persécutés aussi bien qu'eux, & leur fournirent des vivres dont ils avoient grand besoin ; ils continuèrent ensuite leur marche ; & enfin au bout de vingt-un à vingt-deux jours, ils arrivèrent à Grenoble, excédés de fatigue & presque consumés par la faim. *Mouvans* perdit la vie en 1568, au combat de Mésignac en

Perigord. On dit que se voyant vaincu pour la première fois, il se brisa la tête contre un arbre, de désespoir. C'est avec regret qu'on voit ce brave homme au nombre des assassins du brave Charri; mais tel étoit l'esprit du temps, on se croit tout permis dans les guerres de religion.

MOYSE *ou* MOISE, (*Hist. Sacrée*) législateur des Juifs. Son histoire est rapportée par lui-même fort en détail, dans les cinq premiers livres de la Bible, qui forment ce qu'on appelle le *Pentateuque*.

Il y a aussi de ce nom quelques solitaires, quelques martyrs, plusieurs rabbins, dont le plus célèbre est *Moyse* Maïmonide (*Voyez* MAIMONIDE) & aussi quelques imposteurs.

MUBAD *ou* MUGHBAD, (*Hist. anc.*) nom que l'on donnoit autrefois chez les anciens Perses au souverain pontife, ou chef des mages, sectateurs de la religion de Zerdusht ou Zoroastre. (*A. R.*)

MUDERIS, s. m. (*Hist. mod.*) nom que les Turcs donnent aux docteurs ou professeurs chargés d'enseigner à la jeunesse les dogmes de l'alcoran & les loix du pays, dans les écoles ou académies jointes aux jamis ou mosquées royales. Quelques-uns de ces *muderis* ont de fort gros appointemens, comme de 300 aspres par jour, ce qui revient à 7 liv. 10. de notre monnoie; d'autres en ont de plus modiques, par exemple de 70 aspres, ou 36 s. par jour, selon les fonds plus ou moins considérables que les sultans ont laissés pour l'entretien de ces écoles publiques. (*A. R.*)

MUETS, (*Hist. mod. turque*). Les sultans ont dans leurs palais deux sortes de gens qui servent à les divertir, savoir les *muets* & les nains; c'est, dit M. de Tournefort, une espèce singulière d'animaux raisonnables que les *muets* du serrail. Pour ne pas troubler le repos du prince, ils ont inventé entr'eux une langue dont les caracteres ne s'expriment que par des signes; & ces figures sont aussi intelligibles la nuit que le jour, par l'attouchement de certaines parties de leur corps. Cette langue est si bien reçue dans le serrail, que ceux qui veulent faire leur cour & qui sont auprès du prince, l'apprennent avec grand soin: car ce seroit manquer au respect qui lui est dû que de se parler à l'oreille en sa présence. (*D. J.*)

MUEZIN, s. m. (*Hist. turque*). On appelle *muézin* en Turquie l'homme qui par sa fonction doit monter sur le haut de la mosquée, & convoquer les Mahométans à la priere. Il crie à haute voix que Dieu est grand, qu'il n'y a point d'autre Dieu que lui, & que chacun vienne songer à son salut. C'est l'explication de son discours de cloche; car dans les états du grand seigneur il n'y a point d'autre cloche pour les Musulmans. Ainsi les Turcs, pour se moquer du vain babil des Grecs, leur disent quelquefois, *nous avons même des cloches qui pourroient vous apprendre à parler*. Le petit peuple de Sétine (l'ancienne Athènes) ne regle les intervalles de la journée que par les cris que font les *muézins* sur les minarets, au point du jour, à midi, & à six heures du soir. (*D. J.*)

MUET, (Pierre le) (*Hist. Litt. mod.*) architecte. C'est lui qui a fini l'Eglise du Val-de-Grace. L'hôtel de Luynes & l'hôtel de Beauvilliers sont aussi de lui. Il a écrit sur son art, sur les ordres d'architecture, sur la maniere de bien bâtir. Né à Dijon en 1591. Mort à Paris en 1669.

MUGNOS, (Gilles) (*Hist. Ecclés.*) chanoine de Barcelone, savant canoniste, fut antipape sous le nom de Clément VIII. (*Voyez* l'article CLÉMENT VIII.) après la mort de l'antipape Benoit XIII, en 1424; mais, par sa soumission volontaire au pape Martin V, en 1429, il eut la gloire de mettre fin au grand schisme d'Occident, qui duroit depuis l'an 1378.

Dans le siècle dernier, un Philadelphe *Mugnos* fit imprimer à Palerme en italien, depuis 1647 jusqu'en 1670, un *Théâtre généalogique des familles nobles de Sicile*.

MUHZURI, (*Hist. Turq.*) nom d'une soldatesque turque, dont la fonction est de monter la garde au palais du grand-visir, & d'y amener les criminels. Il y a un corps tiré d'entr'eux qui est affecté pour l'exécution des malfaiteurs. On les appelle *falangaji*, du mot *falanga*, instrument dont ils se servent pour couper la tête. Cantemir, *Hist. Ottomane*. (*A. R.*)

MUIS, (Siméon de) (*Hist. Litt. mod.*) professeur en hébreu au Collège Royal, grand hébraïsant, a eu sur l'authenticité du texte hébreu, des contestations assez vives avec le P. Morin de l'Oratoire. (*Voyez* l'article MORIN.) (Jean) mort en 1644, chanoine & archidiacre des Soissons. Il a écrit aussi sur quelques livres de la Bible.

MULATRE, s. m. & f. (*Terme de voyageur*) en latin *hybris* pour le mâle, *hybryda* pour la femelle, terme dérivé de *mulet*, animal engendré de deux différentes espèces. Les Espagnols donnent aux Indes le nom de *mulata* à un fils ou fille nés d'un negre & d'une indienne, ou d'un indien & d'une négresse. A l'égard de ceux qui sont nés d'un indien & d'une espagnole, ou au contraire, & semblablement en Portugal, à l'égard de ceux qui sont nés d'un indien & d'une portugaise, ou au rebours, ils leur donnent ordinairement le nom de *métis*, & nomment *jambos* ceux qui sont nés d'un sauvage & d'une métive: ils different tous en couleur & en poil. Les Espagnols appellent aussi *mulata*, les enfans nés d'un maure & d'une espagnole, ou d'un espagnol & d'une mauresse.

Dans les îles Françoises, *mulâtre* veut dire un enfant né d'une mère noire & d'un père blanc; ou d'un père noir & d'une mère blanche. Ce dernier cas est rare, le premier très-commun par le libertinage des blancs avec les négresses. Louis XIV, pour arrêter ce désordre, fit une loi qui condamne à une amende de deux mille livres de sucre celui qui sera convaincu d'être le père d'un *mulâtre*; ordonne en outre, que si c'est un maître qui ait débauché son esclave, & qui en ait un enfant, la négresse & l'enfant seront confisqués au profit de l'hôpital des freres de la Charité, sans pouvoir jamais être rachetés, sous quelque prétexte que ce soit. Cette loi avoit bien des défauts : le principal est, qu'en cherchant à remédier au scandale, elle ouvroit la porte à toutes sortes de crimes, & en particulier à celui des fréquens avortemens. Le maître, pour éviter de perdre tout-à-la-fois son enfant & sa négresse, en donnoit lui-même le conseil; & la mère tremblante de devenir esclave perpétuelle, l'exécutoit au péril de sa vie. (*D. J.*)

Il eût sans doute été à souhaiter pour les bonnes mœurs & pour la population des blancs dans les colonies, que les Européens n'eussent jamais senti que de l'indifférence pour les Négresses; mais il étoit moralement impossible que le contraire n'arrivât : car les yeux se sont assez promptement à une différence de couleur qui se présente sans cesse, & les jeunes Négresses sont presque toutes bien faites, faciles & peu intéressées. On ne peut cependant s'empêcher de convenir que de ce désordre il ne soit résulté quelques avantages réels pour nos colonies. 1°. Les affranchissemens de *mulâtres* ont considérablement augmenté le nombre des libres, & cette classe de libres est, sans contredit, en tout tems, le plus sûr appui des blancs contre la rébellion des esclaves : ils en ont eux-mêmes; & pour peu qu'ils soient aisés, ils affectent avec les Negres la supériorité des blancs, à quoi il leur faudroit renoncer si les esclaves secouoient le joug; & en tems de guerre, les *mulâtres* sont une bonne milice à employer à la défense des côtes, parce que ce sont presque tous des hommes robustes & plus propres que les Européens, à soutenir les fatigues du climat. 2°. La consommation qu'ils font des marchandises de France, en quoi ils emploient tout le profit de leur travail, est une des principales ressources du commerce des colonies. (*A. A.*)

MULLER, (Jean) (*Voyez* MONTREAL & REGIOMONTAN.)

MULLER, (André) (*Hist. Litt. mod.*) allemand très-versé dans la connoissance des langues orientales & de la littérature chinoise. Il avoit promis une *clef* de la langue chinoise, dont il se promettoit des effets surprenans pour faciliter l'étude de cette langue, mais il brûla cet ouvrage dans un accès de folie. Appellé par Walton en Angleterre, pour travailler à sa Polyglotte, il travailloit avec tant d'ardeur qu'on raconte qu'à l'entrée solemnelle de Charles II, à Londres, entrée qui non-seulement par la pompe du spectacle, mais par l'intérêt de la révolution, attiroit tous les regards, il ne daigna pas se lever pour aller à la fenêtre, sous laquelle passoient le roi & son cortége. Le trait paroît si fort, qu'on a peine à croire qu'il n'y entrât point d'affectation. Cependant on trouve des traits d'application presque aussi forts dans l'histoire de quelques savans. *Voyez* les articles BUDÉE & MOREL. *Muller* mourut en 1694. On a de lui plusieurs ouvrages d'érudition.

On a aussi de quelques autres *Muller* des ouvrages dans divers genres, entr'autres, de Henri *Muller* de Lubeck, mort en 1671, une *histoire de Berenger* en latin; de Jean-Sebastien *Muller*, sécretaire du duc de Saxe-Weymar, mort en 1708, *les annales* de la maison de Saxe, depuis 1300 jusqu'en 1700, en allemand.

MULLEUS, s. m. (*Hist. anc.*) chaussure que portoient les rois d'Albe. Romulus la prit; les rois ses successeurs s'en servirent aussi. Elle fut à l'usage des curules dans les jours solemnels. Jules-César porta le *mulleus*. Il étoit de cuir rouge. Il couvroit le pied & la moitié de la jambe; le bout en étoit recourbé en dessus, ce qui le fit appeller aussi *calceus uncinatus*. Les empereurs grecs y firent broder l'aigle en or & en perles. Les femmes prirent le *mulleus*, les courtisannes se chausserent aussi de la même manière. (*A. R.*)

MULTONES AURI, (*Hist. mod.*) étoient autrefois des pièces d'or avec la figure d'un mouton ou agneau (peut-être de l'*Agnus Dei*), dont la monnoie portoit le nom. *Multo* signifioit alors un *mouton*, de même que *muto* & *multo*, d'où vient l'anglois *mutton*. Cette monnoie étoit plus commune en France; cependant il paroît qu'elle a aussi eu cours en Angleterre. (*A. R.*)

MUMBO-JUMBO, (*Hist. mod. superstition*) espèce de fantôme dont les Mandingos, peuple vagabond de l'intérieur de l'Afrique, se servent pour tenir leurs femmes dans la soumission. C'est une idole fort grande. On leur persuade, ou elles affectent de croire qu'elle veille sans cesse sur leurs actions. Le mari va quelquefois, pendant l'obscurité de la nuit, faire un bruit lugubre derriere l'idole, & il persuade à sa femme que c'est le dieu qui s'est fait entendre. Lorsque les femmes paroissent bien persuadées des vertus que leurs maris attribuent à leur *mumbo-jumbo*, on leur accorde plus de liberté, & l'on assure qu'elles savent mettre à profit les momens où elles demeurent sous l'inspection de l'idole. Cependant on prétend qu'il se trouve des femmes assez simples pour craindre réellement les regards de ce fantôme incommode; alors elles cherchent à le gagner par les présens, afin qu'il ne s'oppose point à leurs plaisirs. Des voyageurs nous apprennent qu'en 1727, le roi de Jagra eut la foiblesse de réveler à une de ses femmes tout le secret de *mumbo-jumbo* : celle-ci communiqua sa découverte à plusieurs de ses compagnes : elle se répandit en peu de tems; & parvint jusqu'aux seigneurs du pays : ceux-ci prenant le ton d'autorité que donnent les intérêts de la religion, citèrent le foible monarque à comparoître devant le *mumbo-jumbo* : ce dieu lui fit une reprimande sévere, & lui ordonna de faire venir toutes les femmes : on les massacra sur le champ; par-là l'on étouffa un secret que les maris avoient tant d'intérêt à cacher, & qu'ils s'étoient engagés par serment de ne jamais reveler. (*A. R.*)

MUMMIUS, (Lucius) (*Hist. Rom.*) c'est ce fameux consul Romain qui soumit l'Achaïe, prit & brûla Corinthe, l'an 146. avant J. C. Il fit transporter à Rome ces magnifiques statues, ces beaux monumens des arts dont Corinthe étoit ornée, & il étoit d'une ignorance si grossière dans ce genre, qu'en recommandant aux voituriers d'avoir grand soin de ces statues, il les avertit que si elles étoient brisées ou gâtées, ils seroient obligés d'en rendre d'autres, n'imaginant aucune différence entre une statue & une statue, & croyant que les chefs-d'œuvre se remplaçoient: *Mummius tam rudis fuit, ut captâ Corintho, cùm maximorum artificum perfectas manibus tabulas ac statuas in Italiam portandas locaret, juberet prædici conducentibus, si eas perdidissent, novas eos reddituros:* Velléius Paterculus regrette cette ignorance des arts & la croit bien plus favorable à l'honneur romain & aux mœurs publiques, que cette connoissance raffinée qui lui a succédé, cette recherche, cet amour des commodités, ce goût du luxe, cette mollesse que les arts amènent à leur suite. *Non tamen puto dubites quin magis pro republicâ fuerit, manere adhuc rudem Corinthiorum intellectum, quàm in tantùm ea intelligi; & quin hâc prudentiâ illâ imprudentia decori publico fuerit convenientior.* Mummius mourut exilé à Delos.

MUMMOL, (Ennius) (*Hist. de Fr.*) Le patrice *Mummol* se fait remarquer parmi les barbares de la première race par des succès qui semblent supposer des talens; il paroît que ce titre de patrice désigne en lui un général d'armée; il étoit en effet général des armées de Gontran, roi d'Orléans & de Bourgogne. Les Lombards à peine établis en Italie, ayant fait une descente dans le Dauphiné, qui étoit du partage du roi Gontran, y remportèrent d'abord une victoire, bientôt expiée (en 569), par trois grandes défaites, qui leur apprirent à respecter le nom françois & à trembler au seul nom du patrice *Mummol*. Gontran ayant pris la protection du jeune Childebert, roi d'Austrasie, son neveu, fils de Sigebert & de Brunehaut, contre Chilpéric & Frédégonde, *Mummol* défait Didier, général de Chilpéric (en 576 & 577) & recouvre les provinces de Touraine & de Poitou, que Chilpéric avoit distraites par violence du partage de Sigebert & de Childebert. Il paroît que *Mummol*, peut-être mécontent de son maître, entra dans l'intrigue de l'aventurier Gondebaud, (*voyez* l'art. GONDEBAUD) qui se disoit fils de Clotaire I & que Gontran disoit fils d'un homme qui avoit été meûnier & cardeur de laine. Quelques séditieux l'avoient élevé sur le pavois à Brive-la-Gaillarde; Frédégonde & Brunehaut, désirant également de secouer le joug de Gontran qui, en qualité de beau frère, de modérateur & d'arbitre, réprimoit leurs fureurs & tenoit la balance entre elles, firent des avances à Gondebaud & conspirèrent avec lui contre Gontran; *Mummol*, que Gontran eût envoyé contre Gondebaud, ayant pris le parti de ce dernier, Gontran envoya contre eux un autre général, nommé Leudegisile avec une puissante armée; les factieux furent enfermés dans Comminges; Gondebaud fut tué ou livré par ceux mêmes qui l'avoient fait roi, *Mummol* se fit tuer les armes à la main en 585.

MUNASCHIS *ou* MUNASCILES, s. m. pl. (*Hist. mod.*) secte de Mahométans qui suivent l'opinion de Pythagore sur la métempsycose ou transmigration des ames d'un corps dans un autre. En prétendant néanmoins qu'elles passeront dans le corps d'animaux avec lesquels on aura eu le plus d'analogie de caractère ou d'inclinations, celle d'un guerrier par exemple, dans le corps d'un lion, & ainsi des autres; & qu'après avoir ainsi roulé de corps en corps pendant l'espace de 3365 ans, elles rentreront plus pures que jamais dans des corps humains. Cette secte a autant de partisans au Caire qu'elle en a peu à Constantinople. Son nom vient de *munachat*, qui, en arabe, signifie *métempsycose*, qu'on exprime encore dans la même langue par le mot *altenasoch*, qui a aussi fait donner le nom d'*Altenasochites* à ceux qui sont infatués de cette opinion. Ricaut *de l'Empir. ottom.* (*A. R.*)

MUNCER, (Thomas) (*Hist. Eccl.*) disciple de Luther, mais désavoué par Luther & chef de la secte particulière des Anabaptistes, étoit un des ministres fanatiques des paysans d'Allemagne, révoltés contre leurs seigneurs en 1525. Ces paysans, s'étant armés, parcoururent la Suabe, le Virtemberg, la Franconie, l'Alsace, une partie des bords du Rhin, marquant par-tout leur route par le sang & par la flamme. La comtesse de Helfestein, fille naturelle de l'empereur Maximilien & tante de Charles Quint, se jettant à leurs pieds toute en larmes, pour obtenir la vie de son mari, tombé entre leurs mains, & leur présentant, pour les émouvoir, son fils au berceau, qu'elle portoit dans ses bras, ils firent passer son mari par les piques à sa vue.

Mais ces furieux savoient massacrer, & ne savoient point combattre; la noblesse s'étant rassemblée, les assomma en cent lieux comme de vils troupeaux; quinze ou vingt mille de ces brigands voulurent se jetter sur la Lorraine & pénétrer dans la France accablée alors par la défaite de Pavie & la captivité du roi. Le duc de Lorraine & le comte de Guise, (Claude) allant à leur rencontre jusqu'à Saverne, les exterminèrent & sauvèrent la France.

Ceux de ces malheureux qui restoient encore en Allemagne, n'avoient plus qu'à demander grace, & ils l'auroient obtenue; le nouvel électeur de Saxe, Jean, le duc George de Saxe, son cousin, Philippe Landgrave de Hesse & Henri duc de Brunswick, les tenant enfermés dans leurs foibles retranchemens de charriots, près de Franckusen dans la Turinge & prenant pitié de ces victimes de la séduction, leur offrirent la vie & la liberté, pourvu qu'ils livrassent leurs chefs & leurs prédicans. Cette offre commençoit à ébranler les paysans, lorsque *Muncer*, frémissant de son danger, se présente à eux avec l'air & le ton d'un prophète, & leur promet la victoire de la part du ciel. « Je ne vous demande point de combattre, » leur dit-il, Dieu combattra pour vous, son bras » est étendu sur vos tyrans: restez immobiles dans » vos retranchemens, vous verrez vos ennemis tom» ber à vos pieds; & moi seul je recevrai sans » blessure & sans péril dans mes habits, tous les boulets » qui partiront de leur camp ».

L'arc-en-ciel parut, les paysans révoltés portoient sur leurs étendards un arc-en-ciel, signe de l'alliance de Dieu avec tous les hommes également, car ce grand principe de l'égalité des hommes étoit leur mot de ralliment: » Dieu m'entend, s'écria *Muncer*, Dieu » vous promet son assistance; levez les yeux, voyez » cet arc céleste; cet arc, ce même arc est peint » sur vos étendards; point de paix avec les impies, » Dieu nous le défend: exterminons les ennemis de » Dieu ».

Les paysans trop aisément persuadés de ce qu'ils désirent, rejettent les propositions des princes; *Muncer* égorge de sa main le député qui étoit venu offrir la paix; les paysans restent dans leurs retranchemens; quelques coups de canon renversent cette foible barrière; ils attendent le secours promis, ils lèvent les bras & les yeux au ciel, & sans songer à se défendre, ils chantent avec une pieuse confiance, l'hymne du Saint-Esprit; le vent emporte leurs cris, le canon éclaircit leurs rangs, & bien-tôt la noblesse y pénétrant l'épée à la main, fait un horrible carnage: les paysans trompés, n'ont plus même la ressource du désespoir; l'effroi les saisit, ils fuyent en désordre vers Franckusen; les vainqueurs y entrent avec eux; tout ce qui n'est pas égorgé, est pris; *Muncer* & un autre illuminé, nommé Pfeiffer, n'ayant pu mourir dans le combat, sont livrés aux bourreaux. Telle fut l'issue de cette guerre, qui dura quatre ou cinq mois; on compte qu'elle coûta la vie à plus de cent trente mille de ces paysans. Quelle playe pour l'humanité! quel fruit de la dispute!

MUNCKER, (Thomas) (*Hist. Litt. mod.*) savant allemand du dix-septième siècle; on estime son édition des *Mythographi Latini*, & ses notes sur Hygin.

MUNICIPE, s. m. (*Histoire Romaine.*) en latin, *municipium*, lieu habité soit par des citoyens romains, soit par des citoyens étrangers qui gardoient leurs loix, leur jurisprudence, & qui pouvoient parvenir avec le peuple romain à des offices honorables, sans avoir aucune sujetion aux loix romaines, à moins que ce peuple ne se fût lui-même soumis & donné en propriété aux Romains.

Le lieu ou la communauté, qu'on appelloit *municipium*, différoit de la colonie en ce que la colonie étant composée de romains que l'on envoyoit pour peupler une ville, ou pour récompenser des troupes qui avoient mérité par leurs services un établissement tranquille, ces romains portoient avec eux les loix romaines, & étoient gouvernés selon ces loix par des magistrats que Rome leur envoyoit.

Le *municipe*, au contraire, étoit composé de citoyens étrangers au peuple romain, & qui, en vue de quelques services rendus, ou par quelque motif de faveur, conservoient la liberté de vivre selon leurs coutumes & leurs propres loix, & de choisir eux-mêmes entr'eux leurs magistrats. Malgré cette différence, ils ne laissoient pas de jouir de la qualité de citoyens romains; mais les prérogatives, attachées à cette qualité, étoient plus resserrées à leur égard qu'à l'égard des vrais citoyens romains.

Servius, cité par Festus, dit qu'anciennement il y avoit des *municipes*, composés de gens qui étoient citoyens romains, à condition de faire toujours un état à part; que tels étoient ceux de Cumes, d'Acerra, d'Atella, qui étoient également citoyens romains, & qui servoient dans une légion, mais qui ne possédoient point les dignités.

Les Romains appelloient *municipalia sacra*, le culte religieux que chaque lieu municipal avoit eu avant que d'avoir reçu le droit de bourgeoisie romaine, qu'il conservoit encore comme auparavant.

A l'exemple des Romains, nous appellons en France *droit municipal*, les coutumes particulières dont les provinces jouissent, & dont la plûpart jouissoient avant que d'être réunies à la couronne, comme les provinces de Normandie, de Bretagne, d'Anjou, *&c.*

Paulus distingue trois sortes de *municipes*: 1°. les hommes qui vénoient demeurer à Rome, & qui, sans être citoyens romains, pouvoient pourtant exercer certains offices conjointement avec les citoyens romains; mais ils n'avoient ni le droit de donner leurs suffrages, ni les qualités requises pour être revêtus des charges de la magistrature. Tels étoient d'abord les peuples de Fondi, de Formies, de Cumes, d'Acerra, de Lanuvium, de Tusculum, qui, quelques années après, devinrent citoyens romains.

2°. Ceux dont toute la nation avoit été unie au peuple romain, comme les habitants d'Aricie, les Cérites, ceux d'Agnani.

3°. Ceux qui étoient parvenus à la bourgeoisie romaine, à condition qu'ils conserveroient le droit propre & particulier de leur ville, comme étoient les Citoyens de Tibur, de Preneste, de Pise, d'Arpinum, de Nole, de Bologne, de Plaisance, de Sutrium & de Luques.

Quoique l'exposition de cet ancien auteur ne soit pas fort claire en quelques points, nous ne laissons pas d'y voir que les *municipes* ne se faisoient pas partout aux mêmes conditions, ni avec les mêmes circonstances. De-là nous devons inférer que ce nom de *municipe* a eu des significations différentes selon les tems & les lieux; or, c'est à ce sujet qu'Aulugelle nous a conservé quelques remarques qui répandent un grand jour sur cette matiere. Insensiblement tous les *municipes* devinrent égaux pour le droit de suffrage. Enfin cet usage même changea de nouveau. Les *municipes*, amoureux de leur liberté, aimerent mieux se gouverner par leurs propres loix que par celles des Romains.

Il y avoit un grand nombre de lieux municipaux, *municipia*, dans l'empire romain; mais nous connoissons sur-tout ceux d'Italie, parce que plusieurs auteurs en ont dressé des listes. Chaque *municipe* avoit son nom propre & particlier. (*D. J.*)

MUNIFICES, s. m. pl. (*Hist. rom.*) soldats qui toient assujetis à tous les devoirs de la guerre, comme de faire la garde, d'aller au bois, à l'eau, au fourrage; tandis que d'autres en étoient exemptés. (*A. R.*)

MUNICK, (le comte de) (*Hist. de Russie.*) favori de la czarine Anne, & général de ses armées, remporta de grands avantages sur les Tartares de la Crimée, battit les Turcs en 1739, près de Choczim, prit cette place & celle de Jassi, capitale de la Moldavie. (*voyez* toute son histoire à l'article ANNE IWANOWNA, tom. 1er., pages 337 & suivantes.)

MUNSTER, (Sébastien) (*Hist. mod.*) né à Ingelheim en 1489, fut d'abord cordelier; puis, ayant adopté la réforme de Luther, il quitta son couvent & se maria. Il enseigna les lettres & les sciences à Heidelberg & à Bâle; il passoit pour si savant dans l'hébreu & dans la géographie, qu'on le surnomma l'Esdras & le Strabon de l'Allemagne. On a de lui un Dictionnaire & une Grammaire Hébraïques & une cosmographie, &c. Mort à Bâle en 1552.

Dans le même temps vivoit Nicolas de *Munster*, auteur d'une secte dont le titre au moins est intéressant; c'est *la Famille ou maison d'amour*; & de livres à-peu-près du même genre; *l'Evangile du royaume*; *la Terre de paix*. La secte de la *Famille d'amour* reparut en Angleterre en 1604, & présenta au roi Jacques Ier., sa confession de foi.

MUNTER, (GEORGE), (*Hist. de Danemarck*) étoit né en Westphalie; Frédéric I. l'avoit attiré en Danemarck, & l'avoit élevé à la dignité de maire de Malmoë. Mais, sous le regne du fils, il oublia les bienfaits du père, & conspira contre le Danemarck avec la régence de Lubec. Il fit arrêter, l'an 1534, le gouverneur de la citadelle de Malmoë, souleva les habitans, emporta le château, le fit raser, jetta dans les fers plusieurs gentilhommes attachés à Christiern; il combattit avec beaucoup de courage à la journée d'Elsingbourg en 1535; mais il fut entraîné dans la déroute de ses troupes, & se jetta dans Copenhague, où il fit une révolution momentanée: mais voyant Christiern prêt à entrer dans la place, il alla se jetter à ses pieds, & obtint pour les habitans de Malmoë & pour lui-même, une amnistie générale. Il passa le reste de sa vie dans une heureuse & sage tranquillité. (*M. DE SACY.*)

MUPHTI ou MUFTI, s. m. (*Hist. mod.*) c'est le chef ou le patriarche de la religion mahométane. Il réside à Constantinople.

Le *muphti* est le souverain interprête de l'alcoran, & décide toutes les questions sur la loi.

Il a rang de bacha, & son autorité est quelquefois redoutable au grand-seigneur lui-même: c'est lui qui ceint l'épée au côté du grand seigneur, cérémonie qui répond au couronnement de nos rois.

Le peuple appelle le *muphti*, le *faiseur de loix*, l'*oracle jugement*, le *prélat de l'orthodoxie*. & croit que mahomet s'exprime par sa bouche. Autrefois les Sultans le consultoient sur toutes les affaires ecclésiastiques ou civiles, sur-tout lorsqu'il s'agissoit de faire la guerre ou la paix; à son abord il se levoit par respect & avançoit quelques pas vers lui; mais le prince & ses ministres agissent assez souvent sans sa participation, & lorsqu'il n'est pas agréable à la cour, on le dépose & on l'exile. Le grand seigneur en nomme un autre: on ne regarde pas même sa personne comme tellement sacrée, qu'on ne le mette quelquefois à mort. Ainsi en 1703, Achmet III. fit étrangler le *muphti*, Omar-Albouki & son fils, & Amurat IV fit broyer vif un autre *muphti* dans un mortier de marbre qu'on conserve encore au château des sept tours, en disant que les têtes que leur dignité exempte du tranchant de l'épée, devoient être brisées par le pilon.

Lorsque le grand sultan nomme un *muphti*, il l'installe lui-même dans sa nouvelle dignité, en le revêtant d'une pelisse de martre zibeline & lui donnant mille écus d'or, il lui assigne aussi une pension pour son entretien, que le *muphti* grossit par les sommes qu'il tire de la vente de certains offices dans les mosquées royales. Au reste, il est chef de tous les gens de loi, comme kadileskers, mollaks, imans, dervis, &c. Il rend des décrets & des ordonnances qu'on nomme *fetfa*, & qui sont extrêmement respectés.

Tous les particuliers ont droit de consulter le *muphti* & de lui demander son sentiment dans toutes les occurrences, sur-tout dans les matières criminelles. Pour cet effet, on lui remet un écrit dans lequel le cas est exposé sous des noms empruntés; par exemple, si l'on peut convaincre N. par bons témoins, qu'il a contrevenu aux commandemens du sultan, ou qu'il n'a pas obéi avec soumission à ses ordres, doit-il être puni ou non? Après avoir examiné la question, le *muphti* écrit au bas du papier *olur*, c'est-à-dire, *il doit être puni*, ou bien *blncaz* qui signifie, *il ne le sera pas*. Que si on laisse à sa disposition le choix du supplice, il écrit au bas de la consultation, qu'il reçoive la *bastonnade* ou telle autre peine qu'il prononce.

Le *muphti* interprête quelquefois lui-même l'alcoran au peuple, & prêche en présence du grand seigneur à la fête du bairam: il n'est point distingué des autres turcs dans son extérieur, si ce n'est par la grosseur de son turban. Guer, *mœurs des Turcs*, *tom. I. & II.* Ricaut, *de l'empire ottom.* (*A. R.*)

MURAILLE DES PICTES, (*Hist. anc.*) c'étoit un ouvrage des Romains très-célèbre, commencé par l'empereur Adrien, sur les limites septentrionales d'Angleterre, pour empêcher les incursions des Pictes & des Ecossois. *Voyez* MURAILLE.

Ce n'étoit d'abord qu'une *muraille* gazonnée, fortifiée de palissades; mais l'empereur Sévère, étant venu en Angleterre, la fit bâtir de pierres solides. Elle s'étendoit huit milles en longueur, depuis la mer d'Irlande jusqu'à la mer d'Allemagne, ou depuis Carlisle jusqu'à Newcastle, avec des guérites & des corps-de-garde à la distance d'un mille l'un de l'autre.

Les Pictes la ruinerent plusieurs fois, & les Romains la réparèrent; enfin Aetius, général romain, la fit construire en brique, & les Pictes l'ayant détruite l'année suivante, on ne la regarda plus que comme une limite qui séparoit les deux nations.

Cette *muraille* étoit épaisse de huit pieds, haute de douze à compter du sol; elle s'allongeoit sur le côté septentrional des rivieres de Tyne & d'Irthing, passant par-dessus les collines qui se trouvoient sur son chemin. On peut encore en voir aujourd'hui les vestiges en différens endroits du Cumberland & de Northumberland. (*A. R.*)

MURALT, (*Hist. Litt. mod.*) né en Suisse, voyagea en philosophe; ses *lettres sur les François & sur les Anglois* sont le fruit de ses voyages. Mort vers l'an 1750.

MURAT, (la comtesse de) *voyez* CASTELNAU.

MURATORI, (Louis-Antoine) (*Hist. Litt. mod.*) savant italien, né à Vignola dans le Modénois, le 21 octobre 1672, mort le 21 janvier 1750, fut pour l'érudition & la fécondité, le Montfaucon de l'Italie. Il a tant écrit, qu'il n'est pas étonnant qu'il n'ait pu mettre la dernière main à ses productions. La fameuse collection des écrivains de l'histoire d'Italie est le plus important de ses travaux & le principal titre de sa réputation; mais il a travaillé dans plusieurs genres. La politique, la morale & la littérature étoient de son ressort aussi bien que l'érudition. La liste de ses ouvrages est étonnante; on croit voir le catalogue d'une grande bibliothèque; on trouve cette liste à la suite de sa vie dans la traduction françoise qui a paru en 1772, de son traité du *Bonheur public*. On avoit déjà vu dans le sixième tome des nouveaux Mémoires d'histoire, de critique & de littérature par M. l'abbé d'Artigny, une lettre adressée à cet abbé par M. l'abbé Goujet, & qui contenoit l'Eloge historique de M. *Muratori*, & un catalogue de ses ouvrages. M. Soli *Muratori*, neveu du célèbre *Muratori*, a composé sa vie en italien; elle a été imprimée à Venise en 1756, en un volume *in-4°.*, & cet écrit & l'extrait qu'on en trouve dans la traduction du traité du Bonheur public, sont trop longs pour ce qu'ils contiennent; mais il en résulte au moins que M. *Muratori* étoit aussi vertueux & aussi charitable que savant. Il étoit bibliothécaire du duc de Modène.

MURE, (Jean-Marie de la) (*Hist. Litt. mod.*) chanoine de Montbrison, dont on a l'histoire ecclésiastique de Lyon & celle du Forez. Mort vers la fin du 17e siècle.

MURENA, (Lucius-Licinius) (*Hist. Rom.*) on connoît l'oraison de Cicéron pour *Murena*, où cet orateur, en convenant avec candeur que ses vœux avoient été pour Servius Sulpitius, concurrent de *Murena* au consulat, défend cependant la légitimité de l'élection de *Murena* qui l'a emporté. Combien ces sortes de causes où un orateur généreux défendoit la loi contre sa propre inclination, & un ami contre un ami préféré, produisoient d'intérêt & fournissoient à l'éloquence, & combien cette confiance d'un client dans la vertu d'un défenseur dont il connoît la prédilection pour son rival, est noble, héroïque & romaine! *Murena* signala sa valeur contre Mithridate.

MURET, (Marc-Antoine) (*Hist. Litt. mod.*) est un des plus célebres littérateurs du seizième siècle. On a de lui des discours, des poëmes, des odes, des hymnes, des satyres, des épigrammes, des élégies, d'excellentes notes sur les principaux auteurs classiques grecs & latins, même des traités de jurisprudence romaine; il enseigna les belles-lettres d'abord à Auch, ensuite à Paris, au collége de Sainte-Barbe; & ses leçons eurent tant d'éclat & de succès, que le roi & la reine allèrent l'entendre; mais s'il avoit les talens & les connoissances nécessaires pour l'instruction de la jeunesse, il fut accusé aussi d'avoir les vices qui pouvoient être les plus à craindre pour elle; il en fut accusé successivement à Paris, à Toulouse, à Venise, & il fut obligé de sortir de ces différentes villes pour échapper au danger dont il étoit menacé. On prétend que ce danger fut sur-tout très-grand pour lui à Toulouse. Joseph Scaliger a consacré ce fait infamant dans une épigramme qu'il fit pour se venger de ce que *Muret*, par un jeu très-usité dans ces temps savans, lui avoit fait accroire qu'une épigramme de sa composition, étoit l'ouvrage d'un poëte de l'antiquité; les savans aimoient alors à s'attrapper ainsi les uns les autres; ils y réussissoient souvent, & ceux qui avoient été attrappés ne le pardonnoient jamais. Voici l'épigramme de Scaliger.

Qui rigidæ flammas vitaverat antè Tolosæ,
Muretus, fumos vendidit ille mihi.

malgré ces soupçons justes ou injustes, *Muret* fut très-bien reçu & très-bien traité à Rome, il y professa la philosophie & la théologie, & y fut pourvu de bons bénéfices. Au reste, les vers de *Muret* étoient tellement dans le goût des anciens, qu'un homme aussi versé dans l'antiquité que Scaliger, pouvoit aisément s'y méprendre; les voici:

Here, si querelis, ejulatu, fletibus,
Medicina fieret miseriis mortalium,
Auro parandæ lacrumæ contrà forent,
Nunc hæc ad minuenda mala non magis valent,
Quàm nænia Præficæ ad excitandos mortuos.
Res turbidæ consilium, non fletum expetunt.

On a encore un autre grand reproche à lui faire; c'est d'avoir osé se déclarer publiquement l'apologiste de la Saint Barthélemi, il n'en faut par davantage, il n'en faut pas tant aujourd'hui pour être déshonoré; *Muret* ne le fut pas; on ne le connoît plus que par sa réputation littéraire, tout le reste est oublié.

On raconte qu'en passant de France en Italie, il tomba malade sur la route. Il se crut en effet, & on le crut très-malade; les médecins voulurent faire sur lui l'essai d'un remède qu'ils avoient à éprouver; & comme ils le prenoient pour un homme du peuple & sans éducation, ils crurent avoir tenu leur dessein bien secret, en se disant en latin; *faciamus experimentum in corpore* ou *in animâ vili. Muret* en contant

..... histoire; disoit que le lendemain il s'étoit trouvé guéri par la seule frayeur qu'il avoit eue de cette expérience. Il étoit né en 1526 au bourg de *Muret* près de Limoges, & en avoit pris le nom. Il mourut en 1586. On a fort bien remarqué qu'il faisoit des vers latins en humaniste, mais non pas en poëte.

MURRAI, (Jacques, comte de) (*Hist. d'Ecosse.*) (*Voyez* l'article MORTON.) *Murrai* étoit fils naturel de Jacques V, roi d'Ecosse, & frère de Marie Stuart. La mère de *Murrai*, quoique notoirement elle n'eût été que la maîtresse de Jacques V, prétendoit avoir été sa femme légitime; en conséquence, elle soutenoit que le trône appartenoit à son fils. Delà tous les attentats de ce fils contre Marie Stuart sa sœur. *Murrai*, nourri dans ces idées ambitieuses, regrettoit le trône comme un bien qui lui avoit échappé; il n'y avoit rien qu'il ne fût capable de tenter pour y parvenir ou pour s'en rapprocher.

Pendant la régence de Marie de Lorraine & la vie de François II, ces sentiments avoient assez éclaté, pour que les fidèles sujets de Marie Stuart se crussent obligés de l'en avertir; *Murrai* étoit dès lors à la tête du parti réformé, *Murrai* aspiroit au trône.

La mort de la reine régente d'Ecosse & celle de François II, furent des événements favorables pour *Murrai*; il n'avoit plus à combattre ou à tromper que la jeune reine sa sœur. Son coup d'essai fut de lui extorquer un pouvoir, en vertu duquel il acheva d'abolir en Ecosse, la religion catholique que professoit cette princesse; de sorte qu'en arrivant dans ses états, elle trouva ses sujets disposés à la révolte contre elle sur l'article le plus important, la religion. A peine put-elle obtenir quelque tolérance pour la sienne. Tandis que *Murrai* abusoit ainsi de la confiance de sa sœur, il songeoit à l'empêcher de passer en Ecosse.

Quand elle y fut arrivée, à la faveur du brouillard qui déroba sa marche aux Anglois, *Murrai* régna en quelque sorte, avec elle, par la confiance qu'elle lui témoignoit; il étoit comblé de biens & d'honneurs. Son ambition étoit en partie satisfaite; aussi ces premières années de Marie sont-elles les moins troublées, excepté sur l'article de la religion qui pouvoit mettre des bornes à cette confiance de Marie.

Mais c'est à l'occasion du mariage de la reine avec le Lord Darnley, que les grands orages éclatèrent; la raison en est sensible. Marie donnoit un maître à *Murrai*, de nouvelles barrières s'élevoient entre le trône & lui, *Murrai* devient le chef du parti de l'opposition, il prend les armes pour empêcher ce mariage. Delà, la guerre civile, la paix perfide qui la suit, la division semée entre Darnley & sa femme, l'assassinat de Riccio, la mort violente de Darnley, & ce dernier crime imputé à sa femme par les vrais coupables, après qu'ils l'ont fait déterminer par les instances les plus pressantes de la noblesse, à épouser Bothwvel, un de leurs complices.

Murrai, au milieu de tous ces troubles qui étoient son ouvrage, voyage pour persuader qu'il n'y a aucune part; il revient quand Bothwel est en fuite, quand Marie est prisonnière, quand il est nommé régent. Son premier soin est d'aller voir Marie dans sa prison, il lui fait les reproches les plus outrageants sur l'assassinat de son mari, dont il la suppose convaincue; il la fait fondre en larmes, & il l'outrage encore. Ce procédé atroce n'étoit pas moins adroit. *Murrai* vouloit s'assurer si Bothwel avoit caché son secret à sa femme; voilà pourquoi il s'attache à irriter Marie, à la pousser au dernier degré de l'impatience. Un innocent qui s'entend accuser par celui qu'il sait être coupable, a de la peine à se contenir. *Murrai* observe avec soin si l'indignation n'arrache à sa sœur aucun trait qui annonce que Bothwel ait parlé.

Il produit contre sa sœur, deux sortes de preuves:

1°. Il fabrique avec Morton & Léthington, habile faussaire, une suite de lettres de Marie au comte de Bothwel, lettres qu'on suppose écrites du vivant de Darnley & qui auroient supposé dès lors une intelligence coupable entre la jeune & belle Marie, & le vieux & difforme Bothwel. Ils inventèrent un roman pour expliquer comment ces lettres avoient pu tomber entre leurs mains.

2°. Ils produisirent contre Marie, les dépositions des domestiques de Bothwvel, exécutés pour le meurtre du roi; ces dépositions étoient toutes à la décharge de la reine; mais elles chargeoient Bothwel, & *Murrai* & ses amis en concluoient que la reine étoit complice, à cause de sa liaison avec Bothwel; conjecture qu'ils transformoient en certitude au moyen des lettres, où ils avoient eu soin d'établir la connivence, même sur le fait de la mort de Darnley.

La reine d'Ecosse ne put jamais obtenir la communication de ces lettres, qu'elle ne cessa de demander; & la reine d'Angleterre, qui n'avoit pu s'empêcher de dire que cette communication demandée étoit de droit, refusa toujours de l'accorder, & remit elle-même à *Murrai*, l'original de ces lettres, après s'en être servie pour diffamer Marie Stuart dans toutes les cours.

Ce fut une trahison de *Murrai* qui fit périr sur un échafaud le duc de Nortfolck, qui, convaincu de l'innocence de Marie Stuart par les pièces du procès qu'il avoit sous les yeux, & touché de ses malheurs, avoit résolu de l'épouser (*Voyez* NORTFOLCK, & observez que cet article devoit être écrit ainsi: *Norfolck*, parce qu'il est placé entre *Norès* & *Noriciens*.)

Murrai périt enfin, (en janvier 1570) victime de ses violences. Il avoit confisqué les biens des partisans de Marie, nommément ceux des Hamilton. Les terres d'une riche héritière, femme de Jacques Hamilton de Bothwellaugh, avoient été données à un favori de *Murrai*, qui exerça ce droit odieux avec la plus affreuse inhumanité; en chassant cette femme de son château, il la dépouilla de ses habits, & la laissa exposée toute nue en pleine campagne, seule & sans asyle, pendant une nuit très-froide; elle en perdit la raison; le mari, outré de douleur, attendit *Murrai* en plein jour, dans une rue de la petite ville de Linlitgow, lui tira un coup d'arquebuse, & eut le temps de se sauver en France. Le régent mourut le même jour.

(en janvier 1570) emportant avec lui tous ses affreux secrets.

Comme *Murrai*, qu'Hamilton avoit tué, étoit protestant, on crut apparemment en France qu'Hamilton faisoit profession de tuer tous les protestans; on lui proposa, dit-on, d'assassiner Coligny. Hamilton répondit: » vous pouvez compter sur moi, quand l'amiral » de France m'aura aussi cruellement outragé que » l'avoit fait le régent d'Ecosse.

MURRINE, s. m. (*Hist. anc.*) boisson faite de vin & d'ingrédiens qui échauffoient. La courtisane Glycere la recommandoit à ses amans. (*A. R.*)

MURSA, (*Hist. des Tart.*) ou *murse* ou *mirza*; nom du chef de chaque tribu des peuples tartares: ce chef est pris de la tribu même. C'est proprement une espèce de majorat qui doit tomber régulierement d'aîné en aîné dans la postérité du premier fondateur d'une telle tribu, à moins que quelque cause violente & étrangère ne trouble cet ordre de succession. Le *murse* a chaque année la dîme de tous les bestiaux de ceux de la tribu, & la dîme du butin que sa tribu peut faire à la guerre. Toutes les familles tartares qui composent une tribu, campent ordinairement ensemble, & ne s'éloignent point du gros de la horde sans le communiquer à leur *murse*, afin qu'il puisse savoir où les prendre lorsqu'il veut les rappeller. Ces *murses* ne sont considérables au kan qui gouverne, qu'à proportion que leurs hordes ou tribus sont nombreuses; & les kans ne sont redoutables à leurs voisins, qu'autant qu'ils ont sous leur obéissance beaucoup de tribus, & de tribus composées d'un grand nombre de familles: c'est en quoi consiste toute la puissance, la grandeur & la richesse du kan des tartares. (*D. J.*)

MURTOLA. (*Voyez* MARINI.)

MUSA, (Antonius) (*Hist. Rom.*) affranchi & médecin d'Auguste, grec de naissance, frère d'Euphorbe médecin de Juba, roi de Mauritanie, il avoit guéri Auguste d'une grande maladie. Horace parle de *Musa* & des bains d'eau froide que ce médecin lui faisoit prendre au milieu de l'hyver.

Nam mihi Bäias
Musa supervacuas Antonius, & tamen illis
Me facit invisum, gelidâ cùm perluor undâ
Per medium frigus.

On attribue à *Musa* deux petits traités *de herbâ Betonicâ & de tuendâ valetudine*. Le sénat Romain lui fit dresser une statue d'airain qui fut placée à côté de celle d'Esculape. Auguste lui permit de porter un anneau d'or & l'exempta de tout impôt, & ce privilége fut étendu à tous ceux de sa profession.

MUSCHENBROECK *ou* MUSSCHENBROECK (Pierre de) (*Hist. Litt. mod.*) célèbre Physicien Hollandois, de l'académie des sciences de Paris & de la société royale de Londres. Ses *essais de physique* ont été traduits en François par M. Sigaud de la Fond. On a encore de lui: *tentamina experimentorum; institutiones physicæ; compendium Physicæ experimentalis*; les rois d'Angleterre, de Prusse, de Danemarck voulurent en vain l'attirer dans leurs états; il réserva ses talens pour son pays, & se contenta d'enseigner la physique & les mathématiques, d'abord à Utrecht, puis à Leyde, où il étoit né en 1692, & où il mourut en 1761.

MUSCULUS, (*Hist. anc.*) machine dont les anciens se servoient dans l'attaque des places pour faciliter les approches, & mettre à couvert les soldats. C'étoit un mantelet ou gabion portatif fait en demi-cercle, derrière lequel se tenoit le soldat, ou travailleur, & qu'il faisoit avancer devant lui par le moyen des roulettes sur lesquelles cette machine étoit soutenue. M. le chevalier de Folard, qui dans son *Commentaire sur Polybe*, a décrit ainsi cette machine, s'y moque agréablement du docte Stwechius, qui prenant à la lettre le mot *musculus*, en a fait une boëte quarrée soutenue sur quatre pieds, & renfermant un ressort qu'on faisoit jouer au moyen d'une manivelle, pour dégrader & miner les murs de la ville assiégée.

MUSÉE, (*Hist. Litt. mod.*) poëte grec, que l'on croit avoir été antérieur à Homère & auquel on attribue le *poëme de Léandre & Héro* qu'on trouve dans le *corpus Poëtarum Græcorum.* Virgile lui donne un rang distingué parmi les ombres heureuses qu'Enée rencontre dans l'Elysée.

Musæum antè omnes, medium nam plurima turba
Hunc habet, atque humeris exstantem suspicit altis.
Dicite, felices animæ, tuque optime vates
Quæ regio Anchisen, quis habet locus?

Mais, comme le nom de *Musée* a été commun à plusieurs grands hommes de la Grèce, poëtes, historiens, philosophes; que l'auteur du poëme de Léandre & Héro est appellé, dans les manuscrits, Musée le Grammairien; qu'il paroît avoir été, ainsi que son ouvrage, inconnu aux anciens Scholiastes, aux anciens commentateurs; que plusieurs de ses vers paroissent empruntés des Dionysiaques de Nonnus, de Panopolis, qui vivoit vers le quatrième siècle de l'ère chrétienne, c'est aussi le tems où le chevalier Marsham, Casaubon & la plupart des savans placent, contre l'avis de Jules Scaliger, le *Musée*, auteur du poëme de Léandre & Héro, & ils ne croient pas, comme Scaliger, que ce soit le même *Musée* dont Virgile parle dans les vers qui viennent d'être cités.

MUSONIUS RUFUS (Caïus) (*Hist. Rom.*) Dans le recueil de l'Académie des Belles-Lettres, tome 31, page 131, hist., on trouve l'extrait d'un Mémoire de M. de Burigny sur ce personnage. Caïus *Musonius Rufus* étoit toscan, né dans une ville appellée aujourd'hui Bolsena: c'étoit un philosophe de la secte des Stoïciens; il fut l'ami de Thrasea Pœtus & de Barea Soranus. Néron, en haine de sa vertu, l'exila dans l'isle de Gyare, où des princes plus justes n'exiloient que des malfaiteurs.

Aude aliquid brevibus Gyaris & carcere dignum ;
Si vis esse aliquis.

Cette isle n'avoit point d'eau, *Musonius* en examina le terrein & y découvrit une fontaine. Néron lui avoit obligation, car *Musonius* avoit détourné Rubellius Plautus d'aspirer à l'empire ; il revint à Rome & fut d'une députation que Vitellius envoyoit à Antonius Primus, général de l'armée de Vespasien, pour demander la paix ; il fit, pour en relever les avantages, de beaux discours, dont le vainqueur se moqua ; car tout vainqueur sait trop bien qu'il ne sera jamais vaincu, & a bien du mépris pour un philosophe qui prévoit la possibilité des revers.

Carmina tantùm
Nostra valent, Lycida, tela inter Martia, quantùm
Chaonias dicunt, aquilâ veniente, columbas.

Publius Egnatius, natif de Tarse en Cilicie, faux philosophe, infame délateur, qui ne professoit le stoïcisme que pour le deshonorer, avoit porté sous la tyrannie de Néron un faux témoignage contre Soranus, & avoit été la cause de la mort de cet homme juste. Musonius, pour venger son ami, accusa Egnatius & le fit condamner. C'est de cet Egnatius que Juvénal a dit:

Stoïcus occidit Baream, delator amicum,
Discipulumque senex ripâ nutritus in illâ,
Ad quam Gorgonei delapsa est penna caballi.

Ce fut sous l'empire de Vespasien qu'il fut condamné. (*Voyez* l'art. EGNATIUS.) Musonius eut la permission de rester à Rome, lorsque Vespasien se laissa engager par Mucien à chasser les philosophes ; il étoit réservé aux tyrans de le persécuter, il fut de nouveau exilé par Domitien ; l'empereur Julien s'exprime ainsi à son sujet dans une lettre à Themistius: *Musonius devint célèbre par la patience héroïque avec laquelle il endura les cruautés des tyrans, & vécut peut-être aussi heureux au milieu de ses disgraces, que ceux qui gouvernent les plus grands états.* On ignore les autres évènemens de la vie de Musonius. Pline le jeune étoit son admirateur & s'applaudit d'avoir été aussi lié avec lui, que la différence des âges avoit pu le permettre. Pollion avoit composé des Mémoires sur Musonius. Stobée nous a conservé quelques-unes de ses maximes.

Il disoit que la véritable admiration se manifestoit plutôt par un grand silence que par les louanges.

Quand il vous en coûtera quelque peine pour faire le bien, songez, disoit-il, que la peine passera & que le mérite de l'action restera ; si, au contraire, le plaisir vous fait faire quelque chose de mal, le plaisir passera & la honte restera.

Il professoit un grand mépris pour l'argent ; il donna un jour une somme considérable à un faux philosophe qui alléguoit d[illegible] besoins ; on l'avertit que c'étoit un fourbe & un mal-honnête homme. Il n'en est que plus digne, dit-il, de recevoir de l'argent.

Un prince syrien, attiré par sa réputation, vint lui rendre visite, &, charmé de ses entretiens philosophiques, le pria de lui dire quel seroit le présent qui lui seroit le plus agréable de sa part:

Quæ tibi, quæ tali reddam pro munere dona?

Il n'en est qu'un, répondit *Musonius* ; si mes entretiens vous ont plu, profitez-en : c'est la seule récompense qui puisse me flatter.

Il y avoit de son temps un autre Musonius, philosophe de la secte des Cyniques, que Néron fit mettre en prison où il pensa périr de misère. Philostrate l'exalte beaucoup : il étoit ami d'Apollonius de Tyane. Il fut condamné à travailler avec ceux que Néron voulut employer à couper l'isthme de Corynthe. Le philosophe Démetrius l'y vit travaillant, enchaîné & la bêche à la main, & ne put retenir quelques imprécations contre la tyrannie. Un philosophe m'entendra, lui dit tranquillement *Musonius*, quand je lui dirai que le tyran est beaucoup plus à plaindre que ses victimes. C'est cet évènement de la vie de Musonius le Cynique, qui est le sujet d'un dialogue de Lucien, entre Ménécrate & *Musonius*.

MUSORITES, s. m. (*Hist. anc.*) Juifs qui avoient de la vénération pour les rats & les souris, sont ainsi appellés d'un mot composé de *mus*, rat, & de *sorex*, souris. Cette superstition vint de ce que les Philistins ayant enlevé l'arche d'alliance, Dieu fit naître parmi eux un grand nombre de rats & de souris qui dévoroient tout, ce qui les obligea de rendre l'arche pour se délivrer de ce fléau ; mais avant que de la rapporter, leurs sacrificateurs leur ordonnèrent d'y mettre cinq souris d'or, comme une offrande au Dieu d'Israël, pour être délivrés de ces sortes d'animaux. *Ancien Testament, I. liv. des Rois, ch. vj.* (*A.R.*)

MUSSATI, (Albertin) (*Hist. Litt. Mod.*) historien & poëte padouan, mort en 1329. On a de lui une histoire en latin de l'empereur Henri VII, dont il étoit ministre. Ses œuvres ont été recueillies & commentées à Venise en 1636, *in-folio*.

MUSTAPHA, (*Hist. des Turcs*) Il y a eu trois empereurs turcs de ce nom : les deux premiers furent déposés ; le premier le fut deux fois & n'en fut pas quitte la seconde fois pour une simple déposition, il fut promené dans les rues de Constantinople, ignominieusement monté sur un âne, exposé aux outrages de la populace, puis conduit au château des sept tours, où il fut étranglé en 1623. Il avoit succédé en 1617 à son frère Achmet.

Mustapha II succéda en 1695 à son oncle Achmet *II*. Il défit les impériaux devant Temeswar en 1696 & eut d'autres avantages contre les Vénitiens, les Polonois, les Moscovites ; mais, s'étant livré à la mollesse à Andrinople, il fut contraint, par le soulèvement de tout l'empire, de céder, en 1703, le trône à son frère Achmet III, dont *Mustapha III* étoit le fils. Celui-ci parvint au trône le 29 novembre 1757, vécut dans la mollesse & dans l'avarice, amassa de l'argent & mourut en 1774, laissant soixante millions dans ses coffres.

Mustapha est encore le nom du fils aîné de Soliman II, qui s'étoit acquis un grand nom par sa valeur & qui s'étoit fait aimer & respecter dans plusieurs provinces dont son père lui avoit confié le gouvernement. Roxelane, femme de Soliman, pour faire régner ses fils au préjudice de *Mustapha*, accusa celui-ci de trahison : Soliman, trompé par ses calomnies, fit étrangler son fils (en 1553.)

MUSULMAN, f. m. (*Hist. mod.*) titre par lequel les Mahométans se distinguent des autres hommes : il signifie en langage turc *orthodoxe* ou *vrai croyant*. En arabe ce mot s'écrit *moslem*, ou *mosleman*, ou *mosolman*.

Les Sarrazins sont les premiers qu'on ait appellés *Musulmans*, selon l'observation de Leunclavius. Il y a deux sortes de *Musulmans*, fort opposés les uns aux autres : les uns sont appellés *sonnites*, & les autres *shiites* ; les sonnites suivent l'explication de l'alcoran donnée par Omar, les shiites suivent celle d'Hali. Les sujets du roi de Perse sont shiites, & ceux du grand-seigneur sonnites.

Selon quelques auteurs le mot de *musulman* signifie *sauvé*, c'est-à-dire *prédestiné* ; & c'est en effet le nom que les Mahométans se donnent eux-mêmes, se croyant tous prédestinés au salut. Martinius dit, sur l'origine de ce nom, des choses plus particulieres ; il le fait venir du mot arabe *musalum*, *sauvé*, *échappé du danger*. Les Mahométans, dit cet auteur, ayant établi leur religion par le fer & le feu, massacrant ceux qui ne vouloient pas l'embrasser, & accordant la vie à tous ceux qui l'embrassoient, les appelloient *musulmans*, c'est-à-dire *empti à periculo* : de là il est arrivé par la suite des tems que ce mot est devenu le titre & la marque distinctive de cette secte, & a été attaché par eux à ce qu'ils appellent *vrais croyans*. (G)

MUSURUS, (Marc) (*Hist. Litt. Mod.*) né dans l'isle de Candie, professeur en grec à Venise, archevêque de Malvasie dans la Morée, mort en 1517 à trente-cinq ans. On a de lui des épigrammes & d'autres piéces en grec. On lui doit les premières éditions d'Aristophane & d'Athénée, & un *Etymologicon magnum Græcorum*.

MUTAFERACAS, (*Hist. mod.*) officiers du grand-seigneur, dont ils sont comme les gentilshommes ordinaires, destinés à l'accompagner lors qu'il sort du serrail, soit pour aller à l'armée, soit dans ses simples promenades. On les tire ordinairement d'entre les spahis & ils sont au nombre de six cents. Leurs habits sont de brocard d'or, fourrés de martre, & ils portent une masse d'armes. Il y a des commanderies ou timars plus considérables que celles des spahis affectées à cet office ; & les *mutaferacas* y parviennent par droit d'ancienneté : on leur donne de tems en tems des commissions lucratives ; pour suppléer à la modicité de leur paie ordinaire, qui les oblige à s'attacher au service de quelque visir ou bacha. Ils font même cortège au grand-visir lorsqu'il se rend au divan ; mais quand le grand-seigneur marche, ils sont obligés de l'accompagner. On fait venir leur nom de *farak*, qui signifie *distingué*, pour marquer que les *mutaferacas* sont des spahis ou cavaliers distingués. Ricaut, *de l'empire ottoman*. (G)

MUTITATION, (*Hist. anc.*) coutume établie chez les Romains, qui consistoit à inviter pour le lendemain chez soi ceux qu'on avoit eu pour convives chez un autre. (*A. R.*)

MUTIUS *ou* MUCIUS, (*Hist. Rom.*) Rome eut plusieurs personnages célèbres de ce nom.

1°. Caïus *Mutius* Scévola, jeune romain d'une naissance illustre, qui, ayant pénétré jusques dans la tente de Porsenna, roi d'Etrurie, dans le temps que ce prince assiégeoit Rome, tua, au lieu de Porsenna, un secrétaire qu'il jugea être le roi ; &, comme pour punir sa main de cette erreur, la plongea dans un brasier ardent auprès duquel il se trouvoit, montrant par là au roi combien il étoit au-dessus des menaces. Il en eut le surnom de *Scévola*, *Gaucher*, parce qu'ayant perdu par là l'usage de la main droite, il apprit à se servir de la gauche. Tout le monde sait les belles paroles que Tite-Live lui met dans la bouche.

Romanus sum, inquit, civis ; C. Mucium vocant ; hostis hostem occidere volui : nec ad mortem minùs animi est, quàm fuit ad cædem. Et facere & pati fortia Romanum est. « Je suis romain, mon nom est *Mucius* ; » j'ai voulu tuer un ennemi, & je n'ai pas moins de » courage pour souffrir la mort que pour la donner. » Il est d'un romain de faire de grandes actions » & de braver de grandes douleurs ».

Porsenna, saisi d'admiration, le fit retirer des flammes, & le renvoya libre. *Mutius*, comme pour lui témoigner sa reconnoissance, lui déclara qu'ils étoient trois cents jeunes romains qui avoient conspiré sa mort ; qu'il étoit le premier sur qui le sort étoit tombé ; que les autres viendroient à leur tour ; qu'ils avoient tous la même audace & la même fermeté, que Porsenna n'avoit d'autre moyen d'échapper à son sort que de lever le siége de Rome ; cette aventure, celle d'Horatius Coclès & celle de Clélie furent en effet les motifs qui le déterminèrent à conclure la paix, telle qu'il plut aux Romains de la lui accorder. Tout ce qu'il y a de merveilleux dans cette aventure, est la main brûlée, & il est à remarquer que Denys d'Halicarnasse n'en dit pas un mot ; on peut remarquer encore, mais comme une moindre objection, que Virgile, en parlant du siége de Rome par Porsenna, & du Pont défendu par Coclès, & du Tibre passé à la nâge par Clélie, ne dit rien de l'aventure de *Mucius*, qui pouvoit lui fournir un bien beau tableau à graver sur le bouclier d'Enée :

Nec non Tarquinium ejectum Porsenna jubebat
Accipere, ingentique urbem obsidione premebat ;

Æneadæ in ferrum pro libertate ruebant;
Illum indignanti similem, similemque minanti
Aspiceres; pontem auderet quod vellere Coclès,
Et fluvium vinclis innaret Clœlia ruptis.

Mais Martial a fait de l'aventure de *Mutius*, le sujet d'une de ses plus belles épigrammes:

Cùm peteret Regem decepta satellitæ dextra,
Injecit sacris se peritura focis,
Sed tam sæva pius miracula non tulit hostis,
Et raptum flammis jussit abire virum,
Urere quam potuit contempto Mucius igne,
Hanc spectare manum Porsena non potuit,
Major deceptæ fama est & gloria dextræ,
Si non errasset, fecerat ille minùs.

Cette épigramme n'est que le récit du fait avec des réflexions sur la gloire que *Mutius* sut tirer de son erreur.

2°. Publius *Mutius* Scévola, consul l'an de Rome 619, avant J. C. 133. Ce fut sous son consulat, que Tibérius Gracchus fut tué. Tibérius lui avoit communiqué son projet de faire revivre la loi Licinia sur le partage des terres. Cet homme modéré n'approuva ni les idées de Tibérius Gracchus, ni la violence dont on usa envers lui; car lorsque Scipion Nasica, prêt à frapper Tibérius, somma le consul de secourir la patrie, & de faire périr le tyran: » jamais, dit Scévola, je ne donnerai l'exemple d'employer la force ni de faire périr un citoyen, sans que son procès lui ait été fait dans les formes; mais si le peuple, à l'instigation de Tibérius, prenoit quelque délibération contraire aux loix, Scévola promettoit de n'y avoir aucun égard. « Sur cette réponse, que Nasica regarda comme un refus de rendre justice au sénat & au parti de la noblesse, Nasica marcha vers le Capitole, où il fit assommer Tibérius.

3°. Quintus *Mutius* Scévola le Pontife, si souvent célébré par Cicéron: sur sa conduite en Asie, où il étoit proconsul, l'an de Rome 654, & sur le courage vertueux avec lequel il réprima les vexations des chevaliers romains, *voyez* l'article RUTILIUS. Scévola fut fait consul l'an de Rome 657, avec son ami le fameux orateur Crassus, tous deux orateurs, tous deux jurisconsultes; mais Scévola, excellant principalement dans la science du droit, & Crassus dans l'éloquence. Scévola fut un des citoyens les plus vertueux de Rome dans des temps corrompus. C'est lui que le coupable & audacieux Fimbria blessa d'un coup de poignard, aux funérailles de Marius le père, l'an 666; c'est lui que Marius le jeune, pendant son consulat (l'an 670) n'eut pas honte de faire assassiner par le préteur Brutus Damasippus, barbare vendu à toutes ses fureurs, & qui égorgeoit les sénateurs, au milieu même de l'assemblée du sénat.

4°. Quintus *Mutius* Scévola l'Augure, non moins célébré que le premier par Cicéron, fut collégue de Métellus dans le consulat, l'an de Rome 635. Il fut le seul qui, lorsque l'an 664 de Rome, Sylla, vainqueur & maître, fit déclarer ennemis publics les deux Marius, Sulpicius & les sénateurs de leur parti, osa lui résister en face, refusa d'abord d'opiner, parce qu'il n'y avoit point de liberté, & forcé enfin de parler, dit à Sylla: je parlerai, pour vous dire que ni ces soldats dont vous avez environné le sénat, ni vos menaces ne peuvent m'effrayer. Ne pensez pas que pour conserver quelques foibles restes d'une vie languissante & quelques gouttes d'un sang glacé dans mes veines, je puisse me résoudre à déclarer ennemi de Rome ce même Marius, par qui je me souviens d'avoir vu la ville de Rome & toute l'Italie préservées du joug des Cimbres.

L'exemple de Scévola eut beaucoup d'admirateurs secrets, mais pas un imitateur. Il étoit beau-père du jeune Marius & gendre de Lælius; c'est lui qui est un des interlocuteurs du premier livre *de Oratore*, & du traité *de l'Amitié*. Cicéron nous apprend qu'un de ses plus grands plaisirs étoit de l'entendre raconter diverses anecdotes de Lælius son beau-père, ou discourir savamment sur différents sujets, & qu'il ne pouvoit jamais se résoudre à s'éloigner de lui.

Quintus Mucius Augur multa narrare de C. Lælio, socio suo memoriter & jucundè solebat, nec dubitare illum in omni sermone appellare sapientem. Ego autem à patre ità eram deductus ad Scævolam sumptâ virili togâ, ut quoad possem & liceret à senis latere numquam discederem. Itaque multa ab eo prudenter disputata, multa etiam breviter & commodè dicta, memoriæ mandabam, fierique studebam ejus prudentiâ doctior.

MUZARABES, MOZARABES ou MISTARABES, (*Histoire mod.*) chrétiens d'Espagne qui furent ainsi appellés, parce qu'ils vivoient sous la domination des Arabes, qui ont été long-tems maîtres de cette partie de l'Europe. Quelques-uns prétendent que ce nom est formé de *musa*, qui en arabe signifie *chrétien*, & d'*arabe* pour signifier un chrétien sujet des Arabes; d'autres prononçant *mistarabes*, le dérivent du latin *mixtus*, mêlé, c'est-à-dire, *chrétien mêlé aux Arabes*. D'autres enfin, mais avec moins de fondement, prétendent que ce nom vient de *Muça*, capitaine arabe qui conquit l'Espagne sur Roderic, dernier roi des Goths. Almansor, roi de Maroc, emmena d'Espagne dans son royaume 500 cavaliers *Muzarabes*, & leur permit le libre exercice de leur religion. Vers l'an 1170, ces chrétiens d'Espagne avoient une messe & un rit à eux propres, qu'on nomme encore *messe mozarabique & rit mozarabique*. Il y a encore dans Tolède sept églises principales où ce rit est observé. (*G*)

MUZERINS ou MUSERVINS (*Histoire mod.*) nom que se donnent en Turquie les athées. Ce mot signifie *ceux qui gardent le secret*, & vient du verbe *aserra*, céler, cacher. Leur secret consiste à nier l'existence de la divinité: on compte parmi eux plusieurs cadis ou gens de loi très-savans, & quelques renégats qui s'efforcent d'étouffer en eux tout sentiment de religion. Ils prétendent que la nature ou le principe intérieur de chaque individu, dirige le cours ordinaire de tout ce que nous voyons. Ils ont fait des proselytes jusques dans les appartemens des sultanes, parmi les bachas & autres officiers du serrail ; cependant ils n'osent lever le masque, & ne s'entretiennent à cœur ouvert que lorsqu'ils se rencontrent seuls, parce que la religion dominante, qui admet l'unité d'un Dieu, ne les tolereroit pas.

On prétend que ces *muzérins* s'entr'aiment & se protegent les uns les autres. S'ils logent un étranger de leur opinion, ils lui procurent toutes sortes de plaisirs, & sur-tout ceux dont les Turcs sont plus avides. Leurs principaux adversaires sont les kadesadelites, qui répetent souvent ces paroles : *Je confesse qu'il y a un Dieu.* Guer. *mœurs des Turcs*, *tom. I.* Ricaut, *de l'empire ottoman.* (*G*)

MUZIMOS, (*Hist. mod. superstit.*) Les habitans du Monomotapa sont persuadés que leurs empereurs, en mourant, passent de la terre au ciel, & deviennent pour eux des objets de culte qu'ils appellent *muzimos* ; ils leurs adressent leurs vœux. Il y a dans ce pays une fête solemnelle appellée *chuavo* ; tous les seigneurs se rendent au palais de l'empereur, & forment en sa présence des combats simulés. Le souverain est ensuite huit jours sans se faire voir, & au bout de ce tems, il fait donner la mort aux grands qui lui déplaisent, sous prétexte de les sacrifier aux *muzimos* ses ancêtres. (*A. R.*)

MUZUKO, (*Hist. mod.*) c'est ainsi que les habitans du Monomatapa appellent un être malfaisant, & qu'ils croyent l'auteur des maux qui arrivent au genre humain. (*A. R.*)

MYDORGE, (Claude) (*Hist. Litt. mod.*) savant mathématicien, fils de Jean *Mydorge*, conseiller au parlement, & de Madeleine de Lamoignon. On a de lui quatre livres de *Sections côniques.* Il étoit ami de Descartes, & le défendit hautement contre ses détracteurs, ce qui demandoit alors du courage. Il dépensa des sommes considérables en expériences de physique, en fabrique de verres de lunettes & de miroirs ardents. Il avoit beaucoup de zèle & de connoissances. Il étoit né à Paris en 1585. Il mourut en 1647.

MYER, (Paul) (*Hist. Litt. mod.*) écrivain du dernier siècle, dont nous avons des *Mémoires touchant l'établissement d'une Mission Chrétienne dans le troisième Monde*, *appellé Terres Australes.*

MYINDA, (*Hist. anc.*) jeu d'enfans, qui revient à notre colin-maillard. On bandoit les yeux à l'enfant ; il couroit après ses camarades, en disant χαλκην μιον θηρησιν ; *je courrai après une mouche d'airain* ; les autres lui répondoient ; θηρευσως, ἀλλ' οὐ λυψες ; *tu courras après*, *mais tu ne l'attraperas pas.* (*A. R.*)

MYLORD, (*Hist. mod.*) titre que l'on donne en Angleterre, en Ecosse, & en Irlande à la haute noblesse, & sur-tout aux pairs de l'un de ces trois royaumes, qui ont séance dans la chambre haute du parlement, aux évêques, & aux présidens des tribunaux. Ce titre signifie *monseigneur*, & quoique composé de deux mots anglois, il s'emploie même en françois lorsqu'on parle d'un seigneur anglois ; c'est ainsi qu'on dit *mylord Albemarle*, *mylord Cobham*, *&c.* Quelques françois, faute de savoir la vraie signification de ce mot, disent dans leur langue, *un mylord*, maniere de parler très-incorrecte ; il faut dire *un lord*, de même qu'on dit en françois *un seigneur*, & non pas *un monseigneur.* Le roi d'Angleterre donne lui-même le titre de *mylord* à un seigneur de la Grande Bretagne lorsqu'il lui parle ; quand dans le parlement il s'adresse à la chambre-haute, il dit *mylords*, *messeigneurs.* (*A. R.*)

MYRIADE, (*Hist. anc.* nombre de dix mille ; de-là est venu *myriarcha*, capitaine ou commandant de dix mille hommes. (*A. R.*)

MYRIONIME, ou qui a mille noms (*Hist. anc.*) titre qu'on donnoit à Isis & à Osiris, parce qu'ils renfermoient, disoit-on, sous différens noms, tous les dieux du paganisme ; car Isis adorée sous ce nom en Egypte étoit ailleurs Cybele, Junon, Minerve, Vénus, Diane, *&c.* & l'Osiris des Egyptiens étoit ailleurs connu sous les noms de Bacchus, Jupiter, Pluton, Adonis, *&c.* (*G*)

MYRMILLONS, (*Hist. anc.*) sorte de gladiateurs de l'ancienne Rome, appellés aussi *Murmuliones.* Turnebe fait venir ce mot de *Myrmidons* : d'autres croyent que ce nom vient du grec *μυρμυρος*, qui signifie un *poisson de mer*, tacheté de plusieurs couleurs, dont Ovide fait mention dans ses Halieutiques, & que ces gladiateurs furent ainsi nommés, parce qu'ils portoient la figure de ce poisson sur leur casque ; ils étoient outre cela armés d'un bouclier & d'une épée. Les *Myrmillons* combattoient ordinairement contre une autre espèce de gladiateurs appellés *Retiaires*, du mot *rete*, filet de pêcheur, dans lequel ils tâchoient d'embarrasser la tête de leurs adversaires. On appelloit encore les Myrmillons *Gaulois*, soit que les premiers fussent venus de Gaules, soit qu'ils fussent armés à la gauloise. Aussi les Retiaires, en combattant contr'eux, avoient-ils coutume de chanter : *quid me fugis*, *galle*, *non te peto*, *piscem peto* ; « pourquoi me fuis-tu, gaulois, ce n'est » point à toi, c'est à ton poisson que j'en veux » ; ce qui confirme la seconde étymologie que nous avons rapportée. Selon Suétone, Domitien supprima cette espèce de gladiateurs. (*G*)

MYRON, (*Hist. anc.*) célèbre sculpteur grec, vivoit environ quatre siècles avant J. C. Sa vache de cuivre est célébrée dans plusieurs épigrammes de l'Anthologie, & citée comme un modèle de perfection.

MYRSILE, (*Hist. anc.*) ancien historien grec, que l'on croit contemporain de Solon. Il ne reste de lui que des fragments, recueillis avec ceux de Bérose & de Manethon. Le Livre *de l'origine de l'Italie*, que nous avons sous son nom, est une des impostures d'Annius de Viterbe.

MYRTIS, (*Hist. anc.*) femme grecque célèbre, qui enseigna les règles de la versification à Corinne,

& même, dit-on, à Pindare. On a des fragments des poësies de Myrtis.

MYSCELLUS, (*Hist. anc.*) c'est le nom du fondateur de Crotone, & il fonda cette ville un peu plus de sept siècles avant J. C. C'est tout ce qu'on en sait; car dès qu'on veut en savoir davantage, on rentre dans les histoires d'oracles, c'est-à-dire, dans les fables.

MYSTERES DE LA PASSION, (*Théât. françois*) terme consacé aux farces pieuses, jouées autrefois sur nos théâtres.

Il est certain que les pélerinages introduisirent ces spectacles de dévotion. Ceux qui revenoient de la Terre-Sainte, de Sainte-Reine, du mont saint-Michel, de Notre-Dame du Puy, & d'autres lieux semblables, composoient des cantiques sur leurs voyages, auxquels ils mêloient le récit de la vie & de la mort de Jesus-Christ, d'une manière véritablement très-grossière, mais que la simplicité de ces tems-là sembloit rendre pathétique. Ils chantoient les miracles des saints, leur martyre, & certaines fables à qui la créance des peuples donnoit le nom de *visions*. Ces pélerins allant par troupes, & s'arrêtant dans les places publiques, où ils chantoient le bourdon à la main, le chapeau & le mantelet chargés de coquilles & d'images peintes de différentes couleurs, faisoient une espèce de spectacle qui plut, & qui excita quelques bourgeois de Paris à former des fonds pour élever dans un lieu propre, un théâtre où l'on représenteroit ces moralités les jours de fête, autant pour l'instruction du peuple, que pour son divertissement. L'Italie avoit déjà montré l'exemple, on s'empressa de l'imiter.

Ces sortes de spectacles parurent si beaux dans ces siècles ignorans, que l'on en fit les principaux ornemens des réceptions des princes quand ils entroient dans les villes; & comme on chantoit *noël*, *noël*, au lieu des cris *vive le roi*, on représentoit dans les rues la samaritaine, le mauvais riche, la conception de la sainte Vierge, la passion de Jesus-Christ, & plusieurs autres *mystères*, pour les entrées des rois. On alloit en procession au-devant d'eux avec les bannières des églises: on chantoit à leur louange des cantiques composés de passages de l'écriture sainte, cousus ensemble, pour faire allusion aux actions principales de leurs regnes.

Telle est l'origine de notre théâtre, où les acteurs, qu'on nommoit *confreres de la passion*, commencerent à jouer leurs pièces dévotes en 1402: cependant comme elles devinrent ennuyeuses à la longue, les confreres intéressés à réveiller la curiosité du peuple, entreprirent, pour y parvenir, d'égayer les *mystères* sacrés. Il auroit fallu un siècle plus éclairé pour leur conserver leur dignité; & dans un siècle éclairé, on ne les auroit pas choisis. On mêloit aux sujets les plus respectables, les plaisanteries les plus basses, & que l'intention seule empêchoit d'être impies; car ni les auteurs ni les spectateurs ne faisoient une attention bien distincte à ce mélange extravagant, persuadés que la sainteté du sujet couvroit la grossièreté des détails. Enfin le magistrat ouvrit les yeux, & se crut obligé en 1545 de proscrire sévèrement cet alliage honteux de religion & de bouffonnerie. Alors naquit la comédie profane, qui livrée à elle-même & au goût peu délicat de la nation, tomba, sous Henri III, dans une licence effrénée, & ne prit le masque honnête, qu'au commencement du siècle de Louis XIV. (*D. J.*)

MYTHÉCUS, (*Hist. anc.*) de Syracuse, premier bon cuisinier qui ait osé paroître à Sparte: aussi les magistrats le chassèrent-ils comme un empoisonneur public.

Fin du Troisième Volume.

AVERTISSSEMENT DE L'IMPRIMEUR.

Le Lecteur voudra bien se rappeller que les Articles qui sont du Rédacteur de la partie de l'Histoire, & qui sont les plus nombreux, ne portent absolument d'autre marque distinctive que de n'en avoir d'aucune espèce. Les articles marqués de la Lettre G., & qui pourroient faire équivoque, ne sont pas de lui. Cette Lettre, ainsi que toutes les autres, & que tous les autres signes, désigne un autre Auteur.

Les autres Auteurs, ou sont nommés en toutes lettres, ou sont désignés par les lettres initiales & finales de leurs noms, ou simplement par une lettre initiale, ou enfin par un signe quelconque, comme une Croix, une Barre, &c. Quelques articles sont marqués par ces deux lettres A. F., *ce qui signifie* Article fourni; *quelques autres, & en grand nombre, le sont ainsi:* A. R., *ce qui signifie:* Article resté *de la première Edition.*

www.ingramcontent.com/pod-product-compliance
Lightning Source LLC
Chambersburg PA
CBHW071133270326
41929CB00012B/1736

* 9 7 8 2 0 1 2 6 5 9 6 8 1 *